12.A.
(do cam:)

PATROLOGIÆ

CURSUS COMPLETUS

SIVE

BIBLIOTHECA UNIVERSALIS, INTEGRA, UNIFORMIS, COMMODA, OECONOMICA,

OMNIUM SS. PATRUM, DOCTORUM SCRIPTORUMQUE ECCLESIASTICORUM

QUI AB ÆVO APOSTOLICO AD USQUE INNOCENTII III TEMPO FLORUERUNT;

RECUSIO CHRONOLOGICA OMNIUM QUÆ EXSTITERE MONUMENTORUM CATHOLICÆ TRADITIONIS PER DUODEC PRIORA ECCLESIÆ SÆCULA,

JUXTA EDITIONES ACCURATISSIMAS, INTER SE CUMQUE NONNULLIS CODICIBUS MANUSCRIPTIS COLLATAS, PERQUAM DILIGENTER CASTIGATA ;

DISSERTATIONIBUS, COMMENTARIIS LECTIONIBUSQUE VARIANTIBUS CONTINENTER ILLUSTRATA ;

OMNIBUS OPERIBUS POST AMPLISSIMAS EDITIONES QUÆ TRIBUS NOVISSIMIS SÆCULIS DEBENTUR ABSOLUTAS DETECTIS, AUCTA ;

INDICIBUS PARTICULARIBUS ANALYTICIS, SINGULOS SIVE TOMOS, SIVE AUCTORES ALICUJUS MOMENTI SUBSEQUENTIBUS, DONATA ;

CAPITULIS INTRA IPSUM TEXTUM RITE DISPOSITIS, NECNON ET TITULIS SINGULARUM PAGINARUM MARGINEM SUPERIOREM DISTINGUENTIBUS SUBJECTAMQUE MATERIAM SIGNIFICANTIBUS, ADORNATA ;

OPERIBUS CUM DUBIIS TUM APOCRYPHIS, ALIQUA VERO AUCTORITATE IN ORDINE AD TRADITIONEM ECCLESIASTICAM POLLENTIBUS, AMPLIFICATA ;

DUOBUS INDICIBUS GENERALIBUS LOCUPLETATA : ALTERO SCILICET RERUM, QUO CONSULTO, QUIDQUID UNUSQUISQUE PATRUM IN QUODLIBET THEMA SCRIPSERIT UNO INTUITU CONSPICIATUR; ALTERO SCRIPTURÆ SACRÆ, EX QUO LECTORI COMPERIRE SIT OBVIUM QUINAM PATRES ET IN QUIBUS OPERUM SUORUM LOCIS SINGULOS SINGULORUM LIBRORUM SCRIPTURÆ TEXTUS COMMENTATI SINT.

EDITIO ACCURATISSIMA, CÆTERISQUE OMNIBUS FACILE ANTEPONENDA, SI PERPENDANTUR : CHARACTERUM NITIDITAS CHARTÆ QUALITAS, INTEGRITAS TEXTUS, PERFECTIO CORRECTIONIS, OPERUM RECUSORUM TUM VARIETAS TUM NUMERUS, FORMA VOLUMINUM PERQUAM COMMODA SIBIQUE IN TOTO OPERIS DECURSU CONSTANTER SIMILIS, PRETII EXIGUITAS, PRÆSERTIMQUE ISTA COLLECTIO, UNA, METHODICA ET CHRONOLOGICA, SEXCENTORUM FRAGMENTORUM OPUSCULORUMQUE HACTENUS HIC ILLIC SPARSORUM, PRIMUM AUTEM IN NOSTRA BIBLIOTHECA, EX OPERIBUS AD OMNES ÆTATES, LOCOS, LINGUAS FORMASQUE PERTINENTIBUS, COADUNATORUM.

SERIES PRIMA,

IN QUA PRODEUNT PATRES, DOCTORES SCRIPTORESQUE ECCLESIÆ LATINÆ A TERTULLIANO AD GREGORIUM MAGNUM.

ACCURANTE J.-P. MIGNE, Cursuum Completorum IN SINGULOS SCIENTIÆ ECCLESIASTICÆ RAMOS EDITORE.

PATROLOGIÆ TOMUS XXIII.

S. HIERONYMI TOMI SECUNDUS ET TERTIUS.

PARISIIS, EXCUDEBAT VRAYET,
IN VIA DICTA D'AMBOISE, PRES LA BARRIERE D'ENFER,
OU PETIT-MONTROUGE.

1845.

S. EUSEBII
HIERONYMI
STRIDONENSIS PRESBYTERI
OPERA OMNIA

POST MONACHORUM ORDINIS S. BENEDICTI E CONGREGATIONE S. MAURI

SED POTISSIMUM JOANNIS **MARTIANÆI** HUJUS ORDINIS RECENSIONEM,
DENUO AD MANUSCRIPTOS ROMANOS, AMBROSIANOS, VERONENSES ET MULTOS ALIOS,
NEC NON AD OMNES EDITIONES GALLICANAS ET EXTERAS CASTIGATA,
PLURIMIS ANTEA OMNINO INEDITIS MONUMENTIS,
ALIISQUE S. DOCTORIS LUCUBRATIONIBUS SEORSIM TANTUM VULGATIS AUCTA,
INNUMERIS NOTIS, OBSERVATIONIBUS, CORRECTIONIBUS ILLUSTRATA,

STUDIO ET LABORE

VALLARSII ET MAFFÆII
VERONÆ PRESBYTERORUM,
OPERAM NAVANTIBUS ALIIS IN EADEM CIVITATE LITTERATIS VIRIS.
EDITIO PARISIORUM NOVISSIMA
EX SECUNDA AB IPSIS VERONENSIBUS EDITORIBUS CURIS POSTERIORIBUS ITA RECOGNITA,
ATQUE EX **RECENTIUS DETECTIS** SIC DITATA
UT PRÆSENS EDITIO, AMPLITUDINE SOLA, CÆTERIS OMISSIS EMENDATIONIBUS,
PRÆCEDENTES OMNES EDITIONES, ETIAM BENEDICTINAS,

tertia parte seu triente materialiter superet,

ACCURANTE ET AD ULTIMUM RECOGNOSCENTE **J. P. MIGNE,** CURSUUM COMPLE-
TORUM IN SINGULOS SCIENTIÆ ECCLESIASTICÆ RAMOS EDITORE.

TOMI SECUNDUS ET TERTIUS.

PARISIIS, EXCUDEBAT VRAYET,
IN VIA DICTA D'AMBOISE, PRES LA BARRIERE D'ENFER,
OU PETIT-MONTROUGE.
1845.

ELENCHUS OPERUM

QUÆ IN HOC VOLUMINE CONTINENTUR.

S. HIERONYMI OPERUM TOMUS II.

Vitæ S. Pauli, S. Hilarionis et Malchi, monachorum. col.	15
Regulæ S. Pachomii translatio Latina.	61
SS. Pachomii et Theodori epistolæ et verba mystica.	87
Interpretatio libri Didymi de Spiritu sancto.	101
Dialogus contra Luciferianos.	135 154
Liber de perpetua Virginitate B. Mariæ.	183
Libri duo adversus Jovinianum.	211
Liber contra Vigilantium.	337
Liber contra Joannem Hierosolymitanum.	355
Apologia adversus libros Rufini.	397
Dialogus adversus Pelagianos.	495
Theodori Mopsuesteni fragmenta.	589
Liber de Viris illustribus.	602
De Vitis apostolorum.	719
Epistola ad Desiderium.	723

S. HIERONYMI OPERUM TOMUS III.

Liber de Nominibus Hebraicis.	771
Liber Hebraicarum Quæstionum in Genesim.	935
Commentarius in Ecclesiasten.	1009
Interpretatio Homiliarum duarum Origenis in Canticum.	1117
Græca fragmenta libri Nominum Hebraicorum.	1145
Liber Nominum Græcorum ex Actis.	1297
De Benedictionibus Jacob patriarchæ.	1307
De decem Tentationibus populi Israel in deserto.	1319
Commentarius in Canticum Deboræ.	1321
Quæstiones Hebraicæ in libros Regum et Paralipomenon.	1329
Expositio interlinearis in librum Job.	1401
Commmentarii in S. Hieronymi libros, auctore Martianæo.	1479

Col. 87, init. : *Theodorici*; leg. *Theodori*.
Col. 1138, lin. 12 (ascendendo) : οἰνάνων; lege οἰνάνθων.
Col. græc. 1153, numeros ad notas revocantes lege hoc ordine : 1, 2, 3, 4, pro : 1, 2, 2, 3; eosdem eodem ordine lege in notis, pro : 1, 2, 3, 3.
Col. 1307 media : OPUSCULUII ; lege. OPUSCULUM.

MIGNE, succursaliste, à Montrouge, de VRAYET DE SURCY,
imprimeur à Paris.

operæ pretium erat, ex eaque scriptorum accessione collectio in peculiaris tomi molem accreverat. Altera, quod uno excepto libro de Scriptoribus Ecclesiasticis, reliquorum omnium farraginem satis venuste non ad rerum modo, sed ad temporum quoque ordinem digerere in promptu erat. Nimirum universa isthæc opuscula in duas veluti classes tribuuntur suapte natura : vel enim *Ascetica* sunt, et de monachorum Vitis ac Regulis tractant, vel, quæ majorem partem obtinent, *Polemica*, ut vulgari jam nomine audiunt, et contra variarum hæreseωn conditores scribuntur. Hac materiarum partitione constituta, sibi singula tam apte per suam quæque ætatem succedent, ut quem nascendo sortita sunt locum, in ipsa recensione perpetuo teneant.

Si e sententia successerit, bene positam operam studiosi sponte affirmabunt ; jam quo id pacto perfecerim, paucis indico. Priorem locum *Asceticis* libris dedi, tum ob argumenti præstantiam ac dignitatem, tum ea etiam de causa, quod a S. Pauli primi Eremitæ *Vita* inchoentur, quæ reliquas omnes Hieronymianas elucubrationes, ipso Auctore teste, temporis suffragio antevertit. Subsequuntur *Malchi et Hilarionis* duæ aliæ ; tum *S. Pachomii Regula*, ejusque *Epistolæ*, et *Verba Mystica*, quæ S. Doctor Latine refudit ex Græca interpretatione, nunc primum ejus operum Collectioni accedunt, et priorem hanc partem explent. Unum habeo quod adhuc de illis præmoneam, ænigmaticas nempe loquendi formulas, ubi classes Monachorum designantur per litteras Græci alphabeti, quæque mystica verba inscribuntur, a Kircherio in Prodromi et Lexici Copti Supplemento curiosius explicari, quod ejus interpretationis homo cupidus consulat. Exinde alterius generis scripta incipiunt, quæ contra hæreticos, sive hæreticorum patronos acriori stylo exarantur, et quanta fuerit in ipso contra Fidei hostes certamine S. Doctoris virtus, quæ intra cellulæ parietes tantum docendo excelluit, luculentissimo exemplo sunt. Primus occurrit *Didymi* liber de Spiritu sancto ab ipso Latine explicatus e Græco, atque ille quidem singularis una et continua serie, non ut hactenus obtinuerat stulta quadam περιεργία in tres distributus. Scribitur *contra nonnullorum commenta circa Spiritum Sanctum, quæ neque in Scripturis lecta, neque a quoquam Ecclesiasticorum veterum fuerant usurpata*; atque hanc non Didymo quidem scribendi, sed Hieronymo causam exstitisse interpretandi, docti quidam viri autumant. Sequitur Luciferiani et Orthodoxi *Altercatio*, quæ et superiori libro de temporum amussim præponi debuerat, nisi tunc illa magis arrisisset ratio, quæ ab Auctoris, quam quæ ex interpretis ætate ducitur. Hanc excipiunt liber *contra Helvidium* de virginitate Mariæ perpetua : et duo *contra Jovinianum*, quo de homine cum multa præfatus fuerim, unum hoc præterea suppetit annotandum : legem contra eum latam Honorio IX et Theodosio V A A. coss., sive anno 412, quæ et in Hieronymianis aliquot mss. in calce ejus operis invenitur, et in Theodosiano cod. titul. 5 de Hæreticis leg. 53, a cl. Gothofredo recensetur, suspicatus sum aut suppositiam esse, aut quod verisimilius etiamnum puto, in hæretici contra quem irrogatur, nomine depravatam, falso Jovinianum præferre. Argumentis ibi ex Hieronymo adductis, testimonium hocce alterum adde ex Gennadio, cap. 75 in Paulo, ubi *Joviniani hæretici* meminit, *voluptatum ac libidinis prædicatoris, cui in tantum continentis vitæ et castæ institutio contraria fuit, ut inter luxuriosas epulas animam eructaret*. Ex hoc rursum constabit, hæreticum non in Dalmatiæ insula exsiliis clara, ut Lex jubet, plumbatis cæsum ærumnosam vitam traxisse, sed confertam voluptatum omnium varietate mediis in deliciis animam evomuisse cum crapula. Jam vero succedunt *contra Vigilantium* libellus pro Sanctorum cultu ac reliquiis, atque alius fusiori calamo exaratus *contra Joannem Jerosolymitanum*, Origenianæ factionis primipilum. Atque hunc quoque librum illi præferre videatur ætatis, quam egomet assero, prærogativa ; sed quando varias hac de re sententias ferunt eruditi, ipse autem liber nec ad finem usque perductus ab Auctore est, nec nisi multo post ad vulgi manus devenit, ut etiam Rufinum quærentem in scirpo nodum latuerit; in quam quisque malit opinionem concedere, integrum hoc ipso ordine reservavi. Subnecto Apologeticos tres libros *contra Rufinum*, quibus ipsiusmet Aquileiensis presbyteri *ad Anastasium* papam Apologiam, atque hujus *ad Joannem Jerosolymitanum* de Rufino epistolam subjungo : quæ duo præclarissima monumenta, tametsi Hieronymianis probe intelligendis necessaria iis antea non accensebantur. Subsequuntur Invectivarum Rufini *contra Hieronymum* libri, de quorum numero præconcepta doctorum hominum opinio, seu verius hallucinatio, hic

PRÆFATIO.

Quamquam præfixæ singulis hujusce tomi secundi libris *admonitiones*, præfandi onere maxima me ex parte levent, quædam nihilominus esse video, de quibus lectorem in ipso statim aditu præmonitum fuisse non pigeat. Ac primum instituti mei ratio reddenda est, quod Hieronymi *Opuscula*, quæcumque huc illuc dispertiebantur, et sive in Epistolarum serie peregrinas sedes incolebant, sive aliorum auctorum scriptionibus intermixta, nondum illi, cujus partes sunt, Hieronymiano corpori accesserant, ita in unum volumen conjecerim, ut iste ferme novus, justæque molis tomus exsurgeret. Ego vero istud, ut meæ editioni pretium conciliarem ac dignitatem, cum primis proposui mihi, ut singula quam rectissimo poterant ordine digererentur; hocque præcipuum existimavi, ad quod respiciendum iis sit, qui studiorum suorum ex Sanctorum Patrum lectione sibi præsidia expetunt. Quare si illas elucubrationes, quarum nec dictati prolixitas tanta, ut seorsum recenseri queant, nec ea est scriptionis indoles ac natura, atque in illis disserendi modus, ut aliis diversi argumenti, atque ingenii libris patiantur permisceri, in unum collectas nativis veluti sedibus postliminii jure restituissem, nova rerum atque ordinis accessione maximam illis comparatum iri laudem ac lucem sum arbitratus. Scilicet editionum, quæ hactenus adornatæ sunt, quæque Epistolis libellos istos continuo miscent, vix erat ferenda perturbatio. Erasmus, eumque secutus Victorius, quibus materiarum ordo cordi erat, nonnullos in altera classe, sive tomo, arrepta identidem ex Epistolis occasione collocant, quod ἐλεγκτικὰ καὶ ἀπολογητικὰ continerent, sive quæ pertinent ad diversas hæreses, et maledicorum calumnias: alios ad prioris tomi calcem recensent, ipso interdum proposito et argumenti dissimilitudine reluctante. Nuperus vero Editor Benedictinus, quem sibi Epistolarum ordinem chronologicum proposuerat, passim immanibus ad hæc excipienda scripta hiatibus interrupit: in iis autem digerendis nullam temporum, ad quæ referebantur, rationem habuit, sed fortasse rerum; unde factum est, ut dum utrique semitæ simul insisteret, ab utraque sæpius aberraret, perturbatoque materiarum una atque temporis ordine, lectorem transversum raperet. Erunt argumento, ne in hac ego censura diutius verser, quas obtinent sedes in ea recensione duo tantum libri, quorum unus (Vita S. Pauli Eremitæ) ætate reliquas omnes S. Doctoris elucubrationes superat: alter (Dialogus contra Pelagianos) cæteris ferme omnibus posterior est. Ille autem Epistolis ad Marcellam et Paulam scriptis decennio post subditur, ipsa argumentorum serie immane quantum abludente: hic vero, qui ad annum pertinet quadringentesimum decimum quintum, Epistolis aliis præponitur ab anno trigentesimo octogesimo sexto exaratis. Nempe ita comparatum est a natura, ut nulla sit dissimilium societas rerum, quas si ad unam pariter referri seriem ingratis compellas, ejusmodi cavere perturbationem haud possis. Si ad quem Epistolas exegeris temporum ordinem, Tractatus una exigas, deformi trajectione peccandum sit, atque unius causæ monimenta huc illucque discerpenda; si materiarum malis vestigiis inhærere, chronologiæ regulas, quæ Epistolarum est propemodum anima, pervertere necesse habeas. Neque eo inficias, tria esse aut quatuor opuscula, quibus totidem Epistolæ lucem afferrent argumenti proximitate: satius dico esse, lectorem de illis admonere, quam suis sedibus per vim avulsas in alienum solum transferre, et lucis mutuandæ obtentu, moræ et impedimento legentibus esse. Ad hunc certe modum et accuratiores aliorum veterum Patrum editiones adornatæ sunt, in quibus ita suus cuique scriptionum generi locus tribuitur, ut neque epistolaris sermo planus dissertationibus et libris, neque in Commentariis, et Homiliis, et si qua sunt alia disparibus auspiciis nata permisceantur. Quod ut ego meliori adhuc jure in Hieronymo exornando præstarem, duæ præterea causæ impulerunt. Altera quod nonnulla ejus opuscula, quæ vel in aliis tomis vagabantur, ut Didymi liber de Spiritu sancto ex Græco Latine redditus, vel nondum Hieronymianis accesserant; qualis est S. Pachomii Regula item Latine conversa ex Græco, ut nunc alia prætereara, huc adscisci

demum est sustollenda. Receptum enim est vulgo, tres, non duos tantum qui superant, scriptos ab illo fuisse, e quibus tertius temporum injuria interciderit. Nempe totidem libris respondet Hieronymus : testaturque ipse sub initium Apologetici num. 2 sane luculenter de adversario suo TRES *contra se libros venustate Attica texuisse.* Ita quidem præferunt excusa exemplaria, a quibus absque mss. suffragio ne latum quidem unguem discessimus. Verum aut *duos* reponendum ibi, aut numerum penitus expungendum arbitror; certe non plures quam duos ab Aquileiensi presbytero exaratos contendo. Palmare argumentum duco ex Epilogo, quo ipse Auctor et suum opus concludit, et per singula capita *recenset in fine ea, quæ sparsim pro sua purgatione responderat;* quem lustrare oculis satis sit ad finem posterioris libri num. 41 et seqq. ut nihil amplius dubites, totius operis Invectivarum eam esse summam, nullumque adeo librum præterea esse potuisse, cujus integra capita ad ἀνακεφαλαίωσιν non revocarit. Series quoque Hieronymianæ velitationis, præsertim vero postremæ, quam acceptis Rufini libris reposuit, non nisi duos illos confutat : tertium quem somniant, omnino ignorat. Denique duos tantummodo Gennadius novit cap. 17, cujus testimonium hac in re summæ duco auctoritatis, quod nulli magis Rufini gloria cordi fuerit, aut lucubrationes perspectæ. *Obtrectatori,* inquit, *opusculorum suorum* (scilicet Hieronymo) *respondit* (Rufinus) DUOBUS *voluminibus, arguens et convincens, se Dei intuitu, et Ecclesiæ utilitate, auxiliante Domino, ingenium agitasse, illum vero æmulationis stimulo incitatum ad obloquendum stylum vertisse.* Sed hæc obiter, et in mei quoque gratiam dicta sint, qui ex præconcepta sententia in Admonitione tres videor annumerasse. Hos pone sequuntur Dialogorum *contra Pelagianos* tres libri, sive ut mss. nonnulli præferunt, *partes,* quibus isthæc Polemicarum scriptionum series finitur. Porro librum *de Scriptoribus Ecclesiasticis* demum annecto, quem serius ea potissimum de causa distuli, quod ad neutram classem commode referri ex argumenti natura posset. Ad hæc cum Gennadii catalogum Virorum Illustrium, *quos B. Hieronymum sequens commemorat,* subjungere necesse esset ad antiquiorum editionum et mss. codicum exemplar, ne alieno scripto series Hieronymianorum invenuste interciperetur, perquam ille commode ad finem tomi dilatus est, hic Appendicis loco subjunctus. Cæterum ne ex eo, quem obtinet loco, recentior forte putaretur, de ejus ætate præmoneo, et superioribus quoque singulis libris eamdem operam in propria cujusque epocha investiganda, aliisque prænotandis rebus impendo.

Reliquum unum est, ut cujus rei gratia hunc ego laborem sum aggressus, hosce Hieronymi fetus nocturna diurnaque manu verses. Cum enim sint sane omnia, quæ ab illo Ecclesiarum Magistro posteris relicta sunt litterarum monimenta utilia cum primis, atque illustria, mihi quidem multo præstantissima, multoque uberrima isthæc existimantur, quæ alter hic tomus complectitur, cujus partes omnes ejusmodi sunt, ut vel ad rectæ Fidei depositum custodiendum contra hæreticorum venenata dogmata, vires atque arma suppeditent, vel ad rectam vivendi rationem sapienter instituendam maximo adjumento sint : denique generosis ac bene natis ingeniis eruditionis ac scientiæ plurimum conferant.

IN SEQUENTES TRES VITAS
PAULI, HILARIONIS, ET MALCHI,
ADMONITIO.

Trium maxime insignium monachorum, Pauli, Hilarionis, et Malchi, Vitas tribus hisce libellis Hieronymus narrat : qui totidem epistolis, quas in priori tomo suis locis exhibemus, trium sanctitatis laude præstantium feminarum, Fabiolæ, Paulæ, ac Marcellæ, virtutes ad Vitarum prope instar celebravit. Nec aliæ præterea sunt, quas S. Doctor elucubrarit, *Vitæ sanctorum Patrum.* tametsi longe plures, easque præsertim, quas Eribertus Rosweidus recensuit secundo libro, illi adjudicent antiqui Scriptores aliquot, quorum testimonia sequioris ævi eruditis imposuerunt. Gelasius, seu quisquis ille est vetus Auctor *Decreti de authenticis libris,* cap. 4, *Vitas,* inquit, *Patrum Pauli, Antonii, Hilarionis, et omnium Eremitarum, quas tamen vir B. Hieronymus descripsit, cum omni honore suscipimus.* Verum Antonii Vitam ab Athanasio Græce descriptam, ab Evagrio Antiocheno Latine fuisse redditam, compertum est. Tanto post Gratianus Decret. p. II, caus. 27, *Ut*, inquit, *refert B. Hieronymus, Macarius præcipuus inter Christi Eremitas, celebrato nuptiarum convivio cum vespere thalamum esset ingressurus, ex Urbe egrediens, transmarina petiit, et eremi solitudinem sibi elegit.* Hæc vero minime omnium Hieronymus, sed germani ejus Vitæ auctores Theophilus, Sergius et Hyginus tradunt. Prætereo quæ ex supposititiis scriptionibus Hieronymianis proferuntur ejusmodi testimonia, et quæ nonnulli ex Cassiodori Divinar. Lection. cap. 32, et ex Cassiani Præfatione ad libros Institutionum nimis subtiliter colligunt. Sane occurrunt vetustissimi mss. libri, qui pro hisce, et plerisque aliis Vitis fidejubeant. Duos ejusmodi Vaticanos olim Reginæ Suecorum ipsi evolvimus, e Coislinianis multos haberi testis est cl. Montfauconius. Mentiri autem illos vel hoc uno patet indicio, quod Vitæ illæ nihil ab iis, quæ sub Palladii nomine circumferuntur, diversæ sint. Unus Colbertinus, teste Cangio, post Lausiacam historiam hæc subdit: Ἑτέρα ἱστορία εἰς τοὺς βίους τῶν ἁγίων τῆς Αἰγύπτου (*supp.* πατέρων) συγγραφεῖσα παρὰ Ἱερωνύμου μοναχοῦ καὶ πρεσβυτέρου τοῦ ἐκ Δαλματίας: *Alia Historia de Vitis Sanctorum Patrum Ægypti abs Hieronymo Dalmata monacho et presbytero conscripta*. Sed verbo tenus Palladium in ea describi, ex ipso Cangii testimonio Fabricius notat; nec dubium videtur, Græculum quempiam Hieronymi nomen ideo mentitum, quod in illa Collectione tres quoque istæ S. Patris germanæ historiæ habeantur. Hoc et Gelasio primum fraudi fuerit, cum enim abs Hieronymi fetu, Pauli Vita, Collectio illa jamdiu olim inciperet, ab eo, quem liminaris pagina præferebat Auctore, totus liber inscriptus est. Cæterum et ad declinandam nominum Rufini ac Palladii invidiam, et ad librariorum compendium fraudem interdum institutam fuisse non dubito.

Tres itaque istæ dumtaxat e S. Doctoris nostri calamo profectæ sunt, quas et eximia sermonis elegantia, et asceticæ vitæ præclarissima exempla commendant. Profecto ex Hieronymianis elucubrationibus nulla recusa est sæpius, nulla plures invenit editores, ac magis eruditos. Duæ priores et Græce habentur; immo alteram vixdum ab Auctore vulgatam, Sophronius in Græcum vertit: tametsi quæ nunc superest, et cujus initium est: Ἐν Παλαιστίνῃ πόλις ἐστὶν οὐκ ἔλαττον ἢ πέντε καὶ τεσσαράκοντα σταδίους ἀπέχουσα Γάζης, Simeoni Metaphrastæ docti viri malint adscribere. Latine autem eas, præter Hieronymianorum operum editores, Surius ac Lipomannus recensent: expoliunt denuo atque illustrant doctissimis annotationibus Rosweidus, Bollandus, quique magnum illud inceptum persequuntur. Parum diligentiæ nostræ reliquum fuisse videatur; nihilominus quod nostrarum partium fuit, ne frustra operam locaremus, sicubi emendari, ornarique potuerunt uberius, contendimus. Præsto fuerunt quatuor Vaticani olim Reginæ Suecorum antiqui mss. codices, prænotati numeris 432, 500, 589, 797. Unus quoque e nostris, quos privatim domi asservamus: non ille quidem remotissimæ vetustatis, sed probæ notæ. Laudandus vero est præ cæteris unus amplissimi Veronens. Capituli qui omnes ad hanc usque diem cognitos facile superat. Scriptus nempe est anno quingentesimo decimo septimo ab Ursicino, nescio quo, nostræ hujus Ecclesiæ Lectore, quod ipse his verbis paulo licet vitiosis ob eorum temporum pronuntiationem profitetur. PER. SCRIBTVS. CODIX HEC SUB DIE KAL. AVG. AGAPITO VCC INDI. DECIMA PER VRSICINVM. LECT. ECCLESIÆ VERONENSIS (*a*).

Annum, quo Pauli Vita scripta est, vix dubitandum videtur esse 374 aut sequentem. Per id certe temporis ad cognominem Paulum Concordiensem missa est cum Epist. in nostra recensione 10 (*b*). In Catalogo autem primum inter Hieronymianas scriptiones omnes obtinet locum. Duas reliquas anno ascribimus 390 eodem ducti argumento, serie scilicet, qua in Catalogo recensentur, post interpretationem Homiliarum Origen. in Lucam, quam superiori 389 assignamus.

(*a*) Hunc omnium antiquissimum præstantissimumque cod. mss. homo non ille quidem illiteratus, cujus nomini parco, sibi uni sumpsit cum edito conferendum. Contulit autem nec satis curiose, nec ut propositum fuerat, cum Benedictina editione, sed cum alia quadam Coloniensi quam præ manibus habebat. Hinc factum, ut falso identidem variantes lectiones exscripserit, nosque credulos ei nimium habuerit. Cui malo in præsenti hujus libelli editione singulis quibusque locis occurrimus, et medemur.

(*b*) In Chronico, ad annum Constantii 19, testatur se *exitum Pauli Thebæi brevi libello explicasse*.

S. EUSEBII HIERONYMI
STRIDONENSIS PRESBYTERI

OPUSCULA
SIVE
DE VARIIS ARGUMENTIS LIBRI.

VITA S. PAULI PRIMI EREMITÆ.

S. Pauli, a quo primum eremus habitari cœpta, vitam, dejecto nonnihil stylo propter simpliciores, enarrat: ostenditque illum 16 circiter annos natum, eremum petiisse sub Decio et Valeriano, ut sævientem in Christianos persecutionem declinaret, in eaque annis degisse XCVIII mira abstinentia ac sanctitate, usquequo a magno Antonio divinitus admonito, visitatus, diem ultimum oppetiit. Historiam cognomini Paulo seni Concordiensi inscribit.

1 [b] PROLOGUS.

1. Inter multos sæpe dubitatum est, a quo potissimum Monachorum eremus habitari cœpta sit. Quidam enim altius repetentes, a beato Elia et Joanne sumpsere principium : [c] quorum et Elias plus nobis videtur fuisse, quam Monachus : et Joannes **2** ante prophetare cœpisse, quam natus sit. Alii autem, in [d] quam opinionem vulgus omne consentit, asserunt Antonium hujus propositi caput, quod ex parte verum est : non enim tam ipse ante omnes fuit, quam ab eo omnium incitata sunt studia. [e] Amathas vero et Macarius, discipuli Antonii, e quibus superior magistri corpus sepelivit, etiam nunc affirmant, Paulum quemdam Thebæum [f] principem istius rei fuisse, non **3** nominis; quam opinionem nos quoque probamus. Nonnulli hæc et alia prout voluntas tulit, jactitant : subterraneo specu crinitum calcaneo tenus hominem [g] fuisse, et multa quæ persequi otiosum est incredibilia fingentes. Quorum quia impudens mendacium fuit, ne refellenda quidem sententia videtur. Igitur quia de Antonio tam Græco quam Romano stylo diligenter memoriæ traditum est, pauca de Pauli principio et fine scribere disposui : magis quia res omissa erat, quam fretus ingenio. Quomodo autem in media ætate vixerit, et quas Satanæ pertulerit insidias, nulli hominum compertum habetur.

---

[a] Scripta circ. an. 374.

[b] Prologi distinctionem hanc, quæ in editis non habetur, suffecimus ex 3 mss. Vatic. olim Reginæ Suecor. 422, 500 et 589, quibuscum totam quoque historiam contulimus. Nec diffitemur tamen, in antiquissimo Veronensi nostro, de quo in præcedenti proxime Admonitione diximus, ab *Ursicino Lectore* exarato anno 517, hunc esse dumtaxat libelli titulum, *Incipit Vita beati Pauli monachi Thebæi*, absque ulla *prologi* mentione.

[c] Confer quæ Rosweydus Patrum atque Historicorum congessit testimonia de Elia et Joanne eremi cultoribus omnium primis. Mox idem Rosweydus, aliique pauci editi libri *videtur propheta fuisse*, quod nomen *propheta* libri alii plerique omnes et præsertim mss. tacent. Nos in præcedenti editione nostra recte suffecisse videbamur auctoritate prælaudati codicis Veronen. Sed ab ejus qui codicem tunc sibi sumpserat cum editis comparandum, incuria decepti, nunc de vera codicis lectione certiores glossema illud expungimus.

[d] Veronen. ms., *in qua opinione omnes consentiunt.*

[e] In Chronico tres magni Antonii discipulos numerat, *Sarmatam, Amatham, et Macarium*. Aliter etiam in S. Posthumii Vita, *Macarius corpus sepelisse magistri* dicitur, non *Amathas*, ut Hier. innuit.

[f] Impressam lectionem nostri quoque codd. cum vetustiori editione asserunt. Alii autem mss. pones

B Rosweydum, Bollandum, et Martianæum, *principem istius rei tantum non fuisse nominis* (vel *sed non nominis*) quam opinionem, etc. Et, *principem istius fuisse nominis et ordinis*, vel *istius rei fuisse nominis et ordinis*. Editi plerique *principem istius rei, quod non tam opinione quam nomine*, etc. Sentit vero Hieronymus principem quidem ejus instituti, sive eremiticæ vitæ fuisse Paulum, non tamen ab illo vulgari cœptum nomen eremitarum. Mihi tamen, si conjectare liceat, probaretur *principem istius non rei fuisse, sed nominis*, ut sensus esset, fuisse quidem ante Paulum, qui solitudines incolerent, ab eo tamen Eremitarum nomen primitus auspicari. Exiit dudum, sive anno 1750, Argentorati eruditissimi *Anonymi Responsum ad libellum De primatu S. Pauli Thebæi*; qui et multis hac de re disserit, et veriorem hanc nostram loci hujus interpretationem probat.

Principem istius rei fuisse, non, etc. Sic legunt mss. codices vetustiores ac meliores. Alii autem has retinent varias lectiones. Codex Avenionensis, alter C Tolosanus FF. Prædicatorum : *Principem istius fuisse nominis et ordinis*. Duo Parisienses : *Principem rei istius fuisse nominis et ordinis*. Editi denique fictam hujusmodi ab Erasmo lectionem exhibent : *Principem istius rei fuisse ; quod non tam nominibus, quam opinione nos quoque comprobamus.* MARTIAN.

[g] Abest vox *fuisse* a Veron. ms., ut ex aliquot editis libris.

INCIPIT VITA.

2. *Decius et Valerianus Christianorum persecutores.* — [a] Sub Decio et Valeriano persecutoribus, quo tempore Cornelius Romæ, Cyprianus Carthagine, felici cruore martyrium pertulerunt, multas apud Ægyptum et Thebaidem Ecclesias, tempestas sæva populata est. Voti tunc Christianis erat, pro [*Veron.* eo] Christi nomine gladio percuti [*Veron.* perpeti]. Verum hostis callidus tarda ad mortem supplicia conquirens animas cupiebat jugulare, non corpora. Et ut ipse, qui ab ipso passus est, Cyprianus ait: [b] *Volentibus mori, non permittebatur occidi.* Cujus ut crudelitas notior fiat, duo memoriæ causa exempla [c] subjicimus.

3. *Duo Martyres insignes.* — Perseverantem in fide Martyrem, et inter eculeos laminasque victorem, jussit melle perungi, et sub ardentissimo sole, religatis manibus post tergum [d] reponi, scilicet ut muscarum aculeis cederet, qui ignitas sartagines ante superasset. Alium juvenili ætate florentem, in amœnissimos hortulos præcepit [*Al.* adduci] abduci. Ibique inter lilia candentia et rubentes rosas, cum leni juxta murmure aquarum serperet rivus, et molli sibilo arborum folia ventus præstringeret [*Al.* stringeret], [e] super exstructum plumis lectum resupinari, et ne se inde posset excutere, [f] blandis sertorum nexibus irretitum relinqui. Quo cum, recedentibus cunctis, meretrix speciosa venisset, cœpit delicatis stringere colla [*Al.* collum] complexibus: et, quod a dictu quoque scelus est, manibus attrectare [*Al.* obtrectare] virilia: ut corpore in libidinem concitato, se victrix impudica superjaceret. [g] Quid ageret miles Christi, et quo se verteret, nesciebat. Quem tormenta non vicerant, superabat voluptas. Tandem cœlitus inspiratus, præcisam [h] mordicus linguam in osculantis se faciem exspuit; ac sic libidinis sensum succedens doloris magnitudo superavit [*Al.* occupavit et præripuit. *Ms. Veron.* calcavit].

4. *Pauli dotes et eruditio.* — Per idem ergo tempus quo talia gerebantur apud inferiorem Thebaidam, cum sorore jam viro tradita, post mortem [*Al.* morte] amborum parentum in hæreditate locupleti, Paulus relictus est annorum circiter [i] sexdecim, litteris tam Græcis quam Ægyptiacis apprime [*Ms. Ver.* adplene] eruditus, mansueti animi, Deum valde amans. Et cum persecutionis procella detonaret, [j] in villam remotiorem et secretiorem secessit. Verum quid pectora humana non cogit [*Ms. Ver.* cogis] *Auri sacra fames* (*Virgil. Æneid.* II)? sororis maritus cœpit prodere velle, quem celare debuerat. Non illum uxoris lacrymæ, [k] ut assolet: non communio sanguinis, non spectans cuncta ex alto Deus, ab scelere revocavit [*Ms. Ver.* revocaverunt]. [l] Aderat, instabat, crudelitate quasi pietate utebatur.

5. *Furtiva monetæ officina.* — Quod ubi prudentissimus adolescens intellexit, ad montium deserta confugiens, dum persecutionis finem præstolaretur [*Al.* præstolatur], necessitatem in voluntatem

---

[a] Titulus Veron. ms. nostro abest. Tum vitiose, ut multus dubito, duo penes Martian. codices, *sub Diocletiano, et Valeriano;* nec refert quod subnexam adolescentis a meretrice tentati historiam sub Diocletiano minime accuratus auctor Nicephorus narret lib. VII. Mox duo verba *felici cruore* in duobus e nostris mss. desiderantur. Veron. aliiq. *felici cruore damnati sunt.*
Sub Decio. Mss. codices Aven. et Tolos., *sub Diocletiano et Valeriano.* Quod propterea annotamus, quia historiam juvenis mox subjectam, sub Diocletiano gestam refert Nicephorus lib. VII Hist. 13. MARTIAN.

[b] S. Cyprianus epist. 53, *maxime cum cupientibus mori, non permitterentur* (leg. cum Hier. singulari numero *permitteretur*) *occidi.* Seneca Thebaid. *Occidere est, vetare cupientem mori.*

[c] Antea erat *subjecimus,* repugnantibus mss. quorum ope etiam in sequenti versu, cum esset *Perseverantem igitur in fide,* etc., vocem *igitur,* qua sensus turbatur, expunximus. Horum martyrum in Martyrologio ad 28 Julii est mentio.

[d] Maluimus rectiore sensu ex Veronen. aliisque optimæ notæ libris refigere hunc locum, *religatis post tergum manibus reponi* pro *ligatis et resupinari,* quemadmodum alii habent.

[e] Alit. *super stratum plumis,* etc., sed deinde veteres editores Erasm., Roswayd. et Victorius immutant ex conjectura *serico* pro *sertorum.* Tum *ac lectulum et supinari.*

[f] *Blandis sertorum.* Editi legunt, *blandis serico nexibus;* omnes autem mss. ut nos edidimus, *blandis sertorum nexibus.* Quæ lectio non debuit immutari ex sola Erasmi conjectura. MARTIAN.

[g] Tres Reginæ mss. *quid ageret miles Christi? quo se conferret? quem,* etc. Rectius. Mox unus *superabat abominata voluptas.* Al. *superaret voluptas:* et hoc rectius. Rectissime autem mox duo verba *cœlitus inspiratus* ms. Veronen. tacet.

[h] Impressi *morsu,* aut *morsibus.* Sed quam prætulimus Veronensis, aliorumque mss. lectionem, probat similis Hieronymi locus epist. 88, sive Theophili Synodica, n. 1: *Unus linguæ partem mordicus amputavit.*

[i] Ita post Martianæum mss. omnes, e quibus vetustior unus, qui penes me est, superiori sui parte truncatus. Victorius vero, post Erasm. *quindecim* tantum enumerat. Nec tamen abs re notat Bollandus, non dici abs Hieronymo, Paulum simul ac parentibus orbatus est, profugisse, sed postea cum mota est persecutio post Philipporum Imperatorum cædem.

[j] Quidam mss., *in villa remotiore secretius habitabat, secretior manebat,* alii *remotior secretiorque fuit.* Meliori sensu causam recessionem exhibet impressa lectio, qua se Paulus subtraxisse, ac Domino reservasse significatur, ut cum Cypriano loquar. Vide Tertulliani librum de Fuga in persecutione.
In villam. In aliis libris mss. *in villa secretius habitabat,* vel, *in villa remotior secretiorque fuit.* MARTIAN.

[k] Duo verba, *ut assolet* a cunctis nostris mss. aliisque libris absunt, et expungi malim. Mox quidam, *Ad hæc instabat:* quam lectionem etiam veteres editi recipiunt immutantque amplius, *crudelitas, quæ pietatem videbatur imitari.* Sed præferenda impressa, quam constat ex Floro lib. III, cap. 5, de Mithridate Hieronymum elegantissime mutuatum, *Aderat, instabat; sævitia, quasi virtute, utebatur.*

[l] *Aderat, instabat.* Plures codices legunt: *Ad hæc instabat, crudelitate quasi pietate utebatur.* Quod ex Floro mutuatur Hieronymus: cum L. Florus lib. III, c. 5. sic habeat: *Aderat, instabat, sævitia, quasi virtute utebatur.* Erasmus et Marianus id ignorantes aliam lectionem confixerunt, nempe: *Ad hæc, instabat, crudelitas, quæ pietatem videbatur imitari.* MARTIAN.

vertit, ac paulatim progrediens, [a] rursusque subsistens, atque hoc idem sæpius faciens, tamdem reperit [b] saxeum montem, ad cujus radices haud grandis spelunca, lapide claudebatur. Quo remoto (ut est cupiditas hominum occulta cognoscere), avidius explorans, animadvertit intus grande vestibulum, quod aperto desuper cœlo, patulis diffusa ramis vetus palma contexerat, fontem lucidissimum [c] ostendens : cujus rivum tantummodo foras erumpentem, statim modico foramine, eadem quæ genuerat, aquas terra sorbebat. Erant præterea per exesum [Al. saxeum] montem haud pauca habitacula, in quibus scabræ jam incudes et mallei, quibus pecunia signatur, visebantur. Hunc locum Ægyptiorum litteræ ferunt, furtivam monetæ officinam fuisse, ea tempestate qua Cleopatræ junctus est Antonius.

6. Igitur adamato (quasi [d] quod a Deo sibi offerretur) habitaculo, omnem ibidem in orationibus, et solitudine duxit ætatem. Cibum et vestimentum ei palma præbebat. Quod ne cui impossibile videatur, Jesum testor et sanctos angelos ejus [e] in ea eremi parte, quæ juxta Syriam Saracenis jungitur, et vidisse me monachos, [f] et videre, e quibus unus per triginta annos clausus, hordeaceo pane et lutulenta aqua vixit, alter in cisterna 6 veteri (quam gentili sermone Syri [g] GUBBAM vocant) quinque caricis per singulos dies sustentabatur. Hæc igitur incredibilia videbuntur his, qui non credunt omnia possibilia esse credentibus [Ms. Ver. credenti].

7. *Ætas Pauli et Antonii.* — Sed ut ad id redeam unde digressus sum, cum jam [h] centum tredecim annos beatus Paulus vitam cœlestem ageret in terris, et nonagenarius in alia solitudine Antonius moraretur (ut ipse asserere solebat), hæc in mentem ejus cogitatio incidit, nullum ultra [i] se perfectum monachum [Al. monachorum] in eremo consedisse. At illi per noctem quiescenti revelatum est esse alium interius [Al. ulterius et in terris] multo se meliorem ad quem visendum deberet proficisci. Illico erumpente luce, venerabilis senex infirmos artus baculo regente sustentans, cepit ire velle quo nesciebat. Et jam media dies coquente desuper sole fervebat, nec tamen a cœpto itinere abducebatur [Ver. ms. deducebatur] dicens : Credo in Deum meum, quod [j] olim conservum, quem mihi promisit, ostendet. Nec plura his, conspicit [Al. conspicatur. Ver. ms., centauro] hominem equo mixtum, cui opinio poetarum [k] Hippocentauro vocabulum indidit. Quo viso, salutaris impressione signi armat frontem : Et heus tu, inquit, quanam in parte hic servus Dei habitat? At ille barbarum nescio quid infrendens, et frangens potius verba quam proloquens, inter horrentia ora [l] setis, blandum quæsivit alloquium. Et dexteræ protensione manus cupitum indicat iter, et sic patentes 7 campos voluori transmittens fuga, ex oculis

---

[a] Pro *subsistens* tres Reginæ libri *tantumdem*, quam vocem priori minime exclusa nostrum exemplar sic retinet, *rursusque subsistens tantumdem, atque idem sæpius*, etc. Ms. Ver., *procedens rursusque tantumdem*.

[b] Mss. quidam *excisum*, alii etiam editi *exesum*, al. *extensum*. Verum *saxeum* vocat hic S. Pater elegantiss. Sallustius in Jugurtha, c. 92 : *Erat inter cæteram planitiem mons saxeus, mediocri castello satis patens*. Quibus similia habent Florus III, c. 1, et Frontinus III, c. 9. Porro in sequentibus, omnium, quos contulimus, mss. fidem atque consensum sequi maluimus; peccare enim videntur nobis hucusque editi intrusis quibusdam vocibus, quæ alium atque incommodum sensum reddunt. *Ad cujus*, inquiunt, *radicem haud procul erat grandis spelunca, quæ lapide claudebatur*. In aliis mss. apud Gravium, *speluncam vidit, cujus os haud grandi lapide claudebatur.* Mox etiam, sed integro utrobique sensu manente, variant plerique mss. *ut est cupiditas hominum avidius occulta cognoscere, animadvertit intus*, etc. Veronens. *avidius occulta cognoscere cupiens.*

[c] Istud *ostendens* opponitur præcedenti proxime verbo *contexerat*. Palma scilicet, quæ *desuper* ramis vestibulum contegebat, *ostendebat* de palmo fontem, idest ipsum non tam sinebat videri, quam positu suo ipso indicabat. Annotasse id oportuit, ut satis fieret nupero Severi Sulpicii editori, qui locum hunc omnino corruptum putat facitque intelligendo ut nihil intelligat. Veronens. ms. decurtatum hac brevi pericope verbis, *cujus vivum*, etc., mox *erumpentem statim modico foramine*, et denique *aquas*, tantum non improbo.

[d] Ms. Veron., *quasi si a Deo offerretur habitaculo.*

[e] *In ea eremi parte, quæ juxta Syriam Saracenis jungitur.* Hoc modo legimus in duobus antiquis exemplaribus mss. unde compertum nobis est Hieronymum vitam Pauli edidisse in eremo. MARTIAN.

[f] Comma istud *et videre* non habent duo Reginæ mss. qui tamen paulo post cum Veronensi, atque aliis in instanti legunt *vivit*, atque infra *sustentatur*, quam lectionem doctis viris, et præcipue Tillemontio probari scimus; sed non adeo contextum duximus immutandum.

[g] Equidem arbitror non GUBBAM Syros gentili sermone dicere, sed quemadmodum Victorius legit KUBBAM, quæ vox cisternam, lacunam hisque similia significat. Quod autem etiam in Jerem. cap. 6 transit Gubbam Syro et Hebraico sermone *cisternam* appellari, pronuntiationem Syrorum sui temporis fortasse respexerit, et quidem a Chaldæo בוב deduci possit, quod foveam, et lacum significat, sed nihil tale vox illa Syriace. Id porro etiam addere placet, hujusmodi monachos, qui se cisternis includebant, Græce ἐγκλείστους appellari.

[h] Idem Ms. *cum jam centesimo tertio decimo ætatis suæ anno vitam*, etc., ipso prætermisso nomine *Beatus Paulus*.

[i] Vox isthæc *perfectum*, quam in nullo ms. exemplari invenimus, facile expungi posset, nisi, quod statim subdit, revelatum esse *alium ulterius multo se meliorem*, suffragium qualecumque adderet. Olim nos putabamus legi debere *profectum*, ut sensus tantum esset, multum ultra Paulum in interiores penitioresque eremi partes profecisse : quod non usque adeo probamus. Malumus autem cum ms. Veron. legi *nullum ultra se monachorum in eremo*, etc. Tertio ab hoc versu pro *deberet proficisci* habet idem ms. *properare deberet*.

[j] Quinque mss. *quod servum suum, quem mihi*, etc. quam lectionem etiam Victorius probat, priori quæ tunc obtinebat, expuncta, *quia quod mihi servo suo promisit*.

[k] Unus ms. *onocentauro*. De hujusmodi autem duarum specierum monstro alii disputant, nec difficile creditu ostendunt ex Plin. l. VII, c. 3, et Alexandro ab Alexandr. l. III, c. 8. Vid. pag. seq. Not. c.

[l] Victor. *senis*, alii *satis* ; sed verius *setis* visum est : quod e duobus mss. expressimus.

mirantis evanuit. Verum hæc utrum diabolus ad terrendum eum simulaverit, an (ut solet) eremus monstruosorum animalium ferax, istam quoque gignat bestiam, incertum habemus.

8. *Fauni et Satyri. Satyrus allatus vivus Alexandriam.* — Stupens itaque Antonius, et de eo quod viderat secum volvens, [a] ulterius progreditur [*Ver. ms.* regrediebatur]. Nec mora, inter saxosam convallem haud grandem homunculum videt, aduncis naribus, fronte cornibus asperata, cujus extrema pars corporis in caprarum pedes desinebat. [b] Ad hoc Antonius spectaculum, scutum fidei et loricam spei, ut bonus prœliator arripuit : nihilominus memoratum animal, palmarum fructus eidem ad viaticum, quasi pacis obsides, offerebat [*Al.* afferebat]. Quo cognito, gradum pressit Antonius, et quisnam esset interrogans, hoc ab eo responsum accepit : « [c] Mortalis ego sum, et unus ex accolis eremi, quos vario delusa errore Gentilitas, Faunos, Satyrosque, et Incubos [d] vocans colit. Legatione fungor gregis mei. Precamur ut pro nobis communem Dominum depreceris, quem in [*Ver.* tacet quem in] salutem mundi olim venisse cognovimus ; et in universam terram exiit sonus ejus. » Talia eo loquente, longævus viator ubertim faciem lacrymis rigabat, quas magnitudo lætitiæ indices cordis effuderat. Gaudebat quippe de Christi gloria, et de interitu Satanæ : simulque admirans, quod ejus posset intelligere sermonem, et baculo humum percutiens, aiebat : « Væ tibi, Alexandria, quæ pro Deo portenta veneraris.

Væ tibi, 8 civitas meretrix in quam totius orbis dæ- monia confluxere. Quid nunc dictura es ? » Bestiæ Christum loquuntur, [e] et tu pro Deo portenta veneraris. Necdum verba compleverat, et quasi pennigero volatu petulcum animal aufugit. Hoc [f] ne cuiquam ad incredulitatem scrupulum moveat, sub rege [g] Constantio, universo mundo teste, defenditur. Nam Alexandriam istiusmodi homo vivus perductus, magnum populo spectaculum præbuit : et postea cadaver exanime, ne calore æstatis dissiparetur, sale infuso [*Ver. ms.* infusam et], Antiochiam ut ab Imperatore videretur, allatum est.

9. Sed ut propositum persequar, Antonius [h] cœptam regionem pergebat, ferarum tantum vestigia intuens, et eremi latam vastitatem. Quid ageret, quo verteret gradum, nesciebat. Jam altera effluxerat dies. Restabat unum, ut deseri se a Christo non posse confideret. Pernox secundas in oratione exegit tenebras : et dubia adhuc luce, [i] haud procul intuetur lupam sitis ardoribus anhelantem, ad radicem montis irrepere. Quam secutus oculis, et juxta speluncam, cum fera abiisset, accedens, intro cœpit aspicere [*Ver. ms.* cœpit introspicere] : nihil curiositate proficiente, tenebris arcentibus visum. [j] Verum ut Scriptura ait, *perfecta dilectio foras mittit timorem* (I *Joan.* iv, 18), suspenso gradu et anhelitu temperato, [k] callidus explorator ingressus, ac paulatim progrediens, sæpiusque subsistens sonum aure captabat. Tandem per cæcæ noctis horrorem procul lumen intuitus, dum avidius properat, 9 [l] offenso in lapidem pede, strepitum concitavit : post cujus sonitum beatus Paulus ostium quod patebat occludens

---

[a] Duo codd. Vatic., *celerius progrediebatur.*

[b] Hucusque vitiose obtinuit, *Infractusque et hoc Antonius spectaculo,* cum nullus tamen ms. ut multum inter se varient, vocem *Infractusque* habeat. Sequimur hic alterum Reginæ, sive 432. Alii *attonitus* pro *Antonius* legunt, fortasse verius hac serie : *in caprarum pedes desinebat ; et hoc attonitus spectaculo scutum fidei bonus prœliator arripuit,* verba enim interposita, *et loricam spei, ut,* non agnoscunt. Ver., *et hoc attonitus ex spectaculo.*

[c] Hanc de Fauno, Satyrove historiolam, quæ benigno lectore indigere videatur, faciunt multa apud alios gravissimos auctores testimonia probabiliorem. Augustin. lib. xv de Dei c. 23 : *Celeberrima fama est multique se expertos, vel ab iis qui experti essent, de quorum fide dubitandum non est, audiisse affirmant, Silvanos, et Faunos, quos vulgo Incubos vocant, improbos exstitisse mulieribus.* Iterum Hieron. in Isai. xiii : *Pilosi, vel Incubones, vel Satyros ; silvestres quosdam homines, quos nonnulli Faunos Ficarios vocant.* Paria habet Eutropius lib. xii et Isidorus lib. ix Originum. Plerumque autem Dæmones ex vulgi sensu fuisse creduntur. Heraclitus de Incredibilibus, c. 25, fuisse montanos homines narrat, τράγων δέ τρίχας καί σκελή ἔχειν, *hircorumque pilos habere et crura.* His laudatisque præcedenti columna Auctoribus in hanc rem, adde Plutarchum in Vita Syllæ, quem ait prope Dyrrachium vidisse oculis ac lustrasse curiosus vivum Satyrum hujusmodi, eumque esse allocutum, tametsi nequiret ille formare verba, cujus vox hinnitum equi, aut hirci sonum referret. Dicuntur et Tertullianus, et Justinus, et Cyprianus, Athenagoras, Clemens Alexandrinus, Lactantius, Auctores eruditissimi, hujusmodi fabulæ aurem accommodasse, eosque Satyros putasse ex Angelis rebellibus esse, quos terris incubare Deus vindex jusserit,

aliis in aere, aliis in Inferno esse coactis. Omnis arte Ethnicorum religio communi consensu eos pro diis sive semideis habuit. Præterea insulsa Rabbinorum commenta, et cum primis R. Abraham, qui veras creaturas de Omnipotentis manu esse, sed imperfectas censuit eo quod cum illas Deus conderet, deprehensus nocte Sabbathi noluit ultimam eis manum imponere.

[d] Nostri codd. illud *vocans* non habent.

[e] Isthæc superioris sententiæ repetitio, *et tu pro Deo portenta veneraris,* in nostris mss. non invenitur.

[f] Mss. *ne cui ad incredulitatem* (vel *incredulitatis*) *scrupulum.*

[g] Antea erat *Constantino* cum vulgatis plerisque. At Mss. nostri omnes libri, atque ipse cum primis Veronen. *Constantio* habent, quod nomen hic restituimus ad eorum fidem, assentiente ipsa temporum ratione atque historia, ut et nupero Severi Sulpicii editore notatum est ; non enim Antiochiæ sedem habuisse Constantinum asseri potest, cum de Constantio minime dubium sit, primis saltem duodecim aut tredecim ejus imperii annis.

[h] Unus ms., *cœpta regione* ; duo alii et qui penes me est, *cœpto itinere pergebat.* Mox verbum *nesciebat* pari consensu omnes tacent, satiusque erit expungere.

[i] Erat absque negandi particula, *procul intuetur.*

[j] Concinnius mss. *Verum quia, ut Scriptura ait,* etc., *ingressus est. Ac paulatim,* etc.

[k] Duo verba *callidus explorator* Veron. ms. tacet ; mox *capiebat* legit pro *captabat.*

[l] Aliter mss., *offensum pede* (noster *in pedem*) *lapidem in strepitum concitavit.* Mox *recludens* pro *occludens.* Veron., *offensu pedis.*

[*Ver.* recludens], sera obfirmavit. Tunc vero Antonius pro [*Al.* præ] foribus corruens, usque ad sextam, et eo amplius horam, aditum precabatur dicens : Qui sim, unde, cur venerim, nosti. Scio me non mereri conspectum tuum : tamen nisi videro, non recedam. Qui bestias recipis [*Al.* suscipis], hominem cur repellis ? Quæsivi, et inveni : pulso ut aperiatur. Quod si non impetro, hic [*Ver.* hic, hic] moriar ante postes tuos : certe sepelies vel [a] cadaver.

Talia perstabat memorans, fixusque manebat.
Ad quem responsum paucis ita reddidit heros.
(*Virgil., Æneid., lib.* II *et* VI.)

Nemo sic petit, ut minetur ; nemo cum lacrymis calumniam facit. [b] Et miraris si non recipiam, cum moriturus adveneris ? Sic arridens Paulus patefecit ingressum. Quo aperto, dum in mutuos miscentur amplexus, propriis se salutavere nominibus : gratiæ Domino in commune referuntur.

10. Et post sanctum osculum residens Paulus, cum Antonio ita exorsus est : En quem tanto labore quæsisti, [c] putridis senectute membris operit inculta canities. En vides hominem, pulverem mox futurum. Verum quia charitas omnia sustentat [*Ver.* sustinet], narra mihi, quæso, quomodo [*Ver.* ut] se habeat humanum genus. An in antiquis urbibus nova tecta consurgant : quo mundus regatur imperio : an supersint aliqui, qui dæmonum errore rapiantur [*Al.* capiantur]. Inter has sermocinationes suspiciunt alitem corvum in ramo arboris consedisse, qui inde leniter [d] subvolabat, et integrum panem ante ora mirantium deposuit; post cujus abscessum : Eia, inquit Paulus, Dominus nobis prandium misit, vere pius, vere misericors. Sexaginta jam anni sunt quod [*Al.* ex quo] dimidii semper panis fragmentum [*Ver.* fragmen] accipio : verum ad adventum tuum, militibus suis Christus duplicavit annonam.

11. Igitur Domino gratiarum actione celebrata, super vitrei marginem fontis uterque consedit [*Ver.* subsedit]. Hic vero quis frangeret panem oborta contentio, pene diem **10** duxit in vesperum. Paulus more cogebat hospitii, Antonius jure refellebat ætatis. Tandem consilium fuit, ut apprehenso e regione pane, dum ad se quisque nititur, [e] pars sua remaneret in manibus. Dehinc paululum aquæ in fonte prono ore [*Al.* prono in fronte ore] libaverunt : et immolantes Deo sacrificium laudis, noctem transegere vigiliis. Cumque jam esset terræ [*Al.* terris] redditus dies, beatus Paulus ad Antonium sic locutus est : Olim te, frater, in istis regionibus habitare sciebam : olim te conservum meum mihi promiserat Deus; sed quia jam dormitionis meæ tempus advenit, et quod semper cupiebam [*Ver.* cupieram] dissolvi, et esse cum Christo, peracto cursu superest mihi corona justitiæ : tu missus es a Domino, qui humo corpusculum meum tegas, immo terræ terram reddas.

12. *Athanasius pallium dedit Antonio. Monasterium Antonii a Saracenis occupatum.* — His Antonius auditis, flens et gemens, ne se desereret, atque ut comitem talis itineris acciperet, precabatur. Et [*Al. At*] ille : Non debes, inquit, quærere quæ tua sunt, sed quæ aliena. Expedit [f] tibi, sarcina carnis abjecta, Agnum sequi. Sed et cæteris expedit fratribus, ut tuo adhuc instituantur exemplo. Quamobrem, quæso, perge, nisi molestum est; et pallium quod tibi Athanasius episcopus dedit, ad obvolvendum corpusculum meum, defer. Hoc autem beatus Paulus rogavit, non quod magnopere curaret, utrum tectum putresceret cadaver, an nudum (quippe qui tanto temporis spatio, contextis palmarum foliis vestiebatur), sed ut a se [g] recedenti mœror suæ mortis levaretur. Stupefactus ergo Antonius, quod de Athanasio et pallio ejus audierat, quasi Christum in Paulo videns, et in pectore ejus Deum venerans, ultra respondere nihil ausus est : sed cum silentio lacrymans, exosculatis ejus oculis manibusque, ad monasterium quod [h] postea a Saracenis occupatum est, regrediebatur. Neque vero gressus sequebantur animum. Sed [i] quamvis corpus inane jejuniis, seniles etiam anni fregerant, tamen animo vincebat ætatem.

13. *Antonii humilitas.* — Tandem fatigatus [*Ver.* defatigatus] et anhelus ad habitaculum suum confecto itinere pervenit. Cui cum duo discipuli, qui ei [j] jam longævo ministrare cœperant, occurrissent **11** dicentes : Ubi tamdiu moratus es, pater ? Respondit : Væ mihi peccatori, qui falsum Monachi nomen fero. Vidi Eliam, vidi Joannem in deserto, et vere vidi Paulum in paradiso. Et sic ore compresso, et manu verberans pectus, ex cellula pallium protulit. Rogantibusque discipulis, ut plenius quidnam rei esset, exponeret, ait : *Tempus tacendi, et tempus loquendi* (*Eccles.* III, 7).

14. *Pauli anima inter angelorum choros.* — Tunc egressus foras, et ne modicum quidem cibi sumens, per viam qua venerat, regressus est [*Ver.* regrediebatur], illum sitiens, illum videre desiderans, illum oculis ac tota mente complectens. Timebat enim, quod et evenit, ne se absente, Christo [k] debitum spiritum

---

[a] Gravius alibi invenit *vel cadaver exanime.*
[b] Al. Victorio et Gravio annotantibus *injuriam facit. Et minaris si,* etc.
[c] Mss., *putribus;* et paulo post *omnia sustinet,* pro *sustentat.*
[d] Iidem *leriter subvolans, integrum,* fere cum Victorio. Ver. *leniter subvolans integrum,* etc.
[e] Addit. Ver. ms. *trahere,* tum editi vetustiores *pars cuique sua.*
[f] Concinnius in Veron., *Expedit quidem tibi.*
[g] In Veron. ms. non sine uno alteroque mendo *Sed ut ad* (pro *ab*) *se recedens memoria* (num pro mœrore?) *suæ mortis relevaretur.*
[h] Id ipso anno accidisse notat Bollandus, quo mortuus est S. Antonius. Vid. Chronic. ad ann. Christi 356.
[i] Mss., *Sed cum corpus inane,* etc., *anni frangerent, animo vincebat :* consentit et Veron. ms.
[j] Erat. non satis congruo sensu in vulgatis omnibus, *qui ei longo jam tempore ministrare consueverant;* certe contra Hieronymi mentem, et mss. fidem.
[k] Illud *debitum* in duobus Vatic. desideratur. Mox vero pro *iter remaneret,* quod ex omnium consensu

redderet. Cumque jam dies alia illuxisset, et trium horarum spatio iter remaneret, ª vidit inter angelorum catervas, inter prophetarum et apostolorum choros, niveo candore Paulum fulgentem in sublime conscendere. Et statim in faciem suam procidens, sabulum capiti superjaciebat, ploransque et ejulans, aiebat [*Ver. tacet*] : Cur me, Paule, dimittis? cur insalutatus abis? Tam tarde notus, tam cito recedis?

15. Referebat postea beatus Antonius tanta se velocitate, quod reliquum erat viæ cucurrisse, ut ad instar avis pervolaret : nec immerito ; nam ingressus speluncam, vidit [*Ver.* videt] genubus complicatis, erecta cervice, extensisque in altum manibus, corpus exanime. Ac primum et ipse vivere eum credens, pariter orabat. Postquam vero nulla, ut solebat, suspiria precantis audivit, in flebile osculum ruens, intellexit quod etiam cadaver ᵇ sancti Deum, cui omnia vivunt, officio gestus precaretur.

16. *Christiana traditio.* — Igitur obvoluto ᶜ et prolato foras corpore, hymnos quoque et psalmos de Christiana traditione decantans, contristabatur Antonius, quod sarculum, quo terram foderet, non ᵈ haberet. Fluctuans itaque vario mentis æstu, et secum multa reputans, dicebat : Si ad monasterium revertar, quatridui [*Al.* tridui] iter est : si hic maneam, nihil ultra proficiam. **12** ᵉ Moriar ergo, ut dignum est, juxta bellatorem tuum, Christe, et ruens, extremum halitum fundam. Talia eo animo volvente, ecce duo leones ex interioris eremi parte currentes, volantibus per colla jubis, ferebantur : quibus aspectis primo exhorruit. Rursusque ad Deum referens mentem, quasi columbas videret, mansit intrepidus. Et illi quidem directo cursu, ad cadaver beati senis substiterunt : adulantibusque caudis circa ejus pedes accubuere : fremitu ingenti rugientes, prorsus ut intelligeres [*Al.* intelligeret] eos plangere, quo modo poterant. Deinde haud procul cœperunt humum pedibus ᶠ scalpere; arenamque certatim egerentes, unius hominis capacem locum foderunt [*Ver.* effoderunt. Et]. Ac statim quasi mercedem pro opere postulantes, cum motu aurium cervice dejecta, ad Antonium perrexerunt, manus ejus pedesque lingentes. ᵍ At ille animadvertit benedictionem eos a se precari. Nec mora, in laudationem Christi effusus, quod muta quoque animalia Deum esse sentirent, ait : Domine, sine cujus nutu nec folium arboris defluit, nec unus passerum ad terram cadit, da illis sicut tu scis. Et manu annuens [*Al.* innuens] eis, ut abirent, imperavit. Cumque illi recessissent, sancti corporis oneri [*Al.* onere] seniles curvavit humeros; et deposito eo ʰ effossam, desuper humum congregans, tumulum ex more posuit [*Al.* composuit]. Postquam autem alia dies illuxit, ne quid pius hæres ex intestati bonis non possideret, tunicam ejus sibi vindicavit, quam in sportarum modum de palmæ [*Al.* palmarum] foliis ipse sibi contexuerat. Ac sic ad monasterium reversus, discipulis cuncta ex ordine replicavit; diebusque solemnibus Paschæ et Pentecostes semper Pauli tunica vestitus est.

17. *Comparatio Pauli et divitum sæculi.* — Libet in fine opusculi eos interrogare, qui sua patrimonia ignorant, qui domos marmoribus vestiunt, qui uno ⁱ filo villarum insuunt prædia : huic seni nudo [*Al.* seminudo] quid umquam defuit? Vos gemma bibitis, ille naturæ ʲ concavis manibus satisfecit. Vos in tunicis aureis texitis, ille ne vilissimi quidem indumentum **13** habuit mancipii vestri. Sed e contrario illi pauperculo paradisus patet, vos auratos gehenna suscipiet. Ille vestem Christi, nudus licet, tamen servavit : vos vestiti sericis, indumentum Christi perdidistis. Paulus vilissimo pulvere coopertus jacet resurrecturus in gloriam : vos operosa ᵏ saxis sepulcra premunt cum vestris opibus arsuros. Parcite, quæso, vos [*Al.* vobis] : parcite saltem divitiis quas amatis. **14** Cur et mortuos vestros auratis obvolvitis vestibus? cur ambitio inter luctus lacrymasque non cessat? An cadavera divitum nisi in serico putrescere nesciunt?

18. Obsecro, quicumque hæc legis, ut Hieronymi peccatoris memineris : cui si Dominus optionem daret, multo magis eligeret tunicam Pauli cum meritis ejus, quam regum purpuras cum pœnis ˡ suis.

---

mss. expressimus, cogente etiam inferiori contextu, hucusque obtinuerat contrario sensu, *viam remeavisset.*

ª Veron. in præsenti *videt*.

ᵇ Sic mss. et Victorius. Vitiose enim Martian. post Erasm., *quod etiam cadaver sanctum etiam Deum*, etc.

ᶜ Veronensis, aliique mss. *prolato foras corpore, psalmis quoque ex christiana traditione cantatis, contristabatur*, etc.

ᵈ In Veron. ms., *habebat. Fluctuansque vario*, etc. *reputans* : Si, etc. absque interposito verbo *dicebat.*

ᵉ Duo Vatic., *Moriar et ego, ut*, etc.

ᶠ Unus Vatic. *scabere*, alter *excavare, et capacem locum effodere* : mox quoque *commotu aurium* uno verbo pro *cum motu*, alter Vatic. antiquior *cum nutu*. Ver. *postulaturi*.

ᵍ Mss. una serie, *ut ille animadverteret*; et paulo post duo Vaticani *sibi servirent* pro *Deum esse sentirent*; alter *quod eum muta quoque animalia sentirent*. Ver., *Deum esse* tacet.

ʰ Haud recte erat *in fossam*. Verius unus Reginæ ms., *in fossa* : Verissima autem reliquorum mss. lectio visa est *effossam*, scilicet *humum*, etc. Tum Ver., *dies illuxerat alia*.

ⁱ Erat, *lino*, quodque vitiosum a Victorio notatum antea, *prædia* pro *pretia*, penes Martian. cui solemne est Erasmum, cæteris libris inconsultis, describere. Hieronymus vero locum imitatus est ex Tertulliani libro de Habit. Muliebr., c. 9 : *Uno lino decies sestertium inseritur*. Est autem filum cui margaritæ, et gemmæ inseruntur, et monilia fiunt. Veron. tamen et *lino* pro *filo*, et *pretia* pro *prædia* habet.

ʲ Vid. infra lib. ɪɪ contra Jovinian. et Laertium in Diogene. Mox duo mss., *tunicis auro textis*.

ᵏ *Al. taxi* quam vocem penitus omittunt alii.

ˡ Veronen., *cum meritis suis*, in aliis *cum regnis*, pro *pœnis* Martian. utrumque attexuit. Cæterum Vatic. unus hæc ad finem addit : *Finit vita Beati Pauli Monachi, quam scripsit Hieronymus presbyter ; qui fuit ante Sanctum Antonium, quem ipse sepelivit in Eremo. Hic numquam fuit in civitatibus, postquam in solitudine moratus est.*

[a] VITA S. HILARIONIS.

Hilarion monachus, Thabathæ, Palæstinæ vico, ortus, ac magni Antonii discipulus, quanta abstinentia ac sanctitate vitam duxerit, quantisque etiam in solitudine inclaruerit miraculis, copiose describit Hieronymus, in eoque exemplar perfecti monachi proponit.

13 [b] PROLOGUS.

1. Scripturus Vitam beati Hilarionis, habitatorem ejus invoco Spiritum Sanctum; ut qui illi virtutes largitus est, mihi ad narrandas eas sermonem tribuat, ut facta dictis exæquentur. Eorum enim qui fecere, [c] virtus (ut ait Crispus) tanta habetur, quantum eam verbis potuere extollere præclara ingenia. Alexander Magnus Macedo, quem [d] vel arietem, vel pardum, vel hircum caprarum Daniel vocat, cum ad Achillis tumulum pervenisset : [e] Felicem te, ait, juvenis, qui magno frueris [Al. fruaris] præcone meritorum ! Homerum videlicet significans. Porro mihi tanti ac talis viri conversatio [Al. conversio], Vitaque dicenda est, ut Homerus quoque si adesset, vel invideret materiæ, vel succumberet. Quamquam enim sanctus Epiphanius Salaminæ Cypri episcopus, qui cum Hilarione plurimum versatus est, laudem ejus brevi [f] epistola scripserit, quæ vulgo legitur ; tamen aliud est locis communibus laudare defunctum, aliud defuncti proprias narrare virtutes. Unde et nos favore magis illius, quam injuria, cœptum ab eo opus aggredientes, maledicorum voces contemnimus : qui olim detrahentes Paulo meo, nunc forte detrahent et Hilarioni : illum solitudinis calumniati, huic objicientes frequentiam : ut qui semper latuit, non 14 fuisse ; qui a multis visus est, vilis existimetur. Fecerunt hoc et majores eorum quondam Pharisæi, quibus nec Joannis eremus ac jejunium, nec Domini Salvatoris turbæ, cibi, potusque placuerunt. Verum destinato operi imponam manum, et Scylleos canes obturata [Al. obdurata] aure transibo.

INCIPIT VITA.

2. [g] Hilarion ortus vico Tabatha, qui circiter quinque millia a Gaza urbe Palæstinæ ad Austrum situs est, cum haberet parentes idolis deditos, rosa, ut dicitur, de spinis floruit. A quibus missus Alexandriam, grammatico traditus est : ibique quantum illa patiebatur ætas, magna ingenii et morum documenta præbuit ; in brevi charus omnibus et loquendi arte gnarus. Quodque his majus est omnibus, credens in Dominum Jesum, non circi furoribus, non arenæ sanguine, non theatri luxuria delectabatur ; sed tota illi voluptas [Al. voluptas] in Ecclesiæ erat congregatione.

3. Audiens autem tunc celebre nomen Antonii, quod per omnes Ægypti populos ferebatur, incensus visendi ejus studio, perrexit ad eremum. Et statim ut eum vidit, mutato pristino habitu, duobus [Ms. tribus] 15 fere mensibus juxta eum mansit, contemplans ordinem vitæ ejus morumque gravitatem. Quam creber in oratione, quam humilis in suscipiendis fratribus, severus in corripiendis, alacer in exhortandis esset : et ut continentiam, cibique ejus [B] asperitatem nulla umquam infirmitas frangeret. Porro frequentiam eorum, qui ad eum ob varias [h] passiones aut impetus dæmonum concurrebant, ultra non ferens : nec congruum esse ducens, pati in eremo populos civitatum : sicque sibi magis incipiendum esse, ut cœpisset Antonius ; illum quasi virum fortem victoriæ præmia accipere : se necdum militare cœpisse ; reversus est cum quibusdam Monachis ad patriam : et parentibus jam defunctis, partem substantiæ fratribus, partem pauperibus largitus est, nihil sibi omnino reservans, et timens illud de Actibus Apostolorum, Ananiæ et Sapphiræ vel exemplum, vel supplicium ; maximeque Domini memor, dicentis : *Qui non renuntiaverit omnibus quæ habet, non potest meus esse discipulus* (Luc. xiv, 53). Erat [C] autem tunc annorum quindecim. Sic nudus, et armatus in Christo, solitudinem, quæ in septimo milliario a [i] Majoma Gazæ emporio per littus euntibus Ægyptum, ad lævam flectitur, ingressus est. Cumque essent cruenta latrociniis loca, et propinqui amicique ejus imminens periculum denuntiarent, contempsit mortem, ut mortem evaderet.

4. *Jejunium Hilarionis.* Mirabantur omnes animum : mirabantur ætatem ; nisi quod flamma quæ-

---

[a] Scripta circ. an. 390.
[b] In Vitis Patrum Prologo isthæc præponitur obtestatio : *In sanctis orationibus tuis memento mei, decus et dignitas virginum, Nonna Asella ; atque adeo in fine Vitæ : Opto ut in Christo permaneas, et memor in creationibus tuis sis mei, virgo sacratissima.* Hinc Asellæ inscribi historiam abs Hieronymo nonnulli arbitrati sunt, sed cum neque in aliis editis, neque in ullis mss. verba illa inveniantur, nihil video pro certo constitui posse.
[c] Victor. *virtutes, ut ait Crispus, tanta habentur merita quantum,* etc. haud recte. Vid. Sallust. in Catil., c. 8.
[d] Duo Vaticani *bellua* pro *arietem,* quæ vox in alio cod. rectius omittitur.

[e] *Felicem te.* Codex ms. Avenion. *Felicem te, ais, o juvenis,* etc. Idem refertur ab Arjano lib. 1 de rebus gestis ab Alexandro Magno, et a Plutarcho in Alexandro. Verba Alexandri apud Vopiscum in Probo : *Felicem te, inquit, juvenis, qui talem præconem tuarum virtutum reperisti.* MARTIAN.
[D] [f] Ætatem non tulit isthæc Epiphanii epistola.
[g] Conferendus Sozomenus lib. III cap. 14 : Τοῦτο (Ἱλαρίων) πατρὶς μὲν ἦν Θαβαθά, κώμη πρὸς νότον δὲ Γάζης κειμένη ; et mox, γραμματικῷ δὲ φοιτῶν ἐν Ἀλεξανδρείᾳ, etc.
[h] Vaticani *ob varias infirmitates, et passiones :* paulo post, *dicens* pro *ducens.*
[i] Mss. *Majuma,* et *Mauma.* Vid. Sozomenum lib. v, cap. 3.

dam ª pectoris, et scintillæ fidei in oculis relucebant. ᵇ Læves [*Al.* lenes] erant genæ, delicatum corpus et tenue, et ad omnem injuriam impatiens : quod levi vel frigore, vel æstu, posset affligi. Igitur sacco tantum membra coopertus, et pelliceum habens ependyten, quem illi beatus Antonius proficiscenti dederat, sagumque rusticum, inter mare et paludem, vasta et terribili solitudine fruebatur, quindecim tantum caricas post solis occasum comedens. Et quia regio latrociniis infamis erat, numquam in eodem loco habitare consueverat. Quid [*Al.* mansitans. Quid] faceret diabolus ? quo se verteret ? Qui gloriabatur ante, dicens : *In cœlum ascendam, super sidera cœli ponam thronum meum, et ero similis Altissimo* (*Isa.* xiv, 14), cernebat se vinci a puero, et prius ab eo calcatum fuisse, quam per ætatem peccare potuisset.

16 5. ᶜ Titillabat itaque sensus ejus, et pubescenti corpori solita voluptatum incendia suggerebat. Cogebatur tirunculus Christi cogitare quod nesciebat, et ejus rei animo pompam volvere, cujus experimenta non noverat. Iratus itaque sibi, et pectus pugnis verberans (quasi cogitationes cæde manus posset excludere) : Ego, inquit, ᵈ aselle, faciam, ut non calcitres : nec te hordeo alam, sed paleis. Fame te conficiam et siti ; gravi onerabo pondere ; per æstus indagabo et frigora, ut cibum potius quam lasciviam cogites. Herbarum ergo succo et paucis caricis post triduum vel quatriduum deficientem animam sustentabat, orans frequenter et psallens, et rastro humum fodiens ; ut jejuniorum laborem labor operis duplicaret. Simulque fiscellas junco texens, æmulabatur Ægyptiorum Monachorum disciplinam, et Apostoli sententiam, dicentis : *Qui autem non operatur, non manducet* (II *Thess.* iii, 10) : sic attenuatus, et in tantum exeso corpore, ut ossibus vix hæreret.

6. Quadam nocte, infantum cepit audire vagitus, balatus pecorum, mugitus boum, planctum quasi muliercularum [*Al.* mulierum], leonum rugitus, murmur exercitus, et ᵉ rursus variarum portenta vocum, ut ante sonitu quam aspectu territus cederet. Intellexit dæmonum ludibria ; et provolutus genibus, Christi crucem signavit in fronte : talique armatus, jacens fortius præliabatur ; quodammodo videre desiderans, quos horrebat audire, et sollicitis oculis huc illucque circumspiciens. Cum interim ex improviso, splendente luna, cernit rhedam ferventibus equis super se irruere : cumque inclamasset Jesum, ante oculos ejus repentino terræ hiatu, pompa omnis absorpta est. Tunc ille ait : *Equum et ascensorem projecit in mare* (*Exod.* xv, 1). Et, *Hi in curribus, et hi in equis : nos autem in nomine Dei nostri magnificabimur* (*Ps.* xvi, 18).

7. Multæ sunt tentationes ejus, et die noctuque variæ dæmonum insidiæ : quas si omnes narrare velim, modum excedam voluminis. Quoties illi nudæ mulieres cubanti, quoties esurienti largissimæ apparuere dapes ? Interdum orantem lupus ululans, et vulpecula gannions transilivit, psallentique gladiatorum pugna spectaculum præbuit : et unus quasi interfectus, et ante pedes ejus corruens, sepulturam rogavit.

8. Oravit [*Ms.* orabat] semel fixo in terram capite, **17** et ut natura fert hominum, abducta ab oratione mens, nescio quid aliud cogitabat : insiliit dorso ejus ᶠ agitator, et latera calcibus, cervicem flagello verberans : Eia, inquit, cur dormitas ? cachinnansque desuper, si [*Al.* cum] defecisset, an hordeum vellet accipere, sciscitabatur.

9. *Tuguriolum Hilarionis.* — Igitur a sexto decimo usque ad vicesimum suæ ætatis annum, æstus et pluvias brevi tuguriunculo declinavit, quod junco et carice texerat. Exstructa deinceps brevi cellula, quæ usque hodie permanet, altitudine pedum quinque, hoc est statura sua humiliore, porro longitudine paulo ampliore, quam ejus corpusculum ᵍ patiebatur, ut sepulcrum potius, quam domum crederes.

10. *Cultus Hilarionis.* — Capillum semel in anno die Paschæ totondit : super nudam humum stratumque junceum usque ad mortem cubitavit. Saccum quo semel fuerat indutus, numquam lavans : et SUPERFLUUM ESSE dicens munditias in cilicio quærere. Nec mutavit alteram tunicam, nisi cum prior penitus scissa esset. Scripturas quoque sanctas memoriter tenens, post orationes et psalmos quasi Deo præsente recitabat. Et quia longum est per diversa tempora carptim ascensum [*Al.* ascensus] ejus edicere, comprehendam breviter ante lectoris oculos, Vitam ejus pariter exponens ; et deinceps ad narrandi ordinem regrediar.

11. *Victus Hilarionis.* — A vicesimo primo anno usque ad vicesimum septimum, tribus annis dimidium lentis sextarium madefactum aqua frigida comedit, et aliis tribus panem aridum cum sale et aqua. Porro a vigesimo septimo usque ad tricesimum, herbis agrestibus, et virgultorum quorumdam radicibus crudis sustentatus est. A tricesimo autem primo usque ad tricesimum quintum, sex uncias hordeacei panis, et coctum modice olus absque oleo in cibo habuit. Sentiens autem caligare oculos suos,

---

ª Vox *pectoris* in mss. fere desideratur.

ᵇ *Læves erant genæ.* In editione Erasmiana legimus, *lenes erant genæ* ; sed falso, cum omnes mss. codices melioris notæ atque manus, retineant vocem *læves.* Eadem fraude vel imperitia veterum exscriptorum potuit irrepere verbum *lenis* pro *læves.* Genes. 27, 11, *ego vero lenis.*   MARTIAN.

ᶜ *Titillabat itaque.* Mss. Avenion. et Tolos. *Titillabat itaque sensus ejus naturali carnis ardore, et,* etc.   MARTIAN.

ᵈ Elegantissime S. Paulinus Poem. xxi :

Sit fortis anima mortificans asinum suum,

corpus nempe in libidines pronum.

ᵉ Cum Victorio mss. nostri prorsus pro *rursus.*

ᶠ Victor. *festinus agitator,* pro quo olim *gladiator.* Mox autem duo Vaticani *curre : dormitas ?* pro *cur dormitas.*

ᵍ Duo codd. *spa<iabatur* alio sensu forte an concinniori.

et totum corpus impetigine et pumicea quadam scabredine contrahi, ad superiorem victum adjecit oleum : et usque ad sexagesimum tertium vitæ suæ annum hoc continentiæ cucurrit gradum, nihil extrinsecus aut pomorum, aut leguminis, aut cujuslibet rei gustans. Inde cum se videret corpore defatigatum, et propinquam putaret imminere mortem, a sexagesimo quarto anno usque ad octogesimum **18** pane abstinuit, incredibili fervore mentis, ut eo tempore quasi novus accederet ad servitutem Domini, quo cæteri solent remissius vivere. Fiebat autem ei de farina et comminuto olere sorbitiuncula, cibo et potu vix quinque uncias appendentibus : sicque complens ordinem vitæ, numquam ante solis occasum, nec in diebus festis, nec in gravissima valetudine [*Al.* ægritudine] solvit jejunium. Sed jam tempus est ut ad ordinem revertamur.

12. *Latrones veniunt ad Hilarionem nocte.* — Cum habitaret adhuc in tuguriolo annos natus decem et octo, latrones ad eum nocte venerunt, vel æstimantes habere aliquid quod tollerent, vel in contemptum sui reputantes fieri, si puer solitarius eorum impetus non pertimesceret. Itaque inter mare et paludem a vespere usque ad solis ortum discurrentes, numquam locum ᵃ cubilis ejus invenire potuerunt. Porro clara luce reperto puero, quasi per jocum : Quid, inquiunt, faceres, si latrones ad te venirent? Quibus ille respondit : Nudus latrones non timet. Et illi : Certe, aiunt, occidi potes. Possum, inquit, possum : et ideo latrones non timeo, quia mori paratus sum. Tunc admirati constantiam ejus et fidem, confessi sunt noctis errorem, cæcatosque oculos, correctiorem deinceps vitam pollicentes.

13. *Mulier sterilis prima irrumpere ausa est ad eum.* — Viginti et duos jam in solitudine habebat annos, fama tantum notus omnibus, et per totas Palæstinæ vulgatus urbes, cum interim mulier quædam Eleutheropolitana cernens despectui se haberi a viro ob sterilitatem (jam enim per annos quindecim nullos conjugii fructus dederat), prima irrumpere ausa est ad beatum Hilarionem; et nihil tale suspicanti, repente genibus ejus advoluta : Ignosce, inquit, audaciæ : ignosce necessitati meæ. Quid avertis oculos? quid rogantem fugis? Noli mulierem aspicere, sed miseram. Hic sexus genuit Salvatorem. *Non habent sani opus medico; sed qui male habent* (*Luc.* v, 31). Tandem substitit, et post tantum temporis visa muliere, interrogavit causam adventus ejus ac fletuum. Et postquam didicit, levatis ad cœlum oculis, fidere jussit : euntemque lacrymis prosecutus, exacto anno vidit cum filio.

14. *Mulier nobilis uxor præfecti prætorio. Monachi non erant in Syria ante S. Hilarionem.* — Hoc signorum ejus principium, majus aliud signum nobilitavit. ᵇ Aristænete **19** Elpidii, qui postea præfectus prætorio fuit, uxor, valde nobilis inter suos, et inter Christianos nobilior, revertens cum marito et tribus liberis a beato Antonio, Gazæ propter eorum infirmitatem remorata est. Ibi enim sive ob corruptum aerem, sive (ut postea claruit) propter gloriam Hilarionis servi Dei, ᶜ hemitritæo pariter arrepti, omnes a medicis desperati sunt. Jacebat ululans mater, et quasi inter tria filiorum discurrens cadavera, quem prius plangeret, nesciebat. Cognito autem quod esset quidam Monachus in vicina solitudine, oblita matronalis pompæ (tantum se matrem noverat) vadit comitata ancillulis, et eunuchis [*Al.* vernaculis] : vixque a viro persuasum est, ut asello sedens pergeret. Ad quem cum pervenisset : ᵈ Precor te, ait, per Jesum clementissimum Deum nostrum : obtestor per crucem ejus et sanguinem, ut reddas mihi tres filios; et glorificetur in urbe Gentilium nomen Domini Salvatoris, et ingrediatur servus ejus Gazam, et ᵉ idolum Marnas corruat. Renuente illo, et dicente, numquam se egressum de cella, nec habere consuetudinem, ut non modo civitatem, sed ne villulam quidem ingrederetur, prostravit se humi crebro clamitans : Hilarion, serve Christi, redde mihi liberos meos. Quos Antonius tenuit in Ægypto, a te serventur in Syria. Flebant cuncti qui aderant, sed et ipse negans flevit. Quid multa? non prius mulier recessit, quam ille pollicitus est se post solis occasum Gazam introiturum. Quo postquam venit, singulorum lectulos et ᶠ ardentia membra consignans, invocavit Jesum. Et, o mira virtus ! quasi de tribus fontibus sudor pariter erupit : eadem hora receperunt cibos, lugentemque matrem cognoscentes, et benedicentes Deum, sancti manus deosculati sunt. Quod postquam auditum est, et longe lateque percrebuit, certatim ad eum de Syria et Ægypto confluebant : ita ut multi crederent in Christum, et se monachos profiterentur. Necdum enim tunc monasteria erant in Palæstina, nec quisquam monachum **20** ante

---

ᵃ fidem duo codd., *cubiculi.*

ᵇ Sic mss. Græca forma Ἀριστανέτη. Hanc porro Libanius plurimum laudat lib. IV. epist. 44, ad Helpidium. Ἔγνων τὴν ἀρίστην Ἀριστανέτην. Helpidio autem Marcellinus paulo est iniquior; nimirum ob invidiam Christiani nominis.
Aristænetæ Elpidii. De Elpidio Præfecto Prætorio vide Marcellinum lib. 21. Martian.

ᶜ *Hemitritæo.* Hemitritæum est febris sesquitertiana, ἡμιτριταῖος πυρετός, febris semitertiana, Galen. ad Glauc. tertiana imperfecta et accedens ad quotidianam : quod citius recurrat quam vera tertiana. Vide Celsum de generibus febrium. Martian.

ᵈ Eleganter Vaticani duo mss. *Per ego te ait, Jesum,* etc.

ᵉ Vocem *Idolum* nostri mss. non agnoscunt. De Marna vero noster infra iterum et epist. ad Lætam, et Arnobius, et Marinus in Vita Procli loquuntur. Epiphan. in Anchorato, cap. 108 : Μαρνᾶς δοῦλος Ἀστερίου τοῦ Κρητὸς παρὰ Γαζαίοις τιμᾶται, Marnas Asterii Cretensis servus a Gazæis colitur. Mox erat *egressurum* pro egressum, quod habent mss. omnes.

ᶠ In aliis *arentia,* concinnius vero *ardentia* hemitritæo, sive sesquitertianæ febri, *membra* intelliguntur. Sed illud turpi errore in editis antea libris peccatum est, quod *considerans* legunt pro *consignans,* quod est crucis signo notans, aut benedicens apud ecclesiasticos scriptores, estque in omnibus quos consuluimus mss.

sanctum Hilarionem in Syria noverat. Ille fundator et eruditor hujus conversationis et studii in hac provincia fuit. Habebat Dominus Jesus in Ægypto senem Antonium; habebat in Palæstina Hilarionem juniorem.

15. *Cæca mulier a decem annis.* — Facidia [a] viculus est Rhinocorurae urbis Ægypti. De hoc ergo vico, [b] decem jam annis cæca mulier adducta est ad beatum Hilarionem : oblataque ei a fratribus (jam enim multi cum eo Monachi erant) omnem se substantiam expendisse ait in medicos. Cui respondit : Si quæ in medicis perdidisti, dedisses pauperibus, curasset te verus medicus Jesus. Clamante autem illa, et misericordiam deprecante, exspuit in oculos ejus : statimque Salvatoris exemplum virtus eadem prosecuta est.

16. *Auriga Gazensis.* — Auriga quoque Gazensis in curru percussus a dæmone, totus obriguit; ita ut nec manum agitare, nec cervicem posset [*Al.* possit] reflectere. Delatus ergo in lecto, cum solam linguam moveret ad preces, audit non prius posse sanari, quam crederet in Jesum, et se sponderet arti pristinæ renuntiaturum. Credidit, spopondit, sanatus est : magisque de animæ, quam de corporis salute exsultavit.

17. *Marsitas, juvenis fortissimus.* — Præterea fortissimus juvenis nomine [c] Marsitas de territorio Jerosolymæ, tantum sibi applaudebat in viribus, ut quindecim frumenti modios diu longeque portaret; et hanc haberet palmam fortitudinis suæ, si asinos vinceret. Hic affectus pessimo dæmone, non catenas, non compedes, non claustra ostiorum integra patiebatur : multorum nasum et aures morsibus amputaverat : horum pedes, illorum [d] crura fregerat. Tantumque sui terrorem omnibus incusserat, ut oneratus catenis et funibus, in diversa nitentium, quasi ferocissimus taurus ad monasterium pertraheretur; quem postquam fratres videre, perterriti (erat enim miræ magnitudinis) nuntiaverunt patri. Ille sicut sedebat, jussit cum ad se pertrahi, et dimitti. Solutoque : Inclina, ait, caput, et veni. Tremere ille, et cervicem flectere, nec aspicere contra ausus, omnique ferocitate deposita, pedes cœpit sedentis lambere. Adjuratus itaque dæmon, et tortus, qui juvenem possederat, septima die egressus est.

18. *Orion vir primarius.* — Sed nec illud tacendum est, quod Orion [*Al.* Orionus] vir primarius et ditissimus urbis Ailæ, quæ mari Rubro imminet, a legione possessus dæmonum, ad eum adductus est.

A Manus, cervix, latera, pedes ferro onerati erant, furorisque sævitiam torvi oculi minabantur. Cumque deambularet sanctus cum fratribus, et de Scripturis nescio quid interpretaretur, erupit ille de manibus se tenentium : et amplexus [*Al.* amplexans et amplexatus] eum post tergum, in sublime levavit. Clamor ortus ab omnibus : timebant enim ne confecta jejuniis membra collideret. Sanctus arridens : Silete [*Al.* sinite], inquit, et mihi meum palæstritam dimittite. Ac sic reflexa super humeros manu, caput ejus tetigit : apprehensoque crine, ante pedes adduxit : stringens e regione ambas manus ejus, et plantas utroque calcans pede, simulque ingeminans, torquere [*Al.* torquere, ait], dæmonum turba, torquere. Cumque ille ejularet, et reflexa cervice B terram vertice tangeret : Domine, inquit, Jesu, solve miserum, solve captivum. Ut unum, ita et plures vincere tuum est. Rem loquor inauditam, ex uno hominis ore diversæ voces, et quasi confusus populi clamor audiebatur. Curatus itaque et hic, non post multum temporis cum uxore et liberis venit ad monasterium, plurima, quasi gratiam redditurus, dona afferens. Cui sanctus : Non legisti, inquit, quid Giezi (IV *Reg.* v), quid Simon (*Act.* viii) passi sint : quorum alter accepit pretium, alter obtulit : ut ille venderet gratiam Spiritus sancti, hic mercaretur? Cumque Orion flens diceret : Accipe, et da pauperibus; respondit : Tu melius potes tua distribuere, qui per urbes ambulas, et nosti pauperes. Ego qui mea reliqui, cur aliena appetam ? Multis nomen pauperum, occasio avaritiæ est : misericordia vero artem non habet. Nemo melius erogat, quam qui sibi nihil reservat. Tristi autem et [e] in terra jacenti : Noli, inquit, contristari, fili; quod facio pro me, et pro te facio. Si enim hæc accepero, et ego offendam Deum et ad te legio revertetur.

19. *Paralyticus curatus.* — Quis vero possit silentio præterire, quod [f] Gazanus Majomites haud longe a monasterio ejus, lapides ad ædificandum de ora maris cædens, totus paralysi dissolutus, et ab operis sociis delatus ad sanctum, statim [g] sanus ad opus reversus est? Etenim littus quod Palæstinæ Ægyptoque prætenditur [*Fort.* protenditur] per naturam molle arenis in saxa durescentibus asperatur; paulatimque cohærescens sibi glarea, perdit D tactum, cum non perdat aspectum.

20. *Maleficium dissolutum in Circensibus.* — Sed et Italicus ejusdem oppidi municeps Christianus, adversus Gazensem Duumvirum, Marnæ idolo deditum, Circenses equos [*Al.* circi equos curules] nu-

---

[a] Erat ridicule admodum *vicula* pro *viculus*, quod etiam e mss. omnibus restituimus. Mox in antiquis editionibus falso erat, *sunt decem jam annis*, quod Rosweydus emendavit, et mss. confirmant.

[b] *Decem jam annis.* Imponunt lectori veteres editiones, ubi legitur (sunt decem jam anni) quasi miraculum curationis cæcæ mulieris factum diceretur a decem annis. Martian.

[c] Tres nostri codd. *Messicas* habent, alii *Mesitas* : paulo post *afflatus* pro *affectus* : male autem vetustiores editi *afflictus*.

[d] Antea obtinebat *gulam* pro *crura*, quod emendare visum est e duobus Vatic.; alter enim, utraque lectione retenta, *horum gulam*, *illorum pedes*, *vel crura fregerat*.

[e] Mss. omnes. *et in arenis* pro *terra*.

[f] Unus ms., *Zazanus* alii *Zananus*, vel *Zenainus* : mox quoque *cudens* pro *cædens*.

[g] Illud *sanus* addidimus e mss.

triebat. Hoc siquidem in Romanis urbibus jam inde A cum Christianum ad supplicium poposcerunt. Indubitata ergo victoria et illis, et multis retro Circensibus plurimis fidei occasio fuit.

servabatur a Romulo, ut propter felicem Sabinarum raptum, [b] Conso, quasi consiliorum Deo, quadrigæ septeno currant circumitu; et equos partis adversæ fregisse, victoria sit. Hic itaque æmulo suo habente maleficum, qui dæmoniacis quibusdam imprecationibus et hujus impediret [*Al.* præcantationibus et hujus præparet] equos, et illius concitaret ad cursum, venit ad beatum Hilarionem, et non tam adversarium lædi, quam se defendi obsecravit. Ineptum visum est venerando seni in hujuscemodi nugis orationem perdere. Cumque subrideret et diceret : Cur non magis equorum pretium pro salute animæ tuæ pauperibus erogas ? Ille respondit, functionem esse publicam ; et hoc se non tam velle, quam cogi : nec posse hominem Christianum uti B magicis artibus ; sed a servo Christi potius auxilium petere, maxime contra Gazenses adversarios Dei : et non tam sibi quam Ecclesiæ Christi insultantes. Rogatus ergo a fratribus qui aderant, scyphum fictilem quo bibere consueverat, aqua jussit impleri, eique tradi. Quem cum accepisset Italicus, et stabulum, et equos, et aurigas suos, [c] rhedam, carcerumque repagula aspersit. Mira vulgi exspectatio : nam et adversarius hoc ipsum irridens, diffamaverat ; et fautores Italici sibi certam victoriam pollicentes exsultabant. Igitur dato signo hi advolant, illi præpediuntur. Sub horum curru rotæ fervent, illi prætervolantium terga vix cernunt. Clamor fit vulgi nimius [*Codd.* nimius attollitur] : ita ut Ethnici quoque ipsi concreparent, Marnas victus est a Chris- C to. Porro furentes adversarii, Hilarionem [d] malefi-

21. *Virginem ab incantatione amatoria liberat.* — De eodem Gazensis emporii oppido, [e] virginem Dei vicinus juvenis deperibat. Qui cum frequenter tactu, jocis, nutibus, sibilis, et cæteris hujusmodi, quæ solent moriturae virginitatis esse principia, nihil profecisset, perrexit [f] Memphim, ut confesso vulnere suo, magicis artibus rediret armatus ad virginem. Igitur post annum doctus [g] ab Æsculapii vatibus, non remediantis animas, sed perdentis, venit præsumpto animo stuprum gestiens, et subter limen domus puellæ portenta quædam verborum, et portentosas figuras sculptas in æris Cyprii lamina defodit. Illico insanire virgo, et amictu capitis abjecto, rotare crinem, stridere dentibus, inclamare nomen adolescentis. Magnitudo quippe amoris se in furorem verterat. Perducta ergo a parentibus ad monasterium, seni traditur : ululante statim et confitente dæmone, Vim sustinui, invitus abductus sum : quam bene Memphis somniis homines deludebam ! O cruces ! o tormenta quæ patior ! Exire me cogis, et ligatus subter limen teneor. Non exeo, nisi me adolescens qui tenet, dimiserit. Tunc senex : Grandis, ait, fortitudo tua, qui licio et lamina strictus teneris. Dic, quare ausus es ingredi puellam Dei ? Ut servarem, inquit, eam virginem. Tu servares, proditor castitatis ? Cur non potius in eum qui te mittebat, es ingressus ? Ut quid, respondit, intrarem in eum, qui habebat collegam meum amoris dæmonem ? Noluit autem Sanctus antequam purgaret virginem, [h] vel

[a] Antea contra mss. fidem erat in præsenti *servatur*. Tum pro *Conso* olim erat *ab ipso*. Gravius legi voluit *ab ipso Conso*. De hoc autem consiliorum Deo, cui septeno circuitu quadrigæ currebant, occurrunt passim monimenta, e quibus inscriptio vetus olim effossa in Circo Maximo apud Panvinium nostrum de Ludis Circens. Elegantiss. Propertius II :

Aut prius infecto deposcit præmia cursu,
Septima quam metam triverit arte rota?

Ad rem nostram Varro lib. v de ling. Latin. : *Consualia dicta a Conso, quod tum feriæ publicæ ei Deo et in circo ad aram ejus ab sacerdotibus fiunt ludi illi, quibus virgines Sabinæ raptæ.* Et Tertullianus lib. de Spectaculis : *Exinde ludi Consualia dicti, qui ab initio Neptunum honorabant. Eumdem enim et Con-* D *sum vocant.* Et statim : *Quamquam et consualia Romulo defendant, quod ea Conso dicaverit, Deo, ut volunt, Consilii, ejus scilicet, quo tunc Sabinarum virginum raptum militibus suis in matrimonia excogitavit.* S. Cyprianus lib. de Idolorum vanitate : *Consus, quem Deum fraudis, velut Consiliorum Deum coli Romulus voluit, postquam in raptum Sabinarum perfidia provenit.* Vid. etiam, si lubet, Dionysium Halicarnassæum lib. I, Valerium Maximum l. II, et Plutarchum de quæstionibus Romanis.

[b] *Conso quasi.* De Conso Consiliorum deo et ludis circensibus consule fragmentorum Festi Pompeii librum tertium ; et M. Varronis de lingua Latina librum quintum. MARTIAN.

[c] Vox *rhedam* in omnibus, quibus utimur mss. desideratur : tum unus antiquior Vatic. *carrucearumque regulas* pro *carcerumque repagula*, fortasse verius legit.

[d] Mss., *maleficum Christianorum.* Porro maleficos equorum agitatores, qui adversariorum equos dæmoniacis imprecationibus impedirent, ut suos ad cursus velociores impellerent sæpe veteres auctores notant. Cassiod. lib. III Variar. ep. 1, de quodam nobili auriga, *frequentia,* inquit, *palmarum eum dici faciebat maleficum. Necesse est enim ad perversitatem magicam referri, quando victoria equorum meritis non potest applicari.* Arnob. lib. I adv. Gent. de magorum artibus : *Quis enim hoc nesciat,..... in curriculis eques debilitare, incitare, tardare, etc.* Vid. cod. Theod. ad leg. 9 de Malefic., Ammian. Marcellin. pluribus locis.

[e] *Virginem Dei.* In tribus aut quatuor exemplaribus mss. *virginis Dei vicinus juvenis, amore deperibas*. MARTIAN.

[f] Paria habet in Isai. XIX : *Memphim magicis artibus deditam, pristini usque ad præsens tempus vestigia erroris ostendunt.* Et in cap. LXV de Æsculapii fano, in quo *stratis pellibus hostiarum incubare soliti* (gentiles) *erant, ut in somniis futura cognoscerent.*

[g] *Ab Æsculapii.* Hic quoque legunt : *Ab Æsculapii vatibus, non remediantibus, sed perdentibus animas,* etc. MARTIAN.

[h] Peccant contra historiæ veritatem, ac Hieronymi mentem hucusque editi unius hujusce particulæ *vel* omissione : ut significent ipsum quoque adolescentem a S. Hilarione curatum, cum e contrario neque perquiri illum siverit, ne ejus incantationibus fidem videretur adhibuisse. Nos e nostris omnibus mss. accedente etiam Gravii auctoritate suffecimus. Ad hæc alterum hucusque editorum mendum castigavimus legentes ex iisdem mss. *solatus,* id est *dæmon,* pro *solitis,* nempe *incantationibus.* Infra leviora alia emendamus.

adolescentem, vel signa jubere perquiri, ne aut solutus incantationibus recessisse dæmon videretur, aut ipse sermoni ejus accommodasse fidem: asserens fallaces esse dæmones, et ad simulandum esse callidos; et magis reddita sanitate increpuit virginem, cur fecisset talia, per quæ dæmon intrare potuisset.

22. *Candidatum Constantii a dæmone liberat. Decuriones locorum.* — Non solum autem in Palæstina, et in vicinis urbibus Ægypti vel Syriæ, sed etiam in longinquis provinciis fama ejus percrebuerat. Namque Candidatus [a] Constantii imperatoris, rutilus coma, et candore corporis indicans provinciam (inter Saxones quippe et Alemanos gens [b] ejus non tam lata quam valida; apud historicos Germania, nunc Francia vocatur), antiquo, hoc est, ab infantia possessus dæmone, qui noctibus eum ululare, ingemiscere, fremere dentibus compellebat, secreto ab imperatore [c] Evectionem petiit, causam ei simpliciter indicans. Et acceptis ad Consularem quoque Palæstinæ litteris, cum ingenti honore et comitatu Gazam deductus est. Qui cum a decurionibus illius loci quæsisset, ubi habitaret Hilarion monachus, territi Gazenses vehementer, et [d] putantes eum ab Imperatore missum, ad monasterium adduxerunt; ut et honorem commendato exhiberent; et si quid ex præteritis injuriis in Hilarionem esset offensæ, novo officio deleretur. Deambulabat tunc senex in arenis mollibus, et secum de psalmis nescio quid submurmurabat; vidensque tantam turbam venientem [Al. venientium], substitit. Et resalutatis omnibus, manuque eis benedicens, post horam cæteros abire præcepit, illum vero cum servis suis et apparatoribus remanere; ex oculis enim ejus et vultu, cur venisset agnoverat. Statim ergo ad interrogationem Dei servi suspensus homo, vix terram pedibus tangere cœpit, et immane rugiens, Syro quo interrogatus fuerat sermone, respondit. Videres de ore barbaro, et qui Francam tantum et Latinam linguam noverat, Syra ad purum verba resonare: ut non stridor, non aspiratio, non idioma aliquod Palæstini deesset eloquii. Confessus est itaque, quo in eum intrasset ordine. Et ut interpretes ejus intelligerent, qui Græcam tantum et Latinam linguam noverant, Græce quoque eum interrogavit. Quo similiter et in verba eadem respondente, multasque incantationum occasiones, et necessitates magicarum artium obtendente, non curo, ait, quomodo intraveris; sed ut exeas in nomine Domini nostri Jesu Christi, impero. Cumque curatus esset, [e] simplicitate rustica decem auri libras offerens, hordeaceum ab eo panem accepit: audiens quod qui tali cibo alerentur, aurum pro luto ducerent.

23. *Bruta animalia curata.* — Parum est de hominibus loqui, bruta quoque animalia quotidie ad eum furentia pertrahebantur, in quibus Bactrum camelum enormis magnitudinis, qui jam multos obtriverat, triginta et eo amplius viri distentum solidissimis funibus cum clamore adduxerunt. Sanguinei erant oculi, spumabat os, volubilis lingua turgebat, et super omnem terrorem rugitus personabat immanis. Jussit igitur eum dimitti senex. Statim vero et qui adduxerant, et qui cum sene erant, usque ad unum omnes diffugere. Porro ille solus perrexit obviam, et sermone Syro: Non me, inquit, terres, diabole, tanta mole corporis: et in vulpecula, et in camelo unus atque idem es. Et interim porrecta stabat manu. Ad quem dum furens, et quasi eum devoratura bellua pervenisset, statim corruit: submissumque caput terræ coæquavit, mirantibus cunctis qui aderant, post tantam ferociam, tantam subito mansuetudinem. Docebat autem senex, hominum causa diabolum etiam jumenta corripere: et tanto eorum ardere odio, ut non solum ipsos, sed et ea quæ ipsorum essent, cuperet interire. Hujusque rei proponebat exemplum, quod antequam beatum Job tentare permitteretur, omnem substantiam ejus interfecerit. Nec movere quempiam debere, quod Domini jussione, duo millia porcorum a dæmonibus interfecta sunt (*Matth.* VIII, *et Marc.* V); siquidem eos qui viderant, non potuisse aliter credere exisse de homine tantam dæmonum multitudinem, nisi grandis porcorum numerus, et quasi a multis actus, pariter corruisset.

24. *Hilarionem colebat M. Antonius.* — Tempus me deficiet, si voluero universa signa, quæ ab eo perpetrata sunt, dicere. In tantam enim a Domino fuerat elevatus gloriam, ut beatus quoque Antonius audiens conversationem ejus, scriberet ei, libenterque ejus epistolas sumeret. Et si quando de Syriæ partibus ad se languentes perrexissent, diceret eis: Quare vos tam longe vexare voluistis, cum habeatis ibi filium meum Hilarionem? Exemplo itaque ejus per totam Palæstinam innumerabilia monasteria esse cœperunt, et omnes ad eum Monachi certatim cur-

---

[a] Mss. omnes, et quos etiam Martian. consuluit, *Constantini.* De Candidatis, qui militiæ ordo erat, veteres auctores, et præcipue Ammianus Marcellinus passim.

[b] Pro *ejus,* quod habent mss. cum Victorio omnes, Martianæus *est.* Porro de veteris Franciæ limitibus, et vocabulo, videndus Eumenius in Panegyric. ad Constantinum, ubi non solum illa pars, sed universa omnino Germania Franciæ nomine appellatur. Ammianus quoque Marcellinus lib. XXVII, c. 8, ubi depopulari dicuntur *Gallicanos tractus Franci et Saxones iisdem confines.* Inter Saxonas quippe et Alamanos sita erat Francia, ut etiam ex Tabula Peutingeriana constat.

[c] Imperiale diploma, quo cursum publicum usurpare liceret. Græce σύνθημα. Vid. quæ in Epist. 118, num. 1. annotavimus. Vocabulum est Juris, quo et S. Hieronymus alibi, et Severus Sulpitius usus est lib. 2 Hist.: *Per Vicarium ac Præsidem data Quæstionis copia, compellitur adesse, cum tamen de eo nihil mandasset specialiter Imperator.* Occurrit et apud Symmachum lib. VI, epist. 6, et lib. VII, epist. 48 et 105, et lib. IX, epist. 20.

[d] Duo Vatic. codic., *putantes eum ad Imperatore missos, ad Monasterium perrexerunt.*

[e] Addunt mss. *homo*: leviora quædam infra emendamus.

rere. Quod [*Al.* Quos] ille cernens, laudabat Domini gratiam; et [a] ad profectum animæ singulos cohortabatur, dicens : Præterire figuram hujus mundi; et illam esse veram vitam, quæ vitæ præsentis emeretur incommodo.

25. *Visitabat monasteria Hilarion.* — Volens autem exemplum eis dare et humilitatis, et officii, statis diebus ante vindemiam lustrabat cellulas monachorum. Quod postquam cognitum est a fratribus, omnes ad eum confluebant : et comitati tali duce, circumibant monasteria, habentes viaticum suum : quia interdum usque ad duo millia hominum congregabantur. Sed et procedente tempore, unaquæque villa vicinis monachis ad susceptionem sanctorum gaudens cibos offerebat. Quantum autem fuerit in eo studii, ut nullum fratrem quamvis humilem, quamvis pauperem præteriret, vel illud indicio est, quod vadens in desertum Cades ad unum de discipulis suis visendum, cum infinito agmine monachorum [b] pervenit Elusam [*Al.* Elusium *et* Eolesam], eo forte die, quo anniversaria solemnitas omnem oppidi populum in templum Veneris congregaverat. Colunt autem illam ob Luciferum, [c] cujus cultui Saracenorum natio dedita est. Sed et ipsum oppidum ex magna parte semibarbarum est propter loci situm. Igitur audito quod Sanctus Hilarion præteriret (multos enim Saracenorum arreptos a dæmone frequenter curaverat), gregatim ei cum uxoribus et liberis obviam processere, submittentes colla, et voce Syra BARECH, id est, *benedic*, inclamantes. Quos ille blande humiliterque suscipiens, obsecrabat ut Deum magis quam lapides colerent : simulque ubertim flebat, cœlum spectans, et pollicens, si Christo crederent, ad eos se crebro esse venturum. Mira Domini gratia, non prius abire passi sunt, quam futuræ Ecclesiæ lineam mitteret; et sacerdos eorum, ut erat [d] Coronatus, Christi signo denotaretur.

26. *Monachus avarus.* — Alio quoque anno cum exiturus esset ad visenda monasteria, et digereret in schedula, apud quos manere, quos in transitu visitare deberet, scientes monachi quemdam de fratribus parciorem, simulque cupientes vitio ejus mederi, rogabant ut apud eum maneret. Et ille : Quid, inquit, vultis et vobis injuriam, et fratri vexationem facere? Quod postquam frater ille parcus audivit, erubuit; et annitentibus cunctis, vix ab invito impetravit, ut suum quoque monasterium in mansionum ordinem poneret. Post diem ergo decimum venerunt ad eum, custodibus jam in [e] vinea, qua venirent illi, dispositis, qui cum lapidibus et glebarum jactu, fundæque vertigine accedentes deterrerent, sine esu uvæ mane omnes profecti sunt, ridente sene, et dissimulante scire quod evenerat.

27. *Monachus largus Sabas.* — Porro suscepti ab alio monacho, cui Sabas vocabulum est (debemus quippe parci tacere vocabulum, largi dicere); quia Dominicus erat dies, invitabantur ab eo universi in vineam, ut ante horam cibi uvarum pastu laborem viæ sublevarent. Et sanctus : Maledictus, ait, qui prius refectionem corporis, quam animæ quæsierit. Oremus, psallamus, reddamus Domino officium, et sic ad **28** vineam properabimus [*Al.* properabitis]. Completo itaque ministerio, in sublimi stans benedixit vineæ, et suas ad pascendum dimisit oves. Erant autem qui vescebantur, non minus tribus millibus. Cumque centum lagenis æstimata fuisset integra adhuc vinea, post dies viginti trecentas fecit. Porro ille parcus frater multo minus solito colligens, etiam id quod habuerat versum in acetum sero doluit. Hoc multis fratribus senex ante futurum prædixerat. Detestabatur autem præcipue monachos, qui infidelitate quadam in futurum reservarent sua, et diligentiam haberent, vel sumptuum, vel vestitus, aut alicujus earum rerum, quæ cum sæculo transeunt.

28. *Frater nimis cautus.* — Denique unum de fratribus in quinto fere a se milliario manentem, quia comperiebat hortuli sui nimis cautum timidumque custodem, et pauxillum habere nummorum, ab oculis abegerat. Qui volens sibi reconciliari senem, frequenter veniebat ad fratres, et maxime ad [f] Hesychium, quo ille vehementissime delectabatur. Quadam igitur die ciceris fascem virentis, sicut in herbis erat detulit. Quem cum Hesychius posuisset in mensa ad vesperum, exclamavit senex, se putorem ejus ferre non posse, simulque unde esset rogavit. Respondente autem Hesychio, quod frater quidam primitias agelli sui fratribus detulisset, non sentis, inquit, putorem teterrimum, et in cicere fœtere avaritiam? Mitte bubus, mitte brutis animalibus, et vide an comedant. Quod cum ille juxta præceptum in præsepe posuisset, exterriti boves et plus solito mugientes, ruptis vinculis in diversa fugerunt. Habebat enim senex hanc gratiam, ut ex odore corporum vestiumque, et earum rerum quas quis tetigerat, sciret cui dæmoni, vel cui vitio subjaceret.

---

[a] In aliquot vulgatis, *et pro affectu animi singulos,* etc.

[b] *Pervenit Elusam.* Codices mss. Avenion. et Tolos., retinent *Elusium* : alii *Eolesam*.   MARTIAN.

[c] Idem Gordianus Monachus in S. Placidi Martyris Vita testatur, num. 61, ubi de Abdala Saracenorum imperatore tradit, eum *ut christianæ religionis culturam funditus de terra eraderet, et Molochi templa, et* LUCIFERI *culturam augeret, centum navium expeditionem congregasse.* Sed et noster Hier. in Amos v : *Luciferum hucusque Saraceni venerantur.*

[d] Ethnici sacerdotii ordo erat *Coronatorum*, quorum mentio occurrit in epistola Innocentii ad episcopos in synodo Toletana Tolosana constitutos, ubi negat ad ecclesiasticum ordinem venire posse eos qui post baptismum vel coronati fuerint, vel *sacerdotium quod dicitur sustinuerint.* Et clarius apud Firmicum Mat. : *Erunt autem, aut coronati, aut sacerdotibus præpositi, aut sacrorum bajuli simulacrorum.*

[e] Duo Vatic. codices, *in vinea, quasi villa esset, ab eo dispositis,* alter vetustior, *jam vineæ, quasi villa esset, ab eo,* etc. Gravius in aliis invenit, *quasi vinca aliena esset, et quasi villæ custos esset.*

[f] Mss., *Isicium* constanter; Sozomenus *Hesycham* vocat, quod ex Syrorum pronunciatione facit, qui in am Græca nomina detorquebant.

29. *Turbarum inimicus erat Hil.* — Igitur sexagesimo tertio vitæ suæ anno cernens grande monasterium, et multitudinem fratrum secum habitantium; turbasque eorum, qui diversis languoribus, et immundis spiritibus occupatos ad se deducebant, ita ut omni genere hominum solitudo per circumitum repleretur, flebat quotidie, et incredibili desiderio conversationis antiquæ recordabatur. Interrogatus a fratribus quid haberet, cur se conficeret, ait : Rursum ad sæculum redii, et recepi mercedem meam in vita mea. En homines Palestinæ, et vicinæ provinciæ existimant me alicujus esse momenti ; et ego sub prætextu monasterii ad dispensationem fratrum, vilem [*Fort.* utilem] supellectilem habeo. Servabatur autem a fratribus, maxime ab Hesychio, qui miro amore venerationi senis deditus erat. Cumque ita vixisset [*Al.* duxisset] lugens biennium, [a] Aristænete illa, cujus supra fecimus mentionem, præfecti tunc uxor, sed nihil de præfecti ambitu habens, venit ad eum, volens etiam ad Antonium pergere. Cui ille flens : Vellem, ait, ipse quoque ire, si non carcere hujus monasterii clausus tenerer, et si eundi fructus esset. [b] Biduum enim hodie est, quod totus mundus tali parente orbatus est. Credidit illa et substitit. Et post paucos dies veniente nuntio, Antonii dormitionem audivit.

30. *Contemptus gloriæ mirabilis. Dracontius et Philo episcopi exsules.* — Mirentur alii signa [c] quæ fecit : mirentur incredibilem abstinentiam, scientiam, humilitatem. Ego nihil ita stupeo, quam gloriam illum et honorem calcare potuisse. Concurrebant episcopi, presbyteri, clericorum et monachorum greges, [d] matronarum quoque Christianarum (grandis tentatio) et hinc inde ex urbibus et agris vulgus ignobile : sed et potentes viri, et judices, ut benedictum ab eo [e] panem, vel oleum acciperent. At ille nihil aliud nisi solitudinem meditabatur, intantum, ut quadam die proficisci statuerit : et adducto asello (nimis quippe exesus jejuniis, vix ingredi poterat) iter arripere conaretur. 30 Quod cum percrebuisset, [f] et quasi vastitas et justitium Palestinæ indiceretur, plus quam decem millia hominum diversæ ætatis et sexus ad retinendum eum congregata sunt. Immobilis ille ad preces, et baculo arenas discutiens, loquebatur : Fallacem Dominum meum non faciam ; non possum videre subversas ecclesias, calcata Christi altaria, filiorum meorum sanguinem. Universi autem qui aderant, intelligebant revelatum ei quiddam esse secreti, quod nollet confiteri ; et nihilominus custodiebant eum, ne proficisceretur. Decrevit ergo, publica omnes voce contestans, non cibi se, non potus quidquam sumere, nisi dimitteretur. Et post septem dies, inediæ tandem relaxatus, ac valedicens plurimis, cum infinito agmine prosequentium venit [g] Betilium, ubi persuasis turbis ut reverterentur, elegit quadraginta monachos, qui haberent viaticum, et possent jejunantes ingredi, id est, post solis occasum ; visitatisque fratribus, qui in vicina eremo erant, et in loco qui dicitur [h] Lychnos morabantur, perrexit post triduum ad castrum Theubatum, ut videret Dracontium episcopum et confessorem, qui ibi exsulabat. Quo incredibiliter consolato tanti viri præsentia, post aliud triduum multo Babylonem labore pervenit, ut viseret Philonem episcopum et ipsum confessorem. Constantius enim rex, Arianorum favens hæresi, utrumque in ea loca deportaverat. Inde egrediens, [i] post triduum venit ad oppidum Aphroditon : ubi convento diacono Baisane

---

[a] Editi *Aristeneta*, quod supra notatum est. Mox duo mss. *habitu* pro *ambitu*.

[b] Hanc de Magni Antonii morte visionem cum his confer, quæ sub insequentis numeri finem edisserit.

[c] Mss. omnes addunt, *et portenta* ; deinde unus *humanitatem*. pro *humilitatem*, et paulo post *celare* habet pro *calcare*.

[d] Nostri codd. cum Victorio, *Matronæ quoque Christianorum*, etc.
— *Matronarum*, etc. Codices nonnulli legunt, *Matronarum quoque et Christianorum*, etc. Grandis igitur est tentatio in matronis Christianis, quas propterea cavere debent monachi atque clerici, si sibi sapiunt.
MARTIAN.

[e] Vetustissima pietatis consuetudo in Ecclesia, quæ viris sanctitate insignibus oleum vel panem benedicendum offerebat, sibi postea ad mala propulsanda profuturum. Severus Sulpicius Dialog. III, c. 3 : *Non prætermittendum videtur, Avitiani Comitis uxorem misisse Martino oleum, quod ad diversas morborum causas necessarium, sicut est consuetudo, benediceret. Et paulo post : vas vitreum cum oleo, quod Martinus benedixerat.* Videndus et Rufinus Hist. Eccles. lib. II, cap. 4, ubi de arido membris homine narrat, qui oleo benedicto perunctus ab Antonii discipulis statim convaluit. Quod Sozomenus confirmat lib. VI, cap. 20.

[f] *Et quasi vastitas*, etc. In aliis libris mss. *Et quasi vastitas et mœstitia in Justitium Palæstinæ indiceretur.* Quid sit *Justitium*, videsis in Dictionariis.
MARTIAN.

[g] *Venit Betuliam*. Editi retinent *Betilium*, mss. *Betuliam*. Alii legunt *Bethelium*, de quo Sozomenus lib. V Historiæ Eccles. cap. 15. MARTIAN.

— *Betulium*. Sic editi ante Martianæum *Betilium* ; ipse vero *Betuliam* legit ex aliquot mss., cujusmodi nullum nos invenimus ; nostri enim plerumque *Vetilium*, sed duo Vaticani *Vetulium* præferunt. Dicuntur etiam quidam *Bethelium* legere. Betuliam certe in libro Locorum Eusebius, aut Hieronymus nusquam memorant : Suidas autem id unum tradit civitatem ad Judæorum ditionem pertinere βαιτυλαία ἡ τῶν Ἰουδαίων πόλις. Quare vicum illum Gazæorum, qui Sozomenus lib. V, cap. 15, Βηθελία dicitur, facile opinor indicari. Accedit conjecturæ momentum ex eodem Sozomeno gravissimum, quod ejus loci incolas a S. Hilarione ad Christianam fidem conversos tradit, ipsumque avum suum baptismum ibi suscepisse. Porro *Bethelian* sic ait appellari ex Pantheo quod ibi erat, ἐκ τῆς Σύρων φωνῆς, εἰς τὴν Ἑλλήνων ἑρμηνευόμενον θεῶν οἰκητήριον ὀνομάζεσθαι διὰ τὸν τοῦ Πανθέου ναόν. Ex Syrorum lingua in Græcam conversum nomen, deorum domicilium appellari propter Panthei templum.

[h] Vaticani duo *Lichonos*, tertius *Lignos*, alii *Lichognos*. Videtur autem legendum *Lyco*, quod est oppidum in extrema parte Thebaidis. Plinius lib. V, *Lycos ubi montes finiunt.* Mox quoque alii codd. *Thonbaston*, et *Thebaston*, unus propius vero *Thaubaston* ; facile enim putamus Θαυβά, quod in Arabia deserta collocat Ptolemæus, cap. 19, debere intelligi.

[i] Tres Vatic. mss., *post biduum*. Vitiose autem erat penes Martianæum paulo post, *qui equis localis, dromadibus*, etc. Nec satis bene Victorius, *qui locatis camelis, et dromedis*, quasi duæ essent belluarum

(qui locatis dromadibus camelis, ob aquæ in eremo penuriam consueverat euntes ad Antonium ducere), confessus est fratribus instare **31** diem dormitionis beati Antonii; et pervigilem noctem in ipso quo defunctus fuerat loco, a se ei debere celebrari. Tribus igitur diebus per vastam et horribilem solitudinem, tandem ad montem altissimum pervenerunt, repertis ibi duobus monachis, Isaac et Pelusiano, quorum Isaac interpres Antonii fuerat.

31. *Habitaculum S. Antonii. Cellula Antonii. Ignotum sepulcrum B. Antonii.* — Et quia se præbet occasio, et ad loci venimus, dignum videtur brevi sermone habitaculum tanti viri describere. Saxeus et sublimis mons per mille circiter passus, ad radices suas aquas exprimit, quarum aliæ arenæ ebibunt, aliæ ad inferiora delapsæ, paulatim rivum efficiunt; super quem ex utraque ripa palmæ innumerabiles multum loco et amœnitatis et commodi tribuunt. Videres senem huc atque illuc cum discipulis beati Antonii discurrere. Hic, aiebant, psallere, hic orare, hic operari, hic fessus residere solitus erat. Has vites, has arbusculas ipse plantavit: illam areolam manibus suis ipse composuit. Hanc piscinam [*Mss.* piscinulam] ad irrigandum hortulum multo sudore fabricatus est. Istum sarculum ad fodiendam terram pluribus annis habuit. Jacebat in stratu ejus, et quasi calens adhuc cubile deosculabatur. Erat autem cellula non plus mensuræ per quadrum tenens quam homo dormiens extendi poterat. Præterea in sublimi montis vertice, quasi per cochleam ascendentibus, et arduo valde nisu [*Al.* adnisu], duæ ejusdem mensuræ cellulæ visebantur: in quibus venientium frequentiam, et discipulorum suorum contubernium fugiens moratus est. Verum hæ in vivo excisæ saxo, ostia tantum addita habebant. Postquam autem ad hortulum venerant: Videtis, inquit Isaac, hoc pomarium [*Al.* pomerium] arbusculis consitum, et oleribus virens; ante hoc ferme triennium cum onagrorum grex vastaret, unum e ductoribus eorum stare jussit, baculoque tundens latera: Quare, inquit, comeditis quod non seminastis? Et exinde exceptis aquis, ad quas potandas ventitabant, numquam eos nec arbusculam, nec olera contigisse. Præterea rogabat senex, ut sibi locum tumuli ejus ostenderent. Qui cum seorsum eum abduxissent, utrum monstraverint necne ignoratur. Causam occultandi juxta præceptum *a* Antonii fuisse referentes, ne Pergamius, qui **32** in illis locis ditissimus erat, sublato ad villam suam sancti corpore, *b* martyrium fabricaretur.

32. *Pluviam impetrat Hilarion.* — Igitur reversus ad Aphroditon, duobus secum tantum retentis fratribus, in vicina eremo moratus est: tanta abstinentia et silentio, ut tunc primum se cœpisse Christo servire diceret. Porro jam triennium erat, quod clausum cœlum illas terras arefecerat; ut vulgo dicerent, Antonii mortem etiam elementa lugere. Non latuit fama Hilarionis accolas quoque illius loci: et certatim virilis ac muliebris sexus ore luridi, et attenuati fame, pluvias a servo Christi, id est, a beati Antonii successore deprecabantur. Quos ille cernens, mire doluit. Elevatisque in cœlum oculis, et utrasque in sublime erigens palmas, statim impetravit quod rogaverant. Ecce autem sitiens arenosaque regio, postquam pluviis irrigata est, tantam serpentum et venenatorum animalium ex improviso ebullivit multitudinem, ut percussi innumerabiles, nisi ad Hilarionem concurrissent, statim interirent. Benedicto itaque oleo universi agricolæ atque pastores tangentes vulnera, certam salutem resumebant.

33. *Pergit in alias regiones.* — Videns etiam ibi se miris honoribus affici, perrexit Alexandriam, inde ad ulteriorem [*Mss.* interiorem] Oasim eremum transiturus. Et quia numquam ex quo cœperat esse monachus, in urbibus manserat, divertit ad quosdam fratres sibi notos in *c* Bruchio, haud procul ab Alexandria; qui cum miro gaudio suscepissent senem, et jam vicina nox esset, repente audiunt discipulos ejus asinum sternere, illumque parare proficisci. Itaque advoluti pedibus, rogabant ne hoc faceret; et ante limen prostrati, citius se mori, quam tanto carere hospite testabantur. Quibus ille respondit: Idcirco abire festino, ne vobis molestiam generem. Certe ex posterioribus cognoscetis, non sine causa me subito ambulasse. Igitur altera die Gazenses cum lictoribus præfecti (nam pridie eum venisse cognoverant) intrantes monasterium, cum illum minime invenissent invicem loquebantur: Nonne vera sunt quæ audivimus? magus est, et futura cognoscit. Urbs enim Gaza, postquam, profecto de Palæstina Hilarione, Julianus in imperium **33** successerat, destructo monasterio ejus, precibus ad imperatorem datis, et Hilarionis, et Hesychii mortem impetraverat: amboque ut quærerentur, toto orbe scriptum erat.

34. *De Adriano discipulo.* Egressus ergo de Bruchio, per inviam solitudinem intravit Oasim: ibique anno plus minus exacto, quia *d* illuc quoque sua fama pervenerat, quasi jam in Oriente latere non posset, ubi multi illum et opinione, et vultu noverant, ad solas navigare insulas cogitabat; ut quem

---

species, contra quam docet Xopiscus in Aureliano, *Zenobia cum fugeret camelis, quos dromedas vocitant*, etc. Nos locum e mss. consensu restituimus.

a Vid. S. Athanasium in Vit. S. Antonii. Infra leviora quædam emendamus.

b Martyr. fabric. Martyrium est templum dicatum in honorem Martyrum, vel Confessorum. MARTIAN.

c Perperam et contra mss. fidem huiusque obtinuit hic atque infra *Brutio*. Sed *Bruchium* legendum monuit etiam Ammian. Marcell. lib. XXII, c. 16. Et Epiphanius, qui Βρούχιον κλίμα, id est regionem *Bruchion* dictam sua ætate desertam fuisse testatur. Auctor Vitæ Apollonii Dyscoli, Προύχιον: vocat ἐν τῇ Προυχίῳ περὶ τὸν δρόμον (Sic. Forte τὴν ἔρημον), ἐν τόπῳ οὕτω (Sic) καλουμένῳ περὶ τὴν Ἀλεξάνδρειαν. Alexandrinæ urbis regio ista fuit, quasi πυρούχειον dicta, a quo detorta vox Βρουχεῖον, ideo per diphthongum concipienda, ut Petavius contendit in annotationibus in Epiphanium de ponderibus et mensuris, quem si lubet vide.

d Mss., *Illuc quoque eum sui fama prævenerat.*

terra vulgaverat, saltem maria celarent. Eodem ferme tempore Hadrianus discipulus ejus de Palæstina supervenit, dicens Julianum occisum, et Christianum imperatorem (Jovinianum) regnare cœpisse; revertique eum debere ad monasterii sui reliquias. Quod ille audiens detestatus est : et conducto camelo, per vastam solitudinem, pervenit ad maritimam urbem Libyæ, Paretonium : ubi Hadrianus infelix volens Palæstinam reverti, et pristinam sub nomine magistri quærens gloriam, multas ei fecit injurias. Ad extremum, [a] convasatis quæ a fratribus ei missa detulerat, nesciente illo, profectus est. Super hoc quia alter locus referendi non est, hoc tantum dixerim in terrorem eorum qui magistros despiciunt ; quod post aliquantulum temporis computruerit morbo regio.

35. *Evangeliorum codicem manu sua scripserat.* — Habens igitur [b] senex Gazanum secum, ascendit classem, quæ Siciliam navigabat. Cumque venundato Evangeliorum codice, quem manu sua adolescens scripserat, dare naulum disponeret in medio ferme Adriæ, nauclieri filius arreptus a dæmone, clamare cœpit, et dicere : Hilarion serve Dei, cur nobis per te et in pelago tutos esse non licet? Da mihi spatium donec ad terram veniam, ne hic ejectus, præcipiter in abyssum. Cui ille : Si Deus meus, ait, tibi concedit ut maneas, mane ; sin autem ille te ejicit, quid mihi invidiam facis, 34 homini peccatori atque mendico? Hoc autem dicebat, ne nautæ et negotiatores qui in navi erant, se, cum ad terram pervenissent, proderent. Nec multo post purgatus est puer, patre fidem dante, et cæteris qui aderant, nulli se super ejus nomine locuturos.

36. Ingressus autem Pachynum promontorium Siciliæ, obtulit nauclero Evangelium pro subvectione sua et Gazani. Qui nolens accipere, maxime cum videret illos, excepto illo codice, et his quibus vestiti erant, amplius nihil habere, ad extremum jurat se non accepturum. Sed et senex accensus fiducia pauperis conscientiæ, in eo magis lætabatur, et quod nihil haberet sæculi, et ab accolis illius loci mendicus putaretur.

37. *Fugit ad mediterranea loca. Hydropicus curatus.* Porro recogitans ne negotiatores de Oriente venientes se notum facerent, [c] ad mediterranea fugit loca, id est, vicesimo a mari milliario; ibique in quodam deserto agello, lignorum quotidie fascem alligans, imponebat dorso discipuli. Quo in proxima villa venundato, et sibi alimoniam, et his qui forte ad eos veniebant, pauxillulum panis emebant. Sed vere juxta quod scriptum est : *Non potest civitas latere super montem posita* (*Matth.* v, 14), Scutarius quidam cum in basilica beati Petri Romæ torqueretur, clamavit in eo immundus spiritus : Ante paucos dies Siciliam ingressus est Hilarion servus Christi, et nemo eum novit, et putat se esse secretum; ego vadam, et prodam illum. Statimque cum servulis suis ascensa in portu nave, appulsus est Pachynum, et [d] deducente se dæmone, ubi ante tugurium senis se prostravit, illico curatus est. Hoc initium signorum ejus in Sicilia, innumerabilem ad eum deinceps ægrotantium, sed et religiosorum hominum adduxit multitudinem : in tantum, ut de primoribus viris quidam tumens morbo intercutis [e] aquæ, eodem 35 die quo ad eum venerat, curatus sit. Qui postea offerens ei infinita munera, audivit dictum Salvatoris ad discipulos : *Gratis accepistis, gratis date* (*Matth.* x, 8).

58. *Hesychius discipulus quærit Hilarionem.* Dum hæc ita geruntur in Sicilia, Hesychius discipulus ejus, toto senem orbe quærebat, lustrans littora, deserta penetrans ; et hanc tantum habens fiduciam, quia ubicumque esset, diu latere non posset. Transacto igitur jam triennio, audivit Methonæ a quodam Judæo, vilia populis scruta vendente, Prophetam Christianorum apparuisse in Sicilia, tanta miracula et signa facientem, ut de veteribus sanctis putaretur. [f] Interrogans itaque habitum ejus, incessum et linguam, maximeque ætatem, nihil discere potuit. Ille enim qui referebat, famam ad se venisse tantum hominis testabatur. Ingressus igitur Adriam, prospero [*Al.* propero] cursu venit Pachynum ; et in quadam curvi littoris villula, famam senis sciscitatus, consona voce omnium cognovit ubi esset, quid ageret : nihil in eo ita cunctis admirantibus, quam quod post tanta signa atque miracula, ne fragmen quidem panis a quoquam in illis locis accepisset. Et ne longum faciam, sanctus vir Hesychius ad madeclinaret, cum per id temporis Oasi deliluisse, usque quo, Juliano imperatore occiso, Siciliam venit, ex Hieronymi superiori contextu compertum sit. Iterum haud recte Gravium suspicari, hominem qui Hilarionis sanctitatem prodiderit, non *scutarium* fuisse, sive legi debere, sed *scrutarium*, sive qui scruta venderet, ut ex Horatii versu,

Vilia vendentem tunicato scruta popello ;

cum e contrario ἀνδρα τῶν ἐπιστήμων, virum illustrem, sive genere, sive dignitate , Sozomenus vocet, et Scutarii nomen designet.

[d] Unus ms., *deducente se dæmone, ante conspectum senis prostratus, illico,* etc.

[e] Vocem *aquæ,* quæ antea deerat, suffecimus e mss.

[f] Vitiose hactenus obtinuit *Interrogatus* pro *interrogans,* et *nihil dicere* pro *discere,* quemadmodum e mss. omnibus emendamus.

---

[a] Duo mss., *convocatis omnibus quæ,* etc., alius *cum vasis quæ,* etc. Monuit Victorius *convasatis* perinde esse ac collectis in sarcinas rebus, ut asportentur.

[b] Iidem mss., *Senem Zazanum.*

[c] Conferendus Sozomenus lib. v, cap. 10, quem brevitatis gratia Latine tantum ex Valesii interpretatione repræsentamus : *Per idem,* inquit, *tempus* (Juliani scilicet imperatoris) *Hilario quoque monachus a Gazæis quæsitus in Siciliam se recepit. Ibi ligna ex desertis montibus colligens et humeris suis in urbem portans vendebat, eoque pacto quantum ad vitam sufficit, quotidianum sibi parabat alimentum. Tandem vero quisnam et qualis esset, indicatus a viro* NOBILI, *qui a dæmonio vexabatur; postquam eum immundo spiritu liberasset, trajecit in Dalmatiam,* etc. E quibus duo sunt in rem nostram animadvertenda; et primum quidem falli Sozomenum, qui in Siciliam transfretasse Hilarionem tradit, ut Gazæorum insidias

gistri genua provolutus, plantasque ejus lacrymis rigans, tandem ab eo sublevatus, post bidui triduique sermonem audit a Gazano, non posse senem jam in illis habitare regionibus; sed velle ad barbaras quasdam pergere nationes, ubi et [a] nomen et rumor suus incognitus foret.

39. *Comburit serpentem boam dictum.* Duxit itaque eum ad Epidaurum Dalmatiæ oppidum, ubi paucis diebus in vicino agello mansitans, non potuit abscondi. Si quidem draco miræ magnitudinis, quos gentili sermone *boas* vocant, ab eo quod tam grandes sint, ut boves glutire soleant, omnem late vastabat provinciam, et non solum armenta et pecudes; sed agricolas quoque et pastores [b] tractos ad se vi spiritus absorbebat. Cui cum pyram jussisset præparari, et [c] oratione ad Christum emissa, evocato præcepisset struem lignorum scandere, [d] ignem supposuit. Tum itaque cuncta spectante plebe, immanem bestiam concremavit. 36 Unde æstuans, quid faceret, quo se verteret, aliam parabat fugam; et solitarias terras mente perlustrans, mœrebat [*Al.* mirabatur] quod tacente de se lingua, miracula loquerentur.

40. *Egressum terminis mare compescit.* [e] Ea tempestate, terræ motu totius orbis, qui post Juliani mortem accidit, maria egressa sunt terminos suos, et quasi rursum Deus diluvium minaretur, vel in antiquum chaos redirent omnia, naves ad [f] prærupta delatæ montium pependerunt. Quod cum viderent Epidauritani, frementes scilicet fluctus et undarum moles, et montes gurgitum littoribus inferri, verentes, quod jam evenisse cernebant, ne oppidum funditus subverteretur, [g] ingressi sunt ad senem : et quasi ad prælium proficiscentes, posuerunt eum in littore. Qui cum tria crucis signa pinxisset in sabulo, manusque contra tenderet, incredibile dictu est in quantam altitudinem intumescens mare ante eum steterit : ac diu fremens, et quasi ad obicem indignans, paulatim in semetipsum relapsum est. Hoc Epidaurus et omnis illa regio usque hodie prædicat, matresque docent liberos suos ad memoriam in posteros transmittendam. Vere illud quod ad Apostolos dictum est : *Si credideritis, dicetis huic monti,* *transi in mare, et fiet* (*Matth.* XVII, 19), etiam juxta litteram impleri potest, si tamen quis habuerit apostolorum fidem, et talem qualem illis habendam Dominus imperavit. Quid enim interest, utrum mons descendat in mare, an immensi undarum montes repente obriguerint, et ante senis tantum pedes saxei, ex alia parte molliter fluxerint?

41. *Fugit Cyprum.* Mirabatur omnis civitas, et magnitudo signi Salonis quoque percrebuerat. Quod intelligens senex, in brevi lembo clam nocte fugit, et inventa post biduum oneraria navi, perrexit Cyprum. Cumque inter Maleam et Cytheram piratæ derelicta classe in littore, quæ non antemna, sed conto regitur, duobus haud parvis myoparonibus occurrissent, et denuo hinc inde [h] fluctus occurrerent, remiges omnes qui in navi erant trepidare, flere, discurrere, præparare contos, 37 et quasi non sufficeret unus nuntius, certatim seni piratas adesse dicebant. Quos ille procul intuens subrisit. Et conversus ad discipulos dixit : *Modicæ,* inquit *fidei, quare trepidatis* (*Matth.* XIV , 32)? Numquid plures sunt hi quam Pharaonis exercitus? tamen omnes Deo volente submersi sunt. Loquebatur his, et nihilominus spumantibus rostris hostiles carinæ [*Al.* turbæ] imminebant, jactu tantum lapidis medio. Stetit ergo in prora [*Al.* ora] navis, et porrecta contra venientes manu : hucusque, ait, venisse sufficiat. O mira rerum fides ! statim resiluere naviculæ, et impellentibus contra remis, ad puppim impetus redit. Mirabantur piratæ post tergum se redire nolentes : totoque corporis nisu, ut ad navigium pervenirent, laborantes, velocius multo quam venerant, ad littus ferebantur.

42. *Multos ab immundis spiritibus curat.*—Prætermitto cætera , ne videar in narratione signorum volumen extendere. Hoc solum dicam, quod prospero cursu inter Cycladas navigans, hinc inde clamantium de urbibus et vicis , et ad littora concurrentium, immundorum spirituum voces [i] audiebat. Ingressus ergo Paphum , urbem Cypri nobilem carminibus poetarum, quæ frequenter [*Vel* frequenti] terræ motu lapsa, nunc ruinarum tantum vestigiis quid olim fuerit, ostendit, in secundo ab urbe milliario habitabat ignobilis , gaudensque quod paucis diebus quiete

---

[a] Mss. constanter, *nomen et sermo suus ignotus,* etc.

[b] Duo mss., *tractu sævi spiritus,* alius *sui spiritus.*

[c] *Et oratione ad Christum,* etc. Male legunt editi libri, *et oratione ad Christum missa populo evocato, præcepisset,* etc., evocavit enim serpentem Hilarion, et ei præcepit struem lignorum ascendere, ut comburretur. MARTIAN.

[d] Concinnius mss. et brevius, *ignem supposuit, cunctaque spectante plebe,* etc.

[e] *Ea tempestate, terræ motu.* In Chronicis Eusebianis idem Hieronymus, anno Valentiniani 2, *terræ motu per totum orbem facto, mare littus egreditur, et Siciliæ, multarumque insularum urbes, et innumerabiles populos oppressit.* De eodem hæc habet in Isai. cap. XV : *Motu terræ magno in mea infamia, quando totius orbis littus transgressa sunt maria,* etc. Vide etiam Orosium lib. VII, cap. 32, et Socrat. Hist. Eccles. lib. IV, cap. 3. MARTIAN.

— Terræ motus hic idem est, quem eleganter descri-bit Ammianus Marcellinus ad finem lib. XXVI, *et consule Valentiniano primum cum fratre Valente* accidisse dicit, quod refertur ad an. 365 (vide Chronicon ad an. 2 Valentiniani), et in Chronico Alexand.: Τούτῳ τῷ ἔτει ἡ θάλασσα ἐκ τῶν ἰδίων ὅρων ἐξῆλθε μηνὶ Πανέμῳ πρὸ ιϛ´ καλανδῶν Αὐγούστων. Vid. Socratem lib. IV, c. 3.

[f] *Prærupta delata montium.* Hoc modo scriptum reperimus in omnibus, quos inspexi, mss. codicibus. Marianus legit, *ad prærupta montium delata pependerunt.*

— Erasmianam lectionem Martianæus ex fide mss. suorum revocavit, *de latere,* pro uno verbo *delatæ :* nobis probatur magis isthæc Victorii, quam mss. ad unum omnes, quos consuluimus, confirmant.

[g] Erat antea *ingressi sunt,* certe renitentibus mss. Vid. Sozomenum lib. V, cap. 20.

[h] Unus Vatic. *fluctus vertente* (al. *verrente*) *remige, omnes,* etc., quæ fortasse verior est lectio.

[i] Erat contra mss. fidem, *audiebantur.*

viveret. Verum ª non ad plenum viginti transiere dies, cum per omnem illam insulam quicumque immundos habebant spiritus, clamare cœperunt, venisse Hilarionem servum Christi, et ad eum se debere properare. Hoc Salamina, hoc Curium, hoc Lapetha et urbes reliquæ conclamabant, plerisque asserentibus scire se quidem Hilarionem, et vere illum esse famulum Dei, sed ubi esset ignorare. Intra triginta igitur nec multo amplius dies, ducenti ferme, tam viri quam mulieres, ad eum congregati sunt. Quos cum vidisset, dolens quod se non paterentur quiescere, et quodammodo in ultionem sui sæviens, tanta eos orationum instantia flagellavit, ut quidam statim, alii post biduum triduumve, omnes vero intra unam hebdomadam curarentur.

43. *In secretiorem locum ascendit. Bucolia Ægypti. Paralyticus curatus.*—Manens itaque ibi biennio, et semper de fuga cogitans, Hesychium ad se veris tempore reversurum, Palæstinam ad salutationem fratrum, et monasterii sui **38** cineres visendos misit. Qui cum revertisset, cupienti rursum ad Ægyptum navigare, hoc est, ad ea loca, quæ vocantur ᵇ Bucolia, eo quod nullus ibi Christianorum esset, sed barbara tantum et ferox natio, suasit ut in ipsa magis insula ad secretiorem locum ᶜ conscenderet. Quem cum diu lustrans omnia, reperisset, perduxit eum duodecim millibus a mari procul inter secretos asperosque montes, et quo vix reptando manibus genubasque posset ascendi. Qui introgressus, contemplatus quidem est terribilem valde et remotum locum, arboribus hinc inde circumdatum, habentem etiam aquas de supercilio collis irriguas, et hortulum peramœnum, et pomaria plurima, quorum fructum numquam in cibo sumpsit: sed et antiquissimi juxta templi ruinam ex quo (ut ipse referebat et ejus discipuli ᵈ testantur) tam innumerabilium per noctes et dies dæmonum voces resonabant, ut exercitum crederes. Quo ille valde delectatus, quo scilicet antagonistas haberet in proximo, habitavit ibi per annos quinque, et sæpe invisente se Hesychio, in hoc extremo jam vitæ suæ tempore refocillatus est, quod propter asperitatem difficultatemque loci, et umbrarum (ut ferebatur vulgo) multitudinem, aut nullus, aut rarus ad se vel posset, vel auderet ascendere. Quodam autem die egressus hortulum, vidit hominem toto corpore paralyticum jacentem ante fores. Interrogavitque Hesychium quisnam esset, vel quomodo fuisset adductus. Qui respondens, ait, procuratorem se fuisse villulæ, ad cujus ᵉ jus hortulus quoque, in quo ipsi erant, pertineret. Et ille collacrymans tendensque ad jacentem manum: Tibi, inquit, dico in nomine Domini nostri Jesu Christi surge; et ambula. Mira velocitas. Adhuc verba in ore loquentis volvebantur, et jam membra solidata ad standum, hominem surrigebant. Quod postquam auditum est, etiam difficultatem loci, et iter invium plurimorum vicit necessitas. Nihil æque per circumitum cunctis villis observantibus, quam ne quo modo elaberetur. Disseminaverat enim hoc de eo rumor, diu eum in eodem loco manere non posse. Quod ille non levitate quadam, aut puerili sensu victus faciebat; sed honorem fugiens et importunitatem; semper **39** enim silentium et vitam ignobilem desiderabat.

44. *Testamentum Hilarionis.*—*Olei unctione curati filia et gener Constantiæ.* Igitur octogesimo ætatis suæ anno, cum absens esset Hesychius, quasi testamenti vice brevem manu propria scripsit epistolam, omnes divitias suas ei derelinquens (Evangelium scilicet, et tunicam sacceam, cucullam et palliolum), nam minister ejus ante paucos dies obierat. Venerunt itaque ad ægrotantem de Papho multi religiosi viri; et maxime quod eum dixisse audierant, jam se ad Dominum migraturum, et de corporis vinculis liberandum; sed et Constantia quædam sancta femina, cujus generum et filiam de morte liberaverat unctione olei: quos omnes adjuravit, ut ne puncto quidem horæ post mortem reservaretur; sed statim eum in eodem hortulo terra operirent, sicut vestitus erat in tunica cilicina et cuculla, et sago rustico.

45. Jamque modicus calor tepebat in pectore, nec præter sensum quidquam vivi hominis supererat, et tamen apertis oculis loquebatur: Egredere, quid times? egredere, anima mea, quid dubitas? Septuaginta prope annis servisti Christo, et mortem times? In hæc verba exhalavit spiritum. Statimque humo obrutum, ante urbi sepultum, quam mortuum nuntiaverunt.

40 46. *Hesychius furatur corpus S. Hilarionis. Integrum corpus Hilarionis et illæsæ vestes.* — Quod postquam sanctus vir audivit Hesychius, perrexit ad Cyprum, et simulans se velle habitare in eodem hortulo, ut diligentis custodiæ suspicionem accolis tolleret, cum ingenti vitæ suæ periculo, post decem fere menses corpus ejus furatus est. Quod Majumam deferens, totis monachorum et oppidorum turbis prosequentibus, in antiquo monasterio condidit; illæsa tunica, cuculla, et palliolo, et toto corpore, quasi adhuc viveret, integro, tantisque fragrante odoribus, ut delibutum unguentis putares.

47. *Constantia dolore mortua propter furatum corpus S. Hilarionis.*—Non mihi videtur in calce libri tacenda Constantiæ illius sanctissimæ mulieris devotio, quæ perlato ad se nuntio, quod corpusculum Hilarionis Palæstinæ esset, statim exanimata est, veram in servum Dei dilectionem etiam morte comprobans. Erat enim solita pervigiles in sepulcro ejus noctes ducere; et quasi cum præsente ad adjuvandas orationes insidebat.

ª Unus Vatic., *non plus*; alius *non plene, viginti*, etc.
ᵇ In aliquot mss., *Batholia.* Heliodorus Βουκόλι σύμπας κέκληται πρὸς Αἰγυπτίων ὁ τόπος, etc. Hinc etiam *Bacolici milites per Ægyptum* notantur a Capitolino aliisque a vulgari appellatione hujus loci, quem
ᶜ Unus Vatic., *concederet.*
ᵈ Mss., *testabantur*; et paulo post *quod scilicet tantos agonistas haberet*, etc.
ᵉ Victorius, *ad cujus confinia hortulus*, etc.

nes suas sermocinari. Cernas usque hodie miram inter Palæstinos et Cyprios contentionem, his corpus Hilarionis, illis spiritum se habere certantibus. Et

A tamen in utrisque locis magna quotidie signa fiunt; sed magis in hortulo Cypri, forsitan quia [a] plus illum locum dilexerit.

[a] Unus Vatic., *quia pusillum locum dilexerit.*

---

[a] VITA MALCHI MONACHI CAPTIVI.

Malchi Monachi ex Maronia Syriæ viculo, vitam, quæ variis periculis, atque infortuniis exagitata, et captivitate oppressa est, ob oculos lectoribus ponit.

41 1. *Hieronymus historiam Ecclesiasticam scribere volebat.* — Qui navali prælio dimicaturi sunt, ante in portu et in tranquillo mari flectunt gubernacula, remos trahunt, ferreas manus, et uncos præparant, dispositumque per tabulata militem, pendente gradu, et labente vestigio stare firmiter assuescunt, ut quod in simulacro pugnæ didicerint, in vero certamine non pertimescant. Ita et ego qui diu tacui (silere quippe me fecit, cui meus sermo supplicium est), prius exerceri cupio in parvo opere, et veluti quamdam rubiginem linguæ abstergere, ut venire possim ad latiorem historiam. Scribere enim disposui (si tamen vitam Dominus dederit; et si vituperatores mei saltem fugientem me, et inclusum persequi desierint) ab adventu Salvatoris usque ad nostram ætatem, id est, ab apostolis, usque ad nostri temporis fecem, quomodo et per quos Christi Ecclesia nata sit, et adulta, persecutionibus creverit, et martyriis coronata sit; et postquam ad Christianos principes venerit, potentia quidem et divitiis major, sed virtutibus minor facta sit. Verum hæc alias. Nunc quod imminet explicemus.

2. *Adolescentulus morabatur in Syria Hieronymus.* — Maronia [*Mss.* Maronias] triginta ferme millibus ab Antiochia urbe Syriæ, haud grandis ad Orientem distat viculus. Hic post multos vel dominos, vel patronos, dum ego adolescentulus morarer in Syria, ad papæ Evagrii necessarii mei possessionem devolutus B est, quem idcirco nunc nominavi, ut ostenderem, unde nossem quid scripturus sum. Erat igitur illic quidam senex nomine Malchus, quem nos Latine [b] *regem* possumus dicere, [c] Syrus natione **42** et lingua, ut revera [d] *ejusdem loci indigena*. Anus quoque in ejus contubernio valde decrepita, et jam morti proxima videbatur: tam studiose ambo religiosi, et sic Ecclesiæ limen terentes, ut Zachariam et Elisabeth de Evangelio crederes, nisi quod Joannes in medio non erat. De his cum curiose ab accolis quærerem quænam esset corum copula: matrimonii, sanguinis, an spiritus? omnes voce consona, sanctos et Deo placitos, et mira nescio quæ respondebant. Qua cupiditate illectus, adorsus sum hominem, et curiosius [e] sciscitans rerum fidem, hæc ab eo accepi:

C 3. *Malchi Historia.* — [f] Ego, inquit, mi nate, Nisibeni agelli colonus, solus parentibus fui. Qui cum me quasi stirpem generis sui, et hæredem familiæ suæ ad nuptias cogerent, monachum potius me velle esse respondi. Quantis pater minis, quantis mater blanditiis persecuti sint, ut pudicitiam proderem, hæc res sola indicio est, quod et domum et parentes fugi. Et quia ad Orientem ire non poteram, propter vicinam Persidem, et Romanorum militum custodiam, ad Occidentem verti pedes, pauxillulum nescio quid portans viatici, quod me ab inopia tantum defensaret. Quid multa? Perveni tandem ad eremum Chalcidos, quæ inter [g] Immas et Beroam magis

[a] Scripta anno 390. In duobus Vaticanis olim Reginæ Suecorum codicibus, 432 et 500. *Incipit Actus monachi captivi, quem dictavit Hieronymus Presbyter.* In alio 797 absolute, *De captivo monacho* inscribitur; itemque in alio 589, *Incipit Historia Malchi captivi monachi scripta a B. Hieronymo.* Ad hæc porro exemplaria totus Vitæ contextus exigitur.

[b] Nimirum a מלך *melech*, quod *Regem* Hebraice sonat. Hesychius quoque, Μάλχος Βασιλεύς. Vid. Eunapium in vita Porphyrii.

[c] *Syrus natione, et lingua, ut revera,* etc. Hanc lectionem restituimus ex quinque mss. codicibus, præcipue ex uno monasterii nostri Gemeticensis, qui legit, *ut revera ejusdem loci indigena.* Cæteri quatuor, id est unus Parisiensis, D. le Peletier, olim Petri Pithæi J. C.; alter Avenionensis FF. Prædicatorum, tertius Tolosanus FF. quoque Prædicatorum; et quartus Narbonensis, monasterii Fontis Frigidi; hi omnes, inquam, hoc modo legunt, *Syrus natione et lingua utebatur ejusdem loci indigena.* Porro in editis Erasmi et Mariani nihil est genuinum; sed totum Græce conficatum. MARTIAN.

[d] Pro his verbis, *ejusdem loci indigena,* editi vetustiores Græce habent αὐτόχθων; quam vocem tametsi in nullis mss. invenerim, ab Erasmo conficatam et Victorio probatam neutiquam credo. Gravius *Thebastonis indigena* in aliquot codd. sibi visus est invenisse; sed forte Latinis litteris, utcumque corruptis, Græcum vocabulum αὐτόχθων reddere librarius voluit, ex quo *Thebaston* non nemo imperitior scripsit. Est autem αὐτόχθων idem ac *loci ejusdem indigena.*

[e] Penes Marian. *suscitans,* cui et mss. aliquot suffragantur. Victor., *sciscitatus.*

[f] *Ego, inquit, mi nate.* In codice P. Pithœi erasa sunt verba *mi nate,* et duo sequentia, quæ legere non potui. Gemeticensis retinet solus *Nisibeni agelli colonus.* Alii ridicule posuerunt, *Atheniensis sanguinis colonus.* In editis vox *Maroniaci* conficta est.

[g] *Quæ inter Himmas.* Manuscripta exemplaria retinent *Himminas,* et *eminos,* vel *immas;* omnes autem consona voce legunt *Beroam:* non *Essam* corrupte. MARTIAN.
— Martian. *Hymmas,* Ptolemæus Ἱμμάη vocat Seleucidis civitatem. Sed pro *Beroa* veteres editi *Essam* scribunt; unus Vatic. *Bessam,* male, cum *Beroam* Cyrristicæ civitatem, quæ *Aleppo* nunc dicitur, indicari compertum sit. Confer Ptolemæum lib. v, c. 15.

ad austrum sita est. Ibi repertis monachis, eorum me magisterio tradidi, manuum labore victum quæritans, lasciviamque carnis refrenans jejuniis. Post multos annos incidit mihi ᵃ desiderium, ut ad patriam pergerem. Et dum adhuc viveret **43** mater, jam enim patrem mortuum audieram; solarer viduitatem ejus, et exinde venundata possessiuncula, partem erogarem pauperibus, ᵇ partem monasterio constituerem ; quid erubesco confiteri infidelitatem meam? partem in sumptuum meorum solatia reservarem. Clamare cœpit abbas meus, diaboli esse tentationem, et sub honestæ rei occasione, latere antiqui hostis insidias. Hoc esse, reverti canem ad vomitum suum. Sic multos monachorum esse deceptos, numquam diabolum aperta fronte se prodere. Proponebat mihi exempla de Scripturis plurima : inter quæ illud, quod initio Adam quoque ab Evam spe divinitatis supplantaverit. Et cum persuadere non posset, provolutus genibus obsecrabat, ne se desererem, ne me perderem, nec, aratrum tenens, post tergum respicerem. Væ misero mihi, vici monitorem pessima victoria, putans illum non meam salutem [*Mss.* utilitatem], sed suum solatium quærere. Prosecutus ergo me de monasterio, quasi funus efferret, et ad extremum valedicens : Video, ait, te filii Satanæ cauterio notatum : non quæro causas excusationes non recipio. Ovis quæ de ovilibus egreditur, lupi statim morsibus [*Al.* faucibus] patet.

4. *Captivus adducitur.* — De Beroa Edessam pergentibus, vicina est publico itineri solitudo, per quam Saraceni incertis sedibus huc atque illuc semper vagantur. Quæ suspicio frequentiam in illis locis viatorum congregat, ut imminens periculum auxilio mutuo declinetur. Erant in comitatu meo viri, feminæ, senes, juvenes, parvuli, numero circiter septuaginta. Et ecce subito ᶜ equorum camelorumque sessores Ismaelitæ irruunt, crinitis vittatisque capitibus, ac seminudo corpore, pallia et latas caligas trahentes : pendebant ex humero pharetræ ; laxos arcus vibrantes, hastilia longa portabant ; non enim ad pugnandum, sed ad prædam venerant. Rapimur, dispergimur, in diversa trahimur. Ego interim longo postliminio hæreditarius possessor, et sero mei consilii pœnitens, cum altera muliercula in unius heri servitutem sortitus venio. Ducimur, immo portamur sublimes in camelis ; et per vastam **44** eremum semper ruinam timentes, ᵈ pendemus potius quam sedemus. Carnes semicrudæ, cibus ; et lac camelorum, potus erat.

5. *Pascere oves jubetur.* — Tandem grandi amne transmisso, pervenimus ad interiorem solitudinem, ubi dominam liberosque ex more gentis adorare jussi, cervices flectimus. Hic quasi clausus carcere, mutato habitu, id est, nudus ambulare disco. ᵉ Nam aeris quoque intemperies, nihil aliud præter pudenda velari patiebatur. Traduntur mihi pascendæ oves, et in malorum comparatione hoc fruor solatio, quod dominos meos, et conservos rarius video. Videbar mihi aliquid habere sancti Jacob, recordabar Moysi, qui et ipsi in eremo quondam fuere pastores. Vescebar recenti caseo et lacte : orabam jugiter, canebam psalmos, quos in monasterio didiceram. Delectabat me captivitas mea ; agebamque Dei judicio gratias, quod monachum, quem in patria fueram perditurus, in eremo inveneram.

6. *Conservam in uxorem cogitur accipere. Virtus feminæ captivæ.* — O nihil umquam tutum apud diabolum ! o multiplices et ineffabiles ejus insidiæ ! Sic quoque latentem me invenit invidia. Dominus videns gregem suum crescere, nihilque in me deprehendens fraudulentiæ (sciebam enim Apostolum præcepisse (*Ephes.* VI, etc.), dominis sic quasi Deo fideliter serviendum), et volens me remunerare, quo fidum sibi magis faceret, tradidit mihi illam conservam meam, aliquando captivam. Et cum ego refutarem, diceremque me Christianum, nec licere mihi uxorem viventis mariti accipere (siquidem captus nobiscum vir ejus, ab alio domino fuerat abductus), ᶠ herus ille implacabilis in furorem versus, evaginato me cœpit petere gladio. Et ᵍ nisi confestim brachia tendens, mulierem præoccupassem, illico fudisset sanguinem. Jam igitur venerat tenebrosior solito, et mihi nimium matura nox. Duco in speluncam semirutam, novam conjugem : et pronubante nobis mœstitia, uterque detestamur ʰ alterum, nec fatemur. Tunc vere sensi captivitatem meam ; prostratusque humi monachum cœpi plangere, quem perdebam, dicens : Huccine miser servatus sum ? ad hoc me mea scelera perduxerunt, ut incanescente jam capite, **45** virgo maritus fierem ? Quid prodest parentes, patriam, rem familiarem contempsisse pro Domino, si hoc facio, quod ne facerem, illa contempsi : nisi quod forte propterea hæc sustineo, quia patriam desideravi. Quid agimus, anima ? perimus, an vincimus ? Exspectamus manum Domini, an proprio mucrone confodimur ? Verte in te gladium ; tua magis mors timenda est, quam corporis. Habet et servata pudicitia suum martyrium. Jaceat insepultus Christi testis in eremo, ipse mihi ero et persecutor et martyr. Sic fatus, eduxi in tenebris quoque micantem gladium, et acumine contra me verso : Vale, inquam, infelix mulier : habeto me martyrem potius quam

---

ᵃ Pari consensu mss. omnes, *incidit mihi cogitatio, ut,* etc., quemadmodum et supra in vita S. Pauli n. 7, *hæc in mentem ejus cogitatio incidit, ut,* etc.
ᵇ Idem mss., *ex parte monasterium construerem.*
ᶜ Unus Vatic. addit, *Barbarorum manus,* et paulo post tres mss. *Gallicas* habent pro *caligas, aliùs calliculas.* Vid. infra Regulam S. Pachomii.
ᵈ Mss. omnes, *hæremus potius.* etc.
ᵉ Tres mss., *Nam aeris loci illius intemperies præ-*

ter pudicitiam nihil aliud, etc. Unus *temperies.*
ᶠ Ita ad mss. consensum ac fidem emendamus ; hucusque enim editi, adverbio *rursus* præposito, quod minime ad rem facit, legunt quoque *ferus ille et implacabilis.*
ᵍ Quatuor mss., *et nisi festinus brachio tenere mulierem præoccupassem ;* alius *nisi festinus mulierem tenerem, brachio occuparem,* etc.
ʰ Duo mss., *alterutrum ; nec fatemur.*

maritum. Tunc illa pedibus meis provoluta : Precor te, inquit, per Jesum Christum, et per hujus horæ necessitatem adjuro, ne effundas [a] sanguinem tuum in crimen meum. Vel si mori placet, in me primum verte mucronem. Sic nobis potius conjungamur. Etiam si vir meus ad me rediret, servarem castitatem, quam me captivitas docuit; vel interirem potius quam perderem. Cur moreris, ne mihi jungaris? Ego morerer, si mihi jungi velles. Habeto me ergo conjugem pudicitiæ; et magis animæ copulam amato, quam corporis. Sperent domini maritum, Christus noverit fratrem. Facile suadebimus nuptias, cum nos viderint sic amare. Fateor, obstupui; et admiratus virtutem feminæ, conjugem plus amavi. Numquam tamen illius nudum corpus intuitus sum : numquam ejus carnem attigi; timens in pace perdere, quod in prælio servaveram. Transeunt in tali matrimonio dies plurimi : amabiliores nos dominis fecerant nuptiæ. Nulla fugæ suspicio, interdum et mense toto aberam fidus gregis pastor per solitudinem.

7. *Formicarum exemplo excitatur.* — Post grande intervallum dum solus in eremo sedeo, et præter cœlum terramque nihil video, cœpi mecum tacitus volvere, et inter multa, contubernii quoque monachorum recordari, maximeque vultum Patris mei, qui me erudierat, [b] tenuerat, perdiderat. Sicque cogitans, aspicio formicarum gregem angusto calle fervere. Videres onera majora quam corpora. Aliæ herbarum quædam semina forcipe oris trahebant; aliæ egerebant humum de foveis; et aquarum meatus aggeribus excludebant. Illæ venturæ hiemis memores, ne madefacta humus in herbam horrea verteret, illata semina præcidebant; hæ luctu celebri, corpora defuncta deportabant. Quodque magis mirum est in tanto agmine, egrediens non obstabat intranti; quin potius si quam vidissent sub fasce et onere concidisse, suppositis humeris adjuvabant. Quid multa? pulchrum mihi spectaculum dies illa præbuit. Unde recordatus Salomonis (*Prov.* vi et xxx), ad formicarum solertiam nos mittentis, et pigras mentes tali exemplo suscitantis, cœpi tædere captivitatis, et monasterii cellulas quærere, ac formicarum illarum [c] desiderare similitudinem, ubi laboratur in medium, cumque nihil cujusquam proprium sit, omnium omnia sunt.

8. *Fugit.* — Regresso ad cubile occurrit mulier : tristitiam animi vultu dissimulare non potui. Rogat cur ita exanimatus sim. [d] Audit causas : hortor ad fugam : non aspernatur. Peto silentium : fidem tribuit : et jugi susurro inter spem et metum medii fluctuamus. Erant mihi in grege duo hirci miræ magnitudinis, quibus occisis, utres facio, eorumque carnes viatico præparo. Et primo vesperi, putantibus dominis nos secreto cubitare, invadimus iter, utres et partes carnium portantes. Cumque pervenissemus ad fluvium, nam decem millibus aberat; inflatis conscensisque utribus, aquis nos credimus, paulatim pedibus subremigantes, ut deorsum nos flumine deferente, et multo longius quam conscenderamus, in alteram nos exponente ripam, vestigium sequentes perderent. Sed inter hæc madefactæ carnes, et ex parte lapsæ, vix tridui cibum pollicebantur. Bibimus usque ad satietatem, futuræ nos siti præparantes. Currimus, post tergum semper aspicimus; et magis noctibus [e] promovemus, quam diebus, vel propter insidias late vagantium Saracenorum, vel propter ardorem solis nimium. [f] Pavesco miser etiam referens : et si tota mente securus, toto tamen corpore perhorresco.

9. *Herus fugientem occupat.* — Post diem vero tertium, dubio prospectu procul aspicimus duos camelis insidentes venire concitos [*Mss.* concite]. Statimque mens mali præsaga, putare cœpit dominum meditari mortem, solem cernere nigrescentem. Dumque timemus, et vestigiis per arenas nos proditos intelligimus, offertur ad dexteram nostram spelunca longe sub terram penetrans. Igitur timentes venenata animalia (nam solent viperæ, reguli, et scorpiones, cæteraque hujuscemodi, [g] fervorem solis declinantia, umbras petere) intravimus quidem speluncam; sed statim in ipso introitu, sinistræ nos foveæ credidimus, nequaquam ultra progredientes, ne dum mortem fugimus, incurreremus in mortem; illudque nobiscum reputantes, si juvat Dominus miseros, habemus salutem; si despicit peccatores, habemus sepulcrum. Quid putas fuisse nobis animi, quid terroris, cum ante speluncam, nec longe starent dominus et conservus, et vestigio indice jam ad latebras pervenissent? O multo gravior exspectata, quam illata mors! Rursus cum labore et timore lingua balbutit, et quasi clamante domino, mutire non audeo. Mittit servum, ut nos de specu trahat : ipse camelos tenet; et evaginato gladio, nostrum exspectat adventum. Interea tribus ferme vel quatuor cubitis introgresso famulo, nobis ex occulto tergum ejus videntibus (nam oculorum istiusmodi natura est, ut post solem umbras intrantibus, cæca sint omnia) vox per antrum sonat : Exite, furciferi; exite, morituri : quid statis? quid moramini? exite, dominus vocat, [h] patienter exspectat. Adhuc loquebatur, et ecce per tenebras aspicimus leænam invasisse hominem, et gutture suffocato, cruentum intro trahere. Jesu bone, quid tunc terroris nobis, quid gaudii fuit! Spectabamus, domino nesciente, hostem nostrum perire.

---

[a] Iterum duo codd., *sanguinem tuum in sanguinem meum:* alius, *sanguine tuo sanguinem meum;* quartus absolute habet *sanguinem tuum, vel si mori,* etc.

[b] Martianæus, *et nutrierat, et perdiderat.* Sic quoque cogitante me, aspicio, etc. Contra mss. fidem, ut cætera bene essent.

[c] Tres mss., *desiderare sollicitudinem,* e quibus unus, *ubi est labor in medium.*

[d] Victor., *audit causas: hortatur fugam. Peto silentii fidem: non aspernantur, et jugi susurro,* etc.

[e] Idem, *provehimur.*

[f] Unus Vatic., *pavito miser etiam securus;* tres alii, *paveo miser referens, etiam securus.*

[g] Duo vetustiores Vatic. *fervore solis declinante.*

[h] Hæc *patienter exspectat,* perperam intrusa videantur, certe in nullo ms. invenimus.

qui cum videret illum moras facere, suspicatus est duos uni resistere. Sed et iram differre non valens, sicut tenebat gladium ad speluncam **48** venit; et clamore rabido servi increpans ᵃ socordiam, prius a fera tenetur, quam ad nostras latebras perveniret. Quis hoc umquam crederet, ut ante os nostrum, bestia pro nobis dimicaret? Sublato autem illo metu, similis ante oculos nostros versabatur interitus; nisi quod ᵇ potius erat rabiem leonis, quam iram hominis sustinere. Pavemus intrinsecus; et ne movere quidem nos ausi, præstolabamur eventum rei, inter tanta pericula, pudicitiæ tantum conscientia pro muro septi. Leæna insidias cavens, et visam esse se sentiens, apprehensum mordicus catulum ᶜ matutina effert, nobisque cedit hospitium. Neque tamen satis creduli, statim erumpimus : ᵈ sed exspectantes diu, et egredi cogitantes, illius nobis figurabamus occursum.

10. *Periculo liberatus ad monachos redit.* — ᵉ Sub- lato ergo horrore, et illa transacta die, egredimur ad vesperam; vidimusque camelos, quos ob nimiam velocitatem dromedarios vocant, præteritos cibos in ore volvere, et in alvum missos iterum retrahere. Quibus ascensis, et nova sitarcia, ᶠ id est, annona refocillati, decima tandem die ad Romana per desertum castra venimus. Oblatique tribuno, ᵍ rem ordine pandimus : inde ʰ transmissi ad Sabianum Mesopotamiæ ducem, camelorum pretium accepimus. Et quia jam abbas ille meus dormierat in Domino; ad hæc delatus loca me monachis reddo, hanc trado virginibus, diligens eam ut sororem, non tamen ei me credens ut sorori. ⁱ Hæc mihi senex Malchus adolescentulo retulit. Hæc ego vobis narravi senex, castis historiam castitatis exposui. ʲ Virgines castitatem custodire exhortor. Vos narrate posteris, ut sciant inter gladios, et inter deserta et bestias, pudicitiam numquam esse captivam : et hominem Christo deditum posse mori, non posse superari.

ᵃ Vulgati libri *vecordiam*, renuentibus mss. Deinde Victor. *qui sunt, qui hoc crederent*, etc.
ᵇ Editi *nisi quod tutius erat*, etc.
ᶜ Sic mss. nostri omnes, et quatuor alii, quibus Martianæus usus est, qui tamen *mature* legit pro *matutina*. Victorius, eoque vetustiores neutrum habent. *Catulum mature.* In quatuor mss. codicibus, pro *mature* legimus *matutina*, idest, *catulum matutina effert*.   MARTIAN.
ᵈ Unus Vatic., *sed spectamus diu*; tum omnes *figuramus* pro *figurabamus*.
ᵉ Idem Vatic. *Sub tali ergo custodia et illa transacta dies*; alius, *Sub tali ergo terrore*, etc.
ᶠ Verius *isthæc, id est annona*, quod scioli est alicujus glossema, præstantiores mss. omittunt.
ᵍ Mss., *rei ordinem pandimus, indeque transmissi ad Sabinianum;* olim erat *Sabinum*, et penes Martianæum forte typographorum errore *Sabianum*. Ammianus Marcellinus lib. XVIII : *Sabinianus adepta repentine potestate sufflans,* quem paulo infra *hominem parvi angustiæ animi* vocat.
ʰ *Transmissi ad Sabinianum*, etc. De Sabiniano Mesopotamiæ duce scripsit Ammianus Marcellinus lib. XVIII.   MARTIAN.
ⁱ *Hæc mihi senex Malchus*, etc. Varias hic retinent lectiones mss. exemplaria. Petri Pithœi codex legit hoc modo: *Hæc mihi senex Malchus adolescenti retulit. Hæc ego vobis narro senex, castis historiam castitatis. Hæc expono e virginibus, virginitatem exhortor. Vos narrate posteris*, etc. Cæteri codices Avenion. et Tolos.: *Hæc mihi senex Malchus adolescentulo Hieronymo retulit. Hæc ego vobis narravi senex, castis historiam castitatis exposui. Virginibus virginitatem custodire monstravi. Exhortor denique vos narrare posteris, ut*, etc.   MARTIAN.
ʲ Duo mss., *Castis historiam castitatis expono, virginibus virginitatis. Vos narrate*, etc. Quæ autem interseruntur, *Virgines castitatem custodire exhortor*, in uno tantum ms. invenimus.

IN SUBSEQUENTEM S. PACHOMII REGULAM
A S. HIERONYMO LATINE REDDITAM

ADMONITIO.

Collectioni Hieronymianorum operum, quam adornamus, primo isthæc accedit S. Pachomii Tabennensium monachorum Patris Regula, quam Syriace ab ipso auctore conscriptam, deinde Græco sermone redditam, aliisque, ut par est credere, Theodori, atque Orsiesii præceptis institutisque locupletatam, Hieronymus ad presbyterorum, Leontii ac Silvani preces Latinis litteris explicavit. Atque illa quidem nondum e bibliothecarum loculis prodierat in lucem, cum Erasmus, et postea Victorius quoque suas editiones elaborarent; sed cum exinde sit sæpius edita, minime debuisset in Martianæi editione prætermitti, in qua ipsa Hieronymi epistola, quæ præfationis loco est, in octava classe et sui parte manca, et erroribus sane multis deformata repræsentatur.

Ut vero de ipsa primigenia Pachomii scriptione quædam prælibemus, nihil illa ferme est apud Veteres celebratius. Narrat Palladius in Lausiaca cap. 38, Tabulam æneam monastici complectentem instituti Regulas Pachomio ab angelo traditam, cujus etiam argumentum exponit. Gennadius de Illustribus viris cap. 7 : *Pachomius, inquit, monachus, vir tam in dicendo, quam in signa faciendo apostolicæ gratiæ, et fundator Ægypti cœnobiorum, scripsit regulam utrique generi monachorum aptam, quam angelo dictante perceperat.* Paria habet Sozomenus Hist. Eccles. l. III, cap. 3, ex pervulgata traditione Pachomio *sanctum angelum visum esse, dedisseque illi tabulam, quam monachi adhuc servant, in qua erat scriptum, ut singulis concederet facultatem tantum comedendi, bibendi, operandi, jejunandi, vel secus, quantum natura ferret. His vero qui largius comederent, opera laboriosiora imponeret; faciliora autem his, qui corpus jejuniis et abstinentia castigarent. Præscripsit præterea, ut multas ædiculas, etc., quæ ibi copiose satis enarrantur; sed copiosius multo repeti possunt ex Vita, quam incertus auctor composuit, qui tamen iisdem ac Pachomius temporibus vixisse se profitetur. His addi queunt Martyrologium Romanum prid. Id. Maii, Cassianus, Nicephorus, Callistus, S. Benedictus Anianensis, Smaragdus, et ne singulorum testimonia diutius prosequamur, Rupertus Abbas Tuitiensis lib. IV de Vit. Apostolica sub initium, qui, *Beatus*, inquit, *Pachomius Regulam monachorum ab ipso angelo de cœlo dictatam, non videlicet, ut hominis, sed ut divinum oraculum monachis tradidit.*

De hac ipsa vero Hieronymiana ejus Regulæ Latina interpretatione, nihil dubium est, e S. Doctoris calamo fetum germanissimum profecisse; ut illos adeo putem desipere, qui hac una de causa audent inficiari, quod Pachomium Hieronymus inter Ecclesiasticos scriptores non recenseat, mentionem ejus certe facturus, cujus revera librum Latine fuisset interpretatus. Quorum argumentum suapte natura infirmissimum, falsa etiam laborat suppositione; neque enim isthæc Catalogum præcessit interpretatio, sed e contrario subsecuta est post tredecim ferme annorum spatium, quod infra planius demonstro.

Interim quæ hujus Hieronymiani laboris feruntur exemplaria, debemus cum primis S. Benedicto Anianensi abbati, qui circa annum Christi 820 claruit, et suo *Codici Regularum* una cum epistolis, quas Gennadius memorat cap. supr. laudato, aliisque nonnullis attexuit. Equidem cum ex angulis bibliothecarum nondum evasisset Anianæ Abbatis Collectio, ex aliis mss. codicibus Latina isthæc Regula excepta est. Eam primum Romæ an. 1575, Achilles Statius vulgavit; tum Ciacconius ibidem 1588; deinde novis accedentibus curis in calce Collationum Cassiani, et in Patrum Bibliothecis alii recudere. Illæ tamen editiones nec totam, quemadmodum hic exhibetur, Regulam; nec quæ *Judicia, Leges, et Monita*, diversis titulis inscribuntur; nec denique *Epistolas, et Verba Mystica*, aliaque id genus habent, quæ simul abs Hieronymo fuisse Latine reddita ex ipsa Præfatione compertum est. Tota adeo cl. viri Lucæ Holstenii sedulitati gratia est habenda, qui cum in S. Benedicti apographum incidisset ex eo descriptum, quod apud S. Maximinum prope Treveros antiquissimum exstare dicitur, cum aliis vetustis codicibus contulit, qui aliquam ex illis regulis exhiberent, ac typis dedit, Romæ primum an. 1661, deinde Parisiis biennio post excudendum. Hoc itaque nos utimur exemplari utpote omnium uberiore, atque accuratissimo; et cum porro variantes lectiones quas ex aliis libris excerpserat doctissimus ille vir, et notulas quas paraverat in calcem operis conjiciendas, morte intercedente exhibere haud potuerit, nos quod erat e re nostra, principem editionem, Achillis Statii, tum alteram auctiorem Petri Ciacconii ad illam exegimus diligenter; et quæ Holsteniano labori deerant, quoad ejus fieri potuit, aut interesse videbatur, suffecimus.

Tempus, quo Latinam hancce interpretationem Hieronymus elaborarit, ex eo facile eruitur, quod statim limine Præfationis mœrentem se *dormitione sanctæ et venerabilis Paulæ*, diu tacuisse profitetur, donec in hoc exornando opere, *bono ut aiunt auspicio longum silentium rumperet*. His enim annus indicatur 404, sub cujus initium, *dormivit sancta et beata Paula septimo Kalendas Februarias tertia Sabbati post solis occubitum, Honorio Augusto* VI *et Aristeneto css.*, quod in ejus Epitaphio luculentissime tradit Hieronymus. Ad ejusdem igitur anni finem, vel si lubet, ad insequentem 405 commode transferri hæc potest interpretatio, quam, cum longo silentio dolorem devorasset, elucubravit.

S. EUSEBII HIERONYMI
STRIDONENSIS PRESBYTERI
TRANSLATIO LATINA
REGULÆ SANCTI PACHOMII.

PRÆFATIO.

531. Quamvis acutus gladius et levigatus, si diu in vagina conditus fuerit, sordescit rubigine, et splendorem pristini decoris amittit. Unde et ego mœrens super dormitione sanctæ et venerabilis Paulæ, non quo contra præceptum Apostoli facerem, sed quo multorum incisa illius morte refrigeria suspirarem, accepi libros ab homine Dei Silvano presbytero mihi directos, quos ille Alexandria missos susceperat, ut etiam [*Al.* mihi] injungeret transferendos. Aiebat enim quod in Thebaidis cœnobiis, e in monasterio Metanœæ, quod de Canopo in [a] pœnitentiam felici nominis conversione mutatum est, habitarent plurimi Latinorum, qui ignorarent Ægyptiacum Græcumque sermonem, quo Pachomii et Theodori et Orsiesii præcepta conscripta sunt. Qui primi per Thebaidem et Ægyptum cœnobiorum fundamenta jecerunt juxta præceptum Dei, et Angeli, qui ad eos ob hanc ipsam institutionem [b] missus venerit.

2. Itaque quia diu tacueram, et dolorem meum silentio devoraveram : urgebant autem missi ad me ob hanc ipsam causam Leontius presbyter, et cæteri cum eo fratres, accito notario, ut erant de Ægyptiaca in Græcam linguam versa, nostro sermone dictavi, ut et tantis viris imperantibus, ne dicam rogantibus obedirem, et bono, ut aiunt, auspicio longum silentium rumperem, reddens me pristinis studiis, et sanctæ feminæ refrigerans animam, quæ monasteriorum semper amore flagravit, et **54** quod visura erat in cœlo, hic in terris meditata est. Venerabilis quoque virgo filia ejus Eustochium haberet quod sororibus [c] agendum tribueret, nostrique fratres Ægyptiorum, hoc est, [d] Tabennensium monachorum exempla sequerentur, qui habent per singula monasteria patres, et dispensatores, et hebdomadarios, ac ministros, et singularum domorum Præpositos, ita ut in una domo quadraginta plus minusve fratres habitent, qui obediant Præposito; sintque pro numero fratrum triginta, vel quadraginta domus in uno monasterio, et ternæ, vel quaternæ domus in unam tribum fœderentur, ut vel ad opera simul vadant, vel in hebdomadarum ministerio sibi succedant per ordinem.

3. Quicumque autem monasterium primus ingreditur, primus sedet, primus ambulat, primus [e] psalmum dicit, primus in mensam extendit manum, prior in in Ecclesia communicat; nec ætas inter eos quæritur, sed professio.

4. Nihil habent in cellulis præter psiathium [f] et quæ infra scripta sunt, duo lebitonaria (quod Ægyptiis monachis genus vestimenti est sine manicis) et unum jam attritum ad dormiendum, vel operandum; et amictum lineum, cucullosque duos; et caprinam pelliculam, quam Meloten vocant; balteolum lineum, et gallicas [Al. caligas], ac bacillum itineris socium.

5. Ægrotantes miris sustentantur obsequiis, et ad omnem copiam præparatis cibis : sani majori pollent abstinentia. Bis in hebdomada, quarta et sexta **55** sabbati ab omnibus jejunatur, excepto tempore Paschæ et Pentecostes. Aliis diebus comedunt qui volunt post meridiem : et in cœna similiter mensa ponitur, propter laborantes, senes, et pueros, æstusque gravissimos. Sunt qui secundo parum comedunt; alii qui prandii, sive cœnæ uno tantum cibo contenti sunt. Nonnulli gustato paululum pane egrediuntur. Omnes pariter comedunt. Qui ad mensam ire noluerit, in cellula sua panem tantum et aquam, ac salem accipit, sive in uno die voluerit, [g] sive in biduo.

6. Fratres ejusdem artis in unam domum sub uno Præposito congregantur : verbi gratia, ut qui texunt lina sint pariter; qui mattas, in unam reputantur familiam ; sarcinatores, carpentarii, fullones, gallicarii seorsum a suis præpositis gubernantur : et per singulas hebdomadas ratiocinia operum suorum ad Patrem monasterii referunt.

7. Omnium monasteriorum princeps unum habetur caput, qui habitat in monasterio diebus Paschæ : exceptis his qui in monasterio necessarii sunt, ad illum omnes congregantur, ut quinquaginta millia fere hominum Passionis Dominicæ **56** simul celebrent festivitatem.

8. Mense, cui vocabulum est Mesore, id est Augusto, instar Jubilæi remissionis dies exercentur, et peccata omnibus dimittuntur, reconcilianturque sibi qui aliquam habuerat simultatem ; et disponuntur monasteriorum capita, dispensatores, præpositi, ministri, prout necessitas postularit.

9. Aiunt autem Thebæi quod Pachomio, Cornelioque et Syro, qui usque hodie ultra centum et decem annos vivere dicitur, angelus linguæ mysticæ scientiam dederit, ut scriberent sibi, et loquerentur

---

[a] Scilicet *pœnitentiam* Græce sonat Metanœa. Canopus autem dudum infamis ob luxum ac delicias insula, Metanœa vocata est, translatis illuc a Theophilo, vel Cyrillo monachis, qui pœnitentium agerent vitam. Athanasius presbyter in libello, quem concilio Chalcedonensi obtulit adversus Dioscorum, Μετάνοιαν προάστειον τῆς μεγίστης Ἀλεξανδρείας, ὁ πότε Κάνωπος καλούμενος, etc. *Metanœa suburbanum maximæ urbis Alexandriæ, quod olim Canopus vocabatur*, etc. Vide etiam Eunapium in Vita Ædesii, ubi destructis Canopi delubris monachos eo tradit inductos.

[b] Princeps editio, et Romana an. 1580 accuratior, *qui a Deo sub hanc institutionem*, etc.

[c] Malim concinniori sensu, *legendum*.

[d] Cassianus l. IV, c. 1, *Tabennesiotas* vocat. Nomen mutuantur, a Tabenna insula in Nilo flumine, in qua Pachomius insigne monasterium condiderat, ex quo reliqua ejusdem instituti, quasi ex metropoli, excisa sunt. Vid. Palladium, et Sozomenum.

[e] Olim nempe psalmi non utrimque invicem inter monachos, sive clericos decantari toti solebant, ut hodie fit; sed singuli a singulis, ut uno psalmum canente ex ordine, cæteri summo silentio auscultarent. Vid. quæ in epist. 125, ad Rusticum, num. 15, annotavimus.

[f] *Hæc, et quæ infra scripta sunt*, veteres editi non agnoscunt. Porro *Psiathium* quid fuerit, post Rosweidum ac Menardum Holstenius in Indiculo notat, Stoream nempe ex junco, sive papyro confectam, qua pro lecto aut stragulo monachi utebantur. Lebitonarium Glossæ *Colobium* et *Colobarium* interpretantur. Cassian. l. I, c. 5, Ægyptios monachos describens, *Colobiis*, inquit, *lineis induti, quæ vix ad cubitorum ima pertingunt, nudas de reliquo circumferunt manus*. Vid. infra cap. 11. De Melote autem Paulus diaconus nomine Theodemari abbatis ad Carolum Magnum scribens, *Illud*, inquit, *vestimentum, quod a Gallicanis monachis Cuculla dicitur, et nos Capam vocamus, quod proprie monachorum designat habitum, Melotem appellare debemus, sicut et hactenus in hac provincia a quibusdam vocatur*.

[g] Holsten. *sive post biduum*.

per alphabetum speciale, signis quibusdam et symbolis absconditos sensus involvens: quas [a] nos Epistolas ita ut apud Ægyptios Græcosque leguntur, in nostram linguam vertimus, eadem ut reperimus elementa ponentes, et qua simplicitatem Ægyptii sermonis imitati sumus, interpretationis fides est: ne viros apostolicos et totos gratiæ spiritalis sermo rhetoricus immutaret. Cætera autem quæ in eorum tractatibus continentur prælibare nolui, ut in suis discantur auctoribus; et de fontibus potius quam de rivulis bibant, quos sanctæ conversationis studia delectant.

[a] Holsten., sed forte typographorum mendo, *non*.

REGULA
PATRIS NOSTRI PACHOMII HOMINIS DEI,

Qui fundavit conversationem cœnobiorum a principio

per mandatum Dei.

EXORDIUM PRÆCEPTORUM.

I. Qui rudis in collectam sanctorum ingreditur, et quem per ordinem janitor ab ostio monasterii introduxerit, et sedere fecerit in conventu fratrum, non ei licebit sedendi locum vel ordinem commutare, donec eum transferat Totihioc, id est, præpositus domus suæ, ad locum qui ei rite debetur.

II. Sedebit autem cum omni decore et mansuetudine; pelliculamque super humerum geret: ex latere et inferiori parte subdens natibus; et vestimentum, id est, tunicam lineam absque manicis, quam Levitonarium vocant, diligenter astringens, ita ut genua operiat.

III. Cumque audierit vocem tubæ ad collectam vocantis, statim egrediatur cellulam suam, de scripturis aliquid meditans usque ad ostium conventiculi.

IV. Et quando in loco collectæ cœperit ambulare, ut ad locum sedendi standique perveniat, ne vel parum damni in monasterio ex alterius veniat negligentia.

V. Sin autem nocte signum insonuerit, ne steterit ad focum, quem propter calefacienda corpora, et repellendum frigus ex more succenditur: nec otiosus in collecta sedebit, sed funiculos in mattarum stramina manu celeri præparabit; absque infirmitate duntaxat corpusculi, cui cessandi tribuitur venia.

VI. Cumque [a] major, vel stans prior in gradu, manu percusserit, de Scripturis quidpiam volvens memoriter, ut oratio finiatur, nullus consurget tardius, sed omnes pariter levabunt.

VII. Nemo aspiciat alterum [b] torquentem funiculum, vel orantem; sed in suo defixis luminibus opere sit intentus.

VIII. Hæc enim præcepta vitalia [c] a nostris majoribus tradita. Si acciderit ut psallendi tempore, vel orandi, aut in medio lectionis aliquis loquatur, aut rideat, illico solvat [d] cingulum, et inclinata cervice manibusque ad inferiora depressis, stabit ante altare, et a principe monasterii increpabitur. Hoc idem faciet et in conventu fratrum, cum ad vescendum pariter convenerint.

IX. Quando ad collectam tubæ clangor increpuerit per diem, qui ad unam orationem tardius venerit, superioris increpationis ordine corripietur [Al. increpabitur], et stabit in loco convivii.

X. Nocte vero, quoniam corporis infirmitati plus aliquid conceditur, qui post tres orationes venerit, eodem et in collecta et in vescendo ordine corripietur.

XI. Quando in collecta orant fratres, nemo egredietur absque jussione majorum, nisi interrogaverit, concessumque ei fuerit exire pro naturæ necessitate.

XII. Nullus dividet juncos ad texendos funiculos præter eum qui ministrat hebdomadæ; et si ille justo opere detentus est, majoris imperium præstolabitur.

XIII. De hebdomadariis unius domus non eligentur qui stent in gradu, et conventu omnium de Scripturis aliquid replicent: sed omnes juxta sedendi et standi ordinem memoriter repetent quæ

[a] Ad principis editionis fidem capitulum istud emendavimus, quod ab Holstenio imperfecto sensu ad hunc modum exhibetur: *Cumque manum percusserit stans prior in gradu, et de Scripturis quidpiam volvens memoriter, ut oratione finiente, nullus,* etc.

[b] Statius et Ciacconius *operantem, vel orantem;* quorum alter Prologum hoc absolvit capitulo, atque exinde Pachomianam regulam sic exorditur: *Incipit Regula Pachomii. Hæc sunt præcepta tribus a majoribus tradita,* etc.

[c] Vitiose Holstenius, *a nobis majoribus;* pro quo *nostris* reposuimus. Elegantius vero, ut supra innuimus, veteres editi *tribus a majoribus,* puta Pachomium, Theodorum, Orsiesium.

[d] Haud recte idem Holstenius, *vinculum*.

sibi fuerint imperata. E quibus si quis oblitus quid hæsitaverit in dicendo, negligentiæ et oblivionis correptionem sustinebit.

XIV. In die dominica, vel oblationis tempore nullus deerit de hebdomadariis, sedens in loco Ebiymii, psallentique respondens, ex una duntaxat domo, quæ in majori servit hebdomade. Altera est etiam minor hebdomas, quæ per singulas domos a paucioribus exhibetur.

XV. At si major est numerus necessarius, de eadem tribu alii vocabuntur a Præposito domus, qui ministrat hebdomadæ : et absque jussione ejus nullus de altera domo ejusdem tribus ad psallendum veniet, et penitus non licebit in alterius hebdomade, et de alia venire domo, nisi forte ejusdem tribus sit.

XVI. Vocatur autem una tribus, habens tres vel quatuor domos, pro numero et frequentia monasterii : quas nos familias, vel populos unius gentis possimus appellare.

XVII. In die dominica et collecta, in qua offerenda est oblatio, absque præposito domus, et majoribus monasterii, qui alicujus nominis sunt, nemo psallendi habeat potestatem.

XVIII. Psallente autem quolibet de majoribus, id est, dicente responsorium, si quis defuerit, statim ante altare pœnitentiæ, et increpationis ordinem sustinebit.

XIX. De collecta in qua offerenda est oblatio, qui sine præcepto majoris exierit, statim increpabitur.

XX. Mane per singulas domos finitis orationibus non statim ad suas cellulas revertentur : sed conferent inter se quæ Præpositos audierint disputantes, et sic intrabunt cubilia sua.

XXI. Disputatio autem a Præpositis domorum per singulas hebdomadas tertio fiet : et in ipsa disputatione sedentes, sive stantes fratres suum ordinem non mutabunt, juxta domorum ordinem et hominum singulorum.

XXII. Si quis dormitaverit sedens, Præposito domus, vel monasterii principe disputante, statim surgere compelletur : et tamdiu stabit, donec ei [a] jubeatur ut sedeat.

XXIII. Quando signum insonuerit, ut conveniant et audiant præcepta majorum, nullus remanebit : nec succendetur focus antequam disputatio compleatur. Qui [b] unum ex his præterierit, prædictæ correptioni subjacebit.

XXIV. Qui hebdomadarius est, non habebit potestatem absque præcepto principis monasterii dare cuiquam funiculos, vel aliorum quid vasorum : et nisi ille jusserit, signum dare non poterit, ut ad collectam meridianam, vel ad vespertinam sex orationum congregentur.

XXV. Post orationes matutinas minister hebdomadis, cui hoc opus fuerit injunctum, interrogabit principem monasterii de singulis rebus, quas necessarias putat ; et quanti exire debeant operari [Fort. operarii] in agrum. Et juxta illius jussionem circumibit singulas domos, et discet quid unusquisque habeat necessarium. Codicem si ad legendum petierint, accipiant ; et finita hebdomade, propter eos qui succedunt in ministerium, suo restituant loco.

XXVI. Si mattas operabuntur, interrogatur minister ad vesperam [c] Præpositos domorum singularum, quibus juncorum singulis domibus necessarium sit ; et sic infundet juncos, et mane per ordinem unicuique tribuet. Et si mane viderit aliis quoque juncis opus esse, infundet eos, et ad singulas domos perferet tamdiu, donec signum vescendi increpet.

XXVII. Præpositus domus, qui implet hebdomadam, et alius qui venturam suscipiet, principesque monasterii habebunt curam videndi quid operis prætermissum sit vel neglectum ; et excuti facient mattas, quæ super pavimentum in collecta expandi solent : numerabuntque funiculos, quos per singulas hebdomadas torserunt, et eorum summam describent in buxis, et servabunt usque ad tempus annuæ congregationis, quando reddenda est ratio, et peccata omnibus dimittuntur.

XXVIII. Dimissa collecta, singuli egredientes usque ad cellulas suas, vel usque ad vescendi locum, de Scripturis aliquid meditabuntur ; nullusque habebit opertum caput meditationis tempore.

XXIX. Cum autem ad vescendum venerint, sedebunt per ordinem statutis locis, et operient capita.

XXX. Statimque cum tibi a majore fuerit imperatum, ut de alia mensa ad aliam transire debeas, in nullo penitus contradices. Nec audeas ante Præpositum domus tuæ manum in mensam extendere : nec circumspicias alios vescentes.

XXXI. Unusquisque Præpositorum docebit in domo sua, quomodo debeant cum disciplina et mansuetudine comedere. Quod si quis vel locutus fuerit, vel riserit in vescendo, aget pœnitentiam, et in eodem loco protinus increpabitur : stabitque, donec [d] alius surgat de vescentibus.

XXXII. Si quis ad comedendum tardius venerit, excepto majoris imperio, similiter aget pœnitentiam, aut ad domum jejunus revertetur.

XXXIII. Si aliquid necessarium fuerit in mensa, nemo audebit loqui, sed ministrantibus signum sonitu dabit.

XXXIV. Si egressus fueris a cibo, non loquaris in redeundo, donec ad locum tuum pervenias.

XXXV. Ministri absque his, quæ in commune fratribus præparata sunt, nihil aliud comedant, nec mutatos cibos sibi audeant præparare.

---

[a] Veteres editi, ei videatur.
[b] Iidem. Qui unum mandatum ex his, etc.
[c] Malim equidem, a Præposito, et statim post, quid, aut quantum pro quibus.
[d] Verius puto veteres editi, donec alii surgant de vescendo, scilicet ad mensæ usque finem.

XXXVI. Qui percutit ad vescendum ᵃ et congregat fratres, meditetur aliquid in percutiendo.

XXXVII. Qui ante fores convivii egredientibus erogat fratribus ᵇ tragemacia, in tribuendo meditetur aliquid de Scripturis.

XXXVIII. Qui suscipit ea quæ dantur, non in cucullo, sed in pelle accipiat; neque gustabit ante de his quæ acceperit, donec ad domum perveniat.

XXXIX. Ipse autem, qui cæteris dividet, suam partem a Præposito accipiet. Quod et cæteri ministri faciant, accipientes ab alio, et nil sibi suo arbitrio vindicantes. Ea quæ acceperint, per triduum eis sufficient: et si cui residuum fuerit, reportabit ad Præpositum domus, et ille reponet in cellario, donec misceatur cum aliis, et cunctis fratribus præbeatur.

XL. Nemo plus alteri dabit, quam alter acceperit; quod si obtenditur infirmitas, Præpositus domus perget ad ministros ægrotantium, et ab his quæ necessaria sunt accipiet.

XLI. Si de ipsis ministris aliquis languerit, non habebit licentiam introeundi in coquinam vel cellarium, et sibi aliquid auferendi: sed cæteri ministri, id quod ei necessarium viderint, dabunt: nec permittetur coquere sibi quod desideraverit, sed Præpositi domorum quæ necessaria viderint ei, ab aliis ministris accipient.

XLII. Nullus introeat locum ægrotantium, qui non ægrotat. Qui ægrotaverit, a Præposito domus ducetur in triclinium ægrotantium : et si opus habuerit palliolo, aut tunica, aut cæteris, quæ ad operiendum, vel ad vescendum necessaria sunt, ipse Præpositus accipiat a ministris, et dabit ægrotantibus. Nec poterit languidus ingredi cellam vescentium, et comedere quæ desiderat, nisi a ministro, qui huic rei præpositus est, ducatur ad vescendum.

XLIII. Non ei licebit de his quæ acceperit in loco ægrotantium, ferre ad cellam suam, ne pomum quidem.

XLIV. Qui pulmentaria coquunt, ᶜ ipsi vicissim ministrantibus et vescentibus ministrabunt.

XLV. Vinum et liquamen absque loco ægrotantium nullus contingat.

XLVI. Si aliquis eorum qui peregre mittuntur, in itinere, vel in ᵈ navi ægrotaverit, et habuerit necessitatem sive desiderium comedendi liquamen de piscibus, vel aliarum rerum, quæ in monasterio comedere consueverunt, non manducabit cum fratribus cæteris, sed separatim : et dabitur ei a ministris ad omnem abundantiam, ne in ullo frater languidus contristetur.

XLVII. Ægrotantem absque concessione majoris nullus audeat visitare; nec propinquus quidem atque germanus sine imperio Præpositi domus ingrediendi habebunt potestatem.

XLVIII. Si unum ex his ab aliquo fuerit prætermissum atque neglectum, increpatione solita emendabitur.

XLIX. Si quis accesserit ad ostium monasterii volens sæculo renuntiare, et fratrum aggregari numero, non habebit intrandi libertatem, sed prius nuntiabitur Patri monasterii, et manebit paucis diebus foris ante januam, et docebitur orationem Dominicam ac psalmos, quantos poterit ediscere: et diligenter sui experimentum dabit, ne forte mali quidpiam fecerit, et turbatus ad horam timore discesserit, aut sub aliqua potestate sit : et utrum possit renuntiare parentibus suis, et propriam contemnere facultatem. Si enim viderint aptum ad orationem et ad omnia, tunc docebitur et reliquas monasterii disciplinas, quas servare debeat et facere, quibusque servire, sive in collecta omnium fratrum, sive in domo cui tradendus est, sive in vescendi ordine ; ut instructus, atque perfectus in omni opere bono, fratribus copuletur. Tunc nudabunt eum vestimentis sæcularibus, et induent habitu monachorum, tradentque ostiario, ut orationis tempore adducat eum in conspectum omnium fratrum : sedebitque in loco, in quo ei præceptum fuerit. Vestimenta autem, quæ secum detulerat, accipient qui huic rei præpositi sunt, et inferent in repositorium, et erunt in potestate principis monasterii.

L. Nemo manens in monasterio suscipiendi quempiam ad vescendum habeat potestatem; sed mittet eum ad ostium xenodochii, ut suscipiatur ab his qui huic rei præpositi sunt.

LI. Quando ad ostium monasterii aliqui venerint, si clerici fuerint aut monachi, majori honore suscipiantur : lavabuntque pedes eorum, juxta [Al. servabunt] Evangelii præceptum, et deducent ad locum xenodochii, præbebuntque omnia quæ apta sunt usui monachorum. Quod si voluerint orationis tempore atque collectæ venire ad conventum fratrum, et [Al. si] ejusdem fidei fuerint, janitor vel minister xenodochii nuntiabit Patri monasterii, et sic deducentur ad orandum. Si homines sæculares, aut debiles, aut vasa infirmiora, id est, mulierculæ venerint ad ostium, ᵉ et orandum, suscipient singulos in diversis locis, juxta ordinem propositi et sexus sui; præcipueque feminas majori honore et diligentia curabunt, cum omni timore Dei, et locum separatum ab omni virorum vicinia eis tribuent, ut nulla sit occasio blasphemandi. Quod si ad vesperam venerint, abigere eas nefas est; sed accipient, ut diximus, separatum locum et clausum cum omni disciplina atque cautela : ut grex fratrum libere suo officio serviat, et nulli detur offendiculum detrahendi.

LII. Si quis ante ostium steterit monasterii, dicens se velle videre fratrem suum vel propinquum, jani-

---

ᵃ Editi veteres, *dum congregantur*; illud vero *percutere*, est signum, ali quid percutiendo, dare.

ᵇ Iidem *dulciamina* pro *tragemacia*.

ᶜ Princeps edit., *ipsi nihil edentibus* (ad marg. fort. *edentes*) *ministrabunt*. Ciacconius, *ipsi nihil gustantes*, edentibus ministrabunt.

ᵈ Iidem *in via* pro *navi* ; et paulo post cum negandi particula, *comedere non consueverunt*.

ᵉ In veteribus vulgatis verba *et orandum*, verius puto, non habentur.

tor nuntiabit Patri monasterii, et ille accitum interrogabit Præpositum domus, utrumnam apud eum sit; et permittente eo, accipiet comitem egressionis suæ, cujus fides probata est, et sic mittetur ad fratrem videndum, vel ad proximum. Si forte ei aliquid attulerit ciborum, quibus in monasterio vesci licitum est, suscipere ipse non poterit, sed vocabit janitorem, et ille allata accipiet, quæ si talia fuerint [*Al.* quæ], ut cum pane vescenda sint, nihil eorum is cui allata sunt, accipiet : sed cuncta ad loca ægrotantium deferentur. Si vero sint tragemata, vel poma, dabit ei janitor ex his comedere quæ poterit ; et cætera ad cellam languentium deportabit. Ipse autem nihil ex his quæ allata sunt gustare poterit, sed reddere ei qui attulit, sive lapsana, quod genus herbarum est viliorum, sive panes, sive olera præmordica. Eos autem cibos, quos allatos a parentibus vel propinquis diximus tales esse qui comedi cum pane debeant, is cui allati sunt deducetur a Præposito domus ad cellam ægrotantium, et ibi semel tantum ex his comedet : cætera autem erunt in manu ministri ægrotantium. Ipse quoque minister de his comedere non poterit.

LIII. Si fuerit nuntiatum, quod de propinquis eorum atque cognatis qui in monasterio commorantur, aliquis ægrotet, janitor primum nuntiabit Patri monasterii, et ille accitum interrogabit Præpositum domus. Videbuntque virum, cujus fides et disciplina probata sit, et mittent cum eo, ut visitet ægrotantem, tantumque accipiet viatici, quantum Præpositus domus ejus decreverit.

LIV. Quod si necessitas impulerit, ut foris maneat, et vescatur in paterna sive propinquorum domo, nequaquam hoc faciat; sed manebit vel in Dominico, vel in monasterio ejusdem fidei. Et si eis affines vel cognati præparaverint cibos, et apposuerint, non accipient omnino, nec vescentur nisi his, quæ in monasterio comedere consueverunt. Non gustabunt liquamen, nec vinum bibent, nec aliud quidpiam, quorum edendi consuetudinem non habent. Si a parentibus quidpiam acceperint, tantum comedent quantum in via sufficiat; cætera quæ remanserint, dabunt Præposito domus suæ, et ille deportabit ea in cellam languentium.

LV. Si propinquus alicujus, aut consanguineus mortuus fuerit, prosequendi funus non habebit licentiam [*Al.* potestatem], nisi Pater monasterii præceperit.

LVI. Nullus solus foras mittatur ad aliquod negotium, nisi juncto ei altero.

LVII. Quando autem reversi fuerint in monasterium, si viderint ante ostium quærentem aliquem suorum affinium de his, qui in monasterio commorantur, non audebunt ire ad eum, et nuntiare, vel vocare. Et omnino quidquid foris gesserint, et audierint, in monasterio narrare non poterunt.

LVIII. Si signum datum fuerit, ut egrediantur ad opus, Præpositus antecedet eos ; et nullus in monasterio remanebit, nisi is cui Pater præceperit. Et hi qui pergunt, non interrogabunt quo vadant.

LIX. Cumque universæ domus in unum fuerint congregatæ, prioris domus Præpositus omnes antecedet, et pergent juxta ordinem domorum et hominum singulorum. Nec loquentur mutuo, sed unusquisque de Scripturis aliquid meditabitur. Si forte eis aliquis occurrerit, et voluerit cum aliquo eorum loqui, janitor monasterii, qui huic operi delegatus fuerit, occurret, et respondebit ei, eoque utentur nuntio. Si janitor coram non fuerit, Præpositus domus, vel alius cui hoc fuerit injunctum, occurrentibus respondebit.

LX. Operantes nihil loquentur sæculare; sed aut meditabuntur ea ª quæ scripta sunt, aut certe silebunt.

LXI. Nemo palliolum lineum tollet secum vadens ad operandum, nisi forte concessione majoris : ipsoque palliolo in monasterio ambulans post collectam nullus utetur.

LXII. Operans non sedebit sine majoris imperio.

LXIII. Ductores fratrum in itinere, si necessarium habuerint aliquem mittere , sine Præpositi jussione non poterunt. Quod si ipse qui ductor est, cogeretur [*Al.* cogitur] necessitate ire ad aliquem locum, officium suum ei qui post se est in ordine, delegabit.

LXIV. Missi fratres, vel foris constituti, si absque monasterio vescentur , hebdomadarius qui eos sequitur, dabit cibos, absque coctione pulmenti; et ipse aquam circumferet ᵇ et juxta vitrum : nullusque surgendi, vel hauriendi, vel bibendi habebit potestatem.

LXV. Quando revertuntur in monasterium, nemo ex ordine remanebit.

LXVI. Cum ad domus suas pervenerunt, ferramenta quibus opus fecerunt, et gallicas tradent ei, qui secundus est post Præpositum domus ; et ille inferet ea vespere in cellulam separatam, ibique concludet. Omnia autem ferramenta , hebdomade completa, reportabuntur in unam domum : et rursus qui succedunt hebdomade, singulis domibus noverint quid distribuant.

LXVII. Levitonarium et quidquid in veste est monachorum, nemo lavet in die dominica, præter nautas et pistrinarios.

LXVIII. Nec vadant ad lavandum nisi omnibus unum signum insonuerit; sequenturque Præpositum suum, et lavabunt taciti cum disciplina.

LXIX. Nemo lavet retractis in altum vestibus plus quam statutum est; cumque laverint, omnes pariter revertentur. Si quis remanserit eo tempore quo ibitur ad lavandum , vel in præsenti non fuerit , commonebit Præpositum suum , et ille mittet cum eo quod est juxta singulorum ordinem, non *vitrum*.

ª Secus veteres vulgati, *quæ sancta sunt*.
ᵇ Malim expuncta *et* ┼particula, *juxta virum* legi,

alterum : et sic loto vestimento revertentur domum.

LXX. Vesperi sicca levitonaria tollent, et dabunt secundo, id est ei qui post Præpositum est, et ille reponet ea in cellula.

LXXI. Quod si sicca non fuerint, altera die expandentur ad solem, donec siccentur : nec dimittentur in ardore solis plus quam in horam tertiam ; cumque collecta fuerint, leviter mollientur.

LXXII. Nec tenebunt ea singuli apud se, sed dabunt, ut reponantur in cellam usque ad sabbatum.

LXXIII. Nullus de horto tollat olera, nisi ab hortulano acceperit.

LXXIV. Palmarum folia, ex quibus texuntur sportæ, nemo suo jure tollet, absque eo cui palmæ crediæ sunt.

LXXV. Nullus uvas aut spicas adhuc immaturas comedere audeat præter ordinem disciplinæ: et omnino de omnibus quæ in agro sunt, vel in pomariis, nemo comedat separatim, antequam cunctis fratribus *a* pariter exhibeantur.

LXXVI. Qui coquet (*Al.* coquent), antequam fratres comedant, non gustabit (*Al.* audebunt edere).

LXXVII. Qui super palmas est non comedet de fructibus earum, nisi prius fratres comederint.

LXXVIII. Si jussi fuerint palmarum fructus colligere, præpositus colligentium dabit in eodem loco singulis ad vescendum modica : et cum ad monasterium venerint, inter cæteros fratres partes suas accipient. Si autem invenerint sub arboribus poma cecidisse, comedere non audebunt, sed reperta in transitu juxta radices arborum collocabunt. Ipse quoque, qui cæteris colligentibus distribuit, gustare non poterit ; sed portabit ad dispensatorem, qui cum cæteris dederit fratribus, et ipsi tribuat partem suam.

LXXIX. Nullus in cellula sua reponat aliquid ad vescendum, absque his quæ a dispensatore acceperit.

LXXX. De parvulis autem panibus, qui dantur domorum Præpositis, ut his eos distribuant, qui nolunt in commune **67** vesci cum cæteris, et quasi majori abstinentiæ se dedicant, ita observare debebunt, ut nulli dent juxta gratiam, ne proficiscenti quidem peregre. Nec ponantur in medium : sed quando comedere volunt, cum disciplina dabuntur in cellulis, et cum his nihil aliud comedent, nisi salem tantum. Præter monasterii autem coquinam nullus coquendi cibos potestatem habeat. Et si quando foris vadant, hoc est in agros ad operandum, accipiant olera sale acetoque condita, et in longos usus æstatis tempore præparata.

LXXXI. Nemo in domo et in cellula sua habeat præter ea quæ in commune monasterii lege præcepta sunt : non tunicam laneam, non pallium, non pellem intonsis arietum lanis molliorem ; non paucos nummos, *b* non pulvillum quidem ad caput, aut aliud variæ supellectilis : exceptis his, quæ a Patre monasterii per domorum Præpositos dividentur, id est, armatura sua, levitonariis duobus, et uno atirito ex usu, sabano (*Scil.* linteo) longiore quod collo humerisque circumdat ; pellicula quæ pendet ex latere, gallicis et cucullis duobus, zona et bacello. Præter hæc quidquid inveneris, absque contradictione auferes.

LXXXII. Nullus habeat separatim mordacem parvulam (*Leg.* pavulam) ad evellendas spinas, si forte calcaverit, absque Præposito domus et secundo : pendeatque in fenestra in qua codices collocantur.

LXXXIII. Si quis de altera domo transfertur in alteram, exceptis his *c* quæ supra diximus, secum transferre nihil poterit.

LXXXIV. Nullus neque exeundi in agrum, neque ambulandi in monasterio, neque extra murum monasterii foras habeat facultatem, nisi interrogaverit Præpositum, et ille concesserit.

LXXXV. Cavendum ne quis de domo in alteram domum verba transferat, nec de monasterio in monasterium, nec de monasterio in agrum, nec de agro in monasterium.

LXXXVI. Si quis ambulaverit in via, vel navigaverit, aut operatus fuerit foris, non loquatur in monasterio quæ ibi geri viderit.

68 LXXXVII. Nemo dormiens supponat, *d* nisi reclinet in cellula sua, quæ ei fuerit mancipata. Nec in cella, nec in domatibus, in quibus vitandorum æstuum causa nocte requiescunt, nec in agris cum ad dormiendum se collocaverit, alteri non loquetur, postquam obdormierit. Si post somnum noctu evigilaverit, oret ; si sitire cœperit, jejunii autem instat dies, bibere non audebit.

LXXXVIII. Præter psiathium, id est, mattam, in loco cellulæ ad dormiendum nihil aliud omnino substernet.

LXXXIX. Cellulam alterius, nisi prius ad ostium percusserit, introire illicitum est.

XC. Ad cibum non pergent nisi generali sonitu convocentur ; nec ambulabunt in monasterio prius quam commune signum intonuerit.

XCI. Absque cucullo et pellicula nemo ambulet in monasterio, nec pergat ad collectam, nec ad vescendum.

XCII. Vespere ad ungendas et molliendas ab opere manus oleo, absque altero ire non poterit.

---

a Statius *par exhibeat* : alii verius, *pater exhibeat*,
b Pro his habent vulgati veteres, *nec proprium aliquid extra habitum suum.*
c Explicant iidem libri *quæ usui quotidiano, ad habitum necessaria sunt.*
d Statius, qui e ms. legit *Non dormiat præter redine cellulam*, conjecerat satis ingenio-e emend. *reclinem sellulam*. Sed manco in reliquis contextu, restitui locus non potuit. Nunc illa conjectura facem præferente, sic velim ex integro refici : *Nemo dormiens supponat nisi reclinem sellulam. Nec in cella sua, quæ ei fuerit mancipota, nec in domatibus, in quibus,* etc. Palladius a Statio laudatus, καθευδέτωσαν δὲ μὴ ἀνακλινόμενοι, ἀλλὰ θρόνους οἰκοδομητοὺς ὑπτιωτέρους πεποιηκότες, etc. *Somnum vero capiant non jacentes, sed super instructas et paululum reclines cathedras,* etc.

Totum autem corpus nemo unguet, nisi causa infirmitatis; nec lavabitur aqua nudo corpore, nisi languor perspicuus sit.

XCIII. Nullus lavare alterum poterit, aut ungere, nisi ei fuerit imperatum.

XCIV. Nemo alteri loquatur in tenebris: nullus in psiathio cum altero dormiat: manum alterius nemo teneat; sed sive steterit, sive ambulaverit, sive sederit, uno cubito distet ab altero.

XCV. Spinam de pede alterius, excepto domus Præposito, et secundo, et alio cui jussum fuerit, nemo audebit evellere.

CXVI. Nullus attondeat caput absque majoris arbitrio.

XCVII. Mutare de his quæ a Præposito acceperit, cum altero non audebit: nec accipiet melius, et dabit deterius: aut e contrario dans melius, et deterius accipiens. Et in vestimento et in habitu suo nihil novi præter cæteros causa decoris inveniet.

XCVIII. Omnes pelles ligatæ erunt, et pendebunt ex humeris.

XCIX. Cuculli singulorum habebunt et monasterii signa et domus.

C. Nemo vadens ad collectam aut ad vescendum dimittat codicem non ligatum. Codices qui in fenestra, id est intrinsecus parietis reponuntur ad vesperum, erunt sub manu secundi, qui numerabit eos, et ex more concludet.

CI. Nullus vadat ad collectam vel ad vescendum habens galliculas in pedibus, vel palliolo linco invittatus, sive in monasterio, sive in agris.

CII. Qui vestimentum suum plus quam usque ad meridiem, quando fratres convocantur ad cibum, in sole esse permiserit, negligentiæ increpabitur.

CIII. Et si unum de his quæ supradicta sunt, contemptum præterierit, correptione simili corrigetur.

CIV. Galliculas, et si quid aliud jungendum est vel componendum, absque eo cui hoc ministerium delegatur a Præposito domus, facere nullus audebit.

CV. Si quis fratrum læsus fuerit aut percussus, et tamen lectulo non discumbet [*Al.* decumbit], sed deambulat invalidus, et aliqua re indigebit, vestimento videlicet, vel palliolo, et cæteris utensilibus, Præpositus domus ejus vadet ad eos, quibus fratrum vesticulæ commissæ sunt, et accipiet [a] et dabit. Cumque sanus fuerit, reportabit absque ulla mora.

CVI. Nemo ab altero accipiet quidpiam, nisi Præpositus jusserit.

CVII. Clausa cella nullus dormiat, nec habebit cubiculum quod claudi possit, nisi forte ætati alicujus vel infirmitati Pater monasterii concesserit.

CVIII. In villam nullus vadat nisi missus, exceptis armentariis, et bubulcis, et agricolis.

CIX. Sub nudum dorsum asini duo pariter non sedebunt, nec super [b] tegmine plaustri.

CX. Si asino sedens venerit aliquis, excepta infirmitate, desiliet ante fores monasterii, et sic asinum præcedens, funiculo ducet ad manum.

CXI. Ad tabernulas [*Al.* officinas] diversarum artium soli pergent Præpositi, ut accipiant quod necessarium est.

CXII. Ipsi [*Al.* ipse] quoque ante meridiem, quando fratres ad vescendum vocantur, ire non poterunt, nisi forte quævis incumbat necessitas, et consilio Patris monasterii mittet hebdomadarius, ut deferat quod necesse est. Et omnino absque jussione majoris in alteram cellam nullus audebit introire.

CXIII. Commendatum etiam aliquid a germano fratre nullus accipiet.

CXIV. Nihil in cella sua absque Præpositi jussione quispiam condet, nec poma quidem [c] vilissima, et cætera hujusmodi.

CXV. Si Præpositus domus alterius quoquam profectus fuerit, alius Præpositus [d] dux erit ejusdem gentis, et tribus geret curam proficiscentis, et ejus utetur potestatibus, ac sollicite omnia faciet: doctrinamque duorum jejuniorum ita dividet, ut unam in sua domo, alteram in proficiscentis exerceat.

CXVI. Quando farinam conspergunt aqua, et massam subigunt, nemo loquatur alteri. Mane quoque quando tabulis ad furnum vel ad clibanos deportant panes, simile habebunt silentium, et tantum de Psalmis et de Scripturis aliquid decantabunt [*Al.* meditabuntur], donec opus impleatur. Si quid necessarium habuerint, non loquentur, sed signum dabunt his qui possunt afferre, quibus indigent.

CXVII. Quando ad miscendam farinam vocati fuerint, nullus resideat in loco panes coquentium; exceptis his qui coctioni sufficient, et quibus jussum est, nemo residebit.

CXVIII. In navibus quoque similis disciplina est. Nemo autem a terra solvet [e] funiculum absque jussione Patris, ne lembum quidem.

CXIX. In loco sentinæ et interiore parte navis, cæteris fratribus super transtra et tabulata quiescentibus, nullus dormiat, et sæculares homines dormire secum in navi nemo patietur. Vasa infirmiora cum cæteris eis non navigabunt; nisi forte Pater monasterii præceperit [*Al.* præcepit].

CXX. Nullus in domo sua audebit focum facere, nisi in commune omnibus succendatur.

CXXI. Qui una oratione de sex orationibus vespertinis tardius venerit, vel qui mussitaverit, et locutus fuerit ad alterum vel subriserit in reliquis orationibus, constituto ordine aget pœnitentiam.

CXXII. Quando domi sedebunt, non eis liceat lo-

---

[a] Voculas *et dabit* ex principe editione suffecimus.
[b] Rursus eadem cum antiquis editionibus, idque verius, ut videtur, *super temonem plaustri.*
[c] Isthæc *vilissima et cætera hujusmodi* al. non habentur.
[d] Iidem addunt, *aut qui secundus est;* tum legunt, curam proficiscentis exerceat, vel quem ipse Præpositus elegerit de fratribus, et curam ei suam injunxerit.
[e] Statius *navigium, funiculum;* alii editi, *navigii funiculum:* sed *ne lembum quidem*, et *In loco sentinæ* pariter desiderantur.

qui aliquid sæculare; sed si quid Præpositus de Scripturis docuerit, vicissim inter se ruminent, et referant quæ quis audierit, vel quæ memoriter teneant.

71 CXXIII. Nemo quidquam operis faciet, nec scyphos plenos aqua circumferet, nec funiculum quidem torquebit, nisi Præpositus jusserit.

CXXIV. Nemo juncos infusos in aqua sibi tollet ad operandum, nisi magister hebdomadis ei dederit.

CXXV. Qui vas fictile fregerit [a], et juncos tertio infuderit, aget pœnitentiam vespere in sex orationibus.

CXXVI. Post sex orationes quando ad dormiendum omnes separantur, nulli licebit, excepta causa necessitatis, egredi cubiculum suum.

CXXVII. Si frater dormierit, omnis eum fraternitas prosequatur. [b] Nemo permaneat absque majoris imperio, nec psallat nisi ei jussum fuerit : nec post alterum psalmum jungat alterum sine Præpositi voluntate.

CXXVIII. Duo simul tempore luctus non psallent, nec pallio circumdabuntur lino [*Forte* lineo]. Nec quisquam erit qui psallenti non respondeat, sed jungetur et gradu, et voce consona.

CXXIX. Qui est infirmus, in funere habebit ministrum qui eum sustentet, et omnino ad quemcumque locum missi fuerint fratres, de hebdomadariis habebunt eos qui ægrotantibus serviant, si forte in itinere vel in agro languor obrepserit.

CXXX. Nemo ante Præpositum et ducem suum ambulet : nullus remaneat ab ordine suo.

CXXXI. Si quis aliquid perdiderit, ante altare publice corripietur. Si vero de propriis vesticulis fuerit quod perditum est, tribus hebdomadis non accipiet ; et in quarta acta pœnitentia dabitur ei quod amiserit.

CXXXII. Qui invenerit aliquid, per tres dies ante collectam fratrum suspendet, [*Forte* ut] et tollat qui cognoverit.

CXXXIII. Cunctis increpationibus atque doctrinis, quarum scripta est et constituta, correptio Præpositi sufficiet, et quid autem novi fuerit in delicto : referet ad principem monasterii.

72 CXXXIV. Lotum in domo nullus faciat absque eo ; et omne quod novum est illius sententia disponetur.

CXXXV. Omnis correptio ita fiat, ut [c] distincti sint qui corripiuntur ; stentque in majori collecta, et in vescendi loco.

CXXXVI. Qui absque commonitione fratrum recesserit, et postea acta pœnitentia venerit, non erit in ordine suo absque majoris imperio.

CXXXVII. Præpositus domus et dispensator si una nocte absque fratribus dormierit : et postea acta pœnitudine ad conventum venerit fratrum, non ei permittetur, ut introeat domum, aut stet in ordine suo absque majoris imperio.

CXXXVIII. Omne quod in conventu fratrum audierunt disputatum, necessitate cogentur, ut inter se replicent, jejuniorum maxime tempore, quando a suis docentur Præpositis.

CXXXIX. Qui rudis monasterium fuerit ingressus, docebitur prius quæ debeat observare : et cum doctus ad universa consenserit, dabunt ei viginti Psalmos et duas Epistolas Apostoli, aut alterius Scripturæ partem. Et si litteras ignoraverit, hora prima, et tertia, et sexta vadet ad eum qui docere potest, et qui ei fuerit delegatus, et stabit ante illum, et discet studiosissime, cum omni gratiarum actione.

CXL. Postea vero scribentur ei elementa, syllabæ, verba, ac nomina ; et etiam nolens legere compelletur, et omnino nullus erit in monasterio, qui non discat litteras, et de Scripturis aliquid teneat : qui minimum usque ad novum Testamentum et Psalterium.

CXLI. Ad collectam, et ad psallendum et orandum nullus sibi [d] occupationes inveniat, quibus se dicat occupatum, quasi ire non possit.

CXLII. Et si in navi fuerit, et in monasterio, et in agro, et in itinere, et in quolibet ministerio, orandi et psallendi tempora non prætermittat.

---

[a] Princeps editio addit, *vel aliquam utilitatem adversus monasterii* (leg. *vel aliquam rem utilem ad usus monasterii*).

[b] Veteres editi, *Nemo exeat foras, nemo loquatur, nemo remaneat,* etc.

[c] Eadem *disjuncti,* ad margin. *distincti,* quam Statii conjecturam editores alii secuti sunt, qui item sic legunt reliqua hujus capituli, *qui corripiuntur, dimissis* (l. *demissis*) *manibus, et humiliato capite emendaturos se promittentes vitia, in quibus arguuntur, veniam deprecentur.*

[d] Iidem, *nemo sibi occasiones inveniat.*

PRÆCEPTA ET INSTITUTA S. P. N. PACHOMII.

Quomodo collecta fieri debeat, et fratres congregandi sint ad audiendum sermonem Dei, juxta præcepta majorum, et doctrinam sanctarum Scripturarum, ut liberentur de errore animæ [a], et glorificent Deum in luce viventium, et [*Al.* ut] sciant quomodo oporteat in domo Dei conversari sine ruina et scandalo, ut non inebrientur aliqua passione, sed stent in mensura veritatis, et traditionibus apostolorum et prophetarum ; et solemnitatum ordinem teneant, imitantes conversationem [*Al.* congregationem] eorum in domo Dei, et jejunia atque orationes ex more complentes. Qui enim bene ministrant sequuntur regulam Scripturarum.

73 CXLIII. Hoc est ergo ministerium quod Ecclesiæ ministri exercere [*Al.* implere] debebunt. Congregent fratres orationis tempore, et omnia faciant, quæ rite complenda sunt, nullam [*Al.* ut nul-

---

[a] Statiana editio *animæ conversorum,* etc.

lam] detrectationi occasionem tribuant, nec sinant ambulare quempiam contrarium disciplinæ.

CXLIV. Si codicem postulaverint, deferant eis.

CXLV. Si quis de foris venerit vespere, et non occurrerit accipere opus quod altera die facturus est, mane ei tribuatur.

CXLVI. Si defecerit opus quod habebat in manibus, referat ad majoris scientiam [*Al.* sententiam], et quod ille præceperit, faciat.

CXLVII. Qui minister est habeat studium ne quid operis pereat in monasterio in ulla omnino arte quæ exercetur a fratribus. Quod si quid perierit, et negligentia fuerit dissipatum, increpabitur a Patre minister operum singulorum, et ipse rursus increpabit alium, qui opus perdiderit: dumtaxat juxta voluntatem et sententiam principis, absque quo nullus increpandi fratrem habebit potestatem.

CXLVIII. Si vestimentum ad solem expansum tertius invenerit [a] dies, dominus pro eo increpabitur, et aget pœnitentiam publicam in collecta [b]. Pellicula et galliculæ, et cingulum, et si quid aliud perierit, qui perdiderit increpabitur.

CXLIX. Si quis tulerit rem non suam, portet [*Al.* ponetur] supra humeros ejus, et aget pœnitentiam publice in collecta, stabitque in vescendi loco [c].

CL. Si inventus fuerit unus e fratribus aliquid per contentionem agens, vel contradicens majoris imperio, increpabitur **74** juxta mensuram peccati sui.

CLI. Qui mentitur, aut qui odio quemquam habere fuerit deprehensus, aut inobediens, aut plus joco quam honestum est deditus, aut otiosus, aut dure respondens, aut habens consuetudinem fratribus detrahendi, vel his qui foris sunt, et omnino quidquid contra regulam Scripturarum est et monasterii disciplinam, audiet Pater monasterii, et vindicabit juxta mensuram opusque peccati.

CLII. Præpositus domus culpæ et increpationi subjacebit, si ante tres dies non nuntiaverit Patri; sive in via, sive in agro, sive monasterio quid perierit: agetque publice pœnitentiam juxta ordinem constitutum. Et si homo fugerit, et ante tres horas non nuntiaverit Patri, reus erit perditionis ejus: nisi tamen eum rursus invenerit.

CLIII. Hæc est ultio in eum qui fratrem de domo perdiderit: tribus diebus aget publicam pœnitentiam, quod si eadem hora nuntiaverit Patri, in qua fugit, reus non erit.

CLIV. Peccatum si in domo sua Præpositus viderit, et non statim increpaverit delinquentem, nec nuntiaverit Patri monasterii, ipse increpationis ordini subjacebit.

CLV. Per domos singulas vespere sex orationes psalmosque complebunt, juxta ordinem majoris collectæ, quæ a cunctis fratribus in commune celebratur.

CLVI. Per singulas hebdomadas binæ disputationes, id est catecheses, a Præposito complebuntur.

CLVII. Nullus in domo quippiam faciet, nisi quod Præpositus jusserit.

75 CLVIII. Si omnes fratres qui in una domo sunt, viderint Præpositum nimium negligentem, aut dure increpantem fratres, et mensuram monasterii excedentem, referent ad Patrem, et ab eo increpabitur. Ipse autem Præpositus nihil faciet, nisi quod Pater jusserit, maxime in re nova. Nam quæ ex more descendit, servabit regulas monasterii.

CLIX. Præpositus non inebrietur: non sedeat in humilioribus locis juxta vasa monasterii, ne rumpat vincula, quæ Deus in cœlo condidit, ut observentur in terris. Ne lugeat in die festo Domini Salvatoris. Dominetur carni suæ juxta mensuram Sanctorum. Non inveniatur in excelsis cubilibus imitans [*Al.* imitatus] morem gentilium. Non sit duplicis fidei. Non sequatur cordis sui cogitationes, sed legem Dei. Non resistat sublimioribus tumenti animo potestatibus. Non fremat, neque [d] hirriat super humiliores. Non transferat terminos. Non sit fraudulentus, neque in cogitationibus verset dolos. Ne negligat peccatum animæ suæ [e]. Ne vincatur carnis luxuria. Non ambulet negligenter. Non cito loquatur verbum otiosum. Non ponat scandalum ante pedes cæci. Non doceat voluptatem animam suam. Non resolvatur [*Al.* solvatur] risu stultorum ac joco. Non rapiatur cor ejus ab his qui inepta loquuntur et dulcia. Non vincatur muneribus. Non parvulorum [f] sermonem ducat. Ne affligatur in tribulatione. Ne timeat mortem, sed Deum. Ne prævaricator sit propter imminentem [*Al.* eminentem] timorem. Non relinquat verum lumen propter modicos cibos. Non nutet ac fluctuet in operibus suis. Non mutet sententiam, sed firmi sit solidique decreti, justeque cuncta considerans, judicans in veritate, absque appetitu gloriæ, manifestus Deo et hominibus, et a fraude procul [*Al.* elongans se a fraude]. Ne ignoret conversationem Sanctorum, nec ad eorum scientiam cæcus existat. Nulli noceat per superbiam: nec **76** sequatur concupiscentias oculorum suorum. Non eum superent incentiva vitiorum. Veritatem numquam prætereat. Oderit injustitiam: secundum [*Al.* sed] personam numquam judicet pro muneribus, nec condemnet animam innocentem per superbiam. Non rideat inter pueros. Non deserat veritatem timore superatus. Non comedat panem de fraudulentia. Non desideret alienam terram. Non opprimat animam propter aliorum spolia. Non despiciat eos qui indigent misericordia. Ne fal-

---

[a] Vocem *dies,* quemadmodum alias supra atque infra levioris momenti, ex principe editione supplevimus.

[b] Eadem editio addit, *stabitque in vescendi loco.*

[c] Iterum eadem editio addit: *Si autem in furto fuerit deprehensus, triginta sex* (al. *triginta novem*) *verberabunt eum, et foris dabitur ei edere panem et aquam tantum, et opertum cilicio et cinere per singula orationum tempora cogent eum agere pœnitentiam. Eadem lex in fugitivis observabitur.*

[d] Veteres vulgati *inruat.* HIRRIRE autem, qui proprie canum est fremitus cum irritantur, usurpat Sidonius in epistolis.

[e] Addunt editi vetustiores *exscirpare.*

[f] Iidem verius, *sermone ducatur.*

sum dicat testimonium seductus lucro. Ne mentiatur propter superbiam. Ne contendat contra veritatem ob tumorem animi. Ne deserat justitiam propter lassitudinem. Ne perdat animam suam propter verecundiam. Ne respiciat dapes lautioris mensæ. Ne pulchra vestimenta desideret. Ne ª se negligat, ut semper dijudicet cognitiones suas. Ne inebrietur vino; sed humilitatem habeat junctam veritati. Quando judicat, sequatur præcepta majorum et legem Dei, quæ in toto orbe prædicata est. Si quidquam de his præterierit, reddetur ei mensura juxta quam mensus est, et recipiet secundum opera sua, quia mœchatus est ᵇ in ligna sua et lapides : et propter fulgorem auri, et splendorem argenti dimisit judicium, et desiderio temporalis lucri laqueis se induit ethnicorum (*Jerem.* III). Et ᶜ veniet ei contritio Heli et filiorum ejus (1 *Reg.* IV); maledictio David, quam imprecatus est Doech (*Psal.* LI.) : signum quo donatus est Cain (*Gen.* IV); sepultura asini, de qua loquitur Hieremias (*Jerem.* XXII) : perditio qua peccatores terræ hiatus absorbuit (*Num.* XVI), et interitus Chananæorum, et contritio hydriæ ad fontem, et arenarum comminutio ᵈ in littoribus et saxis, quæ fluctibus verberantur (*Eccles.* XII); et confractio virgæ gloriosæ de Isaia, ut sit quasi cæcus manu palpans parietem (*Isai.* V *et* LIX). Hæc omnia ei evenient, qui non servavit veritatem in judicio, et inique [*Al.* iniquæ] egit in omnibus quæ ei credita sunt.

ª Alio sensu, eoque rursus concinniori, olim erat: *Ne senes negligat : semper dijudicet cogitationes suas.* Mox quoque alia interpunctione, *humilitatem junctam habeat veritati, quando judicat. Sequatur*, etc.
ᵇ Olim *in ligno et lapide*, et paulo post *iniquorum* pro *ethnicorum*.
ᶜ Holstenius *veniat*, et deinde *ramorum* pro *filiorum*.
ᵈ Editi antiquiores, *in littoribus, quæ salsis fluctibus verberantur.*

PRÆCEPTA ATQUE JUDICIA S. P. N. PACHOMII.

CLX. *Plenitudo legis charitas, scientibus tempus, quia jam instet hora, ut de somno consurgamus, et vicinior sit salus* [*Al.* salus nostra] *quam eo tempore quo credidimus. Nox præcessit, dies appropinquavit : deponamus opera tenebrarum* (*Rom.* XIII); quæ sunt contentiones, detractiones, odia, et tumentis animi superbia. Qui facilis est ad detrahendum, dicitque quod non est, si in hoc peccato fuerit deprehensus, monebunt eum secundo; et si audire contempserit, separabitur extra conventum fratrum septem diebus, et panem tantum cum aqua accipiet, donec polliceatur atque confirmet se ab hoc vitio recessurum, et sic dimittetur ei.

CLXI. Iracundus et furiosus si frequenter irascitur sine causa et propter rem inanem et vacuam, per sex vices commonebitur, in septima faciet eum consurgere de ordine sessionis suæ, et inter ultimos collocabitur : docebuntque eum ut ab hac mentis perturbatione mundetur; cumque tres dignos testimonio testes, qui pro eo polliceantur, nequaquam simile quid esse facturum, adduxerit, recipiet sessionem suam. Alioquin si permanserit in vitio, moretur inter ultimos perdito priore loco.

CLXII. Qui falsum cupit probare contra alterum, ut opprimat innocentem, tertio commonebitur; et postea reus erit iniquitatis, sive de prioribus sit, sive de inferioribus.

CLXIII. Qui habet pessimam consuetudinem, ut fratres suos sermone sollicitet, et pervertat animas simpliciorum, tertio commonebitur; si contempserit, et obstinato animo in duritia perseveraverit, separabunt eum extra monasterium, et verberabitur ante fores ª : dabuntque ei ad vescendum foris panem et aquam, donec mundetur a sordibus.

CLXIV. Qui habet consuetudinem murmurandi, et quasi gravi opere se opprimi queritur, docebunt eum quinquies, quod sine causa murmuret, et ostendent perspicuam veritatem. Si et post hoc inobediens fuerit, et est perfectæ ætatis, ita eum habebunt ut unum de ægrotantibus, et ponetur in loco infirmorum; ibique aletur otiosus, donec redeat ad veritatem. Sin autem justa est illius querela, et a majore inique opprimitur; qui eum scandalizaverit, eidem sententiæ subjacebit.

CLXV. Si inobediens quis fuerit, aut contentiosus, aut contradictor, aut mendax, et est ᵇ perfrictæ frontis, decies commonebitur, ut desistat a vitiis : si audire noluerit, monasterii legibus increpabitur. At si per alterius culpam ad hæc vitia devolvitur, et hoc fuerit comprobatum : ille qui causa exstitit, reus erit ultionis.

CLXVI. Si deprehensus fuerit aliquis e fratribus libenter cum pueris ridere et ludere, et habere amicitias ætatis infirmæ, tertio commonebitur, ut recedat ab eorum necessitudine, et memor sit honestatis et timoris Dei; si non cessaverit, corripietur, ut dignus est, correptione severissima.

CLXVII. Qui contemnunt præcepta majorum et regulas monasterii, quæ Dei præcepto constitutæ sunt, et parvi pendunt seniorum consilia, corripientur juxta ordinem constitutum, donec corrigantur.

CLXVIII. Qui judex est omnium peccatorum, et perversitate mentis, vel negligentia reliquerit veritatem, viginti viri sancti et timentes Deum, sive de-

ª Additur in prima editione *a triginta novem*, id est, *verberabitur.* Vid. supra cap. 149 notamque huic loco respondentem.
ᵇ Eadem, *et est perfectæ ætatis*, ut in sup. cap.

cem, et usque ad quinque, de quibus omnes dent testimonium, sedebunt et judicabunt eum, et regradabunt in ultimum gradum donec corrigatur.

CLXIX. Qui conturbat fratrum animos, et facilis ad [a] loquendum est, lites serens ac jurgia, decies commonebitur. Et si non fuerit emendatus, corripietur ordine monasterii, donec corrigatur.

CLXX. Qui viderit de majoribus et Præpositis [b] fratrem suum in tribulatione, et noluerit causam tribulationis inquirere, eumque contempserit, quæretur causa a supradictis judicibus inter fratrem atque Præpositum; et si deprehendatur negligentia Præpositi vel superbia coangustatum fratrem, et judicasse eum non secundum veritatem, sed secundum personam, regradabitur de solio suo, donec corrigatur et ab injustitiæ sordibus emundetur: quia non consideravit veritatem, sed personas, et servivit pravitati animi sui, et non Dei judicio.

CLXXI. Si quis promiserit se observare regulas monasterii, et facere cœperit, easque dimiserit; postea autem reversus egerit pœnitentiam, obtendens infirmitatem corpusculi, per quam non possit implere quod dixerat, faciant eum inter languentes commorari, et pascetur inter otiosos, donec, acta pœnitentia, impleat quod promisit [Al. promiseris].

CLXXII. Pueri si in domo fuerint dediti lusibus et otio, et correpti non possint emendari, debet Præpositus usque ad dies triginta ipse eos monere et corripere. Si viderit in pravitate persistere, et non renuntiaverit Patri [c], et aliquod peccatum in eis fuerit deprehensum, ipse pro eis culpæ subjacebit, juxta quod peccatum fuerit inventum.

CLXXIII. Omnes [d] autem pueri qui non timent confundi pro peccato, et per imprudentiam judicium Dei non cogitant, et correpti verbo non emendaverint, verberentur quamdiu disciplinam accipiant et timorem.

CLXXIV. Qui injuste judicaverit, juste ab aliis condemnabitur.

CLXXV. Si unus e fratribus, vel duo, vel tres scandalizati ab aliquo recesserint de domo, et postea venerint, ventilabitur inter eos et scandalizantem ante judicium; et si reus inventus fuerit, monasterii regulis emendabitur.

CLXXVI. Qui consentit peccantibus, et defendit alium delinquentem, maledictus erit apud Deum et homines, et corripietur increpatione severissima [Al. pessima]. Quod si per ignorantiam deceptus est, et non ita putavit, ut verum est, ignoscetur ei. Et omnis qui peccat per ignorantiam, facile accipiet veniam: qui autem sciens peccaverit, sustinebit increpationem juxta mensuram [e] operis sui.

[a] Rursus eadem, ad detrahendum.
[b] Al., Fratrum suorum tribulationem, etc.
[c] Excusi antea addunt monasterii.
[d] Holstenius saltem pro autem.
[e] Olim erat mensuram opusque peccati sui.

PRÆCEPTA AC LEGES S. P. N. PACHOMII.

De sex orationibus vespertinis, et de collecta quæ per singulas domos fit sex orationum.

CLXXVII. Viginti quinque orgyas Præpositus domus ac secundus debebunt de palmarum foliis texere, ut ad exemplum eorum operentur et cæteri. Quod si non fuerint in præsenti, qui loco eorum præfuerit, huic operi atque mensuræ studium commodabit.

CLXXVIII. Postquam acciti fuerint veniant ad collectam; et antequam vocentur, cellula nullus exibit. Si qui hæc præcepta contempserint, increpationi solitæ subjacebunt.

CLXXIX. Ne plus operis fratres compellantur facere: sed moderatus labor omnes ad operandum provocet. Sitque inter eos pax et concordia, et libenter majoribus subjiciantur, sedentes, ambulantes, ac stantes in ordine suo, et invicem de humilitate certantes [Al. curantes].

CLXXX. Si quid peccatum fuerit, Patres monasteriorum emendare poterunt, et constituere quod sequi debeant.

CLXXXI. Præpositus autem domus, et qui secundus ab eo est, hoc tantum habebit juris, ut compellat fratres [a] in collecta domus, sive in collecta majore, hoc est omnium fratrum, subjacere pœnitentiæ.

CLXXXII. Quod si Præpositus peregre fuerit, qui secundus est locum ejus obtinebit, tam in pœnitentia fratris recipienda, quam in quocumque alio eorum, quæ in domo [Al. domino] necessaria sunt.

CLXXXIII. Si quis absque conscientia duorum ierit ad alteram domum, vel alterius domus fratrem, codicem legendum mutuum postulare [Al. postulaverit], vel quodlibet aliud, et in hoc inventus fuerit, monasterii ordine increpabitur.

CLXXXIV. Qui vult sine macula et absque contemptu in domo cui deputatus est, esse [Al. vivere], omnia quæ præcepta sunt coram Deo observare debebit.

CLXXXV. Quidquid necessarium est in monasterio, sive in agro, [b] si Præpositus domus occupatus est, secundus impleat.

CLXXXVI. Sex orationes facere vespertinas, juxta exemplum majoris collectæ, in qua omnes fratres pariter congregantur, summæ [c] delectationis postulatus impleat. Statius legerat implicatus pro non postulatus.

[a] Veteres ferebant fratres in singulis peccatis in collecta, etc.
[b] E contrario erat antea, Præpositus etiam non
[c] Antea erat summæ dilectionis.

est, et ita facile fiunt, ut nullum onus habeant, et [*Fort.* ut] ex onere nascatur tædium.

CLXXXVII. Si quis de foris venerit, et æstu laboraverit, aliique fratres orationem celebrabunt [*Al.* celebraverint]; si ire non potest, non cogetur.

CLXXXVIII. Quando Præpositi domorum fratres de conversatione sanctæ vitæ docebunt, absque gravissima [a] necessitate nullus aberit.

CLXXXIX. Majores qui cum fratribus mittuntur foras, quamdiu ibi fuerint, habebunt jus Præpositorum, et eorum cuncta regentur [*Al.* gerentur] arbitrio, docebuntque fratres per constitutos dies. Et si forsitan aliquid inter eos ortum fuerit simultatis, audient ipsi majores [*Al.* audientur a majoribus], et dijudicabunt causam, et dignum culpa increpabunt, ut ad imperium eorum statim pacem pleno corde consocient.

CXC. Si quis ex fratribus contra Præpositum domus suæ habuerit tristitiam, aut ipse Præpositus contra fratrem aliquam querimoniam, probatæ fratres conversationis et fidei eos audire debebunt, et dijudicabunt inter eos. Si tamen absens est Pater monasterii, vel aliquo profectus, primum quidem exspectabunt eum; sin autem diutius foris viderint commorari, tunc audient inter Præpositum et fratrem, ne diu suspenso judicio tristitia major oriatur. Et ille qui Præpositus est, et ille qui subjectus, et hi qui audiunt, juxta timorem Dei cuncta faciant, et non dent in ullo occasionem discordiæ.

CXCI. Igitur qui animo uno esse concupiscunt, et vivere mente communi disposuerunt, consiliis majorum inserviant : quod ex consiliis processerit Patrum, id faciant.

CXCII. *De vesticulis.* Si quis ab [*Al.* de] his quæ præcepta sunt, amplius habuerit, absque [b] commonitione majoris, deferet ad custodem cellæ, et introeundi, vel postulandi ea non habebit potestatem; sed erunt sub Præpositi, et ejus qui secundus est, arbitrio.

CXCIII. *De puellarum disciplina.* Nemo ad eas vadat visitandas, etc. [c]

CXCIV. Quicumque de his mandatis aliquid prætierit absque ulla dubitatione negligentiæ et contemptus, aget pœnitentiam, ut possidere valeamus regna cœlorum.

---

[a] Item erat et *gravissima ægritudine*; et mox *quicumque e fratribus mittuntur*, etc.
[b] Verius olim editi *absque concessione majoris*.
[c] Reliqua hujus capituli alio in loco inter *Regulas Virginum* Holstenius posuit ex fide cod. ms. qui inter S. Pachomii præcepta non agnoscit.

MONITA S. PACHOMII.

Honora Deum et valebis. Memor esto gemitus quos perpessi sunt Sancti. Efficiamur unanimes, permanentes in quo vocati sumus; pro omnibus curam gerentes, ut hanc quam arripuimus vitam perficere valeamus, et cursum institutionis nostræ Deo placitum perficere mereamur; ut ne similes inveniamur, qui in vanis et caducis rebus lætantur; ne quando mens nostra recti itineris lineam derelinquens, in peccatum corruat, et spe æterna fraudetur. Intellectu namque est optimum cognoscere voluntatem Dei. Omnium enim superior efficitur homo, qui obedierit veritati. Omnium enim malorum pejus est, legi Dei resistere, et acquiescere propriæ voluntati. Qui enim suam perficit voluntatem, a divina cognitione fraudabitur : nec poterit perficiendo propriam voluntatem, viam Sanctorum incedere; et in novissimo interitum et planctum inveniet. Nunc igitur tempus placendi Domino : quia salus in tempore tribulationis acquiritur. Ne tantummodo credulitatem fidei in tempore lætitiæ teneamus, et in tempore tribulationis ab eadem recedamus. Scriptum est enim : *Si voveris votum Domino, ne moram feceris reddere illud* (*Eccles.* v), et in tribulatione ne deficias; sed patiens esto, et obsecra Dominum. Immobilis enim fidei plenitudo tribuetur a Deo, quam per Spiritum sanctum acquisierunt prophetæ, in qua et apostoli confirmati sunt, qui propter fidem diversas tribulationes persecutionum excipientes ad promissa præmia pervenerunt. Hoc ergo scientes ne circumferamur errorum seductione decepti; sed potius firmi et immobiles maneamus, ut cogitationum pervagationes, quæ velut aquæ effervescunt, divinæ legis assidua memoria refrenemus, per quam carnalis concupiscentiæ legem destruentes, omne quod Deo placitum est exquirere valeamus : et custodiamur illæsi a curis sæcularibus, omnique elatione, quæ est insania pessima, pejor omnium malorum. Dominum semper præ oculis habentes, reminiscamur passionem crucis ejus ac mortis, per quem redempti ac vivificati sumus. Odiamus ergo mundum et omnia quæ in eo sunt, odiamus etiam omnem requiem corporalem. Abrenuntiemus huic vitæ, ut Deo vivere valeamus.

Memores ergo simus, charissimi, professionis nostræ, quemadmodum Deo polliciti sumus deservire : hoc ipsum enim exquiritur a nobis in die judicii. Esuriamus, sitiamus, nuditatem perferamus, vigilemus, et in psalmis atque orationibus positi ex intimo corde ingemiscentes lacrymas effundamus : nosmetipsos cauta discussione probantes, si vel in aliquo digni Deo pro ejus immensa clementia inveniri mereamur. Tribulationis angustiam non refugiamus, ut consolationis Dominicæ requiem consequamur; et immortalis vitæ ac sempiternæ requiem percipere mereamur.

SS. PP. PACHOMII ET THEODORICI
EPISTOLÆ, ET VERBA MYSTICA.

EPISTOLA PATRIS NOSTRI PACHOMII

Ad sanctum virum Cornelium, qui Pater fuit monasterii Mochanseos: in qua loquitur juxta linguam quæ ambobus ab Angelo tradita est, et cujus nos sonum audivimus, cæterum vires et sensum intelligere non possumus.

I. Deus sapiens, Deus absque ullis occasionibus bonus, Deus sine omni querela, dedit requiem spiritui tuo: et tu da requiem animæ tuæ: ut lætetur Sion in diebus nativitatis suæ. Fac opus Iotæ, quod vocatum est Y in diebus antiquis: et pone Delta ante oculos, ut bene sit animæ tuæ. Ro tetendit manum suam, ut perveniret ad te; quod est Iota: hoc est sepulcrum cubiculi tui. Cane tu Ω, ne forte Ω tibi canat sæculum impudentissimum. Lætetur tecum, ne tu cum sæculo gaudeas procacissimo. Memento Hetæ: ne obliviscaris Kalendarum, quæ sunt dies paupertatis et cubilis tui. Tolle tibi Iota, quod præcipuum est ex eis: non enim erat Lambda in Heta; et idcirco enutritus es sine pannis. Revertere ad Kalendas quæ sunt Xi, de Y paraverunt plaustra tabernaculi Principes tribuum, et obtulerunt ea lætantes, cunctaque dona cum omni gaudio. Et tu ut sapiens cognosce capillum capitis tui in via, ut veniat gratia super his, quæ sunt dies innocentiæ tuæ. Numquid non Kalendæ sunt Tau? Heta est Pascha. In his omnibus ne obliviscaris Simmæ, quod vocatur quidem Simma, sed habet communionem cum Ro: donavit illi partem suam, ut fiat dives in Ω. Litteræ hujus Epistolæ scriptæ sunt Delta, et Iota. Saluta caput et pedes, et manus, et oculos, et reliqua spiritus tui, quæ sunt Alpha.

EPISTOLA PATRIS NOSTRI PACHOMII

Ad Patrem monasterii Syrum, qui et ipse gratiam cum Pachomio et Cornelio Angelicæ linguæ acceperat.

II. Memento quæ scripserim tibi Y, in Epistola propter Tau scriptum, et recordare, et scribe Ni propter Simma quod scriptum est. Numquid Xi non est Y, quod in Kappa convertitur? In his omnibus recordare, et scribe Ni et Iota ut Alpha pulchre scribatur in gratiam excelsorum. Numquid, Moe non est Y et Kappa: Kappa non est Tau? Aperi os tuum, et leva faciem tuam, ut oculi tui videant, et possis legere quæ scripta sunt. Attende diligenter, et cave ne scribas Delta super Phi, et inveterascent dies tui, et aquæ tuæ imminuantur. Memento, et scribe Theta et Ro, ut Ro scribatur bene.

EPISTOLA PATRIS NOSTRI PACHOMII

Ad Patrem monasterii Cornelium, quod vocatur Mochanseos.

III. Honora Dominum, et confortaberis. Memento gemitus sanctorum. Simma et Phi fiat: domus tua juxta annos tuos sit disposita, juxta exempla sanctorum, non in cibis temporalibus, neque in ulla similitudine eorum, quæ videntur in cœlo sive in terra. Habetote Ω, ut possitis occurrere Deo in die visitationis, liberati ab increpatione Marthæ. Para domum tuam secundum terminos ejus. Observa Theta, ne reus sis increpationis ejus, cui dictum est, *Redde rationem dispensationis tuæ* (*Luc.* XVI); vel illius qui comedit et bibit cum ebriis, quando noluit fodere, nec dare conservis cibaria in tempore suo (*Matth.* XXIV). Ideo reddiderunt ei, quia oblitus est legis Dei, et infirmos visitare contempsit. Et idcirco fluctuare cœpit, et indigere pane: imitans homines confidentissimos et arrogantes, qui noluerunt domum Hi. Homo, cognosce quæ dicuntur, quia bellum Domini in manibus eorum est, et creditum est eis, ut regerent carnem suam, et stare facerent: si forte possent effugere increpationem Danielis, et ruinam Esau, et duritiam Moab, et defectionem Ismaelis, et illecebras saturitatis ac ventris, quia sapuerunt ea quæ super terram sunt. Abundantia autem hominis sapientia ejus est. O homo, trade disciplinæ cor tuum, ne multiplices mortuos in contemptu et negligentia tua, propter errorem cordis tui. O homo, ne visibilia despicias. Mercenarius non est pastor: in tenebris vulpes comedunt. Tene gladium gloriæ tuæ, cognosce loricam justitiæ, et ne contemnas habitaculum sapientiæ. Fac tibi sacculos, qui non inveterascant: ut possis ad foramen aspidum mittere manum. Ne inebrieris vino, ex quo ruinæ fiunt plurimæ, et ambulant nudi super terram. Cogita quod lex data sit de muliere menstruata, ut extra castra projiciatur: viæ enim ejus stratæ sunt spinis. Paupertas humiliat virum, et perstillat domus, ubi otiosæ sunt manus. Ne infirmeris ad plagas lignorum,

---

[a] De hisce epistolis Gennadius cap. 7: *Pachomius,* inquit, *scripsit ad collegas Præpositurœ suæ epistolas, in quibus Alphabetum mysticis tectum sacramentis, velut humanæ consuetudinis excedens intelligentiam clausit, solis credo eorum gratiæ vel meritis manifestatum. Unam ad Abbatem Syrum, unam ad Abbatem Cornelium. Ad omnium monasteriorum Præpositos, ut in unum antiquius monasterium, quod lingua Ægyptiaca Baum vocatur, congregati Paschæ diem velut æterna lege celebrent, epistolam unam. Similiter et ad diem remissionis, quæ mense Augusto agitur, ut in unum Præpositi congregarentur, epistolam unam; et ad fratres, qui foras monasterium missi fuerant operari, epistolam unam.*

Tau et Ro. Ventris insania pejor est omnibus malis. Error oculorum imminuit prudentiam sapientum. Deficit sapiens propter concupiscentiam carnis in carne, quod sanguis sanguini misceatur. Omnes qui estis cooperatores Dei, ne perdatis gloriam vestram. Scito ante omnia quod si fueris in Alpha, Deus consentiet tibi. Cum autem Deo consenseris, in quo cursus tuus est, gaudere non poteris in omni re vana: cujus si curam gesseris, prudentia tua vertetur in stultitiam. Qui ebrius est, ebrium non potest adjuvare. Qui errat quomodo erranti monstrabit viam? qui voluerit ductore eo uti, væ illi. Cæcus enim cæcum ducet in foveam. Sapientia apud sanctos est, et in illis Dei voluntas reperitur: non in his quibus repugnat Deus; et qui dicunt: Deus in nobis est; gaudium eorum convertetur in luctum. Non enim cognoverunt mysterium Dei: neque invenerunt viam servorum, ut operentur in ea. Flagellati sunt, et non doluerunt: seducti sunt, et non intellexerunt. In **87** his omnibus, o homo Dei, revertere in excelsum; quod est scientia sapientiæ. Scriptum est, *Non concupisces* (*Exod.* xx), et rursum, *non inebriaberis*. Desiderium non est unius rei. Laudatur peccator in operibus manuum suarum. Dictum est et aliis: *Qualem domum ædificabitis mihi* (*Isai.* lxvi)? qui quadraginta annis audierunt sermonem Dei, et non ei obtulerunt victimas, nec annis septuaginta jejunaverunt illi. Cor enim eorum erat post idola, nec voluerunt Deo vacare dicenti: *Vacate et videte quoniam ego sum Deus* (*Psal.* xlv), et usque ad hanc diem non vacant Deo! Dicitur tibi homo, *Quare diligitis vanitatem* (*Psal.* iv)? An cor vestrum aggravatum est? Cain operabatur terram, ut offerret victimas Deo, et condidit civitatem, sed non juxta scientiam, quæ placet Deo, fecit hæc omnia. Noe et omnis domus ejus in arca de mundi est servata naufragio. Abraham dives fuit: Isaac reliquit benedictionem Jacob. Ipseque Jacob intellexit quem amare deberet, et benedictionem ejus legis instar habuerunt. Joseph adjutor fuit generis sui, quia peccatum fugit, et detestatus est voluptatem, ostenditque posteris quod visitaturus eos esset Deus, et aperuit mysteria futurorum, memoriam relinquens sapientiæ suæ. Surrexit postea Moyses, qui sæculi vicit illecebras, divitias pro nihilo habuit, Ægyptiorum sapientiam stultam esse monstravit. Idcirco Jesus ministrabat ei, qui intellexit doctrinam eorum, et habuit socium Caleb. Homines stulti non intellexerunt hæc, et idcirco lumen tenebras esse dixerunt. Deus dedit justificationes suas, ut ambularet populus in eis, et in his omnibus non invenerunt cor suum, nec conversati sunt in mandatis Dei: sed vacabant desideriis suis, et non operibus Dei. O homo, usquequo non audis dicentem tibi: *Vacate, et videte quia*

A *ego sum Deus* (*Psal.* xlv): Sed unusquisque sequitur cogitationes animæ suæ? Num visitastis infirmos, quare moriemini? cur ad laqueum curritis? Hæc sunt enim præcepta vitalia, quæ acceperunt sancti, ut versarentur in eis, ut nihil aliud cogitarent, ut facerent opera digna immortalitate. Volatilia cœli non seminant nec metunt, et Deus dedit eis, ut raperent **88** ex universis fructibus, et gratuito viverent. Homo iniquus et pessimus qui res alienas desiderat, imitator est avium pessimarum; rapit et comedit non sua. Hos vitare debemus, et intelligere parabolas, et non esse raptores et iniqui; sed imitari majores nostros, qui placuerunt Domino, et increpaverunt Adam, quia comedit ad persuasionem Evæ. Quia antequam comederet, nomina cunctis rebus imposuit,

B et nunc quoque suis vocabulis appellantur. Postquam autem comedit, ejectus est de paradiso, et operatus est terram, genuitque Cain et Abel, qui creverunt, et operati sunt juxta voluntatem suam. Opus Abel placuit Deo magis quam Cain, quia quæ erant electa et primaria offerebat Deo; e contrario Cain si quid deterius fuit, hoc obtulit Deo: qui in exemplum humani generis præcesserunt. Omnes enim qui electa offerunt Deo, similes sunt Abel; qui deteriora, Cain operibus comparantur; et ejus qui irrisit patrem suum, et nuditatem ejus fratribus nuntiavit; et illius qui ædificavit turrim in campo Sennaar, oblitus misericordiam Dei, a quo in arca servatus est, et liberatus a diluvio, et a quo benedicti sunt patres ejus. Qui furore quodam socios hortabantur, dicentes:

C Venite, dolemus lapides, ac cædamus sycomoros et cedros, et faciamus nobis turrim, non considerantes ultionem [a] turris Chalannæ, quomodo Deus diviserit linguas eorum, volentium ædificare turrim superbiæ ad cœlum usque tendentem, et Orientalem plagam relinquentium; quia obliti sunt legem Dei, quam in corde susceperunt. Nunc igitur provide et intellige ultionem turris; quæ, quamvis excelsa sit, ad cœlum usque pervenire non poterat: et lapis super lapidem non relinquetur in templo, in quo contra Christum Pharisæorum est congregata impietas. Scriptum est, *Non pertransibit generatio* [b] *eorum donec hæc omnia fiant* (*Luc.* xxi). Nunc tempus est, ut operemur Domino, quia salus nostra in tempore est angustiæ, si potuerimus ejus calcare vestigia, et dicere semper:

D *Magnificetur Dominus, qui diligunt salutare ejus* (*Psal.* xxxix). Et iterum: *Ego autem sperabo in te semper* (*Psal.* lxx). Non enim est fides quæ tantum **89** tempore gaudii est, et deficit in tempore tribulationis. Scriptum est: *Quæ egredientur ex ore tuo, observa ut facias* (*Deut.* xxiii). Et rursus: *Si voveris Domino, ne moreris reddere: ne forte requirat Dominus a te, et sit tibi in peccatum.* Quare si dixeris: *Ego autem sperabo in te semper*; et in hoc sponde-

---

[a] Sentit in Chalanne, quæ eadem cum Ctesiphonte ad Tigridem civitas putatur esse, Babelicam turrim fuisse excitatam, cui sententiæ post Eusebium Hieronymus, et passim Scriptores Græci suffragantur, ex Isaiæ loco x, 9; potius LXX: Τὴν χώραν τὴν ἐπάνω Βαβυλῶνος καὶ Χαλάνης, οὗ ὁ πύργος ᾠκοδομήθη. Regionem, quæ est supra Babylonem, et Chalanem, ubi turris ædificata est. Hæc tamen in Latinis codicibus desiderantur.

[b] In Vulgat. *hæc*, et Græco quoque κάντα.

ris, imple opere, ut in tribulatione quoque salutem mererearis a Domino. Recordare quod scriptum est: *Ne deficias, et custodi consilium meum et cognitionem, ut vivat anima tua* (Prov. III). Qui enim custodit mandatum legis, servat animam suam. Scriptum est: *Operuit nos umbra mortis, et non sumus obliti nominis Dei nostri. Si expandimus manus nostras ad Deum alienum* (Psal. XLIII). Et iterum: *Occupaverunt me laquei mortis, pericula inferni invenerunt me. Tribulationem et dolorem inveni. In omnibus his non est conversum retrorsum cor nostrum, sed nomen Domini invocavi* (Psal. XVII). Dicit et alius credens corde firmissimo: *Non timebo millia populi circumdantis me* (Psal. III). Et hoc dicit, quia habet fiduciam in Deo. Fili, ne deficias, suscita amicum tuum, pro quo fidem fecisti, sciens quod omnes gentes ut surculi ex igne, et sicuti stipulæ leves, quæ huc atque illuc aura celeri deferuntur, et sicut pulvis qui raptatur turbine. Scito quod scriptum sit tibi, ne cum videris equum et ascensorem, et infinitam multitudinem, timeas animo; sed memento Domini Dei tui, qui dedit tibi fortitudinem, ut in prælio vinceres; qui *omnes homines vult salvari, et venire ad scientiam veritatis* (I Tim. II). Si audisti vocem Dei loquentis, *Cœlum et terram ego impleo*, non timebis, sed dices: *Dominus noster in cœlo sursum, et super terram deorsum, ne audias: Modicæ fidei, quare dubitasti?* Et tu rursum respondebis: *Nisi quia Dominus erat in nobis, cum consurgerent homines in nos, forte vivos deglutissent nos.* Sæpe enim ab adolescentia tua pugnaverunt contra te: et tu portasti jugum fidei a pueritia tua. Nec percussum est dorsum tuum oneribus Ægyptiis, nec servierunt manus tuæ in cophino; quia circumcisionem amasti spiritalem: quæ occasionem dedit saluti animæ tuæ. Breviter auditis: grande periculum est hominis, dum mustum est, ne effervat.

EPISTOLA PATRIS NOSTRI PACHOMII

Ad Syrum Patrem monasterii Chnum, et Joannem Præpositum domus ejusdem monasterii.

IV. Transivimus per te, et non potuimus præ nimia festinatione divinum tecum conferre sermonem: ideo nunc per epistolam loquimur. Omni virtute contende, ut impleas consuetudinem monasterii, et facias quæ præcepta sunt: ne correptioni futuri temporis præpareris, fuerisque in peccatorum vinculis condemnandus, et offerendus Deo propter negligentiam, non solum tuam, sed et fratrum qui tecum sunt, et cooperantur tibi, scientium, quod ea quæ nobis dedit, illis fidelissime tradiderimus. Memineris et ministerii laborisque Sanctorum, et amici tui, qui cognoverunt voluntatem Dei: ut et ipsi fiant cohæredes ejusdem repromissionis, et habeant immortalem fidem a Deo, quæ creata est per spiritum prophetarum, et ab apostolis roborata. Qui sustinuerunt pro ea omnes angustias et persecutiones. Crediderunt enim repromissioni ejus, et idcirco fragrantiam boni odoris sibi paraverunt. Consideremus ergo eos, quos Deus dominatione donavit, si forte eis servire mereamur, et eorum adhærere doctrinæ, relicta omni superbia et peccato: fortissime resistentes Alpha, quod absque timore operatur in corporibus. *Absorpta est enim mors in victoria* (I Cor. XV). Et quomodo rursum infirmi sumus in hoc tempore: scientes quod statuta sit Ecclesia et dirigenda in bonum, sicut et prædixit tibi. Nosti quod non glorietur securis sine eo qui præcidit in ea, et quæ doceant nos Scripturæ habere responsum mortis (II Cor. II): quam si devoraverimus, salvamus animam nostram. Non est timendus interitus in loco peregrinationis nostræ; sed pugnandum, quomodo pacem cum his qui Dei justificationes custodiunt, habere possimus. Heta, si lucreris omnem mundum, et habeas contra Deum inimicitias, quæ est utilitas? Decet igitur ut quæ dicuntur nobis, aliquando intelligamus: scientes quia mundus prætereat, et desideria ejus. Vigilate et videte quomodo ambuletis. Novimus quod ineruditis occurrat mors. Et non intelligite tempora, in quibus est error et seductio. Considera horas atque momenta, et mensium spatia, quorum cursu humana vita devolvitur: et eorum numero scitur, quanto tempore unusquisque vixerit: ut possint colligere vires suas, et implere ex his horrea, et sementem futuris messibus præparare, et ut culturæ studia tempore messionis inveniant, et coram Deo et omnibus possideant necessaria, mortis timore superato, et transeunte mundo, non celebrent festos dies in veteribus vestimentis. Civitates destructæ sunt et repletæ alienis, qui haud pii sunt inire consilium sapiens. Fluxit in deserto aqua, et exsultaverunt jumenta ac volatilia. Sapiens et continens homo non ungetur unguento, quod demolitæ sunt muscæ morientes, et quod compositum est filiis agri. Ideo vigilare debemus, et omni sollicitudine futuris lapidibus providere: ut non confundamur in tempore, quando venerint tempora refrigerii, et ne inveniamur subditi servituti, sed ut simus nova conspersio: scientes quod pulchritudo nobiscum sit. Loquitur et alibi sermo divinus: *Numquid comedam carnes taurorum, aut sanguinem hircorum bibam* (Psal. XLIX)? Quamobrem non circumferamur omni vento doctrinæ: quia venit tempus ut sancti regnum accipiant. Expandit Sion manus suas, non est qui consoletur eam. Juvenes infirmati sunt in plagis lignorum: dispergentes aquas itineris sui. *Myrmicoleon periit, eo quia non haberet escam* (Job. IV). Qui cum fure partitur, odit animam suam. Profanas et novas doctrinas devita. Advena sicut indigena sit inter vos. *Occidit in grandine vineas eorum, et sycomoros eorum in pruina* (Psal. LXXVII). Acceptabilis regis minister intelligens. Mel inveniens, comede quod sufficit, ne forte satiatus evomas id. Memento judicii, et misericordiæ, ac fidei. Judicii, per quod regiones habitabiles fiunt: misericordiæ, per quam glorificatur Deus: fidei, quæ fundamentum est mortuorum atque vivorum: ut per hoc spem possidere valeamus. Pugna atque contende, et qui tecum sunt fratres, quia scripsi vobis in figuris et in parabolis, ut quæratis ea sapienter, sequentes sanctorum vestigia : nec incurratis in judicium Dei, docti sermonibus ejus. Hiems præsentis sæculi nos ambulare non prohibeat : sed incessabiliter justitiam Dei semper operemur recordantes illius testimonii : *Donec pertranseat hiems, et pluvia abeat ac recedat sibi* (*Cant.* II). Deus adjutor nostri sit in pace, quæ mensuram non habet largitatis, quæ sit in domibus nostris, donec vespertinum tempus pertranseat. Hæc omnia scripsi vobis, ut nunc laborantes requiem in futurum habere possitis.

EPISTOLA PATRIS NOSTRI PACHOMII

Ad universa Monasteria : ut cuncti fratres congregentur in Monasterium majus, quod vocatur Baum, in diebus Paschæ, et sit omnium una solemnitas.

V. Curam vestræ prudentiæ congregandæ subire debetis, ut sit aperta janua vestra antequam exeatis e sæculo. Pauper cum vescitur, juxta mensuram suæ paupertatis vescitur. Dixi vobis, ut noveritis horas ac tempora pueritiæ vestræ, ut non sitis solliciti de domo, quæ præparata est vestra venatio. Et vos quando venitis ad nos, habetote sollicitudinem lectuli infirmantium, ut sternatis illum, et non indigeatis pane. Si quando invenire valeatis culcitram sive pulvillum ad caput, ut languidi requiescant : ut monimentum quod nobis scriptum est, impleatur : *Si quis autem suorum, et maxime domesticorum curam non habet, deterior infideli est* (1 *Tim.* V). Gith virga excutitur, et cyminum comeditur cum pane (*Isai.* XXVII). Si attrectastis capillum capitis vestri, et invenistis unguentum barbæ vestræ, quod descendit usque ad fimbriam vestimentorum vestrorum, implere poteritis omnia quæ scripta sunt vobis. Legimus alibi : Ne deficiant oculi vestri; alacrior est enim merces operibus tuis : ideo fluant oculi vestri aqua, et defluant lacrymæ diebus ac noctibus, nec deficiant. Volo vos esse similes eorum, qui ignoraverunt dexteram suam et sinistram. Vigilate, et tendite arcus vestros. *Tetenderunt* enim *adversarii arcum, rem amaram* (*Psal.* LXIII). Recordamini quod sancti aperiant ostium suum omni transeunti. Præcipitur nobis ut intremus cubiculum nostrum, et claudamus ostium, nec omni vento circumferamur. Unde diligentius oportet attendere, ne in bonitatis tempora absorbeamur; sed ut imitemur ea tempora quæ fuerunt ante diluvium, quando unusquisque justorum placuit Deo cum omni domo ac liberis suis, et nullum peccatum inventum est in eis. Postea vero crescente iniquitate, et omni terra carnis vitiis adhærente, offenderunt Deum, et in condemnatione eorum solus Noe cum domo ac liberis diluvio inundante servatus est, et periclitante mundo, tenuit justitiæ gubernacula, nec ulla peccatorum tempestate superatus est. Et qui cum deriserat, et fratribus suis nuntiaverat nuditatem ejus, maledictus est cum semine suo, et impletum est eo tempore illud quod scriptum est : *Qui inhonorat justum, peccat* (*Prov.* XVII).

Et rursum : *Maledictus qui maledicit patri et matri* (*Exod.* XXI) : Sicut Esau contemnebat parentes suos. Unde scriptum est de eo : *Ne quis fornicator aut profanus, sicut Esau* (*Heb.* XII). Rebeccæque studio factum est, ut non consequeretur benedictionem, nec stolam primogeniti acciperet, offensis parentibus suis, qui reddentes ei vicem, et ad æmulationem boni operis superbiam illius provocantes, induerunt vestimentis ejus Jacob. Non enim merebatur eorum uti vestibus, quos superbus ac rigidus negligebat. Et idcirco non diviserunt substantiam suam filiis ejus : sed cuncta dederunt Jacob, qui innocenter habitabat domum, et eorum obtemperabat imperiis. Loquitur et Salomon de Esau : *Filius inobediens in perditione*. Et Moyses pari sensu, *Maledictus,* inquit, *homo qui maledicit patri vel matri* (*Exod.* XXI). Rursumque Salomon : *Filio doloso nihil erit boni* (*Prov.* XIV). Perdidit ergo benedictionem, et paterna hæreditate privatus est. Quid loquar de Adam, qui ab initio humani generis in formam inobedientiæ contemptusque præcessit? Datus est enim ei dominatus in omnes bestias terræ; sicut et primogenito jussa sunt dari duplicia omnia. Postquam vero contempsit imperium Dei, non solum perdidit dominationem; sed et ejectus est de loco, quem ad habitationem acceperat in similitudinem hominis fornicantis, qui de Ecclesia ejicitur, et a quo aufertur gloria sua. Omnia quæ ille perpessus est, sustinebunt hi qui Dei jussa contemnunt, et ambulantes in superbia sentient illud quod scriptum est : *Dixit, et devoravit eos terra* (*Num.* XVI). Nos vero, justi viri imitemur exemplum, qui sapienter suam servavit domum, et gigantum percussa superbia, humilitate servatus est. Nec mirum si ipse et liberi, atque uxores eorum, de cuncto humano genere reservati sunt : cum etiam jumenta et volatilia evaserint mortem, et obedientia liberati sint. Columbam emisit de arca Noe, quæ mittentis parens voluntati, ivit et reversa est, et condemnavit obedientia sua homines contemptores; eo quod avis audierit justum, et homines non audierint Deum. Omnes quoque bestiæ et cuncta animantia per obedientiam liberata sunt. Et quia talia erant, propterea de illis obtulit victimas Deo. Quæ historia nos docet, quæ scilicet in Dei offerantur sacrificio [*Al.* sacrificia]; et si obedientes ad illius fuerint jussionem, eruantur de laqueis diaboli, et ejus bonis perfruantur; non secundum opera justitiæ suæ, sed secundum misericordiam ejus, qua ei omnes appropinquavimus. Quæ ventura scientes nobis invicem charitate jungamur, ut effugere possimus imminentem sententiam Dei. Noli ad iracundiam aliquem provocari, ne forte moriatur, et relinquaris ligatus, omnisque ejus tristitia in tuam animam conferatur, et effundat iram suam super te Deus, quia et tu effudisti furorem tuum super fratrem tuum. Non obliviscamini mandatorum Dei, ne dicatur de vobis : *Verterunt ad me dorsa sua, et non faciem, et in tempore afflictionis suæ dicent, surge et salvos nos fac* (*Jerem.* II). Et ipse respondebit : Arguam delicias eorum, et non eos faciam pervenire ad pascha, ad quod convocantur. Laboremus, invicem onera nostra portantes, sicut et Christus portavit infirmitates nostras in suo corpore, et non defecit. Si magister noster est Christus, simus ejus imitatores, et illius portemus injurias : ne in futuro tempore a nostris fratribus, qui tribulationes passi sunt, separemur. Sicut et alii passi sunt, qui noluerunt virtutibus vacare, sed vitiis. Noster autem judex et testis est Deus, de cœlo cuncta prospectans, et in die visitationis secundum opera singulis redditurus. Omniaque sancti ejus sequantur vestigia, quorum et nos debemus audire præcepta. Locutus sum vobis per infirmitatem meam.

EPISTOLA P. N. PACHOMII

Ad Syrum Patrem monasterii, quod vocatur Chnum, et Joannem Præpositum in eodem monasterio unius domus.

VI. Volo vos intelligere litteras, quas scripsistis mihi, et quas ego rescripsi vobis, et quomodo oporteat omnia spiritali Alphabeti elementa cognoscere. Scribite Moe super Heta et Theta, et scribite Zeta super Xi : et Moe et Lambda et Iota. Quomodo legentes has litteras compleveritis, scribite vobis, ut intelligatis mysteria litterarum. Ne scribatis Moe super Xi et Eta et Hi : sed ut magis scribatis Zeta super Xi, et Moe super Heta et Theta. Susceptis litteris vestris statim rescripsi, et ad mystica ejus quoque sacrata respondi. Animadverti enim terminos esse Epistolæ vestræ Heta et Theta : et idcirco etiam ego in eumdem sensum verbaque consensi: ne impar viderer vestræ negligentiæ, et aliquid ex nobis damni sustineretis. Scripsi ergo vobis Simma Phi : rescribite Chi. Itaque nunc in diebus istis non scribimus Theta Moe. Et ne dixeritis: possumus scribere N, Heta, Phi, Labda, OYYOYY, Labda, Iota, Labda; ecce scripsi vobis et Xi totum atque perfectum in gyros. Et vos scribitis Xi et Phi, ut possitis scribere Simma Moe. Ecce Theta scriptum est antehac. Sufficiat vobis curam habere Kappa et Tau. Si tamen exituri estis, scripsimus vobis Hi, propter laborem vestrum, ut omnem adhibeatis sollicitudinem antequam proficiscamini. Nam et nos eamdem curam habemus quam et vos : neque scripsimus Kappa et Tau. Scripsi vobis nomine, unde et vos, quando videritis scriptum Kappa et Tau, rescribite Zeta. Quando videritis Simma et Phi, rescribite Moe. Quando videritis Labda, Iota, Labda, rescribite Xi. Quando videritis YOYY Kappa, Ro, quia invenimus scriptum; nos autem scripsimus Simma, Phi habete curam. Hoc enim scribitur in diebus istis Ro, solliciti estote : quæ litteræ vocantur Ægyptiace Orez et Thei. Scriptum invenimus enim, quæque vocantur Ægyptiace litteræ Bei et Thei. Habete ergo curam Hi, et scribite Alpha ; quia dedi vobis illud pro Hi. Scribite quoque Simma, quia scriptum est Tau et Delta, ut ad nos pervenire valeatis. Cavete ne obliviscamini scribere Psi super Kappa, quia scriptum est prius, et Ro ante illud scriptum est : et ne forte dicatis Theta scriptum esse, et partem Xi. Ideo totum scribimus Beta ; ne diceretis quod Gamma sit scriptum. In omni Epistola quam scripsi vobis, de vestra sessione continetur et de resurrectione, et de umbra antemuralis, quæ est extra murum. Odor sapientiæ vestræ ad nos usque pervenit, et compulit hæc vobis scribere. Et vos ut sapientes intelligite quæ scripserim vobis : et exhibete vos quales meus sermo describere elegit.

EPISTOLA PATRIS NOSTRI PACHOMII

Ad universa monasteria, ut congregentur omnes monasteriorum Principes et domorum Præpositi in monasterium quod vocatur Baum, vicesimo die mensis qui apud Ægyptios appellatur Mesore [Lat. Augustus], ut rite omnium peccatorum atque operum remissio compleatur.

VII. Tempus in proximo est, ut in unum conveniatis juxta morem pristinum, juxta antiquam consuetudinem, ut remissio omnium rerum rite celebretur, ut cognoscatis invicem : ut dimittant singuli, juxta præceptum Evangelii, debita fratribus suis., et tristitias ac simultates : et si quid est jurgii, a choro sanctorum abigatur : ut liberent corda sua timore Dei, et fugato mendacio, dominetur veritas, ut, cessantibus bellis, pacis tranquillitas redeat ; et in ea ambulare possitis coram Deo et hominibus : ut omnes æqualiter diligatis : ut serviatis Deo atque concordiæ, et non concupiscentiis variis, et errori oculorum vestrorum : et tumentis scientiæ fraudulentiis, carnisque vitiis. E quibus oriuntur schismata, et contemptus legis Dei, contentio, malæ cogitationes quæ igne iracundiæ bullientes quandoque erumpunt foras, et despumant in corporis voluptatibus. Idcirco scripta est lex Dei, ut lex corporum est et jura solvantur : et erubescant, qui in eorum ambulant concupiscentiis ; tandemque redeant ad Deum, et spretis temporalibus, æterna perquirant : præparati sanctorum hæreditati, qui contempserunt præsentem vitam pro vita futuri sæculi : pro malitia sperantes benignitatem, pro tumultu atque discordiis pacem et concordiam, pro adoptione carnis, famulatum Dei. Ut ea quærant, quæ placent illius voluntati, carnis incentiva superantes. Scriptum est enim : *Si dimiseritis hominum peccata eorum, dimittet et vobis Pater vester, qui in cœlis est, delicta vestra* (Matth. VI). Et rursum : *Dimittant singuli fratribus ex corde suo.* Et iterum : *Dimittite, et dimittetur vobis* (Matth. XVIII). Et deinde : *Benefacite his qui oderunt vos* (Luc. VI). Et alibi : *Ne vincaris in malo : sed vince in bono malum* (Matth. V). Et illud : *Ne dicas, Vindica me de inimico meo* (Luc. XVIII). Et alibi : *Non reddentes malum pro malo* (I Pet. III). Et iterum : *Providentes bona coram omnibus hominibus* (Rom. XII). Et illud : *Non vosmetipsos vindicantes, charissimi* (Ibid.). Nec non et alibi : *Estote invicem benigni, operantes bonum ad omnes* (Ephes. IV). Et iterum : *Diligite inimicos vestros : benefacite his qui oderunt vos : orate pro his, qui vos persequuntur* (Luc. VI). Consideremus ergo, fratres charissimi, quantis testimoniis homo fidelis concluditur a Deo ne peccet : si tamen voluerit audire legem ejus, et inclinare aurem suam præceptis illius : aperire oculos, dirigere cor, ut possit implere quod dicitur. Multi enim sunt qui desiderant quidem bona, et Deum quærunt cum lacrymis, et diebus ac noctibus ingemiscunt ; sed decepti oculorum concupiscentiis, et carnis titillationibus superati, dormierunt in gemitu et dolore cordis, quod non potuerunt dominari carni suæ, et æstuantium cogitationum incentiva comprimere ; pro firmis et perpetuis inania breviaque sectantes. Qui desiderant legem, et opere, Dei destruunt voluntatem : vera judicant, et vincuntur mendaciis. Ideo ingemiscunt, juxta eloquia prophetarum, et perpetuo terrore fluctuant, donec deficiant ; et tabescent in viis suis et dormiant in doloribus. Qui autem vere justi sunt, et habent in se pacem, perfruuntur gaudio sempiterno.

EPISTOLA PATRIS NOSTRI PACHOMII
Ad fratres qui tondebant in deserto capras, de quarum filis texuntur cilicia.

VIII. Deus quærit diligentes se : sicut invenit Israel quasi uvam in deserto, et quasi ficus primitivas, sic inventus est et Jacob in Mesopotamia cum erraret quasi uva in solitudine, et Joseph in Ægypto sicut ficus primitiva : quem inter omnes fratres suos cognovit Deus, et dedit ei principatum post multas angustias. Quem debemus imitari, quia vicit carnem suam, prostravitque peccatum, et oculorum calcavit insidias. Non est secutus saturitatem ventris, ut servaret animam suam sanctam Deo, ut fieret templum Spiritus sancti, et captivitatem libertate mutaret. Non obliviscetur Deus timentium se, et facientium justitiam ejus. Unde et ille adolescens, atque in lubrico ætatis positus, quem carnis blandimenta non vicerunt, vicit vincula et carceres, et in loco angustiæ placuit Deo. Et nos ergo confidamus, quod Deus nobiscum sit in solitudine, et recordatio ejus semper in corde sit nostro. Servemusque sanctam carnem et animam in deserto, sicut et Joseph in captivitate servavit, ut meminerit nostri Deus, et sit nobiscum usque ad finem.

VERBA PER LITTERAS P. N. PACHOMII
In lingua abscondita, de his quæ futura sunt.

IX. ΛΩ. Sæcula efferbuerunt in malo, quod est Delta. ΒΥ fructus completus est in labiis, quod est Tau. ΙΧ. Deus oblivisci fecit me paupertatis in domo mea de capite montium usque ad verticem eorum, quod est ΡΟ. ΛΦ propter dormitationem viduæ, et gloriam pauperis, quod est ΟΥ. ΕΥ. Audierunt montes lætitiam terræ, quod est ΞΞΙ. Terra abscondita est absque pretio quod est Ν. ΝΟ planæ erunt super oculis usque ad vesperam Ι. ΕΡ. putasne respicient super puteum, quod est ΙΙ. ΙΥ. Biberunt absconditum in lætitia, quod est Iota. ΠΟ factum est spolia terræ sine sanguine. ΝΑΞ facta sunt profundi abyssi in luctu cordis, quod est ΞΕ. ΗΝ. Fugerunt abscondisti sine timore, quod est ΟΛΩ. Qui novit si revertatur et agat pœnitentiam Deus. ΤΒΥ. Lætentur cœli, et exsultet terra. ΘΙΧ. Dan exspectat salutare Dei ΟΛΦ. de Nazareth potest aliquid boni esse ΒΙ ΕΥ. Benedictus Deus escam dedit timentibus se ΩΚΖΤ. Fructus oris mei dulcis factus est in labiis meis ΙΝΟ. Dominus dat mihi linguam disciplinæ ΛΘΡ. Non moriar, sed vivam, et narrabo opera Domini. ΙΩ. Qui ingreditur per me, salvus erit. ΤΚΟ quæritur judicium Domini ad populum ejus Damascus. ΟΛΖ quia misertus est Deus Israelis, et humiles populi sui consolatus est. ΜΝ. Sicut aqua frigida animæ sitienti, sic nuntius bonus de terra longinqua. ΘΡΝΙΝΖΟΡΙΗ.

VERBA QUÆ LOCUTUS EST P. N. PACHOMIUS
In visione erudiens fratres in monasterio Mochansi de his quæ eis eventura essent, et illo dicente et loquente in spiritu, excepta sunt a fratribus, quæ vel facturi essent principes monasteriorum, vel passuri.

ΑΝΝΑΜΜΜΑΑΒΝΙΡΙΖΖΟΙΓΙΘ ΡΗGΩΨΥΤΥΧ ΨΑΟΜΝΠΦΧΓΘΙΑΨΒΙΜΣΤΑΖΑΡΕΤ.

X. Monasteriorum principes operati sunt iniquitatem in sportellis suis : gladius perditionis ipsorum sub axella eorum, qui est ortus : insidiantur apud januas inferni. Abundantia terræ et bona quæ largitus est Deus filiis hominum, dixerunt : Venite, et scrutemur vias nostras, et videamus si inveniamus fermentum, et mittamus illud in massam farinæ, quæ non possit elevari, neque in altum consurgere ; sed deficiat fame. Paraverunt laqueos pedibus suis, et arcum manibus, et securim humero portaverunt : veneruntque ad hominem qui habebat serram, et dixit eis : Ite, et ligna præcidite. Et dixerunt ei : Nequaquam ; sed scrutamur vias nostras, et invenimus fermentum, ut mittamus illud in massam, quæ non elevatur, neque in altum potest consurgere, sed defecit fame. Vocavit ergo homo amicos suos, et excoriaverunt pedes eorum, summitatesque manuum, hoc est, digitos ; et defluxerunt in terram. Venerunt autem pulli corvorum, et detulerunt eos, fecerunt ibi nidum, et corvi genuerunt in locis eorum, ac per eos inhabitata est terra.

VERBA PER LITTERAS P. N. PACHOMII
In lingua abscondita, de his quæ futura sunt.

XI. Verax est in omnibus Deus, qui dicit ΡΝ, omnes torrentes vadunt in mare Κ. Dominus respexit de cœlo. Λ. Non est ultra sapientia in te. ΜΑΝΥΤ Placet Domino in his qui timent Dominum. ϹΘΟΜ Exsurge, ut quid dormitas, Domine ? Θ sapientum oculi in capite eorum. Arrabon est patientia pauperis. ΗΘΑΜ Lætitia justorum facere judicium. Ν filius sapiens judicium. ΦΥ dolor stulti est deficere disciplinam. Τ aufer vestimentum ejus ; præteribit enim injuriosus ΥΦ, et aliis faciet contumeliam. ϹΝ. Thesaurus desiderabilis requiescit in ore sapientis. ΚΜ usquequo respicis contemptores, et tacebis ? ΤΜΑ. Defecerunt oculi mei in salutare tuum. ϹΘ cor sapiens intelligit parabolam. Τ vidimus quod Sion spoliaverit se gloriam, quam habuit ab initio : idcirco non incanduit ϲ. Inter literas ΝΥ non scribatis Ζ, sed magis ex superfluo scribite ΛΟΛ. ΛΙΛ scio quod scribas ex temetipso. In his omnibus memento Λ, festina ut scribas I. et dicas quod ipsius sit hucusque E. scriptum est INΩX ipse scripsit Ξ. et si scriptum est similiter et κ, rursum expansum habeto O. tibi necessarium est numerare, et sic iterum scribo A et CHI. Pone Ω ante oculos tuos, ut bene sit animæ tuæ. Memento C, quod reversum sit in Kalendas, quod est ZΘO OT. Memento et scribe Z. propter κ, quod est scriptum, non quo ego tibi nunc dicam, sed quo confidam, quod hanc diem audieris. P rursum tendit manum suam ad nos in diebus istis. Ante oculos tuos cor nostrum dolet pro C, quia vere est C. et sunt obliti Kalendarum. **101-102** Quod autem scripsistis A CHI, et alius ante nos fecit hoc idem, et dixit : *Ecce mitto vos sic oves in medio luporum* (*Matth.* x). Audivimus rursum de EINΩ, quod duæ sunt molentes simul; una assumatur, et altera relinquatur.

ª EPISTOLA PATRIS NOSTRI THEODORI
Ad omnia Monasteria de Pascha.

XII. Appropinquavit solemnitas azymorum, in qua Pascha celebrandum est, de quo et Moyses exeunti populo de terra Ægypti præcepit dicens : *Comedite illud cum omni festinatione* (*Exod.* XII). Josias quoque rex justus diligentissime celebravit Pascha in diebus suis, et studium ejus hucusque narratur (*IV Reg.* II). Super quo et Apostolus loquitur : *Pascha nostrum immolatus est Christus* (*I Cor.* v). Itaque in eo festa celebremus, sicut præceptum est nobis. Accingite lumbos vestros, et calceate pedes calceamentis Evangelicis : habentes baculos in manibus, et lucernas ardentes ; ut possimus comedere Pascha cum festinatione, et ascendamus in Jerusalem ante sex dies Paschæ, sanctificantes nosmetipsos, ut sanctum diem in sanctitate celebremus, absque malitia et nequitia, in sanctimonia et veritate, qua præcepit A nobis et Apostolus, ᵇ et Pater noster, a quo cœnobiorum vita fundata est. Ut pariter congregemur in pace, juxta terminos quos præterire nefas est : ut nullus nostrum absque dispositione majorum in monasteriis remanere desideret ; ut convenientes, absque præcepto majorum non veniant. Nos quoque qui videmur Præpositi esse fratribus, et conversationis eorum ostendere regulas, absque necessitate gravi non eos patiamur residere domi ; nec pro nostra occasione Paschalis frequentia deseratur ; ut inveniamur, evacuare præcepta Patris nostri ; sed ut contriti ea quæ scripta sunt ab eo, normam veritatis putemus ; et glorificetur Deus, qui posuit sicut oves familias. Videant recti, et lætentur ; et omnis iniquitas obturet cor suum. Ut omnes nos, senatus filiorum Israel, et cum eis secundi veniamus ad Pascha, et nullus e nobis reliquus inveniatur, qui non impleat terminos Patris nostri : et dispensatores monasteriorum et domorum Præpositi, et omnis ordo fratrum, universaque membra in unum corpus coeant, ut suscitent templum Dei. Congregemur autem in pace atque concordia : ut fines sanctorum et Patris nostri regulas impleamus. Sed et catechumeni qui sunt in monasteriis, et exspectant terribilem remissionem peccatorum, et gratiam spiritualis mysterii, audiant per vos, quod flere debeant et lugere antiqua peccata, et præparare se sanctificationi animarum et corporum, ut possint sustinere Sanguinem et Corpus Domini Salvatoris : de quo etiam cogitasse terroris est. Cætera autem quæ facere debeatis, optime nostis, nec necesse est per Epistolam commonere : ut præparetis vos in tempore constituto, quod Pater noster disposuit. Nos et omnes fratres, qui nobiscum sunt, vos impendio salutamus, et universam fraternitatem quæ in vestris est monasteriis.

ª Plures hujusmodi epistolas a Theodoro conscriptas easque *sanctarum Scripturarum sermone digestas* Gennadius memorat cap. 8.

ᵇ Pachomius nempe, cujus tertio quoque verbo meminit in hac epistola, quemadmodum et Gennadio notatum est, cap. laudato, quod *frequenter meminerit magistri et institutoris sui Pachomii et doctrinæ ejus ac vitæ proposuerit exempla*.

IN SEQUENTEM LIBRUM DIDYMI DE SPIRITU SANCTO
ADMONITIO.

Didymus Alexandrinus, qui miraculum sui præbuit, quod captus a parva ætate oculis, ipsorumque elementorum ignarus, omni tamen scientiarum genere, iisque etiam quæ maxime visu indigent, fuerit expolitus, inter cætera quæ ingenii sui reliquit monumenta, hunc *de Spiritu sancto* librum frequenti fratrum exhortatione compulsus est scribere, ut nonnullorum commenta refelleret circa Spiritum sanctum, quæ neque in Scripturis lecta, neque a quoquam Ecclesiasticorum veterum fuerant usurpata. Hieronymus, qui Didymi eruditionem cum primis est admiratus, eoque magistro usus Alexandriæ, primum quidem impellente Damaso Romano Pontifice, cum Romæ ageret, Latinis illum verbis ceperat explicare, deinde Jerosolymam postliminio reversus, Pauliniani fratris hortatu, ex integro vertit, atque edidit.

Singularis porro est liber, quemadmodum et Hieronymus ipse quoties eum laudat, ut in Catalogo cap. 109, et libro II in Rufinum : et Mss. codices quotquot inspeximus, testimonio sunt. Augustinus quoque lib. II Quæstionum in Exodum cap. 25, Nicephorus l. IX cap. 17, et Ratramnus, qui Hieronymianam hanc ipsam versionem legit, contra Græcos lib. II cap. 5, unicum librum vocant ; nec nisi incommoda περιεργία factum est, ut contra auctoris atque interpretis mentem ad hanc usque diem ab editoribus criticisque in tres libros vulgo fuerit dispertitus. Ipsa etiam librorum distinctio fortuita est atque inutilis; nam exempli gratia, tertius liber e media prophetici loci expositione initium jussus est sumere, quod vitium est ab eruditi scriptoris ingenio alienissimum. Sed in tres quidem partes, aut capita commode possit distribui; nam primo Spiritum sanctum diversæ ab Angelis naturæ esse multis argumentis ac testimoniis constituit; deinde ejus quoque nominis invocationem in baptismo necessariam probat, ut imperfecte baptizet, neque adeo a peccato liberet, qui reticuerit: tertio indivisibilem esse illum, atque impassibilem, Patri ac Filio ὁμοούσιον, atque aliis divinæ substantiæ attributis præditum docet.

Græcus Didymi textus intercidit, eumque fortasse e doctorum manibus excussit ipsa Hieronymi interpretatio; de cujus tamen fidelitate non satis consulte videntur nonnulli detrahere, dum multa, quæ ab Alexandrino auctore haud processerint, assuta, multaque alia, et præcipue Origeniani dogmatis, cui erat addictus menda purgata, ab interprete comminiscuntur. Exiguam sane rationem esse velim ejus, quod tamen præcipuum est, argumenti ex ὁμοούσιου, et ἀνομοουσίου vocibus, a quibus Adamantii sectatores multum contendunt abhorruisse. Nam neque ita singulis Origenianæ sententiæ capitibus Didymus fuerit obstrictus ut nihil licere sibi putaverit, neque si nihil prætereà ausus est, quando ejus Græcum exemplar desideratur, probari ullo modo possit. Cætera quæ in eam rem adducuntur longe sunt infirmiora.

Tempus, cui Hieronymi versio isthæc sit ascribenda, non uno proprie anno concluditur, ut cæteris tractatibus ferme usuvenit. Incepta nempe est Romæ anno 384, ut ex ipsius Præfatione planissime constat, cum Damasus adviveret, qui sub ejusdem anni finem diem obiit. Certe non aliud ab isto Didymi opusculo, quod sibi transferendum proposuisset, videtur nobis innuere, cum ait S. Doctor, *garrire se aliquid* voluisse *de Spiritu Sancto, et cœptum opusculum ejusdem* (Romanæ) *urbis Pontifici dedicare.* Sed non ante annum 389 videtur absoluta, cum æmulorum invidiam declinans, Jerosolymæ se recepisset, pariterque esset Bethlemi cum Pauliniano fratre, Paula et Eustochio. Eumdem plus minus annum indicat in Catalogo, ubi inter Hebraicorum Nominum librum, et Homilias in Lucam ex Origene, laborem hunc memorat.

Quod reliquum est, editionem hanc nostram ad trium mss. fidem emendavimus: nempe unius Vaticani 4945; tum alterius elegantissimi, quem in bibliotheca Romani collegii Patrum Societatis Jesu invenimus; denique Tolosani, a quo excerptas variantes lectiones Martianæus rejecerat in libri calcem. Ex editionibus, quæ ante Erasmianam collectionem prodiere, in consilium adhibuimus sæpe priorem illam an. 1496 absque loci nomine, tum Venetam, quam Barthius in Adversariis laudat; cujus item Barthii conjecturas aliquot in hunc librum expendimus, sicubi visum est operæ pretium esse. Sunt autem aliæ hujus operis editiones, quas singillatim recensere non vacat, et nullo negotio apud Bibliographos invenias (a).

(a) Pleraque Didymi Opera in Græco ms. card. Passionei Bibliotheca reperisse dicitur, eorumque editioni insudare cl. Mingarellius canonic. regular. Bononiæ, etc.

S. EUSEBII HIERONYMI
STRIDONENSIS PRESBYTERI
INTERPRETATIO
LIBRI DIDYMI DE SPIRITU SANCTO.

HIERONYMI PRÆFATIO AD PAULINIANUM [a].

105 Cum in Babylone [*Scil.* Romæ] versarer: et purpuratæ meretricis essem colonus, et jure Quiritum viverem, volui garrire aliquid de Spiritu sancto, et cœptum opusculum, ejusdem urbis Pontifici dedicari. Et ecce olla illa, quæ in Jeremia post baculum cernitur a facie Aquilonis, cœpit ardere: et [b] Pha-

[a] Fratrem suum scilicet, falso enim ad *Paulinum* eumque *Nolanum* vetustiores essent aliquot libri inscribunt; adduntque abs Hieronymo, *propter imperitiam cujusdam qui de Spiritu sancto scripserat, translatum opus in Latinum.*

[b] Videtur a Præceptore olim suo Gregorio Nazanzeno accepisse, qui Orat. 32 Romani episcopi luxum perstringit, et clericorum ejus cœtum *Senatum Pharisæorum* vocat.

risæorum conclamavit [*Al.* conclamare] Senatus : et nullus scriba [a] vel fictus, sed omnis quasi Indicto sibi prælio doctrinarum, adversum me [b] imperitiæ factio conjuravit. Illico ego, velut postliminio, Jerosolymam [c] sum reversus : et post Romuli casam, et ludorum Lupercalia, diversorium Mariæ, et Salvatoris speluncam aspexi. Itaque, mi Pauliniane [*Al.* Pauline], frater, quia supradictus Pontifex Damasus, qui me ad hoc opus primus impulerat, jam dormit [*Al.* obdormivit in Domino] in Christo : tam tuo quam venerabilium mihi, ancillarum Christi, Paulæ et Eustochii nunc adjutus oratu [*Al.* hortatu] : canticum quod cantare non potui in terra aliena, hic a vobis in Judæa provocatus immurmuro; augustiorem multo locum existimans, qui Salvatorem mundi, quam qui fratris genuit parricidam. Et ut auctorem titulo fatear : malui alieni operis interpres existere, quam (ut quidam faciunt) informis cornicula, alienis me coloribus adornare. Legi dudum [d] cujusdam libellos de Spiritu sancto : et juxta Comici [*Scil.* Terentii] sententiam ex Græcis bonis, Latina vidi non bona. Nihil ibi dialecticum, nihil virile atque districtum, quod lectorem vel ingratis in assensum trahat : sed totum flaccidum, molle, nitidum, atque formosum, et exquisitis hinc inde [e] odoribus pigmentatum. Didymus vero meus, oculum habens sponsæ de Cantico canticorum : et illa lumina quæ in [f] candentes segetes sublimari Jesus præcepit, procul altius intuetur (*Matth.* xiii, *et Joan.* iv) : et antiquum nobis morem reddidit; ut Videns vocetur Propheta. Certe qui hunc legerit, Latinorum furta cognoscet : et contemnet rivulos, cum cœperit haurire de fontibus. Imperitus sermone est, [*Al.* sed] et non scientia : apostolicum virum ex ipso sermone [*Al.* stylo] exprimens, tam sensuum [g] lumine quam simplicitate verborum.

[a] De corrupta loci hujus lectione non levis suspicio est. Cod. Vat. 4945, *nullum scriba vel fictum* ; vetus editio an. 1496, *nullus scriba in eis fictus.* Barthius sic putat restituendum , *ut nullus scribæ in eis sit ictus* : ut sensus sit, neminem singulari admonitione in Hieronymum aliquid de Spiritu sancto garrire volentem fuisse invectum, sed omnes illico indicto prælio ad damnandam ejus imperitiam consensisse. Quæ nobis expositio vix, at ne vix quidem emendatio placet. Sunt qui mallent, *nullus scriba relictus*, quod æque parum arridet. Eapropter vide, num præstet pro duobus verbis *vel fictus*, legi uno *velificatus*, quod est *favens*, aut *studiose obsequens*; tunc enim elegantissime alteri membro opponetur alterum, sensusque erit, neminem se illi æquiorem præbuisse, sed conspirasse omnes contra. Cicero in epist. *Ne velificatus alicui dicaris*, etc. Vid. epist. 127, n. 9, de *turbata Pharisæorum schola*.
[b] Ms. quidam Tholosan. penes Martian. qui variantes ex eo lectiones ad libri calcem rejecit, habet hic loci *impetus.* Vetus edit. *imperitiæ convincendum factio,* etc.
[c] Hæc in Vita fusius disputantur. De Romuli autem casa consule Ovid. iii Fastor. vers. 183. Prudentius l. xi :

Ipsa casas fragili texat gens Romula culmo,
Sic tradunt habitasse Remum, etc.

[d] S. Ambrosium suppresso nomine suggillari, eumque plagii accusari Rufinus contendit lib. ii Apolog. et criminationem hac de causa gravissimam in Hieronymum intentat. Sed non eam fuisse S. Doctoris mentem, argumentis haud sane infirmis probari potest. Vid. Præfationem PP. Benedictinor. in Ambrosii libros de Spiritu sancto, p. 598.
[e] Fortasse *coloribus* rescribendum est. Certe ita Rufinus olim legit lib. xi.
[f] Incongrue satis candelabra, quæ plurimis locis insertas candelas capere valerent, Barthius intellexit. Enimvero alludit Hier. Joannis iv 9, quem locum in Commentariis in Matthæum cap. laudato exponens, *beati*, inquit, *oculi, quos levari Jesus in sublime præcepit, ut candentes segetes aspiciant*. Vid. epist. 76, ad Abigaum, n. 2, in fine.
[g] Sic ex Vat. ms. ac veteri editione Veneta legimus : antea enim erat *nomine*; quemadmodum et in epist. 65, num. 19, haberi non diffitemur, ubi pulchritudinem dicit *positam magis in sensuum nomine, quam in flore verborum.* Re autem ipsa neutrum satis arridet. Ms. collegii Rom. Societatis Jesu, *tam suo nomine.*

LIBER DIDYMI [a] ALEXANDRINI DE SPIRITU SANCTO,
S. HIERONYMO INTERPRETE.

I. Omnibus quidem quæ divina sunt, cum reverentia et vehementi cura oportet intendere : maxime autem his quæ de [*Al.* sancti Spiritus] Spiritus divinitate dicuntur : præsertim cum blasphemia in eum [b] sine venia sit : ita ut blasphemantis pœna tendatur, non solum in omne præsens sæculum , sed etiam in futurum. Ait quippe Salvator, blasphemanti in Spiritum sanctum non esse remissionem, *neque in isto sæculo, neque in futuro* (*Marc.* iii). Unde magis ac magis oportet intendere, quæ Scripturarum de eo relatio sit : ne [c] in aliquem saltem per ignorantiam, blasphemiæ error obrepat. Expedierat quidem fideli , et timido, moderanti vires suas, magnitudinem præsentis quæstionis silentio præterire : et rem plenam periculo, non in suum discrimen attrahere. Verum quoniam quidam [*Al.* quidam cum] temeritate potius, quam recta via etiam in superna eriguntur, et hæc de Spiritu san-

[a] In aliquot libris legitur *Sancti Didymi Græci Monachi Alexandrini.* Vide ad Lucinium epist. 71, num. 5, not. *b.*
[b] Consule S. Ambrosii de Spiritu sancto lib., pag. 611, ubi de irremissibilis blasphemiæ sensu agitur.
[c] Vatic. cum editis vetustioribus *ne aliquis saltem*, etc.

cto jactitant, quæ neque in Scripturis lecta, neque a quoquam Ecclesiasticorum veterum usurpata sunt compulsi sumus creberrimæ exhortationi fratrum cedere: quæque sit nostra de eo opinio, etiam Scripturarum testimoniis comprobare: ne imperitia tanti dogmatis, hi qui contraria opponunt, decipiant eos qui, sine discussione sollicita, in adversariorum sententiam statim pertrahuntur.

2. Appellatio Spiritus sancti, et ea, quæ monstratur ex ipsa appellatione substantia, penitus ab his ignoratur, qui extra sacram Scripturam philosophantur. Solummodo enim in nostratibus litteris; et notio ejus et vocabulum refertur, tam in novis quam in veteribus. Veteris quippe Testamenti homo David, particeps ejus effectus, orabat ut in se permaneret, dicens: *Spiritum tuum sanctum ne auferas a me* (*Psal.* L). Et Danieli adhuc puero suscitasse dicitur Deus Spiritum sanctum, **108** quasi jam habitantem in eo. Nec non etiam in novo Testamento hi viri qui Deo placuisse referuntur, Spiritu sancto pleni sunt. Joannes quippe adhuc in matris utero sanctificatus exsultat, et Jesus a mortuis resurgens cum insufflasset in faciem discipulorum, ait: *Accipite Spiritum sanctum* (*Luc.* I). Plena sunt volumina divinarum Scripturarum his sermonibus quorum congeriem in præsenti opere digerere [a] supersedi: quia difficile non est ex his quæ assumpsimus, unumquemque lectorem sibi similia reperire.

3. Nemo autem suspicetur alium Spiritum sanctum fuisse in sanctis viris ante adventum Domini, et alium in apostolis cæterisque discipulis, et quasi [b] omonymum in differentibus esse substantiis. Possumus quidem testimonia de divinis Litteris exhibere: quia idem Spiritus et in apostolis et in prophetis fuerit. Paulus in Epistola quam ad Hebræos scribit, de Psalmorum volumine testimonium proferens, a Spiritu sancto id dictum esse commemorat: *Et sicut dicit* [c] *hic Spiritus sanctus: Hodie si vocem ejus audieritis, nolite obdurare corda vestra*, etc. (*Hebr.* III, 7, *ex Psalm.* XCIV, 8.). In fine quoque Actuum Apostolorum, cum Judæis disputans, ait: *Sicut Spiritus sanctus locutus est per Isaiam prophetam ad Patres nostros, dicens: Auditionem audietis, et non intelligetis* (*Act.* III). Neque enim Paulus alium habens Spiritum sanctum, hæc de eo scripsit, qui in Prophetis ante adventum Domini alius fuit: sed de eo cujus et ipse particeps fuit: et omnes qui in fide consummatæ virtutis ferebantur. Unde et cum articulo ejus meminit, quasi solitarium et unum esse contestans, ubi dicit non simpliciter, Πνεῦμα ἅγιον, hoc est *Spiritus sanctus*, sed cum additamento articuli τὸ Πνεῦμα [d] τὸ ἅγιον: hoc est *hic Spiritus sanctus*. **109** Et Isaiam prophetasse commemorat cum articulata voce, [e] διὰ τὸ Πνεῦμα τὸ ἅγιον, id est *per hunc Spiritum sanctum*, et non simpliciter Πνεῦμα ἅγιον. Petrus quoque in eo sermone, quo præsentibus persuadebat: *Oportuerat* [*Al.* Oportet], inquit, *impleri Scripturam, quam locutus est Spiritus sanctus* (id est, τὸ Πνεῦμα τὸ ἅγιον) *per os David de Juda* (*Act.* I, 16): ostendens et ipse eumdem Spiritum, et in prophetis, et in apostolis operatum.

4. Plenius de hoc in consequentibus tractabimus, cum dicere ceperimus, non solum Dominum [*Al.* Deum] Verbum factum esse ad prophetas, sed et Spiritum sanctum: quia et inseparabiliter possidetur, cum unigenito Filio Dei. Ipsa [*Al.* Ipsa igitur vox] vox Spiritus sancti, non est vacua appellatio, sed subjacentis essentiæ demonstratrix: Patri Filioque socia [*Al.* sociata], et a creaturis penitus aliena. Cum enim creaturæ in visibilia, et in invisibilia, id est corporalia et in incorporalia partiantur, nec de corporalibus substantiis est Spiritus sanctus, animæ et sensus habitator, sermonis et sapientiæ, et scientiæ effector: nec de invisibilibus creaturis. Hæc quippe omnia sapientiæ et cæterarum virtutum, et sanctificationis capacia sunt. Ista vero substantia, de qua nunc sermo est, sapientiæ et scientiæ, et sanctificationis effectrix est. Neque enim inveniri potest aliqua in Spiritu sancto fortitudo, aut operatio sanctificationis virtutisque, [f] quam ab extraneo quodam sustineat: quia istiusmodi natura mutabilis est. Porro Spiritus sanctus, confessione omnium, immutabilis est, sanctificator scientiæ divinæ, et universorum attributor bonorum, et, ut brevius dicam, ipse subsistens in his bonis quæ a Domino largiuntur. Nam eumdem Evangelii locum Matthæus Lucasque describens, alter ex his ait: *Quanto magis Pater cœlestis dabit bona petentibus se* (*Matth.* V, 11)? Alter vero: *Quanto magis Pater vester cœlestis dabit Spiritum suum sanctum petentibus se* (*Luc.* XI, 13)? Ex quibus apparet, Spiritum sanctum plenitudinem esse donorum [*Al.* bonorum] Dei: et ea quæ divinitus administrantur, non absque eo subsistere; quia omnes utilitates, quæ ex donorum Dei gratia suscipiuntur, ex isto fonte demanant. Quod autem substantialiter bonum est, non potest extraneæ capax esse bonitatis **110** cum ipsum tribuat cæteris bonitatem. Igitur manifestum est, non a corporalibus tantum, sed et ab incorporalibus creaturis extraneum esse Spiritum sanctum; quia cæteræ substantiæ hanc substantiam sanctificationis accipiunt: iste vero non tantum non est capax sanctificationis alienæ, sed insuper attributor est, et creator. Denique qui com-

---

[a] Cod. Tholosanus, *superfluum est si facile est ex his*, etc.
[b] Ex Vatic. et Romani Collegii mss. fecimus *omonymum*, cum vitiose antea esset *nomina*.
[c] Articulus *hic* alias deerat, et in Latinis quoque exemplaribus desideratur; illum autem urget maxime Didymus.
[d] Alterum τὸ ex Græco exemplari addidimus, contextui, et Auctoris menti maxime necessarium.
[e] Idem mss. in gignendi casu διὰ τοῦ ἁγίου Πνεύματος, et mox διὰ τοῦ Πνεύματος. Rectius.
[f] Tholosanus cum nostris mss. et fortasse verius, *fortitudo, quam ab extranea quadam operatione sanctificationis, virtutisque suscipiat.*

munione ejus fruuntur, participes dicuntur Spiritus sancti, sanctificati utique ab eo. Perspicue enim [a] scriptum est, *Et Spiritui gratiæ contumeliam faciens* (*Hebr.* x, 29), haud dubium quin is, qui, post susceptionem ejus peccaverit. Si autem sanctificatus est per communionem Spiritus sancti, ostenditur quod ipse particeps ejus fuerit, et largitor ejus sanctificationis Spiritus sanctus. Apostolus quoque ad Corinthios scribens, et enumerans eos qui regnum cœlorum sunt consecuturi, addit dicens : *Et hæc quidem fuistis : sed abluti estis, sed sanctificati estis, sed justificati estis, in nomine Jesu Christi et in Spiritu Dei nostri* (1 *Cor.* vi, 11). Spiritum Dei, non alium asserens esse quam Spiritum sanctum. Etenim in consequentibus idem approbat, dicens : *Nemo in Spiritu Dei loquens, dicit anathema Jesu : et nemo dicit Dominum Jesum, nisi in Spiritu sancto* (1 *Cor.* xii, 3); Spiritum Dei, Spiritum sanctum esse confirmans.

5. Si igitur sanctificator [*Al.* sanctificatio] est, non mutabilis, sed immutabilis substantiæ ostenditur. Immutabilem autem substantiam Dei tantum, et unigeniti Filii ejus, manifestissime tradunt divina eloquia : convertibilem et mutabilem omnem creaturarum substantiam prædicantia. Ergo quoniam substantia Spiritus sancti non convertibilis, sed inconvertibilis demonstrata est : non erit creaturæ ὁμούσιον [*Leg.* ὁμοούσιος]. Esset quippe et creatura immutabilis, si cum Patre poneretur et Filio, eamdem habens inconvertibilitatem. Omne enim quod alieni boni capax est, ab hac substantia separatur. Tales autem sunt cunctæ creaturæ : Deus vero cum bonus sit, fons et principium bonorum est; facit igitur eos bonos, quibus se impertit, bonus ipse non factus ab alio, sed subsistens : ideo [b] capabilis, et non capax. Unigenitus quoque filius, ejus sapientia, et sanctificatio non fit sapiens, sed sapientes facit; et non sanctificatur, sed sanctificat. Unde et ipse capabilis est, et non capax. Cum igitur invisibilis creatura, quam rationabilem, et incorporalem substantiam vocari consuetudinis est, non sit capabilis, sed capax : si enim capabilis esset, nullius boni capax esset, per se simplex ipsa subsistens, et alterius boni receptatrix : participatione habeat bonum, et non de his quæ habentur ab aliis, sed de his quæ habent alia intelligatur, Patre et Filio habitis magis quam habentibus ; creatura vero habente, et non habita. [c] De Spiritu quoque sancto retractemus, et si quidem ipse quoque participatione alterius sanctimoniæ sanctus est, connumeretur cæteris creaturis. Si vero sanctos facit capaces sui, cum Patre ponatur et Filio. Quod autem ab aliis capiatur Spiritus sanctus, et non alia capiat, et nunc, et in [d] Sectarum volumine (prout potuimus) expressimus : et ex omni Scriptura sermonem nostrum affirmare perfacile est. Beatus quoque Apostolus ad Ephesios scribens ait : *In quo et credentes signati estis Spiritu promissionis sancto, qui est pignus hæreditatis nostræ* (*Ephes.* i, 13). Si enim signantur quidam Spiritu sancto, formam et speciem ejus assumentes : ex his est Spiritus sanctus, quæ habentur, et non habent : habentibus illum signaculo ejus impressis. Ad Corinthios quoque idem scribens, *Nolite*, inquit, *contristare Spiritum sanctum, in quo signati estis* (*Ephes.* iv, 30) ; signatos esse contestans eos qui susceperant communionem Spiritus sancti. Quomodo enim disciplinæ, et virtutis assumptor, signaculum et figuram (ut ita dicam) in suum sensum recipit ejus scientiæ, quam assumpsit : sic et is, qui Spiritus sancti particeps efficitur, per communionem ejus fit spiritualis pariter [e] et sanctus.

6. Ipse vero Spiritus sanctus, si unus de creaturis esset, saltem circumscriptam haberet substantiam ; sicut universa quæ facta sunt. Nam et si non circumscribantur loco et finibus invisibiles creaturæ, tamen proprietate substantiæ finiuntur. Spiritus autem sanctus, cum in pluribus sit, non habet substantiam circumscriptam. Mittens quippe Jesus prædicatores doctrinæ suæ, replevit eos Spiritu ; et insufflans in faciem eorum : *Accipite*, inquit, *Spiritum sanctum, et euntes, docete omnes gentes* (*Joan.* xx, 22) : quasi omnes cunctis gentibus mitteret. Neque enim omnes apostoli ad omnes gentes pariter sunt profecti, sed quidam in Asiam, quidam in Scythiam, et alii in alias dispersi nationes ; secundum dispensationem illius, quem secum habebant Spiritus sancti, quomodo et Dominum dicentem : *Vobiscum sum omnibus diebus, usque ad consummationem sæculi* (*Matth.* xxviii, 20). His et illud congruit : *Accipietis virtutem supervenientis* (*Al.* supervenientem) *Spiritus sancti in vos ; et eritis testes mihi in Jerusalem, et in omni Judæa et*

---

[a] Erat incongruo sensu et vitioso, *scriptum est, quod spiritui gratiæ, in quo sanctificatus est, contumeliam faciens, gravi punietur peccato*, quæ ex laudatis mss. castigavimus. Congruit lectioni nostræ etiam Tholos. ms., tametsi in superiori atque inferiori contextu erroribus scateat.

[b] Hinc probe intelligis, quo sensu *capabilem*, et non *capacem*, Spiritum sanctum Didymus dicat. Nempe si *capacem* Deum boni alicujus, aut virtutis, puta sapientiæ, aut veritatis diceret, poterat eas videri aliunde assumpsisse, neque ex se habere, atque adeo posse quandoque amittere, quod aliquando cœpisset. *Capabilem* vero ideo credendum, quoniam implere illum corda, atque animas fidelium multis locis Scripturæ testantur. Consonant alii Patres. Auctor Altercationis cum Pascentio Ariano olim inter August. epist. 177 : *Est incapabilis Pater, quem capit Filius totum ?... tum*, quibusdam interjectis, *qui capit omnia, quem capit nemo ; sed hominum, nam totus capitur a Filio.* In Arnobii et Serapionis Conflictu pag. 543 : *Deus capax, non capabilis.*

[c] Olim *De Sancto spiritu tractemus.*

[d] Ejus libri etiam paulo infra meminit, ubi *de quibus*, inquit, *jam abundanter in Sectarum volumine disputavimus.* Meminit quoque Heraclides in Paradiso, cap. 1 : maxime vero Hieron. in Catalogo, cap. 109, a quo *liber de Dogmatibus* appellatur, facile enim περὶ Δογμάτων inscribebatur, ut ex ipso Didymo paulo inferius licet colligere, ubi *Spiritum sanctum Creatorem esse, jam in Dogmatum volumine se dicit breviter ostendisse* ; certe non περὶ Αἱρέσεως, ut quidam opinati sunt. Vid. Theodoritum in Hist. lib. iv, cap. 29.

[e] Tholos. ms., *spiritualis particeps et sanctus.*

Samaria, et usque ad extremum terræ (Act. 1, 8). Si ergo hi in extremis finibus terræ ob [*Al.* secundum] testimonium Domini constituti, distabant inter se longissimis spatiis, aderat autem eis inhabitator Spiritus sanctus, ᵃ incircumscriptam habens substantiam, demonstratur angelica virtus ab hoc prorsus aliena. Angelus quippe qui aderat, verbi gratia, Apostolo in Asia oranti, non poterat simul eodem tempore adesse aliis in cæteris partibus mundi constitutis. Spiritus autem sanctus non solum sejunctis a se hominibus præsto est, sed et singulis quibusque angelis, principatibus, thronis, dominationibus inhabitator assistit: et ut homines sanctificans, alterius quam sunt homines, est naturæ; sic et alias creaturas sanctificans, alius ab earum est substantia: quoniam omnis creatura non ex sua substantia, sed ex communione alterius sanctitatis, sancta perficitur.

7. Dicti sunt quidem sancti angeli in Evangelio, Salvatore dicente, *venturum esse Filium hominis in majestate sua et Patris, et sanctorum angelorum* (Luc. ix, 29). Et Cornelius **113** in Actibus Apostolorum a sancto Angelo scribitur [*Al.* subjicitur] accepisse responsum (Act. x, 22), ut Petrum ad se Christi discipulum vocaret. Verum sancti sunt angeli participatione Spiritus sancti, et inhabitatione [*Al.* communicatione] unigeniti Filii Dei, qui sanctitas est, ᵇ et communicatio Patris. De quo Salvator ait: *Pater sancte* (Joan. xvii, 11). Si igitur angeli non ex propria substantia sancti sunt, sed ex participatione sanctæ Trinitatis, alia angelorum ostenditur a Trinitate esse substantia. Ut enim Pater sanctificans, alius est ab his qui sanctificantur: et Filius est alius ab his quos efficit sanctos: ita et Spiritus sanctus alterius est substantiæ ab his quos sui largitione sanctificat. Si vero hæretici proposuerint, ex natura conditionis suæ angelos sanctos esse: consequenter coguntur dicere ὁμοουσίους esse Trinitati, et inconvertibiliter eos juxta substantiam sanctos esse. Si autem hoc refugientes, dixerint, unius quidem naturæ esse cum cæteris creaturis, non tamen eamdem habere sanctitatem, quam homines habent; ᶜ necessario deducetur, ut dicant multo melioris homines esse substantiæ; cum hi per communionem Trinitatis habeant sanctitatem, et angeli, propria natura sancti, ab ea sint alieni. Sed vota sunt hominum perfectorum, et ad consummationem sanctitatis venientium, ᵈ æquales angelis fieri. Angeli quippe hominibus, et non homines angelis auxilium tribuunt: ministrantes eis salutem, et ᵉ annuntiantes eis largiora Dei beneficia. Ex quo liquido ostenditur, honorabiliores et multo meliores esse angelos hominibus, per germaniorem, ut ita dicam, et pleniorem Trinitatis assumptionem.

8. Quapropter cum alius sit Spiritus sanctus ab his quæ ipse sanctificat, non est unius naturæ, cum cæteris creaturis quæ eum recipiunt. Si autem alterius est naturæ a creaturis, et in propria subsistit essentia, increatus et ineffectus ostenditur. Multæ Scripturæ sunt, quæ sine ambiguitate convincant, alterius eum a cunctis conditionibus esse naturæ. Quidam etiam Spiritu sancto pleni esse dicuntur: nemo autem sive in Scripturis, sive in consuetudine, plenus creatura dicitur. **114** Neque enim aut Scriptura sibi hoc vindicat, aut sermo communis, ut dicas plenum esse quempiam angelo, throno, dominatione: soli quippe divinæ naturæ hic convenit sermo. Dicimus autem virtutis et disciplinæ quosdam esse plenos: ut illud, *Repletus est Spiritu sancto* (Exod. xxxi, 3); non aliud significantes quam plenos esse consummatæ atque perfectæ virtutis. Scriptum est de Joanne: *Et Spiritu sancto implebitur adhuc ex utero matris suæ* (Luc. i, 15). Et iterum: *Repleta est Spiritu sancto Elizabeth* (Ibid., 41). Et post alia: *Et Spiritu sancto repletus est Zacharias pater ejus* (Ibid., 67). Haud dubium, quin et Joannes prophetavit. Necnon in Actibus Apostolorum de multis credentibus qui in unum convenerant, refertur: *Repleti sunt Spiritu sancto* (Act. ii, 4). Cum autem participabilis sit Spiritus sanctus, ad similitudinem sapientiæ ac disciplinæ, non in cassis nominibus scientiæ substantiam possidet: sed per naturam sanctificantem, et implentem bonis universa, bonus ipse subsistit, juxta quam et repleti quidam Spiritu sancto esse dicuntur: ut in Actibus Apostolorum scriptum est, *Et repleti sunt omnes Spiritu sancto, et loquebantur verbum Dei cum fiducia* (Ibid.). Quomodo enim qui aliqua disciplina plenus est, qui perfecte eam habet, erudite et subtiliter potest de ea proferre sermonem, sic qui Spiritum sanctum consummate acceperint, ita ut impleantur eo, cum fiducia verbum Dei loquuntur, quia præsens Spiritus sanctus dignam Deo vocem ministrat. Hinc [*Al.* Unde et quidam] quidam cum supercilio ait: *Hæc dicit Spiritus sanctus*. Et Apostolus: *Sed implemini*, inquit, *Spiritu sancto* (Ephes. v, 18). Et in multis locis Actuum Apostolorum, pleni fuisse Spiritu sancto discipuli Domini scribuntur. *Considerate ergo fratres viros ex vobis testimonium habentes septem, plenos Spiritu sancto et sapientia* (Actor. vi, 3). Et de Stephano: *Cum autem plenus esset Spiritu sancto, intuens in cœlum, vidit gloriam Dei, et Jesum stantem a dextris Dei* (Ibid., 5). Et de electionis vase dicitur: *Saulus autem, qui et Paulus, plenus Spiritu sancto, intuens in eum ait*

ᵃ Perperam, ut pleraque alia, Tholosanus ms., *in circumscripta inhabitanti substantia demonstratur.*

ᵇ Vetus editio, *et communicatione Patris.*

ᶜ Scribe, inquit Barthius, *necessario eo deducentur*, etc.

ᵈ Contra Origenes angelis et hominibus unam eamdemque naturam tribuit, iis saltem qui sanctitatis apicem essent assecuti. Didymus qui Origeniana dogmata passim dicitur recepisse, vide ab ea doctrina quantum abhorreat. Confer etiam quæ tom. I ad Synodicam Theophili, et in epist. ad Avitum annotavimus.

ᵉ Vatic. ms. cum antiqua edit., *annuntiantes eis largitorem ejus. Ex quo*, etc.

(*Act.* xiii, 9). Et in commune de universis credentibus annotatur: *Discipuli quoque replebantur gaudio, et Spiritu sancto* (*Ibid.*, 52). Angeli autem præsentia, sive alicujus alterius excellentis naturæ, quæ facta est, non implet mentem atque sensum : quia et ipsa aliunde completur. Quomodo enim ex plenitudine quis accipiens Salvatoris, plenus efficitur sapientia, ª et virtute, et justitia, et sermone Dei : sic qui Spiritu sancto plenus est, statim universis donationibus Dei repletur, sapientia, scientia, fide, cæterisque virtutibus. Qui igitur implet universas creaturas, ᵇ quæ tamen possunt virtutem, et sapientiam capere, non est ex his quæ ipse complet. Ex quo colligitur alterius eum esse substantiæ, quam sunt omnes creaturæ. Diximus et alibi, quia superintelligatur in sancti Spiritus substantia etiam plenitudo munerum divinorum.

9. Denique impossibile est gratiam Dei sortiri quempiam, si non habeat Spiritum sanctum : in quo ᶜ approbamus cuncta Dei dona consistere. Quod vero is qui habeat eum, sermonem quoque sapientiæ, et reliqua bona perfecte consecutus sit : et nunc manifeste sermo demonstrat, et paulo ante diximus, substantiam bonorum Dei Spiritum Sanctum esse : cum posuimus exemplum, *Dabit Pater Spiritum sanctum petentibus se* (*Luc.* xi, 13). Et, *Dabit Pater bona petentibus se* (*Matth.* v, 11). Nec existimare debemus, Spiritum sanctum secundum substantias [*Al.* substantiam] esse divisum, quia multitudo bonorum dicatur. Impassibilis enim, et indivisibilis atque immutabilis est; sed juxta differentes efficientias, et intellectus, multis bonorum vocabulis nuncupatur : quia participes suos non juxta unam eamdemque virtutem communione sui donet, quippe cum ad utilitatem uniuscujusque aptus sit, et repleat bonis eos, quibus judicat se adesse debere. Denique Stephanus primus ille testis veritatis, et ᵈ dignus suo nomine plenus sapientia, et Spiritu Sancto dictus est : sapientia consequenter super intellecta, commorante in eo Spiritu sancto, sicut loquitur Scriptura : *Et elegerunt Stephanum plenum fide, et Spiritu sancto apostoli* (*Act.* vi, 5). Et, *Stephanus autem plenus gratia et virtute, faciebat* ᵉ *prodigia, et signa magna in populo* (*Ibid.*, 8). Et adhuc de eodem, *Et non valebant resistere sapientiæ, et Spiritui, qui loquebatur in illo* (*Ibid.*, 10). Plenus enim Spiritu sancto vir beatus, et fidei effectus est particeps, quæ ex Spiritu sancto venit, juxta illud, *Alii autem fides, in eodem Spiritu* (I *Cor.* xii, 9). Et gratiam atque virtutem juxta eumdem Spiritum habens, signa et prodigia magna faciebat in populo. Necnon et illis donationibus secundum eumdem Spiritum affluebat, quæ vocantur curationum gratiæ atque virtutes. Et hæc enim in enumeratione donorum Dei, qui Spiritu, et secundum Spiritum, in prima apostoli Pauli Epistola ad Corinthios collocantur. Intantum autem Stephanus divina gratia abundabat, ut nemo contradicentium, et eorum qui adversus eum disputabant, valerent resistere sapientiæ, et Spiritui qui loquebatur in illo. ᶠ Erat quippe e Spiritu sancto sapiens. Unde et ad discipulos suos Jesus perspicue proclamat : Cum introducti fueritis ad principatus, et potestates, et concilia, et synagogas, nolite esse solliciti quid vos oporteat dicere, aut quid loquamini in illo tempore. Dabuntur enim vobis a Spiritu sancto sermones sapientiæ, quibus non queant contradicere, ne hi quidem qui vehementer in disputationibus callent.

10. Sed ponamus ipsum testimonium, quod ita contexitur : *Cum autem introduxerint vos in synagogas ad principatus et potestates, nolite solliciti esse quomodo aut quid respondeatis, Spiritus enim sanctus docebit vos in eadem hora quæ oporteat dicere* (*Matth.* xii, 12). Et in alio Evangelio : *Ponite ergo in cordibus vestris non præmeditari, quemadmodum respondeatis : Ego quippe dabo vobis os, et sapientiam, cui non valeant contradicere, aut respondere* (*Luc.* xiv, 14). Spiritu vero sancto tribuente apostolis verba adversus eos qui Evangelio contraibant, dilucide ostenditur in substantia ejus superintelligi sapientiæ, et scientiæ sermonem. Quomodo autem Salvator in illa hora os et sapientiam discipulis largiatur, quibus contradicere non queant, ne hi quidem qui apud homines eloquentissimi putantur, non est hujus temporis disserere ; quia nunc proposuimus ostendere superintelligi semper in Spiritu sancto dona virtutum ; ita ut is qui eum habet, donationibus Dei plenus habeatur. Unde et in Isaia, ipse Deus cuidam dicit : *Ponam Spiritum meum super semen tuum, et benedictiones meas super filios tuos* (*Isai.* xliv, 3). Numquam enim accipit quisquam spirituales benedictiones Dei, nisi præcesserit Spiritus sanctus. Qui enim acceperit Spiritum sanctum, consequenter habebit benedictiones, id est, sapientiam, et intellectum, et cætera, de quibus ita scribit Apostolus : *Propter hoc et nos, ex quo die audivimus, non cessamus orantes pro vobis, et deprecantes, ut impleamini cognitione voluntatis ejus in omni sapientia, et intelligentia spirituali : ambulantes digne Deo* (*Coloss.* i, 9). Eos enim qui digne sibi [*Al.* bonis] per opera, et sermones, et prudentiam incedunt, impleri ait voluntate Dei, ponentis super eos Spiritum sanctum, ut ᵍ impleantur sapientia et intellectu, et reliquis spiritualibus bonis. Sapientia autem, et intellectus, quæ in Spiritu sancto sunt, a Deo dantur. *Dominus*, inquit, *dabit sapientiam ; et a facie ejus sapientia, et intellectus procedit* (*Eccli.* i) ; cum ea sapientia quæ ab hominibus venit, non sit spiritualis, sed carnea ronam interpretari.

ª Duo mss. cum veteri editione, *et veritate*.
ᵇ Vetus eadem editio, *creaturas, quantum possunt*, etc.
ᶜ Al. *approbantur*, et mox Tholos. cod. *consurgere* pro *consistere*.
ᵈ Notum, Stephanum, Græce Στέφανον, Latine *co*-
ᵉ Constanter habent mss. *portenta*.
ᶠ Vatic., Tholos. et vetus edit., *erat quippe juxta Deum et Spiritum sanctum sapiens*, etc.
ᵍ Tholos., *ut impleant sapientia et intellectu, quæ in Spiritu sancto a Deo donantur*.

et humana. De hac itaque Apostolus scribit: *Non in sapientia carnali, sed in gratia Dei conversati sumus in* [*Al.* in hoc] *mundo* (I *Cor.* I et II); carnalem sapientiam dicens, [a] quæ in rebus corporeis ex humano subsistit cogitatu. Porro spiritualis sapientia et intellectualis, circa invisibilia et intellectualia se tenens, per operationem Spiritus sancti capientibus se sui præsentiam tribuit. In multis quoque aliis locis Apostolus memorat in Spiritus sancti substantia Dei munera commorari [*Al.* commemorari]; sicut in illo: *Deus autem spei repleat vos omni gaudio, et pace in credendo, ut abundetis in spe, et virtute Spiritus sancti* (*Rom.* xv, 13).

11. Deus autem largitor bonorum, spem quam promisit, reddet [*Al.* reddit] in virtute Spiritus sancti, his qui habent illum; gaudio et pace complet eos, qui imperturbatam et sedatam cogitationem possidentes, lætas habent mentes, et ab omni perturbationum tempestate tranquillas. Qui autem in virtute Spiritus sancti prædicta bona fuerint consecuti, etiam rectam fidem in Trinitatis mysterio consequentur. In alio quoque loco ejusdem epistolæ, *Non est*, inquit, *regnum Dei cibus et potus; sed justitia et pax, et gaudium in Spiritu sancto* (*Rom.* xiv, 17). In Spiritu enim sancto justitiam, id est, universam virtutem, et quam supra diximus pacem, Dei gaudio copulatam esse asserens, his qui se audire poterant, manifestissime probat, non alia hæc bona quam Spiritus sancti esse substantiam. Cum ergo hæc bona ex largitione Spiritus sancti ad homines veniant, vocatio gentium quam introduxit per doctrinam Evangelicam, acceptabilis et sanctificata redditur in Spiritu sancto: quia et in hac sanctificatos, et acceptos faciens Spiritus sanctus, substantia est bonorum Dei. Et qui illo plenus est, universa juxta rationem agit, docens recte, vivens irreprehensibiliter, signa atque portenta vere perfecteque demonstrans. Habet enim [b] fortitudinem Spiritus sancti præstantem sibi thesaurum, et causam plenitudinis omnium bonorum. Novit Petrus discipulus Domini Jesu, largitionem Spiritus sancti donorum Dei esse naturam. Ait quippe ad eos qui objurgabant introitum suum ad Cornelium: *Si itaque æqualem gratiam dedit illis Deus præbens Spiritum sanctum, quomodo et nobis in principio: ego quis eram qui possem prohibere Dominum?* Et insuper ad suos, *Agnitor*, inquit, *cordium Deus testimonium tribuit eis dans Spiritum sanctum sicut et nobis: et nihil discrevit inter nos et eos, fide mundans corda eorum* (*Act.* xv, 8 seq.). In hunc sensum congruit etiam illud quod in multis locis dicitur Spiritum sanctum dari a Domino, *Jacob puer meus, suscipiam eum: Israel electus meus, suscipiet eum anima mea: dedi spiritum meum in eo* (*Isa.* xlii, 1). Et adhuc: *Qui dat afflatum populo constituto super eam*, haud dubium quin terram, *et spiritum calcantibus eam* (*Ibid.*, 5). Ostendimus autem supra non alium esse Spiritum Dei, et alium Spiritum sanctum. Paulus quoque, *Charitas*, inquit, *Dei diffusa est in cordibus vestris* [*Al.* nostris]. *per Spiritum sanctum qui datus est vobis* (*Rom.* v, 5). Et illud, *Quanto magis Pater vester cœlestis dabit Spiritum sanctum petentibus se* (*Luc.* xi, 13)? Iste autem Spiritus effusus quoque esse a Deo super omnem carnem dicitur, ut prophetent, et visiones videant, qui cum acceperint secundum Joelem, qui ex persona Dei loquitur: *Effundam de spiritu meo super omnem carnem: et prophetabunt filii vestri, et filiæ vestræ* (*Joel.* ii, 28). [c] Effusio quippe spiritus causa existit [*Al.* exstes] prophetandi, et videndi sensum pulchritudinemque veritatis. Ipsum quoque effusionis nomen, increatam Spiritus sancti substantiam probat. Neque enim Deus cum angelum mittit, aut aliam creaturam: [d] *Effundam*, dicit, *de angelo meo*, aut principatu, aut throno, aut dominatione. In solis quippe his quæ ab aliis participantur, hic sermo consentit: sicut nunc, et paulo ante de charitate Dei diximus, quæ effusa est in cordibus eorum qui Spiritum sanctum receperunt. *Charitas*, inquit, *Dei diffusa est in cordibus vestris, per Spiritum sanctum, qui datus est vobis* (*Rom.* v, 5). Salvator quoque, quia et ipse capabilis est, in similitudinem quoque unguenti effusus dicitur: *Unguentum effusum nomen tuum* (*Cant.* i, 2). Nam ut unguentum quod in vase continetur, habet quidem odoris substantiam, sed prohibetur longius spargi, quia vase intrinsecus clauditur: cum autem vas foris fuerit effusum, emittit procul benevolentiam suam: ita Christi nomen beneolens, ante adventum ejus in solo Israelis populo versabatur, quasi Judææ vase inclusum; *Notus enim*, ait, *in Judæa Deus, in Israel magnum nomen ejus* (*Psal.* lxxv, 2). Quando autem coruscans in carne sua Salvator, in universam terram, quin potius in omnem creaturam extendit vocabulum suum, impleto eo quod scriptum est: *Quam admirabile est nomen tuum in universa terra* (*Psal.* viii, 2, 10); quibus consequenter Apostolus loquitur: *Non enim aliud nomen datum est sub cœlo, in quo oporteat* [*Al.* oportet salvos fieri] *salvari nos* (*Act.* iv, 12): et Psalmista ad Dominum loquitur, *Magnificasti super omnia nomen sanctum tuum*: tunc completum est, *Unguentum effusum nomen tuum*. Significat autem effusionis verbum, largam et divitem muneris abundantiam.

12. Itaque cum unus quis alicubi, aut duo Spiritum sanctum accipiunt, non dicitur, effundam de spiritu: sed tunc quando in universas gentes munus Spiritus sancti redundaverit. Et ad Titum Apostolus salutem factam gentibus commemorat: *Non ex operibus justi-*

---

[a] *Idem, quæ horum corporibus, et humano subsistunt cogitatu*, etc.
[b] Abest a Tholosano ms. *fortitudinem*.
[c] Addunt Vatic. et vetus edit., *visiones videbunt*.
[d] Tholos., *Effundam dicit angelum; vel de angelo meo, in cujus periodi fine glossema istud apponunt ipse et Vaticanus. Incredibili, immo fallaci istiusmodi dicto.*

tiæ quæ fecimus *a* nos : sed per lavacrum secundæ regenerationis, et innovationis Spiritus sancti, quem effudit super nos abundanter (Tit. III, 5). Et hic enim largam attributionem spiritus, verbum effusionis ostendit. Ex quibus universis docemur, capabilem Spiritus sancti esse substantiam, et ex hoc increatam. Capabilem substantiam vocat, quæ capitur a pluribus, et eis sui consortium tribuit : capacem vero eam quæ communicatione substantiæ alterius impletur [*Thol.* impleatur] : et capiens aliud, ipsa non **120** capitur [*Vat.* capiatur] ab alio. Capabili quippe statim inconvertibile, et inconvertibili æternum est consequens : quomodo e contrario capienti convertibile, convertibili creabile subsequens est. Nihil ergo de creaturis inconvertibile, propter quod neque sempiternum est. Non solum igitur quod in hominibus est rationale, convertitur, et creatur, verum etiam in omnibus creaturis hæc eadem conversio reperitur. Nam et angelorum conversiones et ruinas divina eloquia demonstrant. Licet enim multitudo angelorum, et aliarum excellentium virtutum, in beatitudine et sanctimonia perseverent : tamen cum in ea, quæ similem habent naturam conversa sint, dilucide ostenditur in primo eos statu non per immutabilitatem suæ substantiæ, sed per sollicitius in Domino servitium permanere. Neque enim potest coæqualium diversa esse natura. Nam quia omne genus hominum mortale est, et singuli homines mortales sunt : ut e diverso quoque si qua de superioribus immortalia sunt, haud dubium quin omnia in eodem genere et specie constituta, sint immortalia.

13. Cum autem hæc se ita habeant, etiam si unus angelus convertibilis apparuerit, omnes convertibiles erunt, licet non sint conversi in beatitudine perseverantes ; quomodo et cuncta hominum corpora divisibilia sunt, quamquam non omnia dividantur. Quædam enim eorum passa divisionem, et reliquorum similium sui, naturam interpretantur. His ita edissertis, alterius substantiæ a visibilibus in invisibilibus creaturis Spiritus sanctus ostenditur. Si autem hoc verum est, impiissime quidam inter omnia connumerant Spiritum sanctum : dicentes in eo, quod omnia per Verbum a Deo facta sunt, etiam significari Spiritus sancti facturam. Neque enim unum ex omnibus, sed aliud extra omnia per substantiam ex utroque demonstratus est Spiritus sanctus. Nam si creatura, ut superius ostendimus, dividitur in corporalia, et in incorporalia : et conditus est Spiritus sanctus utique aut visibilis, aut invisibilis creaturæ erit, id est, corporalis, aut incorporalis. Verum corpus nequaquam erit, sicut prius diximus, cum doceat, et scientiam præstet, et a sensu et **121** anima capiatur. Sed neque invisibilis creatura erit, ut paulo ante de eo disputavimus. Unde et Apostolus in Epistola quam ad Hebræos scripsit, alium eum esse ab omnibus angelis demonstrat, dicens :

Cui enim angelorum dixit aliquando : Sede a dextris meis, donec ponam inimicos tuos scabellum pedum tuorum? Nonne omnes sunt administratores spiritus, in ministerium missi, propter eos, qui accepturi erant salutem (Hebr. I, 13)? Et post alia : Quomodo nos effugiemus tantam negligentes salutem? Quæ principium accipiens ad loquendum per Dominum, ab his qui audierunt in nos confirmata est, testimonium dante Deo signis, et prodigiis et variis virtutibus, et Spiritus sancti divisionibus juxta suam voluntatem (Hebr. II, 4). Hoc enim quod ait, cui angelorum, æque accipitur, ac si diceret, nulli : per angelicum nomen significans omnium substantiam invisibilium creaturarum. Neque enim ulli quidem angelorum, et aliæ cuidam rationabili creaturæ dixit Deus : Sede a dextris meis. In commune itaque sermo pronuntiat, non esse dictum cuiquam creaturæ, Sede a dextris meis. Et hoc in commune de creatura. Et pronuntians de omnibus invisibilibus creaturis, ait eas esse administratores spiritus. Propter quod subjecit : Nonne omnes sunt administratores spiritus, in ministerium missi? Licet enim non omnes singillatim invisibiles creaturæ missæ sunt [*Al.* sint] : tamen quia ejusdem generis et honoris aliæ missæ sunt, quodammodo et ipsæ possibilitate sunt missæ : missarum consortes æqualisque substantiæ. Quomodo igitur alius est ab universis creaturis Dominus, per quem principium ad loquendum acceperat illa magna salus, cujus negligentes Apostolus nolens nos esse, ait : Quomodo nos effugiemus tantam negligentes salutem, quæ principium accipiens ad loquendum per Dominum, ab his qui audierunt in nos confirmata est ; sed et Deus qui testimonium perhibet signis et portentis isti saluti, alius est ab omnibus administratoriis spiritibus ; sic et Spiritus sanctus, cujus divisionibus juxta voluntatem ejus testimonium perhibet Deus, distribuens eum, non per concisionis partes, sed per communionem quibus eum præstare decreverit : alterius est et ipse substantiæ ab his, in quæ dispartitur effusus.

122 14. Igitur quoniam approbavimus juxta Scripturarum sensum, alium extra omnem creaturam esse Spiritum sanctum, incassum, immo impie quidam creatum eum esse ostendere volentes, testimonio utuntur, quo omnia per Verbum facta referuntur : ut scilicet in omnibus etiam æterna substantia contineatur. Et quia ad conditionem ejus approbandam etiam propheticum sermonem usurpant, dicente Deo, Creo Spiritum : etiam in hoc eos monstrare debemus prorsus ab intellectu veritatis alienos. Neque enim de Spiritu sancto propositus sermo Prophetæ fuit, ut ex ipsa serie et contextu eloquii intelligitur. Siquidem Amos propheta ex persona Dei, Præparare, inquit, ad invocandum Deum tuum, o Israel : quoniam ego sum firmans tonitruum, et creans spiritum, et annuntians in homines Christum suum : faciens diluculum et nebulam, et ascendens super excelsa terræ : Dominus Deus omnipotens nomen ejus (Amos

---

a Vatic. *omnes* pro *nos*, dissentiente ipso Græco textu.

iv, 15). Deus enim qui se spiritum *condere fuerat praelocutus, et facere : et tonitruum dixit firmare et diluculum et nebulas facere. Si igitur in praedicta narratione perseveramus, id est, in tonitruo et diluculo et nubibus, eumdem narrationis ordinem etiam in spiritu tenere debemus, ut id quod dicitur a Deo tale sit : Ut invoces me, qui Deus sum, qui universa procuro, qui et creator sum omnium, qui firmo tonitruum, et condo spiritum, qui diluculum et nebulam ad quasdam utilitates facio hominum : praeparare, ut invoces, o Israel : ut cum praeparatus fueris ad invocandum, et me oraveris, qui supradicta eo: situo, felicitate temporum, et aliorum bonorum largitionibus perfruaris, me tibi per singulos annos omnia juxta naturae ordinem ministrante, ut fecunde annus fluat, ut suis spatiis horarum momenta decurrant, ut suo tempore tonitrua mugiant, ut salutaris aura opportunis flatibus inspiret. Si vero per allegoriam, tonitruum et diluculum, et nebula, et creatio spiritus intelligantur, non substantiam rei, sed figuratam interpretationem significabunt.

15. Quod si e diverso opposuerit manifeste de Spiritu sancto haec dici, quia inferatur ad creationem Spiritus, illud quod sequitur : *Et annuntians in *b omnes homines Christum suum* (Ibid.); in Hebraeo habetur, *annuntiat in hominem loquelam suam*; quod scilicet qui creator est omnium, ipse etiam prophetis [Al. prophetas] inspiret, et suam per eos hominibus indicet voluntatem. Et ad hoc respondendum est, quia quidam haeretici alium extra creatorem Dominum Patrem Salvatoris mentiuntur, hoc impiissime praedicantes : non sceleratam eorum suspicionem providentes a Deo percuti, dicente : *Ego formans* [Vatic. firmans] *tonitruum, et creans spiritum et alias mundi partes faciens et gubernans*, annuntio in homines Christum meum. Et hoc enim providentiae meae opus super omnia opera mea est, ut non solum eorum quae foris sunt, sed et quae ad emolumentum animae et mentis utilitatem [Al. humilitatem] pertinent, causa subsistam. Ego hoc quod dicitur, *Creo spiritum*, aeque arbitror positum, ac si diceretur, *creans ventum*. Deus quippe flatus hos, qui per aeris motum efficiuntur, dispositione sua du-

cit : secundum illud quod alibi legimus : *Qui producit ventos de thesauris suis* (Psal. cxxxiv,7). Bene autem quod in ipsa sententia non ait, qui creavi : sed *qui creo spiritum*. Si enim de substantialitate Spiritus sancti sermo esset, dixisset utique, qui creavi. Neque enim semper eumdem creat. Nunc autem consequenter de flatu dictum est, *qui creo* : quia non semel venti facti sunt, sed in eo quod subsistunt, quotidie fiunt. Neque enim frustra sine articulo, qui in Graeco sermone singularitatis significator est, nunc spiritus creatus dicitur : quoniam non est sanctus, cum pene semper Spiritus sanctus, cum articulo nominetur, ut in illo αὐτὸ τὸ Πνεῦμα, id est *ipse Spiritus testimonium perhibet spiritui nostro* (Rom. viii, 16). Et alibi, *c αὐτὸς ἐστιν τὸ ζωοποιοῦν*, id est *ipse est qui vivificat* (Joan. vi, 64). Et rursum : *Sic et quae Dei sunt, nemo cognovit nisi τὸ Πνεῦμα*, id est *Spiritus Dei* : Τὸ γὰρ πνεῦμα, hoc est, *Spiritus enim scrutatur omnia, etiam alta Dei* (I Cor. ii, 10). Et multa quae de Scripturis sacris excerpere possibile est. Quod sicubi raro sine articulo nominatur Spiritus sanctus, sciendum est cum additamento eum nominari significante magnificentiam ejus. Siquidem dicitur aliquando et sine articulo, cum non ipse per se, sed participatio ejus ostenditur : ut puta, *Spiritus Heliae*, et *Spiritu ambulate* (IV Reg. ii, 15 ; Galat. v, 16), et quaecumque his similia sunt.

16. Quoniam igitur ex his, quae memoravi, et ex multis aliis, non esse creaturam in Spiritum sanctum demonstratum est, nusquam conditionibus connumeratus est, sed semper cum Patre et Filio positus : nunc videamus quam cum utroque habeat indifferentiam [Al. differentiam]. In fine Epistolae secundae, quam ad Corinthios scribit Paulus, ait : *Gratia Domini nostri Jesu Christi, et charitas Dei, et communicatio sancti Spiritus, sit semper cum omnibus vobis* (II Cor. xiii, 13). Ostenditur quippe ex sermone praesenti una Trinitatis assumptio : cum is qui gratiam Christi accepit, habeat eam tam per administrationem Patris, quam per largitionem Spiritus sancti. Datur enim a Deo Patre et [Al. a Domino] Jesu Christo, juxta illud : *Gratia vobiscum, et pax a Deo Patre, et Domino Jesu Christo* (Rom. 1,7; I Cor. 1, 5; Coloss. 1, et al.): non

---

a Vitiose, et contra scriptoris mentem, erat antea *concedere*, quod ex Vatic. ms. emendamus, qui item pro verbis *et facere* habet fere concinnius, *pariter effatus*, etc. Mox Tholos. *formare* legit pro *firmare*, quod promiscue infra alii etiam mss. praeferunt.

b Vocem *omnes* neque mss. nostri, neque Amosi textus habent, eamque sane malim expungi. Annotationem porro ex Hebraeo non ex Didymi ingenio, qui Hebraicas litteras penitus ignorabat, sed utique ex Hieronymo profecisse, mihi persuadeo. Nam S. quoque Ambrosius qui lib. ii de Spiritu sancto huic ex Amosi loco objectioni respondet, hanc apud Didymum solutionem ex Hebraeo se indicat non legisse, cum illam omnino dissimulet. Arguebant autem Haeretici ex eo loco, creari Spiritum sanctum, ut hominibus annuntiaret Christum. Quibus ut reponat Hieronymus, non ita in Hebraeo fonte legi asserit, ac apud LXX, sed haberi *annuntiat in hominem loquelam suam*. Atque ita quidem ipse interpre-

tatus est, exposuitque in Commentariis, ubi LXX verbi similitudine et ambiguitate deceptos notat. *Si enim, inquit, legamus, Christum suum, quod Hebraice dicitur Messio, scribitur per has litteras mem, sin, jod, heth, et vau, quod LXX putaverunt. Sin autem ui in Hebraeo, et apud reliquos Interpretes est his litteris scribitur, mem, he, quod est ma, hoc est quod, vel quid. Deinde sin, jod, heth, quod legimus sia, id est eloquium. O igitur quod scribitur per solam litteram vau, αὐτοῦ, id est, ejus, significat, simulque commixtum legitur masio*. Unde concludit Deum per prophetas indicare voluntatem suam, eosque turpiter errare, qui alium extra Creatorem, Patrem Christi inducebant, cum Amos non de Spiritu sed de vento, neque de Christo, sed de Dei meditatione loquatur.

c Sic equidem editi habent et mss. sed perperam. Emenda ex ipso Joannis textu τὸ Πνεῦμα ἐστὶ τὸ ζωοποιοῦν, *Spiritus est, qui vivificat*.

aliam dante gratiam Patre et aliam Salvatore. Siquidem et a Patre et Domino Jesu Christo eam dari describit [*Vatic.* scribit], Spiritus Sancti communicatione completam. Nam et ipse Spiritus dictus est gratia, secundum illud : *Et spiritui gratiæ injuriam faciens, in quo sanctificatus est* (*Heb.* x, 29). In Zacharia quoque repromittit Deus effusurum se, id est, abundantissime tributurum Jerusalem spiritum gratiæ et miserationis (*Zachar.* xii, 10). Cum enim quis Spiritus sancti acceperit gratiam, habebit eam datam a Deo Patre, et a Jesu Christo Domino nostro. Una igitur gratia, Patris et **125** Filii, et Spiritus sancti operatione completa, Trinitas unius substantiæ demonstratur. In alio quoque loco : *Charitas*, inquit (II *Cor.* xiii, 13), *Dei cum omnibus vobis*, quæ a Trinitate et tribuitur, et firmatur. Ait quippe Salvator : *Qui* [a] *audit verba mea, et servat ea, hic est qui diligit me. Qui autem diligit me, diligetur a Patre meo, et ego diligam eum* (*Joan.* xiv, 21). Neque enim alia dilectio est Salvatoris super his qui amantur, et alia dilectio Patris. Deus enim diligit in salutem, quia *sic dilexit Deus mundum, ut Filium suum unigenitum daret: ut omnis qui credit in ipsum* [*Al.* Filium], *non pereat, sed habeat vitam æternam* (*Joan.* iii, 16). Similiter et Filius, qui vita est, ut tribuat vitam et salutem, diligit eos quos vult fieri meliores. Unde amare dicit eum qui amatur a Patre. Et de eo ponitur in Propheta : *Et ipse salvabit illos, quia dilexit illos* (*Isai.* xxxiii, 21 ; xxxv, 4).

17. Hanc dilectionem, fructum esse Spiritus sancti, contestatur Apostolus, sicut et gaudium, et pacem, quæ a Patre ministratur et Filio, dicens : *Fructus autem spiritus, gaudium, pax, charitas* (*Galat.* v, 22). Quæ charitas effusa est in cordibus credentium per Spiritum sanctum. *Charitas quippe*, ait, *Dei diffusa est in cordibus vestris* [*Thol.* nostris] *in Spiritu sancto* (*Rom.* v, 5). Omnis quippe qui communicat Spiritui sancto, per participationem ejus communicat, juxta illud. *Et communicatio sancti Spiritus sit semper cum omnibus vobis* (II *Cor.* xiii, 13). Et in alio loco : *Si qua communicatio Spiritus.* Cum habuerit sapientiam Dei et sermonem, et in omnibus veritatem : habebit quoque consortium sanctitatis in Patre, et Filio, et Spiritu sancto. *Fidelis autem Deus, per quem vocati estis in* [b] *communicationem Filii ejus* (1 *Cor.* i, 9). Scribit et Joannes de Patre : *Si in lumine ambulamus, sicut ipse est in lumine, communicationem habemus cum illo* (1 *Joan.* i, 7). Et adhuc : *Communicatio autem nostra cum Patre et Filio ejus Jesu Christo.* Igitur quicumque communicat Spiritui sancto, statim communicat Patri et Filio. Et qui charitatem habet Patris, habet eam a Filio, contributam per Spiritum sanctum. Sed et qui particeps est gratiæ Jesu Christi, eamdem gratiam habet, datam a Patre per Spiritum sanctum. In omnibus enim approbatur eamdem operationem esse Patris, et Filii, et Spiritus sancti. Quorum autem **126** una est operatio, una est et substantia : quia quæ [c] eidem substantiæ ὁμοούσια sunt, easdem habent operationes : et quæ alterius substantiæ, et ἀνομούσια, dissona atque diversa sunt.

18. Neque enim ex his tantum quæ præmisimus, Trinitatis unitas docetur : sed ex innumerabilibus aliis, de quibus rursum secundum suum ordinem pauca ponemus. Arguens Petrus Ananiam, in eo quod in venditione agri, cujus se totum pretium obtulisse dicebat, fraudem fecisset [d] e medio : sancti Spiritus unitatem ad Deum, non secundum numerum, sed juxta substantiam comprobavit, dicens : *Anania, quare complevit Satanas cor tuum, ut mentireris Spiritui sancto, et absconderes de pretio agri ? Nonne manens tibi manebat, et venditum in tua erat potestate? Quare posuisti in corde tuo hanc rem ? Non hominibus mentitus es, sed Deo* (*Act.* v, 3 seq.). Si enim qui Domino mentitur, mentitur Spiritui sancto : et qui Spiritui sancto mentitur, mentitur Deo : nulli dubium est, consortium Spiritus sancti esse cum Deo. Et quomodo sanctitas subsistit in Deo, eodem modo et deitas [*Al.* divinitas] intelligitur in Spiritu sancto. Iste autem Spiritus sanctus, quem diximus ejusdem naturæ esse cum Patre, etiam a Filii divinitate non differt, Salvatore dicente discipulis : *Cum in Synagogam ad principatus et potestates introduxerint vos, nolite solliciti esse, quomodo, aut quid respondeatis. Spiritus enim sanctus docebit vos in illa hora quid debeatis dicere. Ponite in cordibus vestris non præmeditari ad respondendum. Ego enim dabo vobis* [e] *os et sapientiam, cui non poterunt resistere, aut contradicere* (*Luc.* xii, 11 seq.). Et in his quippe dicens, non debere eos esse sollicitos, quid respondeant contradicentibus, quia in eadem hora doceantur a Spiritu sancto quid debeant respondere : statim intulit quæ sit causa fiduciæ, *Ponite*, dicens, *in cordibus vestris non præmeditari ad respondendum : ego enim dabo vobis os et sapientiam, cui non poterunt resistere, aut contradicere* (*Luc.* xxi, 14). Cum enim dixerit, in tempore respondendi doceri eos a Spiritu sancto quid debeant respondere, in sequentibus ait : *Ego enim dabo vobis os et sapientiam,* etc.

19. Ex quibus ostenditur sapientiam quæ discipulis datur a Filio Spiritus sancti esse sapientiam : et doctrinam Spiritus sancti, **127** Domini esse doctrinam : unumque naturæ et voluntatis esse consortium Spiritus sancti cum Filio. Et quia superius demonstratum est socium esse per naturam Spiritum Unigenito Dei, et Deo Patri : Filius vero et Pater unum sunt, juxta illud : *Ego et Pater unum sumus* (*Joan.* x, 30) : non divisa [*Al.* indivisa] et inseparabilis, secundum naturam, ostensa est Trinitas. In

---

[a] Tholos. ms., *Qui habet mandata mea, et servat,* etc.

[b] Vatic. hic atque infra constanter *communionem* pro *communicationem* legit. Mox *quia igitur quicumque,* etc.

[c] Antea erat *ejusdem,* dissentiente Vatic. qui tamen haud recte mox habet ἀνούσια pro ἀνομούσια.

[d] Vetus editio *ex dimidio,* concinnius.

[e] Addit Vatic. cum veteri edit. *id est sermonem.*

alio quoque Evangelio dicitur : *Non enim vos estis qui loquimini, sed Spiritus Patris vestri qui loquitur in vobis* (*Matth.* x, 20). Si ergo Spiritus Patris in apostolis loquitur, docens eos quæ debeant respondere : et quæ docentur a Spiritu sapientia est, quam non possumus aliam præter Filium intelligere : liquido apparet ejusdem naturæ Spiritum esse cum Filio, et cum Patre, cujus Spiritus est. Porro Pater et Filius unum sunt. Igitur Trinitas substantiæ unitate sociatur.

20. Per aliud quoque Scripturarum exemplum, Trinitatis [a] unitas et natura, et virtus ostenditur. Filius et manus, et dextera, et brachium Patris dicitur. Sicut crebro docuimus, ex his vocabulis, unius naturæ indifferentia demonstratur [*Al.* indifferentiam demonstrari]. Spiritus etiam sanctus, digitus Dei, secundum conjunctionem naturæ Patris et Filii nominatur. Siquidem in uno de Evangeliis adversus eos qui signis Domini detrahebant, dicentes : *In Beelzebub principe dæmoniorum ejicit dæmonia* (*Matth.* IX, 34) : sciscitans Salvator ait : *Si ego in Beelzebub ejicio dæmonia, filii vestri in quo ejiciunt? Si autem ego in digito Dei ejicio dæmonia : ergo supervenit in vos regnum Dei* (*Luc.* XI, 19). Hunc eumdem locum, alius Evangelista describens, loquentem intulit Filium : *Si autem ego in Spiritu Dei ejicio dæmonia*. Ex quibus ostenditur digitum Dei esse Spiritum sanctum. Si ergo conjunctus est digitus manui, et manus ei cujus manus est : et digitus sine dubio ad ejus substantiam refertur, cujus digitus est.

21. Verum cave ne ad humilia dejectus, et oblitus sermonis, de quo nunc disputatur, depingas in animo tuo corporalium artuum diversitates : et incipias tibi magnitudines, et inæqualitates, et cætera corporum majora vel minora membra confingere : dicens, digitum a manu, et manum ab eo cujus est manus, multis inæqualitatibus discrepare : quia de incorporalibus nunc Scriptura loquitur, unitatem tantum volens, non etiam mensuram substantiæ demonstrare : sicut enim manus non dividitur a corpore, per quam cuncta perficit et operatur, et in eo est, cujus est manus : sic et digitus non separatur a manu, cujus est digitus. Itaque rejice inæqualitates et mensuras, cum de Deo cogitas, et intellige digiti et manus, et [b] totius substantiæ unitatem : quo digito lex in tabulis lapideis scripta est. Per aliam quoque Scripturam, fidei nostræ probationem monstrare perfacile est. Solus sapiens dictus est Deus : non accipiens ab alio sapientiam, neque per cujusdam alterius sapientiæ participationem, sapiens nominatur. Siquidem multi sapientes dicuntur, non ex sua natura, sed ex communicatione sapientiæ. Deus vero non alterius sapientiæ participatione, neque aliunde sapiens effectus, dictus est solus sapiens, et generans sapientiam, et alios faciens sapientes. Quæ sapientia Dominus est noster Jesus Christus, qui dicitur Dei virtus, et Dei sapientia. Spiritus quoque sanctus [c] dicitur sapientia. Siquidem et in veteribus libris refertur, repletum esse Jesum Nave a Domino spiritu sapientiæ. Sicut ergo solus sapiens Deus, non accipiens aliunde sapientiam, sed sapientes faciens et generans sapientiam : solus est sapiens, extra omnes qui per nuncupationem ejus sapientes dicuntur : *Multitudo quippe sapientium salus mundi* (*Sap.* VI, 26); et, *Qui semetipsos cognoscunt, hi sunt sapientes* : Et rursum : *Cum fueris cum sapientibus, sapiens eris* (*Prov.* XIII, 20) : sic et Spiritus sanctus non accipiens aliunde sapientiam, dictus est spiritus sapientiæ : hoc enim ipsum quod subsistit, spiritus sapientiæ est : et natura ejus, nihil est aliud nisi Spiritus veritatis et Spiritus Dei : de quibus jam abundanter in [d] Sectarum volumine disputavimus. Unde ne eadem superflue replicemus, contenti simus disputatione præterita.

22. [e] Quia igitur Spiritus sapientiæ et veritatis inseparabiliter cum Filio est, ipse quoque sapientia subsistit et veritas. Si enim capax esset sapientiæ et veritatis, in id aliquando descenderet, ut desineret habere quod aliunde susceperat : id est sapientiam et veritatem. Et Filius sapientia et veritas ipse subsistens, non separatur a Patre, qui solus sapiens et veritas, Scripturarum vocibus prædicatur. Eumdem circulum unitatis atque substantiæ Spiritus sancti [*Leg.* Spiritum sanctum], secundum id quod sapientiæ et veritatis est spiritus, [f] videmus habere cum Filio : et rursum Filium a Patris non discrepare substantia. Cum autem Filius imago sit Dei invisibilis, et forma substantiæ ejus, quicumque ad hanc imaginem, vel formam imaginantur, atque formantur, adducuntur in similitudinem Dei : juxta vires tamen humani profectus, istiusmodi formam et imaginem consequentes. Similiter et Spiritus sanctus cum sit signaculum Dei, hi qui formam et imaginem Dei capiunt, signati per eum, in eo ducuntur ad signaculum Christi sapientiæ et scientiæ, insuper fide pleni. [g] *Nam divisiones operationum sunt, idem autem ipse spiritus qui operatur omnia in omnibus* (I *Cor.* XII, 4). Operante ergo Patre multiplicem charismatum plenitudinem, multiplicat eam Filius subsistentem per Spiritum sanctum. Alii enim per

---

[a] Vetus edit. cum Tholos. ms., *una et natura*, etc.
[b] Eadem cum Vatic., *totius corporis unitatem quo digito et lex*, etc.
[c] Ms. Tholos., *Spiritus dicitur sapientia*.
[d] Recole superiori pag. 111, notam *b*.
[e] Hinc secundum librum auspicantur hucusque editi contra mss. fidem, ipsiusque Auctoris, atque Interpretis mentem. Vid. præfixam huic operi Admonitionem.

[f] Olim erat, *videmus habere, habemus cum Filio*. Quod Barthius, expuncta primum voce *Spiritus*, ita contendit emendandum, *vidimus eum habere hactenus cum Filio*.
[g] Plenius in Vatic. ms. ac veteri editione, *Divisiones quippe donationum sunt, idem autem Spiritus, et divisiones ministeriorum sunt, et ipse Dominus, et divisiones operationum sunt, et idem ipse Dominus qui operatur omnia in omnibus*.

Spiritum datur sermo sapientiæ. Alii vero scientiæ, secundum eumdem spiritum. Alii fides in eodem spiritu, et cætera, quæ ab Apostolo enumerata sunt dona, quibus additur: Hæc autem omnia operatur unus atque idem spiritus: dividens singulis prout vult (*Ibid.*, 8 *seq.*).

23. Unde dicentes operatricem, et [a] *ut ita dicam*, distributricem naturam Spiritus sancti: non abducamur ab his, qui dicunt operationem, et non substantiam Dei esse Spiritum sanctum. Et ex aliis quoque plurimis locis subsistens natura demonstratur Spiritus sancti: ut in illo quod apostoli scribunt: *Visum est enim Spiritui sancto et nobis* (*Act.* xv, 28): quia hoc quod dicitur, *visum est*, non operationem significat, sed naturam: maxime cum et de Domino simile quid reperiatur, ut: *Sicut Domino visum est, ita factum est* (*Job.* 1). Denique et sermones ejus sæpissime lectitantur, ut in illo: *Jejunantibus eis et ministrantibus*: id est, **130** *discipulis Christi, dixit Spiritus sanctus: Separate mihi Barnabam et Saulum, in opus ad quod vocavi eos* (*Act.* xiii, 2). Quæ vox divinitatis et auctoritatis index, non creatam, sed increatam substantiam monstrat. Neque enim Spiritus sanctus in aliud quoddam opus vocavit Barnabam et Paulum, quod non sit Patris et Filii: cum ministerium, quod eis commisit et tradidit Spiritus, Patris et Filii sit ministerium. Ad Galatas Paulus loquitur. *Qui enim operatus est Petro in apostolatum circumcisionis, operatus est et* [b] *mihi in gentes et Barnabæ* (*Galat.* ii, 8). Pariter enim ad nationes Spiritus sancti auctoritate directi sunt. Christo quoque operante in apostolis, Spiritus completum est ministerium, ut ipsi apostoli confiteantur se in Christo loqui, et id quod suis oculis viderunt, et ministri facti sunt [c] *sermonis*, id est, *Christi*: et dispensatores mysteriorum Dei. Denique quasi principatum in sacerdotio possidentes, et initiatores fidei a Christo sunt demonstrati, dicente: *Euntes ite, et docete omnes gentes, baptizantes eas in nomine Patris, et Filii, et Spiritus sancti* (*Matth.* xxviii, 19). Et sicut Apostolus scribit rectissime: *Unus est Dominus, una fides, unum baptisma*. Quis non ex ipsa cogetur veritate suscipere indifferentiam sanctæ Trinitatis, dum una sit fides in Patre, et Filio, et Spiritu sancto: et lavacrum detur atque firmetur in nomine Patris, et Filii, et Spiritus sancti?

24. Non arbitror quemquam tam vecordem atque insanum futurum, ut perfectum baptisma putet id quod datur in nomine Patris, et Filii, sine assumptione Spiritus sancti: aut rursus in nomine Patris, et Spiritus sancti, Filii vocabulo prætermisso: aut certe in nomine Filii, et Spiritus sancti, non præposito vocabulo Patris. Licet enim quis possit existere saxei (ut ita dicam) cordis, et penitus mentis alienæ: qui ita baptizare conetur, ut unum de præceptis nominibus prætermittat: videlicet contrarius legislator Christi, [d] tamen sine perfectione baptizabit: immo penitus a peccatis liberare **131** non poterit, quos a se baptizatos existimaverit. Ex his colligitur, quam indivisa sit substantia Trinitatis, et Patrem vere Filii esse patrem, et Filium vere Patris filium: et Spiritum sanctum vere Patris [e] et Dei esse Spiritum: et insuper sapientiæ et veritatis, id est, Filii Dei. Hæc est salus ergo credentium, et dispensatio Ecclesiasticæ disciplinæ in hac Trinitate perficitur. Nam cum Salvator discipulos suos ad prædicandum Evangelium miserit, et ad dogmata veritatis docenda [f] *Pater in Ecclesia constituisse dicatur, primo apostolos, secundo prophetas, tertio magistros*, super hac re etiam Apostoli congruente sententia: *Et sicut probati sumus a Deo ad credendum Evangelium, sic loquimur: non ut hominibus placentes, sed Deo qui probavit corda nostra* (I *Thess.* ii, 4): hos eosdem quos Christus magistros esse præcepit, et Pater probavit, et Spiritus sanctus dispensatores et præpositos in Ecclesia constituisse perhibetur [*Al.* veraciter prohibetur]. Siquidem cum Mileturn Paulus Apostolus presbyteros de diversis locis et plurimis Ecclesiis congregasset: *Attendite*, inquit, *vobis et universo gregi, super quos Spiritus sanctus posuit vos episcopos ad regendam Ecclesiam Domini, quam acquisivit per sanguinem suum* (*Act.* xx, 28)? Si enim quos Christus ad evangelizandum et baptizandas nationes misit, Spiritus sanctus Ecclesiæ præposuit, Patris sententia destinatos: nulli dubium est, [g] unam Patris, et Filii, et Spiritus sancti operationem, et probationem: et consequenter eamdem Trinitatis esse substantiam. Necnon et illud considerandum, quod in corde et sensu habitare non potest creatura, nisi Deus et sermo ejus in Spiritu sancto: sicut ad quosdam loquitur Pater: *Inhabitabo in eis, et inambulabo* (II *Cor.* vi, 16). Et ad ipsum quidam dirigit vocem: *Tu autem in sancto habitas, laus Israel* (*Psal.* xxi, 4). Altus quippe in altis habitat universæ conditor creaturæ. Habitat vero [h] et unigenitus Filius in mente pura, et corde credentium. Per fidem quippe habitare Christum, in interiori homine: in Spiritu ait Apostolus, ita scribens: *In Spiritu, in interiori homine habitare Christum per fidem in cordibus vestris* (*Ephes.* iii, 17). Ipse quoque de se loquitur: **132** *Vivit in me Christus* (*Galat.* ii, 20). Et iterum: *Qui in me loquitur Christus* (II *Cor.* xiii, 3). Et Salvator, *Veniemus*, inquit, *ego et Pater* (*Joan.* xiv, 23): haud dubium, quin ad eum qui præcepta ejus servaverit, et mansionem apud

---

[a] Voculam *ut* supplevimus e Vatic.

[b] Tholos. ms. *operatus est mihi et Barnabæ in gentibus*; et mox, *directi sunt a Christo, cooperante in Apostolis Spiritu, completum est ministerium.*

[c] Reginæ Succorum ms. num. 497 prænotatus, cujus nunc demum occurrunt mihi variantes lectiones in schedulis exceptæ quas passim infra laudabo, hic habet *sermonis Christi* absque *id est* voculæ; et paulo post *Euntes docete*, absque *ite*.

[d] Perperam Tholos., *tantum sine perfectione*.

[e] Modo laudatus Reginæ cod., *vere Patris et Filii esse Spiritum*.

[f] Nomen *Pater*, expungit Reginæ ms.

[g] Tholos., *sic unam esse operationem et probationem*, etc.

[h] Voces *et unigenitus Filius* in Reginæ ms. delentur.

cum faciemus. Porro sic sermo iste contexitur : Si *quis diligit ª me, sermonem meum servabit. Et Pater meus diliget eum, et ad eum veniemus, et mansionem apud eum faciemus* (Ibid.). In alio quoque loco, omnis natura rationalium creaturarum, domus dicitur Salvatoris.

25. ᵇ Sicut autem super domum suam Dominus Jesus, cujus domus sumus nos : ita domus Christi templum Dei est, in quo Spiritus ejusdem inhabitat Dei. Scribens quippe Corinthiis Paulus ait : *Nescitis quia templum Dei estis, et Spiritus Dei habitat in vobis* (I Cor. III, 16) ? Si autem in domo et templo, quo Pater et Salvator inhabitat, illico invenitur et Spiritus sanctus, ex hoc indivisa Trinitatis substantia demonstratur. Et post non multa ejusdem epistolæ : *Nescitis*, inquit, *quia corpora vestra templum Spiritus sancti sunt, quem habetis a Deo* (Ibid.)? Cum ergo Spiritus sanctus, similiter ut Pater et Filius, mentem et interiorem hominem inhabitare doceatur, non dicam ineptum, sed impium est eum dicere creaturam. Disciplinas quippe, virtutes dico et artes, et his contrarias perturbationes, et imperitias, et affectus in animabus habitare possibile est : non tamen ut substantivas, sed ut accidentes. Creatam vero naturam in sensu habitare impossibile est. Quod si verum est, et Spiritus sanctus absque ulla ambiguitate subsistens, animæ est habitator et cordis: nulli dubium est, quin cum Patre et Filio credi debeat increatus. Ex omnibus igitur quæ præcedens sermo disserit, incorruptibilis et sempiternus secundum naturam Patris, et Filii, Spiritus sanctus demonstratus, universam de se ambiguitatem abstulit et suspicionem, ne unus de creatis substantiis existimetur. ᶜ Sed et ambigi nequit, quin is Spiritus Dei sit, quem exire de Patre Salvatoris in Evangelio verba declarant. *Cum venerit*, inquit, *Consolator, quem ego mittam vobis Spiritus veritatis, qui a Patre egreditur, ipse testimonium dabit de me* (Joan. xv, 26). Consolatorem autem venientem Spiritum Sanctum **133** dicit, ab operatione ei nomen imponens : quia non solum consolatur eos quos se dignos repererit, et ab omni tristitia et perturbatione reddit alienos : verum incredibile quoddam gaudium et hilaritatem eis tribuit, intantum, ut possit quis Deo gratias referens, quod tali hospite dignus habeatur, dicere : *Dedisti lætitiam in corde meo* (Psal. IV, 7). Sempiterna quippe lætitia in eorum corde versatur,

quorum Spiritus sanctus habitator est. Iste Spiritus sanctus consolator a Filio mittitur : non secundum angelorum, aut prophetarum, aut apostolorum ministerium, sed ut mitti decet a sapientia et veritate Spiritum Dei, indivisam habentem cum eadem sapientia et veritate naturam. Etenim Filius missus a Patre non separatur, nec disjungitur ab eo, manens et habens illum in semetipso. Quin Spiritus veritatis supradicto modo missus a Filio de Patre egreditur, non aliunde ad alia transmigrans. Impossibile quippe hoc pariter et blasphemum est. ᵈ Si enim de loco ad locum egreditur Spiritus, et ipse Pater in loco invenietur, et Spiritus veritatis juxta naturam corporum certo spatio circumscriptus, alium deserens locum, ad alium commigrabit. Sed quomodo Pater non consistens in loco, ultra omnem corporum est naturam : ita et Spiritus veritatis nequaquam locorum fine clauditur, cum sit incorporalis : et ut verius dicam, ᵉ excellens universam rationalem creaturam.

26. Quia ergo impossibile est, et impium, ista quæ diximus, ᶠ de incorporalibus credere : exire de Patre Spiritum Sanctum, sic intelligendum, ut se Salvator de Deo exisse testatur, dicens, *Ego de Deo exivi et veni* (Joan. VIII, 42). Et sicut loca et commutationes locorum ab incorporalibus separamus : sic et prolationes intus dico et foris ab intellectualium natura discernimus, quia istæ corporum sunt recipientium tactum, et habentium vastitates. Ineffabili itaque et sola ᵍ fide noto sermone credendum est, Salvatorem **134** dictum esse exisse a Deo, et Spiritum veritatis a Patre egredi, loquente *Spiritu qui a me egreditur*. Cum enim dicere posset de Deo, sive de Domino, sive de omnipotente, nihil horum tetigit : sed ait, de Patre : non quod Pater a Deo omnipotente sit alius : quia hoc scelus est etiam cogitare; sed secundum ʰ proprietatem et intellectum parentis egredi ab eo dicitur Spiritus veritatis. Licet enim ex Deo frequenter se dicat exisse Salvator, proprietatem tamen et (ut ita dicam) familiaritatem, de qua jam sæpe tractavimus, ex vocabulo magis sibi Patris assumit, dicens : *Ego in Patre, et Pater in me* (Joan. XIV, 10). Et alibi : *Ego et Pater unum sumus* (Joan. X, 30) : et multa alia his similia, quæ in Evangelio observans lector inveniet. Iste ergo Spiritus sanctus qui de Patre egreditur, *testificabitur*, inquit Dominus, *de me*, testimonium simile ferens

---

ª Addunt Vatic. et vetus edit., *et ego diligam illum*.

ᵇ In Reginæ ms., *domus dicitur Salvatoris; Christus autem super domum suam, cujus domus sumus nos*, etc.

ᶜ Suffecimus ex Reginæ ms. verba, *Sed et ambigi nequit, quin*, utpote perficiendo sensui necessaria, tametsi in reliquis mss. et vulgatis hucusque libris desiderentur.

ᵈ Veriorem concinnioremque hujusce periodi lectionem hanc esse putavimus, quam ex veteri toties laudata editione, et Vatic. ms. expressimus. Penes Martianæum, aliosque passim editores erat : *Si enim hic Spiritus veritatis juxta naturas corporum certo spatio circumscriptus est, alium deserens locum, ad alium commigravit*. Nec magis recte in Tholos. ms. : *Si enim de loco in locum invenitur, et Spiritus veritatis juxta naturam corpoream certo spatio circumscriptus*, etc. In illo autem Reginæ priori obliterata lectione isthæc apponitur ad libri oram : *Si enim de loco in locum venit Spiritus veritatis juxta legem naturæ corporeus certo spatio circumscriptus*. Quam nempe reposuimus lectionem, codices suis quoque dissidiis probant.

ᵉ Vatic. et Tholos., *excellens universam rationabilium creaturarum essentiam*.

ᶠ Vitiose erat, *quæ diximus in corporalibus*, etc.

ᵍ Reginæ lib. *solæ fidei* ; et mox *a Patre egredi, ut illud, loquente Spiritu, qui a Patre egreditur*.

ʰ Idem cum veteri edit., *proprietatem patris et intellectum parentis*, etc.

ei Patris testimonio, de quo ait : *Testimonium dicit de me, qui misit me Pater* (Joan. XII, 49). Mittente autem Filio Spiritum veritatis, quem Consolatorem vocavit, simul mittit et Pater. Neque enim Pater mittente Filio non mittit, cum eadem voluntate Patris et Filii Spiritus veniat : Salvatore quoque per Prophetam loquente : [a] *sicut manifestum esse poterit ei, qui totum perlegerit locum. Et Dominus misit me, et Spiritum suum* : Siquidem non solum Filium, sed et Spiritum mittit Deus. Sed et Apostolus loquitur : *Quæ nunc annuntiata sunt vobis per eos qui evangelizaverunt vobis, Spiritu sancto misso de cœlis* (I Petr. I, 12). Et in libro qui Sapientia inscribitur, ab his qui divina charismata consecuti sunt, vox gratias Deo perferens destinatur. *Quæ autem in cœlis sunt, quis investigavit? voluntatem autem tuam quis cognovit : nisi quod tu dedisti sapientiam, et Spiritum sanctum tuum misisti de excelsis? Et sic correctæ sunt semitæ eorum, qui super terram erant : et placita tibi edocti sunt homines* (Sap. IX, 17). Et in præsenti siquidem lectione, non sola sapientia Dei, id est, unigenitus Filius ejus datur a Patre, sed et Spiritus sanctus mittitur.

135 27. In ipso quoque Evangelio dari prædicatur a Patre, et mitti spiritus Sanctus, Salvatore dicente : *Et ego rogabo Patrem meum, et alium paracletum dabit vobis, ut sit vobiscum in æternum, spiritum veritatis* (Joan. XIV, 16). Et iterum, *Paracletus autem Spiritus sanctus, quem mittet Pater in nomine meo : ille vos docebit omnia* (Ibid., 26). Nam et in his sermonibus, alium paracletum dare dicitur Pater, non autem alium ab [Mss. absque] eo, qui a Filio mittitur secundum illud : *Cum autem venerit ille paracletus, quem mittam vobis a Patre, spiritum veritatis* (Joan. XV, 26). Quem alium paracletum nominavit, non juxta naturæ differentiam, sed operationis diversitatem. Cum enim Salvator, mediatoris et legati personam habeat, [b] et qua pontifex deprecetur pro peccatis nostris, salvans in sempiternum eos, qui per ipsum accesserunt ad Deum, quia semper vivens interpellat pro eis [Ms. nobis] Patrem; Spiritus sanctus secundum aliam significantiam paracletus, ab eo quod consolatur in tristitia positos, nuncupatus est. Verum noli ex Filii et Spiritus sancti operatione diversa, varias æstimare naturas. Siquidem in alio loco reperitur paracletus Spiritus, legati ad Patrem persona fungi, ut in illo : *Quid enim oremus juxta id quod oportet, nescimus, sed ipse Spiritus interpellat pro nobis gemitibus inenarrabilibus. Qui autem scrutatur corda, scit quid desideret Spiritus, quomodo* [Al. cum] *secundum Deum postulat pro sanctis* (Rom. VIII, 26).

28. Salvator quoque consolationem a qua Spiritus sanctus paracletus nuncupatus est, operatur in cordibus eorum qui ea indigent. Scriptum est enim : *Et humiles populi consolatus est* (Ps. XVII et XXXII). Unde et his qui hoc beneficium fuerat consecutus, eum prædicans, loquebatur : *Domine, secundum multitudinem dolorum meorum in corde meo,* [c] *consolationes tuæ lætificaverunt cor meum* (Psal. XCIII, 19); sive, *dilexerunt animam meam* : utroque enim scriptum esse [Al. Abest] modo, in diversis exemplaribus invenitur. Sed et Pater, Deus omnis consolationis dicitur : consolans eos qui in tribulatione sunt, ut ex ipsis angustiis **136** per patientiam salutem primum, dehinc coronam gloriæ consequantur. Spiritus igitur consolator et sanctus, et Spiritus veritatis datur a Patre, ut semper cum Christi discipulis commoretur, cum quibus et ipse Salvator est, dicens : *Ecce enim vobiscum sum usque ad consummationem sæculi* (Matth. XXVIII, 20). Cum autem semper apostolis et Spiritus sanctus adsit [Al. assistat] et Filius, sequitur, ut et Pater cum ipsis sit, quia qui recipit Filium, recipit et Patrem : et mansionem Filius cum Patre facit apud eos, qui digni adventu ejus extiterint. Sed et ubi Spiritus sanctus fuerit, statim invenitur et Filius. Siquidem cum in prophetis Spiritus sanctus sit, faciens eos futura præcinere, et alia quæ prophetalis operationis sunt, sermo Dei ad eos dicitur factus, ut ad id quod ad consuetudinem [d] prophetarum est, *Hæc dicit Dominus,* etiam illud addatur, *Sermo qui factus est ad Isaiam,* sive ad reliquos.

29. Quod autem prophetæ Spiritum sanctum habuerint, Deo manifeste loquente cognoscimus. Ait enim : *Quæcumque mandavi in Spiritu meo servis meis prophetis* (Amos, III, 7). Et Salvator in Evangelio significat justos viros, et eos qui ante adventum suum populo ventura cecinerant [Vat. præcinerant], Spiritus sancti aspiratione completos. Interrogans quippe Pharisæos quid eis de Christo videretur, et audiens quia esset [e] filius David, loquitur : *Quomodo David in Spiritu vocat eum Dominum dicens : Dixit Dominus Domino meo, sede a dextris meis?* Si ergo David vocat eum in Spiritu sancto Dominum, quomodo Filius ejus est (Matth. XXII, 43)? Et Petrus ad consortes fidei loquitur : *Oportebat impleri Scripturam, quam prædixit Spiritus sanctus per os David de Juda,* etc. (Act. I, 16). Et in eodem rursus libro : *Qui per*

---

[a] Isthæc *sicut manifestum esse poterit ei, qui totum perlegerit locum,* in Regin. ms. desiderantur. Mox ex Vatic. et veteri edit. restituo *spiritum suum;* cujus loco obtinebat in recto contra Auctoris mentem *Spiritus ejus.*

[b] Erat antea *ex qua,* Reg. ms., *et quasi.* Tholos., in qua. Vid. Epist. 64. ad Fabiol., num. 19. Emendo pariter interpunctionem, cujus vitio nullus erat hujusce periodi sensus.

[c] Tholos., *in corde meo, exhortationes tuæ delectaverunt animam meam. Et aliter, consolationes tuæ,* etc. Glossema ex criticorum audacia. Lectionis quam Didymus urget diversitas in verbis est, *lætificaverunt,* et *dilexerunt.* Re autem vera Græci aliquot libri habent ἠγάπησαν, *dilexerunt,* alii εὔφραναν, *lætificaverunt,* ut in Latinis.

[d] Vitiose erat antea in aliquot etiam mss., *prophetatum est.*

[e] Rectius vetus editio, *quia esset filius David, in Spiritu sancto loquentis, dixit Dominus Domino meo, sede a dextris meis,* denuo interrogavit. Si ergo David vocat eum, etc. Aliter Tholos., *quia esset filius David, dixit, David enim loquitur de Deo, Dixit Dominus Domino meo,* etc.

Spiritum, inquit, *sanctum ore David pueri tui locutus es: Quare fremuerunt gentes, et populi meditati sunt inania* (*Act.* IV, 25)? Isaias quoque cum sermone Dei impulsus ad prophetandum fuisset, Spiritus sancti [a] imperio prophetasse perhibetur: ut in **137** fine eorumdem Actuum scribitur. *Bene Spiritus sanctus locutus est per Isaiam prophetam ad patres vestros, dicens: Vade ad populum istum, et dic: Aure audietis, et reliqua* (*Act.* XXVIII, 25). Hanc igitur prophetiam quam Apostolus Paulus affirmat a Spiritu sancto pronuntiatam, ipse liber prophetæ a Domino dictam esse commemorat. *Et audivi,* inquit Isaias, *vocem Domini, dicentem: Quem mittam, et quis ibit ad populum istum? Et dixi: Ecce ego, mitte me. Vade,* inquit, *et dic populo huic: Aure audietis* (*Isa.* VI, 9). Et post alia ipse Dominus ait: *Et convertentur, et sanabo illos.* Et statim propheta: *Quousque, Domine?* cum enim Dominus ad Prophetam dixisset, ut ea quæ scripta [b] sunt, diceret, et Propheta jubenti Domino respondisset, *Usquequo, Domine?* ea quæ in Propheta a Domino dicta sunt, in Spiritu sancto commemorata Paulus affirmat. Ex quo liquido ostenditur, ut sæpe jam diximus, unam et voluntatem et naturam Domini esse, et Spiritus sancti, et in nuncupatione Spiritus etiam nomen Domini intelligi. Quomodo enim ad Corinthios vocabulum Dei super Patre positum, et Domini super Filio, neque Patri aufert dominationem, neque filio deitatem: [c] siquidem eadem ratione qua Pater Dominus est, et Filius Deus est, sic et Spiritus sanctus Dominus nuncupatur. Si autem Dominus, consequenter et Deus: ut paulo ante jam diximus, cum vocem Apostoli Petri ad Ananiam, qui pecuniam subtraxerat, poneremus: quia et deitas [*Al.* divinitas] superintelligitur in Spiritu sancto.

30. Verum quoniam inde, quæstionis ordo deductus est: *Cum autem venerit paracletus Spiritus sanctus, quem mittet Pater in nomine meo, ille vos docebit omnia* (*Luc.* XII, 12): age nunc ex ipso sermone quæramus, si quid in eo possimus invenire cum his consentire quæ dicta sunt. Spiritum sanctum a Patre in suo mitti nomine, Salvator affirmat, cum proprie Salvatoris nomen sit Filius: si quidem naturæ consortium, et (ut ita dicam) proprietas personarum, ex ista voce signatur. In qua appellatione Filii, missus a Patre Spiritus sanctus, non servus, non alius, nec disjunctus a Filio intelligatur [*Al.* intelligitur]. Et quomodo Filius in Patris appellatione venit, dicens: *Ego veni in* **138** *nomine Patris mei* (*Joan.* V, 43): Filii quippe tantummodo est in nomine Patris venire, salva proprietate Filii ad Patrem, et Patris ad Filium: sic e contrario, nullus alius venit in nomine Patris, sed verbi gratia, in Domini, et Dei, et omnipotentis. Quod manifestum advertere poteris prophetas relegens ex animo. Nam et Moyses magnus Dei minister et famulus, in nomine ejus, qui est: et in nomine Dei Abraham et Isaac, et Jacob venit, Deo ad eum loquente: *Sic dices filiis Israel, qui est, misit me ad vos* (*Exod.* III, 15). Et rursus, *Dices eis, Deus Abraham, Isaac, et Jacob misit me ad vos.* Servorum quippe justorum quales erant de quibus dixit: *Mandabo in Spiritu meo servis meis prophetis* (*Zach.* I, 6), in nomine Dei facta est missio. Et quia [*Fort.* qui] dignos se exhibuerunt Deo, in nomine Dei venisse referuntur. Rursus proficientes in majus, et sub unius Dei imperio consistentes, in omnipotentis Dei nuncupatione venerunt. Quia vero filii Israel in Ægypto commorantes, didicerunt eos, qui non sunt, quasi deos colere, et mundi [d] patres divino honore venerari: consequens fuit, ut Moyses sub ejus, *qui est,* vocabulo ad eos mitteretur, et a falsis eos liberans diis, ad veram transduceret deitatem, et ad Dominum patrum Abraham, Isaac, et Jacob.

51. Quomodo ergo servi qui in nomine Domini veniunt, per hoc ipsum quod subjecti sunt, et serviunt, indicant Dominum, proprietatem ejus referentes: servi quippe sunt Domini: sic et Filius qui venit in nomine Patris, proprietatem Patris portat et nomen, et per hæc unigenitus Dei Filius approbatur [*Al.* appellatus]. Quia ergo Spiritus Sanctus in nomine Filii a Patre mittitur, habens Filii proprietatem, secundum quod Deus est, non tamen filieitatem, ut Filius ejus sit, ostendit quia [e] unitate sit junctus ad Filium. Unde et Filii dictus est Spiritus, per adoptionem faciens filios eos, qui se recipere voluissent. *Qui enim,* inquit, *estis filii Dei, misit Pater Spiritum Filii sui in corda nostra, clamantem abba pater* (*Rom.* VIII, 15). Iste autem Spiritus sanctus, qui venit in nomine Filii, missus a patre: docebit omnia eos, qui in fide Christi perfecti sunt. Omnia autem illa quæ spiritualia sunt et intellectualia: et ut **139** breviter universa concludam, omnia veritatis et sapientiæ sacramenta. Docebit vero, non quasi doctor et magister disciplinæ, quam aliunde est consecutus: siquidem hoc eorum est, qui sapientiam [f] et artes aliquas studio industriaque didicere; sed quasi ipse [*Al.* ipsa] ars atque doctrina et sapientia veritatisque Spiritus, invisibiliter [*Al.* invisibili] menti insinuat scientiam divinorum. Nam et pater docet sic discipulos suos, dicente illo qui ab eo doctus fuerat: *Deus, docuisti me sapientiam.* Et audacter alio conclamante: *Docuisti me, Deus, a juventute mea* (*Psal.* LXX, 17): atque ita omnes fiunt docti. Dei quoque Filius et sapientia Dei et veritas sic docet participes

---

[a] Erat nec sine solœco *Spiritus sanctus imperio.* Quod nemo non putet typographi mendum, et reponat *sancti,* quemadmodum in antiquiss. editione, quam sequor. Sed malim equidem in recto *sanctus* retineri, pro *imperio* autem legi *per eum,* scilicet, per Isaiam. Hic nempe Auctoris est sensus, totusque inferior contextus conjecturam probat.

[b] Vetus editio, *quæ scripta sunt, in spiritu diceret.*

[c] Vitiose erat duobus verbis *sic quidem.*

[d] Obtinebat antea *mundi partes,* pro *patres.* Reginæ mss. secunda manu *mundi principes.*

[e] Ita mss. omnes habent *unitate,* editi vero *unice,* Mox Vatic. cum Tholos. *per adoptionem suam faciens,* etc.

[f] Vatic., *et virtutes aliquas.* Postea Tholos., *sed quasi ipse ars,* etc.

suos, ut disciplinam non arte doceat, sed natura. Unde et eum docentur solum magistrum vocare discipuli. Has easdem disciplinas quæ dantur a Patre et Filio in corda credentium, Spiritus sanctus ministrat his qui animales esse desierint [*Al.* desistunt]. *Animalis quippe homo non percipit ea quæ spiritus sunt; arbitrans esse stultitiam quæ dicuntur* (I Cor. II, 14); qui vero a perturbationibus purgaverit mentem suam, Spiritus sancti disciplinis, id est, sermonibus sapientiæ, scientiæque complebitur : in tantum ut is qui ea susceperit dicat : *Nobis autem revelavit Deus per Spiritum sanctum* (*Ibid.*, 10). Deus autem his qui se ita præparaverint Spiritum sapientiæ revelationisque largitur ad cognoscendum semetipsum ; qui accipientes Spiritum sapientiæ, non aliunde, sed ab ipso Spiritu sancto efficiuntur sapientes, et ab ipso intelligunt Dominum, et quidquid Dei est voluntatis, et eumdem ipsum Spiritum, ipso revelante, cognoscunt, ut sciant quia a Domino donata sunt eis : ita ut is qui fuerit spiritu revelationis et sapientiæ consecutus, sufficiens sit veritatis dogmata prædicare non humana, sed Dei arte subnixus : sicut et unum ex his Apostolum possumus audire, dicentem : *Et prædicatio mea et sermo meus non in persuasibilibus humanæ sapientiæ verbis : sed in ostensione Spiritus* [a] *et virtutis Dei* (*Ibid.*, 4). Æqualem vero Spiritui virtutem non possumus aliam præter Christum Dominum nostrum interpretari. Ipse enim discipulis ait : *Accipietis enim virtutem Spiritus sancti venientem* [*Vat.* venientis] *super vos* (*Act.* I, 8). Et ad Mariam Angelus [*Al.* archangelus], *Spiritus,* inquit, *sanctus superveniet in te, et virtus Altissimi obumbrabit tibi* (*Luc.* I, 35). Creatrix igitur virtus Altissimi, Spiritu sancto superveniente in virginem Mariam, Christi corpus fabricavit : quo ille usus templo, sine viri natus est semine.

32. Ex quibus ostenditur esse Spiritum sanctum creatorem, ut jam in [b] Dogmatum volumine breviter ostendimus. Et in Psalmo ad Dominum dicitur : *Auferes ab eis Spiritum tuum, et deficient, et in terram suam revertentur. Emitte Spiritum tuum, et creabuntur, et renovabis faciem terræ* (*Psal.* CIII, 30). Nec mirum si Dominici tantum corporis Spiritus sanctus conditor sit, cum Patri Filioque sociatus, eadem potestate creaverit omnia quæ Pater creavit et Filius. *Emitte enim,* ait, *Spiritum tuum, et creabuntur.* Porro jam frequenter ostendimus ejusdem operationis esse Spiritum sanctum, cujus est Pater et Filius, et in eadem operatione unam esse substantiam : et reciproce eorum quæ ὁμοούσια sunt, operationem quoque non esse diversam. Ut autem et aliud quoque testimonium quod nos possit adjuvare in fide Spiritus sancti ponamus, in Evangelio ita sermo contexitur : *Adhuc multa habeo vobis dicere, sed non potestis ea portare modo. Cum autem venerit ille Spiritus veritatis, diriget vos omnem veritatem. Neque enim loquetur a semetipso, sed quæcumque audiet, loquetur : et quæ ventura sunt annuntiabit vobis. Ille me clarificabit* [*Al.* glorificabit] : *quia de meo accipiet, et annuntiabit vobis. Omnia quæ habet Pater, mea sunt. Propterea dixi vobis : quia de meo accipiet, et annuntiabit vobis* (*Joan.* XVI, 13).

33. Ex his enim sacramentorum verbis edocemur, quod cum multa docuisset discipulos suos Jesus, dixerit : *Adhuc habeo plurima dicere vobis,* quia verbum istud, *adhuc multa habeo dicere vobis,* non ad novos quoslibet, [c] et penitus Dei gratia vacuos dirigitur : sed ad eos qui auditores verborum ejus, necdum fuerant omnia consecuti. Quæcumque enim sufficere poterant, tradens eis, in futurum tempus reliqua distulit : quæ sine disciplina Spiritus sancti scire non poterant : quia ante adventum dominicæ passionis [d] non erat datus hominibus Spiritus sanctus, Evangelista dicente : *Non enim erat cuiquam Spiritus datus, quia Jesus necdum erat glorificatus* (*Joan.* VII, 39). Glorificari dicens Jesum, mortem gustare pro cunctis. Itaque post resurrectionem apparens discipulis suis, et insufflans in faciem eorum : *Accipite,* inquit, *Spiritum sanctum* (*Joan.* XX, 22). Et rursum : *Accipietis virtutem Spiritus sancti venientis super vos* (*Act.* I, 8). Quo veniente in corda credentium, implentur sermonibus sapientiæ et scientiæ, et sic spirituales effecti, suscipiunt Spiritus sancti disciplinam, quæ possit eos deducere in omnem veritatem. Necdum enim instante [*Forte* instabat] hora in qua oportebat eos Spiritu sancto repleri, tunc quando dixit ad eos, *Adhuc multa habeo vobis dicere,* consequenter addidit, *sed non potestis ea portare modo* (*Joan.* XVI, 12). Adhuc enim typo legis, et umbræ, et imaginibus servientes, non poterant veritatem (cujus umbram lex portabat) inspicere, [e] unde nec spiritualia sustinere. *Cum autem,* ait, *venerit ille,* hoc est, *paracletus Spiritus veritatis, diriget vos in omnem veritatem,* sua doctrina, et institutione vos transferens a

---

[a] Idem Vatic. *et veritatis Dei,* Græco ipso textu renuente.

[b] Recole qu e de hoc libro περὶ Δογμάτων diximus supra pag. 111, not. [b].

[c] Maxima hic dissensio exemplarium est. Vetus Editio, *et penitus Dei sapientiam nescientes dirigit ;* Vatic. *Dei sapientiam nescientes dirigitur ;* Reg. *Dei sapientia ignaros,* etc. Tholos. *et plenos Dei sapientia dirigitur sicut fuerunt justi et prophetæ, sed ad eos, qui verborum ejus auditores necdum fuerant,* etc. Tum denuo Vatic., *necdum fuerant omnia consecuti, quæ postea pro nomine ejus sufferre poterant, sed aliqua ex parte tradens eis illa, quæ majora erant in posterum differens, commendans et illa, quæ in futurum tempus ideo distulit, ut reliqua disciplina Spiritus sancti sui, quæ... non poterant si primitus in nostro capite magisterium et forma crucis periret. Quæcumque enim sufferre poterant,* etc. Eadem ferme Tholosanus præponit, tantumque rectius legit, *nisi primitus in nostro capite magisterium et forma crucis præiret ; quia ante adventum Dominicæ passionis,* etc. ex quibus boni aliquid lector extundat.

[d] Tholos. *nondum erat Spiritus datus, quia Jesus nondum fuerat glorificatus. Quid est Jesum nondum honorificatum? Glorificari dicens,* etc.

[e] *Erat ne spiritualia.* Vetus edit, *nec denique.* Vat., *neque.*

morte litteræ, ad spiritum vivificantem, in quo solo omnis Scripturæ veritas posita est. Ipse ergo Spiritus veritatis, ingrediens puram et simplicem mentem, signabit in vobis scientiam veritatis, et semper nova veteribus adjungens, diriget vos in omnem veritatem.

34. Ad Deum quoque Patrem quidam allegans preces, loquitur : *Dirige me in veritate tua* (*Psal.* XXIV, 5) : hoc est, in Unigenito tuo, propria voce testante : *ego sum veritas* (*Joan.* XIV, 6). Quam perfectionem tribuit Deus mittens Spiritum veritatis, qui credentes in totam dirigat veritatem. Dehinc in consequentibus de Spiritu veritatis, qui a Patre mittatur, et sit paracletus, Salvator (qui et veritas) ait : **142** *Non enim loquetur a semetipso* (*Joan.* XVI, 13): hoc est, non sine me, et sine meo et Patris arbitrio, quia inseparabilis a mea et Patris est voluntate. Quia non ex se est, sed ex Patre et me est, hoc enim ipsum quod subsistit et loquitur, a Patre et me illi est. Ego veritatem loquor, id est, inspiro quæ loquitur. Siquidem Spiritus veritatis est. Dicere autem et loqui in Trinitate, non secundum consuetudinem nostram, qua ad nos invicem sermocinamur et loquimur, accipiendum, sed juxta formam incorporalium naturarum, et maxime Trinitatis, quæ voluntatem suam *a* inserit in corde credentium, et eorum qui eam audire sunt digni! hoc est, dicere et loqui.

35. Nos quippe homines quando de aliqua re ad alterum loquimur, primum quod volumus *b*, mente concipimus absque sermone. Inde in alterius sensum volentes transferre, linguæ organum commovemus, et quasi quoddam plectrum chordis dentium collidentes, vocalem sonum emittimus. Quomodo igitur nos *c* linguam, quam palato dentibusque collidimus, et ictum aerem in diversa temperamus eloquia, ut nobis nota communicemus in alios, ita et auditorem necesse est patulas præbere aures, et nullo vitio coarctatas, in ea quæ dicuntur *d* arrigere, ut possit ita scire quæ proferuntur, quomodo novit ea ille qui loquitur. Porro Deus simplex et incompositæ spiritualisque naturæ, neque aures, neque organa, quibus vox emittitur, habet; sed solitaria incomprehensibilisque substantia nullis membris partibusque componitur. Quæ quidem de Filio et de Spiritu sancto similiter accipienda.

36. Si quando ergo legimus in Scripturis : *Dixit Dominus Domino meo* (*Psal.* CIX, 2). Et alibi. *Dixit Deus, fiat lux* (*Gen.* I, 3), et si qua his similia, digne [*Al.* digna) Deo accipere debemus. Neque enim ignorante Filio (qui sapientia et veritas est) Pater suam nuntiat voluntatem, cum omne quod loquitur, sapiens verusque subsistens, in sapientia habeat et in substantia. Loqui **143** ergo Patrem, et audire Filium, vel e contrario, Filio loquente, audire Patrem, ejusdem naturæ in Patre et Filio consensusque significatio est. Spiritus quoque sanctus, qui est spiritus veritatis, spiritusque sapientiæ, non potest Filio loquente audire quæ nescit, cum hoc ipsum sit quod profertur a Filio, id est, *f* procedens a veritate, consolator manans de consolatore, Deus de Deo, Spiritus veritatis procedens. Denique ne quis illum a Patris et Filii voluntate et societate discerneret, scriptum est : *Non enim a semetipso loquetur, sed sicut audiet loquetur.* (*Joan.* XVI, 13). Cui etiam simile de seipso Salvator ait : *Sicut audio, et judico* (*Joan.* V, 30). Et alibi : *Non potest Filius* g *a se facere quicquam, nisi quod viderit Patrem facientem* (*Ibid.*, 19). Si enim unus est Patri Filius, non juxta Sabellii dictum Patrem et Filium confundentis, sed juxta indiscretionem essentiæ, sive substantiæ, non potest quicquam absque Patre facere, quia separatorum diversa sunt opera, sed videns operantem Patrem, et ipse operatur, non secundo gradu, et post illum operans. Alia quippe Patris, alia Filii opera esse inciperent, si non æqualiter fierent. Scriptum est autem : *Quæ enim ille facit,* haud dubium quin Pater, *hæc eadem Filius similiter facit* h. Quod si operante Patre et Filio, non juxta ordinem, primi et secundi, sed juxta idem tempus operandi eadem et indissimilia, subsistunt universa quæ fiunt, et Filius non potest a semetipso quicquam facere, quia a Patre non potest separari, sic et Spiritus sanctus nequaquam separatus a Filio, propter voluntatis naturæque consortium, non semetipso creditur loqui, sed juxta verbum et sapientiam Dei loquitur universa quæ loquitur. Hanc opinionem sequentia Domini verba confirmant, dicentis : *Ille me clarificabit* [*Al.* glorificabit], id est, Paracletus; *quia de meo accipiet.* Rursum hic, accipere [*Al.* accipiet], ut divinæ naturæ conveniat intelligendum.

37. Quomodo ergo filius dans, non privatur his [*Al.* enim] quæ tribuit, neque cum damno suo impertit aliis, sic et Spiritus non accipit quod ante non habuit. Si enim quod prius non habebat accepit, translato in alium [*Vat.* alium] munere, vacuus largitor effectus est, cessans habere **144** quod tribuit. Quomodo igitur supra de naturis incorporalibus disputantes intelleximus, sic et nunc Spiritum sanctum a Filio accipere, id quod suæ naturæ fuerat cognoscendum [*Al.* intelligendum] est, et non dantem et accipientem, sed unam significare substantiam. Siquidem et Filius eadem a Patre acci-

---

a Legerat olim Gratianus *ingerit in corda credentium, et eorum cordibus inserit, qui eam*, etc. Mox Tholos., *dicere, scire, et intelligere, et loqui.*

b Vetus edit., *mente concipimus, et quia non valemus absque sermone in alterum sensum transferre, linguæ organum commov mus.* Exinde Reginæ liber, et *dentes quasi quoddam plectrum cordis collidentes*, etc.

c Editi plerique, *linguam quam palato*, etc. : emendamus a scriptis.

d As entior Barthio, qui *arrigere* scripsit, pro *erigere*, quod hactenus obtinuerat.

e Olim erat *et in veritate substantiam.*

f Penes Gratianum est *procedens Deus de Deo, Spiritus veritatis procedens a veritate, consolator manans,* etc. : rectius.

g Voculas *a se* ex Vatic. suffecimus consentiente etiam Græco textu ἀφ' ἑαυτοῦ. Deinde Vetus editio. *Si enim unum est Pater et Filius non juxta Sabellii dictum* : codices Vatic. et Regin. Sabellii vitium.

h Regin. ms., *Quomodo operante Patre*, rectius, et paulo post consentiente etiam Vatic., *eadem et similia subsistunt.*

pere dicitur, quibus ipse subsistit. Neque enim quid aliud est Filius, exceptis his quæ ei dantur a Patre, neque alia substantia est Spiritus sancti præter id quod datur ei a Filio. Propterea autem ista dicuntur, ut eamdem in Trinitate credamus esse naturam Spiritus sancti, quæ est Patris et Filii.

38. Quia ergo [*Al.* enim] omnis humana vox nihil potest aliud judicare quam corpora, et Trinitas, de qua nunc nobis sermo est, omnes materiales substantias superat, idcirco nullum verbum potest ei proprie coaptari, et ejus significare substantiam, sed omne quod loquimur, καταχρηστικῶς, id est, abusive est, et de incorporalibus cunctis, et maxime cum de Trinitate loquimur. Glorificat itaque Filium Spiritus sanctus, ostendens illum et in apertum proferens his qui mundo corde eum intelligere et videre sunt digni, et splendorem substantiæ, et imaginem invisibilis Dei scire. Rursum imago ipsa ostendens se puris mentibus, glorificat Patrem, insinuans eum nescientibus, ipse enim ait : *Qui videt me, videt et Patrem* (*Joan.* xiv, 9). Pater quoque revelans Filium his qui ad calcem scientiæ pervenire meruerunt, glorificat unigenitum suum, ostendens ejus magnificentiam atque virtutem. Sed et ipse Filius tribuens Spiritum sanctum his qui se dignos ejus munere præparaverunt, et ᵃ pandens sublimitatem [*Al.* proprietatem] glorificationis, et magnitudinis ejus virtutem, glorificat illum. Deinde interpretationem inferens ᵇ cum modo dixisset, de meo accipiet, protinus subjecit. *Omnia quæ habet Pater, mea sunt ; propterea dixi, de meo accipiet et annuntiabit vobis* (*Joan.* xvi, 14), quodammodo loquens, Licet a Patre procedat Spiritus veritatis, et det ᶜ illi Deus Spiritum sanctum petentibus se, tamen quia omnia quæ habet Pater, mea sunt, et ipse Spiritus Patris meus est, et de meo accipiet. Cave autem cum ista dicuntur ᵈ ne grave labaris intelligentiæ in vitium, et putes rem aliquam esse, et possessionem, quæ a Patre habeatur ac Filio. Verum quæ habet Pater juxta substantiam, id est, æternitatem, immutabilitatem, incorruptionem ᵉ, immutabilem bonitatem, de se et in se subsistentem, hæc eadem habet et Filius. Et, ut plus inferam, quidquid Filius ipse subsistit, et quæcumque sunt Filii, hæc eadem et Pater habet. Procul hinc absint dialecticorum tendiculæ, et sophismata a veritate pellantur, quæ occasionem impietatis ex pia prædicatione capientia, dicunt : Ergo et Pater est Filius, et Filius Pater. Si enim dixisset, omnia quæcumque habet Deus, mea sunt, haberet impietas occasionem confingendi, et verisimile videretur esse mendacium. Cum vero dixerit, *Omnia quæ habet Pater mea sunt*, Patris nomine se Filium declaravit, Paternitatem, qui Filius erat, non usurpavit : quanquam et ipse per adoptionis gratiam, multorum sanctorum sit Pater, secundum illud quod in Psalmis legitur, *Si custodierint filii tui* (*Psal.* cxxxi, 12). Et iterum, *Si dereliquerint filii ejus legem meam* (*Psal.* lxxxviii, 31). Sed in hoc sermone sensuque præposito, consequenter ea quæ diximus superius Patris esse, habet et Filius, et quæ Filii sunt, habet et Spiritus sanctus. Ait quippe, *de meo accipiet, propterea et ventura annuntiabit vobis*. Per Spiritum siquidem veritatis, sanctis viris futurorum scientia certa conceditur. Unde et prophetæ hoc eodem repleti ᶠ Spiritu, prænuntiabant sensu, et quasi præsentia intuebantur, quæ erant deinceps secutura. Satis hæc abundeque juxta ingenii nostri paupertatem de præsenti Evangelii capitulo dixisse sufficiat. Si quibus autem Dominus revelaverit, et in viciniam veritatis adducti sunt, magisque possunt cernere veritatem, disputationi illorum concedamus meliora, quibus ille suffragatur qui est Spiritus veritatis : et petimus eos qui lecturi sunt, ut ignoscant imperitiæ, studioque dent veniam, cupienti totum Deo offerre quod potuit, licet suam non quiverit implere voluntatem.

39. Proponamus, et Apostoli ad Romanos epistolæ testimonium : quæque nobis in illa videntur præsenti materiæ congruere, ventilemus. *Ut justificatio*, inquit, *legis impleatur in vobis : qui non juxta carnem ambulatis, sed secundum spiritum. Qui enim juxta carnem sunt, ea quæ carnis sunt sapiunt. Qui vero juxta spiritum, ea quæ spiritus sunt sentiunt. Sapientia quippe carnis mors est. Sapientia autem spiritus, vita et pax : quoniam sapientia carnis inimica est Deo : legi quippe Dei non subjicitur. Neque enim potest. Qui vero in carne sunt, Deo placere non possunt. Vos autem non estis in carne, sed in Spiritu : si tamen Spiritus Dei habitat in vobis. Si quis autem Spiritum Christi non habet, hic non est ejus. Si autem Christus est in vobis, corpus quidem mortuum est propter peccatum, spiritus vero vivit propter justitiam. Si autem Spiritus ejus qui suscitavit Jesum a mortuis, habitat in vobis : qui suscitavit Jesum Christum a mortuis, vivificabit et mortalia corpora vestra propter inhabitantem Spiritum ejus in vobis. Ergo,* ᵍ *fratres, debitores sumus non carni, ut secundum carnem vivamus. Si enim secundum carnem vixeritis, moriemini Si autem spiritu facta carnis mortificaveritis, vivetis. Quicumque enim Spiritu Dei aguntur, hi filii sunt Dei. Non enim accepistis spiritum servitutis iterum in timore : sed accepistis Spiritum adoptionis in quo clamamus abba pater. Ipse enim Spiritus testimonium perhibet spiritui nostro, quia sumus Filii Dei. Si au-*

ᵃ Iidem mss. cum veteri edit., *pandens ejus* (al. *eis*) *sublimitatem glorificationis, et magnitudinis, glorificat.*

ᵇ Emendo ex Barthii conjectura, cum perperam esset uno verbo *quomodo.*

ᶜ Ut sensus constet, voculam *illi* expunge : tum Regin. cod. *petentibus, aque tamen omnia,* etc.

ᵈ Malim quod in veteri edit. erat *ne prava intelli-*
gentia labaris in vitium, cui fere concinit Regin. ms.

ᵉ Illud *immutabilem* abundat hic loci, nec in Reginæ ms. invenitur. Deinde verba, *Et ut plus inferam, quidquid Filius ipse subsistit*, ex mss. omnium consensu ac fide restituo.

ᶠ Reginæ cod. eodem repleti Spiritu, pronuntiabant et sensu.

ᵍ Deerat *fratres*, quod e mss. suffecimus.

tem filii, et hæredes quidem Dei : cohæredes autem Christi : si tamen compatimur, ut et conglorificemur (Rom. VIII, 4 seq.). In præsenti Apostoli capitulo plurima de societate Spiritus, quam habet cum Patre et Filio demonstrantur. Ait quippe Apostolus justificationem divinam, et spiritualis legis expleri in his : non qui juxta carnem ambulant, sed juxta Spiritum. Juxta carnem ambulantem, eum qui per voluptates vitia carnis corpori copulatus, facit omnia quæ carnis sunt [Al. esse] et corporis opera, Apostolicus sermo descripsit [Al. describit]. Porro juxta Spiritum ambulantem eum, qui in præceptis legis Dei, et Evangelii gradiens, spiritualium sequitur ordinem mandatorum. Siquidem sicut carnalium vitium est ea sapere quæ carnis sunt, ea cogitare quæ corporum, sic e contrario spiritualium virtus est, semper cogitare de cœlestibus et æternis, **147** et his tractare quæ spiritus sunt. Sed carnis sapientia, illico morte sibi sociata, interficit eos qui juxta carnem gradiuntur et sapiunt : sapientia vero spiritus, mentis tranquillitatem, et pacem, et vitam habentibus se largitur æternam. Quam cum possederint, omnes perturbationes et genera vitiorum, et ipsos quoque dæmones (qui hæc suggerere nituntur) habebunt sub pedibus suis. Sapientia ergo carnis cum morti juncta sit, inimica est Deo. Inimicos quippe eos reddit qui suis legibus vixerint : contraria semper, et repugnans voluntati et legi Dei. Neque enim fieri potest, ut qui in sapientia carnis est, Dei præcepta custodiat, et voluntati illius subjiciatur. Quandiu servimus voluptatibus, servire Deo non possumus. Cum autem titillantem subjecerimus nostris pedibus luxuriam, et totos nos ad spiritum transferentes, nequaquam fuerimus in carne, id est, in carnis passionibus, tunc subjiciemur Deo. Neque enim de carne hac in qua vivimus, et in cujus vasculo nostra anima continetur, Apostoli sermo est, quia omnes sancti, corpore et carne circumdati, placuerunt Deo : sed ad id potius quod contra Dei præceptum ex humana societate perpetratur, de quibus est : *Diliges Dominum Deum tuum* (Deut. VI, 5). Et, *Quod tibi non vis fieri*, etc. (Tobi. IV, 16). Vos autem, ait, haud dubium quin discipuli Christi, qui sapientiam Spiritus suscepistis, [a] et vitam et pacem : non estis in carne, id est, in carnis operibus, neque ejus opera perpetratis, siquidem Spiritum Dei habetis in vobis. Idem autem Spiritus Dei, et Spiritus Christi est, deducens et copulans eum qui in se habuerit, Domino Jesu Christo. Unde et in consequentibus scribitur : *Si quis autem Spiritum Christi non habet, hic non est ejus.*

40. Rursum in præsenti discimus societatem quam habet Spiritus Sanctus ad Deum, et ad Christum.

Sed et in Epistola Petri, Spiritus sanctus esse Christi Spiritus comprobatur : *Scrutantes*, inquit, *et inquirentes*, id est Prophetæ, de quibus ei fuerat sermo superior, [b] *in quod, et quale tempus significabat is*, **148** *qui in eis erat Spiritus Christi : testificans in Christo passiones, et ea quæ post erant secutura decreta : in quibus revelatum est : quia non sibi, sed nobis ministrabant ea quæ nunc annuntiata sunt vobis per Spiritum sanctum* (I Pet. I, 10 seq.). Iste autem Spiritus sanctus dictus est, et Spiritus Dei, non in præsenti tantum sermone, sed et in aliis locis compluribus, ut ibi : *Ea quæ Dei sunt, nemo novit nisi Spiritus Dei* (Rom. VIII, 9). Deinde sequitur post hoc quod ait : *Si quis autem Spiritum Dei non habet, hic non est ejus*, et infertur, *Si autem Christus in vobis*, et manifestissime demonstratur inseparabilem esse Spiritum sanctum a Christo : quia ubicumque Spiritus sanctus fuerit, ibi et Christus est, et undecumque Christi Spiritus discesserit, inde pariter recedit et Christus. Si quis enim Spiritum Christi non habet, hic non est ejus. Cui conjuncto si quis contrarium assumat, dicere potest : Si quis Christi est, ita ut Christus in eo sit, in hoc Spiritus Dei est. Hoc autem idem et de Deo Patre similiter usurpandum. Si quis Spiritum Dei non habet, iste non est ejus. Cui rursus contrarium si quis assumat, dicens : Si quis Dei est, in hoc Spiritus Dei est. Unde scribitur : *Nescitis quia templum Dei estis, et in vobis habitat Spiritus Dei* (I Cor. III, 16)? Et in Joannis epistola : *In hoc cognoscitur Deus habitans in quibusdam, cum manserit in eis Spiritus quem dedit* (I Joan. IV, 2). Ex quibus omnibus indissociabilis atque indiscreta Trinitatis substantia demonstratur.

41. Cum ergo ait : *Si Christus in vobis est, corpus quidem mortuum propter peccatum* (Rom. VIII, 10) : nequaquam vitiis lasciviæque deserviens, [c] *sed mortificatum peccato, non commovetur ad vitia : et nequaquam erit vitale peccato. Postquam autem corpus peccato mortuum fuerit, Christus* [d] *in his qui sua corpora mortificaverunt, præsens Spiritum vitæ ostendit per justitiam, sive correctionem operum virtutum immortalium, sive fidem Jesu Christi, in his qui juxta fidem illius conversantur.* Deinde Apostolus alio syllogismo conjuncto utitur, quod significantius dialectici ἀξίωμα vocant, **149** et ait : *Si autem Spiritus ejus qui suscitavit Christum a mortuis, habitat in vobis, qui suscitavit Christum a mortuis, vivificabit et mortalia corpora vestra per inhabitantem Spiritum suum in vobis* (Rom. VIII, 9) : nonne tibi videtur dicere, quia si Spiritus ejus qui suscitavit Christum Jesum, id est, qui ejusdem Jesu Christi Spiritus est, habitat in vobis : consequenter vivifica-

---

[a] Erat et vitam pacis, dissentientibus mss.
[b] Iterum vitiose erat, et nullo sensu *in quo ait, quale tempus*, etc., neque ut Scripturæ locus scribebatur, ut alia menda interpunctionis, etc., quibus totus scatebat hic liber, dissimulemus.
[c] Vatic. *si* pro *sed*. Ut sensus tamen utcumque constet cum superiori Apostoli sententia, verbum aliquod supplendum est, puta, *illud intelligit quod nequaquam*, etc., aut quid simile.
[d] Vide num isthæc sit præferenda Reginæ codicis lectio : *Christus, suis qui sua corpora mortificaverunt per præsentem Spiritum, vitam ostendit, per justitiam operum, sive per correctionem vitiorum mortalium, sive per fidem Jesu Christi*, etc.

buntur et mortalia corpora vestra cum [a] immortalibus animabus ab eo qui suscitavit Christum Jesum a mortuis, principem, et primogenitum resurrectionis? Et quibus tale tantumque divinitus per Spiritum minus indultum est, debitores sumus Spiritui, non carni, ut juxta eam vivamus. Siquidem qui juxta carnem vixerit, morietur illa morte quæ peccatum sequitur. *Peccatum quippe cum consummatum fuerit, generat mortem* (Jac. I, 15), secundum Jacobum. Sed et Ezechiel peccantem animam mori scribit (*Ezech.* XVIII). Separatur enim jam a vita, quæ in sapientia Spiritus collocata est.

42. Si quis autem transcenderit vitam [b] carnis et Spiritu opera carnis mortificaverit, vivet beata æternaque vita relatus in filios Dei, et directus in viam rectam propter Spiritum Sanctum, qui et Dei Spiritus appellatur. Si enim, inquit, *juxta carnem vixeritis, moriemini. Quod si spiritu facta carnis mortificaveritis, vivetis* (Rom. VIII, 13). Et in consequentibus: *Quotquot enim Spiritu Dei aguntur, hi filii sunt Dei.* Rursum refocillans eos, et consolans, et provocans sperare meliora, quibus loquebatur, ait: *Non enim accepistis iterum spiritum servitutis in timore*: id est, non similitudine servorum, metu et terrore pœnarum vos [c] *abstinetis a vitiis*: quia habetis vobis datum a Patre Spiritum adoptionis, id est Spiritum sanctum, qui ipse Spiritus, et Dei, et Christi, et veritatis dicitur atque sapientiæ. Si autem Spiritus iste adoptat in Filios Dei eos, quorum dignatione sui habitator efficitur, tibi consequentium super potentia ejus intelligentiam derelinquo.

42. Porro in hoc adoptionis Spiritu clamant qui habuerint illum, patrem Deum, sicut ostendit sermo dicens: *In quo clamamus abba pater* (Ibid. 15): ipso Spiritu qui nos adoptat in filios, testimonium præbente participatione sui, quod a nostro Spiritu possidetur, quia filii Dei sumus. Cui consequens est Deum quidem quasi [d] patrem, hæreditarias nobis divitias contulisse, spiritualia dona: Christi vero cohæredes nos esse, eo quod fratres ejus per gratiam et benignitatem ipsius appellamur. Erimus autem hæredes Dei, cohæredes autem Christi si compatiamur: ut et conglorificari ei ex passionum societate mereamur.

43. Verum quia et hoc juxta id quod potuimus edisseruum est, proponamus Prophetæ capitulum, quædam de Spiritu sancto continens, ut non solum de Novo, verum etiam de veteri Testamento super ejus fide intellectuque doceamur. Nam et superius prælocuti sumus. in omnibus sanctis, tam his qui post adventum Domini nostri fuerunt, quam etiam retro in Patriarchis videlicet et Prophetis, Spiritus sancti gratiam fuisse versatam, et eos diversis charismatibus virtutibusque complesse. Quomodo enim unius Dei, et Unigeniti ejus gratiam possidentes, tam hi qui ante, quam etiam illi qui post adventum ejus, justitiæ erexere vexillum, veritatis sunt scientiam consecuti; sic et Spiritus sancti gratiam possidebant, quia inseparabilem a Patre, et Filio esse, Spiritum sanctum in multis supra locis ostendimus. Scriptum est ergo in Propheta: *Misericordiæ Domini recordatus sum, et virtutis ejus in omnibus quæ retribuit nobis. Dominus judex bonus domui Israel: inferens nobis juxta misericordiam suam, et juxta multitudinem justitiæ suæ. Et dixit:* [e] *Nonne populus meus filii? et non prævaricabuntur. Et factus est illis in salutem ex omni tribulatione eorum; non legatus, neque angelus, sed ipse salvavit eos: eo quod dilexerit eos, et pepercerit eis. Ipse redemit eos, et suscepit eos, et exaltavit eos in omnibus diebus sæculi. Ipsi vero non crediderunt, et irritaverunt Spiritum sanctum ejus: et conversus est eis ad inimicitiam. Ipse debellavit eos, et recordatus est dierum antiquorum. Qui eduxit de terra pastorem ovium, qui posuit in eis Spiritum sanctum, congregans dextera Moysen* (Isai. LXIII, 7 seq.).

44. Qui frequenter Dei adepti sunt beneficia, scientes gratia magis, et misericordia ejus, quam propriis ex se fuisse operibus consecutos, quasi uno omnes consensu, et animo concordantes loquuntur, *Misericordiæ Domini recordatus sum*. Cogitantes enim quæ ab eo frequenter in Moyse dona susceperint, gratias referunt, et cum misericordia, etiam virtutum Domini recordantur, sive mirabilium, quæ crebro pro eis fecit in populis, sive profectuum animæ, quibus per Legem, et Prophetas, et præcepta ejus salubria eruditi sunt. Siquidem in Scripturis nomen virtutis utrumque significat. Recordari autem se misericordiæ, et virtutum ejus, inquiunt, in omnibus quæ retribuit eis, non juxta justitiam suam, sed juxta misericordiam et bonitatem ejus, qui est judex domui videnti, [f] et sensui mundo corde cernenti Dominum. Hoc siquidem ex Hebræo sermone in lingua nostra interpretatur *Israel*, id est, *mens videns* [g] *Deum*. Licet enim

---

[a] Ita ferunt vetus editio et Reginæ ms., antea erat *cum immortalium animabus.* Mox eadem vetus edit. *primogenitum illum resurrectionis ostendens. Quare et quibus tale*, etc.

[b] Est Reginæ codicis integrior lectio hæc et concinnior. Antea erat *tantummodo transcenderit vitam carnis, et Spiritu opera carnis mortificaverit.*

[c] Vat. *abstinete a vitiis, qui habetis vobiscum datum*, etc., deinde *qui ipse Spiritus Filii et Christi, et veritatis*, etc.

[d] Cod. Reginæ *qua a nostro spiritu possidetur*, et paulo post cum veteri quoque editione, *quasi patrem hæreditari a nobis, Christi vero cohæredes*, etc., absque illis, *divitias contulisse spiritualia dona.*

[e] Erit operæ pretium insigne istud Isaiæ locum recolere ad Græcum exemplar, ad cujus fidem nonnulla emendavimus. Pro *Nonne populus meus filii?* erat negandi sensu, *Non populus meus filii*, contra mss. Reginæ et Vaticani fidem. Græcus quoque Οὐχ ὁ λαός μου. etc.

[f] Vetus Editio, *et sensu mundo cernenti Deum.*

[g] Vi iose et contra mss. fidem antea erat *Dominum*. Hæc porro nominis Israel etymologia, sive νοῦς ὁρῶν Θεόν, Græcis præcipue arrisit, Olympiodoro in cap. 1 Ecclesiastæ, Leontio de Sectis, Theophani Cerameo aliisque. E Latinis apud Optatum Milevitanum invenias lib. II, in fine, et Hieronymum, quoque ex aliorum sensu. Qui autem ex ea voce ישראל

tormenta, et cruciatus judex nonnumquam inferat judicium merentibus, tamen qui causas rerum altius intuetur, videns propositum bonitatis ejus, qui cupit corrigere peccantem, bonum illum confitetur, dicens, *Inferens* [*Al.* inferas] *nobis juxta misericordiam suam. Si enim iniquitates eorum quos judicat attendat Dominus, quis sustinebit?* Porro quia apud Dominum propitiatio est : Dominus videlicet noster atque Salvator infert nobis secundum misericordiam suam, omnia quæ nos proveliant ad salutem. Inferens quoque juxta misericordiam suam, [a] et hoc faciens in judicio, cum justitia nobis tribuit, quæ admixta misericordiæ bonitate largitus est.

45. Arguendus [b] est ex præsenti capitulo **152** hæreticorum error, qui bonitatem a justitia separantes, alium Deum bonum, alium justum finxerunt. Ecce enim in præsentiarum ipse est Deus, et bonus, et judex, et juxta misericordiam suam justitiamque restituens, et pariter bonus justusque subsistens. Frustra igitur iniquum dogma simulantes, [c] bonum Deum Evangelii, et veteris Testamenti justum esse defendunt, quia et in plurimis aliis locis, et nunc in Prophetæ sermone, *judex bonus* scribitur Deus, et e contrario quod nolunt, in Pauli Apostoli Epistola (qui certe novi Testamenti prædicator est) *Deus justus judex* refertur. *Reposita est mihi,* inquit, *corona justitiæ, quam reddet mihi Dominus in illa die justus judex* (II *Tim.* iv, 8). Idem est ergo, licet nolint, novi et veteris Testamenti Deus, visibilium et invisibilium conditor, Salvatore etiam in Evangelio justum et bonum Patrem liquido attestante : *Pater juste, mundus te non cognovit* (*Joann.* xvii, 11). Et in alio loco : *Nemo bonus, nisi unus Deus* (*Marc.* x, 18). Sed et in veteri lege alibi justus, alibi bonus dicitur Deus. In Psalmis, *Justus Dominus,* inquit, *et justitias dilexit* (*Psal.* x, 8). Et e contrario in Jeremia, *Bonus Dominus his qui sustinent eum.* Rursus in Psalmis, *Quam bonus Deus Israel, his qui recto sunt corde* (*Psal.* lxxii, 1). Et hæc quidem e latere contra hæreticos strictim dicta sunt. Tempus autem est, ut propositum Prophetæ ordinem prosequamur, qui ita contexitur : *Et dixit,* haud dubium quin Dominus, *Nonne populus meus filii, nec prævaricabuntur* (*Isai.* i, 5)? Non erant, inquit, similes his qui generati sunt et exaltati, et cum qui genuit illos, despexere. *Et factus est eis in salutem,* id est, illis de quibus Dominus ait : *Nonne populus meus filii, et non prævaricabuntur?* Hoc enim ipsum quod non prævaricati sunt, nec spreverunt patrem, eis factus est in salutem : vel ob idipsum quod appellati sunt filii, causa eis salutis effectus est. Quæ salus a Christo Domino contributa, Angeli quoque ad pastores voce firmatur, dicentis : *Ecce*

evangelizo vobis [d] *gaudium magnum, quod erit omni populo;* **153** *quia natus est vobis hodie Salvator, qui est Christus Dominus, in civitate David* (*Luc.* ii, 10). Ipse factus est cunctis, qui in eum credunt, occasio salutis æternæ, et ipse est Salvator mundi, qui venit quærere quod perierat. Et ipse est, de quo chorus sanctorum canit : [e] *Deus noster, Deus salvandi* (*Psal.* lxvii).

46. Quia igitur Deus erat, qui salutem præbebat æternam, dictum est, *Non legatus, neque Angelus,* id est, non Propheta, non Patriarcha, non legislator Moyses salvavit eos. Omnes enim quos nominavi, poterant ad Dominum fungi legatione pro populo. Denique Moyses, interpellans eum pro delinquente plebe, ait : *Si dimittis eis peccatum eorum, dimitte* (*Exod.* xxxii, 31). Sed obsecravit veniam quadraginta diebus jejunans, et misericordiam Dei, animæ afflictione provocans. Nemo autem de horum numero legatorum potest esse salvator, indigens et ipse eo, qui salutis largitor verus est. Nam et Angeli, quamquam spiritus sint, et ad diversa propter eos qui salutem accepturi sunt, ministeria mittantur, non sunt tamen auctores salutis, sed eum qui fons salutis est, interpretantur et nuntiant. Unde dictum est, *Non legatus, neque Angelus, sed ipse Dominus salvavit eos.* Non propter aliud quid, sed propter id, *quod diligeret eos, et parceret eis.* Parcere autem dicitur, quasi creaturis suis, juxta illud quod alibi scribitur : *Parces autem omnibus, Domine amator animarum, quia tuæ sunt, neque enim odies quos fecisti* (*Sap.* xi, 29). Quapropter et pro eorum salute proprio Filio non parcens Pater, tradidit eum in mortem, ut per mortem Filii sui destructo eo qui habebat mortis imperium, hoc est diabolo, redimeret omnes qui ab eo captivitatis vinculo tenebantur. Unde subjicitur : *Ipse autem redemit eos, et suscepit eos, et exaltavit illos.* Suscipit enim exaltatque salvatos, et redemptos in sublime tollit virtutum alis, et eruditione et scientia veritatis, non ad unum tantum, et alterum diem, sed in omnibus diebus æternitatis, habitans in eis, et cum eis, et usque ad consummationem sæculi vitam eis tribuens, salutisque auctor existens. Omnibus autem diebus sæculi illuminans corda eorum, non sinit eos in tenebris ignorantiæ, **154** et errore versari. Et hoc puto esse quod scriptum est, *in omnibus diebus* exaltari *eos.*

47. Quia vero mutabiles, et ad vitia sponte labentes, post tanta beneficia Deo fuerunt increduli, et præcepta illius reliquerunt, et exacerbaverunt Spiritum Sanctum Dei, qui eis multa bona largitus est, in peccatum simile corruerunt, his qui postquam geniti sunt, et exaltati, spreverunt patrem suum. Vel certe nunc ipsi describuntur, qui et ante descripti sunt, siquidem et ibi post peccatum dicitur ad eos : expositione inceperint.

---

[a] Verba *et hoc faciens* in Reginæ ms. expunguntur : mox Vatic., *nobis tribuit, quia ea juxta misericordiæ bonitatem largitus est.*

[b] Hinc tertium librum auspicantur Editores alii, qua de re supra diximus in præfixa Admonitione. Absonum vero est maxime, quod a media Isaiæ loci extundi possit, alibi diximus.

[c] Reginæ liber, *bonum de Evangelio, et de veteri Testamento justum esse defendunt.*

[d] Vatica, *evangelium magnum, et natus est vobis,* Græco ipso textu dissentiente.

[e] In Ms. Tolos., *Deus, Deus, Deus salvandi.*

Dereliquistis Dominum, et ad iracundiam concitastis Sanctum Israel, et nunc, quod *ipsi non crediderunt, et exacerbaverunt Spiritum sanctum ejus.* Ex præsenti ergo loco societas Spiritus ad Dominum ostenditur. Qui dereliquit Dominum, et est incredulus, et ad iracundiam provocat Sanctum Israel, et exacerbat Spiritum sanctum ejus. Eadem indignatio super peccatoribus tam ad Spiritum sanctum, quam ad Sanctum Israel refertur. Unde et in consequentibus similis copula Trinitatis ostenditur, dicente Scriptura, Dominum ad inimicitias esse conversum, his qui exacerbaverunt Spiritum sanctum ejus, et tradidisse eos sempiterno cruciatui, postquam non sermone, sed rebus in sanctum ejus Spiritum blasphemaverunt. Ipse igitur qui *eis conversus est ad inimicitiam, debellavit eos*, et subjecit multiplicibus longisque cruciatibus, ut nec in præsenti tempore, nec in futuro consequantur veniam peccatorum. Exacerbaverunt enim Spiritum sanctum ejus, et blasphemaverunt in illum.

48. Si autem volueris hoc de Judæis intelligere, qui crucifixerunt Dominum Salvatorem, et idcirco exacerbaverunt Spiritum sanctum, id quod scriptum est, *Ipse debellavit eos*, ad illam est intelligentiam referendum, quod Romanis traditi sunt, quando venit super eos ira Dei in finem. In universo enim orbe cunctisque regionibus soli exsules patriæ, in terra vagantur aliena, non urbem antiquam, non sedes proprias possidentes, id quod Prophetis, et Salvatori suo fecerunt, receperunt. Quia enim sanguinarii, et vesano semper furore [a] capti, non solum Prophetas occiderunt, lapidaveruntque eos qui ad se missi fuerant, sed ad impietatis culmen egressi, Dominum Salvatorem, qui pro cunctorum salute descendere dignatus fuerat ad terras, prodiderunt et crucifixerunt, propterea expulsi sunt urbe quam Prophetarum et Christi cruore maculaverunt. Secundum igitur hunc sensum debellatos eos a Domino intelligere debemus, non ad breve tempus, sed ad omne futurum sæculum [b] usque ad consummationem mundi. Quippe (ut diximus) profugi atque captivi, in universis aberrant nationibus, non urbem, non regionem propriam possidentes. Attamen quia naturaliter benignus est et misericors is qui eos debellaverat, tribuit eis locum pœnitentiæ, si velint ad meliora converti. Unde et dicitur, *Recordatus est dierum sæculi*. Recordatus enim temporum futurorum, clausam januam [c] aliqua eis ex parte reservavit, ut postquam intraverit plenitudo gentium, tunc omnis Israel (qui hac fuerit dignus appellatione) salvetur. Licet enim in id temeritatis eruperint, ut eum qui propter eos missus fuerat, interficerent, dicentes : *Sanguis ejus super nos, et super filios nostros* (*Matth.* XXVII, 25), tamen Deus suscitavit eum de terra, in cujus corde tribus diebus et tribus noctibus fuerat commoratus : pastorem ovium suarum. Siquidem ita contexitur, *Qui eduxit de terra pastorem ovium suarum* (*Isai.* LXIII, 12).

49. Quod vero pastor ovium Deus, qui nunc Prophetali sermone describitur, Dominus sit, manifestius in Evangelio discimus, ipso Salvatore testante, *Ego sum pastor bonus, et animam meam pono pro ovibus meis* (*Joan.* X, 11). Et iterum, *Oves meæ vocem meam audiunt*. Post hæc omnia [d] Prophetes ait, *Ubi est qui posuit super eos Spiritum sanctum* (*Isai.* LXIII, 11)? Admiratur quippe de quanta felicitate ad quantas miserias pervenerint. [e] Et quodam modo loquitur : Qui eos redemerat, qui posuerat in illis Spiritum sanctum suum, habitans cum eis, ubi nunc est? quo abiit? Dereliquit eos, quia ipsi prius dereliquerunt, et ad iracundiam provocaverunt Sanctum Israel. Posuerat autem dudum in eis Spiritum sanctum Deus, cum adhuc boni essent, et præceptis ejus obsequi niterentur. Illis enim tantummodo Spiritus sanctus inseritur, qui, vitiis derelictis, virtutum sectantur chorum, et juxta eas, et per eas in fide Christi victitant. Quod si paulatim [f] negligentia subrepente cœperint ad pejora confluere, concitant adversum se habitatorem suum Spiritum sanctum, et eum qui illum dederat, convertunt ad inimicitias. Huic quid simile et Apostolus ad Thessalonicenses scribens, ait, *Neque enim vocavit nos Deus ad immunditiam, sed ad sanctificationem* (1 *Thess.* IV, 7).

50. Itaque qui spernit, sive quod melius habetur in Græco, *qui prævaricatur* [g], non hominem prævaricabitur, sed Deum, qui dedit Spiritum sanctum suum in vobis. Nam in his sermonibus Deus vocans per fidem in sanctificationem, [h] id est, ut sancti Spiritus fierent credentes, dedit eis Spiritum sanctum. Et quandiu præcepta Dei servaverunt, permansit in eis Spiritus sanctus, quem acceperunt. Quando vero amore [i] lubrico corruerunt, et ad immunditiam sunt delapsi, spreverunt, sive prævaricati sunt Dominum, qui dederat eis Spiritum sanctum, ut non immunditiæ deservirent, sed ut sanctificarentur. Unde pœnas luent qui ista commiserunt, non quasi hominem, sed quasi Deum spernentes. Et ut sciamus Dominum esse Spiritum sanctum, qui datur credentibus, ex ipsius Prophetæ Isaiæ discamus eloquio, qui inducit ad quempiam dicentem Dominum :

---

[a] Duo mss. Vatic. et Reg. cum veteri editione, *furore raptati.*

[b] Erat præfixo puncto. *Usque ad consummationem quippe mundi, ut diximus,* etc., quæ castigantur a mss.

[c] Vitiosa metathesi obtinebat in editis *aliqua ex eis parte.* Scripti emendanti.

[d] Ita in mss. frequenter *Prophetes* in recto scribitur Græcorum more, unde editi supine admodum *Prophetis* legunt. Est autem Isaias, in cujus exposi-

tione loci perseverat.

[e] Perperam editi, quin etiam mss. *et quomodo loquitur?* Tum vetus Editio, *qui eos redemerat, qui exaltaverat, qui posuerat,* etc.

[f] Minus recte editi, *negligentia suggerente cœperit ad pejora confluere.*

[g] Al. *prævaricantur*, in Græco ἀθετήσωσι.

[h] Vetus edit. *idem ut sanctificaret credentes.*

[i] Vatic. *vitio lubrico* : vetus edit., *vitiorum*, etc.

Spiritus meus in te est, et verba mea dedi in os tuum (Isai. LIX, 21). Ostenditur enim ex sermone præsenti, quod qui acceperit Spiritum Dei, simul cum eo et verba Dei possideat, sermones videlicet scientiæ et sapientiæ. Necnon et in alio loco ejusdem Prophetæ Deus loquitur : *Dedi Spiritum meum super eum* (*Isai.* XLII, 1). Qui ergo posuit in eis Spiritum sanctum, Moysen dextera sua sanctificatum esse commemorat : sive illum illustrem virum, et mysteriorum Dei initiatorem, de quo ad Jesum filium Nave Dominus ait : *Moyses* **157** *famulus meus*, sive Legem suam, quæ in veteri scripta est Instrumento. Nam crebro legisse me memini Moysen appellatum esse pro Lege, ut in Apostolo : *Usque in hodiernum diem, quando legitur Moyses* (II *Cor.* III, 14). Et Abraham ad divitem in suppliciis constitutum, *Habent*, inquit, *Moysen et Prophetas* (*Luc.* XVI, 29). Et certe liquido comprobatur ibi Moysen, non supradictum virum significatum esse, sed Legem.

51. Porro quæ est dextera Dei, quæ adduxit Moysen, nisi Dominus et Salvator noster? Ipse est enim dextera Patris, per quem salvat et exaltat et facit virtutem, sicut alibi de Deo dicitur: *Salvavit*[a] *sibi dextera sua, et brachium sanctum ejus* (*Psal.* XCVII, 1). Et rursum : *Dextera Domini fecit virtutem, dextera Domini exaltavit me : non moriar, sed vivam, et narrabo opera Domini* (*Psal.* CXVII, 16). Et certe vocem hanc ex persona [b] Dominici Hominis proferri, quem unigenitus Filius Dei assumere dignatus est ex virgine, ex ipso loco manifeste comprobatur, quia ipse est dextera Dei, sicut scriptum est in Actibus Apostolorum, quod factus sit ex semine David secundum carnem, genitus de virgine, superveniente in eam Spiritu sancto, et virtute excelsi obumbrante eam. De quo David prophetavit in Spiritu, quod a mortuis resurgens, assumptus sit in cœlos, [c] dextera Dei sublevatus. Scribitur ibi autem in hunc modum : *Prævidens idem David locutus est de resurrectione Christi, quoniam non*[d] *derelictus in inferno, neque caro ejus vidit corruptionem. Hunc Jesum suscitavit Deus, cui nos omnes testes sumus. Dextera igitur Dei elevatus, et repromissionem Spiritus sancti accipiens a Patre, effudit* **158** *hoc donum in nobis, quod vos videtis et auditis, neque enim David ascendit in cœlos* (*Act.* II, 31 *seqq.*). Nulli quippe dubium, exaltatum dextera Dei, et ab inferis resurgentem esse Dominum Jesum, sicut ipse Scripturæ sermone testatus est. Iste ergo qui resurrexit a mortuis dicit : *Ego dormivi et somnum cepi, et resurrexi, quia Dominus suscitavit me* (*Psal.* III, 6).

52. [e] Ipse ergo sermone Dei assumptus in cœlum, elevatus esse ab ea, de qua supra diximus, dextera Dei prædicatur, et accepisse repromissiones Spiritus sancti a Patre, et effudisse illum in credentes, ita ut omnium linguis loquerentur magnalia Dei. Nam et dominicus Homo accepit communicationem Spiritus sancti, sicut in Evangeliis scribitur : *Jesus ergo repletus Spiritu sancto, regressus est a Jordane* (*Luc.* I 67). Et in alio loco : *Reversus est Jesu in virtute Spiritus in Galilæam* (*Luc.* VIII, 55). Hæc autem absque ulla calumnia de dominico Homine, [f] qui totus Christus, unus est Jesus Filius Dei, sensu debemus pietatis accipere, non quod alter et alter sit, sed quod de uno atque eodem, quasi de altero secundum naturam Dei, et hominis disputetur, et quia Deus Verbum unigenitus filius Dei, neque immutationem recipit, nec augmentum. Siquidem ipse est bonorum omnium plenitudo.

53. Satis abundeque de Prophetæ testimonio disputatum est, nec ad reliqua pergamus, ut quomodo [g] scimus quod Pater et Filius sanctos et bonos sui communicatione perficiunt : sic sanctus quoque Spiritus participatione sui bonos efficiat sanctosque credentes : et ex hoc etiam unius cum Patre et Filio substantiæ esse doceatur. Dicitur in Psalmis ad Dominum : *Spiritus tuus bonus deducet* **159** *me in terram rectam.* Scimus autem in quibusdam exemplaribus scriptum esse : *Spiritus sanctus tuus* (*Nehem.* 9). Porro in Esdra absque ulla ambiguitate bonus Spiritus appellatur : *Spiritum tuum bonum dedisti, ut eos face-*

---

[a] Iidem libri, *salvavit ei.* Græc., ἔσωσεν αὐτῷ.

[b] Displicuit olim nonnullis Patribus dici Salvatorem *Dominicum Hominem*, quo sermone separari hominem a Domino, et Christum dividi nova quapiam subtilitate suspicabantur. Revera Apollinaristarum propria erat isthæc loquendi formula, quam Gregorius Nazianzenus epist. 1 ad Cledonium, reprehendit. Hinc etiam excogitata Rufino contra Hieronymum fabula, quam ipse Apol. lib. II recitat, *quod Athanasii librum, ubi Dominicus Homo scriptus est, Apollinaristæ ad legendum acceptum ita corruperint, ut in litura id quod raserant rursus scriberent, ut scilicet non ab illis falsatum, sed a Hieronymo additum putaretur.* Denique Augustinus cum ea locutione usus e-set lib. LXXXIII, Quæst. 36, eam postmodum emendari voluit lib. I Retractat., c. 19, quia cum Christus sit Dominus, improprie Dominicus diceretur, quasi significaretur illum non esse Deum, et Dominum, sed Dominicum, hoc est suppositum humanum unitum Domino, seu supposito Domini, quare duo supposita in Christo fingerentur, ut Nestorius blasphemavit. Nihilo secius eam vocem alii potissimum Græci absque ulla dubitatione usurpant. S. Gregorius Nyssenus Orat. secunda de S. Stephano, ὁ μὲν γὰρ κυριακὸς ἄνθρωπος τοῦ σωτῆρος, *Dominicus homo Salvatoris*. S. quoque Epiphanius in Ancorato n. 95, aliique. E Latinis Cassianus Collat. II, cap 13: *Homo*, inquit, *ille Dominicus, qui redemit humanum genus*. Est autem illis, ut et præsenti Didymi loco, cujus gratia hæc scribo, illa adhibenda expositio S. Thomæ III part., quæst. 16, art. 3 ; *Homo Dominicus nonnulla ratione potest defendi, quia scilicet potest aliquis dicere, quod dicitur Homo Dominicus ratione humanæ naturæ, quam significat hoc nomen homo, non autem ratione suppositi.*

[c] Vatic.. *Dei in dexteram sublevatus:* haud recte.

[d] Vetus edit., *derelicta in inferno anima ejus:* paulo infra voces, *donum in nobis*, desiderantur.

[e] Eadem, *Iste ergo qui surgens a mortuis, sermone Dei, etc.*

[f] Absunt a veteri editione isthæc, *qui totus Christus unus est Jesus Filius Dei.* Certe ne *Dominicus homo* Apollinariorum sensu accipiatur, addita sunt, a Didymone, aut Hieronymo, an ab aliis non judico. Recole notam superiorem b.

[g] Voculæ *scimus quod* in Vaticano et veteri edit. desiderantur. Mox Reginæ cod. *bonos efficit suos credentes.*

res intelligere (*Ephes.* III, 4). Quod autem Pater sanctificet, Apostolus scribit, dicens : *Deus autem pacis sanctificet*[a] *vos perfectos.* Et Salvator ait : *Pater sancte, sanctifica eos in veritate, quia verbum tuum est veritas* (*Joan.* XVII, 11). Perspicue dicens : in me (qui verbum tuum sum, et veritas tua) sanctifica illos fide et consortio mei. Dictus est et alibi bonus Deus : *Nemo bonus, nisi unus Deus* (*Luc.* XVIII, 19). Superius quoque ostendimus quoniam Filius sanctificet, Paulo in eadem verba congruente : *Etenim qui sanctificat, et qui sanctificantur, ex uno omnes.* Sanctificantem significans Christum, et sanctificatos eos, qui possunt dicere, *Factus est nobis sapientia ex Deo Christus, et justitia, et sanctificatio* (1 *Cor.* I, 50). Appellatur siquidem et Spiritus sanctificationis. Unde et ad eum dicitur, *Et omnes sanctificati sub manibus tuis, et sub te sunt.* Bonus Dominus noster Jesus Christus, et ex bono Patre generatus est, et de eo legimus, *Confitemini Domino, quoniam bonus* (*Psal.* CXVII, 1). Confiteantur illi autem, qui ab eo aut veniam obsecrant peccatorum, aut gratias referunt ejus clementiæ pro indultis beneficiis. Spiritus quoque sanctus eos quos dignatur implere, sanctificat, ut superius jam demonstratum est, quando ostendimus eum participabilem et a multis simul capi posse. Et nunc in præsenti Pauli testimonio largitor sanctificationis ostenditur, in eo quod ait : *Debemus autem et nos gratias agere Deo semper pro vobis, fratres dilecti a Domino, quia elegit Deus nos primitias in salutem, in sanctificatione Spiritus sancti, et fide veritatis* (1 *Thess.* II, 13). Nam et in hoc loco charismata Dei subintelliguntur in Spiritu, cum in sanctificatione Spiritus, [b] fides pariter, et veritas possideantur.

54. Quia ergo recte, et pie, et ut se veritas habet, hæc diximus, sanctificationis, bonitatisque vocabulum, et ad Patrem, et ad Filium, et ad Spiritum sanctum **160** æque refertur, sicut ipsa quoque appellatio Spiritus. Nam et Pater Spiritus dicitur, ut ibi : *Spiritus est Deus* (*Joan.* IV, 24). Et Filius Spiritus : [c] *Dominus, inquit, Spiritus est* (II *Cor.* III, 17). Spiritus autem sanctus, semper Spiritus sancti appellatione censetur, non quod ex consortio tantum nominis Spiritus cum Patre ponatur et Filio, sed quod una natura, unum possideat et nomen. Quia vero Spiritus vocabulum multa significat, enumerandum est breviter quibus rebus nomen ejus aptetur. Vocatur Spiritus et ventus, sicut in Ezechiele : *Tertiam autem partem disperges in spiritum :* hoc est, *in ventum* (*Ezech.* V, 2). Quod si volueris secundum historiam illud sentire, quod scriptum est, *In spiritu violento conteres naves Tharsis* (*Psal.* XLVII, 8), non aliud ibi spiritus, quam ventus accipitur. Necnon Salomon inter multa hoc quoque munus a Deo accepit, ut sciret violentias spirituum ; non aliud se in hoc accepisse demonstrans, quam scire rapidos ventorum flatus, et quibus causis eorum natura subsistat. Vocatur et anima spiritus, ut in Jacobi Epistola : [d] *Quomodo corpus tuum sine spiritu mortuum est, et reliqua* (*Jacob.* II, 26). Manifestissime enim spiritus hic, nihil aliud nisi anima nuncupatur. Juxta quam intelligentiam et Stephanus animam suam spiritum vocans, *Domine*, inquit, *Jesu, suscipe spiritum meum* (*Act.* VII, 58). Illud quoque quod in Ecclesiaste dicitur : *Quis scit an spiritus hominis ascendat sursum, et spiritus jumenti descendat deorsum* (*Eccles.* III, 2) ? Considerandum utrumnam et pecudum animæ spiritus appellentur. Dicitur etiam excepta anima, [e] et excepto spiritu nostro, Spiritus alius quis esse in homine, de quo Paulus scribit : *Quis enim scit hominum ea quæ sunt hominis, nisi spiritus hominis, qui in eo est* (1 *Cor.* II, 11) ? Si enim volueris contendere quispiam animam hic significari in spiritu, quis erit homo cujus cogitationes, et arcana, et secreta cordis occulta nesciat [f] homo nisi spiritus ejus, quia de corpore solitario hoc intelligere velle perstultum est.

55. Quod si arguta nititur fraude subrepere, **161** de Spiritu sancto hæc scripta contestans ; si diligenter verba ipsa consideret, cessabit asserere mendacium. Siquidem ita scriptum est : *Quis enim scit hominum, quæ sunt hominis, nisi spiritus hominis, qui in eo est. Sic et ea, quæ sunt Dei, nemo scit, nisi Spiritus Dei* (I *Cor.* II, 10). Quomodo enim alius est homo, alius est Deus, sic et spiritus hominis, qui est in eo, separatur a Spiritu Dei, qui est in eo : quem Spiritum sanctum frequenter ostendimus. Sed et in alio loco idem Apostolus a nostro spiritu Spiritum Dei secernens, ait, *Ipse Spiritus testimonium perhibet spiritui nostro* (*Rom.* VIII, 16) : hoc significans, quod Spiritus Dei, id est Spiritus sanctus, testimonium spiritui nostro præbeat : quem nunc diximus esse Spiritum hominis. Ad Thessalonicenses quoque : *Integer*, inquit, *spiritus vester, et anima et corpus* (1 *Thess.* V, 19). Sicut enim alia est anima, et corpus aliud : sic et aliud est spiritus ab anima, quæ suo loco specialiter appellatur. De quo et oravit [*Al.* orat], ut integer cum anima servetur et corpore, quia incredibile est, atque blasphemum, orare Apostolum, ut Spiritus sanctus integer servetur, qui nec [g] imminutionem potest recipere, nec profectum.

---

[a] Vatic., *vos per omnia*, cum Vulgata. Græc. ὑμᾶς ὁλοτελεῖς.

[b] Reginæ liber, *in sanctificatione Spiritus Pater et veritas possideantur.*

[c] Pessime acceptos duos hosce Scripturæ textus ita restituo ac distinguo. Erat in altera *Dominus*, vel *Domini, spiritus ejus* pro *est.*

[d] Alium ab isto e Jacobi epistola locum substituit Reginæ cod. ; hunc nempe, cap. IV, 5 : *Ad invidiam concupiscit Spiritus qui habitat in vobis :* subditque, *Spiritus enim nihil aliud*, etc. In eo qui exhibetur vocem *tuum* non habet Vatic. liber, neque ipse Jacobi textus.

[e] Insigni errore editi hactenus, et passim mss. legebant *et excepto Spiritu sancto, spiritus alius, etc.* Substitui *spiritui nostro*, ad codicis Reginæ fidem, maxime vero ad rectæ rationis argumentum, et Paulini testimonii sensum.

[f] Vatic. et Reginæ cod., *nesciat alius homo.*

[g] Sic lego ex veteri editione ; in aliis enim erat *immutationem.*

De humano ergo, ut diximus, spiritu in hoc Apostoli sermo testatus est.

56. Appellantur quoque supernæ rationabilesque virtutes, quas solet Scriptura Angelos, et Fortitudines nominare, vocabulo Spiritus, ut ibi : *Qui facis* [*Al.* facit *et suos*] *Angelos tuos Spiritus* (*Psal.* CIII, 4). Et alibi, *Nonne omnes sunt administratores Spiritus* (*Hebr.* I, 14)? Puto ad hunc sensum et illud referri, quod in Actibus Apostolorum scribitur : *Spiritus Domini rapuit Philippum, et non amplius eum vidit eunuchus* (*Actor.* VIII, 39); id est, Angelus Domini in sublime elevans Philippum, transtulit illum in alium locum. Rationales quoque aliæ creaturæ, et de bono in malum sponte propria profluentes, spiritus pessimi, et spiritus appellantur immundi: sicut ibi : *Cum autem spiritus immundus exierit ab homine.* Et in consequentibus : *Assumit septem alios spiritus nequiores se* (*Matth.* XII, 45). Spiritus quoque dæmones in Evangeliis appellantur. Sed et hoc notandum, numquam simpliciter spiritum, sed cum aliquo additamento spiritum significari contrarium, ut spiritus immundus, et spiritus dæmonis; hi vero qui sancti sunt spiritus, absque ullo additamento spiritus simpliciter appellantur.

57. Sciendum quoque, quod nomen spiritus, et voluntatem hominis, et animi sententiam sonet. Volens quippe Apostolus virginem non solum opere, sed et mente sanctam esse, id est, non tantum corpore, sed et motu cordis interno, ait, *Ut sit sancta corpore et spiritu* (I *Cor.* VII, 34): voluntatem spiritu, et corpore opera significans. Considera utrum et hoc ipsum in Isaia sonet, quod scriptum est : *Et scient, qui spiritu errant, intellectum* (*Isai.* XXIX, 24). Qui enim errore judicii alia pro aliis bona [*Al.* bono studio] existimant, accipient intellectum, ut corrigatur error illorum, ut pro pravis ea quæ recta sunt eligant. Necnon et illud, *Una fortitudo Spiritus vestri* [*Al.* nostri], vide an idipsum ostendat. Et super omnia vocabulum spiritus altiorem et mysticum in Scripturis sanctis significat intellectum, ut ibi : *Littera occidit, spiritus autem vivificat* (II *Cor.* III, 6); litteram dicens simplicem, et manifestam juxta historiam narrationem; spiritum vero, sanctum et spirituale ª nosse quod legitur. In hanc congruit voluntatem et illud : *Nos sumus circumcisio, qui spiritu Domino servientes sumus, et non in carne confidentes* (*Philipp.* III, 3). Qui enim non littera carnem concidunt, sed cor spiritu circumcidunt, auferentes omne ejus superfluum, quod generationi proximum est, et amicum, hi ᵇ vere spiritu circumcisi sunt, in occulto Judæi, et veri Israelitæ, in quibus non est dolus. Qui transcendentes umbras et imagines veteris Testamenti, cultores veri adorant Patrem in spiritu et veritate : in spiritu, quia corporalia et humilia transcenderunt; in veritate, quia typos, et umbras, et exemplaria relinquentes, ad ipsius veritatis veneræ substantiam : et, ut jam diximus, humili et corporea verborum simplicitate contempta, ad spiritualem legis notitiam pervenerunt.

58. Hæc interim juxta possibilitatem ingenii nostri quot res spiritus significaret, attigimus, suo tempore quid unumquodque significet, si Christus tribuerit, disseretur. Nonnumquam autem Spiritus, et Dominus noster Jesus Christus, id est, Dei Filius appellatur. *Benignus siquidem est Spiritus sapientiæ.* Et in alio loco : *Dominus autem Spiritus est,* ut ante diximus, ubi etiam illud adjunximus, *Spiritus Deus est* (*Joan.* IV, 24), non juxta nominis tantum communionem, sed juxta naturæ substantiæque consortium. Quomodo enim quorum diversa substantia est, interdum evenit ut communi vocabulo nuncupentur, et hæc dicuntur ὁμώνυμα; ita eorum, quorum eadem est natura atque substantia, cum societate vocabuli, naturæ quoque æqualitas copulatur, et disciplinæ Dialecticorum est appellare hæc συνώνυμα. Idcirco et Spiritus vocabulum, et si quid aliud in Trinitate usurpari solet, συνώνυμον est : verbi gratia, ᶜ sanctus bonus, et cætera his similia, de quibus paulo ante perstrinximus.

59. Porro ad hæc necessario devoluti sumus, ut quia frequenter appellatio Spiritus in Scripturis est respersa divinis, non labamur in nomine, sed unumquodque secundum locorum varietates et intelligentias accipiamus. Omni itaque studio ac diligentia vocabulum Spiritus, ubi et quomodo appellatum sit, contemplantes, sophismata eorum et fraudulentas decipulas conteramus, qui Spiritum sanctum asserunt creaturam. Legentes enim in Propheta, *Ego sum firmans* ᵈ *tonitruum, et creans Spiritum* (*Amos,* IV, 12), ignorantia multiplicis in hac parte sermonis, putaverunt Spiritum sanctum ex hoc vocabulo demonstrari, cum in præsentiarum Spiritus nomen ventum sonet. Necnon in Zacharia audientes loculum Dominum, quod ipse sit qui creat spiritum hominis in eo, existimaverunt Spiritum sanctum etiam in hoc capitulo significari, non animadvertentes quod animam hominis, aut spiritum (quem tertium in homine esse jam diximus) spiritus appellatio significet. Ergo ut prælocuti sumus, quomodo unumquodque dictum sit, consideremus, ne forte per ignorantiam in barathrum decidamus erroris. Siquidem in aliis rebus ex consortio vocabulorum error eveniens, confusionem et pudorem ei qui erravit importat : de supernis vero et divinis lapsus ad prava, ad æternam pœnam deducit et tartarum [*Al.* barathrum], maxime cum semel deceptus noluerit resipiscere, sed suum defensare impudenter errorem. Decebat etiam, et magnitudo voluminis exigebat, ut finem acciperet oratio.

60. Verum quia infert se quæstio adversus ea

ª Iterum ex eadem editione et Vatic. ms.; cum antea, *esse* pro *nosse* legeretur.

ᵇ Vitiose et hiulco sensu erat, *hi vero* pro *vere* : tum novo mendo, *veræ Israelitæ* pro *vere,* aut *veri.*

ᶜ Emendo ex veteri editione, *Sanctus bonus,* cum esset contra Auctoris mentem, *Spiritus bonus.*

ᵈ Pro *sum firmans,* Græc. στεριῶν, erat *confirmavi.* In aliquot mss., *sum formans.*

quæ superius disputavimus : quam idcirco tunc prætermisimus, ne textum sermonis irrumperet, et inter piam prædicationem impia contentio poneretur, necessarium puto ad propositum respondere, et lectoris arbitrio, quid super his sentiat, derelinquere. Disputantibus ergo supra, quod animam vel mentem hominis nulla creatura juxta substantiam possit implere, nisi sola Trinitas, quia tantummodo secundum operationem, et voluntatis errorem, sive virtutem, animus de his quæ creata [*Al.* sociata] sunt impletur : oborta est quæstio nostra, quasi sententiam solvens, quod creata substantia, quæ in Scripturis Satanas appellatur, ingrediatur in aliquos, et cor quorumdam implere dicatur. Nam ad eum qui medietatem pretii de agro vendito sibi, aliud profitens, reservaret, a Petro Apostolo dictum est, *Anania, quare implevit Satanas cor tuum* (*Actor.* v, 3)? Et de Juda loquitur ipse Salvator, quod intraverit in eum Satanas. Ad quod postea respondendum est. Interim nunc [a] disputemus adversum id quod scriptum est, *Quare implevit Satanas cor tuum?* quomodo Satanas mentem alicujus et [b] principale cordis impleat, non ingrediens in eum et in sensum ejus, atque, ut ita dicam, aditum cordis introiens : siquidem hæc potestas solius est Trinitatis : sed quasi callidus quidam et nequam ac fallax fraudulentusque deceptor, in eos animam humanam malitiæ affectus trahit, per cogitationes et incentiva vitiorum, quibus ipse plenus est. Denique et ipse Elymas magus filius diaboli, juxta malitiam nequitiamque subsistens, plenus omni dolo et malitia, scribitur *Satana Patre ejus*, hanc ei voluntatem, quasi ex consuetudine [c] vitiorum in naturam vertente. Arguens itaque eum Apostolus Paulus atque corripiens ait : *O plene omni iniquitate et omni dolo, fili diaboli, inimice justitiæ Dei* (*Actor.* xiii, 10)! Quia enim versipellis et callidus, omnem in se dolum fraudulentiæ susceperat, appellatur filius diaboli, quia implebat ipse omne principale **165** illius fraude et iniquitate, et omni malitia : intantum illiciens eum atque decipiens, ut ipse Satanas implesse animam ipsius, et habitare in eodem putaretur, quem ad omnes suæ perversitatis dolos, ministrum sibi ac,[d] famulum præparaverat.

61. Ad id vero quod secundum posueramus [*Vat.* proposueramus] exemplum, quia in Judam introisset Satanas, hoc dicendum est. Observans diabolus quibusdam motibus et operationum signis, ad quæ potissimum Judæ cor esset vitia proclivius, deprehendit eum patere insidiis avaritiæ, et reperta cupiditatis janua, misit in mentem ejus quomodo desideratam pecuniam acciperet, et per occasionem lucri, proditor magistri et Salvatoris sui existeret, argentum pro pietate commutans, et suscipiens pretium sceleris a Pharisæis atque Judæis. Hæc ergo cogitationis occasio locum tribuit Satanæ, ut in cor ejus introiens, impleret eum pessima voluntate. Introivit ergo non secundum substantiam, sed secundum operationem; quia introire in aliquem, increatæ naturæ est ejus, quæ participetur a pluribus. Imparticipabilis ergo diabolus est, non creator, sed creatura subsistens. Unde et convertibilis atque mutabilis, e sanctitate decidit atque virtute. Diximus supra μετοχικὸν [Erat μετοχικῶς], id est, quod participatione capiatur, esse incorruptibile et immutabile, et consequenter æternum. Quod autem mutari potest, factum esse et habere principium. Porro quod incorruptibile sit, esse et retro et deinceps sempiternum. Non ergo (ut quidam putant) participatione naturæ, sive substantiæ implet quempiam diabolus, aut ejus habitator efficitur, sed per fraudulentiam, et deceptionem, et malitiam, habitare in eo creditur quem replevit. Hac autem fallacia etiam presbyteros, qui adversus Susannam [e] in crudelitatem se verterant, intravit : implens animas eorum incendio libidinis, et sera senii voluptate. Scriptum est enim : *Venerunt autem et duo presbyteri, pleni iniqua cogitatione* (*Dan.,* xiii, 28). His insidiis implevit et universum populum Judæorum, dicente Propheta de eo : *Væ, gens* **166** *peccatrix, populus plenus peccatis, semen pessimum, filii iniqui* (*Isai.* i, 4). Semen quippe nequam [f] diabolus, et filii ejus, propter iniquitatem et plenitudinem, dicti sunt peccatores. Si autem ab his qui ejus in Scripturis filii nominantur, juxta substantiæ participationem non capitur [*Al.* nuncupantur], siquidem impossibile hoc esse in creaturis frequenter ostensum est, neque alius quis potest eum capere participatione substantiæ, sed tantummodo assumptione fraudulentissimæ voluntatis. Operationem quippe et studia non solum bonorum operum, [g] sed etiam malorum in creaturis diximus; naturam vero atque substantiam solius in alios posse Trinitatis intrare.

62. Abunde (ut reor) occursum est propositæ quæstioni. Quia vero ineptum et stultum videtur, adversus fatua respondere, et si quid in buccam ruerit [*Al.* irruit] impiorum, hoc velle dissolvere; non enim tantum impietas est, scelerata proponere, quantum et de sceleratis [h] cum resistente velle tractare : idcirco illud quod solent jactare, prætereo,

---

[a] Imperfecto sensu erat : *Interim nunc ad id quod scriptum est.* Verbum *disputemus* ex Reginæ ms. alterum *adversum,* ex ipso et Vaticano expressum est.

[b] Græce ἡγεμονικόν : vide in Commentariis in Matthæum.

[c] Vatic., *quasi ex consuetudine secundam pene injiciente naturam.*

[d] Idem, *ministrum sibi ac filium præparaverat.*

[e] Vetus edit., *qui adversus Susannam amorem in crudelitatem verterant.* Vatic., *qui adversus Susannam sæviebant, in crudelitatem verterat, et implevit animas,* etc.

[f] Cod. Reginæ, *filii Diaboli.* Et mox Vatic. *dicti sunt peccatorum,* probo uterque sensu, nisi etiam meliori.

[g] Expressius Reg. ms., *sed etiam malorum participabilia esse in creaturis dicimus, naturam vero atque substantiam solius Trinitatis in alios posse intrare.*

[h] Erat incommodo sensu, *solent resistentem velle.*

sacrilega adversus nos audacia proclamantes: Si tumeliam] fecerit Spiritui gratiæ ejus, in quo sanctificatus est. Quod quidem et in Deo Patre est intelligendum. Nam qui blasphemaverit in eum, et impie egerit, sine venia cruciabitur, [c] nullo pro eo Dominum deprecante, sicut scriptum est, *Qui autem in Dominum Deum peccaverit, quis orabit pro eo?* Necnon et qui Filium negaverit coram hominibus, negabitur ab eo coram Patre, et Angelis ejus. Ergo quia nulla venia in Trinitatem conceditur blasphemantibus, omni studio et cautela est providendum, ut ne in brevi quidem parvoque sermone de ea disputantes, labamur. Quin potius si quis hoc volumen legere voluerit, quæsumus, ut mundet se ab omni opere malo, et cogitationibus pessimis: quo possit illuminato corde ea intelligere quæ dicuntur, et plenus sanctitate atque sapientia, ignoscere nobis, sicubi voluntatem nostram non implevit effectus, et tantummodo consideret qua mente quid dictum sit, non quibus expressum sermonibus. Sicut enim pietatis sensum nobis audaciter juxta nostram conscientiam vindicamus, ita quantum de eo loqui pertinet, venustatem rhetoricam facundiamque, juxta consequentiam textumque sermonis, [d] procul abesse simpliciter confitemur. Studii quippe nostri fuit, de Scripturis sanctis disserentibus, pie intelligere quæ scripta sunt, et imperitiam mensuramque nostri non ignorare sermonis.

Spiritus sanctus creatus non est, aut frater est Dei Patris, aut patruus est unigeniti Jesu Christi, aut filius Christi est, aut nepos est Dei Patris, aut ipse filius Dei est, et jam non erit unigenitus Dominus Jesus Christus, cum alterum fratrem habeat. Miseri atque miserabiles, non sentientes de incorporeis et invisibilibus, juxta corporalium et visibilium disputari non licere naturam. Fratrem esse vel patruum, nepotem vel filium, corporum nomina sunt, et imbecillitatis humanæ vocabula. Trinitas vero omnes has prætergreditur nuncupationes. Et quotiescumque in aliqua de his cadit: nominibus nostris, et incongruis vocabulis non [a] suam naturam loquitur. Cum igitur sancta Scriptura amplius de Trinitate non dicat, nisi Deum Patrem esse Salvatoris, et Filium generatum esse a Patre, hoc tantummodo debemus sentire quod scriptum est. Et ostenso quod Spiritus sanctus increatus sit, consequenter intelligere, quod cujus non est creata substantia, recte Patri Filioque societur.

63. Hæc juxta eloquii nostri paupertatem in præsenti dicta sufficiant: [b] timorem meum, quod de Spiritu sancto loqui ausus sim, indicantia. Quicumque enim in eum blasphemaverit: non solum in hoc sæculo, verum etiam in futuro non dimittetur ei, nec ulla misericordia et venia reservabitur illi qui conculcaverit Filium Dei, et injuriam [*Al.* con-

---

etc.; tum certo errore, *quod solent tractare, prætereo,* pro *jactare,* aut *jactitare,* quod habent emendatiores libri.

[a] Male obtinebat, *non sua natura,* in recto. Emendat Vatic. et vetus Editio.

[b] Reginæ liber et Vatic., *timorem tantum meum in eo, quod de Spiritu sancto loqui ausus sim, indi-* cavi.

[c] Idem Reg. ms., *nullo modo pro eo Domino deprecante.*

[d] Intrusa hic perperam *nos* vocula, sensus laborabat. Expunxi ope codicis Reginæ, qui itidem expuncta voce *juxta,* fere concinnius legit *facundia consequentiam.*

IN SEQUENTEM LIBRUM ADMONITIO.

Notum Luciferi Calaritani episcopi hanc fuisse mentem, ut qui in Ariminensi concilio Arianæ perfidiæ subscripserant, amplius inire communionem cum Ecclesia, tametsi pœnitentes, non possent: seque adeo ab eorum quoque communione, qui lapsos post satisfactionem receperant, penitus abdicasse. *Nam,* inquit Sulpicius Hist. lib. II, cap. 45, *intantum eos qui Arimini fuerant, condemnavit, ut se etiam ab eorum communione secreverit, qui eos sub satisfactione, vel pœnitentia reciperent.* Ex eo Luciferianorum manavit hæresis, temere asserentium ab Arianis, et qui illis semel consenserant episcopis, non conferri Spiritum sanctum, eosque ab episcopatu ac sacerdotii munere ita excidisse, ut sacramenta administrandi facultatem omnem illis adimerent, atque ipsos etiam baptizatos ab eis nisi per manus impositionem, atque invocationem Spiritus sancti, nollent suscipere.

Hac de re disputatum est aliquando Luciferianum inter atque Orthodoxum, sed conviciis, ut ferme usu venit, magis quam argumentis uterque altercatus, adversarium fregerat potius quam superaverat. Condictum est itaque, ut altera die convenirent, iisque contendentibus, quæ pro sua quisque causa diceret, a Notariis excepta sunt. Atque in hoc quidem libro per Dialogum abs Hieronymo exponuntur, quasi ab altercantium ore proficiscantur; sed nihil dubium est a S. Doctore studiose contextum opus atque expolitum fuisse ad catholicæ veritatis tuendam fidem. Nam et gesta Ariminensis concilii magnam partem adducit, deque ejus historia, Arianorumque in eo artibus ac dolis loquitur, eoque in primis quod *usiæ* vocabulum ad sarciendam pacem rejici ab Orthodoxis hæretici obtinuerunt, quando in cæteris se fingerent consentire; sed postquam episcopos nefaria subscriptione illa devinxerant, fraudem aperuerint, et pro se victoriam inclamarint. De baptismo etiam hæreticorum copiose disserit, tamque ad rectum sensum, ut eorum minime probet opinionem, qui dicunt quædam in hoc libro super hæreticorum baptismo S. Doctori excidisse, quæ ingenio per ætatem magis subacto postmodum revocaverit. Tale illud etiam est, quod Victorius confutat, nempe S. Hieronymum putasse necessariam esse in sacerdotibus rectam vitam, ut vel absolvant, vel eucharistiam conficiant. Contra enim num. præsertim 5 luculenter constituit, ut si alibi contrarium videatur asserere, ideo faciat, ne dum de sola sibi sacerdotes potestate obiandiuntur, rectam vivendi desciant normam, et quod potestate construunt, exemplo destruant.

De anno quo opus istud elucubrarit, non satis convenit inter eruditos. Illud nempe aliquos movet, quod in Chronico Luciferum multa cum laude memoret, neque sit vero simile ejus celebrari constantiam ac fidem, cujus sententiam, immo errorem edito libro impugnat, nisi si liber iste, in quo male audit, illo in quo bene, posterior sit. Quamobrem cum anno 380 Chronicon fuisse conscriptum constet, Dialogum hunc post eam temporis notationem differri volunt. Sed nihil esse hujusmodi argumentum videas, si illa ipsa recte expenderis testimonia, et multa esse scias, quæ in Lucifero Hieronymus suspiciebat: nec proprie ipsum episcopum, sed ejus asseclas, qui ejus nomine ad erroris patrocinium abutebantur, impugnari. Nam et hoc ipso in libro bene audit Lucifer, ut illis verbis, *Cogor de Beato Lucifero secus quidquam, quam et illius meritum, et mea humanitas poscit, existimare*. Ex serie autem et loco, quo in Catalogo ab ipso Hieronymo censetur hic liber, et Chronico proxime præcedere eum liquet, sive annum 380 antevertere, et relictæ solitudinis epocham, sive ann. 379, ut in Chronologicis Epistolarum argumentis notatum est, superare. Facile igitur ipso anno 379, quo e Chalcidis eremo fugiens, Antiochiæ substitit, librum exaravit, nam et Antiochiæ Luciferianus atque Orthodoxus altercati sunt, et proxime ab illa altercatione scribere se Hieronymus profitetur.

S. EUSEBII HIERONYMI

STRIDONENSIS PRESBYTERI

[a] DIALOGUS CONTRA LUCIFERIANOS.

1. **171** [b] Proxime accidit, ut [*Al.* quod] quidam Luciferi sectator, cum alio Ecclesiæ alumno odiosa loquacitate contendens, caninam facundiam exercuerit [*Mss.* exercuit]. Asserebat quippe universum mundum esse diaboli, et ut jam familiare est eis dicere, factum de Ecclesia lupanar. At ille e contrario, rationabiliter quidem, sed importuno et loco et tempore, defendebat, non sine causa Christum mortuum fuisse, nec ob Sardorum tantum [c] mastrucam Dei Filium descendisse. Quid plura? dum [d] audientiam et circulum lumina jam in plateis accensa solverent, et inconditam disputationem nox interrumperet, consputa pene invicem facie, recesserunt. Hoc tamen his qui affuerunt statuentibus, ut in secretam porticum primo mane conveniretur: quo cum juxta placitum omnes convenissent, visum est utriusque sermonem a notariis excipi.

2. *De hæretico loquendum ut de gentili.* — Atque ita cunctis residentibus, HELLADIUS LUCIFERIANUS dixit: Hoc primum mihi responderi volo, utrum Ariani Christiani sint, an non? [e] ORTHODOXUS. Ego plus, inquit, interrogo, utrumne omnes hæretici Christiani sint? L. dixit, Quem hæreticum dixeris, Christianum negasti. O. dixit, Omnes ergo hæretici Christiani non sunt? L. Jam superius audisti. O. Si Christi non sunt, diaboli sunt. L. Nemo dubitat. O. Si autem diaboli sunt, **172** nihil refert hæretici sint, an gentiles. L. Non refello. O. Igitur fixum inter nos habemus, de hæretico sic loquendum, sicut de gentili. L. Plane fixum. O. Quære nunc ut libet, quoniam inter nos constat, hæreticos gentiles esse. L. Quod interrogatio mea cogere volebat expressum est, hæreticos Christianos non esse. Nunc restat conclusio. Si Ariani hæretici sunt, et hæretici omnes gentiles sunt, et Ariani gentiles sunt. Si autem Ariani gentiles sunt, et constat nullam societatem

---

[a] Edd. Martian. et Vallars. habent: *Incipit Altercatio Luciferiani et Orthodoxi, a S. Hieronymo scripta.* EDIT. — Vetus codex ms. Sorbonæ sequentem retinet epigraphen: *Incipit Epla Hieronymi presbyteri adversus Luciferianos*. Deinde hunc contextum: Proxime accessit Luciferianus hæresis sector, cum aliquo Ecclesiæ alumno odiosa loquacitate contendens, etc. MARTIAN.
[b] Cluniacensis codex, *Proxime accidit, quod quidam Luciferi sectator cum alio Ecclesiæ alumno*, etc. MARTIAN.
[c] Notatum Lexicographis nomen. Theodorus *Mastruca vestis Sarda*. Al. *Mastruga*. Prudentius.

Solvere Mastrucis proceres, vestire Togatos.
Apposite vero in primis Quintilianus lib. II, cap. 10: *Mastrugam, quod Sardum est, illudens Cicero ex industria dixit*. Paulinus quoque Macario inops hobitus, et *Mastruga Sardorum*. — Mss. codices legunt *mastrugam*. Erat mastruca vestimentum ex pellibus, sive ferina vestis male olens, qua Sardi utebantur. MARTIAN.
[d] In aliquot libris *dum audientium circulum lumina*, etc.
[e] Vetus editio Hieronymum ipsum sub Orthodoxi persona loquentem inducit. *Orthodoxus Hieronymus, ego*, etc.

Ecclesiæ esse cum Arianis, id est, cum gentilibus, manifestum est vestram Ecclesiam quæ ab Arianis, id est, a gentilibus, episcopos suscipit, non tam episcopos recipere, quam de Capitolio sacerdotes: ac per hoc Antichristi magis synagoga, quam Christi Ecclesia debeat nuncupari.

3. *Eucharistia.* — *O.* Ecce impleta est prophetia: Paravit mihi foveam, et ipse incidit in eam. *L.* Quonam modo? *O.* Si Ariani, ut dicis, gentiles sunt, et Arianorum conventicula castra sunt diaboli, quomodo in castris diaboli baptizatum recipis? *L.* Recipio, sed pœnitentem. *O.* Prorsus quid dicas, non intelligis. Quisquamne gentilem recipit pœnitentem? *L.* Ego simpliciter in exordio sermonis omnes hæreticos gentiles esse respondi. Verum quia captiosa interrogatio fuit, primæ quæstionis tibi palmam tradens, **173** ad secundam veniam in qua aio laicum ab Arianis venientem recipi debere pœnitentem, clericum vero non debere. *O.* Atqui in prima quæstione quam obtinuisse me dicis, etiam secundam obtinui. *L.* Doce quomodo obtinueris. *O.* Nescis et laicos et clericos unum habere Christum, nec alium neophytis, alium episcopis esse Deum? Cur ergo non recipiat clericos, qui recipit laicos pœnitentes? *L.*[a] Non est ipsum lacrymas fundere pro peccatis, et corpus attrectare Domini. Non est ipsum ad fratrum genua provolvi, et de sublimi loco eucharistiam ministrare populo. Aliud est lugere quod fueris, aliud neglecto peccato, in Ecclesia vivere gloriosum. Tu qui hesterno die sacrilegus creaturam Dei Filium prædicabas; qui quotidie pejor Judæis, blasphemiorum lapides in Christum jaciebas, cujus manus sanguine plenæ sunt, cujus stylus lancea militis fuit, ad unius horæ conversionem virginem Ecclesiam adulter ingredieris? Si peccasse te pœnitet, officium depone sacerdotis: si te peccasse confidis, permane quod fuisti.

4. *O.* Rhetoricaris; et a disputationum spinetis, ad campos liberæ declamationis excurris. Verum desine, quæso, a communibus locis, et in gradum rursum ac lineas regredere: postea si placuerit, latius disseremus. *L.* Nulla declamatio hic est. Dolor patientiam superat; propone ut libet, argumentare ut libet, numquam persuadebis me esse [b] episcopum, quod laicum pœnitentem. *O.* Quoniam obstinate tenes, aliam esse rationem episcopi, aliam laici, ad compendium concertationis, tribuo quod postulas: nec me pigebit locum te faciente, manum tecum conserere. Expone mihi, quare laicum venientem ab Arianis recipias, episcopum non recipias? *L.* Recipio laicum, qui errasse se confitetur; et Dominus mavult pœnitentiam peccatoris, quam mortem. *O.*[c] Recipe ergo et episcopum, qui et errasse se confitetur, et Dominus mavult pœnitentiam peccatoris, quam mortem. *L.* Si errasse se confitetur, **174** cur episcopus perseverat? deponat sacerdotium, concedo veniam pœnitenti. *O.* Respondebo tibi et ego sermonibus tuis. Si laicus errasse se confitetur, quomodo laicus perseverat? deponat [d] sacerdotium laici, id est, baptisma, et ego do veniam pœnitenti. Scriptum est enim: *Regnum quoque nos et sacerdotes* [e] *Deo Patri suo fecit* (Apoc. 1, 6). Et iterum, *Gentem sanctam, regale sacerdotium, populum acquisitum* (1 Pet. II, 9). Omne quod [f] non licet Christiano, commune est tam episcopo quam laico. Qui pœnitentiam agit, priora condemnat [*Al.* contemnat]. Si non licet episcopo pœnitenti perseverare quod fuerat, [g] non licet et laico pœnitenti permanere [h] in eo propter quod pœnitentiam confitetur. *L.* Recipimus laicos, quoniam nemo convertetur, si se scierit rebaptizandum: et ita fiet, ut nos simus causa perditionis eorum si repudientur. *O.* Tu in eo quod recipis laicum, unam animam recipiendo salvas; et ego in recipiendo episcopum, non dicam unius civitatis populos, sed universam, cui præest, provinciam Ecclesiæ socio; quem si repellam, multos secum in ruinam trahet. Quamobrem quæso vos ut eam rationem, quam in paucis recipiendis habere vos existimatis, etiam ad totius orbis salutem concedatis. Quod si displicet, et tam duri estis, immo tam irrationabiliter inclementes, ut cum qui dederit baptisma hostem Christi, eum qui acceperit filium putetis; nos nobis adversa non facimus: aut episcopum cum populo recipimus, quem facit Christianum; aut si episcopum non recipimus, scimus etiam nobis populum rejiciendum.

5. *Episcopus condimentum suæ Ecclesiæ. Fletus Ecclesiæ pro pœnitentibus. Liber duodecim Prophetarum. Oculus Ecclesiæ episcopus.* — *L.* Oro te, [i] nonne legisti de episcopis dictum: *Vos estis sal terræ. Si autem sal infatuatum fuerit, in quo salietur? ad nihilum est utile, nisi ut projiciatur foras, et conculcetur*

---

[a] *Non est ipsum lacrymas fundere.* Superflue hic in editis Erasmi et Mariani additum est nomen *episcopi*, quod non legunt exemplaria vetera. Ex hoc porro loco apertissime comprobatur fides Catholica, qua credimus verum Christi corpus exsistere in Eucharistia, et manibus sacerdotum attrectari; e sublimi loco Eucharistiam quoque populo ministratam discimus. MARTIAN.

[b] Gravius sic legi jubet, *id esse episcopum confitentem, quod laicum pœnitentem*; idque rectius, ut videtur.

[c] In Veteri edit., *Recipio et ego episcopum.*

[d] Certa quadam acceptione plebi quoque communi fuisse olim, primis nempe Christianismi temporibus, *sacerdotii* nomen, erudite notatum est, ex illo I Petri II, 9: βασίλειον ἱεράτευμα, *regale sacerdo-* *tium*, quod statim adducitur; nam locum omiserat Martianæus, quod in suis mss. non invenisset.

[e] *Deo Patri suo fecit.* Addunt editi libri: *Et iterum, gentem sanctam, regale sacerdotium, populum acquisitum.* Id non legunt mss. nostri codices. MARTIAN.

[f] Negandi particulam expressit antiqua editio.

[g] *Non licet et laico,* etc. Ms. Sorbonicus, *non liceat et laico pœnitenti permanere, propter quod pœnitentiam confitetur.* Cluniacensis similiter legit, excepto *licet,* habet enim *licet.* MARTIAN.

[h] Voculas *in eo* in duobus mss. desiderari Martian. notat. Gravius ita locum refixit, *non licet et laico pœnitenti permanere quod erat, qui propter pœnitentiam confitetur.*

[i] Vetus edit., *Oro te nomine Christi, non legisti,* etc.

ab hominibus (*Matth.* v, 13). Sed et illud, quod pro populo peccatore sacerdos Deum exoret, ac pro sacerdote nullus sit alius, qui deprecetur (I *Reg.* III). Quæ quidem duo Scripturarum capitula in sententiam concurrunt unam. Nam ut sal omnem cibum condit, nec est aliquid per se tam suave, quod absque eo gustum demulceat : ita mundi totius et propriæ Ecclesiæ condimentum episcopus est, qui si infatuatus fuerit, sive per negationem, sive per hæresim, sive per libidinem, et ut semel dicam, per universa peccata, a quo alio poterit condiri, cum ipse fuerit omnium condimentum ? Sacerdos quippe pro laico offert oblationem suam, imponit manum subjecto, reditum sancti Spiritus invocat, atque ita eum, qui traditus fuerat Satanæ in interitum carnis, ut spiritus salvus fieret, indicta in populum oratione, altario reconciliat, nec prius unum membrum restituit sanitati, quam omnia simul membra [a] confleverint. Facile quippe ignoscit filio pater, cum mater pro visceribus suis deprecatur. Si ergo hoc quem diximus gradu laicus pœnitens restituitur Ecclesiæ, ibique sequitur venia, ubi luctus præcesserat : manifestum est, sacerdotem [b] de gradu suo motum, in eumdem locum non posse restitui, quia aut pœnitens sacerdotio carebit, aut in honore persistens, reduci in Ecclesiam non poterit per ordinem pœnitentis. Tu mihi nunc infatuato sale, Ecclesiæ saporem contaminas ; tu eum qui projectus foras, jacere deberet in stercore, a cunctis hominibus conculcandus, super altarium reponis ! Et ubi erit illud Apostoli præceptum : *Oportet episcopum esse sine crimine, quasi dispensatorem Dei* (*Tit.* I, 7). Et iterum : *Probet autem se unusquisque et sic accedat* (I *Cor.* XI, 28) ? Ubi Dominica denuntiatio est : *Ne miseritis margaritas vestras* [*Al.* miserimus et nostras] *ante porcos* (*Matth.* VII, 6) ? Quod si de omnibus generaliter dictum intelligis, quanto magis de sacerdotibus præcavendum est, cum etiam de laicis sic cavetur (*Al.* habeatur) ! *Separamini*, inquit Dominus per Moysen, *a tabernaculis istorum hominum durissimorum, et nolite* [c] *tangi ab omnibus quæ sunt eorum, ne simul pereatis in peccato eorum* (*Num.* XVI, 26). Et rursum in duodecim Prophetis : *Sacrificia eorum tamquam panis luctus ; omnes qui manducant ea, contaminabuntur* (*Ose.* IX, 4). Et in Evangelio Dominus : *Lucerna*, inquit, *corporis est oculus*, id est, Ecclesiæ lumen est episcopus. *Si autem oculus tuus simplex est, totum corpus tuum lucidum erit* (*Matth.* VI, 22). Sacerdote enim fidem veram prædicante, ex omnium corde tenebræ discutiuntur. Et causam reddit : *Neque enim lucerna accenditur et ponitur subter modium, sed super candelabrum, ut luceat omnibus qui in domo sunt* (*Matth.* v, 15).

[d] Hoc est, ideo Deus scientiæ suæ igniculum in episcopo succendit, ut non sibi tantum luceat, sed omnibus prosit. Et in consequenti : *Si*, inquit, *oculus tuus nequam fuerit, omne corpus tenebrosum est. Si autem lumen quod in te est, tenebræ sunt ; ipse tenebræ quantæ erunt* (*Matth.* VI, 23) ! Et recte. Nam cum ideo episcopus in Ecclesia constituatur, ut populum coerceat ab errore, quantus erit error in populo, cum errat ipse qui docet [*Al.* doceat] ! Quomodo potest peccata dimittere, qui ipse peccator est ? quomodo sanctum sacrilegus faciet ? unde ad me lumen introiet, cum oculus meus cæcus sit ? Proh dolor ! Antichristi discipulus Ecclesiam Christi gubernat. Et ubi est illud : *Non potestis duobus dominis servire* (*Ibid.*, 24) ? Sed et illud, *Quæ communicatio luci ad tenebras ? qui consensus Christo ad Belial* (II *Cor.* VI, 14, 15) ? Legimus in veteri Testamento (*Levit.* XXI, 17, *et* XXI, 5) : *Homo in quo fuerit macula et vitium, non accedat offerre dona Domino*. Et rursum : *Sacerdotes qui accedunt ad Dominum Deum, ut sacrificent, mundi sint, ne forte derelinquat eos Dominus*. Et in eodem : *Et cum accedunt ministrare sancta, non adducant in se delictum ; ne moriantur*. Et multa alia, quæ persequi infinitum est, studio [*Al.* sed studio] brevitatis omitto. Neque enim numerus testimoniorum, sed auctoritas valet. Ex quibus ostenditur, vos per modicum fermentum totam Ecclesiæ massam corrupisse, et de ejus manu hodie Eucharistiam accipere, quem heri quasi [e] idolum despuebatis.

6. *Sacrificium in Ecclesia. Christus lavacro suo mundavit aquas.* — O. Multa quidem de sacris Voluminibus memoriter copioseque dixisti : sed cum totum circumieris saltum, meis cassibus concluderis [*Mss.* cluderis *vel* clauderis]. Sit quippe, ut vis, Arianorum episcopus hostis Christi, sit infatuatum sal, sit lucerna sine igniculo, sit oculus sine pupilla : nempe eo pervenies, ut salire non possit, qui sal ipse non habeat ; non illuminet cæcus, non accedat exstinctus. Tu autem cum conditum ab eo cibum devores, cur insulsum arguis conditorem ? De igniculo ejus Ecclesia tua lucet, et lucernam ejus criminaris exstinctam ? Oculos tibi præbet, et cæcus est ? Quamobrem oro te, ut aut sacrificandi ei licentiam tribuas, cujus baptisma probas : aut reprobes ejus baptisma, quem non existimas sacerdotem. Neque enim fieri potest, ut qui in [f] baptismate sanctus est, sit apud altare peccator. L. Sed ego recipio laicum pœnitentem per manus impositionem, et invocationem Spiritus sancti, sciens ab hæreticis Spiritum sanctum non posse conferri. O. Omnes propositionum vestrarum calles ad unum compitum confluunt, et pavidorum more cervorum,

---

[a] Alio sensu nec penitus inutili, vetus editio, *conflaverit*, et paulo post, *consequitur veniam, ubi*, etc.
[b] Absque *de* legi in vetustis codicibus Gravius monet.
[c] Gravius activa forma mavult *tangere :* textu utroque, nedum Latino interprete, consentiente.

[d] In veteri edit. *qui in domo sunt. Lucernam enim hoc est, Deus scientiæ suæ igniculum*, etc.
[e] Victorius maluit juxta Brixianos codices *quasi idololatram respuebatis*.
[f] Alias erat *in baptisterio*, quod elegantius *altari* opponitur.

dum [a] vanos pennarum evitatis volatus, fortissimis retibus implicamini. Nam cum in Patre et Filio et Spiritu sancto baptizatus homo, templum Domini fiat, cum, veteri æde destructa, novum Trinitatis delubrum ædificetur, quomodo dicis, sine adventu Spiritus sancti apud Arianos peccata posse dimitti? Quomodo antiquis sordibus anima purgatur, quæ sanctum non habet Spiritum? Neque enim aqua lavat animam, sed prius ipsa lavatur a Spiritu, ut alios lavare spiritualiter possit. *Spiritus*, inquit Moyses, *Domini ferebatur super aquas* (*Gen.* 1, 2). Ex quo apparet baptisma non esse sine Spiritu sancto. [b] Bethesda lacus Judææ, nisi per adventum Angeli, debilitata corporaliter membra sanare non poterat: et tu mihi aqua simplici, quasi de balneo animam lotam producis? Ipse Dominus noster Jesus Christus, qui non tam mundatus est lavacro, quam in lavacro suo universas aquas mundavit, statim ut caput extulit de fluento, Spiritum sanctum accepit, non quod umquam sine Spiritu sancto fuerit, quippe qui de Spiritu sancto in carne natus est: sed ut illud nobis monstraretur verum esse baptisma, quo Spiritus sanctus adveniat. [c] Igitur si Arianus Spiritum sanctum non potest dare, ne baptizare quidem potest, quia Ecclesiæ baptisma sine Spiritu sancto nullum est. **178** Tu vero cum baptizatum ab eo recipias, et postea invoces Spiritum sanctum, aut baptizare eum debes, quia sine Spiritu sancto non potuit baptizari: aut si est baptizatus in Spiritu, desine ei invocare Spiritum, quem tunc cum baptizaretur, accepit.

7. *Quid ad verum baptisma necessarium? Joannis baptisma quid? Sine Spiritu sancto nullum baptisma. Verum et legitimum Ecclesiæ baptisma.* — L. Obsecro te, nonne legisti in Actibus Apostolorum, eos qui jam a Joanne baptizati fuerant, cum ad interrogationem Apostoli respondissent, se nec auditu quidem comperisse quid esset Spiritus sanctus, postea fuisse Spiritum sanctum consecutos? Unde manifestum est posse aliquem baptizari, et tamen non habere Spiritum sanctum. O. Non tam imperitos divinorum Voluminum eos qui audiunt puto, ut ad hanc quæstiunculam dissolvendam longo sermone opus sit. Verum prius quam quid in eam sententiam loquar, ausculta, juxta sensum tuum, quanta Scripturarum turbatio oriatur. Quid est hoc, quod Joannes in baptismate suo aliis Spiritum sanctum dare non potuit, qui Christo dedit? Et quis est iste Joannes? *Vox clamantis in deserto, parate viam Domini: rectas facite semitas Dei nostri* (*Isai.* XL, 3; *Matth.* III, 3). Ille qui dicebat: *Ecce Agnus Dei, ecce qui tollit peccatum mundi* (*Joan.* I, 29). Minus dico, ille qui ex matris utero clamabat: *Et unde hoc mihi, ut mater Domini mei veniat ad me* (*Luc.* I, 43)? Spiritum sanctum non dedit, quem Philippus diaconus eunucho dedit (*Act.* VIII)? quem Ananias Paulo dedit (*Act.* IX)? Audacter forsitan videar Joannem præferre cunctis. Audi Dominum loquentem: *Non est in natis mulierum major Joanne Baptista* (*Matth.* XI, 11). Nulli enim contigit prophetarum, et annuntiare Christum, et digito demonstrare. Et quid mihi necesse est in talis viri laudibus immorari, cum a Deo Patre etiam Angelus nuncupetur? *Ecce*, inquit, *mitto Angelum meum ante faciem tuam, qui præparabit viam tuam ante te* (*Ibid.* 10). Plane Angelum, qui post materni ventris hospitium eremi deserta sectatus, [d] parvulus de serpentibus lusit; qui oculis **179** spectantibus Christum, nihil aliud est dignatus aspicere; qui eloquiis Domini, quæ melle et favo dulciora sunt, dignam Deo vocem erudivit. Et ne quæstionem morer, sic decebat crescere Præcursorem Domini. Iste ergo talis tantusque Spiritum sanctum non dedit, quem Cornelius centurio antequam baptizaretur, accepit? Responde, quæso, cur non dederit? ignoras? Audi quid Scripturæ doceant: Joannis baptisma non tam peccata dimisit, quam pœnitentiæ baptisma fuit in peccatorum remissionem, id est, in futuram remissionem; quæ esset postea per sanctificationem Christi subsecutura. Scriptum est enim: *Fuit Joannes in deserto baptizans, et prædicans Evangelium pœnitentiæ in remissionem peccatorum.* Et post modicum: *Et baptizabantur ab eo in Jordane confitentes peccata sua.* Ut enim ipse ante Præcursor Domini: sic et baptisma ejus prævium Dominici baptismatis fuit. *Qui de terra est*, aiebat, *terrena loquitur; qui de supernis venit, super omnes est* (*Joan.* III, 31). Et iterum: *Ego baptizo vos in aqua, ille baptizabit in spiritu* (*Matth.* III, 11). Si autem Joannes, ut confessus est ipse, non baptizavit in spiritu, consequenter neque peccata dimisit, quia nulli hominum sine Spiritu sancto peccata dimittuntur. Aut si contentiose argumentaris, ideo Joannis baptisma dimisisse peccata, quia de cœlis fuit, edoce quid amplius in Christi baptismate consequamur. Quod peccata dimittit, liberat a gehenna. Quod a gehenna liberat, perfectum est. Perfectum autem baptisma, nisi quod in cruce et in

---

[a] Nempe funiculis pennæ suspendebantur præter spatium quod retia occupant, ut fera earum volatum quasi periculum evitatura, se in retia conjiceret. Virgil. Georgic. de cervis:

Hos non immissis canibus, non cassibus ullis,
Puniceæque agitant pavidos formidine pennæ.

[b] Probatica Piscina quam Joan. v, 2, memorat, λεγομένη Ἑβραϊστὶ Βηθεσδά, dicta hebraice Bethesda. Nunc obtinet *Bethsaida* etiam in Hieronym. m-s.

[c] Nimirum ad eam hæc referuntur quæstionem, qua variis occasionibus disputatum est ab antiquis, an valida essent quædam sacramenta, ab hæreticis, vel ab iis collata, qui anathemate devincti erant. Monemus itaque non absolute negari ab Hieronymo Arianos baptizare posse, sed morem Ecclesiæ defendi, quæ ab Arianis venientes episcopos recipiebat. Eo sensu etiam S. Augustinus epist. 185, n. 47, ultro fatetur *foris ab unitate Corporis Christi*, Spiritum sanctum non posse haberi.

[d] Notatum Victorio alludi Isaiæ locum c. 11: *Delectabitur infans ab ubere super foramine aspidis, et in cavernam reguli, qui ablactatus fuerit, manum suam mittet.* Quibus homo designatur, cui nihil etiam ab infantia scelerum nocuit.

resurrectione Christi est, non potest dici. Ita tu in [a] perversum religiosus, dicente ipso Joanne : *Illum oportet crescere, me autem minui*; dum servi baptismo plus quam habuit tribuis, Dominicum destruis, cui amplius nihil relinquis. Quorsum ista tendit assertio? Videlicet, ut non tibi mirum videatur, si hi qui a Joanne fuerant baptizati, postea per impositionem manus Apostolorum, sint Spiritum sanctum consecuti; cum constet, eos ne peccatorum quidem sine subsecutura fide remissionem consecutos. Tu vero qui ab Arianis recipis baptizatum, et ei tribuis baptisma, quod perfectum est, quo pacto quasi modicum quid ei defuerit, sanctum advocas Spiritum, cum baptisma Christi sine Spiritu sancto **180** nullum sit? Verum longius excessi, et cum æqua fronte adversarii potuerim impetum submovere, leviora eminus [*Mss.* minus] tela direxi. Joannis enim baptisma intantum imperfectum fuit, ut constet postea Christi baptismate baptizatos, qui ab eo fuerant baptizati. Ita enim historia refert : *Factum est autem, cum Apollo esset Corinthi, et cum Paulus pertransiret superiores partes Asiæ, devenit Ephesum, et cum invenisset quosdam discentes, dixit ad eos : Si Spiritum sanctum accepistis, cum credidistis? At illi responderunt : Sed nec si Spiritus sanctus sit, audivimus. Dixit autem ad eos : In quo ergo baptizati estis? Responderunt in Joannis baptismate. Dixit autem Paulus : Joannes quidem baptizavit baptismo pœnitentiæ plebem, dicens in advenientem post eum, ut crederent, hoc est in Jesum, in remissionem peccatorum. His auditis, baptizati sunt in nomine Domini nostri Jesu Christi. Et cum imposuisset illis manus Paulus, continuo cecidit Spiritus sanctus super eos* (Act. xix, 1 et seq.). Si ergo baptizati sunt vero et legitimo Ecclesiæ baptismate, et ita postea Spiritum sanctum consecuti sunt : et tu Apostolorum sequere auctoritatem, et baptiza eos, qui Christi non habent baptisma, et poteris invocare Spiritum sanctum.

8. *Mos Ecclesiarum in manuum impositione. Traditionis auctoritas.* — L. Qui dormientes sitiunt, avide fauces fluminibus ingurgitant. Et quanto plus hauserint, tanto plus sitiunt. Ita mihi et tu videris adversus quæstiunculam quam proposui, hinc atque illinc argumenta quæsisse, et nihilominus in eadem quæstionum siti perseverare. An nescis etiam Ecclesiarum hunc esse morem, ut baptizatis postea manus imponantur, et ita invocetur Spiritus sanctus? Exigis ubi scriptum sit? In actibus Apostolorum. Etiam si Scripturæ auctoritas non subesset, totius orbis in hanc partem consensus instar præcepti obtineret. Nam et multa alia quæ per traditionem in Ecclesiis observantur, auctoritatem sibi scriptæ legis usurpaverunt, velut in lavacro ter caput mergitare, deinde egressos, lactis et mellis prægustare concordiam ad infantiæ significationem, [b] die Dominico, et omni Pentecoste; nec de geniculis adorare, et jejunium solvere, multaque alia scripta non sunt, quæ rationabilis sibi observatio vindicavit. **181** Ex quo animadvertis nos Ecclesiæ consuetudinem sequi, licet ante advocationem Spiritus constet aliquem baptizatum.

9. *Episcopus ad impositionem manus accurrit. Arianorum blasphemiæ. Impositio manuum, quare episcopo reservata? Jus baptizandi ab episcopo.* — O. Non quidem abnuo hanc esse Ecclesiarum consuetudinem, ut [c] ad eos qui longe a majoribus urbibus per presbyteros et diaconos baptizati sunt, episcopus ad invocationem sancti Spiritus manum impositurus excurrat. Sed quale est, ut leges Ecclesiæ ad hæresim transferas, et virginis tuæ integritatem, per meretricum [d] lupanaria patiaris? Episcopus si imponit manum, his imponit qui in recta fide baptizati sunt, qui in Patre et Filio et Spiritu sancto tres personas, unam substantiam crediderunt. Arianus vero cum aliud nihil crediderit (claudite, quæso, aures qui audituri estis, ne tantæ impietatis vocibus polluamini) nisi in Patre solo vero Deo, et in Jesu Christo Salvatore creatura, et in Spiritu sancto utriusque servo, quomodo Spiritum sanctum ab Ecclesia recipiet, qui necdum remissionem peccatorum consecutus est? Spiritus quippe sanctus, nisi mundam [e] sedem non incolit : nec habitator ejus templi efficitur, quod antistitem non habet, veram fidem. Quod si hoc loco quæris, quare in Ecclesia baptizatus, nisi per manus episcopi, non accipiat Spiritum sanctum, quem nos asserimus in vero baptismate tribui, disce hanc observationem ex ea auctoritate descendere, quod post ascensum Domini Spiritus sanctus ad apostolos descendit. Et multis in locis idem factitatum reperimus, [f] ad honorem potius sacerdotii quam ad legem

---

[a] Erasm. cum antiquiori edit., *duceris irreligiosus.* Victor., *perverse religiosus.* Hieronymus epist. 44, *licet in perversum munera vestra conveniunt.*

[b] Martianæus legerat *ad infantiæ significationem redire : Dominica*, etc., nullo sensu. Reposuimus quod in aliis obtinebat *die*, pro *redire.*

[c] *Ad eos, qui longe.* Sorbonicus codex, *qui longe a majoribus urbibus.* etc. MARTIAN. — Cum Gravio et vetustioribus impressis lego. Antea erat, *qui longe in minoribus urbibus :* serie ipsa orationis renuente. Adhæc urbes tametsi minores episcopo non caruisse ante et post Sardicensem canonem, puto : contra villæ, castella, et remotiora ab urbibus loca, quæ inferius indicantur.

[d] *Lupanaria patiaris.* Editi addunt verbum *spurcari*, quod non retinent exemplaria mss. MARTIAN. — Olim erat *spurcari patiaris*, sed prius verbum in mss. non inveniri testis est Martianæus : mihi unicum *patiaris* non placet, ac malim equidem legi *partiari*, ut quemadmodum leges Ecclesiæ ad hæresim transferri, sic virginis integritatem per lupanaria partiri improbet.

[e] Repono ex antiqua editione *sedem* pro *fidem* : quæ item pro *quod antistitem*, habet *cujus antistes*, et deinde *obloqueris* pro *hoc loco quæris.*

[f] *Jus consignandi* presbyteris non obscure asserit, qui etiam usum aliquando permitti in epistola ad Evangelium indicavit : *Quid enim facit, excepta ordinatione, episcopus quod presbyter non faciat?* Et in Commentariis Ambrosii nomine vulgatis in Ephes. iv: *Apud Ægyptum presbyteri consignant, si præsens non sit episcopus.* Paria habet vetus Auctor Quæstionum ex utroque Testam. mixtim inter Augustini opera : atque hic usus etiamnum dicitur apud Græcos obti-

necessitatis. Alioqui si ad episcopi tantum imprecationem Spiritus sanctus defluit, lugendi sunt, qui in [a] villulis, aut in castellis, aut in remotioribus locis per presbyteros et diaconos baptizati ante dormierunt, quam ab episcopis inviserentur. **182** Ecclesiæ salus in summi Sacerdotis [b] dignitate pendet: [c] cui si non exsors quædam et ab omnibus eminens detur potestas, tot in Ecclesiis efficientur schismata quot sacerdotes. Inde venit, ut sine chrismate et episcopi jussione, neque presbyter, neque diaconus jus habeant baptizandi. Quod frequenter, si tamen necessitas cogit, scimus etiam licere laicis. Ut enim accipit quis, ita et dare potest; nisi forte eunuchus a Philippo diacono baptizatus, sine Spiritu sancto fuisse credendus est, de quo Scriptura ita loquitur: *Et descenderunt ambo in aquam; et baptizavit eum Philippus* (Act. VIII, 38). Et cum abscederent ab aqua, *Spiritus sanctus venit in eunuchum*. Si autem illud objiciendum putas, quia, *Cum audissent apostoli qui erant Jerosolymis, quia recepit Samaria verbum Dei, miserunt ad eos Petrum et Joannem, qui cum venissent ad eos, oraverunt pro eis, ut acciperent Spiritum sanctum, nondum enim ceciderat super ullum illorum* (Ibid.). Cur ita factum sit, in consequentibus disce. Ipse enim ait: *Sed solum baptizati erant in nomine Domini Jesu. Tunc imponebant illis manus, et accipiebant Spiritum sanctum*. Hoc loco si et tu similiter te facere dicis, quia hæretici non baptizaverunt in Spiritu sancto, scias Philippum ab apostolis non fuisse divisum, eamdem habuisse Ecclesiam, eumdem Dominum Jesum Christum prædicasse; diaconum certe fuisse eorum, qui postea manus imposuerunt. Tu vero cum apud Arianos non Ecclesiam dicas esse, sed synagogam; nec clericos Dei, sed creaturæ et idolorum cultores, quomodo in dispari causa eamdem asseris rationem te tenere?

10. *L.* Valenter quidem et fixo gradu me tibi in faciem dimicantem repellis; sed post tergum cædens, et nuda a spiculis dorsa non protegis. Esto quippe apud Arianos ne baptisma **183** quidem esse, et ideo Spiritu sanctum ab eis non posse dari, quia necdum remissionem peccatorum acceperint; totum hoc victoriæ meæ proficit, et argumentorum tuorum palæstra, mihi palmam victoriæ sudat. Arianus baptisma non habet, et quomodo sacerdotium habet? Laicus apud eos non est, et quomodo episcopus esse potest? Mihi recipere mendicum non licet, tu recipis regem? Vos hosti castra traditis; et a nobis perfuga [Al. profuga] rejiciendus est?

11. *O.* Si priorum meminisses, jam scires tibi fuisse responsum; sed dum amorem contradicendi sequeris, a quæstionum lineis excidisti: more quorumdam loquacium potius quam facundorum, qui cum disputare nesciant, tamen litigare non desinunt. Ego enim non tam in præsenti Arianos vel improbo, vel defendo, quam illam cursus mei metam circumeo, eadem ratione a nobis episcopum recipi, qua laicus a vobis recipitur. Si erranti concedis veniam, et ego ignosco pœnitenti. Si in fide sua baptizato [Al. baptizatum] baptizans nocere non potuit, et in fide sua sacerdotem constitutum constituens non inquinavit. Subtilis est hæresis, et ideo simplices animæ facile decipiuntur. Deceptio tam laici quam episcopi communis est. At episcopus errare non potuit. Revera de Platonis et Aristophanis sinu in episcopatum alleguntur [Al. eliguntur]. Quotus enim quisque est, qui non apprime in his eruditus sit? Denique ex litteralis quicumque hodie ordinantur, id habent curæ, non quomodo Scripturarum medullas ebibant, sed quomodo aures populi declamatorum flosculis mulceant. Accedit ad hoc, quod Ariana hæresis magis cum sapientia sæculi facit, et argumentationum rivos de Aristotelis fontibus mutuatur. Igitur parvulorum inter se certantium ritu, quidquid dixeris, dicam: affirmabis, affirmabo: negabis, negabo. Arianus baptizat, ergo episcopus est: non baptizat, tu refuta laicum, et ego non recipio sacerdotem. Sequar te quocumque ieris, aut pariter in luto hæsitabimus, aut pariter expediemur.

12. *Solemnis interrogatio in Baptismo.*— *L.* Sed laico ideo ignoscendum est, **184** quia Ecclesiam Dei putans, simpliciter accessit, et juxta fidem suam credens baptizatus est. *O.* Novam rem asseris, ut Christianus quisquam factus sit ab eo, qui non fuit Christianus. Accedens [d] ad Arianos, in qua fide baptizatus est? Nempe in ea quam habebant Ariani. Aut si jam ipse bene credebat, et sciens ab hæreticis baptizatus est, erroris veniam non meretur. Verum hoc penitus absurdum est, ut discipulus ad magistrum vadens ante sit artifex quam doceatur; ut modo ab idolorum veneratione conversus, noverit Christum melius quam ille qui doceat. At dicis: Simpliciter in Patre et Filio et Spiritu sancto credidit, et ideo baptisma consecutus est. Quæ est ista, quæso, simplicitas, nescire quod credas? Simpliciter credidit. Quid credidit? certe aut tria nomina audiens, tres Deos credidit, et idololatra effectus est; aut in tribus vocabulis trinominem credens Deum, in Sabellii hæresin incurrit. Aut edoctus ab Arianis, unum esse verum Deum Patrem, Filium et Spiritum sanctum credidit creaturas. Aut extra hæc quid credere potuerit, nescio: nisi forte homo jam edoctus in capitolio, ho-

---

[a] Falso Martianæus, in *lectulis* pro *villulis*, aut *viculis*.
[b] Impressi aliquot *dignitate ac veneratione consistit*.
[c] *Cui si non exsors*. Mss. codices ita legunt: *Cui si non hæc sors quædam et ab hominibus eminens detur potestas*, etc. Sed videtur *hæc sors* positum pro *exsors*, quod satis non intelligebant. MARTIAN.
[d] Contrario sensu vetus editio *Accedens Arianus*, id est ab Arianis veniens ad Orthodoxos.

mousion didicerat Trinitatem. Sciebat Patrem, Filium et Spiritum sanctum, non natura, sed personis esse divisos. Sciebat [a] et Filii nomen in Patre, et Patris nomen in Filio. Ridicula penitus assertio, ante de fide quempiam disputare, quam credere; ante mysterium scire, quam initiatus sit; aliter de Deo sentire baptizantem, et aliter baptizatum. Praeterea cum solemne sit in lavacro post Trinitatis confessionem interrogare, [b] Credis sanctam Ecclesiam? credis remissionem peccatorum? Quam Ecclesiam credidisse eum dicis? Arianorum? sed non habent. Nostram? sed extra hanc baptizatus non potuit eam credere, quam nescivit.

13. *L.* Quoniam ad omnia argutaris, et emissa a nobis spicula scuto orationis eludis, unam hastam jaciam, quae umbonem tegminis tui, et verba crepitantia, vi sua penetret, nec diutius patiar, fortitudinem arte superari. **185** Laicus etiam extra [c] Ecclesiam fide baptizatus, poenitens recipitur: episcopus vero aut poenitentiam non agit, et sacerdos est, aut si poenitentiam egerit, esse episcopus desinit. Quamobrem recte nos laicum et suscipimus poenitentem; et episcopum, si in sacerdotio perseverare vult, repudiamus. *O.* Sagitta quae contento nervo dirigitur, difficile vitatur. Ante enim ad eum, ad quem jacta est pervenit, quam obice clypei frustretur. E contrario tuae propositiones, quia sine ferri acumine mittuntur, hostem non valent perforare. Hanc igitur hastam quam totis viribus misisti, de qua nobis minitaris, uno, ut aiunt, digitulo repellam. Neque enim hoc modo quaeritur, an episcopus poenitens esse non possit, et laicus possit? sed an haereticus baptisma habeat? qui si, ut constat, baptisma non habet, quomodo potest esse poenitens, antequam Christianus? Proba mihi ab Arianis venientem laicum habere baptismum, et tunc ei poenitentiam non negabo. Si vero Christianus non est, si non habuerit sacerdotem qui eum faceret Christianum, quomodo aget poenitentiam homo, qui necdum credit?

14. *L.* Oro te ut, philosophorum argumentatione deposita, Christiana mecum simplicitate loquaris, si tamen non dialecticos sequaris [*Al.* sequeris], sed piscatores. Aequumne tibi videtur, ut Arianus episcopus sit? *O.* Tu eum episcopum probas, quia ab eo recipis baptizatum, et in hoc reprehendendus es, quare a nobis parietibus separaris, cum in fide et in Arianorum nobiscum receptione consentias? *L.* Jam et superius rogavi, ut non philosophice, sed Christiane mecum loquaris. *O.* Discere vis, an contendis? *L.* Utique contendo, quia facti tui a te quaero rationem. *O.* Si contendis, jam tibi responsum est. Eadem enim ratione episcopum ab Arianis recipio, qua tu recipis baptizatum. Si discere cupis, in meam aciem transgredere. Adversarius enim vincitur, discipulus docetur. **186** *L.* Non possum ante esse discipulus, quam magistrum audiam praedicantem. *O.* Quoniam tergiversaris, et sic vis a me doceri, ut adversarium in [d] integro habeas, tuo animo te docebo. Consentimus in fide, consentimus in haereticis recipiendis, consentiamus etiam in conventu. *L.* Hoc non est docere, sed argumentari. *O.* Quia tu pacem cum scuto petis, et nos olivae ramum gladio inserimus. *L.* En tollo manus, cedo, vicisti. Verum cum arma deponam, sacramenti, in quod me jurare compellis, quaero rationem. *O.* Gratulor interim tibi, et Christo Deo meo gratias ago, quia animo bono [e] a falsitate Sardorum ad totius orbis te saporem contulisti, nec dicis more quorumdam: *Salvum me fac, Domine, quoniam defecit sanctus* (*Psal.* xi, 1): quorum vox impia, crucem Christi evacuat, Dei Filium subjugat diabolo, et illam comploratiouem, quae a Domino de peccatoribus prolata est, nunc de universis hominibus dictam intelligit: *Quae utilitas in sanguine meo, dum descendo in corruptionem* (*Psal.* xxix, 10)? Sed absit, ut frustra Deus mortuus sit. Alligatus est fortis, et vasa ejus direpta sunt (*Marc.* iii, 27). Allocutio Patris impleta est: *Postula a me, et dabo tibi gentes haereditatem tuam, et possessionem tuam terminos terrae* (*Psal.* ii, 8). *Apparuerunt fontes aquarum, et revelata sunt fundamenta orbis terrarum* (*Psal.* xvii, 16). *In sole posuit tabernaculum suum, nec est qui se abscondat a calore ejus* (*Psal.* xviii, 6). Deo plenus Psalmista canit: *Inimici defecerunt frameae in finem, et civitates eorum destruxisti* (*Ps.* ix, 7).

15. Et ubi, quaeso, isti sunt nimium religiosi, immo nimium profani, qui plures synagogas asserunt esse, quam Ecclesias? Quomodo destructae sunt diaboli civitates; et in fine, hoc est in saeculorum consummatione, idola corruerunt? Si Ecclesiam [f] non habet Christus, aut si in Sardinia tantum habet, nimium

---

[a] Quod nimirum Pater nequit cogitari, quin Filii cogitatio occurrat. Hilarius lib. vii de Trinit., *Quia et nomen Patris habet in se Filii nomen.*

[b] *Credis sanctam*, etc. *In praepositio hic superflua delata est in codice Cluniacensi*: Sorbonicus eam non legit in consequentibus post *credis in sanctam Ecclesiam*. Sed sive legatur, sive non legatur, idem est sensus. MARTIAN. — Monet Victorius *in voculam* pluries hic repetitum propterea amovisse, quod emendatiora exemplaria eam non haberent, et rectius, ut est in Symbolo, uni tantum Deo ad exprimendam majorem fidem apponatur.

[c] *Vetus edit. extra Ecclesiae fidem baptizatus.* Puta in impressa lectione dici *fideliter*, sive integra formula; nam infra sub Orthodoxi persona constare dicitur, haereticos baptismum non habere, eos nempe ex Arianis qui Filii divinitatem in sacramenti verbis inficiarentur.

[d] Eadem *adversarium in tergo habeam*, etc.

[e] *A falsitate Sardorum.* Corruptus est multum hic locus in antea editis libris, qui legunt *a falsitatis ardore*, vel *a falsitatis odore*, etc. Cluniacensis codex puram retinet lectionem, *a falsitate Sardorum;* in qua nempe tenebatur Luciferianus. — Olim erat *a falsitatis ardore*, vel *odore.* Sed neque istud *a falsitate Sardorum*, quod e Cluniacensi sit. Martianaeus reposuit, satis puto emendatum; nam ut *Sardorum* nomen *Orbi* elegantissime opponatur, ita *falsitati* inepte respondet *sapor*. Forte *insulsitate* scripserit Hier. pro *falsitate*, aut si Latine diceretur, *salsitate.* Sardiniam insulam pestilentis aeris vitio laborare omnes dicunt; sed et Sardos homines mendaces audire, notum. MARTIAN.

[f] Victorius ex mss. addiderat *per totum orbem*

pauper factus est. Et si Britannias, Gallias, Orientem, Indorum populos, barbaras Nationes, et totum semel [a] mundum possidet Satanas : quomodo ad angulum universæ terræ Crucis tropæa collata sunt? Nimirum adversarius potens concessit Christo [b]Iberam excetram : luridos homines, et inopem provinciam dedignatus est possidere. Quod si de illa quæ in Evangelio scripta est, sibi sententia blandiuntur : *Putasne cum venerit filius hominis, inveniet fidem super terram* (Luc. XVIII, 8) ? sciant illam [c] fidem nominari, de qua ipse Dominus, aiebat : *Fides tua te salvam fecit* (Matth. IX, 22). Et alibi de Centurione : *Non inveni tantam* [d] *fidem in Israel* (Matth. VIII, 10). Et rursus ad Apostolos : *Quid timidi estis, modicæ fidei* (Luc. VII, 9)? Necnon et in alio loco : *Si habueritis fidem sicut granum sinapis, dicetis huic monti, transmigra, et transmigrabit* (Matt. XIV, 31). Neque enim Centurio aut illa muliercula, quæ per duodecim annos fluxu sanguinis tabescebat, in Trinitatis sacramenta crediderant, quæ post resurrectionem Christi Apostolis manifestata sunt ; ut merito fides horum quæ in mysterio est, laudaretur : sed simplicitas mentis et devota Deo suo anima approbata est : *Dicebat enim in corde suo, si tetigero vestimentum ejus tantum, salva fiam* (Matth. IX, 21). Hæc est fides, quam raro inveniri, Deus pronunciavit. Hæc est fides, quæ etiam apud eos qui bene credunt, difficile perfecta invenitur. *Fiat tibi*, inquit Deus, *secundum fidem tuam*. Hanc ego [e] vocem audire nolo. Si enim secundum fidem meam fiat mihi, peribo. Et certe credo in Deum Patrem, credo in Deum Filium, et credo in Deum Spiritum sanctum. Credo in unum Deum, et tamen secundum meam fidem nolo mihi fieri. Sæpe quippe venit inimicus homo, et inter Dominicam messem zizania interserit. Neque hoc dico, quod majus quidquam sit, quam sacramenti fides, quam puritas animæ : sed indubitata ad Deum fides, ardue reperitur. Verbi gratia dictum sit, ut quod volumus perspicuum fiat: ad orationem assisto; non orarem, si non crederem: sed si vere crederem, illud cor quo Deus videtur, mundarem, manibus tunderem pectus, genas lacrymis rigarem, [f] corpore inhorrescerem, ore pallerem, jacerem ad Domini mei pedes, eosque fletu perfunderem, crine tergerem, hærerem certe trunco crucis, nec prius amitterem, quam misericordiam impetrarem. Nunc vero creberrime in oratione mea, aut per porticus inambulo, aut de fenore computo, aut abductus turpi cogitatione, etiam quæ dictu erubescenda sunt, gero. Ubi est fides? siccine putamus orasse Jonam ? sic tres pueros ? sic Danielem inter leones? sic certe latronem in cruce ? Et hæc ego exempli causa ad intelligentiam sensus protuli. Cæterum conveniat unusquisque cor suum, et in omni vita inveniet, quam rarum sit fidelem animam inveniri, ut nihil ob gloriæ cupiditatem, nihil ob rumusculos hominum faciat. Neque enim statim qui jejunat, Deo jejunat, aut extendens pauperi manum, Deo fenerat. Vicina sunt vitia virtutibus. Difficile est Deo tantum judice esse contentum.

16. *L.* Prævenisti interrogationem meam : hanc enim Scripturam mihi in ultimo reservabam. Et ferre omnes nostri, immo jam non mei, hoc quasi ariete in disceptationibus utuntur, quem confractum ac comminutum vehementer gaudeo. Sed quæso te, ut mihi omnem causam, quare ab Arianis venientes Ecclesia recipiat, non quasi adversario, sed quasi discipulo explices. Nam quum tibi verbo respondere non possim, animo tamen necdum assentior.

17. *O.* [g] Sub rege Constantio, Eusebio et Hypatio consulibus, nomine unitatis et fidei [h] infidelitas scripta est, ut nunc agnoscitur. Nam illo tempore, nihil tam pium, nihil tam conveniens [i] servo Dei videbatur, quam unitatem sequi, et a totius mundi communione non scindi. Præsertim quum superficies expositionis, nihil jam sacrilegum præferret : Credimus, aiebant , [j] *in unum verum Deum, Patrem omnipotentem*. Hoc etiam nos confitemur. *Credimus in Unigenitum Dei Filium, qui ante omnia sæcula, et ante omne principium natus est ex Deo. Natum autem Unigenitum solum ex solo Patre, Deum ex Deo, similem genitori suo Patri secundum Scripturas ; cujus nativitatem nullus novit, nisi qui solus eum genuit, Pater*. Nunquid hic insertum est : *Erat tempus, quando non erat ? vel, de nullis exstantibus,* [k] *creatura est Filius Dei ?* Perfecta fides est, Deum de Deo credere. Et natum aiebant Unigenitum solum, ex solo

---

diffusam : vetus edit. *per totum orbem* tantum. Martian. post Erasmum expunxit.

[a] Idem Victor. *simul* reposuit pro *semel*.

[b] *Iberam excetram*. Hoc loco autem codex Sorbonicus præstat Cluniacensi, et veram germanamque exhibet lectionem, *Hiberam excetram, luridos homines et inopem provinciam*, etc. De Hibera, sive Ibera exceira loquitur quoque Hieronymus in epist. ad Julianum diaconum. MARTIAN. — Per convicium *Iberam excetram* dicit, monstrum nempe omnium teterrimum, sive de homine hoc usurpet, ut in epist. 6, ad Julian., sive de regione, ut hic loci, sive de alio quopiam subjecto. Puta dici Sardiniam malorum quotidie excrescentium hydram. Olim erat, *Iberiam et Celtiberos, luridos homines, Æthiopumque provinciam*. etc.

[c] Monet Victorius fidem pro fiducia hic accipi, sive ardentiori credulitate, quæ spem, et charitatem in se contineat, a qua hominem justificari manifestum.

[d] *Fidem in Israel*. Addit idem codex Sorbonicus verbum, *neque*, id est, *neque in Israel*. MARTIAN.

[e] Vetus edit., *Hanc ego fidem audire volo. Si enim*, etc.

[f] Eadem addit, *Corde mollescerem*.

[g] *Sub Rege Constantio, Eusebio*, etc. Eusebius et Hypatius fratres fuerunt Faustinæ uxoris Juliani. Vide Am. Marcellinum lib. XXI. Consules autem anno Christi 557, id est, Constantii 12. MARTIAN.

[h] Quod hinc sequitur de Synodo Ariminensi fragmentum cum veteri ms. S. Germani Parisiensis, aliisque exemplaribus contulit v. cl. Balusius, et Conciliorum editioni inseruit. Ibi pro *infidelitas est incredulitas; et quæ quidem nunc infidelitas noscitur*.

[i] In ms. penes eumdem Balusium *servis Dei*, tum *et totius mundi communione* absque a præpositione.

[j] Idem *in unum solum verum Deum*, etc.; et paulo infra *similem genitori suo Filium Patri*.

[k] Rursus idem, *nisi solus qui eum genuit*, et mox rectius *de nullis exstantibus creaturis esse Filium Dei*.

Patre. Quid est natum? Certe non factum. Nativitas suspicionem auferebat creaturæ. Addebant præterea, *Qui de cœlo descendit, conceptus est de Spiritu Sancto, natus ex Maria Virgine, crucifixus a Pontio Pilato, tertia die resurrexit* [a] *a mortuis, ascendit in cœlum, sedet ad dexteram Dei Patris, venturus judicare vivos et mortuos.* Sonabant verba pietatem, et inter tanti mella præconii, nemo venenum insertum putabat.

18. *Usiæ nomen quare ablatum. Valens Mursensis Episcopus. Scrinia publica Ecclesiarum. Acta Ariminensis synodi.* — De Usiæ vero nomine abjiciendo, verisimilis [b] ratio præbebatur. *Quia in Scripturis*, aiebant, *non invenitur, et multos simpliciores novitate sua scandalizat, placuit auferri.* Non erat curæ Episcopis de vocabulo, quum sensus esset in tuto. Denique ipso in tempore, quum fraudem fuisse in expositione rumor populi ventilaret, Valens Mursensis Episcopus, qui eam conscripserat, præsente Tauro prætorii præfecto, qui ex jussu regis synodo aderat, professus est se Arianum non esse, et penitus ab eorum blasphemiis [c] abhorrere. Res secrete gesta, opinionem vulgi non exstinxerat. Itaque alia die in Ecclesia, quæ est apud Ariminum, et episcoporum simul et laicorum turbis concurrentibus, Muzonius episcopus provinciæ [d] Byzacenæ, cui propter ætatem primæ ab omnibus deferebantur, ita locutus est: *Ea quæ sunt jactata* [e] *in publicum, et ad nos usque perlata, aliquem e nobis sanctitati vestræ legere præcipimus, ut quæ sunt mala, et ab auribus et a corde nostro abhorrere* debent, omnium una voce damnentur. Responsum est ab universis episcopis, placet. Itaque cum Claudius episcopus provinciæ Piceni ex præcepto omnium, blasphemias, quæ Valentis ferebantur, legere cœpisset: Valens suas esse negans, exclamavit, et dixit: [f] *Si quis negat Christum Dominum, Dei Filium, ante sæcula ex Patre genitum, anathema sit.* Ab universis consonatum est, *anathema sit. Si quis negat Filium similem Patri secundum Scripturas, anathema sit.* Omnes responderunt, *anathema sit. Si quis Filium Dei non dixerit æternum cum Patre, anathema sit.* Ab universis conclamatum est, *anathema sit. Si quis dixerit creaturam Filium Dei, ut sunt cæteræ creaturæ, anathema sit.* Similiter dictum est, *anathema sit. Si quis dixerit de nullis exstantibus Filium, et non de Deo Patre, anathema sit.* Omnes conclamaverunt, *anathema sit. Si quis dixerit, erat tempus, quando non erat Filius, anathema sit.* [g] In hoc vero cuncti episcopi, et tota simul Ecclesia plausu quodam et tripudio Valentis vocem exceperunt. Quod si quis a nobis fictum putat, scrinia publica scrutetur. Plenæ sunt [h] certe Ecclesiarum arcæ, et recens adhuc rei memoria est. Supersunt homines, qui illi synodo interfuerunt; et quod veritatem firmet, ipsi Ariani hæc ita, ut diximus, gesta non denegant. Quum ergo cuncti Valentem ad cœlum laudibus tollerent, et suam in eum suspicionem cum pœnitentia damnarent; idem Claudius qui supra legere cœperat, ait: *Adhuc sunt aliqua, quæ subterfugerunt dominum et fratrem meum Valentem, quæ si vobis videtur, ne quis scrupulus remaneat, in commune damnemus. Si quis dixerit Filium Dei esse quidem ante omnia sæcula; sed non ante omne omnino tempus, ut ei aliquid anteferat, anathema sit.* Dixerunt cuncti, [i] *anathema sit.* Multaque alia quæ suspiciosa videbantur, ad pronunciationem Claudii, Valens condemnavit. Quæ si quis plenius discere cupit, in Ariminensis synodi actis reperiet, unde et nos ista libavimus.

19. *Valens et Ursacius. Corpus Domini in Ecclesia. Nicæna synodus propter quid congregata.* — His [j] ita gestis, concilium solvitur. Læti omnes ad provincias revertuntur. Idem enim Regi et bonis omnibus curæ fuerat, ut Oriens atque Occidens communionis sibi vinculo necterentur. SED DIU SCELERA non latent, et cicatrix male obducta, incocto pure, dirumpitur. Cœperunt postea Valens et Ursacius, cæterique nequitiæ eorum socii, egregii videlicet Christi sacerdotes, palmas suas jactitare, dicentes se Filium non creaturam negasse, sed similem cæteris creaturis. Tunc usiæ nomen abolitum est: tunc Nicænæ fidei damnatio conclamata est. Ingemuit totus orbis, et Arianum se esse [k] miratus est. Igitur alii intra suam communionem remanere, alii ad eos confessores qui sub nomine Athanasii exsulabant, cœperunt litteras mittere: nonnulli initam societatem meliorem desperatione planxerunt. Pauci vero (ut se natura hominum habet) errorem pro consilio defensavere. Periclitabatur navicula Apostolorum, urgebant venti, fluctibus latera tundebantur: nihil jam supererat

---

[a] *Isthæc a mortuis, ascendit in cœlum*, ex Victorii codicibus et Balusiano exemplari suffecimus. Tum ex eodem et veteri editione *tanti mella præconii* legimus pro *tanta illa præconia*, ut antea obtinebat.

[b] Rem narrat Sulpitius lib. II, cap. 43: *Usiæ verbum tamquam ambiguum et temere a Patribus usurpatum, neque ex auctoritate Scripturarum profectum, sub specie falsæ rationis Ariani abolebant, ne unius cum Patre substantiæ Filius crederetur. Eadem fides similem Patri Filium fatebatur. Sed interius aderat fraus, ut esset similis, non esset æqualis.*

[c] *Vetus cod., et ab errore se recessisse. Sed hoc opinionem vulgi non exstinxerat; paulo post, et Laicorum turba concurrens.*

[d] Turpi errore lectum est hactenus *Byzantinæ* pro *Byzacenæ*. Balusius præterea reponi vult ex antiquo ms. *primatus ab omnibus deferebatur* pro *primæ et deferebantur*. Denique vetus edit. voces *propter ætatem* non agnoscit.

[e] *Antea jactata per publicum*, Tum vetus cod. penes Balusium *aliquem e vobis pro nobis, et ab auribus cordium nostrorum pro et a corde nostro*, etc.

[f] Ita e ms. Balusius. Editiones aliæ ferunt *Christum Deum.* Mox ex eodem cod., *et addidit* supplentur.

[g] Idem ex illo veteri exemplari sufficit, *Omnes responderunt: Anathema sit.*

[h] Mendose erat *certæ.* Cod. Balus., *Scripturarum Ecclesiasticarum arcæ.* Infra vetus edit., *et qui veritatem firment, qui*, etc.

[i] In uno ms., *Dixerunt cuncti, et ipse Valens; et cuncti responderunt: Anathema sit.* Mox pro *condemnavit*, scribitur, *clara voce damnavit.*

[j] Martianæus post Erasm., *His itaque gestis.*

[k] Neque enim ex animo Arianus erat, immo recte sentiens, sed eo quo nolebat, modo intellectus, Arianum se publicari et audire obstupuit.

spei : Dominus excitatur, imperat tempestati, bestia [Scil. Constantius] moritur, tranquillitas rediit. Manifestius dicam. Omnes episcopi, qui de propriis sedibus fuerant exterminati, per indulgentiam novi principis [Scil. Juliani] ad Ecclesias redeunt. Tunc triumphatorem suum Athanasium Ægyptus excepit; tunc Hilarium de prælio revertentem, Galliarum Ecclesia complexa est; tunc ad reditum Eusebii [Scil. Vercellensis] lugubres vestes Italia mutavit. Concurrebant episcopi, qui Ariminensibus dolis irretiti, sine conscientia hæretici ferebantur, contestantes Corpus Domini, et quidquid in Ecclesia sanctum est, se nihil mali in **192** sua fide suspicatos. Putavimus, aiebant, sensum congruere cum verbis; nec in Ecclesia Dei, ubi simplicitas, ubi pura confessio est, aliud in corde clausum esse, aliud in labiis proferri timuimus. Decepit nos bona de malis existimatio. Non sumus arbitrati sacerdotes Christi adversus Christum pugnare. Multaque alia, quæ brevitatis studio prætereo, flentes asserebant : parati et subscriptionem pristinam, et omnes Arianorum blasphemias condemnare. Hoc loco interrogo istos nimium religiosos, quid de confessoribus agendum putaverint? Depositis, inquient, veteribus episcopis, novos ordinassent [Al. ordinare]. Tentatum est. Sed quotus quisque bene sibi conscius patitur se deponi? Præsertim cum omnes populi, sacerdotes suos diligentes, pene ad lapides et ad interemptionem deponentium eos convolaverint? Mansissent, aiunt, intra suam communionem. Hoc est dicere, irrationabili crudelitate orbem totum diabolo condonassent [Al. condemnassent]. Cur damnassent eos qui Ariani non erant? Cur Ecclesiam scinderent in concordia fidei permanentem? Cur denique credentes bene, obstinatione sua facerent Arianos? Nam cum in synodo Nicæna, quæ propter Arianam perfidiam congregata est, octo episcopos Arianos susceptos sciamus; et episcopus jam in mundo nullus sit, nisi quos synodus illa ordinavit : quomodo potuerunt adversum [a] eam facere, propter quam exsilium sustinuerunt?

20. *Auctores hæreseos Arianæ. Supererant homines qui synodo Nicænæ interfuerant. Quid constitutum in synodo Alexandrina. Lucifer quid fecerit.* — L. An tandem et tunc recepti sunt Ariani? quinam quæso? O. Eusebius episcopus Nicomediensis, Theognius [Al. Theogonius] episcopus Nicænus. Saras tunc presbyter Libyæ. Eusebius episcopus Cæsareæ Palæstinæ, et reliqui, quos enumerare longum est. Ipse quoque caput horum et causa malorum, Arius Presbyter, et Ezoius diaconus, qui post [b] Eudoxium Antiochenus **193** episcopus fuit; et Achillas lector. Hi quippe tres Alexandrinæ Ecclesiæ clerici, auctores hujus hæreseos exstiterunt. L. Si quispiam eos neget fuisse susceptos, quomodo revincetur? O. Supersunt adhuc homines qui illi synodo interfuerunt. Et si hoc parum est, quia propter temporis antiquitatem rari admodum sunt, et in omni loco testes adesse non possunt, legamus acta et nomina episcoporum synodi Nicænæ; et hos quos supra diximus fuisse susceptos, subscripsisse *homousion*, inter cæteros reperiemus. L. Si potes, ostende post synodum Nicænam illos in perfidiam declinasse. O. Recte proposuisti. Solent enim oculis clausis denegare, qui non credunt factum esse quod nolunt. Sed quomodo postea non declinarunt, propter quos synodus congregata est? Et quorum epistolæ et libri impietatis ante synodum editi, usque ad præsentem diem durant? Igitur cum illo tempore trecenti et eo amplius episcopi, paucos homines, quos sine damno Ecclesiæ abjicere poterant, susceperint : miror quosdam, et certe Nicænæ fidei sectatores, tantæ duritiæ existere, ut tres [c] confessores de exsilio revertentes, non putent, id ob totius orbis salutem necessitate facere debuisse, quod tot et tales viri voluntate fecerunt. Sed, ut dicere cœperamus, post reditum confessorum, in

---

[a] Sunt qui memoriæ vitio hic labi Hieronymum velint, cum Arium ipsum in Nicæno concilio susceptum tradit. Nicæna enim Synodica epistola post anathema Arianæ sententiæ sociis inflictum, consulto reticeri dicit, quem exitum Arius sortitus sit, ne hominis calamitati videatur insultare ; quibus verbis exsilii pœnam illi ab Imperatore irrogatam judicari liquet. Verum discimus a Sozomeno lib. II, cap. 16, Arium ἐπὶ τὴν ἐξορίαν ἀπαγόμενον, sive *eo ipso tempore quo in exsilium deportabatur fuisse revocatum*. Quid etiam Socrates illum statim ab exsilio revocatum tradit, antequam Eusebius ac Theognius libellum pœnitentiæ mitterent. Jam igitur vides quo pacto intelligi et conciliari Hieronymus possit.

[b] Lectionem Victorii revoco, cujus loco Martianæus cum Erasmo habet, *qui postea sub Theodosio Antiochenus*, etc., et quod minime ferendum est, Victorii industriam plane dissimulat. Certum tamen est falli Erasmum, neque eam fuisse Hieronymi mentem, Theodosium commemorandi ; neque ita scripsisse. In hanc rem Socrates lib. II, cap. 44 : *Antiocheni*, inquit, *cum Eudoxium comperissent, spreta ipsorum Ecclesia, ad Constantinopolitanæ sedis opulentiam transiliisse, Meletium Beroa accitum in sede Antiochena collocant. Hic.... consubstantialis doctrinam asserere cœpit. Quæ cum accepisset Imperator, eum quidam relegari jussit ; Euzoium vero, qui una cum Ario olim depositus fuerat, Antiochensis Ecclesiæ antistitem fecit promoveri.* Hac scilicet de causa *post Eudoxium* dixit Hieronymus. Sed ipsum placet Victorium describere.

Euzoium Eudoxio in Antiocheno episcopatu successisse, constat ex historia tripartita, Socrate scilicet lib. II, c. 43, 44, et Sozomeno lib. IV, c. 12. Quæ omnia latius explicat Nicephorus Callistus lib. IX, c. 48. Hieronymus qui hæreticos Arianos hic recenset, omittit Meletium, qui illam sedem medius inter utrumque tenuit : catholicus enim erat, et ab Imperatore Valente inde ejectus, in exsilium actus est. Fuit autem uterque horum Arianus, sed Eudoxius Actianæ etiam factionis. Hic locus antea ab Erasmo corruptus fuit. Legebat enim : *et Euzoius diaconus, qui postea sub Theodosio Antiochenus episcopus fuit*, quasi Arii tempore, cujus familiaris fuit Euzoius, Theodosius Imperator vixerit. Decepit enim alter illius temporis Euzoius, de quo in Catalogo fit mentio : qui catholicus fuit, et Nazianzenus ad eum scribit. Nos, suffragantibus cum historiis, tum exemplaribus, ita emendavimus. Libenter enim solemus, cum quidem licet auctoritatem antiquorum librorum testimonio historiarum confirmare.

[c] Sanctos Athanasium, Hilarium, et Vercellensem Eusebium.

Alexandrina postea synodo constitutum est, ut, exceptis auctoribus hæreseos, quos error excusare non poterat, pœnitentes Ecclesiæ sociarentur: non quod episcopi possint esse qui hæretici fuerant; sed quod constaret eos qui reciperentur, hæreticos non fuisse. Assensus est huic sententiæ Occidens: et per tam necessarium concilium [*Fort.* consilium], Satanæ faucibus mundus ereptus est. Ventum est ad asperrimum locum, in quo adversum voluntatem et propositum meum, [a] cogor de beato Lucifero, secus quidquam quam et illius meritum, et mea humanitas poscit, existimare. Sed quid faciam? veritas os reserat, et invitam linguam consciam ad eloquendum pectus impellit. In tali articulo Ecclesiæ, in tanta rabie luporum, segregatis paucis ovibus, reliquum gregem deseruit. Bonus quidem ipse pastor, sed multam prædam bestiis relinquens. Prætereo illa, quæ quidam ex maledicis, quasi satis firma defendunt; hoc illum [b] amore gloriæ, et nominis in posteros transmittendi fecisse: necnon et pro simultate, quam adversus Eusebium [*Scil.* Vercellensem] propter [c] Antiochenam dissensionem susceperat. Nihil istorum de tali viro credo: unum est quod etiam in præsenti [d] constanter loquar, verbis cum a nobis dissentire, non rebus: si quidem recipiat, qui ab Arianis baptisma consecuti sunt.

21. *Hilarius Romanæ Ecclesiæ diaconus. Ecclesia non est quæ non habet sacerdotem.* — L. Quam longe alia, et ut nunc intelligo, errori magis quam spei proficientia, mihi antea afferebantur! Verum gratias ago Christo Deo, qui in pectus meum veritatis lumen infudit; ne adhuc ore sacrilego, virginem ejus scortum diaboli clamarem. Restat unum, quod quæso te ut edisseras, quid adversum Hilarium dicendum sit, qui ne baptizatos quidem recipiat ab Arianis. O. Hilarius cum Diaconus de Ecclesia recesserit, solusque ut putat, turba sit mundi, neque eucharistiam conficere potest, episcopos et presbyteros non habens: neque baptisma sine eucharistia tradere. Et cum jam homo mortuus sit, cum homine pariter interiit et secta, quia post se nullum Clericum diaconus potuit ordinare. Ecclesia autem non est, quæ non habet sacerdotes. Sed omissis paucis homunculis, qui ipsi et laici sunt et episcopi, ausculta quid de omni Ecclesia sentiendum sit. L. Tribus, ut aiunt, verbis tam grandem quæstionem dissolvisti, et quidem dum loqueris, videor mihi tecum facere. Si vero obticueris, nescio quid rursum scrupuli nascitur: quare ab hæreticis baptizati suscipiuntur. O. Hoc est quod et ego dixi, ausculta quid de omni Ecclesia sentiendum sit. Iste enim, ut ais, scrupulus multos titillat. Et longus fortasse ero in enarrando: verum tanti est lucrum veritatis. [e]

22. *Arca Noe typus Ecclesiæ. Octavus numerus in Psalmis et in Evangelio. Gradus Ecclesiæ. Nemo potest ante judicii diem de hominibus judicare.* — Arca Noe Ecclesiæ typus fuit, dicente Petro Apostolo: *In Arca Noe pauci, id est, octo animæ salvæ factæ sunt per aquam, quod et nos nunc similis* [*Al* similiter] *formæ baptisma salvos facit* [*Al. facial*] (I Pet. III, 20). Ut in illa omnium animalium genera: ita et in hac universarum et gentium et morum homines sunt. Ut ibi pardus et hædi, lupus et agni: ita et hic et justi et peccatores, id est, vasa aurea et argentea, cum ligneis et fictilibus commorantur. Habuit arca nidos suos: habet Ecclesia plurimas mansiones. Octo animæ hominum in arca Noe servatæ sunt. Et nobis Ecclesiastes (*Cap.* XI) jubet dare partes septem, dare partes octo, id est, credere utrique Testamento. Ideo quidam psalmi *pro octava* inscribuntur, et per octonos versus, qui singulis litteris subjecti sunt, in centesimo decimo octavo psalmo justus eruditur. Beatitudines quoque quas Dominus discipulis in monte pronuncians, Ecclesiam delineavit, octo sunt. Et Ezechiel in ædificationem Templi, octonarium numerum assumit. Multaque alia in hunc modum per Scripturas significata reperies. Emittitur itaque de arca corvus, [f] et non redit, et postea pacem terræ columba nuntiat. Ita et in baptismate Ecclesiæ, te terrimo alite expulso, id est, diabolo, pacem terræ nostræ columba Spiritus sancti nuntiat. A triginta cubitis incipiens, et usque ad unum cubitum paulatim decrescens, arca construitur. Similiter et Ecclesia multis gradibus consistens, ad extremum diaconis, presbyteris, episcopisque finitur. Periclitata est arca in diluvio, periclitatur Ecclesia in mundo. Egressus Noe vineam plantavit, et bibens de ea, inebriatus est: natus quoque in carne Christus, Ecclesiam plantavit, et passus est. Nudatum patrem irrisit major filius, et minor texit, et Deum crucifixum illuserunt Judæi, et honoraverunt Gentiles. Dies me deficiet, si omnia arcæ sacramenta cum Ecclesia componens, edisseram. Qui sint inter nos aquilæ, qui columbæ, qui leones, qui [g] cervi, qui vermiculi, qui serpentes, quod ad præsens negotium pertinet, breviter expediam. Non solum in Ecclesia morantur oves, nec mundæ tantum aves volitant; sed frumentum in agro seritur, *interque nitentia culta Lappæque et tribuli, et steriles dominantur avenæ* (*Ex Virg.* I *Georg.* 154). Quid faciat agricola? Evellat lolium? Sed tota pariter messis evertitur. Quotidie industria rusticana aves sonitu abigit, imaginibus exterret: hinc flagello crepitat, hinc

---

[a] Addit vetus edit., *quo corde bono erga Luciferum sum.*

[b] Eadem *hoc illum non Ecclesiæ amore, sed gloria*, etc. Martian., *hoc illum non amore gloriæ, sed negandi particulam postmodum sustulit in erratorum indiculo.*

[c] Notum dissidium ex Paulini electione, quam contra condictum, tametsi bono animo, Lucifer fecit, Eusebius improbavit.

[d] Vetus edit., *unum quod etiam in præsenti constat eloquar.*

[e] Eadem addit, *ut non sileam.*

[f] Ex Septuaginta interpretum sensu, οὐκ ἀνέστρεψεν.

[g] Erat, forte typothetarum mendo, *servi.*

formidines tendit. Attamen aut veloces capreæ, aut lascivus onager incurrit : hinc in effossa horrea mures frumenta comportant, hinc [a] ferventi agmine segetem formica populatur. Ita res se habet. Nemo securus agrum possidet. Dormiente patrefamilias, inimicus homo zizaniam superseminavit, ad quam eradicandam cum servi ire proponerent, Dominus prohibuit, sibi servans palearum et frumenti discretionem (*Matth.* XIII). Hæc sunt vasa iræ et misericordiæ, quæ in domo Dei ab Apostolo prædicantur (*Rom.* IX et II *Tim.* II). Veniet ergo dies quando, thesauro Ecclesiæ aperto, proferet Dominus vasa iræ suæ, quibus exeuntibus sancti dicent : *Ex nobis exierunt ; sed non erant ex nobis. Si enim fuissent ex nobis, mansissent utique nobiscum* (I *Joan.* II, 19). Nemo potest Christi palmam sibi assumere, nemo ante diem judicii de hominibus judicare. Si jam mundata est Ecclesia, quid Domino reservamus ? *Est via quæ videtur esse apud homines recta, novissima autem ejus veniunt in profundum inferni* (*Prov.* XIV, 12). IN HOC ERRORE judicii, quæ potest esse certa sententia ?

23. *Traditio Ecclesiastica. Hæretici primitivæ Ecclesiæ. Hæretici Judæorum. Hæretici in Evangelia.* — Conatus est beatus Cyprianus contritos lacus fugere, nec bibere de aqua aliena : et idcirco hæreticorum baptisma reprobans, ad Stephanum tunc Romanæ urbis episcopum, qui a beato Petro [b] vicesimus secundus fuit, super hac re Africanam synodum direxit, sed conatus ejus frustra fuit. Denique illi ipsi episcopi, qui rebaptizandos hæreticos cum eo statuerant, ad antiquam consuetudinem revoluti, [c] novum emisere Decretum. Quid facimus [*Al.* facimus] ? ita et nobis majores nostri, et illis sui tradidere majores. Sed quid de posterioribus loquar ? Apostolis **197** adhuc apud Judæam Christi sanguine recenti, phantasma Domini corpus asserebatur; Galatas ad observationem Legis traductos, Apostolus iterum parturit ; Corinthios resurrectionem carnis non credentes, pluribus argumentis ad verum iter trahere conatur. Tunc Simon Magus, et Menander discipulus ejus, Dei se asseruere virtutes : tunc [d] Basilides summum Deum *Abraxas*, cum trecentis sexaginta quinque [e] editionibus commentatus est : tunc Nicolaus, qui unus de septem diaconis fuit, die noctuque nuptias faciens, obscœnos et auditu quoque erubescendos coitus somniavit. Taceo de Judaismi hæreticis, qui ante adventum Christi, legem traditam dissiparunt : quod Dositheus Samaritanorum princeps Prophetas repudiavit : quod [f] Sadducæi ex illius radice nascentes, etiam resurrectionem carnis negaverunt : quod Pharisæi a Judæis divisi, propter quasdam observationes superfluas, nomen quoque a dissidio susceperunt : [g] quod Herodiani Herodem regem suscepere pro Christo. Ad eos venio hæreticos, qui Evangelia laniaverunt. Saturninum quemdam, et [h] Ophitas, et Cainæos, et Setthoitas, et Carpocratem, et Cerinthum, et hujus successorem [i] Ebionem, et cæteras pestes, quorum plurimi vi-

---

[a] In veteri editione est *frequenti agmine.*

[b] *Vicesimus secundus.* In posteriori Chronicorum libro legimus : Romanæ Ecclesiæ episcopatum tenet vicesimus primus Lucius menses 8, post quem vicesimus secundus Stephanus annos 11; exstant ad utrumque Cypriani epistolæ. Vicesimum tertium alii faciunt. MARTIAN.—Compertum omnino est inita ratione Stephanum vigesimum secundum locum obtinere post Petrum : quare qui hactenus obtinuit, errorem, quo vigesimus sextus dicebatur, emendare non dubitavimus. Forte Romanis notis scriptum olim fuit XXII, quod scribendi aut legendi festinatione librarius accepit pro XXVI. Mox pro *direxit* fortasse verius editio *indixit*.

[c] Istud ab uno Hieronymo discimus ; alibi enim novi hujusce Decreti mentionem fieri nullam invenias ; quin et ipsa disputatio inter Donatistas et S. Augustinum tale nihil penitus novit. Pamelius S. Dionysium Alexandrinum testem hujus rei adducit ; at cum Baronio hallucinatur.

[d] S. Joannes Damascenus 1, Paralel. 12 : *Cum impius,* inquit, *Basilides Evangelistam Joannem aliquando salutasset, ac dixisset : Agnoscis nos ; nulla interposita mora : Agnosco te,* inquit *vir sanctus, primogenitum Satanæ.* Qua in narratione tametsi erraverit, de Joanne et Basilide scribens, quod de Polycarpo et Marcione refert Irenæus , sensit tamen ille, Basilidem Apostolicorum temporum hæreticum exstitisse, quod hic loci cum a Hieronymo quoque affirmetur, multi falli eum putant. Certe Firmilianus apud S. Cyprianum epist. 75 : *Sed et Valentini,* inquit, *et Basilidis tempus manifestum est, quod et ipsi post Apostolos, et post longam ætatem adversus Ecclesiam Dei sceleratis mendaciis suis rebellaverint.*

[e] Editiones sunt Virtutes, Principes, et Angeli, quos in 365 classes juxta cœlorum numerum Basilides distribuebat (cœlos enim 365 fingebat esse), eisque appellare illi placuit orbes, quos motu diurno Sol percurrit. Summus horum Deus et Princeps erat *Abraxas,* quod nomen eumdem numerum suis litteris exhibet. Sic legunt alii *æonibus* pro *editionibus.* Nicolaum porro multi ab hæresi defendunt, cum tamen ansam illi comminiscendæ dedisse Nicolaitis non diffiteantur.

[f] Origenes in Matthæum cum Sadducæos resurrectionem negare, ipsamque animæ immortalitatem respuere dixisset, subdit, τὸ δὲ αὐτὸ τοῖς Σαδδουκαίοις δόγμα περὶ τῆς τῶν ἀνθρώπων ψυχῆς, φρονοῦσι μέχρι τοῦ δεῦρο Σαμαρεῖς, etc. Eamdem *de anima humana sententiam, quam Sadducæi, ad hanc usque diem Samaritani tuentur.* De Pharisæis, quos mox a dissidio nomen suscepisse dicit, notum ex Hebraico פרד, quod divisionem significat, esse appellatos.

[g] In Commentariis in Matthæum hoc de Herodianis ridicule existimatum dicit a quibusdam Latinorum, puta Tertulliano, Philastrio, aliisque. Ille de Præscriptionibus adversum hæretic., cap. 45 : *Cum his,* inquit, *etiam Herodianos, qui Christum Herodem esse dixerunt.* Hic Hæresi 28 : *Alii Herodiani sunt ab Herode rege Judæorum ita appellati...., quem percussum ab Angelo, ut Christum sperantes exspectant.* Paria habent Epiphanius hæresi 20, aliique Græci. Facile autem colligitur Herodianorum nomine appellatos tunc ipsius Herodis milites, et cum tributis Cæsari pendendis Herodes Antipas præesset, ipsos ejus nomine vectigalium coactores : quod Hieronymo ipsi in Matthæum placet.

[h] *Ophitas, et Cainæos.* In mss. codicibus *Caldæos* pro *Cainæos.* Vide hæc apud Epiphanium, et alios. MARTIAN.— *Victorius et Gnoitam Carpocratem legit* : pro *Caineos* vero , sæpe *Chaldæos* invenire est in aliis libris.

[i] Nullum umquam Ebionem fuisse eruditi nonnulli autumant, quibus placet, hæreticis illis ex paupere de Christo, sententia, Ebionitarum nomen fuisse inditum. Sed ex veteribus nemo est, qui neget, multi

venté **198** adhuc Joanne apostolo eruperunt, et tamen nullum eorum legimus rebaptizatum.

24. *Hæreticis concedenda pœnitentia sine baptismo.* — Quoniam autem talis viri fecimus mentionem, de Apocalypsi quoque ejus approbemus, hæreticis sine baptismate debere pœnitentiam concedi. Angelo Ephesi deserta charitas imputatur. In Angelo Pergamenæ Ecclesiæ, idolothytorum esus, et Nicolaitarum doctrina reprehenditur. Item apud Angelum Thiatyrorum, Jezabel prophetissa, et simulacrorum escæ, et fornicationes increpantur. Et tamen omnes hos ad pœnitentiam Dominus hortatur : sub comminatione quoque futuræ pœnæ, nisi convertantur. Non autem cogeret pœnitere, si non esset pœnitentibus veniam concessurus. Numquid dixit, rebaptizentur qui in Nicolaitarum fide baptizati sunt ? vel imponantur eis manus, qui eo tempore apud Pergamenos crediderunt, qui disciplinam tenebant Balaam ? Quin potius, *Age*, inquit, *pœnitentiam : sin autem, ego veniam tibi cito, et pugnabo tecum in romphæa oris mei* (*Apoc.* II, 2).

25. *S. Cypriani epist. ad Stephanum. Ejusdem ep. ad Jubaian.* — Verum si voluerint hi qui ab Hilario instituti sunt, et oves sine pastore esse cœperunt, de Scripturis ea proferre, quæ beatus Cyprianus ob Hæreticos rebaptizandos in epistolis suis reliquit, sciant [a] illum hæc non cum anathemate **199** eorum qui se sequi noluerant, edidisse. Siquidem in communione eorum permansit, qui sententiæ suæ contraierant : sed hortatum potius fuisse propter Novatum, et alias tunc hæreses multas enascentes, ne quisquam ab eo sine damnatione erroris sui reciperetur. Sermonem denique suum, quem super hac re ad Stephanum Romanum pontificem habuit, tali fine complevit : « Hæc ad conscientiam tuam, frater charissime, et pro honore communi, et simplici dilectione protulimus, credentes etiam tibi pro religionis tuæ et fidei veritate placere, quæ et religiosa pariter et vera sunt. Cæterum scimus quosdam, quod semel imbiberunt, nolle deponere, nec propositum suum facile mutare ; sed salvo inter collegas pacis et concordiæ vinculo, quædam propria, quæ apud se semel sint usurpata, retinere. Qua in re non vim cuiquam facimus, aut legem damus, quin habeat in Ecclesiæ administratione voluntatis suæ arbitrium liberum : unusquisque sit præpositus, rationem actus sui Domino redditurus. » Ad Jubaianum quoque de hæreticis rebaptizandis scribens, in fine libelli sic locutus est : « Hæc tibi breviter pro nostra mediocritate scripsimus, frater charissime, nemini præscribentes, aut præjudicantes, quominus unusquisque episcoporum quod putat, faciat, habens arbitrii sui liberam potestatem. Nos, quantum in nobis est, propter hæreticos cum collegis et coepiscopis nostris non contendimus, cum quibus divinam concordiam et Dominicam pacem tenemus, maxime cum Apostolus dicat : *Si quis autem putaverit se contentiosum esse, nos talem consuetudinem non habemus, nec Ecclesia Dei.* Servatur a nobis patienter et leniter charitas animi, collegii honor, vinculum fidei, concordia sacerdotii »

26. *Contra Hilarium E. R. Diaconum.* — Est præterea aliud quod inferemus, adversum quod ne mutire quidem audeat Hilarius, Deucalion orbis. Si enim hæretici baptisma non habent, et ideo rebaptizandi ab Ecclesia sunt, quia in Ecclesia non fuerunt, ipse quoque Hilarius non est Christianus. In ea quippe **200** Ecclesia baptizatus est, quæ semper ab hæreticis baptismum recepit. Antequam Ariminensis synodus fieret, antequam Lucifer exsularet, Hilarius Romanæ Ecclesiæ diaconus ab hæreticis venientes, in eo quod prius acceperant baptismate suscipiebat. Nisi forte tantum Ariani hæretici sunt, et ab his solis baptizatum recipere non licet, ab aliis licet. Diaconus eras, o Hilari, [b] et a Manichæis baptizatos recipiebas. Diaconus eras, et Ebionis baptisma comprobabas. Repente postquam exortus est Arius, totus tibi displicere cœpisti. Segregas te cum tuis vernulis, et novum balneum aperis. Si te angelus aliquis, aut apostolus rebaptizavit, non infringo quod sequeris. Si vero in sinu meo natus, si uberum meorum lacte nutritus, adversum me gladium levas, redde quod dedi, et esto, si potes, aliter christianus. Meretrix sum, sed tamen mater tua sum. Non servo unius tori castitatem, talis eram quando conceptus es : cum Ario adulteria committo, feci et antea cum Praxea, cum Ebione, cum Cerintho, Novato : hos amplexaris, hos in matris tuæ domum jam adulteros recipis. Nescio quid te unus adulter offendat.

27. *Hæreticos semper susceptos.* — Quod si negandum quispiam putaverit, hæreticos a majoribus nostris guant. Ego libentius falsi Firmilianum ipsum postularem. Certe Augustinus lib. v de Baptismo contra Donastitas, cap. 25, de Stephano dixit : *Ita quamvis commotius, fraterne tamen indignarentur, vicit tamen pax Christi in cordibus eorum, ut nullum inter eos schismatis malum oriretur.* Notum præterea, hisce monimentis quanta sit fides adhibenda, ex illo ejusdem Augustini testimonio Epist. 92 : *Non desunt, qui hoc Cyprianum prorsus non sensisse contendant, sed sub ejus nomine a præsumptoribus, atque mendacibus fuisse confictum.* Vetus editio, *sciant illum, non eorum, qui se sequi noluerant, sententiam odisse.*

[b] Vetus editio, *et Manichæos recipiebas*. Quod infra novum balneum appellatur, Victorius novum baptisma explicat.

---

qui eum affirmant exstitisse. Tertullianus de Præscriptionibus cap. 33, Pacianus epist. 1, Philastrius hæresi 37, Hilarius de Trinitate, Theodoritus, Rufinus, Epiphanius, qui insuper in pago Cochabe Bassanitidis regionis habitasse eum tradit Hæresi 52, non dissimulata adnominatione paupertatis, quam Hebraice nomen ejus præfert.

[a] Confer Eusebium lib. VII. c. 3, et Augustinum lib. V contra Donastitas, cap. 23, quibus dicitur Stephanus præcepisse, quidem, ut nihil innovaretur, atque anathema minitatus : minime vero pacem reapse cum Cypriano atque Africanis fregisse. Contra Firmiliani epistola : *Quod nunc Stephanus ausus est facere, rumpens adversus nos pacem, quam semper antecessores ejus vobiscum amore et honore mutuo custodierunt.* Sunt adeo qui Hieronymum erroris ar-

semper fuisse susceptos, legat beati Cypriani epistolas, in quibus ª Stephanum Romanæ urbis episcopum, et inveteratæ consuetudinis lacerat errorem. Legat et ipsius Hilarii libellos, quos adversus nos de hæreticis rebaptizandis edidit, et ibi reperiet ipsum Hilarium confiteri, a Julio, Marco, Sylvestro, et cæteris veteribus episcopis similiter in pœnitentiam omnes hæreticos susceptos : nec tamen sibimet veritatis consuetudinem præjudicare debere, Synodus quoque Nicæna, cujus paulo ante fecimus mentionem, omnes hæreticos suscepit, exceptis Pauli Samosateni discipulis. Et quod his majus est, episcopo Novatianorum, si conversus fuerit, presbyterii gradum servat. Quæ sententia et Luciferum impugnat, et Hilarium : dum idem et clericus est, et baptizatus.

201 28. *In qua Ecclesia permanendum. Conclusio disputationis et fructus.* — Poteram diem istiusmodi eloquio ducere, et omnes propositionum rivulos una Ecclesiæ sole siccare. Verum quia jam multum sermocinati sumus, et prolixitas concertationis audientium studia lassavit, brevem tibi apertamque animi mei sententiam proferam, in illa esse Ecclesia permanendum, quæ ab Apostolis fundata, usque ad diem hanc durat. Sicubi audieris eos qui dicuntur Christi, non a Domino Jesu Christo, sed a quoquam alio nuncupari : ut puta Marcionitas, Valentinianos, ᵇ Montenses, sive Campitas : scito non Ecclesiam Christi, sed Antichristi esse synagogam. Ex hoc enim ipso quod postea instituti sunt, eos se esse indicant, quos futuros Apostolus prænuntiavit. Nec sibi blandiantur, **202** si de Scripturarum capitulis videntur sibi affirmare quod dicunt, cum et diabolus de Scripturis aliqua sit locutus, et ᶜ Scripturæ non in legendo consistant, sed in intelligendo. Alioqui si litteram sequimur, possumus et nos quoque novum nobis dogma componere : ut asseramus in Ecclesiam non recipiendos, qui calceati sint, et duas tunicas habeant, *L.* Non solum te vicisse existimes, vicimus utrique, uterque nostrum palmam refert ; tu mei, et ego erroris. Utinamque mihi sic semper disputare contingat, ut ad meliora proficiens, deseram quod male tenebam. Unum tamen tibi confiteor, quia mores meorum apprime novi, facilius eos vinci posse, quam persuaderi.

ª Eadem rectius ut videtur, *in quibus apud Stephanum Romanæ Urbis episcopum, inveteratæ consuetudinis lacerat errorem.* Innuit vero Hieronymus epistolam S. Cypriani 72, quæ *ad Stephanum Papam de concilio inscribitur*, simulque aliam, quam Crescens Cirthensis episcopus in Carthaginensi concilio memorat ; sed ad nos usque non devenit. Scilicet in illa multa de Scripturis testimonia contra Stephani de baptismo hæreticorum sententiam afferebantur.

ᵇ *Montenses, sive Campitas.* E Chronicis Hieronymi discimus sectatores Donati *Montenses* appellatos, quod Ecclesiam Romæ in monte habuerint. De Campensibus vero et Tharsensibus hæreticis vide supra epistolam primam ad Damasum papam.

Martian. — Ita Donatistas per convicium vocari autumo, quod in campis, aut montibus habitarent, ut vox ipsa loquitur. In gestis purgationis Cæciliani Carthaginensis episcopi a Balusio editis, *Nundinarius Diaconus dixit : Campenses, et harenarii fecerunt illum episcopum*. Prima editio et Erasmus legerant *Campates*. Idem vero et Victorius quoque Montenses a Montani hæresi ridicule interpretantur.

ᶜ Desumpta iisdem verbis ex S. Hilario ad Constantium lib. II, n. 9, sententia : *Scripturæ enim non in legendo sunt, sed in intelligendo ; neque enim in prævaricatione sunt, sed in charitate*. Vide S. Augustinum epistola 120, ad Consent. ; Athanasium Orat. 2 contra Arianos.

IN LIBRUM SUBSEQUENTEM ADMONITIO.

Helvidius ex aliquot sacræ Scripturæ testimoniis perperam intellectis, et duorum veterum Patrum, Tertulliani scilicet, et Victorini Petabionensis auctoritatibus parum perpensis, librum composuerat, in quo illud probare contendebat, Mariam Virginem, postquam Jesum Dei Filium nulla hominis opera, sed Spiritus sancti peperisset, deinde ex Joseph marito, communi cæterorum hominum more, filios aliquot genuisse, qui *Fratres Domini* appellantur in Evangelio. Quam insaniam ut fuco rationis aliquo obliniret, novo errore cumulavit : siquidem matrimonio minime præstare virginitatem effutivit, adductisque argumentis, immo mendaciis, probare conatus est. Erat ille, ut videtur, e populo vulgaris homo, rusticanus, et vix primis quoque imbutus litteris, tamque obscuri nominis, ut quamquam Romæ eodem ac Hieronymus tempore diversaretur, numquam de facie cognitus illi fuerit, qui albus, ut aiunt, aterve esset, ignoraret. Addit Gennadius, Auxentii, qui sedem Mediolanensem invaserat, Arianorum impiissimi, discipulum, et Symmachi, ejus nempe ethnici senatoris, qui idololatriam scriptis defenderat, imitatorem eum exstitisse. Sed me illud Gennadii testimonium non una de causa movet et trajectione puto gravissima laborare. Ut quid enim in respondendo, Auxentium Helvidii Magistrum Hieronymus præteriret? Symmachum vero, nisi si nocendi animo, atque impietate, qua ratione Helvidius fuisset imitatus, *qui librum neque sermone, neque ratione nitidum, quin etiam solœcis scatentem ediderit?* Rursum si impietatem æmulatur, quo pacto eum dicit Gennadius scripsisse, *Religionis studio?* Non hæc sane rectæ rationi consonant, ut pariter referri ad Helvidium possint.

Ejus libello Hieronymus *rogatus a fratribus* demum respondit, cum diu tamen facere distulisset, *ne respondendo dignus ille fieret, qui vinceretur*. Pedem igitur collaturus, excerptas singulas hæretici propositiones ex ordine impugnat, Scripturæ locis, atque illo imprimis Matth. 1, 18, quo maxime adversarius abutebatur, expositis rite in eum sensum, ut Deiparam Mariam continuo virginem perstitisse, neque edito Salvatore, virum umquam cognovisse, quæ catholicæ Ecclesiæ fides est, manifestissime evincat. Eapropter titulum libro fecit, *De Beatæ Mariæ Virginitate perpetua:* qui rursum a Gennadio dicitur in Corbeiensi codice, *egregius, et gratus libellus, in quo ostenditur Beatissimam Mariam genitricem Domini nostri Jesu Christi sicut virginem ante partum, ita virginem permansisse post partum.* Quod Veterum spectat auctoritatem, satis habet de Tertulliano dicere, eum Ecclesiæ hominem non fuisse; sed Victorinum Petabionensem ejusdem ac adversarius sententiæ esse, pernegat: tum seriem ait Scriptorum infinitam commovere se posse, atque opponere. Denique multa de laude virginitatis ediserit, cujus præstantiam post luculentissime expositum Pauli ad Corinthios testimonium, ex nuptiarum quoque, quæ ob oculos ponit, incommodis extollit. Qua de re cum ad Pammachium post annos decem scriberet Epist. 48, num. 17, *Dum adviveret,* inquit, *sanctæ memoriæ Damasus, librum contra Helvidium de Beatæ Mariæ virginitate perpetua scripsimus, in quo necesse fuit nobis ad virginitatis beatitudinem prædicandam, multa de molestiis dicere nuptiarum. Num vir egregius, et eruditus in Scripturis, et virgo Ecclesiæ virginis Doctor, aliquid in illo sermone reprehendit?*

Ex hoc testimonio facile etiam colligitur, quo tempore conscriptus sit liber. Nempe exeunte anno 384 ex veterum martyrologiorum fide Damasus obiit: Hieronymus apud Damasum non ante finem anni 382 Romæ est diversatus, quemadmodum in epistolarum 19 et 20 chronologicis argumentis probatum est. Biennii autem, quod intercedit, priorem annum sive 383 illi assignandum evincit testimonium hocce alterum ex epist. 22: *Quantas molestias habeant nuptiæ, et quot sollicitudinibus vinciantur, in eo libro quem adversus Helvidium de B. Mariæ perpetua virginitate edidimus, puto breviter expressum.* Pertinet enim illa Epistola, ut suo loco ostendimus, ad anni 384 priorem partem; huncque adeo, quem laudat contra Helvidium librum, jamque ad vulgi manus fuisse indicat, superiori 383 oporteat ascribi.

S. EUSEBII HIERONYMI
STRIDONENSIS PRESBYTERI
DE PERPETUA VIRGINITATE B. MARIÆ,
ADVERSUS HELVIDIUM,
LIBER UNUS.

205 1. Nuper rogatus a fratribus, ut adversus libellum cujusdam Helvidii responderem, facere distuli: non quod difficile fuerit, hominem rusticanum, et vix primis quoque imbutum litteris, super veri assertione convincere; sed ne respondendo dignus fieret, qui vinceretur. [b] Huc accedebat quod homo turbulentus, et solus in universo mundo sibi et laicus et sacerdos (qui, ut ait [c] ille, loquacitatem facundiam existimat [*Al.* existimet], et maledicere omnibus, A bonæ conscientiæ signum arbitratur) accepta materia disputandi, amplius inciperet blasphemare, et quasi de sublimi loco in totum orbem ferre sententiam: meque quia veritate non posset, laceraret [*Al.* lacerare] conviciis. Verum quia hæ omnes tam justæ silentii mei causæ, ob scandalum fratrum, qui ad ejus rabiem movebantur, justiori fine cessarunt, jam ad radices infructuosæ arboris Evangelii securis est admovenda (*Matth.* 3, 10), [d] et cum infecunditate

---

[a] Edd. Martian. et Vallars. Habent titulum: *Incipit liber S. Hieronymi adversus Helvidium de Virginitate B. Mariæ.* EDIT.—*Incipit Liber*, etc. In quatuor, aut quinque Exemplaribus mss. inscribitur hic liber, *Epistola S. Hieronymi:* hoc ideo, quod inter Epistolas, sive in codicibus Epistolarum scriptum fuerit semper istud opusculum. Meminit hujus libri sæpius in Commentariis suis Hieronymus, et in epistola ad Eustochium, etc.   MARTIAN.

[b] *Huc accedebat, quod homo,* etc. Editi hunc locum ita legunt: *Huc accedebat, quod verebar, ne homo turbulentus, et solus in universo mundo simul laicus et sacerdos: qui (ut ait ipse) loquacitatem,* etc. Codices mss. secuti sumus, qui non legunt verbum *verebar,* additum in editis, et qui pro *simul* omnes retinent *sibi,* congruo sensu: nam Helvidius sibi

erat laicus et sacerdos, non Ecclesiæ Christi, apud quam monstrum habebatur, non sacerdos. MARTIAN.— Vetustiores editi *quod verebar ne homo.* Mox Victorius *simul* legit pro *sibi,* quod tamen non improbat, atque in mss. inveniri notat. Nos Veronensis præcipue fidem sequimur, qui omnes ad hanc diem cognitos antiquitate et præstantia facile exsuperat.

[c] Tertullianum suppresso nomine designat, qui libro adversus Hermogenem c. 1: *Homo,* inquit, *in sæculo, et natura quoque hæreticus, etiam turbulentus, qui loquacitatem facundiam existimet, et impudentiam constantiam deputet, et maledicere singulis officium bonæ conscientiæ judicet.*

[d] *Et cum infecunditate,* etc. Disputat Marianus hoc loco contra Erasmum; at error est in utroque, non enim ficum infructuosam Evangelicam, aut

foliorum tradenda flammis, ut discat aliquando reticere, qui numquam didicit loqui.

2. Igitur sanctus mihi invocandus est Spiritus, ut beatæ Mariæ virginitatem suo sensu, ore meo defendat. Invocandus est Dominus Jesus, ut sacri ventris hospitium, cujus [a] decem mensibus inhabitator fuit, ab omni concubitus suspicione tueatur. Ipse quoque Deus Pater est imprecandus, ut matrem Filii sui, virginem ostendat fuisse post partum, quæ fuit mater [b] antequam nupta. Non campum rhetorici desideramus eloquii, non Dialecticorum tendiculas, nec Aristotelis spineta conquirimus : ipsa Scripturarum verba ponenda sunt : ipsis quibus adversum nos usus est testimoniis, revincatur, ut intelligat, se et [c] legere potuisse quæ scripta sunt, et non potuisse quæ pietate roborata sunt, cognoscere.

3. *Helvidius.* — Prima ejus propositio fuit : « Matthæus loquitur : *Christi autem generatio sic erat : Cum esset desponsata mater ejus Maria Joseph, priusquam convenirent, inventa est habens in utero de Spiritu sancto.* Joseph *autem vir ejus cum esset justus, et nollet eam traducere, voluit occulte dimittere* [d] *eam. Hæc autem eo cogitante, ecce Angelus Domini in somnis apparuit ei, dicens : Joseph, fili David, ne timeas accipere Mariam conjugem tuam. Quod enim natum est in ea, de Spiritu sancto est* (Matth. 1, 18 seqq.). Ecce, inquit, habes *desponsatam*, non *commendatam*, ut dicis, et utique non ob aliud desponsatam, nisi quandoque nupturam. Neque enim de non conventuris Evangelista dixisset : *Priusquam convenirent :* quia nemo de non pransuro dicit, antequam pranderet. Deinde [e] ab Angelo *uxorem* appellatam et *conjunctam*. Audiamus nunc quid Scriptura pronuntiet : *Exsurgens*, inquit, *Joseph a somno, fecit sicut præceperat ei Angelus Domini : et accepit uxorem suam, et non cognovit eam, donec peperit filium suum* (Matth. 1, 24, 25).

4. *Hieronymus. Præpositio* ante *quid ostendit. Maria quare virgo sponsata conceperit.* — Curramus per singula, et impietatem iisdem, quibus ingressa est, vestigiis persequentes, pugnantia inter se dixisse doceamus. *Desponsatam* confitetur : et statim *uxorem* vult esse quam confessus est sponsam. Rursum quam *uxorem* nominat, dicit non ob aliud desponsatam, nisi quandoque nupturam. Et ne parum hoc arbitremur : « Habes, inquit, *desponsatam*, et non *commendatam*, id est, necdum uxorem, necdum maritali vinculo copulatam. In eo vero quod ait, Neque enim de non conventuris Evangelista dixisset : *Priusquam convenirent :* quia nemo de non pransuro dicit, antequam pranderet, doleamne, an rideam, nescio. » Imperitiæ arguam, an temeritatis accusem ? Quasi si quis dixerit : Antequam in portu pranderem, ad Africam [f] navigavi, non possit stare sententia, nisi ei in portu prandendum quandoque sit. Aut si velimus dicere : Paulus apostolus antequam ad Hispanias pergeret, Romæ in vincula conjectus est. Aut certe illud : Helvidius antequam pœnitentiam ageret, morte præventus est : statim aut Paulo post vincula ad Hispanias sit eundum : aut Helvidio pœnitentia agenda post mortem ; cum Scriptura dicat : *In inferno autem quis confitebitur tibi* (Psal. vi, 6) ? Ac non potius sit [g] intelligendum, quod, *ante*, præpositio, licet sæpe consequentiam indicet, tamen nonnumquam ea tantum quæ prius cogitabantur, ostendat. Unde nec necesse sit ut cogitata fiant, cum aliud ideo intervenerit, ne ea quæ cogitata sunt, fierent. Igitur cum Evangelista dicat : *priusquam convenirent*, proximum nuptiarum tempus ostendit, et in eo jam rem fuisse ut, quæ prius sponsa fuerat, esse uxor inciperet. Quasi dixerit : Antequam oscula amplexusque miscerent ; antequam rem agerent nuptiarum, inventa est habens in utero. Inventa est autem a nullo alio, nisi a Joseph, qui sponsæ [h] uterum tumentem pene jam licentia maritali, et curiosis oculis deprehendit. Non tamen sequitur, ut prioribus docuimus exemplis, cum cum Maria convenisse post partum, cujus conveniendi desiderium, uteri conceptione sublatum est. Quod autem in somnis dicitur ad Joseph : *Ne timeas accipere Mariam uxorem tuam*. Et rursum : *Exsurgens autem Joseph a somno, fecit sicut præcepit ei Angelus Domini, et accepit uxorem suam*, nullum movere debet, quasi ex eo quod *uxor* est appellata, *sponsa* esse desierit : cum hanc esse Scripturæ divinæ consuetudinem noverimus, ut sponsas appellet uxores. Sicut in sequentibus Deuteronomii testimoniis approbatur : *Si quis*, inquit, *invenerit virginem desponsatam viro in campo, et vim*

---

virum justum primi Psalmi respicit Hieronymus : sed folia verborum orationis, quorum infecunditas erat in Helvidio rusticano, nec facundo. MARTIAN.— Alludit, quod apertissimum est Matthæi x : *Jam enim securis ad radicem arborum posita est. Omnis ergo arbor, quæ non facit fructum bonum, excidetur, et in ignem mittetur.* Infecunditatem foliorum vocat foliorum ipsam copiam ac superfluitatem, quæ totum humorem in folia convertit absque fructu. Hujusmodi erat ficus, cui Dominus maledixit. Libentius igitur Erasmianæ interpretationi assentior, tametsi ferme de nihilo quæstio sit.

[a] Vide A. Gellium, et quæ in Epistolam 127 atque alibi annotata sunt.

[b] Nimirum quia ex Spiritu sancto conceperat antequam ex sponsa fieret uxor Josephi. Sunt autem qui *nubere*, et *nuptam* pro carnali cum viro copula accipiant, unde in Scholiis S. Cyrilli de Incarnatione Domini, c. 25 : *Natus est enim ex Virgine, et solus habet Matrem innuptam*, id est, quæ cum marito congressa numquam fuit. Hoc sensu etiam Tertullianus in Apologetico, *nullam de impudicitia Matrem habere Dei Filium asserens, etiam*, inquit, *quam videbatur habere, non nupserat*.

[c] Veronensis liber, *et non intelligere potuisse, qua scripta sunt. Prima ejus*, etc.

[d] Veronensis voculas *cum*, et *autem* non habet.

[e] Idem *a Domino* pro *ab Angelo*.

[f] Erat antea *navigavit, et nisi in eo portu* pro *nisi ei in portu*, quod ex Veronensi ms. recipio.

[g] Idem Veronensis *ac non potius sic intelligendum, et mox sæpe et consequentiæ indicet* ; *et paulo post unde vocabulum non habet.*

[h] *Uterum tumentem pene*, etc. Sic in caput 1 Matthæi, *qui pene licentia maritali futuræ uxoris omnia noverat.* MARTIAN.

faciens dormierit cum ea, morte moriatur, quia humiliavit uxorem proximi sui (Deut. xxii, 25). Et in alio loco : Si autem fuerit adolescentula desponsata viro, et invenerit homo eam in civitate, et dormierit cum ea, educetis utrumque ad portas civitatis illius, et lapidabuntur lapidibus, et morientur. Adolescentula quidem, quia non proclamavit, cum esset in civitate : vir autem, quia humiliavit uxorem proximi sui : et eradicabitis malum [Al. malignum] *ex vobismetipsis (Ibid., 23, 24). Necnon et alibi : Et quis ille homo, cui desponsata est uxor, et non accepit* [Al. accipiet] *eam? Vadat et revertatur in domum suam, ne forte moriatur in bello, et homo alius accipiat eam (Deut. xx, 7).* Si cui autem scrupulus commovetur, quare desponsata, et non potius sine sponso, sive (ut Scriptura appellat) marito, virgo conceperit, sciat triplicem fuisse rationem. Primo, ut per genealogiam Joseph, cujus Maria cognata erat, [a] origo quoque Mariæ monstraretur. **209** Secundo, ne juxta legem Moysi ut adultera lapidaretur a populo. Tertio, ut ad Ægyptum fugiens haberet solatium, custodis potius quam mariti. Quis enim in tempore illo credidisset Virgini de sancto eam Spiritu concepisse ; [b] venisse angelum Gabriel, Dei detulisse mandatum ; ac non magis quasi adulteram, juxta exemplum Susannæ, sententiæ omnium condemnassent, cum hodie, toto jam credente mundo, argumententur Judæi, [c] *Isaia dicente, Ecce virgo in utero concipiet, et pariet filium* (Isai. vii, 14), in Hebræo *juvenculam* scriptum esse, non virginem, id est, AALMA, NON BETHULA ? Adversus quos in alio loco competentius disseremus. Denique excepto Joseph, et Elisabeth, et ipsa Maria, paucisque admodum, si quos ab his audisse possumus æstimare, omnes Jesum filium æstimabant Joseph : intantum, ut etiam Evangelistæ opinionem vulgi exprimentes, [d] *quæ vera historiæ lex est,* patrem cum dixerint Salvatoris, ut ibi, *Et venit in spiritu in Templum* (haud dubium quin Simeon) *et cum inducerent parentes ejus puerum Jesum, ut facerent de illo secundum consuetudinem legis* (Luc. ii, 27). Et alibi : *Et erant pater illius et mater admirantes super his quæ dicebantur de eo (Ibid., 33).* Et rursum : *Et ibant parentes ejus per annum in Jerusalem in solemni die Paschæ (Ibid., 41).* Ac deinde : *Et completis diebus cum reverterentur, remansit puer Jesus in Jerusalem, et non cognoverunt parentes ejus (Ibid., 43).* Ipsa quoque Maria quæ ad Gabrielem responderat, dicens, *Quomodo erit hoc, quia virum non cognovi,* quid de Joseph loquitur, ausculta : *Fili, quid fecisti nobis sic? Ecce pater tuus et ego, dolentes quærebamus te (Ibid., 48).* [e] Non hic Judæorum, ut plerique argumentantur, non illudentium vox est. Evangelistæ patrem Joseph dicunt : patrem Maria confitetur. Non quod (ut superius indicavi) vere pater Joseph fuerit Salvatoris ; sed quod ad famam Mariæ conservandam, pater sit ab [f] omnibus æstimatus, qui antequam moneretur ab Angelo : *Joseph, fili David, ne timueris accipere Mariam conjugem tuam ; quod enim in ea natum est, de Spiritu sancto est (Matth.* i, 20), cogitabat occulte dimittere eam. **210** Infantum suum non esse, qui conceptus fuerat, confidebat. Sed jam satis docendi magis, quam respondendi studio disputatum est, cur Joseph pater Domini, cur Maria appellata sit conjux : in quo et hoc breviter continetur, cur fratres ejus quidam esse dicantur.

5. *Helvidius.* — Verum [quia suum locum huic quæstiunculæ reservamus, et ad reliqua festinat oratio : nunc illud est disserendum, quomodo Scriptura dicat : *Exsurgens autem Joseph a somno, fecit sicut præcepit ei Angelus Domini, et accepit uxorem suam, et non cognoscebat eam, donec peperit filium, et vocavit nomen ejus Jesum (Matth.* i, 24, 25). In quo primum adversarius superfluo labore desudat, cognoscendi verbum ad coitum magis, quam ad scientiam referendum : quasi hoc quisquam negaverit, et eas ineptias quas redarguit, aliquando prudens quispiam potuerit suspicari. Deinde vult docere, quod *donec,* sive *usque,* [g] adverbium, certum tempus significet : quo completo fiat id , quod usque ad illud temporis quod præscriptum est, non fiebat, velut in præsenti : *Et non cognoscebat eam, donec peperit filium.* Apparet, inquit, cognitam esse post partum, cujus cognitionem filii tantum differebat generatio. Et ad hoc approbandum congerit de Scripturis exempla quamplurima, [h] more Andabatarum gladium in tenebris ventilans, et linguæ sonum ad confodienda sui tantum corporis membra concutiens.

---

[a] Id eo fine præstitum notat Victorius, ut ejusdem tribus fuisse Maria monstraretur, ne quod Lege prohibitum erat Num. xxxvi alterius tribus ab illa Josephi assumi in uxorem videretur.

[b] Vetus editio, *venisse ad eam Angelum,* etc.; tum Veronensis liber, *Dei fuisse mandatum.*

[c] *Isaia dicente.* Addita bene multa reperi ac mutata in antiquis editionibus hujus opusculi ; sicut hoc loco, *Isaia docente de Maria et virginitate ejus.* Quæ in nullo leguntur exemplari manuscripto ; quæque superflua videbuntur crudito lectori, si tantisper animos attenderit ad contextum Hieronymi. MARTIAN.

— Ante Martianæum editi addunt, sed perperam, *docente de Maria et virginitate ejus.* Mox Veronensis aspirat vocem HAALMA, quam alibi Hieronymus in Quæstionibus Hebraicis in Genesim, et in Commentariis in Isaiam luculentissime exponit.

[d] *Isthæc, quæ vera Historiæ lex est,* in Veronensi ms. non habentur, unde subdubito, ex alio quam Hieronymi calamo profecisse.

[e] *Non hic Judæorum.* Pro hac optima lectione quæ est omnium mss. codicum, Erasmus, et Marianus istam retinent. *Non enim hæc Judæorum,* etc. MARTIAN. — Idem Veronensis hic *Joseph* nomen non habet, ferme eleganitus.

[f] Idem *ab hominibus pro omnibus ; deinde Mariam uxorem* pro *conjugem,* denique infra *confitebatur* pro *confidebat.*

[g] Erat antea *adverbia,* plurium numero, et *significent.*

[h] *More Andabatarum gladium.* Mos erat Andabatarum, sive Gladiatorum hujusmodi, clausis oculis pugnare. Unde ipse Hieronymus infra lib. i in Jovinianum , *Melius tamen est clausis, quod dicitur, oculis, Andabatarum more, pugnare.* Consule Chiliades Adagiorum Erasmi. MARTIAN.

6. *Hieronymitus.* — Ad quod nos breviter respondemus, et *cognoscebat,* et *usque,* sermonem, in Scripturis sanctis, dupliciter intelligi. Et de eo quidem quod scriptum est, *cognoscebat,* ad coitum esse referendum, ipse disseruit: nullo dubitante, quin ad scientiam sæpe referatur, ut ibi: *Remansit puer Jesus in Jerusalem, et non cognoverunt parentes ejus.* Nunc illud est ostendendum, ut quomodo ibi consuetudinem Scripturæ secutus est, sic etiam in *donec,* ejusdem Scripturæ auctoritate frangatur, quæ sæpe certum tempus (ut ipse disseruit) in ejus assumptione significat, sæpe infinitum, ut est illud, quod Deus ad quosdam **211** loquitur in Propheta: *Ego sum, ego sum, et donec senescatis ego sum* (*Isai.* XLIII; *Jerem.* VII). Numquid postquam illi senuerint, Deus esse desistet? Et Salvator in Evangelio ad Apostolos, *Ecce ego,* inquit, *vobiscum sum omnibus diebus usque ad consummationem sæculi* (*Matt.* XXVIII, 20). Ergo post consummationem sæculi a discipulis suis Dominus abscedet, et tunc quando in duodecim soliis judicaturi sunt duodecim tribus Israel (*Matth.* XIX, 58), Domini consortio fraudabuntur? Paulus quoque apostolus Corinthiis scribens: *Primitiæ,* ait, *Christus: deinde hi qui sunt Christi, qui in adventu ejus crediderunt: deinde finis, cum tradiderit regnum Deo et Patri, cum destruxerit omnem principatum et omnem potestatem et virtutem. Oportet enim illum regnare, donec ponat omnes inimicos sub pedibus ejus,*[a] *omnia enim sub pedibus ejus subjecit* (I *Cor.* XV, 25, 26). Esto, de homine dictum sit, non negamus de eo qui passus est crucem, qui postea sedere jubetur a dextris. Quid sibi vult hoc quod ait, *Oportet enim illum regnare, donec ponat omnes inimicos sub pedibus ejus?* Numquid tamdiu regnaturus est Dominus, donec incipiant esse inimici sub pedibus ejus; et postquam illi sub pedibus fuerint, regnare desistet: cum utique tunc magis regnare incipiet, cum inimici cœperint esse sub pedibus? David quoque in quarto graduum psalmo: *Sicut oculi ancillæ in manibus dominæ suæ, ita oculi nostri ad Dominum Deum nostrum, donec misereatur nostri* (*Psal.* CXXII, 3). Ergo tamdiu Propheta oculos habebit ad Dominum, quamdiu misericordiam impetret, et post impetratam misericordiam, oculos torquebit in terram? Qui in alio loco dicit: *Oculi mei defecerunt in salutare tuum, et in verbum justitiæ tuæ* (*Psal.* CXVIII, 123).[b] Poteram super hoc innumerabilia exempla congerere, et omnem lacessentis procacitatem, testimoniorum nube celare; verum adhuc pauca subjiciam, ut his similia ipse sibi lector inveniat.

7. Loquitur in Genesi sermo divinus: *Et tradiderunt Jacob deos alienos, qui erant in manibus eorum, et inaures quæ erant in auriculis eorum. Et abscondit ea Jacob subter terebinthum, quæ est in Sichimis, et perdidit ea*[c] *usque in hodiernum diem* (*Gen.* XXXV, 4 seq.). **212** Item in fine Deuteronomii: *Et defunctus est Moyses servus Domini in terra Moab per verbum Domini, et sepelierunt eum in Geth, prope domum Phegor, et nemo scit sepulcrum ejus usque in diem istum* (*Deut.* XXXIV, 6, sec. LXX). Certe hodiernus dies illius temporis æstimandus est, quo historia ipsa contexta est,[d] sive Moysen dicere volueris auctorem Pentateuchi, sive Ezram ejusdem instauratorem operis, non recuso. Nunc hoc quæritur, an id quod dictum est, *usque in diem istum,* ad illam referatur ætatem, qua libri editi sive conscripti sunt. Doceat igitur post illam diem tot jam annorum usque ad nos voluminibus exactis, aut idola, quæ sub terebintho condita fuerant, reperta, aut Moysi tumulum investigatum, quia obnixe asserit, post *donec* et *usque,* esse incipere, quod tamdiu non fuit quamdiu *usque* compleretur et *donec.* Quin potius animadvertat Scripturæ sanctæ idioma, et nobiscum, in quo hæsitabat, intelligat[e] ea, de quibus posset ambigi, si non fuissent scripta, signari, cætera vero nostræ intelligentiæ derelinqui. Si enim adhuc recenti tempore, viventibus his qui viderant Moysen, sepulcrum ejus potuit ignorari, multo magis tot sæculis prætereuntibus. Juxta quod et illud intelligitur de Joseph, Evangelistam id indicasse, de quo scandalum poterat moveri, non eam cognitam esse a viro suo usque ad partum, ut multo magis intelligeremus cognitam non fuisse post partum, a qua tunc se abstinuit, cum adhuc de visione poterat fluctuare.

8. Ad summam, illud requiro, quare se abstinuerit Joseph usque ad partus diem. Respondebit utique, quia Angelum audierit dicentem: *Quod enim in ea natum est, de Spiritu sancto est* (*Matth.* I, 20). Ad quod nos inferimus, et certe audierat, *Joseph, fili David, ne timeas accipere Mariam uxorem tuam* (*Ibid.,* 20). Prohibitum ei fuerat, ne relinqueret, ne adulteram existimaret uxorem. Numquid et a congressu conjugis separatus fuerat, cum utique ne separaretur magis fuisset admonitus? Et audebat, inquit, vir justus, Dei in utero audiens filium, de uxoris coitu cogitare? Pulchre. Qui ergo somnio tantum credidit, ut uxorem non **213** auderet attingere: is postquam pastorum voce cognoverat, Angelum Domini venisse de cœlis, et dixisse ad eos: *Nolite timere; ecce evangelizo vobis gaudium magnum, quod erit omni populo, quia natus est vobis hodie Salvator, qui est Christus Dominus in civitate David* (*Luc.* II, 10, *et seq.*); et cum eo laudes militiæ concinuisse cœlestis: *Gloria in excelsis Deo, et super terram pax*

---

[a] *Isthæc, omnia enim sub pedibus ejus subjecit,* Veronensis non habet.

[b] Veronensis multo aliter, *Priusquam innumerabilia super hoc exempla congeram, et omnem lacessentis procacitatem, testimoniorum nube celem, adhuc pauca subjiciam.*

[c] Idem Veronensis, *abscondit eas.* Erasmus eos legerat, Victorius *ea* utroque in loco: Græce etiam est αὐτά.

[d] Tertullianus libro de Cultu feminarum, c. 3: *Omne instrumentum Judaicæ litteraturæ per Esdram constat restauratum.* In quam sententiam plures e Græcis Latinisque Patribus abierunt.

[e] Vetus editio, *in quo hæsitabat intelligat. Intelliget ea de quibus,* etc.

hominibus bonæ voluntatis : qui Simeonem justum inter amplexus parvuli viderat prædicantem, *Nunc dimittis servum tuum, Domine, secundum verbum tuum in pace : quia viderunt oculi mei salutare tuum* (*Ibid.*, 27) : qui Annam prophetissam, Magos, stellam, Herodem, Angelos viderat; qui, inquam, miracula tanta cognoverat, Dei templum, Spiritus sancti sedem, Domini sui matrem audebat attingere? Et certe *Maria conservabat omnia hæc, conferens in corde suo* (*Ibid.*, 51). Ac ne impudenter [*Al.* imprudenter] neges, ista ignorasse Joseph : *Et erunt*, inquit Lucas, *pater illius, et mater admirantes super his, quæ dicebantur de eo.* Licet tu mira impudentia hæc in Græcis [a] codicibus falsata contendas, quæ non solum omnes pene Græciæ Tractatores in suis voluminibus reliquerunt; sed nonnulli quoque a Latinis, ita ut in Græcis [b] habetur, assumpserint. Nec necesse est nunc de exemplariorum varietate tractare, cum omne et veteris et novæ Scripturæ instrumentum in Latinum sermonem exinde translatum sit, et multo purior manare credenda sit fontis unda, quam rivi.

7. *Helvidius.* — « Hæc, ais, apud me nugæ sunt, et argumentationes superfluæ, et disputatio magis curiosa, quam vera. Numquid non potuit Scriptura dicere : *Et accepit uxorem suam, et non fuit amplius ausus contingere eam* (*Gen.* XXXVIII, 26) : sicut de Thamar dixit et Juda? Aut defuerunt Matthæo verba quibus id quod intelligi volebat, posset effari? *Non cognovit*, inquit, *eam donec peperit filium* (*Matth.* I, 25). Post partum ergo cognovit, cujus cognitionem ad partum usque distulerat. »

8. *Hieronymus.* — Si tam contentiosus es, jam nunc tua mente superaberis. Nolo mihi aliquod inter partum et coitum tempus interseras. **214** Nolo dicas : *Mulier quæcumque concepit et peperit masculum, immunda erit septem diebus, secundum dies secessionis et purgationis suæ immundata erit : et octavo die circumcidet carnem præputii ejus, et triginta tribus diebus sedebit in sanguine puro, et omne sanctum non tanget, et reliqua* (*Levit.* XII, 2, 3). Statim eam invadat Joseph : statim audiat per Jeremiam : *Equi insanientes in feminas facti sunt mihi, unusquisque ad uxorem proximi sui hinniebat* (*Jerem.* V, 8). Alioqui quomodo stare poterit, *Non cognovit eam, donec peperit filium*: si post purgationis tempus exspectat : si quadraginta rursum diebus tanto tempore dilata libido differtur? Polluatur cruore [c] puerpera : obstetrices suscipiant parvulum vagientem : maritus lassam teneat uxorem. Sic incipiant nuptiæ, ne Evangelista mentitus sit. Sed absit, ut hoc de matre Salvatoris et viro justo sit æstimandum. Nulla ibi obstetrix : nulla muliercularum sedulitas intercessit. Ipsa pannis involvit infantem, ipsa et mater et obstetrix fuit. *Et collocavit eum*, inquit, *in præsepio, quia non erat ei locus in diversorio* (*Luc.* II, 7). Quæ sententia et [d] apocryphorum deliramenta convincit, dum Maria ipsa pannis involvit infantem; et Helvidii expleri non patitur voluptatem, dum in diversorio locus non fuit nuptiarum.

9. *Helvidius.* — Verum quia jam satis abundeque respondimus ad id quod proposuerat, *Antequam convenirent*, et *Non cognovit eam, donec peperit filium*, ad tertiam veniendum est quæstionem, ut juxta disputationis ejus ordinem, etiam nostræ responsionis ordo procedat. Vult enim alios quoque filios Mariam procreasse ; et ex eo quod scriptum est : *Ascendit autem Joseph in civitatem David, ut profiteretur cum Maria uxore sua prægnante. Factum est autem cum ibi essent, impleti sunt dies, ut pareret, et peperit filium suum primogenitum* (*Luc.* II, 4 et seqq.) : nititur approbare *primogenitum* non posse dici, nisi eum qui habeat et fratres : sicut unigenitus ille vocatur, qui parentibus solus sit filius.

10. *Hieronymus.* —Nos autem ita definimus : Omnis unigenitus est primogenitus : non omnis primogenitus est unigenitus. Primogenitus est, non tantum post quem et alii : sed ante quem nullus. *Omne*, **215** inquit Dominus ad Aaron, *quod aperit vulvam, ab omni carne quæ offertur Domino, ab homine usque ad pecus, tibi erunt : tantummodo pretiis redimant primogenita hominum, et primogenita* [e] *pecorum immundorum* (*Exod.* XXXIV, 19, 20, *et Num.* XVIII, 15). Definivit sermo Dei, quid sit primogenitum, *Omne*, inquit, *quod aperit vulvam.* Alioqui si non est primogenitus, nisi is tantum, quem sequuntur fratres, tamdiu sacerdotibus primogenita non debentur quamdiu et alia fuerint procreata ; ne forte partu postea non sequente, unigenitus sit, et non primogenitus. *Redemptio*, inquit, *ejus erit ab uno mense, æstimatio quinque* [f] *siclorum. Siclus, secundum siclum sanctuarii, viginti oboli sunt. Tantummodo primogenita vitulorum, et primogenita ovium, et primogenita caprarum non redimes, quia sancta sunt* (*Num.* XVIII, 16, 17). Cogit me sermo Dei, ut omne quod aperit vulvam, si de mundis animalibus sit, Deo voveam; si de immundis, redimam : dans pretium sacerdoti. Possum respondere, et dicere. Quid me in unius mensis stringis articulo ? Quid primogenitum vocas, quem an fratres sequantur, ignoro ? Exspecta donec nascatur secun-

---

[a] Saltem illud, *pater illius*, in Græcis mss. si Cantabrigensem, atque unum ex Stephanicis excipias, non habetur; est autem in Vulgata versione et Coptica.

[b] Erat mendose plurium numero *habentur.* Mox Veronensis liber *de exemplariorum varietate contendere,* pro *tractare.*

[c] Idem Veronensis, *obstetrix parvulum vagientem, maritus laxam teneat uxorem.*

[d] Re autem vera in Decreto Gelasii inter Apocrypha rejicitur singularis *liber de S. Maria et obstetrice,* cujus etiam mentio est in Proto Evangelio Jacobi c. 19. Mox pro *voluptatem* Veronensis liber, et Erasmus quoque *voluntatem;* sed impressi alii libri *voluptatem* habent.

[e] Veronensis lib., *et primogenita immundorum.* Absque *pecorum.*

[f] Idem, *quinque sicli*, *et secundum siclum sanctum.* Paulo infra, *ut omne masculinum quod aperit vulvam.*

dus. Nihil debeo sacerdoti, nisi et ille fuerit procreatus, per quem is qui ante natus est, incipiat esse primogenitus. Nonne mihi ipsi apices loquentur, et me stultitiæ redarguent, eum esse dictum primogenitum, qui aperiat vulvam, non qui habeat et fratres? Denique interrogo de Joanne, quem constat esse unigenitum, an et primogenitus fuerit? Utrumne et ipse secundum Legem, pro toto ei legi fuerit obnoxius? Ambigi non potest. Certe de Salvatore Scriptura sic loquitur : *Cum expleti essent dies purgationis eorum, secundum Legem Moysi, duxerunt eum in Jerusalem, ut offerrent eum Domino : sicut scriptum est in Lege Domini : Quia omne masculinum adaperiens vulvam, sanctum Domino vocabitur, et ut darent hostias secundum quod dictum est in Lege Domini, par turturum, aut duos pullos columbarum* (*Luc.* II, 22 seqq.). Si hæc lex tantum ad primogenitos pertinet, primogenitum autem sequentes faciunt, non debuit lege primogeniti teneri, qui de sequentibus ignorabat. Sed quia tenetur lege primogeniti, etiam ille quem **216** fratres cæteri non sequuntur: colligitur eum primogenitum vocari, qui vulvam aperiat et ante quem nullus sit, non eum quem frater post genitus subsequatur. Moyses scribit in Exodo : *Factum est autem circa mediam noctem et, Dominus percussit omne primogenitum in terra Ægypti, a primogenito Pharaonis, qui sedebat super thronum ejus, usque ad primogenitum captivæ, quæ est ad lacum, et omne primogenitum pecoris* (*Exod.* XII, 29). Responde mihi, Qui tunc ab exterminatore fuerant interempti, primogeniti fuerunt an et unigeniti? Si primogeniti tantum illi vocantur, qui fratres habent, ergo ab [a] internecione unigeniti liberati sunt. Si autem ut unigeniti cæsi sunt, contra sententiam factum est, et inter primogenitos et unigeniti morerentur. Aut unigenitos liberabis a pœna, et ridiculus eris : aut si confiteberis interfectos, ingratis obtinebimus, et unigenitos primogenitos appellari.

11. *Helvidii ultima propositio.* — Extrema propositio fuit (licet id ipsum in primogenito voluerit ostendere), fratres Domini in Evangeliis nominari, ut ibi : *Ecce mater ejus et fratres ejus stabant foris, quærentes loqui cum eo* (*Luc.* VIII, 20). Et alibi : *Post hæc descendit Capharnaum, ipse et mater ejus, et fratres ejus* (*Joan.* II, 12). Et ibi : *Dixerunt ergo fratres ejus ad eum : Transi hinc, et vade in Judæam, ut et discipuli tui videant opera tua quæ facis. Nemo enim aliquid in occulto faciens, quærit ipse in palam esse. Si hæc facis, manifesta teipsum mundo* (*Joan.* VII, 3,4). Joanne desuper inferente : *Neque enim fratres ejus tunc credebant in eum* (*Ibid.* 5). Item Marcus et Matthæus : *Et docebat eos in synagoga eorum in patria sua, ita ut stuperent, et dicerent : Unde huic omnis hæc sapientia et virtutes? Nonne hic est fabri filius? nonne mater ejus dicitur Maria, et fratres ejus Jacobus et Joseph, et Simon et Judas, et sorores ejus omnes apud nos sunt* (*Marc.* XIII, 5; V, 24)? Lucas quoque in Actibus Apostolorum ita refert : *Hi omnes erant instantes* [b] *unanimes in oratione cum mulieribus et Maria matre Jesu, et fratribus ipsius* (*Act.* I, 14). Necnon et Paulus Apostolus in eadem historiæ veritate pari voce concordat : *Ascendi autem secundum revelationem, et neminem vidi, nisi Petrum et Jacobum fratrem Domini* (*Galat.* II, 2). Et rursum in alio loco : **217** *Numquid non habemus potestatem manducandi et bibendi? Numquid non habemus potestatem* [c] *uxores circumducendi, sicut et cæteri Apostoli, et fratres Domini, et Cephas* (I *Cor.* IX, 4, 5)? Et ne forte aliquis Judæorum testimonium non admitteret, qui etiam nomina fratrum illius ediderunt, simili eos asserens [*Al.* asseris] in fratribus errore deceptos, quo et in patre æstimando sunt lapsi, argute præcavit, et ait : Hæc eadem vocabula ab Evangelistis in alio loco nominari, et eosdem esse fratres Domini, filios Mariæ.) Matthæus loquitur : *Erant autem ibi* [d] *(haud dubium quin ante crucem Domini) et mulieres multæ a longe spectantes, quæ secutæ fuerant Jesum a Galilæa, ministrantes illi. Inter quas erant Maria Magdalene, et Maria Jacobi, et Joseph mater, et mater filiorum Zebedæi* (*Matth.* XXVII, 55, 56). Item Marcus : *Erant autem et mulieres a longe aspicientes, inter quas erant Maria Magdalene, et Maria Jacobi minoris, et Joseph mater, et Salome* (*Marc.* XV, 40) : ibique post modicum : *Et aliæ multæ quæ ascenderant cum eo in Jerusalem*. Necnon et Lucas : *Erant autem Maria Magdalene et Joanna, et Maria Jacobi, et cæteræ cum eis* (*Luc. ult.* 10).

12. *Hieronymus.* — Hæc idcirco replicavimus, ne

---

[a] Victorius *interemptione*, cum tamen *internecione* in aliis exemplaribus invenisset. Olim vitiose erat *interpretatione*.

[b] Codex Veronensis, *unanimes orationi cum mulieribus, et quæ fuit Mater Jesu*, etc.

[c] Victorius *mulieres* legit pro *uxores*, qui et falsi impressam lectionem pluribus accusat, atque ex eo præcipue, quod et si ex ipso Hieronymi sensu vox Græca γυνή communis sit uxori et mulieri significandæ, certum sit tamen, Apostolum hoc loco intelligere de mulieribus, quæ Apostolis ministrabant. In cujus rei testimonium affert S. Doctoris expositionem ex primo contra Jovinian. lib. : *Si autem*, inquit, *nobis illud opposuerit ad probandum, quod omnes apostoli uxorem habuerint, Numquid non habemus potestatem mulieres, vel uxores circumducendi, quia* γυνή *apud Græcos utrumque significat ; sicut cæteri Apostoli, et Cephas, et fratres Domini, jungat illud quod et in Græcis codicibus est, Numquid non habemus potestatem sorores mulieres, vel uxores circumducendi? Ex quo apparet eum de aliis sanctis dixisse mulieribus, quæ juxta morem Judaicum, magistris de sua substantia ministrabant, sicut legimus ipsi quoque Domino factitatum*, etc. Ex quibus tamen minime evincitur *mulieres* pro *uxores* legisse ; bene vero quid eo vocabulo esset intelligendum. Hujusmodi autem res est, non *uxores* tantum, aut *mulieres* legi ; sed junctim vel *mulierem sororem*, ut in Latino interprete ; vel *sororem mulierem*, ut in Græco textu, ἀδελφὴν γυναῖκα. Plures autem ex antiquis plurium numero *mulieres* legunt. Tertullianus de Monogamia cap. 8 et de Pudicitia 14, Hieronymus in Matthæum XXVII, et ad Eustochium Epistola 22; Ambrosiaster, Sedulius, aliique, *sorores mulieres*. Qui vero *uxores* simpliciter legerent, hactenus non invenimus.

[d] Mendosa trajectione erat *ibi et mulieres (haud dubium quin ante crucem Domini) multa*, etc. Veronensis liber emendavit.

calumnietur et clamitet, ea quæ pro se faciant, a nobis esse subtracta, et sententiam suam, non testimoniis Scripturarum, sed lubrica disputatione convulsam. « Ecce, inquit, Jacobus et Joseph filii Mariæ, iidem [a] quos Judæi fratres appellaverunt. Ecce Maria Jacobi minoris et Josetis mater. Minoris autem Jacobi, ad distinctionem majoris, **218** qui erat filius Zebedæi, sicut et in alio loco Marcus ponit : *Maria autem Magdalene, et Maria Jacobi, et Josetis, viderunt ubi poneretur : et transacto sabbato, emerunt aromata, et venerunt ad monumentum.* Et utique ait : Quam miserum erit et impium de Maria hoc sentire, ut cum aliæ feminæ curam sepulturæ Jesu habuerint, matrem ejus dicamus absentem : aut alteram esse Mariam, nescio quam, confingamus : præsertim cum Evangelium Joannis testetur præsentem eam illic fuisse, quando illam de cruce Dominus jam [b] viduam, ut matrem Joanni commendabat. Aut numquid Evangelistæ et falluntur et fallunt, ut eorum Mariam matrem dicerent, quos Judæi fratres Jesu esse dixerunt ? »

13. O furor cæcus, et in proprium exitium mens vesana! Dicis ad crucem Domini matrem ejus fuisse præsentem, dicis Joanni discipulo ob viduitatem et solitudinem commendatam : quasi juxta te non haberet [c] quatuor filios, et innumeras filias, quarum consortio frueretur ? Viduam quoque nominas, quod Scriptura non loquitur. Et cum omnia Evangelistarum exempla proponas, solius tibi Joannis verba non placent. Dicis transitorie, ad crucem Domini eam fuisse præsentem, ne consulto præterisse videaris : et tamen quæ cum illa mulieres fuerint, siles. Ignoscerem nescienti, nisi viderem consulto reticentem. Audi, itaque, Joannes quid dicat : *Stabant autem juxta crucem Jesu mater ejus, et soror matris ejus Maria Cleophæ, et Maria Magdalene* (*Joan.* XIX, 25). Nulli dubium est, **219** duos fuisse Apostolos Jacobi vocabulo nuncupatos, Jacobum Zebedæi, et Jacobum Alphæi. Istum, nescio quem minorem Jacobum, quem Mariæ filium, nec tamen matris Domini Scriptura commemorat, Apostolum vis esse, an non? Si Apostolus est, Alphæi filius erit ; et credet in Jesum ; et non erit de illis fratribus, de quibus, scriptum est : *Neque enim tunc fratres ejus credebant in eum.* Si non est Apostolus, sed [d] tertius nescio quis Jacobus, quomodo est frater Domini putandus, et quomodo tertius ad distinctionem majoris appellabitur minor, cum major et minor, non inter tres, sed inter duos soleant præbere distantiam ; et frater Domini Apostolus sit, Paulo dicente : *Deinde post triennium veni Jerusalem videre Petrum, et mansi apud illum diebus quindecim. Alium autem Apostolorum vidi neminem, nisi Jacobum fratrem Domini* (*Galat.* I, 18, 19)? Et in eadem Epistola : *Et cognita gratia, quæ data est mihi, Petrus et Jacobus et Joannes, qui videbantur columnæ esse* (*Gal.* II, 9). Ne autem hunc putes Jacobum filium Zebedæi, lege Actus Apostolorum. Jam ab Herode fuerat interemptus. Restat conclusio, ut Maria ista quæ Jacobi minoris scribitur mater, fuerit uxor Alphæi, et soror Mariæ matris Domini, quam Mariam Cleophæ Joannes Evangelista cognominat, sive a patre, sive gentilitate familiæ aut quacumque alia causa ei nomen imponens. Si [*Al.* Sin] autem inde tibi alia atque alia videtur, quod alibi dicatur : *Maria Jacobi minoris mater* : et hic *Maria Cleophæ* [*Al.* Cleophe] : disce Scripturæ consuetudinem, eumdem hominem diversis nominibus nuncupari. *Raguel* socer Moysi, et *Jethro* dicitur. *Gedeon*, [e] nullis causis immutati nominis ante præmissis, subito *Jerobaal* legitur. *Ozias* rex Juda, vicissim *Azarias* vocatur. Mons *Thabor*, *Itabyrium* dicitur. Rursum *Hermon* Phœnices cognominant *Sanior*, et Amorræus cognominat eum *Sanir*. Eadem cœli plaga tribus nominibus appellatur, *Nageb*, *Theman*, *Darom*, lege Ezechiel. *Petrus*, et *Simon* dicitur, et *Cephas*. Judas *zelotes*, in alio Evangelio **220** *Thaddæus* dicitur : multaque alia quæ ad exemplum horum pertinent ipse sibi de omnibus Scripturis lector poterit congregare.

14. Nunc illud est quod conamur ostendere, quemadmodum fratres Domini appellentur filii materteræ ejus, Mariæ, qui antea non credentes, postea crediderunt. Licet fieri potuerit, ut uno statim credente, alii diu increduli fuerint, et hanc fuisse matrem Jacobi et Josetis, id est, Mariam Cleophæ uxorem Alphæi, et hanc dictam Mariam Jacobi minoris. Quæ si esset mater Domini, magis eam, ut in omnibus locis, matrem illius appellasset, et non aliorum dicendo matrem, alterius voluisset intelligi. Verum in hac parte contentiosum funem non traho, alia fuerit Maria Cleophæ, alia Maria Jacobi et Josetis, dummodo constet, non eamdem Mariam Jacobi et Jo-

---

[a] Vocem iidem ex Veronensi supplemus, qui constanter infra *Josephtis* pro *Josetis* legit.

[b] Hinc constat, inquit Victorius, eo tempore quo Christus passus est, Joseph virum Mariæ jam extremum diem obiisse.

[c] Scilicet asserebat Helvidius Josepho fuisse quatuor filios, et filias innumeras. Et innumeras quidem dici opinatur Cotelerius, quod in novo Testamento non numerentur, nec Matth. XIII, 56, nec Marc. VI, 3. Sed variant reipsa Veteres tum circa numerum, tum circa nomina filiarum Josephi. In Chronico Hippolyti Thebani a Canisio editi, τέσσαρας γὰρ υἱοὺς ἔσχεν ὁ Ἰωσήφ, καὶ δύο θυγατέρας. Τὴν τε Ἐσθὴρ καὶ τὴν Μάρθαν ἐκ τῆς γυναικὸς αὑτοῦ τῆς Σαλώμης, θυγατρὸς Ἀγγαίου τοῦ ἀδελφοῦ Ζαχαρίου, etc. Quatuor enim filios habuit Joseph, et duas filias, Esther et Martham ex uxore sua Salome, quæ fuit filia Aggæi fratris Zachariæ, etc. Binæ etiam ab Epiphanio recensentur, sed aliis nominibus *Maria* et *Salome*. At S. Hilarius in Matthæi cap. 1 : *Homines*, inquit, *pravissimi præsumunt opinionis suæ auctoritatem, quod plures Dominum nostrum fratres habuisse sit traditum. Qui si Mariæ filii fuissent, et non potius Joseph ex priore conjugio suscepti, nunquam in tempore passionis Joanni Apostolo transcripta esset in matrem*, etc.

[d] Vide ipsum Hieronymum in Commentar. in Isaiam cap. XVII. Vetus enim ac rancida quæstio est de tribus Jacobis, multis tum veterum, tum recentiorum disputationibus agitata.

[e] Veronensis, *nonnullis causis immutandi nominis*, etc.

setis esse, quam matrem Domini. Et unde, ais, fratres Domini dicti sunt, qui non erant fratres? Jam nunc duceberis, quatuor modis in Scripturis divinis fratres dici, natura, gente, cognatione, affectu. Natura, Esau, Jacob, [a] duodecim Patriarchæ, Andreas et Petrus, Jacobus et Joannes. Gente, qua omnes Judæi inter se fratres vocantur, ut in Deuteronomio : *Si autem emeris fratrem tuum, qui est Hebræus, vel quæ est Hebræa, serviet tibi sex annis : et septimo anno dimittes eum liberum abs te* (Deut. xv, 12). Et in eodem : *Constituendo constitues super te principem, quem elegerit Dominus Deus tuus, eum qui ex fratribus tuis sit. Non enim poteris constituere super te hominem alienigenam, quia* [Fort. qui] *non est frater tuus* (Deut. xxii, 1, 2). Et rursum : *Ne viso vitulo fratris tui, vel ove ejus errantibus per viam, negligas ea : Reversione reduces ea fratri tuo.* [b] *Quod si non appropinquat tibi frater tuus, neque noveris eum, colliges ea intra domum tuam : et erunt tecum donec quærat ea frater tuus, et reddes ei* (Deut. xvii, 11). Et Apostolus Paulus, *Optabam*, inquit, *ego ipse anathema esse a Christo pro fratribus meis, cognatis secundum carnem, qui sunt Israelitæ* (Rom. ix, 3, 4). Porro cognatione fratres vocantur, qui sunt de una familia, id est, [c] *patria :* quas Latini **221** *paternitates* interpretantur; cum ex una radice multa generis turba diffunditur, ut in Genesi. *Dixit autem Abraham ad Lot : Non sit rixa inter me et te, et inter pastores meos et pastores tuos, quia* [d] *homines fratres nos sumus. Ibique, et elegit sibi Lot regionem Jordanis, et elevavit Lot ab Oriente, et discesserunt unusquisque a fratre suo* (Gen. xiii, 8). Et certe Lot non est frater Abrahæ, sed filius fratris ejus Aram. Thara quippe genuit Abraham et Nachor et Aram : et Aram genuit Lot. Et rursum : *Abraham autem erat annorum septuaginta quinque, cum exiret de Charan. Et sumpsit Abraham Saram uxorem suam, et Lot filium fratris sui* (Gen. xii, 4). Quod si adhuc dubitas fratrem, fratris filium nuncupari, accipe exemplum. *Cum autem audisset Abraham, quia captivus ductus est Lot frater suus, numeravit vernaculos suos trecentos decem et octo* (Gen. xiv, 14). Et cum cædem nocturni impetu descripsisset, adjecit : *Et reduxit omnem equitatum Sodomorum, et Lot fratrem suum revocavit* (Ibid. 16). Sufficiebant hæc ad ea quæ diximus approbanda. Sed ne in aliquo cavilleris, et te quasi lubricus anguis evolvas, testimoniorum stringendus es vinculis, ne querulus sibiles, et dicas, te magis argumentationibus tortuosis, quam Scripturarum veritate superatum. Jacob, Isaac filius ac Rebeccæ, cum fratris insidias metuens, Mesopotamiam perrexisset, accessit et devolvit lapidem ab ore putei, et adaquavit oves Laban fratris matris suæ (Genes. xxviii et xxix). *Et osculatus est Jacob Rachel, et exclamans voce sua, ploravit, et indicavit Rachel, quia frater est patris ejus, et quia filius Rebeccæ est* (Gen. xxix, 11). Ecce et hic eadem lege qua supra, frater, sororis filius appellatur. Et iterum : *Dixit autem Laban ad Jacob : Quoniam frater meus es, non servies mihi gratis* (Gen. xxix, 19). Dic mihi, quæ sit merces tua. Expletis itaque viginti annis, cum ignorante socero, uxoribus filiisque comitatus reverteretur ad patriam, consecutus est **222** eum Laban in monte Galaad. Et cum idola quæ Rachel occultabat quæsita non invenisset in sarcinis, respondit Jacob, et dixit ad Laban : *Quæ culpa mea est, et quod delictum meum, quod persecutus es me? et quare scrutatus es omnia vasa mea? Quid invenisti de omnibus* [e] *tuis? Pone hic in conspectu fratrum tuorum et fratrum meorum : et redarguent inter nos duos* (Gen. xxxi, 36, 37). Responde, qui sint isti fratres Jacob et Laban, qui tunc fuerant in præsenti. Esau certe frater Jacob absens erat, et Laban filius Bathuel fratres, excepta sorore Rebecca, non habuit.

15. Innumerabilia sunt istiusmodi, libris inserta divinis. Sed ne longum faciam, ad extremam divisionis partem revertar, id est, et affectu fratres dici, qui in duo scinditur, [f] in spiritale et in commune. In spiritale, quia omnes Christiani fratres vocamur, ut ibi : *Ecce quam bonum et quam jucundum habitare fratres in unum* (Ps. cxxxiii, 1). Et in alio psalmo Salvator : *Narrabo*, inquit, *nomen tuum fratribus meis* (Ps. xi, 23). Et alibi : *Vade dic fratribus meis* (Joan. xx, 17). Porro in commune, quia omnes ex uno patre nati, pari inter nos germanitate conjungimur. *Dicite*, ait, *his qui oderunt vos, fratres nostri estis* (Isa. ult. cap. sec. LXX). Et Apostolus ad Corinthios : *Si* [g] *quis frater nominatur fornicator, quo omnis paternitas in cœlis et in terra nominatur.* In quem locum noster Hieronymus *paternitatem*, inquit, *quæ in Græco* πατριά, *in Hebræo Mesphath, id est cognatio vel familia dicitur*, etc. Martianæus qui hic loci subintelligi jubet *patrias*, *id est quas patrias, sive familias Latini paternitates interpretantur*, sensum Auctoris nostri minime videtur assecutus.

[a] Locum hunc ex Hieronymo recitans Isidorus Originum lib. ix, cap. 6, duo isthæc verba, *duodecim Patriarchæ*, omittit. Veronensis vero liber, *Natura ut Esau , et Jacob, et duodecim*, etc.
[b] Addit Veronensis liber, *et reddes ea fratri tuo.*
[c] *Id est, patria.* Genuina hæc est lectio mss. codicum, facilisque lectori si subintelligat *patrias*, id est, quas patrias sive familias Latini paternitates interpretantur. Vide supra Comment. in Epist. ad Ephes. cap. 3. MARTIAN. — Malim ego legi Græce πατριᾷ, quemadmodum et Victorius habet, cum antea perperam esset *patriæ*; tametsi Latine *patria* mss. efferant, atque Isidorus. Atque ea quidem vox *patria*, a Tertulliano servata est Poem. iv adversus Marcionem, ubi de Christo :

Ad quem se curvare genu plane omne fatetur,
Ex quo omnis PATRIA in cœlo terraque vocatur.

Desumptum ex Epistola ad Ephesios cap. iii, 15 : *Ex*

[d] Falso antea obtinebat *omnes*, cum Græce etiam sit ἄνθρωποι ἀδελφοί.
[e] Veronensis liber *de omnibus rebus tuis.*
[f] Isidorus *in spiritale et commune.* Spiritale quo omnes Christiani, etc. Et infra, *commune cum omnes homines ex uno patre nati, patri* (leg. pari) *inter nos*, etc.
[g] Vulgatus interpres habet *filiis, qui frater nominatur, est fornicator, aut avarus,* etc. Hieronymianæ lectionis diversitas ex Græci textus ἤ vocula derivatur ; si enim ἤ legatur, significat *aut*; ᾗ autem significat *sit.* Ἔαν τις ἀδελφὸς ὀνομαζόμενος ἤ (vel ᾗ)

aut avarus, aut idolis serviens, aut maledicus, aut ebriosus, aut rapax, cum ejusmodi nec cibum sumere (I *Cor.* v, 11), et cætera his similia. Interrogo nunc, juxta quem modum fratres Domini in Evangelio intelligas appellari. Juxta naturam? Sed Scriptura non dicit, nec Mariæ eos vocans filios, nec Joseph. Juxta gentem? Sed absurdum est, ut pauci ex Judæis vocati sint fratres, quum omnes qui ibi erant hac lege Judæi, fratres potuerint appellari. Juxta affectum humani juris ac spiritus? Verum si sic, qui magis fratres quam Apostoli, quos docebat intrinsecus, quos matres vocabat et fratres? [a] Aut si omnes quia homines, fratres, **223** stultum fuit nuntiari quasi proprium *Ecce fratres tui quærentes* [*Al.* quærunt] *te*; cum generaliter omnes homines hoc jure sint fratres. Restat igitur, ut juxta superiorem expositionem fratres eos intelligas appellatos, cognatione, non affectu; [b] non gentis privilegio, non natura. Quomodo Lot Abrahæ, quomodo Jacob Laban est appellatus frater, quomodo et filiæ Salphaad accipiunt Clerum inter fratres suos, quomodo et Abraham ipse Saram sororem suam habuit uxorem. Etenim ait, *Vere soror mea est de patre, sed non de matre* (*Genes.* xx, 11), id est, fratris est filia, non sororis. Alioqui quale est, ut Abraham vir justus, patris sui filiam [c] conjugem sumpserit, cum in primis hominibus propter aurium sanctitatem idipsum Scriptura non nominet, malens intelligi, quam proferri; et Deus lege postea sanciat, ac minetur: *Qui acceperit sororem suam de patre suo, vel de matre sua, et viderit turpitudinem ejus, et ipsa viderit turpitudinem illius, opprobrium est : et exterminabuntur coram filiis generis sui. Turpitudinem sororis suæ detexit, peccatum suum recipiet* (*Levit.* xviii, 9).

16. Imperitissime hominum, ista non legeras, et toto Scripturarum pelago derelicto, ad injuriam Virginis tuam rabiem contulisti, in exemplum ejus A quem fabulæ ferunt, cum vulgo esset ignotus, et nihil boni posset facinoris excogitare, quo nobilis fieret, Dianæ incendisse templum; et nullo prodente sacrilegium, fertur ipse in medium processisse, clamitans sese incendium subjecisse: sciscitantibus Ephesi principibus, quam ob causam hoc facere voluisset, respondisse: Ut quia bene non poteram, male omnibus innotescerem. Et hoc quidem Græca [d] narrat historia. Tu vero templum **224** Dominici corporis succendisti, [e] tu contaminasti sanctuarium Spiritus Sancti, ex quo vis quadrigam fratrum, et sororum processisse congeriem. Denique cum Judæis voce sociata, dicis : *Nonne hic est fabri filius? Nonne mater ejus dicitur Maria, et fratres ejus Jacobus, et Joses, et Simon, et Judas, et sorores omnes apud nos sunt* (*Matth.* xiii, 55, *et Marc.* vi, 3)? Omnes, nisi de turba, non dicitur. Quis, te oro, ante hanc blasphemiam noverat, quis dupondii supputabat? Consecutus es quod volebas, nobilis es factus in scelere. Ego ipse qui contra te scribo, cum in eadem tecum Urbe consistam [f] *albus, ut aiunt, aterve sis*, nescio. Prætermitto vilia sermonis, quibus omnis liber tuus scatet. Taceo ridiculum exordium. O tempora! o mores! Non quæro eloquentiam; quam ipse non habens, in fratre [g] Craterio requisisti. Non, inquam, flagito linguæ nitorem, animæ [h] quæro puritatem. Apud Christianos enim [i] solœcismus est magnus et vitium, turpe quid vel narrare, vel facere. Ad calcem venio, et te cornuta interrogatione concludo, sicque tecum agam, quasi superius nihil egerim: Eodem modo dictos esse fratres Domini, quo Joseph dictus est pater, *Ego*, inquit, *et pater tuus, dolentes quærebamus te* (*Luc.* i, 48). Mater hæc loquitur, non Judæi. Et ipse Evangelista referens : *Et erant pater et mater illius admirantes super his quæ dicebantur de eo* (*Ibid.*, 33), et his similia, quæ jam enumeravimus, in quibus parentes vocantur. Ac ne forte de exempla-

---

πόρνος. Apposite vero lectionem exponit Nicephorus Constantinopolitanus cap. 37, apud Cotelerium, volum. 3 Monumentorum Ecclesiæ Græcæ : Εἴ τις ἀδελφὸς ὀνομαζόμενος ἢ πόρνος · οὐχ ὃν δεῖνα εἶδε πορνεύοντα λέγειν δοκεῖ, ἀλλὰ τὸν ὀνομαζόμενον, εἴτοι πᾶσι γινωσκόμενον. *Si quis frater nominatur* (sive notus est) *fornicator : non videtur dicere quem nonnemo fornicantem vidit; sed nominatum, sive ab omnibus cognitum.*

[a] *Isthæc Aut si omnes quia homines, fratres*, in Veronensi libro desiderantur.

[b] In eodem ms. *non* istud expungitur, fortasse verius.

[c] Sentit Abrahami tempore, nefas fuisse sorores ex altero parente ducere, quæ aliorum quoque Patrum sententia est, et præsertim Augustini lib. xxii contra Faustum, cap. 55. Sed refragantur plerique alii, qui Saram Abrahami sororem fuisse non dubitant, quod Abrahamus ipse Gen. xi, 9, diserte profitetur. Quin etiam Davidis tempore licuisse alii volunt; alioqui Thamar Amnon fratri suo non dixisset, ut se conjugem a parente postularet, ii Reg. xiii, quamquam scimus hæc aliter pro sua quemque sententia interpretari.

[d] Vide Strabonem lib. xiv, Solinum lib. xliii, Val. Max. lib. viii, c. 15, etc.

[e] Codex Veronensis, *tu contaminasti sacrarium ex quo*, etc.

[f] *Albus, ut aiunt.* Cicero hoc ait Philipp. 2; Quintilianus lib. 11, cap. 2; Item Horatius lib. 2 Epist. ad Julium Florum, etc.— Idem curiose satis, *alvus, ut aiunt, uterve sis*, etc., quasi alvum utri comparet. Vetus Edit. addit etiam glossema istiusmodi, *quare balbutis et erubescis?* Proverbium illud notum ex Cicerone, Quintiliano, Horatio, aliisque, notante Gravio. Paulo post pro *ridiculum exordium*, malim ego *ridiculum exodium* legi. Nota scenica exordia et ridicula. Catullus Carm. xci :

Nil nimium studeo, Cæsar, tibi velle placere,
Nec scire utrum sis albus an ater homo.

[g] In aliis libris habetur *Carterio*. Veronensis cum aspiratione *Cartherio*. Num Canterius ille indicatur de quo in epistolis ad Marcellam, et ad S. Augustinum, et in Commentariis in Jonam loquitur?

[h] Martianæus post Erasmum *pietatem* legit pro *puritatem.* Victorius vero ex emendatioribus mss. ita restitui voluit, notavitque sic magis congruere cum vocabulo *nitorem.*

[i] Cicero ad Atticum lib. ii, epist. 11, *ludos Antii spectare non placet, est enim ὑποσόλοικον cum velim vitare omnem deliciarum suspicionem.* Sidonius Epist. ad Faustum, *quidam barbarismus est morum, sermo jucundus, et animus afflictus*, et Lucianus Herculem in Scena μονῳδεῖν, σολοικίαν ait videri, etc.

riorum [a] varietate causeris, quia tibi stultissime persuasisti Græcos codices esse falsatos, ad Joannis Evangelium venio, in quo planissime scribitur : *Invenit Philippus Nathanael, et ait illi : Quem scripsit Moyses in Lege, et Prophetæ, invenimus Jesum filium Joseph a Nazareth (Joan.* 1, 45). Certe **225** hoc in tuo codice continetur. Responde mihi, quomodo Jesus sit filius Joseph, quem constat de Spiritu sancto esse procreatum? Vere Joseph pater fuit? Quamvis sis hebes, dicere non audebis? An putabatur? Eodem modo æstimentur et fratres, quo æstimatus est et pater.

17. Sed quoniam jam e caulibus et confragosis locis enavigavit oratio, pandenda sunt vela, et in epilogos illius irruendum, in quibus sciolus sibi visus, Tertullianum [b] in testimonium vocat, et [c] Victorini Petabionensis episcopi verba proponit. Et de Tertulliano quidem nihil amplius dico, quam Ecclesiæ hominem non fuisse. De Victorino vero id asserto, quod et de Evangelistis, fratres eum dixisse Domini, non filios Mariæ. Fratres autem eo sensu, quem superius exposuimus, propinquitate, [d] non natura. Verum nugas terimus, et fonte veritatis omisso, opinionum rivulos consectamur. Numquid non possum tibi totam veterum Scriptorum seriem commovere : Ignatium, Polycarpum, Irenæum, Justinum Martyrem, multosque alios apostolicos et eloquentes viros, qui adversus Ebionem, et Theodotum, [e] Byzantium, Valentinum, hæc eadem sentientes, plena sapientiæ volumina conscripserunt? Quæ si legisses aliquando, plus saperes. Sed melius puto breviter ad singula respondere, quam diutius immorando, volumen extendere.

226 18. In illud nunc impetum facio, in quo tu virginitatem et nuptias comparando, disertus esse voluisti. Risimus in te proverbium, [f] *Camelum vidimus saltitantem.* Dicis : « Numquid meliores sunt virgines Abraham, Isaac, et Jacob, qui habuere conjugia? Numquid non quotidie Dei manibus, parvuli finguntur in ventribus, ut merito erubescere debeamus, Mariam nupsisse post partum? Quod si hoc illis turpe videtur, superest ut non credant, etiam Deum per genitalia virginis natum. Turpius est enim juxta eos, Deum per virginis pudenda genitum, quam virginem suo viro nupsisse post partum. » [g] Junge si libet et alias naturæ contumelias, novem mensibus uterum insolescentem, fastidia, partum, sanguinem, pannos. Ipse tibi describatur infans, tegmine membranorum solito convolutus. Ingerantur dura præsepia, vagitus parvuli, octavæ diei circumcisio, tempus purgationis, ut probetur immundus. Non erubescimus, non silemus. [h] Quanto sunt humiliora quæ pro me passus est, tanto plus illi debeo. Et cum omnia replicaveris, cruce nihil contumeliosius proferes,

non quod vulvam vexaverit Virginis, et aulam reseraverit pudoris, sed quia qui erat ab initio primogenitus totius creaturæ, natus est ex ea et ipse, tam unigenitus, quam et primogenitus, eo quo voluit modo, sine gemitu, et sine dolore parturientis.... Quibus profecto Catholicæ veritatis regulis, hinc inde patet sensus : quia nemo, nisi hæreticus, dicit Christum communi lege naturæ natum : neque aliter quam ut cæteri nascuntur infantes. Quamvis enim doctor Hieronymus in eo opere, quod contra Helvidium ex hoc egit, videatur ei cessisse : et eo in loco ubi ait, de hospitio vulvæ novem mensium, et de veritate nascendi, quod ille hæreticus insultando proposuerat, quasi majesta i divinæ esset indignum, ad tantam dignationem se humuliasse, ut inter viscera in utero versaretur Virginis : aut inter femora feminea nasceretur tam sordibus. Sic enim omnia in contrarium opponens quasi hæreticus, ut destrueret fidei Catholicæ veritatem. Cui e contrario egregius ille veritatis assertor, non cedendo, ut isti volunt, sed dignationem gloriosissimæ humilitatis Dei amplius commendando, ait, Quanto viliora, et inhonestiora pro nobis illa majestas divina suscepit, aut sustinuit, tanto charius nos redemit, et propensius honorandus est. Tali namque sensu, etsi non eisdem verbis, in quantum recolo, eidem respondens hæretico, videtur docere Virgini non infamiam ullius colluvionis, aut pœnam peccati intulisse : sed dignationem divinam ex exinanitionem immensam, et in forma servi, reverenter satis commendasse. Non ut Virginem vexatam a Domino, et exhonoratam ostenderet ; sed ut clementiam pii conditoris, etiam hujusmodi hæreticis demonstraret. Idcirco non cessit istis cum Helvidio erranti, sed corripuit : ut discerent, non infamare Virginem, et Domini non derogare in forma servi humilitatem. Non enim pudicitiam ejus in aliquo læsam docet, qui tantum in tua laude triumphat : neque ad horam cessit adversariis, qui pro ea tantum, et tam diu dimicavit verbi gladio : cui Deus contra hostes ejus, tantam resistendi contulit gratiam, revincendi præbuit virtutem, ut nemo contra eum audeat insurgere.

---

[a] Legimus ex Veronensi *varietate,* quod Gravius quoque probat, et mox ex eodem *plenissime.* Erat autem in editis *veritate, et plenissime.*

[b] Puto ex libro *de velandis Virginibus,* c. 6, n. 48, aut ex illo, *de Carne Christi,* c. 25, n. 164. Tertulliani auctoritatem proferebat Helvidius.

[c] *Victorini Petabionencis episcopi.* Redit error veterum editionum, quæ, ut supra libro de Viris Illustribus, legunt hic *Pictaviensis episcopi,* pro eo quod *Petabionensis episcopi.* Vide supra annotatiunculas nostras in librum de Scriptoribus Ecclesiasticis in Victorino. MARTIAN.

[d] Codex Veronensis *propinquitate, non natura,* et rectius paulo infra *veterum Scriptorum Græciæ seriem commovere.*

[e] Idem Veronensis *Bysantinum* legit, et *Valentinum* non agnoscit. Victorius quoque *Valentinum* in multis codicibus desiderari testis est. Cotelerius autem *Bysantinum* in codice quodam regio, atque aliis invenit, sed *Valentinum* in regio, veluti variantem lectionem notari ait ad *Bysantinum* in margine.

[f] *De iis est proverbium, qui aliquid inepte faciunt vel indecore.* Vide nostrum Hieronymum in Isaiæ c. LXVIII.

[g] Sumptum ex Tertul. lib. *de Carne Christi,* c. 39, ubi contra Marcionem, *Perora,* inquit, *age jam, spurcitias genitalium in utero elementorum et humoris et sanguinis, fœda coagula carnis ex eodem cœno alendæ per novem menses : describe uterum de die in diem insolescentem, gravem, anxium, nexum totum, insertum libidinibus fastidii, et gulæ. Invehere jam et in ipsum mulieris enitentis pudorem..... Horres utique et infantem cum suis impedimentis profusum utique et oblitum,* etc.

[h] Exponit hunc Hieronymi locum S. Hidelphonsus Toletanus episcopus, qui circa medium sæculi a Christo nato septimi floruit, in Sermone *de Parturitione et Purificatione S. Mariæ,* cujus verba, tametsi forte plura quam Notarum brevitas patitur, describere tamen est operæ pretium : *Jure igitur,* inquit, *Christus primogenitus appellatur ex Virgine,*

quam profitemur, et credimus, et in qua de hostibus triumphamus.

19. Sed ut hæc quæ scripta sunt, non negamus, ita ea quæ non sunt scripta, renuimus. Natum Deum esse de Virgine **227** credimus, quia legimus. Mariam nupsisse post partum, non credimus, quia non legimus. Nec hoc ideo dicimus, quo nuptias condemnemus, ipsa quippe virginitas fructus est nuptiarum: sed quod nobis de sanctis viris temere æstimare nihil liceat. Possumus enim hac æstimatione possibilitatis contendere, plures quoque uxores habuisse Joseph, quia plures habuerit Abraham, plures habuerit Jacob; et de his esse uxoribus fratres Domini, quod plerique non tam pia quam audaci temeritate confingunt. Tu dicis Mariam virginem non permansisse: ego mihi plus vindico, etiam ipsum Joseph virginem fuisse per Mariam, ut ex virginali conjugio virgo filius nasceretur. Si enim in virum sanctum fornicatio non cadit, et aliam eum uxorem habuisse non scribitur: Mariæ autem, quam putatus est habuisse, custos potius fuit, quam maritus: relinquitur, virginem eum mansisse cum Maria, qui pater Domini meruit appellari.

20. Et quia de comparatione virginitatis et nuptiarum sum aliqua dicturus, obsecro lecturos ne me putent nuptiis detraxisse in virginum laude, et aliquam fecisse distantiam inter sanctos veteris Testamenti et novi, id est, inter eos qui habuere conjugia, et hos qui a complexu mulierum penitus recesserunt, verum pro conditione temporum alii eos tunc subjacuisse sententiæ, et alii nos, in quos fines sæculorum decurrerunt. Quamdiu lex illa permansit: *Crescite, et multiplicamini, et replete terram* (Gen. i, 28); et, *Maledicta sterilis,* ⁿ *quæ non parit semen in Israel* (Isai. ultimo sec. LXX), nubebant omnes, et nubebantur, et derelictis parentibus, fiebant una caro. Quando vero vox illa pertonuit: *Tempus breviatum est: reliquum est, ut et qui habent uxores, sic sint, quasi non habeant; adhærentes Domino, unus cum eo efficimur spiritus* (I Cor. vii, 29). Et quare? Quia qui sine uxore est, cogitat ea quæ Dei sunt, quomodo placeat Deo. Qui autem cum uxore est, sollicitus est, quæ sunt hujus mundi, quomodo placeat uxori. Et divisa est mulier, ᵇ et virgo: quæ non est nupta, cogitat quæ sunt Dei, ut sit sancta corpore et spiritu. Nam quæ nupta est, cogitat, quæ sunt mundi, quomodo placeat viro (Ibid., 32, 33 et seqq.). Quid oblatras? quid repugnas? Vas electionis hæc loquitur, **228** *Divisa est*, dicens, *mulier, et virgo.* Vide quantæ felicitatis sit, quæ et nomen sexus amiserit. Virgo jam mulier non vocatur. *Quæ non est nupta, cogitat quæ sunt Domini, ut sit sancta corpore et spiritu.* Virginis definitio, sanctam esse corpore et spiritu; quia nihil prosit carnem habere virginem, si mente quis nupserit. Quæ vero nupta est, cogitat quæ sunt mundi, quomodo placeat viro. Idem tu putas esse diebus et noctibus vacare orationi, vacare jejuniis; et ad adventum mariti expolire faciem, gressum frangere, simulare blanditias? Illa hoc agit, ut turpior appareat, et naturæ bonum infuscet injuria. Hæc ad speculum pingitur, et in contumeliam artificis conatur pulchrior esse quam nata est. Inde infantes garriunt, familia perstrepit, ᶜ liberi ab osculis et ab ore dependent, computantur sumptus, impendia præparantur. Hinc cocorum accincta manus carnes terit, hinc textricum turba commurmurat: nuntiatur interim vir venisse cum sociis. Illa ad hirundinis modum lustrat universa penetralia, si torus rigeat, si pavimenta verrerint, si ornata sint pocula, si prandium præparatum ᵈ. Responde, quæso, inter ista ubi sit Dei cogitatio? Et hæ felices domus? Cæterum ubi tympana sonant, tibia clamitat, lyra garrit, cymbalum concrepat, quis ibi Dei timor? Parasitus in contumeliis gloriatur: ingrediuntur expositæ libidinum victimæ, et tenuitate vestium nudæ impudicis oculis ingeruntur. His infelix uxor, aut lætatur, et perit: aut ᵉ offenditur, et maritus in jurgia concitatur. Hinc discordia, seminarium repudii. Aut si aliqua invenitur domus, in qua ista non fiant, quæ rara avis est; tamen ipsa dispensatio domus, liberorum educatio, necessitates mariti, correctio servulorum, quam a Dei cogitatione non avocent? *Defecerunt*, inquit Scriptura, *Saræ muliebria* (Gen. xviii, 11): post quod dicitur ad Abraham: *Omnia quæcumque dicit tibi Sara, audi vocem ejus* (Gen. xxi, 12). Quæ non est in partus anxietatibus et dolore, quæ deficientibus menstrui cruoris officiis, mulier esse desiit, a Dei maledictione fit libera: nec est ad virum conversio ejus, sed e contrario vir subjicitur ei, et Domini ei voce præcipitur: **229** *Omnia quæcumque tibi dicit Sara, audi vocem ejus* (Genes. iii): et sic incipiunt vacare orationi. Quia quamdiu in conjugio debitum solvitur, orandi præteritur instantia.

21. Non negamus viduas, non negamus maritatas [Al. maritas], sanctas mulieres inveniri; sed quæ uxores esse desierint, quæ in ipsa necessitate conjugii virginum imitentur castitatem. Hoc est, quod Apostolus breviter, Christo in se loquente, testatus est: ᶠ *Innupta cogitat quæ Dei sunt, quomodo placeat Deo: nupta vero cogitat quæ sunt mundi, quomodo placeat viro* (I Cor. vii, 54): nobis super hoc campum intelligentiæ derelinquens. Neque tamen alicui necessitatem imponit aut laqueum, ᵍ sed id quod honestum est, suadet, volens omnes esse sicut

---

ᵃ Aliter *quæ non facit semen,* etc. In Vulgata Latina editione hæc sententia non invenitur, qua de re alibi diximus.

ᵇ Recole quæ in epistol. 22, ad Eustochium diximus de hujus lectione loci, pag. 104, nota c.

ᶜ Veronensis *liberi ab osculis, liberi ab ore dependent, computatur sumptus,* etc.

ᵈ Idem *si pavimenta verruerint, si ordinata sint pocula,* et paulo post, *et hæc felices domus.*

ᵉ Vetus editio *aut tristatur, offenditur maritus, et hinc jurgia concitantur.*

ᶠ Isthæc, *innupta cogitat quæ Dei sunt, quomodo placeat Deo,* tum sequens vero adverbium in Veronensi ms. non habentur.

ᵍ Legendum revera videatur *sed ad id quod honestum est.*

seipsum. Et quamquam de virginitate præceptum Domini non habeat : quia ultra homines est ; et quodammodo impudentis erat, adversum naturam cogere, alioque modo dicere, Volo vos esse, quod Angeli sunt : unde et virgo [a] majoris est mercedis, dum id contemnit, quod si fecerit, non delinquit ; nihilominus in cohærentibus infert : *Consilium autem do, tamquam misericordiam consecutus a Domino, ut sim fidelis. Existimo ergo hoc bonum esse propter instantem necessitatem* ; quia bonum est homini sic esse. Quæ est ista necessitas? *Væ prægnantibus et nutrientibus in illa die* (Matt. XXIV, 19, et Marc. XIII, 17). Ideo silva succrescit, ut postea recidatur. Ideo ager seritur, ut metatur. Jam plenus est orbis, terra nos non capit. Quotidie bella **230** nos secant, morbi subtrahunt, naufragia absorbent, et nihilominus de terminis litigamus? De hoc numero sunt illi, qui Agnum sequuntur (Apoc. II), qui vestimenta sua non coinquinaverunt, virgines enim permanserunt. Observa quid significet, [b] *coinquinaverunt*. Ego non audeo exponere, ne Helvidius calumnietur. Quod autem ais quasdam esse virgines tabernarias ; ego tibi plus dico, esse in his et adulteras, et, quo magis mireris, clericos esse caupones, et monachos impudicos. Sed quis non statim intelligat, nec tabernariam virginem, nec adulterum monachum, nec clericum posse esse cauponem? Numquid virginitatis [Al. virginitas] est culpa, si simulator virginitatis in crimine est? Ego certe, ut aliis personis prætermissis ad Virginem veniam : quæ institorias exercet artes, nescio an corpore, quod scio, spiritu virgo non permanet.

22. Rhetoricati sumus, et in morem declamatorum, paululum lusimus. Tu nos, Helvidi, coegisti, qui jam Evangelio coruscante, ejusdem vis esse gloriæ virgines et maritatas [Al. maritas]. Et quia arbitror te veritate superatum, ad detractionem vitæ meæ et ad maledicta converti (solent enim hoc et mulierculæ facere, quæ victoribus dominis male optant in angulis), illud dico præveniens, gloriæ mihi fore tua convicia, cum eodem quo Mariæ detraxisti, ore me laceres, et caninam facundiam servus Domini pariter experiatur et mater.

[a] Veteres editi *majoris est meriti*. Veronensis liber *majoris est mercis*. Martianæus *mercedis*, qui et *pretii* in aliquot mss. invenisse se dicit. Sed illud ab eo atque aliis peccatum est, quod mox legerint *dereliquit* pro *delinquit*, quemadmodum ex Veronensi emendamus.—*Majoris est mercedis*. Editi, *majoris est meriti*; at mss. codices, *majoris est mercedis*, vel *majoris est pretii*; nullus habet, *majoris est meriti*. MARTIAN.

[b] Præponebatur negandi particula, quam ex Veronensi sustulimus.

IN SEQ. LIBROS ADVERSUS JOVINIANUM ADMONITIO.

Fuit Jovinianus professione monachus, homo, si vitæ consuetudinem inspicias, luxui deditus ac dissolutus, divitiis abutens male partis, et qui per infamiam nominis *Epicurus Christianorum* meruerit audire : si cultum animi ac doctrinam requiras, vulgaris plane, nec eloquens, nec eruditus ; sed, quod hujusmodi nebulonum ingenium est, procacitate ac superbia nemini postponendus. Ex qua urbe fuerit, seu potius ex quo prodierit monasterio, dubia res est ; jamque exinde a Baronio plerique eum Mediolanensem autumant exstitisse : nonnulli cum Purricello Romanum faciunt. Atque horum quidem malim ego sententiæ accedere, nam et Romæ primitus jacta nefariæ doctrinæ semina, ibique virgines aliquot sacras provectæ jam ætatis deceptas ab eo, ut nuberent viris, S. Augustinus libro de Hæresibus tradit. Ex Syricii quoque epistola evincitur, damnatos in Romana synodo ejus assectas postmodum Mediolanum contendisse, aucupaturos sibi animum imperatoris : novos vero atque hospites illuc advenisse, declarat Ambrosii synodica epistola ad eumdem Syricium sub finem : *Cum*, inquit, *apud magistrum atque doctorem* (Romæ scilicet, atque apud Pontificem) *jam dignum præmium retulerint illi* (Jovinianistæ) *perfidiæ suæ, ideo usque huc venerunt, ne superesset locus, in quo non damnarentur*. Et paulo post, *Omnes qui illos viderunt, quasi quædam contagia refugerunt*.

2. Cum erumpere in apertam hæresim voluit, quo posset liberius pervertere mentes hominum, nuntium monasticæ vitæ remisisse ; et sunt qui putent, et Hieronymus videtur indicare, cum illi exprobrat lib. I num. 40, quod *post sordidam tunicam, et nudos pedes, et cibarium panem, et aquæ potum, ad candidas vestes, et nitidam cutem, ad mulsum et elaboratas carnes, ad jura Apitii et Paxami, ad balneas quoque et fricticulas, et popinas sese contulerit*. Tum libro secundo circa medium : *Ante*, inquit, *nudo eras pede ; modo non solum calceato, sed et ornato : tunc pexa tunica et nigra subucula vestieburis ; nunc lineis et sericis vestibus, et Atrebatum et Laodiceæ indumentis ornatus incedis*. Quin etiam S. Ambrosius in Rescripto ad Syricium : *Se dolent*, inquit, *isti* (Joviniani assectæ) *aliquo tempore esse maceratos, et propriam ulciscuntur injuriam quotidianisque conviviis usuque luxuriæ laborem abstinentiæ propulsare desiderant*. Ego in utramque partem accipi isthæc et disseri posse aio. Si qui monasticam vitam moribus inficiatur, illi vale dixisse putandus est, Jovinianus monachus esse destitit : contra si professionem vitiis non destruunt, monachus continuo fuit. Et monachum se quidem impudenter jactabat ipse, quod Hieronymus priori loco exagitat, quasi ementitum operibus nomen. Mutatam vero ab eo vestem, sunt qui ita dictum intelligant, ut ante perversam prædicationem affectatæ sordes cum

assumpta mollitie acrius exprobrentur. Fortassis autem sub quo quisque voluit indumento monachum poterat profiteri.

3. Jam hæresis ejus capita hæc erant : Primum, virgines, viduas, et maritas, quæ semel in Christo lotæ sunt, ejusdem esse meriti, si in reliquis vitæ operibus non discreparent. Alterum, eos qui vere baptizati sunt, a diabolo subverti haud posse. Tertium, nihil distare inter vescentem cibis, et jejunantem, si cum gratiarum actione comedat. Postremum, in regno cœlorum par omnium fore præmium, qui suum baptisma servaverint. Sanctus Augustinus duas præterea, easque ferme exitiosiores blasphemias illi ascribit, quarum altera est : Omnia peccata esse paria : altera, Deiparam Virginem Jesu matrem non in concipiendo quidem, sed in pariendo fuisse violatam. Hæc duo Hieronymus fere dissimulat, aut certe peculiari in hisce libris responsione non impugnat : quæ Erasmi aliorumque post illum ratio est, ut inde conficiant, Augustinum Joviniano quædam immerito attribuisse, quæ rumore tantum populari jactari de illo temere didicisset. Equidem quæ scripsit hac de hæresi episcopus Hipponensis, ab aliis se profitetur accepisse; nihilo secius falsi aliquid imponi sibi passum, et supra quod verum esset, Joviniani errores cumulasse, non puto. Enimvero ridiculum de peccatorum æqualitate commentum ex iisdem manat Stoicorum fontibus, unde hæreticus hauserat, atque ex ea quam impudentissime asserebat, meritorum æqualitate quasi necessario fluit: hanc porro Hieronymus totis libris redarguit. Alteram de corrupta B. Mariæ virginitate in partu, dignissimam omnium exsecratione atque odio blasphemiam, ex ipso S. Ambrosii Rescripto ad Syricium evincitur ab illo suisque asseclis impie jactatam : *Sed*, inquit, *devia perversitatis produntur dicere, Virgo concepit, sed non Virgo generavit :* quod item confutare persequitur toto illo et sequenti capite. Ad hæc Hieronymus ipse istud passim contra hæreticum urget ac replicat, illibatam permansisse et in conceptu et in partu Deiparæ integritatem, Christique corpus clausis sacri uteri repagulis eodem modo foras prodiisse, quo ad discipulos obseratis foribus penetravit. Idem contra Helvidium, et Tertulliani levissimum testimonium libro de Carne Christi cap. 32 : *Cum Apostolus non ex virgine, sed ex muliere editum Filium Dei pronuntiavit, agnovit adapertæ vulvæ nuptialem passionem*, multis Scripturarum oraculis comprobaverat : idque fortasse in causa est, quod satis habuit lectorem ad eum librum amandare, ne eamdem hic telam retexeret.

4. Hæc igitur Romanis auribus novus Ecclesiarum magister venena propinabat, quæ ut latius serperent, ausus est etiam editis Commentariolis posteris commendare. Ex fragmentis autem illis sane exiguis, quæ Hieronymus servat sub initium prioris libri, facile colligere est, quam abnorme esset opus illud, ineruditum, insulsum, in quo et insani hominis sententiæ obscurissimis verbis involvebantur, et ipsa stomachum movebat turpissima styli barbaries. Nihilominus, ut usuvenire solet cum vitiis frena laxantur, ut Augustini verbis utar, *tantum valuit in urbe Roma, ut nonnullas etiam sanctimoniales, de quorum pudicitia suspicio nulla præcesserat, dejecisse in nuptias diceretur. Et virorum etiam sanctorum sanctum cælibatum commemoratione Patrum et comparatione frangeret.* Demirare autem hominis malitiam malam. Ipse, qui *virginum meritum æquando pudicitiæ conjugali*, omnibus uxoris ducendæ auctor fuerat, uxorem adduci non potuit ut sibi adjungeret. Causam prætexebat longe iniquissimam, ne scilicet molestiis nuptiarum impediretur : minime vero ut meritum sibi inde aliquod compararet, hoc est, non ut melior esset, sed ut liberior. Porro assecla habuit *aliquantos Romanos*, ut in Syricii Epistola scribitur : de nomine Auxentium, Genialem, Germinatorem, Felicem, Plotinum, Martianum, Januarium, et Ingeniosum. His S. Ambrosius epist. ad Vercellenses addit Barbationem quemdam et Sarmationem, utique ex his, quos cum Mediolanum venisset, suo junxerat satellitio. Verum impendio plures illi censuit adhæsisse Hieronymus, cum sub libri secundi finem : *Ne gloriaris*, inquit, *quod multos discipulos habeas. Filius Dei docuit in Judæa, et duodecim tantum illum Apostoli sequebantur :* ut autem multi exstiterint, testatur Augustinus neminem *e sacerdotibus*, aut alicujus nominis *clericis* ab illo in errorem trahi potuisse.

5. Insanæ hæresi illico Pammachius, notissimus ille Hieronymi amicus, *Christianorum nobilissimus, et nobilium christianissimus* ex adverso insurrexit, cumque aliis, ut Syricius loquitur, *fidelissimis christianis viris, genere optimis, religione præclaris*, sedulo egit apud Pontificem, ut *subito scriptura horrifica* (Joviniani Commentarii) *sacerdotali judicio detecta divinæ legi contraria, spiritali sententia deleretur*. Factum id intelligas ex serie ipsa rerum ad annum Christi 390, ad quem et laudata Syricii referri solet epistola, cum vix toto biennio serpens malum quas clanculum potuerat, mentes hominum occupasset. Percussi anathemate hæretici, expulsique Roma, statim Mediolanum, quod et supra notatum est, ad imperatorem Theodosium contenderunt; siquidem testantur historica eorum temporum monimenta, kalendis Septembris superioris anni, illuc imperatorem rediisse cum Romæ dudum triumphum egisset de Maximo. E vestigio advenerunt cum Syricii litteris ad Ambrosium missi ex Urbe presbyteri, *Crescens, Leopardus et Alexander, sancto ferventes spiritu*, quorum opera collecta synodus hæreticorum damnationi subscripsit, eosque *omnium exsecratione damnatos Mediolanensi ex urbe quasi profugos repulit*. Exinde terras alias pervagatos fuisse extra Italiam, sunt qui ex ipso Hieronymo arguant initio libri tertii contra Pelagianos, ubi *Joviniani sententiam olim Romæ, et dudum in Africa condemnatam* docet. Verum multo credibilius est, Cœlestii impeccantiam innui, quam et Jovinianus defenderat, non ipsum de nomine Jovinianum, quem, teste Augustino, Africa penitus ignoravit. Denique et Imperiali rescripto in hæreticum animadversum vulgo creditur, exstatque subnexa lex 53, in

Codice Theodosiano, tit. 5 de Hæreticis, quam et cl. Gothofredus recensuit, et Martianæus in Carnotensi ms. ad calcem Hieronymiani operis reperit.

HONORIUS ET THEODOSIUS AUGG. FELICI PR. P.

Jovinianum [Al. *Jovianum*] *sacrilegos agere conventus extra muros Urbis sacratissimæ, episcoporum querela deplorat : quare supra memoratum corripi jubemus, et contusum plumbo cum cæteris suis participibus et ministris, exsilio coerceri : ipsumque machinatorem in insulam Boam festina celeritate deduci ; cæteris prout libuerit, dummodo superstitiosa conjuratio exsilii ipsius discretione solvatur, solitariis, et longo spatio inter se positis insulis, in perpetuum deportatis. Si quis autem pertinaci improbitate vetita et damnata repetierit, sciat se severiorem sententiam subiturum.*

Dat. Prid. Non. Mar. Med. Honorio VIII *et Theod.* V AA. *coss.*

Sed, ut dicam quod sentio libere, aut lex isthæc germana omnino non est, aut in ejus contra quem fertur, nomine depravata, ad Jovinianum non spectat. Hieronymus, quem falli potuisse in facti hujus historia, nemo sibi persuadeat, contra Vigilantium scribens anno 406, qui *Sexti Consulatus Arcadii Augusti et Anicii Probi fastis nomen imposuit*, dudum e vivis excessisse Jovinianum certo certius testatur. *Quomodo*, inquit sub initium ejus libri, *Euphorbus in Pythagora renatus esse perhibetur, sic in isto* (Vigilantio) *Joviniani mens prava surrexit... Ille Romanæ Ecclesiæ auctoritate damnatus inter phasides aves et carnes suillas non tam emisit spiritum, quam eructavit.* Jam igitur septem ut minimum annorum anachronismo lex peccat, quæ Honorio IX et Theodosio V coss. sive anno 412 data est : eumque adeo exsilio mulctarit, qui mortem jamdiu antea oppetierat. Quod si velis mendum in temporis esse nota, sive consulatus inscriptione, quæ librariorum potuit esse oscitantia, ad quemcumque eam annum retrahas, minime efficies ut ejus dictati sententia cum Hieronymi testimonio constet. Puta, quod et Gothofredo probatur, hæreticum jam ab anno 390, tum Roma tum Mediolano profugum, ad Romanam diœcesim se contulisse, ibidemque adeo extra muros solitum conventus agere : num qui hac de causa correptus, contusus plumbo, et in Dalmatiæ insulam exsiliis claram deportatus est, inter phasides aves et suillas carnes diceretur ob nimiam crapulam spiritum evomuisse ? Hoc certe propius ad fidem est e S. Doctoris testimonio, infamem monachum luxui deditum, utcumque semel atque iterum damnatum, nihil potius habuisse, quam genio indulgere, et ventri, et cibo vinoque ingurgitatum maturius exspirasse.

7. Jam itaque his de nefaria hæresi prælibatis, quæ aut parum nota erant, aut erroribus passim obvoluta, ad Hieronymianæ confutationis lectionem cum fructu accedas, quæ Catholici dogmatis memoriam commendat. Anno 593, aut superiore ad exitum vergente, duos hosce libros Joviniani Commentariolis S. Doctor opposuit, eodem hortante Pammachio, qui pridem hæreticum accusaverat. Ejus epochæ illud palmare argumentum est, quod minime istos recenseat in suarum lucubrationum Catalogo, quem ad annum usque 392, Theodosii principis decimumquartum, produxit ; memoret vero in aliis libris quos proxime ab illo adornavit. In Præfatione Commentariorum in *Jonam, Triennium*, inquit, *circiter fluxit, postquam quinque prophetas interpretatus sum, Micheam, Naum, Habacuc, Sophoniam, Hagæum, et alio opere detentus non potui implere quod cœperam. Scripsi enim librum de Illustribus Viris, et adversum Jovinianum duo volumina. Apologeticum quoque, et de Optimo genere interpretandi ad Pammachium*, etc. Baronio, doctisque aliis viris, qui aliam rationem ineunt, atque annum assignant hisce libris 390, fraudi fuit pannus, quem ex hac ipsa Præfatione novissimo Catalogi loco nonnemo studiosus assuit ; certum namque est ex ipso contra Jovinianum libro I, num. 26, quem memorat de Viris Illustribus, tempore præcessisse. Nunc ejus summam disputationis prædocere longum sit. Priore libro primam, altero tres alias Joviniani propositiones impugnat. Innumera Scripturæ divinæ loca, historiarum testimonia, philosophorum scita miro studio explicat : siquidem versipellis hæreticus ita blandis illecebris multorum animos fascinaverat, ut vulgo jactaretur, non posse illi Hieronymum respondere *cum laude, sed cum vituperatione conjugii*. Supererant et Manichæi, qui nuptias damnabant, cautoque adeo gradu incedendum illi erat, ne dum totus in Virginitatis commendatione versatur, contra hominem qui illam æquabat conjugio, in alteram partem favoris suspicionem injiceret. Neque tamen hoc studio evasit adversariorum calumnias, nam et rumigerulis monachis, et piis aliquot catholicæ fidei assertoribus nuptias despexisse visus est. Editos libros ipse Pammachius revocare studuit ; sed cum nihil proficeret diligentia, auctor Hieronymo fuit, ut novo scripto multorum offensioni occurreret. Ille Apologeticam epistolam, in nostra recensione 48, ad Pammachium rescripsit, quam operæ pretium est, lectis hisce libris, recolere. Interea istos, quod nostrarum partium fuit, ad mss. codices diligentissime exegimus, maxime vero Veronensem unum majusculis descriptum litteris et supra quam dici possit antiquum atque emendatum : tum qui ejus vetustati proxime accedit, Cisterciensem alium, sive S. Crucis in Jerusalem de Urbe, denique Casanatensem sequioris quidem ætatis, sed probæ notæ.

S. EUSEBII HIERONYMI
STRIDONENSIS PRESBYTERI
ADVERSUS JOVINIANUM
LIBRI DUO.

LIBER PRIMUS.

237 I. *Epicurus Christianorum. Vitia sermonis Joviniani.* — Pauci admodum dies sunt, quod sancti ex urbe [a] Roma fratres cujusdam mihi Joviniani Commentariolos transmiserunt, rogantes, ut eorum ineptiis responderem, et Epicurum Christianorum, Evangelico atque Apostolico vigore conterrerem. Quos cum legissem, et omnino non intelligerem, cœpi revolvere crebrius, et non verba modo, atque sententias, sed singulas pene syllabas discutere, volens prius scire quid diceret, et sic vel probare, vel redarguere, quod dixisset. Verum scriptorum tanta [b] barbaries est, et tantis vitiis spurcissimus sermo confusus, ut nec quid loquatur, nec quibus argumentis velit probare quod loquitur, potuerim intelligere. Totus enim tumet, totus jacet: attollit se per singula, et quasi debilitatus coluber, in ipso conatu frangitur. Non est contentus nostro, id est, humano more loqui, altius quiddam aggreditur.

238
Parturiunt montes, nascetur ridiculus mus.
(*Horat. de Arte Poet.*)
Quod ipse,
Non sani esse hominis, non sanus juret Orestes.
(*Pers., sat.* 4.)

Præterea sic involvit omnia et quibusdam inextricabilibus nodis universa perturbat, ut illud Plautinarum litterarum ei possit aptari:
Has quidem præter Sibyllam leget nemo.
(*In Pseudolo.*)
Nam divinandum est. Furiosas Apollinis vates legimus; et illud Virgilianum: *Dat sine mente sonum* (*Æneid.* lib. x). Heraclitum [c] quoque cognomento σκοτεινόν, sudantes philosophi vix intelligunt. Sed quid ad nostrum αἰνιγματιστάι, cujus libros multo difficilius est nosse, quam vincere? Quamquam et in victoria non parva sit difficultas. Quis enim superare queat, cujus assertionem penitus ignoret? Et ne lectorem longius traham, cujusmodi eloquentiæ sit, et quibus verborum floribus ornatus incedat, secundi libri ejus [*Al.* sui] monstrabit exordium, quod hesternam crapulam ructans, ita [d] evomit:

239 2. « [e] Satisfacio invitatis, non ut claro curram nomine, sed a rumore purgatus vivam vano. Obsecro agrum, [f] novella plantationum, arbusta teneritudinis, erepta de vitiorum gurgitibus, audientiam communitam agminibus. Scimus Ecclesiam, spe, fide, charitate, inaccessibilem, inexpugnabilem. Non est in ea immaturus, omnis docibilis: impetu irrumpere, vel arte eludere potest nullus. [g] »

3. *Encratitarum princeps Tatianus, Virginitas fructus nuptiarum. Numerus* 30, 60, *et* 100, *quid significat in Evangelio. Hæreses Joviniani.* — Rogo, quæ sunt hæc portenta verborum? quod descriptionis dedecus? Nonne vel per febrem somniare eum putes, vel arreptum morbo phrenetico, Hippocratis vinculis alligandum? Quotiescumque eum legero, ubi me defecerit spiritus, ibi est distinctio. Totum incipit, totum pendet ex altero: nescias quid cui cohæreat; et exceptis testimoniis Scripturarum, quæ illo venustissimo eloquentiæ suæ flore mutare non ausus est, reliquus sermo omni materiæ convenit, quia nulli convenit. Quæ res mihi aliquam suspicionem intel-

---

[a] Illud *Roma* nomen nec præstantissimus Veronensis, nec Casanatensis Bibliothecæ satis elegans mss. agnoscunt.

[b] Eamdem styli barbariem in Joviniani scripto notare videtur Syricius, Epistola *ad diversos Episcopos*, ubi *scripturam ejus horrificam* appellat, non tantum propter blasphemias, quantum ob sermonis vitia.

[c] Ephesium intellige, qui ab omnibus obscuritatis arguitur. Ejus βιϐλία σκοτεινά dicit Theo *in Progymnasm.* et Demetrius *de Elocutione*, aliique, a quibus illud σκοτεινόν pro cognomento mutuatur Hieronymus. Vide infra Apologiam contra Rufinum, lib. I.

[d] In Casanatensi ms. post *evomit* vocem, *Incipit disputatio Joviniani*, tum *Satisfacio invitatis*, etc.

[e] *Satisfacio invitatis.* Editi ante nos libri legunt, *Satisfacto invitatis.* Sed octo mss. codices (id est Corbeiensis 1, Sangermanensis 1, Regius 1, Colbertinus 1, Carnutenses 3, Sancti Ebrulphi Uticensis 1) retinent quod edidimus. Sicut et infra *novella*, non *novellas*; et *eludere*, non *illudere*. MARTIAN.

[f] Vetus editio *novellæ plantationis*, duoque e nostris mss. *ereptam* pro *erepta*.

[g] Laudatus Casanatensis subdit in medio: *Finit disputatio Joviniani.*

ligentiæ dedit, velle eum ita nuptias prædicare, ut virginitati detrahat. Quando enim minora majoribus coæquantur, inferioris comparatio, superioris injuria est. Neque vero nos Marcionis et Manichæi dogma sectantes, nuptiis detrahimus; nec Tatiani principis Encratitarum errore decepti, omnem coitum spurcum putamus; qui non solum nuptias, sed cibos quoque quos Deus creavit ad utendum, damnat, et reprobat. Scimus in domo magna, non solum vasa esse aurea et argentea, sed et lignea et fictilia. Et super fundamentum Christi, quod Paulus architectus posuit, alios ædificare aurum, argentum, lapides pretiosos: alios e contrario fenum, ligna, stipulam. Non ignoramus, *Honorabiles nuptias, et* ª *torum immaculatum (Hebr.* XIII, 4). Legimus primam Dei sententiam, **240** *Crescite et multiplicamini, et replete terram (Gen.* I, 28): sed ita nuptias recipimus, ut virginitatem, quæ de nuptiis nascitur, præferamus. Numquid argentum non erit argentum, si aurum argento pretiosius est? Aut arboris et segetis contumelia est, si radici et foliis, culmo et aristis, poma præferantur et fructus? Ut poma ex arbore, frumentum e stipula, ita virginitas e nuptiis. Centesimus et sexagesimus et tricesimus fructus quamquam de una terra, et de una semente nascatur, tamen multum differt in numero. Triginta referuntur ad nuptias. Nam et ᵇ ipsa digitorum conjunctio, quasi molli se complexans osculo, et foederans, maritum pingit et conjugem. Sexaginta vero ad viduas, eo quod in angustia et tribulatione sunt positæ. Unde et superiori digito deprimuntur; ᶜ quantoque major est difficultas expertæ quondam voluptatis illecebris abstinere, tanto majus est præmium. Porro centesimus numerus (diligenter, quæso, lector, attende) de sinistra transfertur ad dexteram, et iisdem quidem digitis, sed non eum manu, quibus in læva nuptæ significantur et viduæ, circulum faciens, exprimit virginitatis coronam. Hæc de impatientia magis quam juxta ordinem disputationis dixerim. Cum enim adhuc ᵈ vix de portu egrediar, et rudentibus vela sustollam, in medium me quæstionum pelagus, subitus loquendi æstus abripuit. Unde cohibebo cursum, et paulisper sinus contraham; nec indulgebo mucroni, jam nunc pro virginitate ferire cupienti. Ballista quanto plus retrahitur, tanto fortius mittit. Non est damnum dilatio, ubi certior fit ex dilatione victoria. Proponam breviter adversarii sententias, et de tenebrosis ᵉ libris ejus quasi de foveis serpentes protraham, neque suum venenosum caput, spiris maculosi corporis. **241** ᶠ Pateat quod noxium est, ut possit conteri, cum patuerit.

« Dicit, virgines, viduas, et maritatas, quæ semel in Christo lotæ sunt, si non discrepent cæteris operibus, ejusdem esse meriti.

« Nititur approbare eos, qui plena fide in baptismate renati sunt, a diabolo non posse subverti.

« Tertium proponit, inter abstinentiam ciborum, et cum gratiarum actione perceptionem eorum, nullam esse distantiam.

« Quartum quod et extremum, esse omnium qui suum baptisma servaverint, unam in regno cœlorum remunerationem. »

4 *Artes diaboli. Virtus apud Ethnicos præfertur voluptati.* — Hæc sunt sibila serpentis antiqui, his consiliis draco de paradiso hominem expulit. Nam et saturitatem jejuniis præferendo, repromisit eos immortales futuros, quasi numquam possent corruere; et dum divinitatem æqualem Deo pollicetur, expulit eos de paradiso, ut qui nudi et expediti, et absque ulla macula virgines, Domini consortio fruebantur, dejecti in vallem lacrymarum, tunicis consutis et pelliceis vestirentur. Sed ne lectorem diutius morer, sequar vestigia ᵍ *partitionis expositæ*,

---

ª S. Crucis in Jerusalem de Urbe et Veronensis mss. *cubile immaculatum.* Hebr. XIII, 4.

ᵇ Explicat veterum morem per digitos numerandi de quo nonnulla apud Antiquos testimonia invenire est: expressius tamen ratio tota proditur a Venerabili Beda, et omnium exactissime a Græco Scriptore Nicolao Smyrneo, cujus fere ignotum opusculum edidit est a Porino. Bedæ hæc sunt: *Cum triginta notare volueris, ungues indicis et pollicis blando conjunges amplexu. Cum dicis sexaginta, pollicem curvatum, indice circumflexo, diligenter a fronte præcinges.* Vide etiam Apuleium in Apolog. Orat. 2. Quod porro ait Hieronymus, *centesimum numerum de sinistra transferri ad dexteram*, notum ex Cassiani testimonio, collat. 24, c. 26 : *Centenarius numerus de sinistra transfertur in dexteram; et licet eamdem in supputatione digitorum figuram tenere videatur, nimium tamen quantitatis magnitudine supercrescit.* Juvenalis quoque satir. 10, versu 246, de rege Pylio :

....Felix nimirum qui per tot sæcula mortem
Distulit, atque suos jam dextra computat annos.

Vide Nicarchi veteris Poetæ in Anthologia lib. II, c. 9, epigramma. Quinetiam nostrum Hieronymum epistola 123, ad Ageruchiam, ubi, *tricenarius fœdera nuptiarum ipsa digitorum conjunctione* testatur. Obiter vero notandus Victorius est, qui aliam ab Apuleio iniri gestus rationem putat in trigesimo numero, ubi indicem et pollicem aperiendos dicit, id est molliter eorum summitates lambendas.

ᶜ In Epistola ad Pammachium, (*Quia quanto major est*, etc.

ᵈ Voculam *vix* Veronensis, et S. Crucis mss. non habent.

ᵉ Reposuimus *libris* ex Casanatensi, aliisque tribus mss. et veteri editione. Alludit nempe βιϐλία σκοτεινά, ut de Heraclito dictum est supra. Antea mendose erat *latebris*.

ᶠ De more Casanatensis præponit *Disputatio Joviniani*, tum propositiones ipsas Romanis numericis notis distinguit, tandemque in fine post remunerationem, *Finit disputatio Joviniani*. Synodica autem epistola S. Ambrosii ad Syricium papam duas, primam videlicet et postremam, Joviniani propositiones exagitat, nimirum, *nullum virginitatis gratiam, nullum castitatis ordinem reservare*, promiscua omnia velle confundere, diversorum gradus abrogare meritorum, et paupertatem quamdam cœlestium remunerationum inducere. Rursum vero alium Joviniano errorem de soluta Mariæ integritate in partu, n. 4, exprobrat, quod nempe diceret *Christum ex virgine non potuisse generari*. Quam blasphemiam, tametsi a Hieronymo silentio premitur, hæretico illi tamen etiam ab Augustino diserte attribuitur libro contra Hæreses hæc. 82. et contra Julianum sæpe, atque alibi.

ᵍ Casanatensis liber, *vestigia propositionis exposita*.

et adversus singulas propositiones ejus, Scripturarum vel maxime nitar testimoniis : ne querulus garriat, se eloquentia magis quam veritate superatum. Quod si explevero, et illum utriusque instrumenti nube oppressero, assumam exempla sæcularis quoque litteraturæ, ad quam et ipse provocat. Doceboque etiam inter philosophos et egregios in republica viros, virtutes voluptatibus, id est, Pythagoram, Platonem et Aristidem, Aristippo, Epicuro et Alcibiadi ab omnibus solere præferri. Vos, quæso, utriusque sexus virgines et continentes, mariti quoque et digami, ut conatus meos orationibus adjuvetis. Cunctorum in commune Jovinianus hostis est. Nam qui æqualia omnium asserit merita, tam virginitati facit injuriam, dum eam nuptiis comparat, quam et nuptiis, sic **242** eas licitas asserens, ut secunda et tertia matrimonia. Sed et digamis et trigamis adversarius est, ibi ponens scortatores quondam et libidinosissimos post pœnitentiam, ubi duplicata et triplicata matrimonia : nisi quod in eo digami et trigami dolere non debent, quia idem scortator et pœnitens in regno cœlorum etiam virginibus adæquatur. Proponam igitur manifestioribus verbis et habentibus aliquam consequentiam, argumenta ejus et exempla de nuptiis, eodemque ordine omnia, quo ab eo dicta sunt, digeram. Nec molestum lectori sit, si nauseam ejus et vomitum legere compellatur. Libentius antidotum Christi bibet, cum diaboli venena præcesserint. Audite patienter, virgines; audite, quæso, voluptuosissimum concionatorem, immo quasi sirenarum cantus et fabulas clausa aure transite. Vestras ferte paulisper injurias ; putate vos cum Christo crucifixas, Pharisæorum audire blasphemias. ᵃ

5. *Jovinianus. Liber Deuteronomii sub Josia repertus in Templo.* — Prima, inquit, Dei sententia est, *Propter quod dimittet homo patrem et matrem suam, et adhærebit uxori suæ, et erunt duo in carne una.* (Gen. II, 24, et Matt. XIX, 5). Ac ne forte diceremus hoc scriptum in veteri Testamento, asserit a Domino quoque idipsum in Evangelio confirmari, *Quod Deus conjunxit, homo non separet* : statimque subnectit, *Crescite et multiplicamini , et replete terram* (Gen. I, 28); et per ordinem replicat, Seth, Enos, Cainam, Malaleel, Jared, Enoch, ᵇ Mathusalem, Lamech, Noe, omnes habuisse uxores, et ex Dei sententia filios procreasse (quasi generationis ordo et historia conditionis humanæ, sine conjugibus et liberis potuerit enarrari) : « Iste, inquit, est Enoch, qui am-

bulavit cum Deo, et raptus in cœlum est. Iste Noe, qui, cum essent utique multi virgines propter ætatem, solus cum filiis et uxoribus naufrago orbe servatus est. Rursus post diluvium, quasi altero principio generis humani, virorum et uxorum paria junguntur, et ex integro generationis instauratur benedictio : *Crescite et multiplicamini et* **243** *replete terram* (Gen. VIII, 17, et IX, 1). » Insuper etiam comedendarum carnium licentia relaxatur : *Et omne quod movetur, erit vobis in escam : sicut olera herbarum dedi vobis universa* (Ibid., 9). Currit ad Abraham, Isaac, et Jacob, e quibus prior trigamus, secundus monogamus , tertius quatuor uxorum est : Liæ, Rachel, Balæ, et Zelphæ ; et asserit Abraham ob fidei meritum, benedictionem in generatione filii accepisse. Saram in typum Ecclesiæ, cui defecerant muliebria, maledictionem sterilitatis, partus benedictione mutasse. Quod Rebecca ierit quasi Prophetes interrogare Dominum, et audierit ab eo, *Duæ gentes et duo populi in utero tuo sunt* (Gen. XXV, 23). Quod Jacob pro uxore servierit : et existimante Rachel, viri esse dare liberos, ac dicente : *Da mihi filios : sin autem, moriar* (Gen. XXX, 1); responderit : *Numquid pro Deo ego sum, qui te conclusit* (Ibid., 2)? In tantum, inquit, sciebat fructus nuptiarum Domini esse, non mariti. Quod Joseph vir sanctus atque castissimus, et omnes patriarchæ uxores habuerint, quibus æqualiter per Moysen benedicat Deus. Judam quoque proponit, et Thamar : et occisum Onam perstringit a Domino, quia fratri invidens se- men, ᶜ nuptiarum opera perdebat. Moysen proponit, et Mariæ lepram, ᵈ quæ fratri pro uxore detrahens, illico Dei ultione percussa est. Laudat Samson, et uxorium Nazaræum miris effert præconiis. Debboram quoque replicat et Barach ; quod absque virginitatis bonis, Sisaram et Jabin et currus ferreos debellarint. Jahel uxorem Haber Cynei adducit in medium, et palo armatam prædicat manum. Inter Jephte patrem et filiam virginem, quæ immolata sit Domino, dicit nullam fuisse distantiam ; quin potius fidem patris præfert ei, quæ cæsa sit lugens. Venit ad Samuel alterum Nazaræum Domini, qui ab infantia nutritus in tabernaculo est, et vestitus EPHOD BAD, quod interpretatur, *vestibus lineis;* dicitque cum filios procreasse, nec sacerdotalem pudicitiam, uxoris imminutam esse complexu. Booz cum ᵉ sua Ruth in area collocat, et Jesse, ac David **244** inde producit. Ipsum quoque David ᶠ ducentis præputiis, etiam cum ᵍ vitæ periculo, regis filiæ quæsisse con-

---

ᵃ Rursum Casanatensis liber præponit epigraphem *Disputatio Joviniani.*

ᵇ Gravius mallet *Matusale.*

ᶜ Alias erat, nec bene, *semen nuptiarum dedita opera perdebat.* Antiqui libri *Annam* pro *Onam* frequentius efferunt. Recte Veronensis *Aunam* ex Græco Αὐνὰν et infra *Chaber* pro *Haber.* — *Quia fratri invidens semen.* In codice ms. Sangermanensi legimus : *quia fratri invidens, sanctarum nuptiarum opera perdebat.* In uno Colbertinæ Bibliothecæ, *semen nuptiarum in terra fundebat.* Alii codices legunt ut nos edidimus : nostram vero genuinam esse lectionem probari potest ex contextu

LXX Interpretum, Genes. XXXVIII : *Sciens autem Annam, quia non sibi erat semen... effudit super terram; ut non daret semen fratri suo* Invidebat igitur semen fratri, et ideo nuptiarum opera perdebat.
MARTIAN.

ᵈ Sic corrigit Vallars. : Martian. v, 10 habet *quia.* Edit.

ᵉ In aliis libris *cum serva Ruth.*

ᶠ *Ducentis præputiis.* Falso in editis Erasm. et Marian. legimus *centum præputiis,* cum fuerint ducentorum virorum præputia annumerata. MARTIAN.

ᵍ In tribus nostris mss. *etiam cum periculo, absque vitæ.*

cubitus. Quid dicam de Salomone, quem ponens in catalogo maritorum, imaginem asserit Salvatoris? et de illo vult esse scriptum : *Deus, judicium tuum regi da, et justitiam tuam filio regis.* Et, *Dabitur ei de auro Arabiæ, et orabunt pro eo semper.* Ac repente transcendit ad Eliam et Elisæum, et narrat quasi grande mysterium, quod requieverit spiritus Eliæ in Elisæo; et cur hoc dixerit, tacet : nisi forte Eliam quoque et Elisæum habuisse arbitretur uxores. Transit ad Ezechiam : et cum in ejus laudibus immoretur, miror cur oblitus sit dicere : *Amodo filios faciam (Is.* xxxviii, *sec.* LXX). Josiam virum justissimum, sub quo in Templo Deuteronomii liber repertus est, ab Holda uxore Sellum instructum refert. Daniel quoque, et tres pueros inter maritos ponit [*Al.* numerat]. Et ad Evangelium repente transcendens, Zachariam, et Elisabeth, Petrum ponit, et socrum ejus, cæterosque Apostolos. Et consequenter infert dicens : « Si autem volueritis assumere ⁿ vanam defensionem, et obtendere, quod rudis mundus eguerit incremento, audiant Paulum loquentem : *Adolescentiores viduas volo nubere,* ᵇ *filios procreare* (l *Tim.* v, 14). Et, *Honorabiles nuptiæ, et cubile immaculatum (Hebr.* xiii, 4). Et, *Mulier alligata est viro, quamdiu vivit vir ejus. Si autem mortuus fuerit, nubat cui vult, tantum in Domino* (1 *Cor.* vii, 39). Et, *Adam non est seductus : mulier autem seducta, facta est in prævaricationem. Salva autem fiet per filiorum generationem, si permanserit in fide et dilectione, et sanctificatione cum sobrietate* (l *Tim.* ii, 14). Certe cessat hic illud Apostolicum, *Et qui habent uxores, sic sint quasi non habeant :* nisi forte dicetis, propterea vult eas nubere, quia jam quædam conversæ sunt retro post Satanam : quasi ex virginibus nulla cadat, et non sit earum major ruina. Ex quo manifestum est vos Manichæorum dogma sectari, prohibentium nubere, et vesci cibis, quos Deus creavit ad utendum, ᶜ cauteriatam habentium conscientiam. » Et post **245** multa, quæ nunc otiosum est revolvere, excutit se quasi in locum rhetoricum, et facit apostropham ad virginem, dicens : « Non tibi facio, virgo, injuriam : elegisti pudicitiam propter præsentem necessitatem : placuit tibi, ut sis sancta corpore et spiritu : ne superbias : ejusdem Ecclesiæ membrum es, cujus et nuptæ sunt. ᵈ »

6. *Hieronymus.* — Nimius fortasse fuerim in expositione propositionum ejus, et legenti fastidium fecerim ; sed utile ratus sum cuncta molimina ejus, quasi instructam aciem contra me ponere, et totum hostilem exercitum cum suis turmis ac ducibus congregare, ne post primam victoriam, alia mihi deinceps prælia nascerentur. Igitur non dimicabo contra singulos, nec paucorum ero ᵉ passim congressione contentus : toto certandum est agmine, et incompositi hostium cunei, ac latrocinii more pugnantes, instructa et ordinata acie repellendi. Opponam in prima fronte apostolum Paulum, et quasi fortissimum ducem, suis telis, id est, suis armatum sententiis. Sciscitantibus enim super hac quæstione Corinthiis, plenissime respondit doctor gentium, et magister Ecclesiæ. Quidquid autem statuerit, hoc Christi in eo loquentis legem putemus. Simulque ne lectoris tacita cogitatio, cum cœperimus singula, quæ proposita sunt, diluere, semper ad Apostolum se reservet, et studio validissimarum quæstionum, priora ᶠ negligens, ad extrema festinet.

7. *Nihil bono contrarium, nisi malum. Exterior homo corruptus.* — Inter cætera Corinthii per litteras quæsierant, utrum post fidem Christi cælibes esse deberent, et continentiæ causa quas habebant uxores dimittere, an si virgines credidissent, inirent [*Al.* inire] matrimonia ? Et cum e duobus Ethnicis, unus credidisset in Christum, utrumnam credens relinqueret non credentem ? Et si essent ducendæ uxores, Christianas tantum accipi juberet, an et Ethnicas ? Videamus igitur quid ad hæc Paulus rescripserit : *De his autem quæ scripsistis mihi bonum est homini mulierem non tangere.* ᵍ *Propter fornicationem autem unusquisque uxorem suam habeat, et unaquæque virum suum habeat. Uxori vir debitum reddat, similiter et uxor viro. Uxor proprii corporis non habet potestatem, sed vir. Similiter et vir proprii corporis sui non habet potestatem, sed uxor. Nolite fraudare invicem, nisi forte ad tempus ex consensu, ut vacetis orationi. Et iterum ad idipsum revertimini, ne tentet vos Satanas, propter incontinentiam vestram. Hoc autem dico juxta indulgentiam, non juxta imperium. Volo autem omnes homines esse ut meipsum; sed unusquisque proprium donum habet ex Deo, alius quidem sic, alius autem sic. Dico autem innuptis et viduis, bonum est eis, si sic permanserint ut ego. Si autem se non continent, nubant. Melius est enim nubere, quam uri* (I *Cor.* vii, 1 *seqq.*). Revertamur ad caput testimonii : *Bonum est,* inquit, *homini mulierem non tangere. Si bonum est mulierem non tangere, malum est ergo tangere : nihil enim bono contrarium est, nisi malum. Si autem malum est, et ignoscitur, ideo conceditur, ne malo quid deterius fiat. Quale autem illud bonum est, quod conditione deterioris conceditur ?* Numquam enim subjecisset, *unusquisque uxorem suam*

ⁿ Cisterciensis sive S. Crucis ms., *assumere unam defensionem.*

ᵇ Verba *filios procreare* in nullo e nostris codicibus habentur, quemadmodum et duo alia *vir ejus.*

ᶜ Perditam nempe ac depravatam. Sumpta sententia ex Epist. l ad Timoth., iv, 1, ubi ad servos alluditur qui noxæ convicti candenti ferro inurebantur. Unde κεκαυτηριασμένων transfertur ad nefarium quempiam significandum. S. Irenæus lib. i, c. 9, feminas a Marcosianis deceptas, αἵτινες, inquit, κεκαυτηριασμέναι τὴν συνείδησιν. *Cauteriatas conscientias habentes.*

Paulo post pro *otiosum* quidam mss. *odiosum habent.*

ᵈ Subdit Casanatensis de more : *Finit disputatio Joviniani.*

ᵉ Mallet Gravius *passiva congressione,* pro *passim,* etc.

ᶠ Casanatensis *priora non legens, ad extrema,* etc.

ᵍ Mss., plurium numero *propter fornicationes.* Græc., τὰς πορνείας. Sicque infra. Mox, *vir corporis sui,* absque vocula *proprii* : insuper et verbum *revertimini* non agnoscunt hic, atque infra. Denique *Ego autem dico,* pro *Hoc autem,* etc.

habeat, nisi præmisisset, *propter fornicationem autem*. Tolle fornicationem, et non dicet, *unusquisque uxorem suam habeat*. Velut si quis definiat : Bonum est triticeo pane vesci, et edere purissimam similam. Tamen ne quis compulsus fame comedat stercus bubulum, concedo ei, ut vescatur et hordeo. Num idcirco frumentum non habebit puritatem suam, si fimo hordeum præferatur? Bonum est illud naturaliter, quod comparationem non habet mali, quod prælatione alterius non obumbratur. Simulque animadvertenda est Apostoli prudentia. Non dixit, bonum est uxorem non habere : sed, *bonum est mulierem non tangere* : quasi et in tactu periculum sit : quasi qui illam tetigerit, non evadat, *quæ virorum pretiosas animas* [a] *rapit*, quæ facit adolescentium evolare corda : *Alligabit quis in sinu ignem, et non comburetur? aut ambulabit super carbones ignis, et non ardebit (Prov.* VI, 27, 28)? Quomodo igitur qui ignem tetigerit, statim aduritur : ita viri tactus et feminæ sentit naturam suam, et diversitatem sexus intelligit. Narrant et gentilium [b] fabulæ **247** Mithram et Erichthonium, vel in [c] lapide, vel in terra, de solo æstu libidinis esse generatos. Unde et noster Joseph, quia tangere eum volebat Ægyptia, fugit ex manibus ejus, et quasi ad morsum rabidissimæ canis, ne paulatim virus serperet, pallium quod tetigerat, abjecit. *Propter fornicationem autem unusquisque uxorem suam habeat, et unaquæque virum suum habeat*. Non dixit, propter fornicationem unusquisque ducat uxorem ; alioquin hac excusatione libidini frena laxasset, ut quotiescumque uxor moritur, toties ducenda sit alia, ne fornicemur ; sed *unusquisque uxorem suam habeat*. Suam, inquit, habeat, sua utatur, quam habebat antequam crederet, quam bonum erat [d] non tangere, et post fidem Christi sororem tantum nosse, non conjugem, nisi fornicatio tactum ejus excusabilem faceret. *Uxor proprii corporis non habet potestatem, sed vir. Similiter et vir sui corporis non habet potestatem, sed uxor.* Omnis hæc quæstio de his est [e] qui in matrimonio sunt, an eis liceat **uxores** dimittere, quod et Dominus in Evangelio prohibuit. Unde et Apostolus, *Bonum est homini*, ait, [f] *uxorem non tangere*. Sed quia qui semel duxit uxorem, nisi ex consensu, se non valet abstinere, nec dare repudium non peccanti, reddat conjugi debitum : sponte quippe se alligavit, ut reddere cogeretur. *Nolite fraudare invicem ; nisi forte ex consensu ad tempus, ut vacetis orationi.* Oro te quale illud bonum est, quod orare prohibet ? quod corpus Christi [g] accipere non permittit? Quamdiu impleo mariti officium, non [h] impleo continentis. Jubet idem Apostolus in alio loco (I *Thess.* v.), ut semper oremus. Si semper orandum est, numquam ergo conjugio serviendum, quoniam quotiescumque uxori debitum reddo, orare non possum. Petrus Apostolus experimentum habens conjugalium vinculorum, vide quomodo informet Ecclesiam, quid doceat Christianos : *Similiter viri cohabitantes juxta scientiam, quasi infirmiori vasculo muliebri tribuentes* **248** *honorem, et sicut cohæredes multiplicis gratiæ, ut non impediantur orationes vestræ* (I *Pet.* III, 7). Ecce eodem sensu, quia eodem et spiritu, impediri dicit orationes officio conjugali. Quod autem ait, *similiter*, idcirco ad imitationem provocat viros, quia jam supra uxoribus præceperat, dicens : *Ut videant viri in timore castam vestram conversationem, quarum sit non exterius compositio crinium, et distinctio auri, et in cultu vestis ornatus ; sed absconditus cordis homo, in incorruptione mitis et silentis spiritus. Hoc est coram Deo placens (Ibid.* 2, 3). Cernis, quale conjugium inter viros uxoresque præcipiat ? Cohabitantes juxta scientiam, ut noverint quid velit, quid desideret Deus, ut tribuant honorem vasculo muliebri. Si abstinemus nos a coitu, honorem tribuimus uxoribus : si non abstinemus, perspicuum est honori contrariam esse contumeliam. Ad uxores quoque, *Ut videant*, inquit, [i] *viri castam conversationem vestram, et ornatum in abscondito cordis hominem, in incorruptione mitis et silentis spiritus*. O vere digna vox Apostolo, et Petra Christi. Maritis uxoribusque dat legem, et damnato

---

[a] Codices nostri omnes, et vetus quoque editio *capit*, juxta Græcum ἁγρεύει.

[b] *Fabulæ Mithram et Erichthonium*. Si exstaret Eubulus, qui historiam *Mithræ* multis voluminibus explicavit, facile intelligeremus quomodo *Mithras* de solo æstu libidinis sit generatus. Sed hæc Gentilium fabula nec nobis, nec viris doctis satis adhuc comperta. De *Erichthonio*, sive *Erichtheo*, nulla difficultas : scimus enim illum creditum fuisse filium Vulcani, qui, cum Minerva colluctaret, semen in terram profudisse dicitur ; atque inde editum esse aiunt puerum draconum pedibus, etc. ; primus inventor argenti fuit et currus. Vide Ovid. lib. II Metamorph. ; et Lactant. lib. II, cap. 17 ; et Servium in lib. III Georg. Virgilii. MARTIAN.

[c] Mithram e lapide generatum docent Scriptores antiqui passim : eratque solenne illud in Mithriacis mysteriis : Θεὸς ἐκ πέτρας. Justinus in Dialogo cum Triphone, *quando*, inquit, *illi, qui Mithræ initia tradunt, e petra eum natum esse memorant.* Et Commodianus lib. Instruction. :

Invictus de petra natus si Deus habetur,
Nunc ergo retro vos de istis date priorem ;
Vicit petra Deum, quærendus est petræ creator.

De Erichthonio fabula est notior.

[d] Amovimus hinc vocem *uxorem*, quæ falso intrudebatur, nec in ullo nostrorum codicum, aut veteri editione habetur.

[e] Casanatensis, *qui in matrimonio sunt deprehensi, an*, etc.

[f] Idem cum veteri editione, et rectius, *mulierem*, non *uxorem*.

[g] Erat *accipi*, renuentibus mss.

[h] *Impleo continentis*. Plures mss. codices retinent *continentis* vocem, pro verbo *Christiani*, quod legitur apud Erasmum, et in paucis exemplaribus mss. MARTIAN.

[i] Denuo Casanatensis, *videant, inquit, in timore castam*, etc. Deinde in *abscondito cordis homine* puto legendum, pro *hominem*, et vocem *ornatum* substantive accipi debere. Græce νόμον. Suffragatur Veronensis ms. emendatissimus, atque ipse Hieronymi contextus.

carnis ornatu, castitatem prædicat, et ornatum interioris hominis, in incorruptione mitis et silentis spiritus, quodammodo hoc dicens : Quoniam exterior vester homo corruptus est, et beatitudinem incorruptionis, quæ proprie virginum est, habere desiistis, imitamini incorruptionem spiritus saltem per seram abstinentiam, et quod corpore non potestis, mente præstate. Has enim Christus divitias, et hos vestræ conjunctionis quærit ornatus.

8. Verum ne quis putet ex eo quod sequitur, *Ut vacetis orationi, et iterum revertimini* [Al. ad id ipsum] *ad ipsum*, Apostolum hoc velle, et non propter majorem ruinam concedere, statim infert : *Ne tentet vos Satanas propter incontinentiam vestram*. Pulchra nimirum indulgentia, *et iterum ad ipsum*. Quod erubescit suo vocare nomine, quod tentationi præfert Satanæ, quod causam habet incontinentiam, laboramus quasi obscurum disserere, ᵃ cum exposuerit ipse quod scripsit : *Hoc autem*, inquit, *dico juxta indulgentiam, non juxta imperium*. Et mussitamus adhuc nuptias non vocare indulgentiam, sed præceptum, quasi non eodem modo et secunda et tertia matrimonia concedantur, quasi non et fornicatoribus per pœnitentiam fores aperiantur Ecclesiæ, quodque his est majus, et incestis? Nam illum violatorem novercæ, quem in prima ad Corinthios Epistola tradiderat Satanæ (I Cor. v), in interitum carnis, ut spiritus salvus fieret, in secunda retrahit (II Cor. II), et ne abundantiori tristitia absorbeatur frater, laborat. Aliud est, velle quid Apostolum, aliud est ignoscere. In voluntate promeremur, in venia abutimur. Vis scire quid velit Apostolus? junge quod sequitur : *Volo autem omnes homines esse sicut meipsum* (I Cor. VII, 7). Beatus qui Pauli similis erit. Felix qui audit Apostolum præcipientem, non ignoscentem. Hoc, inquit, volo, hoc desidero, ut imitatores mei sitis, sicut et ego Christi. Ille virgo de Virgine, de incorrupta incorruptus. Nos quia homines sumus, et nativitatem Salvatoris non possumus imitari, imitemur saltem conversationem. Illud divinitatis est et beatitudinis, hoc humanæ conditionis est et laboris. Volo omnes homines similes mei esse, ut dum mei similes sunt, similes fiant et Christi, cujus ego similis sum. *Qui enim in Christum credit, debet sicut ille ambulavit et ipse ambulare* (I Joan. I, 6). Sed *unusquisque proprium donum habet ex Deo : alius quidem sic, alius autem sic* (I Cor. VII, 7). ᵇ Quid, inquit, velim, perspicuum est. Sed quoniam in Ecclesia diversa sunt dona, concedo et nuptias, ne videar damnare naturam.

Simulque considera, quod aliud donum virginitatis sit, aliud nuptiarum. Si enim eadem esset merces ᶜ nuptarum et virginum, numquam dixisset post præceptum continentiæ : *Sed unusquisque proprium habet donum ex Deo : alius quidem sic, alius autem sic*. Ubi proprietas singulorum est, ibi altrinsecus diversitas. Concedo et nuptias esse Dei donum, sed inter donum et donum magna diversitas est. Denique et Apostolus de eodem post incestum pœnitente, *E contrario*, inquit, *donate ei et consolamini, et si cui quid donastis, et ego* (II Cor. II, 7). Ac ne putaremus donum hominis esse contemnendum, addidit : *Nam et ego quod donavi, si quid donavi propter vos, coram Christo* (Ibid., 10). Diversa sunt dona Christi. Unde et Joseph in typo ejus variam habebat tunicam. Et in Psalmo quadragesimo quarto legimus : *Astitit regina a dextris tuis, in vestitu deaurato, circumdata varietate* (Psal. XLIV, 10). Et Petrus Apostolus, *Sicut cohæredes*, ait, *multiplicis gratiæ Dei* (1 Pet. III, 7). Quod significantius ᵈ Græce dicitur ποικίλης, id est, *variæ*.

9. Sequitur : *Dico autem innuptis et viduis : Bonum est eis, si sic permanserint, ut ego. Si autem non se continent, nubant. Melius enim est nubere, quam uri* (1 Cor. VII, 8). Postquam nuptis concesserat usum conjugii, et ostenderat ipse quid vellet, quidve concederet, transit ad innuptas, et viduas, et sui proponit exemplum, et felices vocat, si sic permanserint. *Si autem non se continent, nubant*; idipsum quod supra, *Propter fornicationes autem*, Et, *Ne tentet vos Satanas, propter incontinentiam vestram*. Redditque causam, cur dixerit, *Si se non continent, nubant. Melius est enim nubere, quam uri*. Ideo melius est nubere, quia pejus est uri. Tolle ardorem libidinis, et non dicet, *melius est nubere*. Melius enim semper ad comparationem deterioris respicit, non ad simplicitatem incomparabilis per se boni. Velut si diceret: Melius est unum oculum habere, quam nullum : ᵉ melius est uno inniti pede, et alteram partem corporis baculo sustentare, quam fractis cruribus repere. Quid ais, Apostole? Non tibi credo dicenti, *Etsi imperitus sermone, non tamen scientia*. Quomodo illud de humilitate descendit, *Quia non sum dignus vocari Apostolus*. Et, *Mihi minimo omnium Apostolorum*. Et, *Tamquam abortivo*, sic et hoc humilitatis dictum ᶠ puto. Nosti sermonum proprietates, quamobrem, et de Epimenide, et de Menandro, et de Arato quædam sumis testimonia. Ubi de continentia loqueris et virginitate : *Bonum est*, ais, *homini mulierem non tangere*. Et, *Bonum est eis*, si

---

ᵃ Nostri codices elegantius, *cum exposuerit se ipse qui scripsit*.

ᵇ In Veronensi, et S. Crucis mss. omnium antiquissimis isthæc interseruntur : *In præcepto gloria, in indulgentia vix remissio. Coronat quod præcipit, notat ad pœnitentiam quod relaxat. Ibi summa actionis est, pœnam evadere; hic coronam adeptum fuisse, res debiti. Diversis itineribus indulgentia currit et gratia. Quid*, inquit, etc.

ᶜ Erat antea *nuptiarum*, minus bene.

ᵈ Hodierna Græca exemplaria fere præferunt χά-ριτος ζωῆς, raro χάριτος ποικίλης. Vulgata quoque *gratiæ vitæ*, quod fraudi fuit Victorio, qui laudari putavit Petri epistolæ c. IV, versum 10, ubi Græcus ac Latinus *multiplicem gratiam*, dicunt. Inde superiorem vocem *cohæredes* necessario mutandam censuit in *dispensatores*, ex utroque textu, atque in Apolog. quidem ad Pammachium, sive epist. 48, ita ex præconcepta opinione mutavit.

ᵉ Martian., *Melius est enim uno*, etc. Et mox *quid agis, Apostole*, etc.

ᶠ Antea erat *puta*, renuentibus mss.

sic permanserint ut ego. Et ; *Puto hoc bonum eis esse propter instantem necessitatem*. Et , *Quia bonum est homini sic esse*. Ubi ad nuptias venis, non dicis, bonum est nubere , quia non potes jungere, quam uri ; sed dicis : *Melius est nubere quam uri*. Si per se nuptiæ sunt bonæ, noli illas incendio comparare : sed dic simpliciter, bonum est nubere. Suspecta est mihi bonitas ejus rei, quam magnitudo alterius mali, malum esse cogit inferius. Ego autem non levius malum, sed simplex per se bonum volo.

10. *Mulieres fideles junctæ infidelibus. Matronæ sæviturœ in Hieronymum. Abraham adjurat servum in Christo.*—Hucusque primum capitulum edissertum est, veniamus ad sequentia. *His autem qui matrimonio juncti sunt, præcipio non ego , sed Dominus, uxorem a viro non discedere. Quod si discesserit , manere innuptam , aut viro suo reconciliari: Et vir uxorem* [a] *non dimittat. Nam cæteris ego dico , non Dominus: Si quis frater uxorem habet infidelem, et hæc consentit habitare cum illo, non dimittet illam* ; et cætera usque ad eum locum, ubi ait : *Unusquisque sicut vocavit eum Deus, ita ambulet, et sicut in omnibus Ecclesiis doceo* (I Cor. VII, 10 seqq.). Hic locus ad præsentem controversiam non pertinet. Docet enim juxta sententiam Domini , uxorem, excepta causa fornicationis, non repudiandam, et repudiatam, vivo marito, alteri non nubere , aut certe viro suo reconciliari debere. His autem quos in matrimonio deprehendisset fides, hoc est , si unus credidisset e duobus , præcipit ne credens repudiet non credentem. Causisque expositis, quod candidatus fidei sit infidelis, si nolit a credente discedere : e contrario jubet, si infidelis repudiet fidelem propter fidem Christi, discedere debere credentem, ne [*Al*. nec] conjugem præferat [*Al.* præferre] Christo, cui etiam anima postponenda est. At nunc pleræque contemnentes Apostoli jussionem, junguntur gentilibus , et templa Christi idolis prostituunt; nec intelligunt se corporis ejus partem esse, cujus et costæ sunt. Ignoscit Apostolus infidelium conjunctioni, quæ habentes **252** maritos, in Christum postea crediderunt ; non his, quæ cum Christianæ essent, nupserunt gentilibus, ad quas alibi loquitur : *Nolite jugum ducere cum infidelibus. Quæ enim participatio justitiæ cum iniquitate? aut quæ societas luci ad tenebras? Quæ autem conventio* [b] *Christi ad Belial? aut quæ pars fideli cum infideli? Qui autem consensus templo Dei cum idolis ? Vos enim estis templum Dei vivi* (II Cor. VI , 14 *et seqq*.). Licet enim in me sæviturus sciam plurimas matronarum : licet eadem impudentia qua Dominum contempserunt, in me pulicem et Christianorum minimum debacchaturas: tamen dicam quod sentio : loquar quod me Apostolus docuit, non illas justitiæ esse, sed iniquitatis ; non lucis ; sed tenebrarum ; non Christi, sed Belial ; non templa Dei viventis, sed fana et idola mortuorum. Vis apertius discere , quod Christianæ omnino non liceat Ethnico nubere? Audi eumdem Apostolum, *Mulier*, inquit, *alligata est* [c] *quanto tempore vir ejus vivit ; quod si dormierit vir ejus, liberata est : cui vult nubat, tantum in Domino* (I Cor. VII, 39), id est , Christiano. Qui secundas tertiasque nuptias concedit in Domino, primas cum Ethnico prohibet. Unde, et Abraham adjurat servum in femore suo, hoc est, in Christo, qui de ejus erat semine nasciturus, ut filio suo Isaac alienigenam non adducat uxorem. Et Ezras offensam Dei hujuscemodi uxorum repudiatione compescit (II *Esdr*. x). Et Malachias propheta, *Prævaricatus est*, inquit, *Judas, et abominationem fecit in Israel et in Jerusalem. Polluit enim sanctum Domini, et dilexit, et habuit filiam Dei alieni. Disperdat Dominus virum qui fecerit hoc , magistrum, et discipulum, de Tabernaculis Jacob ;* [d] *et offerentem munera Domino virtutum* (*Malach*. II , 11 , 12). Hæc idcirco dixi , ut qui nuptias virginitati comparant, sciant saltem tales nuptias digamiæ et trigamiæ subjiciendas.

11. *Intelligentiam suam reprehendendam putat. Fides proprie Christianorum est.*—Ad superiorem disputationem , in qua docuerat fidelem ab infideli non debere discedere, sed permanere in matrimonio sicut eos invenisset fides, et unumquemque vel cœlibem, vel maritum ita durare, ut esset Christi baptismate deprehensus , infert subito parabolas **253** circumcisi et Ethnici , servi et liberi : et sub metaphora earum de nuptis disputat et innuptis. *Circumcisus aliquis vocatus est , non adducat præputium. In præputio vocatus est , non circumcidatur. Circumcisio nihil est , et præputium nihil est ; sed observatio mandatorum Dei. Unusquisque in qua vocatione vocatus est , in ea permaneat. Servus vocatus es , non sit tibi curæ. Sed et si potes liber fieri, magis utere. Qui enim in Domino vocatus est servus , libertus est Domini. Similiter et qui liber vocatus est, servus est Christi. Pretio empti estis : nolite fieri servi hominum. Unusquisque* [e] *ergo in quo vocatus est frater , in eo permaneat apud Deum* (I Cor. VII, 18 *et seqq*.). Ac primum, quia nonnullos hanc intelligentiam reprehensuros arbitror, interrogare libet quæ sit consequentia, ut de maritis et uxoribus disputans , repente transiret ad comparationem Judæi et Ethnici, servi et liberi : et rursus, hac disputatione finita, rediret ad virgines dicens : *De virginibus autem præceptum Domini non*

---

[a] Expunximus hinc vocem *suam*, quam neque nostri codices, nec denique hodierna Vulgata habent.

[b] Nostri codices constanter habent *Christo et Beliar* : juxta Græc., Χριστῷ πρὸς βελίαρ ; Sed *et Beliæ* pro *Belial* invenimus.

[c] Victorius addit *legi*, ut cum Vulgata faciat, nam in Græcis exemplaribus sæpius τῷ νόμῳ deest, nec Hieronymiani mss. hoc loco habent. Casanatensis paulo post, *id est Christiano, non Ethnico, qui secundas*, etc.

[d] Casanatensis male, *et non offerentem*.

[e] Voculam *ergo* nec Græcus habet, nec mss. Hieronymiani, tum *fratres* plurium numero, non *frater* habent hic atque infra cum Græco itidem ἀδελφοί. Denique pro *quæ sit consequentia*, legunt, *quæ sit consequens sententia*.

habeo (I Cor. vii, 5). Quid sibi vult inter conjugia et virginitatem, Judæi et Ethnici, servi liberique collatio? Secundo quomodo possit intelligi, *Circumcisus aliquis vocatus est, non adducat præputium (Ibid., 18)?* Numquid qui semel amputatum habet præputium, ª potest si velit rursus illud adducere? Deinde quo sensu exponendum sit, *Qui enim in Domino vocatus est servus, libertus est Domini? Similiter qui liber vocatus est, servus est Christi (Ibid., 22)?* Quarto, quomodo ille qui præcepit servis obedire dominis carnalibus, nunc dicat: *Nolite fieri servi hominum (Ibid., 23)?* Ad extremum, quid pertineat ad servitutem, vel circumcisionem, *Unusquisque in quo vocatus est frater, in eo permaneat apud Deum?* Nam et contrarium est superiori sententiæ. Si enim illud audivimus: *Nolite fieri servi hominum*, qua ratione possumus in ea permanere vocatione qua vocati sumus, cum multi crediderint habentes carnales dominos, quibus nunc servire prohibentur? Porro ad circumcisionem quid facit permanere in ea vocatione, in quo vocati sumus, cum in alio loco idem Apostolus clamitet: *Ecce ego Paulus dico vobis, quoniam si circumcidamini, Christus vobis nihil proderit (Galat. v, 2)?* Restat igitur, ut circumcisio 254 et præputium, servus et liber, superiori sensui coaptentur, et de antecedentibus pendeant. ᵇ *Circumcisus aliquis vocatus est, non adducat præputium.* Eo, inquit, tempore quo vocatus es, et credidisti in Christum, si circumcisus vocatus es ab uxore, et cœlebs eras: noli ducere uxorem, hoc est, noli adducere præputium, ne circumcisionis et pudicitiæ libertatem oneres sarcina nuptiarum. Rursum si in præputio quis vocatus est, non circumcidatur. Habebas, inquit, uxorem, cum credidisti: noli fidem Christi putare causam dissidii, quia in pace vocavit nos Deus. *Circumcisio nihil est, et præputium nihil est; sed observatio mandatorum Dei (Ibid., 19).* Nihil enim prodest absque operibus cœlibatus, et nuptiæ, cum etiam fides, quæ proprie Christianorum est, si opera non habuerit, mortua esse dicatur; et hac lege virgines quoque Vestæ, et Junonis univiræ in Sanctarum queant ordine numerari. *Unusquisque in qua vocatione vocatus est, in ea permaneat (Ibid., 24).* Quando credidit, sive habebat, sive non habebat uxorem, in eo permaneat, in quo vocatus est. Ac per hoc non tam virgines cogit, ut nubant, quam repudia prohibet. Et sicut habentibus uxores tollit licentiam dimittendi eas, sic virginibus nubendi amputat facultatem. *Servus vocatus es, non sit tibi curæ; sed et si potes liber fieri, magis utere.* Etiam si habes, inquit, uxorem, et illi alligatus es, et solvis debitum, et non habes tui corporis potestatem; atque (ut manifestius loquar) servus uxoris es, noli propter hoc habere tristitiam, nec de amissa virginitate suspires. Sed etiam si potes causas aliquas invenire dissidii, ut libertate pudicitiæ perfruaris, noli salutem tuam cum alterius interitu quærere. Habeto paulisper uxorem, nec præcurras morantem: exspecta dum sequitur. Si egeris patienter, conjux mutabitur in sororem. *Qui enim in Domino vocatus est servus, libertus est Domini: similiter qui liber vocatus est, servus est Christi.* Reddit causas cur nolit uxores deseri. Idcirco ait: Præcipio, ut in Christum de gentilitate credentes inita ante fidem matrimonia non relinquant: quia qui 255 uxorem habens credidit, non tanto Dei servitio detinetur, quanto virgines et innuptæ; sed quodammodo est liberior, et servitutis illi frena laxantur: et dum uxoris est servus, ut ita dicam, libertus est Domini. Porro qui uxorem non habens, credidit, et liber a servitute conjugii vocatus est a Domino, ille vere servus est Christi. Quanta felicitas, non uxoris servum esse, sed Christi; non carni servire, sed spiritui! *Qui enim adhæret Domino, unus spiritus est (I Cor. vi, 17).* Ac ne forsitan in eo, quod supra dixerat, *Servus vocatus es, non sit tibi curæ: sed et si potes liber fieri, magis utere*, suggillasse continentiam videretur, et in famulatum nos tradidisse conjugum, infert sententiam, quæ omnem amputet cavillationem: *Pretio empti estis, nolite fieri servi hominum.* Redempti sumus pretiosissimo sanguine Christi: immolatus est pro nobis agnus, et aspersi calidissimo rore hyssopi, omnem pituitam noxiæ voluptatis excoximus. Quibus in baptismate mortuus est, ᶜ Pharao, et universus ejus suffocatus est exercitus, cur rursum Ægyptum quærimus, et post manna, Angelorum cibum, allia et cepe et pepones, et ᵈ carnes Pharias suspiramus?

12. *Quare Deus virginitatem non præcepit. Feriæ*

ª Sentit superadduci præputium non posse, contra quam alibi plus fortasse quam satis diximus. Vide ejus loci interpretes.

ᵇ In Veronensi et Cisterciensi omnium antiquissimis mss. isthæc subduntur: *De Circumcisionis cognominatione ferias libidinis docet, quia illa pars corporis truncanda est, cujus exspectatur in rebus erubescendis periculum.* Ipse infra Hieronymus, *discant prius ferias nuptiarum.*

ᶜ Haud dubium quin peccatum, aut Dæmon, cujus Pharao typum gerit. Solemnis hæc apud veteres allegoria.

ᵈ Hucusque obtinuit *carnes varias*, tametsi *Farias* in mss. plerisque inveniri ipse Martianæus fateatur. Ita equidem duo nostri præstantissimi, a quorum fide non est recedendum. Tantum aspirare malui *Pharias*: sicque explico appellatas ex loco ubi carnes Hebræus populus concupivit: id est *in solitudine Pharan, ubi fastidiens cœlestem panem, et Ægyptiorum* carnes desiderans... *accepit coturnices, et usque ad nauseam et vomitum devorat*, etc., quemadmodum ab ipso Hieronymo explicatum est in Epistola de Mansionibus, mans. xiii. Vide Num. xvi, versu 13 et seq. Cæterum scio *Pharias* vulgo pro *Pharaonicas* accipi juxta illud Prudentii in Apotheosi:

Hæc regis Pharii regnum ferale resolvit.

Et carnes varias suspiramus. Ita legit codex ms. Sangermanensis, et alter Carnutensis. Corbeiensis autem prima manu, *et carnes Farias suspiramus*; sed *Farias* mutavit recentior manus in *varias*, addens in margine, *id est Faraonicas.* Unus Regius, et alter Colbertinus, legunt ambo, *et carnes Pharaoniticas.* Unus monasterii nostri S. Petri Carnutensis, *et carnes ferinas.* Denique codex S. Ebrulphi, *et carnes varias, hoc est Pharaoniticas.* Hanc codicum mss. dissonantiam hoc loco docere voluimus Lectorem cu-

nuptiarum quæ? Quare plus amat virgines Christus. *Significantia verborum consideranda.* — Maritorum et continentium disputatione præmissa, tandem ad virgines venit, et ait : *De virginibus autem præceptum Domini non habeo ; consilium autem do, tamquam misericordiam consecutus a Domino, ut sim fidelis. Existimo ergo hoc bonum esse propter instantem necessitatem,* ⁿ *quoniam bonum est homini sic esse* (I Cor. vii, 25, 26). Hic adversarius tota exsultatione bacchatur : hoc velut fortissimo ariete, virginitatis murum quatiens : « Ecce, inquit, Apostolus profitetur de virginibus, Domini se non habere præceptum : et qui cum auctoritate de maritis et uxoribus jusserat, non audet imperare quod Dominus non præcepit. Et recte. Quod enim præcipitur, imperatur : quod imperatur, necesse est fieri : quod necesse est fieri, nisi fiat, pœnam habet. Frustra enim jubetur, quod in arbitrio ejus ponitur, cui jussum est. » 256 Si virginitatem Dominus imperasset, videbatur nuptias condemnare, et hominum auferre seminarium, unde et ipsa virginitas nascitur. Si præcidisset radicem, quomodo fruges quæreret? Nisi ante fundamenta jecisset, qua ratione ædificium exstrueret, et operturum cuncta desuper culmen imponeret? Multo labore fossorum subvertuntur montes : ᵇ terrarum pene inferna penetrantur, ut inveniatur aurum. Cumque de granis minutissimis prius conflatione fornacis, deinde callida artificis manu fuerit monile compactum ; non ille beatus vocatur, qui de luto excrevit aurum, sed qui auri utitur pulchritudine. Noli igitur admirari, si inter titillationes carnis, et incentiva vitiorum, Angelorum vitam non exigimur, sed docemur. Quia ubi consilium datur, offerentis arbitrium est : ubi præceptum, necessitas est ᶜ servientis. *Præceptum,* inquit, *Domini non habeo ; consilium autem do, tamquam misericordiam consecutus a Domino* (I Cor. vii, 25). Si non habes præceptum Domini, quare audes dare consilium, de quo non habes jussionem? Respondebit mihi Apostolus : Et vis ut ego jubeam, quod Dominus obtulit potius, quam præcepit? Ille creator et figulus sciens fragilitatem vasculi, quod operatus est, virginitatem in audientis potestate dimisit, et ego Doctor Gentium, qui omnibus omnia factus sum (I Cor. ix, 22), ut omnes lucrifacerem, onus perpetuæ castitatis statim in principio, credentium imponam cervicibus infirmorum? Discant prius ferias nuptiarum, vacent ad tempus orationi, ut accepto gustu pudicitiæ, id semper habere desiderent, quo ad modicum delectati sunt. Dominus tentatus a Pharisæis, utrum secundum legem Moysi uxores liceret dimittere, omnino fieri prohibuit. Quod discipuli considerantes, dixerunt ei : *Si talis est causa hominis cum uxore, non expedit nubere.* Quibus ille respondit : *Non omnes capiunt verbum, sed quibus datum est. Sunt enim eunuchi, qui de utero matris ita nati sunt ; et sunt eunuchi, qui ab hominibus eunuchizati sunt ; et sunt eunuchi, qui se castraverunt propter* 257 *regnum cœlorum. Qui potest capere, capiat* (Matth. xix, 10 seqq.). In propatulo est cur Apostolus dixerit, *De virginibus autem præceptum Domini non habeo ;* profecto quia præmiserat Dominus : *Non omnes capiunt verbum, sed quibus datum est.* Et, *qui potest capere, capiat.* Proponit ἀγωνοθέτης præmium, invitat ad cursum, tenet in manu virginitatis bravium : ostendit purissimam fontem, et clamitat : *Qui sitit, veniat, et bibat. Qui potest capere, capiat* (Joan. vii, 37). Non dicit, velitis, nolitis bibendum vobis est, atque currendum : sed qui voluerit, qui potuerit currere, atque potare, ille vincet, ille satiabitur. Et ideo plus amat virgines Christus, quia sponte tribuunt, quod sibi non fuerat imperatum. Majorisque gratiæ est, offerre quod non debeas, quam reddere quod exigaris. Apostoli uxoris onera contemplati : *Si talis est,* inquiunt, *causa hominis cum uxore, non expedit nubere.* Quorum Dominus sententiam probans : Recte quidem sentitis, ait, quod non expediat homini ad cœlorum regna tendenti, accipere uxorem ; sed difficilis res est, et non omnes capiunt verbum istud, verum quibus datum est. Alios eunuchos natura facit, alios vis hominum. Mihi illi eunuchi placent, quos castravit non necessitas, sed voluntas. Libenter illos in meos sinus recipio, qui se castraverunt propter regna cœlorum, et ob mei cultum noluerunt esse quod nati sunt. Simulque tractanda sententia : *Qui se,* inquit, *castraverunt propter regna cœlorum.* Si castrati mercedem habent regni cœlorum, ergo qui se non castraverunt, locum non possunt accipere castratorum. *Qui potest,* inquit, *capere, capiat.* Grandis fidei est, grandisque virtutis, Dei templum esse purissimum, totum se holocaustum offerre Domino ; et juxta eumdem Apostolum, esse sanctum et corpore et spiritu. Hi sunt eunuchi, qui se lignum aridum ob sterilitatem putantes, audiunt per Isaiam (*Cap.* LVI), quod pro filiis et filiabus locum in cœlis habeant paratum. Horum typus est Abdemelech [*Mss.* Abdamelech] eunuchus in Jeremia (*Cap.* xxviii) ; et spado ille reginæ Candacis in Actis Apostolorum (*Cap.* viii), qui ob robur fidei, viri nomen obtinuit. Ad hos et ᵈ Clemens 258 successor Apostoli Petri, cujus Paulus apostolus meminit, scribit Epistolas, omnemque pene sermonem suum de virginitatis puritate contexit : et deinceps multi Apostolici, et Martyres et illustres tam sanctitate quam eloquentia viri, quos ex propriis scriptis nosse perfacile est. *Existimo enim,* inquit, ᵉ *hoc*

---

riosum, ut ex tanta varietate conjiciat quanta sit in aliis sententiis minoris momenti sylva variarum lectionum, quarum tamen non meminimus.

MARTIAN.

ᵃ Hæc pericopa, *quoniam bonum est homini sic esse,* in nostris codicibus non invenitur.

ᵇ Suffecimus vocem *terrarum* ex consensu mss. et veteri editione.

ᶜ Duo præstantiores mss., *necessitas est servitutis.*

ᵈ Pro virginitate locutum fuisse S. Clementem per Epistolas suas testatur etiam S. Epiphanius Hæres. 30, c. xv, et locus quidem ejusmodi occurrit in priori sua ad Corinthios.

ᵉ Impressi *hoc opus bonum,* etc. ; sed *opus redun-*

opus bonum esse propter instantem necessitatem (I Cor. vii, 26). Quæ est illa necessitas quæ, spreto vinculo conjugali, virginitatis appetit libertatem? *Væ prægnantibus et nutrientibus in illo die* (Matth. xxiv, 15; Marc. xiii, 14; Luc. xxi, 23). Non hic scorta, non hic lupanaria condemnantur, de quorum damnatione nulla dubitatio est : sed uteri tumescentes, et infantum vagitus, et fructus atque opera nuptiarum. *Quoniam bonum est homini sic esse* (I Cor. vii, 26). Si bonum est homini sic esse, malum est ergo homini sic non esse. *Alligatus es uxori, noli quærere solutionem. Solutus es ab uxore, noli quærere uxorem* (Ibid., 27). Habet unusquisque nostrum terminos suos : redde mihi meum, et tuum tene. Si alligatus es uxori, ne illi des repudium. Si solutus sum ab uxore, non quæram uxorem. Ut ego non solvo conjugia, si semel ligata sunt; ita tu non liges quod solutum est. Simulque significantia consideranda verborum est. Qui uxorem habet, ut debitor dicitur, et esse in præputio, et servus uxoris, et quod malorum servorum est, *alligatus*. Qui autem sine uxore est, primum nullius debitor est, deinde circumcisus, tertio liber, ad extremum solutus.

13. *Virgines incestæ si nupserint post consecrationem. Tempus vitæ omne breve est. Præceptor Hieronymi Gregorius Nazianzenus. Virginitas quæ sit hostia Christi. Quid intersit inter nuptias et virginitatem.* — Curramus per reliqua, neque enim nos patitur magnitudo voluminis diutius in singulis immorari. *Si autem acceperis uxorem, non peccasti.* Aliud est non peccare, aliud benefacere. *Et si nupserit virgo, non peccavit* [Al. peccabit]. Non illa virgo, quæ se semel Dei cultui dedicavit : harum enim si qua nupserit, habebit damnationem, quia primam fidem irritam fecit. Si autem hoc de viduis dictum objecerit, quanto magis de virginibus prævalebit, cum etiam his non liceat, quibus aliquando licuit! Virgines enim, quæ post consecrationem nupserint, non tam adulteræ sunt, quam incestæ. Ac ne videretur in eo quod dixerat : *Et si nupserit virgo, non peccavit*, rursum cœlibes ad nuptias provocare, statim se refrenat [Al. refrenavit], et aliud inferendo, infirmavit quod concesserat, dicens : *Tribulationem tamen carnis habebunt hujusmodi.* Qui sunt isti qui tribulationem carnis habebunt? Quibus supra indulserat : *Si acceperis uxorem, non peccasti ; et si nupserit virgo, non peccavit* [Al. peccabit] : *tribulationem tamen carnis habebunt hujusmodi.* Nos ignari rerum, putabamus nuptias saltem carnis habere lætitiam. Si autem nubentibus etiam in carne tribulatio est, in qua sola videbantur habere delicias, quid erit reliquum propter quod nubant, cum et in spiritu, et in anima, et in ipsa carne tribulatio sit? *Ego autem vobis parco. Sic*, ait, *obtendo carnis tribulationem*, quasi non majora sint propter quæ nubere non debeatis. Igitur hoc dico, fratres : *Tempus breve est. Reliquum est*, [a] *ut qui habent uxores, sic sint tamquam non habentes.* Nequaquam jam de virginibus disputo, quos nulla ambiguitas est esse felices. Ad maritos venio. Tempus breve est, Dominus prope est. Etiamsi nongentis viveremus annis, ut antiqui homines, tamen breve putandum esset, quod haberet aliquando finem, et esse cessaret. Nunc vero cum brevis sit non tam lætitia, quam tribulatio nuptiarum, quid accipimus uxores, quas cogemur cito amittere? *Et qui flent*, inquit, *et gaudent, et emunt, et utuntur hoc mundo, sic sint, quasi non fleant, gaudeant, emant, utantur hoc mundo. Præterit enim figura hujus mundi* (I Cor. vii, 30). Si mundus transit, quo universa clauduntur : imo figura et conversatio hujus mundi, quasi nubes, præterit, inter cætera mundi opera et nuptiæ præteribunt. Neque enim erunt post resurrectionem conjugia. Si autem mors finis est nuptiarum : cur necessitatem non in voluntatem vertimus? Et quod invitis extorquendum est, cur non spe præmiorum offerimus Deo? *Qui sine uxore est, sollicitus est quæ Domini sunt, quomodo placeat Deo. Qui autem cum uxore est, sollicitus est quæ sunt mundi, quomodo placeat uxori, et divisus est.* Intueamur curarum virginis, maritique distantias. Virgo Domino, maritus uxori placere desiderat, et ut uxori placeat, sollicitus est de his quæ sunt mundi, quæ cum mundo utique transitura sunt : *et divisus est*, in multas scilicet sollicitudinum partes, miseriarumque distractus. Non est hujus loci nuptiarum angustias describere, et quasi in communibus locis rhetorico exsultare sermone. Plenius super hac et contra Helvidium, et in eo libro quem ad Eustochium scripsi, arbitror absolutum. Certe et Tertullianus cum adhuc esset adolescens [b] lusit in hac materia. Et præceptor meus Gregorius Nazianzenus virginitatem et nuptias disserens, Græcis versibus explicavit. Nunc illud breviter admoneo, in Latinis codicibus hunc locum ita legi : *Divisa est* [c] *virgo et mulier.* Quod quamquam habeat suum sensum, et a me quoque pro qualitate loci sic edissertum sit, tamen non est Apostolicæ veritatis. Siquidem Apostolus ita scripsit, ut supra transtulimus : *Sollicitus est quæ sunt mundi, quomodo placeat uxori, et divisus est* ; et hac sententia definita, transgreditur ad virgines et continentes, et ait : *Mulier innupta, et virgo cogitat quæ sunt Domini, ut sit sancta corpore et spiritu*. Non omnis innupta, et virgo est. Quæ autem virgo, utique et innupta est. Quamquam ob elegantiam dictionis potuerit id ipsum altero verbo repetere, *mulier innupta et virgo* : vel certe definire vo-

---

dare, tum nostri codices docuerunt, tum Græcus Latinusque textus. Alia quædam minoris momenti supra quæ infra emendamus.

[a] Veronensis, *ut et qui habent*. Græc., ἵνα καὶ οἱ.

[b] Indicat fortasse poema aliquod de Virginitate scriptum a Tertulliano in adolescentia ; neque enim lusisse dici potest in eo libro qui *Exhortatio ad casti-* tatem inscribitur, et sub vitæ finem compositus est, et præterea *de molestiis nuptiarum* ex proposito agebat, teste ipso Hieronymo. Mox additum *Nazianzenus* in nullis mss. invenimus.

[c] Mss. ut in textu habetur, *mulier, et virgo*. Eum sensum edisseruit lib. contra Helvidium, et in epist. 22, ad Eustochium, quam vide num. 21, not. *c*.

luisse quid esset innupta, id est, virgo : ne meretrices putemus innuptas, nulli certo matrimonio copulatas. Quid ergo cogitat innupta et virgo? *Quæ Domini sunt, ut sit sancta et corpore et spiritu.* Ut nihil aliud esset, ut nulla merces virginem amplior sequeretur, sufficeret ei hæc sola prælatio, cogitare quæ Domini sunt. Statimque docet quæ sit ipsa cogitatio, ut sit sancta corpore et spiritu. Nonnullæ quippe sunt virgines carne, non spiritu, quarum corpus integrum est, anima corrupta. Sed illa virginitas hostia Christi [a] est, cujus nec mentem cogitatio, nec carnem libido maculavit. E contrario, quæ nupta est, cogitat quæ mundi sunt, quomodo placeat viro. Sicut qui uxorem habet, sollicitus est quæ sunt mundi, quomodo placeat uxori : sic nupta res mundi cogitat, quomodo placeat viro. Nos autem non sumus de hoc mundo, qui in maligno positus est, cujus figura præterit, de quo dicitur ad Apostolos : [*Si essetis de hoc mundo, amaret* [Al. amasset] *utique mundus, quod suum erat* (Joan. xv, 19). Ac ne forsitan putaretur, onus gravissimum castitatis nolentibus imponere, statim jungit causas suadendi, et ait : *Hoc au em ad utilitatem vestram dico : non ut laqueum vobis injiciam,* [b] *sed ut ad id quod honestum est, et intente facit servire Domino, absque ulla distractione*. Proprietatem Græcam Latinus sermo non explicat : quibus enim verbis quis possit edicere, [c] Πρὸς τὸ εὔσχημον καὶ εὐπρόσεδρον τῷ Κυρίῳ ἀπερισπάστως? Unde et in Latinis codicibus, ob translationis difficultatem, hoc penitus non invenitur. Utamur igitur eo quod vertimus. Non imponit nobis Apostolus laqueum, nec cogit esse quod nolumus; sed suadet quod honestum est et decorum, et intente facit servire Domino et semper esse sollicitum, et exspectare [d] paratam Domini voluntatem, ut eum quid imperaverit, quasi strenuus, et armatus miles statim impleat quod præceptum est, et hoc faciat sine ulla distentione [Al. distentatione] : quæ data est secundum Ecclesiasten (*Cap.* iii) hominibus hujus mundi, ut distendantur in ea [e]. Si quis autem considerat virginem suam, id est, [f] carnem lascivire, et ebullire in libidinem, nec refrenare se potest :

duplexque ei incumbit necessitas, aut accipiendæ conjugis, [g] aut ruendi ; quod vult faciat, non peccat, si nubat : faciat, inquit, quod vult, non quod debet. Non peccat, si ducit uxorem : non tamen bene facit, si duxerit. *Nam qui statuit in corde suo firmus, non habens necessitatem,* [h] *potestatem autem habens suæ voluntatis, et hoc judicat in corde suo servare virginem suam, bene facit. Igitur et qui matrimonio jungit virginem suam, bene facit ; et qui non jungit, melius facit* (I *Cor.* vii, 37, 38). Signanter et proprie supra dixerat, *Qui ducit uxorem, non peccat :* hic *Qui servat virginem suam, bene facit.* Aliud est autem non peccare, aliud est bene facere. *Declina,* inquit, *a malo, et fac bonum* (*Ps.* xxxvi, 27). Illud declinamus, hoc sequimur. In altero initium, in altero perfectio est. Verum ne in eo quod dixit, *et qui matrimonio jungit virginem suam, bene facit,* existimet aliquis observationem nostram non stare ; protinus hoc ipsum bonum extenuat, et obumbrat comparatione melioris, et dicit : *Et qui non jungit, melius facit.* Nisi illaturus esset [Al. fuisset], *melius facit,* nunquam præmisisset, *bene facit.* Ubi autem bonum et melius est, ibi boni et melioris non unum est præmium : et ubi non unum præmium, ibi utique dona diversa. Tantum est igitur inter nuptias et virginitatem, quantum inter non peccare, et bene facere ; immo ut levius dicam, quantum inter bonum et melius.

14. *Viduæ quæ pascuntur eleemosynis Ecclesiæ.* — Finita disputatione conjugiorum et virginitatis, inter utrumque cauto moderamine præceptorum, ut nec ad sinistram, nec ad dexteram diverteret, sed via regia graderetur, et illud impleret : *Ne sis justus multum* (*Eccles.* vi, 17), rursum monogamiam digamiæ comparat, et quomodo nuptias subdiderat virginitati, ita digamiam primis nuptiis subjicit, et ait : *Mulier alligata est, quanto tempore vir ejus vivit ; quod si dormierit vir ejus, liberata est ; cui vult nubat, tantum in Domino. Beatior autem erit, si sic permanserit, secundum consilium meum. Puto autem quod et ego spiritum Dei habeam* (1 *Cor.* 39, 40). Concedit secundas nuptias, sed volentibus, sed his, quæ se continere non possunt ; ne luxuriatæ in Christo, nu-

---

[a] Rursum Veronensis et Cisterciensis mss. addunt *arduum et humanitatem transgrediens præceptum : cum jussio fit eviscerat, imperant enim majora viribus et de cœpti necessitate solvit obnoxium,* quæ et vitiosa trajectione peccant, et peregrinam operam subolent.

[b] Veronensis *sed ad id,* absque *ut,* quod nec Græcus textus habet. Olim addebatur in fine, *vos adhorter.*

[c] Πρὸς τὸ εὔσχημον. Corruptissime Erasm. et Marian. more suo hunc locum ediderunt. Primum supplent in Latinis, *vos adhorter,* quæ non leguntur in mss. codicibus ; deinde Græcum versiculum totum recitant, cum Hieronymus ultimam partem ejus, non expres-am ob translationis difficultatem, tantam retineat juxta fidem omnium exemplarium manuscriptorum. Quodque pejus est, non monent Lectorem, quæ addiderint de suo, et obtruderint multa in contextum Hieronymianum, nulla justa necessitate cogente. Notabile porro existimavi, quod legimus in codice ms. Sangermanensi, in quo post vocem *edi-*

cere, posuit Amanuensis GRE. *Unde,* etc., ut ostenderet, nec legeret. Cæteri omnes codices retinent omnia verba Græca, quæ nos edidimus. MARTIAN. —Mss. Veronen. et Cistercien. pro εὐπρόσεδρον, aperte legunt ΕΥΠΑΡΕΔΡΟΝ, non diverso quidem sensu, sed lectione haud spernenda.

[d] Antea erat *paratum,* renuentibus mss.

[e] Iterum et pari consensu duo codices Veronensis et Cisterciensis addunt : *Ebullire dicitur virgo* N. R. E. (sic forte *natura*) *id est de verecundo : in desiderium carnalis appetentiæ fervore membrorum, animæ vigor exstinguitur.*

[f] Casanatensis *carnem lascivientem ebullire, etc.*

[g] Obtinebat antea incongruo sensu, *aut spernendæ* pro *aut ruendi* quod restituimus ex nostrorum omnium mss. fide : qui insuper pro *si nubat,* legunt *si ducat uxorem ;* et *nubere* quidem de muliere proprie dicitur, non de viro.

[h] Idem mss. *potestatem autem habet, et hoc judicavit,* juxta Græcum ἔχει, et κέκριχεν.

bere velint, habentes damnationem, quod primam fidem irritam fecerint, et hoc concedit, quia multæ abierunt retro post Satanam (I *Tim.* v, 15). Cæterum *beatiores*, inquit, *erunt, si sic permanserint :* continuoque subjungit Apostolicam auctoritatem, *secundum meum consilium.* Porro ne auctoritas Apostoli, quasi hominis, levior videretur, addidit: *Puto autem quod et ego spiritum Dei habeam.* Ubi ad continentiam provocat, ibi non hominis, sed Spiritus Dei consilium est ; ubi autem nubendi concedit veniam, **263** Spiritum Dei non nominat, sed prudentiæ librat consilium, ita singulis relaxans, ut unusquisque ferre potest. Juxta hunc sensum omnia illa sunt accipienda : *Nam quæ sub viro est mulier, vivente viro, alligata est legi : si autem mortuus fuerit vir, soluta est a lege viri. Igitur, vivente viro, vocabitur adultera, si fuerit cum alio viro. Si autem mortuus fuerit vir ejus, soluta est a lege, ut non sit adultera, si fuerit cum alio viro* (Rom. vii, 2, 3). Et illud ad Timotheum : *Volo ergo juniores viduas nubere, filios procreare, matresfamilias esse, nullam occasionem dare adversario maledicti gratia. Jam enim quædam conversæ sunt retro post Satanam* (I *Tim.* v, 14), et reliqua his similia. Quomodo [a] enim virginibus ob fornicationis periculum concedit nuptias, et excusabile facit, quod per se non appetitur, ita ob eamdem fornicationem vitandam, concedit viduis secunda matrimonia. Melius est enim licet alterum et tertium, unum virum nosse, quam plurimos : id est, tolerabilius est uni homini prostitutam esse, quam multis. Siquidem et illa in Evangelio [b] Joannis Samaritana, sextum se maritum habere dicens, arguitur a Domino, quod non sit vir ejus (*Joan.* iv, 17). Ubi enim numerus maritorum est, ibi vir, qui proprie unus est, esse desiit. Una costa a principio in unam uxorem versa est. *Et erunt*, inquit, *duo in carne una* (*Genes.* ii, 24) : non tres, neque quatuor, alioquin jam non duo, [c] si plures. Primus Lamech sanguinarius et homicida, unam carnem in duas divisit uxores : fratricidium et digamiam, eadem cataclysmi pœna delevit. De altero septies, de altero septuagies septies vindicatum est. Quantum distant in numero, tantum et in crimine. Quam sancta sit [d] digamia, hinc ostenditur, quod digamus in clerum eligi non potest, et ideo Apostolus ad Timotheum : *Vidua*, inquit, *eligatur non minus sexaginta annorum, quæ fuerit unius viri uxor* (I *Tim.* v, 9). Hic omne præceptum de his est viduis, quæ Ecclesiæ pascuntur eleemosynis. Et idcirco ætas **264** præscribitur, ut illæ tantum accipiant pauperum cibos, quæ jam labo-

rare non possunt. Simulque considera, quod quæ duos habuit viros, etiamsi anus sit, et decrepita, et egens, Ecclesiæ stipes non meretur accipere. Si autem panis illi tollitur eleemosynæ, quanto magis ille panis qui de cœlo descendit, quem qui indigne comederit, reus erit violati corporis et sanguinis Christi!

15. *Multa compulsus est velle Paulus.* — Quamquam hæc testimonia quæ supra posui, in quibus viduis conceditur, ut si velint, denuo nubant, quidam interpretantur super his viduis, quas, amissis maritis, sic invenerit fides Christi. [e] Nec enim consequens esset, ut Apostolus post baptisma viro mortuo, jubeat alteri nubere, cum habentibus quoque uxores præceperit, ut sic sint, quasi non habentes, et ob hanc causam non esse uxorum numerum definitum : quia post baptisma Christi, etiam si tertia et quarta uxor fuerit, quasi prima reputetur. Alioqui si post baptisma, primo mortuo, accipitur secundus, quare non secundo, et tertio, et quarto, et quinto [f] mortuo, accipiatur sextus, et reliqui ? Potest enim accidere, ut infelicitate quadam, vel judicio Dei succidentis nuptias repetitas, adolescentula plures accipiat viros, et anus primo marito in extrema ætate viduetur. Primus Adam monogamus : secundus agamus. Qui digamiam probant, exhibeant tertium Adam digamum, quem sequantur. Verum fac ut concesserit Paulus secunda matrimonia; eadem lege et tertia concedit, et quarta, et quotiescumque vir moritur. Multa compellitur Apostolus velle, quæ non vult. Circumcidit Timotheum, rasit ipse calvitium, nudipedalia exercuit, comam nutrivit, et totondit in Cenchris. Et certe castigaverat Galatas, Petrumque reprehenderat, quod se propter observationes Judaicas a gentibus separaret. Quomodo igitur in cæteris Ecclesiæ disciplinis Judæis Judæus, Ethnicis Ethnicus, et omnibus omnia factus est, ut omnes lucrifaceret : sic et digamiam **265** concessit incontinentibus, nec nuptiarum numerum præfinivit, ut dum vident sibi mulieres ita post mortem mariti secundum concedi, ut tertius quartusque conceditur, erubescant alterum accipere, ne trigamis et quadrigamis comparentur. Ubi enim unus exceditur, nihil refert secundus, an tertius sit, quia desinit esse monogamus. *Omnia licent, sed non omnia expediunt* (I *Cor.* vi, 12, *et* x, 23). Non damno digamos, immo nec trigamos, et, si dici potest, octogamos : plus aliquid inferam, etiam scortatorem recipio pœnitentem. Quidquid æqualiter licet, æquali lance pensandum est.

16. *Castitas semper prælata nuptiis. Non est bonus duplex numerus.* — Sed quoniam ad vetus nos trahit

---

[a] In mss., *quomodo enim virginibus fornicationis periculum concedit nuptias.......... ita eadem fornicatio concedit viduis secunda matrimonia.* Superior post vocula in iisdem non habetur.

[b] Nomen *Joannis* in nostris mss. et veteri editione quoque desideratur.

[c] Legimus ex emendatissimo Veronensi libro *si plures pro sed plures.* Sequens locus ex Tertulliano de *Monogamia* expressus ubi, *Primum*, inquit, *scelus homicidium in fratricidio dedicatum, tam dignum secundo loco scelus non fuit, quam duæ nuptiæ. Semel* tum vim passa institutio Dei per Lamech, constitit postea usque in finem gentis illius. Asiæ diluvium iniquitates provocaverunt, semel defensæ quales fuerunt non tamen septuagies septies, quod duo matrimonia meruerunt.

[d] Malim cum veteri editione legi *Monogamia* pro *Digamia* ; sed mss. non suffragantur.

[e] Nostra exemplaria, *nec consequens esse ut*, etc.

[f] Mss., *mortuis;* et mox *pari consensu, plures abjiciat viros pro accipiat*; et paulo post, *secundus Adam virgo pro secundus agamus.*

Testamentum, et incipiens ab Adam, ad Zachariam et Elisabeth pervenit: ac deinde opponit Petrum et cæteros apostolos, ⁿ nos quoque debemus per eadem currere vestigia quæstionum, et docere castitatem semper operi nuptiarum fuisse prælatam. Ac de Adam quidem et Eva illud dicendum, quod ante offensam in paradiso virgines fuerint: post peccatum autem, et extra paradisum protinus nuptiæ. Deinde, quod hoc ipsum interpretetur Apostolus: *Propter hoc relinquet homo patrem et matrem* ᵇ *suam, et adhærebit uxori suæ, et erunt duo in carne una* (*Ephes.* v, 31, *ad Gen.* ii, 24). Statimque subjungit: *Sacramentum hoc magnum est. Ego autem dico in Christo et in Ecclesia* (*Ibid.*, 32). Christus in carne virgo, in spiritu monogamus. Unam enim habet Ecclesiam, de qua idem Apostolus: *Viri*, inquit, *diligite uxores vestras, sicut et Christus Ecclesiam* (*Ephes.* v, 25; *Coloss.* iii, 19). Si Christus sancte, si caste, si absque ulla macula Ecclesiam diligit: viri quoque in castitate uxores suas diligant, et sciat unusquisque vas suum possidere in sanctificatione et honore, non in passione desiderii, sicut et gentes, quæ nesciunt Deum: *Neque enim vocavit nos Deus in immunditiam, sed in sanctificationem* (I Thess. iv, 7): *exuentes nos veterem hominem cum operibus suis, et induentes novum, qui renovatur in cognitionem secundum imaginem Creatoris sui: ubi non est* ᵉ *masculus et femina, Græcus et Judæus, circumcisio et præputium, barbarus et Scytha, servus et liber, sed omnia et in omnibus Christus* (*Coloss.* iii, 10, 11). Imago Creatoris non habet copulam nuptiarum. Ubi diversitas sexus aufertur, et veteri homine exuimur, et induimur novo, ibi in Christum renascimur virginem, qui et natus ex virgine, et renatus per virginem est. Quod autem ait: *Crescite et multiplicamini, et replete terram* (Gen. i, 28), necesse fuit prius plantare silvam et crescere, ut esset quod postea posset excidi. Simulque consideranda vis verbi, *replete terram*. Nuptiæ terram replent, virginitas paradisum. Sed et hoc intuendum ᵈ dumtaxat juxta hebraicam veritatem, quod cum Scriptura in primo, et tertio, et quarto, et quinto, et sexto die, expletis operibus singulorum dixerit:

Et vidit Deus quia bonum est, in secundo die hoc omnino subtraxit: nobis intelligentiam derelinquens, non esse bonum duplicem numerum, quia ab ᵉ unione dividat, et præfiguret fœdera nuptiarum. Unde in arca Noe omnia animalia, quæcumque bina ingrediuntur, immunda sunt (*Gen.* vii *et* viii). Impar numerus est mundus. Quamquam in duplici numero ostendatur et aliud sacramentum, quod ne in bestiis quidem et in immundis avibus digamia comprobata sit. ᶠ Bina enim ingrediuntur immunda: et septena quæ munda sunt, ut haberet Noe post diluvium, quod de impari numero statim Deo posset offerre.

17. Si autem transfertur ᵍ Enoch, et servatur in diluvio Noe, non reor idcirco translatum Enoch, quod uxorem habuerit; sed quod primus invocaverit Deum, et crediderit ʰ in Creatorem [*Al.* Salvatorem], de quo Paulus apostolus in Epistola ad Hebræos plenissime docet (*Heb.* x, 5). Porro Noe, qui quasi secunda radix humano generi servabatur, utique cum uxore et filiis debuit reservari. Quamquam in hoc mysterium Scripturarum sit. Arca illa, juxta apostolum Petrum (1 *Pet.* iii), typus Ecclesiæ fuit, in qua octo animæ salvæ factæ sunt. Quando ingreditur in eam Noe, tam ipse, quam filii ejus, ab uxoribus separantur: quando vero egreditur in terram, junguntur paria: et quod in arca, id est, in Ecclesia fuerat separatum, in mundi conversatione sociatur. Simulque si arca plures habuit mansiones et nidulos, et bicamerata, et tricamerata, et diversas bestias; et pro qualitate animalium habitationes quoque vel majores vel minores, æstimo quod diversitas illa mansionum præfiguraverit Ecclesiæ varietatem.

18. *Comedendarum carnium licentia.* — Quod autem nobis objicit, in secunda Dei benedictione comedendarum carnium licentiam datam, quæ in prima concessa non fuerat, sciat quomodo repudium juxta eloquium Salvatoris ab initio non dabatur; sed propter duritiam cordis nostri, per Moysen humano generi concessum est; sic et esum carnium usque ad diluvium ignotum fuisse. Post diluvium vero, quasi in eremo murmuranti populo coturnices: ita dentibus nostris nervos et ⁱ virulentias carnis inge-

---

ⁿ Casanatensis, *et cæteros apostolos habuisse uxores, nos*, etc.

ᵇ Vocalam *suam* nec nostra exemplaria nec Græca epistola ad Ephesios habent.

ᶜ Tantum non expunximus verba *masculus et femina*, quæ in editis hic inseruntur contra mss. omnium, quos consuluimus, fidem, immo et texius Pauli ad Colossenses iii, 10, cujus hic locus est: infra enim nescio quid de sexuum diversitate exponit Hieronymus, quæ illis utcumque suffragantur. Tum legimus, *sed omnia, et in omnibus* cum iisdem mss. et Græco textu.

ᵈ Hodie non nisi apud LXX et Arabicam versionem additur secunda die, *vidit Deus*.

ᵉ Scilicet ab unitate. Vide in epistolam 22, ad Eustochium pag. 101, n. b (*nobis* col. 406, *not.* ᵈ)

ᶠ Mss., *bina enim et bina ingrediuntur*: mox in Casanatensi *Noe* nomen desideratur. Cæterum sic interpretantur qui septem numero, non septem paria mundorum animalium in arcam ingressa intelligunt, Augustinus de Civitate Dei xv, 27; Ambrosius de arca Noe c. 12, Theodoretus quæst. 50 in Genes., aliique. Notum tamen est, alios itidem ex antiquis septena paria intelligere.

ᵍ Qui primus invocaverit Deum, aut nomen Domini, non Enoch fuit, sed Enos, filius Seth. Genes. iv, quem vero translatum dicit Scriptura, Genes. v, non Enos, sed Enoch, Jared filius, est, de quo in Epist. ad Hebræos Apostolus loquitur. Forte properantem Hieronymum fefellit nominis similitudo.

ʰ *In Creatorem.* Falso in editis legitur *in Salvatorem*; cum omnes mss. codices retineant, *in Creatorem*, ne uno quidem excepto. Porro Enoch non est primus, qui invocavit Deum, sed Enos filius Seth; nisi forte intelligat Hieronymus cultum peculiarem fidei in Enoch, de quo meminit Apostolus in Epistola ad Hebræos cap. xi, ubi nihil dicitur de Enos filio Seth. Martian.

ⁱ Gravius mavult *jurulentas carnes*: Casanatensis *virulentas carnes* habet; sed Veronensis ferme elegantius *jurulentias carnis*. Docent etiam Tertullianus iv de Jejuniis, Origenes ad Genesis l. xxix, Basilius,

stas. Docet Apostolus scribens ad Ephesios (*Cap.* 1), A Deum proposuisse in adimpletione temporum recapitulare omnia : et " ad principium trahere in Christum Jesum, quæ sunt super cœlos et super terram. Unde et ipse Salvator in Apocalypsi Joannis : *Ego sum,* inquit, α *et* ω, *initium et finis (Apoc.* 1, 18 et XXII, 13). Ab exordio conditionis humanæ, nec carnibus vescebamur, nec dabamus repudium, nec præputia nobis eripiebantur in signum. Hoc cursu usque ad diluvium pervenimus. Post diluvium autem cum datione Legis, quam implere nullus potuit, carnes ingestæ sunt ad vescendum, et [b] repudia concessa duritiæ, et cultellus circumcisionis appositus; quasi Dei manus plus in nobis creaverit, quam necesse est. [c] Postquam autem Christus venit in fine temporum, **268** et ω revolvit ad α, et extremitatem B retraxit ad principium : nec repudium nobis dare permittitur, nec circumcidimur, nec comedimus carnes, dicente Apostolo : *Bonum est vinum non bibere, et carnes non comedere* (*Rom.* XIV, 21). Et vinum enim cum carnibus post diluvium dedicatum est.

19. *Isaac Christi figura.* — Quid loquar de Abraham, ut ipse asserit, trigamo, qui signum fidei in circumcisione suscepit? Si imitamur uxorum illius numerum, imitemur et circumcisionem. Neque enim in parte sectandus, et in parte repudiandus est. Porro Isaac unius Rebeccæ vir, Christi præfigurat Ecclesiam, [d] et digamiæ suggillat lasciviam. Si autem duas bigas uxorum et concubinarum habuit Jacob, et non vult adversarius acquiescere, lippientem Liam deformem atque fœtuosam synagogæ typum C prætulisse; Rachel vero pulchram et diu sterilem, Ecclesiæ significasse mysterium, sciat, eo tempore hoc fecisse Jacob, quando erat inter Assyrios, et in Mesopotamia Laban durissimo domino serviebat. Quando autem Terram sanctam ingredi voluit; et in monte Galaad exstruxit acervum testimonii, in quo nihil inter sarcinas ejus Mesopotamiæ possessor invenerat, jurans se numquam ad locum in quo servierat reversurum ; et ad torrentem Jaboch cum Angelo luctatus, claudicare cœpit, et πλατὺ νεῦρον [*Scil.* nervus femoris] ejus emarcuit, statimque *Israel* sortitus est nomen : et illa quondam dilecta conjux, pro qua servierat juxta Bethleem, in qua erat virginitatis præco Dominus nasciturus, a filio [*Scil.* Benoni] doloris occiditur (*Gen.* XXXV, 18) ; et consortia D Mesopotamiæ Evangelica in civitate moriuntur.

Chrysostomus, Theodoritus, aliique, ante diluvium vescendæ carnis copiam non esse factam.

[a] Mss. nostri, *ad principium retrahere in Christo Jesu.* Vide Tertullianum lib. v in Marcionem.

[b] Alibi et in Veronensi, *repudii concessa duritia* vel *durities.* Alii mox *creaverint,* plurium numero.

[c] Ex Tertulliano de Monogamia expressus est locus : *Dicit et Apostolus scribens ad Ephesios, Deum proposuisse in semetipso ad dispensationem impletionis temporum, ad caput, id est, ad initium reciprocare universa in Christo, quæ sunt super cœlos, et super terras in ipso, sic et duas Græciæ, summam litteram et ultimam sibi induit Dominus, initii et finis concurrentium in se figuras, uti quemadmodum* α *et* ω, *replicatur, ita ostenderet in se esse, et initii decursum ad*

20. *Corpus Christi mundi debent sumere.* — Miror autem cur Judam et Thamar nobis proposuerit in exemplum, nisi forte et meretricibus delectatur ; aut occisum Onam [*Mss.* Aunam], quod fratri semen inviderit : quasi nos qualemcumque seminis fluxum absque liberorum opere comprobemus. Perspicuum est de Moyse, quod periclitatus esset in diversorio, nisi *Sephora,* quæ interpretatur *avis,* **269** filium circumcidisset, et præputium nuptiarum cultro Evangelico desecasset. Iste nempe Moyses est, qui cum vidisset visionem magnam, et Angelum, [e] sive Dominum loquentem in rubo, nequaquam valuit ad eum accedere, nisi solvisset corrigiam calceamenti sui, et abjecisset vincula nuptiarum. Nec mirum, hoc de amico et propheta et legifero Dei, cum omnis populus accessurus ad montem Sina, et Dei auditurus eloquium, tribus diebus sanctificari jussus sit, et se ab uxoribus abstinere. Quod quidem scimus (licet præpostere faciam historiæ ordinem pendere) etiam ad David fugientem, ab [f] Achimelech sacerdote dictum : *Si mundi sunt pueri ab uxoribus?* Et ille respondit : *Ab heri et nudiustertius* (1 *Reg.* XXI, 4). Panes enim propositionis, quasi corpus Christi, de uxorum cubilibus consurgentes edere non poterant. Et nobis in transitu est contemplandum quod dixit : *Si mundi sunt pueri ab uxoribus?* videlicet quod ad munditias corporis Christi, omnis coitus immundus sit. In lege quoque præcipitur, ut pontifex nisi virginem non ducat uxorem (*Levit.* XXI), nec [*Mss.* ne] viduam accipiat. Si eadem virginis viduæque conditio est, quare altera recipitur, altera reprobatur? Et sacerdotalis vidua in domo jubetur sedere patris sui, nec secundum nosse matrimonium. Si soror virgo moritur sacerdotis, [g] quomodo ipse ad patris ac matris exsequias, ita ad eam jubetur incedere. Si vero nupta sit, quasi aliena contemnitur. Qui uxorem duxerit, et qui plantaverit vineam velut propagines filiorum, prohibetur ad bella procedere (*Deut.* XX). Non enim potest Domini servire militiæ servus uxoris. Et de speculis mulierum jejunantium, quasi de purissimis corporibus virginum, luter in tabernaculo funditur : et intrinsecus in sanctuario tam Cherubim, quam Propitiatorium, et arca testamenti, et **270** mensa propositionis, et candelabrum, et thuribulum ex auro mundissimo sunt. Neque enim in Sancta sanctorum inferri poterat argentum.

finem, et finis recursum ad initium.

[d] *Isthæc, et digamiæ suggillat lasciviam,* peregrinam subolent manum : certe in nullo mss. quibus utimur, inveniuntur.

[e] Veronensis, sive *Dominum, vel Deum loquentem.*

[f] Casanatensis cum veteri editione, *Abimelech*; et paulo post, *ad munditiam corporis.*

[g] Falso legerant hactenus editi, *quomodo ipse ad patris exsequias, ita pater ad eam jubetur accedere.* Genuinam lectionem ex Veronensi, et S. Crucis mss. restitui, quibus Casanatensis paulisper suffragatur. Vide Levit. XXI, 1 et seqq. Gravius quoque calculum addit, qui tantum in verbo *accedere* differt, pro *incedere.*

21. *Josue nomina. Secunda circumcisio cum petrino cultello. Regnum quinque sensuum.* — Quid moror in Moyse, cum mihi propositum sit cursim celeriterque dictanti, singula breviter [*Al.* leviter] perstringere, et intelligentiæ quasdam lineas ducere? Transcendam ad Jesum filium Nave, qui ante dictus est [a] *Ause*, sive, ut rectius habetur in Hebræo, *Osee*, id est, *salvator*. Ipse enim, secundum Epistolam Judæ, salvavit, et eduxit populum Israel ex Ægypto, et in terram repromissionis induxit. Hic Jesus statim ut venit ad Jordanem, aquæ nuptiarum, quæ semper in Lege fluxerant, arefactæ sunt, et steterunt : et siccis pedibus ac nudis populus omnis transiit, et venit in Galgala, ibique secundo est circumcisus. Quod si juxta litteram accipimus, [b] penitus stare non potest. Si enim duplex haberemus præputium, vel excisa pellicula iterum nasceretur, recte secunda circumcisio haberet locum. Nunc autem hoc significatur, quod Jesus cultello Evangelii populum, qui per desertum venerat, circumcidit, et circumcidit cultello petrino, ut quod in Moysi filio præfigurabatur ante in paucis, id sub Jesu impleretur in cunctis. Sed et ipsa præputia in unum cumulum [*Mss.* tumulum] coacervata et sepulta, et terra obruta, et ablatum opprobrium Ægypti, et nomen loci *Galgala*, quod interpretatur *revelatio*, ostendunt, dum in præputio ambularet populus per desertum, oculos ejus fuisse cæcatos. Videamus et consequentia. Post Evangelii circumcisionem, et consecrationem duodecim lapidum in loco revelationis, statim Pascha celebratur: immolatur is agnus, et sanctæ Terræ vescuntur alimentis. Egreditur Jesus, occurrit ei Princeps militiæ gladium tenens, id est, vel pro circumciso populo pugnare **271** se monstrans, vel dissecans glutinum nuptiarum. Similiterque ut Moysi præceptum fuerat, et huic præcipitur : *Solve* [c] *calceamentum tuum. Locus enim in quo stas, terra sancta est* (*Exod.* III, 5). Quia sic erat Domini armatus exercitus in tubis sacerdotalibus, quasi ad Evangelicam prædicationem sub typo Jericho, mundus subvertitur. Et ut infinita prætereram (neque enim nunc mihi propositum est omnia veteris Testamenti aperire mysteria), quinque reges, qui in terra repromissionis ante regnabant, resistebantque Evangelico exercitui [*Al.* exercitu], Jesu pugnante, superantur (*Jos.* x). Hoc puto intellectu esse perspicuum, quod antequam Dominus populum suum educeret de Ægypto, et circumcideret eum, visus, odoratus, gustus, auditus, tactusque regnaverint, et his quasi principibus fuerint universa subjecta. Quos Jesus ad speluncam corporis confugientes, et ad tenebrosum locum, [d] ipsum ingrediens corpus interfecit : ut per id occiderentur, per quod ante regnabant.

22. *Moyses Legem significat. Vicenarius numerus infaustus. Belphegor apud Hebræos est Priapus. Jesus non plangitur moriens.* — Verum jam tempus est, ut castitatis Jesu vexillum levemus. Moyses scribitur habuisse uxorem. Moysen autem et Dominus noster, et Apostolus interpretantur Legem : *Habent Moysen et Prophetas* (*Luc.* XVI, 29). Et : *Ab Adam usque ad Moysen regnavit peccatum, etiam super eos qui non peccaverunt, in similitudine prævaricationis Adæ* (*Rom.* V, 14) : nullique dubium est, in utroque testimonio Moysen Legem significare. [e] Sicut ergo legimus quod Moyses, id est, Lex habuerit uxorem, ostende mihi, Jesum Nave vel uxorem habuisse, vel filios : et si potueris monstrare, victum me esse fatebor. Et certe pulcherrimum terræ Judææ in partitione accepit locum, moriturque, non in vicenario numero qui semper in Scripturis infaustus est : in quo servivit Jacob, et venditus est Joseph, et quem diligit Esau, accipiens in eo quædam munera ; sed in decimo, de cujus laude crebro diximus : sepeliturque in *Thamnath sare*, id est, in *perfectissimo principatu*, sive in **272** *numero operimenti novi* : ut virginum significaret greges, Salvatoris auxilio coopertos in monte Ephraim, hoc est in monte *frugifero*, ab aquilone montis *Gaas* [*Mss.* Gaes], qui interpretatur *commotio* : *Mons* enim *Sion, latera aquilonis, civitas regis magni* (*Ps.* XLVII, 3), quæ opposita semper invidiæ est, et per singulas tentationes dicit : *Mei vero pene moti sunt pedes* (*Ps.* LXXII, 2). Cumque in sepultura ponderibus : Τέχνῃ τινὶ ἰατρικῇ διὰ τοῦ καλουμένου σπαθιστῆρος τὴν τῶν μελῶν ὑποδερματίδα ὑποσπαθισθέντες..... ἀκροδυστίαν αὖθις αὐτὴν ἀποτελοῦσι. Artem ipse docet Cornelius Celsus, aliique ex medicis; minime vero dubitant hac de re interpretum doctissimi.

[a] Mss. *Auses*, quod idem est. Hanc tantulam nominis differentiam reprehendit Hieronymus quoque initio Commentariorum in Oseam, et Pseudo-Hieronymus in psalmum LXXVI, versu ultimo. Ejusdem est generis illa quam supra ex iisdem mss. notavimus *Aunam* pro *Onam*. Paulo post in Casanatensi vocabulum *nuptiarum* desideratur.

[b] Quam supra innuit num. 11, de præputio sententiam, constanter urget. Et in Isai. LII : *Neque enim*, inquit, *potestatis nostræ est præputium adducere post circumcisionem, juxta eos qui in Machabæorum libro dicuntur sibi fecisse præputia.* Hausit autem ex Origene lib. IV περὶ Ἀρχῶν c. 2, tametsi Philocaliæ c. 1 plures exstitisse non diffiteatur, qui ut circumcisionis deformitatem celarent, cutem medicis artibus superinducerent. Certe circumcisionem obducendi ratio antiquis ignota non fuit ; nam et Rabbini ipsi tradunt ab Esau primum usurpatam, ut ab Abrahami, ac Jacobi religione omnino desciscerent, tum ab Israelitis, de quibus nunc sermo est, in deserto sub Josue, ut iterum illos circumcidi oporteret. Probant vero etiam exempla certissima in Scripturis, ac testimonia. Epiphanius quoque de mensuris et

[c] Vetus editio et mss. nostri omnes, *solve corrigiam calceamenti tui,* etc.

[d] Locum emendavimus trium mss. auctoritate. Antea legebatur *tenebrosum locum, id est ipsum ingredientes corpus,* aut nullo, aut depravatissimo sensu; innuit modo ut vides, et comparat cum Josue quinque regum victore Incarnationis Dominicæ mysterium, ejusque victoriam de sensibus. Vide Josue x, 20.

[e] Hæc ex Tertulliano sumpsisse Hieronymus videatur; libro enim de Monogamia c. 6 : *Secundus* (inquit ille) *Moyses* (nempe Jesus Nave) *populi secundi, qui imaginem nostram in promissionem Dei induxit, in quo primo nomen Domini* (nempe Jesus) *dedicatum est, non fuit digamus.* Ulterius tamen progreditur noster Hieronymus, qui agamum et virginem facit. Sententiam hanc ejus probat epistola interpolata S. Ignatii ad Philadelphenos.

Jesu, liber qui ex nomine ejus appellatur, expletus sit; rursum in Judicum volumine, quasi vivens resurgensque describitur : et sub ἀνακεφαλαιώσει opera ipsius prædicantur : et legitur, *Misit Jesus populum, et abierunt filii Israel, unusquisque in hæreditatem suam, ut possiderent terram.* Et, *Servivit populus Domino cunctis diebus Jesu,* et cætera. Statimque subjungitur : *Et mortuus est Jesus Nave servus Domini centum decem annorum.* Porro Moyses vidit tantum terram repromissionis, et intrare non potuit, *et mortuus est in terra Moab,* [a] *et sepelivit eum Dominus in valle terræ Moab contra domum Phogor, et non cognovit vir sepulcrum ejus usque in diem hunc* (*Deut.* xxxiv, 5, 6). Comparemus utriusque sepulturam : Moyses in terra Moab moritur, Jesus in terra Judææ. Ille sepelitur in valle contra domum *Phogor,* quod interpretatur *ignominia* (proprie quippe Phogor lingua hebræa Priapus appellatur); hic in monte Ephraim ab aquilone montis Gaas. Et est in verbis simplicibus semper divinarum Scripturarum sensus augustior. Quia apud Judæos gloria erat in partubus et parturitionibus; et maledicta sterilis, quæ non habebat semen in Israel; et beatus cujus erat semen in Sion, et domestici in Jerusalem : et in benedictione maxima ponebatur, *Uxor tua sicut vitis abundans in lateribus domus tuæ. Filii tui sicut novellæ olivarum in circuitu mensæ tuæ* (*Ps.* cxxvii, 3); idcirco sepulcrum ejus positum in valle describitur contra domum idoli, quod proprie libidini consecratur. Nos autem qui militamus sub Jesu duce, usque ad præsentem diem ignoramus ubi Moyses sit sepultus. **273** Contemnimus enim Phogor [*Al.* Phegor], et omnem ignominiam ejus, scientes quod qui in carne sunt, Deo placere non possunt. Et Dominus ante diluvium quoque dixerit : *Non permanebit spiritus meus in hominibus istis, quia caro sunt* (*Genes.* vi, 3). Quamobrem et Moyses moriens plangitur a populo Israel : Jesus autem quasi victurus non plangitur. Nuptiæ enim finiuntur in morte, virginitas post mortem incipit coronari.

25. *Jephte temerarii voti arguitur. Sacerdotes plurimi uxorati. Levitarum habitus. Error Encratitarum.* — Samson quoque producit in medium, nec decalvatum quondam Domini Nazaræum a muliere consideret; qui licet typum teneat Salvatoris, quod meretricem ex gentibus adamarit Ecclesiam; et multo plures hostium moriens, quam vivus occiderit : tamen conjugalis pudicitiæ exempla non præbet. Et certe iste est secundum prophetiam Jacob (*Genes.* xlix), qui cum concitus equi pernicitate ferretur, a serpente percussus, retrorsum cecidit. Debboram autem et Barach, et uxorem Aber [*Mss.* Chaber] Cynei cur enumeraverit, prorsus non intelligo : cum aliud sit bellorum principes et historiæ ordinem texere : aliud figuras aliquas significare conjugii, quæ in istis omnino non comparent. Porro quod præfert Jephte patris fidem, lacrymis virginis filiæ, pro nobis facit. Et nos enim non tam virgines sæculi, quam eas quæ propter Christum sunt virgines, prædicamus : et a plerisque Hebræorum reprehenditur pater voti temerarii, [b] qui dixerit : *Si tradens tradideris filios Ammon in manibus meis, quicumque exierit de domo mea in occursum mihi, cum reverti cœpero in pace a filiis Ammon, erit Domino, et offeram illum holocaustum* (*Judic.* xi, 30, 31). Si canis (inquiunt), si asinus occurrisset, quid faceret? Ex quo volunt Dei dispensatione esse factum ut qui improspecte voverat, errorem votorum in filiæ morte sentiret. Si autem Samuel nutritus in tabernaculo duxit uxorem, quid hoc ad præjudicium virginitatis? Quasi non hodie quoque plurimi sacerdotes habeant matrimonia : et Apostolus episcopum describat unius uxoris virum, habentem filios cum omni castitate (1 *Tim.* iii). **274** Simulque noscendum, quod Samuel Levita, [c] non sacerdos, non Pontifex fuerit. Unde et faciebat illi mater sua *Ephod bad,* superhumerale videlicet lineum, qui habitus proprie Levitarum et minoris est ordinis (1 *Reg.* ii). Unde et in Psalmis non nominatur inter sacerdotes, sed inter eos qui invocant nomen Domini : *Moyses,* [d] *et Aaron in Sacerdotibus ejus, et Samuel inter eos, qui invocant nomen ejus* (*Psal.* xcviii, 6). Levi enim genuit Caath, Caath genuit Aminadab, Aminadab genuit Chore, Chore genuit Assir, Assir genuit Helchana, Helchana genuit Sub, Sub genuit Tou, Tou genuit Eliu, Eliu genuit Jeroam, Jeroam genuit Helchana, Helchana genuit Samuelem. Nullique dubium est sacerdotes de Aaron et Eleazar et Phinees stirpe generatos. Qui cum et ipsi uxores habuerint, recte nobis opponerentur, si errore Encratitarum ducti, contenderemus, matrimonia reprobanda : et non esset noster Pontifex secundum ordinem Melchisedec sine patre, sine matre, ἀγενεαλόγητος, hoc est, sine nuptiis. Et revera magnos fructus ex liberis Sa-

---

[a] Veronensis *et sepelierunt eum in valle in terra Moab;* juxta versionem τῶν LXX, καὶ ἔθαψαν αὐτόν; ex Hebræo tamen hunc locum citare videtur Hier. etiamsi ambiguum illi sensum, ויקבר אותו בגי, *et sepelivit eum in valle,* addita voce *Dominus,* hic exaggeret, quam nec Vulgata, neque ipsa Hieronymi versio habent. Vid. epist. 39, n. 3, et 60, n. 6.

[b] Casanatensis cum Veronensi *quia dixerit :* hic vero mox omnis *quicumque exierit,* etc.

[c] Qui huic Hieronymianæ assertioni, sacerdotium a Samuele abjudicantis, adversantur veteres scriptores aliquot, eo videntur accipiendi sensu, ut de sacerdotum ordine ac specie, ut ita dixerim, Levitam intelligant. Sic noster Zeno tract. 16, n. 14, *Samuel,* inquit, *egregius ille sacerdos,* etc. Verum Josephus vetus Christianus auctor Hypomnestic. cap. 7 : Τίνες οἱ τοῦ Σαμουὴλ πρόγονοι ἱερατικοί : *Quinam fuerint Samuelis progenitores ex sacerdotali genere,* quærens ita censet, *primus Core qui Moysis tempore seditionem movit. Secundus, filius hujus Elkana. Tertius Exand. Quartus Eliud. Quintus Tevaam. Sextus Elkana. Septimus Samuel, ex quo nati duo filii qui patria successione indigni judicati sunt.* Locum exscripsimus ut cum proposita abs Hieronymo genealogia tute conferas.

[d] Amovi hinc voculam *inquit,* quæ in mss. non habetur. Paulo ante Casanatensis *non numeratur* pro *non nominatur.*

muel capit: ut quia ipse placuit Deo, tales genuerit, qui Domino displicerent. Quod si Booz et Ruth nobis objicit ad comprobandam digamiam, sciat in Evangelio ob typum Ecclesiæ, etiam Raab meretricem in ordine majorum Domini enumeratam.

24. *Quare David sanguinarius vir.* {*Quando exstruxit Salomon templum.* — Porro quod David ducentis præputiis emisse jactat uxorem, noverit, illum et alias habuisse quamplurimas: et Michol filiam Saul, quam pater alteri tradiderat, postea recepisse: et jam senem Sunamitidis puellæ calefactum esse complexibus. Nec hoc dico, quod sanctis viris quidquam detrahere audeam; sed quod aliud sit in Lege versari, aliud in Evangelio. Ille occidit Uriam Hethæum [Gethæum *juxta* LXX], mœchus exstitit in Bethsabee. Et quia erat vir sanguinarius, non [a] (ut plerique existimant) propter bella, sed propter homicidium, Templum Domini ædificare prohibetur. Nos autem si unum de minimis scandalizaverimus, et si fratri dixerimus *Raca*, et non recta [*Al.* recte] viderimus, expedit ut mola asinaria ligetur circa collum nostrum, et rei erimus gehennæ, et adulterium in solo nobis aspectu reputabitur. Transit ad Salomonem, per quem se cecinit ipsa sapientia: et cum uxorium eum dicat, atque in illius laudibus immoretur, miror cur non jungat et illud de Cantico canticorum: *Sexaginta sunt reginæ, et octoginta concubinæ: et adolescentulæ, quarum non est numerus* (*Cant.* vi, 7). Et illud de Regnorum tertio, *quod septingentas habuerit uxores, et trecentas concubinas, et alias innumerabiles* (III *Reg.* xi, 3). Hæ nempe sunt, quæ averterunt cor ejus a Domino: et tamen antequam plures haberet uxores, et carnis vitiis laberetur, in principio regni et adolescentiæ exstruit Domino templum. Unusquisque enim non de futuris, sed de præsentibus judicatur. Quod si Salomonis exempla ei placent, jam non digamus erit et trigamus; sed nisi septingentas habuerit uxores, et trecentas concubinas, typum ejus et meritum implere non poterit. Obsecro te, lector, et id ipsum sæpe commoneo, ut scias me, quæ loquor, necessitate dicere: nec detrahere his qui in Lege præcesserint, sed servisse eos temporibus et conditionibus suis, et illam Domini implesse sententiam: *Crescite, et multiplicamini, et replete terram* (*Genes.* I, 25); et quod his majus est, futurorum typos præbuisse. Nobis autem, quibus dicitur: *Tempus in collecto est, superest, ut qui habent uxores, sic sint, quasi non habeant*, aliud præcipi, et virginitatem a Salvatore virgine dedicari.

25. *Norma Scripturarum. Probat Susannæ histo*riam. — Eliam et Eliseum quam stulte in catalogo posuerit maritorum, me tacente, manifestum est. Si enim Joannes Baptista venit in spiritu et virtute Eliæ, et Joannes virgo est: utique non solum in spiritu ejus venit, sed etiam in corporis castitate. Porro illud quod de Ezechia commemorari potest, quamquam hoc ille solita stoliditate non viderit, quod post vitam recuperatam, et quindecim annorum spatia protelata, dixerit: *Amodo filios faciam*; sciat in Hebræis voluminibus non haberi, sed legi pro hoc: [b] *Pater filiis notam faciet veritatem tuam*. Nec mirum si Olda uxor Sellum prophetissa consulatur [*Al.* consolatur] ab Josia rege Judæ, jam captivitate vicina, et ira Domini stillante super Jerusalem: cum hæc norma sit Scripturarum, ut deficientibus viris sanctis, mulieres in virorum laudentur opprobria. Superfluum autem est de Daniele dicere, cum Hebræi usque hodie autument, et illum, et tres pueros fuisse eunuchos, ex illa Dei sententia, quam Isaias loquitur ad Ezechiam: *Et de filiis tuis qui nascentur ex te, tollent et facient eunuchos in domo regis* (IV *Reg.* xx, 18). Rursusque in Daniele legimus: *Et dixit rex Asphanez principi eunuchorum, ut introduceret de filiis captivitatis Israel, et de semine regio, et* [c] *de phorthommim* [*Al.* phortemmim] *pueros, in quibus non esset macula, pulchros facie, et intelligentes sapientiam* (*Dan.* 1, 2, 3). Et argumentantur, si de semine regio electi sunt Daniel et tres pueri; de semine autem regio eunuchos fore Scriptura prædixit, hos esse qui eunuchi facti sunt. [d] Si vero et illud opposuerit, quod in Ezechiele dicitur (*Cap.* xiv), Noe et Daniel et Job in terra peccatrice filios et filias liberare non posse, respondendum est, quod juxta hypothesin dictum sit. Nec enim eo tempore Noe et Job erant quos multis ante sæculis fuisse cognovimus. Et est [e] sensus: Si tales et tales viri fuerint in terra peccatrice, filios suos et filias liberare non poterunt; quia justitia patris non liberabit filium; nec peccatum alterius alteri imputabitur. *Anima enim quæ peccaverit, ipsa morietur* (*Ezech.* xviii, 4). Sed et hoc dicendum, Danielem juxta historiam libri ejus, cum Joachim rege captum eo tempore, quo Ezechiel quoque ductus est in captivitatem. Quomodo ergo potuit habere filios, qui adhuc puer erat? et expleto triennio, introductus est ad regis obsequium. Ac ne quis putet Ezechiel jam viri meminisse Danielis, non pueri: *Factum est*, inquit, *in anno sexto, regis scilicet Joachim, in mense sexto, in quinta mensis* (*Ezech.* viii, 1); Et, *Ego sedebam in domo mea, et senes Juda sedebant coram me* (*Ezech.* xiv, 14). Atque in eadem die ad eum dicitur, *Si fuerint Noe et Daniel, et Job*. Erat

---

[a] Hæc ferme Hebræorum opinio est, sanguinem ex quo impar reddebatur David ad templum Domino ædificandum, illum fuisse innocentis Uriæ, in quam et Hieronymus abit. Veteres autem, recentioresque hanc unam, quam ille improbat, causam agnoscunt, nimirum *propter bella.* Vid. Josephum Antiq. l. vii, c. 11; Eusebium Præpar. l. ix, c. 50; quin imo ipsam Scripturam I Paralip. xvii, 4, et xxviii, 3, et conceptis verbis l. xxii, 8: *Multum sanguinem effudisti, et plurima bella bellasti,* dicitur ad Davidem.

Accedit ordo temporis, quo David ante patratam Uriæ necem ædificandi templi consilium ceperat.

[b] Casanatensis, *notam faceret voluntatem tuam.*

[c] Idem cum veteri editione, *et de tyrannorum pueros*: al. *pueris.* Paulo supra pro *Asphanez* duo mss. *Asphanezech.*

[d] Nota hunc locum.

[e] Veronensis et S. Crucis, *et est semel*, pro *sensus.*

igitur Daniel adhuc puer, et notus populo, vel propter interpretationem somniorum regis, vel [a] propter Susannæ liberationem, et occasionem presbyterorum. Et perspicue comprobatur, eo tempore quo hæc dicebantur de Noe et Daniele et Job, adhuc puerum fuisse Danielem, nec potuisse habere filios et filias, quos sua justitia liberaret. Huc usque de Lege.

277 26. *Evangelium non est ante Christi crucem. Mulieres Judæorum ministrabant: magistris alimenta. Joannes Evangelista virgo; ordinem ætatis commendat; quo tempore mortuus; privilegia ejus.* — Venit ad Evangelium, et proponit nobis Zachariam et Elisabeth, Petrum et socrum ejus, et consueta vecordia non intelligit istos quoque inter eos, qui legi servierint, debuisse numerari. Neque enim Evangelium ante crucem Christi est, quod passione et sanguine ipsius dedicatur. Juxta quam regulam Petrus et cæteri Apostoli, ut ei ex superfluo interim concedam, habuerunt quidem [*Al.* quidam] uxores, sed quas eo tempore acceperant, quo Evangelium nesciebant. Qui assumpti postea in Apostolatum, reliquunt officium conjugale. Nam cum Petrus ex persona Apostolorum dicit ad Dominum: [b] *Ecce nos reliquimus omnia, et secuti sumus te:* respondit ei Dominus, *Amen dico vobis, quoniam nemo est qui dimiserit domum, aut parentes, aut fratres, aut uxorem, aut filios propter regnum Dei, qui non recipiat multo plura in sæculo isto, et in sæculo futuro vitam æternam* (Matt. xix, 27). Si autem nobis illud opposuerit ad probandum, quod omnes Apostoli uxores habuerint, *Numquid non habemus potestatem mulieres vel uxores circumducendi* (quia γυνὴ apud [c] Græcos utrumque significat) *sicut cæteri Apostoli, et Cephas, et fratres Domini,* jungat et illud quod in Græcis codicibus est: *Numquid non habemus potestatem sorores mulieres, vel uxores circumducendi?* Ex quo apparet eum de aliis sanctis dixisse mulieribus, quæ juxta morem Judaicum magistris de sua substantia ministrabant, sicut legimus ipsi quoque Domino factitatum. Nam, et ordo verborum hoc significat: *Numquid non habemus potestatem manducandi, et bibendi, aut sorores mulieres circumducendi* (I Cor. ix, 4, 5)? Ubi de comedendo et bibendo, et de administratione sumptuum præmittitur, et de mulieribus sororibus [d] infertur, perspicuum est, non uxores debere intelligi, sed eas, ut diximus, quæ de sua substantia ministrabant. Quod et in veteri Lege de Sunamitide illa scribitur, quæ solita sit Elisæum recipere, et ponere ei mensam, et panem, et candelabrum, et cætera. Aut certe si γυναῖκας, *uxores,* accipimus, non *mulieres,* id quod additur, *sorores,* tollit *uxores,* et **278** ostendit eas germanas [e] in spiritu fuisse, non conjuges. Quamquam, excepto Apostolo Petro, non sit manifeste relatum de aliis Apostolis, quod uxores habuerint; et cum de uno scriptum sit, ac de cæteris tacitum, intelligere debemus sine uxoribus eos fuisse, de quibus nihil tale Scriptura significet. Et tamen ille qui nobis objecit Zachariam et Elisabeth, Petrum et socrum ejus, sciat, de Zacharia et Elisabeth Joannem fuisse generatum, id est, de nuptiis virginem, de Lege Evangelium, de matrimonio castitatem, ut a Propheta virgine, virgo Dominus et annuntiaretur, et baptizaretur. Possumus autem de Petro dicere, quod habuerit socrum eo tempore quo credidit, et uxorem jam non habuerit, quamquam [f] legatur in περιόδοις et uxor ejus, et filia. Sed nunc nobis de Canone omne certamen est. Et quia ad Apostolos provocavit, quod principes disciplinæ nostræ, et Christiani dogmatis duces, virgines non fuerint, ut eos interim virgines concedamus non fuisse (neque enim hoc præter Petrum probari potest) noverit hos esse Apostolos, de quibus Isaias vaticinatur: *Nisi Dominus sabaoth reliquisset nobis semen, quasi Sodoma essemus, et similes Gomorræ fuissemus* (Isa. i, 9). Qui ergo erant ex Judæis, virginitatem quam in Judaismo amiserant, in Evangelio habere non poterant. Et tamen Joannes unus ex discipulis, qui minimus traditur fuisse inter Apostolos, et quem fides Christi virginem repererat, virgo permansit, et ideo plus amatur a Domino, et recumbit super pectus Jesu. Et [g] quod Petrus, qui uxorem habuerat, interrogare non audet, illum rogat ut interroget. Et post resurrectionem, nuntiante Maria Magdalene quod Dominus resurrexisset, uterque cucurrit ad sepulcrum; sed ille prævenit. Cumque essent in navi et piscarentur in lacu Genezareth, Jesus stabat in littore, nec sciebant Apostoli quem viderent: solus virgo virginem agnoscit, et dicit Petro: *Dominus est.* Rursum post auditam sententiam, quod ab alio cingendus esset Petrus, et ducendus quo **279** nollet, et crucis fuisset illi passio prophetata, et ille diceret: *Domine, quid iste?* nolens deserere Joannem, cum quo semper fuerat copulatus, dicit ei Dominus: [h] *Quid ad te si eum volo sic esse* (Joan. xxi, 22)? Unde et sermo exi-

---

[a] Casanatensis cum ipso Veronensi, *propter Susannæ historiam et occasionem,* etc.

[b] Tres mss. *Ecce nos omnia nostra relinquentes, secuti sumus te:* qui et paulo infra vocem *Apostoli* non agnoscunt.

[c] Tertullianus de Monogamia, *penes Græcos communi vocabulo censentur mulieres et uxores.*

[d] Iidem mss. sic *infertur.*

[e] Casanatensis *in spiritu fuisse conjuges.*

[f] *Legatur in* περιόδοις. Periodos attribuit Clemens supra in cap. 1 Epist. ad Galat. dicens de Petro: *An, ut Clemens in periodis ejus refert, calvitiem haberet in capite.* MARTIAN. — Memoratur quidem uxor Petri Recognitionum lib. vii et libro ix, minime vero filia. Quare diversum fortasse ab edito exemplar habuisse præ manibus S. Doctorem suspicamur. Cæterum innuit hoc loco, ut videtur, dimissam a Petro uxorem, postquam credidisset. Certe idem statuit in epist. 118, n. 4, ad Julianum, ubi eam, *cum navicula et reti dereliquisse* tradit.

[g] Vetus editio *ex quo,* et, *quod ipse interrogare:* denique infra cum optimis mss., *Virginem recognoscit pro agnoscit.*

[h] *Quid ad te, si,* etc. Similis hic error antiquorum librariorum est, ejus qui irrepsit in contextum Evangelicum Joannis, *sic eum volo manere,* etc. Nam in tribus mss. codicibus hoc modo legitur: *Quid ad te? sic eum volo esse;* pro genuina lectione, *si eum volo sic esse.* MARTIAN.—Ita præferunt nostri omnes mss. e

vit inter fratres, illum discipulum non moriturum. Ex quo ostenditur, virginitatem non mori, nec sordes nuptiarum [a] abluere cruore martyrii, sed manere cum Christo, et dormitionem ejus, transitum esse, non mortem. Si autem obnixe contenderit, Joannem virginem non fuisse, et nos amoris præcipui causam virginitatem diximus, exponat ille, si virgo non fuit, cur cæteris Apostolis plus amatus sit? At dicis, super Petrum fundatur Ecclesia: [b] licet id ipsum in alio loco super omnes Apostolos fiat, et cuncti claves regni cœlorum accipiant, et ex æquo super eos Ecclesiæ fortitudo solidetur, tamen propterea inter duodecim unus eligitur, ut capite constituto, schismatis tollatur occasio. Sed cur non Joannes electus est virgo? Ætati delatum est, quia Petrus senior erat, ne adhuc adolescens ac pene puer, progressæ ætatis hominibus præferretur, et magister bonus, qui occasionem jurgii debuerat auferre discipulis, et qui dixerat eis: *Pacem meam do vobis, pacem relinquo vobis* (Joan. xiv, 27); et, *qui voluerit inter vos major esse, minimum omnium sit* (Matt. xx, 26), in adolescentem quem dilexerat, causam præbere videretur invidiæ. Ut autem sciamus Joannem tunc fuisse puerum, manifestissime docent Ecclesiasticæ historiæ, quod usque ad Trajani vixerit imperium, id est, post passionem Domini sexagesimo octavo anno dormierit: quod et nos [c] in libro de Illustribus Viris breviter perstrinximus. Petrus Apostolus est; et Joannes Apostolus, maritus, et virgo, sed Petrus Apostolus tantum: Joannes et Apostolus et Evangelista, et Propheta. Apostolus, quia scripsit ad Ecclesias ut magister: Evangelista, quia **280** librum Evangelii condidit, quod excepto Matthæo, alii ex duodecim Apostoli non fecerunt. Propheta: vidit enim in Pathmos insula, in qua fuerat a Domitiano principe ob Domini martyrium relegatus, Apocalypsim infinita futurorum mysteria continentem. Refert autem Tertullianus, [d] quod Romæ missus in ferventis olei dolium, purior et vegetior exiverit, quam intraverit. Sed et ipsum ejus Evangelium multum distat a cæteris. Matthæus quasi de homine incipit scribere: *Liber generationis Jesu Christi, filii David, filii Abra-* ham: Lucas a sacerdotio Zachariæ: Marcus a prophetia Malachiæ [e] prophetæ, et Isaiæ. Primus habet faciem hominis, propter genealogiam; secundus faciem vituli, propter Sacerdotium; tertius faciem leonis, propter vocem clamantis in deserto: *Parate viam Domini, rectas facite semitas ejus* (Isai. xl, 3; Luc. iii, 4). Joannes vero noster, quasi aquila ad superna volat, et ad ipsum Patrem pervenit, dicens: *In principio erat Verbum, et Verbum erat apud Deum, et Deus erat Verbum. Hoc erat in principio apud Deum,* et cætera. Exposuit virginitas, quod nuptiæ scire non poterant, et ut brevi sermone multa comprehendam, doceamque cujus privilegii sit Joannes, immo in Joanne virginitas, a Domino virgine, mater virgo, virgini discipulo commendatur.

27. *Maternæ virginitatis amissio, compensata virginitate filiorum.* — Verum casso labore sudamus. Objicit quippe nobis adversarius Apostolicam sententiam, et ait: *Adam primus formatus est, deinde Eva, et Adam non est seductus; mulier autem seducta in prævaricationem facta est. Salva autem fiet per filiorum generationem, si permanserint in fide, et dilectione, et sanctificatione cum sobrietate* (I Tim. ii, 13-15). Consideremus cur Apostolus ad hanc sententiam, et unde pervenerit: *Volo ergo viros orare in omni loco, levantes sanctas manus sine ira et cogitationibus* (Ibid. 8). Consequenter itaque mulieribus **281** dat præcepta vitæ, et ait: *Similiter et mulieres in habitu ornato, cum verecundia et castitate, ornantes se, non in tortis crinibus, aut auro, vel margaritis, sive veste pretiosa: sed [f] secundum quod decet mulieres, promittentes pietatem per opera bona. Mulier in silentio discat cum omni subjectione. Docere autem mulieri non permitto, neque dominari in virum; sed esse in silentio* (Ibid., 9 seqq.) Et ne videretur mulieris dura conditio, quæ eam in mariti redigeret servitutem, legis recordatur antiquæ et ad originale exemplum redit: quod Adam primus factus sit, deinde mulier ex costa ejus: et quod Adam diabolus seducere non potuerit, sed Evam: et quod post offensam Dei statim viro subjecta sit, et ad maritum illius facta conversio: quodque errorem veterem illa quæ semel

---

vetus quoque editio concinit: *si volo eum esse, quid ad te?* Non tamen inficiamur jam diu olim in Joannis Evangelio librariorum errore obtinuisse, *sic eum volo manere*, etc., quod etiam in Hieronymianis aliquot mss. Martianæus invenit. Vide quæ ad eum locum Evangelii annotamus.

[a] Pro *abluere*, quod præferunt mss., Martianæus aliique antea editores *ablui* legunt, sensu non satis congruo.

[b] Videatur Hieronymus, Joannis Apostoli, ex eo quod virgo perstiterit, meritum præferre cæteris; attamen Ecclesiæ caput a Domino constitutum fuisse non Joannem, sed Petrum, minime diffitetur. Immo hisce verbis definite declarat, Apostolos quidem cæteros honore simul et potestate pares fuisse Petro, quia omnes pariter a Christo evangelizandi, ligandi, ac solvendi facultatem acceperint, omnium tamen caput unum Petrum exstitisse; quam potestatis discretionem vocat S. Leo M. epist. 12, n. 14: *Inter Beatissimos Apostolos in similitudine honoris fuit quædam discretio potestatis, et cum omnium par esset electio,* uni tamen datum est, ut *cæteris præemineret.* Hæc obiter in eorum gratiam, qui Hieronymi locum hunc cavillantur. Cæterum vide Gelasium Papam Tractatu 4. n. 5, et de perpetua Joannis virginitate S. Augustinum lib. *de Bono conjugali* c. 21, n. 26, etc.

[c] *In libro de Illustribus Viris.* Ex hoc loco manifestissime comprobamus librum de Scriptoribus Ecclesiasticis scriptum fuisse ac editum antequam Hieronymus scriberet adversus Jovinianum.

MARTIAN.

[d] *Quod Romæ.* Pro *Romæ*, plures mss. codices legunt *a Nerone*. MARTIAN.—Mss. omnes et vetus editio *quod a Nerone missus*, etc. Tertullianus de Præscriptionibus cap. 36 : *Apostolus Joannes posteaquam in oleum igneum demersus, nihil passus est, in insulam relegatur.*

[e] Expunximus hic vocem *Prophetæ*, quam mss. non agnoscunt.

[f] Vocula *secundum* nec habent codices nostri, nec ipse Vulgatus interpres.

connubio copulata est, et redacta in conditionem Evæ, filiorum procreatione deleret: Ita tamen, si ipsos filios erudiret in fide et dilectione Christi, et in sanctificatione et pudicitia: non enim (ut male habetur in Latinis codicibus) *sobrietas* est legenda, sed *castitas*, id est, σωφροσύνη. Vide igitur quomodo ex hoc quoque ipso testimonio supereris: et quod putabas esse pro nuptiis, pro virginitate sentire cogaris. Nam si salvatur mulier in filiorum generatione, et liberorum numerus salus matrum est, cur addidit, [a] *si permanserint filii in charitate et sanctificatione cum castitate?* Tunc ergo salvabitur mulier, si illos genuerit filios, qui virgines permansuri sunt: si quod ipsa perdidit, acquirat in liberis, et damnum radicis et cariem, flore compenset et pomis.

28. *Vitia mulierum. Diabolus et filiæ ejus insatiabiles. Amor mulieris quid secum trahit?* — Supra in transitu, ubi nobis adversarius proposuerat Salomonem multinubum, qui Templum Dei exstruxit, strictim responderam, ut per quæstiones reliquas currerem. Nunc ne clamitet, et hunc et alios in Lege patriarchas et prophetas et sanctos viros a nobis esse temeratos, [b] proponamus hujus ipsius, qui multas uxores et concubinas habuit, de nuptiis voluntatem. Nemo enim melius scire potest quid sit uxor, vel mulier, illo qui passus est. Loquitur ergo in Proverbiis: *Mulier insipiens et audax, inops panis efficitur* (Prov. ix, 13). Cujus panis? Nempe illius qui de cœlo descendit: statimque subjungit: *Terrigenæ apud eam pereunt, et in profundum inferni incurrunt.* Qui sunt terrigenæ qui apud eam pereunt? Utique illi, qui sequuntur primum Adam, qui de terra est, et non secundum, qui de cœlo est. Et rursum in alio loco: *Sicut in ligno vermis, ita perdit virum suum uxor malefica* (Prov. xxv, 20). Si autem asseveraveris, hoc de malis conjugibus dictum esse, et ego tibi breviter respondebo: Quæ enim mihi incumbit necessitas uxorem in dubium, utrum bona an mala futura sit quam duxero? *Melius est*, inquit, *habitare in terra deserta, quam cum uxore litigiosa et iracunda* (Prov. xxi, 9). Quam rarum sit uxorem sine his vitiis inveniri, novit ille qui duxit uxorem. Unde pulchre [c] Varius Geminus sublimis Orator, Qui non litigat, inquit, cœlebs est. *Melius est habitare in angulo tecti, quam cum uxore maledica in domo communi* (Prov. xxv, 24). Si domus communis mariti et uxoris erigit uxorem in superbiam, et contumeliam viro facit: quanto magis si ditior uxor fuerit, et in domo ejus vir manserit! Incipit enim non uxor esse, sed domina; et viro si offenderit, migrandum est. Stillicidia ejiciunt hominem in die hiemali de domo sua, similiter et mulier maledica de propria domo (Pr. xxvii, 15). Assiduis quippe jurgiis et quotidiana garrulitate facit [d] perfluere domum ejus, et ejicit eum de ædibus suis, id est, de Ecclesia. Unde et supra ab eodem Salomone præcipitur: *Fili, ne superefflas*. Et Apostolus ad Hebræos: *Propterea*, inquit, *debemus intendere amplius his quæ dicuntur, ne forte supereffluamus* (Hebr. ii, 1). Illud vero quis taceat, quod sub ænigmate scribitur? *Sanguisugæ tres filiæ erant dilectione dilectæ, sed istæ non saturaverunt eam, et quartæ non sufficit dicere satis est: Infernus, et amor mulieris, et terra quæ non satiatur aqua, et ignis* [e] *non dicit satis est* (Pr. xxx, 16). Sanguisuga diabolus est, diaboli filiæ sunt dilectione dilectæ, quæ satiari interfectorum cruore non possunt: *Infernus, et amor mulieris, et terra arens, et ignis exæstuans* (Pr. xxx, 16). Non hic de meretrice, non de adultera dicitur, sed amor mulieris generaliter accusatur, qui semper insatiabilis est, qui exstinctus accenditur, et post copiam rursum inops est, animumque virilem effeminat, et excepta passione quam sustinet, aliud non sinit cogitare. Simile quid et in sequenti parabola legimus: *Per tria movetur terra, quartum autem non potest ferre* [Mss. ferri]: *si servus regnet, et stultus si saturetur panibus, et odiosa uxor si habeat bonum virum: et ancilla si ejiciat dominam suam* (Prov. xxx, 21 seqq.). Ecce, et hic inter malorum magnitudinem uxor ponitur. Quod si responderis, sed uxor odiosa, dicam tibi quod et supra. [f] Atqui hoc periculum in memet fieri grave est. Qui enim ducit uxorem, in ambiguo est, utrum odiosam, an amabilem ducat. Si odiosam duxerit, ferri non potest. Si amabilem, amor illius inferno, et arenti terræ, et incendio comparatur.

29. *Sapientia carnis et spiritus. Boni creati sumus a Deo; vitio nostro lapsi*. — Veniamus ad Ecclesiasten, de ipso quoque pauca testimonia ponentes. *Omnibus tempus est, et tempus omni rei sub cœlo. Tempus pariendi, et tempus moriendi, tempus plantandi, et tempus evellendi quod plantatum est* (Eccle. iii, 1 seqq.). Peperimus in Lege cum Moyse, moria-

---

[a] Tres mss., *permanserint filii in fide et charitate*, etc. Græc., ἐν πίστει, quam vocem aliæ etiam textus editiones habent.

[b] Plerique mss., *proponamus huic ipsius, et, de nuptiis voluptatem.*

[c] *Varius Geminus.* Altum apud auctores historicos silentium de isto Vario Gemino sublimi Oratore. Quare nec ego scire possum, quis fuerit Varius Geminus; nec temeritate dicendi fingere volo Oratorem nescio quem apud Grammaticos divinatorum futurum forsitan aliquando celeberrimum. Fuit porro Varius alius poeta tragicus, Virgilii et Horatii familiaris: nec non alter poeta hujus nominis, cujus meminit Virgilius. Vide Horat. lib. i Serm., Sat. 5, et alibi. MARTIAN. — Varium Geminum sublimem Oratorem tam sæpe memorat Seneca in Suasoriis et Controversiis, ut Martianæum mirer asserentem, altum apud auctores et historicos de illo silentium esse. Porro Gravius festivum quoddam Epigramma in ejus sententiam affert, *Heus, viator, miraculum hic: vir et uxor non litigant.*

[d] Mss. ut videtur, rectius, et *perpluere* et paulo post *perfluas*, et, *perfluamus* pro *superfluas*, et, *supereffluamus.*

[e] Iidem, *Non dicent satis est*; juxta Græc., οὐ μὴ εἴπωσιν; tum, præposita si particula, cum veteri editione, si *sanguisuga*.

[f] Pro *atqui hoc periculum in memet fieri*, etc., nostri codices fortasse correctoris manum experti, *at hoc periculum imminet, fieri*. Terentius in Andria:

At illud periculum in filia fieri grave est.

mur in Evangelio cum Christo. Plantavimus in nuptiis, evellamus per pudicitiam quod plantatum est. *Tempus amplexandi, et tempus longe fieri ab amplexu. Tempus amandi, et tempus odiendi. Tempus belli, et tempus pacis.* Simulque nos commonet, ne Legem Evangelio praeferamus; nec puritatem virginitatis, nuptiis putemus aequandam. *Meliora sunt,* dicens, *novissima sermonis, quam initium ejus (Eccle.* vii, 9). Statimque subjungit : *Ne dixeris, quid factum est, quia dies priores meliores erant, quam hi. Quia non sapienter interrogasti de hoc (Ibid.,* 11) : et reddit causam quare dies posteriores meliores sint quam priores : *quia bona,* inquit*, est sapientia cum haereditate.* In Lege enim sapientiam carnis, mors sequebatur occidens : in Evangelio sapientiam spiritus, haereditas exspectat aeterna. *Ecce hoc inveni,* dicit Ecclesiastes, *hominem unum de mille inveni, et mulierem in his omnibus non inveni. Verumtamen reperi, quod fecit Deus hominem rectum; et ipsi quaesierunt cogitationes malas.* Rectum hominem invenisse se dicit. Considera vim verbi. In hominem, et vir et femina continetur : *et mulierem,* inquit*, in his omnibus non inveni.* Legamus principium Geneseos, et inveniemus Adam, hoc est, hominem, tam virum quam [a] feminam nuncupari. Cum ergo boni creati simus et recti a Deo, ipsi vitio nostro sumus ad pejora delapsi : et quod in paradiso rectum in nobis fuerat, egredientibus de paradiso depravatum est. Quod si objeceris, antequam peccarent, sexum viri et feminae fuisse divisum, et absque peccato eos potuisse conjungi. Quid futurum fuerit incertum est. Neque enim Dei possumus scire judicia, et ex nostro arbitrio, illius sententiae praejudicare. Hoc quod factum est, in propatulo est, quod qui in paradiso virgines permanserunt, ejecti de paradiso copulati sunt. Aut quid nocebat, si paradisus nuptias recipit, et nulla est inter [b] maritatam virginemque diversitas, etiam in paradiso eos ante sociari? Ejiciuntur de paradiso: et quod ibi non fecerunt, in terra faciunt, ut statim a principio conditionis humanae, virginitatem paradisus, et terra nuptias dedicaverit. *In omni tempore sint vestimenta tua candida (Eccl.* ix, 8). Candor vestium sempiternus, virginitatis est puritas. In matutino seminavimus semen nostrum, et ad vesperam non cessemus. Qui servivimus in Lege nuptiis , virginitati in Evangelio serviamus.

30. *Canticum canticorum non significat amorem carnis.* — Transeo ad Canticum canticorum, et quod adversarius totum putat esse pro nuptiis, virginitatis continere sacramenta monstrabo. Audiamus quid loquatur sponsa , antequam sponsus ejus ad terras veniat, patiatur, inferos penetret, ac resurgat. *Similitudines auri faciemus tibi cum distinctionibus argenti, quoadusque rex in accubitu suo est (Cant.* i, 10, 11). Antequam resurgeret Dominus, et Evangelium coruscaret, non habebat aurum sponsa, sed similitudines auri. Argentum autem quod in nuptiis habere se pollicetur, habebat varium atque distinctum in viduis, continentibus, ac maritatis. Deinde sponsus respondet ad sponsam, et eam docet, quod veteris Legis umbra transierit, et veritas Evangelii venerit. **285** *Surge, veni, proxima mea,* [c] *sponsa mea, quoniam ecce hiems transiit, pluvia abiit sibi (Cant.* ii, 10). Hoc de veteri Testamento. Rursum de Evangelio et virginitate. *Flores visi sunt in terra, tempus sectionis advenit (Ibid.,* 12). Nonne tibi videtur idipsum dicere, quod et Apostolus : *Superest ut et qui habent uxores, sic sint quasi non habeant* (I Cor. vii, 29)? Et manifestius de praeconio castitatis : *Vox,* inquit, *turturis audita est in terra nostra* (Cant. ii, 12). Turtur avis pudicissima, semper habitans in sublimibus, typus est Salvatoris. Legamus physiologos (*Vide Plin. lib.* x*, c.* 34), et reperiemus, turturi hanc esse naturam, ut si parem perdiderit, alteri non jungatur; et intelligemus digamiam etiam a [d] mutis avibus reprobari. Statimque turtur dicit ad turturem : *Ficus protulit grossos suos (Cant.* ii, 13), id est, veteris Legis praecepta ceciderunt, et de Evangelio vites florentes dederunt odorem. Unde et Apostolus : *Christi bonus odor sumus* (II Cor. ii, 15). *Surge, veni, proxima mea, sponsa mea, et veni. Tu columba mea in velamento petrae juxta promurale, et ostende mihi faciem tuam, et auditam fac mihi vocem tuam, quoniam vox tua suavis, et facies tua speciosa* (Cant. ii, 13, 14). Dum vultum tuum tegeres cum Moyse, et velamentum esset in Lege, nec faciem tuam videbam, nec vocem tuam dignabar audire, dicens : *Et si multiplicaveritis preces vestras* [Forte precem vestram]*, nec sic exaudiam vos* (Jerem. xi, 11). Nunc autem revelata facie contemplare gloriam meam, et petrae firmissimae tegere promurali. Quod audiens sponsa aperit sacramenta pudicitiae : *Fratruelis meus mihi, et ego illi qui* [e] *pascit inter lilia* (Cant. ii, 16), hoc est, inter virginum candidissimos choros. Vis scire, quale verus Salomon pacificus noster solium, quales habeat armigeros? *Ecce,* ait, *lectus Salomonis, sexaginta potentes in circuitu ejus de potentibus Israel, omnes* [f] *tenentes frameam, et docti bello, uniuscujusque viri gladius in femore ipsius (Cant.* iii, 7, 8). Qui in circuitu Salomonis sunt,

---

[a] Reposuimus e mss. et veteri editione *feminam* pro *mulierem.*

[b] Iidem, veteri quoque editione assentiente, *inter virginem maritamque diversitas.*

[c] Rursus iidem mss. *speciosa mea, columba mea,* etc.; constanter etiam infra, idque juxta Graecum καλή μου, ex quo itidem bis repetunt vocem *abiit,* ἀπῆλθεν, ἐπορεύθη.

[d] Perperam hactenus edit., *multis* pro *mutis,* quod ex ingenio antea emendaveram, nunc Veronensis libri auctoritate confirmo, et Gravio etiam probari video.

[e] Vetus editio, *pascitur;* mox Casanatensis, *vis scire quales viros Salomon, et pacificus noster quale solium,* etc.

[f] Mss. omnes, *ferentes frameam, et docti bello viri, gladius in femore ejus,* juxta LXX. Gravius legi omnino vult, *vir,* eumque Hebraismum esse contendit.

gladium habent in femore, sicut Aoth ille judex ἀμφοτεροδέξιος [*scil.* ambidexter] (*Judic.* III), qui interfecit hostem pinguissimum et totum carni deditum, omnes amputans voluptates. [a] *Ibo*, inquit, *ad montem myrrhæ* (*Cant.* IV, 6): ad eos scilicet qui mortificaverunt **286** corpora sua ; *et ad collem Libani* : ad purissimos virginum greges, *et loquar sponsæ meæ : Tota speciosa es, amica mea, et non est macula in te* (*Ibid.*, 7). Unde et Apostolus : *Ut exhibeat*, inquit, *sibi sanctam Ecclesiam, non habentem maculam, neque rugam* (*Ephes.* V, 27). *Veni a Libano, sponsa, veni a Libano : Venies, et pertransibis ab initio fidei, a capite Sanir et Hermon, a cubilibus leonum, a montibus leopardorum* (*Cant.* IV, 8). Libanus λευκασμός, id est, candor interpretatur. Veni ergo, sponsa candidissima, de qua alibi dicitur : *Quæ est ista, quæ ascendit dealbata?* et transit per viam hujus sæculi : ab exordio fidei, et ex *Sanir*, quod interpretatur dens lucernæ, juxta illud quod in Psalmo legimus : *Lucerna pedibus meis verbum tuum, Domine, et lux semitis meis* (*Psal.* CXVIII, 105) : et *Hermon*, id est, consecratione : et fuge leonum cubilia, et leopardorum montes, qui non possunt mutare varietatem suam. Fuge, inquit, cubilia leonum, fuge superbiam dæmonum, ut postquam mihi fueris consecrata, possim tibi dicere : *Vulnerasti* [b] *cor meum, soror mea sponsa, vulnerasti cor meum, in uno oculorum tuorum, in uno ornamento colli tui* (*Cant.* IV, 9). Quod dicit, hujuscemodi est. Non repudio nuptias, habes et sinistrum oculum, quem tibi dedi propter imbecillitatem eorum, qui recta videre non possunt. Sed magis mihi dexter virginitatis oculus placet, qui si cæcatus fuerit, omne corpus in tenebris est. Ac ne putaremus cum amorem carnis, et nuptias significare corporeas, illico excludit hunc sensum, et ait : *Vulnerasti cor meum, soror mea sponsa*. Ubi sororis nomen est, suspicio omnis fœdi amoris excluditur. *Quam speciosa sunt ubera tua a vino* (*Cant.* IV, 10), de quibus et supra dixerat : *Fratruelis meus mihi , et ego illi ; in medio uberum meorum commorabitur* (*Cant.* I, 16) : in principali [ἡγεμονικόν] cordis , ubi habet sermo Dei hospitium. *Quam speciosa sunt ubera tua vino.* Quod istud vinum est, quod sponsæ mammas pulcherrimas facit , et pudicitiæ lacte fecundat ? Nempe illud, de quo sponsus in consequentibus loquitur : *Bibi vinum meum cum lacte meo. Manducate, proximi mei, et bibite, et inebriamini, fratres* (*Cant.* V, 1). Unde et Apostoli **287** dicebantur musto pleni ; *Musto*, inquit (*Act.* II), non vino veteri ; quia vinum novum in utres novos mittitur (*Matth.* IX) ; et non ambulabant in vetustate litteræ ; sed in novitate spiritus (*Rom.* VII). Hoc est vinum quod cum inebriaverit adolescentes et puellas , statim virginitatem sitiunt ; et in crapulam castitatis eructant , et expletur illud vaticinium Zachariæ , dumtaxat juxta Hebraicam Veritatem de Ecclesiæ virginibus prophetantis : *Complebuntur infantibus et puellis ludentibus plateæ ejus. Quid enim bonum ejus est, et quid pulchrum ejus : nisi frumentum electorum, et vinum germinans virgines* (*Zach.* VIII, 5)? Istæ sunt virgines , de quibus in quadragesimo quarto Psalmo scriptum est : *Adducentur regi virgines post eam, proximæ ejus afferentur tibi in lætitia, et exsultatione. Adducentur in templum regis.*

31. Sequitur : *Hortus conclusus, soror mea, sponsa: hortus conclusus, fons signatus* (*Cant.* IV, 12). Quod clausum est, atque signatum, similitudinem habet Matris Domini, matris et virginis. Unde et in sepulcro Salvatoris novo, quod in petra durissima [*Al.* purissima] fuerat excisum, nec ante , nec postea quisquam positus est. Et tamen hæc virgo perpetua multarum est mater virginum. Sequitur enim : *Emissiones tuæ paradisus malogranatorum cum fructu pomorum* (*Cant.* IV, 13). In malogranatis et pomis, omnium virtutum significatur in virginitate [c] concentus. *Fratruelis meus candidus et rubicundus* ; candidus in virginitate , rubicundus in martyrio. Et quia rubicundus et candidus est, idcirco statim additur, *guttur* [*Al.* gustus] *ejus dulcedines, et totus concupiscentia* (*Cant.* V, 10). Sponsus virgo laudatus a sponsa virgine, laudat vicissim virginem sponsam, et dicit ei : *Speciosi facti sunt gressus tui in calceamentis,* [d] *filia Aminadab*, quod interpretatur, populi se sponte offerentis (*Cant.* VII, 1). Virginitas enim voluntaria est, et ideo gressus Ecclesiæ in castitatis pulchritudine collaudantur. Non est hujus temporis in morem Commentarii omnia de Cantico canticorum virginitatis pandere sacramenta, quia et hæc ipsa fastidioso lectori nares contractura non ambigo.

32. Loquatur Isaias spei nostræ fideique mysterium : *Ecce virgo in utero concipiet et pariet filium, et vocabis nomen ejus Emmanuel* (*Isai.* VII, 14). Scio Judæos opponere solere, in Hebræo verbum [e] ALMA [עלמה], non **288** virginem sonare, sed *adolescentulam*. Et revera virgo proprie BETHULA [בתולה] appellatur, adolescentula autem vel puella, non ALMA dicitur, sed NAARA [נערה]. Quid est igitur quod significat ALMA ? Absconditam virginem, id est, non solum virginem, sed cum ἐπιτάσει virginem; quia non omnis virgo abscondita est, nec ab hominum fortuito separata conspectu. Denique et Rebecca in Genesi ob nimiam castitatem et Ecclesiæ typum, quem in sua virginitate signabat, ALMA scribitur, non BETHULA, sicut manifestum esse poterit ex sermonibus pueri Abraham, quos loquitur in Mesopotamia, [f] *Et dixit, Domine Deus domini mei Abraham, si in*

---

[a] Iidem mss., *Ibo, inquit mihi ad montem*, etc.; denuo juxta Græcum πορεύσομαι ἐμαυτῷ; atque iterum paulo post *proxima mea*, pro *amica mea*, πλησίον μου.

[b] Veronensis *cor nostrum* pro *meum* : scilicet versioni ex Græco constantissime inhæret, ἐτρώσας ἡμᾶς.

[c] Casanatensis cum veteri editione *conceptus*.

[d] Maluimus assentiri Gravio qui corrigit *filia*, urgente etiam Græco, θύγατερ : antea erat *filii*.

[e] Veronensis constanter scribit, *AHALMA*.

[f] Perperam in editis, *et dicit* pro *Et dixi*, e quibus incipitur Scripturæ locus.

dirigis viam meam per quam ego ingredior, ecce dum stetero super fontem aquæ, virgo quæ egredietur, ut hauriat aquam, et dixero ad eam: Da mihi paululum aquæ, ut bibam de hydria tua; et responderit, et tu bibe, et camelis tuis hauriam: hæc erit uxor, quam præparavit Dominus filio domini mei (Genes. XXIV, 42 seqq.). In eo enim loco, in quo ait: *Virgo quæ egredietur, ut hauriat aquam.* In Hebraico scriptum est ALMA, id est, *virgo secreta,* et nimia parentum diligentia custodita. Aut certe ostendant mihi ubi hoc verbo appellentur et nuptæ, et imperitiam confitebor. *Ecce virgo in utero concipiet, et pariet filium.* Si non præfertur nuptiis virginitas, Spiritus sanctus, cur maritatam, cur viduam non elegit? Nam illo tempore erat Anna filia Phanuelis de tribu Aser, insignis pudicitiæ, et semper vacans orationibus et jejuniis in templo Dei. Si conversatio tantum et bona opera et jejunia absque virginitate, Spiritus sancti ad se merentur adventum, potuit et ista mater esse Domini. Curramus ad reliqua: *Sprevit te,* inquit, *et despexit, virgo filia Sion (Isai. XXVII, 22).* Quam filiam dixerat, appellavit et virginem: ne si tantum filiam nominasset, arbitrareris et nuptam. Hæc est virgo filia ad quam alibi dicitur: *Lætare, sterilis, quæ non paris, erumpe, et clama quæ non parturis, quoniam multi filii desertæ magis, quam ejus quæ habet virum (Isai. LIV, 1).* Ista est de qua per Jeremiam loquitur Deus, dicens: *Numquid obliviscetur sponsa ornamenti sui, aut virgo fasciæ pectoralis suæ (Jerem.* II, 32)? De hac in eadem prophetia grande miraculum est, quia femina circumdederit virum, **289** et universitatis parentem virginis venter incluserit.

33. Jeremias virgo, ejus privilegia. Verum Templum Dei, quod? — « Esto, inquit, nuptiarum et virginitatis sit diversa conditio, quid ad hoc potes dicere? Si virgo et vidua fuerint baptizatæ, et ita permanserint, quæ erit inter utramque diversitas? » Quod de Petro et Joanne, Anna et Maria dudum diximus, hoc præsenti loco proficiat. Si enim inter virginem et viduam baptizatas nihil interest, quia baptisma novum hominem facit, eadem conditione et scorta atque prostibula si fuerint baptizatæ, virginibus æquabuntur. Si enim præteritæ nuptiæ nihil nocent viduæ baptizatæ, et præteritæ in meretricibus voluptates, expositaque publicæ libidini corpora, post lavacrum virginitatis præmia consequentur. Aliud est purissimam mentem et nulla recordatione pollutam Deo jungere, aliud meminisse amplexuum viri fœdæ necessitatis: et quod corpore non agas, [a] recordatione simulare. Jeremias qui in utero sanctificatus est, et cognitus in vulva matris, ideo hoc privilegio fruitur, quia virginitatis erat beatitudini destinatus. Et cum omnes capti sint; vasa quoque Templi Babylonio rege vastante direpta, iste solus liber ab hostibus est, et captivitatis nescit injurias,

et a victoribus accepit stipendia, et Nabuzardan, cui de Sanctis sanctorum Nabuchodonosor non præceperat, præcepit de Jeremia. Hoc enim verum Templum Dei est, et hæc Sancta sanctorum, quæ virginitatis puritate Domino consecrantur. At e contrario Ezechiel qui captivus tenebatur in Babylone, qui tempestatem ab Aquilone venientem viderat, et turbinem cuncta rapientem, ait: *Mortua est uxor mea ad vesperam, et feci mane sicut præceptum mihi erat. (Ezech.* XXIV). Prædixerat enim ei Dominus, quod in die illa aperiretur os ejus, et loqueretur, et non taceret amplius. Diligenter attende, donec uxor viveret non habebat libertatem populum commonendi. Moritur uxor, et conjugale vinculum solvitur, et absque ulla trepidatione semper in officio Prophetali est. Qui enim liber vocatus est, vere est servus Christi. Non nego beatas esse viduas, quæ ita post baptismum manserint: nec illarum detraho merito, **290** quæ cum viris in castitate perdurant; sed sicuti hæ majoris apud Deum præmii sunt, quam nuptæ conjugali officio servientes, ita et ipsæ æquo animo patiantur virginitatem sibi præferri. Si enim illas sera pudicitia post despumatas corporis voluptates erigit contra maritatas [*Al.* maritas], cur non infra perpetuam castitatem esse se noverint?

34. Leviora præcepta data rudi adhuc Ecclesiæ. Electionum causæ variæ. Offensio malorum est, non bonorum. Vitium antiquum in Ecclesia. Officiorum nomina, non meritorum. — « Frustra, inquit, hæc loqueris, quia et episcopi et presbyteri et diaconi, unius uxoris viri, et habentes filios, ab Apostolo [b] constituuntur. » Quomodo de virginibus Apostolus dicit se non habere præceptum, et tamen dat consilium, quasi misericordiam consecutus a Domino, et hoc agit in omni illa disputatione, ut virginitatem præferat matrimonio, et suadet quod imperare non audet, ne injicere videatur laqueum, et plus imponere ponderis, quam potest hominum sustinere natura: ita et in Ecclesiastico ordine constituendo, quia rudis ex gentibus constituebatur Ecclesia, leviora nuper credentibus dat præcepta, ne territi ferre non possent. Denique et Apostoli et seniores de Hierosolymis litteras mittunt, ut non amplius imponatur oneris his, qui de gentibus crediderunt, nisi ut abstineant se ab idolatria, et fornicatione, et a sanguine, et a suffocatis; et quasi parvulis atque infantibus lac potum dant, non solidum cibum: nec præcipiunt de continentia, nec de virginitate significant, nec ad jejunia provocant, neque dicunt illud quod in Evangelio ad Apostolos [c] dirigitur, ne habeant duas tunicas, ne peram, ne æs in zonis, ne virgam in manu, ne calceamenta in pedibus, aut certe illud: *Si vis perfectus esse, vade et vende omnia tua, et da pauperibus: et veni sequere me (Matth.* XIX, 21). Si enim adolescens ille qui se jactaverat cuncta fecisse quæ legis sunt, audiens hoc, tristis abiit, quia habebat posses-

---

[a] Casanatensis *recordatione dissimulare non posse. Jeremias,* etc. paulo infra *Babylonio vastante* habetur in mss. absque *Rege.*

[b] Idem Casanatensis *ab Apostolo non confunduntur* pro *constituuntur.*

[c] Ms. S. Crucis *ad Apostolos dicitur.*

siones multas, et Pharisæi hujuscemodi Domini sententiam subsannabant : quanto magis tanta gentium multitudo, cui summa virtus erat aliena non rapere, non habebat necesse præceptum de castitate et continentia perpetua, quibus scribebatur, ut abstinerent se ab idolis, et a fornicatione, et in quibus audiebatur fornicatio, et talis fornicatio, quæ ne inter gentes quidem est ! Sed et **291** ipsa episcopalis electio mecum facit. Non enim dicit : Eligatur episcopus, qui unam ducat uxorem, et filios faciat : sed qui unam habuerit uxorem, et filios in omni subditos disciplinâ (I *Tim.* III, *et ad Tit.* I). Certe confiteris non posse esse episcopum, qui in episcopatu filios faciat. Alioqui, si deprehensus fuerit, non quasi vir tenebitur, sed quasi adulter damnabitur. Aut permitte sacerdotibus exercere opera nuptiarum, ut idem sint virgines quod mariti : aut si sacerdotibus non licet uxores tangere, in eo sancti sunt, quia imitantur pudicitiam virginalem. Sed et hoc inferendum. Si laicus et quicumque fidelis orare non potest, nisi careat officio conjugali, sacerdoti, cui semper pro populo offerenda sunt sacrificia, semper orandum est. Si semper orandum est, ergo semper carendum matrimonio. Nam et in veteri lege qui pro populo hostias offerebant, non solum in domibus suis non erant, sed purificabantur ad tempus ab uxoribus separati, et vinum et siceram non bibebant, quæ solent libidinem provocare. Eliguntur mariti in sacerdotium, non nego : quia non sunt tanti virgines, quanti necessarii sunt sacerdotes. Numquid quia in exercitu fortissimus quisque eligendus est, idcirco non assumentur et infirmiores, cum omnes fortes esse non possint ? Si exercitus viribus tantum constaret, et non etiam numero militum, abjicerentur imbecilliores. Nunc et secundarum et tertiarum virium gradus assumitur, ut turba et numero exercitus compleatur. Et quomodo, inquies, frequenter in ordinatione sacerdotali virgo negligitur, et maritus assumitur ? Quia forte cætera opera non habet virginitati congruentia, aut virgo putatur, et non est : ª aut est virginitatis infamis : aut certe ipsa virginitas ei parit superbiam, et dum sibi applaudit de sola corporis castitate, virtutes cæteras negligit. Non fovet pauperes : pecuniæ cupidior est. Evenit interdum ut tristior vultus, adductum supercilium, ᵇ incessus pomparum ferculis similis, offendat populum, et quia nihil habet quod reprehendat in vita, habitum solum oderit et incessum. Multi eliguntur non amore sui, sed alterius odio. In plerisque suffragium meretur sola simplicitas, et **292** alterius prudentiæ et caliditati quasi malitiæ opponuntur. Nonnumquam errat plebis vulgique judicium, et in sacerdotibus comprobandis, unusquisque suis moribus favet, ut non tam bonum, quam sui similem quærat præpositum. Evenit aliquoties, ut mariti, quæ pars major in populo est, maritis quasi sibi applaudant, et in eo se arbitrentur minores non esse virginibus, si maritum virgini præferant. Dicam aliquid quod forsitan cum multorum offensa dicturus sum ; sed boni mihi non irascentur, quia eos peccati conscientia non remordebit. Interdum hoc et pontificum vitio accidit, qui non meliores, sed argutiores in clerum allegunt [*Al.* eligunt], et simpliciores quosque atque innocentes inhabiles putant, vel affinibus et cognatis quasi terrenæ militiæ officia largiuntur, sive divitum obediunt jussioni. Quodque his pejus est, illis clericatus donant gradum, quorum sunt obsequiis deliniti. Alioqui si juxta sententiam Apostoli non erunt episcopi nisi mariti, ipse Apostolus episcopus esse non debuit, qui dixit : *Volo autem omnes sic esse, sicut ego sum* (I *Cor.* VII, 7). Et Joannes indignus hoc gradu existimabitur, et omnes virgines, et continentes, quibus quasi pulcherrimis gemmis Ecclesiæ monile decoratur. Episcopus et presbyter et diaconus non sunt meritorum nomina, sed officiorum. Nec dicitur : *Si quis Episcopatum desiderat, bonum desiderat gradum* ; sed *bonum opus desiderat* : quod in majori ordine constitutus, possit, si velit, occasionem exercendarum habere virtutum.

55. *Regula sobrietatis. Virtus gradus ecclesiasticos beatos efficit.*—*Oportet ergo episcopum irreprehensibilem esse* (I *Cor.* II), ut nulli vitio mancipatus sit : *unius uxoris virum*, qui unam uxorem habuerit, non habeat : *Sobrium*, sive, ut melius in Græco dicitur, *vigilantem* : id est, νηφάλεον [*Al.* νηφάλιον] : *pudicum*, hoc enim significat σώφρον [*Al.* σώφρονα], *ornatum*, et castitate et moribus : *hospitalem*, ut imitetur Abraham et cum peregrinis, immo in peregrinis, Christum suscipiat. *Doctorem* : nihil enim prodest conscientia virtutum frui, nisi creditum sibi populum possit instruere, ut valeat exhortari in doctrina, et eos qui contradicunt redarguere. *Non vinolentum*, quia qui ᶜ semper in Sanctis sanctorum est, et offert hostias, vinum et siceram non bibet, quia **293** in vino luxuria est. Sic bibat episcopus, ut an biberit ignoretur. *Non percussorem*, id est, qui conscientias non percutiat singulorum. Neque enim pugilem describit sermo apostolicus, sed pontificem instituit, quid facere non debeat. Docet nunc e regione quid faciat. *Sed modestum, non litigiosum, non cupidum* ;

ª *Aut est virginitatis infamis.* Virginitatem infamem vocare videtur eam, quæ injuriâ ac violentâ manu hominum efficitur in iis, qui ab hominibus facti sunt eunuchi, vel qui ita nati sunt ex utero matris. Hæc virginitas infamis est, impeditque ordinis dignitatem, et electionem in Clerum. MARTIAN.

ᵇ *Incessus pomparum ferculis.* Supra in epistola ad Rufinum col. 4 : *Fulgeat quilibet auro, et pompaticis ferculis coruscet, et sarcinis metalla radient.* Habes ibi pomparum fercula. MARTIAN.—Cicero primo Offic. c.

ᶜ *Legimus ex mss. nostrorum consensu* ; antea enim *quia semper in Sanctis Sanctorum est*, *et qui offert*, etc.

56 : *Cavendum est, ne tarditatibus utamur in gressu mollioribus, ut similes pomparum ferculis esse videamur.* Erant nempe gestamina quædam quibus deorum simulacra in pompis deferebantur. Vide in Epist. III, ad Rufinum in fine, et ad Rusticum, atque alibi.

domum suam bene regentem, filios habentem subditos cum omni castitate. Vide quanta pudicitia exigatur in episcopo, ut si filii ejus impudici fuerint, ipse episcopus esse non possit, et eodem vitio offendat Deum, quo offendit Heli pontifex, qui corripuerat quidem filios; sed quia non abjecerat delinquentes, retrorsum cecidit, et mortuus est, antequam lucerna Dei exstingueretur (I *Reg.* 2, *et* 4). *Mulieres similiter pudicas*, et reliqua. In omni gradu et sexu, tenet pudicitia principatum. Cernis igitur, quod episcopus, presbyter, et diaconus non ideo sint beati, quia episcopi, vel presbyteri sint, aut diaconi, sed si [a] virtutes habuerint nominum suorum et officiorum. Alioqui si diaconus sanctior episcopo suo fuerit, non ex eo quod inferior gradu est, apud Christum deterior erit. Aut Stephanus diaconus, qui primus martyrio coronatus est, minor futurus est in regno cœlorum multis episcopis, et Timotheo ac Tito, quos ut subjicere non audeo, ita nec anteponere (*Act.* VI, *et* VII). Quomodo in legionibus et exercitu sunt duces, sunt tribuni, sunt centuriones, sunt ferentarii, ac levis armaturæ, et miles gregarius, et manipuli: commissaque pugna, vacant nomina dignitatum, et sola fortitudo quæritur: ita in hoc campo et prælio, quo contra dæmones dimicamus, non quæruntur nomina, sed opera; et gloriosior ille sub vero imperatore Christo, non qui nobilior, sed qui fortior est.

56. *Mutuum patimur nostri ardorem. In resurrectione eadem substantia erit.* At dices: Si omnes virgines fuerint, quomodo stabit humanum genus? Par pari referam. Si omnes viduæ fuerint, vel in matrimonio continentes, quomodo stirps mortalium propagabitur? Hac ratione nihil omnino erit, ne aliud esse desistat. Verbi gratia: si cuncti philosophi sint, agricolæ non erunt. Quid loquar de agricolis? non oratores, **294** non jurisconsulti, non reliquarum artium præceptores. Si universi principes, quis erit miles? Si omnes caput, cujus vocabuntur caput, cum cætera membra defuerint? Vereris, ne si virginitatem plures appetierint, cessent [b] lupæ, cessent adulteræ: ne infantes in urbibus villisque non vagiant. Quotidie mœchorum sanguis effunditur, adulteria damnantur, et inter ipsas leges et secures ac tribunalia flagrans libido dominatur. Noli metuere ne omnes virgines fiant; difficilis res est virginitas, et ideo rara, quia difficilis: *Multi vocati, pauci electi* (*Matth.* XX,16, *et* XXII,14). Incipere plurimorum est, perseverare paucorum. Unde et grande præmium eorum, qui perseveraverint. Si omnes virgines esse possent, numquam et Dominus diceret: *Qui potest capere, capiat* (*Matth.* XIX, 12); et Apostolus in suadendo [c] non trepidaret: *De virginibus autem præceptum Domini non habeo* (I *Cor.* VII, 25). Et cur, inquies, creata sunt genitalia, et sic a conditore sapientissimo fabricati sumus, ut mutuum nostri patiamur ardorem, et gestiamus in naturalem copulam? Periclitamur responsionis verecundia, et quasi inter duos scopulos, et quasdam necessitatis et pudicitiæ [d] συμπληγάδας, hinc atque inde, vel pudoris, vel causæ naufragium sustinemus. Si ad proposita respondeamus, pudore suffundimur. Si pudor impetrarit silentium, quasi de loco videbimur cedere, et adversario feriendi occasionem dare. Melius est tamen clausis, quod dicitur, oculis Andabatarum more pugnare, quam directa spicula, clypeo non repellere veritatis. Poteram quidem dicere: Quomodo posterior pars corporis et meatus per quem alvi stercora egeruntur relegatus est ab oculis, et quasi post tergum positus, ita et hic qui sub ventre est, [e] ad digerendos humores et potus, quibus venæ corporis irrigantur, a Deo conditus est. Sed quoniam ipsa organa et genitalium fabrica, et nostra feminarumque discretio, et receptacula vulvæ ad suscipiendos et coalendos fetus condita, sexus differentiam prædicant, hoc breviter respondebo: Numquam ergo cessemus a libidine, ne frustra hujuscemodi membra portemus. Cur enim maritus se abstineat ab uxore? **295** Cur casta vidua perseveret, si ad hoc tantum nati sumus, ut pecudum more vivamus? Aut quid mihi nocebit, si cum uxore mea alius concubuerit? Quomodo enim dentium officium est mandere, et in alvum ea quæ sunt mansa transmittere, et non habet crimen qui conjugi meæ panem dederit: ita si genitalium hoc est officium, ut semper fruantur natura sua, meam lassitudinem alterius vires [f] superent: et uxoris, ut ita dixerim, ardentissimam gulam fortuita libido restinguat. Quid sibi autem vult apostolus, ut ad continentiam cohortetur, si contra naturam est? Quid ipse Dominus qui eunuchorum præcipit varietates? Certe apostolus, qui ad suam nos provocat pudicitiam, debet constanter audire, cur portas veretrum, o Paule? Cur a sexu feminarum, barba, pilis, aliaque membrorum qualitate distingueris? [g] Cur tuæ non intumescunt papillæ, non dilatantur renes, non pectus arctatur? Vox obsoletior est, sermo ferocior, et hirsutius supercilium. Frustra hæc omnia virorum habes, si complexu non uteris feminarum. Compellor aliquid loqui et insipiens fieri; sed vos me, ut loqui audeam, coegistis. Dominus noster atque Salvator, qui cum in forma Dei esset, formam servi dignatus est assumere, factus obediens Patri usque

---

[a] Vocūlam *si* ex quatuor nostris mss. et veteri editione suffecimus, paulo post iidem mss. sub interrogandi nota *num ex eo quod inferior*, etc.

[b] Mss. nostri et Gravius quoque *cessent esse lupæ*, etc.

[c] Absque negandi particula fere elegantius habent Veronensis et Casanatensis libri *in suadendo trepidaret*.

[d] Nostri habent συμπαγίδας. Impressa autem lectio magis arridet, erant nempe Symplegades insulæ duæ sive scopuli in Bosphoro a conflictatione sic appellatæ. Mox Casanatensis *si pudor imperarit silentium.*

[e] Erat antea *ad dirigendos*, quod emendant mss. nostri omnes.

[f] Veronensis ms. *supperent*.

[g] Idem absque præposito adverbio *cur*.

ad mortem, mortem autem crucis, quid necesse erat, ut in his membris nasceretur, quibus usurus non erat? Qui certe ut sexum ostenderet, etiam circumcisus est. Cur Joannem apostolum et Baptistam sua dilectione castravit, quos viros nasci fecerat? Qui ergo in Christum credimus, Christi sectemur exempla. Et si noveramus illum juxta carnem, sed jam [a] non novimus eum secundum carnem. Certe in resurrectione eadem erit corporum substantia, qua nunc utimur, licet auctior gloria. Nam et Salvator in tantum ipsum corpus habuit post [b] inferos, in quo et crucifixus est, ut manus perforatas clavis et lateris vulnus ostenderet. Porro si clausis ingressus est ostiis, quod humanorum corporum natura non patitur, ergo et Petrum et Dominum negamus vera habuisse corpora, quia ambulaverunt super aquas, quod contra naturam est. *In resurrectione mortuorum, non nubent neque nubentur, sed similes erunt Angelis* (Matt. xxii, 30). Quod alii postea in cœlis futuri sunt, hoc virgines in terra esse cœperunt. Si angelorum nobis similitudo promittitur (inter angelos autem non est sexus diversitas), aut sine sexu erimus, quod angeli sunt; aut certe quod liquido comprobatur, resurgentes in proprio sexu, sexus non fungemur officio.

37. Verum quid agimus argumentis, et propositiones adversarii callida cupimus responsione superare? *Vetera transierunt, ecce facta sunt omnia nova* (II Cor. v, 17). Curram per apostolorum sententias, et quomodo in Salomonis exemplis breves expositiunculas subdidi, ob intelligendi facilitatem, ita et nunc castitatis et continentiæ christianæ exempla replicabo, et de multis testimoniis quasi unum corpus efficiam, quo et nihil quod ad pudicitiam pertineat, prætermittam, et nimiæ prolixitatis declinem fastidium. Scribit inter cætera Paulus apostolus ad Romanos: *Quem ergo fructum habuistis tunc in illis,* [c] *in quibus nunc erubescitis? Nam finis illorum mors est. Nunc vero liberati a peccato, servi autem Dei facti, habetis fructum vestrum in sanctificationem, finem vero vitam æternam* (Rom. vi, 21, 22). Puto quod et nuptiarum finis mors sit. Fructus autem sanctificationis, qui vel ad virginitatem, vel ad continentiam pertinet, vita pensatur æterna. Ac deinde: *Itaque, fratres mei, et vos mortificati estis Legi per corpus Christi: ut sitis alterius, qui ex mortuis resurrexit: ut fructificemus* (Al. fructificetis) *Deo. Cum enim essemus in carne,* [d] *passiones quæ per Legem erant, operabantur in membris nostris, ut fructificarent morti. Nunc autem soluti sumus a Lege mortis, in qua detinebamur; ut serviamus in novitate spiritus, et non in vetustate litteræ* (Ib. vii, 5 et seq.). *Cum,* inquit, *essemus in carne, et non in novitate spiritus, sed in vetustate litteræ,* faciebamus ea quæ carnis erant, et fructificabamus morti. Nunc autem quia mortui sumus legi, per corpus Christi, fructificemus Deo, ut simus ejus, qui ex mortuis resurrexit. Necnon et in alio loco cum prædixisset, *Scio quia Lex spiritualis est* (Ib. vii, 14); et cum de violentia carnis quod crebro nos impellat facere quod nolimus, latius disputasset, ad extremum intulit: *Infelix ego homo, quis me liberabit de corpore mortis hujus? Gratia Dei per Jesum Christum Dominum nostrum* (Ibid. 24). Et iterum, *Ipse igitur mente servio legi Dei, carne autem legi peccati* (Ibid. 25). Et, *Nihil damnationis est his, qui sunt in Christo Jesu, qui non secundum carnem ambulant. Lex enim spiritus in Christo Jesu liberavit me a lege peccati et mortis* (Rom. viii, 1, 2). Ac manifestius in consequentibus docet, Christianos non ambulare secundum carnem, sed secundum spiritum, dicens: *Qui enim secundum carnem sunt, quæ sunt carnis sapiunt. Qui vero secundum spiritum, quæ sunt spiritus sentiunt. Nam prudentia carnis, mors est: prudentia autem spiritus, vita et pax: quoniam prudentia carnis,* [e] *inimicitia est in Deum. Legi enim Dei non subjicitur, nec enim potest. Qui autem in carne sunt, Deo placere non possunt. Vos autem in carne non estis, sed in spiritu, si tamen spiritus Dei habitat in vobis* (Ibid. 5 et seq.), et reliqua usque ad illum locum, in quo ait: *Ergo, fratres, debitores sumus non carni, ut secundum carnem vivamus. Si enim secundum carnem vixeritis, moriemini. Si autem spiritu facta carnis mortificaveritis, vivetis. Quicumque enim spiritu Dei aguntur, hi filii Dei sunt.* Si prudentia carnis, inimicitia est in Deum, et qui in carne sunt, Deo placere non possunt; arbitror eos qui serviunt officio conjugali, quod prudentiam carnis diligant, et in carne sint. A qua nos retrahens Apostolus, et jungens spiritui, deinceps loquitur: *Obsecro vos, fratres,* [f] *per misericordiam Dei, ut exhibeatis corpora vestra hostiam viventem, sanctam, Deo placentem, rationabile obsequium vestrum. Et nolite conformari huic sæculo, sed reformamini in novitate sensus vestri, ut probetis quæ sit voluntas Dei bona, et beneplacens, et perfecta. Dico enim per gratiam quæ data est mihi, omnibus qui sunt inter vos: non plus sapere quam oportet sapere, sed sapere ad pudicitiam* (non ad sobrietatem, ut male in Latinis codicibus legitur), *sed sapere,* inquit, *ad pudicitiam* (Rom. xii, 1, et Phil. iv, 18). Siquidem Græce scriptum est, εἰς τὸ σωφρονεῖν. Consideremus sententiam Apostoli: *Reformamini,* inquit, *in novitate sensus vestri, ut probetis quæ sit voluntas Dei bona, et beneplacens, et perfecta.* Quod dicit, hujusce modi est. Concedit quidem Deus nuptias, concedit digamiam, et si necesse fuerit, fornicationi et adulterio præfert etiam triga-

---

[a] Mss. *sed jam nunc non novimus,* etc.
[b] Vetus editio *resurrectionem* pro *inferos* habet.
[c] Voculas *in illis* mss. non agnoscunt.
[d] Mss. nostri *passiones peccatorum, quæ per legem operabantur in membris,* etc. cum veteri editione et juxta Græcum textum τὰ παθήματα τῶν ἁμαρτιῶν, quin etiam Vulgatum quoque interpretem.
[e] Ex Casanatensi et veteri editione legi malim *inimica est Deo,* vel *in Deum.* Græce quoque est ἔχθρα. Ita et paulo post.
[f] Veronensis plurium numero *per misericordias Dei,* cum Græco διὰ τῶν οἰκτιρμῶν τοῦ θεοῦ. Infra constanter *placens* habet pro *beneplacens.*

miam. Sed nos qui corpora nostra exhibere debemus, hostiam vivam, sanctam, placentem Deo, rationabile obsequium nostrum, non quid concedat Deus, sed quid velit, consideremus : ut probemus, quæ sit voluntas Dei bona et beneplacens et perfecta. Ergo quod concedit, nec bonum, nec beneplacens est, nec perfectum. Redditque causas cur hoc suadeat : *Scientes tempus, quia hora est jam nos de somno surgere. Nunc autem propior est nostra salus, quam cum credidimus. Nox præcessit, dies autem appropinquavit.* Et in extremo : *Induimini Dominum Jesum Christum, et carnis curam ne feceritis in desideriis.* Aliud est voluntas Dei, aliud indulgentia. Unde et ad Corinthios scribens, ait : *Ego, fratres, non potui loqui vobis sicut spiritualibus : sed sicut carnalibus* [*Al.* quasi]; *sicut parvulis in Christo, lac vobis potum dedi, non escam : Nondum enim poteratis ; sed neque nunc potestis. Adhuc enim carnales estis* (I Cor. III, 2, 1). Qui animalis est, et non recipit [*Al.* percipit] ea quæ spiritus Dei sunt (stultitia enim illi est, nec potest intelligere, quia spiritualiter ^a dijudicatur), iste non perfectæ castitatis cibo, sed rudi nuptiarum lacte nutritur. Sicut per hominem mors, sic et per hominem resurrectio mortuorum. Quomodo in Adam omnes morimur, sic in Christo omnes vivificabimur. Servivimus in lege veteri Adam : serviamus in Evangelio novo Adam. Factus est enim primus homo Adam, in animam viventem, et novissimus Adam in spiritum vivificantem. *Primus homo de terra terrenus. Secundus homo de cœlo cœlestis. Qualis terrenus, tales et terreni ; et qualis cœlestis, tales et cœlestes. Sicut portavimus imaginem terreni, portemus et imaginem cœlestis. Hoc autem dico, fratres, quia caro et sanguis regnum Dei possidere non possunt, neque corruptio incorruptionem* ^b *possidebit* (I Cor. xv, 77 et seq.). Hoc tam clarum est, ut nulla expositione queat manifestius fieri : *Caro,* inquit, *et sanguis regnum Dei possidere non possunt, neque corruptio incorruptionem.* Si corruptio ad omnem coitum pertinet, incorruptio autem proprie castitatis est, præmia pudicitiæ nuptiæ possidere non possunt. *Scimus enim quoniam si terrena domus hujus habitationis* **299** *destructa fuerit, ædificationem habeamus ex Deo, domum non manufactam, sempiternam in cœlis. In quo ingemiscimus, habitaculum nostrum, quod de cœlo est,* ^c *superindui cupientes. Cupimus enim egredi de corpore, et habitare cum Christo ; propter quod et studiosissime nitimur, sive in corpore, sive extra corpus placere Deo* (II Cor. v, 1 et seq.). Et ut plenius exponeret, quales non esse vellet, in alio loco docet, dicens : *Despondi enim vos uni viro, virginem castam exhibere Christo* (II Cor. xi, 2). Quod si ad totam Ecclesiam credentium volueris referre, et in hac desponsione Christi, et maritatas et digamas, et viduas, et virgines contineri, hoc quoque pro nobis facit. Nam dum omnes ad pudicitiam et præmium virginitatis invitat, ostendit cunctis gradibus virginitatem esse potiorem. Rursumque ad Galatas : *Ex operibus,* inquit, *Legis, non justificabitur omnis caro* (Gal. II, 16). Opera legis et nuptiæ sunt, unde et maledicuntur in ea, qui [*Al.* quæ] non habent filios. Quæ si conceduntur etiam in Evangelio, aliud est indulgentiam infirmitati tribuere, aliud virtutibus præmia polliceri.

38. Dicam et ego nuptiatoribus meis, qui post castitatem et diuturnam continentiam subant ad coitum, et pecudum more lasciviunt : *Sic insipientes estis, ut cum cœperitis spiritu, nunc carne consummemini* (Gal. III, 3)? *Tanta passi estis sine causa?* Apostolus quod continentiæ quibusdam nodos relaxat, et dimittit frena currentibus, propter infirmitatem carnis hoc facit. Contra quam scribens denuo loquitur : *Spiritu ambulate, et desiderium carnis non perficietis. Caro enim concupiscit adversus spiritum, et spiritus adversus carnem* (Gal. v, 16, 17). Non necesse est nunc de operibus carnis dicere, quia longum est, et facile potest, de Apostoli Epistola sumere, qui [*Al.* quia, etc.] voluerit. Dicam tantum de spiritu, cujus fructus sunt, charitas, gaudium, pax, longanimitas, benignitas, bonitas, fides, ^d mansuetudo, continentia. Omnes virtutes spiritus, quasi solidissimum fundamentum, et sublime culmen, continentia sustentat et protegit. Adversum hujusce modi non est lex. *Qui autem sunt Christi, carnem suam crucifixerunt cum vitiis et concupiscentiis. Si* **300** *vivimus spiritu, spiritu et ambulemus* (Ib. 24, 25). Qui cum Christo carnem nostram, et passiones ejus desideriaque crucifiximus, quid rursum, ea quæ carnis sunt agere cupimus? *Quodcumque seminaverit homo, hoc et metet. Qui seminat in carne sua, de carne metet corruptionem. Qui autem seminat in spiritu, de spiritu metet vitam æternam* (Gal. vi, 8). Existimo quod qui uxorem habet, quamdiu revertitur ad idipsum, ne tentet eum Satanas, in carne seminet, et non in spiritu. Qui autem in carne seminat (non ego, sed Apostolus loquitur) metit corruptionem. Elegit nos ^e in Christo Deus Pater ante mundi constitutionem, ut essemus sancti et immaculati coram eo. Ambulavimus in concupiscentiis carnis, facientes voluntatem ejus, et cogitationum, et fuimus filii iræ, sicut et cæteri. Nunc autem conresuscitavit, et consedere nos fecit in cœlestibus in Christo Jesu, ut deponamus secundum priorem conversationem veterem hominem, qui corrumpitur juxta desideria erroris, et aptari nobis illa benedictio possit, quæ ^f mysticam ad Ephesios Episto-

---

^a Casanatensis cum negandi particula *non dijudicatur*. Paulo post *moriuntur et vivificabuntur* in mss. invenitur pro *morimur et vivificabimur.*

^b M.-s. *incorruptionem hæreditabit* juxta Græcum κληρονομεῖ.

^c Iidem mss. *superinduere desiderantes.*

^d In Casanatensi additur *modestia.*

^e In eodem desideratur *in Christo.*

^f Falso hactenus obtinuit *missa* pro *mysticam,* renuentibus quoque mss. Mysticam porro Epistolam ad Ephesios vocat quod Apostolus *in hac vel potissimum obscuros sensus et ignota sæculi sacramenta congesserit,* ut ipse Hieronymus in præfatione Commentariorum in eamdem Epistolam loquitur. Mox habent mss. *Gratia cum omnibus,* absque *vobis,* quia voculam nec Græcus textus agnoscit.

lam, tali fine concludit : *Gratia vobis cum omnibus qui diligunt Dominum in incorruptione* (VI, 24). *Conversatio nostra in cœlis est. Unde et Salvatorem exspectamus Dominum nostrum Jesum Christum, qui transfigurabit corpus humilitatis nostræ, conforme fieri corpori gloriæ suæ* (Phil. III, 20: IV, 8). Quæcumque ergo sunt vera, quæcumque pudica, quæcumque justa, quæcumque ad castitatem pertinentia, his copulemur, hæc sequamur. Reconciliavit nos Christus in corpore suo, Deo Patri per mortem, et exhibuit sanctos, et immaculatos, et absque ulla reprehensione coram se : in quo et circumcisi sumus circumcisione non manufacta, in expoliationem corporis carnis, sed circumcisione Christi, consepulti ei in baptismo, in quo et consurreximus. Si ergo consurreximus cum Christo, ea quæ sursum sunt quæramus, ubi Christus est in dextera Dei sedens; ea sapiamus quæ sursum sunt, non quæ super terram. Mortui enim sumus, et vita nostra abscondita est cum Christo, in Deo. Cum enim Christus apparuerit vita nostra, tunc et nos apparebimus cum ipso in gloria (*Col.* II, 12; III, 1 *et seq.*). [a] *Nemo militans Deo, implicat se negotiis sæcularibus, ut possit ei placere, qui se elegit* (II *Tim.* II, 4). *Apparuerit enim gratia Dei Salvatoris omnibus hominibus, erudiens nos, ut abnegantes impietatem et sæcularia desideria, caste et juste et pie vivamus in præsenti sæculo* (*Tit.* II, 11, 12).

39. *Filiæ Philippi virgines in Cæsarea. Jacobus frater Domini. Umbra et imago veritatis in lege veteri.* — Dies me deficiet, si voluero omnia castitatis Apostolo præcepta memorare. Ista sunt, de quibus ad Apostolos Dominus loquebatur : *Adhuc multa habeo vobis dicere, sed non potestis ea portare modo. Cum autem venerit ille Spiritus veritatis, docebit vos omnem veritatem* (*Joan.* XVI, 12, 13). Post crucem Christi, statim in Actis Apostolorum una domus Philippi Evangelistæ, quadrigam producit virginum filiarum : ut Cæsarea, in qua ex gentibus Ecclesia per centurionem Cornelium fuerat dedicata, etiam virginum puellarum præberet exempla. Cumque Dominus in Evangelio dixerit : *Lex et Prophetæ usque ad Joannem*, istæ quia virgines erant, etiam post Joannem prophetasse referuntur. Neque enim poterant veteris Testamenti lege retineri [*Al.* detineri], quæ virginitatis fulserant claritate. Transeamus ad Jacobum, qui frater Domini dicebatur, tantæ sanctitatis, tantæque justitiæ, et perpetuæ virginitatis, ut Josephus quoque historicus Judæorum, [b] propter hujus necem Jerosolymam subversam referat. Hic primus episcopus ex Judæis Jerosolymæ credentis Ecclesiæ, ad quem Paulus cum Tito Barnabaque pergebat, loquitur in Epistola sua : *Nolite errare, fratres mei dilecti. Omne datum bonum, et omnis perfecta donatio, de sursum est, descendens a Patre luminum, apud quem non est differentia, aut* [c] *aversionis obumbraculum. Volens genuit nos verbo veritatis, ut simus primitiæ creaturarum ejus* (*Jac.* I, 16, 17). Virgo mystice virginitatem docet. Omne perfectum donum de sursum descendit, ubi non sunt nuptiæ : et descendit, non a quolibet, sed a Patre luminum, qui dicit ad Apostolos : *Vos estis lux mundi* (*Matth.* V, 14). Apud quem non est differentia Judæi, sive Gentilis, nec illa umbra quæ versabatur in Lege, premit eos qui de nationibus crediderunt : sed verbo nos genuit, et verbo veritatis : quia umbra et imago et species quædam veritatis præcessit in Lege, ut simus primitiæ creaturarum ejus. Et quomodo ipse primogenitus ex mortuis, omnes in se mortuos suscitavit : sic ipse virgo, primitias virginum suorum in se virgine dedicavit. Petrus quoque quid de vocatione Gentium sentiat, contemplemur : *Benedictus*, inquit, *Deus, et Pater Domini nostri Jesu Christi, qui secundum magnam misericordiam suam, regeneravit nos in spem vitæ, per resurrectionem Jesu Christi ex mortuis, in hæreditatem incorruptam et immaculatam et immarcescibilem, quæ servatur in cœlis, in vos qui virtute Dei custodimini per fidem, in salutem, quæ præparata est revelari in tempore novissimo* (I *Pet.* I, 3 *seqq.*). Ubi incorrupta prædicatur hæreditas, et immaculata, et immarcescibilis, et præparata in cœlis, et in tempus novissimum reservata, et spes vitæ æternæ, quando non nubent, neque nubentur, ibi aliis verbis virginitatis privilegia describuntur. Nam et in sequentibus hoc ipsum docet : *Propter hoc accincti lumbos mentis vestræ, vigilantes perfecte, sperate in eam gratiam, quæ vobis deferenda est in revelatione Jesu Christi. Quasi filii obedientiæ non conformemini prioribus* [d] *ignorantiæ vestræ desideriis; sed secundum eum, qui vos vocavit, Sanctum, et ipsi sancti estote, in omni conversatione. Scriptum est enim : Sancti estote, quia ego sanctus sum. Neque enim corruptibili auro et argento redempti sumus ; sed pretioso sanguine immaculati agni Jesu Christi, ut castificemus animas nostras in obedientia veritatis, renati non ex coitu corruptibili, sed ex incorruptione, per verbum viventis Dei et permanentis ; et sicut lapides vivi ædificemur in domum spiritualem, sanctum sacerdotium, offerentes spirituales victimas, per Christum Dominum nostrum* (Ibid., 15 *seqq.*). *Nos enim sumus genus electum, regale sacerdotium, gens sancta, populus acquisitionis. Christus pro nobis carne mortuus est. Armemur eadem conversatione qua Chri-*

---

[a] Mss., *nemo militans implicatur sæculi negotiis* : juxta Græcum textum οὐδεὶς στρατευόμενος ἐμπλέκεται, etc. Et illud quidem *Deo* ab ipso Vulgato interprete addidum autumat Estius, quod non satis consulto ad sensus integritatem putaverit desiderari.

[b] Non equidem exstat in hodiernis libris istud Josephi de Jacobo testimonium ; sed legerat olim etiam Origenes lib. I et II contra Celsum, et in Matth. XIII. Eusebius XI, 23, Hist., Græca ipsa verba laudat, et noster quoque Hier. in Catalogo, cap. 2 et cap. 13. Vid. quæ ibi annotamus.

[c] Maluimus ex mss. nostrorum veterisque editionis consensu reponere *aversionis* pro *conversionis*. Græce τροπῆς.

[d] Sanctius Græco adhærentes mss. nostri, *ignoratione vestra*, ἐν τῇ ἀγνοίᾳ ὑμῶν. Tum *argento et auro*, ἀργυρίῳ ἢ χρυσίῳ, et alia quædam levioris momenti.

stus, quoniam qui passus est in carne, quievit a peccato, ut nequaquam in desideriis hominum, sed in voluntate Dei, reliquum in carne tempus exigamus. Sufficit enim nobis præteritum tempus, **303** *quando ambulavimus in luxuriis et desideriis cæterisque vitiis. Grandia nobis et pretiosa virginitatis promissa donavit, ut per hanc efficiamur divinæ consortes naturæ, fugientes eam quæ in mundo est concupiscentiam corruptionis* (I Pet. II, 9 seqq.). *Novit Dominus pios de tentatione eripere, et iniquos cruciandos in diem reservare judicii, præcipue eos qui post carnem in desideriis pollutionis ambulant, et dominationes despiciunt, audaces et procaces. Isti enim quasi irrationabilia jumenta in ventrem et libidinem proni sunt, blasphemantes, qui et in corruptione sua corrumpentur, recipientque mercedem iniquitatis luxuriam: qui putant delicias esse, injustitiam, sordes, et maculas, et nihil aliud nisi de voluptatibus cogitantes. Qui habent oculos plenos adulterio et insatiabili libidine, et decipiunt animas necdum Christi charitate robustas. Loquuntur enim verba tumentia, et indoctos facile illecebris carnis irretiunt: repromittentes eis libertatem, cum ipsi servi* [a] *vitiorum sint atque luxuriæ et corruptionis. Unusquisque enim ei subjacet passioni, a qua vincitur. Quod si fugientes coinquinationes mundi per scientiam Salvatoris nostri Jesu Christi, iisdem rursum superantur, quæ ante superaverant, facta sunt ei novissima pejora prioribus. Meliusque eis erat non nosse viam justitiæ, quam post agnitionem retrorsum converti, et relinquere sanctum mandatum, quod eis traditum fuerat. Completumque est in eis verissimum illud proverbium: Canis reversus ad vomitum suum, et sus lota in volutabro luti* (II Pet. II, 9-22). [b] *Nolui omnem locum secundæ Petri Epistolæ ponere, ne longum facerem, sed tantummodo ostendi Spiritus sancti vaticinio, hujus temporis et doctores* [Al. doctorem] *et hæresim prænuntiatam. Denique manifestius eosdem notat, dicens: Venient enim in novissimis diebus illusores seducentes, juxta propria desideria ambulantes, et cætera.*

40. *Monachus Jovinianus canis revertens ad vomitum. Tribus Levi pro tribu Dan posita. Omnia opera imperfecta sine puritate. Hæretici damnant conjugia. Ecclesia probat et dispensat.* — Descripsit sermo Apostolicus Jovinianum loquentem buccis tumentibus et inflata verba trutinantem, repromittentem in cœlis libertatem, [c] cum ipse servus sit vitiorum [Al. corruptionis] atque luxuriæ, canis revertens ad vomitum suum. Nam **304** cum monachum esse se jactitet: et post sordidati tuniciam et nudos pedes, et cibarium panem, et aquæ potum, ad [d] candidas vestes [Al. candidam vestem], et nitidam cutem, ad mulsum, et elaboratas carnes, ad jura Apitii et Paxami [Al. paxamis], ad [e] balneas quoque ac fricticulas [Al. fritillas], et popinas se conferat, manifestum est, quod terram cœlo, vitia virtutibus, [f] ventrem præferat Christo, et purpuram coloris ejus, putet regna cœlorum. Et tamen iste formosus monachus, crassus, nitidus, dealbatus, et quasi sponsus semper incedens, aut uxorem ducat, ut æqualem virginitatem nuptiis probet: aut si non duxerit, frustra contra nos verbis agit, cum opere nobiscum sit. Sed et Joannes in eadem verba concordat: *Nolite diligere mundum, neque ea quæ in mundo sunt. Si quis diligit mundum, non est charitas Patris in eo. Quoniam omne quod in mundo est, desiderium carnis est, et desiderium oculorum, et superbia hujus vitæ, quæ non est de Patre, sed de mundo* (I Joan. II, seqq.). Et, *Mundus præterit* [Al. præteriet], *et desiderium ejus. Qui autem facit voluntatem Dei, manet in æternum. Mandatum novum scripsi vobis, quod est verissimum, et in Christo, et in nobis: quia tenebræ præterierunt, et lux jam lucet* (Ibid., 8). Et rursum: *Charissimi nunc filii Dei sumus, et necdum apparuit quid futuri sumus. Scimus autem, quia cum apparuerit, similes ei erimus: quoniam videbimus eum sicuti est. Et omnis qui habet hanc spem, castificat semetipsum, sicut et ille castus est. In hoc perfecta est nostra charitas, si fiduciam habeamus in diem judicii; ut quomodo ille est, sic et nos simus in hoc sæculo* (I Joan. VIII. 2, 3). Epistola quoque Judæ tale quid significat, *Odientes et carnis pollutam tunicam* (Ibid., 23). Legamus Apocalypsim Joannis, et ibi reperiemus Agnum super montem Sion, et cum eo centum quadraginta quatuor millia signatorum, habentium nomen ejus, et nomen Patris ejus scriptum in frontibus suis, qui cantant Canticum novum, et nemo potest dicere Canticum illud, nisi hi qui empti sunt de terra. Isti sunt qui cum mulieribus se non coinquinaverunt, virgines enim permanserunt. **305** Illi

---

[a] Mss. nostri, *servi sint corruptionis* absque intrusis verbis *vitiorum atque luxuriæ*: omnino ex Græco textu αὐτοὶ δοῦλοι ὑπάρχοντες τῆς φθορᾶς, cui et Vulgatus interpres concinit. Mox ex eodem Græco *Salvatoris Jesu* absque *nostri*, et paulo post *quam post notitiam ejus post tergum redire et relinquere*, etc.

[b] *Nolui omnem locum secundæ Petri,* etc. De Canone dixit supra omnem esse disputationem; consequenter ipse et Jovinianus Epistolam Petri secundæ admittebant in canonem librorum sacrorum.
MARTIAN.

[c] Victor, *cum ipse corruptionis servus sit atque luxuriæ*.

[d] Rescriptum S. Ambrosii ad Siricium de Joviniano ejusque assecla, *se dolent isti aliquo tempore esse macerato, et propriam ulciscuntur injuriam, quotidianisque conviviis usuque luxuriæ, laborem abstinentiæ propulsare desiderant.* Notum porro Apitii nomen;

[D] Paxami vero mentionem facit Columella libro de re Rustica, et Suidas: scripsit autem ὀψαρτυτικά. In aliquot mss. *Paxamii* legitur. Pro *fricticulas* Gravius mavult *fitillas*. Certe Arnobius lib. VII: *Quid fitillas, quid frumen, quæ sunt pulicum nomina?* De mutata Joviniani veste vide quæ annotavimus infra l. II.

[e] *Balneas quoque ac fricticulas.* Nullus codex ms. legit cum editis *fritillas*, sed *ficticulas*, vel *fricticulas*. Fricticulæ vero dicuntur abs Hieronymo culinæ ciborum frictorum: quare pulchre conjungit fricticulas cum popinis. MARTIAN.

[f] Pro voce *ventrem* mss. nostri legunt *accipient aerem*, vel *aera*, quorum etsi sensum non assequor, moneor tamen depravatum hunc esse Hieronymi locum: quid enim post hæc *præferat Christo*, sibi volunt hæc alia, *et purpuram coloris ejus putet regna cœlorum.* Miror hæc a nemine editorum animadversa.

sequuntur Agnum quocumque vadit : empti sunt enim ex hominibus primitiæ Deo et Agno, et in ore ipsorum non est inventum mendacium, et sine macula sunt. De singulis tribubus, excepta tribu Dan, pro qua reponitur [a] tribus Levi, duodecim millia virginum signatorum creditura dicuntur, qui cum mulieribus non sunt coinquinati. Ac ne putaremus de his dici, qui scorta non nerunt, statim intulit : *Virgines enim permanserunt.* Ex quo ostendit omnes qui virgines non permanserunt, ad comparationem purissimæ et Angelicæ castitatis, et ipsius Domini nostri Jesu Christi, esse pollutos. *Hi sunt qui cantant Canticum novum, quod nemo potest canere, nisi qui virgo est. Hi sunt primitiæ Dei et Agni, et sine macula.* Si virgines primitiæ Dei sunt : ergo viduæ et in matrimonio continentes, erunt post primitias, id est, in secundo et tertio gradu : nec prius perditus populus salvari poterit, nisi tales hostias castitatis Deo obtulerit, et immaculatum Agnum, purissimis victimis reconciliaverit. Infinitum est de Evangelio decem virginum exponere sacramentum quinque stultarum et quinque sapientum. Hoc solum nunc dico, quod quomodo absque cæteris operibus virginitas sola non salvat, sic omnia opera absque virginitate, puritate, continentia, castitate, imperfecta sunt. Ex quo nequaquam nos illud poterit impedire, quod adversarius objicit, fuisse Dominum in Cana Galilææ, et nuptiarum festa celebrasse, quando aquas vertit in vinum. Hoc enim brevissime respondebo, quod qui octava die circumcisus est, et pro quo [b] par turturum, et duo pulli columbarum die purgationis oblati sunt, cum cæteris, antequam pateretur, Judaicam consuetudinem comprobavit : ne illis occasionem juste se interficiendi tribuere videretur, quasi Legem destruens damnansque naturam. Quamquam et hoc pro nobis. Qui enim semel venit ad nuptias, semel docuit esse nubendum. **306** Et tunc virginitati posset officere, si nuptias post virginitatem, et viduitatis castimoniam non in gradu tertio poneremus. [c] Nunc autem cum hæreticorum sit damnare conjugia, et Dei spernere conditionem, quidquid de laude dixerit [*Al.* dixerint] nuptiarum, libenter audimus. Ecclesia enim matrimonia non damnat, sed subjicit : nec abjicit, sed dispensat : sciens, ut supra diximus, in domo magna non solum esse vasa aurea et argentea, sed et lignea et fictilia : et alia esse in honorem, alia in contumeliam : et quicumque se mundaverit, cum futurum esse vas honorabile, et necessarium in omne opus bonum præparatum.

41. *Exempla e sæculi historiis. Virginitas apud Ethnicos. Virgines honore semper habitæ apud Romanos. Spartanorum virgines. Alia virginum exempla.* — Satis abundeque Christianæ pudicitiæ et virginitatis Angelicæ, de divinis Libris exempla præbuimus. Sed quoniam intellexi in commentariis adversarii, provocari nos etiam ad mundi sapientiam, quod numquam hoc genus in sæculo sit probatum, et novum dogma contra naturam religio nostra prodiderit, percurram breviter Græcas et Latinas Barbarasque historias, et docebo virginitatem semper tenuisse pudicitiæ principatum. Referunt fabulæ Atalantam Calydoniam virginem semper in venatibus, semper in silvis, non tumentes uteros feminarum fastidiaque conceptuum, sed expeditam et castam amasse virtutem. Harpalicen quoque virginem Thraciam, insignis Poeta (*Virgil.* 1 *Æneid.*) describit; et reginam Volscorum Camillam, quam Turnus, cui auxilio venerat, laudare volens, non amplius habuit quod diceret, nisi virginem nominaret. *O decus Italiæ, virgo* (*Idem, lib.* xi)! [d] Chalchiœcus quoque illa filia Leo, virgo perpetua, pestilentiam patriæ scribitur spontanea morte solvisse; et Iphigeniæ virginis sanguis adversos placasse ventos. Quid referam Sibyllas Erithræam atque Cumanam, et octo reliquas : nam Varro decem fuisse autumat, quarum insigne virginitas est, et virginitatis præmium divinatio? Quod si Æolici genere sermonis Sibylla Θεοβούλη appellatur, recte *consilium Dei* sola **307** scribitur nosse virginitas. Cassandram quoque et Chrysein vates [e] Apollinis, ac Junonis virgines legimus. Et Sacerdotes Dianæ Tauricæ, et Vestæ, innumerabiles exstiterunt. Quarum una Minutia propter suspicionem stupri pestem, deorum iram, placaverit; eamque forte cognominatam a Pallade Chalciœcum. Nota ex plurimis scriptoribus quos Meursius in Ceromic. laudat historia ; quæ refert tres una omnes *Minervæ* pro salute urbis Athenar. mactatas, unde *Leocorion* sanctæ dedicatum est in earum memoriam. Laudatus Meursius proinde corrigendum vult pro *Chalchiœcus* duobus verbis *Haud secus*, quod probare nullo modo possum. Fortasse autem Hieronymianam lectionem tuebimur, si appellativum illud nomen *Chalchiœcus*, non proprium agnoscas, eoque scias vocabulo appellatam virginem unam e quatuor Minervæ sacerdotibus quæ *Arrephoria* Deæ ferebant percelebri ejus Athenis festo, quod item τὰ χαλκεῖα vocabatur. Vide ad hanc vocem Suidam et Meursium si lubet Attic. Lection. lib. IV, cap. 19.

[e] Alias erat, *vates Apollinis Actii non nisi virgines legimus.* Vide de reliquis Lactanium lib 1, c. 6, de Falsa religione, et c. 22, de Ira Dei; Augustinum lib. xviii de Civitate Dei, c. 23; Livium quoque lib. viii, dec. 4; item Valerium Maximum lib. viii, c. 1; Ovidium denique in Fastis, quibus hujusmodi historiæ fusius enarrantur.

---

[a] Videtur, inquit Gravius, potius tribus Manasse filii Joseph pro tribu Dan reposita, cum Levi ex Patriarchis duodecim sit tertius, et Filius Jacob.

[b] Voculam *par* suffecimus ex mss. et veteri editione.

[c] Collige ex his rumoris falsitatem, cum ab hæreticis, teste Augustino lib. ii Retract., c. 42, de Hieronymo jactabatur, *Joviniano respondere non potuisse cum laude, sed cum vituperatione nuptiarum.*

[d] *Chalchiœcus quoque*, etc. Non exstat hæc historia, quod sciam, apud Auctores Fabularum. De aliis porro virginibus ac Sibyllis vide Nasonem lib. VIII et x Metam., Lactant. lib. I de Falsa Relig ; August. de Civit. Dei lib. xxiii, cap. 25; Tit. Liv. viii Decad. 1; Valer. Max. lib. viii, cap. 1, etc. MARTIAN. — Duo exemplaria nostra *Chalcœcos*. Casanatensis *Calcoœquos*, al. *Calcodœcus* : quodnam ex his præsciet ignoramus. Chalciœcus Minervæ ædes vocabatur in Lacedæmonia, unde ipsa quoque Minerva Chalciœcus appellatur a plerisque Græcis Scriptoribus. Victorius unam ex his putat indicari, quæ a Suida sub aliis nominibus Theopes nempe, Eubules, et Pasitheas memorantur, quarum una morte voluntaria...

pri viva defossa est : injusta, ut reor, pœna, nisi grande crimen putaretur læsa virginitas. Certe Romanus populus quanto honore virgines semper habuerit, hinc apparet, quod consules et imperatores, et in curribus triumphantes, qui de superatis gentibus trophæa referebant, et omnis dignitatis gradus, eis de via cedere solitus sit. Claudia virgo Vestalis cum in suspicionem venisset stupri, et simulacrum matris Idææ in vado Tyberis hæreret, ad comprobandam pudicitiam suam fertur cingulo duxisse navem, quam multa millia hominum trahere nequiverant. Melius tamen, inquit Lucani poetæ patruus [*Scil.* Seneca præceptor Neronis], cum illa esset actum, si hoc quod evenit, ornamentum potius exploratæ fuisset pudicitiæ, quam dubiæ patrocinium. Nec mirum hoc de hominibus, cum Minervam quoque et Dianam virgines deas finxerit error Gentilium, et inter duodecim signa cœli, quibus mundum volvi putant, Virginem collocarint. Magna injuria nuptiarum, ut ne inter scorpios quidem et centauros, et cancros, et pisces, et ægocerotas [*Scil.* capricornum], uxorem maritumque contruserint. Triginta Atheniensium tyranni cum Phidonem [*Al.* Phedonem] in convivio necassent, filias ejus virgines ad se venire jusserunt, et scortorum more nudari; ac super pavimenta, patris sanguine cruentata, impudicis gestibus ludere : quæ paulisper dissimulato dolore [*Al.* doloris habita], cum temulentos convivas cernerent, quasi ad requisita naturæ egredientes, invicem se complexæ præcipitaverunt in puteum, ut virginitatem morte servarent. ᵃ Demotionis Areopagitarum principis virgo filia, audito sponsi Leosthenis interitu, qui bellum Lamiacum concitarat, se interfecit : asserens ᵇ quamquam intacta esset corpore, tamen si alterum accipere cogeretur, quasi secundum acciperet, cum priori mente nupsisset. **308** Spartiatæ et Messenii diu inter se habuere amicitias, in tantum ut ob quædam sacra etiam virgines ad se mutuo mitterent. Quodam igitur tempore cum ᶜ quinquaginta virgines Lacedæmoniorum Messenii violare tentassent, de tanto numero ad stuprum nulla consensit, sed omnes libentissime pro pudicitia occubuerunt. Quamobrem grave bellum et longissimum concitatum est, et post multum temporis Mamertia subversa est. Aristoclides Orchomeni tyrannus adamavit virginem Stymphalidem, quæ cum, patre occiso, ad templum Dianæ confugisset, et si mulacrum ejus teneret, nec vi posset avelli, in eodem loco confossa est. Ob cujus necem, tanto omnis Arcadia dolore commota est, ut bellum publice sumeret, et necem virginis ulcisceretur. Aristomenes Messenius, vir justissimus, victis Lacedæmoniis, et quodam tempore nocturna sacra celebrantibus, quæ vocabantur ᵈ Hyacinthia, rapuit de choris ludentium virgines quindecim, et tota nocte gradu concito fugiens, excessit de finibus Spartanorum. Cumque eas comites ejus vellent violare, monuit quantum potuit, ne hoc facerent, et ad extremum quosdam non parentes [*Al.* parcentes] interfecit, cæteris metu coercitis. Redemptæ postea a cognatis puellæ, cum Aristomenem viderent cædis reum fieri, tamdiu ad patriam non sunt reversæ, quamdiu judicum advolutæ genibus defensorem pudicitiæ suæ cernerent absolutum. Quo ore laudandæ sunt ᵉ Scedasi filiæ in Leuctris Bœotiæ, quas traditum est, absente patre, duos juvenes prætereuntes jure hospitii suscepisse. Qui multum indulgentes vino, vim per noctem intulere virginibus. Quæ amissæ pudicitiæ nolentes supervivere, mutuis conciderunt vulneribus. Justum est et Locridas [*Al.* Lucrinas] virgines non tacere, quæ cum Ilium mitterentur ex more per annos circiter mille, nulla obscœni rumoris et pollutæ virginitatis ullam fabulam dedit. Quis valeat silentio præterire septem Milesias virgines, quæ Gallorum impetu cuncta vastante, ne quid indecens ab hostibus **309** sustinerent, turpitudinem morte fugerunt, exemplum sui cunctis virginibus relinquentes, honestis mentibus magis pudicitiam curæ esse, ᶠ quam vitam. Nicanor, victis Thebis atque subversis, unius virginis captivæ amore superatus est. Cujus conjugium expetens, et voluntarios amplexus, quod scilicet captiva optare debuerat, sensit pudicis mentibus plus virginitatem esse quam regnum, et interfectam propria manu, flens et lugens amator tenuit. Narrant scriptores Græci ᵍ et aliam Thebanam virginem, quam hostis Macedo corruperat, dissimulasse infra est, codices nostri *Mamertina*, quemadmodum in Chronico ad annum mundi 1430 : *Messana quæ et Mamertina*, etc. Plinius l. III, c. 8 : *Oppidum Messana civium Romanorum, qui Mamertini vocantur*. Denuo recole Eusebium ad an. 3670. Infra pro *Arcadia* Casanatensis habet *Achaia*.

ᵈ Falso erat *Hyacinthina*. Erant autem isthæc Apollini, sive Libero nocturna sacra. Macrobius lib. I Satyr. c. 18 : *Apud Lacedæmonios etiam in sacris, quæ Apollini celebrant, Hyacinthia vocantes, hedera coronantur Bacchico ritu*. Mox pro *quindecim* vetus editio habet *duodecim*. Deinde Casanatensis *quamdiu potuit* pro *quantum*.

ᵉ Vide Plutarchum in Pelopida, et in Amatoriis narrationibus.

ᶠ Vide in Jonæ c. 1 : *Unde et in persecutionibus non licet propria perire manu, absque eo ubi castitas periclitatur*.

ᵍ Vetustus codex apud Gravium pro *et aliam* habet *Æthaliam*.

ᵃ *Demotionis Areopagitarum.* Numquam consilium mihi fuit scribendi Commentarios in Opera S. Hieronymi, nisi forte in librum Hebraicorum nominum, quem sciebam contemptui habitum apud multos. Itaque puram hic ac genuinam editionem Hieronymi requirat studiosus lector, non Pædagogorum diligentiam Scriptorum, in suis libris ostentantium eruditionem Græcarum ac Romanarum fabularum. Cæterum, qui scire voluerit, unde tanta antiquitatis monumenta collegerit vir sanctus Hieronymus, consulat Chronicon Eusebianum, Strabonem, Justinum, Polybium, L. Florum, Xenophontem, Herodotum, Plutarchum, Theophrastum, et reliquos, quos ipse sæpius appellat. MARTIAN.

ᵇ Videtur supplendum *quod ad sensus elegantiam.*

ᶜ Consule Orosium lib. II, c. 21; Strabonem quoque lib. VI, Justinum lib. III, et Eustathium in Dionysium. Mox Casanatensis, *Virgines Lacedæmoniorum issent, et eas Messenii*, etc. Pro *Mamertia*, quod

paulisper dolorem, et violatorem virginitatis suæ jugulasse postea dormientem : seque interfecisse [a] gladio, ut nec vivere voluerit post perditam castitatem, nec ante mori, quam sui ultrix existeret.

42. *A virginibus procreatorum fabulæ.* — Apud Gymnosophistas Indiæ, quasi per manus hujus opinionis auctoritas traditur, quod [b] Buddam [*Al.* Buldam] principem dogmatis eorum, e latere suo virgo generarit. Nec hoc mirum de Barbaris, cum Minervam quoque de capite Jovis, et Liberum patrem de [c] femore ejus procreatos, doctissima finxerit Græcia. Speusippus quoque sororis Platonis filius, et Clearchus in laude Platonis, et [d] Anaxilides in secundo libro Philosophiæ, Perictionem matrem Platonis, phantasmate Apollinis oppressam ferunt, et sapientiæ principem non aliter arbitrantur, nisi de partu virginis editum. Sed et Timæus scribit Pythagoræ virginem filiam choro virginum præfuisse, et castitatis eas instituisse doctrinis. Diodorus [e] Socraticus quinque filias Dialecticas insignis pudicitiæ habuisse narratur, de quibus et Philo Carneadis magister plenissimam scribit historiam. Ac ne nobis Dominum Salvatorem de Virgine procreatum Romana exprobraret potentia, auctores 310 urbis et gentis suæ, Ilia virgine et Marte genitos arbitrantur.

43. *Viduæ gentiles.* — Hæc de virginibus sæculi, currens per multiplices historias, et properans sermo perstrinxerit. Veniam ad maritatas [*Al.* maritas], quæ mortuis vel [f] occisis viris supervivere noluerunt, ne cogerentur secundos nosse concubitus, et quæ mire unicos amaverunt maritos; ut sciamus digamiam apud Ethnicos etiam reprobari. Dido, soror Pygmalionis, multo auri et argenti pondere congregato, in Africam navigavit, ibique urbem Carthaginem condidit, et cum ab Jarba [*Mss.* Hiarba] rege Libyæ in conjugium peteretur, paulisper distulit nuptias, donec conderet civitatem. Nec multo post exstructa in memoriam mariti quondam Sichæi pyra, maluit ardere quam nubere. Casta mulier Carthaginem condidit, et rursum eadem urbs in castitatis laude finita est. Nam Hasdrubalis uxor, capta et incensa urbe, cum se cerneret a Romanis capiendam esse, apprehensis ab utroque latere parvulis filiis, in subjectum domus suæ devolavit incendium.

44. Quid loquar Nicerati conjugem, quæ impatiens injuriæ viri, mortem sibi ipsa conscivit, ne triginta tyrannorum, quos Lysander victis Athenis imposuerat, libidinem sustineret? Artemisia quoque uxor Mausoli insignis pudicitiæ fuisse perhibetur. Quæ cum esset regina Cariæ, et nobilium poetarum atque historicorum laudibus prædicetur, [g] in hoc vel maxime effertur, quod defunctum maritum sic semper amavit ut vivum, et miræ magnitudinis [h] exstruxit sepulcrum, intantum ut usque hodie omnia sepulcra pretiosa ex nomine ejus Mausolæa nuncupentur. Teuta Illyricorum regina, ut longo tempore viris fortissimis imperaret, et Romanos sæpe frangeret, miraculo utique meruit castitatis. Indi, ut omnes 311 pene barbari, uxores plurimas habent. Apud eos lex est, ut uxor charissima cum defuncto marito cremetur. Hæ igitur contendunt inter se de amore viri ; et ambitio summa certantium est, ac testimonium castitatis, dignam morte decerni. Itaque victrix in habitu ornatuque pristino juxta cadaver accubat, amplexans illud et deosculans, et suppositos ignes, pudicitiæ laude contemnens. Puto quæ sic moritur, secundas nuptias non requirit. Alcibiades ille Socraticus, victis Atheniensibus, fugit ad Pharnabazum. Qui, accepto pretio a Lysandro principe Lacedæmoniorum, jussit eum interfici. Cumque suffocato caput esset ablatum, et missum Lysandro in testimonium cædis expletæ, reliqua pars corporis jacebat insepulta. Sola igitur concubina contra crudelissimi hostis imperium, inter extraneos, et imminente discrimine, funeri justa persolvit, mori parata pro mortuo, quem vivum dilexerat. Imitentur matronæ, et matronæ saltem Christianæ, concubinarum fidem, et præstent liberæ, quod captiva servavit.

45. Strato regulus Sinodis manu propria se volens confodere, ne imminentibus Persis ludibrio foret, quorum fœdus Ægyptii regis societate neglexerat, retrahebatur formidine, et gladium quem arripuerat circumspectans, hostium pavidus exspectabat ad-

---

[a] Ferme elegantius habent mss. nostri omnes cum veteri editione *interfecisse cum gaudio* pro *gladio*.

[b] Sunt qui velint hunc quem memorat S. Pater, *Buddam*, vel *Buttam*, eumdem esse cum antiquissimo cujus meminit Clemens Alexandrinus, Sammanæorum et Gymnosophistarum principe. At natum illum ex Virgine, non dixit Clemens ; quod certe non reticuisset, si ejusmodi de illo fabula traderetur : quam omnino a Budda Manichæo invectam post Christi tempora existimamus.

[c] Veronensis prima manu *de femina*, quod alius mutavit in *semine*, quemadmodum etiam codex S. Crucis habet. Alter apud Gravium *de femina*.

[d] Idem Veronensis *Anaxilidis*, Casanatensis *Masciliadis*, et paulo post *fasmate* pro *phantasmate*. Diogenes Laertius lib. III : Καὶ, ait, Ἀναξιλίδης ἐν τῷ δευτέρῳ περὶ φιλοσόφων : quod est *de Philosophis*; et fortasse quidem ipse Hieron., *Philosophica historia* scripsit pro *Philosophiæ*.

[e] Accipe locum hunc ex Clemente Stromat. lib. IV : Αἱ γὰρ Διοδώρου, τοῦ Κρόνου ἐπικληθέντος, θυγατέρες, πᾶσαι Διαλεκτικαὶ γεγόνασιν, ὥς φησι Φίλων ὁ Διαλεκτικὸς ἐν τῷ Μενεξένῳ, ὧν τὰ ὀνόματα παρατίθεται τάδε· Μενεξένη, Ἀργεία, Θεόγνις, Ἀρτεμισία, Πανταάκλεια, etc. *Filiæ autem Diodori, cui fuit cognomen Saturnus, fuerunt omnes Dialecticæ,* ut ait Philo *Dialecticus in Menexeno, quarum hæc ab eo feruntur nomina : Menexene, Argia, Theognis, Artemisia, Pantaclea,* etc.

[f] Mss. omnes, *occisis prioribus viris*, vetus editio *viris suis*.

[g] Casanatensis interserit parum abrasis litteris *de more, ut solet*.

[h] Addunt mss. omnes, et vetus quoque editio, *et pulchritudinis*. Sequentes historias recole apud Polybium lib. I, Florum in Epitome, Ciceronem quoque intra Tusculanarum Quæst. v, Propertium lib. v, atque alios. Mss. omnes et vetus editio, *Tanta Illyricorum Regina*, pro *Teuta Illyricorum* ; Florus *Teutam* vocat.

ventum. Quem jam jamque capiendum uxor intelligens, extorsit acinacem de manu, et latus ejus transverberavit. Compositoque ex more cadaveri se moriens superjecit, ne post virginalia fœdera alterius coitum sustineret. Xenophon in Cyri majoris scribit infantia, occiso [a] Abradote viro, quem Panthea uxor miro amore dilexerat, collocasse se juxta corpus lacerum, et confosso pectore, sanguinem suum mariti infudisse vulneribus. Justam causam regis occidendi putavit uxor, quam [b] maritus nudam amico suo et ignorantem monstraverat. Judicavit enim se non amari, quæ et alteri posset ostendi. [c] Rhodogune filia Darii, post mortem viri, nutricem quæ illi secundas nuptias persuadebat, occidit. Alcestin fabulæ ferunt pro Admeto sponte defunctam; **312** et Penelopes pudicitia, Homeri carmen est. Laodamia quoque poetarum ore cantatur, occiso apud Trojam Protesilao, noluisse supervivere.

46. *Mulieres Romanæ insignes.* — Ad Romanas feminas transeam; et primam ponam Lucretiam, quæ violatæ pudicitiæ nolens supervivere, maculam corporis cruore delevit. Duillius [*Al.* Duellius] qui primus Romæ navali certamine triumphavit, Biliam virginem duxit uxorem, tantæ pudicitiæ, ut illo quoque sæculo pro exemplo fuerit, quo impudicitia monstrum erat, non vitium. Is jam senex et trementi corpore, in quodam jurgio audivit exprobrari sibi os fetidum, et tristis se domum contulit. Cumque uxori questus esset quare numquam se monuisset, ut huic vitio mederetur : Fecissem, inquit illa, nisi putassem omnibus viris sic os olere. Laudanda in utroque pudica et nobilis femina, et si ignoravit vitium viri, et si patienter tulit, et quod maritus infelicitatem corporis sui, non uxoris fastidio, sed maledicto sensit inimici. Certe quæ secundum ducit maritum, hoc non potest dicere. Marcia Catonis filia minor, cum quæreretur ab ea, cur post amissum maritum denuo non nuberet, respondit, non se invenire virum, qui se magis vellet, quam sua. Quo dicto [d] ostendit, divitias magis in uxoribus eligi solere, quam pudicitiam, et multos non oculis, sed digitis uxores ducere. Optima sane res, quam avaritia conciliat. Eadem cum lugeret virum, et matronæ ab ea quærerent, quem diem haberet luctus ultimum, ait, quem et vitæ. Arbitror, quæ ita virum quærebat absentem, de secundo matrimonio non cogitabat. Brutus Porciam virginem duxit uxorem : Marciam Cato non virginem; sed [e] Marcia inter Hostensium Catonemque discurrit, et sine Catone vivere Marcia potuit : Porcia sine Bruto non potuit. Magis enim se unicis viris applicant feminæ; et nihil aliud nosse, magnum arctioris indulgentiæ vinculum est. Anniam cum propinquus moneret, ut alteri viro nuberet (esse enim ei et ætatem integram, et faciem bonam), Nequaquam, inquit, hoc faciam. Si enim virum bonum invenero [f], nolo timere **313** ne perdam; si malum, quid necesse est post bonum, pessimum sustinere? Porcia minor cum laudaretur apud eam quædam bene morata, quæ secundum habebat maritum, respondit : Felix et pudica matrona, numquam præterquam semel nubit. Marcella major rogata a matre sua, gaudereine se nupsisse, respondit : Ita valde, ut amplius nolim. Valeria Messalarum soror, amisso Servio viro, nulli volebat nubere. Quæ interrogata cur faceret, ait, sibi semper maritum Servium vivere.

47. *Theophrasti de Nuptiis liber. Uxoris ductæ incommoda. Propter quod dicuntur uxores. Stultitia hominum non rara.* — Sentio in catalogo feminarum multo me plura dixisse, quam exemplorum patitur consuetudo, et a lectore erudito juste posse reprehendi. Sed quid faciam, cum mihi mulieres nostri temporis, Apostoli ingerant auctoritatem; et necdum elato funere prioris viri, memoriter digamiæ præcepta decantent? Ut quæ Christianæ pudicitiæ despiciunt fidem, discant saltem ab Ethnicis castitatem. Fertur Aureolus [g] Theophrasti liber de Nuptiis, in quo quærit, an vir sapiens ducat uxorem. Et cum definisset, si pulchra esset, si bene morata, si honestis parentibus, si ipse sanus ac dives, sic sapientem aliquando inire matrimonium, statim intulit : « Hæc autem in nuptiis raro universa concordant. Non est ergo uxor ducenda sapienti. Primum enim impediri studia Philosophiæ; nec posse quemquam libris et uxori pariter inservire. Multa esse quæ matronarum usibus necessaria sint, pretiosæ vestes, aurum, gemmæ, sumptus, ancillæ, supellex varia, lecticæ et esseda deaurata. Deinde per noctes totas garrulæ conquestiones : Illa ornatior procedit in publicum : hæc honoratur ab omnibus, ego in conventu feminarum misella despicior. Cur aspiciebas vicinam? quid cum ancillula loquebaris? de foro veniens quid attulisti? Non amicum habere possumus [*Al.* possum], non sodalem. Alterius amo-

---

[a] Veronensis lib. *Abradate,* Cisterciensis *Abrate,* Casanatensis *Abradite.* Vid. Xenophontem lib. vii. Mox quoque *Phantia* in nostro ms. invenitur pro *Panthea.*

[b] Falso Martianæus *quam amicus nudam,* etc., pro *maritus,* ut habent mss. omnes atque edii vetustiores. Historiam Herodotus narrat de Candaule, sive Myrsillo.

[c] Casanatens. *Rhodone.* Vid. Philostratum in Imaginibus. De Alceste Euripidem. Reliquæ obviæ magis historiæ et fabulæ.

[d] Mss., *quo dicto eleganter ostendit,* etc. Victorio autem pro *Marcia* legendum videretur *Porcia;* nam *Marcia,* ut statim subditur, non filia, sed uxor Catonis fuit.

[e] *Marcia inter Hortensium,* etc. Discurrebat Marcia inter Hortensium et Catonem, quod utrique fuerit uxor, et post liberos procreatos rediret ad priorem virum. MARTIAN. — Marciam a Catone ejus viro Hortensius obtinuerat liberorum procreandorum gratia; quos cum illi peperisset, ad Catonem reversa est. De Porcia vid. Plutarch. in *Bruto.*

[f] Verba *ut ante habui* hic supplent emendatiores mss. et vetus editio.

[g] Intercidit Theophrasti liber iste de Nuptiis a sapiente ineundis, totaque fragmenti hujus gratia Hieronymo habenda est.

rem, suum odium suspicatur. Si doctissimus præceptor in qualibet urbium fuerit, nec uxorem relinquere, nec cum sarcina ire possumus [*Al.* potest]. Pauperem alere, difficile est; divitem ferre, tormentum. [a] Adde, quod nulla est uxoris electio, sed qualiscumque **314** obvenerit, habenda. Si iracunda, si fatua, si deformis, si superba, si fetida, quodcumque vitii est, post nuptias discimus. Equus, asinus, bos, canis, et vilissima mancipia, vestes quoque, et lebetes, sedile ligneum, calix, et urceolus fictilis probantur prius, et sic emuntur : sola uxor non ostenditur, ne ante displiceat, quam ducatur. Attendenda semper ejus est facies, et pulchritudo laudanda : ne si alteram aspexeris, se existimet displicere. Vocanda domina, celebrandus natalis ejus, jurandum per salutem illius, ut sit superstes optandum ; honoranda nutrix ejus, et gerula, servus [b] patrinus, et alumnus, et formosus assecla, et procurator calamistratus, et in longam securamque libidinem exsectus spado : sub quibus nominibus adulteri [*Al.* adulteria] delitescunt. Quoscumque illa dilexerit, ingratis amandi. Si totam domum regendam ei commiseris, serviendum est. Si aliquid tuo arbitrio reservaveris, fidem sibi haberi non putabit; sed in odium vertetur ac jurgia, et nisi cito consulueris, parabit venena. Anus, et [c] aruspices, et hariolos et institores gemmarum sericarumque vestium si introduceris, periculum pudicitiæ est ; si prohibueris, suspicionis injuria. Verum quid prodest etiam diligens custodia, cum uxor servari impudica non possit, pudica non debeat? Infida enim custos est castitatis necessitas; et illa vere pudica dicenda est, cui licuit peccare si voluit. Pulchra cito adamatur, fœda facile concupiscit. [d] Difficile custoditur, quod plures amant. Molestum est possidere, quod nemo habere dignetur. Minore tamen miseria deformis habetur, quam formosa servatur. Nihil tutum est, in quod totius populi vota suspirant. Alius forma, alius ingenio, alius facetiis, alius liberalitate sollicitat. Aliquo modo, [e] vel aliquando expugnatur, quod undique incessitur. Quod si propter dispensationem domus et languoris solatia, et fugam solitudinis, ducuntur uxores : multo melius servus fidelis dispensat, obediens auctoritati domini, et [f] dispositioni ejus obtemperans, **315** quam uxor, quæ in eo se existimat dominam, si adversum viri faciat voluntatem, id est, quod placet, non quod jubetur. Assidere autem ægrotanti magis possunt amici, et vernulæ beneficiis obligati, quam illa quæ nobis imputat [*Al.* imputet] lacrymas suas, et hæreditatis spe ven-

dit [*Al.* vendas] illuviem, et sollicitudinem jactans, languentis animum desperatione conturbat. Quod si ipsa languerit, coægrotandum est, et numquam ab ejus lectulo recedendum. Aut si bona fuerit et suavis uxor (quæ tamen g rara avis est), cum parturiente gemimus, cum periclitante torquemur. Sapiens autem numquam solus esse potest. Habet secum omnes qui sunt, qui umquam fuerunt boni, et animum liberum quocumque vult, transfert. Quod corpore non potest, cogitatione complectitur. Et si hominum inopia fuerit, loquitur cum Deo. [h] Numquam minus solus erit, quam cum solus erit. Porro liberorum causa uxorem ducere, ut vel nomen nostrum non intereat, vel habeamus senectutis præsidia, et certis utamur hæredibus, stolidissimum est. Quid enim ad nos pertinet recedentes e mundo, si nomine nostro [i] alius nominetur : cum et filius non statim patris vocabulum referat, et innumerabiles sint, qui eodem appellentur nomine? Aut quæ senectutis auxilia sunt, enutrire domi, qui aut prior te forte moriatur, aut perversissimis sit moribus? Aut certe cum ad maturam ætatem venerit, tarde ei videaris mori? Hæredes autem meliores et certiores amici sunt et propinqui, quos judicio deligas, quam quos, velis, nolis, habere cogaris. Licet certior hæreditas sit ; dum advivis, bene abuti substantia tua, quam tuo labore quæsita in incertos usus relinquere. »

48. *Omnia mala ex mulieribus. Epicurus voluptatis assertor. Jovis Gamelius et Genethlius.* — Hæc et hujuscemodi Theophrastus disserens, quem non suffundat Christianorum, quorum conversatio est in cœlis, qui quotidie dicunt : *Cupio dissolvi, et esse cum Christo* (Philipp. I, 23)? Hæredem nimirum desiderabit hominem, cohæres Christi? et optabit liberos, nepotumque serie delectabitur, quos forsitan sit occupaturus Antichristus ; cum legamus Moysen et Samuelem filiis suis alios **316** prætulisse ; nec putasse liberos, quos videbant Domino displicere? Cicero rogatus ab Hirtio, ut post repudium Terentiæ, sororem ejus duceret, omnino facere supersedit, dicens, non posse se uxori et philosophiæ pariter operam dare. Illa interim conjux egregia, et quæ de fontibus Tullianis hauserat sapientiam, nupsit Sallustio inimico ejus, et tertio Messalæ Corvino, et quasi per quosdam gradus eloquentiæ devoluta est. Socrates Xantippen et Myron neptem Aristidis, duas habebat uxores. Quæ cum crebro inter se jurgarentur, et ille eas irridere esset solitus, quod propter se fœdissimum hominem, simis naribus, recalva [*Mss.*

---

[a] Erat *Adde quoniam*, renuentibus mss.
[b] Mss. omnes cum veteri quoque editione *servus paternus*, *alumnus*, etc. Mox pro *exsectus* erat *exectus*.
[c] Pro *aruspices* uno consensu habent mss. et vetus editio *aurifices*.
[d] Publ. Minus, *Difficile custoditur quod multis placet*.
[e] Illud *vel aliquando* in duobus mss. non habetur, et *Gravius* respuit.
[f] Minus bene erat *dispensationi* contra mss. omnium fidem.
[g] Penes Abælardum qui hunc locum laudat, *quæ rara, aut vix est*.
[h] Publium Scipionem *dicere solitum scripsit Cato, numquam se minus otiosum esse, quam cum otiosus ; nec minus solum, quam cum solus esset.* Cicer. lib. III Offic. initio. Vide et Plutarchum in Apophthegmatis.
[i] Mss., *alius non vocatur, cum et filius*, etc. Paulo infra Casanatensis, *cum ad maturam ætatem veneris, tarde*, etc.

recurva] fronte, pilosis humeris, et repandis cruribus, disceptarent : novissime verterunt in eum impetum, et male mulctatum fugientemque diu persecutæ sunt. Quodam autem tempore cum infinita convicia ex superiori loco ingerenti Xantippæ restitisset, aqua perfusus immunda, nihil amplius respondit, quam capite deterso: Sciebam, inquit, futurum, ut ista tonitrua imber sequeretur. L. Syllæ (*Vid. Plutarchum in Sylla*), Felicis (si non habuisset uxorem) Metella conjux palam erat impudica : et (quia novissimi mala nostra discimus) id Athenis cantabatur, et Sylla ignorabat; secretaque domus suæ primum hostium convicio didicit. Cn Pompeio (*Vid. eumdem in Pompeio*) Mutiam uxorem impudicam, quam Pontici spadones, et Mithridaticæ ambiebant catervæ, cum eum putarent cæteri scientem pati, indicavit in expeditione commilito, et victorem totius orbis tristi nuntio consternavit. M. Cato Censorius habuit uxorem Actoriam Paulam, humili loco natam, [a] vinolentam, impotentem, et (quod nemo posset credere) Catoni superbam. Hoc ideo dico, ne quis putet, si pauperem duxerit, satis se concordiæ providisse. Philippum regem Macedonum, contra quem Demosthenis Philippicæ tonant, introeuntem ex more cubiculum uxor exclusit irata : qui exclusus tacuit, et injuriam suam versu tragico consolatus est. [b] Gorgias Rhetor librum pulcherrimum de concordia Græcis tunc inter se dissidentibus recitavit Olympiæ. Cui Melanthius inimicus ejus : Hic nobis, inquit, de concordia præcipit, qui se et uxorem et ancillam tres in una domo concordare non potuit. Æmulabatur 317 quippe uxor ejus ancillulæ pulchritudini, et castissimum virum quotidianis jurgiis exagitabat. Totæ Euripidis Tragœdiæ in mulieres maledictæ sunt. Unde et [c] Hermione loquitur : *Malarum me mulierum decepere consilia.* In Lepti urbe semibarbara, et posita in solitudine, moris est ut nurus altera die socrum ollam mutuam [*Al.* mutuum] postulet. Cui illa statim negat : ut scias illud verum esse Terentii, quod consulto ambigue extulit : *Quid est hoc? omnes socrus oderunt nurus.* [d] Legimus quemdam apud Romanos nobilem, cum eum amici arguerent, quare uxorem formosam et castam et divitem repudiasset, protendisse pedem, et dixisse eis : « Et hic soccus quem cernitis, videtur vobis novus et elegans : sed nemo scit præter me ubi me premat. » Scribit Herodotus, [e] quod mulier cum veste deponat et verecundiam. Et noster Co-

micus fortunatum putat, qui uxorem numquam duxerit. Quid referam Pasiphaen, Clytemnestram, et Eriphylam : quarum prima deliciis diffluens, quippe regis uxor, tauri dicitur expetisse concubitus : altera occidisse virum ob amorem adulteri : tertia prodidisse Amphiaraum, et saluti viri monile aureum prætulisse. Quidquid Tragœdiæ tument, et domos, urbes, regnaque subvertit, uxorum pellicumque contentio est. Armantur parentum in liberos manus : nefandæ apponuntur epulæ : et propter unius muliereulæ raptum, Europa atque [f] Asia decennali bello confligunt. Quasdam repudiatas, altero nuptiarum die, statim nupsisse legimus. Uterque reprehendendus maritus, et cui tam cito displicuit, et cui tam cito placuit. Epicurus voluptatis assertor (quamquam Metrodorus discipulus ejus Leontiam [*Al.* Leontium] habuerit uxorem) raro dicit sapienti incunda conjugia, quia multa incommoda admixta sunt nuptiis. Et quomodo divitiæ et honores et corporum sanitates, et cætera quæ indifferentia nominamus, nec bona nec mala sunt; sed velut in meditullio posita, 318 usu et eventu vel bona, vel mala fiunt : ita et uxores sitas in bonorum malorumque confinio. Grave autem esse viro sapienti venire in dubium, utrum bonam, an malam ducturus sit. Ridicule Chrysippus ducendam uxorem sapienti præcipit, ne Jovem Gamelium et Genethlium violet. Isto enim modo apud Latinos ducenda uxor non erit, quia Jovem non habent Nuptialem. Quod si deorum, ut putat [*Al.* putant], nomina, vitæ hominum præjudicant, offendet ergo Statorem Jovem, qui libenter sederit.

49. *Unde hausit quæ de nuptiis dixit. Muliebrium virtutum principatus pudicitia.* — Scripserunt Aristoteles et Plutarchus et noster Seneca de matrimonio libros, ex quibus et superiora nonnulla sunt, et ista quæ subjicimus : Amor formæ, rationis oblivio est, et insaniæ proximus : fœdum minimeque conveniens animo sospiti vitium. Turbat consilia, altos et generosos spiritus frangit, a magnis cogitationibus ad humillimas detrahit ; querulos, iracundos, temerarios, dure imperiosos, serviliter blandos, omnibus inutiles, ipsi novissime amori facit. Nam cum fruendi cupiditate insatiabilis flagrat, plura tempora suspicionibus, lacrymis, conquestionibus perdit : odium sui facit, et ipse [g] novissime sibi odio est. Tota amoris insectatio apud Platonem (*In Phædro*) exposita est ; et omnia ejus incommoda Lysias ex-

---

[a] Illud *vinolentam* Casanatensis non habet : duo alii mss. *violentam* legunt, et pro *impotentem* vetus editio *mentis impotem.*

[b] Mendose erat *Georgias.*

[c] Notatum in Andromacha Tragœdia hanc esse sententiam κακῶν γυναικῶν εἴσοδοι μ' ἀπωλέσαν.

[d] Refert ex Plutarchi libro de nuptialibus præceptis Strobæus Serm. 72 : Ὁ Ῥωμαῖος, ὑπὸ τῶν φίλων νουθετούμενος, ὅτι σώφρονα γυναῖκα καὶ πλουσίαν, καὶ ὡραίαν ἀπεπέμψατο. τὸ καλίδιον αὐτοῖς προτείνας, Καὶ γὰρ τοῦτο, ἔφη, καλὸν ἰδεῖν καὶ καινόν, ἀλλ' οὐδεὶς οἶδεν ὅπου με θλίβει.

[e] Non septimo, ut notatum est aliis, sed primo libro, cap. 8, hæc scribit Herodotus ex Gygis ore ad Candaulem : Ἅμα δὲ χιθῶνι ἐκδυομένῳ συνεκδύεται καὶ τὴν αἰδῶ γυνή, *Mulier, exuta tunica, verecundiam exuit.* S. quoque Cyprianus de disciplina Virginum, *Verecundia illic omnis exuitur, simul cum amictu vestis honor corporis ac pudor ponitur.* Mox plurium numero legitur in Casanatensi *Pasiphaes, Clytemnestras, Eriphylas*, etc.

[f] Mss. cum veteri edit., *Europæ atque Asiæ decennalia bella confligunt.*

[g] Veronensis et Cisterciensis, *novissime odium est;* Casanatens., *novissimum odium est.*

plicat, quod non judicio, sed furore ducatur : et maxime uxorum pulchritudini gravissimus custos accubet. Refert praeterea Seneca, cognovisse se quemdam ornatum hominem, qui exiturus in publicum, fascia uxoris pectus colligabat, et ne puncto quidem horae praesentia ejus carere poterat : potionemque nullam, nisi alternis [*Al.* alterius] tactam labris vir et uxor hauriebant : alia deinceps non minus inepta facientes, in quae improvida vis ardentis affectus erumpebat. Origo quidem amoris honesta erat, sed magnitudo deformis. Nihil autem interest, quam ex honesta causa quis insaniat. Unde et [a] Xystus in sententiis : Adulter est, inquit, in suam uxorem amator ardentior. In aliena quippe uxore omnis amor turpis est, in sua nimius. Sapiens vir judicio debet amare conjugem, non affectu. Regat [*Al.* reget] impetus voluptatis, nec praeceps feretur [*Al.* feratur] in coitum. Nihil est foedius quam uxorem amare quasi adulteram. Certe qui dicunt se causa reipublicae, et generis humani, uxoribus jungi, et liberos tollere, imitentur saltem pecudes, et postquam uxorum venter intumuerit, non perdant filios; nec amatores uxoribus se exhibeant, sed maritos. Quorumdam matrimonia adulteriis cohaeserunt : et, o rem improbam, iidem [b] illis pudicitiam praeceperunt, qui abstulerant. Itaque cito ejusmodi nuptias satietas solvit. Cum primum lenocinium libidinis abscessit; quod libebat, eviluit. [c] Nam quid, ait Seneca, de viris pauperibus dicam, quorum in nomen mariti, ad eludendas leges quae contra coelibes latae sunt, pars magna conducitur? Quomodo potest regere mores et praecipere castitatem, et mariti auctoritatem tenere, qui nupsit? Doctissimi viri vox est, pudicitiam in primis esse retinendam, qua amissa, omnis virtus ruit. In hac muliebrium virtutum principatus est. Haec pauperem commendat, divitem extollit, deformem redimit, exornat pulchram : bene meretur de majoribus, quorum sanguinem furtiva sobole non vitiat : bene de liberis, quibus nec de matre erubescendum, nec de patre dubitandum est : bene in primis de se, quam a contumelia externi [*Al.* exteri] corporis vindicat. Captivitatis nulla major calamitas est, quam ad alienam libidinem trahi. Viros consulatus illustrat : eloquentia in nomen aeternum effert : militaris gloria triumphusque novae gentis consecrat. Multa sunt, quae praeclara ingenia nobilitent. Mulieris virtus proprie pudicitia est. Haec Lucretiam Bruto aequavit, nescias an et praetulerit : quoniam Brutus non posse servire a femina didicit. Haec aequavit Corneliam Graccho : haec Porciam alteri Bruto. Notior est marito suo Tanaquilla. Illum inter multa regum nomina jam abscondit antiquitas. Hanc rara inter feminas virtus, altius saeculorum omnium memoriae, quam ut excidere possit, infixit. Imitentur ergo nuptae [d] Theano, Cleobulinam, Gorgunten, Timocliam, Claudias, atque Cornelias; et cum Apostolum malis mulieribus digamiam viderint ignoscentem, legant antequam religio nostra fulgeret in mundo, unicubas semper habuisse inter matronas decus; per illas Fortunae muliebri sacra fieri solitum : nullum sacerdotem digamum, nullum [e] Flaminem bimaritum : Hierophantas quoque Atheniensium usque hodie cicutae sorbitione castrari, et postquam in pontificatum fuerint allecti, viros esse desinere.

---

[a] Plerique omnes mss. *Sextus*. Vid. quae in epist. 155, pag. 124, annotavimus. Concinit ejus sententiae dictum de Othone :

Uxoris moechus coeperat esse suae.

Mox Gravius sic legi mavult : *In alienam quippe uxorem omnis amor turpis; in suam nimius, turpissimus.*

[b] Vetus edit. fortasse verius *iidem illi*. Mox in Veronensi et Cisterciensi mss., *cum primum lenocinium abscessit, timor quod licebat*, etc. Casanatensis, *tumor quod licebat;* fortasse est emendandum, *tunc omne quod*, etc.

[c] Alias, *Nam quid ait Seneca? De viris*, inquit, *pauperibus dicam*, etc. Martianaeus mendose sub ipsa interrogandi nota *Nam quod, ait*, etc. Deinde Casanatensis *in omen mariti* pro *nomen*, etc.

[d] Mss. *Theanum* : sed θεάνω Graece indeclinabiliter. De ipsa vero sapientissima Pythagorae uxore, deque aliis illustribus feminis, vid. Plutarchum in fine Γάμιx. Polyaenum lib. II Stratag. pro *Cleobulina* mendose in Chronico est *Deubulina*.

[e] Casanatensis *nullam Sacerdotem bigamam*. De Hierophantis et cicutae sorbitione, immo verius admotione masculis partibus vid. Origenem lib. VII, contra Celsum. Caeterum ex Tertulliano, ex quo pleraque alia Hieronymus mutuatus est, hanc quoque expressit periodum, ubi de Monogamia, cap. ultimo, *Fortunae*, inquit, *muliebri coronam non imponit, nisi univira.... Pontifex Maximus, et Flaminica nubunt semel*, etc. Porro Flaminem innui Dialem a Hieronymo intellige, ut notum ex A. Gellio lib. X, c. 15, ubi plures Flaminicas Diales leges commemorat.

LIBER SECUNDUS.

1. *Secunda propositio Joviniani.* — Secunda propositio est, eos qui fuerint baptizati, a diabolo non posse tentari. Et ne hoc stulte dicere videretur, adjecit : « Quicumque autem tentati fuerint, ostendi [*Al.* ostendit] eos aqua tantum, et non spiritu baptizatos, quod in Simone Mago legimus. Unde et Joannes dicit : *Omnis qui natus est ex Deo, peccatum non facit : quoniam semen ipsius in eo manet : et non potest peccare, quia ex Deo natus est. Et in hoc manifesti fiunt* [Mss. *sunt*] *filii Dei, et filii diaboli* (1 Joan. III, 9). *Et in fine Epistolae : Omnis qui natus est ex Deo non peccat; sed generatio Dei conservat eum; et malignus non tangit eum* (1 Joan. V, 18).

2. *Hieronymus. Peccatum fugat Christum et inducit diabolum.* — Revera fortis objectio, et quae indissolubilis permaneret, nisi ipsius Joannis testimo-

nio solveretur. Statim enim intulit: *Filioli, custodite vos a simulacris* (I Joan. v, 21). Si omnis qui natus est ex Deo non peccat, et a diabolo tentari non potest, quomodo præcipit ut caveant ne tententur? Et in eadem rursus Epistola: *Si dixerimus, quia* [Al. *quoniam*] *peccatum non habemus, ipsi nos seducimus, et veritas in nobis non est. Si confiteamur peccata nostra, fidelis et justus est, ut remittat nobis peccata, et mundet* [Al. *emundet*] *nos ab omni iniquitate. Si dixerimus, quia non peccavimus, mendacem facimus eum, et verbum ejus non est in nobis* (I Joan. 1, 8 seqq.). Existimo [*Al.* æstimo] quod Joannes baptizatus ad baptizatos scripserit, et quod omne peccatum a diabolo sit. Ille peccatorem se confitetur, et sperat remissionem, post baptisma, peccatorum : et Jovinianus meus dicit : *Ne tangas me, quoniam mundus sum* (Isai. LXV, juxta LXX). Quid ergo? contraria sibi Apostolus loquitur? Minime. In eodem quippe loco cur hoc dixerit, statim edisserit : *Filioli mei, hæc scribo vobis, ut non peccetis. Sed et si quis peccaverit, advocatum habemus apud Patrem Jesum Christum justum, et ipse est propitiatio pro peccatis nostris. Non pro nostris autem tantum, sed etiam pro totius mundi. Et in hoc scimus, quod cognovimus eum, si mandata ejus observemus. Qui dicit se nosse eum, et mandata ejus non custodit, mendax est, et in eo veritas non est. Qui autem servat verbum ejus, vere in hoc charitas Dei perfecta est. In hoc scimus, quoniam in ipso sumus. Qui dicit se in ipso manere, debet sicut ille ambulavit, et ipse ambulare* (I Joan. II, 1 seqq.). Propterea, inquit, scribo vobis, filioli mei : *Omnis qui natus est ex Deo, non peccat, ut non peccetis, et tamdiu sciatis vos in generatione Domini permanere, quamdiu non peccaveritis.* Immo qui in generatione Domini perseverant, peccare non possunt. *Quæ enim communicatio luci et tenebris? Christo et Belial* (II Cor. VI, 14)? Quomodo dies et nox misceri nequeunt : sic nec justitia et iniquitas, peccatum et bona opera, Christus et Antichristus. Si susceperimus Christum in hospitio nostri pectoris [*Al.* corporis], illico fugamus [*Al.* fugabimus] diabolum. Si peccaverimus, et per peccati januam ingressus fuerit diabolus, protinus Christus recedet. Unde et David post peccatum : *Redde mihi,* ait, *lætitiam salutaris tui* (Ps. L, 14) : scilicet quam peccando amiserat. *Qui dicit se nosse eum, et mandata ejus non custodit, mendax est, et in hoc veritas non est* (Joan. II, 4). Christus veritas appellatur : "*Ego sum,* inquit, *via et vita et veritas* (Joan. XIV, 6). Frustra nobis in eo plaudimus [*Al.* applaudimus], cujus mandata non facimus. Scienti bonum, et non facienti illud, peccatum est. *Quomodo corpus sine spiritu mortuum est, sic et fides sine operibus mortua est.* Nec grande putemus unum Deum nosse, cum et dæmones credant et contremiscant. *Qui dicit se in ipso manere, debet sicut ille ambulavit, et ipse ambulare* (I Joan. 1, 6). Eligat adversarius e duobus quod vult : optionem ei [*Al. enim*] damus. Manet in Christo, an non manet? Si manet, ita ergo ambulet ut Christus. Si autem temerarium est similitudinem virtutum Domini polliceri, non manet in Christo, quia non ingreditur ut Christus. Ille peccatum non fecit, neque inventus est dolus in ore ejus, qui cum malediceretur, non remaledixit (I Petr. II, 22), et tamquam agnus coram tondente sic non aperuit os suum (Isai. LIII, 9) : ad quem venit princeps mundi istius, et invenit in eo nihil : qui cum peccatum non fecisset, pro nobis peccatum eum fecit Deus (I Joan. III, 5). Nos autem juxta Epistolam Jacobi, *multa peccamus omnes, et nemo mundus a peccatis, nec si unius quidem diei fuerit vita ejus* (Jacob. III, 2) : *Quis enim gloriabitur castum se habere cor? aut quis confidet mundum se esse a peccatis? Tenemurque rei in similitudinem prævaricationis Adam* (Prov. XX, 9). Unde et David : *Ecce,* ait, *in iniquitatibus conceptus sum, et in delictis* ᵇ *concepit me mater mea* (Psal. L, 7). Et beatus Job : *Si fuero justus, os meum impia loquetur; et si sine crimine, pravus inveniar. Et si purificatus in nive et lotus mundis manibus, satis me sorde tinxisti, et exsecratum est me vestimentum meum* (Job. XIV, juxta LXX, et IX). Verum ne penitus desperemus, arbitrantes nos post peccata baptismi non posse salvari, statim hoc ipsum temperat : *Et si quis peccavit, advocatum habemus apud Patrem Jesum Christum justum, et ipse est propitiatio pro peccatis nostris. Non pro nostris autem tantum, sed etiam pro totius mundi* (I Joan. II, 1). Hoc ad credentes post baptisma loquitur, et advocatum pro delictis eorum Dominum pollicetur. Nec dicit : Si quid peccaveritis, advocatum habetis apud Patrem Christum, et ipse est propitiatio pro peccatis vestris ; ne eos diceres, non plena fide baptisma consecutos : sed *Advocatum,* inquit, *habemus* ᶜ *apud Patrem Jesum Christum, et ipse est propitiatio pro peccatis nostris; et non solum pro Joannis, illorumque peccatis; sed etiam pro totius mundi.* In toto autem mundo et Apostoli sunt omnesque credentes. Ex quibus liquido comprobatur, post baptisma posse peccari. Frustra enim habemus advocatum Jesum Christum, si peccari non potest.

3. *Error Montani et Novati damnatur. Liberi arbitrii sumus conditi. Nova imperitiæ factio.* — Petrus Apostolus, ad quem dictum fuerat : *Qui lotus est, non necesse habet ut iterum lavet* (Joan. XIII, 10); et, *Tu es Petrus, et super hanc petram ædificabo Ecclesiam meam* (Matth. XVI, 18) : ab ancilla perterritus negat. Et ipse Dominus : *Simon, Simon, ecce,* inquit,

---

ᵃ Addit vetus editio *immo est.* In subsequenti Joannis versiculo voces *et vita* ex mss. omnibus et Victorio supplevimus. Leviora alia nonnulla supra atque infra emendamus.

ᵇ Duo mss. *peperit me,* sed Græcus ἐκίσσησέ με. Paulo post Casanatensis *et exsecratum est vestimentum meum, absque me.*

ᶜ Verba *apud Patrem* Martianæus omiserat : tum Casanatensis pro *Joannis, illorumque peccatis, quibus scribit; sed etiam,* etc. Victorius maluit *aliorumque tantum.*

Satanas postulavit vos, ut cribraret sicut [Al. quasi] triticum. Ego autem rogavi pro te, ne [Al. ut non] deficeret fides tua (Matth. xvi, 26). Et in eodem loco : Vigilate et orate, ne intretis in tentationem : spiritus quidem promptus est, caro autem infirma. Quod si ante crucem dictum responderis, certe post crucem in Oratione Dominica dicimus : **324** Dimitte nobis debita nostra, sicut et nos dimittimus debitoribus nostris ; et ne nos inducas in tentationem, sed libera nos a malo (Matth. vi, 12). Si non peccamus post baptisma, cur nobis poscimus peccata dimitti, quæ in baptismate jam dimissa sunt? Quid oramus ne intremus in tentationem, et ut liberemur a malo, si diabolus tentare non potest jam baptizatos? Aliud autem est, si ad catechumenos hæc oratio pertinet, et non convenit fidelibus et Christianis. Paulus electionis vas castigat corpus suum, et in servitutem redigit, ne aliis prædicans, ipse reprobus inveniatur (I Cor. ix): Et datus est mihi, inquit, [a] stimulus carnis, angelus Satanæ, qui me colaphizet (II Cor. xii, 7). Et ad Corinthios : Timeo, inquit, ne sicut serpens decepit Evam in astutia sua, ita corrumpantur sensus vestri a simplicitate quæ est in Christo (II Cor. xi, 3). Et alibi : Cui autem aliquid donastis, et ego. Nam et ego quod donavi, si quid donavi, propter vos, in persona Christi, ut non circumveniamur a Satana. Non enim ejus ignoramus astutias (II Cor. ii, 10, 11). Et rursum : Tentatio vos non apprehendat, nisi humana. Fidelis autem Deus, qui non dimittet vos tentari supra id quod potestis ; sed faciet cum tentatione [b] etiam proventum, ut possitis sustinere (I Cor. x, 13). Et, Qui sibi videtur stare, videat ne cadat. Et ad Galatas (Galat. v, 7) : Currebatis bene, quis vos impedivit veritati non obedire? Et alibi : Voluimus [Al. volumus] venire ad vos : ego quidem Paulus, et semel et iterum, sed impedivit nos Satanas (I Thess. ii, 18). Et ad maritos : Et iterum revertimini ad idipsum, ne tentet vos Satanas propter incontinentiam vestram (I Cor. vii, 5). Et rursum : Dico autem, spiritu ambulate, et desideria carnis non perficietis. Caro enim concupiscit adversus spiritum, et spiritus adversus carnem : hæc enim invicem adversantur sibi, ut non quæ vultis illa faciatis (Gal. v, 16, 17). Ex utroque compacti, necesse est, ut utriusque contra se substantiæ bella patiamur. Et ad Ephesios : Non est nobis pugna [Al. colluctatio] adversus carnem et sanguinem, sed adversus [c] principatus, et potestates, adversus rectores tenebrarum istarum, adversus spiritualia nequitiæ in cœlestibus (Ephes. vi,

12). Et existimat aliquis securos, et dormientes **325** nos esse debere post baptismum? Necnon ad Hebræos : Impossibile est enim eos qui semel sunt illuminati, et gustaverunt donum cœleste, et participes facti sunt Spiritus sancti, gustaveruntque nihilominus bonum Dei verbum, virtutesque sæculi futuri, et prolapsi sunt, renovari iterum ad pœnitentiam, rursum crucifigentes sibimetipsis Filium Dei, et ostentui habentes (Hebr. vi, 4 et seqq.). Certe eos qui illuminati sunt, et gustaverunt [d] donum cœleste, et participes facti sunt Spiritus sancti, gustaveruntque bonum Dei verbum, negare non possumus baptizatos. Si autem baptizati peccare non possunt, quomodo nunc Apostolus dicit, Et prolapsi sunt? Verum ne Montanus, et Novatus hic rideant, qui contendunt non posse renovari per pœnitentiam eos qui crucifixerunt sibimet Filium Dei, et ostentui habuerunt; consequenter hunc errorem solvit, et ait : Confidimus autem de vobis, dilectissimi, meliora et viciniora saluti, tametsi ita loquimur. Non enim injustus est Deus, ut obliviscatur [e] operis vestri, et dilectionis, quam ostendistis in nomine ipsius, qui ministrastis sanctis, et nunc ministratis (Hebr. ix, 10). Et revera grandis injustitia Dei, si tantum peccata puniret, et bona opera non susciperet. Ita locutus sum, inquit Apostolus, ut vos a peccatis retraherem, et desperationis metu facerem cautiores. Cæterum confido de vobis, dilectissimi, meliora et viciniora saluti. Neque enim justitiæ Dei est, ut obliviscatur bonorum operum, et ministerii quod propter nomen ejus exhibuistis, et exhibetis in sanctos, et tantum meminerit peccatorum. Sed et apostolus Jacobus sciens baptizatos posse tentari, et propria corruere voluntate : Beatus, ait, vir qui suffert tentationem, quia cum probatus fuerit, accipiet coronam vitæ, quam repromisit Deus diligentibus se (Jacob. i, 12). Ac ne putaremus secundum illud Geneseos, ubi scribitur Abraham a Deo fuisse tentatum, nos quoque tentari a Deo (Genes. xxii) : Nemo, inquit, cum tentatur, dicat, quoniam a Deo [f] tentor. Deus enim intentator malorum est, ipse autem neminem tentat. Unusquisque vero tentatur a concupiscentia sua abstractus et illectus. Dehinc concupiscentia cum conceperit, parit peccatum: peccatum autem cum consummatum **326** fuerit, generat mortem (Jacob. i, 13 et seqq.). Liberi arbitrii nos condidit Deus, nec ad virtutes, nec ad vitia necessitate trahimur. Alioquin [g] ubi necessitas, nec corona est. Sicut in bonis operibus perfector est Deus, non est

veniuntur.

[a] Vetustiores duo mss. non habent verba stimulus carnis, quæ sunt equidem hodienum etiam in Græco textu, σκόλοψ τῇ σαρκί ; sed olim a quibusdam exemplaribus abfuisse, indicio est vetus Æthiopica versio, quæ illa non agnoscit. In subsequenti versiculo mss. omnes habent ne forte sicut serpens, etc. Græc. μή πως : rursus ita desideratur. Denique inferius verba si quid donavi non agnoscunt, eadem versione Æthiopica suffragante.

[b] Veronensis ms. et eventum. Gr. ἔκβασιν : paulo post, illud revertimini desideratur, quemadmodum et infra verbum concupiscit, cum sequenti enim, quæ in nullis Hieronymianis exemplaribus in-

[c] Antea erat principes, renuentibus mss. Mox Casanaten-is, et dormientes esse post baptisma.

[d] Amovimus hinc Dei nomen ex fide cod. Veronensis et Victorii auctoritate.

[e] Martian. post Erasm. addunt hic boni contra mss. fidem, ipsamque Victorii emendationem.

[f] Casanatensis cum Vulgata tentatur.

[g] Ubi necessitas, nec corona est. Falso addiderunt libri ante nos, nec damnatio, etc. S. Germani codex ms. legit interrogative. Alioquin ubi necessitas, ubi corona est? Martian. —Nescio an verius addunt veteres editi nec damnatio.

enim volentis, neque currentis, sed miserentis et [a] adjuvantis Dei, ut pervenire valeamus ad calcem: sic in malis atque peccatis, semina nostra sunt incentiva, et perfectio diaboli. Cum viderit nos super fundamentum Christi ædificare [*Al.* ædificasse] fenum, ligna, stipulam, tunc supponit incendium. Ædificemus ergo aurum, argentum, lapides pretiosos, et tentare non audebit : quamquam et in hoc non sit certa et secura possessio. Sedet quippe leo in insidiis et in occultis, ut interficiat innocentem. *Et vasa figuli probat fornax, homines autem justos* [b] *tentatio tribulationis*. Et in alio loco scribitur: *Fili, accedens ad servitutem Dei, præpara te ad tentationem* (*Eccli.* xxvii, 6; ii, 1). Rursum idem Jacobus loquitur : *Estote factores verbi, et non auditores tantum. Si quis auditor est* [c] *verbi, et non factor, iste similis est viro, qui consideral vultum nativitatis suæ in speculo. Consideravit illud, et statim recedens oblitus est, qualis sit* (*Jacob.* 1, 22 *et seqq.*). Frustra monuit, ut jungerent opera fidei, si post baptisma peccare non poterant. *Qui totam legem*, inquit, *servaverit, et peccaverit in uno, factus est omnium reus* (*Jacob.* ii, 10). Quis nostrum absque peccato ? *Conclusit Deus omnia sub delicto, ut omnibus misereatur* (*Rom.* xi, 12). Petrus quoque, (II *Pet.* ii, 9), *Novit*, inquit, *Dominus pios de tentatione eripere* [*Al.* eruere]. Et de falsis doctoribus : *Hi sunt fontes sine aqua, et nebulæ turbinibus exagitatæ, quibus caligo tenebrarum reservatur. Superba* [*Al.* Superbia] *enim vanitatis loquentes pelliciunt* [*Al.* pellicit] *in desideriis carnis luxuriæ, eos qui paululum effugerant, et ad errorem reversi sunt* (*Ibid.* xvii, 18). Nonne tibi videtur, pinxisse sermo Apostolicus novam imperitiæ factionem ? Aperiunt enim quasi fontes scientiæ, [d] quia quem non habent, doctrinarum promittunt imbrem, velut nubes propheticæ, ad quas perveniat veritas Dei, et turbinibus exagitantur dæmonum atque vitiorum. Loquuntur grandia, et totus eorum sermo superbia est: *Immundus est autem apud Deum omnis qui exaltat cor suum* (*Proverb.* xvi, *juxta* LXX). Ut qui paululum refugerant a peccatis, ad suum 327 revertantur errorem ; et suadent in luxuria, ciborum carnisque [e] delicias. Quis enim non libenter audiat [*Al.* audient] : Manducemus et bibamus, et in æternum regnabimus ? Sapientes et prudentes, pravos vocant : eos vero qui dulces sunt in sermonibus, plus audiunt. Joannes Apostolus, immo in Joanne Salvator scribens Angelo Ephesi Ecclesiæ : *Scio*, inquit, *opera tua, et laborem et patientiam tuam, et quia sustinuisti propter nomen meum, et non defecisti : sed habeo adversus te, quod charitatem tuam primam reliquisti. Memor esto unde cecideris, et age pœnitentiam; et prima opera fac. Sin autem, véniam tibi, et movebo candelabrum tuum de loco, nisi pœnitentiam egeris* (*Apoc.* ii, 2 et seqq.). Similiter et cæteras Ecclesias, Smyrnam, Pergamum, Thyatiram, Sardis, Philadelphiam, Laodiciam ad pœnitentiam provocat, et nisi revertantur ad opera pristina, comminatur. Et in Sardis paucos habere se dicit, qui *non coinquinaverunt* [*Al.* coinquinaverint] *vestimenta sua; et ambulaturi sunt* [*Al.* sint] *cum eo in albis, quia digni sunt*. Cui autem dicit [*Al.* scribit] : *Memento unde cecideris. Et, Ecce missurus est diabolus ex vobis in carcerem, ut tentemini*. Et, *Scio ubi habitas, ubi sedes est Satanæ*. Et, *In mente habe, qualiter acceperis, et audieris, et serva, et pœnitentiam age*, et reliqua utique ei dicit qui credidit, et baptizatus est, et stans quondam, corruit per delictum.

4. *Omnes retro sancti ejusdem meriti, cujus nunc Christiani. Salomon amore mulierum a Deo discessit. Jesus Josedech typus Salvatoris. Angeli possunt recipere peccatum.* — Paulisper de veteri Testamento exempla distuleram ; quia solent ubicumque contra eos facit, dicere, *Lex et Prophetæ usque ad Joannem* (*Matth.* ii). Cæterum quis ignorat sub altera [*Al.* alta] dispensatione Dei, omnes retro sanctos ejusdem fuisse meriti, cujus nunc Christiani sunt? Quomodo ante Abraham placuit in conjugio; sic nunc virgines placent in perpetua castitate. Servivit ille legi et tempori suo ; [f] serviamus et nos Evangelio et tempori nostro, in quos fines sæculorum decurrerunt (1 *Cor.* x,). David electus secundum cor Domini (1 *Reg.* xiii), qui omnes ejus fecerat voluntates, et qui in quodam Psalmo dixerat : *Judica me, Domine, quoniam ego in innocentia mea ingressus sum, et in Domino sperans non infirmabor. Proba me, Domine, et tenta me, ure renes* 328 *meos, et cor meum* (*Ps.* xxv, 1, 2), postea tentatur a diabolo, et post peccatum pœnitens loquitur : *Miserere mei, Deus, secundum magnum misericordiam tuam* (*Psal.* l, 1). Magnum peccatum magna deleri vult misericordia. Salomon, amabilis Domini, et cui bis Deus fuerat revelatus ; quia amator mulierum fuit, a Dei amore discessit. Manassen impiissimum regem post captivitatem Babylonicam, in pristinam dignitatem Liber Dierum (*Paralipomena*) restitutum refert. Et Josias vir sanctus, in campo Mageddo ab Ægyptio rege confoditur. Jesus quoque filius Josedech, sacerdos magnus, quamquam in typo præcesserit Salvatoris, qui nostra peccata portavit, et alienigenam sibi ex gentibus Ecclesiam copulavit, tamen secundum litteram post sacerdotium sordidatus inducitur, et stat dia-

---

[a] *Adjuvantis Dei, ut pervenire.* Eamdem sententiam legimus initio Prologi sancti Patris nostri Benedicti in Regulam suam : *In primis,* inquit, *ut quidquam agendum inchoas bonum, ob eo perfici instantissima oratione deposcas.* Hic in bonis operibus perfector est Deus. Videant nunc Theologi nostri, ne sanctorum verba detorqueant in proprios sensus ; sed pura ac simplice fide interpretentur, non declinantes neque ad dexteram, neque ad sinistram. Martian.

[b] Veronensis cum vet. edit. *ut in occultis interficiat.* Paulo post alii mss. *tentatio et tribulationes.*
[c] Martian. post Erasm. omittunt hic *verbi.*
[d] Victorius, *qui aquam non habent doctrinarum.*
[e] Mss. omnes *deliciis.* Mox pro *pravos,* olim *parvos* erat. Gravius legendum suspicatur *patruos,* erat enim antea *Sapienter prudentes.*
[f] Casanatensis cum Veronensi, *serviamus et nos legi et tempori nostro.*

bolus a dextris ejus; et candida illi vestimenta deinceps reddantur. Superfluum est de Moyse et Aaron scribere, quod ad aquam contradictionis offenderint Deum, et terram repromissionis non intraverint: cum beatus Job Angelos quoque et omnem creaturam peccare posse commemoret, dicens: *Quid enim, numquid homo* [a] *coram Deo mundus est? Aut in operibus suis sine macula vir? Si contra servos suos non credit: et adversum Angelos suos pravum quid reperit; quanto magis habitantes in domibus luteis* (*Job.* IV, 17 et seqq.), *de quibus et nos ex eodem luto sumus! Tentatio est vita hominis super terram* (*Job.* VII, 1). Et cecidit Lucifer, qui mittebat ad universas nationes. Et ille qui in paradiso deliciarum inter duodecim nutritus est lapides, vulneratus a monte Domini, ad inferna descendit. Unde et Salvator in Evangelio: *Videbam,* inquit, *Satanam quasi fulgur de cœlo cadentem* (*Luc.* X, 18). Si altissima illa sublimitas cecidit, quis cadere non possit? Si in cœlo ruinæ, quanto magis in terra? *Et tamen cum ceciderit Lucifer* (immo post casum coluber antiquus), *virtus ejus* [b] *in lumbis ejus, et potestas ejus super umbilicum ventris. Obumbrantur in eo arbores magnæ, et dormit juxta juncum et calamum et caricem. Ipse est rex omnium, quæ in aquis sunt* (*Job.* XL *et seqq.*): ubi scilicet voluptas et luxuria, et propago, et irrigatio nuptiarum. *Quis enim denudabit faciem vestitus ejus? Et portas vultus ejus quis aperiet? Saginantur in eo nationes* [c], *et partiuntur eum Phœnicum gentes* (*Job.* XLI). Ac ne forsitan tacite legentis cogitatio putaret, eas tantum Phœnicum gentes et populos Æthiopum significari, quibus draco in escam datus sit, statim de his qui per mare hujus sæculi transeunt [*Al.* transierunt], et ad portum salutis pervenire festinant, dicitur: [d] *Et in navibus piscatorum caput ejus stat sicut incus* [*Al.* incudo] *infatigabilis: reputat ferrum ut paleas, et sicut lignum putre* (*Al.* putridum) *æs. Et omne aurum maris sub eo, sicut lutum. Fervescere facit abyssum, sicut vas æneum: æstimat mare sicut* [e] *deletum, et tartarum abyssi ut captivum. Omne altum videt.* (*Joan.* XL, *fine;* et XLI, 5). Et arbitratur Jovinianus meus facile sibi eum posse succumbere. Quid loquar de sanctis viris et de Angelis, qui cum creaturæ Dei sint, possunt utique recipere peccatum? Filium Dei tentare ausus est, et prima ejus et secunda sententia repercussus, nihilominus caput levat, et tertio vulneratus, usque ad tempus recedit, differens magis tentationem, quam auferens: et nos nobis blandimur de baptismate: quod sicut priora peccata dimittit, sic in futurum servare non potest, nisi baptizati omni custodia servaverint cor suum.

5. *Tertia quæstio.* — Tandem pervenimus ad cibos, et tertiæ quæstionis nobis opponitur difficultas: « Ad hoc creata esse omnia, ut usui mortalium deservirent. Et quomodo homo, rationale animal, quasi quidam habitator et possessor mundi, Deo subjacet, et suum veneratur Auctorem, ita cuncta animantia, aut in cibos hominum, aut in vestitum, aut ad scindendam terram, aut ad subvectionem frugum, [f] aut ipsius hominis esse creata: unde et jumenta ab eo quod juvent, appellentur. *Quid est,* ait David, *homo, quod memor es ejus, aut filius hominis, quoniam visitas eum? Minuisti* [*Al.* minorasti] *eum paulo minus ab Angelis, gloria et honore coronasti eum, et constituisti eum super opera manuum tuarum. Omnia subjecisti sub pedibus ejus, oves* 330 *et boves universas* [*Al.* universa], *insuper et pecora campi, Volucres cœli, et pisces maris, qui perambulant semitas maris* (*Psal.* VIII, 5 *et seq.*). Esto, inquit, bos ad arandum, ad sedendum equus, canis ad servandum, capræ ad lac, oves ad lanitia conditæ sint. Quis usus porcorum, absque esu carnium? quid capreæ, cervuli [*Al.* cervi], damulæ, apri, lepores, et hujusmodi venatio? quid anseres silvestres et domestici? quid anates, quid ficedulæ? quid attagen? quid fulica? quid turdus? Cur in domibus gallina discurrit? Si non comeduntur, hæc omnia frustra a Deo creata sunt. Verum quid opus est argumentis cum manifestissime Scriptura doceat (*Gen.* 9), omne quod movetur, sicut olera herbarum, data nobis in escam: et Apostolus clamitet: *Omnia munda mundis, et nihil rejiciendum, quod cum gratiarum actione percipitur* (*Rom.* XIV, 20): et venturos in novissimo, qui prohibeant nubere, et vesci cibis, quos Deus creavit ad utendum (I *Tim.* IV). Ipse Dominus vini potator et vorator a Pharisæis appellatur, et publicanorum conviva et peccatorum: Zachæi prandium non recusans, vadens ad nuptiarum epulas. Porro aliud est, si stulta contentione dicitis, eum isse ad [g] prandium jejunaturum, et impostorum more dixisse: Hoc comedo, illud non comedo: nolo vinum bibere, quod

---

[a] Veronensis *coram Domino mundus est, aut ab operibus,* etc.

[b] Ms. *in lumbis est pro ejus.*

[c] Expungo hic vocem *Æthiopum:* quam' subdunt hucusque editi; in mss. vero nullis, neque veteri editione invenitur, eamque nec Hebræus textus, nec versio ulla recipit; immo ne illa quidem antiqua, quam cum obelis, et asteriscis Hieronymus edidit, et quam operæ pretium erit conferre cum hisce ex Græco testimoniis. Mox gravius pro *datus sit,* legit, *dandus est.*

[d] *Et in navibus piscatorum.* Ex hoc loco, quem replicat consequenter Hieronymus, scire possumus quanta fuerint prætermissa in libro Job juxta Septuaginta, si consulamus tomum primum editionis nostræ, id est, divinam bibliothecam S. Hieronymi, ubi suo loco editus est liber Job cum asteriscis et obelis.
MARTIAN.

[e] Græce est ἐξάλειπτρον, quod est unguentarium vas, testibus Polluce, et Suida: quemadmodum et alii Interpretes atque ipse innuit Hieronymus in versione ex Hebræo. Sed vetus Latinus interpres facili oculorum lapsu legit, ἐξάλειπτον, ab ἐξαλείφω, *deletum.*

[f] *Casanatensis et ipsius hominis.* Mox recolendus Hieronymus noster in c. 1 Isaiæ; Lactantius libro II, c. 11. *Ut in excolenda terra juvarent, jumenta sunt dicta.* Vide Columellam initio libri VI.

[g] Fecimus *prandium* pro eo quod erat antea *nuptias,* urgentibus mss. ad unum omnibus.

ex aquis creavi. In typo sanguinis sui non obtulit aquam, sed vinum. Post resurrectionem piscem et favum comedit, non [a] sesama, nuces et sorbitiunculas. Petrus Apostolus non exspectat stellam more judaico, sed hora sexta in solarium pransurus ascendit. Paulus in navi panem frangit, non caricas. Timotheo dolenti stomachum, vinum suadet bibere, non piracium. De ciborum sibi placent abstinentia, quasi non et superstitio Gentilium [b] Castum Matris Deum observet et Isidis. »

6. *Hieronymus. Physici qui prosa et versibus scripserunt. Nostra religio erudit sapientiæ sectationem. Epicuri sententia damnata.* — Sequar ergo vestigia propositionis **331** expositæ : et antequam ad Scripturas veniam, doceamque ex eis Deo grata jejunia, et acceptabilem continentiam, argumentis philosophorum argumenta componam ; et probabo, non Empedoclis et Pythagoræ nos dogma sectari, qui propter μετεμψύχωσιν, omne quod movetur et vivit, edendum non putant; et ejusdem criminis reos arbitrantur, qui abietem quercumque succiderint, cujus parricidæ sunt et venefici : sed venerari conditorem nostrum, qui in usus hominum cuncta creavit [*Al.* generavit]. Et quomodo bos ad arandum, equus ad sedendum, canes ad servandum, capræ ad lac, oves ad lanitia conditæ sunt : ita sues et cervos, et capreas et lepores, [c] et cætera : sed illa non statim ad comedendum creata esse, sed in alios usus hominum. Si enim omne quod movetur et vivit, ad vescendum factum est, et præparatum gulæ, respondeant mihi, cur elephanti, cur leones, ursi, leopardi, lupi : cur viperæ, scorpii, cimices, culices, pulicesque : cur vultur, aquila, corvus, accipiter : cur ceti, delphines, phocæ, minutæque cochleolæ conditæ sint ? Quis nostrum leonem, quis viperam, quis vulturem, quis ciconiam, quis milvum, quis reptantes in littoribus vermiculos umquam comedit [*Al.* comederit]? Sicut igitur hæc proprios usus habent, ita possumus dicere et cæteras bestias, pisces, [d] aves non ad esum, sed ad medicinam creatas. Denique carnes viperæ, unde theriaca conficitur, quantis rebus aptæ sint, norunt medici. Segmenta eboris in medelas [e] varias assumuntur. Fel hyænæ oculorum restituit claritatem, et stercus ejus et canum putrida curat vulnera. Et (quod forsitan legenti mirum sit) hominis fimus quantis curationibus proficiat, Galenus ἐν ἁπλοῖς docet. Aiunt **332** physici, quod pellis colubri, qua exuitur, decocta in oleo, mire dolorem aurium mitiget. Quid ita inutile videtur nescientibus ut cimices ? Si sanguisuga faucibus hæserit, fumo ejus excepto, statim evomitur : et difficultas urinæ hujus appositione laxatur. Porcorum autem, et anserum, et gallinarum, phasianorumque adipes quid commodi habeant, omnes medicorum declarant libri : quos [*Al.* quod] si legeris, videbis, tot curationes esse in vulture, quot membra sunt. Pavi fimus podagræ fervorem mitigat. Grues [*Al.* gruis], ciconiæ, fel aquilæ, sanguis accipitris,

---

[a] *Non sesama, nuces,* etc. Codices mss. legunt *sisima,* vel *sisama.* Sesama fem. pro genere Indici frumenti accipitur apud Plinium lib. xviii, cap. 10 : *Æstiva frumenta diximus, sesamam, milium, panicium.* Sesamum vere genere neutro, et sesama in plurali sæpius apud Columellam inter legumina recensentur, ut lib. ii, cap. 7 et cap. 10. Et re vera *sesama* in Vaccinia nostra sunt ipsa legumina, quæ *pisa* alibi, in patria autem mea *seses* dicuntur, quasi dicas *sesames*; nam lingua nostra Vasconica gaudet monosyllabis et vocibus contractis Latinis, sicut *panem* appellamus *pan, et unum canem* dicimus *un can.* Similiter arborem *sambucum,* contracte vocamus *sauc.*

Jam quod spectat nomen sequens *sorbitiunculas,* nolim definire an fuerint *legana* vel *placentæ* Scripturæ sacræ ii Reg. 13, an minora sorba, de quibus Martialis lib. xiii :

Sorba sumus, molles nimium durantia ventres.

Martian.—Vetus editio *caricas,* mss. promiscue *sisama* et *sesama.* In fine addit Casanatensis *exspectat,* quemadmodum infra habetur.

[b] Falso et contra mss. quoque fidem hactenus obtinuit *Cossum* pro *Castum,* quam lectionem Martianæus dum explicare conatus est, novo errore cumulavit. Cossos vermiculos roboribus innascentes indicari ait, quos ipse infra Hieronymus describit, et ξυλοφάγους appellat, eosque in Ponto, ac Phrygia, comedi ve luxuriam esse tradit : et Plinius quoque lib. xvii, cap. 24 : *Luxuria,* inquit, *Cossos roborum delicatiores adhibere in cibo.* Sed minime ista ad rem sunt, neque aliquid cum Cybeles Isidisque mysteriis Cossi vermiculi habent, eoque ipso sensu *Cossum observare,* nihil est. Contra *Castum* Isidis et Cybeles veteres nonnulli memorant. Tertullianus de Jejuniis adversus Psychicos, cap. 16 : *In nostris Xerophagiis blasphemias ingerens, CASTO Isidis et Cybeles cos adæquas.* Arnobius lib. v : *Quid temperatis ab alimo-*

nio panis, cui rei nomen dedistis CASTUS. Paria his habet incertus Auctor apud Suidam in voce Μητρωακαί, quas κωστείας vocat: Τὰς δὲ Μητρωακὰς παρὰ Ῥωμαίοις ἢ καὶ πρότερον παρὰ Φρυξὶ, σπουδασθείσας καστείας ἑκάστου μηνὸς ἥγευε. *Matrales* (Matris Deum) *Castimonias, quæ a Romanis, et ante hos a Phrygibus observabantur, singulis sibi mensibus indicebat.* Porro sunt qui rem castam interpretantur, alii expiationem; malim ego abstinentiæ ritum in cibis intelligi. Id certe innuunt laudata Tertulliani atque Arnobii testimonia, quibus concinere illud puto ipsius Hieronymi epist. 107, ad Lætam, num. 10 : *Cultores Isidis et Cybeles gulosa abstinentia Phasides aves, ac fumantes turtures vorant, ne scilicet Cerealia dona contaminent.* Nimirum pane abstinebant. Luculentissime vero infra hoc ipso in libro, *Quomodo,* inquit, *Virginitati veræ non præjudicat imitatio virginum Diaboli, ita nec veris jejuniis CASTUM* (erat hic quoque Cassorum) *Isidis et Cybeles, et quorumdam ciborum in æternum abstinentia, maxime cum apud illos jejunium paüis, sagina carnium compensetur,* Vid. quæ ibi insuper annotamus. — *Cossum matris.* Cossi vermiculi dicuntur, qui roboribus innascuntur. Hos olim in deliciis habitos testatur Plinius. In Ponto et Phrygia eos comedisse, luxuria erat, ut observat infra Hieronymus. Ab his vermiculis sacerdotes Cybelis matris deum abstinebant ridicula superstitione, quasi illi essent sacri. Martian.

[c] Cisterciens. cum Casanatensi ms. *Et cætera hujusmodi non statim ad comedendum,* etc.

[d] Vocem *aves* ex omnibus mss. et veteri editione sufficimus.

[e] *Alias* erat *aurium* pro *varias.* Mox *Aquilæ* pro *Hyænæ,* quod Gravius probat. Vide Plinium lib. xxix, c. 6; Dioscoridem quoque, et Galenum in ἁπλοῖς, id est simplicium medicamentorum natura, e quibus isthæc omnia ferme delibantur.

struthiocamelus, ranæ, chamæleontes, hirundinis stercus, et carnes, quibus morbis aptæ sint, dicerem, si mihi propositum esset de medela corporum disputare. Legat qui vult Aristotelem et Theophrastum prosa, Marcellum Sidetem, [a] et nostrum Flavium hexametris versibus disserentes: Plinium quoque Secundum, et Dioscoridem, et cæteros tam physicos quam medicos, qui nullam herbam, nullum lapidem, nullum animal tam reptile, quam volatile, et natatile, non ad suæ artis utilitatem referunt. Igitur cum mihi dixeris, cur porcus creatus est? statim tibi respondebo, puerorum more certantium, cur viperæ, cur scorpii? Nec Deum superfluorum judicabis artificem, quia plurimæ et bestiæ et volucres sunt, quas tuæ fauces recusent. Sed ne contentiosum hoc, et pugnax magis videatur esse quam verum, audi idcirco sues, et apros, et cervos, et reliquas animantes creatas, ut milites, et athletæ, [b] nautæ, rhetores, metallorumque fossores, et cæteri duro operi mancipati, haberent cibos, quibus fortitudo corporum necessaria est: qui portant arma et cibaria: qui pugnis et calcibus sua invicem membra debilitant, qui remos trahunt, quorum latera ad clamandum dicendumque sunt valida: qui subvertunt montes, et sub [c] sudo et imbribus dormiunt. Cæterum nostra Religio, non πύκτην, non athletam, non nautas, non milites, non fossores; sed sapientiæ erudit sectatorem, qui se Dei cultui dedicavit: et scit cur creatus sit, cur versetur in mundo quo abire festinet. Unde et Apostolus loquitur: *Quando infirmor, tunc fortior sum* (II Cor. XII, 10). Et, *Si exterior noster homo corrumpitur, sed interior renovatur de die in diem* (II Cor. IV, 16; et Coloss., III). Et, *Cupio dissolvi, et esse cum Christo* (Phil. I, 23). Et, *Carnis curam ne feceritis in desideriis* (Rom XIII, 14). Numquid omnibus præceptum est, ne duas tunicas habeant: ne cibos in pera, æs in zona, virgam in manu, [d] calceamentum in pedibus? ut vendant universa quæ possident, denique pauperibus, et sequantur Jesum (Matth. X, et Marc. VI)? Sed [Al. sed de his] his utique, qui volunt esse perfecti. Alioquin a Joanne Baptista aliud præcipitur militibus, aliud publicanis. Dominus autem dicit in Evangelio ad eum, qui se jactaverat legis universa complesse: *Si vis perfectus esse, vade, et vende omnia quæ habes, et da pauperibus, et veni, sequere me* (Matth. XIX, 21). Ne grave onus nolenti videretur imponere, in propria audientis voluntate dimisit dicens: *Si vis perfectus esse*. Quamobrem et ego tibi dicam: Si vis perfectus esse, bonum est vinum non bibere, et carnem non manducare. Si vis perfectus esse, melius est saginare animam, quam corpus. Si autem parvulus es [Al. si autem parvulus]. et cocorum jura te delectant, nemo eripit faucibus tuis esculentas dapes. Manduca et bibe, et si tibi placet, cum Israele lude consurgens, et canito: *Manducemus et bibamus, cras enim moriemur* (I Cor. XV, 32). Manducet et bibat, qui post cibos exspectat interitum; qui cum Epicuro dicit: Post mortem nihil est, et mors ipsa nihil est. Nos Paulo credimus intonanti: *Esca ventri, et venter escis. Deus autem et hunc et illam destruet* (I Cor. VI, 13).

7. *Gentium variarum victus. Locustæ Joannis Baptistæ. Valentis lex de vitulis non comedendis. Variarum gentium mores. Singulæ Ægypti civitates singulas bestias colebant.* — Hæc [e] autem de Scripturis pauca posuimus, ut congruere nostra cum philosophis doceremus. Cæterum quis ignoret, unamquamque gentem non communi lege naturæ, sed his, quorum apud se copia est, vesci solitam? Verbi gratia, Arabes et Saraceni, et omnis eremi barbaria, camelorum lacte et carnibus vivit: quia hujuscemodi animal pro [f] temperie et sterilitate regionum facile apud eos et gignitur et nutritur. Hi nefas arbitrantur porcorum vesci carnibus. Sues enim, qui glande, castaneis, radicibus filicum, et hordeo ali solent, aut raro apud eos, aut penitus non inveniuntur: et si inventi fuerint, alimenta non habent, quæ supra

---

[a] *Et nostrum Flavium.* De eodem Flavio hæc habet libro Virorum illustrium in Firmiano: *Firmianus qui et Lactantius..... sub Diocletiano principe accitus cum Flavio Grammatico, cujus de medicinalibus versu compositi exstant libri*, etc. MARTIAN. — Grammaticum intellige, *cujus de medicinalibus versu compositos exstare libros* ipse testatur in Catalogo, c. 80. Sunt qui hunc eumdem esse putent cum Flavio Capro; alii, sed perperam, Fannium pro Flavium legunt; Casanatensis Flavum.

[b] *Nautæ, rhetores.* Fœdum errorem putat Marianus legere, *nautæ, rhetores*; pro rhetoribus tribuens *sectores*. Gravius autem in notis suis ad hunc locum, ita disserere voluit: *nautæ, rhetores*, etc. Ingens mendum, inquit, quod irrepsit in exemplaria, corrige legens: *vectores*. Ita quoque lege lib. II in Pelagianos: *Loquuntur nautæ atque vectores*, in Ezech. XVII; hos duos similiter conjungit et in Matth. XIV, etc. At pace Mariani et Gravii liceat nobis codicum mss. auctoritati inhærere, ac lectionem Erasmi defendere, cum illam retinendam doceat contextus ipse Hieronymianus. Dicit sanctus Doctor sues, et apros, et cervos, etc., creatos esse, ut milites, et athletæ, nautæ et rhetores, metallorumque fossores haberent cibos: postea addit, quod cuilibet convenit, *qui portant arma*, id est, milites: *qui pugnis et calcibus sua corpora debilitant*: hi sunt athletæ: *qui remos trahunt*, id est, nautæ: *quorum latera ad clamandum dicendumque sunt valida*, id est, rhetorum: *qui subvertunt montes*, hoc est, metallorum fossores. Subjungit idem Hieronymus: *Cæterum nostra religio, non πύκτην, non athletam, non nautas, non milites, non fossores; sed sapientiæ erudit sectatorem*, etc. Certe si antea legisset *sectores* aut *vectores*, hic diceret: *nostra religio non erudit vectores* aut *sectores*: sed quia Christianos erudit *rhetores* et oratores, hanc vocem omisit, cætera abjiciens nomina. Retinendum itaque verbum *Rhetores*; id enim præter jam dicta, suadet Cicer. de Senectute: *Legem Voconiam*, inquit, *magna voce et bonis lateribus suasissem*. Ibidem hæc definite loquitur: *Etsi enim manus non ingenii solum, sed laterum etiam et virium*. Valida proinde latera ad clamandum dicendumque, non *sectoribus*, aut *vectoribus*, sed Rhetoribus et oratoribus tribuere necesse sit. MARTIAN.

[c] In Casanatensi et veteri editione *sub divo*, lege *sub dio*.

[d] Plurium numero mss. *calceamenta*. Infra illa, *et da pauperibus*, in Casanatensi non habentur.

[e] Mss. *Hæc pauca de Scripturis, ut congruere*, etc.

[f] Iidem mss. *pro tempore*, non *temperie*.

diximus. E regione septentrionales populos, si ad esum asinorum camelorumque compellas, [a] simile putabunt eorum vesci carnibus, ac si lupum comedere cogantur, aut corvum. In Ponto et Phrygia, vermes albos et obesos, qui nigello capite sunt, et nascuntur in lignorum carie, pro magnis reditibus paterfamilias exigit. Et quomodo apud nos attagen et ficedula, mullus et scarus in deliciis computantur : ita apud illos ξυλοφάγον [*Al.* ξυλοφαγιον] comedisse luxuria est. Rursum Orientales et Libyæ populos, quia per desertum et calidam eremi vastitatem locustarum nubes reperiuntur, locustis vesci moris est. Hoc verum esse Joannes quoque Baptista probat. Compelle Phrygem et Ponticum, ut locustam comedat, nefas putabit. Coge Syrum, Afrum et Arabem ut vermes Ponticos glutiat, ita eos despiciet, ut muscas, [b] millepedas, et lacertos. Quamquam Syri et crocodilis terrenis, Afri etiam lacertis viridibus vesci soleant. In Ægypto et Palæstina propter boum raritatem nemo vaccam comedit, taurorumque carnes et boum vitulorumque assumunt in cibis. At in nostra provincia scelus putant vitulos devorare. Unde et Imperator Valens nuper legem per Orientem dederat, ne quis vitulorum carnibus vesceretur, utilitati agriculturæ providens, et pessimam judaizantis vulgi emendans consuetudinem, pro altilibus et [c] lactentibus, vitulos consumentis. Nomades, et Troglodytæ, et Scythæ, et Hunnorum nova feritas, semicrudis vescuntur carnibus. Porro Ichthyophagi, gens errans in littore maris Rubri, super petras solis calore ferventes assant pisces, et hoc solo alimento victitant. Sarmatæ, **335** Quadi, Vandali, et innumerabiles aliæ gentes, equorum et vulpium carnibus delectantur. Quid loquar de cæteris nationibus, cum ipse adolescentulus in Gallia [d] Atticotos [*Al.* Scotos], gentem Britannicam, humanis vesci carnibus : et cum per silvas porcorum greges et armentorum pecudumque reperiant, pastorum nates et feminarum, et papillas solere abscindere, et has solas ciborum delicias arbitrari? Scotorum natio uxores proprias non habet : et quasi [e] Platonis politiam legerit, et Catonis sectetur exemplum, nulla apud eos conjux propria est, sed ut cuique libitum fuerit, pecudum more lasciviunt. Persæ, Medi, Indi, et Æthiopes, regna non modica, et Romano [f] regno paria, cum matribus et aviis, cum filiabus et neptibus copulantur. [g] Messagetæ et Derbices miserrimos putant, qui ægrotatione moriantur : et parentes, cognatos, propinquos, cum ad senectam venerint, jugulatos devorant : rectius esse [h] ducentes, ut a se potius, quam a vermibus comedantur. Tibareni quos dilexerint, [i] senes suspendunt in patibulis. Hircani volucribus et canibus semivivos projiciunt : Caspii iisdem bestiis mortuos. Scythæ eos qui a defunctis amati sunt, vivos infodiunt cum ossibus mortuorum. Bactri canibus ad hoc ipsum nutritis, objiciunt senes. Quod cum Alexandri Præfectus [j] Stasanor emendare voluisset, pene amisit provinciam. Coge Ægyptium, ut ovium lacte vescatur : impelle, ut vales, Pelusioten, ut manducet cepe. Singulæ pene in Ægypto civitates singulas bestias et monstra venerantur : et quodcumque coluerint, hoc inviolabile et sacrum putant. Unde **336** et urbes quoque apud eos ex animalium vocabulis nuncupantur : Leonto, Cyno, Lyco, Busyris, Thmuis, quod interpretatur *hircus*. Et ut sciremus quales deos semper Ægyptus recepisset, nuper ab immo ad verbum pene transtulit. Quædam modo subnecto, ex quibus S. Doctoris contextus nonnihil expoliri ac restitui potest : Ἱστοροῦνται γοῦν, inquit ille, Μεσσαγέται καὶ Δέρβικες ἀθλιωτάτους ἡγεῖσθαι τῶν οἰκείων τοὺς αὐτομάτως τελευτήσαντας. Διὸ καὶ φθάσαντες, κατεθύουσι καὶ ἐσθίονται τῶν φιλτάτων τοὺς γεγηρακότας· Τηβαρηνοὶ δὲ ζῶντας κατακρημνίζουσι τοὺς ἐγγυτάτω γέροντας. Ὑρκάνιοι δὲ καὶ Κάσπιοι, οἱ μὲν οἰωνοῖς καὶ κυσὶν παραβάλλουσι ζῶντας, οἱ δὲ τεθνεῶτας. Σκυθαὶ δὲ συγκατορύττουσιν ζῶντας καὶ ἐπισφάττουσι ταῖς πυραῖς, οὓς ἠγάπων οἱ τεθνεῶτες μάλιστα. Καὶ Βάκτριοι μέν τοι κυσὶ παραβάλλουσι ζῶντας τοὺς γεγηρακότας· καὶ τοῦτ᾿ ἐπιχειρήσας καταλῦσαι Στασάνωρ ὁ Ἀλεξάνδρου ὕπαρχὸς μικροῦ τὴν ἀρχὴν ἀπέβαλεν.

---

[a] Supino errore penes Martianæum erat *simulque* pro *simile* : quemadmodum mss. et Victorius emendant.

[b] Alias *millepedias.* Est autem *millepeda* vermis genus multis junxium pedibus. Paulo post *charitatem* alii habent pro *raritatem.*

[c] Sic vocant porculos tenellos, quos et Græci γαλαθηνούς. Vid. Laertum in Pythagora.

[d] *Viderim Atticotos.* Erasmus et Marianus legunt hoc loco, *Scotos gentem Britannicam :* omnes autem codices mss. retinent *Atticotos,* vel *Aticottos.* Qui sint porro *Acticottæ,* vel *Atticotti,* vide apud Buchanan. lib. II Rerum Scoticarum, pag. 17, et in libro de Casiensibus officiis Romanorum per provincias. De iisdem *Actacotis* Marcellinus lib. XXVII : *Actacoti bellicosa hominum natio, et Scoti per diversa vagantes.* Ubi *Atticoti* distinguuntur a Scotis, sicut in contextu Hieronymiano. MARTIAN. — Ammianus Marcellinus lib. XXVI, c. 4, *Atacottos* legit. *Picti,* inquit, *Saxonesque, et Scoti, et Atacotti Britannos ærumnis vexavere continuis.* Vide Hieronymum Epistola 69, numero 3.

[e] Plato enim communes uxores in Republica sua volebat esse. Cato propriam Hortensio commodavit, ut sub prioris libri finem notatum est.

[f] Vocem *regno* expungendam contendit vir doctus. Mss. autem *imperio* habent pro *regno,* idque magis placet. Proditum vero ab aliis quoque auctoribus, quod de Persis, Medis, etc. Hieronymus narrat.

[g] Subsequentes historias variarum gentium, quemadmodum et alia non pauca, Hieronymus ex Porphyrii libro περὶ ἀποχῆς ἐμψύχων mutuatus est,

[h] Casanatensis *rectius esse dicentes,* tum alii omnes mss. *consummantur* pro *comedantur.* Porro de Messagetis, quæ Scytharum gens est, eadem fere narrat Sextus Empyricus Pyrrhon. Hypotypos. De Derbicibus Helianus IV, 1, Var. Tertullianus Apologetici cap. 9 : *Aiunt et apud quosdam gentiles Scytharum defunctum quemque a suis comedi.* Verius contra Marcion. lib. I : *Parentum cadavera cum pecudibus cæsa convivio convorant; qui non ita decesserint, ut escatiles fuerint, maledicta mors est.*

[i] Porphyrius dicit κατακρημνίζουσιν. quod proprie est, *præcipitant,* uti etiam ex Theodoreti sermone de Legibus patet.

[j] Falso hactenus obtinuerat in editis libris omnibus, *Nicanor* pro *Stasanor,* quod nomen mss. duo Veronensis et Cisterciensis præferunt. Græcus quoque Porphyrii textus Στασάνωρ, atque historiæ testimonium probat.

Hadriani amasio urbs eorum [a] Antinous appellata est. Pervides igitur, quod non solum in esu, sed et in sepulturis, et in connubiis, et in omni conversatione unaquaeque gens suo ritu et proprietatibus vicitet : et hoc eam naturae legem putare, quod didicit. Verum fac esum carnium cunctis nationibus esse communem ; et passim licere, quod passim gignitur. Quid ad nos, quorum conversatio in coelis est ; qui super Pythagoram et Empedoclem, et omnes sapientiae sectatores, non ei debemur cui nascimur, sed cui renascimur : qui repugnantem carnem, et ad libidinum incentiva rapientem, inedia subjugamus ? Esus carnium, et potus vini, ventrisque saturitas, seminarium libidinis est. Unde et Comicus : « Sine Cerere, inquit, et Libero friget Venus. »

8. *Quinque sensus, vitiorum introitus. Vicinus insaniae amor mulierum.* — Per quinque sensus, quasi per quasdam fenestras, vitiorum ad animam introitus est. Non potest ante metropolis et arx mentis capi, nisi per portas ejus irruerit hostilis exercitus. Horum perturbationibus anima praegravatur : et capitur aspectu, auditu, odoratu, sapore, tactu. Si Circensibus quispiam delectetur : si athletarum certamine : si mobilitate histrionum : si formis mulierum : splendore gemmarum, vestium, metallorum, et caeteris hujuscemodi, per oculorum fenestras animae capta libertas est, et impletur illud propheticum : *Mors intravit per fenestras vestras* [b] (*Jer.* xxi). Rursum auditus vario organorum cantu, et vocum inflexionibus delinitur : et carmine poetarum et comoediarum, mimorumque urbanitatibus et strophis, quidquid per aures introiens, virilitatem mentis effeminat. Odoris autem suavitas, et diversa thymiamata, et amomum, et cyphi, oenanthe, [c] muscus, et peregrini maris pellicula, quod dissolutis et amatoribus conveniat, nemo nisi dissolutus negat. Porro ciborum aviditas, quod avaritiae mater sit, et animum quasi quibusdam compedibus degravatum in terra teneat, quis ignorat? Propter brevem gulae voluptatem, terrae lustrantur et maria ; et ut mulsum vinum pretiosusque cibus fauces nostras transeat, totius vitae [*Ms. opere*] opera desudamus. Tactus autem alienorum corporum, et feminarum ardentior appetitus, vicinus insaniae est. Ob hunc sensum, cupimus, irascimur, gestimus, [d] invidemus, aemulamur, solliciti sumus, et expleta voluptate per quamdam poenitudinem, rursus accendimur : quaerimusque facere, quod cum fecerimus, iterum poeniteamus. Igitur cum per has portas, quasi quidam perturbationum cunei ad arcem nostrae mentis intraverint, ubi erit libertas, ubi fortitudo ejus, ubi de Deo cogitatio : maxime cum tactus depingat sibi etiam praeteritas voluptates, et recordatione vitiorum cogat animam compati, et quodammodo exercere quod non agit?

9. *Crates Thebanus.* His igitur rationibus invitati multi philosophorum, reliquerunt frequentias urbium, et hortulos suburbanos, ubi ager irriguus, et arborum comae, et susurrus avium, fontis speculum, rivus immurmurans, et multae oculorum auriumque illecebrae : ne per luxum et abundantiam copiarum, animae fortitudo mollesceret, et ejus pudicitia constupraretur. Inutile (*periculosum et noxium*) quippe est crebro videre per quae aliquando captus sis, et eorum te experimento committere, quibus difficulter careas. Nam et Pythagorai hujuscemodi frequentiam declinantes, in solitudine et desertis locis habitare [e] consueverunt. Platonici quoque et Stoici in templorum lucis et porticibus versabantur, ut admoniti angustioris [*Al.* augustioris] habitaculi sanctitate, nihil aliud quam de virtutibus cogitarent. Sed et ipse Plato cum esset dives, et toros ejus Diogenes lutatis pedibus conculcaret : ut posset vacare philosophiae, elegit [f] Academiam villam ab urbe procul, non solum desertam, sed et pestilentem : ut cura et assiduitate morborum, libidinis impetus frangeretur : discipulique sui nullam aliam sentirent voluptatem, nisi earum rerum quas discerent. Quosdam legimus effodisse sibi oculos, ne per eorum visum a contemplatione philosophiae avocarentur. Unde et Crates ille Thebanus, projecto in mari non parvo auri pondere, [g] Abite, inquit, pessum malae cupiditates : ego vos mergam, ne ipse mergar a vobis. Quod si quis existimat [*Al.* aestimat] et abundantia ciborum potionumque [h] se perfrui, et vacare posse sapientiae, hoc est, et versari in deliciis, et deliciarum vitiis non teneri, seipsum decipit. Cum

---

[a] *Urbs eorum Antinous.* De Antinoo vide annotationes nostras t. III edit. nostrae in c. II Isaiae. MARTIAN. — Antea erat *Antinois*. Sed *Antinous*, ut in mss. habetur, pro *Antinoupolis* passim apud veteres occurrit, neque aliter fere umquam ea civitas appellatur. Ammian. Marcellinus lib. 22 : *Antinoon, quam Hadrianus in honorem Antinoi ephebi condidit.* Graeci Ἀντινώ dicunt : hinc Antino pro Antinopolis, ut Pano pro Panopolis, atque ut hic ipse Hier. habet, Cyno pro Cynopolis.

[b] Victorius maluit *nostras*, dissentiente Graeco ὑμῶν. Mox Veronensis *flexionibus* pro *inflexionibus* : denique vetus editio cum Victor. *Comoedorum* pro *Comoediarum*.

[c] Consule de hisce odoramentis Dioscoridem. De ciborum aviditate exempla apud Petronium in Satirico. *Mulsum*, quod nominat, in Macro poeta, quem recensei Sigebertus, vinum, vel etiam aqua est melle diluta.

[d] Casanatensis isthaec, *invidemus, aemulamur, solliciti sumus*, non agnoscit. Deinde vetus editio plenitudinem habet pro *poenitudinem* ; ex mss. vero omnibus *accendimur* reposui, pro eo quod erat *accendimus*.

[e] Mss. *consueverant*. Emendamus paulo post *templorum lucis* pro eo quod hactenus obtinuit, *locis*, incongruo sensu atque inutili, et contra castigationem codicum fidem. Gravius quoque *lucis* reponi maluit, sed jamdin olim Abaelardus locum hunc recitans lib. II Theolog. Christian. ita legerat.

[f] Ita ex Abaelardo modo laudato legimus, veteri quoque editione consentiente. Antea erat *Academicam villam*, male ; notum quippe istud exstitisse villae nomen *Academia*.

[g] S. Gregorius Nazianzenus Orat. in laudem S. Basili, hanc aliam a Cratere tunc pronuntiatam sententiam laudat, *Crates Craterem Thebanum libertate donat*. Vid. Epist. 118 ad Julian. num. 5.

[h] Vetus edit. *semper frui* : tum Veronensis mss. *inter delicias*.

enim procul ab his remoti sæpe capiamur naturæ illecebris, et cogamur ea cupere, quorum copiam non habemus ; quanto magis, si circumdati retibus voluptatum, esse nos liberos arbitremur ! Sensus noster illud cogitat, quod videt, audit, odoratur, gustat, attrectat, et ad ejus rei trahitur appetitum, cujus capitur voluptate. Quod mens videat, et mens audiat ; et quod nec audire quippiam, nec videre possimus [*Al*. possemus], nisi sensus in ea quæ cernimus, et audimus fuerit intentus, vetus quoque sententia est. Difficile est, immo impossibile, [a] deliciis et voluptatibus affluentes, non ea cogitare quæ gerimus : frustraque quidam simulant salva fide , et pudicitia et integritate mentis, se abuti voluptatibus, cum contra **339** naturam sit, copiis voluptatum sine voluptate perfrui : et Apostolus hoc ipsum cavens, dixerit : *Quæ autem in deliciis est* [b], *vivens mortua est* (1 *Tim*., v, 6).

10. *Corpus puer, anima pædagogus. Cibus facilior qui sustentat corpus.* Sensus corporum quasi equi sunt, sine ratione currentes, anima vero in aurigæ modum retinet frena currentium. Et quomodo equi absque rectore præcipites ruunt [*Al*. sunt] : ita corpus sine ratione et imperio animæ, in suum fertur interitum. Alia quoque [c] comparatio animæ et corporis a philosophis ponitur : corpus puerum, animam pædagogum esse dicentibus. [d] Unde et Historicus : *Animæ*, inquit, *imperio, corporis servitio magis utimur. Alterum nobis cum dis, alterum cum belluis commune est.* Igitur nisi vitia adolescentis [*Al*. adolentis] et pueri, prudentia pædagogi rexerit, omnis conatus ejus et impetus ad lasciviam properant. Sine quatuor sensibus vivere possumus , id est , sine aspectu, auditu, odoratu, atque complexu. Absque gustu autem et cibis impossibile est humanum corpus subsistere. Adesse ergo debet ratio, ut tales ac tantas sumamus escas, quibus non oneretur corpus, nec libertas animæ prægravetur ; quia et comedendum est, et deambulandum, et dormiendum , et digerendum, et postea inflatis venis, incentiva libidinum sustinenda. [e] *Luxuriosa res vinum, et contumeliosa ebrietas* (*Prov*. xx, 1). Omnis qui cum his miscetur, non erit sapiens. Nec tales accipiamus cibos, quos aut difficulter digerere, aut comesos, magno partos et perditos labore doleamus. Olerum, pomorum, ac leguminum, et facilior apparatus est, et arte impendiisque cocorum non indiget : et sine cura sustentat humanum corpus , moderateque sumptus (quia nec avide devoratur, quod irritamenta gulæ non habet) leviori digestione concoquitur. Nemo enim uno aut duobus cibis, hisque vilibus, usque ad inflationem ventris oneratur, quæ diversitate carnium et saporis delectatione [f] concipitur. Cum variis nidoribus fumant patinæ, ad esum **340** sui, expleta esurie, quasi captivos trahunt. Unde et morbi ex saturitate nimia concitantur ; multique impatientiam gulæ, vomitu remediantur , et quod turpiter ingesserunt, turpius egerunt.

11. *Oratione suasoria ad artes cap. ultimo. Grandis exsultatio animæ unde sit. Tenuior victus. Exempla frugalitatis.* Hippocrates in Aphorismis docet crassa et obesa corpora, quæ crescendi mensuram compleverint, nisi cito ablatione sanguinis imminuantur , in paralysim et pessima morborum genera erumpere ; et idcirco esse necessariam demptionem , ut rursum habeant in quæ possint crescere. Non enim manere in uno statu naturam corporum, sed aut crescere semper, aut decrescere , nec posse vivere animal, nisi crescendi capax sit. Unde et Galenus vir [*Al*. vel] doctissimus, Hippocratis interpres, athletas, quorum vita et ars sagina est, dicit in [g] *Exhortatione medicinæ*, nec vivere posse diu, nec sanos esse : animasque eorum ita nimio sanguine, et adipibus, quasi luto involutas, nihil tenue, nihil cœleste, sed semper de carnibus, et ructu, et ventris ingluvie cogitare. Diogenes tyrannos et subversiones [*Al*. subversores] urbium, bellaque vel hostilia, vel civilia, non pro simplici victu olerum pomorumque , sed pro carnibus et epularum deliciis asserit excitari. Quodque mirandum sit, Epicurus voluptatis assertor, omnes libros suos replevit oleribus et pomis, et vilibus cibis dicit esse vivendum ; quia carnes , et exquisitæ epulæ, ingenti cura ac miseria præparentur , majoremque pœnam habeant in inquirendo [*Al*. quærendo], quam voluptatem in abutendo (*Vid. Lucianum l*. III, *c*. 17). Corpora autem nostra cibo tantum et potu indigere. Ubi aqua et panis sit, et cætera his similia. ibi naturæ satisfactum (*Vid. Laertium l*. x ; *et Senecam l*. III, *Epist*. 2 *et* 23). Quidquid supra fuerit, non ad vitæ necessitatem spectare : sed ad vi-

---

[a] Casanatensis *divitiis pro deliciis*.
[b] Amovi hinc vocem *vidua*, quam nec Hieronymiani mss. nec ipse agnoscit Scripturæ textus, sive Latinus, sive Græcus.
[c] Recole Ciceronis verba quæ e tertio de Republica profert Augustinus lib. IV in Julianum, cap. 12, et de Civitate Dei lib. XIX. cap. 11 : *Deus homini, animus imperat corpori, ratio libidini,* etc.
[d] *Unde et Historicus.* Ita sæpius appellat Sallustium Crispum , quasi nobilissimum inter Scriptores historicos. Sallustius porro in conjuratione Catilinæ, initio hujus historiæ, in hunc modum scripsit : *Sed nostra omnis vis in animo et corpore sita est. Animi imperio, corporis servitio magis utimur : alterum nobis cum diis, alterum cum belluis commune est.* MARTIAN. — Sallustius in Catilina cap. 1, ubi *animi* est pro *animæ*. Chrysippus apud Claudian. Mamertum de statu animæ c. 11, cap. 8 : *Animo dominandi jus tribuit, corpori legem servitutis imponit*.
[e] Est Scripturæ textus Proverb. xx, 1, juxta LXX, quod minime antea observatum est. Legimus proinde cum Veronensi ac Cisterciensi mss. *et contumeliosa ebrietas*; pro quo erat, *et tumultuosa*. Græco ipso καὶ ὑβριστικὸν dissentiente. Emendationem probat et Gravius. Infra leviora alia castigamus.
[f] Ex iisdem mss. *concipitur*, nempe inflatio : antea erat *percipitur*.
[g] Proprie προτρεπτικὸς λόγος πρὸς τὰς τέχνας inscribitur. Hujusmodi autem sententia est , quam Hier. Latine explicat, Σαρκῶν γὰρ καὶ καὶ αἵματος ἀθροίζοντες πλῆθος, ὡς ἐν βορβόρῳ πολλῷ τὴν ψυχὴν ἑαυτῶν ἔχουσι κατεθαμμένην, οὐδὲν ἀκριβὲς νοῆσαι δυναμένην, ἀλλ' ἄνουν ὁμοίως τοῖς ἀλόγοις ζώοις.

tium voluptatis. Bibere, et comedere, non deliciarum [a] ardorem, sed sitim famemque restinguere. Qui carnibus vescantur, indigere etiam his quæ non sunt carnium. Qui autem simplici victu abutantur, eos carnes non requirere. Sapientiæ quoque **341** operam dare non possumus, si mensæ abundantiam cogitemus, quæ labore nimio et cura indiget. Cito expletur naturæ necessitas : frigus et fames, simplici vestitu et cibo expelli potest. Unde, et Apostolus : *Habentes*, inquit, *victum, et vestitum* [*Al. vestimentum*], *his contenti simus* (1 *Tim.* VI, 8). Deliciæ et epularum varietates [*Al.* varietas], fomenta avaritiæ sunt. Grandis exsultatio animæ est, cum parvo contentus fueris, mundum habere sub pedibus, et omnem ejus potentiam, epulas, libidines , propter quæ divitiæ comparantur, vilibus mutare cibis, et crassiore [*Al.* grossiori] tunica compensare. Tolle epularum et libidinis luxuriam, nemo quæret divitias, quarum usus, aut in ventre, aut sub ventre est. Qui ægrotat, non aliter recipit sanitatem, nisi tenui cibo et castigato victu, quæ λεπτὴ δίαιτα dicitur. Quibus ergo cibis recipitur sanitas, his et servari potest ; ne quis putet morbos oleribus concitari. Si autem Milonis [b] illius Crotoniatæ vires olera non ministrant, quæ nascuntur et aluntur [c] ex carnibus : quid necesse est viro sapienti et philosopho Christi, tantam habere fortitudinem, quæ athletis et militibus necessaria est, quam cum habuerit, ad vitia provocetur ? Illi arbitrentur [*Al.* arbitrantur] carnes sanitati congruas, qui volunt abuti libidine, et in cœnum demersi voluptatum, ad coitum semper exæstuant. Christiano sanitas absque viribus nimiis necessaria est. Nec turbare nos debet, si rari sint hujus propositi sectatores ; quia rari sunt, et amici boni et fideles, et pudici et continentes, semperque virtus rara est. Lege Fabricii continentiam, Curii paupertatem, et in tanta urbe vix paucos invenies quos sequaris. Noli timere, ne si carnes non comederis, aucupes et venatores frustra artificia didicerint.

12. *Podagræ medicina. Vitanda omnis satietas.* — Legimus quosdam morbo articulari et podagræ humoribus laborantes, proscriptione bonorum, ad simplicem mensam et pauperes cibos redactos, convaluisse. Caruerant enim sollicitudine dispensandæ domus, et epularum largitate, quæ et corpus frangunt et **342** animam. Irridet Horatius (*Epist. lib.* I, *ep.* 2, *ad Lollium*) appetitum ciborum, qui consumpti relinquunt pœnitentiam :

Sperne voluptates, nocet empta dolore voluptas.

Et cum in amœnissimo agro in morsum voluptuosorum hominum se crassum pinguemque describeret, lusit his versibus :

Me pinguem et nitidum, bene curata cute, vises,
Cum ridere voles, Epicuri de grege porcum.

Sed et ex vilissimis cibis vitanda satietas est. Nihil enim ita obruit animum, ut plenus venter et exæstuans, et huc illucque se vertens, et in ructus vel in crepitus ventorum efflatione respirans. Quale illud jejunium est, aut qualis illa refectio post jejunium, cum pridianis epulis distendimur, et guttur [d] nostrum meditatorium efficitur latrinarum ? Dumque volumus prolixioris inediæ famam quærere [*Al.* fama carere], tantum voramus, quantum vix alterius diei nox digerat. Itaque non tam jejunium appellandum est, quam crapula, ac fetens, et molesta digestio.

13. *Dicæarchus, Xenophon, Chæremon.* — [e] Dicæarchus in libris Antiquitatum, et descriptione Græciæ, refert sub Saturno, id est, in aureo sæculo, cum omnia humus funderet, nullum comedisse carnes, sed universos vixisse frugibus et pomis, quæ sponte terra gignebat. Persarum regis Cyri vitam Xenophon octo voluminibus explicat : polenta et cardamo et sale ac pane cibario eos asserens victitare. Lacedæmoniorum mensæ frugalitatisque, et suprascriptus Xenophon et Theophrastus, et omnes pene scriptores Græciæ testes sunt. [f] Chæremon Stoicus, vir eloquentissimus, narrat de vita antiquorum Ægypti sacerdotum, quod omnibus mundi negotiis curisque postpositis, semper in templo fuerint ; et rerum naturas, causasque ac rationes siderum contemplati sint ; numquam mulieribus se miscuerint ; numquam cognatos et propinquos, ne liberos quidem **343** viderint, ex eo tempore, quo cœpissent divino cultui deservire ; carnibus et vino [g] semper abstinuerint, agitur, et illud ibi incipit et præparatur, quod postea latrina suscipit et devorat. Vide Tertullianum de Jejunio. MARTIAN. — Alibi *meditatorium*, quod minus placet. Sumptus autem est locus iste, illudque vocabulum ex Tertulliani lib. de Jejuniis adversus Psychicos cap. 6 : *Cum totum illud domicilium interioris hominis, escis stipatum, vinis inundatum, decoquendis jam stercoribus æstuans, præmeditatorium efficitur latrinarum.* Vid. in epist. ad Fabiol. de Mansion, Mansion. 42.

[e] Ex eodem Porphyrio, ὁ περιπατητικὸς Δικαίαρχος, ὃς τὸν ἀρχαῖον βίον τῆς Ἑλλάδος ἀφηγούμενος, etc. quæ si libuerit, consules. Vide et Suidam, et Varronem de Re rustica. l. II, c. 1, ubi idipsum recitat ex Dicæarcho. Paulo infra Ciceronem ad Quinctum fratrem lib. I Ep., *Et si non*, etc.

[f] Totum hocce capitulum ad Josephi usque testimonium, ex Porphyrio vertit, quod tantum judicio brevitatis studio. Antea erat *Cheramon.*

[g] Expungo *se* voculam, quæ in mss. non habetur : et quædam leviora alia restituo.

---

[a] Mss. *ardore*, olim erat *ardor est* : Victorius maluit *ad deliciarum ardorem*.

[b] *Illius Crotoniatæ vires*. Milo Crotoniensis tantæ fortitudinis fuisse dicitur, ut in Olympico certamine bovem per stadium portaverit : quem deinde ictu pugni interfecit, uno quoque die integrum devoravit. Vide Galenum ubi supra, et Plinium lib. VII, cap. 20.
MARTIAN.

[c] Vocula *ex* antea desiderabatur. Paulo supra *castigatum a Deo victum* Tertullianus, et *castigatam refectionem* Cassianus vocat. Macrobius quoque l. II Saturn. cap. 1 : *Hercules castigatis dapibus assiduus.* Cæterum de Milone vid. Galenum loco supra laudato, et Plinium lib. VII, cap. 20.

[d] *Nostrum meditatorium.* Sic lege cum Erasmo, et omnibus mss. codicibus nostris. Idem verbum reperies in epistola ad Fabiolam de XLII mansionibus Israelitarum in deserto, tom. II editionis nostræ col. 604, in fine. Est autem *meditatorium* locus exercitiorum, sive meditamentorum. Unde pulchre meditatorium vocavit guttur nostrum, quia hoc in eo

propter tenuitatem sensus et vertiginem capitis quam ex parvo cibo patiebantur : et maxime propter appetitus libidinis, qui ex his cibis et ex hac potione nascuntur. Pane raro vescebantur, ne onerarent stomachum. Et si quando comedebant, tusum [*Al.* consum *et* tusum] pariter hyssopum sumebant in cibo, ut escam graviorem illius calore decoquerent. Oleum tantum in oleribus noverant, verum et ipsum parum, propter nauseam et asperitatem gustus leniendam. Quid loquar, inquit, de volatilibus, cum ovum quoque pro carnibus vitaverint, et lac? Quorum alterum carnes liquidas, alterum sanguinem esse dicebant, colore mutato. ^a Cubile eis de foliis palmarum, quas *baias* vocant, contextum erat : scabellum ^b accline, et ex una parte obliquum, in terra pro pulvillo capiti supponebant, bidui triduique inediam sustinentes. Humores [*Al.* Et humores] corporis, qui nascuntur ex otio et ex mansione unius loci, nimia victus castigatione siccabant.

14. *Judæorum sectæ. Magorum tria genera apud Persas. Gymnosophistæ Indorum. Præcepta tria in templo Eleusinæ. Antisthenes quis?* — Josephus in secunda Judaicæ captivitatis historia, et in octavo decimo Antiquitatum libro, et ^c contra Appionem duobus voluminibus, tria describit dogmata Judæorum : Pharisæos, Sadducæos, Essænos. Quorum novissimos miris effert laudibus, quod et ab uxoribus et vino et carnibus semper abstinuerint [*Al.* abstinerent], et quotidianum jejunium verterint in naturam. Super quorum vita et Philo, vir doctissimus, proprium volumen edidit. ^d Neanthes Cizycenus, et Asclepiades Cyprius, ætate qua Pygmaleon in Oriente regnabat, scribunt esum carnium non fuisse. ^e Eubulus quoque, qui historiam Mithræ multis voluminibus explicuit, narrat apud Persas tria genera Magorum, quorum primos, qui sint doctissimi, et eloquentissimi, excepta farina et olere, nihil amplius in cibo sumere. Apud Eleusinam, etiam volucribus et piscibus, et quibusdam pomis abstinere, solemne est. Bardesanes, vir Babylonius, in duo dogmata apud Indos, Gymnosophistas dividit : quorum alterum appellat Brachmanas ; alterum Samanæos : qui tantæ continentiæ sint, ut vel pomis arborum juxta Gangen fluvium, vel publico orizæ, vel farinæ alantur cibo : et cum rex ad eos venerit, adorare illos solitus sit, pacemque suæ provinciæ in illorum precibus arbitrari sitam. Euripides, in Creta Jovis prophetas non solum carnibus, sed et coctis cibis abstinuisse refert. Xenocrates Philosophus de Triptolemi legibus apud Athenienses tria tantum præcepta in templo Eleusinæ residere scribit : honorandos parentes, venerandos deos, carnibus non vescendum. Orpheus in carmine suo esum carnium ^f penitus detestatur. Pythagoræ, Socratis, Antisthenis, et reliquorum frugalitatem referrem in confusionem nostram : nisi et longum esset, et proprii operis indigeret. Hic certe est Antisthenes, qui cum gloriose docuisset rhetoricam, audissetque Socratem, ^g dixisse fertur ad discipulos suos : Abite, et magistrum quærite, ego enim jam reperi. Statimque venditis quæ habebat, et publice distributis, nihil sibi amplius quam palliolum reservavit. Paupertatisque ejus et laboris, et Xenophon testis est in Symposio, et innumerabiles libri ejus : quorum alios philosophico, alios rhetorico genere conscripsit [*Al.* scripsit]. Hujus Diogenes ille famosissimus sectator fuit, potentior rege Alexandro et naturæ victor humanæ. Nam cum discipulorum Antisthenes nullum reciperet, et perseverantem Diogenem removere non posset, novissime clava minatus est [*Al.* minitatus], nisi abiret. Cui ille subjecisse dicitur caput, atque dixisse : Nullus tam durus baculus erit, qui me a tuo possit obsequio separare. Refert ^h Satyrus, qui illustrium virorum scribit historias, quod Diogenes palliolo duplici usus sit propter frigus : peram pro cellario habuerit : secumque portarit clavam ob corpusculi fragilitatem, qua jam senex membra sustentare solitus erat, et ἡμερόβιος vulgo appellatus sit, in præsentem horam

---

^a Dixerat Porphyrius : Κοίτη δὲ αὐτοῖς ἐκ τῶν ὁπεδίκων τοῦ φοίνικος, ἃς καλοῦσι βαῒς ἐπέπλεκτο. Hieron., *cubile eis de foliis palmarum,* etc. Sed facile σπαδίκων in Porphyrio legendum est pro ὁπεδίκων, vertendumque *de palmarum termitibus.*

^b Erat *accline.* In regula S. Pachomii ex emendatione nostra, *Nemo dormiens supponat nisi reclinem sellulam.* Vid. supra pag. 68, not. ordine prima.

^c Nullibi Josephus, nedum libro contra Appionem, Essenos tradit vino et carnibus abstinuisse aut quotidie jejunasse, immo contrarium docet lib. II *de Bello.* Sunt vero Esseni perpetuo jejunantes, nec umquam carne aut vino utentes a Philone litteris commendati. Minime tamen Hieronymus culpandus est, qui non ex Josepho hæc tradit, sed ex Porphyrio, a quo multa ex eo libro II contra Appionem laudantur, quæ hodie non inveniuntur. Vid. librum de Abstinentia IV, 11, 12, 13.

^d Perperam hactenus editi, quin etiam mss. *Eantes* legerant, pessime vero Erasmus *Evantes.* Corrigendum *Neanthes* monuit Diogenes Laertius lib. VIII in *Empedocle,* ubi illum ita vocat de nomine, et de Pythagoricis tradit scripsisse. Evicit autem in primis Porphyrii testimonium, quod constanter Hieronymus interpretatur. Ποοϊόντος δὲ τοῦ χρόνου, ὥς φησι Νεάνθης ὁ Κυζικηνὸς, καὶ Ἀσκληπιάδης ὁ Κύπριος κατὰ Πυγμαλίωνα τὸν γένει μὲν Φοίνικα, βασιλεύσαντα δὲ Κυπρίων, τὴν σαρκοφαγίαν παραδεχθῆναι, ἐκ τῆς τοιαύτης παρανομίας, etc Vid. etiam Justin. lib. XVIII.

^e *Eubulus quoque.* Non exstant hodie illi libri Eubuli. Plin. lib. XXXVI, cap. 8, pro *Mithra* scribit *Mitres,* qui in Solis urbe regnabat. MARTIAN. — Iterum Porphyrii textum conferre libet : Διῄρηντο δὲ οὗτοι εἰς γένη τρία, ὥς φησι Σύμβουλος (lege Εὔβουλος) ὅπερ τὴν τοῦ Μίθρα ἱστορίαν ἐν πολλοῖς βιβλίοις ἀναγράψας· ὧν οἱ πρῶτοι καὶ λογιώτατοι. οὔτ᾽ ἐσθίουσιν ἔμψυχον, οὔτε φονεύουσιν. Ἐμμένουσι δὲ τῇ παλαιᾷ τῶν ζώων ἀποχῇ. Confer Laertium quoque in Prœmio Bardesani-, Euripidis, et Xenocratis exempla ex eodem Porphyrio repete.

^f Adverbium *penitus* suffeci ad mss. fidem. Paulo post vetus edit. *proprii operis indigeret officio.*

^g Addit Victorius ex antiquis exemplaribus *de paupertate disputantem.* Vid. Ciceronem de Antisthene disserentem lib. II *de Oratore,* et Laertium, qui unum Antisthenem inter Socratis discipulos a Theopompo laudatum tradit.

^h Satyrum huncce doctum virum in Prologo libri de Viris Illustribus iterum laudat Hieronymus. Vid. Vossium lib. III de Historicis Græcis.

poscens a quolibet, et accipiens cibum. Habitavit [*Al.* habitabat] autem in portarum vestibulis et porticibus civitatum. Cumque se contorqueret in dolio, volubilem se habere domum jocabatur, et se cum temporibus immutantem. Frigore enim os dolii vertebat in meridiem; aestate ad septentrionem, et utcumque sol se inclinaverat, Diogenis simul [a] praetorium vertebatur. Quodam vero tempore habens ad potandum [b] caucum ligneum, vidit puerum manu concava bibere, et elisisse illud fertur ad terram, dicens : Nesciebam quod et natura haberet poculum. Virtutem ejus et continentiam mors quoque indicat. Nam cum ad agonem Olympiacum, qui magna frequentia Graeciae celebrabatur, jam senex pergeret, febri in itinere dicitur apprehensus, accubuisse [*Al.* incubuisse] in crepidine viae : volentibusque eum amicis, aut in jumentum, aut in vehiculum tollere, non acquievit : sed transiens ad arboris umbram locutus est : « Abite, quaeso, et spectatum pergite : haec me nox aut victorem probabit, aut victum. Si febrem vicero, ad agonem veniam : si me vicerit [c] febris, ad inferna descendam. » Ibique per noctem eliso gutture, non tam mori se ait, quam febrem morte excludere. Unius tantum philosophi **346** exemplum posui, ut formosuli nostri et [d] torosuli, et vix summis pedibus adumbrantes vestigia : quorum verba in pugnis sunt, et syllogismi in calcibus : qui paupertatem Apostolorum et crucis duritiam, aut nesciunt, aut contemnunt, imitentur saltem gentilium parcitatem.

15. *Exempla ex Scriptura. Secunda inscriptio tabularum. Jejuniorum commendatio. Monachorum incunabula.* — [e] Haec de argumentis philosophorum exemplisque disserui. Nunc ad exordium generis humani, id est, ad nostra transiens, docebo, primum Adam in paradiso accepisse praeceptum, ut caetera poma comedens, ab una arbore jejunaret. Beatitudo paradisi absque abstinentia cibi non potuit dedicari. Quamdiu jejunavit, in paradiso fuit : comedit, et ejectus est : ejectus statim duxit uxorem. Qui jejunus in paradiso virgo fuerat, satur in terra matrimonio copulatur : et tamen ejectus, non protinus accepit licentiam carnium vescendarum ; sed tantum poma arborum et fruges segetum, et herbarum olera ei traduntur in cibum : ut exsul quoque paradisi, non carnibus, quae in paradiso non erant, sed similitudine frugum paradisi vesceretur. Postea vero videns Deus quod diligenter appositum esset ad malitiam cor hominis ab adolescentia, et spiritus ejus in his permanere non posset, quia [*Al.* qui] erant caro, opera carnis Diluvio condemnavit, et avidissimam hominum gulam probans, dedit eis licentiam comedendarum carnium : ut dum sibi intelligunt licere omnia, non desiderarent magnopere quod [f] licebat; ne mandatum in causam verterent praevaricationis. Quamquam et tunc ex parte imperatum jejunium sit. Nam cum alia munda dicantur, alia immunda : et in Arca Noe de immundis bina, de mundis introducantur imparia (et utique immundorum esus ablatus sit, ne sine causa dicerentur immunda), ex parte jejunium dedicatum est, docens abstinentiam omnium **347** in quorumdam recisione. Cur perdidit Esau primogenita sua? nonne propter cibum? impatientiamque gulae lacrymis emendare non potuit. Ejectus de Aegypto populus Israel, in terram repromissionis lacte et melle manantem introducendus, Aegyptias carnes, et pepones, [g] alliaque desiderat. *Utinam,* inquiens, *obissemus percussi a Domino in terra Aegypti, quando super ollas carnium sedebamus* (Exod. xvi, 3). Et iterum : *Quis nos* [h] *vescet carnibus? Venerunt in mentem nobis pisces, quos in Aegypto comedebamus gratis, et cucumeres, et pepones, et porri, et cepe, et allia. At nunc anima nostra arida, nihil nisi manna oculi nostri conspiciunt* (Num. xxxi, 4, 5). Angelorum cibum contemnentes, carnes Aegyptias suspirabant. Moyses quadraginta diebus et noctibus jejunus in monte Sina, etiam tunc probans, non in pane solo vivere hominem, sed in omni verbo Dei, cum Domino loquitur ; populus autem satur [*Al.* saturatus] idola fabricatur. Ille vacuo ventre, legem accipit scriptam digito Dei. Iste manducans et bibens, consurgensque ludere, aurum conflat in vitulum, et Aegyptium bovem praefert Domini majestati. Tot dierum labor, unius horae saturitate perit. Frangit audacter Moyses tabulas : sciebat enim Dei sermonem non posse audire temulentos. *Incrassatus est, et pingue factus, et dilatatus,*

---

[a] Elegantem nempe ac magnifice exstructam domum. Praetoria enim pro urbanis villis, ac deliciarum locis accipiebantur. Exempla habes in Suetonio.

[b] Reposui *caucum* pro *caveum*, quod Martianaeus legit, vel *cavum*, ut habent editiones aliae. Est enim *caucum* poculi genus, quod Spartianus memorat, ubi Pescennium tradit militibus interdixisse, *in cauco argenteo expeditionis tempore bibere*. Neque inficior *caveum* quoque poculi genus fuisse, ut ex Trebellio Pollione in Claudio colligitur, nisi si loci illi cubant in mendo : *in caveos et scyphos pondo undecim,* item *in caveos et zuma pondo undecim.* Sed quam praeferimus lectionem mss., duo praestantiores confirmant, et Gravius quoque. Apud Laertium habetur κοτύλην.

[c] Nomen *febris* vetus edit. cum duobus mss. sufficiunt.

[d] Mss., *tresuli*. Vid. quae in Epistolis de hoc verbo non semel diximus. *Trossulos, quasi torosulos dictos*

[d bis] hoc est, bene habitos, et masculorum toris praevalidos. Nonnius notat : et Persius, *Trossulus exsultat tibi per subsellia laevis.*

[e] Editi, *Haec de argumentis,* etc. renuentibus mss. Quae hinc sequuntur de jejuniorum commendatione ab exordio fere omnia ex Tertulliani libro de Jejuniis capp. 3 et 4 expressa sunt, quae studiosus lector conferre per otium poterit. Nos quaedam subinde annotabimus.

[f] Olim erat, *desiderent magnopere quod non licebat.* Mox addit vetus editio, *imperatum de immundis animalibus jejunium sit.*

[g] *Gravius et pepones, et porros, alliaque,* etc. Mox pro *Domino* erat *Deo*, contra Hieronym. mss. ipsumque Scripturae textum.

[h] Victorius quod Latine *vescet* non reperiatur, substituit *pascet*. Vulgata *quis dabit nobis ad vescendum?* In fine testimonii verbum *conspiciunt* non habet Veronensis liber, sed *nihil nisi manna oculi nostri*

et recalcitravit [*Al. calcitravit*] *dilectus, et dereliquit Dominum* [*Al. Deum*]*, qui fecerat eum, et abscessit a Deo* [*Al. Domino*] *salutari suo* (*Deut.* xxxii, 15). Unde et in eodem Deuteronomio præcipitur : *Ne cum manducaveris et biberis, et domos* [a] *optimas ædificaveris, ovibus et bubus tuis multiplicatis, et argento et auro, extollatur cor tuum, et obliviscaris Domini Dei tui* (*Deut.* viii, 12-14). Denique manducavit populus et incrassatum est cor ejus, ne videret oculis, et audiret auribus, et corde conjiceret [*Al.* contineret] : et ultum jejunantis Moysi, **348** et juxta Hebraicam Veritatem, Dei confabulatione cornutum, [b] pastus et pinguior populus sustinere non potuit. Quamobrem et Dominus noster atque Salvator non ob indifferentiam virginitatis et nuptiarum, ut quidam putant, sed ob jejuniorum consortia, Moysen et Eliam transfiguratus in monte secum ostendit in gloria. Quamquam Moyses et Elias typum propriæ Legis Prophetarumque monstraverint [*Al.* monstrarent] : sicut manifeste [c] *Evangelii Scriptura testatur* : *Dicebant ei exitum quem completurus* [*Al. impleturus*] *erat in Jerusalem* (*Luc.* ix, 31). Passionem enim Domini non virginitas et nuptiæ, sed Lex nuntiat et Prophetæ. Quod si contentiose in Moyse nuptias, in Elia virginitatem dixerint demonstrari, breviter audiant, Moysen mortuum et sepultum, Eliam igneo curru raptum, ante immortalem esse cœpisse, quam mortuum. Sed nec secunda conscriptio tabularum absque jejunio potuit impetrari. Quod ebrietas perdiderat, inedia reperit. Ex quo ostenditur, posse nos per jejunium redire in paradisum, unde per saturitatem fueramus ejecti. In Exodo adversus Amalec, oratione Moysi, et totius populi, usque ad vesperam jejunio dimicatum est (*Exod.* xvii). Jesus filius Nave [d] stationem imperavit soli et lunæ : et inediam plus quam unius dici, victoris exercitus protelavit (*Jos.* x). Saul, sicut in Regnorum primo libro scribitur : *Maledictus*, inquit, *qui ederit panem usque ad vesperam, donec ulciscar me de inimicis meis* [*Al.* inimico meo]. *Et non gustavit omnis populus ejus, et tota terra* [e] *prandebat* (I *Reg.* xiv, 24). Tan-

taque fuit auctoritas stationis semel Domino destinatæ, [f] ut Jonathas, qui causa victoriæ exstiterat, deprehenderetur sorte, et ignorantiæ crimen declinare non posset, patrisque in se concitaret manum, et vix populi precibus salvaretur. Elias quadraginta dierum **349** jejunio præparatus, Deum vidit in monte Oreb [*Al.* Choreb], et audit ab eo : [g] *Quid tu hic, Elia ?* Multo familiarior ista vox, quam illa in Genesi, *Adam, ubi es* (*Genes.* iii, 9) ? Illa enim pastum terrebat et perditum : hæc jejunanti famulo blandiebatur. Congregatum Samuel populum in Masphat, indicto jejunio roboravit, et fecit hostibus fortiorem. Assyriorum impetum, et potentiam Sennacherib, Ezechiæ, regis lacrymæ, saccus, et humiliatio victus, fregit, prostravit et vicit. Et e contrario civitas Ninive, imminentem iram Domini jejuniorum miseratione detorsit : [h] quam et Sodoma placasset et Gomorrha, si voluisset agere pœnitentiam, et lacrymas [*Al.* lacrymis] pœnitentiæ patrocinante conciliare jejunio. Achab rex impiissimus, ut sententiam Dei subterfugeret, et eversio domus ejus differretur in posteros, jejunio impetravit et sacco. Anna uxor Helcanæ inanem cibo ventrem, filio meruit implere. Periclitantur in Babylone Magi, omnis conjector et hariolus et aruspex cæditur (*Dan.* i, *et* ii). Daniel et tres pueri revelationem merentur jejunio ; et pasti leguminibus, pulchriores sunt et prudentiores his, qui de mensa regis carnibus vescebantur. Deinde scriptum est, quod Daniel tribus hebdomadibus jejunaverit ; panem suavem non comederit : caro et vinum non intraverit os ejus : oleo unctus non sit ; [i] et venerit ad eum Angelus, dicens : *Daniel, homo miserabilis es* (*Dan.* ix, 25). Qui Deo miserabilis apparuerat, post jejunium leonibus in lacu fuit [*Al.* fuerat] horribilis. Quam pulchra res, quæ placat Deum, leones mitigat, dæmones terret (*Dan.* xiv) ! Mittitur ad eum (licet hoc in Hebraicis voluminibus non invenerimus) Abacuc messorum prandium portans. Talem enim discophorum inedia meruerat hebdomadis. David, periclitante filio, post adulterium ἐξομολόγησιν in cinere et jeju-

---

[a] Sic habent mss. nostri *optimas* : sic quoque LXX, οἰκίας καλάς : sic denique Victorius emendaverat. Martianæus tamen *opimas* denuo ex Erasmo obtrudit inscio lectori.

[b] Ex Tertulliani lib. supra laudato, *Cum quidem nec ipsum Moysen Deo pastum, inediamque ejus nomine saginatam, constanter contemplari valeret pinguior populus.* Et mox, *Merito igitur etiam in carne se Dominus ei ostendit, collegæ jejuniorum suorum non minus et Heliæ.*

[c] Vocem *Evangelii*, quæ deerat, sufficiunt mss. omnes.

[d] Intellige obvio Ecclesiastico sensu jejunium, aut saltem duplicem ejus nominis significationem alludi, Tertullian. ipsis elementis stationem imperavit. Vid. quæ infra subnectimus not. [f]

[e] Sunt qui cum negandi particula *et tota terra non prandebat* legendum hic quoque apud Hieronymum contendant, quemadmodum penes Tertullianum adversus Psychicos, cap. 10, Pamelius legit. Et Vulgatus quidem interpres diverso longe sensu, *et tota terra venit in saltum.* Sed ut nihil de Hebraici textus lectione dicam, quam cum Septuaginta virali componere operæ pretium sit, aio, ex Græcis καὶ πᾶσα ἡ γῆ ἠρίστα, factum in veteri Latina versione, *et tota terra prandebat,* absque negandi particula, quam nefas erat Pamelio atque aliis in Veterum scriptis intrudere.

[f] Martianæus post Erasmum contra emendatiorum codicum fidem, et minus concinne, *ut Jonatham..... deprehenderet sors.* Denuo Tertullianus, *Tantam autem Deus præstitit auctoritatem edicto stationis* (jejunii scilicet) *illius, ut Jonathan, ut Jonathan,* etc.

[g] Hierom ex Tertulliano : *Quid tu, Helia, hic? Multo amicior ista vox quam, Adam, ubi es? Illa enim pasto homini minabatur, ista jejuno blandiebatur.*

[h] Idem, *Sodoma quoque et Gomorrha evasissent, si jejunassent.* Et paulo post, *Anna quoque ambiens uxor Helcanæ ventre sterilis impetravit facile a Deo juvenem cibo ventrem filio implere.*

[i] Hic quoque conferendus est Tertullianus, *Veni*, inquit, *demonstrare tibi, quatenus miserabilis es jejunando scilicet*, etc.

nio facit, dicens, *Quia* [a] *cinerem tamquam panem manducabam, et potum meum cum fletu miscebam* (*Psalm.* ci, 10). Et, *Infirmata sunt in jejunio genua mea* (*Psal.* cviii, 24). **350** Et certe jam audierat a Nathan : *Dominus abstulit a te hoc peccatum* (II *Reg.* xii, 13). Samson et Samuel vinum et siceram non bibunt. Erant enim filii repromissionis, et per abstinentiam jejuniumque concepti. Aaron et cæteri sacerdotes ingressuri Templum, omne quod potest inebriare non potant, ne moriantur (*Exod.* x). [b] Ex quo intelligimus mori eos, qui in Ecclesia non sobrii ministrarint. Quamobrem exprobratur Israeli, *Potum dabatis Nazaræis meis vinum* (*Amos* ii, 12). Jonadab, filius Rechab, præcepit filiis suis, ut non biberent vinum usque in æternum. Quibus cum [c] offerret Jeremias vinum ut biberent, et illi bibere noluissent, loquitur Dominus per Prophetam : *Quia obedistis præcepto Jonadab patris vestri, non deficiet vir de stirpe Jonadab filii Rechab, stans in conspectu meo cunctis diebus* (*Jerem.* xxxv, 8). [d] In foribus Evangelii, Anna filia Phanuelis univira inducitur, semperque jejunans ; et Dominum virginem longa castitas longaque jejunia suscepere. Præcursor ejus et præco [e] Joannes locustis alitur, et silvestri melle, non carnibus : habitatioque deserti et incunabula Monachorum, talibus inchoantur alimentis. Sed et ipse Dominus baptisma suum quadraginta dierum jejunio dedicavit ; et acriora dæmonia docuit non nisi oratione et jejuniis posse superari. Cornelius centurio, ut Spiritum sanctum acciperet antequam baptisma, eleemosynis meruit, crebrisque jejuniis. Paulus Apostolus post famem et sitim, et cæteros labores suos, et pericula latronum, naufragia, solitudines [*Al.* naufragii solitudinis], crebra jejunia enumerat. Et discipulo Timothæo dolenti stomachum, et infirmitates plurimas sustinenti, suadet vini modicam potionem : *Jam noli*, inquit, *aquam bibere* (*Tim.* v, 23). Cui autem dicit, *jam noli aquam bibere*, ostendit eum aquam ante potasse. Quod non concederet, nisi crebræ infirmitates et dolor stomachi postulassent.

16. *Hæretici cibos refugientes.* — Reprobat quidem Apostolus (I *Tim.* iv) eos, qui prohibebant nuptias, et jubebant [*Al.* prohibeant et jubeant] **351** cibis abstinere, quos Deus creavit ad utendum cum gratiarum actione : sed et Marcionem designat, et Tatianum, et cæteros hæreticos, qui abstinentiam indicunt perpetuam, ad destruenda et contemnenda et abominanda opera Creatoris. Nos autem creaturam omnem laudamus Dei : et maciem saginæ, abstinen-tiam luxuriæ, jejunia præferimus saturitati. Vir quippe *in laboribus laborat sibi, et vim facit in interitum suum* (*Prov.* xvi, 26, sec. LXX). Et, *A diebus Joannis Baptistæ* (jejunatoris et virginis) *regnum cœlorum vim patitur, et violenti diripiunt illud* (*Matth.* xi, 12). Timemus enim, ne ab adventu æterni judicis, sicut in diebus Diluvii, et eversionis [*Al.* eversione] Sodomæ et Gomorrhæ, deprehendamur manducantes, et bibentes, et nubentes, et nuptui tradentes. Nam et Diluvium, et ignis de cœlo saturitatem pariter, et nuptias quas deleret invenit. Nec mirum, [f] si omne quod in macello venditur, apostolus emi jubeat, et comedi (I *Cor.* x) : cum idololatris et adhuc in templis idolorum, quasi idolothyta vescentibus, pro summa abstinentia fuerit, cibis tantum abstinere Gentilium (I *Cor.* x). Quod si loquitur ad Romanos : *Is qui manducat, non manducantem non spernat : et qui non manducat, manducantem non judicet* (*Rom.* xiv, 3) ; non inter jejunia et saturitatem æqualia merita dispensat ; sed contra eos loquitur, qui in Christum credentes, adhuc judaizabant : et eos qui ex Gentibus [*Al.* gentilibus] crediderant, monet, ne scandalizent illos cibo suo, qui adhuc in fide infirmiores erant. Denique et in consequentibus [*Al.* continentibus] hoc ipsum sonat : *Scio et confido in Domino Jesu, quod nihil commune per seipsum est, nisi ei, qui existimat quid commune esse, illi commune est. Si enim propter cibum frater tuus contristatur, jam non secundum charitatem ambulas. Noli cibo tuo illum perdere, pro quo Christus mortuus est. Non ergo blasphemetur bonum nostrum. Non est enim regnum Dei esca* [*Al.* escæ] *et potus* (*Ibid.*, 14, seqq.). Ac ne quis putaret hoc de jejuniis dici, et non de superstitione Judaica, statim edisserit : *Alius credit manducare omnia. Qui autem infirmus est, olera manducat* (*Ibid.*, 2). Et rursum : *Alius judicat diem plus quam diem, alius judicat omnem diem. Unusquisque* **352** *in suo sensu abundet. Qui sapit diem, Domino sapit. Et qui manducat, Domino manducat : gratias enim agit Deo. Et qui non manducat, Domino non manducat, et gratias agit Deo* (*Ibid.*, 5, seqq.). Qui enim adhuc infirmi erant in fide, et alias carnes mundas, alias arbitrabantur immundas : et inter diem et diem esse aliquid existimabant, verbi gratia, sanctius esse sabbatum, et neomenias, et scenopegiam, quam reliquos dies, jubentur olera manducare, quæ indifferenter comeduntur ab omnibus. Qui vero firmioris erant fidei, omnes carnes et dies omnes æquales esse credebant.

17. *Jejunium Christianorum. Sepulcra concupis-*

---

[a] Alias, et in aliquot mss., *cinerem sicut panem manducavi.*

[b] Iisdem prope verbis Tertullianus, *Adeo morientur, qui non sobrii in Ecclesia ministraverint.*

[c] Mss. Veronensis ac Cisterciensis, *offerret Jeremias ut biberent, absque vinum.*

[d] Item ex Tertulliano, *In limine Evangelii Anna Prophetissa, filia Phanuelis, quæ infantem Dominum et agnovit, et multa super eo prædicavit, exspectantibus redemptionem Israelis, post egregium titulum veteris et univiræ viduitatis jejuniorum quoque testimonio au-*getur, ostendens in quibus officiis assideri ecclesiis debeat, et a nullis magis intelligi Christum, quam semel nuptis et sæpe jejunis. Ipse mox Dominus baptisma suum, et in suo omnium, jejuniis dedicavit, etc. Et mox, etiam adversus diriora dæmonia jejuniis præliandum.

[e] Nomen Joannis præstantiores mss. hic non agnoscunt.

[f] Tertullianus, *Si claves macelli tibi tradidit, permittens esui omnia ad constituendum idolothytorum exceptionem, non tamen in macello regnum Dei inclusit.*

centiæ perseverant. Jejunii sanctificatio. — [a] Illud autem quod proponere ausus est [*Al.* es], Dominum voratorem et potatorem vini a Pharisæis appellatum: et quia ad epulas ierit nuptiarum, et convivia non despexerit peccatorum, æstimo, quod nobiscum faciat. Iste est Dominus, ut arbitraris, vorator, qui quadraginta diebus Christianorum jejunium sanctificavit [*Al.* sanctificat]; qui beatos appellat esurientes et sitientes; qui escam habere se dicit, non quam discipuli suspicabantur, sed quæ in perpetuum non periret; qui de die crastino cogitare [*Al.* cogitari] prohibet; qui cum esurisse et sitisse dicatur, et isse frequenter ad prandia, excepto mysterio, quod in typum suæ passionis expressit, et probandi corporis veritate, nec gulæ scribitur servisse, nec ventri. Qui divitem purpuratum propter epulas narrat in tartaro, et Lazarum pauperem ob inediam dicit esse in sinu Abrahæ. Qui quando jejunamus, ungi [b] caput et lavari faciem præcipit, ut non gloriæ hominum, sed Domino jejunemur. Qui comedit quidem post resurrectionem partem piscis assi et favum, non propter esuriem et gutturis suavitatem; sed ut veritatem sui corporis comprobaret. Nam quotiescumque mortuum suscitavit, jussit ei dari manducare, ne resurrectio phantasma putaretur. Et Lazarus post resurrectionem, ob hanc causam scribitur cum Domino iniisse convivium. Nec hoc dicimus, quod negemus pisces et cætera (si voluntas fuerit) in cibo esse sumenda: sed quomodo nuptiis virginitatem, ita saturitati et carnibus jejunium spiritumque **353** præferimus. Si autem Petrus hora sexta pransurus ascendit in cœnaculum, fortuita esuries non facit præjudicium jejuniorum. Hoc enim modo et Dominus, quia ad puteum Samaritanæ hora sexta fessus resedit, et bibere voluit, omnibus incumbet necessitas, velint nolint, hoc tempore bibendi. Potuit autem fieri, ut vel sabbatum esset, vel dies Dominicus: et post bidui, triduique jejunium, hora sexta esurierit; numquam enim crediderim apostolum, si ante unam diem cœnaverat, epulisque distentus fuerat [*Al.* erat], alterius diei esurisse meridie. Quod si cœnavit pridie, et sequenti die esurivit ante prandium, [c] non existimo quod usque ad satietatem comederit, qui tam cito potuit esurire. Porro si per Isaiam loquitur Deus, quod non tale jejunium elegerit, dicens: *In diebus jejuniorum vestrorum inveniuntur voluntates vestræ, et subjectos percutitis, et in judicia et in lites jejunatis, et cæditis pugnis: non tale jejunium elegi, dicit Dominus* (Isai. LIII, 3, seq.). Quale elegerit, docet: *Frange esurienti panem tuum, et pauperes sine tecto induc in domum tuam. Si videris nudum, vesti: et domesticos seminis tui ne despicias* (Ibid., 7). Non igitur jejunium reprobavit, sed quale vellet, ostendit: neque enim ventris esuries accepta est Deo, quam lites et rapinæ et libidines destruunt. Si non vult jejunium Deus [*Al.* Dominus], quomodo in Levitico præcipit, ut septimo mense, decima mensis omnis populus jejunet usque ad vesperam: et qui non afflixerit animam suam, moriatur et exterminetur de populo suo? Quare sepulcra [d] concupiscentiæ, ubi carnibus deditus populus ruit, usque hodie in solitudine perseverant? Et crassus populus ortygometram scribitur ad choleram usque ructasse? Cur homo Dei (III *Reg.* XIII), ad cujus prophetiam manus aruerat regis Jeroboam, qui [*Al.* quia] manducavit contra edictum Dei, illico percussus est? et leo qui asinam custodivit intactam, Prophetæ levanti se de prandio non pepercit? Qui jejunus miracula fecerat pransus [*Al.* pransurus] illico saturitatis pœnas luit. Sed et Joel clamitat: *Sanctificate jejunium: prædicate curationem* (Joel. I, 14; II, 15), ut monstraretur jejunium **354** sanctificari cæteris operibus: et sanctificatum jejunium, curationi proficere peccatorum. Quomodo autem virginitati veræ non præjudicat imitatio virginum diaboli; ita nec veris jejuniis, [e] Castum Isidis et Cybeles, et quorumdam ciborum in æternum abstinentia: maxime cum apud illos jejunium panis, sagina carnium compensetur. Et sicut signa quæ faciebat Moyses, imitabantur signa Ægyptiorum, sed non erant in veritate: nam virga Moysi virgas Magorum devorabat; [f] ita per omnia quæ per æmulationem Dei facit diabolus, non religionis nostræ superstitio, sed nostra arguitur negligentia, id nolentium facere quod bonum esse, etiam sæculi homines non ignorant.

18. *Quarta propositio Joviniani.* — « Quarta propositio, quæ et extrema est, duos esse ordines, ovium, et hircorum: alterum justorum, alterum peccatorum: alios stare a dextris, alios a sinistris; et audire justos: *Venite, benedicti Patris mei, possidete paratum vobis regnum a constitutione mundi* (Mat. XXV, 34). Peccatoribus vero dici: *Discedite a me, maledicti in ignem æternum, qui præparatus* [*Al.* pa-

---

[a] Antea, *ausus est.* Tertullianus: *Dominum quoque quam indigne ad tuam libidinem interpretaris passim manducantem et bibentem! Sed puto quod etiam jejunarit, qui beatos non saturatos, sed esurientes et sitientes pronuntiarit; qui escam profitebatur, non quam discipuli existimarent, sed paterni operis perfectionem,* etc.

[b] In aliquot mss., *ungere caput nostrum et faciem lavari præcepit.*

[c] Veronensis, *existimo quod non usque ad satietatem;* et paulo post, *In diebus enim jejuniorum.*

[d] Tertullianus: *Manent adhuc monumenta concupiscentiæ, ubi sepultus est populus carnis avidissimus, usque ad choleram ortygometra cruditando,* etc., etc.

[e] Sic habent mss. omnes, sicque omnino legendum esse supra docuimus, quidve esset *Castus* explicavimus pag. 350, et seq., not. (col. 291, *not.* b) Martianæus ex præconcepta opinione *cossorum* hic quoque legit, erroremque esse putat Veterum librariorum, quod *Castum* scripserint, et *cossum* vermiculum esse ignorarint. Minime vero ipse intellexit. — *Cossum Isidis et Cybeles.* Mss. codices legunt *castum Isidis et Cybeles*; sed error est, ni fallor, veterum Librariorum, qui nesciebant *cossum* esse vermiculum, a quo abstinebant sacerdotes Isidis et Cybeles, ut antea observatum a nobis est. MARTIAN.

[f] Mss., *ita et omnia quæ in æmulationem,* etc. Tertullianus, *Huic divina constabat, quam diabolus divinarum æmulator imitatur,* etc.

ratus] *est diabolo et angelis ejus* (*Ibid.*, 41). Arborem bonam non posse malos fructus facere, nec malam bonos. Unde et Salvator loquitur ad Judæos: *Vos de patre diabolo estis, ut concupiscentias patris vestri facere vultis* (*Joan.* VIII, 43). Decem virgines proponit stultas atque sapientes, et quinque, quæ oleum non habuerunt, remansisse extrinsecus: alias vero quinque, quæ sibi lumen bonorum operum præparaverant, thalamum intrasse cum sponso. Ascendit ad diluvium, et ait: Qui erant cum Noe justi servati sunt: qui vero peccatores, omnes in commune perierunt. Apud Sodomam et Gomorrham, exceptis duobus gradibus bonorum malorumque, nulla diversitas invenitur. Qui est justus, eripitur: qui peccator, pari voratur incendio. Una salus liberatis, unus interitus remanentibus. Ne paululum quidem a justitia declinandum, indicio est uxor Lot. Si autem, inquit, mihi opponis [*Al.* opponas] quare justus laboret in pace, aut persecutionibus, si nullus profectus est, nec majora **355** præmia: scias hoc eum facere, non ut plus quid mereatur, sed ne perdat quod accepit. In Ægypto quoque decem plagas æqualiter omnes sentiunt peccatores: et similes tenebræ domino et servo, nobili et ignobili, regi imminent et vulgo. Sanctis vero Dei et populo Israel una erat lux. Sed et in mari Rubro justi pariter transeunt, peccatores pariter obruuntur. Sexcenta hominum millia, excepta imbelli ætate et sexu, in deserto æqualiter ruunt, et duo qui justitia pares erant, æqualiter liberantur. Per quadraginta annos cunctus Israel similiter laborat ac moritur. Gomor mannæ universis ætatibus una in cibo mensura est: vestitus pariter non deteruntur, capilli simul non augentur, barba in commune non crescit, calceamenta ex æquo omnibus durant. Non incalluere pedes: cibus in ore cunctorum æqualiter sapit. Ad mansionem unam pari labore et mercede pergebant. Omnis Hebræus æquale habet pascha, æquales scenopegias, æquale sabbatum, æquales neomenias. Septimo requietionis anno absque personarum discretione dimittitur, et in jubilæo universa cunctis debita relaxantur, atque ad antiquam possessionem venditor redit. >

19. Parabolam autem in Evangelio (*Matth.* XIII, et *Luc.* VIII) seminantis, in qua in terra bona centesimus et sexagesimus et tricesimus fructus exoritur: et e contrario in terra mala, triplex sterilitatis varietas indicatur, in duos ordines dividit, bonæ terræ et malæ. ‹ Et quomodo Apostolis pro derelictis filiis et uxoribus, in alio Evangelio centies, in alio septies Dominus repromittit [*Al.* promittit], et in futuro vitam æternam (*Matth.* XIX, *Marc.* X, *Luc.* XVIII): nullaque distantia est inter centum, et septem; sic et in hoc [a] numerum non facere præjudi-

cium, ubi hujus terræ fertilitas prædicatur: præsertim cum et Evangelista Marcus retrorsum numeret triginta, sexaginta et centum. Dicit Dominus: *Qui manducat meam carnem, et bibit meum sanguinem, in me manet, et ego in illo* (*Joan.* VI, 55). Sicut ergo sine aliqua differentia graduum Christus in nobis est; ita et nos in Christo sine gradibus sumus. *Omnis qui diligit me, sermonem meum servabit, et Pater meus diliget eum, et* **356** *ad eum veniemus, et mansionem apud eum faciemus* (*Joan.* XIV, 23). Qui justus est, diligit: qui diligit, veniunt [*Al.* venit] ad eum Pater et Filius, et in ejus habitant [*Al.* habitat] hospitio: Ubi autem hujuscemodi habitator est, puto quod nihil deesse possit hospiti. Sin [*Al.* Si] autem dicit: *Multæ mansiones sunt apud Patrem meum* (*Joan.* XIV, 2), non in regno cœlorum diversas significat mansiones; sed Ecclesiarum in toto orbe numerum, quæ constat una per septem. *Vado*, inquit, *et præparabo vobis locum* (*Ibid.*, 2), non loca. Si hæc repromissio proprie duodecim Apostolorum est, ergo Paulus exclusus est de hoc loco, et electionis vas superfluus putabitur et indignus. Joannes et Jacobus, quia plus cæteris petierunt, non impetraverunt? et tamen non est dignitas eorum imminuta, quia reliquis Apostolis æquales fuerunt. *Nescitis quia corpora vestra templum* [b] *est Spiritus sancti* (I *Cor.* III, 16, et VI, 19)? *Templum*, inquit, *est*, non templa; ut similiter in omnibus habitatorem ostenderet Deum. *Non pro his rogo tantum, sed pro illis qui credituri sunt per verbum eorum in me: ut sicut tu Pater in me, et ego in te unum sumus; ita omnes unum sint in nobis. Gloriam quam dedisti mihi, dedi eis: dilexi eos, sicut me dilexisti* (*Joan.* XVII, 20). Et quomodo nos sumus Pater et Filius et Spiritus sanctus unus Deus, sic et unus populus in ipsis sit, hoc est, quasi filii charissimi, divinæ consortes naturæ. Sponsa, soror, mater, et quæcumque alia putaveris vocabula, unius Ecclesiæ congregatio est, quæ numquam est sine sponso [*Al.* sponsa], fratre, filio. Unam habet fidem, nec constupratur dogmatum varietate, nec hæresibus scinditur. Virgo permanet. Quocumque vadit [*Al.* vadet] agnus, sequitur illum: sola novit Canticum Christi.

20. ‹ Si autem, inquit, mihi opposueris, *Stella a stella differt in claritate*, audies, differre stellam a stella, hoc est, spirituales a carnalibus. Omnia membra æqualiter diligimus, nec oculum præponimus digito, nec digitum auriculæ: sed in singulorum amissione, membrorum communis dolor est. Æqualiter introimus in hoc sæculum, et æqualiter de eo egredimur. Unus Adam terrenus, et alter cœlestis. **357** Qui in terreno fuerit, a sinistris est et peribit: qui in cœlesti, a dextris est, et salvabitur. Qui fratri dixerit fatue, et

---

[a] Scilicet in hoc Evangelio, sive Evangelii exemplo: antea enim perperam legebatur *in hoc numero* pro *numerum*. Paulo post mss., *sine aliqua differentia et gradibus Christus*, etc.

[b] Duo mss. *estis*: et paulo post Cisterciensis *qui credituri sunt in me, et cum Veronensi, ut sicut ego, Pater, in te; et in in me unum sumus*, etc., quæ quidem lectio antiquior longe videtur esse, sive veteris Latinæ interpretationis, quam præ oculis habebat Jovinianus, tametsi Græco archetypo non respondeat. Ad eum modum iterum infra legitur. Vid. pag. 370, not. ordine prima. Denique *dilexisti eos pro dilexi* in mss. invenitur.

raca, reus erit gehennæ. Et qui homicida fuerit adulter, mittetur similiter in gehennam. In persecutione qui incenditur, qui suffocatur, qui decollatur, qui fugerit, qui in carcere inclusus obierit: varia quidem luctæ genera, sed una corona victorum est. Inter eum fratrem qui semper cum patre fuerat, et qui postea pœnitens est receptus, nulla diversitas est. Operariis primæ horæ, et tertiæ, et sextæ, et nonæ, et undecimæ, unus denarius æqualiter redditur: et quo magis admireris, ab his incipit præmium, qui minus in vinea laborarunt [*Al.* laborant].»

21. *Hieronymus. Prædicatio Antichristi vera.*— His et hujuscemodi divinarum Scripturarum testimoniis, quæ ad perversitatem sui dogmatis callidus disputator inclinat, quis non tentetur etiam electorum Dei? Et quod Joannes Apostolus, Antichristos dicit venisse multos (1 *Joan.* II), hæc vera est Antichristi prædicatio, quæ inter ipsum Joannem et ultimam pœnitentem nullam facit esse distantiam. Simulque miror, quomodo serpens lubricus et Proteus noster, in variarum se mutet portenta formarum. Qui enim in coitu et saturitate Epicureus est, subito in retributione meritorum Stoicus efficitur. Hierosolymam a Citio, Judæam Cypro, Christum Zenone commutat. Si non licet a virtutibus paululum declinare, et omnia peccata sunt paria, ejusdemque criminis reus, qui panem b esuriens surripuerit, et qui hominem occiderit: tu quoque maximorum scelerum reus teneris [*Al.* teneberis]. Porro aliud est, si te dicas ne minima quidem habere peccata, et cum omnes Apostoli et Prophetæ, et Sancti, juxta id quod in secunda propositione disserui, peccatores esse se plangant, solus de justitia glorieris. Ante nudo eras pede: modo non solum calceato, sed et ornato. Tunc c pexa tunica, et nigra subucula vestiebaris, sordidatus, **358** et pallidus, et callosam opere gestitans manum; nunc lineis et sericis vestibus, et Atrebatum [*Al.* Atrebatarum] ac Laodiceæ indumentis ornatus incedis. Rubent buccæ, nitet cutis, comæ in occipitium frontemque tornantur: d protensus est aqualiculus, insurgunt humeri, turget guttur, et de obesis faucibus vix suffocata verba promuntur. Certe in tanta diversitate victus et vestitus, necesse est, aut hic, aut ibi esse peccatum. Non quod peccatum in cibo, aut in vestibus asseram: sed quod varietas, et commutatio in deterius, reprehensioni proxima sit. Quod autem reprehenditur, a virtute procul est: quod a virtute procul est, vitio mancipatur: quod vitiosum arguitur, peccato jungitur. Quod peccatum est juxta tuam sententiam in sinistra parte, et hircorum grege describitur [*Al.* ascribitur]. Aut reverteris igitur ad antiquum propositum, ut ovis possis esse ad dexteram: aut si priorem sententiam perversa pœnitentia commutaris: velis nolis, quamquam barbam raseris, inter hircos numeraberis.

22. *Propositionum Joviniani series. In scholis quid cantabant pueri.* — Verum quid prodest e luscum vocare luscum, et accusatoris docere inconstantiam, cum propositionum series diluenda sit? Oves et hædos a dextera et sinistra, duos justorum et peccatorum esse ordines non negamus. Arborem bonam fructus malos non facere, nec malam bonos, nulli dubium est. Decem quoque virgines sapientes et stultas, in bonas malasque dividimus. In Diluvio liberatos justos, et peccatores aquis obrutos, non ignoramus [*Al.* non negamus]. In Sodoma, et Gomorrha ereptum justum, et impios igne consumptos, omnibus perspicuum est. Decem quoque plagis percussam Ægyptum, et Israel fuisse sospitem novimus. In mari Rubro transisse justos, et Pharaonem cum suo exercitu demersum, etiam in scholis cantant parvuli. Sexcenta millia in deserto cecidisse, quia increduli fuerint, et duos tantum terram repromissionis intrasse, Scripturæ docent, et **359** reliqua, quæ usque ad operarios vineæ, in duos bonorum et malorum ordines descripsisti. Sed quale est, ut quia inter bonos et malos divisio est, tu asseras inter ipsos bonos, vel e contrario malos, nullam esse distantiam, nihilque referre, utrum in pecore aliquis aries sit, an ovicula? Utrum primam lanam habeant, an secundam? Utrum scabidum pecus sit et morbidum, an vegetum atque sussultans? maxime cum Ezechiel oves rationabiles, et diversitatem inter pecus et pecus, suæ Prophetiæ auctoritate demonstret, dicens: f *Ecce ego judico inter pecus et pecus, et inter arietes et hircos, et inter pecus pingue et macilentum. Pro eo quod lateribus et humeris impingebatis, et cornibus vestris ventilabatis omnia infirma pecora, donec dispergerentur* (*Ezech.* XXXIV, 17, 20).

d si hic apud Hieronymum *impexa* sit legendum pro *pexa*; nam pexa tunica pro nova et eleganti, et pretiosa accipitur a Latinis Scriptoribus, atque ipso in primis Horatio. Fortasse autem Hieronymus accenerit pro villosa, sive quæ pecti deberet ob pilos. Græci eam vestem μαλλωτὸν vocant. Prudentius in Hym. *Impexa villis virgo bestialibus.* Et noster superiori lib., num. 40, *Sordidam tunicam* dixit.

d Gravius mallet *propensus* ex illo Persii:

Pinguis aqualiculus propenso sexquipede exstat.

e Iterum ex Persio Satira I:

........Et lusco qui possit dicere luscum.

f Iidem mss. *ecce ego judicabo* juxta Græcum διακρινῶ.

---

a Ex Citio enim urbe in Cypri insula Zenon Stoicorum princeps fuit: unde Κιτιεὺς vel Κιτταιεύς Græce, Latine Citticus appellatur. Vid. Quæstiones in Genesim cap. X et in Jerem. cap. II.

b Levissimam culpam gravissimo delicto comparat. Contra hactenus obtinuit in editis libris et plerisque etiam mss. gravissima alteri æque gravissimæ conferretur. Erat nempe *panem esurienti surripuerit*: et panem esurienti surripere idem sit atque hominem occidere; nam etiam qui esurienti non dederit, occidit; notumque illud ex Ambrosio, *Si non pavisti, occidisti.* E contrario si esuriens ipse surripiat, levissime omnium peccabit: idque est quod Hieronymus conferre intendit, et recte revera in Veronensi ms. ex quo locum emaculavimus.

c Ex Horatio hausit, *Si forte subucula pexæ Trita subest tunicæ*: at, puto, multum diverso sensu, nisi

Et ut sciremus quæ ista sint [Al. sunt] pecora, statim intulit : *Vos autem, ᵃ greges mei, oves pascuæ meæ, homines estis.* Idipsum ergo erit Paulus, et ille pœnitens, qui cum patris uxore dormierat, quia in Ecclesiam post pœnitentiam receptus est ; et quia simul a dextris est, in eadem cum Apostolo claritate fulgebit ? Et quomodo in uno agello usque ad messem in [Al. et] consummationem mundi zizania pariter frumentaque succrescunt ? Qua consequentia pisces boni, et mali, sagena [Al. sagina] Christi et reti Evangelico continentur ? Cur in typo Ecclesiæ, in Arca Noe, diversa animalia, et pro qualitate meritorum, diversæ sunt mansiones ? Cur astitit regina a dextris Domini [Al. tuis] in vestitu deaurato, circumdata varietate ? Cur Joseph in forma Christi, variam habuit tunicam ? Cur Apostolus loquitur ad Romanos : *Unicuique sicut ᵇ Deus divisit mensuram fidei ? Sicut enim in uno corpore multa membra habemus, omnia autem membra non eumdem actum habent : ita multi unum corpus sumus in Christo, singuli autem alter alterius membra. Habentes autem donationes secundum gratiam, quæ data est nobis, differentes, sive Prophetiam secundum mensuram fidei, sive ministerium in ministrando, sive qui docet in doctrina, qui exhortatur in exhortando, qui tribuit in simplicitate, qui præest in sollicitudine,* et reliqua (*Rom.* xii, 3 seqq.) Et in alio loco : *Alius judicat diem plus quam diem, alius judicat omnem diem. Unusquisque in suo sensu abundet* (*Rom.* xiv, 5). Et ad Corinthios : *Ego plantavi, Apollo rigavit, sed Deus incrementum dedit. Itaque neque qui plantat est aliquid : neque qui rigat, sed qui incrementum dat Deus. Qui plantat et qui rigat, unum sunt. Unusquisque autem propriam mercedem accipiet secundum suum laborem. Dei enim sumus adjutores. Dei agricultura ᶜ estis, Dei ædificatio estis* (1 *Cor.* iii, 6 seqq.). Et rursum alibi : *Secundum gratiam Dei, quæ data est mihi, ut sapiens architectus fundamentum posui, alius autem superædificat. Fundamentum enim aliud nemo potest ponere, præterquam id quod positum est, quod est Christus Jesus. Si quis autem superædificat super fundamentum hoc, aurum, argentum, lapides pretiosos, ligna, fenum, stipulam : uniuscujusque opus apparebit. ᵈ Dies enim Domini illud manifestabit, quoniam in igne revelabitur, et singulorum opus quale sit, ignis probabit. Si cujus opus manserit, quod superædificavit, mercedem accipiet. Si cujus opus arserit, detrimentum patietur. Ipse autem salvus erit, sic tamen quasi per ignem* (Ibid., 10 seqq.). *Si is cujus opus arsit, et periit, et damnum sustinuit laboris sui, perdet quidem laboris* [Al. operis] *præmium, sed ipse salvabitur, non tamen absque probatione ignis* : ergo is cujus opus manserit, quod superædificavit, sine ignis probatione salvabitur, et inter salvationem et salvationem utique erit diversitas aliqua. Necnon in alio loco : *Sic nos,* inquit, *existimet* [Al. æstimet] *homo quasi ministros Christi, et dispensatores mysteriorum Dei* [Al. eju.]. *Hic jam quæritur inter dispensatores, ut fidelis qui inveniatur* (1 Cor. iv, 1, 2). Vis scire, quoniam inter dispensatorem et dispensatorem sit multa distantia (non dico de malis et bonis, sed de ipsis bonis qui ad dexteram stant) ? audi consequentia : *Nescitis, quoniam qui in sacrificiis operantur, de sacrificiis comedunt : qui altario deserviunt, de altario participantur ? Sic et Dominus disposuit his, qui Evangelium annuntiant, de Evangelio vivere : ego autem non abutar horum aliquo. Non scripsi autem hæc, ut sic fiant in me. Melius est enim mihi mori quam ut gloriam meam quis evacuet. Si enim evangelizavero, non est mihi gloria : necessitas quippe mihi incumbit. Væ enim mihi est, si non* [Al. nisi] *evangelizavero. Nam si voluntate hoc ago* [Al. fecere], *mercedem habeo. Si autem nolens, dispensatio mihi credita est. Quæ est ergo merces mea ? Ut evangelizans* **361** *sine sumptu, ponam Evangelium Christi ; ut non abutar potestate, quæ data est mihi in Evangelio. Cum enim essem liber, ex omnibus omnium* [Al. omnibus] *me servum feci, ut plures lucrifacerem* (1 Cor. ix, 15 seqq.). Numquid potes dicere peccare eos, qui vivunt de Evangelio, et qui de sacrificiis participantur ? Utique non ; Dominus enim disposuit, ut qui prædicant Evangelium, de Evangelio vivant ; Apostolus autem qui non abutitur hac licentia, sed laborat manibus suis, ne quem gravet, et die ac nocte operatur, et ministrat his qui secum sunt, utique ideo hoc facit, ut plus laborans, plus aliquid mercedis accipiat.

23. Curramus ad reliqua. *Divisiones gratiarum sunt, idem autem Spiritus. Et diversiones ministeriorum sunt, idem autem Dominus. Et divisiones operationum* [Al. operationis] *sunt, idem autem Deus, qui operatur omnia in omnibus. Unicuique autem data est* ᵉ *adapertio Spiritus juxta id quod expedit* (1 Cor. xii, 4 seqq.). Et iterum : *Sicut corpus unum est, et membra plura habet : omnia autem membra corporis cum sint multa, unum corpus est ; sic et Christus* (Ibid., 12). Verum ne dicas in uno corpore diversa membra unum habere meritum, statim gradus describit Ecclesiæ, et ait : *Quosdam quidem posuit Deus in Ecclesia, primum Apostolos, secundo Prophetas, tertio Doctores,* ᶠ *deinde virtutes, et gratias curationum, opitulationes, gubernationes, genera linguarum. Numquid omnes Apostoli ? numquid omnes Prophetæ ? numquid omnes Doctores ? numquid omnes virtutes ? numquid omnes gratiam habent curationum ? numquid omnes linguis loquuntur ? numquid omnes interpretantur ? Æmulamini autem dona majora, et adhuc excellentiorem viam vobis demonstro* (Ibid., 28 seqq.). Cumque

---

ᵃ Veronensis *greges mei, greges pascuæ meæ* ; et paulo post, *quia semel a dextris est.*

ᵇ Duo mss., *secundum quod Deus divisit.*

ᶜ Iidem mss., *Dei agricultura, Dei ædificatio estis* ; et mox, *mihi quasi sapiens architectus.*

ᵈ Iidem, *dies illud manifestabit,* absque *Domini,* quod nomen neque in Græco habetur. Deinde, *ut singulorum opus,* etc. Denique, *cujus autem opus arserit.*

ᵉ Antea erat *operatio.* Contra mss. omnes, ut reposuimus, *adapertio* ; Græco etiam favente textu, φανερώσις. Mox, *sicut enim corpus unum est, et membra plurima habet.*

ᶠ Falso antea erat, *denique* pro *deinde.*

de charitatis virtutibus latius disputasset, adjecit : *Sive Prophetiæ evacuabuntur, sive linguæ cessabunt, sive scientia destruetur. Ex parte enim cognoscimus, et ex parte prophetamus. Cum autem venerit quod perfectum est, evacuabitur quod ex parte est* (I *Cor.* IX, 10). Et in [a] *consequentibus*: *Nunc autem manent fides, spes, et charitas, tria hæc. Major autem horum est charitas* (*Ibid.*, 13). *Sectamini charitatem, æmulamini spiritualia, magis autem ut prophetetis* (I *Cor.* XIV, 1). Et iterum : *Volo autem omnes vos loqui linguis, magis autem prophetare. Nam major est qui prophetat, quam qui loquitur linguis* (*Ibid.*, 5). Et rursum : **362** *Gratias ago Deo, quod omnium vestrum* [b] *magis linguis loquor* (*Ibid.*, 18). Ubi diversa sunt dona, et alius major, alius minor est, et omnes spirituales appellantur, certe oves sunt, et stant a dextris, et inter ovem et ovem est aliqua diversitas. Loquitur quidem de humilitate Paulus Apostolus : *Ego sum novissimus Apostolorum, qui non sum dignus vocari Apostolus, quia persecutus sum Ecclesiam Dei. Gratia autem Dei sum id quod sum, et gratia ejus in me vacua non fuit, sed amplius omnibus illis laboravi. Non ego autem;* [c] *sed gratia Dei quæ in me est* (I *Cor.* XV, 9, 10). Verumtamen in eo quod se humiliat, ostendit posse Apostolos alios minores, alios esse majores, et qui utique vas electionis dicitur, et cunctis amplius laboravit, non est injustus Deus, ut obliviscatur operis ejus, et dispar meritum æquali mercede compenset. Dehinc legimus : *Sicut in Adam omnes moriuntur, ita et in Christo omnes vivificabuntur; unusquisque autem in suo ordine* (I *Cor.* XV, 22). Quando [*Al.* Quoniam] unusquisque in suo resurget ordine, utique diversa sunt merita [d] *resurgentium. Non omnis caro, eadem caro; sed alia hominum, alia pecorum, alia volucrum, alia autem piscium. Et corpora cœlestia, et corpora terrestria; sed alia quidem cœlestium gloria, alia autem terrestrium. Alia claritas solis, alia claritas lunæ, alia claritas stellarum. Stella enim a stella differt in claritate. Sic erit, et resurrectio mortuorum* (*Ibid.*, 39 seqq.). Quod tu scilicet doctus interpres sic exposuisti, ut diceres spirituales differre a carnalibus. Ergo et spirituales, et carnales in cœlestibus [*Al.* cœlis] erunt, et jam non solum oves, sed etiam hirci tui concedent regna cœlorum. *Stella,* inquit, *a stella differt in claritate :* non oves, et hirci ; sed oves et oves, id est, stella et stella. Denique, *Alia,* inquit, *claritas solis, et alia claritas lunæ.* Ne stellam et stellam totum humanæ multitudinis assereres genus, solem posuit et lunam, quos certe inter hircos non poteris [*Al.* potest] numerare. Sic, inquit, *erit et resurrectio mortuorum, ut a justi claritate solis luceant* [*Al.* fulgeant], *et qui in sequenti gradu sunt, lunæ splendore rutilent, ut alius Lucifer sit, alius Arcturus, alius Orion, alius* [e] *Mazuroth, et cætera stellarum vocabula, quæ sacratæ, in Job volumine* **363** *continentur. Omnes enim,* ait, *manifestari nos oportet ante tribunal Christi, ut recipiat unusquisque quæ gessit per corpus, sive bonum, sive malum* (II *Cor.* V, 10). Ac ne forsitan dicas, ante tribunal Christi nos manifestari, ut boni bona, mali recipiant mala, in eadem Epistola docet : *Qui parce seminat, parce et metet, et qui seminat in benedictionibus, de benedictionibus et metet* (II *Cor.* IX, 6). Certe et qui plus, et qui minus seminat, de parte sunt dextra. Et cum unum sementis genus sit, tamen mensura et numero differunt. Scribit ad Ephesios idem Paulus : *Ut nota fieret nunc principatibus et potestatibus in cœlis per Ecclesiam, multiplex et varia sapientia Dei* (*Ephes.* III, 10). Cernis quod in diversis agminibus Ecclesiæ, varia et multiplex sapientia Dei prædicetur? Necnon in eadem Epistola : *Unicuique autem nostrum data est gratia, juxta mensuram gratiæ Christi :* non quod mensura Christi diversa sit; sed tantum gratiæ ejus infunditur, quantum [f] valemus haurire.

24. Frustra igitur oves et hircos, quinque et quinque virgines, Ægyptios et Israelitas, et cætera hujuscemodi replicas, quia non est in præsenti retributio, sed in futuro. Unde et dies judicii in consummatione promittitur, quia nunc non est judicium. Sine causa enim appellatur dies extrema judicii, si modo judicat Deus. Impræsentiarum navigamus, luctamur, atque pugnamus, ut in fine perveniamus ad portum, coronemur, triumphemus. Tu autem perverse et lubrice præsentis sæculi conversationem in futurorum exempla proponis, cum utique hic injustitia sit, ibi justitia : donec intremus in sanctuarium Dei, et intelligamus in novissimis eorum. Non aliter sanctus, aliter peccator moritur? In eodem mari navigantibus eadem tranquillitas et tempestas est? Non aliter latro, aliter Martyr occiditur? Nec alio modo de adulterio et prostibulis, alio de castis matrimoniis nascuntur liberi? Certe Dominus et latrones æquali judicio crucifixi sunt. Si idem est hujus sæculi futurique judicium, ergo qui hic pariter crucifixi sunt, et in futuro similiter habebuntur. Paulus et qui cum eo vinxerant, simul navigant, simul sustinent tempestatem, simul navi fluctibus dissipata in **364** littus evadunt. Negare non potes, quin inter vinctum et vincientes diversa sint merita. Et quomodo unum Apostoli militumque [g] naufragium? Refert postea Paulus Apostolus revelationem, et eos

---

[a] Erat antea, *et in continentibus;* deinde mss., *major autem est his charitas.*

[b] Vocularn *magis* supplemus e mss. quibus Græcus quoque concinit textus, μᾶλλον, *magis.*

[c] *Sed gratia Dei, quæ in me est.* In ms. codice Sangermanensi nostro, et in altero monasterii sancti Petri Carnutensis legimus, *sed gratia Dei mecum.* Cæteri antiquiores retinent, *sed gratia Dei, quæ in me est.* MARTIAN. — In Corbeiensi quodam codice, quemadmodum et in aliis duobus penes Martianæum, *sed gratia Dei mecum.*

[d] Vox *resurgentium* in Veronensi ac Cisterciensi mss. non habetur.

[e] Nomina stellarum in Job, quæ explicat in epistola 64, ad Fabiolam, num. 19. Vide ibi notam [e] pag. 567 (*nobis col.* 618).

[f] Haud bene in aliis mss., *quantum valemus audire.*

[g] Mss., *naufragium est,* qui deinde vocem *Apostoli* rectius non agnoscunt.

qui in navi fuerant, dicit sibi a Domino esse donatos. Numquid is, cui donantur, et qui donantur, unius meriti sunt? Decem sancti peccatricem possunt eruere civitatem. Lot cum filiabus ereptus est de incendio : liberati essent et generi, si exire voluissent. Et certe multa differentia est inter Lot et generos ejus. Liberatur Segor una urbs de pentapoli, et quæ ejusdem meriti erat, atque uni sententiæ subjacebat, cui Sodoma et Gomorrha, Adama, et Seboim, sancti precibus custoditur. Ecce diversum meritum in Lot et Segor, et tamen de incendio pariter evadunt. Latrunculi qui absente David, vastaverant Siceleg, et uxores eorum et liberos in prædam duxerant, die tertia cæduntur in campo et quadringenti homines ascensis camelis fugiunt. Dic aliquam inter eos qui cæsi sunt, et qui fugere potuerunt, esse distantiam. Legimus in Evangelio turrem Siloe cecidisse super decem et octo viros, et obrutos occidisse. Certe juxta sententiam Salvatoris, non soli fuerant peccatores; sed in formidinem reliquorum puniti sunt, ut pestilente flagellato, stultus sapientior fieret. Si omnium peccatorum unum est supplicium, injuste alius occiditur, et per mortem alterius alius commonetur.

25. *Christi Corpus æqualiter accipimus. Decem Virgines quid significant? Pilatus nolens tulit sententiam. Sex dies sæculi hujus.* — Opponis mihi Gomor mannæ, unamque mensuram, et vestitum et capillos, et barbam, et calceamenta, ex æquo fuisse Israelitarum; quasi non et nos Christi corpus æqualiter accipiamus. Una est in mysteriis sanctificatio, Domini et servi, nobilis et ignobilis, regis et militis : quamquam pro accipientium meritis diversum fiat quod unum est. *Qui enim indigne manducaverit et biberit, reus erit violati Corporis et Sanguinis Christi* (I Cor. x, 27). Numquid quia et Judas de eodem calice bibit, ª de quo et cæteri Apostoli, unius cum reliquis erit meriti? Quod si non vis recipere Sacramentum, certe omnes æqualiter vivimus, unum trahimus aerem, eodem humore irrigamur, iisdem cibis pascimur. Porro **365** si alimenta cocorum arte mutantur in melius, et fit aliquid suavius condituris, hujuscemodi cibi non naturæ satisfaciunt, sed voluptati. Æque esurimus, æque algemus : simul contrahimur frigore, æstibus et calore dissolvimur. Sol quoque ipse et luna et omnis astrorum chorus, et pluviæ, et mundus æqualiter nobis currunt, et iisdem omnes juxta Evangelium imbribus irrigamur, boni et mali, justi et injusti. Si præsentia, exempla sunt futurorum, ergo et sol justitiæ æqualiter justis et peccatoribus, impiis et sanctis, Christianis et Judæis atque Gentilibus orietur, cum Scriptura dicat: *Timentibus autem Dominum orietur sol justitiæ* (*Malac.* 1). Si timentibus orietur, ergo contemptoris et pseudoprophetis occi-

det. ᵇ Oves quæ stant a dextris, ad regna cœlorum introducuntur, hirci in tartarum detruduntur. Parabola ista non ovium inter se merita, et e contrario describit hircorum; sed inter oves et hircos tantum distantiam facit. Neque enim in omnibus locis docentur omnia : sed unaquæque similitudo ad id refertur, cujus similitudo est. Sicut et decem virgines [*Al.* Virginum], non totius generis humani, sed sollicitorum et pigrorum exempla sunt : quorum alteri semper Domini præstolantur adventum, alteri somno et inertiæ se dantes, futurum judicium non putant. Unde et in fine parabolæ dicitur : *Vigilate, quia nescitis diem neque horam* (*Matt.* xxv, 13). ᶜ Si in diluvio liberatus est Noe, et omnis orbis interiit : omnes caro erant, et propterea perierunt. Aut non ejusdem meriti dices filios Noe, et Noe propter quem filii liberati sunt ; aut maledictum Cham in eodem pones loco, in quo et patrem, quia de diluvio simul liberatus est. In passione Christi omnes declinaverunt, simul inutiles facti sunt ; et non fuit qui faceret bonum, non fuit usque ad unum. Audebisne igitur dicere sic negasse Petrum et cæteros Apostolos qui fugerunt, quomodo Caiphan et Pharisæos, et clamantem populum, *Crucifige, crucifige talem*? Et ut de Apostolis taceam, ejusdemne tibi sceleris videbitur reus Anna, et Caiphas, et Judas proditor, cujus et ᵈ Pilatus, qui nolens compulsus est contra Dominum ferre sententiam? **366** Quanto majoris meriti fuit Judas, tanto majoris criminis est; et quanto majoris criminis, tanto majoris et pœnæ. *Potentes enim potenter tormenta patientur* (*Sap.* vi, 7). Arbor mala fructus bonos non facit, nec bona malos. Si hoc ita est, responde mihi, quomodo Paulus cum esset arbor mala, persequens Ecclesiam Christi, fecit [*Al.* fecerit] postea fructus bonos? Et Judas, cum esset arbor bona, signa faciens cum Apostolis, postea versus in proditorem, fecerit, fructus malos? Tamdiu ergo nec arbor bona malos fructus facit : nec mala bonos, quamdiu vel in bonitate sua, vel in malitia perseverat. Porro quod omnis Hebræus æqualiter facit Pascha, et septimo anno liber efficitur, et in Jubilæo, id est, quinquagesimo, universa possessio redit ad dominos, hoc non de præsenti dicitur, sed de futuro : quia in sex diebus hujus sæculi servientes, in septimo die, vero et æterno sabbato, liberi erimus [*Al.* liberemur] : si tamen voluerimus esse liberi, dum adhuc servimus in sæculo. Si autem noluerimus, perforabitur nobis auricula, in testimonium inobedientiæ ; et cum uxore et liberis nostris, quos prætulimus libertati, id est, cum carne et operibus ejus jugiter serviemus.

26. *Parabola sementis quid? Falsus Jovinianus. Mos Scripturæ.* — Parabola autem ᵉ sementis, quæ ex utraque parte ternos fructus facit ; et juxta Aposto-

---

ª Duo mss., *de quo Christus et cæteri Apostoli*; paulo post, *iisdem cibis vescimur*.
ᵇ Victorius *Oves quæ stant a dextris, vadunt ad regna cœlorum*, consentientibus mss. fere omnibus.
ᶜ Olim *Sed in Diluvio*, male : paulo post, verbum esse Victorius supplet.
ᵈ Vide Lactantium lib. iv, c. 18. Deinde mss. *tanto majoris et criminis est.*
ᵉ Sic mss. castigatiores et Victorius : antea erat *seminantis*.

lum, super fundamentum Christi alius ædificat aurum, argentum, lapides pretiosos: alius ligna, fenum, stipulam; cum et in domo magna, diversa vasa sint, perspicue patet: et huic velle contradicere, apertissimæ impudentiæ est. Tamen ne exsultet in mendacio et exemplum apostolorum in præjudicium centenarii et sexagenarii et tricenarii afferat numeri, sciat in Matthæo et in Marco, apostolis, qui universa sua dimiserant, centuplum repromissum. In Evangelio autem Lucæ multo plura, id est, [a] πολὺ πλείονα, et penitus in nullo Evangelio pro *centum* scriptum esse *septem*; seque aut falsarium, aut imperitiæ reum teneri: nec nocere nobis, quia in alio Evangelio a centum, in alio a triginta incipit numerari; cum omnis Scriptura, maxime vetus, minorem præponat numerum et sic ad majorem gradatim conscendat. Verbi gratia, ut dicat aliquem fuisse annorum quinque et septuaginta et centum, nec tamen quinque et septuaginta plura poterunt esse quam centum, quæ [*Al.* quia] priora sunt nominata. Si non accipis in bonam partem diversitatem numeri centum et sexaginta et triginta, nec in malam partem accipies: et idem vitium erit seminis, quod secus viam cecidit, et super petras, et super spinas. Sin et illa tria, et hæc vel in bonam, vel in malam partem singula sunt, stultum fuit pro duabus rebus sex species numerare, præsertim cum in Matthæo et in Marco et in Luca narrata parabola, Salvator semper intulerit: *Qui habet aures audiendi, audiat* (*Matth.* XI, 15, *et* XIII, 9; *Marc.* IV, 9; *Luc.* VIII, 18, *et* XIV, 35). Ubi nihil est quod intrinsecus lateat, frustra ad intelligentiam mysticam provocamur.

27. *Multiplex Christi habitatio in credentibus.* — Si autem Pater et Filius mansionem faciunt apud credentes, et ubi Christus hospes est, ibi nihil deesse existimas, puto quod aliter Christus habitaverit in Corinthiis, aliter in Ephesiis; hoc est aliter in his, apud quos Paulus apostolus peccata multa [b] deprehendit, et aliter in his, quibus sacramenta a sæculis ignorata disseruit: aliter in Tito et Timotheo, aliter in Paulo. Certe inter natos mulierum non surrexit major Joanne Baptista. Ubi autem major dicitur, necesse est ut cæteros habuerit minores. Et, *Qui* [c] *minimus est in regno cœlorum, major est illo.* Vides ergo, quod in cœlis sit maximus et minimus, et inter angelos quoque, et inter invisibiles creaturas sit multiplex et infinita diversitas. Quare dicunt apostoli: *Domine, auge nobis fidem* (*Luc.* XVII, 5), si omnium una mensura est? Et Dominus ad discipulum: *Modicæ fidei, quid dubitasti* (*Matth.* XIV, 31)? In Jeremia quoque de futuro regno legimus: *Ecce dies venient, dicit Dominus, et feriam domui Israel et domui Jacob fœdus novum, non secundum pactum quod pepigi cum patribus vestris* (*Jer.* XXXI, 31, 32). Et post paululum: *Dabo legem meam in visceribus eorum, et in corde eorum scribam illam, et ero eis in Deum, et ipsi erunt mihi in populum; et non docebit vir ultra proximum suum, et vir fratrem suum, dicens:* [d] *Cognosce Dominum. Omnes enim cognoscent me a minimo usque ad maximum* (*Ib.* 33-34). Perspicue ex contextu illius loci, futurum Christi regnum Propheta describit, et qua consequentia ibi erit minimus et maximus, si omnes æquales futuri sunt? Utique ea, qua et in Evangelio dicitur: *Qui docuerit, et fecerit hic vocabitur maximus in regno cœlorum. Qui autem docuerit, et non fecerit, erit minimus* (*Matth.* V, 19). In convivio Salvator præcipit, ut inferiorem occupemus locum: ne cum major venerit, de superiori turpiter detrudamur (*Luc.* XIV). Si cadere non possumus, sed tantum per pœnitentiam sublevamur: quid sibi vult scala illa in Bethel, per quam angeli descendunt atque ascendunt, qui de cœlis ad terram veniunt? Certe inter oves et ad dexteram stabant, dum ibi essent. Angeli de cœlis descendunt, et Jovinianus de eorum possessione securus est.

28. *Mansiones in cœlis multæ. Ordines Ecclesiæ. Cœlestium virtutum ordines.* —Quis autem risum tenere queat in eo, quod multas mansiones apud Patrem, Ecclesias arbitretur in toto orbe diffusas, cum manifestissime Scriptura doceat secundum Evangelium Joannis, non de Ecclesiarum numero, sed de cœlorum mansionibus, et æternis tabernaculis, quæ Propheta desiderat, Domino fuisse sermonem? *In domo*, inquit, *Patris mei mansiones multæ sunt. Si quominus, dixissem vobis: quia vado vobis parare locum; et si abiero et præparavero vobis locum, iterum veniam, et accipiam vos ad meipsum, ut ubi ego sum, et vos sitis* (*Joan.* XIV, 2, 3). Locus et mansiones quas præparare se dicit Christus apostolis, in domo utique sunt Patris, id est, in regno cœlorum, non in terra, in qua ad præsens [*Al.* præsens] apostolos relinquebat. Simulque sensus Scripturæ intuendus: Dicerem, inquit, vobis, quia vado et præparabo vobis locum: si non mansiones multæ essent apud Patrem, hoc est, si non unusquisque mansionem sibi non ex largitate Dei, sed ex propriis operibus præpararet: et ideo non est meum parare, sed vestrum, quia et Judæ nihil profuit paratus locus, quem suo vitio perdidit. Juxta quem sensum et illud intelligendum, quod ad filios dicitur Zebedæi, quorum alter a sinistris, alter cupiebat sedere a dextris: *Calicem quidem meum bibetis; sedere autem a dextris meis, sive a sinistris, non est meum dare vobis, sed quibus paratum est a Patre meo* (*Matth.* XX, 23). Non est Filii dare: et quomodo Patris est præparare? Paratæ, inquit, sunt in cœlo diversæ et plurimæ mansiones, plurimis diversisque virtutibus, quas non personæ accipiunt, sed opera. Frustra ergo a me petitis quod in vobis situm est, quod Pater meus illis paravit, qui dignis virtutibus, ad tantam ascensuri sunt dignitatem. Porro quod ait: *Iterum veniam, et accipiam*

---

[a] Victorius πολλὰ πλασίονα, ut habetur apud Lucam 18. Alibi est πολυπλασίονα.

[b] Duo mss. cum veteri editione *reprehendit*.

[c] Al. *et qui minor*. Cisterciens. liber *qui minimus*

[d] Mss. plerique *cognoscite*: et paulo post, *Qui autem docuerit, et aliqua non fecerit*, etc.

est, inquit, in regno, etc.

vos ad meipsum, ut ubi ego sum, et vos sitis (Joan. xiv, 3), proprie ad Apostolos loquitur, de quibus et in alio loco scriptum est : *Ut quomodo ego et tu Pater unum sumus, sic et illi in nobis unum sint* (Joan. xvii, 21), qui crediderunt, qui perfecti sunt, qui possunt dicere, *pars mea Dominus* (Ps. xxvii, 26). Si autem non sunt plurimæ mansiones, quomodo et in veteri Testamento et in novo, alium ordinem pontifex tenet, alium sacerdotes, alium Levitæ, alium Janitores, alium Æditui. Et in [a] volumine Ezechielis, ubi futuræ Ecclesiæ et cœlestis Jerusalem ordo describitur, sacerdotes qui peccaverant, regradantur in ædituos, et in ostiarios : et cum sint in templo Dei, hoc est a dextris, non sunt inter arietes, sed inter minimas oves. In fluvio quoque illo, qui de templo egreditur, et irrigat salsum mare, et universa vivificat, multæ species piscium describuntur. Quare in regno cœlorum Archangeli sunt, Angeli, Throni, Dominationes, Potestates, Cherubim, et Seraphim : et omne nomen quod nominatur, non solum in præsenti sæculo, sed etiam in futuro ? Sine causa diversitas nominum est, ubi non est diversitas meritorum. Archangelus utique aliorum minorum est Angelorum. Archangelus, et Potestates, et Dominationes habent [b] alia, per quæ exerceant potestatem, et in quæ subjecta dominentur. Hoc in cœlis est, hoc in ministerio [*Al.* mysterio] Dei, ne nos solito more irrideas, atque subsannes, si imperatores [*Al.* imperatorem] posuerimus, præfectos et comites, et tribunos, et centuriones, et manipulos, et reliquum militiæ ordinem.

29. *Mos Scripturæ sacræ. Elisæi duplex spiritus.* Illud autem quod ait : *Nescitis quia corpora vestra templum est spiritus Sancti* (I Cor. vi, 19) : [c] frivolum est, cum Scriptura **370** divina soleat et unum pluraliter, et plura singulariter appellare : et tamen sciat in templo quoque ipso multas esse mansiunculas, esse exterius atrium, esse interius, esse vestibula, esse sanctum, esse Sancta sanctorum. Sunt et culinæ in templo, sunt et cellariola, sunt et torcularia, et vasorum receptacula. Ita et in templo corporis nostri diversa sunt merita. Non æque Deus [d] omnes inhabitat : nec ad eamdem mensuram omnibus infunditur. De spiritu Moysi aufertur, et septuaginta presbyteris datur. Puto aliam esse abundantiam fluminis, aliam rivulorum. Eliæ spiritus Elisæo duplex datur : unde et duplex gratia fecit signa majora. Ille vivus mortuum, iste mortuus mortuum suscitavit. Ille famem imprecatus est populo, iste obsessæ civitati sub una die hostiles copias præbuit. Licet hoc quod ait, *Nescitis quia corpora vestra templum est Spiritus sancti*, de cuncta credentium dicat Ecclesia, qui pariter congregati, unum Christi corpus efficiunt. Hic jam quæritur in corpore, qui pedibus Christi dignus sit, qui capite : qui oculus ejus sit, qui manus. Quod et duæ mulieres in Evangelio, pœnitens et sancta, significant : quarum altera pedes, altera caput tenet. Tametsi nonnulli existimant unam esse, et quæ primum cœpit a pedibus, eam gradatim ad verticem pervenisse. Sed et illud quod objicit [*Al.* objecit], *Non pro his rogo tantum, sed et pro illis qui credituri sunt per verbum eorum in me* : [e] *ut sicut ego Pater in te, et tu in me unum sumus : ita omnes unum sint in nobis* : et quod omnis populus Christianus unum sit in Deo, quasi filii charissimi, *divinæ consortes naturæ.* Jam supra diximus, et nunc plenius inculcandum est, non nos secundum naturam, sed secundum gratiam [f] unum esse in Patre et Filio. Neque enim ejusdem substantiæ est (quod Manichæi solent dicere) anima humana et Deus. Sed, *dilexisti*, inquit, *eos, sicut et me dilexisti.* Vides ergo quod in consortium substantiæ ejus assumimur, non naturæ esse, sed gratiæ : et ideo [g] nos diligit, quia **371** Filium dilexit Pater : et membra diliguntur, scilicet in corpore. *Quotquot enim receperunt Christum, dedit eis potestatem filios Dei fieri, his qui credunt in nomine ejus : qui non ex sanguinibus, neque ex voluntate carnis, neque ex voluntate viri, sed ex Deo nati sunt* (Joan. i, 12). Verbum caro factum est, ut nos de carne transiremus in Verbum. Nec Verbum desiit esse quod fuerat : nec homo perdidit esse, quod natus est. Gloria aucta est, non mutata natura. Vis scire quomodo cum Christo unum corpus efficiamur ? Doceat te ipse, qui condidit. *Qui comedit carnem meam, et bibit sanguinem meum, hic in me manet, et ego in illo. Sicut misit me vivens Pater, et ego vivo propter Patrem; et qui comedit me, vivet propter me. Iste est panis qui de cœlo descendit* (Joan. vi, 55, *et seqq.*). Sed et Joannes Evangelista, qui de pectore Christi hauserat sapientiam, in eadem verba concordat, dicens : *In hoc intelligimus quod in eo manemus, et ipse in nobis : quoniam de Spiritu suo dedit nobis. Si quis confessus fuerit, quoniam Jesus est Filius Dei, Deus in eo manet, et ipse in Deo est* (I Joan. iv, 13 *et* 15). Si credis in Christum, quomodo et Apostoli crediderunt, unum cum eis in Christo corpus efficieris. Si autem temerarium est fidem eorum tibi et opera vindicare, qui fidem eamdem et opera non habes, eumdem locum habere non poteris.

30. *Ordo Ecclesiæ. Peccata gravia et levia.* — Porro quod jactitas sponsam, sororem, matrem, et omnia

---

[a] *Al.* in limine. Locus est cap. xliv, v. 10 : *Sed et Levitæ, qui longe recesserunt a me errore filiorum Israel, et erraverunt a me post idola sua, et portaverunt iniquitatem suam, eruat in sanctuario meo aditui et janitores portarum domus, et ministri domus ipsi mactabant*, etc., etc.

[b] Duo mss. *habent aliqua, super quæ exerceant potestatem,* Tum *Hoc in sæculis est, hoc in ministerio Dei.* Utrumque fortasse verius.

[c] Idem mss. *valde frivolum est,* etc. cum veteri editione.

[d] In aliis mss. *in omnibus habitat.*

[e] Ita efferri locum hunc in mss. supra docuimus num. 19, nota *b*; atque ita quidem habuisse veterem Latinam editionem pronum est credere.

[f] Cisterciensis, *sed secundum gratiam esse in Patre et Filio,* absque *unum.*

[g] Idem mss. *et ideo nos diligit; quia,* etc., in aliis deinde libris est *scilicet a corpore.*

hæc vocabula unius esse Ecclesiæ, cunctosque credentes his nominibus significari, contra te facit. Si enim unus ordo Ecclesiæ est, et non habet plurima membra in uno corpore; quid necesse est ut sponsa, soror vocetur et mater : nisi aliorum sponsa, aliorum soror, aliorum mater sit? Stant quidem omnes ad dextram : sed alius stat ut sponsus, alius ut frater, alius ut filius. *Filioli*, inquit, *mei, quos iterum parturio, donec Christus formetur in vobis* (*Galat.* IV, 19). Putasne ejusdem esse meriti eos qui pariuntur, et qui parturit? Unde et stulte asserere voluisti omnia membra æqualiter nos diligere, nec oculum præponere digito, nec manum auriculæ; sed in singulorum amissione membrorum, dolorem esse communem, cum Apostolus doceat ad Corinthios, *Alia membra esse honestiora, alia verecundiora; et quæ verecundiora sunt,* ⁿ *majore honestate circumdari : quæ vero per se honesta, nostri* [*Al.* nostra] *non indigere sollicitudine* (I *Cor.* XII, 22 *et* 23). Ejusdemne ordinis arbitraris et meriti, os et alvum, oculos et meatus per quos fimus egeritur et urina? *Lucerna*, inquit, *corporis tui est oculus tuus. Si oculus cæcus fuerit, totum corpus in tenebris est* (*Luc.* XI, 34). Si digitum amputes, si summitatem auriculæ, est quidem dolor, sed non tantum damnum, nec tanta cum dolore deformitas, quanta si oculos eruas, truncos nares, os dissecas. Sine aliis membris vivere possumus, sine aliis omnino non possumus. Sunt peccata levia, sunt gravia. Aliud est decem millia talenta debere, aliud quadrantem. Et de otioso quidem verbo, et adulterio rei tenebimur; sed non est idem suffundi, et torqueri : erubescere, et longo tempore cruciari. Putas nostrum esse quod loquimur? Audi Apostolum Joannem : *Qui scit fratrem suum peccare peccatum non ad mortem, petat, et dabit ei vitam, peccanti non ad mortem. Qui vero peccaverit ad mortem, quis orabit pro eo* (I *Joan.* v, 16)? Cernis quod si pro peccatis minoribus deprecemur, impetremus veniam. Si pro majoribus, difficilis impetratio sit : et inter peccata et peccata, magnam esse distantiam. Unde et de populo Israel, quia peccaverat peccatum ad mortem, dicitur ad Jeremiam : *Noli orare pro populo hoc, nec assumas pro eis deprecationem, et non obsistas mihi, quia non exaudiam te* (*Jerem.* VII, 16). Si autem omnes æqualiter et introimus sæculum, et eximus de sæculo, et hoc præjudicium futurorum [*Al.* futurum] est : ergo æqualiter et justi, et peccatores habebimur apud Deum, quia nunc pari modo et generamur, et morimur. Quod si duos esse contendis Adam, alterum terrenum, alterum cœlestem; et qui in terreno fuerint, eos esse ᵇ ad sinistram : qui vero in cœlesti, eos esse a dextris; responde mihi interim, ut de duobus te fratribus interrogem : Esau in terreno fuit, an in cœlesti? Nulli dubium est, quin in terreno eum fuisse respondeas. Jacob in quo fuit? Dices protinus, in cœlesti. Et quomodo in cœlesti fuit, cum adhuc Christus non venisset in carne, qui secundus et cœlestis Adam dicitur? Aut igitur omnes ante incarnationem Christi in veteri reputabis Adam, et justi quoque in terreno homine, et ad sinistram erunt inter hircos tuos : aut si impium est ibi Isaac ponere, ubi Ismael : ibi Jacob, ubi Esau : ibi sanctos, ubi peccatores; novissimus Adam ex eo tempore numerabitur, quo Christus est natus ex Virgine, et argumentum duorum Adam non proficiet ovibus et hædis tuis, quia in primo Adam et oves et hædos convicimus fuisse, et in uno atque eodem homine, alios a dextris Dei stetisse, alios a sinistris. *Ab Adam enim usque ad Moysen, mors super omnes dominata est, etiam super eos qui non peccaverunt : in similitudinem prævaricationis Adam* (Rom. v, 14).

31. *In martyre voluntas coronatur.* — De eo autem quod niteris approbare, convicium et homicidium, raca et adulterium, et otiosum sermonem, et impietatem uno supplicio repensari, jam et supra tibi responsum est, et nunc breviter respondebo. Aut peccatorem te negabis, ut non sis reus gehennæ : aut si peccator fueris, etiam de levi crimine duceris ad tartarum. *Os*, inquit, *quod mentitur, occidit animam* (*Sap.* I, 11). Suspicor te aliquando, ut hominem, fuisse mentitum : omnis enim homo mendax (*Psal.* CXI), ut sit solus Deus verax, et justificetur in sermonibus suis, et vincat cum judicaverit (*Psal.* L). Aut igitur homo non eris, ne mendax sis : aut si quia homo es, mendax fueris, cum parricidis et adulteris punieris. Nulla est enim inter peccata diversitas : et non tibi habebunt tantas gratias quos de humili in sublime elevas, quantum irascentur, quos propter leve quotidianumque peccatum, in exteriores tenebras retrusisti. Si autem in persecutione, qui suffocatur, et qui decollatur, et qui fugerit, et qui in carcerem retrusus obierit, in variis luctæ generibus una corona victoriæ est, et hoc pro nobis facit. In Martyre enim voluntas, ex qua ipsa mors nascitur, coronatur. Meum est, opponere me gentilium furori, et Dominum non negare. Jam [*Al.* Nam] in illorum arbitrio est, aut decollare, aut urere, aut recludere in carcerem, aut varia adhibere genera poenarum. Quod si fugero, et ᶜ in solitudine obiero, nec eadem erit corona morientis, quia non eadem causa mortis est Christus. Ad illud vero quod dicis inter eum fratrem qui semper cum patre fuerit, et qui postea poenitens est receptus, nihil penitus discrepare : adjicio si vis, et drachmam unam quæ perdita fuerat et inventa, junctam esse cum reliquis; et ovem unam quam nonaginta novem ovibus derelictis bonus pastor inquisivit et retulit, explesse numerum centenarium. Sed aliud

---

ᵃ Veronensis cum Cisterciensi *majorem honestatem circumdare.*

ᵇ Olim *esse ad sinistrum*, Cisterciens. *a sinistra.* quemadmodum et infra habet.

ᶜ Contrario sensu, verius tamen ut mihi videtur, habent duo mss. et vetus editio, *in solitudine obiero, cadem erit corona morientis, quia eadem causa mortis est Christus :* poenarum nempe, quæ ad declinandam persecutionem ob Christum, in solitudine subeundæ sunt. Superior quoque contextus suffragatur.

est pœnitentem esse, et lacrymis veniam deprecari, aliud semper esse cum patre. Unde per Ezechielem ad reportatam [*Al.* reportandam] ovem, et perditum quondam filium, loquitur pastor et pater: *Et suscitabo pactum meum tecum: et scies quia ego Dominus, et recordaberis, et confunderis; ut non sit tibi ultra aperire os præ confusione tua, cum placatus fuero tibi in omnibus quæ fecisti* (*Ezech.* XVI, 62 *et* 63). Ut nihil minus justo habeant pœnitentes, sufficit eis pro omni pœna sola confusio. Unde et in alio loco dicitur ad eos: *Et recordabimini viarum vestrarum pessimarum, et omnium scelerum quibus polluti eratis, et displicebitis vobis in conspectu vestro, in omnibus malitiis vestris quas fecistis; et scietis quia ego Dominus, cum benefecero vobis, propter nomen meum, et non secundum vias vestras malas, neque secundum scelera vestra pessima* (*Ibid.*). Arguitur quoque a patre filius, quod saluti fratris invideat, et cum Angeli lætentur in cœlo, ille livore crucietur. Quamquam duorum fratrum similitudo, frugi et luxuriosi, non ad merita totius generis humani, sed vel ad Judæi pertinent [*Al.* pertineant] Christianique personas, vel ad sanctorum et pœnitentium. Super qua parabola libellum quemdam Damaso episcopo, dum adhuc viveret, dedicavi.

32. *Tempus diversarum vocationum. Nostri laboris est præmium nobis præparare.* — Porro si operariis primæ horæ et tertiæ et sextæ et nonæ et undecimæ, unus denarius redditur, et ab eis incipit præmium, qui novissimi in vinea laboraverunt [*Al.* laborabant]: et hic non unius temporis, et unius ætatis homines describuntur; sed ab exordio mundi usque ad finem, vocationum sacramenta sunt diversarum. Prima hora vocatus est Abel et Seth: tertia Enoch et Noe: sexta Abraham, Isaac et Jacob: nona Moyses et Prophetæ: undecima Gentium populus: cui primo redditur merces, quia in crucifixum credens Dominum, difficultate fidei magnitudinem meruit præmiorum: multique reges et prophetæ quæsierunt videre quæ videmus, et non viderunt. Unus autem [a] denarius non unum est præmium, sed una vita, et una de gehenna liberati. Cæterum quomodo ad indulgentiam principalem, diversorum criminum rei dimittuntur de carcere, et unusquisque pro labore vel operibus suis, in hoc, vel in illo statu vitæ est: ita et denarius quasi indulgentia veri Principis, omnes per baptismum emittit de carcere. Jam nostri laboris est, pro diversitate virtutum, diversa nobis præmia præparare.

33. *Medius Jonathas inter David et Saul.* — Hucusque per partes ad proposita respondimus. Sequens sermo in commune ad omnia respondebit. Dominus ad discipulos suos: *Qui vult,* inquit, *inter vos major esse, sit omnium minimus* (*Matth.* XX, 26). Si omnes in cœlo æquales futuri sumus, frustra nos hic humiliamus, ut ibi possimus esse majores. De duobus debitoribus quingentorum denariorum, et quinquaginta, cui plus dimittitur, plus amat. Unde et Salvator: [b] *Dico,* inquit, *tibi, remittuntur ei peccata multa, quoniam dilexit multum. Cui autem minus dimittitur, minus diligit* (*Luc.* VII, 47). Qui minus diligit, et minus ei dimittitur, utique in minori gradu erit. Paterfamilias proficiscens tradidit servis suis substantiam, alii quinque talenta, alii duo, alii unum (*Luc.* XIX): unicuique secundum proprias vires. Simile quid et in alio Evangelio scribitur, quod homo nobilis proficiscens in regionem longinquam, ut acciperet sibi regnum, et reverteretur, vocaverit decem servos, et dederit eis singulas mnas, de quibus unus lucratus est [*Al.* sit] decem mnas, alius quinque: et singuli juxta vires suas, et emolumentum, vel decem, vel quinque acceperint civitates. Porro alius, qui unum talentum, sive unam mnam acceperat, quod accepit, infodit, sive in sudario colligavit, et domini reservavit adventui. Primo considerandum, quod si justi non spe profectus laborant, ut vult noster [c] Zeno: sed ne perdant quod acceperant, iste qui mnam et talentum infodit, ne perderet quod acceperat, non peccavit; magisque laudanda est cautio reservantis, quam cassus labor eorum, qui sine laboris præmio desudarunt. Deinde quod hoc ipsum talentum quod aufertur a timido, vel negligente servo, non datur ei qui minus lucri fecerat; sed qui plus, id est, qui super decem positus fuerat civitates. Si numerus non facit ordinem, quare dixit, *Dedit unicuique secundum* [d] *vires suas.* Si eadem lucra sunt quinque talentorum et decem: cur ei qui minus lucri fecerat, non decem, et ei qui plus, non quinque traduntur urbes? Quod autem Dominus non his contentus sit, quæ habemus: sed semper majora desideret, ipse monstrat, dicens: *Quare non dedisti pecuniam meam ad trapezitas, et ego veniens cum usura exegissem* (*Philip.* III)? Quod quidem et Paulus apostolus sciens, præteritorum obliviscitur, et ad ea quæ in ante sunt, se extendit, id est, quotidie proficit, nec servat in sudario delicate gratiam, quam accepit; sed avarus negotiator renovatur de die in diem, et decrescere se putat, nisi semper creverit (*Num.* XXXV). Sex urbes fugitivorum describuntur in Lege, qui [e] ho-

---

[a] Ita S. quoque Augustinus lib. de Sancta Virginitate cap. XXVI, reponens huic Joviniani objectioni, *Quid,* inquit, *denarius ille aliud significat, nisi quod omnes communiter habebunt, sicuti est ipsa vita æterna, ipsum regnum cœlorum. Quia ergo ipsa vita æterna pariter erit omnibus electis æqualis, denarius omnibus attributus est; quia vero in ipsa vita æterna distincte fulgebunt lumine meritorum, multæ sunt mansiones apud Patrem;* ac per hoc in denario quidem non impari non vivet alius prolixius, in multis autem mansionibus honoratur alius alio clarius. Vide eum librum, in quo multa contra Jovinianum congeruntur.

[b] Duo mss. *Dico inquit vobis, remittuntur ei peccata,* etc.
[c] Jovinianus alter Zeno. Mss. *ne perdant quod habent.*
[d] Nonnulla exemplaria, teste Victorio, habent *virtutes* pro *vires*: et apud Matthæum quidem est δύναμιν; sed et superius, *unicuique,* ait, *secundum proprias vires.*
[e] Victorius *qui hominem,* ut est penes LXX. Olim porro *interficere* pro *interfecere*: tum *Interrogare libet,* etc.

mines interfecere nolentes : et ipsæ urbes Sacerdotales sunt. Rogare libet, fugitivos istos inter hircos tuos, an inter oves nostras colloces? Si hirci essent, occiderentur ut homicidæ cæteri, nec ministrorum Dei intrarent civitates. Si oves dixeris, utique non erunt tales oves, quæ absque luporum metu tota libertate pascantur. Et probabitur tibi, oves quidem eas esse, sed erroneas : a dextris esse, verum non stare, sed fugere, donec moriatur Sacerdos magnus, et ad inferna descendens, liberet animas fugitivorum. Gabaonitæ occurrunt filiis Israel, et cæsis aliis gentibus, in lignarios et aquarios reservantur (*Jos.* ix). Tantique apud Deum meriti sunt, ut stirps Saul ob eorum injurias sit deleta (*Reg.* xxi). Inter quos eos collocabis? **377** Inter hircos? Sed non sunt interfecti, et sententia Domini vindicantur [*Al.* judicantur]? Inter oves? Sed dicit Scriptura divina, quod non sint ejusdem meriti cujus et Israelitæ. Vides ergo quod stent quidem a dextris; sed multo inferiori gradu. Inter David virum sanctum, et Saul regem pessimum, medius Jonathas fuit. Quem nec inter hædos possumus ponere, quia prophetæ amore dignus est; nec inter arietes, ne parem cum faciamus David, maxime cum et ipse interfectus sit. Erit igitur inter oves; sed in inferiori ordine. Et quomodo inter David et Jonatham, ita inter ovem et ovem cogeris suscipere differentias. *Servus qui cognovit voluntatem domini sui, et non præparavit; nec fecit secundum voluntatem ejus, vapulabit multis. Qui autem non cognovit, nec fecit digna, plagis vapulabit paucis. Omni enim cui multum datum est, multum quæretur ab eo, et cui commendatur multum, plus exi-*

getur ab illo (*Luc.* xii, 47, 48). Ecce servo et servo plus minusve committitur, et pro qualitate commissi atque peccati, plagarum quoque numerus irrogatur.

34. *Typus futuræ Ecclesiæ in terris* etc.—Tota Judææ terra tribuumque descriptio, futuræ Ecclesiæ in cœlis typus est. Legamus Jesum Nave, legamus Ezechielis extremas partes, et videbimus, quidquid in altero quasi per historiam in terra distribuitur, in altero in cœlis spiritualiter repromitti. (*Jos.* xiii, *Ezech.* lx, 48). Quid sibi volunt in descriptione Templi, septem et octo gradus? quid rursum, quod in Psalterio post elementa centesimi octavi decimi psalmi, quibus mysticum erudimur **378** alphabetum, per quindecim gradus usque illuc pervenimus, ut possimus canere : *Ecce nunc benedicite Dominum, omnes servi Domini. Qui statis in domo Domini, in atriis domus Dei nostri* (*Jos.* xiii)? Quare duæ et semis tribus, trans Jordanem habitant, ubi plurima sunt jumenta, et novem et semis, reliquæ vel expellunt pristinos habitatores de sedibus suis, vel cum ipsis habitant? Cur Levitica tribus in terra partem non accipit (*Num.* xviii); sed Dominus pars ejus est; et inter ipsos levitas et sacerdotes ad Sancta sanctorum ubi Cherubim et propitiatorium est, pontifex solus ingreditur? Quare reliqui sacerdotes lineis tantum utuntur vestibus, et non habent indumentum auro, hyacintho, cocco, purpura, byssoque contextum? Inferioris gradus levitæ et sacerdotes plaustra et boves accipiunt : majoris ordinis gestant arcam Domini humeris suis. ª Si tollis ordinem Tabernaculi, Templi, Ecclesiæ, si omnes qui a dextris sunt, unum, ut vulgo dicitur, ᵇ encoma ad militiam, probat, nequid-

---

ª *Si tollis ordinem*. Nec plura legimus in mss. codicibus nec pauciora : neque satis mirari possum Erasmum et Marianum, qui confictum retinent contextum, annotationesque falsas prorsus, ac futiles. Legunt itaque hoc modo : *Si omnes, qui a dextris sunt, corpus unum, et ut vulgo dicitur, ἓν κόνιον, nequidquam episcopi, frustra presbyteri, sine causa diaconi sunt.* Post impressionem hujusmodi contextus, Marianus in Notis suis vitiatum eum fatetur, et ita restituendum putat : *Si omnes, qui a dextris sunt, ut vulgo dicitur, ἓν χῶμα; nequidquam Episcopi,* etc. Gravius σύνθημα ponendum pro ἓν χῶμα, conjicit. Sed nullus horum virorum doctorum fidem consecutus est exemplarium ms. aut mentem Hieronymi. Jovinianus enim irridebat Catholicos, quod in militia Christiana gradus atque officia diversa statuere vellent, et omnes bonos ipse volebat unum esse ἓνσωμα, id est, corpus indistinctum partibus, et quasi multi in unum corpus coalescentes. Unde Hieronymus supra post Angelicos ordines descriptos hæc addit : *Hoc in cœlis est, hoc in ministerio Dei, ne nos solito more irrideas, atque subsannes; si imperatorem posuerimus, et præfectos et comites, et tribunos et centuriones, et manipulos, et reliquum militiæ ordinem.* Ait igitur hic sanctus Hieronymus, si omnes Justi a dextris positi unum sunt ἓνσωμα, nihilque referri utrum in pecore aliquis aries sit, an ovicula; et in exercitu aliquis sit imperator, vel miles gregarius, nequaquam in Ecclesia sunt episcopi, frustra sunt presbyteri, et sine causa diaconi. Id vero asserere cum esset absurdissimum, Jovinianus tanta rerum consequentia confutatus luebat pœnas audaciæ ac impietatis. Qui Græce sciunt, videant ne nomen ἓνσωμα in duo verba secent, legentes ἓν σῶμα : nam

unum Latine abs Hieron. ante positum, cogit nos unum ἓνσωμα legere, unum nempe *corporatum*, sive unum corpus e pluribus compactum. MARTIAN.

ᵇ Mirum quantum interpretes torserit locus iste, et torqueat hodiernum. Legit Erasmus *unum ut vulgo dicitur, ἐκ κόνιον, nequidquam episcopi,* etc. omissis nempe verbis *ad militiam probat*, et illud ἓν κόνιον pro frequenti apud Græcos proverbio accipiens, quod est μία κόνις, *unus pulvisculus.* Victorius vitiatum ab Erasmo locum exscripsit, tantumque post impressionem, quomodo Græcum verbum restitui posset, Erasmo admonuit. Ita, inquit, legi debet : *Si omnes qui a dextris sunt, ut vulgo dicitur ἓν χῶμα, nequidquam episcopi,* etc. hoc est si omnes beati *unus cumulus* erunt, et inter beatos nulla erit differentia, frustra igitur sacrorum ordinum datur distinctio. Postea Gravius, cui jure Victoriana emendatio non arrisit, substitui voluit, *unum, ut dicunt, σύνθημα ad militiam probat,* etc. Ex Græca quidem voce, tametsi nullis mss. probata, sensum juxta Victorii expositionem, utcumque extundebat. At Martianæus interpretum istorum conatus castigat satis inclementer, ipseque militiam christianam indicari autumans, rescribit, *unum, ut vulgo dicitur, ἓνσωμα ad militiam probat, nequaquam episcopi,* etc. Vultque ex Joviniani sensu dici, omnes in militia christiana unum esse ἓνσωμα, id est corpus indistinctum partibus, unde gradus atque officia diversa esse non deberent. Equidem haud facile dicam, quot vitiis hæc ejus lectio laboret, et quam præ cæteris falsa sit. Unum ἓνσωμα, si quid est, repetita voce, *unum unum corpus* significat, neque scribi ἓνσωμα potest, aut *corporatum* intelligi, sed ἓν σῶμα, *unum corpus.* Quo vero id tandem modo explicet Martianæus, nihil est,

quam episcopi, frustra presbyteri, sine causa diaconi sunt. Quid perseverant virgines? [*Al.* cur] quid laborant viduæ? cur maritatæ se continent? Peccemus omnes, et post pœnitentiam idem erimus quod Apostoli sunt.

35. *Epilogus disputationis. Excepto Deo omnis creatura sub vitio est.* — Verum jam cepimus terram prospectare de pelago, et post montes gurgitum, et [*Al.* spumeos] spumosos fluctus, et navim, vel in sublime subrectam, vel in ima præcipitem, paulatim fessis et languentibus portus aperitur. **379** Diximus de nuptis, viduis, virginibus. Viduitati virginitatem, viduitatem prætulimus matrimonio. Exposita est περικοπή Apostoli, de hujuscemodi quæstionibus disputantis, singulis oppositionibus responsum est. Sæcularis quoque litteratura venit in medium, quæ virgines fuerint, quæ univiræ, et e contrario quas interdum habeat molestias vinculum conjugale. Transivimus ad secundam partitionem, in qua negat eos, qui tota fide baptisma consecuti sunt, deinde posse peccare. Et docuimus, quod, excepto Deo, omnis creatura sub vitio sit, non quod universi peccaverint, sed quod peccare possint, et similium ruina, stantium metus sit. Tertio venimus ad jejunia, et quia adversarii duplex propositio fuerat, vel ad [a] philosophos, vel ad divinarum Scripturarum provocantis exempla, nos quoque ad utramque respondimus. Quarta, id est extrema divisio, oves et hædos, dexteram, et sinistram, justos et peccatores, in duos ordines distribuerat, volens ostendere, nullam inter justum et justum, peccatorem et peccatorem esse distantiam. Et ut hoc probaret, infinita de Scripturis exempla congesserat, quasi suo sensui congruentia, cui nos quæstioni, et argumentis, et exemplis respondimus Scripturarum, veteremque Zenonis sententiam, tam communi sensu, quam divina lectione contrivimus.

36. *Multos discipulos habuit Jovinianus. Doctrina voluptatis quid proficit.* — Nunc restat ut Epicurum nostrum, [*Al.* sudantem] subantem in hortulis suis inter adolescentulos et mulierculas, alloquamur. Favent tibi crassi, nitidi, dealbati. Adde, si vis, juxta Socraticam irrisionem, omnes sues, et canes, et quia carnem amas, vultures quoque, [*Al.* aquilas] aquilæ, accipitres, et bubones. Numquam nos (*Vide in Cap.* IX. *Eccles. Comm.*) Aristippi multitudo terrebit. Quoscumque formosos, quoscumque calamistratos, quos crine composito, quos rubentibus buccis videro, de tuo armento sunt, immo inter tuos sues grunniunt. De nostro grege tristes, pallidi, sordidati, et quasi peregrini hujus sæculi, licet sermone taceant, habitu **380** loquuntur et gestu: *Hei mihi quia peregrinatio mea prolongata est! habitavi cum* [b] *habitationibus Cedar* (*Ps.* CXIX, 5), videlicet in tenebris hujus mundi, quia lux lucet in tenebris, et tenebræ eam non comprehenderunt. Ne glorieris, quod multos discipulos habeas. Filius Dei docuit in Judæa, et duodecim tantum illum apostoli sequebantur. *Torcular*, inquit, *calcavi solus, et de gentibus vir non est mecum* (*Isai.* LXIII, 3). Ille in passione solus remansit, et Petri quoque erga eum trepidavit constantia: Pharisæorum autem doctrinæ, omnis populus applaudebat, dicens: *Crucifige, crucifige talem. Non habemus regem nisi Cæsarem* (*Joan.* XIX, 6. *Ibid.* 15), id est, vitia sequimur, non virtutes: Epicurum, non Christum: Jovinianum, non Apostolum Paulum. Quod multi acquiescunt sententiæ tuæ, indicium voluptatis est: non enim tam te loquentem probant, quam suis favent vitiis. In circulis platearum quotidie fictus hariolus stultorum [c] nates verberat, et obtorto fuste dentes mordentium quatit, nec tamen deest qui semper possit induci? et pro magna sapientia [*Al.* deputa] deputas, si plures porci post te currant, quos gehennæ succidiæ nutrias? Post præconium tuum, et [d] balnea, quæ viros pariter et feminas lavant, omnis impatientia quæ ardentem prius libidinem, quasi verecundiæ vestibus

nihil ad rem facit. Sed nec multo felicior est Clericus, qui *unum* εὔοσμον *legendum putat, id est unum bonum corpus*, ut enim Græce parum elegantius scribat, cæteris æque ac Martianæus vitiis, nisi etiam gravioribus peccat. Est tamen hujus restitutio loci non usque adeo difficilis, si mss. exemplaribus religiose adhæreas. In his autem est ENCOMA, quam vocem Græce accipias ἔγκωμα scribendum est, si Latine, ut est, *encoma*, aut *incoma*. Quid vero nomen istud sonet, docet Isidori Glossarium, *Incoma mensura militum.* Vegetius quoque lib. I. cap. 5. *Proceritatem tironum ad Incoma scio semper exactam.* Erat nempe contus illa, sive palus, ad quem probari statura militum solebat, si proceritatem haberent requisitam: unde *encoma*, aut *encama* vulgares militibus voces, et verbum *incumare*, et *incumatus* in Actis S. Maximiliani sub hac metiendi significatione occurrit: *Quoniam probabilis est, rego ut incometur.* Sensus itaque Hieronymi est, non sicut milites una corporis mensura ad militiam probat, ita eorum qui in cœlis a dextris sunt, æqualem esse gloriæ mensuram. Et quemadmodum frustra sint episcopi presbyteri et diaconi, si tollas ordinem Ecclesiæ, sive hierarchicum, ita in cassum perseverare virgines, laborare viduas, et se continere maritatas, si omnium in cœlis æquale erit meritum, atque unus gradus. Ipse se in hunc sensum Hieron. explicat lib. II. contra Rufinum, ubi Origenem impugnat asserentem *in restitutione omnium, quando indulgentia Principalis venerit, Cherubin, et Seraphin, Thronos, Principatus, Dominationes, Virtutes, Potestates, Archangelos, Angelos, Diabolum, Dæmones, animas omnium hominum, tam Christianorum, quam Judæorum, et Gentilium unius fore conditionis, et mensuræ.*

[a] Cisterciensis cum Veronensi ms. *vel ad philosophorum*, etc. *nos quoque ad utramque respondimus.*
[b] Victorius *cum habitantibus* cum Vulgata, contra mss.
[c] Item Victorius *nares*, quam lectionem ut probet, multa comminiscitur. Vide quæ annotamus in Epist. 127, ad Principiam, num. 9, et locum ex Luciano de morte Peregrini. Infra lib. I. contra Rufinum eadem occurrunt.
[d] Promiscui balnei, quod Jovinianus probabat, turpitudinem exsecrantur Patres plerique omnes, Clemens Alexandrinus Pædagog. III, 5; Epiphanius Hæres. XXX, 7; Chrysostomus de educandis liberis, aliique. Canones quoque, Laodicenus 3, et Trullanus 77, immo etiam Imperatorum decreta et Leges condemnabant.

[*Al.* tegebat] protegebat, nudata est, et exposita : quæ ante in occulto erant, nunc in propatulo sunt. Ostendisti tales discipulos, non fecisti. Hoc profecit doctrina tua, [a] *ut peccata nec pœnitentiam quidem habeant*. Virgines tuæ quas prudentissimo consilio, quod nemo umquam legerat, nec audierat, de Apostolo docuisti, *Melius est nubere quam uri*, occultos adulteros in apertos verterunt maritos. Non suasit hoc Apostolus, non electionis vas. Virgilianum consilium est :

Conjugium vocat, hoc prætexit nomine culpam.
(*Æneid. l.* IV).

37. *Basilides magister luxuriæ. Semper pseudoprophetæ dulcia promittunt. Verba Joviniani.*—Quadringenti ferme anni sunt, quod Christi prædicatio fulget in mundo. Ex quo innumerabiles hæreses tunicam illius consciderunt, [b] universus pene error de Chaldæo et Syro, et Græco sermone processerat. Basilides magister luxuriæ et turpissimorum complexuum, post tot annos ita in Jovinianum, quasi in [c] Euphorbum transformatus est, ut Latina quoque lingua haberet hæresim suam. Nulla ne fuit alia in toto orbe provincia, quæ reciperet præconium voluptatis, in quam coluber tortuosus irreperet, nisi quam Petri doctrina super petram [d] fundaverat Christum. Vexillum crucis et prædicationis austeritas, idolorum templa destruxerat : e regione luxuria penis, ventris et gutturis, subvertere nititur fortitudinem crucis. Unde per Isaiam loquitur Deus : *Populus meus, qui vos beatificant, seducunt vos, et semitas pedum vestrorum conturbant* (*Isai.* III, 14). Necnon per Jeremiam : *Fugite de medio Babylonis, et servate unusquisque animam suam, et nolite credere pseudoprophetis, qui dicunt, pax pax, et non est pax* : qui semper ingeminant, *Templum Domini, Templum Domini* (*Jerem.* LI, 6). Prophetæ tui viderunt tibi falsa et insipientia, non aperuerunt iniquitatem tuam, ut te ad pœnitentiam provocarent; qui devorant plebem [*Al.* Deum] Dei, ut cibum panis, Deum non invocaverunt. Jeremias captivitatem nuntians, lapidatus a populo. Ananias filius Azur frangebat ad præsens [e] ligneas torques, et in futurum ferreas præparabat. Semper pseudoprophetæ dulcia pollicentur, et ad modicum placent. Amara est veritas, et qui eam prædicant, replentur amaritudine. In azymis enim veritatis et sinceritatis, Domini Pascha celebratur, et cum amaritudinibus comeditur (*Exod.* XII). Egregia sane vox et quam audiat sponsa Christi, inter [f] virgines, et viduas, et cælibes (unde et ipsum nomen inditum est, quod cælo digni sint, qui coitu careant). « Raro jejunate, crebrius nubite. Non enim potestis implere opera nuptiarum, nisi mulsum, et carnes, et nucleum sumpseritis. Viribus opus est ad libidinem. Cito caro consumpta marcescit. Nolite timere fornicationem. Qui semel in Christo baptizatus est, cadere non potest : habet enim, ad despumandas libidines, solatia nuptiarum. Quod et si cecideritis, redintegrabit vos pœnitentia, et qui in baptismate fuistis hypocritæ, eritis in pœnitentia solidæ fidei. Neque turbemini, putantes inter justum et pœnitentem aliquid interesse, et humiliorem gradum dare quidem veniam, sed coronam tollere. Una est enim retributio. Qui dexteram steterit, introibit in regna cælorum. » His consiliis subulci tui, pastoribus nostris ditiores sunt, et hirci plurimas secum capras trahunt. *Equi insanientes in feminas facti sunt* (*Jerem.* V, 8), statim, ut mulieres viderint, adhinniunt, et impatientiam suam, proh nefas ! Scripturarum solantur exemplis. Sed et ipsæ mulierculæ miseræ [g] et non miserabiles, præceptoris sui verba cantantes, Quid enim nisi semen requirit Deus ? non solum pudicitiam, sed etiam verecundiam perdiderunt, majorique procacitate defendunt libidinem, quam exercent. Habes præterea in exercitu plures succenturiatos, habes scurras et velites in præsidiis, crassos, [h] comptos, nitidos, clamatores, qui te pugnis calcibusque defendant. Tibi cedunt de via nobiles, tibi osculantur divites caput. Nisi enim tu venisses, ebrii atque ructantes paradisum intrare non poterant. Macte virtute, immo vitiis, habes in castris tuis et Amazones (*Vide Commentar. in Cap.* XVI. *Jerem.*) exerta mamma, et nudo brachio et genu, venientes contra se viros ad pugnam libidinum provocantes. Et quia opulentus paterfamilias es, in aviariis tuis non turtures, sed upupæ (*Et Com. in Cap.* V. *Zachar.*) nutriuntur, quæ tota fœtidæ voluptatis lustra circumvolent. Me carpe, me disjice, objice crimina quæ volueris, argue luxuriæ et deli-

---

[a] *Vetus edit. ne peccatum quidem pœnitentiam habeat.*

[b] Sentit, primum e Latinis hæreticum Jovinianum exstitisse, quod quidem et Victorio notatum est, at nescio quam vere, si Montanum reputes, Novatum, atque alios, utique ex Latinis.

[c] In sequenti libro contra Vigilantium num. 1 : *Quomodo Euphorbas in Pythagora renatus esse perhibetur, sic in isto* (Vigilantio) *Joviniani mens prava surrexit.* Nempe somniavit Pythagoras Euphorbi apud Trojam occisi animam in se demigrasse; seque aiebat primum fuisse Ethalidem, mox Euphorbum, deinde Hermotimum, et Pyrrhum, Delium piscatorem, postremo ex Pyrrho factum esse Pythagoram.

[d] Duo mss., *super petram fundaverat Christi.* Vetus edit. *nisi in qua Petri doctrina super se petram fundaverat Christus :* et mox *prædicationis auctoritas.* Romanam proprie, ut vides, Ecclesiam notat, in qua primum hæresim Jovinianus sævit. Vid. præfixam hisce libris Admonitionem.

[e] Ex Jeremiæ cap. XXVIII : *Catenas ligneas contrivisti, facies pro eis catenas ferreas.* Dictum, notante Victorio contra illos, qui homines palpant, et felicia pollicentur. Mss. duo habent *ligneos torques*, et *ferreos*.

[f] *Virgines et viduas et cælibes*. Quintilianus lib. I, c. 10 : *Ingenioseque sibi visus est Caius cælibes dicere, veluti cælites, quod onere gravissimo vacent.* MARTIAN. Duo mss. absque *et* particula, *viduas cælibes*. Annexam etymologiam Gravius ex Quintiliano l. II, c. 10. illustrat : *Ingeniose sibi visus est Caius cælibes dicere, veluti cælites*, etc. Sed et Isidorus Originum l. X, lit. C. *cælebs dicitur, quasi cælo beatus.*

[g] Ex Ovidii versu in Ibin :

Sisque miser semper, nec sis miserabilis ulli.

[h] Cisterciens. liber *crassos, compositos, nitidos.*

ciarum. Magis me amabis, si talis fuero, ero enim de armento tuo.

38. *Romam alloquitur.* — Sed ad te loquar, quae scriptum in fronte blasphemiam, Christi confessione delesti. Urbs potens, urbs orbis domina, urbs Apostoli voce laudata (*Rom.* 1), interpretare vocabulum tuum. [a] Roma aut *fortitudinis* nomen est apud Graecos, aut *sublimitatis* juxta Hebraeos. Serva quod diceris, virtus te excelsam faciat, non voluptas humilem. Maledictionem quam tibi Salvator in A Apocalypsi (*Cap.* XVII *et* XVIII) comminatus est, potes effugere per poenitentiam, habens exemplum Ninivitarum. Cave Joviniani nomen, quod de (*Jove*) idolo derivatum est. Squalet Capitolium, templa Jovis et caeremoniae conciderunt. Cur vocabulum ejus, et vitia apud te vigeant? Adhuc sub regibus, et sub Numa Pompilio facilius majores tui [b] Pythagorae continentiam, quam sub consulibus Epicuri [c] luxuriam susceperunt.

---

[a] Mendose erat, partim Graece, et partim Latine RωMII. Graece autem Ῥώμη, *robur*, Hebraice רמה, seu רמח *sublimitatem* significat.

[b] Pythagoram non illum celebrem Italicae sectae auctorem, sed Spartiatam alium innui contendit Victorius, quocum sentit et Martianaeus. Et certe Numa Pythagoram illum Samium antiquiorem facit vulgo recepta sententia ex Dionis Chrysostomi testimonio XLIX et Nicephori Gregorae XXXIII, quamquam veteres alii propter dogmatum inter utrumque convenientiam suppares fuisse velint. At non ipsam Pythagorae personam hic abs Hieronymo indicari ego sentio, ut de ejus aetate disputare necesse sit, aut alium cognominem comminisci; sed utique doctrinam, quae scriptis supererat, fuitque Numae acceptissima. Re ipsa de libris Pythagoricis in Numae sepulcro repertis loquuntur Livius XL, 29, Plinius XIII, 13, Lactantius I. XXII, Augustinus de Civit. Dei VIII, 5, Aurelius Victor de Viris illustrib. c. 3, atque alii.

[c] *Luxuriam susceperunt.* In ms. codice sancti Petri B Carnutensis sequitur damnationis sententia in Jovinianum.

HONORIUS ET THEODOSIUS AUGG.
FELICI PRÆFECTO PRÆTORII.

Jovinianum, etc., quae Lex est 53 in Cod. Theodos. tit. 5 de Haereticis. MARTIAN.

IN SEQ. LIBRUM CONTRA VIGILANTIUM ADMONITIO.

Contra Vigilantium epistolam, biennio ante hunc libellum, datam Ripario Presbytero excudimus in secunda parte prioris tomi sub num. CIX, in qua cum haeretici hominis Commentarios nondum accepisset Hieronymus, praelusit quodammodo pugnae, suamque potius aperuit fidem, quam ejus expugnarit infidelitatem. Nunc quando ad ipsum librum devenimus, quo adversus insaniam hominis summo animi ardore velitatur, ut causae momenta perspecta habeas, quis ipse Vigilantius fuerit, quidque contra rectam fidem temere senserit, praenotandum est. Eum *natione Gallum* dicit Gennadius, *Calagurritanum*, sive ex Calagurris viculo prope Convenarum urbem, Hieronymus: unde intelligas ex inferiori illum fuisse Aquitania ad radices Pyrenaei. Homo erat, eodem Gennadio auctore, *seductus humana laude et praesumens supra vires suas, lingua politus, non sensu Scripturarum exercitatus*, sed si Hieronymum audis, *imperitus et verbis et scientia, et sermone inconditus*. Ex vitae instituto cauponam exercuerat, sive etiam tunc exercebat, cum novus Ecclesiarum magister audire voluit, et presbyter jussus est. Nam et hunc gradum est consecutus, *et Ecclesiam*, ut Gennadii verbis utar prosequar, *Hispaniae Barcilonensis parochiae tenuit*; quae cum esset sanctorum presbyterorum Riparii ac Desiderii paroeciis contermina, hi continuo dolebant, morbidi pastoris vicinia proprias de salute oves periclitari. Episcopus quoque, sub cujus ille ditione agebat, patrocinari, *et acquiescere furori ejus* visus est, quandoquidem admonitus, corripere furentem distulit, aut penitus praetermisit.

2. Quae autem vesano ingenio commentus est nova dogmata, ad haec fere capita reducuntur. Negabat 1° esse martyres, aut eorum reliquias venerandas, sive ad eorum sepulcra in Ecclesiis vigilandum, aut alios, qui in Christianorum coetibus consueverant, honores illis esse deferendos. 2° Pejori adhuc vecordia aiebat, minime sanctorum precibus nos adjuvari, neque terrenis tangi necessitatibus coelites; unde et signa quae per illos interdum fierent, incredulis dumtaxat prodesse. 3° Nonnullas Ecclesiae caeremonias, atque illam in primis, cereos interdiu accendendi in Missa, sive ad Evangelium recitandum, paganae superstitionis ritum vocabat; nec *Alleluia* cantari volebat, nisi in Pascha. 4° Sensit suas sibi quemque retinere posse divitias, neque abdicationem a saeculi rebus usque adeo bonam esse, quinimmo monachorum paupertatem ac solitudinem desidiam ac turpem fugam appellabat. Quamobrem et eleemosynas, quae Hierosolymam mitti consueverant, improbabat, forte etiam aliquando prohibuit; nam si in egenorum usu essent opes distribuendae, non illas semel effundendas, sed paulatim erogandas asseverabat. 5° Denique effutivit, clericos minime omnium debere esse caelibes, tantoque odio habuit continentiam, quam *haeresim* appellabat, et pudicitiam, quam *libidinis seminarium*, ut episcopis etiam persuaserit, nemini credi debere castitatem, nullos caelibes ordinari posse: et nisi tumentes uteros viderent feminarum, maritos earum Christo ministerio arbitrarentur indignos.

3. Hisce haeresum monstris per singulas partes respondet Hieronymus hoc libello, quem ut magis mireris, *unius noctis lucubratione dictavit*. Scriptum ipse testatur post *ferme biennium* ex quo epistolam supra laudatam ad Riparium *de vigiliis et pernoctationibus in basilicis Martyrum* dedit. Eam vero epistolam ad ann. 40

pertinere ostendimus, unde liber iste ad 406 sit deducendus. Id porro constat ex illa, quam in fine causatur, subita Sisinnii fratris in Ægyptum festinatione; hic siquidem ille Sisinnius est, qui uno tempore et hunc librum Ripario ac Desiderio deferendum, et Commentarios in Zachariam Exuperio Tolosano reddendos, a S. Doctore accepit, quos ipse in Præfatione anno 406, qui *sexti consulatus Arcadii Augusti, et Anicii Probi fastis nomen imposuit*, a se testatur elucubratos. Quin etiam ad ejus anni finem usque differendum constabit ex alia epistola, in nostra recensione 129, ad Minervium et Alexandrum, in qua Sisinnius, qui *ultimo jam autumni tempore* Bethleem pervenerat, quasi moraturus ibi, usque ad diem *Epiphaniorum*, dicitur haud multo post, *subito supervenisse asserens se illico profecturum*.

S. EUSEBII HIERONYMI,

STRIDONENSIS PRESBYTERI,

CONTRA VIGILANTIUM

LIBER UNUS [*].

387 1. *Joviniani damnatio et mors. Errores Vigilantii et blasphemiæ.*— Multa in orbe monstra generata sunt. Centauros, et sirenas, ululas, et [b] onocrotalos in Isaia (*Isai.* xiii, *et* xxxv.) legimus. Job Leviathan et Behemoth mystico sermone describit (*Job.* iii *et* 40). Cerberum et Stymphalidas, aprumque Erimanthium, et leonem Nemæum, chimæram atque hydram multorum capitum narrant fabulæ poetarum. Cacum [*Al.* descripsit] describit Virgilius. (*Æneid. l.* viii). Triformem Geryonem Hispaniæ prodiderunt. Sola Gallia monstra non habuit, sed viris semper fortibus, et eloquentissimis abundavit. Exortus est subito Vigilantius, seu verius Dormitantius, qui immundo spiritu pugnet contra Christi spiritum, et Martyrum neget sepulcra veneranda; damnandas [*Al.* dicit] dicat esse vigilias: numquam nisi in Pascha Alleluia cantandum: continentiam, hæresim; pudicitiam, libidinis seminarium. Et quomodo [c] Euphorbus in Pythagora renatus esse perhibetur, sic in isto Joviniani mens prava surrexit: ut et in illo, et in A hoc diaboli respondere cogamur insidiis. Cui jure [*Al.* dicetur] dicitur: *Semen pessimum, para filios tuos occisioni peccati patris tui* (*Isa.* xiv, *sec.* LXX, v. 21). Ille Romanæ Ecclesiæ auctoritate damnatus, inter phasides aves et carnes suillas non tam emisit spiritum, quam eructavit. Iste caupo Calagurritanus, et in perversum propter nomen [d] viculi mutus Quintilianus, [e] miscet aquam **388** vino : et de artificio pristino, suæ venena perfidiæ Catholicæ fidei sociare conatur, impugnare virginitatem, odisse pudicitiam, in convivio sæcularium contra sanctorum jejunia proclamare : dum inter phialas philosophatur, et ad placentas liguriens, psalmorum modulatione mulcetur : ut tantum inter epulas, David et Idithun, et Asaph et filiorum Chore cantica audire dignetur.

B Hæc dolentis magis effudi animo quam ridentis, dum me cohibere non possum, et injuriam apostolorum ac martyrum surda nequeo aure transire.

2. *Cælibatus Clericorum.*—Proh nefas! episcopos sui sceleris dicitur habere consortes : si tamen episcopi

---

[a] Edd. Martian. et Vallars. habent titulum hujusmodi : *Incipit liber S. Hieronymi presbyteri contra Vigilantium.* EDIT. — *Incipit Liber.* Quanta sit Operum Hieronymi in quibusdam libris mss. depravatio, ex uno ms. codice Cluniacensi scire nobis licet; in eo enim ita incipit Tractatus præsens contra Vigilantium : « INCIPIT AD VIGILANTIUM CONSENTIENTEM JOVINIANO. Multa quidem in orbe monstra generata sunt. Sirenes monstra marina. Onocratalus avis, et interpretatur longum rostrum. Crotalon, id est, cimbalum. Ululas, id est, aves ab ululando dictas. Leviathan, id est, cetus magnus, et interpretatur additamentum eorum. Behemoth interpretatur animal. Stimphalidas, id est, arpias a Stimphalo flumine. Centauros et sirenas, ululas et uonocratalos in Esaia legimus, etc. » Quis non exhorrescat tantam ac talem puri contextus corruptelam et depravationem codicis ms. Cluniacensis, alioqui præstantissimi, et in aliis bene multis castigatius scripti? Sed hæc facile abstergi possunt ex aliis exemplaribus, quibus semper abundamus in hac editione. MARTIAN.

[b] Erat antea *onocratulos.* Martialis, *Turpe Ravenatis guttur onocrotali.* Codex Bononiensis monasterii S. Salvatoris non habet, *in Isaia legimus.*

[c] Vide quæ supra sub finem secundi contra Jovinianum libri annotamus. Mss. Bononien. *Euforbius.*

[d] Non, ut Victorius putat, quod conterraneus Quintiliano Vigilantius fuerit, sed quod cognominem uterque patriam habuerit Calagurrim. Illa vero Quintiliani in Hispania civitas fuit, hujus autem viculus propter Convenarum urbem, unde et in perversum accepto nomine *mutus Quintilianus* hic dicitur.

[e] Alludi videtur illud Isai. 1. *Vinum tuum mixtum est aqua*, quod passim alii Patres, et noster cum primis Hieronymus de hæreticis dictum interpretantur. Tertullianus lib. de Anima, c. 3, *caupones et miscentes aquam vino* hæreticos vocat. Hieronymus utrumque uno verbo elegantissime et hæresim, et cauponariam artem exprobrare voluit Vigilantio.

nominandi sunt, qui non ordinant diaconos, nisi prius uxores duxerint : nulli cælibi credentes pudicitiam, immo ostendentes quam sancte vivant, qui male de omnibus suspicantur : et nisi prægnantes uxores viderint clericorum, infantesque de ulnis matrum vagientes, Christi sacramenta non tribuunt. Quid facient Orientis Ecclesiæ? quid Ægypti et Sedis Apostolicæ, quæ aut virgines Clericos [a] accipiunt, aut continentes : aut si uxores habuerint, mariti esse desistunt? Hoc docuit Dormitantius, libidini frena permittens, et naturalem carnis ardorem, qui in adolescentia plerumque fervescit, suis [*Al.* hortationibus] hortatibus duplicans; immo **389** extinguens coitu feminarum ; ut nihil sit quo distemus a porcis, quo differamus a brutis animantibus, quo ab equis, de quibus scriptum est : *Equi insanientes in feminas facti sunt mihi : unusquisque in uxorem proximi sui hinniebat.* (*Jerem.* v, 8). Hoc est quod loquitur per David Spiritus sanctus : *Nolite fieri sicut equus et mulus, quibus non est intellectus* (*Psal.* xxxi, 9). Et rursum de Dormitantio et sociis ejus : *In chamo et freno maxillas eorum constringe, qui non approximant ad te.*

3. *Riparius, Desiderius et Sisinnius. Imperitia Vigilantii.* — Sed jam tempus est, ut ipsius verba ponentes ad singula respondere nitamur. Fieri enim potest, ut rursum malignus interpres dicat fictam a me materiam, cui rhetorica declamatione respondeam : sicut illam quam scripsi ad Gallias, matris et filiæ inter se discordantium. Auctores sunt hujus dictatiunculæ meæ sancti presbyteri Riparius et Desiderius, qui parœcias suas vicinia istius scribunt esse maculatas, miseruntque libros per fratrem Sisinnium, quos inter crapulam stertens evomuit. Et asserunt repertos esse nonnullos, qui, faventes vitiis suis, illius blasphemiis acquiescant. Est quidem imperitus, et verbis et scientia, et sermone incompositus ; ne vera quidem potest defendere ; sed propter homines sæculi et mulierculas oneratas peccatis, semper discentes et numquam ad scientiam veritatis pervenientes, una lucubratiuncula illius næniis respondebo, ne sanctorum virorum qui ut hæc facerem me deprecati sunt, videar litteras respuisse.

4. *Convenarum urbs et patria Vigilantii. Pompeiopolis fuit dicta. Verba Vigilantii.* — Nimirum respondet generi suo, ut qui de latronum et Convenarum natus est semine (quos [*Consul* Strab. lib. iv]. Cn. Pompeius edomita Hispania, et ad triumphum redire festinans, de Pyrenæi jugis deposuit, et in **390** unum oppidum congregavit : unde et Convenarum urbs nomen accepit) hucusque latrocinetur contra Ecclesiam Dei [b], et de Vectonibus, Arrebacis, Celtiberisque descendens, incurset Galliarum Ecclesias, portetque nequaquam vexillum [*Al.* Christi] crucis, sed insigne diaboli. Fecit hoc idem Pompeius, etiam in Orientis partibus : ut Cilicibus et [c] Isauris piratis, latronibusque superatis : sui nominis inter Ciliciam et Isauriam conderet civitatem. Sed hæc urbs hodie servat scita majorum, et nullus in ea ortus est Dormitantius. Galliæ vernaculum hostem sustinent, et hominem moto capitis, atque Hippocratis vinculis alligandum, sedentem cernunt in Ecclesia ; et inter cætera verba blasphemiæ, ista quoque dicentem : « Quid necesse est, te tanto honore, non solum honorare ; sed etiam adorare illud nescio quid, quod in modico vasculo transferendo colis ? » Et rursum in eodem libro : « Quid pulverem linteamine circumdatum, adorando oscularis ? Et in consequentibus : [d] Prope ritum gentilium videmus sub prætextu religionis introductum in Ecclesiis, sole adhuc fulgente, moles cereo-

---

[a] Mss. omnes *accipit*, ut solam Romanam consuetudinem respicere videatur. Recole autem nunc illa lib. i contra Jovinian. *Non posse esse episcopum, qui in episcopatu filios faciat, alioquin si deprehensus fuerit, non quasi vir tenebitur, sed quasi adulter damnabitur.* Adstipulantur Siricius Epist. 1 ad Himerium, Innocentius Epist. 1 ad Victricium, Ambrosius lib. i Officior. cap. 50, tum epist. 61 ad Vercell. Epiphanius hæres. 59 et, ut alios prætereamus, Augustinus ad calcem lib. ii de Adulter. conjugiis.

[b] Illustriss. de Marca in peculiari Dissert. de Vigilantii patria hunc locum ita restituendum contendit, ut pro *et* copula, legeret *nec*. Vultque hunc esse sensum, si ex Origene peti possit auctorias latrocinii exercendi, coercendam Vigilantio hanc licentiam contra Ecclesiam Dei extra urbis suæ fines, qua ex Vectonum, Arevacorum, et Celtiberorum populis, qui in bello potius latrocinia exercebant, quam militiam, conflata olim fuit ; nec ulterius incursandi cæteras Galliarum Ecclesias licere illi, nequaquam prælato vexillo Crucis, cum ipse insigne sit diaboli. Verum nulli huic conjecturæ mss. codices suffragantur ; præstatque cum Pagio interpunctionis vitia, quibus antea periodus hæc laborabat, emendare, ut fecimus, præterea *et* particula. Eoque sensu dicitur nimirum, generi suo respondere Vigilantius, ut qui de latronum natus est semine, Vectonum scilicet, Arevacorumque, magis ac magis latrocinietur, et incurset Galliarum Ecclesias, et portet non Crucis vexillum, sed insignia diaboli. In Bononiensi ms.

Arvacis est pro *Arebacis* : in aliis hæc nomina mire depravantur.

[c] Bononiens. liber, *Isauris latronibus superatis*. Pomponius Mela lib. 1, cap. 13. *Urbs est*, inquit, *olim Rhodiis, Argivisque post piratis, Pompeio assignante possessa : nunc Pompeiopolis, tunc Soloe.*

[d] In duobus mss. proprie *ritum*, etc. Hoc nempe erat Paganicæ superstitionis institutum, cereos ante Idola accendere, quod ipse Hieronymus lib. xvi, cap. 57, in Isaiam tradit, *Tutela simulacrorum cereis venerans et lucernis* : Lactantius quoque lib. vi Divinarum Institut., cap. 2 : *Non igitur mentis suæ compos putandus est, qui auctori, et datori luminis candelas ac cereorum lumen offert pro munere?* Ethnicos utique reprehendens dixit. In sacris autem Christianorum, ut hic semel dicam, mysticum usum luminum interdiu probant antiqui Patres S. Epiphanius Epist. ad Joannem Hierosolymit. inter Hieronymianas nunc 51, num. 9, et decantati Paulini versus Natali 3 Sancti Felicis.

> Clara coronantur densis altaria lychnis,
> Lumina ceratis adolentur odora papyris ;
> Nocte dieque micant, sic nox splendore diei
> Fulget, et ipsa dies cœlesti illustris honore
> Plus micat innumeris lucem geminata lucernis.

Optime adeo noster Hieronymus infra, non ad fugandas tenebras, sed ad signum lætitiæ faciendum incendi explicat : cui concinit Isidorus lib. vii Orig. cap. 42, aliique deinde, qui sacramenta ex his luminibus plura in dies edisseruerunt.

rum accendi, et ubicumque pulvisculum nescio quod, in modico vasculo pretioso linteamine circumdatum osculantes adorant. Magnum honorem præbent hujusmodi homines beatissimis martyribus, quos putant de vilissimis cereolis illustrandos; quos Agnus, qui est in medio throni cum omni fulgore majestatis suæ, illustrat. »

5. *Reliquiæ Apostolorum, et Samuelis.* — Quis enim, o insanum caput, aliquando martyres adoravit? quis hominem putavit Deum? nonne Paulus et Barnabas (*Act.* xiv) cum a Lycaonibus Jupiter et Mercurius putarentur, et eis vellent hostias immolare, sciderunt vestimenta sua, et se homines esse dixerunt? Non quod meliores non essent olim mortuis hominibus Jove atque Mercurio: sed quod sub gentilitatis errore, honor eis Deo debitus deferretur. Quod et de Petro legimus, qui Cornelium se adorare cupientem manu sublevavit, et dixit: *Surge: nam et ego homo sum.* (*Ibid.* x, 26). Et audes dicere: « Illud nescio quid quod in modico vasculo transferendo colis? » Quid est illud, nescio quid, scire desidero. « Expone manifestius, ut tota libertate blasphemes, pulvisculum nescio quod [*Ms., B.* inquit in, etc.] in modico vasculo pretioso linteamine circumdatum. » Dolet martyrum reliquias pretioso operiri velamine: et non vel pannis, vel cilicio colligari, vel projici in sterquilinium; ut solus Vigilantius ebrius et dormiens adoretur. Ergo sacrilegi sumus, quando Apostolorum basilicas ingredimur? Sacrilegus fuit Constantius Imperator I, qui sanctas reliquias Andreæ, Lucæ, et Timothei transtulit [a] Constantinopolim, apud quas dæmones rugiunt, et inhabitatores Vigilantii illorum se sentire præsentiam confitentur? Sacrilegus dicendus est, et nunc Augustus Arcadius, qui ossa beati Samuelis longo post tempore de Judæa transtulit in Thraciam? Omnes episcopi non solum sacrilegi; sed et fatui judicandi, qui rem vilissimam et cineres dissolutos in serico et vase aureo portaverunt? Stulti omnium Ecclesiarum populi, qui occurrerunt sanctis reliquiis: et tanta lætitia [b], quasi præsentem, viventemque prophetam cernerent, *susceperunt:* unde Palæstina usque Chalcedonem jungerentur populorum examina: et in Christi laudes una voce resonarent? Videlicet adorabant Samuelem, et non Christum, cujus Samuel et levita et prophetes fuit. Mortuum suspicaris, et idcirco blasphemas. Lege Evangelium: *Deus Abraham, Deus Isaac, Deus Jacob: non est Deus mortuorum, sed vivorum* (*Matth.* xii).

Si ergo vivunt, honesto juxta te carcere non clauduntur.

6. *Sententia Hæreticorum hujus temporis. Non sunt legendi libri apocryphi. Basilidis portenta verborum.* — Ais enim vel in sinu Abrahæ, vel in loco refrigerii, vel subter aram Dei, animas apostolorum et Martyrum consedisse, nec posse de suis tumulis, et ubi voluerint adesse præsentes [c]. Senatoriæ videlicet dignitatis sunt; et non inter homicidas teterrimo carcere, sed in libera honestaque custodia in fortunatorum insulis et in campis Elysiis *recluduntur*. Tu Deo leges pones? Tu apostolis vincula injicies; ut usque ad diem judicii teneantur custodia, nec sint cum Domino suo, de quibus scriptum est: *Sequuntur Agnum, quocumque vadit* (*Apoc.* xiv, 4). Si Agnus ubique, ergo et hi qui cum Agno sunt, ubique esse credendi sunt. Et cum diabolus et dæmones toto vagentur in orbe, et celeritate nimia ubique præsentes sint, martyres post effusionem sanguinis sui [*Mss.* ara] arca [d] operientur inclusi, et inde exire non poterunt? Dicis in libello tuo, quod dum vivimus, mutuo pro nobis orare possumus; postquam autem mortui fuerimus, nullius sit pro alio exaudienda oratio: præsertim cum martyres ultionem sui sanguinis obsecrantes, impetrare non quiverint (*Apoc.* vi, 9). Si apostoli et martyres adhuc in corpore constituti [e] possunt orare pro cæteris, quando pro se adhuc debent esse solliciti: quanto magis post coronas, victorias et triumphos? Unus homo Moyses, sexcentis millibus armatorum impetrat a Deo veniam (*Exod.* xxxii; *Act.* vii): et Stephanus imitator Domini sui, et primus martyr in Christo, pro persecutoribus veniam deprecatur; et postquam cum Christo esse cœperint, minus valebunt? Paulus apostolus ducentas septuaginta sex sibi dicit in navi animas condonatas, et postquam resolutus esse cœperit cum Christo, tunc ora clausurus est (*Ibid.* 27): et pro his qui in toto orbe ad suum Evangelium crediderunt, mutire non poterit? Meliorque erit Vigilantius canis vivens, quam ille leo mortuus (*Eccles.* ix)? Recte hoc de Ecclesiaste proponerem, si Paulum in spiritu mortuum confiterer. Denique sancti non appellantur mortui, sed dormientes. Unde et Lazarus qui resurrecturus erat, dormisse perhibetur (*Joan* xi). Et Apostolus vetat Thessalonicenses (1. *Thess.* iv) de dormientibus contristari. Tu vigilans dormis, et dormiens scribis: et proponis mihi librum apocryphum, [f] qui sub nomine Esdræ a te et similibus tui legitur: ubi scrip-

---

[a] Vide Philostorgium lib. iii, cap. 2; Idacium quoque in Fastis: quinimmo Hieronymum ipsum in Chronico ad an. 19 et 20 Constantii, non 21 ut Scaliger refert: et in Catalogo cap. 7, in fine.

[b] Vetus editio addit *sunt jocundati*, et paulo post, *cernerent, atque susciperent.* Ms. Bononiens. *viventemque cernerent,* absque *prophetam.*

[c] Veteris judicii in reos dignitate conspicuos hæc erat regula, ut ante probationem carceri non adjicerentur. Vid. leg. 4 *de custodia reorum*; et Venulejum d. Cod. l. 5. Mox vetus editio *recludantur*; deinde ms. Bononiens. *leges ponis.*

[d] Mss. plerique omnes *Ara*, non *Arca*. Sic paulo supra *subter Aram Dei* dicitur.

[e] Bononiens. lib. *possunt orare pro cunctis, quando de se adhuc*, etc. Miror autem no doleo, homines hæreticos etiamnum cavillari legitimam hanc Hieronymi argumentationem: immo penitus non intelligere: quod si pro aliis, cum adviverent inter hujus sæculi curas, orare poterant sancti, multo magis cum apud Deum recepti sunt, de sua incolumitate securi, de nostra erunt salute solliciti.

[f] *Qui sub nomine Esdræ.* Librum Esdræ quartum intelligere videtur: nam falsa Vigilantio opinio sumi-

tum est, quod post mortem nullus pro aliis audeat deprecari : quem ego librum numquam legi. Quid enim necesse est in manus sumere, quod Ecclesia non recipit? Nisi forte Balsamum mihi, et Barbelum, et [a] Thesaurum Manichæi, et ridiculum nomen Leusiboræ proferas : et quia ad radices Pyrenæi habitas, vicinusque es Iberiæ, Basilidis antiquissimi hæretici et imperitæ scientiæ, incredibilia portenta prosequeris, et proponis quod totius orbis auctoritate damnatur. Nam in Commentariolo tuo quasi pro te faciens de Salomone sumis testimonium, quod Salomon omnino non scripsit : ut qui habes alterum Esdram, habeas et Salomonem alterum : et si tibi placuerit, legito fictas [b] revelationes omnium patriarcharum et prophetarum : et cum illas didiceris, inter mulierum textrinas cantato, immo legendas propone in tabernis tuis : ut facilius per has nænias vulgus indoctum provoces ad bibendum.

7. *Cerei in templis, quare accensi? Christiani renascimur. Luminaria ad Evangelium accendantur quare?* — Cereos autem non clara luce accendimus, sicut frustra calumniaris : sed ut noctis tenebras hoc solatio temperemus ; et vigilemus ad lumen, ne [c] cæci tecum dormiamus in tenebris. Quod si aliqui per imperitiam, et simplicitatem sæcularium hominum, vel certe religiosarum feminarum, de quibus vere possumus dicere : *Confiteor, zelum Dei habent, sed non secundum scientiam* (Rom. x, 2), hoc pro honore Martyrum faciunt, quid inde perdis? Causabantur quondam et apostoli, quod periret unguentum ; sed Domini voce correpti sunt (Matth. 26 et Marc. 14). Neque enim Christus indigebat unguento, nec martyres lumine cereorum : et tamen illa mulier in honore Christi hoc fecit, devotioque mentis ejus recipitur. Et quicumque accendunt cereos, secundum fidem suam habent mercedem, dicente Apostolo : *Unusquisque in suo sensu abundet* (Rom. xiv, 5). Idolatras appellas hujusmodi homines? Non diffiteor, omnes nos qui in Christo credimus de idololatriæ errore venisse. Non enim nascimur, sed renascimur christiani. Et quia quondam colebamus idola, nunc Deum colere non debemus ; ne simili eum videamur cum idolis honore venerari? Illud fiebat idolis, et idcirco detestandum est : hoc fit martyribus, et idcirco recipiendum est. Nam et absque martyrum reliquiis per totas Orientis Ecclesias, quando legendum est Evangelium, accenduntur luminaria, jam sole rutilante : non utique ad fugandas tenebras : sed ad signum lætitiæ demonstrandum. Unde et virgines illæ evangelicæ semper habent accensas lampades suas (*Matth.* xxv). Et ad apostolos dicitur : *Sint lumbi vestri præcincti, et lucernæ ardentes in manibus vestris* (*Luc.* xii, 35). Et de Joanne Baptista : *Ille erat lucerna ardens et lucens* (*Joan.* v, 35) : ut sub typo luminis corporalis illa lux ostendatur, de qua in Psalterio legimus : *Lucerna pedibus meis verbum tuum, Domine, et lumen semitis meis* (*Ps.* cxviii, 105).

8. *Romanus Episcopus super corpora apostolorum offert sacrificia. Vigilantii stulta sententia vel objectio. Eunomius auctor hæreseos contra reliquias. Montanus. Tertulliani Scorpiacus liber. Caina hæresis instaurata.* — Male facit ergo Romanus episcopus, qui super mortuorum hominum Petri et Pauli, secundum nos ossa [d] veneranda, secundum te vilem pulvisculum, offert Domino sacrificia, et tumulos eorum Christi arbitratur altaria? Et non solum unius urbis, sed totius orbis errant episcopi, qui cauponem Vigilantium contemnentes, ingrediuntur basilicas mortuorum, in quibus pulvis vilissimus et favilla, nescio quæ, jacet linteamine [e] convoluta : ut polluta omnia polluat : et quasi sepulcra pharisaica foris dealbata sint [f] cum intus immundo cinere, juxta te, immunda omnia oleant atque sordeant. Et post hæc de barathro pectoris sui cœnosam spurcitiam evomens, aut dicere : « Ergo cineres suos amant animæ martyrum,

---

pta videtur e capite 7 libr. iv Esdræ vers. 36 ad 44. MARTIAN.—Notatum Victorio est e quarto libro apocrypho Esdræ cap. vii, sess. 36 ad usque 44 suam opinionem utcumque extundere potuisse Vigilantium.

[a] *Thesaurum Manichæi.* Duas naturas, unam boni, alteram mali, Manichæus dicebat ; easque velut e quodam æterno thesauro erutas asserebat. Ridicula hæc portenta Manichæi et Basilidis vide apud Irenæum, Epiphanium, et Augustinum. MARTIAN. — Putat Martianæus e quodam æterno thesauro erutas innui juxta Manichæum duas naturas, boni unam, alteram mali, a quo non abludit Victorius, qui *thesaurum* obvio sensu dici autumat. Verum e contrario *thesaurum* unum fuisse e portentosis nominibus, quæ Basilides et Manichæus excogitarunt, passim Hieronymus indicat in cap. LXIV Isaiæ, *Ut Basilidis, Balsami atque Thesauri, Barbelonis quoque et Leusiboræ, ac reliquorum nominum portenta,* etc. Paria habet in Epist. ad Theodoram, et in illa ad Pammachium de optimo genere interpretandi : Inter Phœnicum vero deos Μελχάθαρον, et Θησαυρὸν, Thesaurum Codinus quoque enumerat in Originibus Constantinopolitanis numero 66, tametsi pro Θησαυρὸν alii substituant Θύσωρον, et falsæ lectionis Codinum arguant. Certe non alio sensu Thesauri nomen, ut auctor Historiæ Hæreseos Manichæorum ; recens Parisiis editus tradit. titulus erat quarti libri quem contra rectam fidem Scythianus hujus hæresis auctor composuit. Vide Eusebium oratione de laudibus Constantini, et quæ in Epistolam 25 ad Theodoram num. 3 annotavimus nota b. In ms. Bononiensi verbum *proferas* desideratur.

[b] Ille fortasse liber indicatur, cui titulus πατριάρχαι in Athanasii synopsi, et Nicephori Constantinopolitani canone.

[c] Bonon. ms. *ne tecum dormiamus*, absque *cæci*.

[d] Proprium reverentiæ Sanctorum reliquiis debitæ est *venerationis* vocabulum. S. Hilarius lib. contra Constantium num. 8 *Beatorum Martyrum veneranda ossa* vocat. Eusebius Gallicanus, sive ut videtur, Eucherius homil. de Sancta Blaudina, *veneranda ossa in cineres ab impiis redacta* dolet. Tum, *Ubi sunt,* inquit, *qui dicunt, venerationem sacris Martyrum non deferendam esse corporibus,* etc. Pro *vilem*, alii lib. et ms. Bon. *vile*.

[e] Vetus Edit. cum Bonon. ms. *linteamine colligata*.

[f] Denuo Bononiens. ms. *intus immundo cinere sordeant*, omissis quæ interseruntur, *juxta te immunda omnia oleant*, *atque*, quæ Victorius quoque in antiquis exemplaribus non haberi animadvertit, et forte satius erat expungere.

— *Cum intus immundo*. Plures mss. omittunt hoc loco nonnulla verba, legentes *cum intus immundo*

et circumvolant eos, semperque præsentes sunt ; ne forte [a] si aliquis precator [*Al.* peccator] advenerit, absentes audire non possint? » O portentum in terras ultimas deportandum! Rides de reliquiis martyrum, et cum auctore hujus hæreseos Eunomio, Ecclesiis Christi calumniam struis : nec tali societate terreris, ut eadem contra nos loquaris, quæ ille contra Ecclesiam loquitur? Omnes enim sectatores ejus basilicas apostolorum et martyrum non ingrediuntur, ut scilicet mortuum adorent Eunomium, cujus libros majoris auctoritatis arbitrantur, quam Evangelia; et in ipso credunt esse [b] lumen veritatis : sicut aliæ hæreses paracletum in Montanum venisse contendunt, et Manichæum ipsum dicunt esse paracletum. Scribit adversum hæresim tuam, quæ olim erupit adversum Ecclesiam (ne et in hoc quasi repertor novi sceleris glorieris) Tertullianus vir eruditissimus insigne volumen, quod Scorpiacum vocat rectissimo nomine : quia arcuato vulnere in Ecclesiæ corpus venena diffundit, quæ olim appellabatur Caina hæresis : et multo tempore dormiens vel sepulta, nunc a Dormitantio suscitata est. Miror, quod non dicas, nequaquam perpetranda martyria, Deum enim qui sanguinem hircorum taurorumque non quærat, multo magis hominum non requirere. Quod cum dixeris; immo et si non dixeris, ita haberis quasi dixeris. Qui enim reliquias martyrum asseris esse calcandas, prohibes sanguinem fundi, qui nullo honore dignus est.

9. *Vigiliæ et pernoctationes in basilicis. Paucorum culpa non præjudicat religioni. Quod semel fecisse bonum est, non potest esse malum si frequenter fiat.* — De vigiliis et pernoctationibus in basilicis martyrum sæpe celebrandis, in altera Epistola, quam ante hoc ferme biennium sancto Ripario presbytero scripseram, respondi breviter. Quod si ideo eas æstimas respuendas, ne sæpe videamur Pascha celebrare, et non solemnes post annum exercere vigilias : ergo et die dominico non sunt Christo offerenda sacrificia, ne resurrectionis Domini crebro Pascha celebremus : et incipiamus non unum Pascha habere, sed plurima. Error **396** autem et culpa juvenum vilissimarumque mulierum, qui per noctem sæpe deprehenditur, non est religiosis hominibus imputandus : quia et in vigiliis Paschæ tale quid fieri plerumque convincitur, et tamen paucorum culpa non præjudicat religioni; qui et absque vigiliis [c] possunt errare vel in suis, vel in alienis domibus. Apostolorum fidem Judæ proditio non destruxit. Et nostras ergo vigilias malæ aliorum vigiliæ non destruent : quin potius pudicitiæ vigilare cogantur, qui libidini dormiunt. Quod enim semel fecisse bonum est, non potest malum esse, si frequentius fiat : aut si aliqua culpa vitanda est, non ex eo quod sæpe, sed ex eo quod fit aliquando culpabile est. Non vigilemus itaque diebus Paschæ, ne exspectata diu adulterorum desideria compleantur; ne occasionem peccandi uxor inveniat, ne maritali non possit recludi clave. Ardentius appetitur quidquid est rarius.

10. *Vigilantii argumenta contra miracula.* — Non possum universa percurrere, quæ sanctorum presbyterorum litteræ comprehendunt, de libellis illius aliqua proferam. Argumentatur contra signa atque virtutes, quæ in basilicis martyrum fiunt, et dicit eas incredulis prodesse, non credentibus, quasi nunc hoc quæratur, quibus fiant, et non, qua virtute fiant. [d] Esto signa sint infidelium, qui quoniam sermoni, et doctrinæ credere noluerunt, signis adducantur ad fidem, et Dominus incredulis signa faciebat, et tamen non idcirco Domini suggillanda sunt signa, quia illi infideles erant, sed majori admirationi erunt [*Al.* erant], quia tantæ fuere potentiæ, ut etiam mentes durissimas edomarent, et ad fidem cogerent. Itaque nolo mihi dicas, signa infidelium sunt; sed responde quomodo in vilissimo pulvere, et favilla, nescio qua, tanta signorum virtutumque præsentia. Sentio, sentio, infelicissime mortalium, quid doleas, quid timeas. Spiritus iste immundus qui hæc te cogit scribere, sæpe hoc vilissimo tortus est pulvere, immo hodieque torquetur, et qui in te plagas dissimulat, in cæteris confitetur. Nisi forte in morem gentilium impiorumque, Porphyrii et Eunomii, has præstigias [e] dæmonum esse confingas, **397** et non vere clamare dæmones; sed sua simulare tormenta. Do consilium, ingredere basilicas martyrum, et aliquando purgaberis : invenies ibi multos socios tuos, et nequaquam cereis martyrum, qui tibi displicent, sed flammis invisibilibus combureris, et tunc fateberis, quod nunc negas, et tuum nomen, qui in Vigilantio loqueris, libere proclamabis, te esse aut Mercurium propter nummorum cupiditatem, aut Nocturnum [*Al.* Nocturninum], juxta Plauti Amphitryonem, quo dormiente, in Alcmenæ adulterio, [f] duas noctes Jupiter copulavit, ut magnæ fortitudinis Hercules nasceretur; aut certe Liberum patrem pro ebrietate et canthero ex humeris dependente, et semper rubente facie, et spumantibus labiis, effrenatisque conviciis.

11. *De Vigilantio historia.* — Unde et in hac pro-

---

cinere sordeant. Cluniacensis codex variam hanc retinet lectionem : *et intus immundi cineres juxta te immunde omnia polluant et sordeant.*   MARTIAN.
[a] Alibi et in mss. *si aliquis peccator.*
[b] Duo mss. *esse culmen veritatis :* paulo post Boboniens. *volumine insigni eam Scorpiacam vocans,* etc. haud recte.
[c] Idem Bononiens. liber, *possunt orare vel in suis,* etc. Paulo infra, *at si aliqua culpa,* etc. deinde *ne occasionem peccandi uxor veniat.*
[d] Idem iterum cum vet. edit., *Ergo signa sunt*, etc.

[e] In eodem Bononiensi *præstigios dæmonum contra te confingens,* etc.
[f] Immo tres passim enumerant veteres mythologi. Sed et Eusebius Præpar. lib. II : *Tres noctes tradunt Jovem geminasse, unde* Τρίεσπερος, *et* Τρισέληνος *Hercules dictus est.* Duas tamen cum Hieronymo Ovidius notat lib. I Amor. Eleg. 13 :
Commisit noctes in sua vota duas.
Plautus quem noster laudat,
Credo ego hac nocte Nocturnum obdormisse.

vincia [a] cum subitus terræ motus, noctis medio omnes de somno excitasset; tu prudentissimus, et sapientissimus mortalium nudus orabas, et referebas nobis Adam et Evam de paradiso : et illi quidem apertis oculis erubuerunt, nudos se esse cernentes, et verenda texerunt arborum foliis : tu et tunica et fide nudus, subitoque timore perterritus, et aliquid habens nocturnæ crapulæ, sanctorum oculis obscenam partem corporis ingerebas, ut tuam indicares prudentiam. Tales habet adversarios Ecclesia : hi duces contra martyrum sanguinem dimicant : hujuscemodi oratores contra apostolos pertonant, immo tam rabidi canes contra Christi latrant discipulos.

12. *Timebat interdum Hieronymus basilicas intrare martyrum.* — Confiteor timorem meum, ne forsitan de superstitione descendat. Quando iratus fuero, et aliquid mali in meo animo cogitavero : et me nocturnum phantasma deluserit, basilicas martyrum intrare non audeo : ita totus et corpore et animo contremisco. Rideas forsitan, et muliercularum deliramenta subsannes. Non erubesco earum fidem, quæ primæ viderunt Dominum resurgentem, quæ mittuntur ad apostolos, quæ in matre Domini Salvatoris, sanctis apostolis commendantur. Tu ructato cum sæculi hominibus, ego jejunabo cum feminis, immo cum religiosis viris, qui pudicitiam vultu præferunt, et pallida jugi continentia ora portantes, Christi ostendunt verecundiam.

13. *Vigilantius quid prohibebat? Collectæ in die dominico. Consuetudo eleemosynarum apud Hebræos et Christianos.* — Videris mihi dolere et aliud, ne si inoleverit apud Gallos continentia et sobrietas atque jejunium, tabernæ tuæ lucra non habeant, et vigilias diaboli ac temulenta convivia, tota nocte exercere non possis. Præterea iisdem ad me relatum est Epistolis, quod contra auctoritatem apostoli Pauli, immo Petri, Joannis et Jacobi, qui dextras dederunt Paulo et Barnabæ communicationis, et præceperunt eis, ut pauperum memores essent, tu prohibeas Hierosolymam in usus sanctorum aliqua sumptuum solatia dirigi. Videlicet si ad hæc respondero, statim latrabis, meam me causam agere, qui tanta cunctos largitate donasti, ut nisi venisses Hierosolymam, et tuas vel patronorum tuorum pecunias effudisses, omnes periclitaremur fame. Ego hoc loquor, quod beatus apostolus Paulus in cunctis pene Epistolis suis loquitur, et præcipit Ecclesiis Gentium per unam sabbati, hoc est, die dominico omnes conferre debere, quæ Hierosolymam in sanctorum solatia dirigantur, et vel per discipulos suos, vel per quos ipsi probaverint : et si dignum fuerit, ipse aut dirigat, aut [b] perferat quod collectum est. In Actibus quoque Apostolorum loquens ad Felicem præsidem : *Post annos,* ait, *plures, eleemosynas facturus in gentem meam, veni Hierosolymam, et oblationes et vota in quibus invenerunt me purificatum in templo* (*Act.* XIV, 17). Numquid in alia parte terrarum, et in Ecclesiis, quas nascentes fide sua erudiebat, quæ ab aliis acceperat, dividere non poterat? [c] Sed sanctorum locorum pauperibus dare cupiebat, qui suas pro Christo facultatulas relinquentes, ad Domini servitutem tota mente conversi sunt. Longum est nunc si de cunctis epistolis ejus omnia testimonia revolvere voluero, in quibus hoc agit, et tota mente festinat, ut Hierosolymam et ad sancta loca credentibus pecuniæ dirigantur : non in avaritiam, sed in refrigerium, non ad divitias congregandas, sed ad imbecillitatem corpusculi sustentandam, et frigus atque inediam declinandam. Hac in Judæa usque hodie perseverante consuetudine, non solum apud nos, sed et apud Hebræos, ut qui in lege Domini meditantur die ac nocte, et patrem non habent in terra, nisi solum Deum, [d] synagogarum et totius orbis foveantur ministeriis (*Psal.* I, *Deuter.* XVIII); ex æqualitate dumtaxat non ut aliis refrigerium, et aliis sit tribulatio : sed ut aliorum abundantia, aliorum sustentet inopiam (II *Cor.*, VIII).

14. *Eleemosynæ quibus potissimum faciendæ. Mali pauperes.* — Respondebis, hoc unumquemque posse in patria sua facere : nec pauperes defuturos, qui Ecclesiæ opibus sustentandi sint. Nec nos negamus cunctis pauperibus etiam Judæis et Samaritanis, si tanta sit largitas, stipes porrigendas. Sed Apostolus faciendam quidem docet ad omnes eleemosynam, sed maxime ad domesticos fidei (*Gal.* VI). De quibus et Salvator in Evangelio loquebatur : *Facite vobis amicos de mammona iniquitatis* [Al. iniquo], *qui vos recipiant in æterna tabernacula* (*Luc.* XVI, 9). Numquid isti pauperes, inter quorum pannos et illuviem corporis, flagrans libido dominatur, possunt habere æterna tabernacula, qui nec præsentia possident, nec futura? Non enim simpliciter pauperes, sed pauperes spiritu beati appellantur : de quibus scriptum est : *Beatus qui intelligit super egenum et pauperem : in die mala liberabit eum Dominus* (*Psal.* XL, 1). In vulgi pauperibus sustentandis nequaquam intellectu, sed eleemosyna opus est. In sanctis pauperibus beatitudo est intelligentiæ, ut [Al. ut et ei] ei tribuat, qui erubescit accipere : et cum acceperit, dolet : metens carnalia, et seminans spiritualia. Quod autem asserit eos melius facere, qui utuntur rebus suis, et paulatim fructus possessionum suarum pauperibus dividunt, quam illos qui posses-

---

[a] *Cum subitus terræ motus.* Prosper in Chronicis Arcadio IV et Honorio III coss. *terræ motus per dies plurimos fuit cœlumque ardere visum est.* MARTIAN. — In S. Prosperi ac Marcellini Chronicis refertur ad annum 396 : *Arcadio* V *et Honorio* III *coss. terræ motus per dies plurimos fuit,* etc. Paulo infra vetus editio *de Paradiso ejectos sic orasse.*

[b] Ms. Bonon. *aut proferat,* etc. et mox *veni obla-* *tiones et vota offerre in quibus,* etc. absque *Hierosolymam.*

[c] Idem fere cum veteri editione, *sed sanctis pauperibus dare.*

[d] Ejus rei ordinem explicat, multaque congerit exempla doctiss. P. Bacchinius, in libro de Metropolibus. Ms. Bonon. deinde habet *ex æqualitate et ita dumtaxat,* etc.

sionibus venundatis, semel omnia largiuntur, non a me ei [*Al.* eis], sed a Domino respondebitur: *Si vis esse perfectus, vade, vende omnia quæ habes, et da pauperibus: et veni sequere me.* Ad eum loquitur, qui vult esse perfectus, qui cum apostolis patrem, naviculam et recte dimittit. Iste quem tu laudas, secundus aut [*Al.* et] tertius gradus est, quem et nos recipimus, dummodo sciamus prima secundis et tertiis præferenda.

15. *Vita ac conditio veri monachi. Vitandi monacho aspectus mulierum.* — Nec a suo studio monachi deterrendi **400** sunt a te lingua viperea et morsu sævissimo de quibus argumentaris, et dicis: Si omnes se [a] clauserint, et fuerint in solitudine, quis celebrabit Ecclesias? quis sæculares homines lucrifaciet? quis peccantes ad virtutes poterit cohortari? Hoc enim modo si omnes tecum fatui sint, sapiens quis esse poterit? Et virginitas non erit approbanda. Si enim omnes virgines fuerint, nuptiæ non erunt: interibit humanum genus: infantes in cunis non vagient; obstetrices absque mercedibus mendicabunt: et gravissimo frigore solus [*Al.* solutus] atque contractus Dormitantius vigilabit in lectulo. Rara est virtus nec a pluribus appetitur. Atque utinam hoc omnes essent, quod pauci sunt, de quibus dicitur: *Multi vocati, pauci electi* (Matth. xx, 16 *et* xxii, 14), vacui essent carceres. Monachus autem non doctoris habet, sed plangentis officium: qui vel se, vel mundum lugeat, et Domini pavidus præstoletur adventum: qui sciens imbecillitatem suam, et vas fragile quod portat, timet offendere, ne impingat, et corruat atque frangatur. Unde et mulierum, maximeque adolescentularum vitat aspectum, et in tantum castigator sui est, ut etiam quæ tuta sunt pertimescat.

16. *Fugienda vitia, et vitiorum occasiones. Certa non sunt dimittenda, et incerta sectanda.* — Cur, inquies, pergis ad eremum? videlicet ut te non audiam, non videam: ut tuo furore non movear; ut tua bella non patiar: ne me capiat oculus meretricis; ne forma pulcherrima ad illicitos ducat amplexus. Respondebis: hoc non est pugnare, sed fugere. Sta in acie, adversariis armatus obsiste: ut postquam viceris, coroneris. Fateor imbecillitatem meam. Nolo spe pugnare victoriæ, ne perdam aliquando victoriam. Si fugero, gladium devitavi [*Al.* dimittam]: si stetero, aut vincendum mihi est, aut cadendum. Quid autem necesse est certa dimittere, et incerta sectari? Aut scuto, aut pedibus mors vitanda est. Tu qui pugnas, et superari potes, et vincere. Ego cum fugero, non [b] vinco in eo quod fugio: sed ideo fugio, ne vincar. Nulla securitas est vicino serpente dormire. Potest fieri, ut me non mordeat, tamen potest fieri ut aliquando me mordeat. **401** [c] Matres vocamus sorores et filias, et non erubescimus vitiis nostris nomina pietatis obtendere. Quid facit monachus in cellulis feminarum? quid sibi volunt sola et privata colloquia, et arbitros fugientes oculi? [d] Sanctus amor impatientiam non habet. Quod de libidine diximus, referamus ad avaritiam, et ad omnia vitia quæ vitantur solitudine. Et idcirco urbium frequentias declinamus, ne facere compellamur, quæ nos non tam natura cogit facere, quam voluntas.

17. *Aperta blasphemia indignationem flagitat.* — Hæc, ut dixi, sanctorum presbyterorum rogatu, unius noctis lucubratione dictavi, festinante admodum [e] fratre Sisinnio, et propter Sanctorum refrigeria ad Ægyptum ire properante: alioquin et ipsa materia apertam habuit blasphemiam, quæ indignationem magis scribentis, quam testimoniorum multitudinem flagitaret. Quod si Dormitantius in mea rursus maledicta vigilaverit, et eodem ore blasphemo, quo apostolos et martyres lacerat, de me quoque putaverit detrahendum, nequaquam illi brevi lucubratiuncula, sed tota nocte vigilabo, et sociis illius immo discipulis vel magistris, qui nisi tumentes uteros viderint feminarum, maritos earum Christi ministerio arbitrantur indignos.

Sed hic loci pro incontinentia impatientia sumitur, ut supra indicatum est.

[a] Verius puto quod habent mss. omnes, ipso Martianæo teste, *recluserint,* quod est, se claudendo ab aliis separarint. Exemplum habes apud Justin. non uno in loco.
[b] Martianæus *non vincar:* olim *non vincor,* quod Victorius improbat. Nos cum duobus mss. legimus.
[c] Recole epistolam ad Sabinianum lapsum in nostra recentiore 147, num. 5, ubi Matres Monasteriorum vocantur. S. quoque Optatus de Schismate Donatistarum lib. ii, *invenerunt Matres, quas de castimonialibus fecerant mulieres.*
[d] Epistola 46 Paulæ, et Eustochii initio: *Mensuram charitas non habet, et impatientia nescit modum,* etc.
[e] *Fratre Sisinnio.* De hoc eodem Sisinnio hæc leguntur in Præfatione Comment. lib. ii in Zachariam: *Dum frater Sisinnius Ægyptum ire festinat, ut odorem bonæ fragrantiæ, qui a te missus est fratribus, illuc quoque perferat,* etc. Hanc itaque in Vigilantium lucubratiunculam scripsit anno Christi 406, id est, sexto consulatu Arcadii Augusti, ut ipsemet testatur Præfatione in Commentar. in Amos prophetam. MARTIAN. De hoc fratre Sisinnio diximus in præfixa huic opusculo Admonitione.

IN SEQ. LIB. CONTRA JOANNEM HIEROSOL. ADMONITIO.

1. *Joannes Hierosolymitanus, qui ante adeptum episcopatum monachus, Arianis et Macedonianis adhæserat, postquam ad pontificiam dignitatem evectus est, Origenistis, qui in ea provincia multi erant aures accommodavit. Id ægre admodum ferebant boni omnes, atque in primis S. Epiphanius, qui eum Hierosolymæ convenit, et præsens præsentem hortatus est, ut se ab errore reciperet: ille e contrario ita excanduit, ut Epiphanium ipsum de*

Anthropomorphitarum hæresi publice incusare non dubitarit. Ad hæc rixarum homo cupidus, causas quærens vindictæ, in eo se læsum ab Epiphanio conquestus est, quod ille Paulinianum sancti Hieronymi fratrem in Palæstinæ monasterio agentem, extraditionem scilicet Salaminii episcopi presbyterum ordinaverit. Quod ille quamquam satis bene excusaret: quod non in Parochia Joanni subjecta id fecisset, unamque esse dissidii causam obtestaretur, violatam Origenianis dogmatibus rectam fidem, Joannes hanc unam ordinationem iracundiæ suæ causam prætexebat. Quamobrem et Hieronymum quoque, ejusdem Pauliniani fratris, multo vero magis Origenismi causa, odio habuit. Cum enim ab Epiphanii partibus staret S. Doctor, et non solum fratris sui ordinationem absque alterius injuria, sed ex recepta inter Cypri episcopos consuetudine factam probe sciret, sed etiam Origenis errores acribus qua verbis, qua scriptis jugularet, ita Joannis iracundiam movit, ut ab illo de Ecclesiæ communione fuerit ejectus: tametsi cum tota Hierosolymitana Ecclesia continenter communicarit.

2. Tantos animorum motus Archelaus comes compescere statim initio studuit, condictoque pacis ineundæ loco, quoniam violatæ fidei suspicio discordias peperisset, e singulorum fidei professione inirent concordiam. Joannes vero, semel atque iterum invitanti ad pasciscendum Archelao, modo unam, modo aliam, levissimas excusationes prætendens, minime paruit. Sed ad Theophilum Alexandrinum, ut par est credere, litteras dedit, in quibus illum de ingravescenti discordia certiorem fecit, forte etiam ut adversarios suos reprehenderet, deprecatus est. Theophilus blande pro eo ac debuit ad Hieronymum scripsit, deque his quæ abs Joanne acceperat, commonefecit, et ad pacem invitavit. Ad quem noster epistolam 152 in nostra recensione rescribit, in qua pacem ultro se quærere professus, objecta singillatim diluit, causasque contentionum, et violatæ fidei legerit in Joannem. Tum laboranti magis ac magis Ecclesiæ succurrere volens Theophilus, Isidorum presbyterum pietatis aliarumque virtutum fama notissimum, sed quem Origeniana labes corripuerat, legatum mittit Hierosolymam cum litteris, quibus componere dissidentes animos studet. Verum malus iste pacis sequester cum advenit Hierosolymam, legationem suam renuntiavit, commissas tamen litteras reddere Hieronymo noluit, cui quærenti, Si legatus es, redde legationis epistolas, si epistolas non habes, quomodo legatum te probabis? respondit habere se quidem litteras, sed rogatum a Joanne ne redderet: proindeque maluit re infecta discedere, quam favoris in Origenianas partes tolleret suspicionem. Auctor tamen fuit Joanni, ut Apologiam ad Theophilum pro sua causa scriberet, ad eamque scribendam operam suam commodavit, ut, inquit Hieron. idem esset et dictator et bajulus litterarum. Itaque Joannes Epiphanii epistolæ respondere dedignatus, Apologiam illam quaquaversus misit, sed potissimum in Occidentem, ut in sui gratiam maxime Romanorum sacerdotum aures præoccuparet. Revera Pammachius, multorum animos in diversa distractos fuisse scribit ad Hieronymum, aliis Salaminii, aliis Hierosolymitani episcopi causam defendentibus: quibus ipse excitatus, S. Doctorem rogat, ut quid rei sit, exponat. Jam vero hoc libro Hieronymus illi morem gerit, ostenditque, adeo non Pauliniani fratris ordinationem causam esse dissidii, sed Origenismi errores Joanni objectos, ut præterquam quod in Eleutheropolitano territorio, non in Æliensi ordinatus est Paulinianus, etiam ante ejus consecrationem, jam Origenis causa Joannem inter atque Epiphanium fuerit illa altercatio. Origenismum vero ad octo revocat capita, e quibus tria tantum Apologia illa sua Joannes purgaverit, 1° nec Filium videre posse Patrem, nec Spiritum, Filium; 2° animas propter peccata e cœlo dilapsas in corpus esse veluti in carcerem conjectas; 3° futurum, ut diabolus resipiscat, et convertatur, et cum Sanctis regnet; 4° Adamum et Evam antequam peccarent corpore caruisse, quæ corpora tunicis pelliceis post peccatum indicantur; 5° carnem nequaquam suscitatum iri, nosque sexu in resurrectione carituros; 6° paradisum terrestrem allegorice intelligendum; 7° Aquas quæ super cœlos in Scriptura dicuntur, esse Angelos, quæ subter cœlos sunt, dæmones; 8° hominem per peccatum Dei imaginem amisisse. Hos itaque errores iterum Joanni objicit, ejusque Apologiæ strophas exagitat, ipsum continuo alloquens Hierosolymitanum episcopum.

3. Sunt porro, quibus liber iste ab auctore non finitus videatur, quod ea factum de causa putant, quod eo ipso tempore quo scribebatur, Theophili studio pax inita tandem sit. Verum neque improbabile sit opinari, temporum injuria postremam ejus partem, eamque perexiguam, excidisse. Ut ut se res habeat, certe Rufinum latuit isthæc elucubratio, in quam maxime velitari non destitisset in Invectivarum libris. Ex his mirum quantum eruditi viri dissentiant in assignanda illi temporis epocha: qui citius anno 395, qui serius 406, affigunt, alii prout libitum fuit, intermediis annis. Nos ut an. 399, vel 400 consignemus, duobus hisce argumentis persuademur, quæ in notis Chronologicis Epistolarum jam proposuimus. Primum est, quod Commentarios in Ecclesiastem, et explanationem Epistolæ ad Ephesios a se ante annos ferme decem concinnatam tradit; quos ut de Commentariis tantum dicamus, circa annum 390 adornasse idem ipse testatur tum alibi, tum præcipue in eorumdem Præfatione ad Paulam et Eustochium, ubi, post ferme quinquennium, ex quo Roma evasisset, istud se operis suscepisse, planissime indicat. His porro si ferme decem adjunxeris, annus efficitur 399 aut 400. Alterum, quo idem tempus colligitur, argumentum inde petimus, quod sub Opusculi finem se dicit ante annos tredecim Antiochiam celeberrimam urbem deseruisse, ut in agris ac solitudine, adolescentiæ deflens peccata, Christi in se misericordiam deflecteret. Enimvero, non nisi ab exacto anno 386 hi tredecim supputari ullo modo possunt, siquidem usque ad superioris 385 Augustum mensem Romæ eum constitisse compertum est; quo tempore cum in Orientem adnavigasset, aliis subinde regionibus peragratis, tum demum substitit Antiochiæ: quam urbem ideo se indicat deseruisse, quod in ejus Ecclesia, ad quam ob ordinationem pertinere videretur, cum splendide posset munere sacerdotii defungi, maluit agros ac solitudinem appetere, ut adolescentiæ peccata pœnitentia deleret. Tre-

decim ergo annis illi 386 *superadditis, exoritur* 399, *aut initium* 400, *cui magis placet hunc librum ascribere; antequam Isidorus Alexandrinus presbyter a synodo ejus anni ac loci per Theophilum damnaretur* (a).

(a) Vide Annotationem nostram in Præfat. Chronici, ubi de Vincentio S. Patris nostri comite agimus.

S. EUSEBII HIERONYMI
STRIDONENSIS PRESBYTERI
CONTRA JOANNEM HIEROSOLYMITANUM,
AD PAMMACHIUM,
LIBER UNUS [a].

407 1. *Periculosum de alterius animo judicare.* — Si juxta Paulum apostolum, quod sentimus orare non possumus (*Rom.* VIII, 26), ac propriæ mentis cogitationem sermo non explicat; quanto magis periculosum est de alterius animo judicare, et singulorum dictorum atque verborum investigare atque proferre rationem? Natura hominum prona est ad clementiam, et in alieno peccato sui quisque miseretur. Si ergo reum in sermone reprehenderis, simplicitatem vocabit; si calliditatem argueris, imperitiam confitebitur, ut suspicionem vitet malitiæ. Atque ita fiet ut tu qui arguis, calumniator: ille qui reprehenditur, non hæreticus, sed rusticus judicetur. Nosti, Pammachi [*Al.* Pammachium], nosti me ad hoc opus non inimicitiis, non gloriæ cupiditate descendere; sed provocatum litteris tuis ex ardore fidei; ac velle si fieri posset, omnes idipsum sapere, nec impatientiæ ac temeritatis posse reprehendi, si [*Al.* qui] post triennium loquor. Denique nisi ad [b] Apologiam, de qua nunc scribere institui, multorum animos diceres perturbatos, et in utramque partem fluctuare sententiam, decreveram **408** in incepto silentio permanere.

2. *Novatus et Montanus. Qui pure credit, pure loqui debet. In suspicione hæreseos nemo sit patiens.* — Facessat itaque Novatus errantibus non manus porrigens, Montanus cum insanis feminis prosternatur, jacentes in barathrum præcipitans, ne leventur. Quotidie peccamus omnes et in aliquo labimur. Qui ergo in nos clementes sumus, rigorem contra alios non A tenemus: quin potius oramus, petimus, obsecramus, ut aut simpliciter nostra fateatur, aut aperte defendat aliena. Nolo verborum ambiguitates: nolo mihi dici, quod et aliter possit intelligi. Revelata facie gloriam Domini contemplemur (II *Cor.* III, 18). Claudicabat quondam et Israeliticus populus in utroque pede. Sed *Elias*, qui interpretatur, [c] *fortis Domini: Usquequo*, ait, *claudicatis in utroque vestigio? Si Dominus est Deus, ambulate post eum: si autem Baal, sequimini eum* (III *Reg.* XVIII, 21). Et ipse Dominus de Judæis: *Filii alieni mentiti sunt mihi: filii alieni inveteraverunt, et claudicaverunt a semitis suis* (*Ps.* XVII, 46). Certe si hæreseos nulla suspicio est (ut cupio et credo) cur non verbis meis meum sensum loquitur? Quam ille simplicitatem vocat, ego malitiam B **409** interpretor. Persuadere mihi vult, quod pure credat; pure ergo et loquatur. Et si quidem unum verbum, vel unus sensus esset ambiguus, si duo, si tres, ignorantiæ veniam tribuerem: nec ea quæ aut obscura vel dubia sunt, de certis et perspicuis æstimarem. Nunc vero quæ ista simplicitas est, quasi super ova et aristas inter theatrales præstigias pendenti gradu incedere: ubique dubium, ubique suspectum? Putes eum non expositionem fidei, sed figuratam controversiam scribere. Quod iste nunc appetit, olim in scholis didicimus. Nostra adversum nos dimicat armatura. Etiam si bene credit, et circumspecte et timide loquitur, suspicionem mihi facit nimia diligentia. *Qui ambulat simpliciter, ambulat con-* C *fidenter* (*Prov.* X, 9). Stultum est frustra infamiam

---

[a] Ed. Vallars. sic edidit titulum: *Incipit liber S. Hieronymi presbyteri ad Pammachium contra Joan. Hierosol.*; Martian. vero, *adversus hæreses Joannis*, etc. EDIT. — *Adversus hæreses Joannis Hierosolym.* In recentiori ms. codice Sorbonico ita inscribitur: *Incipit liber S. Hieronymi ad Pammachium contra Joannem Hierosolymitan. episcopum, et Rufinum Presbyterum Origenis assertorem.* In codice vero Cluniacensi: *Incipit liber S. Hieronymi presbyteri de creatione animæ, vel de resurrectione carnis contra epistolam Rufini hoc modo scribentis. Sermo nobis est omnium visibilium,* etc. ut leguntur in medio hujusce Epistolæ. In fine quoque multa desunt in eodem ms. codice; nam ante verba, *præpostero ordine*, etc., habet EXPLICIT. Codex San-Cygiranus eodem modo incipit et absolvitur; sed hanc retinet epigraphen: *Incipit liber sancti Hieronymi de resurrectione carnis.*

MARTIAN.

[b] Quam pro sua causa ad Theoph. Joannes scripsit Isidori opera, et quam Hieronym. hoc libro exagitat.

[c] Ab אל, *fortis*, et יה vel יהוה, *Deus*, vel, *Dominus.* I *Reg.* XVII et XVIII. In libro Nominum interpretatur *Deus Dominus.*

sustinere. Objicitur ei crimen, cujus non habet conscientiam. Ergo crimen quod totum pendet in verbo, neget confidenter, ac libere faciat invidiam adversario suo (*S. Epiphanio*). Eadem audacia qua ille insimulat, hic defendat. Cumque omnia dixerit quæ voluerit, quæ proposuerit, quæ suspicionibus carent: si perseverat calumnia, conserta manu in jus trahat. Nolo in suspicione hæreseos quemquam esse patientem; ne apud eos qui ignorant innocentiam ejus, dissimulatio conscientia judicetur, si taceat: licet superfluum sit ejus præsentiam quærere, et extorquere silentium, cujus apud et litteras teneas.

3. *Joannem ipsum alloquitur.*— Scimus omnes, quid tibi scripserit, quid in te arguerit, in quo (ut tu vis) calumniatus sit. Responde ad singula, per Epistolæ hujus gradere vestigia, ne punctum quidem et apicem calumniæ transeas. Si enim egeris negligenter, et (ut ego tibi credo juranti) casu aliqua transieris, statim ille clamabit et dicet: Hic hic te victum [*Fort.* vinctum] teneo: hic totius negotii cardo versatur. Non æque inimici audiunt, et amici. Qui inimicus est, etiam in scirpo nodum quærit: amicus prava quoque recta judicat. Scribunt sæculi litteræ, amantium cæca esse judicia; quas tu forsitan sacris Voluminibus occupatus omnino neglexeris. Numquam de amicorum judicio glorieris. Illud verum **410** est testimonium, quod ab [a] inimica voce profertur. Alioqui si amicus pro te dixerit, non testis, aut judex, sed fautor putabitur. Hæc et hujusmodi loquentur inimici tui, qui tibi forte non credant, et movere cupiant stomachum. Cæterum ego quem numquam volens læsisti, cujus semper in Epistolis tuis nomen cogeris ventilare, do consilium ut aperte aut fidem Ecclesiæ prædices, aut loquaris, ut credis. Dispensatio etenim ac libratio ista prudens verborum, indoctos decipere potest. Cautus auditor et lector cito deprehendet insidias: et cuniculos quibus veritas subvertitur, aperte in luce demonstrabit. Et Ariani, [b] quos optime nosti, multo tempore propter scandalum nominis ὁμοούσιον (*consubstantialem*) se damnare simulabant, venenaque erroris circumlinebant melle verborum. Sed tamdem [c] coluber se tortuosus aperuit, et noxium caput, quod spiris totius corporis tegebatur, spiritali mucrone confossum est. Recipit, ut scis, Ecclesia pœnitentes; et numero superata peccantium dum deceptis gregibus consulit, pastorum vulneribus ignoscit. Eadem nunc in veteri et nova hæresi consuetudo servatur, ut aliud populi audiant, aliud prædicent sacerdotes.

4. *Joanni episcopo in Palæstina non communicabant plures. Joannem hæreticum vocabat S. Epiphanius. Athanasius et Paulinus soli in Oriente catholici.* — Ac primum antequam epistolam tuam, quam scripsisti ad episcopum Theophilum, interpretatam huic volumini inseram, et ostendam tibi, me intelligere nimis cautam [*Al.* tantam] prudentiam tuam, expostulare tecum libet. Quæ hæc est tanta arrogantia, non respondere de fide interrogantibus? Tantam fratrum multitudinem, et Monachorum choros, qui tibi in Palæstina non communicant, quasi hostes publicos æstimare? Dei Filius propter unam morbidam ovem, nonaginta novem in montibus derelictas, alapas, crucem, flagella sustinuit, et suis humeris portavit ad cœlos bajulans, et patiens delicatam peccatricem. Tu beatissimus papa, et [d] fastidiosus antistes, solus dives, solus sapiens, solus nobilis ac disertus, conservos tuos, et redemptos sanguine Domini tui, rugata fronte et obliquis oculis despicis? Hoc est illud, quod, Apostolo præcipiente, didicisti: *Parati semper ad satisfactionem omni poscenti* **411** *vos rationem de ea quæ in vobis est spe* (1 *Pet.* III, 15)? Finge nos occasionem quærere, et sub prætextu fidei lites serere, schisma conficere, jurgia concitare. [e] *Tolle* occasionem volentibus occasionem; ut postquam de fide satisfeceris, et omnes nodos qui contra te nectuntur absolveris, tunc liquido omnibus probes, non dogmatum, sed ordinationis esse certamen. Nisi forte prudenti consilio, ideo de fide interrogatus taces, ne videaris hæreticus esse [*Al.* fuisse], cum satisfeceris. Omnia ergo crimina, quibus accusantur homines, refutare non debent: ne postquam negaverint, criminosi sint. At contemnis laicos, diaconos atque presbyteros. Potes enim (ut gloriaris et jactitas) in una hora mille clericos facere. Habes papam Epiphanium, qui te aperte [f] missis litteris hæreticum vocat. Certe nec ætate, nec scientia, nec vitæ merito, nec totius orbis testimonio, major illo es. Si ætatem quæris, juvenis ad senem scribis [*Al.* scribes]. Si scientiam, non sic eruditus ad doctum: licet te fautores tui, discertiorem Demosthene, acutiorem Chrysippo, sapientiorem Platone contendant, et tibi ipsi forte persuaserint. De vita autem et fide nihil amplius dicam, ne te lædere videar. Eo tempore quo totum Orientem (excepto papa Athanasio atque Paulino) Arianorum et Eunomianorum hæresis possidebat, quando tu Occidentalibus et in medio exsilio confessoribus, non communicabas; ille vel presbyter monasterii ab [g] Eutychio audiebatur, vel

---

[a] Cicero lib. I Officiorum, qui Platonis effatum istud Latine reddit. Vetus editio, *quod ab invita voce profertur.*
[b] Iis nempe, et Macedonianis quoque aures accommodaverat, antequam episcopatum adipisceretur.
[c] Vetus edit., *coluber tortuosus apparuit, et noxium caput, quod spiris totius corporis tegebat, spiritalis,* etc. Mox, *c: in venia superata peccantium,* etc.
[d] Eadem vetus edit., *et fastigiosus Antistes.*
[e] Olim *Tolle volentibus occasionem*, et mox, *liquido omnibus pateat, non,* etc.
[f] In veteri edit. *multis litteris pro missis.*
[g] Eutychius iste Eleutheropolitanus Episcopus fuit, qui ob odium in S. Cyrillum Hierosolymitanum, Acacii Cæsariensis Ariani partes tuebatur, tametsi, ut Epiphanius tradit, ipse intus et in corde catholicus esset. Paulo supra pro *in medio exsilio erat* in veteri edit. *in Judææ exsilio.*

postea Episcopus Cypri a Valente non tangebatur. Tantæ enim venerationis semper fuit, ut regnantes hæretici, ignominiam suam putarent, si talem virum persequerentur. Scribe igitur ad hunc. Responde epistolæ ejus: sentiant cæteri finem, eloquentiam, prudentiam tuam, ne tibi solus disertus esse videaris. Cur ab alio provocatus, aliorsum arma convertis? Palæstinæ [*Al.* Palæstinis] interrogaris, et respondes Ægypto. Aliis lippientibus, ungis oculos non dolentium. Si placitura nobis alteri loqueris, satis superbe: si aliud quam quærimus, satis superflue.

412 5. *Theophilus quid probaverit.* Sed dicis, epistolam meam probavit Alexandrinus episcopus. Quid probavit? contra Arium, contra Photinum, contra Manichæum bene locutum. Quis enim te hoc tempore arguit Arianum? quis tibi nunc Photini, Manichæique crimen impingit? Olim ista emendata sunt atque concussa. Non eras tam stultus, ut aperte defenderes hæresim, quam sciebas Ecclesiæ displicere. Noveras te si hoc fecisses, statim loco movendum, et solii tui delicias suspirabas. Sic sententiam temperasti, ut ne simplicibus displiceres, nec tuos offenderes. Bene scripsisti, sed nihil ad causam pertinens. Unde noverat Alexandrinæ Ecclesiæ pontifex, in quibus arguereris? quorum a te confessio postularetur? Debueras tibi objecta proponere, et sic ad singula respondere. Vetus narrat historia: Quidam cum diserte diceret, ferreturque impetu ac volubilitate verborum, causamque omnino non tangeret, prudens auditor et judex: « Bene, inquit, bene, sed quo istud tam bene? » Imperiti medici ad omnes oculorum dolores uno utuntur collyrio. Qui arguitur in pluribus, et in dilutione criminum aliqua prætermittit, quidquid tacuerit, confitetur. An non respondisti ad epistolam Epiphanii, et proposuisti ipse quæ dissolveres? Nimirum hac fiducia respondisti: Nullus fortiter a semetipso cæditur, Elige e duobus, quod vis. Optio tibi dabitur, aut respondisti ad epistolam Epiphanii, aut non. Si respondisti, cur maxima et plurima de his quæ tibi objecta sunt, reliquisti? Si non respondisti: ubi est illa Apologia tua, in qua gloriaris apud simplices: et quasi [*Al.* quam] ignorantibus causam, huc illucque disseminas?

6. *Tribus ex octo quæstionibus Jo. respondit.* Octo tibi (ut statim probabo) de spe fidei Christianæ quæstionum capita objecta sunt. Tria tantum tangis, et præteris. In cæteris grande silentium est. Si ad septem absolutissime respondisses, hærerem tamen [*Al.* tantum] in uno crimine: et quod tacueras, hoc tenerem. Nunc vero [a] quasi auribus lupum apprehenderis, nec tenere potes, nec audes dimittere.

Ipsa quoque tria **413** quasi negligens atque securus, quasique aliud agens: et in quibus aut nulla aut parva sit quæstio, prætervolas atque perstringis. Et ita opertus ac tectus incedis, ut plus confitearis tacendo quam renuas disputando. Quis non protinus tibi potest dicere: *Si lumen quod in te est, tenebræ sunt, ipsæ tenebræ quantæ erunt* (*Matth.* VI, 23)? Si tres quæstiunculæ, de quibus visus es aliquid dicere, suspicione et culpa non carent, et fraudulenter ac lubrice scriptæ coarguuntur, quid faciemus de quinque reliquis, in quibus quia nulla ambigui sermonis dabatur occasio, nec illudere poteras audientes, maluisti omnino reticere, quam aperte quod rectum [*Al.* tectum] fuerat confiteri.

7. *Octo ex Origenis erroribus quæstionum capita Joanni objecta ab Epiphanio.* — Et primum de libro περὶ Ἀρχῶν ubi loquitur: sicut enim incongruum est dicere, quod possit Filius videre Patrem: ita inconveniens est opinari, quod Spiritus sanctus possit videre Filium. Secundum, quod in hoc corpore quasi in carcere sint animæ religatæ; et antequam homo fieret in paradiso, inter rationales creaturas in cœlestibus commoratæ sunt. Unde postea in consolationem suam anima loquitur in Psalmis: *Priusquam humiliarer, ego deliqui* (*Ps.* CXVIII, 67). Et: *Revertere, anima mea, in requiem tuam* (*Ps.* CXIV, 7). Et: *Educ de carcere animam meam* (*Ps.* CXLI, 8), et cætera his similia. Tertium, quod dicat, et diabolum et dæmones acturos pœnitentiam aliquando, et cum sanctis ultimo tempore regnaturos. Quartum, quod tunicas pelliceas humana corpora interpretetur, quibus post offensam et ejectionem de paradiso Adam et Eva induti sint, haud dubium quin ante in paradiso sine carne, nervis et ossibus fuerint. Quintum, quod carnis resurrectionem membrorumque compagem, et sexum quo viri dividimur a feminis, apertissime neget: tam in explanatione primi psalmi, quam in aliis multis tractatibus. Sextum, quod sic paradisum allegorizet, ut historiæ auferat veritatem; pro arboribus Angelos, pro fluminibus virtutes cœlestes intelligens: totamque paradisi [b] continentiam tropologica interpretatione subvertat. **414** Septimum; quod aquas, quæ super cœlos in Scripturis esse dicuntur, sanctas supernasque virtutes, quæ super terram et infra terram contrarias et dæmoniacas esse arbitretur. Octavum, quod extremum objicit, imaginem et similitudinem Dei, ad quam homo conditus fuerat, dicit ab eo perditam; et in homine post paradisum non fuisse.

8. *Humilitas ac charitas Epiphanii. Prætextatus consul designatus; quid solebat dicere. Fides pura moram non patitur. Zelus fidei quis debeat esse.* — Hæ sunt sagittæ, quibus confoderis: hæc tela, quibus

---

[a] Ex Græco proverbio, τῶν ὤτων ἔχω τὸν λύκον, οὔτ᾽ ἔχειν, οὔτ᾽ ἀφεῖναι δύναμαι, quod sic ferme vertit Latine Terentius Phorm. III, 2, 21: *Auribus teneo lupum. Nam neque quomodo a me amittam, invenio, neque uti retineam, scio.*

[b] Intellige pro eo quod in paradisi historia continetur, atque enarratur. Hoc sensu Siricius papa Epist. ad diversos contra Jovinianum ab eo dixit novi, ac veteris Testamenti continentiam præverti, quod est doctrinam in utroque Testamento contentam absurde interpretari.

in tota Epistola vulneraris : excepto eo , quod tuis genibus advolutus, sanctamque canitiem seposito parumper Sacerdotis honore substernens [*Al.* substinens], deprecatur salutem tuam, et his verbis loquitur : « Præsta mihi et tibi ut salveris, sicut scriptum est, A generatione perversa : et recede ab hæresi Origenis, et a cunctis hæresibus, dilectissime. » Et infra : « Propter defensionem hæreseos adversum me odia suscitantes rumpitis charitatem, quam in vobis habui : intantum, ut faceretis nos etiam pœnitere quare vobis communicaverimus, ita Origenis errores et dogmata defendentibus. » Dic mihi, disputator egregie, de octo capitulis, ad quæ responderis. Paulisper de cæteris taceo [*Al.* tacens]. Prima illa blasphemia, quod nec Filius Patrem, nec Filium possit videre Spiritus sanctus, quibus a te telis confossa est ? « Sanctam, inquit, et adorandam Trinitatem, ejusdem substantiæ, et coæternam; ejusdem gloriæ et divinitatis credimus : anathematizantes eos, qui grande aut parvum, aut inæquale, aut visibile in deitate Trinitatis quidquam loquuntur. Sed sicut incorporalem, invisibilem, et æternum dicimus Patrem : sic incorporalem, invisibilem et æternum dicimus Filium et Spiritum sanctum. » Nisi hoc diceres, Ecclesiam non teneres : et tamen non quæro, [a] si ante non dixeris : non eventilabo, si amaveris eos qui talia prædicaverint; cum quibus fueris, quando ista dicentes exsilia sustinebant : quis sit ille, qui Theone presbytero Spiritum sanctum Deum [*Al.* Domini] in Ecclesia prædicante, clauserit aures, forasque cum suis concitus fugerit, ne tantum audiret piaculum. Statim 'sera conversione fidelem, inquit, volo. Miserabilis Prætextatus, qui designatus consul est mortuus. Homo sacrilegus, et idolorum cultor, solebat ludens beato Papæ Damaso dicere : [b] Facite me Romanæ urbis episcopum, et ero protinus Christianus. Quid mihi longo sermone et laciniosis periodis Arianum te non esse demonstras? Aut nega hoc dixisse eum, qui arguitur : [c] aut si locutus est talia, damna, quia dixerit. Vis scire quantus sit ardor bene credentium? audi Apostolum : *Et si nos* [*Al.* homo], *aut Angelus de cœlo aliter evangelizaverit vobis quam annuntiavimus, anathema sit* (*Gal.* I, 8). Tu mihi ut crimen extenues, et dissimulato nomine criminosi, quasi secura sint omnia, et nullus in blasphemiis arguatur, [d] otiosam fidem artifici sermone contexis. Dic statim, et Epistola tua hoc ha-

beat exordium, anathema ei, qui talia ausus est scribere. Fides pura moram non patitur. Ut apparuerit scorpius, illico conterendus est. David inventus secundum cor Domini, *Nonne,* inquit, *odientes te, Domine, oderam et super inimicos tuos tabescebam? Perfecto odio oderam illos* (*Ps.* CXXXVIII, 21). Ego si patrem, si matrem, si germanum adversus Christum meum audivissem ista dicentes, quasi rabidi canis blasphemantia ora lacerassem, et fuisset in primis manus mea super eos. Qui patri et matri dixerunt : *Non novimus vos,* hi impleverunt voluntatem Domini. Qui diligit patrem aut matrem super Christum, non est eo dignus (*Mat.* X, 37).

9. *Invisibiles sunt angeli. Hieronymi pura fides ac sinceritas.*—Objicitur tibi, quod magister tuus, quem catholicum vocas, quem defendis obnixe, dixerit : « Filius non videt Patrem ; et Filium non videt Spiritus sanctus : Et tu mihi dicis : Invisibilis Pater, invisibilis Filius, invisibilis Spiritus sanctus : » quasi non et Angeli et Cherubim et Seraphim, secundum naturam suam oculis nostris invisibiles sint? Certe David etiam de aspectu cœlorum dubitans : *Videbo,* inquit, *cœlos, opera digitorum tuorum* (*Ps.* VIII, 4). Videbo, non video. Videbo, quando facie revelata gloriam Domini fuero contemplatus : nunc autem ex parte videmus, et ex parte cognoscimus (I *Cor.* XIII, 9). Quæritur an Patrem videat Filius : et tu dicis : « Invisibilis Pater est. » Deliberatur an Filium videat Spiritus sanctus : et tu respondes, « Invisibilis est Filius. » Versatur in causa, an se invicem Trinitas videat, humanæ aures tantam blasphemiam ferre non sustinent : et tu dicis, « Invisibilis Trinitas est. » In laudes cæteras evagaris : peroras in his, quæ nullus inquirit. Auditorem aliorsum trahis, ut quod quærimus, non loquaris. Verum hæc ex superfluo dicta sint. Donamus tibi, ut non sis Arianus : immo plus, ut numquam fueris. Concedimus, ut in expositione primi capituli, adversum te nulla suspicio sit, et totum pure, totum simpliciter sis locutus, eadem simplicitate et nos tecum loquimur. Num papa Epiphanius accusavit te, quod Arianus esses? [e] Num Eunomii ἄθιου, aut [f] Ærii tibi impegit hæresim? Hoc per totam Epistolam quæritur quod Origenis dogmatum sequaris errores, et quosdam habeas hujus hæreseos socios. Cur aliud interrogatus, respondes aliud, et quasi cum stultis loquaris dissimulatis criminibus, quæ in litteris continentur,

---

[a] Cum nempe antea Macedonii hæresim secutus sit Jo. Hierosolymitanus, et s. Spiritus divinitatem negaverit. Quod subdit de Prætextato altera exprobratio est in Joannem, qui utilitatis causa a Macedonianis secessit, et nihil non movit, ut Hierosolymitanus episcopus fieret.

[b] Vid. Ammian. Marcellin. lib XXVII, c. 3, ubi de R. Pontif. magnificentia loquitur.

[c] Olim erat, *aut si locutus est talia, eum damna qui dixerit*.

[d] Reposuimus *otiosam* ex fide mss. et vetustiorum editionum, ipso etiam cogente orationis contextu. Puta dici inanem sive inutilem ac superfluam fidem. Eo sensu Quintilianus *otiosum sermonem* dixit, ut ab aliis exemplis abstineam. Erasmus maluisset *enodam*, sive *enodem*. Victorius et Martianæus *erosam* legunt. — *Erosam fidem*. Non *ærosam*, sed *otiosam* fidem legunt mss. codices. Conjicit Erasmus legendum *enodam*, sive *enodem fidem*, id est simplicem, et nihil habentem distorti. Quod Marianus impugnat in suis scholiis, probans *erosam* fidem legendum, hoc est non integram, neque sanam. MARTIAN.

[e] *Num Eunomii*. Sorbonicum exemplar ms. *Num Eunomii, id est sine Deo, aut Erii tibi impegit hæresim.* Editi omittunt nomen Ærii, qui et ipse Arianus fuit ac hæreticus. Vide Epiphanium lib. III de Hæres., et Augustin. in libro ad Quodvultdeum. MARTIAN.

[f] Haud bene Martian. Aerii pro Ærii, quod celebris hæretici est nomen.

replicas quid in Ecclesia præsenti Epiphanio dixeris? Confessionem fidei postularis, et disertissimos tractatus tuos nolentibus ingeris? quæso, lector, ut memor tribunalis Domini, et de judicio tuo te intelligens judicandum, nec mihi, nec adversario faveas, neve personas loquentium, sed causam consideres. Dicamus ergo quod cœpimus.

10. *Isaias Virginis demonstrator*. — Scribis in Epistola tua, quod antequam Paulinianus presbyter fieret, numquam te Papa Epiphanius super Origenis errore convenit. Primum dubium est, et de personis disputo. Ille objecisse se dicit, tu negas : ille testes profert, tu non vis audire productos. Ille etiam commemorat alium esse conventum, tu pro utroque dissimulas : mittit tibi per Clericum suum epistolam, responsionem flagitat : taces, mutire non audes, et Palæstinæ provocatus, Alexandriæ loqueris. Inter illum et te, cui accommodanda sit fides, non est meum dicere. Puto quod nec ipse audeas adversum talem ac tantum virum, tibi veritatem, illi mendacium **417** deputare. Sed fieri potest, ut unusquisque pro se loquatur. Teipsum contra te testem vocabo. Si enim nulla de dogmatibus quæstio versabatur : si stomachum senis non moveras : si ille tibi nihil responderat, quid necesse erat, ut in uno Ecclesiæ tractatu, de cunctis dogmatibus, homo non satis eloquens, disputares : de Trinitate, de assumptione dominici corporis, de cruce, de inferis, de Angelorum natura, de animarum statu, de resurrectione Salvatoris, et nostra : et in terra, quæ forsitan oblitus es scribere, præsentibus populis et tali ac tanto viro, intrepidus diceres, et omnia una saliva continuares? Ubi sunt veteres Ecclesiæ tractatores, qui vix singulas quæstiones explicare multis voluminibus potuerunt? ubi electionis vas, tuba Evangelii, rugitus leonis nostri, tonitruus gentium, flumen eloquentiæ Christianæ, qui mysterium retro generationibus ignoratum, et profundum divitiarum sapientiæ et scientiæ Dei magis miratur, quam loquitur (*Rom.* ii, 33; *Col.* i, 26)? Ubi Isaias Virginis demonstrator, qui in una quæstione succumbens ait : *Generationem ejus quis enarrabit* (*Isai.* liii, 8)? Repertus est sæculis nostris haud grandis homunculus, qui de cunctis Ecclesiæ quæstionibus, uno linguæ rotatu sole clarius coruscaret. Si nemo a te postulabat, et tranquilla erant omnia, stulte tanta disputandi voluisti subire discrimina. Si jam tunc in satisfactione fidei loquebaris, ergo non est ordinatio presbyteri, causa discordiæ : quem constat multo post tempore constitutum. Fefellisti absentes, et litteræ tuæ peregrinis auribus blandiuntur.

11. *Anthropomorphitæ*. — Nos hic eramus, cuncta novimus, quando contra Origenem in Ecclesia tua, Papa Epiphanius loquebatur : quando sub illius nomine in vos [*Al.* nos] jacula torquebantur. Tu et chorus tuus canino rictu, naribusque contractis, scalpentes capita, delirum senem [a] nutibus loquebamini. Nonne ante sepulcrum Domini misso Archidiacono præcepisti, ut talia disputans conticesceret? Quis hoc umquam presbytero suo coram plebe imperavit [*Al.* impetravit] Episcopus? Nonne cum de [b] Anastasi pergeretis ad crucem, et ad eum omnis ætatis et **418** sexus turba conflueret, offerens parvulos, pedes deosculans, fimbrias vellens ; cumque non posset præmovere gradum, sed in uno loco vix fluctus inundantis populi sustineret, tu tortus invidia adversus gloriosum senem clamitabas : nec erubuisti in os ei dicere, quod volens et de industria moraretur. Recordare, quæso, illius diei, quando ad horam septimam invitatus populus spe sola, quasi postea auditurus Epiphanium esset, detinebatur, quid tunc concionatus sis. Nempe contra Anthropomorphitas, qui simplicitate rustica Deum habere membra, quæ in divinis libris scripta sunt, arbitrantur, furens et indignans loquebaris : oculos et manus et totius corporis truncum, in senem dirigebas, volens illum suspectum facere stultissimæ hæreseos. Postquam lassus ore arido, resupinaque cervice ac trementibus labiis conticuisti, et tandem totius populi voto completa sunt, quid tibi fecit delirus et fatuus senex? Surrexit, ut se indicaret pauca dicturum esse, salutataque et voce [c] et manu Ecclesia, « Cuncta (inquit) quæ locutus est collegio frater, ætate filius meus, contra Anthropomorphitarum hæresim, bene et fideliter locutus est, quæ mea quoque damnatur voce. Sed æquum est, ut [d] quomodo hanc hæresim condemnamus, etiam Origenis perversa dogmata condemnemus. » Qui risus omnium, quæ acclamatio consecuta sit, puto quod retineas. Hoc est illud quod in Epistola tua dicis, loquentem illum ad populum quæ vellet, et qualia vellet. Scilicet delirabat, qui in regno tuo contra tuam sententiam loquebatur. Quæ vellet, inquis, et qualia vellet. Vel lauda, vel reproba. Quid et hic dubius incedis ? Si bona erant quæ loquebatur, cur non aperte prædicas? Si mala, cur non constanter reprehendis? Atqui columna veritatis ac fidei, qui de tanto viro audet dicere, loquente illo ad populum quæ vellet : de seipso quam prudenter et verecunde, quam humiliter referat, consideremus. « Cum, inquit, et nos quadam die ante cum locuti essemus et præsens lectio [*Evangelii*] provocasset, audiente illo, et universa Ecclesia, de fide et omnibus **419** ecclesiasticis dogmatibus hæc locuti sumus, quæ et semper, gratia Dei, indesinenter in Ecclesia docemus, et in catechesibus. »

---

[a] Vox *nutibus* in veteri edit. desideratur. Porro ex sequenti loco antiquissimum Archidiaconi munus animadverte.
[b] Victor. ἀναστάσει, quod est de loco Resurrectionis, ad locum sive stationem crucis. Vetus autem edit. perperam, *nonne cum una cum Dei serva Anastasio pergeretis*, etc.
[c] Manu scilicet ad osculata, deinde porrecta, quæ vetus erat salutationis etiam Ecclesiasticæ consuetudo. Græci dicunt. τιμᾷν τοῖς διὰ χειρῶν φιλήμασι.
[d] Vetus edit. *æquum est, ut liquido explicemus quomodo hanc hæresim condemnemus*.

12. *Pater episcoporum Epiphanius.* — Rogo quæ est ista confidentia, qui tantus animi tumor? Gorgiam Leontinum cuncti philosophi et oratores lacerant, quod ausus sit, publice sella posita, polliceri responsurum se, de qua quisque re interrogare voluisset. Nisi me honor sacerdotii, et veneratio nominis refrenaret, et scirem illud Apostoli: *Nesciebam, fratres, quia Pontifex est: scriptum est enim: Principem populi tui non maledices* (Act. XXIII, 5; Exod. XXII), qua vociferatione et indignatione verborum, de tua narratione conquererer! Licet ipse nominis tui extenues dignitatem, cum patrem pene omnium episcoporum, et antiquæ reliquias sanctitatis et opere et sermone despicias. Dicis te quadam die, cum præsens lectio provocasset, audiente illo et universa Ecclesia, de fide et omnibus ecclesiasticis dogmatibus disputasse. [a] Nunc est mirari Demosthenem, qui pulcherrimam orationem contra Æschinem multo tempore dicitur exarasse. Frustra suspicimus [*Al.* suscipimus] Tullium; [b] refert enim Cornelius Nepos, se præsente, iisdem pene verbis quibus edita est, eam pro Cornelio seditioso tribuno defensionem peroratam. En Lysias noster, en Gracchus, et ut aliquid de neotericis inferam, Qu. Aterius, qui ingenium in numerato habebat, ut sine monitore tacere non posset: de quo egregie Cæsar Augustus, « Quintus, inquit, [c] noster sufflaminandus est. »

13. *Consuetudo Ecclesiæ pro baptizandis.* — Quisquamne prudentum et sani capitis in uno Ecclesiæ tractatu, de fine et de omnibus ecclesiasticis dogmatibus se asserat disputasse? Quæso te ut ostendas mihi, quæ sit illa lectio, toto Scripturarum sapore condita, cujus te occasio provocarit, ut repente ad periculum ingenii descenderes? Et nisi tibi disertitudinis tuæ fluvius inundasset, poteras argui, quod non posses ex tempore de cunctis dogmatibus dicere. Verum quid hoc est? aliud promittis, et aliud exhibes. Consuetudo autem apud nos istiusmodi est, ut his, qui baptizandi sunt, **420** per quadraginta dies, publice tradamus sanctam et adorandam Trinitatem [*fidei symbolum*]. Si te præsens lectio provocavit, ut de cunctis dogmatibus una hora diceres, quid necesse fuit quadraginta dierum replicare doctrinam? Sin autem ea referebas, quæ per totam quadragesimam locutus es, quomodo te quadam die, ut de cunctis dogmatibus diceres, una lectio provocavit? Sed et hic ambigue loquitur: potest enim fieri, ut quæ per quadraginta dies tradere solebat in Ecclesia baptizandis, hæc sub unius lectionis occasione perstrinxerit. Ejusdem enim eloquentiæ est, et pauca multis, et multa paucis verbis posse dicere. Hoc quoque intelligi datur, quod postquam illum una lectio provocavit, inflammatus ardore dicendi, per quadraginta dies numquam tacuerit. Sed et otiosus senex, ex ejus ore dependens, dum res inauditas scire desiderat, pene dormiens ceciderit. Utcumque toleranda sunt: forsitan et hæc simpliciter more suo sit locutus.

14. *Joannes tacere jussit Epiphanium. Epiphanii littera ad Siricium.* — Ponamus reliqua, in quibus post laciniosæ disputationis labyrinthos, nequaquam dubiam, sed apertam ponit sententiam, et miros tractatus suos hoc fine concludit: « Cum hæc ipso præsente locuti essemus, et ipse post nos causa honoris, quem ei super omnem mensuram exhibuimus, provocatus esset ut diceret: prædicationem nostram laudavit, atque miratus est, et catholicam fidem esse omnibus declaravit. Quantum ei super omnem mensuram honoris exhibueris, declarant supra mensuram exhibitæ contumeliæ: quando eum per Archidiaconum tacere jussisti; et morantem in populis, laudis cupidum pertonabas. Docent præsentia de præteritis. Ille per totum exinde triennium suas injurias devorat, privatamque simultate contempta, fidei tantum correctionem postulat. Tu qui sumptibus abundas [*Al.* abundans], et [d] totius orbis religio lucrum tuum est, gravissimos illos legatos tuos huc illucque transmittis, et dormientem senem ad respondendum suscitas. Et revera cui tantum honoris detuleras, justum **421** erat, ut tua præsertim extemporalia dicta laudaret. Quia vero solent interdum homines laudare quod non probant, et alienam stultitiam cassis nutrire præconiis, non solum tua dicta laudavit, sed laudavit atque miratus est: et ne miraculum quoque parvum esset, catholicæ esse fidei omni populo declaravit. Hæc quam vere dixerit, et nos testes sumus qui audivimus, ad quos tuis vocibus perturbatus venit exanimis, temere se communicasse, dicens: Rogatusque ab omni Monasterio,

---

[a] Ita mss., pro quo editores substituunt *non*, ex consequenti, ut aiunt, serie orationis. At puta ironice loqui Hieronymum.

[b] Scripserit hæc noster Nepos in libros de Ciceronis Vita, qui intercidit. Attamen cum Plinii testimonio pugnant, qui lib. 1, Epist. 20, tradit Ciceronem pro Cornelio quadriduo egisse, *ne*, inquit, *dubitare possimus, quæ per plures dies, ut necesse erat, latius dixerit, postea recisa ac purgata in unum librum grandem quidem, unum tamen, coarctasse.* In veteri autem edit. absolute scribitur iisdem verbis; et paulo ante, voces *multo tempore* desiderantur.

[c] *Noster sufflaminandus est.* Erasmus legit corrupte *sufflammandus*; vetus codex *inflammandus.* De hoc verbo isthæc legi apud eruditos: Sufflamino, significat sufflamine comprimere et retinere. Seneca 4 Declamatione: *Tanta illi erat velocitas orationis, ut vitium fieret. Itaque divus Augustus optime dixit: Aterius noster sufflaminandus est.* Ubi alias legitur: *sufflammandus*, alias *suffibulandus.* Erat porro sufflamen retinaculum rotæ decurrentis, ne velocius decurreret. Gallice *sufflamine* intelligitur *enrayer les roues d'un carrosse*, etc. Hac voce abusus est imperitus Joannes clericus in Questionib. Hieron. quasi timuisset ne rotatu quodam ferrentur hodie in præceps studia sacrarum litterarum. MARTIAN. — Seneca in IV Declamationum: *Tanta illi, Aterio, erat velocitas orationis, ut vitium fieret. Itaque Divus Augustus optime dixit: Aterius noster sufflaminandus est.* Vid. et de morte Claudii.

[d] *Totius orbis religio.* Vides locupletatos tempore Hieronymi sacerdotes ex Christianorum oblationibus, qui causa religionis Hierosolymam pergebant.
MARTIAN.

ut ad te de Bethleem reverteretur, tantorum preces non ferens, sic reversus est vespere, ut medio noctis aufugeret, et litteræ ad papam Siricium probant : quas si legeris, pervidebis, quomodo tua dicta miratus sit, et catholica declaraverit. Verum nugas terimus, et aniles et superfluas cantilenas longo sermone convincimus.

15. Transeamus ad secundam quæstionem, in qua quasi nihil sibi propositum sit, securus et ructans dormire se simulat, ut legentes faciat dormitare. ᵃ Sed de reliquis quæ ad fidem pertinent, sermo nobis erat, id est, omnium visibilium, et invisibilium, cœlestium fortitudinum, et terrestrium creaturarum unum et eumdem esse conditorem ᵇ Deum, id est sanctam Trinitatem,« juxta beatum David dicentem : *Verbo Domini cœli firmati sunt, et spiritu oris ejus omnis virtus eorum* (*Psal.* XXXII, 6): quod simpliciter ostendit et hominis creatio. Ipse est enim qui, accepto limo de terra, plasmavit hominem, et per gratiam propriæ insufflationis animam donavit rationabilem [*Al.* rationalem], et liberi arbitrii, non partem aliquam suæ naturæ (juxta ᶜ quosdam, qui hoc impie prædicant), sed propriam conditionem. Et de sanctis Angelis æque credunt, secundum divinam Scripturam **422** de Deo dicentem : *Qui facit Angelos suos spiritus, et ministros suos ignem urentem* (*Psal.* CIII, 4) : de quibus credere quod immutabilis [*Al.* immutabiles] naturæ sint, non concedit nobis Scriptura, dicens : *Angelos quoque qui non custodierunt suum principatum; sed dereliquerunt proprium domicilium in judicium magni* ᵈ *diei, vinculis æternis in tenebris custodivit* (*Jud.*, 6) : quia immutati sunt, et ex propria dignitate et gloria, magis in dæmonum ordinem abisse eos cognovimus [*Al.* cognoscimus]. Animas vero hominum ex Angelorum ruina, aut ex conversione fieri : neque credidimus aliquando, neque docuimus (absit enim), et alienum hoc esse a prædicatione Ecclesiastica confitemur. »

16. *Origenis errores.*—Quærimus utrum animæ antequam homo in paradiso fieret, et plasmaretur Adam de terra, inter rationabiles fuerint creaturas ; utrum proprium statum habuerint, vixerint, moratæ sint, atque substiterint, et an Origenis doctrina sit vera, qui dixit cunctas rationales creaturas, incorporales et invisibiles, si negligentiores fuerint, paulatim ad inferiora labi, et juxta qualitates locorum ad quæ defluunt, assumere sibi corpora. Verbi gratia, primum ætherea, deinde aerea. Cumque ad viciniam terræ pervenerint, crassioribus ᵉ corporibus circumdari, novissime humanis carnibus alligari, ipsosque dæmones, qui proprio arbitrio cum principe suo diabolo de Dei ministerio recesserunt, si paululum resipiscere cœperint, humana carne vestiri, ut acta deinceps pœnitentia post resurrectionem eodem circulo, quo in carnem venerant, revertantur ᶠ ad viciniam Dei, liberati etiam aereis athereisque corporibus, et tunc omnia genera curvent Deo, cœlestium, terrestrium, et infernorum, et sit Deus omnia omnibus. Cum ergo **423** ista quærantur, cur tu omissis super quibus pugna est, de ᵍ scammate et loco certaminis egrediens, in peregrinis et longe alienis disputationibus immoraris ?

17. *Quid in libris* περὶ Ἀρχῶν *dicebat Origenes. Quo tempore Commentarios edidit in Ecclesiasten Hieronymus.* — Credis quod cunctas visibiles, et invisibiles creaturas unus Deus fecerit : hoc et Arius confiteretur, qui dicit cuncta creata per Filium. Si de Marcionis arguereris hæresi, quæ alterum bonum, alterum justum ʰ Deum inferens ; illum invisibilium, hunc visibilium asserit Creatorem, recte mihi de hujusmodi satisfeceris quæstione. Credis quod universitatis Trinitas sit creatrix. Istud ⁱ Ariani

---

ᵃ Ex his incipit antiquissimus S. Crucis in Jerusalem de Urbe ms. litteris fere papyraceis, sive ut in Ægyptia papyro occurrunt, exaratus, sub hac Epigraphe : *Incipit Eusebii Hieronymi de Resurrectione carnis.* Tale fragmentum studiosus non nemo sibi ex integro opere exscripserat.

ᵇ Vox *Deum* in laudato ms. desideratur : paulo post, *quod similiter* habet pro *simpliciter.*

ᶜ Puta Manichæos. Mox cod. S. Crucis, *æque credentes*; vetus edit. *æque ordiuntur.*

ᵈ Mendose hactenus obtinuerat *Dei* pro *diei*, quod emendamus ex cod. S. Crucis, præter Vulgatum interpretem, Græco etiam textu, ἡμέρας, assentiente. Concinnius deinde cod. idem, tametsi non alio sensu, *quia mutati sint.* Tum vetus edit., *ex propria dignitate et gloria, magis quam Dei, in dæmonum*, etc.

ᵉ Cod. S. Crucis, *corporibus circumdatas, novissime etiam humanis carnibus alligatas, ipsosque*, etc.; et paulo post, *ut accepta deinceps pœnitentia.*

ᶠ Martianæus ait : « Hoc loco errorem Theologicum inferunt veteres editiones Erasmi, et Mariani Victorii (addere potuisset et vetustiores aliæ), ubi legitur *revertantur ad visionem Dei* : quasi Dæmones aliquando Dei visione beata frui potuissent. » At non catholicus, sed Origenis sensus hic edisseritur. Num porro levior est error, Dæmones acta pœnitentia ad *viciniam Dei reverti* quam ad *visionem*? Sic autem re ipsa Origenes sensit tom. III in Matthæum, pag. 532 : *Fieri posse ut quemadmodum de incredulitate ad fidem, ab incontinentia ad castitatem, et universe a nequitia ad virtutem homo convertitur, ita et, Angelus cui animæ cura statim ab ortu commissa est, malus initio esse possit, deinde vero qua proportione is credit, qui sibi traditus est, eadem et ipse credat, et tantos faciat progressus,* ὡς γενέσθαι αὐτὸν Ἄγγελον ἕνα τῶν διὰ παντὸς βλεπόντων τὸ πρόσωπον τοῦ ἐν οὐρανοῖς πατρός, *ut unus ex Angelis faciem Patris qui in cœlis est, semper spectantibus, efficiatur.* Nescio itaque an verius *visionem* veteres editiones legant ; tametsi *viciniam*, nec diverso quidem sensu, præfert noster quoque ms.

ᵍ *De scammate.* Bene monet Marianus, et castigat Erasmum legentem *de stammate*, etc., quum mss. omnes legant *scammate.* MARTIAN. — Sic Veteres appellabant fossam, qua stadium claudebatur, et quam ultra progredi certantibus non licebat. Vetus edit. *de numeri tui ordine* : Erasm. *de stammate.*

ʰ *Deum inferens.* Non *serens*, neque *ferens*, sed *inferens* reperi scriptum in vetustis codicibus.
MARTIAN.

ⁱ *Ariani, et Hemiarimi.* Ita legit ms. Sorbonicum exemplar : in Cluniacensi vero non iisdem verbis, sed eodem sensu, *Ariani et Eunomiani negant.*
MARTIAN.

et Hemiariani negant, Spiritum sanctum non conditorem, sed conditum blasphemantes. Sed te quis hoc tempore insimulat Arianum? Dicis animas hominum non partem Dei esse naturæ; quasi Manichæus nunc ab Epiphanio sis vocatus. Detestaris eos, qui animas ex Angelis asserunt fieri, et illorum ruinam nostram dicunt esse substantiam. Noli dissimulare quod nosti, [a] nec simplicitate quod non habes fingere : Nec Origenes umquam dixit ex Angelis animas fieri, cum ipsos Angelos nomen esse officii doceat, non naturæ. In libris enim περὶ Ἀρχῶν, et Angelos, et Thronos, et Dominationes, Potestates, et rectores mundi, et tenebrarum, et omne nomen quod nominatur (*Ephes.* I, 21), non solum in præsenti sæculo, sed in futuro, dicit animas esse eorum corporum, quæ vel desiderio, vel ministerio susceperint. Solem quoque ipsum et lunam, et omnium astrorum chorum, esse animas rationabilium [b] quondam et incorporalium creaturarum : quæ nunc vanitati subjectæ, ignitis videlicet corporibus, quæ nos imperiti et rudes luminaria mundi appellamus, liberabuntur a servitute corruptionis in libertatem gloriæ filiorum Dei. Unde et omnis creatura congemiscit et parturit. Et Apostolus deplorat, dicens : *Infelix ego homo, quis me* **424** *liberabit de corpore mortis hujus?* Non est istius temporis contra dogma gentilium, et ex parte Platonicum, scribere. Ante annos ferme decem in Commentariis Ecclesiaste, et in explanatione Epistolæ ad Ephesios, arbitror sensum animi mei prudentibus explicatum.

18. Hoc nunc rogo, qui tanta loqueris, qui de cunctis sermonibus sub uno tractatu edisseris veritatem, ut respondeas sciscitantibus brevem absolutamque sententiam. Quando plasmavit Deus hominem ex limo, et per gratiam propriæ insufflationis ei animam tribuit : utrum illa anima fuerit ante et substiterit, et ubi versata sit, quæ Dei postea insufflatione donata est : an in [c] sexto die quando corpus ex limo formatum est, et esse et vivere, Dei potestate susceperit. De hoc taces, et quid quæratur scire dissimulans, in superfluis quæstionibus occuparis. Origenem relinquis intactum, et contra Marcionem, Apollinarem, Eunomium, Manichæum, Arium [d] cæterorumque hæreticorum ineptias debaccharis. Manum peteris, et pedem porrigis; et tamen dogma quod retines, latenter insinuas. Sic nos rusticos placas, ut tuis penitus non displiceas.

19. Dicis ex Angelis dæmones potius quam animas fieri, quasi non et ipsi dæmones juxta Origenem, [e] animæ sint aerei corporis, et ex dæmonibus postea si resipuerint, humanæ [f] animæ sint futuri. *Angelos scribis esse mutabiles*, et sub eo quod pium est, illud quod impium est introducis; ut multis periodis animæ fiant non ex Angelis, sed ex his vocabulis, in quæ prius Angeli mutati sunt. Volo quod dico, manifestius fieri : finge aliquem tribunitiæ potestatis suo vitio regradatum, per singula militiæ [g] equestris officia, ad tironis vocabulum devolutum, numquid ex tribuno statim fit tiro? Non; sed ante primicerius, deinde [h] senator, ducenarius, centenarius, **425** biarchus, circitor, eques, dein tiro; et quamquam tribunus quondam miles gregarius sit, tamen ex tribuno non tiro, sed primicerius factus est. Docet Origenes per scalam Jacob paulatim rationabiles creaturas ad ultimum gradum, id est, ad carnem et sanguinem descendere : nec fieri posse, ut de centenario numero subito quis ad unum numerum præcipitetur, nisi per singulos numeros, quasi per scalæ gradus, ad ultimum usque perveniat; et tot mutare corpora, quot de cœlo ad terram mutaverint mansiones. Hæ sunt strophæ vestræ atque præstigiæ, quibus nos Pelusiotas et jumenta, et animales homines dicitis, quia non recipimus ea quæ spiritus sunt (*Vid. Epist. Pammachio et Oce-*

---

[a] S. Crucis ms. *nec simplicitatem, quam non habes*, etc.

[b] Idem ms., *quarumdam*. Vid. quæ annotamus in Epist. ad Avitum, atque alibi; S. quoque Augustinum in Enchiridio.

[c] In eodem ms. *an in quinto die quando corpus*, etc. et mox *videre* pro *vivere*.

[d] Nomen Arii ex cod. S. Crucis suppletur, juxta quem itidem legimus paulo intra *retices*, pro quo antea erat *retines*.

[e] In antiquis editionibus glossatoris manu, *Hoc est pium animæ sint aerei corporis, et hoc est impium ex Dæmonibus*, etc. Deinde isthæc, *Angelos scribis esse mutabiles*, in cod. S. Crucis non habentur.

[f] *Animæ sint*, etc. In uno exemplar Cluniac. omittit hæc verba, *hoc est pium*, quæ in aliis libris superflue leguntur. MARTIAN.

[g] *Equestrem* vocat palatinam, ut puto, militiam sive militum, qui pro palatio excubabant.

[h] Senatorem non militarem dignitatem, sed urbicam esse causatus vir doctus, perperam hic intrusum nomen istud putavit, aut mendose legi. At non erat suspicioni locus; occurrit nempe, tametsi raro, apud veteres inter militiæ dignitates senator, in Actis Martyrum Agaunensium a S. Eucherio scriptis : *Incitamentum tamen maximum fidei in illo tempore penes S. Mauricium fuit, primicerium tunc sicut* traditur *Legionis ejus, qui cum Exsuperio, ut in exercitu appellant campiductore* (lege *campidoctore* Græc. enim ὁπλοδιδάκτης, et ὁπλοδιδάσκαλος) *et Candido senatore militum, accenderat exhortando singulos*, etc. Sed etiam in Theodosii Novella, tit. 29, de Scholaribus, ubi *Comitibus scholarum verberandi regradandique senatores ac ducenarios licentia denegatur*, et mox iterum senatorum, ducenariorum, centenariorumque mentio est. Constantinus M. c. 1 Cod. Justinianei de Offic. Mag. Off. Agentibus in rebus ita respondet : Privilegiis dudum Scholæ vestræ indultis et integris reservatis, ad DUCENARIAM, CENTENARIAM, et BIARCHIAM, nemo suffragio, sed labore unusquisque perveniat, etc. Erant itaque in Schola Agentium in rebus equestris sive palatinæ militiæ, vel aliorum cohortium qui Principis res publicas vel privatas tractabant, certi gradus per quos paulatim fuit ascendendum, primo *equites*, mox *circitores*, dein *biarchi*, etc. Nomen *Centenarius* hic apud Hieronymum deerat. Et suppletur, e ms. S. Crucis. [Pro *circitor* alii docti viri legunt *cirmicitor*, cujus nec nominis nec dignitatis mentio ulla quod sciam occurrit apud auctores. Circitor autem, Græc. περιοδευτής, et κέλευτης, erat qui vigilias circumibat, renuntiabatque si qua culpa esset admissa. Veget. lib. III, c. 8 : *Nunc*, inquit, *militiæ factus est gradus, et circitores vocantur*. Alii legunt *circitores*,

quo ad fin.). Vos Hierosolymitæ etiam Angelos deridetis. Pertrahuntur [*Al.* protrahuntur] in medium vestra mysteria, et de Gentilium fabulis dogma contextum, Christianis auribus publicatur. Hoc quod vos miramini [*Al.* imitamur], olim in Platone contempsimus. Contempsimus autem, quia Christi stultitiam recepimus [*Al.* recipimus]. Recepimus Christi stultitiam, quia fatuum Dei sapientius est hominibus. Non pudet Christianos et sacerdotes Dei, quasi de rebus ludicris agatur, a verbis dubiis hærere, et ambiguas librare sententias, quibus loquens magis quam audiens decipitur (I *Cor.* 1, 25).

20. *De quodam Origenista hæc dicta.* — Unus ex choro vestro cum a me teneretur, ut diceret quid sentiret de anima, fuissetne ante carnem, an non fuisset; fuisse respondit simul, et corpus et animam. Sciebam hominem hæreticum laqueos in sermone quærere. Tandem reperi eum, ex quo corpus animasset, ex tunc eam dicere animam nuncupatam, quæ prius vel dæmon, vel Angelus Satanæ, vel spiritus b fornicationis, aut in parte contraria, dominatio, potestas, administrator spiritus, aut nuncius appellata sit. Si fuit anima antequam Adam in paradiso formaretur, in quolibet statu et ordine, et vixit, et egit [*Al.* erat] aliquid (neque enim possumus incorporalem, et æternam in modum glirium immobilem torpentemque sentire), necesse est ut aliqua causa præcesserit, cur quæ prius sine corpore fuit, postea circumdata sit corpore. Et si **426** animæ est naturale esse sine corpore, ergo contra naturam est esse in corpore. Si contra naturam est esse in corpore, ergo resurrectio corporis contra naturam erit. Sed non fiet resurrectio contra naturam; ergo juxta sententiam vestram corpus quod contra naturam est c resurgens, animam non habebit.

21. *Manichæum nominare pollutio est.* — Dicis animam non esse de Dei substantia. Pulchre. Damnas enim impiissimum Manichæum, quem nominare pollutio est. Dicis ex Angelis animas non fieri. Acquiesco paulisper, licet noverim quo sensu dixeris. Quia ergo didicimus quid neges, volumus scire quid credas. « Accepto, inquis, de terra limo, plasmavit Deus hominem, et per gratiam propriæ insufflationis animam donavit rationabilem; et liberi arbitrii, non partem aliquam suæ naturæ (juxta quosdam, qui hoc impie prædicant), sed propriam conditionem. » Videte quanto circumitu, quod non quærebamus, eloquatur. Scimus quod de terra Deus plasmavit hominem, novimus quod insufflavit in faciem ejus, et d factus est in animam viventem : non ignoramus quod anima rationalis sit, et proprii arbitrii, et scimus quod Dei illa conditio sit. Nemo dubitat errare Manichæum, qui dicit eam esse Dei substantiam. Hoc nunc interrogo : Anima ista Dei conditio, liberi arbitrii, rationalis, neque de substantia Creatoris, quando facta sit : utrum eo tempore quo de limo factus est homo, et insufflatum est spiraculum vitæ in faciem ejus; an quæ prius fuerat [*Al.* antea facta fuerat], et inter rationabiles creaturas et incorporeas erat atque vivebat, Dei postea insufflatione donata sit? Hic taces, hic simplicem ac rusticum te simulas; et sub verbis Scripturæ, ea quæ Scriptura non sentit, abscondis. In eo loco ubi dicis, quod nullus quærit, non illam partem aliquam esse suæ [*Al.* divinæ] naturæ (juxta quosdam qui hoc impie prædicant) illud magis debueras dicere, quod omnes quærimus, non eam, quæ prius fuerat, non eam quam ante condiderat, quæ inter rationabiles atque incorporeas et invisibiles creaturas multo jam tempore versabatur. Nihil horum loqueris, **427** producis nobis Manichæum, et abscondis Origenem, et sicut parvulis cibum poscentibus, ludicra quædam offerunt gerulæ, ut avocent mentes eorum, sic tu nos rusticos avocas ad alia, ut dum alterius personæ novitate e tenemur, quod volumus non quæramus.

22. *Eva in typo Ecclesiæ. Quotidie Deus fabricatur animas rationales. Libera confessio fidei.* — Esto, hoc non loquaris, et simplicitas tua nihil in se habeat quod callide taceas. Qui ergo de anima semel dicere cœperas, et de re tanta ab exordio conditionis humanæ repetere : cur, disputatione pendente, ad Angelos et ad dispensationem Dominici corporis repente transcendis : et tam grandi in medio prætermissa salebra, dubios nos in luto hærere pateris? Si insufflatio Dei (quod non vis, et quod nunc relinquis ambiguum) humanæ animæ conditio est : Eva, in cujus faciem non insufflavit Deus, unde animam habuit? Taceo de Eva, quæ in typo Ecclesiæ de costa viri ædificata, non debet post tanta sæculi nepotum calumnias sustinere. Cain et Abel, primi ex primis hominibus, unde habuere animas? Omne deinceps humanum genus, quibus animarum censetur exordiis? f Utrum ex traduce, juxta bruta animalia : ut quomodo corpus ex corpore, sic anima generetur ex anima? an rationabiles creaturæ desiderio corporum paulatim ad terram delapsæ, novissime etiam humanis illigatæ corporibus sint? An certe (quod Ecclesiasticum est secundum eloquia Salvatoris) *Pater meus* g *usque modo operatur, et ego operor* (Joan. v, 17). h Et illud Isaiæ : *Qui format spiritum hominis*

---

a Cod. S. Crucis, *verba dubia quærere* : leviora ad marginem annotantur.
b In mss. etiam a P. Martianæo inspectis *fortitudinis* legitur *pro fornicationis*.
c Illud, *resurgens*, in ms. S. Crucis non habetur.
d Idem ms., *et factus sit homo in animam*, etc. Tum, *Scimus quod Deus illam creaverit, ejusque conditio sit.*
e Ms. S. Crucis *tenemur*. Paulo infra vetus Editio *et causa in medio prætermissa, non solvis dubia nostra, sed in luto*, etc.

f Vid. si lubet epist. 81 in nostra recensione de animarum origine. Mox cod. S. Crucis *paulatim ad terrena delapsæ*, etc.
g Deerat *meus*, quod supplet ms. Græco textu assentiente. Pro *Isaiæ* autem Victorius *Zachariæ* legit, sicque reponendum monet Martianæus quoque, quod hujus prophetæ sint verba cap. XII, 1. At mss. non suffragantur.
h *Et illud Isaiæ.* Pro *Isaiæ* legendum *Zachariæ* : hæc enim verba apud Zachariam posita leguntur cap. XII, 1, licet apud Isaiam multa dicantur cap.

in ipso. Et in Psalmis : *Qui fingit per singulos corda eorum* (Ps. xxxii, 15), quotidie Deus fabricatur animas : cujus velle fecisse est, et conditor esse non cessat? Scio quæ contra hæc soleatis dicere, et adulteria nobis atque incesta proponere ; quæ longior pugna est, nec hujus temporis patitur angustias. Eadem controversia et in vos retorqueri potest: et quodcumque [a] in Conditorem præsentis temporis videtur indignum, hoc etiam eo donante non est indignum. Nasci de adulterio, non ejus culpa est qui nascitur, sed illius **428** qui generat. Quomodo in seminibus non peccat terra quæ fovet, non semen quod in sulcos jacitur, non humor et calor, quibus temperata frumenta in germem pullulant (sed verbi gratia, fur et latro qui fraude et [*Al.* exinde] vi eripit semina)., sic in generatione hominum [*Al.* genus humanum] recipit terra, id est, vulva quod suum est; et receptum confovet, confotum corporat, corporatum in membra distinguit. Et inter illas secretas ventris angustias, Dei manus semper operatur : idemque est corporis et animæ Creator. Noli despicere bonitatem figuli tui, qui te plasmavit, et fecit ut voluit. Ipse est Dei virtus et Dei sapientia qui [*Al.* quæ] in utero Virginis ædificavit sibi domum (*Heb.* xi). Jephte inter viros sanctos Apostoli voce numeratus, meretricis est filius. [b] Sed audi, ex Rebecca et Isaac, Esau genitus, hispidus, tam mente quam corpore, quasi bonum triticum in lolium avenasque degenerat : quia non in seminibus, sed in voluntate nascentis, causa est vitiorum atque virtutum. Si offensa est nasci corporibus humanis, quomodo Isaac (*Genes.* xviii), Samson (*Judic.* xiii), Joannes Baptista (*Luc.* i), de repromissione nascuntur ? Intelligis quid sit fidem suam audacter ac libere profiteri? Pone errare me, aperte dico quod sentio. Et tu igitur aut libere nostra profitere, aut constanter tua loquere. [c] Noli statuere te in acie mea, ut rusticitate simulata in tuto habeas, cum volueris, pugnanti terga confodere. Non est istius temporis contra Origenis dogmata conscribere : alteri istud, si Christus vitam dederit, operi dedicabimus. Nunc quæritur, an qui arguitur, ad interrogata responderit, et simplex sit et aperta ejus responsio.

25. *Cum timore Dei loquitur et vult audiri. Joannis confessio.* — Transeamus hinc ad famosissimam de resurrectionne carnis et corporis quæstionem, in qua te rursum, lector, admonitum volo, ut cum timore et judicio Dei me scias loqui, et te audire debere. Neque enim tantæ stultitiæ sum, ut si in expositione illius fides mera est ; et perfidiæ nulla suspicio, quæram accusandi occasionem : et **429** dum volo alium notare culpæ, ipse noter calumniæ. Lege ergo de resurrectione carnis quæ subdita sunt ; et cum legeris, et [d] placuerint (scio enim placitura ignorantibus), suspende judicium, exspecta paulisper, usque ad finem responsionis nostræ cohibe sententiam : et si tibi postea placuerint, tunc nos calumniæ denotabis. « Passionem quoque ejus in cruce et mortem ac sepulturam, quæ universa servavit, ac resurrectionem veritate, et non putative confitemur : qui (*Colos.* xviii) et primogenitus ex mortuis, primitias massæ corporum nostrorum, quas in sepulcro positas suscitavit, pervexit ad cœlum, spem nobis resurrectionis in resurrectione proprii corporis tribuens : unde et omnes sic speramus resurgere ex mortuis, sicut ille resurrexit. Non in aliis quibusdam peregrinis et in alienis corporibus, quæ assumuntur in phantasmate : sed sicut ipse in illo corpore, quod apud nos in sancto sepulcro conditum resurrexit : ita et nos in ipsis corporibus, quibus nunc circumdamur, et in quibus nunc sepelimur, eadem ratione et [e] visione speramus resurgere. Quæ enim juxta Apostolum seminantur in corruptione, surgent in incorruptione : quæ seminantur in ignobilitate, surgent in gloria. *Seminatur corpus animale, surget corpus spirituale* (1 *Cor.* xv, 42) : de quibus et Salvator docens locutus est : *Qui enim digni fuerint sæculo illo, et resurrectione ex mortuis, neque nubent neque nubentur : neque enim ultra mori poterunt : sed erunt sicut* [f] *Angeli Dei : cum sint filii resurrectionis* (*Luc.* xx, 35, 36).

24. Rursum in alia parte Epistolæ, hoc est, in fine suorum tractatuum, ut auribus illuderet nescientium, strepitum resurrectionis ac pompam hac verborum ambiguitate libravit : « Sed neque de secundo glorioso adventu Domini nostri Jesu Christi intermisimus, qui venturus est in gloria sua judicare vivos et mortuos : ipse enim suscitabit omnes mortuos, et ante suum tribunal **430** esse faciet : et unicuique reddet secundum quod egit per corpus, sive bonum sive malum ; scilicet aut coronandus in corpore, quod caste egit, et juste ; aut condemnan-

---

xlii et lvii, de creatione animæ et insufflatione spiritus. Martian.

[a] Legimus ex ms. S. Crucis, cum antea esset contrario sensu, *in Conditorem præsentis temporis videtur indignum* , *hoc etiam eo donante non est indignum*.

[b] Verba *Sed audi* in ms. S. Crucis desiderantur. Infra leviora quædam ex eodem emendantur.

[c] Cod. S. Crucis, *Nolo statuere*, etc.

[d] Periodum hanc cum triplici negatione legunt hucusque editi post Erasmum, *et non placuerint*, *scio enim haud placitura*, et mox, *si tibi postea non placuerint*. Ex toto autem contextu ac serie orationis et scriptoris mente liquet, contrario legendum esse sensu, trinamque illam negandi particulam expungendam. Neque enim, quod satis oscitanter Martianæus scripsit, *Fides Ecclesiæ* est quæ subnectitur,

atque eventilatur, sed Joannis, subdoli hæretici, quæ artificiose adeo texitur, ut prima fronte placeat, maxime ignorantibus, et qui doli nihil suspicantur, sed post Hieronymi responsionem, si placuerit, ipse velit calumniæ denotari. Ita præterea legit, quemadmodum et emendavi, præstantissimus S. Crucis ms., duæque veteres editiones, altera Venetiis 1496, altera an. insequenti Nicolai Keslet civis Basileensis, quæ et superiori versu habent, *de resurrectione Dominicæ carnis*.

[e] S. Crucis ms., *eadem ratione et jussione speramus*, etc.

[f] Idem ms. *sicut Angeli in cœlo*, *cum sint*, etc. Integrius et juxta Græcum Vulgatus interpres *æquales Angelis sunt*, *et filii sunt Dei*, *cum sint*, etc.

dus, quod voluptatibus pariter iniquitatibusque servivit. » Hoc quod in Evangelio legimus : In consummatione mundi, *si fieri potest* (*Matth.* xxiv), seduci etiam electos, in hoc capitulo ᵃ comprobamus. Audit vulgus indoctum mortuos et sepultos : audit resurrectionem mortuorum, veritate et non putative : audit primitias massæ nostrorum corporum, in Domini corpore ad cœlestia pervenisse : audit resurrecturos, non in peregrinis alienisque corporibus, quæ assumuntur in phantasmate, sed sicut surrexit Dominus in corpore, quod apud nos in sancto sepulcro conditum jacuit : ita et nos in ipsis corporibus, quibus nunc circumdamur et sepelimur, in die judicii resurrecturos. Et ne hoc parum quis existimaret, addit in extremo capitulo : « Et unicuique reddet secundum quod egit ᵇ per corpus, sive bonum, sive malum : scilicet aut coronandus in corpore quod caste egit et juste : aut condemnandus, quod voluptatibus iniquitatibusque servivit. » Hæc audiens, indoctum vulgus, in tanto mortuorum, sepulti corporis, resurrectionis sonitu, nullam stropham, nullas insidias suspicatur. Credit esse quod dicitur. Sanctiores enim sunt aures populi, quam sacerdotis animus.

25. Iterum atque iterum, te lector, commoneo, ut patientiam teneas, et discas quod ego quoque ᶜ per patientiam didici ; et tamen antequam vultum draconis evolvam, et dogma Origenis de resurrectione breviter exponam (non enim poteris vim scire antidoti, nisi venena perspexeris), illud diligenter observa et caute relegens numera : quod novies resurrectionem nominans corporis, ne semel quidem carnis inseruit : suspectumque tibi sit, quod de industria prætermisit. Dicit ergo Origenes **431** in pluribus locis, et maxime in libro de Resurrectione quarto, et in Expositione primi psalmi, et in Stromatibus, duplicem errorem versari in Ecclesia ; nostrorum, et hæreticorum : « Nos simplices et ᵈ philosarcas dicere, quod eadem ossa, et sanguis, et caro, id est, vultus et membra, totiusque compago corporis resurgat in novissima die : scilicet ut pedibus ambulemus, operemur manibus, videamus oculis, auribus audiamus, circumferamusque ventrem insatiabilem, et stomachum cibos concoquentem. Consequens autem esse, qui ista credamus, dicere nos quod et comedendum nobis sit, et bibendum, digerenda stercora, effundendus humor, ducendæ uxores, liberi procreandi. Quo enim membra genitalia, si nuptiæ non erunt? Quo dentes, si cibi non molendi sunt? Quo venter et cibi si juxta Apostolum et hic et illi destruentur? ipso iterum clamante :

Caro et sanguis regnum Dei non possidebunt, neque corruptio incorruptionem (*I. Cor.* i, 15). » Hæc nos innocentes et rusticos asserit dicere. « Hæreticos vero, in quorum parte sunt Marcion, Apelles, Valentinus, Manes ᵉ, nomen insaniæ, penitus et carnis et corporis resurrectionem negare : et salutem tantum tribuere animæ, frustraque nos dicere ad exemplum Domini resurrecturos, cum ipse quoque Dominus in phantasmate resurrexerit : et non solum resurrectio ejus, sed et ipsa nativitas τῷ δοκεῖν, id est, putative visa magis sit, quam fuerit. Sibi autem utramque displicere sententiam, fugere se et Nostrorum carnes, et Hæreticorum phantasmata : quia utraque pars in contrarium nimia sit ; aliis idem volentibus se esse quod fuerint [*Al.* non erunt] ; aliis resurrectionem corporum omnino denegantibus. Quatuor, inquit, elementa sunt, philosophis quoque nota et medicis, de quibus omnes res et corpora humana compacta sunt, terra, aqua, aer, et ignis. Terram in carnibus, aerem in halitu, aquam in humore, ignem **432** in calore intelligi. Cum ergo anima caducum hoc frigidumque corpusculum Dei jussione dimiserit, paulatim omnia redire ad matrices suas substantias : carnes in terram relabi, halitum in aera misceri, humorem reverti ad abyssos, calorem ad æthera subvolare. Et quomodo si sextarium lactis et vini mittas in pelagus, velisque rursum separare quod mixtum est : vinum quidem et lac quod miseras non perire [*Al.* periere], non tamen posse quod fusum est separari : sic substantiam carnis et sanguinis non perire quidem in originalibus materiis, non tamen in antiquam redire compaginem, nec posse ex toto eadem esse quæ fuerint. » Cum autem ista dicantur, soliditas carnium, sanguinis liquor, crassitudo nervorum, venarumque perplexio, et ossium durities denegatur.

26. *Origenis sententia.* — « Alia ratione resurrectionem corporum confitemur, eorum quæ in sepulcris posita sunt, dilapsaque in cineres : Pauli Pauli, et Petri Petri, et singula singulorum, neque enim fas est ut in aliis corporibus animæ peccaverint, in aliis torqueantur : nec justi judicis, alia corpora pro Christo sanguinem fundere, et alia coronari. » Quis hæc audiens, resurrectionem carnis eum negare putet? « Et, inquit, singulis seminibus ratio quædam a Deo artifice insita, quæ futuras materias in medullæ principiis tenet. Et quomodo tanta arboris magnitudo, truncus, rami, poma, folia non videntur in semine, sunt tamen in ratione seminis, quam ᶠ Græci σπερματικὸν λόγον vocant : et in grano frumenti est intrinsecus vel medulla, vel venula, quæ

ᵃ Vetus edit. *in hoc capitulo operatur, cum turba imperita, aut vulgus,* etc.; et mox, *non putative confiteri, ac primitias massæ nostrorum corporum, et Deum corpore,* etc.
ᵇ Antea erat, *in corpore.*
ᶜ Cod. S. Crucis, *per multam patientiam.* Paulo post erat, *de resurrectionis breviter,* etc.
ᵈ Idem, *philosarchas, id est amatores carnium,* scilicet τὰ φίλοι et σάρξ.
ᵉ Persicum nomen est Manes, quod *servum* notat :

at Hieronymus ad Græcum μανία respicit, quod *furor, insania* interpretatur, sive μανὸς, *insanus.*
ᶠ *Græci* σπερματικὸν. Vocem hanc Græcam in mss. codicibus valde depravatam, post multum sudorem sic Erasmus restituere conatur, *quam Græci σπινθηρισμὸν vocant.* Marianus, Erasmum hoc loco secutus, testatur Græce ita scriptum esse in exemplaribus manuscriptis. Ergo perierunt nobis codices manuscripti, quibus utebatur Marianus Victorius : quia hodie nullus est, qui retineat vocem σπινθηρισμός.

cum in terra fuerit dissoluta, trahit ad se vicinas materias, et in stipulam, folia, aristasque consurgit: aliudque moritur, et aliud resurgit. Neque enim in grano tritici, radices, culmus, folia, aristæ, paleæ sunt dissolutæ: sic et in ratione humanorum corporum manent quædam surgendi antiqua principia, et [a] quasi ἐντεριώνη [*Al.* ἀννεριὰν], id est, seminarium **433** mortuorum, sinu terræ confovetur. Cum autem judicii dies advenerit, et in voce Archangeli, et in novissima tuba tremuerit terra, movebuntur statim semina, et in puncto horæ mortuos germinabunt: non tamen easdem carnes, nec in his formis restituent, quæ fuerunt. Vis scire verum esse quod dicimus, audi Apostolum: *Sed dicit aliquis: Quomodo resurgent mortui? quo autem corpore venient? Insipiens, quod tu seminas, non corpus quod futurum est seminas, sed nudum granum; ut puta tritici, vitis et arboris* (I *Cor.* xv, 36, 37). Et quia de grano tritici ac semente arborum ex parte jam diximus, nunc de acino vinacii disseramus. Granum parvum est, ita ut vix duobus digitulis teneri possit. Ubi sunt radices? ubi radicum et trunci et propaginum tortuosa perplexio? Ubi pampinorum umbracula, et uvarum pulchritudo, futura vina parturiens? Aridum est quod tenetur, et pene vix cernitur: sed in sicco illo grano, potentia Dei, [b] et occulta ratione sementis, spumantia musta fundentur. Hæc ligno tribues, homini non tribues: quod periturum est, sic ornatur: [c] quod mansurum est, pristinam non recipiet vilitatem. Et vis rursum carnem, ossa, sanguinem, membra, ut crescentibus capillis tonsore egeas, nasus pituitas digerat, incrementa unguium resecanda sint, ut per inferiores partes vel stercora, vel libidines effluant? Si affers istas ineptias rusticorum, et carnis, in qua Deo placere non possumus, quasi inimicæ obliviscereris, et resurrectionis mortuorum: *Seminatur in corruptione, surget in incorruptione. Seminatur in contumelia, surget in gloria. Seminatur in infirmitate, surget in virtute. Seminatur corpus animale, surget corpus spirituale* (I *Cor.* xlii, 34). Nunc oculis videmus, auribus audimus, manibus agimus, pedibus ambulamus. In illo autem corpore spirituali toti videbimus, toti audiemus, toti operabimur, toti ambulabimus: et transfigurabit Dominus corpus humilitatis nostræ, conforme corporis suæ gloriæ. Quando dixit [d] *transfigurabit* (*Philipp.* xxi), **434** id est, μετασχηματίσει, membrorum, quibus nunc utimur, diversitas denegatur. Aliud nobis spirituale et æthereum promittitur: quod nec tactui subjacet, nec oculis cernitur, nec pondere prægravatur: et pro locorum, in quibus futurum est, varietate mutabitur. Alioqui si eædem carnes erunt, et corpora quæ fuerunt, rursum mares et feminæ, rursum nuptiæ; viris hirsutum supercilium, barba prolixa; mulieribus [e] læves genæ, et angusta pectora, ad concipiendos et pariendos fetus venter et femora dilatanda sunt. Resurgent etiam infantuli, resurgent et senes: illi nutriendi, hi baculis sustentandi. Nec vos, o simplices, resurrectio Domini decipiat, quod latus et manus monstraverit, in littore steterit, in itinere cum Cleopha ambulaverit, et carnes et ossa habere se dixerit. Illud corpus aliis pollet privilegiis, quod de viri semine, et carnis voluptate non natum est. Comedit post resurrectionem suam et bibit, et vestitus apparuit, tangendum se præbuit, ut dubitantibus Apostolis, fidem faceret resurrectionis. Sed tamen non dissimulat naturam aerei corporis et spiritualis. Clausis

Ne fucum igitur faciamus studiosis hominibus, primum vox Græca exprimenda est e vetustis exemplaribus, ubi scriptur his Græcis litteris, *quam Græci* ϹΠΕΡΜΠΙΟΠΑΡΟΝ *vocant*. In aliis recentioribus, Latinis elementis scriptum legimus: *quam Græci ceratiromason, vel snectiromason vocant.* Quæ voces prorsus corruptæ renuntiare utcumque videntur, vel σπερματιῶν aut σπερματίζων, vel etiam σπερματισμῶν. Quod verbum ultimum retinemus in contextu; cum apud Græcos σπερματισμός, *seminis emissio*, videatur idem esse, quod *ratio seminis*. Nolim tamen in dubiis contendere. MARTIAN. — In ms. S. Crucis σπερματικὸν λόγον legitur, ex quo levi mutatione emendandum σπερματικὸν λόγον intellexi, quod statim ostendam. Martianæus σπερματισμῶν expressit e suis codicibus, quam lectionem, tametsi aperte conficiat, longa oratione nititur approbare, ubi et Victorium, qui post Erasmum σπινθηρισμὸν legerat, acerbe satis castigat. Instaurandæ autem voci ipsa Latina verba *ratio seminis* suffecissent, quæ non aliter ac σπερματικὸν λόγον Græci redderent, aut reddere potuissent. Origenes vero, cujus hic sensus expenditur, sæpissime σπερματικοὺς λόγους memorat, deque illis disserit. Exemplum sume ex initio vigesimi tomi in Joannem, ubi etiam σπερματικοὺς λόγους συγκαταβαλλομένους τισὶν ψυχαῖς, *seminales rationes animis quibusdam insitas* arbitratus est: qua de re consule cl. Huetium in Notis. Vide præterea Diogenem Laertium lib. vii, § 136. Memorat etiam Sextus Empiricus contra Physicos i, σπέρμα λογικοῦ, quod inter semina omnis genesis, sive λόγους σπερματικοὺς quibus refertus est mundus, sint etiam

illa quibus homo generatur, quæ vocantur λόγοι σπερματικοὶ λογικοῦ.

[a] *Quasi* ἐντεριώνη. In restitutione hujus etiam vocis infelix Erasmus; sed infelicior Marianus, qui mutat *quasi* ἀντέριαν, ut substituat, *quasi* ἀνθέριον. Neutra vera est lectio Hieronymi, ut ab ipso didici in consequentibus: loquens enim de eodem seminario mortuorum, et resurrectionis hæreticorum, hæc habe infra in ista Epistola: *Qui potentiam Dei calumniaris? Qui potest de medulla illa et de seminario vestis* ἐντεριώνη, *non carnes tantum*, etc. Est autem ἐντεριώνη medulla, cor et matrix, sive pars interna cujusque. Medulla itaque, et matrix sinu terræ confovebatur, quasi seminarium ad mortuorum resurrectionem, si Origeni crederemus. MARTIAN.

[b] Cod. absque et vocula; tum *seminantis* pro *sementis*, et pro *fundentur* vetus edit. *sinuantur*.

[c] Totam hancce periodum describo ex ms. S. Crucis, cui et vetus editio nonnihil concinit. Integrior sensus visus est, suppletis verbis *homini non tribues*, quæ ob superioris *tribues* similitudinem, oculos describentis facile effugerint: deinde concinnior sententia, ac verior inter ligni atque hominis instaurationem comparatio. Hactenus autem obtinuerat contrario sensu in reliquis libris omnibus: *Hæc ligno tribues, quod periturum est: sic ornatur quod mansurum non est, nec pristinam recipiet vilitatem: et vis rursus ossa, sanguinem*, etc.

[d] Idem ms. *transfiguravit*, id est μετασχημάτισε.

[e] Antea erat *leves*: paulo post, cod. S. Crucis *illi, nutriendi erunt, hi baculis sustentandi. Nec vos, o simplices animæ, resurrectio*, etc.

enim ingreditur ostiis, et in fractione panis ex oculis evanescit. Ergo et nobis post resurrectionem bibendum erit et comedendum, et post cibum stercora egerenda? Et ubi erit illa promissio : *Oportet* [a] *mortale hoc induere immortalitatem* (I Cor. xv, 53)? »

27. *Caro et corpus differunt. Astutia hæreticorum.* — Hæc est omnis causa, cur in expositione fidei tuæ, ad decipiendas aures ignorantium, novies corpus, et ne semel quidem carnem nominas : dum homines putant te carnes in corporibus confiteri, et idem carnem esse quod corpus. Si idem est, non [b] diversum significat. Scio enim te hoc esse dicturum : Putavi idem corpus esse quod carnem : simpliciter sum locutus. Quare non carnem potius nominas, ut corpus significes, et indifferenter nunc carnem, nunc corpus, ut corpus in carne, et caro in corpore demonstretur? Sed mihi crede, non est simplex silentium tuum. **435** Alia enim carnis, alia corporis definitio est : omnis caro est corpus, non omne corpus est caro. Caro est proprie, quæ sanguine, venis, ossibus, nervisque constringitur. Corpus quamquam et caro dicatur, interdum tamen æthereum, vel aereum nominatur, quod tactui visuique non subjacet, et plerumque visibile est atque tangibile. Paries est corpus, sed non caro : [c] lapis corpus est, sed non caro dicitur. Unde Apostolus corpora cœlestia appellat, et corpora terrestria. Cœleste corpus solis, lunæ, stellarum. Terrestre, ignis, aeris, aquæ, terræ, et reliquorum, quæ absque anima his censentur elementis. Vides nos intelligere subtilitates vestras, et arcana, quæ in cubiculis et inter perfectos loquimini, et quæ populus foris stans, nec meretur audire, proferre in medium? Hoc est illud quod reducta ad auriculam manu, et concrepantibus digitis, ridentes dicitis : *Omnis gloria filiæ regis intrinsecus* (Ps. xliv, 14). Et *introduxit me rex in cubiculum suum* (Cant. i, 3). Patet quare corporis, et non carnis resurrectionem dixeris : scilicet ut nos rudes carnem te dicere putaremus in corpore, et hi qui perfecti sunt, intelligerent carnem in corpore denegari. Denique Apostolus in Epistola sua ad Colossenses, volens corpus Christi carneum, et non spirituale, aereum, tenue, demonstrare, significanter locutus est, dicens : *Et vos cum essetis aliquando alienati a Christo, et inimici sensus ejus in operibus malis, reconciliavit in corpore carnis suæ per mortem* (Coloss. i, 21, 22). Rursumque in eadem Epistola : *In quo circumcisi estis circumcisione non manu facta in exspoliatione corporis carnis* (Coloss. ii, 11). Si corpus carnem solum significat, et non est nomen ambiguum, nec ad diversas intelligentias trahi potest : [d] satis superflue corporeum et carneum dicit, quasi caro non intelligatur in corpore.

28. *Symbolum fidei ab Apostolis traditum.* — In Symbolo fidei et spei nostræ, quod ab Apostolis traditum, non scribitur in charta et atramento; sed in tabulis cordis carnalibus, post confessionem Trinitatis et unitatem Ecclesiæ, omne Christiani dogmatis sacramentum, carnis resurrectione [e] concluditur. Et tu intantum in corporis, et iterum **436** corporis, et tertio corporis, et usque novies corporis, vel sermone vel numero immoraris, nec semel nominas carnem; quod illi semper nominant carnem, corpus vero tacent. Sed et illud quod argute subnectis, et prudenter præcavens dissimulas, scito nos intelligere. His enim testimoniis veritatem resurrectionis probas, quibus Origenes negat, et de dubiis incerta confirmans, certam fidei domum, subita tempestate subvertis. *Seminatur,* inquit, *corpus animale : surget corpus spirituale. Neque enim nubent, neque nubentur; sed erunt sicut Angeli in cœlis* (I Cor. 15, 44; Matth. xxii, 30; *et Luc.* xx, 35). Quæ alia exempla assumeres, si resurrectionem negares? Vis resurrectionem carnis, veritate et non putative, ut loqueris, confiteri. Post illa, quibus ignorantium blanditus es auribus, quod in ipsis corporibus, in quibus mortui sumus et sepulti, resurgamus, hoc potius adjunge, et dic : [f] Quomodo Dominus post resurrectionem fixuras clavorum ostendit in manibus, vulnus lanceæ monstravit in latere, et dubitantibus Apostolis, quod putarent phantasma se videre, respondit, *Palpate me et videte, quoniam spiritus carnes et ossa non habet, sicut me videtis habere* (Luc. xxiv, 39), et proprie ad Thomam : *Infer digitum tuum in manus meas, et manum tuam in latus meum, et noli esse incredulus, sed fidelis* (Joan. xx, 27); sic et nos post resurrectionem eadem habebimus membra, quibus nunc utimur, easdem carnes et sanguinem et ossa : quorum in Scripturis sanctis opera, non natura damnantur. Denique in Genesi scriptum est : *Non permanebit Spiritus meus in hominibus istis, quia caro sunt* (Gen. vi, 3). Et Paulus Apostolus de prava doctrina et operibus Judæorum : *Non acquievi,* ait, *carni et sanguini* (Gal. i, 16). Et ad Sanctos, qui utique in carne erant, dicit : *Vos autem in carne non estis; sed in spiritu : si tamen Dei spiritus habitat in vobis* (Rom. viii, 9). Negans enim eos in carne, quos in carne esse constabat, non carnis substantiam, sed peccata damnabat.

29. *Vera resurrectionis confessio. Elias et Enoch.* — Hæc est vera resurrectionis confessio, quæ sic gloriam carni tribuit, ut non auferat veritatem. Quod

---

[a] In eodem ms., *oportet corruptivum induere incorruptionem, et mortale hoc,* etc.
[b] Ms., *et non diversum significas.*
[c] Deerant isthæc, *lapis corpus est, sed non caro dicitur,* quæ ex archetypo S. Crucis supplentur.
[d] In ms., *satis superflue corpori junxit et carnem, quasi caro non intelligeretur in corpore.*
[e] Scilicet de æterna vita articulus in illo de carnis resurrectione contineri credebatur. Vide Rufini ex-

positionem.
[f] Sex versuum lacunam hic explevimus e S. Crucis ms. cum antea editi omnes hiulco sensu haberent, *adjunge et dic, Quoniam spiritus carnes,* etc. omissis quæ nunc primum suffecimus de Domini comparatione, quam orationis contextus inferior, atque ipsum similitudinis adverbium postulabat, et quibus sine mancus erat, immo, et auctoris menti contrarius sensus.

vero dicit Apostolus, *corruptibile hoc et mortale* (1 *Cor.* xv), **437** hoc ipsum corpus, id est, carnem, quæ tunc videbatur, ostendit. Quod autem copulat, *induere incorruptionem, et immortalitatem,* illud indumentum, id est vestimentum, non dicit corpus abolere quod ornat in gloria : sed quod ante inglorium fuit, efficere gloriosum ; ut mortalitatis et infirmitatis viliore veste deposita, immortalitatis auro, et, ut ita dicam, firmitatis atque virtutis beatitudine induamur ; volentes non spoliari carne, sed supervestiri in gloria, et domicilium nostrum, quod de cœlo est, superindui desiderantes, ut devoretur mortale a vita. Certe nemo superinduitur, nisi qui ante vestitus est. Sic et Dominus noster in monte transfiguratus est in gloria (*Matth.* xvii, *et Marc.* ix), non ut manus ac pedes cæteraque membra perderet, et subito in rotunditate vel solis, vel sphæræ volveretur : sed eadem membra solis fulgore rutilantia, Apostolorum oculos præstringerent : unde et vestimenta ejus mutata sunt in candorem, non in aerem ; ne forte et vestes ejus asseras spirituales : *Et facies ejus,* inquit, *fulgebat sicut sol* (*Matth.* ix, 2). Ubi autem facies nominatur, æstimo quod et cætera membra conspecta sint. Enoch translatus est in carne. Elias carneus raptus est in cœlum (*Genes.* v, 4; *Reg.* ii) : necdum mortui, et paradisi jam coloni, habent membra cum quibus rapti sunt atque translati. Quod nos imitamur jejunio, illi possident Dei consortio. Vescuntur cœlesti pane, et saturantur omni verbo Dei, eumdem habentes Dominum, quem et cibum. Audi Salvatorem dicentem : *Et caro mea requiescit in spe* (*Psal.* xv, 9). Et in alio loco : *Caro ejus non vidit corruptionem* (*Act.* ii, 31). Et rursum : *Omnis caro videbit salutare Dei* (*Isai.* xl, 5). Et tu semper corpus ingeminas ? Profer magis Ezechiel, qui ossa jungens ossibus et educens ea de sepulcris suis, et super pedes stare faciens, carnibus nervisque constringit,[a] et cute desuper tegit (*Ezech.* xxxvii).

50. *Job athleta Ecclesiæ ante Christum. Job videtur contra futurum Origenem scribere.* — Tonet Job tormentorum victor, et testa radens putridæ carnis saniem, miserias suas resurrectionis spe et veritate soletur : *Quis mihi det,* inquit, *ut scribantur sermones mei ? Quis mihi det, ut exarentur in libro stylo ferreo, et plumbi lamina, vel* [b] *celte sculpantur in silice ? Scio enim quod Redemptor meus vivit, et in novissimo* **438** *die de terra surrecturus sum, et rursum circumdabor pelle mea, et in carne mea videbo Deum : quem visurus sum ego ipse, et oculi mei conspecturi sunt, et non alius. Reposita est hæc spes mea in sinu meo* (*Job.* xix, 23 *et seqq.*). Quid hac prophetia manifestius ? Nullus tam aperte post Christum, quam iste ante Christum de resurrectione loquitur. Vult verba sua in perpetuum durare : et ut nulla possint vetustate deleri, exarari ea vult in plumbi lamina, et sculpi in silice. Sperat resurrectionem, immo [c] novit et vidit, quod vivit Christus redemptor ejus, et in novissimo die de terra resurrecturus sit. Necdum mortuus erat Dominus, et Athleta Ecclesiæ redemptorem suum videbat ab inferis resurgentem. Illud vero quod infert : *Et rursum circumdabor pelle mea, et in carne mea videbo Deum,* puto quod non loquatur, quasi amator carnium, quas putridas fetentesque cernebat ; sed ex fiducia resurgendi, contemnit præsentia, solatio futurorum. Rursum ait : *Circumdabor pelle mea.* Ubi hic corpus æthereum ? ubi aereum, et spiritui et auræ simile ? Certe ubi pellis et caro, [d] ubi ossa et nervi, et sanguis et venæ, ibi carnis structura, ibi sexus proprietas. *Et in carne,* inquit, *mea videbo Deum.* Quando omnis caro videbit salutare Dei, et Jesum Deum, tunc et ego videbo Redemptorem et Salvatorem, et Deum meum. Videbo autem in ista carne, quæ me nunc cruciat, quæ nunc præ dolore distillat. Idcirco Deum in carne conspiciam, quia omnes infirmitates meas sua resurrectione sanavit. Nonne tibi videtur jam tunc Job contra Origenem scribere, et pro carnis veritate, in qua tormenta sustinuit, alterum contra hæreticos habere certamen ? Dolet enim, si tanta sit frustra perpessus, et alia spiritualiter resurgente, ista carnaliter cruciata sit. Unde inculcat et exaggerat, et omnia lubricæ confessionis arcana manifesta voce concludit, dicens : *Quem visurus sum ego ipse, et oculi mei conspecturi sunt, et non alius.* [e] Is si non sexu suo resurrecturus est, si non eisdem membris, quæ jacuere in stercore, si non eosdem oculos aperiat ad videndum Deum, quibus tunc videbat [f] vermiculos, ubi erit **439** ergo Job ? Tollis ea in quibus substitit Job, et donas mihi inane vocabulum resurgentis : quomodo si navim post naufragium restituere velis, ac neges singula de quibus navis construitur.

51. *Veritas resurrectionis in quo sit. Similitudo angelorum nobis promissa in quo sit.* — Ego libere dicam, et quamquam torqueatis ora, trahatis capillum, [g] applaudatis pede, Judæorum lapides requiratis, fidem Ecclesiæ apertissime confitebor. Resurrectionis veritas sine carne et ossibus, sine sanguine et membris, intelligi non potest. Ubi caro et ossa, et sanguis et membra sunt, ibi necesse est ut sexus diversitas sit. Ubi sexus diversitas est, ibi Joannes Joannes,

---

[a] *Et cute desuper tegit.* Nullo sensu in editis libris legimus, *et desuper tegit : donec Job tormentorum victor,* etc. Deinde in contextu Jobi, legendum putant docti pariter et indocti, *vel certe sculpantur in silice.* Sed non attendunt Hieronymum expressisse vocem Hebræam יחצבו, *jebhats'hun, celte sculpantur;* ut indicaret instrumentum sculpturæ. MARTIAN.

[b] Sunt Critici haud exigui nominis, qui *certe legi* contendunt deberi pro *Celte :* et mss. quidem plurimi sunt libri Job, qui *certe* præferunt, qua de re plura dicenda nobis sunt tomo IX, ad hunc Jobi locum ex Hieronymiana versione.

[c] In codice S. Crucis, *novit et fidus est,* et mox *Redemptor tuus.*

[d] In eodem, *ibi ossa et nervi :* deinde *ubi carnis structura.* Paulo post *videbit salutarem Dei,* id est Jesum Dominum.

[e] Ms. *si non in sexu suo.*

[f] Idem *tunc videbat vermiculos, et radebat.*

[g] Sæpe alibi Hieronymus *applodere pedem* dixit, atque hic quidem *applodatis* pro *applaudatis* libentius legerem.

Maria Maria. Noli timere eorum nuptias, qui etiam ante mortem in sexu suo sine sexus opere vixerunt. Quando dicitur: *In illa die neque nubent, neque nubentur* (*Matth.* xxii, 30), de his dicitur, qui possunt nubere, et tamen non nubent. Nemo enim dicit de Angelis: *Non nubent, neque nubentur.* Ego numquam audivi spiritualium Virtutum in cœlo nuptias celebrari: sed ubi sexus est, ibi vir et femina. Unde et tu invitus licet, cogente veritate, confessus es, et dixisti: « Aut coronandus in corpore, quod caste egit et juste, aut condemnandus in corpore, quod voluptatibus iniquitatique servivit. » Tolle corpus et pone carnem, et virum ac feminam non negasti. [a] Quis enim vivit cum gloria pudicitiæ qui non habet sexum, per quem committi potuit impudicitia? Quis enim umquam lapidem coronavit, quia virgo permanserit? Angelorum nobis similitudo promittitur, id est, beatitudo illa, in qua sine carne et sexu sunt Angeli, nobis in carne et sexu nostro donabitur. Mea rusticitas sic credit, et sic intelligit sexum confiteri sine sexuum operibus: homines resurgere, et sic eos Angelis adæquari. Nec statim superflua videbitur membrorum resurrectio, quæ caritura sint officio suo; cum adhuc in hac vita positi, nitamur opera non implere membrorum. Similitudo autem ad Angelos, non hominum in Angelos demutatio, sed profectus immortalitatis et gloriæ est.

52. *Enoch et Elias iterum.* — Argumenta vero illa puerorum et infantium, et senum, et ciborum, **440** et stercorum, quibus adversum Ecclesias uteris, non sunt tua: de Gentilium fonte manarunt. Eadem enim opponunt nobis Ethnici. Qui Christianum esse te dicis, Gentilium arma depone. Discant illi magis a te resurrectionem carnis confiteri, quam tu ab illis negare. Aut si et tu de hostium numero es, ostende te libere adversarium, ut Ethnicorum suscipias vulnera. Dono tibi nutriculas tuas, ne vagiant infantes; dono decrepitos senes, ne hyberno frigore contrahantur. Frustra etiam tonsores artificia didicerunt, scientes Israeliticum populum per quadraginta annos, [b] nec unguium, nec capillorum incrementa sensisse: et quod his majus est, non sunt attrita vestimenta eorum; nec inveteraverunt calceamenta eorum. Enoch et Elias, de quibus dudum diximus, tanto tempore in eadem permanent ætate, qua rapti sunt. Habent dentes, ventrem, genitalia, et tamen [n]ec cibis, [c] nec uxoribus indigent. Quid potentiam Dei calumniaris? qui potest de medulla illa et de seminario [d] vestro, ἐντεριώνη, non carnes tantum de carnibus, sed corpus educere, et aliud ex alio facere; [e] et de aqua, id est, de vilitate carnium, [f] pretiosa et aerei corporis vina mutare: potest utique eadem potentia, qua de nihilo cuncta fabricatus est, reddere quæ fuerant: quia multo minus est restituere quod fuerit, quam facere quod non fuit. Miraris si de infantibus et senibus in perfecti viri ætatem resurrectio fiat, cum de limo terræ absque ullis ætatum incrementis, consummatus homo factus sit? Costa mutatur in feminam; et tertio humanæ conditionis modo, vilia et pudenda nostræ nativitatis elementa mutantur in carnes: [g] ligantur membris, discurrunt in venas, in ossa durantur. Vis et quartum genus humanæ generationis audire? *Spiritus Sanctus superveniet in te, et virtus Altissimi obumbrabit tibi. Propterea quod nascetur ex te sanctum, vocabitur Filius Dei* (*Luc.* i, 35). Aliter Adam, aliter Eva, aliter Abel, aliter homo Jesus Christus. Et in omnibus diversis exordiis, una hominis natura non differt.

53. *Testimonia quæ probant veram resurrectionem. Resurrectionis vocabulum quid significet.* — Resurrectionem carnis, omniumque **441** membrorum si velim probare, et ad singula testimonia explanationes adjungere, multis libris opus erit: sed præsens causa hoc non desiderat. Proposui enim, non Origeni in omnibus respondere, sed fraudulentæ satisfactioni aperire mysteria. Attamen quia longus fui in assertione contraria, et vereor ne dum fraudes pandere studeo, scandalum lectori reliquerim, acervatim testimonia ponam, cursimque perstringam, ut toto contra venenatam argumentationem Scripturarum pondere dimicemus. Qui vestem non habet nuptialem, nec servavit illud mandatum: *Candida sint vestimenta tua semper* (*Matth.* xii, 15), manibus pedibusque constringitur, ne recumbat in convivio, sedeat in solio, stet ad dextram Dei; mittitur in gehennam, ubi fletus oculorum, et stridor dentium est (*Matth.* xxii). *Capilli capitis vestri numerati sunt* (*Luc.* xii, 7). Si capilli, puto facilius dentes. Frustra autem numerati, si aliquando perituri. *Veniet hora, in qua omnes qui in monumentis sunt, audient vocem Filii Dei, et procedent* (*Joann.* v, 25). Audient auribus, procedent pedibus. Hoc et Lazarus ante jam fecerat. Procedent autem de monumentis, id est, [h] qui monumentis illati fuerant, venient mortiqui. Vide supra, quæ dicta sunt de eodem seminario Origenis. MARTIAN.

[a] Codex S. Crucis, *quid enim juvit eum gloria pudicitiæ, qui non habuit,* etc.

[b] Ex Hæbreorum opinione dixerit, quibus exaggerare prodigia solemne est. Ungues et comas per quadraginta annos non succrescentes passim illi prædicant.

[c] Cod. S. Crucis *nec uxoribus utuntur.* Mox vetus edit. pro Græco verbo ἐντεριώνη, *interiori* habet ms. noster, quemadmodum et supra, *enteriam* legit ferme cum Erasmo, et Victorio. Recole Martianæi annotationem in calce.

[d] *Vestro,* ἐντεριώνη. Codices mss. legunt hic *enterian,* vel *enteriore,* vel *entria.* Cluniacensis, *de seminario vestro, et interit.* Vocem Græcam, quam non intelligebant, mutarunt in Latinam exscriptores an-

[e] *Et de aqua,* etc. Idem Cluniac. codex variam retinet hujusmodi lectionem: *Et de aqua, id est, de vilitate carnium, pretiosa ætherea vina mutare: potest utique eadem sapientia, qua de nihilo,* etc. MARTIAN.

[f] Ms. S. Crucis *pretiosa ætherei vina,* etc.; non displiceret *ætheris.*

[g] Idem ms. *ligantur in membris, discurrunt in venis;* et mox *genus humanæ conditionis.* Paulo infra *et nihilominus diversis exordiis,* etc.

[h] Iterum idem ms. *qui in monumenta illati fuerant vivent mortui,* etc. Paulo post pro *medicina* in ms. aliisque passim editionibus est *medulla,* sed in Græco est, *typœi.*

tui, et resurgent de sepulcris suis. *Ros enim qui a Deo est, medicina est ossibus ipsorum.* Tunc implebitur quod Dominus loquitur per Prophetam : *Populus meus, intra in cellaria tua aliquantulum, donec ira mea transeat (Is.* XXVI, 20, *sec.* LXX). Cellaria sepulcra significant, de quibus hoc utique profertur, quod conditum fuerat. Et exibunt de sepulcris suis, veluti hinnuli de vinculis soluti. Gaudebit cor eorum, et ossa eorum sicut sol orientur : veniet omnis caro in conspectu Domini, et mandabit piscibus maris, et eructabunt ossa quæ comederant, et faciet compagem ad compagem, et os ad os : et qui in terræ pulvere dormierunt, resurgent : alii in vitam æternam, alii in opprobrium et confusionem æternam *(Dan.* XII, 2). Tunc videbunt justi impiorum pœnas atque cruciatus : quoniam vermis eorum non morietur, et ignis eorum non exstinguetur, et erunt in conspectu omnis carnis *(Is.* LXVI, 24). Quotquot igitur habemus hanc spem, sicut exhibuimus membra nostra famulantia immunditiæ, et iniquitati ad iniquitatem, **442** ita exhibeamus ea famulantia justitiæ ad sanctificationem : ut resurgentes ex mortuis, in novitate vitæ ambulemus *(Rom.* VI, 19). Quomodo et vita Domini Jesu manifestatur in nostro mortali corpore : et qui suscitavit Jesum Christum a mortuis, vivificabit et mortalia corpora nostra, propter inhabitantem spiritum ejus in nobis (II. *Cor.* IV, 14). Justum enim est, ut qui semper mortificationem Christi in corpore nostro circumtulimus, vita quoque Jesu manifestetur in corpore nostro mortali, id est, in carne mortali secundum naturam, æterna autem secundum gratiam. Vidit et Stephanus stantem Jesum ad dexteram Patris *(Act.* VII), et manus Moysi mutata est in candorem nivis, et deinceps colori pristino restituta *(Exod.* IV). In utraque diversitate manus fuit. Figulus ille Jeremiæ, cujus per duritiam lapidum vas quod fecerat, confractum est, de eadem massa et de eodem luto redintegravit quod ceciderat *(Jer.* XVIII) : Sed et ipsum *resurrectionis* vocabulum significat non aliud ruere, aliud suscitari : et quod adjicitur, *mortuorum*, carnem propriam demonstrat : quod enim in homine moritur, hoc et vivificatur. Vulneratus ille itineris Jericho totus refertur ad stabulum, et delictorum plagæ immortalitate sanantur *(Luc.* X).

34. *Resurrectionis veritas probata quadraginta diebus. Quare Christus comedit post resurrectionem? Marcionis error et blasphemia. Apollonius Tyaneus ante Domitianum.* — Aperta sunt et sepulcra in Domini passione, quando sol fugit, terra tremuit, et multa corpora Sanctorum surrexerunt, et visa sunt in sancta civitate *(Matth.* XXVII). Quis est, inquit Isaias, *qui ascendit ex Edom :* [a] *fulgida vestimenta ejus ex Bosor, sic formosus in stola candida (Isai.* LXIII, 1, *juxta* LXX). Edom aut *terrenus* interpretatur, aut *cruentus*. Bosor, aut *caro*, aut *in tribulatione.* Paucis verbis totum resurrectionis mysterium demonstrat, id est, et veritatem carnis et augmentum gloriæ. Et est sensus : Quis est iste qui ascendit de terra, ascendit de sanguine? *(Gen.* XLIX, *Isa.* LXIII). Cujus vestimenta juxta prophetiam Jacob, qui alligavit pullum suum ad vitem, et torcular calcavit solus, musto rubentia sunt de Bosor, id est, de carne, sive tribulatione mundi *(Joan.* XVI) : ipse enim vicit mundum. Ideoque rubra et fulgida sunt vestimenta ejus; quia speciosus est forma præ filiis hominum *(Psal.* XLIV) : et propter gloriam triumphantis in stolam candidam commutata sunt ; et tunc vere **443** de Christi carne completum est : *Quæ est ista quæ ascendit dealbata, innitens super fratruelem suum? Et* quod in eodem libro scribitur : *Fratruelis meus rubicundus et candidus (Cant.* VIII, 5; v, 10). Hunc imitantur, qui vestimenta sua non coinquinaverunt cum mulieribus *(Apoc.* III) ; virgines enim permanserunt qui se castraverunt propter regna cœlorum. Itaque in albis erunt vestibus. Eo tempore sententia Domini opere perfecta monstrabitur. *Omne quod dedit mihi Pater, non perdam ex eo quidquam, sed resuscitabo illud in novissimo die (Joan.* VI, 39). Totum videlicet hominem, quem totum nascendo susceperat. Tunc ovis quæ perierat, et in inferioribus oberrabat, humeris Salvatoris tota portabitur : et quæ peccatis languida fuit, clementia judicis sustentabitur *(Luc.* XV). Tunc videbunt illum qui compunxerunt, qui clamaverunt : *Crucifige, crucifige talem (Joan.* XIX, 6). Tribus et tribus cædent pectora, ipsi et mulieres eorum. Illæ mulieres, quibus Dominus locutus est crucem portans : *Filiæ Jerusalem, nolite flere super me, sed super vos flete, et super filios vestros (Luc.* XXIII, 28). Tunc Angelorum vaticinium complebitur, qui stupentibus [b] Apostolis sunt locuti : *Viri Galilæi, quid statis stupentes in cœlum. Hic Jesus qui a vobis assumptus est in cœlum, sic veniet, quemadmodum vidistis eum euntem in cœlum (Act.* I, 11). Quale est autem, idcirco dicere Dominum post resurrectionem quadraginta diebus [c] comedisse cum Apostolis, ne phantasma putaretur *(Ibid.)*; et hoc ipsum quod comedit, in carne et in membris visus est, in phantasmate confirmare? Aut verum est quod videbatur, aut falsum. Si verum est, ergo vere comedit, et vere membra habuit. Si autem falsum , quomodo res falsas ostendere voluit, ut resurrectionis veritatem probaret? Nemo enim falso verum probat. Ergo, inquies, et nos post resurrectionem comesuri sumus? Nescio. Non enim scriptum est : et tamen si quæratur, non puto comesuros. Legi enim , non esse regnum Dei cibum et potum, repromittens nobis quæ oculus non vidit , nec auris audivit , nec in cor hominis ascenderunt *(Rom.* 1). Moyses et Elias quadraginta diebus jejunaverunt ac noctibus *(Is.* LXV, 4 ; *Deut.* IX). Hoc hominum natura non patitur, sed

---

[a] Illic atque infra constanter codex S. Crucis *fulvida*.

[b] Emendamus ac supplemus ex ms. S. Crucis ; antea enim obtinebat imperfecto sensu, *qui stupentibus Apostolis eum-em in cœlum dixerunt*. Emendationis veritas ex ipso contextu liquet.

[c] Verbum *comedisse* in ms. desideratur. Deinde habetur, *aut verum est quod dicitur, aut falsum*, ne singillatim errores amanuensium memorem.

quod homini **444** impossibile est, Deo impossibile non est (III *Reg.* xix). Sicut qui futura prædicit, non interest utrum post decem annos, aut post centum futura pronuntiet, quia una est scientia futurorum : sic qui quadraginta diebus potest jejunare et vivere, immo non potest jejunare, sed vivit virtute Dei ; et æterno tempore poterit absque esca et potu vivere. Quare favum comedit Dominus ? Ut resurrectionem probaret ; non ut tuis faucibus mella permitteret. Piscem in primis assum petiit, ut dubitantes confirmaret Apostolos, qui ad illum accedere non audebant, quod putarent se spiritum videre, non corpus (*Joan* xii). Archisynagogi filia suscitatur, et cibum accipit : Lazarus quatriduanus mortuus resurgit, et prandens inducitur (*Marc.* v, *Joann.* xi) : non quia apud inferos esuriebat, sed quia difficultas operis, scrupulositatem fidei requirebat. Quomodo veras manus et verum ostendit latus : ita vere comedit cum discipulis : vere ambulavit cum Cleopha : vere lingua locutus est cum hominibus : vero accubitu discubuit in cœna : veris manibus cepit panem, benedixit, ac fregit, et porrigebat illis. Quod autem ab oculis repente evanuit, virtus Dei est, non umbræ et phantasmatis. Alioquin et ante resurrectionem, cum eduxissent eum de Nazareth, ut præcipitarent de supercilio montis, transivit per medios, id est, elapsus est de manibus eorum. Numquid juxta Marcionem dicere possumus, quod ideo nativitas ejus in phantasmate fuerit, quia contra naturam qui tenebatur, elapsus est ? Quod Magis licet, hoc Domino non licet ? Apollonius Tyaneus scribitur cum ante Domitianum staret in consistorio, repente non comparuisse. Noli potentiam Domini Magorum præstigiis adæquare, ut videatur fuisse quod non fuit, et putetur comedisse sine dentibus, ambulasse sine pedibus, fregisse panem sine manibus, loculus esse [a] sine lingua, et latus monstrasse sine costis.

35. Et quomodo, inquies, non cognoscebant eum in itinere, si ipsum habebat corpus, quod ante habuit. Audi Scripturam dicentem : *Oculi eorum tenebantur, ne eum agnoscerent* (*Luc.* xxiv, 16). Et rursum : *Aperti sunt oculi eorum, et cognoverunt eum* (*Ibid.* 31). Numquid alius fuit quando **445** non agnoscebatur, et alius quando agnitus est ? Certe unus atque idem erat. Cognoscere ergo, et non cognoscere, oculorum fuit, non ejus qui videbatur, licet et ipsius fuerit. Oculos enim tenebat eorum, ne se agnoscerent. Denique ut scias errorem qui versabatur in medio, non corporis Domini, sed oculorum fuisse clausorum : *Aperti sunt oculi eorum*, inquit, *et cognoverunt eum* (*Joan.* xx). Unde et Maria Magdalene quamdiu non agnoscebat Jesum, et vivum quærebat inter mortuos, hortulanum putabat. Agnoscit, et Dominum vocat. Post resurrectionem Jesus stabat in littore, discipuli in navi erant. Cæteris non cognoscentibus eum, dicit discipulus quem diligebat Jesus, Petro, *Dominus est* (*Joan* xxi, 12). Prior enim virginitas [b] virginale corpus agnoscit. Idem erat, et non idem omnibus videbatur. Statimque subjungitur : *Et nemo audebat interrogare eum, Tu quis es? scientes quod Dominus est*. Nemo audebat, quia Deum sciebant. Vescebantur cum prandente, quia hominem et carnem videbant, non quod alter Deus, alter homo esset, sed unus atque idem Filius Dei cognoscebatur ut homo, adorabatur ut Deus. Scilicet nunc mihi philosophandum est, incertos esse sensus nostros, et maxime visum. Carnicades aliquis ab inferis excitandus, [c] ut proferat verum. Remum in aqua fractum videri, porticus longius angustiores, rotundos procul turrium angulos, columbarum colla ad singulas conversiones colorem mutantia. Cum Rhode Petrum nuntiaret, et Apostolis diceret (*Act.* xii) : ob periculi magnitudinem evasisse : non credunt, phantasma suspicantur. Porro quod clausis ingressus est ostiis, ejusdem virtutis fuit, cujus et ex oculis evanescere. Lynceus (ut fabulæ ferunt) videbat trans parietem : Dominus clausis ostiis, nisi phantasma fuerit, intrare non poterit ? Aquilæ et vultures transmarina cadavera sentiunt. Salvator Apostolos suos, nisi ostium aperuerit, non videbit ? Dic mihi, acutissime disputator, quid est majus, tantam terræ magnitudinem [d] appendere super nihilum, et super aquarum incerta librare : an Deum transire per clausam portam, et creaturam cedere Creatori ? Quod majus est, tribuis : **446** quod minus est, calumniaris. Petrus super aquas ambulat gravi et solido corpore (*Joan* xx). Mollis unda non cedit : paululum fides dubitat, et statim naturam suam corpus intelligit : ut sciamus, super aquas non corpus ambulasse, sed fidem.

36. *Marcionitæ disputatio.* — [e] Oro te, qui [f] tantis contra resurrectionem uteris argumentis, ut simpliciter mecum loquaris. Credis vere Dominum resurrexisse, in eodem quo mortuus, quo sepultus est corpore, an non credis ? Si credis, cur ista proponis, per quæ resurrectio denegatur ? Si non credis, qui ita imperitorum lactas animas, et resurrectionem casso nomine ventilas ? [g] audi. Nuper de Marcionis quidam schola : Væ, inquit, ei, qui in hac carne, et in his ossibus resurrexerit. Gaudens animus statim intulit : *Consepulti enim sumus, et* [h] *consurreximus cum Christo per baptismum* (*Rom.* vi, 4). Animæ, an carnis resurrectionem dicis ? Respondi, non solius animæ, sed carnis, quæ cum anima renascitur in lava-

---

[a] Ms. *sine lingua et capite, et latus*, etc.
[b] Ms. S. Crucis *convirginale corpus*, etc.
[c] *Ut proferat verum*. Antea falso legebatur : *ut proferat remum in aqua fractum, videri porticus*, etc. MARTIAN. — Vocem *verum* veteres editiones non habent.
[d] Verbum *appendere* in ms. desideratur.
[e] *Oro te*, etc. Hic quoque falsa erat lectio : *Oro te,*

qui tantum contra resurrectionem sentis argumentaris, au simpliciter mecum loqueris. MARTIAN.
[f] Vetus edit. *qui tantum contra resurrectionem sentiens, argumentaris, ut nihil mecum*, etc.
[g] *Audi. Nuper*, etc. In isto similiter loco falsa retinetur hujusmodi lectio : *Audi nuper de Marcionis schola : væ*. MARTIAN.
[h] Ms. *consurreximus Christo in baptismate*.

cro. Et quomodo peribit, quæ in Christo renata est? Quia scriptum est, ait: *Caro et sanguis regnum Dei non possidebunt* (II *Cor.* xv). Attende, obsecro te, quod dicitur, *Caro et sanguis regnum Dei non possidebunt.* Numquid non resurgent? Absit; sed non possidebunt. Quare non possidebunt? Quia sequitur, *neque corruptio incorruptionem possidebit.* Tamdiu ergo regnum Dei non possidebunt, quamdiu caro tantum sanguisque permanserint. Cum autem corruptivum induerit incorruptionem, et mortale induerit immortalitatem (I *Cor.* xv, 53), et lutum carnis in testam fuerit excoctum, quæ prius gravi pondere premebatur in terram, acceptis spiritus pennis et [a] immutationis, non abolitionis, nova gloria volabit ad cœlum; et tunc implebitur illud quod scriptum est: *Absorpta est mors in victoria. Ubi est, mors, contentio tua? ubi est, mors, aculeus tuus* (*Ose.* xiii, 14; et I *Cor.* xv, 55)?

37. *Joannis Epist. ad Theophil. Cæsaria Metropolis Palæstinæ: totius Orientis Antiochia. Isidorus Presbyter.* — Præpostero ordine de animarum statu et carnis resurrectione respondimus: omissisque principiis Epistolæ, tota nobis contra egregios tractatus ejus fuit disputatio. Maluimus enim de Dei rebus, quam de nostris injuriis dicere. *Si peccaverit homo in hominem,* [b] *rogabunt pro eo ad Dominum. Si autem in Deum peccaverit, quis orabit pro eo* (I *Reg.* II, 25)? Nunc e diverso **447** super omnia nostros adversarios immortali odio persequimur: blasphemantibus Deum, clementem porrigimus manum. [c] Scribit ad Theophilum episcopum apologiam, cujus istud exordium est: « Tu quidem ut homo Dei, et apostolica ornatus gratia, curam omnium Ecclesiarum, maxime ejus quæ in Jerosolymis est, sustines, cum ipse plurimis sollicitudinibus Ecclesiæ Dei, quæ sub te est, distringaris. » Laudat faciem, ad personam principum trahit. Tu qui regulas quæris Ecclesiasticas, et [d] Nicæni concilii canonibus uteris, et alienos clericos, et cum suis episcopis commorantes tibi niteris usurpare, responde mihi, ad Alexandrinum episcopum Palæstina quid pertinet? Ni fallor, hoc ibi decernitur, ut Palæstinæ metropolis Cæsaria sit, et totius Orientis Antiochia. Aut igitur ad Cæsariensem episcopum referre debueras, cui, spreta communione tua, communicare nos noveras; aut si procul expetendum judicium erat, Antiochiam potius litteræ dirigendæ. Sed novi cur Cæsariam, cur Antiochiam nolueris mittere. Sciebas quid fugeres, quid vitares. Maluisti occupatis auribus molestiam facere, quam debitum Metropolitano tuo honorem reddere. Nec hoc dico, quod præter amicitias, quæ suspicionem

A generant, quidquam in legatione reprehendam; sed quia apud interrogantes magis et præsentes te purgare debueris. « Misisti religiosissimum hominem Dei Isidorum presbyterum, virum potentem tam ex ipsa incessus et habitus dignitate, quam divinæ intelligentiæ, curare etiam eos, qui animo vehementer ægrotant; si tamen sensum sui languoris habeant. Homo Dei mittit hominem Dei. » Nihil interest inter presbyterum et episcopum; eadem dignitas mittentis et missi: hoc satis imperite: in portu, ut dicitur, naufragium. Iste Isidorus qui in cœlum tuis laudibus tollitur, idipsum infamatur Alexandriæ, quod tu Jerosolymæ; ex quo non legatus advenisse videtur, sed socius. [e] Alioquin et litteræ manu ejus scriptæ, quæ ante tres menses legationis ad nos directæ erant, [f] portantes errorem, Vincentio pres-B bytero redditæ sunt, quæ usque hodie ab eo tenentur, quibus cohortatur **458** ducem exercitus sui, ut super petram fidei, stabili persistat gradu, [g] nec nostris hæreniis terreatur. Pollicetur se antequam legationis esset ulla suspicio, venturum Jerosolymam; et ad adventum suum illico adversariorum cuneos protendos. Et inter cætera his etiam verbis utitur: « Quomodo fumus in aere dissolvitur, et cera ad viciniam ignis liquescit: ita dissipabuntur qui semper Ecclesiasticæ fidei resistentes, nunc per homines simplices eamdem fidem inquietare conantur.

38. Rogo te, lector, qui hoc scribit antequam veniat, qui tibi videtur? adversarius, an legatus? Iste est quem nos piissimum vel religiosissimum, et, ut verbum exprimamus e verbo, *deicolam* [θεοσεβέστατος] possumus dicere. Iste est homo divinæ intel-C ligentiæ; tam potens, et tanta incessus ac habitus dignitate, ut quasi spiritualis Hippocrates, languorem animarum nostrarum sua potuerit præsentia mitigare, si tamen nos voluerimus suæ medicinæ acquiescere. Curet se tali medicamine, qui etiam alios curare consuevit. Nobis divina illa intelligentia, pro Christo stultitia est. Libenter nostra rusticitate languemus, ne collyrio vestro impie videre discamus. « Tuæ vero sanctimoniæ, pro optima voluntate quasi ad finem usque perducta sit; deprecamur Dominum in sanctis locis nocte ac die, ut ei reddat perfectam mercedem, et coronam vitæ largiatur. » Recte gratias agis; nisi enim venisset Isidorus, tu in tota Pa-D læstinia tam fidelem sodalem non invenisses. Nisi ille tibi promissum apportasset auxilium, hæreres in turba rusticorum, quæ sapientiam tuam intelligere non posset. Hæc ipsa apologia, de qua nunc sermo est, Isidoro præsente et multum collaborante, dictata est, ut idem esset, et dictator et bajulus litterarum.

---

[a] Idem *spiritus pennis immutatis, non abolitis.*
[b] Denuo idem ms. *orabunt* pro *eo. Si autem,* etc. Renuente Græco textu.
[c] Desinit hic loci ms. S. Crucis hac addita clausula, *Explicit liber Hieronymi contra dogma Origenis de resurrectione.* Et, *Explicit liber Eusebii Hieronymi de Resurrectione carnis.*
[d] Respicit Nicænos canones 6 et 7 quibus Cæsa-

ria non tam constituitur, quam constituta recognoscitur Palestinæ metropolis, eique isthæc prærogativa confirmatur.
[e] *Vetus edit. alioquin proferantur et litteræ.*
[f] Rescribendum videatur, *portantis errore;* sed forsasse verius *portantes terrorem,* ut Wastelius in Vindiciis putat.
[g] Eadem, *nec nostris minis terreantur.*

39. *Archelaus comes. S. Epiphanii prudentia.* — « Cum ergo ᵃ huc venisset, et accessisset ad nos tribus vicibus, et admovisset tam divinæ sapientiæ tuæ, quam propriæ intelligentiæ habentia medicinam verba, nec profuit alicui, nec profuit ei quisquam. » Hic qui ad tres vices dicitur ad nos accessisse, ut in veniendo mysticum numerum conservaret, qui Theophili episcopi mandatum **449** nobis loquebatur, litteras ad nos ab eo missas noluit reddere. Cumque diceremus : Si legatus es, redde legationis epistolas : si epistolas non habes, quomodo legatum te probabis ? Respondit se habere quidem litteras ad nos : adjuratum tamen ab Hierosolymorum episcopo, ne nobis eas redderet. En legati constantia, qui ut pacem faceret, et suspicionem in alteram partem favoris excluderet, æquum se utrisque tribuit. Et quia sine emplastro venerat, et medicorum armamenta non habebat, idcirco ejus medicina non profuit. Hieronymus et hi cum eo sunt, « et secreto et coram omnibus, frequentissime et sub jurisjurandi testificatione satis ei fecerunt, quod numquam de nobis [*Al.* vobis] ambiguitatem aliquam habuerint fidei, dicentes : Quomodo eo tempore quando communicabamus ei,ᵇ nunc similiter eumdem affectum habemus de ratione fidei. » Videte quid faciat concordia dogmatum. Isidorus, ut hæc significaret, ejus socius erat, homo Dei et presbyter θεοσεβέστατος, et vir potens, et sacro ac venerabili incessu, et divinæ intelligentiæ, et Hippocrates Christianorum vocatur. Ego misellus dum in solitudine delitesco, a tanto pontifice repente truncatus, presbyteri nomen amisi. Et tamen iste Hieronymus, cum pannosa turba et sordidatis gregibus, quid Isidoro illi fulmineo [*Al.* fulmine] ausus est respondere ? At ne forte ille non cederet, et opprimeret eos præsentia, ᶜ et mole corporis sui, non semel, non tertio, sed frequentissime juraverunt, se eum de quo quæstio erat, scire orthodoxum, nec umquam in suspicione habuisse hæreseos. O apertum impudensque mendacium ! O testimonium pro se, nec Catoni creditum ! In ore enim duorum, vel trium testium stat omne verbum (*Deut.* xxvii, 6 ; *et Matth.* xviii, 16 ; *et* II *Cor.* xvi, 1). Alicubi [*Al.* aliquando] ne dictum, aut tibi alicubi mandatum est, quod sine satisfactione fidei communionem tuam subiremus ? Quando per virum disertissimum, et christianissimum Archelaum comitem, qui sequester pacis era`, condictus locus fœderis fuit, nonne hoc in primis postulatum est, ut futuræ concordiæ fides jaceret fundamenta ? Pollicitus est esse se venturum. Instabat dies **450** Paschæ : frequens monachorum turba convenerat [*Al.* venerat] : exspectabaris in loco : quid faceres, nesciebas. Repente mandasti ægrotare nescio quam : illo die te non posse venire. Ludione an episcopus hæc loquitur ? Pone verum esse quod dicis, propter unius mulierculæ delicias, ne te absente doleat caput, fastidium sustineat, stomacho perfrigescat, Ecclesiæ causam negligis ? tot virorum, et christianorum et ᵈ monachorum contemnis præsentiam ? Noluimus occasionem dare : videbamus enim stropham dilationis tuæ, injuriam patientia vicimus. Rescribit [*Al.* quod scribit] Archelaus : monet altero et tertio die manere, si vellet [*Al.* si velles] venire. At ille occupatus : Muliercula enim vomere non cessavit : dum nauseam evasisset, nostri penitus oblitus est. Post duos ergo menses tamdem exspectatus venit Isidorus, qui non, ut tu fingis, pro te testimonium, sed causam postulatæ satisfactionis audivit. Cum enim objiceret nobis, quare ei communicastis, si hæreticus erat ? audivit ab omnibus, communicavimus nihil de hæresi suspicantes. Postquam vero a beato Papa Epiphanio conventus, tam sermone, quam litteris, respondere contempsit : cunctis monachis ab eodem Epiphanio scripta venerunt, ut absque satisfactione fidei, nullus ei temere communicaret. Presto sunt litteræ, nec super hac re dubitari potest. Hæc sunt quæ fratrum turba respondit, non ut tu argumentaris, ex eo te non esse hæreticum, quia aliquando non dictus sis. Hac enim ratione ægrotare non debebit, qui ante ægrotationem sanus fuit.

41. *Pauliniani ordinatio.* — « Quando autem cœptum est de ordinatione Pauliniani, et aliorum qui cum eo sunt, ventilari, videntes se reprehendi, cum propter charitatem atque concordiam concederentur eis omnia ; hoc autem solum expeteretur, ut licet ab aliis contra regulas ordinati essent, tamen subjicerentur Ecclesiæ Dei ; ut non scinderent eam, atque proprium sibi facerent principatum : in hoc non acquiescentes, cœperunt proponere de fide, et omnibus notum facere, quod si non arguerentur hi qui cum Hieronymo presbytero erant, nihil culparent in nobis. Sin autem arguerentur erroris, **451** et culpæ, cum penitus non queant de istiusmodi quæstionibus disputare, satisfactionem errati proprii non invenientes, ad ista confugerent : non quo sperarent nos posse convinci, sed famam nostram lædere niterentur. »

41*. *Paulinianus presbyter Cypri versabatur. Hieronymus ordinatus a Paulino.* — Quod perplexa oratio est, nemo vitium ᵉ interpretationis putet. Talis enim et Græca est. Interim ego gaudeo, quod qui me decollatum putabam, subito mihi presbyterii caput video repositum. Dicit nos omnino convinci non posse, et venire ad prælium perhorrescit. Si causa discordiæ, non ex dissensione fidei est, sed ex Pauliniani staturæ proceritatem fratres Longi dicti sunt, Dioscorus nempe, Ammonius, Eusebius, Euthymius, quorum in Ecclesiastica historia memoria notissima.

ᵃ P. Wastelius legendum contendit *ad eos*, minime suffragantibus mss.
ᵇ Idem Wastelius in vetustiori quadam edit. legi testatur *tunc similiter eumdem affectum habebamus* ; quam lectionem tueri frustra conatur, cum aut nullus, aut sane incongruus, et Hieronymianæ menti contrarius sit sensus.
ᶜ Ex eorum nempe erat Isidorus genere, qui ob
ᵈ *Vetus edit. et monachorum patientiam tentas.*
ᵉ Eadem vetus edit. *vitium interpretatoris putet.* Et paulo post *dicis vos omnino*, etc., et consequenter *perhorrescis*.

ut dicis, ordinatione descendit, quæ tanta stultitia est volentibus occasionem dare, nolle respondere? Confitere fidem; sed tamen responde quod quæreris, ut omnibus luceat, non de fide, sed de ordinatione esse certamen. Quamdiu enim interrogatus de fide, tacueris, potest tibi adversarius dicere: Non est ordinationis causa, sed fidei. Si ordinationis causa est, stulte facis de fide interrogatus, tacere. Si fidei, stulte prætendis ordinationem. Porro quod dicis te petisse, ut subjicerentur Ecclesiæ Dei, et non scinderent eam, neque proprium sibi facerent principatum, de quibus dicas, non satis intelligo. Si de me et de [a] presbytero Vincentio, satis multo dormisti tempore, qui post annos tredecim, nunc excitatus hæc loqueris. Ob id enim et ego Antiochiam, et ille Constantinopolim, urbes celeberrimas deseruimus, non ut te in populis prædicantem laudaremus: sed ut in agris et in solitudine adolescentiæ peccata deflentes, Christi in nos misericordiam deflecteremus. Sin autem de Pauliniano tibi sermo est: vides eum Episcopo suo esse subjectum, versari Cypri, ad visitationem nostram interdum venire: non ut tuum, sed ut alienum; ejus videlicet, a quo ordinatus est. Quod si hic etiam esse voluerit, et in exsilio nostro quietus in solitudine vivere, quid tibi debet, nisi honorem quem omnibus debemus episcopis? Fac a te ordinatum: idem ab eo audies, quod a me misello homine sanctæ memoriæ **452** episcopus Paulinus audivit. « Num rogavi te, ut ordinarer? Si sic presbyterium tribuis, ut monachum nobis non auferas, tu videris de judicio tuo. Sin autem sub nomine presbyteri tollis mihi, propter quod sæculum dereliqui: ego habeo quod semper habui: nullum dispendium in ordinatione passus es.

42. *Competentes in Ecclesia. Ab specu Domini prohibitus Hieronymus.* — « Ut non scinderent, inquit, eam, neque proprium sibi facerent principatum. » Quis scindit Ecclesiam? Nos, quorum, omnis domus Bethleem in Ecclesia communicat? an tu qui aut bene credis, et superbe de fide taces: aut male, et vere scindis Ecclesiam? Nos scindimus Ecclesiam, qui ante paucos menses circa dies Pentecostes, cum obscurato sole, omnis mundus jam jamque venturum judicem formidaret, quadraginta diversæ ætatis et sexus, presbyteris tuis obtulimus baptizandos? Et certe quinque presbyteri erant in monasterio, qui suo jure poterant baptizare; sed noluerunt quidquam contra stomachum tuum facere, ne et hæc tibi de fide reticendi daretur occasio. An non tu potius scindis Ecclesiam, qui præcepisti Bethleem presbyteris tuis: ne competentibus nostris in Pascha baptismum traderent, quos nos Diospolim (*Lidda*) ad confessorem et episcopum misimus [b] Dionysium baptizandos? Ecclesiam scindere dicimur, qui extra cellulas nostras locum Ecclesiæ non habemus? An non tu scindis Ecclesiam, qui mandas clericis tuis, ut si quis Paulinianum ab Epiphanio episcopo consecratum presbyterum dixerit, Ecclesiam prohibeatur intrare. Ex quo tempore usque in præsentem diem videmus tantum specum Domini; et hæreticis intrantibus, procul positi suspiramus.

43. Nosne sumus, qui Ecclesiam scindimus: an ille qui vivis habitaculum, mortuis sepulcrum negat, qui fratrum exsilia postulat? Quis potentissimam illam feram, totius orbis cervicibus imminentem, contra nostras cervices [c] specialiter incitavit? Quis ossa Sanctorum, et innoxios cineres hucusque verberari ab imbribus sinit? His nos blandimentis bonus Pastor invitat ad pacem, **453** et proprium arguit facere principatum: qui omnibus episcopis, rectam dumtaxat fidem tenentibus, et communione et charitate sociamur. An tu solus Ecclesia es, et qui te offenderit, a Christo excluditur? Si proprium defendimus principatum, ostende nos in parœcia tua habere episcopum. Quod tibi non communicavimus, fidei est: responde, et ordinationis erit.

44. « Occasionem quoque fingunt aliarum litterarum, quas dicunt sibi scripsisse Epiphanium. Quamquam dabit ille rationem pro omnibus quæ gesta sunt ante tribunal Christi, ubi major et minor absque ulla personarum acceptione judicabitur. Attamen quomodo possunt illius niti epistola, quam de ordinatione Pauliniani illicita, et illorum qui cum eo sunt, a nobis coargutus scripsit: sicut et ipsa ejus epistola in exordio suo significat? » Rogo quæ tanta est cæcitas, Cimmeriis, sicut aiunt, tenebris involuta? Dicit nos occasionem fingere, et Epiphanii adversus se litteras non habere, statimque subjungit: « Quomodo possunt illius niti epistola, quam de ordinatione Pauliniani illicita, et eorum qui cum eo sunt, a nobis coargutus scripsit: sicut et ipsa ejus epistola in exordio suo significat? » Non habemus epistolam. Et quæ est illa epistola **454** quæ in exordio suo de Pauliniano loquitur? Est aliquid post exordium, cujus tu times facere mentionem. A te est coargutus ætatis, qua Paulinianus erat. Presbyterum ordinas, et

---

[a] *Presbytero Vincentio.* Non legas *Innocentium*, sed *Vincentium*: uti compertum nobis est ex supra dictis, et ex tertio libro adversus Rufinum, ubi dicitur Vincentium in portu Romano navem ascendisse securum cum Hieronymo Jerosolymam redeunte. A quo autem tempore numerentur anni tredecim, de quibus nunc sermo est, alibi dicemus in Notis Chronologicis. MARTIAN.

[b] Hic ille Dionysius Liddensis, sive Diospolitanus est, cujus ante ineditam Epistolam de Origenistarum damnatione vulgavimus in priori tomo sub numero 94.

[c] Lego cum mss. *specialiter*; quod legi oportere pro *spiritualiter* Gravius quoque docuerat, et sensus postulat. Feram autem illam quam contra Hieronymum Joannes incitaverat, quidam intelligi volunt Rufinum Arcadii tutorem, illum perduellem, qui ducem Gothorum Alaricum vocavit contra Arcadium, ut ipse ejus imperium occuparet: sed repulso Alarico, ipse trucidatus est, labente an. 395. Apertius ipse Hier. ad Theophilum adversus ipsum Joannem epistola 82: *Nuper,* inquit, *nobis postulavit, et impetravit exsilium; atque utinam implere potuisset,* etc. fortasse quia trucidato statim Rufino, rescriptum illud nullius erat auctoritatis.

legatum mittis ac socium : tantamque habes fiduciam, ut ubi Pauliniauum mentitus es puerum, illuc puerum mittas presbyterum. Itemque Theosebam [*Al.* Theosobium] Thiriæ Ecclesiæ diaconum facis presbyterum, et contra nos armas, illiusque in nos abuteris eloquentia. Tibi soli licet Ecclesiæ jura calcare : tu quidquid feceris, norma doctrinæ est ; et non erubescis ante tribunal Christi judicandum tecum Epiphanium provocare. Quæ sequuntur post hoc capitulum, hæc sunt : Mensæ suæ et domus contubernium imputat Epiphanio, scribitque cum num-

quam esse secum de Origenis dogmatibus locutum, et sub jurisjurandi testificatione confirmat, dicens : « Ne suspicionem quidem, sicut Deus testis est, perversæ in nos fidei se habere monstravit. » Nolo respondere et arguere acriter, ne perjurii episcopum convincere videar. Præsto sunt plures epistolæ Epiphanii : una ad ipsum, aliæ ad episcopos Palestinos, et nuper ad Romanæ urbis pontificem : in quibus dicit se eum coram multis, de dogmatibus arguentem non meruisse responsum, totumque nostræ parvitatis testis est monasterium. [a]

[a] Ex hac operis conclusione docti viri argumentatur, librum abs Hieronymo non fuisse absolutum. Vide in hanc rem præfixam huic libro Admonitionem.

IN LIBROS CONTRA RUFINUM ADMONITIO,

Dissensionis Hieronymum inter ac Rufinum longe notior historia est, quam nostra explicatione ut indigeat. Causa mali tanti Latina versio librorum Origenis περὶ Ἀρχῶν *fuit, quam presbyter Aquileiensis, sublesta utique fide, elaboraverat Romæ circa annum 398. Nam ut Origeniani dogmatis venena, subdolæ interpretationis fuco oblita, Latinis auribus tutius propinaret, præfationem operi præfixit, in qua Hieronymum figuratis laudibus prædicabat, veluti Adamantii opinionum fautorem, suæque sententiæ socium : ipsum vero librum ab accriptis erroribus expurgatum opera sua jactabat. Sed cum multa essent adhuc quæ christianas aures moverent, et minus catholice dicta existimarentur, Pammachius et Oceanus Hieronymo auctores fuerunt, ut germanam ipse ejus libri interpretationem vulgaret, nequaquam dissimulatis erroribus, quo se manifesto proderent ; purgaretque adeo suspicionem favoris in Origenem ab æmulo injectam, ne si criminantem convincere differret, consentire illi videretur. S. Doctor datis primum Rufino litteris, amice conquestus est : deinde anno 400 Origenis ipsum librum ita ad finem vertit, ut hæreses statim innotescerent : deditque una epistolam, in nostra recensione 84, Pammachio, et Oceano, in qua calumniam omnem a se longe amovet, quove animo legerit aliquando, aut laudarit Origenem absque pietatis periculo exponit. Hinc porro ingens in Ecclesia incendium exortum est ; nam Rufinus Apologiam pro sua fide ad Anastasium papam scribere compulsus, non tam pro se nisus est satisfacere, quam in sui defensionem novas Hieronymo calumnias struere. Tum recrudescente in dies magis inimicitiæ vulnere, tres Invectivarum libros anno insequenti sive 401 in S. Doctorem procudit : quibus ille nondum lectis, sed tantum ex ore amicorum ex parte auditis, respondet tribus hisce Apologeticis libris : quos ad annum 402 refero ex duobus ipsiusmet Hieronymi testimoniis. Alterum circa finem primi libri, ubi post biennium se scribere profitetur, ex quo edito brevi libello, præconiis Rufini responderat : brevis enim libellus iste ipsa est ad Pammachium laudata epistola 84, quæ ad annum spectat 400. Alterum post medium II libri, ubi se ante annos ferme decem scripsisse de Illustribus viris dicit : compertum nempe est omnibus, anno 392 prodiisse librum illum, hosque adeo inita ratione anno 402 ascribendos esse. Eorum porro summa est hujusmodi : In primo interpretationem suam multis argumentis excusat, sibique diluit objecta crimina : altero Apologiam Rufini ad papam Anastasium missam exagitat : tertio denique ejusdem Rufini litteris sibi cum Invectivarum codice missis respondet.*

2. Nunc quid a nobis in illis recudendis præstitum sit, explicemus. Primo Rufini Invectivas, quas e regione Hieronymianæ Apologiæ in adversa columna continenter P. Martianæus apposuerat, loco movimus, et Hieronymianis ipsis subnectimus. Neque enim ex ordine sententiæ sententiis respondent, aut ubi in una columna æmulus calumniam intentat, in altera criminis dilutio est ; sed e contrario alter prout libet suo stomacho inservit et velitatur : alter non lectis contra se libris, sed vulgo intellectis criminationibus occurrit. Quare præposteram Martianæi curam nemo non improbavit, natam ad creandum lectori laborem, ipsumque S. Doctoris contextum singulis paginis intercipiendum. Secundo cum sit utile studiosis et commodum, authentica monumenta, quæ scriptis auctoris quem exornas, occasionem dederunt, vel quæ ab ipso auctore impugnantur, scriptis iisdem annectere, nos huc adscivimus primo Rufini libellum illum, sive Apologiam, aut confessionem fidei, quam ad papam Anastasium misit, et quam Hieronymus toto secundo libro confutat ; deinde ipsam quoque Anastasii super nomine Rufini epistolam, quam illi toties tum alibi, tum maxime hisce in libris ingerit S. Doctor. Hactenus in eum tomum qui aliena ac suppositia complectitur, rejectæ sunt ; sed in antiquis codicibus, quemadmodum de veteri Corbeiensi P. Constantius tradit, satis prudenter ipsis apponuntur Hieronymi libris, ejusque dispositionis doctissimo viro ipse auctor Hieronymus videbatur. Denique lucubrationes omnes pleramque partem cum antiquis editionibus, unam aut alteram cum vetustissimo Palatino - Vaticano 234 contulimus, sæpe etiam emendamus.

S. EUSEBII HIERONYMI

STRIDONENSIS PRESBYTERI

APOLOGIA
ADVERSUS LIBROS RUFINI,
MISSA

ᵃ AD PAMMACHIUM ET MARCELLAM.

LIBER PRIMUS.

---

457 1. Et vestris et multorum litteris didici, objici mihi ᵇ in schola Tyranni, lingua canum meorum ex inimicis ab ipso (*Ps.* LXVII, 24), cur περὶ Ἀρχῶν libros in Latinum verterim. ᶜ O impudentiam singularem! accusant medicum quod venena prodiderit; ut scilicet ᵈ φαρμακοπώλην suum, non innocentiæ merito, sed criminis communione tueantur, quasi culpam numerus peccantium minuat, et in personis, non in rebus sit accusatio. Scribuntur contra me libri, ingeruntur omnibus audiendi; et tamen non eduntur, ut et simplicium corda percutiant, et mihi facultatem pro me auferant respondendi. Novum malitiæ genus, accusare, quod prodi timeas : scribere, quod occultes. Si sunt vera quæ scribit, cur publicum timuit? si falsa, cur scripsit? Olim pueri legimus : Intemperantis esse arbitror scribere quidquam, quod occultari velis (*Cicero lib.* 1 *Academ. Quæst.*). Rogo quis est iste dolor? Quid æstuant? quid insaniunt? Quod præconem repuli figuratum? quod nolui me subdolo ore laudari? quod sub amici **458** nomine, inimici insidias deprehendi? Frater et collega in præfatiuncula vocor, et satis aperte exponuntur crimina mea, quid scripserim, quibus in cœlum Origenem laudibus levaverim. Bono animo fecisse se dicit. Et quomodo nunc eadem inimicus objicit, quæ tunc amicus laudaverat? Voluerat me in interpretatione quasi prævium sequi; et auctoritatem operi suo ex nostris opusculis mutuari. Suffecerat semel dixisse, quod scripseram. Quid necesse fuit eadem rursus iterare, et frequenter ingerere : et quasi nemo sibi laudanti crederet, ipsa dicta replicare? Non est tam sollicita de audientium fide, simplex et pura laudatio. Quid metuit, ne illi sine testimoniis dictorum meorum in meis laudibus non credatur? Videtis nos intelligere prudentiam ejus et prædicationis ᵉ diasyrticæ strophis in scholis sæpe lusisse? Simplicitatem obtendere non potest, in quo artifex deprehenditur malitia. Semel, aut ut multum, bis errasse sit casus; cur prudenter errat et crebro, **459** et sic per totum texit errorem, ut mihi non liceat negare quod laudat? Prudentis fuerat et amici, post reconciliatam simultatem, etiam leves suspiciones fugere : ne quod

---

ᵃ *Ad Pammachium,* etc. In mss. codicibus S. Audoeni Rothomagensis ad hunc modum inscribitur Defensio isthæc : *Incipit Hieronymi Doctoris egregii adversus tres libellos Rufini calumniatoris invidi Defensio missa Pammachio et Marcellæ.* Falso in antea editis libris *Marcellino,* pro *Marcellæ* inscripta erat eadem Apologia. MARTIAN.

ᵇ *In schola tyranni.* Sic lege cum omnibus fere exemplaribus mss. conformiter libro Actuum cap. XIX, 9, *disputans in schola tyranni cujusdam.* MARTIAN. — Putat Martianæus alludi illud Actuum cap. XIX, 9 : *disputans in schola tyranni cujusdam.* At proprie Hieronymus patriam Rufini notat, quem *Tyranium,* vel *Toranium,* et *Turanium* appellari videas ab antiquis. Ipsa ejus Symboli expositio *Rufino Torano, Aquileiensis Ecclesiæ presbytero auctore* inscribitur. *Tora,* aut *Tyra* fuerit loci nomen. Hier. infra lib. III oppidulum fuisse dicit. Erat autem Rufini cognomentum *Tyrannius,* ut suis locis ostendimus.

ᶜ *O impudentiam.* S. Audoeni ambo mss. codices, *et ob impudentiam singularem,* etc. Corbeiensis autem: *Et o impudentiam singularem.* MARTIAN.

ᵈ Φαρμακοπώλην *suum.* Obtrudunt nobis hic Græca verba Erasmus et Marianus, quæ in nullo apparent exemplari manuscripto; nempe φάρμακον θανάσιμον, id est, venenum mortiferum. In multis Græce quidem scribitur ΦΑΡΜΑΚΟΠΩΛΑΜ suum; sed altum ubique silentium de pharmaco thanasimo Erasmi et Mariani. Pharmacopola porro Origenistarum erat Rufinus, ut liquido apparet ex ipso contextu. MARTIAN. — Perperam erat in antiquis editionibus φάρμακον θανάσιμον, *id est malum virus, venenumque lethale suum,* etc.

ᵉ Non a distrahendo, ut Erasmus, neque ab obtrectando, ut Victorius, diasyrtica prædicatio hic dicitur; sed ab eo, quod elevet ea, ad quæ respondere difficile est.

fortuito fecisset, consulto facere putaretur. Unde et Tullius in Commentariis causarum pro Gabinio : « Ego, inquit, cum omnes amicitias tuendas semper putavi summa religione et fide, tum eas maxime quæ essent ex inimicitiis revocatæ in gratiam : propterea quod integris amicitiis officium prætermissum, imprudentiæ, vel (ut gravius interpretemur) negligentiæ excusatione defenditur ; post reditum in gratiam, si quid est commissum, id non neglectum, sed violatum putatur : nec imprudentiæ, sed perfidiæ assignari solet. » Flaccus Horatius quoque in Epistola quam scribit ad Florum : *Male*, ait, *sarta Gratia nequidquam coit*, et *rescinditur*.

2. *Hilarius, Origenis interpres, et Ambrosius et Victorinus. Tres libri Rufini.* — Quid mihi nunc prodest, quod simpliciter errasse se jurat ? Ecce objiciuntur mihi laudes ejus, et crimini datur simplicissimi amici, non simplex, nec pura laudatio. Si auctoritatem suo operi præstruebat, volens quos sequeretur ostendere, habuit in promptu Hilarium Confessorem, qui quadraginta ferme millia versuum Origenis in Job et Psalmos transtulit. Habuit Ambrosium, cujus pene omnes libri hujus sermonibus pleni sunt : et Martyrem Victorinum, qui simplicitatem suam in eo probat, dum nulli molitur insidias. De his omnibus tacet, et quasi columnis Ecclesiæ prætermissis, me solum pulicem et nihili hominem per angulos consectatur. Nisi forte eadem simplicitate, qua amicum nescius accusavit, illos ignorasse se juret. Et quis ei credet viro eruditissimo, et qui tantam habeat scientiam Scriptorum veterum, maxime Græcorum, ut dum peregrina sectatur, pene sua amiserit : quod recentissimæ memoriæ viros et Latinos nesciat ? Ex quo apparet non tam me ab eo laudatum, quam illos non accusatos : ut sive laus illa est (ut stultis persuadere conatur) sive accusatio, ut ego ex vulneris mei dolore sentio, nec in laude haberem æqualium gloriam, nec in vituperatione solatium.

3. Teneo epistolas vestras, quibus accusatum me scribitis esse : et hortamini ut respondeam criminanti; ne si tacuerim, videar crimen agnoscere. Ad quas respondi, fateor : et quamvis læsus, sic amicitiæ jura servavi, ut me sine accusantis accusatione defenderem : et quod unus Romæ amicus objecerat, a multis in toto orbe inimicis dicerem jactitatum, ut non viderer homini, sed criminibus respondere. Aliud est, si pro jure amicitiæ accusatus tacere debui, et dum [a] lutatam habeo faciem, atque (ut ita dicam) hæretico fetore conspersam, ne simplici quidem aqua diluere, ne ille mihi fecisse putaretur injuriam. Hæc vox nec hominis est, nec ad hominem, aperte amicum petere, et crimina ejus sub persona laudatoris exponere : et illi ne hoc quidem liberum derelinqui, ut se catholicum probet, et laudationem hæretici, quæ illi objicitur, non de assensu hæreseos, sed de ingenii exstitisse admiratione respondeat. Placuerat ei, sive ut ipse vult videri, compulsus erat in Latinam linguam vertere, quod nolebat. Quid necesse fuit me latentem, et tantis maris atque terrarum divisum spatiis inserere quæstioni ? opponere invidiæ plurimorum, ut plus mihi laudando noceret, quam sibi prodesset exemplo ? Nunc quoque quia renui laudatorem, et verso stylo docui me non esse, quod meus necessarius prædicavit, dicitur furere, et [b] tres contra me libros venustate Attica texuisse : eadem accusans, quæ ante laudaverat, et objiciens mihi in translatione Origenis nefaria dogmata, de quo in Præfatiuncula laudationis suæ dixerat : « Sequar regulam præcessorum, et ejus præcipue viri, cujus superius fecimus mentionem : qui cum ultra septuaginta libellos Origenis, quos Homiliticos appellavit, aliquantos etiam de tomis in Apostolum scriptis, transtulisset in Latinum : in quibus cum aliquanta offendicula inveniantur in Græco, ita elimavit omnia interpretando atque purgavit, ut nihil in illis quod a fide nostra discrepet, Latinus lector inveniat. Hunc ergo etiam nos, licet non eloquentiæ viribus, disciplinæ tamen regulis in quantum possumus, sequimur. »

4. *Fides Romana Catholicorum est.* — Certe hæc illius verba sunt, negare non potest. Ipsa styli elegantia et sermo compositus, quodque his majus est, simplicitas Christiana, auctoris sui characterem probant. Aliud est, si ista Eusebius depravavit, [c] et accusator Origenis, meique studiosus, in uno eodemque opere et illum et me vel errasse, vel bene sensisse testatus est. Non potest me nunc inimicus hæreticum dicere, quem a fide sua dudum non discrepare præfatus est. Simulque et hoc ab eo quæro, quid sibi velit sermo moderatus et dubius ? Nihil, inquit, in illis quod a fide nostra discrepet, Latinus lector inveniet. Fidem suam quam vocat ? Eamne qua Romana pollet Ecclesia ? an illam, quæ in Origenis voluminibus continetur ? Si Romanam responderit, ergo Catholici sumus, qui nihil de Origenis errore transtulimus. Sin autem Origenis blasphemia, fides illius est : dum mihi inconstantiæ crimen impingit, se hæreticum probat. Sive bene credit laudator meus, confessione sua me assumit in socium ; sive male, ostendit me ideo ante laudatum, quia participem sui putabat erroris. Sed adversus illos libros, qui per angulos garriunt, et furtiva accusatione me mordent, cum editi fuerint, et de tenebris ad lucem processerint, atque ad nos vel studio fratrum, vel temeritate æmulorum potuerint pervenire, respondere conabor. Neque enim magnopere formidandi sunt, quos metuit auctor [d] suus prodere, et tantum confederatis legendos esse decrevit. Tunc aut agnos-

---

[a] Victorius, *et lutatam ab eo faciem*, scilicet Rufino, pro *habeo*. Phrasin Hieronymus videatur sumpsisse ex Tatiano, qui de Crescente philosopho scripsit, quod lutatam habuerit faciem, eaque propter sapienti indecoram.

[b] Superant hodienum tres : in quorum habenda est numero Epistola ad Anastasium. Vide Vitam.

[c] Fortasse rescribendum est, *Aliud si accusator Origenis*, etc.

[d] In veteri edit., *suis pandere*.

cam crimina, aut diluam, aut in accusatorem quæ sunt objecta retorquebo: et ostendam quod hucusque silentium modestiæ fuerit, non male conscientiæ.

5. *Auctor sese excusat.* — Interim apud tacitum lectoris judicium purgatum me esse volui, et gravissimum inter amicos crimen refellere, ne prior læsisse videar, qui et vulneratus nequaquam contra persecutorem tela direxi; sed meo tantum vulneri admovi manum. Quem obsecro, ut absque præjudicio personarum, culpam in eum referat, qui lacessivit. Nec læsisse contentus, quasi adversus elinguem semperque taciturum, tres elucubravit libros, [a] et ἀντιθέσεις Marcionis de meis opusculis fabricatus est. Gestit animus, et illius repente doctrinam, et meam insperatam vecordiam **462** cognoscere. Fortasse brevi tempore didicit, quod nos docere debeat; et quod illum scire nullus putabat, subitum eloquentiæ flumen ostendet. *Sic pater ille Deum faciat : sic magnus Iesus* (*Ex Virgil. lib.* x *Æneid.*). Incipiat conferre manum. Quamvis libraverit accusationis suæ hastas, et totis adversum nos viribus intorserit, credimus in Dominum Salvatorem, quod scuto circumdabit nos veritas ejus ; et cum Psalmista cantare poterimus : *Sagittæ parvulorum factæ sunt plagæ eorum* (*Psal.* LXIII, 8). Et, *Si constiterint adversum me castra, non timebit cor meum. Si steterit adversum me prælium, in hoc ego sperabo* (*Psal.* XXVI, 3, 4). Sed hæc alias. Nunc ad id quod cœpimus, revertamur.

6. *Cur Latine verterit Origenis Periarchon ? Didymus propugnator Origenis.* — Objiciunt mihi sectatores ejus, *cerealiaque arma Expediunt fessi rerum* (*Æneid. lib.* 1), quare περὶ Ἀρχῶν libros Origenis noxios, et Ecclesiasticæ fidei repugnantes, in Latinum sermonem verterim. Ad quos brevis et succincta responsio est : Tuæ me, frater Pammachi, et tuorum litteræ compulerunt, dicentes illos ab alio fraudulenter esse translatos, et interpolata nonnulla, et vel addita vel mutata. Ac ne parvam Epistolis haberem fidem, misistis exemplaria ejusdem translationis, cum præfatiuncula laudatrice mea. Quæ cum legissem, contulissemque cum Græco, illico animadverti quæ Origenes de Patre et Filio et Spiritu Sancto impie dixerat : et quæ Romanæ aures ferre non poterant, in meliorem partem ab interprete commutata. Cætera autem dogmata, de Angelorum ruina, de animarum lapsu, de resurrectionis præstigiis, de mundo, vel intermundiis Epicuri, de restitutione omnium in æqualem statum, et multo his deteriora : quæ longum esset retexere, vel ita vertisse, ut in Græco invenerat, vel de Commentariolis Didymi, qui Origenis apertissimus propugnator est, exaggerata et firmiora posuisse : ut qui in Trinitate catholicum legerat, in aliis hæreticum non caveret.

7. Alius forsitan, qui non esset amicus ejus, diceret : aut totum muta, quod malum est : aut totum prode, quod optimum putas. Si propter simplices noxia quæque detruncas, et ea quæ ab hæreticis addita simulas, in **463** peregrinum non vis transferre sermonem, [b] cedo quidquid est noxium. Sin autem veritatis fidem in translatione conservas, cur alia mutas, et alia dimittis intacta ? Quamquam aperta confessio est in eodem Prologo, emendasse te prava, et optima reliquisse. Ex quo non interpretis libertate, sed scriptoris auctoritate teneberis, si quid in his quæ vertisti, hæreticum comprobetur ; et manifesti criminis argueris, idcirco te veneni calicem circumlinere melle voluisse, ut simulata dulcedo, virus pessimum tegeret. Hæc et multo his duriora inimicus diceret : et te, non ut interpretem mali operis, sed ut astipulatorem in jus Ecclesiæ traheret. Ego autem memet tantum defendisse contentus, in libris περὶ Ἀρχῶν simpliciter quod in Græco habebatur expressi : non ut crederet lector his quæ interpretabar ; sed ne crederet illis, quæ tu ante transtuleras. Duplex in opere meo utilitas fuit, dum et hæreticus auctor proditur, et non verus interpres arguitur. Ac ne quis me putaret his consentire quæ verteram, interpretationis necessitatem præfatione munivi, et docui, quibus lector non deberet credere. Prior translatio laudem Auctoris continet : secunda vituperationem. Illa lectorem provocat ad credendum ; ista ad non credendum movet. Ibi et ego invitus laudator assumor ; hic intantum non laudo quem transfero, ut cogar accusare laudantem. Eadem res non eadem mente perfecta est ; immo unum iter diversos exitus habuit. Abstulit quæ erant, dicens ab hæreticis depravata ; et addidit quæ non erant, asserens ab eodem in locis aliis disputata : quod nisi ipsa loca monstraverit, unde transtulisse se dicit, probare non poterit. Mihi studio fuit nihil mutare de vero. Ad hoc enim interpretabar, [c] ut mala interpretatione convincerem. Putatis me interpretem ? Proditor fui : prodidi hæreticum, ut Ecclesiam ab hæresi vindicarem. Cur Origenem in quibusdam ante laudaverim, prælatus **464** huic operi ostendit liber. Nunc sola interpretationis meæ causa redditur, quæ cum pietatis habeat voluntatem, non debeo impietatis

---

[a] *Et* ἀντιθέσεις. Prodigiosum mendum, inquit Gravius, in hunc locum : et vere prodigiosum, quod Erasmi phantasmata, non Hieronymianum contextum repræsentat. Præterea omnes mss. codices retinent non Erasmianum ἀρτιώσεις, sed Marcionis ἀντιθέσεις, de quibus Tertullianus lib. I, contra Marcionem : *Nam hæ sunt* ἀντιθέσεις *Marcionis, quæ conantur discordiam Evangelii cum Lege committere.* Deinde lib. IV : *Opus ex contrarietatum oppositionibus* ἀντιθέσεις *cognominatum, et ad separationem Legis Evangelii coactum.* Similes contrarias oppositiones ex opusculi Hieronymi fabricatus est Rufinus, ut Auctorem sibi contrarium ac parum constantem ostenderet in causa et Origenis laude. MARTIAN. — Antitheses novi et veteris Testamenti titulus libri est, quem Marcion oppositis Moysi et Christo sententiis composuit; Tertullianus cum primis impugnavit. Olim erat ἀρτιώσεις : falso.

[b] In veteri edit. *noxia quæque ab hæreticis addita simulas.* Hic vero pro *cedo* quod ex eadem veteri recepimus, Victorius *cæde* legerat, vitiose autem Martianæus *cede.*

[c] Alibi est, *ut male interpretata.*

argui, prodens impium, quod quasi pium Ecclesiis tradebatur (*Epistola ad Pammachium et Oceanum*).

8. *Eusebius signifer Arianæ factionis.* — Septuaginta libros ejus, ut meus necessarius criminatur, in Latinum verteram, et multa de tomis. Numquam de opere meo fuit quæstio, numquam Roma commota est. Quid necesse erat Latinis auribus tradere, quod detestatur et Græcia, quod orbis accusat? Ego per tot annos tam multa convertens, nunquam scandalo fui. Tu ad primum et solum opus, ignotus prius, temeritate factus es nobilis. Docet ipsa Præfatio, et Pamphili martyris librum pro defensione Origenis a te esse translatum. Et hoc agis totis viribus, ut cujus fidem martyr probat, Ecclesia non refutet. Sex libros (ut ante jam dixi) Eusebius Cæsariensis episcopus, Arianæ quondam signifer factionis, pro Origene scripsit, latissimum et elaboratum opus; et multis testimoniis approbavit, Origenem juxta se catholicum, id est, juxta nos Arianum esse. Horum tu primum librum vertis [a] sub nomine martyris. Et miramur, si me homunculum parvi pretii, Origenis laudatorem velis, cum martyri calumniam feceris? Paucisque testimoniis de Filio Dei et Spiritu sancto commutatis, quæ sciebas displicitura Romanis, cætera usque ad finem integra dimisisti; hoc idem faciens in Apologia, quasi Pamphili, quod et in Origenis περὶ Ἀρχῶν translatione fecisti. Si iste Pamphili liber est, de sex libris quis erit primus Eusebii? In ipso volumine, quod tu Pamphili simulas, sequentium librorum facta mentio est. In secundo quoque et reliquis dicit Eusebius, quod in primo libro ante jam dixerat, et quod eadem repetere non debeat. Si totum opus Pamphili est, cur reliquos libros non transfers? Si alterius, cur nomen immutas? Taces; ipsæ res loquuntur: videlicet ut crederent martyri, **465** qui Arianorum principem detestaturi erant.

9. *Pamphilus martyr nihil omnino scripsit.* — Quid tibi animi fuisse dicam, amice simplicissime? tene potuisse hæretici hominis libro, martyris nomen imponere, et [b] ignaros sub auctoritate testis Christi, Origenis facere defensores? Pro eruditione qua polles [c] et inclytus συγγραφεὺς in Occidente laudaris, ita ut κορυφαῖον te omnes tuæ partis nominent, non reor te ignorasse Eusebii σύνταγμα, et Pamphilum martyrem nihil omnino operis condidisse. Ipse enim Eusebius amator et præco et contubernalis Pamphili tres libros scripsit elegantissimos, vitam Pamphili continentes: in quibus cum cætera miris laudibus prædicaret, humilitatemque ejus ferret in cœlum, etiam hoc in tertio libro addidit : « Quis studiosorum amicus non fuit Pamphili? Si quos videbat ad victum necessariis indigere, præbebat large quæ poterat. Scripturas quoque sanctas non ad legendum tantum, sed et ad habendum, tribuebat promptissime. Nec solum viris, sed et feminis, quas vidisset lectioni deditas. Unde et multos codices præparabat, ut cum necessitas poposcisset, volentibus largiretur. Et ipse quidem proprii operis nihil omnino scripsit, exceptis epistolis, quas ad amicos forte mittebat; intantum se humilitate dejecerat. Veterum autem tractatus Scriptorum legebat studiosissime, et in eorum meditatione jugiter versabatur. »

10. *Thophilus et Anastasius Origenem hæreticum dicebant.* — Defensor Origenis, et laudator Pamphili, dicit Pamphilum nihil omnino scripsisse, nec proprii quidquam condidisse sermonis. Et hoc dicit jam Pamphilo martyrio coronato, ne habeas suffugium post editos ab Eusebio libros, hoc Pamphilum scripsisse. Quid facies? Eo libro quem sub nomine martyris edidisti, vulneratæ sunt conscientiæ plurimorum. Non valet apud eos super Origenis damnatione episcoporum auctoritas, quem putant a Martyre prædicatum. Quid facient epistolæ Theophili episcopi? quid papæ Anastasii in toto orbe hæreticum persequentes, cum **466** liber tuus sub nomine Pamphili editus pugnet contra Epistolas eorum, et Episcopali nomini testimonium Martyris opponatur? Quod fecisti in libris περὶ Ἀρχῶν, hoc facito et in isto volumine ψευδεπιγράφῳ. Audi consilium amici, non te pœniteat artis tuæ : vel dicito, tuum non esse, vel ab Eusebio presbytero depravatum. Unde probari tibi

---

[a] S. Pamphili Apologiam pro Origene Hieronymus hic atque infra tamquam apocrypham et supposititiam explodit. Eusebius tamen lib. vi Eccles. Histor. cap. 33, ad finem testatur quæ de Origenis causa cognosci necesse sunt, peti posse, ἐκ τῆς ὑπὲρ αὐτοῦ πεπονημένης ἡμῖν τε καὶ τῷ καθ᾽ ἡμᾶς ἱερῷ μάρτυρι Παμφίλῳ ἀπολογίας, *ex Apologetico, qui a nobis et sacrosancto nostri temporis martyre Pamphilo pro illius defensione conscriptus est.* Falsum proinde videatur, Apologiam istam *solum Rufinum sub Martyris nomine edidisse,* ut contendit S. Doctor : siquidem et Græci codices, teste Photio cod. 118 ; etc., ipsam Pamphilo attribuerunt. Nec quidquam est illud argumentum, quod *Eusebius scribat, Pamphilum nihil proprii operis edidisse;* diserte enim idem ipse testatur, Pamphilum huic defensioni operam suam navasse, etsi non totam ipse, sed aliena opera, adjutus scilicet ab ipso Eusebio, qui simul in carcere tunc temporis includebatur. Vid. iterum Photium c. 120.

[b] *Victorius et ignoras te sub auctoritate,* etc.

[c] *Et inclytus* συγγραφεύς. Ilic quoque mutavit vocem Græcam Erasmus ; non quod συγγραφεὺς in exemplaribus mss. abfuerit, sed quod magis ei placuerit συντάκτης, id est, compositor. Mirare Lector fidem Editoris, qui cum invenerit in omnibus libris vetustioribus Hieronymi verbum συγγραφεύς, illud abjicit in scholia, ut obtrudat in contextum συντάκτης suum, quia id magis ipsi placet. In consequentibus pro κορυφαῖον, Cluniac. legit *Coryphæum,* alii codices mutant vocem Græcam in Latinam *incorruptum;* neque vero satis intellexerunt exscriptores, sive emendatores antiqui, quid esset κορυφαῖος. MARTIAN. — Haud male Erasmus συντάκτης legerat, quam vocem adeo non ex ingenio commentus est, ut eam vetustiores quoque editi libri præferant, tametsi paulisper vitiosæ. Mihi vero etiam probatur magis ; est enim συντάκτης, syntactes, sive *lucubrator,* cognomentum, quo Origenes donatus est, ut ex Epiphanio constat initio Hæresis LXIII : Ὠριγένους τοῦ Ἀδαμαντίου καλουμένου τοῦ Συντάκτου, *Origenis Adamantii, qui cognomento syntactes dictus est.* Nec nisi verosimillimum puto, eodem hoc nomine Hieronymum adversario suo illudere voluisse.

poterit, quod a te translatum est? Non manus tua tenetur : non tantæ es eloquentiæ, ut nullus te possit imitari. Aut certe si res ad probationem venerit, et impudentiam frontis oppresserint testimonia plurimorum, palinodiam Stesichori more cantato. Melius est te pœnitere facti tui, quam et martyrem in calumnia, et deceptos in errore persistere. Nec erubescas de commutatione sententiæ : non es tantæ auctoritatis et famæ, ut errasse te pudeat. Imitare me, quem plurimum amas, sine quo nec vivere, nec mori potes : et mecum clama, quæ ego laudatus a te in defensione mei locutus sum.

11. *Quid Eusebius objiciebat Methodio martyri. Eusebii opuscula ab Hieronymo translata.* — Eusebius Cæsariensis episcopus, cujus supra memini, in sexto libro ἀπολογίας Origenis, hoc idem objicit Methodio episcopo et martyri, quod tu in meis laudibus criminaris, et dicit : Quomodo ausus est Methodius nunc contra Origenem scribere, qui hæc et hæc de Origenis locutus est dogmatibus? Non est hujus loci pro martyre loqui : neque enim omnia in locis omnibus disserenda sunt. Nunc tetigisse sufficiat hoc ab Ariano homine objici clarissimo et eloquentissimo martyri, quod tu in me et amicus laudas, et offensus accusas. Habes occasionem et de præsenti loco, si velis, mihi calumniam struere, cur nunc et Eusebio detraham, quem in alio loco ante laudavi? Alterum quidem nomen [a] Eusebii ; sed eadem quæ super Origenis vocabulo est calumnia. Laudavi Eusebium in Ecclesiastica Historia : in digestione Temporum : in descriptione sanctæ Terræ ; et hæc ipsa opuscula [b] in Latinum vertens, meæ linguæ hominibus dedi. Num ex eo Arianus sum, quia Eusebius qui hos libros condidit, Arianus est? Si ausus fueris **467** me hæreticum dicere, memento Præfatiunculæ περὶ Ἀρχῶν, in qua fidei tuæ me esse testaris : simulque obsecro, ut amicum quondam tuum expostulantem patienter audias. Contra alios digladiaris, aut facis calumniam, aut pateris. Quos accusas, et a quibus accusaris, ordinis tui sunt : recte an perperam, vos videritis. Mihi etiam vera accusatio contra fratrem displicet : nec reprehendo alios, sed dico quid ipse non facerem. Tantis spatiis terrarum separatus quid peccavi in te? quid commerui? An quia Origenisten me non esse respondi? Numquid defensio mea, accusatio tua est? Et tu si non es Origenistes, vel non fuisti, credo juranti ; si fuisti, suscipio pœnitentem. Quid doles, si id sum, quod esse te dicis? An quia περὶ Ἀρχῶν Origenis libros post te transferre ausus sum, et interpretatio mea suggillatio putatur operis tui? Quid poteram facere? Missa mihi est laudatio tua, id est, accusatio mea. Tam fortiter me prolixeque laudaveras, ut si tuis laudibus acquievissem, omnes hæreticum me putarent. Vide quid

[a] Nam et ipsi Hieronymo prænomen erat *Eusebius.*
[b] *In Latinum vertens.* Cave ne intelligas hoc loco Hieronymum in Latinum vertisse Ecclesiasticam Historiam Eusebii : vertit enim solummodo Chronicum Canonem, et librum de Locis Hebraicis, quos hic recenset cum Historia Ecclesiastica. MARTIAN.

Romanæ ad me Epistolæ clausula teneat : « Purga suspiciones hominum, et convince criminantem ; ne si dissimulaveris, consentire videaris » (*Epistola Pammachii et Oceani*). Tali constrictus articulo, interpretaturus eosdem libros, ausculta quid scripserim : « Hoc mihi præstiterunt amici mei (non dixi amicus meus, ne te viderer arguere) ut si tacuero, reus ; si respondero, inimicus judicer. Dura utraque conditio, sed e duobus eligam quod levius est. Simultas redintegrari potest : blasphemia veniam non meretur (*Epist. ad Pamm. et Ocean*). Animadvertis invito mihi et repugnanti hoc onus impositum ; et futuram ex hujuscemodi opere simultatem, necessitas excusatione curatam? Si interpretatus esses libros περὶ Ἀρχῶν absque meo nomine, recte querereris in reprehensionem tuam a me postea esse translatos. Nunc autem injuste doles, in eo opere a me tibi esse responsum, in quo a te laudando accusatus sum. Quam enim tu laudem vocas, omnes accusationem intelligunt. Constet apud te, quod accusaveris ; et non indignaberis, quod responderim. Esto, tu bono animo scripseris, et homo innocens et amicus fidissimus, de cujus numquam egressum est ore mendacium, me **468** nescius vulneraris : quid ad me, qui percussus sum? Num idcirco curari non debeo, quia tu me bono animo vulnerasti? Confossus jaceo, stridet vulnus in pectore : candida prius sanguine membra turpantur, et tu mihi dicis : Noli manum adhibere vulneri, ne ego te videar vulnerasse? Quamquam et ipsa translatio magis Origenem quam te arguit. Tu enim emendasti quæ addita ab hæreticis arbitratus es. Ego prodidi, quod ab illo scriptum Græcia universa conclamat. Quis rectius arbitratus sit, nec meum, nec tuum judicium est. Utriusque scripta censoriam lectoris virgulam sentiant. Tota illa Epistola, qua pro me satisfacio, contra hæreticos et accusatores meos dirigitur : quid ad te, qui et orthodoxum et laudatorem meum te esse dicis, si asperior sum in hæreticos, et illorum in publicum strophas profero? Lætare invectione mea ; ne si dolueris, hæreticus esse videaris. Quando sine nomine contra vitia scribitur ; qui irascitur, accusator sui est. Prudentis hominis fuerat, etiam si dolebat, dissimulare conscientiam ; et cordis nubilum, frontis serenitate discutere.

12. *Epistolæ Theophili et Epiphanii, et Imperatorum scripta adversus Origenem.* — Alioqui, si quidquid contra Origenem et sectatores ejus dicitur, in te dictum putas ; ergo et epistolæ papæ [c] Theophili et Epiphanii, et aliorum episcoporum, quas nuper ipsis jubentibus transtulit, te petunt, te lacerant. Imperatorum quoque scripta, quæ de Alexandria et Ægypto Origenistas pelli jubent, me suggerente, dictata sunt. Ut Romanæ urbis Pontifex miro eos odio detestetur,

— Puta Chronicum Canonem, et librum de Locis ; Ecclesiasticam autem Historiam laudatam dumtaxat a se, non Latine explicatam dicit.

[c] Vide has epistolas a nobis primum editas in priori tomo num. 92 et seqq.

meum consilium fuit. Ut totus orbis post translationem tuam in Origenis odia exarserit, quem antea simpliciter lectitabat, meus operatus est stylus. Si tantum possum, miror cur me non metuas. Ego ille moderatus in epistola publica (*Epist.* 81 *ad Rufin.*), qui diligenter cavi, ne quid in te dictum putares, scripsi ad te statim brevem Epistolam, expostulans super laudibus tuis. Quam, quia Romæ non eras, amici mei tibi mittere noluerunt, eo quod te,[a] dicerent cum sodalibus tuis indigna nomine Christiano de mea conversatione jactitare. Cujus exemplum huic volumini subdidi, ut scias quantum dolorem, quanta moderatione necessitudinis temperavi.

469 13. *Judæus Hieronymi præceptor. Gregorius Nazianzenus magister Hieronymi. Huillus Judæus. Psalmi sine titulo.* — Audio præterea te quædam de epistola mea philosophice carpere, et hominem rugosæ frontis adductique supercilii, Plautino in me sale ludere, eo quod Barrabam Judæum dixerim præceptorem meum. Nec mirum si pro BAR-ANINA, ubi est aliqua vocabulorum similitudo, scripseris *Barrabam*, cum tantam habeas licentiam nominum immutandorum; ut de Eusebio Pamphilum, de hæretico martyrem feceris. Cavendus homo, et mihi maxime declinandus, ne me repente, dum nescio, de Hieronymo Sardanapalum nomines. Audi ergo, sapientiæ columen, et norma Catonianæ severitatis. Ego non illum magistrum dixi; sed meum in Scripturas sanctas studium volui comprobare, ut ostenderem me sic legisse Origenem, quomodo et illum audieram. Neque enim Hebræas litteras a te discere debui. [b] An injuria tibi facta est, quod pro te Apollinarium, Didymumque sectatus sum? Numquid in illa epistola Gregorium virum eloquentissimum non potui nominare? [c] Quis apud Latinos par sui est? quo ego magistro glorior et exsulto. Sed eos tantum posui, qui in reprehensione erant, ut similiter me Origenem, non ob fidei veritatem, sed ob eruditionis meritum legisse testarer. Ipse Origenes, et Clemens et Eusebius, atque alii complures, quando de Scripturis aliqua disputant, et volunt approbare quod dicunt, sic solent scribere: *Referebat mihi Hebræus*; et, *audivi ab Hebræo*: et, *Hebræorum ista*

sententia est. Certe etiam Origenes Patriarchen [d] Huillum, qui temporibus ejus fuit, nominat: et tricesimum tomum in Isaiam, in cujus fine ediderit: *Væ tibi, civitas Ariel, quam expugnavit David*, illius expositione concludit; et cum aliter prius sensisse se dicat, doctum ab illo, id quod est verius, confitetur. Octogesimum quoque nonum Psalmum, qui scribitur: *Oratio Moysi hominis Dei*, et reliquos undecim, qui non habent titulos, secundum Huilli expositionem, ejusdem Moysi putat, **470** nec dedignatur Hebræam Scripturam interpretans per singula loca, quid Hebræis videatur, inserere.

14. *Origenes damnatus.* — Lectis nuper papæ Theophili epistolis, in quibus Origenis exponit errores, dicitur obturasse aures suas, et auctorem tanti mali clara cum [*Al.* coram] omnibus voce damnasse, et dixisse: usque ad illud tempus se ignorasse, quod tam nefaria scripserit. Non recuso, nec dico quod alius diceret forsitan, non potuisse eum ignorare, quod interpretatus est, cujus Apologiam scriptam ab hæretico sub nomine martyris edidit: cujus defensionem etiam proprio volumine professus est: adversum quod in sequentibus, si dictandi spatium fuerit, disputabo. Hoc loquor, cui contradicere non potest. Si illi licet non intellexisse quod transtulit, quare mihi non liceat ignorasse libros περὶ Ἀρχῶν, quos ante non legi; et eas tantum Homilias legisse, quas transtuli, in quibus nihil esse mali, ipsius testimonium est? Sin autem contra sententiam suam nunc me in eis arguit, in quibus ante laudaverat, undique strictus tenebitur. Aut enim idcirco me hæreticum hominem laudavit, quia ejusdem mecum dogmatis erat: aut nunc frustra inimicus accusat, quem prius ut orthodoxum prædicavit. Sed forsitan tunc errores meos quasi amicus tacuit; et nunc iratus profert quod prius celaverat.

15. *Comment. in epist. ad Ephes. tuetur.* — Quamquam non mereatur fidem inconstantia, et professæ inimicitiæ suspicionem habeant mendacii: tamen audacter conferam gradum, volens scire quid hæreticum scripserim, ut aut cum illo agam pœnitentiam, et Origenis mala ignorasse me jurem; [e] ac nunc primum a papa Theophilo didicisse impietates ejus:

---

[a] Vetus edit., *eo quod te dolerent cum sodalibus*, etc.

[b] Eadem, *aut injuria tibi*, etc. Paulo post ubi de Nazianzeno, erat olim, *qui sui apud Latinos impar est*, quasi Latine scivisse illum utcumque putaveril, cum eum sermonem callere se neget ipse Nazianzenus ep. 71 ad Posthumianum.

[c] *Quis apud Latinos par sui est?* Hucusque torsit eruditorum ingenia locus iste male editus apud Erasmum et Marianum, qui cum nonnullis codicibus mss. ita legunt: *Numquid in illa Epistola Gregorium virum eloquentissimum non potui nominare, qui sui apud Latinos impar est, quo ego magistro glorior, et exsulto?* Ex hoc itaque loco depravate edito putarunt haud pauci Gregorium Latine scivisse, sed non æque ac Græce: unde impar sui apud Latinos habebatur. Nos genuinam lectionem Hieronymi restituimus ad fidem vetustissimi codicis Corbeiensis, et alterius Sorbonici non infimæ notæ. Corbeiensis notatus 147 in nostra Bibliotheca Sangermanensis, Sorbonicus

autem habet numerum 642 in liminari pagina.
MARTIAN.

[d] Sunt qui emendandum putant *Hillel* pro *Huillum*. Certe Origenes, hunc Judæorum Patriarcham Ἰοῦλλον, *Jullum* vocat, et ab alio erudito Judæo, qui tunc cum Huillo, seu Hiullo erat, se dicit didicisse. Potuit Hieronymus Huillo tribuere, quod alias ipso præsente, et approbante docuerat. Quod vero Patriarcha appellatur et inter Tyberiadis Patriarchas nulla ejus mentio est, fortasse minoris alicujus Synedrii, puta Diocæsareæ, Patriarchatu est functus. De ejus nomine, quod אלל, et אל scribitur, vide in Gemara Jerosolym. titulo Megillah cap. 1, et titulo Horajoth cap. 3. Vide etiam Origenis opusculum primum anecdotum apud Montfauconium t. I Hexaplorum.

[e] Sic habetur in synodica num. 2: *Obturavimus aures nostras, et tam Origenem, quam discipulos ejus, consona voce damnavimus*, etc.

aut certe doceam me quidem bene sensisse, sed illum more suo non intelligere. Neque enim fieri potest ut in eisdem ad Ephesios libris, quos ut audio, criminatur, et bene et male dixerim; et de eodem fonte dulce amarumque processerit : ut qui toto opere damnaverim eos, qui credunt animas ex Angelis conditas, subito mei oblitus **471** id defenderem quod ante damnavi. Stultitiam mihi objicere non potest, quem disertissimum et eloquentissimum in suis opusculis prædicavit. Alioqui stulta verbositas, rabulæ potius et garruli hominis, quam eloquentis putanda est. Quid in libris proprie accuset, ignoro. Fama enim ad me criminum ejus, non scripta venerunt : et stultum est juxta Apostolum, pugnis aerem verberare. Tamen in incertum respondebo, donec ad certa perveniam : [a] ἀντίζηλον meum docebo senex, quod puer didici, multa esse genera dictionum ; et pro qualitate materiæ, non solum sententias, [b] sed et Scripturarum verba variari.

16. *Commentarii quid operis habeant. Donatus præceptor Hieronymi.* — Chrysippus et Antipater inter spineta versantur. Demosthenes et Æschynes contra se invicem fulminant. Lysias et Isocrates dulciter fluunt. Mira in singulis diversitas, sed omnes in suo perfecti sunt. Lege ad Herennium Tullii libros, lege Rhetoricos ejus : aut, quia illa sibi dicit inchoata et rudia excidisse de manibus, revolve tria volumina de Oratore, in quibus introducit eloquentissimos illius temporis oratores, Crassum et Antonium disputantes ; et quartum Oratorem, quem jam senex scribit ad Brutum : tunc intelliges aliter componi Historiam, aliter Orationes, aliter Dialogos, aliter Epistolas, aliter Commentarios. Ego enim in Commentariis ad Ephesios sic Origenem et Didymum et Apollinarium secutus sum (qui certe contraria inter se habent dogmata) ut fidei meæ non amitterem veritatem. Commentarii quid operis habent? Alterius dicta edisserunt, quæ obscure scripta sunt, plano sermone manifestant : multorum sententias replicant; et dicunt : Hunc locum quidam sic edisserunt : alii sic interpretantur : illi sensum suum et intelligentiam his testimoniis, et hac nituntur ratione firmare : ut prudens Lector, cum diversas explanationes legerit, et multorum vel probanda, vel improbanda didicerit, judicet quid verius sit : et quasi bonus trapezita, adulterinæ monetæ pecuniam reprobet. [c] Num diversæ interpretationis, et contrariorum **472** inter se sensuum tenebitur reus, qui in uno opere quod edisserit, expositiones posuerit plurimorum? Puto quod puer legeris Aspri in Virgilium et Sallustium Commentarios, Vulcatii in Orationes Ciceronis, Victorini in Dialogos ejus et in Terentii Comœdias, præceptoris mei Donati æque in Virgilium, et aliorum in alios : Plautum videlicet, Lucretium, Flaccum, Persium atque Lucanum. Argue interpretes eorum, quare non unam explanationem secuti sint : et in eadem re quid vel sibi, vel aliis videatur, enumerent.

17. *Vitia sermonis Rufini.* — Prætermitto Græcos, quorum tu jactas scientiam, et dum peregrina sectaris, pene tui sermonis oblitus es : ne veteri proverbio, Sus Minervam docere videar, et in silvam ligna portare. Illud miror, quod [d] Aristarcus nostri temporis puerilia ista nescieris. Quamquam tu occupatus in sensibus, [e] et ad struendam mihi calumniam [f] cernulus, Grammaticorum et oratorum præcepta contempseris, parvipendes ὑπέρβατα post anfractus reddere, asperitatem evitare consonantium, hiulcam fugere dictionem. Ridiculum est debilitati et fracti totius corporis vulnera pauca monstrare. Non eligo quod reprehendam, eligat ipse quod vitio careat. Ne illud quidem Socraticum nosse debuerat : Scio quid nescio :

> Navem agere ignarus navis timet; abrotanum ægro
> Non audet, nisi qui didicit, dare. Quod medicorum est,
> Promittunt medici : tractant fabrilia fabri.
> Scribimus indocti, doctique poemata passim.
>   (Horat., epist. I ad August.)

---

[a] Ἀντίζηλον *meum docebo*. Ex hoc loco haud multum difficili velim ut intelligat Lector studiosus quanta sit fides, ac eruditio veterum Editorum Hieronymi, qui ἀντίζηλον omnium mss. codicum consensu a nobis restitutum, nec conjectura assequi potuerunt. Sic igitur locum præsentem restituit, et scholiis suis illustravit Marianus Victorius 20, ἀντίπαλον *meum docebo senex, quod puer didici*. Adversarium hæc vox significat, hoc est, ἐναντίον καὶ ἐχθρόν : idemque prorsus est sensus, si legatur ἀντίμαχον. Quod autem legi possit vel ὁμογέροντα, vel ἀθηναγέροντα, somnium est Erasmianum : nam præterquam quod sensu caret hæc lectio, apud cuncta, quæ nos vidimus cum impressa, tum mss. exemplaria, aut ἀντίπαλον invenimus, aut ἀντίμαχον. Hucusque Marianus ; cui ego respondeo, nullum apud nos superesse exemplar manuscriptum, quod retineat vel *antipalon*, vel *antimachon*; sed omnes mss. nostros codices retinere purum verbum *antizelon*; vel illud apertissime renuntiare in vestigiis Græcorum elementorum. Ἀντίζηλος vero Hieronymi, id est, *æmulus*, et *zelotypus* fuit Rufinus, ut invectivæ ejus et calumniæ probare etiam stultis possunt. Ex Levit. XVIII, 18 : *Uxorem non accipiet super sororem ejus*, ἀντίζηλον. Vide LXX. Martian. — Victorius ἀντίπαλον suis in codicibus dicit invenisse, aut ἀντίμαχον, quod utrumque adversarium sonat; simulque Erasmum castigat, qui legi posse putabat ὁμογέροντα, vel ἀθηναγέροντα. Martianæus restituit ἀντίζηλον e suis mss.

[b] *Sed et Scripturarum*. In pluribus mss. legimus, *sed et structurarum verba vitiari.* Martian. — In pluribus mss. legi testatur Martianæus, *sed et structurarum verba*. Mihi magis arrideret, *sed et sententiam verba*, etc.

[c] *Vetus edit. non diversæ interpretationis.*

[d] Gamium puta Grammaticum et Criticum magni nominis : cujus hæ tamen partes Rufino minus certe conveniunt quam Hieronymo ipsimet.

[e] *Et ad struendam*. Unus codex vetus cum editis, *ad struendam mihi calumniam cernuus. Cernuus* autem vel *cernulus calumniator* intelligitur, et conversus ad calumniam struendam. Martian.

[f] Sic Martianæus. Alii editi, quibus mss. nonnulli suffragantur, *cernuus*. Vide num *Cerrulus* legi possit, et animal ὀξυδερκόν, sive acutissimi visus notet, eique Rufinum assimilet, quod ad struendam calumniam acute videret. Pacianus Barcinonensis quemdam librum suum inscripisse dicitur, *Cerus*, vel *Cerulus*, quod nomen idem ac calumniator sonare visum est ; et *Cerulum facere*, calumniari. Vide quæ in eum Catalogi locum annotamus.

Nisi forte se litteras non didicisse jurabit; quos nos illi et absque juramento perfacile credimus : vel ad Apostolum confugiet profitentem : *Et si imperitus sermone, non tamen scientia* (1 Cor. XI, 6). Ille Hebræis litteris eruditus, et ad pedes doctus Gamalielis, quem non erubescit, jam Apostolicæ dignitatis, magistrum dicere, Græcam facundiam contemnebat, vel certe, quod erat humilitatis, dissimulabat : ut prædicatio ejus, non in persuasione **473** verborum, sed in signorum virtute consisteret : spernens alienas opes, qui in suis dives erat : quamquam ad imperitum, et per singulas instar tui sententias corruentem, numquam pro tribunali Festus diceret : *Insanis, Paule : insanis : multæ te litteræ ad insaniam convertunt* (Act. XXVI, 24). Tu qui in Latinis mussitas, et testudineo gradu moveris potius, quam incedis : vel Græce debes scribere, ut apud homines Græci sermonis ignaros, aliena scire videaris : vel si Latina tentaveris, ante audire Grammaticum, ferulæ manum subtrahere, et [a] inter parvulos ἀθηνογέρων artem loquendi discere. Quamvis Græsos quis spiret et Darios, litteræ marsupium non sequuntur. Sudoris comites sunt et laboris : sociæ jejuniorum, non saturitatis : continentiæ, non luxuriæ. Demosthenes plus olei quam vini expendisse dicitur, et omnes opifices nocturnis semper vigiliis prævenisse. Quod ille in una littera fecit exprimenda, ut a cane *rho* disceret, tu in me criminaris, quare homo ab homine Hebrææs litteras didicerim. Inde est quod quidam [b] inerudite sapientes remanent, dum nolunt discere quod ignorant. Nec Horatium audiunt commonentem :

[c] *Cur nescire pudens prave, quam discere malo?*

Loquitur et Sapientia, quam sub nomine Salomonis legimus : *In malevolam animam numquam intrabit sapientia, nec habitabit in corpore subdito peccatis. Spiritus enim sanctus eruditionis fugiet dolum, et recedet a cogitationibus stultis* (Sap. I, 4, 5). Aliud est, si vulgi lectione contenti, doctorum aures despiciunt ; et contemnunt illud elogium, quo procax imperitia denotatur :

.... Non tu in triviis, indocte, solebas,
Stridenti miserum stipula disperdere carmen?

Quasi non [d] cirratorum turba Milesiarum in scholis figmenta decantet : et testamentum Suis, Bessorum cachinno membra concutiat, atque inter scurrarum epulas, nugæ istiusmodi frequententur. Quotidie in plateis fictus hariolus stultorum [e] nares verberat, et obtorto **474** scorpione dentes mordentium quatit : et miramur si imperitorum libri lectorem inveniant?

18. Indignantur quare Origenistas scripserim inter se orgiis mendaciorum fœderari. Nominavi librum, in quo hoc scriptum legerim ; id est, sextum Stromateon Origenis, in quo Platonis sententiæ, nostrum dogma componens, ita loquitur : Plato in tertio de Republica libro : « Veritas quoque sectanda magnopere est. Si enim, ut paulo ante rectissime dicebamus, Deo indecens et inutile mendacium est, hominibus quandoque utile (ut utantur eo quasi condimento atque medicamine) ; nulli dubium est, quin hujusmodi licentia medicis danda sit, et ab imprudentibus removenda. Vera, inquit, asseris : ergo principes urbium, si quibus et aliis hoc conceditur, oportet aliquando mentiri, vel contra hostes, vel pro patria et civibus. Ab aliis vero qui uti mendacio nesciunt, auferendum est omne mendacium. » Origenes : « Et nos igitur illius præcepti memores : *Loquimini veritatem unusquisque cum proximo suo* (Ephes. IV, 25), non debemus dicere, quis est proximus meus ? sed considerare quomodo philosophus caute dixerit : Deo indecens et inutile esse mendacium, hominibus interdum utile ; et quod ne pro dispensatione quidem putandus sit Deus aliquando mentiri. Sin autem commodum audientis exegerit, verbis loquitur ambiguis et per ænigmata quæ vult, profert : ut et veritatis apud eum dignitas conservetur : et quod noxium esse poterat, si nudum proferretur in vulgus, quodam tectum velamine proferatur. [f] Homo autem, cui incumbit necessitas mentiendi, diligenter attendat, ut sic utatur interdum mendacio, quomodo condimento atque medicamine ; ut servet mensuram ejus, ne excedat terminos, quibus usa est Judith contra Holofernem, et vicit eum prudenti simulatione verborum. Imitetur Esther, quæ Artaxerxis sententiam, diu tacita

---

[a] *Parvulos* ἀθηνογέρων. Ἀθηνογέρων, est senex scholasticus, qui in senectute litteris navare incipiat. Composita dictio ex Ἀθήνη, *Minerva*, quæ studiis præesse dicebatur, et γέρων, *senex*. MARTIAN. —Sub initium libri tertii, neque, inquit, athenogeronta meum scutica et plagis litteras docere contendo. Nomen ex Græco discipulum senem notat.

[b] Vetus edit. *quidam inerudite prudenter remanent,* etc.

[c] *Cur nescire pudens.* Marianus cum mss. codicibus, *Cur nescire prudens prave,* etc. Erasmus, *Cur nescire prudens,* etc. Apud Horatium de Arte Poetica ad Pisones :

Cur ego, si nequeo, ignoroque, Poeta salutor?
Cur nescire pudens prave, quam discere malo?
MARTIAN.

[d] *Quasi non cirratorum turba.* De cirratis pueris supra in Epistolis diximus. Persius de iisdem Sat. 1 :

Nec matutini cirrata caterva magistri. MARTIAN.

— Comatulos pueros significat juxta illud vulgatissimum.

Ten' cirratorum centum dictata fuisse,
Pro nihilo pendas?

Vitiose autem hucusque obtinuit *Milesiorum* pro *Milesiarum.* Nempe Milesias dixere antiqui genere feminino, non neutro ; sicque appellabant poemata et fabulas lascivientes, sive aniles etiam et vanidicas, et amatorias, etc. Vide Plutarchum in Crasso de Surena, Lucianum in Dialogo ἔρωτες, etc. Suis testamentum vide apud Brissonium de Formulis lib. VII.

[e] *Martianæus nares.* Vide quæ diximus supra lib. II in Jovin. n. 36, not.

[f] Confer cum his quæ habet in epistolam ad Galatas lib. I, cap. 2 : *Utilem simulationem,* etc. Item cum Clemente Alexandrino lib. VII, pag. 750. Cassianus cap. 17 : *Quod venialiter mendacio Sancti tamquam elleboro usi sunt.*

gentis veritate correxit. Et in primis Patriarcham Jacob, quem legimus benedictiones patris artificio impetrasse mendacio. Ex quo perspicuum est, quod nisi ita mentiti fuerimus, ut magnum nobis ex hoc aliquod quæratur bonum, judicandi simus, quasi inimici ejus, qui ait : *Ego sum veritas* (Joan. xiv). » Hæc Origenes scripsit, negare non possumus : scripsit in libris, quos ad perfectos et ad discipulos loquebatur : docetque magistris mentiendum ; discipulos autem non debere mentiri. Qui ergo bene mentitur, et absque ulla verecundia quidquid in buccam venerit confingit in fratres, magistrum se optimum probat.

19. *Psalmi* II *interpretationem defendit. Deosculatio pro veneratione apud Hebræos.*—Illud quoque carpere dicitur, quod secundum Psalmum interpretans, pro eo quod legimus in Latino, *apprehendite disciplinam* : et in Hebraico volumine scriptum est NESCU BAR, dixerim in ª Commentariolis meis, *adorate filium*. Et rursum omne Psalterium in Romanum vertens sonum, quasi immemor expositionis antiquæ posuerim, *adorate pure* : quod utique sibi esse contrarium omnibus patet. Et revera ignoscendum est ei, si ignoret linguæ Hebraicæ veritatem, qui interdum et in Latinis hæsitat. NESCU ᵇ, ut verbum de verbo interpreter, καταφιλήσατε, id est, *deosculamini* dicitur : quod ego nolens transferre putide, sensum magis secutus sum, ut dicerem, *adorate*. Quia enim qui adorant solent deosculari manum, et capita submittere (quod se beatus Job elementis et idolis fecisse negat, dicens (*Cap.* xxxi, 26, 27) : *Si vidi solem cum fulgeret, et lunam incedentem clare : et lætatum est in abscondito cor meum, et osculatus sum manum meam ore meo, quæ iniquitas maxima est, et negatio contra Deum altissimum*), et Hebræi juxta linguæ suæ proprietatem, deosculationem pro veneratione ponunt, id transtuli, quod ipsi intelligunt, quorum verbum est. BAR autem apud illos diversa significat. Dicitur enim et *filius*, ut est illud : Barjona, *filius columbæ*, et Bartholomæus, *filius Tholomæi*, et Barthimæus, et ᶜ Barhiesu, et Barrabas. Triticum quoque, et *spicarum fasciculus*, et *electus*, ac *purus*. Quid igitur peccavi, si verbum ambiguum diversa interpretatione converti ? et qui in Commentariolis, ubi libertas est disserendi, dixeram, *adorate filium* ; in ipso corpore, ne violentus viderer interpres, et Judaicæ calumniæ locum darem, dixerim, *adorate pure*, sive *electe* : quod Aquila quoque et Symmachus transtulerunt. Quid ergo Ecclesiasticæ fidei nocet, si doceatur lector, quot modis apud Hebræos unus versiculus explanetur ?

20. *Origenis errores.* — Origeni tuo licet tractare de μετεμψυχώσει, innumerabiles mundos introducere, et rationabiles creaturas aliis atque aliis vestire corporibus, Christumque dicere sæpe passum, et sæpius passurum, ut quod semel profuit, semper prosit assumptum : tibi quoque ipse tantam assumis auctoritatem, ut de hæretico martyrem, de Origenis libris hæreticorum adulteria mentiaris : mihi non licebit disputare de verbis, et in Commentariorum opere Latinos docere, quod ab Hebræis didici ? Nisi enim et prolixum esset, et redoleret gloriolam, jam nunc tibi ostenderem, quid utilitatis habeat magistrorum limina terere, et artem ab artificibus discere : et videres quanta silva sit apud Hebræos ambiguorum nominum atque verborum. Quæ res diversæ interpretationi materiam præbuit : dum unusquisque inter dubia, quod sibi consequentius [*Al.* convenientius] videtur, hoc transfert. Quid ad peregrina te mitto ? Revolve Aristotelem, et Alexandrum Aristotelis volumina disserentem ; et quanta ambiguorum sit copia, eorum lectione cognosces : ut tandem desinas amicum tuum in eo reprehendere, quod ne per somnium quidem aliquando didicisti.

21. *Commentar. ad Ephesios.* Sed quia Paulinianus frater meus, de Commentariis ad Ephesios quædam ab eo reprehensa narravit, et pauca ex his memoriæ tradidit, mihique ipsa demonstravit loca, non debeo subterfugere : quæsoque lectorem, ut si paulalo in proponendis et diluendis criminibus longior fuero, necessitati det veniam. Non enim alterum accuso ; sed me nitor defendere, et objectam hæreseos calumniam refutare. In Epistolam Pauli ad Ephesios, tria Origenes scripsit volumina. Didymus quoque et Apollinarius propria opuscula condidere. Quos ego vel transferens, vel imitans, quid in Prologo ejusdem operis scripserim, subjiciam : « Illud quoque in Præfatione commoneo, ut sciatis Origenem tria volumina in hanc Epistolam conscripsisse, quem et nos ex parte secuti sumus : Apollinarium etiam, et Didymum quosdam Commentariolos edidisse. Ex quibus licet pauca, decerpsimus ; et nonnulla quæ nobis videbantur, adjecimus, sive subtraximus : ut studiosus statim in principio lector agnoscat, hoc opus vel alienum esse, vel nostrum (*Prologus Comment. in Epist. ad Ephes.*).» Quidquid ergo in explanatione hujus Epistolæ vitii potuerit demonstrari, si ego illud in Græcis voluminibus, unde in Latinum vertisse me dixi, ostendere non potuero, crimen agnoscam, et meum erit, quod alienum non fuerit. Tamen ne rursus videar cavillari, et hac excusationis stropha, gradum non audere conferre, ponam ipsa testimonia, quæ vocantur in crimen.

ª Vide Tom. I in Præfatione generali, quæ diximus de hisce Commentariolis.

ᵇ Præpostere legit Martianæus sic, *hæsitat : ut Nescu verbum de verbo interpreter*, etc. Paulo infra voces *et idolis* apud alios desiderantur : cæterum locum parenthesi includimus, et punctorum vitio laborantia emendamus. De illo adorandi ritu insignia exempla sunt III Regum cap. xix, Ecclesiastici cap. xxix. Quod Hieronymus addit, adoraturos capita submittere, explicat Lampridii locus de Alexandro. Salutabatur nomine hoc. *Ave Alexander. Si quis caput flexisset, aut blandius aliquid dixisset, abjiciebatur.* Nempe adorari se Alexander vetuerat. Plinius lib. xxviii, cap. 2 : *in adorando dexteram ad osculum referimus, totum corpus circumagimus*, etc.

ᶜ Victorius maluit *Barjehu*, et falso in aliis exemplaribus *Barjesus* legi contendit. Pro *Barrabas* quoque, legendum putat vel *Barnabas*, vel *Barenbas*.

22. *Commentatoris officium. Tempus scriptionis Commentariorum in Epistolam ad Ephes.* — In primo statim volumine testimonium Pauli, in quo loquitur : *Sicut elegit nos in ipso ante constitutionem mundi : ut essemus sancti et immaculati coram ipso (Ephes.* 1, 4), sic interpretati sumus, ut electionem non juxta Origenem, eorum diceremus, qui prius fuerant; sed ad Dei præscientiam referremus. Denique diximus : « Quod autem electos nos, ut essemus sancti et immaculati coram ipso, hoc est, Deo, ante fabricam mundi, testatus est, ad præscientiam Dei pertinet, cui omnia futura jam facta sunt, et antequam fiant universa sunt nota. Sicut et Paulus ipse prædestinatur in utero matris suæ; et Jeremias in vulva sanctificatur, eligitur, roboratur, et in typo Christi Propheta Gentibus mittitur. » Certe in expositione ista nullum crimen est : et Origene diceute contraria, nos Ecclesiasticum sensum secuti sumus. Et quia Commentatoris est officium, multorum sententias ponere, et hoc me facturum in Præfatione promiseram, etiam Origenis, absque invidia nominis ejus, explanationem posui, dicens : **478** « Alius vero, qui Deum justum conatur ostendere, quod non ex præjudicio scientiæ suæ, sed ex merito electorum unumquemque eligat, dicit ante visibiles creaturas, cœlum, terram, maria, et omnia quæ in eis sunt, fuisse alias invisibiles creaturas, in quibus et animas, quæ ob quasdam causas suo Deo notas dejectæ sint deorsum, in vallem istam lacrymarum, in locum afflictionis et peregrinationis nostræ, in quo sanctus constitutus orabat, ut ad sedem pristinam reverteretur, dicens : *Heu mihi, quia incolatus meus prolongatus est : habitavi cum* [a] *habitantibus Cedar, multum peregrinata est anima mea (Ps.* cxix, 5). Et Apostolus : *Miser ego homo, quis me liberabit de corpore mortis hujus (Rom.* vii, 24)? Et, *Melius est reverti, et esse cum Christo (Phil.* 1, 23). Et alibi : *Antequam humiliarer, ego peccavi (Ps.* cxviii, 67), » et cætera his similia, quæ longum est scribere. Animadverte quid dixerim : Alius vero, qui Deum justum conatur ostendere : conatur ostendere, inquam, non ostendit. Si autem in eo scandalum pateris, quare latissimam Origenis disputationem brevi sermone comprehenderim, et lectori sensum ejus aperuerim; atque ex eo tibi occultus illius videor esse sectator, quia nihil ab eo dictum prætermiserim, vide ne hoc idcirco fecerim, ut vestram calumniam declinarem, ne me diceretis quæ ab eo fortiter sunt dicta, tacuisse, et illum in Græco robustius disputare. Posui ergo omnia, licet brevius, quæ in Græco reperi, ut nihil haberent discipuli ejus novi, quod Latinorum auribus ingererent. Facilius enim nota, quam repentina contemnimus. Exposita autem interpretatione ejus, quid in fine capituli dixerimus, ausculta : « Non enim ait Apostolus, *elegit nos ante constitutionem mundi, cum essemus sancti et immaculati :* sed *elegit nos ut essemus sancti et immaculati :* hoc est, qui sancti et immaculati ante non fuimus, ut postea essemus. Quod et de peccatoribus ad meliora conversis dici potest; et stabit illa sententia : *Non justificabitur in conspectu tuo omnis vivens (Ps.* xlii, 2); id est, in tota vita sua, in omni quo in mundo isto [b] versatus est tempore. Quod quidem ita intellectum, et adversum eum facit, qui antequam mundus fieret, animas dicit esse electas propter sanctitatem, et nullum vitium **479** peccatorum. » Non enim (ut ante jam diximus) eliguntur Paulus, et qui ei similes sunt, quia erant sancti et immaculati : sed eliguntur et prædestinantur, ut in consequenti vita per opera atque virtutes, sancti et immaculati fiant. Et audet quisquam post hujusmodi sententiam, nos Origenis hæreseos accusare? Decem [c] et octo ferme anni sunt, ex quo istos dictavi libros, eo tempore quo Origenis nomen florebat in mundo; quo περὶ Ἀρχῶν, illius opus, Latinæ aures ignorabant : et tamen professus sum fidem meam; et quid mihi displiceret, ostendi. Ex quo etiam si in cæteris aliquid hæreticum monstrare potuisset inimicus, non tam dogmatum perversorum, quæ hic et in aliis libris sæpe damnavi, quam improvidi tenerer erroris.

23. *Ecclesiæ fides.* — Secundum locum quem mihi ab eo reprehensum frater ostendit, quia valde frivolus est, et apertam sui præfert calumniam, ponam breviter. In eo testimonio ubi Paulus loquitur : *Sedere eum faciens ad dexteram suam in cœlestibus, super omnem principatum et potestatem et virtutem et dominationem, et omne nomen quod nominatur, non solum in hoc sæculo, sed etiam in futuro (Ephes.* i, 20, 21); post multiplicem expositionem, cum ad ministrorum Dei officia pervenissem, et de principatibus ac potestatibus et virtutibus ac dominationibus dicerem, etiam hoc addidi : « Necesse est, ut subjectos habeant, et timentes se, et servientes sibi, et eos qui a sua fortitudine roborentur. Quæ distributiones officiorum, non solum in præsentiarum, sed etiam in futuro sæculo erunt : ut per singulos profectus et honores, ascensiones et descensiones, [d] vel crescat aliquis, vel decrescat, et sub alia atque alia potestate, virtute, principatu, et dominatione fiat. » Et post exemplum terreni regis, totamque Palatii descriptionem, per quam diversa ministeriorum Dei officia demonstrabam, addidi : « Et putamus Deum, Dominum dominorum, regemque regnantium, simplici tantum ministerio esse contentum? » Quomodo Archangelus non dicitur, nisi qui prior est Angelorum : sic Principatus et Potestates et Dominationes non appellantur, nisi subjectos aliquos habeant et inferioris gradus. **480** Sin autem putat idcirco me Origenem sequi, quia profectus et honores, ascensiones et descensiones, incrementa et immunitiones, in expositione mea posui; sciat multum interesse de

---

[a] Cod. unus Cisterciens., *cum habitationibus.*
[b] In Commentariis, *conversatus.*
[c] Quod hic stare numerus omnino non possit, in S. Patris Vita suo loco ostendimus.
[d] Vid. quæ in hunc e Commentariis locum annotamus.

Angelis et Seraphim et Cherubim dicere, dæmones et homines fieri, quod affirmat Origenes; et ipsos inter se Angelos diversa officiorum genera esse sortitos, quod Ecclesiæ non repugnat. Quomodo et inter homines ordo dignitatum ex laboris varietate diversus est, cum episcopus et presbyter, et omnis Ecclesiasticus gradus habeat ordinem suum; et tamen omnes homines sunt : sic et inter Angelos merita esse diversa, et tamen in Angelica omnes persistere dignitate : nec de Angelis homines fieri, nec rursum homines in Angelos reformari.

24. *Verecunde non posuit nomina Expositorum.* — Tertius est reprehensionis locus quod dicente Apostolo : *Ut ostenderet in sæculis supervenientibus abundantes divitias gratiæ suæ in bonitate super nos in Christo Jesu*, nos triplicem expositionem posuimus. In prima quid nobis videretur : in secunda quid Origenes opponeret : in tertia quid Apollinarius simpliciter explanaret. Quorum si nomina non posui, ignosce verecundiæ meæ : non debui eos carpere, quos imitabar ex parte, et quorum in Latinam linguam sententias transferebam. « Sed, dixi, qui diligens lector est, statim requiret, et dicet. Et rursus in fine, Alius vero hoc quod ait, *ut ostenderet in sæculis supervenientibus abundantes divitias gratiæ suæ*, ad illam intelligentiam [a] transfert. » Ecce, inquies, sub diligentis lectoris persona, Origenis sententias explicasti. Fateor errorem, non debui diligentem dicere, sed blasphemum : quod si fecissem, et aliquo scissem vaticinio te istiusmodi nænias sectaturum, etiam calumniæ verba vitassem. Grande crimen si Origenem [b] diligentem dixi esse lectorem, cujus septuaginta libros interpretatus sum, quem in cœlum laudibus tuli ; pro quo compulsus sum ante biennium brevi libello tuis contra me præconiis respondere (*Epistola ad Pammach. ante biennium scripta*). Ecclesiarum magistrum a me dictum esse Origenem, in tuis laudibus objicis : et putas quod pertimescere debeam, si diligentem lectorem me illum dixisse inimicus accuses. Solemus et negotiatores parcissimos, et frugi servos, et molestos pædagogos, et argutissimos fures, diligentes vocare. Et in Evangelio villicus iniquitatis prudenter quædam fecisse dicitur (*Luc.* XVI) : et, *Prudentiores sunt filii hujus sæculi filiis lucis in generatione sua* (*Ibid.* XVI, 8). Et, *Serpens sapientior erat omnibus bestiis, quas fecit Dominus super terram* (*Gen.* III, 1).

25. *Corpus mortis quod sit.* — Quartus reprehensionis locus, exordium secundi libri possidet, in quo hoc Pauli testimonium exposuimus : *Hujus rei gratia ego Paulus vinctus Jesu Christi pro vobis gentibus* (*Ephes.* III, 2) ; et quia per se locus ipse manifestus est, eam tantum partem ponam explanationis, quæ patet calumniæ : « Vinctum Christi Jesu Paulum esse pro Gentibus, potest et de martyrio intelligi, quod Romæ in vincula conjectus, hanc Epistolam miserit, eo tempore quo ad Philemonem, et ad Colossenses, et Philippenses, in alio loco scriptas esse monstravimus. Vel certe, quia in plurimis locis lectum est vinculum animæ corpus hoc dici, quo quasi clauso teneatur in carcere, dicimus propterea Paulum corporis nexibus coerceri, nec reverti, et esse cum Christo, ut perfecta in Gentes per eum prædicatio compleatur : licet quidam alium sensum in hoc [c] loco introducant, quod Paulus prædestinatus et sanctificatus ex utero matris suæ ad prædicationem Gentium antequam nasceretur, postea vincula carnis acceperit. » Et in hoc triplicem, ut supra, expositionem posui. In prima, quid mihi videretur ; in secunda, quid Origenes assereret ; in tertia, quid Apollinarius contra illius vadens dogmata sentiret. Lege Græcos Commentarios ; et nisi ita repereris, crimen fatebor. Quod est in isto loco peccatum meum ? Illud nimirum, pro quo supra respondi : quare non eos a quibus dicta sunt, nominarim ? Superfluum erat per singula Apostoli testimonia, eorum nomina ponere, quorum me Opuscula translaturum in Præfatione signaveram. Et tamen vinctam dici animam corpore, donec ad Christum redeat, et in resurrectionis gloria, corruptivum et mortale corpus, incorruptione et immortalitate commutet, non absurdæ intelligentiæ est. Unde et Apostolus : *Miser ego*, inquit, *homo : quis me liberabit de corpore mortis hujus ?* Corpus mortis appellans, quod vitiis et morbis et perturbationibus ac morti subjaceat : donec cum Christo resurgat in gloria, et fragile prius lutum, excoquatur fervore Spiritus sancti in testam solidissimam : demutans gloriam, non naturam.

26. Quintus locus validissimus est, in quo exponentes illud Apostoli testimonium, *Ex quo totum corpus compactum et conglutinatum per omnem juncturam subministrationis, secundum operationem in mensuram uniuscujusque membri, augmentum corporis facit in ædificationem sui in charitate* (*Lib.* II, cap. 4), latissimam Origenis expositionem, et eosdem sensus per diversa verba volventem, brevi sermone constrinximus, nihil exemplis et assertionibus illius auferentes. Cumque pervenissemus ad finem, hæc subjecimus : « Igitur et in restitutione omnium, quando corpus totius Ecclesiæ nunc dispersum atque laceratum, verus medicus Christus Jesus sanaturus advenerit, unusquisque secundum mensuram fidei et agnitionis Filii Dei (quem ideo agnoscere dicitur, quia prius noverat, et postea nosse desivit) suum recipiet locum, et incipiet id esse quod fuerat : ita tamen, ut non juxta hæresim aliam omnes in una ætate sint [d] positi, id est, omnes in Angelos reformentur ; sed unumquodque membrum juxta mensus Christus voluntate utantur.

---
[a] Alibi et in Commentar., *transferet*.
[b] Minime vero accusat Rufinus Hieronymum quod Origenem *diligentem* dixerit, sed quod in hunc Pauli locum senserit, fore ut Dæmones ab ultimo judicio, in cœlum revertantur, eademque atque Jesus Christus voluntate utantur.
[c] In Commentar. *In hoc introducant, quod*, etc.
[d] Supplevimus hic vocem *positi*, quæ et in Commentariis legitur, et in subnexa recognitione loci confirmatur.

ram et officium suum perfectum sit. Verbi gratia, ut Angelus refuga id esse incipiat, quod creatus est : ut homo qui de paradiso fuerat ejectus, ad culturam iterum paradisi restituatur, » et reliqua.

27. *Duæ hæreses.*— Miror te hominem prudentissimum non intellexisse artem expositionis meæ. « Quando enim dico, ita tamen ut non juxta aliam hæresim omnes in una ætate sint positi, id est, omnes in Angelos reformentur, ostendo et ea de quibus disputo esse hæretica, et ab alia hæresi discrepare. » Quæ sunt ergo duæ hæreses ? Una, quæ dicit omnes rationabiles creaturas in Angelos reformari. Altera quæ asserit unumquodque in restitutione mundi id fore quod conditum est. Verbi gratia : quia ex Angelis dæmones sunt, rursum dæmones Angelos fieri ; et animas hominum, ita ut sunt conditæ, non in Angelos; sed in id quod a Deo sunt conditæ, reformari, ut et justi et peccatores æquales fiant. Denique ut scias me non meam explicasse sententiam, sed inter se hæreses comparasse, quarum utramque in Græco legeram, disputationem meam **483** hoc fine complevi : « Idcirco, ut supra diximus, hæc apud nos obscuriora sunt, quia μεταφορικῶς dicuntur in Græco; et omnis metaphora, si de alia in aliam linguam transferatur ad verbum, quibusdam quasi sentibus, orationis sensus et germina suffocantur. » Nisi hæc eadem in Græco repereris, quidquid dictum est, meum putato.

28. Sextum, quod et extremum, mihi objicere dicitur (si tamen nihil in medio frater oblitus est) cur illum locum Apostoli interpretans ubi ait (*Ephes.* v, 28, 29) : *Qui uxorem suam diligit, seipsum diligit. Nemo enim unquam suam carnem odit; sed nutrit et fovet eam, sicut et Christus Ecclesiam,* post simplicem expositionem, Origenis posuerim quæstionem, ex cujus persona tacito nomine dixerim : « Opponi nobis potest, quod non sit vera sententia dicentis Apostoli : *Nemo unquam carnem suam odit*, cum morbo regio laborantes, phthisi, et cancere et distillationibus, mortem vitæ præferant, et sua oderint corpora; et statim quid ipse sentirem adjunxi : Magis itaque ad tropicam intelligentiam sermo referatur. » Quando dico, tropicam, doceo verum non esse, quod dicitur, sed allegoriæ nubilo figuratum. Ponamus tamen ipsa verba quæ in Origenis libro tertio continentur : « Dicamus quod illam carnem, quæ visura sit salutare Dei, anima diligat, et nutriat, et foveat eam, disciplinis erudiens, et cœlesti saginans pane, et Christi sanguine irrigans : ut refecta et nitida, possit libero cursu virum sequi, [a] et nullo debilitatis pondere prægravari. Pulchre etiam in similitudinem Christi nutrientis et foventis Ecclesiam, et dicentis ad Jerusalem : *Quoties volui congregare filios tuos, ut gallina congregat pullos suos sub alas suas, et noluisti* (*Matth.* xxii, 37), animæ quoque fovent corpora sua, ut corruptivum hoc induat incorruptionem, et ala- rum levitate suspensum, in aerem facilius subleveutur (I *Cor.* xv). Foveamus igitur et viri uxores nostras, et animæ nostræ corpora [b] : ut et uxores in viros, et corpora redigantur in animas, et nequaquam sit sexuum ulla diversitas : sed quomodo apud Angelos, non est vir et mulier ; ita et nos, qui similes Angelis futuri sumus, jam nunc incipiamus esse quod nobis in cœlestibus repromissum est. »

29. Supra simplicem expositionem **484** quæ nobis in testimonio isto esse videbatur, expressimus, dicentes : « Quantum ad simplicem intelligentiam pertinet, sancta [*Al.* sanctam charitatem] inter virum et uxorem charitate præcepta [*Al.* præcepto hoc], nunc jubemur, ut nutriamus et foveamus conjuges : ut scilicet eis victum et vestitum, et ea quæ sunt necessaria præbeamus. » Hæc nostra sententia est. Igitur omne quod sequitur deinceps, et opponi nobis potest, ostendimus non ex nostra, sed ex contradicentium intelligi debere persona. Quæ quum si brevis et absoluta responsio, et juxta id quod supra diximus, etiam allegoriæ umbris, de eo quod est, ad id quod non erat, depravata : tamen accedam propius, et sciscitabor quid tibi in hac disputatione displiceat. Nempe quia dixerim, animas ut viros fovere quasi uxores corpora sua, ut corruptivum hoc induat incorruptionem, et alarum levitate suspensum, in aerem facilius sublevetur. Quando dico corruptivum hoc induat incorruptionem, non muto naturam corporum, sed augeo gloriam. Nec non quod sequitur, alarum levitate suspensum in aerem facilius sublevetur : qui alas assumit, id est, immortalitatem, ut levius ad cœlum volet, non perdit esse quod fuerat. Sed dices, movent me quæ sequuntur : « Foveamus igitur et viri uxores, et animæ nostræ corpora, ut et uxores in viros, et corpora redigantur in animas, et nequaquam sit sexuum ulla diversitas; sed quomodo apud Angelos non est vir, neque mulier : ita et nos, qui similes Angelis futuri sumus, jam nunc incipiamus esse in terris, quod nobis in cœlestibus repromissum est. » Recte moverent, nisi post priora dixissem, jam nunc incipiamus esse, quod nobis in cœlestibus repromissum est. Quando dico, hic esse incipiamus in terris, naturam non tollo sexuum; sed libidinem, et coitum viri et uxoris aufero, dicente Apostolo : *Tempus breve est : reliquum est, ut et qui habent uxores, sic sint quasi non habeant* (I *Cor.* vii, 29). Et Dominus interrogatus in Evangelio, cujus de septem fratribus in resurrectione esse deberet uxor, ait : *Erratis, nescientes Scripturas, neque virtutem Dei: in resurrectione enim neque nubent, neque nubentur; sed erunt sicut Angeli Dei in cœlo* (*Matth.* xxii, 29, 30). Et revera ubi inter virum et mulierem castitas est, **485** nec vir incipit esse, nec femina : sed adhuc in corpore positi, mutantur in Angelos : in quibus non est vir neque mulier. Quod et in alio loco ab eodem Apostolo dicitur : *Quicumque in Christo baptizati*

---

[a] In Commentar., *et nulla debilitate et pondere prægravari.*

[b] Supple *foveant.* In Comment., *et animæ nostræ corpora.*

estis, Christum induistis. Non est Judæus, neque Græcus, non est servus neque liber, non est masculus neque femina. Omnes enim unum vos estis in Christo Jesu (Galat. III, 27, 28).

30. *Accusationes Rufini falsæ. Rufinus Græcas litteras didicerat sine magistro. Gregorium Nazianzenum transtulerat.* — Sed quoniam de confragosis et asperis locis enavigavit oratio, et hæreseos crimen impactum tota frontis libertate repulimus [Mss. respuimus], ad alias ejus accusationis partes, quibus nos mordere nititur, transeamus. E quibus prima est, me hominem maledicum, omnium detractorem, in præcessores meos genuinum semper [a] infigere. Det unum, cujus in opusculis meis nomen taxaverim, vel quem juxta artem illius figurata laude perstrinxerim. Sin autem contra invidos loquor, [b] et Luscium Lavinium, vel Asinium Pollionem de genere Corneliorum, styli mei mucro convulnerat, si [c] histriculæ et lividæ mentis hominem a me submoveo, et ad unum stipitem cuncta jacula dirigo, quid vulnera sua partitur in multos? quid ex impatientia respondendi, ostendit se esse qui petitur? Objicit mihi perjurium, et mixtum sacrilegio, quod in libro (*Epist.* 22, *ad Eustochium*) quo ad instituendam Christi virginem loquor, ante tribunal judicis dormiens pollicitus sim, numquam me litteris sæcularibus daturum operam, et nihilominus damnatæ eruditionis interdum meminerim. Nimirum iste est [d] Sallustianus Calpurnius, qui nobis per Magnum Oratorem, non magnam moverat quæstionem, cui libello brevi satisfecimus. Nunc quod instat, pro sacrilegio atque perjurio somnii respondendum est. Dixi me sæculares litteras deinceps non lecturum : de [e] futuro sponsio est, non præteritæ memoriæ abolitio. Et quomodo, inquies, tenes, quod tanto tempore non relegis? Rursum si aliquid de veteribus libris respondero, **486** et dixero, *adeo in teneris consuescere multum est* (Virgil. Georg. II) : dum renuo, crimen incurro, et pro me testimonium proferens, hoc ipso arguor, quo defendor. Scilicet nunc longo sermone texendum est, quod probant conscientiæ singulorum. Quis nostrum non meminit infantiæ suæ? Ego certe, ut tibi homini severissimo risum moveam, et imiteris aliquando Crassum, quem semel in vita dicit risisse [f] Lucilius, memini me puerum cursitasse per cellulas servulorum, diem feriatum duxisse lusibus, et ad [g] Orbilium sævientem de aviæ sinu tractum esse [h] captivum. Et quo magis stupeas, nunc cano et recalvo capite, sæpe mihi videor in somnis comatulus, et sumpta toga, ante rhetorem controversiolam declamare. Cumque experrectus fuero, gratulor me dicendi periculo liberatum. Crede mihi, multa ad purum recordatur infantia. Si litteras didicisses, oleret testa ingenioli tui, quo semel fuisset imbuta. Lanarum conchylia nullæ aquæ diluunt. Etiam asini et bruta animalia, quamvis in longo itinere, noverunt secundo diverticula. Miraris si ego litteras Latinas non sum oblitus, quum tu Græcas sine magistro didiceris? Septem modos conclusionum dialectica me elementa docuerunt; quid significet ἀξίωμα, quod nos *pronuntiatum* possumus dicere : quomodo absque verbo et nomine nulla sententia fit, soritarum gradus, [i] pseudomeni argutias, sophismatum fraudes. Jurare possum me postquam egressus de schola sum, hæc numquam omnino legisse. Bibendum igitur mihi erit de Lethæo gurgite juxta fabulas poetarum, ne arguar scire quod didici. En tu qui in me parvam criminaris scientiam, et videris tibi litteratulus atque Rabbi, responde, cur scribere aliqua ausus sis, et virum disertissimum

---

[a] Mallet Victorius *infringere*, tum ex genuinorum dentium, qui cibum frangunt, natura, tum ex Persii versu, quem Hieronymus videtur alludere,

Secuit Lucilius Urbem :
Te, Lupe; te, Muti ; et genuinum fregit in illis.

[b] *Et Luscium*, etc. Luscium Lavinium æmulum fuisse Terentii, et Ciceronis Asinium Pollionem, docet Seneca in Declamationibus : Rufinus et alius monachus, qui se jactabat de genere Corneliorum, imitabantur illos æmulos. Confer ista cum Commentariis in Jonam, ubi de cucurbita sermo est. MARTIAN. — Sæpius *Lanuvinus* appellatur etiam apud Hieronymum, tametsi apud Donatum *Lavinius*, quod idem est. In Epistola ad Augustinum 112, *ante annos plurimos cucurbita venit in medium, asserente illius temporis Cornelio, et Asinio Pollione, me Hederam pro cucurbita transtulisse.* Vide, ne longi simus, in Jonam cap. 4. Memorat Seneca in Declamat. æmulum Terentii, Lucium Lavinium, ut et Asinium Pollionem Ciceronis. Num itaque Noster Rufinum his nominibus, aut Rufinianos sodales carpit et cum primis Monachum, qui se de Corneliorum esse genere jactabat?

[c] *Si histriculæ.* Marianus post Erasmum mutavit lectionem omnium codicum mss. qui constanter retinent verbum *histriculæ* : histrica enim et livida erat mens Rufini, quem a sua amicitia submovit Hieronymus. Editi legunt *histricosæ*, sensu haud satis congruenti. MARTIAN. — Victorius *histricosæ* legendum maluit.

[d] *Iste est Sallustianus.* Infra in Epist. ad Magnum : *Sed per te mihi proponi ab alio quæstionem, qui forte propter amorem historiarum Sallustii Calpurnius cognomento Lanuarius est.* Vide Cicer. Offic. III, et in Pisonem. MARTIAN.— Vide quæ in Epistolam 70 ad Magnum in fine adnotavimus de Sallustiano Calpurnio isto.

[e] Vetus edit. *de futuro sponsio, non de præterito facta est.*

[f] Vide in Epistolam 7, n, 4, not.

[g] *Et ad Orbilium.* De Orbilio Grammatico Suegonius de Illustribus Grammat., Horatius Epist. 1 ad August., et Martialis lib. II Epigramm. 12. MARTIAN. — Celebris Pedagogi nomine præceptorem suum figurate intelligit. Vide de Orbilio Horatium, Sueton. aliosque.

[h] Vide Ciceronem lib. III Officior. et contra Pisonem.

[i] *Pseudomeni argutias.* Cicero Academ. Quæst. lib. IV, et lib. II de Divinatione, ubi *Pseudomenum* Latino verbo appellat *acervalem.* MARTIAN. — Errat Martianæus , qui *Pseudomenum* Latine *acervalem* appellari a Cicerone annotat ; nam Cicero lib. II, de Divinatione, num. 4, *Pseudomenon* appellat *mentientem* ; *Soritam* vero *acervalem* ; idque rectissime, ut liquet.

Gregorium pari eloquii splendore transferre. Unde tibi tanta verborum copia, sententiarum **487** lumen, translationum varietas, homini, qui oratoriam vix primis labris in adolescentia degustasti? Aut ego fallor, aut tu Ciceronem occulte lectitas. Et ideo tam disertus es, mihique lectionis ejus crimen intendis, ut solus inter ecclesiasticos tractatores eloquentiæ flumine glorieris. Licet magis philosophos sequi videaris, spinas Cleantis, et contorta Chrysippi, non ex arte quam nescis, sed de ingenii magnitudine. Et quoniam Stoici logicam sibi vindicant, et tu hujus scientiæ deliramenta contemnis, in hac parte Epicureus es : nec quæris quomodo, sed quid loquaris. Quid enim ad te pertinet, si alius non intelligat quid velis dicere, quia non ad omnes, sed ad tuos loqueris? Denique et ego scripta tua relegens, quamquam interdum non intelligam quid loquaris, et ª Heraclitum me legere putem : tamen non doleo, nec me pœnitet tarditatis : id enim in legendo patior, quod tu pateris in scribendo.

31. *Somnium defendit. Sanctorum Locorum celebritas et de toto orbe conventus.* — *Cur Hieronymo detraxerit Rufinus.* — Hæc dicerem, si quippiam vigilans promisissem. Nunc autem, novum impudentiæ genus, objicit mihi somnium meum. Utinam celebritas loci, et sanctorum de toto orbe conventus, sineret me divinas Scripturas legere ! Intantum spatium non habeo externa meditandi. Sed tamen qui somnium criminatur, audiat Prophetarum voces, somniis non esse credendum, quia nec adulterium somnii ducit me ad tartarum, nec corona martyrii in cœlum levat. Quoties vidi me esse mortuum, et in sepulcro positum ! Quoties volare super terras, et montes ac maria natatu aeris transfretare? Cogat ergo me non vivere, vel pennas habere per latera, quia vagis imaginibus mens sæpe delusa est. Quanti in somnis divites, apertis oculis repente mendici sunt? Sitientes flumina bibunt ; et experrecti, siccis faucibus æstuant. Tu a me somnii exigis sponsionem : ego te verius strictiusque conveniam. Fecisti omnia quæ in baptismate promisisti? Quidquid monachi vocabulum flagitat, nostrum uterque complevit? Cave, quæso, ne per trabem tuam, festucam meam videas. Invitus loquor, et retrectantem linguam dolor in verba compellit. Non tibi sufficiunt quæ de vigilante confingis, **488** nisi et somnia crimineris. Tantam habes curiositatem meorum actuum, ut quid dormiens fecerim, dixerimve, discutias. Prætermitto, quæ contra me loquens, propositum tuum deturpasti : quæ in depompationem omnium Christianorum, et verbis et opere feceris. Hoc unum denuntio, et repetens iterum iterumque monebo. Cornutam bestiam petis : et nisi caverem illud Apostoli, *Maledici regnum Dei non possidebunt* (I Cor. VI, 19); et, *Mordentes invicem consumpti estis ab invicem* (Galat. V, 15), jam nunc sentires de parvula subdolaque concordia, ᵇ magnam in mundo ortam esse discordiam. Quid tibi prodest, apud notos pariter et ignotos in nos maledicta congerere? An quia Origenistæ non sumus, et in cœlo nos peccasse nescimus, in terris arguimur peccatores? Et ideo in concordiam redivimus, ut mihi loqui contra hæreticos non liceret, ne, si illos descripsero, tu te appetitum putes? Quamdiu non renuebam laudationem tuam, sequebaris me ut magistrum, fratrem et collegam vocabas, et catholicum in omnibus fatebaris. Postquam non agnovi laudes tuas, et me indignum tanti viri præconio judicavi, illico vertis stylum, et omnia laudata prius vituperas, de eodem ore et dulce proferens et amarum. Sentisne quid taceam, quod æstuanti pectori verba non commodem? et cum Psalmista loquar : *Pone, Domine, custodiam ori meo, et ostium munitum labiis meis. Non declines cor meum in verba malitiæ* (Ps. CXL, 3). Et alibi : *Cum consisteret adversum me peccator, obmutui, et humiliatus sum, et silui a bonis* (Ps. XXXVIII, 1, 2). Et rursus : *Factus sum quasi homo non audiens, nec habens in ore suo increpationes* (Ps. XXXVII, 12)? Sed pro me ultor tibi Dominus respondebit, qui dicit per Prophetam, *Mihi vindicta, et ego retribuam, dicit Dominus* (Rom. XII, 19). Et in alio loco : *Sedens adversus fratrem tuum loquebaris, et adversus filium matris tuæ ponebas scandalum. Hæc fecisti et tacui : existimasti, inique, quod ero tui similis ; arguam te, et statuam contra faciem tuam* (Psal. XL, 20 seqq.) ; ut in te videas condemnata, quæ falso in aliis criminaris.

32. *Chrysogonus sectator Rufini.* — Audio præterea objici mihi a Chrysogono sectatore ejus, cur in baptismate dixerim universa peccata dimitti, et mortuo bimarito, novum virum in Christo resurgere : atque istiusmodi Sacerdotes in Ecclesiis esse nonnullos. Cui **489** brevi sermone respondebo : habent libellum (*Epist. ad Oceanum*), quem in crimen vocant : ille respondeat, hunc sua disputatione subvertat, et scripta scriptis arguat. Quid austeritate frontis, et contractis rugatisque naribus, concava verba trutinatur, et sanctitatem apud vulgus ignobile simulato rigore mentitur? Audiat nos iterum proclamantes, Veterem Adam in lavacro totum mori, et novum cum Christo in baptismate suscitari : perire choicum, et nasci supercœlestem. Hæc dicimus, non quod ipsi, propitio Christo, hac quæstione teneamur, sed interrogati a fratribus, quid nobis videretur, respondimus, nulli præjudicantes sequi quod velit, **490** nec alterius ᶜ decretum nostra sententia subvertentes. Neque enim ambimus sacerdotium, qui latemus in cellulis ; nec humilitate damnata, episcopatum auro redimere festinamus ; nec electum pontificem a Deo, rebelli cupimus mente jugulare ; nec favendo hæreticis,

---

ª Hunc nempe omnium Philosophorum obscurissimum veteres notant. Lucretio dicitur *clarus ob obscuram linguam.* Hinc et σκοτεινός cognomento dictus est. Vid. contra Jovinian. lib. I quæ annotavimus.

ᵇ Vetus edit., *magnam tibi in mundo,* etc.
ᶜ Fortasse illud Siricii papæ, ut in laudata epistola ad Oceanum annotamus. Aut potius Innocentii.

hæreticos nos docemus. Pecunias nec habemus, nec habere volumus : *Habentes victum et vestitum , his contenti sumus* (*I Tim.* VI, 5) : illud de ascensore montis Dominici jugiter decantantes : *Qui pecuniam suam non dedit ad usuram, et munera super innocentem non accepit.* [a] *Qui facit hæc, non movebitur in æternum* (*Psal.* XIV, 5, 6). Ergo qui non facit, jam corruit in æternum.

[a] Respicit initium Psalmi, *Quis ascendet in montem Domini?*

LIBER SECUNDUS.

1. *Vult se defendere, non alios accusare.* — Hucusque de criminibus, immo pro criminibus meis, quæ in me quondam subdolus laudator ingessit, et discipuli ejus constantius arguunt, non ut debui, sed ut potui, moderato dolore [*Al.* labore] respondi. Propositum quippe mihi est, non tam alios accusare, quam me defendere. Veniam ad [a] Apologiam ejus, qua sancto Anastasio, Romanæ urbis episcopo, satisfacere nititur, et in defensionem sui mihi rursum calumniam struit; tantumque me diligit, ut raptus turbine, et in profunda demersus, meum potissimum [b] invadat pedem, ut mecum aut liberetur, aut pereat.

2. *Apologia Rufini.* Parentes vulgari sermone dicebantur cognati et affines. — Dicit se primum respondere rumoribus, quibus illius Romæ carpatur fides, hominis probatissimi, tam in fide, quam in charitate Dei. Et nisi post triginta annos parentibus redditus, nollet eos deserere, quos tam tarde viderat, ne inhumanus putaretur, aut durus, et tam longi itineris labore fragilior, ad iterandos labores esset infirmus, ipsum venire voluisse. Quod quia non fecerit, contra latratores suos misisse baculum litterarum, quem ille teneret in dextera, et sævientes contra se abigeret canes. Si probatus est cunctis, et maxime ipsi cui scribit episcopo, in fide et charitate Dei [c] : quomodo Romæ mordetur, et carpitur, et appetitæ æstimationis ejus fama crebrescit? Deinde cujus est humilitatis, probatum se dicere in fide, et charitate Dei, cum Apostoli petant : *Domine, adauge nobis fidem* (*Luc.* XVII, 5); et audiant, *Si habueritis fidem ut granum sinapis* (*Ibid.*, 6). Et ad ipsum dicatur Petrum : *Modicæ fidei, quare dubitasti* (*Matth.* XIV, 31)? Quid loquar de charitate, quæ et fide et spe major est : et quam Paulus optat potius quam præsumit : sine qua et martyrio sanguis effusus, corpusque flammis traditum, coronam non habet præmiorum? Harum utramque iste sic sibi vindicat, ut tamen contra se habeat latratores : qui nisi [d] inclyti pontificis baculo repellantur, latrare non cessant. Illud vero ridiculum, quod post triginta annos ad parentes se reversum esse jactat, homo qui nec patrem habet, nec matrem; et quos viventes juvenis dereliquit, mortuos senex desiderat : nisi forte [e] parentes militari vulgarique sermone, cognatos, et affines nominat, quos quia non vult deserere, ne inhumanus putetur, aut durus, idcirco patria derelicta, Aquileiæ habitat. Periclitatur Romæ illa probatissima fides ejus, et hic supinus et lassulus, post triginta annos, per mollissimum Flaminiæ iter, essedo venire non potest; sicque prætendit longi itineris lassitudinem, quasi triginta annis semper cucurrerit, aut biennio Aquileiæ sedens, præteriti itineris labore confectus sit.

3. *Rufini verba.* — « Carpamus reliqua, et ipsa epistolæ ejus verba ponamus : Quamvis igitur fides nostra, persecutionis hæreticorum tempore, cum in sancta Alexandrina Ecclesia degeremus, in carceribus et exsiliis, [f] quæ pro fide inferebantur, probata sit. » Miror quod non adjecerit : Vinctus Jesu Christi, et liberatus sum de ore leonis, et Alexandriæ ad bestias pugnavi, et cursum consummavi, fidem servavi, superest mihi corona justitiæ. Quæ exsilia, quos iste carceres nominat? Pudet me apertissimi [g] mendacii; quasi carceres, et exsilia absque judicum sententiis irrogentur. Volo tamen ipsos scire carceres, et quarum provinciarum se dicat exsilia sustinuisse. Et utique habet copiam de multis carceribus et infinitis exsiliis unum aliquod nominandi. Prodat nobis confessionis suæ acta, quæ hucusque nescivimus; ut inter alios Alexandriæ Martyres hujus quoque gesta recitemus, et contra latratores suos possit dicere : *De cætero nemo mihi molestus sit, ego enim stigmata Domini nostri Jesu Christi in corpore meo porto* (*Galat.* VI, 17).

---

[a] Hanc infra annectimus post tertium librum.
[b] Id est, notante Victorio, pedem simul natantis apprehendat, ne submergatur.
[c] Vetus edit., *probatissimo.*
[d] Eadem vetus edit. *nisi inflicti Pontificis.* Victor. *invicti.*
[e] Sic alibi Rufinus Histor. Eccles. V, 24, fragmentum ex epist. Polycratis Latine convertens συγγενεῖς nomen *parentes* reddit pro cognatis sive propinquis. Eutropius quoque lib. I, cap. 7, Brutum *Parentem Tarquinii* vocat; et Jornandes c. 17: *Getas Gepidosque parentes.*
[f] In ms. Corbeiensi penes P. Constantium, *quæ in fide.*
[g] Rufinum tam impudenter pro se fuisse mentitum, vix credam, aut ne vix quidem. Ex Socratis autem lib. IV, cap. 22, in Arianorum persecutione dira illum perpessum esse non obscure colligitur. Verum Acta et Judicum sententias, quibus sibi pœnæ irrogatæ sunt, proferre ipse, ut opinor, non potuisset, quod omnia in illa persecutione absque legum ordine, factiosorum hominum arbitrio fierent. Alii ita Rufinum a mendacio liberant, ut fidem quam ipse exponit, probatam carceribus, atque exsiliis, tot nempe martyrum, qui pro eadem recta fide occubuerunt, non ipsam suimet personam intelligat.

[a] 4. *Quæstio de anima Christi.* — « Tamen et si quis nunc est, qui vel tentare fidem nostram cupit vel audire, vel discere, sciat quod de Trinitate ita credimus, » et reliqua. Supra contra canes tuos baculum episcopo porrigis, quo pro te munitus incedat. Nunc quasi ambigens dicis : Si quis est qui tentare fidem nostram cupit ; denuo dubitas, cum multorum latratus ad te usque pervenerint. Non discutio parumper elocutiones tuas, quas et tu contemnis et despicis; tantum sensibus respondebo. Aliud a te quæritur, et pro alio satisfacis. Contra Arii dogmata, jam Alexandriæ in carceribus, et exsiliis dimicaveras, non voce, sed sanguine. Nunc super Origenis hæresi tibi calumnia commovetur. Nolo cures, quæ sana sunt, vulnera medicare. Trinitatem dicis unius esse Deitatis. Hoc toto credente jam mundo, puto quod et dæmones confiteantur Filium Dei natum de Maria Virgine, et carnem naturæ humanæ, atque animam suscepisse. Si arctius quid rogavero, contentiosum vocabis. Si dicis Filium Dei humanæ naturæ carnem atque animam suscepisse, oro te, ut absque stomacho respondeas : anima ista, quam suscepit Jesus, eratne antequam nasceretur ex Maria ? An in origine virginali, quæ de Spiritu sancto nascebatur, cum corpore simul creata est, vel jam in utero corpore figurato, statim facta et missa est de cœlo ? E tribus unum quid sentias, scire desidero. Si fuit [*Al.* non fuit] antequam nasceretur ex Maria, necdum ergo erat anima Jesu, et agebat aliquid, ac propter merita virtutum postea facta est anima ejus. Si cepit ex traduce, humanarum igitur animarum, quas æternas fatemur, et brutorum animantium, quæ cum corpore dissolvuntur, una conditio est. Sin autem figurato corpore statim creatur et mittitur, fatere simpliciter, et nos scrupulo libera.

5. Nihil horum loqueris : sed occupatus in aliis, simplicitate nostra abuteris, et præstigiis pompaque verborum hærere nos non sinis quæstioni. Quid, inquies, nonne quæstio erat de resurrectione carnis, et pœnis diaboli ? Fateor [*Al.* Fatere]. Ergo breviter pureque responde. Non quæro quod scribis, eamdem carnem resurgere, in qua vivimus, nullo membro amputato, nec aliqua parte corporis desecta, hæc enim tua verba sunt : sed quæro, quod Origenes negat, utrum in eodem sexu, quo mortua sunt corpora, suscitentur : et Maria Maria, Joannes resurgat Joannes : an commixto sexu atque turbato, nec vir, nec femina sit; sed utrumque, vel neutrum ? Et an ipsa corpora incorrupta, et immortalia, et ut argute præmones, juxta Apostolum spiritualia permaneant in æternum : et non solum corpora, sed caro et sanguis infusus, venis et ossibus irrigatus, quæ Thomas tetigit : an certe paulatim resolvantur in nihilum, et ad quatuor unde compacta sunt elementa, retrahantur ? Hæc aut dicere debueras, aut negare, et non ea loqui, quæ subdole Origenes fatetur ; ut quasi fatuis et pueris illudens, « nullo membro amputato, nec aliqua corporis parte desecta. » Scilicet hoc timuimus, ne sine naso et auribus surgeremus, et amputatis sectisque genitalibus, eunuchorum in cœlesti Jerusalem civitas conderetur.

6. Porro de diabolo sic sententiam temperat : « Dicimus quoque et judicium futurum, in quo judicio unusquisque recipiet propria corporis, prout gessit, sive bona, sive mala. Quod si homines recepturi sunt pro operibus suis, quanto magis et diabolus, qui omnibus existit [b] causa peccati ! De quo illud sentimus quod scriptum est in Evangelio (*Matth.* xxv) : quia et ipse diabolus, et omnes angeli ejus, cum his qui opera ejus faciunt, id est, qui criminantur [c] fratres, cum ipso pariter æterni ignis hæreditate potientur. Si quis ergo negat diabolum æternis ignibus [d] mancipari, partem cum ipso æterni ignis accipiat, ut sentiat quod negavit. Repetamus singula. « Dicimus, inquit, futurum judicium ; in quo judicio, » et cætera. Super verborum vitiis tacere decreveram ; sed quia discipuli ejus mirantur eloquentiam præceptoris, pauca perstringam. Dixerat judicium futurum ; sed homo cautus timuit solum dicere, *in quo*, et posuit, *in quo judicio*; ne si non secundo repetisset *judicium*, nos, obliti superiorum, pro judicio *asinum* putaremus. Illud quoque quod postea infert, « qui criminantur fratres, cum ipso pariter æterni ignis hæreditate potientur, » ejusdem est venustatis. Quis enim umquam audivit *potiri ignibus*, et frui suppliciis? Sed homo Græcus videtur hoc dicium interpretari voluisse, et pro eo quod apud eos dicitur κληρονομήσουσιν et apud nos uno verbo dici potest, *hæreditabunt*, compositius et ornatius dixisse, *hæreditate potientur*. Istiusmodi nugis et acyrologiis omnis ejus scatet oratio. Sed revertamur ad sensum.

7. *Ridet Rufini verba. Ignis æternus juxta Origenem.* — Grandi diabolus lancea percutitur, qui omnibus existit causa peccati, si pro operibus suis, quasi homo, redditurus est rationem, et cum angelis suis æterni ignis hæreditate potietur. Hoc enim deerat, ut hominibus tormento subditis, ille [e] potiretur ignibus æternis, quos tanto tempore desideraverat. Et videris mihi [f] calumniam in hoc loco facere diabolo, et criminatorem omnium falsis criminibus accusare. Dicis enim, « qui omnibus existit causa peccati; » et dum in illum refers crimina, homines culpa liberas, tollisque arbitrii libertatem, Salvatore dicente, quod *de corde nostro exeunt cogitationes malæ, homicidia, adulteria, fornicationes, furta, falsa testimonia, blasphemiæ* (*Matth.* xv, 19). Et rursum de Juda in Evangeretur.

---

[a] Alibi, *Tamen et nunc si quis est*, etc.
[b] In vulgatis constanter obtinet *exstitit* hic atque infra; secus mss., teste P. Constantio, nempe *existit*.
[c] Coislinianus quidam ms., *patres* pro *fratres* legit ; illud retinendum liquet ex Hieronymi censura.
[d] Alibi *mancipandum* legitur.
[e] Vetus edit. cum negandi partic., *ille non potiretur*.
[f] Sunt docti viri, qui ab hujusmodi sinistra interpretatione Rufinum vindicant. Revera neque illum, cui alter causa ad peccandum fuit suggerendo, culpa liberamus, quia neque arbitrii libertatem obsequenti adimimus.

gelio legimus : *Post buccellam intravit in eum Satanas* (*Joan.* XIII, 27) : qui ante buccellam sponte peccaverat, et nec humilitate, nec clementia Salvatoris flexus est ad pœnitentiam. Unde Apostolus : *Quos tradidi*, inquit, *Satanæ, ut discant non blasphemare* (*I Tim.* I, 20). Et in alio loco : *Tradidi hujusmodi Satanæ in interitum carnis, ut spiritus salvus fiat* (*I Cor.* V, 5). Tradidit eos Satanæ, quasi tortori ad puniendum, qui antequam traderentur, voluntate propria blasphemaverant. Et David, *Ab occultis*, inquit, *meis munda me, Domine, et ab alienis parce servo tuo* (*Ps.* XVIII, 13) : breviter et suæ voluntatis errorem, et vitiorum incentiva significans. In Ecclesiaste quoque legimus : *Si spiritus potestatem habentis ascenderit super cor tuum, locum tuum ne dimiseris* (*Eccles.* X, 4). Ex quo liquido apparet, si dederimus ascendenti locum, nos peccasse qui dederimus, et ascendentem muros hostem non præcipitem deturbaverimus. Quod autem imprecaris fratribus, **496** hoc est, criminatoribus tuis, æternos ignes cum diabolo, non tam fratres mihi videris premere, quam diabolum sublevare, ᵃ cum iisdem quibus homines Christiani ignibus puniendus sit. Ignes autem æternos, quos intelligere solet Origenes, puto quod te non fugiat, conscientiam videlicet peccatorum, et pœnitudinem interna cordis urentem. De qua et Isaias loquitur : *Vermis eorum non morietur, et ignis eorum non exstinguetur* (*Isai.* LXVI, 24). Et ad Babylonem scriptum est : ᵇ *Habes carbones ignis, sedebis super eos : hi erunt tibi in adjutorio* (*Psal.* XXVII, 14). Et in Psalmo pœnitens audit : *Quid detur tibi, aut quid apponatur tibi ad linguam dolosam ? Sagittæ potentis acutæ, cum carbonibus desolatoriis* (*Psal.* CXIX, 4) : ut linguam dolosam, sagittæ præceptorum Dei (de quibus in alio loco Propheta dicit (*Psal.* XXXI, 4), *Versatus sum in miseria, dum configitur mihi spina*) vulnerent atque confodiant, et peccatorum in ea solitudinem faciant. Illud quoque testimonium in quo Dominus loquitur : *Ignem veni mittere super terram,* ᶜ *et quam volo ut ardeat* (*Luc.* XII, 49), sic interpretatur : ‹ Omnes cupio agere pœnitentiam, et excoquere Spiritu sancto vitia atque peccata. Ipse enim sum de quo scribitur : *Deus ignis consumens est* (*Deut.* IV, 24). Non ergo grande est hoc de diabolo dicere, quod et hominibus præparatum est. › Magis debueras (ut suspicionem salutis diabolicæ declinares) dicere : *Perditio factus es : et non eris in æter-*

num (*Ezech.* XXVIII, sec. *LXX*); et ex persona Domini loquentis ad Job de diabolo : *Ecce spes ejus frustrabitur eum, et videntibus cunctis præcipitabitur* (*Job.* XL, 28). *Non quasi crudelis suscitabo eum. Quis enim resistere potest vultui meo ? Quis ante dedit mihi ut reddam ei ? Omnia quæ sub cœlo sunt, mea sunt. Non parcam ei, et verbis potentibus, et ad deprecandum compositis* (*Job.* XLI, 1 *et seqq*). Verum hæc possunt quasi simplicis hominis excusari : et cum eruditos non subterfugiant, apud indoctos præferre innocentiæ similitudinem.

8. Quod sequitur de animarum statu, excusari omnino non potest. Dicit enim : ‹ Audio et de anima quæstiones **497** esse commotas : de qua re utrum recipi debeat querimonia an abjici, vos probate. Si autem et de me quid sentiam quæritur, fateor me de hac quæstione apud quamplurimos tractatorum diversa legisse. Legi quosdam dicentes, quod pariter cum corpore per humani ᵈ seminis traducem etiam animæ diffundantur : et hæc quibus poterant assertionibus confirmabant. Quod puto inter Latinos Tertullianum sensisse, vel Lactantium, fortassis et nonnullos alios. Alii asserunt, quod, formatis in utero corporibus, Deus quotidie faciat animas et infundat. Alii ᵉ quod factas jam olim, id est, tunc cum omnia creavit Deus ex nihilo, nunc eas judicio suo nasci dispenset in corpore. Hoc sentit et Origenes, et nonnulli alii Græcorum. Ego vero cum hæc singula legerim (Deo teste dico) quia usque ad præsens certi et definiti aliquid de hac quæstione non teneo; sed Deo relinquo scire quid sit in ᶠ vero, et si cui ipse revelare dignabitur. Ego tamen hæc singula et legisse me non nego, et adhuc ignorare confiteor : præter hoc quod manifeste ᵍ tradit Ecclesia, Deum esse et animarum et corporum conditorem. ›

9. Antequam de sensibus disputem, Theophrasti verba mirabor : ‹ Audio, inquit, de anima quæstiones commotas esse : de qua re utrum recipi debeat querimonia, aut abjici, vos probate. › Si quæstiones de animæ statu in Urbe commotæ sunt, quæ est ista querimonia vel querela, quæ utrum recipi debeat, episcoporum judicio relinquitur ? nisi forte quæstionem et querimoniam idipsum significare putat : quia in Capri Commentariis hujusmodi figuram reperit. Deinde ponit, ‹ Legi quosdam dicentes, quod pariter cum corpore per humani seminis traducem etiam

---

ᵃ Nodum in scirpo quærunt, qui hæc ita intelligunt, ut senserit Hieronymus, Christianis hominibus, qui Dei mandata violaverint, pœnas non futuras sempiternas, secus atque infidelium et Diaboli : atque adeo eo sensu dicere, sublevari a Rufino Diabolum, et christianos premi, cum unum idemque supplicium utrisque imprecatur. Nam nihil de pœnarum æternitate hic Hieronymus loquitur, sed quas damnatis omnibus æternas non diffitetur, Diabolo tamen acerbiores esse sentit, eumque sublevari, si iis addicatur, quibus scelesti Christiani homines excruciantur.

ᵇ Aliter penes Vulgatum interpretem, *non sunt prunæ quibus calefiant, nec focus, ut sedeant ad eum.* Sic facta sunt tibi in quibuscumque laboraveras.

ᶜ Vetus edit., *et quem volo semper ut ardeat*, etc. Consule Græcum textum.

ᵈ Vitiose erat antea *corporis* pro *seminis*, quod ex S. Doctoris repetitione legendum liquet : tum quidam mss. habent *anima infundatur.*

ᵉ Vocula *quod* in mss. non haberi dicitur ; censura ipsa, qua phrasim hujus loci Hieronymus suggillat, innuit additam non fuisse a Rufino. Paulo post verbum *nasci* in Apologiæ editionibus et mss. desideratur ; sed cum infra S. Doctor tertio repetit, probat.

ᶠ Martianæus , *quid sit in utero*, fortasse impressorum incuria.

ᵍ Alibi *tradidit*, deinde *creatorem* pro *conditorem.*

animæ diffundantur, et hæc quibus poterant assertionibus confirmabant. » Rogo quæ est ista licentia figurarum? quæ modorum et temporum perturbatio? « Legi dicentes, quibus poterant assertionibus confirmabant. » Et in consequentibus: « Alii asserunt, quod, formatis **498** in utero corporibus, Deus quotidie faciat novas animas, et infundat. Alii, factas jam olim, id est, tunc cum omnia Deus creavit ex nihilo, nunc eas judicio suo nasci dispenset in corpore. » Et hic ordo pulcherrimus. Alii, inquit, asserunt hoc vel illud : alii factas jam olim, id est, tunc cum omnia Deus creavit ex nihilo, nunc eas judicio suo nasci dispenset in corpore. Tam putide et confuse loquitur, ut plus ego in reprehendendo laborem, quam ille in scribendo. Ad extremum posuit : « Ego vero cum hæc singula legerim, » et adhuc pendente sententia, quasi novum aliquid protulisset, adjecit : « Ego tamen hæc singula et legisse me non nego, et adhuc ignorare confiteor. »

10. *Trinitatis mysterium ignoratum Antiquis.* — O infelices animas, quæ tantis vitiorum lanceis vulnerantur! non eas puto juxta Origenis errorem tantum laborasse, cum de cœlo in terras ruerent, et crassis corporibus vestirentur, ut nunc et verbis et sententiis hinc inde collisas; ut prætermittam [a] κακέμφατον, quo de humani seminis traduce diffundi animæ dicuntur. Scio inter Christianos verborum vitia non solere reprehendi; sed ex paucis ostendere volui, cujus temeritatis sit docere quod nescias, scribere quod ignores : ut similem prudentiam et in sensibus requiramus. Mittit epistolam, id est, robustissimum baculum, quo Romanæ urbis armetur episcopus : et in ipsa quæstione, pro qua canes latrant, dicit se nescire quod quæritur. Si ignorat, pro quo sibi calumnia commovetur, quid necesse est Apologiam mittere, quæ non habet defensionem sui, sed ignorantiæ confessionem? Hoc est suspiciones hominum non sopire, sed serere. Tres super animarum statu ponit sententias, et in fine concludens : « Singula, inquit, me legisse non nego, et adhuc ignorare confiteor. » Arcesilam, aut Carneadem putes, qui omnia incerta pronuntiant, licet et illos superet cautione. Illi enim omnium philosophorum invidiam non ferentes, quod [b] veritatem e vita tollerent, verisimilia repererunt, **499** ut ignorantiam rerum probabili assertione temperarent : iste se dicit incertum, et e tribus omnino nescire quid verum sit. Si hoc erat responsurus, quæ eum ratio impulit, ut tantum Pontificem inscitiæ suæ testem faceret. Nimirum hæc illa est lassitudo, quod triginta annorum itinere confectus, Romam venire non potuit. Quanta et alia nescimus, et tamen imperitiæ nostræ testes non quærimus! De Patre, Filio, et Spiritu sancto; de nativitate Domini Salvatoris, super qua Isaias clamitat : *Generationem ejus quis enarrabit* (*Isai.* LIII, 8)? audacter loquitur, et mysterium omnibus retro sæculis ignoratum scientiæ suæ vindicat : et hoc solum ignorat, quod ignoratum cunctis scandalum facit. Scit quomodo Deum Virgo generarit; et nescit quomodo ipse sit natus. Animarum et corporum conditorem fatetur Dominum, sive animæ ante corpora fuerint, sive cum corporum nascantur exordiis, sive jam formatis in utero figuratisque corporibus immittantur. In omnibus novimus auctorem Dominum. Nec de hoc nunc quæstio est, utrum Deus, an alius eas fecerit : sed e tribus quas posuit, quæ sit illarum sententia vera, nescire se dicit. Vide ne statim tibi objiciatur, idcirco te trium ignorantiam confiteri, ne unum damnare cogaris : et Tertulliano et Lactantio ideo parcere, ne Origenem cum illis jugules. Quantum memoria suggerit, nisi tamen fallor, nescio me legisse Lactantium [c] συσπειρομένην animam dicere. Cæterum qui legisse te scribis, dic in quo libro legeris, ne ut me dormientem, sic illum mortuum calumniatus esse videaris. Sed et in hoc cunctabundus incedis et cautus. Dicis enim : « Puto inter Latinos Tertullianum sensisse, vel Lactantium, fortassis et alios nonnullos. » Non solum de animarum statu dubitas, sed et de auctorum sententiis putas : et tamen aliquid interest. De animabus autem aperte nescis, et inscitiam confiteris : de auctoribus sic nosse te dicis, ut putes potius quam præsumas. In solo Origene non ambigis. Dicis quippe, « Hoc sentit Origenes. » Interrogabo te : bene **500** sentit, an male? Nescio, inquis. Quid me igitur missis tabellariis et creberrimis nuntiis docere conaris, ut sciam, quod nescias? Et ne forte non credam imperitiæ tuæ, et arbitrer te callide reticere quod nosti, juras Deo teste, quod usque ad præsens certi et definiti aliquid de hac quæstione non tenes; et Deo relinquas scire quid sit in vero, et si cui ipse revelare dignabitur. Per tanta sæcula tibi nullus videtur dignus fuisse,

---

[a] Obscœnam lectionem aut incongruam.

[b] *Quod veritatem.* Præter codicem vetustum Monasterii nostri Floriacensis, omnes alii quos vidimus juxta Erasmum legunt, *quod vitam e vita tollerent*. At cogit nos Arcesilæ et Carneadis historia retinere *veritatem*, quam hi Philosophi e vita tollebant, incerta omnia dicentes, et ignorantiam rerum probabili assertione, sive sententia temperantes. Porro Arcesilas vocatus est *carillator*, quod cum nihil se scire diceret, nec alios quidquam scire patiebatur, omnes turbaret sophismatibus. Vide Cicer. lib. II de Finibus. A Carneade cavendum dicebat M. Cato in Senatu, quia ob eloquentiam, et disserendi facultatem, facile quæcumque vellet, impetrare posset. Vide Gellium lib. XVI et Quintilianum. MARTIAN. — Ita Victorius reposuit ope mss. exemplarium, cum antea esset, *vitam e vita*. Lectionem probat insuper Arcesilæ et Carneadis ingenium, quorum alter mediæ Academiæ auctor est, alter tertiæ princeps.

[c] In tertio autem libro aperte negat, scriptum a Lactantio animam συσπειρομένην, id est *simul satam*, aut per traducem. *Scribis tres de animabus esse sententias : unam, quam sequitur Origenes; alteram quam Tertullianus et Lactantius, licet de Lactantio apertissime mentiaris*. Re ipsa lib. VII, n. 12, Lactantius sibi probandum sumit animam *originem trahere de cœlo* : atque adeo miror magis, inter ejus errores ab doctis aliquot viris numerari traducem animæ. Rufinum porro excusare, non est instituti nostri : maximam partem Occidentalium, ipso Hieronymo teste epist. 126, præter Tertullianum et Apollinarem pro se presbyter Aquileiensis laudare potuisset.

cui de hac quæstione Dominus revelarit? Non patriarcha, non propheta, non apostolus, non martyr? Ne tibi quidem, quando in carceribus et exsiliis morabaris, hujuscemodi sacramenta patuerunt? Dominus in Evangelio, *Pater*, inquit, *revelavi nomen tuum hominibus* (Joan. xvii, 6). Qui Patrem revelavit, de animarum statu tacuit: et miraris si contra te fratrum scandala concitentur, cum id nescire te jures, quod Christi Ecclesiæ se nosse fateantur?

11. Exposita fide sua, immo inscitiæ confessione, transit ad aliud; et excusare se nititur, cur libros περὶ Ἀρχῶν in Latinum verterit. Et hæc scribit ad verbum: « Sane quia audio etiam inde esse disputatum quod quædam Origenis rogatus a fratribus de Græco in Latinum transtuli, puto quod omnes intelligant, hæc pro solo livore culpari. Si enim aliquid est quod displiceat in auctore, quare id ad interpretem detorquetur? Sicut in Græcis habetur, rogatus sum ut Latinis ostenderem. Græcis sensibus verba dedi Latina tantummodo. Sive ergo in illis sensibus laus inest aliqua, non est mea : sive culpa, similiter non est mea. » « Audio, inquit, etiam inde esse *disputatum*. » Quam prudenter accusationem suam, *disputationem* vocat ! « Quod *quædam* Origenis rogatus a fratribus de Græco in Latinum transtuli. » Quæ sunt illa quædam ? Nomen non habent? Taces ? Libelli accusatorum loquuntur. « Puto, ait, quod omnes intelligant hæc *pro solo livore* culpari. » Pro quo livore? Num invident eloquentiæ tuæ? Aut fecisti quod nullus hominum umquam facere potuit? Ecce et ego Origenis **501** multa transtuli : et præter te nemo nec invidet, nec calumniatur. « Si enim, inquit, aliquid est quod displiceat in Auctore, quare id ad interpretem detorquetur? sicut in Græcis habetur, rogatus sum ut Latinis ostenderem. Græcis sensibus verba dedi Latina tantummodo. Sive ergo in illis sensibus laus inest aliqua, non est mea : sive culpa, similiter non est mea. » Et miraris, si de te homines male sentiant, quum de apertis blasphemiis dicas : « Si est aliquid, quod displiceat in auctore. » Omnibus quæ in illis libris dicta sunt, displicent : et tu solus dubitas, et quereris, cur ad interpretem detorqueatur, quod in translationis tuæ Præfatione laudasti. Rogatus eras, ut quomodo habebatur in Græco, in Latinum verteres. Utinam fecisses quod rogatum te esse simulas ! nulli nunc invidiæ subjaceres. Si tu translationis servasses fidem, mihi necessitas non fuisset interpretationem falsam vera interpretatione subvertere. Novit conscientia tua, quæ addideris, quæ subtraxeris, quæ in utramque partem, ut tibi visum fuerit, immutaris : et post hæc audes dicere, quod et bona et mala non tibi, sed auctori debeant imputari. Et oppressus invidia adhuc verba moderaris; et quasi super aristas pendenti incedens gradu, loqueris. « Sive in illis sensibus laus est, sive culpa. » Defendere non audes, et tamen damnare non vis. Elige e duobus quod vis, optio tibi datur : si bona est interpretatio tua, lauda : si mala, condemna. Verum excusat se, et subnectit aliam stropham. Dicit enim : « Quinimmo etiam aliud adjeci, sicut in Præfatiuncula mea designavi; ut in quantum possem, aliquanta deciderem : illa tamen quæ mihi ad ᵃ suspicionem veniebant, quod non ab ipso Origene ita dicta, sed ab aliis viderentur esse inserta, propter hoc quod de eisdem rebus in aliis auctoris ejusdem locis catholice dictum legeram. » Mira eloquentia, et Attico flore variata : *Quinimo etiam* ; et *Quæ mihi ad suspicionem veniebant.* Admiror **502** ausum illum esse hæc Romam verborum portenta transmittere. Compeditam putes linguam ejus, et inextricabilibus nodis ligatam, vix in humanum sonum erumpere. Sed ad causam redeam.

11. *Origenis blasphemia.* — Quis tibi dedit hanc licentiam, ut multa de interpretatione decideres ? Rogatus eras ut Græca in Latinum verteres, non ut emendares : ut alterius dicta proferres, non ut tua conderes. Non fecisse te quod rogatus es, recidendo plurima, confiteris. Atque utinam præcidisses mala, et non in assertionem malorum, tua multa posuisses ! E quibus unum proferam, ut ex hoc cognoscantur et cætera. In primo libro περὶ Ἀρχῶν, ubi Origenes lingua sacrilega blasphemavit, quod Filius Patrem non videat, tu etiam causas reddis, quasi ex persona ejus, qui scripsit, et Didymi interpretaris ᵇ σχόλιον, in quo ille casso labore conatur alienum errorem defendere, quod Origenes quidem bene dixerit : sed nos simplices homines, ᶜ et cicures Ennianii, nec illius sapientiam, nec tuam, qui interpretatus es, intelligere possumus. Præfatio tua, quam nominas, et in qua me miris ornas laudibus, te reum pessimæ translationis facit. Dicis enim quod de Græco multa decideris, licet taceas quod addideris. Quæ decidisti, mala erant, an bona? Utique mala. Quæ reservasti bona, an mala ? utique bona. Neque enim mala transferre poteras. Ergo mala amputasti, et reliquisti bona? nulli dubium est. Probantur autem quæ

ᵃ Alii editi *in suspicionem*, renitentibus mss. et Hieronymo, qui phrasim istam deridet.
ᵇ Didymus brevibus Commentariolis, quæ σχόλια inscripsit, in hunc περὶ Ἀρχῶν librum, Origenem catholice sentire, ac diverse ab Arianis propugnabat. Vide infra pag. 508.
ᶜ *Et cicures Enniani.* Haud dubie animalia, et pecudes mansuetas habuit Ennianus, sive Ennius Poeta celeberrimus, qui in Aventino habitans sumptu contentus est parcissimo, et ancillulæ ministerio. Vel certe ipse cicurare noverat feras : unde Enniani cicures hic dicuntur. In codice Collegii Navarrici Parisiensis legimus, *et cincturæ Senniani*. MARTIAN.

—Quidam vir doctus legendum putat *Cinctuti Enniani*, ut gentes illæ barbaræ notentur, quales primi Italiæ incolæ erant, quos vocat *cinctutos* Horat. Art. Poetic. vers. 50 :

Fingere cinctutis non exaudita Cethegis.

Mihi nihil immutari placet ; tametsi, quod apud Ennium in fragmentis historia isthæc non supersit, hariolari haud velim. Verum *Cicuria Enniana insignioris magistri*, dixit etiam Tertullianus lib. contra Valentinianos sub finem, sive cap. 37. Fera ingenia, aut barda, malis auspiciis, atque irrito conatu mansuetudinem edocta innuerit.

translata sunt, pene omnia mala. Quidquid igitur mali in translatione monstravero, tibi imputabitur, qui illud pro bono transtulisti. Aliud est, si iniquus censor ejusdem criminis [a] reus, alios de senatu pellis, alios in curia retines. Sed dicis, « Omnia mutare non poteram; sed ea tantum, quæ addita ab hæreticis arbitrabar, mihi amputanda credidi. » Pulchre. Si amputasti quæ addita ab hæreticis existimabas, ergo quæ reliquisti, ejus sunt quem interpretatus es [*Al.* interpretabaris]; **503** responde, utrum bona, an mala sint? Mala transferre non poteras. Semel enim, quæ ab hæreticis addita fuerant, amputasti. Nisi forte hæreticorum mala amputare debueris, et Origenis errores in Latinum integros vertere. Dic ergo, quare Origenis mala in Latinum verteris: ut auctorem mali proderes, an ut laudares? Si prodis, in præfatione cur laudas? Si laudas, hæreticus approbaris. Restat, ut quasi bona protuleris. Si hæc omnia probantur mala, igitur unius et Auctor et Interpres rei criminis erunt, et implebitur illa sententia: *Videbas furem, et currebas cum eo: et cum adulteris portionem tuam ponebas* (Psal. XLIX, 18). Non est necesse rem planam, argumentatione dubiam facere. Quod sequitur, respondeat, unde illi sit orta suspicio, hæc ab hæreticis addita? « Quia, inquit, de eisdem rebus in aliis locis ejusdem auctoris catholice dictum legeram. »

12. *Origenis hæretica.* — Videamus, quod primum est, ut ordine venerit ad secundum. Probo ego inter multa Origenis mala, [b] hæc maxime hæretica: Dei Filium creaturam; Spiritum sanctum ministrum; mundos innumerabiles, æternis sibi sæculis succedentes. Angelos versos in animas hominum: animam Salvatoris tuæ antequam nasceretur ex Maria: et hanc esse, quæ cum in forma Dei esset, non est rapinam arbitrata æqualem se esse Deo (*Philip.* II); sed se exinanivit, formam servi accipiens: resurrectionem nostrorum corporum sic futuram, ut eadem membra non habeant; quia cessantibus membrorum officiis, superflua membra reddantur: ipsaque corpora tenuia et spiritalia paulatim evanescere, et in auram tenuem, atque in nihilum dissipari: in restitutione omnium, quando indulgentia principalis venerit, Cherubim et Seraphim, Thronos, Principatus, Dominationes, Virtutes, Potestates, Archangelos, Angelos, Diabolum, dæmones, animas omnium hominum, tam christianorum, quam Judæorum, et Gentilium, unius conditionis, et mensuræ fore. Cumque ad formam, et libram æquitatis pervenerint, et rationabiles creaturæ **504** omni corporum fæce deposita, novus de mundi exsilio populi revertentis monstraverit exercitus, tunc rursus ex alio principio fieri mundum alium, et alia corpora, quibus labentes de cœlo animæ vestiantur, ut verendum nobis sit, ne qui nunc viri sumus, postea nascamur in feminas; et quæ hodie virgo, tunc [*Al.* postea] forte prostibulum sit. Hæc in Origenis libris ego hæretica doceo: tu ostende, in quo ejus opere his contraria legeris.

13. *Sex millia librorum Origenis.* — Nolo dicas, Quæ de eisdem rebus in aliis locis ejusdem auctoris catholice dicta legeram; ne me mittas ad [c] sex millia librorum ejus, quos legisse beatum papam Epiphanium criminaris; sed ipsa loca nomina: nec hoc mihi sufficiet, nisi eadem dicta ad verbum protuleris. Non est fatuus Origenes, et ego novi: contraria sibi loqui non potest. Igitur ex hac supputatione illa summa [*Al.* sententia] nascitur, non hæreticorum esse, quæ amputasti, sed Origenis, cujus ideo mala interpretatus es, quia putasti bona; et tibi tam bona, quam mala illius imputanda, cujus scripta in Prologo comprobasti.

14. *Hilarius et Ambrosius Origenis interpretes. Anastasii epistola ad Joannem Hierosolymitanum.* — Sequitur in eadem Apologia: « Origenis ego neque defensor sum, nec assertor, nec primus interpres. Alii ante me hoc idem opus fecerant [*Al.* fecerant]: feci et ego postremus rogatus a fratribus. Si jubetur, ne fiat, jussio observari [d] solet in posterum. Si culpantur, qui ante jussionem fecerunt, culpa a primis incipiat. » Tandem evomuit, quod volebat, et omnis animi tumor in nostræ accusationis erupit invidiam. Ubi interpretatur libros περὶ Ἀρχῶν, me sequi se dicit: ubi accusatur cur hoc fecerit, meum ponit exemplum; et securus, et periclitans sine me vivere non potest. Audiat igitur quod nescire se simulat. Nemo tibi objicit, quare Origenem interpretatus es, alioqui Hilarius et Ambrosius hoc crimine tenebuntur; sed quia interpretatus es hæretica, Præfationis tuæ laude firmasti. Ego ipse, quem in crimen vocas, sic [*Al.* ideo] septuaginta Homilias ejus transtuli, et nonnulla de Tomis, ut et mala in bonorum interpretatione **505** subtraherem, et aperte in libris περὶ Ἀρχῶν ad coarguendam translationem tuam, quid lector vitaret, ostenderem. Vis Origenem in Latinum vertere? Habes multas homilias ejus et tomos, in quibus moralis tractatur locus, et Scripturarum panduntur obscura. Hæc interpretare: hæc rogantibus tribue. Quid primus labor tuus incipit ab infamia? Cur translaturus hæretica, in defensionem eorum præmittis quasi martyris librum, et id Romanis auribus ingeris, quod translatum totus orbis

---

[a] Mihi legendum videtur in accusandi casu, *reos*, quorum alios damnaret, alios absolveret.
[b] Vide quæ de singulis hisce Origenis erroribus diximus ad Theophili Synodicam, et Epistolam ad Avitum, etc.
[c] Imposuit fortasse Rufino prave intellectus locus iste Epiphanii Hæres. 64, quæ Origenianorum est, num. 63, ubi Origenem ipsum alloquens, εἰ γάρ ἐστιν ἀληθὲς ὁ περὶ σοῦ ᾄδεται, ὅτι ἑξακισχιλίους βίβλους συνέγραψω, ὦ ματαιόπονε. Si enim verum est, quod de te percrebuit, sex librorum millia a te esse conscripta, o infelix, qui inanissime desudaris, etc. Nusquam autem aut de librorum numero affirmavit Epiphanius, aut totidem a se lectos dixit. Iterum infra, atque alibi eamdem hallucinationem ab Epiphanio cavet Hier., et Rufino exprobrat.
[d] Alias editi cum Coisliniano ms., *observari debet*. In Hieronymum tota isthæc oratio est.

expavit? Aut certe si ideo interpretaris, ut eum hæreticum arguas, nihil de Græco mutes, et hoc ipsum præfatione testare, quod prudentissime Papa Anastasius in epistola, quam contra te scribit ad episcopum Joannem, suo sermone complexus est, me liberans, qui id feci, et te arguens, qui facere noluisti. Ac ne forsitan hoc quoque neges, subjeci [a] exemplum ejus: ut si non vis audire fratrem monentem, audias episcopum condemnantem [*Al.* calumniantem].

15. *Rufinus Origenis defensor probatur. Eusebius Arianorum princeps. Rufini præfatio in Apologiam Pamphili pro Origene.* — Dicis te non esse defensorem, neque assertorem Origenis: jam nunc tibi proferam librum tuum de quo in famosa illa præfatiuncula præclari operis tui his verbis loqueris: « Cujus diversitatis causam plenius tibi in Apologetico, quem Pamphilus in libris suis scripsit, edidimus brevissimo libello superaddito, in quo evidentibus, ut arbitror, probamentis, corruptos esse in quamplurimis ab hæreticis et malevolis libros ejus ostendimus, et præcipue istos, quos nunc exigis ut interpreter, id est, περὶ Ἀρχῶν. » Non tibi suffecerat Eusebius, vel certe ut tu vis, Pamphilus pro Origene defensio, nisi quod ab illis minus dictum putabas, tu quasi sapientior et doctior adderes? Longum est, si velim totum librum tuum huic operi inserere, et propositis capitulis ad singula respondere, quid in his vitiorum sermo habeat, quid mendaciorum assertio, quid inconsequens textus ipse verborum. Unde laciniosæ disputationis fastidia fugiens, et in arctum verba compingens, tantum sensibus respondebo. Statim de portu egrediens, navem impegit. Referens enim de Apologia Pamphili martyris (quam nos Eusebii, Arianorum principis, probavimus) de qua dixerat, Prout potuimus, **506** vel res poposcit, Latino sermone digessimus, intulit: « Illud est, quod, desideriorum vir, Macari, te admonitum volo, ut scias hanc quidem fidei regulam, quam de libris ejus supra exposuimus, esse talem, quæ et amplectenda et tenenda sit. In omnibus enim his catholicum inesse sensum evidenter probatur. » Quamvis de Eusebii libro multa subtraxerit, et in bonam partem de Filio, et Spiritu sancto nisus sit commutare; tamen multa in illo scandala reperiuntur, et apertissimæ blasphemiæ, quæ iste sua negare non poterit, catholica esse pronuntians. Dicit Eusebius, immo (ut tu vis) Pamphilus, in isto volumine, [b] Filium Patris ministrum: Spiritum sanctum non de eadem Patris Filiique substantia: animas hominum lapsas esse de cœlo: et in hoc quod sumus de Angelis commutati, in restitutione omnium æquales et Angelos, et dæmones, et homines fore; et multa alia tam impia, et nefaria, quæ etiam replicare sit criminis. Quid faciet assertor Origenis, et interpres Pamphili? Si in his, quæ emendavit, tanta blasphemia est; in illis, quæ ab hæreticis falsata confingit, quanta sacrilegia continentur? Cujus opinionis causam hanc suspicatur, quod vir neque stultus, neque insanus dicere sibi repugnantia non potuerit. Et ne forsitan putaremus diversis eum varia scripsisse temporibus, et pro ætatibus edidisse contraria, addidit: « Quid facimus, quod interdum in eisdem locis, atque, ut ita dixerim, in consequenti pene capite sententia contrarii sensus invenitur inserta? Numquid in eodem opere ejusdem libri, et interdum, ut diximus, statim in consequenti capitulo, oblitus sui esse potuit? Verbi gratia, ut qui superius dixerat, nusquam inveniri in omni Scriptura, ubi Spiritus sanctus factus, vel creatus esse diceretur, continuo subjiceret, inter cæteras creaturas factum esse Spiritum sanctum? Aut iterum, qui Patrem et Filium unius substantiæ, quod Græce ὁμοούσιον dicitur, designavit: in consequentibus statim capitulis alterius esse substantiæ, et creatum poterat dicere eum, quem paulo ante de ipsa natura Dei Patris pronuntiaverat natum? »

16. *Eusebius et Didymus in Origenis scita concedunt.* — Hæc ipsius verba sunt, negare **507** non potest. Nolo dicas: Verbi causa, ut qui superius dixerat; sed ipsum librum nomina, ubi prius bene dixerit, et postea male: ubi Spiritum sanctum, et Filium de Dei Patris scribens esse substantia, statim in consequentibus asseruerit creaturas. Nescisne me Origenis habere omnia? legisse quamplurima?

Ad populum phaleras, ego te intus, et in cute novi.
(*Persius, Sat. 5.*)

Vir doctissimus Eusebius (doctissimum dixi, non catholicum, ne more solito, mihi et in hoc calumniam struas) per sex volumina nihil aliud agit, nisi ut Origenem suæ ostendat fidei, id est, Arianæ perfidiæ. Et multa ponit exempla, et hoc constanter probat. Tibi ergo in quo somnio Alexandrini carceris revelatum est, ut quæ ille vera profitetur, falsata confingas? Sed forsitan hic, ut Arianus, ab hæreticis addita, in occasionem sui traxit erroris, ne solus male sensisse contra Ecclesiam putaretur. Quid respondebis pro Didymo, qui certe in Trinitate catholicus est? Cujus etiam nos de Spiritu sancto librum in Latinam linguam vertimus (*Vid. supra*). Certe hic in his, quæ ab hæreticis in Origenis operibus addita sunt, consentire non potuit; et in ipsis περὶ Ἀρχῶν, quos tu interpretatus es libris, breves dictavit Commentariolos, quibus non negaret ab Origene scripta, quæ scripta sunt: sed nos simplices homines non posse vero Sanctum, non esse de Patris, Filiique substantia. MARTIAN. — Veteres editi, *Filii et Patris ministrum Spiritum sanctum.* Forte scriptum pridem fuit, *Filium Patris ministrum, Filii Spiritum sanctum, non de eadem,* etc. Hieronymus paulo supra: *Origenis hæc maxime hæretica: Dei Filium creaturam, Spiritum sanctum ministrum,* etc.

---

[a] Hanc epistolam infra suo loco annectimus ad Hieronymi mentem, qui illam a se descriptam Rufino ingerit.
[b] *Filium Patris ministrum.* Ita legendum docent omnes nostri mss. codices: nec veram retinent editi libri lectionem Hieronymi, qui non dixit, *Filii et Patris ministrum Spiritum Sanctum;* sed *Filium Patris ministrum* dictum fuisse ab Eusebio, Spiritum

intelligere, quæ dicuntur: et quo sensu in bonam partem accipi debeant, persuadere conatur. Hoc dumtaxat de Filio, et Spiritu sancto. Cæterum in aliis dogmatibus et Eusebius, et Didymus apertissime in Origenis scita concedunt, et quod omnes Ecclesiæ reprobant, catholice et pie dictum esse defendunt.

17. *Rufinus de adulteratione librorum Origenis.* — Videamus tamen, quibus argumentis probare nitatur Origenis ab hæreticis scripta vitiata. « Clemens, inquit, Apostolorum discipulus, qui Romanæ Ecclesiæ post Apostolos episcopus et martyr fuit, libros edidit[a], qui appellantur ἀναγνωρισμός, id est, *recognitio*, in quibus quum ex persona Petri Apostoli doctrina, quasi vere apostolica in quamplurimis exponatur: [b] in aliquibus ita Eunomii dogma inseritur, ut nihil aliud quam ipse Eunomius disputare credatur, Filium Dei creatum **508** de nullis exstantibus asseverans. » Et post alia, quæ prolixum est, scribere: « Quid, quæso, ait, de his sentiendum est, [c] quod Apostolicus vir hæretica scripserit? An id potius credendum, quod perversi homines ad assertionem dogmatum suorum sub virorum sanctorum nomine, tamquam facilius credenda, interseruerint ea, quæ illi nec sensisse, nec scripsisse credendi sunt? » Clementem quoque Alexandrinæ Ecclesiæ presbyterum, virum catholicum, scribit in libris suis interdum Dei Filium dicere creatum: et Dionysium Alexandrinæ urbis episcopum, virum eruditissimum, contra Sabellium quatuor voluminibus disputantem, in Arianum dogma delabi. Et sub his exemplis illud agit, ut non ecclesiasticos, et catholicos viros male sensisse, sed ab hæreticis eorum scripta corrupta esse testetur, et concludat ad extremum, dicens: « De Origene quoque, in quo similiter, ut in his quos supra diximus, quædam diversitas invenitur, istud non sufficiat sentire, quod de præjudicatis jam catholicis sentitur, vel intelligitur viris, ne similis causæ, similis sufficiat excusatio. » Si concedatur, ut quidquid in libris [d] noxium reperitur, ab aliis corruptum sit [*Al.* id si ita est nihil, *etc.*], nihil eorum erit, quorum fertur nominibus; sed his deputabitur, a quibus dicitur esse vitiatum. Quamquam et illorum non erit, quorum incerta sunt nomina: atque ita fiet, ut dum omnium omnia sunt, nihil alicujus sit. Hac defensionis perturbatione nec Marcion, nec Manichæus, nec Arius, nec Eunomius accusari poterunt: quia quidquid nos ab his impie dictum objecerimus, discipuli respondebunt, non a magistris suis ita editum [*Al.* dictum], sed ab inimicis esse violatum. Hoc genere et iste ipse tuus liber, tuus non erit, sed forsitan meus. Et meus liber, quo tibi accusatus respondeo, si in illo aliquid reprehenderis, non erit meus, sed tuus, a quo reprehenditur. Et dum omnia ad hæreticos refers, quid Ecclesiasticis tribues, quibus proprium nihil relinquis? Et quomodo, inquies, in libris eorum vitiosa nonnulla sunt? Si me causas vitiorum nescire respondero, non statim illos hæreticos judicabo. Fieri enim potest, ut vel simpliciter erraverint, **509** vel alio sensu scripserint, vel a librariis imperitis eorum paulatim scripta corrupta sint. Vel certe antequam in Alexandria quasi dæmonium meridianum Arius nasceretur, innocenter quædam, et minus caute locuti sunt, et quæ non possint perversorum hominum calumniam declinare. Objiciuntur Origeni crimina, et tu non illum defendis, sed alios accusas; nec crimen renuis, sed criminosorum turbam requiris. Si tibi diceretur, quos habet Origenes in hæresi socios, recte ista proferes. Nunc a te quæritur, hæc quæ in Origenis libris scripta reperiuntur, bona sint an mala? Taces, et pro his alia loqueris. Clemens hoc ait: Dionysius in isto errore deprehenditur: [e] Athanasius [*Al.* Anastasius] episcopus sic Dionysii defendit errorem: Apostolorum scripta similiter depravata sunt; quomodo et nunc ab aliis tibi hæreseos crimen impingitur, et tu pro te taces, et pro me confiteris. Ego neminem accuso, pro me tantum respondisse contentus. Non sum quod arguis: si tu es quod accusaris, ipse videris. Nec absolutio mea me, nec reatus te, aut innocentem, aut obnoxium crimini probabunt.

18. *Epistola Origenis ad amicos Alexandriæ. Origenianæ epistolæ prior pars.* — Præmissa falsatione ab hæreticis, apostolorum, et utriusque Clementis, atque Dionysii, venit ad Origenem, et his verbis loquitur: « Ipsius hoc conquerentis et deplorantis scriptis ac vocibus probavimus. Quid enim ipse cum adhuc in carne [f] vivens, sentiens, vidensque perpessus sit de librorum suorum, vel sermonum corruptionibus, vel adulterinis editionibus, ex ipsius epistola quam scribit ad quosdam charos suos Alexandriam, evidenter docetur. » Statimque exemplum subjungit epistolæ; et qui falsitatem scriptorum Origenis hæreticis imputat, ipse incipit a falsitate: non ita interpretans ut habetur in Græco, nec id Latinis insinuans, quod ipse in suis litteris profitetur. Cumque illa epistola tota Demetrium Alexandrinæ urbis pontificem laceret, et in totius orbis episcopos et clericos invehatur, et frustra ab Ecclesiis excommu-

---

[a] *Qui appellantur* ἀναγνωρισμός. Nullus est codex ms. apud nos, qui pure non legat ΑΝΑΓΝΩΡΙΣΜΟΣ, licet imperiti lectores, et scriptores posuerint ad marginem quorumdam exemplarium, *anatheorismos*; quem errorem retinent editi ante nos libri. MARTIAN.

[b] Hac etiam de causa, *Clementis recognitiones*, jam inde ab Eusebio suppositionis ab omnibus postulantur. Rufinus Latine vertit.

[c] Additur in Rufini editionibus; *immo pone apostolus*.

[d] Nos ita ex ingenio reposuimus *noxium*, cum in editis libris omnibus nullo sensu hactenus obtinuisset *omnium*.

[e] *Athanasius episcopus.* Pro nomine *Athanasii* plures codices retinent, errore librariorum veterum, nomen *Anastasii*. MARTIAN.

[f] In Rufini editionibus, *in carne esset vivens*. In codice autem collegii Romani verbum *sentiens*, quod subsequitur non habetur.

nicatum esse se dicat, nec velle in maledictis referre vicem, ne scilicet maledicus videatur esse homo, qui in tantum cautus sit ad maledicendum, ut ne diabolo quidem audeat maledicere; unde et Candido Valentiniani dogmatis sectatori, calumniandi se occasionem **510** dederit, quod diabolum salvandæ dixerit esse naturæ : hic dissimulato argumento epistolæ, fingit pro Origene, quod ille non loquitur. Unde epistolæ ipsius partem paululum ex superioribus transtuli, et his junxi, quæ ab ipso commatice doloseque translata sunt, ut quo consilio superiora tacuerit, ipse lector agnoscat. Contra sacerdotes ergo Ecclesiæ generaliter disputans, a quibus indignus communione ejus fuerat judicatus, hæc intulit : « Quid necesse est de prophetarum sermonibus dicere, quibus sæpissime pastoribus, et majoribus natu, et sacerdotibus, ac principibus populi comminantur et arguunt eos? Quæ absque nobis de sanctis Scripturis elicere potestis, et liquido pervidere, quod forsitan hoc tempus sit, de quo dicitur : *Nolite credere amicis, nec speretis in principibus* (*Mich.* VII, 5). Et nunc impleatur vaticinium : *Duces populi mei me nescierunt, filii stulti sunt, et non sunt sapientes. Sapientes sunt, ut faciant mala, bene autem facere nesciunt* (*Jerem.* IV, 21, 22); quorum magis misereri quam eos odisse debemus, et orare pro illis, quam eis maledicere. Ad benedicendum enim, et non ad maledicendum creati sumus. Unde et Michael cum adversus diabolum disputaret de Moysi corpore, ne tanto quidem malo ausus est judicium inferre blasphemiæ, sed dixit : *Increpet tibi Dominus* (*Jud.* 9). Cui quid simile etiam in Zacharia legimus : *Increpet tibi Dominus, diabole : et increpet Dominus in te, qui elegit Jerusalem* (*Zach.* III, 2). Itaque et nos cupimus increpari a Domino eos qui nolunt cum humilitate a proximis increpari. Dicente autem Michaele : *Increpet tibi Dominus, diabole* ; et Zacharia similiter : utrum increpet, an non increpet Deus diabolum, ipse viderit. Et si increpat, quomodo increpet, ipse agnoscat. » Et post multa quæ prolixum est scribere, addit : « Nos hoc sentimus quod ejicientur de regno cœlorum, non solum qui grandia peccaverunt, verbi gratia, fornicatores et adulteri, et masculorum concubitores, et fures, sed et qui minora deliquerunt, ex eo quod scriptum est : *Neque ebriosi, neque maledici regnum Dei possidebunt* (1 *Cor.* VI, 16) ; et tam in bonitate quam in severitate Dei esse mensuram. Unde cuncta nitimur agere consilio : in vini quoque potu, et in moderatione sermonis, ut nulli audeamus maledicere. Ergo cum propter **511** Dei timorem caveamus in quempiam maledicta conferre, recordantes illius dicti : *Non fuit ausus judicium inferre blasphemiæ,* quod dicitur de Michaele contra diabolum ; et in alio loco : *Dominationes quidem reprobant, glorias autem blasphemant :* quidam eorum qui libenter contentiones reperiunt, ascribunt nobis et nostræ doctrinæ blasphemiam, super qua ipsi viderint, quomodo illud audiant : *Neque ebriosi, neque maledici regnum Dei possidebunt :* licet patrem malitiæ et perditionis eorum, qui de regno Dei ejicientur, dicant posse salvari, quod ne mente quidem quis captus dicere potest. » Cætera quidem ex eadem epistola transtulit pro hoc, quod in fine verborum Origenis interpretati sumus. « Ergo cum propter timorem Dei caveamus in quempiam maledicta conferre, » et reliqua : iste fraudulenter amputatis superioribus, ex quibus inferiora dependent, sic cœpit transferre epistolam, quasi hoc sensu superius esset [a] exordium, et ait : « Quidam eorum qui libenter habent criminari proximos suos, ascribunt nobis et doctrinæ nostræ crimen blasphemiæ, quod a nobis nusquam audierunt : de quo ipsi viderint, nolentes observare mandatum illud quod dicit : *Quia maledici regnum Dei non possidebunt ;* dicentes asserere me patrem malitiæ et perditionis eorum qui de regno Dei ejiciuntur, id est diabolum, esse salvandum : quod ne aliquis quidem mente motus et manifeste insaniens dicere potest. »

19. *Dialogus Candidi Origenis. Liber Novatiani de Trinitate.* — Conferte Origenis verba, quæ supra ad verbum transtuli, his quæ ab isto non versa sunt, sed eversa, et quantam inter se non solum verborum, sed et sensuum habeant dissonantiam, perspicietis. **512** Obsecro ne molesta sit vobis prolixior interpretatio. Idcirco enim omnia vertimus, ut quo consilio superiora tacuerit, probaremus. Habetur dialogus apud Græcos Origenis, et Candidi Valentinianæ hæreseos defensoris, in quo duos Andabatas digladiantes inter se spectasse me fateor. Dicit Candidus Filium de Patris esse substantia, errans in eo quod [b] προβολήν, id est, *prolationem* asserit. E regione, Origenes juxta Arium et Eunomium repugnat, cum

---

[a] Victorius maluit, *quasi hoc sensus esset exordium,* id est, quasi inde sensus inciperet, cum superius incepisset.
[b] Verba, *id est prolationem* non habentur apud Victorium, qui in eo certe fallitur, quod arbitratur προβολήν, *excellentiam* significare, sive ἐξοχήν, ideoque errare Candidum, quod Patrem excellentiorem Filio diceret. Immo vero προβολή, *productio* est, quo sensu sæpe apud ecclesiasticos veteres, et præcipue Irenæum occurrit; in eoque Candidus blasphemabat, quod cum Valentino προβολήν, productionem ejusmodi asserebat, qua procreatus ab Æonibus Jesus esset. Nimirum hic intellectu, Filium *prolationem* comminiscebatur, et *prolativum Verbum* prædicabat, ne *Deo Patri esset istiusmodi Verbum Filius, cujusmodi per insitam nobis loquendi naturam verbum omne* profertur *in vocem,* quemadmodum testatur S. Hilarius lib. de Synodis num. 46. Vide in hanc rem S. quoque Epiphanium hæresi 31. Hunc porro sensum damnat Sirmiensis consilii canon 8, tum Romana synodus sub Damaso an. 378; quin et Ariani ipsi vocabulum, tametsi dolo malo fecerint, merito repudiarunt. Sed Tertullianus contra Praxeam c. 8, damnata Valentini intelligentia, vocis usum defendit. *Deum Filium,* inquit, *agnosco;* tum, *Hoc si quis putaverit me* προβολήν *aliquam introducere, hoc est prolationem rei alterius ex altera, quod fecit Valentinus, Æonem de Æone producens : primo quidem dicam, Non ideo non utatur et veritas vocabulo isto, et re ac sensu ejus, quia et hæresis utitur? immo hæresis potius ex veritate accepit, quod ad mendacium suum strueret.* Certe προβολήν Verbi productionem appel-

vel prolatum esse, vel natum, ne Deus Pater dividatur in partes; sed dicit sublimem et excellentissimam creaturam voluntate exstitisse Patris, sicut et cæteras creaturas. Rursus ad secundam veniunt quæstionem. Asserit Candidus diabolum pessimæ esse naturæ, et quæ salvari nunquam possit. Contra hoc recte Origenes respondit, non eum periturae esse substantiæ, sed voluntate propria corruisse, et posse salvari. Hoc Candidus vertit in calumniam, quasi Origenes dixerit, diaboli naturam esse salvandam : quod ille falso objecerat, hic refutat. Et intelligimus in hoc tantum dialogo ab Origene argui hæreticam falsitatem, et non in cæteris libris, de quibus nunquam quæstio fuit. Alioqui si omnia quæ hæretica sunt, non erunt Origenis, sed hæreticorum : omnes autem propemodum illius tomi his erroribus pleni sunt; nihil Origenis erit, sed eorum, quorum ignoramus vocabula. Non ei sufficit Græcos et antiquos calumniari, de quibus pro vetustate temporum et longinquitate regionum habet licentiam quidquid voluerit mentiendi; venit ad Latinos, et primum ponit [a] Hilarium confessorem, quod post Ariminensem synodum liber **513** illius falsatus ab hæreticis sit. Et ob hanc causam cum in concilio episcoporum ei quæstio moveretur, proferri librum de domo sua jusserit : qui, nesciente se, in scriniis suis hæreticus tenebatur. Cumque prolatus fuisset, et ab omnibus hæreticus judicatus, auctor libri excommunicatus, de concilii conventione discesserit. Et tantæ auctoritatis se putat, ut cum hoc familiaribus suis narrat somnium, nemo ei contra confessorem ista simulanti audeat contradicere. Responde, quæso; synodus, a qua excommunicatus est, in qua urbe fuit? Dic episcoporum vocabula : profer sententias subscriptionum, vel diversitatem, vel consonantiam. Doce qui eo anno consules fuerint, quis imperator hanc synodum jusserit congregari : Galliæne tantum episcopi fuerint, an et Italiæ, et Hispaniæ : certe quam ob causam synodus congregata sit. Nihil horum nominas, sed virum eloquentissimum, et contra Arianos Latini sermonis tubam, ut Origenem defendas, excommunicatum a synodo criminaris. Sed confessoris calumnia utcumque toleranda est. Transit ad inclytum martyrem Cyprianum, et dicit Tertulliani librum, cui titulus est, *de Trinitate*, sub nomine ejus Constantinopoli a Macedonianæ partis hæreticis lectitari. In quo crimine mentitur duo. Nam nec [b] Tertulliani liber est, nec Cypriani dicitur ; sed Novatiani, cujus et inscribitur titulo : et auctoris eloquium, styli proprietas demonstrat.

20. *Fabella de Hieronymo.* — Et superfluum puto apertas ineptias confutare, cum mihi mea ingeratur fabella, [c] a synodo videlicet, et sub nomine cujusdam amici Damasi Romanæ urbis episcopi ego petar, cui ille ecclesiasticas epistolas dictandas tradidit, et Apollinariorum versutiæ describantur, quod Athanasii librum ubi *Dominicus homo* scriptus est, ad **514** legendum acceperint, ita corruperint, ut in litura id quod raserint, rursus scriberent, ut scilicet non ab illis falsatum, sed a me additum putaretur. Quæso te, amice charissime, ut in Ecclesiasticis tractatibus, ubi de veritate dogmatum quæritur, et de salute animarum nostrarum, majorum flagitatur auctoritas, hujuscemodi deliramenta dimittas, et prandiorum cœnarumque fabulas pro argumento non teneas veritatis. Fieri enim potest, ut etiam si a me verum audisti, alius qui hujus rei ignarus est, dicat a te esse compositum : et quasi mimum [d] Philistionis, vel Lentuli, ac Marulli stropham eleganti sermone confictam.

21. *De S. Epiphanio querela.* — Quo non perveniat semel effrenata temeritas ? Post excommunicationem Hilarii, post Cypriani ψευδεπίγραφον hæreseos librum, post Athanasii, me dormitante, lituram, simul et inscriptionem, erupit aliquando contra Papam Epiphanium, et dolorem pectoris sui, quod cum

---

lare nihil prohibet, et a S. Gregorio Nazianzeno, aliisque Patribus Verbi προβολεύς Pater nuncupatur.

[a] Recole totam hanc de Hilario, ejusque falsato libello fabulam apud Rufinum in libro de Adulteratione librorum Origenis, ubi rem fusius narrat. Hieronymus hic a Rufino confictam reclamat; sed si tantisper consideremus, unde originem traxerit fabula, erroris potius quam malæ fidei postulandus erit presbyter Aquileiensis. Puta, inquam a Rufino memoratum, cum esse, quo Seleuciensis atque Ariminensis synodi historiam Hilarius complexus fuerat, eumque jam tum temporis falsatum ac corruptum ab Arianis. Notum porro est omnibus alia ex parte quod cum Mediolani congressum habuisset Hilarius cum Auxentio, atque hic se Catholicum vaferrime simulasset, considentibus fere decem episcopis, et Quæstore, et magistro, Valentinianus jusserit Hilarium Mediolano cedere, et Auxentii communioni ipse se junxerit. Hæc cum auditu accepisset Rufinus, putaverit ex animo, non truncatum Hilarii librum, sed erroribus hæreticorum opera deformatum, et ob illos errores, auctorem libri Hilarium exsilio mulctatum.

[b] Haud exstat Novatiani liber, qui tamen ab ipso Hieronymo in Catalog. cap. 70 Tertullianici operis de Trinitate ἐπιτομή dicitur, *quod plerique nescientes Cypriani existimant.* Confer quæ in eum locum annotamus.

[c] *A synodo videlicet.* In quamplurimis exemplaribus mss. legimus, *asino videlicet lyra*; sed imperitia librariorum est, quia nescierunt synodum congregatam a Damaso contra Apollinaristas, in qua ecclesiasticas epistolas dictandas tradidit Hieronymo. Vide hujusmodi fabulam apud Rufinum. MARTIAN.
— Hæc videtur œcumenica synodus anni 382, sub Damaso Romæ habita. Porro fabulam depravati Athanasiani libri non accusat Hieronymus falsi, sed tantum inter se amandat, quæ seriæ disputationi non faciunt. De *Dominici* autem *hominis* appellatione ad Christum significandum, quam alii e veteribus reprobarent, alii tuerentur, multa ad librum Didymi de Spiritu sancto congessimus n. 54, in notis; quas vide, si lubet.

[d] *Philistionis* meminit S. Epiphan. hæres. 56, Gnostic. n. 1; Lentuli Tertullianus de Pallio cap. 4. Marulli dictum illud exstat sane festivum ad parasitum gulosum, *Tu Hectorem imitaris, ab Ilio numquam recedis.* Tres autem una commemorat Marius Mercator in Commonit. : *Unus Philistion, unus Latinorum Lentulus, unus tibi Marullus comparandus.*

in epistola quam ad Joannem episcopum scripserat, hæreticum arguit, in Apologia pro Origene digerit, et his se sermonibus consolatur: « Quin potius aperienda est hoc in loco veritas latens. Non enim possibile est, tam iniquo judicio uti quemquam hominum, ut de causa æquali non æqualiter sentiat. Sed quod auctores obtrectatorum ejus hi sunt, qui vel in Ecclesia disputare latius solent, vel etiam libros scribere, qui totum de Origene vel loquuntur, vel scribunt. Ne ergo plures ipsorum furta cognoscant, quæ utique si ingrati in magistrum non essent, nequaquam criminosa viderentur, simpliciores quosque ab ejus lectione deterrent. Denique quidam ex ipsis, qui se velut evangelizandi necessitatem per omnes gentes et per omnes linguas habere putat, de Origene male loquendi, sex millia librorum ejus se legisse, quam plurima 515 fratrum multitudine audiente, confessus est. Qui si utique (ut ipse dicere solet) pro cognoscendis ejus malis legebat, sufficere poterant decem libri ad cognoscendum, aut viginti certe, aut ut plurimum triginta. ª Sex millia autem librorum legere, non jam est errores ac mala velle cognoscere, sed totam pene vitam disciplinis ejus ac studiis dedere. Quomodo ergo iste merito audiendus est, quum eos culpat, qui instructionis suæ causa perpauca ejus (salva fidei regula atque integra pietate) legerunt? »

22. *Epiphanius quinque linguas noverat.* — Qui sunt isti, qui in Ecclesia disputare latius solent? qui libros scribere? qui totum de Origene loquuntur et scribunt? qui dum sua nolunt furta cognosci, et ingrati sunt in magistrum, idcirco simplices ab illius lectione deterrent? Nominatim debes dicere, et ipsos homines denotare. Ergo ᵇ beati episcopi Anastasius, et Theophilus, et Venerius (*Mediolani*), et Chromatius (*Aquileiæ*), et omnis tam Orientis quam Occidentis Catholicorum ᶜ synodus, qui pari sententia, quia pari et spiritu, illum hæreticum denuntiant populis, fures librorum illius judicandi sunt: et quando in Ecclesiis prædicant, non Scripturarum mysteria, sed Origenis furta commemorant? Non tibi sufficit passim contra omnes detrectatio, nisi specialiter contra beatum et insignem Ecclesiæ Sacerdotem styli tui lanceam dirigas? Quis est ille, qui velut necessitatem evangelizandi per omnes gentes, et per omnes linguas habere se putat, de Origene male loquendi? qui sex millia librorum ejus se legisse, quam plurima fratrum multitudine audiente, confessus est? In qua multitudine et caterva fratrum tu quoque medius eras, quando ille in sua Epistola queritur, pro Origenis hæresi nefaria a te dogmata esse prolata? Crimini ei dandum est quare Græcam, Syram, et Hebræam et Ægyptiacam linguam, ex parte et Latinam noverit? Ergo et Apostoli et Apostolici viri, qui linguis loquebantur, in crimine sunt; et me trilinguem ᵈ, bilinguis ipse ridebis? De sex millibus autem librorum, quos 516 ab eo lectos esse confingis, quis credet aut te verum dicere, aut illum potuisse mentiri? Si enim Origenes sex millia scripsisset librorum, potuerat fieri ut vir eruditissimus [*Al.* eruditus], et ab infantia sacris Litteris institutus, pro curiositate et scientia legisset aliena. Quod vero ille non scripsit, quomodo iste legere potuit? Numera indices librorum ejus qui in tertio volumine Eusebii, in quo scripsit vitam Pamphili, continentur: et non dico sex millia, sed tertiam partem non reperies. Habemus Epistolam supradicti Pontificis, in qua huic calumniæ tuæ, dum adhuc esses in Oriente, respondet, et apertissimum mendacium libera veritatis fronte confutat.

23. *Habebat in animo scribere contra Pamphili Apologiam. Lib. de Viris illustr. ad Dextrum. Transtulit homilias Origenis in adolescentia.* — Post hæc et tanta audes in Apologia tua dicere, te non esse defensorem Origenis, neque assertorem illius, pro cujus defensione Pamphilus et Eusebius tibi parum dixisse sunt visi. Adversum quæ volumina (si Dominus vitæ hujus dederit spatium) alias respondere conabor. Nunc tantum tuis assertionibus obviasse sufficiat, et hoc breviter prudentem instruxisse lectorem, me istum librum qui sub nomine Pamphili ferebatur, vidisse primum scriptum in codice tuo; et quia non erat mihi curæ quid pro hæretico diceretur, sic semper habuisse, quasi diversum esset opus Pamphili et Eusebii: postea vero quæstione mota, scriptis eorum respondere voluisse, et ob hanc causam legisse, quid pro Origene unusquisque sentiret, perspicueque deprehendisse, quod primus liber sex voluminum Eusebii ipse esset, qui unus sub nomine Pamphili a te editus est, tam Græce quam Latine, immutatis dumtaxat sensibus de Filio et Spiritu sancto, qui apertam blasphemiam præferebant. Unde etiam ante annos ferme decem cum Dexter amicus meus, qui præfecturam administravit prætorii, me rogasset, ut auctorum nostræ religionis ei indicem texerem, inter cæteros tractatores posui et hunc librum a Pamphilo editum, ita putans esse, ut a te et tuis discipulis fuerat divulgatum. Sed cum ipse dicat Eusebius Pamphilum 517 nihil scripsisse, exceptis brevibus Epistolis ad amicos: et primus liber sex voluminum illius, eadem et eisdem verbis contineat, quæ sub nomine Pamphili a te ficta sunt, perspicuum est te

---

ª Vid. supra num. 13, notam ᶜ.
ᵇ *Beati episcopi Anastasius*, etc. Anastasius Romæ, Theophilus Alexandriæ, Venerius Mediolani, Chromatius Aquileiæ episcopus erat. MARTIAN.
ᶜ Refertur a Labbæo t. V Conciliar., pag. 658, universa Occidentalium synodus, quæ *accepit, et probavit Alexandrinorum Ecclesiæ sententiam in impium* (Origenem) *latam*, ut loquitur Theophilus in sermone quem Justinianus Imperator laudat. Vide Theophili synodicam, tresque alias, quæ illam subsequuntur epistolas, a nobis editas tom. I, sub numer. 92 et sequentibus.
ᵈ Videtur Victorio Hieronymus ludere in *bilinguis* nomine, ut obtrectatorem potius notet, quam duarum linguarum peritum scientia. Hier. infra lib. III: *Tu bilinguis, qui tantum habes Græci Latinique sermonis scientiam, ut et Græci te Latinum, et Latini te Græcum putent.*

idcirco librum hunc disseminare voluisse, ut sub persona martyris hæresim introduceres. Cumque de hoc ipso libro quem Pamphili simulas, multa perverteris, et aliter in Græco, aliter in Latino sit, fraudem tuam errori meo imputare non debes. Credidi enim ejus esse librum, quem titulus præferebat, sicut περὶ Ἀρχῶν, et multa alia Origenis opera, plurimorumque Græciæ tractatorum, quæ aut ante non legi, aut nunc compellor legere, quæstione hæreseos suscitata, ut sciam quæ vitare debeam, quæ probare. Unde et in adolescentia homilias tantum ejus quas loquebatur ad populum, in quibus non tanta scandala tenebantur, simpliciter rogantibus transtuli; nullis præjudicans ex his quæ probantur, illa suscipere quæ manifeste hæretica sunt. Certe (ut compendium longi sermonis faciam) sicut ego ostendo, me ab his accepisse librum qui de tuo codice transcripserunt: sic tu doce a quo exemplar acceperis, ut qui auctorem libri dare alium non potuerit, ipse falsitatis reus teneatur. *Bonus homo de bono cordis thesauro profert illa quæ bona sunt* (*Matth.* XLII, 35): atque ex pomorum dulcedine, generosi seminis arbor agnoscitur.

24. *Epistola supposita Hieronymo.* — Scribit frater Eusebius se apud Afros episcopos, qui propter Ecclesiasticas causas ad Comitatum venerant, Epistolam quasi meo scriptam nomine reperisse, in qua agerem pœnitentiam, et me ab Hebræis in adolescentia inductum esse testarer, ut Hebræa volumina in Latinum verterem, in quibus nulla sit veritas. Quod audiens obstupui. Et quia *in ore duorum vel trium stat omne verbum* (*Deut.* XVII, 6; *Matth.* XVIII, 16; II *Cor.* XIII, 1), unique testi, nec Catoni creditum est, idipsum multorum me ex Urbe fratrum scripta docuerunt, sciscitantium, an ita se haberet, et a quo ipsa epistola disseminata esset in vulgus lacrymabiliter indicantium. Qui hoc ausus est facere, quid aliud non audeat? Bene, quod malitia non habet tantas vires, quantos conatus. Perierat innocentia, si semper nequitiæ juncta esset potentia, et totum quidquid cupit calumnia, **518** prævaleret. Stylum meum, qualiscumque est, et formam eloqui vir disertissimus exprimere non potuit: sed inter ipsas præstigias, et alterius personam, qua se fraudulenter induerat, quis esset ostendit. Ergo ille qui epistolam sub nomine meo pœnitentiæ finxerat, quod male Hebræa volumina transtulissem, objicere dicitur, me in Septuaginta condemnationem Scripturas sanctas interpretatum, ut sive falsa sunt, sive vera quæ transtuli, in crimine maneam; dum aut in novo opere fateor me errasse, aut recens editio veteris condemnatio sit [*Al* fit]. Miror quomodo in eadem epistola homicidam, et adulterum, et sacrilegum, et parricidam me esse non dixerit, et quidquid potest tacita mentis cogitatio intra se turpitudinis volvere. Gratias ei debeo agere, quod cum tanta silva sit criminum, unum mihi erroris vel falsitatis crimen objecerit. Egone contra Septuaginta interpretes aliquid sum locutus, quos ante annos plurimos diligentissime emendatos, meæ linguæ studiosis dedi, quos quotidie in conventu fratrum edissero, quorum Psalmos jugi meditatione decanto? Tam stultus eram, ut quod in pueritia didici, senex oblivisci vellem? Universi tractatus mei horum testimoniis texti sunt. Commentarii in duodecim Prophetas, et meam et Septuaginta editionem ediderunt. O labores hominum, semper incerti! o mortalium studia contrarios interdum fines habentia! Unde me putabam bene mereri de Latinis meis, et nostrorum ad discendum animos concitare, ᵃ quod etiam Græci versum de Latino post tantos interpretes non fastidiunt; inde in culpam vocor, et nauseanti stomacho cibos ingero. Et quid in homine tutum sit, si innocentia criminosa est? *Dormiente patrefamilias inimicus homo zizania superseminavit* (*Matth.* XIII, 25). *Exterminavit vineam aper de silva, et singularis ferus depastus est eam* (*Psal* LXXIX, 14). Ego taceo, et litteræ non meæ loquuntur contra me. Ignoro crimen, et crimen in toto orbe confiteor. *Heu mihi, mater mea, ut quid me genuisti, virum* ᵇ *qui judicer et discernar omni terræ* (*Jerem.* XV, 10, *sec.* LXX)?

25. *Ex Prologo in Genesin.* — Omnes Præfatiunculæ veteris Instrumenti, quarum ex parte exempla subjeci, huic rei testes sunt. Et superfluum est, quod in illis dictum est, **519** aliter quam ibi dictum est, scribere. Incipiam igitur a Genesi, cujus Prologus talis est: « Desiderii mei desideratas accepi epistolas, qui quodam præsagio futurorum, cum Daniele sortitus est nomen, obsecrantis ut translatum in linguam Latinam de Hebræo sermone Pentateuchum nostrorum auribus traderem. Periculosum opus certe, et obtrectatorum ᶜ latratibus patens; qui me asserunt in Septuaginta interpretum suggillationem, nova pro veteribus cudere: ita ingenium, quasi vinum probantes, cum ego sæpissime testatus sim, me ᵈ pro virili portione in tabernaculo Dei offerre quæ possim; nec opes alterius, aliorum paupertate fœdari. Quod ut auderem, Origenis me studium provocavit, qui editioni antiquæ translationem Theodotionis miscuit, asterisco ⁕, et ᵉ obelisco ÷, id est, stella et veru, opus omne distinguens: dum aut illucere facit, quæ minus ante fuerant, aut superflua quæque jugulat et

---

ᵃ Psalterium puto innui ex Hebræo Latine a S. doctore redditum, atque ex Latino Græce a Sophronio vulgatum.

ᵇ Martianæus *qui judicet*, et *discernat*: alibi qui judicaret: in Græco autem est, δικαζόμενον, καὶ διακρινόμενον πάσῃ τῇ γῇ.

ᶜ In ipsa præfat. additur *meorum*. Sed in hac quemadmodum et subsequentibus illustrandis hic non immoramur, quod suo loco ante Scripturæ ipsos libros præstitimus.

ᵈ Duo codices, collegii Rom. unus, alter Palatinus, *pro vili.*

ᵉ Alibi *obello.* Mox pro *illucere*, Erasmus et Victorius legerunt *illustria*, ut concinnius, puto, legerent, non ut verius. Mihi subintelligendum potius videtur verbum *illustria* post *fuerant*, textu nihil immutato. Sic in præfat. ad Paralip. *asteriscis,* inquit, *designans, quæ minus ante fuerant.*

confodit, maximeque quæ Evangelistarum et Apostolorum auctoritas promulgavit. In quibus multa de veteri Testamento legimus, quæ in nostris codicibus non habentur, ut est illud: *Ex Ægypto vocavi filium meum* (*Ose.* xi, 1); Et: *Quoniam Nazareus vocabitur* (*Matth.* ii, 23); et : *Videbunt in quem compunxerunt* (*Zach.* xii, 10); et : *Flumina de ventre ejus fluent aquæ vivæ* (*Joan.* vii, 38); et : *Quæ nec oculus vidit, nec auris audivit, nec in cor hominis* [a] *ascendit, quæ præparavit Deus diligentibus se* (I *Cor.* ii, 9); et multa alia, quæ proprium σύνταγμα desiderant. Interrogemus ergo eos, ubi hæc scripta sint; et cum dicere non potuerint, de libris Hebræis proferamus. Primum testimonium est in Osee. Secundum in Isaia. Tertium in Zacharia. Quartum in Proverbiis. Quintum æque in Isaia. Quod multi ignorantes, [b] apocryphorum deliramenta sectantur, et Iberas nænias libris authenticis præferunt. Causas erroris non est meum exponere. **520** Judæi prudenti factum dicunt esse consilio, ne Ptolemæus unius Dei cultor, apud Hebræos etiam duplicem divinitatem deprehenderet : quod maxime idcirco faciebant, quia in Platonis dogma cadere videbatur. Denique ubicumque sacratum aliquid Scriptura testatur de Patre et Filio et Spiritu sancto, aut aliter interpretati sunt, aut omnino tacuerunt, ut et regi satisfacerent, et arcanum fidei non divulgarent. Et nescio quis primus auctor septuaginta cellulas Alexandriæ mendacio suo exstruxerit, quibus divisi eadem scriptitarint, cum Aristeas, ejusdem Ptolemæi ὑπερασπιστὴς, [c] et multo post tempore Josephus, nihil tale retulerint; sed in una basilica congregatos contulisse scribant, non prophetasse. Aliud est enim vatem, aliud interpretem esse. Ibi spiritus ventura prædicit, hic eruditio et verborum copia ea quæ intelligit transfert. Nisi forte putandus est Tullius Œconomicum Xenophontis, et Platonis Protagoram, et Demosthenis pro Ctesiphonte orationem afflatus rhetorico spiritu transtulisse; ut aliter de eisdem libris per Septuaginta interpretes, aliter per Apostolos Spiritus sanctus testimonia texuerit; ut quod illi tacuerint, hi scriptum esse mentiti sint. Quid igitur? damnamus veteres? Minime. Sed post priorum studia, in domo Domini quod possumus, laboramus. Illi interpretati sunt ante adventum Christi; et quod nesciebant, dubiis protulere sententiis. Nos post passionem et resurrectionem ejus, non tam prophetiam, quam historiam scribimus. Aliter enim audita, aliter visa narrantur. Quod melius intelligimus, melius et proferimus. Audi igitur æmule, et obtrectator ausculta : Non damno, non reprehendo Septuaginta ; sed confidenter cunctis illis Apostolos præfero. Per istorum os mihi Christus sonat, **521** quos ante Prophetas inter spiritualia charismata positos lego : in quibus ultimum pene gradum interpretes tenent. Quid livore torqueris? quid imperitorum animos contra me concitas? Sicubi tibi in translatione errare videor, interroga Hebræos, diversarum urbium magistros consule : quod illi habent de Christo, tui codices non habent. Aliud est, si contra se postea ab Apostolis usurpata testimonia probaverunt, et emendatiora sunt exemplaria Latina, quam Græca : Græca, quam Hebræa. »

26. *Ex Prologo in libros Regum.*— In libris quoque Samuel et Malachim, quos nos Regnorum quatuor nominamus, post catalogum divinæ Scripturæ hæc intuli : « Quæ quum ita se habeant, obsecro te, lector, ne laborem meum reprehensionem existimes antiquorum. In tabernaculo Dei offert unusquisque quod potest. Alii aurum et argentum et lapides pretiosos, alii byssum et purpuram et coccum offerunt et hyacinthum. Nobiscum bene [d] agitur, si obtulerimus pelles et caprarum pilos. Et tamen Apostolus contemptibiliora nostra magis necessaria judicat (I *Cor.* xii, 21). Unde et tota illa tabernaculi pulchritudo et per singulas species Ecclesiæ præsentis futuræque distinctio, pellibus tegitur et ciliciis; ardoremque solis et injuriam imbrium, ea quæ viliora sunt prohibent. » Vide quanto contra Septuaginta interpretes tumeam supercilio, ut illos aurum et pretiosos lapides et purpuram, me pelles et pilos caprarum in tabernaculo Dei obtulisse profitear?

27. *Ex Prolog. in Paralipomena. Interpretum LXX versio corrupta.* — Ponam et aliud testimonium, ne nunc me rerum necessitate compulsum dicas mutasse sententiam. In libro Temporum, id est, *Paralipomenon*, qui Hebraice dicitur DABRE JAMIM, hac ad sanctum papam Chromatium Præfatiuncula usus sum : « Si Septuaginta interpretum pura, et ut ab eis in Græcum versa est, editio permaneret, superflue me, mi Chromati, episcoporum sanctissime atque doctissime, impelleres, ut tibi Hebræa volumina Latino sermone transferrem. Quod enim semel aures hominum occupaverat, et nascentis Ecclesiæ roboraverat fidem, **522** justum erat etiam nostro silentio comprobari. Nunc vero quum pro varietate regionum diversa ferantur exemplaria, et germana illa antiquaque translatio corrupta sit, atque violata, nostri arbitrii putas, aut ex pluribus judicare quid verum sit, aut novum opus in veteri opere cudere, illudentibusque Judæis, [e] cornicum, ut dicitur, oculos configere. Alexandria et Ægyptus in Septua-

---

[a] Victorius, quod alibi Hieronymus plurium numero *ascenderunt* interpretetur, ac legat, ne variarent exemplaria, hoc etiam in loco *ascenderunt*, restituit, tametsi in Græco ἀνέβη haberi non diffitetur.

[b] Puta *Ascensionem Isaiæ*, et *Apocalypsin Eliæ*, ex quibus libris Gnostici expressum putabant Pauli locum ad Corinthios, *et per hanc occasionem, Hispaniarum et Lusitaniæ, ab hæreticis deceptæ sunt mulierculæ*, etc, ut ipse Hier. loquitur in cap. Isai. LXIV.

qua etiam de causa *Iberas nænias* hic loci vocat.

[c] Non spernenda veteris editionis lectio, *et non multo post tempore ipse Josephus, nihil tale retulerint; sed in una basilica*, etc. Vox *una* hic penes Martianæum deerat.

[d] In ipsa Præfat. *agetur*.

[e] Id est eos deludere, qui alios a se deludi solere profitentur. Vid. Ciceronem pro Murena cap. 11, et pro Flacco cap. 20; Macrobium Saturn. lib. vii, cap. 5.

ginta suis Hesychium laudat auctorem. Constantinopolis usque ad Antiochiam Luciani martyris exemplaria probat. Mediæ inter has provinciæ Palæstinos codices legunt, quos ab Origene elaboratos Eusebius et Pamphilius vulgaverunt; totusque orbis hac inter se trifaria varietate compugnat. Et certe Origenes non solum [a] exempla composuit quatuor editionum, e regione singula verba describens, ut unus dissentiens statim, cæteris inter se consentientibus, arguatur; sed quod majoris audaciæ est, in editione Septuaginta, Theodotionis editionem miscuit, asteriscis videlicet designans quæ minus fuerant, et virgulis quæ ex superfluo videbantur apposita. Si igitur aliis licuit non tenere, quod semel susceperant, et post septuaginta cellulas, quæ vulgo sine auctore jactantur, singulas cellulas aperuere : hocque in Ecclesiis legitur, quod Septuaginta nescierunt ; cur me non suscipiant Latini mei, qui inviolata editione veteri, ita novam condidi, ut laborem meum Hebræis, et (quod his majus est) Apostolis auctoribus probem ? Scripsi nuper librum de Optimo genere interpretandi, ostendens illa de Evangelio : *Ex Ægypto vocavi filium meum* (*Ose*. XI, 1); et : *Quoniam Nazaræus vocabitur* (*Matth*. II, 15, 25); et : *Videbunt in quem compunxerunt* (*Zach*. XII, 10); et illud Apostoli : *quæ oculus non vidit, nec auris audivit, nec in cor hominis ascenderunt, quæ præparavit Dominus diligentibus se* (*Cor*. I, 19); cæteraque his similia, in Hebræorum libris inveniri. Certe Apostolus et Evangelistæ, Septuaginta interpretes noverant. Et unde eis hoc dicere, quod in Septuaginta non habetur ? Et Christus Dominus noster, utriusque Testamenti conditor, in Evangelio secundum Joannem : *Qui credit*, 523 inquit, *in me sicut dicit Scriptura, flumina de ventre ejus fluent aquæ vivæ* (*Joan*. VII, 38). Utique scriptum est, quod Salvator scriptum esse testatur. Ubi scriptum est ? Septuaginta non habent, apocrypha nescit Ecclesia. Ad Hebræos igitur revertendum : unde et Dominus loquitur, et discipuli exempla præsumunt. Hæc pace veterum loquor, et obtrectatoribus meis tantum respondeo, qui canino dente me rodunt, in publico detrahentes, legentes in angulis, iidem et accusatores et defensores, cum in aliis probent, quod in me reprobant, quasi virtus et vitium non in rebus sit, sed cum auctore mutetur. Cæterum memini editionem Septuaginta translatorum olim de Græco emendatam tribuisse me nostris, nec inimicum debere existimari eorum, quos in conventu fratrum semper edissero. Et quod nunc DABRE JAMIM id est, *Verba Dierum*, interpretatus sum, idcirco feci ut inextricabiles moras, et silvam nominum, quæ scriptorum confusa sunt vitio, sensuumque barbariem [*Al*. labyrinthos] apertius, et per versuum cola digererem, mihimetipsi et meis juxta [b] Hismeniam canens, si aures surdæ sunt cæterorum.

28. *Ex Prolog. in Ezram*. — In Ezræ quoque volumine, similia præfatus sum et post multa hæc addidi : « Quod illaturus sum, æquissimum est. Edidi aliquid, quod non habetur in Græco, vel aliter habetur, quam a me versum est. Quid interpretem laniant ? Interrogent Hebræos, et ipsis auctoribus translationi meæ, vel arrogent vel derogent fidem. Porro aliud est, si clausis, quod dicitur, oculis, mihi volunt maledicere, et non imitantur Græcorum studium et benevolentiam, qui post Septuaginta translatores jam Christi Evangelio coruscante, Judæos, et Ebionitas Legis veteris interpretes, Aquilam videlicet, Symmachum et Theodotionem, curiose legunt, et per Origenis laborem ἐν [c] ἑξαπλοῖς Ecclesiis dedicarunt : quanto magis Latini mei grati esse deberent, quod exsultantem Græciam cernerent aliquid a se mutuari ! Primum enim magnorum sumptuum est, 524 et infinitæ difficultatis, exemplaria habere omnia. Denique et qui habuerint, et Hebræi sermonis ignari sunt, magis errabunt, ignorantes quis e multis verius dixerit. Quod etiam [d] sapientissimo cuidam, nuper apud Græcos accidit, ut interdum Scripturæ sensum relinquens, uniuscujuslibet [*Al*. uniuscujusque] interpretis sequeretur errorem. Nos autem qui Hebrææ linguæ saltem parvam habemus scientiam, et Latinus nobis utcumque sermo non deest, et de aliis magis possumus judicare, et ea quæ ipsi intelligimus, in nostra lingua exprimere. »

29. *Ex Prolog. in Job*. — Transibo ad librum Job, quem post Septuaginta interpretum editionem, quam Origenes obelis, asteriscisque distinxit, ante annos plurimos Latino sermoni datum, cum rursum juxta ipsum Hebraicum verterem, sic locutus sum : « Cogor per singulos Scripturæ divinæ libros, adversariorum respondere maledictis, qui interpretationem meam, reprehensionem Septuaginta interpretum criminantur : quasi non et apud Græcos Aquila, Symmachus et Theodotion [e] vel verbum e verbo, vel sensum e sensu, vel ex utroque commixtum et medie temperatum genus translationis expresserint, et omnia veteris Instrumenti volumina Origenes obelis asteriscisque distinxerit : quos vel additos, vel de Theodotione sumptos, translationi antiquæ inseruit, probans defuisse quod additum est. Discant igitur obtrectatores mei recipere in toto, quod in partibus susceperunt, aut interpretationem meam cum asteriscis suis radere. Neque enim fieri potest, ut quos

---

[a] Martianæus hic *exapla*, cum diu antea ipsam Præfationem excudens tomo suæ editionis primo, hanc lectionem ipse improbasset. Certe quod Victorius quoque notat, Erasmum castigans, *hexapla* quatuor editionum esse non potuerunt, sed *tetrapla*. Repositæ a nobis lectioni mss. suffragantur.

[b] Antigenidis cantoris discipulus, cui, cum parum in canendo, populo probaretur, dixit Antigenides, *mihi cane et Musis*.

[c] Voces ἐν ἑξαπλοῖς hic omiserat Martianæus, quas probaverat antea in ipsius Præfationis editione, et Victorius ipse reponendas ostenderat.

[d] Hic Apollinaris Laodicenus est, quem expresse notat sub libri hujus finem.

[e] In antiquiss. Vaticano Palatino ms. n. 24, *vel verbo, vel sensu, vel ex utroque*, etc.

plura intermisisse [a] perspexerint, non eosdem etiam astra lacerari, qui malunt contemnere videri præ-in quibusdam errasse fateantur: præcipue in Job, clara, quam discere. Perversissimi homines: nam cui si ea quæ sub asteriscis addita sunt subtraxeris, cum novas semper expetant voluptates, et gulæ eo-pars maxima detruncabitur. Et hoc dumtaxat apud rum vicina maria non sufficiant, cur in solo studio Græcos. Cæterum apud Latinos, ante eam transla- Scripturarum veteri sapore contenti sunt? Nec hoc tionem, quam sub asteriscis et obelis nuper edidimus, dico quod præcessores meos mordeam, aut quid-septingenti ferme aut octingenti versus desunt, ut quam de his arbitrer detrahendum, quorum transla-decurtatus et laceratus, corrosusque liber fœditatem tionem diligentissime emendatam olim meæ linguæ sui publice legentibus præbeat. » Et post multa hominibus dedi: sed quid aliud sit in ecclesiis quæ studio brevitatis prætereo, hæc in fine subjunxi: « Audiant quapropter canes mei, idcirco Christi credentium Psalmos legere, aliud Judæis singula verba calumniantibus respondere. »

me in hoc volumine laborasse, non ut interpreta- 31. *Ex Prologo in libb. Salomonis.* — Salomonis tionem antiquam reprehenderem, sed ut ea quæ in etiam libros, quos olim juxta Septuaginta additis illa, aut obscura sunt, aut omissa, aut certe vitio obelis et asteriscis in Latinum verteram, ex Hebraico scriptorum depravata, manifestiora nostra interpre- transferens, et dedicans sanctis episcopis Chroma-tatione fierent, qui et Hebræum sermonem ex parte tio et Heliodoro, hæc in Præfatiunculæ meæ fine didicimus, et in Latino pene ab ipsius incunabulis subjeci: « Si cui Septuaginta interpretum magis inter grammaticos et rhetores et philosophos detriti editio placet, habet eam a nobis olim emendatam. sumus. Quod si apud Græcos post Septuaginta edi- Neque enim sic nova cudimus, ut vetera destrua-tionem, jam Christi Evangelio coruscante, Judæus mus. »

Aquila, et Symmachus ac Theodotion judaizantes 32. *Ex Prolog. in Isaiam.* — Veniam et ad Isaiam, hæretici sunt recepti, qui multa mysteria Salvatoris, et partem Prologi ejus super Septuaginta interpre-subdola interpretatione celarunt, et tamen in Hexa- tatione subjungam. Quem cum magis evangelistam plis habentur apud Ecclesias, et explanantur ab ec- quam prophetam dicerem, eo quod universa Christi clesiasticis viris: quanto magis ego Christianus, de Ecclesiæ mysteria sic ad liquidum persecutus esset, parentibus Christianis natus, et vexillum crucis in ut non de futuro vaticinari, sed de præteritis histo-mea fronte portans, cujus studium fuit omissa repe- riam texere crederetur, etiam hoc addidi: « Unde tere, depravata corrigere, et sacramenta Ecclesiæ, conjicio noluisse tunc temporis Septuaginta inter-puro et fideli aperire sermone, vel a fastidiosis, vel a pretes, fidei suæ sacramenta perspicue Ethnicis pro-malignis lectoribus non debeo reprobari! » dere: ne sanctum canibus, et margaritas porcis da-

30. *Ex Prologo in Psalterium.* — Psalterium quoque rent. [c] Quæ cum hanc editionem legeritis, ab illis quod certe emendatissimum juxta Septuaginta in- animadvertetis abscondita. Nec ignoro quanti labo-terpretes nostro labore dudum Roma suscepit, rur- ris sit, Prophetas intelligere, nec facile quempiam sum juxta Hebraicum vertens, Præfatione munivi, et posse judicare de interpretatione, nisi intellexerit sic in parte prologi sum locutus: « Quia igitur nu- ante quæ legerit. Nos quoque patere morsibus plu-per cum Hebræo disputans, quædam pro Domino rimorum, qui stimulante invidia, quod consequi non Salvatore de psalmis testimonia protulisti; volens- valent, despiciunt. Sciens ergo et prudens in flam-que ille te [b] illudere, per sermones pene singulos mam mitto manum. Et nihilominus a fastidiosis le-asserebat, non ita haberi in Hebræo, ut tu de Septu- ctoribus hoc precor: ut quomodo Græci post aginta interpretibus opponebas, studiosissime postu- Septuaginta translatores, Aquilam et Symmachum lasti, ut post Aquilam, Symmachum, et Theodotio- et Theodotionem legunt vel ob studium doctrinæ nem, novam editionem Latino sermone transfer- suæ, vel ut Septuaginta magis ex collatione eorum rem. Aiebas enim te magis interpretum varietate intelligant: sic et isti saltem unum post priores ha-turbari, et pro amore quo laberis, vel translatione, bere dignentur interpretem. Legant prius, et postea vel judicio meo esse contentum. Unde impulsus a te, despiciant; ne videantur non ex judicio, sed ex odii [c] cui et quæ non possum, negare non debeo, rursum præsumptione, ignorata damnare. »

me obtrectatorum latratibus tradidi, maluique te vi- 33. *De Daniele.* — De Daniele autem breviter re-res potius meas, quam voluntatem in amicitia quæ- spondebo, me non negasse eum prophetam, quem rere. Certe confidenter dicam, et multos hujus ope- statim in fronte Prologi prophetam esse confessus ris testes citabo, me nihil, dumtaxat [d] scientem, sum, sed quid Hebræi dicerent, et quibus argumen-de Hebraica veritate mutasse. Sicubi ergo editio tis suam niterentur probare sententiam, voluisse mea a veteribus discrepat, interroga quemlibet He- monstrare, et docuisse lectorem, ecclesias Christi bræorum, et liquido pervidebis, me ab æmulis fru- hunc prophetam juxta Theodotionem legere, et non

---

[a] Idem ms., *quemadmodum* et in ipsa præfatione Martianæus, *susceperint*, minus bene.

[b] Codex Regio-Vatic. num. 11. *ille te eludere.*

[c] Martian. in ipsius Prologi editione, *cui et quæ possum negare non possum, rursum*, etc. Vetus edit. cui concinit alter Reginæ cod. 1286, *cui quæ pos-sum debeo, et quæ non possum*, etc.

[d] In Vet. edit., *dumtaxat sententia.*

[e] Martianæus *qui*, cum sanctæ feminæ Paula et Eustochium compellentur, atque ipse etiam in ipsa præfatione, *quæ legerit.*

juxta Septuaginta translatores. Quorum si in isto libro editionem dixi multum a veritate distare, et recto ecclesiarum Christi judicio reprobatam, non est meæ culpæ qui dixi, sed eorum qui legunt. In promptu sunt quatuor editiones, Aquilæ, Symmachi, Septuaginta, et Theodotionis : ecclesiæ juxta Theodotionem legunt Danielem. Ego quid peccavi, si ecclesiarum judicium secutus sum? Quod autem refero, quid adversum Susannæ historiam, et hymnum trium puerorum, et Belis, Draconisque fabulas, quæ in volumine Hebraico non habentur, Hebræi soleant dicere, qui me criminatur, stultum se sycophantam probat. [a] Non enim quid ipse sentirem, sed quid illi contra nos dicere soleant, explicavi. Quorum opinioni, si non respondi in Prologo, brevitati studens, ne non præfationem, sed librum viderer scribere, puto quod statim subjecerim; dixi enim, « De quo non est hujus temporis disserere. » Alioquin et ex eo, quod asserui Porphyrium contra hunc prophetam multa dixisse, vocavique hujus rei testes Methodium, Eusebium, et Apollinarium, qui multis versuum millibus illius vesaniæ responderunt, me accusare poterit, quare non in præfatiuncula contra libros Porphyrii scripserim. Qui istiusmodi nænia consectatur, et Scripturæ Hebraicæ veritatem non vult recipere, audiat libere proclamantem : **528** Nemo enim cogitur legere, quod non vult. Ego petentibus scripsi, non fastidiosis; gratis, non invidis; studiosis, non oscitantibus. Et tamen miror quomodo Theodotionem hæreticum et judaizantem legit, et qualiscumque peccatoris christiani translationem fastidit.

34. Quæso te, amice dulcissime, qui tam curiosus es, ut etiam somnia mea noveris, omniaque quæ per tot annos absque metu futuræ scripsi calumniæ, in accusationem vocas; ut respondeas, quomodo eorum præfationes librorum nescias, quos accusas : quæ quodam vaticinio, futuræ calumniæ responderunt; implentes proverbium : « Prius antidotum, quam venenum. » Quid nocet ecclesiis nostra translatio? Magnis, ut scio, sumptibus redemisti Aquilæ, et Symmachi, et Theodotionis, quintæque et sextæ editionis Judaicos translatores. Origenes tuus, et (ne forte queraris figurata te laude percussum) Origenes noster (nostrum voco ob eruditionem ingenii, non ob dogmatum veritatem) in omnibus libris suis post Septuaginta interpretes, Judæorum translationes explanat et disserit. Eusebius quoque et Didymus idem faciunt. Prætermitto Apollinarium, qui bono quidem studio, sed non secundum scientiam, de omnium translationibus in unum vestimentum pannos assuere conatus est, et consequentiam Scripturæ, non ex regula veritatis, sed ex suo judicio texere : apostolici viri Scripturis utuntur Hebraicis: ipsos apostolos et evangelistas hoc fecisse perspicuum est. Dominus atque Salvator ubicumque veteris Scripturæ meminit, de Hebraicis voluminibus ponit exempla, ut est illud : *Qui credit in me, sicut Scriptura dicit : Flumina de ventre ejus fluent aquæ vivæ.* Et in ipsa cruce, ELI, ELI, LEMA AZABATHANI, quod interpretatur : *Deus meus, Deus meus, quare me dereliquisti (Joan.* VII, 38)? non ut a Septuaginta positum est : *Deus, Deus meus, respice in me, quare me dereliquisti* (Ps. XXI, 1)? et multa his similia. Nec hoc dicimus quod Septuaginta interpretes suggillamus, sed quod apostolorum et Christi major sit auctoritas, **529** et ubicumque Septuaginta ab Hebræo non discordant, ibi apostolos de interpretatione eorum exempla sumpsisse; ubi vero discrepant, id posuisse in Græco, quod apud Hebræos didicerant. Sicut ergo ego ostendo multa in novo Testamento posita de veteribus libris, quæ in Septuaginta non habentur, et hæc scripta in Hebraico doceo, sic accusator ostendat, aliquid scriptum esse in novo Testamento de Septuaginta interpretibus, quod in Hebraico non habeatur, et finita contentio est.

35. *Operis Conclusio.*— Ex quibus omnibus approbatur, et Septuaginta interpretum editionem quæ legentium vetustate firmata est, utilem **530** esse Ecclesiis, dum ante gentes audiunt Christum venturum esse quam veniat; et cæteros interpretes non reprobandos, quia non sua, sed divina volumina transtulerunt, et familiarem meum id a Christiano et amico debere suscipere, quod magno sumptu sibi a Judæis describere festinavit. Excessi Epistolæ modum, et qui contra nefariam hæresim [b] jam stylum fixeram, pro me respondere compulsus sum, exspectans tria amici volumina, et ad congeriem criminum ejus tota mente suspensus : nisi quod levius est, professum inimicum cavere, quam hostem latentem sub amici nomine sustinere.

---

[a] Intelligere ex hoc loco licet, quo animo S. Doctor tum in præfat. in Danielem, tum in procemio explanationis in eumdem prophetam, collegerit Judæorum et Porphyrii argumenta et cavillationes contra Susannæ, Belis, Draconisque historiam, nec non hymnum trium puerorum. Neque enim, quod aliquibus visum est, Rufini argumentis constrictus, quæ habentur infra lib. II Invectivarum, hic demum palinodiam recantat; aut in ea fuit aliquando sententia, ut contra Ecclesiæ judicium, hasce fabulas (sic enim et verissimæ historiæ interdum appellantur) ipse argueret suppositionis. Vide Africani epistolam ad Origenem de hoc argumento, ipsiusque Origenis ad Africanum responsum, e quibus non pauca Hieronymus antea delibaverat.

[b] Puta Origenianam; quam contra, non paucas epistolas, sive libellos, per id temporis scripserat, et plures in dies cudere meditabatur.

LIBER TERTIUS,

VEL ULTIMA RESPONSIO S. HIERONYMI ADVERSUS SCRIPTA RUFINI.

1. *Acceptis ab ipso Rufino libris Invectivar. respondet.* — Lectis litteris prudentiae tuae, quibus in me inveheris, et laudatum, quondam tuum, quem verum collegam loquebaris et fratrem, nunc libris ad respondendum provocas, terresque criminibus, intellexi illud Salomonis in te esse completum : *In ore stulti baculus contumeliae* (Prov. XIV, 3). Et, *non recipit fatuus verba prudentiae : nisi ea dixeris, quae versantur in corde ejus* (Prov. XVIII, 2). Et Isaias : *Fatuus,* inquit, *fatua loquetur, et cor ejus vana intelliget : ut compleat iniquitates, et loquatur contra Deum mendacium* (Isai. XXXII, 6). Quid enim necesse fuit accusationis volumina mittere, et maledicta proferre in medium; si tu in ultima parte epistolae, [b] denuntiata morte me deterres, ne audeam respondere criminibus, immo laudibus tuis? Eadem quippe et praedicas et accusas, et de uno fonte dulce amarumque procedit. Unde obsecro te, ut verecundiam et pudorem, quem a me exigis, prior exhibeas ; et qui mendacii alterum criminaris, desinas ipse mentiri. Ego nulli scandalum facio, nec accusator interim tui sum. Non etenim considero, quid tu merearis, sed quid me deceat; et Salvatoris eloquium pertimesco dicentis : *Qui scandalizaverit unum de pusillis istis, qui in me credunt, expedit ei, ut suspendatur mola asinaria in collo ejus, et demergatur in profundum maris* (Marc. IX, 41). Et, *Vae mundo ab scandalis. Necesse est enim ut veniant scandala ; sed vae homini per quem scandalum venit* (Matth. XVIII, 7). Poteram et ego in te falsa congerere, et dicere me, vel audisse, vel vidisse, quae nullus notat, ut apud ignorantes impudentia veritas, et furor constantia putaretur. Sed absit ut imitator tui sim ; et quod in te reprehendo, ipse faciam. Ille loquatur spurcitias, qui potest spurca committere : *Malus homo de malo cordis thesauro profert ea quae mala sunt. Ex abundantia cordis os loquitur* (Matth. XII, 35, *et Luc.* VI, 45). Habeto interim lucrum, quod amicus quondam tuus nunc accusatus, turpia tibi non vult objicere. Et hoc dico, non quod accusationis tuae gladios pertimescam ; sed quod magis accusari velim, quam accusare, et pati injuriam, quam facere, sciens praeceptum ab Apostolo : *Non vosmetipsos ulciscentes, charissimi, sed date locum irae ; scriptum est enim* (Deut. XXXII, 35) : *Mihi vindicta, et ego retribuam, dicit Dominus. Sed si esurierit inimicus tuus, ciba illum : si sitierit, potum da illi. Hoc enim faciens, carbones ignis congeres super caput ejus* (Rom. XII, 19-21.) Qui enim seipsum vindicat, ultionem Domini non meretur.

2. *Apostoli salvis amicitiis dissenserunt.* — Et tamen antequam respondeam epistolae tuae, expostulare tecum libet, [c] vetutissime monachorum, bone presbyter, imitator Christi, fratrem tuum potes occidere, quem si tantum oderis, homicida es ? Hoc a Salvatore didicisti , ut verberanti maxillam, praeberes et alteram ? Sic ipse respondit percussori suo : *Si male locutus sum, testimonium perhibe de malo : si bene, quid me caedis* (Joan. XVIII, 13)? Mortem minaris, quam et serpentes inferre possunt. Mors omnium est, homicidium pessimorum. Quid enim ? nisi tu me occideris, ego immortalis ero? Quin potius habeo gratiam, quod facis de necessitate virtutem. Nonne et Apostoli salvis inter se amicitiis dissenserunt; cum Paulus et Barnabas propter Joannem, cognomento Marcum, stomachati sunt, et separavit eos navigatio, quos Christi Evangelium copulabat? Nonne idem Paulus in faciem Cephae restitit, quod non recto pede incederet in Evangelio ? Et tamen praecessorem suum et columnam Ecclesiae vocat, et exponit [d] cum eo praedicationem, ne in vacuum curreret, aut cucurrisset. Nonne in religione etiam liberi a parentibus, et conjuges a maritis salva pietate dissentiunt? Vos si ita habetis, ut habemus, cur nos odistis? Si aliter creditis, quid vultis occidere? An qui a vobis dissenserit, occidendus est ? Testem invoco Jesum conscientiae meae, qui et has litteras, et tuam epistolam judicaturus est, me ad commonitionem sancti papae Chromatii voluisse reticere, et finem facere simultatum, et vincere in bono malum; sed quia minaris interitum, nisi tacuero, rem satis habet explicatam. MARTIAN.

---

[a] Edd. Martian. et Vallars. hic habent titulum : *Incipit ultima responsio Hieronymi presbyteri adversus scripta Rufini presbyteri.* EDIT.—*Hieronymi presbyteri.* In mss. exemplaribus S. Audoeni Rothomagensis : *Incipit adversus eos* (libros) *post lectionem ultima responsio.* In Corbeiensi codice : *Hieronymi presbyteri adversus scripta Rufini presbyteri invectio incipit.* Clumacensis et Navarricus legunt ista tanquam epistolam, sive librum prolixum separatum a superioribus ; et hanc retinent epigraphen : *Epistola Hieronymi adversus Rufinum presbyterum Aquileiensem* ; vel *Hieronymus ad Aletium scribit adversus Rufinum.* Ex his omnibus verum titulum operis separavimus, falsa de Aletio amputantes : argumentum autem Erasmi integrum relinquere visum est, quia rem satis habet explicatam. MARTIAN.

[b] *Delata, ut videtur, accusatione ad Magistratum.* Unde infra, *Terres me gladiis tuis, et accusationem non jam ecclesiasticam, sed tribunalium comminaris.*

[c] *Vetustissime monachorum.* Non *venustissime,* sed *vetustissime* lego in cunctis manuscriptis : erat siquidem non venustus monachus Lufinus, sed vetustus, id est a primis annis. MARTIAN. — Victorius Attamen *antequam,* etc., tum *venustissime Monachorum* pro *vetustissime ;* quam tamen lectionem probat.

[d] *Voculas cum eo* hic Victorius reposuit ex Pauli testimonio, *Contuli cum illis Evangelium, quod praedico in gentibus,* etc.

respondere compellor, ne videar tacendo crimen agnoscere, et lenitatem meam, malæ conscientiæ signum interpreteris.

3. *Epistolæ Rufini verba.* — Hoc est verum dilemma tuum ; non ex dialectica arte quam nescis, sed ex carnificum officina et meditatione prolatum. Si tacuero, criminosus ero : si respondero, maledicus. Tu me ergo et prohibes, et cogis ad respondendum. In quo utrumque moderabor, ut et objecta diluam, et ab injuria temperem. Quis enim cum non timeat, qui est paratus occidere? Sequarque vestigia propositionis tuæ, servans cætera illis eruditissimis libris, quos antequam legeram, confutavi. Dicis « te accusationem meam ad eos tantum misisse, qui meis verbis læsi fuerant, et non ad plures : quia non ad ostentationem, sed ad ædificationem Christianis loquendum est. » Et unde, oro te, librorum tuorum ad me fama pervenit? Quis eos Romæ? quis in Italia? quis per Dalmatiæ insulas disseminavit? Si in scriniis tuis et amicorum tuorum latebant, ad me quomodo mea crimina pervenerunt? Et audes dicere te non ad ostentationem, sed ad ædificationem quasi Christianum loqui, qui de sene senex tanta confingis, quanta non diceret de latrone homicida, de scorto meretrix, scurra de mimo? Qui parturis mihi montes criminum, et gladios quos defigas [*Al.* designas] in jugulum meum, tanto ante tempore exacuis? Idcirco [a] Cereales et anabasii tui per diversas provincias cucurrerunt, ut laudes meas legerent? Ut panegyricum tuum per angulos et plateas, ac muliercularum textrinas recitarent ? Hæc est tua illa sancta verecundia, hæc ædificatio Christiana; sic modestus es, sic pudens, ut catervatim de occidente venientes, mihi tua maledicta narraverint: ita memoriter et consentanee, ut ego cogerer **534** non scriptis tuis, quæ necdum legeram, sed scriptorum respondere opinionibus, et volantia toto orbe jacula falsitatis, clypeo veritatis excipere.

4. *Epiphanii epistolam furatus est monachus Rufini minister.* — Sequitur in epistola tua : « Noli multo auro redimere notarium meum: sicut amici tui de meis περὶ Ἀρχῶν schedulis, nondum emendatis, nondum ad purum digestis, fecerunt : ut facilius falsare possent, quod aut nullus haberet, aut admodum pauci. Gratis a me missum suscipe codicem, quem censu magno cuperes comparatum. » Non te pudet [b] proœmii? Ego auro redimerem notarium tuum? Et quis talis ac tantus est, ut audeat cum Crœso et Dario pugnare divitiis? Ut subitum Demaratum, et Crassum non pertimescat? Usque adeone obdurasti frontem ut mendacium ponas spem tuam : et existimes te protegi posse mendacio, et quidquid finxeris tibi credendum putes? Quis Bethleem de cubiculo fratris Eusebii furatus est epistolam laudatricem tuam? Cujus artificio, et a cujus ministris in sanctæ Fabiolæ hospitio, et viri Christiani et prudentis Oceani, inventus est codex, quem illi numquam viderant? An idcirco te existimas innocentem, si quidquid tuum est, in alios conferas? Quicumque te offenderit, quamvis simplex, quamvis innoxius sit, illico criminosus fiet? habes enim, per quod Danaes est victa pudicitia, quod Giezi magistri prætulit sanctitati, propter quod Judas tradidit Dominum suum.

5. *Non probat accusationem Christiani in Christianum. Defendit Eusebium Cremonensem. Errores libri Periarchon.* — « Videamus tamen quid meus necessarius de schedulis tuis, necdum emendatis, et nondum ad purum digestis, falsaverit : et ob id facilius ei falsatæ fuerint, quod aut nullus eas haberet, aut admodum pauci. » Et ante scripsi, et nunc eadem, Deo audiente, protestor, me non approbasse accusationem ejus, nec cujusquam Christiani in Christianum. Quid enim necesse est, in multorum scandala ruinamque proferri, quæ secreto aut corripere valeas, aut emendare? Sed quia unusquisque vivit stomacho suo : et amicus non statim dominus est alterius voluntatis : sicut accusationem etiam veram reprehendo, sic falsitatem schedularum in sancto viro non suscipio. Quid enim **535** homo Latinus de interpretatione Græca potuit immutare? Aut quid subtraheret, vel adderet in libris περὶ Ἀρχῶν ubi sic contexta sunt omnia, et alterum pendet ex altero, ut quidquid tollere volueris, vel addere, quasi pannus in vestimento statim appareat? Quod ergo me mones, ipse facito : paululum saltem humani, si non Christiani pudoris assume, ne despecta et calcata conscientia tua, verbis te purgatum putes, qui rebus urgeris. Si Eusebius auro redemit inemendatas schedulas, quas falsaret, tu profer tuas, quæ falsatæ non sint : et si probaveris nihil in eis hæreticum, tunc ille crimine tenebitur falsitatis. Quamvis mutes, quamvis corrigas, catholicas [c] non probabis. Si enim error esset in verbis, aut in paucis sensibus, possent detruncari mala, et bona pro his reponi. Ubi autem tota disputatio æqualis est : ut universæ rationales creaturæ, quæ propria voluntate corruerant, in unum postea revertantur statum : ut rursum ex eodem principio aliæ sint ruinæ ; quid habes emendare, nisi cuncta mutaveris? Quod si facere volueris, jam non libros alienos interpretaberis, sed condes tuos. Hoc autem cujusmodi argumentum sit, non intelligo. Quia, [d] inquit, inemendatæ, et nondum ad purum digestæ erant schedulæ, idcirco facilius ab Eusebio falsatæ sunt. Aut ego tardior sum ; aut mihi satis fatuum et obtusum vide-

---

[a] Deducit Victorius nomen a Cereris fabula, quæ raptam Proserpinam filiam, ubique, etiam apud inferos persecuta dicitur. Anabasios autem, quod curribus, aut equis conscensis veloces essent, ab ἀνάβασις Græco verbo, quod conscensum significat.

[b] Erasmus *parœnii* reposuit, quod est, temulentæ debacchationis e Græca voce παροινία : satis argute.

[c] Scilicet *schedulas*. Martianæus autem post Erasmum habet *Catholica*.

[d] Victorius, *inquis*, pro *inquit*, ut sermo sit ad Rufinum.

tur. Si nondum emendatæ, nec ad purum digestæ erant schedulæ, error earum non Eusebio imputabitur, sed moræ et tarditati tuæ, qui emendare cessasti. Et in eo solo erit ille culpabilis, quia scripta tua cito disseminavit in vulgus, quæ tu paulatim emendare decreveras. Sin autem, ut tu vis, eas falsavit Eusebius: quid causaris, atque prætendis inemendatas, et necdum ad purum digestas in publicum prorupisse? Et emendatæ enim, et non emendatæ similem recipiunt falsitatem. Nullus, inquis, eos habebat libros, aut admodum pauci. In uno sermone quanta diversitas! Si nullus eos habebat, quomodo apud paucos erant? Si pauci habebant; cur nullum habuisse mentiris? cum autem dicas **536** apud paucos fuisse; et te ipso confitente subversum sit, quod nullus habuerit, ubi est illud, quod quereris, auro redemptum notarium tuum? Dic nomen notarii, quantum auri datum sit, ubi, per quem, aut cui datum. Utique proditorem tuum abjecisti a te [*Al.* ante]; et tanti facinoris reum a tuo consortio separasti. Vide ne magis illud verum sit, a paucis illis amicis tuis, et Eusebio et cæteris data exemplaria; quæ ita inter se congruunt, atque consentiunt, ut ne puncto quidem alterum ab altero differat. Deinde cujus prudentiæ est, dare exemplar aliis, quod nondum emendaveras? Scriptæ ad purum non erant schedulæ; et emendandos errores tuos jam alii possidebant. Sentisne non hærere inter se mendacium? Et quid tibi in articulo temporis profuit, ut episcoporum sententias subterfugeres, patere discussum, et tuis te verbis redargui? Ex quo apparet juxta inclyti oratoris (*Ciceronis*) elogium, te voluntatem habere mentiendi, artem fingendi non habere.

6. *Comparare et emere quid differant?* — Sequar ordinem epistolæ, et ipsa, ut locutus es, verba subnectam. « Eloquentiam, ut dicis, tuam, et in Præfatione mea laudasse me fateor; et etiam nunc laudarem, nisi tu eam contra Tullii tui sententiam, multa jactantia faceres odiosam. » Ubi jactavi eloquentiam meam, qui etiam a te laudatam non libenter accepi? An hoc dicis, quia non vis subdola prædicatione palpari? Aperte accusaberis, ut qui laudantem respuis, sentias criminantem. Imperitiam autem tuam, non tam stultus eram, ut reprehenderem; quam nemo potest fortius accusare, quam tu ipse dum scribis. Sed volui ostendere condiscipulis tuis, qui tecum non didicerunt litteras, quid per triginta annos in Oriente profeceris: qui, συγγραφεὺς ἀγράμματος (*scriptor illitteratus*), procacitatem, disertitudinem,[a] et maledicere omnibus, bonæ conscientiæ signum arbitraris. Nec tibi, ut dicis, ferulas adhibeo, neque athenogeronta (*Senem discipulum*) meum scuticā, et plagis litteras docere contendo; sed quia fulmen [*Al.* flumen] eloquentiæ tuæ, atque doctrinæ omnes tractatores ferre non possumus, et ingenii acumine perstringis oculos nostros, intantum ut omnes **537** tuos invidos putes, certatim opprimere te cupimus: ne si semel in scribendo obtinueris principatum, et in eloquentiæ arce steteris, cunctis nobis qui aliquid scire volumus, mutire non liceat. Ego philosophus, rhetor, grammaticus, dialecticus, Hebræus, Græcus, Latinus, [b] trilinguis. Hoc modo et tu bilinguis eris, qui tantam habes Græci Latinique sermonis scientiam, ut et Græci te Latinum, et Latini te Græcum putent: et papa Epiphanius πεντάγλωττος [Mss. πεντάγλωσσος] quia quiaque linguis contra te et Amasium tuum (*Origenem*) loquitur. Simulque admiror, qua temeritate contra tantarum artium virum audeas dicere: « Tu qui tot disciplinarum oculis vigilas, quomodo venia donandus es, si erraveris, et non perpetuo pudoris silentio contegendus? » Quod cum legissem, et me putarem alicubi in sermone lapsum (*qui enim* (*Jacob* III, 2) *in verbo non peccat, iste perfectus est*), et suspicarer eum aliquid meorum prolaturum esse vitiorum, subito intulit: « Ante biduum mihi, quam proficisceretur harum bajulus, in manus venerunt, quæ in me declamasti. » Ubi est ergo, quod minaris, et dicis, « Quomodo donandus es venia, si erraveris, et non perpetuo pudoris silentio contegendus? » Nisi forte præ angustia temporis potuisti ea in ordinem digerere: aut aliquem de eruditis conducturus eras, qui in opusculis meis gemmarum eloquentiæ tuæ ornamenta perquireret. Supra scripsisti: « Gratis a me missum codicem suscipe, quem sensu magno cuperes comparatum, et nunc humilitatis præstigiis loqueris. Imitari te volui [*Al.* volui]; sed refestinante eo, qui ad te remeabat, malui paucis ad te, quam ad alios pro tuis maledictis latius scribere. Et interim audacter[c] frueris imperitia tua. Semel enim confessus es, dicens: « Superflua tibi reprehensio fuit in paucis, quæ professa nobis habetur in omnibus. » Nec reprehendam, quod *comparatum* codicem, pro *empto* posueris: cum comparatio æqualium sit; emptio pretii annumeratio: et *refestinante eo,qui ad te remeabat*, sordidissimæ elocutionis περισσολογία. Tantum sensibus respondebo; et te [d] nequaquam solœcistam, ac barbarum, sed **538** mendacem, subdolum, impudentem esse convincam.

7. *In Præfatione libri* περὶ Ἀρχῶν. — Si ad me tantum epistolam scribis, ut me commoneas, et emendatum velis, ne cæteris scandalum facias, et

---

[a] Ex Tertulliano sumptum, qui lib. adversus Hermogenem cap. 1: *Homo*, inquit, *in sæculo, et natura quoque hæreticus, etiam turbulentus, qui loquacitatem facundiam existimet, et impudentiam constantiam deputet, et maledicere singulis officium bonæ conscientiæ judicet*. Vid. lib. contra Helvid. statim initio.

[b] Auctor incertus carminum in laudem Hieronymi :

Lingua Latina prius; sed adhuc, mirabile dictu,
Græcus et Hebræus Chaldaica verba dedisti,
Jam sapiens, cupiensque Jesum. . . . .

[c] Victorius *fruitor* ex mss. legit, quæ vox est irridentis, ac stomachantis.

[d] Idem Victor., *Et te in omnibus nequaquam solœcistam*, etc.

aliis furentibus, jugulentur alii : cur libros contra me scribis ad alios, et legendos per satellites tuos toto orbe dispergis? Ubi est syllogismus tuus, quo me irretire conaris, et loqueris? « Quem in hoc, magister optime, emendare cupiebas? [a] si illos, ad quos scribis, nihil deliquerant; si me quem arguis, non ad me scripseras. » Et ego tuis respondebo tibi sermonibus : Quem emendare cupiebas, magister indocte? eosne, qui non peccaverant? an me, ad quem non scripseras? Brutos putas esse lectores, et omnes non intelligere prudentiam tuam, immo malitiam, qua et serpens prudentior fuit cunctis bestiis in paradiso : ut a me secretam admonitionem flagites, quem publica accusatione persequeris; et non te pudet accusationem tuam Apologiam vocare? Quererisque cur opponam clypeum pugioni tuo, et tibi quasi religiosulus et sanctulus personam humilitatis imponis et dicis : « Si erraveram, quare scribis aliis, et non meipsum redarguis? » Hoc ipsum in te retorquebo : Quidquid enim me non fecisse causaris, quare non ipse fecisti? Velut si quis pugnis aliquem calcibusque collideres, si resistere voluerit, dicat ei : Nonne tibi præceptum est : *Qui te percusserit in maxillam, præbe illi et alteram* (*Matth.* v, 39)? Quid enim, bone vir, tibi præceptum est, ut me verberes; oculum mihi effodias; et si paululum me commovero, Evangelii mihi præcepta cantabis. Vis scire totas [*Al.* tortas] argutiarum tuarum strophas, et vulpecularum insidias, quæ habitant in parietinis, de quibus Ezechiel loquitur : *Quasi vulpes in deserto Prophetæ tui, Israel* (*Ezech.* xiii, 4)? Ausculta quid feceris. Ita me in tua Præfatione laudasti, ut objicerentur mihi laudes tuæ, et nisi me alienum a tanto laudatore dixissem, hæreticus judicarer. Postquam repuli crimina, id est laudes tuas, et absque invidia tui nominis, respondi criminibus, non criminatori : atque ut me catholicum a te infamatus probarem, invectus sum in hæreticos; irasceris, furis, **539** et luculentissimos libros contra me cudis : quos quum legendos et cantandos omnibus tradidisses, certatim ad me de Italia, et urbe Roma, atque Dalmatia scripta venerunt, quibus me laudator pristinus ornasses præconiis.

8. *Purgavit hæreseos suspicionem.* — Fateor, illico ad objecta respondi; et me non esse hæreticum, totis viribus probare conatus sum. Misique hos ipsos Apologiæ meæ libros, ad eos quos tu vulneraveras; ut venena tua, nostra sequeretur antidotus. Ob hanc culpam mittis mihi et priores libros, et recentem epistolam, plenam injuriarum et criminum. Quid me vis facere, bone amice? Taceam? Videbor crimen agnoscere. Loquar? Terres me gladiis tuis, et accusationem non jam Ecclesiasticam, sed tribunalium comminaris. Quid feci? quid commerui? in quo te læsi? Quia me negavi hæreticum? quia me A tuis laudibus duxi indignum? quia hæreticorum fraudulentias et perjuria aperto sermone descripsi? Quid ad te, qui et catholicum et veracem te esse jactas, qui libentius me accusas quam te defendis? Num mea defensio, accusatio tua est? Aut aliter orthodoxus esse non poteris, nisi me hæreticum comprobaveris? Quid tibi prodest societas mea? Aut quæ est ista prudentia? Accusatus ab aliis, accusas alium. Ab alio appeteris; et illi tergum obvertens, quiescentem contra te provocas.

9. *Senes Rufinus et Hieronymus. Origenes laudavit eruditionem in adolescentia.* — Testor mediatorem Jesum, invitum me et repugnantem ad hæc verba descendere [*Al.* respondere]; et nisi tu provocares, semper taciturum fuisse. Denique noli accusare, et ego cessabo defendere. Quæ enim est audientium ædificatio, duos senes inter se propter hæreticos digladiari : præsertim cum ambo Catholicos se videri velint? Omittamus hæreticorum patrocinium, et nulla erit inter nos contentio. Eodem fervore quo Origenem ante laudavimus, nunc damnatum toto orbe damnemus. Jungamus dextras, animos copulemus : et duos (*Theophilum et Anastasium*) Orientis atque Occidentis τροπαιοφόρους, alacri sequamur incessu. Erravimus juvenes, emendemur senes. Si frater es, me gaude correctum. Si amicus sum, de conversione tua debeo gratulari. **540** Quamdiu inter nos jurgium fuerit, videbimur rectam fidem necessitate ducere, non voluntate. Inimicitiæ nostræ, invicem nobis tollunt testimonium veræ pœnitentiæ. Si unum credimus, si idem et volumus et nolumus (ex quo firmas nasci amicitias, etiam Catilina testatur), si hæreticos pariter odimus, et veterem æque damnamus errorem, quid contra nos tendimus, cum eadem oppugnemus, eadem defendamus? Ignosce mihi, quod Origenis eruditionem et studium Scripturarum, antequam ejus hæresim plenius nossem, in juvenili ætate laudavi; et ego tibi dabo veniam, quod Apologiam librorum ejus cano scripseris capite.

10. Ante biduum, quam ad nos Epistolam scriberes, libellos meos in manus tuas venisse testaris, et idcirco non habuisse spatium ex otio respondendi: alioqui si meditatus in nos paratusque dixisses, fulmina jacere, non crimina videreris. Et quis tibi credet homini veracissimo, ut negotiator orientalium mercium, qui et hinc deportata vendere necesse habebat, et ibi emere, quæ huc rursus adveheret, biduum tantum Aquileiæ fuerit, ut raptim et ex tempore contra nos dictare epistolam cogereris? Libri enim tui quos limasti per triennium, [b] disertiores sunt? Nisi forte non fuit impræsentiarum, qui tuas emendaret nænias : et idcirco omne iter dictionis tuæ, absque Palladis arte, salebris et voraginibus vitiorum inciditur. Tam apertum temporis menda-

---

[a] Antea vitiose erat *si illi, ad quos,* etc.

[b] Fortasse scribendum est absque interrogationis nota cum Victorio; sed præterea cum negandi, ut opinor, particula, *disertiores non sunt;* ut sequens contextus indicat. Cæterum *satis* infeliciter P. Martianæus intellexit, negotiatorem hic abs Hieronymo ipsum Rufinum dici, ejusque *negotiationes et avaritiam irrideri.*

cium est, ut non dicam respondere, sed legere biduo mea scripta non potueris. Ex quo apparet te illam epistolam, aut pluribus diebus scripsisse, ut styli ipsius elegantia probat : aut si tumultuaria dictio [*Al.* dictatio] est, nimirum te esse negligentem, qui cum extemporalis talis sis, meditatus deterior fueris.

11. *Commentariorum mos et regula.* — Illud autem quod tergiversaris, et dicis, te ea transtulisse de Græco, quæ ego prius Latino sermone transtulerim, non satis intelligo quid velis dicere : nisi forte adhuc Commentarios ad Ephesios criminaris, et quasi nihil tibi super hoc responsum sit, obduras frontis impudentiam ; nec auribus obturatis, voces recipis incantantis. Nos in Commentariis, et illis et aliis, et nostram et aliorum sententiam explicavimus, aperte confitentes quæ sunt hæretica, quæ catholica. Hic est enim Commentariorum mos, et explanantium regula, ut opiniones in expositione varias persequantur, et quod vel sibi, vel aliis videatur, edisserant. Et hoc non solum sanctarum interpretes Scripturarum, sed sæcularium quoque litterarum, explanatores faciunt, tam Latinæ linguæ, quam Græcæ. Tu in libris περὶ Ἀρχῶν, idipsum obtendere non potes. Arguet enim te Præfatiuncula tua, in qua polliceris, detruncatis malis, et quæ ab hæreticis addita fuerant, optima remansisse : ut quidquid ibi vel bonum, vel malum dixeris, jam non ei imputetur, quem transfers, sed tibi qui interpretatus es ; nisi forte hæreticorum errores emendare debueras, et Origenis mala proferre in medium. Sed de hoc, quia nos remittis ad codicem, ante tibi respondimus, quam tua scripta legeremus.

12. *Ridiculosa res et ridicula. Fides Romana præstigias non recepit.* — De Pamphili libro, non ridiculosa, ut tu scribis, sed ridicula mihi forte res accidit, ut postquam Eusebii asseruerim esse, non Pamphili, ad extremum dixerim, etiam me annos plurimos hoc putasse, quod Pamphili fuerit, et a te exemplar hujus voluminis mutuatum. Vide quantum timeam cachinnos tuos, ut etiam nunc eadem ingeram. De tuo codice quasi Pamphili exemplar accepimus. Credidi Christiano, et credidi monacho : non putavi tantum sceleris a te posse confingi. Postea vero per interpretationem tuam, quæstione contra Origenem toto orbe commota, in quærendis exemplaribus diligentior fui, et in Cæsariensi Bibliotheca Eusebii sex volumina reperi [a] Ἀπολογίας ὑπὲρ Ὠριγένους. Quæ cum legissem, primum eum librum deprehendi, quem tu [b] solus sub nomine martyris edidisti, de Filio et Spiritu Sancto, in bonam partem plerisque blasphemiis commutatis. Et hoc vel Didymum, vel te, vel alium fecisse nescio quem, quod tu apertissime in libris περὶ Ἀρχῶν, fecisse convinceris : maxime cum idem Eusebius (ut jam duobus (*superioribus*) libris docui) scribat Pamphilum, nihil proprii operis edidisse. Dic ergo et tu, a quo exemplar acceperis, nec mihi ad subterfugiendum crimen, mortuos aliquos nomines : ut cum auctorem ostendere non potueris, illum [*Al.* alium] proferas, qui non possit respondere. Sin autem rivulus ille in tuis scriniis fontem habet, quid sequatur, etiam me tacente, non dubitas. Verum fac ab alio quolibet amatore Origenis, libri hujus titulum, et auctoris vocabulum commutatum, cur hoc in Latinam linguam vertis ? Videlicet ut testimonio Martyris, omnes Origenis scriptis crederent : præmissa munitione tanti auctoris et testis. Nec tibi sufficit doctissimi viri Apologia, nisi scribas et proprium volumen pro defensione ejus : quibus per multos disseminatis, tuto jam libros περὶ Ἀρχῶν vertis e Græco, et hos ipsos Præfatione commendas, dicens nonnulla in his ab hæreticis depravata, quæ tu de aliorum librorum Origenis lectione correxeris. Me quoque laudas, ne tibi amicorum meorum quispiam contradicat. Origenis κήρυκα (*præconem*) prædicas, eloquentiam meam fers in cœlum, ut fidem in cœnum deprimas : fratrem et collegam vocas, et imitatorem te mei operis confiteris. Cumque a me translatas Origenis septuaginta homilias, et nonnullos tomos in Apostolum jactes, in quibus sic cuncta limaverim, « ut nihil in illis, quod a fide catholica discrepet, Latinus lector inveniat ; nunc eosdem libros, hæreticos criminaris : et verso stylo, quem prædicaveras, quia consortem putabas, accusas, quoniam [*Al. additur* modo] perfidiæ tuæ cernis inimicum. Quis e duobus calumniator est martyris ? Ego qui illum dico hæreticum non fuisse, nec scripsisse librum, qui ab omnibus reprehenditur : an tu, qui volumen hominis Ariani, titulo commutato, sub nomine Martyris edidisti ? Non tibi sufficit scandalum Græciæ, nisi illud et Latinorum auribus ingeras, et inclytum Martyrem tua quantum in te est translatione deformes. Tu quidem alia mente fecisti, non ut me accusares, sed ut Origenis per nos scripta defenderes. Attamen scito Romanam fidem, Apostolica voce laudatam, istiusmodi præstigias non recipere : etiam si Angelos aliter annuntiet, quam semel prædicatum est, Pauli auctoritate munitam non posse mutari. Ergo, frater, sive a te falsatus est liber, ut multi putant : sive ab altero, [c] ut forsitan persuadere conaberis, et temere credidisti, hæretici hominis σύνταγμα (*opus*) esse martyris, muta titulum, et Romanam simplicitatem tanto periculo libera. Non tibi expedit, ut per te clarissimus martyr hæreticus judicetur ; ut qui effudit pro Christo sanguinem, contrarius fidei Christi approbetur. Dic potius, Inveni librum, putavi illum martyris : ne timeas pœnitentiam. Jam te non urgebo, non quæram a quo acceperis : vel mortuorum aliquem nominato, vel in platea ab ignoto homine te emisse dicito. Non enim damnationem tuam

---

[a] Ἀπολογίας ὑπέρ. Erasmus legit hæc Græca sine præpositione ; Marianus vero pro ὑπέρ, legit περί, quod non invenitur in mss. codicibus. MARTIAN.

[b] Vetus edit. fort. verius, *quem tu solum*, id est librum dumtaxat primum.

[c] Victorius *ut forsitan tu persuadere*, etc.

quærimus, sed conversionem. Melius est, ut tu erraveris, quam ut Martyr hæreticus fuerit. Interim de præsenti compede, utcumque erue pedem. In futuro judicio tu videris, quid ad martyris contra te respondeas querimonias.

13. *De commentariis calumnia. Apollinarius et Didymus diversi.* — Proponis etiam tibi, quod nemo objicit, et diluis quod nullus accusat. Ais enim quod in meis litteris legeris : « Dic quis tibi permisit, ut interpretans quædam auferres, quædam mutares, quædam adderes ? » Statimque tibi ipsi respondes, et contra me loqueris : « En tibi dico : Quæso quis permiserit, ut in Commentariis tuis, quædam de Origene, quædam de Apollinario, quædam de te ipso scriberes, et non de Origene totum, aut ex te, aut ex alio ? » Interim in te dum aliud agis, crimen fortissimum prodidisti, et oblitus es veteris proverbii : Mendaces memores esse debere. Dicis enim me in Commentariis meis, quædam de Origene, quædam de Apollinario, quædam ex me ipso posuisse. Si ergo Apollinarii sunt et Origenis, quæ sub aliorum nomine posui : quomodo in libris tuis mihi crimen impingis, quod quando scribo : «Alius hoc dicit ; Quidam sic suspicatur ; » alius ille, et quidam, ego sim. Inter Apollinarium et Didymum explanationis, styli, et dogmatum magna diversitas est. Cum in uno capitulo diversas pono sententias, num contrarios sensus sequi credendus sum? Sed hæc alias.

14. *Quid damnet in translatione libri* περὶ Ἀρχῶν. *Origenis interpretes.* — Nunc quæro a te : quis tibi objecerit, quare de Origene vel abstuleris quædam, vel addideris, vel mutaveris, et te quasi in equuleo appensum interrogaverit : bona sunt, an mala quæ transtulisti? Frustra simulas innocentiam, ut interrogatione stulta, veram percontationem extenues. Ego non accusavi quare Origenem pro voluntate transtuleris : hoc enim et ipse feci, et ante me Victorinus, Hilarius, Ambrosiusque fecerunt; sed quare translationem hæreticam Præfationis tuæ testimonio roborasti? Cogis me eadem rursus iterare, et per meas lineas incedere. Dicis enim in eodem Prologo te ea quæ ab hæreticis addita fuerant, amputasse, et pro his reposuisse bona. Si hæreticorum mala abstulisti, ergo quæ dimisisti vel addidisti, aut Origenis erunt, aut tua, quæ utique quasi bona posuisti. Sed multa in his mala negare non poteris. Quid, inquies, ad me? Origeni imputa : ego enim ea tantum quæ ab hæreticis addita fuerant, commutavi. Expone causas, quare hæreticorum mala tuleris, et Origenis integra dereliqueris? Nonne perspicuum est, quod mala Origenis ex parte sub hæreticorum nuncupatione damnaveris, et ex parte susceperis, quia non mala, sed bona, et tuæ esse fidei judicabas? Hæc sunt de quibus quæsivi, utrum bona essent, an mala, quæ in Præfatione laudasti, quæ am-

putasti pessimis, quasi optima remansisse confessus es, et te in veræ argumentationis appendi equuleo, ut si bona dixeris, hæreticus comproberis [*Al.* comprehendaris]; si mala, statim audias : Cur ergo quæ mala sunt, in Præfatione laudasti? Et non illud adjunxi, quod tu callide simulas : Cur quæ mala erant, ad Latinorum notitiam transtulisti? Mala enim ostendere interdum non docentis est, sed vetantis [*Al.* vitantis] : ut caveat lector, non ut sequatur errores; ut nota contemnat, quæ nonnunquam ignota miraculo sunt. Et audes post hæc dicere, quod ego auctor talium scriptorum sim : tu autem ut interpres, in quibus emendare aliquid potueris, plus egeris quam interpres ; in quibus non potueris, solum interpres fueris. Recte ista diceres, si libri tui περὶ Ἀρχῶν Præfatiunculam non haberent. Quod et Hilarius in transferendis ejus Homiliis fecit, ut bona et mala non interpreti, sed suo imputarentur auctori. Si non dixisses, amputasse te pessima, et optima reliquisse, utcumque de luto evaderes. Hoc est quod destruit strophas ingenioli tui, et te hinc inde constrictum evadere non sinit. Nec intantum abutare simplicitate lectoris : et sic omnes qui tuam scripturam lecturi sunt, brutos putes, ut cum vulnera putrescere sinas, sano corpori te imponere emplastra non rideant.

15. *De resurrectione.* De carnis resurrectione quid sentias, jam in Apologia tua didicimus, « Nullo membro amputato, nec aliqua parte corporis desecta. » Hæc est tuæ simplicitatis pura et aperta confessio, quam ab omnibus Italiæ episcopis asseris esse susceptam. Crederem dicenti, nisi me dubitare de te iste liber, non Pamphili, faceret. Et tamen miror quomodo probaverit Italia, quod Roma contempsit? Episcopi susceperint, quod sedes Apostolica condemnavit.

16. *Duæ epistolæ Theophili Latine redditæ ab Hieronymo.* Scribis quoque, me litteris indicasse, quod papa Theophilus expositionem fidei nuper ediderit, quæ ad vos necdum pervenit : et polliceris quod quidquid ille scripserit, tu sequaris. Ego me hoc scripsisse non novi, nec istiusmodi umquam litteras direxisse. Sed tu idcirco ad incerta consentis, et his quæ qualia futura sint nescis, ut certa declines, et ad eorum non teneyeris assensum. Duas, [a] synodicam et paschalem, ejus epistolas contra Origenem illiusque discipulos, et alias adversum Apollinarium et eumdem Origenem, per hoc ferme biennium interpretatus sum ; et in ædificationem Ecclesiæ, legendas nostræ linguæ hominibus dedi. Aliud operum ejus nescio me transtulisse. Et tamen tu qui papæ Theophili dicis te in omnibus sententiam sequi, cave ne hoc magistri et condiscipuli tui audiant, et offendas quamplurimos, qui me latronem, te martyrem vocant, ne irascatur is tibi, qui contra papam [b] Epiphanium ad te epistolas dirigens, hor-

---

[a] Hanc e tenebris erutam primum edidimus in priori tomo, quæ numerum obtinet 92.
[b] His similia ad Joannem Hierosolymit. ejusque asseclas contra S. Epiphanium scripserat *Isidorus* presbyter, antequam a Theophilo missus veniret, ut supra in eo lib. contra Joan. notatum est.

tabatur ut permaneres in fidei veritate, et non mutares ullo terrore sententiam. Quæ epistola [a] holographa tenetur ab his, ad quos perlata est. Et post hæc more tuo loqueris, « Ut de quo supra dixeras, ego tibi etiam furenti satisfaciam : nunc dicis, Quid tibi videtur : habesne ultra aliquid , quo nervos tuæ loquacitatis intendas? » Et indignaris si putide te loqui arguam, cum Comœdiarum turpitudines et scortorum amatorumque ludicra ecclesiasticus scriptor assumas ?

17. *De Paulo episcopo.* Porro quod interrogas, quando papæ Theophili sententiam sequi cœperim, eique fidei communione sociatus sim, et ipse tibi respondes, « Tunc credo, quando [b] Paulum quem ille damnaverat, summo nisu et omnibus studiis defendebas : quando eum per imperiale scriptum recipere sacerdotium, quod episcopali judicio amiserat, instigabas. » Non prius pro me respondebo, quam de aliorum injuriis loquar. Cujus est humanitatis, cujusve clementiæ, insultare aliorum miseriis, et vulnera cunctis aliena monstrare? Siccine te docuit ille Samarites, seminecem ad stabulum reportare? oleum plagis infundere? mercedem stabulario polliceri? Sic revectam ovem, repertam drachmam, prodigum filium legis esse susceptum? Esto, ego te læseram, et quibusdam, ut dicis, stimulis ad maledictorum insaniam provocaram : quid meruit homo latens, ut nudares cicatricem ejus, et obductam cutem, insperato dolore rescinderes? Nonne etiam si ille dignus esset contumeliis, tu facere non deberes? Aut ego fallor, aut illud est verum quod plurimi jactitant, te Origenistarum hostes in illo persequi, et sub occasione unius in utrumque sævire. Si papæ Theophili sententiis delectaris, et nefas putas Pontificum decreta convelli, quid de cæteris dicis, quos ipse damnavit? Quid de papa Anastasio, de quo nulli, ut ais, verum videtur, ut tantæ urbis sacerdos, vel innocenti tibi injuriam facere potuerit, vel absenti? Nec hoc dico, quod de episcoporum sententiis judicem, aut eorum cupiam statuta rescindi; sed quod unusquisque suo periculo faciat, quod sibi videtur, et ipse noverit, quomodo de suo judicio judicandum sit. Nobis in monasterio hospitalitas cordi est; omnesque ad nos venientes, læta humanitatis fronte suscipimus. Veremur enim ne Maria cum Joseph locum non inveniat in diversorio, ne nobis Jesus dicat exclusus : *Hospes eram, et non suscepistis me* (Matth. xxv, 43). Solos hæreticos non recipimus, quos vos solos recipitis. Propositum quippe nobis est pedes lavare venientium, non merita discutere. Recordare, frater, confessionis ejus, et pectoris quod flagella secuerunt. Memento carceris, tenebrarum, exsilii, metallorum, et non indignaberis hospitio transeuntem esse susceptum. An ideo tibi rebelles videmur, quia calicem aquæ frigidæ in nomine Christi sitientibus porrigimus?

18. *Hæreticorum factio fugata. Theophilus laudatur.* — Vis scire unde illum et nos plus amare, et tu odisse plus debeas? Hæreticorum factio nuper fugata de Ægypto et Alexandria, se Hierosolymam contulit, et huic voluit copulari, ut quorum unus esset dolor, una fieret et accusatio. Quos ille repulit, sprevit, abjecit, dicens se non esse inimicum fidei, nec contra Ecclesiam bella suscipere : quod prius tentavit, doloris fuisse, non perfidiæ : nec alterius appetisse innocentiam, sed suam probare voluisse. Impium putas, post sententias sacerdotum imperiale rescriptum? quod quale sit, noverit ille qui meruit. Quid tibi videtur de his, qui damnati, palatia obsident , et facto cuneo, fidem Christi in uno homine persequuntur? Meæ autem communionis, et Papæ Theophili, nullum alium testem vocabo, nisi ipsum quem a me læsum simulas, cujus epistolas ad me semper datas, etiam eo tempore non ignoras, quo mihi eas reddi prohibebas, et quotidie missis tabellariis, inimicum ejus amicum nostrum et familiarissimum jactitabas, et ea quæ nunc impudenter scribis, mentiebaris, ut illius contra nos odia concitares, et injuriæ dolor, fidei fieret oppressio. Sed vir prudens et Apostolicæ sapientiæ, tempore ac rebus probavit et nostrum in se animum, et vestras contra nos insidias. Si discipuli mei, ut scribis, tibi Romæ insidias concitarunt, et inemendatas schedulas, te dormiente, furati sunt : quis papam Theophilum adversus perduelles in Ægypto suscitavit? Quis regum scita? quis orbis in hac parte consensum? Et gloriaris te ab adolescentia Theophili fuisse auditorem et discipulum: cum et ille antequam episcopus fieret, pro humilitate sibi insita numquam docuerit, et tu postquam hic episcopus factus est, Alexandriæ non fueris. Et audes dicere in suggillationem mei, Magistros meos, nec accuso, nec muto. Quod si verum est, suspectam mihi facis [c] conversationem tuam. Nec enim damno, ut criminaris, institutores meos, sed metuo illud Isaiæ : *Væ qui dicunt malum bonum, et bonum malum : qui ponunt tenebras lucem, et lucem tenebras : qui dicunt amarum dulce, et dulce amarum* (Isai. ix, 20). Tu autem dum inter mulsum magistrorum et venena pariter bibis, a magistro Apostolo recessisti, qui docet etiam Angelum et se, si in fide erraverint, non sequendos.

---

[a] Non *integram*, ut Victorius explicat, sed intellige *autographam*, sive ipsa auctoris manu exaratam. Sidonius lib. ix, epist. 11. hoc sensu *holographas membranas* dixit, *et holographum testamentum*, quod testator ipse perscripsit, ut a plerisque aliis exemplis abstineamus.

[b] Hic Paulus ille episcopus est, quem tantopere Theophilus est persecutus. Hieronymus vero in suum monasterium dicitur cooptasse.

[c] In aliis mss. *conversione*, quæ incongrua lectio ipsa quoque non est, cum inter suos præceptores, nonnemimem hæreticum Rufinus habuerit , puta Didymum quem audivit Alexandriæ, eapropter, nisi illos accusaret, sive ab eorum hæresibus se reciperet, conversionem suam ad Christum, et fidem, quam in conversione acceperat, suspectam faceret. Conversationis tamen vocabulum, et sensus arridet magis.

19. *De Vigilantio calumnia.* — In Vigilantii nomine quid somnies, nescio. Ubi enim eum scripsi hæretica apud Alexandriam communione maculatum? Da librum, [a] profer epistolam, nusquam omnino reperies, et eadem licentia, immo impudentia mentiendi, qua putas omnes tuis sermonibus credituros, addis : « Quando testimonium de Scripturis in eum tam injuriose posuisti, ut ego id repetere meo ore non audeam. » Non audes repetere, qui tacendo amplius criminaris. Et quia non habes quod objicias, simulas verecundiam, ut lector te putet mihi parcere, qui mentiens nec tuæ animæ pepercisti. Quod est illud testimonium de Scripturis, quod de tuo illo pudentissimo ore non exeat? Aut quid in sanctis Libris potest turpe memorari? Si erubescis loqui, scribe saltem, ut nos procacitatis proprius sermo convincat. Ut cætera sileam, ex hoc uno capitulo comprobabo, ferream te frontem possidere fallaciæ. Vide quantum timeam criminationem tuam. Si protuleris quod [b] minaris, mea erunt universa quæ tua sunt. Ego in Vigilantio tibi respondi. Eadem enim accusabat, quæ tu postea et amicus laudas, et inimicus accusas. Scio a quo illius contra me rabies concitata sit, novi cuniculos tuos. Simplicitatem **549** quam omnes prædicant, non ignoro. Per illius stultitiam tua in me malitia debacchata est; quam ego si epistola mea repuli, ne solus habere videaris baculum litterarum, non debes turpitudinem simulare verborum, quam nusquam omnino legisti; sed intelligere et confiteri, per illius vecordiam, tuis calumniis fuisse responsum.

20. *Epist. Papæ Anastasii ad Joannem Hieros. de Rufino.* — In epistola sancti papæ Anastasii lubricus exstitisti; et turbatus, in quo figas gradum non reperis. Modo enim dicis a me esse compositam, nunc ab eo ad te debuisse transmitti, cui missa est. Rursum injustitiam scribentis arguis; etiam si scripta sit ab illo, sive non scripta, ad te nihil pertinere testaris, qui præcessoris ejus habeas testimonium, et rogantem Romam, ut eam illustrares præsentia tua, oppiduli tui amore contempseris. Si a me fictam epistolam suspicaris, cur eam in Romanæ Ecclesiæ chartario non requiri? ut quum deprehenderis ab episcopo non datam, manifestissime criminis reum teneas: et nequaquam aranearum mihi opponas cassiculos, sed fortissimo me et solidissimo constringas reti. Si autem Romani episcopi est, stulte facis ab eo exemplar epistolæ petere, cui missa [c] non est, et non ab illo qui miserit, de oriente exspectare testimonium; cujus auctorem et testem habeas in vicino. Vade potius Romam, et præsens apud eum expostula, cur tibi et absenti et innocenti fecerit contumeliam. Primum, ut non reciperet expositionem fidei tuæ, quam omnis, ut scribis, Italia comprobavit, et baculo tuarum ui noluerit litterarum contra canes tuos. Deinde, ut epistolas contra te ad Orientem mitteret et cauterium tibi hæreseos, dum nescis inureret, diceretque libros Origenis περὶ Ἀρχῶν a te translatos, et simplici Romanæ Ecclesiæ traditos, ut fidei veritatem quam ab Apostolo didicerant, per te perderent, [d] et quo tibi majorem faceret invidiam, ausus sit criminari hos ipsos, Præfationis tuæ testimonio roboratos. Non est leve quod **550** tibi impingit tantæ urbis pontifex, vel ab alio objectum temere suscepit. Vociferare et clamita per compita, per plateas : Non est [e] meus liber; et si meus est, schedulas inemendatas Eusebius furto abstulit. Aliter ego edidi, immo nec edidi. [f] Nulli eas dedi, aut certe paucis; et tam sceleratus inimicus, tam negligentes amici fuerunt, ut omnium codices ab eo pariter falsarentur. Hæc, frater charissime, facere debueras, et non illi tergum obvertens, in me transmarinas maledictorum tuorum sagittas dirigere. Quid enim vulneribus tuis prodest, si ego fuero vulneratus? An solatium percussi est, amicum secum videre morientem?

21. Siricii jam in Domino dormientis profers epistolam, et viventis Anastasii dicta contemnis. Quid enim tibi, ut ais, officere potest, quod te ignorante, aut scripsit, aut forte non scripsit? Et si scripsit, sufficit tibi totius orbis testimonium, quod nulli verum videtur, ut tantæ urbis sacerdos, vel innocenti injuriam facere potuerit, vel absenti. Innocentem te vocas, ad cujus interpretationem Roma contremuit. Absentem, qui accusatus respondere non audes. Et tantum Romanæ urbis judicium fugis, ut magis obsidionem [g] barbaricam, quam pacatæ urbis velis sententiam sustinere. Esto, præteriti anni ego epistolam finxerim. Recentia ad orientem scripta quis misit? In quibus papa [h] Anastasius tantis te ornat floribus, ut cum ea legeris, magis te velle defendere incipias, quam nos accusare. Simulque considera illam inimitabilem prudentiam tuam, et sales Atticos, et sancti immuto.

---

[a] Forte epistolam ad ipsum Vigilantium in nostra recensione 61, Rufinus præ oculis habuit, atque hæc in primis num. 1 : *Tu orthodoxus? qui etiam contra sententiam tuam et linguam alia prædicantem, aut invitus subscripsisti, et prævaricator es ; aut volens et hæreticus.* Porro testimonium tam injuriose positum, illud facile fuerit, quo Hieron. in eadem epist. n. 4 diabolum per os Vigilantii locutum dixit, *Ero similis altissimo.*

[b] Videatur ex contextu legendum *criminaris.*

[c] Malim equidem absque negandi particula , *cui missa est :* nempe *ab eo , ad se debuisse transmitti , cui missa est,* Rufinus contendebat, scilicet a Joanne. Hieronymus contra, *stulte illum* dicit, *petere exemplar epistolæ ab eo , cui missa sit , et non ab illo , qui miserit,* scilicet Anastasio. Nihil tamen absque mss.

[d] Martianæus post Erasmum, *et quod tibi :* minus recte.

[e] Vetus edit. tum aliquot penes Victor. mss. *non est meus , non est liber,* etc., quam repetitionem ob emphasim impendio probat.

[f] Falso et contra Hieron. ac Rufini mentem Martianæus *Uni eas dedi* , etc. Hoc maxime urget tota sua epistola presbyter Aquileiensis , quod schedulas illas suæ interpretationis *aut nullus habuerat , aut admodum pauci.* Vide supra num. 5 et subsequentem.

[g] Irruptionem Alarici cum Gothis in Italiam ex Aquileia ad an. 401.

[h] Ætatem non tulit isthæc Anastasii de Rufino epistola.

eloquii venustatem. Ab aliis appeteris, aliorum criminatione confoderis, et contra me furibundus jactaris, et loqueris, « Numquid et ego non possum enarrare, tu quomodo de Urbe discesseris? Quid de te in præsenti judicatum sit? quid postea scriptum, quid juraveris? ubi navim conscenderis? quam sancte perjurium vitaveris? Poteram pandere, sed plura servare statui, quam referre. » Hæc **551** sunt tuorum ornamenta verborum. Et post ista si quid in te asperum dixero, statim mihi proscriptionem et gladios comminaris. Et interim homo eloquentissimus arte ludis rhetorica, et simulas te præterire quæ dicis, ut qui objecta probare non poteras, quasi prætermissa facias criminosa. Hæc est[a] tua tota simplicitas, sic amico parcis, et reservas te ad tribunalia judicum, ut acervum criminum mihi, dum parcis, objeceris.

22. *Ordo profectionis Hieronymi de Urbe.* — Vis nosse profectionis meæ de Urbe ordinem? Narrabo breviter. Mense Augusto, flantibus etesiis, cum sancto Vincentio presbytero, et adolescente fratre, et aliis monachis, qui nunc Hierosolymæ commorantur, navim in Romano portu securus ascendi, maxima me Sanctorum frequentia prosequente. Veni Rhegium, in Scyllæo littore paululum steti, ubi veteres didici fabulas, et præcipitem pellacis [*Al.* fallacis] Ulyssis cursum, et sirenarum cantica, et insatiabilem Charybdis voraginem. Cumque mihi accolæ illius loci multa narrarent, darentque consilium, ut non ad Protei columnas, sed ad Jonæ portum navigarem: illum enim fugientium et[b] turbatorum, hunc securi hominis esse cursum, malui per Maleas et Cycladas Cyprum pergere. Ubi susceptus a venerabili episcopo Epiphanio, cujus tu testimonio gloriaris, veni Antiochiam, ubi fruitus sum communione pontificis confessorisque Paulini, et deductus ab eo media hyeme et frigore gravissimo, intravi Hierosolymam. Vidi multa miracula; et quæ prius ad me fama pertulerat, oculorum judicio comprobavi. Inde contendi Ægyptum, lustravi monasteria Nitriæ, et inter Sanctorum choros aspides latere perspexi. Protinus concito gradu Bethleem meam reversus sum, ubi odoravi præsepe et incunabula Salvatoris. Vidi quoque famosissimum lacum, nec me inerti tradidi otio; sed multa didici, quæ ante nesciebam. Quid autem de me Romæ judicatum sit, et quid postea scriptum, nolo taceas, præsertim cum habeas testimonium [*Al.* testimonio] Scripturarum, et ego non verbis tuis quæ simulare potes, et impunito jactare mendacio, sed scriptis **552** ecclesiasticis arguendus sim. Vide quantum te timeam: Si vel parvam schedulam contra me Romani episcopi, aut alterius Ecclesiæ protuleris, omnia quæ in te scripta sunt, mea crimina confitebor. Numquid et ego non possem profectionem tuam discutere? Cujus ætatis fueris, unde, quo tempore navigaris? ubi vixeris? quibus interfueris? Sed absit, ut quod in te reprehendo, faciam: et in ecclesiastica disputatione, anilium jurgiorum deliramenta compingam. Hoc solum prudentiæ tuæ dixisse sufficiat, ut caveas in alterum dicere, quidquid in te statim retorqueri potest.

23. *Maledicta Rufini in Epiphanium. Epiphanii epist. ad Joannem.* — In sancti Epiphanii nomine mira tua tergiversatio, ut post osculum, post orationem, neges eum contra te potuisse scribere: quomodo si contendas non potuisse eum mori, qui paulo ante vixerat, aut certior sit tui reprehensio, quam post pacem excommunicatio. *Ex nobis,* inquit, *exierunt: sed non fuerunt ex nobis, mansissent utique nobiscum* (I Joan. II, 19). Hæreticum post unam et alteram commonitionem vitandum Apostolus præcipit, qui utique antequam vitetur atque damnetur, Ecclesiastici gregis portio fuit (*Tit.* III, 10). Simulque risum tenere non possum, quod a quodam prudente commonitus, in laudes Epiphanii[c] personas: « Hic est ille delirus senex, hic est anthropomorphites; hic qui sex millia Origenis libros, te præsente, cantavit; qui omnium gentium linguis prædicationem sibi contra Origenem injunctam putat; qui ideo eum legi prohibet, ne aliis ejus furta cognoscant. » Lege scripta tua, et epistolam ejus, immo epistolas, e quibus unum proferam tuæ fidei testimonium, ut non immerito nunc a te laudatus esse videatur. « Te autem, frater, liberet Deus, et sanctum populum Christi, qui tibi creditus est, et omnes fratres qui tecum sunt, et maxime Rufinum presbyterum, ab hæresi Origenis, et aliis hæresibus, et perditione earum. Si enim propter unum verbum, aut duo, quæ contraria fidei sunt, multæ hæreses objectæ sunt ab Ecclesia, quanto magis hic inter hæreticos habebitur, qui tantas perversitates, **553** et tam mala dogmata contra fidem adinvenit, Dei Ecclesiæ hostis exstitit! » Hæc est viri sancti de te testificatio: sic ab eo ornatus, sic laudatus incedis. Ita est epistola,[d] quam de cubiculo fratris Eusebii nummis aureis produxisti, ut calumniareris interpretem, et me apertissimi teneres criminis reum, quare pro *honorabili charissimum* transtulissem. Sed quid ad te, qui prudenti consilio cuncta moderaris, et sic medius incedis, ut si inveneris qui tibi credant; nec Anastasius contra te, nec Epiphanius scripserint; nisi ipsæ epistolæ reclamaverint, et fregerint tuæ frontis audaciam, statim judicium utriusque contemnas, et non ad te pertineat, sive scripserint, sive non scripserint, quia de innocente et absente scribere non potuerint [*Al.* potuerant]. Nec in sanctum virum hæc mala conferenda sunt, « ut ostenda-

---

[a] Vox *tota* ex veteri edit. et Victorio suppletur.
[b] Præpostere habet Martian., cum Erasmo, *hunc enim fugientium, et turbatorum, illum securi hominis esse cursum.* Emendamus ope veteris editionis. Victorius item sic restituerat, quod sensus ipse per se ostendebat. Notæ porro sunt Protei columnæ juxta Ægyptum; et Jonæ portus, id est Joppe, de qua Hier. tum alibi, tum epistola 108, ad Eustoch., n. 8: *Joppe quoque fugientis portum Jonæ,* etc.
[c] Maluit Victorius *pertonas.*
[d] Epiphanii ad Joan. in nostra recensione 51. Recole autem illam quoque Hieronymi a Pammach. *de optimo genere interpretandi,* quæ num. est 57.

tur ore quidem et osculo pacem dedisse, mala autem et dolum in suo corde servasse. » Sic enim argumentaris, et hæc sunt verba defensionis tuæ. Ipsius esse adversum te epistolam, et orbis agnoscit, et authenticam in manus tuas venisse convincimus : et miror quo pudore, immo qua impudentia neges, quod verum esse non ambigis? Ergo pollutus erit Epiphanius, qui tibi pacem dedit, et in suo corde dolum servavit. Cur non illud verius sit, quod te primum monuerit? quod voluerit emendare, et ad rectum iter reducere, ut Judæ osculum non refutaret, ut proditorem fidei frangeret patientia; et postquam se intellexit casso sudare labore, nec pardum mutare varietates, nec Æthiopem pellem suam, quod mente conceperat, litteris indicasse?

24. *Calumnia de ficta pace. Amici Hieronymi missi in Occidentem*. — Tale quid et contra papam Anastasium disputas, ut quia Siricii Episcopi habes epistolam, iste contra te scribere non potuerit. Vereor ne tibi factam injuriam suspiceris. Nescio quomodo acutus et prudens ad has ineptias devolvaris, ut dum stultos lectores putas, te stultum esse demonstres. Post egregiam argumentationem, ponis in clausula : « Absit hoc a viris sanctis. De vestra schola solent ista **554** procedere. Vos nobis pacem proficiscentibus dedistis, et a tergo jacula venenis armata jecistis. » Et in hac eadem prudentia, immo declamatione disertus esse voluisti. Pacem dedimus, non hæresim suscepimus. Junximus dexteras : abeuntes prosecuti sumus, ut vos essetis catholici, non ut nos essemus hæretici. Volo tamen scire, quæ sint ista jacula venenata, quæ post tergum vestrum nos jecisse conquereris. Vincentius, Paulinianus, Eusebius, [a] Rufinus, presbyteri : quorum Vincentius multo tempore ante vos Romam venit : Paulinianus et Eusebius post annum vestræ navigationis profecti sunt : Rufinus in causa Claudii post biennium missus : omnes, vel pro re familiari, vel pro periculo capitis alieni. Numquid nosse potuimus, quod ingrediente te Romam, [b] vir nobilis somniaret navim plenam mercium, inflatis intrare velis? [c] Quod omnes adversus fatum quæstiones, non fatua solveret interpretatio? Quod librum Eusebii pro Pamphili verteres? quod tuum quasi operculum venenatæ patellæ imponeres? quod famosissimum opus περὶ Ἀρχῶν eloquii tui majestate transferres? Novum calumniæ genus ante accusatores misimus, quam tu accusanda committeres. Non fuit, non fuit, inquam, nostri consilii, sed

[a] *Rufinus iste Cœlestii magister videtur*, quem cum Romæ ageret, originale peccatum non esse docuerit.

[b] *Macarius cui Rufinus Apologiam Pamphili inscripsit, et difficultates de Fato explicavit* : non, ut falso satisque incongrue Martianæus adnotat, Pammachius indicatur. De illo vide Gennadium cap. 28, ipsumque Hieronymum infra non semel.

[c] *Quod omnes adversus*, etc. Erasmus legit, *Quod omnes adversariorum quæstiones*, etc. Marianus autem, *Quod omnes adversum fatum quæstiones*, etc. ita quoque ms. codex Cluniacensis : at alii omnes, *adversum fatum quæstiones*, etc. Dicit itaque Hierony-

Dei providentiæ, ut missi ad aliud, contra nascentem hæresim dimicarent; et in morem Joseph, famem futuram, fidei ardore sublevarent.

25. *De falsa epist. ad Afros. Ex Græcis Latina Rufinus emendaverat.* — Quo non erumpat semel effrenata audacia? Alienum crimen sibi objecit, ut nos finxisse videamur. Quod absque nomine dictum est, in se dictum refert, et purgans externa peccata, tantum de sua securus est innocentia. Jurat enim se epistolam non scripsisse ad Afros sub nomine meo, in qua confitear inductum me a Judæis, mendacia transtulisse; et mittit libros eadem omnia continentes, quæ nescisse se jurat. Et miror quomodo prudentia ejus cum alterius nequitia convenerit, ut quod alius in Africa mentitus est, hic concorditer verum diceret, stylique ejus elegantiam, nescio quis imperitus posset imitari. Tibi soli licet hæreticorum **555** venena transferre; et de calice Babylonis, cunctis gentibus propinare. Tu Latinas Scripturas de Græco emendabis; et aliud Ecclesiis trades legendum, quam quod semel ab Apostolis susceperunt; mihi non licebit post Septuaginta editionem, quam diligentissime emendatam, ante annos plurimos meæ linguæ hominibus dedi, ad confutandos Judæos, etiam ipsa exemplaria vertere, quæ ipsi verissima confitentur, ut si quando adversum eos Christianis disputatio est, non habeant subterfugiendi diverticula, sed suomet potissimum mucrone feriantur? Plenius super hoc et in multis aliis locis, et in fine secundi libri, ubi accusationi tuæ respondi, scripsisse me memini; et popularitatem tuam, qua mihi invidiam apud simplices et imperitos niteris concitare, perspicua ratione compescui, illucque lectorem transmittendum puto.

26. *Martyr et Apostolus vocatus Rufinus a suis.* — Hoc intactum præteriri non patiar, ne doleas falsatorem schedularum tuarum, confessoris apud me gloriam possidere, cum tu ejusdem criminis reus, post Alexandrinum exsilium et tenebrosos carceres, a cunctis Origenis sectatoribus martyr et apostolus nomineris. Super excusatione imperitiæ tuæ, jam tibi respondi. Sed quia eadem repetis, et quasi superioris tuæ defensionis oblitus, rursum admones, ut sciamus te per triginta annos Græcis voluminibus devoratis, Latina nescire : paulisper attende, me non pauca in te verba reprehendere, alioquin omnis tibi Scriptura delenda est; sed voluisse ostendere discipulis tuis, quos magno studio nihil scire docuisti, ut

mus virum nobilem somniasse navim plenam mercium intrasse Romam, quando eam urbem ingressus est Rufinus cum sociis · quod somnium non fatua solveret interpretatio; quia scilicet navis illa plena erat blasphemiarum, ut alibi docet; et paulo post lecturi sumus : *Ergo nisi de Oriente venisses, eruditissimus vir hæreret adhuc inter Mathematicos; et homines Christiani, quid contra fatum dissererent, ignorarent.* MARTIAN. —Perperam Victorius *adversus fatum*. Rufinus ipse *adversus fatum. vel Mathesin*, difficultates Macario a se jactat enodatas. Vid. infra.

intelligerent, cujus verecundiæ sit, docere quod nescias, scribere quod ignores, et eamdem magistri sapientiam etiam in sensibus quærerent. Quodque addis, « peccata putere, non verba, mendacium, calumniam, detractionem, falsum testimonium, et universa convicia, et *Os quod mentitur occidit animam* (Sap. I, 11), » monesque « ne ille fetor nares meas penetret, » crederem dicenti, nisi facta contraria deprehenderem, quasi si fullo et coriarius moneant pigmentarium, ut naribus obturatis, tabernas suas prætereat. Faciam ergo, quod præcipis, claudam nares meas, ne veritatis et [a] benedictionum tuarum suavissimo odore crucientur.

27. *In uno homine diversa laudamus et accusamus.* — In laude et detractione mea, quia varius exstitisti, miro acumine argumentatus es, sic tibi licere **556** et bene et male dicere, quomodo et mihi licuerit Origenem et Didymum reprehendere, quos ante laudaverim. Audi ergo, vir sapientissime, et Romanæ dialecticæ caput, non esse vitii hominem unum laudare in aliis, et in aliis accusare; sed eamdem rem probare et improbare. Ponam exemplum; ut quod non intelligis, prudens mecum lector intelligat. In Tertulliano laudamus ingenium, sed damnamus hæresim. In Origene miramur scientiam Scripturarum, et tamen dogmatum non recipimus falsitatem. In Didymo vero et memoriam prædicamus, et super Trinitate fidei puritatem; sed in cæteris quæ Origeni male credidit, nos ab eo retrahimus. Magistrorum enim non vitia imitanda sunt, sed virtutes. Grammaticum quidam Afrum habuit Romæ virum eruditissimum; et in eo se æmulum præceptoris putabat, si stridorem linguæ ejus et vitia tantum oris exprimeret. In Præfatiuncula περὶ Ἀρχῶν fratrem me nominas, et collegam dicis eloquentissimum, fidei meæ prædicas veritatem. His tribus detrahere non poteris; cætera carpe ut libet, ne videaris tuo de me testimonio repugnare. Cum fratrem et collegam dicis, amicitia tua dignum fateris. Cum eloquentem prædicas, imperitiæ ultra non arguis. Cum catholicum in omnibus profiteris, hæreseos non poteris mihi crimen impingere. Extra hæc tria si quid in me reprehenderis, non tibi videberis esse contrarius. Ex qua supputatione illa summa nascitur, et te errare ea in me reprehendentem, quæ prius laudaveras; et me non esse in vitio, si in eisdem hominibus et laudanda prædicem, et vituperanda reprehendam.

28. *De animarum quæstione. Liber Didymi ad Rufinum, et Explanatio Osee ad Hieronymum.* — Transis ad animarum statum, et prolixius fumos meos increpas; atque ut tibi liceat ignorare, quod consulto te scire dissimulas, quæris a me primum de cœlestibus, quomodo Angeli, quomodo Archangeli sint? quæ eis, vel qualis habitatio? quæve inter ipsos differentia, aut si nulla omnino? quæ solis sit ratio; unde augmenta lunæ, unde defectus; quis vel qualis sit siderum cursus? Miror quomodo oblitus sis illos versiculos ponere:

Unde tremor terris, qua vi maria alta tumescant,
Obicibus ruptis, rursusque in seipsa residant :
Defectus Solis varios, Lunæque labores ;
557 Unde hominum genus, et pecudum : unde imber et
[ignes,
Arcturum, pluviasque hyadas, geminosque Triones.
Quid tantum Oceano properent se tingere soles
Hiberni, vel quæ tardis mora noctibus obstet.
(*Virgil., Georg.* II, 473; *Æneid.* I, 746.)

Deinde cœlestia deserens, et ad terrena descendens, in minoribus philosopharis. Interrogas enim me : « Dic nobis quæ fontium ratio? quæ ventorum? Quid grando? quid pluviæ? quid mare salsum? quid flumina dulcia? quid nubes, aut imbres, fulgura, aut tonitrua, aut fulmina? » Ut postquam me hæc nescire respondero, tuto tibi liceat de animabus ignorare; et unius rei scientiam, tantarum rerum ignoratione compenses. Tu qui per singulas paginas, fumos meos ventilas, non intelligis videre nos caligines tuas et turbines? Nam ut tibi sciolus esse videaris, et apud [b] Calpurnianos discipulos doctrinæ gloriam teneas, totam mihi Physicam opponis ut frustra Socrates ad ethicam transiens dixerit : Quæ supra nos, nihil ad nos. Ergo nisi tibi rationem reddidero : quare formica parvum animal, et punctum, ut ita dicam, corporis, sex pedes habeat, cum elephantis tanta moles quatuor pedibus incedat : cur serpentes et colubri ventre labantur et pectore : cur vermiculus quem vulgus millepedam vocat, tanto pedum agmine scateat, de animarum statu scire non potero? Quæris a me quid ipse de animabus sentiam, ut cum professus [Al. processus] fuero, statim invadas. Et si dixero illud Ecclesiasticum, Quotidie Deus operatur animas, et [c] in corpore eas mittit nascentium, illico magistri tendiculas proferas : et ubi est justitia Dei, ut de adulterio incestuque nascentibus animas largiatur? Ergo cooperator est malorum hominum, et adulteris seminantibus corpora, ipse fabricatur animas? quasi vitium sementis in tritico sit quod furto dicitur esse sublatum, et non in eo qui frumenta furatus est; idcircoque terra non debeat gremio suo semina confovere, quia sator immunda ea projecerit manu. Hinc est et illa tua arcana interrogatio, **558** quare moriantur infantes; cum propter peccata, corpora acceperint. Exstat liber Didymi ad te, quo sciscitanti tibi respondit, non eos multa peccasse, et ideo corporum carceres tantum eis tetigisse sufficere. Magister meus et tuus eo tempore, quo tu ab eo ista quærebas, tres explanationum in Osee prophetam

---

[a] Num ad Benedictiones Patriarcharum, in quos Rufinus scripsit Commentarios, alludit?

[b] *Apud Calpurnianos.* Rufinum sæpius vocat *Calphurnium*; hinc ejus discipulos *Calphurninos*, Macarium scilicet, Apronianum, et cæteros ejus gregales. MARTIAN. — Una interpretum sententia est, Calpurnianos ex eo dici Rufini discipulos, quod ipse Rufinus Calpurnius abs Hieronymo ob convicium vocaretur. At vide quæ paulo infra num. 52 animadvertimus, not. *f.*

[c] Martianæus, *in corpore.*

libros ad me, me rogante, dictavit. Ex quo apparet, quid me, quid te docuerit.

29. *Naturales quæstiones.* — Urges ut respondeam de natura rerum. Si esset locus, possem tibi vel Lucretii opiniones juxta Epicurum, vel Aristotelis juxta Peripateticos, vel Platonis atque Zenonis secundum Academicos et Stoicos dicere. Et ut ad Ecclesiam transeam, ubi norma est veritatis, multa et Genesis et Prophetarum libri ac Ecclesiastes nobis de hujusce modi quæstionibus suggerunt. Aut si hæc ignoramus, quomodo de animarum statu, debueras in Apologia tua omnium rerum ignorantiam confiteri, et a calumniatoribus quærere, cur a te unum impudenter expeterent, cum ipsi tanta nescirent? O triremem locupletissimam, quæ Orientalibus et Ægyptiis mercibus Romanæ urbis ditare venerat paupertatem!

. . . . Tu ^a Maximus ille es,
Unus, qui nobis scribendo restituis rem.

Ergo nisi de oriente venisses, eruditissimus vir hæreret adhuc inter mathematicos, et omnes [*Al.* homines] christiani quid contra fatum dicerent [*Al.* dissererent], ignorarent. Merito a me quæris de astrologia, et cœli ac siderum cursu, qui tantarum mercium plenam navem detulisti. Fateor paupertatem, non sum ita ut tu in oriente ditatus. Te multo tempore Pharus docuit, quod Roma nescivit [*Al.* nesciret]; instruxit Ægyptus, quod Italia hucusque non habuit.

30. *Sententiæ variæ de anima.* — Scribis apud Ecclesiasticos tractatores, tres de animabus esse sententias. Unam, quam sequitur Origenes. Alteram, quam Tertullianus et ^b Lactantius (licet de Lactantio apertissime mentiaris); tertiam, quam nos simplices et fatui homines, qui non intelligimus, quod si ita sit, injustus a nobis arguatur Deus. Et post hæc juras te nescire quid sit verum. Dic, oro te : putasne, extra hæc **559** tria esse aliquid in quo veritas sit? et in tribus istis mendacium? An de tribus unum esse quod verum sit? Si est aliquid, cur disputantium libertatem augusto fine concludis ; et cum mendacia protuleris, de veritate taces? Sin autem e tribus unum verum est, et reliqua duo falsa sunt : cur simili ignorantia ignoras falsa cum veris? An idcirco verum dissimulas, ut tibi tutum sit, cum volueris, falsa defendere? Hi sunt fumi, hæ caligines, quibus ex oculis hominum conaris lumen auferre. ^c Aristippus nostri temporis, qui plenam cunctarum mercium navem Romano invehis portui, et sella publice posita, Hermagoram nobis, et Gorgiam exhibes Leontinum; dum navigare festinas, unius quæstiunculæ mercimonium in oriente oblitus es. Et iterum clamitas, et Aquileiæ atque Alexandriæ te didicisse jactas, quod sit Deus et animarum et corporum creator. De hoc scilicet quæstio ventilatur, utrum Deus, an diabolus animas fecerit ; et non utrum animæ ante corpora fuerint, quod vult Origenes, et egerint aliquid, propter quod sint crassis corporibus alligatæ : an in morem glirium torpentes consopitæque dormierint. Hæc taces, quæ omnes flagitant : et ad illa respondes, quæ nullus inquirit.

51. Fumos quoque meos frequenter irrides, eo quod simulem me scire quod nesciam, et enumeratione doctorum, rude vulgus illudam [*Al.* inducam]. Tu videlicet flammeus, immo fulmineus, qui in loquendo fulminas, et flammas ore conceptas tenere non potes, atque ut ille ^d *Bar-Chochabas*, auctor seditionis Judaicæ, stipulam in ore succensam anhelitu ventilabat, ut flammas evomere putaretur : ita et tu nobis, alter Salmoneus, omnia per quæ incedis illustras, et nos fumosos arguis, de quibus forte dicatur, *Qui tangis montes, et fumigant* : nec intelligis quid fumus in ^e Propheta significet **560** locustarum ; et quod pulchritudo oculorum tuorum, amaritudinem fumi nostri ferre non potest.

52. *De sacramento in somnio.* — De crimine autem perjurii, quia me remittis ad codicem tuum, et ex magna parte in aliis libris, tibi, ^f Calpurnioque

---

^a *Tu Maximus ille es.* De Fabio Maximo versus iste Ennianus est, *Unus qui nobis cunctando restituit rem.* MARTIAN. — Ex illo Ennii versu de Q. Fabio Maximo :

Unus homo nobis cunctando restituit rem,

quem Virgilius fere exscribit lib. VI.

^b Recole quæ adnotavimus supra lib. II, num. 10.

^c *Aristippus nostri temporis.* Aristippus Socratis auditor Cyrenæus fuit, primus quæstu philosophatus est. Habuit ingenium ad omnia pro tempore, loco et persona, simulanda, omnino promptum. Vide Diogenem et Horatium. Hermagoras et Gorgias rhetores fuerunt egregii ; dicitur vero Gorgias, qui primus ausus sit in conventu poscere, qua de re quisque vellet audire; ac de omni re quacumque in disceptationem quæstionemque vocaretur, se copiose dicturum esse profitebatur. MARTIAN. — Aristippum Cyrenæum intellige, Socratis familiarem, aulici ingenii Philosophum, de quo Horat. :

Omnis Aristippum decuit color, et status et res.

Hic siquidem primus, teste Suida, mercedem ab auditoribus suis exegit. Hermagoram, qui subsequitur, Carium, a quo idem Suidas peculiarem institutam tradit dicendi rationem, quam secuti sunt plurimi. Vid. Quintilianum. Gorgiam vero Leontinum, qui primus dicitur Athenis in Theatro ausus dicere auditoribus, προβάλλετε, sive, *qua de re quisque vultis audire proponite.* His omnibus coæquat Rufinum Hieronymus.

^d *Ille Bar-Chochabas.* Bar-Chochabas apud Eusebium lib. IV. cap. 6, et Salmoneus apud Virgilium invenitur. MARTIAN. — Ab Eusebio, a quo historia isthæc narratur lib. IV, c. 6, *Barchochebas,* Βαρχωχεβᾶς dicitur. Salmonei notissima apud Virgilium in VI fabula.

^e Joannem in Apocalypsi, cujus isthæc sunt, *de fumo putei exierunt locustæ in terram, et data est illis potestas,* etc.

^f Hinc licet intelligere, diversum a Rufino hominem Calpurnii nomine abs Hieronymo notari, contra quam vulgo sentiunt eruditi. Hic porro loci Victorius vel Apronianum, vel Macarium, Rufini amicos, vel denique Palladium, quod etiam P. Martianæus suspicatur, intelligit. Ille idem certe est, quem in epistola ad Magnum suggillat eo nomine. Vide quæ in illum epistolæ locum adnotavimus.

respondi, nunc breviter dixisse sufficiat, te exigere a dormiente quod numquam vigilans præstitisti. Magni criminis reus sum, si puellis et virginibus Christi, dixi sæculares libros non legendos, et me in somnis commonitum promisisse ne legerem. Tua navis Romanæ urbi [a] revelatione promissa, aliud pollicetur, et aliud efficit. Mathematicorum venerat solvere quæstiones, et solvit fidem Christianorum. Quæ per Ionium et Ægeum, Adriaticum atque Tyrrhenum [*Al. additur* mare] plenis cucurrerat velis, in Romano portu naufragium fecit. Nonne te pudet istiusmodi deliramenta conquirere, et mihi similia objiciendi imponere necessitatem? Esto, alius de te somnium viderat gloriosum; verecundiæ tuæ fuerat et prudentiæ dissimulare quod audieras, et non, quasi magno testimonio, alterius somnio gloriari. Vide quid inter tuum et meum intersit somnium. Ego me humiliter reprehensum refero, tu jactanter laudatum te esse congeminas. Nec dicere potes, Nihil mea refert quid alius viderit, cum in luculentissimis libris tuis, hac te ad interpretandum dicas ratione commotum, ne vir illustris de te somnium perderet. Hic est omnis conatus tuus; si me perjurium docueris, tu hæreticus non eris.

33. *De infidelitate calumnia.* — Venio ad gravissimum crimen, in quo post reconciliatas amicitias, me infidelitatis accusas. Fateor, inter cuncta maledicta, quæ vel objicis, vel minaris, nihil a me ita repellendum est, quam fraus, dolus, infidelitas. Peccare enim hominis est: insidias tendere, diaboli. Ergo ideo in [b] Anastasi immolato agno dexteras junximus, ut **561** tuas Romæ schedulas furaremur? Ut immissi canes inemendatas chartulas, te dormiente, corroderent? Et hoc credibile est, ante nos accusatores parasse, quam tu crimen admitteres? Scilicet noveramus quid in animo volveres? quid alius de te [c] somniatus esset? Ut impleretur in te græcum proverbium, et [*Al. ut*] sus doceret Minervam. Si Eusebium ego ad latrandum miseram, quis Aterbii [*Mss.* Atarvii *et* Atarbii] contra te et cæterorum rabiem concitavit? Nonne ille est, qui et me hæreticum ex tuis amicitiis judicabat? Cui cum satis fecissem damnatione dogmatum Origenis, tu clausus domi, numquam eum videre ausus es, ne aut damnares quod nolebas, aut aperte resistens, hæreseos invidiam sustineres. An idcirco testis contra te esse non poterit, quia accusator tui est? Antequam sanctus Epiphanius venisset Hierosolymam, et ore quidem et osculo tibi pacem daret, mala autem et dolos in suo corde servaret; antequam nos ei suggillationem tui epistolas dictaremus, ut hæreticum scriberet, quem osculis orthodoxum comprobavit, Aterbius [*Al.* Atervius] contra te latrabat Hierosolymis; et nisi cito abiisset, sensisset baculum non [d] litterarum, sed dexteræ tuæ, quo tu canes abigere consuevisti.

34. *De schedulis non emendatis.* — « Cur, inquit, falsatas meas schedulas suscepisti? Quare post interpretationem meam, ausus es in libris περὶ Ἀρχῶν stylum figere? num si erraveram ut homo, debuisti me privatis litteris convenire, et sic mihi blandiri, quomodo et ego tibi nunc in epistolis meis blandior? » Hæc tota mea culpa est, quare subdolis laudibus accusatus, purgare me volui, et hoc sine invidia nominis tui: ut quod tu solus accusaveras, ad multos referrem, non tibi hæresim objiciens, sed a me repellens. Numquid scivi quod irascereris, si contra hæreticos scriberem? Dixeras te de Origenis libris hæretica sustulisse: fautorem te hæreticorum jam non esse credebam, et ideo non in te, sed in hæreticos invectus sum; in quo si vehementior fui, ignosce mihi. Putavi, quod et tibi placerem. Furto et insidiis ministrorum meorum dicis schedulas tuas in publicum prolatas fuisse, quæ latebant in cubiculo tuo, vel apud eum solum erant, qui rem sibi geri injunxerat. **562** Et quomodo supra confiteris, quod aut nullus eas habuerit, aut admodum pauci? Si in cubiculo tuo latebant, qua ratione apud eum erant, qui sibi rem geri injunxerat? Sin autem unus cui scriptæ fuerant occultandas susceperat, ergo non latebant tantum in cubiculo tuo, nec habuerunt eas pauci, quos habuisse testatus es. Furto sublatas arguis: et rursum emptas grandi pecunia et infinitis mercibus criminaris. In una re, et in parva epistola quanta varietas et dissonantia mentiendi! Tibi licet accusare, mihi defendere non licebit? Quando criminaris, amicum non cogitas. Quando respondeo, tunc tibi jus amicitiæ in mentem venit. Die, oro te, celandas schedulas scripseras, an prodendas? si ut celares, cur scripsisti? si ut proderes, cur celabas?

35. *Cavit suspicionem hypocriseos.* — Sed in eo reprehendendus sum: quare accusatores tuos amicos meos non coercuerim. Vis tibi proferam litteras eorum, in quibus me hypocriseos arguunt, quod te sciens hæreticum, tacuerim; quod dum pacem incautus præbeo, intestina Ecclesiæ bella suscepi? Tu discipulos vocas, qui me tuum condiscipulum suspicantur. Et quia parcior fui in refellendis laudibus tuis, putant me tuum esse symmysten. Hoc mihi præstitit prologus tuus, ut plus me amicus læderes quam inimicus. Semel sibi persuaserant (recte an perperam ipsi viderint) te esse hæreticum. Si defendere voluero, hoc solum proficiam, ut me tecum pariter accusent. Denique mihi objiciunt laudationem tuam, et te non putant insidiose scripsisse, sed vere: et quod tu in me semper ante laudabas, vehementer insimulant. Quid me vis facere? ut discipulos accusatores pro te habeam; ut contorta in amicum jacula, meo suscipiam pectore?

---

[a] Scilicet Macarii, quod supra irridet, somnio.
[b] Pessime Martianæus, *in Anastasii* quando erroris Victorius monuerat, qui Græce ἀναστάσει rescripsit. Quid porro esset *Anastasis*, sive templum aut locus Resurrectionis Dominicæ, supra docuimus lib. contra Joan. Hierosolym. num. 11, not.
[c] Vetus edit., *somniaturus esset.*
[d] Minus bene Martianæus, *litterarium.*

36. De libris autem περὶ Ἀρχῶν debes [a] mihi et gratias agere. Tu enim, ut dicis, noxia quæque detruncans, meliora posuisti. Ego ita ut habebantur in Græco, expressi. Ex quo et tua apparet fides; et ejus quem interpretatus es, hæresis. Scribebatur mihi de Urbe a viris (*Pammachio et Oceano*) in Christo præcipuis : Responde criminanti; ne si tacueris, consensisse videaris. Consona omnes voce poscebant, ut Origenis versutias **563** proderem, ut [*Al.* et] venena hæreticorum Romanis auribus cavenda monstrarem. Quid hoc ad injuriam tuam pertinet? Num solus interpretatus es istos libros, et alios hujus operis non habes participes? Numquid et tu de Septuaginta interpretibus es, ut post editionem tuam aliis transferre non liceat? Ecce et ego multos, ut dicis, libellos de Græco in Latinum transtuli : habes potestatem et tu rursum eos vertendi, ut volueris; et bona enim et mala suo imputantur auctori. Quod et in te fieret, nisi dixisses te amputasse hæretica et optima transtulisse. Hic est enim nodus tuus, qui solvi non potest. At [*Al.* Aut] si errasti ut homo, priorem damna sententiam.

37. *Latinos libros vertebat in Græcum Rufinus.* — Sed quid facies de Apologetico tuo, quem pro Origenis scripsisti operibus? Quid de volumine Eusebii? in quo quum multa mutaveris, et, sub nomine martyris, hæretici hominis scripta transtuleris : tamen plura posuisti, quæ Ecclesiasticæ fidei non conveniunt. Tu etiam Latinos libros in Græcum vertis, nobis dare nostris externa prohibebis? Si in alio opere respondissem, in quo me non læseras, videri poteram in injuriam tuam transferre quod verteras : ut te vel imperitum, vel subdolum demonstrarem. Nunc vero novum querimoniæ genus : doles tibi in eo esse responsum, in quo a te accusatus sum. Dicebatur ad interpretationem tuam Roma subversa, postulabant omnes a me hujus rei remedium. Non quo ego alicujus momenti essem; sed qui petebant, me esse aliquid arbitrabantur. Tu amicus eras, qui illa transtuleras; quid me vis facere? Obedire Deo magis oportet, an hominibus (*Act.* v, 29)? Domini custodire substantiam, an furtum celare conservi? Aliter te non placabo, nisi et ego tecum accusanda commisero? Si nullam fecisses mei nominis mentionem : si me non ornasses egregiis laudibus, poteram aliquod habere suffugium, et diversa obtendere, ne rursus interpretata transferrem. Tu me, [b] amice, compulisti, ut aliquot dies in hoc opere perderem, ut proferrem in medium quod Charybdis debuit devorare : et tamen læsus, amicitiæ in te jura servavi, et quantum in me fuit, sic me defendi, ut te non accusarem. **564** Tu nimium suspiciosus et querulus, qui dicta in hæreticos ad tuam refers contumeliam. Quod si aliter amicus tuus esse non possum, nisi et hæreticorum amicus fuero ; levius tuas inimicitias, quam illorum amicitias sustinebo.

38. *De epistola ad Rufinum.* — Novum quoque me putas finxisse mendacium, ut epistolam ad te meo nomine componerem, quasi olim scriptam, quo bonus esse videar et modestus; quam tu numquam omnino susceperis. Hæc res perfacile probari potest. Multi Romæ [c] ejus exemplaria habent, ante hoc circiter triennium, qui tibi eam mittere noluerunt, scientes quæ de meo nomine jactitares, et quam indigna proposito Christiano ac nefanda confingeres. Ego scripsi nesciens, quasi ad amicum. Illi non reddiderunt ei, quem inimicum noverant : parcentes et meo errori, et tuæ conscientiæ. Et simul argumentaris, quod si talem tibi epistolam scripseram, non debueram contra te in alio libello multa mala scribere. Hic est totus error tuus, et hæc justa querimonia : quod quæ nos in hæreticos dicimus, tu in te dicta confingis : et nisi illis [d] pepercerimus, te putas esse violatum. An ideo panem tibi non damus, quia hæreticorum cerebro lapidem illidimus? Et ut nostram epistolam non probes, papæ quoque Anastasii simili dicis fraude subnixam, de qua tibi ante respondi : quam si suspicaris ipsius non esse, habes ubi apud eum nos arguas falsitatis. Sin autem ejus est, ut hujus quoque anni contra te epistolæ probant, frustra et falso falsam arguere niteris, cum ex illius vera epistola, nostram veram esse doceamus.

39. *Pythagoræ discipuli. Pythagorica præcepta et symbola. Quid apud Græcos invenit primus Pythagoras.* — In excusando mendacio tuo [*Al.* mendacium tuum], quam elegans esse voluisti : et ne sex millia Origenis libros proferas, Pythagoræ a me exigis monumenta. Ubi est illa fiducia, qua inflatis buccis creberrime personabas, te quæ in aliis libris Origenis legeras, emendasse in libris περὶ Ἀρχῶν, et non aliena, sed sua reddidisse suis? De tanta librorum silva unum fruticem ac surculum proferre non potes. Hi sunt veri fumi, hæ nebulæ, quas dum in me criminaris, in te exstinctas dissipatasque per me cognoscis, nec fractam cervicem dejicis, **565** sed majori impudentia, quam imperitia, dicis me denegare, quæ in promptu sunt, ut cum montes aureos pollicitus fueris, ne scorteum quidem nummum de thesauris tuis proferas. Justa contra me odia recognosco, et vera in nos debaccharis insania. Nisi enim ego quod non est, audacter exigerem, tu videbaris habere quod non habes. Pythagoræ a me libros flagitas. Quis enim tibi dixit illius exstare volumina? Nonne in epistola mea, cui criminaris, hæc verba sunt? « Sed fac me errasse in adolescentia, et philosophorum, id est, Gentilium studiis eruditum, in principio fidei ignorasse dogmata Christiana, et hoc putasse in Apostolis, quod in Pythagora et Platone et Empedocle legeram. » De dogmatibus eorum, non de libris locutus sum, quæ potui in Cicerone, Bruto, ac Seneca discere. Lege

---

[a] Victorius maluit, *debes et mihi gratias agere.*
[b] Victorius addit ex Brixianis codd. alterum *tu* ad emphasin, *Tu me, amice, tu compulisti,* etc.
[c] Epistola ad Rufinum in nostra recensione numer. 8, quam anno ascripsimus 399.
[d] Martian., *illis pepercimus.*

pro Vatinio oratiunculam, et alias ubi [a] sodalitiorum mentio fit. Revolve dialogos Tullii. Respice omnem oram Italiæ, quæ quondam magna Græcia dicebatur : et Pythagoricorum dogmatum incisa publicis litteris æra cognosces. Cujus enim sunt illa [b] χρυσᾶ παραγγέλματα? nonne Pythagoræ? in quibus omnia ejus breviter dogmata continentur, et in quæ latissimo opere philosophus commentatus est Jamblichus, imitatus ex parte Moderatum virum eloquentissimum, et Archippum ac Lysidem Pythagoræ auditores. Quorum Archippus ac Lysides in Græcia, id est, Thebis scholas habuere, qui memoriter tenentes præcepta doctoris, ingenio pro libris utebantur, a quibus illud est : [c] Φυγαδευτέον πάσῃ μηχανῇ, καὶ περικοπτέον πυρὶ καὶ σιδήρῳ καὶ μηχαναῖς παντοίαις, ἀπὸ μὲν σώματος νόσον, ἀπὸ δὲ ψυχῆς ἀμαθίαν, κοιλίας δὲ [d] πολυτέλειαν, πόλεως δὲ στάσιν, οἴκου δὲ διχοφροσύνην, ὁμοῦ δὲ πάντων ἀμετρίαν. Quod in Latinum ita possumus vertere : *Fuganda sunt omnibus modis et abscindenda, languor a corpore, imperitia ab animo, luxuria a ventre, a civitate seditio, a domo discordia, et in commune a cunctis rebus intemperantia.* **566** Pythagorica et illa præcepta sunt : *Amicorum omnia esse communia.* [d] *Et Amicum seipsum esse alterum : duorumque temporum maxime habendam curam, mane et vesperi, id est, eorum quæ acturi sumus, et eorum quæ gesserimus. Post Deum veritatem colendam, quæ sola homines Deo proximos faciat.* Illaque ænigmata, quæ diligentissime Aristoteles in suis libris prosequitur : *Stateram ne transilias, id est, ne prætergrediare justitiam. Ignem gladio ne fodias.* Iratum videlicet et tumidum animum verbis maledicis ne lacessas. *Coronam minime* **A** *carpendam,* id est, *leges urbium conservandas. Cor non comedendum,* id est, *mœrorem de animo projiciendum. Cum profectus fueris,* inquit, *ne redeas ;* id est, *post mortem vitam istam ne desideres. Per viam publicam ne ambules ;* id est, *ne multorum sequaris errores* [Al. errorem]. *Hirundinem in domum non suscipiendam ;* id est, *garrulos et verbosos homines sub eodem tecto non habendos. Oneratis superponendum onus : deponentibus non communicandum ;* id est, *ad virtutem incedentibus, augmentanda* [Al. augenda] *præcepta : tradentes se otio, relinquendos.* Et quia Pythagorica dogmata legisse me dixeram : audi quid apud Græcos Pythagoras primus invenerit. Immortales esse animas, et de aliis corporibus transire in alia. Quod quidem et Virgilius in sexto **B** Æneidos volumine sequens loquitur :

Has omnes, ubi mille rotam volvere per annos,
Lethæum ad fluvium Deus evocat agmine magno;
Scilicet immemores supera ut convexa revisant,
Rursus et incipiant in corpora velle reverti.

40. *Pythagoræ alia dogmata. Origenes in libros suos Platonem transtulit.* — Se primum fuisse Euphorbum, secundo Callidem, tertio Hermotimum, quarto Pyrrhum, ad extremum Pythagoram : et post certos temporum circulos, ea quæ fuerant, rursum fieri : nihilque in mundo videri novum. Philosophiam meditationem esse mortis : **567** quotidie de corporis carcere nitentem animæ educere libertatem : μαθήσεις ἀναμνήσεις [f] ; id est, *discentias reminiscentias esse ;* et multa alia, quæ Plato in libris suis, et maxime in Phædone, Timæoque prosequitur. Nam **C** post Academiam et innumerabiles discipulos, sentiens multum suæ deesse doctrinæ, venit ad magnam Græciam, ibique ab Archyta Tarentino et [g] Timæo

---

[a] De Sodalitiis Pythagoræorum Justinus lib. xx : *Sed triginta ex juvenibus cum sodalitio jure sacramento quodam nexi, separatam a cæteris civibus vitam exercerent,* etc. Vide etiam A. Gellium lib. i, c. 9. De iisdem multa dixerat Cicero in Oratione pro Vatinio, quod ipse Vatinius se jactabat Pythagoræum, ut idem Cicero in Oratione contra Vatinium testatur. Cujus Orationis pro Vatinio meminit Valerius Maximus lib. iv, c. 2.

[b] Penes Martian., χρυσᾶ. Nunc χρυσᾶ ἔπη, *aurea carmina* dicuntur, si modo ea sunt, quæ hic Hier. indicat ; videtur enim potius de Apophthegmatis, et Symbolis Pythagoricis loqui, quam de Aureis illis carminibus, quæ vulgo quidem Pythagoræ, tametsi falso, ascribuntur.

[c] Φυγαδευτέον πάσῃ, etc. Verba isthæc Græca Erasmo ac Mariano ignorata prorsus ; quæ mss. exemplaribus non sine labore ac capitis dolore nobis eruenda reliquerunt. Maluerunt illi aliena fingere, et in contextum Hieronymi obtrudere multa falsa, quam diligenti indagatione genuina restituere. In hunc igitur modum depravatum edidere Hieronymum : Φευκτέον παντάπασι καὶ ἐκκοπτέον ἀσθένειαν μὲν τοῦ σώματος, ἀπαιδευσίαν δὲ τῆς ψυχῆς, ἀκολασίαν δὲ τοῦ γαστρός, στάσιν δὲ τῆς πόλεως, τὴν δὲ διαφωνίαν τῆς οἰκίας, καὶ κοινὴ ἀπὸ πάντων τὸ ἀκρατές, quod, etc. Hæc sunt Erasmi fabulosa Græca vocabula, quibus jamdiu fucum fecit omnibus, qui putabant cum edidisse Opera Hieronymiana ad fidem vetustissimorum codicum; non ex meris atque futilibus suis conjecturis. Cæterum omittunt exemplaria ms. quæ clauduntur uncinatis lineis ; quæque nos supplenda docuerunt Latina Hieronymi. MARTIAN.

[d] Martianæus ex Latina Hieronymi versione, quæ subditur, Græca quædam verba supplevit, quæ in mss. desiderabantur. Nos ex ipsa Pythagoræ vita per Jamblichum, sive per Porphyrium, quem Jamblichus passim exscribit, uno atque altero loco restituimus. Legerat hic Martianæus ἀκολασίαν, pro eo quod πολυτέλειαν, id est *luxum*, aut *sumptuositatem*, legitur in ea vita, et οἰκίας pro οἴκου, denique παναμετρίαν pro duobus verbis πάντων ἀμετρίαν, quæ Hieron. interpretatur *a cunctis diebus intemperantiam.* Cætera repete a Diogene Laertio lib. viii.

[e] *Et amicum seipsum.* Malchus idem habet in vita Pythagoræ : τὸν δὲ φίλον ἄλλον ἑαυτόν. Id vero annotare volui, propterea quod Diogenes in Pythagora aliter posuit, nempe amicorum omnia esse communia ; amicitiamque æqualitatem, καὶ φιλίαν ἰσότητα. Consequentia porro præcepta et symbola vide apud eumdem Diogen. Laert. de Vitis philosoph. lib. viii. MARTIAN.

[f] Μαθήσεις ἀναμνήσεις. Omittunt hic editi libri Latinam explicationem verborum Græcorum quam tamen retinent omnes mss. codices, *discentias reminiscentias esse*. MARTIAN. — Nescio an verius. Victorius addit εἶναι, et interpretationem, *discentias reminiscentias esse,* non habet, quam Martianæus addidit ex aliquot mss.

[g] Vid. Ciceronem, v de Finibus, et i Tuscul., cui alii astipulantur, Timæum asserentes a Platone in Italia fuisse auditum ; et collige errare Macrobium lib. i Saturnal. c. 1, qui Socratem et Timæum eodem sæculo non fuisse contendit.

Locrensi, Pythagoræ doctrina eruditus, elegantiam et leporem Socratis, cum hujus miscuit disciplinis, quæ omnia nomine commutato, Origenes in libros suos περὶ Ἀρχῶν transtulisse convincitur. In quo igitur erravi, si adolescens dixi, me ea putasse in Apostolis, quæ in Pythagora et Platone et Empedocle legeram? Non ut tu calumniaris et fingis, in Pythagoræ et Platonis et Empedoclis libris, sed quæ in illis fuisse legeram, et aliorum me scripta eos habuisse docuerunt. Et hoc genus elocutionis frequentissimum est: ut si dicam, quæ in Socrate legi dogmata, putavi vera. Non quod Socrates [a] libros ullos scripserit; sed quæ legi apud Platonem et alios Socraticos illum habuisse. Et rursum, imitari volui gesta, quæ in Alexandro et Scipione legeram. Non quod ipsa sua gesta descripserint; sed quod apud alios legerim, quæ illos gessisse mirabar. Igitur etiam si docere non possem, ipsius Pythagoræ exstare monumenta, nec a filio ejus ac filia, aliisque discipulis probata convincerem, me non teneres mendacii, quia non libros, sed dogmata legisse me dixi: et te frustra errare, me tuum protegere mendacium voluisse, ut nisi ego unum librum Pythagoræ protulero, tu sex millia Origenis libros perdideris.

41. *Minabatur Hieronymo interitum Rufinus.* — Veniam ad epilogos, id est, maledicta tua, in quibus me ad pœnitentiam cohortaris; et nisi conversus fuero, id est, nisi te accusante siluero, mihi minaris interitum. Et hoc scandalum redundaturum in caput meum denuntias, qui te hominem lenissimum et Mosaicæ mansuetudinis, responsione mea ad scriptionis insaniam provocaverim. Scire enim te jactas crimina, **568** quæ tibi soli amicissimo sim confessus, et hæc in medium prolaturum; meisque me coloribus esse pingendum, et debere meminisse, quod jacuerim ad pedes tuos, ne gladio oris tui amputares caput meum. Et post multa, in quibus furibundus exsultas, revocas te, et dicis optare pacem cum denuntiatione dumtaxat, ut deinceps taceam, id est, ut non scribam contra hæreticos, nec audeam respondere accusationi tuæ. Si hoc fecero, frater ero et collega, et vir eloquentissimus et amicus ac sodalis, et quod his majus est, omnia quæ de Origene transtuli, catholica judicabis. Sin autem mutiero, et me commovero, illico impurus ero et hæreticus, et tua indignus necessitudine. Hæc sunt præconia mea, sic me hortaris ad pacem, et ne gemitum quidem ac lacrymas dolori liberas esse concedis.

42. *Calumniandi licentiam reprehendit. Fulvia et Herodias.* — Possem et ego tuis te coloribus pingere, et insanire contra insanientem; et dicere quidquid vel scio, vel nescio: et eadem licentia, immo furore et amentia, vel falsa, vel vera congerere, ut ne me loqui, et te puderet audire: et objicere tibi, quæ aut accusantem damnarent, aut accusatum; ut ex frontis duritia, fidem lectori facerem; ut quod impudenter scriberem, vere scribere judicarer. Sed procul sit a moribus Christianis, ut dum [b] aliorum petunt sanguinem, suum offerant; et sine gladio, voluntate homicidæ sint. Tuæ hoc bonitati, tuæque mansuetudini et simplicitati convenit, qui de uno pectoris sterquilinio, et odorem rosarum, et fetorem profers cadaverum: et contra sententiam Prophetalem (*Isai.* v), amarum dicis esse, quod quasi dulce laudaveras. Nec necesse est, ut in ecclesiasticis tractatibus rem [c] tribunalium ventilemus; nihilque super hoc amplius audies, nisi illud e trivio: « Cum dixeris quod vis, audies quod non vis. » Aut si tibi vile videtur vulgare proverbium, et homo sapientissimus magis philosophorum ac poetarum sententiis delectari, lege [d] illud Homericum:

Ὁποῖον κ' εἴπησθα ἔπος, τοῖον κ' ἐπακούσαις.

569 Hoc solum requiro ab eximia sanctitate et censura tua (cujus tanta est puritas, ut ad sudaria et semicinctia tua dæmones rugiant), cujus exemplum in scribendo sequaris? Quis unquam catholicorum in disputatione sectarum, turpitudinem ei, adversum quem disputat, objecit? Sic te docuerunt magistri tui? Talibus institutus es disciplinis, ut cui respondere non potueris, caput auferas; et linguam quæ tacere non potest, seces? Nec magnopere glorieris, si facias quod scorpiones possunt facere et cantharides. Fecerunt hæc et Fulvia in Ciceronem, et Herodias in Joannem: quia veritatem non poterant audire, et linguam veriloquam discriminali acu confoderunt. Canes latrant pro dominis suis, et tu non vis me latrare pro Christo? Scripserunt multi contra Marcionem, Valentinum, Arium, et Eunomium. A quo eis objecta est turpitudo? Nonne toti in convincenda hæresi incubuerunt? Istæ machinæ hæreticorum, id est, magistrorum tuorum sunt, ut convicti de perfidia, ad maledicta se conferant. Sic Eustathius Antiochenus episcopus, [e] filios dum nescit, invenit. Sic Athanasius Alexandrinæ urbis pontifex, tertiam Arsenii amputavit manum. Duas enim qui mortuus prius fingebatur, vivens postea habere monstratus est. Talia et condiscipuli tui et magistri nunc de ejusdem Ecclesiæ sacerdote con-

---

[a] Alii, quos inter Leo Allatius, scripta varii generis Socrati tribuunt; sed veteres plerique omnes pernegant ab illo quidquam mandatum litteris.

[b] Vetus edit., *ut dum alii eorum petunt sanguinem*, etc.

[c] Martian. post Erasm. *rem tribunalem*.

[d] *Illud Homericum.* Homerus Iliade Υ; mss. codices addunt nonnulla post ἔπος, scilicet isthæc, ἔπος τοῖον καὶ ἐπακούσαις. MARTIAN. — Iliadis Υ, vers. 250,
quod est, *Quale et dixeris verbum, tale et audies.*

[e] Auctor est Theodoretus, Eusebium Nicomediensem cum aliis Arianæ impietatis satellitibus Antiochiam venisse, atque ibi conducta muliercula, quæ rem cum Eustathio Episcopo habuisse, ex eoque infantem suscepisse, quem uberibus admovebat, diceret, eum fecisse deponi Socrates, tametsi Sabellianismi causa Eustathium abdicatum narret, non obscure calumniam adulterii innuit.

fingunt : et auro, id est, tuis tuorumque viribus oppugnant fidei veritatem. Quid loquar de hæreticis, qui licet foris sint, tamen se nominant Christianos? Adversum impiissimos, Celsum atque Porphyrium, quanti scripsere nostrorum? Quis omissa causa, in superflua criminum objectione versatus est? Quæ non chartæ Ecclesiasticæ, sed libelli debent judicum continere. Aut quid refert, si causa cadas, et crimine superes? Non necesse est, ut cum periculo tui capitis accuses. Uno percussore conducto, satis potes facere desiderio tuo. Et scandalum timere te simulas, qui dudum fratrem, nunc accusatum, semper inimicum, es paratus occidere. Et tamen **570** miror, quomodo homo prudens, furore præventus, velis mihi beneficium tribuere, ut educas de carcere animam meam, et non patiaris tecum in tenebris hujus sæculi commorari.

43. *Hæreticis non poterat parcere.* — Vis ergo me tacere? Ne accuses. Depone gladium, et ego scutum abjiciam. In uno tibi consentire non potero, ut parcam hæreticis, ut me catholicum non probem. Si ista est causa discordiæ, mori possum, tacere non possum. Debueram quidem de omni Scriptura tuæ insaniæ respondere, et divinis vocibus in modum David citharizantis (I *Reg.* vi) lenire furorem pectoris tui; sed contentus ero unius libri paucis testimoniis, et opponam sapientiam stultitiæ; ut si humana contemnis, saltem divina non negligas. Audi igitur, quid de te, et de omnibus invidis, ac maledicis et contumeliosis loquatur sapiens Salomon : *Insipientes dum injuriis cupidi sunt, impii facti oderunt sensum. Ne fabriceris in amicum tuum mala. Et ne inimiceris adversum hominem sine causa. Impii exaltant contumeliam. Circumcide a te os pravum, et iniqua labia longe repelle abs te : oculos contumeliosi, linguam iniqui, manus effundentes sanguinem justi, cor fabricans cogitationes malas, et pedes festinantes ad malefaciendum. Qui nititur mendacio, pascit ventos, et sequitur aves volantes. Dereliquit* [Al. *derelinquit*] *enim vias vineæ suæ, et axes culturæ suæ fecit errare. Perambulat aridum ac desertum, et colligit manibus suis sterilitatem. Os procacis appropiat contritioni; et qui profert maledicta, stultissimus est.* ᵃ *Anima benedicta omnis simplex vir : Animosus inhonestus est. Per delicta labiorum incidit in laqueum peccator. Itinera stultorum recta in conspectu suo. Stultus eadem die ostendit iram suam. Abominatio est Domino, labia mendacia. Qui custodit os suum, servat animam suam. Et qui temerarius est labiis, terrebit seipsum. Malus cum contumelia agit mala, et insipiens expandit malitiam suam. Quæres apud malos sapientiam, et non invenies. Suis itineribus saturabitur temerarius. Sapiens timendo declinat malum. Stultus confidens miscetur ei. Longanimus vir* **571** *multus in prudentia est : pusillanimus valde imprudens est. Qui calumniatur pauperem, lacessit factorem ejus. Lingua sapientium bona novit, et os stultorum pronunciat malum. Vir animosus parat rixas : et immundus est apud Deum omnis qui exaltat cor suum. Manus manui inferens injuste, non erit impunitus. Qui diligit vitam, parcit ori suo. Ante contritionem præcedit contumelia, et ante ruinam mala cogitatio. Qui obfirmat oculos suos, cogitat perversa, et provocat labiis suis omnia mala. Labia stulti ducunt eum in mala, et os audax mortem invocat. Malignus vir multa detrimenta patietur. Melior est pauper justus, quam mendax dives. Gloria est viro, qui avertit se a maledictis : qui autem stultus est, talibus se obligat. Noli amare detrahere, ne eradiceris. Suavis est homini panis mendacii; postea implebitur os ejus calculo. Qui operatur thesauros lingua mendacii* [Al. *mendacis*], *vana sectatur, et veniet in laqueos mortis. In aure stulti noli quidquam dicere, ne forte irrideant sapientes sermones tuos. Clava et gladius et sagitta perniciosa sunt; sic et vir, qui contra amicum suum falsum dicit testimonium. Sicut aves avolant, et passeres ; ita maledictum vanum non superveniet illi. Noli respondere imprudenti ad imprudentiam ejus, ne similis ei fias : sed responde stulto ad stultitiam ejus, ne sibi sapiens esse videatur. Qui insidiatur amicis suis, cum visus fuerit, dicit : Ludens feci. Craticula carbonibus, et ligna igni, et vir maledicus ad tumultum rixæ. Si te rogaverit inimicus tuus, parcens voce magna, ne consentias ei : septem enim nequitiæ sunt in anima ejus. Gravis est lapis, et vix portabilis arena; sed ira* **572** *stulti gravior utroque, crudelis est indignatio, et acuta ira et zelus impatiens est. Impius calumniatur pauperes : et qui confidit in cordis audacia* [Al. *avaritia*], *stultissimus est. Totam iram suam profert insipiens : sapiens dispensat in partes. Filius malus gladios dentes habet, et cultros molas, ut consumat infirmos de terra, et pauperes ex hominibus* (*Prov.* x, xviii, *et al.,* sec. LXX). His ergo doctus exemplis, nolui mordere mordentem, nec vicem talionis implodere : maluique insaniam excantare furibundi, et unius libri antidotum venenato pectori infundere [Al. *inserere*]. Sed vereor ne nihil proficiens, illud Davidicum cantare compellar, et his me sermonibus consolari : *Alienati sunt peccatores a vulva, erraverunt ab utero. Locuti sunt falsa, furor illis secundum similitudinem serpentis : sicut aspidis surdæ, et obturantis aures suas, quæ non audiat vocem incantantium, et venefici incantantis sapienter. Deus conteret dentes eorum in ore ipsorum; molas leonum confringet Dominus* [Al. *Deus*]. *Ad nihilum devenient, tamquam aqua decurrens. Intendit arcum suum, donec infirmentur. Sicut cera, quæ fluit, auferentur : supercecidit ignis, et non viderunt solem* (*Psal.* lvii, 4 seqq). Et iterum : *Lætabitur justus, cum viderit vindictam impiorum : manus suas*

ᵃ Fortassis, mutata interpunctione, legendum est : *Anima benedicta omnis simplex : Vir animosus,* etc. Locus est Proverb. xi, 25 : Ψυχὴ εὐλογουμένη πᾶσα ἁπλῆ. Ubi id quoque notandum, verbum εὐλογοῦμαι hic ab Hieronymo, ut a SS. Chrysostomo, homil. 16 in Joannem, et Ambrosio lib. de Isaac et Anima, c. 2, in sensu passivo accipi minus apte, si non ad mentem τῶν LXX, saltem ad veritatem Hebraicam. Benedicere idiotismo Hebraico est benefacere.

lavabit in sanguine peccatoris. Et dicet homo : si utique est fructus justo, utique est Deus judicans eos in terra (Ibid., 11).

44. In extrema Epistola scribis manu tua : « Opto te pacem diligere. » Ad quod breviter respondebo : Si pacem desideras, arma depone. Blandienti possum acquiescere, non timeo comminantem. Sit inter nos una fides, et illico pax sequetur.

Nota. Huic Hieronymi contra Rufinum, Rufini contra Hieronymum Apologiam subjicit, in appendice, Vallarsius. Nobis vero, quia Rufinianorum operum locupletissimam editionem in tomo praecedenti recudimus, satis erit illuc lectorem revocare, non jam de lacuna quam hic inter numeros crassiori charactere expressos animadvertere est aporiaturum.

IN SEQ. DIALOGOS CONTRA PELAGIANOS ADMONITIO.

1. Vix dum Origeniana perfidia quaqua patuit Christianus orbis damnata, Hieronymo cervices subdiderat, cum subito Pelagianum bellum exardere, Ecclesias late pervagari, natumque adeo monstris elidendis doctorem maximum, tametsi jam senio confectum, ut in aciem descenderet, excitare : ut nulla, opinor, laus unquam esset jugulatae haereseos, qua ille aut solus non donaretur, aut primus. Exsecrabilem doctrinam quam Romae didicerat a Rufino quodam Syro Pelagius, Palaestinam importavit circa annum Christi 412, et Hierosolymae docuit, ubi annuente ejus urbis episcopo Joanne, usque adeo profecit, ut essent qui suo de nomine appellarentur. Summa haereseos per id temporis haec erat, Posse homines sine peccato esse si velint : Divinae gratiae necessitatem arbitrii libertati officere : et, quod minori studio videtur tunc saltem jactatum, Non esse traducem peccati. Hieronymus in libris, quos ab eo tempore elaboravit, maxime Commentariis in Jeremiam detestandam superbiam suggillare arrepta occasione non destitit; sed nominibus continuo pepercit, quos *eos mallet corripi, quam infamari.* Verum post ferme biennium, et vix primo libro in laudatum Prophetam expleto, stylum contra haereticum acuit, deditque Ctesiphonti epistolam, quam in priori tomo excudimus sub numero 133, in qua natam e veterum Stoicorum fontibus ἀπαθείαν ita jugulat, ut tamen nisi velitatione illa haeretici resipiscerent, conditurum se libros minitetur, quibus impiae factionis cuniculos omnes subverteret. Re ipsa haud multo post rogatus a fratribus tres hosce libros evulgavit, in quibus Socratico more ex utraque parte quid pro haeresi vel contra dici posset exponens, Attici et Critobuli personas induxit secum invicem disceptantes, ut et orthodoxum dogma clarius exponeret, et haereticum impugnaret fortius. Hoc versibus elegantissimis S. Prosper Carm. de Ingratis praedicat :

> Tunc etiam Bethlei praeclari nominis hospes,
> Hebraeo simul et Graio, Latioque venustus
> Eloquio, morum exemplum, mundique magister,
> HIERONYMUS, libris valde excellentibus hostem
> Dissecuit, noscique dedit, quo turbine veram
> Vellent exortae lucem obscurare tenebrae.

2. Annum, quo scripti sunt, ex Orosii Hispani presbyteri, qui tunc *ad Hieronymi pedes sedit,* Apologia licet ediscere; cujus quoque causam brevibus exponam, ut simul intelligas, quae per id temporis esset orthodoxae sententiae ratio, quis rerum status atque ordo, quantas vires, quosve sibi animos sumpsisset haeresis. Cum multum in utramque partem agitata quaestio de origine animae viris Ecclesiasticis negotium facesseret, ne diutius fluctuarent ingenia, S. Augustinus consulendum censuit maximum Ecclesiarum magistrum Hieronymum; ipsique adeo tunc apud se agenti Orosio auctor fuit, ut ad eum pergeret Hierosolymam, suasque illi deferendas litteras dedit eo super argumento, quae in I tomo numeris 131 et 132 exhibemus : libros quoque *de Peccatorum meritis et remissione,* et epistolam ad Hilarium, quibus scriptis quae Pelagiani discipuli atque in primis Coelestius clanculum effutierant mala dogmata confutabat. His instructus monimentis Hieronymum adiit Orosius, cui etiam de ore quae contra Coelestium Carthagine peracta fuerant exposuit. Continuo ad vulgi aures haec devenere, pluribusque Hieronymo, nonnullis etiam Pelagio astipulantibus, obortum dissidium est, quod Joannes Hierosolymitanus, qui primas haeretico deferebat, volens compescere, Orosium Hierosolymam accivit, ubi indicta totius cleri synodo, Pelagio ipso abstante, quid ille ex Africa contra ejus doctrinam advexisset, quibus iste se tueretur argumentis, exponere jussi sunt. Ut rem brevissime expediam, Pelagius judice usus suarum partium studioso, suaeque factionis interpretibus, qui Orosii Latine dicta Graece redderent subdola fide, ita synodi judicium evasit, ut periculosam invidiam in accusantem converterit, qui edita Apologia suspicionem haereseos a se omnem coactus est amovere. In hac vero Apologia quemadmodum res gesta est, per singulas partes enarrat Hispanus presbyter, atque in primis tempus designat, quo ipse consessus Hierosolymitanus est habitus : septem nempe et quadraginta dies ante primam Encaeniorum ejus templi diem. Festum illud teste Nicephoro Histor. lib. VIII in diem incidebat Septembris decimum quartum, unde subducta ratione compertum est, Synodum habitam exeunte Julio. De

anno nihil est dubium, ipsum intelligi quadringentesimum decimum quintum; nam qui hoc anno Bethleem advenerat Orosius, sub insequentis verni tempus in Africam denuo solvit. Jam vero hoc anno, eo mense, deque ea synodo loquens, *contra Pelagii errorem, quod homo possit mandata Dei sine gratia facile custodire, si velit, Hoc,* inquit, *beatus Hieronymus, cujus eloquium universus Occidens, sicut ros in vellus exspectat* (multi enim jam hæretici cum dogmatibus suis ipso oppugnante supplosi sunt), *in epistola sua, quam nuper ad Ctesiphontem edidit, condemnavit; similiter et in libro, quem* NUNC *scribit collata in modum Dialogi altercatione confutat.* Neque vero dilatum opus in sequentem usque annum par est opinari, quandoquidem discedenti Orosio, ut diximus verno tempore, litteras dedit Hieronymus in nostra recensione 134, ad Augustinum perferendas, in quibus ipsum alloquens Hipponensem episcopum num. 1, *Certe,* inquit, *et in Dialogo, quem* NUPER *edidi, tuæ beatitudinis, ut dignum fuerat, sum recordatus.* Hoc autem sub tertii libri finem, atque adeo opere jam absoluto, scripsit, ut nulli dubium sit exeunti anno quadringentesimo decimo quinto illud esse ascribendum.

3. Contra editos a S. Doctore libros primum Anianus Celedensis, ut vulgo scribitur, diaconus, deinde Pelagius ipse haud multo post, cum Diospolitanam miserabilem synodum fefellisset, denique Theodorus Mopsuestenus episcopus, traduntur stylum acuisse. Verum Anniani et Pelagii, non duo, ut communis fert opinio, sed unum atque idem scriptum, quod collata opera elaboraverint, ex veterum, qui ejus meminerunt, testimoniis colligi posse videatur. Anniamum Pelagii armigerum vocat Orosius : *Stat,* inquit, *superbia immanissimus Goliath* (Pelagius) *habens post se armigerum suum, qui etsi ipse non dimicat, cuncta tamen æris et ferri suffragia subministrat :* Hieronymus illum, epist. 143, ad Augustin., dicit *Copiosissime pasci, ut alienæ blasphemiæ verba frivola subministret ;* Gennadius nec nominat quidem ; Pelagii autem *scripta hæresi suæ faventia* non tacet : contra Sigebertus qui alios Anniani libros recenset, quos contra Hieronymum scripserit, non agnoscit. Sed quoquo se modo res habeat, scripta malis auspiciis nata male perdidit sequior ætas. Sanctus Pater ipse dum ea confutare diutius differt, tandem contempsit, quasi personam suam dedeceret næniis ineptissimis respondere. Tantum Augustino insinuat, melius fore, si hoc ille faceret, *Ne,* inquit, *compellamur contra hæreticum nostra laudare.* Porro Theodorum Mopsuestenum prodit Pelaganæ historiæ conditor conterraneus meus Henricus card. Norisius ex his Photii Biblioth. cod. 117 : *Lectum est opus Theodori Antiocheni, qui Mopsuestenus ille episcopus est, ut ex ejus quibusdam epistolis colligimus, hoc titulo,* Contra asserentes, peccare homines natura, non voluntate. *Ea disputatio quinque libris absolvitur, quos adversus Occidentales hac labe infectos scripsit. Inde enim oriundum hæresis hujus auctorem in Orientis modo regionibus versari, librosque de recens a se excogitata hæresi compositos, ad populares suos in patriam transmittere narrat, ut jam ibi multos per hanc artem in suam pertraxerit sententiam, integrasque adeo Ecclesias absurdis illis imbuerit opinionibus.* Aram vero illorum librorum auctorem, sive nomine, sive cognomine incertum, appellat. *Hunc etiam quintum evangelium confinxisse, illudque se in Eusebii Palæstini bibliothecis reperisse* ait : *rejecta præterea divini ac veteris Testamenti versione, quam Septuaginta interpretes simul convenientes ediderunt, ut et Symmachi et Aquilæ aliorumque interpretatione, propriam quamdam suam novamque conficere ausum, cum neque Hebraicæ linguæ, ut illi, a puero assuevisset, neque mentem S. Scripturæ didicisset. Hebræis tantummodo quibusdam abjectæ sortis in disciplinam se tradidisse, atque hinc propriam sibi editionem scribere aggressum.* Conviciator hæreticus Hieronymum suppresso nomine describere clarius vix potuisset ; quod enim Aramum vocat, non aliunde videtur esse, quam quod homo Pannonius degeret in Orientem. Verum neque hisce libris S. Doctor respondit, immo ne vidisse quidem illos, aut scivisse contra se scriptos videatur. Rursum non nisi quædam ex illis supersunt excerpta, quæ Marius Mercator contra Augustinum scripta arbitratus est, ac Latine a se reddita inseruit Commonitorio.

4. Porro inter cætera, quæ ad Hieronymiani hujus operis augendam pro modulo nostro dignitatem præstitimus, ipsa illa ἀποσπασμάτια ex Mario Mercatore Baluzianæ editionis huc duximus transferenda post Dialogum, ut videas quid contra Pelagianæ sectæ debellatorem (cur enim hoc ornare Hieronymum elogio dubitem ?) homo qui sibi solus scire videbatur obstreperet. Totum vero opus exegimus ad veterum librorum fidem, maxime vero manuscriptorum Vaticani 4985 et antiquissimi Reginæ Suecorum 286, quorum ope vitiosæ antea lectiones passim emendantur.

S. EUSEBII HIERONYMI

STRIDONENSIS PRESBYTERI

DIALOGUS ADVERSUS PELAGIANOS,

SUB PERSONA ATTICI CATHOLICI ET CRITOBULI HÆRETICI.

ᵃ PROLOGUS.

693 1. *Scribit motus fratrum expostulationibus.* — A Scripta jam ad Ctesiphontem epistola (*Epist.* 253), in qua ad interrogata respondi, crebra fratrum expostulatio fuit, cur promissum opus ultra differrem, in quo pollicitus sum, me ad cunctas eorum qui ἀπάθειαν prædicant, quæstiunculas responsurum. Nulli enim est dubium, quin Stoicorum et Peripateticorum, hoc est, veteris Academiæ ista contentio sit, quod alii eorum asserant πάθη, quas nos *perturbationes* possumus dicere: ægritudinem, gaudium, spem, timorem eradicari et exstirpari posse de mentibus hominum: alii frangi eas, regi atque moderari, et quasi infrenes equos quibusdam lupatis coerceri. Quorum sententias et Tullius in Tusculanis disputationibus explicat, et Origenes Ecclesiasticæ veritati in Stromatibus suis miscere conatur, ut præteream B Manichæum, Priscillianum, Evagrium Iberitam [*Al.* Hiboritam *et* Hyperboritam], Jovinianum, et totius pene Syriæ hæreticos, quos sermone **694** gentili ᵇ διεστραμμένως Massalianos, Græce εὐχίτας vocant; quorum omnium ista sententia est, posse ad perfectionem, et non dicam ad similitudinem, sed æqualitatem Dei humanam virtutem et scientiam pervenire: ita ut asserant se ne cogitatione quidem et ignorantia, cum ad consummationis culmen ascenderint, posse peccare. Et quamquam superiori epistola, quam ad Ctesiphontem scripsi contra errores eorum pro angustia temporis pauca perstrinxerim, hic liber, quem nunc cudere nitimur, Socraticorum consuetudinem servabit, ut ex utraque parte quid dici possit exponat, et magis perspicua veritas fiat, cum posuerit [*Al.* proposuerit] unusquisque quod

---

ᵃ In Vaticano cod. olim Reginæ 286 ita inscribitur, *Prologus Dialogi S. Hieronymi rectæ fidei Presbyteri cum Pelagio monacho hæretici dogmatis repertore, quem sub Attici, et Critobuli nominibus voluit annotare.*

ᵇ *Sermone gentili Messalianos.* Multa verba obtrudunt in contextum Hironymi veteres editiones Joan. Andreæ, Erasmi, et Mariani, qui omnes legere voluerunt, *Quos sermone gentili Abin, et Paanin, id est, perversos et Massilianos. Græce εὐχίτας vocant.* Sane nomen omnium pene hæreticorum in Syria erat, *Messaliani*; sive sermone gentili Syriæ Hæreticos vocabant *Massaliani*, Græce εὐχίτας. Præter hæc, omnia alia verba superflua sunt, atque genuino sensu carent. Ms. codex Corb. num. 146 nihil posuit præter contextum a nobis editum; conformiter Epiphanio lib. III adversus Hæreses, hæres. 80 dicenti: *Messiliani vocantur, id est, εὐχόμενοι, orantes.* Idem habet Theodoritus lib. IV Ecclesiasticæ Histor. cap. 11: Μεσαλιανῶν, *Messalianorum eo tempore hæresis exorta est.* Εὐχίτας *eos vocant, qui nomen illorum in Græcam linguam transtulerunt. Addit etiam: Habent etiam appellationem,* ἐνθουσιασταί; *enthousiastæ enim vocantur.* Editoribus vero antiquis erroris causa fuit lectio quamplurium mss. codicum Hieronymi, ubi isthæc posita leguntur: *quos sermone gentili* ΔΕΙΗCΤΡΑΜΗΝΙ, *id est perverse Massilianos Græce* ΕΥΧΙΤΑC *vocant.* Sed hic contextus manifeste confictus habetur ex his, quæ jam dixi de Epiphanio et Theodorito. S. Augustinus corrupte legebat *Psallianos* lib. de Hæresibus: licet ex re ita vocari potuissent, quod C Psalmos sæpe recitarent, et semper orarent. MARTIAN. — Græcum verbum, quod ex Reginæ mss. accepimus, atque ex parte emendamus, veteres editores quid sibi vellet, non assecuti, ita Latinis litteris deformarunt, *Abin et Paanin, id est perversos,* etc. Quæ Martianæus falso obtrudi et conficta esse ratus, exsulare penitus e contextu jussit, contra quam ipsi, quibus utebantur, mss. codices admonebant. Est autem plerumque in illis, ut et in Regio, ΔΕΙΗCΤΡΑΜΗΝΙ, *id est perverse*: quæ vocis expositio, quo pacto ad rectam scripturam illa reduci possit, Græce scientibus statim innuit. Nam si levissime mutatis, immo tantum emendatis litteris scribas ΔΙΕCΤΡΑΜΜΕΝΩC, rem acu tetigeris, cum διεστραμμένως Græce idem significet ac Latine *perverse*, a διαστρέφω verbo, quod est *perverto, depravo,* etc.; unde et διεστραμμένα, *obliqua, et perversa appellantur, quæ contra quam decet fiunt.* Hoc igitur sensu scribit Hieronymus, Syriæ hæreticos gentili sermone, διεστραμμένως, *id est perverse, Massalianos dici, sive orantes,* Græce εὐχίτας. Nam cum a radice נצל *oravit*, Massalianorum nomen deducatur, et ipsi hæretici continuo orarent, *perverse orantes* S. Doctor vocari ait. Apposite post Epiphanium notat Augustinus lib. de Hæresibus, quod. *cum Dominus dixerit*, Oportet semper orare, et non deficere; *et Apostolus,* sine intermissione orate; *quod sanissime sic accipitur, ut nullo die intermittantur certa tempora orandi: isti* (Massaliani) *ita nimis hoc faciunt* (perverse nimirum Domini, atque Apostoli sententia intellecta) *ut hinc judicarentur inter hæreticos nominandi.*

senserit. Illud autem Origenis proprium est, et impossibile esse humanam a principio usque ad mortem, non peccare naturam : et rursum, esse possibile, cum se aliquis ad meliora converterit, ad tantam fortitudinem pervenire ut ultra [a] non peccet.

2. *Non invidia motus.* — Adversum eos autem, qui me dicunt hoc opus inflammatum invidiæ facibus scribere, breviter respondebo, numquam me hæreticis pepercisse, et omni egisse studio, ut hostes Ecclesiæ, mei quoque hostes fierent. Helvidius scripsit contra sanctæ Mariæ virginitatem perpetuam. Numquid ut ei responderem, ductus invidia sum, quem omnino in carne non vidi? Jovinianus, [b] cujus nunc hæresis suscitatur, Romanam fidem, me absente turbavit, tam elinguis et sic sermonis putidi, ut magis misericordia dignus fuerit, quam invidia. Illi quoque respondi ut potui. Rufinus non uni urbi, sed orbi blasphemias Origenis et περὶ Ἀρχῶν libros, quantum in se fuit, intulit : ita ut Eusebii quoque primum librum Defensionis Origenis sub nomine Pamphili martyris ederet, et quasi ille parum dixisset, novum pro eo volumen evomeret. Num invidemus ei, quia respondimus, et tanta in eo eloquentiæ fuere [c] flumina, ut me a scribendi atque dictandi studio deterrerent? Palladius servilis nequitiæ, [d] eamdem hæresim instaurare conatus est, et novam translationis Hebraicæ mihi calumniam struere. Num et illius ingenio nobilitatique invidemus [*Al.* invidimus]? Nunc quoque mysterium iniquitatis operatur, et garrit unusquisque quod sentit : ego solus sum, qui cunctorum gloria mordear; et tam miser, ut his quoque invideam, qui non merentur invidiam. Unde ut omnibus probarem me non odisse homines, sed errores, nec aliquorum infamiam quærere, magisque dolere vicem eorum, qui falsi nominis scientia supplantantur, Attici et Critobuli nomina posui, per quos et nostra pars et adversariorum quid sentiret, exprometem [*Al.* exprimerem]. Quin potius omnes qui catholicam sectamur fidem, optamus et cupimus damnari hæresim, homines emendari. Aut certe si in errore voluerint permanere, non nostram culpam esse qui scripsimus, sed eorum, qui mendacium prætulerunt veritati. Breviterque calumniatoribus respondemus, qui sua in eos maledicta conferunt, Manichæorum esse [e] sententiæ, hominum damnare naturam, et liberum auferre arbitrium, et adjutorium Dei tollere. Rursumque apertissimæ insaniæ, hoc hominem dicere, quod Deus est. Et sic ingrediendum via regia, ut nec ad sinistram nec ad dextram declinemus; appetitumque propriæ voluntatis, Dei semper credamus auxilio gubernari. Si quis autem falso se infamari clamitat, et gloriatur nostra sentire; tunc veræ fidei probabit assensum, cum aperte et absque dolo adversa damnaverit : ne audiat illud Propheticum, *Et in omnibus his non est conversa ad me prævaricatrix soror ejus Juda ex toto corde suo, sed in mendacio* (Jerem. v, 7). Minorisque peccati est, sequi malum quod bonum putaveris, quam non audere defendere, quod bonum pro certo noveris. Qui minas, injuriam, paupertatem ferre non possumus, quomodo flammas Babylonis [*Al.* Babylonias] vincemus? Quod bellum servavit, pax ficta non auferat. Nolo timore perfidiam discere, cum veram fidem meæ Christus reliquerit voluntati.

---

[a] Martianæus aliique editi, *ut ultra peccare non possit*, contra mss. fidem, Vaticani 4945 et Regii 286. Ad hoc dogma, quod *Origenis proprium* fuisse scribit Hier., Pelagiani aliquando delapsi sunt, cum argumentis Catholicorum premerentur. Ita Pelagius in Synod. Diospolit., Jansenius, immo et Huetius male hic reprehendunt Hieronymum.

[b] *Jovinianus, cujus*, etc. Falso ac imperite nobis obtrudunt *Pelagii* nomen veteres editiones Erasmi et Mariani; cum nullum sit exemplar ms. quod nomen illud retineat : et Hieronymus nomina hic facta posuerit, ne quemquam nominando læderet. MARTIAN.

— Reginæ ms., *Cujus a te hæresis suscitatur.* Falso autem veteres editiones, *o Pelagi*, intrudunt, quem constat, numquam in hisce libris de nomine appellatum ab Hieronymo fuisse.

[c] Sic mss. et vetus edit.; aliter est *fulmina*.

[d] Scilicet ἀπάθειαν aperte profitetur, et in Ammonis, ejusque uxoris Vita in Histor. Lausiac. pervenisse utrumque ad impassibilitatem dicit, quæ de aliis quoque mendacia blaterat.

[e] Vocem *sententiæ*, quæ prius deerat, suffecimus ex mss. et veteri editione. Paulo post unus Vatic. *hoc hominem dicere esse, quod Deus*, etc.

LIBER PRIMUS.

1. *Num possit homo sine peccato, si velit, esse.* — [a] ATTICUS. Dic mihi, Critobule, verumne est quod a te scriptum audio : [b] Posse hominem sine peccato esse si velit : et facilia Dei esse præcepta? [c] CRITOBULUS. Verum, Attice, sed non eodem sensu ab æmulis accipitur, quo a me dictum est. A. Quid enim ambiguitatis in dicto est, ut diversæ intelligentiæ tribuatur occasio? Nec quæro ut de utroque pariter respondeas. Duo enim a te proposita sunt. Unum, posse hominem sine peccato esse, si velit :

---

[a] Quæ prior inducitur Attici personam, et nomen Martianæus omiserat.

[b] Confer S. Augustinum de Gestis Pelagii c. 6, n. 16.

[c] Benedictini Monachi S. Augustini editores constanter *Cretobolum* scribunt.

alterum, facilia Dei esse præcepta. Licet ergo simul dicta sint, tamen per partes singulas disserantur, ut quorum una videtur fides, nulla sit in sententiarum diversitate contentio. C. Ego, Attice, dixi hominem absque peccato posse esse, si velit, non ut quidam maledici calumniantur, absque Dei gratia (quod etiam cogitare sacrilegium est), sed simpliciter posse, si velit, ut subaudiatur cum Dei gratia. A. Ergo et malorum in te operum auctor est Deus? C. Nequaquam ita ut autumas. Sed si quid in me boni habeo, illo suggerente et adjuvante completur. A. Non de naturâ quæro, sed de actu. Quis enim dubitat Deum omnium Creatorem? Hoc mihi respondeas velim: quod agis bonum, tuum est, an Dei? C. Meum est, et Dei; ut ego operer et ille adjuvet. A. Et quomodo hæc omnium opinio est, quod Dei auferas gratiam, et quidquid homines agimus, propriæ tantum asseras voluntatis? C. Miror, Attice, cur erroris alieni a me causam rationemque flagites, et id quæras quod scriptum non est, cum perspicuum sit quod scripserim. Dixi hominem sine peccato esse posse, si velit. Numquid addidi, absque Dei gratia? A. Sed ex eo quod non addidisti, videris negare. C. Immo ex eo quod non negavi, dixisse existimandus sum. **698** Neque enim quidquid non dicimus, negare arbitrandi sumus. A. Confiteris ergo, posse hominem sine peccato esse, si velit, cum Dei gratia? C. Non solum fateor; sed et libere proclamo. A. Errat ergo qui Dei gratiam tollit? C. Errat. Quin potius arbitrandus est impius, cum Dei nutu omnia gubernentur, et hoc quod sumus et habemus appetitum propriæ voluntatis, Dei conditoris sit beneficium. Ut enim [a] liberum possideamus arbitrium, et vel ad bonam, vel ad malam partem declinemus propria voluntate; cujus est gratiæ, qui nos ad imaginem et ad similitudinem sui tales condidit.

2. *Num gratiæ Dei tribuendum?* A. — Nulli, o Critobule, dubium est, ex ejus cuncta pendere judicio, qui creator est omnium, et quidquid habemus, illius beneficio deputandum. Sed quæro, hoc ipsum quod Dei asseris gratiæ, utrum ad conditionis referas beneficium, an in singulis rebus putes esse quas gerimus, ut scilicet illius in omnibus utamur auxilio; an semel ab eo liberi arbitrii conditi, nostra voluntate vel viribus agamus quod volumus? Novi enim, plerosque vestrum ita ad Dei cuncta referre gratiam, ut non in partibus, sed in genere, hoc est, nequaquam in singulis rebus, sed in conditione arbitrii intelligant potestatem. C. Non est ita ut autumas, sed a me utrumque dicitur, ut et Dei gratiæ sit, quod tales conditi sumus, et per singula opera illius adminiculo fulciamur. A. Constat ergo inter nos, in bonis operibus post propriam voluntatem, Dei nos niti auxilio, in malis diaboli. C. Constat, et super hoc nulla contentio est. A. Male ergo sentiunt, qui per singulas res quas agimus, Dei auferunt adjutorium, et illud quod Psalmista canit: *Nisi Dominus ædificaverit domum, in vanum laborant qui ædificant eam.* **699** *Nisi Dominus custodierit civitatem, frustra vigilat qui custodit eam* (*Ps.* cxxvi, 1, 2); et cætera hujuscemodi, perversis interpretationibus, immo risu dignis, ad alios sensus detorquere nituntur.

3. *In singulis rebus Dei opus esse adjutorio.* — C. Quid mihi necesse est contra alios dicere, cum meum responsum habeas? A. Tuum responsum cujusmodi? Eos bene sentire, an male? C. Et quæ me cogit necessitas, ut contra alios promam sententiam? A. Disputationis ordo et ratio veritatis. An ignoras omne quod dicitur, aut esse, aut non esse; et aut inter bona, aut mala debere numerari? Hoc ergo de quo interrogo, aut bene dici, aut male, ingratis tibi fatendum est. C. Si in singulis rebus quas gerimus, Dei utendum est adjutorio, ergo et calamum temperare ad scribendum, et temperatum pumice terere, manumque aptare litteris, tacere, loqui, sedere, stare, ambulare, currere, comedere, jejunare, flere, ridere, et cætera hujuscemodi, nisi Deus juverit, non poterimus? A. Juxta meum sensum non posse perspicuum est. C. In quo igitur liberum habemus arbitrium, et Dei in nos gratia custoditur, si ne hoc quidem absque Deo possumus facere?

4. *Quomodo datum liberum arbitrium. Libertati non officit Dei gratia.* — A. Non sic donata est liberi arbitrii gratia, ut Dei per singula tollatur adminiculum. C. Non tollitur Dei adjutorium, [b] cum creaturæ ex semel dati liberi arbitrii gratia conserventur. Si enim absque Deo, et nisi per singula ille me juverit, nihil possum agere: nec pro bonis me juste operibus coronabit, nec affliget pro malis; sed in utroque suum vel recipiet, vel damnabit auxilium. A. Dic ergo simpliciter, [c] cur Dei auferas gratiam? Quidquid enim tollis in partibus, necesse est ut et in genere neges. C. Non nego gratiam, cum ita me a Deo asseram conditum, ut per Dei gratiam meæ datum sit voluntati, vel facere quid, vel non facere. A. Dormitat ergo Deus in operibus nostris, semel data liberi arbitrii potestate: nec orandus est, ut in singulis operibus nos juvet, cum voluntatis nostræ sit et proprii arbitrii, vel facere si volumus, vel non facere si nolumus.

700 5. C. Quomodo in cæteris creaturis conditionis ordo servatur: sic concessa semel liberi arbitrii potestate, nostræ voluntati omnia derelicta sunt. A. Ergo, ut dixi, non debeo a Deo per singula auxilium deprecari, quod semel meo datum est judicio? C. Si in omnibus ille cooperatur, non est meum, sed ejus qui adjuvat, immo qui in me cooperatur: præsertim cum absque eo facere nihil possim. A. Oro te, [d] *non legisti: Non enim volentis neque currentis, sed miserentis est Dei* (*Rom.* ix, 16)?

---

[a] Vid. rursus Augustin. librum de Gestis Pelagii c. 10, n. 22, et 14, n. 30.

[b] Al., *cum creaturæ hoc semel dati liberi arbitrii gratia conservetur.*

[c] Victorius e vetustis exemplaribus emendandum contendit, *quod Dei auferas*, etc., pro *cur*, etc.

[d] Vatic., *nonne legisti*, quo loco satis antiqua manu hæc additur ad marginem nota: *Augustinus de*

Ex quibus intelligimus nostrum quidem esse velle et currere; sed ut voluntas nostra compleatur et cursus, ad Dei misericordiam pertinere, atque ita fieri, ut et in voluntate nostra et in cursu, liberum servetur arbitrium, et in consummatione voluntatis et cursus, Dei cuncta potentiæ relinquantur. Scilicet nunc mihi Scripturarum testimonia replicanda sunt, quomodo per singula Dei a sanctis flagitetur auxilium et in singulis operibus suis, illo adjutore et protectore uti desiderent. Lege totum Psalterium, omnes sanctorum voces, nihil erit, nisi ad Deum in cunctis operibus deprecatio. Ex quo perspicue ostenditur, te aut Dei negare gratiam, quam tollis in partibus; aut si in partibus dederis, quod nequaquam te velle manifestum est, in nostram sententiam transire, qui sic liberum homini servamus arbitrium, ut Dei per singula adjutorium non negemus.

6. *Strangulat Pelagianorum dogma.* — C. Captiosa ista est conclusio, et de dialecticorum arte descendens. Mihi autem nullus auferre poterit liberi arbitrii potestatem, ne, si in operibus meis Deus adjutor exstiterit, non mihi debeatur merces, sed ei qui in me operatus est. A. Fruere liberi arbitrii potestate, ut contra Deum armes linguam tuam, et in eo te liberum probes, si tibi liceat blasphemare. Verum super hoc quid sentias, nulli dubium est, et præstigia confessionis tuæ apertissima luce claruerunt. Nunc revertamur ad id, unde disserere cœpimus. Die mihi, si tibi videtur, hoc quod cum Dei adjutorio paulo ante dicebas, posse hominem non peccare si velit, in perpetuum dicas, an ad tempus et breve? **701** C. Superflua interrogatio est. Si enim ad tempus et breve dixero : nihilominus referetur ad perpetuum. Quidquid enim ad breve dederis, hoc concedes et in perpetuum. A. Quid dicas, non satis intelligo. C. Itane durus es, ut manifesta non sentias ?

7. *Num ad tempus an in perpetuum abstinere homo a peccato possit.* — A. Non me pudet nescire quod nescio. Et de quo futura est disputatio, debet inter utrumque convenire quem sensum habeat. C. Ego hoc assero, qui potest uno die se abstinere a peccato, posse et altero : qui duobus, posse et tribus; qui tribus, posse et triginta ; atque hoc ordine posse et trecentis', et tribus millibus, et quamdiumcumque se voluerit [a] abstinere. A. Dic ergo simpliciter posse hominem in perpetuum esse sine peccato si velit. Possumusne omne quod volumus? C. Nequaquam. Neque enim possum quidquid voluero ; sed hoc solum dico, hominem sine peccato posse esse, si velit. A. Quæso ut mihi respondeas. Hominem me putas, an belluam? C. Si de te ambigo, utrum homo, an bellua sis, ipse me bellum confitebor. A. Si ergo, ut dicis, homo sum, quomodo cum velim, et satis cupiam non peccare; delinquo? C. Quia voluntas imperfecta est. Si enim vere velles, vere utique non peccares. A. Ergo tu qui me arguis non vere cupere, sine peccato es, quia vere cupis? C. Quasi ego de me dicam, quem peccatorem esse confiteor, et non de paucis et raris, si qui voluerint non peccare.

8. *Ejus rei nullum exemplum.* — A. Interim ex meo tuoque judicio, et ego qui interrogo, et tu qui respondes, peccatores sumus. C. Sed possumus non esse si velimus. A. Dixi me velle non peccare, te quoque hoc sentire non dubium est. Quomodo ergo quod uterque volumus, uterque non possumus? C. Quia plene non volumus. A. Da ergo qui majorum nostrorum plene voluerint et potuerint. C. Hoc quidem non facile est ostendere. Neque enim quando dico hominem posse esse sine peccato si velit, aliquos fuisse contendo ; sed simpliciter posse esse si velit. Aliud namque est *esse posse*, quod [b] Græce dicitur τῇ δυνάμει (*possibilitate*); aliud est *esse*, quod ipsi appellant τῇ ἐνεργείᾳ (*actu ipso*). Possum esse medicus; sed interim non sum. Possum esse faber; sed necdum didici. Quidquid igitur possum : licet **702** necdum sim, tamen ero si voluero.

9. *Quod futurum numquam est, an possibile sit.* — A. Aliud sunt artes, aliud id quod [c] per artes est. Medicina et fabrica, et artes cæteræ inveniuntur in plurimis : sine peccato autem esse perpetuo, divinæ solius est potestatis. Itaque aut da exemplum qui absque peccato fuerint in perpetuum : aut si dare non potes, confitere imbecillitatem tuam, et noli ponere in cœlum os tuum, ut per esse, et esse posse; stultorum illudas auribus. Quis enim tibi concedet, posse hominem facere quod nullus umquam hominum potuerit? Ne [d] tu dialecticis imbutus quidem es? Si enim potest homo, non posse tollitur. Si autem non potest, posse subvertitur. Aut concede mihi aliquem potuisse, quod fieri posse contendis : aut si nullus hoc potuit, invitus teneberis, nullum posse, quod possibile jactitas. Inter Diodorum et Chrysippum valentissimos dialecticos περὶ δυνατοῦ ista contentio est. Diodorus id solum posse fieri dicit; quod aut sit verum, aut verum futurum sit. Et quidquid futurum sit, id fieri necesse esse. Chrysippus autem non sit futurum, id fieri non posse. Chrysippus vero et quæ non sunt futura, posse fieri dicit: ut frangi hoc margaritum, etiam si id numquam futurum sit. Qui ergo aiunt hominem posse esse absque peccato si velit, non poterunt hoc verum probare, nisi futurum docuerint. Cum autem futura incerta sint omnia, et maxime ea quæ numquam facta sunt, perspicuum

---

Spiritu et littera : *Ecce Deus agit ut velimus et credamus; sed consentire, vel dissentire vocationi, propriæ voluntatis est.*

[a] In aliis libris *voluerit observare.*

[b] *Græce dicitur* τῇ δυνάμει. Depravate verba Græca semper edita invenies apud Erasmum et Marianum, qui legunt hoc loco δύναμις pro τῇ δυνάμει et ἐνέργεια pro τῇ ἐνεργείᾳ; et infra contrario sensu περὶ ἀδυνάτου, pro περὶ δυνατοῦ. MARTIAN.

[c] Victor. cum antiqua edit., *quod super artes est.*

[d] Confer S. Augustinum, lib. III *de Peccatorum meritis.* Mox Victorius, *An tu dialecticis ne imbutus quidem es?*

est eos id futurum dicere, quod non sit futurum; Ecclesiaste hanc confirmante sententiam: *Omne quod futurum est, jam factum est in priori saeculo.*

10. *Possibilia Dei mandata.* — C. Oro te, ut hoc mihi respondeas: possibilia Deus mandata dedit, an impossibilia? A. Cerno quo tua tendat assertio. Sed de hoc in posterioribus disserendum est, ne dum miscemus quaestionibus quaestiones, obscuram audientibus intelligentiam relinquamus. Reservato igitur hoc quod fatemur possibilia Deum dedisse mandata, ne ipse auctor injustitiae sit, si id exigat fieri, quod fieri non potest: nunc illud imple quod proposueras, posse hominem sine peccato esse si velit. Aut enim dabis eos qui potuerunt; aut si nullus potuit, liquido confiteberis hominem in perpetuum vitare peccata non posse. C. Quoniam urges me, ut dem quod dare non debeo, illud, quaeso, considera, quod Dominus dixerit facilius camelum per foramen acus intrare posse, quam divitem in regnum coelorum (*Mat.* XIX *et Marc.* X). Et tamen dixit fieri posse, quod numquam factum est. Neque enim camelus umquam per foramen acus ingressus est. A. Miror hominem prudentem proposuisse testimonium, quod contra se faciat. In hoc enim non quod fieri possit, dictum est, sed impossibile impossibili comparatum. Quomodo enim camelus non potest intrare per foramen acus, ita et dives non ingredietur in regna coelorum. Aut si potueris ostendere, quod dives ingrediatur regna coelorum, sequitur ut et camelus intret per foramen acus. Nec mihi Abraham et caeteros, quos in veteri Testamento divites legimus, exemplo proponas, qui divites ingressi sunt regna coelorum, cum ipsi [*Al.* ipsius] divitiis ad bona utentes opera, divites esse desierint; immo cum non sibi, sed aliis divites fuerint, et dispensatores magis Dei, quam divites appellandi sint. Sed nobis Evangelica perfectio requirenda est, in qua praecipitur: *Si vis perfectus esse, vade et vende omnia quae habes, et da pauperibus, et veni, sequere me* (*Matth.* XIX, 21).

11. *Respondet objectioni ex Domini sententia. Diluit exempla de Job, Zacharia et Elisabeth.* — C. Dum nescis, proprio captus es laqueo. A. Quonam modo? C. Ex sententia Domini asseris posse hominem esse perfectum. Quando enim dicit: *Si vis perfectus esse, vende omnia quae habes, et da pauperibus, et veni, sequere me,* ostendit hominem, si voluerit, et fecerit quae praecepta sunt, posse esse perfectum. A. Validissimo quidem pugno me percussisti, ita ut caligo mihi ante oculos obversari coeperit: sed tamen hoc ipsum quod dicit: *Si vis perfectus esse,* ei dicitur, qui non potuit, immo noluit: et idcirco non potuit. Tu autem ostende mihi, qui et voluerit et potuerit, quod nunc pollicitus es. C. Quae enim me cogit necessitas ostendere, qui perfecti fuerint, cum perspicuum sit posse esse perfectos, ex eo quod uni a Salvatore sit dictum, et per unum omnibus, *si vis esse perfectus.* A. Tergiversaris: in eodem luto haesitas. Aut enim quod potest fieri, aliquando factum est: aut si numquam factum est, fieri non posse concede.

12. C. Quid ultra differo? Scripturarum auctoritate vincendus es. Ut caetera intermittam, nonne his duobus testimoniis tibi imponetur silentium, in quibus Job et Zacharias, Elisabethque laudantur? Nisi enim fallor in Job ita scriptum est: *Homo quidam erat* [a] *in regione Ausitide* [*Al.* Hus], *nomine Job, et erat homo ille verax et sine crimine, verus Dei cultor, abstinens se ab omni re mala* (*Job.* I, 1, sec. LXX). Et iterum: *Quis est qui arguit justum* [b] *sine peccato, et loquitur verbis suis per ignorantiam?* In Evangelio quoque secundum Lucam: *Fuit in diebus Herodis regis Judae sacerdos quidam nomine Zacharias, de vice Abia, et uxor illi de filiabus Aaron, et nomen illius Elisabeth. Erant autem ambo justi ante Deum, incedentes in omnibus mandatis et justificationibus Domini, sine querela* (*Luc.* I, 5 seqq). Si verus Dei cultor est, et immaculatus, ac sine crimine: et qui ambulabant in cunctis justificationibus Domini, justi sunt in conspectu ejus, puto quod peccato careant, et nulla re indigeant, quae ad justitiam pertinet. A. Proposuisti testimonia quae non de alterius Scripturae loco, sed de propriis libris absoluta sunt. Nam et Job postquam percussus est plaga multa adversus Dei sententiam, provocans eum ad judicium, dixisse convincitur: *Atque utinam sic judicaretur vir cum Deo, quomodo judicatur filius hominis cum collega suo* (*Job.* XVI, 22)! Et iterum: *Quis mihi tribuat auditorem, ut desiderium meum omnipotens audiat, et librum scribat ipse qui judicat* (*Job.* XXXI, 35)? Et rursum: *Si enim fuero justus, os meum impia loquetur, et si absque crimine, pravus inveniar: et si purificatus nive et lotus manibus, satis me sorde tinxisti. Exsecratum est* [c] *me vestimentum meum* (*Job.* IX, 20, 21). Et de Zacharia scriptum est quod, Angelo nativitatem filii pollicente, dixerit: *Unde hoc sciam? Ego enim sum senex, et uxor mea processit in diebus suis;* ob quae statim silentio condemnatur: *Eris tacens et loqui non poteris usque ad diem, quo fient haec, quia non credidisti verbis meis quae implebuntur in tempore suo* (*Luc.* I, 18, 20). Ex quo perspicuum est, justos quidem et immaculatos dici; sed si negligentia subrepserit, posse concidere, et semper hominem in meditullio positum, ut et de virtutum culmine ad vitia delabatur, et de vitiis ascendat ad sublimia; et numquam eum esse securum, sed semper metuere in tranquillitate naufragium: ac per hoc hominem sine peccato esse non posse, dicente Salomone: *Non est homo justus super terram, qui faciat bonum, et non peccet* (*Eccl.* VII, 21). Et eodem in Regum libro: *Neque enim est homo qui non peccet* (III *Reg.* VIII, 46). Ac beato Dameum sine peccato.

[a] *In regione Ausitide.* Ita legunt omnes mss. codices juxta LXX. Editi libri falso *Hus* posuerunt pro *Ausitide.* MARTIAN.

[b] Reginae ms. cum veteri edit. et Victorio, *justum*

[c] Vetus editio, et Erasmus, quem Victorius castigat, *in me.*

vid: *Delicta quis intelligit? ab oculis meis munda me* [a] *et ab alienis parce servo tuo* (Psal. xviii, 13). Et iterum: *Ne intres in judicium cum servo tuo, quia non justificabitur in conspectu tuo omnis vivens* (Psal. cxlii, 2). Et multa alia quibus Scripturæ sanctæ plenæ sunt.

13. *Explodit argumentum ex Evangelio Joannis.* — C. Quid ergo respondebis ad illud exemplum quod ponit Evangelista Joannes, *Scimus quod omnis qui natus est ex Deo, non peccat; sed generatio Dei conservat eum, et malignus non tangit eum? Scimus quoniam ex Deo sumus, et mundus totus in maligno positus est* (I Joan. iii, 9). A. Par pari referam, et parvam Evangelistæ Epistolam, secundum sensum tuum docebo sibi esse contrariam. Si enim omnis qui natus est ex Deo, peccatum non facit : quoniam semen ejus manet in eo, et non potest peccare, quia ex Deo natus est, qua consequentia idem in eodem loco loquitur : *Si dixerimus quoniam peccatum non habemus, ipsi nos seducimus, et veritas in nobis non est* (I Joan. i, 8)? Ignoras rationem, hæsitas atque turbaris. Audi eumdem Evangelistam : *Si confiteamur peccata nostra, fidelis et justus est, ut dimittat nobis peccata nostra, et mundet nos ab omni iniquitate* (Ibid., 9). Tunc ergo justi sumus, quando nos peccatores fatemur, et justitia nostra non ex proprio merito, sed ex Dei consistit misericordia, dicente sancta Scriptura : *Justus accusator sui est in principio sermonis* (Prov. xviii, 17). Et in alio loco : *Dic tu peccata tua, ut justificeris* (Isai. xliii, 26, *sec*. LXX). *Conclusit enim Deus omnia sub peccato, ut omnibus misereatur* (Galat. iii, 22). Et hæc hominis summa est justitia, quidquid potuerit habere virtutis, non suum putare esse, sed Domini qui largitus est. Qui ergo natus est ex Deo, non peccat, quamdiu semen Dei manet in eo, et non potest peccare, quia ex Deo natus est. Sed quia in agro Dominico (*Matth*. xiii), dormiente patrefamilias, inimicus homo zizania superseminat, et frumento bono, dum nescimus, lolium avenasque steriles sator nocturnus interserit : ideo parabola ista Evangelici patrisfamilias formidanda est; qui purgat aream, et frumento horreis condito, paleas ventorum flatibus dispergendas et urendas ignibus derelinquit. Unde et in Jeremia scriptum legimus : *Quid paleis ad frumentum, dicit Dominus* (Jerem. xxiii, 28)? Paleæ autem a frumento in consummatione sæculi separantur. Ex quo approbatur dum sumus in corpore isto mortali, [b] mixtos esse cum tritico. Quod si opposueris quare dixerit : *Et non peccat peccare, quia ex Deo natus est*: audies, et ubi erit præmium voluntatis ? Si enim ideo non peccat, quia peccare non potest, liberum tolletur arbitrium, et nequaquam nostrum fiet, sed naturæ bonum, quæ peccata non capiet.

14. *Duo alia ex Veteri ac Novo Testamento.* — C. Dudum faciliora proposui, ut te ad majora exercerem. Quid ad illud dicere potes, quod quamvis sis ingeniosus, nulla valebis arte subvertere ? Primum ponam de veteri Testamento, deinde de novo. Veteris Testamenti princeps Moyses est ; novi, Dominus atque Salvator. Moyses loquitur ad populum : *Perfecti estote in conspectu Domini Dei vestri* (Deut. xviii, 13). Et Salvator ad Apostolos : *Estote perfecti sicut Pater vester cœlestis perfectus est* (Matth. v, 48). Aut enim possibile est audientibus facere quod Moyses et Dominus præceperunt : aut si impossibile est, non est culpa eorum qui obedire non possunt, sed ejus qui impossibilia præcepit. A. Hic locus apud imperitos, et Scripturarum sanctarum meditationem usumque et scientiam non habentes, videtur opinioni tuæ prima fronte blandiri. Cæterum discussus facile solvitur. Et cum testimonia Scripturarum aliis comparaveris testimoniis, ne sibi Spiritus sanctus pro qualitate locorum et temporum videatur esse contrarius, secundum illud quod scriptum est : *Abyssus abyssum invocat in voce cataractarum tuarum* (Ps. xli, 8), tunc veritas apparebit, hoc est, Christum possibilia præcepisse dicentem : *Estote perfecti sicut Pater vester cœlestis perfectus est* ; et tamen Apostolos non fuisse perfectos. C. Non dico quid Apostoli fecerint, sed quid Christus præceperit. Neque enim culpa imperantis est, sed eorum qui audierunt imperium, quod utique potuisse fieri ex justitia ejus qui imperabat, agnoscitur. A. Pulchre. Nolo ergo mihi dicas posse hominem sine peccato esse si velit : sed posse hominem id esse quod Apostoli non fuerunt. C. Tam stultum me putas, ut audeam hoc loqui? A. Licet non loquaris : tamen ex propositione tua, ipsa consequentia et rerum ordine invitus hoc loqueris. Si enim potest esse homo sine peccato, quod Apostolos non fuisse perspicuum est, posset esse super Apostolos homo : ut taceam de Patriarchis et Prophetis, quorum in Lege non fuit perfecta justitia, secundum illud Apostoli : *Omnes enim peccaverunt, et indigent gloria Dei : justificati gratis per* [c] *Dei gratiam, per* [Al. add. *ipsius*] *redemptionem quæ est in Christo Jesu : quem proposuit Deus propitiatorem* (Rom. iii, 23, 24).

14. *Opponit testimonium Pauli ad Philipp.* — C. Hæc argumentatio tortuosa est, Ecclesiasticam simplicitatem inter philosophorum spineta concludens. Quid Aristoteli et Paulo ? Quid Platoni et Petro ? Ut ille enim princeps philosophorum, ita hic Apostolorum fuit, super quem Ecclesia Domini stabili mole fundata est, quæ nec impetu fluminis, nec ulla tempestate concutitur. A. Rhetoricaris, et dum mihi objicis philosophiam, ad Oratorum castra transcendis. Verum audi quid idem dicat Orator tuus: « Desine communibus locis : domi nobis ista nascuntur.» (Cic. lib. iv Acad. Quæst.). C. Nulla hic eloquentia est, nullus Oratorum tumor, quorum definitio est, dicere ad persuadendum accommodate, sed puram

---

[a] In plerisque libris additur *Domine*, Hebræo et Græco textu renuente.
[b] Victorius *mixtas* voluit, scilicet *paleas*.

[c] Idem legit *justificati gratis per gratiam ipsius*; cui et Græc. consentit, δικαιούμενοι δωρεὰν τῇ αὐτοῦ χάριτι.

puro sermone quærimus veritatem : Aut Dominum non impossibilia præcepisse, ut sint in culpa qui possibilia non fecerint : aut si non possunt fieri, non eos qui impossibilia non faciunt; sed eum qui impossibilia præcepit, quod nefas dictu sit, convinci injustitiæ. *A.* Video te contra mores tuos vehementer esse commotum, et propterea argumentari desinam. Sed parumper te interrogabo, quid de illo Apostoli loco sentias, quem scribit ad Philippenses : *Non quia jam accepi, aut jam perfectus sim. Persequor autem si comprehendam : in quo* [a] *apprehensus sum a Christo. Fratres, ego me necdum arbitror comprehendisse. Unum autem, posteriorum obliviscens, ad ea quæ priora sunt me extendens, juxta propositum sequor, ad bravium supernæ vocationis Dei in Christo Jesu. Quotquot ergo perfecti, hoc sapiamus; et si quid aliter sapitis, hoc ergo quoque Deus vobis revelabit* (Philipp. III, 12 seqq.), et cætera, quæ te scire non dubito et nos brevitatis studio præterimus. Dicit se necdum comprehendisse, et nequaquam esse perfectum, sed instar sagittarii ad propositum et ad signum jacula dirigere, quem [*Al.* quod] significantius Græci σκόπον nominant, ne sagitta ad partem declinans alteram, imperitum ostendat sagittarium. Et asserit præteritorum se semper oblivisci, et ad priora semper extendi : per quæ docet præterita negligenda, et futura cupienda ; ut quod hodie perfectum putavit, dum ad meliora et priora extenditur, cras imperfectum fuisse convincat. Atque ita per singulos gradus, dum numquam in statione, sed semper in cursu est, imperfectum doceat, quod homines putabamus esse perfectum : solamque perfectionem et veram justitiam, Dei tantum virtutibus coaptandam. *Secundum propositum,* inquit, *persequor ad bravium supernæ vocationis Dei in Christo Jesu.* O apostole Paule, ignosce mihi quasi homunculo mea vitia confitenti, si audacter interrogem. Dicis te necdum accepisse, et necdum comprehendisse, et necdum esse perfectum, et præteritorum semper oblivisci, et ad priora te extendi ; si quo modo possis occurrere in resurrectione mortuorum, et consequi bravium supernæ vocationis. Et quomodo statim infers : *Quotquot ergo perfecti* [*Al.* add. *sumus*]*, hoc sapimus,* sive *sapiamus?* diversa enim sunt exemplaria : et quid sapimus, sive sapiamus, nos esse perfectos? comprehendisse quod non comprehendimus, accepisse quod non accepimus, esse perfectos qui nondum perfecti sumus? Quid ergo sapimus, immo quid sapere debemus qui perfecti non sumus? Imperfectos nos esse confiteri, et necdum comprehendisse, necdum accepisse. Hæc est hominis vera sapientia, imperfectum esse se nosse : atque, ut ita loquar, cunctorum in carne justorum imperfecta perfectio est. Unde et in Proverbiis legimus : *Ad intelligendam justitiam veram* (*Prov.* I, 3, sec. LXX). Nisi enim esset et falsa justitia, numquam Dei vera justitia diceretur. Et in eodem Apostoli loco sequitur : *Et si quid aliter sentitis et hoc vobis Deus* [b] *revelabit* (*Phil.* III, 15). Rem novam audio. Qui paulo ante dixerat, *Non quia jam accepi, aut jam perfectus sum,* et vas electionis, qui pro confidentia habitantis in se Christi audebat loqui : *An experimentum quæritis ejus, qui in me loquitur Christus* (II *Cor.* XIII, 3)? et tamen simpliciter fatebatur se non esse perfectum : nunc quod sibi proprie denegabat, mittit in turbam, jungitque se cum cæteris, et ait : *Quotquot ergo perfecti, hoc sapiamus.* Sed qua ratione hoc dixerit, exponit in sequentibus. Hoc, inquit, sapiamus, qui volumus secundum humanæ fragilitatis modulum esse perfecti, necdum nos accepisse, necdum comprehendisse, necdum esse perfectos. Et quia necdum perfecti sumus, et forsitan aliter sapimus, quam poscit vera et perfecta perfectio : si quid aliter sapimus, et aliter intelligimus, quam Dei habet scientia ; et hoc nobis Deus revelabit, ut precemur cum David, atque dicamus : *Revela oculos meos, et considerabo mirabilia de Lege tua* (*Ps.* CXVIII, 18).

15. *Duplex perfectio, et justitia.* — Ex quo perspicuum est, duas in Scripturis sanctis esse perfectiones ; duasque justitias, et duos timores. Primam perfectionem et comparabilem veritatem perfectamque justitiam, [c] et timorem, qui est initium sapientiæ, Dei virtutibus coaptandam ; secundam autem, quæ non solum hominibus, sed et omni creaturæ competit, et fragilitati nostræ, juxta illud quod in Psalmis dicitur : *Non justificabitur in conspectu tuo omnis vivens* (*Ps.* CXLII, 2) : [d] eam justitiam, quæ non comparatione, sed Dei scientia, dicitur esse perfecta. Job quoque et Zacharias et Elisabeth justi dicti sunt, secundum [e] eam justitiam, quæ possit in injustitiam aliquando mutari, et non secundum illam,

---

[a] Iterum Victor., *in quo et apprehensus sum,* cum Græco ἐφ' ᾧ καὶ κατελήφθην.

[b] Reginæ ms. secunda manu hic atque infra cum veteri editione, *revelavit.*

[c] In Reginæ ms. isthæc, *et timorem, qui est initium sapientiæ,* et consequenter *non solum hominibus, sed omni creaturæ,* punctis subnotantur, quasi expungenda ac repudianda ; in Victorii autem editione, quemadmodum et in veteri illa ante Erasmum, qua sæpius utimur, penitus desiderantur. Martianæus reposuit, et vitiose præterea legit, *initium sapientiæ Dei, virtutibus coaptandam,* cum perspicuum sit, *Dei* nomen ad vocem *virtutibus* referendum esse, non ad *sapientiæ.* Nam et paulo superius quoque dictum est, *solam perfectionem et veram justitiam, Dei tantum virtutibus coaptandam,* non *justitiam Dei tantum virtutibus,* etc.

Ad hæc voci *hominibus* addidit *sanctis,* quod in nullis mss. invenimus. Hæc nos paulisper emendamus e Vaticano, e cujus dumtaxat fide in textu retinuimus ; cæterum laciniosum sermonem esse, turbatumque sensum, omnibus patet, ex his maxime quæ subsequuntur. Facile verba aliquot exciderunt, quæ mss. indicant.

[d] Idem Reginæ ms., *ad eam justitiam,* quemadmodum et Victorius legit. Legendum porro videatur contrario sensu, *eam justitiam, quæ comparatione, sed Dei scientia dicitur esse perfecta.*

[e] *Eam justitiam,* etc. Locus multum depravatus, quia multum tenebrosus et varius in mss. codicibus. Duo ita legunt post Scripturæ versiculum : *ad eam justitiam, quæ possit in injustitiam aliquando mutari,* etc., et omittunt, *quæ non comparatione, sed Dei*

quæ numquam mutari potest, ᵃ *de qua dicitur :* Ego Deus, *et non mutor (Malach.* III, 6.) Et hoc est quod Apostolus alio loco scribit : *Etenim non est glorificatum, quod glorificatum est propter excellentem gloriam* (II *Cor.* III, 10), quod videlicet Legis justitia ad comparationem Evangelicæ gratiæ, non videatur esse justitia. *Si enim,* ait, *quod destruitur gloriosum est, multo magis quod* **710** *permanet, erit in gloria (Ibid.,* 11). Et iterum : *Ex parte scimus, et ex parte prophetamus. Cum autem venerit quod perfectum est, destruentur illa quæ ex parte sunt* (I *Cor.* XIII, 9). Et, *Videmus nunc per speculum et in ænigmate, tunc autem facie ad faciem. Nunc cognosco ex parte, tunc cognoscam sicut et cognitus sum* (Ibid., 11). Et in Psalmis : *Mirabilis facta est scientia tua ex me, confortata est, et non potero ad eam* (*Ps.* CXXXVIII, 6). Et iterum : *Existimabam cognoscere hoc ; labor est in conspectu meo, donec introeam in sanctuarium Dei, et intelligam in novissimis eorum* (Ps. LXXII, 16, 17). Et in eodem loco: *Ut jumentum factus sum apud te, et ego semper tecum* (*Ibid.*, 25). Et Jeremias : *Stultus factus est omnis homo a scientia* (*Jerem.* x, 14). Et idem Paulus apostolus : *Fatuum*, inquit, *Dei sapientius est hominibus* (I *Cor.* I, 25). Et multa alia, quæ studio brevitatis omitto.

16. *Justus hominum comparatione, non Dei dicitur.* —C. Argute quidem, mi Attice, memoriterque dixisti. Sed labor tuus et multiplex testimoniorum replicatio, meæ parti proficit. Neque enim ego hominem Deo comparo, sed aliis hominibus, quorum collatione, qui studium dederit, potest esse perfectus. Ac per hoc quando dicitur, homo potest esse sine peccato si voluerit, juxta mensuram hominis, non juxta Dei dicitur majestatem, cujus comparatione nulla creatura potest esse perfecta. A. O Critobule, hæc memorans mecum facis. Et ego enim hoc sentio, nullam creaturam secundum veram consummatamque justitiam, posse esse perfectam. Cæterum alium differre ab alio, et diversas esse in hominibus justitias, nulli dubium est : et vel majorem esse alium vel minorem, et tamen secundum statum et mensuram suam posse ᵇ *justos nominari, qui aliorum comparatione justi non sunt.* Verbi gratia, Paulus apostolus, vas electionis, qui plus omnibus Apostolis laboravit, utique justus erat scribens ad Timotheum : *Certamen bonum certavi, cursum consummavi, fidem servavi ; de cætero reposita est mihi corona justitiæ, quam reddet mihi Dominus* **711** *in illa die justus judex : non solum autem mihi, sed et omnibus qui diligunt adventum ejus* (II *Tim.* IV, 7, 8). Justus erat et Timotheus discipulus ejus et imitator, quem docet quid agere debeat, et quem scientia dicitur esse perfecta. Job quoque et Zacharias et Elisabeth justi dicti sunt secundum eam. Sensus liquidus esse potest ex consequentibus, ubi justitia aliqua dicitur perfecta comparatione facta inter homines ; quæ nulla esse potest juxta Dei majestatem et scientiam. Prima igitur justitia, de qua hic Hieronymus, est ea, quæ Virtutibus et Angelis beatis coaptanda est ; sive incomparabilis perfectio, et justitia Dei : secunda autem, quæ competit nostræ fragilitati, ea modum tenere virtutum. Putamusne unam et eamdem in utroque fuisse justitiam, et non plus habere meritorum eum, qui plus omnibus laboravit? *Multæ mansiones sunt apud Patrem* (Joan. XIV, 2), quia et merita diversa. *Stella a stella differt in claritate* (I *Cor.* XV, 41), et in uno Ecclesiæ corpore membra diversa sunt. Habet sol fulgorem suum, luna quoque noctis tenebras temperat : et quinque sidera alia, quæ vocantur errantia, diversis et cursibus et luminibus cœlum peragrant. Innumerabiles sunt aliæ stellæ, quas micare in firmamento cernimus. In singulis diversa sunt lumina, et tamen in suo unaquaque perfecta est, ita dumtaxat, ut comparatione majoris, perfectione careat. In corpore quoque, cujus membra diversa sunt, aliud oculus, aliud manus, aliud pes, agunt. Unde et Apostolus dicit : *Non potest oculus dicere manui, non es mihi necessaria ; aut iterum caput pedibus, non desidero operam vestram. Numquid omnes Apostoli ? numquid omnes prophetæ ? numquid omnes magistri ? numquid omnes* ᶜ *cunctas habent virtutes ? numquid omnes donationes habent sanitatum ? numquid omnes linguis loquuntur ? numquid omnes interpretantur ? Æmulamini dona majora. Omnia autem hæc operatur unus atque idem Spiritus, dividens singulis,* ᵈ *unicuique prout vult* (I Cor. XII, 21 *seqq.*). In quo diligenter attende, quod non dixerit, secundum quod unumquodque membrum cupit, sed secundum quod ipse vult Spiritus. Neque enim dicere potest vas figulo suo, quare ita vel ita me fecisti ? *An non habet figulus potestatem de eodem luto, aliud vas facere in honorem, aliud in contumeliam* (Rom. IX, 21)? Unde consequenter adjecit , *æmulamini dona majora :* ut in fide et industria plus cæteris charismatibus habere mereamur, melioresque simus his, qui comparatione nostri in secundo vel tertio gradu positi sunt. In magna domo vasa diversa sunt, alia aurea, alia argentea, ænea, ferrea, ligneaque. Et tamen secundum modulum suum, cum æneum vas perfectum sit, comparatione argentei **712** vasis imperfectum dicitur, rursumque argenteum aurei collatione deterius est. Atque hoc modo, dum sibi invicem comparantur, imperfecta et perfecta sunt omnia. In agro terræ bonæ, et ex una semente tricenarius et sexagenarius et centenarius fructus exoritur : ipsis numeris indicatur impar esse quod nascitur, et tamen in suo genere perfecta sunt singula. Elisabeth et Zacharias, quo testimonio, quasi impenetrabili uteris clypeo, nos docere possunt, quanto inferiores sunt beatæ Mariæ matris Domini sanctitate, quæ conscientia in se habitantis Dei libere proclamat : *Ecce enim ex hoc beatam me dicent* est, quæ potest mutari in injustitiam. MARTIAN.

ᵃ Iterum Reginæ ms., *et qua dicitur.*
ᵇ Fortasse legend., *posse justos nominari aliorum comparatione, qui justi non sunt.*
ᶜ Duo mss. Vatic. et Regin. *numquid omnes virtutes ? numquid,* etc.
ᵈ Reginæ ms., *dividens propria unicuique prout vult.* Vatic. *dividens singulis prout vult.*

omnes generationes. *Quia fecit mihi magna qui potens est, et sanctum nomen ejus. Et misericordia ejus a progenie in progenies timentibus eum. Fecit potentiam in brachio suo* (*Luc.* 1, 41 *et seqq.*). In quo animadverte, quod beatam se esse dicat, non proprio merito atque virtute, sed Dei in se habitantis clementia. Ipse quoque Joannes, quo major non fuit inter natos mulierum, parentibus suis melior est. Non enim solum hominibus, sed et Angelis testimonio Domini comparatur. Et tamen qui cunctis hominibus erat major in terra, minimo in regno coelorum minor fuisse perhibetur.

17. *Id etiam in collatione peccatorum intelligi.* — Quid mirum in collatione Sanctorum, alios esse meliores, et alios inferiores, cum e contrario in collatione peccatorum hoc intelligi possit? Ad Jerusalem dicitur, quae multis peccatorum erat confossa vulneribus. *Justificata est Sodoma ex te* (*Thren.* IV): non quod Sodoma per se justa sit, quae in aeternos collapsa cineres (*Gen.* XIX), audit per Ezechielem: *Sodoma restituetur in antiquum* (*Ezech.* XVI, 52): sed quod comparatione sceleratioris Jerusalem haec justa videatur. Illa enim Dei Filium trucidavit, [a] haec propter abundantiam panis, et per luxuriae magnitudinem excessit modum libidinis. Publicanus in Evangelio (*Luc.* XVIII), qui percutiebat pectus, quasi thesaurum cogitationum pessimarum, et conscientia delictorum, oculos non audebat attollere, superbientis Pharisaei collatione fit justior. Et Thamar sub specie meretricis fallit Judam, et ipsius sententia qui deceptus est, meretur audire: *Justificata est Thamar magis quam ego* (*Gen.* XXXVIII, 36). **713** Ex quibus omnibus approbatur, non solum ad comparationem divinae Majestatis homines nequaquam esse perfectos, sed ne Angelorum quidem et caeterorum hominum, qui virtutum culmina conscenderunt; cum et tu qui melior es alterius collatione, quem imperfectum esse monstraveris, rursum ab alio te praeeunte vincaris: ac per hoc non habeas veram perfectionem, quae si perfecta sit, nulla re indiget.

18. *Quomodo perfecti jubeamur esse.*—C. Et quomodo, Attice, ad perfectionem divinus sermo [b] nos provocat? A. Hac ratione qua dixi, ut secundum vires nostras unusquisque quantum valuerit extendatur, si quo modo possit pervenire, et comprehendere bravium supernae vocationis. Denique omnipotens Deus, cui docet Apostolus juxta dispensationem carnis assumptae subjiciendum Filium, *ut sit Deus omnia in omnibus* (I *Cor.* XV), perspicue demonstrat, [c] nequaquam sibi cuncta esse subjecta. Unde et Propheta subjectionem sui in finem praesumit dicens: *Nonne Deo* [d] *soli subjecta erit anima mea? ab ipso enim est salutare meum* (*Psal.* LXI, 1). Et quia in corpore Ecclesiae caput Christus est, quibusdam adhuc repugnantibus membris, videtur corpus quoque capiti non esse subjectum. Namque si patitur unum membrum, compatiuntur omnia, et totum corpus dolore unius membri cruciatur. Quod dico ita manifestius fiet. Quamdiu habemus thesaurum istum in vasis fictilibus, et fragili carne circumdamur, immo mortali et corruptibili, beatos esse nos credimus, si in singulis virtutibus, partibusque virtutum Deo subjecti simus [*Al.* sumus]. Cum autem mortale hoc indutum fuerit immortalitate, et corruptivum hoc incorruptione vestitum, et absorpta mors fuerit in Christi victoria, tunc Deus erit omnia in omnibus: ut non sit tantum in Salomone sapientia, in David animi mansuetudo, in Elia et Phinees zelus, in Abraham fides; in Petro, cui dictum est: *Simon Joannis, amas me* (*Joan.* XXI, 15), perfecta dilectio; in electionis vase studium praedicandi, et in **714** caeteris vel bina vel trina; sed totus in cunctis sit, et in omni virtutum choro Sanctorum, numerus glorietur, et sit Deus omnia in omnibus.

19. *Quamdiu vivimus cunctas virtutes habere non possumus.* — C. [e] Nullus ergo Sanctorum, quamdiu in isto corpusculo est, cunctas potest habere virtutes? A. Nullus, quia nunc ex parte prophetamus, et ex parte cognoscimus. Nec enim possunt omnia esse in omnibus hominibus: quia non est immortalis filius hominis. C. Et quomodo legimus: Qui unam habuerit, omnes [f] videtur habere virtutes? A. Participatione, non proprietate. Necesse est enim, ut singuli excellant in quibusdam; et tamen hoc quod legisse te dicis, ubi scriptum sit nescio. C. Ignoras hanc Philosophorum esse sententiam? A. Sed non Apostolorum. Neque enim mihi curae est quid Aristoteles, sed quid Paulus doceat. C. Obsecro te, nonne Jacob apostolus scribit (*Jacob.* II, 10), qui in uno offenderit, eum esse omnium reum? A. Ipse locus se interpretatur. Non enim dixit unde coeperat disputatio, qui divitem pauperi in honore praetulerit, reus est adulterii vel homicidii. In hoc enim delirant Stoici, paria contendentes esse peccata. Sed ita: *Qui dixit*, *non moechaberis*, *dixit et*, *non occides*; *quod etsi non occidis*, *moecharis autem*, *factus es transgressor legis* (*Ibid.*). Levia cum levibus, et gravia cum gravibus comparantur. Nec ferula dignum vitium, gladio vindicandum est; nec gladio dignum scelus, ferula coercendum. C. Esto, ut nullus San-

---

[a] Lacunam implere videtur Vaticanus liber, qui haec addit, *qua impietate nihil majus est; haec autem superbivit propter abundantiam*, etc.

[b] Vocalum *nos* ex Vaticano reposuimus. Mox in hactenus editis erat *unusquisque nostrorum quantum*, etc. Non displicuisset *nostrum*, vel *justorum*; sed cum neque in Vaticano, neque in Reginae ms. vox illa habeatur, satius duximus expungendam.

[c] Negandi particulam *nequaquam*, utpote sensui necessariam suffecimus ex mss. Victorius quoque interseruit (quem aliquando consulere Martianaeus debuisset) et foedum Erasmi errorem emendare professus est.

[d] Vatic., *Nonne Deo subjecta erit.*, etc., absque *sibi*, quam vocem textus nullus quod sciam, aut versio ulla recipit.

[e] Vid. librum de Gestis Pelagii cap. 14, num. 52.

[f] Verbum *videtur* in Reginae ms. desideratur. Caeterum confer Augustini Epistolam ad Hieronymum inter Hieronymianas in recensione nostra 132 de loco Jacobi, *Qui offenderit in uno factus est omnium reus*.

ctorum omnes virtutes habeat; hoc certe dabis, in eo quod potest facere, si fecerit, esse perfectum. *A.* Non tenes quid supra dixerim? *C.* Quidnam illud est? *A.* Perfectum esse in eo quod fecit, et imperfectum in eo, quod facere non potuit. *C.* Sed sicut perfectus est in eo quod fecit, quia facere voluit, ita et in eo, per quod imperfectus est, quia non fecit, perfectum esse potuisse, si facere voluisset. *A.* Quis enim non vult facere quod perfectum est? Aut quis non cunctis cupiat florere virtutibus? Si totum requiris ab omnibus, **715** tollis rerum diversitatem, et gratiarum distantiam, et Creatoris artificis varietatem, cujus sacro Propheta sonat carmine: *Omnia in sapientia fecisti* (*Psal.* CIII, 24). Indignetur lucifer, quare fulgorem lunæ non habeat. Luna super suis defectibus et labore causetur, cur annum solis circulum singulis mensibus expleat. Sol queratur, quid offenderit ut lunæ cursu tardior sit. Clamemus et nos homunculi, quid causæ exstiterit, ut homines et non Angeli facti simus: quamquam magister vester, [a] ὁ ἀρχαῖος, de cujus hæc fonte procedunt, omnes rationales creaturas æquo asserat jure conditas, ut instar quadrigarum et curruum de carceribus exeuntes, in medio spatio vel corruant, vel prætervolent, et ad optata perveniant. Elephanti tantæ molis, et gryphes in sua [b] gravitate causentur, cur quaternis pedibus incedant, cum muscæ, culicesque, et cætera hujuscemodi animantia sub pennulis senos pedes habeant, et aliqui vermiculi sint, qui tantis pedibus scateant, ut, innumerabiles simul motus, nulla acies comprehendat. Dicat hæc Marcion et omnes hæretici, qui Creatoris operibus illudunt. Vestrum decretum hucusque perveniet, ut dum singula calumniantur, manum injiciant Deo, cur solus Deus sit, cur inviderit creaturis, ut non omnes eadem polleant majestate. Quod licet non dicatis (neque enim tam insani estis, ut aperte [c] repugnetis Deo), tamen aliis verbis loquimini, rem Dei, homini copulantes, ut sit absque peccato, quod et Deus est. Unde Apostolus super diversis intonans gratiis loquitur: *Divisiones donationum sunt, idem autem Spiritus; et divisiones ministeriorum sunt, sed idem Dominus: et divisiones operationum sunt; unus autem Deus, qui operatur omnia in omnibus* (I *Cor.* XII, 4, 5).

20. *Quantum homo a Deo differat.*—*C.* Nimius es in una atque eadem quæstione, ut persuadere coneris hominem universa simul habere **716** non posse, quasi aut inviderit aut non potuerit Deus præstare imagini et similitudini suæ, ut in omnibus respondeat suo Creatori. *A.* Egone nimius, an tu? qui soluta proponis; et non intelligis aliud esse similitudinem, aliud æqualitatem: illud picturam, hoc esse [d] veritatem. Verus equus camporum spatia transvolat, pictus parieti hæret in curru. Ariani Dei Filio non concedunt, quod tu omni homini tribuis. Alii non audent perfectum in Christo hominem confiteri, ne suscipere in eo hominis peccata cogantur: quasi potentior sit creatio Creatore; et idipsum filius tantum hominis, quod Dei Filius. Aut igitur propone alia, quibus respondeam; aut desine superbire, et da gloriam Deo. *C.* Immemor es [e] responsionis tuæ; et dum argumentis argumentis connectis, ac per Scripturarum latissimos campos, infrenis equi libertate baccharis, super fortissima quæstione, cui pollicitus es te in consequentibus responsurum, omnino tacuisti, oblivionem simulans, ut necessitatem responsionis evaderes. Sed ego stultus ad horam tribui, quod petebas, existimans oblaturum sponte quod acceperas, et non admonitum reddere quod debebas. *A.* Nisi fallor, de possibilibus mandatis dilata est responsio. Pone igitur ut volueris.

21. *Quomodo possibilia mandata Dei sint.*—*C.* Aut possibilia Deus mandata dedit, aut impossibilia. Si possibilia, in nostra potestate est ea facere, si velimus. Si impossibilia, nec in hoc rei sumus, si non facimus, quod implere non possumus. Ac per hoc sive possibilia dedit Deus mandata, sive impossibilia, potest homo sine peccato esse, si velit. *A.* Quæso ut patienter audias; non enim de adversario victoriam, sed contra mendacium quærimus veritatem. Deus possibiles dedit humano [f] generi omnes artes, quippe quas plurimi didicerunt (*Plato in Symposio*): ut taceam de his, quas Græci [g] βαναύσους vocant, nos ad opera **717** manuum pertinere possumus dicere: verbi gratia, grammaticam, rhetoricam, philosophiæ tria genera, physicam, ethicam, logicam, geometriam quoque, et astronomiam, astrologiam, arithmeticam, [h] musicam, quæ et ipsæ partes philosophiæ sunt: medicinam etiam,

---

[a] Id est *antiquus*. Hoc nomine Platonem innui volebat Erasmus. Victorius et Martianæus Origenem intelligunt. Vide Garnerium Dissertat. in Marium Mercatorem. Veri etiam simile sit Ἀρχαῖον Origenem convicio quodam appellari, quod auctor exstiterit operis περὶ Ἀρχῶν; eumque festivitate quadam sermonis irrideri.

[b] Hæc videlicet celebris quæstio erat, quam et S. Barnabæ in Recognitionibus Pseudo-Clementi adscriptis Philosophi proposuerant ad illudendum. Jam antea lib. III contra Rufinum hanc sibi proponens Hieronymus, tanquam inutilem difficultatem exploserat.

[c] Editi *pugnetis*, renitentibus mss.

[d] Mss., *hoc esse corporis veritatem*.

[e] Rescribit Victorius *sponsionis* ex mss. atque ex eo, quod subdit Hieronymus, *super fortissima quæstione, cui pollicitus es, te in consequentibus responsurum, omnino tacuisti, oblivionem simulans.*

[f] Idem Victorius ex tribus Florentinis, aliisque Brixianis mss. *ingenio* scripsit, pro *generi*; ex eoque probat, quod subdit S. Doctor, *Quis nostrum, quamvis sit ingeniosus, poterit omnia comprehendere?*

[g] Vetus edit. μηχανικάς, falso. Græce autem βάναυσος proprie de iis artibus dicitur, quæ fucinæ opera, aut camini agitantur; inde vero ad quaslibet mechanicas significandas translatum est nomen, quod videlicet illiberales sint, atque earum artifices ab honoribus secluderentur. S. Clemens, epist. 1 ad Corinthios, ἀβαναύσως μεμαρτυρημένους appellat, qui *liberaliter ministrarunt*.

[h] Vocem *musicam* ante nos Victorius, ex aliis mss. suffecit. Pro Græcis verbis, quæ subsequuntur, vetus editio ad recentium medicorum sensum, e Glos-

quæ in tria dividitur, δόγμα, μέθοδον, ἐμπειρίαν : juris quoque et legum scientiam. Quis nostrum, quamvis sit ingeniosus, poterit omnia comprehendere, cum eloquentissimus Orator (*Cicero*) de rhetorica, et juris scientia disputans, dixerit : « Pauci unum possunt, utrumque nemo. » Vides ergo, quod Deus possibile jusserit, et tamen id, quod possibile est, per naturam nullum posse [*Al.* potuisse] complere. Dedit itaque præcepta diversa, virtutesque varias, quas omnes simul habere non possumus. Atque ita fit, ut quod in alio aut primum, aut totum est, in alio ex parte versetur : et tamen non sit in crimine, qui non habet omnia, nec condemnetur ex eo, quod non habet ; sed justificetur ex eo, quod possidet. Definit Apostolus, qualis episcopus esse debeat, scribens ad Timotheum : *Oportet episcopum esse irreprehensibilem, unius uxoris virum, sobrium, pudicum, ornatum, hospitalem,* ᵃ *docilem, non vinolentum, non percussorem ; sed mansuetum, non litigiosum, sine avaritia, domum suam bene regentem, filios habentem subditos cum omni pudicitia* (I Tim. III, 2 *et seqq.*). Et iterum : *Non neophytum, ne inflatus in judicium incidat diaboli. Oportet autem eum etiam testimonium de foris habere bonum, ne in opprobrium incidat, et laqueum diaboli* (*Ibid.*, 6, 7). Tito quoque scribens discipulo, quales episcopos debeat ordinare, brevi sermone demonstrat : *Ideo reliqui te Cretæ, ut quæ reliqua sunt, corrigas, et constituas per civitates presbyteros, sicut ego præcepi tibi. Si quis est sine crimine, unius uxoris vir, filios habens fideles, nec in accusatione luxuriæ, aut non subjectos. Oportet autem episcopum esse sine crimine,* sive sine accusatione (hoc enim magis ἀνέγκλητος sonat), *sicut dispensatorem Dei non protervum, non iracundum, non vinolentum, non percussorem, non turpis lucri appetitorem ; sed* **718** *hospitalem, benignum, pudicum, justum, sanctum, continentem, obtinentem doctrinæ fidelem sermonem, ut possit exhortari in doctrina sana, et contradicentes coarguere* (Tit. I, 5 *seqq.*). Ut diversarum personarum varia præcepta nunc sileam, circa mandata episcopi me tenebo.

22. *Ab exemplo virtutum, quas habere jubentur episcopi.* — Vult certe Deus tales esse episcopos, sive presbyteros, quales vas electionis docet. Primum quod dixit, *irreprehensibilis*, aut nullus, aut rarus est. Quis est enim, qui non quasi in pulchro corpore aut nævum, aut verrucam habeat ? Si enim ipse Apostolus dicit de Petro, quod non recto pede incesserit in Evangelii veritate, et intantum reprehensibilis fuerit, ut et Barnabas adductus sit in eamdem simulationem (*Galat.* II) : quis indignabitur id sibi denegari, quod princeps Apostolorum non habuit ? Deinde, *unius uxoris virum, sobrium, pudicum, ornatum, hospitalem,* ut reperias : illud certe, quod sequitur διδακτικόν, *qui possit docere* : non ut interpretatur Latina simplicitas, *docilem*, cum cæteris virtutibus difficulter invenies. *Vinolentum* quoque *et percussorem, et turpis lucri cupidum,* repudiat Apostolus : et pro his cupit *mansuetum*, absque jurgio, sine avaritia, et ut domum suam optime regat, quodque difficillimum est ; *ut filios habeat subjectos, cum omni pudicitia,* vel filios carnis, vel filios fidei. *Cum omni,* inquit, *pudicitia.* Non ᵇ ei sufficit propriam habere pudicitiam, nisi ea filiorum et comitum ac ministrorum pudore decoretur, dicente David : *Ambulans in via immaculata, hic mihi* ᶜ *ministrabit* (*Ps.* C, 6). Consideremus quoque ἐπίτασιν [*Al.* σύντασιν] pudicitiæ, *filios habentem subditos in omni pudicitia ;* ut non solum opere, sed sermone quoque et nutibus se abstineant ab impudicitiis : ne forte illud incidat Heli, qui certe increpavit filios suos dicens : *Nolite, filii mei, nolite : non bonam famam audio ego de vobis* (I *Reg.* II, 24). Corripuit, et punitus est, quia non corripere debuit, sed abjicere. Quid faciet, qui gaudet ad vitia, qui emendare non audet ? qui conscientiam ᵈ suam metuit ; et quod cunctus populus clamitat, nescire se simulat ? Quodque **719** sequitur, ᵉ ἀνέγκλητον : ut etiam a nullo accusetur : ut bonam opinionem ab his qui foris sunt habeat : ut etiam maledictis adversariorum careat ; et quibus doctrina displicet, placeat conversatio : puto quod non facile sit reperire, maximeque illud, *ut potens sit adversariis resistere, et perversas opprimere et superare doctrinas.* ᶠ Vult ut *non neophytus* episcopus ordinetur, quod videmus nostris temporibus pro summa eligi justitia. Si baptismum statim justum faceret, et omni plenum justitia, nequaquam utique Apostolus neophytum refutaret ;

---

satoris manu legit, Διαιτητικόν, id est *victus rationem ;* φαρμακευτικόν, id est *medicamenti rationem ;* χειρουργικόν, id est *operis manuarii rationem ;* juris quoque, etc.

ᵃ Mss. nostri hic atque infra *docibilem* præferunt. Paulo post vocem *bonum,* quæ ad *testimonium* refertur, non habent.

ᵇ Vatic. ms. cum Victorio et Brixianis codd. *Non enim sufficit episcopum propriam habere,* etc.

ᶜ Victor. ex Brixianis codd. *ministrabat.* Sicque est apud LXX, ἐλειτούργει. Hebræus tamen in futuro. Paulo post pro *impudicitiis* mss. nostri *impudicis* habent.

ᵈ *Qui conscientiam suam.* Marianus hic addit particulam negativam, *qui conscientiam suam non metuit,* vocatque fœdum errorem Erasmi, quod sine negatione legerit, *qui conscientiam suam metuit.* Sed errat ipse Marianus, non intelligens mentem Hieronymi, dicentis episcopum criminosum non audere vitia aliena redarguere, quia timet propriam conscientiam ; ideoque simulare se nescire, quod cunctus populus clamitat. Præterea omnes mss. codices nostri legunt sine negante particula. MARTIAN. — Vatican. *conscientiam sui metuit.* Victorius Auctoris mentem non assecutus de suo addidit negandi particulam, *non metuit,* etc.

ᵉ *Sequitur* ἀνέγκλητον. Apud Apostolum, I Tim. III, sequitur μὴ νεόφυτον, *non neophytum :* at pro eo in cunctis exemplaribus mss. lego ἀνέγκλητον, *sine crimine,* sive ut supra ait Hieronymus, *sine accusatione ;* quod convenit huic loco, *ut a nullo accusetur.* Hoc me compulit mutare veterem lectionem editorum librorum. MARTIAN. — Olim μὴ νεόφυτον, quod paulo inferius expenditur.

ᶠ Verbum *vult* mss. nostri non agnoscunt.

sed baptismus vetera peccata conscindit, novas virtutes non tribuit, dimittit e carcere, et dimisso, si laboraverit, præmia pollicetur. Aut nullus, inquam, aut rarus est, qui omnia habeat, quæ habere debet episcopus. Et tamen si unum vel duo de catalogo virtutum episcopo cuiquam defuerint, non tamen [*Al.* statim] justi carebit vocabulo: nec ex eo damnabitur, quod non habet, sed ex eo coronabitur, quod possidet. Omnia enim habere, [a] et nullo indigere, virtutis ejus est *qui peccatum non fecit, nec dolus inventus est in ore ejus; qui cum malediceretur, non* [b] *remaledixit* (1 *Pet.* II, 22): qui confidenter virtutum conscientia loquebatur: *Ecce venit princeps mundi hujus, et in me invenit nihil* (*Joan.* XIV, 30). *Qui cum esset in forma Dei, nequaquam rapinam arbitratus est æqualem se esse Deo, sed se exinanivit, formam servi accipiens, et factus est obediens usque ad mortem, mortem autem crucis. Propterea donavit ei Deus nomen, quod est supra omne nomen, ut in nomine Jesu flectant genu cælestia, terrestria, et inferna* (*Philipp.* II, 6 seqq.). Si ergo in una episcopi persona pauca præcepta aut nequaquam, aut difficulter invenies; quid facies de omni homine, qui cuncta debet implere mandata?

23. *Etiam in corporalibus non omnia omnes habere.* — Ex corporalibus consideremus spiritualia. Alius velox est pedibus, sed non fortis manu. Ille tardus incessu, sed stabilis in prælio est. Hic pulchram habet faciem, sed raucæ vocis est. Alius tetram, sed dulci modulatione cantat. Illum ingeniosum, sed obliviosum: hunc memorem, sed tardi videmus ingenii. In ipsis controversiis, in quibus quondam pueri lusimus, non omnes similiter vel in procemiis, vel in narrationibus, vel in excessibus, vel in argumentis, aut exemplorum copia, et epilogorum dulcedine se agunt: sed eloquentiæ suæ alia atque alia in parte dissimiles sunt. De viris magis ecclesiasticis loquar. Multi super Evangelia bene disseruerunt, sed in explanatione Apostoli impares sui sunt. Alii cum in Instrumento novo optime senserint, in Psalmis et veteri Testamento muti sunt. Hoc totum dico, quod *non omnia possumus omnes* (*Virg. Ecl.* VIII): rarusque aut nullus est divitum, qui in omni substantia sua paria universa possideat. Possibilia præcepit Deus, et ego fateor. Sed hæc possibilia cuncta singuli habere non possumus: non imbecillitate naturæ, ne calumniam facias Deo; sed animi lassitudine, qui cunctas simul et semper non potest habere virtutes. Quod et si in eo arguis Creatorem, quare te talem condiderit, qui deficias atque lassescas; dicam iterum, major erit reprehensio, si cum volueris accusare, quare te Deum non fecerit. Sed dices, Si non possum, ergo peccatum non habeo. Habes peccatum quare non feceris, quod alius potuit facere. Rursumque ille, cujus tu comparatione deterior es, vel tui in alia virtute, vel alterius erit collatione peccator: atque ita fit, ut quemcumque primum putaveris, minor sit eo, qui se in alia parte major est.

24. *Deus potest servare hominem sine peccato.* — C. Si non potest homo esse sine peccato, quomodo Judas scribit Apostolus: *Ei autem qui potens est vos conservare sine peccato, et constituere ante conspectum gloriæ suæ immaculatos* (*Jud.* 1, 24)? Quo testimonio comprobatur posse hominem esse sine peccato, et maculam non habere. A. Non intelligis, quæ proposueris. Neque enim homo potest esse sine peccato, quod tua habet sententia; sed potest, si voluerit Deus, hominem servare sine peccato, et immaculatum sua misericordia custodire. Hoc et ego dico, quod Deo cuncta possibilia sunt. Homini autem non quidquid voluerit possibile est; et maxime id esse, quod nullam legeris habere creaturam. C. Non dico hominem esse sine peccato, quod tibi forsitan possibile videtur; sed posse esse si velit. Aliud est enim esse, aliud posse. Esse, quærit exemplum: posse, ostendit imperii veritatem. A. Nugaris, nec meministi illius proverbii: «Actum ne agas; et in eodem cœno volutaris, immo laterem lavas.» Pro quo nihil aliud audies, nisi hoc, quod omnibus patet: rem te velle firmare, quæ nec est, nec fuit, et forsitan nec futura est. Atque ut ipso verbo utar, et stultitiam ἀσυστάτου [*Mss.* ἀσυστάτα] (*non consistentis*) argumentationis ostendam, esse posse, te aio dicere, quod esse non possit. Hoc enim, quod proposuisti, posse hominem sine peccato esse si velit, aut verum est, aut falsum est. Si verum est, ostende quis fuerit: si falsum; quidquid falsum est, numquam fieri potest. Verum hæc quasi explosa taceantur, et in scriniolis vestris tantum mussitent, publicam faciem formidantia.

25. *Librum Pelagii confutat.* — Transeamus ad alia, in quibus perpetua oratione utendum est, ita dumtaxat, ut habeas potestatem refellendi et quærendi si quid volueris. C. Audiam patienter, non enim dicam libenter; et [c] magis mirabor ingenium, cujus stupeo falsitatem. A. Utrum falsa sint an vera quæ dicturus sum, cum audieris tunc probabis. C. Loquere ut vis, mihi decretum est si respondere non potuero, magis silere, quam mendacio acquiescere. A. Quid interest utrum te tacentem, an loquentem superem, et juxta Protei fabulam vigilantem capiam, [d] an dormientem? C. Cum dixeris quæ volueris, audies quæ nequaquam velis. Veritas enim laborare potest, vinci non potest. A. Libet [e] sententias tuas parum-

---

[a] Vatic., *et nulla indigere virtute, ejus est*, etc., cui ex parte Reginæ liber consentit.

[b] Sic mss.; editi vero *maledixit.* Paulo infra Victor., *sed semetipsum exinanivit*, ex Græco ἑαυτὸν.

[c] Duo mss. nostri, *et mirabor ingenium, cujus magis stupeo falsitatem.*

[d] Vitiose Martianæus *non* pro *an*, quod mss. omnes præferunt. Victorius quoque eodem sensu *num* reposuerat. Notum porro, quod Proteum dormientem cepit

Pastor Aristæus fugiens Peneia Tempe,

quod Virgil. IV Georg. canit.

[e] Notat sententias Pelagii ex ejus libro *Eulogiarum ex Divinis Scripturis, capitulorum indiciis, in modum* (libri Testimoniorum) *S. Cypriani Martyris præsignato*, ut Gennadius loquitur cap. 42.

per discutere, ut intelligant sectatores tui, quam divinum in te mirentur ingenium. Dicis, *Sine peccato esse non posse, nisi qui scientiam legis habuerit,* per quod magnam partem Christianorum excludis a justitia, et qui prædicator es impeccantiæ, omnes prope peccatores esse pronuntias. Quotus enim quisque Christianorum habet legis scientiam, quam in multis Doctoribus Ecclesiæ; aut raro, aut difficulter invenias? Verum tu tantæ es liberalitatis, **722** ut favorem tibi apud Amazonas tuas concilies, ut in alio loco scripseris, *Scientiam legis etiam feminas habere debere:* cum Apostolus doceat esse tacendum mulieribus in Ecclesia; et si quid ignorant, domi viros suos debere consulere (1 *Cor.* xiv). Nec sufficit tibi dedisse agmini tuo scientiam Scripturarum, nisi earum voce et canticis delecteris. Jungis enim et ponis in titulo, *Quod et feminæ Deo psallere debeant.* Quis enim ignorat psallendum esse feminis in cubiculis suis, et absque virorum frequentia et congregatione turbarum? Verum tu donas quod non licet; ut quod verecunde facere debeant, et absque ullo arbitro, magistri auctoritate proclament.

26. *Item librum Pelagii confutat.* — [a] Addis præterea (*Tit.* xiii, *al.* xiv), *Servum Dei nihil amarum de ore suo, sed semper quod dulce est et suave debere proferre;* et quasi alius sit servus Dei, alius doctor et sacerdos Ecclesiæ, prioris oblitus sententiæ, ponis in alio titulo (*Tit.* xxvii, *al.* xxii), *sacerdotem sive doctorem omnium actus speculari debere, et fiducialiter corripere peccantes ne, pro iisdem rationem reddat* [Al. *reddas*], *et eorum sanguis de suis manibus requiratur.* Nec semel dixisse contentus, idipsum replicas, et inculcas (*Tit.* xxxi) *sacerdotem sive doctorem nemini adulari debere, sed audenter omnes corripere, ne et se et eos qui cum audiunt, perdat.* Tantane est in uno opere dissonantia, ut quid prius dixeris nescias? Si enim servus Dei nihil amarum de suo debet ore proferre, sed semper quod dulce et suave est: aut sacerdos et doctor servi Dei non erunt, qui fiducialiter debent corripere peccantes, et nulli adulari, sed audacter omnes increpare; aut si sacerdos et doctor, non solum servi Dei, sed inter servos ejus principalem tenent locum, frustra servis Dei blanditias et dulcedines reservasti, cum hoc propriæ hæreticorum sit, et eorum qui decipere cupiunt audientes, dicente Apostolo: *Hujusmodi enim Christo Domino nostro non serviunt, sed suo ventri. Et per dulces sermones et benedictiones* **723** *seducunt corda innocentium* (*Rom.* xvi, 18). Semper insidiosa, callida, blanda est adulatio. Pulchreque adulator apud philosophos definitur *blandus inimicus.* Veritas amara est, [b] rugosæ frontis ac tristis, offenditque correptos. Unde et Apostolus loquitur: *Inimicus vobis factus sum, veritatem dicens vobis* (*Galat.* iv, 16)? Et Comicus:

Obsequium amicos, veritas odium parit.

Quapropter et Pascha cum amaritudinibus comedimus, et vas electionis docet Pascha celebrandum in veritate et sinceritate (1 *Cor.* v); veritas in nobis sit sinceritas, et amaritudo illico consequetur.

27. *Omnia Dei voluntate regi.* — Illud vero quod in alio ponis loco (*Tit.* xxxi), *Omnes voluntate propria regi,* quis Christianorum potest audire? Si enim non unus, nec pauci, nec multi, sed omnes reguntur propria voluntate, ubi erit auxilium Dei? Et quomodo illud exponis? *A Domino gressus hominis diriguntur* (*Psal.* xxxvi, 25); et, *Non est in homine via ejus* (*Jerem.* x, 22); et, *Nemo potest quidquam accipere, nisi datum fuerit ei desuper.* Et in alio loco, *Quid enim habes quod non accepisti? Et si accepisti, quid gloriaris, quasi non acceperis* (1 *Cor.* iv, 7)? dicente Domino Salvatore: *Non descendi de cœlo, ut faciam voluntatem meam, sed voluntatem ejus qui me misit Patris* (*Joan.* v, 30). Et in alio loco: *Pater, si* [c] *fieri potest, transeat a me calix iste. Verumtamen non quod ego volo, sed sicut tu* (*Luc.* xxii, 42). Et in Oratione Dominica: *Fiat voluntas tua, sicut in cœlo et in terra* (*Matth.* vi, 10). Qua sententiæ temeritate aufers Dei omne præsidium? Et quod in alio loco frustra conaris adjungere, [d] *Non absque Dei gratia,* quomodo sentiri velis, ex hoc loco intelligitur, dum gratiam ejus non ad singula refers opera, sed ad conditionis ac legis et liberi arbitrii potestatem.

28. *Impiorum et iniquorum diversitas.* — Illud vero quod in sequenti ponis capitulo (*Tit.* lxii, *al.* lxxii): *In die judicii iniquis et peccatoribus non parcendum, sed æternis eos ignibus exurendos,* ferre quis potest, [e] *et interdicere te misericordiam Dei, et ante diem judicii de sententia judicis* **724** *judicare,* ut si voluerit

---

[a] Numerum uniuscujusque tituli addit vetustissimus Reginæ ms. quemadmodum ante Erasmum editi. Atque esset quidem operæ pretium singula Pelagiani libri capitula, e quibus sententiæ istæ proferuntur, in textu repræsentare, quod simile est factum ab Hieronymo. Sed cum numeri notationem nullam habeant alia quædam exemplaria antiquissima, tum quæ habent, in numericis notis interdum dissideant, ipse vero hæresiarchæ liber jamdiu perierit, neque adeo in promptu sit lectionem ex illo asserere, satius duximus notas illas ex Regio cod. in margine apponere, variantibus tantummodo subnotatis.

[b] Vatican., *rugosa frons ac tristis offendit utique correptos,* etc.

[c] Quidam mss., *si possibile est:* mox Vatic. cum Regio, *non quod ego volo, sed tu. Denique, sicut in cœlo, ita et in terra.*

[d] Vid. librum de Gestis Pelagii cap. 3, n. 5, et seq. Pro *sentiri,* quod præferunt mss., erat *sentire.* Patet vero maxime ex sequentibus Pelagianos ea sententia gratiæ necessitatem tollere voluisse.

[e] Voculam *et* rectius mss. ignorant. Porro falsa hæc erat Pelagii propositio, quia nimium generalis, et absoluta, neque distinguebat inter graviorum, et leviorum criminum reos. Præterea Pelagiani, ut infra ostendemus ex Epist. Hilarii Syracusani ad Augustinum, iniquos et peccatores appellabant eos, qui in divitiis permanerent, etiamsi de ipsis divitiis eleemosynas, et alia opera bona facerent; sicque ad majora et perfectiora hortabantur, ut a minoribus deterrerent. Vid. infra, lib. ii, sub finem; librum quoque de Gestis Pelagii, cap. 3, num. 9.

iniquis et peccatoribus parcere, te præscribente, non possit? Dicis enim : « Scriptum est in centesimo tertio psalmo : *Deficiant peccatores a terra et iniqui, ita ut non sint.* Et in Isaia : *Comburentur iniqui et peccatores simul, et qui relinquunt Deum, consummabuntur.* » Et non intelligis comminationem Dei interdum sonare clementiam? Non enim dicit [a] eos æternis ignibus exurendos, sed a terra deficere, et iniquos esse cessare. Aliud enim est ipsos a peccato et iniquitate desistere, et aliud ipsos perire in perpetuum, et æternis ignibus concremari. Denique Isaias de quo ponis testimonium, *Comburentur,* inquit, *peccatores et iniqui simul :* non addit, *in æternum. Et qui relinquunt Deum, consummabuntur.* Proprie hoc de hæreticis loquitur, qui rectum fidei tramitem relinquentes consummabuntur, si noluerint ad Dominum reverti, quem dereliquerunt. Quæ sententia et tibi parata est, si neglexeris ad meliora converti. Deinde cujus est temeritatis, iniquos et peccatores impiis jungere; qui a nobis sic definiuntur. Omnis [b] impius iniquus est et peccator, nec reciprocatur, ut possimus dicere, omnis peccator et iniquus etiam impius est. Impietas enim proprie ad eos pertinet, qui notitiam Dei non habent, vel cognita transgressione mutarunt. Peccatum autem et iniquitas pro qualitate vitiorum, post peccati et iniquitatis vulnera, recipit sanitatem. Unde scriptum est : *Multa flagella peccatoris* (*Ps.* xxxi, 10) : et non interitus sempiternus. Et per omnia flagella atque cruciatus emendatur Israel. *Quem enim diligit Dominus corripit : flagellat autem omnem filium quem recipit* (*Hebr.* xii, 6). Aliud est cædere magistri et parentis affectu : aliud contra adversarios crudeli animo desævire. Quam [c] ob causam, et in primo Psalmo canitur : *Quoniam non re-*

[a] Quod deerat *eos* sufficitur e mss. et Victorio.
[b] Iisdem pene verbis S. Hilarius in psal. i : *Non omnis, qui peccator est, et impius est : impius autem non potest non esse peccator,* etc.
[c] Quod caute legendum monet Martianæus, locum adducit Servatus Lupus in *Collectaneo de tribus quæstionibus,* ut suam de Prædestinatione sententiam probet : in quem sensum alia ex Hieronymo testimonia ex tertio hujus operis libro in fine, atque ex Commentariis in Isaiam recitat. Hinc certe hausit Pseudo-Hieronymus in Breviario in Psalterium : *Non dixit, quia non resurgant, sed quia in judicio non resurgunt; jam enim de his præjudicatum est.*
[d] Innuit proceris staturæ hominem fuisse Pelagium, quem et in Præfat. lib. iii in Jeremiam vocat *Alpinum* (leg. *Albinum*) *canem*, *grandem et corpulentum, et qui calcibus magis possit sævire quam dentibus.*
[e] Hunc locum plerique omnes suggillant, et calumniantur, ac non modo heterodoxi, qualis est Stanislaus Pannonius Anabaptista, lib. *de Divina philantropia,* ad nefariam hæresim perstruendam usurpant ; verum etiam doctissimi viri ac summe catholici, qualis est certe Abricensis episcopus Daniel Huetius in Origenianis, lib. ii, alienum pronuntiant a recta fide. Nec dubium si quemadmodum interpretantur, Hieronymus dixerit, diabolo tantum atque impiis *hominibus, qui notitiam Dei non habent,* sempiternas destinari pœnas ; iniquis vero christianis, tametsi graviorum scelerum reis, solummodo temporarias. Sed non eam fuisse ejus mentem contendo, si commode possit catholico sensu accipi, ne

surgunt impii in judicio. Jam enim in perditionem sunt præjudicati. *Neque peccatores* **725** *in consilio justorum* (*Psal.* i, 5). Aliud enim est gloriam perdere resurgendi, aliud perire perpetuo. *Veniet,* inquit, *hora, in qua omnes qui in sepulcris sunt, audient vocem ejus, et egredientur, qui bona fecerunt, in resurrectionem vitæ ; qui autem mala egerunt, in resurrectionem judicii* (*Joan.* v , 5). Unde et Apostolus eodem sensu, quia eodem et spiritu, loquitur ad Romanos : *Quicumque enim sine lege peccaverunt, sine lege peribunt. Et quicumque in lege peccaverunt, per legem judicabuntur* (*Rom.* ii, 12). Sine lege impius est, qui in æternum peribit. In lege peccator credens in Deum, qui per legem judicabitur, et non peribit. Si peccatores et iniqui æternis ignibus exuruntur, non times sententiam tuam , qui iniquum et peccatorem te esse dicis ? Et argumentaris hominem non esse sine peccato, sed esse posse. Ergo solus ille salvetur, qui numquam fuit, nec est, sed futurus est, **726** aut forsitan nec futurus : et pereant omnes, quos retro fuisse legimus. Tu ipse qui Catoniana [*Al.* Catoniaca] nobis inflaris superbia , et Milonis [d] humeris intumescis, qua temeritate, peccator, magistri nomen assumis? Aut si justus es, et humilitate simulas peccatorem, mirabimur atque gaudebimus habere te solum et possidere cum sociis, quod nec Patriarcharum, nec Prophetarum, nec Apostolorum quispiam habuit. Si [*Al.* Sin] autem Origenes omnes rationabiles creaturas dicit non esse perdendas, et diabolo tribuit pœnitentiam, quid ad nos, qui et diabolum et satellites ejus omnesque impios et prævaricatores dicimus perire perpetuo, et Christianos si in [e] peccato præventi fuerint, salvandos esse post pœnas?

invidiosissimæ calumniæ pateat sanctissimi Patris doctrina. Equidem si hujus tantummodo loci suspicio purganda sit, facile præstiterim, ita exponendo, quemadmodum nativus orationis sensus præ se fert : *christianos non tamen prævaricatores quos modo impiis annumeravit, si in peccato præventi fuerint,* utique leviore, quod a Lege prævaricatio non sit, *salvandos esse post pœnas,* scilicet purgatorias, quibus deleri peccatum queat. Verum scimus de hujus loci sensu ex duorum aliorum collatione velle adversarios sumi judicium. Alterum opponunt ex Commentariis in Isaiam cap. ultimo : *Sicut diaboli, et omnium negatorum atque impiorum, qui dixerunt in corde suo, non est Deus, credimus æterna tormenta ; sic peccatorum atque impiorum, et tamen christianorum, quorum opera igne probanda, atque purganda sunt, moderatam arbitramur, et mixtam clementiæ sententiam judicis.* Alterum ex eo, quod eadem in Commentariis quoque suis in epist. ad Ephesios S. Doctor asperserit, et Rufini reprehensiones declinans, lib. ii Apologiæ, num. 7, scripserit : *Quod autem imprecaris fratribus, hoc est, criminatoribus tuis æternos ignes cum diabolo, non tam fratres mihi videris premere, quam diabolum sublevare, cum iisdem quibus christiani ignibus puniendus sit.* His si opponamus sexcenta ipsius Hieronymi testimonia quibus æternas malorum christianorum, qui absque pœnitentia decesserint, futuras pœnas expresse tradidit, nil amplius evinci volunt, quam mutasse illum aliquando sententiam, nec unicæ semper opinioni adhæsisse. Quasi vero in his, quos tantopere calumniantur locis, abnormis ejus doctrinæ error sit. Dixit ;

29. *Duo Pelagii capitula inter se discrepantia.*—Jungis præterea duo capitula inter se discrepantia, quæ si vera sint, os aperire non poteris : *Sapientiam et intellectum Scripturarum, nisi qui didicerit, scire non posse.* Et iterum : *Scientiam legis non usurpare debere indoctum* (*Tit.* xx). Aut enim magistrum, a quo didiceris, proferre cogeris, ut tibi scientiam legis liceat usurpare : aut si magister talis est, qui ab alio non didicerit, et docuerit te quod ipse ignorabat, restat ut non recte facias, qui indoctus usurpas scientiam Scripturarum, et magister prius quam discipulus esse cœpisti. Nisi forte humilitate solita, magistrum tuum jactitas Dominum, qui docet omnem scientiam, et cum Moyse (*Exod.* xxxiv) in nube et caligine facie ad faciem audis verba Dei, et inde nobis cornuta fronte procedis. Nec hoc sufficit, sed repente mutaris in Stoicum, et de Zenonis nobis tonas supercilio, *Christianum illius debere esse patientiæ, ut si quis sua auferre voluerit, granter amittat* (*Tit.* lxxiii, *al.* lxiv). Nonne nobis satis est, patienter perdere quod habemus, nisi violento atque raptori agamus gratias, et cum cunctis benedictionibus prosequamur? Docet Evangelium (*Matth.* v) ei, qui nobiscum velit judicio contendere, et per lites ac jurgia auferre tunicam, etiam pallium esse concedendum : [a] non præcipit, ut agamus gratias, et læti nostra perdamus. Hoc dico, non quod aliquid sceleris in hac sententia sit, sed quod ubique ὑπερβολικῶς mediocria transeas, et magna secteris. Unde adjungis, *Gloriam vestium et ornamentorum Deo esse contrariam*. Quæ sunt, rogo, inimicitiæ contra Deum, si tunicam habuero mundiorem, si episcopus, presbyter, et diaconus, et reliquus ordo ecclesiasticus [b] in administratione sacrificiorum candida veste processerint? Cavete, clerici ; cavete, monachi ; viduæ et virgines, periclitamini, nisi sordidas vos atque pannosas vulgus aspexerit. Taceo de hominibus sæculi, quibus aperte bellum indicitur, et inimicitiæ contra Deum, si pretiosis atque nitentibus utantur exuviis.

30. *Capitula Pelagii sibi contraria.* — Audiamus et cætera : *Inimicos ut proximos diligendos* (*Tit.* clxiv, *al.* cxliv) ; statimque oppressus gravissimo lethargo, ponis et dicis : *Inimico numquam esse credendum* (*Tit.* clxi, *al.* cxlvi), quod sibi esse contrarium, etiam me silente, perspicuum est. Sed dices [*Al.* dicis] utrumque vocibus Scripturæ contineri, non animadvertens, quo sensu in suis locis dicta sint. Præceptum est mihi, ut diligam inimicos, et orem pro persecutoribus. Numquid jussum est, ut ita diligam, quasi proximos et consanguineos et amicos, ut inter æmulum et necessarium nulla distantia sit? Si inimicos diligo quasi proximos, amicis quid amplius exhibebo? Aut si hoc [c] dixeras,

---

Peccatorum, sed tamen Christianorum, quorum opera igne probanda, atque purganda sunt, moderatam arbitrari se, et mistam clementiæ sententiam judicis. Pauli enim vero testimonium est I Cor. iii, 13 et 14, Christianorum opera igne probanda et purganda, ut mercedem accipiant, scilicet ut leviora crimina, et quæ graviora, jam sunt per pœnitentiam dimissa, Purgatorio igne mundentur. Et noster quidem non omnibus passim christianis, sed iis dixit : *Quorum opera igne probanda atque purganda sunt.* Quibus certe verbis nonnisi Purgatoriis, ut ecclesiastico sensu ac vocabulo dicimus, pœnas ad tempus duraturas, et fidelibus levium culparum reis, aut graviorum quoque post pœnitentiam, infligendas significat. Porro alterum testimonium ex Apologetico adductum non moror, supra enim ad eum locum pag. 495 nota c satis, ut opinor, manifesto ostendi, non de ignis æternitate S. Doctorem loqui, sed tantum videri sibi diabolum sublevari, quod eum iisdem ac christianos cruciatibus. Rufinus addiceret : quippe qui sentiebat, acerbiores dæmonibus pro sceleris gravitate, quam fidelibus damnatis deberi. Quamobrem neque si propositam hic loci difficultatem seorsim expendimus, neque si cum aliis hinc inde contulimus, Hieronymus temere videatur, atque imprudenter locutus. Sed ut nihil calumniæ sit reliquum, illud est animo repetendum, S. Doctorem contra Pelagianos scribere, sibique hunc esse propositum scopum, contra illorum insanias de peccatorum meritis et remissione, quod et S. Augustinus fecit, disputare. Pelagianorum enim hæc erat hypocrisis, e Stoicorum nata cœnosis fontibus, ut quæ levia erant peccata, ipsi longe gravissima dicerent, immo ut paulo superius annotatum est, non distinguerent inter leviorum et graviorum criminum reos, quo severioris justitiæ asseclæ ipsi viderentur. Proferamus exempli gratia ex Hilarii Syracusani ep. ad Augustinum, quod jactatum a Pelagianis dicitur : *Divitem manentem in divitiis suis regnum Dei non posse ingredi, nisi omnia sua vendiderit; nec prodesse eidem posse, si forte ex iisdem divitiis fecerit mandata.* Iniquis et peccatoribus deputandi erant ex eorum sensu æternisque ignibus exurendi, tametsi de suis divitiis eleemosynas erogarent, et præcepta omnia sancte custodirent. Hujusmodi nænias Hieronymus toto hoc capitulo impugnat, ostenditque ex hæreticorum sequi sententia, ut nemo umquam æternam salutem aut antea obtinuerit, aut possit obtinere in posterum. Clarum adeo est de levioribus culpis eum loqui, in quibus præventos christianos hæretici perpetuo damnandos blaterabant, ipse salvandos post purgationis pœnam catholice sensit. In fine haud dissimulo a S. Augustino lib. *de Fide, et operibus;* et in *Enchiridio de Fide, Spe et Charitate,* dedita opera sententiam, quam Hieronymo adversarii tribuunt, impugnari ; sed quando auctoris nomen, in quem vehitur, episcopus Hipponensis tacet, non nisi injuriose opinor hanc invidiam in S. Doctorem nostrum quem orthodoxe sensisse ostendimus, posse converti.

[a] Duo Vaticani mss. sub interrogandi nota ἐμφατικοτέρως, *num præcipit,* etc.

[b] Hinc arguunt eruditi, olim primis Ecclesiæ sæculis non aliis ac sæcularibus indumentis Clericos usos esse, quæ in sacrificiorum administratione mundiora tantum essent ac nitidiora ; sic enim *candidam vestem* interpretantur. Confer quæ idem Hieron. habet in Commentariis in Ezechiel. c. xliv, 17, et quæ ibi annotamus. Hinc certe factum videtur, ut vestes illæ nitidiores atque optimæ, dum rarius usurpantur, et custodiuntur studiosius, paulatim evaserint singulares, cum subinde communis vestium forma mutaretur ; sicque illæ sacrificiorum administrationi assignatæ sint. Cæterum notissima est Cœlestini papæ sententia : *Discernendi a plebe, vel cæteris sumus doctrina, non veste ; conversatione, non habitu ; mentis puritate, non cultu.* Epist. ad episc. Vien.

[c] Antea erat *dixeris,* et mox *videaris* pro *videreris,* renuentibus mss.

illud tacere debueras, ne contraria sibi in eodem loco dicere videreris, *Inimico numquam esse credendum* (Exod. xxიიII). Sed quomodo diligatur inimicus, et lex docet (Deut. xxii, 4) : *Jumentum adversarii si ceciderit, sublevandum* : et Apostolus : *Si esurierit inimicus tuus, ciba illum; si sitierit, da illi potum. Hoc enim faciens, carbones ignis congregabis super caput ejus* (Rom. xii, 20) ; non in maledictum et condemnationem, ut plerique existimant, sed in correctionem et pœnitudinem, ut superatus beneficiis, [a] excoctus fervore charitatis, inimicus esse desistat.

31. *An regnum cœlorum in veteri Test. repromissum.* — Addis præterea, *Regnum cœlorum etiam in Testamento veteri repromitti* (Tit. cxxiii) : ponisque testimonia de apocryphis, cum perspicuum sit, regnum cœlorum primum in Evangelio prædicari per Joannem Baptistam, et Dominum Salvatorem, et Apostolos. Lege Evangelia. Joannes Baptista clamat in deserto : *Pœnitentiam agite, appropinquavit enim regnum cœlorum* (Matth. iii, 1). Et de Salvatore scriptum est : *Ex eo tempore cœpit prædicare et dicere : Pœnitentiam agite, appropinquavit enim regnum cœlorum* (Matth. iv, 17). Et iterum : *Circuibat Jesus civitates et vicos, docens in synagogis* [Al. *synagoga*] *eorum, et prædicans regnum Dei* (Matth. ix, 35). Et Apostolis præcipit : *Ite et prædicate, dicentes, quoniam appropinquavit regnum cœlorum.* Tu autem illos Manichæos vocas, [b] quia Legi Evangelium præferentes, in illa umbram, in hoc veritatem esse dicamus, et non intelligis **729** stultitiam tuam impudentiæ copulatam. Aliud esse [Al. *est*] damnare Legem, quod Manichæus facit; aliud Legi præferre Evangelium, quæ apostolica doctrina est. In illa enim servi, in hoc præsens Dominus loquitur ; ibi promittitur, hic impletur; ibi initia, hic perfectio est; in illa operum fundamenta jaciuntur, hic fidei et gratiæ culmen imponitur. Hoc posuimus, ut egregii præceptoris doctrina monstraretur.

32. *Præcipuam Pelagianorum sententiam impugnat.* — Centesimus titulus est, *Posse hominem sine peccato esse, et Dei mandata facile custodire, si velit,* de quo abunde dictum est. Cumque se imitatorem, immo expletorem operis beati Martyris Cypriani, scribentis ad Quirinum [Mss. *Cirinum*], esse fateatur, non intelligit se in eodem opere dixisse contraria. Ille in quinquagesimo quarto titulo tertii libri, ponit neminem sine sorde et sine peccato [c] esse, statimque jungit testimonia, in quibus scriptum est apud Job : *Quis enim mundus a sordibus? nec si unius etiam diei sit vita ejus in terra* (Job. xiv, 14). Et in Psalmo quinquagesimo (Vers. 6) : *Ecce in iniquitatibus conceptus sum, et in peccatis* [d] *concepit me mater mea.* Et in Epistola Joannis : *Si dixerimus, quia peccatum non habemus, nosmetipsos decipimus, et veritas in nobis non est* (1 Joan. i, 8). Tu e diverso asseris, *Posse hominem sine peccato esse* : et ut hoc verum dixisse videaris, statim adjungis, *Et Dei mandata facile custodire, si velit,* quæ aut rarus, aut nullus implevit. Si enim facilia sunt, debent a pluribus custodiri. Sin autem, ut concedamus tibi, rarus quisquam ea implere potest, manifestum est esse difficile quod rarum est. Atque ut hoc augeas, et magnitudinem tuæ virtutis ostendas, quod scilicet de bono conscientiæ thesauro [e] eructare credaris, ponis in titulo : *Ne leviter quidem esse peccandum* (Tit. cxxiii). Et quid sit hoc *leviter,* ne forte in opere te aliquis dixisse existimaret, annectis. [f] *Malum nec cogitandum* (Tit. cxxxvi, al. cxxxi), neque illius sententiæ recordaris: *Delicta quis intelligit? ab occultis meis* **730** *munda me, Domine, et ab alienis parce servo tuo* (Psal. xviii, 13) : cum Ecclesia etiam ea quæ per ignorantiam delinquimus, et sola cogitatione peccamus, delicta esse fateatur : in tantum, ut hostias pro errore jubeat offerri (Hebr. ii), et Pontifex qui pro cuncto populo deprecatur, ante pro se offerat victimas, qui certe numquam pro aliis juberetur offerre, nisi justus ipse esset, nec rursum pro se offerret, si peccato careret ignorantiæ. Scilicet nunc mihi latissima Scripturarum spatia [g] peragranda sunt, ut doceam errorem et ignorantiam esse peccatum.

33. *Esse peccata ignorantiæ.* — C. Obsecro te, nonne legisti : *Qui viderit mulierem ad concupiscendum eam, jam mœchatus est eam in corde suo* (Matth. v, 28) ? Non ergo solus aspectus et incentiva vitiorum reputantur in peccatum ; sed ea quibus attribuimus assensum. Aut enim vitare possumus malam cogitationem, et consequenter possumus carere peccato ; aut si vitare non possumus, non reputatur in peccatum [h], quod caveri non potest. A. Callide quidem argumentaris, sed non intelligis argumentationem tuam contra sacras Scripturas facere. Volunt enim eloquia Scripturarum etiam ignorantiam habere peccatum : unde et Job (Job. i) offert hostias

---

[a] Unus Vatic. *excocto frigore odii, charitatis inimicus esse desistat.* Alius haud satis bene, *odii igne excocto, frigore charitatis, inimicus,* etc. De subsequenti Pelagii propositione recole S. August. lib. de Gestis c. 5.

[b] Mendose penes Martianæum, aliosque *cur Legi*, etc.

[c] Corrupte hactenus obtinuerat *sine peccato posse esse,* contra quam aut Cyprianus scripsit, aut Hieronymus intendit, aut denique præferunt mss. tum quibus nos utimur, tum Corbeiensis unus penes Benedictinos S. Augustini editores, in quibus omnibus verbum *posse* non invenitur.

[d] In duobus Vaticanis, *in peccatis peperit,* etc.

[e] Vetus edit. et Regin. ms., *eructare conaris.*

[f] Sic mss. atque editi passim. PP. Benedictini S. Augustini editores, *malum nec cogitari* : non displiceret si addidissent *debere.* Vid. S. August. de Gestis Pelagii cap. 4, num. 12.

[g] Perperam Martianæus *peragenda,* dissentientibus mss. atque editis castigatioribus.

[h] Scilicet *formale,* ut aliquid e scholarum pulvere adducamus in medium, non *materiale*; hæc enim duo Pelagiani confundere amabant. Similis est pervulgata illa sententia S. Augustini : *Quis peccat in eo quod caveri non potest?* quam ita adversus Pelagianorum calumnias defendit, ut non propterea neget vel originale peccatum, quod utique caveri non potest, vel necessitatem peccati materialis. Vide opus utrumque contra Julianum.

pro filiis suis, ne forte per ignorantiam in cogitatione peccaverint. Et qui ligna cædit, si securi ac ferro fugiente de ligno, homo fuerit occisus, pergere jubetur (*Deut.* xix) ad urbem fugitivorum et tamdiu ibi esse, quamdiu Sacerdos maximus moriatur, id est, redimatur sanguine Salvatoris, aut in domo baptismatis, aut in pœnitentia, quæ imitatur baptismatis gratiam per ineffabilem clementiam Salvatoris, qui non vult [a] perire quemquam, nec delectatur mortibus peccatorum, sed ut convertantur et vivant (*Ezech.* xviii). *C.* Rogo quæ est ista justitia, ut in peccato tenear erroris, cujus reatum non habet conscientia? Nescio me peccasse, et ejus rei quam nescio, pœnas luo? Et quid plus faciam, si sponte peccavero? *A.* A me sententiæ et dispositionis Dei **731** causas requiris? Respondet stultæ interrogationi tuæ liber Sapientiæ : *Altiora te ne quæsieris, et fortiora te ne scrutatus fueris* (*Eccli.* iii, 22). Et alibi : *Noli esse sapiens multum, et noli argumentari plus quam oporteat* (*Eccles.* vii, 17). Et in [b] eodem loco : *In sapientia et in simplicitate cordis quærite Deum* (*Sap.* i, 1). Ac ne forte huic volumini contradicas, audi Apostolum, Evangelica clangentem tuba : *O altitudo divitiarum sapientiæ et scientiæ Dei, quam inscrutabilia sunt judicia ejus, et* [c] *investigabiles viæ ejus! Quis enim cognovit sensum Domini? aut quis consiliarius ejus fuit* (*Rom.* xi, 33, 34)? Istæ sunt quæstiones, de quibus et in alio loco scribit : *Stultas autem et ineruditas quæstiones devita, sciens quoniam lites generant* (II *Tim.* ii, 2, 3). Et Ecclesiastes (de quo certe libro nulla est ambiguitas), *Dixi*, inquit, *sapiens efficiar, et ipsa longe facta est a me. Profunda profunditas, quis eam inveniet* (*Eccles.* vii, 24, 25)? A me quæris, quare figulus aliud vas fecerit in honorem, aliud in contumeliam, et non vis acquiescere Paulo, pro suo Domino respondenti : *O homo! tu quis es, qui respondeas Deo* (*Rom.* ix, 20)?

34. *Opponit Scripturarum testimonia.* — Audi ergo breviter testimonia Scripturarum, ut stulta, immo impia sciscitatio tua in perpetuum conticescat. Loquitur Deus in Genesi, *Non adjiciam ultra maledicere terræ propter opera hominum, quia apposita est mens hominis diligenter ad mala a pueritia* (*Gen.* viii, 21). Abraham et Sara, audita repromissione filii Isaac, rident in corde suo, et tacita cogitatio non latet scientiam Dei. Arguuntur in risu, et ipsa cogitatio, quasi pars infidelitatis reprehenditur. Attamen non ex eo quod risere, diffidentiæ condemnantur, sed ex eo quod postea crediderunt, justitiæ palmam acceperunt. Lot nescit in concubitu filiarum quid fecerit, et inebriatus ab eis non habet crimen conscientiæ, et tamen error in vitio est. Argue sanctum virum Jacob, quare Rachel formosam dilexerit, pro qua et servivit multo tempore, et in Liæ primo concubitu fuerit contristatus ; et acquiesce tamden humanæ fragilitati, quæ etiam pulchra corpora diligit, et deformia detestatur. Luget Jacob mortem filii sui Joseph, et multo tempore consolationem non recipit **732** filiorum, respondetque : *Lugens et gemens, vadam ad infernum* (*Gen.* viii, 35) : et probat se hominem, dum justus ignorat quid actum sit de justo filio Joseph. In Exodo scriptum est : *Si percusserit aliquis quempiam, et mortuus fuerit, morte moriatur. Sin autem non volens, sed Deus tradidit eum in manibus ejus, dabo tibi locum, ad quem confugiat qui occiderit* (*Exod.* xxi, 12, 13). In quo notandum est, quod Deus tradidit hominem in manus ejus, et ille qui occidit per ignorantiam, exsilio condemnatur. In Levitico [d] lex ponitur : *Anima si peccaverit in conspectu Domini non sponte, ex omnibus præceptis Domini, quæ non oportet fieri, feceritque unum ex eis, sive Pontifex fuerit, sive omnis synagoga, et reliquus populus, et postea didicerit peccatum suum, quod peccavit per ignorantiam, offeret munus, hircum de capris, masculum immaculatum : et ponet manus suas super caput ejus, interficietque illum in loco ubi mactantur holocausta coram Domino, quia pro peccato est* (*Levit.* iv, 2, 13 et seqq.). Statimque in sequentibus : *Si tetigerit aliquid immundum, quod non liceat tangere, et fecerit per ignorantiam, et postea didicerit, sive promiserit aliquid, et fuerit oblitus, pronuntiabit peccatum suum, in quo peccasse se perspicit, et offeret Domino pro his quæ peccavit, agnam sive capram pro peccato suo quod peccavit, et precabitur pro eo sacerdos super peccato, et dimittetur ei peccatum. Sin autem non prævaluerit manus ejus, ut offerat ovem pro* [e] *peccatis suis quibus peccavit, duos turtures, aut duos pullos columbarum offeret Domino, unum pro peccato, et unum in holocaustum / et portabit ea ad sacerdotem, et offeret sacerdos id quod pro peccato est primum, et in ipso reconciliabitur pro peccato quod peccavit, et dimittetur ei* (*Levit.* v, 3 seq.). Cæteraque his similia, quæ studio brevitatis omitto, ne fastidium stomacho tuo faciam. In consequentibus quoque narrat Moyses (*Ibid.* ,viii) quod in consecratione Aaron et filiorum ejus obtulerit vitulum pro peccato et posuerit Aaron et filii ejus manus super eum, super caput videlicet vituli, qui erat pro peccato , et mactaverit eum, et tulerit de ejus sanguine, et posuerit super cornua altaris in circuitu digito suo, atque altare mundaverit. Similiter in **733** ariete fecerit, et de sanguine ejus tetigerit auriculam ejus dexteram, et manum dexteram, et summitatem pedis dextri. Et post multa alia, quæ narrare longissimum est, enumeratis diebus septem ita legimus : *Factum est quoque die octavo, et vocavit Moyses Aaron, et filios ejus, et omnes seniores Israel, et dixit ad Aaron : Tolle vitulum de bobus pro peccatis* [Al. *peccato*], *et arietem in holocaustum immaculatum,*

---

[a] Unus Vatic., *qui non vult perdere quemquam*, etc.
[b] Victorius *et in alio loco* reponit, nam Ecclesiastici unum, alterum Sapientiæ testimonium est. At modo *liber* Sapientiæ dicitur Hieronymo liber Ecclesiastici.
[c] Alibi annotamus, ubi versiculus iste occurrit, vix credi posse *investigabiles* pro *ininvestigabiles* lectum a Hieronymo.
[d] In veteri edit. *lex exponitur*.
[e] Mss., *Pro peccato suo quo peccavit*, assentiente Græco textu περὶ τῆς ἁμαρτίας αὐτοῦ, ἧς ἥμαρτε.

et offeres eos in conspectu Domini : et senioribus Israel loquere, dicens : *Tollite hircum de capris unum pro peccato, et vitulum immaculatum anniculum in holocaustum. Dixitque Moyses ad Aaron : Accede ad altare et fac pro peccato tuo,* et reliqua. *Rursumque elevavit Aaron manus suas super populum, et benedixit eis. Descenditque cum fecisset pro peccato et holocausto et salutari* (*Levit.* IX, 1 *seqq.*). Mulier generat liberos lege naturali et immunda est, si masculum pepererit, diebus quadraginta ; si feminam, diebus octoginta. Accusa Creatorem, cur immundum quidquam nominet quod ipse condidit. Et non solum ipsa immunda est, sed et omne quod tetigerit. *Cumque dies,* inquit, *purgationis ejus completi fuerint super filio aut filia, offeret agnum anniculum immaculatum, et pullum columbarum, et turturem pro peccato, ad ostium tabernaculi* [a] *testimonii sacerdoti, qui offeret ea in conspectu Domini, et expiabit pro ea sacerdos* (*Levit.* XII, 6 *et seqq.*). De leproso quoque dicitur, quod in die purgationis ejus offeratur pro eo victima pro peccato, duoque turtures et duo pulli columbarum : unus pro peccato, alius in holocaustum (*Ibid.*, 13). Et qui fluxum seminis patitur, eodem sacrificii ordine pro peccato et holocausto liberatur. Et ad extremum infertur : *Timoratos facite filios Israel ab immunditiis suis, et non morientur pro peccato suo, si contaminaverint tabernaculum testamenti* (*Levit.* XV, 31). Ipsi quoque Aaron præcipitur, ut non omni tempore ingrediatur in Sancta Sanctorum, ne forte moriatur. *Cumque,* ait, *voluerit intrare, offerat vitulum pro peccato, et arietem in holocaustum, duosque hircos accipiat ab universo populo ; unum ex eis offerat pro peccato suo, et unum pro peccato populi, et arietem in holocaustum* (*Levit.* XVI, 5). **734** Alter hircorum cuncta peccata suscipit populi in typum Domini Salvatoris, et effert in solitudinem : et sic placatur Deus omni multitudini. Ad extremum dicitur. *Si comederit homo de sanctificatis per ignorantiam, imputatur ei iniquitas atque delictum, et voti reus erit.* Unde et Apostolus monet eucharistiam Domini cum cautione sumendam, ne in condemnationem nobis sumamus atque judicium (I *Cor.* XI). Si damnatur in lege ignorantia, quanto magis in Evangelio conscientia!

35. *Ex Numerorum libro.* — Transeamus ad Numeros, et ob contentiosorum impudentiam refutandam, summa quæque carpamus. Nazaræus sancto crine venerabilis, alterius subita morte maculatur, et omnes dies consecrationis ejus præteriti irriti fiunt : posteaque pro eo offeruntur duo turtures, et duo pulli columbarum, unus pro peccato, et alter in holocaustum. In die quoque consummationis ejus offertur agnus in holocausto et agna pro peccato.

Et post multa scriptum est (*Num.* XIV, 18) : *Et nunc magnificetur fortitudo Domini, sicut locutus* [b] *es, dicens, Dominus longanimis et multæ misericordiæ, auferens iniquitatem et scelera, et mundans non faciet innocentem* : pro quo Septuaginta interpretati sunt , *et emundans non mundabit reum,* quod scilicet etiam post indulgentiam, reus sit propriæ conscientiæ. Cumque, ait, ignoraverit populus, et fecerit unum ex his quæ facere non debuit, post cæremoniarum longum ordinem infertur et dicitur : *Offerte hircum caprarum pro peccato , et placabit Sacerdos pro omni synagoga filiorum Israel, et propitiabitur ei Dominus, quia ignorantia est : et ipsi offerent oblationem suam in sacrificium Domino pro peccato suo in conspectu ejus, quoniam nescierunt* (*Num.* 7, 28, 29). Ibique additur : *Si anima una peccaverit per ignorantiam, offeret capram anniculam pro peccato ignorantiæ coram Domino, et deprecabitur pro ea sacerdos eo quod ignoraverit, pro peccato ignorantiæ coram Domino, et rogabit pro ea , et propitiabitur ei* (*Levit.* IV, 27 *seqq*). In kalendis singulorum mensium offertur hircus caprarum pro peccato Domino. In Pascha quoque per dies octo, a die decimo quarto mensis primi, usque ad **735** vigesimum primum diem sacrificium pro peccato est. In Pentecoste hircus pro peccato offertur, et in kalendis mensis septimi, quando tubarum clangor concinit, eadem hirci pro peccato religio conservatur. Die quoque decimo ejusdem mensis septimi , quando jejunium est usque ad vesperam , offertur hircus caprarum pro peccato, præter eum hircum, qui ante holocaustum pro peccato ex lege mactatur. In diebus quoque Scenopegiæ, quando figebantur tabernacula, a die decimo quinto ejusdem mensis septimi usque ad diem vigesimum secundum, inter alias victimas semper pro peccato hircus offerebatur, ut illud impleatur beati David : *Tibi soli peccavi, et malum coram te feci , ut justificeris in sermonibus tuis , et vincas cum judicaris* (*Psal.* L , 5). Sex civitates eliguntur exsilii eorum, qui non sponte, sed per ignorantiam, vel jactu lapidis, vel impulsione manus, vel joco, vel lascivia absque inimicitiis, infelicitate magis quam voluntate peccaverunt, et tamen non absque crimine sunt, dum relegantur in perpetuum, et ante constitutum diem, nec supplicatione , nec pretio eorum reversio impetrari et redimi potest.

36. *Ex Deuteronomio.* — In Deuteronomio, qui liber præteritorum enumeratio est, perspicue demonstratur, non in operibus nostris atque justitia , sed Dei misericordia nos conservari, dicente Domino per Moysen : *Ne dicas in corde tuo, cum subverterit eos Dominus Deus tuus a facie tua : In justitia mea introduxit me Dominus , ut possideam terram hanc,*

Hebræo textu, ונקה לא ינקה, quæ reddas *et innoxium faciens, non faciet innoxium.* In Græco autem καὶ καθαρισμῷ οὐ καθαριεῖ τὸν ἔνοχον. *Et mundatione non mundabit reum ;* quæ omnia simul contuli, ut quam versionem Hieronymus hic laudet, quamve intelligat expressam e LXX judices.

---

[a] Vatic. *testamenti,* renuente Græco τοῦ μαρτυρίου.
[b] Mendose antea erat etiam in mss. *locutus est.* Textus es habet in linguis omnibus. Pro subnexa sententia *et mundans non faciet innocentem,* quam cum Septuaginta virali interpretatione confer, in versione ex Hebræo quemadmodum et in Vulgata legitur, *nullumque innoxium derelinquens.* In ipso

quia in impietate gentium istarum Dominus consumet eos a facie tua : non in justitia tua, et directione [*Al.* dilectione] *cordis tui intrabis, ut possideas terram eorum : sed in impietate eorum Dominus Deus tuus consumet eos a facie tua, ut suscitet verbum quod locutus est patribus tuis, Abraham, Isaac et Jacob. Et scies quod non in justitia tua Dominus Deus tuus dabit tibi terram optimam, ut possideas eam, quia populus duræ cervicis es tu.* In eo autem quod dixit : *Perfectus eris cum* ᵃ *Domino Deo tuo*, quo sensu dixerit, ex consequentibus approbatur. *Cum ingressus*, inquit, *fueris terram, quam Dominus Deus tuus dabit tibi, non disces facere abominationes gentium illarum, nec invenietur in te qui traducat* 736 *filium vel filiam suam per ignem. Divinationibus* ᵇ *vel omnibus auguriis et maleficis artibus et incantationibus non servies, ut interroges magos et hariolos et mortuos. Abominatio enim Domini est omnis qui facit hæc. Et propter has abominationes Dominus Deus tuus consumet eas a facie tua : perfectus eris cum Domino Deo tuo* (*Num.* xviii, 9, 14). Denique infert : *Quia gentes istæ quas tu possidebis, hariolos et divinos audiunt. Tibi autem non sic dedit Dominus Deus tuus.* Statimque subjungit : *Prophetam unum ex te de fratribus tuis sicut me suscitabit tibi Dominus Deus tuus : ipsum audies.* Ex quo ostenditur perfectum hic dici non qui cunctas virtutes habeat, sed qui perfectum et unum sequatur Deum. Narratque similiter de conditione exsulum qui per ignorantiam peccaverunt, ᶜ quo confugere debeant, atque subjungit : *Quando ædificaveris domum novam, facies loriculam tecto tuo in circuitu, ne sanguinis reus sis, cum aliquis ceciderit ex ea.* Et iterum : *Si fuerit in te vir, qui non sit mundus a nocturno fluxu, egredietur extra castra, et non ingredietur medium castrorum, cumque advenerit vespera, lavabit se aqua, et post occubitum solis ingredietur medium eorum* (*Levit.* xv, 16).

57. *Ex Josuæ libro.* — De Jesu filio Nave duo tantum ponam testimonia. Peccavit Achan, et totus populus offendit. Dixitque Dominus ad Josue : *Non poterunt stare filii Israel in conspectu inimicorum suorum ; sed dorsa vertent adversariis suis, quia factum est anathema in eis. Et non addam ut sim vobiscum, nisi contritum fuerit anathema de medio vestrum* (*Jos.* vii, 12). Cumque sacrilegium quæreretur, et sors latentem invenisset reum, interficiuntur cum Achan filii ejus, et filiæ, boves, asini, pecora ; tabernaculum, et quæcumque habere potuit, igne deleta sunt. Esto, ipse peccaverit : quid commisere filii? quid boves? quid asini? quid pecora? Fac Deo calumniam quare unus peccaverit, et pars populi trucidata sit? Cur et ipse lapidatur [*Al.* lapidetur], et omnia quæ habere potuit, ultrix flamma con-

sumpserit? Dicamus et aliud : *Non erat*, inquit, *civitas, quam non tradidit Dominus filiis Israel, absque Eveo qui habitabat in Gabaon : omnes pugnando ceperunt, quia a Domino factum erat, ut induraret cor eorum, et pugnarent* 737 *contra Israel, ut interficerentur : et non fieret in eis misericordia, et perirent, sicut præcepit Dominus Moysi* (*Jos.* xi, 11, 12). Si Domini factum est voluntate, ut pacem non reciperent, nec susciperent Israel; dicamus juxta Apostolum : *Quid ergo* ᵈ *queritur? Voluntati enim ejus quis potest resistere* (*Rom.* ix, 19)?

58. *Ex Regum libris.* — De Samuel et Malachim. Jonathas favum mellis gustavit in sceptro, et illuminatis oculis, periclitatur, quod nesciens fecerit. Hoc enim Scriptura testatur, quod ignoraverit a patre esse præceptum, ne quisquam gustaret, donec victoria Domini compleretur. In tantum autem iratus est Dominus, ut sors inveniret occultum, et ipse fateretur dicens : *Gustavi in summitate sceptri, quod est in manu mea, parum mellis, et ecce ego morior.* Et postea intercessione et precibus populi liberatus est, dicentis ad Saul : *Num Jonathas morietur, qui fecit salutem hanc magnam in Israel? Absit. Vivit Dominus : si ceciderit de capillis capitis ejus in terram, quia cum Domino fecit diem hanc : et liberavit* ᵉ *populus Jonathan, et non est mortuus* (I *Reg.* xiv, 45 seqq.). Samuel irascitur Sauli, et non vult ire cum rege (I *Reg.* xvi, 6, 7): postea precibus vincitur, ut ostendat humani animi in diversum mutationem. Pergit Bethleem, singulos filiorum Jesse putat ipsos esse, quos Dominus requirebat. Cumque vidisset Eliab, ait : *Ecce in conspectu Domini Christus ejus. Et ait Dominus ad eum : Ne respicias ad vultum ejus, et ad staturam corporis illius, quoniam abjeci eum. Aliter enim videt homo, aliter Deus. Homo enim videt in facie, Deus in corde.* Atque in hunc modum per omnes errat, per omnes corrigitur, ut pateat humanæ mentis infirmitas. ᶠ Isboseth Saul filius interficitur dolo a Rechab et Baana filiis Remmon Berotitæ. Cumque nuntiassent David, et caput adversarii demonstrarent, occisi sunt a David, dicente : *Viri impii occiderunt virum justum in domo sua et in lectulo suo.* Certe Isboseth justus non erat, et tamen in eo justus appellatur, quod absque noxa interfectus est. Oza levites, cum Arca Domini transferretur Jerusalem, et lascivientes boves plaustrum in partem alteram declinassent, misit manum ut sustentaret inclinatam Arcam. 738 Statimque sequitur : *Iratus est furor Domini in Ozam, et percussit eum Deus ibi pro ignorantia, et mortuus est juxta Arcam Dei. Contristatusque David, quod percusserat Dominus Ozam, timuit Dominum in illa die, et ait : Quomodo ingredietur ad me Arca Domini* (II *Reg.* vi, 7, 8)? David

---

ᵃ Unus Vatic. *coram Domino Deo*, etc.

ᵇ Idem Vatic. *Divinationibus, et ominibus, et auguriis*, etc.

ᶜ Mss. omnes cum veteri editione *quo et quamdiu confugere debeant*, etc.

ᵈ Hactenus editi *quid ergo quæritur? Emendantur a scriptis, et Græco textu τί ἔτι μέμφεται.*

ᵉ Falso hactenus vulgati *liberavit Dominus Jonatham* pro *populus*, quod mss. omnes præferunt, textusque ipse Scripturæ.

ᶠ Mss. hic atque infra constanter *Miphiboseth*, quod legisse voluit Erasmus quoque cum scripsit *Mephinoseth* : Jonathæ filius est a Baana occisus, ut ex I Reg. libro.

justus et propheta et unctus in regem (*Ps.* LXXVII), quem elegit Dominus secundum cor suum, ut faceret cunctas voluntates ejus, ut videt ignorantiam Domini furore punitam, terretur atque tristatur, nec quærit causam a Domino, quare [*Al.* qua] percusserit ignorantem, sed similem sententiam pertremiscit. Præcepit David principi exercitus Joab, ut numeret populum; statimque Scriptura commemorat: *Et percussit cor suum David, et dixit ad Dominum: Peccavi vehementer, quia hoc feci* (II *Reg.* XXIV, 10). Cum juberet ut fieret, utique quid diceret, ignorabat; et tamen se ipse reprehendit, et pro hac culpa septuaginta millia hominum Angeli gladio trucidantur. Salomon completis templi cæremoniis, utrasque palmas tetendit ad Dominum, et ait: *Cum peccaverit tibi populus, non est enim homo qui non peccet* (III *Reg.* VIII, 46). Ahia propheta Silonites nesciebat ad se venire uxorem Jeroboam; dixitque [*Al.* add. ei] Dominus: *Ecce uxor Jeroboam ingredietur, ut quærat verba a te pro filio suo qui ægrotat, juxta hoc et juxta hoc loqueris* [*Al.* loquaris] *ad eam* (III *Reg.* XIV, 5). Eliseus sedebat in monte, venit ad eum mulier, cujus filius mortuus erat, et amplexata pedes ejus, vociferatur. Repellente autem eam Giezi, dixit ad eum vir Dei: *Dimitte eam, quoniam anima ejus in amaritudine est, et Dominus celavit a me, ut non annuntiaret mihi* (IV *Reg.* IV, 27).

39. *Ex libro dierum et Prophetis.* — In libro dierum legimus: *Fuerunt filii Sobal patris Cariathjarim, qui* [a] *prophetabant ex dimidio. Et iterum: Filii autem Salma patris Bethleem et Netophathi corona domus Joab, et qui prophetabant, ex dimidio Zarai,* et cætera (1 *Paral.* II, sec. LXX). Similiter utique sancti erant qui prophetabant, et tamen perfectam non meruerunt accipere prophetiam: nequaquam de futuro secundum tropologiam: sed impræsentiarum juxta historiam prophetantes. Abacuc propheta Canticum suum hoc inscribit titulo: *Oratio Abacuc prophetæ pro ignorationibus* [*Al.* ignorantibus]. Locutus enim fuerat audacter ad Dominum, et dixerat: **739** *Usquequo, Domine, clamabo, et non audies? Vociferabor ad te vim patiens, et non salvabis? Quare ostendisti mihi iniquitatem et laborem, videre prædam et injustitiam? Contra me factum est judicium et contradictio potentior: propter hæc lacerata est lex, et non pervenit usque ad finem judicium: quia impius præ-* *valet adversus justum, propterea egreditur judicium perversum* (*Abac.* II, 2 *seqq.*). Pro quo se ipse reprehendens quod per ignorantiam sit locutus, scribit Canticum pœnitentiæ. Si peccatum non erat ignorantia, superfluo scribit librum pœnitudinis, et inaniter voluit id lugere, quod peccatum non habet. In Ezechiel extrema parte, ubi per ædificium Templi in monte siti, Ecclesiæ multa post sæcula futuræ sacramenta narrantur, primo et septimo die mensis primi offeruntur victimæ pro peccato [*Al.* peccatis] omnium, in quo per errorem, aut ignorantiam peccaverunt. Septem quoque diebus Paschæ, hircus semper pro peccato mactatur. Septimi mensis quinta decima die, idem pro peccatis sacrificiorum ordo celebratur. Et post alia plurima, quæ non est istius temporis replicare, scriptum est: *Erat autem ibi locus ad occidentem, dixitque ad me: Iste est locus, ubi coquere debent Sacerdotes hostiam pro peccato et pro ignorantia* (*Ezech.* XLVI, 1). Jeremias loquitur ad Deum: *Scio, Domine,* **740** *quod non est hominis via ejus: nec viri est, ut ambulet et dirigat gressus suos. Ideoque pravum est cor hominis, et inscrutabile, et quis cognoscet illud* (*Jerem.* x, 23)? In Proverbiis legimus: *Est via quæ videtur recta esse apud homines, et novissima ejus veniunt in profundum inferni* (*Prov.* XIV, 12). Ecce et hic manifeste ignorantia condemnatur, cum aliud putat homo, et sub specie veritatis ad inferna delabitur. *Multæ,* inquit, *cogitationes in corde hominis* (*Prov.* XIX): sed non tamen illius voluntas, quæ incerta et fluctuans atque mutabilis est, sed Dei consilium obtinet. *Quis,* inquit, *gloriabitur castum se habere cor* (*Ibid.* XX, 9)? *Et quis confidet mundum se esse a peccato? Dulcis est enim hominis panis mendacii, et postea implebitur os ejus calculo. A Domino gressus hominis diriguntur, mortalis autem quomodo scire poterit vias suas? Omnis vir videtur sibi justus, sed corrigit corda omnium Deus.* [b] *Filius malus justum se facit, et non lavat exitum suum. Filius malus excelsos habet oculos, et palpebris suis elevatur. Est enim justus, qui perit in justitia sua* (*Prov.* XX, 16, *seqq.*). Unde dicitur ad eum: *Ne sis justus multum, nec quasi per sapientiam quæras superflua, ne forte obstupescas. Quæcumque enim laboraverit homo ut requirat, non inveniet. Si dixerit sapiens se intelligere, reperire non poterit. Cor enim filiorum hominum repletum est malitia* (*Eccles.* VII, 17 *seqq.*) [c].

---

[a] Duo mss. hic et paulo post minori numero *qui prophetabat*.
[b] Totus hic locus ex LXX versione desumptus hinc inde est, non ut hodierna præferunt exemplaria. Porro versiculus, *Filius malus justum se facit,* etc. aliter ab Augustino legitur epist. 95: *Filius malus ipse se justum dicit, exitum autem suum abluit.* Abest autem iste versiculus a Vulgata, et in Græco inseritur cap. 24, et sub alio capite 30, versu duodecimo, quem in Græco confer. In Veteri editione verba *sed corripit corda omnium Deus,* post hæc, *lavat exitum suum,* postponuntur.
[c] Vallars. ed. addit: *Explicit liber primus.* Quibus verbis appendit notulam: « Duo Vaticani mss. *Finit superioris libri pars prima. Incipit ejusdem pars altera.* EDIT.

LIBER SECUNDUS.

741 1. *Sacrificium pro ignorantia, errore,* etc. — CRITOB. Multa quidem de Scripturis sanctis memoriter copioseque dixisti, et *a* quasi quibusdam nubibus clarum nisus es veritatis lumen operire, sed quid ad rem? His enim cunctis testimoniis videris hominum accusare naturam, ac per hoc invidiam referre in Deum, si tales homines condidit, ut oblivione et ignorantiæ peccato carere non possint. Ex quo perspicuum est, hominem posse, si voluerit, non peccare. Id enim fecit, quod vitare non potuit. Ubi autem aufertur possibilitas, aufertur et vitium, nemo enim in eo condemnatur, quod facere non potuit. ATTIC. Sæpe dixi te non intelligere conatus meos, nec considerare quid argumenteris; sed quid Deus jusserit. Pro oblivione, errore et ignorantia, quasi pro peccato offeruntur sacrificia: sive hoc male juxta te, sive bene juxta me, Deus præcepit. Meum est observare quod jussit; tuum Dei jussa reprehendere. C. Quoniam vim facis perspicuæ veritati, et me trahis ad blasphemiam, concedam tibi hoc in veteri Lege præceptum, de qua scriptum est: *Vetera transierunt: ecce facta sunt omnia nova* (II Cor. v, 17). Numquid ad Evangelio poteris hoc approbare, ut puniatur quispiam pro eo quod nesciat, et ante pœnas luat, quam reus sit conscientiæ [*Al.* ignorantiæ]? A. Dum ignoramus, Manichæus nobis consurgit repente, qui Legem dicit abolitam, et solos novi Testamenti legendos libros. C. Quid enim a me audivisti, ut hoc autumes? Et Lex enim patribus data, pro tempore justa, et sancta est, et veniente Evangelii perfectione, viliora cessarunt. A. Ergo nequaquam observandum est, quod Lege præcipitur? C. Quædam observanda, quædam prætermittenda sunt. A. Quoniam te video esse doctissimum, dic mihi quæ de veteri Testamento observare debeam, et quæ relinquere. C. Mandata observare debemus, quæ ad vitam et mores pertinent corrigendos, de quibus dictum est: *Mandatum Domini lucidum illuminans oculos* (Ps. XVIII, 9). Quæ autem ad cæremonias Legis, et ritus sacrificiorum pertinent, relinquenda sunt. A. Ignosce mihi, cum Legis **742** et omnium Scripturarum scientiam jactites, non animadvertis quid velim dicere. C. Hoc intelligo quod loqueris, et non quod taces. A. Tacere tibi videor, qui tantis exemplis docere te volui, peccare hominem per ignorantiam: et pro peccato, ut in Lege hostias, ita et in Evangelio offerendam pœnitudinem?

2. *Exemplum e N. T. in Apostoli persona.* — C. Da testimonium novi Instrumenti, ubi error et ignorantia, et impossibilitas mandati teneatur in crimine. A. Non necesse est multa proferre. Unum proferam, cui certe contradicere non poteris. Vas electionis perspicue loquitur: *Consentio enim legi Dei juxta interiorem hominem. Video autem aliam legem in membris meis, repugnantem legi mentis meæ, et captivantem me in lege peccati, quæ est in membris meis. Miser ego homo, quis me liberabit de corpore mortis hujus? Gratia Dei per Jesum Christum Dominum nostrum* (Rom. VII, 22 seqq.). C. Protulisti testimonium, quod pro me facit. Liberati ergo de corpore hujus mortis per gratiam Domini nostri Jesu Christi, nequaquam ultra peccare debemus. A. Liberati quidem sumus baptismo Salvatoris. Sed id mihi edissere, quare dixerit: *Video aliam legem in membris meis repugnantem legi mentis meæ, et captivantem me in lege peccati, quæ in membris meis est.* Quæ est ista lex regnans in membris hominis, et repugnans legi mentis ejus? Responde simpliciter. Taces? Audi eumdem Apostolum apertissime prædicantem: *Quod enim operor, non cognosco. Non enim quod volo, operor: sed quod odi, illud facio. Sin autem quod nolo, hoc facio, consentio legi, quoniam bona est. Nunc autem nequaquam ego operor illud, sed quod in me habitat, peccatum. Scio enim quod non habitat in me, hoc est in carne mea, bonum. Velle enim adjacet mihi, operari autem bonum non invenio. Non enim, quod volo, bonum, hoc ago: sed quod nolo, malum, hoc facio. Si autem quod nolo, hoc ego facio, nequaquam ego operor illud, sed quod habitat in me peccatum* (Ibid., 15 seqq.). C. Miror te hominem prudentem sic intelligere Apostolum, ut eum *b* ex persona sua, et non ex aliorum hæc **743** dicere sentias. Qui enim conscientia in se loquentis Christi libere proclamat: *An experimentum quæritis ejus, qui in me loquitur Christus* (I Cor. XIII, 3)? Et in alio loco: *Cursum consummavi, fidem servavi, de cætero reposita est mihi corona justitiæ* (II Tim. IV, 7, 8): iste hoc de se dicere poterat, *Operari bonum non invenio*? et, *Non quod volo, bonum, hoc facio: sed quod nolo, malum, hoc ago*? Quid illud erat boni, quod volebat facere, et non poterat? Et quid illud erat mali, quod nolebat, et tamen vitare non poterat? Ergo non ex sua persona hoc dicit: sed ex persona generis humani, quæ vitiis subjacet ob carnis fragilitatem.

3. *Ex cujus persona Paulus locutus sit aliudque ejus testimonium.* — A. Parum mihi tollis, ut totum tribuas. Ego enim unum hominem, licet Apostolum, intelligo [*Al.* intelligebam] subjacere peccato, tu totum humanum genus asseris. Quod si verum est in genere, tenemus et speciem. Nam et Apostolus homo est; et si homo est, vel de aliis, vel de se quasi homo loquitur: *Miser ego homo, quis me liberabit de corpore mortis hujus?* Et: *Quoniam non habitat in me, hoc est, in carne mea, bonum* (Rom. VII, 24). Corruptibile enim corpus aggravat animam, *Deprimit terrena habitatio sensum multa c curantem* (Rom. IX, 15). C. Sic loqueris, quasi ego hoc ex persona generis humani acci-

---

a Quasi quibusdam nubibus. Sensus omnino liquidus quem retinent mss. codices: illum minime assecuti Marianus et alii, hoc modo legere voluerunt: *Et quasi quibusdam discussis nubibus, clarum visus es veritatis lumen aperire.* Erasmus habet *visus pro nisus*.
  MARTIAN.
b Vide S. Augustinum in Retractat. et Opere contra Julianum primo, ubi hunc sensum, quem Pelagiani proposito Pauli loco tribuebant, et quem ipse in prioribus suis elucubrationibus fuerat amplexatus, pluribus impugnat.
c Victorius *multa cogitantem* ex Brixianis codd. et Græco νοῦν πολυφρόντιδα, ut ipse explicat.

piam, et non ex persona peccatoris [*Al.* peccatorum]. A. Et quis tibi hoc concedet, ut ex persona peccatoris hoc loquatur Apostolus? Si enim ex persona peccatoris hoc accipis, debebat dicere: Miser ego peccator, et non, *miser ego homo.* Homo quippe naturæ est, peccator voluntatis. Nisi forte et illud, quod scriptum est: *Vanitas vanitatum et omnia vanitas* (*Eccles.* I, 2), ad peccatores refertur, et non ad omnes homines. Et iterum: *Verumtamen in imagine* [a] *perambulabat homo* (*Ps.* XXXVIII, 7); ac deinde: *Homo vanitati assimilatus est, dies ejus velut umbra pertranseunt* (*Ps.* CXLIII, 4). Si hoc Pauli testimonio non moveris, audi aliud ejusdem cui contradicere non potes: *Nihil mihi conscius sum,* et cætera [b] (I *Cor.* IV, 4). Mire: nec meipsum judico: nihil mihi conscius sum, nec tamen **744** in hoc justificatus sum. Qui hoc dicebat, nullius utique peccati sibi conscius erat. Sed quia legerat, *Delicta quis intelligit* (*Ps.* XVIII, 13)? Et: *Sunt viæ quæ videntur viro justæ, novissima autem earum respiciunt in profundum inferni* (*Prov.* XIV, 12). Et iterum: *Omnis vir videtur sibi justus, Deus autem corda hominum dirigit* (*Prov.* XXI, 4); idcirco temperabat sententiam, ne forte per ignorantiam deliquisset, maxime cum Scriptura testetur: *Est justus, qui perit in justitia sua* (*Eccl.* VII, 16). Et alibi: *Juste quod justum est sectaberis* (*Deut.* XVI, 20), ne opinione [c] veritatis a justitia declinemus, recordantes Saulis et Agag.

4. *Plures justos esse, neminem sine peccato.* — C. Ne contendere videar, et in diversum absque mensura funem trahere, saltem hoc mihi [d] concede, justos in Scripturis plurimos appellari. A. Non solum plurimos, sed innumerabiles. C. Si innumerabiles justi sunt, et hoc negari non possit, quid male locutus sum, posse esse hominem sine peccato, si velit? Hoc est aliis verbis dicere, posse justum sine peccato esse, in eo quod justus est. A. Justos esse concedo, sine omni autem peccato omnino non assentior. [e] Etenim absque vitio, quod Græce dicitur κακία, hominem posse esse aio: ἀναμάρτητον, id est sine peccato esse, nego, id enim soli Deo competit,

omnisque creatura peccato subjacet, et indiget misericordia Dei, dicente Scriptura: *Misericordia Domini plena est terra* (*Ps.* XXXII, 5, *et* CXVIII, 64). Et ne quasi maculas quasdam in sanctis viris videar perscrutari, in quibus errore sunt [*Al.* sint] lapsi, pauca proferam, quæ non ad singulos, sed ad omnes in commune pertineant. In tricesimo primo psalmo (*Vers.* 5) scriptum est: *Dixi, pronuntiabo adversum me injustitiam meam Domino, et tu dimisisti impietatem cordis mei.* Statimque sequitur: *Pro hac,* hoc est, impietate, sive iniquitate (utrumque enim intelligi potest) *orabit ad te omnis sanctus in tempore opportuno.* Si sanctus est, quomodo orat pro iniquitate? Si iniquitatem habet, qua ratione sanctus appellatur? Juxta illum videlicet modum, qui et in alio loco scribitur: *Septies cadet* [*Al.* cadit] *justus, et resurget* (*Prov.* XXIV, 16). Et, *Justus* **745** *accusator sui est in principio sermonis* (*Prov.* XVIII, 13). Et alias: *Alienati* [*Al.* abalienati] *sunt peccatores a vulva, erraverunt ab utero, locuti sunt falsa* (*Psal.* LVII, 4). Vel statim ut nati sunt, subjacuere peccato in similitudinem prævaricationis Adæ, qui est forma futuri; vel certe statim ut de utero virginali natus est Christus, de quo scriptum est: *Omnis qui aperit vulvam, sanctus Domino vocabitur* (*Exod.* XIII, 2, *et* XXXIV, 19); omnes hæretici erraverunt, non intelligentes mysterium nativitatis ejus. Magisque ad specialem nativitatem Salvatoris, quam ad omnium hominum referri potest hoc quod dicitur, *Qui, aperit vulvam, sanctus vocabitur Domino Ezech.* XI, 43, 44). Solus enim Christus clausas portas vulvæ virginitatis [f] aperuit, quæ tamen clausæ jugiter permanserunt. Hæc est porta orientalis clausa, per quam solus Pontifex ingreditur et egreditur, et nihilominus semper clausa est. Illud quoque quod in volumine Job scriptum est: *Numquid mundus erit homo coram Deo, aut in operibus suis irreprehensibilis vir? Si adversus famulos suos non credit, et contra Angelos pravum quid reperit; quanto magis in his, qui habitant domos luteas* (*Job.* IV, 17, 18)! e quibus et nos de eodem luto sumus. Quod si asserueris hoc dici ex persona Eliphas

---

[a] Vatican. et Victorius, *pertransit* cum Vulgata edit. et Græco διαπορεύεται. Erasmum sequitur Marlianæus.

[b] In Reginæ ms. et veteri editione additur *recolenda dicit testimonia.* In alio autem Vaticano sic nectitur locus, *Nihil mihi conscius sum, nec me ipsum judico,* etc., omissis quæ interseruntur.

[c] Fortasse verius Vatic. *puritatis* legit pro *veritatis.* Mox autem pro *Agag* nomine, quod reposuimus e mss., hactenus obtinuerat, *Achan,* cujus historia hic minime ad rem est, contra illa Saulis et Agag, quam repete ex I Regum cap. XV, satis bene proposito quadrat.

[d] Vatic. *concedes,* et mox *non potest, quid mali locutus sum,* etc.

[e] Reginæ ms. cum veteri editione, nec non alius Corbeiensis penes Benedictinos, *Etenim absque vitio, quod Græce dicitur* ἀναμάρτητον, *soli Deo competit, omnisque creatura,* etc., omissis intermediis κακία, *hominem posse esse aio, et id est sine peccato esse, nego, id enim.* Recole pervulgatam sententiam ὁ μόνος ἀναμάρτητος Θεός, *solus sine peccato Deus est.*

[f] Optimæ Patrum tum Græcorum tum Latinorum partis, et Ephesini præterea Concilii decretum est, perpetuo Catholicæ Ecclesiæ consensu comprobatum, et Ezechielis XLIV, 2, oraculo corroboratum, quod Christi corpus clausis uteri SS. Virginis repagulis eodem modo foras prodierit, quo ad Discipulos obseratis foribus penetravit. Hunc propterea Hieronymi locum nonnulli calumniantur, quos inter Genebrardus *Collect.* cap. 6, ut Origenianæ sententiæ de Virginei claustri apertione in partu patrocinetur. Verum, quod doctiss. Huetius monet, ea his verbis exceptio adhibenda est, qua ad solvendum huic similem Ambrosii locum usus est S. Thomas, p. III, q. 28, a. 2, sic nempe locutos Patres cum illud Evangelistæ exponerent, *Omne masculinum adaperiens vulvam sanctum Domino vocabitur:* quod quidem ex vulgata loquendi consuetudine usurpatum est, non ad significandum virginei claustri apertionem; sed exitum dumtaxat prolis de utero. Statim ideo subdit Hier., *quæ tamen clausæ jugiter permanserunt.* Vide quæ contra Jovinianum hac de re disputat, et libro contra Helvidium n. 18, not.

Themanitæ, intellige non ab eo dici; sed ab illo, qui sub persona Angeli in visione et revelatione loquitur ei sententias Dei. Sed esto ut loquatur Eliphas, quod perspicue Angelus loquitur, numquid non hoc ex persona Job proprie dicitur: *Tentatio est vita hominis super terram* (Job. VII, 1)? Et: *Si ego peccavi, quid possum facere* (Ibid., 20)? Et: *Quare oblitus es, nec fecisti iniquitatis meæ oblivionem; et emundationem peccati mei? Quomodo enim potest esse justus homo super terram apud Deum* (Ibid., 21)? Et iterum: *Si fuero justus, non audiet me; sed judicio ejus indigebo* (Job. IX, 15, 29). **746** Et rursum: *Quia sum impius, cur frustra laboro? Si lotus fuero* [a] *nive, et mundis manibus, satis me sorde tinxisti. Si peccavero, custodies me. Ab iniquitate autem me non facies innocentem* (Ibid., 30). Et: *Si impie egero, væ mihi* (Job. X, 15). Et: *Si fuero justus, non potero respirare. Plenus enim ego sum ignominiæ* (Ibid.). Et iterum: *Quis enim erit mundus a sorde? Ne unus quidem, etiam si unius diei fuerit vita ejus super terram, et numerabiles menses illius* (Job. XV, 14). Quod si dixeris pronomen *quis*, non pro impossibili, sed interdum pro difficili accipi, respondebo tibi: Et ubi est illud, quod temere protulisti, *Facilia Dei esse mandata*, et ea facile posse compleri? dicente Scriptura: *Vir in* [b] *dolore laborat sibi, et vim facit perditioni suæ* (Prov. XVI, 26, sec. LXX), ut oppressa et subjugata et moriente carne, vivat in eo spiritus. Ridiculamque illam expositionem Demosthenis [c] vestri, non dixisse Job: *Quis erit mundus a peccato;* sed *quis erit mundus a sorde*, prætereo, qua probare conatur, sordes pannorum significari in infantia, non vitia peccatorum. Aut certe si non sic intelligit, dicite vos quid sentiat. Tam enim involutus [d] dictor est, et nimio verborum squalore coopertus, ut suspicionem magis quam intelligentiam lectori præbeat. Ad extremum infert: *Ego autem ad hæc quid respondebo? Manum meam ponam super os meum, semel locutus sum, in secundo non addam* (Job. XXXIX, 34). Ecce Job noster [e] vir immaculatus et justus, et sine querela, et abstinens se ab omni malo, quali fine justitiæ coronatur, ut misericordia Dei indigeat? Hoc est illud, quod in Proverbiis legimus: *Quis gloriabitur castum se habere cor? Aut quis confidet se mundum esse a peccato* (Prov. XX, 9)? Fac quod et hic, [f] *quis*, non pro impossibili, sed pro difficili dixerit. Tolle ergo sententiam, et rade **747** de libro tuo, *Facilia Dei esse mandata.*

5. *Occurrit objectioni ex Evangel. Joannis.* — Quod si illud Joannis Apostoli opposueris, *Mandata ejus non sunt gravia* (I Joan. V, 3), et de Evangelio: *Jugum meum suave est, et onus meum leve* (Matth. XI, 30); facillime revinceris: levia enim certum est dixisse Evangelii mandata ad comparationem superstitionis Judaicæ, in qua varia cæremoniarum genera quærebantur, quæ juxta litteram, et Apostoli Petri sententiam, nullus potuit explere. Unde et in Actibus Apostolorum scribitur: *Nunc ergo quid tentatis* [g] *imponere jugum super cervicem discipulorum, quod neque patres nostri, neque nos portare potuimus: sed per gratiam Domini Jesu salvari credimus, quemadmodum et illi* (Act. XV, 10). Jacobus Apostolus scribit: *Si judicas legem, non es factor legis, sed judex* (Jacob. IV, 11). Ille judicat legem, qui dicit, aliquid non juste præceptum, et ignorantiam non habere [*Al.* habet] peccatum; et frustra offerri victimas pro errore, quod peccati non habet conscientiam. Neque enim in lege ratio quæritur, sed auctoritas. Idem in eadem dicit Epistola: *Ira viri justitiam Dei non operatur* (Jacob. I, 20); et quis nostrum carere potest ira, de qua scriptum est: *Ira perdit etiam* [h] *sapientes* (Prov. XV)? Significanterque non iram Dei, sed iram viri posuit. Ira enim Dei justa est: ira autem viri de perturbata mente procedit. Unde et in Psalmo dicitur: *Irascimini, et nolite peccare* (Psal. IV, 26): qui versiculus quem sensum habeat, Apostolus docet: *Sol non occidat super iracundiam vestram* (Ephes. IV, 5); ut peccatum omnino sit vel leviter irasci: justitia autem, iram celeri pœnitudine mitigare. Unde pro otioso verbo redditurí sumus rationem in die judicii. Et in eodem Evangelio legimus: *Qui irascitur fratri suo sine causa, reus erit judicio* (Matth. V, 22). Licet in plerisque codicibus antiquis, [i] *sine causa*, additum non sit, ut scilicet ne cum causa quidem debeamus irasci. Quis hominum poterit dicere, quod [j] ira, quæ absque justitia est, in sempiternum vitio careat? Et iterum: *Ne glorieris in crastinum, nescis enim quid adveniens*

---

[a] Perperam cum antiqua edit. Erasmus *nitro;* tum Vatic., *et mundus manibus*. Reginæ autem ms. cum eadem editione, *et mundus mundi manibus.*

[b] Duo mss. *Vir in laboribus laborat*, etc. Græce quoque est ἀνὴρ ἐν πόνοις πονεῖ.

[c] Pelagium sub Demosthenis nomine in perversum irrideri sentio, et comprobant quæ subsequuntur. Attamen Origenes, cujus sæpe verbis Pelagiani loquebantur, prior est hujusmodi auctor interpretationis. En ejus verba Latine reddita ex Homil. 12 in Leviticum: *Omnis qui ingreditur hunc mundum in quadam contaminatione effici dicitur. Propter quod et Scriptura dicit: Nemo mundus a sorde, nec si unius diei fuerit vita ejus. Hoc ipso ergo, quod in vulva matris est positus, et quod materiam corporis ab origine paterni seminis sumit, in patre et in matre contaminatus dici potest. Aut nescis quia cum quadraginta dierum factus fuerit puer masculus, offertur ad altare,*

[d] *ut ibi purificetur, tanquam qui pollutus fuerit in ipsa conceptione vel paterni seminis, vel uteri materni?*

[d] Victorius *Dictator*, qui vocem *dictor* impressorum incuriæ tribuit.

[e] In uno Vatic., *vere* pro *vir*, in altero neutrum habetur.

[f] Vocula *quis* in mss. desideratur.

[g] Addunt mss. *Deum*, aut *Dominum*. quorum alterum nomen et Græcus habet, et Vulgatus interpres.

[h] Unus Vatic., *etiam prudentes*.

[i] Adeo in Commentariis in Matthæum, et lib. III in Epist. ad Ephesios comma istud *sine causa* e Latinis codicibus eradendum contendit. Vide interim quæ in epist. 15, ad Castorinam, annotavimus.

[j] Malim *iræ*, scilicet *vitio*, quo quis in sempiternum carere se possit dicere. Aut juxta alterum Vatic. ms. vocem *vitio* excluserim.

pariat dies (*Prov.* xxvii, 1). Unde scriptum est : *Ne beatum dixeris quempiam ante mortem.* Quamdiu enim vivimus, in certamine sumus, et quamdiu in certamine, nulla est certa victoria, quæ etiam Apostolo fortissime prælianti in futuro sæculo reservatur. Dominus atque Salvator sub persona assumpti hominis loquitur : **748** *Insipientissimus enim omnium hominum sum, et non est hominis prudentia in me* (*Eccli.* xi). Et in sexagesimo octavo Psalmo : *Deus, tu scis insipientiam meam: sed fatuum Dei, sapientius est hominibus* (I *Cor.* 1, 25). In Ecclesiaste quoque scriptum est : *In multitudine sapientiæ, multitudo scientiæ: et qui addit scientiam, addit dolorem* (*Eccles.* 1, 18) : intelligens quod perfectione careat, et ex eo quod novit, quanta non noverit. *Et odio*, inquit, *habui vitam, quoniam malum est opus quod operor* [a] *super terram. Omnia enim vanitas, et præsumptio spiritus. Nemo scit quid futurum sit, quia sicuti est, quis annuntiabit ei? Sunt justi ad quos pervenit quasi opus impiorum. Et sunt impii, ad quos pervenit quasi opus justorum* (*Eccles.* viii, 14). Hoc idcirco dicitur, quia certum judicium solius Dei est, et quos putamus justos, sæpe peccatores inveniuntur, et quos e contrario peccatores, apud Dei scientiam justi sunt. *Quamtumcumque laboraverit homo, ut inquirat, non reperiet. Et si dixerit sapiens nosse se, invenire non poterit. Omnium enim unus occursus est, cordaque filiorum hominum repleta sunt malitia, et incerto statu* (*Eccles.* x, 1), quæ Græce περιφέρεια dicitur. *Muscæ morituræ*, sive, ut in Hebraico habetur, *mortuæ, demoliuntur atque corrumpunt suavitatem olei.* Quis mortalium aliquo errore non capitur? quem hæreticorum et falsorum dogmatum venena non maculant? *Tempus,* inquit, *est ut incipiat judicium a domo Dei. Si autem primum a nobis, quis finis eorum qui non credunt Evangelio? Et si justus vix salvabitur, impius et peccator ubi parebunt* (I *Petr.* iv, 17, 18)? Certe justus est, qui in die judicii vix salvatur. Salvaretur autem facile, si nihil in se haberet maculæ. Ergo justus est in eo, quod floret multis virtutibus, et vix salvatur in eo, quod in quibusdam Dei indiget misericordia.

6. *Perturbationes humani generis.* — Quatuor sunt perturbationes, quibus genus vexatur humanum, duæ præsentis, et duæ futuri : duæ bonorum, et duæ malorum. *Ægritudo*, quæ Græce dicitur λύπη, et *gaudium*, quod illi χάραν vel ἡδονήν, vocant : quamquam ἡδονή *voluptas* a plerisque dicatur : alterum mali, alterum boni. Excedimusque mensuram, si gaudeamus super his, quæ non debemus, divitiis, potentia, honoribus; inimicorum infelicitate, vel mortibus : aut e contrario præsentium malorum dolore cruciemur, adversis, exsiliis, paupertate, **749** languore, et mortibus propinquorum, quod Apostolus fieri prohibet; et rursum si cupiamus ea quæ arbitramur bona, hæreditates, honores, prosperitates omnium rerum, et corporum sanitatem, et cætera quorum præsentia gaudio fruimur : et metuamus illa, quæ putamus adversa; quibus ad perfectum carere juxta Stoicos, Zenonem videlicet, et Chrysippum, possibile est : juxta Peripateticos autem et difficile et impossibile est : cui sententiæ omnis scripturæ sanctæ consentit auctoritas. Unde et Josephus Machabæorum scriptor historiæ, [b] frangi et regi posse dixit perturbationes animi, non eradicari, et quinque Tusculanarum quæstionum Ciceronis libri, his disputationibus referti sunt. Pugnant enim, juxta Apostolum, adversum nos fragilitas corporis, et spiritalia nequitiæ in cœlestibus (*Ephes.* vi, 12). Manifesta sunt, dicente eodem, opera carnis et opera spiritus, et hæc sibi invicem adversantur (*Galat.* v, 19), ut non quæ volumus, illa faciamus. Si non quod volumus, facimus, sed quod nolumus, illud operamur : quomodo dicitis, [c] *Posse hominem sine peccato esse, si velit?* Ecce Apostolus, omnesque credentes, quod volunt, implere non possunt. *Charitas operit multitudinem peccatorum* (I *Petr.* iv, 8), non tam præteritorum quam præsentium, ne ultra, Dei in nobis manente charitate, peccemus. Quamobrem de muliere peccatrice dicitur : *Dimittuntur ei peccata multa, quoniam dilexit plurimum* (*Luc.* vii, 47). Ex quo intelligimus non nostræ solum esse potestatis facere quod velimus, sed et Dei clementiæ, si nostram adjuvet voluntatem (I *Joan.* 1).

7. *Deus solus immortalis, sapiens, perfectus, per naturam.* — Deus lux appellatur, et tenebræ in eo non sunt ullæ. Quando dicit nullas tenebras in Dei lumine reperiri, ostendit omnia aliorum lumina aliqua sorde maculari. Denique et Apostoli appellantur lux mundi. Sed non est scriptum, quod in Apostolorum luce nullæ sint tenebræ. Et de Joanne scribitur : *Hic venit in testimonium, ut testimonium perhiberet de lumine, ut omnes crederent per illum. Non erat ille lux, sed ut testimonium perhiberet de lumine. Erat lux vera, quæ illuminat omnem hominem venientem in hunc mundum* (*Joan.* 1, 7, 8). Unde et de eo scriptum est : *Qui solus habet immortalitatem,* **750** *et lucem habitat inaccessibilem* (I *Tim.* vi, 16). Et certe legimus immortales Angelos, immortales Thronos et Dominationes, cæterasque Virtutes. Sed solus Deus est immortalis, quia non est per gratiam, ut cætera, sed per naturam. Quam ob causam idem Apostolus scribit (*Rom.* xvi), Deum solum esse sapientem, cum et Salomon, et multi alii Sancti sapientes vocentur, et dicatur juxta Hebraicum ad principem Tyri: *Sapientior Daniele es tu* (*Ezech.* xxviii, 3)? Quo-

---

[a] Vatic. liber *quod operor super me.* Græce est τὸ ποίημα τὸ πεποιημένον ὑπὸ [τὸν ἥλιον.

[b] Hæc puto in mente habuit ex Josephi libro de Macchabæis cap. iii : Οὐ γὰρ ἐκριζωτὴς τῶν παθῶν ὁ λογισμός ἐστιν, ἀλλ᾿ ἀνταγωνιστής; nec enim perturbationes ratio evellit radicitus, sed concertando oppugnat. Quamquam tota aurei ejus libri præfatio ad quartum usque numerum Hieronymiano proposito commentarii vice esse potest.

[c] Licet ex hoc loco intelligere, Pelagianorum ἀναμαρτησίαν eo pertinuisse, ut homo careret omni peccato etiam materiali ignorantiæ, oblivionis, etc.; secus enim omne quod cavere homo non potest, peccatum nullo sensu dicitur.

modo ergo solus lux, solus immortalis, et solus sapiens appellatur, cum multi immortales, et luces, et sapientes sint; [a] sic perfectio hominis non ex natura : sed ex gratia veniens, imperfectos eos qui perfecti videntur esse, demonstrat. Quod autem scriptum est : *Et sanguis Jesu filii ejus mundat nos ab omni peccato* (I Joan. I, 7), [b] tam in confessione baptismatis, quam in clementia pœnitudinis accipiendum est. Sed aliud est mundari a Deo, aliud per se esse sine vitio. Si enim juxta Job : *Luna non splendet, et stellæ non sunt mundæ in conspectu ejus, quanto magis homo, putredo, et filius hominis, vermis* (Job. xxv, 5, 6)! Omne enim os obstruitur, et obnoxius est omnis mundus Deo : *Quia ex operibus legis non justificabitur omnis caro coram eo* (Rom. III, 19, 20). Nullaque distantia est personarum. *Omnes enim peccaverunt, et indigent gloria Dei : justificati gratis per gratiam ipsius* (Ibid., 23, 24). Si autem scribit : *Existimamus fide justificari hominem sine operibus legis, siquidem unus est Deus, qui justificat circumcisionem ex lege, et præputium ex fide* (Ibid., 28, 30): manifeste ostendit, non in hominis merito, sed in Dei gratia esse justitiam, qui sine legis operibus credentium suscipit fidem. Unde sequitur : *Peccatum vestri non dominabitur. Cur? Quia non estis sub lege, sed sub gratia* (Rom. VI, 14). *Non enim volentis, neque currentis, sed miserentis est Dei* (Rom. IX, 16). Unde et gentes quæ non sectabantur justitiam, comprehenderunt justitiam, justitiam autem ex [c] fide. *Israel autem sequens legem justitiæ, in legem justitiæ non pervenit, quoniam non ex fide, sed ex operibus. Offenderunt enim in lapidem offensionis* (Ibid., 30, seqq.). *Finis enim legis Christus ad justitiam omni credenti* (Rom. X, 4).

8. *Ex Apostoli Epistolis.* — Cunctæ prope Epistolæ Apostoli hoc habent principium : *Gratia vobis et pax a Deo Patre nostro et Christo Jesu Domino nostro* (I Cor. I, 3), et simili fine clauduntur. Ad Corinthios quoque scribitur : *Ut non indigeatis ulla donatione, exspectantes revelationem Domini nostri Jesu Christi, qui et confirmabit vos usque in finem sine crimine in die Domini nostri Jesu Christi* (Ibid., 7, 8). Licet ergo nulla indigeamus donatione, tamen exspectamus revelationem Domini nostri Jesu Christi, qui tunc nos in omnibus confirmabit, et ostendet sine crimine, cum dies Domini nostri Jesu Christi et mundi finis advenerit, ut non glorietur omnis caro in conspectu ejus. Paulus plantavit, Apollo rigavit (I Cor. II, 6), sed Dominus incrementum dedit : ergo neque qui plantat, neque qui rigat, est aliquid; sed qui incrementum dat, Deus. Ipsius enim agricultura, ipsius ædificatio sumus. Juxta gratiam Dei, quasi sapiens architectus ponit fundamentum.

Nolite, inquit, *vosmetipsos decipere. Si quis sapiens est in vobis, in sæculo isto, fatuus fiat, ut sit sapiens. Sapientia enim mundi, stultitia est apud Deum* (I Cor. III, 19). *Dominus cognoscit cogitationes hominum, quia vanæ sunt* (Psal. XCIII, 11). Et iterum : *In nullo enim mihi conscius sum, sed nec in hoc justificatus sum, quia qui me judicat, Dominus est* (I Cor. IV, 4). Dicitur et vobis, qui sine peccato vos esse dicitis, quid habetis quod non accepistis? Si autem accepistis, quid gloriamini, quasi non acceperitis? *Jam saturati estis, jam divites facti estis* (Ibid., 8). Et ut sciamus non ex nobis, sed ex Dei cuncta pendere judicio : *Veniam*, inquit, *citius ad vos, si Dominus voluerit* (Ibid., 19). Qui enim dicit, veniam ad vos, ostendit se velle, monstrat cupere, promittit adventum. Sed ut cautius hæc loquatur, infert, *si Dominus voluerit*. Si quis enim putat se quid nosse, necdum novit, sicut nosse oportet.

9. *Iterum ex Apostolo.* — Vas electionis humilitate dejectus, immo conscientia fragilitatis suæ loquitur : *Ego sum minimus Apostolorum, qui non sum dignus vocari Apostolus, quoniam persecutus sum Ecclesiam Dei : gratia autem Dei sum id quod sum, et gratia ipsius in me vacua non fuit; sed omnibus illis amplius laboravi, non ego autem,* [d] *sed gratia Dei quæ mecum est* (I Cor. I, 9, 10). Dicit se plus omnibus Apostolis laborasse, statimque laborem suum ad Dei refert auxilium : *Non ego*, inquiens, *sed gratia Dei, quæ mecum est* (II Cor. III, 4); sicut et in alio loco loquitur : *Fiduciam autem talem habemus per Jesum Christum ad Deum, non quia ex nobis ipsis sufficientes simus reputare aliquid, quasi ex nostro : sed sufficientia nostra ex Deo est, qui et nos dignos fecit ministros novi Testamenti* (II Cor. III, 4-6). Non enim justificatur homo ex operibus legis, nisi per fidem Jesu Christi. Unde infert : *Et nos in Jesum Christum credidimus, ut justificemur ex fide Christi, et non ex operibus legis, quia ex operibus legis non justificabitur omnis caro* (Gal. II, 16). Si enim ex lege justitia, ergo Christus sine causa mortuus est (Ibid., 21). *In lege maledictio est; scriptum est enim, Maledictus omnis, qui non permanet in omnibus quæ scripta sunt in libro Legis, ut faciat ea. Christus nos redemit de maledictione legis, factus pro nobis maledictio* (Gal. III, 10, 13). *Si enim data esset lex, quæ posset vivificare, vere ex lege esset justitia. Sed conclusit Scriptura omnia sub peccato, ut repromissio per fidem Jesu Christi daretur credentibus. Lex ergo pædagogus noster fuit in Christo, ut ex fide justificemur* (Ibid., 21-24). Unde addit, et uno versiculo omnia comprehendit, dicens : *Evacuati estis a Christo, qui in lege justificamini, a gratia excidistis* (Galat. V, 4).

10. *A nullo legem esse completam.* — Hæc cuncta

---

[a] Laborabat sensus interpunctionis vitio; sic enim scriptum erat, *luces et sapientes sint?* sub interrogandi nota, exinde nova periodus, *Sic perfectio hominis*, etc., in vulgatis hactenus libris.

[b] Addunt Vaticani duo mss. *mundat quidem nos ab omni peccato tam*, etc. atque adeo mox voces, *accipiendum est non agnoscunt*.

[c] Unus Vatic., *justitiam autem quæ est ex fide*.

[d] Sic juxta Græcum. Vide quæ de hujus loci lectione supra annotamus, et S. Augustinum lib. de Gratia et libero arbitrio.

percurro, ut ostendam a nullo legem esse completam, et per legem mandata omnia quæ continentur in lege. Deus est enim qui operatur in nobis, et velle et perficere. Laborat Apostolus (*Philipp.* II), et juxta justitiam quæ in lege est, sine querimonia conversatus, omnia pro Christo ducit quisquilias, ut inveniatur in Christo, non habens suam justitiam, quæ ex lege, sed quæ ex fide Christi est a Deo. Unde scribit ad Thessalonicenses: *Fidelis autem est Dominus, qui servabit eos, et custodiet a malo* (II *Thess.* III, 3). Ergo non liberi arbitrii potestate, sed Dei clementia conservamur. Ac ne putes argumentationibus vanis, quæ movent audientibus quæstiones, veritatem posse fidei subverti, idem Apostolus scribit ad Timotheum: *O Timothee, depositum custodi, devitans prophanas vocum novitates et contradictiones falsi nominis scientiæ, quam quidam promittentes, circa fidem erraverunt* (II *Tim.* I, 13, 14). *Bonitas enim et misericordia Salvatoris nostri, non ex operibus justitiæ quæ fecimus, sed secundum suam misericordiam salvos nos fecit, ut justificati illius gratia, hæredes simus secundum spem vitæ æternæ* (*Tit.* III, 5, 6). Hæc breviter quasi ex latissimo atque pulcherrimo Apostolicæ doctrinæ prato carpsimus, ut duræ frontis impudentia conteratur.

11. *Ex Evangelii præceptis.* — Transeamus ad Evangelia, et Apostolicos igniculos clarissima Christi lampade compleamus. *Omnis*, ait, *qui irascitur fratri suo sine causa, reus erit judicio.* **753** *Qui autem dixerit* RACA (quod interpretatur [a] *vanus et absque cerebro*) *reus erit concilio*: haud dubium quin Sanctorum et Angelici senatus. *Qui autem dixerit fatue, reus erit gehennæ ignis* (*Matth.* v, 22). Quis nostrum potest huic vitio non subjacere, cum etiam pro otioso verbo reddituri simus rationem in die judicii? Si ira et sermonis injuria atque interdum jocus judicio, concilioque, et gehennæ ignibus delegatur; quid merebitur turpium rerum appetitio, et avaritia, quæ radix est omnium malorum? *Si*, inquit, *offers donum tuum ad altare, et ibi fueris recordatus, quia frater tuus habet aliquid adversus te, dimitte ibi donum tuum ante altare, et vade primum, reconciliare fratri tuo, et tunc veniens offeres munus tuum* (*Matth.* v, 23, 24). Meæ est potestatis, ut non habeam aliquid contra fratrem meum. Ut autem ille adversus me habeat, aut non habeat, in illius voluntate consistit. Quid ergo faciam, si ille reconciliari noluerit? Obsecrem? flectam genua? Sed audire contemnet. An obtorto collo nolentem in jus amicitiæ traham?

Et quæ est major inimicitia, quam amicitias necessitate sociare? Neque enim dixit: Roga eum ut tibi concilietur; sed, Reconciliare primum fratri tuo, et sic offeres munus tuum ad altare. Non quod impossibilia Deus præceperit; sed in tantum [b] patientiæ culmen ascendit, ut prope impossibilia pro difficultate nimia præcepisse videatur (*Matth.* XVIII, et *Marc.* IX): ad destruendam sententiam tuam, qua scribis, *Facilia esse Dei mandata.* Scandalizantem manum, oculum et pedem jubemur abscindere. Esto per tropologiam dictum sit, pro amicissimis, et pro consanguineis, et fraterno nobis et conjugali amore sociatis; facilene arbitramur ob quasdam offensas **754** tantam subito abscindere charitatem? Quodque dicitur: *Sit sermo vester, est est, non non, quod autem amplius est, a malo est* (*Matth.* v, 37): forsitan de vestra schola reperiatur, qui numquam mentitus sit, nec audierit illud Propheticum et Apostolicum, *Ego dixi in excessu mentis meæ, Omnis homo mendax* (*Psal.* CXV, 2), et nesciat scriptum in alio loco: *Os quod mentitur, occidit animam* (*Sap.* I, 11). Verberanti maxillam, alteram jubemur opponere. Tollenti tunicam, etiam pallium concedendum est. Angarianti se mille passibus, duobus millibus colla præbenda sunt. *Petenti te da, et* [c] *volentem a te accipere mutuum, ne averseris* (*Luc.* VI, 30). Si duos nummulos habuero, et alius poposcerit, aut dabo ipsi, et mihi mendicandum erit, aut si non dedero, transgressor legis inveniar. Illud autem quod dicitur: *Diligite inimicos vestros, benefacite his qui oderunt vos, et orate pro persequentibus et calumniantibus vos* (*Ibid.*, 27, 28): forsitan in vestro cœtu invenitur, apud nos rara avis est. Qui peccata simpliciter confitentur, merentur humilitate clementiam Salvatoris: quodque sequitur, *Cavete, ne justitiam*, hoc est, *eleemosynam vestram, faciatis coram hominibus, ut videamini ab eis* (*Matth.* VI, 1): nescio quis possit implere. Ad largiendum frustum panis et binos nummulos præco conducitur, et extendentes manum, huc illucque circumspicimus, quæ si nullus viderit, contractior fit. Esto unus de mille inveniatur, qui ista non faciat.

12. *Urget ex iisdem præceptis.*—Responde, quæso, ubi sunt facilia mandata? *Nolite*, inquit, *solliciti esse de crastino. Crastinus enim dies sollicitus erit pro se. Sufficit diei malitia sua* (*Ibid.*, 34). Vos de crastino non cogitatis, et instar avium præsentibus contenti, [d] quorum Epistolæ biblinæ volitant trans flumina Æthiopiæ, **755** ut inter simias et pavos, nova de voluptatem Pelagii, et, quod sane est mirum, etiam ejus, qui nondum Pelagio nomen dederat (ut ex Mario Mercatore Com. 3, et Gennadio constat) Juliani, qui epistolas papyraceas procul mitterent, ut inde redirent munera. Absurdius adhuc Joannes Clericus libros ait designari Origenis a Rufino Latine redditos, ex eoque *biblinas Epistolas* dici, quod Origenes patria Alexandrinus in Ægyptia papyro scripserit. Porro perspicuum est, alludi Isaiæ locum cap. XVIII, 2, juxta LXX, ἐπέκεινα ποταμῶν Αἰθιοπίας ὁ ἀποστέλλων ἐν θαλάσσῃ ὅμηρα, καὶ ἐπιστολὰς βιβλίνας, *ultra flumina Æthiopiæ, qui mittit in mare obsides et epistolas*

---

[a] Notum deduci vocabulum a רִיק, quod est *vanum*.
[b] Fortasse in recto *patientia* rescribendum est, ut sit sensus, patientiæ virtus tam perfecta nobis præcipitur, ut ad eam pervenire propemodum impossibile videatur.
[c] Mss. duo cum veteri edit., *et volenti a te*, etc.
[d] *Quorum Epistolæ biblinæ.* Hæc lepide dixit, ut notet avaritiam, et voluptatem Pelagii et Juliani, qui epistolas papyraceas procul mittebant, ut inde redirent munera: alluditque ad dona peregrina missa Salomoni, ob admirationem sapientiæ. MARTIAN. — Putat Martianæus notari his verbis avaritiam, et

Ophir Salomoni dona mittantur. Vis audire facilitatem præceptorum Dei? ausculta quod dicitur : *Quam arcta via et angusta est, quæ ducit ad vitam, et pauci sunt qui inveniunt eam* (Matth. vii, 14)! Non dixit, qui gradiuntur per eam : hoc enim difficillimum est, sed qui inveniunt eam. Pauci enim inveniunt, et multo pauciores ingrediuntur per eam. *Filius,* inquit, *hominis non habet ubi caput suum reclinet* (Luc. ix, 58), qui dicit in Isaia, Suscipite lassum, et *hæc est requies mea* (Isai. xxviii, 12). Si non habet ubi caput suum reclinet, et quo requiescat, dicens in alio loco : *Super quem requiescam nisi super humilem, et quietum, et trementem verba mea* (Isai. lxvi, 2) : ubi est mandatorum [a] facilitas? Multi hoc quod scriptum est : *Non veni vocare justos, sed peccatores ad pœnitentiam* (Matth. ix, 19), simpliciter accipiunt, juxta illum sensum : *Non indigent sani medico, sed hi qui male habent* (Marc. ii, 16). Alii vero interpretantur coactius. *Non veni vocare justos* (Marc. ii, 17, et Luc. v, 31), nullus enim ad perfectum justus est, sed ex aliqua parte peccator; sed *peccatores,* quibus mundus refertus est, dicente David : *Salvum me fac, Domine, quoniam defecit sanctus,* et, *Corrupti sunt, et abominabiles facti sunt in adinventionibus suis. Omnes declinaverunt, simul inutiles facti sunt, non est qui faciat bonum, non est usque ad unum* (Ps. xiii, 2, 3). *Nolite,* inquit, *possidere aurum, neque argentum, neque pecuniam in zonis vestris, non peram in via, non panem, neque duas tunicas, neque calceamenta, neque virgam* (Matth. x, 9). Hæc, inquies, præcepta Apostolica sunt. Et certe Petrus Apostolus caligas habuisse narratur, dicente ad eum Angelo : *Præcingere, et calceare* [Al. *calcea te*] *caligis tuis* (Act. xii, 8). *Duas autem tunicas,* ut de cæteris taceam, puto quod et ego et tu possideamus, si tamen amplius non habemus. Hæc dico, **756** et iterum iterumque ac per singula ingeram, ut erubescas ad sententiam tuam, *Facilia esse Dei mandata.*

13. *Iterum ex Evangelio.* — *Fratrem tradet frater in mortem, et pater filium, consurgentque filii contra parentes, et interficient eos. Et eritis,* inquit, *odio cunctis hominibus propter nomen meum* (Matth. x, 22). Et quia facilia jusserat, et sciebat facile ea posse compleri, propterea, ut rei facilitatem ostenderet, copulavit dicens : *Qui perseveraverit usque in finem, hic salvus erit* (Matth. x, 22). *Non veni,* inquit, *pacem mittere super terram, sed gladium. Veni dividere hominem contra patrem suum, et filiam contra matrem, et nurum contra socrum* (Ibid., 34). Et ne omnia percurrendo, longiorem sententiam faceret, uno cuncta sermone comprehendit, dicens : *Inimici hominis, domestici ejus* (Ibid., 56). Cumque posuisset : *Qui amat patrem aut matrem supra me, non est me dignus ; et qui amat filium aut filiam supra me, non est me dignus* (Ibid., 37), ob facilitatem præceptorum intulit : *Et qui non tollit crucem suam, et sequitur me, non est me dignus* (Ibid., 38, et Luc. iv, 27). Crux Christi facilis est; nudum post Christum ire, ludus est, jocus est. Et ubi præmia quæ, difficultate superata, quæruntur? Non colliguntur zizania in præsenti sæculo, ne et frumentum pariter eradicetur. [b] Pala Dominica futuro judicio reservatur, quando justi fulgebunt quasi sol, et egredientur Angeli, et separabunt malos de medio justorum. Petrus mergitur, et meretur audire : *Modicæ fidei, quare dubitasti* (Matth. xiv, 31)? Si in illo modica fides, in quo

---

biblinas. Quæ verba ita Eusebius in Commentariis interpretatur, ut calumniatrices epistolas intelligat, expositque de Judæorum legatis, qui tum apostoli dicebantur, qui de Servatore Jesu Christo calumnias struebant. Οὗτοι ἀπόστολοι αὐτῶν ἐπιστολὰς βιβλίνας κομίζόμενοι, ὑπεράνω τε τῶν ὑδάτων ναυτιλλόμενοι, καὶ τὴν θάλασσαν ζαπλέοντες, ἁπανταχοῦ γῆς διέτρεχον τὸν περὶ τοῦ Σωτῆρος ἡμῶν ἐνδιαβάλλοντες λόγον. Hoc sensu accepisse videatur etiam S. Epiphanius epist. inter Hieronymianas 54, num. 1. Neque porro est incongruum notari hic loci asseclas Pelagianorum in longinquas provincias missos cum epistolis, dolis et calumniis refertis, quibus in longe dissitis regionibus factioni suæ vires adderent, et Catholico sensui detraherent. Verum Hieronymus ut hunc intellectum minime excludat, nescio quid amplius innuit de Pelagianorum avaritia, quod item ex alia Isaiani loci lectione extunditur. Re ipsa in Præfatione libri tertii in Jeremiam de ipso Pelagio loquens, *Mittit,* inquit, *in universum orbem epistolas prius auriferas, nunc maledicas* : facile *auriferas* istas indicans esse, quas modo carpit. Isaiæ autem textus habet בבלי בבוא : quæ reddas cum vulgato interprete *in vasis papyri.* Naviculas credo velocissimas ex papyro contextas Propheta significavit : at Septuaginta solemni ejus litteræ mutatione, ב pro פ, legentes בבלי, *Biblæ,* quasi proprium nomen esset, βιβλίνας transtulerunt; אבא autem, sive *papyrum,* unde charta conficiebatur, dixere ἐπιστολάς. Denique propius ad verum est, epistolas biblinas ex allusione ejus apud Isaiani loci, significare epistolas, unius societatis privatas ac sceleris conscias, quas, ex condicto ii ferme soli intelligerent ad quos mittebantur. Procopius Gazæus in Commentar. ad eum locum simile quid indicat, ubi relata fabula de Adonide etiam apud inferos a Venere adamato, deque instituta lugubrium festorum celebritate ad absentis desiderium alternis mensibus luctu testandum, ac vicissim gratulandum reverteuti, ait Judæos quoque veræ pietatis immemores hujusmodi ritum orgiorum sibi assumpsisse, et quod Ezechiel tradit cap. viii, sedisse mulieres lugentes Thamuz, id est, Adonidem. *Tale vero,* inquit, *quiddam erat, quod urbis illius* (id est Alexandriæ) *cives efficiebant. In testam litteras ad mulieres, quæ* Bibli (urbe) *erant, tamquam Adonide reperto, conjiciebant, eamque obsignatam mittebant in mare sacra quædam prius super eam facientes, et ut significabant ii qui mittebant, sponte sua illa deferebatur Biblum, ejusque civitatis mulieribus lugendi finem suomet appulsu nuntiabat.* Subditque interpretans *Væ illis,* τοῦτ' ἐστι, τῆς ὁμοφροσύνης ἐνέχυρα τοῖς τὴν αὐτὴν νοσοῦσιν ἀσέβειαν, οὐ πλοιοῖς, ἀλλ' ἐπὶ νώτων θαλάσσης ἀφιεῖσι τὸν κέραμον, id est, *qui traditis interse sceleris societatisque pignoribus, eodem impietatis morbo laborarunt, neque naves sed commissam maris tergo testam mittunt.*

[a] Victor., *mandatorum Dei facilitas.*
[b] False hactenus lectum est *Palea Dominica,* quasi palea quæ in malam partem exponi allegorice solet, Domini diceretur. Pala autem rusticum instrumentum est, quo frumentum in area ventilatur, Marthæus et Lucas *ventilabrum* vocant. Tertullian. de Præscript. c. 3: *Palam in manu portat ad purgandam aream suam. Avolent quantum volent paleæ levis fidei, eo purior massa frumenti in horrea Domini reponetur.* Emendavimus ope codicum Vaticanorum.

magna sit, nescio. *De corde*, inquit, *egrediuntur cogitationes pessimæ, homicidia, adulteria, fornicationes, furta, falsa testimonia, blasphemiæ. Hæc sunt quæ coinquinant homines* (*Matth.* xv, 19). Procedat qui in corde suo hæc non esse testetur, et plenam in corpore isto mortali justitiam confitebor. *Qui vult,* **757** inquit, *salvare animam suam, perdet eam : et qui perdiderit animam suam propter me, salvam faciet eam* (*Matth.* xii, 25). ᵃ Iterum dico : Hæc sunt facilia mandata? *Væ mundo a scandalis, necesse est enim ut veniant scandala* (*Matth.* xviii, 7). Et propterea in alio loco scriptum est : *In multis offendimus, sive erramus, omnes* (*Jacob.* iii, 2). Non pauca peccata, sed multa, nec quorumdam, sed omnium posuit : *Omnes enim quæ sua sunt quærunt, et non ea quæ Dei sunt* (*Philipp.* ii, 21). Unus bonus Deus dicitur, et magistri quasi hominis bonitas refutatur. In Lege doctissimus omnia fecisse se dicit, quamobrem et amatur a Domino; et tamen plenam justitiam non habet, quia noluit substantiam suam pauperibus erogare. Unde difficultas difficultati, immo impossibile impossibili tunc comparatur, quia nec camelus ingredi potest per foramen acus, nec divites pervenire in regna cœlorum. Quis nostrum non lavat exteriora calicis et paropsidis, et interiora habet nequaquam sordibus inquinata? Quis sepulcrorum extrinsecus dealbatorum potest similitudinem declinare; ne et nobis dicat Jesus : *De foris quidem videmini hominibus justi, intus autem pleni estis hypocrisi et iniquitate* (*Matth.* xxiii, 1)? Quamvis et aliis vitiis carere possimus, hypocriseos maculam ᵇ non habere aut paucorum est, aut nullorum.

14. *A Christi Domini et Apostolorum exemplo.* — *Pater*, inquit, *si possibile est, transeat calix iste a me. Verumtamen non sicut ego volo, sed sicut tu* (*Matth.* xxvi, 39). Filius Dei *qui dixit, et facta sunt, mandavit et creata sunt omnia* (*Psal.* cxlviii, 5), secundum hoc quod Filius hominis dicitur, sententiam temperat : *Pater, si possibile est ; verumtamen non sicut ego volo, sed sicut tu* (*Matth.* xxvi, 40) : et Critobulus meus adducto supercilio loquitur, *Potest homo sine peccato esse si velit.* Apostoli audiunt : *Sic non potuistis una hora vigilare mecum* (*Marc.* xiv, 57)? Non dixit, noluistis, sed, *non potuistis*. Apostoli una hora vigilare non possunt, somno, mœrore et carnis fragilitate superati, et tu potes longo tempore omnia simul peccata superare? Marcus Evangelista scribit de Domino : *Et non poterat ibi ne unam quidem facere virtutem, nisi paucis ægrotantibus manus imponens, sanavit* **758** *eos, et admirabatur propter* ᶜ *incredulitatem eorum* (*Marc.* vi, 5). Dominus dicitur non potuisse in Nazareth ne unam quidem facere virtutem, et infidelitatis alienæ stupore retinetur : et vos potestis omne quod vultis. Denique in consequentibus scribitur : *Abiit in fines Tyri et Sidonis, et ingressus domum, neminem volebat scire, et latere non potuit* (*Marc.* vii, 24). Vere utique cupiebat latere, et quod cupiebat, quare facere non poterat, ut in adventu suo omnium conscientiam declinaret? Quæris causas, cur latere non potuerit? ᵈ Cogita assumpti hominis veritatem, et omni carebis scandalo. Si Filius Dei aliquid in carne et propter carnem non potuis e narratur, nos qui toti carnei sumus, et quotidie spiritus operibus repugnamus, contra Apostoli sententiam quæ volumus cuncta faciemus? Petrus apostolus tria vult facere in monte tabernacula, unum Domino, alterum Moysi, tertium Eliæ, nesciens quid loquitur timore perterritus : et nos ᵉ Pythagoricæ philosophiæ ructamus superbiam? De die et hora consummationis ultimæ et Angelos cœlorum, et Filium ignorare respondit, et ᶠ nos plenam scientiam pollicemur? Carnis infirmitas Deo habitatore gaudebat, et tamen mensuram fragilitatis suæ excedere non potuit, ut non τῷ δοκεῖν (*Secundum apparentiam*), juxta veteres hæreticos, sed vere Dei Filius, hominis Filius crederetur. Apostolos parumper relinquens, cecidit in terram pronus, et orabat dicens : *Pater, si possibile est* (*Matth.* xxvi, 39). Cur, quæso, sentenliam ᵍ ambigenter exprimebat, qui in alio loco dixerat, *Quæ apud homines impossibilia, apud Deum possibilia sunt* (*Matth.* xix, 26; *Marc.* x, 27; *Luc.* xviii, 27)? Sed homo passurus, hominis loquitur verbis. Ille dicit : Si possibile est, una hora præterea. Tu dicis, possibile est omni tempore peccata vitare.

15. *Ex aliis in Evangelio historiis.* — In quibusdam exemplaribus et maxime in Græcis codicibus, juxta Marcum in fine ejus Evangelii scribitur : *Postea cum accubuissent undecim, apparuit eis Jesus, et exprobravit* ʰ *incredulitatem et duritiam cordis eorum, quia his qui viderant eum resurgentem, non crediderunt* (*Marc.* xvi, 14). *Et illi satisfaciebant dicentes* **759** *Sæculum istud iniquitatis et incredulitatis* ⁱ *substantia est, quæ non sinit per immundos spiritus veram Dei apprehendi virtutem : idcirco jam nunc revela justitiam*

ᵃ Hæc in veteri edit. ita postponuntur, *Hæc sunt facilia mandata. Iterum dico væ mundo*, etc.

ᵇ Martianæus post Erasm. *non habere posse*, tametsi *posse* Victorius antea expunxisset ope codicum Brixianorum, quibus et nostri pari consensu suffragantur.

ᶜ Duo Vaticani mss., *propter infidelitatem.*

ᵈ Quantopere hunc locum Pelagiani criminarentur, discas velim ex Augustini *Opere imperfecto*, atque infra num. 17, not.

ᵉ Superbiam Pythagoricæ Philosophiæ vocat ἀπαθείαν et ἀναμαρτησίαν, seu perfectæ justitiæ dogma, quod Pythagoræ in primis tribuere Hieronymus solet.

ᶠ Verius fortasse Reginæ liber cum veteri edit., *et vos plenam scientiam pollicemini.* Mox Græco verbo interpretationem addunt Vaticani *id est putative.*

ᵍ Iidem duo Vaticani *sententiam ambigentis exprimit.*

ʰ Plerique mss., *incredulitati et duritiæ cordis*, etc. Porro sequentes versiculi a verbis : *Et illi satisfaciebant* ad finem usque, minime pro germanis ab Ecclesia habentur, neque in ullis Græcis codicibus, qui ad nos devenerint, aut in versionibus authenticis reperiuntur. Superiores vero consensu librorum omnium genuini sunt.

ⁱ Unus Vatican., *sub satana est,* quam certe præferrem lectionem, si *qui* deinde haberet pro *quæ*. Cæterum superius verbum *satisfaciebant*, observa-

tuam (I Joan. v, 19). Cui si contradicitis, illud certe renuere non audebitis : *Mundus in maligno positus est* (Ibid.) : et quod Dominum suum Satanas tentare ausus sit, et victus atque confusus recesserit, usque ad tempus, utique passionis. Ille tentatur, et successor Joviniani audet loqui : *Eos qui plena fide baptisma consecuti sunt,* [a] non posse tentari; immo aliis verbis : Posse hominem baptizatum, si noluerit, nequaquam ultra peccare. Zacharias justus audit ab Angelo : *Quia non credidisti verbis meis, eris tacens, et non poteris loqui, usque in diem nativitatis ejus* (Luc. I, 20). Pater lunatici de Apostolis loquitur : *Rogavi discipulos tuos, ut ejicerent eum,* id est dæmonem, *et non potuerunt* (Matth. XVII, 15). Et ipsi discipuli interrogant Salvatorem : *Quare nos potuimus ejicere illum?* Et audiunt, *Propter incredulitatem vestram.* Cur, quæso? quia omnia posse, Domino servabatur. Intravit cogitatio in Apostolos, quis eorum major esset, et emendantur [Al. emendatur] doctrina Salvatoris, dum minimus major agnoscitur, et humilitas sublimitate mutatur. Non recipitur ab urbe Samaritanorum, quia facies ejus erat euntis Jerusalem. Jacobus et Joannes vere filii tonitrui, et zeli ardore ferventes Phinees et Eliæ ignem de cœlo deducere cupiunt, et corripiuntur a Domino : qui utique non corriperentur, si absque errore talia voluissent. Ibant cum illo populi, hoc est, cum Domino, qui conversus dixit : *Si quis venit ad me, et non odit patrem suum, et matrem suam, et uxorem, et filios, et fratres et sorores, insuper et animam suam, non potest meus esse discipulus* (Luc. XIV, 26). Et, *Qui non portat crucem suam, et sequitur me, non potest meus esse discipulus* (Ibid., 27). Et in hoc loco [b] temerarius proclamabo : *Potest homo, si velit, omnia peccata vitare; facilia enim sunt mandata ejus?* Qui merentur audire a Domino Salvatore : *Vos estis qui justos vos esse dicitis coram hominibus, Deus autem novit corda vestra,* **760** *quia quod apud homines excelsum est, abominabile est coram Deo* (Luc. XVI, 15). *Impossibile est,* inquit, *ut scandala non veniant* (Luc. XVII, 1). Puto quod peccatum scandalum sit, quod per scandalum venit. Nisi fallor enim, σκῶλον et σκάνδαλον apud Græcos ex *offensione et ruina* nomen accepit. Propterea *in multis offendimus omnes* (Jacob. III, 2). Fac ut non corruerim, certe offendi, et non in uno, sed in pluribus. Arbitror quod in aliquo offendisse peccatum sit. *Dixerunt Domino Apostoli : Auge nobis fidem. Qui respondit eis : Si habueritis fidem, quasi granum sinapis* (Matth. XVII, 19), quod utique minimum est omnium seminum ; et Critobulus meus fidei nobis montibus intumescit.

tum a doctis viris, idem esse ac *culpam fatebantur.*
[a] Vide contra Jovinianum lib. II, num. 2 et seqq. Hujusmodi erat Pelagianorum quoque ἀναμαρτησία.
[b] Cum veteri edit. Reginæ mss., *temerariis proclamabo.*
[c] Legerat Gravius, *postulavit* pro *expetivit;* priori autem modo legit Tertullianus, de Fuga in persecutione; Cyprianus, de Oratione Dominica; S. August., in psal. c, aliique.
[d] S. Quoque Hilarius, lib. x de Trinitate, num. 41.

16. *Impeccantiam a Deo tribui posse.* — Dicebat autem, inquit, *et parabolam illis, quod semper oportet orare et numquam deficere* (Luc. XVIII, 1). Frustra semper oramus, si in nostro arbitrio est facere quod volumus. Dixerunt Apostoli : *Et quis potest salvus esse?* Audiunt a Domino : *Quæ impossibilia sunt apud homines, possibilia apud Deum sunt* (Marc. x, 26, 27). Ergo aliqua, quæ apud homines impossibilia sunt, certe ea esse possibilia ex eo ostenditur, quod apud Deum possibilia sunt. Sit ergo et apud Deum possibile, homini, si velit, donare impeccantiam, non ipsius merito, sed sua clementia, et apud homines nequaquam possibile liberi arbitrii potestate, quod nutu donantis accipitur. Non suffecerat Apostolis dudum super dignitate quæsisse, quis eorum major esset, sed in ipso necessitatis et passionis articulo scribitur de eis : *Facta est contentio inter illos, quis illorum major esset* (Luc. XXII, 24). Optimum revera tempus instante cruce de dignitate contendere. *Simon,* inquit, *Simon, ecce Satanas* [c] *expetivit vos, ut cribraret sicut triticum. Ego autem rogavi pro te, ut non deficiat fides tua* (Ibid., 31). Et certe juxta vos in Apostolis erat positum potestate, si voluisset, ut non deficeret fides ejus, qua utique deficiente, peccatum subingreditur. In quibusdam exemplaribus tam [d] Græcis quam Latinis invenitur, scribente Luca : *Apparuit illi Angelus de cœlo confortans eum* (Luc. XXII, 23), haud dubium quin Dominum Salvatorem. *Et factus in agonia* **761** *prolixius orabat, factusque est sudor ejus sicut guttæ sanguinis decurrentis in terram* (Ibid., 44). Salvator in passione ab Angelo confortatur; et Critobulus meus non indiget auxilio Dei, habens liberi arbitrii potestatem : et tam vehementer orabat, ut guttæ sanguinis prorumperent ex parte, quem totum erat in passione fusurus. *Quid,* inquit, *dormitis? surgite et orate, ne intretis in tentationem* (Matth. XVI, 21). Debuit juxta vos dicere : Quid dormitis? surgite et resistite, liberum enim habetis arbitrium, et semel vobis concessa a Domino potestate, nullius alterius indigetis auxilio. Si enim hoc feceritis, non intrabitis in tentationem.

17. *Item ex Evangelica historia.* — *Non possum,* ait, *ego facere a memetipso aliquid, sed* [Al. et] *sicut audio, ita judico* (Joan. v, 50). Ariani objiciunt calumniam, sed respondet Ecclesia, ex persona hominis hæc dici qui assumptus est. Tu e contrario loqueris : *Possum sine peccato esse, si voluero.* Ille nihil potest ex se facere, ut hominis indicet veritatem. Tu potes omnia peccata vitare, ut adhuc in corpore constitutus [e] ἀντίθεον esse te doceas. Negat fratribus et propinquis ire se ad scenopegiam ; et

Nec sane, inquit, *ignorandum a nobis est, in Græcis et Latinis codicibus complurimis vel de adveniente Angelo, vel de sudore sanguinis nil scriptum reperiri,* etc. Hodie exemplaria quibus desint hi versus longe rariora sunt, et tria tantum à Millio proferuntur.
[e] *Constitutus* ἀντίθεον. Cave falsam Mariani Victorii interpretationem, qui putavit hic ἀντίθεον significare *Deo contrarium* et *adversarium :* cum certum sit Hieronymum intellexisse *semideum, eximium, æquiparatum Deo,* sive *divinum;* hoc est, ἰσόθεον, κατ'

postea scriptum est : *Ut autem ascenderunt fratres ejus, tunc et ipse ascendit ad solemnitatem, non manifeste, sed quasi in abscondito* (*Joan.* VII, 10). Iturum se negavit, et fecit quod prius negaverat. Latrat Porphyrius, inconstantiæ ac mutationis **762** accusat, nesciens omnia scandala ad [a] carnem esse referenda. Moyses, inquit, *dedit vobis legem, et nemo ex vobis facit legem,* utique possibilem, et tamen quod erat possibile, nemo impleverat, [b] neque enim culpa imperantis est, sed fragilitas audientis, ut omnis mundus subditus fiat Deo. In Evangelio secundum Joannem in multis [c] et Græcis et Latinis codicibus invenitur de adultera muliere, quæ accusata est apud Dominum. Accusabant autem et vehementer urgebant Scribæ et Pharisæi, juxta legem eam lapidare cupientes. *At Jesus inclinans, digito scribebat in terra* (*Joan.* VIII, 6) : [d] eorum videlicet qui accusabant, et omnium peccata mortalium, secundum quod scriptum est in Propheta : *Relinquentes autem te,* [e] *in terra scribentur* (*Jerem.* XVII, 13). Tandem caput elevans dixit eis : *Qui sine peccato est vestrum, primus mittat super eam lapidem* (*Joan.* VIII, 10). Hoc quod dicitur *sine peccato,* Græce scriptum est ἀναμάρτητος. Qui ergo dicit, aliud esse sine peccato, et aliud ἀναμάρτητον, aut Græcum sermonem novo verbo exprimat, aut si expressum est a Latinis, ut interpretationis veritas habet, perspicuum est ἀναμάρτητον nihil aliud esse, nisi *sine peccato*. Et quia accusatores omnes fugerunt [*Al.* fugiunt] (dederat enim verecundiæ eorum clementissimus judex spatium recedendi) rursumque in terra scribens, teramque despiciens : paulatim discedere, et oculos **763** illius declinare cœperunt : solusque remansit cum muliere, cui locutus est Jesus : *Ubi sunt qui te accusabant? Nemo te condemnavit? Quæ ait : Nullus, Domine. Respondit ei Jesus, nec ego te condemnabo. Vade, et amodo noli peccare* (*Joan.* VIII, 10, 11). Præcepit Dominus, ne ulterius peccaret, sicuti et alia similiter in Lege mandavit. Sed utrum ea fecerit, necne, Scriptura non dicit. *Omnes,* inquit, *qui venerunt ante me, fures fuerunt et latrones* (*Joan.* x, 8). Si omnes, nullus excipitur. *Qui venerunt,* inquit, non, qui missi sunt, de quibus Propheta ait : *Ipsi veniebant a se, et ego non mittebam eos* (*Jerem.* XVII, 12). Quo verbo solius Christi potentia reservatur, qui ad sua venerat, et sui eum non receperunt. *Dum essem,* inquit, *in mundo cum eis, ego servabam eos in nomine tuo,* [f] *quos dedisti mihi, custodivi, et nullus ex eis periit, nisi unus filius perditionis* (*Joan.* XVII, 12). Non dixit, dedi eis liberi arbitrii potestatem, ut ipsi se suo labore salvarent, sed, ego custodivi eos, ego servavi. Denique infert, *Non peto, ut eos auferas de mundo, sed ut custodias illos a malo*. In Actibus Apostolorum scriptum est (*Act.* XV), inter Paulum et Barnabam propter Joannem, qui cognominatus est Marcus, ortam dissensionem, ita ut separarentur; et Barnabas Marcum, et Paulus Sylam assumeret in Evangelii ministerium. Paulus severior, ille clementior, uterque in suo sensu abundat [*Al.* abundabat]. Et tamen dissensio habet aliquid humanæ fragilitatis. In eodem volumine legitur : *Transierunt Phrygiam et Galaticam* [*Al. Galatiam*] *regionem, prohibiti a Spiritu sancto loqui verbum in Asia* (*Act.* XVI,6) : quo maledicto in ipsa provincia

---

ἀρετῆν, *Deo æqualem secundum virtutem*. MARTIAN.— Scilicet *Deo æquiparandum,* quo sensu passim ab Homero vocabulum usurpatur, ut Iliad. Ψ vers. 360 :

Ἀντίθεον Φοίνικα ὀπάονα πατρὸς ἑοῖο.

[a] Calumniatur hunc locum Julianus Pelagianus apud Augustinum Operis imperfecti lib. IV, c. 88, ut eam Hieronymo blasphemiam importet, qua dixerit : *Christum non solum naturale, verum etiam voluntarium habuisse peccatum.* Cum enim alium locum ex Dialogo 3 quem tunc adducemus, objecisset, subdit, *De alio etiam testimonio Joannis evangelistæ flagitium ei* (Christo) *assuit falsitatis*. De quo opere tu (Augustine) *in illa epistola, quam Alexandriam destinasti, ita gloriaris, ut dicas, Pelagium Scripturarum ab eo oppressum molibus, arbitrium liberum vendicare non posse*. Verum illi operi a catholico viro, qui *pulsatus fuerat,* obviatum *est,* etc. At Hieronymus, tantum ut Porphyrio respondeat, Evangelicam historiam simpliciter exponit, quam ille maligne interpretabatur. Vide Augustin. l. III contra duas epistolas Pelagii c. 6, et libellum fidei Pelagii ad Innocentium, qui inter supposititia lher. opera *Symboli explanatio ad Damasum* prænotatur, sub finem : *Anathematizamus etiam illos, qui Dei Filium necessitate carnis mentitum esse dicunt, et eum propter assumptum hominem non omnia facere potuisse quæ voluit*.

[b] Unus Vatican., *neque enim culpanda erat fragilitas audientis, ut omnis mundus,* etc.

[c] In Græcis, qui supersunt codicibus passim desiderari, aut non iisdem referri verbis in Græco. Latinis autem, et Latinis omnibus occurrere hanc de Adultera historiam testantur viri docti, qui bibliothecas perlustrarunt. Quidam etiam e Græcis Patribus eam laudant, e quibus Chrysostomus, hom. 60, et longe antiquiores Ammonius, et Tatianus. Latinos præterea, quorum ingens est numerus. Cur vero contigerit in quibusdam libris et versionibus antiquis amputari, rationem addit S. August. lib. II. de Conjugiis adulterinis cap. 7 : *Nonnulli,* inquit, *modicæ vel potius inimici veræ fidei, credo, metuentes peccandi impunitatem dari mulieribus suis, illud quod de Adulteræ indulgentia Dominus fecit, abstulerunt de codicibus suis, quasi permissionem peccandi tribuerit, qui dixit,* noli amplius peccare. Euseb. Hist. Eccl. l. III, historiam Joanni additam dicit ex Evangelio, quod inscribitur secundum Hebræos. Vid. Concordiam Jansenii.

[d] In ms. Evangeliorum Græco, quo in Comment. ad Sotam usus est Wagenseillius, legitur τῷ δακτύλῳ ἔγραφεν ἑκάστου αὐτῶν τὰς ἁμαρτίας. Hujus glossematis vestigium hic habes apud Hieronymum, quem veluti ejus auctorem quidam immerito accusant, ex eoque volunt Græcum sumpsisse. At simplicior in ms. glossematis forma antiquiorem se prodit. Non abludit Ambros. epist. 58 ad Studium. *Hoc prævidens Dominus Jesus inclinato capite scribebat in terra. Quid scribebat?* nisi illud Propheticum (*Jer.* XXII, 9) : *Terra, terra, scribe hos viros abdicatos.* Victorius se cum Vulgata addidit, *inclinans se digito,* etc.

[e] Duo Vaticani cum veteri edit., *super terram scribantur*.

[f] Reginæ ms. atque alter Vatican., *In nomine tuo quod dedi eis, custodivi,* etc., quæ quidem multi facienda lectio est, tametsi neque Græcus textus, neque veterum, quod sciam, auctorum testimonia suffragentur.

puto usque hodie hæreticos, qui contra Spiritum sanctum faciunt, plurimos reperiri. *Cumque venissent,* ait, *in Mysiam, tentabant ire in Bithyniam, sed non dimisit eos Spiritus Jesu (Act.* xvi, 7). Nota quod Spiritus Jesu, Spiritus sanctus sit, qui in alio loco propter unitatem substantiæ, Patris Spiritus appellatur. Volunt [*Al.* voluerunt] loqui in Asia, et prohibentur a Spiritu sancto. Tentant ire in Bithyniam, et non eos permittit Spiritus Jesu. Satis importune, si eis faciendi, vel non faciendi semel dederat liberi arbitrii potestatem.

18. Sequitur : *Tempora,* inquit, *ignorantiæ respiciens Deus, nunc præcepit hominibus* [a] *ubique pœnitentiam agere (Act.* xvii, 30). Significanter præterita in Lege tempora, tempora ignorantiæ demonstravit. Rursum ait : *Veniam ad vos, Deo volente.* Cur interposuit voluntatem Dei, si habebat sui arbitrii potestatem? Jacobus Apostolus : *Si quis,* ait, *servaverit totam legem, offenderit autem in uno, reus est omnium factus (Jacob.* ii, 10). Quis nostrum in nullo aliquando peccavit? Si autem peccavit (quod negari non potest) et per unum peccatum, omnium est reus peccatorum, non suis viribus, sed Dei misericordia salvatur. *Si quis in verbo non peccavit, hic perfectus est vir (Jacob.* iii, 2). Si aliquando in sermone peccasti, ubi est apud te præsumpta perfectio, maxime cum sequatur : *Linguam autem hominum nullus potest domare, incontinens malum, plena veneni mortiferi (Ibid.,* 8). Rogo te ut mihi respondeas, si lingua incontinens est malum, et plena veneni mortiferi, et nullus potest domare linguam mortalium, et tanti criminis reus es, ubi in perpetuum peccatorum fuga?

19. Idem persequitur — *Unde bella, et unde rixæ inter vos? Nonne ex voluptatibus, quæ militant in membris vestris?* Aut membra non habetis humana, aut si homo non potest esse sine membris, confitemini voluptatem atque luxuriam in vestris artubus militare. David qui dixerat confidenter : *Proba me, Domine, et tenta me, ure renes meos, et cor meum; quia ante oculos meos misericordia tua est, et complacui in veritate tua (Psal.* xxv, 2, 3). Et iterum : *Ego autem in innocentia mea ingressus sum;* et, *Pes meus stetit in directo (Ibid.,* 11), quamquam judicii veritatem Dei misericordia mitigaret, tamen quia hoc ausus est dicere, relinquitur parumper fragilitati suæ, et ut vos dicitis, arbitrii libertati, et per adulterium lapsus in homicidium, postea loquitur : *Miserere mei, Deus, secundum magnam misericordiam tuam. Et secundum multitudinem miserationum tuarum, dele iniquitatem meam (Ps.* l, 1, 2). Nec hoc dico, quod virum sanctum accusem, de quo scriptum est, quod fecerit omnes voluntates Dei ; sed quod multis aliis bonis hæc vitia compensarit, et salvatus sit misericordia Dei, cujus judicium est in ponderibus, et ad quem Asaph loquitur : *Cibabis nos pane lacrymarum, et potum dabis nobis in lacrymis in mensura (Psal.* lxxix, 6). Neque enim injustus est Dominus, ut tantum peccata condemnet, et bonorum operum non meminerit. Unde et in alio loco idem David canit : *Ego dixi in abundantia mea, non movebor in æternum : Domine, in* [b] *voluntate tua præstitisti decori meo virtutem. Avertisti faciem tuam a me, et factus sum conturbatus (Ps.* xxix, 7, 8). *Dixi enim pronuntiabo contra me injustitiam meam Domino, et tu remisisti impietatem peccati mei (Ps.* xxxi, 5). Justoque præcipitur : *Revela ad Dominum viam tuam, et spera in eum, et ipse faciet. Et educet quasi lumen justitiam tuam, et judicium tuum tamquam meridiem* (Ps. xxxvi, 5, 6). *Salus enim justorum a Domino (Ibid.,* 39), quia non est sanatio in carne eorum a facie iræ ejus. Et quotidie juxta Apostolum qui dixerat : *Non enim habitat in carne mea bonum (Rom.* vii, 18), ingemiscunt dicentes, *Renes mei impleti sunt illusionibus, et non est sanitas in carne mea (Psal.* xxxvii, 8). Breves enim posuit dies nostros, et substantia nostra quasi nihilum in conspectu ejus. *Universa vanitas omnis homo vivens (Psal.* xxxviii, 6), vel vivens in corpore, vel vivens in virtutibus, et tamen omnia vanitas. Incerto enim statu fluctuat, et dum non timet, in sereno patitur tempestatem. Cum enim esset in honore, non intellexit, comparatus est jumentis insipientibus, et similis factus est illis. *Pro nihilo,* inquit, *salvos faciet eos (Ps.* lv, 8), haud dubium quin justos, qui non proprio merito, sed Dei salvantur clementia. *Et delicta mea a te non sunt abscondita (Ps.* lxviii, 6). Hoc ex persona Christi dicitur. Si ille qui peccatum non fecit, nec dolus inventus est in ore ejus, pro nobis doluit, et peccata nostra portavit, quanto magis nos debemus nostra vitia confiteri? *Renuit,* inquit, *consolari anima mea* (Ps. lxxvi, 3), considerans delicta quæ fecerant. *Recordatus sum Dei, et lætatus sum (Ibid.,* 4), cogitans me illius clementia conservandum. *Nocte cum corde meo meditabar, et scopebam spiritum meum. Et dixi nunc cæpi, hæc est mutatio dexteræ excelsi (Ibid.,* 7). Justi vox est, qui post meditationem somnii, et conscientiæ cruces, ad extremum ait : *Nunc cæpi,* vel pœnitentiam agere, vel scientiæ [c] limen intrare, et hæc ipsa de bonis ad meliora mutatio, non mearum virium, sed dexteræ et potentiæ Dei est.

20. *Potentia Dei prædicatur. — In æternum misericordia ædificabitur (Ps.* lxxxviii, 3). Nullum enim tempus est, quo non ædificetur misericordia in singulis quibusque Sanctorum, et his qui de peccatis transeunt ad virtutes. *A sagitta volante per diem, a negotio perambulante in tenebris (Psal.* xc, 6), quis

---

[a] Vaticanus, *omnes ubique,* etc., quod quidem ad Græcum exemplar est, πᾶσι πανταχοῦ μετανοεῖν.

[b] Addit Vatican. *bona* cum Romano Psalterio : mox Reginæ ms. cum veteri edit. *iniquitatem,* pro *injustitiam,* denique una omnes quibus utimur libri *cordis mei* habent pro *peccati mei.*

[c] Martian. post Erasm. satis incongrue *scientiæ lumen intrare,* cum et mss. nostri omnes *limen* præferant, et Victorius antea ex Brixianis codicibus ita reposuisset.

nostrum poterit liberari? Ecce enim peccatores intenderunt arcum, ut sagittent in obscuro rectos corde (Ps. x, 3). Nolunt pravos vulnerare, sed rectos corde. Sagitta per diem volitat, per hæreticos in sanctarum intelligentia Scripturarum. Negotium in tenebris et nocte perambulat, per philosophos, qui per obscuritatem sermonum involvere cupiunt veritatem. *Plantati in domo Domini, in atriis Dei nostri florebunt* (Ps. xci, 14). Plantati in domo Domini, justi sunt, in Ecclesia confirmati. Sed hi non in præsentiarum, sed in futuro in atriis Domini florebunt, ubi est certa et secura possessio. *Misericors et miserator Dominus, longanimis et multæ miserationis* (Ps. cii, 8). *Suavis* [a] *Dominus omnibus, et misericordia ejus super omnia opera illius* (Ps. cxliv, 9). Tantas audis misericordias, et in tua audes virtute confidere? *Confiteantur tibi, Domine, omnia opera tua* (Ibid., 10). Si de cunctis operibus Dei et homines sunt, ergo omnes homines sua peccata confiteantur. Legimus in Samuele dictum de Salomone: *Ipse ædificabit domum nomini meo, et firmabo* [b] *regnum ejus usque in sempiternum. Ego ero ei in patrem, et ipse erit mihi in filium* (II Reg. vii, 14). Et iterum: *Si inique egerit, corripiam eum in virga hominum, misericordiam autem meam non auferam ab eo* (Ibid., 19). Cum egisset David gratias Deo, ad extremum intulit: *Et hæc est lex hominis:* [c] *Domine Deus, semper respice ad clementiam tuam, et infirmitatem carnis, divino auxilio sustenta. Quid mihi*, inquit, *et vobis filii Sarviæ? Maledicat Semei. Dominus præcepit ei ut maledicat David. Et quis respondebit ei, quare hoc fecisti* (II Reg. xvi, 10)? Voluntas enim Dei non discutienda, sed cum gratiarum actione patienda est. Et in alio loco: *Dominus* **767** *mandavit, ut dissiparet consilium Achitophel bonum, ut adduceret super Absalon malum* (III Reg. xvii, 14), cujus certe consilium erat, quasi consilium Dei. Et qua ratione potestas liberi arbitrii, majore potestate subversa est? Jeroboam, qui peccare fecit [d] Israel, arguitur quare reliquerit præceptum Domini, diciturque ad eum: *Dedi tibi regnum domus David et non fuisti sicut servus meus David, qui custodivit mandata mea, et ambulavit post me in toto corde suo, et fecit placitum in conspectu meo* (III Reg. xiv, 8). Ergo et possibilia sunt Dei mandata, quæ David fecisse cognoscimus, et tamen lassescere Sanctos ad perpetuitatem justitiæ.

21. *Multi Patrum merito conservati.* — In multis regibus legimus de stirpe David, quod non suo merito, sed David patris virtutibus conservati sint, qui fecerit placitum in conspectu Dei. Et venitur ad Asa regem Juda, de quo scriptum est: *Fecit Asa rectum in conspectu Domini, sicut David pater ejus* (III Reg. xiii, 21). Cumque in multis laudibus ejus immorata esset historia, ad extremum intulit, *Sed excelsa non abstulit. Attamen cor ejus perfectum erat cum Deo, omnibus diebus vitæ suæ* (Ibid., 14). Ecce et justus dicitur, quippe cujus cor perfectum erat cum Deo, et tamen in hoc erravit, quod excelsa non abstulit, quæ Ezechiam et Josiam legimus abstulisse. Elias in cujus spiritu et virtute venit Joannes Baptista, ad cujus imprecationem venit ignis de cœlo, et Jordanis fluenta divisa sunt, timuit Jezabel, et fugit, lassusque in solitudine sedit sub arbore, et gressus angustia, mortem rogavit, dicens: *Sufficit mihi, Domine, tolle animam meam, neque enim melior sum patribus meis* (III Reg. xix, 4). Hunc justum negare quis potest? Et tamen, non dicam mulierem, sed hominem formidare, de animi perturbatione descendit, quæ vitio carere non potest, dicente David: *Dominus auxiliator meus, non timebo quid faciat mihi homo* (Ps. lv, 11, et cxvii, 6). De Josaphat rege Juda scriptum est: *Et fuit Dominus cum Josaphat, qui ambulavit in viis David patris sui prioribus* (II Paral. xvii, 3). Ex quo intelligitur primas eum David habuisse justitias, et novissima non habuisse peccata. *Non speravit*, ait, *in Baalim, sed in Deo patris sui, et ambulavit in præceptis illius, et non juxta peccata Israel. Confirmavitque Dominus regnum in manu ejus* **768** *et dedit omnis Juda munera Josaphat, factæque sunt ei infinitæ pecuniæ atque divitiæ, et multa gloria* (Ibid., 3 seqq.). Cumque sumpsisset cor ejus audaciam propter vias Domini, etiam excelsa et lucos de Juda abstulit. Hic Achab regi impiissimo affinitate conjunctus est. Cumque post prælium reverteretur Jerusalem, occurrit ei *Jeu filius Anani videns, et ait ad eum: Impio præbes auxilium, et his qui oderunt Dominum amicitia jungeris. Et idcirco iram Domini quidem merebaris, sed bona opera inventa sunt in te, eo quod abstuleris lucos de terra Juda, et præparaveris cor tuum, ut requireres Dominum* (II Paral. xix, 2, 3). Ac ne putemus præteritas justitias hoc peccato et increpatione prophetica fuisse deletas, postea de Ochozia stirpis [Al. stirpe] ejus scriptum est, quod invenerit eum Jeu latentem in Samaria, adductumque occiderit: *Et sepelierunt*, inquit, *eum, eo quod esset filius Josaphat, qui quæsierat Dominum in toto corde suo* (IV Reg. ix, 28). De Ezechia scriptum est: *Fecit rectum in oculis Domini juxta omnia quæ fecerat David pater ejus. Iste abstulit excelsa, et contrivit statuas, et incendit lucum, contrivitque serpentem æneum, quem fecerat Moyses* (IV Reg. xviii, 3, 4). Et iterum, *In Domino Deo Israel confisus est, et post ipsum non fuit similis ei in cunctis regibus Juda, qui fuerunt ante eum. Adhæsit Domino, et non recessit ab eo, et custodivit mandata ejus, quæ præcepit Dominus Moysi, et erat Dominus cum eo, et in omnibus, in quibus incedebat, sapienter agebat* (Ibid., 5, 6). Cumque rex Assyriorum Sennacherib cepisset universas urbes Judæ,

---

[a] Unus Vatic., *Bonus Dominus omnibus*, etc.
[b] Idem Vatic. cum Regio, *firmabo sedem regni ejus*. Græce, τὸν θρόνον αὐτοῦ.
[c] Haud scio num ex aliquo Scripturæ loco duo hi versus recitentur, quod Victorius dubitat, an suo sensu loquatur Hieronymus, quasi interpres verborum, *Hæc est lex hominis*. Certe neque in Hebræo textu, neque inversione ulla invenimus.
[d] Mss., *qui peccare fecit populum Israel*: alii, *populum meum*, etc.

misit ad eum Ezechias in Lachis dicens: *Peccavi, recede a me, quodcumque jusseris, dabo. Imposuitque rex Assyriorum Ezechiæ trecenta argenti, et triginta talenta auri: et dedit Ezechias omnem pecuniam, quæ inventa est in domo Domini: et in thesauris domus regis. In tempore illo concidit valvas templi Domini, et clypeos quos deauraverat, et omnia dedit regi Assyriorum* (*Ibid.*, 14). Cumque de eo tanta dicantur, non timuit necessitate cogente, quæ Domino consecrarat, regi offerre Assyrio, diciturque ad eum: *Ego custodiam civitatem hanc propter me, et propter David servum meum* (IV *Reg.* xx, 6); non propter te, quia superiora fecisti, quando centum octoginta quinque millia exercitus Assyriorum, Angelo cædente, prostrata sunt.

22. **769** *Ezechiæ et Josiæ Regum exempla.*—Illud quoque diligentius attendendum, quod Scriptura commemorat: *Ægrotavit Ezechias usque ad mortem, venitque ad eum Isaias filius Amos, dicens: Præcipe domui tuæ, quia morieris tu. Qui* [a] *convertit faciem suam ad parietem, et oravit ad Dominum dicens: Obsecro, Domine, memento quomodo ambulaverim in conspectu tuo, in veritate et corde perfecto, et bonum in oculis tuis fecerim. Flevitque Ezechias fletu magno* (IV *Reg.* xx, 4 *seqq*). Certe justus erat Ezechias et corde perfecto. Iturus erat ad Dominum, plorare non debuit. Quæris rationem fletuum? Si cogitaveris hominem, non [b] miraberis causas doloris. Nullus enim intrepidus vadit ad judicium Domini, habens conscientiam peccatorum. Cumque flevisset, factus est sermo Domini ad Isaiam prophetam, dicens: *Revertere, et dic Ezechiæ duci meo* (*Ibid.*, 5). Dux Dei appellatur, cui mors fuerat nuntiata, quia humilitate prostratus est: *Hæc*, inquit; *dicit Dominus Deus David patris tui: Audivi orationem tuam, et vidi lacrymas tuas*. Additur ei tempus vitæ, et de Assyriorum manibus liberatur; et tamen signum postulat, ut credat verum esse, quod Deus repromiserit, quod saltem parvæ fidelitatis indicium est. Misit quoque rex Babylonis nuntios et legatos, qui ei congratularentur ob restitutam corporis sanitatem: qui ostendit eis omnes thesauros aromatum, auri quoque et argenti, et vasorum supellectilem. *Non fuit*, inquit, *res, quam non ostenderet eis Ezechias in domo* [c] *Domini, et in omni potestate sua* (*Isai.* xxxix, 2). Ex quo intelligimus etiam vasa templi Babylonis monstrata legatis. Unde et ira Domini concitatur, et postea Isaiæ vaticinatione cognoscit: *De filiis tuis eunuchi erunt, et omnia vasa templi transferentur Babylonem*. Ob quam [d] causam etiam in libro Dierum scriptum est: *Cecidit Ezechias elatione cordis sui* (II *Paral.* A xxxii, 25). Certe Ezechiam justum nemo, nisi impius, denegabit. Dicas, peccavit in quibusdam, et idcirco justus esse desiit: sed hoc Scriptura non loquitur. Non enim ex eo quod parva peccavit, justitiæ nomen amisit, sed ex eo quod multa **770** bona fecit, justi vocabulum possidet. Hoc totum dico, ut Scripturarum sanctarum testimoniis comprobetur, non ex eo peccatores esse justos; quod aliquando peccaverunt; sed ex eo justos permanere, quod multis virtutibus floreant. De Josia scriptum est: *Fecit rectum in conspectu Domini, et ambulavit in via David patris sui. Non recessit neque ad dextram, neque ad sinistram* (II *Par.* xxxiv, 2); et tamen cum esset justus, tempore necessitatis et angustiæ, mittit ad Oldam prophetissam uxorem Sellum, filii Tecuæ; filii Aaras custodis vestium. *Et hæc*, inquit, *habitabat Jerusalem in secunda:* haud dubium quin urbis partem significet, quæ interiori muro vallabatur. *Et illa respondit: hæc dicit Dominus Deus Israel, ite et dicite viro qui misit vos ad me.* In quo occulta et regis et sacerdotum et omnium virorum reprehensio est, quod nullus virorum sanctus potuerit reperiri, qui posset futura prædicere. Denique interficitur Josias a Pharaone rege Ægypti, eo quod noluerit audire verba Domini, ex ore Jeremiæ prophetæ, sive ut in Paralipomenis [*Al.* Paralipomenon libro] scriptum est: *Noluit Josias reverti, sed paravit contra eum bellum, nec acquievit sermonibus Nechao ex ore Dei* (II *Paral.* xxxv, 22). Et infertur: *Mortuusque est et sepultus in mausoleo patrum suorum, et universus* [e] *Juda et Jerusalem luxerunt eum, præcipueque Jeremias,cujus omnes cantatores atque cantatrices usque in præsentem diem, lamentationes super Josiam replicant, et quasi lex obtinuit in Israel: Ecce scriptum fertur in lamentationibus* (*Ibid.*, 24, 25).

23. *Exempla alia Sanctorum in Scripturis.*—Puto quod sermonibus Dei per quemlibet non acquievisse peccatum sit. De ipso Jeremias loquitur, quamquam hoc plerique secundum anagogen intelligant de Domino Salvatore: *Spiritus faciei nostræ Christus Dominus captus est pro peccatis nostris. Cui diximus, sub umbra tua vivemus in gentibus* (*Thren.* iv, 20). Moyses cui locutus est Dominus facie ad faciem (*Exod.* xxxiii), et salva facta est anima ejus, ad aquas contradictionis offendit, nec meruit cum fratre Aaron terram repromissionis intrare. De quibus et Psalmista canit: *Absorpti sunt juncti petræ judices eorum: audient verba mea,* **771** *quoniam* [f] *placuerunt* (*Psal.* cxl, 6). Et est sensus: Judices populi Judæorum; Moyses et Aaron, devorati sunt a peccato populi juxta

---

[a] Duo Vaticani mss., *qui avertit faciem*, etc.
[b] Alter Vatic., *non desiderabis causas*, etc.
[c] Victorius *in domo sua*, ex Brixianis codd. et Græco Isaiæ textu ἐν τῷ οἴκῳ αὐτοῦ, Hebraice etiam בביתו, *in domo sua*, at Hieronymiani mss. quos consuluimus cum plerisque omnibus impressis *Domini* præferunt.
[d] Mss. cum veteri edit., *ob quam culpam*.
[e] Nomen *Israel* perperam hic obtrudunt editi hactenus libri, in quibus est *universus Israel*, *Juda et Jerusalem*. Sed illud neque mss. nostri agnoscunt, neque Scripturæ textus. Mox *cantrices* habent iidem mss. pro *cantatrices*.
[f] Martianæus omnes, quibus usus est, codices mss. præferre dicit *potuerunt*. Contra nostri omnes legunt *placuerunt*, et Victorius quoque ita in suis reperit. Suffragatur et Græcus ἡδύνθησαν, et subnexa S. Doctoris expositio *qui per se suavissimi sunt.—Quoniam potuerunt.* Ita legunt omnes mss. codices nostri. Marianus legit ex LXX, *quoniam placuerunt*. MARTIAN.

petram, de qua aquarum fluenta manarunt, et certe ipsi justi fuerunt, et obedierunt sermonibus Dei, qui per se suavissimi sunt. Denique sequitur de cadaveribus in solitudine mortuorum : *Quasi crassitudo terræ dirupti sunt super terram. Dispersa sunt ossa nostra secus infernum* (*Ps.* cxl, 7, 8). In Osee loquitur Deus : *Desponsabo te mihi in justitia et judicio* (*Ose.* ii, 19). Statimque subjungit : [a] *Et misericordia et miserationibus, et in fide*, ut largitoris præmio recognoscat, quod ipse sit Dominus. In eodem scripto est libro : *Deus ego sum et non homo, in medio tui sanctus, et non ingrediar civitatem* (*Ose.* xi, 9), vitiorum scilicet conciliabulum. Ipse solus hanc non ingreditur civitatem, quam ædificavit Cain in nomine filii sui Enoch, quæ omnia sacerdotum quotidie ora concelebrant, [b] ὁ μόνος ἀναμάρτητος, quod in lingua nostra dicitur, *qui solus est sine peccato*. Quæ laus juxta sententiam tuam frustra Deo reputatur [*Al.* deputatur], si est communis cum cæteris. Nos enim juxta Amos convertimus justitiam in absinthium, et fructus judicii in amaritudinem (*Amos.* vi). Loquuntur nautæ atque vectores, in libro Jonæ : *Rogamus, Domine, ne perdas nos propter hominem* [c] *istum, neque inducas super nos sanguinem innocentem. Sicut enim placuit tibi, sic factum est, Domine* (*Jon.* i, 14). Nesciunt causas, quid mereatur Propheta, [d] *servus fugitivus, et tamen justificant Deum, et sanguinem innocentem fatentur, cujus opera non norunt. Et ad extremum, Sicut placuit tibi, Domine, sic factum est*. Non quærunt justitiam sententiæ Dei : sed veritatem justi judicis confitentur. Micheas lacrymabili voce testatur : *Periit sanctus* [*Al.* semen] *de terra, et rectus in hominibus non est, omnes in sanguine insidiantur, unusquisque fratrem suum venatur ad mortem. Malum manuum suarum dicunt bonum* (*Mich.* vii, 2, 3). Et iterum : *Qui optimus inter eos est, quasi paliurus est, et qui rectus, quasi spina de sepe* (*Ibid.*, 4). Hæc hominum justitia est, ut juxta verba ejusdem **772** prophetæ, nec amico, nec conjugi, nec filiis sit credendum, quia *inimici hominis domestici ejus* (*Psal.* xxx). Quam sententiam etiam sermo Dominicus comprobavit (*Matth.* x). Unde datur consilium per eumdem prophetam : *Indicabo tibi, o homo, quid sit bonum, et quid Dominus quærat a te : utique facere judicium, et diligere misericordiam, et sollicitum ambulare cum Deo tuo* (*Mich.* vi, 8). Numquid dixit, habeto æqualitatem Dei, et non hoc, quod maximum est, *sollicitum ambulare* [*Al.* ambula] *cum Deo tuo*. Ut numquam securus sis, ut omni observantia custodias cor tuum, ut consideres, quoniam in medio laqueorum ambules, et sub murorum pinnis ingrediaris, ut illud quotidie mediteris : *Juxta semitam scandalum posuerunt mihi* (*Ps.* cxxxix, 6). *Superbis enim resistit Deus, humilibus autem dat gratiam* (*Jacob.* iv, 6).

24. *Timidus vitare potest ad tempus peccata*.—Qui cautus et timidus est, potest ad tempus vitare peccata, qui securus est de justitia sua, repugnat Deo, illiusque auxilio destitutus, insidiis hostium patet. *Computrescant*, dicit Abacuc, *ossa mea, et subter me vermes scateant, tantum ut requiescam in die angustiæ, ut ascendam ad populum fortem meum* (*Abac.* iii, 16). Hic tribulationes et angustias afflictionemque animi deprecatur, ut in futuro, virorum jam cum Christo regnantium numero societur. Ex quo perspicuum est, his pugnam atque certamen, et in futuro esse victoriam. Jesus filius *Josedec*, quod interpretatur [e] *justus Domini* (*Zach.* iii), sacerdos magnus, indutus describitur vestibus sordidis, qui peccatum non fecit, et tamen nostra peccata portavit, ad cujus dextram stabat Satanas, ut adversaretur ei. Diciturque ad eum post pugnam atque victoriam : *Auferte vestem sordidam ab eo* : *Et, Ecce abstuli a te iniquitatem tuam*, et hæres Joviniani loquitur : « Sine omni omnino peccato sum, sordida vestimenta non habeo, proprio regor arbitrio, major Apostolo sum. Ille facit quod non vult, et quod vult non facit, ego facio quod volo, et quod nolo non facio, præparata sunt mihi regna cœlorum, immo ipse ea mihi meis **773** virtutibus præparavi. » In quo Adam tenetur obnoxius, et alii qui reos se putant in similitudinem prævaricationis Adæ, ego solus cum mea caterva non teneor. Alii clausi cellulis, et feminas non videntes, quia miseri sunt, et verba mea non audiunt, torquentur desideriis : ego etiam si mulierum vallor agminibus, nullam habeo concupiscentiam. De me enim dictum est : *Lapides sancti volvuntur super terram* (*Zach.* ix, 16, sec. LXX); et ideo non sentio, quia liberi arbitrii potestate Christi tropæum circumfero. Audiamus per Isaiam clamantem Deum : *Populus meus, qui beatos vos dicunt, seducunt vos, et semitam pedum vestrorum supplantant* (*Isai.* iii, 5). Quis magis supplantat populum Dei : qui liberi arbitrii potestate subnixus despicit auxilium Conditoris, et in sua voluntate securus est, an qui ad singulas sententias præceptorum Domini judicium pertimescit? Ad hujuscemodi homines loquitur Deus : *Væ vobis, qui sapientes estis apud vos, et intelligentes vestro judicio* (*Isai.* v, 21). Isaias juxta Hebraicum plorat, et dicit : *Væ mihi, quia tacui, quia immunda habens labia, et in medio populi immunda habentis labia habitans, vidi Dominum sabaoth oculis meis* (*Isai.* lxvi, 5). Ille virtutum merito, Dei fruebatur aspectu, et conscientia pecca-

---

[a] Vatic. *et in misericordia, et in miserationibus*, etc.
[b] Ὁ μόνος ἀναμάρτητος. Nota quotidie ora sacerdotum concelebrasse in Ecclesiis summi Dei attributum et perfectionem, dicendo :.ο μονος αναμαρτητος, id est, *qui solus est sine peccato*. MARTIAN. — Vatic. *quem omnia*, etc. Hymnum designari arbitror, qui nunc dicitur *Gloria in excelsis Deo* : verbisque ὁ μόνος ἀναμάρτητος, respondere in Latinorum doxologia ; *quoniam tu solus sanctus*. Hinc et mss. nostri, *qui solus es sine peccato* legunt.
[c] Turpi errore hactenus obtinuit in editis *propter hominem justum*, pro *istum*, quemadmodum emendant mss. nostri, et Scripturæ textus in omnibus linguis præfert.
[d] Nomen *servus* in mss. nostris rectius desideratur.
[e] In libro Nominum de Aggæo, *Domini justus, sive justificatus*.

torum, labia sua fatebatur immunda. Non quod locutus esset aliquid, quod voluntati Domini repugnaret, sed quod siluisset, vel timore, vel pudore perterritus, nec arguisset libertate prophetica populum delinquentem. Nos peccantes [a] quando corripimus, qui adulamur divitibus, et personas accipimus peccatorum, turpis lucri gratia? nisi forte tota eis loquimur [Al. loquamur] confidentia, quorum opibus indigemus? Ut talia non agamus, ut abstineamus nos ab omni specie peccatorum, certe verum tacuisse, peccatum est. Quamquam apud Septuaginta non sit scriptum, *Quia tacui*, sed, *quia compunctus sum*, conscientia scilicet peccatorum, ut illud compleatur Propheticum : *Versatus sum in miseria, dum infigitur mihi spina* (*Psal.* xxxi, 4). Ille peccati spina compungitur : tu virtutum floribus vernas : *Erubescet*, inquit, *luna, et confundetur sol, quando visitaverit Dominus super militiam cœli in excelsis* (*Isai.* xxiv, 27), hoc est quod **774** in alio loco scriptum est : *Astra quoque non sunt munda in conspectu ejus : et, Adversum Angelos suos, perversum quid reperit* (*Job.* xxv, 5, *et* iv, 18). Luna erubescit, sol confunditur, et cœlum operitur cilicio, et nos intrepidi atque lætantes, quasi omni careamus vitio, occurremus judicis majestati, quando tabescent montes, erecti videlicet in superbiam, et omnis militia cœlorum, vel astra, vel Angelicæ dignitates : et complicabuntur sicut libri cœli, et omnis exercitus eorum instar foliorum defluet.

25. *Dei justitia.* — *Quomodo* [Al. *Quoniam*] *inebriatus est*, inquit, *in cœlo gladius meus, et nunc super Idumæam descendet* (*Isai.* xxxiv, 5). Gladius Dei inebriatur in cœlis, [b] et tuum solium erit in sanctitate securum? In Idumæam descendet, quæ interpretatur, vel *sanguinaria* vel *terrena* : ut prophetica auctoritate discamus, omnem terram indigere judicio. Unde sequitur : *Victima Domini in Bosra*, quæ interpretatur, *caro : et interfectio ejus multa in terra Edom*, id est, *in sanguine* (*Isai.* xxxiv, 6), juxta quod ponit Apostolus : *Caro et sanguis regnum Dei non possidebunt* (I *Cor.* xv, 50). *Væ qui contradicit fictori suo, væ qui dicit patri, ut quid me generasti? et matri, quare me peperisti* (*Isai.* xlv, 9, 10)? Hoc ad eos pertinet, qui dicunt, quare talis conditus sum, qui non possum in perpetuum carere peccato. Quare tale vas fictum, ut non adamantinum permanerem, sed ad omnem tactum [c] fictile atque fragile.

---

[a] Mss. *peccantes aliquando corripimus*, æque bene. Verum paulo inferius ex iisdem prætulimus, *Ut talia non agamus*, cum antea esset, *Ut alia*, etc.
[b] Multum diversis verbis, concinniore etiam sensu habent mss. nostri *et in tua solum erit sanctitate jejunus? In Idumæam*, etc.
[c] Mss. *ad omnem tactum inutile atque frangibile :* alii, e quibus unus Vaticanus, *futile atque frangibile.*
[d] Unus Vatic., *quo te clementiæ meæ libertate*, etc. alius, *clementiæ meæ liberalitate*, etc.
[e] Unus Vatican., *illius misericordia conservati sunt.* Mox ex omnibus *et recordabimini*, juxta Græcum μνησθήσεσθε, reposuimus cum Victorio, pro quo

Omnes sicut oves erravimus, et omnium nostrum Dominus peccata portavit (*Isai.* liii, 6). Intuitus est enim, et diligenter inspexit, nullumque reperit, qui judicaret juste, qui suam in omnibus faceret voluntatem. Et idcirco brachium ejus salutem præbuit, et justitia sua salvavit omnia, ut omnis mundus subjiciatur Deo, et illius clementia conservetur. Fuimus enim immundi non pauci, sed omnes. *Quasi pannus menstruatæ, reputata sunt omnia in lege opera nostra* (*Isai.* lxiv, 6). Ad Jerusalem in Ezechiel loquitur Deus. *Perfecta eras in decore meo* (*Ezech.* xvi, 14); et est sensus, non in tuis operibus, non in tua conscientia, cordisque jactantia; sed in meo decore, quo te [d] clementia mea libertate donaveram. Denique in consequentibus loquitur ad eam, quando salvatur non suo merito, **775** sed ejus misericordia. *Recordabor pacti mei tecum in diebus adolescentiæ tuæ, et suscitabo tibi pactum sempiternum, et recordaberis viarum tuarum, et confunderis* (*Ibid.* 60, 61). Et iterum : *Suscitabo pactum meum tecum et scies quia ego Dominus, ut recorderis et confundaris, et non sit tibi ultra aperire os, præ confusione tua, cum fuero placatus tibi in omnibus quæ fecisti*, ait Dominus Deus (*Ibid.*, 62, 63). Ecce aperte divino sermone monstratur, quid in alio loco dixerit : *Et mundans te non facit innocentem :* quod justi quoque et post peccatum in statum pristinum restituti, os aperire non audeant, sed cum Apostolo dicant : *Qui non sum dignus vocari apostolus, quia persecutus sum Ecclesiam Dei* (I *Cor.* xv, 9). Denique et in alio loco per eumdem prophetam ad eas, qui illius [e] misericordiam consecuti sunt, loquitur Deus. *Et recordabimini viarum vestrarum et omnium scelerum vestrorum, quibus polluti eratis, et displicebit vobis* [Al. *displicebitis*] *in conspectu vestro, in cunctis malitiis quas fecistis, et scietis quia ego Dominus, cum benefecero vobis propter nomen meum, non secundum vias vestras malas, neque secundum scelera vestra pessima* (*Ezech.* xx, 43, 44). Erubescamus atque dicamus, quod loquuntur hi qui jam præmia consecuti sunt : loquamur peccatores super terram, et in fragili mortalique corpore constituti, quod sanctos videmus in cœlis dicere, etiam incorruptione et immortalitate donatos. *Et dicitis*, inquit, *non est recta via Domini, cum vestræ viæ pravæ sint* (*Ezech.* xxxi, 20). [f] Pharisæorum est hoc supercilium, ut peccata propriæ voluntatis referant ad Conditoris

---

Martian. *recordamini.* Annotandum hoc loco Pelagianos qui *in die judicii iniquis et peccatoribus non parcendum* dicebant, ideo confutari ab Hieronymo, quod inter graviorum et leviorum culparum reos non distinguerent. Vid. quæ supra observamus.
[f] Auctor Constitutionum Apostolicarum l. vi, c. 6, Pharisæos Fortunæ ac Fato opera peccantium dicit ascribere. Josephus vero Antiqq. xiii, 9, et xiv, 2, quædam humana, aut etiam omnia Fato quidem a Pharisæis tribui fatetur, ita tamen ut liberum arbitrium tolli nollent. Sed tam implexa eorum sententia erat, ut merito Hieronymus asserat, illos ad Conditoris injuriam propriæ voluntatis peccata retulisse,

injuriam, et illius justitiam calumnientur. Sacerdotes templi mystici, quod interpretatur Ecclesia, filii Sadoch, cum vestimentis ministerii non egrediuntur ad populum, ne humana conversatione sanctificati maculentur (*Ezech.* XLIV). Et tu in medio vulgi, unusque de populo mundum esse te credis?

26. *Ex Jeremia.* — Jeremiam prophetam breviter percurrentes, sensu magis quam sermone carpamus. *Circuite*, inquit, *in exitibus Jerusalem, et quærite in plateis ejus* **776** *sicubi reperire poteritis virum, qui juxta justitiam vivat et fidem, et ero propitius propter eum* (*Jerem.* V, 1). *Quamvis enim dicant : Vivit Dominus, fraudulenter jurant, et hoc ipsum in mendacio.* (*Jerem.* VII, 8, 9). Refutat peccatorum sacrificia : vescendas [a] detrahit offerentibus hostias, dicens se non mandasse patribus eorum, quando eduxit eos de terra Ægypti, ut offerrent hujusmodi sacrificia. Non enim voluntate, sed idolorum comparatione mandavit, malens sibi offerri victimas, quam dæmonibus. Omnes recesserunt ab eo, nullus est qui loquatur bona, et agat pœnitentiam de peccatis suis. Sequuntur proprias voluntates, quasi equus promptus ad prælium. Intendunt linguam suam quasi arcum : mentiuntur omnia, et non est in eis veritas. Amicorum quoque cavendas insidias præcipit, et nulli credere proximorum. Singulos enim insidiari amicis, et fratrem a fratre decipi, et hoc facere non naturæ malo, sed propria voluntate : quia docuerunt linguam suam mendacium, et proni feruntur ad injustitiam. *Si Æthiops*, ait, *mutaverit pellem suam, et pardus varietatem suam, et vos poteritis facere bonum, cum didiceritis mala* (*Jerem.* XIII, 23). Ergo pellis Æthiopica et pardorum varietas, disciplinæ est, non naturæ, quæ docetur et discitur : tamen auferri non potest vitium inoliti mali, nisi per eum, cui omnia possibilia sunt.

27. Unde loquitur ad eum, qui solus verus medicus est : *Sana me, Domine, et sanabor : salvum me fac, Domine, et salvus ero : tu es gloria* [Al. *gloriatio*] *mea et spes mea* (*Jerem.* XXVII, 14). Si enim ad conditionem meam infelicitatemque respiciam, nihil aliud nisi hoc possum loqui : [b] *Maledictus homo qui annuntiavit patri meo, dicens : Ecce natus est tibi puer : fiat homo ille similis urbibus, quas subvertit Deus. Quare enim in vulva non statim perii, et fuisset mihi sepulcrum mater mea, et vulva ejus infernus sempiternus. Quare egressus sum ex utero, ut viderem labores et miserias, et consumerentur dies mei in ærumnis* (*Jerem.* XX, 15, seqq.)? Tantum de sua conditione securus est, et sic confidit in fortitudine, ut mortem

777 præferat vitæ. Noverat enim vulnus suum et potentiam ejus, quem celare nihil potest, qui loquitur [c] per Prophetam : *Deus appropinquans ego, et non procul* (*Jerem.* XXIII, 23). Qui enim cœlum replet et terram, nullus potest vitare ejus notitiam, et cordis occulta celare. Qui scrutatur renes, introspicit. Et ut sciamus Dei esse bonum omne quod gerimus : *Ego*, inquit, *plantabo eos, ut nequaquam eradicentur, et ego dabo eis cogitationem et sensum, ut intelligant me* (*Jerem.* XXIV, 6, 7). Si cogitatio et sensus dantur a Deo, et intellectus Domini ex illius, qui noscendus est, radice pullulat, ubi est liberi arbitrii tantum superba jactatio? Volumus scire conditionem nostram, audiamus historiam. Joachim rex Juda, cunctique socii ejus et principes ejus, auditis sermonibus Uriæ, voluerunt occidere eum (*Jerem.* XXVI). Quod cum ille didicisset, timore perterritus fugit in Ægyptum. Cur mortem timebat, qui explicaret sententiam Domini, et qui a se nuntiari Domini noverat voluntatem? Dedignamur per singula auxilium Dei, et ad illius nutum cuncta gerere negligimus, cum legamus sanctos viros, etiam hominum indiguisse præsidio? Periclitatur Jeremias et manifeste dicitur, quod auxilio ei fuerit manus Abicam filii Saphan, ne traderetur in potestatem vulgi, et obrueretur lapidibus.

28. *Evangelii gratia.* — Abolitis legis cæremoniis, et duro pondere veterum præceptorum, repromittitur Evangelii gratia, legemque Dominus pollicetur, ut omnes cum noverint a minimo usque ad maximum, dicens : *Dimittam peccata eorum, et iniquitatum illorum ultra memor non ero.* Quam autem habuerint sancti viri in lege veteri justitiam, sequenti sermone demonstrat : *Filii Israel, et filii Juda iniquitatem fecere perpetuam in conspectu meo : ab adolescentia sua usque ad diem præsentem, et civitas Jerusalem ab initio conditionis suæ usque ad diem eversionis suæ me ad iracundiam provocavit.* Attende quid dicat, finem junge principio, omne medium tempus in vitio est. Jeremias sanctificatus [d] in utero antequam natus (*Jerem.* I, 5), virgo, propheta veteris Testamenti pertremiscit Sedechiam, et flebiliter obsecrat, dicens : *Nunc ergo, domine mi rex, audi deprecationem meam, et prævaleat apud te obsecratio mea, ne remittas* **778** *me in domum Jonathan scribæ, ne ibi peream* (*Jerem.* XXXVII, 19). O Propheta, cur times impium regem ? Cur eum metuis, quem posti jam jamque periturum ? carcerem reformidas, cui paratur paradisus ? [e] Respondebit mihi : Homo sum in mortali carne et corruptibili constitutus, dolorem

---

[a] Verius fortasse duo Vatic. mss. cum veteri edit., *vescendas tradit offerentibus hostias.*

[b] Superiorem huic versiculum ita præponit Vatic. cod., *Maledicta dies in qua natus sum, et non sit dies illa benedicta, in qua peperit me mater mea.* Tum, *Maledictus homo*, etc. Et facile quidem ex aliis libris ille videatur excidisse ob similis vocis occursum, ex qua versiculus alter inchoatur.

[c] Victor., *per eumdem prophetam*, nempe Jeremiam, ne absque ea voce diversus ab hactenus laudato propheta innui videretur. Paulo infra Vat., *qui scrutator renis introspicit*, etc.

[d] In altero Vatic. et veteri edit. voces *in utero* non habentur.

[e] Legendum puto *respondebis*, ut e codicibus Florentinis et Brixianis Victorius rescripsit, tametsi non, ut illi placet, Pelagium, sed Jeremiam alloqui pergere videatur nobis Hieronymus. Mss. autem nostri silent.

*entio, horresco cruciatus, quos etiam Dominus meus pro mea salute sensurus est. Misereatur humano generi Deus, et non vult perire quod fecit. *Noli timere, Jacob, dicit Dominus : ego enim sum tecum et interficiam omnes gentes in quas dispersi te : te vero ipsum perire non faciam, sed castigabo te in justitia, et ita miserebor tui, ut te innoxium non relinquam (Jerem. xxx, 10).*

29. *Salvemur Dei misericordia.* — Unde et nos dicimus esse justos [a] sanctos viros, et post peccata placentes Deo, non suo tantum merito, sed ejus clementia, cui omnis creatura subjecta est, et indiget misericordia ejus. Audiant hæretici, qui elevantur per superbiam, et dicunt : *Ipsi nobis fecimus cornua.* Audiant illud quod audivit Moab : *Audivimus superbiam Moab, superbus est valde (Amos. vi, 14). Altitudinem illius, et elationem et glorificationem, et inflationem cordis ego cognovi, dicit Dominus, quoniam nequaquam juxta inflationem ejus et fortitudo illius est (Isai. xvi, 6).* Diciturque ad hujuscemodi homines : *Inimici autem eorum* (haud dubium quin gregis Domini) *confirmant, dicentes : non peccavimus, cum peccaverint in pulchritudinem justitiæ, et in exspectationem patrum.* Vis scire quando omnia peccata finiantur ? audi eumdem prophetam : *In tempore illo, dicit Dominus, quæretur iniquitas in Israel, et non erit, et peccatum in Juda, et non invenietur (Jer. L, 20).* Cur, quæso ? sequitur : *Quia propitius ero illis.* Ubi autem propitiatio est, præcessit ante peccatum. Tolle igitur [b] posse, et concedam, omnia, donante Deo, subsistere. *Bonum est præstolari cum silentio salutare Domini (Thren. iii, 26)*; bonum est ponere in pulvere os suum, dare percutienti se maxillam, saturari opprobriis, spem habere in Domino *(Ibid., 27 seqq.).* Si enim abjecit, et miserebitur juxta multitudinem misericordiarum suarum ; neque enim humiliavit corde suo et abjecit filios hominum. Frustra murmurat homo pro peccatis suis. Scrutemur vias nostras, et quæramus et revertamur ad Dominum *(Ibid., 40, 41).* Levemus corda cum **779** manibus ad Dominum in cœlum, dicamusque ei : *Inique egimus, et ad iracundiam provocavimus, idcirco tu inexorabilis es (Ib., 42).*

50. *Causas divinæ voluntatis noscimus.* — Daniel propheta loquitur ad Nabuchodonosor, quod dominetur excelsus regno hominum, et det illud cuicumque voluerit, et extremum atque projectum constituat super illud. Interroga cum qua causa ultimum atque despectum constituat in regem, et faciat quod voluerit : et discute, utrum ipsius voluntas justa sit, de quo scriptum est : *Qui suscitat de terra humilem, et ae stercore elevat pauperem, ut collocet eum cum principibus, cum principibus populi sui (Ps. cxii, 7, 8).* An forsitan juxta te absque judicio atque justitia gloriam quærit, auramque popularem, ut humiles erigat in regnum et potentes humilitate commutet ? Audi Prophetam dicentem : *Omnes habitatores terræ, quasi nihil reputati sunt apud eum (Isai. xl, 17).* Fecit enim quodcumque voluit in cœlo et in terra, et nemo est, qui resistat [c] voluntati ejus, aut possit dicere, quare hoc fecisti, cujus sunt omnia opera in veritate, et viæ illius justitia, et superbientes potest ipse humiliare. Antiochus Epiphanes rex crudelissimus subvertit altare, ipsamque justitiam fecit conculcari, quia concessum erat a Domino ; causasque reddit, *propter peccata plurima (II Macch. v).* Ergo non fecit quod ipse tantum voluit, sed quod propter peccata populi concessit Dominus. Denique sequitur, quod non ex propria fecerit fortitudine, sed ex ejus imperio qui præcepit ut fieret. Illud autem quod in oratione sua loquitur : *Peccavimus, inique egimus, injuste gessimus et recessimus a mandatis et justitiis tuis (Dan. iii, 29),* et cætera hujuscemodi, soletis dicere, **780** quod et [d] David, et Daniel, et omnes prophetæ, non pro se, qui sancti erant, sed ex persona populi sunt locuti. Adversum quam opinionem ipse respondebit, et dicet : *Cum adhuc orarem, et confiterer peccata mea, et peccata populi Israel (Dan. ix, 20).* Vides ergo quod tam pro peccatis suis, quam pro peccatis populi, Dominum sit deprecatus, et effuderit deprecationes suas in conspectu Domini Dei sui. Vis iterum nosse, quando peccatum et iniquitas finiatur ? Quamquam diversa sit auctorum [e] interpretatio, audi eumdem Prophetam : *Septuaginta hebdomadæ completæ sunt super populum tuum, et super civitatem tuam sanctam, ut compleantur iniquitates, et finem accipiat peccatum, ut dispereat iniquitas, et [f] reveletur justitia sempiterna (Dan. ii, 4).* Quamdiu ergo ille finis adveniat, et corruptivum hoc atque mortale incorruptione et immortalitate mutetur, necesse est, nos subjacere peccato, non naturæ et conditionis, ut tu calumniaris, vitio, sed fragilitate, et commutatione voluntatis humanæ, quæ per momenta variatur : quia Deus solus est immutabilis. Quæris ubi Abel, ubi Enoch, ubi Jesus filius Nave, ubi Eliseus, cæterique sanctorum peccaverint. Non est necesse nodum in scirpo quærere : utinam possem et manifesta reticere peccata. Si vis a me verum audire, nescio. *Nihil,* inquit, *mihi conscius sum, nec tamen in hoc justificatus sum. Homo videt in facie, Deus in corde (I Cor. iv, 4).* Apud ejus conscientiam atque conspectum nullus justificatur (II *Reg.* xvi, 7). Unde et Paulus loquitur confidenter : *Omnes peccaverunt, et indigent gloria Dei (Rom. iii, 23)* ; et : *Conclusit Deus omnia sub peccato ut omnium misereatur (Rom. xi, 32),* et cætera quæ sæpe replicavimus [g].

---

[a] Victorius voculam *et* ad concinniorem sensum contendit superaddendam.
[b] Scilicet *posse* suis viribus, et absque Dei auxilio.
[c] Vatic., *qui resistat fortitudini ejus,* etc.
[d] Nomen *David* in nostris mss. omnibus desideratur : fortasse verius.
[e] Eorum varias interpretationes edisserit in Commentariis, cap. 9.
[f] Unus Vatic., *revertatur justitia.*
[g] Posthæc editio Vallars. habet : *Explicit liber secundus;* ad quæ verba hanc appendit notulam: «In mss. Finit libri pars secunda. Incipit pars tertia. » Edit.

LIBER TERTIUS.

1. *Baptismus tantum præterita peccata dimittit.* — **781** CRITOB. Delectatus sum tuorum multiplicatione sermonum, de quibus scriptum est : *In multiloquio non effugies peccatum* (Prov. x, 19) : sed quid ad causam? Certe hoc fateberis eos, qui Christi baptisma consecuti sunt, non habere peccatum. Et si absque peccato sunt, justos esse. Cumque semel justi fuerint, si egerint sollicite, posse in sempiternum justitiam eu todire, ac per hoc omne vitare peccatum. ATTIC. Non erubescis explosam atque damnatam Joviniani sententiam sequi? Et ille enim his testimoniis tuisque nititur argumentis; immo tu illius inventa sectaris, in Oriente docere desiderans, quæ olim Romæ, et [a] dudum in Africa condemnata sunt. Lege ergo quid illi responsum sit, et tibi responsum ducito. In dogmatibus enim et quæstionibus disserendis non persona, sed causa quærenda est. Et tamen hoc scito, baptismum præterita donare peccata, non futuram servare justitiam, quæ labore et industria, ac diligentia, et semper super omnia Dei clementia custoditur : ut nostrum sit rogare, illius tribuere quod rogatur : [b] nostrum incipere, illius perficere : nostrum offerre quod possumus, illius implere quod non possumus. *Nisi enim Dominus ædificaverit domum, in vanum laboraverunt qui ædificant eam. Nisi Dominus custodierit civitatem, in vanum vigilat* [Al. *vigilabit*] *qui custodit eam* (*Ps.* cxxvi, 1, 2). Unde et Apostolus præcipit : *Sic currite, ut comprehendatis. Omnes quidem currunt, sed* [c] *unus accipit coronam* (1 Cor. ix, 24). Et in psalmo scriptum est : *Domine, ut scuto bonæ voluntatis tuæ coronasti nos* (Ps. v, 13). Nostra enim victoria et corona victoriæ, illius protectione **782** et clypeo paratur [Al. *præparatur*] : et hic currimus, ut in futuro comprehendamus : ibi accipiet coronam, qui in hoc sæculo victor exstiterit ; nobisque post baptismum dicitur : *Ecce sanus factus es, jam noli peccare, ne quid deterius tibi contingat* (Joan. v. 14). Et : *Nescitis quia templum Dei estis; et Spiritus Dei habitat in vobis? Si quis templum Dei violaverit, disperdet eum Deus* (I Cor. iii, 16, 17). Et in alio loco : *Dominus vobiscum est, quamdiu vos estis cum eo : si reliqueritis eum, et ille relinquet vos* (II Paral. xii, 1). In cujus putas delubro atque sacrario Christi puritas permanet, templique serenitas nullo nubilo contristatur? Eumdem semper vultum habere non possumus; quod de Socrate falso philosophi [Al. *philosopho*] gloriantur; quanto magis animum ? Multæ facies hominum, sic et corda diversa. Si fieri posset, ut semper aquæ baptismatis mersos tenerent, volitantia nos desuper peccata non tangerent : Spiritus sanctus tueretur [Al. *tuetur*]. Sed impugnat inimicus, nec victus recedit, sed semper in insidiis est, ut sagittet in occulto rectos corde.

2. *Ex Evangelio juxta Hebræos.* — In Evangelio juxta Hebræos, quod Chaldaico quidem Syroque sermone, sed Hebraicis litteris scriptum est, quo utuntur usque hodie Nazareni, [d] *secundum Apostolos*, sive ut plerique autumant, *juxta Matthæum*, quod et in Cæsariensi habetur bibliotheca, narrat historia : *Ecce mater Domini et fratres ejus dicebant ei : Joannes Baptista baptizat in remissionem peccatorum : eamus et baptizemur ab eo. Dixit autem eis : Quid peccavi, ut vadam et baptizer ab eo?* [e] *Nisi forte hoc ipsum*

---

[a] Non quod etiam in Africa, ut annotat Martianæus, damnata fuisset Joviniani ipsa de nomine sententia, quæ vix extra Italiam eruperat, ut ex S. August. lib. de Hæres. apparet ; sed ideo dixit Hieron. quod impeccantia, quam Jovinianus defendebat *dudum*, id est nuper in Africa fuisset damnata ; quia in Afr. Synodo, an. 412 aut 413, damnatus fuerat error Cœlestii de Impeccantia, quem eumdem esse sentit cum illo Joviniani. Idem sensisse videntur S. August. lib. de Nuptiis et Concup. num. 15, p 308 et 18. Jactate ut mensuram Joviniani perfectius impleatis.

[b] *Nostrum incipere.* Ex hoc loco dicere potuit sanctus Benedictus Prologo in Regulam suam : *In primis, ut quidquid agendum inchoas bonum, ab eo perfici instantissima oratione deposcas, et cætera.* MARTIAN. — Ne pravæ intelligentiæ locus hic pateat, adde clausulam, quam simili sententiæ in epist. 130 ad Demetriadem ipse Hieronymus satis orthodoxe semetipsum explicans, apposuit, *Ipsumque quod nostrum est, sine Dei miseratione nostrum non est.* Vide quæ paulo infra num. 10 annotamus.

[c] Unus Vatic. *sed non omnes accipient coronam.*

[d] Hoc loco diserte docet Hier. pro eodem se habere Evangelium secundum duodecim Apostolos, et Evangel. juxta Hebræos, et Nazarenum. Perperam itaque priora duo sic distinguit Beda initio Com. in Lucam, ut Evangelium duodecim apostolorum inter scripta apocrypha ab hæreticis profecta, Evangelium vero secundum Hebræos inter scripta Ecclesiastica referat. *Inter quæ*, inquit, *notandum, quod dicitur Evangelium juxta Hebræos, non inter apocryphas, sed inter ecclesiasticas numerandum historias. Nam et ipsi sacræ Scripturæ interpreti Hieronymo pleraque ex eo testimonia usurpare, et ipsum in Latinum Græcumque visum est transferre sermonem.*

[e] Hinc calumniandi occasionem Julianus Pelagianus arripuit, cujus verba isthæc Augustinus recitat lib. iv Operis imperfecti cap. 88 : *Verum his, ut res postulat, impletis, juvat te* (Augustine) *vel mediocriter convenire qua fiducia tu cum Hieronymi scripta collaudes, dicas in Christo non fuisse peccatum, cum ille Dialogo illo, quem sub nomine Astici, et Critobuli mira, et ut talem fidem decebat, venustate composuit, etiam quinti Evangelii, quod a se translatum dicit, testimonio nitatur ostendere, Christum non solum naturale, verum etiam voluntarium habuisse peccatum, propter quod se cognoverit Joannes baptismate diluendum*, etc. Apertissimæ calumniæ hæc reposuit Augustinus : *Si posuisses verba Hieronymi, fortassis ostenderem quomodo accipienda essent sine blasphemia, quam tu illi importare conaris : quod si non possint,*

quod dixi, ignorantia est. Et in eodem volumine : *Si peccaverit,* **783** inquit, *frater tuus in verbo, et satis tibi fecerit, septies in die suscipe cum. Dixit illi Simon discipulus ejus : Septies in die? Respondit Dominus, et dixit ei : Etiam ego dico tibi, usque septuagies septies* (*Mat.* xviii, 22, *et Luc.* xvii, 4). *Etenim in Prophetis quoque postquam uncti sunt Spiritu sancto, inventus est sermo peccati.* [a] Ignatius vir apostolicus et martyr, scribit audacter : « Elegit Dominus Apostolos, qui super omnes homines peccatores erant. » De quorum celeri conversione Psalmista canit. *Multiplicatæ sunt infirmitates eorum, postea acceleraverunt* (*Ps.* xv, 4). Quibus testimoniis, si non uteris ad auctoritatem, utere saltem ad antiquitatem, quid omnes Ecclesiastici viri senserint. Fac aliquem baptizatum, vel statim, vel in ipsis diebus morte subtractum, et concedam tibi, quod concedere non debeo, nec cogitasse aliquid, nec locutum, in quo errore et ignorantia laberetur. Num [*Al.* Et] ideo sine peccato erit, quia videbitur non superasse, sed fugisse peccatum, ac non potius quia Dei misericordia de peccatorum carcere liberatus migravit ad Dominum ? Hoc et nos dicimus, posse Deum quidquid voluerit ; et hominem per se et propria voluntate, quod tu asseris, sine peccato esse non posse. Sin autem potest, frustra nunc jungis et gratiam, qua potens non indiget. Quod si non potest absque Dei gratia, stulte tu dixisti posse quod non potest. Quidquid enim ex alterius pendet arbitrio, non ejus est quem posse contendis ; sed illius, sine quo eum non posse perspicuum est.

3. *Inter esse et posse quantum distet.* — C. Rogo, quæ est ista pravitas, immo absque ratione contentio ? Ne hoc quidem mihi das, ut egressus **784** aquas [*Al.* aqua] baptismatis sine peccato sit ? A. Aut ego sensum meum verbis explicare non valeo, aut, me explicante, ad intelligendum tardior es. C. Quonam modo ? A. Recordare quid et tu dixeris, et ego quid loquar. Posuisti, [b] hominem sine peccato esse, si velit. Ego impossibile hoc in homine esse respondeo, non quia statim a baptismate homo peccato non careat, sed illud tempus quando sine peccato est, nequaquam possibilitati humanæ, sed Dei gratiæ deputatur. Tolle igitur posse, et ego esse concedam. Quomodo enim potest, qui per se non potest ? Aut quæ est illa impeccantia, quæ statim corporis hujus [c] morte finitur ? Aut certe si ultra vitam protraxerit, delicti et ignorantiæ periculo subjacet [*Al.* subjacebit]. C. Dialectica me arte concludis, et non Christiana loqueris simplicitate, nodos mihi quosdam inter esse, et esse posse concinnans. A. Egone verborum strophis ludo, cum hoc de tua processerit officina ? Tu enim dicis, non esse hominem sine peccato, sed esse posse, [d] cum e contrario ego tribuam quod negasti, esse hominem sine peccato per Dei gratiam, et tamen per se non posse. C. Frustra ergo dantur præcepta, si ea implere non possumus. A. Deus possibilia mandavit, hoc nulli dubium est. Sed quia homines possibilia non faciunt, idcirco omnis mundus subditus est Deo, et indiget misericordia ejus. Aut certe si ostendere potueris, qui universa compleverit, tunc poteris demonstrare, esse hominem qui non indiget misericordia Dei. Omne enim quod fieri potest, tribus constat temporibus, aut præterito, aut præsenti, **785** aut futuro. Hoc quod asseris, posse hominem sine peccato esse si velit, monstra factum esse de præterito, aut certe nunc fieri : de futuro postea videbimus. Quod si nullum potes ostendere, qui sine omni omnino peccato aut sit, aut fuerit, restat, ut de futuro tantum disputatio sit. Interim in duobus temporibus, præterito, atque præsenti victus teneris. Si aliquis fuerit postea major Patriarchis, Prophetis, Apostolis, qui peccato careat, tunc futuris de futuro, si potueris, persuadeto.

non tamen ejus fidem quam cum aliis præclarissimis Ecclesiæ catholicæ doctoribus tenuit, ideo repudiandam putarem, quia dixisse aliquid inveniretur, in quo illis non consonaret. Illud autem mihi ex hujus hominis persona contra te satis est, quod cum id sentiat de peccato originali quod sic aversaris, ut inde me appelles Manichæum ; ipsum tamen hoc appellare non audes. Nimirum ex Hieronymi verbis plane constat, neque isti Evangelio auctoritatem ab illo tribui, neque eum esse ejus apocryphi libri sensum, immo blasphemiam, ut aliquo peccati genere Christus macularetur, quod Joannis baptismo diluere opus esset. Sane Julianus, qui calumniandi animo ista maligne est interpretatus in eo etiam fallitur, quod Nazarenorum Evangelii versionem hic loci ab Hieronymo memorari dicit, quod ille tradit in Catalog. S. E. cap. de Jacobo fratre Domini.

[a] In Vatic. ms. *Ignatii* nomen non habetur, sed vacat spatium. Revera non S. Ignatius hæc de Apostolis scripsit, sed in Barnabæ epistola occurrunt pag. 16 : ὅτι δὲ τοὺς ἰδίους, τοὺς μέλλοντας κηρύσσειν τὸ εὐαγγέλιον αὐτοῦ ἐξελέξατο ὄντας ὑπὲρ πᾶσαν ἁμαρτίαν ἀνομωτέρους : *quoniam proprios Apostolos suum Evangelium prædicaturos, elegit, qui supra omne peccatum erant nequissimi.* Nec diffitetur contra Celsum Origenes, lib. 1, num. 63 : *Verum est in Barnabæ Epistola, unde fortasse Celsus hauserit Apostolos infames esse et nequissimos, legi apostolos a Jesu fuisse electos, qui improbi erant, ut nulli magis.* Quæ rursum profert S. Gregorius Nazianzenus in Philocalia ex sententiis Origenis cap. 18. Igitur memoriæ lapsum tribuamus Hieronymo, qui Ignatio ascribit, quod nusquam in ejus epistolis invenitur. Non improbabilis conjectura est fraudi illi fuisse volumen ipsum Scripturarum apostolicorum, in quibus Ignatiana præcederent, Barnabæ et Clementis scripta subsequerentur, ut aut tota collectio Ignatio potuerit inscribi, aut interposita Barnabæ epistola, in eo quo utebatur Hieronymus libro, propriam epigraphem non haberet. Vide Mænardum in Notis ad eam Epist.

[b] Victor., *Posuisti, posse hominem sine peccato,* etc. e quibus verbum *posse* a se superadditum ex ipsa Critobuli propositione constare ait ; atque ex his infra : *Tu enim dicis non esse hominem sine peccato, sed esse posse.* Et paulo inferius, *Hoc quod asseris posse hominem sine peccato esse, si velit,* etc. Mss. autem nostri silent.

[c] In eo scilicet qui statim a baptismo moritur.

[d] Mss. cum veteri editione, *cum e contrario ego tibi tribuam,* etc. Consentit Victorius, qui et paulo infra *per se esse non posse* scripsit, et verbum *esse* reposuit e mss.

4. *Posse hominem pro tempore non peccare.* — C. Loquere ut vis, argumentare ut libet, nunquam mihi liberum arbitrium extorquebis, quod semel concessit Deus, nec valebis auferre quod mihi tribuit [a] Deus, posse si voluero. A. Exempli gratia, uno tantum utamur testimonio : *Inveni David filium Jesse, virum secundum cor meum, qui faciat omnes voluntates meas* (Act. XIII, 22 ; psal. LXXXVIII, 21). David sanctum esse, non dubium est, et tamen qui electus est, ut omnes Dei voluntates faceret, aliqua fecisse reprehenditur. Utique possibile erat ei facere, qui ad hoc electus est, ut omnes Dei voluntates faceret. Nec Deus in culpa est, qui prædixit eum cunctas suorum præceptorum facere voluntates ; sed ille qui prædicta non fecit. Neque enim dixit, invenisse se virum qui cunctas in perpetuum suæ jussionis faceret voluntates ; [b] sed qui tantum cunctas faceret voluntates. Hoc et nos dicimus, posse hominem non peccare, si velit, pro tempore, pro loco, pro imbecillitate corporea ; quamdiu intentus est animus, quamdiu chorda nullo vitio laxatur in cithara. Quod si paululum [c] se remiserit, quomodo qui adverso flumine lembum trahit, si remiserit manus, statim retrolabitur, et fluentibus aquis, quo non vult ducitur ; sic humana conditio, si paululum se remiserit, discit fragilitatem suam, et multa se non posse cognoscit. Putasne apostolum Paulum eo tempore quo scribebat, *Lacernam, sive penulam, quam reliqui Troade apud Carpum, veniens affer, ac libros, et maxime membranas* (II Tim. IV, 13), de cœlestibus cogitasse mysteriis, et non de his quæ in usu communis vitæ vel corporis necessaria sunt? **786** Da mihi hominem qui non esuriat, non sitiat, neque algeat, non doleat, non febricitet, non torminibus et urinæ difficultatibus torqueatur ; et ego tibi concedam, posse hominem [d] nihil nisi de virtutibus cogitare. Cæditur Apostolus a ministro (*Act.* XXIII, 5), et contra Pontificem qui cædere imperaverat, sententiam dirigit ; *Percutiet te Deus, paries dealbate* (*Isai.* LIII). Ubi est illa patientia Salvatoris, qui quasi agnus ductus ad victimam, non aperuit os suum, sed clementer loquitur verberanti : *Si male locutus sum, argue de malo : si autem bene, quid me cædis* (Joan. XVIII, 29)? Non Apostolo detrahimus, sed gloriam Domini prædicamus, qui in carne passus, carnis injuriam superat et fragilitatem ; ut taceam illud, quod commemorat : *Alexander ærarius multa mihi mala ostendit : reddet illi Dominus in illa die justus judex* (II Tim. IV, 14).

5. *Nec est culpanda Creatoris conditio.* — C. Cogis me, ut loquar quod jam dudum gestio, et tamen erumpentia verba non promo. A. Quis enim te prohibet, quod sentis dicere ? Aut enim quod dicturus es, bonum est, et nos bono fraudare non debes : aut malum, et idcirco non nostri gratia, sed pudore siluisti. C. Dicam, dicam aliquando quod sentio. Omnis disputatio tua illuc delabitur, ut naturam accuses, et culpam referas ad Deum, qui talem hominem condidit. A. Hoc illud erat quod volebas, et nolebas dicere ? dic, dic quæso, ut omnes tua fruantur prudentia. Reprehendis Deum, quare hominem fecerit hominem ? reprehendant et Angeli, cur Angeli sint. Omnis creatura causetur, quare id sit quod condita est, et non id quod condi potuit. Scilicet nunc mihi puerilibus declamatiunculis ludendum est, et a culice atque formica usque ad Cherubim et Seraphim veniam, cur non singula in meliori statu condita sint. Cumque ad excelsas venero Potestates, causabor et dicam, quare Deus solus tantum Deus sit, et non omnia deos fecerit. Aut enim impossibilitatis [e] juxta te, aut invidiæ reus erit. Reprehende eum, cur et diabolum in hoc mundo esse concedat, et aufer coronam, cum certamen abstuleris. C. Non sum **787** tam vecors, ut querar, cur diabolus sit, cujus invidia mors introivit in orbem terrarum : sed hoc doleo, cur viri ecclesiastici, et qui magistrorum sibi usurpant vocabulum, tollant liberum arbitrium : quo sublato, Manichæorum secta construitur. A. Egone liberum tollo arbitrium, qui in tota disputatione mea nihil aliud egi, nisi ut omnipotentiam Dei cum libero arbitrio conservarem ? C. Quomodo servas liberum arbitrium, qui dicis hominem nihil posse facere, nisi Deus semper adjuverit ? A. Si in culpa est, qui libero arbitrio jungit Dei adjutorium : ergo ille laudetur, qui Dei tollit auxilium. C. Non tollo Dei auxilium, quippe per cujus gratiam possumus omne quod possumus ; sed utrumque suis finibus terminamus : ut et Dei sit gratiæ quod dedit liberi arbitrii potestatem, et nostræ voluntatis, facere quid, vel non facere : et quod facientibus præmium, et non facientibus pœna servetur.

6. *Quid Deus coronet in nobis.* — A. Videris mihi obliviosus esse, et quasi nihil supra dictum sit, per easdem disputationis reverti lineas. Hoc enim longa dissertione conclusum est, ut gratia sua Dominus, qua nobis concessit liberum arbitrium, in singulis operibus juvet atque sustentet. C. Quid ergo [f] coronat in nobis, et laudat quod ipse operatus est? A. Voluntatem nostram, quæ obtulit omne quod potuit, et laborem, qui contendit ut faceret, et humilitatem, quæ semper respexit ad auxilium Dei. C. Ergo si

---

[a] Vocem *Deus* utpote superfluam hinc Victorius amovit.
[b] Verba, *sed qui tantum cunctas faceret voluntates*, quæ sensui explendo necessaria visa sunt, hactenus vero in editis deerant, suffecimus ex Vaticano exemplari.
[c] Mss., *quod si paululum remiserit*, absque *se*.
[d] Victor., *nihil aliud nisi*, etc., ex Brixianis codd. Paulo post *nostri qui cædem imperaverit*.
[e] Voces *juxta te* Marianæus post Erasm. omiserat, nos ex mss. suffecimus et veteri editione. Victorius quoque antea ex Mediceo, Fesulano, aliisque mss. reposuerat, easque inferior contextus asserit, ubi δυσχέρεια Critobuli exploditur. Mox Vatic. pro *in hoc mundo esse* legit *in hoc mundo tantum posse*. Reginæ ms. cum veteri editione æque bene *tantum esse*.
[f] Hactenus editi *quid ergo juvat atque coronat*, verbis *juvat atque* perperam intrusis, et contra scriptoris mentem, quod ex toto contextu liquet : nos illa expunximus mss. auctoritate, in quorum nullo invenimus.

non fecimus quod præcepit, aut voluit nos adjuvare Deus, aut noluit. Si voluit et adjuvit, et tamen ª non fecimus quod voluimus, non nos, sed ille superatus est. Sin autem noluit adjuvare, non est culpa ejus, qui voluit facere; sed illius qui adjuvare potuit, et noluit facere. A. ᵇ Non intelligis διλήμματον tuum in grande blasphemiarum decidisse barathrum : ut ex utraque parte, aut invalidus sit Deus, aut invidus, et non tantum ei laudis sit, quod bonorum auctor est et adjutor, quantum vituperationis, quod mala non coercuit. Detrahatur ergo illi, cur diabolum esse permiserit, cur passus sit, et hucusque patiatur quotidie aliquid in mundo mali fieri. Quærit hoc Marcion, et omnes **788** hæreticorum canes, qui vetus laniant Testamentum, et hujuscemodi syllogismum texere consueverunt. Aut scivit Deus hominem in paradiso positum prævaricaturum esse mandatum illius, aut nescivit. Si scivit, non est in culpa is qui præscientiam Dei vitare non potuit; sed ille qui talem condidit, ut Dei non posset scientiam devitare. Si nescivit, cui præscientiam tollis, aufers et divinitatem. Hoc enim genere in culpa erit qui elegit Saul futurum postea regem impiissimum. Et Salvator aut ignorantiæ, aut injustitiæ tenebitur reus, cur in Evangelio sit locutus : *Nonne vos duodecim ego elegi Apostolos, et unus de vobis diabolus est* (Joan. VI, 71)? Interroga eum, cur Judam elegerit proditorem? Cur ei loculos commiserit, quem furem esse non ignorabat. Vis audire rationem. Deus præsentia judicat, non futura. Nec condemnat ex præscientia, quem noverit talem fore, qui sibi postea displiceat : sed tantæ bonitatis est, et ineffabilis clementiæ, ut eligat eum, quem interim bonum cernit, et scit malum futurum, dans ei potestatem conversionis et pœnitentiæ, juxta illum sensum Apostoli : *Ignoras quia benignitas Dei ad pœnitentiam te adducit? secundum duritiam autem tuam et cor impœnitens, thesaurizas tibi iram in die iræ et revelationis justi judicii Dei, qui reddet unicuique secundum opera ejus* (Rom. II, 4, 5). Neque enim ideo peccavit Adam, quia Deus hoc futurum noverat; sed præscivit Deus, quasi Deus, quod ille erat propria voluntate facturus. Accusa ergo Deum mendacii, quare dixerit per Jonam : *Adhuc tres dies, et Ninive subvertetur* (Joan. III, 4). Sed respondebit tibi per Jeremiam : *Ad summam loquar contra gentem et regnum, ut eradicem et destruam et disperdam illud. Si pœnitentiam egerit gens illa a malo suo, quod locutus sum adversus eam, agam et ego pœnitentiam super malo quod cogitavi ut facerem ei. Et ad summam loquar de gente et regno, ut ædificem et plantem illud, si fecerit malum in conspectu meo, ut non audiat vocem meam, pœnitentiam agam super bono, quod locutus sum ut facerem ei* (Jerem. XVIII, 7 seqq.). Indignabatur quondam et Jonas, cur Deo fuerit jubente mentitus: sed injusti mœroris arguitur, malens cum pernicie **789** innumerabilis populi verum dicere, quam cum tantorum salute mentiri. Ponitur ei exemplum : *Tu doles super hedera, sive cucurbita in qua non laborasti, neque fecisti ut cresceret, quæ sub una nocte nata est, et una nocte periit, et ego non parcam Ninive civitati magnæ, in qua sunt plus quam centum viginti millia hominum, qui nesciunt quid sit inter dexteram et sinistram suam* (Joan. IV, 10, 11). Si in parvulorum ætate et simplicium, quos certe peccatores fuisse non poteris approbare, tanta fuit hominum multitudo, quid dicemus de utriusque sexus ætate diversa, quæ juxta Philonem, ᵉ et prudentissimum philosophorum (*Platonem in Timæo*), ab infantia usque ad decrepitam senectutem, septennario ordine devolvitur, dum sibi sic invicem ætatum incrementa succedunt, ut quando de alia transeamus ad aliam, sentire minime valeamus?

7. *Minime peccati auctor est Deus.*— C. Tota argumentatio tua huc tendit, ut ᵈ quod Græci dicunt, αὐτεξούσιον, et nos liberum appellamus arbitrium, vocabulo tribuas, re auferas. Tu enim auctorem peccatorum facis Deum, dum asseris nihil hominem per se posse facere, sed adminiculo Dei, cui imputetur omne quod facimus. Nos autem, sive bonum, sive malum homo fecerit, per liberi arbitrii potestatem ei dicimus imputari, qui fecit quod voluit; et non ei, qui semel concessit liberum arbitrium. A. Quamvis tergiverseris, laqueis veritatis innecteris; hoc enim modo, etiam si ipse non adjuvat, tamen juxta te auctor erit malorum : quia potuit prohibere, et non prohibuit. Vetus enim sententia est, homicidam esse eum, qui cum possit hominem de morte liberare, non liberet. C. Jamjam tollo manum, cedo, vicisti : si tamen vincere est, veritatem velle subvertere, non rebus, sed sermonibus, id est, non veritate, sed mendacio. Possum enim illud tibi Apostoli respondere : *Et si imperitus sermone, non tamen scientia* (II Cor. XI, 6). Quando enim loqueris coactus argumentationum strophis, tibi videor assentire, cum autem tacueris, ex animo rursus elabitur, ut liquido appareat disputationem tuam non ex fontibus veritatis **790** et christiana simplicitate, sed ex philosophorum minutiis et arte descendere. A. Vis ergo me rursum uti testimoniis Scripturarum? Et quomodo jactant discipuli tui, nullum argumentationi tuæ posse et problematibus respondere? C. Non solum volo, sed et cupio. Doce me de Scripturis sanctis,

---

ª Unus Vatic. Contrario sensu *et tamen fecimus, quod voluimus.* Confer lib. S. Augustini de Perfect. justit.

ᵇ *Non intelligis* διλήμματον. Non δίλημμα, ut editi libri, sed διλήμματον legunt cuncta exemplaria mss. Et ita legendum docet Hermogen., lib. IV de Inventione. Suidas quoque inter *dilemma* et *dilemmaton* hoc ponit discrimen : δίλημμα, τὸ δισσῶς λαμβανόμενον φρόνημα : et διλήμματον, διχῶς νοούμενον, id est,

bifariam intellectum. MARTIAN.

ᶜ In veteri edit. *Philonem prudentissimum*, etc., absque *et* copula : in Vatic. autem *prudentissimos.*

ᵈ *Quod Græci dicunt* αὐτεξούσιον. Hic similiter legunt omnes codices mss. αὐτεξούσιον, non falso αὐτεξουσίαν cum Erasmo. Est autem τὸ αὐτεξούσιον, *libera voluntas*, sive *liberum arbitrium* : unde apud Gregor. Nazianz. τῷ αὐτεξουσίῳ τιμηθείς, *liberi arbitrii facultate donatus.* MARTIAN.

ubi, sublata liberi arbitrii potestate, faciat homo, quod per se aut ᵃ nolit, aut non potuit.

8. *Scripturarum testimonia.* — A. Non ita, ut tu proponis, sed ut veritas poscit et ratio, Scripturarum vocibus est utendum. Loquitur Jacob in oratione sua : *Si fuerit Dominus Deus mecum, et custodierit me in via, per quam ego pergo, et dederit mihi panem ad manducandum, et vestimentum ad operiendum, et reduxerit me cum salute in domum patris mei, erit mihi Dominus in Deum, et lapis iste quem posui in titulum, erit mihi domus Dei, et omnium quæcumque dederis mihi, decimas offeram tibi* (*Genes.* XXVIII, 20 et seqq.). Numquid dixit, si liberum arbitrium conservaveris, et cibum et vestimentum meo labore quæsiero, et revertero in domum patris mei? Omnia dat Domini voluntati, ut mereatur accipere quod precatur. Revertenti de Mesopotamia Jacob, Angelorum occurrit exercitus, et vocantur castra Dei (*Gen.* XXXII). Postea pugnat cum Angelo sub figura hominis, et a Domino confortatur : de supplantatore Jacob, ᵇ *rectissimus Dei*, nomen accepit. Neque enim ad fratrem crudelissimum audebat reverti nisi Domini præsidio roboratus. Scriptum est in consequentibus : *Ortus est ei sol, postquam transivit Phanuel* (*Gen.* XXXI, 31), quod interpretatur *facies Dei*. Unde loquitur et ᶜ Moyses : *Vidi Dominum* [Al. *Deum*] *facie ad faciem, et salva facta est anima mea*, non proprietate naturæ; sed dignatione miserentis. Oritur ergo nobis sol justitiæ, quando vultu Dei confirmamur. Joseph in Ægypto clauditur carcere, ibique infertur, quod custos carceris omnia potestati ejus fideique commiserit. Causaque redditur. *Quia Dominus erat cum eo, et quæcumque faciebat, prosperabantur a Domino in manibus ejus* (*Genes.* XXXIX, 23). Unde et eunuchis somnia suggeruntur (*Ibid.*, 40), et Pharao videt somnium inextricabile (*Ibid.*, 41), ut per hanc occasionem liberaretur Joseph (*Genes.* XLII et seqq.), pater pasceretur **791** et fratres, Ægyptus tempore famis salvaretur. Sequitur : *Dixit autem Deus ad Israel in visione noctis : Ego sum Deus patrum tuorum, noli timere descendere in Ægyptum; in gentem enim magnam faciam te ibi, et ego descendam tecum in Ægyptum, et educam te inde : et ponet Joseph manus suas super oculos tuos* (*Genes.* XLVI, 3, 4). Ubi hic est liberi arbitrii potestas? An non totum ᵈ quod ire audeat [Al. audet] ad filium, et genti se committere Dominum nescienti, Dei patrum ejus auxilium est? Liberatur populus de Ægypto in manu forti et brachio excelso,

non Moysi et Aaron, sed ejus qui signorum miraculis populum liberavit, et ad extremum percussit primogenita Ægypti, ut qui prius retinebant pertinaciter, ardenter exire compellerent (*Exod.* XI et XII). Salomon loquitur : *Esto confidens in Dominum in toto corde tuo, in tua autem sapientia ne exalteris : in omnibus viis tuis cognosce eum, ut rectas faciat vias tuas* (*Prov.* III, 5, 6). Intellige quid loquitur : Nec in sapientia nostra, nec in ᵉ ullis virtutibus confidendum, sed in solo Domino, a quo gressus hominis diriguntur. Denique præcipitur, ut ostendamus ei vias nostras, et notas esse faciamus, quæ non labore proprio, sed illius adjutorio atque clementia rectæ fiunt. Unde scriptum est : *Rectam fac in conspectu meo viam tuam*, sive ut alia exemplaria habent : *Rectam fac in conspectu tuo viam meam* (*Ps.* V, 9) : ut quod tibi rectum est, etiam mihi rectum esse videatur, idem Salomon loquitur, *Devolve super Dominum opera tua, et firmabuntur cogitationes tuæ.* (*Prov.* XVI, 5). Tunc enim nostra cogitatio confirmatur, quando omne quod agimus, quasi super stabilem et solidissimam petram, Domini adjutorio devolvimus, eique cuncta reputamus.

9. *Ex novo Testamento.* — Apostolus Paulus cum Dei beneficia celeri sermone narrasset, ad extremum intulit : *Et ad hæc quis idoneus* (I *Cor.* II, 16)? Unde et in alio loco dicit : *Fiduciam autem talem habemus per Christum ad Deum, non quod sufficientes simus cogitare aliquid a nobis, quasi ex nobis, sed sufficientia nostra ex Deo est, qui et idoneos fecit nos novi Testamenti ministros, non littera, sed spiritu. Littera enim occidit,* **792** *spiritus autem vivificat* (I *Cor.* III, 4, 5). Adhuc audemus per liberum arbitrium superbire, et abuti beneficiis Dei in contumeliam largitoris? cum idem vas electionis apertissime scribat : *Habemus autem thesaurum istum in vasis fictilibus, ut abundantia fortitudinis* ᶠ *nostræ sit ex Deo, et non ex nobis* (I *Cor.* IV, 7). Unde et in alio loco, retundens hæreticorum impudentiam, loquitur : *Qui gloriatur, in Domino glorietur. Neque enim qui seipsum commendat, ipse probatus est, sed quem Deus commendat* (II *Cor.* X, 17). Et iterum : *Nihil enim mihi defuit ab his, qui supra modum sunt Apostoli, licet nihil sim.* (II *Cor.* XII, 11) Petrus loquitur ad Dominum, signorum magnitudine conturbatus : *Recede a me, quia homo peccator sum* (*Luc.* V, 8). Et Dominus ad discipulos : *Ego sum vitis et vos rami, qui manet in me, et ego in eo, iste* ᵍ *affert fructum multum : quia sine*

ᵃ Vatic. *aut facere noluit.* Infra interpunctionem, cujus vitio sensus laborabat, emendamus.

ᵇ *Jacob rectissimus Dei.* Ineptit hic Marianus in Notis, quasi sexcentis Hieronymi locis *Israel* non interpretatum nomen ponatur, *rectissimus Dei*. MARTIAN. — Nempe *Israel*. Sic enim in commentar. in Isai. XLIV. Proprie, inquit, *juxta Hebræos, et litterarum fidem Israel* εὐθύτατος Θεοῦ (rectus Dei יָשָׁר אֵל) dicitur. Vid. Librum Nominum. Victorius maluit *rectissime.*

ᶜ *Unde loquitur et Moyses.* Verba sunt Jacob, sed a Moyse scripta : ideoque Moysi tribuit Hieronymus eadem verba. MARTIAN. — Quæ a Jacob dicta sunt,

Moysi ut historico verba tribuit. Sic Christus, Matth. XIX, 4, Deum refert dixisse id, quod dixit Adam, Deo nimirum jubente.

ᵈ Regin. ms. cum veteri edit., *et non totum*, etc.

ᵉ Fortasse verius unus Vatic., *nec in ullius virtutibus*, etc.

ᶠ Abest a Reginæ ms. ut et a veteri edit. vox *nostra*, quæ nec in Græco habetur, neque in Vulgato interprete. Sunt autem in Græco qui legendum putent, καὶ ἐκ τοῦ Θεοῦ.

ᵍ Servatus Lupus, qui hunc ex Hieronymo locum recitat in *Collectaneo de tribus quæstionibus*, legit *afferet* in futuro: tum *folia vitium*, minus recte,

me *nihil potestis facere* (Joan. i, 55). Sicut rami et flagella vitium illico contabescunt, cum fuerint a matrice præcisa, ita omnis hominum fortitudo marcessit et deperit, si a Dei auxilio deseratur. *Nemo*, inquit, *potest venire ad me, nisi Pater, qui misit me, traxerit eum* (Joan. vi, 44). Quando dicit, nemo potest venire ad me, frangit superbientem arbitrii libertatem: [a] quod etiam si velit ad Christum pergere, nisi fiat illud quod sequitur: *nisi Pater meus cœlestis traxerit eum*, nequicquam cupiat, et frustra nitatur. Simul et hoc animadvertendum, quod qui trahitur, non sponte currit, sed aut retrectans et tardus, aut invitus adducitur.

10. *Ex adductis locis arguit.* — Qui non potest suis viribus et labore venire ad Jesum, quomodo potest omnia simul peccata vitare? Et vitare in perpetuum, et Dei sibi potentiæ nomen assumere? Si enim ille ἀναμάρτητος, et ego ἀναμάρτητος, quæ inter me et Deum erit distantia? Unum adhuc ponam testimonium, ne tibi et auditoribus fastidium faciam. Assuero quem Septuaginta interpretes Ἀρταξέρξην [Al. Artaxersen] vocant, somnus aufertur ab oculis, ut Commentarios in se fidelium replicans ministrorum, inveniat Mardochæum, cujus indicio de insidiis liberatus est; ut et Esther commendabilior fieret (*Esther* vi), et cunctus populus Judæorum **793** imminentem vitaret necem. Certe rex potentissimus, qui ab India usque ab Septentrionen et Æthiopiam, cunctum possidebat Orientem, post largissimas epulas et cibos toto orbe quæsitos dormire cupiebat, et somno requiescere, ac liberum arbitrium implere dormiendi, nisi Dominus provisor bonorum omnium impedisset naturæ ordinem, ut contra naturam, tyranni crudelitas vinceretur. Longum est si voluero cuncta sanctarum Scripturarum exempla proferre. Totus sermo Sanctorum ad Deum oratio est: tota oratio et deprecatio extorquet clementiam Creatoris, ut qui nostris viribus et studio salvari non possumus, illius misericordia conservemur. Ubi autem misericordia et gratia est, liberum ex parte cessat arbitrium, quod in eo [b] tantum est, ut velimus atque cupiamus, et placitis tribuamus assensum. Jam in Domini potestate est, ut id quod cupimus, quod laboramus, ac nitimur, illius ope et auxilio implere valeamus.

11. *Corporis sanitas animæ sanitati comparatur.* — C. Ego simpliciter dixeram, non in singulis operibus A nostris, sed in gratia conditionis et legis, sentiri auxilium Dei, ne liberum frangeretur arbitrium. Cæterum sunt plerique nostrorum, qui omnia quæ agimus, dicant fieri præsidio Dei. A. Qui hoc dicit, vester esse [c] cessabit. Aut ergo et tu ista dicito, ut noster esse incipias, aut si non dicis, alienus eris cum his qui nostra non dicunt. C. Tuus ero, si mea dixeris, immo tu meus, si adversa non dixeris. Sana corpora confiteris, et animæ, quæ fortior est, denegas sanitatem. Ut enim morbus et vulnus in corpore, ita peccatum in anima. Qui ergo sanum aliquando hominem confiteris ex ea parte qua caro est, quare non sanum dicas et ex ea qua spiritus est? A. Sequar propositionem tuam. *Numquam hodie effugies, veniam quocunque vocaris.* C. Paratus sum ad audiendum. A. Et ego ad loquendum surdis auribus. **794** Respondebo igitur ad propositum. Ex anima et corpore compacti, utriusque substantiæ naturam consequimur. Quomodo corpus sanum dicitur, si nullo languore vexetur, ita anima absque vitio, si nulla perturbatione quatiatur. Et tamen quamvis corpus sanum sit integrumque et vegetum, et cunctorum sensuum integritate robustum, aut crebris, aut raris infirmitatibus condolescit, et ut firmissimum sit, interdum pituitæ molestiæ patitur; ita anima cogitationum et perturbationum impetus sustinens, ut superet naufragia, non absque periculo navigat, considerans que fragilitatem suam semper de morte sollicita est, secundum illud quod scriptum est: *Quis est homo qui vivet, et non videbit mortem* (Psal. lxxxvii, 12)? Quæ cunctis intenta est mortalibus, non naturæ dissolutione, sed morte peccati, juxta illud Propheticum: *Anima quæ peccaverit, ipsa morietur* (Ezech. xviii, 4). Alioquin hanc communem mortem, qua et bruta solvuntur animalia, Enoch et Eliam nondum vidisse cognoscimus. Da mihi corpus quod numquam languerit, aut quod post languorem perpetua sanitate securum sit: et dabo tibi animam quæ numquam peccaverit, nec post virtutes deinceps peccatura sit, præsertim cum vicina sint vitia virtutibus; et si paululum declinaveris, aut errandum tibi sit, aut in præceps cadendum. Quantum enim inter se distant pertinacia et perseverantia, parcimonia et frugalitas, liberalitas et profusio, prudentia et calliditas, fortitudo et temeritas, cautela et timiditas? quorum alia ad bona, alia referuntur ad mala. Quod quidem et in corpori-

---

pro *flagella*; denique alterum *nisi* ante nomen *Pater* omittit.

[a] Mss., *Quod etiam qui velit*, etc.

[b] Initium quoddam bonæ voluntatis et fidei ex nobis esse, videtur prædicare Hieronymus tum hic, tum supra, num. 4, not. [b]. Cui sententiæ Arausicani secundi canones præcipue tertium et vigesimum quintum adversari, non est quod memorem. Excusatur tamen aliorum quorumdam Patrum exemplo, qui ante Pelagianam hæresim scripsere, quod nondum dolis omnibus, et Pelagianorum captiosis artibus detectis, verbo tenus humanæ voluntati plus justo videatur tribuere, ut fidem liberi arbitrii illæsam servet. Erat enim tunc temporis quoddam veluti proverbium, *Velle nostrum est*: unde et in anec- doto quodam sermone de Symbolo in Veronensibus membranis, *Etiamsi velle nostrum est, perficere tamen sine illo* (Deo) *non invenimus*. Hilarius in ps. cxviii: *Voluntas nostra proprium ex se habere debet, ut velit*: *Deus incipienti incrementum dabit*, etc. Optatus, lib. ii: *Nostrum est velle, nostrum est currere, Dei perficere*, etc. Denique ipse Augustin. in Enchirid. c. 32, qui hanc sententiam mirifice explicat. *Totum*, inquit, *Deo dandum est, qui hominis voluntatem bonam et præparat adjuvandam, et adjuvat præparatam. Præcedit enim bona voluntas hominis multa Dei dona, sed non omnia; quæ autem non præcedit ipsa, in eis est et ipsa*.

[c] Unus Vatic., *cessavit*. Vitiose autem penes Martian. erat cum interrogandi nota.

bus invenitur. Si felli provideris temperando, pituita succrescit. Si humores siccare festines, inardescit sanguis, bile [*Al.* bili] vitiatur, et luteus color ora perfundit. Certe ut cunctam medicorum adhibeamus diligentiam, et castigatis vivamus cibis, et morborum fomitibus careamus et cruditate, occultis quibusdam et soli Deo cognitis **795** causis, vel frigore inhorrescimus, vel febre exardescimus, vel torminibus ejulamus et veri medici Salvatoris imploramus auxilium, dicimusque cum Apostolis: *Magister, salvos nos fac, perimus* (*Matth.* viii, 25).

12. *Respondet aliquot e Scriptura objectionibus.* — C. Esto, ut nullus potuerit omne vitare peccatum in pueritia, adolescentia, et juventute: numquid negare potes plurimos [a] justos et sanctos viros post vitia, omni se ad virtutes animo contulisse, et per hoc caruisse peccato? A. Hoc est quod tibi in principio dixeram, in nostra esse positum potestate, vel peccare, vel non peccare, et vel ad bonum, vel ad malum extendere manum, ut liberum servetur arbitrium: sed hoc pro modo et tempore et conditione fragilitatis humanæ; perpetuitatem autem impeccantiæ soli reservari Deo, et ei qui Verbum caro factus, carnis detrimenta et peccata non pertulit. Nec quia ad breve possum, coges me ut possim jugiter. Possum jejunare, vigilare, ambulare, legere, psallere, sedere, dormire, numquid in perpetuum? C. Et quare in Scripturis sanctis ad perfectam justitiam provocamur, ut est illud : *Beati mundo corde, quoniam ipsi Deum videbunt* (*Matth.* v, 8); et : *Beati immaculati in via, qui ambulant in lege Domini* (*Psal.* cxviii, 1); et Dei loquentis ad Abraham: *Ego sum Deus tuus, placeto in conspectu meo, et esto sine macula, vel querela, et ponam testamentum meum inter me et te, et multiplicabo te nimis* (*Genes.* xvii, 1)? Si enim non potest fieri quod Scriptura testatur, frustra præcepit ut fieret. A. Diversis testimoniis Scripturarum eamdem quæstionem teris in theatrales præstigias, quæ unum eumdemque hominem personarum varietate mutata, in Martem Veneremque producunt : ut qui prius rigidus et truculentus incesserat, postea solvatur in mollitiem feminarum. Hoc enim quod nunc quasi novum objicis: *Beati mundo corde*, et, *beati immaculati in via*, et, *Esto sine macula*, et cætera hujuscemodi, Apostolo respondente convictum est, *Et ex parte cognoscimus, et ex parte prophetamus;* **796** et, *Nunc per speculum videmus in ænigmate : cum autem venerit quod perfectum est, id quod ex parte fuerat destruetur* (I *Cor.* xiii, 9, 10). Et mundum igitur cor, quod postea sit visurum Deum, et beatitudinem vitæ immaculatæ, et immaculatum cum Abraham vivere, in umbra possidemus et imagine.

A Quamvis aliquis Patriarcha sit, quamvis Propheta, quamvis Apostolus, dicitur eis in Domino Salvatore : *Si vos cum sitis mali, scitis bona dare filiis vestris, quanto magis Pater vester qui in cœlis est, dabit bona petentibus se* (*Matth.* vii, 11)? Denique et Abraham, cui dictum est : *Esto sine querela, et sine macula*, conscientia fragilitatis suæ cecidit pronus in terram. Cumque locutus esset ei Deus : *Sarai uxor tua non vocabitur ultra Sarai, sed Sara erit nomen ejus*, [b] *et dabo tibi ex ea filium, et benedicam ei, et erit in gentes, et reges gentium ex ipso erunt*, statim infertur : *Cecidit Abraham in faciem suam, risitque, et dixit in mente sua : Si centenario nascetur filius, et si Sara nonaginta annorum pariet? Dixitque Abraham ad Deum : Ismael vivat in conspectu tuo. Cui respondit*
B *Deus : Etiam. Ecce Sara uxor tua pariet tibi filium, et vocabis nomen ejus Isaac, et reliqua* (*Genes.* xvii, 15 seqq.). Certe audierat a Deo : *Ego sum Deus tuus, placeto in conspectu meo, et esto sine macula* (*Ibid.*, 1), quare non credidit quod Deus repromisit, sed risit in corde, putans se celare Deum, et aperte ridere non audens? Denique causas incredulitatis exponens dicit in corde suo : Quomodo potest fieri, ut centenarius de nonagenaria uxore [c] generet filium ? *Vivat*, inquit, *Ismael in conspectu tuo*, quem semel dedisti. Difficilia non quæro, contentus sum beneficio quod accepi. Quem occulta responsione arguens Deus, ait : *Etiam*. Et est sensus : Fiet quod existimas non futurum. Sara uxor tua pariet tibi filium, et antequam ista concipiat, prius quam ille nascatur, puero nomen imponam. Ex errore enim tuo, quo risisti tacitus, [d] *filius tuus Isaac*, risus nomen accipiet. Sin autem ab his qui sunt mundo corde in hoc sæculo, putas videri Deum, quare **797** Moyses qui prius dixerat : *Vidi Dominum facie ad faciem, et salva facta est anima mea* (*Genes.* xxxii, 30) : postea deprecatur, ut eum videat cognoscenter? quem quia dixerat se vidisse, audit a Domino : *Non potes videre faciem meam. Non enim videbit homo faciem meam, et vivet* (*Exod.* xxxiii, 20). Unde et Apostolus (I *Tim.* i), invisibilem solum Deum, qui et lucem habitat inaccessibilem, et quem nullus hominum viderit, neque possit videre, appellat. Et Joannes evangelista sacra voce testatur, dicens : *Deum nemo vidit umquam. Unigenitus Filius, qui est in sinu Patris, ipse narravit*
D (I *Joan.* iv, 12). Qui videt, et narrat, non quantus est ille qui visus est, nec quantum novit ille qui narrat : sed quantum potest mortalium sensus accipere.

13. *Vera perfectio in cœlestibus reservatur.* — Quod autem putas beatum esse, qui sit immaculatus in via, et ambulet in lege ejus, ex sequenti sensu priorem

---

[a] Justos et sanctos viros, post vitia virtutibus deditos, caruisse peccato, proprium erat Origenis dogma, in quod Pelagius quoque delapsus est in synodo Diospolitana. Vide S. Augustinum de Gestis. Interim Vatic., *Numquid negari potest plurimos justos*, etc.

[b] Victorius, *et benedicam ei*, *et dabo tibi ex ea filium, et benedicam ei*, quæ priora tria verba e Brixianis mss. reposuit, iisque repeti benedictiones in Hebræis quoque codicibus constat, quarum prima Saræ ipsi, altera filio ejus promittitur.

[c] In hucusque editis *pariat filium*, renuentibus plerisque mss. Mox Vatic., *Difficilia et magna non quæro*.

[d] Voculam et mss. addunt, e quibus unus Reginæ nomen *Isaac* non agnoscit. Adito, si libet, interpretes hujus loci.

intellige. Multis testimoniis supra didicisti, legem nullum potuisse complere. Si autem Apostolus ad comparationem gratiæ Christi, quæ prius lucra arbitrabatur in lege, reputavit quasi stercora, ut Christum lucrifaceret, quanto magis nos scire debemus, ideo Christi et Evangelii gratiam successisse, quia in lege nemo justificari potuit? Si autem [*Al.* ergo] in lege nullus justificatur, quomodo ad perfectum [*Al.* perfectionem] immaculatus est in via, qui adhuc ambulat, et ad calcem venire festinat? Certe qui in cursu est, et in via graditur, minor est eo qui pervenit ad finem. Si ergo immaculatus est ille atque perfectus, qui adhuc ambulat in via, et graditur in lege, quid plus habebit ille, qui ad terminum viæ legisque pervenit? Unde et Apostolus de Domino loquitur (*Ephes.* v), quod in fine mundi, et in consummatione virtutum exhibeat sibi sanctam Ecclesiam, [a] non habentem maculam, neque rugam, quam vos putatis jam in ista carne mortali et corruptibili esse perfectam, et audire meremini cum Corinthiis : *Jam perfecti estis, jam divites facti estis, sine nobis regnatis* [*Al.* regnastis], *atque utinam regnaretis, ut et nos regnaremus vobiscum* (I *Cor.* iv, 8) : **798** cum vera et absque omni sorde perfectio in coelestibus reservetur, quando sponsus loquetur ad sponsam : *Tota pulchra es, amica mea, et macula non est in te* (*Cant.* iv, 7). Juxta quod et illud intelligitur : *Ut sitis irreprehensibiles et simplices sicut filii Dei immaculati* (*Philipp.* ii, 15) : quod non dixerit [*Al.* dixit] *estis*, sed *sitis*, in futurum differens, non in præsenti esse contestans, ut hic labor sit atque contentio, ibi laboris virtutisque præmia. Denique Joannes scribit : *Dilectissimi, filii Dei sumus, et nondum apparuit quid erimus. Scimus, quia cum apparuerit, similes ei erimus, quoniam eum videbimus sicuti est.* (I *Joan.* iii, 2) Quamquam ergo filii Dei simus, tamen similitudo Dei, et vera contemplatio, tunc nobis repromittitur, quando apparuerit in claritate sua.

14. *Pelagii superbia in epist. ad Julianam.* — De hoc superbiæ tumore, et illa orandi prorumpit audacia, qua scribens ad [b] viduam, quomodo sancti debeant orare, pronuntias. « Ille enim, inquis, merito ad Deum extollit manus, ille preces bona conscientia fundit, qui potest dicere : Tu enim nosti, Domine, quam sanctæ, quam innocentes, quam puræ sint ab omni fraude, et injuria, et rapina, quas ad te expando manus : quam justa, quam immaculata labia, et ab omni mendacio libera, quibus tibi, ut mihi miserearis, preces fundo. » Christiani est hæc, an Pharisæi superbientis oratio? qui etiam in Evangelio loquebatur : *Deus, gratias ago tibi, quia non sum sicut cæteri homines, raptores, injusti, adulteri, et sicut hic publicanus : jejuno bis in sabbatho, decimas do omnium quæ possideo* (*Luc.* xviii, 11). Ille agit gratias Deo, quia ipsius misericordia non sit sicut cæteri homines, peccata detestans, non assumens justitiam. Tu dicis : « Domine, tu nosti quam sanctæ, quam innocentes, quam puræ sint ab omni fraude, injuria et rapina, quas ad te expando manus. » Ille bis in sabbatho se jejunare dicit, ut affligat carnem vitiis lascivientem, et omnis substantiæ suæ dat decimas. *Redemptio enim animæ viri, propriæ divitiæ* (*Prov.* xiii, 8). Tu cum diabolo gloriaris, dicente : *Super sidera ascendam, ponam in* **799** *coelo thronum meum, et ero similis Altissimo* (*Isai.* xiv, 13, 14). David loquitur : *Lumbi mei impleti sunt illusionibus* (*Psal.* xxxvii, 8); et, *Computruerunt cicatrices meæ a facie insipientiæ meæ* (*Ibid.*, 6); et, *Ne intres in judicium cum servo tuo*; et, *Non justificabitur in conspectu tuo omnis vivens* (*Ps.* cxlii, 2). Tu sanctum et innocentem et purum te esse jactas, et mundas ad Deum expandis manus. Nec sufficit tibi in cunctis operibus gloriari, nisi ab omni sermonis orisque peccato mundum esse te dicas, inferens quam justa, quam immaculata labia, et ab omni mendacio libera. Ille canit : *Omnis autem homo mendax* (*Ps.* cxv, 2), et hoc ipsum confirmat apostolica auctoritas, ut sit Deus verax (*Rom.* iii), omnis autem homo mendax : et tu ab omni mendacio immaculata et justa et libera possides labia. Isaias plangit : *Heu mihi misero, quoniam compunctus sum, quia cum sim homo, et immunda labia habeam, in medio quoque populi immunda labia habentis ego habito* (*Isai.* vi, 5) : et postea [c] Seraphim ignitum carbonem forcipe comprehensum defert ad prophetæ labia purganda, non ut loqueris, arrogantis, sed sua vitia confitentis. Juxta illud quod in psalmo dicitur : *Quid detur tibi, aut quid apponatur tibi ad linguam dolosam? Sagittæ potentis acutæ cum carbonibus desolatoriis* (*Ps.* cxix, 34). Et post tantum tumorem, orantisque jactantiam et confidentiam sanctitatis, quasi stultus stultis persuadere conaris, ut in extremo dicas : Quibus tibi ut mihi miserearis preces fundo. Si sanctus es, si innocens, si ab omni sorde purgatus, si nec sermone, nec opere peccasti, dicente Jacobo, *Qui in verbo non peccat, iste perfectus* [*Al.* justus] *est vir*; et, *Nemo potest* [*Al.* potens] *refrenare linguam suam* (*Jacob.* iii, 2, 8), quomodo misericordiam deprecaris, ut videlicet plangas te, et fundas preces, quia sanctus et purus es et innocens immaculatisque labiis, et ab omni liber mendacio, Dei similis potestas? Sic Christus oravit in cruce : *Deus Deus meus, ut quid dereliquisti me? longe a sa-*

---

[a] Iisdem pene verbis hanc refellit Pelagianorum calumniam S. Augustinus.

[b] Hæc vidua Juliana est, Demetriadis mater, de qua infra latius. Interim hæc, quæ a Hieronymo recitantur, ipsa Pelagii verba videntur esse : nam tradit Augustinus, lib. de Gestis Pelagii, quod illi objectum fuerit a Diospolitanis Patribus, quod docens quemadmodum debeant Sancti orare, ait : *Ille ad Deum digne elevat manus, orationem bona conscientia effundit, qui potest dicere : Tu nosti, Domine, quam sanctæ, et innocentes, et mundæ sint ab omni malitia, et iniquitate, et rapina, quas ad te extendo manus, quemadmodum justa, et munda labia, et ab omni mendacio libera, quibus offero tibi deprecationem, ut mihi miserearis :* quæ ex Græcis Diospolitani concilii Latine videntur conversa.

[c] Victorius *Seraphin* legi vult minori numero, quod unus indicetur, non plures.

lute mea, verba delictorum meorum (Ps. xxi, 1); et rursum, *Pater, in manus tuas commendo spiritum meum* (Ps. xxx, 6), et, *Pater, ignosce eis, quod enim faciunt, nesciunt* (Luc. xxiii, 34); **800** qui pro nobis agens gratias dixerat : *Confiteor tibi, Domine Pater cœli et terræ* (Mar. xi, 25).

15. *Ex Oratione Dominica.* — Sic docuit Apostolos suos, ut quotidie in corporis illius [a] sacrificio credentes audeant loqui : *Pater noster, qui es in cœlis, sanctificetur nomen tuum* (Matth. vi, 9). Illi nomen Dei, quod per se sanctum est, in se sanctificari cupiunt; tu dicis : « Nosti, Domine, quam sanctæ, et quam innocentes, et quam puræ manus meæ sint. » Illi inferunt : *Adveniat regnum tuum* : spem regni futuro tempore præstolantes, ut regnante Christo, nequaquam regnet peccatum in mortali eorum corpore, junguntque : *Fiat voluntas tua, sicut in cœlo et in terra*, ut imitetur Angelos humana fragilitas, et voluntas Domini compleatur in terra. Tu dicis : « Potest homo si voluerit omni carere peccato. » *Panem quotidianum*, sive, *super omnes substantias*, venturum Apostoli deprecantur, ut digni sint assumptione corporis Christi. Et vos per nimiam sanctitatem, securamque justitiam audacter vobis cœlestia dona vendicatis. Sequitur : *Dimitte nobis debita nostra, sicut et nos dimittimus debitoribus nostris*. De baptismatis fonte surgentes, et regenerati in Dominum Salvatorem, impleto illo, quod de se scriptum est : *Beati quorum remissæ sunt iniquitates, et quorum tecta sunt peccata* (Ps. xxxi, 1), statim in prima communione corporis Christi dicunt : *Et dimitte nobis debita nostra*, quæ illis fuerant in Christi confessione dimissa; et tu arrogans et superbus de sanctarum puritate manuum, et munditia eloquii gloriaris. Quamvis sit hominis perfecta conversio, et post vitia atque peccata virtutum plena possessio, numquid possunt sic esse sine vitio, quomodo illi, qui statim de Christi fonte procedunt? Et tamen jubentur dicere: *Dimitte nobis debita nostra, sicut et nos dimittimus debitoribus nostris* (Matth. vi, 13) : non humilitatis mendacio, ut tu interpretaris, sed pavore fragilitatis humanæ suam conscientiam formidantis. Illi dicunt : *Ne nos inducas in tentationem*, tu cum Joviniano loqueris, eos qui plena **801** fide baptisma consecuti sunt, tentari ultra, et peccare non posse. Ad extremum inferunt : *Sed libera nos a malo*. Quid precantur a Domino, quod habent in liberi arbitrii potestate? O homo, nunc mundus factus es in lavacro, et de te dicitur : *Quæ est ista, quæ ascendit dealbata, innitens super fratruelem suum?* ut lota quidem sit, sed custodire non valeat puritatem, nisi a Domino Deo sustenetur. Quomodo cupis Dei misericordia liberari, qui paulo ante liberatus es a peccatis? nisi hac ratione qua diximus, ut cum omnia fecerimus, nos inutiles esse fateamur.

16. *Pelagiana superbia.* Oratio ergo tua Pharisæi vincit superbiam, et publicani comparatione damnatur; qui de longe stans, oculos ad Deum non audebat attollere, sed percutiebat pectus suum, dicens : *Deus propitius esto mihi peccatori*. Unde profertur Domini sententia : *Dico vobis, descendit hic justificatus in domum suam plus quam ille. Omnis enim qui se exaltat, humiliabitur, et qui se humiliat, exaltabitur.* Apostoli humiliantur, ut exaltentur. Discipuli tui elevantur, ut corruant. Eidem adulans [b] viduæ non erubescis dicere pietatem, quæ nusquam reperiatur in terra, et veritatem, quæ ubique peregrina sit, in illa potissimum commorari, nec recordaris illius sententiæ : *Populus meus, qui beatum te dicunt, seducunt te, et semitas pedum tuorum supplantant*, [c] laudasque eam vocibus, et dicis, « O te felicem nimium, o beatam, si justitia quæ esse jam non nisi in cœlo creditur, apud te solam inveniatur in terris! » Docere est hoc, an occidere? Levare de terra, an præcipitare de cœlo, id muliercula tribuere, quod Angeli non audeant usurpare? Si autem pietas, veritas, atque justitia non inveniuntur in terris, nisi in una muliere, ubi erunt justi tui, quos absque peccato in terris esse jactabas? Quæ duo capitula orationis et laudis, soles cum tuis jurare discipulis non esse tua, cum perspicue in eis styli tui splendor eluceat, **802** et tanta sit venustas eloquii Tulliani, ut testudineo incedens gradu, quæ secreto doces, mittisque venalia, publice non audeas profiteri [al. proferri]. O te felicem, cujus præter discipulos nemo conscripsit libros, ut quidquid videris displicere, non tuum, sed alienum esse contendas. Et quis ille tanti erit ingenii, ut leporem tui sermonis possit imitari?

17. *Quomodo infantes sine peccato sint.* — C. Non possum ultra differre : omnis vincitur patientia vestrorum iniquitate verborum. Oro te, quid infantuli

---

[a] Mss., *sacramento*. Apostolicam consuetudinem Dominicæ orationis in Missa recitandæ laudat S. quoque Gregorius lib. vii, epist. 64 : *Orationem Dominicam idcirco mox post precem dicimus, quia mos Apostolorum fuit, ut ad ipsam orationis oblationis hostiam consecrarent*. Et illo antiquior Optatus Milevit. lib. ii : *Ad altare conversi Dominicam orationem præmittere non potestis*, quibus alti passim consonant Patres. Hieronymus ipsam ejus orationis Præfationem hic indicat, qua in plerisque omnibus liturgiis sacerdos se indignum confitetur, quod audeat Deum Patrem compellare. Vid. card. Bona Rerum Liturgicar. lib. ii, cap. 15. Cæterum solemne est Patribus, et præcipue Augustino contra Pelagianos ex oratione Dominica argumentari.

[b] Julianæ scilicet, ut supra annotavimus, Demetriadis matri, ad quam scripserat Pelagius, ut docet Marius Mercator in Commonitorio super nomine Cœlesti ; *Denique libellus est ejus (Pelagii) quem habemus in manibus, ad quamdam Livan'am.* Ita vocavit pro *Juliana*, vel ut consilium suum occultaret, vel quod sicut *Juliam* ac *Liviam* promiscue fere dicebant veteres, ita *Livaniam* pro *Juliana* solebat dici. Cæterum Augustinus de Gestis Pelagii, id illi in Diospolitana Synodo objectum refert, quod scribens ad viduam, adulatorie dixerit. *Inveniat apud te pietas, quæ nusquam invenit locum. Inveniat ubique in peregrinatione, sedem justitia : veritas, quam jam nemo cognoscit, domestica tibi, et amica fiat; et lex Dei, quæ ab omnibus prope hominibus contemnitur, a te sola honoretur.*

[c] Unus Vat. *Eam Dei vocibus laudas, et dicis*, etc.

peccavere? nec conscientia eis delicti imputari potest, nec ignorantia, qui juxta Jonam prophetam manum dexteram nesciunt et sinistram (*Jon. ult.*). Peccare non possunt, et possunt perire : genua labant, vagitus verba non explicant, balbutiens lingua [a] ridetur, et æternæ miseriæ cruciatus miseris præparantur. *A.* Ah! nimium disertus esse cœpisti, ut non dicam eloquens, postquam discipuli tui versi sunt in magistros. Antonius orator egregius, in cujus laudibus Tullius pertonat, disertos se ait vidisse multos, eloquentem adhuc neminem. Noli ergo mihi oratorum et non tuis floribus ludere, per quos solent imperitorum atque puerorum aures decipi, sed simpliciter dic mihi quid sentias. *C.* Hoc dico, concedas mihi saltem eos esse sine peccato, qui peccare non possunt. *A.* Concedam si in Christo fuerint baptizati, nec [b] illico me tenebis in assensum sententiæ tuæ, qua dixisti posse hominem sine peccato esse si velit : isti enim nec possunt, nec volunt : sed sine ullo peccato per Dei gratiam sunt, quam in baptismo susceperunt. *C.* Cogis me, ut ad invidiosum illud veniam, et dicam tibi : Quid enim peccaverunt? ut statim in me populorum lapides conjicias, et quem viribus non potes, voluntate interficias. *A.* Ille hæreticum interficit, qui esse hæreticum patitur. Cæterum nostra correptio, vivificatio est : ut hæresi moriens, vivas catholicæ fidei. *C.* Si nos scitis hæreticos, cur non accusatis? *A.* Quia Apostolus (*Tit.* III) me docet **803** hæreticum post unam et secundam correptionem vitare, non accusare, sciens quia perversus sit, et suo judicio damnatus. Alioqui stultissimum est, [c] super fide mea, me ex alterius pendere judicio. Quid enim si te alius catholicum dixerit, statimne assensum tribuam? Quicumque te defenderit, et perversa credentem bene sentire dixerit, non hoc agit, ut te infamia liberet, sed ut se infamet perfidiæ. Multitudo sociorum nequaquam te catholicum, sed hæreticum esse demonstrabit. Verum hæc Ecclesiastico calcentur pede, ne quasi parvulis flentibus tristior quædam imago monstretur. Hoc nobis præstet Dei timor, ut omnes alios contemnamus timores. Proinde aut defende quod credis, aut relinque quod defendere non potes. Quemcumque in defensionem tui adduxeris, non patronum, sed socium nominabis.

18. *Quare infantes baptizentur : et Cypriani testimonium.* *C.* Dic, quæso, et me omni libera quæstione, quare infantuli baptizentur? *A.* Ut eis peccata in baptismate dimittantur. *C.* Quid enim commeruere peccati? Quisquamne solvitur non ligatus? *A.* Me interrogas? Respondebit tibi Evangelica tuba, Doctor Gentium, vas aureum in toto orbe resplendens : *Regnavit mors ab Adam usque ad Moysen ; etiam in eos, qui non peccaverunt, in similitudinem prævaricationis Adam, qui est forma futuri* (Rom. v, 14). Quod si objeceris dici [d] esse aliquos, qui non peccaverunt, intellige eos illud non peccasse peccatum, quod peccavit Adam prævaricando in paradiso præceptum Dei. Cæterum omnes homines, aut antiqui propagatoris Adam, aut suo nomine tenentur obnoxii. Qui parvulus est, [e] parentis in baptismo vinculo solvitur. Qui ejus ætatis est, quæ potest sapere, et alieno et suo, Christi sanguine liberatur. **804** Ac ne me putes hæretico sensu hoc intelligere, beatus martyr Cyprianus, cujus te in Scripturarum testimoniis digerendis æmulum gloriaris, in epistola quam scribit ad episcopum Fidum de infantibus baptizandis hæc memorat : « Porro autem si etiam gravissimis delictoribus, et in Deum [f] multo ante peccantibus, cum postea crediderint, remissio peccatorum datur, et a baptismo atque gratia nemo prohibetur, quanto magis prohiberi non debet infans, qui recens natus nihil peccavit, nisi quod secundum Adam carnaliter natus, contagium mortis antiquæ, prima nativitate contraxit? Qui ad remissionem peccatorum accipiendam, hoc ipso facilius accedit, quod illi remittuntur non propria, sed aliena peccata. Et idcirco, frater charissime, hæc fuit in concilio nostra sententia, a baptismo atque gratia Dei, qui omnibus misericors et benignus est et pius est, neminem per nos debere prohiberi. Quod circa universos observandum sit atque retinendum, tum magis circa infantes ipsos et recens natos observandum puta, qui hoc ipso de ope nostra ad divinam misericordiam plus merentur, quod in primo statim nativitatis suæ ortu plorantes ac flentes, nihil aliud faciunt, quam deprecantur. »

19. *Laudat S. Augustinum.* Scripsit dudum vir [g] sanctus et eloquens episcopus Augustinus ad Marcellinum, qui postea sub invidia tyrannidis [h] Hera-

---

[a] *Vetus edit. ridet*, tum Vat. et *æterni cruciatus miseris*, etc.
[b] Vocem *illico* ex fide mss. suffecimus.
[c] In Vatic. et veter. edit., *stultum est fidem meam ex alterius pendere judicio*.
[d] Idem Vat. *dici hic esse aliquos*. Vetus edit. cum Reginæ ms. *dici hoc esse*, etc.
[e] Vocem *parentis* Vatic. non agnoscit, et legit paulo post *alieno et suo peccato Christi sanguine liberatur*. Reginæ lib. *alieno aut suo peccato tenetur*, *Christi sanguine*, etc.
[f] Apud ipsum Cyprianum *multum, et remissa* cum Vatic. et veteri edit., tum *atque a gratia* etiam infra deinde *de ope nostra, ac de divina misericordia*, quemadmodum etiam apud Hier. emendandum videtur. Martianæus posteriorem hujus loci partem Cypriani esse non intellexit.

[g] Hunc locum respicit S. Doctor. epist. 134, ad August., n. 1 : *Certe et in Dialogo, quem nuper edidi, tuæ Beatitudinis, ut dignum fuerat, recordatus sum*, etc.
[h] Vitiose Martianæus *Heraclini*. Vatic. *Heracleani* : vetus edit. satis bene, *Heracleanæ*. In aliis libris scribitur *Heradiani*, et *Heradii* vel *Eradii* pro *Heracliano*, aut *Eraclio*. Porro ne facti historiam omnino prætereum, Heraclianus iste Africæ comes, cum ab Honorio deficiens cum ingenti classe in Italiam, atque ad Urbem contenderet, Marini comitis occursu ad Utriculum superatus, fuga arrepta, Carthaginem rediit, ubi demum captus, et capite minutus est. Tum vero Marcellinus, quem tribunum et notarium miserat Honorius in Africam, ut sequester esset Collationis inter Catholicos et Donatistas, falso delatus *ab hæreticis*, ut Hieronymus vocat, proprie

cliani ab hæreticis innocens cæsus est, duos libros de Infantibus baptizandis contra hæresim vestram, per quam vultis asserere, baptizari infantes non in remissionem peccatorum, sed in regnum cœlorum, juxta illud quod scriptum est in Evangelio : *Nisi quis renatus fuerit ex aqua et Spiritu sancto, non potest intrare in regnum cœlorum.* Tertium quoque ad eumdem Marcellinum contra eos, **805** qui dicunt [a] idem quod vos, posse hominem sine peccato esse, si velit, absque Dei gratia. Et quartum nuper ad [b] Hilarium contra doctrinam tuam, multa perversa fingentem. Alios quoque specialiter tuo nomini cudere dicitur, qui necdum in nostras venere manus. Unde supersedendum huic labori censeo, ne dicatur mihi illud Horatii : *In silvam ne ligna* (Lib. 1,

autem a Donatistis, quorum odium subierat, quod se in Catholicorum causa perquam strenue gessisset, tamquam Heraclianæ perduellionis socius, ejusdem Marini jussu secuti percutitur cum Aptingio fratre, Septembri mense, an. 413. Confer, si lubet, August. epist. 151, et Norisium nostrum, Histor. Pelag. lib. I, c. 5. Orosius, lib. VII, cap. 42 : *Marinus*, inquit, *Comes apud Carthaginem* (incertum est, zelo stimulatus, an auro corruptus) S. *Marcellinum occidit.*

[a] Servatus Lupus in *Collectaneo de tribus Quæstionibus* hanc ex Hieronymo pericopem fuse recitat, legitque cum impressis. Mss. autem duo, quorum alter Reginæ est, alter Corbeiensis, penes Benedictinos S. Augustini editores, *qui dicunt, id est vos,* pos-

sat. 10). Aut enim eadem diceremus ex superfluo : aut si nova voluerimus dicere, a clarissimo ingenio occupata sunt meliora. Hoc unum dicam, ut tandem finiatur oratio, aut novum vos debere symbolum tradere, **806** ut post Patrem et Filium et Spiritum sanctum baptizetis infantes in regnum cœlorum, aut si unum et in parvulis et in magnis habetis baptisma, etiam infantes [c] in remissionem peccatorum baptizandos in similitudinem prævaricationis Adam. Quod si injusta vobis videtur alienorum remissio peccatorum, qua non indiget qui peccare non potuit, transite ad amasium vestrum (*Origenem*), qui præterita in cœlis et antiqua delicta solvi dicit in baptismo, ut cujus in cæteris auctoritate ducimini, etiam in hac parte errorem sequamini [d].

se, etc. Unus Vatic. *idem vos. Cæterum) non absque Dei gratia* Pelagius dixit.

[b] Hilarius iste Syracusanus ille antistes est, cujus exstat epistola 156, inter Augustinianas, quam sæpius laudavimus, et ad quem Augustini responsio scribitur, epist. 157, quam hic innuit Hieronymus.

[c] Victorius addit *credatis*, qua sine voce nullum esse orationis sensum contendit. Mss. autem nostri, aut quos alii consuluere, non agnoscunt.

[d] Hic addens : *Explicit Dialogus Hieronymi presbyteri,* Vallars. subdit notulam : In multis mss. subditur Hieronymiano huic Dialogo *Orosii presbyteri liber Apologeticus*, de quo diximus in præfixa Admonitione.

THEODORI MOPSUESTENI EPISCOPI
FRAGMENTA.

I.

[a] De secundo codice libri quarti, folio decimo, contra sanctum [b] Augustinum defendentem originale peccatum, et Adam per transgressionem mortalem factum catholice disserentem.

807 « Tantis exstantibus quæ demonstrent Adam sic ex terra formatum, ut mortalis prorsus existeret, erga cibum proprium voluit occupare sermonem, nec exinde [c] valens advertere veritatem, pro dogmate vero, seductorio ex mendacio, [d] advocationem jungens : *non ait* (Genes. II), Mortales eritis, sed Morte moriemini, prorsus existentium natura mortalibus inferre mortis experientiam comminatus, quam etiam juxta morem propriæ benignitatis ad effectum perducere distulit. Sic-

ut enim cum dicit : Qui effuderit hominis sanguinem, sanguis ejus pro eo fundetur (Genes. IX, 6), non hoc dicit quia qui occiderit hominem, erit mortalis, sed quia dignus est hujusmodi morte damnari; sic et in præsentiarum dixit : Morte moriemini; non quod tunc mortales fierent, sed quod digni essent qui mortis sententiam [e] pro transgressione referrent. Sed et divinam sententiam, quam post peccatum Deus Adæ inferre videtur, adverte. Sic enim dicit : Quia audisti vocem uxoris tuæ, et comedisti de ligno de quo præceperam tibi de hoc solo non comedere, ex eo comedisti, maledicta terra in operibus tuis, in tristitia comedes eam omnibus diebus vitæ tuæ, spinas et tribulos proferet tibi, et comedes fenum agri, et in sudore

[a] Excerpta ex libris Theodori Mopsuesteni contra *Hiramum*, sive Hieronymum, huc adscita ex Mario Mercatore, a quo Latine reddita sunt, suoque operi inserta in Balusiana edit., pag. 339. Et primum quidem edita sunt ab eminentiss. concive nostro Henrico Norisio in Hist. Pelagiana, libro I, cap. 9; sed eadem bis edidit Garnerius quoque, quia pertinet partim ad negotium Pelagii, partim ad causam Nestorii.

[b] Rescribe *Hieronymum*, e recole quæ in præfixa

Hieronymiano Dialogo Admonitione diximus, num. 3. Quæ subsequuntur Annotationes, ex Balusio describimus.

[c] Henricus de Noris edidit *volens*, ut est in codice Vaticano, quo is usus est.

[d] Idem habet *adminationem*, nimirum, opinor, propter illa quæ sequuntur, *inferre mortis experientiam comminatus.*

[e] Noris, *per transgressionem*, ut in codice Vaticano.

vultus tui comedes panem tuum, donec revertaris in terram (*Gen.* III, 14 seqq.). [a] *Hoc autem per hæc omnia comminatus est, quod ærumnosam vitam habiturus esset, cum labore deinceps fructus de terra sumpturus, quibus aleretur atque subsisteret, nequaquam habens, ut pridem, tantam propositam largitatem, quanta ex paridisi copia fruebatur. Non enim operari terram pro supplicio dedit Deus, quasi ex immortali natura in mortalitatem homines transferens, quandoquidem et paradisum ei, ut operaretur et custodiret, indixit. Pro tanta vero pristina largitate et voluptate paradisi, ærumnosam ejus fore sustentationem de terræ fructibus comminatur. Nam prorsus* [b] *ut mortalis factus, et tunc paradisi fructibus indigebat, sicut tunc terræ fructus inquirit, et pro supplicio pristinis fraudatus deliciis, hac ærumnosissima laboriosissimaque conversatione mulctatur. Unde ad postremum consequenter adjecit:* Quia terra es, et reverteris in terram (*Genes.* III), [c] *hinc etiam mortalitatem naturæ significans. Non enim immortali et nunc primum incipienti sententiam mortis excipere, sicut sapientissimi defensores peccati originalis, immo potius patres peccati mirabiles, asseverant, vocabulum huic terræ* [d] *composuit; sed ut ab exordio naturaliter effecto mortali appellationem hanc congruere judicavit divina Scriptura, hoc de hominibus vocabulum ad ostensionem corruptibilis* [e] *et resolubilis eorum naturæ sæpius assumens. Nam,* Recordatus est, inquit, quia pulvis sumus : homo, sicut fenum dies ejus, et sicut flos agri, ita florebit, quia spiritus pertransivit in eo, et non erit amplius locus ejus (*Psal.* CII, 14). *Vult autem dicere quod corruptibiles et resolubiles omnes sumus in modum feni parumper florentis pereuntisque post paululum. Nam ad breve quidem tempus* [f] *vitam ducimus; ad non existendum vero deinceps omnimodo pervenimus. Sic et Abraham,* Ego sum, inquit, terra et cinis, *pro eo ac si diceret : Non sum dignus cum* [g] *tanto Deo colloqui, homo factus e terra, et omnimodis hoc futurus. Magis ergo dicere debuit :* Quia terra eris, et in terram reverteris : *siquidem nunc primum fieret natura mortalis.* »

III.
Ex secundo codice, libro tertio, ante quatuor folia finis libri.

« **809** *Sed nihil horum prospicere potuit mirabilis*

[a] In codice Vaticano legitur : *Hoc autem per hæc omnia natus est quod verumnosam vitam habiturus esset.* Ex quibus idem vir doctus hunc sensum elicuit : *Homo autem per hæc omnia natus est quod verum mox ambitum habiturus esset.* Nos veram lectionem reposuimus ex Bellovacensi, quod sequentia quoque probant.

[b] Ita veteres libri. Garnerius omisit vocem *ut*, Noris eam mutavit in *ita*.

[c] Noris, *Hæc etiam*, et paulo post *significant* pro *significans*. Sed hanc postremam lectionem accepit ex cod. Vatic.

[d] Noris, *imposuit*.

[e] *Hæc et resolubilis*, exciderunt in editione ejusdem v. cl.

[f] Idem pro *vitam ducimus* habet, *ut jam diximus.*

[g] Et hæc quoque vox *tanto* excidit in edit. Italica.

peccati originalis assertor, quippe qui in divinis Scripturis nequaquam fuerit exercitatus, nec ab infantia, juxta beati Pauli vocem (II *Tim.* III), *sacras didicerit litteras. Sed sive de Scripturæ sensibus, sive de dogmate sæpe declamans, multa frequenter inepta* [h] *proprie communiterve de ipsis Scripturis dogmatibusque plurimis impudenter exprompsit. Nam potentiæ metus nullum contra sinebat effari, sed tantummodo taciti, qui divinarum Scripturarum habebant notitiam, detrahebant. Novissime vero in hanc dogmatis recidit novitatem, qua diceret quod in ira atque furore Deus Adam mortalem esse præceperit, et propter ejus unum delictum cunctos etiam necdum natos homines morte mulctaverit. Sic autem disputans non veretur, nec confunditur ea sentire de Deo, quæ nec de hominibus sanum sapientibus et aliquam justitiæ curam gerentibus umquam quis* [i] *æstimare tentavit. Sed nec illius divinæ vocis recordatus est,* Quod non diceretur ulterius ista parabola in Israel : Patres manducaverunt uvam acerbam, et filiorum dentes [j] obstupuerunt, *quia hæc dicit Adonai Dominus :* Dentes eorum qui manducaverunt uvam acerbam [k], obstupescent (*Ezech.* XVIII, 1 seqq.), *ostendens per hæc quod alterum pro altero, juxta quorumdam errorem, Deus omnino non puniat, sed unusquisque pro delictis suis redditurus est rationem. His consona beatus quoque Paulus annectit.* Deus, inquit, qui reddet unicuique secundum opera sua (*Rom.* II, 6); *et :* Unusquisque nostrum onus suum portabit (*Gal.* VI, 5); *et :* Tu quid judicas fratrem tuum? aut tu quare spernis fratrem tuum? omnes enim adstabimus ante tribunal Christi (*Rom.* XIV, 10). *Sed vir mirabilis propter unum* [l] *peccatum de tanto furore commotum arbitratus est Deum, ut illum atrocissimæ pœnæ subderet, et ad universos omnes posteros ejus parem sententiam promulgaret, et inter quos quanti justi fuerint non facile numerare quis poterit. Ex quibus eum maxime considerare convenerat, quod valde videretur incongruum Noe, Abraham, David, Moysen* **810** *et reliquos innumerabiles justos obnoxios pœnæ redditos* [m] *ob ejus delictum et unum, atque ex gustu arboris approbatum, et quod sic ultra modum justitiæ iram suam Deus extenderit, ita ut* [n] *tot justorum virtutes cunctas*

[h] Noris, *proposuit*, contraria videlicet ipsis Scripturæ dogmatibus, *quæ pluribus impudenter exprompsit.*

[i] Idem *æstimaret.*

[j] Ita codex Bellovacensis. Vatic., *obstipuerunt.* Noris, *obstupescunt.*

[k] Vatic. *obstipescent.*

[l] Veteres libri sic habent, uti nos edidimus. Henricus de Noris reposuit : *peccatum Adæ Deum tanto furore commotum arbitratus est, ut vellet illum atrocissimæ pœnæ subdere.* Garnerius vero, *peccatum tanto furore commotum arbitratus est, et illum atrocissimæ*, etc.

[m] Id est, Adæ, ejus hominis quem Deus formaverat. Hanc lectionem habent omnes libri; Garnerius et Noris reposuerunt *ob unius.*

[n] Hæc est lectio exemplaris Bellovacensis. In Vaticano scriptum est *totius quorum.* Ex quo Noris effecit *posterorum.*

abjiceret, eosque propter unius peccatum Adæ tanto supplicio manciparet.

« Nam etsi nihil aliud, saltem de Abel mente perpendens convenienter æstimare debuerat; qui primus justus existens, primus mortuus est. Et siquidem mortem Deus ad pœnam statuerat hominum, quomodo non impietatis erat extremæ vivere quidem eum qui fuit causa peccati, vivere etiam cum illo et Evam malitiæ repertricem (prætermitto autem diabolum in immortalitate hactenus perdurantem), primum vero justum repertoremque virtutis primumque divini cultus curam gerentem ante omnes [a] pene peccantium fuisse perculsum? Oportebat autem sapientissimum virum et de Enoch, qui non est mortuus, diligenter expendere. Non enim tanta virtute vel pietate præditus fuit, ut melior omnibus existeret, Moyse dico, et Prophetis, Apostolisque, vel reliquis omnibus, de quibus ait beatissimus Paulus, quibus dignus non erat mundus (Hebr. XI, 38), ita ut, illis mortuis, ipse solus sine mortis experientia perduraret. Sed jam ab initio Deus hoc habuit apud se definitum, ut primum quidem mortales fierent, postmodum vero immortalitate gauderent : sic ad utilitatem nostram fieri ipse disponens. » Et post paululum.

« Manifestius, inquit, hæc eadem Deus ostendit cum transfert Enoch, et immortalem facit. Nam si per peccatum causa supplicii Deus intulit mortem, nec olim definitum hoc habuit apud se, ineffabiliter pro nobis juxta propriam sapientiam cuncta dispensans, nequaquam Enoch quidem immortalis existeret, Dominus autem Christus ad mortis experientiam perveniret. » Et post paululum. « Idcirco, inquit, Dominus auctor omnium bonorum hominibus factus est, ut sicut Adam primi et mortalis status exstitit inchoator, ita et ipse secundi et immortalis status initiator existens, primitus Adæ prioris naturalia custodiret, dum nascitur ex muliere, dum pannis involvitur, et paulatim ætatis incrementa sortitur [b] (Jesus enim (Luc. II, 52), inquit, proficiebat **811** ætate et sapientia [c] et gratia coram Deo et hominibus) dum circumcisionem suscipit, dum juxta legalem consuetudinem Deo astitit in templo, parentibusque subjicitur, et conversationi legitimæ mancipatur. Sic etiam, ad expletionem reliquorum, et mortem, utpote naturæ tributam, postremo suscipit, ut secundum legem humanæ naturæ moriens, et a mortuis divina virtute resurgens, initium cunctis hominibus, qui mortem secundum propriam naturam suscipiunt, fieret, ut a mortuis surgant, et ad immortalem substantiam commutentur. Sicut enim conformes Adæ secundum statum præsentem sumus omnes effecti, sic Christo Domino juxta carnem conformes efficiemur in posterum. Transfiguravit enim corpus humilitatis nostræ conformes fieri corporis gloriæ suæ (Philipp. v), et qualis terrenus, tales et terreni, et qualis cœlestis, tales et cœlestes; et sicut portavimus imaginem terreni, portemus etiam imaginem cœlestis (1 Cor. XV), ostendens, quod primi status Adæ participes facti, necessario etiam secundi Adæ Christi Domini secundum carnem futuri status participium consequimur, utpote qui ex hac eadem natura constet exortus, et cuncta quæ fuerant naturæ susceperit, et ideo sustinuerit mortem, ut mortem naturæ suscipiens, et a mortuis resurgens, naturam liberam morte perficeret. Et mortem quidem propterea suscepit, peccatum vero nequaquam, sed ab hoc immunis omnino permansit. Quod enim erat naturæ, id est, mortem, indubitanter assumpsit : peccatum vero, quod non erat naturæ, sed voluntatis, nullo pacto suscepit. Quod si fuisset in natura peccatum, juxta sapientissimi hujus eloquium, peccatum in natura prorsus existens, necessario suscepisset. »

III.

De codice secundo, ex libro tertio, folio decimo octavo.

« Si, inquit, peccaturum [d] Deus nesciebat Adam, sit horum sapientia sapientissimorum **812** et ista responsio, quod hoc insanissimum est vel in cogitatione percipere. Manifestum est quod et peccaturum eum noverat, et propter hoc procul dubio moriturum. Quomodo ergo non est extremæ dementiæ credere quod primitus [e] eum mortalem in sex horis fecerit (nam tantæ fuerunt a conditione ejus usque ad [f] commissionem, quandoquidem sexto die factus e terra, et comedens contra divinum mandatum, de paradiso pulsus est), mortalem vero post peccatum monstraverit? Certum est enim quia si eum immortalem esse voluisset, nec intercedens peccatum Dei sententiam commutasset : quia nec diabolum fecit ex immortali mortalem, et quidem cunctorum malorum existentem principium. »

IV.

[g] De secundo codice, ex libro tertio, folio vigesimo quinto.

« Non enim, inquit, his qui ab Adam usque ad adventum Christi Domini in tantis fuerunt impietatibus et iniquitatibus, quantas beatus Paulus propriis verbis expressit, ut in superioribus est ejus declaratum vocibus, tamquam magnum quiddam resurrectionis colla-

---

[a] Ita vetera exemplaria. At iidem viri clarissimi reposuerunt pœna, quæ emendatio bona fortassis est.

[b] Male in editione Italica : Lucas enim.

[c] Hæc exciderunt in eadem editione.

[d] Hæc est lectio codicis Marii Mercatoris. Garnerius tamen, qui in prima parte edidit vere sciebat, in secunda nesciebat, isthic monet in codice Bellovacensi scriptum esse vere sciebat.

[e] Ego non dubito, quin emendatio virorum doctissimorum, qui hic ediderunt eum immortalem, bona sit. Verum omnes libri repugnant.

[f] Ita codex Vaticanus. At Bellovacensis habet commixtionem. Henricus de Noris putans aliquid deesse in hoc loco, addidit vocem peccati. Ego facile crediderim legendum esse comestionem.

[g] Sequentia non exstant in editione Italica. Additus est autem titulus iste ex codice Vaticano, cum non laceatur in Bellovacensi. Et tamen Garnerius hunc titulum posuit tamquam exstaret in antiquis exemplaribus : Ejusdem Theodori ex alio quopiam libro adversus Dominum Jesum Christum, et ejus incarnationem. Et mox annotat libros istos postremos inscripsisse Theodorum περὶ ἐνανθρωπήσεως τοῦ μονογενοῦς, sed quia in his veræ incarnationis ratio non exponitur, sed evertitur, maluisse Mercatorem adversus Dominum, et ejus incarnationem scribere. Istud vero verum non esse evincit verus titulus sequentis fragmenti erutus ex codice Vaticano.

turus est præmium, si eos suppliciis quibusdam sine fine et sine correctione tradiderit. Nam ubi jam loco muneris resurrectio computabitur, si pœna sine correctione resurgentibus inferatur?» Et post paululum. « Quis, inquit, ita demens, ut tantum bonum credat materiæ fieri resurgentibus infiniti supplicii, quibus utilius erat omnino non surgere, quam tantorum et talium malorum post resurrectionem sub infinitis pœnis experientiam sustinere? »

V.

Ex octavo sermone [a] catechismi, folio septimo.

« Nec enim, inquit, si duas dicimus in Christo [b] naturas, necessario fiet ut duos filios **813** aut duos dominos asseramus, quia hoc arbitrari extremæ probatur amentiæ. Omnia enim quæcumque secundum aliquid duo sunt, secundum aliquid unum, non interimunt per unitatem utriusque divisionem. Ego enim et Pater unum sumus (Joan. xx, 30). Sed non quia unum, neganda est utriusque proprietas. Et alibi de viro et uxore pronuntians ait : Jam non sunt duo, sed una caro (Matth. xix, 6). Sed non quia [c] una caro vir et uxor, jam non sunt duo, sed una caro ; manent enim duo juxta quod duo sunt, et unum juxta quod unum. Secundum hunc modum et hic duo sunt natura, sed unum conjunctione : duo natura, quia multa naturarum diversitas ; sed unum conjunctione, quia indivisam venerationem quod susceptum est cum suscipiente sortitur, velut templum ejus individuum perseverans. Omnia enim quæcumque duo dicuntur, tunc duorum continent usum, quando alterum alteri indifferens creditur, juxta quod duorum vocabulum connumerationemque sortitur. Verbi gratia, Quatuor bestias divina Scriptura commemorat (Dan. vii, 3), ursum, pardum, leonem, et aliam quæ has immanitate præcellat, et ideo sunt quatuor, quod unaquæque bestia nihil minus juxta substantiam reliquis bestiis existere comprobatur. Duorum, inquit, hominum testimonium verum est (Joan. viii, 17), quia hoc uterque natura quod alter est. Sic et illud, Nemo potest duobus dominis servire (Matth. vi, 24), quia præbenti servitium tamquam domino nihil minus uterque est dominus, ita et hic, si uterque secundum substantiam esset filius et dominus, possent aliquo modo duo filii et domini nuncupari secundum numerum personarum. Quoniam vero hic quidem secundum substantiam filius existit et dominus, hic autem secundum essentiam nec filius nec dominus approbatur, conjunctione vero quæ ei facta cum illo est, hisdem participasse cognoscitur, idcirco unum filium et dominum dicimus, principaliter quidem intelligentes eum filium et dominum, qui secundum substantiam utrumque vere esse creditur et vocatur : complectentes autem cogitatione et illum qui inseparabiliter ei conjungitur, et per ineffabilem cum eo copulam filii et domini participes æstimatur. Itaque sicubi filium hunc qui sumptus est, divina Scriptura commemorat, **814** relatione suscipientis juxta unitatem [d] dicimus eum filium nuncupari. Cum enim dicit, de filio suo, qui factus est ei ex semine David secundum carnem (Rom. 1, 3) [e], nondum Verbum dicat, sed formam servi susceptam. Non enim Deus est secundum carnem, nec Deus ex semine David factus est, quem filium beatus Paulus evidenter appellat. Intelligimus autem eum filium, non quod per se dicatur filius, sed quod illa conjunctione quam habet cum eo qui vere est filius, taliter nuncupetur [f]. Misertus est creator perditæ creaturæ, et sine commixtione format infantem, perducit ad ætatem virilem, incrementorum quidem processu naturæ similitudinem pro modo credulitatis insinuans, occulte vero eidem copulatus existens : non aberat cum formaretur, non dividebatur cum nasceretur, loquenti conjunctus et præsens, in ejus actibus perseverans, atque ibi suam connexionem sine peccato custodiens. »

VI.

[g] Ex libro quinto Commenti de creatura.

« Nec igitur mortem non sponte et præter judicium suum intulit hominibus, neque peccato aditum ad nullam utilitatem dedit, nec enim hoc fieri nolens, non poterat : sed quoniam sciebat utile esse nobis, magis autem omnibus rationabilibus, prius quidem malorum, et deteriorum fieri aditum, postea autem deleri quidem hæc, introduci autem meliora : ideo in duos status divisit Deus creaturam præsentem et futuram : in illo quidem ad immortalitatem, et immutabilitatem omnia ducturus, in præsenti vero creaturam in mortem et mutabilitatem interim dimittens : nam siquidem statim ab initio immortales nos fecerit et immutabiles, nullam differentiam

---

[a] Sive catechismi, ut patet ex Facundo, qui lib. ix, cap. 3, primas lineas hujus fragmenti refert ex alia versione, et sumptas ait ex libro Ad baptizatos. At in collatione quarta concilii v constanter scribitur ad baptizandos, non solum in editionibus, sed etiam in antiquis exemplaribus calamo exaratis, quod melius videtur.

[b] Apud Facundum : Neque enim si duas naturas dicamus, necessitas nos ulla constringit aut duos dicere filios, aut duos homines, aut duos Christos, quoniam hoc putare extremæ est amentiæ. Ubi nemo non videt delendam esse vocem homines, et reponendum Dominos... Atque ita quidem habet in antiquissimo Veronensi ms. Facundus.

[c] Simile Theodori fragmentum ex libro octavo de Incarnatione legitur in collatione quarta concilii v, et in epistola tertia Pelagii II, ad episcopos Istriæ.

[d] Fragmentum istud refertur ex alia interpretatione in primo constituto Vigilii papæ, et in eadem collatione concilii v et quidem integrius.

[e] Legendum esse non Deum patet ex eodem constituto papæ Vigilii, et ex concilio v.

[f] Recte conjecit Garnerius istud quoque fragmentum pertinere ad librum, qui inscribitur Ad baptizandos, et post ultima verba istius fragmenti sequi debere putat ista, quæ exstant in concilio supra laudato, ut multam quidem ejus faceret diligentiam, omnia autem illius propria faceret, etc. Habentur etiam in constituto Vigilii.

[g] Hæc nos adjecimus ex synodo v, collat. 4, quod Norisio visa sint ex eodem Theodori opere contra Hieronymum excerpta. Verum cum id usque adeo exploratum non sit, ut aliter sentire non liceat, hæc tantum in speciem adduximus, ut si quis reliqua ejus libri desideret, possit ex eadem synodi collatione a numero 57 ad usque 71 repetere.

ad irrationabilia haberemus, proprium nescientes bonum. Ignorantes enim mutabilitatem, immutabilitatis ignorabamus bonum: nescientes mortem, immortalitatis lucrum nesciebamus: ignorantes corruptionem, non laudabamus incorruptionem: nescientes passionum A gravamen, impassibilitatem non mirabamur. Compendiose dicere, ne longum sermonem faciam: nescientes malorum experimentum, bonorum illorum non poteramus scientiam mereri. »

IN SEQ. LIBRUM DE VIRIS ILLUSTRIBUS ADMONITIO.

Hoc libro de *Illustribus Viris* sive apud ipsum Hieronymum, sive apud alios veteres scriptores, nihil ferme præclarius est ac celebrius. De operis utilitate ipse sibi placuisse sanctissimus Auctor videatur, quod in libris, quos subinde elucubravit, mentionis de illo injiciendæ lectoribus suis occasionem nullam non arripuerit. Statim ab eo scripsit contra Jovinianum, cumque de Joanne sermo incidisset, quod usque ad Trajani vixerit imperium, id est post passionem Domini sexagesimo octavo anno dormierit, *Hoc et nos*, inquit, *in libro de Illustribus Viris breviter perstrinximus*. Paulo post, epist. 47, ad Desiderium: *Scripsi librum de Illustribus Viris ab Apostolis usque ad nostram ætatem, imitatus Tranquillum, Græcumque Apollonium: et post Catalogum plurimorum, me quoque in calce voluminis quasi abortivum et minimum omnium Christianorum posui; ubi mihi necesse fuit usque ad decimum quartum annum Theodosii principis quid scripserim, breviter annotare.* Paria habet in Præfatione Commentariorum in Jonam: In libro autem secundo contra Rufinum sane luculenter: *Ante annos ferme decem cum Dexter amicus meus, qui Præfecturam administravit Prætorii, me rogasset, ut Auctorum nostræ Religionis ei indicem texerem, inter cæteros tractatores posui et hunc librum a Pamphilo editum*, etc.

2. Ipsam quam fecisset libro inscriptionem, quæve ejus esset quodammodo indoles, sedulo ad Augustinum epistola 112 rescribens docet. Dicis accepisse te librum meum a quodam fratre, qui titulum non haberet, in quo Scriptores Ecclesiasticos tam Græcos quam Latinos enumeraverim: cumque ab eo quæreres, ut tuis verbis utar, cur liminaris pagina non esset inscripta, vel quo censeretur nomine, respondisse appellari Epitaphium, et argumentaris quod recte sic vocaretur, si eorum tantum vel vitas vel scripta ibi legisses, qui jam defuncti essent, cum vero multorum et eo tempore quo scribebatur, et nunc usque viventium commemorentur opuscula, mirari te, cur ei hunc titulum imposuerim. Puto intelligere prudentiam tuam, quod ex opere ipso titulum potueris intelligere. Legisti enim et Græcos et Latinos, qui vitas virorum illustrium descripserunt, quod numquam Epitaphium huic operi inscripserint, sed de Illustribus Viris, verbi gratia, Ducibus, Philosophis, Oratoribus, Historicis, Poetis Epicis, Tragicis, Comicis. Epitaphium autem proprie scribitur mortuorum, quod quidem in dormitione sanctæ memoriæ Nepotiani Presbyteri olim fecisse me novi. Ergo hic liber vel de Illustribus Viris, vel proprie de Scriptoribus Ecclesiasticis appellandus est: licet a plerisque emendatoribus imperitis de Auctoribus dicatur inscriptus. Jam itaque audi quid Augustinus præterea ab eo præstitum voluisset Epist. inter Hieronymianas 67. *In libro*, inquit, *quo cunctos, quorum meminisse potuisti, Scriptores Ecclesiasticos et eorum scripta commemorasti, commodius, ut arbitror fieret, si nominatis iis, quos hæresiotas esse nosti (quando ne ipsos quidem prætermittere volueris), subjungeres etiam in quibus cavendi essent: quamquam nonnullos etiam prætereris; quod scire cuperem quo consilio factum sit. Aut si illud volumen forte onerare noluisti, ut commemoratis hæreticis, non adderes, in quibus eos Catholica damnavit auctoritas: peto ne grave sit litterato labori tuo, quo non mediocriter per Domini Dei nostri gratiam in Latina lingua sanctorum studia et accendisti et adjuvisti, id quod tibi per humilitatem meam fraterna charitas indicit, ut si occupationes tuæ sinunt, omnium hæreticorum perversa dogmata, qui rectitudinem fidei Christianæ utique ad hoc tempus vel impudentia, vel imperitia, vel pertinacia depravare conati sunt, uno libello breviter digesta edas in notitiam eorum, quibus aut non vacat propter alia negotia, aut non valent propter alienam linguam tam multa legere atque cognoscere.*

3. Porro aliorum testimonia percensere si velim, longior sim. Gennadius eumdem laborem ad sua tempora persecutus cognomine libro cap. 1, de Jacobo Nisibeno agens, *hunc*, inquit, *virum beatus Hieronymus in libro* Χρονικῶν *velut magnarum virtutum hominem nominat;* cur in Catalogo Scribarum non posuerit, facile excusabitur, etc., quæ infra suo loco expendemus. Facundus Hermianensis lib. VI defensionis trium Capitulorum cap. 2: *Hieronymus noster, vir admodum doctus, qui etiam tantæ fuerat lectionis, ut omnes, aut pene omnes, sive in Græco, sive in Latino eloquio divinarum Scripturarum tractatores legeret, scripsit librum, cujus est titulus de Viris Illustribus, in quo non solum catholicos, sed etiam hæreticos memoravit, qui de Scripturis sanctis in utraque lingua aliquid conscripserunt: non tacuit qui hæresum fuerint conditores, quive assertores, vel qui etiam a quibusdam ut hæretici accusarentur, aliis contra defendentibus.* Denique Cassiodorus Divinar. Instit. cap. 17: *Lege librum de Viris Illustribus S. Hieronymi, ubi diversos labores atque opuscula eorum breviter et honoravit et tetigit.* Quibus adde S. Isidorum Hispalensem Originum lib. VI et capite 6. Marcellinum Comitem in Chronico, Joannem Sarisberiensem epist. 172, aliosque secutis temporibus prope innumeros.

4. Factum ex hac ipsa operis celebritate, ut meliore etiam fortuna quam reliqui omnes Hieronymiani

libri uteretur iste, siquidem variis temporibus plures litteratos viros invenit, quorum opera magis ac magis recognitus atque illustratus, modo seorsim, modo cum aliis operibus in lucem produceretur. Insigniores ex iis sunt Erasmus, Victorius, Gravius, Suffridus Petri, Joannes a Fuchte, Aubertus Miræus, Ernestus Tentzellius, Salomon Cyprianus, Martianæus, atque omnium novissime Albertus Fabricius, qui satis accuratæ suæ recensioni aliorum quoque editorum scholia atque annotationes adtexuit. Verum nulla est opera insignior illa, quam Sophronius quidam impendit, qui totum hunc librum Græce refudit : de quo homine et versione ipsa cum multa in utramque partem disserant cruditi, nonnihil nobis dicendum est. Erasmus, cui omnium primo vetustum, ut ipse ait, atque emendatum Sophronianæ versionis exemplar nancisci contigit, quique eum secuti sunt editores plerique, non alium ab eo Sophronio esse persuasum habent, quem Hieronymus noster c. 134 hujusmet Catalogi laudat, utpote suorum aliquot opusculorum de Latino in Græcum eleganti sermone interpretem. Horum sententia ipsa primum libri inscriptione nititur, deinde præconcepta ex Hieronymi testimonio doctorum opinione hominum confirmatur. Contra alii pro nupero scriptore habent, qui Sophronii ejus, Hieronymi familiaris personam mentiatur, nec defuit quidam cætera doctus atque eruditus (Vossium dico) qui Erasmum ipsum hanc supposuisse suspicatus sit, certe ab ejus ævi Græculo nebulone aliquo profectam contenderit. Ex eo autem argumentantur, quod multis in locis nec Græca sit, nec Hieronymi mentem exprimat, sed ex corrupto Latino exemplari expressa videatur. Deinde quod in nullo umquam veteri libro manuscripto illam reperire sit in bibliothecis, quas hujusmodi litterarum studiosi hactenus excusserint. Inter adeo dissitas opiniones media, quam prudentiores viri Bosius, Huetius, aliique probant, longe est etiam verosimilior : dico, Sophronium quidem illum Hieronymi amicum, cui vulgo tribuitur, neutiquam ejus auctorem esse, ut autem ab Erasmo aut ab ejus ævi impostore aliquo conficta sit, minime credi posse. Primum suadet stylus ipse, qui sequiorem Græcitatem redolere non immerito visus est : errores quoque et falsæ lectiones, quæ licet non innumeræ, ut Vossius exaggerat, ejus tamen generis sunt, ut ex recentiore Latino exemplari adornatam translationem persuadeant, quando sensim inducta barbarie, scribarum oscitantia, aut criticorum temeritas bonos libros pervaserat. Maxime vero interpolationes de Apostolis, aut aliis antiquis Patribus, qui nihil omnino scripserunt, neque ab Hieronymo inter Ecclesiasticos scriptores relati fuerant, ingenium utique sapiunt hominis a Sophronii fide ac nobilitate alienissimum. Alterum facile evincunt scriptorum testimonia, qui nedum uno aut altero, sed multis ante Erasmum sæculis floruere. Suidas multis in locis versionem hanc laudat, ac totidem verbis describit in Basilio, Cæsario, Gregorio, Damaso, Epiphanio, Eusebio Pamphili, Justino, Justo Tiberiensi, Josepho, Methodio, Origene, Polycarpo, Philone. At, inquies, incertæ auctor ætatis est ipse Suidas, et qui XII sæculo vixisse videatur, quandoquidem ex Michael Psello, qui sub Alexio Comneno floruit, loca quædam ab illo adducuntur. Ita sane, sed ex aliquot vocibus, quas posterior manus adjecerit, de ejus ætate non esse judicandum nemo inficietur, utque difficile dictu sit, quo tandem anno auctor vixerit, vetustiorem tamen esse quam vulgo creditur, doctis viris probatum est. Nec tamen unum hoc testimonium urgeo. Est aliud luculentissimum. Photius, qui certe ante annum 850 Bibliothecam suam emisit, hanc ipsam Græcam interpretationem legit, et plurium ex ea versuum laciniam derivavit, Ut rei veritas constet, confer ad Hieronymi caput 61, de Hippolyto Sophronium Græce vertentem cum his Photii cod. 121 : Λέγεται δὲ καὶ οὗτος ('Ἱππόλυτος) προσομιλεῖν τῷ λαῷ κατὰ μίμησιν Ὠριγένους, οὗ καὶ συνήθης καὶ ἐράστης τῶν λόγων ὑπῆρχεν, ὡς καὶ προτρέψασθαι αὐτὸν τὴν θείαν ὑπομνηματίσαι γραφήν, ἐγκαταστήσας αὐτῷ καὶ ὑπογραφέας ἑπτὰ ταχυγράφους καὶ ἑτέρους τοσούτους γράφοντας εἰς κάλλος, ὧν ἦν καὶ τῆς δαπάνης αὐτὸς χορηγός· καὶ ταῦτα ὑπηρετούμενος αὐτῷ, ἀπαιτεῖν αὐτὸν ἀπαραιτήτως τὸ ἔργον, ἐξ οὗ καὶ ἐργοδιώκτην ἐν μίᾳ τῶν ἐπιστολῶν παρὰ Ὠριγένους κληθῆναι. Quod si apparet manifesto hæc ex illo describi, atque adeo Photium præcesserat versio isthæc, jam non modo nuperum opus non est, sed sæculo ut tardius octavo ineunti debeat adscribi. Utrum vero Auctor ipse Sophronius de nomine appellaretur, an sub veteris Hieronymiani interpretis persona lateat, curiosius exquirere, non esse operæ pretium puto : tametsi unus atque alter Sophronius per id temporis vixerint, qui id sibi negotii dare potuisse commode videantur.

5. Jam vero quo tempore librum hunc S. Doctor emiserit, dicendum est. Ipse autem capite ultimo de se loquens, notat his verbis, *usque in præsentem annum, id est, Theodosii principis decimum quartum hæc scripsi.* Concurrere illum cum anno a Christo nato 392 non est qui dubitet ; malim vero ejus anni posteriorem partem intelligi, ut cætera rectius aptentur. Colligere hoc est ex testimonio libri contra Jovinianum supra laudati, cujus quidem mentionem in Catalogo non Hieronymus fecit, qui illum nondum adornaverat, sed nonnemo studiosus qui posteriores etiam alios Commentarios memorat, contra Auctoris mentem, et veterum exemplariorum fidem. Rursus ex Præfatione Commentariorum in Jonam, ubi seriem suarum elucubrationum per triennium ab expositione quinque Prophetarum S. Doctor enumerat, et ut hoc quoque adjiciam, ex secundo contra Rufinum libro, ubi ante *annos ferme decem* hunc Catalogum se testatur texisse.

6. Denique quid nos operæ post tantorum hominum solertiam ad hujus libri editionem novam contulerimus, paucis accipe. Primo Græcam versionem, quam Editor Benedictinus malo utique consilio omiserat, quamque haud dubium est identidem Hieronymianæ lectioni suppetias ferre, continuo apposuimus, iis tantum exceptis decem Nominibus quæ ex paraphrastis, seu potius glossatoris manu profecta ad archetypum S. Patris non referuntur, et nos tamquam vernilem sobolem ad calcem rejecimus. Deinde, quod satis lau-

dabili diligentia nuperus editor Amburgensis ante nos præstitit, ita ipsum Hieronymi textum excudimus, ut quoties ille Græca Eusebii verba in hoc adornando opere transtulit in Latinum, aut certe parum ab ejus vestigiis discessit, ipsi textui ex altera parte sociaremus. Excuso Catalogo duas Appendices subnectimus, quarum altera illa est *de Vitis Apostolorum*, quam Versioni Græcæ sub Sophronii nomine in suo ms. codice Erasmus reperit, et Latine est interpretatus Altera tum Hieronymo *de XII Doctoribus ad Desiderium*, tum Bedæ *de Luminaribus Ecclesiæ* inscribitur. Atque hæc quidem satis inepta lucubratiuncula est, ut in præfixa censura animadvertemus; sed omitti nullo pacto debuit, ne quid lector aut eruditus, aut ineruditus, desideraret. Gennadium quarto loco damus, qui S. Patris Catalogum prosequitur, cumque aliquot locis supplet, unde Hieronymiano operi accenseri jure quodam suo postulat, aut potius ab ea, quam in mss. et a plerisque editoribus obtinuit, sede exturbari non patitur. Nos ejus gratia Catalogum ipsum Hieronymianum ad tomi finem distulimus, ne cum pone sequi Gennadius velit seriem scriptionum Hieronymianarum interrumpi necesse esset. Jam vero, quod quinto loco commemorandum est, ad præstantissimos mss. codices hæc omnia exegimus, præcipue vero unum Veronensem, cui sane paucos pares antiquitate et emendatione velim invenias; tum alterum Cisterciensem, sive Monasterii S. Crucis in Jerusalem de Urbe magni faciendæ vetustatis, et notæ. Addam Lucensem, qui nonum sæculum dicitur ante vertere, ex quo seriem capitulorum Gennadii multo ab aliis mss. atque editis libris diversam accepi: et Corbeiensem quem laudat Mabillonius, et cujus variantes lectiones ad libri Gennadiani calcem Martianæus collocat. Demum quæ ex aliis mss. alii ante nos editores notant, expendimus, et per eos aliquando profecisse, aperte ac ingenue confitemur.

S. EUSEBII HIERONYMI
STRIDONENSIS PRESBYTERI
^aDE VIRIS ILLUSTRIBUS
LIBER
AD DEXTRUM PRÆTORIO PRÆFECTUM,

Adjuncta versione antiqua Græca, quam sub Sophronii nomine Erasmus in lucem edidit.

PROLOGUS.

821 Hortaris [b] me, Dexter, ut Tranquillum sequens, ecclesiasticos Scriptores in ordinem digerium, quæ incipit : *Lecto sermone*, etc., ita disserit : *Scripsi librum de Illustribus Viris, ab Apostolis usque ad nostram ætatem, imitatus Tranquillum, Græcumque Apollonium : et post Catalogum plurimorum, me quoque in calce voluminis quasi abortivum et minimum omnium Christianorum posui : ubi mihi necesse fuit usque ad decimum quartum anni Theodosii principis, quæ scripserim, breviter annotare.* Præfatione Commentariorum in Jonam dicit similiter se scripsisse librum de Viris Illustribus. Nihil itaque addere possumus ad perfectam hujus operis distinctamque notitiam, cum tituli et inscriptionis, tum temporis et scriptionis ejus. MARTIAN.

822 Προτρέπη, Δέξτρε, ὥστε Τραγκύλλῳ ἑπόμενόν με, τοὺς ἐκκλησιαστικοὺς συγγραφέας κατὰ τάξιν ἐκθέσθαι,

[a] De hoc Scriptorum Ecclesiasticorum Catalogo disputavit sæpius Hieronymus. Primum de titulo ejus in epistola ad Augustinum scripta, cujus initium : *Tres simul epistolas*, etc. *Dicis*, inquit Hieronymus, *accepisse te librum meum a quodam fratre, qui titulum non haberet, in quo scriptores ecclesiasticos tam Græcos, quam Latinos enumeraverim. Cumque ab eo quæreres, ut tuis verbis utar, cur liminaris pagina non esset inscripta, vel quo censeretur nomine, respondisse appellari* Epitaphium, *et argumentaris*, etc. Ergo hic liber vel DE ILLUSTRIBUS VIRIS, vel proprie DE SCRIPTORIBUS ECCLESIASTICIS *appellandus est : licet a plerisque emendatoribus imperitis*, DE AUCTORIBUS *dicatur inscriptus*. Secundo de Dextro, cui liber inscribitur, hæc habet idem Hieronymus lib. II Apologet. adversus Rufinum : *Ante annos ferme decem cum Dexter amicus meus, qui Præfecturam administravit Prætorii, me rogasset, ut Auctorum nostræ Religionis ei indicem texerem,* etc. Tamdem in epist. ad Deside-

[b] Ita Veronensis ms. omnium antiquiss. alibi *me desideratur*. Porro hunc *Dextrum*, cui liber iste inscribitur, *Præfectum Prætorio*, laudat ipse Hieron. supra lib. II in Rufinum, deque eo multa Gothofredus in cod. Theodosiani Prosopographia.

rum, et quod ille in enumerandis ᵃ Gentilium litterarum Viris fecit Illustribus, ego [*Al.* id ego] in nostris faciam, id est, ut a passione Christi usque ad decimum quartum Theodosii imperatoris annum, omnes qui de Scripturis sanctis memoriæ aliquid prodiderunt, tibi breviter exponam. Fecerunt quidem hoc idem apud Græcos, ᵇ Hermippus peripateticus, Antigonus Carystius, Satyrus doctus vir, et longe omnium doctissimus Aristoxenus musicus. Apud Latinos autem ᶜ Varro, Santra, Nepos, Hyginus, et ad cujus nos exemplum provocas, Tranquillus. Sed non mea est et illorum similis conditio : illi enim historias veteres annalesque replicantes, potuerunt quasi de ingenti prato non parvam opusculi sui coronam texere. Ego quid acturus, qui nullum prævium sequens, pessimum, ut dicitur, magistrum memetipsum habeo ? Quamquam Eusebius Pamphili in decem ecclesiasticæ Historiæ libris, maximo nobis adjumento fuerit, et singulorum, de quibus scripturi sumus, volumina ætates auctorum suorum sæpe testentur. Itaque Dominum Jesum Christum precor, ut quod Cicero tuus, qui **823** in arce Romanæ eloquentiæ stetit, non est facere dedignatus in Bruto, Oratorum Latinæ linguæ texens catalogum, id ego in ejus ᵈ Ecclesiæ Scriptoribus enumerandis, digne cohortatione tua impleam. Si qui autem de his qui usque hodie scriptitant [*Al.* scripserunt], a me in hoc volumine prætermissi sunt, sibi magis quam mihi debebunt [*Al.* debent] imputare. Neque enim celantes scripta sua, de his ᵉ quæ non legi, nosse potui, et quod aliis forsitan sit notum, mihi in hoc terrarum angulo (*Bethleemi*) fuerit ignotum. Certe cum scriptis suis claruerint, non magnopere nostri silentii dispendia [*Al.* dispendio] suspirabunt. ᶠ Discant ergo Celsus, Porphyrius, Julianus, rabidi adversus Christum canes, discant eorum sectatores (qui putant Ecclesiam nullos philosophos et eloquentes, nullos habuisse doctores) quanti et quales viri eam fundaverint, exstruxerint [*Al.* struxerint], et adornaverint ; et desinant fidem nostram rusticæ tantum simplicitatis arguere, suamque potius imperitiam agnoscant. ᵍ Vale in Domino Jesu Christo.

καὶ ὅπερ ἐκεῖνος ἀπαριθμούμενος τοὺς περιφανεῖς ἄνδρας, τοὺς τὰ ἐθνικὰ συντάξαντας πεποίηκε, κἀγὼ ἐν τοῖς ἡμετέροις ποιήσω, τοῦτ' ἐστιν, ἀπὸ τοῦ πάθους τοῦ Σωτῆρος ἄχρι τεσσαρεσκαιδεκάτου ἔτους Θεοδοσίου τοῦ βασιλέως, πάντας τοὺς ἐκ τῶν θείων γραφῶν συγγραψαμένους τε, καὶ τῇ μνήμῃ παραδεδωκότας, διὰ βραχέων φανερώσω. Πεποιήκασι μὲν οὖν τοῦτο αὐτὸ, παρὰ τοῖς Ἕλλησιν, Ἕρμιππος περιπατητικός, Ἀντίγονος Καρύστιος, Σάτυρος ἀνὴρ πολυμαθὴς, καὶ πολλῶν πάνυ διδασκαλικώτερος, Ἀριστόξενος μουσικός. Παρὰ δὲ τοῖς Ῥωμαίοις Βάῤῥων, Σάντρας, Νέπως, Ὑγῖνος, καὶ οὗ εἰς ὑπόδειγμα ἡμᾶς προκαλεῖσθαι βούλει, Τράγκυλλος. Ἀλλ' οὐκ ἔστιν ἐμοῦ κἀκείνων ὁμοία ἡ αἵρεσις. Ἐκεῖνοι μὲν γὰρ, παλαιὰς ἱστορίας καὶ τὰ ἑκάστου ἔτους ἀνακυλίοῦντες συντάγματα, ἐδυνήθησαν ὡσανεὶ ἐκ μεγάλου λειμῶνος, ἐλάχιστον γοῦν τοῦ οἰκείου ἔργου στέφανον πλέξαι. Ἐγὼ δὲ τί διαπράξομαι, ἡγουμένῳ ἑπόμενος οὐδενὶ, ἀλλ' ἐμαυτὸν κάκιστον, ὡς ὁ λόγος φησί, διδάσκαλον ἔχων; Εἰ καὶ τὰ μάλιστα Εὐσέβιος ὁ Παμφίλου εἰς δέκα τῆς ἐκκλησιαστικῆς ἱστορίας βίβλους μεγίστην ἡμῖν παρέσχετο βοήθειαν, καὶ τὰ ἑκάστου, περὶ ὧν συγγράφειν μέλλομεν, τεύχη, ὑπὲρ τῶν οἰκείων τὴν μαρτυρίαν παρέξουσι χρόνων. Τοιγαροῦν τοῦ Κυρίου ἡμῶν Ἰησοῦ Χριστοῦ δέομαι, ἵν' ὅπερ ὁ σὸς Κικέρων, ὁ ἐν τῷ ἄκρῳ τῆς ῥωμαϊκῆς εὐγλωττίας ἱστάμενος, ποιῆσαι οὐκ ἀπηξίωσεν, **824** εἰς Βροῦτον, τὸν τῶν ῥητόρων τῇ ῥωμαϊκῇ γλώττῃ συντάττων κατάλογον, τοῦτο ἐγὼ ἐν τῷ ἀπαρθμήσασθαι τοὺς συγγραφέας τῆς αὐτοῦ ἐκκλησίας, ἐκπληρώσω διὰ τῆς σῆς προτροπῆς. Εἰ δέ τινες ἐκ τῶν ἄχρι τήμερον συγγεγραμμένων παρ' ἐμοῦ ἐν τῷδε τῷ τεύχει παρελείφθησαν, ἑαυτοῖς μᾶλλον ἢ μοὶ ἐπιγραφέτωσαν. Οὐδὲ γὰρ ἀποκρυπτόντων αὐτῶν τὰ ἴδια συγγράμματα, γνῶναι ἐδυνήθην οἷς οὐκ ἐνέτυχον, καὶ ὅπερ ἄλλοις ἐσθ' ὅτε γνωστὸν τυγχάνει, ἐμοὶ ἐν τῇ τοῦ κόσμου τούτου γωνίᾳ ἄγνωστον ὑπῆρξεν. Ὅμως ὅταν κατάδηλοι διὰ τῶν οἰκείων γένωνται συγγραμμάτων, οὐχ ὡς τὰ μεγίστα βλαβέντες τὴν ἡμετέραν ἐπιστενάξουσι σιωπήν. Μαθέτωσαν τοιγαροῦν Κέλσος, Πορφύριος, Ἰουλιανὸς οἱ λυσσώδεις κατὰ Χριστοῦ κύνες, μαθέτωσαν οἱ τούτων ἀκόλουθοι, οἱ νομίζοντες τὴν Ἐκκλησίαν μήτε φιλοσόφους καὶ εὐφραδεῖς, μήτε τινὰς ἐσχηκέναι διδασκάλους, ὅσοι καὶ πηλίκοι ἄνδρες ταύτην ἐθεμελιώσαντες ᾠκοδόμησάν τε καὶ διεκόσμησαν, καὶ παύσωνται τὴν ἡμετέραν πίστιν ἀγροικῆς μόνον εὐθύνειν ἁπλότητος, οἰκείαν μᾶλλον ἀμαθίαν ἐπιγνωσόμενοι.

ᵃ Notatum est doctis viris Græca, τοὺς τὰ ἐθνικὰ συντάξαντας, eos proprie designare, qui de vocabulis unius alicujus gentis scripserunt, nec bene respondere Latino textui, *gentilium litterarum viris*, puta grammaticos, rhetores, poetas, quos Suetonius recensuit.

ᵇ Smyrnæus videlicet, quem et Josephus lib. contra Appionem vocat *virum omnis historiæ diligentissimum indagatorem*, et multi ex antiquis laudant. Ab Antigono scriptas Philosophorum Vitas Athenæus et Laertius testes sunt. Satyri meminit ipse Hieron. alibi n lib. in Jovinian. : *Satyrus, qui illustrium virorum scripsit Historiam.* Denique Aristoxeni βίοι ἀνδρῶν a Plutarcho et Gellio celebrantur.

ᶜ Priores sex Antiquitatum rerum humanarum putantur *Varronis* libri innui. *Santræ* meminit Donatus in Terentii Vita, alibique. *Nepotem nostrum*, scriptorem elegantiss. nemo non novit. Denique *Hyginum* non eum putato, cujus veteris Mythologiæ liber circumfertur, sed vetustiorem alium Augusti libertum, quem Gellius laudat lib. ii, cap. 21. Paulo post Martian. *provocas*, refragrantibus mss.

ᵈ *In Ecclesiæ illius scriptoribus.* Codex ms. eminentissimi card. Ottoboni legit hoc loco, *in Ecclesiasticis scriptoribus*; sed unus est sensus in utraque lectione. MARTIAN. — In aliquot mss. Martianæo, et Gravio testibus, melius habetur *in Ecclesiasticis Scriptoribus*.

ᵉ Ita præferunt satis recte mss. quibus et impressi omnes libri et Græca concinit interpretatio. Unus penes Fabricium Moseensis cod., *qui longe sunt.*

ᶠ *Discant ergo Celsus*, etc. Perniciosissimi hostes Ecclesiæ christianæ fuerunt isti tres sæculi sapientes et philosophi, quorum Celsum scriptis Origenes profligavit; Porphyrium Methodius; et Julianum Cyrillus Alexandrinus. MARTIAN.

ᵍ Veronensis lib., *Vale in Domino Jesu Christo.* In

INCIPIUNT CAPITULA LIBRI [*Al. tacet* Libri].

I.	Simon Petrus.	A LI.	Arabianus.
II.	Jacobus frater Domini.	LII.	Judas.
III.	Matthæus qui et Levi.	LIII.	Tertullianus presbyter.
IV.	Juda frater Jacobi.	LIV.	Origenes, qui et Adamantius, presbyter.
V.	Paulus qui [*Al. et*] ante Saulus.		
VI.	Barnabas qui et Joseph.	LV.	Ammonius presbyter.
VII.	Lucas evangelista.	LVI.	Ambrosius diaconus.
VIII.	Marcus evangelista.	LVII.	Tryphon Origenis discipulus.
IX.	Joannes apost. et evang.	LVIII.	Minucius Felix.
X.	Hermas [*ms. reliqua tacet*], ut ferunt Pastor, auctor libri.	LIX.	Gaius.
		LX.	Berillus [*Al.* Beryllus] episcopus.
XI.	Philon Judæus.	LXI.	Hippolytus [*Al.* Hypolitus] episcopus.
XII.	Lucius Anneus Seneca.	LXII.	Alexander episcopus.
XIII.	Josephus Matthiæ filius.	LXIII.	Julianus Africanus.
XIV.	Justus Tiberiensis.	LXIV.	Geminus presbyter
XV.	Clemens episcopus.	B LXV.	Theodorus, qui et Gregorius, episcopus.
XVI.	Ignatius episcopus.		
XVII.	Polycarpus episcopus.	LXVI.	Cornelius episcopus.
XVIII.	Papias episcopus.	LXVII.	Cyprianus episcopus.
XIX.	Quadratus episcopus.	LXVIII.	Pontius diaconus.
XX.	Aristides philosophus.	LXIX.	Dionysius episcopus.
XXI.	Agrippa qui et Castor [*Ms.* Castoris].	LXX.	Novatianus hæresiarches.
XXII.	Hegesippus historicus.	LXXI.	Malchion presbyter.
XXIII.	Justinus philosophus.	LXXII.	Archelaus episcopus.
XXIV.	Melito episcopus.	LXXIII.	Anatolius episcopus.
XXV.	Theophilus episcopus.	LXXIV.	Victorinus episcopus.
XXVI.	Apollinaris episcopus.	LXXV.	Pamphilus presbyter.
XXVII.	Dionysius episcopus.	LXXVI.	Pierius presbyter.
XXVIII.	Pinitus [*Al.* Pinytus] episcopus.	LXXVII.	Lucianus presbyter.
XXIX.	Tatianus hæresiarches.	LXXVIII.	Phileas episcopus.
XXX.	Philippus episcopus.	C LXXIX.	Arnobius rhetor.
XXXI.	Musanus.	LXXX.	Firmianus rhetor.
XXXII.	Modestus.	LXXXI.	Eusebius episcopus.
XXXIII.	Bardesanes hæresiarches.	LXXXII.	Reticius episcopus Eduorum.
XXXIV.	Victor episcopus.	LXXXIII.	Methodius episcopus.
XXXV.	Irenæus episcopus.	LXXXIV.	Juvencus presbyter.
XXXVI.	Panthænus philosophus.	LXXXV.	Eustathius episcopus.
XXXVII.	Rhodon, Tatiani discipulus.	LXXXVI.	Marcellus episcopus.
XXXVIII.	Clemens presbyter.	LXXXVII.	Athanasius episcopus.
XXXIX.	Miltiades.	LXXXVIII.	Antonius monachus.
XL.	Apollonius.	LXXXIX.	Basilius episcopus.
XLI.	Serapion episcopus.	XC.	Theodorus episcopus.
XLII.	Apollonius alius senator.	XCI.	Eusebius alius episcopus.
XLIII.	Theophilus alius episcopus.	XCII.	Triphilus episcopus.
XLIV.	Baccillus [*Al.* Bacchelus] episcopus.	XCIII.	Donatus hæresiarches.
XLV.	Polycrates episcopus.	D XCIV.	Asterius philosophus.
XLVI.	Heraclitus episcopus.	XCV.	Lucifer episcopus.
XLVII.	Maximus.	XCVI.	Eusebius alius episcopus.
XLVIII.	Candidus.	XCVII.	Fortunatianus episcopus.
XLIX.	Appion.	XCVIII.	Acacius episcopus.
L.	Sextus.	XCIX.	Serapion episcopus.

aliis hæc salutatio prætermittitur, quæ nec habetur in Græco.

^a *Incipiunt Capitula.* Hunc Catalogum descripsi ex vetustissimo ms. codice S. Germani a Pratis, et altero Abbatiæ Cluniacensis. Varias interdum habent lectiones; sed levioris momenti : v. gr. num. 58 codex Sangermanensis legit hæc tantum, *Adamantius presbyter*. Num. autem 109, non habet in Didymo vocem Græcam ὁ βλέπων, id est, *Ille videns*. Denique num. 129 legit, *Joannes episcopus*. Rursum codex Cluniacensis num. 152 nihil aliud retinet præter vocem *Dexter*. Num. similiter 82 antea omittit in Reticio verbum *Eduorum*. Sed hæc aut nullius, aut levioris sunt momenti; nec eorum mentionem fecissem, nisi curiosos lectores etiam minima docere officiosum esset. MARTIAN.

C.	Hilarius episcopus.	CXIX.	Diodorus episcopus.
CI.	Victorinus rhetor Petavionensis. [a]	CXX.	Eunomius hæresiarches.
CII.	Titus episcopus.	CXXI.	Priscillianus episcopus.
CIII.	Damasus episcopus.	CXXII.	Latronianus episcopus.
CIV.	Apollinaris episcopus.	CXXIII.	Tiberianus episcopus.
CV.	Gregorius episcopus.	CXXIV.	Ambrosius episcopus Mediolan.
CVI.	Pacianus episcopus.	CXXV.	Evagrius episcopus.
CVII.	Photinus hæresiarches.	CXXVI.	Ambrosius Didymi discipulus.
CVIII.	Fœbadius episcopus.	CXXVII.	Maximus ex philosopho episcopus.
CIX.	Didymus ὁ βλέπων	CXXVIII.	Gregorius alius episcopus.
CX.	Optatus episcopus.	CXXIX.	Joannes presbyter. [b]
CXI.	Acilius Severus, senator.	CXXX.	Gelasius episcopus.
CXII.	Cyrillus episcopus.	CXXXI.	Theotimus episcopus.
CXIII.	Euzoius episcopus.	CXXXII.	Dexter Paciani filius, nunc præfectus prætorio.
CXIV.	Epiphanius episcopus.		
CXV.	Ephrem diaconus.	CXXXIII.	Amphilochius episcopus.
CXVI.	Basilius alter episcopus.	CXXXIV.	Sophronius.
CXVII.	Gregorius alius episcopus.	CXXXV.	Hieronymus.
CXVIII.	Lucius episcopus.		

[a] Perperam olim *Pictaviensis* legebatur.

[b] Codex Sangermanensis, *Joannes episcopus*, male.

INCIPIT LIBER.

CAPUT PRIMUM.

827 Simon Petrus, [a] filius Joannis, provinciæ Galileæ, e vico Bethsaida, frater Andreæ apostoli (*Matth.* IV, 18), et princeps Apostolorum, [b] post episcopatum Antiochensis Ecclesiæ, et prædicationem dispersionis eorum qui de circumcisione crediderant, in Ponto, Galatia, Cappadocia, Asia, et Bithynia (I *Petr.* I, 1), [c] secundo Claudii imperatoris anno, ad expugnandum Simonem magum, Romam pergit, [d] ibique viginti quinque annis Cathedram Sacerdotalem tenuit, usque ad ultimum annum Neronis, id est, decimum quartum. A quo et affixus cruci, martyrio coronatus est, [e] capite ad terram verso, [f] et in sublime pedibus elevatis: asserens se indignum qui sic crucifigeretur ut Dominus suus. Scripsit duas Epistolas, [g] quæ Catholicæ nominan-

828 Σίμων Πέτρος, ἀπόστολος, υἱὸς Ἰωνᾶ, ἐπαρχίας Γαλιλαίας, κώμης Βηθσαϊδά, ἀδελφὸς Ἀνδρέου Ἀποστόλου, καὶ ἀρχηγὸς τῶν Ἀποστόλων, μετὰ τὴν ἐπισκοπὴν τῆς Ἀντιοχέων ἐκκλησίας, καὶ τὸ κήρυγμα τῶν διασπαρέντων, καὶ ἐκ τῆς περιτομῆς πιστευσάντων, ἐν Πόντῳ, Γαλατίᾳ, Καππαδοκίᾳ, Ἀσίᾳ καὶ Βιθυνίᾳ, τῷ δευτέρῳ Κλαυδίου ἔτει εἰς τὸ ἐκπολεμῆσαι Σίμωνα τὸν μάγον τῇ Ῥώμῃ ἐφίσταται, ἔνθα εἴκοσι πέντε ἐνιαυτοὺς τὸν θρόνον τῆς ἱερωσύνης κατέσχεν, ἕως τοῦ τελευταίου ἐνιαυτοῦ Νέρωνος, τουτέστι τοῦ τεσσαρεσκαιδεκάτου, ἐφ᾽ οὗ καὶ σταυρωθεὶς ἐμαρτύρησε, τὴν κεφαλὴν κατὰ γῆν ἔχων, τοὺς πόδας δὲ ἐν μετεώρῳ, φάσκων ἀνάξιον ἑαυτὸν εἶναι, τὸν ὅμοιον τρόπον σταυρωθῆναι τῷ πάντων Κυρίῳ. Ἔγραψε δύο ἐπιστολὰς τὰς ὀνομαζομένας καθολικάς, ἀφ᾽ ὧν τὴν δευτέραν οἱ πλείους οὐκ ἐγκρίνουσιν αὐτοῦ τυγχάνειν, διὰ τὸν χαρα-

---

[a] *Filius Jonæ* legunt multi codices, etiam a Victorio inspecti, cui lectioni præter Græcam versionem Sophronii, favet recepta apud veteres hujus nominis interpretatio, nempe *Filius Columbæ*. Sed vide Joan. I, 42, et XXI, 15 et seqq.

[b] *Actor.* XI, 20, constat Petrum Antiochiæ docuisse. Hieronymus in Galat. c. II : *Primum episcopum Antiochenæ Ecclesiæ Petrum fuisse accepimus, et Romam exinde translatum, quod Lucas penitus omisit.*

[c] Eusebius, lib. II, c. 14, Hist. : Ἐπὶ τῆς αὐτῆς Κλαυδίου βασιλείας.

[d] Eadem tradit in Chronico : *Petrus apostolus, cum primus Antiochenam Ecclesiam fundasset, Romam mittitur, ubi Evangelium prædicans xxv annis ejusdem urbis episcopus perseverat.* Sed cum de hisce xxv annis plurimæ quæstiones sint, et sententiæ, præstat videre Pagium ad an. Christ. 43, Baluzium in Lactantii librum *de Mortibus Persec.*, cap. 2, aliosque.

E vetustioribus Rufinus, lib. II Invectiv., numerat annos XXIV. Puta Christi 68.

[e] Iisdem omnino, quod mirum est, verbis S. Gaudentius Brixiensis de S. Petro, et Paulo, olim inter Zenonianos sermones xx : *Petrus crucifigitur, verso ad terram capite, et in sublime pedibus elevatis, asserens indignum se, qui ita crucifigeretur, ut Dominus suus.* Forte igitur isthæc ex antiquiore aliquo monimento desumpta sunt ab utroque, nam Hieronymum a Gaudentio exscriptum, etiamsi temporum ratio permitteret, minime est verosimile ; sed neque eorum probatur opinio, qui ex actis apocryphis quæ sub Lini nomine circumferuntur, hæc repetunt.

[f] Euseb. Hist. lib. III, c. 1, ex Origene, ἀνεσκολοπίσθη κατὰ κεφαλῆς.

[g] Minus recte legunt quidam mss. atque editi *canonicæ*.

tur : quarum [a] secunda a plerisque ejus esse negatur, propter styli cum priore dissonantiam. [b] Sed et Evangelium juxta Marcum, qui auditor ejus et interpres fuit, hujus dicitur. Libri autem, e quibus unus Actorum ejus inscribitur, alius Evangelii, tertius Praedicationis, quartus Apocalypseos, [c] quintus Judicii, inter apocryphas scripturas [d] repudiantur. [e] Sepultus Romae in Vaticano, juxta viam Triumphalem, totius [f] orbis veneratione celebratur.

κτῆρα, καὶ τὴν διαφωνίαν τῆς πρώτης ἐπιστολῆς. Ἀλλὰ καὶ τὸ κατὰ Μάρκον Εὐαγγέλιον, ὃς μαθητὴς αὐτοῦ καὶ ἑρμηνευτὴς ἐγένετο, τούτου λέγεται εἶναι. Τὰ δὲ συγγράμματα, τουτέστι πρῶτον, ὁ ἐπιγέγραπται Πράξεις αὐτοῦ· δεύτερον, Εὐαγγέλιον τρίτον, Κήρυγμα· τέταρτον, Ἀποκάλυψις· πέμπτον, Κρίσις, ὡς ἀπόκρυφα ὄντα ἀποδοκιμάζεται. Κηδευθεὶς δὲ ἐν Ῥώμῃ ἐν τῷ Βατικάνῳ πλησίον τῆς ὁδοῦ τῆς ἐπίκλην Τριουμφαλίας, μετὰ παντὸς τοῦ σεβάσματος παρὰ τῶν Ῥωμαίων θρησκεύεται.

CAPUT II.

829 Jacobus, qui appellatur frater Domini (*Galat.* 1, 19), cognomento Justus, ut nonnulli [g] existimant, Joseph ex alia uxore, ut autem mihi videtur, Mariae sororis matris Domini (*Joan.* xix, 25), cujus Joannes [h] in libro suo meminit, filius, post passionem Domini [i] statim ab Apostolis Hierosolymorum episcopus ordinatus, unam tantum scripsit Epistolam, quae de septem Catholicis est, quae et ipsa [j] ab alio quodam sub nomine ejus edita asseritur, licet paulatim [k] tempore procedente obtinuerit auctoritatem. [l] Hegesippus vicinus Apostolicorum temporum, in quinto Commentariorum libro de Jacobo narrans, ait: *Suscepit Ecclesiam* Hierosolymorum [m] *post Apostolos frater Domini Jacobus, cognomento Justus. Multi siquidem Jacobi vocabantur. Hic de utero matris sanctus fuit, vinum et siceram non bibit, carnem nullam comedit, nunquam attonsus fuit, nec unctus fuit unguento, nec usus balneo.* [n] *Huic soli licitum erat*

830 Ἰάκωβος ὁ ἀδελφὸς τοῦ Κυρίου, Ἀπόστολος καὶ ἐπίκλην δίκαιος, ὥστινες ὑπολαμβάνουσι, τοῦ Ἰωσὴφ ἀπ' ἄλλης γυναικός, ὡς δὲ ἐμοὶ φαίνεται, Μαρίας, ἀδελφῆς τῆς μητρὸς τοῦ Κυρίου εὐθὺς παρὰ τῶν ἀποστόλων Ἱεροσολύμων ἐπίσκοπος κατασταθείς, μίαν μόνην συνέγραψατο ἐπιστολὴν, ἥτις τῶν ἑπτὰ καθολικῶν τυγχάνει, καί τινες παρ' ἑτέρου τινὸς ἐπ' ὀνόματι αὐτοῦ ἐκδεδόσθαι ταύτην φάσκουσι, καὶ κατὰ βραχὺ τοῦ χρόνου προϊόντος, αὐθεντίας τινὸς ἐπελάβετο. Ἡγήσιππος γείτων τῶν Ἀποστολικῶν χρόνων ἐν τῷ πέμπτῳ λόγῳ τῶν ὑπομνημάτων περὶ Ἰακώβου διηγούμενος, ἔφη· Ἐδέξατο τὴν Ἐκκλησίαν Ἱεροσολύμων μετὰ τοὺς ἀποστόλους, ἀδελφὸς τοῦ Κυρίου Ἰάκωβος ὁ ἐπικληθεὶς δίκαιος, διὰ τὸ πολλοὺς καλεῖσθαι Ἰακώβους. Οὗτος ἐκ γενετῆς ἅγιος ἦν, οἶνον καὶ σίκερα οὐκ ἔπιε, κρεῶν δὲ οὐδὲ ἑτέρου θυτοῦ οὐ μετέλαβε πώποτε, οὐδὲ ἐκείρατο, οὐδὲ ἀλείμμασιν ἢ λουτροῖς προσωμίλησεν. Ἔθος δὲ ἦν αὐτῷ εἰσελθεῖν εἰς τὰ ἅγια τῶν ἁγίων

---

referendum ad *asseritur*, non ad *edita*.

[a] Vid. ad Hedibiam quaest. 11, ubi styli diversitatem in id confert, quod *pro necessitate rerum diversis sit usus interpretibus*. Inter catholicas epistolas recensent Clemens Alexand. in libb. ὑποτυπώσεων, Athanasii Synopsis, et Nazianzeni Carmen, in quo sacri libri percensentur.

[b] Vid. infra cap. 8, et Eusebium lib. iii Hist., cap. ultimo.

[c] Apud Eusebium lib. iii, cap. 5, unde haec sumpsisse videtur Hieronymus, libri *Judicii* nulla mentio est. At meminit Rufinus in Symbol. *Libellus, qui dicitur pastoris, sive Hermetis, qui appellatur Duae Viae, vel Judicium Petri.* Sic forte appellatum est *Judicium Petri* ex II Petri 1, 11 et seq. Judicium autem ea ratione dicitur, quo Prodicus olim Judicium Herculis de duabus viis, altera virtutis, altera voluptatis descripsit.

[d] Sic etiam in Graeco ἀποδοκιμάζεται. Sieque Suffridus Petri, Martianaeus, cod. Gemblacensis, aliique. Olim erat *reputantur*.

[e] Vid. Euseb. lib. ii, cap. 25.

[f] Sic Martianaeus ex tribus optimae notae codd. Alii mss. atque editi *urbis*, quibus suffragatur et Graeca versio— *Totius orbis*, etc. Hoc modo legit codex S. German. et mss. S. Martini Sagiensis, et S. Cygiranni retinent quoque *orbis* : caeteri cum editis legunt *totius urbis veneratione celebratur*. MARTIAN.

[g] Puta Eusebium lib. ii, et Ambrosium in 1 cap. ad Galat. Vide Hier. contra Helvid. num. 13, et quae ibi annotavimus. Ejus sententia, qua Jacobus frater Domini dictus creditur, quod ejus esset consobrinus prae caeteris placet.

[h] Verba *in libro suo* Graeca versio non agnoscit.

[i] Idem tradit Eusebius lib. ii, cap. 1, qui tamen Hieronymo. et sibimet contradicit lib. vii, cap. 19, scribens, ab ipso Domino, ejusque Apostolis episcopum Hierosol. Ecclesiae creatum fuisse, cui sententiae quidam etiam inter veteres suffragantur.

[j] Ms. Sangerm. apud Martian. *ab aliquibus*, quod

[k] Jam inde a S. Irenaeo cognitam contendit Massuetus ad Irenaeum, pag. 216. Vid. Huetium in Demonstrat. Evangel. Hodie eam omnes suscipiunt, qui Christiano nomine censentur.

[l] Eusebius libri ii, cap. 23 : Ὁ Ἡγήσιππος ἐπὶ τῆς πρώτης τῶν Ἀποστόλων γενόμενος διαδοχῆς, ἐν τῷ πέμπτῳ αὐτοῦ ὑπομνήματι, τοῦτον ἱστορεῖ τὸν τρόπον· Διαδέχεται δὲ τὴν ἐκκλησίαν μετὰ τῶν Ἀποστόλων ὁ ἀδελφὸς τοῦ Κυρίου Ἰάκωβος, ὁ ὀνομασθεὶς ὑπὸ πάντων δίκαιος, ἀπὸ τῶν τοῦ Κυρίου χρόνων μέχρι ἡμῶν, ἐπεὶ πολλοὶ Ἰάκωβοι ἐκαλοῦντο. Οὗτος δὲ ἐκ κοιλίας μητρὸς αὐτοῦ ἅγιος ἦν. Οἶνον καὶ σίκερα οὐκ ἔπιεν, οὐδὲ ἔμψυχον ἔφαγεν· ξυρὸν ἐπὶ τὴν κεφαλὴν αὐτοῦ οὐκ ἀνέβη, ἔλαιον οὐκ ἠλείψατο, καὶ βαλανείῳ οὐκ ἐχρήσατο. Τούτῳ μόνῳ ἐξῆν εἰς τὰ ἅγια εἰσιέναι· οὐδὲ γὰρ ἐρεοῦν ἐφόρει, ἀλλὰ σινδόνας· καὶ μόνος εἰσήρχετο εἰς τὸν ναὸν, ηὑρίσκετό τε κείμενος ἐπὶ τοῖς γόνασιν, καὶ αἰτούμενος ὑπὲρ τοῦ λαοῦ ἄφεσιν, ὡς ἀπεσκληκέναι τὰ γόνατα αὐτοῦ δίκην καμήλου.

[m] Euseb. μετὰ τῶν Ἀποστόλων, id est *cum Apostolis* Et supra annotavimus veterum aliquot Patrum traditionem, quae fert, ab ipso Christo ordinatum Jacobum Jerosolymorum episcopum, Chrysostom. Homil. 38, in 1, ad Corinth. αὐτὸς γὰρ αὐτὸν λέγεται κεχειροτοννηκέναι, καὶ ἐπίσκοπον ἐν Ἱεροσολύμοις πεποιηκέναι πρῶτον.

[n] *Huic soli licitum erat.* In aliquot mss. exemplaribus legimus, *Hic solus solitus erat*, vel, *Huic solitum erat*, etc. MARTIAN.— Aliquot mss. a Martian. citati *Hic solus solitus erat*, vel *huic solitum erat*. Ms. Gemblacensis Suffrido Petri inspectus, et Miraeus, *Hic solitus erat ingredi*, ut et Graeca versio ἔθος δὲ ἦν αὐτῷ εἰσελθεῖν. Eusebius vero τούτῳ μόνῳ ἐξῆν εἰς τὰ ἅγια εἰσιέναι. Caeterum recte vertit Hier. *εἰς τὰ ἅγια* in *Sancta Sanctorum*, id enim significare voluit Hegesippus, non in *Sancta* dumtaxat, quae frequentare quibuslibet licuit ex Aaronis ordine Sacerdotibus. Sic vertit etiam Rufinus. Nec dissimulo, difficillimam tunc videri, ut credatur, Hegesippi sententiam, cum verosimile non sit, Jacobo Christiano homini co

ingredi Sancta sanctorum: siquidem vestibus laneis non utebatur, sed lineis, solusque ingrediebatur templum, et fixis genibus pro populo deprecabatur, in tantum ut camelorum duritiem traxisse [a] ejus genua crederentur. Dicit et alia multa, [b] quæ enumerare longum esset. Sed et Josephus [c] in vicesimo libro Antiquitatum refert, et Clemens in septimo ὑποτυπώσεως, mortuo Festo, qui Judæam regebat, missum esse a Nerone successorem ejus Albinum, qui cum necdum ad provinciam pervenisset, [d] Ananus, inquit, Pontifex adolescens Anani filius, de genere sacerdotali, accepta occasione ἀναρχίας, concilium congregavit, et compellens publice Jacobum, ut Christum Dei Filium denegaret, contradicentem lapidari jussit. [e] Qui cum præcipitatus de pinna templi, confractis cruribus, adhuc semianimis tendens ad cœlum manus, diceret: Domine, ignosce eis, quod enim faciunt, nesciunt (Luc. XXIII, 34); fullonis fuste, quo [f] nda vestimenta extorqueri solent, in cerebro percussus interiit. Tradit item Josephus, tantæ eum sanctitatis fuisse, et celebritatis in populo, ut propter ejus necem, [g] creditum sit subversam esse Hierosolymam. Hic est de quo Paulus Apostolus scribit ad Galatas: Alium autem Apostolorum vidi neminem, nisi Jacobum fratrem Domini (Galat. I, 19). Et Apostolorum super hoc crebrius Acta testantur (Actor. I, 15; et XXII, 17; et XV, 13). Evangelium quoque quod appellatur [h] secundum Hebræos, et a me nuper in Græcum Latinumque sermonem translatum est, quo et Origenes sæpe utitur, post resurrectionem Salvatoris refert: Dominus autem [i] cum dedisset sindonem servo Sacerdotis, ivit ad Jacobum, et apparuit ei. Jura-

ἐσθῆτι ἐρεῖνῃ μὴ κεχρημένῳ, ἀλλὰ λινῇ, μόνῳ τε αὐτῷ ἐξῆν εἰς τὸν ναὸν εἰσιέναι, καὶ γόνατα κλίνων, ὑπὲρ τοῦ λαοῦ προσηύχετο τοσοῦτον, ὥς τε τὰ γόνατα αὐτοῦ ὑπερβαίνειν νομίζεσθαι τοὺς τῶν καμήλων τύλους. Λέγει καὶ ἕτερά τινα, ἃ μακρὸν εἴη καταλέγεσθαι, καὶ γὰρ καὶ Ἰώσηπος ἐν τῷ εἰκοστῷ τῆς ἀρχαιολογίας λόγῳ, καὶ Κλήμης ἐν τῷ ἑβδόμῳ τῶν ὑποτυπώσεων εἰρήκασι, μετὰ τὴν τελευτὴν Φήστου τοῦ τὴν Ἰουδαίαν διέποντος, πεμφθῆναι παρὰ Νέρωνος διάδοχον αὐτοῦ Ἀλβῖνον, καὶ πρὶν ἢ τοῦτον τῆς ἐπαρχίας ἐπιστῆναι, Ἄνανος, φησίν, ἱερεύς, νέος, Ἀνάνου υἱός, γένους ἱερατικοῦ, εἰληφὼς ἀφορμὴν ἀναρχίας, συνεδρίου γενομένου, ἠνάγκασε τὸν Ἰάκωβον δημοσίᾳ ἵνα τὸν Χριστὸν τὸν υἱὸν τοῦ Θεοῦ ἀρνήσηται, ἀντιλέγοντα δὲ λιθασθῆναι προσέταξεν, ὃς ἐκ τοῦ πτερυγίου τοῦ ναοῦ κρημνισθείς, κατεαγότων αὐτοῦ τῶν σκελῶν, ἡμιθανὴς ἐπάρας εἰς οὐρανὸν τὰς χεῖρας, λέγει Κύριε, σύγγνωθι αὐτοῖς, ὁ γὰρ ποιοῦσιν ἀγνοοῦσι· τότε κναφικῷ μοχλῷ ᾧ τὰ ἱμάτια ἐκπιέζειν εἰώθασι, κατὰ τὸν ἐγκέφαλον κρουσθεὶς, ἀνεπαύσατο. Προστίθησιν ὁ αὐτὸς Ἰώσηπος, τοσαύτης αὐτὸν γεγενῆσθαι ἁγιωσύνης ὄντος, καὶ θρησκείας παρὰ τῷ λαῷ, ὡς διὰ τὸν αὐτοῦ θάνατον πεπεῖσθαι πάντας, τὰ Ἱεροσόλυμα πεπορθῆσθαι. Περὶ τούτου καὶ ὁ Ἀπόστολος Παῦλος πρὸς τοὺς Γαλάτας λέγει· Ἄλλον δὲ ἐκ τῶν Ἀποστόλων οὐδένα εἶδον εἰ μὴ Ἰάκωβον τὸν ἀδελφὸν τοῦ Κυρίου. Καὶ τῶν Ἀποστόλων περὶ τούτου μαρτυροῦσιν αἱ Πράξεις. Καὶ τὸ Εὐαγγέλιον δὲ τὸ ἐπιγράφον (Forte ἐπιγραφόμενον) καθ' Ἑβραίους, ὅπερ ὑπ' ἐμοῦ νῦν εἰς τὴν ἑλληνικὴν καὶ ρωμαϊκὴν γλῶτταν μετεβλήθη, ᾧ καὶ Ὠριγένης πολλάκις κέχρηται, μετὰ τὴν ἀνάστασιν τοῦ Σωτῆρος λέγει· Ὁ δὲ Κύριος δεδωκὼς σινδόνα τῷ δούλῳ τοῦ ἱερέως, ἀπελθὼν πρὸς Ἰάκωβον, ἤνοιξεν αὐτῷ. Ὁμώμοκει γὰρ Ἰάκωβος μὴ γεύσασθαι ἄρτου, ἐξ ἐκείνης τῆς ὥρας,

---

piam ingrediendi Sanctum sanctorum fecisse Judæos, ubi adesse nisi Pontifici maximo non licebat. Quod autem dicitur non laneis usus esse, sed lineis vestibus, id quidem ex more Pontificis erat, Levitic. XVI, 4.

[a] Græca versio ὑπερβαίνειν, quasi legisset vicisse.
[b] Videre licet hæc apud Euseb. lib. II, c. 23.
[c] Vide Josephum lib. XX, cap. 9, initio. Quidam Codices apud Martianæum legunt Annianus et Annaniæ filius.
[d] Ananus, inquit, Pontifex. Codex Sangermanensis, sive Corbeiensis aliam retinet lectionem, istam nempe: Annianus, inquit, Pontifex, Ananiæ filius adolescens. MARTIAN.
[e] Hæc quidem Josephus recitat: quæ sequuntur ex Clemente apud Eusebium deprompta sunt.
[f] Hæc vox abest a quibusdam codicibus, quam nec Græcus interpres agnoscit. Aliæ editiones legunt rudia.
[g] Hæc affert Origenes, l. I contra Celsum, et in Comment. ad Matthæum tamquam a Josepho prolata, ταῦτα συμβέβηκεν Ἰουδαίοις κατ' ἐκδίκησιν Ἰακώβου τοῦ δικαίου, ὃς ἦν ἀδελφὸς Ἰησοῦ τοῦ λεγομένου Χριστοῦ, ἐπειδήπερ δικαιότατον αὐτὸν ὄντα Ἰουδαῖοι ἀπέκτειναν. Ex eo autem Eusebius, quem hic secutur Hieronymus. At peccaverit memoriæ lapsu Origenes, referens ad Jacobum quæ de Joannis Baptistæ nece per Herodem legerat: certe in Josephi libris hæc neque hodie habentur, neque umquam locum videntur habuisse.
[h] De hoc Evangelio secundum Hebræos multa alibi docet Hieronymus, quæ in speciem sibi videntur adversari. Hic Græce et Latine se illud interpretatum dicit, quem tamen laborem in Catalogo suorum operum non enumerat. Sequenti cap. 3, pro Matthæi au-

thentico laudat cujus Hebræum autographum e Cæsariensi bibliotheca descripserit: Supra, lib. III contra Pelagianos num. 2: In Evangelio, inquit, juxta Hebræos, quod Chaldaico quidem Syroque sermone, sed Hebraicis litteris scriptum est, quo utuntur usque hodie Nazareni secundum Apostolos, sive ut plerique autumant, juxta Matthæum, quod et in Cæsariensi habetur Bibliotheca, etc. Et in Matth. XII, 13: In Evangelio, quo utuntur Nazareni et Ebionitæ, quod nuper in Græcum de Hebræo sermone transtulimus, et quod vocatur a plerisque Matthæi authenticum. Conciliari autem possunt, si intelligas, fuisse istud speciale quoddam ejusdem Evangelii exemplar, Chaldaica quidem, sive Syriaca lingua, sed Hebraicis litteris scriptum, non quidem ab ipso Matthæo, sed a Nazarenis, qui hanc translationem, in Syro Chaldaicam linguam jamdiu olim confecerant, eique multa assuerant, quæ sibi videbantur a Matthæo omissa, cujusmodi sunt quæ subinde notat Hieronymus: contra Ebionitæ genealogiam resecavarent. Uterque authenticum prædicabant, ex eorumque opinione in Cæsariensi bibliotheca servatum exscripsit Sanctus Doctor, qui inde Græce et Latine interpretatus est: tametsi non intelligo, cur Græce librum refunderet, qui jam Græce exstabat, siquidem illum Origenes legit. Cæterum tum alibi, tum in præfixa libris contra Pelagianos Admonitione notatum est, quod ea de causa quinti Evangelii conficitor a Theodoro Mopsuesteno apud Photium cod. 177 diceretur.

[i] Cum dedisset sindonem. Sangermanensis codex ms. non legit, cum dedisset sindonem servo Sacerdotis. MARTIAN.

[j] Apparitionem quidem Jacobo peculiariter factam

verat enim Jacobus, se non comesturum panem ab illa hora **833** qua biberat calicem Domini, donec videret eum [a] resurgentem a dormientibus. Rursusque post paululum : *Afferte*, ait Dominus, *mensam et panem*. Statimque additur : *Tulit panem et benedixit, ac fregit, et dedit Jacobo justo, et dixit ei : Frater mi, comede panem tuum, quia resurrexit Filius hominis a dormientibus*. Triginta itaque annos Hierosolymorum [Al. Hierosolymis] rexit Ecclesiam, id est, usque ad [b] septimum Neronis annum, et juxta templum ubi et præcipitatus fuerat, sepultus est. Titulum usque ad obsidionem Titi, et ultimam Hadriani, notissimum habuit. Quidam e nostris in monte Oliveti eum putaverunt conditum, [c] sed falsa eorum opinio est.

ἀφ' ἧς πεπώκει τὸ ποτήριον ὁ Κύριος , ἕως οὖ ἴδη αὐτὸν ἀναστάντα ἐκ νεκρῶν. Αὖθι δὲ μικρὸν ὕστερον· Δότε, φησὶν ὁ κύριος, τράπεζαν καὶ ἄρτον. Εὐθὺς δὲ προστίθεται, λαβὼν ἄρτον, εὐχαριστήσας ἔκλασε, καὶ δεδωκὼς Ἰακόβῳ τῷ δικαίῳ, λέγει αὐτῷ, Ἀδελφέ μου, ἔσθιε τὸν ἄρτον τὸν σὸν, ἠγέρθη γὰρ ὁ υἱὸς τοῦ ἀνθρώπου ἐκ νεκρῶν. Τριάκοντα τοιγαροῦν ἐνιαυτοὺς τὴν Ἱεροσολύμων κυβερνήσας ἐκκλησίαν, τουτέστιν, ἕως ἑβδόμου ἐνιαυτοῦ Νέρωνος, πλησίον τοῦ ναοῦ ἀπετέθη, ἐν ᾧ καὶ ἐρρίφθη. Τίτλον ἄχρι τῆς Τίτου πολιορκίας, καὶ τῆς τελευταίας Ἀδριανοῦ ἐπισήμου ἔσχεν. Ὅν τινες ἐξ ἡμῶν ἐν τῷ ὄρει τοῦ ἐλαιῶνος τεθεῖσθαι νομίζουσι, ψευδοῦς οὔσης τῆς τούτων ὑπονοίας.

CAPUT III.

833. Matthæus, qui et Levi, ex publicano apostolus (*Matth.* IX, 9; *Marc.* II, 14 ; *Luc.* V, 27), primus in Judæa propter eos qui ex circumcisione crediderant, Evangelium Christi [d] Hebraicis litteris verbisque composuit : quod quis postea in Græcum transtulerit, non satis certum est. Porro ipsum Hebraicum habetur usque hodie in [e] Cæsariensi bibliotheca, quam Pamphilus martyr studiosissime confecit. Mihi quoque a Nazaræis, qui in Beroea urbe Syriæ hoc volumine utuntur, describendi facultas fuit. In quo animadvertendum, quod ubicumque Evangelista, sive ex persona sua, sive ex persona Domini Salvatoris, veteris Scripturæ testimoniis abutitur, non sequatur Septuaginta translatorum auctoritatem, sed Hebraicam, e quibus illa duo sunt : *Ex Ægypto vocavi filium meum*; et : *Quoniam Nazaræus vocabitur*.

834 Ματθαῖος, ὁ καὶ Λευΐς, Ἀπόστολος ἀπὸ τελωνῶν, B ἐν τῇ Ἰουδαίᾳ πρῶτος · διὰ τοὺς ἐκ περιτομῆς πιστεύσαντας, εὐαγγέλιον τοῦ Χριστοῦ γράμμασιν καὶ ῥήμασιν ἑβραϊκοῖς συνέταξεν, ἀγνοουμένου τοῦ μετὰ ταῦτα εἰς ἑλληνικὸν τοῦτο μεταφράσαντος. Τὸ δὲ ἑβραϊκὸν ἄχρι τήμερον ἔστι ἐν τῇ βιβλιοθήκῃ Καισαρείας τῇ παρὰ Παμφίλου μάρτυρος περισπουδάστως κατασκευασθείσῃ. Ἐμοὶ δὲ παρὰ τῶν Ναζαραίων τῶν ἐν Βεροίᾳ τῆς Συρίας τούτῳ κεχρημένων, ἄδεια παρεσχέθη τούτου μεταγραφῆς, δι' οὗ ἔστιν ἀκριβὲς πεισθῆναι, ὡς ἔνθα ἂν ὁ Εὐαγγελιστὴς εἴτε ἐκ προσώπου οἰκείου, εἴτε ἐκ προσώπου τοῦ Κυρίου ἡμῶν Ἰησοῦ Χριστοῦ καὶ Σωτῆρος ταῖς μαρτυρίαις κατακέχρηται τῶν παλαιῶν γραφῶν, μὴ ἀκολουθεῖν τῇ αὐθεντίᾳ τῶν ἑβδομήκοντα ἑρμηνευτῶν, ἀλλὰ τῇ ἑβραϊκῇ, ἀφ' ὧν τὰ δύο ἐστὶν ἐκεῖνα, Ἐξ Αἰγύπτου ἐκάλεσα τὸν υἱόν μου, καὶ, Ὅτι Ναζαραῖος κληθήσεται.

CAPUT IV.

Judas [f] frater Jacobi parvam, quæ de septem Ca- C nullus quatuor Evangelistarum memorat, sed Paulus I Corinth. xv, 7, inter alias recenset : ex quo auctor hujus Evangelii, quem plures deinde secuti sunt, videtur sumpsisse. Meminit hujusce Evangelii Hier. lib. iv in I-aiam, c. 11 et in Ezech. vi, c. 18, et in Matth. i, c. 6, et ii, c. 12, et iv, c. 23, itemque c. 27 bis, et in Epist. Ad Ephes. l. iii, c. 6.

[a] Al. *a mortuis*. Idem ex Hieronymo tradunt Gregorius Turonensis lib. i Hist. Francorum, c. 22, Sedulius Scotus in I Cor. xv, 7, aliique. Illud quoque notandum, quod Verba paulo supra, *cum dedisset syndonem servo Sacerdotis*, in Sangermanensi codice a Martianæo inspecto desiderantur. Porro vitiose Græcus legerat *aperuit* pro *apparuit :* sicut mox *Dominus*, ὁ κύριος, male pro *Domini*.

[b] *Christi* 62. Cætera ex Hegesippo apud Eusebium D lib. ii, c. 23 : Καὶ ἔθαψαν αὐτὸν ἐν τῷ τόπῳ, καὶ ἔτι αὐτοῦ ἡ στήλη μένει παρὰ τῷ ναῷ. Vide de titulo Scholion Græcum, quod ad oram Mazarinii Codicis Eusebianæ historiæ invenit Valesius : Ἰστέον ὅτι ἡ στήλη αὐτὴ λίθος ἦν ἀμορφος, ἐπιγραφὴν ἔχων τὸ ὄνομα τοῦ τεθαμμένου Ἰακώβου · ἐξ οὗ καὶ ἔτι νῦν οἱ χριστιανοὶ ἐν τοῖς μνήμασιν αὐτῶν λίθους ἱστᾶσιν, καὶ ἡ γράμματα ἐν αὐτοῖς γράφουσιν, ἢ τὸ σημεῖον τοῦ σταυροῦ ἐγχαράττουσιν. *Sciendum est*, columnam hanc nihil aliud fuisse, quam lapidem informem, in qua nomen Jacobi illic sepulti erat incisum. *Unde et Christiani in sepulcris suis etiamnum lapides statuunt : in quibus aut litteras inscribere, aut crucis figuram insculpere consueverunt*.

[c] Hanc tamen sententiam alteri præferunt Quaresmius, aliique docti viri, tum quod extra urbem Judæi cadavera tumularent, tum quod hominem la-

Ἰούδας ἀδελφὸς Ἰακώβου ἐλαχίστην, ἥ τις ἐκ τῶν ἑπτὰ

pidibus damnatum, utque eorum ferebat opinio, seductorem prope templum humo inferri permisisse eos, et titulo donasse, non sit verosimile. Cum tamen mons Oliveti e regione templi sit, Hegesippum huic sententiæ non repugnare contendit idem Quaresmius.

[d] Idem tradunt Papias apud Eusebium iii, 39, Hist., quin et Eusebius ipse libro eodem c. 24, et lib. v c. 10. Sed Matthæum ipsum Græce scripsisse longe est credibilius et cum de ejus interprete inceria nimis traditio sit, quem alii Jacobum, alii Paulum, alii Lucam, vel denique Joannem fuisse volunt, videntur etiam Papias, aliique veteres, Nazaræorum Evangelium, de quo supra diximus c. 2, pro Matthæi *authentico* habuisse, quod notatum est ab ipso Hier. in Matthæum. At Patres hoc Evangelium Græce tantum allegant, et Hebræum explodunt, nec ullum scio, qui Græcum ex Hebræo versum subindicet. Vid. cap. superiori, quæ annotavimus hac de re.

[e] De hac Bibliotheca vide Euseb. vi, 31, et Hieronymum, infra, cap. 75.

[f] *Frater Domini* legi in antiquis codicibus animadvertit Victorius, aliique, quibus hæc lectio probatur, quod ita eum vocet etiam Hegesippus apud Eusebium lib. iii c. 20. Sed rectius plerique mss. legant *Jacobi*, ut et Freculfus ex Hieronymo, et Græc. interpres ex Luca vi 16, et ex Juda ipso. Jacobus autem minor, de quo supra, c. 2, ejus frater intelligitur. Unde recte Epiphanius xxvi, 11, utrumque jungit, Ἰούδας ὁ ἀδελφὸς Ἰακώβου καὶ Κυρίου λεγόμενος. Vid. et Clement. Alexandr. in Epistolas Catholicas.

tholicis est, Epistolam reliquit. Et quia de libro Enoch, qui apocryphus est, in ea [a] assumit testimonium, **835** a plerisque rejicitur, [b] tamen auctoritatem vetustate jam et usu meruit, et inter sanctas Scripturas computatur.

Καθολικῶν ἐστιν, Ἐπιστολὴν καταλέλοιπεν. Καὶ ἐπείπερ ἀπὸ τῆς βίβλου Ἐνὼχ, τῆς ἀποκρύφου τυγχανούσης, προσλαμβάνεται **836** ἐν αὐτῇ μαρτυρίας, παρὰ πολλῶν ἐκβάλλεται, ἀλλ' ὅμως τῇ ἀρχαιότητι, καὶ τῇ τῆς χρήσεως αὐθεντίᾳ ἠξιώθη ταῖς θείαις γραφαῖς συγκαταριθμεῖσθαι.

CAPUT V.

Paulus apostolus, qui ante Saulus (*Actor.* vii, 58), extra numerum [c] duodecim Apostolorum, de tribu Benjamin et oppido [d] Judææ Giscalis fuit, quo a Romanis capto, cum parentibus suis Tarsum Ciliciæ commigravit (*Act.* xiii, 12), a quibus ob studia Legis missus Hierosolymam, a Gamaliele viro doctissimo, cujus Lucas meminit, eruditus est. Cum autem interfuisset neci martyris Stephani, et acceptis a pontifice templi epistolis, ad persequendos eos, qui Christo crediderant, Damascum pergeret, revelatione compulsus ad fidem, quæ in Actibus Apostolorum scribitur, in vas electionis de persecutore translatus est. Cumque primum ad prædicationem ejus Sergius Paulus proconsul Cypri credidisset, ab eo quod eum Christi fidei subegerat, [e] sortitus est nomen Paulus, et juncto sibi Barnaba, multis urbibus peragratis, revertensque Hierosolymam, a Petro, Jacobo et Joanne Gentium Apostolus ordinatur. Et quia in Actibus Apostolorum plenissime de ejus [f] conversatione scriptum est, hoc tantum dicam, quod post passionem Domini vicesimo quinto anno, id est, [g] secundo Neronis, eo tempore, quo Festus procurator Judææ successit Felici, Romam vinctus mittitur, et biennium in libera manens custodia, adversus Judæos de adventu Christi quotidie disputavit. **837** Sciendum autem in [h] prima satisfactione, necdum Neronis imperio roborato, nec in tanta erumpente scelera, quanta de eo narrant historiæ, Paulum a Nerone dimissum, ut Evangelium Christi in Occidentis quoque partibus prædicaretur, sicut ipse scribit in secunda Epistola ad Timotheum, eo tempore quo et passus est, de vinculis dictans Epistolam : *In prima mea satisfac-*

Παῦλος ὁ Ἀπόστολος ἔξω τοῦ ἀριθμοῦ τῶν δώδεκα Ἀποστόλων τυγχάνων, ἐκ φυλῆς Βενιαμὴν, καὶ κώμης Γισχάλων τῆς Ἰουδαίας, ὁρμώμενος, πορθηθείσης παρὰ τῶν Ῥωμαίων τῆς αὐτῆς κώμης, μετὰ τῶν οἰκείων γονέων εἰς Ταρσὸν τῆς Κιλικίας κατῴκησεν, ὑφ' ὧν σταλεὶς διὰ τὴν ἄσκησιν τοῦ νόμου εἰς Ἱεροσόλυμα, παρὰ Γαμαλιὴλ ἀνδρὶ διδασκαλικωτάτῳ, οὗ καὶ Λουκᾶς μέμνηται, ἐφοίτησεν. Ἀλλ' ἡνίκα παρῆν τῇ σφαγῇ Στεφάνου τοῦ μάρτυρος, λαβὼν Ἐπιστολὰς τοῦ ἱερέως ἐπὶ διωγμῷ τῶν ἐν τῷ Ἰησοῦ Χριστῷ πιστευσάντων, ἐπιστὰς τῇ Δαμασκῷ ἐξ ἀποκαλύψεως εἰς τὴν πίστιν τὴν ἐν ταῖς Πράξεσι τῶν Ἀποστόλων ἐγγεγραμμένων, εἰς σκεῦος ἐκλογῆς ἀπὸ διώκτου μετηνέχθη. Πιστεύσαντος δὲ πρῶτον εἰς τὴν τούτου κήρυξα Σεργίου Παύλου ἀνθυπάτου τῆς Κυπρίων, ἐξ αὐτοῦ, ὅτι αὐτὸν τῇ πίστει τοῦ Χριστοῦ ὑπέταξεν, ἐκληρώθη τοῦ ὀνόματος Παύλου, καὶ συζεύξας ἑαυτῷ Βαρνάβαν, πολλαῖς τε πόλεσιν ἐπιστὰς ἀναζεύξας εἰς Ἱεροσόλυμα, παρὰ Πέτρου καὶ Ἰακώβου τῶν ἐθνῶν Ἀπόστολος καθίσταται. Ἐπεὶ τοίνυν ἐν ταῖς Πράξεσι τῶν Ἀποστόλων περὶ τῆς τούτου διαγωγῆς πολλὰ εἴρηται, τοῦτο μόνον λέξω, ὅτι περ μετὰ τὸ πάθος τοῦ Κυρίου εἰκοστῷ πέμπτῳ ἔτει, τουτέστι δευτέρῳ Νέρωνος, ἡνίκα Φῆστος ὁ τῆς Ἰουδαίας ἐπίτροπος διεδέξατο Φήλικα, εἰς Ῥώμην δέσμιος πέμπεται, καὶ ἐπὶ δύο ἐνιαυτοὺς ἐν ἐλευθέρᾳ μένων παραφυλακῇ κατὰ τῶν Ἰουδαίων περὶ τῆς ἐλεύσεως Ἰησοῦ ἑκάστοτε ἐξηγήσατο. Δεῖ δὲ εἰδέναι ὅτι ἐν τῇ πρώτῃ ἀπολογίᾳ μήπω τῆς τοῦ Νέρωνος βασιλείας στερεωθείσης, μήτε εἰς τοσαύτας αὐτοῦ πράξεις, ὅσας αἱ ἱστορίαι φέρουσιν, ἐξελήλακότος, Παῦλος παρὰ Νέρωνος ἀπελύθη ἐπὶ τὸ εὐαγγέλιον τοῦ Ἰησοῦ Χριστοῦ, καὶ ἐν τοῖς ἑσπερίοις μέρεσι κηρῦξαι, καθὼς γράφει ἐν τῇ δευτέρᾳ πρὸς Τιμόθεον Ἐπιστολῇ, ἐν τῷ καιρῷ, ἐν ᾧ καὶ ἔπαθεν, ὅταν ἐν τοῖς δε-

---

[a] Cap. v, vers. 14. Quod vero Hieron. suo more *plerosque* dicit, intellige *aliquos*, non τοὺς πλείους. Sic enim Eusebius a plurimis, τοῖς πολλοῖς, genuinam habitam dicit. Cætera antiquorum testimonia non est hujus loci referre. Vide Huetium Demonstr. Evang. Prop. 1, etc.

[b] *Tamen auctoritatem.* Sangermanensis codex vetustissimus ita legit : *tamen auctoritate jam, et vetustate et usu meruit*, etc. MARTIAN. — Cod. Sangerm. apud Martianæum, *tamen auctoritate jam et vetustate et usu meruit*, quemadmodum et Græca versio.

[c] Ut se ipse distinguit I Corinth. xv, 5, 8.

[d] Paria habet in Epistola ad Philemon. : *Aiunt parentes apostoli Pauli de Giscalis regione fuisse Judææ, et eos cum tota Provincia Romana vastaretur manu, et dispergerentur in orbem Judæi, in Tarsum urbem Ciliciæ fuisse translatos parentum conditionem adolescentulum Paulum secutum.* Paulus vero de semetipso Actor. xxii, 3 : *Ego sum vir Judæus natus in Tarso Ciliciæ.* Porro Giscala πολίχνη, id est *urbecula* Galilææ dicitur Josepho lib. iv de Bell. cap. 2.

[e] *Alias sortitus est nomen Paulus.* Fusius in Comment. in Epist. ad Philem. : *Ut enim Scipio subjecta Africa, Africani sibi nomen assumpsit, ita et Saulus ad prædicationem gentium missus a primo Ecclesiæ spolio proconsule Sergio Paulo victoriæ suæ tropæa retulit, erexitque vexillum, ut Paulus diceretur.*

[f] Miræus aliique perperam *Conversione*. Eodem sensu dicit infra, c. 8 : *Philo librum super eorum conversatione scripsit :* et Græcus διαγωγῆς.

[g] Euseb. lib. xii : Φήλικος δὲ Φῆστος ὑπὸ Νέρωνος διάδοχος πέμπεται, καθ' ὃν δικαιολογησάμενος ὁ Παῦλος, δέσμιος ἐπὶ Ῥώμης ἄγεται. — καὶ Λουκᾶς δὲ ἐν τούτοις κατέλυσε τὴν ἱστορίαν, διετίαν ὅλην ἐπὶ τῆς Ῥώμης τὸν Παῦλον ἄνετον διατρίψαι καὶ τὸν τοῦ Θεοῦ λόγον ἀκωλύτως κηρῦξαι ἐπισημηνάμενος. — Secundum Neronis annum cum vigesimo quinto post passionem Domini alligans, cum Eusebio facit, in cujus Chronico a se converso in Latinum, Christus passus est anno 18 imperii Tiberii Cæsaris a morte Augusti, coss. Cn. Domitio Ænobarbo, et M. Fulvio Camillo Scriboniano. Ex ejus anni Paschate, qui proxime usque ad Neronis secundum fluxerunt, reapse viginti quinque sunt, et concurrunt cum Neronis secundo aliquantulum saltem provecto.

[h] Græcus ἀπολογίᾳ, ex Timoth. iv, 16, omnino recte ; eo enim sensu optimi Scriptores *satisfactionem* accipiunt defensionem, qua vel delictum removetur, vel excusatur.

tione nemo mihi affuit, [a] sed omnes me dereliquerunt : non eis imputetur. Dominus autem mihi affuit, et confortavit me, ut per me prædicatio compleretur, et audirent omnes gentes, et liberatus sum de ore leonis (1 Tim. IV, 16). [b] Manifestissime leonem propter crudelitatem Neronem significans. [c] Et in sequentibus : Liberatus sum de ore leonis. Et statim : Liberabit me Dominus ab omni opere malo, et [d] salvabit me in regnum suum cœleste, quod scilicet præsens sibi sentiret imminere martyrium. Nam et in eadem Epistola præmiserat : Ego enim jam immolor, et tempus resolutionis meæ instat (1 Tim. IV, 6). [e] Hic ergo quarto decimo Neronis anno, eodem die quo Petrus Romæ, pro Christo capite truncatur, sepultusque est in via Ostiensi, anno post passionem Domini tricesimo septimo. Scripsit autem novem ad septem Ecclesias Epistolas, ad Romanos unam, ad Corinthios duas, ad Galatas unam, ad Ephesios unam, ad Philippenses unam, ad Colossenses unam, ad Thessalonicenses duas, præterea ad [f] discipulos suos, Timotheo duas, Tito unam, Philemoni unam. Epistola autem quæ fertur ad Hebræos, non ejus creditur, propter styli sermonisque [g] dissonantiam, sed vel Barnabæ, juxta [h] Tertullianum, vel Lucæ Evangelistæ, **839** juxta [i] quosdam, vel Clementis [j] Romanæ postea Ecclesiæ Episcopi, quem aiunt ipsi adjunctum sententias Pauli proprio ordinasse et ornasse sermone. Vel certe quia Paulus scribebat ad Hebræos, et propter invidiam sui apud eos nominis, [k] titulum in principio salutationis amputaverit. Scripserat ut [l] Hebræus

A σμοῖς **838** ὤν, ἐπιστέλλει, λέγων. Ἐν τῇ πρώτῃ μου ἀπολογίᾳ οὐδείς μοι συμπαρεγένετο καὶ ἐρρύσθην ἐκ στόματος λέοντος, σαφῶς, διὰ τὴν ὠμότητα, Νέρωνα λέγων. Αἰσθόμενος γὰρ δηλονότι ἐπικεῖσθαι αὐτῷ τὸ μαρτύριον, ἐν τῇ αὐτῇ ἐπιστολῇ προεῖπε, λέγων· Ἐγὼ γὰρ ἤδη σπένδομαι, καὶ ὁ καιρὸς τῆς ἐμῆς ἀναλύσεως ἐφέστηκεν. Ὁμοίως τοίνυν καὶ αὐτὸς τεσσαρεσκαιδεκάτῳ Νέρωνος ἐνιαυτῷ, τῇ αὐτῇ ἡμέρᾳ, ᾗ καὶ Πέτρος ἐν Ῥώμῃ ὑπὲρ Ἰησοῦ Χριστοῦ ἀποκεφαλισθεὶς, ἀπετέθη ἐν τῇ ὁδῷ, τῇ λεγομένῃ Ὀστηνσίᾳ ἔτους μετὰ τὸ πάθος τοῦ Κυρίου ἡμῶν Ἰησοῦ Χριστοῦ, τριακοστοῦ ἑβδόμου. Ἔγραψε δὲ ἐπιστολὰς ἐννέα πρὸς ἑπτὰ ἐκκλησίας οὕτως· πρὸς Ῥωμαίους μίαν, πρὸς Κορινθίους δύο, πρὸς Γαλάτας μίαν, πρὸς Ἐφεσίους μίαν, πρὸς Φιλιππησίους μίαν, πρὸς Κολοσσεῖς μίαν, πρὸς Θεσσαλονικεῖς δύο, καὶ πρὸς τοὺς οἰκείους μαθητὰς, Τιμο-

B θέῳ δύο, Τίτῳ μίαν, Φιλήμονι μίαν· Τὴν δὲ πρὸς Ἑβραίους Ἐπιστολὴν τινες νομίζουσιμὴ εἶναι αὐτοῦ, διά τε τὸν χαρακτῆρα, καὶ τὴν τοῦ λόγου διαφωνίαν· ἀλλὰ Βαρνάβα, κατὰ τὸν Τερτουλλιανόν, ἢ τοῦ Λουκᾶ τοῦ Εὐαγγελιστοῦ, καθά τισι δοκεῖ, ἢ Κλήμεντος τοῦ τῆς ἐκκλησίας Ῥώμης ὕστερον Ἐπισκόπου, ὅν φασι τὰ ἀποφθέγματα Παύλου οἰκείῳ συντάξαι καὶ κοσμῆσαι λόγῳ, ἤ, τό γε μᾶλλον, Παύλος γράφων πρὸς Ἑβραίους, διὰ τὸν φθόνον τὸν πρὸς αὐτὸν, τὴν τοῦ Ἀποστόλου ἐπιγραφὴν ἐν ἀρχῇ τῆς προσηγορίας γραφῆναι οὐκ ἐδοκίμασεν. Ἐγεγράφει γὰρ ὡς Ἑβραῖος ἑβραϊστί, τουτέστιν οἰκείᾳ φράσει ἐλλογίμως, καὶ ἄπερ εὐφραδῶς συνετέτακτο τῇ Ἑβραΐδι διαλέκτῳ, εὐφραδέστερον εἰς ἑλληνικὴν μετεφράσθη, καὶ ταύτην εἶναι τὴν αἰτίαν τοῦ οἴεσθαι διαφωνεῖν ἄλλαις ταῖς Παύλου Ἐπιστολαῖς.

---

[a] Verba sed omnes me dereliquerunt usque gentes absunt a Græca versione.
[b] Euseb. l. c. : Σαφῶς δὴ παρίστησι διὰ τούτων ὅτι δὴ τὸ πρότερον ἐρρύσθη ἐκ στόματος λέοντος, τὸν Νέρωνα ταύτῃ ὡς ἔοικε διὰ τὸ ὠμόθυμον προσειπών· οὐκοῦν ἑξῆς προστέθεικε παραπλήσιόν τι, τὸ Ῥύσεταί με ἐκ στόματος λέοντος· ἑώρα γὰρ τῷ πνεύματι τὴν ὅσον οὔπω μέλλουσαν τελευτήν. Διὸ φησὶν ἐπιλέγων τῷ Καὶ ἐρρύσθην ἐκ στόματος λέοντος, τὸ Ῥύσεταί με ὁ Κύριος ἀπὸ παντὸς ἔργου πονηροῦ, καὶ σώσει εἰς τὴν βασιλείαν αὐτοῦ τὴν ἐπουράνιον, ὡμαίνων τὸ παραυτίκα μαρτύριον, ὃ καὶ σαφέστερον ἐν τῇ αὐτῇ προλέγει γραφῇ, φάσκων· Ἐγὼ γὰρ ἤδη σπένδομαι καὶ ὁ καιρὸς τῆς ἀναλύσεώς μου ἐφέστηκεν.
[c] Non habet Græcus interpres quæ respondeant his Latini textus, Et in sequentibus liberatus sum. Et statim liberabit, etc., usque regnum suum cœleste, quæ omnino non agnoscit. Contra Græcus Eusebii textus plura quædam habet a verbis οὐκοῦν ἑξῆς, etc., usque ἐπιλέγων τῷ Καὶ ἐρρύσθην ἐκ στόματος λέοντος, quibus clarius exponitur Paulus in secunda custodia, non iterum scribere se liberatum iri ex ore Leonis, ut priori vice dixerat, sed penitus liberandum a Domino per martyrium, atque in cœleste regnum transferendum. Et de Hieronymo quidem suspicati sumus, verba ex ore leonis, quibus altera periodus, quæ hic videtur omissa, finiebatur, librarium fefellisse exscribentem. At e codicibus nostris, quomodo emendemus, non suppetit.
[d] Sic ex codice nostro salvabit, qui tamen antea liberavit, non liberabit : cæteri tam editi quam mss. perperam liberavit, et mox salvabit. Vid. Tim. IV, 18.
[e] Duo codices antiquissimi, Veronensis unus, alter S. Crucis de Urbe legunt trigesimo sexto. Recole quæ annotavimus ad secundum Neronis annum, quem cum 25 Domini post passionem alligat. Potuit, ut nunc mihi videtur, initium anni XIV Ne-

C roniani cum 36 post Christi passionem concurrere.
[f] Miræus addit. quatuor.
[g] Veteres editiones distantiam. Vid. Origen. apud Euseb. lib. VI, c. 25.
[h] Tertull. lib. de Pudicitia c. 20.
[i] Euseb. lib. III, c. 38, et Theophylactus et Gobarus apud Photium cod. 222, meminit hujus sententiæ. Illud, ipsi adjunctum merum glossema expunxi malim, quod nec ullus e nostris codicibus, nec interpres Græcus agnoscunt.
[j] Clemens Alex. apud Euseb. lib. VI, c. 14. Vid. et Philastrium Hæres. 88.
[k] Ita Clemens Alexandr. apud Euseb. Histor. Eccles. VI, 14 : Μὴ προγεγράφθαι δὲ τὸ, Παῦλος Ἀπόστολος, εἰκότως, etc. Vide Chrysostomum Homil. 64, in loca N. T.
[l] Cacophoniam vulgatorum Hebræus Hebræis Hebraice omnino repudiamus. Alter e codd. nostris, Hebræis omittit, alter Hebræus. Græcus etiam tantum ἑβραῖος ἑβραϊστί, Hebræus Hebraice. Legendum

D cum cod. nostro, Scripserat enim Hebræus Hebraice, vel autem pro enim. Porro accedimus doctissimis viris, qui non Hebraice, sed Græce Epistolam ab Apostolo scriptam gravissimis argumentis probant. Hieronymum quidem in eam sententiam impulerunt Clemens Alexandrin. Ὑποτύπ., apud Euseb. lib. VI, cap. 14, Hist. Eccl., atque ipse in primis Euseb. lib. III, c. 38, quos postea secuti sunt Theodoretus Præf. in Epist. ad Heb. et Anonymus apud Œcumenium in simili Præfatione, aliique ex recentioribus multi. Sed horum auctoritates ratione præponderantur; nam et textus ipse se Græce primitus scriptum prodit, tum Græcis allusionibus, quæ in Hebræo nihil essent, tum phrasi continua, ac stylo, et Scripturarum e Græco testimoniis, Hebræorumque hominum interpretationibus, quæ frustra essent,

Hebraice, id est, suo eloquio disertissime, ut ea quæ eloquenter scripta fuerant in Hebræo, eloquentius verterentur [*Ms.* vertisse] in Græcum, et hanc causam esse, quod a cæteris Pauli Epistolis discrepare videatur. Legunt quidam et ad Laodicenses, sed ab omnibus exploditur.

Α Τινὲς δέ, καὶ τὴν πρὸς Λαοδικεῖς ἀναγινώσκουσιν, ἀλλὰ παρὰ πάντων ἐκβάλλεται.

CAPUT VI.

839 Barnabas Cyprius (*Act.* IV, 36), qui et Joseph Levites, cum Paulo Gentium apostolus ordinatus (*Act.* XIII, 2; *Gal.* II, 9), unam ad ædificationem Ecclesiæ pertinentem Epistolam [a] composuit, quæ inter apocryphas scripturas legitur. Hic postea propter Joannem discipulum, qui et Marcus vocabatur (*Act.* XV, 37), separatus a Paulo, nihilominus Evangelicæ prædicationis injunctum sibi opus exercuit.

840 Βαρνάβας Κύπριος, ὁ καὶ Ἰωσὴφ Λευίτης μετὰ Παύλου τῶν ἐθνῶν Ἀπόστολος κατασταθεὶς μίαν πρὸς οἰκοδομὴν τῆς ἐκκλησίας Ἐπιστολὴν συνέταξεν, ἥτις εἰς τὰς ἀποκρύφους γραφὰς ἀναγινώσκεται. Οὗτος ὕστερον διὰ Ἰωάννην τὸν μαθητήν, ὃς καὶ Μάρκος ἐκαλεῖτο, χωρισθεὶς Παύλου, οὐδὲν ἧττον τοῦ Εὐαγγελικοῦ κηρύγματος ἔργον ἐπιταγὲν αὐτῷ ἐπλήρωσεν.

CAPUT VII.

Lucas medicus[b] Antiochensis, ut ejus scripta indicant, Græci sermonis non ignarus fuit, sectator Apostoli Pauli, et omnis peregrinationis ejus comes, scripsit Evangelium, de quo idem Paulus : [c] *Misimus*, inquit, *cum illo fratrem, cujus laus est in Evangelio per omnes Ecclesias* (II Cor. VIII, 18); et ad Colossenses : *Salutat vos Lucas medicus charissimus* (*Coloss.* IV, 14); et ad Timotheum : *Lucas est mecum solus* (II Tim. IV, 11). Aliud quoque edidit volumen egregium, quod titulo [d] Apostolicarum πράξεων prænotatur, cujus historia usque ad biennium Romæ commorantis Pauli pervenit, id est, usque ad [e] quartum Neronis annum (*Act.* II, 8, 30). Ex quo intelligimus, **841** in [f] eadem urbe librum esse compositum. Igitur [g] περίοδους [*Ms.* περιόχας] Pauli, et Theclæ, et totam baptizati Leonis fabulam, inter apocryphas scripturas computamus. Quale enim est, ut individuus comes Apostoli, inter cæteras ejus res hoc solum ignoraverit? Sed et Tertullianus vicinus [h] eorum temporum, refert presbyterum quemdam in

Β Λουκᾶς ἰατρὸς Ἀντιοχεὺς καθὼς τὰ συγγράμματα αὐτοῦ δηλοῖ, τοῦ ἑλληνικοῦ οὐκ ἄπειρος, σπουδαστὴς Παύλου Ἀποστόλου, καὶ πάσης αὐτοῦ τῆς ἀλλοδαπῆς ἀκόλουθος, συνέταξεν Εὐαγγέλιον, περὶ οὗ αὐτὸς Παῦλος· Ἀπεστείλαμεν, φησί, σὺν αὐτῷ τὸν ἀδελφόν, οὗ ὁ ἔπαινος ἐν τῷ Εὐαγγελίῳ κατὰ πάσας τὰς ἐκκλησίας. Καὶ πρὸς τοὺς Κολοσσαεῖς· Ἀσπάζεται ὑμᾶς Λουκᾶς ὁ ἰατρὸς ὁ ἀγαπητός. Καὶ πρὸς Τιμόθεον· Λουκᾶς ἐστι μετ' ἐμοῦ μόνος. Καὶ ἕτερον δὲ ἐξέδωκε τεῦχος ἐξαίρετον, ἐπιγραφὴν Πράξεις Ἀποστόλων, τοῦ ἡ ἱστορία ἕως διετίας διάγοντος ἐν τῇ Ῥώμῃ Παύλου ἐκτείνεται, τουτέστιν ἕως τετάρτου Νέρωνος ἐνιαυτοῦ. Ἀφ' ὧν πεπείσμεθα, ἐν τῇ αὐτῇ πόλει τὴν βίβλον συντετάχθαι. Ἡ γὰρ Περίοδος Παύλου καὶ Θέκλας **842** καὶ πᾶς ὁ μῦθος ὡσανεὶ λέοντος βαπτισθέντος, εἰς τὰς ἀποκρύφους γραφὰς ψηφισθήσεται. Οὐδὲ γὰρ C ἐνεχώρει τὸν ἀχώριστον τοῦ Ἀποστόλου μεταξὺ τῶν λοιπῶν αὐτοῦ πράξεων τοῦτο ἠγνοηκέναι. Ἀλλὰ καὶ Τερτυλλιανός, ἐκείνων τῶν χρόνων ἀναφέρει πρεσβύτερόν τινα ἐν τῇ Ἀσίᾳ, σπουδαστὴν Παύλου Ἀποστόλου, ἐλεγχθέντα ἐπὶ Ἰωάννου οἷα παρ' αὐτοῦ συνταγείσης βίβλου, ὁμολο-

---

si Hebraice primum fuisset exarata. Accedit, Clementem ejus Græcum interpretem dici vix posse, cum ille, vel Græcus, vel Romanus fuisse dicatur, Hebraicam linguam facile ignoraverit.

[a] Scilicet ex titulo quem vulgo tunc Epistola obtinebat; nam statim apocrypham eam esse dicit, quod declarat in Epistola ad Lætam, *Apocrypha*, inquiens, *sciat non eorum esse, quorum titulis prænotantur*. Citat tamen ex ea in XLIII cap. Ezechiel.

[b] Vid. Hieronymum in Isai. c. VI.

[c] Locum Apostoli alii de *Barnaba*, alii de *Apollo*, vel de *Sila* intelligunt. Sed plerique ita cum Hieronymo, ac si dixisset Paulus, *cui laus est in Evangelio conscribendo*, sive quod Evangelium scripserit.

[d] *Titulo Apostolicarum.* Ita legunt mss. codices antiquissimi, ac melioris notæ. Vaticani hæc retinent, *Apostolorum prax.s*, 348 ; *titulo Apostolicarum Praxes*, 349 ; *Apostolicarum actionum Praxim*, 544. Exscriptorum Latinorum errores sequuntur Erasm. et Marian. qui legunt Πράξεις Ἀποστόλων. S. Cygirani exemplar ms. *titulo Apostolicarum actionum* Πράξεων prænotatur. MARTIAN. — Non male legit Veronensis cod. *Apostolorum* πράξεις, quemadmodum et Vatic. 384. Reliquæ variantes lectiones, quas hic affert Martianæus, meri sunt librariorum errores. Veteres Editiones mallebant legere πράξεις Ἀποστόλων.

[e] Perperam cod. S. Crucis in Jerusalem de Urbe, *usque ad quartum decimum Neronis annum*, ut et in Sigebergensi invenerat Suffridus Petri.

[f] Alexandriæ, non Romæ Acta scripsisse Lucam, Syrorum traditio fert, quin et Theophilom, cui liber inscribitur, inter primos præcipuosque credentes Alexandriæ computat Bar Bajul Syrus auctor apud Castellum. Euthalius tamen, a Zacagnio editus, p. 551, cum Hieronymo facit, et Lucam eo tempore scripsisse tradit Apostolorum Acta, quo Romæ versaretur cum Paulo socius captivitatis.

[g] *Codices*, quos ad Erasmo, et Gravio inspecti loco περιόδους legebant *visionem*. In editis nunc hisce Periodis, sive Actis Pauli et Theclæ hæc de baptizato Leone fabula non invenitur; sed tantum Leænæ D in Theclam incurrentis, et Theclæ baptismi mentio est.

[h] *Cod. S. Crucis eorumdem temporum.* Tertulliani locus nunc est lib. de Baptismo c. 17. *Quod si qui Pauli perperam scripta legunt, exemplum Theclæ ad licentiam mulierum docendi tingendique, defendunt, sciant in Asia Presbyterum, qui eam scripturam construxit, quasi titulo Pauli de suo cumulans, convictum, atque confessum id se amore Pauli fecisse, loco decessisse.* Videtur tamen Hieronymus non Latino, quem hodie habemus, sed Græco Tertulliani codice usus, quem antequam Latinum ederet, se Græce commentatum esse testatur, cap. 15, idque colligi potest ex ipso apocryphi libri titulo Græco περιόδους, et ex quo verba *apud Joannem*, in Tertulliani Latino non habentur : præcipue vero ex Græca voce σπουδαστήν, sive *studiosum*.

Asia σπουδαστὴν apostoli Pauli, convictum apud [a] Joannem, quod auctor esset libri, et confessum se hoc Pauli amore fecisse, loco excidisse. Quidam suspicantur, quotiescumque in EpistolissuisPaulus dicit, [b] *juxta Evangelium meum*, de Lucæ significare volumine, et Lucam non solum ab apostolo Paulo didicisse Evangelium, qui cum Domino in carne non fuerat, sed et a cæteris Apostolis. Quod [c] ipse quoque in principio sui voluminis declarat, dicens : *Sicut tradiderunt nobis, qui a principio ipsi viderunt, et ministri fuerunt sermonis*. Igitur Evangelium sicut audierat, scripsit. Acta vero Apostolorum sicut viderat, composuit. [d] Sepultus est Constantinopoli, ad quam urbem vicesimo Constantii anno, ossa ejus cum reliquiis Andreæ apostoli translata sunt [e].

ἠγκέναι φίλτρῳ κατεχόμενον Παύλου τοῦτο πεποιηκέναι, διὸ καὶ ἐκβεβλῆσθαι τοῦτόν τινες ὑπολαμβάνουσιν. Ὁσάκις γὰρ Παῦλος ἐν ταῖς οἰκείαις Ἐπιστολαῖς λέγει, Κατὰ τὸ Εὐαγγέλιόν μου, δῆλον ὡς περὶ τοῦ τεύχους τοῦ κατὰ Λουκᾶν σημαίνει, καὶ Λουκᾶν οὐ μόνον παρὰ τοῦ Ἀποστόλου Παύλου μεμαθηκέναι τὸ Εὐαγγέλιον, οἷα μετὰ τοῦ Κυρίου τηνικαῦτα ἐν τῷ σώματι μὴ γενομένου, ἀλλὰ καὶ παρὰ τῶν λοιπῶν Ἀποστόλων, ὅπερ καὶ αὐτὸς ἐν τῇ ἀρχῇ τοῦ ἰδίου συντάγματος περιφανῶς λέγει· Καθὼς παρέδοσαν ἡμῖν οἱ ἀφ' ἀρχῆς αὐτόπται. Τοιγαροῦν τὸ Εὐαγγέλιον καθὼς ἀκήκοει ἔγραψε, τὰς δὲ Πράξεις τῶν Ἀποστόλων, καθὰ ἱστόρησεν αὐτὸς καὶ συνέταξεν. Ἠνέχθη τὰ λείψανα αὐτοῦ καὶ ἀπετέθη ἐν Κωνσταντινουπόλει, εἰς ἣν πόλιν τῷ εἰκοστῷ Κωνσταντίου ἐνιαυτῷ τὸ τούτου σῶμα μετὰ τῶν λειψάνων Ἀνδρέου τοῦ Ἀποστόλου μετηνέχθη.

CAPUT VIII.

Marcus [f] discipulus et interpres Petri, juxta quod Petrum referentem audierat, rogatus Romæ a fratribus, breve scripsit Evangelium. Quod cum Petrus audisset, probavit, [g] et Ecclesiis legendum sua auctoritate edidit, **843** sicut Clemens in sexto ὑποτυπώσεων libro scribit et Papias Hierapolitanus episcopus. Meminit hujus Marci, et Petrus in Epistola prima, sub nomine Babylonis figuraliter Romam significans : [h] *Salutat vos quæ in Babylone est coelecta, et Marcus filius meus* (I Petr. v, 13). Assumpto itaque Evangelio quod ipse confecerat, perrexit Ægyptum, et primus [Ms. primum] Alexandriæ Christum annuntians, constituit Ecclesiam, tanta doctrina [Al. doctrinæ] et vitæ continentia, ut omnes sectatores Christi ad exemplum sui cogeret. Denique Philo disertissimus Judæorum, videns Alexandriæ primam Ecclesiam adhuc judaizantem, quasi in laudem gentis suæ [i] librum super eorum conversa-

Μάρκος μαθητὴς καὶ ἑρμηνευτὴς Πέτρου, καθὼς τοῦ Πέτρου ἐξηγουμένου ἀκήκοε, παρακληθεὶς ἐν τῇ Ῥώμῃ παρὰ τῶν ἀδελφῶν, βραχὺ συνέταξεν Εὐαγγέλιον, ὅπερ ἐντυχὼν Πέτρος ἐδοκίμασε, καὶ τῇ Ἐκκλησίᾳ ἀναγνωσθησόμενον αὐθεντίσας ἐξέδωκε, καθὰ **844** συνεγράψατο Κλήμης ἐν τῷ ἕκτῳ τῶν Ὑποτυπώσεων λόγῳ, καὶ Παπίας Ἱεραπολίτης Ἐπίσκοπος. Μέμνηται τούτου τοῦ Μάρκου καὶ Πέτρος ἐν τῇ πρώτῃ Ἐπιστολῇ, ἐπ' ὀνόματι Βαβυλῶνος εἰκονικῶς Ῥώμην σημαίνων. Ἀσπάζεται ὑμᾶς, φησίν, ἡ ἐν Βαβυλῶνι σὺν τῇ ἐκλεκτῇ, καὶ Μάρκος ὁ ἐμὸς υἱός. Παραλαβὼν τοιγαροῦν τὸ Εὐαγγέλιον, ὅπερ αὐτὸς συνέταξε, καταλαμβάνει τὴν Αἴγυπτον, καὶ πρῶτος ἐν Ἀλεξανδρείᾳ Ἰησοῦν Χριστὸν κηρύσσων, κατεστήσατο ἐκκλησίαν, τοσαύτῃ παιδεύσει καὶ βίου καρτερίᾳ διέπρεψεν, ὥστε πάντας τοὺς ἀκολουθοῦντας τῷ Χριστῷ ἕπεσθαι τῇ τούτου διαγωγῇ. Ὅθεν καὶ Φίλων ὁ τῶν Ἰουδαίων ἐλλογιμώτατος, ὁρῶν ἐν Ἀλεξανδρείᾳ πρώτην ἐκκλησίαν ἔτι Ἰουδαΐζουσαν, ὡσανεὶ εἰς ἔπαινον τοῦ οἰκείου ἔθνους βίβλον

---

[a] *Convictum apud Joannem.* Sic codices Sangermanensis et Cluniacensis, necnon Ambrosianæ Bibliothecæ unus, num. 281. Et alii passim, quidquid e contrario velit Marianus Victorius, qui legit, *a Joanne convictus*; non *apud Joannem*. MARTIAN. — Ita codices omnes a nobis et a Martianæo inspecti, non perperam Victorius legit *a Joanne*: et mox alii editi *et ob id de loco*, quas voculas mss. non agnoscunt, quemadmodum nec Tertullianus.

[b] Vid. Euseb. lib. III, c. 4. Porro ex his, qui id suspicarentur, immo sentirent, fuisse videtur Marcellus Ancyranus Epist. ad Julium apud Epiphan. Hæres. 72, num. 2, ubi eo verba Luc. 1, 55, *cujus regni non erit finis*, κατὰ τοῦ Ἀποστόλου μαρτυρίαν citat, ut testatur *Apostolus*. Inferius tamen laudat ex ipsius Lucæ nomine. Verius plerique omnes interpretes intelligunt Evangelium, quod ipse Paulus prædicabat. Confer Rom. XVI, 11, 16, 25. Galat. I, 2.

[c] Pleræque editiones voculam *ipse* non habent, quam restituimus ex ms. nostro. Addunt autem hæc verba, *Vixit octoginta et quatuor annos, uxorem non habens*, quorum ne vestigium quidem in antiquis exemplaribus mss. quæ Erasmus, Victorius, Martianæus, nos, aliique consuluerunt.

[d] *Sepultus est Constantinopoli.* Falso addita sunt hoc loco: *Vixit octoginta et quatuor annos, uxorem non habens*, et consequenter *de Achaia*. Nullum exstat vestigium horum verborum in mss. codicibus, neque novi unde putida hæc commenta fluxerint.
MARTIAN.

[e] Unus, quem viderim, ms. S. Crucis addit *de Achaia*. Pro *Constantio* Victorius maluit reponere *Constantinum*, quod et Græca versio legebat. Vide Hier. contra Vigilantium sub initium, Philostorgium lib. III, c. 2.

[f] Ex Irenæo apud Eusebium V, 8 : Μάρκος ὁ μαθητὴς καὶ ἑρμηνευτὴς Πέτρου καὶ αὐτὸς τὰ ὑπὸ Πέτρου, etc. Tum quæ sequuntur fere ex Eusebio sumpta sunt, quem confer lib. II, c. 15.

[g] *Et Ecclesiis legendum.* Dissonant exemplaria mss. in hac sententia; vetustiora secuti sumus. In aliis legimus, *Et Ecclesiæ legendum sua auctoritate dedit*. MARTIAN. — Cod. Veronensis *tradidit*. Quidam alii mss. atque editi, *Ecclesiæ legendum sua auctoritate dedit*. Tum idem cod. noster *sicut scribunt Clemens in sexto* ὑποτυπώσεων *libro, et Papias*, unde hinc etiam colligas emendandam interpunctionem Martianæi, qui ante *et Papias* punctum apponit.

[h] *Salutat vos, quæ*, etc. Hoc quoque in loco dissonantes reperio tres lectiones codicum mss. nam præter eam, quam edidimus ex vetustioribus exemplaribus, aliam retinent tres aut quatuor mss. codices : *Salutat vos, quæ in Babylone cum electa. et Marcus*, etc. Cæteri codices legunt, *quæ in Babylone collecta*. MARTIAN. — Perperam Sophronius σὺν τῇ ἐκλεκτῇ pro συνεκλεκτῇ, ut et quidam Hieronymiani codices, et quibus duo e nostris *cum electa* vel *collecta* legunt pro *coelecta*. Unus, *salutat vos Ecclesia, quæ est in Babylone electa*.

[i] Vocem *librum* non habet codex noster, innui

tione scripsit (*Act.* ii, 44). Et quomodo Lucas narrat, Hierosolymæ credentes omnia habuisse communia : sic et ille quod Alexandriæ sub Marco fieri doctore cernebat, memoriæ tradidit. Mortuus est autem [a] octavo Neronis anno, et sepultus Alexandriæ, succedente sibi [b] Anniano.

περὶ τῆς τούτων διαγωγῆς συνεγράψατο. Καὶ ὥσπερ Λουκᾶς διηγεῖται τοὺς ἐν Ἱεροσολύμοις πιστεύσαντας πάντα ἐσχηκέναι κοινά, οὕτως κἀκεῖνος ὅπερ ἐν Ἀλεξανδρείᾳ ἐπὶ Μάρκου τοῦ διδασκάλου ἑώρα γινόμενον, τῇ μνήμῃ παρέδωκε. Τελευτήσας δὲ τῷ ὀγδόῳ τοῦ Νέρωνος ἔτει, ἀπετέθη ἐν Ἀλεξανδρείᾳ, διαδεξαμένου αὐτὸν Ἀνανίου.

CAPUT IX.

Joannes Apostolus, quem Jesus amavit plurimum (*Jo.* xiii, 23, *et* xix, 26, *et* xx, 2, et xxi, 7), filius Zebedæi, frater Jacobi apostoli (*Matth.* iv, 21, *et* x, 2 ; *Marc.* x, 35; *Luc.* v, 10), quem Herodes post passionem Domini decollavit (*Act.* xii, 2 seqq.), novissimus omnium scripsit Evangelium, rogatus ab [c] Asiæ episcopis, adversus Cerinthum, aliosque hæreticos, et maxime tunc Ebionitarum dogma consurgens, qui asserunt Christum ante Mariam non fuisse. Unde et compulsus est divinam ejus nativitatem edicere. [d] Sed et aliam causam hujus scripturæ ferunt, quod cum legisset Matthæi, Marci et Lucæ volumina, probaverit quidem textum historiæ, et vera eos dixisse firmaverit, sed unius tantum anni, in quo et passus est, post carcerem Joannis [*Ms. tacet* Joannis], historiam texuisse. Prætermisso itaque anno, cujus acta a tribus exposita fuerant, superioris temporis antequam Joannes **845** clauderetur in carcerem, gesta narravit : sicut manifestum esse poterit his qui diligenter quatuor Evangeliorum volumina legerint. Quæ res etiam διαφωνίαν (*dissonantiam*), quæ videtur Joannis esse cum cæteris, tollit. Scripsit autem et unam Epistolam, cujus exordium est : *Quod fuit ab initio, quod audivimus, et vidimus oculis nostris, quod perspeximus, et manus nostræ contrectaverunt de verbo vitæ,* quæ ab universis Ecclesiasticis et eruditis viris probatur. Reliquæ autem duæ, quarum principium est : *Senior Electæ dominæ et natis ejus,* et sequentis : *Senior Caio charissimo, quem ego diligo in veritate,* [e] Joannis presbyteri asseruntur, cujus et hodie [f] alterum sepulcrum apud Ephesum

Ἰωάννης, ὃν Ἰησοῦς πάνυ ἠγάπησεν, υἱὸς Ζεβεδαίου, ἀδελφὸς Ἰακώβου τοῦ ὑπὸ Ἡρώδου μετὰ τὸ πάθος τοῦ Κυρίου ἀποκεφαλισθέντος, ἔσχατος πάντων ἔγραψεν εὐαγγέλιον παρακληθεὶς παρὰ τῶν τῆς Ἀσίας Ἐπισκόπων, καὶ κατὰ Κηρίνθου καὶ ἄλλων αἱρετικῶν, καὶ μάλιστα τηνικαῦτα τοῦ τῶν Ἐβιωνιτῶν δόγματος ἀνακύψαντος, τῶν φασκόντων τὸν Χριστὸν πρὸς Μαρίας μὴ γεγενῆσθαι. Ὅθεν ἠναγκάσθη τὴν θείαν γέννησιν αὐτοῦ εἰπεῖν. Καὶ ἄλλην δὲ αἰτίαν τούτου τοῦ συγγράμματος φέρουσιν. Ἀναγνοὺς γὰρ Ματθαίου, Μάρκου, καὶ Λουκᾶ τὰ τεύχη, ἐδοκίμασε μὲν τὸ ὕφος τῶν ἱστοριῶν, καὶ ἀληθῆ αὐτοὺς εἰρηκέναι ἐβεβαίωσεν, ἑνὸς δὲ ἐνιαυτοῦ μόνου, ἐν ᾧ καὶ ἔπαθε μετὰ τὴν φυλακὴν Ἰωάννου τὴν ἱστορίαν συντάξαι. Ἐάσας τοίνυν τὸν ἐνιαυτὸν οὗ τὰ πεπραγμένα παρὰ τῶν τριῶν ἐξετέθη, τοῦ ἀνωτέρου χρόνου, πρὶν ἢ τὸν Ἰωάννην ἐμβληθῆναι εἰς τὴν εἱρκτὴν, τὰς πράξεις ἐξέθετο, καθὰ σαφηνισθῆναι δυνήσεται τοῖς ἐπιμελῶς τοῖς τέτταρσιν εὐαγγελίοις **846** ἐντυγχάνουσιν. Ὅπερ καὶ τὴν διαφωνίαν τὴν δοκοῦσαν εἶναι Ἰωάννου μετὰ τῶν λοιπῶν εὔργει. Ἔγραψε δὲ μίαν ἐπιστολὴν, ἧς ἡ ἀρχή ἐστι· ‹ Ὃ ἦν ἀπ' ἀρχῆς, › ἥτις παρὰ πάντων τῶν ἐκκλησιαστικῶν καὶ πεπαιδευμένων ἀνδρῶν ἐγκρίνεται· αἱ δὲ λοιπαὶ δύο, ὧν ἡ ἀρχή ἐστι, πρώτης μὲν, ‹ Ὁ πρεσβύτερος Ἐκλεκτῇ κυρίᾳ, › δευτέρας δὲ, ‹ Ὁ πρεσβύτερος Γαΐῳ τῷ ἀγαπητῷ, › Ἰωάννου πρεσβυτέρου λέγονται. Οὗ ἔτι καὶ νῦν ἕτερον μνῆμα ἐν τῇ Ἐφέσῳ τυγχάνει. Καί τινες νομίζουσι, τὰ δύο μνημεῖα Ἰωάννου εἶναι τοῦ εὐαγγελιστοῦ, περὶ οὗ ἡνίκα κατὰ τάξιν εἰς Παπίαν τὸν τούτου ἀκροατὴν ἔλθωμεν, ἐξηγησόμεθα. Τοιγαροῦν τεσσαρεσκαιδεκάτῳ ἔτει, δεύτερον μετὰ Νέρωνα διωγμὸν κινοῦντος Δομετιανοῦ, εἰς Πάθμον νῆσον περιορισθεὶς, συνέταξεν Ἀποκάλυψιν, ἣν μετέφρασεν

---

tamen illum Philonis περὶ βίου θεωρητικοῦ, ἢ περὶ ἱκετῶν patet, quem librum Eusebius cumque secutus Hieronymus, aliique veteres recentesque opinati sunt de Christianorum conversatione sanctisque institutis loqui, cum revera Therapeutas Alexandrinos Μωϋσέως γνωρίμους, *Mosis familiares,* ut ipse Philo testatur, describat.

[a] Id non affirmat Eusebius, quem cæteroquin Hieronymus sequitur, sed tantum scribit lib. ii, c. 24. Anniano anno Neronis octavo, primum post Marcum Alexandrinæ Ecclesiæ administrationem suscepisse, quod factum superstite adhuc Marco, tradunt Scriptores plurimi, præsertim Orientales, etiamsi variæ eorumdem sint de anno mortis ejus sententiæ.

[b] Veronen. cod. *Anniano.* Græcus Ἀνανίου, quem Arabes *Ananiam* vocant.

[c] Clemens apud Euseb. vi, 14, ὑπὸ τῶν γνωρίμων, *a familiaribus,* dicit rogatum. Eusebius ipse lib. iii, 24, tantum *rogatum* dicit, παρακληθέντα.

[d] Cod. Veron., *Sed et aliæ causæ fuerant.* Hæc et quæ sequuntur, noster ex Eusebio hausit lib. iii, c. 24.

[e] Alteri Joanni Christi discipulo alteram tribuit Irenæus quoque, dum testimonium ex ea recitat l. 1, c. 15, quod ideo annotamus, ut eorum occurramus sententiæ, qui falsi Hieronymum arguunt, quasi nemo ante illum hoc dixerit.

[f] Papias duplicem Joannem distinxit, et duplex sepulcrum, ex quo auctore Euseb. l. iii, c. 39, refert, et duo esse Ephesi sepulcra, et utrumque Joannis sua quoque ætate dici. Δύο, inquit, τε ἐν Ἐφέσῳ γενέσθαι μνήματα, καὶ ἑκάτερον Ἰωάννου ἔτι νῦν λέγεσθαι. Non ergo satis bene Hieronymus, quod de nomine Joannis in genere dictum erat, ad Joannem Apostolum et Evangelistam transtulit, ut duas unius ejusdemque memorias significaret. Quod intelligi velim; modo hæc ex Eusebio verterit, ut prima fronte videtur; si enim aliunde hanc nonnullorum opinionem scivit, non habeo quid reponam rem tradenti sui temporis.

* Prima tantum verba, Ὃ ἦν ἀπ' ἀρχῆς, ascribit Græcus interpres, nec fortasse plura Hieronymus attulerat. Cod. Veron., *quod audivimus, quod perspeximus oculis nostris,* etc.

ostenditur, [a] etsi nonnulli putant [b] duas memorias ejusdem Joannis Evangelistæ esse, super qua re cum per ordinem ad Papiam auditorem ejus ventum fuerit, disseremus. Quarto decimo igitur anno, [c] secundum post Neronem persecutionem movente Domitiano, in Patmos insulam relegatus, scripsit Apocalypsim, quam [d] interpretatur Justinus Martyr et Irenæus. Interfecto autem Domitiano, [e] et actis ejus ob nimiam crudelitatem a senatu rescissis, sub Nerva principem perseverans, totas Asiæ fundavit rexitque Ecclesias, et confectus senio, [g] sexagesimo octavo post passionem Domini anno mortuus, juxta eamdem urbem sepultus est.

Ἰουστῖνος μάρτυρ καὶ Εἰρηναῖος. Σφαγέντος δὲ Δομιτιανοῦ καὶ τῶν πράξεων αὐτοῦ διὰ τὴν πολλὴν ὠμότητα παρὰ συγκλήτου ἀκυρωθεισῶν, ἐπὶ Νέρουα εἰς Ἔφεσον ἀναζεύξας, ἕως Τραϊανοῦ τοῦ βασιλέως ἐκεῖσε διατελέσας πάσας τὰς τῆς Ἀσίας ἐθεμελίωσε καὶ ᾠκοδόμηκεν ἐκκλησίας, καὶ λίαν γηράσας ἑξηκοστῷ ὀγδόῳ ἐνιαυτῷ, μετὰ τὸ πάθος Κυρίου τελευτήσας, πλησίον τῆς προειρημένης πόλεως ἐξιώθη τῆς κοιμήσεως.

[f] principe redit Ephesum, ibique usque ad Trajanum

CAPUT X.

Herman, [h] cujus Apostolus Paulus ad Romanos scribens meminit : *Salutate Asyncritum, Phlegonta, Herman, Patroban, Hermen* [i], *et qui cum eis fratres sunt* (Rom. xvi, 14), asserunt auctorem esse libri, **847** [j] qui appellatur *Pastor*, et apud quasdam Græciæ Ecclesias [k] jam publice legitur. Revera utilis liber, multique de eo Scriptorum veterum [l] usurpavere testimonia. Sed apud Latinos pene [m] ignotus est.

Ἑρμᾶς, οὗ ὁ Ἀπόστολος πρὸς Ῥωμαίους γράφων μέμνηται, Ἀσπάσασθε Ἀσύγκριτον, Φλέγοντα, Ἑρμᾶν, Πατρόβαν, Ἑρμῆν, λέγεται αὐθέντης γεγενῆσθαι βίβλου ἐπιγραφείσης Ποιμήν, ἥ τις ἔν τισιν ἀνατολικαῖς **848** ἐκκλησίαις δημοσίᾳ ἀναγινώσκεται. Καὶ ἀληθῶς χρήσιμος ὁ λόγος, ἀφ' οὗ πολλοὶ τῶν παλαιῶν συγγραφέων ὑπέκλεψαν μαρτυρίας, ἀλλὰ παρὰ τοῖς Ῥωμαίοις ἄγνωστος εἶναι δοκεῖ.

CAPUT XI.

Philo Judæus, natione [n] Alexandrinus, de genere sacerdotum, idcirco a nobis inter scriptores ecclesiasticos ponitur, quia librum de prima Marci [o] evangelistæ apud Alexandriam scribens Ecclesia,

Φίλων Ἰουδαῖος, τεχθεὶς ἐν Ἀλεξανδρείᾳ, γένους ἱερέων, δι' αὐτοῦ παρ' ἡμῶν μεταξὺ τῶν ἐκκλησιαστικῶν συγγραφέων τάσσεται, ἐπείπερ περὶ τῆς πρώτης Μάρκου Εὐαγγελιστοῦ ἐν Ἀλεξανδρείᾳ ἐκκλησίας γράφων, εἰς

---

[a] Sic legimus e ms. S. Crucis, et Fabricii editione pro *et nonnulli*. Græcus quoque καί τινες.

[b] *Duas memorias.* Sic lego in cunctis mss. exemplaribus, et ita legendum docet *alterum sepulcrum* præcedens. Erant igitur in Ecclesia Ephesiorum duæ memoriæ, sive duo sepulcra ejusdem Joannis Apostoli et Evangelistæ : sicut hodie apud nos exstant in Ecclesia nostra duæ memoriæ sancti Germani Episcopi Parisiensis, Patroni nostri; una quidem memoria in Capella sancti Symphoriani, ubi est locus sepulturæ; altera memoria in majore Altari Ecclesiæ, ubi præter sepulcri lapidem, qui positus est subtus Altare, sacræ Reliquiæ corporis asservantur in capsa aurea pretiosissima et gemmis ornata, quam ubi sustentant manibus, duorum Angelorum imagines ex metallo, in medio sex columnarum pulcherrimi marmoris, et sub coronide elegantissimi operis deaurata. Hujus Altaris novi structuram procuravit nobis zelus et industria Reverendi Patris Arnulphi de Loo Prioris hujusce Monasterii nostri sancti Germani a Pratis : quod hoc in memoriam perpetuam lubens annotavi, accepta occasione ex memoria duplici sancti Joannis evangelistæ. MARTIAN.

[c] Christi 95.

[d] Sic in Chronico ad Domitian. *Apostolus Joannes in Patmos insulam relegatus Apocalypsin vidit, quam Irenæus interpretatur.* In Græco Eusebii est ὡς δηλοῖ Εἰρηναῖος, sive *ut Irenæus explicat*, vel *vertit*, nempe nomine *Apocalypsin*, ut ego arbitror, visionem Joannis, Justinus, et Irenæus nominarunt; minime vero Commentarios in Apocalypsin hi Patres ediderunt, quos nec ipse Hieronymus cum horum recenset scripta, nec veterum quisquam memorat. Idque ideo notat, quod nomen Apocalypsis nuspiam inveniatur apud Græcos Scriptores antiquos, et fortasse ab Justino, et Irenæo nomen acceperit. Mirum quot doctorum hominum ingenia torserit locus iste, dum ab Irenæo et Justino paucos quosdam versiculos Apocalypsis citatos quaquaversum exquirunt.

[e] An. Christi 96.

[f] *Sub Nerva principe.* Multi codices, Ambros. Bibliothecæ maxime, legunt, *sub Nerva Pertinace*; alii etiam vetustissimi falso retinent, *sub Pertinace.* MARTIAN. — Perperam mss. quotquot inspeximus *sub Pertinace redit Ephesum*, quod et plures alii retinent etiam vetustissimi, ut et illud exemplar, quo Græcus interpres usus est, qui olim ἐπὶ Περτίνακος legebat. Quidam maxime Ambrosianæ Biblioth. teste Martianæo *sub Nerva Pertinace* pro *principe*, unde alterius erroris occasio fluxit, ut Nervam penitus librarii omitterent.

[g] Christi 100.

[h] Hunc quidam male *Hermem* vocant.

[i] Unus e mss. nostris omittit *Asyncritum*, alter *Hermam* et *Hermen* : tertius legit *Hermen Patroham Hermam* cum Græco interprete.

[j] Ita plerique sentiunt secundi ac tertii sæculi Scriptores : luculenter vero Origenes in Epist. ad Rom. xvi, 14, et Eusebius l. iii, 3. Id ipse Auctor innuere videatur in fine Visionis secundæ, ubi de Clemente loquitur et Grapta. Sunt nihilosecius qui a recentiore Herma, sive Hermete, Pii Romani pontificis fratre, scriptum librum arbitrentur, quorum unica ratio ex Pseudo-Anastasii testimonio, longe est infirmior.

[k] Legimus jam e ms. nostro, pro quo *etiam* hactenus obtinuerat. Eusebius ἤδη καὶ ἔν τισιν ἐκκλησίαις, etc. Vid. Rufinum de Symbolo. Idem ms. non habet *Revera utilis liber*, quæ tamen legit Græcus interpres : et Origenes loco supra citato, *Quæ scriptura*, inquit, *valde mihi utilis videtur*.

[l] Vim verbi *usurpavere* non intellexit Græcus interpres, qui vertit ὑπέκλεψαν *subfurati sunt*.

[m] Citant vero Tertullianus, Auctor Homiliæ de Aleatoribus inter Cypriani opera, Philastrius, Cassianus, Prosper, aliique. Immo et Latina tantum libri hujus versio vetustissima ætatem tulit.

[n] Græcus interpres τεχθεὶς ἐν Ἀλεξανδρείᾳ, *natus Alexandriæ*, quemadmodum et Suidas recitat.

[o] Et supra notatum est in Marco, hanc de Philonis libro περὶ βίου θεωρητικοῦ, ἢ ἱκετῶν sententiam

in nostrorum laude versatus est, non solum eos ibi, sed in multis quoque provinciis esse memorans, et habitacula eorum dicens *a* monasteria. Ex quo apparet talem primum Christo credentium fuisse Ecclesiam, quales nunc monachi esse nituntur [*Ms.* imitantur] et cupiunt, ut nihil cujusquam proprium sit, nullus inter eos, dives, nullus pauper. Patrimonia egentibus dividuntur [*Al.* dividunt], orationi vacatur [*Al.* vacant], et Psalmis, doctrinæ quoque et continentiæ, quales et Lucas refert (*Act.* II, 44, *et* IV, 32), primum Hierosolymæ fuisse credentes. Aiunt hunc sub Caio Caligula *b* Romæ periclitatum, quo legatus gentis suæ missus fuerat. Cum secunda vice venisset ad Claudium, in eadem urbe locutum esse cum apostolo Petro, *c* ejusque habuisse amicitias, et ob hanc causam, *d* etiam Marci, discipuli Petri, apud Alexandriam sectatores ornasse laudibus suis. Exstant hujus præclara et innumerabilia opera, in quinque libros Moysi, de Confusione linguarum liber unus, de Natura *e* et Inventione liber unus, de His quæ sensu precamur et detestamur liber unus, de Eruditione liber unus, de Hærede divinarum rerum liber unus, **849** de *f* Divisione æqualium et contrariorum liber, de Tribus virtutibus *g* liber unus, Quare quorumdam in Scripturis mutata sunt [*Mss.* sint] nomina liber unus, de Pactis *h* libri duo, de Vita sapientis liber unus, de Gigantibus *i* liber unus, Quod somnia mittantur a Deo *j* libri quinque, Quæstionum et solutionum in Exodo *k* libri quinque, de Tabernaculo et Decalogo *l* libri quatuor, necnon de Victimis et *m* Repromissionibus, sive Maledictis, de *n* Providentia, de Judæis, de Conversatione vitæ, de *o* Alexandro, et Quod propriam rationem muta ani-

ἔπαινον τῶν ἡμετέρων χωρεῖ, οὐ μόνον αὐτόθι αὐτοὺς ἀλλὰ καὶ ἐν πολλαῖς ἐπαρχίαις εἶναι φάσκων, καὶ τὰς οἰκήσεις αὐτῶν καλῶν μοναστήρια. Ἀφ᾽ ὧν δηλοῦνται τοιαύτην ἐξ ἀρχῆς τῶν τῷ Χριστῷ πιστευσάντων ἐκκλησίαν γενέσθαι, ὁποῖοι οἱ νῦν μοναχοὶ εἶναι ζηλοῦσι καὶ ἐπιθυμοῦσιν, ὥστε μηδὲν ἴδιον ἔχειν τινά, μηδὲ εἶναι εἰς αὐτοὺς πλούσιον ἢ πένητα, τὰς δὲ οὐσίας τοῖς ἔθνεσι διανέμοντες, εὐχαῖς σχολάζουσι καὶ ψαλμοῖς, παιδεύσει τε καὶ ἐγκρατείᾳ, οἵους καὶ Λουκᾶς ἀναφέρει, τὸ πρῶτον ἐν Ἱεροσολύμοις τοὺς πιστοὺς γεγενῆσθαι. Λέγουσι τοῦτον ἐπὶ Γαΐου Καλλιγύλα, [ἐν τῇ Ῥώμῃ κινδυνεῦσαι, ὅπη καὶ πρεσβευτὴς τοῦ οἰκείου ἔθνους ἀπεστάλη. Καὶ ὅτε τὸ δεύτερον ἦλθε πρὸς Κλαύδιον, ἐν τῇ αὐτῇ πόλει διαλεχθῆναι τῷ Ἀποστόλῳ Πέτρῳ, καὶ τούτου ἐσχηκέναι φιλίαν, καὶ διὰ τοῦτο τοὺς σπουδαστὰς Μάρκου τοῦ μαθητοῦ Πέτρου, ἐν Ἀλεξανδρείᾳ ἔπεσε κεκοσμηκέναι. Εἰσὶ τούτου περιφανῆ καὶ ἀνάριθμα συντάγματα εἰς πέντε λόγους Μωϋσέως, οὕτως· περὶ Συγχύσεως γλωσσῶν λόγος εἷς, περὶ Φύσεως καὶ εὑρήματος, περὶ Ὧν κατὰ νοῦν εὐχόμεθα, καὶ ἀπομαρτυρούμεθα, λόγος εἷς, περὶ Παιδεύσεως λόγος εἷς, περὶ κληρονόμου τῶν θείων πραγμάτων λόγος εἷς, περὶ Μερισμοῦ ἴσων καὶ ἐναντίων λόγος εἷς, περὶ Τριῶν δυνάμεων λόγος εἷς, περὶ τῶν ἐναλλαγεισῶν Γραφῶν παρά τινων **850** λόγος εἷς, περὶ Συνθηκῶν λόγοι δύο, περὶ Βίου φιλοσοφικοῦ λόγος εἷς, περὶ γιγάντων λόγος εἷς, περὶ τοῦ Τοὺς ὀνείρους παρὰ θεοῦ πέμπεσθαι λόγοι πέντε, Ζητημάτων καὶ ἑρμηνευμάτων τῆς Ἐξόδου λόγοι πέντε, περὶ τῆς Σκηνῆς καὶ Δεκαλόγου λόγοι τέσσαρες, περὶ Θυσιῶν, περὶ Ὑποσχέσεων ἤτοι Κατάρῶν, περὶ Προνοίας, περὶ Ἰουδαίων, περὶ Διαγωγῆς βίου, περὶ Ἀλεξάνδρου, καὶ Ὅτι ἴδιον λογισμὸν ἔχει τὰ ἄλογα, Ὅτι πᾶς ἄφρων δοῦλός ἐστιν, περὶ Διαγωγῆς τῶν ἡμετέρων, περὶ οὗ ἔμπροσθεν εἴπομεν, τουτέστι τῶν Ἀποστόλων, λόγος εἷς,

---

ex Eusebii lib. II, c. 17, hausisse, et transtulisse Hieronymum, eamque passim ab eruditis non probari, quod de Judæis, Mosis γνωρίμοις, non Christianis, agat Philo; sed eorum argumenta referre non hujus est loci.

a Utique in eo libro. Therapeutas suos laudans, ἑκάστῳ δὲ οἴκημα ἱερόν ὃ καλεῖται σεμνεῖον καὶ μοναστήριον, etc.

b Vide Philonem ipsum de Legatione ad Caium.

c Id quidem Eusebius tradit l. II, c. 17, apud Philonem vero hujusce Colloquii cum Petro nec vola est nec vestigium.

d Conjunctionem *etiam* supplet ms. Veronen. pro qua legerat Victorius in suis *Ecclesiam*: unde male depravatam a librariis vocem maluit expungi.

e Non agnoscit hunc librum Veronen. ms.; memorat tamen Eusebius, tum Græcus interpres, et ex eo Suidas. At non *de natura et inventione*, sed *de fuga et inventione* composuit Philo librum, qui περὶ φυγάδων inscribitur. Hinc arguas, corrupto Eusebii exemplari usum esse Hieronymum, qui pro περὶ φυγάδων, legerit περὶ φύσεως, quemadmodum etiam Rufinus vertit.

f Hunc *de divisione æqualium et contrariorum* librum non recenset Reginæ Suecorum cod. 342. Certe unus tantum atque idem est cum superiori, immo altera ejus tituli pars, quemadmodum Eusebius refert. Neque adeo perperam a Hieronymo in duos fuisse divisum, quod confidenter alii asserunt, ego puto; sed excidisse ex S. Doctoris textu voculam *sive*; vel aliam huic similem, facillimo librarii lapsu; legendumque *sive de divisione*, etc., ita enim et Eusebius jungit, ἢ περὶ τῆς εἰς τὰ ἴσα, etc. Id ipsum arguas ex Hieronymi contextu, qui non addit, perinde atque in cæteris libris, *unus*, aut *duo*; sed tantum *liber* dicit, tametsi perperam omnino Græca versio, λόγος εἷς.

g Hic autem in Philonis editionibus male dividitur in duos.

h Hi duo jamdiu interciderunt, et nec ipse Eusebius fortasse eos viderit.

i In editis Philonis hic quoque discerptus est in duos.

j Miræus *Quod quandoque somnia*, etc. Ex his quinque libris Primus, Quartus, et Quintus deperiere.

k Lege *in Exodum* cum Mss. nostris. Pauca quædam fragmenta ex his servavit S. Joan. Damascenus in Parallelis, cætera interciderunt.

l Quatuor libris, unus dumtaxat est titulus, *de Tabernaculo et Decalogo*. Et primus quidem liber cum secundi parte interceidit, superest tertius cum quarti parte περὶ ψευδομαρτυρίων inscriptus. Quidam codices tantum habent *de Tabernaculo libri quatuor*.

m Codex Veronen. *remissionibus*, sed Græcus interpres ὑποσχέσεων, et Philo περὶ τῶν προκειμένων.

n Hujus fragmenta quædam supersunt penes Euseb. Præparat. VII 21, VIII 14, quæ sequitur Apologia pro Judæis, penitus desideratur.

o Quidam editi, et mss. libri, *de Alexandro dicente quod*, etc. Philonis autem liber ipse jam non habetur. Qui subsequitur non alius videri ab eo, qui apud Philonem prænotatur περὶ τοῦ πάντα σπουδαῖον εἶναι ἐλεύθερον, *Quod liber sit quisque virtuti studens*.

malia habeant, et Quod omnis insipiens servus sit, et [a] de Vita nostrorum liber unus, de quo supra diximus, id est, de Apostolicis viris, quem et inscripsit περὶ Βίου θεωρητικοῦ [b] ἱκετῶν, quod videlicet cœlestia contemplentur, et semper Deum orent. Et sub aliis indicibus, de Agricultura duo, de Ebrietate [c] duo. Sunt et alia [d] ejus monumenta ingenii, quæ in nostras manus non pervenerunt. De hoc vulgo apud Græcos dicitur, ἢ Πλάτων φιλωνίζει, ἢ Φίλων πλατωνίζει : id est, *aut Plato Philonem sequitur*, *aut Platonem Philo* : tanta est similitudo sensuum et eloquii.

ὃν ἐπέγραψε, Περὶ Βίου θεωρητικοῦ ἱκετῶν, τουτέστιν, ὅτι τὰ ἐπουράνια ἀτενίζουσι, καὶ ἀεὶ εὔχονται τῷ θεῷ, περὶ Γεωργίας λόγοι δύο, περὶ Μέθης δύο. Εἰσὶ καὶ ἕτερα αὐτοῦ συγγράμματα, οὔπω εἰς τὰς ἐμὰς χεῖρας ἐλθόντα. Περὶ τούτου ἐστὶ ἡ παροιμία τῶν Ἑλληνικῶν, Ἢ Πλάτων φιλωνίζει, ἢ Φίλων πλατωνίζει. Τοσαύτη ἐστὶν ὁμοιότης τῆς τε διανοίας καὶ φράσεως.

CAPUT XII.

Lucius Annæus Seneca Cordubensis, [e] Sotionis Stoici discipulus, et patruus Lucani poetæ, continentissimæ vitæ fuit, quem non ponerem in catalogo [f] Sanctorum, nisi me illæ Epistolæ provocarent, quæ leguntur a plurimis. **851** Pauli ad Senecam, [g] et Senecæ ad Paulum. In quibus cum esset Neronis magister, et illius temporis potentissimus, optare se [h] dicit, ejus esse loci apud suos, cujus sit Paulus apud Christianos. Hic ante [i] biennium quam Petrus et Paulus coronarentur martyrio, a Nerone interfectus est.

Λούκιος Ἄννεως Σενέκας Κορδουβήνσιος, Σωτίωνος Στωϊκοῦ μαθητὴς, καὶ θεῖος πρὸς πατρὸς Λουκανοῦ τοῦ ποιητοῦ, πάνυ ἐγκρατὴς, ὃν οὐ πάντως κατηρίθμουν ἐν τῷ καταλόγῳ τῶν ἁγίων, εἰ μὴ αἱ ἐπιστολαὶ τούτου προὔτρεπον, αἱ παρὰ πολλῶν ἀναγινωσκόμεναι Παύλου **852** πρὸς Σενέκαν καὶ Σενέκα πρὸς Παῦλον. Νέρωνος ὢν διδάσκαλος, καὶ κατ᾽ ἐκεῖνο καιροῦ δυνατὸς, ηὔχετο τοιοῦτον ἔχειν παρὰ τοῖς ἰδίοις τόπον, οἷον Παῦλος παρὰ τοῖς χριστιανοῖς. Οὗτος πρὸ ἐνιαυτῶν δύο τοῦ παθεῖν τοὺς Ἀποστόλους Πέτρον καὶ Παῦλον, παρὰ Νέρωνος ἐσφάγη.

CAPUT XIII.

Josephus [j] Matthiæ filius, ex Hierosolymis sacerdos, a Vespasiano captus, cum Tito filio ejus relictus est. Hic Romam veniens, septem libros Judaicæ captivitatis Imperatoribus patri filioque obtulit, qui et bibliothecæ publicæ traditi sunt [k], et ob ingenii gloriam, statuam quoque meruit Romæ. Scripsit autem [l] et alios viginti Antiquitatum libros, ab exordio mundi, usque ad decimum quartum annum [m] Domitiani Cæsaris, et duos Ἀρχαιότητος, adversum Appionem grammaticum Alexandrinum, qui sub Caligula legatus missus ex parte Gentilium, contra Philonem etiam librum, vituperationem gentis Judaicæ continentem, scripserat. Alius quoque

Ἰώσηπος Ματθίου υἱὸς, Ἱεροσολύμων ἱερεὺς, παρὰ Οὐεσπασιανοῦ ἁλοὺς, μετὰ Τίτου τοῦ υἱοῦ αὐτοῦ κατελήφθη. Ὃς εἰς Ῥώμην ἐλθὼν, ἑπτὰ λόγους τῆς Ἰουδαϊκῆς ἁλώσεως, τοῖς δύο βασιλεῦσι τῷ τε πατρὶ καὶ τῷ υἱῷ προσήνεγκεν, οἵ τινες καὶ τῇ δημοσίᾳ Βιβλιοθήκῃ παρεδόθησαν. Καὶ διὰ τὴν δόξαν τῆς εὐφυΐας, ἀνδριάντος ἠξιώθη. Ἔγραψε δὲ καὶ τῆς Ἀρχαιολογίας λόγους εἴκοσι, ἀπὸ τῆς τοῦ κόσμου ἀρχῆς ἕως τεσσαρεσκαιδεκάτου ἔτους Δομιτιανοῦ Καίσαρος, καὶ δύο Ἀρχαιότητος κατὰ Ἀπίωνος γραμματικοῦ Ἀλεξανδρέως, ὃς ἐπὶ Καλιγύλα πρεσβευτὴς ἀποσταλεὶς παρὰ τοῦ μέρους τῶν ἐθνικῶν, κατὰ Φίλωνος λόγον, περιέχοντα κατάγνωσιν τῶν Ἰουδαίων ἔγραψε. Ἔστι καὶ ἄλλος αὐτοῦ λόγος περὶ Αὐτο-

---

[a] Cod. Veronens., *De vita nostrorum, de quo supra diximus*, etc., absque, *liber unus*, ex quo falsi magis eorum opinio convincitur, qui alium Philonis librum περὶ τῆς διαγωγῆς τῶν χριστιανῶν, qui interciderit, hic abs Hieronymo innui, commenti sunt.

[b] Interserendum omnino est ἢ, *aut*, quemadmodum Eusebius, et Philo ipse habet.

[c] Illos *de Ebrietate* non recenset cod. noster, et in editis Philonis in unum conjungi invenias.

[d] Hæc videre licet in editione Oper. Philonis. Quod autem librum de interpretatione Hebraicorum Nominum, quem jam e Græco verterat, hic prætereat, inde factum puto, quod jam sub Origenis nomine magis notus esset.

[e] Perperam legunt *Fotini* duo codices nostri, et quibus Honorius usus est : Græcus quoque interpres olim σώζοντα legebat. At *Sotionem* vocat ipse Seneca epist. 49, illum nempe Alexandrinum Stoicum, cujus ipse Hieron. ad an. 55 Augusti in Chronico meminit, et plerique alii.

[f] Non *Sanctorum*, sed *Tractatorum* legit præstantissimus Vatic. 342. olim Reginæ, quam ego lectionem longe præfero, et Hieronymianam duco esse, tametsi Pseudosophronius, qui in subinde corruptum Hieronymi exemplar incidit, interpretetur τῶν ἁγίων. Fortasse Hieronymus scripserat *in Sanctorum catalogo Tractatorum*, quo nomine censeri possunt non Seneca tantum et Philo, sed et Hæresiarchæ ipsi, quos numerat, et quisquis tandem de sacris rebus locutus est. Sed altera voce exclusa,

totum librarii corrupere.

[g] Veronen. *aut Seneca*. Exstant hodienum illæ Epistolæ, quinque sub Pauli nomine, octo sub Senecæ, illasque suppositias fatentur omnes ; nec Hieronymus genuinas affirmat, sed tantum vulgo haberi, et legi. Illarum meminit etiam S. August. Epistola ad Macedonium.

[h] Epistola sexta Senecæ ad Paulum : *Qui meus, tuus apud te locus, qui tuus, velim ut meus.*

[i] Puta Christi 66, ex Hieronymi computo.

[j] Hactenus editi ac mss. quos Martianæus sequitur, *Mattathiæ* ; at legendum cum aliis, *Matthiæ*, probavit Valesius in notis ad Euseb. l. III, c. 9.

[k] Josephus lib. de vita sua, δημοσιεῦσαι προσέταξεν, quæ haud satis commode redduntur a Hieronymo, *Bibliothecæ publicæ traditi sunt* : dixisset, *præcepit, ut vulgarentur* ; Titus enim propria manu aliquot verba Josephi libris adscripserit, quibus constaret, vera esse quæ de bello in illis prodita erant.

[l] Illud *et alios* non habet præstantiss. codex noster, nec Græcus interpres agnovit.

[m] Absolvit quidem, edidit que decimo tertio vertente anno Domitiani Cæsaris libros Antiquitatum, sed quæ ad duodecimum tantum Neronis perveniunt. Fefellit fortasse Hieronymum, quod Josephus in fine pollicetur scripturum se, Deo dante, quæ ab illo tempore contigerint, usque ad decimum tertium Domitiani Cæsaris annum : μέχρι τῆς νῦν ἐνεστώσης ἡμέρας ἥτις ἐστὶ τρισκαιδεκάτου μὲν ἔτους τῆς Δομιτιανοῦ Καίσαρος ἀρχῆς.

liber ejus, qui inscribitur περὶ Αὐτοκράτορος λογισμοῦ, valde elegans habetur, in quo et Machabæorum sunt digesta martyria. Hic in decimo octavo Antiquitatum libro, manifestissime confitetur, propter magnitudinem signorum, Christum a Pharisæis interfectum, et Joannem Baptistam vere prophetam fuisse, et propter interfectionem [a] Jacobi apostoli, dirutam Hierosolymam. [b] Scripsit autem de Domino in hunc modum : *Eodem tempore fuit Jesus vir sapiens, si tamen virum oportet eum dicere. Erat enim mirabilium patrator operum, et doctor eorum, qui libenter vera suscipiunt : plurimus quoque tam de Judæis quam de gentibus sui habuit sectatores, et credebatur esse* [c] *Christus. Cumque invidia nostrorum Principum, cruci eum Pilatus addixisset, nihilominus qui eum* [d] *primum dilexerant, perseveraverunt. Apparuit enim eis tertia die vivens. Multa et hæc alia mirabilia carminibus Prophetarum de eo vaticinantibus, et usque hodie Christianorum gens ab hoc sortita vocabulum, non defecit.*

κράτορος λογισμοῦ, ἐξαίρετος πάνυ, ἐν ᾧ καὶ τοῦ πάθους τῶν Μακκαβαίων ἐμνήσθη. Οὗτος ἐν τῷ ὀκτωκαιδεκάτῳ τῆς ἀρχαιολογίας λόγῳ φανερῶς ὁμολογεῖ, διὰ τὸν ὄγκον τῶν σημείων, τὸν Χριστὸν ἐσφάχθαι παρὰ Φαρισαίων, καὶ Ἰωάννην τὸν βαπτιστὴν ἀληθῶς γεγενῆσθαι προφήτην, καὶ διὰ τὴν σφαγὴν Ἰακώβου τοῦ Ἀποστόλου τὰ Ἱεροσόλυμα πεπορθῆσθαι. Ἔγραψε δὲ καὶ περὶ τοῦ Κυρίου οὕτως· Γίνεται δὲ κατὰ τοῦτον τὸν χρόνον Ἰησοῦς, σοφὸς ἀνήρ, εἴγε ἄνδρα αὐτὸν λέγειν χρή. Ἦν γὰρ παραδόξων ἔργων ποιητής, διδάσκαλος ἀνθρώπων τῶν ἡδονῇ τἀληθῆ δεχομένων, καὶ πολλοὺς μὲν Ἰουδαίους, πολλοὺς δὲ καὶ τοῦ Ἑλληνικοῦ ἐπηγάγετο, ὁ Χριστὸς οὗτος ἦν. Καὶ αὐτὸν ἐνδείξει τῶν πρώτων ἀνδρῶν παρ' ἡμῖν, σταυρῷ ἐπιτετιμηκότος Πιλάτου, οὐκ ἐπαύσαντο οἱ τὸ πρῶτον αὐτὸν ἀγαπήσαντες. Ἐφάνη γὰρ αὐτοῖς τρίτην ἔχων ἡμέραν πάλιν ζῶν, τῶν θείων προφητῶν ταῦτά τε καὶ ἄλλα μυρία περὶ αὐτοῦ εἰρηκότων, εἴς τε νῦν Χριστιανῶν ἀπὸ τοῦδε ὠνομασμένων οὐκ ἔλιπε τὸ φῦλον.

CAPUT XIV.

853 Justus [e] Tiberiensis, de provincia Galilææ, conatus est et ipse Judaicarum rerum historiam texere, et quosdam Commentariolos [f] de Scripturis [g] componere : sed hunc Josephus (*In Just. Vita*) arguit mendacii. Constat autem illum eo tempore scripsisse, quo et Josephus.

854 Ἰοῦστος Τιβεριάδος, ἐπαρχίας Γαλιλαίας, ἐπεχείρησε μὲν καὶ αὐτὸς Ἰουδαϊκὴν ἱστορίαν συντάξαι, καί τινα ὑπομνήματα περὶ γραφῶν, ἀλλὰ τοῦτον Ἰώσηπος ἐλέγχει ψευσάμενον. Καὶ γὰρ ἐν ἐκείνῳ τῷ καιρῷ συνέγραφεν ὅτε καὶ Ἰώσηπος.

CAPUT XV.

Clemens, [h] de quo Apostolus Paulus ad Philippenses scribens, ait, *Cum Clemente et cæteris* [i] *cooperatoribus meis, quorum nomina scripta sunt in libro vitæ* (Philip. iv, 3), quartus post Petrum Romæ episcopus : siquidem secundus Linus fuit, tertius [j] Anacletus, tametsi plerique Latinorum, secundum post [k] Petrum Apostolum putent fuisse Clementem.

Κλήμης, περὶ οὗ Παῦλος ὁ Ἀπόστολος πρὸς Φιλιππησίους γράφων, λέγει· Μετὰ καὶ Κλήμεντος. Τέταρτος μετὰ Πέτρον Ῥώμης Ἐπίσκοπος. Δεύτερος γὰρ Λίνος ἐγένετο, τρίτος Ἀνέγκλητος, εἰ καὶ πολλοὶ τῶν Ῥωμαίων ὑπολαμβάνουσι, δεύτερον μετὰ τὸν Ἀπόστολον γεγενῆσθαι Κλήμεντα. Ἔγραψεν ἐκ προσώπου τῆς ἐκκλησίας Ῥώμης πρὸς τὴν ἐν Κορίνθῳ ἐκκλησίαν Ἐπιστολὴν πάνυ

---

[a] De hoc supra, cap. 2.

[b] *Scripsit autem de Domino.* Habes hic famosissimum Josephi de Christo Domino testimonium in linguam Latinam ab Hieronymo translatum tanta prudentia ac eruditione, ut illis antevenerit omnes viros doctos, qui Græca verba Josephi, ὁ Χριστὸς οὗτος ἦν, *ipse erat Christus*, fatentur non esse intelligenda ut sonant, sed juxta sensum Auctoris, quem optime Hieronymus expressit dicens : *Et credebatur esse Christus.* Consule Demonstrationem Evangelicam doctissimi viri P. Danielis Huetii, Propos. iii, pag. 27 et seqq. MARTIAN.

[c] Freculphus sæpe laudatus, qui hoc testimonium ex Hieronymo descripsit, non habet voculam *esse*, pro qua cod. Norimbergensis legit *etiam*. Verba Josephi ὁ Χριστὸς οὗτος ἦν, aliter ac Hieronymus vertit, intelligi omnino non possunt a Josepho prolata, si modo ejus sunt; nec enim de testimonii germanitate est hic locus ad disserendum. Illud potius animadverte, afferri hic a Sophronio, prout in Josephi libro xviii, c. 4 exstat, non, ut alias solet, ex Hieronymo nova interpretatione exprimi.

[d] Idem Freculphus, et Veronens. cod. omittunt *primum*, tum post *perseveraverunt* aliquot mss. addunt *in fide*, Freculphus *in eo*, qui item infra nomen *Christianorum* non agnoscit.

[e] Male in cod. S. Crucis, aliisque, et apud Honorium, *Justinus*. Vid. Euseb. iii, 10.

[f] In quibusdam editionibus omittuntur verba *de Scripturis*, quæ ipse etiam Suffridus Petri putavit abundare. In Græco olim erat περιγράφειν.

[g] Verbum *componere* non addunt codices nostri, nec Græcus interpres. Scripta hujus Auctoris intercidere.

[h] Consonant Hieronymo Origenes in Joannem, Eusebius Hist. Eccl. iii, 15, Epiphanius hæres. 27. Rufinus de Adulter. libror. Origenis, Primasius in Commentariis in hunc Epistolæ ad Philippenses locum, et ex recentioribus plerique alii. Nihilominus alium ab isto Clementem fuisse, quem Paulus designat, eumque Philippensis Ecclesiæ presbyterum extitisse, alii non contemnendis argumentis contendunt.

[i] Al. *cooperantibus*. De more prima tantum verba affert Pseudosophronius.

[j] *Tertius Anacletus* Consona voce sic legunt omnes mss. codices. Videat proinde Marianus, unde *Cletum* pro *Anacleto* obtruderit in contextum Hieronymi. MARTIAN. — *Anacletum* legunt quoquot Martianæus, et nos inspeximus mss., tantum Veronensis *Anencletus* : Ἀνέγκλητος Irenæo. Sed et Freculphus, Ado, Honorius, aliique ita legunt. Victorius maluit *Cletus*, ut erat apud Græcum interpretem. Utcumque scribas, doctis viris non alius probatur esse Cletus ab Anacleto.

[k] Abest Petri nomen a codice nostro, et Græco interprete. Quæ sequuntur, ex Eusebii lib. iii repete.

Scripsit ex persona Romanæ Ecclesiæ ad Ecclesiam Corinthiorum valde utilem Epistolam, quæ et in nonnullis locis publice legitur, quæ mihi videtur characteri Epistolæ, quæ sub Pauli nomine ad Hebræos fertur, convenire. Sed et multis de eadem Epistola, non solum sensibus, sed juxta verborum quoque ordinem abutitur. Omnino grandis in utraque similitudo est. Fertur et secunda ejus nomine Epistola, quæ a veteribus reprobatur. Et [a] Disputatio Petri et Appionis longo sermone conscripta, quam Eusebius in tertio historiæ Ecclesiasticæ volumine coarguit. Obiit tertio Trajani anno, [b] et nominis ejus memoriam usque hodie Romæ exstructa Ecclesia custodit.

θαυμαστήν, ἥτις ἐν φανεροῖς τόποις δημοσίᾳ ἀναγινώσκεται, τῷ χαρακτῆρι τῆς πρὸς Ἑβραίους Ἐπιστολῆς Παύλου συνᾴδουσα οὐ μόνον νοήμασιν, ἀλλὰ καὶ λόγοις. Καὶ ἁπλῶς μεγίστη ἐστὶν ἐν ἑκατέρᾳ ὁμοίωσις. Φέρεται καὶ ἑτέρα ἐξ ὀνόματος αὐτοῦ εἶναι Ἐπιστολή, ἥτις παρὰ πάντων ἀποδοκιμάζεται. Καὶ διάλογος Πέτρου καὶ Ἀπίωνος μακρῷ λόγῳ συνταγεῖσα, ἥντινα Εὐσέβιος εὐθύνει, ἐν τῷ τρίτῳ τῆς ἐκκλησιαστικῆς ἱστορίας τεύχει. Τελευτᾷ τῷ τρίτῳ ἐνιαυτῷ Τραϊανοῦ, καὶ τὴν τούτου μνήμην ἄχρι τήμερον ἐν τῇ Ῥώμῃ οἰκοδομηθεῖσα ἐκκλησία φυλάττει.

CAPUT XVI.

855 Ignatius Antiochenæ Ecclesiæ tertius post Petrum apostolum episcopus, persecutionem commovente Trajano, damnatus ad bestias, Romam vinctus mittitur. Cumque navigans Smyrnam venisset, ubi Polycarpus, auditor Joannis, episcopus erat, scripsit unam Epistolam ad Ephesios, alteram ad Magnesianos, tertiam ad Trallenses, quartam ad Romanos, et inde egrediens scripsit ad Philadelpheos, et ad Smyrnæos; et proprie ad Polycarpum, commendans illi Antiochensem Ecclesiam, in qua et de [c] Evangelio quod nuper a [d] me translatum est, super persona Christi ponit testimonium dicens: *Ego vero et post resurrectionem in carne eum [f] vidi, et credo quia sit. Et quando venit ad Petrum, et ad eos qui eum Petro erant, dixit eis: Ecce, palpate me, et videte, quia non sum dæmonium [g] incorporale. Et statim tetigerunt eum, et crediderunt.* Dignum autem videtur, quia tanti viri fecimus mentionem, et de epistola ejus, quam ad Romanos scribit [Al. scripsit], pauca ponere. [h] *De Syria usque ad Romam pugno ad bestias, in mari et in terra, nocte dieque*

856 Ἰγνάτιος τῆς ἐν Ἀντιοχείᾳ ἐκκλησίας τρίτος μετὰ Πέτρον τὸν Ἀπόστολον ἐπίσκοπος, διωγμὸν κινήσαντος Τραϊανοῦ, θηριομαχῆσαι κελευσθεὶς εἰς Ῥώμην στέλλεται δέσμιος. Πλέων δὲ καὶ ἐπιστὰς τῇ Σμύρνῃ ἐν ᾗ Πολύκαρπος ἀκροατὴς Ἰωάννου ἐπίσκοπος ἦν, ἔγραψε πρὸς Ἐφεσίους Ἐπιστολὴν μίαν, ἄλλην πρὸς Μαγνησιανοὺς, τρίτην πρὸς Τραλλιανοὺς, τετάρτην πρὸς Ῥωμαίους. Κἀκεῖθεν ἐξιὼν, ἔγραψε Φιλαδελφεῦσι, καὶ Σμυρναίοις, καὶ ἰδικῶς πρὸς Πολύκαρπον, παρατιθέμενος αὐτῷ τὴν ἐν Ἀντιοχείᾳ ἐκκλησίαν, ἐν ᾗ καὶ περὶ τοῦ εὐαγγελίου τοῦ πρῴην μεταφρασθέντος, ἐκ προσώπου Ἰησοῦ Χριστοῦ μνήμην ποιεῖται, λέγων· Ἐγὼ δὲ καὶ μετὰ τὴν ἀνάστασιν ἐν σώματι αὐτὸν εἶδον, καὶ πιστεύω ὅτι ἐστί. καὶ ὅτε ἦλθεν πρὸς Πέτρον, καὶ τοὺς σὺν αὐτῷ ὄντας, εἶπεν αὐτοῖς· Ψηλαφήσατέ με, ὅτι οὐκ εἰμὶ δαιμόνιον σωματικόν. Καὶ εὐθέως ἅψαντες αὐτὸν, ἐπίστευσαν. Ἄξιον δὲ φαίνεται, ἐπείπερ τοιούτου ἀνδρὸς πεποιήμεθα μνήμην, ἐκ τῆς Ἐπιστολῆς αὐτοῦ τῆς πρὸς Ῥωμαίους γραφείσης ὀλίγα ἐκθέσθαι. *Ἀπὸ Συρίας ἄχρι Ῥώμης, θηριομαχῶ ἐν θαλάσσῃ καὶ ἐν γῇ, νυκτὸς καὶ ἡμέρας, δέκα συνδεμένος λεοπάρδοις, τουτέστι στρατιώταις τοῖς φυλάσσουσί με,*

---

[a] Hæc Disputatio Petri et Appionis a Photio memorata cod. 125 intercidit. Epistola autem prima superest uno tantum loco manca, altera ex bona sui parte.

[b] Puta Christi 100. Cod. S. Crucis, *et nomini ejus,* quod magis placet.

[c] Quod Eusebius ignorare se profitetur lib. III, c. 36. ex Nazarenorum Evangelio sumptum esse testimonium testatur Hieronymus, quem vide etiam lib. XVII in Isaiam. Sed et in alio apocrypho libro, nempe *Doctrina Petri,* habetur. Ab Ignatio autem non in Epistola ad Polycarpum, ut innuit S. Doctor; sed in illa ad Smyrnæos recitatur, unde locum hunc, si parenthesi claudatur, emendari posse, arbitrati sunt viri docti.

[d] Notandum in Græco deesse voces ὑπ' ἐμοῦ, cum Hieronymus dicat *a me translatum.* Vid. cap. 2 et 3.

[e] Ign. Epist. ad Smyrn., cap. 5: Ἐγὼ δὲ καὶ μετὰ τὴν ἀνάστασιν ἐν σαρκὶ αὐτὸν οἶδα, καὶ πιστεύω ὄντα. Καὶ ὅτε πρὸς τοὺς περὶ Πέτρον ἐλήλυθεν, ἔφη αὐτοῖς· Λάβετε, ψηλαφήσατέ με, ὅτι οὐκ εἰμὶ δαιμόνιον ἀσώματον. Καὶ εὐθὺς αὐτοῦ ἥψαντο καὶ ἐπίστευσαν.

[f] Græcus textus οἶδα, unde Ruhnus *novi,* id est *scio vere resurrexisse;* non enim, credo, Servatorem nostrum in carne vidit Ignatius, neque ab αὐτοψίᾳ argumentatur.

[g] *Dæmonium incorporale.* Erasmus falso legit *corporale* cum pluribus mss. exemplaribus. *Incorporale* vero, non *corporale* legendum docet nos ipse Hieronymus Præfatione sua in XVIII librum Commentar. in Isaiam. Consule locum; ubi *spiritus* et *dæmonium*

incorporale pro eodem habentur. Præterea vetustissimus omnium codicum Saugermanen. noster legit *incorporale;* ita quoque codex eminentiss. card. Ottoboni, sive Altempensis olim bibliothecæ jam laudatus codex. MARTIAN. — Male apud Græcum interpretem σωματικόν, ut et in quibusdam Latinis codicibus *corporale.* Nostri omnes, et quos Martianæus consuluit, *incorporale.* ut alibi Hieron. ipse Præfat. lib. XVIII in Isaiam : *Cum enim Apostoli eum putarent Spiritum, vel juxta Evangelium, quod Hebræorum lectitant Nazaræi, incorporale dæmonium.*

[h] Ignat. Epist. ad Rom., cap. 5: Ἀπὸ Συρίας μέχρι Ῥώμης θηριομαχῶ, διὰ γῆς καὶ θαλάσσης, νυκτὸς καὶ ἡμέρας. ἐνδεδεμένος δέκα λεοπάρδοις, ὅ ἐστι στρατιωτικὸν τάγμα, οἳ καὶ εὐεργετούμενοι χείρους γίνονται· ἐν δὲ τοῖς ἀδικήμασιν αὐτῶν μᾶλλον μαθητεύομαι· ἀλλ' οὐ παρὰ τοῦτο δεδικαίωμαι· ὀναίμην τῶν θηρίων τῶν ἐμοὶ ἡτοιμασμένων, ἃ καὶ εὔχομαι σύντομά μοι εὑρεθῆναι, ἃ καὶ κολακεύσω συντόμως με καταφαγεῖν, οὐχ ὥσπερ τινῶν, δειλαινόμενα, οὐχ ἥψαντο. Κἂν αὐτὰ δὲ ἄκοντα μὴ θέλῃ, ἐγὼ προσβιάσομαι. Συγγνώμην μοι ἔχετε, τί μοι συμφέρει ἐγὼ γινώσκω. Νῦν ἄρχομαι μαθητὴς εἶναι· μηδέν με ζηλῶσαι τῶν ὁρατῶν καὶ ἀοράτων, ἵνα Ἰησοῦ Χριστοῦ ἐπιτύχω· Πῦρ καὶ σταυρὸς, θηρίων τε συστάσεις, σκορπισμοὶ ὀστέων, συγκοπαὶ μελῶν, ἀλεσμοὶ ὅλου τοῦ σώματος, κολάσεις τοῦ Διαβόλου εἰς ἐμὲ ἐρχέσθωσαν, μόνον ἵνα Ἰησοῦ Χριστοῦ ἐπιτύχω.

* Legendum ut edidimus ἅψαντες, quod nescio cur in ὄψαντες nuperus editor, inscio lectore, mutaverit.

ligatus *cum decem leopardis*, [a] *hoc est*, *militibus, qui me custodiunt : quibus et cum benefeceris, pejores fiunt. Iniquitas autem eorum, mea doctrina est, sed non idcirco justificatus sum. Utinam fruar bestiis, quæ mihi sunt præparatæ, quas et oro mihi* **857** *veloces esse ad interitum*, [b] *et alliciam eas ad comedendum me, ne sicut aliorum Martyrum, non audeant corpus meum attingere. Quod si venire noluerint, ego vim faciam, ego me ingeram, ut devorer. Ignoscite mihi, filioli : quid mihi prosit, ego scio. Nunc incipio* [c] *Christi esse discipulus, nihil de his quæ* [d] *videntur desiderans, ut Jesum Christum inveniam. Ignis, crux, bestiæ, confractio ossium, membrorum divisio, et totius corporis contritio, et* [e] *tota tormenta diaboli, in me veniant, tantum ut Christo fruar.* Cumque jam damnatus esset ad bestias, ardore patiendi, cum rugientes audiret leones, ait : *Frumentum Christi sum, dentibus bestiarum molar, ut panis mundus inveniar.* Passus est anno [f] undecimo Trajani. Reliquiæ corporis ejus Antiochiæ jacent extra portam [g] Daphniticam in cœmeterio.

οἵτινες καὶ μετὰ εὐεργεσίαν χείρονες γίνονται. Αἱ γὰρ ἀνομίαι αὐτῶν, παίδευσίς μοί ἐστι, ἀλλ' οὐ διὰ τοῦτο ἐδικαιώθην. Καὶ εἴθε ἀπολαύσω τῶν θηρίων τῶν ἐντετριμμένων (Sic) μοι, ἅτινα εὔχομαι ὀξύτατα εἶναί μοι εἰς ἀπώλειαν, καὶ ἐνδελεχίζειν εἰς τὴν ἐμὴν κατάβρωσιν, μήπως ὃν τρόπον ἐπὶ τῶν ἄλλων μαρτύρων, μὴ τολμήσωσι τοῦ σώματός μου ἅψασθαι. Εἰ γὰρ ἐπελθεῖν μὴ θελήσουσιν, ἐγὼ βιάσομαι, ποθῶν καταβρωθῆναι. Συγγνώσετέ μοι, τεκνία. τὸ συμφέρον μοι ἐγὼ οἶδα. Νῦν ἄρχομαι εἶναι μαθητής, οὐδὲν τούτων τῶν ὁρωμένων ἐπιθυμῶ. Ἵνα τὸν Ἰησοῦν Χριστὸν εὕρω. Πῦρ, σταυρός, θηρία, σύγκλασις ὀστέων, καὶ τῶν μελῶν διασπαραγμοί, καὶ παντὸς τοῦ σώματος συντριβή, καὶ βάσανοι τοῦ Διαβόλου, εἰς ἐμὲ ἐλθωσιν, ἵνα Ἰησοῦ Χριστοῦ ἀπολαύσω. » Κατακριθεὶς τοίνυν θηριομαχῆσαι, καὶ πόθῳ τοῦ παθεῖν, ἀκούσας τοῦ βρυγμοῦ τῶν λεόντων, ἔφη· « Σῖτος Ἰησοῦ Χριστοῦ εἰμι, καὶ εὔχομαι τοῖς ὀδοῦσι τῶν θηρίων ἀλεσθῆναι, ἵνα **858** ἄρτος καθαρὸς εὑρεθῶ. » Ἔπαθε δεκάτῳ ἔτει Τραϊανοῦ. Τὸ δὲ λείψανον ἔξω τῆς Δαφνητικῆς πύλης Ἀντιοχείας κατάκειται ἐν τῷ κοιμητηρίῳ.

CAPUT XVII.

Polycarpus, Joannis apostoli discipulus, et ab eo Smyrnæ episcopus ordinatus, totius Asiæ princeps fuit. Quippe qui nonnullos Apostolorum, et eorum qui viderant Dominum, magistros habuerit, et viderit. Hic propter quasdam super die Paschæ quæstiones, sub imperatore Antonino Pio, Ecclesiam in Urbe regente Aniceto, Romam venit, ubi plurimos credentium, Marcionis et Valentini persuasione deceptos, reduxit ad fidem. Cumque ei fortuito obviam fuisset Marcion, et diceret : [h] *Cognosce nos : Respondit : Cognosco primogenitum diaboli.* Postea vero, regnante M. Antonino, [i] et L. Aurelio Commodo, quarta post Neronem persecutione, Smyrnæ, [j] sedente Proconsule, et universo populo in amphitheatro adversus eum personante, igni traditus est. Scripsit ad Philippenses valde utilem Epistolam, quæ usque hodie in [k] Asiæ conventu legitur.

Πολύκαρπος Ἰωάννου Ἀποστόλου μαθητής, καὶ παρ' αὐτοῦ τῆς Σμυρναίων Ἐπίσκοπος κατασταθείς, πάσης τῆς Ἀσίας ἀρχηγὸς γέγονε, διὰ τὸ πολλοῖς τῶν Ἀποστόλων καὶ τῶν τὸν Χριστὸν ἑωρακότων συντετυχηκέναι, καὶ διδασκάλους ἐσχηκέναι. Οὗτος διὰ τινας αἰτίας τοῦ πάσχα, βασιλεύοντος Ἀντωνίνου τοῦ Πίου, καὶ Ἐπισκοποῦντος τῆς ἐκκλησίας Ῥώμης Ἀνικήτου, ἐπέστη τῇ Ῥώμῃ, ἐν ᾗ καὶ πολλοὺς, τῷ δόγματι Μαρκίωνος, καὶ Βαλεντίνου πιστεύσαντας ἀνεκαλέσατο. Ἀπαντήσαντος δὲ αὐτῷ ἐξ αὐτομάτου Μαρκίωνος καὶ εἰρηκότος αὐτῷ, Γνώριζε ἡμᾶς, ἀπεκρίθη, Γνωρίζω τὸν πρωτότοκον τοῦ Διαβόλου. Μετὰ ταῦτα βασιλεύοντος Μάρκου Ἀντωνίνου, καὶ Λουκίου Αὐρηλίου Κομόδου, τετάρτου μετὰ Νέρωνα διωγμοῦ κινηθέντος, ἐν Σμύρνῃ θεωροῦντος τοῦ ἀνθυπάτου, καὶ παντὸς τοῦ δήμου ἐν τῷ ἀμφιθεάτρῳ κατ' αὐτοῦ βοῶντος, πυρὶ παρεδόθη. Ἔγραψε πρὸς Φιλιππησίους πάνυ θαυμαστὴν Ἐπιστολήν, ἥτις ἄχρι τοῦ παρόντος ἐν τῇ Ἀσιανῇ συνόδῳ ἀναγινώσκεται.

---

[a] S. quoque Paulus Neronem Leonem dixerat.

[b] Iterum codices nostri omnes, et quædam editiones, *ad interitum, et alliciam ad comedendum me*, idque rectissime; non ut Martianæus, aliique addunt, *et ad supplicia :* quibus adversatur Græcus textus et interpres. Facile ex verbo *alliciam* male librariis perspecto, hæ duæ prodierunt pravæ scripturæ *ad supplicia, et allici eas*, perperam in textum intrusæ.

[c] Nomen *Christi* abest a præstantissimo Veron. ms. aliisque, et a Græco textu, et interprete.

[d] Ignatius vero, et Eusebius τῶν ὁρατῶν καὶ ἀοράτων, addunt : *de his quæ videntur, et quæ non videntur* quorum alterum a Hieronymi textu facile excidit.

[e] Vocem *tota* nec Græcus textus, nec nostri codices habent, qui mox *patiendi*, *rugientes*, rectissime, absque altero *cum*, quod redundat. Denique ms. Gemblacensis *ardare impatienti*, minus bene.

[f] Male Vatic. et quidam alii libri *undecimo*. Porro Trajani decimus Christi anno 107 respondet, sed ad 115 referunt Joannes Antiochenus, atque alii.

[g] Sic dicta a *Daphne* Antiochiæ suburbio ad orientem. Vid. Evagrium l. 1, c. 16.

[h] Ita codices nostri omnes, multique alii, sed alii itidem *cognoscis*. Similiter *Satanæ* alii legunt, alii *Diaboli*.

[i] Hic est Lucius Aurelius Verus, qui et Commodus dictus est. Exinde martyrium Polycarpi ad an. 166 referunt cum Hieronymo quidam docti viri, alii sub Antonino Pio an. 147, passim volunt. Quin etiam de ejus mortis genere diversa ab his tradit epistola Smyrnensis Ecclesiæ : cum nempe ignis nihil sancto Martyri nocuisset, accessitum κομφέκτορα, sive *carnificem*, qui eum pugione confecerit.

[j] Statio Quadrato Proconsule Asiæ.

[k] De conventibus Christianorum quotidianis non videtur intelligendus hic locus, sed de aliquo alio, qui quot annis fieri soleret in Asia, inque eo de Religione consulentes Christiani, hanc Epistolam recitarent.

CAPUT XVIII.

859 Papias, Joannis [a] auditor Hierapolitanus in Asia episcopus, quinque tantum scripsit volumina, quæ prænotavit, [b] *Explanatio sermonum Domini*. In quibus cum se in præfatione asserat, non varias opiniones sequi, sed Apostolos habere auctores, ait: [c] *Considerabam, quid Andreas, quid Petrus dixissent, quid Philippus, quid Thomas, quid Jacobus, quid Joannes, quid Matthæus, vel alius quilibet discipulorum Domini: quid etiam* [d] *Aristion, et Senior Joannes, discipuli Domini loquebantur. Non enim tantum mihi libri ad legendum prosunt, quantum viva vox, usque hodie in suis auctoribus personans.* Ex quo apparet in [Al. ex] ipso catalogo nominum, alium esse Joannem, qui inter Apostolos ponitur, et alium Seniorem Joannem, quem post Aristionem [e] enumerat. Hoc autem diximus, propter superiorem opinionem, quam a plerisque [f] retulimus traditam, duas posteriores Epistolas Joannis, non Apostoli esse, sed Presbyteri. Hic dicitur mille annorum Judaicam edidisse [g] δευτέρωσιν, quem secuti sunt Irenæus, et Apollinarius, et cæteri qui post resurrectionem aiunt in carne cum sanctis Dominum regnaturum. Tertullianus quoque in libro de Spe fidelium, et [h] Victorinus Petabionensis, et Lactantius hac opinione ducuntur.

860 Παπίας Ἰωάννου ἀκροατής, Ἱεραπολίτης τῆς Ἀσίας Ἐπίσκοπος, πέντε μόνους συνέταξε λόγους, οὓς καὶ ἐπέγραψε, Ἔκθεσις λόγων Κυρίου. Ἐν οἷς λόγων ἐν προοιμίοις μὴ ἀκολουθεῖν ποικίλαις φήμαις, ἀλλὰ τοὺς Ἀποστόλους ἔχειν ἡγουμένους, ἔφη· ⸀ Κατενόουν τί Ἀνδρέας, τί Πέτρος, εἰρήκασι, τί Φίλιππος, τί Θωμᾶς, τί Ἰάκωβος, τί Ἰωάννης, τί Ματθαῖος, καὶ οἱ λοιποὶ τοῦ Κυρίου μαθηταί, τί δὲ Ἀριστίων, καὶ ὁ πρεσβύτερος Ἰωάννης, μαθηταὶ τοῦ Κυρίου ἐλάλησαν. Οὐδὲ γάρ με τοσοῦτον βιβλία εἰς ἀνάγνωσιν ὠφελοῦσιν, ὅσον ζῶσα φωνή, ἥτις ἄχρι τοῦ παρόντος διὰ τῶν συγγραψαμένων ἀκμάζει. ⸀ Δηλοῦται δὲ ἐξ αὐτοῦ τοῦ καταλόγου τῶν ὀνομάτων, ἄλλον εἶναι Ἰωάννην Ἀπόστολον, καὶ ἄλλον εἶναι πρεσβύτερον Ἰωάννην, ὅντινα ὕστερον μετὰ τὸν Ἀριστίωνα καταριθμεῖται. Ταῦτα δὲ εἰρήκαμεν διὰ τὰ προαναφερόμενα, ἐν οἷς εἴπομεν, τὰς δύο ὑστέρας Ἐπιστολὰς μὴ εἶναι Ἰωάννου τοῦ ἀποστόλου, ἀλλὰ τοῦ πρεσβυτέρου. Οὗτος λέγεται χιλίων ἐνιαυτῶν Ἰουδαϊκὴν ἐκδεδωκέναι δευτέρωσιν, ᾧ ἠκολούθησαν Εἰρηναῖος, καὶ Ἀπολλινάριος, καὶ οἱ λοιποί, οἵτινες μετὰ τὴν ἀνάστασιν φάσκουσιν ἐν τῷ σώματι μετὰ τῶν ἁγίων τὸν Κύριον βασιλεύσειν. Καὶ Τερτυλλιανὸς δὲ ἐν τῇ βίβλῳ τῇ περὶ τῆς Ἐλπίδος τῶν πιστῶν, καὶ Βικτωρῖνος Πεταβῖνος, καὶ Λακτάντιος ταύτῃ τῇ δοκήσει εἴλκυνται.

CAPUT XIX.

Quadratus Apostolorum discipulus, Publio Athenarum episcopo, [i] ob Christi fidem martyrio coronato, in locum ejus substituitur, et Ecclesiam grandi terrore dispersam, fide et industria sua congregat. Cumque Hadrianus **861** Athenis exegisset hiemem, invisens [j] Eleusina, et omnibus pene Græciæ sacris initiatus dedisset occasionem his, qui Christianos oderant, absque præcepto Imperatoris vexare credentes; porrexit ei librum pro religione nostra compositum, [k] valde utilem, plenumque rationis et fidei,

Κουαδράτος τῶν Ἀποστόλων μαθητής, παθόντος Πουβλίου Ἀθηναίων Ἐπισκόπου ὑπὲρ τοῦ Χριστοῦ, εἰς τὸν αὐτὸν τόπον ὑπεισέρχεται, καὶ τὴν ἐκκλησίαν ἐν μεγάλῃ ταραχῇ διασκορπισθεῖσαν συνάγει. Καὶ ἡνίκα Ἀδριανὸς **862** ἐν Ἀθήναις ἐχείμασεν ἐν Ἐλευσῖνι γενόμενος, καὶ πάντα σχεδὸν τὰ τῆς Ἑλλάδος μυστήρια μυηθείς, δέδωκεν ἀφορμὴν ἐπὶ τὸ τοὺς μισοῦντας τοὺς Χριστιανοὺς, καὶ δίχα βασιλικῆς κελεύσεως κολάσαι, ἐπέδωκε βίβλον ὑπὲρ τῆς ἡμετέρας θρησκείας συντεθεῖσαν, πάνυ χρηστήν, καὶ γέμουσαν λογισμῷ καὶ πίστεως, ἀξίαν τε τῆς Ἀπο-

---

[a] Euseb. l. III, c. 39, de altero Joanne presbytero intelligit, non de apostolo et evangelista, quem Baronius in Martyrol. sequitur. Contra ipse Hieronymus epist. 75, ad Theodoram, et reliqui Martyrologiorum auctores, aliorumque Scriptorum agmen.
[b] Supersunt hujus operis, Λογίων κυριακῶν ἐξηγήσεως, dumtaxat quædam fragmenta.
[c] Papias apud Euseb. III, 39 : Ἀνέκρινον λόγους τί Ἀνδρέας ἤ τί Πέτρος εἶπεν, ἤ Φίλιππος, ἤ τί Θωμᾶς, ἤ Ἰάκωβος, ἤ τί Ἰωάννης, ἤ Ματθαῖος, ἤ τίς ἕτερος τῶν τοῦ Κυρίου μαθητῶν, ἅ τε Ἀριστίων καὶ ὁ πρεσβύτερος Ἰωάννης, οἱ τοῦ Κυρίου μαθηταὶ λέγουσιν. Οὐ γὰρ τὰ ἐκ τῶν βιβλίων τοσοῦτόν με ὠφελεῖν ὑπελάμβανον, ὅσον τὰ παρὰ ζώσης φωνῆς καὶ μενούσης.
[d] *Aristionem* habet cod. S. Crucis hic atque infra, et alius Gemblacensis, teste Suffrido Petri. Mox Veronensis *loquantur* pro *loquebantur* : verius ad Papiæ textum λέγουσιν.
[e] Veronen., *Commemorat*.
[f] Supra cap. 9. Veronen., *qua a plerisque retulimus traditam*.
[g] Ita Judaicas traditiones appellari, notum. Vid. Irenæum lib. IV et V, Apollinarii enim scripta intercidere, quemadmodum et, quem laudat, Tertulliani liber *de Spe Fidelium*. Hieronymus in cap. Ezech. XXXVI : *Dogma*, inquit, *Judaicum quod et multi nostrorum, et præcipue Tertulliani liber de Spe fide-*

lium, Lactantii Institutionum volumen septimum pollicetur, et Victorini Petabionensis episcopi crebræ expositiones, et nuper Severus noster in Dialogo, cui Gallo nomen imposuit, et ut Græcos nominem, et primum extremumque conjungam; Irenæus, et Apollinaris.
[h] *Victorinus Petabionensis*. Falso legebat Erasmus *Victorinus Pictaviensis*; cum nullus sit codex ms. qui non legat *Petabionensis*, vel *Pictabionensis*. MARTIAN.
[i] Veron. *Christi martyrio coronato*, cui suffragatur Græcus interpres ὑπὲρ τοῦ Χριστοῦ. Constanter Hieronymus hic et in epst. 78, ad Magnum pro uno eodemque habet Quadratum Athenarum episcopum cum illo, qui Apologiam pro Christiana religione obtulit Hadriano; nihilominus docti viri, Valesius, Tillemontius, alüque duos Quadratos diversos commiscuntur.
[j] Prætulimus codicis nostri lectionem *Eleusina*, quam retinet et Gemblacensis a Suffrido inspectus. Reliqui omnes etiam editi *Eleusinam*, vitiose. Quid autem sit *Eleusina* invisere, velut in Epistola ad Magnum, *Eleusinæ sacra invisere* ipse explicat in Chronic. ad an. 7 Hadriani *sacris Eleusinæ initiari*, Græce τὰ Ἐλευσίνια ἐποπτεύειν. Facund. Hermianen. integrum hoc Hieronymi capitulum recitat.
[k] Idem cod. noster *valde necessarium*, mox Gemblacensis pro *suæ ætatis* habet *suæ actionis*. Perpe-

et Apostolica doctrina dignum, in quo et antiquitatem suæ ætatis ostendens, ait, plurimos a se visos qui sub Domino variis in Judæa oppressi calamitatibus, sanati fuerant, et qui a mortuis resurrexerant.

στολικῆς παιδεύσεως, ἐν ᾗ καὶ τὴν ἀρχαιότητα τῆς ἰδίας ἡλικίας δεικνύς, ἔφη, πολλοὺς ἑωρακέναι τοὺς ὑπὸ τοῦ Κυρίου ποικίλαις ἐν τῇ Ἰουδαίᾳ κάμνοντας νόσοις ἰαθέντας, καὶ ὅτι τινὲς ἐκ νεκρῶν ἀνέστησαν.

CAPUT XX.

Aristides Atheniensis philosophus eloquentissimus, et sub pristino [a] habitu discipulus Christi, volumen nostri dogmatis rationem continens, eodem tempore quo et Quadratus, Hadriano principi dedit, id est, Apologeticum pro Christianis, quod usque hodie perseverans, apud philologos ingenii ejus indicium est.

Ἀριστείδης Ἀθηναίων φιλόσοφος εὐφραδής, καὶ κατὰ τὴν προτέραν διαγωγήν, μαθητὴς Ἰησοῦ Χριστοῦ, τεῦχος δόγματος ἡμετέρου ἀνάμεστον λογισμοῦ, κατ' ἐκεῖνο καιρὸν ἐν ᾧ καὶ Κουαδράτος, Ἀδριανῷ τῷ βασιλεῖ ἐπέδωκε, τουτέστιν, ἀπολογητικὸν ὑπὲρ τῶν Χριστιανῶν, ὅπερ ἄχρι τοῦ παρόντος παρὰ τοῖς φιλολόγοις σώζεται.

CAPUT XXI.

Agrippa, cognomento [b] *Castor*, vir valde doctus, adversum viginti quatuor Basilidis hæretici [c] volumina, quæ in Evangelium confecerat, fortissime disseruit, prodens ejus universa mysteria, et prophetas enumerans, [d] *Barcaban* et *Barcob*, et ad terrorem audientium alia quædam barbara nomina: et Deum maximum ejus *Abraxas*, qui quasi annum [e] continens, si juxta Græcorum numerum supputetur. [f] Moratus est autem Basilides, a quo **863** Gnostici, in Alexandria temporibus Hadriani, qua tempestate et [g] *Cochebas* dux Judaicæ factionis, Christianos variis suppliciis enecavit.

Ἀγρίππας, ὁ ἐπίκλην Κάστωρ, ἀνὴρ πάνυ πεπαιδευμένος, κατὰ τῶν εἰκοσιτεσσάρων Βασιλείδου αἱρετικοῦ λόγων τῶν εἰς τὸ Εὐαγγέλιον παρ' αὐτοῦ περιφρασθέντων, γενναίως ἐξηγήσατο, πάντα αὐτοῦ τὰ μυστήρια ἐκφαίνων, καὶ τοὺς προφήτας συναπαριθμουμένους, Βαρκαβᾶν, καὶ Μαρκὸδ, καὶ πρὸς φόβον τῶν ἀκροωμένων, ἕτερά τινα βάρβυρα ὀνόματα, καὶ τὸν μέγιστον αὐτῷ θεὸν Ἀβραξάς, οἷα ἐνιαυτὸν περιέχοντα κατὰ τὸν ἀριθμὸν τῶν Γραικῶν ψηφιζόμενον. Τελευτῶντος Βασιλείδου γνωστικοὶ ἐν Ἀλεξανδρείᾳ ἐκλήθησαν ἐν τοῖς χρόνοις **864** Ἀδριανοῦ, ὅτε καὶ Κόχιβος ὁ τῶν Ἰουδαίων ἡγούμενος πολλοὺς τῶν Χριστιανῶν ποικίλαις τιμωρίαις ἀνήλωσεν.

CAPUT XXII.

Hegesippus vicinus Apostolicorum temporum, et omnes a passione Domini usque ad suam ætatem Ecclesiasticorum actuum texens historias, multaque ad utilitatem legentium pertinentia hinc inde congregans, [h] quinque libros composuit, sermone simplici, ut quorum vitam sectabatur, dicendi quoque

Ἡγήσιππος τῶν χρόνων τῶν Ἀποστόλων, πάσας ἀπὸ τοῦ πάθους τοῦ Κυρίου, ἕως τῶν ἰδίων χρόνων, τῶν ἐκκλησιαστικῶν πράξεων ὑφαίνων ἱστορίας καὶ πολλὰ εἰς ὄφελος τῶν ἀναγνωσκόντων συντιθεὶς, πανταχόθεν συλλέγων πέντε συνέθηκε βίβλους ἁπλουστέρῳ λόγῳ, ὥστε ἐκείνων ἐξηγήσασθαι χαρακτῆρας, ὧν τῷ βίῳ ἐξη-

---

ram uterque. Hæc vero Apologia, qua gravissima Persecutio sedata est, ut testatur Hier. Epistola supra laudata ad *Magnum*, amplius non habetur. Satius porro est opinari oblatam eam Hadriano, cum secundum Athenas venisset, non primum, ut vulgo existimatur: nempe Christi anno 126 non triennio ante.

[a] Id est, sub veste philosophica, seu pallio. Infra cod. S. Crucis, *Hadriano principe*, male. Hier. Epistola ad Magnum, *Aristides philosophus, vir eloquentissimus, eidem Principi* (Hadriano) *Apologeticum pro Christianis obtulit, contextum Philosophorum sententiis.* Deperdita est etiam hæc insignis Apologia, quamvis apud Caloieros in Midelli Monasterio latere eam quidam scripserit.

[b] Martianæus *Castoris*, ut et Euseb. Ἀγρίππα Κάστορος. Cod. Gemblacen. et Indiculus Hæres. qui Hieronymo tribuitur, *Pastoris*, omnino vitiose.

[c] Intercidit Agrippæ opus, ut et Basilidis volumina, quæ fortasse *Evangelium* inscribebantur; hoc enim nomine videntur memorari alibi ab Hieronymo, aliisque.

[d] *Barcaban et Barcob*. Ita legunt exemplaria mss. In nonnullis est, *Berthaham* et *Barcobeth*. At de his verborum portentis, et nomine *Abraxas*, vide indices nostros supra in hoc tomo IV, et in superiori tomo III, nostræ editionis. Similiter et de Antinoo infra in Hegesippo. De *Cocheba* vide Comment. in c. p. ix Danielis col. 1117, et in Epistola, *Lectis litteris*. De Abraxas, et aliis nominibus consule Irenæum lib. IV, cap. 23. MARTIAN. — Mirum quam varie barbara hæc duo nomina in editis libris et manu exaratis inveniantur, et quam vitiose. Nostri primum *Barchabbam* legunt cum duplici *b*, ut Eusebius; aliique

Græci Βαρκαββᾶν. Alterum *Barcob*, aut *Barcho*. Malim rescribi *Barcop*, quod Eusebiano Βαρκώφ magis respondet. Theodoreto Hæret. Fab. I, 4, et Eusebio Præparat. Evangelic. X, 5, ipsique Hier. epistola ad Paulam de Alphabeto sonat, *filium vocationis*, sicuti Βαρκαββᾶν Epiphanio XXVI, 2, est *filius stupri*, vel *parricidii*. Proinde vitiose habent alii, qui *Barchobeth*, vel *Berthabam*, et *Marcob*, et *Barchon*, et *Barcobbam*, et *Barcobbet* legunt.

[e] Malim *continet*, aut *supputatur*, expuncta vocula *si*, quæ ex indiculo de Hæresibus huc adscita est. Litteræ quæ Ἀβράξας nomen efficiunt, juxta Græcorum numeros supputatæ, reddunt 365 numerum scilicet dierum anni Vid. quæ in epist. ad Theodoram annotavimus.

[f] *Moratus est autem*. Non *mortuus est*, sed *moratus est autem*, etc., legit codex Sangerman. cum multis aliis. MARTIAN. — Sic legunt codices nostri omnes, et Sangermanen. apud Martianæum, aliique Regii. Ipse Hier. in Chronic. ad an. Christi 133 : *Basilides hæresiarches in Alexandria commoratur, a quo Gnostici*, etc. Vide in Chronico ad pag. 709. Nam quod vult quidam nobis dicam dici, quod *moratus* pro *mortuus* legerimus, ut et in Chronico *commoratur* pro *moritur*, nos misero obtrectatore precamur meliorem mentem.

[g] In quibusdam Hieronymian. codicibus *Chozebas*: sicque revera est quandoque appellatus impostor ille בן כוזבא, *filius mendacii*: cum proprium nomen esset *Cochebas*, בן כוכבא, *filius stellæ*.

[h] Eximii hujus operis nonnisi quædam fragmenta restant, quæ Halloixius, et Grabe collegerunt. Vid. Euseb.

exprimeret characterem. Asserit se venisse sub Aniceto Romam, qui decimus post Petrum episcopus fuit, [a] et perseverasse usque ad Eleutherum ejusdem urbis episcopum, qui Aniceti quondam diaconus fuerat. Praeterea adversum idola disputans, ex quo primum errore crevissent, subtexit historiam, ex qua ostendit, qua floruerit aetate. Ait enim: [b] *Tumulos mortuis templaque fecerunt, sicut usque hodie videmus: e quibus est et Antinous servus Hadriani Caesaris, cui et gymnicus agon exercetur apud* [c] *Antinoum civitatem, quam ex ejus nomine condidit,* [d] *et statuit prophetas in templo.* Antinoum autem in deliciis habuisse Caesar Hadrianus scribitur.

ἀκόλουθοι. Φάσκει δὲ ἐπιστῆναι τῇ Ῥώμῃ ἐπὶ Ἀνικήτου, τοῦ μετὰ Πέτρον δεκάτου ἐπισκόπου, καὶ διατετεληκέναι ἄχρι Ἐλευθέρου ἐπισκόπου τῆς προειρημένης Ῥώμης, ὃς Ἀνικήτου διάκονος ἐγεγόνει. Καὶ κατὰ τῶν εἰδώλων ἐξηγούμενος, ἐκ ποίας πρώτον πλάνης ηὐξήθη, συνέταξεν ἱστορίαν, δεικνὺς ἐν ποίοις ἤνθησε καιροῖς. Φάσκει γὰρ οὕτως· « Τύμβους τοῖς νεκροῖς καὶ ναοὺς ἐποιήσαντο, καθὰ ἄχρι τῆς δεῦρο ὁρῶμεν, ἀφ' ὧν ἐστι καὶ Ἀντίνους, ὁ δοῦλος Ἀδριανοῦ Καίσαρος, οὕτινος καὶ γυμνικὸς ἀγὼν ἐν τῇ Ἀντίνῳ ἐπιτελεῖται, καὶ τὸ δίκαιον τῆς πόλεως ἐκ τῆς αὐτοῦ προσηγορίας ἔτυχε, καὶ προφήτας ἐν τῷ ναῷ ἔστησε. » Τὸν δὲ Ἀντίνουν ἐν τῷ μεταξὺ τῶν μειδιλικίων ἐσχηκέναι Ἀδριανῶν τινες συγγράφονται.

CAPUT XXIII.

Justinus philosophus, habitu quoque philosophorum incedens, de Neapoli urbe [e] Palaestinae, patre Prisco [f] Bacchio pro religione Christi plurimum laboravit : in tantum, ut Antonino **865** quoque Pio, et filiis ejus, et Senatui librum (*Apologia longior*) contra Gentes scriptum daret, ignominiamque Crucis non erubesceret : et alium librum (*Altera brevior*) successoribus ejusdem Antonini, M. Antonino Vero, et L. Aurelio Commodo. Exstat ejus et aliud volumen (*Oratio ad Graecos*) contra Gentes, ubi de daemonum quoque natura disputat : et quartum adversus Gentes, cui titulum praenotavit [g] Ἔλεγχος : sed et alius de Monarchia Dei, et alius liber, quem praenotavit [h] *Psalten*, et alius de anima. Dialogos contra Judaeos, quem habuit adversus Tryphonem principem Judaeorum : sed et contra Marcionem insignia volumina, quorum Irenaeus quoque in [i] quarto adversus haereses libro meminit ; et alius [j] liber contra omnes haereses, cujus facit mentionem in Apologetico, quem dedit Antonino Pio. Hic cum in urbe Roma haberet

Ἰουστῖνος φιλόσοφος, καὶ τῷ σχήματι τῶν φιλοσόφων χρώμενος, ἀπὸ τῆς Νεαπολιτῶν ἐπαρχίας Παλαιστίνης, ἐκ πατρὸς Πρίσκου Βακχείου, ὑπὲρ τῆς θρησκείας τῶν χριστιανῶν πάνυ ἐκοπίασεν, ὥστε καὶ Ἀντωνίνῳ **866** τῷ ἐπίκλην Πίῳ, καὶ τοῖς τούτου υἱέσι, καὶ τῇ συγκλήτῳ βίβλον κατὰ τῶν ἐθνῶν συνταγεῖσαν ἐπιδοῦναι, τὸν ὀνειδισμὸν τοῦ σταυροῦ μὴ αἰσχυνόμενος. καὶ ἄλλην βίβλον τοῖς τοῦ αὐτοῦ Ἀντωνίνου διαδόχοις, τουτέστι Μάρκῳ Ἀντωνίνῳ Βήρῳ, καὶ Λουκίῳ Αὐρηλίῳ Κομόδῳ. Ἔστι καὶ ἄλλη αὐτοῦ βίβλος κατὰ τῶν ἐθνῶν, ἐν ᾗ περὶ τῆς φύσεως τῶν δαιμόνων διαλέγεται, καὶ τέταρτον λόγον ὁμοίως κατὰ τῶν ἐθνῶν, ὃν ἐπέγραψεν Ἔλεγχος, καὶ ἄλλον περὶ τῆς τοῦ Θεοῦ μοναρχίας, καὶ ἄλλον ὠνόμασε Ψάλτην, καὶ ἕτερον περὶ τῆς ψυχῆς. Διάλογον κατὰ τῶν Ἰουδαίων, ὃν ἔχει κατὰ Τρύφωνος ἀρχηγοῦ τῶν Ἰουδαίων. Οὐ μὴν ἀλλὰ καὶ κατὰ Μαρκίωνος ἐπίσημα τεύχη, ὧντινος Εἰρηναῖος ἐν τῷ πέμπτῳ λόγῳ τῷ κατὰ τῶν αἱρετικῶν μέμνηται. Καὶ ἄλλη βίβλος κατὰ πασῶν τῶν αἱρέσεων, ἧς μέμνηται ἐν τῷ ἀπολογητικῷ, ὃν ἔδωκεν Ἀντωνίνῳ τῷ Πίῳ. Οὗτος ἐν τῇ Ῥώμῃ ἔχων τὰς διατριβάς, εὐθύνων Κρήσκῃ

---

[a] Haec sunt Hegesippi verba apud Euseb. IV, 22 : Γενόμενος δὲ ἐν Ῥώμῃ διαδοχὴν ἐποιησάμην μέχρις Ἀνικήτου, οὗ διάκονος ἦν Ἐλεύθερος. Καὶ παρὰ Ἀνικήτου διαδέχεται Σωτήρ, μεθ' ὃν Ἐλεύθερος. Quae sic reddas Latine : *Cum essem autem Romae, successionem composui usque ad Anicetum, cujus diaconus erat Eleutherus, et ab Aniceto successit Soterus, post quem Eleutherus.* Neque enimvero Hieronymus, quod antea notatum est doctis viris, recte, διαδοχὴν ἐποιησάμην, interpretatur, *Romae perseveravi*, aut quemadmodum Rufinus ipse, *permansi ibi*, pro *successionum series composui*, aut *digessi*.

[b] Apud Euseb. II, 8 *Hist.* : Οἷς κενοτάφια καὶ ναοὺς ἐποίησαν ὡς μέχρι νῦν ὧν ἐστι καὶ Ἀντίνοος δοῦλος Ἀδριανοῦ Καίσαρος, οὗ καὶ ἀγὼν ἄγεται Ἀντινόειος, ὁ καὶ ἐφ' ἡμῶν γινόμενος· Καὶ γὰρ καὶ πόλιν ἔκτισεν ἐπώνυμον Ἀντινόου καὶ προφήτας.

[c] Non *apud Antinoum civitatem* gymnicus Antinoo agonem exerceri solitum, sed in Mantinea, scribit Pausanias in Arcadicis, ὁ βασιλεὺς κατεστήσατο αὐτῷ ἐν Μαντινείᾳ τιμάς, καὶ τελετήν... καὶ ἀγών ἐστι αὐτῷ δι' ἔτους πέμπτου. Jam itaque malim emendare ex praestantissimo ms. nostro, *agon exercetur Antinoius, civitatemque ex ejus nomine, etc.,* eoque magis, quod idem Hegesippus, οὗ καὶ ἀγὼν ἄγεται Ἀντινόειος, etc.

[d] Exciderunt ab Hegesippi textu postrema haec verba, κατέστησεν ἐν τῷ ναῷ, quae Hier. vertit, *statuit in templo* ; non enim quemadmodum ἔκτισεν πόλιν, ita ἔκτισεν προφήτας dici potest. De prophetis autem

Antinoi elegans est Origenis contra Celsum locus lib. III, num. 36. Vide et Spartianum in Hadriano. Qui sequitur versus, *Antinoum autem in deliciis*, etc., penitus non habet cod. S. Crucis.

[e] Verius Samariae urbs diceretur, quae ab incolis *Mabortha*, olim *Sichem* est appellata.

[f] Bacchium tanquam Prisci cognomen accipit Hier. cum sit patris Prisci nomen, quod affirmat Suidas apud Lipomanum parte II, et Valesius ex eo probat, quod plurali numero Justinus addit, τῶν ἀπὸ φλαυΐας, Patrem nimirum, et avum indicans.

[g] Nunc inscribitur λόγος παραινετικός, quo nomine eum vocat etiam Damascenus in Parallelis.

[h] Veron. Ψάλτης, Graecis literis. Intercidit autem hic liber, ut et sequens Σχολίων περὶ ψυχῆς et quae infra memorat, *contra Marcionem volumina*.

[i] Hactenus editi cum Graeco interprete, in *quinto*, non antiquius, ms. noster castigat. Sane lib. IV, non V, hoc Justini opus laudat Irenaeus cap. 14 : Καλῶς Ἰουστῖνος ἐν τῷ πρὸς Μαρκίωνα συντάγματί φησιν, etc.

[j] Hunc librum *contra omnes haereses* non recenset ms. S. Crucis. Certe non exstat hodie, sed nunquam fortasse in manus hominum venit. Illum ipse Justinus Apologia longiore intra domesticos parietes apud se habere dixit, et si oportuisset, editurum.

[*] Quid sibi Graecus velit, non assequor. Videtur verba *in deliciis* pro *Ædilicium*, dignitatis nomen, accepisse. Satis supine.

διατριβάς [a], et Crescentem Cynicum, qui multa adversum Christianos blasphemabat, redarguere gulosum, et mortis timidum, luxuriæque et libidinum sectatorem, ad extremum studio ejus et insidiis accusatus, quod Christianus esset, pro Christo sanguinem fudit.

(F. leg. κρήσκεντα) τὸν Κυνικόν, τὸν κατὰ τῶν χριστιανῶν βλασφημοῦντα, καὶ καλῶν αὐτὸν λαίμαργον, καὶ τὸν θάνατον φοβούμενον, ἄσωτόντε καὶ ἀκόλαστον, τέλος τῇ τούτου ἐνεργείᾳ καὶ ἐπιβουλῇ, ὡς χριστιανὸς ὑπὲρ τοῦ Χριστοῦ ἔπαθεν.

CAPUT XXIV.

Melito Asianus, Sardensis episcopus, librum imperatori M. Antonino Vero, qui [b] Frontonis oratoris discipulus fuit, pro Christiano dogmate dedit. Scripsit quoque et alia, de quibus ista sunt, quæ subjecimus : De Pascha libros duos, de Vita Prophetarum librum unum, de Ecclesia librum unum, [c] de Die Dominica librum unum, de Sensibus librum unum, de Fide librum unum, [d] de Plasmate librum unum, de Anima et Corpore librum unum, de Baptismate librum unum, de Veritate librum unum, de Generatione Christi librum unum, [e] de Prophetia sua librum unum, de Philoxenia librum unum, et alium **867** librum qui *Clavis* inscribitur; de diabolo librum unum, de Apocalypsi Joannis librum unum, [f] περὶ Ἐνσωμάτου Θεοῦ librum unum, et Ἐκλογῶν libros sex. Hujus [g] elegans et declamatorium ingenium Tertullianus in septem libris, quos scripsit adversus Ecclesiam pro Montano, cavillatur, dicens eum a plerisque nostrorum prophetam putari.

Μελίτων Ἀσιανός, Σαρδέων Ἐπίσκοπος βιβλίον βασιλεῖ Μάρκῳ Ἀντωνίνῳ Βήρῳ, ὃς Φρόντωνος τοῦ ῥήτορος μαθητὴς ἐγεγόνει, ὑπὲρ τοῦ τῶν χριστιανῶν δόγματος ἐπέδωκεν. Ἔγραψε δὲ καὶ ἕτερα, ἀφ᾽ ὧν τάδε ὑπετάξαμεν· περὶ τοῦ Πάσχα λόγους δύο, περὶ Βίου προφητικοῦ λόγον ἕνα, περὶ Ἐκκλησίας λόγον ἕνα, περὶ Ἡμέρας Κυριακῆς λόγον ἕνα, περὶ Διανοίας λόγον ἕνα, περὶ τῶν Πιστῶν λόγον ἕνα, περὶ Πλάσεως ἕνα, περὶ Ψυχῆς καὶ σώματος ἕνα, περὶ Βαπτίσματος ἕνα, περὶ Ἀληθείας ἕνα, περὶ Γεννήσεως Χριστοῦ ἕνα, περὶ Προφητείας ἰδίας ἕνα, περὶ Φιλοξενίας ἕνα, καὶ ἕτερον λόγον ὃς ἐπιγράφεται Κλεὶς, περὶ Διαβόλου ἕνα, περὶ Ἀποκαλύψεως Ἰωάννου ἕνα, καὶ περὶ τοῦ Ἐνσωμάτου Θεοῦ λόγον ἕνα, Ἐκλογῶν λόγους ἕξ. Τούτου τὴν εὐφυΐαν ἐπαινῶν **868** Τερτυλλιανὸς ἐν τοῖς ἑπτὰ λόγοις, οὓς ἔγραψε κατὰ τῆς Ἐκκλησίας ὑπὲρ Μοντανοῦ, λέγει ὅτι πολλοὶ τῶν ἡμετέρων νομίζουσιν αὐτὸν προφήτην.

CAPUT XXV.

Theophilus sextus [h] Antiochensis Ecclesiæ episcopus, sub imperatore M. Antonino Vero librum contra Marcionem composuit, qui [i] usque hodie exstat. Feruntur ejus et ad Autolycum tria volumina, et contra hæresim Hermogenis liber unus : et alii breves elegantesque tractatus ad ædificationem Ecclesiæ pertinentes. Legi sub nomine ejus in Evangelium

Θεόφιλος ἕκτος τῆς ἐν Ἀντιοχείᾳ Ἐκκλησίας ἐπίσκοπος, βασιλεύοντος Μάρκου Ἀντωνίνου Βήρου βιβλίον κατὰ Μαρκίωνος συνέταξεν, ἥτις ἄχρι τήμερον τυγχάνει. Τούτου φέρεται καὶ πρὸς Αὐτόλυκον τρία τεύχη, καὶ κατὰ τῆς αἱρέσεως Ἑρμογένους λόγος εἷς, καὶ ἄλλαι βραχεῖαι βίβλοι, εἰς οἰκοδομὴν τῆς ἐκκλησίας ἀνήκουσαι. Ἀνέγνων ἐπ᾽ ὀνόματι αὐτοῦ εἰς Εὐαγγέλιον καὶ εἰς Παροιμίας Σαλο-

---

[a] Quod Tatianus apud Eusebium IV dixit τῇ μεγάλῃ πόλει, de Roma accipit Hier. ; alii de Megalopoli Arcadiæ urbe, de qua alibi Tatianus, malunt intelligere.

[b] Puto ut Frontonis ipsius calumnias confutaret ; ille enim famosa Declamatione Christianos probris oneraverat. Ejus meminit Gellius, Julius Capitolinus, Ausonius, aliique.

[c] Librum de *Die Dominica* non enumerat cod. Veronensis, quem tamen Eusebius novit, et περὶ κυριακῆς vocat. l. IV, c. 26.

[d] Hunc de *Plasmate* librum Vatic. 342, non agnoscit : Veronen. noster de *Plasi* legit, veriore, ut arbitror, lectione. Eusebius vocat περὶ πλάσεως. Idem voluit exprimere Gemblacensis de *Phase*, ubi legend. de *Plasi*.

[e] Non ita videtur intelligendus Eusebius; non enim περὶ προφητείας αὐτοῦ dicit, sed αὐτοῦ περὶ προφητείας : quamvis et Rufinus vertat, *et de Prophetia ejus*.

[f] Variant hoc loco duo codices, Vatic. et S. Crucis, Quorum alter ΚΑΙΤΟΙΠΕΡΙΕΝΣΩΜΑΤΟΥ, etc., ubi legend. καὶ τὸν περὶ, etc., alter verbis ἐνσωμάτου Θεοῦ statim subjungit *De æternitate Dei*, τὸν ἕνα, librum unum et *Eclogarum*, etc. Scilicet ob oram libri, ut arbitror, hæc erat Græcorum verborum interpretatio, *De incarnatione Dei*, quam non satis assecutus librarius, qui eam in textum intrusit, legit, *De æternitate*, etc., cujusmodi librum fuisse a Melitone scriptum, nusquam reperire est. Hinc adeo novum suppetit argumentum contra doctissimos viros, Cotelerium, Valesium, aliosque, qui interpretantur *de Deo corporeo*, et Melitoni anthropomorphitarum errorem tribuunt. Jam si corporalem Deum probare Melito

voluisset, numquam vocabulo ἐνσωμάτου usus esset, quod proprie *carne indutum*, ut Rufinus vertit, sive *incarnatum* sonat. Sed nec ipse Hieronymus nudum libri titulum recensuisset, si tam pravæ hæreseos dogmata contineret. Negotium facessit tamen Origenis apud Theodorit. quæst. 20 in Genes. testimonium : *Melito qui scripta reliquit de eo quod Deus corporeus sit* : et aliud Gennadii c. 4, lib. I, de Ecclesiasticis Dogm. *Nihil in Trinitate credamus corporeum, ut vult Melito, et Tertullianus.*

[g] Contrario sensu, eoque inepto, hactenus obtinuit in editis libris, *Hujus elegans et declamatorium ingenium laudans Tertullianus in septem libris, quos scripsit adversus Ecclesiam pro Montano, dicit eum*, etc. Emendant, verbis *laudans*, et dicit substituentes *cavillatur*, codices antiquissimi, Veronensis et Vaticanus, tum penes Salomonem Cyprianum unus Guelpherbytanus, et quos probat Suffridus Petri, Gemblacensis et Sigebergensis, quorum sequi fidem, multo concinniore lectione, placuit. Porro omnia Melitonis opera, si pauca quædam fragmenta excipias, interciderunt.

[h] Hunc in epist. 121, ad Algasiam, quæst. 6 *septimum* dicit Antiochensis Ecclesiæ episcopum : scilicet ibi Petrum una computat, hic eximit.

[i] Hodie amplius non habetur, quemadmodum neque alia quæ deinceps numerantur opera, præter volumina illa tria ad Autolycum. Librum alium *de temporibus* eidem Antolyco inscriptum quidam memorant ex Lactantii testimonio lib. I, *de falsa Religione*, non animadvertentes tertium e tribus superioribus eum ipsum esse, qui temporum seriem texit, quique adeo Lactantio laudatur.

et in Proverbia Salomonis Commentarios, qui mihi cum superiorum voluminum elegantia et phrasi non videntur congruere.

CAPUT XXVI.

Apollinaris Asiæ Hierapolitanus episcopus, sub imperatore M. Antonino Vero floruit, cui et insigne volumen pro fide Christianorum dedit. Exstant ejus et alii quinque adversum gentes libri, et de veritate duo, [a] adversum Cataphrygas tunc primum exortos cum Prisca et Maximilla insanis vatibus, incipiente Montano.

Ἀπολλινάριος Ἱεραπόλεως τῆς Ἀσίας ἐπίσκοπος βασιλεύοντος Μάρκου Ἀντωνίνου Βήρου ἤνθησεν, ᾧτινι καὶ ἐπίσημον τεῦχος ὑπὲρ τῆς τῶν Χριστιανῶν πίστεως ἐπέδωκεν. Εἰσὶ καὶ ἕτεροι πέντε αὐτοῦ κατὰ τῶν ἐθνῶν λόγοι, καὶ περὶ ἀληθείας δύο, καὶ κατὰ τῶν Φρυγῶν τότε πρῶτον ἀνακυψάντων ἅμα Πρισκίλλᾳ καὶ Μαξιμίλλᾳ ἀνοσίοις προφήταις, ἀρξαμένου Μοντανοῦ.

CAPUT XXVII.

Dionysius Corinthiorum Ecclesiæ episcopus, tantæ eloquentiæ et industriæ fuit, ut non solum suæ civitatis et provinciæ populos, sed et aliarum urbium [b] et provinciarum episcopos epistolis erudiret. Ex quibus est una ad Lacedæmonios, alia ad Athenienses, tertia ad Nicomedienses, quarta ad Cretenses, quinta ad Ecclesiam [c] Amastrianam, et ad reliquas Ponti Ecclesias, sexta ad Cnossianos, et ad Pinytum ejusdem urbis episcopum, septima ad Romanos, quam scripsit ad Soterem episcopum eorum, octava ad Chrysophoram, sanctam feminam. Claruit sub impp. M. Antonino Vero, et L. Aurelio Commodo.

Διονύσιος τῆς κατὰ Κόρινθον Ἐκκλησίας ἐπίσκοπος τοσοῦτον εὐῤῥαδὴς καὶ σπουδαῖος ἐγένετο, ὥστε μὴ μόνον τοὺς λαοὺς τῆς ἰδίας πόλεως καὶ ἐπαρχίας, ἀλλὰ καὶ ἑτέρων ἐπαρχιῶν καὶ πόλεων, δι' οἰκείων ἐπιστολῶν πεπαιδευκέναι, ἀφ' ὧν ἐστι μία πρὸς Λακεδαιμονίους, ἄλλη πρὸς Ἀθηναίους, τρίτη πρὸς Νικομηδεῖς, τετάρτη πρὸς Κρῆτας. πέμπτη πρὸς Ἀμαστριανῶν Ἐκκλησίαν, καὶ ἑτέρας Πόντου Ἐκκλησίας, ἕκτη πρὸς Κνωσσιακοὺς καὶ Πινυτὸν τῆς αὐτῆς πόλεως ἐπίσκοπον, ἑβδόμη πρὸς Ῥωμαίους, ἣν ἔγραψε πρὸς Σωτῆρα τὸν τούτων ἐπίσκοπον, ὀγδόη πρὸς Χρυσοφόραν εὐλαβῆ γυναῖκα. Διέπρεψεν ἐπὶ Μάρκου Ἀντωνίνου Βήρου, καὶ Λουκίου Αὐρηλίου Κομόδου.

CAPUT XXVIII.

Pinytus Cretensis, Cnossiæ urbis episcopus, scripsit [d] ad Dionysium Corinthiorum episcopum valde elegantem epistolam : in qua docet, non semper lacte populos nutriendos, ne quasi parvuli ab ultimo occupentur die ; sed et solido vesci debere cibo, ut in spiritalem proficiant senectutem. Et hic sub M. Antonino Vero, et L. Aurelio Commodo floruit.

Πινυτὸς Κρήτης, Κνωσσοῦ τῆς πόλεως ἐπίσκοπος, ἔγραψε πρὸς Διονύσιον Κορίνθου ἐπίσκοπον πάνυ κομψὴν ἐπιστολὴν, ἐν ᾗ διδάσκει, οὐκ ἀεὶ δεῖν τοὺς λαοὺς γαλακτίνῳ τρέφεσθαι, μήπως ὡς νήπιοι τῇ ἐσχάτῃ καταληφθῶσιν ἡμέρᾳ, ἀλλὰ καὶ στερεῷ βρώματι, ἵνα εἰς πνευματικὸν προκόψωσι γῆρας. Καὶ οὗτος ἐπὶ τῶν αὐτῶν ἤνθησεν.

CAPUT XXIX.

Tatianus, [e] qui primum Oratoriam docens, non parvam sibi ex arte Rhetorica gloriam comparaverat, Justini martyris sectator fuit, florens in Ecclesia, quamdiu ab ejus latere non discessit. Postea vero inflatus eloquentiæ [f] tumore, novam condidit hæresim quæ Ἐγκρατιτῶν dicitur, quam postea Severus auxit, a quo ejusdem partis hæretici Severiani usque hodie appellantur. Porro Tatianus infinita scripsit volumina, e quibus unus contra Gentes florentissimus exstat liber, qui inter omnia opera ejus fertur insignis. Et hic sub imperatore M. Antonino Vero, et L. Aurelio Commodo floruit.

Τατιανὸς ὃς πρώην τὴν ῥητορικὴν διδάσκων, οὐκ ἐλαχίστην ἐκ τῆς ῥητορικῆς ἐπιστήμης δόξαν ὠνήσατο, Ἰουστίνου τοῦ μάρτυρος σπουδαστὴς γέγονε διαπρέπων ἐν τῇ ἐκκλησίᾳ, ἐν ὅσῳ τῆς τούτου πλευρᾶς οὐκ ἀπέστη. Ὕστερον δὲ τῷ ὄγκῳ τῆς παιδεύσεως ἐπαρθεὶς, καινὴν συνεστήσατο αἵρεσιν, λέγω δὴ τῶν Ἐγκρατιτῶν, ἣν μετέπειτα Σεβῆρος ἐπηύξησεν, ἀφ' οὗ ἄχρι τοῦ παρόντος οἱ τούτου τοῦ μέρους αἱρετικοὶ Σεβηριανισταὶ ὀνομάζονται. Ὁ δὲ προειρημένος Τατιανὸς πάμπολλα συνεγράψατο τεύχη, ἀφ' ὧν ἐστι κατὰ τῶν ἐθνῶν λόγος εἷς πάνυ θαυμαστὸς, ὃς μεταξὺ πάντων αὐτοῦ τῶν συγγραμμάτων ἐπίσημός ἐστι. Καὶ οὗτος βασιλεύοντος Μάρκου Ἀντωνίνου Βήρου, καὶ Αὐρηλίου Κομόδου ἤνθησεν.

---

[a] Sigebergensis ms. penes Suffridum Petri *tres de veritate, duos adversum Cataphrygas* numerat libros. Sed et hi, et quos Eusebius memorat, duo πρὸς Ἰουδαίους, et cætera Apollinaris scripta deperierunt.

[b] Absunt a Vatic., *et provinciarum episcopos;* a Veronen. autem, aliisque, quos consuluimus, tantum *episcopos*. Hanc vocem neque Græcus interpres novit, neque ratio ulla probat : unde malim tot codicum auctoritate expungi. Eusebius quoque, *et aliarum regionum et urbium insulas* dixit ; nec revera epistolæ illæ seorsim ad episcopos scriptæ sunt, sed pleræque ad Ecclesias.

[c] Idem Vatic. cum Sigebergensi *Amasdrinam.* Ex his omnibus epistolis quædam tantum fragmenta apud Eusebium supersunt.

[d] Interiit temporis injuria hæc epistola, qua Dionysianæ, cujus meminit superiore capite, respondebat. Vid. Euseb. IV, 23.

[e] Miræus, et quidam codd. habent *Tatianus Hæresiarcha*, vel *Hæresiarches*. Confer Hieron. in Joel. 1 Amos II, III, Osee VII, et Galat. VI.

[f] Cod. Veronen., *elatus eloquentia et tumore.* Vid. Irenæum l. 1, c. 52, ex eoque Eusebium IV, 29. Ex innumeris Tatiani scriptis primas obtinuit *Diatessaron*, quod S. Ephræm Commentario illustravit, qui hodie dum Syriace dicitur exstare. Vid. Catalog. Ebediesu cap. 3.

CAPUT XXX.

Philippus, episcopus Cretensis, hoc est, urbis [a]Gortynæ, cujus Dionysius **871** in epistola sua meminit, quam scripsit ad ejusdem civitatis Ecclesiam, [b] præclarum adversum Marcionem edidit librum, temporibusque M. Antonini Veri, et L. Aurelii Commodi claruit.

Φίλιππος ἐπίσκοπος Κρήτης πόλεως Γορτύνης, οὗτινος Διονύσιος ἐν τῇ ἐπιστολῇ **872** αὐτοῦ μέμνηται, ἣν ἔγραψε πρὸς τὴν Ἐκκλησίαν προειρημένης πόλεως, ἔνδοξον πάνυ κατὰ Μαρκίωνος ἐξέδωκε βίβλον, (*Forte supplendum καὶ*) ἐν τοῖς καιροῖς τῶν προειρημένων διέπρεψεν.

CAPUT XXXI.

[c] Musanus non ignobilis inter eos, qui de ecclesiastico dogmate scripserunt, sub imperatore M. Antonino Vero confecit librum [d] ad quosdam fratres, qui de Ecclesia ad Encratitarum hæresim declinaverant.

Μουσανὸς, οὐκ ἄδοξος μεταξὺ τῶν περὶ ἐκκλησιαστικοῦ δόγματος συγγραψαμένων, ἐπὶ Μάρκου Ἀντωνίνου Βήρου κατεσκεύασε βίβλον πρός τινας ἀδελφούς, τῶν ἀπὸ τῆς Ἐκκλησίας πρὸς τὴν τῶν Ἐγκρατιτῶν αἵρεσιν κατανευσάντων.

CAPUT XXXII.

Modestus et ipse sub imperatore M. Antonino, et L. Aurelio Commodo, adversum Marcionem scripsit [e] librum, qui usque hodie perseverat. Feruntur sub nomine ejus et alia syntagmata, sed ab eruditis quasi ψευδόγραφα repudiantur.

Μόδεστος, καὶ αὐτὸς ἐπὶ Ἀντωνίνου καὶ Κομόδου κατὰ Μαρκίωνος συνέταξε βίβλον, ἥτις ἄχρι σήμερον ὑπάρχει. Φέρεται καὶ ἄλλα αὐτοῦ συγγράμματα, ἅτινα παρὰ τῶν πεπαιδευμένων ψευδεπίγραφα ἀποδοκιμάζεται.

CAPUT XXXIII.

Bardesanes [f] in Mesopotamia clarus habitus est, qui primum Valentini sectator, deinde confutator, [g] novam hæresim condidit. Ardens ejus a Syris prædicatur ingenium, et in disputatione vehemens. Scripsit [h] infinita adversum omnes pene hæreticos, qui ætate ejus pullulaverant. In quibus clarissimus ille et [i] fortissimus liber, quem [j] M. Antonino de

Βαρδησάνης ἐν Μεσοποταμίᾳ λαμπρὸς φανείς, πρῶτον μὲν Βαλεντίνου σπουδαστής, ὕστερον δὲ ἀντίπαλος, καινὴν αἵρεσιν συνεστήσατο. Τούτου παρὰ τῶν Σύρων θερμοτάτη κηρύττεται εὐφυΐα καὶ ἐν διαλέξει σφοδροτάτη. Ἔγραψε πάμπολλα κατὰ πασῶν σχεδὸν τῶν αἱρέσεων τῶν ἐπὶ τῶν χρόνων αὐτοῦ ἀνακυψασῶν ἐν οἷς περιφανής ἐστιν καὶ γενναῖος ὁ λόγος, ὃν Μάρκῳ Ἀντωνίνῳ περὶ

---

[a] Erat nempe Gortyna Cretæ metropolis. Recole de Dionysii epistola cap. 27.

[b] Ætatem non tulit.

[c] *Mosyanus* in Vatic. dicitur; in Veronen. *Musyanus*, Eusebio Μουσανός. Mox idem Veronen., *qui Ecclesiastica dogmata scripserunt.*

[d] Plerique editi libri *adversus quosdam fratres:* dissentientibus nostris, aliisque magno numero mss. ipsoque Eusebio, qui præpositione πρός utitur. Opus istud Musani, quod vocat Euseb. Ἐπιτρεπτικώτατον, amplius non exstat.

[e] Nihil ex huju-Modesti scriptis superest hodie. Plerique autem mss. legunt συγγράμματα et ψευδόγραφα, quas voces et Sophronius retinuit, et immutare, juxta Martianæum, in συντάγματα, et ψευδόγραφα nulla necessitas cogit.

[f] Membranæ Veronenses, *Mesopotamiæ,* cujus locutionis exempla optimi Scriptores Latini suppeditant.

[g] Veronen. duoque alii cod., *novam ipse hæresim condidit.* Quæ autem essent novæ ejus hæreseos placita, difficile dictu est. Ex Marino Bardesianista in *Dialogo de recta fide* intelligas, duo illum admisisse principia, sive ῥίζας, *radices,* quarum una dumtaxat bona esset, scilicet *Deus.* Delatam dixisse de cœlo Christi carnem non ex Maria sumptam. Denique mortuorum resurrectionem fuisse inficiatum. Sed hæc eadem deliria e Valentini, a qua defecerat, schola promanabant. Singulare unum de eo annotat Epiphanius, quod *uteretur Lege et Prophetis, Veteri ac novo Testamento, et apocryphis quibusdam,* quod certe Valentiniani non admittebant.

[h] Nonnulla ex his nominat S. Ephræm Syrus, qui ejus sectæ errores sæpius impugnat.

[i] In aliis libris *florentissimus.* At Eusebius, lib. IV, cap. ultimo, ex quo hæc Hieronymus hausit, ἱκανώτατον vocat: Rufinus *potentissimum,* quemadmodum et vetus Irenæi interpres *potentissimam* dixit

S. Clementis ad Corinthios Epistolam.

[j] Sunt docti viri, qui hunc Antoninum nihil minus fuisse quam imperatorem velint et perperam scriptum ab Hieronymo *Marcum Antoninum* quem Eusebius dumtaxat *Antoninum* dicit, quemdam, ut autumant, eo nomine Bardesanis socium. Nam et lib. VI Præparat. Evang. cap. 9, postquam hujusmet libri *de Fato* fragmentum attulisset luculentissimum ita subdit: Bardesanem philosophari solitum ἐν τοῖς πρὸς τοὺς ἑταίρους διαλόγοις, in *Dialogis ad amicos.* Ad hæc Valesio minime est verisimile, libros Syro sermone scriptos imperatori Romano potuisse nuncupari: quod quidem argumentum et me movit aliquando. Verum si putes innui M. Antoninum Elagabalum, qui apud Phœnices Solis sacerdos fuit. Syrumque ideo sermonem optime noverat, jam nihil erit. Quod spectat Eusebii testimonium, personæ quæ in dialogis colloquentes inducuntur, minime omnium vetant, quin liber ipse alteri possit inscribi. In hoc autem *de Fato* præsumptus Antoninus, sed Philippus nescio quis disserit, ut neque ex hoc capite aliquid evincant, qui in contraria opinione versantur. Cætera optime quadrant Hieronymianæ sententiæ, atque ipsa cum primis ratio temporis, siquidem Auctor Chronici Edesseni natum tradit Bardesanem anno Græcorum 465, hoc est Christi 154. Abgaro Maani filio familiarem fuisse testatur Epiphanius hæresi 66, eique consentit Eusebius lib. V Præpar. cap. 10, ubi legem, cui sanciendæ regi auctor fuerat Bardesanes, ne quis se in posterum eviraret, durasse ait, *ad tempora Antonini Cæsaris, non Pii appellati, sed Viri.* Quin etiam tradit idem Epiphanius, illum, cum orthodoxe sentiret, usque adeo flagrasse zelo Dei, ut audire recusarit Apollonium Antonini Imperatoris amicum suadentem, ut se Christianum esse negaret. Porro hic ejus *Liber de Fato* adversus Abidan Fati assertorem est editus.

Fato tradidit : **873** et multa alia super persecutione volumina, quæ sectatores ejus de Syra lingua verterunt in Græcam. Si autem tanta vis est et fulgor in interpretatione, quantam putamus in sermone proprio?

Μοίρας ἐπέδωκεν, ἀλλὰ καὶ ἄλλα πολλὰ περὶ διωγμοῦ τεύχη, **874** ἅπερ οἱ τούτου σπουδασταὶ ἀπὸ τῆς Σύρας εἰς Ἑλληνικὴν διάλεξιν μετέφρασαν. "Οπου δὲ τοσαύτη ἰσχύς ἐστι καὶ λαμπρότης ἐν τῇ ἑρμηνείᾳ, πόσην νομίζομεν ἐν τῷ οἰκείῳ λόγῳ ἔχειν ˙ ἀρετήν.

CAPUT XXXIV.

Victor, [a] tertius decimus Romanæ urbis episcopus, super quæstione Paschæ, [b] et alia quædam scribens opuscula, rexit Ecclesiam sub [c] Severo principe annis decem.

Βίκτωρ, τρισκαιδέκατος Ῥώμης ἐπίσκοπος, περὶ τῆς τοῦ Πάσχα ζητήσεως, καὶ ἄλλα τινὰ συνέταξε τεύχη, ἐκυβέρνησε τὴν Ἐκκλησίαν βασιλεύοντος Σεβήρου ἐπ' ἔτη δέκα.

CAPUT XXXV.

Irenæus, Pothini episcopi, qui Lugdunensem in Gallia regebat Ecclesiam, presbyter, a martyribus ejusdem loci, ob quasdam Ecclesiæ quæstiones legatus Romam missus, honorificas super nomine suo ad Eleutherum episcopum perfert litteras. Postea jam Pothino prope nonagenario, ob Christum martyrio coronato, in locum ejus substituitur. Constat autem Polycarpi, cujus supra [d] fecimus mentionem, sacerdotis et martyris, hunc fuisse discipulum. Scripsit quinque adversus hæreses libros [e], et contra gentes volumen breve, [f] et de disciplina aliud, et ad Martianum fratrem de Apostolica prædicatione, et librum variorum tractatuum, et ad Blastum de [g] Schismate, et ad Florinum de Monarchia, sive quod Deus non sit conditor malorum, et [h] de Ogdoade egregium commentarium, in cujus fine significans se Apostolicorum temporum vicinum fuisse, sic subscripsit : [i] *Adjuro te, qui* **875** *transcribis librum istum, per Dominum Jesum Christum, et per gloriosum ejus adventum, quo judicaturus est vivos et mortuos, ut conferas, postquam transcripseris, et emendes illum ad exemplar,* [j] *unde scripsisti, diligentissime : hanc quoque obtestationem similiter transferas, ut invenisti in exemplari.* Feruntur ejus et aliæ ad Victorem episcopum Romanum de quæstione Paschæ epistolæ : in quibus commonet eum, non facile debere unitatem collegii scindere. Siquidem [k] Victor multos Asiæ et Orientis episcopos, qui decima quarta luna cum Judæis Pascha celebrabant, damnandos crediderat. In qua sententia hi, qui discrepabant ab illis, Victori

Εἰρηναῖος, Ποθεινοῦ τοῦ ἐπισκόπου Λουγδούνων τῆς ἐν Γαλλίαις Ἐκκλησίας πρεσβύτερος, παρὰ τῶν μαρτύρων τῆς εἰρημένης πόλεως, διά τινας ἐκκλησιαστικὰς αἰτίας, πρεσβευτὴς εἰς Ῥώμην σταλείς, ἐπ' ὀνόματι οἰκείῳ δεξάμενος ἐπιστολὰς γεμούσας τιμῆς, πρὸς Ἐλεύθερον ἐπίσκοπον Ῥώμης ἀπηνέγκατο. Μετὰ δὲ ταῦτα Ποθεινοῦ σχεδὸν ἐνενήκοντα ἔτους μαρτυρήσαντος, εἰς τὸν τούτου τόπον ὑπεισέρχεται. Ὁμολογεῖται δὲ Πολυκάρπου, οὗτινος προεμνήσθημεν, γεγενῆσθαι μαθητής. Ἔγραψε πέντε κατὰ τῶν αἱρετικῶν βίβλους. καὶ κατὰ τῶν ἐθνῶν τεῦχος βραχύ, καὶ περὶ ἐπιστήμης ἕτερον, καὶ πρὸς Μαρκιανὸν ἀδελφὸν περὶ τοῦ Ἀποστολικοῦ κηρύγματος, καὶ βίβλον ποικίλων ὁμιλιῶν. καὶ πρὸς Βλάστον περὶ Σχίσματος, καὶ πρὸς Φλωρῖνον περὶ Μοναρχίας, καὶ Ὅτι ὁ Θεὸς κτιστὴς κακῶν οὐκ ἔστι, καὶ περὶ Ὀγδοάτων ἐξαίρετον σύνταγμα, ἐν τῷ τέλει δὲ τοῦ αὐτοῦ συντάγματος ὑπέγραψεν οὕτως· « Ὁρκῶ σε τὸν μεταγράφοντα ταύτην τὴν βίβλον, κατὰ τοῦ Κυρίου ἡμῶν Ἰησοῦ Χριστοῦ, καὶ κατὰ τῆς ἐνδόξου ἐλεύσεως αὐτοῦ, ἐν ᾗ κρινεῖ ζῶντας καὶ νεκρούς, ἵνα ἀντιβάλῃς μετὰ τὸ γράψαι, καὶ ἐκδιορθώσῃ πρὸς τὰ ἀντίγραφα, ἀφ' ὧν ἔγραψας, **876** ἐπιμελῶς, καὶ ταύτην τὴν κατάκρισιν ὁμοίως μεταγράφῃς, καθὼς εὗρες ἐν τοῖς ἀντιγράφοις. » Φέρονται αὐτοῦ καὶ ἄλλαι πρὸς Βίκτορα ἐπίσκοπον Ῥώμης περὶ ζητήσεως τοῦ Πάσχα ἐπιστολαί, ἐν αἷς παραινεῖ αὐτῷ, μὴ ῥᾳδίως ὀφείλειν τὴν ἕνωσιν τῆς ἑταιρότητος διασχίσαι. Καὶ δὲ Βίκτωρ πολλοὺς τῆς Ἀσίας καὶ τῆς Ἀνατολῆς ἐπισκόπους, καθεῖλεν, οἵτινες τῇ τεσσαρεσκαιδεκάτῃ τῆς σελήνης μετὰ τῶν Ἰουδαίων τὸ Πάσχα ἐπετέλεσαν. Ταύτῃ δὲ τῇ γνώμῃ τοὺς διαφωνήσαντας μὴ συναινέσαι Βίκτωρι. Ἤνθησε μάλιστα ἐπὶ

---

[a] Scilicet Petro una non computato. Idem in Chronic. tradit.

[b] Puta epistolas ad Orientales episcopos, quibus Judaicum Pascha luna 14 Martii celebrari vetabat. Sed ex ejus scriptis nihil ad nos pervenit.

[c] Veronen. *sub Antonino Vero Principe.* Perperam: ab anno enim 180 Antonnus Verus jam imperare desierat et vivere, testibus Tertulliano, ac Dione.

[d] Supra, cap. 17.

[e] Exstat hujus libri Latina vetus interpretatio, et pauca quædam fragmenta : cætera omnia Irenæi scripta interciderunt.

[f] Unus tantum Eusebio est liber, idemque cum superiore *contra Gentes.*

[g] Corruptius, quam ut lectorem moneri oportet, Cod. Veronen. *de Chrismate.* Contra, Euseb. v, 20, πρὸς βλάστον περὶ Σχίσματος. Nec minus vitiose paulo supra Guelpherbytanus *ad Marcionis fraudem,* pro *Martianum fratrem.* Euseb. v, 26 : "Ἄλλος ὃν ἀνατέθεικεν ἀδελφῷ Μαρκιανῷ τοὔνομα, etc.

[b] Nonnulli mss. *de Octava* legunt cum Martianæo. Eusebius περὶ Ὀγδοάδος, quam vocem vetus Irenæi interpres *octonationem* reddit. Item alii mss. σύνταγμα habent, alii *commentarium.* — *Et de octava egregium.* Mss. libri hic nullam retinent vocem Græcam pro *octava;* sed plures pro *Commentarium* legunt σύνταγμα, vel *syntagma,* aut *Commentarium.* σύνταγμα. MARTIAN.

[i] *Euseb.* v, 20 : Ὁρκίζω σε τὸν μεταγραψόμενον τὸ βιβλίον τοῦτο κατὰ τοῦ Κυρίου ἡμῶν Ἰησοῦ Χριστοῦ, καὶ κατὰ τῆς ἐνδόξου παρουσίας αὐτοῦ ἧς ἔρχεται κρῖναι ζῶντας καὶ νεκρούς, ἵνα ἀντιβάλῃς ὁ μεταγράψας, καὶ κατορθώσῃ αὐτὸ πρὸς τὸ ἀντίγραφον τοῦτο ὅθεν μετεγράψω, ἐπιμελῶς. Καὶ τὸν ὅρκον τοῦτον ὁμοίως μεταγράψεις καὶ θήσεις ἐν τῷ ἀντιγράφῳ.

[j] Veronen. *unde transcripsisti:* Irenæus μεταγράψαι. Idem supra *per Dominum nostrum Jesum,* etc. Græco textu et interprete suffragantibus.

[k] Recole cap. 34.

* Græcus interpres addit *virtutem.*

* non dederunt manus. Floruit maxime sub Commodo principe, qui M. Antonino Vero in imperium successerat.

Κομόδου Βασιλέως, ὅστις εἰς τόπον Ἀντωνίνου Βήρου ὑπεισῆλθεν.

CAPUT XXXVI.

Pantænus[b], Stoicæ sectæ philosophus, juxta quamdam veterem in Alexandria consuetudinem, ubi a Marco evangelista semper Ecclesiastici fuere Doctores, tantæ prudentiæ et eruditionis tam in Scripturis divinis, quam in sæculari litteratura fuit, ut in Indiam quoque rogatus ab illius gentis legatis, a Demetrio Alexandriæ episcopo, mitteretur. Ubi reperit, Bartholomæum de duodecim Apostolis, adventum Domini nostri Jesu Christi juxta Matthæi Evangelium prædicasse, quod Hebraicis litteris scriptum, revertens Alexandriam secum [c] detulit. Hujus multi quidem in sanctam Scripturam exstant commentarii: [d] sed magis viva voce Ecclesiis profuit. Docuitque sub Severo principe, et Antonino, cognomento Caracalla.

Πανταῖνος, Στωϊκοῦ δόγματος φιλόσοφος, κατά τινα παλαιὰν τῶν Ἀλεξανδρέων συνήθειαν, ἐν ᾗ ἀπὸ Μάρκου τοῦ εὐαγγελιστοῦ ἐκκλησιαστικοὶ γεγόνασι διδάσκαλοι, τοσαύτης σοφίας καὶ παιδεύσεως, τοῦτο ἐν ταῖς θείαις γραφαῖς, τοῦτο δὲ καὶ τοῖς κοσμικοῖς γράμμασιν ἐντὸς γέγονεν, ὥστε παρακληθέντα (*Al.* περικληθέντα) αὐτὸν παρὰ τῶν Ἰνδίας πρεσβυτέρων, ὑπὸ Δημητρίου Ἀλεξανδρείας ἐπισκόπου εἰς τὴν Ἰνδίαν ἀποσταλῆναι, ἐν ᾗ εὗρε Βαρθολομαῖον ἐκ τῶν δώδεκα Ἀποστόλων, τὴν ἔλευσιν τοῦ Κυρίου Ἰησοῦ κατὰ τὸ Ματθαίου Εὐαγγέλιον κηρύξαντα, ὅπερ Ἑβραϊκοῖς γράμμασι γεγραμμένον, εἰς τὴν Ἀλεξανδρέων ἀναζεύξας, μεθ᾽ ἑαυτοῦ ἐκόμισε. Τούτου πολλὰ ὑπομνήματα εἰς τὰς θείας γραφὰς τυγχάνει, ἀλλὰ μᾶλλον ζώσῃ φωνῇ τὰς ἐκκλησίας ὠφέλησεν. Ἐδίδαξε ἐπὶ Σεβήρου καὶ Ἀντωνίνου τοῦ ἐπίκλην Καρακάλου.

CAPUT XXXVII.

877 Rhodon, genere Asianus, a Tatiano, de quo supra diximus, Romæ in Scripturis eruditus, edidit plurima: præcipuumque adversus Marcionem opus, in quo refert, quomodo ipsi quoque inter se Marcionitæ discrepent; et Apellem senem alium hæreticum a se quondam fuisse [f] conventum, et risui habitum, eo quod Deum, quem coleret, [g] ignorare se diceret. Meminit in eodem libro, quem scripsit ad Callistionem, Tatiani se Romæ fuisse [h] auditorem. Sed et in Hexaemeron elegantes tractatus composuit, et adversum [i] Phrygas insigne opus; temporibusque Commodi et Severi floruit.

878 Ῥόδων, Ἀσιανὸς, παρὰ Τατιανῷ τῷ ἀναφερομένῳ, ἐν ταῖς θείαις Γραφαῖς παιδευθεὶς, ἐξέδωκε μὲν πάμπολλα, ἐξαίρετον δὲ κατὰ Μαρκίωνος σύνταγμα, ἐν ᾧ ἐξηγεῖται, ὅπως καὶ αὐτοὶ εἰς ἑαυτοὺς Μαρκιωνισταὶ διαφωνοῦσι, καὶ τὸν Ἀπελλῆν τὸν γέροντα ὁμοίως αἱρετικὸν, συντετυχηκέναι αὐτοῖς, καὶ καταγέλαστον γεγενῆσθαι, εἰρηκότα ὅτι τὸν θεὸν ὃν σέβει, ἀγνοεῖ. Μέμνηται ἐν τῇ αὐτῇ βίβλῳ, ἣν ἔγραψε πρὸς Καλλιστίωνα, Τατιανοῦ γεγενῆσθαι ἐν τῇ Ῥώμῃ ἀκροατής, καὶ εἰς τὴν ἑξαήμερον δὲ κομψὰς ὁμιλίας συνέταξε, καὶ κατὰ τῶν Φρυγῶν ἐπίσημον ἔργον, ἀνθήσας ἐπὶ τῶν χρόνων Κομόδου καὶ Σεβήρου.

---

[a] *Veronen., non dederant.*

[b] Philippus Sidetes, in quam urbem Academia Christiana, spreta propemodum Alexandria, migraverat, paulo diversa ab his Hieronymi, sive Eusebii tradit: Pantænum scilicet primo civem, et philosophum Atheniensem, secta Pythagoreum, deinde Alexandrinæ scholæ catechisten, et clementis Alexandrini discipulum exstitisse. Vid. infra, cap. 38.

[c] Al. ut in Veroneu, Ms. *retulit*. Euseb. v, 10, ad Pantæni usque ætatem illud Evangelium in India servatum docet, ἣν καὶ σώζεσθαι εἰς τὸν δηλούμενον χρόνον· non inde ab illo translatum Alexandriam. Concinit Nicephorus lib. II, cap. 22. Vide quæ supra annotamus, cap. 2, etc.

[d] Hodie nihil exstat, raro etiam invenias, qui ejus operum meminerit. In excerptis Theodori hæretici in calce Clem. Alexand. fragmentum videtur haberi, ubi Πανταῖνος δὲ ἡμῶν ἔλεγεν, etc. Primus dicitur docuisse, tempore præsenti, pro præterito ac futuro Prophetas uti: quam deinceps Prophetarum interpretes regulam secuti sunt.

[e] Supra, cap. 29. Confer Eusebium, lib. v, c. 15.

[f] *Fuisse conventum.* Saugermanensis codex cum aliis nonnullis legit *convictum*. Unus Ambrosianæ bibliothecæ habet in margine *victum*, in textu *conventum*. MARTIAN.— Reposui *conventum* ex antiquioribus mss. quod emendare se putantes nuperi editores ex aliis codicibus depravant in *convictum*. Nec dissentit reposita lectio ab Eusebii ἐλέγχῳ; consonat vero cum Sophronii versione συντετυχηκέναι. Sic Anastasius papa in epistola primum a nobis edita inter Hieronymianas 104: *Conventus,* inquit, *litteris memorati*

[g] Non ἁπλῶς ignorare se Deum, quem coleret, Appelles, Eusebio teste, dixerat, sed *nescire qua ratione unus esset ingenitus Deus, sed tamen ita credere*. Cæterum de ejus doctrina vide Auctorem Appendicis ad Tertulliani librum de Præscriptionibus cap. 51. Auctor Indiculi hæreseon sub Hieronymi nomine hunc S. Doctoris locum exscripsit.

[h] Perperam in Veronensi ms. *adjutorem*. Recole Eusebium loco laudato.

[i] Alibi *Cataphrygas*, cum vetustiss. exemplaribus. Porro S. Docior a Valesio reprehenditur, quod Rhodoni tribuat librum, cujus auctorem τινα, *unum quemdam* absque nomine Eusebius dixit lib. v, cap. 16. Liber ille Abercio Marcello nuncupatur, ex quo alii autumant, ab Asterio quodam Urbano fuisse compositum, quod opposita sub finem ejus capituli Eusebiani nota videtur utcumque asserere. Contra Rufinus, et Nicephorus, lib. IV, cap 25, ut jam nihil de recentioribus, Baronio, atque aliis, dicam, Apollinarem Hieropolitanum, ejus auctorem faciunt, eo ducti argumento, quod paulo antea scripsisse illum adversus Cataphrygas, ipse Eusebius testetur. Mihi utraque opinio Historici menti ac textui vim facere visa est, et Hieronymi sententia cæteris præferenda. Facile enim potuit, ex aliis monimentis, vel ex ipso Rhodonis libro, auctorem, quem Eusebius nescierat, dicidisse. Fallitur enimvero Valesius ipse, qui S. Doctorem inconstantiæ arguit, quasi eumdem hunc librum infra, cap. 40, Apollonio tribuat: alius enim ille est, quem scriptum ab Apollonio adversus Cataphrygas, memorat Eusebius ipse lib. v, cap. 18.

CAPUT XXXVIII.

Clemens, Alexandrinæ Ecclesiæ Presbyter, Pantæni, de quo supra retulimus, auditor, post ejus mortem [a] Alexandriæ ecclesiasticam scholam tenuit, et κατηχήσεων magister fuit. Feruntur ejus insignia volumina, plenaque eruditionis et eloquentiæ, tam de Scripturis divinis, quam de sæcularis litteraturæ instrumento. E quibus illa sunt, στρωματεῖς, libri octo; Ὑποτυπώσεων libri octo; adversus Gentes, liber unus; Pædagogi libri tres, de Pascha liber unus, [b] de jejunio disceptatio, et alius qui inscribitur *Quisnam dives ille sit, qui salvetur*; de obtrectatione liber unus; de Canonibus ecclesiasticis, [c] et adversum eos, **879** qui Judæorum sequuntur errorem, liber unus, quem propriæ Alexandro, Hierosolymorum episcopo, [d] προσεφώνησε. Meminit autem in Stromatibus suis, voluminis Tatiani adversus Gentes, de quo supra diximus, [e] et Casiani cujusdam χρονογραφίας, quod [f] opusculum invenire non potui. Necnon et de Judæis [g] Aristobulum quemdam et Demetrium et Eupolemum scriptores adversus Gentes refert, qui in similitudinem Josephi ἀρχαιογονίας Moysi et Judaicæ gentis asseverant. Exstat Alexandri Hierosolymorum episcopi, qui cum Narcisso postea rexit Ecclesiam, epistola super ordinatione Asclepiadis confessoris ad Antiochenses, congratulantis eis, in qua ponit in fine : [h] *Hæc vobis, domini ac fratres, scripta transmisi per Clementem beatum presbyterum, virum illustrem et probatum, quem vos quoque scitis, et nunc plenius recognoscetis, qui cum huc venisset juxta providentiam et visitationem Dei, confirmavit et auxit Domini Ecclesiam.* Constat Origenem hujus fuisse discipulum. Floruit autem Severi et Antonini filii ejus temporibus.

CAPUT XXXIX.

Miltiades, cujus Rhodon [i] in opere suo, quod ad-

[a] Notatum est supra, cap. 36, e contrario traditum a Philippo Sidete, non Pantænum Clementem, sed Clementi Pantænum in Alexandrinæ scholæ Præfectum successisse : plerosque autem eruditos ab Eusebii et Hieronymi partibus stare. Cl. Fabricius utrumque auctorem conciliari invicem posse putat, si Pantæno in Indiam profecto, Clemens scholæ suffectus intelligatur, quam ille redux denuo susceperit, et rursum regendam Clementi mortem obiens reliquerit.

[b] Ms. S. Crucis fere cum Sigebergensi, *de Jejunio liber unus, de Disceptatione*, etc. Sed neque hic exstat, neque superiores ὑποτυπώσεων, neque tandem ille *de Pascha*, præter pauca fragmenta. Confer Eusebium lib. VI, cap. 13.

[c] Puta singularem librum, Ecclesiasticæ fidei regulas complectentem contra Judaizantes. Nec enim satis congrue Beveregius suspicatur dici Clementem *Canonibus Apostolicis* in unum colligendis dedisse operam. Porro impressam lectionem, et Græcum verbum προσεφώνησε, Hieronymo non infrequens, præferunt aliquot penes Martianæum mss. nostrique omnes, qui tamen plerumque omittunt adverbium *proprie*.

[d] Προσεφώνησε. Absque Græca voce Saugerman. cod. legit, *quem proprie ad Alexandrum Hierosolymorum episcopum scripsit*. Alii retinent Græcum verbum προσεφώνησεν usitatum Hieronymo in suis Præfatiunculis. MARTIAN.

[e] Hic est Julius Casianus Valentini discipulus, Docetarum princeps, de quo noster Clemens lib. I et in Stromatum, loquitur : tametsi librum ejus non χρονογραφίαν, sed ἐξηγητικά inscriptum memorat. Max Victorius, *quod opusculum in veteribus invenire*, etc., ut et Græcus interpres; sed mss. nostri et plerique alii illud *in veteribus* non habent. De Tatiano supra dictum est, cap. 29.

[f] *Opusculum invenire*. Marianus Victorius addit hic, *in veteribus* : sed gratis, cum in nullo feratur exemplari, et superfluum sit dicere *in veteribus*, ut sensus docet. MARTIAN.

[g] Aristobulus insignis Peripateticus, qui ad Ptolemæum Philometorem libros Explanationum Mosaicæ legis scripsit. Demetrius et Eupolemus de *Judææ Regibus* Commentarios ediderunt. Hos Clemens in primo Stromat. laudat.

[h] Euseb. VI, 11 : Ταῦτα δὲ ὑμῖν, κύριοί μου ἀδελφοί, τὰ γράμματα ἀπέστειλα διὰ Κλήμεντος τοῦ μακαρίου πρεσβυτέρου, ἀνδρὸς ἐναρέτου καὶ δοκίμου ὃν ἴστε καὶ ὑμεῖς καὶ ἐπιγνώσεσθε, ὃς καὶ ἐνθάδε παρὼν κατὰ τὴν πρόνοιαν καὶ ἐπισκοπὴν τοῦ δεσπότου ἐπεστήριξέ τε καὶ ηὔξησε τὴν τοῦ Κυρίου Ἐκκλησίαν. Codex S. Crucis, atque duo, *Hæc vobis, domini fratres*, omissa *ac* particula. Sic Græcus textus ὑμῖν, κύριοί μου ἀδελφοί. Infra, cod. Guelpherbyt. *cognoscetis*, pro *recognoscetis*; noster, *cognoscitis*.

[i] Recole superius, cap. 37, et quæ ibi annotavimus de Rhodonis libro.

versus Montanum, [a] Priscam, Maximillamque composuit, recordatur, scripsit contra eosdem volumen præcipuum, et adversus Gentes Judæosque libros [b] alios, et Principibus illius temporis Apologeticum dedit. Floruit autem M. Antonini Commodique [c] temporibus.

CAPUT XL.

881 [d] Apollonius, vir disertissimus, scripsit adversus Montanum, Priscam et Maximillam insigne et longum volumen, in quo asserit Montanum, [e] et insanas vates [f] ejus periisse suspendio: et multa alia, in quibus de Prisca et Maximilla refert: [g] *Si negant eas accepisse munera, confiteantur non esse Prophetas, qui accipiunt: et mille hoc testibus approbabo. Sed et ex aliis fructibus probantur Prophetæ. Dic mihi, crinem fucat Prophetes? stibio oculos linit? Prophetæ vestibus et gemmis ornantur? Prophetes tabula ludit et tesseris? Propheta fenus accipit? Respondeant, utrum hoc fieri liceat, an non : meum est approbare,* [h] *quod fecerint.* Dicit in eodem libro, quadragesimum esse annum [i] usque ad tempus, quo ipse scribebat librum, ex quo hæresis Cataphrygarum habuerit exordium. Tertullianus sex voluminibus adversus Ecclesiam editis, quæ scripsit περὶ ἐκστάσεως, septimum proprie adversus Apollonium elaboravit, in quo omnia, quæ ille arguit, conatur defendere. Floruit autem Apollonius sub Commodo Severoque principibus.

CAPUT XLI.

Serapion, [j] undecimo Commodi imperatoris anno Antiochiæ episcopus ordinatus, scripsit epistolam ad [k] Caricum et Pontium, de hæresi Montani, in qua et hæc addit [l]: *Ut autem* **883** *sciatis falsi hujus*

882 Ἀπολλώνιος, ἀνὴρ ἐλλογιμώτατος, ἔγραψε κατὰ Μοντανοῦ, Πρισκίλλας καὶ Μαξιμίλλας μέγα καὶ ἐπίσημον τεῦχος, ἐν ᾧ φησι Μοντανὸν καὶ τὰς μαινομένας προφήτιδας ἀπάγξασθαι, καὶ ἕτερα πολλὰ, ἐν οἷς περὶ Πρισκίλλας καὶ Μαξιμίλλας λέγει. Εἰ ἀρνοῦνται αὐτὰς εἰληφέναι δῶρα, ὁμολογήσουσι μὴ εἶναι προφήτας τοὺς δεχομένους δῶρα, καὶ διὰ χιλίων τοῦτο ἐλέγχω μαρτύρων. Ἀλλὰ καὶ δι' ἑτέρων ἔργων προφῆται δοκιμάζονται. Εἰπέ μοι, κόμην βάπτει προφήτης; στιβίῳ τοὺς ὀφθαλμοὺς χρίει; προφήτης ἐσθῆματι καὶ μαργαρίταις κοσμεῖται; προφήτης τάβλαις καὶ βολίοις παίζει; τόκους λαμβάνει προφήτης; ἀποκριθῶσιν, εἰ τοῦτο γενέσθαι ἔξον, ἢ καὶ μὴ, καὶ ἐμὸν ἐστι ἐλέγξαι ὅτι περ πεποιήκασιν. Λέγει ἐν αὐτῇ τῇ βίβλῳ, τεσσαρακοστὸν εἶναι ἐνιαυτὸν ἕως τοῦ καιροῦ, ἐν ᾧ καὶ αὐτὸς συγγράφεται, ἀφ' οὗ τὴν ἀρχὴν ἐδέξατο ἡ αἵρεσις ἡ κατὰ Φρύγας. Τερτυλλιανὸς δὲ ἐκδεδωκὼς λόγους ἓξ κατὰ τῆς Ἐκκλησίας περὶ ἐκστάσεως, τὸν ἕβδομον ἰδικῶς κατὰ Ἀπολλωνίου συνέταξεν, ἐν ᾧ πάντα ἅπερ ἐκεῖνος εὐθύνει ἐπιχειρεῖ, ἐκδικεῖ. Ἤνθησε δὲ Ἀπολλώνιος ἐπὶ Κομόδου καὶ Σεβήρου.

Σαραπίων, τῷ ἑνδεκάτῳ ἐνιαυτῷ Κομόδου τοῦ βασιλέως, χειροτονηθεὶς τῆς Ἀντιοχέων ἐκκλησίας ἐπίσκοπος ἔγραψεν ἐπιστολὴν πρὸς Καρῖνον καὶ Πόντιον, περὶ τῆς αἱρέσεως Μοντανοῦ ταῦτα προσθείς· "Ἵνα δὲ **884** γνῶτε τὴν βλα-

---

[a] Ita habent codd. nostri omnes et quibus Erasmus, Suffridus Petri, ac Martianæus usi sunt. Alii, maxime editi, *Priscillam.*

[b] Duos nempe *adversus Gentes*, ac totidem *contra Judæos*, ut Eusebius, v, 17, memorat; non enim hodie exstant.

[c] Copulam *que* supplet vetustiss. Veronen. liber, cum antea vitiose obtineret dumtaxat *Commodi :* et duos tamen Imperatores intelligi necesse sit. Paulo supra quidam codices cum Græco interprete *Principi* pro *Principibus :* perperam, quidquid Victorio visum sit.

[d] Hic ille Apollonius est, quem Ephesi Antistitem dicit Auctor Prædestinati hæres. 26, quæ est Cataphrygum : *Scripsit*, inquit, *contra eos librum sanctus Soter papa Urbis, et Apollonius Ephesiorum antistes, contra quos scripsit Tertullianus presbyter Carthaginiensis.*

[e] Equidem hanc de insanarum vatum suspendio narrationem Eusebius, lib. iv, cap. 18, non ex Apollonii libro contra Montanum repetit, sed ex altero ejusdem argumenti, auctoris tamen incerti, quem Rhodonem fuisse Hieronymus eo capite 37 tradit. Hinc iterum S. Doctorem Valesius arguit μνημονικοῦ ἁμαρτήματος, ut ibi animadvertimus. Sed quando peculiarem Apollonii librum adversus Cataphrygas Eusebius recenset, profecto facile potuit in utroque opere tum hujus, tum Rhodonis, eadem haberi de insanarum vatum suspendio historia, cujus hic modo ad Apollonium noster meminerit, ad Rhodonem dissimularit.

[f] Supplemus *ejus*, nostrorum codicum et Gravii auctoritate. Quod additur *et multa alia*, cave intelligas, multa alia volumina ab Apollonio scripta dici, sed præter suspendii narrationem, multa alia notatu digna referri de iisdem Prisca et Maximilla, cujusmodi ea sunt, quæ subsequuntur. Non adeo contemnenda codicis nostri lectio, *et multa alia : de quibus, Prisca et Maximilla, refert*, etc.

[g] Euseb. v, 18 : Ἐὰν ἀρνῶνται δῶρα τοὺς προφήτας αὐτῶν εἰληφέναι, τοῦτο ὁμολογησάτωσαν, ὅτι ἐὰν ἐλεγχθῶσιν εἰληφότες, οὔκ εἰσι προφῆται. Καὶ μυρίας ἀποδείξεις τούτων παραστήσομεν. Ἀναγκαῖον δέ ἐστι πάντας καρποὺς δοκιμάζεσθαι προφήτου. Προφήτης, εἰπέ μοι, βάπτεται; προφήτης στιβίζεται; προφήτης φιλοκοσμεῖ; προφήτης τάβλαις καὶ κύβοις παίζει; προφήτης δανείζει; Ταῦτα ὁμολογησάτωσαν πότερον ἔξεστιν ἢ μὴ· ἐγὼ δὲ, ὅτι γέγονε παρ' αὐτοῖς, δείξω.

[h] Veronen. *meum est probare quia fecerint;* quæ commodior lectio est, et ad Græcum textum, ἐγὼ δὲ ὅτι γέγονε παρ' αὐτοῖς, δείξω.

[i] Referas ad Christi 210. Opus autem Apollonii exceptis aliquot fragmentis apud Euseb. quemadmodum et Tertulliani, quos infra memorat, libri septem interciderunt. Pamelius ex eorum Græco titulo, Græce olim scriptos judicat ; at variant hac in parte mss. libri, duoque ex nostris Latine habent *de ecstasi.*

[j] Martianæus, cum aliquot mss., *Sarapion*, et Græce Σαραπίων. Tum Vatic. *decimo* pro *undecimo.*

[k] *Carinum* pro *Carico* passim editi habent, et mss. cum Græco interprete. At alii itidem cum Eusebio *Caricum*, πρὸς Καρικὸν καὶ Πόντιον. lib. v, c. 19.

[l] Euseb. v, 19 : Ὅπως δὲ τοῦτο ἴδητε ὅτι τῆς ψευδοῦς ταύτης τάξεως τῆς ἐπικαλουμένης νέας προφητείας ἐβδέλυκται ἡ ἐνέργεια παρὰ πάσῃ τῇ ἐν κόσμῳ ἀδελφότητι, πέπομφα ὑμῖν καὶ Κλαυδίου Ἀπολλιναρίου τοῦ μακαριωτάτου γενομένου ἐν Ἱεραπόλει τῆς Ἀσίας ἐπισκόπου γράμματα.

dogmatis, id est, novæ prophetiæ ab omni mundo insaniam reprobari, misi vobis Apollinaris beatissimi, qui fuit in Hierapoli Asiæ episcopus, [a] litteras. Ad [b] Domninum quoque, qui persecutionis tempore ad Judæos declinaverat, volumen composuit; et alium de Evangelio, quod sub nomine Petri fertur, librum ad Rhosensem Ciliciæ Ecclesiam, quæ in hæresim ejus lectione diverterat. Leguntur et sparsim ejus breves [c] epistolæ, auctoris sui ἀσκήσει et vitæ congruentes.

στην τοῦ δόγματος τούτου, τῆς καινῆς λέγω προφητείας, καὶ τὴν ἐν ὅλῳ τῷ κόσμῳ μανίαν ἀποδοκιμαστέαν ὑπάρχειν, ἔπεμψα ὑμῖν Ἀπολλιναρίου τοῦ μακαριωτάτου, ὃς γέγονεν Ἱεραπολίτης Ἀσίας ἐπίσκοπος, γράμματα· καὶ πρὸς Δόμνον δὲ τὸν τῷ καιρῷ τοῦ διωγμοῦ πρὸς τοὺς Ἰουδαίους κατανεύσαντα συνέταξε τεῦχος, καὶ ἄλλο περὶ τοῦ Εὐαγγελίου, ὅπερ ἐπ' ὀνόματι Πέτρου φέρεται, καὶ πρὸς τὴν ἐν Ῥόσῳ τῶν Κιλίκων Ἐκκλησίαν βίβλον, ἥτις εἰς τὴν αἵρεσιν αὐτοῦ ἐξεστράφη, καὶ τινας εἰς ἀνάγνωσιν τῆς τούτου αἱρέσεως μετήνεγκεν. Ἀναγινώσκονται δὲ καὶ σποράδην βραχύταται αὐτοῦ ἐπιστολαὶ τῇ ἀσκήσει καὶ τῷ βίῳ αὐτοῦ συνᾴδουσαι.

CAPUT XLII.

Apollonius, Romanæ urbis [d] senator, sub Commodo principe a servo Severo proditus, quod Christianus esset, [e] impetrato, ut rationem fidei suæ redderet, insigne [f] volumen composuit, quod in senatu legit; et nihilominus sententia senatus, pro Christo capite truncatus est veteri apud eos obtinente lege, absque negatione non dimitti Christianos, qui semel ad eorum judicium pertracti essent.

Ἀπολλώνιος, Ῥώμης συγκλητικός, ἐπὶ Κομόδου τοῦ βασιλέως παρὰ τοῦ δούλου παρὰ Σεβήρου προδοθεὶς Χριστιανὸς εἶναι, ἐπιταγείς τε τῆς οἰκείας πίστεως δοῦναι λόγον, μέγα τεῦχος συνέταξε. ὅπερ ἐν τῇ συγκλήτῳ ἀνέγνω, καὶ οὕτως οὐδέν ἧττον ἀποφάσει τῆς συγκλήτου, ὑπὲρ τοῦ Χριστοῦ ἀπετμήθη, παλαιᾶς παρ' αὐτοῖς κατεχούσης συνηθείας, δίχα ἀρνήσεως μὴ ἀφεθῆναι τοὺς Χριστιανούς, τοὺς ἅπαξ εἰς τὴν αὐτῶν ἀκρόασιν ἑλκυσθέντας.

CAPUT XLIII.

Theophilus, Cæsareæ Palæstinæ (quæ olim Turris Stratonis vocabatur) Episcopus, sub Severo principe, adversum eos, qui decima quarta luna cum Judæis Pascha faciebant, cum cæteris Episcopis [g] synodicam valde utilem composuit epistolam.

Θεόφιλος, Καισαρείας Παλαιστίνης, ἥτις πρῴην πύργος Στράτωνος ἐκαλεῖτο, ἐπίσκοπος, ἐπὶ Σεβήρου τοῦ βασιλέως, κατὰ τῶν ἐπιτελούντων τὸ πάσχα μετὰ τῶν Ἰουδαίων τῇ τεσσαρεσκαιδεκάτῃ τῆς σελήνης, συνοδικὴν ἐπιστολὴν πάνυ θαυμαστὴν μετὰ ἑτέρων συνέταξεν.

CAPUT XLIV.

885 Bacchylus, Corinthi episcopus, sub eodem Severo principe clarus habitus, de Pascha ex omnium qui in Achaia erant episcoporum persona, elegantem [h] librum scripsit.

886 Βάκχυλος, Κορίνθου ἐπίσκοπος, ὁμοίως Σεβήρου βασιλεύοντος λαμπρὸς ὑπάρχων, περὶ τοῦ πάσχα ἐκ προσώπου πάντων τῶν ἐν Ἀχαΐᾳ ἐπισκόπων θαυμαστὴν συνέταξε βίβλον.

CAPUT XLV.

Polycrates, Ephesiorum episcopus, cum cæteris episcopis Asiæ, qui juxta quamdam veterem consuetudinem cum Judæis decima quarta luna Pascha celebrabant, scripsit adversus Victorem, episcopum Romanum, epistolam synodicam, in qua docet, se apostoli Joannis, et veterum auctoritatem sequi:

Πολυκράτης, Ἐφέσου ἐπίσκοπος, μετὰ τῶν λοιπῶν Ἀσίας ἐπισκόπων, τῶν ἐπιτελούντων τὴν ἑορτὴν τοῦ πάσχα μετὰ τῶν Ἰουδαίων τῇ τεσσαρεσκαιδεκάτῃ τῆς σελήνης, κατὰ Βίκτωρος ἐπισκόπου Ῥώμης ἐπιστολὴν συνοδικὴν ἐξέδωκε, διδάσκων ὀφείλειν Ἰωάννου τοῦ ἀποστόλου, καὶ τῇ παλαιᾷ ἐξακολουθεῖν αὐθεντίᾳ, ἀφ' ἧς ὀλίγα

— Penes Euseb. γράμματα : puta ipsa Apollinaris scripta contra Montanum. Vid. Tertull. de Jejuniis initio, et lib. III contra Marcionem sub finem, et IV, cap. 22.

[a] Martianæus cum plerisque editis *Domnum* : alii præsertim mss. sæpissime *Dominum* : sunt qui et *Domnionem* legant. Eusebius tamen Δομνῖνον vocat, atque ita duo mss. nostri, quos sequimur.

[b] Hæc ut cætera omnia Serapionis scripta hodie desiderantur.

[c] Senatorem hunc Apollonium fuisse, ex Eusebio quidem nullo pacto licet argumentari ; at non ideo est proprio ingenio credendus exaggerasse Hieronymus, qui id potuit ex aliis monimentis didicisse, et forte ex Actis martyrii ipsius Apollonii apud Eusebium, cujus opus de Martyribus jamdudum intercidit. Certe Rufinus ipse, quem inepte satis Valesius suspicatur descriptum a nostro, Senatorem eum facit. Idem dicendum de servi *Severi* nomine, si modo illud ab Hieronymo scriptum est : suspicor enim, ex prava lectione ortum, cum plures, iique probæ vetustatis et notæ, mss. etiam a nobis inspecti, legant *sub Commodo principe ac* SEVERO *proditus*. Non

nemo studiosus pro *ac* SEVERO legendum *a servo*, ad marginem libri admonuerit, quam alius notam textui cum prava ipsa lectione inseruit, *a servo Severos*. Malim itaque Veronens. et Vat. præstanti-simæ. codicum sequi fidem, qui omisso *Severi* nomine *a servo proditus* tantum habent. Erasmus legendum putavit *sub Commodo Principe a servo proditus*, *sub Severo, quod Christianus esset*, *impetrato*, etc.

[d] Al. *imperato*, quemadmodum et Vatic. quibus suffragatur Græcus interpres ἐπιταγείς, etc.

[e] Illud Actis Martyrum inseruerat Eusebius, quibuscum totum deperiit. De *veteri lege, quæ absque negatione dimitti Christianos non sinebat*, vide Plinium, lib. x, epist. 97, ad Trajanum ; Pagium quoque, ad annum Christi 187.

[f] In synodo Cæsariensi anno circiter 198, cujus acta apud Bedam de Equinoct. habentur.

[g] Non alius videtur esse hic liber a Synodica epistola, quam aliorum quoque episcoporum nomine dictavit.

* In Græco illud καὶ non solum vacat, sed et Hieronymiano textu contrarium est.

de qua hæc pauca excerpsimus : *Nos igitur inviolabilem celebramus diem, neque addentes aliquid, neque dementes. Etenim in Asia* elementa maxima dormierunt, quæ resurgent in die Domini, quando venturus est de cœlis in majestate sua, suscitaturus omnes sanctos : Philippum loquor de duodecim Apostolis, qui dormivit Hierapoli, et duas filias ejus, quæ virgines senuerunt, et aliam ejus filiam, quæ Spiritu sancto plena in Epheso occubuit. Sed et Joannes, qui super pectus Domini recubuit, et pontifex ejus *auream laminam in fronte portans, martyr et doctor in Epheso dormivit : et Polycarpus, episcopus et martyr, Smyrnæ* cubat. **887** Thraseas quoque episcopus et martyr de Eumenia in eadem Smyrna requiescit. Quid necesse est Sagaris episcopi et martyris recordari, qui in Laodicea soporatur, et Papirii beati, et Melitonis *in sancto Spiritu eunuchi, qui semper Domino serviens, positus est in Sardes, et exspectat in adventu ejus resurrectionem? Hi omnes observaverunt Paschæ diem decima quarta luna, ab Evangelica traditione in nullam partem declinantes, et Ecclesiasticum sequentes canonem. Ego quoque minimus omnium vestrum Polycrates, secundum doctrinam propinquorum meorum, quos et secutus sum : septem siquidem fuerunt propinqui mei episcopi, et ego octavus : semper Pascha celebravi, quando populus Judæorum azyma faciebat. Itaque, fratres, sexaginta quinque annos ætatis meæ natus in Domino, et a multis ex toto orbe fratribus eruditus, peragrata omni Scriptura, non formidabo eos, qui nobis minantur. Dixerunt enim* majores mei : Obedire Deo magis oportet, quam hominibus. Hæc propterea posui, ut ingenium et auctoritatem viri ex parvo opusculo demonstrarem. Floruit temporibus Severi Principis, eadem ætate qua Narcissus Hierosolymæ,

*Apud Euseb. III, 31, et v, 24: Ἡμεῖς οὖν ἀραδιούργητον ἄγομεν ἡμέραν, μήτε προστιθέντες, μήτε ἀφαιρούμενοι. Καὶ γὰρ κατὰ τὴν Ἀσίαν μεγάλα στοιχεῖα κεκοίμηται, ἅτινα ἀναστήσεται τῇ ἡμέρᾳ τῆς παρουσίας τοῦ Κυρίου, ἐν ᾗ ἔρχεται μετὰ δόξης ἐξ οὐρανῶν, καὶ ἀναστήσει πάντας τοὺς ἁγίους· Φίλιππον τὸν (F. leg. Φίλιππον ὁ) τῶν δώδεκα Ἀποστόλων ὃς κεκοίμηται ἐν Ἱεραπόλει, καὶ δύο θυγατέρες αὐτοῦ γεγηρακυῖαι παρθένοι, ἡ δὲ ἑτέρα αὐτοῦ θυγάτηρ ἐν ἁγίῳ πνεύματι πολιτευσαμένη, ἡ ἐν Ἐφέσῳ ἀναπαύεται. Ἔτι δὲ καὶ ὁ Ἰωάννης ὁ ἐπὶ τὸ στῆθος τοῦ Κυρίου ἀναπεσών, ὃς ἐγενήθη ἱερεὺς τὸ πέταλον πεφορηκώς, καὶ μάρτυς καὶ διδάσκαλος, ὁ ἐν Ἐφέσῳ κεκοίμηται. Ἔτι δὲ καὶ Πολύκαρπος ὁ ἐν Σμύρνῃ καὶ ἐπίσκοπος καὶ μάρτυς. Καὶ Θρασέας καὶ ἐπίσκοπος καὶ μάρτυς ἀπὸ Εὐμενείας, ὃς ἐν Σμύρνῃ κεκοίμηται. Τί δὲ δεῖ λέγειν Σάγαριν ἐπίσκοπον καὶ μάρτυρα, ὃς ἐν Λαοδικείᾳ κεκοίμηται. Ἔτι δὲ καὶ Παπίριον τὸν μακάριον, καὶ Μελίτωνα τὸν εὐνοῦχον, τὸν ἐν ἁγίῳ Πνεύματι πάντα πολιτευσάμενον, ὃς κεῖται ἐν Σάρδεσι περιμένων τὴν ἀπὸ τῶν οὐρανῶν ἐπισκοπήν, ἐν ᾗ ἐκ νεκρῶν ἀναστήσεται. Οὗτοι πάντες ἐτήρησαν τὴν ἡμέραν τῆς τεσσαρεσκαιδεκάτης τοῦ Πάσχα κατὰ τὸ Εὐαγγέλιον, μηδὲν παρεκβαίνοντες, ἀλλὰ κατὰ τὸν κανόνα τῆς πίστεως ἀκολουθοῦντες. Ἔτι δὲ κἀγὼ ὁ μικρότερος πάντων ὑμῶν Πολυκράτης κατὰ παράδοσιν τῶν συγγενῶν μου, οἷς καὶ παρηκολούθησά τισιν αὐτῶν· ἑπτὰ μὲν ἦσαν συγγενεῖς μου ἐπίσκοποι, ἐγὼ δὲ ὄγδοος· καὶ πάντοτε τὴν ἡμέραν ἤγαγον οἱ συγγενεῖς μου ὅταν ὁ λαὸς ἤρνυε (F. ἤρτυε) τὴν ζύμην. Ἐγὼ οὖν, ἀδελφοί, ἑξήκοντα πέντε ἔτη ἐγὼ ἐν Κυρίῳ, καὶ συμβεβληκὼς τοῖς ἀπὸ τῆς οἰκουμένης ἀδελφοῖς, καὶ πᾶσαν ἁγίαν γραφὴν διεληλυθώς, οὐ πτύρομαι ἐπὶ τοῖς καταπλησσομένοις. Οἱ γὰρ ἐμοῦ μείζο-

διηγήσομαι· Ἡμεῖς τοίνυν ἀμίαντον ἐπιτελοῦμεν τὴν ἑορτήν, μηδὲ προστιθέντες, μηδὲ ὑπεξαιροῦντες. Καὶ γὰρ ἐν τῇ Ἀσίᾳ μεγάλα στοιχεῖα ἐκοιμήθη, ἅπερ ἀναστήσεται ἐν τῇ ἡμέρᾳ τοῦ Κυρίου, ὅτ᾽ ἂν ἔλθῃ ἐκ τῶν οὐρανῶν ἐν τῇ οἰκείᾳ δόξῃ, ἐγείρων πάντας τοὺς ἁγίους· Φίλιππον λέγω ἐκ τῶν δώδεκα Ἀποστόλων, ὃς ἐκοιμήθη ἐν Ἱεραπόλει, καὶ τὰς δύο θυγατέρας, αἵτινες παρθένοι ἐγήρασαν, καὶ ἑτέραν αὐτοῦ θυγατέρα, ἥτις ἐν ἁγίῳ Πνεύματι πεπληρωμένη, ἐν Ἐφέσῳ ἐτελειώθη. Καὶ Ἰωάννης, ὃς ἐπὶ τὸ στῆθος τοῦ Κυρίου ἀνεκλίθη, καὶ ἱερεὺς αὐτοῦ γέγονε χρυσοῦν πέταλον ἐν τῷ μετώπῳ βαστάζων, μάρτυς καὶ διδάσκαλος ἐν τῇ Ἐφέσῳ ἐκοιμήθη, καὶ Πολύκαρπος ἐπίσκοπος καὶ μάρτυς ἐν τῇ Σμύρνῃ κατάκειται, καὶ Θρασέας ἐπίσκοπος καὶ μάρτυς ἀπὸ Εὐμενείας ἐν τῇ αὐτῇ Σμύρνῃ ἀνεπαύη. Οὐκ ἔστιν ἀνάγκη Σαγάρεως ἐπισκόπου καὶ μάρτυρος μεμνῆσθαι, τοῦ ἐν Λαοδικείᾳ ἀναπαυσαμένου, καὶ Παπυρίου τοῦ μακαριωτάτου, καὶ Μελίτωνος ἐν τῷ ἁγίῳ Πνεύματι εὐνούχου, ὅστις ἀεὶ τῷ Κυρίῳ λατρεύων, ἐν Σάρδεσι κατετέθη, καὶ περιμένει ἐν τῇ αὐτοῦ ἐλεύσει τὴν ἀνάστασιν. Οὗτοι πάντες παρεφύλαξαν τὴν ἡμέραν τοῦ πάσχα, τῇ τεσσαρεσκαιδεκάτῃ τῆς σελήνης, ἀπὸ τῆς Εὐαγγελικῆς παραδόσεως εἰς οὐδὲν μέρος ἀπονεύοντες, καὶ Ἐκκλησιαστικῷ κανόνι ἑπόμενοι. Κἀγὼ δὲ ἐλάχιστος πάντων ὑμῶν Πολυκράτης, κατὰ τὴν διδαχὴν τῶν πλησίον μου, οἷς καὶ ἐξηκολούθησα· καὶ γὰρ ἑπτὰ ἐγένοντο συγγενεῖς μου **888** ἐπίσκοποι, κἀγὼ ὄγδοος· ἀεὶ τὸ πάσχα ἐτέλεσα, ὅτε ὁ τῶν Ἰουδαίων λαὸς τὰ ἄζυμα ἐποιεῖτο. Τοιγαροῦν, ἀδελφοί, ἑξήκοντα πέντε ὄγων ἔτη ἐν Κυρίῳ, καὶ παρὰ πολλῶν ἐκ πάσης τῆς οἰκουμένης ἀδελφῶν παιδευθείς, ἐντυχὼν πάσῃ γραφῇ οὐ δειλιάσω τοὺς ἀπειλουμένους ἡμῖν. Ἔφησαν γὰρ οἱ προηγησάμενοί μου, Πειθαρχεῖν μᾶλλον Θεῷ δεῖ ἢ ἀνθρώποις. Ταῦτα διὰ τοῦτο τέθεικα, ἵνα τὴν τοῦ ἀνδρὸς αὐθεντίαν ἐξ ἐλαχίστου συντάγματος ὑποδείξω. Ἤνθησεν ἐν τοῖς χρόνοις Σεβήρου τοῦ βασιλέως, ὁπηνίκα καὶ Νάρκισσος ἐν Ἱεροσολύμοις,

νες εἰρήκασι, Πειθαρχεῖν δεῖ Θεῷ μᾶλλον ἢ ἀνθρώποις.

*Quidam codices luminaria pro elementa, quod idem est: siquidem veteres luminaria magna, solem scilicet et lunam, duo elementa appellabant. Græci conciniore adhuc sensu στοιχεῖα, quemadmodum hic quoque Polycrates. Vid. epist. 120, ad Hedibiam, cap. 4, not. c.

*Pronomen ejus, quod maxime Valesius probat, non addit Polycrates, qui nec auream laminam dicit, nec in fronte gestari solitam ; sed tantum τὸ πέταλον πεφορηκώς, nisi si πέταλον, ut quibusdam placet, bracteam auream significat. Cæterum nec verosimile, auream revera laminam Joannem in fronte gestasse, ut Valesius et Petavius credunt, sed figurate hoc dici eo sensu, quo Horatius de virtute prædicat :

Non sumit, aut ponit secures
Judicio popularis auræ.

Ut perinde sit auream laminam inter Christianos gestare, ac Pontificis dignitatem, cujus illud insigne est, obtinere. Ad hunc modum et Epiphanius, qui de Jacobo et quidem de Marco tradit, Auctor Passionis ejus, a Valesio laudati, commode exponi possunt.

*Verbum cubat abest a codice S. Crucis, quod neque ipse Græcus Polycratis textus agnoscit.

*Græcus, Melitonem τὸν εὐνοῦχον, τὸν ἐν ἁγίῳ πνεύματι, etc. Melitonem eunuchum, qui in sancto Spiritu, etc., quæ vitiosa trajectione hic apud Hieronymum peccare videantur.

*Cod. S. Crucis, omnes majores mei.

CAPUT XLVI.

a Heraclitus sub Commodi Severique imperio in Apostolum Commentarios composuit.

Ἡράκλεις ἐπὶ Κομόδου καὶ Σεβήρου βασιλέως τὸν Ἀπόστολον ὑπεμνημάτισεν.

CAPUT XLVII.

c Maximus, sub i'sdem principibus famosam quaestionem insigni volumine ventilavit, unde malum, et quod materia a Deo facta sit.

Μάξιμος ἐπὶ τῶν αὐτῶν βασιλέων θαυμαστὸν ζήτημα ἐν ἐπισήμῳ τεύχει συνέταξε, τουτέστιν, Πόθεν τὸ κακόν, καὶ ὅτι ἐκ τοῦ Θεοῦ ἡ ὕλη ἐδόθη.

CAPUT XLVIII.

889 Candidus, regnantibus supra scriptis, in Hexaemeron pulcherrimos d tractatus edidit.

890 Κάνδιδος βασιλευόντων τῶν προγεγραμμένων, εἰς τὴν Ἑξαήμερον ὡραίας συνέταξεν ὁμιλίας.

CAPUT XLIX.

Appion, sub Severo principe, similiter in Hexaemeron e tractatus fecit.

Ἀπίων ἐπὶ Σεβήρου τοῦ βασιλέως, ὁμοίως εἰς τὴν Ἑξαήμερον ὁμιλίας συνεγράψατο.

CAPUT L.

Sextus sub imperatore Severo, f librum de resurrectione scripsit.

Σέξτος ἐπὶ Σεβήρου τοῦ βασιλέως, βίβλον περὶ τῆς ἀναστάσεως συνεγράψατο.

CAPUT LI.

Arabianus g sub eodem principe, edidit quaedam opuscula h ad Christianum dogma pertinentia.

Βραβιανὸς ἐπὶ τοῦ αὐτοῦ βασιλέως, ἐξέδωκέ τινα συντάγματα τῶν Χριστιανῶν δόγματι προσήκοντα.

CAPUT LII.

Judas de septuaginta apud Danielem hebdomadibus plenissime disputavit, et chronographiam superiorum temporum usque ad decimum Severi produxit annum. In qua erroris arguitur, quod adventum Antichristi circa sua tempora futurum esse dixerit : sed hoc ideo, quia magnitudo persecutionum i praesentem mundi minabatur occasum.

Ἰούδας περὶ τῶν ἑβδομήκοντα ἑβδομάδων τῶν κατὰ Δανιὴλ ἀκριβῶς ἐξηγήσατο, καὶ χρονογραφίαν τῶν ἀνωτέρω χρόνων, ἕως τοῦ δεκάτου ἐνιαυτοῦ Σεβήρου τοῦ βασιλέως συνέταξεν, ἐν ᾗ καταγινώσκεται τὴν τοῦ Ἀντιχρίστου ἐπιστασίαν, περὶ τοὺς ἰδίους καιροὺς φήσας πλησιάζειν· τὸ γὰρ μέγεθος τοῦ τότε διωγμοῦ, ὡσανεὶ παροῦσαν ἐμήνυε τῆς οἰκουμένης ὑπώλειαν.

CAPUT LIII.

Tertullianus presbyter, nunc denium primus post Victorem et Appollonium Latinorum ponitur, provinciae Africae, civitatis Carthaginiensis, patre Centurione j Proconsulari. Hic acris et vehementis ingenii, sub Severo principe et Antonino Caracalla maxime floruit, multaque scripsit volumina, quae quia nota sunt pluribus, praetermittimus. Vidi ego quemdam Paulum Concordiae, quod k oppidum Italiae est, senem, qui se beati Cypriani, jam grandis aetatis, notarium, cum ipse admodum esset adolescens, Romae vidisse diceret, 891 l referreque sibi

Τερτυλλιανὸς πρεσβύτερος, νῦν πρῶτος μετὰ Βίκτωρα καὶ Ἀπολλώνιον ψηφίζεται τοὺς Ῥωμαϊκούς, ἐκ τῆς Καρχηδόνος τῆς Ἀφρικῆς ὁρμώμενος, πατρὸς κεντυρίωνος ἀντυπατικοῦ. Οὗτος δεινὸς καὶ σφόδρα εὑρηὴς ἐπὶ Σεβήρου καὶ Ἀντωνίνου τοῦ ἐπίκλην Καρακάλου, ἤνθησε, πολλὰ συντάξας τεύχη, ἅτινα διὰ τὸ πολλοῖς εἶναι ἐγνωσμένα παραλιμπάνομεν. Συνέτυχον ἐγὼ Παύλῳ ἀπὸ Κογκορδίας τῆς Ἰταλίας γέροντι ὅστις τοῦ μακαριωτάτου Κυπριανοῦ νοτάριον, λοιπὸν πρεσβύτην ἔλεγεν, ἔτι νέος ὢν ἑωρακέναι ἐν τῇ Ῥώμῃ καὶ ἀκηκοέναι παρ' αὐτοῦ ὡς οὐδεμίαν σχεδὸν ἡμέραν διετέλεσε Κυπριανὸς ἀναγνω-

---

a Heraclitum legunt Martianaeus, et Graecus interpres, cum paucis mss. Heraclitum vero nostri omnes, Freculphus, Honorius, atque in primis Eusebius lib. v, cap. 27.
b Scilicet in Pauli Epistolas. Opus vero istud interiit penitus.
c Maximinum perperam vocant alii. Porro luculentissimum ejus libri fragmentum Eusebius exhibet, Praeparationis Evangelicae lib. vii. cap. 22, quod in Origenis quoque Dialogo contra Marcionitas totidem verbis habetur. Inscriptus erat περὶ τῆς ὕλης, et in dialogi modum compositus.
d Commodo scilicet ac Severo. Tractatus, quos vocat Hieronymus, non recte Sophronius interpretatur ὁμιλίας. Sed jam amplius non exstant.
e Iterum male Graecus interpres homilias vocat, quae Eusebius dixit ὑπομνήματα, noster Tractatus. Vid. quae hoc de nomine diximus in Praefat. Generali num. 22. Hodie non habentur.
f Neque hic exstat Sexti liber de Resurrectione.
g Editi plerique omnes cum Graeco interprete Bra-

bianum legunt, contra ac codices nostri, et in primis Eusebius, Rufinus, atque alii, qui Arabianum.
h Eusebius minori numero ὑπόθεσιν vocat ; cujus autem argumenti, Deus scit ; jam non exstat.
i Refert ad Christi annum 202. Tres tamen antiqui codices, ad decimum Severi Pertinacis annum. Desiderantur Judae hujus opera. Vid. Euseb. lib. vi, c. 7.
j Idem in Chronic. ad an. Severi 16 : Tertullianus Afer Centurionis Proconsularis filius, omnium Ecclesiarum nomine celebratur.
k Vetus nempe inter Aquileiam et Altinum, non ut vulgo existimatur, Mirandulae vicinum oppidum. Vid. Epist. in nostra recensione 10.
l Veronen., referretque. Mox Gemblacensis magistrum absque de verbo. Mirum porro est a Cypriano nunquam laudari Tertullianum, quo, ut denuo noster ait epist. 84, magistro utitur, ut ejus scripta probant; forsasse autem cujus delectabatur ingenio, nominis declinare studuit invidiam.

solitum numquam Cyprianum absque Tertulliani lectione unum diem præterisse, ac sibi crebro dicere, *Da magistrum*: Tertullianum videlicet significans. Hic cum usque ad mediam ætatem [a] presbyter Ecclesiæ permansisset, invidia postea [b] et contumeliis clericorum Romanæ Ecclesiæ, ad Montani dogma delapsus, in multis libris Novæ Prophetiæ meminit, specialiter autem adversum Ecclesiam texuit volumina, de pudicitia, de persecutione, de jejuniis, de monogamia, de [c] ecstasi libros sex, et septimum, quem adversum Apollonium composuit. Ferturque vixisse usque ad decrepitam ætatem, et multa, quæ [d] non exstant opuscula condidisse.

σμάτων Τερτυλλιανοῦ χωρίς, συνεχῶς λέγοντος τοῦ αὐτοῦ Κυπριανοῦ, Ἐπίδος τὸν διδάσκαλον, Τερτυλλιανὸν δηλονότι μηνύων. Οὗτος ἄχρι μέσης ἡλικίας πρεσβύτερος τῆς ἡμετέρας ἐκκλησίας γέγονεν, ὕστερον δὲ φθόνῳ καὶ προπηλακισμοῖς τῶν κληρικῶν τῆς ἐν Ῥώμῃ Ἐκκλησίας, εἰς τὸ Μοντανοῦ δόγμα ὀλισθήσας, πολλὰς συνέταξε βίβλους, καινῆς προφητείας μέμνηται, καὶ ἰδικῶς κατὰ τῆς Ἐκκλησίας συνεγράψατο, οὐδὲν δὲ ἧττον περὶ σωφροσύνης, περὶ διωγμοῦ, περὶ νηστείας, περὶ μονογαμίας, περὶ ἐκστάσεως λόγους ἕξ, καὶ ἕβδομον κατὰ Ἀπολλωνίου, καὶ ἕτερα πάμπολλα, ζήσας ἕως γήρως ἐσχάτου.

CAPUT LIV.

Origenes [e], qui et Adamantius, decimo Severi Pertinacis anno adversum Christianos persecutione commota [f], a Leonide Patre, Christi martyrio coronato, cum sex fratribus et matre vidua, pauper relinquitur, annos natus circiter decem et septem. Rem enim familiarem ob confessionem Christi fiscus occupaverat. Hic Alexandriæ dispersa Ecclesia, decimo octavo ætatis suæ anno, κατηχήσεων opus aggressus, postea a Demetrio, ejus urbis episcopo, in locum Clementis [g] presbyteri confirmatus, per multos annos floruit: et cum jam mediæ esset ætatis [h], et propter Ecclesias Achaiæ, quæ pluribus hæresibus vexabantur, sub testimonio Ecclesiasticæ [i] epistolæ Athenas per Palæstinam pergeret, a Theoctisto et Alexandro, Cæsareæ et Hierosolymorum episcopis, presbyter ordinatus Demetrii

Ὠριγένης, ὁ καὶ Ἀδαμάντιος, δεκάτῳ ἐνιαυτῷ Σεβήρου τοῦ Περτίνακος κατὰ τῶν Χριστιανῶν διωγμοῦ κινηθέντος, παρὰ Λεωνίδου πατρὸς, τοῦ καὶ μαρτυρήσαντος, μετὰ ἓξ ἀδελφῶν καὶ μητρὸς χήρας πένης κατελείφθη, ἐτῶν περίπου ἑπτακαίδεκα. Τούτων γὰρ ἡ περιουσία διὰ τὸ εἶναι Χριστιανῶν ἐδημίσθη. Ὅστις ἐν Ἀλεξανδρείᾳ διακορπισθείσαν τὴν Ἐκκλησίαν ὀκτωκαίδεκα ἐτῶν τὴν ἡλικίαν ἄγων, κατηχήσεων ἐπιστήμην παρειληφώς, μετ᾽ οὐ πολὺ παρὰ Δημητρίου τῆς αὐτῆς πόλεως ἐπισκόπου, εἰς τόπον Κλήμεντος πρεσβυτέρου καταστάθεις, ἐπὶ ἔτη πολλὰ διέπρεψε, μεσῆλιξ τε γενόμενος, διὰ τὰς ἐν τῇ Ἀχαΐᾳ Ἐκκλησίας, αἵτινες παρὰ πολλῶν αἱρέσεων ἐσκύλοντο, ἐπὶ μαρτυρίᾳ Ἐκκλησιαστικῆς ἐπιστολῆς ἀπιὼν διὰ Παλαιστίνης εἰς Ἀθήνας, παρὰ Θεοκτίστου καὶ Ἀλεξάνδρου Καισαρείας καὶ Ἱεροσολύμων ἐπισκόπων, πρεσβύτερος χειροτονηθεὶς, Δημητρίῳ προσέκρουσεν, ὅστις τοιαύτῃ

---

[a] Et sunt tamen qui negant hodienum fuisse *presbyterum* Tertullianum, et velint nullum ex Antiquis id unquam tradidisse, unde hic apud Hieronymum pro *presbyter Ecclesiæ* legendum contendant *homo Ecclesiæ*, ut sibi, aiunt, constet Hieronymus, qui aliter dicere videretur, fuisse Tertullianum in infantia presbyterii gradu donatum, in quo usque ad mediam ætatem permanserit, tum esse presbyter cessaverit, id quod cum Ecclesiæ doctrina de characteris ejus æternitate, stare nullo modo potest. His repone Auctorum omnium qui de Tertulliano locuti sunt sive in Bibliothecis ecclesiasticis, sive alibi sententiam et fidem, absque eo quod de Hieronymi textu dubitarint. Tum optime habere quod hic dicitur *fuisse* presbyterum *Ecclesiæ*, non presbyterum ἁπλῶς, ut intelligas dici Tertullianum ad id usque temporis catholicæ fuisse addictum Ecclesiæ in presbyterii gradu, postea ad Montanistas defecisse, apud quos, etiamsi presbyter esse non desierit, tamen *Ecclesiæ presbyter* non amplius erat. Vide Tillemontium, Fleurium atque alios. Ex antiquis Auctor *Prædestinati*, qui certe ante Hincmarum Remensem scripsit, a quo laudatur et creditur a doctis v sæculi Auctor, *presbyteratum* expresse Tertulliano tribuit. Denique ipse se Tertullianus a laicis distinguit lib. de Anima cap. 9. Quod si lib. de Monogamia et Exhortat. ad Castitatem se cum Laicis confundit, id causæ est, quod eos libros composuit, cum ad Montanistas defecisset.

[b] Circa annum Christi, ut fertur, 205, cum ipse quadragesimum plus minus ageret. Martianæus legit *Hic usque*, et *permansit*: pro quo altero verbo Guelpherbyt. *Africæ* legit.

[c] Ili de *ecstasi* libri, quorum supra cap. 24 et 40 mentionem fecimus, perierunt.

[d] Contrario sensu, forte et veriore, legit Vaticanus, *quæ nunc exstant*, pro *non exstant*. Et librum quidem *de Aaron vestibus* Hieronymus ep. 64, ad Fabiolam, de Vest. Sacerd., in fine, frustra quæsisse se dicit;

sed alia sunt Tertulliani volumina, quæ hic non nominat, et tamen jam tum periisse, vix credi possit. Fuere liber *de animæ submissione*: alius *de superstitione sæculi*: item *de carne et anima*, quorum titulos e ms. Agobardino descripsit Rigaltus. Tum quos ipse Hieronymus vel in hoc ipso Catalogo cap. 18 et 70, vel aliis in locis laudat, *liber de Spe Fidelium*, et *de Trinitate* opus, et *de animalibus mundis et immundis*; et *de Circumcisione*: et *de Virginitate*. Illos prætereo, quorum apud alios, mentio est, ut *contra Apellicianos*, apud Vincentium Lyrinensem, cap. 24, et *de Paradiso*, penes ipsum Tertullianum, cap. 55 *de Anima*: quo idem fidejussore, Græca opuscula *de Spectaculis, de Baptismo, de velandis Virginibus, et de Corona Militis*. Tot librorum, quos nobis invidit sequior ætas, si tum quoque temporis non exstitissent, titulos saltem Hieronymus memoriæ commendasset.

[e] Cod. Cluniacensis *qui et Amantius*. Equidem exstitit, qui ab *adamando Adamantium* appellatum Origenem putaret, hancque etymologiam ex ipso Hieronymo extunderet in fine libri tertii adversus Pelagianos, ubi *Transite*, inquit, *ad Amasium vestrum*.

[f] *A Leonide patre*. Duo codices Vaticani mss. legunt, *a Leonide Episcopo patre, Christi martyrio coronato*, etc. Cluniacensis antea legebat, *Origenes qui et Amantius presbyter*, etc. Sic errore veterum librariorum multa depravata leguntur; sed in aliis bene multis incorrupta perseverant. MARTIAN. — In duobus Vaticanis codd. scriptum reperit Martianæus *a Leonide episcopo Patre*: a nostro abest etiam *a præpositio*. Confer. Euseb. VI, 1 et 2.

[g] Clementis Alexandrini, de quo supra cap. 38.

[h] Annum agebat ætatis suæ p. m. quadragesimum tertium.

[i] Has epistolas *Formatas* appellant Scriptores ecclesiastici.

* Supple ἐν αἷς.

offendit animum ; qui tanta in eum debacchatus est insania, ut per totum mundum super nomine ejus scriberet. Constat eum, antequam Cæsaream migraret, fuisse Romæ sub Zephyrino episcopo, et statim Alexandriam reversum, Heraclam presbyterum [a], qui sub habitu philosophi perseverabat, adjutorem sibi fecisse κατηχήσεως, qui quidem et post Demetrium Alexandrinam tenuit Ecclesiam.

Quantæ autem gloriæ fuerit, hinc apparet, quod [b] Firmilianus, Cæsareæ episcopus, cum omni Cappadocia eum invitavit, et diu tenuit, et postea sub occasione sanctorum locorum Palæstinam veniens, diu Cæsareæ in sanctis Scripturis ab eo eruditus est. Sed et illud, quod ad Mammeam, matrem Alexandri imperatoris, religiosam feminam, rogatus venit Antiochiam, et summo honore habitus est : quodque ad Philippum imperatorem, qui primus de regibus Romanis [c] Christianus fuit, et ad [d] matrem ejus litteras fecit, quæ usque hodie exstant. Quis ignorat et quod tantum in Scripturis divinis habuerit studii, ut etiam Hebræam [e] linguam, contra ætatis gentisque suæ naturam edisceret : et exceptis Septuaginta interpretibus, alias quoque editiones in unum congregaret [f] volumen : Aquilæ scilicet Pontici proselyti, et Theodotionis Hebionei, et Symmachi ejusdem dogmatis, qui in Evangelium quoque κατὰ Ματθαῖον scripsit commentarios, de quo et suum dogma confirmare conatur. Præterea quintam et sextam et septimam editionem, quas etiam nos de ejus [g] bibliotheca habemus, miro labore reperit, et cum cæteris editionibus [h] comparavit.

895 Et quia indicem operum ejus in voluminibus epistolarum, quas ad Paulam scripsimus, in quadam [i] epistola contra Varronis opera conferens posui, nunc omitto : illud de immortali ejus ingenio non tacens, quod dialecticam quoque et geometriam, et arithmeticam, musicam, grammaticam et rhetoricam, omniumque philosophorum sectas ita didicit,

κατ' αὐτοῦ ἐχρήσατο ἀνοίᾳ, ὥστε ἐπ' ὀνόματι αὐτοῦ πᾶσαν τὴν οἰκουμένην γράψαι. Πρὸ τοῦ δὲ μετελθεῖν εἰς Καισάρειαν, τὴν Ῥώμην κατείληφεν ἐπὶ Ζεφυρίνου ἐπισκόπου, εὐθύς τε εἰς Ἀλεξάνδρειαν ἀναξεύξας, Ἡρακλᾶν τὸν πρεσβύτερον τὸν ἐν σχήματι φιλοσόφου διατελοῦντα, βοηθὸν συνελάβετο κατηχήσεως, ὅστις καὶ μετὰ Δημήτριον τὴν Ἀλεξανδρέων ἐκυβέρνησεν Ἐκκλησίαν. Ὅσης δὲ δόξης ἐγένετο, ἐκ τούτου δηλοῦται· Φιρμιλλιανὸς γὰρ Καισαρείας ἐπίσκοπος μετὰ πάσης τῆς Καππαδοκίας καὶ προέπεμψεν αὐτὸν, καὶ ἐπὶ πολὺ κατέσχε, καὶ ὕστερον προφάσει τῶν ἁγίων τόπων εἰς Παλαιστίνην ἐλθών, ἐν τῇ Καισαρέων παρ' αὐτοῦ τὰς θείας ἐπαιδεύθη γραφάς. Κἀκεῖνο δὲ οὐδεὶς ἀγνοεῖ, ὅτι περ πρὸς Μαμέαν τὴν μητέρα Ἀλεξάνδρου τοῦ βασιλέως εὐλαβεστάτην γυναῖκα παρακληθεὶς, ἦλθεν εἰς Ἀντιόχειαν, καὶ ἐν μεγίστῃ γέγονε τιμῇ· καὶ πρὸς Φίλιππον τὸν βασιλέα τὸν πρῶτον ἐκ τῶν Ῥωμαίων βασιλέων Χριστιανὸν γενόμενον, καὶ πρὸς τὴν τούτου μητέρα γράμματα ἀπέστειλεν. ἄχρι τοῦ παρόντος τυγχάνοντα· καὶ ὅτι τοσαύτην ἔσχε σπουδὴν περὶ τὰς θείας γραφάς, ὥστε καὶ τὴν Ἑβραϊκὴν διάλεξιν ἐναντιουμένην τῇ τε ἡλικίᾳ, καὶ τῇ οἰκείᾳ φύσει, ἐκμαθεῖν· καὶ δίχα τῶν ἑβδομήκοντα ἑρμηνευτῶν, ἄλλας ἐκδόσεις εἰς ἓν συναγαγεῖν, Ἀκύλα λέγω Ποντικοῦ προσηλύτου, καὶ Θεοδοτίωνος Ἡβιωναίου, καὶ Συμμάχου τοῦ αὐτοῦ δόγματος, ὃς τὸ κατὰ Ματθαῖον Εὐαγγέλιον ὑπεμνημάτισε, δι' οὗ καὶ τὸ ἴδιον δόγμα βεβαιῶσαι σπεύδει. Ὁμοίως δὲ πέντε καὶ ἓξ καὶ ἑπτὰ τὰς ἐκδόσεις, ἅστινας καὶ ἡμεῖς ἐκ τῆς αὐτοῦ βιβλιοθήκης ἔσχομεν, πολλῷ πόνῳ εὑρών, μετὰ ἑτέρων ἐκδόσεων ὠνήσατο. Καὶ ἐπειδὴ τὸν ἔλεγχον τῶν αὐτοῦ συνταγμάτων ἐν τῷ τεύχει τῶν ἐπιστολῶν τῶν πρὸς Παῦλαν παρ' ἡμῶν γραφεισῶν, ἐν μιᾷ ἐπιστολῇ συγκρίνων τοῖς Βάρρωνος ἔργοις τέθεικα, νῦν παραλιμπάνω, ἐκεῖνο περὶ τῆς αὐτοῦ ἀθανάτου εὐφυΐας μὴ σιωπῶν, ὅτιπερ διαλεκτικὴν, καὶ γεωμετρικὴν, ἀριθμητικὴν, μουσικὴν, γραμματικὴν, **896** καὶ ῥητορικὴν, καὶ πάντων τῶν φιλοσόφων τὰ δόγματα, οὕτως ἐξέμαθεν, ὥστε σπουδαστὰς τῶν κοσμικῶν γραμμάτων ἀκροατὰς ἐσχηκέναι, καὶ ἐξηγεῖσθαι αὐτοῖς ἑκάστοτε, συνδρομάς τε

---

[a] Male vocem *iterum* hic reposuit Martianæus, quam jamdiu olim Victorius deleverat.
[b] *Firmianum* pro *Firmiliano* vitiose habent cod. Sigebergensis, Guelpherbyt. et Græca versio.
[c] Id ex Eusebio quidem vi, 34 : Τοῦτον κατέχει λόγος χριστιανὸν ὄντα, etc., quod in Chronic. ad an. 246 confirmatur. Verum quantis hæc sententia difficultatibus sit obnoxia, satis, me tacente, norunt eruditi. Docti viri hunc Philippum cum cognomine alio Ægyptii Augustali Christiano confundi autumant.
[d] Oracillam Severam Philippi junioris matrem, et senioris conjugem, unde γαμετὴν Σεβήραν dixit Euseb., non *matrem*. Eam epistolam etiam Vincentius Lyrinensis Commonit. 1, cap. 23, his verbis laudat : *Quam autem privatæ non solum conditioni, sed ipsi quoque fuerit reverendus imperio, declarant historiæ, quæ eum a matre Alexandri imperatoris accitum ferunt, cælestis utique sapientiæ merito, cujus et ille gratia, et illa amore flagrabat. Sed et ejusdem epistolæ testimonium perhibent, quas ad Philippum imperatorem, qui primus Romanorum principum Christianus fuit, Christiani magisterii auctoritate conscripsit*. Unam porro epistolam, non plures, intellige, eamque circa annum scriptam 245.
[e] Hæc quoque de Hebraica Origenis eruditione valde disputantur in utramque partem; doctiores plerique denegant hanc illi laudem.
[f] Expungenda videatur vox isthæc *volumen*, quam nec Veronensis liber, nec Græcus interpres agnoscunt. Dixerit Hieronymus *in unum*, quod est, una simul, illas editiones Origenem congregasse; nec enim verosimile est uno comprehendisse volumine. Quæ ejus laboris supersunt fragmenta, duos explent in folio tomos.
[g] Scilicet Cæsariensi. De Symmac. Vid. Ebed-Jesu c. 10.
[h] Quidam mss. teste Martianæo, *copulavit*. Pessime autem Græcus interpres ὠνήσατο, qui *comparare*, id est, *conferre*, accepit perinde atque *emere*.
[i] *In quadam Epistola*. Hæc epistola injuria temporum intercidit ; cujus tamen bonam partem Rufini invectiva nobis conservatam prodidit. Vide supra in fine Epistolarum secundæ classis. Cæterarum quoque volumina Epistolarum invidit posteris humilitas ac modestia sanctæ Paulæ, quæ noluit nomen suum celebrari ex Epistolis S. Hieronymi. MARTIAN.
— Hujus epistolæ fragmentum servavit Rufinus in Invectivarum lib. II, quod et nos inde ascitum in priori tomo, epist. 35, exhibemus. Eumdem indicem Eusebius instituerat in vita S. Pamphili mart. quacum una periit.

ut studiosos è quoque sæcularium litterarum sectatores haberet, et interpretaretur eis quotidie, concursusque ad eum miri fierent : quos ille propterea recipiebat, ut sub occasione sæcularis litteraturæ in fide Christi eos institueret. De crudelitate autem persecutionis, quæ adversum Christianos sub Decio consurrexit, eo quod in religionem Philippi desævierit, quem et interfecit, superfluum est dicere : cum etiam Fabianus, Romanæ Ecclesiæ episcopus, in ipsa occubuerit, et Alexander Babylasque Hierosolymorum et Antiochenæ Ecclesiæ pontifices, in carcere pro confessione Christi dormierint. Et super Origenis statu si quis scire velit, quid actum sit, primum quidem de [b] epistolis ejus, quæ post persecutionem ad diversos missæ sunt; deinde de sexto Eusebii Cæsariensis ecclesiasticæ historiæ libro, et pro eodem Origene in sex voluminibus, poterit [c] liquido cognoscere. Vixit usque ad Gallum et Volusianum, id est, usque ad LXIX ætatis suæ annum; et mortuus est Tyri, in qua urbe et sepultus est.

πρὸς αὐτὸν πολλὰς γίνεσθαι, ἃς διὰ τοῦτο ἐδέχετο, ἐφ' ᾧγε προφάσει τῆς διδασκαλίας, εἰς τὴν τοῦ Χριστοῦ πίστιν ἀνάγειν πάντας. Περὶ γὰρ τῆς ὠμότητος τοῦ διωγμοῦ, τοῦ κατὰ τῶν Χριστιανῶν ἐπὶ Δεκίου κινηθέντος· ἐλύσσα γὰρ εἰς Φίλιππον εὐλάβειαν, ὃν καὶ ἀπέκτεινεν· εἰπεῖν ἡγοῦμαι περισσόν. Ἐν αὐτῷ γὰρ τῷ διωγμῷ, καὶ Φαβιανὸς ὁ Ῥώμης ἐπίσκοπος ἐτελεύτησεν, καὶ Ἀλέξανδρος καὶ Βαβύλας Ἱεροσολύμων καὶ Ἀντιοχείας ἐπίσκοποι, ἐν τῇ φυλακῇ ὁμολογηταὶ ἐκοιμήθησαν. Εἴ τις γὰρ περὶ Ὠριγένους μαθεῖν ἐθελήσῃ, πρῶτον μὲν ἐκ τῶν ἐπιστολῶν αὐτοῦ, τῶν μετὰ τὸν διωγμὸν πρὸς διαφόρους ἀποσταλεισῶν, ἔπειτα δὲ καὶ ἀπὸ τοῦ ἕκτου λόγου τῆς Εὐσεβίου Καισαρείας ἐπισκόπου ἱστορίας, καὶ ὑπὲρ τοῦ αὐτοῦ Ὠριγένους βιβλίων ἓξ τελαυγῶς μαθεῖν δυνήσεται. Ἔξησεν ἕως Γάλλου καὶ Βολουσιανοῦ, τοῦτ' ἔστιν ἕως ἐννάτου καὶ ἑξηκοστοῦ τῆς ἡλικίας αὐτοῦ ἔτους, καὶ ἐκοιμήθη ἐν Τύρῳ, ἐν ᾗ καὶ ἐτάφη.

CAPUT LV.

Ammonius, [d] vir disertus et valde eruditus [e] in philosophia, eodem tempore Alexandriæ clarus habitus est : qui inter multa ingenii sui et præclara monumenta etiam de consonantia Moysi et Jesu [f] elegans opus composuit, et evangelicos canones excogitavit, quos postea secutus est Eusebius Cæsariensis. Hunc falso accusat [g] Porphyrius, quod ex Christiano Ethnicus fuerit, cum constet eum usque ad extremam vitam Christianum perseverasse.

Ἀμμώνιος ὁ ἐλλογιμώτατος καὶ φιλοσοφίας πεπαιδευμένος, ἐν τοῖς αὐτοῖς χρόνοις ἐν Ἀλεξανδρείᾳ λαμπρὸς φανείς, μεταξὺ τῶν συνταγέντων παρ' αὐτοῦ περιφανῶν λόγων, καὶ περὶ τῆς συμφωνίας Μωϋσέως καὶ Ἰησοῦ βίβλον θαυμαστὴν συνέθηκε, καὶ εὐαγγελικοὺς κανόνας ἐφεῦρεν, οἷς μετὰ ταῦτα ἐξηκολούθησεν Εὐσέβιος ὁ Καισαρεύς. Τούτου πλαστῶς κατηγορεῖ ὁ Πορφύριος, φάσκων ἀπὸ Χριστιανῶν ἐθνικὸν γεγενῆσθαι, ὅστις ἄχρι τῆς τελευταίας Χριστιανὸς διετέλεσεν.

CAPUT LVI.

897 Ambrosius primum [h] Marcionites, deinde ab Origene correctus, Ecclesiæ diaconus, et confessionis Dominicæ gloria insignis fuit, cui et [i] Proto-

898 Ἀμβρόσιος πρῶτον Μαρκιωνιστής, ὕστερον παρὰ Ὠριγένους διορθωθείς, ἐκκλησίας διάκονος, καὶ θείας ἐξομολογήσεως ἐπίσημος ἐγένετο, τούτῳ ὑπὲρ Θεοκτίστου

---

[a] Vaticanus *studiosos quosque* pro *quoque*, quod utique reponi velim; nam cum sæculares litteræ sint geometria, arithmetica, musica, etc., quas enumerat, *quosque* horum studiosos Origenis sectatores fuisse tradit.

[b] Hæ autem epistolæ interciderunt, quemadmodum et Apologia, quam mox laudat sex voluminibus, quorum unum tantum ex Rufini interpretatione superat. Vid. Eusebii luculentissimum de illis testimonium lib. VI, c. 39.

[c] *Liquido cognoscere.* Inter hæc verba *cognoscere* et *vixit*, addita leguntur consequentia verba in codice ms. Ambrosianæ bibliothecæ num. 281, et in Vaticanis 348, 549 : « Hæc laus Origenis et falsa est, et deceptio plurimorum, qui in amorem ejus provocantur : cum constet eum super omnes hæreticos venenato ore (*vel* venerario) inauditas, et intolerabiles blasphemias spiritu diabolico in Dominum nostrum Jesum Christum locutum fuisse : quique a sanctis Patribus, episcopis, et monachis anathematizatus, etiam bona ipsius minime legi debere. Vixit, etc. »
MARTIAN.
— In ms. Ambrosiano 281 et duobus Vaticanis Scholion hujusmodi ineptissimum invenit Martianæus : *Hæc laus Origenis et falsa est, et deceptio plurimorum, qui in amorem ejus provocantur, cum constet eum super omnes hæreticos venenato ore inauditas, et intolerabiles blasphemias spiritu diabolico in Dominum nostrum Jesum Christum locutum fuisse : quique a sanctis Patribus episcopis, et monachis anathematizatus, etiam bona illius minime legi debere.*

[d] Hic Ammonius *Monotessari* Christianus scriptor,

ad hanc usque diem cum alio Ammonio cognomento Saccas, Plotini præceptore, confusus. Erroris causa Eusebio fuit Porphyrius, qui cum de Ammonio Sacca, sive Saccario dixisset, quod ex Christiano Ethnicus fuerit, ille tamquam de altero hoc Ammonio Christiano scriptore, et usque ad extremam vitam perseverante, dictum perperam intellexit. Sed palmaris hæc diversitas est inter utrumque, quod Ammonium Plotini magistrum nihil umquam scripsisse constet, et testetur Longinus; noster vero duo hæc opera elucubrarit, quæ Hieronymus recenset.

[d] Absunt e Vatic. cod. *in Philosophia*, ab editione Martianæi *valde*. Utrumque vero asserit Porphyrius apud Euseb. VI, 19, πλείστην ἐπίδοσιν ἐν φιλοσοφίᾳ illi tribuens.

[f] Jamdudum periit opus istud. Canones qui Evangeliis præfigurantur, ex Ammonii *Harmonia*, sive *Monotessaro* Eusebius Cæsariensis concinnavit.

[g] Porphyrius, lib. III contra Christianos, quem egregie mentitum tum de aliis, cum præcipue de Ammonio Eusebius revincit.

[h] Eusebius, VI, 18, Valentinianæ cum dixit primum addictum sectæ : τὰ τῆς Οὐαλεντίνου φρονοῦντα αἱρέσεως. Epiphanius, hæres. LXIV, 3, ab aliis Marcionistem, ab aliis Sabellianum tradit appellatum : alii Noetianum faciunt. Cæterum fuit ille tam generis claritate, et ingenii, tum opum copia, et vitæ post conversionem instituto nobilissimus.

[i] Vulgati, et Græcus, cui pro *Theoctisto presbytero*; et Veronensis ms. expertus audaculi librarii manum, cui cum pro *Toctisto presbytero* : et mox *scribe-*

cicto presbytero liber Origenis de Martyrio scribitur. Hujus industria, et sumptu et instantia *a* adjutus infinita Origenes dictavit volumina. Sed et ipse, quippe ut vir nobilis, non inelegantis ingenii fuit, sicut ejus ad Origenem *b* epistolæ indicio sunt. Obiit ante *c* mortem Origenis; et in hoc a plerisque reprehenditur, quod vir locuples amici sui senis et pauperis moriens non recordatus sit.

πρεσβυτέρου βίβλος Ὠριγένους περὶ τοῦ Μαρτυρίου γράφεται. Τῇ σπουδῇ τούτου καὶ ἀναλώμασι καὶ ἐπείξει, πρὸς τοῦτον πάμπολλα Ὠριγένης ἐπέστειλε συντάγματα. Ἀλλὰ καὶ αὐτὸς ἀνὴρ εὐγενέστατος ὤν, οὐκ ἄκομψος ἐν τῇ εὐφυΐᾳ ἐγένετο, καθὰ αἱ πρὸς Ὠριγένην τούτου δηλοῦσιν ἐπιστολαί. Ἐτελεύτησε δὲ πρὸς Ὠριγένους· καὶ ἐν τούτῳ παρὰ πολλῶν καταγινώσκεται, ὅτι περ πλούσιος ὤν, τοῦ οἰκείου φίλου γέροντος καὶ πένητος τελευτῶν οὐκ ἐμνήσθη.

CAPUT LVII.

Tryphon *d*, Origenis auditor, ad quem nonnullæ ejus exstant epistolæ, in Scripturis eruditissimus fuit. Quod quidem et multa ejus sparsim ostendunt opuscula, sed præcipue liber, quem composuit *e* de Vacca rufa in Deuteronomio, et de Dichotomematibus, quæ cum columba et turture Abraham ponuntur in Genesi.

Τρύφων Ὠριγένους ἀκροατής, πρὸς ὃν πολλαί εἰσιν ἐπιστολαί, ἐν ταῖς θείαις γραφαῖς πεπαιδευμένος, καθὰ σποράδην δείκνυσι συντάγματα, καὶ ἐξαιρέτως ἡ βίβλος, περὶ Βουδηλσίας τῆς ἐν τῷ Δευτερονομίῳ, καὶ περὶ τῶν Διχοτομούντων, ἅτινα μετὰ τῆς περιστερᾶς καὶ τρυγόνος τοῦ Ἀβραὰμ ἐν τῇ Γενέσει ἀναγινώσκομεν.

CAPUT LVIII.

f Minucius Felix, Romæ insignis causidicus, scripsit Dialogum Christiani et Ethnici *g* disputantium, qui Octavius inscribitur. Sed et alius sub nomine ejus fertur de *h* Fato, vel contra mathematicos, qui cum sit et ipse diserti hominis, non mihi videtur cum superioris libri stylo convenire. Meminit hujus Minucii et *i* Lactantius in libris suis.

Μινούκιος Φῆλιξ, ἐν Ῥώμῃ ἐπίσημος δικολόγος ὤν, συνέγραψε διάλογον Χριστιανοῦ καὶ ἐθνικοῦ, ὃν ἐπέγραψεν Ὀκτάβιον, καὶ ἕτερος δὲ λόγος ἐξ ὀνόματος αὐτοῦ φέρεται, περὶ Μοίρας, ἤτοι κατὰ τῶν μαθηματικῶν, ὅστις λόγος εἰ καὶ ἐλλογίμου ἀνδρὸς φαίνεται, ἐμοὶ δὲ οὐ δοκεῖ συνᾴδειν τῷ χαρακτῆρι τοῦ προειρημένου λόγου. Μέμνηται τούτου τοῦ Μινουκίου καὶ Λακτάντιος ἐν τοῖς ἰδίοις συγγράμμασιν.

CAPUT LIX.

899 Gaius, sub Zephyrino Romanæ urbis episcopo, id est sub Antonino Severi filio, disputationem adversum *j* Proculum, Montani sectatorem, valde insignem habuit, arguens eum temeritatis, super Nova Prophetia defendenda, et in eodem volumine Epistolas quoque Pauli, tredecim tantum enumerans; decimam quartam quæ fertur ad Hebræos, dicit non ejus esse, sed et *k* apud Romanos usque hodie quasi Pauli apostoli non habetur.

900 Γάϊος ἐπὶ Ζεφυρίνου Ῥώμης ἐπισκόπου, τοῦτ' ἔστιν, ἐπὶ Ἀντωνίνου υἱοῦ Σεβήρου, διάλεξιν κατὰ Προκούλου σπουδαστοῦ Μοντανοῦ, σφόδρα μεγίστην ἔσχεν, εὐθύνων αὐτὸν προπετείας, τῆς καινῆς Προφητείας, ἐν αὐτῷ τῷ τεύχει τρισκαίδεκα Ἐπιστολὰς μόνας Παύλου ἀπαριθμούμενος· τὴν γὰρ πρὸς Ἑβραίους λέγει μὴ εἶναι αὐτοῦ, ἀλλὰ καὶ παρὰ τοῖς Ῥωμαίοις ἄχρι τοῦ παρόντος Παύλου ἀποστόλου νομίζεται μὴ εἶναι.

CAPUT LX.

Beryllus, *l* Arabiæ Bostrenus episcopus, cum ali-

Βήρυλλος, Ἀραβίας τῆς Βοστρηνῶν ἐπίσκοπος, ἐπί τινα

---

retur. Veram lectionem restituit ante me cl. Fabricius ex Eusebio, ipsoque Origenis libro, ubi Ambrosium et Protocletum alloquitur, Ἀμβρόσιε θεοπρεπέστατε, Πρωτόκτητε εὐσεβέστατε. Nunc Vaticani codicis fide asseritur, *cui cum Protoctito presbytero*, etc. Nicephorus quoque Callistus, lib. v Hist. Eccl. cap. 19 : Προτρεπτικὸν εἰς μαρτύριον γενναῖον λόγον συντάττει Ἀμβροσίῳ, καὶ Πρωτοκτήτῳ τῆς ἐν Καισαρείᾳ παροικίας τὸ σύγγραμμα προσφωνῶν.

a Ita ex laudato Vaticano emendavimus, cum hactenus aut nulla aut contrario sensu *ad hunc legeretur*; unde ἐργοδιώκτῃ Ambrosio *infinita volumina* ab Origene dedicata, quæ perierint, docti viri frustra comminiscuntur. Et vero solemnis Hieronymo est phrasis *adjutus hortatu*, *precibus*, etc.

b Has epistolas nobis ætas invidit. Ejus modo fragmentum superest, quam Ambrosio quidem tribuit Hieronymus epist. 43, ad Marcellam; sed ipsiusmet Origenis videtur esse de Ambrosio inscripta.

c In Veronen. *Obiit autem ante Origenem*. Contigerit Ambrosii mors circa an. 351.

d Hujus Tryphonis haud scio, qui ex antiquis præter Hieronymum meminerit. Quæ ejus laudantur opera, nullibi, quod sciam, inveniuntur. Interim Veronen. cod. *adjutorem* eum Origenis pro *auditore* dicit, vitiosa, ut videtur, litterarum metathesi.

e Mactari *vacca rufa* non in Deuteronomio jubetur, sed in Numerorum libro cap. xix. De *Dichotomematibus* autem, quæ vox *sectionem in duas partes* notat, victimarum, quas Abraham secuit, historiam habes Genes. xv. Mox Vatic. lib., *ad Abraham ponuntur*; rectius Guelpherbytanus, *ab Abraham*, etc.

f *Minucius Felix*. Sangermanensis codex ponit *Caium* ante *Minucium Felicem*, licet in Indice et Catalogo sequatur ordinem hunc vulgatum. Certe æquales sunt inter se et cum Tertulliano, si doctis scriptoribus credimus. MARTIAN.

g Veronen. *Ethnici disputantis*. Vitiose autem Sigebergen., *Hæretici*.

h Jam non exstat quicumque liber hic fuerit. Certe tale aliquid *de Fato* scripturum se ipse Minucius promiserat in Octavio cap. 36, ubi, Ac de Fato, inquit, *satis*, *vel si pauca pro tempore*, *disputaturi alias*, *et uberius et plenius*.

i Lactantius, lib. i Divin. Instit. cap. 11.

j Proculum vocant Eusebius ii, 25, et Photius cod. 48 πρὸς Πρόκλον; Latini autem frequentius *Proculum*. Caii contra illum disputatio jamdudum periit. Caracalla Severi filius imperium administravit ab anno 211 ad 217.

k Eusebius παρὰ Ῥωμαίων τισίν, non absolute, ut Hier. interpretatur, *apud Romanos*.

l Idem in Chronic. tradit ad an. 6 Alex. Severi,

quanto tempore gloriose rexisset Ecclesiam, ad extremum lapsus in hæresim, quæ Christum ante [a] incarnationem negat, ab Origene correctus. Scripsit varia opuscula, [b] et maxime epistolas, in quibus Origeni gratias agit, sed et Origenis ad eum litteræ sunt. Exstat dialogus Origenis et Berylli, in quo hæreseos coarguitur. Claruit autem sub Alexandro, Mammeæ filio, et Maximino et Gordiano, qui ei in imperium successerunt.

χρόνον ἐνδόξως κυβερνήσας τὴν Ἐκκλησίαν, τελευταῖον εἰς τὴν ἀρνουμένην τὸν Χριστὸν πρὸ τῆς ἐνανθρωπήσεως, ὀλισθήσας, παρὰ Ὠριγένους ἐπιστραφείς, συνέγραψε ποικίλα πράγματα, καὶ μάλιστα ἐπιστολὰς ἐν αἷς τῷ Ὠριγένει εὐχαριστεῖ· ἀλλὰ καὶ Ὠριγένους πρὸς αὐτὸν εἰσιν Ἐπιστολαί. Ἔστι διάλογος Ὠριγένους καὶ Βηρύλλου, ἐν ᾧ αἱρέσεως εὐθύνεται. Διέπρεψε δὲ ἐπὶ Ἀλεξάνδρου τοῦ Μαμέας υἱοῦ καὶ Μαξιμίνου καὶ Γορδιανοῦ τῶν διαδεξαμένων τὴν ἐκείνου βασιλείαν.

CAPUT LXI.

Hippolytus, cujusdam Ecclesiæ [c] episcopus, nomen quippe urbis scire non potui, rationem Paschæ temporumque Canones scripsit, usque ad primum annum Alexandri imperatoris, et sedecim annorum circulum, quem Græci ἑκκαιδεκαετηρίδα vocant, reperit, et Eusebio, qui super eodem Pascha [d] Canonem, decem et novem annorum [e] circulum, id est, ἐννεακαιδεκαετηρίδα **901** composuit, occasionem dedit. Scripsit nonnullos in Scripturas commentarios, e quibus hos reperi : in ἑξαήμερον, [f] et in Exodum, in Canticum Canticorum, in Genesim, et in Zachariam : de Psalmis, et in Isaiam, de Daniele, de Apocalypsi, de Proverbiis, de Ecclesiaste, de Saul et Pythonissa, de [g] Antichristo, de Resurrectione, contra Marcionem, de Pascha, adversum omnes hæreses, et [h] Προσομιλίαν de laude Domini Salvatoris, in

Ἱππόλυτος, οὐκ οἶδα ποίας Ἐκκλησίας ἐπίσκοπος, ἢ τίνος πόλεως τὴν προσηγορίαν μαθεῖν οὐκ ἠδυνήθην, συνέγραψε λόγον τοῦ πάσχα, καὶ τοὺς χρονικοὺς κανόνας ἕως πρώτου ἐνιαυτοῦ Ἀλεξάνδρου τοῦ βασιλέως, δεκαέξ λόγῳ δὴ ἐνιαυτῶν κύκλον, ὃν οἱ λεγόμενοι Γραικοί, ἑκκαιδεκαετηρίδα καλοῦσιν, Εὐσεβίῳ τῷ περὶ αὐτοῦ τοῦ πάσχα ἐννεακαιδεκαετηρίδα συντάξαντι πρόφασιν παρεσχηκώς. Ἔγραψεν εἰς τὰς θείας γραφὰς ὑπομνήματα, **902** ἀφ' ὧν τάδε εὗρον, εἰς τὴν ἑξαήμερον, εἰς τὴν Ἔξοδον, εἰς τὰ Ἄσματα τῶν ἀσμάτων, εἰς τὴν Γένεσιν, εἰς Ζαχαρίαν, περὶ Ψαλμῶν, εἰς Ἠσαΐαν, περὶ Δανιήλ, περὶ Ἀποκαλύψεως, περὶ Παροιμιῶν, περὶ Ἐκκλησιαστοῦ, περὶ Σαοὺλ καὶ Πύθωνος, περὶ τοῦ Ἀντιχρίστου, περὶ Ἀναστάσεως, κατὰ Μαρκίωνος, περὶ τοῦ Πάσχα, κατὰ πασῶν τῶν Αἱρέσεων, προσομιλίαν (Leg. προσομιλίαν) περὶ τῶν Ἐπαίνων τοῦ Κυρίου ἡμῶν Ἰησοῦ Χριστοῦ, ἐν οἷς παρόντος Ὠριγένους ἑαυτὸν ὡμίλη-

---

[a] Beryllus Episcopus Arabiæ Bostrenus clarus habetur. Vid. Euseb. vi, 20.
Veronen. *ante carnem negat.* Guelpherbyt. *ante incarnationem fuisse negat.* Ex Eusebio lib. vi, cap. 33, intelligas negasse Beryllum Christo propriæ personæ differentiam antequam carnem sumeret : Μηδέ μὴν θεότητα ἰδίαν ἔχειν, juxta Noeti hæresin quæ postea et Sabellii fuit.

[b] Nihil hodie superest e Berylli scriptis, sive Origenis ad Beryllum.

[c] Inter varias veterum et recentiorum sententias de Ecclesia quam Hippolytus obtinuit, illa verosimilior videtur esse, quæ eum Portus Romani, non ad Ostia Tiberina, sed celebris hoc nomine in Arabia Emporii, hodie *Adena*, episcopum facit. *Abulidem Romæ Episcopum* Arabes vocant. Vid. Catalogum Ebed-Jesu cap. 7.

[d] Cod. Veronen. *temporumque scripsit,* absque voce *canonem.* Hanc libri de Paschate partem alteram fuisse Valesius sentit, quod Scaliger et Bucherius minime animadverterunt. Nimirum χρονικός canon iste ad usque primum Alexandri annum producebatur; contra Paschalis ratio ex eo ipso anno incipiebat. Eximium hocce monimentum nedum chartis descriptum, in marmorea ejusdem S. Hippolyti cathedra, cui insidet ipse ex marmore, priscis temporibus sculptum, hodienum superest in Vaticanæ Bibliothecæ vestibulo. Dextrum latus exhibet Chronologiam Paschalem per cyclos annorum 112 Julianorum proleptico ordine e sacris litteris. Alterum expansionem cycli ejusdem Paschalis per septem Heccedecaeteridas. In Posticæ autem lateralo aliquot ejusdem Operum Catalogus exhibetur, cujus tamen inscriptio superiori parte mulctata est.

[e] Hic vero decennovennalis cyclus ab Eusebio concinnatus intercidisse vulgo creditur; verum ut doctior Criticulus sentiet, numquam ab Eusebio compositus est. Hieronymus id hausit seu verius male accepit ab Eusebio ipso, ubi in Vita Constantini lib. iv, cap. 34 et 35, memorat se composuisse *Librum quemdam, quo arcana Paschalis festi*

ratio erat *Exposita*, quem et Constantino nuncupavit. Verum ex toto contextu ipsaque Constantini ad Eusebium responsione satis manifesto colligitur, eum librum *mysteria Christi, et Paschalis* ejus *festi typicam expositionem* continuisse, non decemnovennalem Cyclum Lunarum Paschalium. Hieronymus tunc ipsum de Paschate librum Eusebii non videtur oculis usurpasse, nam neque eum infra memorat inter Eusebii scripta suo loco cap. 81. Hic autem etiam contra Eusebium putat, dicens ab Hippolyto decemnovennalis Cycli condendi occasionem eum sumpsisse, cum hunc cyclum diu antea circa initium imperii Probi imperatoris concinnatum fuisse ab Anarcho Laodiceæ in Syria episcopo ipsemet tradat Eusebius Histor. Ecclesiast. lib. vii, c. 32. Multum quoque probabile est, Alexandrinam Ecclesiam jam ante Nicænum concilium, cyclo isto usam decemnovennali. Cæterum Hieronymi testimonium hocce fraudi fuit et Gennadio de Scriptor. Eccl. cap. 38, quemadmodum Gennadius, Stedono Hispalensi, lib. vi Origin. c. 17, qui idem de Eusebio tradunt, ut sequiores taceam Cœlfridum, et Bedam qui unus ex alio descripsit.

[f] Verba *et in Exodum* Veronensis codex non habet, et qui habent mss. libri, atque editi, videntur accepisse pro his, *et post Hexaemeron.* Ita Eusebius, vi, 22, Commentario in ἑξαήμερον, alium εἰς τὰ μετὰ τὴν ἑξαήμερον subjungit, atque ex eo Rufinus in *Hexaemeron, et ea, quæ post Hexaemeron.* Putaverat forte aliquis in Hieronymi textu vitioso idem Græcum verbum *Hexaemeron* repeti, et in *Exodum* mutavit.

[g] Hic quoque liber *de Antichristo* superat, quem Photius cod. 202 *de Christo et Antichristo* legit inscriptum, quemadmodum et alius *contra omnes hæreses.* Cætera S. Martyris scripta, paucis fragmentis exceptis, perierunt.

[h] Veronen. *Prosaomelian*, ex quo et ex Vatican. ipsoque Hieronymi textu legendum liquet προσομιλίαν, ut Fabricius restituit. Antea editi perperam πρὸς ὁμιλῶν, vel περὶ ὁμιλῶν ; Erasm. *et similia.* Fuerit isthæc homil. *de Epiphania*, quæ exstat :

qua, præsente Origene, se loqui in Ecclesia significat. [a] In hujus æmulationem Ambrosius, quem de Marcionis hæresi ad veram fidem correctum diximus, cohortatus est Origenem, in Scripturas commentarios scribere; præbens ei septem et eo amplius notarios, eorumque expensas, et librariorum parem numerum, quodque his majus est, incredibili studio quotidie ab eo opus exigens. Unde in quadam epistola ἐργοδιώκτην eum Origenes vocat.

κέναι κατὰ μίμησιν αὐτοῦ ἐν τῇ ἐκκλησίᾳ δηλοῖ. Ἀμβρόσιος, ὅντινα ἀπὸ τῆς πλάνης Μαρκίωνος εἰς τὴν ἀληθινὴν πίστιν ἐπιστρέψαι προείρηται, προετρέψατο Ὠριγένῃ τὰς θείας ὑπομνηματίσαι γραφάς, παρεσχηκὼς αὐτῷ ἑπτὰ καὶ πλείους νοταρίους, καὶ τὰς τούτων δαπάνας, καὶ καλλιγράφους τὸν ἴσον ἀριθμόν, καὶ ὅπερ ἐστὶ μεῖζον, ἀνυποίστῳ σπουδῇ ἑκάστοτε ἔργον παρ' αὐτοῦ ἀπαιτῶν, διὸ ἐν μιᾷ ἐπιστολῇ, ἐργοδιώκτην αὐτὸν Ὠριγένης καλεῖ.

CAPUT LXII.

Alexander, episcopus Cappadociæ, [b] cum desiderio sanctorum locorum Hierosolymam pergeret, et Narcissus episcopus ejusdem urbis jam senex [c] regeret Ecclesiam, et Narcisso et multis clericorum ejus revelatum est, altera die mane intrare episcopum, qui adjutor sacerdotalis cathedræ esse deberet. Itaque re ita completa, ut prædicta fuerat, cunctis [d] in Palæstina episcopis in unum congregatis, annitente quoque ipso vel maxime Narcisso, Hierosolymitanæ Ecclesiæ cum eo gubernaculum suscepit. Hic in fine cujusdam epistolæ, **903** quam scribit ad Antinoitas super pace Ecclesiæ ait : [e] *Salutat vos Narcissus, qui ante me hic tenuit episcopalem locum, et nunc mecum eumdem orationibus regit, annos natus circiter [f] centum sedecim, et vos mecum precatur ut unum idemque sapiatis.* Scripsit et aliam ad Antiochenses, per Clementem presbyterum Alexandriæ, de quo [g] supra diximus, nec non ad Origenem, et pro Origene contra Demetrium; eo quod [h] juxta testimonium Demetrii eum presbyterum constituerit. Sed et aliæ ejus ad diversos feruntur epistolæ. Septima autem persecutione sub Decio, quo tempore Babylas Antiochiæ passus est, ductus Cæsaream, et clausus in carcere, ob confessionem Christi martyrio coronatur.

Ἀλέξανδρος, ἐπίσκοπος Καππαδοκίας, πόθῳ τῶν ἁγίων τόπων ἐπιστὰς τῇ Ἱεροσολύμων, τοῦ ἐπισκόπου Ναρκίσσου τῆς αὐτῆς πόλεως ἤδη γεγηρακότος, καὶ τὴν Ἐκκλησίαν κυβερνῶντος, αὐτῷ τε τῷ Ναρκίσσῳ καὶ πολλοῖς κληρικοῖς αὐτοῦ ἀπεκαλύφθη μέλλειν τῇ ἑξῆς ἕωθεν εἰσιέναι ἐπίσκοπον τὸν ὀφείλοντα βοηθὸν γενέσθαι τῆς ἱερατικῆς καθέδρας. Τοῦ πράγματος τοίνυν καθὼς προεμηνύθη πληρωθέντος, πάντων τῶν ἐν Παλαιστίνῃ ἐπισκόπων ἐπὶ τὸ αὐτὸ συναχθέντων, συνεπινεύοντος αὐτοῖς Ναρκίσσου, τὴν κυβέρνησιν τῆς ἐν Ἱεροσολύμοις Ἐκκλησίας σὺν αὐτῷ ἀνεδέξατο. Οὗτος ἐν τῷ τέλει μιᾶς ἐπιστολῆς γραφείσης παρ' αὐτοῦ πρὸς Ἀντινοΐτας, περὶ τῆς ἐκκλησιαστικῆς **904** εἰρήνης, ἔφη· « Ἀσπάζεται ὑμᾶς Νάρκισσος ὃς πρὸ ἐμοῦ εἴχετο τῆς ἐνταῦθα ἐπισκοπῆς, καὶ νῦν τὸν αὐτὸν ἰθύνων μετ' ἐμοῦ. εὐχόμενος ἐπέχει, ἐνιαυτὸν ἄγων ἑκατοστὸν ἑξκαιδέκατον, δεόμενος ὑμῶν ἅμα ἐμοί, ἵνα τὸ αὐτὸ καὶ ἓν φρονήσητε. » Ἔγραψε καὶ ἄλλην πρὸς Ἀντιοχεῖς διὰ Κλήμεντος πρεσβυτέρου Ἀλεξανδρείας, περὶ οὗ προεῖπον· οὐ μὴν ἀλλὰ καὶ πρὸς Ὠριγένην καὶ ὑπὲρ Ὠριγένους κατὰ Δημητρίου, καὶ ὅτι προσμαρτυροῦντος Δημητρίου πρεσβύτερον αὐτὸν ἐχειροτόνησε. Καὶ ἄλλαι δὲ αὐτοῦ πρὸς διαφόρους φέρονται ἐπιστολαί. Τῷ δὲ ἑβδόμῳ διωγμῷ ἐπὶ Δεκίου ἡνίκα καὶ Βαβύλας ἐν Ἀντιοχείᾳ ἔπαθεν ἀχθεὶς Καισάρειαν, καὶ εἰς φυλακὴν ἐγκλεισθείς, διὰ τὴν τοῦ Χριστοῦ ἐξομολόγησιν ἐμαρτύρησεν.

CAPUT LXIII.

Julius Africanus, [i] cujus quinque de Temporibus exstant volumina, sub Imperatore [j] M. Aurelio An-

Ἰούλιος Ἀφρικανός, οὗ πέντε περὶ Χρόνων τυγχάνει λόγοι, ἐπὶ Μάρκου Αὐρηλίου Ἀντωνίνου τοῦ διαδεξαμένου

---

[a] Græcus interpres, et quædam Latinæ editiones hæc verba *in hujus æmulationem*, cum superioribus vitiose jungunt.

[b] Urbem reticent Eusebius Hieronymusque : e quinto autem libro Juris Græco-Romani, ubi de translationibus episcoporum, Flavias fuisse intelligitur.

[c] Annos natus sedecim supra centum, ut mox dicetur. Vid. Euseb. vi, 11.

[d] Veronen. lib. *cunctis Palæstinæ episcopis*. Mox duo mss. *annuente* pro *adnitente*. Primum hoc habetur exemplum dati viventi Episcopo coadjutoris, ac successoris, primum quoque translati ex una ad aliam sedem episcopi. Postea tametsi vetitum fuerit Canone 25 Antiocheno, immo et 77 Apostolico, ut audiunt, hujusmodi exempla passim occurrunt.

[e] Apud Euseb. vi, 11 : Ἀσπάζεται ὑμᾶς Νάρκισσος ὁ πρὸ ἐμοῦ δέπων τὸν τόπον τῆς ἐπισκοπῆς τὸν ἐνθάδε, καὶ νῦν συνεξεταζόμενός μοι διὰ τῶν εὐχῶν, ἑκατὸν δεκαὲξ ἔτη ἠνυκώς, παρακαλῶν ὑμᾶς ὁμοίως ἐμοὶ ὁμοφρονῆσαι.

[f] Annum superaddit S. Crucis ms. in quo *centum decem et septem* numerantur.

[g] Nimirum cap. 38, unde liquet falli Rufinum, qui non Alexandrinum Clementem, sed alium innui

Antiochenæ Ecclesiæ presbyterum putat lib. vi Hist. c. 8. E tribus porro hisce epistolis sunt loca quædam penes Eusebium; alias nec de nomine novimus.

[h] Gravius rescribi mavult *contra testimonium Demetrii*. Immo vero *juxta* retinendum est; nam quod sub ecclesiasticæ epistolæ testimonio, ut supra cap. 34 traditur, Origenem Alexander benigne exceperit, ac presbyterum ordinaverit, contra ipsum Demetrium ex suis ipsius litteris urgere debuit.

[i] Hunc Ebed Jesu Catalogi cap. 6, *Emmaus episcopum* vocat, cujus *Commentarios in Novum Testamentum*, et *Chronicon* laudat. Et hoc quidem alterum eximium opus, quo res ab orbe condito ad annum Christi 221 quinque libris digessit, jamdudum periit; sed ex eo multa Chronographi sequiores mutuati sunt; atque Eusebius in primis, qui nedum in Chronico, etiam in Præparat. Evangel. lib. iii, 10, et viii, 1, duo affert insignia loca ex lib. iii et v. Hieronymus quoque *ex quinto temporum volumine* locum affert in cap. Danielis ix. Multa denique Dionysius patriarcha exscripsisse dicitur, quæ in Eusebiano Chronico non habentur.

[j] Scilicet Heliogabalo, qui ab anno 218 ad 222 imperium tenuit.

tonino, qui Macrino successerat, legationem pro instauratione urbis Emmaus suscepit, quæ postea ᵃ Nicopolis appellata est. Hujus est epistola ad Origenem super quæstione Susannæ : eo quod dicat in Hebræo hanc ᵇ fabulam non haberi, nec convenire cum Hebraica etymologia ᶜ ἀπὸ τοῦ σχίνου σχίσαι, καὶ ἀπὸ τοῦ πρίνου πρίσαι, contra quem doctam ᵈ epistolam scribit Origenes. Exstat ejus ad Aristidem altera epistola, in qua super διαφωνίᾳ, quæ videtur esse in genealogia Salvatoris apud Matthæum et Lucam, plenissime disputat.

Μακρῖνον, πρεσβείαν ἀνεδέξατο περὶ ἀναστάσεως Ἐμμαοῦς τῆς πόλεως τῆς μετακληθείσης Νικοπόλεως. Ἔστι καὶ ἐπιστολὴ πρὸς Ὠριγένην, ἕνεκεν τῆς κατὰ Σωσάνναν ζητήσεως· λέγει γὰρ ἐν τῷ Ἑβραϊκῷ τοῦτον μὴ εἶναι τὸν μῦθον, μηδὲ συνᾴδειν τῇ Ἑβραϊκῇ ἐτυμολογίᾳ, ἀπὸ τοῦ πρίνου πρίσαι, καὶ ἀπὸ τοῦ σχίνου σχίσαι, πρὸς ὃν δεδοκιμασμένην ἐπιστολὴν γράφει Ὠριγένης. Ἔστιν αὐτοῦ καὶ πρὸς Ἀριστείδην ἄλλη ἐπιστολὴ, ἐν ᾗ περὶ τῆς διαφωνίας τῆς δοκούσης εἶναι ἐν τῇ γενεαλογίᾳ τοῦ Σωτῆρος παρὰ Ματθαίῳ καὶ Λουκᾷ, ἀρκούντως διαλέγεται.

CAPUT LXIV.

ᵉ Geminus, Antiochenæ Ecclesiæ presbyter, pauca ingenii sui monumenta **905** composuit, florens sub Alexandro principe, et episcopo urbis suæ ᶠ Zebenno, eo vel maxime tempore, quo Heraclas Alexandrinæ Ecclesiæ pontifex ordinatus est.

Γέμινος τῆς κατὰ Ἀντιόχειαν Ἐκκλησίας πρεσβύτερος, ὀλίγα τῆς οἰκείας εὐφυΐας **906** βιβλία συνέταξεν, ἀνθήσας ἐπὶ Ἀλεξάνδρου τοῦ βασιλέως, καὶ ἐπὶ Ζεβέννου ἐπισκόπου τῆς ἰδίας πόλεως, ἐν ἐκείνῳ μάλιστα τῷ καιρῷ, ἐν ᾧ Ἡρακλᾶς τῆς Ἀλεξανδρέων ἐκκλησίας πρεσβύτερος κατέστη.

CAPUT LXV.

Theodorus, qui postea Gregorius appellatus est, Neocæsareæ Ponti episcopus, admodum adolescens, ob studia Græcarum et Latinarum litterarum, de Cappadocia Berytum, et inde Cæsaream Palæstinæ transiit, juncto sibi fratre Athenodoro. Quorum cum egregiam indolem vidisset Origenes, hortatus est eos ad philosophiam, ᵍ in qua paulatim Christi fidem subintroducens, sui quoque sectatores reddidit. ʰ Quinquennio itaque eruditi ab eo remittuntur ad ⁱ matrem, e quibus Theodorus proficiscens, πανηγυρικὸν εὐχαριστίας scripsit Origeni : et convocata grandi frequentia, ipso quoque ʲ Origene præsente, recitavit, qui usque hodie exstat. Scripsit et μετάφρασιν in Ecclesiasten brevem quidem, sed valde

Θεόδωρος, ὃς ὕστερον ἐκλήθη Γρηγόριος, Νεοκαισαρείας ἐπίσκοπος, νέος κομιδῇ, διὰ τὴν παίδευσιν Ἑλληνικῶν τε καὶ Ῥωμαϊκῶν γραμμάτων, ἀπὸ τῆς Καππαδοκίας εἰς Βηρυτὸν, κἀκεῖθεν εἰς Καισάρειαν τῆς Παλαιστίνης διῆλθεν, ἅμα Ἀθηνοδώρῳ ἀδελφῷ. ὥντινων τὴν ἐξαίρετον εὐφυΐαν ἑωρακὼς Ὠριγένης, τούτους εἰς φιλοσοφίαν προετρέψατο, καὶ κατὰ μέρος εἰς τὴν τοῦ Χριστοῦ πίστιν εἰσάγων, ζηλωτὰς ἰδίους κατέστησεν. Ἐπὶ πέντε τοίνυν παρ' αὐτοῦ παιδευθέντες ἔτη, πρὸς τὴν μητέρα ἀποπέμπονται, ἀφ' ὧν ὁ Θεόδωρος ἀποδημῶν, πανηγυρικὸν εὐχαριστίας τῷ Ὠριγένει ἔγραψε, καὶ συγκαλεσάμενος πάντας τοὺς ἐπιχωρίους, αὐτοῦ τε τοῦ Ὠριγένους παρόντος, τοῦτον ἀνέγνω τὸν λόγον, ὅστις ἄχρι τοῦ παρόντος ὑπάρχει. Ἔγραψε δὲ καὶ ἔκφρασιν εἰς Ἐκκλησιαστὴν, ἐλάχιστον imperavit.

ᵃ In Chronico ad. an. 4 M. Aurelii Antonini, *In Palæstina Nicopolis, quæ prius Emmaus vocabatur, urbs condita est, legationis industriam pro ea suscipiente Julio Africano scriptore temporum.* Vide et Cassiodorum ad an. Christi 222.

ᵇ *Hanc fabulam.* Fabulam hic vocat historiam Susannæ, sicut supra historiam Samsonis et Dalilæ. Vide Indicem prioris Partis hujus tomi. MARTIAN. — *Fabulam* cum dicit Hieronymus, non statim pro figmento accipe ; interdum enim et de verissimis rebus dixit, ut in Philem. *totam Samsonis fabulam,* et Quæst. Heb. xi, 28, fabulam vocat quamdam Hebræorum traditionem de Abraham, quam paulo post veram traditionem appellat.

ᶜ Ἀπὸ τοῦ σχίνου σχίσαι. Omittuntur verba hæc Græca in vetustissimo nostro codice Sangerman. Vide Præfationem Hieron. in librum Danielis, I tomo edit. nostræ. MARTIAN.

ᵈ *Partem* hujus epistolæ servavit Euseb. lib. I Hist. c. 7. Exstant vero superiores de Susannæ quæstione tum Africani, tum Origenis.

ᵉ *Geminus,* etc. In eodem *Geminus* ponitur post *Theodorum,* quamvis in Indice liminari *Geminus* posius sit ordine vulgato. MARTIAN. — Hunc cod. Gemblac. *Eminum,* Eusebii Chronic. *Geminianum* appellat, Sangermanen. teste Martianæo, post Theodorum vitiose collocat, ut et supra *Gaium* ante Minucium Felicem. Scripta hujus Gemini desiderantur, et nemo præter Hieronymum memorat.

ᶠ Veron. cod. *Zebbenno,* Euseb. Σεβῖνον, alii *Zebennium* vocant. Alexander Sev. ab an. 222 ad 235

ᵍ Minime vero ad Christi fidem per Philosophiæ studium convertit illustres hos fratres Adamantius, jam enim antea Christianæ Religioni dederant nomen; sed quemadmodum Eusebius tradit lib. vi cap. 30 illos in *Græcus Romanusque disciplinas vehementer incensos, injecto amore philosophiæ, a prioribus studiis ac divinarum rerum meditationem ut transirent, adhortatus est.* Profecto ipse Thaumaturgus in *Nuncupat. in Origen.* se multo ante ad agnitionem veritatis venisse profitetur, quam ad Origenem accessisset.

ʰ Initio autem *Eucharistici* ad Origenem ipse de se testatur Gregorius jam ab octavo anno, nedum quinto, neminem audisse, nisi admirandos illos viros vere Philosophiæ assectas, condiscipulos nempe suos, Origenis auditores. At non ideo hæc Hieronymi, sive Eusebii testimonio adversari potuis ; non enim se per octennium eos audivisse continuo tradit, sed præterquam illos, non alium quemquam.

ⁱ Perperam legit Martianæus *ad Patrem* : quem decimo quarto ætatis suæ anno jam amiserat Gregorius, ut ipse in *Eucharistico* ad Origenem testatur; bene vero est, quod suspicatur legendum esse *ad Patriam* : quam lectionem Lipsias, et Gravius ex Suida probaverint jamdin antea. — *Remittuntur ad Patrem.* Editi libri cum mss. non paucis, *ad matrem,* alii *ad patrem* : forte *ad patriam* legendum esset. MARTIAN.

ʲ Origenis nomen , quod videtur abundare, non repetit hic Veronensis liber.

utilem. Et aliae hujus vulgo feruntur [a] epistolae, sed praecipue signa atque miracula, quae jam episcopus cum multa Ecclesiarum gloria perpetravit.

A μὲν, πάνυ δὲ θαυμαστὸν λόγον, καὶ ἄλλας πολλὰς ἐπιστολὰς, ποιήσας σημεῖά τε καὶ θαύματα, ἡνίκα ἐπίσκοπος ἐτύγχανεν.

CAPUT LXVI.

Cornelius, Romanae urbis episcopus, ad quem octo Cypriani exstant epistolae, scripsit epistolam ad [b] Fabium Antiochenae Ecclesiae episcopum, de synodo Romana, Italica, Africana, et aliam de [c] Novatiano, et de his qui lapsi sunt; tertiam de gestis synodi (*Romanae an.* 251); quartam ad eumdem Fabium valde prolixam, et Novatianae haereseos 907 causas et anathema continentem [d]. Rexit Ecclesiam [e] annis duobus sub Gallo et Volusiano, cui ob Christum martyrio coronato, successit Lucius.

Κορνήλιος, Ῥώμης ἐπίσκοπος, πρὸς ὃν ὀκτὼ Κυπριανοῦ ἐπιστολαὶ τυγχάνουσιν, ἔγραψεν ἐπιστολὴν πρὸς Φλαβιανὸν Ἀντιοχείας ἐπίσκοπον περὶ τῆς συνόδου Ῥώμης, Ἰταλίας, καὶ Ἀφρικῆς, καὶ ἑτέραν περὶ Ναβατιανοῦ, καὶ τῶν ὀλισθησάντων· τρίτην περὶ τῶν ἐν τῇ συνόδῳ πραχθέντων· τετάρτην πρὸς τὸν αὐτὸν Φλαβιανὸν, πάνυ μεγάλην, καὶ τὰς αἰτίας τῆς Ναβατιανοῦ αἱρέσεως, καὶ ἀναθέματα περιέχουσαν. 908 Ἐκυβέρνησε τὴν Ἐκκλησίαν ἔτη δύο, Γάλλου καὶ Βολουσιανοῦ βασιλευόντων, ὅντινα μετὰ τὸ μαρτύριον τοῦ Χριστοῦ διεδέξατο Λούκιος.

CAPUT LXVII.

Cyprianus Afer, primum gloriose rhetoricam docuit; exinde suadente presbytero Caecilio, a quo et cognomentum sortitus est, Christianus factus, omnem substantiam suam pauperibus erogavit, ac post non multum temporis [f] electus in presbyterum, etiam episcopus Carthaginiensis constitutus est. Hujus ingenii superfluum est indicem texere, cum sole clariora sint ejus opera. Passus est sub Valeriano et Galieno principibus, persecutione octava, eodem die quo Romae Cornelius, sed non eodem anno.

Κυπριανὸς Ἄφρος, πρῶτον ἐνδόξως τὴν ῥητορικὴν διδάξας, πεισθεὶς παρὰ Κεκιλίου πρεσβυτέρου, οὗ καὶ τὴν ἐπωνυμίαν ἐκληρώσατο, Χριστιανὸς γενόμενος, πᾶσαν αὐτοῦ τὴν περιουσίαν τοῖς πτωχοῖς διέδωκε, καὶ μετ' οὐ πολὺ καταταγεὶς εἰς πρεσβύτερον καὶ ἐπίσκοπος ἐγένετο Καρθαγένης. Τούτου τὸν τῆς εὐφυΐας κατάλογον ὑφαίνειν, περισσὸν ἡγοῦμαι, διὰ τὸ λαμπρότερα εἶναι τοῦ ἡλίου τὰ τούτου συντάγματα. Ἔπαθεν ἐπὶ Βαλεριανοῦ καὶ Γαληίνου βασιλέων, διωγμῷ ὀγδόῳ αὐτῇ τῇ ἡμέρᾳ, ἐν ᾗ ἐν τῇ Ῥώμῃ Κορνήλιος, ἀλλ' οὐκ ἐν τῷ αὐτῷ ἐνιαυτῷ.

CAPUT LXVIII.

Pontius [g], diaconus Cypriani, usque ad diem passionis ejus cum ipso exsilium sustinens, egregium volumen vitae et passionis Cypriani reliquit.

Πόντιος, Διάκονος Κυπριανοῦ, ἕως τῆς ἡμέρας τοῦ πάθους αὐτοῦ ἅμα αὐτῷ τὴν ἐξορίαν ὑπομείνας, ἐξαίρετον τεῦχος βίου τε καὶ πάθους τοῦ Κυπριανοῦ αὐτοῦ κατέλοιπεν.

CAPUT LXIX.

Dionysius, Alexandrinae urbis episcopus, sub Heracla scholam κατηχήσεων presbyter tenuit, et Origenis [h] valde insignis auditor fuit. Hic in Cypriani et Africanae synodi [i] dogma consentiens, de haere-

Διονύσιος, Ἀλεξανδρείας ἐπίσκοπος, ἐπὶ Ἡρακλᾷ, σχολὴν κατηχήσεων πρεσβυτερίου κατέσχε καὶ Ὠριγένους ἐπίσημος βοηθὸς ἐγένετο. Οὗτος εἰς τὸ δόγμα τοῦ Κυπριανοῦ, καὶ τῆς Ἀφρικῆς συνόδου συναινῶν, περὶ αἱρε-

---

[a] Ex his una tantum superest celeberrima inter canonicas Patrum epistolas. Post vocem *Epistolae* addunt Suffridus Petri, Miraeus, aliique, *et de fide*, apud Honorium, *et alias de fide Epistolas.* Quae verba codices nostri omnes, aliique vetustissimi, tum Freculphus, et Graecus interpres ignorat. Vid. epist. 70, ad Magnum, et Comment. in Ecclesiastem cap. 4.

[b] *Epistolam ad Fabium.* Erasmus legit *Flavianum*; sic quoque nonnulli mss. codices: at vetustiores retinent *Fabium*, vel *Favium*, et *Favianum*. MARTIAN. — Veronensis, atque alii apud Martianaeum *Favianum*, vel *Fabianum.* Erasmus *Flavianum*; sed φαίδιον Euseb. vi, 45, et plerique editi et mss. libri vocant. Ejus epistolae inter Cypriani opera habentur.

[c] Idem Veronensis *Novatio* legit pro *Novatiano.* Ita *Novati* nomen praeferunt Eusebius, Rufinus, Nicephorus. Vid. infra cap. 70.

[d] Hujus epistolae fragmenta supersunt apud Euseb. lib. vi, cap. 43; superiores tres penitus interciderunt; sed ambigi merito potest, an altera, quam de *Novatiano et lapsis* inscribit epistolam, Cypriani sit, non Cornelii, ut Hier. refert. Certe tanquam Cypriani memorat hoc loco Eusebius, Κυπριανοῦ καὶ τῶν ἀμ᾽ αὐτῷ, etc.

[e] Verba *annis duobus* in S. Crucis codice non habentur. Certe cum an. 251, 2 Junii, episcopus Romae creatus Cornelius fuerit, in sequentis vero anni die 14 Septembris in exsilio Centumcellis Hetruriae obierit, annum nonnisi tribus mensibus superavit.

[f] Noster ms., allectus in *Presbyterium*, quae verior videatur lectio. Confer Pontium in ejusdem S. Cypriani Vita, ubi *Judicio*, inquit, *Dei et Plebis favore ad officium sacerdotii, et episcopatus gradum adhuc neophytus, et ut putabatur, novellus electus est.* Puta Christianis eum accessisse an. 246, in sequenti creatum presbyterum, nec diu post episcopum. De eo plura dicere superfluum esset. Passus est an. Christi 258.

[g] Perperam Gemblacensis ms. *Pontinum* vocat.

[h] Duo Codices nostri *Origenis insignissimus auditor*; alii apud Martianaeum *valde insignissimus*, et *vel insignissimus.* Porro Victorius adjutor maluit reponi pro *auditor*, ex aliquot mss., et Graeco interprete. — *Vel insignissimus auditor fuit.* Sangerman. codex, *valde insignissimus auditor*; alii, *vel insignissimus auditor fuit.* Hoc est, omnium Origenis discipulorum praeclarissimus, utpote qui copia librorum editorum, magistri secutus est exemplum. Frustra itaque Marianus *adjutorem* voluit reponere pro *auditore.*

MARTIAN.

[i] Ex ejus epistolis, qua hic Hier. laudat, haud ita constituendum videatur, siquidem minime sibi, sed aliis episcopis, Cappadociae, Ciliciae aliarumque provinciarum, tradit, Africanorum sententiam fuisse acceptam. Quinimmo epist. ad Sixtum pont. Rom. apud Euseb. vii, c. 9, refert, a sene quodam, qui olim ab haeresi ad Ecclesiam transferat, sollicitatum se diu, ut eum denuo baptizaret, quod tamen *de integro renovare non ausus sit.* Ita in illa, quae est ad

ticis rebaptizandis, ad diversos plurimas misit epistolas, quæ usque hodie exstant, et ad [a] Fabium Antiochenæ urbis episcopum scripsit de pœnitentia, et ad Romanos per Hippolytum alteram : ad **909** Xystum, qui Stephano successerat, duas [b] epistolas, et ad Philemonem et ad Dionysium, Romanæ Ecclesiæ presbyteros, duas epistolas, et ad eumdem Dionysium, postea Romæ episcopum, et ad [c] Novatianum causantem, quod invitus Romæ episcopus ordinatus esset, cujus epistolæ hoc exordium est : [d] *Dionysius Novatiano fratri salutem. Si invitus, ut dicis, ordinatus es, probabis, cum volens secesseris.* [[e] *Nam oportuit quidvis etiam hac gratia perpeti, ne discinderetur Ecclesia Dei. Neque minus præclarum ex hoc contigisset testimonium, quod noluisses dissidium inducere,* [f] *quam proficisci solet ex eo, si quis recuset simulacris immolare, atque adeo præclarius etiam. mea quidem sententia, siquidem illic uni propriæque consulitur animæ, hic totius Ecclesiæ negotium agitur. Tametsi nunc quoque si persuaseris, si compuleris fratres in concordiam redire, plus egeris officio, quam peccaris errato. Atque hoc quidem haud imputabitur, illud vero laudibus feretur. Cæterum si non obtemperantibus illis minus assequeris quod vis, tamen fac modis omnibus ut tuam ipsius serves animam.*] Est ejus [g] ad Dionysium et ad Didymum altera epistola, et ἑορταστικαὶ de Pascha plurimæ, declamatorio sermone conscriptæ, et ad Alexandrinam Ecclesiam de exsilio, et [h] ad Hieracam in Ægypto episcopum, et alia de [i] Mortalitate, **911** et de Sabbato, et περὶ γυμνασίου, et ad [j] Hermammonem, et alia de persecutione Decii, et duo libri adversum Nepotem episcopum, qui mille annorum corporale

τικῶν ἀναβαπτισθησομένων, πολλὰς πρὸς διαφόρους ἀπέστειλεν ἐπιστολάς, τὰς καὶ ἄχρι τοῦ παρόντος τυγχανούσας, καὶ πρὸς Φλαβιανὸν δὲ Ἀντιοχείας ἐπίσκοπον γράφει περὶ μετανοίας, καὶ πρὸς Ῥωμαίους διὰ Ἱππολύτου ἑτέραν, καὶ πρὸς Ξύστον διαδεξάμενον Στέφανον **910** ἐπιστολὰς δύο, πρὸς Φιλήμονα καὶ Διονύσιον τῆς ἐν Ῥώμῃ Ἐκκλησίας πρεσβυτέρους ἐπιστολὰς δύο, καὶ πρὸς τὸν αὐτὸν Διονύσιον, ὕστερον Ῥώμης ἐπίσκοπον, καὶ πρὸς Ναυατιανὸν αἰτιώμενον, ὡς ἄκων ἐν τῇ Ῥώμῃ ἐχειροτονήθη ἐπίσκοπος, ἧστινος ἐπιστολῆς τὸ προοίμιον ἔχει οὕτως· ‹ Διονύσιος Ἀλεξανδρείας Ναυατιανῷ. Εἰ ἄκων ὡς φῂς ἤχθης, δείξεις ἀναχωρήσας ἑκών. Ἔδει μὲν γὰρ καὶ πᾶν ὁτιοῦν παθεῖν, ὑπὲρ τοῦ μὴ διακόψαι τὴν Ἐκκλησίαν τοῦ Θεοῦ, καὶ ἦν οὐκ ἀδοξοτέρα τῆς ἕνεκεν τοῦ μὴ εἰδωλολατρῆσαι γενομένης, ἡ ἕνεκεν τοῦ μὴ σχίσαι μαρτυρία, κατ' ἐμὲ δὲ καὶ μείζων. Ἐκεῖ μὲν γὰρ ὑπὲρ μιᾶς τῆς ἑαυτοῦ ψυχῆς, ἐνταῦθα δὲ ὑπὲρ ὅλης τῆς Ἐκκλησίας, καὶ νῦν δὲ εἰ πείσαις, καὶ εἰ βιάσαις τοὺς ἀδελφοὺς εἰς ὁμόνοιαν ἐλθεῖν, μεῖζον ἔσται σοι τοῦ σφάλματος τὸ κατόρθωμα. Καὶ τὸ μὲν οὐ λογισθήσεται, τὸ δὲ ἐπαινεθήσεται. Εἰ δὲ ἀπειθούντων ἀδυνατοίης, σώζων σῶζε τὴν ἑαυτοῦ ψυχήν.› Ἔστιν αὐτῷ πρὸς Διονύσιον καὶ Δίδυμον ἄλλη ἐπιστολή, καὶ ἑορταστικαὶ περὶ τοῦ πάσχα πολλαί, λόγον κράτος ἔχουσαι, καὶ πρὸς τὴν Ἀλεξανδρέων Ἐκκλησίαν περὶ ἐξορίας, καὶ πρὸς Ἱέρακα Αἰγύπτου ἐπίσκοπον, καὶ ἄλλη περὶ θνήσεως καὶ σαββάτου, καὶ περὶ γυμνασίου, καὶ πρὸς Ἑρμάμμωνα, καὶ ἄλλη περὶ διωγμοῦ Δεκίου, καὶ δύο λόγοι κατὰ Νέπωτος ἐπισκόπου τοῦ συγγραψαμένου χιλίων ἐνιαυτῶν σωματικὴν βασιλείαν, ἐν οἷς περὶ τῆς Ἰωάννου Ἀποκαλύψεως ἐπιμελῶς διείλεκται. Καὶ κατὰ Σαβελλίου, καὶ πρὸς Ἄμμωνα Βερονίκης ἐπίσκοπον, καὶ πρὸς Τελεσφόρον καὶ Εὔραν, καὶ τέσσαρες λόγοι πρὸς Διονύσιον Ῥώμης ἐπίσκοπον, καὶ πρὸς Λαοδικεῖς περὶ μετα-

---

Philemonem Xysti presbyterum, apud Euseb., ubi de hæresibus interlocutus Dionysius, se singulos hæreticos ad Ecclesiam venientes, nullo illorum baptismo iterato, Heraclæ decessoris sui exemplo, suscepisse declarat. Demum mirari se ait Basilius Cæsareæ episcopus epist. canonica ad Amphiloch. cap. 5, quod hæreticorum baptismum Dionysius susciperet, et nec illum quidem Pepuzenorum rejiceret, *qui in Patrem, et Filium, Montanum, Priscillamque baptizabant.* Certe nec Basilii auctoritas Hieronymi testimonio est inferior, nec nisi si memoriæ lapsum in Hieronymo quis putet, conciliari hæc potuerunt.

[a] Vitiose cum aliquot mss. Martianæus hic *Flavianum*, qui tamen supra c. 66 prætulerat *Fabium*. Hujus epist. satis ampla fragmenta apud Euseb. supersunt.

[b] Tres commemorat Eusebius, qui ex prima et secunda quædam affert loca, VII, 5, 6, 9, ut etiam e duobus quæ sequuntur.

[c] Ita et in Eusebio pro eo, quod obtinet *Novati* nomine, *Novatianum* recte lectum ab Hieronymo verosimile est.

[d] Apud Euseb. VI, 45 : Διονύσιος Ναυατιανῷ τῷ ἀδελφῷ χαίρειν. Εἰ ἄκων ὡς φῂς ἤχθης. δείξεις ἐὰν ἀναχωρήσῃς ἑκών· ἔδει μὲν γὰρ πᾶν ὁτιοῦν παθεῖν ὑπὲρ τοῦ μὴ διακόψαι τὴν Ἐκκλησίαν τοῦ Θεοῦ. Καὶ ἦν οὐκ ἀδοξοτέρα τῆς ἕνεκεν τοῦ μὴ εἰδωλολατρεῦσαι γενομένης ἡ ἕνεκεν τοῦ μὴ σχίσαι μαρτυρία, κατ' ἐμὲ δὲ μείζων. Ἐκεῖ μὲν γὰρ ὑπὲρ μιᾶς τῆς ἑαυτοῦ ψυχῆς, ἐνταῦθα δὲ ὑπὲρ ὅλης τῆς Ἐκκλησίας μαρτυρεῖ. Καὶ νῦν δὲ εἰ πείσαιο ἢ βιάσαιο τοὺς ἀδελφοὺς εἰς ὁμόνοιαν ἐλθεῖν, μεῖζον ἔσται σοι τοῦ σφάλματος τὸ κατόρθωμα, καὶ τὸ μὲν οὐ λο-

γισθήσεται, τὸ δὲ ἐπαινεθήσεται. Εἰ δὲ ἀπειθούντων ἀδυνατοίης, σώζων σῶζε τὴν ἑαυτοῦ ψυχήν. — Ad *Dionysius* addunt quidam codd. *Alexandrinus episcopus*, tum vitiose noster *cum nolens recesseris*.

[e] Quæ exinde sequuntur, hujus epistolæ uncinis inclusa verba, unus modo e codicibus, quibus utimur, Vaticanus habet. Martianæus quoque respuit et quædam ante illum editiones : Græcus interpres iisdem ex Eusebio verbis describit, ex quo rursum colligas in Hieronymiano Latino exemplari non exstitisse.

[f] Verba, τοῦ μὴ εἰδωλολατρεῦσαι γενομένης ἡ, quæ apud Eusebium ob ejusdem vocis ἕνεκεν occursum solemni librariorum lapsu facile exciderant, cl. Fabricius e Nicephoro supplet.

[g] Non habet *ad Dionysium* Veronensis liber, pro quo videtur cl. Fabricio legendum *ad Domitium*, et *Didymum*. Consule Euseb. VII, 20, et Nicephor. VI, 18.

[h] Ita *Hieracam* reposuimus ex Vatic. ms. et Eusebio, καὶ Ἱέρακι... κατ' Αἴγυπτον ἐπισκόπῳ, ipsius denique cl. Fabricii emendatione. Editi antea *Heraclam* vitiose præferebant.

[i] Ver. men. *de Immortalitate*, perperam. Pestem quæ ab anno 252 ad usque 267, Cedreno teste, Romanum imperium afflixit, Dionysii epistola describebat. Vide Eusebium VII, 22, initio.

[j] Ex eodem Eusebii capite in fine legendum videatur uno spiritu, *ad Hermammonem alia de persecutione*, etc., siquidem in ea epistola de Decii persecutione agebatur, quod et cl. Fabricio notatum est.

regnum suis scriptis ᵃ asseverat, in quibus de Apocalypsi Joannis diligentissime disputat : et adversum Sabellium, et ad ᵇ Ammonem Beronices Episcopum, et ad Telesphorum, et ad ᶜ Euphranorem, et quatuor libri ᵈ ad Dionysium Romanæ urbis episcopum, et ad Laodicenses de pœnitentia ; item ad ᵉ Canonem de pœnitentia, et ad Origenem de martyrio, ad Armenios de pœnitentia et de ordine delictorum, de natura ad ᶠ Timotheum, de tentationibus ad Euphranorem. Ad Basilidem quoque multæ Epistolæ, in quarum una se asserit, etiam in Ecclesiasten cœpisse scribere commentarios. Sed et adversum Paulum Samosatenum, ante paucos dies quam moreretur, insignis ejus fertur epistola. Moritur duodecimo ᵍ Galieni anno.

νοίας, ὁμοίως πρὸς Κάνωνα περὶ Μετανοίας, πρὸς Ὠριγένην περὶ Μαρτυρίου, πρὸς Ἀρμενίους περὶ Μετανοίας, καὶ κανόνας ἁμαρτιῶν, περὶ Φύσεως πρὸς Τιμόθεον, περὶ Πειρασμῶν πρὸς Εὐφράνορα, καὶ πρὸς Βασιλείδην πολλὰς ἐπιστολάς, ἀφ᾿ ὧν ἐν τῇ μιᾷ λέγει, ὡς ἤρξατο καὶ εἰς τὸν Ἐκκλησιαστὴν συντάττειν ὑπομνήματα, καὶ κατὰ Παύλου τοῦ Σαμοσατέως πρὸ ὀλίγων ἡμερῶν τῆς αὐτοῦ τελευτῆς, ἐπίσημος οὕτου φέρεται ἐπιστολή. Τελευτᾷ τῷ δεκάτῳ ἔτει Γαλιήνου βασιλέως.

CAPUT LXX.

911 Novatianus, Romanæ urbis presbyter, adversus Cornelium cathedram sacerdotalem conatus invadere, Novatianorum, quod Græce dicitur ʰ καθαρῶν dogma constituit, nolens apostatas suscipere pœnitentes. Hujus auctor ⁱ Novatus, Cypriani presbyter, fuit. Scripsit autem de Pascha, de Sabbato, de Circumcisione, de Sacerdote, ʲ de Oratione, de Cibis Judaicis, de Instantia, de Attalo multaque alia, et de Trinitate grande volumen, quasi ᵏ ἐπιτομὴν operis Tertulliani faciens, quod plerique nescientes, Cypriani existimant.

912 Ναυδατιανός, τῆς ἐν Ῥώμῃ ἐκκλησίας πρεσβύτερος, κατὰ Κορνηλίου τὸν θρόνον τῆς ἐπισκοπῆς ὑπεισελθεῖν ἐπιχειρήσας. τὸ Ναυδατιανῶν, ὅπερ Ἑλληνικῇ διαλέκτῳ καθαρὸν λέγουσι, συνεστήσατο δόγμα, μὴ βουλόμενος τοὺς ἀποστάντας δέξασθαι μετανοοῦντας. Τούτου διδάσκαλος, ἤτοι ἀρχηγὸς Νοβατος, Κυπριανοῦ πρεσβύτερος γέγονε. Καὶ συνεγράψατο περὶ τοῦ Πάσχα, περὶ Σαββάτου, περὶ Περιτομῆς, περὶ Ἱερέως, περὶ Εὐχῆς, περὶ Βρωμάτων Ἰουδαϊκῶν, περὶ τῶν Ἐνεστώτων, περὶ Ἀττάλου, καὶ ἕτερα πολλά, καὶ περὶ τῆς Τριάδος μέγα τεῦχος, ὥσπερ ἐπιτομὴν τοῦ Τερτυλλιανοῦ συγγράμματος ποιῶν, ὅπερ πολλοὶ ἀγνοοῦντες νομίζουσιν εἶναι Κυπριανοῦ.

CAPUT LXXI.

913 Malchion, disertissimus Antiochenæ Ecclesiæ

914 Μαλχίων, ἐλλογιμώτατος τῆς ἐν Ἀντιοχείᾳ

ᵃ Rectius Veronens. *asserebat*. Hos autem adversus Nepotem Ægypti Episcopum libros forsasse notat Hieronymus in Præfat. lib. XVIII in Isaiam, ubi mille annorum fabulam scribit a Dionysio Alexandrino derisam in libro contra Irenæum. Vid. Eusebium VII, 24.

ᵇ Eusebius VII, 26, unam videtur facere, κατὰ Σαβελλίου πρὸς Ἄμμωνα, non duas epistolas, quod cl. Fabricius animadvertit.

ᶜ Martian. aliique editi libri *ad Euphran*. Codices nostri cum Fabricio *Euphranorem*: Euseb. quoque Εὐφράνορα; qui rursum ad Ammonem atque Euporum datas epistolas memorat.

ᵈ De his loqui intelligendus est S. Doctor lib. contra Rufinum II. num. 17, ubi illos contra Sabellium scriptos testatur : *Dionysium Alexandrinæ urbis episcopum, virum eruditissimum quatuor voluminibus disputantem adversus Sabellium in Arianum dogma delabi*. Quare et Gennadio Dogm. Eccles. cap. 4, *fons Arii* dicitur. Verum et jam olim Athanasius singulari Apologia, atque ex eo Facundus X, 5, et recentiores quique doctissimi illum ab impacto Arianismo vindicant.

ᵉ *Item ad Canonem de pœnitentia*. In aliquot exemplaribus mss. *Et Canonem de pœnitentia*. MARTIAN. — Viti. se quidam etiam e nostris mss. *Item Canones de pœnitentia* : nec minus male Martianæus. *It m ad Canonem de pœnitentia*. Emendaverat ex Sophronio Erasmus, Fabricius ex Eusebio, καὶ πρὸς Κάνωνα, etc., quod Veronensis ac Cisterciensis mss. auctoritate firmatur.

ᶠ Veronensis post nomen *Timotheum* hoc inserit scholion : *Timotheum hunc ferunt proprium ejus filium exstitisse, cui* (al. qui) *elegantissimos libros de rerum natura composuit*. Euseb. i; se testatur VII, 16, ad Timotheum filium, Τιμοθέῳ τῷ παιδὶ hos libros fuisse inscriptos, quorum fragmenta quædam servavit in Præparat. Evangelic. XIV.

ᵍ Christi 165. Cod. Guelpherbyt. 12 *Galieni et Valeriani anno*. Porro ex omnibus magni Dionysii

scriptis non nisi fragmenta quædam superesse dolendum est.

ʰ Martianæus cum vulgo editis καθαρόν, minus bene ac renuentibus melioris notæ mss. De Novatianis, qui se *Catharos quasi propter munditiam*, ut ait S. Augustin. c. 58 de Hæresibus, *superbissime atque odiosissime nominabant*, non est hic locus ad disserendum.

ⁱ Cod. S. Crucis, *auctor Novatianus*, male ; Novatus enim auctor dogmatis de lapsis non recipiendis fuit, cui propagando se addidit Novatianus, Romanus presbyter, adversus Cornelium pontifex factus.

ʲ Vatic. *de Ordinatione*. Jam præter illum *de Cibis Judaicis*, et alterum de SS. *Trinitate*, quos laudat, reliqui videntur intercidisse. Notum vero Hieronymum a Paulo Concordiensi epist. 10 sibi mitti Novatiani scripta petiisse, *Ut dum*, inquit, *hæretici hominis venena cognoscimus, libentius S. Martyris Cypriani bibamus antidotum*.

ᵏ Mihi etiamnum arridet conjectura Pamelii suspicantis ἐπίτασιν reponendum pro ἐπιτομήν, cum nullus alius Tertulliani de Trinitate ex proposito agens liber sit, aut olim fuerit, quam qui *adversum Praxeam* inscribitur, hic vero Novatiani lucubratione multo sit brevior : eaque adeo Tertullianici operis ἐπιτομή, sive *compendium* dici nullo modo potuerit, sed e contrario ἐπίτασις, sive *dilatatio* argumenti. Nec infrequens Hieronymo est ἐπιτάσεως voce uti eo sensu, quo aliquid copiosius tractari significare, sive rem rei cujuspiam accessione denotari Denique cum ait de Rufino, contra eumdem scribens lib. II, num. 20, dicit *Tertulliani librum, cui titulus est de Trinitate sub nomine Cypriani Constantinopoli a Macedonianæ partis hæreticis lectitari. In quo crimine mentitur duo ; nam nec Tertulliani liber est, nec Cypriani dicitur, sed Novatiani cujus et inscribitur titulo ;* nullo verbo minui expressum eum librum ex Tertulliano, quod utique præcavere debuisset, ne quid adversarius reponeret.

presbyter, quippe qui in eadem urbe rhetoricam [a] florentissime docuerat, adversum Paulum Samosatenum, qui Antiochenæ Ecclesiæ episcopus dogma Artemonis instaurarat, excipientibus notariis disputavit; qui [b] dialogus usque hodie exstat. Sed et alia grandis epistola, ex persona synodi, ab eo scripta ad Dionysium et Maximum Romanæ et Alexandrinæ Ecclesiæ episcopos dirigitur. Floruit sub Claudio et Aureliano.

CAPUT LXXII.

Archelaus, [c] episcopus [d] Mesopotamiæ, librum disputationis suæ, quam habuit adversum Manichæum, exeuntem de Perside, Syro sermone composuit, qui translatus in [e] Græcum habetur a multis. Claruit sub imperatore [f] Probo, qui Aureliano et Tacito successerat.

CAPUT LXXIII.

Anatolius Alexandrinus, Laodiceæ Syriæ episcopus, sub Probo et [g] Caro imperatoribus floruit; miræ doctrinæ vir fuit in arithmetica, geometria, astronomia, [h] grammatica, rhetorica, dialectica. Cujus ingenii magnitudinem de volumine, [i] quod super Pascha composuit, et decem libris de arithmeticæ institutionibus, intelligere possumus.

CAPUT LXXIV.

Victorinus, [j] Petavionensis episcopus, non æque Latine ut Græce noverat. Unde opera ejus grandia sensibus, **915** viliora videntur compositione verborum. Sunt autem hæc : [k] Commentarii in Genesim, in Exodum, in Leviticum, in Isaiam, in Ezechiel, in Abacuc, in Ecclesiasten, in Cantica Canticorum, [l] in Apocalypsim Joannis, adversum omnes hæreses, et multa alia. Ad extremum martyrio coronatus est.

CAPUT LXXV.

Pamphilus presbyter, Eusebii Cæsariensis episcopi necessarius, tanto [m] Bibliothecæ divinæ amore

[a] Cod. S. Crucis, *plenissime docuerat*; et mox, *instaurabat*.
[b] Hujus Dialogi quædam restant fragmenta apud Leont. Byzant. l. IV contra Nestorium. Grandem porro epistolam Eusebius, qui eam magna ex parte recitat lib. VII, c. 30. a Malchione scriptam non tradit : tantum inter episcopos et presbyteros, diaconosque, quorum nomine data est, Malchionem quoque annumerat.
[c] Archelao in duobus e nostris codicibus Anatolius præponitur.
[d] Sive Charrarum nobilis in Mesopotamia urbis.
[e] Non superest hodie nisi vetus Latina versio, eaque passim decurtata. Vid. quæ in eam præfatur cl. ejus editor Zaccagnius.
[f] Probus imperium administravit ab anno 276 ad 282.
[g] Carus post Probum anno 285 imperavit.
[h] Vocem *Grammatica* facile expungi patiar ad fidem Veronensis ms. Et vero neque Eusebius VII, 32, doctum grammatica arte Anatolium dixit, cum reliquas in eo facultates laudaret : Ἄτε ἀριθμητικῆς καὶ γεωμετρίας, ἀστρονομίας τε καὶ τῆς ἄλλης διαλεκτικῆς ἔτι τε φυσικῆς θεωρίας, ῥητορικῶν τε αὖ μαθημάτων ἑλληνικῶς εἰς ἄκρον.
[i] Canonis hujus Paschalis antiqua exstat tantum Latina versio : sequentis autem operis non nisi fragmenta quædam. In Veronensi ferme elegantius, *decem libris Arithmeticæ institutionis*.

Ἐκκλησίας πρεσβύτερος, καὶ ἐν τῇ αὐτῇ πόλει τὴν ῥητορικὴν ἐπισήμως διδάξας, κατὰ Παύλου τοῦ Σαμοσατέως, τοῦ ἐν τῇ Ἀντιοχείας Ἐκκλησίᾳ τὸ δόγμα Ἀρτέμωνος ἀνανεώσαντος, ἐκλαμβανόντων Νοταρίων διελέχθη, ὅστις διάλογος ἄχρι τῆς δεῦρο ὑπάρχει. Καὶ ἄλλη ἐπιστολὴ ἐκ προσώπου τῆς συνόδου παρ' αὐτοῦ γραφεῖσα, πρὸς Διονύσιον καὶ Μάξιμον Ῥώμης καὶ Ἀλεξανδρείας ἐπισκόπους, πέμπεται. Ἤνθησεν ἐπὶ Κλαυδίου καὶ Αὐρηλιανοῦ.

Ἀρχέλαος, ἐπίσκοπος Μεσοποταμίας, λόγον οἰκείας διαλέξεως, κατὰ Μανιχαίου, ἀπὸ Περσίδος ἐξελθόντος, τῇ τῶν Σύρων διαλέκτῳ συνέθηκεν, ὃς μεταφρασθεὶς εἰς Ἑλληνικὸν, ἔστι παρὰ πολλοῖς. Διέπρεψε βασιλεύοντος Πρόβου τοῦ διαδεξαμένου Αὐρηλιανὸν καὶ Τάκιτον.

Ἀνατόλιος, Ἀλεξανδρεὺς, Λαοδικείας τῆς Συρίας ἐπίσκοπος, ἐπὶ Πρόβου καὶ Κάρου βασιλέων ἤνθησε, θαυμαστὴς παιδεύσεως ἀνὴρ ἐν τῇ ἀριθμητικῇ, γεωμετρικῇ, ἀστρονομικῇ, γραμματικῇ, ῥητορικῇ, διαλεκτικῇ. Οὔτινος τῆς εὐφυΐας τὸ μέγεθος ἀπὸ τοῦ τεύχους τοῦ περὶ Πάσχα συντεθειμένου, καὶ ἀπὸ τῶν δέκα λόγων τῆς ἀριθμητικῆς συντάξεως, νοεῖν δυνησόμεθα.

Βικτωρῖνος Πεταβίωνος ἐπίσκοπος, οὐχ ὁμοίως Ῥωμαϊστὶ ὡς Ἑλληνιστὶ ἠπίστατο· διὸ τὰ ἔργα αὐτοῦ πάνυ μεγάλα ὄντα τοῖς **916** νοήμασιν, δοκεῖ εἶναι εὐτελῆ διὰ τὴν τῶν λόγων σύνθεσιν. Ἔστι δὲ ταῦτα· Ὑπομνήματα εἰς τὴν Γένεσιν, εἰς τὴν Ἔξοδον, εἰς Λευῖτικὸν, εἰς Ἡσαΐαν, εἰς Ἰεζεκιὴλ, εἰς Ἀβακοὺκ, εἰς Ἐκκλησιαστὴν, εἰς Ἄσματα τῶν ᾀσμάτων, εἰς Ἀποκάλυψιν Ἰωάννου, κατὰ πασῶν τῶν αἱρέσεων, καὶ ἕτερα πάμπολλα. Εἶτα τελευταῖον μαρτυρήσας ἐστέφθη.

Πάμφιλος πρεσβύτερος, Εὐσεβίου Καισαρείας ἐπισκόπου ἀναγκαῖος φίλος, οὕτω κατεσχέθη φίλτρῳ τῆς θείας

[j] *Victorinus Petabionensis episc.* Non erat iste Victorinus martyr episcopus Pictavorum; sed episcopus *Petabionensis*, sive *Petavionensis* in Styria. Est enim urbs Pannoniæ superioris dicta *Petovio*, *Petavium* et *Pœtovio*. Cave igitur errorem eorum, qui Victorinum hunc martyrem Pictavorum in Gallia voluit fuisse episcopum. MARTIAN. — *Petabionensis* erat in superiori Pannonia Episcopus, non *Pictaviensis*, ut olim falso lectum est. Hunc sæpius laudat Hieron. in epistolis præcipue 61, ad Vigilantium; 70, ad Magnum; 84, ad Pammach. et Ocean., atque alibi.
[k] Ex omnibus Victorini libris, non nisi fragmentum *de Fabrica mundi*, quod ex Commentar. in Genes. doctis viris videtur excerptum, hodie superest. Commentarius in *Apocalypsin*, saltem interpolatorem est passus. Liber in *Cantica Canticorum* in Veronensi ms. non recensetur.
[l] *In Apoc. Joan.* Exstat hic Commentarius, cujus Latina versio nomine Hieronymi circumfertur. MARTIAN.
[m] Sic appellant ecclesiastici auctores Scripturam sacram. Alcimus Avitus epist. 2, *utramque Bibliothecam* dixit Novum ac Vetus Testamentum. Lectu dignum epigramma Alcuini in calce Scripturæ a se emendatæ :

Nomine *Pandecten* proprio vocitare memento
  Hoc corpus sacrum, Lector, in ore tuo,
Quod nunc a multis constat *Bibliotheca* dicta
  Nomine non proprio, ut lingua Pelasga docet.

flagravit, ut maximam partem Origenis voluminum sua manu descripserit, quæ usque hodie in Cæsariensi bibliotheca habentur. Sed et in duodecim Prophetas viginti quinque ἐξηγήσεων [a] Origenis volumina, manu ejus exarata reperi, quæ tanto amplector et servo gaudio, ut Crœsi opes habere me credam. Si enim lætitia est, unam epistolam habere Martyris, quanto magis tot millia versuum, [b] quæ mihi videtur sui sanguinis signasse vestigiis! [c] Scripsit, antequam Eusebius Cæsariensis scriberet, [d] Apologeticum pro Origene, et passus est Cæsareæ Palæstinæ sub persecutione [e] Maximini.

Βιβλιοθήκης, ὥστε αὐτὸν μέγιστον μέρος τῶν Ὠριγένους συνταγμάτων ἰδίᾳ χειρὶ καταγράψαι, ἅπερ ἄχρι τοῦ παρόντος ἐν τῇ Καισαρείας βιβλιοθήκῃ τυγχάνει. καὶ εἰς τοὺς δώδεκα Προφήτας πέντε καὶ εἴκοσιν ἐξηγήσεων Ὠριγένους τεύχη, τῇ χειρὶ αὐτοῦ εὗρον γραφέντα, ἅτινα τοσαύτῃ περιπτύσσομαι καὶ φυλάττω χαρᾷ, ὡς τὸν Κροίσου πλοῦτον ἔχειν με πιστεύειν. Εἰ γὰρ μεγίστης ἐστὶ χαρμοσύνης μίαν ἐπιστολὴν μάρτυρος ἔχειν, πόσῳ μᾶλλον τοσαύτας χιλιάδας στίχων, δι᾽ ὧν, ὡς ἐμοὶ δοκεῖ, τὰ ἴχνη τοῦ οἰκείου καταλέλοιπε πάθους. Ἔγραψε δὲ πρὸ τοῦ Εὐσέβιον συγγράψαι ἀπολογητικὸν ὑπὲρ Ὠριγένους, καὶ ἔπαθεν ἐν Καισαρείᾳ τῆς Παλαιστίνης ἐν τῷ Μαξιμίνου διωγμῷ.

CAPUT LXXVI.

Pierius, Alexandrinæ Ecclesiæ presbyter, sub Caro et Diocletiano principibus, eo tempore quo eam Ecclesiam [f] Theonas episcopus regebat, florentissime docuit populos, et in tantam sermonis diversorumque tractatuum, [g] qui usque hodie exstant, venit elegantiam, ut Origenes junior vocaretur. Constat hunc miræ ἀσκήσεως, et appetitorem voluntariæ paupertatis [h] fuisse, scientissimum dialecticæ et rhetoricæ artis, et post persecutionem omne vitæ suæ tempus Romæ fuisse versatum. Hujus est longissimus tractatus de propheta Osee, quem [i] in vigilia Paschæ habitum ipse sermo demonstrat.

Πιέριος, τῆς κατὰ Ἀλεξάνδρειαν Ἐκκλησίας πρεσβύτερος, ἐπὶ Κάρου καὶ Διοκλετιανοῦ βασιλέων, ἐν ἐκείνῳ τῷ καιρῷ, ἐν ᾧ τὴν αὐτὴν ἐκκλησίαν Θεωνᾶς ἐπίσκοπος ἐκυβέρνα, ἀνθηρῶς τὸν λαὸν ἐδίδαξε, καὶ εἰς τοσαύτην τῶν τε λόγων καὶ διαφόρων ὁμιλιῶν, τῶν ἄχρι τήμερον τυγχανουσῶν, ἦλθεν εὐφυΐαν, ὥστε αὐτὸν νέον κληθῆναι Ὠριγένην. Ὁμολόγηται δὲ τοῦτον τῆς τε ἀσκήσεως καὶ ἑκουσίου πτωχείας γεγενῆσθαι ἐραστήν, ἔμπειρον ὄντα διαλεκτικῆς καὶ ῥητορικῆς ἐπιστήμης, καὶ κατὰ τὸν διωγμόν, πάντα τὸν βίον ἐν τῇ Ῥώμῃ διατετελεκέναι. Ἔστι τούτου μακροτάτη ὁμιλία περὶ Ὠσηὲ Προφήτου, ἥντινα τῇ παννυχίδι τοῦ Πάσχα ἁρμόττειν πρὸς τὴν ἀνάγνωσιν, αὐτὸς ὁ λόγος δηλεῖ.

CAPUT LXXVII.

Lucianus, vir disertissimus, Antiochenæ Ecclesiæ presbyter, [j] tantum in Scripturarum studio laboravit, ut usque nunc quædam exemplaria Scripturarum Lucianea nuncupentur. Feruntur ejus de [k] Fide libelli, et breves ad nonnullos epistolæ. Passus est Nicomediæ ob confessionem Christi, sub persecutione [l] Maximini, sepultusque Helenopoli Bithyniæ.

Λουκιανός, ἀνὴρ ἐλλογιμώτατος, τῆς κατὰ Ἀντιόχειαν Ἐκκλησίας πρεσβύτερος, τοσοῦτον ἐν τῇ ἀσκήσει τῶν γραφῶν κέκμηκεν, ὥστε ἄχρι τοῦ παρόντος τινὰ τῶν ἀντιγράφων κληθῆναι Λουκιάνεια. Φέρονται αὐτοῦ περὶ Πίστεως λόγοι, καὶ βραχύταται πρός τινας ἐπιστολαί. Ἀπέθανεν ἐν Νικομηδείᾳ ὑπὲρ τῆς Χριστοῦ ἐξομολογήσεως, ἐν τῷ διωγμῷ Μαξιμίνου, καὶ ἐτάφη ἐν Ἑλενοπόλει τῆς Βιθυνίας.

---

[a] Hodie nec inter Origenis opera habentur.

[b] Al. *per quæ mihi videtur sui sanguinis signasse vestigia.*

[c] *Scripsit antequam*, etc. Hoc aliquando persuasum habuit S. Hieronymus, quod postea multis in locis abjecit et retractavit, maxime libro II Apologiæ adversus Rufinum, dicens : *Inter cæteros Tractatores posui et hunc librum a Pamphilo editum ; ita putavisse, ut a te et tuis discipulis fuerat divulgatum.* MARTIAN.

[d] Scitum, quo studio hoc postmodum retractaverit S. Doctor, et nullius umquam libri auctorem Pamphilum exstitisse contenderit. Vide epistolam 84, et maxime l. II contra Rufinum, in quem locum recole quæ annotavimus. Exstat ejus operis primus tantum liber a Rufino Latine redditus, et pauca quædam loca ex cæteris apud Photium.

[e] Veronen. *Maximi*, corruptius, quam ut lectorem moneri oporteat. Passus est Pamphilus an. 309, 15 Februarii.

[f] Diocletianus ab anno 284 ad 305 imperium tenuit. Theonas episcopatum gessit ab an. 2.5 ad 300.

[g] Ex his fuerit et Commentarius in primam ad Corinthios, ex quo locum recitat S. Doctor epist. 48, ad Pammach., et duodecim libri de quibus Photius cod. 219. Jamdiu autem est, ex quo omnia Pierii opera intercidere. Vid. Euseb. VII, 32.

[h] Verbum *fuisse* supplemus e Vaticano, qui paulo post cum altero Cisterciensi voculas *et rhetoricæ* omittit.

[i] Idem Vatic. aliique *in pervigilio Paschæ*. Gravius in hanc rem nonnulla ex Hieronymo adducit. In Præfat. Osee, *Pierii legi tractatum longissimum, quem in exordio hujus Prophetæ die vigiliarum Dominicæ passionis extemporali et diserto sermone profudit.* In libro contra Vigilantium num. 10, *et in vigiliis Paschæ tale quid fieri plerumque convincitur*. In Matth. XXV : *Traditio Judæorum est, Christum media nocte venturum, unde reor et traditionem Apostolicam permansisse, ut in die vigiliarum Paschæ ante noctis dimidium populos dimittere non liceat exspectantes adventum Christi, et postquam illud tempus transierit, securitate præsumpta, festum cunctis agentibus diem.* Adamantii autem et Pierii exemplaria citat Hieron. in Matth. c. XXIV. MARTIAN. — *Quem in pervigilio Paschæ.* Aliqui mss. codices, *in vigilia Paschæ*, quod idem significat. Vide Præfationem Commentar. S. Hieron. in Osee prophetam.

[j] Cod. Guelpherbyt. addit *postmodum Nicomediæ pro episcopo* : et Honorius c. 78, *postmodum Nicomediæ Episcopus*, quod a Veterum nemine traditur.

[k] Hodie non nisi *brevis fidei formula* exstat apud Athanasium de Synodis Ariminensi et Seleuciensi, et apud Socratem l. II, c. 10. Ex epistolis quoque nonnisi ejus, quæ est ad Antiochenos, pauca verba penes Auctorem Chronic. Alexand. supersunt.

[l] Guelpherbyt. et Suidas sub *Maximiano* passum dicunt.

CAPUT LXXVIII.

Phileas, de urbe Ægypti quæ vocatur ^a Thmuis, nobili genere, et non parvis opibus, suscepto episcopatu, elegantissimum librum ^b de Martyrum laude composuit, et disputatione actorum habita adversum Judicem, qui eum sacrificare cogebat, ^c pro Christo capite truncatur ; eodem in Ægypto persecutionis auctore, quo Lucianus Nicomediæ.

Φιλέας, ἀπὸ πόλεως Θμούεως τῆς Αἰγύπτου, περιφανὴς τῷ γένει, καὶ οὐ μικρᾶς περιουσίας, ἐπισκοπὴν δεξάμενος, εὐφυέστατον λόγον περὶ τῶν ἐπαίνων τῶν μαρτύρων συνεγράψατο, καὶ διάλογον τῆς γενομένης πράξεως ἐπὶ τοῦ ἄρχοντος καταναγκάζοντος αὐτὸν ἐπὶ τὸ θύειν. Οὗτος ὑπὲρ τοῦ Χριστοῦ ἀποτέμνεται, διωγμοῦ ἐν τῇ Αἰγύπτῳ ὄντος, κἀκείνου αὐθεντοῦντος τοῦ καὶ ἐπὶ Λουκιανοῦ ἐν Νικομηδείᾳ.

CAPUT LXXIX.

^d Arnobius sub Diocletiano principe Siccæ ^e apud Africam florentissime rhetoricam docuit, scripsitque adversum gentes, quæ vulgo exstant, volumina.

Ἀρνόβιος ἐπὶ Διοκλητιανοῦ ἐν Σίκκῃ τῇ πόλει τῆς Ἀφρικῆς, ἀνθηρῶς τὴν ῥητορικὴν ἐδίδαξε, καὶ συνεγράψατο κατὰ τῶν ἐθνῶν τεύχη, ἅπερ τυγχάνει παρὰ πολλοῖς.

CAPUT LXXX.

919 ^f Firmianus, qui et Lactantius, Arnobii discipulus, sub Diocletiano principe accitus cum ^g Flavio Grammatico, cujus ^h de Medicinalibus versu compositi exstant libri, Nicomediæ rhetoricam docuit, et penuria discipulorum, ob Græcam videlicet civitatem, ad scribendum se contulit. Habemus ejus Symposium, quod adolescentulus scripsit ; ⁱ ὁδοιπορικὸν de Africa usque Nicomediam, hexametris scriptum versibus, et alium librum, qui inscribitur Grammaticus, et pulcherrimum de ira Dei, et Institutionum divinarum adversum gentes libros septem, et ἐπιτομὴν ^j ejusdem operis in libro uno acephalo, et ad Asclepiadem libros duos, ^k de persecutione librum unum, ad Probum Epistolarum libros ^l quatuor, ad

920 Φιρμιανὸς, ὁ καὶ Λακτάντιος, Ἀρνοβίου μαθητὴς ἐπὶ Διοκλητιανοῦ βασιλέως μετασταλεὶς μετὰ Φλαβίου Γραμματικοῦ, οὗτινος περὶ Ἰατρικῶν εἰσι δι᾿ ἐπῶν συγγραφαὶ, ἐν Νικομηδείᾳ τὴν ῥητορικὴν ἐδίδαξε, καὶ τῇ πενίᾳ τῶν μαθητῶν, μάλιστα διὰ Ἑλληνικὴν πόλιν, εἰς συγγράμματα ἑαυτὸν μεθῆκεν. Ἔχομεν τούτου Συμπόσιον, ὅπερ νέος ἐν τῇ Ἀφρικῇ συνέταξε, καὶ ὁδοιπορικὸν ἀπὸ τῆς Ἀφρικῆς ἕως Νικομηδείας δι᾿ ἑξαμέτρων συντεθὲν, καὶ ἄλλην βίβλον, ἥτις ἐπιγράφεται Γραμματικὸς, καὶ ὡραῖον περὶ Ὀργῆς Θεοῦ, καὶ θείων Εἰσαγωγῶν κατὰ τῶν ἐθνῶν λόγους ἑπτὰ, καὶ ἐπιτομὴν τοῦ αὐτοῦ σπουδάσματος ἀκέφαλον, καὶ πρὸς Ἀσκληπιάδην λόγους δύο, περὶ Διωγμοῦ λόγον ἕνα, πρὸς Πρόβον Ἐπιστολῶν λόγους τέσσαρας, πρὸς τὸν αὐτὸν περὶ Δημιουργίας Θεοῦ λόγον

---

^a Cod. S. Crucis, *quæ vocatur Thebes*; Guelpherbyt., *Thebais*. Et Thmuis quidem episcopus, Θμουίτων ἐκκλησίας ἐπίσκοπος, Eusebio dicitur, non vero Thmuitana urbe natus. Tamen et in patria martyrium sustinuisse inde est verosimile, quod enim ejusque socios, quemadmodum auctor Eusebius est, cognati atque amici rogarent, ut uxorum, filiorumque rationem haberent, nec se perditum irent : et martyrii locum non alius quam Thebais videtur, siquidem quam Phileas habuit *Disputationem Actorum*, habuit adversus Culcianum Thebaidis Præsidem. Ex his conjectura ducimur, ut codicis S. Crucis præferamus lectionem, cui et Guelpherbytanus suffragatur. Thebe autem, ut notum est, urbs erat Ægypti, et Thebaidis regionis metropolis : Thmuis prope Mendesium ostium Nili, nunc Damiata.

^b Insigne fragmentum ex hoc libro, refert Eusebius VIII, 10, cui *epistola ad Thmuitas* dicitur.

^c A Veronensi cod. abest *pro Christo*. Persecutionis auctorem *Maximianum* intellige.

^d *Arnobius*. In ms. Sangermanensi codice Arnobius ponitur post Firmianum ; non tamen in indice liminari MARTIAN.

^e A Guelpherbyt. abest *Siccæ*, quæ Africæ Proconsularis est civitas ; deinde cl. Fabricius *florentissimæ*, id est Siccæ, renuentibus aliis libris, et Græco ἀνθηρῶς. De Arnobio Hieron. in Chron. ad an 325 : *Arnobius in Africa rhetor clarus habetur, qui cum in civitate Siccæ ad declamandum juvenes erudiret, et adhuc Ethnicus ad credulitatem somniis compelleretur, neque ab episcopis impetraret fidem, quam semper impugnaverat, elucubravit adversus pristinam religionem lucalentissimos libros, et tandem velut quibusdam obsidibus pietatis foedus impetravit.* Et in epist. 58 ad Paulin. : *Arnobius inæqualis et nimius, et absque operis sui partitione confusus*.

^f Perperam cod. S. Crucis *Firminus*, sed et *Formianus* alibi scribitur.

^g *Veronen. Fabio*, cujus varietatis non parum interest, si hinc erui possit, quis iste Fabius, aut Flavius fuerit, de quo tantopere disputatur. Alii cum Flavio Capro confundant, alii cum Rhemnio Fannio. Ex codice nostro suspicari nunc licet, *Fabium Flavium Clementem Medicum*, quem memorat Plinius Valerianus lib. rei Medicæ III, cap. 14, hunc ipsum esse, quem Hieronymus nominat. Ejus ætas, tametsi paulo obscurior, dissentire tamen non videtur, siquidem illum lib. II contra Jovin. num. 6, S Doctor postponit Marcello Sidetæ, quem M. Antonini temporibus scripsisse constat : *Marcellum*, inquit, *Sidetem, et nostrum Flavium versibus disserentes*.

^h Idem Veronen. *cujus de medicina libri versu compositi*, etc.

ⁱ Lege cum nostris mss. *Africæ ὁδοιπορικὸν de Africa*, etc., quemadmodum ex vetustis aliis exemplaribus et Græco interprete Victorius antea reposuit. Addit Guelpherbytan. Scripsit *in scholis Africæ*, ut et Miræus legit. Alterutra lectio genuina est, sed cum bis *Africæ* nomen repeteretur, alterum facili lapsu librarius omisit, quod reponendum contendit Nourius quoque ex antiquiss. cod. Merovingiacis, ut ipse vocat, litteris exarato, quem Sangermanensis Bibliotheca servat. Porro liber iste, quemadmodum et *Symposium* et *Grammaticus* jamdiu interciderat.

^j Epitomen hanc jam Hieronymi ætate acephalam, modo integram ex Bibliothecæ Regiæ Taurinensis antiquiss. ms. habemus. Clariss. noster Marchio Scipio Maffeius priora ejus capita, cum nondum in lucem prodiisset, descripsit. Ad Asclepiadem libri periere.

^k Hunc *de Persecutione* librum, eumdem esse cum illo, quem *de mortibus Persecutorum* inscripsit primus edidit Baluzius, non dubito.

^l Vatic. et S. Crucis mss. *libros duos*, vitiose. Tertium ipse Hier. Præfat. lib. II in Epist. ad Galat. laudat : *Lactantii nostri, quæ in tertio ad Probum*

[a] Severum Epistolarum libros duos; ad Demetria- A ἕνα. Οὗτος ἐν τῷ ἐσχάτῳ γήρᾳ διδάσκαλος κατέστη Καί-
num, auditorem suum, Epistolarum libros duos; ad σαρος Κρίσπου, τοῦ υἱοῦ Κωνσταντίνου ἐν Γαλλίαις, ὃς
eumdem de Opificio Dei, vel formatione hominis, ὕστερον παρὰ τοῦ πατρὸς ἀνῃρέθη.
librum unum. Hic extrema senectute magister Caesaris Crispi, filii Constantini, in Gallia fuit, qui postea
a patre interfectus est.

CAPUT LXXXI.

Eusebius, Caesareae Palaestinae episcopus in Scri- Εὐσέβιος, Καισαρείας Παλαιστίνης ἐπίσκοπος, ἐν ταῖς
pturis divinis studiosissimus, et Bibliothecae di- θείαις Γραφαῖς σπουδαῖος, καὶ τῆς θείας Βιβλιοθήκης ἅμα
vinae, cum Pamphilo martyre, diligentissimus per- Παμφίλῳ τῷ μάρτυρι, ἐπιμελέστατος ἀνιχνευτής, ἐξέ-
vestigator, edidit infinita volumina. De quibus haec δωκε πολλὰ τεύχη, ὧν εἰσὶ τάδε· Εὐαγγελικῆς ἀποδείξεως
sunt: Εὐαγγελικῆς Ἀποδείξεως **921** libri [b] viginti, λόγοι εἴκοσι, Εὐαγγελικῆς προδείξεως παρασκευῆς λόγοι
Εὐαγγελικῆς Προπαρασκευῆς libri quindecim, Θεοφανείας δέκα καὶ πέντε, **922** Θεοφανείας λόγοι πέντε. Ἐκκλη-
libri [c] quinque, Ecclesiasticae historiae libri decem, σιαστικῆς ἱστορίας λόγοι δέκα. Χρονικῶν κανόνων παντο-
Chronicorum Canonum omnimoda historia, et eo- δαπῆς ἱστορίας, καὶ τούτων ἐπιτομή. Περὶ τῆς Εὐαγγε-
rum Ἐπιτομή, et de Evangeliorum [d] Diaphonia, in λίων διαφωνίας, εἰς Ἡσαΐαν λόγοι δέκα, κατὰ Πορφυρίου,
Isaiam libri [e] decem, et contra Porphyrium, qui B τοῦ τότε συγγράφοντος ἐν Σικελίᾳ, ὥς τινες οἴονται, λόγοι
eodem tempore scribebat in Sicilia, ut quidam pu- τριάκοντα. ἀφ' ὧν εἰς ἐμὲ λόγοι εἴκοσι μόνοι περιῆλθον.
tant, libri [f] triginta, de quibus ad me viginti tan- Τοπικῶν λόγος εἷς. Ἀπολογίας ὑπὲρ Ὠριγένους λόγοι ἕξ,
tum pervenerunt; Τοπικῶν liber unus, Ἀπολογίας περὶ τοῦ βίου Παμφίλου λόγοι τρεῖς, περὶ μαρτύρων
pro [g] Origene libri sex, de Vita Pamphili libri tres, ἕτερα συγγράμματα καὶ εἰς τοὺς ἑκατὸν καὶ πεντήκοντα
de Martyribus alia opuscula, [h] et in centum quin- ψαλμοὺς δεδοκιμασμένα ὑπομνήματα, καὶ ἕτερα πολλά.
quaginta psalmos eruditissimi commentarii, et Ἤνθησε μάλιστα ἐπὶ Κωνσταντίνου τοῦ βασιλέως καὶ
multa alia. Floruit maxime sub Constantino impera- Κωνσταντίου, καὶ διὰ τὴν φιλίαν τὴν πρὸς Πάμφιλον τὸν
tore et Constantio, et ob amicitiam Pamphili marty- μάρτυρα, τῇ ἐπωνυμίᾳ αὐτοῦ ἐκλήθη.
ris, ab eo cognomentum sortitus est.

CAPUT LXXXII.

Rheticius, Aeduorum, id est, Augustodunensis Ῥαιτίκιος, Ἰδουάρων, τουτέστιν, Αὐγουστοδίας ἐπίσκο-
Episcopus, sub [i] Constantino celeberrimae famae πος, ἐπὶ Κωνσταντίνου ἀπολήψεως χρηστῆς ἐγένετο ἐν

volumine de hac gente opinatus sit, verba pone- C [d] Titulus libri hic fuerit, quem praefert cod. S.
mus, etc. Crucis, de Evangeliorum Ἀδιαφωνίᾳ, non diaphonia:
[a] De hoc infra cap. 111; sed tam hi ad Severum, tametsi non ignoramus ipsum Hieronymum in M (th.
quam superiores ad Probum, et qui sequuntur ad e.) hunc ipsum librum sub διαφωνίας Εὐαγγελίων no-
Demetrianum libri amplius non exstant, et in eo, mine memorasse: ut et Graeca quaedam catena ms.
quo Graecus interpres usus est exemplari, praeter- in Marcum, teste Rich. Simonio, περὶ τῆς δοκούσης
quam ad Probum, non videntur annotati. Cod. ἐν τοῖς Εὐαγγελίοις περὶ τῆς ἀναστάσεως διαφωνίας. Hu-
Guelpherbytan. legit ad *Demetrium*; sed *Demetria-* jus quoque libri non nisi fragmenta restant exigua.
num vocat ipse Hieron. alibi, et in Epist. ad Galat. [e] In Praefat. in Isaiam *quindecim* numerat, me-
cap. IV: *Multi per imperitiam Scripturarum, quod et* moriae lapsu, nisi si librariorum ea culpa sit. Ho-
Firmianus in octavo ad Demetrianum libro facit, asse- rum magnam partem Montfauconius collegit.
rit Spiritum Sanctum, saepe Patrem, saepe Filium no- [f] Haec verba, seu verius glossema istud, *de quibus*
minari. Quo quidem in loco, si cui mirum sit, octa- *ad me viginti tantum pervenerunt*, in nullo unquam
vum ad Demetrianum librum laudari, cum hic non ms. invenimus; immo et pro *triginta* miro consensu
nisi duo recenseantur, putet ille collectionem om- *viginti quinque* praeferunt nostri omnes, ad quorum
nium Firmiani Epistolarum octo libris distributam, fidem ita refigendus locus iste videatur: *ut quidam*
quorum postremi duo Demetriano inscriberentur. *putant libri viginti quinque,* τοπικῶν *liber unus,* etc.
Cujus porro ingenii essent ejus epistolae, notat Da- Sui fidejussor Hieron. epistola 70, ad Magnum, de
masus ep. inter Hieronymianas 35, n. 2: Fateor libris contra Porphyrium ab Ecclesiasticis auctori-
quippe tibi eos, quos mihi jam pridem Lactantii dede- bus scriptis loquens, *Eusebius,* inquit, *et Apollinaris*
ras libros, ideo non libenter lego, quia et plurimae D *vigintiquinque, et triginta volumina condiderunt.* Jam
epistolae ejus usque ad mille spatia versuum tendun- vero non exstant.
tur, et raro de nostro dogmate disputant, quo fit ut et [g] De hoc supra ad cap. 75 diximus. Subsecuentis
legenti fastidium generet longitudo, et si qua brevia operis *de Vita Pamphili,* si modo ejus est, ἀποσπασ-
sunt, Scholasticis magis sint apta, quam nobis: de μάτιον edidit Papebrochius: et Libri *de Martyribus*
metris et regionum situ et philosophis disputantia. laciniae multae videntur superesse: e Commentariis
[b] Posteriores decem nobis temporum malignitas denique in psalmos, soli XXXII desiderantur. Ceteros
invidit; et decem priorum, qui supersunt, primus nuper collegit atque edidit cl. Montfauconius.
ab initio, decimus ab extrema parte truncati sunt. [h] *Et in centum quinquaginta psalmos.* Sic legunt
[c] Jamdiu periit unicus, qui etiam Ebed-Jesu me- constanter omnes mss. codices, *Et in centum quin-*
morator, *de Divina apparitione* liber. Chronici autem, *quaginta psalmos,* etc., qui tamen Commentarii Eu-
quibusdam fragmentis exceptis, sola superest Latina sebiani ad hunc numerum CL psalmorum non perve-
versio Hieronymi, quam suo loco exhibebimus. nunt in editione Graeco-Latina sodalis nostri Ber-
Ἐπιτομή denique illa Chronic. canonum, nihil aliud nardi de Montfaucon, ad quem lectorem curiosum
est, quam *series Regum,* et quae sub titulo *exordii* remittimus. MARTIAN.
libri continentur, ut in Praefat. ad eum librum in- [i] Vatic. sub *Constantio,* vitiose. Vid. epist. 37 ad
victis argumentis ostendimus, ac porro uberius ad- Marcell., in qua hujus Rheticii Commentarios in
versus invidum obtrectatorem, ostensuri sumus. Cantica multis reprehendit.

habitus est in Galliis. Leguntur ejus Commentarii in Cantica canticorum, et aliud grande volumen adversus Novatianum, nec [a] præter hæc quidquam ejus operum reperi.

τῇ Γαλλίᾳ. Ἀναγινώσκονται τούτου ὑπομνήματα εἰς Ἄσματα τῶν ᾀσμάτων, καὶ μέγα τεῦχος κατὰ Ναυατιανοῦ, οὐδὲν δὲ ἕτερον πλὴν τούτων, ἐκ τῶν αὐτοῦ εὗρον συγγραμμάτων.

CAPUT LXXXIII.

Methodius, Olympi Lyciæ, [b] et postea Tyri episcopus, nitidi compositique sermonis, adversum Porphyrium confecit libros, et Symposium decem virginum, de resurrectione opus egregium [c] contra Origenem, et adversus eumdem de Pythonissa, et de **923** [d] Autexusio; in Genesim quoque et in Cantica canticorum commentarios; et multa alia, quæ vulgo lectitantur. Et ad extremum novissimæ persecutionis, sive, ut alii affirmant, [e] sub Decio et Valeriano in Chalcide Græciæ, martyrio coronatus est.

Μεθόδιος, Ὀλύμπου Λυκίας, καὶ μετὰ ταῦτα Τύρου ἐπίσκοπος λαμπροῦ καὶ συγκειμένου λόγου, κατὰ Πορφυρίου συνέταξε τεύχη, καὶ συμπόσιον δέκα παρθένων, περὶ ἀναστάσεως λόγον ἄριστον κατὰ Ὠριγένους, κατὰ τοῦ αὐτοῦ περὶ Πυθωνίσσης, καὶ περὶ Αὐτεξουσίου, εἰς τὴν Γένεσίν τε, καὶ εἰς τὰ Ἄσματα **924** τῶν ᾀσμάτων ὑπομνήματα, καὶ ἕτερα πολλὰ χύδην ἀναγινωσκόμενα. Ὅς περὶ τὰ τελευταῖα τοῦ διωγμοῦ, ἢ καθώς τινες διαβεβαιοῦνται, ἐπὶ Δεκίου καὶ Βαλεριανοῦ, ἐν Χαλκίδι τῆς Ἀνατολῆς μαρτυρήσας ἐστεφανώθη.

CAPUT LXXXIV.

Juvencus, [f] nobilissimi generis, Hispanus presbyter, [g] quatuor Evangelia hexametris versibus pene ad verbum transferens, quatuor libros composuit, et nonnulla eodem metro ad [h] Sacramentorum ordinem pertinentia. Floruit sub Constantino principe.

Ἰούβεγκος, περιφανοῦς γένους, Ἱσπανὸς πρεσβύτερος, τῶν τεσσάρων Εὐαγγελίων δι᾽ ἐξαμέτρων σχεδὸν κατὰ πόδας, τέσσαρας συνέταξε βίβλους, καί τινα τῷ αὐτῷ μέτρῳ εἰς μυστικὴν προσήκοντα τάξιν. Ἤνθησεν ἐπὶ Κωνσταντίνου βασιλέως.

CAPUT LXXXV.

Eustathius, genere Pamphylius, [i] Sidetes, primum Beroæ Syriæ, deinde Antiochiæ rexit Ecclesiam, et adversum Arianorum dogma componens multa [j] sub Constantino principe pulsus est in exsilium Trajanopolim Thraciarum, ubi usque hodie conditus est. Exstant ejus volumina de Anima, de Engastrimytho [k] adversum Origenem, et infinitæ epistolæ, quas enumerare longum est.

Εὐστάθιος, τῷ γένει Παμφύλιος, Σιδίτης, πρῶτον μὲν τὴν ἐν Βεροίᾳ τῆς Συρίας, ἔπειτα τὴν Ἀντιόχειαν ἐκυβέρνησεν ἐκκλησίαν, κατὰ τοῦ δόγματος τῶν Ἀρειανῶν πολλὰ συντάξεις, ἐπὶ Κωνσταντίνου βασιλέως ἐξωστρακίσθη εἰς Τραϊανόπολιν τῆς Θρᾴκης, ἐν ᾗ καὶ ἐτάφη. Εἰσὶ τούτου συγγράμματα περὶ ψυχῆς, περὶ Ἐγγαστριμύθου κατὰ Ὠριγένους, καὶ ἄλλαι πολλαὶ ἐπιστολαὶ, ἃς ἀπαριθμεῖσθαι περισσόν.

---

[a] Martianæus *præter hoc*. Sed utrumque opus disperiit.

[b] Suidas, annotante Fabricio, hoc item caput ex Græco Hieronymi interprete describens, adjungit ἤτοι Πατάρων. Et Patarensem quidem episcopum cum vocant Græci : Leontius de Sectis, S. Damascenus, Photius. Denique et in suorum operum titulis *Patarensis episcopus* appellatur in mss.

[c] Perperam distinguit Martianæus, quasi duo essent opera, *de Resurrectione* aliud, et aliud *contra Origenem*; sed ex fragmentis, quæ supersunt apud S. Epiphanium, Damascenum, aliosque, patet unum tantum opus esse *de Resurrectione*, quod Origeni Methodius opposuit.

[d] Græce inscribitur, περὶ Αὐτεξουσίου, καὶ πόθεν κακά, sive *de libero arbitrio, et unde mala*. Pro *Autexusio* perperam Honorius, et Trithemius, *de Animæ exitu*. Semel autem annotare libet, solum Symposium integrum superesse, ex aliis autem Methodii operibus tantum excerpta.

[e] Isthæc *sub Decio et Valeriano* verba, in omnium præstantissimo cod. Veronensi non sunt, ex quo venit in mentem suspicari, etiam illa, *sive ut alii affirmant*, e glossatoris manu profecta, sensim in textum irrepsisse. Re autem ipsa non habet Suidas, ἢ καθώς τινες διαβεβαιοῦνται, *sive ut alii affirmant*, tametsi jungit ἐπὶ Δεκίου καὶ Βαλεριανοῦ, *sub Decio et Valeriano*, quemadmodum etiam auctor Menologii a Sirleto editi. Sed hæc duo nomina addiderit recentiori manu ad libri oram, ut qui novissimam persecutionem moverunt Imperatores, suo sensu indicaret : alius eadem illaturus in textum, ut fucum faceret credibiliorem, præposuerit, *sive ut alii affirmant*. Utcumque se res habuerit, certum est sub hisce imperatoribus, hoc est anno 254, Methodium martyrio non fuisse coronatum; siquidem post annos quatuordecim, id est 268, Porphyrio in Christianos obtrectanti respondit.

[f] Id ex ipso gentilitio nomine perspicuum est. *C. Vettius Aquilinus Juvencus* appellatur in antiquis libris, Jureto teste.

[g] Verius, notante Fabricio, dixisset : historiam Evangelicam quatuor libris digessit, Matthæi seriem præ cæteris secutus ; non singulis Evangelistis singulos libros impendit. Sic alibi Hieron. epist. 70, ad Magnum : *Juvencus*, inquit, *presbyter sub Constantino historiam Domini Salvatoris versibus explicavit, nec pertimuit Evangelii majestatem sub metri leges mittere*. Ejus meminit et in Chronico, et in cap. II Matthæi.

[h] Hæc ad Sacramentorum ordinem pertinentia desiderantur.

[i] Marcian. cum aliis editis libris, *Sidites*, ut et Græcus Σιδίτης : tum cod. S. Crucis, *Beream urbem Syriæ*. Ex illa Ecclesia ad Antiochenam regendam ab ipsa, cui interfuit, Nicæna Synodo translatus est.

[j] Vitiose Martianæus retinet, *sub Constantio*. Circa annum 328 in exsilium a Constantino pulsus est Eustathius ob Antiocheni concilii tumultus. Hieron. epist. 73, ad Evangelum : *Eustathius*, inquit, *qui primus Antiochenæ Ecclesiæ episcopus contra Arium clarissima tuba bellicum cecinit*.

[k] Unum hoc ex Eustathii operibus restat, reliquorum omnium nonnisi quædam excerpta. Vide quid de ejus scriptis noster judicat epist. 70, ad Magnum.

CAPUT LXXXVI.

Marcellus, Ancyranus episcopus, [a] sub Constantino et Constantio principibus floruit, multaque diversarum ὑποθέσεων scripsit volumina, et **925** maxime adversum Arianos. Feruntur contra hunc Asterii et Apollinarii libri, Sabellianæ eum hæresis arguentes, sed et Hilarius, in [b] septimo adversum Arianos libro, nominis ejus, quasi hæretici meminit. Porro ille defendit, se non esse dogmatis, cujus accusatur, sed communione [c] Julii et Athanasii, Romanæ et Alexandrinæ urbis pontificum, se esse munitum.

Μάρκελλος, Ἀγκυρανὸς ἐπίσκοπος, ἐπὶ Κωνσταντίνου καὶ Κωνσταντίου ἤνθησε. πολλὰ διαφόρων ὑποθέσεων γράψας τεύχη, καὶ μάλιστα κατὰ τῶν Ἀρειανῶν. Φέρονται κατ᾽ αὐτοῦ Ἀστερίου **926** καὶ Ἀπολλιναρίου λόγοι Σαβελλιανῆς τοῦτον αἱρέσεως εὐθύνοντες, καὶ Ἱλάριος δὲ ἐν τῷ ἑβδόμῳ κατὰ τῶν Ἀρειανῶν λόγῳ, οἷα δὴ αἱρετικοῦ μέμνηται, ἀλλ᾽ ἐκεῖνος ἀπολογεῖται, μὴ εἶναι οὗ κατηγορεῖται δόγματος, τῇ κοινωνίᾳ πεποιθὼς Ἰουλίου καὶ Ἀθανασίου Ῥώμης καὶ Ἀλεξανδρείας ἐπισκόπων.

CAPUT LXXXVII.

Athanasius, Alexandrinæ urbis episcopus, [d] multas Arianorum perpessus insidias, ad Constantem Galliarum principem fugit, unde reversus cum litteris, et rursum post mortem ejus fugatus, usque ad [e] Joviani imperium latuit, a quo recepta Ecclesia, sub Valente moritur. Feruntur ejus adversum Gentes duo libri, et [f] contra Valentem et Ursacium unus, et de virginitate, et de persecutionibus Arianorum plurimi, et de Psalmorum titulis, et historia Antonii monachi vitam continens, et ἑορταστικαὶ epistolæ, et multa alia, quæ enumerare longum est.

Ἀθανάσιος, Ἀλεξανδρείας ἐπίσκοπος, πολλὰς παρὰ τῶν Ἀρειανῶν ὑπομείνας ἐπιβουλάς, πρὸς Κώνσταντα τὸν Γαλλιῶν βασιλέα προσέφυγεν, ὅθεν ἀναζεύξας μετὰ γραμμάτων, καὶ αὖθις μετὰ τὴν αὐτοῦ τελευτὴν διωχθείς, ἕως τῆς βασιλείας Ἰοβιανοῦ διέλαθε, καὶ ἀναλαβὼν τὴν Ἐκκλησίαν, ἐπὶ Οὐάλεντος τελευτᾷ. Φέρονται αὐτοῦ κατὰ τῶν Ἐθνῶν λόγοι δύο, κατὰ Οὐάλεντος καὶ Οὐρσακίου εἷς, περὶ Παρθενίας, περὶ Διωγμῶν Ἀρειανῶν πλεῖστοι, περὶ ἐπιγραφῆς Ψαλμῶν, καὶ Ἱστορία Ἀντωνίου ἀναχωρητοῦ τὸν βίον περιέχουσα, καὶ ἑορταστικαὶ ἐπιστολαί, καὶ πλεῖστα ἄλλα τινά, ἅπερ ἀπαριθμεῖσθαι ὀκνῶ.

CAPUT LXXXVIII.

Antonius monachus, cujus vitam Athanasius, Alexandrinæ urbis episcopus, insigni volumine prosecutus est, misit Ægyptiace ad diversa monasteria Apostolici sensus sermonisque epistolas septem, [g] quæ in Græciam linguam translatæ sunt, quarum præcipua est ad Arsenoitas. Floruit sub Constantino et [h] filiis ejus regnantibus. [i] Vixit annos centum quinque.

Ἀντώνιος μοναχός, οὗ τὸν βίον Ἀθανάσιος Ἀλεξανδρείας ἐπίσκοπος ἐπισήμῳ τεύχει διεξῆλθεν, ἔστειλε πρὸς διάφορα τῆς Αἰγύπτου μοναστήρια, Ἀποστολικοῦ χαρακτῆρος καὶ λόγου ἐπιστολὰς ἑπτὰ εἰς Ἑλληνικὴν διάλεκτον μεταφρασθείσας, ὧν ἐξαίρετός ἐστι πρὸς τοὺς Ἀρσενοΐτας. Ἤνθησεν ἐπὶ Κωνσταντίνου καὶ τῶν τούτου παίδων βασιλευόντων.

CAPUT LXXXIX.

Basilius, Ancyranus episcopus, [j] artis medicinæ, scripsit contra Marcellum, **927** [k] et de Virginitate

Βασίλειος, Ἀγκυρανὸς ἐπίσκοπος (ἰατρὸς τὴν τέχνην) ἔγραψε κατὰ Μαρκέλλου, **928** καὶ περὶ Παρθενίας λόγον

---

[a] *Sub Constantino et Constantio.* Ita legunt mss. codices, excepto Sangermanensi, qui retinet, *sub Constantino et Constante principibus* Marianus legere voluit, *sub Constantio et Constante*; Erasmus, *sub Constante et Constantino.* MARTIAN. — Duo Codices nostri tantum habent *sub Constantio principe.* Sangermanen. penes Martianæum *sub Constantio et Constante.* Erasmus contra *sub Constante et Constantino.* Victorius *sub Constantino et Constante.*

[b] Puta illud initio lib. VII, *Impie multos ad unius Dei professionem Galatia nutrivit*; quod enim ibi de nomine Marcellum hæreticum appellari noster tradit, vel memoria suggerente falsus est, vel pro *multos* legerit in suo exemplari *Marcellum.* Equidem in ejusdem Hilarii contra Constantium libro Marcellus hæreticis Photino ac Sabellio jungitur : *Hinc Marcellus verbum Dei cum legit, nescit : hinc Photinus hominem Jesum cum loquitur, ignorat : hinc et Sabellius, dum quod ego et Pater unum sumus, non intelligit, sine Deo Patre, et sine Deo filio est.*

[c] Exstat hæc *de fide epistola*, qua se apud Julium Rom. Pontif. purgavit. Cætera ejus scripta, fragmentis quibusdam exceptis, interciderunt : quemadmodum etiam illa Asterii et Apollinaris contra Marcellum.

[d] Veronen. *multa Arianorum perpessus insidias* : Consule Theodoritum lib. II Eccles. Hist. c. 4.

[e] Martianæus, aliique editi libri, *Joviniani* : Vatic. *Juliani.* Anni indicantur a 350 ad 363. Moritur an. 373.

[f] *Iste contra Valentem, et Ursacium* liber non exstat : qui superant *de Virginitate*, dubiæ sunt fidei. Rursum qui *de Psalmorum titulis* inscribebatur, et ἑορταστικαὶ, sive *Paschales Epistolæ*, desiderantur. Vid. Ebed-Jesu cap. 12.

[g] Harum sola Latina versio lucem vidit.

[h] *Filiis ejus regnantibus.* Hic addunt editi libri : *Vixit annos centum quinque.* Quæ cum desint in mss. codicibus, ea tamquam suppositia verba justum erat abjecisse ab omnibus editionibus. MARTIAN.

[i] A nostris mss. ut et ab illis, quos Martianæus consuluit, abest hæc clausula : *Vixit annos centum quinque.*

[j] Verba *artis medicinæ*, vel ut alii codd. habent, *medicæ*, in veteri editione Joannis. a Fuchte, et olim apud Græcum interpretem, non habebantur, apud quem suppletur ex Suida. Legunt vero mss. omnes, Honorius, Freculphus, aliique. Suffridus Petri, quem Miræus sequitur, in Gemblacensi et Sigebergensi codicibus reperit *arcis Mecheæ* : perperam, ut cl. Fabricius notat, cum Ancyræ episcopum Basilium fuisse constet. Cæterum et impressa lectio minus expedita videatur : atque ego quidem *gnarus*, aut quid simile supplendum puto.

[k] Martianæus absque *et* particula unum cum superiore librum hunc facit, contradicentibus nostris mss. et quibusdam editis. Utrumque autem Basilii opus

librum, et nonnulla alia, et sub a rege Constantio Macedonianæ partis, cum Eustathio Sebasteno, princeps fuit.

καὶ οὐκ ὀλίγα ἄλλα, καὶ βασιλεύοντος Κωνσταντίου, Μακεδονιακῆς θρησκείας ἅμα Εὐσταθίῳ Σεβαστηνῷ ἦρξεν.

CAPUT XC.

Theodorus, Heracliæ Thraciarum episcopus, elegantis aperiique sermonis, et magis historicæ intelligentiæ, edidit sub b Constantio principe commentarios in Matthæum, et in Joannem, et in Apostolum, et in c Psalterium.

Θεόδωρος, Ἡρακλείας τῆς Θρᾳκῶν ἐπίσκοπος, εὐφυοῦς καὶ ἀρίστου λόγου καὶ ἱστορικῆς διανοίας, ἐξέδωκεν ἐπὶ Κωνσταντίου βασιλέως ὑπομνήματα εἰς Ματθαῖον καὶ Ἰωάννην, καὶ εἰς τὸν Ἀπόστολον, καὶ εἰς τὸ Ψαλτήριον.

CAPUT XCI.

Eusebius, Emesenus d episcopus, elegantis et rhetorici ingenii, innumerabiles, et qui ad plausum populi pertinent, confecit libros, magisque historiam secutus, ab his qui declamare volunt, studiosissime legitur, e quibus vel præcipui sunt adversum e Judæos, et Gentes, et Novatianos, et ad Galatas f libri decem, et in Evangelia homiliæ breves, sed plurimæ. Floruit temporibus Constantii Imperatoris, sub quo et mortuus, Antiochiæ sepultus est.

Εὐσέβιος, Ἐμεσηνός, εὐφυῶς καὶ ῥητορικῶς, ἀναρίθμητους καὶ εἰς κρότον τοῦ λαοῦ συντείνοντας ἐποιήσατο λόγους, καὶ μᾶλλον ἀκολουθῶν ἱστορίᾳ, ὅστις σπουδαιότερον ἀναγινώσκεται παρὰ τῶν κρότοις χαιρόντων, ἀφ' ὧν εἰσὶν ἐξαίρετοι λόγοι δέκα, κατὰ τῶν Ἰουδαίων καὶ Ἐθνῶν, καὶ Ναβατιανῶν, καὶ πρὸς Γαλάτας εἰς, εἰς Εὐαγγέλια ὁμιλίαι βραχύταται μέν, πολλαὶ δέ. Ἤνθησεν ἐπὶ Κωνσταντίου βασιλέως, καὶ τελευτήσας ἐν Ἀντιοχείᾳ ἐτάφη.

CAPUT XCII.

Triphyllius, Cypri Ledrensis, sive g Leucotheon episcopus, eloquentissimus suæ ætatis, et sub rege Constantio celeberrimus fuit. Legi ejus in h Cantica canticorum commentarios. Et multa alia composuisse fertur quæ in nostras manus minime pervenerunt.

Τριφύλλιος, Κύπρου Λήδρου, ἤτοι Λευτεῶνος ἐπίσκοπος, εὐφραδὴς καὶ ἐπὶ Κωνσταντίου ἐπίσημος. Ἀνέγνων τούτου εἰς Ἄσματα ἀσμάτων ὑπομνήματα, ὅστις πολλὰ λέγεται συγγεγραφέναι, ἅτινα εἰς τὰς ἡμετέρας χεῖρας οὐ περιῆλθεν.

CAPUT XCIII.

929 Donatus, a quo Donatiani per Africam sub Constantio i Constantinoque principibus pullulaverunt, asserens, a nostris Scripturas in persecutione Ethnicis traditas, totam pene Africam et maxime Numidiam, sua persuasione decepit. Exstant ejus multa ad suam hæresim pertinentia opuscula, et de Spiritu sancto liber, Ariano dogmati j congruens.

930 Δωνάτος, ἀφ' οὗ οἱ Δωνατισταὶ ἐν τῇ Ἀφρικῇ, ἐπὶ Κωνσταντίου τοῦ βασιλέως, φάσκων παρὰ ἡμετέρων τὰς θείας Γραφὰς ἐν τῷ διωγμῷ τοῖς Ἐθνικοῖς παραδεδόσθαι, πᾶσαν τὴν Ἀφρικήν, καὶ μάλιστα τὴν Νουμιδίαν τῇ πειθοῖ ἠπάτησεν. Εἰσὶ τούτου πολλά, τῇ αὐτοῦ αἱρέσει ἀνήκοντα, καὶ περὶ τοῦ ἁγίου Πνεύματος λόγος, τῷ Ἀρειανῶν δόγματι ἁρμόζων.

---

intercidit. Vid. Socratem lib. II, cap. 30, sub finem, ubi disputationem memorat, quam cum Photino Basilius habuit, et notarii exceperunt.

a Vitiose quædam editiones, *sub Rege Constantino*.

b Veronens. ms., *sub Constantino*; perperam.

c Solus in psalmos commentarius integer habetur: reliquorum operum excerpta in catenis variis. E Commentariolis in Apostolum insigne ἀποσπασμάτιον ipse Hieron. recitat epist. nunc 119 ad Minervium et Alexandrum. An. 347 depositus, circa 355 finem vivendi fecisse creditur.

d Nomen *episcopus* nostri codices non habent, nec duo quos Victorius inspexit, nec tandem Græcus interpres novit. In Chronico ad annum 10 Constantii, *Eusebius Emisenus Arianæ signifer factionis multa et varia scribit*. Vid. Tillemontium t. VI, part. II, pag. 124; Socratem II, 9; Sozomenum III, 6, et Nicephorum IX. 5.

e Hoc contra Judæos opus ms. exstare in Vindobonensi Bibliotheca asserit Lambecius: cætera quæ hic Hier. memorat, desiderantur.

f Quos decem lib. Hieron., Græcus ejus interpres *unum*, εἰς, dicit. Cod. Guelpherbytanus, *et in epistolam ad Galatas* ὑποθέσεων *libri decem*.

g *Leucotheon episcopus*. Fucum hoc in loco, ut in aliis bene multis fecit Erasmo et Mariano falsus Sophronius interpres Græcus, qui verbum Λευτεῶνος posuit pro *Leucotheon* genuino nomine retento in cunctis exemplaribus mss. Est autem Ledrensis urbs, quæ et Leutheon, urbs Archiepiscopalis et Metropolis Cypri insulæ, in ora Boreali, quæ *Leucothon* et *Leucosia* Græcis dicitur, *Nicosia* vero Sophronio et aliis Ad originem itaque Latinam Hieronymi revertentes, falsum sæpissime ac depravatum in Græco Sophronio contextum emendamus ex codicibus mss. quorum fidei atque auctoritati adhærentes, imperitorum hujus temporis judicium contemnimus, et eorum calumnias aure surda transimus. MARTIAN. — Duo mss. cum Frecupho (*Cypriledensis* uno verbo. Pro *Leucotheon* Erasmus et Victorius *Leuteonis* ex Græco interprete, quem sequitur etiam Honorius, et Meursius I. 1 de Cypro. Erat autem *Leucotheon*, ut Martianæus annotavit. Metropolis Cypri insulæ in ora Boreali, quæ et *Leucosia* Græcis dicitur, aliis *Nicosia*.

h Nulla nunc exstant Triphyllii scripta. De illo vid. Sozomen. lib. 1, c. 11.

i Ita legunt codices nostri omnes, et quos passim alii inspexere. Martianæus post Victorium, *sub Constante Constantinoque*, perperam, ut etiam aliæ editiones, quæ *sub Constante et Constantio* legunt. Schismatis Donatistarum originem a Constantini ævo repetendam, quis nescit?

j Donati scripta omnia jamdiu interciderunt. Recolendus porro est insignis Augustini locus hæresi 69, quem et Fabricius describit: *Exstant scripta ejus* (Donati) *ubi apparet, cum etiam non Catholicam de Trinitate habuisse sententiam, sed quamvis ejusdem substantiæ, minorem tamen Patre Filium, et minorem Filio putasse Spiritum sanctum. Verum in hunc quem de Trinitate habuit, errorem, Donatistarum multitudo intenta non fuit, nec facile in eis quisquam qui hoc illum sensisse noverit, invenitur.*

CAPUT XCIV.

Asterius, [a] Arianæ philosophus factionis, scripsit, A regnante Constantio, in Epistolam ad Romanos et in Evangelia [b] et Psalmos commentarios, [c] et multa alia, quæ a suæ partis hominibus studiosissime leguntur.

Ἀστέριος, Ἀρειανικῆς φιλόσοφος αἱρέσεως, ἔγραψε βασιλεύοντος Κωνσταντίου, εἰς τὴν Ἐπιστολὴν τὴν πρὸς Ῥωμαίους, καὶ εἰς Εὐαγγέλια καὶ Ψαλμοὺς ὑπομνήματα, καὶ ἕτερα πολλά, ἅτινα παρὰ τῶν τῆς αὐτῆς αἱρέσεως σπουδαιότερον ἀναγινώσκεται.

CAPUT XCV.

Lucifer, Caralitanus episcopus, cum Pancratio et [d] Hilario Romanæ Ecclesiæ clericis, ad Constantium imperatorem a Liberio episcopo, pro fide legatus missus, cum nollet sub nomine Athanasii Nicænam damnare fidem, in Palæstinam relegatus, miræ constantiæ et præparati animi ad martyrium, contra Constantium imperatorem scripsit librum, [e] eique legendum misit, ac non multo post, sub Juliano principe, reversus Caralis, Valentiniano regnante, [f] obiit.

Λουκίφερ, Καρακάλεως ἐπίσκοπος, ἅμα Παγκρατίῳ καὶ Ἱλαρίῳ τῆς Ἐκκλησίας Ῥώμης κληρικοῖς, πρὸς Κωνστάντιον βασιλέα παρὰ Λιβερίου ἐπισκόπου, ὑπὲρ τῆς πίστεως εἰς πρεσβείαν σταλείς, μὴ βουλόμενος ἐπ᾽ ὀνόματι Ἀθανασίου τὴν Νικηνὴν σύνοδον καταλῦσαι, εἰς Παλαιστίνην ἐξορισθείς, θαυμαστῆς ἐγκρατείας καὶ εὐπρεπισμένου λογισμοῦ εἰς μαρτύριον, συνέταξε λόγον κατὰ Κωνσταντίου, τοῦτό τε αὐτῷ ἀπέστειλεν ἀναγνωσθησόμενον. καὶ μετ᾽ οὐ πολὺ βασιλεύοντος Ἰουλιανοῦ, εἰς τὴν Καρακαλίνων ἀναζεύξας, ἐπὶ Βαλεντινιανοῦ βασιλέως B ἐτελεύτησεν.

CAPUT XCVI.

931 Eusebius, natione Sardus, et ex Lectore urbis Romanæ, Vercellensis episcopus, ob confessionem fidei a Constantio principe Scythopolim et inde Cappadociam relegatus, sub Juliano imperatore ad Ecclesiam [g] reversus, edidit in psalmos commentarios Eusebii Cæsariensis, quos de [h] Græco in Latinum verterat. Mortuus est Valentiniano et Valente regnantibus [i].

932 Εὐσέβιος, γένει Σάρδος, ἀπὸ ἀναγνωστῶν τῆς Ἐκκλησίας Ῥώμης, Βαρκελίνσης ἐπίσκοπος, διὰ τὴν τῆς πίστεως ἐξομολόγησιν παρὰ Κωνσταντίου βασιλέως εἰς Σκυθόπολιν, κἀκεῖθεν εἰς Καππαδοκίαν ἐξορισθεὶς ἐπὶ Ἰουλιανοῦ τοῦ βασιλέως εἰς τὴν ἐκκλησίαν ἀναζεύξας ἐξέδωκεν εἰς τοὺς ψαλμοὺς ὑπομνήματα Εὐσεβίου τοῦ Καισαρέως, ἅτινα ἀπὸ Ἑλληνικοῦ εἰς Ῥωμαϊκὸν μετενήνοχε. Καὶ ἐτελεύτησεν ἐπὶ Οὐαλεντινιανοῦ καὶ Οὐάλεντος.

CAPUT XCVII.

Fortunatianus, natione Afer, Aquileiensis episcopus, [j] imperante Constantio, in Evangelia, [k] titulis ordinatis, [l] brevi et rustico sermone scripsit commentarios : et in hoc habetur detestabilis, quod Liberium, Romanæ urbis episcopum, pro fide ad exsilium pergentem, primus sollicitavit ac fregit, et [m] ad C subscriptionem hæreseos compulit.

Φουρτουνατιανός, γένει Ἄφρος, Ἀκυλνίας Ἐπίσκοπος, βασιλεύοντος Κωνσταντίου, εἰς τὰ εὐαγγέλια κανόνας διατυπώσας, βραχύτατα ὑπομνήματα λόγῳ ἀγροίκῳ συνέταξε· διὰ δὲ τοῦτό ἐστιν ἀποτρόπαιος, ὅτιπερ Λιβέριον Ῥώμης ἐπίσκοπον, ὑπὲρ τῆς πίστεως εἰς ἐξορίαν ἀπιόντα, οὐ μόνον ὑπενόθευσεν, καὶ ὑπεσκέλισεν, ἀλλὰ καὶ εἰς ὑπογραφὴν αἱρετικῶν κατηνάγκασεν.

---

[a] Vix dubitandum videtur mihi ex Hieronymi sententia, hunc eumdem Asterium esse, quem alibi vocat Scythopolitam. Nempe hoc ipso ordine in epist. 70 sæpius laudata, ad Magnum, Eusebii Emesseni, et Triphyllii Cypri, et Asterii Scythopolitæ nomina ac libros recenset. Et in epist. 112, ad Augustinum, *Maxime*, inquit, *in explanatione Psalmorum, quos apud Græcos interpretati sunt multis voluminibus, primus Origenes, secundus Eusebius Cæsariensis, tertius Theodorus Heracleotes, quartus Asterius Scythopolitanus, quintus Apollinaris*, etc. Ex quo etiam par est credere, neminem alium, qui in Psalmos scripsisset, cognominem Asterium illi innotuisse. Fabricius tamen, tum hic, cum in Bibliothec. Græc. lib. v, cap. 28, hunc alium a Scythopolitano fuisse tradit : *Cappadocem nempe, illum Sophistam, quem Socra- D tes lib. 1, cap. 36, memorat, quique Luciano martyre suadente pœnitentiam, ad Christianos rediit, postquam idolis immolasset, et Arianorum deinde promachus fuit.*

[b] Nulla nunc exstant Asterii hujus scripta.

[c] Recole cap. 86, ubi contra Marcellum libros memorat, quibus eum Asterius Sabellianæ hæresis arguebat.

[d] *Veronensis, et Hilaro.* In Chronico ad annum 359 : *Lucifer ac Dionysius, Caralitanæ ac Mediolanensis Ecclesiæ episcopi. Pancratius quoque Romanus presbyter, et Hilarius diaconus, distantibus inter se ab Arianis et Constantio, damnantur exsiliis.*

[e] Verba, *eique legendum misit, ac non multo post,*

S. Crucis exemplar non habet. Porro non unus, sed duo nunc habentur Luciferi libri contra Constantium, seu verius pro S. Athanasio ad Constantium. Alia etiam exstant ejus scripta, quibus colligendis atque exornandis, si Deus juverit, dabo aliquando operam.

[f] Anno scilicet 371. Contra Luciferi hujus sectarios librum abs Hieronymo scriptum supra exhibuimus.

[g] *Tunc*, inquit Hier. in Dialog. contra Luciferianos, *ad reditum Eusebii lugubres vestes Italia mutavit.*

[h] Hæc versio, quam et in epist. 61, ad Vigilant., laudat Hieronymus, ætatem non tulit. Contra exstant Eusebii epistolæ de exsilio scriptæ, quas hic non nominat.

[i] L. Chronico refert ad an. 7 Valentiniani : sed nihil dubium an. 370 Eusebium obiisse.

[j] Fabricius, *imperante Constantino*, pro quo ipse rescribi *Constantio* vellet. Sic vero habent codices nostri omnes, et Martianæus ipse.

[k] Id est capitulis, sive sectionibus.

[l] Præferenda videatur codicum nostrorum lectio, *breves rustico sermone*, idque fortasse sibi voluit Lipsius, qui interpretatur *breves sermone*. Rusticum sermonem intellige vernaculum, sive quem *militarem, vulgaremque* sub initium libri ii, contra Rufinum vocat. Vid. Præfat. in Matthæum.

[m] Gemblacens. ms. male, *et ad suæ scriptionem hæreseos,* etc. Hæresim vocat Sirmiensem formulam

CAPUT XCVIII.

Acacius, quem, quia luscus erat, μονόφθαλμον nuncupabant, Cæsariensis Ecclesiæ in Palæstina episcopus, elaboravit in Ecclesiasten decem et septem volumina, et ᵃ συμμίκτων ζητημάτων sex, et multos præterea diversosque tractatus. In tantum autem sub Constantio imperatore claruit, ut in Liberii locum Romæ Felicem ᵇ episcopum constitueret.

Ἀκάκιος, ὅντινα ἐπειδὴ ἑνὶ ὀφθαλμῷ πηρὸς ἦν, μονόφθαλμον ἐκάλεσαν. τῆς ἐν Παλαιστίνῃ Καισαρείας ἐπίσκοπος, συντέταξε εἰς Ἐκκλησιαστὴν βιβλία δέκα καὶ ἑπτά, καὶ συμμίκτων ζητημάτων ἕξ, καὶ πολλὰς διαφόρους ὁμιλίας. Εἰς τοσοῦτον δὲ ἐπὶ Κωνσταντίου βασιλέως διέπρεψεν, ὥστε εἰς τόπον Λιβερίου Φήλικα ἐπίσκοπον Ῥώμης χειροτονῆσαι.

CAPUT XCIX.

933 ᶜ Serapion, Thmueos episcopus, qui ob elegantiam ingenii cognomen ᵈ Scholastici meruit, charus Antonii monachi, edidit adversum Manichæum egregium librum, et de psalmorum titulis alium, et ad diversos utiles epistolas, et sub Constantio principe etiam in confessione inclytus fuit.

934 Σαραπίων, Θμούεως ἐπίσκοπος, ὁ διὰ τὴν εὐφυΐαν ἐπονομασθεὶς Σχολαστικός, γνήσιος φίλος Ἀντωνίου μοναχοῦ, ἐξέδωκε κατὰ Μανιχαίου ἐξαίρετον βιβλίον, καὶ περὶ ἐπιγραφῆς Ψαλμῶν ἕτερον, καὶ πρὸς διαφόρους ἀναγκαίας ἐπιστολάς, καὶ ἐπὶ Κωνσταντίου ἐν τῇ ἐξομολογήσει διέπρεψεν.

CAPUT C.

Hilarius, urbis ᵉ Pictavorum Aquitaniæ episcopus, factione Saturnini Arelatensis episcopi, de synodo Biterrensi in Phrygiam relegatus, duodecim adversus Arianos confecit libros et alium librum de Synodis, quem ad Galliarum episcopos scripsit, et in psalmos commentarios, primum videlicet, et secundum, et ᶠ a quinquagesimo primo usque ad sexagesimum secundum, et a centesimo decimo octavo usque ad extremum, in quo opere imitatus Origenem, nonnulla etiam de suo addidit. Est ejus et ad Constantium libellus, quem ᵍ viventi Constantinopoli porrexerat, et alius in Constantium, quem post mortem ejus scripsit, et ʰ liber adversum Valentem et Ursacium, historiam Ariminensis ⁱ et Seleucien-

Ἱλάριος, Πικταβίων Ἀκυιτανίας ἐπίσκοπος, συσκευῇ Σατουρνίνου τῆς Ἀρελατῶν ἐπισκόπου, ἀπὸ τῆς συνόδου Βιτερισσίων εἰς Φρυγίαν ἐξορισθείς, δέκα καὶ δύο κατὰ Ἀρειανῶν συνέταξε λόγους, καὶ ἕτερον περὶ τῶν Συνόδων, ὅντινα πρὸς Γαλλιῶν Ἐπισκόπους ἔγραψε, καὶ εἰς ψαλμοὺς ὑπομνήματα, πρῶτον λέγω δὲ καὶ δεύτερον, ἀπὸ πεντηκοστοῦ πρώτου ἕως ἑξηκοστοῦ δευτέρου, καὶ ἀπὸ ἑκατοστοῦ ὀκτωκαιδεκάτου ἕως τοῦ ἐσχάτου, ἐν ᾗ συντάξει Ὠριγένην ἐμιμήσατο, τινὰ ἐξ ἰδίων προσθείς. Ἔστιν αὐτοῦ καὶ πρὸς Κωνστάντιον λίβελλος, ὅντινα περιιόντι ἐν Κωνσταντινουπόλει ἐπέδωκε, καὶ ἕτερος εἰς Κωνστάντιον, ὅντινα μετὰ τὴν αὐτοῦ ἀποβίωσιν συνέταξε, καὶ βίβλοι κατὰ Οὐάλεντος καὶ Οὐρσακίου, τὴν ἱστορίαν τῆς Ἀριμησίου καὶ Σελευκίας συνόδου περιέχουσαι, καὶ πρὸς

---

fidei, cui Liberius subscripsit, et quam notat Hilarius in Fragmentis, *Perfidiam apud Sirmium conscriptam*, quam dicit *Liberius Catholicam*, *a Demophilo sibi expositam*. Nihilosecius catholicum sensum revera pati potuisse, ex ipso Hilario manifestum est.

ᵃ Sic ostendimus in epist. 119, ad Minervium et Alexandrum, num. 6, pro συλλέκτων legendum ex Veronens. ms. συμμίκτων. Ex hujus operis libro quarto satis amplum fragmentum Latine a se redditum ibi recitat S. Doctor. Periere enim, præter pauca excerpta, cætera Acacii scripta. Ejus meminit et in epist. 37, ad Marcellam, initio.

ᵇ Quædam editiones addunt *Arianum*, quam vocem et mss. nostri omnes ignorant, et quos olim Lipsius, Suffridus Petri, Victorius, aliique consuluerunt. Sed nec habet Græcus interpres, et reipsa, tametsi cum Arianis communicaverit Felix, tamen ab orthodoxa professione numquam desciit, et Constantium damnavit, et martyrio coronatus est.

ᶜ *Serapion Thmueus episc.* Nomen istud varie scribitur in mss. codicibus; in Sangerman. *Thimoeus*; in Cluniac. secunda manu, *Thimeus episcopus*; in Tolosano, *Thumeus episc.* Alii omittunt hoc nomen, legentes tantum, *Serapion episcopus.* Nullus itaque retinet, quod editum est apud Erasmum, et Marianum, Θμούεως *Ægypti urbis episcopus.* Erat autem Thmuis, Thumuis Antonino, urbs olim Ægypti episcopalis sub patriarcha Alexandrino, ubi Pan colebatur. Themnitæ etiam hircum colebant, et lingua Ægyptiaca hircus *Thmuis* dicebatur: hinc sanctus Hieronymus in cap. XLVI Isaiæ, *Nam et pleraque eorum (Ægyptiorum) oppida, ex bestiis et jumentis habent nomina*, Κυνῶν *a cane*: Λέων *a leone*: Θμοῦις, *lingua Ægypta ab hirco*: Λύκων *a lupo*, etc. MARTIAN.

— Ita ex uno Veronensi ms. et Fabricii editione legimus: Græce etiam Θμούεως. Alii tum editi, tum mss. et nobis, et aliis inspecti, varie et corrupte efferunt, *Thimeus*, vel *Thumeus* cum Martianæo, quæ frequentior est lectio. Alii prorsus omittunt; alii, ut apud Erasm. et Victor. addunt Θμούεως, *Ægypti urbis.* Erat enimvero in Θμούεως Αὐγουστοενικῆς, *Thmueos Augustanicæ regionis*, quod notat Holstenius ad Stephan. Byzant.

ᵈ Veteres glossographi interpretantur *litteratum, doctum*. Ejus vero præter librum contra Manichæum, quem et Photius contra Manichæos lib. I, cap. 11, laudat, reliqui omnes interciderunt. Ipse circ. an. 358 obierit.

ᵉ Veronens., *Pictaviorum Aquitaniæ*: tum pro Biterensi, alii *Byterensi*, et *Biturensi*. Synodus isthæc hæc habita est anno 356.

ᶠ Vatican. *a quinquagesimo* dumtaxat. Sed et alii sunt tractatus Hilarii in Psalmos, puta 9, 13 et 14, etc., qui Hieronymo non innotuerunt.

ᵍ Veronensis *riventi eo* (leg. *ei*) *Constantinopoli*, etc. Sed etiam, qui subsequitur, alius in Constantium liber eo vivente, contra ac Hieron. sentit, scriptus videatur, si reputes auctoris ipsius verba num. 2, ubi se notat scribere quinquennio post exsilia Eusebii, Luciferi, et Dionysii, anno scilicet 560, cum insequente 561 contigerit Constantii obitus. Fortassis autem ille quinquennii terminum paulo latius accepit.

ʰ Item Veron., *et alius liber adversum Valentem*, etc. Græc. βίβλοι, plurium numero.

ⁱ A Vatic. absunt, *et Seleuciensis*, tum legit *adversum Præfectum*, male, et cæteris contradicentibus mss. si quædam editiones consentiunt. Illic autem liber, ut et duo sequentes, jam non exstant, et superioris contra Valentem, etc., fragmenta tantum ho-

s s synodi continens : et ad præfectum Salustium, sive contra Dioscorum, et liber Hymnorum et Mysteriorum alius, et commentarii in Matthæum, et tractatus in Job, quos de Græco Origenis ad sensum transtulit, [a] et alius elegans libellus contra Auxentium, et nonnullæ ad diversos epistolæ. Aiunt quidam, scripsisse eum et in Cantica canticorum ; sed a nobis hoc opus ignoratur. Mortuus est Pictavis, [b] Valentiniano et Valente regnantibus.

Σαλούστιον ἔπαρχον, ἤτοι κατὰ Διοσκόρου, καὶ τῶν Λιβερτίνων, καὶ ἕτερος λόγος Μυστηρίων, καὶ ὑπομνήματα εἰς Ματθαῖον, καὶ εἰς τὸν Ἰὼβ ὁμιλίαι, ἃς ἀπὸ τοῦ Ἑλληνικοῦ Ὠριγένους μετέφρασε, καὶ ἕτερος εὐφυέστατος λίβελλος κατὰ Αὐξεντίου, καὶ πολλαὶ πρὸς διαφόρους Ἐπιστολαί. Φασὶ δέ τινες γεγραφέναι αὐτὸν καὶ εἰς τὰ Ἄσματα τῶν ἀσμάτων, ὅπερ παρ' ἡμῖν ἐστιν ἄγνωστα. Ἐτελεύτησεν ἐν Πικτάβῃ Βαλεντινιανοῦ καὶ Οὐάλεντος βασιλευόντων.

CAPUT CI.

935 Victorinus, natione Afer, Romæ [c] sub Constantio principe rhetoricam [d] docuit, et in extrema senectute, [e] Christi se tradens fidei, scripsit adversus Arium libros more dialectico valde obscuros, [f] qui nisi ab eruditis non intelliguntur, [g] et Commentarios in Apostolum.

936 Βικτωρῖνος, γένει Ἄφρος, Κωνσταντίου βασιλεύοντος, ἐν τῇ Ῥώμῃ τὴν ῥητορικὴν διδάξας, ἐν τῷ ἐσχάτῳ γήρᾳ Χριστιανὸς γενόμενος, κατὰ Ἀρείου λόγους διαλεκτικοὺς πάνυ ἀμαυροὺς συνέγραψεν, οἵτινες παρὰ τῶν πεπαιδευμένων μόνον [νοοῦνται, καὶ ὑπομνήματα εἰς τὸν Ἀπόστολον.

CAPUT CII.

Titus, Bostrenus [h] episcopus, sub Juliano et Joviano principibus, fortes adversum Manichæos scripsit libros, et nonnulla volumina alia. Moritur autem sub [i] Valente.

Τῖτος, Βοστρηνῶν ἐπίσκοπος, ἐπὶ Ἰουλιανοῦ καὶ Ἰοβιανοῦ βασιλευόντων, ἰσχυροὺς κατὰ τῶν Μανιχαίων συντάξας λόγους, καὶ ἕτερα πολλὰ, ἐπὶ Οὐάλεντος ἐτελεύτησεν.

CAPUT CIII.

Damasus, Romanæ urbis episcopus, elegans in versibus componendis ingenium habuit, [j] multaque et brevia metro edidit, et prope octogenarius sub Theodosio principe mortuus est.

Δάμασος, Ῥώμης ἐπίσκοπος, εἰς ἐποποιΐαν εὐφυής, πολλὰ καὶ σύντομα ἡρωϊκῷ μέτρῳ ἐξέδωκε, καὶ ὀγδοηκονταέτης ἐπὶ Θεοδοσίου βασιλέως ἐτελεύτησεν.

CAPUT CIV.

Apollinarius, Laodicenus Syriæ episcopus, [k] patre

Ἀπολλινάριος, Λαοδικείας τῆς Σύρων ἐπίσκοπος, πατρὸς

die superant, quemadmodum et libri in Job. Porro satis supine Græcus interpres legit *libertinorum*, λιβερτίνων, pro *liber hymnorum*.

[a] Vatic. perperam, *et alios electos libellos*. Ex Epistolis ad diversos pleræque interciderunt. Subsequens opus in Cantic. cantic. plane ignoratur.

[b] Puta an. 367. Eximium hunc Patrem passim in epistolis aliisque libris Hieronymus laudat.

[c] Obvio errore quædam edit., *sub Constantino*.

[d] Si, ut vulgo creditur ex prava lectione Præfationis in Epistolam ad Galatas, Hieronymus ipse Victorinum Romæ præceptorem habuit, cur in loco dissimulat, omnium ad id profitendum ornatissimo ? Vide in Chronico ad an. 14 et 20 Constantii.

[e] Luculentissimum de ejus conversione Augustini testimonium lib. VIII Confession. c. 2, Miræus recitat ; *Ubi*, inquit Hipponensis episcop., *commemoravi episcopo Ambrosio, legisse me quosdam libros Platonis, quos Victorinus quondam rhetor urbis Romæ, quem Christianum defunctum esse audieram, in Latinam linguam transtulisset ; ut me exhortaretur ad humilitatem Christi, mihi narravit, quemadmodum ille doctissimus senex, et omnium liberalium doctrinarum peritissimus, quique Philosophorum tam multa legerat, et dijudicaverat, et dilucidaverat, doctor tot nobilium Senatorum, quique etiam, ob insigne præclari magisterii, statuam in Romano foro meruerat, et acceperat ; non erubuerit esse puer Christi tui, et infans fontis tui, subjecto collo ad humilitatis jugum, et edomita fronte ad crucis opprobrium.*

[f] *Qui nisi ab eruditis non intelliguntur.* Omnes mss. codices hoc modo legunt. De Commentariis porro Victorini in Apostolum Hieronymus ita loquitur Præfat. Commentariorum in Epist. ad Galatas : *Non quia ignorem C. Marium Victorinum, qui Romæ me puero rhetoricam docuit, edidisse Commentarios in Apostolum*, etc. Sic legendum ex ms. Cluniacensi, et alio autem Ambrosianæ Bibliothecæ, *qui Romæ me a puero Rhetoricam docuit.* At de his vide, quæ diximus

in Additamentis prioris partis hujus tomi IV. MARTIAN. — Sic habent mss. nostri omnes, et quos Martianæus consuluit, et plures alii. Nec diverso sensu Victorius, *ab eruditis modo intelliguntur.* Vitiose autem editiones aliæ, *non intelliguntur.* Hi libri quatuor proprie *contra Candidum* scripti sunt, cujus etiam epistolæ *de divina generatione* Victorinus respondit.

[g] De his ita judicat in Præfatione ad Commentarios in Epist. ad Galatas : *Non quod ignorem Caium Marium Victorinum, qui, me puero* (non me a puero) *rhetoricam Romæ docuit, edidisse Commentarios in Apostolum, sed quod occupatus ille eruditione sæcularium litterarum, Scripturas omnino sanctas ignoraverit, et nemo possit, quamvis eloquens, de eo bene disputare, quod nesciat.*

[h] *Al. Bostrensis.* Ex quatuor hujus auctoris contra Manichæum libris posteriores duo hactenus periisse visi sunt, siquidem in Holsteniano [Hamburgensi codice, in quo unice asservantur, perturbata textus series librarii culpa, fraudi fuit obiter pertractantibus. Nunc Friderici Winckleri diligentia tres priores integri reperti sunt, ac restituti, quia in nupera Canisii antiquarum lectionum editione exhibentur. Hos laudat Ebed-Jesu cap. 29, tum Photius cod. 252, et libro primo contra Manichæos cap. 11.

[i] Valens imperio potitus est ab anno 364 ad 378.

[j] Nobis Victorii alios codices, Mediceum nempe, et Fesulanum, tum nostros omnes, et Martianæo inspectos sequi placeret, *multaque brevia opuscula heroico metro edidit.* Quam lectionem et Græcus interpres probat. De Damasi scriptis alibi Hieron. epist. 22, ad Eustochium. Ebed-Jesu cap. 8 : *Damasus episcopus Romæ scripsit de re Fidei, et Canones,* Obiit exeunte anno 384, exactis in pontificatu annis 18.

[k] Vitiose Brixiana quædam exemplaria apud Victorium, *Patre Probo.* Quod subsequitur *magis,* tam

presbytero, magis grammaticis in adolescentia operam dedit, et postea in sanctas Scripturas innumerabilia scribens [a] volumina, **937** sub Theodosio imperatore [b] obiit. Exstant ejus adversus Porphyrium triginta libri, [c] qui inter cætera ejus opera vel maxime probantur.

πρεσβυτέρῳ, ἐν τῇ νεότητι μᾶλλον τὴν γραμματικὴν ἤσκησεν, ὕστερον δὲ εἰς τὰς θείας Γραφὰς ἀναρίθμητα συντάξας τεύχη, Θεοδοσίου βασιλεύοντος ἐτελεύτησεν. **938** Εἰσὶν αὐτοῦ κατὰ Πορφυρίου τριάκοντα λόγοι, οἵτινες μεταξὺ τῶν ἄλλων αὐτοῦ συγγραμμάτων μᾶλλον ἐκρίθησαν.

CAPUT CV.

Gregorius, Bæticus, [d] Eliberi Episcopus, usque ad extremam senectutem diversos mediocri sermone tractatus composuit, et de Fide elegantem librum, [e] qui hodieque superesse dicitur.

Γρηγόριος, Ἐλιβέρου τῆς Βαιτικῆς ἐπίσκοπος, ἕως τῆς ἐσχάτης ἡλικίας διαφόρους ὁμιλίας κοινῷ λόγῳ συνέταξε, καὶ περὶ πίστεως λόγον ἄριστον, ὅστις ἄχρι τοῦ παρόντος λέγεται περιεῖναι.

CAPUT CVI.

Pacianus [f], in Pyrenæi jugis Barcilonæ episcopus, castitate et eloquentia, et tam vita, quam sermone clarus, scripsit varia opuscula, de quibus est [g] Cervus, et contra Novatianos. Sub Theodosio principe, [h] jam ultima senectute, mortuus est.

Πακιανός, ἐν τοῖς Πυρρηναίου μέρεσι Βαρκιλῶνος ἐπίσκοπος, σώφρονι βίῳ, εὐραδείᾳ καὶ λόγῳ λαμπρός, συνέταξε ποικίλα, ἀφ' ὧν ἐστι Κέρδος, καὶ κατὰ τῶν Ναυδατιανῶν. Ἐπὶ Θεοδοσίου βασιλέως ἐν ἐσχάτῳ γήρᾳ ἐτελεύτησεν.

CAPUT CVII.

Photinus, de Gallogræcia, Marcelli discipulus, [i] Sirmii episcopus ordinatus, Hebionis hæresim instaurare conatus est, postea a [j] Valentiniano principe pulsus Ecclesia, plura scripsit volumina, in quibus vel præcipua sunt contra Gentes, et ad Valentinianum libri.

Φωτεινός, ἀπὸ τῆς Γαλλογραικίας, Μαρκέλλου μαθητής, Σιρμίου ἐπίσκοπος, τὴν τῶν Ἐβιωνιτῶν αἵρεσιν ἀνανεῶσαι ἐπεχείρησεν, ὕστερον παρὰ Βαλεντινιανοῦ βασιλέως ἐξεώθη τῆς Ἐκκλησίας· πολλὰ συντάξας τεύχη. ἀφ' ὧν εἰσιν ἐξαίρετοι κατὰ τῶν Ἐθνῶν, καὶ πρὸς Βαλεντινιανὸν λόγοι.

CAPUT CVIII.

939 [k] Phœbadius, Agenni Galliarum episcopus,

940 Σοιβάδιος Ἀγενοῦ τῆς κατὰ Γαλλίας ἐπίσκοπος,

etsi nullius ms. codicis ope fultus, mutari velim in *magnis*, ut intelligas, magnis in re Grammatica viris præceptoribus suis Apollinarium operam dedisse. Hujus viri, quo magistro Hieronymus usus est, passim alibi ingenium laudat, sententias improbat.

[a] Supplemus *volumina* ex nostris mss. et Græco interprete, συντάξας τεύχη. Hanc vocem plerique vulgati aut penitus ignorant, aut ejus loco habent *opuscula*.

[b] Adhuc in vivis agebat duodecimo ejus Imperatoris anno, sive Christi 378, ipso Hieronymo teste in Chronico: *Apollinaris Laodicenus jactatione ingenii quosdam errores pertinaciter asseverans, hæresim sui nominis suscitavit, quam Damasus, habito Romæ concilio, damnavit.*

[c] Excepta Metaphrasi psalmorum, ac brevibus reliquorum operum fragmentis, Apollinarii scripta desiderantur.

[d] Al. *Iliberi* Libellum de Fide, quem illi tribuit Quesnellius, ad calcem operis S. Leonis, alii S. Gregorio Nazianzeno, alii S. Ambrosio ascribunt.

[e] Relativum *qui non habet* cod. Veronensis, neque Guelpherbytanus. Satis quoque otiose librum recentissimum superesse decuisset Hieronymo. Ea igitur expuncta vocula, ipsum Gregorium superstitem dici intelligito.

[f] Hunc *Pacatianum* vocant alii codices, quos inter unus e nostris; Honorius *Pacatium*. Mox Veronensis, *castitate eloquentiæ*, rectius Vatic. *castigatæ eloquentiæ*, quam lectionem præferri velim. Sic, cap. 90, *Episcopus elegantis Latinique sermonis Theodorus* dicitur, et in sequenti Eusebius *elegantis et rhetorici ingenii*, etc. Notum porro, Pacianum hunc Fl. Dextri cui liber iste de Viris illustribus abs Hieronymo inscribitur, patrem exstitisse.

[g] Al. *Cerbus*, et κέρβος; cujus nominis variæ sunt doctorum hominum interpretationes. Ea vero similior videtur cl. Fabricio, quæ fert, Pacianum hunc ideo libro suo titulum fecisse, *Cervum*, sive *Cervulum*, quod perstringeret ineptum morem quorumdam Christianorum in Hispaniis, qui kalend. Januarii se in *cervorum*, sive aliarum ferarum habitum mutabant. At nisi si *Cervus* de nomine ludus ille popularis tunc appellaretur, quod vetere aliquo testimonio probandum in primis fuisset, cur sumerent a cervo nomen, non a leone, capra, etc., qui feras promiscue omnes induebant? Propius vero mihi videtur librum inscriptum fuisse *Cervulus*, nomine a Græco κερβολεῖν derivato, quod est conviciari, aut *maledicere*, unde κέρβολος, *cervulus*, *conviciator*, *maledicus*. Certe hoc sensu accipi ab ipso Paciano sub initium Paræneticæ apparet: *Hoc enim*, inquit, *puto proxime cervulus ille profecit, ut eo diligentior fieret, quo impressius notabatur. Et tota illa reprehendendi dedecoris expressi, ac sæpe repetiti non compressione videamur, sed erudiisse luxuriam. Me miserum! quod ego facinoris admisi! Puto nescierant cervulum facere, nisi illis reprehendendo monstrassem.* Hieronymus supra lib. I contra Rufinum num. 17, *ad struendam mihi calumniam cernulus*, pro quo verbo *cervulum* sub-titui debere suspicati sumus. Vide quæ ibi annotantur. Jam vero Paciani iste liber non exstat. Vid. Illustriss. Philippum a Turre lib. de *Mythra* pag. 208.

[h] In Dextri Chronico, quod et cl. Fabricio notatum est, ad an. 391: *Paciano Barcinonensi Episcopo parenti meo succedit Lampius.*

[i] Vitense in cod. S. Crucis *Smyrnæ* habetur pro Sirmii. Vid. Epiphanium Hæres. LXXI, 1.

[j] Primum anno 351, sub Constantio, exsulare jussus, a Juliano revocatus est anno 362. Alterum itaque ejus exsilium Hieronymus memorat, quo post an. 364 a Valentiniano afflectus hæreticus ad mortem usque conflictatus est. In Chronico ad an. 379: *Photinus in Galatia moritur, a quo Photinianorum dogma inductum, qui multa continentiæ et ingenii bona uno superbiæ malo perdidit.*

[k] Mirum quam varie hoc nomen in mss. atque editis libris scriptum inveniatur. Veronen. habet *Fædabius*; Græcus interpres, et cum eo quædam editiones, *Sæbadins*; Concil. Cæsaraugustan. an. 380,

edidit contra Arianos librum. Dicuntur et ejus alia esse opuscula, quæ necdum legi. Vivit usque hodie [a] decrepita senectute.

ἐξέδωκε, κατὰ Ἀρειανῶν τεῦχος. Λέγονται αὐτοῦ καὶ ἕτερα εἶναι σπουδάσματα, οἷς οὔπω ἐνέτυχον. Μέχρι νῦν ζῇ ἐν ἐσχάτῳ γήρᾳ διάγων.

CAPUT CIX.

Didymus, Alexandrinus, captus a parva ætate oculis, et ob id elementorum quoque ignarus, tantum miraculum sui omnibus præbuit, ut dialecticam quoque, et geometriam, quæ vel maxime [b] visu indiget, usque ad perfectum didicerit. Is plura opera et nobilia conscripsit, commentarios in psalmos omnes, commentarios in Evangelium Matthæi et Joannis, et de Dogmatibus, et contra Arianos libros duos, et [c] de Spiritu sancto librum unum, quem ego in Latinum verti: in Isaiam tomos [d] decem et octo, in Osee, ad me scribens, commentariorum libros tres, et in Zachariam, meo rogatu, libros quinque, et commentarios in Job, et infinita alia quæ digerere proprii indicis est. Vivit usque hodie, et [f] octogesimum tertium ætatis excessit annum.

Δίδυμος, Ἀλεξανδρεύς, ἐκ νέας ἡλικίας βλαβεὶς τὰς ὄψεις, καὶ διὰ τοῦτ᾽ ἄπειρος τῶν στοιχείων, τοσοῦτον θαῦμα πᾶσι παρέσχετο. Ἕως τε τὴν διαλεκτικὴν καὶ γεωμετρικήν, ἥτις μάλιστα ὁράσεως χρῄζει, εἰς ἄκρον ἐκμεμαθηκέναι. Ὅστις πολλὰ καὶ περιφανῆ συνέταξε, τουτέστιν ὑπομνήματα εἰς πάντας τοὺς Ψαλμούς, ὑπομνήματα εἰς Ματθαῖον καὶ Ἰωάννην, καὶ περὶ Δογμάτων, καὶ κατὰ Ἀρειανῶν λόγους δύο, καὶ περὶ Πνεύματος ἁγίου λόγον ἕνα, ὅντινα ἐγὼ εἰς Ῥωμαϊκὸν μετέφρασα· εἰς Ἡσαΐαν τόμους ὀκτωκαίδεκα, εἰς Ὠσηὲ πρὸς ἐμὲ γράφων ὑπομνημάτων λόγους τρεῖς, εἰς Ζαχαρίαν ἐμοῦ παρακαλέσαντος λόγους πέντε, ὑπομνήματα εἰς τὸν Ἰώβ, καὶ ἄλλα ἄπειρα, ἅτινα διηγήσασθαι ἰδίου ἐστὶ καταλόγου. Περίεστιν ἄχρι τοῦδε, καὶ ὀγδοηκοστὸν τρίτον ἐπλήρωσεν ἐνιαυτόν.

CAPUT CX.

Optatus Afer, episcopus Milevitanus, ex parte catholica, scripsit Valentiniano et Valente [g] principibus, adversum Donatianæ partis calumniam libros [h] sex, in quibus asserit crimen Donatianorum in nos falso retorqueri.

Ὀπτᾶτος, ἐπίσκοπος τῆς Μελευϊτῶν, τοῦ μέρους τῆς καθολικῆς, ἔγραψε ἐπὶ Βαλεντινιανοῦ καὶ Οὐάλεντος κατὰ τῶν Δονατιανῶν συκοφαντίας λόγους ἕξ, ἐν οἷς λέγει, τὸ ἔγκλημα παρὰ τῶν Δονατιστῶν εἰς ἡμᾶς ψευδῶς ἐπηνέχθαι.

CAPUT CXI.

941 [i] Aquilius Severus, in Hispania, de genere illius Severi, ad quem [j] Lactantii duo epistolarum scribuntur libri, composuit volumen, quasi ὁδοιπορικὸν totius suæ vitæ statum continens tam prosa quam versibus, quod vocavit Καταστροφήν, sive Πεῖραν, et sub Valentiniano principe obiit.

942 Ἀκύλιος Σεβῆρος, ἐν ταῖς Ἱσπανίαις ἀπόγονος Σεβήρου, πρὸς ὃν δύο Λακταντίου ἐπιστολῶν φέρονται λόγοι, συνέταξε τεῦχος ἐν τάξει ὁδοιπορικοῦ, παντὸς τοῦ βίου αὐτοῦ περιέχον διήγημα, τοῦτο μὲν καταλογάδην, τοῦτο δὲ καὶ μέτρῳ ἡρωϊκῷ, ὅπερ ὠνόμασε Καταστροφήν, ἤτοι Πεῖραν, καὶ ἐπὶ Βαλεντινιανοῦ βασιλέως ἐτελεύτησεν.

CAPUT CXII.

Cyrillus Hierosolymæ episcopus, sæpe [k] pulsus

Κύριλλος, Ἱεροσολύμων ἐπίσκοπος, πολλάκις ἐξεωθεὶς

Phitadius; Severus Sulpitius lib. II Histor., Fœgadius, ut alios interim omittam.

[a] Anno 392. Cod. S. Crucis, *necdum inveni*, pro *legi*.

[b] Perperam pro *visu* quædam exemplaria habent *usu*. Mox apud Martian., *plurima, nobiliaque opera*, quocum codices nostri omnes legunt, Vaticano excepto, qui postremam vocem *opera* non agnoscit. Vid. Socratem IV, 25, et Hieronymi Chronic. ad an. 372.

[c] *De Spiritu sancto librum unum.* Opus Didymi de Spiritu sancto in tres libros divisum est apud Hieronymum in Latina translatione; sed hæc divisio est ip-ius Hieronymi, aut ex-scriptorum ejus, non Didymi auctoris. MARTIAN. — Hujus libri Latinam abs Hieronymo adornatam interpretationem, quæ una exstat, supra excudimus. Reliquorum ejus operum non nisi fragmenta in catenis variis occurrunt.

[d] In cod. S. Crucis, vitiose tamen, *decem et novem* numerantur. Hieronymus in Prologo in Isai., *Didymus*, inquit, *cujus amicitiis nuper usi sumus*, *ab eo loco ubi scriptum est, Consolamini, consolamini populum meum, sacerdotes, loquimini ad cor Jerusalem, usque ad finem voluminis, decem et octo edidit tomos.*

[e] Martian. duoque ex nostris mss. *multaque alia*.

[f] Veronensis, *octogesimum tantum*. Alter e nostris, *octogesimum quartum*. Martianæus, *octogesimum septimum*. Præferrem Veronensis lectionem, tum quod verosimilius sit, rotundo numero usum esse Hieronymum, tum quod an. 392, quo isthæc scribebat, vix annum octogesimum primum (non tertium), excessisset Didymus, siquidem an. 396, ætatis suæ 85, obiit, testibus Palladio in Lausiaca cap. 4, et Sigeberto Gemblacensi.

[g] Ad annum Christi 370.

[h] Cod. S. Crucis *septem* legit, et tot quidem hodie enumerantur Optati libri, etiam in nupera editione a Dupinio adornata. Attamen totum opus in sex tantum libros partitus est ipse Optatus, ut ex ejus lib. I, n. 7, liquet: proinde septimus, qui subjungitur, laciniis constat ab ipso, ut videtur auctore, in additamentorum vicem elaboratis. Nec ex Hieronymi codicibus alium scio, qui *septem* legerit pro *sex*.

[i] Vaticanus, nosterque Veron., *Acilius*, quemadmodum alii, quos Suffridus Petri consuluit. Honorius, *Achilius*.

[j] Recole superius cap. 80. de Lactantii epistolis. Severi hujus liber jam non exstat.

[k] Bis a Constantio jussus exsulare, atque iterum a Valente a quo demum revocatus, rexit ecclesiam ab ann. 379 usque ad 386, quo et vivere desiit. Noster in Chronico ad an. 352: *Cyrillus*, inquit, *cum a Maximo fuisset presbyter ordinatus, et post mortem ei ab Acacio episcopo Cæsariensi et cæteris Arianis episcopis episcopatus promitteretur, si ordinationem Ma-*

Ecclesia, et receptus, ad extremum sub Theodosio principe octo annis inconcussum episcopatum tenuit. Exstant ejus κατηχήσεις, quas in ᵃ adolescentia composuit.

CAPUT CXIII.

Euzoius, apud Thespesium rhetorem, cum Gregorio Nazianzeno episcopo adolescens Cæsareæ eruditus est, et ejusdem postea urbis episcopus, plurimo labore, corruptam ᵇ jam Bibliothecam Origenis et Pamphili in membranis instaurare conatus est. Ad extremum sub Theodosio principe Ecclesia pulsus est. Feruntur ejus varii multiplicesque tractatus, quos nosse perfacile est.

CAPUT CXIV.

Epiphanius, Cypri Salaminæ episcopus, scripsit adversum omnes Hæreses libros, et multa alia, quæ ab eruditis propter res, a simplicioribus ᶜ propter verba lectitantur. Superest usque hodie, et in extrema jam senectute varia cudit opera.

CAPUT CXV.

943 Ephræm, Edessenæ Ecclesiæ diaconus, multa Syro sermone composuit, et ad tantam venit claritudinem, ut post lectionem Scripturarum publice in quibusdam ecclesiis ejus scripta recitentur. Legi ejus de Spiritu sancto Græcum ᵈ volumen, quod quidam de Syriaca lingua verterat, et acumen sublimis ingenii, etiam in translatione, cognovi. Decessit sub Valente principe.

CAPUT CXVI.

Basilius, Cæsareæ Cappadociæ, quæ prius Mazaca vocabatur, episcopus, egregios contra Eunomium elaboravit libros, et de Spiritu sancto volumen, et in Hexaemeron homilias novem, ᵉ et ἀσκητικόν, et breves variosque tractatus. ᶠ Moritur imperante Gratiano.

CAPUT CXVII.

ᵍ Gregorius, primum Sasimorum, deinde Nazianzenus episcopus, vir eloquentissimus, præceptor meus, quo Scripturas explanante, didici, ad triginta millia versuum omnia opera sua composuit. E quibus ximi repudiasset, diaconus in Ecclesia ministravit, ob quam impietatem sacerdotii mercede pensatus, Heraclium, quem moriens Maximus in suum locum substituerat, varia fraude sollicitans, de episcopo in presbyterum regradavit.

ᵃ Quodque est mirum magis, ex tempore pronuntiavit.
ᵇ Veronen. voculam *jam* addit, quemadmodum et Græcus ἤδη. Ex Euzoii scriptis ne tituli quidem supersunt.
ᶜ Idem Veron. et Vatican., *propter verba, quoque*; tum in fine, *cudit opuscula.*
ᵈ Hodie non superest, quod sciam : pro *Græcum* quosdam legere *egregium* testatur Fabricius.
ᵉ Particulam *et Veronen.* omittit. Moritur S. Basilius an. 379.
ᶠ *Moritur imperante Gratiano.* Hic bene se res habet cum Basilio, qui magno intervallo separatus est a Photino Sirmii episcopo : nam quod in Chronicis Eusebianis simul ponuntur Photinus et Basilius, hinc factum est, ut quod de priori Hieronymus dixerat, proxime consequenti sit ascriptum, nempe isthæc

τῆς Ἐκκλησίας, ὕστερον Θεοδοσίου βασιλεύοντος, ἐπὶ ἐνιαυτοὺς ὀκτὼ ἀσάλευτον ἔσχε τὴν ἐπισκοπήν, οὕτινός εἰσι κατηχήσεις, ἃς ἐν τῇ νεότητι συνέταξεν.

Εὐζόϊος, παρὰ Θεσπεσίῳ ῥήτορι ἅμα Γρηγορίῳ Ναζιανζοῦ ἐπισκόπῳ νέος ἐν Καισαρείᾳ φοιτήσας, καὶ ὕστερον τῆς αὐτῆς πόλεως ἐπίσκοπος, πολλῷ πόνῳ φθαρεῖσαν ἤδη τὴν Ὠριγένους καὶ Παμφίλου βιβλιοθήκην, ἐν σωματίοις ἀνανεῶσαι ἐπεχείρησεν. Καὶ ὕστερον ἐπὶ Θεοδοσίου βασιλέως τῆς Ἐκκλησίας ἐξεώθη. Φέρονται τούτου πολλαὶ καὶ πλεῖσται ὁμιλίαι, αἷς ἐστι ῥᾴδιον ἐντυχεῖν.

Ἐπιφάνιος, Κύπρου Σαλαμίνης ἐπίσκοπος, ἔγραψε κατὰ πασῶν τῶν αἱρέσεων λόγους, καὶ ἕτερα πολλά, ἅτινα παρὰ μὲν τῶν πεπαιδευμένων διὰ τὰ πράγματα, παρὰ δὲ τῶν ἰδιωτῶν διὰ τὰ ῥήματα ἀναγινώσκεται. Περίεστιν ἄχρι τοῦδε, καὶ ἐν ἐσχάτῳ γήρᾳ ποικίλα συντάττει συγγράμματα.

944 Ἐφραΐμ, τῆς ἐν Ἐδέσσῃ ἐκκλησίας διάκονος, πολλὰ τῇ τῶν Σύρων διαλέξει συνέθηκε, καὶ εἰς τοσαύτην ἦλθε λαμπρότητα, ὥστε μετὰ τὴν ἀνάγνωσιν τῶν θείων Γραφῶν, δημοσίᾳ ἔν τισι τῶν ἐκκλησιῶν ἀναγινώσκεται τὰ συγγράμματα. Ἀνέγνων περὶ τοῦ ἁγίου Πνεύματος Ἑλληνικὸν τεῦχος, ὅπερ τινὲς ἀπὸ τῶν Σύρων γλώττης μετέφρασαν, καὶ τὸ ἄκρον τῆς ὑψηλοτάτης διανοίας, ἐκ τῆς μεταφράσεως ἔγνων. Ἐτελεύτησε βασιλεύοντος Γρατιανοῦ.

Βασίλειος, Καισαρείας τῆς Καππαδοκῶν, ἥτις πρῶτον Μάζακα ἐκαλεῖτο, ἐπίσκοπος, κατὰ Εὐνομίου ἐξαιρέτους συνέταξε λόγους, καὶ περὶ Πνεύματος ἁγίου τεῦχος, καὶ εἰς τὴν ἑξαήμερον ὁμιλίας ἐννέα, καὶ ἀσκητικόν, καὶ βραχείας καὶ ποικίλας ὁμιλίας. Τελευτᾷ βασιλεύοντος Γρατιανοῦ.

Γρηγόριος, Σασίμων πρότερον, εἶτα Ναζιανζοῦ ἐπίσκοπος, ἀνὴρ ἐλλογιμώτατος, ὁ ἐμὸς διδάσκαλος, οὗ ἐξηγουμένου τὰς θείας ἔγνων Γραφάς, εἰς τρεῖς μυριάδας στίχων πάντα τὰ συντάγματα αὐτοῦ συνέθηκεν, ἀφ᾽ ὧν εἰσι

verba : *Qui plurima continentiæ et ingenii bona, uno superbiæ malo perdidit.* Hoc de Photino mortuo asserebat Hieronymus; non de sancto Basilio, ut volunt hæretici hujus temporis quærentes nodum in scirpo. At de his fusius dicetur, si Deus vitæ annos tribuerit ad novam usque Chronicorum editionem, quam multi eruditi viri a nobis exposcunt. MARTIAN.

ᵍ Duo mss. nostri, et Erasm. *Gregorius Nazianzenus, etc.,* omissis quæ interserunt, *primum Sasimorum, deinde,* quæ possunt a Hieronymi manu non profecta videri; cur enim si quas ille tenuit sedes, enumerare animus erat, Constantinopolitanam præterit, quam cum impleret an. 381, ejus præceptor fuit? Et Sasimis quidem ægre tuli prælici se episcopum a Basilio, Nazianzi autem proprie, decrepiti patris sui, episcopi, vicibus fungebatur; quamquam Nazianzenus episcopus etiam apud veteres Scriptores audit. Quidam codices vetustissimam retinent lectionem *Nazanzenus* pro *Nazianzenus,* quam et in veteribus monimentis Mabillonius animadvertit, et nos sequimur.

ʰ In Latino autem *sub Valente.*

illa sunt : de morte fratris [a] Cæsarii, Περὶ Φιλο- πτωχίας, laudes Machabæorum, laudes Cypriani, laudes Athanasii, laudes Maximi philosophi, post exsilium reversi, quem falso nomine quidam [b] Heronis superscripserunt (quia est et alius liber vituperationem ejusdem Maximi continens; quasi non licuerit eumdem et laudare et vituperare pro tempore); et liber, hexametro versu, Virginitatis et Nuptiarum, contra se disserentium; adversum Eunomium [c] liber unus, **945** de Spiritu sancto liber unus. Contra Julianum imperatorem libri duo. Secutus est autem Polemonem dicendi charactere, [d] vivoque se episcopum in loco suo ordinans, ruri vitam monachi exercuit. Decessitque ante hoc ferme [e] triennium sub Theodosio principe.

Τάδε· περὶ τῆς τελευτῆς τοῦ ἀδελφοῦ Καισαρίου, περὶ Φιλοπτωχίας, ἐπαίνους τῶν Μακκαβαίων, ἐπαίνους Κυπριανοῦ, ἐπαίνους Ἀθανασίου, ἐπαίνους Μαξίμου φιλοσόφου μετὰ τὴν ἐξορίαν ἀναζεύξαντος, ὅντινα ψευδῶς τινες Ἥρωνος ἐπέγραψαν (ἔστι γὰρ καὶ ἄλλη βίβλος, κατάγνωσιν τοῦ αὐτοῦ Μαξίμου περιέχουσα, ὡς μὴ ἐξὸν εἶναι τὸν αὐτὸν καὶ ἐπαινέσαι καὶ ψέξαι ἐν καιρῷ)· καὶ βίβλος, δι' ἑξαμέτρων, Παρθενίας, καὶ Γάμου, καθ' ἑαυτῶν διαλεγομένων· κατὰ Εὐνομίου λόγος εἷς, περὶ Πνεύματος ἁγίου λόγος εἷς, κατὰ Ἰουλιανοῦ τοῦ βασιλέως λόγος εἷς. Ἠκολούθησε δὲ τῷ Πολέμωνος χαρακτῆρι **946** καὶ περιὼν εἰς τὸν οἰκεῖον τόπον ἐπίσκοπον καταστήσας, ἐν ἀγρῷ βίον μοναδικὸν ἀπηνέγκατο, καὶ ἐτελεύτησε πρὸ τριετοῦς χρόνου βασιλεύοντος Θεοδοσίου.

CAPUT CXVIII.

Lucius, post Athanasium Arianæ partis episcopus, usque ad Theodosium principem, [f] a quo et pulsus est, Alexandrinam ecclesiam tenuit. Exstant ejus solemnes de Pascha epistolæ, et pauci variarum hypotheseon libelli.

Λούκιος, μετὰ Ἀθανάσιον Ἀρειανῆς θρησκείας ἐπίσκοπος, ἄχρι Θεοδοσίου βασιλεύοντος, παρ' οὗ καὶ ἐξεώθη, τὴν Ἀλεξανδρειανὴν κατέσχεν ἐκκλησίαν. Φέρονται τούτου περὶ τοῦ Πάσχα ἐπιστολαί, καὶ ὀλίγοι ποικίλων ὑποθέσεων λόγοι.

CAPUT CXIX.

Diodorus, [g] Tarsensis episcopus; dum Antiochiæ esset presbyter, magis claruit. Exstant ejus in Apostolum commentarii, et multa alia, ad Eusebii magis [h] Emiseni characterem pertinentia, cujus cum sensum secutus sit, eloquentiam imitari non potuit, propter ignorantiam sæcularium litterarum.

Διόδωρος, Ταρσοῦ ἐπίσκοπος ἡνίκα ἦν Ἀντιοχείας πρεσβύτερος, μᾶλλον λαμπρὸς ἦν. Εἰσὶ τούτου εἰς τὸν Ἀπόστολον ὑπομνήματα, καὶ ἕτερα πλεῖστα εἰς τὸν Εὐσεβίου μᾶλλον τοῦ Ἐμεσηνοῦ χαρακτῆρα προσήκοντα, οὗτινος τῇ γνώμῃ ἀκολουθήσας, τὸ ἐλλόγιμον οὐκ ἠδυνήθη μιμήσασθαι, διὰ τὴν ἀπειρίαν τῶν κοσμικῶν γραμμάτων.

CAPUT CXX.

Eunomius, Arianæ partis, Cyzicenus episcopus, in apertam hæreseos suæ [i] prorumpens blasphemiam, ut quod illi tegunt, iste publice fateretur, usque hodie vivere dicitur [j] in Cappadocia, et multa contra

Εὐνόμιος, Ἀρειανῆς θρησκείας, Κυζίκου ἐπίσκοπος, τοσοῦτον εἰς βλασφημίαν ἦλθε τῆς οἰκείας αἱρέσεως, ὥστε ὅπερ ἐκεῖνοι κρύπτουσι, τοῦτο φανερῶς ὁμολογῆσαι. Ἕως τοῦ νῦν λέγεται περιεῖναι ἐν Καππαδοκίᾳ, καὶ πολ-

---

[a] Vitiose *Basilii* nomen illo *Cæsarii* substituit cod. S. Crucis. Et Basilium quidem pro funere laudavit Gregor.; sed amicus hic sibi erat, non frater. Forte scripserat Hieronymus *de morte fratris Cæsarii, et de morte Basilii*, quorum alterum facili librariorum errore excidit. Sciolus quidam Gregorium nostrum cum Nysseno confudit, et Cæsarium in Basilium corrupit. Mox idem mss. nostri *Laudes Cypriani*, ex scribarum errore omittunt.

[b] Nostri, et quos Erasmus inspexit, mss., *Herona*, vel *Jerona*. Sub Heronis Alexandrini philosophi nomine non laudatum, sed vituperatum Maximum a Gregorio indicant, *quasi non liceret eumdem et laudare, et vituperare pro tempore*.

[c] Perperam nostri omnes, et Fesulanus, cum Mediceo apud Victorium, *adversus Eunomium duos, et contra Julianum unum*. Tum *Polemonium dicendi χαρακτῆρα*, expuncta etiam voce *dicendi*, ut Græcus interpres facit. De Polemone autem Laodiceno sophista vide Philostratum lib. 1, c. 15.

[d] *Vivoque se, episcopum*, etc. *Eulalium* videlicet virum sanctum ac sapientem. *Arianzum* autem locus fuit, ubi vitam Monachi Gregorius exercuit. Tacuit porro Hieronymus de episcopatu Gregorii in sede Constantinopolitana, quia brevi tempore sedem illam occupavit sanctus Doctor, a qua seipsum tandem exturbavit, videns spem pacis inter episcopos exturbatam. MARTIAN.

[e] Malim ego *biennium* reponi cum quibusdam editis antea. Suidas nempe Gregorium tradit, an. 15 Theodosii principis obiisse. Sequenti autem 14 scripsisse Hieronymum, non est qui ignoret. Puta adeo initium

decimi tertii, quo ille obiit, et finem decimi quarti, quo hic scripsit, indicari.

[f] Veronen. et Guelpherbytanus, *a quo expulsus est*. Ad annum hoc referunt 579, Lucii autem hujus libri, exiguo fragmento excepto, in Actis Rom. concil. sub Martino I ad unum omnes intercidere. Vide Socratem IV, 37; Sozomenum VI, 5, atque alibi.

[g] Ante annum 378, quo episcopalem Tarsi cathedram conscendit.

[h] *Emiseni* vocabulum non agnoscit Veronensis liber, sed nec Facundus Hermianensis, qui caput istud ex Hieronymo totidem verbis exscripsit. Quod ait, ad ejus characterem pertinuisse Diodori scripta, sic intelligo, ut historicum sensum, quem in exponendis Scripturis, Eusebium sibi proposuisse testatur cap. 91, Diodorus cum primis sit persecutus. Mirum quod addit, Emiseni eloquentiam eum imitari non potuisse; cum hanc eloquentiæ laudem illi cum primis tribuant Theodoritus lib. IV, ubi eum amni limpidissimo comparat, et Photius, qui in dicendo purum ac perspicuum prædicat. Nunc vero ejus opera præter quasdam lacinias in catenis, frustra quæras. Exiguum fragmentum Hieron. refert e Commentariis in Apostolum in epistola 119, ad Minervium et Alexandrum. Vide infra caput 129.

[i] Veronen. *prorupit*, et mox *fateatur*. In Chronico ad an. 10 Valentiniani et Valentis: *Eunomius discipulus Ætii Constantinopoli agnoscitur, a quo hæresis Eunomiana*. Vid. in Isai. cap. LXV, et epist. ad Tit. cap. II et III.

[j] Postquam tertium exsulasset, hanc veniam a Theodosio Magno impetraverat, ut ad patrios Da-

Ecclesiam [a] scribere. Responderunt ei [b] Apollinarius, Didymus, Basilius Cæsariensis, Gregorius Nazianzenus, et Gregorius Nyssenus.

CAPUT CXXI.

947 [c] Priscillianus, Abilæ episcopus, qui factione [d] Hidacii et Ithacii Treveris a Maximo tyranno cæsus est, edidit [e] multa opuscula, de quibus ad nos aliqua pervenerunt. Hic usque hodie a nonnullis Gnosticæ, id est Basilidis et [f] Marci, de quibus Irenæus scripsit, hæreseos accusatur, defendentibus aliis, non ita eum sensisse, ut arguitur.

CAPUT CXXII.

Latronianus [g], provinciæ Hispaniæ, valde eruditus, et in metrico opere veteribus comparandus, cæsus est et ipse Treveris cum Priscilliano, Felicissimo, Juliano, Euchrotia, ejusdem factionis auctoribus. Exstant ejus ingenii opera, diversis metris edita.

CAPUT CXXIII.

Tiberianus, Bæticus, scripsit pro suspicione, qua cum Priscilliano accusabatur hæreseos, apologeticum tumenti compositoque sermone; [h] sed post suorum cædem, tædio victus exsilii, mutavit propositum, et juxta sanctam Scripturam, [i] *canis reversus ad vomitum suum* (*Prov.* XVI, 11; II *Petr.*, II, 22), filiam, devotam Christo virginem, [j] matrimonio copulavit.

CAPUT CXXIV.

Ambrosius, Mediolanensis episcopus, usque in præsentem diem [k] scribit, de quo, quia superest, meum judicium subtraham, ne in alterutram partem, aut adulatio in me reprehendatur, aut veritas.

CAPUT CXXV.

949 Evagrius, Antiochiæ episcopus, acris ac fervoræ agros in Cappadocia regrederetur, quemadmodum scribit Philostorgius, ex eoque Nicephorus. Ante annum tamen 396 dicitur obiisse.

[a] Cod. Guelpherbyt., *scribere ausus est*. Ex ejus scriptis ἔκθεσιν, et ἀπολογητικὸν non ita pridem cl. Fabricius vulgavit.

[b] Didymi et Apollinarii contra Eunomium scripta non exstant. Cod. Cisterciensis Gregorii nomen non repetit; falso autem *Emissenus* pro *Nyssenus* legit.

[c] Hunc Priscillianum Abulensem in Hispania ulteriori episcopum etiam in prologo ad libros contra Pelagianos memorat ac suggillat. Vide Severum Sulpitium sub fi em secundi libri.

[d] Erasm., *Hythacii et Hithatii*; sed et *Hydiati et Idatii* invenitur.

[e] Ad nos usque nulla pervenerunt.

[f] Hactenus editi falso legerant *Marcionis* cum Græco interprete. Sed *Marci* rescribendum, ut emendamus nostrorum omnium codicum auctoritate, probat etiam Irenæi locus lib. I, cap. 8, de hæresibus ab ipso Hieronymo locis infra notandis, laudatus atque exscriptus. Ita habere etiam codices regios testatur doctiss. Cotelerius. Vide epist. 65, ad Theodoram, et in Isaiæ cap. LXIV. Severius Sulpic.- lib. supra laudato, *Primus*, inquit, *eum intra Hispanias Marcus intulit Ægypto profectus*, etc.

[g] Quidam *Matronianum* legunt, sed longe plures ac merito præstantiores *Latronianum*. Sic etiam habent Sulpicii Severi codices, apud quem totam hanc Priscillianei dogmatis historiam recole loc. cit. Mox quidam e nostris, et Guelpherbyt., *vir valde eruditus*.

λὰ κατὰ τῆς ἐκκλησίας συγγράφειν, ᾗτινι ἀντέγραψαν Ἀπολλινάριος, Δίδυμος, Βασίλειος Καισαρείας, Γρηγόριος Ναξιανζηνὸς καὶ Νυσσηνός.

948 Πρισκιλλιανὸς, Ἀβίλης Ἐπίσκοπος, ὅστις συσκευῇ Ὑδατίου καὶ Ἰθακίου, εἰς Τρίβερίν παρὰ Μαξίμου τοῦ τυράννου ἐσφάγη, ἐξέδωκε πολλὰ συντάγματα, ἀφ' ὧν τινα εἰς ἡμᾶς παρεληλύθασιν. Οὗτος ἄχρι τήμερον παρά τινων τὴν Γνωστικὴν αἵρεσιν, τουτέστιν Βασιλείδου καὶ Μαρκίωνος, περὶ ὧν Εἰρηναῖος συνέγραφεν, ὡς αἱρετικὸς κατηγορεῖται, ἐκδικούντων τινῶν, οὐχ οὕτως αὐτὸν νενοηκέναι ὡς εὐθύνεται.

Ματρωνανὸς, ἐπαρχίας Ἱσπανίας, σφόδρα πεπαιδευμένος, καὶ εἰς ἐποποιΐαν τοῖς ἀρχαίοις συγκρινόμενος, ἐσφάγη καὶ αὐτὸς ἐν Τριβέρει ἅμα Πρισκιλλιανῷ, Φηλικισσίμῳ, Ἰουλιανῷ, καὶ Εὐχρωτίᾳ, τοῖς ἐξάρχοις τῆς αὐτῆς αἱρέσεως. Εἰσὶ τούτου συγγράμματα διαφόρῳ μέτρῳ ἐκδοθέντα.

Τιβεριανὸς, Βαιτικὸς, συνέγραψε περὶ τῆς ὑπονοουμένης αἱρέσεως, εἰς ἣν ἅμα Πρισκιλλιανῷ κατηγορεῖτο, ἀπολογητικὸν ὑψηλῷ καὶ ἐπηρμένῳ λόγῳ. Ὅστις μετὰ τὴν τῶν ἰδίων σφαγὴν ἡττηθεὶς, ἀνιαρῶς διάγων ἐν τῇ ἐξορίᾳ, ἐξέστη τῆς οἰκείας προθέσεως, καὶ κατὰ τὴν θείαν Γραφὴν, κύων εἰς τὸν ἴδιον ἔμετον ἀναζεύξας, θυγατέρα, καθιερωθεῖσαν θεῷ παρθένον, γαμηθῆναι κατηνάγκασεν.

Ἀμβρόσιος, Μεδιολάνου ἐπίσκοπος, ἕως τῆς σήμερον ἡμέρας συγγράφεται καὶ ἐπείπερ περίεστι, τὴν ἐμὴν κρίσιν ἀναστέλλω, μήπως κολακείας μᾶλλον, ἢ ἀληθείας εὐθύνωμαι.

950 Εὐάγριος, Ἀντιοχείας ἐπίσκοπος, εὐφυοῦς καὶ tum Veronens. *metrico ordine, pro opere*. Horum nihil hodie superest.

[h] Editi, *postea post*. quod placuit emendare ex nostrorum omnium codicum fide. et consensu. Modo laudatus Sulpic. Severus, *Tiberianus ademptis bonis in Sylinam insulam datus, lege delatus*.

[i] In meliorem partem accipiendum Tiberiani factum videtur, ut Tillemontio cum primis placuit. Ex nefariis scilicet dogmatibus Priscilliani hæreseos cujus Tiberianus suspicione laborabat, hoc erat, quod conjugia damnaret. Reversus itaque ad suos ex Sylina insula, in quam ejus sectæ convictus, fuerat deportatus, ut quam infensus huic error esset, ex animo proderet, filiam suam ipsam, tametsi devotam jam Christo virginem, matrimonio copulavit, sive ut nuberet, auctor fuit. Quo facto, male se quidem gessisse non diffitemur, quippe qui matrimonium virginitati, et consecratæ quidem, præferre se, demonstravit, sed non videtur, quod ait Hieronymus, *reversus ad vomitum*.

[j] Perperam Guelpherbytanus, *matrimonio sibi copulavit*. Hieronymus nonnisi nuptui traditam, et ut Græcus interpres habet, *coactam* ad nuptias, Christo devotam virginem filiam Tiberiano exprobrat.

[k] Hanc vulgo putant in uno Ambrosio prætexi causam, quod superstes sit, ne de ejus operibus judicet, quod minus bene de iis sentiret. Verum, ut concedamus Rufini calumniæ, suggillari ab Heron. S. episcopi libros de Spiritu sancto, passim alia ejus scripta valde prædicat, ut librum de Viduis, illos de Virginibus, item de Officiis, etc.

ventis ingenii, cum adhuc esset presbyter, diversarum hypotheseon tractatus mihi legit [a], quos necdum edidit ; Vitam quoque Beati Antonii de Græco Athanasii in sermonem nostrum transtulit.

CAPUT CXXVI.

Ambrosius Alexandrinus [b], auditor Didymi, scripsit adversum Apollinarium volumen multorum versuum de dogmatibus, et ut ad me nuper quodam narrante perlatum est, commentarium in Job, qui usque hodie superest.

CAPUT CXXVII.

Maximus Philosophus [c], natus Alexandriæ, Constantinopoli episcopus ordinatus est, et pulsus, insignem de Fide adversus Arianos scripsit librum, quem Mediolani Gratiano principi dedit.

CAPUT CXXVIII.

Gregorius Nyssenus episcopus, frater Basilii Cæsariensis, ante paucos [d] annos mihi et Gregorio Nazianzeno contra Eunomium legit libros, qui et multa alia scripsisse et scribere dicitur.

CAPUT CXXIX.

[e] Joannes Antiochenæ Ecclesiæ presbyter, [f] Eusebii Emiseni Diodorique sectator, multa componere dicitur, de quibus περὶ ἱερωσύνης tantum legi.

---

[a] Utpote pernecessario, et quo itineris in Orientem comite, et cum Antiochiæ ageret, familiarissime est usus. Tractatus vero istos varii argumenti fortasse numquam Evagrius ediderit. Vide Epist. I *de muliere septies percussa* in fine, tum IV et V, ad Florentium.

[b] Laodicenum intellige, de quo superius cap. 104, et quém mss. *Apollinarem et Apollinarium* promiscue vocant. Ambrosii autem hujus nedum scripta, quæ nulla superant, vix, aut ne vix quidem, nomen apud Veteres invenias.

[c] Cynicus nempe, cujus notissimum nomen est in historia Ecclesiastica. Ejus de Fide liber ætatem non tulit. Vid. Theodorit. lib. v, 8.

[d] Anno scilicet 381, cum ad Synodum ii œcumenicam Constantinopoli, ubi episcopum gerebat Nazianzenus, ipse Nyssenus convenisset : Libri contra Eunomium, quos Hieronymo legit, fuerint tredecim illi λόγων ἀντιρρητικῶν.

[e] Qui etiam ob auream in dicendo elegantiam *Chrysostomus* cognominatus est. Porro quidam mss. tum Erasmo, cum Martianæo inspecti, ex scioli interpolatoris ingenio, addunt : *Postea Constantinopolitanæ Episcopus civitatis* (quam dignitatem sexennio post hunc Hieronymi librum, sive an. 398, Joannes obtinuit), *tractator peritissimus, et ex tempore declamator insignis, Eusebii, Diodorique sectator multa composuit :* Περὶ ἱερωσύνης, *de Compunctione cordis, de Lapsu animæ, de Mysterio crucis, de Fide adversum Arianos, adversum Macedonianos, adversum Anomœos, et alia infinita, quæ nec invenire apud aliquem quamvis studiosum facile est : sed per totum orbem scripta ejus tam Græco sermone edita, quam in Latinum translata, velut fulgura discurrentia micant. Claruit maxime sub Arcadio principe, a quo et privata Augustæ conjugis indignatione, exsilio pulsus obiit. Et post multos annos corporis ejus reliquiæ cum magna gloria a Theodosio filio ejus Constantinopolim deportatæ, intra Apostolorum thecas conditæ jacent.* Quam inepte ac temere Hieronymiano textui in Chrysostomi gratiam hæc assuta fuerint, res clamat.

— *Joannes Antiochenæ*, etc. Ægre ferunt quidam recentiores tam parva scripta fuisse de sancto Joanne Chrysostomo, quia nesciunt præsens opus de Scriptoribus Ecclesiasticis editum fuisse sex annis antequam Joannes sublevaretur in thronum episcopalem Constantinopolit. nomenque ejus celeberrimum haberetur in Ecclesiis catholicorum. Sed quam vetus sit illa imperitorum quæstio ac querela, facile discimus e ms. codice Cluniacensi, in quo nebulo quidam ac impostor invito Hieronymo hunc obtrudit contextum in laudem sancti Chrysostomi :

CXXIX. « Joannes Antiochenæ prius Ecclesiæ presbyter, postea Constantinopolitanæ episcopus civitatis, tractator peritissimus, et ex tempore declamator insignis, Eusebii Emiseni Diodorique sectator multa composuit : ΠΕΡΙ ΙΕΡΟΣΥΝΗΣ, de Compunctione cordis; de Lapsu animæ; de Mysterio Crucis, de Fide adversum Arianos; adversum Macedonianos; adversum Anomœos; et alia infinita, quæ nec invenire apud aliquem quamvis studiosum facile est ; sed per totum orbem scripta ejus tam Græco sermone edita, quam in Latinum translata, velut fulgura discurrentia migrant. Claruit maxime sub Arcadio principe, a quo privata Augustæ conjugis indignatione, exsilio pulsus obiit. Et post multos annos corporis ejus reliquiæ cum magna gloria a Theodosio filio ejus Constantinopolim deportatæ, intra Apostolorum thecas conditæ jacent. »

Videant nunc amatores Chrysostomi, quantum potuit scelus imperitus amator Joannis, et ineptus corruptor Hieronymi, non intelligens anno Theodosii senioris decimo quarto, nihil tale scribi potuisse de exsilio S. Chrysostomi, de morte ejus, et reliquiis Constantinopolim deportatis. Meminerit vero lector studiosus periodorum Pauli apostoli, et Teclæ virginis, et fatebitur non insolens fuisse amatoribus Sanctorum imperitis multa fingere et confingere veritati contraria. MARTIAN.

[f] Alterum cap. 91, alterum 119, supra recensuit. Vide Sozomenum lib. viii, cap. 2, ubi et auditorem Diodori Chrysostomum fuisse tradit. Cæterum verissime ait Suidas, *Ejus scriptorum numerum recensere non hominis est, sed Dei potius omnia cognoscentis.* Vide Ebed-Jesu c. 26.

CAPUT CXXX.

951 Gelasius Caesareae Palaestinae, [a] post Euzoium, episcopus, accurati limatique sermonis, fertur quaedam scribere, sed celare.

952 Γελάσιος Καισαρείας Παλαιστίνης μετὰ Εὐζωΐου ἐπίσκοπος, λαμπρῶς τινα συγγραφέναι λέγεται, ἀποκρύπτειν δέ.

CAPUT CXXXI.

Theotimus, [b] Scythiae Tomorum episcopus, in morem dialogorum et veteris eloquentiae breves commaticosque [c] tractatus edidit. Audio eum et alia scribere.

Θεότιμος Σκυθίας Τομέων ἐπίσκοπος ἐν τάξει διαλόγων καὶ ἀρχαίας φράσεως βραχείας ὁμιλίας ἐξέδωκεν. Ἀκούω τοῦτον καὶ ἄλλα συγγράφειν.

CAPUT CXXXII.

Dexter [d], Paciani, de quo supra dixi, filius, clarus apud saeculum et Christi fidei deditus, fertur ad me omnimodam historiam texuisse, quam necdum legi.

Δέξτρος, Πακιανοῦ, περὶ οὗ προείρηκα, υἱὸς, λαμπρὸς ἐν τῇ πολιτείᾳ, καὶ τῇ τοῦ Χριστοῦ πίστει ἐκδεδομένος, λέγεται παντοδαπήν πρός μὲ συντετάχέναι ἱστορίαν, ἥντινα οὔπω ἀνέγνων.

CAPUT CXXXIII.

Amphilochius, Iconii episcopus nuper mihi librum legit [e] de Spiritu sancto, [f] quod Deus, et quod adorandus, quodque et omnipotens sit.

Ἀμφιλόχιος Ἰκονίου ἐπίσκοπος, ὑπόγυόν μοι λόγον ἀνέγνω περὶ τοῦ ἁγίου Πνεύματος, ὅτι θεός, καὶ προσκυνητόν ἐστιν, ὅτι τε δὴ παντοκράτωρ.

CAPUT CXXXIV.

Sophronius [g] vir apprime eruditus, laudes Bethlehem adhuc puer, et nuper [h] de subversione Serapis insignem librum composuit : de virginitate quoque ad Eustochium, et Vitam Hilarionis monachi, opuscula mea, [i] in Graecum eleganti sermone transtulit : Psalterium quoque et Prophetas, quos nos de Hebraeo in Latinum vertimus.

Σωφρόνιος, ἀνὴρ εἰς ἄκρον πεπαιδευμένος, τοὺς ἐπαίνους Βηθλεὲμ ἔτι νέος ὢν συνέθηκεν, ὑπόγυον δὲ περὶ τῆς καταλύσεως τοῦ Σεραπείου ἐπίσημον συνέθηκε λόγον, καὶ περὶ παρθενίας πρὸς Εὐστόχιον, καὶ τὸν Βίον Ἱλαρίωνος μοναχοῦ, τὰ συγγράμματά μου, εἰς ἑλληνικὸν λόγον εὐφυῶς μετέφρασε, καὶ τὸ Ψαλτήριον δὲ, καὶ τοὺς Προφήτας, οὓς ἡμεῖς ἀπὸ τοῦ Ἑβραίου εἰς Ῥωμαϊκὸν μετηνέγκαμεν.

CAPUT CXXXV.

953 [j] Hieronymus patre Eusebio natus, oppido Stridonis, [k] quod a Gothis eversum, Dalmatiae quon-

954 Ἱερώνυμος, υἱὸς Εὐσεβίου, ἀπὸ πολίχνης Στρηδόνος τῆς παρὰ τῶν Γότθων πορθηθείσης, ὅπερ Δαλματίας ἐστὶ

---

[a] Vitiose quidam codices post *Eunomium*, deinde Guelpherbytan. *quaedam scribere capitula*. Operum ejus nonnisi pauca exstant fragmenta. Ipse biennio post, sive an. 394, defunctus dicitur.

[b] Laudatur a Socrate VI, 12, quod Epiphanii decreto contra Origenem subscribere recusarit, immo ejus memoriam bonis argumentis defenderit. Virtutem ejus, pietatemque alii praedicant, e quibus Sozomenus VII, 25, VIII, 14, Nicephorus XII, 45, atque alii.

[c] Tractatus isti penitus disperiisse videantur; nam quae Theotimi Scythopoleos episcopi fragmenta e Commentariis in Genesim recitat Damascenus in Parallelis, non liquet, an nostri hujus sint, an alterius Theotimi, Scythiae itidem regionis episcopi, sed paulo junioris, cujus est epistola ad Leonem imperatorem an. 457 data in Actis concilii Chalcedonensis.

[d] Hoc quoque in loco *Pacatiani* pro *Paciani* praeferunt quidam mss. Vid. quae in cap. 106 annotavimus. Liber Dextri ad Hieronymum *omnimodam historiam* continens genuinus jamdiu intercidit; quem enim sub hujus nomine habemus, confictum eruditi fatentur. Hujusmodi historiae antiquum exemplar nactus ego sum in Ambrosiana Mediolani Bibliotheca; sed de operis germanitate non judico.

[e] Legerit autem an. 381, tempore II oecumenicae synodi, cum ambo Constantinopoli essent. Nunc liber iste desideratur.

[f] Martian., *quod Deus est, et quod*, etc.

[g] Vix credi potest Sophronius iste, si idem atque operis hujus interpres es-et, personam suam plane dissimulare voluisse hoc loco, nullaque interjecta nota, ex amici quidem sensu, tot se laudibus cumulare.

[h] Veronens. absque *Serapis* nomine, *de subver-sione librum composuit*, quasi ad *Bethleem* referretur. Serapidis autem simulacrum Alexandriae Christiani subverterunt circa an. 391, ut colligere est ex Theodosii lege ad Evagrium *titulo de Paganis*. Alii ex Marcellini Chronico, itemque ex Zosimo lib. I, eversum ferunt biennio antea, sive an. 389, Timasio ac Promoto Consulibus. In Theophili synodica contra Origenem epistola, inter Hieronymianas 92, primum a nobis edita num. 5 : *Clamitant*, Origenistae, *quidquid in nostram* (Theophili) *invidiam esse credebant*, *Gentilium contra nos populos concitantes*, *ea quae aures infidelium libenter audirent* : *inter quae et destructionis Serapii, et aliorum idolorum*, etc. Vide quae in eum locum annotamus, et Rufinum lib. XI Histor. capp. 23 et 27 et seqq.

[i] Nullae hujus exstant Sophronii versiones, aut scripta. Vide illi inscriptam abs Hieronymo Praefationem Psalterii ex Hebraica veritate. Adde et locum ex Praefatione in Ezram, ubi hanc Sophronii editionem innuit. *Quanto*, inquit, *magis Latini grati esse deberent, quod exsultantem cernerent Graeciam a se aliquid mutuari* !

[j] Integrum nomen est *Sophronius Eusebius Hieronymus*, quemadmodum in uno alteroque Mediolanensi ms. germana ejus scripta continente invenimus.

[k] Inter varias de Hieronymi patria sententias, quae nobis videatur caeteris praeferenda, in S. Doctoris Vita, quam ad postremum ejus operum Tomum distulimus, adductis argumentis ostendemus. Eruditi viri *Strida* oppidum pene dirutum in interiori Hungaria intra Muram, et Dravum fluvios constituunt. Nec ab his longe recedunt, qui ad Saborium flumen, ut Buno in Geograph. Cluerii, vel qui ad Saborium itidem noti nominis in Hungaria oppidum

dam Pannoniæque confinium fuit, usque in præsentem annum, id est, Theodosii principis [a] decimum quartum, hæc scripsi : [b] Vitam Pauli monachi, [c] Epistolarum ad diversos librum unum, [d] ad Heliodorum Exhortatoriam, [e] Altercationem Luciferiani et Orthodoxi, [f] Chronicon omnimodæ historiæ; in Hieremiam et in Ezechiel Homilias Origenis [g] viginti octo, quas de Græco in Latinum verti; de Seraphim, [h] de Osanna, et de [i] frugi et luxurioso filiis; [j] de tribus Quæstionibus Legis veteris, [k] Homilias in Cantica canticorum duas, [l] adversus Helvidium de virginitate Mariæ perpetua, [m] ad Eustochium de virginitate servanda, [n] ad Marcellam Epistolarum librum unum, [o] Consolatoriam de morte filiæ ad Paulam, [p] in Epistolam Pauli ad Galatas commentariorum libros tres, item in Epistolam ad Ephesios libros tres, in Epistolam ad Titum librum unum, in Epistolam ad Philemonem librum unum, [q] in Ecclesiasten commentarios, Quæstionum hebraicarum in Genesim librum unum, de Locis librum unum, hebraicorum nominum **955** librum unum; de Spiritu sancto Didymi, quem in Latinum transtuli, [r] librum unum; in Lucam homilias [s] triginta novem; in Psalmos, a decimo usque ad decimum sextum, [t] tractatus septem; [u] Malchi, captivi monachi, vitam, et beati Hilarionis. [v] Novum Testamentum Græce fidei reddidi,

καὶ Παννονίας ὅμορον, ἕως τοῦ παρόντος ἐνιαυτοῦ, τουτέστι, Θεοδοσίου τοῦ τεσσαρεσκαιδεκάτου, τάδε συνέταξα· τὸν Βίον Παύλου μοναχοῦ, Ἐπιστολὰς πρὸς διαφόρους ἐν ἑνὶ λόγῳ, πρὸς Ἡλιόδωρον προτρεπτικὴν, Διάλεξιν Λουκιφεριανοῦ καὶ Ὀρθοδόξου, Χρονικὴν παντοδαπῶν ἱστοριῶν· εἰς Ἱερεμίαν καὶ Ἰεζεκιὴλ ὁμιλίας εἰκοσιοκτὼ, ἃς ἀπὸ τοῦ ἑλληνικοῦ Ὠριγένους εἰς Ῥωμαϊκὸν μετέφρασα· Περὶ Σεραφὶμ, καὶ περὶ τοῦ Ὡσαννὰ, περὶ φειδωλοῦ καὶ ἀσώτου υἱοῦ, περὶ τῶν τριῶν Ζητημάτων τοῦ παλαιοῦ νόμου, ὁμιλίας εἰς τὰ Ἄσματα τῶν ἀσμάτων δύο, καθ' Ἐλβιδίου περὶ τῆς διηνεκοῦς παρθενίας τῆς ἁγίας Μαρίας, πρὸς Εὐστόχιον περὶ παρθενίας διατηρητέας, πρὸς Μάρκελλαν ἐπιστολῶν λόγον ἕνα, παραμυθικὸν περὶ τοῦ θανάτου τῆς θυγατρὸς πρὸς Παύλαν, εἰς τὴν Ἐπιστολὴν τὴν πρὸς Γαλάτας ὑπομνημάτων λόγους τρεῖς, εἰς τὴν πρὸς Τίτον λόγον ἕνα, εἰς τὴν πρὸς Φιλήμονα λόγον ἕνα, εἰς τὸν Ἐκκλησιαστὴν ὑπομνήματα, Ζητημάτων Ἑβραϊκῶν εἰς τὴν Γένεσιν λόγον ἕνα, περὶ Τόπων λόγον ἕνα, Ὀνομάτων Ἑβραϊκῶν λόγον ἕνα, περὶ Πνεύματος ἁγίου, Διδύμου, ὃν εἰς Ῥωμαϊκὸν μετέβαλον, λόγον ἕνα, εἰς τὸν Λουκᾶν ὁμιλίας εἰκοσιεννέα, εἰς τοὺς Ψαλμοὺς, **956** ἀπὸ δεκάτου ἕως ἐκκαιδεκάτου ὁμιλίας ἑπτά, Βίον αἰχμαλώτου μοναχοῦ, Βίον τοῦ μακαρίου Ἱλαρίωνος, τὴν καινὴν Διαθήκην τῇ Ἑλληνικῇ ἀκριβείᾳ ἐπιστωσάμην, τὴν παλαιὰν πρὸς τὸ Ἑβραϊκὸν μετέφρασα. Ἐπιστολῶν δὲ τῶν πρὸς Παύλαν καὶ Εὐστόχιον ἐπειδὴ καθημέραν γράφονται, ἄδηλος καὶ ὁ

proxime collocant. Vastationem Dalmatiæ, Pannoniæque a Gothis illatam, Ammianus Marcellinus lib. xxxi, cap. 8, describit.

[a] Respondet, ut sæpe diximus, Christi an. 392.

[b] Ex hac Vita tomum huncce alterum auspicamur.

[c] Eas facile innuit epistolas, quas cum Antiochiæ ageret, et in eremo, tum in ipsa peregrinatione ad annum usque 385 ad diversos scripsit, quæ primæ juxta temporum seriem in nostra recensione occurrunt : tametsi aliquas ex iis intercidisse in generali Præfatione ostendimus.

[d] Hæc quoque ex earum Epistolarum est numero, quæ 14 locum in nostra recensione obtinet, circiter annum scripta 373. Seorsim vero ab ipso Auctore recensetur, quasi quidam Tractatus de solitariæ vitæ laudibus.

[e] Hanc habes hoc ipso secundo tomo pag. 171. In aliis editionibus epistolæ 59 locum implevit.

[f] Octavum, Deo dante, conficiet nostræ editionis tomum Chronicon istud, quod Hieron. ex Eusebio Latine est interpretatus, et a Vicennalibus Constantini M. ad annum usque 378 de suo produxit.

[g] Universorum Hieronymi operum collectioni has quoque annectimus Homilias quatuordecim in Jeremiam, totidemque in Ezechiel, ex Origenis Græco Latine a S. Doctore explicatas, quæ hactenus in Origenis operibus tantum editæ sunt.

[h] Vulgati *et Osanna* pro *de*. Sunt autem duæ ad Damasum epistolæ, quarum prima *de Seraphim* anno 381 data, decima octava est in edit. nostra : altera vigesima, biennio post scripta.

[i] Nunc locum obtinet 21 eodem ac superior anno elucubrata.

[j] Est ad eumdem Damasum trigesima sexta, anno scripta 384. Nam licet *de quinque quæstionibus* inscribatur, juxta quam S. Pontifex postulaverat, tres tamen solum explanat.

[k] Ex Origene in Latinum translatas, eidemque Damaso inscriptas, quas in subsequenti tertio tomo excudemus.

[l] Hunc libellum supra exhibuimus hoc ipso in tomo pag. 205. In aliis editionibus epistolis accen-

sebatur sub num. 35.

[m] Epistola vigesima secunda, cum in nostra, tum in antiquis editionibus.

[n] Puta sexdecim illas, quas continua propemodum serie a num. 23 incipientes, quinque aliis interjectis, priori tomo repræsentamus : scriptas a S. Doctore cum Romæ ageret an. 384.

[o] *De obitu Blesillæ* inscribitur, estque numero 39, data eodem anno.

[p] Hosce in Pauli quatuor Epistolas Commentarios suis locis tomo septimo recensebimus. In Veronensi ms. nomen *Commentariorum* etiam ad *Ephesios* repetitur cum Græco interprete.

[q] Damus tertio tomo quatuor subsequentes libros. Tamen verba *de Locis librum unum*, antiquariorum errore, ut nullus dubito, in Veronensi et Vatic. codicibus desiderantur.

[r] Hactenus male in tres dispertitus : quem nos pristinæ integritati restitutum, hoc ipso tomo secundo exhibuimus pag. 105. Didymi Græcus textus intercidit.

[s] Hasce triginta novem Homilias in Lucam, deperdito jam Origenis Græco textu, S. Hieronymi operibus accensebimus suo loco post Commentarios in Matthæum.

[t] Hi septem in Psalmos Tractatus ut perirent, effecit interpolatoris punienda manus. *Breviarium* enim *in omnes Psalmos*, quod sub Hieronymi nomine habemus, ut suppositicium fetum esse, non dubium est ; ita omnino par est credere, ex genuinis Hieronymi in quosdam Psalmos Commentariis excerpta huc illucque distracta continere. Vide quæ in generali Præfatione numeris 21 et 22 hac de re fusius disputamus.

[u] *Malchi* nomen mss. quibus utimur, tum vulgati aliquot et Græcus interpres non agnoscunt. Rectius alii *Captivum Monachum*, *et vita Beati Hilarionis*, etc. Duo hæc opuscula sub initium hujusce tomi post Pauli Vitam excudimus. Olim inter Epistolas quinquagesimum primum et secundum locum obtinebant.

[v] Quid hoc operis fuerit, ab ipso Auctore præstat

ᵃ Vetus juxta Hebraicam transtuli; Epistolarum autem ᵇ ad Paulam et Eustochium, quia quotidie scribuntur, incertus est numerus. Scripsi praeterea in Michaeam explanationum libros duos, ᶜ in Sophoniam librum unum, in Nahum librum unum, in Habacuc libros duos, in Aggaeum librum unum. Multaque alia de opere prophetali, quae nunc habeo in manibus, et ᵈ necdum expleta sunt. Adversus Jovinianum libros duos, et ad Pammachium Apologeticum et Epitaphium.

A ἀριθμός. Ἔγραψα πρὸς ταύτας καὶ εἰς Μιχαίαν λόγους δύο, εἰς τὸν Ναοὺμ λόγον ἕνα, εἰς τὸν Ἀβακοὺκ λόγους δύο, εἰς Σοφονίαν λόγον ἕνα, εἰς Ἀγγαῖον λόγον ἕνα, καὶ πολλὰ ἐκ τοῦ προφητικοῦ ἔργου ἃ νῦν μετὰ χεῖρας ἔχω, καὶ οὐδέπω ἐπληρώθη. Κατὰ Ἰουβινιανοῦ λόγους δύο, πρὸς Παμμάχιον ἀπολογητικὸν καὶ ἐπιτάφιον.

ediscere in ejus nuncupatione ad Damasum Evangeliis praefixa: *Praesens*, inquit, *Praefatiuncula pollicetur quatuor tantum Evangelia, quorum ordo est iste, Matthaeus, Marcus, Lucas, Joannes, codicum Graecorum emendata collatione, sed veterum. Quae ne multum a lectionis Latinae consuetudine discreparent, ita calamo temperavimus, ut his tantum, quae sensum videbantur mutare, correctis, reliqua manere pateremur ut fuerant. Si eamdem operam caeteris Novi Testamenti libris impendit, quod mihi sane non usque adeo compertum est, ut cum vulgo eruditis valde affirmem; certe, quod a Hieronymi ingenio longe est alienum, ejusmodi Praefatione nulla laboris sui lectorem admonuit.*

ᵃ Isthaec vero *Vetus juxta Hebraicum transtuli*, in Veronensi ms. non sunt. Nec profecto universum vetus Testamentum, sed quasdam duntaxat ejus partes per haec tempora ex Hebraeo fuerat interpretatus. Puta Regum libros, ut ex ejus Praefatione liquet; tum Prophetas et Psalterium, ut ex superiore capite de Sophronio; quibus si addideris Jobum quoque, alios tamen nondum attigisse fatendum est. Verum quemadmodum Evangelia *Novum Testamentum* modo appellaverat; sic *Vetus* simpliciter aliquot ejus partes dixit, maxime cum et reliquis eamdem operam impendere in animo constituisset.

ᵇ Tres modo ad Paulam, nec plures ad Eustochium superant; multaeque adeo interciderint, si quas seorsim iis dedit, putemus innui. Verum opinari licet, eas quoque in hunc censum referendas, quae plures impendio sunt, et libris ad illas a se inscriptis Praefationis loco praefixit.

ᶜ In Sophoniam liber, qui a Graeco interprete post Habacuc recensetur, in Vaticano, et a S. Crucis codicibus ultimo loco ponitur post Aggaeum. Sed quo haec ordine edisseruerit, docet ipse Hieronymus satis luculenter, Praefat. lib. III in Amos: *Non enim*, inquit, *a primo usque ad novissimum juxta ordinem quo leguntur, sed ut potuimus, et ut rogati sumus, ita eos disseruimus. Nahum, Michaeam, Sophoniam et Aggaeum primo φιλοπονωτάταις Paulae ejusque filiae Eustochio προσεφώνησα. Secundo in Habacuc duos libros Chromatio Aquileiensi episcopo delegavi*, etc.

ᵈ *Necdum expleta sunt.* Addunt editi libri: *Adversum Jovinianum libros duos, et ad Pammachium Apologeticum et Epitaphium.* In ms. autem codice Cluniacensi legimus: *Item post hunc librum dedicatum, contra Jovinianum haereticum libros duos, et Apologeticum ad Pammachium.* Post editum itaque librum de Scriptoribus Ecclesiasticis, scripsit Hieronymus adversus Jovinianum, uti exploratum nobis est, Praef. Comment. in Jonam: *Triennium*, inquit, *circiter fluxit, postquam quinque Prophetas interpretatus sum, Michaeam, Nahum, Habacuc, Sophoniam, Aggaeum; et alio opere detentus non potui implere quod coeperam: Scripsi enim librum de Illustribus Viris, et adversum Jovinianum duo volumina; Apologeticum quoque*, etc.

B

Ad calcem hujus libri additus est perperam liber Gennadii Massiliensis, quasi supplementum opusculi S. Hieronymi: nos vero genuina solummodo in hoc tomo retinentes, aliena et supposititia abjecimus in tomum V. ubi Gennadium edidimus ex vetustissimo ms. codice Corbeiensi, nunc Sangermanensi, num. 142. Consule igitur volumen ipsum in tomo V nostrae editionis.

Caeterum diversa diversorum exscriptorum additamenta neglexi; quia haec indigna censeo, quae typis vulgata prodeant in lucem. MARTIAN.

— In haec verba *Expleta sunt*, omnes desinunt, quos consuluimus mss. libri, et quos Martianaeus: qui tamen annotat in cod. Cluniacensi, haec addi, *Item post hunc librum dedicatum, contra Jovinianum haereticum libros duos*, etc., quae adeo uncinis inclusa ex vulgatis plerisque, et Graeco interprete retinemus. At vero

C nihil dubitamus, ab alia manu fuisse assuta ex his Praefation. Commentariorum in Jonam verbis: *Triennium circiter fluxit, postquam quinque Prophetas interpretatus sum, Michaeam, Nahum, Habacuc, Sophoniam et Aggaeum, et alio opere detentus non potui implere quod coeperam. Scripsi enim librum de Illustribus Viris, et adversum Jovinianum duo volumina, Apologeticum quoque, et de Optimo genere interpretandi ad Pammachium, et ad Nepotianum, vel de Nepotiano* (scilicet *de Vita Clericorum et Epitaphium*) *duos libros, et alia, quae enumerare longum est.*

APPENDIX.

I.

DE VITIS APOSTOLORUM.

Quam versioni Graecae Libri de Viris Illustribus sub SOPHRONII nomine in ms. codice suo intextam (cap. 1, post cap. 1, et caetera post cap. 4) ERASMUS reperit.

---

957 I. Andreas frater ᵃ hujus, ut majores nostri D **958** Α. Ἀνδρέας ὁ ἀδελφὸς αὐτοῦ, ὡς οἱ πρὸ ἡμῶν prodiderunt, Scythis, et Sogdianis, et Saccis praedi- παραδεδώκασιν, Σκύθαις καὶ Σογδιανοῖς καὶ Σάκκαις ἐκή-

---

ᵃ Scilicet *Simonis Petri*, nam proxime a capite primo haec Pseudo-Sophronius subtexuit.

cavit Evangelium Domini nostri Jesu Christi, et in Sebastopoli prædicavit, quæ cognominatur magna, ubi est irruptio Apsari, et Phasis fluvius, illic incolunt Æthiopes [a] interiores. Sepultus est autem Patris civitate Achaiæ, cruci suffixus ab Ægæa Præfecto Edessenorum.

II. Jacobus Zebedæi filius, duodecim tribus quæ erant in dispersione, omnibus prædicavit Evangelium Domini nostri Jesu Christi. Interfectus est autem gladio ab Tetrarcha Judæorum.

III. Philippus apostolus in Phrygia prædicat Evangelium Domini Jesu. Sepelitur Hierapoli, cum filiabus, honorifice.

IV. Bartholomæus apostolus, Indis iis qui dicuntur fortunati, prædicavit Evangelium Christi, et Evangelium quod est secundum Matthæum eis tradidit. Dormivit autem Albanopoli oppido majoris Armeniæ.

V. Thomas apostolus, quemadmodum traditum est nobis, Parthis et Medis et Persis et Carmanis et Hyrcanis et Bactris et Magis prædicavit Evangelium Domini. Dormivit in civitate Calamina, quæ est Indiæ.

VI. Simon Chananæus, cognomento Judas, frater Jacobi episcopi, qui et successit illi in episcopatum, post obitum Jacobi cognomento justi, vixit annos viginti supra centum. Crucifixus autem sub Trajano imperatore, mota persecutione gravi, dormivit.

VII. Matthias, cum unus esset e numero Septuaginta, allectus est in ordinem undecim apostolorum, in locum Judæ Iscariotæ, qui fuit proditor. In [b] altera Æthiopia, ubi est irruptio Apsari, et Hyssi portus, prædicavit Evangelium **959** cum essent homines agrestes. Et illic dormivit, et illic sepultus est, usque ad hodiernum diem.

VIII. Timotheus autem Ephesiorum episcopus ordinatus a beato Paulo, ex gentibus erat, non ex circumcisione. De quo multa testatur Paulus, admonens ut honestam professionem dati sibi doni servaret, qui et gloriose illic testificatus est.

IX. Titus episcopus Cretæ, in eadem et in circumjacentibus insulis prædicavit Evangelium Christi. Ibidem autem et dormivit, et sepultus est, nempe in Creta.

X. Crescens in [c] Galliis prædicavit Evangelium, et illic sepultus est. Eunuchus Candaces Æthiopum Reginæ in Arabia cognomento felici, et in Taprobana insula maris Rubri prædicavit Evangelium Domini. Aiunt autem eum et ibidem martyrium pertulisse, et honorifice fuisse sepultum.

[a] Mallet Bochartus ἕτεροι. Contra cl. Fabricius impressam lectionem ἐσώτεροι rectius tuetur.
[b] Huetio probaretur magis ἐσωτέρα: quod et supra c. 1, Αἰθίοπες οἱ ἐσώτεροι appellentur.
[c] Colligere id licet ex II ad Timotheum c. IV, 10; nam ubi vulgo legitur *Crescens in Galatiam*, quædam Græca exemplaria habent εἰς Γαλλίαν, *in Galliam*.

ρυξε τὸ Εὐαγγέλιον τοῦ Κυρίου ἡμῶν Ἰησοῦ Χριστοῦ, καὶ ἐν Σεβαστοπόλει ἐκήρυξε τῇ μεγάλῃ, ὅπου ἐστὶν ἡ παρεμβολὴ Ἀψάρου, καὶ Φᾶσις ὁ ποταμός, ἔνθα οἰκοῦσιν Αἰθίοπες οἱ [b] ἐσώτεροι. Θάπτεται δὲ ἐν Πάτραις τῆς Ἀχαΐας, σταυρῷ παραδοθεὶς ὑπὸ Αἰγέα τοῦ βασιλέως Ἐδεσσηνῶν.

Β. Ἰάκωβος ὁ τοῦ Ζεβεδαίου, ταῖς δώδεκα φυλαῖς ταῖς ἐν τῇ διασπορᾷ, πᾶσιν ἐκήρυξε τὸ Εὐαγγέλιον τοῦ Κυρίου ἡμῶν Ἰησοῦ Χριστοῦ. Ἀνῃρέθη δὲ μαχαίρᾳ ὑπὸ Ἡρώδου Τετράρχου τῶν Ἰουδαίων.

Γ. Φίλιππος ὁ ἀπόστολος ἐν Φρυγίᾳ κηρύσσει τὸ Εὐαγγέλιον τοῦ Κυρίου Ἰησοῦ. Θάπτεται ἐν Ἱεραπόλει μετὰ τῶν θυγατέρων ἐνδόξως.

Δ. Βαρθολομαῖος ὁ ἀπόστολος, Ἰνδοῖς, τοῖς καλουμένοις εὐδαίμοσιν, ἐκήρυξε τὸ Εὐαγγέλιον τοῦ Χριστοῦ, καὶ τὸ κατὰ Ματθαῖον αὐτοῖς εὐαγγέλιον ἔδωκεν. Ἐκοιμήθη δὲ ἐν Ἀλβανοπόλει τῆς μεγάλης Ἀρμενίας.

Ε. Θωμᾶς ὁ ἀπόστολος, καθὼς ἡ παράδοσις περιέχει, Πάρθοις καὶ Μήδοις καὶ Πέρσαις καὶ Καρμανοῖς καὶ Ὑρκανοῖς καὶ Βάκτροις καὶ Μάγοις ἐκήρυξε τὸ Εὐαγγέλιον τοῦ Κυρίου. Ἐκοιμήθη ἐν πόλει Καλαμίνῃ τῆς Ἰνδικῆς.

ϛ'. Σίμων Κανανίτης, ὁ ἐπικληθεὶς Ἰούδας, ἀδελφὸς Ἰακώβου τοῦ ἐπισκόπου, ὅστις καὶ τὸν κλῆρον τῆς ἐπισκοπῆς ἐδέξατο μετὰ τὴν Ἰακώβου τοῦ δικαίου κοίμησιν. Ἔζησεν ἑκατὸν εἴκοσιν ἔτη. Σταυρῷ δὲ παραδοθεὶς ἐπὶ Τραϊανοῦ τοῦ βασιλέως, διωγμοῦ μεγάλου κινηθέντος, ἐκοιμήθη.

Ζ. Ματθίας εἷς ὢν τῶν ἑβδομήκοντα, συγκαταριθμηθεὶς δὲ μετὰ τῶν ἕνδεκα Ἀποστόλων, ἀντὶ Ἰούδα τοῦ Ἰσκαριώτου τοῦ προδότου γενομένου, ἐν τῇ [c] δευτέρᾳ Αἰθιοπίᾳ, ὅπου ἡ παρεμβολὴ Ἀψάρου, καὶ Ὕσσου λιμήν, ἐκήρυξε τὸ Εὐαγγέλιον, ἀγρίοις ἀνθρώποις οὖσι. **960** Καὶ ἐκοιμήθη, καὶ ἐκεῖ ἐτάφη ἕως τῆς σήμερον.

Η. Τιμόθεος δὲ ὁ ἐπίσκοπος Ἐφέσου κατασταθεὶς ὑπὸ τοῦ μακαρίου Παύλου, ἐξ ἐθνῶν ἦν, οὐκ ἐκ περιτομῆς· ᾧ καὶ πολλὰ μαρτυρεῖ Παῦλος, νουθετῶν τὴν καλὴν ὁμολογίαν τοῦ δοθέντος αὐτῷ χαρίσματος φυλάξαι, ὃς καὶ ἐνδόξως ἐκεῖ ἐμαρτύρησεν.

Θ. Τίτος, ἐπίσκοπος Κρήτης, ἐν αὐτῇ καὶ ταῖς πέριξ νήσοις ἐκήρυξε τὸ εὐαγγέλιον τοῦ Χριστοῦ. Ἐκεῖ καὶ ἐκοιμήθη καὶ ἐτάφη ἐν Κρήτῃ.

Ι. Κρήσκης ἐν Γαλλίαις ἐκήρυξε τὸ Εὐαγγέλιον, καὶ ἐκεῖ ἐτάφη. Εὐνοῦχος Κανδάκης τῆς βασιλίσσης Αἰθιόπων, ἐν Ἀραβίᾳ τῇ Εὐδαίμονι, καὶ ἐν Ταπροβάνῃ νήσῳ ἐν τῇ Ἐρυθρᾷ ἐκήρυξε τὸ Εὐαγγέλιον τοῦ Κυρίου. Λόγος δὲ περιέχει, ὡς καὶ μεμαρτυρηκέναι αὐτὸν ἐκεῖ, καὶ ἐνδόξως ταφῆναι.

Tradit porro Eusebius lib. III, c. 4, ipsum εἰς Γαλατίαν, quod Græci alii præferunt, pro Γαλλία dici. Theodoretus Γαλατίαν, τὰς Γαλλίας οὕτως ἐκάλεσεν. Οὕτω γὰρ ἐκαλοῦντο πάλαι· Οὕτω δὲ καὶ νῦν αὐτὰς ὀνομάζουσι οἱ τῆς ἔξω παιδείας μετειληφότες. Epiphan. Hæres LI: Οὐκ ἐν τῇ Γαλατίᾳ ὥς τινες πλανηθέντες νομίζουσι, ἀλλ' ἐν τῇ Γαλλίᾳ.

II.

EPISTOLA

Edita jam sub S. Hieronymi nomine,

ᵃ DE DUODECIM DOCTORIBUS AD DESIDERIUM

Jam sub nomine Bedæ,

ᵇ DE LUMINARIBUS ECCLESIÆ.

CENSURA.

Otio abutatur, qui probare multis argumentis non esse hunc Hieronymi, sed male feriati auctoris fetum, contenderit. Tot verborum salebræ, putidæ circumlocutiones, temporum atque ordinis immania σφάλματα, et ne quid deterius dicam, perversa de Scriptoribus judicia stomachum continuo movent Hieronymianæ gloriæ studiosis, indigne ferentibus hujusmodi blateramenta in maximi Doctoris nomen conferri. At non ideo Erasmus illud jure accusarit stultitiæ, quod ubi Auctor professus esset se de Luminaribus Ecclesiæ dicturum, Pelagium, Jovinianum, et consimiles inculcarit tenebriones. Non enim eos inter lumina Ecclesiæ collocat, quorum scripta reprehendit, et veneno ac felle infecta non diffitetur. Et pauca, inquit, de Scriptoribus manifestissime dicam. Verius illud vitio vertendum fuisset, quod Hilarium Romanum Pontificem cap. secundo memoret, qui S. Leoni successit, et diu post mortem Hieronymi inclaruit. Sed hominem usque adeo bardum ac stupidum, qui hæc ignoraret, hunc fuisse non puto; factum vero librariorum culpa, ut episcopi nomen irreperet quod ipse non scripsit. Certe Hilarium Romanum diaconum Luciferianæ sectæ assertorem ferme præcipuum, quod et Hieronymus notat cap. 95, et cui in Epistolam ad Romanos Commentarii tribuuntur, laudari ipsa mihi persuadent priora verba quibus Lucifer ipse Caralitanus alluditur: Hilarius, inquit, Lucifer Romanorum. Hæc dixerim, ne supra quam videtur promereri, censuris auctor pseudonymus vexaretur. Cæterum hac una fere de causa hocce ejus opusculum adjungo, et ad Mss. quoque fidem subinde exigo, ne quid quod ad Hieronymum pertineat, Lector aut eruditus, aut ineruditus desideret.

961 HIERONYMUS DESIDERIO.

Vis nunc acriter, mi frater Desideri, ut tibi quasi de luminaribus, quæ toto firmamento mundi refulgent, pauca de Scriptoribus, qui nobis multa de obscuritatibus, quæ propter carnalem mentem intelligentiam impediunt, ad splendorem considerationis spiritualem proferre potuerunt, manifestissime dicam. Sed vereor Susannæ Helchiæ filiæ, ne in me sententia iniquo judicio presbyterorum impleatur, dicentis: Angustiæ mihi undique [*Al.* ubique] sunt. Et mihi similiter sunt angustiæ. Si enim voluero aliquem ex his reprehendere, adversarios atque inimicitias mihi undique concitabo. Si autem noluero, numquam quæ postulasti invenies. Sed unius tantum voluntatem condemnare **962** quam multorum consilia transire vel despicere, melius esse videtur, quia unusquisque eorum in Scripturis sanctis diligenter laudari meruit, sed omnes ᶜ breviter leviterque cum omni amore tangam, ut utrumque pacifice impleam.

A I. Augustinus episcopus volans per montium cacumina quasi aquila, et ea quæ in radicibus montium fiunt, non considerans, multa cœlorum spatia, terrarumque situs, et aquarum circulum, claro sermone pronuntiat. Qui enim in lignum fructuosum ascendere vult, paulatim ad superiora et majora carpere poma festinat, ramos autem proximos parvulis relinquit. Nos autem qui parvuli sumus, infirmique atque minores, si inferiora congregari valuerimus, nobiscum bene agetur.

963 II. Hilarius ᵈ episcopus Romanorum, Lucifer lucernaque Ecclesiarum, et pretiosus lapis ad quem mortalia vix ascendunt, pulchro sermone aureoque ore universa loquitur. ᵉ Etsi enim aliqua secus viam cecidisse potuissent, tamen ab eo in B Scripturis messis exorta est magna.

III. Origenes Adamantius, altiora atque majora cogitans, ᶠ proprium que ingenium ferre non sufficiens, dum aliud loquitur, per aliud se nectit. Et cum hæc nimio mentis ardore cogitasset, oneribus majorem caricabat se, et cum sic incedere non

---

ᵃ Ita in mss. Florentinis Annuntiatæ Servitarum, et S. Crucis Minorum, teste Martianæo, et in Ambrosiano penes v. c. Ludov. Anton. Muratorium inscribitur.

ᵇ Habetur hoc titulo sub Bedæ nomine tom. ejus ⁓rum III, p. 491.

ᶜ In mss., *leniter leviterque*.

ᵈ Iidem, *episcopus Lucifer Romanorum, Ecclesiarumque lucerna.* Recole superiorem Censuram.

ᵉ Iidem, *si ejus aliqua secus viam*, etc.

ᶠ Mss., *proprioque ingenio non sufficiens, aliud subnectit*, etc.

potuisset, ruina magna illuc devolutus est, [a] ut ruina ejus pararet doctrinas per aliquas seductiones ineptas, multosque de via recta in aliam viam perducit, et venenum [*Al.* venenose] ejus quasi tinnulis vocibus, Sirenarumque canticis, plures necare potuit. Melior omnibus in bonis, pejor in malis. Aliqua vero per eum secus viam seminata sunt, [b] multi tamen aliquos ejus pessimos discipulos multa venenosa sub ejus nomine edidisse testantur.

IV. Eusebius Cæsariensis, clavis Scripturarum, custosque novi Testamenti, multis major in conscriptionibus a Græcis comprobatur. Scripsit Canones quatuor Evangeliorum, et undecim [*Al.* quindecim] libros historiæ Ecclesiasticæ, qui novum Testamentum narrant atque custodiunt, et Χρονικόν, id est, temporum breviarium. Hæc tria sunt præclara, quæ in operibus ejus testantur, et nos [c] ante omnia ejus vestigia qui imitari potuisset, numquam reperimus.

V. Heliodorus presbyter, domum amplissimam per modicum foramen respiciens, tentansque ostia conclusa, clavesque non habens, vix pauca ad lucem prodere convaluit, sed quæ potuit narrare, fideliter narravit.

VI. Ambrosius frater, profundorum pinna raptus, et aeris volucer, quamdiu in profundum ingreditur, fructum de alto carpere videtur. Et omnes ejus sententiæ, fidei Ecclesiæ, et omnium virtutum firmæ sunt columnæ.

VII. Dardanus multas quæstiones arripiens per mentis astutiam, nucemque circa nucleum non confringens, multa impossibilia de Scripturis cum fiducia loquitur.

VIII. Paulino visum est magistrum fieri, et non erat ante discipulus, et fructum sine radice oriri fierique tentavit. Ideo ejus conscriptiones, Scriptore et charta non indigent.

IX. Pelagius, de quo apud fideles sermo est, de quo etiam et mihi gravis [d] causa disputationis ejus verborum pene in toto orbe annuntiata est, quem omnes Ecclesiæ quasi lupum de silva mirantur, aureum colorem super nigrum venenum componens, fontem dulcem primi mellis, amaritudinis malitiæ commiscuit.

X. Jovinianus læta facie, et corde aspero, potu dulcissimo felle commixto, multos potavit, et contrarias sententias per odium occasionum Christianis proferens composuit, et me (quanquam in omnibus laboriosum) assidue quæstionibus infinitis afficit et vexat.

XI. Julius [*Al.* Julianus] Africanus, cujus vestigium omnes orientales australesque diligenter unanimiterque in Danielis hebdomadibus investigant, universa temporum spatia cum omni peritia jugique sermone construxit, et nulla ab omnibus, quæ dicta sunt per eum, in toto orbe unquam data est contradictio.

XII. [e] Favonius a multis culpabilis, dura sententia fortiterque universa difficillima ingerere conatus est, et quasi qui contra undas maris navigare non potest, vel contra impetum torrentis aquæ natare non valet, ita cuncta, quæ scripsit contra Scripturas sanctas, obstare non poterant: Ideo quasi umbra secus hominem sunt.

Hilarius, ex Hieronymi Catalogo cap. 100.
Damasus, ex cap. 103.
Gregorius Nazianz. ex cap. 117.

---

[a] Mss., *ut ruina ejus parasset ad doctrinam ejus aliquas seductiones*, etc.
[b] Mss., *Multi tamen discipulorum ejus pessimi multa*, etc.
[c] Mss., *et omnia ejus vestigia quo iterare potuisset*, etc.
[d] Mss., *gravis disputatio verborum*, etc.
[e] Hunc Favonium, nisi si corruptum nomen est, apud alios Veteres nusquam inveni laudatum.

INDEX

VERBORUM, SENTENTIARUM ET RERUM INSIGNIORUM,

QUÆ IN TOMO SECUNDO CONTINENTUR.

A

Abacuc Canticum quo titulo inscribitur, 758. Loquitur audacter ad Dominum, sese reprehendit, et scripsit Canticum pœnitentiæ, 759. Quid deprecatur, 772. Historia Abacuc missi ad Danielem, non invenitur in Hebræo, 349. Abradotas occisus, 311.

Abraham virtus, fides, 713. Abraham conscientia fragilitatis suæ promus cecidit in terram, 796. Putans se celare Deo, aperte ridere non audet, *ibid.* Non credit quod Deus repromisit, et causas incredulitatis exponit, *ibid.* Arguitur a Deo occulta responsione, *ibid.* Abraham asseritur trigamus, 268. Adjurat servum in Christo, 252. Abraham et Sara arguuntur in risu, 731. Iidem ex eo quod postea crediderunt, justitiæ palmam acceperunt, *ibid.* Abraham et cæteri non sibi divites fuerunt, 703.

Abrotanum ægro non audet dare, nisi qui didicit, 472. Abstinentiæ bonum et malum saturitatis, 346, 347. Beatitudo paradisi absque abstinentia cibi non potuit dedicari, 346.
Academici, 558.
Accusatio vera contra fratrem displicet, 467.
Achaiæ Ecclesiæ pluribus hæresibus vexatæ, 891, 893.
Achillas lector, 193.
Achillis tumulus ab Alexandro visitatus, 15.
Actoria Paula uxor M. Catonis Censorii, 316. Ejus vitia, *ibid.*
Adam spe divinitatis supplantatus est, 43. Adam et Eva

INDEX RERUM ET SENTENTIARUM.

A

in paradiso virgines, consortio Domini fruebantur, 241, 265. Monogamus fuit, 264.
Admetus quantum amatus, 511.
Adulator quomodo definitur, 725.
Adulari proprie hæreticorum est, 722.
Ægroti multi vitæ mortem præferunt, 485.
Ægypti singulæ civitates singulas bestias venerantur, 335. Ex iis multa sua sortiuntur, 336. In Ægypto et Palæstina vacca non comeditur, 334.
Aeris intemperies nihil aliud præter pudenda velari patitur, 44.
Aerii hæresis, 416.
Æs Cyprium in quo figuræ portentosæ sculptæ, 25.
Æsculapius, 622. Æsculapii vates interrogati, 25.
Ætatis ordo commendatur, 279. Quid dicitur de utriusque sexus ætate diversa, 789.
Afri lacertis viridibus vesci solent, 334. De Afro Grammatico, quid refertur, 556. Ager irriguus et voluptatis, 357. Nemo securus agrum possidet, 196.
Agnitio in quo differt a notione, 614.
Aila urbs imminens mari Rubro, 21.
Albinus successor Festi in gubernatione Judææ, 831.
Alcestin fertur pro Admeto sponte defunctam, 511.
Alcibiades, 241. A quo occisus, 511. Amor concubinæ in illum, ibid.
Alcmenæ adulterium, 597.
Alexander Magnus, 567. Alexander quid dixisse narratur ad Achillis tumulum, 15.
Alexander Aphrod. Aristotelis volumina disserens, 476. Commentarii ejusdem, 635.
Alexander imperator, 893. Filius est Mammeæ, 899.
Alexander Jerosolymorum Episcopus, 879. Exstat ejus Epistola, ibid. Cum Narcisso rexit Ecclesiam, ibid. Dormivit in carcere pro confessione Christi, 893.
Alexandrinæ Ecclesiæ consuetudo, 875. Ejus Martyres, 492. Alexandria et Ægyptus in LXX suis Hesychium laudat Auctorem, 522. Quid constitutum fuit in Synodo Alexandrina, 193. Occidens assensum ei præbuit, ibid.
De verbo Alma interpretatio Judæorum, 287. Vera assignatur, 288.
Amathas discipulus Antonii, 2. Ejus corpus sepelivit, ibid.
Amazones, 382.
Ambitio inter luctus lacrymasque non cessans, 14.
Ambrosii divitis justa reprehensio, 897. Amicus fuit Origenis, et Ergodioctes vocatur, 901. Amor Ambrosii in Origenem, et ejus opera, 644.
Ambrosii laudes, 647, 648. Ambrosii libri sermonibus Origenis pleni, 644. Dicitur columna Ecclesiæ, ibid. Ambrosium laceratum ab Hieronymo voluit Rufinus, 647. Interpres fuit Origenis, 504.
Amicitiæ ex quo firmæ nascuntur, 559. Nulla major inimicitia, quam amicitias necessitate sociare, 755.
Amici rari sunt boni et fideles, 756. Insidiæ eorum cavendæ, 776. Prudentis est, et amici post reconciliatam simultatem, etiam leves suspiciones fugere, 459. Si amicus pro te dixerit, non testis aut judex, sed fautor putabitur, 410. Numquam de amicorum judicio gloriandum, 409. Amicus prava quoque judicat, ibid.
Aminadab, quid significat? 287.
Ammon Beronices episcopus, 911.
Amor sanctus impatientiam non habet, 401. Tota amoris insectatio apud Platonem exposita est, 318. Ejus incommoda Lysias explicat, ibid.
Amphiaraus ab uxore sua proditus, 517.
Anabasii, 533.
Anacletus, 111. Romæ episcopus, 833.
Anastasius urbis Romanæ episcopus, 491, 515, 546, 550, 553, 560, 564. Prædicat Origenem hæreticum, 463. Epistola papæ Anastasii, 549. Una; ad Joannem Hierosolym., 503.
Anaxilidis liber secundus de Philosophia, 509.
Andabatarum mos pugnandi, 210. More eorum pugnare qui sit? 294.
Corpora SS. Andreæ, Lucæ et Timothei translata, 591.
Angeli, nomen est officii, 423. Secundum naturam suam sunt invisibiles, 415. Immortales leguntur per gratiam, non per naturam, 750. Nusquam auditur spiritualium virtutum in cœlo nuptias celebrari, 459. Angelorum merita diversa, 569. Exercitus Angelorum, vocantur castra Dei, 790. Datur subordinatio inter illos, 479. Habent diversa officiorum genera, et merita, 480. Possunt recipere peccatum, 329. Similitudo Angelorum in quo est posita ? 459. Angelus refuga, 582, 612. Angelo Ephesi deserta charitas imputatur, 198. In Angelo Pergameno Ecclesiæ idolothytorum esus, et Nicolaitarum doctrina reprehenditur, 198.
Anianus succedit Marco, 845.
Anicetus regens Ecclesiam, 857. Decimus episcopus Romæ fuit post Petrum, 865.

Anima non est de Dei substantia, 426. Ecclesiastica opinio de origine animarum, 557. Tres animæ origines notantur, 497. Tres sententiæ de eadem, 558. Quotidie Deus fabricatur animas rationales, 427. Anima nobis cum diis, corpus cum belluis commune est, 559. Corpus puer dicitur, anima pædagogus, ibid. Vinculum animæ corpus, 481. Comparatione animæ et corporis, 559. Utriusque creator est Deus, 428. Ex anima et corpore compacti, utriusque substantiæ naturam consequimur, 794. Quomodo corpus sanum dicitur, si nullo langore vexetur : ita anima absque vitio, si nulla perturbatione quatiatur, 794. Non flagitatur nitor linguæ, sed animæ quæritur pietas, 224. Grandis exsultatio illius unde sit, 541. Prius animæ refectio quærenda, quam corporis, 27. Cogitationum et perturbationum impetus sustinet. Quare? 794.
Animal non potest vivere, nisi crescendi capax sit, 540. Bruta animalia, quamvis in longo itinere, noverunt secundo diverticula, 486. Muta animalia Deum esse sentiunt, 12. Multitudo venenatorum animalium ex improviso ebulliens, 52. Bruta animalia curata, 25. Venenata notantur, 47.
Animi humani in diversum mutatio, 757. Nihil ita obruit illum ut plenus venter, 541.

B

Anniæ dictum optimum, 512.
Ante, præpositio, quid ostendit sæpe? 207.
Anthropomorphitæ, 418. Eorumdem hæresis, 589.
Antichristi adventus creditus, 889. Vera Antichristi prædicatio, 557. Synagoga ejusdem, quæ ? 201.
Antigonus Carystius, 821.
Antinois urbs, unde appellata ? 556.
Antinous servus Adriani Cæsaris, 865. Huic Gymnicus Agon exercetur, et est civitas ex ejus nomine Antino dicta, ibid.
Antiochia, Metropolis totius Orientis, 447. Urbs est Syriæ, 41.
Antiochi Epiphanes impietas, 779.
Antisthenis historia, 345.
Antoninus Pius imperator, 857, 865.
M. Antoninus, 857, 865. Antoninus Verus, ibid. Discipulus fuit Frontonis Oratoris, 865. Liber pro Christiano dogmate ei traditur, ibid. Antoninus Caracalla, 875.
Antonius Orator, 802. In Antonii Oratoris laudibus pertonat Tullius, ibid. Disertos se, ait, vidisse multos, eloquentem adhuc neminem, ibid.
Antonius Cleopatræ junctus, 5.

C

Antonius propositi monachorum caput dicitur juxta vulgus, 2. Ordo vitæ Antonii, quis? 14, 15. Ad eum magnus fit concursus populorum, quare ? ibid. Descriptio habitationis et cellulæ illius, 30. Labores et exercitia, ibid. Objurgat onagros et ei obedientiam præbent, ibid. Quare ignotum illius sepulcrum, ibid. Præceperat ut occulteretur, ibid. Gaudet Antonius de Christi gloria, et interitu Satanæ, 7. Pauli tunica diebus Paschæ et Pentecostes vestitus est, 12. Antonii et Hilarionis mutuæ epistolæ, 26. Humilitas Antonii, 10. Ætas, 6. Mors ejus cognita Hilarioni antequam nuntiaretur, 29. Elementa dicuntur lugere mortem Antonii, 32. Græco et Romano stylo memoriæ traditus, 3. Monasterium Antonii a Saracenis occupatum, 10.
Apelles, 431. Quare irrisus ? 877.
Aper Erymanthius, 588.
Apicii et Paxami jura, 504.
Apocalypsis infinita futurorum mysteria continet, 280.
Apocalypsim quinam interpretati sunt, 845.
Apocryphi libri ab Ecclesia non recepti, non sunt legendi, 595. Libri inter Apocryphas Scripturas repudiati, 859. Multi ob ignorantiam, Apocryphorum deliramenta sectantur, 420. Libri Apocryphi et fictæ revelationes, 394. Apocrypha nescit Ecclesia, 403. Apocryphorum

D

deliramenta, 214.
Apollinaris, 469. Apollinaris translatio assuta ex diversis pannis, 528. Consequentiam Scripturarum non ex regula veritatis, sed ex suo judicio texuit, ibid. Apollinaris scripsit adversus Porphyrium, 527. Apollinaris opuscula, 177. Inter Apollinarem et Didymum styli et dogmatum magna est diversitas, 543.
Apollinaris Hieropolitanæ Ecclesiæ Sacerdos, 867.
Apollonius Græcus, stans in consistorio ante Domitianum scribitur repente non comparuisse, 444.
Apollonius a quo fuit proditus ? 881.
Apostolorum verba dicuntur igniculi ; Christi lampas clarissima, 752. Fidem illorum Judæ proditio non destruxit, 369. Per os Apostolorum Christus nobis sonat, 421. Ante Prophetas inter spiritualia charismata positi leguntur, ibid. Humiliantur, ut exaltentur, 881. Quo sensu non fuerunt perfecti, 704. Non fuerunt sine peccato, ibid. Apostoli carnis fragilitate superati, 757. Instante cruce de dignitate contendunt, 760. Super omnes homines peccatores erant, 788. Salvis amicitiis dissenserunt inter se, 552. Navicula Apostolorum periclitatur, 191. Apostoli, Prophetæ

INDEX RERUM ET SENTENTIARUM.

et Sancti peccatores se esse plangunt, 357. LXX interpretibus præferuntur, 520. Apostoli sequuntur LXX ubi non discordant ab Hebræo : ubi discrepant, id posuerunt in Græco, quod didicerunt apud Hebræos, 529.

Apio Grammaticus Alexandrinus, 847. Sub Caligula legatus missus est, *ibid.* Scripsit contra Philonem, *ibid.*

Aphroditon oppidum, 30.

Aquilæ transmarina cadavera sentiunt, 445.

Aquileiensis Ecclesiæ additio in Symbolo, 377.

Arabes et Saraceni quibus vescuntur, 334. Nefas arbitrantur vesci carnibus porcorum, *ibid.*

Liberi Arbitrii nos condidit Deus, nec ad virtutes, nec ad vitia necessitate trahimur, 526. Præscientia Dei cum libero arbitrio, 788. Frustra semper oramus, si in nostro arbitrio est facere quod volumus, 760. Eo sublato Manichæorum secta construitur, 787. Liberum arbitrium in eo tantum est, ut velimus, cupiamus, et placitis tribuamus assensum, 793. In operibus nostris quid tribuitur, *ibid.* Non sic donata est liberi arbitrii gratia, ut Dei per singula tollatur adminiculum, 699. In voluntate nostra, et in cursu liberum servatur arbitrium; sed in consummatione voluntatis et cursus, Dei potentiæ cuncta relinquuntur, 700. Non nostræ solum est potestatis facere quod volumus, sed et Dei clementiæ, 749. Quid frangit superbientem arbitrii libertatem ? 792. Non potest ad Christum pergere, nisi trahatur a Deo, *ibid.* Ubi misericordia est, liberum arbitrium cessat ex parte, 793.

De Arborum, tritici, etc., semine et incremento nonnulla dicuntur, 452. Tamdiu nec arbor bona, malos fructus facit, nec mala bonos, quamdiu vel in bonitate sua, vel in malitia perseverat, 366.

Arca Noe, typus Ecclesiæ, 539. Ejus sacramenta cum Ecclesia, 193. Periclitata est in Diluvio, *ibid.* Septenus numerus animalium cur ingressus in Arcam Noe, 267.

Arcesilas veritatem e vita tollebat, 498.

Archangelus primus est Angelorum, 479.

Archelaus Comes laudatus, 449.

Archippus auditor Pythagoræ Thebis scholas habuit, 565. Memoriter tenens doctoris sui præcepta, ingenio pro libris utebatur, ex quibus nonnulla referuntur, *ibid.*

Architas Tarentinus, 567.

Argumentationibus res plana non debet fieri dubia, 505.

Ariminensis synodi Acta, 188 et seq. In Ecclesia, quæ est apud Ariminum, quid factum ? 489. Ecclesiæ servabant in areis acta synodi Ariminensis, 190. Episcopi delis Ariminensibus irretiti attestantur se nihil in sua fide suspicatos esse, 191.

Aristæus vult ad Antonium pergere, sed prohibetur, et quomodo, 29. Uxor erat Elpidii, 19. De sanitate filiorum suorum sollicita pergit ad Hilarionem, *ibid.*

Aristeas nihil refert de cellulis LXX Interpretum, 520.

Aristides, 861.

Aristion, 859.

Aristobolus scripsit adversus gentes, 879.

Aristoclides Orchomeni tyrannus, 508.

Aristomenes Messenius, in quo fuit justissimus, 508. Absolvitur opera et precibus virginum, *ibid.*

Aristophanes, 183.

Aristoteles fuit princeps Philosophorum, 707. Prosa scripsit, 532. Pythagorica præcepta prosequitur in libris suis, 566. Aristotelis argumentationibus utebantur Ariani, 183. Scripsit de matrimonio, 518. Opiniones, 558. Spineta, 206. Ex lectione Aristotelis quid cognoscitur? 476.

Arius, 412, 508. Dogma ejusdem de Christo, 512. Arius dicit cuncta creata per Filium, 423. Vocatur dæmonium meridianum, 509. Caput est Arianorum, et causa malorum. Subscripsit Nicænæ synodo, 193. Auctores hæresis Arianæ, *ibid.* Ingemuit totus orbis, et Arianum se esse miratus est, 191.

Arianorum dogma, 184. Objiciunt calumniam, cui respondet Ecclesia, 861. Conventicula illorum, castra sunt diaboli, 172. Arianorum episcopus, hostis est Christi, 176. Ariani et Semiariani Spiritum sanctum conditum blasphemant, 423. Dei Filio non concedunt, quod Pelagius tribuit omni homini, 776. Episcopi et clerici Ariani qui subscripserunt *homousion* in Nicæna synodo, 193. Nomen homousion se damnare simulabant, 410. Epistolæ et libri Arianorum ante synodum Nicænam editi, 193. Nonnulla de Arianis dicuntur, 175, 193.

Artes omnes Deus possibiles dedit humano generi, 716. Nullus est, quamvis sit ingeniosus, qui omnes comprehendere possit, 717. Artes quas Græci βαναύσους vocant, 716. Notantur aliæ permultæ, 717. Aliud sunt artes, aliud id quod per artes est, 702.

Artemisiæ uxoris Mausoli pudicitia insignis, 510. Fuit regina Cariæ, et prædicatur laudibus poetarum et historicorum, *ibid.* Mortuum virum semper amavit ut vivum miræ magnitudinis exstruxit sepulcrum, *ibid.*

Artemonis dogma instauratum, 913.

Artaxerxis sententia corrigitur ab Esther, 792.

Asa quamvis justus, errasse dicitur, 767.

Asclepiades Cyprius, 919, 545. Ordinatio Asclepiadis confessoris, 879.

Asinius Pollio, 485.

Aspri Commentarii in Virgilium et Sallustium, 472.

Assuerus vocatur Artaxerxes a Septuaginta, 792. Somnus aufertur ab oculis ejus, quare ? *ibid.* Nonnulla de eodem referuntur, *ibid.*

Asterisci et Obeli in versione Hieronymi, 665.

Asterii et Apollinarii libri contra Marcellum Ancyranum, 205.

De Atalante Calydonia virgine, quid referunt fabulæ, 306.

Aterbius concitatus adversus Rufinum, 561. Hieronymum judicabat hæreticum ex ejus amicitiis, *ibid.* Latrabat contra Rufinum, *ibid.*

De Qu. Aterio quædam narrantur, 419.

Athanasius triumphator ad Ecclesiam suam revertitur, 191. Defendit errorem Dionysii, 509. Athanasius et Paulinus soli in Oriente catholici, 411.

Athenodorus frater Theodori, et ejus comes, 905. Discipuli fuerunt Origenis, *ibid.*

Athenogeron quid sit, 556.

De Athletis quid dicitur a Galeno, 540.

Atticoti humanis vescuntur carnibus, 335.

Attici sales, 330.

Avaritiæ occasio est multis nomen pauperum, 21. Deliciæ et epularum varietates, fomenta avaritiæ sunt, 341.

Audacia effrenata quo non erumpat, 554.

Aliter Audita, aliter visa narrantur, 521. Non æque inimici audiunt et amici, 409.

Aurelianus, 913.

M. Aurelius Antoninus Macrino successit, 905.

L. Aurelius Commodus, 857.

Auriga Gazensis percussus a dæmone curatur, 20.

Auri fames quid cogit facere, 4.

Autolycus, 867.

B

Babylas Ecclesiæ Antiochenæ Pontifex in carcere mortuus, 895. Antiochiæ passus est, et ductus Cæsaream, 803.

Bacellus pro baculo, 67.

Bactri, senes objiciunt canibus, 335.

Baisanes diaconus, in quo laudandus, 30.

Balista quanto plus retrahitur, tanto fortius mittit, 210.

Balsamus, quid, 395.

Baptismum imperfectum sine invocatione Spiritus sancti, 150. Verum et legitimum Ecclesiæ baptis. 180. Perfectum non potest dici, nisi quod in cruce et in resurrectione Christi est, 179. In baptismo ter caput mergebatur, 180. Egressi lac et mel prægustabant, quare ? *ibid.* Neque enim aqua lavat animam, sed prius ipsa lavatur a spiritu, 177. Quid sit homo per baptismum, *ibid.* Baptismi in nomine SS. Trinitatis, *ibid.* Nullum est sine Spiritu sancto, *ibid.*, 177, 179. De quo liberati sumus per illud, 742. Vetera peccata conscindit, novas virtutes non tribuit, 719. Baptismus præterita donat peccata, non futurum servat justitiam, 781. Quo sensu æquales non efficit suscipientes, 289. Nullus sic esse potest sine vitio, quomodo qui statim procedunt de Christi fonte, 800. Solemne erat in lavacro interrogare de religione, 184. Baptismi effectus, 489. Quid orabant communicaturi post baptismum? 800. Dum Joannis baptismo quis tribuit plusquam habuit, Dominicum destruit, 179. Corvus et columba emissi de Arca Noe typus baptismi, 195. Verba Psalmistæ convenientia surgentibus de fonte baptismatis, 800.

Baptizandi consuetudo in Ecclesia, 419. Manus imponebantur baptizatis ad invocationem Spiritus sancti, 180. Presbyter et diaconus jus non habent baptizandi sine jussione episcopi, 182. Necessitate cogente, licet laicis baptizare, *ibid.* Qui sciens ab hæreticis baptizatus est, erroris veniam non meretur, 184.

Bar apud Hebræos diversa significat, 475.

Baranina præceptor Hieronymi, 469.

Barbellus quid, 395.

Barchochabas auctor seditionis Judaicæ, 559. Stipulam in ore succensam ventilabat, ut flammas evomere putatur, *ibid.*

Bardesanes Babylonius, 871.

Bariona, quid significat? 475.

Barnabas clementior Paulo, 765.

Barnabas Cyprius, 859.

Bartholomæi interpretatio, 475. Christum prædicavit in India juxta Matthæi Evang., 875.

Basilides magister luxuriæ, 581. Basilidis portenta verborum, 197. Impia commenta, *ibid.* Viginti quatuor voluminа Basilidis hæretici, 861. Ejus mysteria, quæ? *ibid.* Mortuus est in Alexandria, *ibid.*

Baum Ægyptium Monasterii nomen, 95.

Belis Diaconisque fabulæ, 527.

Unde bella, et rixæ? 764.

Benedictio panis et olei, 29.

Berilli Dialogus, 899.

Beroa, 43. Urbs est Syriæ, 833.

Bessorum cachinnus, 332.

Bethesdæ lacus vis et virtus, 117.

Bethulia, 30.

Bibliotheca Divina, quæ? 915. Cæsariensis Bibliotheca, 541, 782. In illa quid esset, 853.

Bilia exemplum pudicitiæ, 512. In quo insuper laudatur, *ibid.*

Blasphemia veniam non meretur, 467. Aperta indignationem flagitat, 402.

Blastus, 873.

Bonitas in qua re suspecta habetur, 251.

Bonum Dei est omne bonum quod gerimus, 777. Unusquisque secundum vires suas quantum potuerit extendatur ad bonum, 713. Nihil bono contrarium est, nisi malum, 246. Bona et mala suo imputantur auctori, 563. De bonis ad meliora mutatio, dexteræ et potentiæ Dei est, 765. Non est injustus Dominus ut tantum peccata condemnet, et bonorum operum non meminerit, *ibid.* Bona indifferentia, 517.

Besor, quid significat? 442.

Bosra, interpretatur *caro*, 774.

Brutus, 471. Brutus Porciam duxit, 512. Quorum dogmata discuntur in Bruto, 565.

Bucolia Ægypti, 38.

Budda e latere virginis generatus est, 509.

C

Cacum describit Virgilius, 387.

Cædere aliud est parentis affectu, aliud contra adversarios desævire, 724. Nullus fortiter a semetipso cæditur, 412.

Cæsaris Augusti dictum, 419.

Cæsarea metropolis est Palæstinæ, 447. Exempla præbuit virginum puellarum, 501. In Cæsarea Ecclesia dedicata per Cornelium centurionem, *ibid.* Olim turris Stratonis vocabatur, 883.

Cæsarius frater Gregorii Nazianzeni, 913.

Caïna hæresis instaurata, 396.

Caïnæi, 197.

Caius Caligula, 847.

Callides, 366.

Callistio, 877.

Calumniæ novum genus, 331.

Cameli dromedarii ruminantes, 48.

Camilla regina Volscorum ob insignem castitatem virgo nominatur, 506. Turno auxilium præbuit, *ibid.*

Candidatus Constantii imperatoris a dæmonis possessione liberatus, 24. Simplicitas ejus rustica, *ibid.*

Candidus sector Valentiniani, 509. Dialogus Candidi et Origenis, 511. Christum asserit prolatum a patre, et dæmonium pessimæ naturæ, *ibid.*

Canes latrant pro dominis suis, 569.

Canticum Canticorum virginitatis continet sacramenta, 285. Non significat amorem carnis, 286.

Capri Commentarii, 497.

Caricus, 881.

Carneades, Philonis discipulus, 309. Veritatem e vita auferebat, 498.

Carnis opera damnantur, non natura, 436. Qui in carne sunt, Deo placere non possunt, 275. Alia carnis, alia corporis definitio, 435. Esus carnium usque ad Diluvium ignotus, 267. A multis rejicitur, 343 et seq.

Carpocrates, 197.

Carthago condita fuit a Didone, 510. *in* castitatis laude ædificata et finita est, *ibid.* Incenditur, *ibid.*

Carus imperator, 913.

Caspii, senes mortuos projiciunt bestiis, 335.

Cassandra vates Apollinis et Junonis virgo, 507.

Cassiani Valentiniani opusculum, 879.

Castitas semper prælata nuptiis, 165. Ejus privilegium, 484.

Cataphrygarum hæresis exordium, 881.

Catilinæ sententia, 510.

Catonis Censoris uxor, 516. Catoniana severitas, 469 Superbia, 726. Catonis exemplum, 335. Cato vir Marciæ, 512.

Cecilius presbyter convertit Cyprianum ad fidem, 907.

Celsus inimicus Christi, 823. Adversus Celsum et Porphyrium multi scripsere, 869.

Censor iniquus, quis? 562.

Cerberus, 387.

Cereales, 336.

Cerei in templis quare accensi? 394. Ad Evangelii lectionem accenduntur, quare? *ibid.*

Cerinthus, 843, 200. Ebionem habuit successorem, 197. Evangelia laniavit, *ibid.*

Certa non sunt dimittenda, ut incerta sectemur, 400.

Certamen qui aufert, aufert coronam, 784. Quamdiu vivimus, in certamine sumus, 747.

Chalannæ, sive Babyloniæ turris, 88.

Chalchiœcus virgo, 506.

Charitatis dignitas, 491. Servetur a nobis patienter et leniter charitas animi, vinculum fidei, concordia sacerdotii, 199.

Charybdis, 563. Insatiabilis vorago, 351.

Cheræmon multa narrat de sacerdotibus Ægypti, 542, 543.

Chnum Ægyptium monasterii nomen, 89.

Christianorum erat mos, cœlestia contemplari, et semper orare Deum, 849. Quid procul debet esse a moribus illorum, 369. Quid Roma non potuit Christianis exprobrare, 509. Apud Christianos vitium est magnum, turpe quid narrare vel facere, 224. Non ad ostentationem, sed ad ædificationem eis loquendum est, 335. Gladius, votum Christianorum, 5. Fortitudo non convenit Christiano, 341. Sanitas absque viribus nimiis necessaria est ei, *ibid.* Pœnæ Christianorum qui salvantur, 726. Omne quod non licet Christiano, commune est tam episcopo quam laico, 174. Quem hæreticum dixeris, Christianum negasti, *ibid.*

Christus numquam fuit sine Spiritu sancto, 179. Secundus et cœlestis Adam dicitur, 375. Unus Christus et unus Deus omnibus Christianorum ordinibus, 173. Stultitia illius sapientiam veterum contempsit, 425. Solus sine peccato, 321. Omnia posse, illius est, et illi servatur, 760. Solus omnes virtutes habuit, 719. Brachium illius salutem præbuit, 774. Christus fuit in utero beatæ Mariæ decem mensibus, 206. Solus clausas portas vulvæ virginalis aperuit, 745. Natus in carne Ecclesiam plantavit, 195. Assumpti hominis veritas in Christo, 758. Aliquid in carne, et propter carnem non potuisse narratur, *ibid.* Quidam Patres minus caute locuti sunt de divinitate Christi ante hæresim Arianam, 509. Carnem naturæ humanæ et animam suscepit, 493. Hanc confitentur dæmones, *ibid.* Fit quæstio de anima illius, *ibid.* Christus virgo de virgine, de incorrupta incorruptus, 249. Imitemur ejus conversationem, qui non possumus imitari nativitatem, *ibid.* Christus candidus in virginitate, rubicundus in martyrio, 287. Præco virginitatis, 268. In carne virgo, in spiritu monogamus, 265. Lavacro suo mundavit aquas, 179. Omnes, exceptis paucis, illum æstimabant filium Joseph, 209. Caro Christi mensuram fragilitatis suæ excedere non potuit, quare? 758. Carnis detrimenta non pertulit, 795. Injuriam ejusdem superavit et fragilitatem, 786. Dolores sentit, 778 Diem et horam consummationis ultimæ ignoravit, 758. Quomodo in monte transfiguratus, 457. Infidelitatis locum declinat, retinetur, 757. Cur Christus, cum cæteris Judaicam conversationem secutus est? 505. Licet frequens in prandiis, nec gulæ scribitur servisse, nec ventri, 352. Secundum quod filius est hominis, sententiam temperat, 757. Sub persona assumpti hominis quid loquitur? 747, 748. Usus est Hebraicis Scripturis, 528. Christus expressit mysterium in typum suæ passionis, 332. Homo passurus, hominis loquitur verbis, 758. Quomodo oravit in cruce, 799. Hunc crucifixum illuserunt Judæi, et honoraverunt Gentiles, 195. Redempti sumus sanguine et passione illius, 265.

Christus quidquid fecit post resurrectionem suam, vere et in veritate fecit, 444. Quod ab oculis repente evanuit, virtus Dei est, non umbræ aut phantasmatis, *ibid.* Post illam comedit, ut probaret veritatem corporis sui, 352. Respondetur quærentibus, cur Christus non agnoscebatur post resurrectionem suam? 443. Cognitus et non cognitus idem semper erat, *ibid.* Salvavit omnia, ut omnis mundus subjiciatur Deo, et illius clementia conservetur, 774. Subjiciendus est patri secundum dispensationem carnis assumptæ, 715. Quomodo cum illo unum sumus? 571. Quanto sunt humiliora quæ pro nobis passus est, tanto plus illi debemus, 226. Fratres Christi eodem modo æstimentur, quo Joseph æstimatus est pater, 224. Omnia pavebunt ad adventum illius, 774. Gloria ejusdem, et interitus Satanæ, 7. Christus verus Salomon, quales habet armigeros, 285. Ad quos pergit, *ibid.* Sub Christo imperatore, quis gloriosior, 295. Extremitatem temporum retraxit ad principium, 268. Nihil desiderat de his quæ videntur, 857. Nudum Christum nudus sequere, 756. Hoc ludus non est, nec jo-

INDEX RERUM ET SENTENTIARUM.

cus, *ibid*. Hæresis Christum ante incarnationem negans, 889. Hæretici erraverunt non intelligentes mysterium nativitatis Christi, 745. Cur Marcion asserit nativitatem Christi fuisse in phantasmate? 444. Hæretici asserentes resurrectionem Christi fuisse in phantasmate, et nativitatem ejus putativam, 431. Arianorum blasphemiæ in Filium et in Spiritum sanctum, 181, 184.

B. Chromatius, 526. Hieronymi Præfatiuncula ad eumdem, 521.

Chryseis vates Apollinis et Junonis virgo, 307.
Chrysippus inter spineta versatur, 471. Contorta ejusdem acumina, 487. Præcipit nuptias, quare? 318. Inter Chrysippum et Diadorum contentio, 702. Juxta Chrysippum potest quis perfecte carere passionibus, 749.
Chrysogonus sectator Rufini, 488. Multa objicit Hieronymo, quibus respondet sanctus doctor, *ibid*.
Chrysophora, sancta femina, 869.
Cibus tenuis necessarius sanitati, 341. Commendatur, 340. Cibus facilior qui sustentat corpus, 339. Eorum cupiditas, quid operatur? 337. Cibi exquisiti majorem pœnam habent in inquirendo quam voluptatem in abutendo, 340. Viris duro operi mancipatis qui cibi conveniant, 332.
Cicatrix male obducta, incocto pure, dirumpitur, 191.
Ciceronis sententia, 717. Orationes ejus pro Vatinio, etc., 565. Libri Ciceronis quinque disputant de Passionibus, 749. Commentarii in Dialogos illius, 472. Ciceronis Brutus, vel Catalogus Oratorum, 825. Quorum dogmata discuntur in Cicerone? 565. Repudiavit Terentiam uxorem, et aliam nubere contemnit, 516. Lingua ejus a Fulvia confoditur, 569.
Cilicia de filis Caprarum, 98.
Cimices dolorem faucium et urinæ difficultatem depellunt, 332.
Circumcisio secunda cum petrino cultello, 270.
Curatorum turba quid solet decantare, 473.
Cisternam Syri Gubbam vocant, 6.
Claudia virgo Vestalis, 307. Claudiæ, 320.
Claudius, 847.
Claudius episcopus legit blasphemias, quæ Valentis ferebantur? 190. Multa proponit Valenti damnanda, *ibid*.
Cleantis sapientia, 487.
Clearchus, quid scripsit de Platone? 309.
Clemens Apostolorum discipulus post Apostolos episcopus Romæ fuit et martyr, 859, 507. De ejus libris, quid refertur? *ibid*. Nonnulla habent hæretica, *ibid*. Defenditur, 509. Scripsit Epistolas, 258. Stylus Epistolæ Clementis ad Corinthios convenit characteri Epistolæ ad Hebræos, 855. Ecclesia ejus nomine Romæ exstructa, *ibid*.
Clemens Alexandrinæ Ecclesiæ, magister Origenis, 877. Scripsisse dicitur, Filium Dei creatum esse, 508. Defenditur, *ibid. et* 509. Clemens quid solebat dicere, ut probaret quod dicebat, 469. Clementis testimonium de Jacobo, 831. Quid scripsit in sexto, Ὑποτυπώσεων libro, 843. Notatur, 903.
Ad Clementiam natura hominum prona est, et in alieno peccato sui quisque misereatur, 407.
Cleobulina, 320.
Clericorum cœlibatus, 388. Ecclesia non recipit nisi virgines sint aut continentes, *ibid*. Ne lucra sæculi in Christi quærat militia, 264. Sit hospitalis, *ibid*. Quidam sunt caupones, 229. Clerici et Monachi majori honore hospitio suscipiendi, 63.
Clytemnestra occidit virum ob amorem adulteri, 517.
Collecta fratrum congregatio in unum locum, 58 *et* 72. Item ipsius quoque loci vocabulum, 71. Collectæ fiebant die Dominico, 398.
Cochebas dux factionis Judaicæ in Christianos sævit, 865.
Codicis Latini depravatio, 260. In Latinis codicibus quid non invenitur? 261. Quid male legitur? 297. Latinorum codicum non probata interpretatio, 281. Quid in plerisque codicibus antiquis additum non est, 747. Palæstini codices, quos ab Origene elaboratos quidam vulgarunt, a quibus leguntur, 523.
Cœlebs, unde dictus? 381.
Cœlum non repromittitur in veteri Testamento, 728. Primum prædicatum est in Evangelio, *ibid*. Cœlestium virtutum ordines, 369. Eadem cœli plaga tribus nominibus appellatur, 219. Qui nihil cœleste possunt cogitare, 341.
Cogitatio et sensus dantur a Deo, 777. Propriæ mentis cogitationes sæpe sermo non explicat, 407. Tacita cogitatio non latet scientiam Dei, 751. Nostra cogitatio quando confirmatur? 791.
Colubri pellis dolorem aurium mitigat, 532.
Columba pacem terræ nuntiat, 195. Duo pulli columbarum oblati pro Christo, 303.
Comici sententia, 536, 650.
Commentariorum mos et regula, 541. Quid operis habent, 471. Commentariorum Scriptores, 472. Commentarii

A in Terentii Comœdias, 371. In Orationes Ciceronis, *ibid*.
Commentatoris officium, 477.
Comparare et emere, quid differunt, 537.
Comparatio inferioris, superioris injuria, 239.
Conclusionum septem modi, 486.
Concordia oppidum Italiæ, 889.
Concubinarum fides, 311.
Concupiscentiæ sepulcra perseverant, 335.
Condemnatur nemo in eo, quod facere non potuit, 741.
Conditionem nostram ex historia discimus, 777. Unaquæque res de suo statu et conditione Creatori non invideat, 715.
Confessores sub nomine Athanasii exsules, 191.
Confidendum, nec in sapientia nostra, nec in ullis virtutibus, sed in solo Domino, 791.
Quid Confingunt nonnulli audaci temeritate, 226.
Confiteri debemus vitia nostra, 765. Qui peccata simpliciter confitentur, merentur humilitate clementiam Salvatoris, 734.
Conjugia Ecclesia probat et dispensat, 306. Conjugati assumpti in Apostolatum, relinquunt conjugale officium, 277. Hæretici damnant conjugia, 506.

B Conscientiæ cruces, 765.
Consilii differentia et præcepti, 256.
Constans Galliarum princeps, 925.
Constantia sancta femina pergit ad Hilarionem ægrotantem, 59. Olei unctione filia ejus, et gener curati, *ibid*. Dolore mortua est propter corpus hujus sancti furatum, *ibid*. Solita erat pervigiles in sepulcro ejus noctes ducere, *ibid*.
Constantinopolis Luciani martyris exemplaria probat, 522.
Constantinus imperator, et Constantius, 929.
Constantius rex Arianæ hæresi favens, per bestiam indicatus, 191. Sub rege Constantio quid factum? 188. Successor Constantii, quis? 191.
Consulatus viros illustrat, 319.
Contemnenda non sunt quasi parva, sine quibus magna constare non possunt, 553.
Continentia perfecta omnes virtutes sustentat et protegit, 300. Continentia et pudicitia commendantur, 269.
Convenarum urbs, 390.
Conversationem veterem deponamus, et arripiamus novam, 300.
Corinthiorum propositiones factæ ad Apostolum, 243.

C Corneliam pudicitia æquavit Graccho, 319.
Cornelius pater monasterii Mochanseos, 85.
Cornelius dedicavit Ecclesiam in Cæsarea, 301.
Cornelius quo tempore martyr occubuit, 3.
Cornelii tribuni seditiosi defensio, 419.
Cornelius Nepos, quid refert? *ibid. V.* Nepos.
Coronam accipiet, qui in hoc sæculo victor exstiterit, 782.
Corpus non manet in uno et eodem statu naturæ, 340. Totum corpus, dolore unius membri cruciatur, 715. Quamvis sanum et robustum raro caret infirmitate, 794. Interdum pituitæ molestiam patitur, ut fiat firmissimum, *ibid*. Nullum datur quod careat omni infirmitate, *ibid*. Absque gustu et cibis impossibile est humanum corpus subsistere, 359. Corpus mortis quod sit? 481. Corpus cœleste, et corpus terrestre, 453.
Correptio vivificatio est, 802. In corripiendo, sumus adulatores divitum, 775. Non est necesse, in multorum scandala ruinauique proferri, quæ secreto aut corripi possunt, aut emendari, 554.
Corruptio et incorruptio ad quid pertinent, 298.
In Crapulam invectio, 339.
Crassus, 471, 556. Semel in vita risisse dicitur, 486.
Crates Thebanus aurum projecit in mare, 358.
Qui tollit Creatoris artificis varietatem, diversitatem rerum, et gratiarum distantiam? 715. Quod majus est tribuitur Creatori, quod minus denegatur, 446.
Creatura omnis excepto Deo sub vitio est, 572. Peccato subjacet, et indiget misericordia Dei, 714.
Creati boni sumus a Deo, nostro vitio lapsi, 284. In usus hominum cuncta sunt creata, 330. Minus est restituere quod fuerit, quam facere quod non fuit, 440.
Qui pure credit, debet pure loqui, 409. Quæ est ista simplicitas, nescire quod credas, 527.
Crescens Cynicus sectator libidinum, et hostis Christianorum, 865.

D Criminum objectiones, non chartæ Ecclesiasticæ, sed libelli judicum debent continere, 569.
Crispi Cæsaris, filii Constantini, magister quis? 919. Hic Crispus a Patre interfectus fuit, *ibid*. Dictum Crispi, 13.
Crœsus notatur, 536.
Crudelitate quasi pietate uti.
Crucis vexillum et prædicationis austeritas idolorum templa destruxit, 367. In illa de hostibus triumphamus,

226. Hæc objectum professionis, et fidei nostræ, *ibid.* Crux Christi non est facilis, 756. Signum Crucis laudatum. Armat frontem, 6. Vox impia Crucem Christi evacuat,186.
Pro Ctesiphonte oratio, 520.
Cuculli monachorum habebant signa Monasterii, et Domus, 68 et seq.
Curius, 37. Curii paupertas, 542.
Cyclades, 551.
Cyprianus semper permansit in communione Stephani Romani Pontificis, 198. Nonnulla ex eodem citantur quæ id probant, *ibid.* Numquam anathematizavit eos, qui illum sequi noluerunt, *ibid.* Ad Jubaianum de hæreticis rebaptizandis scripsit, 199. B. Cyprianus reprobans baptisma hæreticorum, Africanam de hac re synodum congregavit,196. Carthagine sanguinem fudit, 4. De persecutione hujus temporis, quid dicit? *ibid.* De S. Cypriano, quid dictum? 891. Vox ejusdem, 410. Epistolæ Cypriani in quibus laceratur Stephanus , 200. Opus ejusdem ad Quirinum , 729. Fabula de Cypriano martyre, 513.

D

Dæmones unum Deum credunt, et contremiscunt, 522. Dæmonum discursus, 592. Fallaces sunt, et callidi, 24. Nolunt pravos vulnerare, sed rectos corde, 766. Voces Dæmonum resonabant in Templo antiquissimo, 58.
Dæmoniacus puro sermone Syro loquitur, quamvis linguam ignoraret, 25.
Dalmatiæ insulæ, 555.
Damasus papa, 415.
Per quod Danaes victa est pudicitia, 554.
Daniel adhuc puer, quomodo notus populo? 554. Per jejunium fuit horribilis leonibus, 540. Quid juxta hypothesim dictum est de Daniele, Noe et Job? 276. Ecclesiæ Christi Danielem legebant juxta Theodotionis editionem, 527.
Darius rex Medorum dives, 554.
David virtus animi mansuetudo, 713. Reges multi conservati sunt virtutibus David patris sui, 767. Desertus est parumper fragilitati suæ, 764. Multis aliis bonis sua vitia compensavit, *ibid.* In quo fuit vir sanguinarius, 274.
Debemur non ei cui nascimur, sed cui renascimur, 556. *V.* Esse.
Qui decipiunt seipsos, 558.
Decius et Valerianus persecutores Christianorum, 5. Animas cupiebant jugulare, non corpora, *ibid.*
Decuriones notati, 24.
Versari in Deliciis, et deliciarum vitiis non teneri impossibile est, 558. Non putentur beati, qui felicitate istius sæculi et deliciis perfruuntur, 555.
Delicta per ignorantiam, 750. Pro his jubet Ecclesia hostias offerri, *ibid.* et 741. *V.* Ignorantia, Peccatum, Crimen.
Demetrianus cujus auditor? 919.
Demetrius Alexandriæ episcopus, 875. Offenditur de ordinatione Origenis, 895. Ab Origene laceratur, 509.
Demetrius Judæus scriptor contra Gentes, 879.
Demosthenes. Amor studii in illo quantus. 475. Demosthenis Oratio pro Ctesiphonte translata a Tullio, 520. Demosthenes et Æschines contra se invicem fulminant, 471.
Demotio Areopagitarum princeps, 507. Ejus filia virgo se interfecit, *ibid.*
Denarius unus quid significat? 574.
Denegare solent nonnulli clausis oculis, qui non credunt factum esse, quod nolunt, 193.
Deosculatio pro veneratione apud Hebræos, 475.
Derbicum mores in parentibus senibus, 555.
Desiderius quid petit ab Hieronymo? 589.
Non Desperandum, licet post baptisma peccemus, 525.
Alium Deum bonum, alium justum finxerunt hæretici, 152.
Detractorum malitia, 524.
Deus solus est immortalis, 749. Solus verax, omnis homo mendax, 799. Solus Deus est sine peccato, 771. Solus est sapiens, 750. Ejus nutu omnia gubernantur, 698. Ex illius cuncta pendent judicio, qui Creator est omnium, 751. Deo cuncta possibilia sunt, 720. Dei velle, fecisse est, 427. Potentia Dei commendatur, 440. Potest quidquid voluerit, 785. Clementia Dei. Eadem conservamur, 752. Omnium Creator est, 697. Animarum simul et corporum est conditor, 497, 559. Non est superfluorum artifex, 552. Dei opera in veritate et justitia, 779. Deo omnia vivunt, 11. Præscientia Dei, 477. Nihil possumus celare Deum, 777. Ira Dei justa est, 747. Comminatio Dei interdum clementiam sonat, 714. Dei comparatione nulla creatura potest esse perfecta, 710. Deum nemo vidit in hoc sæculo, 797. Aliud est voluntas Dei, aliud indulgentia, 298. Voluntas Dei non discutienda, sed cum gratiarum actione patienda est, 766. Non possumus Dei scire judicia, et ex nostro arbitrio, illius sententiæ præjudicare, 284. Cur voluit sibi offerri victimas? 776. Non voluntate, sed idolorum comparatione illas præcepit, *ibid.* Impietates sinit fieri ad punienda peccata, 780.
Deus quomodo erit omnia in omnibus, 715. Similitudo Dei et vera contemplatio, quando repromittitur, 796. Non æque omnes inhabitat, 576. Semper in nobis majora desiderat, 764. Quomodo unum sumus in illo? 378. Sermones Dei per se suavissimi sunt, 771. His non acquiescere, peccatum est, 770. Quid coronat in nobis? 787. In adimpletione temporum recapitulavit omnia, 267. Deus præsentia judicat, non futura, 788. Non condemnat ex præscientia quem noverit talem fore, qui sibi postea displiceat, *ibid.* Tantæ bonitatis est, ut eligat quem scit malum futurum, *ibid.* Domini custodienda substantia, 565.
Deuteronomii liber enumeratio est præteritorum, 755.
Dexter postulavit ab Hieronymo indicem Auctorum Ecclesiasticorum, 816. Dexter, 825.
Diabolus et filiæ ejus insatiabiles, 282. De Scripturis aliqua locutus est, 242. Nihil tutum apud illum, insidiæ ejus ineffabiles, 44. Numquam aperta fronte se prodit, 45. Etiam jumenta corripit hominum causa, 25. Antidotum Christi contra venena diaboli, 242.
Dialecticorum tendiculæ, 206.
Diana virgo permansit, 507. Dianæ templum incensum, 225. De auctoritate hujus incendii quid refertur? *ibid.* Dianæ Tauricæ sacerdotes et Vestæ, 507.
Dicæarchus in libris Antiquitatum quid refert? 542.
Dictum egregium nobilis Romani, 517.
Didonis historia et laudes, 310.
Didymus laudatur, 106. Ejus liber de Spiritu sancto, 107 et seqq. Præceptor Hieronymi Alexandriæ, 105. Fuit assertor Origenis, 462, 507. In Trinitate Catholicus est, *ibid.* Librum edidit de Spiritu sancto quem transtulit Hieronymus, *ibid.* In eo quædam laudantur, quædam damnantur, 556. Diversus est ab Apollinario et in dogmate, 545. Libri tres Didymi in Osee, 558. Explanat et ediserit translationem Judæorum, 528. Liber Didymi ad Rufinum, *ibid.* Didymus, 469.
Dies sex hujus sæculi labori destinantur, 566.
Digamia primis nuptiis subjicitur, 262. De ea quid dictum? *ibid.* et seq. A multis avibus reprobatur, 285.
Digamus in clerum non potest eligi, 265.
Digitorum conjunctio et inæqualitas, 240.
Dignitatum inter homines ordo ex laboris varietate diversus est, 480.
Dilatio non est damnum, ubi certior fit ex dilatione victoria, 240.
Dilemma ex carnificum officina et meditatione prolatum, 555.
Dilemmaton decidens in grande blasphemiarum baratrum, 787.
Diligentes quos vocamus, 481.
Diligentia nimia suspiciones facit, 409.
Diocletianus, 915.
Diodorus Socraticus filias insignis pudicitiæ habuisse narratur, 509. Inter Diodorum et Chrysippum contentio, 702.
Diogenes in quo famosus, 544, 545. Toros Platonis lutatis pedibus cur conculcavit, 516.
Dionysius Corinthiorum episcopus, 867.
Dionysius Romæ presbyter, postea episcopus, 895.
Dionysius episcopus Diospoleos, 452.
Dionysii quatuor volumina contra Sabellium, 508. Delabitur in dogma Arianum, *ibid.* Defenditur, *ibid.*
Dioscorides, 552.
Discipulus nemo potest prius esse quam magistrum audiat prædicantem, 186. Absurdum est ut discipulus ad magistrum vadens ante sit artifex quam doceatur, 184. Adversarius vincitur, discipulus docetur, 185. Christus paucos habuit discipulos, Pharisæi multos, quid inde concluditur? 580. Discipulus imitans vitia magistri, 556. Quidam inerudite sapientes remanent, dum nolunt Discere quod ignorant, 475.
Disputationis ordo, et ratio veritatis, 699. In Ecclesiastica disputatione, anilium jurgiorum deliramenta vitentur, 552. Nullus catholicorum in disputatione sectarum, turpitudinem ei, adversus quem disputat, objecit, 569.
Dissensio aliquid habet humanæ fragilitatis, 765.
Dissolutis quæ conveniunt, 558.
Ubi proprietas singulorum, ibi altrinsecus Diversitas, 249.
Divitum misera conditio, 15.
Divitiæ cur quæruntur, et earum usus, 541.
Doctores Christiani debent latrare pro Christo, 869.

INDEX RERUM ET SENTENTIARUM.

A

In Dogmatibus et quæstionibus disserendis, non persona, sed causa quærenda est, 781.
Dogma Gentilium, et ex parte Platonicum, 424.
Dominicus homo quo sensu Christus dictus sit, 157.
Domitianus princeps, 280. Relegavit Joannem Evangelistam, *ibid.* Persecutio Domitiani, 845. Occisus fuit, et ejus actus a senatu rescissi, *ibid.*
Domnion quid indicavit Hieronymo, 654.
Domnius ad Judæos declinavit, 883.
Donatus de quo accusat Christianos, 929.
Africa et Numidia sua persuasione deceptæ, *ibid.* Donati præceptoris Hieronymi Commentarii, 472.
Donec et usque adverbia sensu Helvidii, 210. Eadem exponuntur ab Hieronymo, *ibid.*
Dona Christi diversa sunt, 250.
Dotes corporis et animi, aliæ sunt in nonnullis, et aliæ in aliis, 720.
Dositheus Samaritanorum princeps Prophetas repudiavit, 197.
Dracontius episcopus, ubi exsulabat, 30.
Visitatur ab Hilarione, *ibid.*
Duilius primus Romæ navali certamine triumphavit, 512. De eo quid dicitur? *ibid.*
Dulcedo simulata, virus pessimum tegit, 463.

E

Ebion successor Cerinthi rejecit Evangelia, 197. A Scriptoribus antiquis impugnatur, 225. Ebion, 200.
Ebionitarum dogma, 843.
Ebiymius, vel Ebiymium, vox Ægyptia, sive Coptica, loci nomen, sive pulpiti ejus, qui præcinebat, 58.
Eboris segmenta, in medelas varias assumuntur, 554.
Edessa, 45.
Editiones Quinta, Sexta, et Septima, 893. Quinta editio ubi et a quo reperta, *ibid.* Editiones Judæorum translatorum emebantur magnis sumptibus, 528. Has edisserebant Patres, ibid. *Vid.* Versiones.
Edom aut *terrenus* interpretatur, aut *cruentus*, 442.
Ecclesia universalis esse debet, non ad angulum constituta, 186. In corpore Ecclesiæ Christus caput est, 713. Quibusdam repugnantibus membris, corpus capiti non est subjectum, *ibid.* Super Petrum stabili mole fundata est, 707. Nec impetu fluminis, nec ulla tempestate concutitur, *ibid.* Diversitas mansionum Arcæ Noe, præfiguravit varietatem Ecclesiæ, 267. Ut in Arca omnium animalium genera, ita in Ecclesia homines sunt universarum Gentium, et morum, 193. Maxima elementa Ecclesiæ, 883. Leviora præcepta data rudi adhuc Ecclesiæ, 290. In Ecclesia Dei, simplicitas est, et pura confessio, 192. In uno Ecclesiæ corpore, membra sunt diversa, 711. Ecclesia divitiis major, virtutibus minor facta est, 41. In illa permanendum est, quæ ab Apostolis fundata, usque ad diem hanc durat, 201. Ordines Ecclesiæ, 369. Gradus, 195. Ecclesia credentium Christo talis fuit, quales nunc Monachi esse nituntur, 847. Periclitatur in mundo, 195. Quos adversarios habeat, 598. De omni Ecclesia quid sentiendum est? 194, 195. Viros maximos ac doctos semper habuit Ecclesia, 823.
Ecclesiasticorum Candida vestis, 727. Ecclesia multis gradibus consistens, presbyteris episcopisque finitur, 195.
Ecclesiastes liber multa suggerit de natura rerum, 558.
De illo multa ambiguitas, 751.
Eleemosyna. Non statim qui extendit pauperi manum, Deo feneravit, 188. In eleemosyna quærimus vanam gloriam, 754. Rarus qui ea mente non faciat, *ibid.* Consuetudo eleemosynarum apud Hebræos et Christianos, 399. Quibus potissimum sunt facienda, *ibid.* Nemo melius erogat, quam qui sibi nihil reservat, 21.
Elementa quatuor sunt, e quibus omnes res compactæ, 451.
Apud Eleusinam quibusdam cibis abstinere, solemne erat, 344. Præcepta tria in templo Eleusinæ, *ibid.*
Eleutherius Aniceti diaconus, postea Romanus episcopus, 865.
Elias interpretatur *fortis Domini*, 408. Virtus Eliæ, zelus, 713. Elias et Elisæus stulte positi in catalogo maritorum, 275. Ante immortalis fuit, quam mortuus, 348. Quid meruit jejunio? 349. Raptus est carneus, 437. Elias et Enoch nondum mortui, 794. In eadem permanent ætate, qua rapti sunt, 440. Vitio non caruit, 767.
Elisæi duplex spiritus, 370.
Elisabeth et Zacharias inferiores sunt sanctitate beatæ Mariæ, 712
Elocutionis genus frequentissimum, 567.
Eloquentiæ vis ac proprietas, 420. In æternum nomen effert, 319. Eloquentia Attico flore variata, 501.
Elusa, urbs semibarbara, 26.
Emmaus, appellata est Nicopolis, 905.

Emere et comparare, quomodo differunt, 537.
Empedocles, 565, 567. dogma ejusdem, 551.
Encratitæ, unde, 869. Error horum, 274.
Enoch, cur translatus? 266. Translatus est in carne, 437. Enoch et Elias nondum mortui, 794. Et coloni paradisi 437. Quo cibo vescuntur, *ibid.* Liber Enoch apocryphus, 853. De eo Judas Apostolus sumpsit testimonium, *ibid.*
S. Ephræm scripta in ecclesiis quibusdam recitabantur, 945. Laudatur, *ibid.*
Epicurus voluptatis assertor revocat a nuptiis, 317. Quid docet de cibis? 340. Epicuri damnata sententia, 553. Luxuria, 387. Epicurus, 244, 558.
Epicuræi contemnunt logicam, 487.
Epidaurus Dalmatiæ oppidum, 33. Quid prædicat usque hodie? 36
Epiphanius insignis Ecclesiæ sacerdos, 416. Quinque linguas noverat, 537. Pater dicitur episcoporum, et reliquiæ sanctitatis antiquæ, 419. Epiphanii patientia, 420. Prudentia, 430. Humilitas et charitas in Joannem Hierosolymit., 414. Epiphanius probans verba Joannis Hierosolym. sese purgat a suspicione hæreseos, 418. Veneratio populi in Epiphanium, *ibid.* Laudatur, 411. Venit Hierosolymam, 561. Epistolæ Hieronymi ad illum, *ibid.* Ubi recepit Hieronymum, 551. Epiphanius loquens contra Origenem, a quibus deridetur, 417. Epiphanius a Rufino læsus, 552. De quo accusatur? 504. Epistolæ contra Epiphanium, 545. Laudes Hilarionis scripsit, 13. Nonnulla Epiphanii verba referuntur, 553. Ejusdem epistola furto sublata, *ibid.* Epiphanius propter res, et propter verba legebatur, 941. Plures ejusdem epistolæ, quibus scriptæ, 434. Epiphanii litteræ ad Siricium, 421. Adversus Origenem, 468.
Episcopos et presbyteros vult Deus tales esse quales Paulus docet, 717. Non ideo rejicientdi, si sint in quibusdam reprehensibiles, 718 et seq. Sola virtus episcopos et presbyteros beatos efficit, non dignitas, 293. Et quid convenit? 718 et seq. Ad episcopum pertinet manus imponere baptizatis, 181. Quare talis impositio ei reservatur? *ibid.* Reservatur ad honorem potius Sacerdotii, quam ad legem necessitatis, *ibid.* Ecclesiæ lumen est episcopus, 175. Condimentum est totius mundi, et propriæ Ecclesiæ, *ibid.* In Ecclesia constituitur, ut populum coerceat ab errore, 176. Populorum zelus et amor in episcopos usque ad pene interemptionem deponentium illos, 192. Episcopus non sibi tantum luceat, sed omnibus prosit, 176. Non prodest illi conscientia virtutum frui, nisi creditum sibi populum possit instruere, 292. Ejus pudicitia qualis esse debeat, *ibid.* Non sufficit episcopo propriam habere pudicitiam, nisi ea filiorum et comitum, et ministrorum pudore decoretur, 718. Timeat incurrere pœnam Heli sacerdotis, *ibid.* Nullus aut rarus est episcopus, qui omnia habeat quæ habere docetur, 719. Si unum vel duo de catalogo virtutum ei defuerit, non ideo carebit justi vocabulo, *ibid.* Episcopus si ceciderit, difficile impetrat veniam, 175. Tunc non prodest populo, 176. Episcopus, presbyter, diaconus, non sunt nomina meritorum, sed officiorum, 292. Iis quid convenit, *ibid.* Quis episcopus bene sibi conscius patitur se deponi? 192. De episcoporum sententiis non judicat Hieronymus, nec cupit eorum decreta rescindi, 546. Quando vocatur Antichristi discipulus, 176. Afri episcopi propter ecclesiasticas causas congregati, 417. Exsules redeunt ad Ecclesias per indulgentiam Juliani, 191. In recipiendo episcopum ex hæresi revertentem, universa cui præest provincia, Ecclesiæ sociatur, 174. Episcopi qui non ordinant diaconos, nisi prius uxores duxerint, 388. Decepti, 189 et seq.
Epistola ad Hebræos, cujus creditur, 857. Non habebatur apud Romanos, 899. Epistola Pauli ad Laodicenses ab omnibus explosa, 859. Epistolæ Pauli ad Senecam, et Senecæ ad Paulum, 851. Epistolæ Biblinæ, 754.
Epularum largitas corpus frangit et animam, 541. Bella et subversiones urbium epularum deliciis excitantur, 540
Equi Circenses nutriti ad celebrandum felicem Sabinarum raptum, 22.
In Eremo Syriæ, quid vidit Hieronymus, 5. Eremus Chalcidis, 42.
Erichthonius de solo æstu libidinis generatus, 247.
Eriphyla, cur virum suum prodidit? 517.
Errore nullus qui non capiatur, 748. Natura hominum est defendere errorem suum, 191. Quantus est error in populo cum errat ipse qui doceat, 176.
Esau degeneravit, quare? 428.
Esdras, Pentateuchi instaurator, 212. Liber Apocryphus sub nomine Esdræ proponitur, 595.
Aliud est Esse posse, aliud est esse, 701.
Omne quod dicitur aut Esse, aut non esse, inter bona vel mala deber numerari, 699.
Essenorum vita, 343.
Esther quomodo sententiam Artaxerxis correxit, 474.

Etesii venti, 331.
Eubulus scripsit historiam Mithræ, 344.
Eucharistiæ Corpus Domini in Ecclesia, 191. Illud attrectabant episcopi, 175. Ministrabatur populo de sublimi loco, *ibid.* Sumptio corporis Christi, 800. Mundi debent sumere, 269. Illud æqualiter accipimus, licet pro meritis accipiendum diversum sit, 364. Prima communio Corporis Christi post baptismum, 800. Eucharistia Domini cum cautione sumenda, 754.
Eunomius, 508. Auctor est hæreseos contra reliquias, 395. Ejus sectatores Basilicas Apostolorum et Martyrum non ingrediuntur, et libros illius majoris auctoritatis arbitrantur, quam evangelia, 395. Dogma Eunomii de Christo, 512. Dogma ejusdem, 507. Eunomi ἄθεος hæresis, 416.
Eunomianorum et Arianorum hæresis totum Orientem possedit, 411.
Eunuchi illi placent, quos castravit non necessitas, sed voluntas, 257. Typus eunuchorum voluntate, qui? *ibid.* Eunuchus reginæ Candacis ob robur fidei, viri nomen obtinuit, *ibid.*
Euphorbus renatus esse perhibetur, 387.
Euphranor, 911.
Eupolemus Judæus quid scripsit? 879.
Euripides quid refert? 344. Euripidis Tragœdiæ, in mulieres sunt maledicta, 317.
Europa et Asia decennali bello confligunt, *ibid.*
Eusebius consul, 188.
Eusebius episcopus Nicomediensis, 192.
Eusebius episcopus Cæsareæ Palestinæ, 192. Princeps eorum dicitur, 505. Ostendit Origenem Arianæ perfidiæ fuisse, *ibid.* Sex libros scripsit pro Origene, 464, 541. Scripsit vitam Pamphili martyris, 465. Explanat et edisserit translationem Judæorum, 528. Scripsit adversus Porphyrium, 527. Libri Eusebii præferentes apertam blasphemiam de Filio et Spiritu sancto, 418. Quid dicebat, ut approbaret quod legerat, 469. Scripsit pro Origene, 905. In ejus scita concedit, 508. Eusebius quos codices Origeni tribuit, 525. Quid Eusebius objiciebat Methodio martyri, 466. Ubi disputationem Petri et Apionis coarguit, 855. Eusebius ab Hieronymo laudatus, et Opuscula ejusdem translata, 466. Decem libri ecclesiasticæ Historiæ Eusebii Pamphili adjumento fuerunt Hieronymo, 821.
Eusebius Cremonensis, 554, 561. Mittitur in Occidentem, 554. Epistola Eusebii quid habet, 418. De cubiculo Eusebii monachus furatus est epistolam, 554. Defenditur idem Eusebius, *ibid.*
Eusebius Vercellensis de exsilio in Italiam redit, 191.
Eusebius Vercellensis, 194.
Eusebius Emisenus, 192.
Eustathio falso imputantur filii, 569. Ubi exsul fuit ille, et sepultus, 925.
Eustathius Sebastenus, 927.
Eutychius, 411.
Euzoius diaconus, et postea sub Theodosio Antiochenus episcopus, 192.
Eva, typus Ecclesiæ, 427.
Evagrii Iberitæ sententia impia, 693.
Evangelium non est ante crucem Christi, 277. Passione ejus et sanguine dedicatur, *ibid.* Legi præfertur, 283. Et præferendum, quare? 729. Gratia Evangelii successit, quia in lege nemo potuit justificari, 797. Aliud est in lege versari, aliud in Evangelio, 274. Umbra in lege, veritas in Evangelio, 728. In Lege sapientia carnis, in Evangelio sapientia spiritus, 285. Servivimus in legem Adam, serviamus in Evangelio Christo, 298. Si damnatur in lege ignorantia, quanto magis in Evangelio conscientia, 754. Hæretici qui Evangelia laniarunt, 197. Explicantur hæc verba Evangelii, *Facilius est camelum per foramen acus,* etc., 703. In Codicibus Græcis in fine Evangelii juxta Marcum quid scribitur? 758. In Græcis et Latinis secundum Lucam quid reperitur? 760. Evangelium juxta Hebræos, Chaldaico Syroque sermone, sed Hebraicis litteris scriptum, 782. Nazareni eo utuntur et nonnulla ejusdem referuntur, *ibid.* Habetur in Cæsariensi bibliotheca, *ibid.* Evangelium Hebræum in Græcum et Latinum vertit Hieronymus, 851. Origenes sæpius utitur illo, *ibid.* Quædam hujus loca citantur, *ibid.* Quatuor animalia quare Evangelistis tribuuntur, 280.
Excellant ut singuli in quibusdam necesse est, 714.
Exemplaria habere omnia Scripturarum magnorum sumptuum est, et infinitæ difficultatis, 524. Totus orbis inter se trifaria exemplarium Scripturæ varietate compugnat, *ibid.*
Exercitus quibus constat, 291, 293.
Expositorum nomina verecunde non posita, 480.
Ezechias Dux Dei appellatur, 755. Accusatur infidelitatis, *ibid.* Unde vocabulum justi possedit, *ibid.*

A

F

Fabianus urbis Romæ episcopus, occubuit in persecutione Decii, 895.
Fabiola, 534.
Fabius Antiochenæ Ecclesiæ episcopus, 905.
Fabricii continentia, 341.
Fæcidia, viculus urbis Rhinocoruræ, 20.
Fecisse semel quod bonum est, non potest malum esse, si frequentius fiat, 596. Unusquisque suo periculo facit, quod sibi videtur, 546.
Falsum quidquid est, numquam fieri potest, 721.
Fauni, 7.
Felix episcopus Romæ constituitur in locum Liberii, 951. Virtus feminæ captivæ, 43.
Festus Judæam rexit, 831. Successit Felici, 855.
Fides Ecclesiæ, 429. Proprie Christianorum est, 254. Si opera non habuerit, mortua est, *ibid.* Perfecta fides quæ? 189. Perfecta est Deum de Deo credere, *ibid.* Zelus fidei quis debeat esse? 413. Fides Romana præstigias non recipit, 542. Non potest mutari, *ibid.* Catholicorum est, 461. Veritas illius non potest subverti argumentationibus vanis, 752. Pura moram non patitur, 413. Nihil majus est quam sacramenti fides, et puritas animæ, 187. Certa fidei domus, 456. Fides perfecta, et quæ difficile invenitur etiam apud eos qui bene credunt, 187. Indubitata ad Deum, ardue reperitur, *ibid.* Si in Petro modica fides est, in quo magna sit ignoratur, 188. Perfecta quid facit in orante? 189. Fidei scrupulositas, 444. Libera confessio ejusdem, 428. Spiritus sanctus non efficitur habitator hujus templi, quod Antistitem non habet veram fidem, 181. Fides erosa, id est, non sana, neque integra, 413. Nomine unitatis, et fidei, infidelitas scripta, 188. Arrogantia est, non respondere interrogantibus de fide, 410. Sacerdote fidem veram prædicante, ex omnium corde tenebræ discutiuntur, 175. Ridiculum est quempiam ante de fide disputare, quam credere, 184. Fides et devotio simplicium habet mercedem, 594. Multa proponuntur credenda sub pœna anathematis, 190.
Filii et hæredes quomodo patribus causa sunt tristitiæ, 515.
Firmilianus Cæsareæ episcopus fit Origenis discipulus, 895.
Qui in cursu est, minor est eo, qui ad Finem pervenit, 797.

C

Flacii Epistola ad Florum, 459. Pauca referuntur ex illa, *ibid.*
Qui minus, injuriam, paupertatem ferre non possumus, quomodo Flammas Babylonis vincemus? 696.
Flavius Grammaticus scripsit de medicinalibus, 919.
Flavius versibus scripsit, 552.
Florinus, 875.
Formica sex pedes habet, 557. Formicarum labores, 46.
Fortunatianus in quo detestabilis, 951.
Fratres in Scripturis quatuor modis dicuntur, 220 et seq. Omnes sumus fratres duplici modo, 222.
Nihil se ita repellendum est, quam accusatio Fraudis, et infidelitatis, 560.
Fronto orator, præceptor Antonini Veri, 865.
Frugalitas multorum laudata, 342 et seq.
Agricolarum artes ut Frumentum ab avibus servent, 196.
Fugere quid jubemur? 255.
Fulvia quid fecit in Ciceronem, 369.
Futura incerta sunt omnia, maxime ea quæ numquam facta sunt, 702. Una est scientia futurorum, 444. Qui futura prædicit non interest utrum post decem annos, aut post

D

centum futura pronuntiet, *ibid.*

G

Gaas interpretatur *commotio*, 272.
Galenus Hippocratis interpres quid dicit de Athletis? 340. ἐν ἀσκήσει quid docet? 551.
Galgala interpretatur *revelatio*, 270.
Gallicæ vestes, et Gallicarii, 55.
Gallienus, 907.
Gallia viris fortibus, et eloquentissimis semper abundavit, 387.
Gallorum impetus, 308.
Ganges fluvius, 344.
Gaza urbs Gentilium, ubi Marnas colitur, 19. Gazenses adversarii Dei, 24.
Gazanus discipulus Hilarionis, 53.
Gazanus Majomites paralyticus curatur, 22.
Gehennæ ignibus qui delegantur? 755.
Gelasius celabat opera sua, 931.
Generationis humanæ quadruplex assignatur genus,

440. Una hominis natura non differt in hac diversitate, *ibid.*
Genesis multa suggerit de natura rerum, 588.
Gens inter Saxones et Allemanos non lata, sed valida, 24.
Gentilium populus difficultate fidei magnitudinem meruit præmiorum, 374.
Summa Gentium virtus erat, aliena non rapere, 290.
Gentilitas delusa errore quos colit, 7.
In Genere quod verum est, tenetur et in specie, 743.
Quidquid tollitur in partibus, necesse est ut in genere negetur, 699.
Gorgias rhetor de quo scripsit, 316. Quid ei objicitur, *ibid.*
Germania, nunc Francia dicta, 24.
Gerion triformis, 387.
Gloria. Rarum est fidelem animam invenire, ut nihil ob gloriæ cupiditatem faciat, 188. Difficile est Deo tantum judice esse contentum in operibus pietatis, *ibid.* Verecundiæ est et prudentiæ dissimulare quod de se auditur gloriosum, 560.
Gnostici a Basilide orti, 847.
Gordianus Alexandro in imperium successit, 899.
Gorgiam Leontium lacerant philosophi et Oratores, quare? 419. Notatur, 559.
Gorgunte, 520.
Gortyna urbs, 869.
Græcus, 520, 419.
Græcia exsultans mutuabatur aliquid a Latinis per Hieronymum, 525.
Gratia. Nostrum quidem est velle et currere: sed ut voluntas nostra compleatur et cursus ad Dei misericordiam pertinet, 700.
Gratianus imperator, 943.
Gregorius Thaumaturgus fuit discipulus Origenis, 905. Plurima signa et miracula perpetravit, *ibid.*
Gregorius Nazianzenus præceptor Hieronymi, 943. Laus Gregorii Nazianzeni, 469. Græcis verbis quid explicavit? 260. Gregorius Nazianzenus a Rufino translatus, 486.
Gulæ impatientiam multi vomitu remediantur, 340.
Gymnosophistæ Indorum in duo dogmata divisi, 344. Eorum abstinentia, *ibid.* Quantum honorentur, *ibid.* Gymnosophistæ Indiæ quid tradunt de Budda eorum principe? 509.

H

Quidquid Habes, Dei beneficio deputandum est, 700.
Hadrianus Athenis hyemem exegit, 861.
Hadrianus Hilarionis discipulus Julianum occisum ei renuntiat, 33. Idem infelix dicitur, quare? *ibid.*
Hæreses primitivæ Ecclesiæ, 197. Duæ notantur, 482. Subtilis est hæresis, et simplices animas facile decipit, 185. In hæresi consuetudo servatur, ut aliud populi audiant, aliud prædicent sacerdotes, 410. Innumerabiles jam hæreses tempore Hieronymi, 380. Unde processerant, *ibid.* Latina lingua habet hæresim suam, 581. In suspicione hæreseos nemo debet esse patiens, 409. Qui catholicam sectantur fidem, optant, et cupiunt damnari hæresim, homines emendari, 687.
Hæretici non sunt Christi, sed Diaboli, 187. De illis sic loquendum ut de Gentilibus, *ibid.* De Scripturis affirmare videntur, quæ dicunt, 201. Argumenta illorum de fonte gentilium manarunt, 459. Astutia hæreticorum, 435. Apostolus docet nos hæreticum vitare, non accusare, 805. Qui scripserunt adversus hæreticos, illi in convincenda hæresi incubuerunt, non in maledictis conjiciendis, 569. Ille hæreticum interfecit, qui esse hæreticum patitur, 803. Hæreticorum factio fugata, 547. Sententia eorumdem impiissima, 694. Inimicitia amicorum levius sustinetur quam Hæreticorum amicitia, 564. Hæretici a Summis Pontificibus in pœnitentiam suscepti, 200. Eis concedanda est pœnitentia sine baptismo, 198.
Harpalicen virginem Thraciam laudat insignis Poeta, 506.
Apud Hebræos Silva ambiguorum nominum et verborum, 475. Nonnulla in Hebræorum libris inveniuntur, quæ LXX non habent, 537. In voluminibus Hebræis quid non legitur, 275. Apostolici viri et Evang. utuntur Scripturis Hebraicis, 528. Linguæ Hebraicæ veritas, 475. Scripturæ Hebraicæ veritas, 550.
Helenopolis locus sepulturæ Luciani, 917.
Heli quare punitus? 718.
Heliodorus episcopus, 526. Heliodorus presbyter, 660.
Helvidius Romæ erat, 224. Volebat ejusdem esse gloriæ virgines et maritatas, 229. Quædam falsata dicebat in Græcis codicibus, 213, 224. Helvidius convincitur pugnantia inter se dixisse, 207. Tertullianum in testimonium vocat, et Victorini episcopi verba proponit, 225.
Heraclas Alexandrinam tenuit Ecclesiam post Demetrium, 895, 907.

Heraclianus, 804.
Heraclitus obscurus erat, 487. Vix intelligitur, 258.
Herennius, 471.
Hermagoras, 559.
Hermione quid loquitur de mulieribus, 517.
Hermippus peripateticus, 821.
Hermogenes, 867.
Hermotimus, 566.
Herodias quid fecit in Joannem, 569.
Hesichius amicus Hilarionis, 28. Venerationi illius deditus erat, 29. Hilarionem toto orbe quærit, 35. Tandem invenit, *ibid.* Mittitur in Palæstinam, 58. Corpus illius furatur, 40.
Hieronymi ordo profectionis de urbe Roma, 551. Socii ejus et loca per quæ transiit, *ibid.* Multa in itinere vidit, et didicit, *ibid.* Suscipitur ab Epiphanio, et fruitur communione Paulini, *ibid.* Hieronymus adolescentulus morabatur in Syria, 41. Somnia Hieronymi, 486. Multa de se ipso narrat, 650.
Hieronymus meminisse se dicit eorum, quæ gessit puer, 486 et seq. Trahitur de aviæ sinu ad Orbilium magistrum suum, *ibid.* Hieronymus lustravit monasteria Nitriæ, 551. Optio ejus, 13. Compellitur insipiens fieri, 293. Invocat Hieronymus SS. Trinitatem, 206. Hieronymus ordinatus a Paulino, quid ei dixerit, 485. Hospitalitas ejusdem, 546. Hæreticos non recipiebat, *ibid.* Hieronymus cum suis falso testis vocatur, 449. Deceptum se fuisse fatetur, 417, 544. Cum timore Dei loquitur Hieronymus, et vult audiri, 428. Justæ excusationes illius, 464. Amici Hieronymi missi in Occidentem, 554. Non potes transire surda aure injuriam Apostolorum et Prophetarum, 588, 389. Quomodo secutus est Hieronymus Origenem, Didymum et Apollinarium, 471. Uno mense fuit apud Didymum, 640. Quid maxime a se repellebat, 560. Dicitur discipulus Origenis et proditor, 625. Prohibetur ingredi specum Domini, 452. Purgat se a crimine quo dicebatur scindere Ecclesiam, *ibid.* Refutat calumniam hæreseos, 477. Totis viribus defendit se Hieronymus a suspicione illius, 539. Hæreticis non potest parcere, 570. Id probat exemplis, 693. Non odit homines Hieronymus, sed errores, 693. Hypocriseos arguitur ab amicis suis, 562. Dum pacem incautus præbet, intestina Ecclesiæ bella suscepit, *ibid.* Symmystes Rufini putatur, *ibid.* Cujus criminis arguitur Hieronymus, 608. Huic perperit Rufinus quem cum jugulare posset, noluit, *ibid.* Non damnationem illius quærit Hieronymus, sed conversionem, 543. Propositum est Hieronymo, non alios accusare, sed se defendere, 491. Favorem hominum requirebat Hieronymus, si crederetur Rufino, 600. In respondendo jura amicitiæ servat, 468. Contemnit detractores suos, 15.
Hieronymi modestia, 565. Moderatio, 468, 252. Timebat interdum Hieronymus basilicas intrare martyrum, 397. Nulla ambitio in Hieronymo, nec avaritia, 489. Patientia Hieronymi, 572. Blandienti acquiescit, non timet comminantem, *ibid.* Sibi fides una est, ibi pacem habet, *ibid.* Vult magis accusari, quam accusare; pati injuriam, quam facere, 554. Laus Hieronymus servat jura amicitiæ, 563. Levius est ei amici inimicitias, quam hæreticorum amicitias sustinere, 564. Maluit de Dei rebus, quam de injuriis dicere, 446. Impatientiæ non potest argui, 407. Hieronymi pura fides, et sinceritas, 416. Zelus fidei in eo, 413. Securitas Hieronymi, 552. Fabulæ de Hieronymo, 652. Unde hausit quæ dixit de nuptiis, 318. Facultas ei traditur describendi volumen Hebræorum, 833. Trilinguis erat, 557. Hieronymi diversæ scientiæ, *ibid.* Opuscula in Græcum versa, 955. Translationes Hieronymi puræ, 464.
Hieronymi consilium in vertendis Scripturis, 555. Præfatiunculæ Hieronymi in vetus Instrumentum referuntur, quare? 419 et seq. Prætermisit paululum libros Quæstionum Hebraicarum, quare? 613. Nihil de Hebraica veritate mutavit, 525. Quo tempore scripsit Hieronymus Commentarios in Ecclesiasten, et in Epist. ad Ephesios, 424. Novi Testamenti verba et nomina interpretatus est, 643. Quo tempore scripsit in Epistolam ad Ephesios, 479. Translationem Hieronymi, quæ ex Hebræo est, calumniatur Rufinus, 613. Prohibetur legere Scripturas celebritate loci et Sanctorum conventu, 487. Hieronymus LXX emendavit et transtulit, 518. Hos in conventu fratrum edisserit, et Psalmos eorum jugi meditatione decantat, *ibid.* Omnes ejus tractatus horum testimoniis texti sunt, et Commentarii in Prophetas et suam et LXX editionem edisserunt, *ibid.* Elegans responsio Hieronymi, 556. Volebat scribere contra volumina Eusebii scripta sub nomine Pamphili, 516. Historiam Ecclesiasticam scribere volebat, 41. Mentem suam de ordine, quem erat servaturus exponit. *ibid.* Verba Scripturæ non audet exponere ni Helvidius calumnietur, 230. Epilogus disputationis Hieronymi adversus Jovinianum, 382. Invehitur in illum, *ibid.* Libri Hieronymi adversus Jovinianum reprehenduntur, 634. Scripsit de viris

illustribus a passione Christi ad an. 14 Theodosii imperatoris, 821. Quibus scripsit Hieronymus, 650. Epistola ejus ad Rufinum bono animo non fuit reddita, 564. Vincentio cuidam quid scripsit, 642. Epistola supposita Hieronymo, falsa continet, 517. Epistolæ translatæ ab Hieronymo, 468. Versio Epistolarum Theophili facta ab eodem, 545. Liber unus Didymi versus ab illo, 959. Hieronymus interpres Origenis multa sustulit, 655. Multa transtulit de eodem sine invidia aliorum, 501. Quomodo interpretatus est illum, 514. Transtulit Homilias illius, 517, 542. Hieronymus grammaticos exponebat parvulis in Bethleem, 656. In monte Oliveti Ciceronis dialogi describebantur ei, ibid. Figuratas controversias didicerat, 409.

Hierophantæ Atheniensium, 520.

Hilarion ubi natus? 14. Habuit parentes idolis deditos, ibid. Ejus dotes naturæ et gratiæ, ibid. Pergit ad Antonium, eumque imitandum sibi proponit. ibid. Substantiam suam distribuit, 15. Quo secessit, ibid. Jejunium ejus, tentationes, et exercitia, ibid. Provolutus in terra Crucem Christi signabat in fronte contra impetus dæmonum, ibid. Mens ejus ab oratione abducitur, 17. Quam cellulam habebat, ibid. Austeritates ejus, ibid. Scripturas sanctas memoriter tenebat et recitabat, ibid. Latrones non timet, 18 et seq. Fundator et eruditor fuit conversationis monasticæ in Syria, 19. Deambulans cum fratribus interpretabatur Scripturas, 21. Munera et dona spernit, ibid. Petitur ad supplicium ut maleficus, 25. Fama illius in longinquis provinciis percrebuit, 24. Omnes monachi certatim currunt ad illum, 26. Qualis fuit in mente Antonii, ibid. Visitabat monasteria, ibid. Populus in honorem Veneris congregatus, ei occurrit, et fidem Christianam profitetur. 27. Dolet de urbis venientibus ad se, 29. Mortem Antonii nondum nuntiatam agnovit, 30. Mirabilis gloriæ contemptus, 29. Pluviam impetrat, et oleo benedicto liberat agricolas a morsibus serpentum, 32 et seq. Quæritur ut tradatur morti, ibid. Gazenses a Juliano mortem Hilarionis et Hesychii impetraverant, 55. Evangeliorum codicem manu sua scripsit Hilarion adolescens, ibid. Ejicit Dæmonium, 34. In quo lætabatur, ibid. Fugit ad mediterranea loca, et abscondius proditur a dæmoniaco, ibid. Vocatur propheta Christianorum, 35. Nihil accipiebat a quoquam, ibid. Mœrebat quod, tacente se lingua, miracula loquerentur, 36. Mare intumescens stat ad preces Hilarionis, et paulatim ad semetipsum relabitur, ibid. Piratæ illius jussu feruntur inviti ad littus, 37. Ducenti fere homines ab illo curati, ibid. Fuga gloriæ in eodem loco diu manere non sinit, non levitas mentis, 38. Testamenti vice brevem scripsit epistolam Hesychio, 59. Multi religiosi ad Hilarionem ægrotantem de Papho venerunt, ibid. Quid jubet de corpore suo, ibid. Spes ejus et mors, ibid. Corpus post decem mensibus integrum reperitur, et vestes illæsæ, 40. Mira inter Palæstinos et Cyprios de Hilarione contentio, ibid.

Hilarius dicitur columna Ecclesiæ, 459.

Hilarius interpres Origenis, 504.

Hilarius Ecclesiæ Romanæ clericus, 194. Hilarius diaconus recipiebat baptizatos a Manichæis, et comprobabat baptisma Ebionis, 200. Libelli Hilarii de Hæreticis rebaptizandis, ibid. De eodem quæ narrantur? 194, 200.

Hippocentaurus occurrit Antonio, in eremo, 6. Interrogatur, et respondet, ibid.

Hippocrates quid docet de obeso corpore? 340. Vincula ejusdem, 259, 590.

Hippolytus, 907.

Hireus in typum Christi effert peccata populi in solitudinem, 735.

Hirtius sororem suam proponit Ciceroni nubendam, 516.

Juxta Hismeniam canere, 525.

Hyacinthina Sacra nocturna quæ vocabantur, 508.

Hyrcani senes semivivos canibus et volucribus projiciunt, 335.

Historiæ lex, 209. Quid narrat vetus Historia, 412:

Homerus præco meritorum Achillis, 13. Homericum Proverbium, 568.

Homicida est, qui cum possit hominem de morte liberare, non liberat, 789. Si fratrem oderis, homicida es, 532.

Homicidium, mors est omnium pessimorum, ibid.

Homo. Quidam prædicant Deum dedisse homini partem aliquam suæ naturæ, 422. Homo naturæ est, peccator voluntatis, 745. Vanitas est omnis homo, vel vivens in corpore, vel vivens in virtutibus, 765. Multæ facies hominum, sic et corda diversa, 782. In homine vir et femina continentur, 283. Expulsus est de Paradiso consiliis diaboli, 241. Homo incerto statu fluctuat, et dum non timet, in sereno patitur tempestatem, 765. Numquam securus est, sed semper metuit in tranquillitate naufragium, 705. Gloria hominis in Christo aucta, non mutata natura, 371. Homo Christo deditus potest mori, non superari, 48. Omnis ejus fortitudo marcescit, et deperit, si a Dei auxilio deseratur, 792. Labores hominum semper incerti, 418. Horum studia contrarios fines habent, ibid. Cupiditas hominum occulta cognoscere, 5. Vera hominis sapientia, 708. Donum hominis non est contemnendum, 250. Fimus hominis proficit curationibus ex Galeno, 551.

Humana conditio, si paululum se remiserit, discit fragilitatem suam, 785. Pulchra corpora diligit, deformia detestatur, 751.

Horatius irridet appetitum ciborum, 542.

Hortensius maritus Marciæ, 512.

Quid timendum in Hospitum rejectione, 546.

Hospitalitatis commendatio, et officia, 547.

Huilli patriarchæ expositio ex Origene refertur, 469.

Deus humiles et despectos erigit in regnum, 779.

Humilitas. Minimus major agnoscitur, et humilitas sublimitate mutatur, 759.

Deus potentes humilitate commutat, 797.

Ex Humorum siccitate quid nascitur, 794.

Hunni vescuntur semicrudis carnibus, 354.

Hidacii Factio, 947.

Hydra multorum capitum, 387.

Hyænæ fel restituit claritatem oculorum, et stercus putrida curat vulnera, 554.

Hyginus scriptor de viris illustribus, 821.

Hymnus trium puerorum non habetur in Hebræo, 527.

Hypatius consul, 188.

Hypocriseos maculam non habere, aut paucorum est, aut nullorum, 757.

I

Icthyophagi, qui? 354. Quo alimento victitant, ibid.

Ideæ Simulacrum in vado Tiberis, 507.

De Idololatriæ errore omnes nos venimus, 594. Idololatria Alexandriæ, quanta? 7.

Idumæa interpretatur sanguinaria, vel terrena, 774.

Ignatius vir apostolicus et martyr quid scribit, 785. Testimoniis illius nemo utitur ad auctoritatem, ibid. Utebatur Evangelio Hebræo, 855.

Ignis æternus juxta Origenem, 496.

Ignorantia furore Domini punita, 738. Ignorantiam esse peccatum probant Scripturæ, 750 et seq. Testimonia Novi Testamenti quibus ignorantia tenetur in crimine, 741 et seq.

Ignota nonnumquam miraculo sunt, 514.

Ex Ilia et Marte conditores Romæ geniti, 510.

Ilium virgines ex more mittebantur, 508.

Immundi omnes fuimus, 774.

Impeccantiæ perpetuitas soli Deo reservatur, et Christo, 795.

Inperfectum docet Apostolus, quod nos homines putabamus perfectum, 708.

Imperitia procax quo denotatur, 565.

Imperitus fortius accusat imperitiam suam, dum scribit, 562.

Impietas ad quos pertinet, 724.

Impius in quo differt ab iniquo, 724. Sine lege impius est, 725. Impii in perditionem sunt præjudicati, 724.

Impositio manuum consensu totius orbis vim præcepti obtinuit, 180.

Impossibile impossibili comparatum, 705, 757. Deus quasi impossibilia pro difficultate nimia præcepisse videtur, 755.

Impudentia apud ignorantes quandoque veritas, et furor constantia putatur, 521.

Inconstantia fidem non meretur, 471.

Incubi spiritus, 7.

Indi plurimas uxores habent, 311. Apud eos lex est, ut uxor charissima cum viro defuncto cremetur, ibid. De iisdem quid legitur, ibid.

Indulgentia principalis, 575. Aliud est indulgentiam infirmitati tribuere, aliud virtutibus præmia polliceri, 299.

Infamiam stultum est frustra sustinere, 409.

Infantes nec possunt peccare, nec volunt, 802. Respondetur quæstioni, quare infantes tam cito moriantur, 558.

Ingenium olet quo semel fuit imbutum, 486. Multa sunt quæ præclara ingenia nobilitent, 520.

Inimicorum dilectio qualis esse debeat, 728. Non ita debemus eos diligere, quasi consanguineos et amicos, ibid. Pulchra interpretatio Pauli de illorum dilectione, ibid. Levius est professam inimicum cavere, quam hostem latentem sub amici nomine sustinere, 550. Inimicus nodum in scirpo quærit, 409.

Iniquus in quo differt ab impio? 724.

In Injuriis non consideres quid hostis mereatur, sed quid te deceat, 550.

Insidias tendere, diaboli est, 560.
Insomnii meditatio, 765.
De Interpretatione quis facile judicare non potest, 527.
Causa diversarum interpretationum, 476. In spiritualibus charismatibus interpretes ultimum fere gradum tenent, 521. Græci omnes Scripturarum interpretes curiose legunt, 527.
Interrogatio cornuta, 224.
Ira viri de perturbata mente procedit, 747. Nemo carere potest ira, ibid. Justitia est, iram celeri pœnitudine mitigare, ibid. Tutius est rabiem leonis, quam hominis sustinere, 48.
Irasci leviter peccatum est, 747. Nec cum causa licet irasci, ibid.
Irenæus discipulus fuit Polycarpi martyris, 873. Photini martyris fuit successor, ibid.
Irreprehensibilis nullus aut rarus, est. 718.
Isaac unius uxoris vir, Christi præfigurat Ecclesiam, 268.
Isaac monachus interpres Antonii, 31.
Isaias virginis demonstrator, in una quæstione succumbit, 417. Virtutum merito Dei fruebatur aspectu ; et conscientia peccatorum, labia sua fatebatur immunda, 773. Isaia arrogans dictus est a Pelagio, 799.
Isboseth justus appellatur, quod absque noxa interfectus sit, 757.
Ismaelitarum vestes et arma, 45.
Israel angelorum cibum contemnens, carnes Ægyptias suspirabat, 347.
Italia quondam magna Græcia dicebatur, 565.
Italicus municeps Christianus adjutus ab Hilarione, 22.
Ithacii factio, 947.

J

Jacob benedictiones Patris artifici impetravit mendacio, 475. Jacob probat se hominem lugendo mortem filii sui Joseph, 731.
Jacobus et Joannes nimium ferventes absque errore non fuerunt, 759. Duo apostoli Jacobi nomine, 219. Laudatur Jacobus frater Domini, 829, 501. Ejus sanctitas et virginitas commendata, ibid. Soli Jacobo licitum erat ingredi Sancta sanctorum, 829. Josephi testimonium de illo, 831. Plurimorum auctorum testimonia de eodem, ibid. Jacobus titulum usque ad obsidionem Titi et ultimam Adriani, notissimum habuit, 833. Falsa quorumdam opinio de loco ejus sepulturæ, ibid. Mater Jacobi Minoris, quæ? 219. Diversis nominibus donatur, ibid.
Jamblichus philosophus commentatus est in dogmata Pythagoræ, 565.
Jarbas rex Lybiæ Didonem petivit in conjugium, 310.
Non statim qui jejunat, Deo jejunat, 118.
Jejuniorum commendatio, 348, 519 et seq. Sanctificatio, 553. Jejunium Christianorum Christus sanctificavit, 552. Solvitur die Dominico et in Pentecoste, 180. Per jejunium possumus redire in paradisum, 548. Jejunium 40 dierum non patitur natura hominum, 443. Qui 40 diebus potest jejunare et vivere, æterno tempore poterit absque esca et potu vivere, 444.
Jephte inter viros SS. numeratus, licet fuerit meretricis filius, 428. Arguitur temerarii voti, 273.
Jeremias sanctificatus in utero, 777. Fuit virgo et propheta, ibid. Timet impium regem, ibid. Carcerem reformidat, cui paratus erat paradisus, 778. In typo Christi propheta gentibus mittitur, 477.
In subversione Jericho, mundus subversus, 712.
Jerusalem multo pejor est Sodoma, 712. Credebatur subversa Jerusalem propter necem Jacobi, 851.
Jesu Nave castitas commendatur, 279.
Jesus Josedech, typus Salvatoris, 528.
Job tormentorum victor miserias suas resurrectionis spe et veritate solatur, 457. Nullus tam aperte locutus est de carnis resurrectione, 458. Fuit athleta Ecclesiæ, ibid. Videtur contra Origenem scripsisse, ibid. Quali fine justitiæ coronatur, 746. Job et cæteri, justi dicti sunt, secundum eam justitiam, quæ potest in injustitiam mutari, 809 et seq.
Joannes, 843. Angelis comparatur testimonio Domini, 712 Minimo in regno cœlorum minor esse perhibetur, ibid. In baptismate suo dedit Spiritum S. Christo, non aliis, 178 Quæstio proponitur de baptismate ejusdem, cui respondetur, ibid.
Joannis Evangelistæ privilegium est virginitatis, 280.
Joannis Evangelium scriptum contra Cerinthi et Ebionitarum dogma, 843. διακονία Evangelii Joannis cum cæteris quomodo tollitur? 845. Duæ Epistolæ ejusdem cujus asseruntur? ibid. Joannes Evang. laminam auream in fronte portabat, 885. Dormivit in Epheso, ibid. Duæ memoriæ ejusdem apud Ephesum, 845. Joannes Evang. quo tempore mortuus, 279. Idem Apostolus, Evangelista,

et Propheta fuit, ibid. Fuit relegatus in Pathmos Insulam 280. De eodem quid refert Tertullianus, ibid.
Joannes Senior alius ab Evangelista, 859. Ejus esse dicuntur duæ Epistolæ Joannis Evang., ibid.
Joannes Hierosol. irridetur ab Hieronymo, 448, 449. Nominis sui extenuat dignitatem, 449. Octo quæstiones de fide objectæ Joanni, 413. Arguitur quod se non purgaverit, 447. Joanni episcopo non communicabaut monachi, 410. Eosdem quasi hostes publicos æstimat, ibid. A Rufino approbator, 468. Epiphanius vocat aperte Joannem hæreticum, 411. Joannes tacere jussit Epiphanium, 420. Vult Epiphanium suspectum facere hæreseos, 418. Eundem deridet, ibid. Ejus in illum impudentia, ibid. Quibus prohibet ingressum Ecclesiæ, 432. Ejus crudelitas, ibid.
Joannes Præpositus Domus Monast. Chnum, 90.
Jonas injusti mœroris arguitur, 788.
Jonæ Portus, 551.
Jonathas medius inter David et Saul, 377.
Josaphat errore non caruit, 768.
Josedec interpretatur justus Domini, 772.
Joseph virgo fuit per Mariam, 227. Custos ejus fuit potius quam maritus, ibid. Cur pater Domini appellatur, 209.
Josephus fatetur Christum a Pharisæis interfectum ob magnitudinem signorum, 851. De eodem Christo Domino nostro ejus testimonium, ibid. Josephus scriptor Historiæ Machabæorum, quid sentit de passionibus? 749. Nihil refert de cellulis LXX interpretum, 520. De Essænis multa refert, 343. Duo ejusdem contra Apionem volumina, ibid. Quid scripsit de Jacobo, 501. Libri Josephi de captivitate Judaica Bibliothecæ Romanorum traditi, 851.
Joviani imperium, 925.
Jovinianus monachus canis reversus ad vomitum, 305. Nomen ipsius de idolis derivatum est, 584. Jovinianus Epicureus simul et Stoicus, 557. Nuptias prædicat vi virginitati detrahat, 239. Vocatur Epicurus Christianorum, 237. Vitia sermonis ejusdem, ibid. In commune hostis est omnium, 241. Multos discipulos habuit, 580. Sententiam Joviniani damnata Romæ et in Africa, 781. Basilides transformatur in Jovinianum quasi in Euphorbum, 381. Auctoritate Romanæ Ecclesiæ fuit damnatus, 589.
Judas frater Jacobi, 833.
Judæi in deserto non senserunt incrementa capillorum, 440. Hæretici Judæorum, 197. Aliud est in Ecclesiis psalmos legere, aliud Judæis singula verba calumniantibus respondere, 526.
Judicium Dei est cum pondere, 764. Certum judicium solius Dei est, 748. Nemo potest Christi palmam sibi assumere ante diem judicii, 196. Nullus intrepidus vadit ad judicium Domini, 769. Nemo potest ante diem judicii de hominibus judicare, 196. Omnis terra indiget judicio, 774. Amantium cæca sunt judicia, 403.
Judith prudenti verborum simulatione vicit Holofernem, 474.
Judæi traditi Romanis, quod exacerbaverunt Spiritum sanctum, 454.
Julianus imp. hostis Christi infensissimus, 823. Successit Constantio, et ejus indulgentia episcopi exsules redeunt ad suas Ecclesias, 191.
Julii et Athanasii Pontificum Communio, 911.
Jumenta unde sic dicta, 329.
Junonis univiræ, 254.
Jupiter Gamelius et Genethlius, 318. Templa Jovis et cæremoniæ conciderunt Romæ, 384. Prophetarum Jovis abstinentia, 544.
Non Justificatur homo, nisi per fidem Christi, 752. Ante Dei conspectum nullus justificatur, 780.
Justinus Philosophus, 863.
Justitia duplex in Scripturis sanctis, 709. Justitia custoditur labore, diligentia et Dei clementia, 781. Non in hominis merito, sed in Dei gratia, sistitur, 750. Justitia Patriarcharum et Prophetarum non fuit perfecta, 707. Plenam justitiam non habet qui non vult erogare pauperibus substantiam suam, 757.
Justus est in eo quod floret multis virtutibus, 748. Vix salvatur, quare? ibid. Nullus ad perfectum justus est, sed ex aliqua parte peccator, 755. Non sunt immunes ab omni peccato, 744. Possunt nonnulli nominari justi, qui aliorum comparatione justi non sunt, 710. Quos putamus justos, sæpe peccatores inveniuntur, et quos, etc. 748. Justus Tiberiensis, 835.
Juvenes erravimus, emendemur senes, 559.

L

Lacedæmoniorum frugalitas, 342.
Lactantio quid ascribitur, 497. Sententia falso ei tributa, 558. Lactantius vindicat Hieronymum, 500.
Lacus famosissimus, 551.

INDEX RERUM ET SENTENTIARUM.

Laico quid non conveniat? 173.
Lanarum conchylia nullæ aquæ diluunt, 486.
Lapetha, oppidum, 37.
Latinus sermo proprietatem Græcam non exprimit, 261.
Latrones nudus non timet, 18.
Laudare solent interdum homines, quod non probant, 421. Licet pro tempore eumdem laudare et vituperare, 943. Non est vitii hominem unum laudare in aliis, et in aliis accusare, sed, etc., 556.
Leæna invadens hominem, 48.
Lector cautus cito deprehendit cuniculos et insidias quibus veritas subvertitur, 410.
Lentulus mimographus, 513.
Leo Nemæus, 587.
Leonides Origenis pater martyrio coronatus, 891. Uxorem cum septem filiis dereliquit, *ibid*. Rem ejus familiarem fiscus occupavit, *ibid*.
Leontius presbyter rogat Hieronymum, ut regulam S. Pachomii Latine transferat, 53.
Leontia uxor Metrodori, 517.
Leosthenis interitus, 507.
Leptis urbs semibarbara, *ibid*.
Lethæus gurges, 486.
Levia cum levibus, et gravia cum gravibus comparantur, 714.
Levi tribus, pro tribu Dan reposita, 506.
Levitarum habitus, 274.
Levitonarium, vestis monachorum genus, 65.
Leusiboræ ridiculum nomen, 595.
Lex a nullo fuit completa, 752, 746. Justitia ejus ad comparationem Evangelicæ gratiæ, non videtur esse justitia, 709. Tempora legis, tempora ignorantiæ, 764. Quædam legis observanda, quædam prætermittenda sunt, 741. Raro scientia legis invenitur in doctoribus Ecclesiæ, 721. Quis judicat legem? 746. Non in lege ratio quæritur, sed auctoritas, 747. Ab exordio mundi usque ad Noe, quid non vigebat, 267. Post diluvium et post Christum quædam concessa, et eadem negata, 268.
Libanus candor interpretatur, 286.
Liber de femore Jovis procreatus, 509.
Libri non magnopere formidandi sunt, quos metuit auctor suus prodere, 461. Libri imperitorum lectorem inveniunt, 474. Obtestatio transcriptionis librorum, 879. Multi ob ignorantiam, Iberas nænias libris authenticis præferunt, 520.
Liberius episcopus, 929, 951.
Libidinis seminarium est esus carnium, et potus vini, ventrisque saturitas, 556. Captivitatis nulla major calamitas est, quam ad alienam libidinem trahi, 520.
Lingua incontinens est malum, et plena veneni mortiferi, 764.
Linus secundus Romæ episcopus, 855.
Litteræ marsupium non sequuntur, 475. Sudoris comites sunt et laboris : sociæ jejuniorum, non saturitatis : continentiæ, non luxuriæ, *ibid*.
De Litore quod Palestinæ Ægyptoque protenditur, quid dictum ? 22.
Locrides virgines laudantur, 308.
Loca latrociniis cruenta, 15.
Locustæ Joannis Baptistæ, 554.
Logicam qui vindicant et contemnunt ? 487.
Loquacium mos, qui cum disputare nesciant, tamen litigare non desinunt, 185.
Lucanus poeta, 507.
Lucas medicus, 859.
Lucianus presbyter, ejusque exemplaria, 917. Ubi sepultus, *ibid*. Lucianea Scripturarum exemplaria. *ibid*.
De Lucifero quid refertur, 195. Dissemiebat verbis tantum, et non rebus, *ibid*. Sectatorum ejusdem errores impii, 171. Sententia impugnans Luciferum et Hilarium, 200.
Lucius successit Cornelio, 907.
Lucretia pudicitiam Bruto prætulit, 520.
Lucretii opiniones, 558.
Lucius Annæus, 849.
Lugdunensis Ecclesiæ Martyres, 873.
Aliud est Lugere quod lueris, aliud neglecto peccato, in Ecclesia vivere gloriosum, 173.
Luscius Lavinius, 485.
Luxuria nititur subvertere fortitudinem crucis, 588.
Luxuriosi et frugi fratrum similitudo, quos respicit, 574.
Lysander princeps Lacedæmoniorum, 311. Victis Athenis tyrannos imposuit, *ibid*.
Lychnos, locus ubi morabantur monachi, 50.
Lynceus videbat trans parietem, 445.
Lysias explicat incommoda amoris, 318.
Lysides auditor Pythagoræ, Thebis scholas habuit, 563.

A Memoriter tenens præcepta doctoris sui, ingenio pro libris utebatur, ex quibus nonnulla sunt, *ibid*.

M

Macarius, 582, 640.
Artes Magicæ in usu positæ, 25. Has solvit Hilarion, 28.
Magister pessimus, quis? 821. Utile est magistrorum limina terere, et artem ab artificibus discere, 477.
Magorum tria genera apud Persas, 544.
Majoma emporium Gazæ, 13.
Major et minor non inter tres, sed inter duos solent præbere distantiam, 219.
Malchus Latine *regem* sonat, 42. Syrus erat natione et lingua, *ibid*. Pietas ejus et mulieris decrepitæ, cum qua manebat, laudatur, etc., *ibid*.
Maleficium dissolutum in Circensibus equis, 22.
In Malogranatis significatur concentus virtutum, 287.
Malum non tam natura cogit facere, quam voluntas, 401. Non potest auferri malum inoliti mali, nisi a solo vero medico, 776. Mala ostendere interdum non docentis est, sed vetantis, 544.
Decipit bona de Malis existimatio, 192.

B Mamertia subversa, 308.
Mammea mater Alexandri imperatoris sancta femina, 895.
Mandata Dei non sunt facilia, 734 et seq. Quo sensu dicuntur levia? 746.
Monichæus dicitur Paracletus, 595. Manichæi dogma, 259. Damnans legem, 729, 741. Ejusdem substantiæ esse humanam animam et Deum asserit, 570. Animas hominum dicit partem esse Dei naturæ, 425, 426. Manichæum nominare pollutio est, 426. Thesaurus Manichæi, 595. Notatur, 412, 508.
Mansiones diversas esse in cœlo, ordines Ecclesiæ probat, 569 et seq.
Marcella mater erat in spiritu Paulæ et Eustochii, 552.
Marcellus Ancyranus, 923. Hilarius meminit illius tanquam hæretici, *ibid*.
Marcellus Sidetes, 552.
Marcia Hortensium Catonemque viros habuit, 512.
Marcion dicitur primogenitus Diaboli, 857. Marcion et alii illudentes operibus Creatoris, 715. Ejusdem et aliorum argumenta et blasphemiæ, 788. Duplicem admittit Deum, et duplicem rerum conditorem, 425. Ἀντιθέσεις

C Marcionis, 461. Marcionis et Valentini errore multi decepti, 857. Cur cibos refugit, 551. Dogma, 259. Notatur, 431, 508.
Marcionitæ, 201. Inter se discrepant, 877. Marcionitæ disputatio, 446.
Macrinus, 905.
Marcus discipulus Petri, 427. Auditor et interpres ejusdem fuit, 827. Evangelium juxta Marcum, Petri dicitur, *ibid*.
Maria vi terræmotus egressa sunt terminos suos, 56. Stant ad preces Hilarionis, *ibid*. Mare Ionium, Ægæum, Adriaticum et Tyrrhenum, 560.
Maria Mater Dei, virgo sancta et fecunda, quare desponsata concepit? 208. Uterus B. Mariæ semper clausus permansit, 743. De B. Maria in prophetia Jeremiæ, grande miraculum est, 287. Nulla obstetrix in partu B. Mariæ Virginis, 214. Non legitur nupsisse post partum, 226. Mariæ perfectio superior perfectione Elisabeth, 712. Beatam se esse dicit, non proprio merito et virtute, sed Dei in se habitantis clementia, *ibid*.
Marnas idolum ubi colitur, 19. Victus est a Christo, 25.
Maronia, viculus est, 41.

D Marsitæ juvenis fortitudo, 20. Hic affectus pessimo dæmone liberatur, *ibid*.
Martyrium, id est, templum, 52.
In Martyres voluntas, ex qua mors nascitur, coronatur, 573. Duorum martyrum insignis constantia, 3. Dæmones torquebantur in Basilicis eorum, 597.
Marullus mimographus, 513.
Massagetæ miseros putant qui ægrotatione moriuntur, 555. Propinquos senes jugulant, ut devorent, *ibid*.
De Matrimonio qui scripserunt? 517. Matrimonia quando vertuntur in adulteria, 519.
Matrona felix et pudica semel nubit, 515. Matronæ sævituræ in Hieronymum, 252.
Matua genus culcitræ durioris, 53.
Matthæus usus est Hebraica veritate, non translatione LXX interpretum, 855. Quis in Græcum verterit Evangelium illius, incertum est, *ibid*.
Mausolea unde dicta? 510.
Mausolus vir Artemisiæ, *ibid*.
Maximus Tyrannus, 947. Maximus Philosophus, 945.
Maximus Alexandrinæ Ecclesiæ episcopus, 913.

Medicina in tria dividitur, 717. Medicinalia multa describuntur, 331. Medici diligentia nos non liberat ab omni infirmitate, 794. Physici et medici quæ ad utilitatem artis suæ referunt? 332. Quid declarant eorum libri, *ibid*. Imperitorum medicorum consuetudo, 412.

Melanthius respondit Gorgiæ Rhetori, 316.
Melotes vestis genus, 55.
Melito Sardensis episcopus, 865.
Menander discipulus Simonis magi, 197.
Mendacium non hæret inter se, 556. Impudens non refellendum, 5. Mendacium licitum juxta quosdam, 474. Professæ inimicitiæ suspicionem habent mendacii, 470.
Mendaces memores esse debent, 543.
Meretrices ne putentur innuptæ, 260.
Messalæ uxor quæ nupsit tertio Corvino, 516.
Messore mensis nomen apud Ægyptios, cui apud Latinos Augustus respondet, 56.
Metanoea Monasterium de Canobo, 83.
Metella L. Syllæ conjux palam erat impudica, 516.
Methodius scripsit contra Porphyrium, 527.
Methona, 55.
Metrodorus discipulus Epicuri, 517.
Milesiæ virgines turpitudinem morte fugiunt, 508.
Milesiorum figmenta, 475.
Militaris gloria triumphusque consecrat, 319. Militarium dignitatum nomina, 421. Ordo militaris, 569.
Mille annorum Fabula et Judaica traditio, 839. Notantur multi hac opinione ducti, *ibid*.
Milonis Crotoniatæ vires, 541. Milonis humeri, 726.
Minerva Dea, virgo, 307. Procreata est de capite Jovis, 309.
Ministri Ecclesiæ exercitui dimicanti comparantur, 293. Sobrietas requiritur in illis, 550.
Minutia Vesta viva defossa est, 507.
Miraculorum vis et potentia, 397. Fiebant in basilicis martyrum, *ibid*.
Misericordia artem non habet, 21.
De Mithræ generatione quid narrat fabula, 246, 247. Historia illius a quo scripta? 344.
Mochanseos monasterium, 84 et seq.
Moderatus, vir eloquentissimus, auditor fuit Pythagoræ, 563.
Modestus, 871.
Monachi rudes quomodo docendi, 72.
Monachi vita et conditio, 400. Monachus non doctoris habet, sed plangentis officium, 401. Aspectus mulierum debet vitare, *ibid*. Incunabula monachorum, 550. Urbium frequentiæ a monachis declinentur, 401. Monachorum Ægyptiorum disciplina, 16. Nonnullorum abstinentia, 5.
Monachi non erant in Syria ante Hilarionem, 19. Multi monachi decepti, et quomodo? 43. Monachus nimis cautus ab Hilarione expulsus, 28. De parco quid dictum? 27. Parcitas ejus punitur, *ibid*.
Monasteriorum bona communia, 46. Per totam Palæstinam innumerabilia monasteria ædificantur, 26. Visitantur ab Hilarione, *ibid*. Habitacula Christianorum dicuntur monasteria, 847.
Monetæ furtiva officina, 5.
Monstrorum multa genera notantur, 299.
In Montanum Paracletum venisse volunt hæreses, 595. Error ejusdem damnatus, 525. Nec pœnitentes recipit, 408. Ipse ex ejus insaniæ vates periere suspendio, 881.
Montenses sive Campitæ, 201.
Morbi ex saturitate nimia concitantur, 540. Quæ sunt apta ad morbos curandos? 531.
Mors exspectata gravior quam illata, 47.
Mortui divites mortuos suos auratis obvolvunt vestibus, 12. Christiana traditio de psalmis et hymnis recitandis super illo, 11.
Moyses legem significat, 271. Quomodo vidit Deum, 790. Angelus loquebatur ei in rubo, 269. Moyses et Elias typum legis et prophetarum monstraverunt, 548. Quidam volunt fuisse virginitatis et nuptiarum, *ibid*. Comparatur Moysis et Jesu sepultura, 272. Plangitur mortuus, non Jesus Nave, quare? 275
Mulieris virtus pudicitia est, 519. Mulieres sanctæ, quæ? 228. In Scriptura deficientibus sanctis viris, laudantur in virorum opprobria, 276. Mulierum commendatio, 519, 598. Salus earum in quo posita, 28. Mulieres ministrabant magistris alimenta, 277. Tales habebant Apostoli, *ibid*. Duas mulieres Evangelicas unam putant nonnulli, 375. Mulieres Romanæ insignes pudicitia, 511. Cæca mulier a decem annis sanatur, 20. Mos muliercularum gerularum in parvulos, 427. Omnia mala ex mulieribus, 517. Amor formæ quo amantes perdit? 518. Vir sapiens virginitatis debet amare mulierem, non affectu, 519. Mulieris anxietates et sollicitudines, 227, 229. Propensio earum in secunda matrimonia, 312. Non licet Christianæ Ethnico nubere, 252. Fideles junctæ infidelibus discedant si repudientur, 251. De iis quid præcipit Paulus, *ibid*. In tactu illarum grande periculum, 246. Quid solent facere? 229.
Mundus omnis obnoxius est Deo, 750.
Murmurantibus contra Creatorem de suo statu et conditione quid convenit, 774.
Mutia Cn. Pompeii uxor impudica, 316.
Muzonius episcopus provinciæ Byzantinæ, 189.
Myron neptis Aristidis, uxor Socratis, 316.

N

Narcisso revelatio facta de suo coadjutore, 901. Ejus ætas 116 annorum, *ibid*.
Non Nascimur, sed renascimur Christiani, 594.
De rerum Natura opiniones veterum, 858. Deus provisor bonorum operum impedit ordinem naturæ, quare? 793. Facile expletur ejus necessitas, 541.
Nazaræi utebantur Evangelio Matthæi juxta Hebræum, 835.
Neantes Cizycenus? 543.
Neapolis urbs Palestinæ, 863.
Neophyti ordinati episcopi, 719.
Nepos de quibus scripsit, 821. Nepos episcopus afferebat regnum mille annorum, 911.
Neronis imperium nondum roboratum, 843.
Nerva princeps, *ibid*.
Nicæna Synodus cur congregata? 192. Octo episcopi Ariani in ea suscipiuntur, *ibid*. Nullus in mundo episcopus fuit nisi quos synodus illa ordinavit, *ibid*. Acta et nomina episcoporum synodi Nicænæ, 193. Facta nonnulla illius referuntur, *ibid*. Duritia quorumdam sectatorum Nicænæ fidei, 195. Omnes hæreticos suscepit, exceptis Pauli Samosateni discipulis, 200. Supererant adhuc homines tempore Hieronymi, qui synodo Nicænæ interfuerant, 193. Ejus fidei damnatio conclamata, 191.
Nicanor Alexandri præfectus quid emendare voluit, 335.
Nicanor, victis Thebis, amore superatus est, 309.
Niccrati conjugis castitas, 316.
Nicolai diaconi impietates, 197.
Noe secunda radix generi humano servabatur, 266. Ejus arca typus fuit Ecclesiæ, *ibid*.
Nomades semicrudis vescuntur carnibus, 554.
Nominum sine causa diversitas est, ubi non est diversitas meritorum, 569.
Novatianus conatus est invadere cathedram sacerdotalem, 911. Novatiani dogma, *ibid*. Liber ejusdem de Trinitate, 513.
Novatianorum Episcopo, si conversus fuerit, presbyterii gradus servatur, 200.
Novatus Cypriani presbyter cujus auctor dogmatis, 911. Errantes non suscipit, 408. Error ejusdem damnatus, 325.
Nubere melius est, quia pejus est uri, 250.
Numa Pompilius, 387.
Numerus duplex non est bonus, 266. In duplici numero quod exhibetur Sacramentum, *ibid*. Octavus numerus in Psalmis et in Evangelio, 193. Vicenarius infaustus, 271. Quid significent in Scripturis, 520. Impar numerus est mundus, *ibid*.
Nummus scorteus id est coriaceus, 565.
Nuptæ et viduæ, per quid significantur? 240. Molestiæ nuptiarum, 228. Feriæ nuptiarum, quæ, 256. Nuptiæ terram replent, virginitas paradisum, *ibid*. Quid intersit inter nuptias et virginitatem, 162. Opera nuptiarum, quid prohibent? 247. Imago Creatoris non habet copulam nuptiarum, 266. Non detrahit illis, 226.

O

Oasis, 53.
Oceanus vir in Christo præcipuus, 562. Prudens et Christianus, 554.
Oculus dexter pro virginitate sumitur, 286. Sinister pro nuptiis, *ibid*.
Odio nostros adversarios immortali persequimur: blasphemantibus Deum, clementem porrigimus manum, 447.
Offerre quod possumus nostrum est, Dei implere quod non possumus, 781.
Olda prophetissa fuit in reprehensionem omnium virorum, 556.
Oleum benedictum sanat a morsibus venenatorum animalium, 32.
Onagri obedientes Antonio, 31.
Ophitæ, 197.
Operis boni perfector est Deus, mali perfector Diabolus, 325. Per singula, et in singulis Dei auxilium flagitatur a Sanctis, 700. In bonis operibus Dei nos nitimur auxilio, in malis diaboli, 698.

Oratio, discursus mentis, 17. Tota oratio et deprecatio extorquet clementiam Creatoris, 793. Oratio Dominica in sacrificio altaris a fidelibus recitatur, 800. Quid petunt per illam, *ibid.* Quantum distat ab oratione Pelagii, *ibid.*
Orare nostrum est, Dei tribuere quod rogatur, 781. Die Dominico et in Pentecoste stante oremus, 180.
Oratio non perdenda in nugis, 22.
Oratorum nullus hic tumor, quorum definitio est, dicere ad persuadendum accommodate, 707. Oratorum floribus solent aures imperitorum decipi, 802.
Orbilius magister, 486.
Orientales locustas vesci solent, 534.
Origenes discipulus fuit Clementis, 879. Sub occasione sæcularium litterarum in fide Christi venientes ad se instituebat, 893. Post annos 150 mortis suæ, in jus trahitur, 530. Bibliotheca Origenis restaurata, 941. In illo laudatur scientia Scripturarum, sed non recipitur dogmatum falsitas, 556. Laudatur ab Hieronymo, 521 et seq. Origenis opuscula in omnem Scripturam triplicia sunt, *ibid.* Indices librorum ejusdem in tertio volumine Eusebii, 416. Quæ opera Origenis laudata? 521. Composuit Hexapla quatuor editionum, et in editione LXX Theodotionis editionem miscuit, 522. Quod Philo quasi Judæus omisit, Origenes ut Christianus implevit, *ibid.* Quintam editionem in Actæo littore invenisse se scripsit, 525. Tria Origenis volumina in Epistolam ad Ephesios, 477. Homiliæ et tomi illius in quibus moralis tractatur locus, et obscura Scripturarum panduntur, 514. In libris suis Platonem transtulit, 567. Docta Origenis Epistola, 903. Libellus ejusdem ad Fabianum, 550. Epistola in Demetrium, 510. Dialogus Origenis, 899. Dialogus Origenis et Candidi, 511. In eo divinitatem Christi negat, *ibid.* Sex millia librorum Origenis numquam exstiterunt, 504, 417. Quid solet scribere in approbando quod dicit, 470. Cautio illius in proponendis opinionibus suis, 605. Origenis opuscula et errores in eis. 431. Octo errores ejusdem, 413. Aufert veritatem historiæ, *ibid.* Juxta eum Arianus fuit, 464. Quid docet per scalam Jacob, 425. Ejus dogma de gentilium fabulis contextum, *ibid.* Omnes rationales creaturas æquo asserit jure conditas, 715. Non dixit animas ex Augelis fieri, 425. Origenes docet mendacium licitum esse, 474. Indulgentia principalis Origenis, 503.
Origenistæ inter se orgiis mendaciorum fœderantur, 474. Imperatorum decreta adversus Origenistas, 468. De quodam quid dictum? 425.
Orion vir primarius et ditissimus sanatur ab Hilarione, 20.
Orpheus carnium esum detestatur, 544.
Ora luteus color perfundit, 794.

P

Pachomius ab Angelo linguæ mysticæ scientiam didicit, 56. Præcepta Pachomii, 50 et seq. Ejusdem Instituta, 75 et seq. Ejusdem Judicia, 77 et seq. Ejusdem leges de orationibus vespertinis, etc., 79. Monita, 81 et seq. Ejusdem Epistolæ et verba mystica, 85 et seq, 97 et seq.
Palæstina non pertinebat ad episcopum Alexandrinum, 447.
Palinodiam more Stesichori cantare, 467.
Palladis ars, 540.
Palladius Rufini amicus notatur, 560. Palladius servilis nequitiæ quam hæresim instaurare conatus est? 693. Calumniam struit Hieronymo, *ibid.*
Pammachii somnium, 884.
Pamphilus martyr confecit Bibliothecam Cæsariensem, 853. Vita Pamphili ubi habetur scripta. 416. Servabat Hieronymus descripta manu Pamphili, tanquam thesaurum pretiosum, 915.
Panthænus sectæ Stoicæ philosophus mittitur a Demetrio, ut Christum prædicaret, 875.
Panthæa Abradatis uxor, 311.
Paphus urbs Cypri nobilis carminibus Poetarum, terræ motu eversa, 57.
Papias episcopus Hierapolitanus, 859.
B Papirius ubi jacet, 887.
Parentes caveant filios provocare ad iracundiam, 509. Dissensio falsa pietate inter parentes et liberos, 534.
Pascha episcopi Asiæ celebrant cum Judæis luna xiv, 883.
Paschæ solemnitas in monasteriis, 92 et seq.
Pasiphaes uxoris regis turpitudo, 317.
Passiones duæ, una mali, altera boni, 748. Excedere in passionibus quid? *ibid.* Sententiæ nonnullorum de passionibus animi, utrum quis possit iis carere, vel non? 749.
Patris-familias Evangelici parabola formidanda, 705.
Patientia Christiani, 727. Qui in nos clementes sumus, rigorem contra alios non teneamus, 408.

A Patriarcharum justitia non fuit perfecta, 707.
Pauliniani ordinatio, 450. Cypri versabatur, *ibid.*
Paulinus et Athanasius soli in Oriente Catholici, 411.
Parvula, instrumentum ad evellendas spinas, quæ inter incedendum pedibus infiguntur, 6. Vel Parvula mordax pro forcipe parvula, *ibid.*
Paulus cogitabat de his, quæ in usu corporis sunt necessaria, 785. Impatientiæ videtur argui, *ibid.* Paulus in faciem Petro restitit, 534. Eumdem vocat columnam Ecclesiæ, *ibid.* Paulus compulsus est velle multa quæ non vult, 264. Paulus quotidie proficit, 376. Humilitas Pauli quæ? 249. Charitas Pauli, 509. Pulchra Pauli interpretatio de dilectione inimicorum, 728. Paulus nondum perfectus ad majora sese extendit, 707. Sumit testimonia de portis, 250. Paulus severior Barnaba, 763. Dissensio Pauli et Barnabæ aliquid habet humanæ fragilitatis, *ibid.* Paulus contemnebat vel dissimulabat facundiam Græcam, quare? 475. Cunctæ prope Epistolæ Pauli quod habent principium, et quo fine clauduntur, 750. Ubi Paulus scripsit Epistolam ad Ephesios, 481. Diversa sunt exemplaria S. Pauli, 708. Non nobis curæ sit quid Aristoteles, sed quid Paulus doceat, 714.

B Paulus senex Petri martyris discipulus, 640. Paulus Concordiæ quid refert audisse de notario S. Cypriani, 889.
Pauperes mali et perversi, 400. Qui beati appellantur, *ibid.* Pauperes sanctorum Locorum præ cæteris adjuvabantur, 399.
Pavi fimus podagræ fervorem mitigat, 352.
Pax ficta non auferat, quod bellum servavit, 696. Sæpe perditur in pace, quod in prælio servabatur, 45.
Aliud est Peccatores a peccato et iniquitate desistere: aliud ipsos perire in perpetuum, 721. Peccata levia et gravia, 573. Subjacemus peccato non vitio naturæ, sed fragilitate, 780. Omnia simul peccata non possunt vitari, 792. Nulla est anima quæ possit esse sine peccato, 794. Potest homo esse sine vitio, sed non potest esse absque peccato, 744. Qui cautus est, potest ad tempus vitare peccata, 772. Soli Deo competit esse sine peccato, 745. Potest Deus hominem servare sine peccato, 720. Superbia est, peccata propriæ voluntatis referre ad conditoris injuriam, 775. Peccare hominis est; insidias tendere, diaboli, 560. Quotidie peccamus omnes, et in aliquo labimur, 408. Tamdiu filii Dei manemus, quamdiu non peccamus, 322. Potest homo non peccare, si velit, pro tempore, pro loco, quamdiu intentus est animus, 785. Si paululum quis declinaverit, aut errandum illi est, aut in præceps cadendum, 794. Corripiendi peccantes a sacerdotibus, 722.
Pectus thesaurus malarum cogitationum, 712.
Pelagius hæres Joviniani, 772. Pelagius tribuit omni homini, quod Ariani Dei Filio non concedunt, 716. Oratio Pelagii plena tumore et superbia, 798. Longe superat arrogantiam orationis Pharisæi, *ibid.* Hanc impugnat Hieronymus, *ibid.* et seq. Pelagius hortatur mulieres, ut habeant scientiam legis, 722. Earum voce et canticis delectatur, *ibid.* Pelagius adulatur viduæ, 801. Ei tribuit quod Angeli non audent usurpare, *ibid.* Liber Pelagii citatur, 721. Gratia Pelagiana, 787. Pelagiani magnam partem Christianorum excludunt a justitia, 721.
Pelusianus monachus Antonii, 31.
Penelopes pudicitia, Homeri carmen est, 311.
Perfectio non ex natura, sed ex gratia venit, 750. Hæc demonstrat imperfectos esse, qui perfecti videntur, *ibid.* Via perfectionis juxta Apostolum Paulum, 707. Quomodo ad perfectionem divinus sermo provocat, 713. Vera perfectio reservatur in cœlestibus, 798. Cunctorum in carne justorum imperfecta perfectio est, 708. Sola perfectio, et vera justitia, Dei tantum virtutibus coaptanda, *ibid.* Per-
D fectus est, qui perfectum et unum sequitur Deum, 736. Perfectissima Deus præcipit, 754. Quo sensu immaculatus et perfectus est qui ambulabat in lege Domini, 797. Nulla creatura secundum veram consummatamque justitiam potest esse perfecta, 710. Quod hodie perfectum quis putavit, dum ad meliora extenditur, cras imperfectum fuisse convincit, 708. Quod a gehenna liberat, perfectum est, 379.
Pergamius, sublato S. Antonii corpore, volebat fabricare Martyrium, 52.
περὶ Ἀρχῶν libri blasphemiæ, 413. Quare Hieronymus in latinum sermonem vertit librum περὶ Ἀρχῶν Origenis, 462.
Perictio mater Platonis, 309. Hunc quomodo procreavit, *ibid.*
Juxta Peripateticos impossibile est carere passionibus, 749. His consentit auctoritas Scripturæ, *ibid.*
Persecutio commota in Christianos decimo Severi Pertinacis anno, 891 et seq. Quarta post Neronem persecutio, 857. Septima persecutio sub Decio, 903. Octava persecutio sub Valeriano, et Galieno, 907. Sæva persecutio in Christianos, 3. Persecutio magna in Ægypto et Thebaide, 4. V oti tunc erat Christianis gladio percuti pro Christo, *ibid.*

Perturbationes quatuor quibus vexatur genus humanum, 748. Duæ præsentis, et duæ futuri, *ibid*. Duæ sunt bonorum, duæ malorum, *ibid*.

Petrus princeps Apostolorum, 279. Cur inter duodecim unus eligitur, *ibid*. Romanæ Ecclesiæ per 24 annos præfuit, 661. Non fuit irreprehensibilis, 718. Petrus totius orbis veneratione celebratur, 827. Romanus episcopus super corpora SS. Petri et Pauli offert sacrificia, 395. Epistolæ Petri Catholicæ nominantur, 827. Secunda a plerisque ejus esse negatur, *ibid*. Disputatio Petri et Appionis ab Eusebio coargutа, 853.

Pharisæi cur divisi a Judæis, 197. Nomen a dissidio susceperunt, *ibid*. Pharisæorum supercilium, 775.

Pharnabazus Alcibiadem interfici jussit, 311.

Philo necatus in convivio, 507. Ejus filiæ virgines præcipitant se in puteum, quare, *ibid*.

Philemon presbyter Ecclesiæ Romanæ, 909.

Philippi filiæ virgines in Cæsarea, 301. Prophetasse referuntur, *ibid*. Philippus et ejus filiæ ubi dormierunt, 885.

Philippus imperator primus de regibus Romanis Christianus fuit, 895. A quo fuit occisus, *ibid*.

Philistio mimographus, 514.

Philo Carneadis magister de quibus scripsit historiam, 309.

Philo disertissimus Judæorum, 847. Scripsit de vita Essænorum, 343. Philonis amicitiæ cum Petro, 847.

Philo episcopus et confessor, visitatur ab Hilarione, 30. Ubi exsulabat, *ibid*.

Philosophi et oratores, 471. Philosophi loca secreta et remota habitaverunt, 338. Nostra congruunt cum philosophis, 333.

Phinees virtus, zelus, 713.

Phogor interpretatur ignominia, 272. Apud Hebræos est Priapus, *ibid*. Adversus Phryges opus insigne, 877.

Pierius dictus Origenes junior, 915.

Pilatus noluit tulit sententiam contra Dominum, 365.

Pinytus Cnossianorum episcopus, 869.

Piratæ redeunt post tergum inviti, 37.

Plato prudentissimus philosophorum, 789. Ejus sententia de diversitate ætatis, *ibid*. Habitavit in villa deserta et pestilenti, quare ? 338. Opiniones Platonis, 338. Fragmentum Platonis mendacium docens, 474. Politia Platonis, 335. Platonis Protagoram transtulit Tullius, 520. Platonici in templorum locis, et porticibus versabantur, quare ? 336.

Plautus Comicos transtulit, etc., 397.

Plinius Secundus de quibus disseruit, 352.

Podagræ medicina, *ibid*.

Pœnitentia imitatur baptismum, 730. Confusio quid meretur pœnitentibus, 574. Ordo pœnitentium, 175. Fletus Ecclesiæ pro pœnitentibus, *ibid*. Pœnitentibus aperiuntur fores Ecclesiæ, 249. Laicus pœnitens recipitur per manus impositionem, et invocationem Spiritus sancti, 177.

Poetarum nonnulla citantur, 258.

Polycarpus auditor Joannis Smyrnæ episcopus, 837. Huic commendat Ignatius Antiochensem Ecclesiam, 853.

Polycrates septem propinquos habuit episcopos, 885.

Cn. Pompeius Mutiam habuit uxorem, 316. Multas ei præbet molestias, *ibid*. Edomita Hispania, quid fecit, 390. Civitas Pompeiopolis dicta, 392.

Porci ubi raro inveniuntur, 334.

Porcia uxor Bruti, 313. Sine eo vivere non potuit, *ibid*. Porcia minor quid dixisse narratur ? 313. Æquatur Bruto pudicitia, 319.

Porphyrius specialis hostis Christi, 635. Accusat Christum inconstantiæ, 761. Multa scripsit contra Danielem, 527.

Possessio in atrii Domini certa et secura est, 766.

Ubi aufertur Possibilitas, aufertur et vitium, 741. Possibilia non facere, non est culpa imperantis, sed fragilitas audientis, 762. Homini non est possibile quidquid voluerit, 720. De possibili fit contentio inter Diodorum, et Chrysippum, 701.

Præceptum pœnam habet, nisi fiat, 256.

Præsentia exempla sunt futurorum, 365.

Præstigiæ theatrales, 795.

Prætextatus consul, homo sacrilegus, quid ludens solebat dicere Pontifici Romano, 415.

Primogenitus quis ? 215.

Prisciliani sententia impia, 693.

Priscus Bacchius, pater Justini, 863.

Probare eamdam rem simul et improbare vitii est, 536.

Probus imperator successit Aureliano et Tacito, 913.

Proclus Montani sectator, 899.

Prælio navali dimicaturi quid faciunt, 39.

Prophetæ difficile intelliguntur, 526. Sancti Prophetæ, qui perfectam non meruerunt prophetiam, 738. Libri Prophetarum multa suggerunt de natura rerum, 338. Inter spiritualia charismata, Prophetæ postponuntur Apostolis,

520. Nulli contingit Prophetarum, et annuntiare Christum, et digito demonstrare, 179. Eorum justitia non fuit perfecta, 707. Nullus vir Propheta tempore Josiæ regis, 770.

Propositi rari sunt sectatores, 541.

Protesilaus apud Trojam occisus, 312.

Protei fabula, 725. Columnæ, 551.

Proverbium apud Græcos, 561. Proverbia vetera, 472.

Prudentis hominis est, etiam si dolet, dissimulare conscientiam ; et cordis nubilum, serenitate frontis discutere, 468.

Prudentiæ est cavere in alterum dicere, quidquid in se statim retorqueri potest, 552.

Psalmi graduum, 211. Quidam psalmi pro octava inscribuntur, 195. Mysticum alphabetum Psalmorum. 377. Psalmi undecim qui non habent titulos, 469. Varia interpretatio versus psalmi secundi, 475. Inscriptio LXXXIX psalmi, 469. In cxvii psalmo justus eruditur, 195. Totum Psalterium, nihil est, nisi ad Deum in cunctis operibus deprecatio, 700.

Pseudomeni argutiæ, 487.

Pseudo-prophetæ dulcia pollicentur, et ad modicum placent, 381.

Psiathium, straguli genus, quo pro lecto monachi utebantur, 53.

De Ptolomæo quid narratur ? 520.

Publicanus justificatus recessit humili confessione vitiorum, 712.

Publius Athenarum episcopus martyrio coronatus, 859.

Pudicitia in omni gradu et sexu tenet principatum, 295. Pudicitiæ principatus virtutum muliebrium, 319. Honestis mentibus magis curæ est, quam vita, 309. Numquam est captiva, 16. Pallida jugi continentia ora portantes, Christi ostendunt pudicitiam, 398.

Pugna commissa vacant in exercitu nomina dignitatum, et sola fortitudo quæritur, 293.

Puritas non custoditur nisi a Deo, 801. Mundum cor in umbra possidemus et in imagine, 796.

Pygmalion, 310, 313.

Pythagoras quid apud Græcos primus invenit, 566. Immortales esse animas et de aliis corporibus transire in alia asserit, *ibid*. Dicit se primum fuisse Euphorbum, secundo Calliden, etc., *ibid*. Docet post certos temporum circulos, ea quæ fuerant, rursum fieri, nihilque in mundo fieri novum, 566. Dogmata Pythagoræ, 331. Ejus libri non exstant, 512, 565. Ejus dogmata incisa publicis litteris cognoscuntur, *ibid*. In hæc latissimo opere commentatus est Jamblicus, *ibid*. Pythagoras filios habuit, 567. Ejus continentia, 344, 384. Ejus filia choro virginum præfuit, 309. Pythagoricæ Philosophiæ superbia, 758. Pythagorica præcepta, quæ, 565. Hæc Aristoteles in libris suis prosequitur, *ibid*.

Q

Quadratus vivens tempore Adriani dicit se vidisse sanatos et vivificatos a Christo, 859 et 861. Quadratus Adriano principi librum tradidit, 861.

Quis pronomen, quomodo sumitur ? 746.

R

Raca interpretatur *vanus*, et absque cerebro, 753.

Rachel diu sterilis et pulchra, significat mysterium Ecclesiæ, 268.

Rahab typus Ecclesiæ, 274.

Quod Rarum est, difficile est, 729.

Rebecca ob eximiam castitatem, typus fuit Ecclesiæ, et *alma* scribitur, 288.

Reconciliationis præceptum difficile est, 755.

Religioni paucorum culpa non præjudicat, 396. Nostra Religio erudit sapientiæ sectatorem, 335.

Reliquiarum cultus stabilitur, 392. Translatio sanctorum reliquiarum sub Constantio imperatore facta, 591.

Quando Renascimur in Christum virginem, 266.

Absit, ut quod in aliis reprehendimus, faciamus, 552. Non est in vitio qui in eisdem hominibus et laudanda prædicat, et vituperanda reprehendit, 556.

Respondere accusantibus quandoque compellimur, 558 et seq. In respondendo sic moderemur omnia, ut et objecta diluamus, et ab injuria temperemus, *ibid*.

Resurgemus in proprio sexu, 296. Quare resuscitati a mortuis, cibum acceperunt ? 444. Aliud est perdere gloriam resurgendi, aliud perire perpetuo, 725.

Resurrectionis vocabulum, quid significet ? 442. Paucis verbis mysterium resurrectionis demonstratur, *ibid*. Veritas resurrectionis in quo sit ? 459, 443. Testimonia quæ probant veram resurrectionem, 441. In resurrectione eadem erit corporum substantia et auctior gloria, 295. Comestio post resurrectionem jubetur, ne suscitatus phan-

INDEX RERUM ET SENTENTIARUM.

tasma putetur, 352. Vera resurrectionis confessio, 456 et seqq. Judæorum quorumdam opinio de resurrectione, 579.
Hæretici negantes resurrectionem carnis, 431.
Rhetorici campus eloquii, 206.
Rhinocorura urbs Ægypti, 19.
Rhodogune filia Darii nutricem occidit, 311.
Rhodon, 877.
Rhosensis Ecclesia lectione falsi Evangelii in hæresim diverterat, 883.
Apostrophe ad Romam, 383. Quid significat Roma, *ibid.* Majores ejus facilius susceperunt continentiam Pythagoræ, quam luxuriam Epicuri, 384. Lex vetus Romanorum adversus Christianos, 883.
Romuli Casa et ludorum Lupercalia, 105.
Romuli ætas, 22.
Rufinus ubi edoctus et baptizatus, 576. Qualibus institutus est disciplinis, 569. Oppidulum Rufini, 549. Magistri ejus, 610. Numquam fuit auditor Theophili, ut gloriatur, 517. Bilinguis erat, 415, 557. Græcas litteras didicit sine magistro, 486. Vocatur a suis martyr, 545, 555. Mendax Rufinus non sustinuit pro fide exsilia nec carceres, 489. Veritas auro impugnata a Rufino, 569. In Epistola ad Anastasium lubricus exstitit, 549. Cauterium hæreseos Rufino inussit Anastasius, *ibid.* Apologia ejus ad Anastasium, 491. Contemnebat dicta Anastasi, 550. Invectiva Rufini in Epiphanium, 414, 552. Notatur ab Epiphanio, *ibid.* Commenta a Rufino proferuntur, *ibid.* Hæreticus habetur ab Epiphanio, *ibid.* Cur laudat Hieronymum, 542. Comminatus fuerat Hieronymo mortem, 553, 553, 567. Libellum supponit Hieronymo, 550. Prohibebat Epistolas reddi Hieronymo, 543. Somnium nobilis viri de Rufino Romam ingrediente, 554. Discipuli Rufini, Calpurniani vocantur, 557.
Rufinus alter mittitur in Occidentem pro causa Claudii, 534.

S

Sabæ monachi largitas, 27. Remuneratur, *ibid.*
Sabinarum raptus, 22.
Sacerdotum ora quid quotidie concelebrant? 771. Sacerdoti semper orandum est, 291. Ecclesia non est, quæ non habet Sacerdotes, 194. Sacerdotis officium in reconciliatione peccatorum, 175. Pudicitia quare requisita in Sacerdotibus, 291. Sacerdos nemini debet adulari, sed audenter corripere peccantes, 722. Sacerdotum Ægypti abstinentia, austeritas, et continentia, 542, 543.
Electionis in Sacerdotium causæ variæ, 291. Quanta habent vitia, *ibid.* Quare mariti electi in Sacerdotium, *ibid.*
Saducæorum dogma, 197.
Sagitta per diem volitans, quid? 766.
Salamina, quid conclamabat? 57.
Salmoneus, 559.
Solomonis, virtus sapientia, 713. Quando exstruxit Templum, 275. Amore mulierum, a Deo discessit, 328.
Sallustius inimicus Ciceronis, 316. Quam nupsit uxorem, *ibid.* Commentarii in Sallustium, 472.
Samson typus Salvatoris, 273.
B. Samuelis Reliquiæ translatæ, a quo? 591.
Sancta Sanctorum quis ingreditur? 378.
Sancti veteris Testamenti, non sibi, sed aliis divites fuerunt, 703 Divitiis suis ad bona utebantur opera, *ibid.* Dispensatores magis Dei quam divites appellandi sunt, *ibid.* Quam habuerunt justitiam? 777. Orabant pro se, contra quorumdam sententiam, 780. Omnes retro Sancti ejusdem fuerunt meriti, cujus nunc Christiani, 527. Quomodo Sancti eliguntur? 478. Nullum tempus est duo non ædificetur misericordia in singulis Sanctorum, 766. Nullus Sanctorum quamdiu in via est, cunctas potest habere virtutes, 714, 720 Non licet de sanctis viris æstimare, 226. Inter sanctos et Angelos multiplex et infinita diversitas, 367. Orationes SS. nobis prosunt, 392. Sanctis somnus ipse, oratio est, 793.
Sanguis bili vitiatus unde inardescit, 794.
Sanir, interpretatur *dens lucernæ*, 286.
Santra, Scriptor de Viris Illustribus, 821.
Sapiens numquam solus esse potest, 313.
Sapientiæ libro contradicitur, 731.
Sara non erat soror Abrahæ, 223.
Saraceni huc illucque vagantes, 45, 46. Colunt Luciferum, 27.
Saras presbyter Libyæ, 192.
Sardorum mastruca, 171.
Satietas omnis vitanda, 312.
Saturninus hæreticus, 197. Factio Saturnini Arelatensis episcopi, 935.
Satyrus vir doctus, 545.
Satyrus tempore Constantini delatus est vivus Alexandriam, deinde Antiochiam, 8. Homunculus, Satyrus dictus, occurrit Antonio, et simul alloquuntur, 6.
Scandalum unde nomen accepit, 476.
Scedasi filiæ pudicitiam vi amissam propria morte vindicant, 508.
Scelera diu non latent, 191.
In Scholis quid cantabant pueri, 358.
Quæ Scripta sunt annis fere quadringentis post Christum, 614. Multa sunt genera dictionum, et scriptionum, 471.
Scriptores Ecclesiastici in quibusdam laudati, et in aliis damnati, 556. Scriptores de Viris Illustribus apud Græcos, 821. Apud Latinos, *ibid.* Series Scriptorum veterum adversus Ebionem, 225. Judicium Scriptorum, non est ipsorum, sed lectorum, 468.
Scripturæ ad plenissimum fidei instrumentum Ecclesiis traditæ sunt, 661. Non in legendo consistunt, sed in intelligendo, 201. Contra adversarios Scripturis utendum, ut si humana contemnunt, saltem divina non negligant, 570. Arguuntur qui Scripturæ sensum enervant flosculis declamatorum, 185. Si litteram Scripturæ sequimur, possumus novum dogma componere, 201. Pro varietate regionum diversa feruntur exemplaria Scripturarum, 642. Canon Scripturarum, 278. Libri tres Scripturæ sacræ multa de natura rerum suggerunt, 153. Consuetudo Scripturæ, 208, 210, 212, 219, 566, 569. Norma Scripturarum, 276. Scriptura solet et unum pluraliter, et plura singulariter nominare, 370.
Scutarius quidam a dæmone correptus Hilarionem absconditum prodit, 54.
Scyllæum littus, 551.
Scythæ carnes semicrudas comedunt, 335. Eos qui a defunctis amati sunt, vivos infodiunt, *ibid.*
Securus numquam sis, 772.
Sellula reclinis ad dormiendum, 68.
Seneca cupiebat esse apud suos quod Paulus erat apud Christianos, 851. Quid refert Seneca de mulierum amore, 318. Scripsit de matrimonio, 318. Quorum dogmata discuntur in eo? 565.
In Senectute remissius vivimus, 17. In senes quid crudele committitur, 524.
Sensus nostri sunt incerti, maxime visus, 443. Sensus noster ad ejus rei trahitur appetitum, cujus capitur voluptate, 338. Per quinque sensus, vitiorum ad animam introitus, 356. Quibus delectantur, *ibid.* Regnum quinque sensuum, 271.
Sephora interpretatur *avis*, 268.
Septentrionales populi quid non comedunt? 334.
Septuaginta interpretes in basilica congregati dicuntur contulisse, non prophetasse, 520. Cellulæ eorum falso adinventæ, *ibid.* Fidei suæ sacramenta perspicue prodere noluerunt, quare? 527. Quod nescieбант, dubiis protulere sententiis, 520. Utilitas editionis LXX, 528. Vetustate legentium firmata est, *ibid.* Versio corrupta, *ibid.* Editio LXX in Daniele multum distat a veritate, et merito reprobatur ab Ecclesiis, 527. LXX interpretes emendati ab Hieronymo, et translati, 518. Bene locutus est de illis, *ibid.* et seqq. Auctoritas Apostolorum et Christi major est auctoritate LXX interpretum, 520, 528.
Serapion, 640. Cognomen Scholastici obtinuit, 955.
Sergius Paulus proconsul Cypri, 853.
Serpens prudentior fuit malitia cunctis bestiis, 358. Nullus inter serpentes et scorpiones securus ingreditur, 401, 53. Serpentes miræ magnitudinis, bœ dicti, 56. De his quid narratur? *ibid.* Unus concrematur imperante Hilarione, 56.
Servius maritus Valeriæ, 513.
Setthoitæ, 197.
Severiani hæretici, 869.
Severus servus Apollonii, et ejus proditor, 883.
Severus princeps, 875.
Sibyllæ decem ex Varrone, 306. Harum insigne, virginitas est, et virginitatis præmium, divinatio, *ibid.* Sibylla Æolici genere sermonis θεοβούλη appellatur, *ibid.* Sibylla Cumana, *ibid.* Sibylla Erydræa, *ibid.*
Sichæi mariti Didonis pyra, 310.
Sigaris episcopus et martyr Laodiceæ soporatus, 887.
Silvester, 198.
Similitudo aliud est, aliud æqualitas, 716. Hæc pictura, illa veritas, *ibid.*
Simon Magus baptizatus aqua tantum et non spiritu, 321. Dogma ejus, 197.
Simon Petrus, 827.
Sirenarum cantus et fabulæ, 242, 531.
Siricii epistola, 553. Epistolæ ad Siricium, 421.
Sobrietatis regula, 293.
Socrates duas uxores habuit, 316. Hæ inter se crebro jurgabantur, *ibid.* Quanta ex illis perpessus est incom-

INDEX RERUM ET SENTENTIARUM.

moda, *ibid.* Socratis frugalitas, 544. Elegantia et lepor, 567. Quid de Socrate falso Philosophi gloriantur, 782. Socrates libros non scripsit, 567. Socraticum dictum, 472, 557. Socratica irrisio, 579.

Socrus omnes oderunt nurus, 517.

Sodoma comparatione sceleris Jerusalem, justa esse dicitur, 712. In quibus peccavit? *ibid.*

Solis defectus circa dies Pentecostes, 452.

Somniis non est credendum, 487. Ea quæ tunc fiunt sive bona sive mala, nec prosunt, nec nocent, *ibid.* Eorum illusiones, *ibid.* Non quasi magno testimonio, alterius somnio gloriandum est, 560.

Sophronius disputans cum Hebræo, 525.

Sorde aliqua maculantur omnia aliorum lumina, 749.

Soritarum gradus, 487.

Soter episcopus Romanorum, 869.

Spartanorum et Messeniorum amicitiæ, 307. Constantia et pudicitia virginum Spartanarum, *ibid.* Earum causa grave bellum conciliatum est, *ibid.*

Spei nostræ fideique mysterium, 287.

Speusippus sororis Platonis filius, 509.

Spiritualia ex corporalibus considerantur, 719.

Spiritus quot res significet, 161 et seq. In Spiritum sanctum blasphemiæ, 107, 167. Spiritus sancti substantia a Philosophis ignoratur, 107. Non esse creaturam, 109 et seqq. Idem Spiritus sanctus ante adventum Domini, et in Apostolis, 108. Quo sensu capabilis, et non capax, 110 et seq. Spiritus sanctus cum in pluribus sit, non habet substantiam circumscriptam, 112 et seq. Impossibile est gratiam Dei sortiri quempiam, si non habeat Spiritum sanctum, 115. In virtute Spiritus sancti reddet Deus spem, quam promisit, 117. Quomodo Spiritus sanctus suam inspiret voluntatem hominibus, 123. Dilectio fructus Spiritus sancti, 125. Quomodo intelligendum exire de Patre Spiritum sanctum, 155 et seq. Prophetæ Spiritum sanctum habuerunt, 156. Spiritus sanctus venit in nomine Filii, 153. Spiritus sanctus creator est, 140. Per Spiritum sanctum futurorum scientia certa conceditur sanctis viris, 145. Societas quam habet Spiritus sanctus ad Patrem et Filium, 147. Pater et Filius Spiritus dicuntur, 160. Spiritus sanctus nisi mundam fidem non incolit, 181. Non est sibi contrarius, 692. Mercatores gratiæ Spiritus sancti, 21. Spiritus sanctus non potest conferri ab hæreticis, 177. Spiritum sanctum conditum blasphemant hæretici, 423.

Sponsas Scriptura appellat uxores, 208.

Stella unaquæque in suo lumine perfecta est, ita dumtaxat, ut comparatione majoris perfectione careat, 697. Varia stellarum vocabula, 562.

Stephanus urbis Romanæ episcopus a beato Petro vicesimus sextus fuit, 196.

Stoici, 558. In templorum porticibus versabantur, quare? 558. Logicam sibi vindicant, 487. Juxta Stoicos potest quis ad perfectum carere passionibus, 734. Paria contendunt esse peccata, 701.

Strato regulus Sidonis ab uxore quomodo et cur occisus, 511. Hæc postea mortem sibi intulit, *ibid.*

Stymphalides, 387. Stymphalidis virginitatis morte signata, 308. Hanc ulciscitur omnis Arcadia, *ibid.*

Verbi Sufflaminare interpretatio, 419.

Superbus immundus est apud Deum, 526. Quæ supra nos, nihil ad nos, 557.

Suis Testamentum, 473.

Susannæ historia non habetur in Hebræo, 527. Approbatur, 276.

Sidera quæ vocantur errantia? 697.

De L. Sylla quid refertur? 316.

Symbolum fidei ab Apostolis traditum, 435. Non scribitur in charta et atramento, *ibid.* Quomodo concluditur in fine, *ibid.* Frons signatur in fine Symboli, 577.

Ad Synodum Ecclesiæ quot sunt necessaria, 515.

Syri crocodilis terrenis vescuntur, 554.

Syrus pater monasterii Chuum, qui gratiam Angelicæ linguæ accepit, 85.

T

Tabennensium monachorum exempla, 57.

Tabularum secunda conscriptio, 548.

Quidquid Tacuerit, confitetur, qui arguitur in pluribus, et aliqua prætermittit, 412.

Tacitus, 913.

Tanaquillam virtus commendat, 520.

Tatianus docuit Romæ, 869. Nuptias et cibos damnat et reprobat, 239.

Taurus Præfectus Prætorii aderat ex jussu regis synodo Ariminensi, 189.

Telesphorus, 911.

Temeritas effrenata quo ducit, 517.

Templum Dei verum, quod, 289.

Tempus triplici modo consideratum, 784.

Tenebræ Cimmeriæ, 455.

Tentatio est vita hominis, 328. Ex carne et spiritu compacti, necesse est ut utriusque contra se bella patiamur, 324. Tentatio diaboli sub occasione honestæ rei, 43. Grandis tentatio, quæ? 29.

Terentia uxor Ciceronis, 316.

Terentii dictum, 317.

Terminos suos habet unusquisque nostrum, 258.

Terræmotus totius orbis post mortem Juliani, 36. In mari quid operatur, *ibid.*

Tertullianus hæreticus dicitur, 225. In eo laudatur ingenium, damnatur hæresis, 556. Adhuc adolescens de quo scripsit, 260. Scripsit septem libros contra Ecclesiam pro Montano, 867. Respondit Apollonio, 881. Quid refert de Joanne Evang., 280. Quid narrat de presbytero, 845. Tertulliani volumen Scorpiacum, 595. Epitome operis Tertulliani, creditur a multis esse Cypriani, 911. Fabula de Tertulliano, 513.

Testamenti utriusque Christus Dominus conditor est, 522. Multa sunt in novo Testamento de veteribus libris, quæ non habentur in LXX, 529. Hæretici qui laniant Vetus Testamentum, 10.

Testimonia ob antiquitatem reverenda, 783. Illud Testimonium verum est, quod ab inimica voce profertur, 409. Non numerus testimoniorum, sed auctoritas valet, 178.

Tetrapla Origenis, 835. Ordo, 527.

Teuta Illyricorum regina castitate floruit, 310. Viris fortissimis imperavit et Romanos sæpe vicit, *ibid.*

Thabatha vicus, 15.

Thammaz Sare quid significat, 271.

Thebana virgo violatorem suum jugulat, et sibi mortem intulit, 509.

Theoctistus episcopus, 895.

Theodori, sive Theodorici epistola de Pascha ad omnia monasteria, 10.

Theodorus frater Athenodori, 905. Discipulus fuit Origenis, *ibid.*

Theodosius imperator, 955, 192.

Theodotus Byzantius impugnatus, 225.

Theogonus episcopus Nicænus, 192.

Theonas Alexandriæ episcopus, 501.

Theone presbytero Spiritum sanctum prædicante, quid factum, 414.

Theophili nonnullæ epistolæ versæ ab Hieronymo, 545.

Theophilus, 867.

Theophrasti liber de nuptiis, 513. Prosa scripsit, 532.

Theosebia Thiriæ Ecclesiæ diaconus, 453.

Theriaca ex carnibus viperæ conficitur, 551.

Thespesius rhetor, 911.

Thraseas martyr et episcopus Smyrnæ, 887.

Tibareni, senes, quos amant, suspendunt in patibulis, 555.

Timæus quid narrat, 509, 567.

Timoclia, 320.

Timor duplex in Scripturis sanctis, 709.

Timotheus, 270.

Totilhoc, id est Præpositus, 57.

Tractatores veteres Ecclesiæ multis sermonibus vix explicabant unam quæstionem, 417.

Tractatuum Ecclesiasticorum auctoritas commendatur, 515.

Tranquillus scripsit de Viris Illustribus, 825.

Traditio Ecclesiastica, 196. Ejus auctoritas, 180. Multa per Traditionem in Ecclesiis observantur, quæ auctoritatem scriptæ legis sibi usurparunt, 814.

Trajanopolis Thraciarum locus exsilii et sepulturæ Eustathii, 925.

Trinitatis mysterium ignotum antiquis, 500. Vera fides SS. Trinitatis, 187, 415. Ubicumque sacramentum aliquid Scriptura testatur de Patre, et Filio, et Spiritu sancto, aut aliter LXX interpretati sunt, aut omnino incertum, quare? 520. Quidquid inter corporeas naturas videre et videri dicitur, hoc inter Patrem et Filium noscere dicitur et nosci, 590. Trinitatis unitas quibus doceatur, 126 et seq. Trinitatis omnes materiales substantias superat, 144.

Triptolemi leges, 544.

Troglodytis victus, semicrudæ carnes, 554.

Thryphon princeps Judæorum, 865.

Tullius quid in Tusculanis disputationibus explicat? 693. Verba Tullii de amicitia servanda, 159.

Tumulus ex more Christiano, 12.

Turnus laudasse dicitur Camillam, 306.

Turtur avis pudicissima, semper habitans in sublimibus, 285. Typus est Salvatoris, *ibid.*

Tyranni Atheniensium quid fecisse narrantur, 307.

U

Ulyssis præceps cursus, 551.
Unicubæ semper habuerunt inter matronas decus, 320.
Unigenitus quis, 215.
Unitatem sequi, et totius mundi communione non scindi, pium est, et conveniens servo Dei, 188.
Urias timet mortem, 777.
Ursacius victoriam jactitat, 191.
Usiæ nomen tamquam novum abjicitur, 189.
Uxor bona et suavis rara est, 515. Nimius amor uxoris propriæ damnatur, 319. Rationes propter quas ducuntur uxores, 314. Uxoris ductæ incommoda, 285 et seq. Non potest Domini servire militiæ, servus uxoris, 270. Quanta felicitas, non uxoris servum esse, sed Christi, 255. Divitiæ in uxoribus magis eligi solent quam pudicitia, 512. Pauperem uxorem alere difficile est; divitem ferre, tormentum, 513.

V

Valens Mursensis episcopus, 189. Valens, 939. Valentis lex de vitulis non comedendis, 334.
Valentinus, 225. Valentinianorum dogma, 594.
Valeria Messalarum soror, 315.
Valerianus, 576.
Varii Gemini Oratoris dictum, 282.
Aliud est Vatem, aliud interpretem esse, 520.
Venia ibi sequitur, ubi luctus præcessit, 175.
Veneris Elusæ templum, 26.
Verbositas stulta rabulæ potius et garruli hominis, quam prudentis putanda est, 471.
Verborum ambiguitates damnantur, 408. Significantia verborum consideranda. Verborum vitia non reprehenduntur inter Christianos, 498.
Veritas laborare potest, vinci non potest, 721. Lucrum veritatis, 195. Veritas in nobis sit et sinceritas et amaritudo illico consequetur, 725. Verum tacuisse, peccatum est, 773. Opinione veritatis a justitia ne declinemus, 744. Non de adversario victoriam, sed contra mendacium quæramus veritatem, 716.
Vermes albi ubi pro magnis reditibus exiguntur, 334.
Vermiculus, quem vulgus millepedam vocat, 557, 715.
Versiones Aquilæ, Symmachi, et Theodotionis quomodo exprimunt textum Scripturæ, 524. Recipiuntur a Græcis, ibid. Multa mysteria Salvatoris subdola interpretatione celarunt, ibid. Habentur in Hexaplis, et explanantur ab Ecclesiasticis viris, ibid.
Vestæ Virgines, 254.
Viæ nostræ non proprio labore, sed Dei adjutorio et clementia rectæ fiunt, 797.
Ad Victorem episcopum Romanum epistolæ de Pascha, 873. Epistola Synodica adversus Victorem, 885.
Victoria, fidei occasio fuit plurimis, 25. Nostra victoria, et corona victoriæ, Dei protectione et clypeo paratur, 781. In hac vita nulla est certa victoria, 747. Pessima victoria, 43.
Victorinus martyr vocatur columna Ecclesiæ, 159. Commentarii Victorini, 472, 159.
Victus Gentium multarum, 334, 342 et seq.
Viduæ in angustia et tribulatione sunt positæ, 240. Viduis non detrahit Hieronymus, 290. In quo loco eas collocat, ibid. Viduæ quæ pascuntur eleemosynis Ecclesiæ, 265. Viduarum Gentilium constantia et castitas, 510.
Vigilantius vitam Monasticam damnabat, 400. De Vigilantio historia curiosissima, 398. Vigilantius concitatus a Rufino adversus Hieronymum, 548.
Vigiliæ et pernoctationes in Basilicis, 396.
Vincentius Presbyter, 447, 451, 551. Mittitur in Occidentem, 554.
Qui seipsum Vindicat, ultionem Domini non meretur, 534.

Vinum virginitatem et castitatis amorem generans, 287.
Vinum cum carnibus post Diluvium dedicatum est, 268.
Vir quando subjectus mulieri, 288. Quale conjugium inter viros et uxores præcipitur, 248, 265. Sanctis viris non detrahit Hieronymus, 274, 275.
Virilius, 622.
Virgilius, 566. Vigilianum quid, 238.
Virginitas a Salvatore virgine dedicatur, 275. Virginitas voluntaria est, 287. Illa virginitas hostia Christi est, cujus nec mentem cogitatio, nec carnem libido maculavit, 260. Non moritur, 275. Replet paradisum, 266. Grande crimen putatur læsa virginitas, 307. Pudicis mentibus plus virginitas est, quam regnum, 309. Difficilis res est, et ideo rara, 294. Virginitatem Paradisus, et terra nuptias dedicavit, 284. Apud Ethnicos semper renuit principatum, 306. Duplex virginitas, 227. Fructus est nuptiarum, ibid., 240. Quare de virginitate non datur præceptum, 229, 256. Virginitati veræ non præjudicat imitatio virginum Diaboli, 334. Absque cæteris operibus virginitas sola non salvat, 305. Principia virginitatis moriturae, quæ, 23. Virgines a Christo plus amantur, quare, 257. Virginis definitio, sanctam esse corpore, et spiritu, 227. Nihil prodest carnem habere virginem, si mente quis nupserit, 22. Quod alii in cœlis futuri sunt, hoc virgines in terra esse cœperunt, 296. Quæ virgines prædicantur, 275. Merces virginum et pudicitiæ, 260. Virgines in honore semper habitæ apud Romanos, 307. Exemplum virginibus relictum, 309. Virginum corruptarum ruinæ et crimina, 298. Inter 12 Signa cœli, Virginem collocarunt gentiles, 307.
Virtus semper rara est, 544. Qui unam habet virtutem, omnes videtur habere, 714. Nulla virtutum certa et secura possessio, 526. Virtutes omnes simul habere non possumus, 717. Grandis fidei est, grandisque virtutis, esse sanctum corpore et spiritu, 257. Nostri laboris est, pro diversitate virtutum, diversa nobis præmia præparare, 376. Apud Ethnicos præfertur voluptati, 242. Nullus est qui semper possit cogitare de virtutibus, 786. Virtutes peculiares Sanctorum, 714.
Vitam Angelorum inter titillationes carnis docemur imitari, 256.
Vitia magis sequimur, quam virtutes, 580. Nomina pietatis non erubescimus vitiis nostris obtendere, 402. Aliud est mundari a Deo, aliud per se esse sine vitio, 336.
Ubi scelus est Vitulorum carnes edere, 334.
Vocationum diversarum tempus, 374.
Voluntas hominis incerta, fluctuans, et mutabilis est, 780.
Voluptas flagrans dominatur, nec pœnis vincitur, 274. Philosophi reliquerunt quæ favent voluptati, quare? 357.
Volusianus, 907.
Vulcarii Commentarii, 472.
Vulpium carnibus gentes innumeræ delectantur, 334.
Vultures transmarina cadavera sentiunt, 445. In Vulture tot sunt curationes, quot membra, 352.
Vultum eumdem semper habere non possumus, 782.

X

Xanthippe uxor Socratis, 316. Xenocrates Philosophus quid scribit, 344.
Xenophon, quid refert? 311, 343, et seq.
Xysti sententia, 318.
Xystus Stephano successit, 909.

Z

Zebenus Antiochiæ episcopus, 903. Zenonis opiniones, 358.
Zephyrinus Romæ episcopus, 893.

SANCTI EUSEBII

HIERONYMI

STRIDONENSIS PRESBYTERI

OPERA OMNIA

POST MONACHORUM ORDINIS S. BENEDICTI E CONGREGATIONE S. MAURI

SED POTISSIMUM JOANNIS **MARTIANÆI** HUJUS ORDINIS RECENSIONEM,
DENUO AD MANUSCRIPTOS ROMANOS, AMBROSIANOS, VERONENSES ET MULTOS ALIOS,
NEC NON AD OMNES EDITIONES GALLICANAS ET EXTERAS CASTIGATA,
PLURIMIS ANTEA OMNINO INEDITIS MONUMENTIS,
ALIISQUE S. DOCTORIS LUCUBRATIONIBUS SEORSIM TANTUM VULGATIS AUCTA,
INNUMERIS NOTIS, OBSERVATIONIBUS, CORRECTIONIBUS ILLUSTRATA

STUDIO ET LABORE

VALLARSII ET MAFFÆII

VERONÆ PRESBYTERORUM,
OPERAM NAVANTIBUS ALIIS IN EADEM CIVITATE LITTERATIS VIRIS.
EDITIO PARISIORUM NOVISSIMA
EX SECUNDA AB IPSIS VERONENSIBUS EDITORIBUS CURIS POSTERIORIBUS ITA RECOGNITA,
ATQUE EX **RECENTIUS DETECTIS** SIC DITATA
UT PRÆSENS EDITIO, AMPLITUDINE SOLA, CÆTERIS OMISSIS EMENDATIONIBUS,
PRÆCEDENTES OMNES EDITIONES, ETIAM BENEDICTINAS,

tertia parte seu triente materialiter superet,

ACCURANTE ET AD ULTIMUM RECOGNOSCENTE **J. P. MIGNE**, CURSUUM COMPLE-
TORUM IN SINGULOS SCIENTIÆ ECCLESIASTICÆ RAMOS EDITORE.

TOMUS TERTIUS.

PARISIIS, EXCUDEBAT VRAYET,
IN VIA DICTA D'AMBOISE, PRES LA BARRIERE D'ENFER,
OU PETIT-MONTROUGE.

1845.

ELENCHUS
OPERUM QUÆ IN HOC TOMO CONTINENTUR.

S. EUSEBII HIERONYMI

Liber de Nominibus Hebraicis.
Liber de Situ et Nominibus locorum Hebraicorum, cum Græco Eusebii textu.
Liber Quæstionum Hebraicarum in Genesim.
Commentarius in Ecclesiasten.
Homiliæ duæ Origenis in Canticum Canticorum, Latine abs Hieronymo redditæ.

APPENDIX. — PARS PRIMA.

Quinque Græca Fragmenta libri Nominum Hebraicorum.
Lexicon Græcum Nominum Hebraicorum, quod *Origenianum* audit.
Ejusdem libri aliud exemplar.
Excerpta ex Operibus Philonis Judæi.
Excerpta ex Operibus Flavii Josephi.

APPENDICIS PARS ALTERA.

(*Quæ asterisco prænotantur, primo accessere Editioni Vallarsianæ, vel ex Mss., vel ex editis aliis libris adscita.*)

* Liber nominum Locorum ex Actis.
* De Hebraico Alphabeto, et decem Dei Nominibus.
* De Benedictionibus Jacob Patriarchæ.
* Ejusdem libelli alterum exemplar.
  De decem Tentationibus in deserto.
  In Canticum Debboræ Commentarium.
  Quæstiones Hebraicæ in libros Regum.
  Quæstiones Hebraicæ in libros Paralipomenon.
  In Job interlinearis Expositio Philippi.
* Excerpta ex Commentario Ms. in eumdem librum.

PRÆFATIO.

Hoc demum tertio Hieronymianorum Operum tomo illud scriptionis genus recognoscendum aggredimur, cujus subjecta materies divinarum est Litterarum expositio, qua sanctissimus interpres sibi proprium decus et nomen *Doctoris Maximi*, concinente in hanc laudem orbe universo, promeruit. Nam cum in cæteris quidem peculiaris instituti monimentis elucubrandis omne tulerit punctum : in Scripturæ exponendæ scientia ita excelluit, ut cætera illi communia cum multis, hujus tota quam latissime patet, quodammodo propria laus videatur. Earum scilicet partium, quæ innumeræ propemodum requiruntur ad summam ejus libri dignitatem sustinendam, singulas habuit in numerato : quodque haud scio an alius antea contulerit, summam linguarum Orientalium, quæ primigeniæ et vernaculæ sunt ejus libri, et cum primis Hebraicæ, et Græcæ notitiam, vetustiorum e Synagoga et Ecclesia interpretum, Patrum quoque seu Græcorum, seu Latinorum, qui hoc studio inclaruerant, assiduam lectionem et studium, cum exquisitissimo sententiarum, rerumque delectu ad reliquas doctrinæ suæ laudes adjunxit. Hac instructus tanta disciplinarum supellectile, ubi sacris Litteris explicandis animum advertit, eo dignitatis etiam ac præstantiæ provexit hanc artem, quo aut nondum antea pari saltem gradu pervenerat, aut postea ulterius non est progressa. Triplicem enim propositi loci sensum eruit, ac investigat : et in primo quidem quem historicum, sive litteræ vocant, diutius immoratur, varia illi veterum ex Hebræo interpretum accommodans glossemata, varia Tractatorum commenta et sententias. Tum alia duo genera explanationum aggreditur, et ad liberiora Tropologiæ revocatus spatia, quidquid ad moralem, et quidquid ad mysticam expositionem felici ingenio suppeditabat reconditum doctrinæ penus, tanta rerum ubertate exerit, mirum ut sit exstitisse notarios scribendo pares.

Hoc autem in studio, quamquam omnium utilissimo, non ignoro fastidiosis hominibus neutiquam probari, quod eorum plerumque Sanctus Doctor dissimulet nomina, quorum laudat sententias, atque adeo dubium subinde sit, tot inter vetustiorum Patrum opinationes, in quam malit ipse concedere. Sed hanc ille rancidam suoque olim tempore intentatam calumniam cum sæpe alibi, tum in Præfatione libri XI Commentariorum in Isaiam palmari hoc argumento diluit : *Lectoris*, inquit, *arbitrio dereliqui, quid de plurimis eligeret. Itaque quod nos verecundia fecimus judicandi, et eorum honore qui lecturi erant, quibusdam forte non placeat, qui non Antiquorum opiniones, sed nostram sententiam scire desiderant. Quibus facilis responsio est : Noluisse me sic unum recipere, ut viderer alios condemnare.* Et in Jeremiæ cap. XXII : *Miserabilis Grunnius, et post multos annos discipuli Joviniani et illius calumniati sunt, et calumniantur me sub alienis nominibus proprias sententias ponere, quod ego causa benevolentiæ facio, ne aliquem certo nomine videar lacerare.* Grunnius reipsa, sive Rufinus, et quisquis ille fuit de Joviniani grege vetus calumniator, cum se Hieronymi æmulum esse dissimulare non posset, se ipsum magis invidentiæ crimine condemnavit, quam S. Doctorem obtrectando læserit. Qui vero eam calumniam instaurant recentiores heterodoxi, non tam fortasse ex animo scribunt, quam ostentandi ingenii causa, atque ob nescio quam projectæ temeritatis libidinem carpendi veteres Patres, a quorum fide desciverunt. Nihil dico de catholicis, si quæ eorum sunt censuræ hac de re, quæ sane ejusmodi sunt, ut Hieronymo nihil detrahant, sed studiosos excitent, ut sedulo Ecclesiasticæ eruditionis studio, suam cuique Auctori sententiam reddere sciant : quod certe in magnum sacrarum litterarum, et cum primis Hieronymianæ lectionis commodum cedat. Hanc fere operam S. Basilius, et Gregorius Nazianzenus, cognomento Theologus, Origenianis scriptionibus feruntur impendisse, ut dogmatis, quæ ipsius propria, atque ab aliorum placitis discrepantia viderentur, X geminum affigerent, Platonicorum more, qui magistrum suum lectitantes, loca insignia eo charactere denotabant, ut in Platone Laertius refert. Atque id quidem præstare nos, quanta licuit diligentia contendimus, operamque in hoc nostram maxime subsequentes tomi, qui toti Commentariis constant, probabunt; nunc quid in hoc Tertio, ex quo Commentarios auspicamur, adornando præstiterimus, dicendum est.

Cum singulos Commentarios ad eum ordinem, quem ipsi, qui illustrantur sacri libri obtinent, digerere, ac recensere necesse sit, duo tamen Opuscula, quorum alterum *de Nominibus*, alterum de Scripturæ *Locis* inscribitur, præposuimus universæ collectioni, utpote quæ non unam aut alteram Scripturæ partem exponant, sed totam in ea quæ subjecta materies est, amplectantur, et quodam veluti Apparatu, tum ipsi Scripturæ, cum Hieronymianis Commentariis probe intelligendis viam muniant. Priorem librum veteres editores minoris sane fecerunt, sive quod parvum a sterili materia sibi laudis fructum sperarent, sive quod imperitis suam probari posse operam non arbitrarentur. Nuperus vero Hieronymianarum Quæstionum Auctor eum, ut et plerosque alios Hieronymi labores, nihil esse, aut perquam exiguæ utilitatis blateravit. Cui tantæ hominis temeritati multa reposuit Martianæus in Apologia : palmari autem hoc uno argumento retundi poterat. Sint interdum, ut vult, violentæ quædam etymologiæ, sint aliæ subabsurdæ, sint et contra linguæ ingenium, non hoc tamen vitio vertas Hieronymo, qui hanc a se culpam deprecatur in Præfatione, dumque propositum Græcum exemplar, prout decuit, fideliter vertit, subinde etiam lectorem suum monuit, ne qua falsa nominis interpretatione deciperetur. Econtrario magnam inierit a nobis gratiam, quod eum Librum Latine verterit, ac sæpius emendarit, quo propemodum uno et Græci pridem, et postea Latini plerique omnes tractatores usi sunt ad allegoricos sensus ex nominum significatione captandos, et quo adeo tota eorum tropologiæ ratio, tantaque antiquitatis memoria continetur.

Qui subsequitur *de Palæstinæ Locis*, ex Eusebii Græco, quem una repræsentamus, Latine ab Hieronymo est redditus : nihilque jam dico de summa ejus præstantia, quam temere idem conviciator imminuit. Erit fortasse ex hac nostra hujus opusculi recognitione, cur satis illum pœniteat magno Hieronymo dictis superbis illusisse. Nullum fere locum, quem ille suggillarit, liberare calumnia prætermisimus in notis, in quibus data occasione lectionem, interpretationemque Hieronymianam, aut vitiatam scribarum incuria restituimus, aut temere culpatam defendimus. Nam et feliciori quam ulli antea editorum hujusce libri contigerit, fortuna utor, qui cum Vaticanæ Bibliothecæ loculos diligentia, quanta poteram, maxima perlustrarem, inter alia, quæ ad rem meam facerent, Eusebiani quoque textus exemplar manu exaratum, satis antiquum, atque optimæ cum primis notæ deprehendi, cujusmodi nullum exstare docti viri conquerebantur. Nimirum tres tantum hactenus innotuerant ejus Opusculi codices mss. quorum primum Bonfrerius e bibliotheca Regia Parisina edidit, Martianæus recognovit : alterum Oxoniensis servat Academia : tertium Lugduni Batavorum e Vossiana bibliotheca in publicam ejus Academiæ Curatores dicuntur intulisse. At hujus inspiciendi copiam nemini hactenus factam Rhenferdius dolet : Oxoniensem vero a Parisino ante paucos annos fuisse descriptum, qui illi Bibliothecæ præsunt non diffitentur. Ex uno igitur Regio exemplo adornatæ hactenus editiones derivantur : illud vero vix dictu est, quantis scateat mendis, quam male mulctatum, luxatum, multisque aliis modis pessime habitum sit. E contrario quod mihi datum est reperire, tametsi omni prorsus vitio non careat, est tamen tum ætatis multo vetustioris, quæque decimum sæculum antevertat, cum longe præstantioris notæ : cujus ope tot vitiosæ antea lectiones restituuntur, tot supplentur lacunæ, ut ex eo primum integer Eusebii textus in lucem prodire videatur. Fuit olim iste quantivis pretii ms. celeberrimi cardinalis Sirleti, nunc inter Vaticanos numerum tenet 1456, multaque alia ad rem nostram continet, quæ suo loco in Græcæ Appendicis Admonitione memoramus.

Jam ab hoc universali Apparatu primæ occurrunt *Quæstiones Hebraicæ in Genesim*, Judaicarum Traditionum, reconditiorisque doctrinæ thesaurus. Ejusmodi laborem in cæteros quoque Scripturæ libros adorsus est S. Pater; sed quemadmodum in generali Præfatione ostendimus, aut minime perfecit, quæ ad rudem earum contextum informaverat, aut quod propius ad fidem videtur, mutato consilio, cum postea Commentarios elaboraret, liciis illis, quæ tumultuario congesserat, usus est : aut denique quidquid illud esset operis intra domesticos parietes cohibuit, nec editionis honori permisit. Certe cum per id temporis, quo iis Quæstionibus adornandis incumbebat, sæpe eas, et maxime in libro de Locis memoret, post aliquot

PRÆFATIO.

annos suos ipse libros in Catalogo recensens, præter illas, quæ supersunt unicæ in Genesim, nullam Hebraicarum Quæstionum mentionem facit, ut manifesto non alias in suorum librorum censu esse declararet.

Hinc grandi hiatu intermedio ad *Commentarios in Ecclesiasten* progredimur, quos plurimi fecisse ipse Auctor videtur, siquidem ad eos sæpe, ut suam liberet fidem, contra Rufini calumnias provocat. Exinde veniunt duæ *in Canticum Canticorum Homiliæ*, quas ex Origenis Græco Latine explicavit, summa illectus elucubrationis ejus elegantia, ut dicere non dubitarit, quod cum Origenes in cæteris libris omnes vicerit, in Cantico canticorum ipse se vicerit. Atque hæc quidem, quæ priorem quasi partem hujusce tomi explent, genuina S. Doctoris monimenta sunt, quæ mss. editorumque librorum subsidio dedi operam, ut ab innumeris, iisque fœdissimis mendis repurgarem, pristinoque suo nitori, quoad ejus fieri posset, restituerem.

Reliquum est, ut ad quem singula annum referenda sint, moneam. Atque Homilias quidem in Canticum canticorum ut ab his incipiam, quæ a cæteris longiori distant intervallo, ex eo, quod proxime ante librum contra Helvidium in Catalogo censeantur, et Damaso Romanæ urbis episcopo inscriptæ sint, facile intelligas anno 383 illigandas. Nam et superiore demum anno ad finem vergente Hieronymus Romam venit, et adversus Helvidium ut serius scripserit, postremam ipsius 383 anni partem non est prætergressus : quemadmodum in præfixa ad eum librum Admonitione ostendimus. Reliquos quatuor libros statim a recensione Commentariorum in Pauli Epistolas ad Galatas, Ephesios, Titum, ac Philemonem, hoc ipse ordine ac serie enumerat in Catalogo : *In Ecclesiasten Commentarios. Quæstionum Hebraicarum in Genesim librum unum. De Locis librum unum. Hebraicorum Nominum librum unum.* Ex quo licet primum ab Auctore ipso intelligere, quem inter se habeant ætatis respectum, neque enim aliam quam temporis, ut ego quidem existimo, rationem in suis recensendis scriptis habuit : quem vero proprie annum singulis tribuas alia ejusdem testimonia, ipsaque rerum series docebit. Enim vero Ecclesiasten, quod ex ipsa ejus operis Præfatione liquet, Commentariis illustravit S. Doctor *post ferme quinquennium,* ex quo illum Romæ degens *S. Blæsillæ legerat, ut eam ad contemptum istius sæculi provocaret.* His annum 383 denotari, quo nondum Blæsilla perfecte sæculo valedixerat, manifestum est : cui si ferme quinquennium adjunxeris, quem illis ascribimus 388 teneas. Jam quod uno simul tempore et Quæstiones Hebraicas, et libros de Locis et de Nominibus elucubrarit, ex eorumdem librorum Præfationibus, in quibus alteruter memoratur compertum est. Quod vero ad eumdem annum 388 pertineant, plane intelligas ex alia Præfatione Homiliarum Origenis in Lucam, quas hoc ipso anno Latinas fecisse Hieronymum, nihil est dubium : profitetur vero ibi se, ut earum versioni incumberet, *Hebraicarum quæstionum librum paululum prætermisisse.* Sed et subsequentium in Catalogo librorum series, et præcipue Didymiani opusculi interpretatio, quam sequenti anno attribuimus, rem ipsam plane constituunt.

De Appendice, quam duplicem huic tomo annectimus, unam Græcorum, alteram Latinorum συνταγμάτων, præfari multis non oportet. Hoc nos onere præfixæ Opusculis illis Admonitiones utcumque levant critica illa ἀκριβείᾳ, quæ cum in omnibus artibus, ac disciplinis dominetur, tum in hoc veterum monimentorum genere singulare ac necessarium imperium tenet. Excusanda magis est nobis ejus Appendicis prolixitas, ne alienis operibus ad explendam tomi molem Hieronymum dicamur onerasse. Neque enim scriptionum, quæ Hieronymianis antea non accenserentur, si paucas aliquot pagellas excipias, quidquam de novo adjecimus : veteres autem editiones, ac maxime Benedictinam ulla ex parte imminuere nullo pacto licuit, quod eruditionis homo cupidus prætermissum merito doluisset. Denique sunt illa ipsa Opuscula ejus indolis, quæ proxime genuinis nostri Hieronymi accedant, atque alio transferri commode haud potuissent : et bonæ adeo frugis, ut non exiguam, aut minus variam ex illis utilitatem ad rem Christianam, ac litterariam pervenire posse, mihi partim experientia ipsa, partim aliorum editorum judicio atque exemplo persuaserim.

Jam vero, de quibus lectorem præmonuisse oportebat, expositis, defuerim omnibus humanitatis officiis, nisi me palam æternumque animo obstrictum profitear tot eruditis viris cum in hac Italia, tum apud exteros, integris, et ab omni assentationis suspicione longe positis, nec ulla mecum junctis popularitate, vel gratia, qui nedum gravissimis testimoniis, sed editis quoque libellis laborem hunc meum prosecuti sunt. Laudarem et nomina, quibus et poteram exornare libri frontem, nisi videretur redolere gloriolam, atque hæc mallem ab aliis, quam a me fieri. Hoc enim vero et velim et rogo, solidam laboris mei gratiam, si qua est me deinceps consecutura, iis deberi, quorum favore sum excitatus, et quorum causa ceptum opus majori in dies persequar alacritate. Unum autem honoris causa nomino, illustrissimum virum Franciscum Musellium, cui plurimum Hieronymianæ gloriæ studiosi debeant, et quo ego sicut antea editionis hujus suscipiendæ hortatore, ita nunc quam celerius perficiendæ adjutore utor liberalissimo.

S. EUSEBII HIERONYMI
STRIDONENSIS PRESBYTERI
LIBER DE NOMINIBUS HEBRAICIS.

PRÆFATIO.

1-2 Philo vir disertissimus Judæorum, Origenis quoque testimonio comprobatur, edidisse librum Hebraicorum Nominum, eorumque etymologias juxta ordinem litterarum e latere copulasse. Qui cum vulgo habeatur a Græcis, et bibliothecas orbis impleverit, studii [a] nostri fuit in Latinam linguam eum vertere. Verum tam dissona inter se exemplaria reperi, et sic confusum ordinem, ut tacere melius judicaverim, quam reprehensione quid dignum scribere. Itaque hortatu fratrum [b] Lupuliani et Valeriani, qui me putant aliquid in Hebrææ linguæ notitia profecisse, et rei ipsius [c] utilitate commotus, singula per ordinem Scripturarum volumina percucurri; et vetus ædificium nova cura instaurans, fecisse me reor, quod a Græcis quoque appetendum sit. Præterea et illud in Præfatione commoneo, ut si qua hic prætermissa sunt, alteri sciat lector operi reservata. Libros enim Hebraicarum Quæstionum nunc in manus habeo, opus novum, et tam Græcis quam Latinis usque ad id [d] locorum **3-4** inauditum. Non [e] quo studium meum insolenter extollam, sed quod sudoris conscius, ad lectionem eorum provocem nescientes. Si quis igitur et illos, et præsens volumen, librum quoque Locorum, quem [f] editurus sum, habere voluerit, parvipendet ructum et nauseam Judæorum. Ac ne forte consummato ædificio quasi extrema deesset manus, novi Testamenti verba et nomina interpretatus sum : imitari volens ex parte Origenem, [g] quem post Apostolos Ecclesiarum magistrum, nemo nisi imperitus [h] negabit. Inter cætera enim ingenii sui præclara monumenta etiam in hoc laboravit, ut quod Philo quasi Judæus omiserat, hic ut Christianus impleret.

---

[a] Ms. noster, quem domi asservamus, probæ vetustatis et notæ, hic *mihi* habet pro *nostri*.

[b] *Fratrum Lupuliani.* Editi legunt *Lupuli :* aliquot mss. *Lupiniani.* Colbertinus codex num. 4354, *Lupiliani.* Vaticanus autem 344, *Lupuliani,* ut nos edidimus. Erant vero *Lupulianus* et *Valerianus,* quantum conjecturis assequi fas est, e numero fratrum in quorum conventu Hieronymus quotidie Psalmos, aliosque Libros sacros edisserebat. MARTIAN.

[c] *Utilitate commotus.* Duos aut tres mss., *novitate commotus.* MARTIAN.

[d] Malim equidem *temporum* legi pro *locorum,* nisi si aliquod intermedium e contextu verbum exciderit, quod ipsa suspicari facit oratio nonnihil impedita. Fortasse librum de Locis, quem dudum Latine ex Eusebio vertit, commemoraverat, et tertio ab hoc versu replicat.

[e] *Sumptum ex Sallustio in Jugurtha* c. 4 : *Ne per insolentiam quis existimet, memet studium meum laudando extollere.*

[f] Noster ms. in textu *editum,* ad libri oram *edidimus.*

[g] *Quem post Apostolos.* Hoc elogium adversus ipsum Hieronymum torquet Rufinus in sua Invectiva, ubi sanctum Doctorem inconstantiæ ac vanitatis sæpius insimulat. Unde quidam e veteribus Scriptoribus fama hujus inconstantiæ Hieronymum liberare cupientes, hoc loco ita legendum volunt : *quem juxta quorumdam sententiam post Apostolos,* etc. Quasi non ex propria sententia id scripsisset Hieronymus; sed ex aliorum opinione Ecclesiarum magistrum appellasset Origenem. Verum depravatam esse hujusmodi lectionem in codice Colbertino 2852 ac in aliis paucioribus, ipsius Hieronymi apologeticæ responsiones plane demonstrant. Ait enim in Epistola ad Pammachium et Oceanum, *Non mihi nocebit, si dixero : Origenes cum in cæteris libris omnes vicerit, in Cantico canticorum ipse se vicit. Nec formidabo sententiam, qua illum Doctorem Ecclesiarum quondam adolescentulus nominavi.* Non formidabat hanc sententiam, quia in Origene laudabat tunc diligentiam et studium Scripturarum, non dogmatum opiniones. Consule Apologiam Hieronymi adversus Rufinum. MARTIAN.

[h] Noster ms. in instanti *negat.* Quantam porro ex hoc testimonio invidiam S. Doctori Rufinus conflaverit, ex Invectivarum libris ediscimus.

INCIPIT LIBER.

Non statim ubicumque ex A (א) littera quæ apud Hebræos dicitur ALEPH (אלף), ponuntur nomina, æstimandum est, ipsam solam esse, quæ ponitur. Nam interdum ex AIN (ע), sæpe ex HE (ה), nonnunquam ex HETH (ח) litteris, quæ aspirationes suas vocesque commutant, habent exordium. Sciendum igitur, quod tam in Genesi, quam in cæteris libris, A ubi a vocali littera nomen incipit, apud Hæbreos a diversis, ut supra diximus, inchoetur elementis. Sed quia apud nos non est vocum [*Fort.* vocalium] tanta diversitas, simplici sumus elatione contenti. Unde accidit, ut eadem vocabula, quæ apud illos non similiter scripta sunt, nobis videantur in interpretatione variari.

VETUS TESTAMENTUM.

DE GENESI.
A.

Æthiopiam [a], tenebras, vel caliginem interpretantur Latini.
Assyriorum [b], dirigentium.
Adam, homo, sive terrenus, aut indigena, vel terra rubra.
Abel, [c] luctus, sive vanitas, vel vapor, aut miserabilis.
Ada, testimoium.
Ararat, Armenia, sive mons vel-licatus.
Aschenez (אשכנז), ignis [d] sic aspergens.
Ævila, dolens, sive parturiens.
Archab [e], insidiæ.
Assur, dirigens, vel beatus, aut gradiens.
Anamim, respondentes aquæ.
Amorrhæum, [f] amarum, vel loquentem.
Aruchæum, circumrodentem me.
Asennæum, levantem me.
5 Aradium, vindemiator meus sufficiens.
Amethi, indignatio mea.

[a] *Æthiopiam.* Ita legit Colbertinæ Bibliothecæ vetus codex 4951. De hisce Nominibus Græcis vel Latinis inter Hebraica absurde satis recensitis, sic monuit nos S. Hieronymus infra ad vocem *Puteoli* in Actibus Apostolorum occurrentis: *Hæc omnia,* inquit, *Græca nomina vel Latina, quam violenter secundum linguam Hebraicam interpretata sint, perspicuum puto esse lectori.* Et ante de vocabulo *Erasti : Erastus, frater meus videns, Satis absurde vocabulum figuratum.* Hujusmodi igitur violenter deductas etymologias et alias ineptias si auctori adscribas Hieronymo, parum æquus eris rerum æstimator, et Doctoris eximii iniquus judex. Jam si nomen *Æthiopiæ* quasi Hebræum interpretari volueris, figuratum illud intellige ex אתם et עופה, nam, ex his duobus verbis constari potest עתיונים, ac legi juxta morem antiquorum *Æthiopa* vel *Æthiopia* ; quod ita confictum significat *tenebras* vel *caliginem.* Similiter accipiendum nomen *Ægyptus,* quod in altera columna legitur sub ista interpretatione, *tribulatio coangustans.* Nam confictum videtur secundum linguam Hebraicam, ex similibus verbis יגע, פטש et ארץ, unde formari potest אנגעפטואר, *Ægyptus,* ut Αἴγυπτος, et habere significantium *tribulationis contundentis, et angustiantis.* Nihil tamen vetat, quominus consarcinator talium verborum Græcorum ac Latinorum respexerit ad primam eorum originem Hebraicam, nempe ad nomina כוש *Chus,* et מצרים *Mesraim,* juxta quod *Chus* incendii *caliginem,* et *Mesraim, angustiam,* et *tribulationem* interpretari possumus. Eligat lector quidquid voluerit; et si alia proponat, nos prompto animo melioribus acquiescemus. MARTIAN. — Ad primi statim vocabuli interpretationem moneri Lectorem decet, nonnullas hujusmodi occurrere Hebræorum nominum origines, vel obscuras, vel subabsurdas, vel falsas, quarum aliquas subinde Hieronymus ipse animadvertit *violenter secundum Hebraicam linguam interpretari.* Nihilosecius quando ex hoc libro etymologias captarunt avide Latini Patres, vix dictu est, quantum violentiores ipsæ eorum allusionibus, atque allegoriis probe intelligendis prosint. Quod spectat propositam de Æthiopia, aliter habet Origenian. Lexicon Αἰθιοπία, ταπείνωσις, Æ- B thiopia, humilitas. Hieronymus cum hanc forte minus probaret, eam substituit, quæ apud Latinos obtinebat, deductam ab ipso *Æthiopis* nomine, quod significat *nigrum facie.* In ms. nostro non adduntur verba, *interpretantur Latini,* sed tantum *tenebræ, vel caliginis.* Cæterum scias, non omnium rationem etymologiarum propositum nobis reddere, quæ ingentibus libris res esset committenda, sed tantum paulo obscuriorum, quasque alii antea præterierint.

[b] Ita *Assur,* Semi filius, Gen. x, 22, qui etiam pro Assyria accipitur, et pro gente Num. xxiv, 22. Proprie autem *successus* vertitur, sive *ingressus.* Hic vero ab אשר deducitur, quod verbum in Pihel significat *direxit.*

[c] Equidem et Josephus, qui primo Antiq. lib. cap. 3, *luctum,* πένθος interpretatur, Abelis nomen, quemadmodum ipse scribit, in Græcorum libris absque aspiratione reperit, cum tamen ex Hebræa lingua, constantique ejus gentis consuetudine aspiretur, C *Hobel* sive *Hebel.* Quare qui *luctum* interpretantur, sonum hujus vocis magis attendunt, quam ipsas litteras, quibus nomen a Moyse scribitur : הבל *vanitas,* ματαιότης, et *vapor,* ἀτμός : non אבל *luctus.*

[d] *Ignis sic aspergens.* In antea editis, et aliquot exemplaribus mss. *Ignis sic aspersus.* MARTIAN. — Noster ms. atque alii cum vulgo editis *sic aspersus.* Filius est Gomer Gen. x, 5. Alii a שכנ verbo interpretantur, *habitare faciam.*

[e] Iterum ms. noster pro *Archab* legit *Arach;* alii *Archat,* qua de re disputat Martian. Mihi, ut quadret interpretatio *insidiæ,* rescribendum videtur *Arab.* — *Archab.* Sic mss. veteres. Editi cum paucioribus mss. legunt. *Archat.* Sed ex posita interpretatione retinendum *Archab ;* sive ex Hebræo ארב, *arab,* sive ex רקב, *racab.* Apud LXX, *Archad* dicitur, Gen. x, D 10. MARTIAN.

[f] Origen. Homil. 12 in Numeros : *Rex Amorrhæorum, qui interpretantur in amaritudinem adducentes, vel loquentes.* Nimirum a מרר *amarum esse.*

Adama, humus, vel terra, sive terrena.
Arphaxad, sanans depopulationem.
Aram, excelsus.
Asarmoth, atrium mortis.
Adoram, generatio excelsa.
Aizel, (*Uzal*) pergens.
Abimael, pater meus a Deo.
Abram, pater excelsus.
Arram, (ארן) riscus, arca, vel capsa.
Ægyptus [a], tribulatio coangustans.
Aggai (*Hai*), quæstio, vel festivitas.
Amrafel [*Al*. Amaraphal], dixit ut caderet.
Arioch, ebrius, vel ebrietas.
Astaroth, ovilia, vel faciunt exploratores.
Amalec, populus lambens, vel lingens.
Agar [b], advena, vel conversa.
Abraam, pater videns populum.
Ammon [c], filius populi mei, vel populus mœroris.
Abimelech, pater meus rex.
Azia (*Azau*), videns.
Arbee, quarta, vel quatuor.
Assurim, nemus.
Apher, humus, sive pulvis.
Abidahe, pater meus, sciens.
Ader (עדר) [d], grex.
Aser, beatitudo, sive beatus.
Ana, responsio, sive respondens.
Aluam, despiciens.
Alue (*Aja*), umbraculum.
Amada (*Hamdan*) [e] desiderabilis.

Acan, necessitas, vel labor eorum.
Aran, (הרן) [f], iracundus, vel decor.
Adad, præcipuus, vel patruelis.
Avith, iniqua.
Achobor, mures.
Adollamitem, testificantem, sive testimonium aquæ.
Aunan (*Aner*) mœror eorum, vel labores.
Aseneth, ruina.
Aod (*Ahod*), inclytus.

6 Amul, parcens.
Aggi, festivitas mea.
Acheri (החרי), declinans.
Aroedi, vindemiator sufficiens.
Arieli, leo Dei mei.
Achi (*Apud* LXX, Genes. XLI, 18), frater meus.
Arad [g], descendens.
Asom, (*Husim*), festinantes.
Atad, testimonium, vel rhamnus.

B.
Babylon, confusio.
Bethel, domus Dei.
Bara (ברע), in malitia, sive creatura.
Balac (*Bale*) [h], præcipitans, sive devorans.
Barad, grando.
Buz [i], despiciens, sive contemnens.
Bathuel, virgo Dei.
Beri (בארי), puteus meus, sive putei mei.
Basemoth, in nominibus, sive delinquens [*Al*. delinquentem], vel veniens, aut positam.

Bala (בלה), inveterata.
Balaam, sine populo, vel absque substantia eorum, sive in eis.
Benjamin, filius dexteræ.
Beor, in pelle.
Bosora, in tribulatione, vel angustia.
Badad, præcipuus.
Balaanan, habens gratiam.
Basan [j], pinguis.
Baria (בריעה), in clamore ejus.
Bochor, primogenitus, vel in clitellis, aut ingressus est agnus.

C
Cain [k], possessio, vel lamentatio.
Cainan, lamentatio, vel possessio eorum.
Cithii (Κήτιοι) [l], amentes, vel stupentes.
Carnaim, cornua.
Cades, sancta, sive mutata.
Cinæri [m], possidentes.

7 [n] Cenezæi, zelotypi, vel possessio ejus.
Cedmonæi, antiqua tristitia, sive orientales.
Camuel, resurrectio Dei, sive statio Dei.
Cedar [o], tenebræ, vel mœror.
Cedma, orientalis, vel antecedens.
Caath, molares dentes, sive patientia.

Hucusque per simplicem C litteram lecta sint nomina : exin aspiratione addita, id est, per chi Græcum legenda.

Cherubin [p], scientia multiplica-

---

[a] Integris libris de Ægypti etymo disputant harum litterarum eruditi. Hæc certe interpretatio ex Hebraico *Mesraim* deducitur, non ab ipsa *Ægyptus* voce derivatur, quæ Græcam originem trahit, Αἰα Κόπτου, *Terra Copti*, Africæ regio notissima. Noster in cap. III Joelis : *Ægyptus*, inquit, *dicitur Mesraim quod interpretatur ἐκθλίβουσα, id est Sanctos Dei persequens et tribulans.*

[b] *Agar*. Editi nonnulla addunt hoc loco : *Aner, lumen, vel illuminatio, vel lucerna, vel civitas, vel oculus hominis.* Nihil horum exstat in codicibus mss. quos inspeximus, nisi in Regio 5993, qui legit vocem *Aner* ante *Agar*, sed absque ulla expositione ejusdem verbi. Unde autem in librum Hieronymi derivata fuerint, invenire mihi licuit ex codice ms. Colbert. 5216, ubi Auctor anonymus interpretationes nominum Hebraicorum collegisse se profitetur ex Origene, Hieronymo, Beda, Rabano, et aliis orthodoxis Patribus. In hac ergo Anonymi congerie nomen *Aner* positum ante *Agar*, ab eo sic interpretatum legitur : *Aner, amicus Abraham, lucerna, vel frater lucernæ, vel lumen.* Aner civitas imperialis, oculus luminis, vel dolor eorum. MARTIAN. — Vocem *Aner* absque ulla interpretatione præponit hoc loci noster ms. quod et in Regio quodam invenit Martianæus, qui hac de re fusius disserit : ipsum vero nomen *Agar* in eodem ms. nostro pro *advena* exponitur *adversa : proprie meridiem significat.*

[c] Idem ms. *Ammon Filius populi, vel Filius mœroris.*

[d] Hic quoque sine expositione nomen *Adbel* præponit ms. noster.

[e] *Amada*, Pro *Abdan* vel *Adama* mss. ac editorum librorum, restituimus *Amada* : quia hoc nomen *Amada* legitur apud LXX, Gen. XXXVI, 26 : *Hi autem filii Deson; Amada et Asban,* etc. MARTIAN. — Ita Martianæus restituit ex lectione τῶν LXX,

A Gen. XXXVI, 26, pro *Abdam*, ut etiam in ms. nostro, vel *Adama*, ut in aliis erat.

[f] Ms. *Aran, iracundus, vel decus.*

[g] Vacat describendo nomini spatium in ms., tum alterum hoc *Asbel* sine expositione præponitur.

[h] Præponit noster *Bersa* absque interpretatione, tum *Bale* pro *Balac* legit.

[i] Iterum præponit hic noster *Bersabee, puteus satietatis, vel puteus septimus.* Infra post vocem *Balla* rursum addit *Benoni, filius doloris mei.*

[j] *Basan*. Advertat Lector Nomina, quæ non leguntur locis in quibus notantur, scripta esse charactere Italico, sicut *Basan*, quod non legitur in Genesi. MARTIAN.
— Non habetur in ms. nostro hoc nomen, et vero neque in Genesi legitur, quare charactere Italico Martianæus distinguit.

[k] In nostro codice, *Cain possessio, vel acquisitio.*

[l] Aliter Origenes homilia 19 in Num., *Cithii* interpretantur *plaga finis;* puta a כתת, *confudit*, sive B *contrivit*, et חמם *perfecit*, sive *finem fecit*.

[m] Origenes, supra laudata homilia 19 in Num., *Cinæus*, inquit, *qui interpretatur possidens :* scilicet a קנה verbo *possedit.* In subsequenti nomine noster ms., *Cenez, Zelotypus, vel sessio ejus.* In vulgatis ante Martianæum, *Ceni, nidus meus,* quam interpretationem non improbo. Infra post vocem *Cedma* etiam in ms. nostro additur *Chore, calvitium.*

[n] *Cenezæi*. Adduntur isthæc in editis : *Ceni, nidus meus, vel possessio;* et infra post nomen *Cedma* hæc etiam leguntur : *Chore, calvitium.* MARTIAN.

[o] Apposite S. Hilarius in psalm. CXIX, *Cædar*, inquit, *secundum Hebraicam linguam, ut nobiscum pronuntiatur, obscuratio est.*

[p] Vide infra hoc nomen ex Exodo, et Numeris. Epistolam quoque 18, ad Damasum, et quæ in ep. 53, ad Paulinum pag. 279, annotavimus.

ta, vel quasi plures.

Cham (חם), calidus. Sed sciendum, quod in Hebræo *chi* litteram non habeat : scribitur autem per *heth*, quæ duplici aspiratione profertur.

Chethim (כתים), confracti.

Chus, Æthiops.

Chanaan [a], σάλος, hoc est motus eorum, vel negotiator, aut humilis.

Chalanne, consummatio futura, sive omnes nos.

Chalech (כלח), quasi viride.

Chaseluim, contecta regio eorum.

Chaphthoriim, manus exploratorum, sive [b] turturum, sed melius Cappadoces.

Chethæus (חתי), mentis excessus, sive fixus, vel abscisus. Sed hoc nomen in Hebraico non incipit a consonanti littera, verum ab *heth*, de qua jam supra diximus.

Chaldæi [c] (כשדים), quasi dæmonia, vel quasi ubera, aut feroces.

Charran (חרן), foramina, sive ira, vel fodiens eos. Sed et hoc nomen per *heth* Hebraicum incipit.

Chebron (חברון), conjugium, sive incantator, aut visio sempiterna, et hoc *heth* habet in principio.

Chodorlagomer (כדרלעמר), quasi generatio manipuli, **8** sive quasi decorum manipulum.

Chorræi, de foraminibus, quos vocant [d] Troglitas.

Chobal (*Hoba*), condemnatio.

Chased, quasi populantes. Sunt autem Chaldæi.

Cheth, percutiens.

Chettura (קטורה), thymiama offerens, vel copulata, aut juncta.

Choadad (*Hadad*), præcipuum.

Chabrath, quasi electum, sive grave.

Chorri, sive Chorræus, farina, aut farinatus, seu post me, vel foramen meum.

Chazib (*Apud* LXX, *Genes*. xxxviii, 5) [e], mendacium.

Charmi, vinea mea, vel cognitio mea.

Chabor (חבור), conjunctio, vel incantator : sed et hoc per *heth* litteram scribitur.

D.

Dan, judicium, aut judicans.

Dedan, solitarius, sive fratruelis eorum.

Dasem (*Resen*), frenum.

Decla, subtile, sive palmata.

Damascus (דמשק), sanguinis potus, sive sanguinis osculum, vel sanguis sacci.

Dadan, [f] judicans.

Duma, tacens.

Dina, judicium istud.

Debbora, apis, sive eloquentia.

Deson [g], fortis papilla, sive calcabit eam : sed hoc Syro sermone dicitur : cæterum Hebraice, pinguedo interpretatur, aut cinis, id est, favilla holocaustorum.

Desan, similiter ut supra : licet quidam putent fortem elephantem [*Al.* elephantum] interpretari.

Dennaba, judicium afferens.

Dothain (דתן), pabulum viride eorum, aut sufficientem defectionem.

E.

9 Eden, voluptas, sive deliciæ, vel ornatus.

Evila, dolens, sive parturiens.

Euphrates, frugifer, sive crescens.

Eva, calamitas, aut væ, vel vita.

Enoch, dedicatio.

Enos, homo, sive desperatus, vel violentus.

Evæum, ferum, sive pessimum.

Eber, transitorem.

Elmodad, ad matrem ejus præcipuam, sive Dei mensura.

Ellasar, Dei declinatio, sive hanc separans.

Esrom (חצרן), jacula gregum.

Eschol, botrus, sive ignis omnis.

Ephron, pulvis mœroris, vel pulvis inutilis, sive pulvis eorum.

Eldea (אלדעה), ad scientiam, sive de scientia.

Ethæus, formidans, sive stupens.

Edom [h], rufus, sive terrenus.

Emor, asinus.

Ephrata, ubertas, sive pulverulenta.

Eser [i], fictio, sive plasma.

Esban, ignis in eis.

Efraim, frugiferum, sive crescentem.

Esrom (חצרן), sagittam videns.

Esbel (אשבעל), ignis vanus, sive vetus.

Hucusque per brevem litteram E, *nunc per productam nominum sunt legenda principia.*

Elisa, Deus meus, vel ejus salus, vel ad insulam, vel Dei mei salvatio.

---

[a] Ita Origenes Homil. 6 in Exodum, *Inhabitantes*, inquit, *Chanaan*, *qui mutabiles interpretantur et mobiles*, quod utcumque verum est radice נוע, *motus*, *sive agitatus fuit*, vel *movit sese*. Verissime autem Hieron. *negotiator* exponit, quippe כנע, *mercator*, sive *negotiator* Hebraice appellatur, ex eo fortassis, quod Chanaan incolæ ob maris viciniam mercaturam cum primis exercuere. Sed neque contorta est *humilis* etymologia, quæ ex Hebræa radice, כנע *depressit*, sive *prostravit*, exprimitur.

[b] Noster ms. vitiose tamen, sive *tortorum*. Nomen populi est, qui *Cappadoces* dicuntur.

[c] Hebraice *Chasdim*, id est *quasi dæmones*, aut *quasi deprædatores*, vel *quasi mammillæ*, vel *quasi agri*, sic enim interpretantur. Philo præfert ὡς δαίμονα : rebantur enim componi ex *Caph* nota similitudinis, et *Scheddin*, id est *dæmones*, a שד *Schedad*, *vastavit*. Hinc Hier. in Isaiam cap. XLIII : *De Chaldæis*, inquit, *nullus ambigit*, *quin dæmones sonent*. Vid. Epist. 22, ad Eustoch. init., et quæ annotavimus in cap. XLIII Isaiæ. *De Chaldæis nullus ambigit*, *quod dæmones sonent*.

[d] *Troglitas*. Colbertini codices habent *Troglitas*, et *Troditas*; in cæteris legimus *Traglitas* et *Troglitas*. Quinam sint *Troglytæ* vel *Troglodytæ*, vide in Lexico Geographico novo Philippi Ferrarii. MARTIAN. — Ita mss., sed rectius *Troglodytas* rescribendum. Ex *chori* filio Lotan. Gen. XXXVI, 22, gentile derivatur *Hæchorim*, Troglodytæ, Gen. XIV, et XXXII, 32.

[e] Præponitur in ms. nostro *Charan* absque expositione : tum *Chazhi* legitur pro *Chazib*, et ad subsequens *Charmi* expositio altera, *vel cognitio mea*, non habetur. Olim in editis vitiose erat, *vel cognatio mea*.

[A] Infra ex Exodo : *Charmi vinea mea, vel agnitio aquæ*.

[f] *Dadan*, *judicans*. Post *Dadan*, editi legunt adhuc ista. *Dedan*, grande judicium. *Dan*, judicium, aut judicans. Pejus vero legunt initio hujus litteræ D. *Dodanim patruelis* : in *propinquos vertitur et cognatos*.
MARTIAN.

[g] *Deson*. *Dison*, דישן, significat *fortem papillam* sive *pupillam* cum figuratum est ex די, *dai*, quod Hieronymus ex Aquila *robustum* aut *fortem* interpretatur; et ex אישון, *ison*, quæ vox Latine vertitur, *pupilla oculi*. Syro autem sermone *Dison* significat *calcavit eam*, ex verbo דוש *dus*, vel דיש *dis*, et affixo singulari tert. pers. f. הן *oh*; quasi legeretur *disoh*, *calcabit eam*. Hebraice, ut optime monet S. Hieronymus, *Dison* a voce, דשן, *dasan*, derivatum, significat *pinguedinem*, vel *cinerem*. MARTIAN. — Legi malum *papilla* ex אישון voce, ex qua *Dison* hic derivatur; neque enim papilla ita Hebraice appellatur; aut Latine, quod Martian. putat, papilla et pupilla idem sunt.
B Vide tamen quæ in hunc locum doctissimus Benedictinus annotat : at scito sexies variari in Hebræo hujus scriptionem nominis, quod pridem Duxonfio notatum est.

[h] Ut passim cum Hieronymo in hujus nominis interpretatione Veteres conveniant, Augustinus tamen in psal. cxxxvi, *sanguinem* vertit, quod ab ipso vocabulo *Edom* Punice significari testis est. Hinc et Pseudo-Hieronymus in eumdem psalm. : *Edom*, inquit, *interpretatur terrenum et sanguinem*.

[i] *Eser*. In editis et nonnullis mss. codicibus : *Eser*, *fictus*, id est, *plasmatus*. MARTIAN. — Noster ms. cum vulgo editis libris, *fictus*, *sive plasmatus*.

Elam, sæculi, vel orbis.
Emim, horribiles.
Eliezer. Dei auxilium.
Epha, dissolutus, sive mensura.
Esau, factura, sive [a] roboreus, vel acervus lapidum, seu vanus, aut frustra.
10 Elon (אלון) [b], regio campestris, aut quercus, aut roboreus.
Eliphaz [c]. Dei mei aurum.
Emam (חובם), calor eorum.
Ebal (עיבל), vallis vetus, aut acervus lapidum.
Ela, terebinthus.
Er, vigiliæ, sive pellicius, aut surrectio, vel effusio.
Enaim, oculi sive fontes.
Eroom (Apud LXX, Ἡρώων; in Vulg. Gessen), id est Eroum, in facie eorum, sive vigiliæ dolorum.

F.

Fison, os pupillæ, sive oris mutatio.
Fut, Libya, sive oris declinatio.
Fetrasin, dissolvens mensuram.
Felestim [d], cadentes, sive ruina poculi, aut cadentes potione.
Farao [e], dissipans, sive discooperiens eum.
Faleg, dividens.
Ferezæi, separantes, sive disseminati, vel fructificantes.
Farau, [f] ferocitas eorum.
Fichol, os omnium : ab ore, non ab osse.
Filistiim, ruina duplex.
Faldas [g], ruina paupertatis, sive cadens germen.
Fau (פעו), nihil, aut subito.

Fiennon, ori eorum, aut ori vincto.
Futifar (פוטיפר), os inclinans ad dissecandum.
Farez [h], divisio.
Fetrefe (פוטיפרע), Libyeus vitulus, sive discooperiens, vel certe divisio, aut os declinans.
Falin, mirabilis.
Fua (פועה) [i], hic, adverbium loci : sive rubrum.
Fanuel, facies Dei.

G.

11 Geon (גיחן), pectus, sive præruptum.
Gomer, assumptio, sive consummatio, vel perfectio.
Gergesæus, colonum ejiciens, sive advenam propinquantem.
Gerara (גררה), ruminationem vidit, seu maceria. Sed sciendum quod Gerara interpretatur, incolatus : Gedera vero (גדרה), maceria, sive sepes.
Gaza, fortitudo ejus.
Gomorrha (עמרה), populi timor, sive seditio. Sciendum quod G litteram in Hebraico non habet, sed scribitur per vocalem Ain.
Gether, torcular videns, sive accola explorationis.
Gebal (עיבל), præruptum, sive vallis vetus.
Geraris, advenæ propinquantes, sive cornipeta eorum.
Gaam (Al. Gadim), vallis æstus.
Gad, tentatio, sive latrunculus, vel fortuna.

Galaad [j], acervus testimonii, sive transmigratio testimonii. De hoc in libris [k] Hebraicarum Quæstionum plenius diximus.
Gatham (געתם), tangens risit.
Gesen (גשן) [l], appropinquans palpationi eorum, sive vicinitas.
Gerson [m], advena ibi, vel ejectio eorum.
Gera, ruminatio, vel incolatus.
Gani (גוני), elatio mea, sive hortus meus.

I.

Jobel (יובל), dimittens, aut mutatus, sive defluet.
Jobal (יובל), delatus, sive dimittens.
Jared, descendens, sive roborans.
Japhet, latitudo.
Javan [n], est et non est, sive columba : sed Syrum est.
Jebusæum, calcatum, sive præsepe eorum.
Jectan (יקטן), parvulus.
Jaree, luna.
12 Johab, mago patre, sive dissilans.
Jescha, tabernaculum, vel unctio ejus.
Ismael, auditio Dei.
Isaac, risus, vel gaudium.
Jedlaph, manum tollens, vel manum ad os.
Jexan (יקשן), durus, sive durities.
Jesboc, est cinis, sive tactus.
Jetur, versus, aut ordinatus.

---

[a] Idem, sive rubeus, vitiose : siquidem a אדום A bium est, פוה scribitur. voce roboreus exponitur.

[b] Carrupte, tum in editis, cum mss. erat cum m littera Etom.

[c] Origenes homil. 19 in Numer. : Eliphas interpretatur Deus, me dispersit. Lege sodes, Deus dispersit, ab אלי Deus meus, et פוז verbo quod habetur Gen. xlix, 24, interpretatum a LXX, ἐξελύθη, dissolvit. At commodior longe isthæc quam Hieron. probat, etymologia est ab auro פז.

[d] Iterum emendandi Origenis codd. homil. 6 in Exod. : Philistini, id est cadentes populi, legendumque poculi, aut poculo.

[e] Hujus nominis expositio non ab Hebræis petenda est, sed Ægyptiis. Arabes autem, qui multa ab Ægypto mutuati sunt, פרעו Crocodilum vocant. Regem quoque Ægyptum draconis hujus gessisse eruditi ostendunt, quemadmodum ipsa bellua Ægyptiaci regni typus erat ac symbolum. Porro quod ex Philone, atque Origene, homil. 2 in Genes. nominis etymon Hieronymus exponit, ab Hebræo est פרע, σκεδαστής, exterminator, seu dissipans. Alii Regem aut Dominum cum Josepho volunt significari.

[f] Forte scriptum olim fuit feracitas pro ferocitas. Hæc enim etymologia ægrius a futuro הפריו ferus, aut ferox erit, extunditur : illa vero a פרה verbo, quod est fructificare, feracem esse, perquam commode derivatur.

[g] Nomen Falestim absque expositione hic in cod. nostro præponitur.

[h] Al. Divisor, ut ipse in epist. ad Nepotian. Hieron. interpretatur.

[i] Orig., hom. 2 in Exod. : Phua, quæ apud nos vel rubens, vel verecunda dici potest. Græci reddunt ἐρυθρόδανον ; et Philo ἔρυθρον, cum hic loci adver-

[j] Galaad. Consule sequentes Quæstiones Hebraicas in Genes. cap. xxxi, ubi de Galaad abunde disserit Hieronymus. MARTIAN.

[k] Vide infra Quæstiones in Genes. cap. 31.

[l] Concinit Origenes homil. 16 in Genes. in fine : Interpretatur autem Gessem proximitas, vel propinquitas. A נגש scilicet, quod est accessit, appropinquavit.

[m] Idem Origenes in Joannem, Gersam, inquit, διὰ τὴν παροικίαν interpretatur. A גר et שם, ut nemo non videt. Exod. II, 22 : Filium vocabit Gersam, dicens, advena fui in terra aliena.

[n] Javan, est, et non est. Javan Hebraice scribitur יון cum tribus litteris : quare ut significet est, et non, figuratum debet intelligi ex יש jes ; ו ve : et אן cn. Quæ tria sic sumpta Latine interpretantur est, et non. Quod autem Javan Syro sermone columba dicatur, nonnihil difficultatis habere videtur propter interpretationem nominis Bar-Jonæ in Matthæi volumine occurrentis. Nam de hoc nomine hebraico hæc habet Hieronymus infra : Bar-Jona, filius columbæ. Syrum est pariter et Hebræum. Bar quippe lingua Syra, filius, et Jona, columba utroque sermone dicitur. MARTIAN. — Isthæc interpretatio est, et non est, quæ contra analogiæ regulas nonnullis doctis viris visa est, ab Hebræorum traditionibus petitur, ex ipsiusmet Hieronymi testimonio, lib. viii Commentariorum in Ezechielem c. xxvii : Aiunt Hebræi Græcam, id est Javan, interpretari est, et non est. Quod proprie refertur ad sapientiam sæcularem, in qua, si recte aliquid reperiunt, EST appellatur; si in contrariam partem, NON EST. Consule Martianæi commentarium ad libri calcem.

Judith, laudans, aut confitens, aut Judæa.
Jacob, supplantator.
Juda, laudatio, sive [a] confessio.
Issachar, est merces.
Joseph, augmentum.
Jordanis, descensio eorum.
Jor (יאר) [b], rivus.
Jaboch, arena, sive lucta.
Jeus (יעוש), parcens, aut faciens, aut commotus.
Jeglam (Jhelon), despiciens.
Jethran, superfluus eorum.
Jetheth, dans.
Irad, civitatis [c] descensio.
Iram, civitas eorum.
Iiras (ירה), vidit fratrem meum, sive fratris mei visio.
Jamuel, dies ejus Deus.
Jamin, dextera;
Jachin, præparans.
Job, [d] magus.
Joalel, vita Dei, sive exordium Dei, vel præstolans Deum.
Jemna, marina, sive numeralis.
Jesua, planities, sive est desiderium meum, aut certe salvator.
Jessul (Jessui), est dolere.
Jasael (Jasiel), dimidium Dei.
Jesor, figmentum, sive tribulatio.

L.

Lamech, humiliatum, aut percutientem, sive percussum.
Ludim, nati, sive prosunt fortiter.
Laabim, deusti sive flammantes.
Lasa, in salutem.
Lud, utilis.
13 Lot, vinctus, sive declinatio.
Laban, candidus.
Latusim, malleatores.
Loommin, tribus, sive matres.
Lia, laboriosa.
Levi, additus, sive assumptus.

Lotan, vinculum eorum, sive ipse conclusus.

M.

Maluiael, quis est Dominus Deus? vel ex vita Deus.
Mathusale, mortis emissio, vel mortuus est, et interrogavit.
Maleleel, laudans Deum.
Magog, quod δῶμα, id est tectum, vel de domate, hoc est de tecto.
Medai, mensura, sive quam sufficienter.
Mesech (μοσόχ), prolongatio, sive defectio, aut certe compressus.
Mesraim, hostes eorum, sive mensura. Sed sciendum quod Mesraim, Ægyptus appellatur.
Mesa (משא), aqua rara, [e] vel elatio.
Melcha, regina ejus.
Mamre, de visione, sive perspicuam.
Masec (משק), potum dans, sive propinans.
Maacha [f], frangentem, sive confractam.
Maedan (מדן), metientem, sive respondentem.
Madian [g], de judicio, sive de causa.
Massan [h], de jucunditatibus.
Masmae, exaudientem.
Massa, levans, sive pondus, aut onus.
Meleth (מחלת), chorus, sive a principio.
Meza, existo.
Manath (מנחת), requiescens, sive donanti.
Masreca, vectigal vanum, sive sibilans, vel trahens.
Metabel, quam bonus Deus.
Matraid [i], persecutio, sive virga descendens.
Mezaab, aqua auri, sive aqua fluens.

Mabsar munita.
Magdiel, de repromissione Dei, sive turris Dei, vel magnificat me Deus.
Madianæi [j], judicantes.
Manasse, obitus, vel necessitas.
14 Merari, amarus, vel amaritudines.
Melchiel, rex meus Deus.
Machir, vendens.
Melchisedec, rex justus.
Memphin, de ore eorum.

N.

Naid [Apud LXX tantum, Gen. XLI, 16], motus, sive fluctuatio.
Noemma, decor, sive voluptas, vel fides.
Noe, requies.
Nemrod, tyrannus, vel profugus, aut transgressor.
Nineve, pulchra, vel germen pulchritudinis.
Nephthuim, scalpentes, sive aperientes.
Nachor, requies luminis, vel requiescente luce, vel obsecratio novissima.
Nahooth, prophetans.
Nabdeel (Abdeel), serviens Deo, vel ursus Dei.
Naphes, refrigerium, vel anima.
Nephthali [k], conservavit me, vel dilatavit me, vel certe implicuit me.
Naelh, requiescens.
Neman, fidelis, vel motus eorum.

O.

Orech (ארך) [l], longitudo.
Ochozad, tenens.
Olibama, tabernaculum meum in aliquo, vel tabernaculi altitudo.
Odollamites, contestans aliquem, vel testimonium in aqua.
Ophim (חם), thalami.
Hucusque cum per O brevem lit-

---

[a] Consonat, quem sæpe de industria testem adducimus, Origenes, homilia 17 in Genesim : *Judas confessio interpretatur lingua Hebræa.* A forma Hiphil verbi ידה, quæ sonat *confiteri.*

[b] Nomen istud *Jor, rivus,* in nostro ms. desideratur.

[c] Vitiose in eodem ms. *civitatis dissensio* legitur.

[d] *Job, magus.* Nomen *Job.*, Gen. XLVI, 13, quod Hebraice scribitur, וב, in Exemplaribus Græcis legitur Ἀσούμ et Ἰασούφ. MARTIAN. — Emendandi ex hoc loco Pseudo-Hieronymi in Jobum codices : *Job, qui dolens, vel magnus interpretatur.* Lege magus. Noster in nominibus de Ezechiele, *Job otiosus,* de Job ipso *dolens.* Apposite vero notatum Martianæo nomen istud, quod ורב Hebraice scribitur, Gen. XLVI, 13, in Græcis exemplaribus Ἀσούμ, et Ἰασούφ dici.

[e] In ms. nostro *vel evado :* vitiose, ut non dubito.

[f] Præponitur in nostro cod. nomen *Moab* de patre.

[g] A מם de; et דין *judicium.*

[h] *Masan.* In editis scriptum est, *Mabram,* quod nomen non legitur in Genesi : unde corruptum intelligitur, et *Mabram* esse positum pro מבשם, *Mabsam,* Gen. xxv, 13, sive potius pro Μασσάμ, *Massam,* ut leginius apud LXX et in codicibus mss. Hieronymus enim hunc librum edidit post Philonem Judæum, qui utebatur Versione Græca LXX Translatorum. Verum ex posita significatione ac etymologia legendum ut in Hebraico, *Mabsan,* quia illud nomen constructum figuratur ex servili מ *Mem*, et verbo בשם, *basam* juxta quod significat, *de jucunditatibus.* MARTIAN.—Noster ms. cum vulgo editis *Mabram,* de qua corrupta lectione Martianæus disserit.

[i] In eodem ms. nostro, *Madred percussio, sive,* etc. vitiose iterum.

[j] Idem, *Madianim vel Madianitæ dijudicantes.*

[k] In nostro ms., *vel implicuit me, vel dilatavit me.* Variæ autem sunt apud alios hujusce nominis originationes. Philo διανεωμένην καὶ πλατυσμόν : Ammonius ἀντίληψιν, et Hieronymus quoque Quæst. in Genes. 50, *conversionem comparationemque* interpretatur. Rectissime omnium, ut videtur, Joseph. Antiq. lib. I, cap. 19 : Ἀπμηχάνητον, *nullis dolis expugnandum* exponit. Nephthalim quippe strophas et dolos sonant, quemadmodum ex Job cap. v, 13, colligitur : βουλὴν δὲ πολυπλόκων (in Hebrai o נפתולים *Nephthalim*) ἐξέστησεν.

[l] *Orech, longitudo.* Pro *Orech,* quod *longitudinem* significat, depravate in editis legitur *Obeth,* cujus nominis nullum exstat in Genesi vestigium. Est autem *Orech* civitas regni Nemrod in terra Sennaar, quæ in Vulgata *Arach* dicitur, ex Hebræi ארך. Septuaginta legunt Ὀρὲχ Gen. x, 10. Ideoque *Orech* hic scriptum leginius apud Hieronymum, qui in præsenti opere secutus est Græcam auctoritatem LXX Translatorum. MARTIAN.

teram legerimus : exin per extensum pronuntiemus elementum.

Ophir (אפיר)ª, sive Uphir, quod per ALEPH litteram scribitur, interpretatur irritum, vel inherbosum.

Ox ᵇ, volentem,

Omar, populus, vel amarus.

Onan ᶜ, mœror eorum.

R.

15 Ripheth, videns buccellam, sive videns bona.

Rhodii, quod Hebraice dicitur RODIM vel Rodanim רודנים [*In Hebr.* Dodanim דודנים], interpretantur descendentes, aut patruus judicans, vel visio judicii.

Raama (*Rhegma*) ᵈ, tonitruum, vel excelsa.

Rhooboth, inclinatio, vel plateæ.

Ragau, ægrotans, vel pascens.

Raphaim, gigantes.

Rebecca ᵉ, multa patientia, vel multum accepit, sive patientia.

Remma, vel Ruma ראומה, videns aliquid, vel excelsa.

Rachel ᶠ, ovis, vel videns principium, aut visio sceleris, sive videns Deum. Hoc autem secundum accentuum et litterarum eventi diversitatem, ut tam in contrarias significationes nomina commutentur.

Ruben ᵍ, videns filius, vel videns in medio.

Raguel, pastor Dei, vel pabulum ejus Deus.

Ros, caput.

Ramesse (רעמסס), pabulum, ʰ vel tinea, sive malitia de tinea.

Quod in principio dixeramus in vocalibus litteris observandum : eo quod apud nos interdum una sit littera, et apud Hebræos variis vocibus proferatur : hoc nunc quoque in S littera sciendum est. Siquidem apud Hebræos tres sunt S litteræ : una quæ dicitur SAMECH (סמך), ס, et simpliciter legitur, quasi per S nostram litteram describatur : alia SIN (שין), ש, in qua stridor quidam non nostri sermonis interstrepit : tertia SADE (צדי), צ, quam nostræ aures penitus reformidant. Sicubi ergo evenerit, ut eadem nomina aliter atque aliter interpretentur, illud in causa est, quod diversis scripta sunt litteris. Hoc autem quod in Genesi diximus, in omnibus libris similiter observandum.

S.

16 Sela, umbra ejus.

Seht, positio, vel positus, aut poculum, sive gramen, aut semen, seu resurrectio.

Sem, nomen, vel nominatus.

Saba (שבא), captus sive captivitas, vel certe convertens.

Sabatha, gyrans, sive circumiens.

Sabathacha, circumiens te, sive circumcessio tua, vel sedes tua.

Sennaar, excussio dentium, sive fetor eorum.

Sidona (צידן), venatio mœroris.

Samaræum, lanam meam, sive conjunctum meum, sed melius custos.

Sodoma [al. *Sodomorum*], pecus, silens, vel cæcitas, vel similitudo eorum.

Seboim, caprearum, vel damularum, sive statio ejus mare, aut statio maris.

Sala (שלה), missa.

Sophera (שפרה), narratio, sive liber.

Serug ⁱ, corrigia, sive perfectus.

Sarai, princeps mea.

Sichem, humeri, vel labor.

Soor, parva, vel meridiana.

Sennaab, dentis pater, sive fetor patris.

Semebad, nomen perditionis, sive ibi perditio.

Segor (צער), parva : ipsa est quæ et supra Soor. Sed sciendum, quia G litteram in medio non habeat, scribaturque apud Hebræos per vocalem AIN.

ª *Ophir, sive Uphir.* In editis libris et aliquot mss. *sive Aphir.* Sed error manifestus est librariorum veterum, qui legentes, *quod per Aleph scribitur*, putarunt Hieronymum posuisse, *sive Aphir*; cum ex fide codicum mss. scripserit, *sive Uphir*. Aleph enim quiescit in hoc nomine אופיר, et *Vau* sequens initio nominis auditur, sive illud ו legatur *o* vel *u; Ophir*, vel *Uphir*. MARTIAN. — Etiam in ms. nostro *sive Aphir*, quemadmodum in aliis Martianæus invenit, et vulgati libri præferebant. Vid. quæ ipse editor Benedictinus annotavit.

ᵇ *Ox, volentem.* Multis diversisque modis nomen istud mutatur in Græcis ac Latinis exemplaribus, est enim Hebræum עוץ, *Hus*; quod Septuaginta Interpretes legebant ὡς, *Hos*. sive *Os*, Genes. xxxvi, 28. Οὔς, *Ous*, autem sive *Us*, Gen. xxii, 21. Nomen itaque *Os* Latini mutavere cum *Ox*, frequenter enim *x* pro *s* usurpatur ab antiquis librariis, ut in Jobi libro secundum LXX, *in regione Auxitidi*, pro *Ausitidi*. Septuaginta quoque cum elemento ξ nonnulla Hebræorum vocabula scripta retinent, ut Βουξ, *Baux*, ex Hebraico בוז, *Buz*. Unum est, quod nostris observationibus obsistere possit, significatio nempe vocis עוץ, ὡς, *Os* sive *Ox*, quæ transfertur hoc loco in *volentem*, cum tamen significet *consiliatorem*, etiam apud Hieronymum infra in verbo *Us*. Sed nisi me fallat opinio, posuerat Hieronymus Græcam vocem βουλευτήν; sicut in nomine *Chanaan* vocabulum Græcum σάλος, et in *Agag*, δόμα, etc., quod minime intellectum ab imperitis librariis, pro βουλευτήν posuerunt *volentem*, Judith. vιιι, 1, apud LXX, Ὄξ, pro *I dex*. MARTIAN. —Satis ingeniose Martianæus pro *volentem*, scriptum conjicit abs Hieronymo, ut alias subinde occurrit, litteris Græcis βουλευτήν, *Bouleuten*, sive *consiliatorem*. Hæc nempe hujus nominis *Ox*, seu potius *Hus*, aut *Hutz*, filii Aram, Genes. xιx, 23, propria est expositio. Hebraice עוץ scribitur, Septuaginta autem Græce Ὤς, *Hos*, verterunt.

ᶜ Origenes in Joannem *labor eorum* interpretatur, Ὠνὰν ἐστι πόνος αὐτῶν. Ab און, cum affixo plurali feminino.

ᵈ Ms. noster, *Rechema tonans, vel excelsa.*

ᵉ Deduci puta ex רבה, vel רכב, quod significat *multum esse*, *multiplicari*, et קוה *expectavit*, *sustinuit*. Consentit Origenes homil. 12 in Numeros, *Invenit Rebeccam, quæ interpretatur patientia.* Attamen longius petita etymologia est.

ᶠ *Rachel, ovis*, etc. *Rachel* significat *ovem*, cum Hebraice media littera est *hheth*, רחל, *Rahhel*, sive *Rachel*. Si autem figuratum fuerit ex ראה, *raa*, et אל, *el*, sonat *videntem Deum.* Rursus ex ראה, *raa*, חלל, *hhalal*, sive *Chalal*, *videntem principium.* Denique figuratum ex ראי, *rai*, et רע, *ra* cum Ain, *visionem ac scelus* significat, sive *visionem sceleris.* Hanc igitur litterarum diversitatem intelligit S. Hieronymus, ut et accentuum in vocibus רא, חל et רע, id est, in ra cum Aleph, vel in *ra* cum Heth, aut in *ra* cum Ain. MARTIAN. — Hebraice רחל scribitur, atque *agnam*, aut *oviculam*, ex etymo רחיאל, *mola arietis*, significat. Reliquæ interpretationes, quæ paulo violentiores sunt, quemadmodum extundi possint, Martianæus docet.

ᵍ Origenes ferme elegantius modo passivo *filius qui videtur*, *hoc est visibilis.* Homil. 17 in Genes. Obvia radix ראה *vidit* et בן *filius*.

ʰ Malim hic quoque *de tinea* pro *vel tinea*. Vide quæ annotavimus de hoc nomine in Epist. 78 de Mansionibus ad Fabiolam Mans. l. Origenes homil. 1 in Exod., *Ramesses*, inquit, *quæ interpretatur commotio tinea* : סס *tinea.*

ⁱ Vide num sit rescribendum *Seruc* pro *Serug*; non enim שרוג *corrigiam* sonat, sed שרה. Græce etiam est penes LXX Σερούχ. Alterum glossema, *sive perfectus*; in mendo cubare existimo ex compendio litterarum in antiquis libris nato. Et vero legi malim *profectus*, in Græco enim Origenis Lexico Σερούχ ἀπάρτημα vertitur; ἀπάρτημα vero interpretamur *digressionem in longius*, seu *deductionem.* Vid. quæ ibi annotamus. Sed potuit etiam scripsisse *perplexus* a שרב, quod est *implicare*, hancque in primis significationem vox habet.

LIBER DE NOMINIBUS HEBRAICIS.

Sau (שׂוה), sive Save, digne, vel elevatio.
Seir, pilosus, vel hispidus.
Sara (שׂרה), princeps.
Sur, murus, vel directus, aut continens.
Saba (צבא), conversio, sive rete.
Sue, loquens, sive cantilena.
Simeon, exauditio, vel nomen habitaculi.
Salem, pax, vel reddens.
Sichimorum (שכם), humeri : ipsa est quæ et Sichem. Sed in Latinum et Græcum sonum vertitur.
Sebeon, stante iniquitate.
Sophar, speculator ejus, vel buccina.
Samma, perditio.
17 Sobal, vana vetustas, vel vectes ad portandum.
Saphon (Sephion), speculator.
Salama, vestimentum, vel pacifica.
Saul, expetitus.
Sava (שׂוה), eloquentia, vel clamor.
Sela (שלה), ut ei, vel dimissio ejus, aut petitio.
Somthonphanech [a], corrupte dicitur : nam in Hebræo legimus ; saphneth (צפנת) phanee (פענח), quod interpretatur, absconditorum repertor. Porro ab Ægyptiis didicimus, quod in lingua eorum resonet, [b] salvator mundi.
Semron, nomen videns, aut custos.
Sarad, ut descenderet.
Sephion, egressum est os tristitiæ.
Soni, pupilla mea, vel secundus meus.
Sare (שׂרה), malitiosus, vel sibilans.
Syria (ארם), sublimis, sive humecta.
Staulam, radicatus.

T.

Tabec, occidens, id est, interficiens.
Tachos (תחש), silens.
Talam. ros.
Hucusque per litteram T simplicem legerimus, nunc aspiratione addita, legendum est.
Thobel, sive Thubal, ductus ad lucium, vel conversus, aut universa.
Thiras, timens, sive rediens, aut superfluum.
Thogorma, incolatus quispiam, aut interpres.
Tharsis, exploratores lætitiæ, sive gaudium.
Thara [c], exploratores odoris, sive exploratio ascensionis, vel pastio.
Thargal (Thadal), sciens jugum, vel explorator.
Thamar, palma, sive amaritudo, vel commutatus.
Theman, auster, vel Africus.
Thamna, vetans, vel deficiens.
Thamath (תמנתה), perfecta pars, sive consummatio data.
Tholae (תולע), vermiculus, vel coccinum.
18 Thesbon (Esebon), festinus ad intelligendum.

U.

Us (עוץ), consiliator.
Ul (הדל), dolens, sive parturiens.
Usam (חשם), festinus eorum.

Z.

Zemram, cantio eorum, vel tempus ostendens.
Zelphan (זלפה), ambulans os : ab ore, non ab osse, vel fluens os.
Zabulon, habitaculum eorum, vel jusjurandum ejus, aut habitaculum [d] fortitudinis, vel fluxus noctis.
Zara, oriens, vel ortus.
Zavan, motus, vel fluctuatio eorum.
Zozommim, præparati in acie : vel quæ est hæc aqua ?

DE EXODO.

A.

Aaron, mons fortitudinis, sive mons fortis.
Aser (אשׂר), beatus.
Abeherim (העברים), Hebræorum, vel transeuntium.
Afferezæi (הפרזי), separati, sive absque muro.
Anacim, humilitas vana, sive humiles vanos, vel humiles consurgentes, aut [e] responsio vana, aut monile colli.
Aod (אהד), gloriosus.
Amram [f], populus excelsus.
Aminadab, populus meus spontaneus.
Abiu, pater meus est, sive pater ipse.
Asir, (אשׂיר) vinctus.
Abiasaph [g], patris mei collectio.
Amalec [h], populus bruchus, sive populus lingens.
Abiud (אביהוא), patris robur, sive pater eorum.
Accherubim (הכרבים), cognosce et intellige, sive scientiæ multitudo.
Achisamech, fratrem meum roborans.

B.

Beseleel, in umbra Dei.
Beelsephon [i], habens speculam.

C.

19 Caath, patientia, vel molares dentes, sive [j] dolans, aut componens.
Cades, sancta.
Chanani, negotiatores, sive hic pauperculus, aut præparati, vel humilitas.
Charmi [k], vinea mea, vel agnitio aquæ.

---

[a] Præstantiss. cod. Mareschalli *Somthofanec correpte dicitur* ; nam in Hebræo legimus *Saphineth fane*, quod interpretatur, etc.

[b] *Salvator mundi*. Qui linguæ Cophtæ, seu antiquæ Ægyptiacæ student, consentiunt cum Hieronymo; docent enim lingua Cophtarum *Salvatorem sæculi seu mundi* appellari *fsotem pane*, pro quo LXX corrupte legunt ψονθομφανήχ, *psontomphanech*. De hoc nomine Joseph imposito a Pharaone plura dicentur in Quæstionibus Hebraicis in Genesim. MARTIAN.

[c] Vid. quæ infra ad *Thare* vocem ex Numerorum libro adnotamus. In ms. nostro absque aspiratione legitur *Tara*.

[d] Sic quoque infra de Exodo *Zebulon habitaculum fortitudinis*. Tamen Glossæ Claromarescanæ mss. apud Rosweidum *habitaculum pulchritudinis* legunt.

[e] Vide *Anathoth* ex Josue, et *Anatha* ex Judic. libro.

[f] Copiosius Beda, Interpret. Nom. Hebr., *Amram populus excelsus, vel populi celsitudo, sive populus exaltatus, aut populi exaltatio*.

[g] Antea corrupte erat *Abiasar* in ms. quoque nostro. Origenes in Matth. πατρὸς συναγωγὴν interpretatur, absque μοῦ, *mei*.

[h] *Amalec, populus bruchus*. Inepte legitur in editis, *populus brutus*; cum legendum sit, *populus bruchus*.

[A] עם, *am*, enim significat *populum*, et ילק, *jelec*, sive *elec, bruchum*. Unde *Amalec, populus bruchus*. MARTIAN. — Origen., in Numeros homil. 19 : *Amalech interpretatur ablingens populum, vel declinans populum.* Ab עם *populus,* et לקק *linxit, lambit*. Proprie vox est Arabica, eaque simplex. Rabbini a *furando* deducunt. A עלק vero est *bruchus*, ut emendat Martian., pro quo antea obtinebat *brutus*. Idque jamdiu olim obtinuit, nam et Beda, qui suam nominum interpretationem ex hoc Hieronymiani onomastico delibavit, interpretatur, *Amalec gens bruta, vel populus lambens*.

[i] Deduxit, opinor, a verbis בעל, quod est *dominari, habere*, etc., et צפה *speculatus est* ; sed verius infra ex Numeris transtulit *habens Aquilonem*; צפן quippe est *Aquilo . Septentrio* : tametsi paulo post *ascensio speculæ*, ex עלה *ascendit*. Origenes quoque, homil. 5 in Exod. : *Beelsephon ascensio speculæ, vel habens speculam*.

[B] Vitiose, nisi si typothetarum fuerit oscitantia, nuperus editor *sive dolens*, quod ex etymo *Caath* nullo pacto potest extundi.

[k] *Charmi, vinea mea*. Nomen כרמי, *Charmi*, ex נכר *nachar* formatum, supra in libro Genesis littera C, interpretatum est in antea editis libris, *cognatio mea* : verum ex præsenti loco ostenditur legendum

Cherubim, scientiæ multitudo, aut scientia, et intellectus.

D.

Dan, judicium, sive judicans.

E.

Ebræorum, transeuntium.
Ebrioth, transiens.
Ethi (חתי), timuerunt, sive obstupuerunt.
Emori (אמרי), mater lux mea.
Evi (הוי), ferales, vel feroces.
Enoch, dedicavit.
Emorræum, loquentem, sive amaricantem.
Esrom, sagittam videns, sive atrium tristitiæ, vel fortis.
Ebron, participatio tristitiæ, sive fortitudinis, vel augmentum sempiternum.
Eleazar, Deus meus adjutor, sive Dei [a] adjutorium.
Edom, rufus.
Hucusque Per E, brevem litteram legerimus, exin per extensum legamus elementum.
Elisaphan, Dei mei specula, vel Deus meus abscondens.
Elisabeth [b], Dei mei saturitas, vel Dei mei juramentum, aut Dei mei septimus.
Elcana, Dei possessio.
Etham, consummatus, sive suscipiens navigationem.
Elim, aries.

20 Epha, mensura.
Eliezer, Deus meus adjutor.
Eliab, Deus meus pater.

F.

Farao, dissipator, sive discooperuit eum.
Fithom [c], os abyssi, vel subito.
Foa (פועה) [d], hic, adverbium loci, sive apparebo, sed melius, rubrum.
Fallu, mirabilis.
Fotiel, hic declinans Deus, loci adverbium, non pronomen, vel declinans Deus, sive oris declinatio Dei.
Finees, ori parcens, vel ore requievit, aut oris augurium.
Felistim, ceciderunt duo.
Fasee, transgressus, sive transcensio.

G.

Gad [e], tentatio, sive accinctus, vel latrunculus.

Gersam [f], advena ibi.
Gersoni [g], ejectio eorum, sive advena ibi, aut advena pupillæ.
Gadiel [h], accinctio mea Deus.
Gadi, hœdus, sive tentatio mea.
Gamaliel, reddidit mihi Deus.
Goel, propinquus, sive redimens.
Galaad, acervus testis. Super hoc in libris Hebraicarum [i] Quæstionum plenius diximus.
Goni, horti, sive arrogantia mea.
Gabaa, sublimitas.
Gomor, mensura Atticorum, chœnicum trium.

I.

Israel [j], est videre Deum, sive vir, aut mens videns Deum. Et de hoc in libris [k] Hebraicarum Quæstionum plenius diximus.
Jethro, superfluus hujus.

21 Jebusi [l], calceatus, sive præsepe meum.
Jamuel, dies ejus Deus.
Jamin, dextera.
Jachin, præparans.
Jessaar [m], est meridies, sive meridianus, aut unctio mea, vel μεταφορικῶς, oleum.

---

esse, *cognitio mea*, non *cognatio mea*; quia hic nomen *Charmi* etiam in editis vertitur, *agnitio aquæ*. MARTIAN.

[a] Vitiose erat, forte operarum lapsu, *Dei ad adjutorium.*

[b] In ms. meo *Elisame* pro Elisama, filio Ammiud Numer. I, 10.

[c] Origen. in Exod. homil. 1 : *Phiton, quæ in nostra lingua significat os defectionis, vel os abyssi.* Hoc alterum cum Hieronymus præferat, puta derivari ex פה, *os,* et תהום *abyssus* : scribendum vero פתם, non פתהום.

[d] Vide supra, ex Genesi. Alibi de πόα, herba, in Jeremia, cap. II, deque ejus interpretatione dicemus.

[e] Ita fere ex Genesi nomen istud exponitur. Verum in epist. 78, de Mansionib., ad Fabiolam, mansione 29 : *Gadgad,* inquit, *interpretatur nuntius, sive expeditio, et accinctio, vel certe, quod nos verius arbitramur, κατακοπή; id est concisio.* Origen. homil. 27 in Num. *Galgad* [leg. *Gadgad*] *interpreta'ur tentamentum, sive constipatio.*

[f] *Gersam, advena ibi.* Ms. Colbert. num. 4554 pro *advena* legit *incolam.* MARTIAN.

[g] Beda, interpretat. Nom. Hebr., *Gersan, advena, vel alienus, sive profugus, aut eorum ejectio.*

[h] *Gadiel,* etc. Nomen istud non legitur in Exodo, sicut nec sex consequenter posita. Desumpta sunt ex Numeris et Paralipomenis, vel ex antiq. Exempl. LXX. MARTIAN. — Quæ subsequuntur nomina Italico charactere scripta non ex Exodo, sed ex Numerorum, vel Paralipomenon libris adsciscuntur.

[i] In Quæstionibus in Genes. cap. XXXI, 21.

[j] *Israel, est videre Deum.* Interpretationem istam nominis *Israel* nequaquam probat Hieronymus; etsi consuetudinem veterum Scriptorum secutus eam in hoc libro mutare noluerit. De nomine vero Israel ita disserit libro Quæstionum Hebraicarum in Genesim : *Illud autem, quod in libro Nominum interpretatur,* Israel, *vir videns Deum, omnium pene sermone detritum, non tam vere, quam violenter mihi interpretatum videtur. Hic enim* Israel *per has litteras scribitur,* IOD, SIN, RES, ALEPH, LAMED, *quod interpretatur, princeps Dei, sive directus Dei, hoc est, εὐθύτατος Θεοῦ. Vir vero videns Deum, his litteris scribitur,* ALEPH, IOD, SIN, *ut vir ex tribus litteris scribatur, et dicatur* IS : *videns vero ex tribus,* RES, ALEPH, HE, *et dicatur* RA. *Porro* EL *ex duabus,* ALEPH, et LAMED, *et interpretatur,* Deus, *sive fortis. Quamvis igitur grandis auctoritatis sint, et eloquentiæ ipsorum umbra nos opprimat, qui* Israel, *virum videntem Deum transtulerunt : nos magis Scripturæ et Angeli, vel Dei, qui ipsum* Israel *vocavit, auctoritatis ducimur, quam cujuslibet eloquentiæ sæcularis.* Hinc videat Lector, quam imprudenter a quibusdam sciolis Hieronymus reprehendatur tamquam linguæ Hebraicæ imperitus, quod in libris Nominum Hebraicorum et Locorum ineptas ac violentas etymologias reposuerit : neque vero in hujusmodi interpretationibus suam profert sententiam, sed aliorum longe dissimilium ponit opiniones. MARTIAN.

[k] Præstat igitur ipsum in hoc libro ad Genes. c. XXXII, 28, disserentem audire : *Illud autem,* inquit, *quod in libro Nominum interpretatur* Israel, videns Deum, *omnium pene sermone detritum, non tam vere, quam violenter mihi interpretatum videtur. Hic enim* Israel *per has litteras scribitur,* IOD, SIN, RES, LAMED, *quod interpretatur princeps Dei, sive directus Dei, hoc est* εὐθύτατος Θεοῦ. *Vir vero videns Deum, his litteris scribitur,* ALEPH, IOD, SIN, *ut vir ex tribus litteris scribatur, et dicatur* IS : *videns vero ex tribus,* RES, ALEPH, HE, *et dicatur* RA. *Porro* El *ex duabus* ALEPH et LAMED, *et interpretatur,* Deus, *sive fortis. Quamvis igitur grandis auctoritatis sint, et eloquentiæ ipsorum umbra nos opprimat, qui* Israel, *virum videntem Deum transtulerunt : nos magis Scripturæ, et Angeli, vel Dei, qui ipsum* Israel *vocavit, auctoritate ducimur, quam cujuslibet eloquentiæ sæcularis.* Vide quæ in hunc locum paulo fusius adnotamus.

[l] *Jebusi, calceatus,* etc. Male legitur in quibusdam mss. *Jesubi,* et in editis *Jesubæi,* cum sit ipsum *Jesubæi,* quod in libro Genesis occurrit cum eadem interpretatione, *Jebusæum, calceatum, sive præsepe eorum.* MARTIAN. — Ms. noster *Jebusei,* olim *Jesubei.*

[m] Idem videtur esse atque *Issaar* Numer. 22, 23. quod *Jassa* vocat Vulgatus, et Hieronymus quoque infra ex Numeris. Hebraice יצהר, filius Caath, Exod. VI, 18. Vide Epist. ad Fabiolam de Mansionibus, Origenes Homil. in Numeros XIII. *Issaar interpretatur mandati adimpletio :* a צוה *mandavit,* et ארה *cepit, accepit.*

Jochabed, [a] ubi est gloria, sive est gravis, aut Domini gloria.
Ithamar, ubi amarus, vel ubi palma, vel est amarus, sive insulæ palma.
Jesus (יהושע), salvator.
In (הין), mensura liquentis materiæ.

L.

Levi, additus.
Labeni, filio meo, vel cor ego, aut candor.

M.

Mesraim [b] hostes eorum, vel Ægyptus.
Moses, attrectans, vel palpans, aut sumptus ex aqua, sive assumptio.
Madian, de judicio.
Merari, amara, sive amaritudines.
Mooli, de infirmitate, sive chorus meus, aut ab initio.
Musi, attrectator, sive palpator meus.
Misael, tactus Dei, sive, quis interrogavit?
Magdola (מגדל), quis grandis? vel turris.
Moab, de patre.
Mariam, [c] illuminatrix mea, vel illuminans eos, aut smyrna maris, vel stella maris.
Merra (מרה), amaritudo.
(מרתה) Marath, amara.
Man, [d] quid?

N.

Nephthali, latitudo.
Nephec, (נפץ) pruna, vel carbo, sive **22** seductio.
Neesson, augurans, vel augur fortis.
Nadab, spontaneus.
Nave (נון), semen, !germen, vel pulchritudo.

O.

Oziel, fortitudo mea Deus.
Omer (Gomor), crispans, sive manipulus.
Oliab, protectio mea pater.
Oephi (איפה), trium modiorum mensura.
Nomina quatuor, quæ sequuntur, per extensam legenda sunt litteram.
Oreb (חורב), ardor, sive siccitas, aut corvus, vel solitudo.
Ori, lux mea.
On, labor, vel dolor.
Or, iracundia.

R.

Ruben, videns filium, vel videte filium.
Ramesses, intonuit lætus, sive malitia de tinea.
Raguel, pastio Dei, sive amicus ejus Deus.
Raphidim, laxæ manus, vel sanitas judicii, aut visio [e] oris sufficiens eis.

S.

Simeon, audivit tristitiam, vel nomen habitaculi.
Sephra, adhæsit, vel placens.
Sephora [f], avis ejus, vel pulchritudo ejus, sive placens.
Sor, meridianus.
Suriel (Soar), coangustans Deus, vel robustus Deus.
Salu, tentatio respiciens.
Saul, expetitus, sive abutens.
Semei, audi, vel auditio mea.
23 Sethri, exactor meus, vel absconsio mea.
Sechoth [g], tabernacula.
Sur, murus, aut robustus, sive angustia.
Sin, amphora, vel [h] tentatio, sive rubus.
Sinai [i], amphora mea, sive mensura mea, vel mandatum.
Sabbatha, requies.
Settim [j], spinarum.

T.

Themana (Leguntur in Exodo Hebraice tantum), auster.
Thelame, rivi aquarum, vel agger aquarum.
Tholæ, vermiculus, aut coccinum.
Theeth, subter.

U.

Ur (חור), ignis, aut lumen.

Z.

Zebulon, habitaculum fortitudinis.
Zechri, memoria mea.

[k] DE LEVITICO.

Melcho (Moloch), regi.
Salumith, retributio, vel pacifica.
Fath [l], κλιμα, id est, plaga: ver-

---

[a] Videtur hic de suo exaggerare sæpe laudatus Beda, Jochabed, Domini germen, vel Domini præparatio, sive Domini libamen, aut Domini intelligentia: quas ex יכבד Hebraico vocabulo significationes extorquere violentum est. Vide in Appendice Lexica Græca.

[b] Nimis multæ sunt, quas ex voce Mesraim etymologias excudunt Criticorum filii: neque hanc tamen hostium laudant. Origenian. Lexicon in appendice pro ea habet μιζας, niger. Consentiunt pleraque alia etiam Latinor. Interpretum, qui tenebras vertunt; quamquam hæc significatio non ex Hebraico מצרים, sed ex Græco extorta sit.

[c] Mariam, illuminatrix mea, etc. Imperfectum est nomen istud in antea editis libris, ubi legimus Maria: addendum namque est m in fine, sine quo Maria non potest habere significationem maris, vel pronominis eos, ut sciunt Hebraicæ linguæ periti. MARTIAN.

[d] In nostro ms. Manhu, quid est hoc? Porro notum inde appellari Manna, quod Israelitæ eo conspecto in hæc eruperint vocem מן הוא

[e] Hanc ipse Hieronymus respuit expositionem in Epist. 78 ad Fabiolam Mans. 11: Raphidim, inquit undecima mansio est, quam violenter interpretatam in libro Hebraicorum Nominum reperi: Vidit os sufficiens eis, aut certe, visio oris fortium; meliusque transfertur, dissolutio fortium, vel sanitas fortium sive juxta proprietatem linguæ Syræ, remissio manuum: Quorum expositionum paulo post rationem ex historia tropologicam reddit. Si tamen Illud sanitas judicii probes, extundi puta e verbis רפה sanavit, et דין judicavit; nam quod Origenes interpretatur laus judicii, minime omnium probabis. Mendose etiam Rhabanus legit vitium oris fortium. Vide quæ in laudatum ex Epist. ad Fabiolam locum annotavimus.

[f] Origen. quoque homil. 2 in Exod.: Sephora, quæ

A interpretatur passer. Tunc vero pro שפרה legendum צפרה, a צפר radice evolavit. Rectior altera expositio est et lectio, nam שפרה elegantem, vel pulchram significat.

[g] Sochoth tabernacula intelligi, apud Hebræos tradunt interpretes Nominum: Origenes homil. 59 in Exodum.

[h] Idem Origen. Homil. 11 in Exod. Sin enim tentatio interpretatur. Nuperus Origenis Editor suspicatur deduci ex נסה, quod in Pibel sonat tentavit, probavit. Rubus a סנה interpretatur.

[i] Sanctus vero ipse Pater epist. 78 ad Fabiolam Mans. XII, Interpretatur autem Sinai rubi, non unus ut supra in solitudine Sin, sed plures, etc.

[j] Settim, spinarum, Colbertinus codex optimæ notæ habet Segim, pro Settim. MARTIAN. — Alter Origen. legerit in suo exemplari, qui Homil. 20 in Numer: In interpretatione, inquit, Hebraicorum nominum Sattim invenimus in lingua nostra responsionem, vel refutationem dici. Vid. Num. 25, 1.

B In ms. nostro aspiratur Sethim: in uno Colbertino, teste Martianæo, Segin

[k] In editis ante Martianæum libris, tum in ipso ms. nostro hæc præponuntur admonitio: Finiunt interpretationes Hebraicorum Nominum libri Exodi, inter quas et quæ sunt de Levitico (perperam vulgati, ipseque Martianæus, et quæstiones de Levitico) poteris invenire, exceptis quatuor, quas subnectere curavimus. Quæ quidem verba ab imperitis librariis inducta idem Martianæus judicat, ea fortassis de causa, quod mendose legerit: ego satis vere ac diligenter annotata sentio, quin ab ipso Hieronymo scripta tantum non affirmo. Tametsi in subsequenti nomine, quo I mss. atque editi legunt Badrifath, mendum cubare non inficior.

[l] Fath, κλιμα, etc. Ingens occurrit perturbatio in antea editis libris, ubi etiam consutum cum textu

DE NUMERORUM LIBRO.

A

Ammiod [a], populus meus inclytus.

Abidan, pater meus judex.

Aggelaoni (*Gedeoni*), annuntiat iniquitatem meam.

Ahiezer, frater meus adjutor.

Ammisedai, populus meus sufficiens.

24 Achran [Ochran, *al.* Acharan], turbavit eos.

Ahiree, fratris mei amicus.

Anan, nubes.

Abia [b], pater meus iste, vel patris mei abundantia.

Aseroth [c], atrium angustiæ, sive beatitudines.

Ammiel, populus meus Dei.

Amath (*Emath*), indignatio, vel uter.

Achiman, frater meus quis?

Anacim (*Enac*), monile collo sublimi.

Aetthi (רחתי), obstupefaciens, sive perterrens.

Abiram (*Abiron*), pater meus excelsus.

Aunan (*Onan*), non est, vel inutile.

Arrad, suscitavit descendens, vel suscitavit descensionem.

Atharim (*Apud LXX*, xxi, 1), exploratorum.

Aei, quam Græci λιθολογίαν vocant.

Aranon, acervus tristitiæ, sive laus.

Ar, suscitavit, vel vigilia.

Ammon (עמון), populus mœroris.

Agag, δῶμα, id est, tectum.

Assur, beatitudo, sive gressus.

Aggi, festivitas, sive solemnis.

Arodi, maledictio sufficiens, sive maledictus.

Arieli, leo Deus meus.

Ammon (חמון), pepercit.

Asareel (*Asriel*), beatus Deus.

Aphar (*Hepher*), fodit, sive humus.

Agla (*Hegla*), solemnitas ista, sive vitulus.

Ahiram, fratris mei sublimitas.

Arad, descendi.

Aber (*Heber*), commisit, vel certamen iniit, aut particeps.

Araboth (*Apud LXX*, xxvi, 3) humilem, planam, atque campestrem.

Abarim, in transitu: quod significantius Græce dicitur πέραν.

Ataroth, coronæ.

Aroer, sublevans, vel vacuefactio, vigilis, aut myricæ.

Ahirot (*Phihahiroth*), scalptum.

Alas (*Alus*), [d] fermenta, sive commisce, quod Græce dicitur φύρασον.

25 Arada, obstupuit, admiratus est.

Asmona (השמרון), festinus, sive festinans, aut numera.

Aggedgad (*Gadgad*), annuntia, sive accinctus, vel latrunculus.

Achiam, umbraculum, sive præ rupta.

Alamon, super multitudinem, aut despectio.

Abelsettim [e], luctus littorum, vel riparum.

Acrabbim (*Apud LXX*, xxxiv, 4), scorpiones, vel decenter.

Adar, sublimis, vel pallium.

Asemona (עצמנה) [f], os ejus, ab osse, non ab ore.

Asmo (חדישר), novissimum ejus.

Arebla (*Rebla*), insidiantis.

Ain, fons.

Azan (*Ozan*), fortitudo eorum.

Achidod, fratris mei gloria.

B

Benjamin, filius dexteræ.

Bamoth [g], in morte, sive excelsa.

Basan (בשן) [h], bruchus, sive pinguedo. Nam quod interpretari [i] solet ignominia, vel confusio, *busa* (בושה) dicitur.

Balac [i], lingens, vel elidens, aut involvens.

Balaam [j], vanus populus, sive præcipitans eos, vel sine populo.

Beor, in pelle:

Baal, habens, sive vir.

Balfeor, habens os pelliceum.

Bacher [k], in sagmate, vel ingressus est agnus.

Bale, præcipitavit, sive absorbuit.

Baria (*Brie*), in malis, sive in commutatione ejus.

Beelsephon, habens aquilonem, sive speculam.

Baon, in iniquitate.

Barnee, electa commotio.

Bethanamra, domus pardorum [*Al.* bardorum], sive domus amaritudinis.

Beelsephon, ascensio speculæ.

Betharan, domus arcæ, vel montium aut ascensus humilium.

Baalmeon, habens habitaculum.

26 Benacan (*Benejacan*), filius necessitatis.

Bacci, luctus, sive in vomitu, aut vetus.

C

Cades, commutatus, sive sanctus.

Ceni, ærarius meus, sive nidus meus, aut possessio.

Hieronymiano legitur sequens additamentum: *Finiunt interpretationes Hebraicorum Nominum libri Exodi: inter quas et quæstiones de Levitico potes invenire, exceptis quatuor, quas subnectere curavimus.* Postea sequitur ineptum nomen *Badrisath*, interpretatum πληγὴ, id est, *plaga.* Sed in vetustioribus mss. exemplaribus nihil amplius legitur, quam quod a nobis editum est; et merito, quia cætera ab imperitis librariis inducta noscuntur, præsertim *Badrisath*, cum sola vox *Fath* mss. codicum sit Hebræum פאה, *Phath*, significans πληγὴ, sive *plagam*, modo australem, modo occidentalem. Quod nomen *Phath* legitur sæpius in Pentateucho. MARTIAN.

[a] Ms. noster præponit duo isthæc nomina, *Aaron mons fortis. Aminadab populus meus spontaneus:* quæ quidem et supra recensuimus, sed alterum proprie ad seriem ex Numeris spectat.

[b] Idem cum vetustioribus aliis mss. penes Martian. *Abaia*, qui rectissime monet legendum *Abiu*. — *Abia, pater meus iste,* etc. Manuscripti vetustiores, *Abaja,* et *Abata. pater meus iste.* Aliquot recentiores cum editis, *Abias, pater meus justus, vel juste*. At legendum videtur *Abiu*, aut *Abiud* Num. iii, 2. אבידוא, *Abiu* enim vertitur, *pater meus iste.* MARTIAN.

[c] A חצר. plurium numero חצרות *atria:* alia scriptione ab אשר *beatitudines* exprimuntur. Origen. Hom. 27 in Numer. *Aseroth, quod interpretatur atria perfecta, vel beatitudo.*

[d] Vid. Epist. de Mansion. ad Fabiol. Mans. X. Orig. homil. 27 in Numeros, *Alus labores interpreantur.*

[e] Verius in laudata epist. de Manss., mans. ultima: *Abel Sitim*, inquit, *interpretatur luctus spinarum*. Vide librum xii, Commentar. in Isaiam cap. xli.

[f] Hebraice est השמנה; sed tantum soni hic ratio habetur, non scripturæ: unde a עצם *ossa* cum affixo feminino vertitur.

[g] Origen. in Numeros homil. 12: *Bamoth interpretatur adventus mortis.* Puta בוא *venit,* sive *advenit,* et מות *mors.*

[h] Sic vero Origen. consuevit, homil. 13, in Numer.: *Basan interpretatur turpitudo;* nempe a בוש *confusus est.*

[i] Denuo Origen. dissentit homil. 14, in Num. *Batach, qui exclusio, vel devoratio interpretatur.* Forte ex בלק, *exinanivit, exclusit,* vel a בלע, *absorpsit, devoravit.*

[j] Facile deduci videatur a בל, quod est *non,* et עם, *populus,* sive *populus nullus.* Philo quoque μάταιον λαὸν interpretatur lib. de Confusione linguarum. Omitto Origenem cum primis assentientem.

[k] *Bacher, in sagmate,* etc. Idem nomen *Bacher* sive *Bochor* legitur supra cum hac interpretatione in antea editis libris: *Bechor, primogenitus... vel ingressus est angustus;* quam certe ineptam ultimam etymologiam ex hoc loco vitare potuissent, si eadem nomina repetita e diversis Scripturæ libris interdum contulissent. MARTIAN. — Noster ms. *Bechor in sagmate, vel ingressus,* absque *agnus* voce: olim editi vel *ingressus est angustus.*

Citus (*Cethim*), stupentibus, sive mirantibus.
Canath, æmulatio, sive zelotypia.
Calaatha ᵃ, ecclesia venit, vel voces.
Cadesbarnee, commutatus electus, vel mutabilis.
Cariathaim, villa, vel oppidum eorum.
Core, calvitium.
Camuel, resurrectio Dei, aut stabit Deus.
Hucusque per C litteram simplicem legerimus : exin ipsa aspiratione addita, nominum sunt legenda principia.
Chanaan, reversus est, sive quasi respondentes, aut quasi moventes.
Chaleb, quasi cor, aut omne cor, vel canis.
Chamos, eo regatus, vel quasi attrectatio.
Chazbi (כזבי), calix in me, sive immola mihi.
Chenneroth, cithararum signum, aut quasi lucernæ.
Chaslon, scelerata tristitia, aut protectio.
Cherubim, quasi plures, aut vermiculata pictura, vel scientiæ multitudo.

D.

Deuel, agnoscant Deum.
Dathan, donum eorum, sive sufficiens donum.
Dibon, sufficiens ad intellectum, vel abundanter intelligens.
Debongad, sufficienter intelligens tentationem.
27 Dafeca ᵇ, adhæsit, sive remissio.
Debelathan, lateres, sive massas, quæ de recentibus ficis compingi solent, quas Hebræi *Debelath* (דבלת), Græci *palathas* nuncupant. In præsenti itaque loco, nomen quod proposuimus, interpretatur ᶜ palathæ eorum.

E.

Efraim, crescens, sive frugifer.
Elaad (*Eldad*), ad solum, sive solitarium, aut ad unum.
Erma, anathema ejus.
Esebon ᵈ, cogitatio, sive cingulum mœroris.
Edraim, descensio pastorum.
Elcan, pars eorum, sive testimonium eorum.
Esbel, ignis vetus, sive vanus.
Evi ᵉ, desideravi.
Elale, ad ascensum.
Ebruna, transcensus, sive transgressio.
Eniel, gratia mea Deus.
Ephod, superindumentum, vel superhumerale.
Escol, botrus, sive ignis omnis.
Hucusque per E brevem litteram legerimus : exin per extensum legamus elementum.
Elisar, pater meus fortis (*Elisur Deus meus fortis*), sive pater meus coangustans.
Eliab, Deus meus pater, vel Deus pater.

Elon, exercitus fortitudo.
Elisame, Deus meus audivit.
Elisama, Deus meus audiens.
Elisaphat (*Elisaphan* vel *Eliasaph*), Deus congregavit, vel Dei mei protectio, sive absconsio.
Enan, nubes.
Edrai, inundatio pascet me.
28 Er, vigilans, aut consurgens, vel pellicius.
Elon, quercus, sive aulon : de quo in ᶠ libro Locorum plenius diximus.
Eran, vacuefecit.
Etthan, fortem.
Esaon (*Asion Gaber*), voluntas mœroris, sive fortitudinis.
Enon (*Enan*), fons tristitiæ.
Elidad, Deus meus patruelis, vel Deus meus patruus.

F.

Fodasur, redemptio fortis, sive vallata.
Fagiel, occurre mihi Deus, vel occursio Dei.
Faran ᵍ, ferus eorum, vel frugifer.
Faletti (*Phalti*), salvator meus.
Feleth, ruina, vel dejectio.
Fesga, abscisus, vel dolatus, aut os multum, ab ore, non ab osse.
Fethora [*Apud* LXX, xxii, 5], oris exploratio, sive buccella luminis, vel os turturis.
Fagur (*Phogor*) ʰ, oris pellis, vel hiavit.
Finees, os requievit, sile ⁱ, vel ori pepercit.

ᵃ Aliter *Caaltha*. In Epist. de Mansionib., mans. 19, *Caalatha*.

ᵇ *Dafeca, adhæsit,* etc. Quod de nomine *Israel* in Notis nostris jam observatum est, hic de *Dafeca* pariter observandum ex iis, quæ leguntur Epist. 127, ad Fabiolam : Hoc nomen, inquit Hieronymus, *apud Hebræos* κρούμα, *id est, pulsatio dicitur*..... *In libro autem Hebraicorum Nominum, adhæsionem, remissionemque transtulimus, quod lectorem turbare non debet; nec putet nos dissonantiæ scribere. Ibi enim juxta hoc, quod vulgo habetur, edidimus ; si medium verbum scribatur per* BETH *litteram : hic autem in Hebraico volumine scriptum reperi per* PHE, *quod elementum magis pulsationem, quam glutinum sonat.* Cætera videsis in jam laudata epistola Mans. 9 ; sed cavendum Lectori studioso ne cum editis libris depravatam hanc lectionem retineat, *adhæsionem retentionemque transtulimus*; germana namque est quam nos restituimus, ut constat cum ex codicibus mss. Epistolæ ad Fabiolam, tum ex hoc ipso libro Hebraicorum Nominum, ubi *Dafeca* vertitur *adhæsit, sive remissio*. MARTIAN. — Recolenda ipsius Hieronymi expositio ex Epist. de Manss. mans. 9 : *Nomen*, inquit, *Depheca apud Hebræos* κρούμα, *id est, pulsatio dicitur*... *In libro autem Hebraicorum Nominum, adhæsionem, remissionemque transtulimus, quod lectorem turbare non debet; nec putet nos dissonantia scribere. Ibi enim juxta hoc quod vulgo habetur, edidimus, si medium verbum scribatur per* BETH *litteram : hic autem in Hebraico volumine scriptum reperi per* PHE, *quod elementum magis pulsationem, quam glutinum sonat.* Facile hinc colligas, lectum olim ab Hieronymo hoc in libro *Dabeca*, non *Dafeca* ; illudque adeo restituendum, ut *medium verbum scribatur per* Beth *litteram. Et vero libri hujus auctor ex duplici lectione, utraque autem falsa, hoc nomen fuerit interpretatus, et cum *adhæsionem* vertit, *Dabeca* legerit, vel *Dabca* : cum autem *remis-

sionem, Raphca,* sive ut LXX habent, 'Ραφακά. Quare subdit Hieronymus loco modo laudato : *Miror quosdam eruditos, et ecclesiasticos viros ea voluisse transferre, quæ in Hebraico non habentur, et de male interpretatis fictas explanationes quærere, ut in præsenti pro Depheca legunt Rephca, litteram ponentes pro littera, eo quod Res, et Daleth parvo apice distinguantur.* Ita vero legit Orig. *Raphca* hom. 27 in Num.

ᶜ Antea erat *palata*. Vide quæ de hac ipsa interpretatione adnotamus in laudata ad Fabiol. epist. mans. 40, not. a.

ᵈ Priorem interpretationem probat Origenes quoque homil. 15 in Num. *Esebon interpretatur cogitationes*. Satis obvie a נשב, *cogitavit*.

ᵉ Multo aliter Origen. homil. 25. in Numeros, haud scio tamen quam vere, *Evin*, inquit, *belluinus, vel ferinus interpretatur*. Forte legerit היה pro אוי, quod nupero ejus Editori probe notatum est.

ᶠ *De quo in libro Locorum*, etc. Consule librum de Locis Hebraicis, littera A, et sub titulo *De Numeris et Deuteronomio*. MARTIAN. — Et nos plura in eum locum congessimus, quæ infra videas lib. de Locis sub littera A, *de Numeris, et Deuteronomio*.

ᵍ Aliam præfert expositionem Origen. homil. 27 in Numer. : *Pharan visibile os interpretatur*; a פה *os*, et ראה *vidit*.

ʰ Hebraice est פעור ; sitque adeo ex עור, *pellis*, et פה *os* deducta expositio. Origeni dicitur, *suavitas, vel oris pellis*.

ⁱ *Finees, os requievit, sile,* etc. Ms. Colbertin. 4951 non legit hanc vocem *sile* ; sed tantum, *os requievit, vel ori pepercit*. Alia vero exemplaria retinent verbum supra dictum, *sile*. In antea editis, *vel silet*. MARTIAN. — Ms. noster, cum vulgo editis, *vel silet*. Unus Colbertinus penes Martian. verbum illud ignorat.

Farez, divisio.
Finoni (פינוני), [a] os meum nepotum.
Farnach, vitulus saginatus, aut discessio mea.

G.

Gedeoni, [b] tentatio iniquitatis, vel tentatio humilitatis.
Garizim, divisio, sive præcisio.

I.

Ifanne, innuit, vel innuens.
Jegal (יגאל), propinquus, vel redimens.
Jesu, salvator.
29 Jazer, adjutor.
Jarden, descensio eorum, vel vide judicium.
Jassa, dimidia, vel factum mandatum.
Jacob [c], lucta, vel pulvis.
Jerio (Jericho), odor ejus, vel luna.
Jasub, conversio.
Jalel, exspectavit Deum.
Jamna, mare, vel dextera ejus.
Jesevi (ישוי), quod est desideravi, vel æqualis meus.
Jaasael (Jesiel), dimidiavit Deus.
Jeser, plasmavit, hoc est finxit, vel fictum.
Jair, illuminans.
Jetebatha (יטבתה), bonitates, sive declinavit ut veniat.
Isimoth, adducet mortem.
Jegali, redimens me, vel propinquus meus.

L.

Lael, in Deum, vel Deo.
[d] Lomna, alba, vel candida.

M.

Manasse [e], obliviosus, vel quod oblitus est.
Madiani, contradictio, vel responsio.
Medad, mensus est.
Michael, quis ut Deus?
Machi, quid quia?

Matthana, donum.
Medaba, aquæ eminentes.
Machir, restituet, sive venundavit, vel de infirmitate.
Maala, chorus, vel infirmitas.
Melcha, rex ejus.
Malchiel, rex meus Deus.
Maceloth [f], ecclesiæ.
Mathea [g], dulcedo, vel saturitas.
Moseroth [h], exclusiones, vel vincula, sive disciplinæ, aut successiones, quod in nostris codicibus Masoroth [Apud LXX μασουρούθ xxxiii, 30] legitur.

N.

30 Nathanael, Deus meus, vel donum Dei.
Naabi, absconditi, vel requievit in me.
Nephe, sufflans, vel [i] spirans.
Namuel, dormivit Deus, sive [j] inquiunt Deus.
Noa (נעה), motus: quem significantius Græci σάλον vocant.
Neeman, decus, sive motus eorum.
Namra [k], pardus, sive amaritudines.
Nabau [l], veniemus, vel in conclusione.
Nobe, latrans.
Naason, serpentinus, vel augurium.

O.

Othotam (Etham), signum eorum.
Ozni, auris mea.
Opham (Hupham), maritima eorum, vel thalamus eorum.
Opher, ignominia (הפר).Sed apud Hebræos per HETH litteram scribitur.

Hucusque per O brevem litteram legerimus: exin per extensum legamus elementum.

Obab, dilectus, sive amplexatus, aut sepes.
Ori, coquens, vel excludens me, vel apprehendens.
Osee salvator, aut salvans.
Onam, dolor, vel tristitia eorum, aut mussitatio, vel murmuratio.
Or, lumen.
Obath (אבת), magus, vel pythonissa, quam Græci ἐγγαστρίμυθον vocant.
Og [m], coacervans, sive absconditus.
Oni, dolor meus.

R.

Raphao (Raphu), sanans, aut medicans.
Roob, plateæ, sive latitudo.
Recem, varietas, sive picturæ.
31 Rebe, quatuor: sed per AIN litteram scribitur.
Ratkma, visio consummata, sive juniperus, vel sonitus.
Remmonpharez, maligranati divisio, sive sublimium divisio.
Reesa [n], frenum.

S.

Saddesor (Sedeur), uberum eorum lux, vel uberum lumen
Salomiel, retribuens mihi Deus, vel pax mea Deus.
Surisadai, continens mea ubera, vel fortis meus Dominus.
Suriel, continens me Deus, vel fortis meus Deus.
Soar, pusillus.
Samoe (Samua), audiens.
Saphat, judicavit.
Sodi, arcanum meum, vel exclusit me.
Susi, equus meus.
Sethur, absconditus, sive divertens.
Sisai, longævus meus.
Soon (צען), Tanis, urbs Ægypti.
Seon, germen quod non est, vel germen inutile, vel [o] alloquium,

---

[a] Ab Origene oris parcimonia exponitur. In Hebræo est פונן. LXX, φινώ.

[b] *Gedeoni, tentatio humilitatis.* Editi sic legunt, *Gedeon, tentatio iniquitatis*, *vel tentatio iniquitatis meæ*. At *Gedeon* sine littera *i* in fine non potest reddi cum pronomine *meæ*. Deinde omnes vetustiores mss. codices habent *humilitatis meæ*, non *iniquitatis meæ*; nec immerito, cum medium verbum scribatur per litteram *Ain*, גדעוני, *Gedeoni* Numer. 1, 15. MARTIAN. — Noster ms. *Gedeoni*, *tentatio iniquitatis*, *vel tentatio iniquitatis meæ*. Concinunt veteres editi, qui tamen *Gedeon* habent pro *Gedeoni*.

[c] Nec Origenes dissentit homil. 13, in Numer. *Jacob quod interpretatur luctamen.* A ppn, ut videtur quod est *exhausit* sive *evacuavit*; et in luctâ quidem vires exhauriantur.

[d] Legendum *Lobna* cum *b* littera, quod ipsa monet nominis interpretatio a לבן, *albus*, sive *albescere*. Origenes homil. 27 in Numer. *Lebna interpretatur dealbatio*. Hieronymus tamen in Epist. de Manss. Mans. 17, mavult *Interem* verti: *Licet quidam*, inquit, *Lebbona transferentes, male candorem interpretati sint.* Vid. quæ in eum locum annotavimus.

[e] Ita et Thalmudistæ sentiunt, a נשה, *oblitus fuit*. Origen. quoque ἀπὸ λήθης, *ab oblivione*, interpretatur.

[f] Contra Origen. homil. 27 in Numer. interpretatur *principatus*, *vel virgam*. Certe מקל, *baculus* seu *virga* dicitur.

[g] Martian. *dulcedo*. Derivatur a מתק, *dulce esse*. Origenes exponit *mors nova*, quod non probatur.

[h] Alii apud Origenem homil. 27 in Numeros, *Mesoroth* legunt, alii *Mesaloth*: ex quâ lectione commodius *exclusionis* etymologia a דלת, quod est *præter*, *excepto*, derivaretur. Fortassis ita olim scriptum in Latinis codd. Hieron. innuit.

[i] Ms. nostro, vel *suspirans*.

[j] Idem, *sive in quo Deus*: perperam.

[k] *Namra, pardus,* etc. Ex hoc loco emendanda est supra in editis interpretatio inepta nominis *Bethanamra*, in qua *domus bardorum* legitur pro *domus pardorum.* MARTIAN.

[l] Origeni dicitur, *Nabau abscessio*, a בוא scilicet, *venit, abivit.*

[m] Dissentit Adamantius homil. 15 in Numer. *Og interpretatur interclusio.* Puta ab עוג Chaldaico, vel Hebraico חוג, quod est *circulo describere*, sive *includere*.

[n] Vid. Epist. de Manss. Mans 18 et quæ in eum locum animadvertimus. Origen. homil. 27 in Numer. *Ressa*, inquit, *apud nos dici potest visibilis*, *sive laudabilis tentatio*. A ראה *vidit*, et נסה in Pihel *tentavit*.

[o] In ms. nostro *vel alloquium inutile, aut calor,* etc.

aut calor, sive tentatio lacessens.
Seffor, avis.
Settim [a] [In Hebr. שטן, 32], spinæ.
Satan, contrarius.
Seth, positio, sive posuit.
Seir, pilosus, vel hircus.
Salu (סלוא), tentatio respiciens [b]: sed melius εὐπαθής [al. εὐσταθής], quem fortunatum vel vegetum possumus appellare.
Sefion (Sephon), absconditus, vel egredere os mœroris, aut speculæ eorum.
Soni, coccum, vel pupilla mea.
Sela, petitio, vel petens.
Semron, nomen vidit, vel custos ejus.
Sichem, humerus.
Semidæ, nomen meum scientia.
Salphaad [c], umbra formidinis, sive umbra in idipsum, id est pariter.
Suthale, poculum mistum, sive spina viridis, vel madida.
Sfufan [d], atterens, sive ad umbraculum **32** rostrorum, quod Hebraice dicitur SAPHAPHIM.
Sophar, juba.
Sarahe (שרה), velamen, sive princeps fratris.
Sicher (σίκερα), ebrietas.
Salem (Sellem), redde.
Sabama, conversio quædam, sive leva in eis, vel tolle altitudinem.
Saphan (Saphar), labium, aut hericius, vel lepus.
Sochoth, tabernacula.
Salmona [e], umbra portionis, sive umbram numeravit, aut imago ejus.
Sin [f], sitiens.
Senna, voluntas, sive mandatum ejus.
Sedada, ex latere ejus.
Sophan, labium, sive barba superioris labii, quam Græci μύσταχα vocant.
Saphatam (Sephtan), judicans populum.
Samuel, nomen ejus Deus.
Salomi, pax mea.

T.

Tholae, vermiculus, vel coccinum.
Thersa, complacens sibi, quod Græce melius dicitur εὐδοχοῦσα.
Thena, castra, vel donata.
Theeth (Tehen), subter.
Thare (Thahath), exploratio [g], vel pastura, sive nequitia.
Hæc omnia, quæ ex T *littera posuimus, cum aspiratione in suis legenda sunt principiis.*

V.

Vaphsi, et finis meus.

Z.

Zachur, memor.
Zorad (Zared), alienus, vel descensio.
Zoob [Apud, LXX, XXI, 14], aurum.
Zemeri (Zambri), iste exacerbans, sive amaricans.
Zare, ortus est.
Zeferuna, hoc os vidistis : ab ore, non ab osse.
Zamri, psalmus, vel [h] canticum.

A.

33 DE DEUTERONOMIO.

Astaroth, caulæ, præsepia, ovilia, vel atria.
Aza, fortitudo ejus.
Araba (ארבה), occidens, sive vespera.
Argob, maledicta sublimitas.
Avi (Hevæus), feri.
Avothiair [i], gloria luminis, vel vita luminis : ita tamen ut pronuntietur Authjair.
Acan, necessitas.
Aseroth, atria, sive vestibula : si tamen per *heth* et *sade* (חצרת) litteram scribatur. Si vero per *Aleph* et *sin* (אשרות)], beatitudines sonat.
Amora (Gomorrha), populi illuminatio, sive populus ejus.
Adama, humus.

B.

Baalfeor, habens os pellis, siv superius os pellis.
Basar, angustia, sive in angustia, vel infantia.
Bosor, in angustia.
Beroth, putei.
Barne, filius mutationis. [*Ms.* motationis].
Balaam, vanus populus [j], vel sorbitio.

C.

Cademoth, a principio mortis, sive principium mortis.
Tria nomina hæc, quæ sequuntur, ex C *per aspirationem legenda sunt.*
Churrævus, iracundus, sive de foramine, quem Græci [k] τρωγλήτην vocant.

---

[a] Settim, spinæ. Nomen שטים, Settim interpretatur Hieronymus *spinas* in hoc præsenti libro Nominum Hebraicorum, ut et lib. XII Commentar. in Isai. cap. XLI : *Quæ varietates arborum,* inquit, *diversitatem significat gratiæ spiritualis. Et quia omnibus naturæ earum nota est, de* SETTA (שטה) *tantum Hebraica edisseramus, quam* spinam *Theodotio transtulit. Est autem genus arboris nascentis in eremo, spinæ albæ habens similitudinem ; unde omnia ligna Arcæ et Tabernaculi facta sunt instrumenta, quæ appellantur* SETTIM, *etc.* Idem nomen שטים Settim Symmachus spinas interpretatur, de quo videndus Hieronymus Comment. in cap. III Joelis, et in cap. VI Michææ.
MARTIAN.

[b] Sed melius εὐπαθής. Pro εὐπαθής, a nobis restituto ad fidem mss. codicum, editi legunt εὐσταθής ; qua vero auctoritate viderint illi, qui tanto studio antiquas defendunt editiones.
MARTIAN.

[c] A צל umbra, et פה ore, Origenes interpretatur homil. 21 in Numer. *Salphaat umbra in ore ejus.*

[d] Sfufan, atterens, etc. Editi legunt *Suphan* ; LXX vero σωφάν. In Hebræo hodierno Num. 26, 39, שפופם, *Sephupham, sive Sphupham,* ut scriptum est in codicibus mss. Latinis. Deinde in editis, et aliquot recentioribus mss. libris SUPHASIM legimus; in aliis vero, numero et vetustate præstantioribus, SAPHAPHIM. Quod *Suphan,* aut *Sphupham,* significet *conterentem* et *atterentem,* nullo negotio discere nobis licet ex verbis שפף *Saphaph,* שוף *Suph,* et שפה *Saphah.* Sed quod *Suphasim,* vel *Saphaphim,* Latine reddatur *ad umbraculum rostrorum,* sive *rastrorum* (ut habet editio Mariani) *divinationi Lectoris permitto :* tædet enim me bonas horas male collocasse, dum frustra in bona librorum copia istiusmodi prosequor etymologias. Vide tamen conjecturas nostras in Commentario.
MARTIAN.

[e] Scilicet a צל umbra et מנה portio.

[f] Vitiose in ms. nostro *Sin sciens.* Græcis quoque est βάτος, *amphora,* vel δίψα, *sitis.* Puto a צמא. Aliter, suoque sensu loquens Hier. de Manss. Mans. 8, סן legit, et *rubum,* sive *odium* vertit.

[g] In sæpius laudata Epist. de Manss. Mans. 24, Thare, inquit, *nonnulli vertunt in militiam, vel pusturam, nec errarent si per* אין *litteram scriberetur ; nunc vero cum aspiratio duplex in extrema sit syllaba* (nempe ה), *erroris causa manifesta est. Hoc eodem vocabulo, et iisdem litteris scriptum invenio patrem Abraham, qui in supradicto Apocrypho Geneseos (parva Genesis) volumine abactis eorvis, qui hominum frumenta vastabant, Abactoris, vel Depulsoris sortitus est nomen.* Origen. homil. 27, in Numer. *Thare intelligitur* contemplatio stuporis. Deducitur a תור *exploravit* אהה stupentis interjectione.

[h] Ms. noster, *vel canticum meum :* postremam litteram pro affixo masculino accipiens.

[i] Avothiair, *gloria luminis,* etc. In aliquot mss. et editis antea libris: *Avathjair,* quod jam dictum est ; nam חיות יאיר *hhaijuth jair,* significat *vitam luminis,* et ex Hieronymo legi potest *Authjair,* vel *Avathjair.*
MARTIAN.— Ms. noster, cum aliquot aliis penes Martianæum, editisque antea libris, *Avathiair.*

[j] In eodem ms. alterum glossema, *vel sorbitio,* desideratur.

[k] Quem Græci τρωγλήτην vocant. Pro τρωγλήτην editi legunt τρώγλη et τρώχλην. Verum retinenda est lectio omnium mss. codicum : nam τρώγλη signi-

Chaphtorim, manus turturum, sive exploratorum.
Chaphtor (*Cappadoces*), Cappadocia.

E.

Edraim (אדרעי), inundatio malorum, vel nativitas pessimorum, sive descensio pastorum.
34 Erma (*Horma*) anathema.
Evim (*Hevæi*), iniqui.
Ermon, anathema tristitiæ.
Esdoth [*Apud* LXX, III, 1], effusio.
Emmim, populi.

Quatuor nomina, quæ sequuntur, per extensam vocalem legenda sunt.

Esau, acervus lapidum, sive collectio lapidum, quod Græce dicitur λιθολόγιον [a], vel frustra, aut factura, id est ποίησις.
Elath, terebinthus, vel aulones.
Emim, terribiles.
Ebal, vorago vetus.

F.

Fasga, abscisa, vel dolata, sive os delicti.
Faran, auctus, sive succrescens.
Fennador (*Dor*), conversio [b] generationis.

G.

Gaza, fortitudo. Sed sciendum quod apud Hebræos non habeat in principio litteram consonantem: verum incipiat a vocali ain (עזה), et dicatur *Aza*.
Gesuri, juxta lumen, vel vicinia luminis.
Golam, transmigratio eorum, [c] vel voluptas eorum.
Gergesæum, colonum applica.
Gaulon, volutatio ejus.
Garizim, divisio, sive advena.
Galgal [d], rota, vel revelatio.

Gai [*Apud* LXX, XXXIV, 6], vorago.
Gebal, עיבל vorago vetus, sive λιθολόγιον.

I litteram, et L, idcirco prætermisimus, quia eadem nomina in cæteris libris interpretantur, et superfluum est dicta vel dicenda repetere. Il autem a plerisque aspiratio putatur esse, non littera. De K, superfluum est facere mentionem: cum etiam apud Latinos, exceptis kalendis, superflua judicetur. Igitur observandum quod eadem nomina quæ hic **35** vel alibi prætermissa sunt, in aliis libris possumus invenire.

M.

Misor (*Apud* LXX, III, 10), directum, quod Græce dicitur εὐθεῖα, vel plana, atque campestria.
Maachathi, fracti sunt mihi, aut venter percussus.
Mosera, eruditio, vel disciplina ejus.
Mamoazer (*Mamzer*), de longe, sive alienatus.

O.

Oraim, conceptus, sive comprehensio.

R.

Raphaim, medici, vel gigantes.
Rabath, multitudo, vel grandis.
Rubeni, visio, filii mei, vel videte inter me.
Ramoth, excelsum signum, sive vidit mortem, vel excelsa.

S.

Sidon, venatio tristitiæ, sive inutilitas.
Sareon, princeps mœroris.
Sanir, leva novitatem, sive dens lucernæ.
Salacha (*Selcha*) [e], levans veni, vel tollens venit.

Settim, spinæ.
Seboim, capreæ, vel damma, aut statio ejus mare.
Sames, mandatum humile.
Sina (סנה), tentatio, sive rubus, si tamen per *samech* litteram scribatur.

T.

Thophel [f], insulsitas.

Z.

36 Zozomim, hæ cogitationes, sive quæ est hæc aqua, vel in acie præparati.

DE LIBRO JESU.

A.

Ain, quæstio.
Adonibezec [g], Dominus meus fulgurans, vel Dominus comtemptus vani. Si vero per [h] *sade* litteram scribatur, interpretari potest Dominus meus justus.
Azeca, fortitudo, sive decipula.
Ailon, quem supra Aulonem diximus: quod si *æglon* (אגלון) legere voluerimus, interpretatur vacca eorum.
Asor, sagitta luminis.
Axaf (אכשף), medicamentum: quod si legere voluerimus Axa (עכסה), interpretatur furibunda.
Araboth (*Apud* LXX, IV, 13), humilia, plana, atque campestria.
Alac (*Halchath*), pars mea, sive lubricum.
Aermon, anathema mœroris.
Anaba (*Anab*), uva, vel humilitas mea.
Asdod (*Azotus*), dissolutio, vel effusio, sive incendium.
Arnon, lumen eorum, aut maledictio eorum.
Aroer [i], suffossio vigiliæ, sive exsurgens vigilia: sed melius myrice.
Adar (*Eder*) [j], grex.

---

ficat tantummodo *cavernam, aut foramen* aliquod rosione factum; τρωγλίτης autem *foraminosum*, eum scilicet, qui de foramine nomen accipit. Sicut Hebraice חר *hhor*, est *caverna*, vel *foramen*; et הרי *hhori*, est *foraminosus*, quia subit cavernas et foramina petrarum. Τρωγλῖται etiam sunt hirundines nidulantes in cavernis et foraminibus. MARTIAN. — Vid. quæ supra ex Genesi de hoc nomine adnotavimus, Martianæum quoque in hunc locum. *Chori* proprie subterraneum, troglodytam significat. Antea erat τρωγλίτην.

[a] Ms. noster, *vel frusta, aut fractura*, vitiose.

[b] Exciderit ex Origenis libris, hom. 14 in Josue, vox *generationis*, siquidem dumtaxat *conversio* exponitur. Etymon vero a פנה *convertit*, et דור *generatio* derivatur.

[c] Ms. *vel volutabrum eorum*. Profecto Golan revolutionem potius notat quam *voluptatem*.

[d] Theodoritus, quæstione 7 in lib. Judic. Galgal *libertatem* sonare scribit. Vid. quæst. 51, 54, 59. Facile deduxerit a גלה *liberavit*; in Hebræo autem Gilgal scribitur, et *limitem*, sive *curriculum* sonat.

[e] Ms. *Salcha, levans, vel tollens venit*. Martian. *leva, veni*. De superioris vero nominis Sanir expositione ita Hieronymus, lib. VIII Commentar. in Ezechiel. cap. XXVII : *Sanir dicitur, quod interpretatur via lucernæ, aut, ut nos verius arbitramur*, dens vigiliarum.

[f] *Thophel, insulsitas*. Mss. omnes legunt corrupte *Thebel*, pro *Thophel*. Sed ex posita etymologia ap-

A paret legendum *Thophel*. MARTIAN. — Ita emendat cl. Martianæus, cum vitiose præferant mss. atque editi *Thebel*.

[g] *Adonibezec, Dominus meus*, etc. Quod *Adonibezec* scriptum in fine per SADE litteram significet *Dominum meum justum*, vix patientur linguæ Hebraicæ periti; neque vero בצק *besech* cum *Sade, justum* sonat: sed *inflatum et intumescentem*. Non itaque sic intelligendus hoc loco Hieronymus, qui indicare tantum voluit nomen *Adonibezec*, Ἀδωνιβεζέκ scriptum apud LXX, Josue x, 1, legi in Hebræo אדוני צדק *Adonisedec*, et interpretatum esse, *Dominus meus justus*. MARTIAN.

[h] Id est, si ut in Hebræo habetur, *Adonisedec*, אדניצדק scribatur. Ut vero scriptum est apud LXX, *Adonibezec*, Ἀδωνιβεζέκ, *Dominus Bezech*, quæ urbs est Judic. I, 5, aut *Dominus calculi* verius exponetur. Vide supra Martianæi adnotationem.

[i] In ms. nostro, *Aroer, suffusio vigiliæ*, etc.

B [j] *Adar, grex*. Post hæc verba, *Adar, grex*, addunt editi libri : *Amanon, mons Ciliciæ, qui et Taurus. Inde Amana, inquietus, turbulentus, vel dens vigiliarum*. Sed nullum remanet verborum illorum vestigium in mss. codicibus; et puto manifestum esse eruditio lectori, tum ex rebus ipsis, tum ex significatione verborum, illam pericopen adscititiam esse, atque Hieronymo indignam prorsus. Fit quidem mentio in libro Josue *Amman* sive *Ammon* urbis Arabiæ nobilis, quæ *Philadelphia* dicta est : at de monte Ciliciæ, qui et *Taurus*, nescio qua occasione meminisse

Adaglam [a], congregatio eorum.
Apheo, continuit, sive continentia.
Adraim, inundatio pessimorum.
Accaron, [b] eruditio tristitiæ, vel sterilitas.
Amas :(Amma), indignatio, vel furor.
Asoth, id est Asdodii, ignis patrui mei, vel incendia.
Ascalon, appensa, [c] vel ignis infamis.
Assahar, mane, diluculum.
Acrabbim, scorpiones.
Addar, magnificus, sive pallium.
37 Asamona, os ejus : ab osse, non ab ore.
Achor, turbatio, vel tumultus.
Adommim, rubra.
Anacam (*Enacim*), humilis, exsurgens.
Ahiman, frater ejus.
Achsa, claudicans, vel factura, id est, ποίησις.
Athoniel, tempus ejus Dei, vel responsio Dei.
Adada, usque ad testimonium.
Asergadda, atrium accinctionis ejus.
Asmona, celeriter numera.
Avim, acervi lapidum, id est λιθολογία.
Ain, fons, vel oculus.
Aengannim, fons, aut oculus hortorum.
Adollamim (עדלם), congregatio eorum.
Adasa, nova.
Athar, deprecatio.
Achazib, mendacium, sive stultitia.
Ani, pauper.

Arab (ארב), insidiæ.
Ammeta (המטה), [d] lectus.
Accen (*Accam*), nidus.
Alala , laxitas.
Arabba (*Rabba*), multa.
Ataroth, corona.
Asrael (*Esriel*), beatus Deus.
Agla, festivitas ejus.
Aser (אשר), (חצר, beatus, si per ALEPH et SIN litteram scribatur : sin autem per HETH et SADE, atrium interpretatur.
Amathim (*Emath*) , indignatio , id est bilis eorum,
Anem, circuli, vel coronæ, sive præcinens.
Aerim (*Iim*) , acervus lapidum , id est λιθολόγιον.
Affara , vitulus, vel taurus.
Afara [e], humus ejus : aliis quippe litteris scribitur.
Ammona, populus ejus.
Aphani (*Ophni*), volans ego.
Aalef (*Eleph*), mille.
Asarsualim (*Hasarsual*) , atrium vulpium.
Asom, os : ab osse, non ab ore.
Asan, fumus.
Apharim (*Hapharaim*) , fodiens mare.
Ammes, robustus.
Amad (*Amosa*), populus adhuc.
Acharan , turbans eos.
Ammon (חמון), populus.
Amma (עמה), populus ejus.
Anneceb (*Neceb*), cognomentum.
Aser , atrium, sive vestibulum.
38 Adame (*Adam*), cruores sive sanguis : numero plurali.
Ajalon, campi, vel aulones.
Anathoth, obediens, vel respondens signum.
Abdo (*Abdon*), servus ejus.

Ammador (*Hammothdor*), populus generationis.
Alal [f] , laxitudo , quam Græci χαύνωσιν vocant , sive levitas, per extensam primam syllabam.
Astarthen [Apud LXX, xxiv , 55], facturam superfluam , id est ποίησιν περιττήν.
Astaroth, factura, id est, ποίησις exploratorum.

B.

Bethaun , domus inutilis.
Babylon , confusio.
Betharan, domus iræ, vel domus montium.
Baalgad , habuit accinctum, vel vir accinctus, aut vir pirata, vel fortunatus.
Bethaisimoth , domus deserta, vel domus adducens mortem.
Bamoth, excelsa.
Baal, habens.
Baalmeon , habens domicilium.
Bethpheor , domus oris pellium.
Begunim, fabri cæmentarii.
Betharam, domus sublimium, sive montium.
Bethanamra , domus pardo um , sive amaritudinum.
Bethaglam , domus festivitatis eorum.
Betharaba , domus humilis, vel vesperæ.
Boon (*Boen*), pollex, vel in medio.
Baala , habens eam, vel supra.
Bala , habens eam, vel vir ejus, sive venit hæc.
Baaloth (*Baalath*) , in ascensu , vel ascensus: numero plurali.
Bethaphaleth, domus salutis.
Bazeotha (*Baziothia*), despectio, sive contemptus ejus.

---

potuerit Josue liber Hebræus. Jam quod *Amana* Latine reddatur *dens vigiliarum*, intoleranda est supinitas et inscitia ; ut novere Hebraicæ linguæ mediocriter consulti. Observandum autem vocem sequentem *Adaglam* in mss. libris, et *Adram* in editis, ipsam esse quæ infra dicitur *Adollamim* ; et pro *Adaglam* , legendum *Adullam*. MARTIAN.

[a] Veteres vulgati addunt, *Amanon mons Ciliciæ, qui et Taurus. Inde Amana, inquietus, turbulentus, vel dens vigiliarum*. Consule Martianæum.

[b] Equidem malim pro *eruditio* rescribi *eradicatio* : librarium quippe oscitantem similitudine litterarum deceptum puto. Et vero Hieron. ipse in Commentar. in Amos cap. I : *Accaron*, inquit, στείρωσις, *id est sterilitas, et* ἐκρίζωσις, *quod interpretatur* ERADICATIO. Luculentius adhuc in cap. II Sophon. : *Accaron, quæ interpretatur* ERADICATIO, *hoc sustinebit, quod in suo vocabulo sonat, id est eradicabitur*. Nihil tamen hic muto contra veterum librorum fidem, maxime cum jamdiu olim ita lectum ab Antiquis sit. Rhabanus, cap. 6 in libros Regum : *Accaron eruditio tristitiæ*, cui lectioni subnexa quoque ab illo expositio concinit.

[c] Ms. noster, *vel ignis in flammis* ; ex critici ineptientis ingenio.

[d] Idem vitiose *Ammeta, luctus*. Obvium etymon a מטה, *lectus*. κλίνη.

[e] *Afara, humus ejus*. Nomen *Affara*, cum *vitulum* vel *taurum* significat, deducitur ex פר *par*, sive *phar*; quasi scribatur פרה, cum emphatico, ה *He* initio nominis. אפרה *Afara* autem cum א *Aleph*, aut ע *Ain*

A in principio et ה *He* feminino affixo in fine, sonat *humum ejus*. — MARTIAN. Duo sunt urbium Benjamiticarum nomina , quæ junctim memorantur Josue XVIII, 23, הפרה ועפרה ; alterum per ה scriptum , alterum per ע, quæ Vulgatus reddit *et Aphara , et Ophera*. Et primum quidem הפרה , *Juvenca* , aut *juniæ* interpretatur , alterum a עפר, *pulvis*, sive *humus*.

[f] *Alal, latitudo*, etc. Corrupte in editis pro *Asal* legimus *Alax*, χαυνότης vel χαυνότητα, pro χαύνωσιν. *Alal* vero, ni fallor, est nomen civitatis , Josue XV, 58, quæ הלחול *hhalbhul*, scribitur in Hebraico et αἰλουά, Ælua, apud LXX, ubi extensa prima syllaba satis aperte demonstratur in diphthongo, αι, quasi sit

B ab Hebræo חילוה *hheluhh*, sive *Allua*. Verum difficultate diligentius expensa, et comparatione hujus loci facta cum iis quæ leguntur infra, sub titulo de Regnorum libro secundo, littera E legendum videtur *Alal* cum Aleph initiali, אלל : nomina enim quæ incipiunt ab א *Aleph* legenda docet Hieronymus per extensam primam syllabam, ut *Elisue* , *Elisame* , *Eliam*, etc. Denique cum אליל *elil* significet *nihilum* et *inutile*, nomen אלל *Alal*, *levitatem* sonare aptum erit. His tamen non acquiesco securus ; sed tædio inquisitionis nimiæ et perscrutationis affectus. Monendus vero lector studiosus in omnibus mss. codicibus supra jam citatis vel infra citandis, scriptum esse *Alal*, non *Alax*. — MARTIAN. Perperam veteres editi *Alax*, et Martian. *latitudo* pro *laxitudo* , cujus pravæ lectionis ipsa eum vox χαύνωσις , de qua longius disputat, admonere potuisset.

Baal, vetustas.

Baseeoth (*Bascath*), adeps, vel defecatio.

Bethdagon, domus tritici.

Bethraphue, domus mali: non a malitia, sed ab arbore intelligendum.

Bethsur, domus robusti.

Bethanoth, domus præcinentium.

39 Betharraba, domus multa, vel grandis.

Benennam (בן הנם), in eis, vel in medio eorum.

Bethagla, domus festivitatis ejus.

Beroth, putei.

Bethula (*Bethul*), virgo.

Bethmarchaboth, domus quadrigarum.

Bethlabaoth, domus venientium.

Balath, habitus: ab habendo, non ab habitu, id est cultu vestis.

Beram (*Beerramath*), puteus altitudinis.

Bethphesse, domus oris florentis.

Bethsemus, domus solis.

Beten, venter.

Bethemec, domus vallis.

Banael (*Jebneel*), ædificatio Dei.

Bethanath, domus humilitatis, vel domus respondens.

Balathaba [a], habita, genere feminino, ab habendo: participium est, non verbum imperativum.

Banebarae, filius fulguris.

Balac, elidens.

C.

Cariathiarim, civitas, vel villa silvarum.

Cadesbarne, commutata electæ, sive sancta electæ.

Cades, sanctitudo, vel sancta, sive mutata.

Cariatham, civitas eorum, vel vocatio perfecta.

Caina (*Cyna*), lamentatio.

Ceila, ad fundam jacta, sive suscitans eam, aut tollens sibimet.

Carmelus, mollis, sive cognitio circumcisionis.

Cariathbaal, civitatem habuit, sive civitas habita.

Cana, calamus. Notandum, quod Latinum Canna, de lingua Hebræa sumptum sit.

Casim (*Casis*), summitas, vel principium.

Catthath, sive Caath, [b] morsus, vel congregati.

40 Caseon (*Cesion*), duri fortitudine.

Cabasam [c], congregatio eorum.

Cartham, vocationem perfecit.

Cedemoth, prius, vel Orientalis. *Hucusque per G simplicem litteram legerimus, exin aspiratione addita legendum est.*

Cindon [In Heb. VIII, 26], scutum, vel clypeus.

Chiphara (*Caphira*), catulus ejus, vel manus dissipata, sive expiatio. Quod autem diximus catulum, leonem significat quem Græci vocant σκύμνον.

Chermel, molle, vel tenerum, sive cognitio, circumcisionis. Melius autem si interpretetur, agnus tener.

Cheslon, revelatio eorum.

Chesil, robustus.

Chabon, quasi intelligens.

Chereloth [forte *Chenereth*], vidisti signum.

Chesiloth, stulti signum.

Chabol, quasi germen.

D.

Debir, loquens, vel loquela, aut ursum timens.

Dor, generatio.

Debon, abundanter, vel satis intelligens.

Dabira, loquens, vel eloquentia, vel ursum timens.

Dimona, satis numerans, vel sublimitas.

Dalani, egens pauper.

Daleam, egestas eorum.

Dana, causa, vel judicium ejus.

Duma (*Ruma*), silentium, siv gaudium.

Dabbath (*Dabereth*) [d], clunis.

Dabrath, loquela.

Dedara, generatio ejus.

Domna (*Dimona*), silentium.

E.

Eglon, vitulus mœroris, vel festivitas eorum.

41 Esdad, (*Asedoth*), effusio, vel incendium, sive ignis patruelis.

Evæus, lapides colligens, quod Græce dicitur λιθολόγος.

Evi, desiderans, sive est.

Esron (הצרון), irascens, vel sagitta visionis.

Eneam (*Enaim*), ecce ista, vel ecce sunt.

Emmam (*Amam*), mater eorum.

Eltholed, ad nativitatem.

Ermom, anathema, sive damnatio.

Esthaol, ignis parturitionum.

Esna, δευτέρωσις, quam nos a secundo numero dicere possumus secundantem, sive ignis, vel edissertio.

Esthamma (*Esthemo*), cogitatio.

Esaan, innitor, sive confirmo.

Elthecem, protulit.

Emec, vallis.

Elec (*Helec*), portio.

---

[a] *Balathaba, habita.* Nomen istud, Josue XIX, 8, legitur apud LXX, βαλὲκ. In nonnullis mss. exemplaribus Latinis præsentis Libri, *Balathala*; in antea editis, *Belatham*; in vetustioribus mss. uno Colbertino, et San-Cygiranno altero, *Balathaba*. Ultimam hanc lectionem retinemus, eo quod in Hebraico contextu scriptum sit loco supra citato: בעלת בא־ רבות *Bahalathbeer Ramath*, quod Septuaginta vel alii Hellenista Judæi legebant forte, *Balathaba Ramath*, unde remansit in nominibus Hebraicis, *Balathaba*, aut *Balathala*. Notandum autem nomen *Balath* supra interpretatum *habitus* ab habendo, hic vero *Balathaba* genere feminino *habita*, propter syllabam penultimam *tha*, quæ femininum genus annuntiat. MARTIAN. —Videtur etiam Martianæo ab hisce duabus vocibus בעלת באר Josue, XIX, 8, *Balabath beer*, postrema littera elisa, efformatum, uno spiritu, nomen istud בעלתבא *Balathaba*: Neque male ex *habendi*, seu possidendi etymo Hieronym. interpretatur; tametsi integrum nomen *Bahalath beer*, *Domina putei*, reddendum sit. Ibidem a Josue nominatur *Ramathnegeb*, רמת נגב, *Ramatha australis*, nec videtur ambigendum, totis hisce vocabulis eum locum in tribu Simeonis, quæ eadem cum Judæis tenuit oppida, fuisse insignitum. Recole Martianæi annotationem.

[b] Malim rescribi *morosus* pro *morsus*, illa enim interpretatio ex קץ, *fastidiosus* seu *tædio affectus*, extunditur: hæc vero quo pacto possit, non video. Nec multum abludit hujusmet expositio nominis supra ex Genesi, et Exodo, quibus in locis *Caath* pa-

tientia vertitur.

[c] *Cabasam, congregatio eorum.* In mss. Regio codice 3993 scriptum est *Casabam*, quod editi sequuntur. At in duobus vetustissimis Colbertinis sæpius laudatis leginus *Cabasam*, b ante s. Nec solum in illis, sed in plurimis aliis codicibus S. Ebrulphi Uticensis, S. Martinii Sagiensis, San Cygiranni, Fiscatensis Monasterii, Gemmeticensis, etc. Et merito, nam קבצה *Cebuisa*, sive *Cabasa*, significat *congregationem*; קצבה *Casaba* autem *præcisionem* et *cæsuram*. Nec dubium quin nomen *Cabasam* sit Hebræum קבצאל *Cabseel*, Josue XV, 21. MARTIAN. — Cum vulgo editis, ms. quoque noster, *Cabasam*, quod ex aliorum codicum fide Martianæus emendat. Nec ille dubitat, quin nomen istud *Cabasam* sit Hebræum קבצאל, *Cabseel*, Josue XV, 21. Mihi propius videtur vero קבצים *Kibtzaim* designari, quæ urbs est Ephraimitarum, Josue XXI, 22, et terminationem in *am* servat I Paralip. VI, 53, ubi *Jokmeham* appellatur.

[d] *Dabbath, clunis.* Pro nomine *clunis*, mss. plures legunt, *clivus*. *Dabbath* autem ipsa est *Dabbeseth*, vel *Debera*. MARTIAN. — Plures, Martianæo teste, mss. atque item noster *clivus* legunt pro *clunis*. Ac si hæc eadem urbs est tribus Zabulon, quæ Josue XIX, 11, Δαβασθάν in exemplari Alexandrino dicitur, Vulgat. *Debbaseth*, qua de re nihil videtur dubitandum; prior quoque expositio præferenda sit, דבשת *Dabbescheth* ab ipso Carmeli clivo, cui erat imposita, nomen sortita videatur, et *gibbus*, et *cameli tuber* exponi soleat.

LIBER DE NOMINIBUS HEBRAICIS.

Emeccasis [*Apud* LXX, xviii, 21), vallis concisionis.
Erma, anathema ejus.
Eunathon, gratiam dantes.
Enarath, ecce concepit.
Elchath, portiunculam.
Elammelech (*Elmelech*), ad regem.
Esmoe, mulier ventris.
Elthaei, nequaquam voventem.
Hucusque per E brevem litteram legerimus, exin per extensum legamus elementum.
Elo [a], exercitus ejus. Pro [b] τυποσία enim, semper in Hebræo aut iuimæ militum describuntur, aut opes.
Engaddi, fons hœdi.
Endor, fons generationis.
Engannim, fons hortorum.
Enadda (*Enhadda*), fons exacutus.
Edroi, inundatio pascens me.
Eram (*Horem*), vita sublimis.

F.

Fesga, dolata, sive præcisa, aut oris multi.
Faletti (*Jephleii*), salvans me.

G.

Gazer, præcisio, sive divisio.
Gosnam (*Gosen*), juxta eam, vel applicitam.
Gaza (עזה), fortis : ab *ain* littera incipiens, non a consonanti *gimel*.
42 Geth, torcular
Gessori, applicans lumen, vel applicans dirigentem.
Galioth, revelationes, vel transmigratio.
Gazao, robusto.
Gethuhæo, torculari.

Gadera, sepes ejus.
Gaderoth, maceria, vel sepes.
Gabaoth [c], colles.
Gabaon, collis mœroris.
Geththaapher, torcular ejus humi, vel fossum.
Gabathon, sublimitas eorum, vel collis mœroris.
Gethremmon, torcular excelsum, vel torcular sublimium.
Golam (*Gilo*), transmigratio eorum.
Galim, loca palustria, vel acervi.
Galgalis, volubilis.
Gabaad (*Gabaath*), collis patruelis.

I.

Jerimoth, timens mortem, vel altitudines mortis.
Jaffe, est os: ah ore, non ab osse.
Jabia [d], intelligens, vel intelligentia.
Jecnam, possedit populum.
Jazer, auxilium.
Jarim, saltuum, vel silvarum.
Jebneel, ædificatio Dei.
Jagur, colonus, vel advena.
Jetan (*Jeta*), mercedis.
Jectael (*Jecthel*), honestas Dei.
Jephte (*Jephta*), aperiens, vel apertus.
Janum, dormitans.
Jetta, extenderunt.
Jezrael, semen Dei.
Jecdom (*Jucadam*), incubuit populus.
Janua (*Janoe*), requies.
Jeblaam, desipiscens populus.
Jerfel (*Jarephel*), dimisit Deus.
Jecnam, possessio populi.
Jaffe, adapertio, vel ostensio,

sive superficies.
Jepheel (*Jephtahel*), aperiet Deus.
Jedala, manus, maledictio.
Jaiel (*Nehiel*), requies Dei.
Jeraon (*Jeron*), timebant.
Jeracon (*Jercon*), aurugo : quam Græci ἴκτερον vocant.
Jefonne [e], nudus.
Jetta, inclinatio.
Jezer, fortitudo, vel adjutorium.

L.

43 Lachis, [f] interest, vel sibimet vir.
Lobna (*Labana*), candor, vel lateres.
Labo, ingressus, sive venientes.
Laamas (*Leheman*), ad iniquitatem.
Luza [g], ἀμυγδαλόν : licet quidam interpretentur [h] κλοιόν, torquem videlicet damnatorum, quam vulgo Boiam vocant. Potest autem interpretari, et hic ipse.
Labec [*Apud* LXX, xvii, 5], acceptabilis.
Lacum, ad consurgendum.
Lesem, ad nomen.
Lesemdan, nominis judicium.

M.

Maceda, exustio, sive Orientalis.
Madon, contradictio, sive habitatio.
Maspha [i], specula, sive de specula.
Masela [j], specula.
Marom, sublimis, sive de excelso.
Masarphoth [k], incendia, sive de [l] tribulatione rostrorum.

---

[a] *Elo exercitus ejus.* Hoc est, pro *abundantia et copia* rerum ponitur nomen Hebraice חיל, ut Ezechiel. xxxvii, 10, חיל גדול *hhajil gadol*, sive *Eel gadol*, id est *exercitus grandis*, seu *copia maxima* חילו. *Elo* igitur recte vertitur *exercitus ejus*, sive *abundantia ejus*. MARTIAN.

[b] A חיל verbo, quod *præstantem viribus, aut robustum.* notat. Consule Martianæi adnotationem.

[c] *Gabaoth, colles.* Plures mss. codices habent hic *Gailot* et *Gaaloth* : at ex significatione retinendum *Gabaoth*. MARTIAN. — Ita Martian. restituit ex ipsa nominis expositione *colles*; cum in plerisque mss. et nostro sit *Gailoth*, vel *Gaaloth*.

[d] A בין, quod est *intelligere*. Origen. interpretatur *sensum* sive *prudentiam*.

[e] *Jefonne, nudus.* Editi sic legunt, *Jepphonne, nudus, vel conversio.* Ms. Regius, *Jefonne, nudus.* Cæteri antiquiores et melioris notæ, *Jefonne, nutus.* MARTIAN. — Reposui ad fidem mss. *nudus*, pro quo Martian. vitiose ex aliis legit *nutus*. Est autem יפנה in Pihel *vacuum facere, expedire*, quibus *nudare* est analogum. Vocis *nutus* longe alia est ratio, minimeque conveniens *Jefonne* etymo. In editis antea addebatur, *vel conversio*, quod in ms. non habetur.

[f] Pro *interest* legendum conjicio duobus verbis *iter est*, idque satis bene juxta analogiæ regulas : a ילך verbo *iter fecit*. Origenes quoque, homil. 13 in Josue *Lachis* interpretatur *iter*. E contrario, quo tandem conatu *interest* extundi possit e *Lachis* etymo, penitus ignoro.

[g] *Luza*, ἀμύγδαλον. Manuscripti codices legunt sæpius κλοιόν. *Boia* autem idem est quod *collare bubu-*

[A] *lum*, sive forum quo cervix boum constringitur. *Luza*, denique potest interpretari, *et hic ipse*, propter ו *Vau* primæ syllabæ, et הזה *za*, sive *ze sequens*, nam לוזה *veza* complecitur particulam conjunctivam, *et*, cum pronomine demonstrativo, *hic ipse*. MARTIAN.

[h] Hinc in veteribus Glossis κλοιός redditur *Boia*, et *equuleum*; atque e converso Boia κλοιόν περιτίθημι. Hieron. in cap. xxvii Jeremiæ, ad vers. *fac tibi vincula et catenas : Sive*, inquit, κλοιούς, *qui Hebraice appellantur* מוטות, *et sermone vulgari Boias vocant*. Alteram interpretationem explicat Martianæus.

[i] Ita mss. Martianæo inspecti, quibus et noster assentitur. Veteres editi, *Masphat, speculatio, vel contemplatio, vel intentio, vel locus judicii*. Est autem *Masepha* Josue xv, 38. Hebraice המצפה *Hammitzpa*; neque enim absque ה initio nomen istud tribuitur, quod verissime *speculam* sonat.

[B] [j] *Masefa, specula.* Ita omnes mss. codices, quos diligenter contulimus. Editi vero longe aliter : *Masphat, speculatio, vel contemplatio, vel intentio, vel locus judicii.* MARTIAN.

[k] *Masarphoth, incendia,* etc. In Hebræo במשרפות *Maserephoth*. Hoc nomen potest significare, *de tribulatione rostrorum*, sumpto *ma* initiali ex מין, *min*; שר *sere* vero, vel *sar* ex שור *sur*, tamquam ex צר cum *Tsade*; פות, *photh* denique ex נפת *nopheth*, quod antiqui videntur accepisse pro *rostro*. Consule Hebraicum נוף *nuph*. MARTIAN.

[l] Qui possit *de tribulatione rostrorum* nomen istud exponi, Martianæus indicat. Priorem ego interpretationem probo. Memoratur Josue ii, 8, et xiii, 6.

Maachati, venter cæsus, sive fracta est mihi.
Marom [a], aliter, amara tristitia.
Mageddo, pomorum ejus, sive cœnacula ejus.
Medab (*Medaba*), aquarum fames.
Mephaath (מפעת), aquarum impetus, sive ab eis tempora.
Manaim, castra.
Maabeel (*Cabseel*), congregatio Dei.
Molada, nativitas.
Medabena (*Medemena*), de oneribus.
Magdalgad, turris piratæ, vel turris accincti.
Maresa, a capite.
Maon, habitaculum.
Maaroth (*Mareth*), speluncæ.
Meddin, judicium.
Mahala, chorus.
Malcha, regina.
44 Messa, rixa, vel azymus.
Marala, amara conscensio.
Maalaph, de mille, sive de doctrina.
Magdaliel, turris mea Deus.
Masadda, requirentem, sive retinentem.
Misor, directa, sive campestris, vel de tribulatione.

N.

Napheddor (*Dor*) [b], conversio generationis.
Nephthoe, dissoluti, sive deceptio.
Nasib, titulus, vel statio.
Nabsan, exsiccata.
Naal (נעיאל), ascensio.
Noa, movens, sive commotio.
Nahalal, laudent.

O.

Oziph (*Ziph*), germinatio.
Orchiataroth, longitudo coronæ.
Oli (*Holon*), infirmitas.
Ozanoth (*Azanoth*), quasi signum, vel forte signum.
Hucusque per O brevem litteram legerimus, nunc per extensam legendum est.
Oham væ populo, sive insanienus.
Oram (*Horam*), væ excelso, vel iracundia.

Osa (*Hosa*), spes.
Oceo, diligens, sive perscrutans.
Oga (*Hucuca*), inclytus, vel gloriosus.
Ono (*Beth-Anoth*), dolor ejus.
Q *Litteram, nec Græci resonant, nec Hebræi, et exceptis Latinis nulla alia lingua habet, unde a nobis hic penitus prætermissa est.*

R.

45 Rahab, latitudo, vel fames, sive impetus.
Recem, varietas, sive vacuefactio.
Rebe, quartus, vel ordinatus.
Ramoth, visio mortis.
Ragal (*Rogel*), pes, vel deorsum ferens.
Raphaim [c], gigantes.
Remmon, sublimitas.
Rama, excelsa.
Rabboth, multi.
Ramath, excelsa hæc.
Roob, late.
Raccath, maxillæ, sive buccæ.

S.

Sarathan, tribulatio eorum.
Semro, custos ejus, vel nomen vidit.
Salacha, tulit sibimet, vel tentatio itineris.
Saron, princeps tristitiæ.
Semronmaron, custos amari mœroris.
Sabama, leva excelsam, sive conversio quædam.
Sarth, vinculum, sive angustia ejus.
Sin, egrediens.
Sechrona, ebrii, vel tabernacula.
Sisai, longævus.
Seme (*Sama*), auditio.
Suhalim, vulpes.
Siceleg, defecatio vocis adductæ, sive effudit sextarium.
Senesanna (*Sensenna*), tollens rubrum, vel tentationes.
Saloim (*Selim*), emissiones.
Sarsa, carbones, sive angustia malorum.
Socha (*Socho*), tabernaculum, vel umbraculum.
Saharim, portæ.

Sanan, abundans, sive egressus eorum.
Samer, custodita.
Sihor, parvulum, sive turbulentum.
Sebacha (*Sotheba*), reticulum.
Selom (*Selim*), avulsio, vel dimissio, sive ubi est ipse.
Semdae (*Semida*), nominis scientia.
Samari, lana mea.
Selam, latus: a latere, non a latitudine.
Sabe, septem, vel septies.
Sarid, reliquiæ.
Sonim (*Sunem*), coccinum.
46 Seon, semini ejus.
Sahasin (*Sehesima*), incubuit egrediens.
Sala, tollens.
Semes, sol.
Salabim (*Selebin*), aggravans intellectum.

T.

Talam (*Telem*), ros eorum, sive irrorata.
Tyrus, [d] quæ Hebraice dicitur son (צר) et interpretatur tribulatio, sive angustia, vel fortitudo.
Hucusque per simplicem litteram legerimus, exin aspiratione addita legendum est.
Thaffee (*Thaphua*) [e], malum: ab arbore, non a malitia intelligendum, sive tympanum apertum.
Thaanac, respondens, sive humilitas.
Thersa, complacitio; quæ significantius Græce dicitur, εὐδοκία.
Thalme, sulcus, vel dependens.
Thamna, [e] numerus, vel fidelis, sive numerata, aut consummatio eorum.
Thenac, ficus.
Therela, vidisti terebinthum.
Thabor, veniens lumen.
Thalla, ager ejus, vel appensio.
Thamnatsare, numerus operimenti novi.

U.

Ur (*Hur*), aerium, sive ad, [f] iracundiam provocans.

Z.

Zebdi, dotis meæ.

משרפות מים *Misrephoth maim.* Locus exustæ aquæ, seu *combustiones;* Alii fornaces vitrarias, alii, cum Rabbanis Salomone, et Kimchio, salinas intelligunt.

[a] Videtur prior expositio hujus nominis excidisse. Puta olim scriptum, *Merom*, aqua amara, aliter amara tristitia. Proprie autem *Merom*, sive *Me-merom* scribitur, et *aquam altitudinis*, sive *aquam deficientem* notat, a verbo מארה *defectus*. Vide librum de Locis ad hanc vocem ex Josue: *Merom aquæ, ad quas exercitu præparato, castra sunt posita*, etc., etc.

[b] *Napheddor, conversio generationis.* Vox ista diversis modis legitur: nam supra in Deuteronomio scribitur *Fennador*; hic vero apud Septuaginta, Josue XI, 2, *Phenaeddor*; in ms. Alexandrino, *Naphethdor*: Vulgatus Interpres appellative sumit Hebræum נפות *Naphoth*, unde reddit *benaphoth-dor, in regionibus Dor*. MARTIAN.—Non ex Hebræo nomine istud exprimitur, sed ex Græco, eoque rursus, ut in Aldino exemplari habetur, Ναφεδδώρ. In Hebræo autem, Martianæo adnotante, Josue II, 2, duobus verbis legitur דור בנפות, *appellative in regionibus Dor*.

[c] *Ab Harapha* gigantis nomine, qui pater gigantum fuit, 1 Paralip. xx Aliter vero Origenes interpretatur, *resoluta mater*, aut *resolutæ matres*, ex רפה *remissum*. et אם *mater*.

[d] Theodoritus in Ezechiel. cap. 26: Τύρος Σὸρ τῇ ἐπιχωρίῳ προσαγορεύεται φωνῇ. *Tyrus incolarum lingua Sor appellatur.* Hebraice צר scribitur, Josue x, 29, non צור; et rectius a צהור deducitur, quod est *splendor*.

[e] Alibi contra Jovinian. lib. 1, pag. 271, *perfectionem* interpretatur, ubi *Thamnath Sare in perfectissimo principatu, sive in numero operimenti novi,* reddi tradit. Origenes hom. 19, in Numeros vertit *defectionem commotam*. Hebraice תמנה scribitur, Josue xv, 10, lvi, 2, et juxta analogiæ regulas *portionem, sive partem* sonat.

[f] Ita fere Origen. homil. 25, in Numeros. *Ut interpretatur irritatio*. Haud scio tamen, quam vere, nisi si est ab הור, quod significat, *expallescere* proprie præ iracundia.

Zabdi, fluxus vehemens, sive abundans.
Zanoe, repulit, vel iste requievit.

DE LIBRO JUDICUM.

A.

Adonibezec, dominus fulminis, sive dominus contemptus vani.

47 Ahimon, frater meus quis? אֲחִימָן (אבסא), claudicans, vel irascens.

Athaniel, tempus meum Dei.
Ared (ערד), consurrectio descensionis, aut testimonium descendens.
Accho, usque huc, aut hamus, aut humilitas ejus.
Alab (הלב), lac, vel lactea.
Acrabbim, scorpiones.
Astaroth, ovilia, vel factura, id est ποίησις exploratorum.
Anatha, responsio.
Arasth (Harad), artifex.
Abinaam, [a] patris mei decor.
Abel, luctus, vel commitens.
Abelmeola, luctus parturientis.
Ares (הרם), sol.
Abed, servus.
Armon, anathema mœroris, vel imago tristitiæ.
Avoth, commoratio, vel sedes, aut vicinus, sive incunabula, quod Græce dicitur ἔπαυλις.
Abgam (Abesan), pater sordis.
Abdon, servus mœroris.
Allel (Illel), laus.
Aminadab, populus meus spontaneus.

B.

Bezec, fulgur, vel contemptus vanus, sive micans.
Baalmesar, habens, vel vir ex principe.
Barac, fulgurans.
Bachal, jugum.
Bara, creatura, sive lectus.
Baracinnim (Apud LXX, viii, 7), creatura nidorum, sive tribuli.
Baalberith, habens pactum.
Bera (בארה), puteus.
Berith, pactum.
Baalthamar, habens palmam.
Booz, in fortitudine, sive in quo virtus.

C.

Cenez, possessio contemptibilis.
Cetrum (Cetron), tenebræ eorum, vel thymiama.
Cison, impegerunt, sive duritia eorum vel lætitia.
Carear (Apud LXX, viii, 10), investigatio.

48 Camon, resurrectio inutilis.
Quatuor nomina, quæ sequuntur, ex C. littera aspiratione addita sunt legenda.
Chettim (Hetthim), insanientes, vel formidans, sive signata.
Chusam, Æthiopia eorum.
Chamos, quasi attrectans, vel congregans.
Chelion [b], consummatio, sive omnis dolor, vel ab initio.

D.

Debbora, apis, vel loquax.
Dalda, paupercula, vel situla.
Dagon, piscis tristitiæ.

E.

Enac, humilis consurgens.
Eloi (Apud LXX, v, 5), Deus.
Ezri, auxilium meum.
Ephod, superindumentum, quod Græci vocant ἐπένδυμα, sive ἐπωμίδα.
Ephratha [c] (Ephra), frugifera, sive de cinere veniens, aut pulverulenta. Et super hoc quid nobis videatur, in libris Hebraicarum [d] Quæstionum plenius diximus.
Euphrathites, humus, aut pulvis eorum, sive frugifer.
Duo nomina, quæ sequuntur, per extensum legamus elementum.
Eud (Aod), accipiens gloriam.
Etam (עיטם), avis eorum.

F.

Fara (Phara), laguncula, vel frugifer.
Fanuel, facies Dei.
Foa (Phua), operarius, vel sonitus, aut evidens.
Farez, dividens, vel violentus, sive divisio [e].

G.

Gaasar (Gazer), commotio.
Gera, ruminatio.

49 Gedeon, circumiens, sive tentatio iniquitatis eorum.
Gabatha (Apud LXX, vii, 1), collis, sive sublimis.
Garizim, accola, sive advena ejus.
Gaola (Gaal), abjiciens, sive revelatio.
Gaza, fortitudo ejus.
Gadam (Apud LXX, xx, 45), tentatio, vel accinctio populi.

I.

Jezbaam (Jeblaam), defluens, vel desipiscens populus.
Jabin, intelligens, vel sapiens.
Jael [f], cerva, vel conjugium cervale, sive incipiens.
Joas, [g] sperans, sive temporalis, vel domini robur.
Jerobaal, judicet Baal, vel judicet habens, aut superior, sive jurgium habens.
Jechaze (יקב זאב in Hebr. vii, 25), torcular lupi.
Jecba, torcular.
Jotham, est perfectus.
Jair, illuminans.
Jonathan, columbæ donum, vel columbæ dedit, aut Domini donum.
Jabes, exsiccata, vel siccitas.

L.

Latfidoth, lampas, sive quasi os culti: ab ore, non ab osse.
Lais, leo, vel sibimet vir.

M.

Meroz, aquæ sacramentorum.
Manz (Apud LXX, vi, 26), robustus, fortis.
Mere (Merome), manifestus, vel illuminans, aut apertus.
Mello, plenus.
Manue (Manne), requies.
Micha, quis hic, adversum loci, vel quis est iste?

---

[a] Proprius patris amœnitas. Scilicet a נעם amœnitas, et אב pater.

[b] Chelion, consummatio, etc. Chelion non legimus in libro Judicum; etsi codices mss. omnes hoc nomen scriptum retineant in præsenti serie, abjiciendum autem e volumine Ruth, ubi propriam habet sedem. Verum meminisse debet lector studiosus Judicum et Ruth libros pro eodem volumine apud veteres fuisse susceptos. MARTIAN.
— Maritus Ruth. ad cujus pertinet librum. Vid. Martian. annotationem.

[c] Ephrata frugifera, etc. de Ephrata disserit S. Hieronymus libro Quæstionum Hebraicarum in Genesim cap. xlviii. Nolim tamen asseruisse easdem esse Quæstiones quas hoc loco citavit S. Doctor: multos enim libros edidit Hebraicarum Quæstionum, et quidem diversos pro diversis Scripturarum voluminibus; unde ait: In libris Hebraicarum Quæstionum plenius diximus. MARTIAN.

[d] Scilicet ad caput Genes. xxxv, vers. 16, ubi post multa, Ephrata, inquit, et Bethleem unius urbis vocabulum est sub interpretatione consimili; siquidem in frugiferam, et in domum panis vertitur. Nec aliæ editæ sunt abs Hieronymo Quæstiones Hebraicæ in alios Scripturæ libros, tametsi illas tunc præ manibus habuerit. Vide quæ hac de re diximus in generali Præfat. num. 28.

[e] Amovi hinc nomen Fenenna, sive ut Martian. legit Fennana, conversio: quod neque in meo ms. neque in Regio altero, teste ipso Martian. habetur, nec denique, in editis antea libris. Et vero non ad Judicum librum, sed ad primum Regum pertinet, quo loco emendatiores mss. et vulgati repræsentant.
— Fennaa, conversio. Manuscripti veteres addunt hic loci nomen Phenenna, quod minime tegi debet in libro Judicum, sed in primo Samuelis volumine, in quo tamen illud omittunt manu cripti codices jam dicti. Regius vero codex num. 3993 nomen Phenennæ proprio loco retinuit, neque illud addidit in libro Judicum. MARTIAN.

[f] Alter Origenes ascensionem interpretatur, ab עלה ascendit.

[g] Matian e contrario desperans יואש Joasch quippe ex futuro Hophal desperabit, sive acium erit, aut spe destinuetur; quod plane norunt, qui Hebraice sciunt. Porro Isidorus Originum lib. vii, c. 6, spirans pro sperans legit, eamque lectionem sunt, qui hic quoque apud Hieronymum reponendam velint. Ego vero solemne esse puto pronuntiationis vitium i ponentis pro e. Alteri etymologiæ consentit apprime Græcus χρονισμός, temporalis. Sed tertia alia ratio est. Puta ex יה, quod Deum, sive Dominum sonat, et עַז fortem, sive עֹז fortitudinem, derivari.

PATROL. XXIII.

N.

Neellel (נהלל), laus, hymnus.
Nabe (*Nobe*), latratus.
50 *Tria nomina, quæ ex O subjicimus, per extensam legenda sunt litteram.*

O.

Obed, [a] serviens.
Obab (*Hobab*), dilectio.
Oreb, corvus, aut siccitas.

R.

Rechab (*Apud* LXX, 1, 19), ascensio, sive conscendens.
Resathaim, impietas eorum.

S.

Sasai, longævus, vel senarius.
Sepheih (צפת), specula.
Salabbin, salus cordium.
Syria (ארם), sublimitas.
Sairath, capra.
Semegar, nomen advenæ, sive ibi colonus.
Sisara, gaudii exclusio, sive tollens recedentem, vel equi visio.
Secta (*Bethsetta*), spinæ.
Saratha (*Sarsa*), vinciens venit, sive tribulatio.
Sororeb (*In Hebr.* VII, 25), saxum corvi.
Salmane, umbra prohibendi, vel umbra commotionis.
Samir, vepres, vel incultum.
Seon, tentatio calens, vel germen quod non est.
Semanoth, nomen humile.
Samson, sol eorum, vel solis fortitudo.
Sorec, [b] electa, optima.
Salma (*Salmana*), sentiens, vel perfecta, sive pacifica.

T.

Tabath (*Tebbath*), bona.
Excepto hoc nomine, cætera, quæ sequuntur hujus litteræ, per aspirationem legenda sunt.
Thalmai, suspensio, vel sulcus.
Thamnathares (*Thamnathsare*), enumeratio solis.
Thonach, humilitas, vel respondebit tibi.
Thebes (תבץ), [c] conversio, sive fieri ova.

Z.

51 Zib, lupus.
Zebul, habitaculum.
Zabulonites, habitaculum ejus.

DE RUTH.

Booz, [d] in fortitudine.
Elimelech, Deus meus rex.
Jesse (ישי), insulæ libamen.
Maalon, de fenestra, sive a principio, vel consummatio.
Noemi, [e] pulchra.
Orpha, cervix ejus.
Ruth, videns, vel festinans, sive deliciens.

DE REGNORUM LIB. I.

A.

Anna, gratia ejus.
Aphec, furor novus, aut continenter.
Aminadab (*Abinadab*), [f] pater meus spontaneus, vel urbanus.
Abia, pater Dominus, vel pater fuit.
Abiel, pater meus Deus.
Ammoni, comprimens, vel eangustans me.
Asor, sagitta luminis.
Abias, frater alius, vel frater ejus.
Ahitob, frater meus bonus.
Ahinaam, fratris decor.
Abenner, pater meus lucerna, vel pater lucernæ.
Agag, δόξα, id est tectum.
Armathaim (*Romathaim*), altitudo eorum.
Azeca, fortitudo, sive decipula.
Adreel (עדריאל) greges Dei.
Azel, abiens, pergens.
Achis, verumtamen vir, sive frater meus, aut frater vir.
52 Ahimelech, frater meus rex.
Aviath (*Hevila*), dolens, sive parturiens.
Arth (*Haret*), mora.
Abiathar, pater superfluus.
Achela (*Hachila*), suspiciens eam.
Abigal, pater exsultationis, sive [g] pater roris.
Abisa, patris mei incensum, vel sacrificium.
Aendor, oculus, aut fons generationis.
Abigail, patris mei exsultatio.
Asan, fumans.
Athach, tempore tuo.

B.

Baalim, habentes, sive ascendentes, vel superiores.
Bethabar, domus agnitionis vel domus agni.

---

[a] *Obed, serviens.* Mirare, lector, editorum veterum incogitantiam, dixit Hieronymus tria tantum nomina hic ex O littera subjecisse : ipsis vero placuit quinque reposuisse contra fidem codicum vetustissimorum, qui tria tantum vocabula retinent. In editis ergo libris hæc spuria nomina occurrunt inter genuina : *Othoniel, responsio Dei, vel revelatio Dei.* Et post vocem *Obab*; *Othoniel, tempus mei Dei, vel signum Dei.* MARTIAN.
— Tribus hisce nominibus duo hæc alia interserunt veteres editi libri, *Othoniel, responsio Dei, vel revelatio Dei* : et denuo, *Othoniel, tempus mei Dei, vel signum Dei,* contra mss. fidem, ipsumque Hieronymi testimonium, quia tantum per O extensam legenda se dixit subjicere.

[b] *Sorec, electa, optima.* Veteres aliquot mss. *Electio optima*; et infra ad nomen *Ruth,* legunt *definiens pro deficiens.* MARTIAN.
— Aliquot mss. penes Martian., *electio optima.*

[c] Huc refer insignem locum M. Varronis lib. II de re Rustica, cap. 1 : *Nec minus,* inquit, *oppidi quoque nomen Theba, indicant antiquiorem esse agrum, quod ab agri genere non a conditore nomen ei est impositum. Nam lingua prisca, et in Græcia Æolens Bœoti sine afflatu vocant collis Tebas, et in Sabinis, qui e Græcia venerunt, Pelasgi etiam nunc ita dicunt. Cujus vestigium in agro Sabino via Saluria non longe a Reate nulliarius clivus appellatur Tebæ.* C nenum Plato in Phædro, ubi Ægyptias Thebas ab altiore loco quem tenerent, ita dictas a Græcis tradit : Βασιλεὺς δ' αὖ τότε ὄντος Αἰγύπτου ὅλης Θαμοῦ, περὶ τὴν μεγάλην πόλιν τοῦ ἄνω τόπου, ὃν οἱ Ἕλληνες Αἰγυπτίας Θήβας καλοῦσι, *Rege existente totius Ægypti Thamo, circa magnam urbem tractus eminentioris, quem Græci Thebas Ægyptiacas appellant.* Suffragatur denique ipsum Hebraicum etymon תבץ, *Thebetz,* quod bis Judic. IX, 50,

A habetur, et juxta analogiæ regulas *splendebit,* sive *emicabit* interpretatur, e futuro Cal obsoleti thematis צבץ, quod tamen in Arabico obtinet. Hæc urbs erat non longe a Sichem, ab eminentiori, ut videtur, loco sic appellata. Non tamen definio, ullam esse Thebarum Ægyptiacarum mentionem in S riptoris, quin potius ab eorum, quid id negant, partibus steterim. Addo malle Bochartum a *luto* nomen istud derivari, ut Latine *Lutetia,* Græce *Pelusium* nuncupantur.

[d] *Booz, in fortitudine.* In optimo exemplari manuscripto Colbertinæ bibliothecæ tria solummodo vocabula scripta leguntur de libro Ruth, nempe *Maaton, Orpha,* et *Ruth.* Nihil legitur amplius in uno codice Monasterii sancti Cygirami : at in aliis bene multis codicibus mss, septem nomina reperimus ut in antea editis libris, quos secuti sumus hoc loco.
MARTIAN.
— Ex hoc libro nonnisi tria isthæc nomina *Maaton, Orpha,* et *Ruth* exhibent duo apud Martian. mss.

[e] Aliter ipse Hieron. interpretatur epist. 54, ad Furiam, num. 17. Vid. quæ ibi observamus.

[f] *Aminadab, pater meus spontaneus,* etc. Septuaginta legunt Aminadab, sed corrupte, ut optime liquet ex ipsa etymologia : quia nomen Aminadab non vertitur Latine, *pater meus spontaneus*; sed populus meus sp ntaneus. MARTIAN.
— Legendum *Abinadab* ex ipsa liquet expositione nominis, et S ripturæ textu Samuel. III Reg , II.

[g] *Abigal, pater roris.* Editi libri, *pater erroris*; sed verius legitur in manuscriptis, quia auctor hujus libri respexit ad nomen אביטל *Abital*, quod reddi potest, *pater roris,* non *pater erroris.* MARTIAN.
— Ms. noster, cum pridem editis, *pater erroris.*

Bochorach (*Bocorath*), primogenitus tuus.
Bezec, egestas.
Badan, solus, vel in judicio.
Boses, in ipso floruit, vel abscissio.
Bama, in quo.
Baritha, [a] Pythonissa, quam Græci ἐγγαστρίμυθον vocant.
Bosori (*Bosor*), annuntiatio, vel caro.
Bersabee, puteus satietatis, vel puteus septimus.

C.

Cariathjarim, civitas silvarum.
Cois (קוש), durus, vel vomitus viri, sive vomens vir.
Quæ sequuntur, aspiratione addita, sunt legenda.
Cherubim, multitudo scientiæ.
Chetti (חתי), insanientes, vel mecum.
Cheretti (*Cerethi*), interficientes, qui significamus Græce dicuntur ἐξολοθρεύοντες.
Chaleb, quasi cor, aut omne cor, sive canis.

D.

53 David [b], fortis manu, sive desiderabilis.
Damain (*Dommim*), sanguinum.
Doec [c] (*Doeg*), motus, sive sollicitus: quod Græce dicitur ἀγωνιῶν.

E.

Eleazar, ad adjutorium, sive Dei adjutorium.
Escabod (*Ichabod*) [d], cecidit gloria, vel væ gloriæ. Et de hoc quid nobis videatur, in libris [e] Hebraicarum Quæstionum plenius disputatum est.
Evilath, a principio.
Ebræi, transitores.
Etthi (אתי), mecum.
Esthamoe, cogitans.
Tria nomina, quæ sequuntur, per extensam litteram proferenda sunt.
Eleana [f], Dei possessio.
Eliu [g], Deus meus iste.
Eliab, Deus meus pater.

F.

Finees, os requievit, sive [h] os mutum, vel silens.
Fenenna, conversio.
Fatti, salvatori meo.

G.

Gaban, collis.
Galgala, volutatio, sive revelatio.
Goliath, revelatus, sive transmigrans.
Gallim, transmigrantes, sive revelati.
54 Gesuri, juxta lumen meum, vel applicantes e lumine meo.
Garizim, abscisiones.

Gelboe, volutatio, sive decursus, vel acervus pluens.
Gedori [i], applicans, sive accedens.

J.

Jeroboam (*Jeroham*), misericors.
Josue, salvator.
Jechonia (*Apud* LXX, vi, 19), præparatio Dei.
Joel, incipiens, vel fuit Dei.
Jabes, exsiccata.
Jerobaal, judicium Baal, sive jurgium superioris, aut habentis.
Jesavi (*Jessui*), id est [*At. est*] desideravi.
Jessai, insulæ sacrificium, sive incensum.
Joab [j], inimicus, vel est pater.
Jerameeli, misericordia Dei mei.

M.

Matari (*Metri*), pluvia, vel compluto me.
Machmas, humilitas, sive attrectata.
Mageddon (*Magron*), tentans.
Melchisue, rex meus salus, sive rex meus tyrannus.
Merob, de multitudine.
Michol, aqua omnis, vel ex omnibus.
Meolati (מהלתי), a parturiente me, sive a dolente me.
Maon, habitaculum.

Conjicit Martian. ad nomen *Abital*, בימל, quod redditur *pater roris*, hujus libri auctorem respexisse. In Origenianis autem Lexico Ἀβιγαὴλ δρόσος, *Abigaen ros* vertitur.

[a] *Baritha, Pythonissa*, etc. Legendum esset *Balitha ob*, juxta Hebraicum בעלת אוב *baalath ob*, quod apud LXX, I Samuelis xxviii, 7 et 8, dicitur ἐγγαστρίμυθος; sed librarii veteres parum consulti linguæ Hebraicæ legerunt *Baritha* pro *Balitha*; ut alibi *Tabitha* pro *Talitha* MARTIAN.

— Chaldaice בדק vocatur. Martianæus ex Hebræis vocibus בעלת אוב, *bahalat ob*, quas Samuel. I, xxviii, 7, 8 LXX reddunt una ἐγγαστρίμυθον, legendum docet *Balitha*.

[b] Ita vulgo interpretantur antiqui. Origen. init. Commentar. in Matth. Δαβὶδ ὁς ἐρμηνεύεται ἱκανὸς χειρί; ut omittam plerosque alios. Longe tamen ineptior est expositio, quam ut explicari mereatur, ut solet ד ו ד, et ד ה ד, quorum alterum *sufficere*, alterum *manus* sonat : nisi si, quod aliis placet, a דבא, *fortitudo, robur*, et ד *manus*, formetur, et ב in ו, quemadmodum in אבה, et אהה commutatur. Ita est juxta analogæ regulas, qua *dilectus et desiderabilis* dicitur, a דוד neutre *dilectus*, sive a דיד, pro ידיד.

[c] *Doec*, ἀγωνιῶν. Ita legunt omnes m-s. codices, editi autem ἀγωνιος contra fidem veterum exemplarium. MARTIAN.

— Aliter *Doeg* scribitur; sed et in ipso archetypo Hebraico variat I, Reg. xxii, 18, et דויג, et דאג, et cum vau דואג.

[d] *Escabod, cecidit gloria*, etc. Ex hoc loco manifestissime comprobatur Hieronymum edidisse libros Quæstionum Hebraicarum præter eum quem in Genesim superstitem habemus, in quo de *Ichabod* nulla est mentio; uti nec in illis Quæstionibus Hebraicis Hieronymo usque in præsentem diem falso ascriptis, quæ si genuinæ ejus essent Quæstiones, seu Traditiones Hebraicæ in libros Regum, de *Escabod* ive *Ichabod* plenius in illis disputatum fuisset, juxta præsentem locum et admonitionem ipsius auctoris. MARTIAN.

[e] Fateri decet, in Quæstionibus in Genesim hac de voce non disseri; ne tamen alium librum Hebraicarum Quæstionum editum abs Hieron. putes cum Martianæo, vide quæ in generali Præfatione num. 28 diximus. Vide etiam Epist. 66 ad Pammachium num. 4, et quæ ibi annotamus.

[f] Penes Origenem in Matthæum, Χριστοῦ κτῆσις, quod vetus ejus interpres reddit *Dei creatura*. Perperam utrobique, nam et pro Χριστοῦ reponendum in Græco est Θεοῦ, ab אל *Deus*, et emendandus interpres, qui κτίσις, *creatura* legit, pro κτῆσις *possessio*, a קנה *possedit*.

[g] *Eliu, Deus meus*, etc. In editis libris, *Eliu, Deus meus iste*. Hæc lectio optima est cum אליהוא, *Elihu* complectatur pronomen demonstrativum הוא *hu*, quod Latine redditur *ipse* vel *iste*, sicut et *ejus*. MARTIAN.

— *Iste*. Sic ms. noster, atque editi libri ante Martian. qui *ejus* maluit pro *iste*. Hic I Reg. I scribitur אליהוא ; alibi absque א paragogica אלהיו.

[h] Deducat nonnemo a פה *os*, et פסה *obturavit*, aut חם *pepercit*. Hebraice פחיהם scribitur, sed vario punctis animatur.

[i] *Gedori, applicans*, etc. Forte est *Geddur*, quod bis legitur apud LXX, cap. xxx. MARTIAN.

— Emendat idem ms. noster; hactenus enim editi hoc nomen ad sequentem I litteram transferentes legerant vitiose *Jedori*, etc. Est autem in Hebræo appellativum גדור, severius cum ה prætixo הגדוד, I Reg. xxx, versiculis 8, 15, sapius repetitum, quod Vulgatus reddit *cuneum, latrunculos*. Septuaginta pro nomine proprio accipiunt, mutantque alterum ד in ר, solemni lapsu; et legunt continuo γεδδοῦρ. Ibi vet. Schol. τὸ σύστρεμμα γεδδοῦρ ὁ Ἑβραῖος καλεῖ ὅπερ ἀλλαχοῦ ἑρμηνεύεται πειρατήριον, καλεῖται δὲ οὕτω τὸ ληστικὸν σύστημα. Militum *cuneum* Hebræus *Geddur* vocat, quod alibi interpretatur *prædatorium*; sic autem dicitur *prædonum manus*. Hoc porro nomen est *Gedori* ex Græcorum interpretum errore paulo vitiosius Latine descriptum.

[j] Eamdem interpretationem nomini *Jobab* ex Daniele infra tribuit.

ᵃ Maoch, eviratus : quem Græci θλαδίαν vocant.

N.
Ner, lucerna.
Noath (*Najoth*), pulchritudo.
55 Nobe, latratus.
Nobal, insipiens : quod si legere volueris NEBEL (נבל), mensuræ nomen est, sive psalterii.

O.
Ophni, discalceatus, sive ᵇ insania conversionis.
Odollam, testimonium eorum.

R.
Ramathaim, excelsa eorum.
Rachal, negotiatio.
Rachel vero interpretatur ovis, aut videns Deum.

S.
Sophim, specula, vel scopulus.
Saupha (צוף), speculator, aut supereffundens.
Sabaoth, exercituum, sive virtutum.
Samuel, nomen ejus Deus.
Semsi (שמשי), sol meus.
Saror, coangustans, sive indutus.
Saul, petitio.
Salisa, tertia.
Salim (שעלים), vulpes : sed melius si legatur Sualim.
Suph, specula, vel effundens.
Sena, tollens, vel augustia, sive dens.
Saba, mandatum in ea.
Sur, rectus.
Sama, ibi, vel au liens.
Socceoth (*Socho*), ramus, vel humilitas.
Sechui, fatuus.
Sarvia, vinctus, sive angustia.
Sonaim (*Sunam*), coccinea, vel subsistens eis.
Sephamoth, labium mortis.

T.
Thou, amens, vel errans.

Z.
Ziphæi, germinantes, sive florentes.

DE REGNORUM LIBRO II.

A.
Asuri (*Gessuri*), atrium meum.

Abisa, patris incendium, sive sacrificium, **56** vel holocaustum : quod significantius Græce κάρπωμα dicitur.
Asac (*Asad*), factura, id est, ποίημα.
Amman, cubitus, mensura, non brachium.
Ammon (*Apud* LXX, II, 24), matris fletus.
Abessalom, pater pacis.
Adonia, dominator Dominus.
Aggia (*Haggith*), festus, vel solemnis.
Abital, pater meus ros.
Agla, juvencula, vel vitula.
Aia, vultur.
Adrazer, decorum auxilium.
Aechereth (הכרתי), disperdens, sive dissipans.
Ammiel, populus meus Dei.
Amon, donans.
Abisei, pater sacrificii.
Ammiod, populus meus gloriosus.
Ahitophel, frater meus cadens, sive irruens, vel frater meus cogitans, sive tractans.
Arachi (*Arachites*), longitudo mea.
Amessa (*Amasa*) populum tulit.
Aphelethi, mirabilis.
Adoniram, Dominus excelsus.
Adoram, generatio excelsa.
Abiluth (*Ahilud*), frater inclytus.
Armoni, illuminans me, vel anathema, sive cellarium meum, aut domus mea.
Adino (*Apud* LXX, XXIII, 8), tenellus, vel delicatus.
Ahesani (*Ibid.*), voluntatis, sive consilio ego.
Aboi (אהותי), spinarum.
Aga (*Age*), meditans, sive loquens.
Ararites, montanus.
Adollam, congregatio eorum.
Ariel (*Apud* LXX, XXIII, 20), leo Dei.
Asael, factura Dei, id est, ποίημα.
Aradius (*Harodi*), obstupescens, vel admirans.
Aras (*Ira*), elatus.
Alab (הלב), lac.

Abiezri (*Abiezer*), ᶜ Dei mei auxilium.
Anathothithes, respondens signum.
Adai (*Heddai*), robustus, sive sufficiens.
Abialbon, pater meus super intelligens.
Azmath (*Azmaveth*), fortis morte.
Ahiem (*Ahan*), frater matris.
Aserai (*Hesdrai*), atrium meum.
Arunas (*Areuna*), illuminati.

B.
Beurim, electi.
Baana, venit respondens.
Berothi, putei.
57 Bega, ᵈ excelsa.
Banaia, cæmentarius, id est, ædificator domini.
Bethroob, ᵉ domus platearum.
Bethsabee, filia saturitatis : ita tamen ut prima correpta sit syllaba : alioquin ubi producitur, semper domus interpretatur.
Balasor (בעל הצור), habens sagittam luminis, vel ascensio atrii.
Bethchar ᶠ, domus agni.
Baurim, electi, ut supra : vel juvenes.
Berzellai, ferrum meum.
Bechori, primogenitus meus.
Bethmocha, domus humilis, fori, vel tributi.
Baara (*Ms.* Baara), venit respondens.
Bareumi (*Beromi*), fugit cum quispiam.
Bethoron, domus iræ.

C.
Casir (*Apud* LXX, Κασιάρ), messis.
Cabsel (קצור), congregatio Dei. *Tria nomina, quæ sequuntur, aspiratione addita legenda sunt.*
Chalamae (*Apud* LXX, IX, 16), omnem fortitudinem.
Chusi, Æthiopa.
Chorethi (*Cerethi*), dissipans, sive disperdens.

E.
Eliaba, nequaquam abconditus.
Excepto hoc nomine, cætera quæ ex littera sequuntur, per extensam

---

ᵃ *Maoch, eviratus*, etc. Editi legunt θλαδίαν. Mss. A *Abschalon*, atque his similia. vero codices cum Δ Delta charactere etiam Latino θλαδίαν Utrumque reperitur apud Græcos pro eo cui contusi, seu elisi sunt testiculi. MARTIAN.
— Et Suidas θλαδίαν scribit, Græci autem frequentius θλασίαν, ut hic quoque olim erat.

ᵇ Origenes *excessum conversionis* vertit, forte a הום, quod aliquo modo *excessum* significat, ut פנה *respexit, convertit.*

ᶜ *Abiezri, Dei mei auxilium.* Hoc nomen legitur II Reg. XXIII, 27, verum falsa comprobatur ejus interpretatio tam in editis quam in mss. libris, quia אבעזר *Abezer*, vertitur *patris mei auxilium*, non *Dei mei auxilium*. MARTIAN.
— Abiezri proprie est *Abiezrita*, natus scilicet ex Abiezer, qui pater Gilhadenæ familiæ fuit. Quod vero *Dei* nomen pro *patris* in hac interpretatione ponitur, hoc esse opinor in causa, quod in plerisque hujusmodi etymologiis Deum innui vellent antiqui sub Patris vocabulo. Exemplo sint *Abimelech*,

ᵈ *Bega, excelsa. Bega* minime legitur sub hac forma lib. II Regnorum ; sed, ni fallor, ipsum est nomen *Gabauth* cap. XXIII, 29, et pro *Bega* legendum *Geba* vel *Gabath*, quod significat *colles* et *excelsa*. Proclivis est apud veteres librarios hujusmodi litterarum transpositio, pro *Amada* enim supra posuerant *Adama*, et hic pro *Geba* scribunt *Bega* vel *Beza*.
MARTIAN.

ᵉ *Bethroob domus platearum.* In Vulgata legimus *Syrum Rohob* tantum, pro Hebræis vocibus א-ם בית רחב. *Aram beth-Rehhob* : apud LXX, Συρίαν Βαθροάμ. Syriam *Bathraam* ; in ms. A. Συρίαν, καὶ Ῥοώβ. MARTIAN.
— Verius *Betrechob*, Hebraice בית רחב, non loci nomen, sed familiæ Rechob, quæ Syris annumeratur.

ᶠ *Bethchar, domus agni.* Nomen *Bethchar* huc translatum est ex priori Regum volumine cap. VII, 11.
MARTIAN.

primam *syllabam legenda sunt.*
Elisue, Dei mei salus.
Elisame, Deus meus audiens.
Elidahe (*Elioda*), Deus meus scit.
Eliphaleth, Deus meus salvans.
Eliam, Dei mei populus.
Elianaam, Domino dominante.

F.
Feletthe, mirabilis, sive excludens.
Faraothoni, avolantis tristitiæ meæ.
Faarai, hi ante me.

G.
58 Gio, [a] lucta, sive luctuari.
Gelo, migra, vel transmigranti.
Gera, ruminans.
Gom (*Gob*), fovea.
Gaas, commotus.
Gelonites, transmigratus.
Garab, scabiosus.

H.
Hiram, vivens excelse.
Histob, vir bonus.
Hiras, vigilans.
Hisboseth, vi confusionis.
Idcirco cum aspiratione hæc nomina posuimus, quia et apud Græcos, et apud Hebræos per [b] *diphthongum scribuntur.*

J.
Jezrael, seminavit Deus.
Jethraam, superfluus populus.
Jehgar (*Iebahar*), elegit.
Japhie, illuminat, vel ostendit.
Joram, qui est sublimis, vel manus sublimium.
Jeroboseth (*Apud* LXX, xxiii, 8), judæans confusionem, id est ignominiam.
Ididia, amabilis Domini.
Jonadab, Domini spontaneus.
Joadahe, ipse cognoscens.
Josaphat, ipse judicat.
Jodasse, sciens, sive cognoscens.
Jesbi (*Jesbibenob*), est in me.
Jaare, saltus.
Jojadahe, Domini cognitio, sive ipsa cogno-cente.
Jasan (*Jassen*), vetus.
Jagaal, propinquus.
Jaaxaer, auxiliabitur.
Jaan (*In Hebr.* xxiv, 6) respondens.

L.
Lodabar, ipsi verbum.
Lasabi, speravit in me.

M.
Manaim (*Apud* LXX, ii, 12), consolatio, sive requies.
59 Maacha, molitus, sive confractus.
Memfiboste [c], de ore ignominia.
Maana [d], requies.
Maaria (*Maharai*), domus mea, vel amara, sive ex visione.
Machati, subactus, id est, mollitus meus.

N.
Nephee (*Nepheg*), applicans ori, vel [e] ligyrium: nomen est lapidis.
Naas, serpens.
Nethophathi, inclusus.
Neele (*Apud* LXX, *in ms. Alex.,* xxiii, 30), scala, vel torrens.
Naalia, torrentes.

O.
Orchathi, æstimatio mea.
Odsi, mensis meus.
Tria nomina, quæ sequuntur, per extensam litteram proferenda sunt.
Obedadam (עבד אדום), serviens humo.
Obiada [f], ipse cognoscit.
Oren (*Areuna*), ira.

R.
Respbab [g], λιθόστρωτον.
Racha, quadriga, sive cursus.

---

[a] *Gio, lucta,* etc. In Hebræo est גיח, quod apud LXX legitur *Gai* cap. ii, 24. MARTIAN.
— Hebraice, ipso Martian. adnotante, est גיא, *Ginch* II Reg. ii, 24, idemque valet, quod גיח *eruptio.* Græci et Γαι et Γαι legunt.

[b] *Per diphthongum scribuntur.* Quatuor nomina ab Hieronymo vel Philone hic recensita, apud Hebræos per diphthongum scripta leguntur hoc modo, חירם *Hiram,* אישטוב *Histob,* עירא *Hiras,* איש בשת *Hisboseth.* Neque vero litteræ *aleph, heth,* et *ain* apud veteres Hebræos pro consonantibus usurpatæ erant, sed pro vocalibus, ut perspicue declarat Hieronymi præsens annotatio, qua statuit *aleph, heth,* et *ain* diphthongum constituere cum *jod* sequenti in quatuor jam dictis nominibus Hebraicis. Hinc evanescunt opiniones quorumdam hodiernorum grammaticorum, quibus visum est qualemcunque diphthongum ex Hebraico exsulare idiomate. Hebraeasque voces a consonanti semper littera, non a vocali initium ducere. Jam quod spectat Graecas diphthongos quatuor nominum supra positorum, non facile apparet hoc ita esse, ut Hieronymus testatur, nisi forte in voce *Hiram,* quæ apud Graecos legitur Χειράμ. Alia namque nomina Græce leguntur absque diphthongis, Ἰεσβοσθὲ, Ἰστωβ, Ἰστρα. Verum inspectis diligenter LXX interpretibus docemur nomen Hisboseth scriptum esse cum diphthongo in manuscripto Alexandrino II Reg. ii, 10, Εἰσβοσθαὶ, Eisbosthai. Ex quo satis liquet cetera nomina Hebraica similiter per diphthongum εἰ fuisse scripta antiquitus apud Græcos; idque verius comprobatur ex voce *Jabes,* quæ Ἰαβὲς passim scripta, in eodem M. A. legitur cum diphthongo Εἰαβεὶς. Denique notum est eruditis vocalem ι, et diphthongum εἰ, indifferenter fuisse usurpatas tam apud Graecos quam Latinos: illoque usu recepto Ἰστωβ et Εἰστωβ, Ἴρας et Εἴρας promiscua scripta fuisse. MARTIAN.

— Nullas in Hebraica lingua diphthongos proprias esse, magistri ejus artis docent. Scilicet nulla vocalium sine consona pronuntiatur, et quæ vocales vulgo audiunt א, ה, ו, etc., quæ per se videntur proferri, ex spiritum tenuem pramittunt petitem ex imo gutture. Hieronymus, qui quatuor superiora nomina initium e diphthongo ducere apud Hebræos quoque tradit, satis tamen erudite ad ejus linguæ in-
geniam ab aspiratione Latina iechoat, non a vocali, Hebraice autem scribuntur הירם, II Reg. v, 11; אישטוב ibid. x, 6; עירא il idem, xx, 26; איש בשת ibid. ii, 8, continuo jod priorem litteram subsequente. Græce, ut in vulgatis est exemplaribus, Χειράμ· Ἰστωβ, Ἴρας, Ἰεσοσθέ.

[c] Ms. noster, itemque editi veteres: *Miphiboseth* Graecam scripturam impressa lectio repræsentat. De subsequenti voce *Maana,* quam appellative acceperint LXX, ipsi et Latini interpretes, vide Martian. adno atonem.

[d] *Maana, requies.* Nomen istud interpretatum legitur tam in Græco quam in Latino; nam pro Hebræo למנחה, limanhha, Septuaginta reddunt εἰς θυσίας vel θυσίαν, id est, *in sacrificia vel sacrificium:* Hieronymus autem, *sicut sacrificium;* Pagninus, *ad requiem.* Quod quid m ex æquo respondeat interpretationi hujus loci in voce *Maana.* Vidcsis II Reg. xiv, 17. MARTIAN.

[e] *Vel ligyrium,* etc. Editi, *vel lyncurius:* Manuscripti autem codices legunt ut nos posuimus *ligyrium:* nec incongrue, Λίγυρον enim, sive Λιγύριον genus est lapidis, ex Joseph. de antiq. Jud.
MARTIAN.
— Verius in ms. nostro *ligurium:* veteres editi *lyncurium* scribunt. Sed λυγκούριον ἤλεκτρον dixit Hesychius, tametsi vulgo cum lyncurio electro, ligurium lapidem, sive gemmam majoris pretii veteres ipsi confundant. Vide quæ adnotamus in epist. 64, ad Fabiol, num. 17.

[f] *Obiada, ipse cognoscit.* Cave, lector, inconstantiam prioris auctoris hujus operis, qui eadem prorsus nomina legit ac interpretatur multis diversisque modis, sicut nomen *Jojada.* hic legit *Obieda,* quod supra legebat in littera I, *Jodahs. Jodahe, Jojadahe;* et post *Obiada* legit *Oren,* quod antea *Areuna* scripserat. MARTIAN.
— Idem ms. noster, *Obida.* Martianæus ipsum esse arbitratur *Joiada.*

[g] Perperam hactenus editi Græco vocabulo λιθόστρωτον addunt *sive cursus,* quæ nos verba ad subsequens non cu *Rachab,* ad quod pertinent, ad fidem ms. nostri transtulimus. Et vero *pavimentum,* quod Græce λιθόστρωτον dicitur, Respha nomenque exponi posse intelligo, tametsi malim *carbonem* interpre-

Roboam, latitudo populi.
Ragal (*Rogel*), tristes, vel deorsum.
Ragalim (*Rogelim*), pedes.
Rapha (*Arapha*), sanitas.
Ribai, judicantes.

S.

Saphatia, judicans me.
Son, specula, vel speculator, sive scopulus.
Samoe (*Samua*), auditio.
Sobab, convertens.
Sobi, secta, a secando, non a sectando.
Susacim [a], gaudium cilicii.
Siba, egressus venit.
Saraia, princeps Dominus.
Sobach, convertens te.
Sunem, coccineum, sive elevans.
60 Sabe, saturitas.
Sadoc, justus.
Subi, converte me.
Sia (*Sira*), indigentes, sive dormitantes.
Subachai, condensum, sive frutetum.
Et super hoc, quid nobis videatur, in libris [b] Hebraicarum Quæstionum plenius diximus.
Samai (שמעי), ibi mihi, sive audiens.
Solomon, umbra virtutis.
Sarai, princeps mea.
Salech (*Selech*), egrediens.

T.

Thebes, fuerunt in ea, sive facta mea.
Tholme (*Tholmai*), sulci.
Thecue, clangor, vel tuba, sive perenseo.
Thecuites, tuba canens, sive buccinator.
Thecthim (*In Hebr.* xxiv, 6), inferiores, vel subter.

Hæc nomina, quæ posuimus per litteram T, aspirationes additas sunt legenda.

U.

Uria, lux mea Dei.
Usi, festinans.
Urchi (ארכי), longitudo mea.
Usathi, festinante me.

DE REGNORUM LIB. III.

A.

Abisai (*Abisaq*), pater meus superfluus, sive patris mei rugitus.
Accherechi (*Cerethi*), interficiens, sive dissipans, vel demoliens.
Amasa, populum tollens, sive levans.
Asor (אצר), atrium.
Azaria, auxilium Domini.
Ahia, frater ejus : vel ubi hæc?
Abisar, frater meus princeps.
61 Adoniram, [c] Dominus meus excelsus.
Abd, servus ejus.
Aroboth (*Aruboth*), cataractæ.
Aser (*Epher*), suffossa.
Ahilod, frater meus inclytus.
Avoth, gloria, vel ἔπαυλις.
Argob, maledicta sublimitas.
Adoniram, Dominus excelsus.
Aelam (*Apud* LXX, vi), ante fores, sive vestibulum.
Adadezer (*Adarezer*), decorum auxilium.
Adorram, generatio excelsa, sive decor excelsi.
Ano (*Apud* LXX, xii, 24), dolor eorum.
Asa, tollens, sive sustollens.
Avan [d], subvertit eos, sive movens eos, vel fons.
Anacim, non est innocens.
Anani, gratificatus mihi, sive donatus mihi.
Ahab, frater patris.
Azuba, relicta, vel deserta.

B.

Bethsabee [e], filia juramenti, per brevem [f] primam syllabam legendum est.
Benur, filius aerius, sive filius ignis.
Bethsames, domus solis.
Bethanan, domus gratiæ, aut doni.
Basamath [g] delinquens (*Al*. derelinquens).
Baaloth, ascendentes.
Bul, germinis.
Booz, in fortitudine.
Barasa (*Baasa*), in egestate, sive veniens ad faciendum, vel haurientes.

C.

Cave (*Coa*), patientia, sive clangor tubæ.
Carmelus, tenellus, aut mollis, sive scientia circumcisionis.
Hucusque per C *simplicem litteram legerimus : exin aspiratione addita legendum est.*
Chalacad (*Chalcol*), pascens, sive nutriens.
Chamos, congregatio, sive quasi attrectanti, vel palpanti.
Charith, divisio, sive cognitio.
Chanaan, erubescens, sive negotiator.

D.

62 Dachar (*Apud* LXX, iv, 9), compungentes.
Dardahe (*Dorda*), generatio cognitionis.
Dabir (*Apud* LXX, vi, 6), oraculum.
Dui [h], pulchritudo.
Damascus, sanguinem bibens, vel propinans.

E.

Esda (*Apud* LXX, iv, 10), misericordia.
Ezraeli (*Ezraita*), semen Dei.

---

tari; *cursus* vero omnino non potest. Contra *Rachab*, seu *Recab* optime redditur *quadriga*, aut *currus*, et *curru vectus*, ex quo et *cursus* intelligitur. Fortassis autem *currus*, non *cursus* ab Hieronymo scriptum est.

[a] *Susacim, gaudium cilicii*. Pro Sesao in exemplaribus LXX Translatorum *Susacim* legebatur, ut III Reg. xii, 24, ubi adhuc super est Σουσακιμ. *Susacim* autem idem nomen esse, quod *Sesac*, interpretatio ipsa nos docet; nam utrumque nomen Latine dicitur *gaudium cilicii*. Vide litteram S in III Regum volumine sequenti. MARTIAN.
— Admonet Martian. idem nomen esse cum *Sesac*.

[b] *Et super hoc*, etc. Non exstant illi libri Quæstionum Hebraicarum, quarum hic recordatur S. Hieronymus. MARTIAN.
— Vide quæ de hisce libris in generali Præfatione diximus, num. 28.

[c] *Adoniram, Dominus meus excelsus*. Desunt in editis libris omnia isthæc nomina, quæ clauduntur inter iteratum nomen *Adoniram* : proclivique lapsu veterum librariorum omissa sunt propter eamdem vocem his positam sub una littera A. Id genus erroris frequens est in omnibus libris, Græcis ac Latinis, ut alibi a nobis observatum ex-tat MARTIAN.
— Septem quæ hinc subsequuntur nomina, usque ad alterum *Adoniram*, neque in ms. nostro habentur, neque in editis ante Martianæum libris. Ipsum utique *Adoniram*, quod repetitur, fraudi fuerit librario, ut oculo properante, intermedia præteriret; quid vero causæ esset, ut iisdem litteris repeteretur, non video. Facile *Adoram* altero loco scribendum est, nam et hoc nomine appellatum Præfectum illum tributis, textus Scripturarum docet.

[d] *Avam, subvertit eos*, etc. Apud LXX, cap. xii, 24, legimus *Naaman*, forte idem quod præsens *Avan*. Similique n minim corruptela, post pauca positum, videtur *Ahab*, pro *Ahinadab*. MARTIAN.
— Conjicit Martian. idem esse ac *Naaman*, Græc. Ναανάν. III Reg. xii, 24.

[e] *Bethsabee, filia juramenti*, etc. בת *bath*, sine jod in medio, *filiam* significat : בית *beth* autem cum jod dicitur *domus*. Iaque ex Hieronymo syllaba brevis erit sine jod, et longa cum eodem. Vide supra verbum *Bethsabee*. MARTIAN.

[f] Videlicet *Bath*, *filiam*, ut uxorem Uriæ notet. Hebraic. בת absque jod, nam, ut supra ipse Hieron. admonet, *ubi producitur* (בית) *semper domus interpretatur*.

[g] *Basmath, delinquens*. Mss. aliquot veteres, *Basemath, derelinquens*; sed alia interpretatio retinenda, quia propius accedit ad vocem Hebræam, אשם, *Asam*, quæ significat, *deliquit*. MARTIAN.

[h] *Dui, pulchritudo*. Vocem hanc *Dui*, sive *Diu*, juxta nonnulla exemplaria mss. invenire mihi non licuit. MARTIAN.
— Videtur depravatum ex Hebraico נוי, *pulchritudo*.

LIBER DE NOMINIBUS HEBRAICIS.

Emori (*Amorrhæi*), amaricantis, vel loquentis.
Esrai (*Apud* LXX, ii, 12), indigna, vel orientalis.
Ezaion (*Hezion*), visio.
Hucusque per E *brevem litteram : exin per extensam legamus.*
Eli, Deus meus, sive scandens.
Elioreph, Dei hyems.
Eri (עֵרִי), vigil meus.
Elon, Aulon, de quo plenius in volumine [a] Locorum diximus.
Ethan, robustus, [b] sive ascensus.
Eman, accipiens, vel formido eorum.
Ethanim, robustorum.
Esiongaber, voluntas, sive consilium tristitiæ confortatæ, vel juvenalis.
Ela, maledicta, vel ipsi.
Esaton (הֹוִין), voluntas, sive consilium mœroris.
Elia, [c] Deus Dominus.
Elisae (*Eliseus*), Dei mei salus.

F
Felethi, admirabiliter.
Fadaia [d], redemptio Domini.

G
Gaber, vir, aut juvenis, vel fortis, sive virilior.
Goaeabath, furtum filiæ.
Gonath (*Gineth*), arrogantia tua, vel hortus tuus.
Geezi (*Gazer*), præruptum videns, vel vallis visio.
Gir (*Gera*), divisio, vel præcisio.
Gozan, tonsio eorum, vel fortitudo eorum.
63 Gabe, collis.
Godolia, magnificus Domini.

I
Izabel, cohabitatrix, sive fluxus vanus.
Jacomam (*Jecman*), ulciscitur populum.
Jair, illuminavit.
Jachon (*Jachin*), præparatio.
Jeroboam, dijudicans populum, vel dijudicans [e] super nos.
Jessai, insulæ sacrificium, vel holocaustum.

Josia, cujus est sacrificium Domino, vel salus Domini, vel fortitudo Domini.
Jeu, ipse vel est.
Joram, qui est excelsus.
Josephat, Domini judicium.
Jemla, plenitudo, vel circumcisio.

L
Leben, ædificatio, vel candida.

M
Mageddo, cœnacula ejus.
Maacha, percutiens, sive percussa.
Maces de fine.
Mael, chorus, [f] vel plenitudo.
Merab [g], de multitudine.
Malathra (*Apud* LXX, vi, 5), despiciens sive divisio.
Mechonoth (*Apud* LXX, vii, 43), fulera : quæ Græci βάσεις vocant, id est, ὑποθέματα.
Melloth, plenitudo, sive adimpleta.
Machaia (*Michæas*), quid hic? adverbium loci, sive quis dominabitur.
Mosae, salvificator, sive a salvatore.

N
Nephaddor, dispersa generatio.
Neena, imago.
Neisoth, statio.
Nabaoth, conspicuus, vel sessio, sive exclusio.
Nadab, sponte.
Naama, decor.
Naamani [h], decor doni mei.
Nesib (*Apud* LXX, xvii, 28), stans.
Namsi, tangens, attrectans, sive palpans.

O
64 Omri (*Amri*), crispans meus, vel manipulus meus.
Oza (*Apud* LXX, xvi, 9) (*Osa*), robustus Domini.
Olda, destructio, sive diverticulum.
Tria nomina, quæ sequuntur, per extensam litteram proferenda sunt.

Og, congregans.
Ophir, infirmans.
Ohedia (*Abdias*), serviens Domino.

R
Rei, pastor meus.
Ramoth, visio mortis.
Razon, mysticus, vel sacratus.
Rabaam, impetus populi, vel latitudo Roboam populi.

S
Sunamith, quicumque morietur, sive mortificata.
Sisa, tentatio, sive farinaceus.
Saalabim, aggravans intellectum.
Soca (*Socho*), ramus.
Sartham (*Sarthana*), tribulatio eorum, sive demolitorum, aut coangustantium.
Sion, specula, vel mandatum, sive [i] invium.
Saba, captiva.
Sathan, contrarius, sive adversarius.
Suha, incensa, sive convertens.
Sadada (*Sareda*), latus ejus : a latere, non a latitudine.
Sirua, lepra.
Sesac, [j] byssus cilicii, [k] sive gaudium cilicii.
Sichima, humerus.
Semeia, audiens Dominum.
Somer custos.
Soli (*Salvi*), missa.
Sophar (*Apud* LXX, ix, 28), dissipare, dividere.
Sigub, supertollere.
Sareptha, incendium, sive tribulatio panis.
Sidonia, venatio inutilis.
Saphat, judicans.
Sedecia, justus Dominus.

T
65 Taphat, parvulus venit.
Tabremmon, bonus ad videndum, sive bona sublimitas, vel bona visio eorum.
Hucusque per T *simplicem litteram legerimus : exin aspiratione addita legendum est.*

---

[a] *In volumine Locorum diximus.* Consule librum A *rab* cum sua expositione omittit, quod et veteres vulgati ignorant.
Locorum in littera A de Numeris et Deuteronomio.
MARTIAN.
—Ad litteram A de Numeris et Deuteronomio.

[b] In quodam Romano ms. *ambustus* pro *robustus* legi. Vicissim doctissimi viri, quos inter Antonius Augustinus, pro *ascensus* malunt *accensus*, quæ quidem conjectura laudatæ alteri lectioni suppetias ferret; verum *Ethan* אֵיתָן, proprie *validum*, aut *asperum* sonat, nec licet ab אֵשׁ, *igne*, alii ud commutasci. Tamen nec mihimet ipsi arridet impressa lectio *ascensu* ; rescribendum fortasse est *accessus*, ab אֶתְיֹון, *Ethon*, sive *Ithon*, *accessus*, *ingressus* : unde et שַׁעַר הָאִיתוֹן, *porta accessus* interpretatur.

[c] Verius in libro contra Joannem Hierosolymitanum. 2. *Elias*, inquit, *qui interpretatur fortis Domini.*

[d] *Fadaia, redemptio Domini.* Nomen *Phedaia* non legitur hoc loco, sed libro quarto Regum, sicut et sequentia charactere italico distincta. MARTIAN.

[e] *Dijudicans super nos.* Duo mss. codices, *vel dijudicans supernos*. MARTIAN.
— Ms. noster, *vel dijudicans supernis* : duo alii penes Martianæum, *supernus.*

[f] Idem ms. noster, *vel de plenitudine*. Exinde Me-

[g] *Merab, de multitudine.* Merab, prætermissum in editis, legitur in Hebræo cap. iii, 8. MARTIAN.

[h] Veteres editi, *Naaman decor domini mei*. Ms. noster altero e duobus hisce nominibus prætermisso, ita in unum conjungit, *Naama, decor doni mei* ; rectissime si *Naamani* scripsisset, בֶּן quippe *man*, *donum* interpretatur. Attamen ex hoc ipso errore intelligas, *Naamani* expositionem hanc esse oportere, quam restituimus, *decor doni mei*, non ut Martian. legit *decora* duntaxat.

[i] Immo *sive in unum* legitur in ms. nostro. Et vero *acervus, et tumulus*, ac plurium rerum congeries in unum, צִיּוּן, *Sion* vulgo exponitur. Cæterum obvia illa interpretatio *speculæ*. S. Hilarius in Psal. CXXIV : *Speculatio est enim Sion mons. Loquatur interpretationem hanc Hebraica lingua, qua dictum est, mons Sion mons speculationis est.*

[j] *Sesac, byssus cilicii*, etc. De *Sesac* jam diximus quod apud Septuaginta Translatores hoc loco legatur *Susacim*. MARTIAN.

[k] Altera hæc expositio, *sive gaudium cilicii*, in ms. nostro, et vulgatis ante Martianæum non est.

Thanach, respondet.
Thermad (*Ms. A.*, ix, 18, Θερμάθ), exploratio redemptionis.
Thafisa, claudicatio, sive remissio vitæ.
Theder, paxillus.
Themor (תםר in *Hebr.* ix, 18), Smyrna.
Tharsis, exploratio gaudii.
Thaphnes, coopertæ signum, quod significantius [a] Græce σύσσημον dicitur.
Thersa, placens.
Thebni, palea mea.
Thesbi, captivans, sive convertens.

Z.
Zoeleth, tractum, sive protractum.
Zabud, fluens torris, quem vulgo titionem vocant.
Zimri (*Zambri*), iste lacessens, vel amaricans : proprie enim nomen ab amaritudine figuratum est.
Ziva, iniquitas.
Zabadia, dotata Domini.

DE REGNORUM LIBRO IV.
A.
Ahiel (*Ahia*), vivens Deo, vel videns Deum.
Abiram [b], patri excelso.
Azael, visus Deo.
Adad, patruus, vel patruelis, aut testis.
Aazia (אחזיה *Ochosias*), apprehendens Deum, vel fortitudo Domini, sive fortitudo ejus.
Abana, lapides ejus.
Athalia, tempus Domini, vel tempus ejus, sive temporalis Domini.

Aramaththai (*Amathi*) dejiciens (*Ms.* dejicies) eum.
Arnon, lux eorum, vel arca mœroris.
Ammessia (*Amasias*), robustus Domini, vel populus elatus.
66 Aphee, continebit, vel apprehendet.
Amia, robustus Domini, vel populus Domini.
Amathi, veritas mea.
Azaria, adjutor Dominus.
Assith (*In Heb.* xv, 5), libertas.
Argob, maledicens excelsum.
Ariel (*Arie*), leo [c] Dei.
A-or, sagitta luminis.
Aaz (אחז), continens, aut comprehendens.
Ala, infirmitas (*Ms.* infinitas).
Abur (*Habor*), livor, aut vulnus.
Asama (*Apud LXX*, xvii, 50), delectum.
Adramelech, stola regis, vel decor regis.
Anamelech, respondenti regi.
Abisa [d], voluntas mea in ea.
Asaph, colligens.
Arphad, sanans, aut sanatus.
Anei (*Ana*), numquid commotus est?
Amos, robustus.
Ararat, Armenia, vel mons convulsus.
Asaradan, vincens, vel exacutus.
Arus (ארוץ), incisa, vel aureus.
Adaia, testimonium Domini.
Ahicam, frater meus surgens.
Asaia, facienti Domino.
Achbor, mus.
Aars, sol.
Amutal, calefactus ros.
Avii (*Evil*), stultus, insipiens.

B.
Baalzebub, devorans muscam.
Baalsalisa, habens tertium.
Badaear, venit compungi.
Bethagan [e], domus horti.
Bethacon [f], domus sculpturæ.
Basan, confusio, sive pinguedo, vel siccitas.
Bedee (*Apud LXX*, xii, 5), instauratio.
Banada (*Benadad*), filius decorus.
Baladan, venit sibimet judicans, vel vanitas pro semetipso.
Biseeath, adipem.
Bethim, [g] domibus.

C.
Cabalaam (*Apud LXX*, xv, 10), præcipitavit.
Cadesim (*Apud LXX*, xxiii, 7), commutati, sive effeminati.
67 Caree, calvus.
Hucusque per C simplicem litteram [h] legerimus, exin aspiratione addita proferendum est.
Chabratha [i], electio : super hoc in libris Hebraicarum [j] Quæstionum plenius disputatum est.
Charith (*Apud LXX*, xxv, 23), concisio.
Charan, ira, vel foramen.
Chomariam (*Apud LXX*, xxiii, 5), ædituj.

E.
Ezer (עזר), separatus, sanctificatus.
Elehiau, pars Domini.
Ephsiba (חפציבה), voluntas mea [k] in ea.
Eseliau (אצליהו) prope Dominum est.
Ennam, ecce hæc sunt.

---

[a] *Græce* σύσσημον *dicitur*. Raro invenies Græca nomina in præsenti opere quæ pure edita legantur : hic enim editi legunt σημεῖον pro σύσσημον quod restituimus ad fidem omnium manuscriptorum codicum, ubi scriptum est CYCCHMON, vel CICCHMON, aut CECICCHMON. Σύσσημον porro aliquid amplius significat quam σημεῖον, quod est nudum et simplex signum : unde Σύσσημον propius accedit ad vocem Hebræam *Thaphnes*. MARTIAN.
— Veteres editi, σημεῖον : bono quidem sensu, sed renuentibus mss. Est autem σύσσημον Symbolum, signum ex condicto, cujusmodi ea sunt, quibus milites utuntur, vocalia, et muta.

[b] *Abiram, patri excelso*. Nomen *Abiram* legitur libro præcedenti Regum cap. xvi, 54. MARTIAN.

[c] Nomen *Dei*, quod Martian. omiserat, ex nostro ms. ac priscis editionibus, ipso cogente *Ariel* etymo, suppletur.

[d] *Abisa, voluntas mea in ea*. Corruptum est nomen istud *Abisa*, ut ex significatione seu interpretatione liquido apparet; non enim *Abisa* legendum est, sed *Aphsiba*, quod satis innuunt Græca exemplaria in quibus scribitur Ἀψιβά et Ὀψιβά. Hebraice est חפציבה *khhaphsiba*; idque Latine dicitur *voluntas mea in ea*. Eadem vox infra occurrit sub littera E, ubi etiam editi legebant *Ebsiba* pro *Ephsiba*, ob pronuntiationem, ni fallor, veterum librariorum, qui audientes *Ephsiba*, putabant se audire *Ebsiba* cum *b*, propter affinitatem sonorum in illis consonantibus. Cæterum solœcismus est in interpretatione jam dictæ vocis *Ephsiba*, tam in editis libris quam in manuscriptis : legunt enim prænomen masculinum

A tertiæ personæ singularis, *voluntas mea in eo* : cum ex affixo Hebræo feminino ה in fine, verbum חפצי־בה *Hapsi-ba* necessario interpretari debeamus *voluntas mea in ea*. MARTIAN.
— Ita ms. noster, et vulgati quoque veteres, in quibus falso asserit Martianæus, non sine solœcismo esse *in ea* pro *eo*. Verum pro *Abisa* legendum *Aphsiba*, ipsum Hebraicum etymon חפציבה, Græcaque lectio Ἀψιβά, interpretatio denique ipsa, manifeste demonstrant. Vide infra ad vocem *Ephsiba*.

[e] *Bethagan, domus horti*. Apud Septuaginta *Bethgan* cap. ix, 27. MARTIAN.
— In Hebraico בית הגן. Græc. βαιθγάν, IV Reg. ix, 27.

[f] *Bethacon, domus sculpturæ*. In plurimis codicibus mss. *Bethcacon*, *domus sculpturæ*. Ubi legantur nomina ista hæc corrupta, nondum inveni. MARTIAN.
— Veteres editi *Bethcacon*. Mox ms. noster *Basasan* pro *Basan*.

[g] *Bethim, domibus*. Hieronymus בתים *Bethim* interpretatur *domunculas*, cap. xxiii, 7. Septuaginta pro *Bethira*, legunt *Chittim*. MARTIAN.
— Videtur Martianæo esse בתים IV Reg. xxiii, 7, pro quo LXX χεττιάμ.

[h] Verbum *legerimus* supplet ms. noster.

[i] *Chabratha*, *electio*. Consule Quæstiones Hebraicas in Genesim cap. xlviii, ubi S. Doctor disputavit de Hebræo *Chabratha*, et *Hippodromo* LXX Interpretum. MARTIAN.

[j] In Quæstionibus in Genes. cap xlviii.

[k] Veteres vulgati *Ebsiba*, et longe corruptius *in eo* pro *ea*. Vid. paulo superius *Abisa*.

Eennathan (*Elnathan*), ad dantem, sive Deo dante.
ª *Quatuor nomina, quæ sequuntur, per extensam litteram proferamus.*
Eloth (אלות), arietis signum, vel arietatio.
Elam (*Elt*), Dei populus, vel pro foribus.
Elia (אלה), Dei Domini.
Eliacim, Dei resurrectio.
Esaia ᵇ, salus Domini.

F.

Farfar, fodientes, sive dissipationes, vel talpæ.
Ful, ruina, vel cadens.
Faceia, aperiente Domino, vel oris assumptio.
Falasar, cadens princeps, vel cadentem principem.
Fararim, conscissi.
Fasee, transcensus, sive transgressus.
Fadai (*Fadaia*), redemptio Domini.

I.

Jeblaam, absorbet.
Josahe, ubi est saturitas? vel Domini saturitas.
Judae (*Joiada*)ᶜ Domini cognitio.
Jozachar, Domini memoria, vel qui est memor.
Jozabad, Domini dos, vel qui est dotatus.
Joaaz, ubi est retinere? vel Domini retentio.
68 Joadina (*Joadan*), Domini delicata, sive quæ est delicata, vel tenella.
Jaetel (*Jeciehel*), cœtus Dei, vel auxilium Dei.
Jona, columba, vel ubi est donatus? sive dolens.
Jachalia, fortitudo Domini.
Joatham, consummatus, sive perfectus.
Jezecia, apprehendens Dominum, vel fortitudo Domini.

Joahe, ubi est frater, vel Domini frater, sive factura fratris.
Jothaba, peccantes in ea.
Ididia, amabilis Domini, vel amabilis ejus.
Jeremiahu, excelsus Domini.
Jezania (*Jezonias*), audiens, vel auscultans Dominum.
Jojacim, Domini resurrectio, vel ᵈ Domino suscitante, sive qui est consurgens.

M.

Masaa (*Messa*), onus sive assumptio.
Matthan, donata, vel donans.
Manem, consolans.
Masaa (*Apud* LXX, vɪɪɪ, 2; et xvɪɪ, *sa pɔ̀*), consolatio, sive munus, aut sacrificium.
Medon ᵉ, aquæ eorum.
Mocchota (מכותה *Chuta*), plagæ ejus.
Mochoth, plagæ.
Marodach, amara arrogantia, sive contentio.
Messalem (*Messulam*), reddens, vel reddita.
Masena, secunda.
Mazaroth (*Apud* LXX, xxɪɪɪ, 5), ᶠ ζωδίοις, quæ duodecim signa mathematici asserunt.
Moloch, rex.
Mesthi (*Apud* LXX, xxɪɪɪ, 15), varietas.
Mageddo, de tentatione.
Mathania, donum Dei.
Mechonoth (*Apud* LXX, xvɪ, 17), fulturæ : quas βάσεις, vel ὑποθέματα po-suimus dicere.
Massephath, speculatio, sive contemplatio.
Merodach, amaritudinem immittens.
Mamzamaroth (*In Hebr.*, xxv, 14), tridentes, vel fuscinulæ, quas Græci ἀναλήμπτορας vocant.

N.

Naboe, propheta vel prophetans.

Naaman, decus sive commotio eorum.
69 Nergal, lucerna acervi.
Nabaaz ᵍ, prophetavit tunc, sive sessionis initium.
Noesthan, æs eorum.
Ninive, feta, sive germen pulchritudinis, vel speciosa.
Nesrach, fugitivus tener, vel tentatio tenera.
Nechota (*Apud* LXX, xx, 15), styracem ejus, vel aromata.
Necho, percussi.
Nabuchodonosor, prophetia laguncula angustæ, sive prophetans istiusmodi, signum, sive sessio in agnitione angustiæ.
Noostha, æs ejus.
Nabuzardan [Al. *Nabuezardan*] ʰ prophetavit palas, quæ ventilabra vulgo nuncupant, sive prophetia alieni judicii.
Nathania, dante Domino.

R.

Rechab, ascensio. sive excelsa.
Ramalia excelsus Domini.
Reason (*Rasin*), cursus, vel complacitio, sive placentia, quam significantes Græci εὐδοκίαν vocant.
Rabsaris, princeps eunuchus, sive magister, aut major eunuchus.
Rabsace, princeps deosculans, sive multus osculo.
Raphes (*Apud* LXX, xvɪɪɪ, 17), volucres, sive cursum oris.
Rablai, multum hæc, sive multa.
Ruma, excelsa.
Reblath, multam istam, sive multitudo.

S.

Sunem, dentes, vel coccinum, sive varietas.
Samariam, custoditam.
Sabath, requies, vel intermissio.
Sir ᶦ (סיר), lebes, vel aula, quam vulgo ollam vocant.

ª *Quatuor nomina*. Quatuor tantum nomina per A extensam litteram proferenda recensuit Hieronymus; etsi quinque legantur tam in editis, quam in libris manu exaratis. Si conjecturis tribuatur locus, nomen *Esaia* redundat, quia incipit ab *Jod*, non ab *Aleph* sicut reliqua quatuor, quæ propterea per extensam litteram proferenda monet Hieronymus.

MARTIAN.

ᵇ Videtur Martianæo redundare nomen istud *Esaia*, tum quod a *Iod* littera, non ab *Aleph*, ut superiora, incipiat ; tum vero quod quatuor dumtaxat nomina per extensam litteram Hieronymus proferri dixerit, non quinque.

ᶜ Ms. noster, cum editis pridem libris, *Joiade*.

ᵈ Idem ms. vel *Domini suscitatio*. Veteres editi, vel *suscitatio* dumtaxat.

ᵉ *Medon, aquæ eorum*. Medon Græce Μηδῶν, id est, *Medorum* cap. xvɪɪ, 6, in Hebrævo בודי, *Madai*.

MARTIAN.

—Adnotat Martian. esse ex Græco. Μηςῶν, quod B *Medorum* gentem significat. Hebraice בודי, IV Reg. xvɪɪ, 6.

ᶠ Alibi *Mazuroth*, et *Mazoloth*, ut in epist. 64, ad Fabiolam, num. 19, annotatum est. Pro ζωδίοις Victorius ferme cum ms. nostro ζωδίων. Veteres Glossæ Ζωδιακόν, *qui est circulus, in quo duodecim signa*. Atque ipse Hieron. modo laudata epist. *Mazuroth, hoc est Zodiacum circulum*, etc.

ᵍ Sic lego, nullusque dubito, hunc esse *Nebahaz* IV Reg. xvɪɪ, 31. Hebraice נבחז. *Nibchaz* scribitur : penes LXX in Alexandrin. cod. Ναβαζ, in Complut. Ναβαζ. Hevæorum, sive Colchorum Dei nomen, quod interpretatur *remotus videns* : ex נבהיהו scilicet *Sol*, qui lustrat ex cœlorum sublimitate terrarum spatia. Ipsa quoque auctoris nostri expositio ita legendum persuadet : nimirum *Nabahaz* a נבא *prophetavit*, et אז, *tunc*, nullo negotio derivatur. Martianæus tamen *Nabat* legendum autumat, aut *Nabaz*.

— *Naazab, prophetavit tunc*, etc. Corruptum esse nomen *Naazab* ostendit ipsa interpretatio, quæ optime convenit dictioni *Nabat* : נבא, *Nibba*, enim significat *prophetavit*. Melius tamen legeretur *Nebaz* ut נבא *naba*, *prophetavit* ; et אז *az* significaret, *tunc*.

MARTIAN.

ʰ *Nabuzardan..... palas*. Observandum diligenter quod tempore Hieronymi *palæ* vulgo fuerint nuncupatæ *ventilabra*. Itaque in Evangelio idem erit habens *ventilabrum in manu sua, et ferens palam in manu sua*. MARTIAN.

ᶦ *Sir, lebes, vel aula*, etc. Antiquis, ut vides. *aulæ* erant quæ apud nos *ollæ* dicuntur. Unde aulæ cia exta, quæ in aulis coquebantur, dicebant ; id est elixa. Apud Plautum Aul. 18 habes *aulam onustam*

Saderoth, περίβολοι, moenia, vel porticus publicae (Apud LXX, xi, 15).

70 S*a*hia, caprea, vel damna.
Sela, semper.
Semath, audiens.
Saalum, reddens.
Salmanasar, perfectus vinculo, vel ad vinciendum.
Sapharvaim, libri, vel litteræ.
Sechchothbanoth (Al. *Sochothanoth*), tabernacula, vel umbracula filiarum.
Sennacherib, tollens, vel levans deserta.
Sobnas, sedens, vel revertens.
Saesdema [a], pestilens aer : quam Græci significantius ἀνεμοφθορίαν vocant.
Sarasar princeps tribulationis
Saphan (*Saphan*), labium ejus.
Sademoth (*Apud* LXX, xxiii,5), arva, vel regiones.
Saraia, vinctus,
Saphania, abscondit Dominus, vel protectio Domini.
Omnia nomina, quæ per T litteram subdita sunt, aspiratione addita sunt proferenda.

T.
Thaphse, indignans, sive sessio offendiculi.
Theglath, transmigrans : activa significatione intelligendum, quod Græce dicitur ἀποικίζων, id est, alios transferens.
Tharthach, subversio : quam melius Græci ἀνατροπήν vocant.
Thartan, torturem dedit, vel superfluus, vel elongans.
Thalasar [b], appensus princeps.
Thaasar, divitiæ.
Thecum (*Thecue*), patientia.
Therach (*Tharaca*), elongatus : sive ut nomen proprium figuremus, [c] *Proculus*.
Thoph (*Topheth*), protectio oris, sive gehenna.
Theraphim (*Apud* LXX, xxiii,

24), incendia : sed melius imagines, vel figuræ, quas Græci μορφώματα vocant.
Thanameth (*Thanehumeth*), consolator.

71 DE PSALTERIO.

A.
Abessalon, pater pacis.
Asaph, congregans.
Aleph, mille, sive doctrina.
Ain, fons, sive oculus.

B.
Baalpheor, habens hiavit, sive habens os pellis, vel pelliceum.
Beth, domus.
Babylon, confusio.

C.
Cades, immutata, vel sancta.
Coph, vocatio, vel avis : sed melius excusso, quam Græci ἔκκρουμα (*Ms.* Ἐκροῦμοι) vocant.
Cedar, tenebræ, vel mœror.
Chusi, Æthiops.
Caph, manus, palma, vel vola.

D.
Daleth, pauper, vel [d] tabulæ, vel janua.

E.
Ezraites, semen Dei.
Ermon, anathema ejus, vel anathema mœroris.
Ephrata, frugifera, sive equidem vides.
He, ipsa, vel ista, sive suscipiens.
Heth, vita, vel vivacitas.

F.
Fe, os : ab ore, non ab osse : sive laqueus, sive decipula.

G.
Gebal, definiens, sive disterminans.
Gimel, retributio, vel plenitudo.

I.
Jemini, dextera mea.
Idithun (ידותון), transiliens eos, sive saliens eos.
Jod, principium, vel scientia,

aut dominator.

L.
Lamed, doctrina, sive disciplina.

M.
Mem, ex quo, vel ex ipsis, sive aqua.

N.
72 Nun, fœtus, vel piscis, sive sempiternum.

R.
Res, caput.

S.
Salmoe (צלמוע), [Al. *Salmon*] umbra offendiculi, vel sentiens, sive imago fortitudinis.
Samech, firmamentum : licet quidam erectionem, vel adjutorium, sive futuram putent.
Sade [e], regio, sive justitia, vel [f] venatio.
Sin, dentes.

T.
Teth, bonum.
Quatuor reliqua, quæ sequuntur, aspiratione addita proferenda sunt.
Thabor, veniens lumen, vel veniat lux.
Thau, signum, vel subter.
Thalasar [g], appendit principem.
Thobel, offerre.

V.
Vau, et ipse.

Z.
Zebee, victima, sive hostia.
Zain, oliva, vel fornicatio, sive hæc.

De alphabeto Hebræorum plenius in [h] Epistola, quam super centesimo decimo octavo psalmo, ad sanctam Paulam scripsi, æstimo disputatum.

DE ISAIA PROPHETA.

A.
Aith (*Ajat*), condemnatio.
Ælamitæ, despicientes, sive comparati.
Asaph, congregans.
Arran, ira, vel irascens.
Ane, numquid commotus est.

---

auri. Martian.
— Apud veteres *aula pro olla* usurpatum docent Grammatici. Hinc et *Aulularia* Plauti Comœdia inscribitur.

[a] *Saesdema, pestilens aer.* Lege *Sedema*, quod est singulare nominis *Sademoth* post pauca hic positi. שדמה *Sedema* autem idem significat ac שדפה *Sedepha*, et שדפון *Sedephon*, aut *Siddaphon*; quod Hieronymus lib. III Reg. viii, 57, interpretatur *corruptum aerem*, id est, ἀνεμοφθορίαν. Ubi vero sit *Saesdema* lib. IV Regum neque divinare possum. שדפה *Sadepha* legitur cap. xix, 26. Martian.
— Quod Græci ἀνεμοφθορίαν, *uredinem*, sive *corruptionem aeris* vocant. Hebraice שדפון, *sciddaphon* appellatur. *Saesdema*, quod Hieronymus legit, ipsum videtur שדמה, *scedema*, IV Regum xix, 26, quod ibi in Hebraicis exemplaribus שדפה, *scedepha* scribitur ב scilicet in מ, quæ ejusdem organi est littera, commutato. Re autem ipsa *scedepha* legendum hic quoque loci est juxta Hebraum textum, ut quoquo modo *pestilentis aeris* expositio congruat; sciendumque ipsum *scedepha* loco ex IV Regum laudato ita scriptum esse pro *scedema*, quod *agrum* sonat. Fuerit olim in hoc ipso Nominum libro ad hunc modum : *Sedepha, pestilens aer*, etc. Studiosus

A nonnemo ad libri oram annotarit, *Sedema*, ut pro hac voce illam in Hebraico scribi indicaret : caligraphus vero hanc illi debere substitui ratus, alteram expunxit, alteram corruperit.

[b] Nomen istud tum sua expositione in nostro ms. desideratur.

[c] Veteres *Proculum* vocabant eum, qui, patre longius peregrinante, esset natus.

[d] Vide quæ in Epist. 30, n. 5 observ. mus.

[e] *Sade, regio, sive justitia, vel venatio.* Editi male legunt, *vel veneratio* : צדה *Sade* enim non significat *venerationem*, sed *venationem* Consule Quæst. Hebr. Hieronymi in Genesim cap. 45. Martian.

[f] Ms. cum veteribus vulgatis *veneratio*; mendose.

[g] *Thalasar, appendit principem.* Nomina isthæc *Thalassar* et *Thobel* non leguntur hodie in Psalterio : at cum manifeste ab auctore hujus operis recenseantur, necesse est hæc olim lecta fuisse in corruptis
B Græcorum exemplaribus, quæ hujusmodi nomina propria repræsentare potuerunt in titulis Psalmorum. In Hebræo tamen sæpius legitur vox ת ל *Thabel*, sive *Thebel*, quæ *orbem terræ* significat. Martian.

[h] In nostra recensione 30.

Ava (*Ana*), iniquitas.
Adramelech, decorum regnum, vel decorus rex.
Aserdan, vinculum cutis, sive judicii, vel exacuens.
Achor, turbatio, vel tumultus, sive perversio.

B.

73 Barachia, Benedictus Dominus, vel [a] benedicens Dominus.
Bosra, in tribulatione.
Baladan, veniens eam judicare.
Bel, vetustas, sive absque.

C.

Citierum (*Cethim*), concisorum, sive plagæ consummationis.
Carthaginis, scrutationis.
Cyro, hæredi.
Duo nomina, quæ sequuntur, per aspirationem legenda sunt.
Chalane, omnes.
Cheleiau (חלקיהו), pars [b] mea Dominus est.

D.

Dimaon(*Dibon*)sufficit eis mœror.
Deseth (*In Heb.* xxi, 10), calcatio, vel unctio.
Dodanim, patrueles.

E.

Emmanuel, nobiscum Deus.
Eleale, ad a-censum, sive conscensum.
Eglaim (*Apud* LXX, xv, 8), vituli, vel juvencæ.
Ezion (*In Hebr.* i, 1), visio.
Tria nomina, quæ sequuntur, per extensam proferenda sunt litteram.
Elamitæ, λιθολόγιον eorum, sive comparati, aut despicientes.
Elim (*Ubi supra apud* LXX), aries, sive deficiens.
Epha, resolutus, vel effundens.

F.

Facee, aperiens.
Fud (*Apud* LXX, lxv, 19), induite.

G.

Gebim, fossæ.
Gozam, nux eorum.

I.

Jasub [c] revertens.
Jaas (*Jassa*), dimidium, vel fuit.
Joach [d], cujus est frater: sed melius confitens, sive glorificans.
Jerusalem [e], visio pacis.

L.

74 Laisa, leo.
Luah, maxillæ, sive genæ.
Lud, utilis, vel declinans, sive utinam.

M.

Madian, iniquitas.
Magro (מגרון), gutturi, vel de fauce.
Machmas, villæ tributum, sive de tactu.
Madabena, a saltu ejus.
Memphis, ab ore.
Marodach, amara contritio, sive procacitas.
Mosoch, capientes.

N.

Nahao, prophetia, vel venientes.
Nemrim, pardorum, sive apostatarum.
Nineve, fœta, vel germen pulchritudinis, aut speciosa.
Nasarach, germen molle, vel te nerum.
Nabo, sessio, vel superveniens.

O.

Ozia, fortitudo Domini.
Oronim, foramen mœroris.

R.

Romelia, excelsus Domini.
Resephi, λιθόστρωτον.
Rabba (רב *In Heb.* i, 11), multa, vel multitudo.

S.

Sorec [f], optima, vel electa.
Sicera (*Apud* LXX, v, 11), ebrietas.

Seraphim, ardentes, vel incendentes.
Siloa, missus.
Sion, specula.
Sabaoth, exercituum, sive virtutum, [g] vel militiarum.
Samariam, custodiam eorum.
Sapher [h], irritum.
Sabama, tollens altitudinem.
Sargan, princeps horti.
Sobnam, sedens, vel revertens.
Sisaim (*Sabaim*), egrediens.
Saron, princeps mœroris, vel cantans tristitiam.
Sarasar, princeps tribulationis, sive elatio [i].
Sabaim, captivi.
Sabe, captivitas.

T.

75 Tabeel, bonus Deus.
Tanis, mandans humilia.

Z.

Zacharia, memor Domini,

DE OSEE PROPHETA.

B.

Beeri, puteus meus, vel in lumine.
Baalim, in superioribus, [j] vel habentes, aut viri.

D.

Debelaim [k] palathæ.

I.

Jotham, Domini consummatio, sive perfectio.
Jezrael, semen Dei.
Jarib (*Jarim*), dijudicans, vel ulciscens.
Jerebeel, [l] judicium Dei, vel dijudicans superior.

M.

Maanad (*Apud* LXX, vi, *In Hebr.* ix, *Machmas*), desiderabilis.

O.

Osee, salvans, vel [m] salvatus.
On (*Apud* LXX, iv, 16, *et* x, 5,

---

[a] Ms. *vel benedicens Dominus.*

[b] Martianæus *mea* pronomen omiserat, quod alias editi ac mss. libri pari consensu retinent.

[c] Chrysostomus in Isai. cap. vii : Ἰασούβ τῇ Ἑβραίων γλώττῃ ἡ ἀναστροφὴ λέγεται καὶ ἡ διαγωγή. *Jasub Hebræorum lingua conversatio* (malim *conversio*) *dicitur, et agendi modus.*

[d] *Joach, cujus est frater.* Vulgata habet *Joahe* pro *Joach.* In Hebræo scriptum est יואח *Joahh* cum Heth in fine, quod Septuaginta legunt per χ *chi,* Ἰωάχ.
MARTIAN.

— Noster ms. *Joad,* vitiose.

[e] Eusebius in psalm. LXXV : Σαλήμ μέν γὰρ ἑρμηνεύεται εἰρήνη Ἰερουσαλήμ δὲ ὅρασις εἰρήνης. *Salem enim pax interpretatur, Jerusalem autem visio pacis.*

[f] Iterum vitiose ms. noster, *Sorec, ultima, vel, etc.*

[g] *Voces vel militiarum* Martianæus omiserat.

[h] Ita depravant LXX nomen *Ophir*; in Σουφίρ, aut Σουφείρ, aut Σαφείρ. Isai, xiii, 12.

— *Sophir, irritum.* Post laborem improbum reperire tandem mihi licuit nomen *Suphir* apud Septuaginta, Isai. cap. xiii, 12, positum nempe est pro Hebræo אופיר *Ophir,* quod Hieronymus interpretatur suo more, *obrizum.* MARTIAN.

[i] *Integrius* puto ms. noster, *sive elatio angustiæ.*

[j] *Habentes, aut viri.* Addunt editi libri hoc loco, *Bethaben, domus inutilis, vel domus idoli.* Idem legit codex Regius 1584. Abest tamen nomen illud in A antiquis ac melioris notæ manuscriptis exemplaribus; ut et sequens additamentum, *Gomer, consummata atque perfecta.* MARTIAN.

— Idem ms. cum vetustioribus editis, *in superioribus, vel superiores, vel habentes, etc.*

[k] Vulgati absque aspiratione. Ita vero appellantur ficuum, aut caricarum massæ. Vide quæ annotamus in epist. 78, ad Fabiol., mans. 40, et in Jer. cap. xlviii.

[l] *Jerebeel, judicium Dei,* etc. In ms. Alexandrino LXX Interpretum legimus Ἱεροβαάλ *Jerobaal*; in aliis exemplaribus Græcis Ἱεροβοάμ *Hieroboam,* Osee cap. x, 14. Hieronymus nomen retinet interpretatum ex parte, *qui judicavit Baal.* Textus Hebræus hodiernus pro *Jerobaal* legit [B] אר *Arbeel,* Syrus interpres neutrum habet, sed בית־אל *Beth-il* scripsit: Arabs vero juxta LXX, *Jeroboam.* Puto veram tempore Hieronymi, et ante ipsius ætatem scriptum esse in textu Hebraico ־בעל *Jerobaal,* quod multum distat ab hodierno ארבאל *Arbeel*: at inspectis in Osee B Commentariis ejusdem sancti Doctoris, dici ab eo *Arbel* semper fuisse scriptum: *Vastatus est,* inquit, *ut in Hebræo continetur, ab* ARBEL; *idipsum significante quod* JEROBAAL, *sed breviori disertiorique sermone.* MARTIAN.

[m] Ms. cum editis antiquioribus, *vel salvator, vel salvatus*; et in subsequenti nomine, *vel dolor, aut labor sive,* etc. Denique *Salmana umbra commotionis, vel consummatus, sive, etc.*

et VIII), inutilitas, vel dolor, sive iniquitas.

S.
Salmana, consummatus, sive perfectus.
Saboim, statio, sive stantes.

DE AMOS.
A.
Amos, fortis, sive robustus, vel [a] *populum avellens*.

76 Accaren, *gregis pascua*, sive in pascuis, quod Græce dicitur, ἐν ποιμνιοτροφίοις.
Amasia [b] fortis Domini, vel populum levans.

G.
Gaza, fortitudo ejus.
Gog (*Apud* LXX, VII, 1), δῶμα, id est, tectum.

M.
Malchom, rex noster.

R.
Rephan, factura vestra, vel requies vestra.

S.
Sarphath (*In Hebr.* IV, 11), [c] incendium.

T.
Theman, auster.
Thecue, tuba, vel buccina, sive percussio: quam Græci [d] κρουσμὸν vocant.

DE MICHÆA.
A.
Achaz, apprehendens, vel tenens.
Anacim (*Apud* LXX, II, 10), humilitas renuens.

M.
Micha, quis hic? adverbium loci: vel quis iste?
Morasthi [e], hæres meus.

N.
Nemrod, apostata.

DE JOEL.
F et **I.**
Fetuel [f], latitudo Dei, vel aperiens Deus.
Joel, incipiens, [g] vel est Dei.

77 DE ABDIA.
Abdia, servus Domini.

DE JONA.
A et **I.**
Amathi, veritas mea, vel fidelis meus.
Jona, columba, vel dolens.
Joppe, pulchritudo.

DE NAHUM.
E, N et **S.**
Elcesæi, advocati.
Ninive (*Ninive*), speciosa.
Nahum (Al. *Naum*), consolator.
Senam, abundantia.
Saraphad [h], incendium.

DE AMBACUC.
Ambacuc [i], amplexans.

DE SOPHONIA.
A, G et **S.**
Amaria, dicente Domino.
Godalia, magnificatus Dominus, vel magnificus.
Sophonia, [k] abscondens eum.

DE AGGÆO.
A, I. S et **Z.**
Aggæus, festus, sive solemnis.
Josedec, Domini justus, sive justificatus.
Salathiel, petens [l] Domini, vel petitio Domini.
Zorobabel, princeps, vel magister Babylonis, sive aliena translatio, vel ortus in Babylone.

78 DE ZACHARIA.
A, C, R et **S.**
Addo, servus, sive testis ejus, vel fortitudo ejus.
Asael, factura Dei.
Ananeel, gratia Dei.
Chaseleu, spes ejus.
Ragom, hiems, sive multum delictum.
Rama, excelsa.
Sabat (Al. *Sabath*), sceptrum, vel virga.
Sedrach (*Hadrach*), [m] decorus meus.

DE MALACHIA.
E. M et **T.**
Elia, Deus Dominus.
[n] Malachi, angelus meus.
Thesbites, captivans.

DE PROPHETA JEREMIA.
A.
Anatoth, responsio, sive respondens signum, vel obedientia.
Amon, fidelis, vel nutriens, sive onus.
Achbor, mus.
Anania, gratia dissipata, sive gratia Dei.
Azor, adjutus.
Amasia, factura Dei.
Anameel, cui donavit Deus.
Asedemoth (*Apud* LXX, XXXVIII, 40), arva, vel suburbana.
Ananeel, gratia Dei.
Azecha [o], clausam pessulo, vel robustam.
Abania, patris gratia.
Ania, gratia Domini, vel donans Dominus.
Abdiel, serviens Deo.
Abdemelech, servus regis.
Asa, factura.
Aphree, furor alienus, sive vita dissipata, atque discissa.
Azau (*Esai*), fortitudo ejus.
Aroer, suffossa, sed melius myrice.
Alasa, triplex, vel conternata.

---

[a] Iterum vulgati veteres, et ms. *vel populus avulsus, vel populum avellens*. Bene vero est, quod Hieronymus notat Præfat. in Amos: *Amos prophe'a, qui sequitur Joelem, non est ipse, quem patrem Isaiæ prophetæ legimus. Ille enim scribitur per primam et ultimam nominis sui litteram aleph et sade, et interpretatur* fortis atque robustus. Hic vero per ain et samech, et interpretatur populus avulsus. Cæterum passim alias in Commentariis in prophetas nominum expositiones aut explicat, aut emendat; eosque, ut conferas, auctor sum.

[b] Ms. *Amasia populus Domini, vel populum levans, vel fortis Domini*. Editi vetustiores hoc uno abludunt, quod alteram interpretationem alteri præponunt.

[c] Nomen istud neque in ms. nostro, neque in vulgatis ante Martianæum habetur.

[d] Quid in ms. penes Martian. κροιμὸν, noster, κροισακῶν. Editi veteres, κορουμὸν: corrupte omnes.

[e] *Morasthi, hæres meus.* Tanta est dissonantia codicum manuscriptorum, et editorum librorum in minoribus prophetis ab hoc Michæ e loco, ut diceres universum in illis opus fuisse descriptum; nam quæ in his exemplaribus nomina ponuntur sub Michæa, in aliis leguntur sub Jona, et sic in reliquis. Quæ cum manifeste in cunctis exemplaribus sint perturbata errore antiquorum librariorum, omnia ac singula propriis locis restituere curavi. Variantes autem lectiones, quia frequentiores sunt, majusque postulant spatium scribendi, ad finem libri reperient homines studiosi. MARTIAN.

— Duo Colbertini mss. 4554 et 4951, citante Martian. ab libri hujus calcem, tantum habent *hæres*. Ab Hieronymo autem, epist. 53, ad Paulinum, *Michæas de Morasthi* chæres Christi appellatur.

[f] Alter Colbertin. *Fetuel. latitudo, vel aperientes*. Item alius, 5995, *Otuhel* pro *Fetuel* legit.

[g] Noster ms. cum Colbert., 5995, et pridem vulgatis, *Johel, incipiens, vel est Deus, vel Dei*.

[h] Hoc nomen supra ad Jonæ seriem Colbertini referunt. Quinimmo unus, qui 4551 prænotatur, ad Nahum solum *Elcesæi* nomen recitat, quod ipsum alius 4951 omnino prætermittit.

[i] In Epist. supra laudata ad Paulinum, *Abacuc, luctator fortis, et rigidus*.

[j] Addit noster ms. cum antea vulgatis, *vel verbum Domini*.

[k] Multo verius in laudata ad Paulin. Epist. *Sophonius, speculator, et arcanorum Domini cognitor* appellatur. Hic unus Colbertin. *eum* omittit.

[l] Ms. noster, cui et Colbertini duo suffragantur, *Dei* pro *Domini* habent utroque in loco. Rursus idem cum olim editis subdunt *Sabath, sceptrum, vel virga*; quod inferius de Zacharia repetit noster.

[m] Alter Colbertinus, *Sedarachi, decus meum*.

[n] Noster ms. et vulgati veteres, *Malachi, angelus Domini, vel meus*.

[o] *Azecha, clausam pessulo*, etc. Desunt in editis antea libris nomina isthæc duo, *Azeca* et *Abania*. Inter mss. codices nonnulla quoque est discrepantia; nam Colbertinus 4951 ita legit, *Azeca deauratam, vel robustam*: alii ut nos edidimus. MARTIAN.

— Duo hæc nomina, *Azecha*, et *Abania*, neque vulgati libri ante Martianæum, neque ms. noster agnoscunt.

Ahi (*Hai*), quæstio, vel vallis, sive vivit.
Arphaath, sanans.
79 Aschenez [a], ignis ita aspersus.
Amuthal [Al. *Amithal*], calefactus ros.
Avil (*Evilmerodach*), stultus, insipiens.

B.
Buz, despectus, sive contemptus.
Baruch, benedictus.
Baalis (*Baalim*), habens virum.
Bansa, veniente fractura.
Bosor (*Basra*) tribulatio.
Bel [b], vetustas.

C.
Cariathiarim, civitas saltuum, sive silvarum.
Colaia (*Colias*), vox facta est.
Cedron, tristis mœror, sive dolor.
Cariatham, civitas, vel oppidum corum.
Carioth, occursus signi.
Hucusque per C simplicem litteram legerimus : exin aspiratione addita proferendum est.
Chelcia (*Helcia*), pars Domini.
Chabonim (*Chabasin, apud* LXX, xlii, 5, *chabonim*), manus, vel acervus spinarum ; sed melius præparatione, licet plerique Hebræorum libum, vel crustulam significari putent.
Chamoam, similis eis.
Charmamos (*Charchamis*), agnus congregatus, sive agnitio, quasi sarmentum.
Chamos, congregatus.

D.
Dedan, hoc judicium, sive tale judicium.
Dalaia, hauriens Dominus, vel pauperculus Domini.
Dibon, satis intelligens.
Deblathaim, palathæ corum.
Enom, ecce hæc, sive sunt.
Elnathan, ad dantem, sive addentem, vel donum Dei.
Elasa, ad faciendum.

Ezriel, adjuvans a Deo.
Esebon, cogitatio mœroris.

Hucusque per E *brevem litteram legerimus : exin per extensum legamus clementum.*

80 Elam, opposili, sive abjecti, vel compositi.
Elisama, Deus meus audiens.
Elai, defectio mea.
Elisama, Domino audiente.
Elom (*Helon*), exercitus fortitudinis.

F.
Fesor [c] (פשור), os nigredinis.
Fathures, deceptus, calcatus, sive buccella confirmata.
Farao necho, dissipans præparata.

G.
Gamaria, retribuens Dominus, sive consummans Dominus.
Garab, scabies, sive incolatus multus.
Gamuel (*Beth-Gamul*), retributio.

I.
Jeremia [d], excelsus Domini.
Jechonia, præparatio Domini, vel sic factus.
Jezonia, auscultans Dominum.
Jezdalian (*Jegedelias*), magnificus Dominus.
Joachal, robustus et fortis.
Jeraia, timens Dominum.
Jonathan, Domini donum, vel columbam dedit.
Juchal potens.
Joanam [e], erat donans, vel Domini donum.
Jazer, auxiliatus.

M.
Mesaia (מעשיה), factura Domini.
Morethi (*Morasthi*), hæres meus.
Moloch, rex.
Matthanna (*Matthan*), munus et donum.
Melchia, rex meus.
Masepha, speculatio, sive contemplatio.
Magdalo, magnificentiæ, sive turris.
Mephaath, aquæ impetus.

Maon (*Beth-Maon*), habitaculum.
Melcham, rex eorum.
Marodach, amara contritio, sive impudentia.
Medon (Μέδων *Apud* LXX, xxviii, 11), metientes.

N.
Neelcamites, hæreditas cujusdam.
Neria, lucerna Domini.
81 Nathania, donum Domini, vel dedit Dominus.
Nergel, lucerna acervi.
Nabusabaru (*Nabusezban*), calcatum tempus.
Nechau, [f] paratus iste. [g]

O.
Omre (*Emmer*), verbum.
Excepto hoc nomine, quatuor quæ sequuntur per extensam vocalem legenda sunt.
Ophaz, obrizum. Est autem genus auri quod Græci κερρόν vocant.
Ojadæ (*Jojada*), ejus [h] scientia, sive ipse cognovit, vel Domini scientia.
Osai, salvabit me.
Oronaim, foramen mœroris.

R.
Rechab, quadriga, vel ascendens.
Robsaris, princeps eunuchus.
Rabmag, princeps cibi.
Rablatha, multa hæc, vel multum iste.

S.
Sedecia, justus Domini.
Sior (*In Heb.* ii, 18), firmamentum novum, vel turbidum.
Sor (*Apud* LXX, xxi, 13), fortis, vel petra, sive Tyrus.
Sesac (ששך), byssus sacceus, sive [i] manus sacci.
Selom, translatus, sive restituens.
Samaia, audiens Dominum.
Siphane, [j] labium ejus.
Salom, retribuens, sive pacificus.
Sephela (*Apud* LXX, xxxix, 44), humilis, sive campestris.

---

[a] *Aschenez, ignis,* etc. Nomen *Aschenez* interpretatum supra posuimus in libro Genesis cum variantibus lectionibus codicum mss. qui hoc loco inter se plane consentiunt. MARTIAN.

[b] *Bel, vetustas.* Ex Judithæ libro translata sunt in Jeremiam nomina *Bethulæ* et *Holofernis,* quorum nullum exstat vestigium in vetustioribus exemplaribus manu exaratis. Neque unquam crediderim a Philone Judæo in hoc opere fuisse posita. MARTIAN.
— Addunt veteres editi *Bethulia, dolens domus Dei* quod mss. penitus ignorant.

[c] Origenes quoque in Jeremiam παςχὼρ ἐπώνυμον τῆς μελανίας τοῦ στόματος· *Paschor, cognominem nigredinis oris* vocat. A פה, *os,* et שחר, *nigrum.*

[d] Hebraice est ירמיהו : unde Origenes in Matth. μετεωρισμὸν Ἰαὼ, *sublimitatem Jao* interpretatur. Puta a רם, *extolli,* et יהו, *Dei nomen,* quod Græci veteres ἰαὼ reddebant.

[e] Vide quæ inferius adnotantur de hoc nomine ex Matthæo.

[f] *Nechao, paratus iste.* De nomine *Holofernis,* quod hic in editis legitur, dicimus supra mutuatum esse B e Judithæ libro, quem in canonem Scripturarum divinarum Judæi non admittunt. Satis vero mihi videtur ad scriptorum veterum, et editorum librorum corrigendum errorem, quod positum sit nomen illud ab H incipiens, cum iis quæ ab initio habent N. MARTIAN.

[g] Veteres editi, contra mss. fidem addunt, sive subsequenti litteræ O præponunt, *Holofernes, vitulus saginatus.*

[h] In ms. nostro, *ejus scientia, sive,* etc.

[i] Martian. *byssus sacci:* olim vitiosus erat *byssus saxeus.* At de *manu,* quæ altera expositio est, nihil plane haberi in *Sesac* voce, Drusius notat: putatque adeo *sive mavis* rescribendum, pro *sive manus.* Sed vetera exemplaria non suffragantur : immo contradicunt.

[j] *Saphane, labium ejus.* Idem nomen hujus operis conditor antea legebat *Saphau,* et similiter interpretatus est, *labium ejus.* Non igitur ad *Saphane* respexit, sed ad Hebræum צפניהו *Sephaniahu,* quod habet adjunctum pronomen *ejus* Jerem. cap. xxxvii, 5. Cum alibi scribatur צפניה *Sephania,* vel *Sephane.* MARTIAN.

Selemia, reddente Domino.
Saraia, princeps fuit.
Saphatia, judicat Dominus.
Sarasar, princeps tribulationis.
Samagar (*Semegarnabu*), nomen advenæ.
Sarsachim, princeps cadaveris, vel ruinæ.
Siphan, chœrogryllius, lepus, vel hericius, [a] sive labium eorum.
Saboma, attollens excelsum.
Segon (*Seon*), loquela inutilis.

T.
Taphnas, insanum os serpentis, sive opertum signum.
82 *Duo nomina quæ per T litteram sequuntur, aspiratione addita sunt legenda.*
Thoph (*Thopheth*), gehenna, vel periculum oris.
Thanuath (*Thanchumeth*), dedit indignationem, sive bilem.

DE DANIELE.
A.
Asfanez, equorum domitor.
Anania, gratia Dei.
Abdenago, serviens taceo.
Amalasar, [b] dixit princeps.
Arioch, ad solitudinem redigens.
Assuerus, atrium ejus, vel beatitudo.
Astiage, voluntas, vel consilium festivitatis.
Ambacum, amplexans eos, sive suscipiens eos.
Artaxerxes, lumen silentio tentans.

B.
Balthasar, capillus capitis.
Bari, in commutando, sive putei, vel in ventre.
Bel, vetustas.

D.
Dura [*Al.* Duram], loquens.

E.
Elam, sæcularia, vel sempiterna.

F.
Forthommim, [c] divisio perfecta populi gloriosi. Et de hoc quid nobis videatur, in libris Hebraicarum [d] Quæstionum plenius diximus.

I.
Joacim, cujus est præparatio, vel Domini præparatio.
Jezechiel, [e] fortis Dei, vel apprehendens Deum.
Jezonia, auris ejus, vel auscultante Domino.
Jobad, inimicus, sive est pater.
Isimoth, adducet mortem.
Isar, immutata, vel parvula.
83 Jezael, est iter.
In, fuit, vel mensura.

M.
Misael, quæ salus [f] Domini?
Misac, qui risus? vel de gaudio.
Mane, numeravit.
Michael, quis ut Deus?

P.
Persæ, tentantes.

S.
Susanna, lilium, vel gratia ejus.
Sennaar, dentis vacuefactio.
Sidrach, decorus meus.
Susis, equitatio, vel revertens.

V.
Utai, palus, a palude, non a palo : sive dolor femoris, aut umbraculi.

DE EZECHIELE.
A.
Azur, adjutus.
Accherethi (*Cherethi*), interficiens, sive demoliens.
Assurim, ignis illuminationum.
Aran, (*Haran*), ira, vel iracundus.
Aun (*In Heb.* xxx, 17), inutilis, sive idolum.
Ainagallim, [g] fons, vel oculus vituli.

Azara (*In Heb.* xliii, 14).
[h] crepido.
Auran, iracundia.
Ariel, leo Dei.
Aser, beatitudo.
Asemel, silentium circumcisionis.
Achal (הכל), omnia.
Aradii, deponentes.
Aelamitæ, appositi, sive collati, aut objecti.

B.
Buzi, despectus, sive contemptus.
Banaia, ædificium Domini.
Berotha, putei ejus.
Baalmeon, descensio tumilis.
Bagazin, in excelso contemptus.
Bubastus, os, vel labium experimenti.
Beth (פי בסת *Vid. Comment. in Ezech.* xxx), filia, vel mensura.

C.
84 Cariathim, civitas eorum.
Cedar, tristis, vel tenebræ.
Cades, [i] mutatus.
Cur (קרח *in Hebr.* 1, 22), gelu.

Hucusque per C simplicem litteram legerimus; exin aspiratione addita proferendum c.t.

Chobar, gravitudo, vel gravitas, sive juxta electum.
Chodchod (ms. *Chodoch*), [j] Charthaginenses.
Channa (*Chene*), fundum, vel præparatio.
Chalamad, consummavit, sive mensus est.
Chaldæi, quasi ubera, vel quasi feri, aut quasi dæmones.
Cherethim (*In Heb* xxv, 16), disponentes : pro quo melius j in Græco habet διατεθέμενοι.
Chennor (*In Heb.* xxvi, 13), agnitio luminis, vel cithara.
Cherchoro, cognita [k] ablatio.

---

[a] *Postremam expositionem, sive labium eorum*, A in erratorum indice demum emendat. In Origenian. ms. noster ignorat.

[b] *Amalasar, dixit princeps*. In Hebræo המלצר *Amalasar*, vel *Hammelsar* secundum Massorethicam punctationem. *Amalasar* autem vertitur in Latinam linguam, *circumcisio tribulationis*; non, *dixit princeps*. Sed observandum diligenter Philonem hujus operis primum conditorem promiscue et indifferenter accipere litteram צ *tsade* et ש *sin*, צר *Sar* et שר *Sar*; et antea שפן *Saphan* et שפט *Saphat*. Deinde exemplaria Græcorum diversimode legunt, Ἀμελαάδ *Amelsad*, et Ἀμερσάρ *Amersar*, juxta quam ultimum litterarum sonum *Amersar* recte interpretatur *dixit princeps*. MARTIAN.

—Nempe Ἀμερσάρ annotante Martianæo, Græci legebant: cui lectioni ex אמר, *loqui*, et שר, *princeps*, quadrat interpretatio.

[c] *Forthommim, divisio perfecta*, etc. Quæstiones Hebraicæ, quarum hoc loco meminit Hieronymus, ad nostram ætatem minime pervenerunt: nonnihil supplere possunt ad intelligentiam *Forthommim* Commentariorum libri in Danielem cap. 1, 3.
MARTIAN.

[d] *Recole*, quæ supra de hisce Quæstionibus diximus: et præfation. generalem, num. 28.

[e] *Jezechiel, fortis Dei*, etc. Quæ sequuntur sub littera I, et mutantur charactere Italico, non leguntur hodie in Daniele, sed in Ezechiele. MARTIAN.

[f] *Veteres editi, quæ palus Domini*, quod Martian.

A in erratorum indice demum emendat. In Origenian. altero lexico, Μισαὴλ, ἔλεος Θεοῦ, *Misael*, *misericordia Dei*. Proprie autem *Mischael*: qui et *Meschae* Chaldæis dictus est, Daniel. 1, 7, ex מי שׁאל derivatur.*quis est quemadmodum Deus est*, sive *quod Deus est*.

[g] *Ainagallim, fons*, etc. Tripliciter legitur nomen istud in hoc libro, *Ainagallim*, *Enaggallim* et *Engallim*. Similiter et sequens *Asemel*, *Esemel* et *Semel*, sub tribus litteris. Quod in multis aliis nominibus æque præcavendum est lectori. MARTIAN.

[h] Confer Commentar. in Ezech. lib. xiii, c. 43: *Superiora autem et ad crepidinem, sive propitiatorium pertinentia, quod Theodot.o ipso Hebraico nomine appellavit Azara, nuius cubili habent latitudinem*, etc.

[i] Ms. noster, *Cades mutata, vel mutatus*.

[j] *In Græco habet* διατεθέμενοι. Manuscripti διατεθίμενοι.
MARTIAN.

[k] *Cherchoro, cognita ablatio*. Septuaginta sic legunt B pro *Chodchod*, decepti nempe *Resch* et *Daleth* similitudine, quod sæpius conqueritur Hieronymus. In Hebræo כדכד *Chadchod*, duplex *Caph* cum duplici *Daleth*; apud LXX, Χορχόρ, et Χερχορός in ms. A. Quid sit autem *Chodchod* invenire non potuit Hieronymus. Videsis ejusdem librum Comment. in Ezech. cap. xxvii. MARTIAN.

—Nomen istud, quod Ezechiel. xxvii, 16, habetur, Hebraice כדכד Græcum autem Χορχόρ, solemni litterarum ר et ד mutatione scribitur, minime omnium

Chelbon (Apud LXX, xxvii, 28), lactei.
Chalamar. omnis amaritudo.
Chomor (חמר), lacessiones.

D.
Deblatha, palathæ.
Diospolis (Alexandria), abnuens: sed melius Græce, Jovis civitas.

E.
Esemel (השמל), electrum.
Elisa, ad insulam, sive Deus salvator.
Elhon, robustus fortitudine, sive Dei fortitudo.
Ethalon, incunabula mœroris.
Ezer (Azur), fortitudo, vel auxilium.
Eumer, sermo, vel verbum.
Eschani (Chene vel Chanaan), habitantes contemptum.
Elisee, Dei est hæc, vel Dei salus.
Hucusque per E brevem litteram legerimus: exin per extensum legamus elementum.
Enaggalim, fons, vel oculus vitulorum.
Elam, sempiternum, vel sæculum, vel λιθολόγιον eorum.
Enba mensura.
85 Engaddi, oculus, vel fons hædi.
Enom, fons fortitudinis.

F.
Felethia, salus Domini.
Fut, Libye.
Feunag nutus.
Fares, (In Heb. c. xxvii, 27 ערף), dissipans.
Facud (Apud LXX, xxiii, 23), visitatus, vel visitans.

G.
Gazæ, gazophylacium, sive fortitudo ejus.
Gog. tectum.
Gomor, consummatio, sive perfectio, vel venumdatio.
Golati (Apud LXX, ix, 15), volut bra.
Galilæa, volubilis, sive transmigratio facta.

I.
Jezechiel, fortitudo Dei.
Jezonia, auris ejus.
In, mensura.

Job, otiosus.
Ir, vigil.

L.
Lydi, nati.

M.
Maalmeon (Beelmaon), habuerunt habitationem, sive de habitatione.
Mesecin (Mosoch), a amentes, sive trahentes.
Magog, quod tectum? vel de tecto.
Megia, despectio.
Macoalaim (Apud LXX, xxvii), consummatio eorum.
Migdol (Apud LXX, xxv, 10), magnitudo, vel turris.
Magalim, transmigrationes, sive colomæ.
Manaim (מנחה), de requie.

N.
Noe, requies.

O.
Oola, tabernaculum.
Oohba, b tabernaculum meum in ea.
Oepha. æstus.
Hucusque per O brevem litteram legerimus, exin per extensam legendum.

86 Ozan, abiit.
Oram. (Haron) irati.
Ophar, (עוף) volantes.
Osia, salus Domini.
On (Aun, supra), dolor, vel mœror.

R.
Rabbath, multitudo.
Raama, tonitrus.
Rodii (Apud LXX, xxvii, 15), visio judicii.
Ramoth(Vide LXX, xxvii, 16), visio mortis.
Regma (רעמה), malitia quæpiam.

S.
Semel, idolum. Et notandum, quod Latinus sermo sit in Hebræis voluminibus a similitudine, unde et simulacra dicuntur.
Saphan, hericius, vel lepus, sive labium ejus.
Sela (צלע), umbraculum ejus.
Semoth (שמות), nomina.
Samir, tolle novitatem, vel dens lucernæ.

Sœne (Syenes), gyrus ejus, vel c experta.
Scim (In Hebr. c. xxviii, 13), exeuntes.
Sodada, latus ejus : a latere, non a latitudine intelligendum.
Sabaarim, circumire montes.
Sdlirus (Apud LXX, ix, 2. Pelusium), speciosus, egregius.
Sna, salvatoris.
Sais (Apud LXX, xxii, 3), tentatio.
Safarim (ספרים), libri, vel historii i.
Sonam (צאנם), pecus eorum, vel dentes eorum.

T.
Tanis, d mandatum humile.
Taphnas, stupens os serpentis : ab ore intelligendum, non ab osse. *Exceptis his duobus nominibus, cætera ejusdem litteræ per aspirationem proferenda sunt.*
Thelabim, e dispersi. Et super hoc in libris Hebraicarum f Quæstionum, quid nobis videatur, plenius diximus.
Thammuz (Apud LXX, iii, 14), consummantes, sive contemptus : et super hoc in eisdem libris plenissime dicitur.
Theraphim, figuræ.
Thubal, deferens, vel deferetur, sive delatus.
87 Thogorma, avellens, vel incolatus cujusdam.
Thaphnes, opertum signum.
Thucon, medium.
Thav (תו), consummatio.
Tha-oph (תשפה), specula.
Thobel, universa, vel vanitas.
Themora, consummatio amaritudinis.

Z.
Zarda, abalienatus valde.

DE JOB.

A.
Ausitidi, g conciliatrici. Et super hoc quid nobis videatur, in libris Hebraicarum Quæstionum diximus.
Asom (Apud LXX, in fine libri), silens vel osseus.
Adad (Ibid), patruelis, vel testis.

B.
Baldad, h vetustas sola.

---

neque ex etymo, neque ex loci ejus sensu Carthaginenses significat, sed gemmam ita a scintillando, ut videtur, appellatam. Et vero Carthaginis Hebraicum nomen est Chadtha, vel Chadat-ha, quod Neapolim, sive novam civitatem interpretantur Solinus, c. 27, et Servius in I, Æn.

a Cum vetustioribus vulgatis, ms. quoque noster, Mosoch pro Mesecim legit.

b Addit m., cum oliu editis libris, vel commotio : tum expositionem nominis Ool-ba, quod ignorant, proxime superiori Oola apponunt.

c Editi ante Martian. libri, et noster quoque ms. exspecta legunt pro experta, cujus a se inductæ mutationis Editor Benedictinus non admonet. Utraque lectio violenter ex Hebræo possit extorqueri, sed tamen repositam probat Lexicon Origenian. Συηνη, πειρασμὸς ἢ κύκλος. Syene, tentatio, vel circulus. Scilicet a נסה, tentare, experiri, periculum facere. Scimus vero סוה, Serene, Hebraice scribi, et terminum,

A ut revera est Æthiopiæ, significare.

d Tanis, mandatum humile. Multum variant Exemplaria in nomine Tanis. In Hebræo legimus צען tsoan, quod Vulgata transtulit Taphnis : Græcorum vero librorum fides Τάνιν retinet; unde Tanis in hoc opere. MARTIAN.

e Thelabim dispersi. Hujusmodi Quæstionum Hebraicarum nihil superest nobis; nec ubi legator apud Ezechielem nomen Thelabim usque in præsentiarum invenire potui. De Thammuz sequenti pulchre disserit Hieronymus in caput octavum Ezechielis.
MARTIAN.

f Vide rursum, quæ de hisce Quæstionibus in Præfatione generali num. 23 diximus.

g Ausitidi, conciliatrici. Non exstant illæ Quæstiones Heb aicæ in Job : nonnulla tamen de Jobo invenies libro Hebraicarum Quæstionum in Genesim cap. 22. MARTIAN.

h Pseudohieron. Præfat. Comment. in Job. Eli-

Barachel, benedictio Dei.
Buzites, contemptibilis.
Barad (*Ibid.*), grando.
Barachel, benedixit Deum.
Buzi, contempsit me.

D.
Dennaba (*Ibid.*), judicium ferens.
Eliphaz, Dei contemptus.
Eliu, Deus meus iste, vel Deus Dominus.

G.
Gabis (*In Hebr. et apud LXX*, xxviii, 18), ᵃ altitudo confusionis, sive πετρόβολοι.
88 Gethan (*Apud LXX, in fine*), applicuerunt eos.

I.
Job, dolens.

L.
Leviathan, additamentum eorum.

M.
Mazuroth (*Apud LXX*, xxxiv, 32), ζώδιον, id est, signa horoscopi.

N.
Naamathites, movens morte n.
Naamathi, decor.

O.
Oophar (עוֹפֵר), volans.
Ophir (אוֹפִיר), infirmitas.

R.
Raam, visio, vel multum.

Raphaim (*In Hebr. cap.* xxvi, 5), gigantes, vel medici.
Rathamim (*Ib.* xxx, 4), juniperi.
Ram, excelsus.

S.
Saucaorum (Σαυχέων), cantilenæ.
Sophar, speculæ dissipatio, vel speculatorem dissipans, sive speculatorem videbo.
Saba, conversio, vel captivitas.
Sechni (*Suhites*), varietas.
Satan, adversarius.
Sui (שׁוּחִי), loquens.
Senech, ᵇ cymbalum.

T.
Topazium, ᶜ bonum.

---

phaz enim in Latino Dei mei aurum sonat. Baldad, A *præcipuus vetusta secreta. Sophar, speculator, vel buccina.*

ᵃ *Vocem Hebræam Gabis. Symmachus vertit ὑπερηφάνα. Vulgata eminentia. Sed sunt qui ignotum aliquod gemmæ genus significari putant; in quam rem confer totum Jobi contextum c.* 28, 18.

ᵇ *Senech, cymbalum. Verbum* צנה *Senech, significat Arabice cymbalum.* MARTIAN.

ᶜ *Topazium, bonum.* טוב *sermone Hebræo dicitur bonum; non ergo secundum fidem elementorum Topazium significat bonum, sed magis secundum sonum litterarum, et juxta Philonis libertatem, qui nihil non sibi permisit in etymologiis.* MARTIAN.

NOVI TESTAMENTI.

DE MATTHÆO.

A.
Abraham, pater videns populum.
Aminadab, populus meus voluntarius.
Abia, pater Dominus.
Asa, tollens, aut attollens.
Aazia (*Ozias*), apprehendens Dominum, aut robur Domini, vel fortitudo ejus.
Aaz (*Achaz*), apprehende.
Amon (עמון אמון), fidelis vel nutricius: si tamen ab ALEPH littera exordium habeat: quod si ex AIN scribitur, onustus interpretatur.
Abiu, pater meus iste, vel pater meus est.
Azor, adjutus.
Archelaus, agnoscens leo.
Andreas, decorus, vel respondens pabulo.
89 Alphæus, fugitivus, sed melius millesimus, vel doctus.
Amora, populus scitus, vel populi illuminatio.
Abel, vapor, aut luctus, aut vanitas.
Acheldama, ᵃ ager sanguinis. Syrum est, non Hebræum.

B.
Booz, in quo robur, vel in ipso

fortitudo: sed melius in fortitudine.
Bartholomæus, filius suspendentis aquas, vel filius suspendentis me. Syrum est, nomen, non Hebræum.
Bethsaida, domus frugum, vel domus venatorum.
Barjona, (בר יונה), filius columbæ. Syrum pariter et Hebræum. *Bar* quippe lingua Syra filius, et *Jona* columba utroque sermone dicitur.
Bethphage, domus oris vallium, vel domus buccæ. Syrum est, non Hebræum. Quidam ᵇ putant domum maxillarum vocari.
Bethania, domus afflictionis ejus, vel domus obedientiæ.
Barachia, vel benedictus Dominus, vel benedictio Domini.
Barabban, filium magistri nostri. Syrum est, non Hebræum.

C.
Caiphas, investigator, vel sagax, sed melius vomens ore.
Codrantes, ᶜ caligo, vel tenebræ. Quem nos per Q litteram quadrantem dicimus.
Corbana, oblatio.
Cananæus, (קננ), possidens, sive possessio.

Hucusque per C simplicem litteram scripta sunt nomina, quæ Græci per K efferunt: exin **90** aspiratione addita legendum, quam illi litteram CIII vocant.
Chanani (כנני), negotiator, vel mutabilis, aut ipse pauperculus.
Chorazain, hoc mysterium meum.
Chananæi, negotiatores.

D.
Diabolus, defluens: Græce vero dicitur criminator.
David desiderabilis, aut fortis manu.
Daniel, judicium Dei, vel judicat me Deus.

E.
Esrom, sagittam vidit, sive atrium eorum.
Essai (*Jesse*) insulæ libatio, sed melius, incensum.
Hucusque per E brevem litteram legerimus: exin per extensum legamus elementum.
Eliacim, Dei resurrectio, vel Deus resuscitans, aut Deus resuscitabit.
Eliu, Deus meus iste, vel Dei mei istius.
Eliezer, Deus meus adjutor.
Elia, Deus Dominus.

ᵃ *Acheldama, ager sanguinis. Ita est,* חקל *Acel enim,* B *cæluserat, etc. Vid. quæ in eum locum annotamus, sive hhacal Syriace, non Hebraice, significat agrum, et* דמא *dema sanguinem. De Achel-dema, vel Hhacel-dama vide adnotationes nostras in Evangelium Matthæi juxta veterem Versionem Italicam.* MARTIAN.

ᵇ *Ex his non Origenes modo in Matthæum, et Homil.* 37, *in Lucam, et in Joan.* 11, 13, *οἶκον σιαγόνων interpretatur, sed et ipse Hieronymus in Epitaph. Paulæ, Bethphage, villam Sacerdotalium maxillarum; et cap.* 2, *in Matthæum, cum venisset Bethphage, ad domum maxillarum, qui sacerdotum vi-*

Origo est a בית, *domus, et Syriaco* פֿה, *sive* נא, *aut* פא, *gena, maxilla. Prior autem expositio videtur derivari a* בית, *domus, et* פה *os, et* גא, *vallis: tametsi non Hebraice, quod et Syrum nomen hoc sit. Quare alii verosimilius a* פני, *quod est Syriace ὀλύνθος, deducunt, ut ab eo fructu vicus appellatus, sicut et Olynthus Macedoniæ urbs dicebatur.*

ᶜ *Ita Syri Latinum nomen efferebant: fallitur enim Isidorus lib.* xvi, *c.* 25: *Quadrantem, similiter Hebræi codrantem.*

Eli Eli lama azabthani [a], Deus meus, Deus meus, quare dereliquisti me?

F.

Fares, divisio, sive divisit.
Farisæi, dividentes, sive divisi.

G.

Gennesar, [b] ortus principum.
Gehennam, de valle sunt, sive vallis gratuita.
Getsemani, vallis pinguedinum.
Golgotha, calvaria. Syrum est, non Hebræum.

I.

91 Jesus, salvator, sive salvaturus.

Ut I litteræ serremus ordinem, aspirationem H in plerisque omisimus: licet eam Grammatici non putent litteræ loco habendam.

Isaac, risus, sive gaudium.
Jacob, supplantator, sive supplantans.
Judas, confitens, sive glorificans.
Josaphat, ipse judicans, sed melius, Dominus judicabit.
Joram, ubi est excelsus, aut qui est excelsus, sed melius, sublimabitur.
Jotham, consummatus, sive perfectus.
Jezecia, fortis Domini, vel confortabit Dominus.
Josia, ubi est incensum Domini, vel in quo est incensum Domini, vel Domini salus: potest et fortitudo Domini dici.
Jechonias, præparans, sive præparatio Domini.
Joiachim, ubi est præparatio? vel Domini præparatio.
Jojacim, Domini resurrectio, sive Dominus suscitans.
Joseph, apposuit, sive apponens.
Jerusalem, visio pacis, vel timebit perfecte.
Jeremias, excelsus Domini.
Joannan, [c] cui est gratia, vel Domini gratia.
Isaia, salus Domini.
Iscarioth, memoriale Domini : quod si voluerimus legere [d] Issacharioth, interpretatur, est merces ejus. Potest autem dici et memoria mortis.
Jericho, odor ejus, sive luna.

K *litteram nos superfluam habemus, et exceptis kalendis, per C universa exprimimus, unde consequenter hic prætermissa est.*

L.

Lebbæus, figuratum nomen a corde, quod nos diminutive corculum possumus appellare.

M.

92 Manasse, obliviosus.
Matthan, donum, sive donatus.
Mariam plerique æstimant interpretari, illuminant me isti, vel illuminatrix, [e] vel smyrna maris, sed mihi nequaquam videtur. Melius autem est, ut dicamus sonare eam stellam maris, sive amarum mare : sciendumque quod Maria, sermone Syro domina nuncupetur.
Matthæus, donatus quondam.
Magedda, poma ejus, vel nuntia.
Magdalene, turris, sed melius sic ut a monte montansis, ita turrensis a turri dicatur.

N.

Naason, quidam putant requietum sonitum interpretari, sed melius est, augurans, sive serpens eorum.
Nazareth, (נצרה) flos, aut virgultum ejus, vel munditiæ, aut separatus, vel custodita. Scribitur autem non per z litteram, sed per Hebræum SADE, quod nec s, nec z litteram sonat.
Nazoreus, mundus.
Nephthali, discretus, sive sejunctus vel convertit, sive convolvit ue.

O.

Obed, serviens.
Osanna, salvifica, quod [f] Græce dicitur, σῶσον δή. Utrumque autem nomen per O litteram extensam legendum.

R.

Raama, [g] excelsa, sive exaltata.

---

[a] Sic Hebræus habet Psalmi XXII , juxta Hebræorum supputationem. Hodiernus autem Matthæi textus, ne quid de Hebraica ejus versione sollicit simus, lamasabactani, vel sebactani habet. Porro שבק, Syriace idem est, quod עזב Hebraice. Et forte Matthæus locum a Christo recitatum, ut in archetypis Psalmi erat, exhibuit, cum tamen Dominus vernaculo idiomate pronuntiaverit.
— *Eli Eli lamazabthani*, etc. In Hebraico textu Matthæi hodierno אלי אלי למה שבקתני, *Eli Eli lama sebactani*, et in margine pro variante lectione *sebactani*, legimus אישבתני *azabtani*. Manuscripti codices Latini hujus operis legunt ut plurimum, *lamazabathani*. MARTIAN.

[b] Ipse vero Origenes, quin etiam Hieronymus in Matthæum, hujus nominis etymologiam nescire se profitentur. In Syriaca Novi Testamenti editione scribitur גניסר, et mihi quidem videtur a גן יסר, *Genne sar*, haud inepte *horti decem* exponi, vel ut Santes Pagninus hunc locum emendari jubet, a גן שרים, *hortus principum*, non ortus, ut Hieronymiani libri omnes hic præferunt, nec ab hortorum frequentia nomen invenisse regionem illam compertum est. Verum nihil immuto, quod sciam, et Hesychio probari, Γενεσαρίς πατρὶς ἀρχόντων, *Genesaret patria*, seu *genus principum*: a Chaldæis, ut Huetius notat, vocibus גנום et שרים. Etymologias alias a doctis viris excogitatas expendemus in Commentariis ad Matthæi cap. 14. Hic enim vix alia attingere consituimus, quam quæ textui hujusmet libri emendando, aut asserendo conferunt.

[c] Huc ref. cl. Huetius, quod Orig. t. V, in Joan. tradit : Εὐδοκιμεῖν τῇ ἑρμηνείᾳ τῶν ὀνομάτων, (ἀντὶ τοῦ) Ἰωάννης. τὸ Ἰωά, χωρὶς τοῦ νῆς, μεταλαμβανόμενον, ὅπερ τ' αὐτὸν οἰόμεθα εἶναι τῷ Ἰωάννης, ἐπεὶ καὶ ἄλλα ἡ καινὴ Διαθήκη Ἑβραίων ὀνόματα ἐξελλήνισε, χαρακτῆρι αὐτὰ ἐπούσα Ἑλληνικῷ, ὡς ἐπὶ Ἰακώβ, Ἰακωβον. καὶ ἐπὶ Σύμεων, Συμών. Invenimus in Nominum interpretatione, pro *Joannes* particulam *Joa* seorsum sumptam absque *nes*, quod idem valere putamus atque *Joannes*, quoniam alia quoque Novum Instrumentum Hebræorum nomina Græce reddiderit, forma Græca pronuntians ipsa; ut pro *Jacob Jacobum*, pro *Simeon Simeonem*. Perspicuum nempe est *Joannem*, cui postrema syllaba deficeret, ibi fuisse indicatum, quod ἀπὸ Θεοῦ χάρις, a Deo gratia interpretatum inveni, quamquam inscite pro *Joanne* acceperit.

[d] *Issacharioth*, etc. Respexit Hieronymus ad nomen *Issachar*, יששכר filii Jacob. MARTIAN.
— Ita quidem satis violenter Græci Lexicon Origenian. Ἰσαχὰρ μισθός, *Isachar merces*, et Ἰσκαρώθ μνημόσυνον, σκηνὴ θανάτου, *Iscaroth, memoria, tabernaculum mortis*.

[e] *Vel smyrna maris*. Observa, Lector, quam longe aberrent a vero, qui putant Hieronymum auctorem esse omnium etymologiarum libri de Nominibus Hebraicis; nomen itaque Hebræum מרים *Miriam*, id est, *Maria* apud Hebræos optime sonat *amarum mare* : apud Syros etiam מרא *Maria* intelligitur *Domina* juxta annotationem sancti Doctoris. MARTIAN.

[f] *Græce dicitur* σῶσον δή. Incogitantiam stupendam editorum librorum non possum reticere, uti jam factities sexcentis locis. Ita enim corrumpunt contextum Hieronymianum hujus loci, ut legere ausi sint contra fidem manuscriptorum codicum, *quod Græce dicitur* ὡς ἀννὰ vel ὡς ἰαννά. Quasi OSANNA הושענא vel הושיעהנא Hebræorum, Græce dicatur ὡς ἀννά. *os anna*, ei os sit nomen distinctum ab *anna* : atque trunque legatur per extensam litteram. Bone Deus, qualis et quanta erroruum colluvies! *Osanna* Hebræum (Matth. XXI. 9. Ὡσαννά) non dicitur Græce *os anna*, sed σῶσον δή, *soson de*, ut testis est ipse Hieronymus in Epistola ad Damasum papam, ubi abunde disputavit de *Osanna filio David*. Nomen autem *utrumque*, quod Hieronymus notavit, non referas ad *Osanna*, sed ad nomen *Obed* et *Osanna*, quod utrumque legitur per o litteram extensam. MARTIAN.

[g] *Rama excelsa*, etc. In editis *Roma* et *Rachel* leguntur post vocem *Roboam*, sive *Raabam*. MARTIAN.
— Duo isthæc priora nomina ms. noster, cum olim editis, post *Raabam* recensent.

Rachel, ovis, vel videns Deum.
Raab, lata, sive dilatata.
Rachab, ascendens, vel concita, sive videns.
Ruth, festinans.
Raabam, impetus populi.
Raca, vanus.
Rabbi, magister meus. Syrum est.
Ramatham, excelsa eorum, vel sublime eis.

S.

93 Salman, sensibilis, sive sensus.
Salomon, pacificus, sive pacatus erit.
Salathiel, petitio mea Deus.
Hæc tria nomina per SIN *litteram scribuntur: reliqua duo,* SADE *in exordio habent.*
Sadoc, justificatus, sive justus.
Sidona, venatio.

T.

Thamar, palma, vel amara.
Thomas, abyssus, vel geminus: unde et Græce Didymus appellatur.
Thare (Al. Tharai), [a] pascens, sive pastura.

Z.

Zare, oriens, sive ortus est.
Zorobbabel, ipse magister Babylonis, id est, confusionis.
Zabulon, habitaculum : potest et habitaculi substantia nuncupari.
Zebedæus, dotatus, sive fluens iste.
Zacharia, memoria Domini, vel memor Domini.
Zachæus, justificatus, aut justus, vel justificandus, Syrum est, non Hebræum.

MARCI.

A et I.

Arrimathæus, altitudo ejus, vel exaltatus est ipse.
Abba, pater. Syrum est, non Hebræum.
Idumæa, rufa, sive terrena.
Israel, vir videns Deum : sed melius : rectus Domini.

C et S.

Cenna [b], zelotes : unde in alio loco Cananæus, in alio Zelotes dicitur.
Salome, pacifica.

T.

Tyro, angustiæ. Tyrus quippe lingua Hebræa *sor* (צור) dicitur, quod in nostrum sermonem transfertur, angustia.
94 Tiberius, visio ejus, sive bonitas ejus.

Talitha cumi, puella surge. Syrum est.
Tracontidis, negotiatio tristitiæ.

LUCÆ.

A.

Acpheta, [c] adaperire.
Augusti, solemniter stantis, aut solemnitatem additam.
Abilenes, lugentis.
Abia, pater Dominus.
Aaron, mons eorum.
Anna, gratia ejus.
Aser, beatus, aut beatus erit.
Amos, onerans, aut oneravit.
Agge (*Nagge*), solemnitas.
Addai (*Addi*), robustus : violenter figuratum nomen ab eo quod dicitur, *saddai.*
Arfaxad, sanans depopulationem.
Adam, homo, aut terrenus, sive indigena.
Ammaus, populus abjectus.

C.

Cæsar, possessio principalis.
Cyreniu, hæredis : qui apud nos melius effertur, et verius per Q litteram, ut dicatur Quirinu.
Cosam, divinans.
Cainam, luctus, aut lugens.
Capharnaum, ager, vel villa consolationis.

E.

Eseli (*Hesli*), vicinus meus.
Eber, transitus.
Enoch, dedicatio.
Enos, homo.
Hucusque per brevem E *litteram legerimus ; exin per extensum legamus elementum.*
Erodes, pelliceus gloriosus.
Elisabe, Dei mei saturitas, vel Dei mei juramentum, aut septimus.
Eli, ascendens.
Elmadadi (*Elmadan*), Dei mei mensura.
Er, vigilans, aut vigilia.
Enam, oculus eorum.
Elisae, Dei mei salus.

F.

95 Fanuel, facies Dei.
Fasee, transitus, sive transgressio, pro quo nostri Pascha legunt.
Falec, dividens, aut divisit.
Filippus, os lampadis, vel os manuum.

G.

Gabriel, confortavit me Deus, aut fortitudo Dei, vel vir meus.
Galilæa, volutabilis, aut trans-

migratio perpetrata, vel rota.
Gerasenorum, suburbana, aut coloni ibidem.

I.

Iturææ, montanæ. Syrum est.
Jordanis, descensus eorum, aut apprehensio eorum, vel videns judicium.
Joni (*Jona*), columba mea.
Jannai (*Janne*), præparatus.
Jojarim, Dominus exaltans, vel est exaltans.
Jared, descendens, sive continens, quod Græce dicitur, ἐπίκρατον.
Jona, columba.
Joanna, Dominus gratia ejus, vel Dominus misericors.
Jairus, illuminans, aut illuminatus.

L.

Lisania, nativitas tentationis ; sed nimium violenter.
Levi, appositus.
Lamech, humilis ; quidam putant percutientem, sive percussum posse resonare.
Lazarus, adjutus.
Lot, ligatus, aut declinans, vel vacans.

M.

Moses, assumptio, vel palpans, sive contrectans, aut urgens, sed melius est, ex aqua.
Matthathia, donum Dei, aut aliquando.
Melchi, rex meus.
Matusala, mortuus est, et misit.
Maallalel, laudatus Dei, vel laudans Deum.
Martha [d], irritans, provocans : sermone autem Syro, domina interpretatur, vel dominans.

N.

96 Naasson, augurans.
Naum, consolatio, sive consolator.
Neri, lucerna mea.
Nathan, dedit, vel dantes.
Nahor, requievit lux.
Noe, requiescit, aut requievit.
Naa (*Naama*) pulchra.
Ninevitæ, nativitas pulchritudinis, aut speciosi.

P.

Petrus, agnoscens.
Pontius, declinans consilium.
Pilatus, os malleatoris.
Sed sciendum est, quod apud Hebræos P *littera non habeatur : nec ullum nomen est, quod hoc ele-*

---

[a] *Thare, pascens,* etc. Nomen *Thare* non legitur hodie nisi apud Lucam, e quo in antiquis exemplaribus Græcis S. Matthæi additum fuisse videtur tempore Origenis, qui in hoc Opere nomina et verba novi Testamenti supplevit. MARTIAN.

[b] *Cenna , zelotes,* etc. De volumine Matthæi Hebraico sumptum videtur nomen *Cenna,* sive ab Origene, sive ab Hieronymo, qui hoc exemplari sæpius utuntur. Hebraice קנא *Cana,* intelligitur *zelus.* MARTIAN.

[c] *Fetha , aperi.* Hoc loco retinent manuscripti codices nomen *Fetha,* quod est ipsum *Ephpheta* Marci VII, 34. Editi collocant idem nomen *Aepheta* sub Lucæ, ab initio litteræ A. MARTIAN.
— Ad hunc modum, hocque in loco exhibent nomen istud ms. noster, vulgatique libri. Martianæus ex aliis mss. ad Marci seriem revocavit proxime supe-

riori loco, legens *Fetha, aperi,* ipso litterarum ordine alphabetico renuente. Nam quod apud Marcum, non Lucam vocabulum habeatur, nihil movet, cum multa alia sint, quæ italico charactere passim describuntur, non suis locis ab ipso, ut videtur, libri hujus auctore recensita.

[d] *Martha, irritans,* etc. *Martha* idem significat sermone Syro quod *Maria,* sive enim scribatur מרא *mara* ; sive מרת *marath,* aut *martha,* eamdem habebit significantiam ; quia una est radix seu origo hujusmodi vocum in verbo מרא *mara.* MARTIAN.
— Atque hoc demum erudite ac vere. Proprie enim מרתא, Græce Μαρθὰ, *dominam,* sive *heram* significat. Rabbini quoque Babylonici, quemadmodum doctis viris notatum est, ad Berescith Rabba, sect. 47, dominam vocant *Martha.*

mentum resonet. Abusive igitur accipienda, quasi per F litteram scripta sint.

R.

Ros (*Resa*), caput.
Ram (*Aram*), sublimis.
Reu, pascens, aut pastus est.

S.

Sicera, ebrietas. Omne enim quod inebriare potest, apud Hebræos Sicera dicitur.
[a] Simeon, audiens, vel audivit tristitiam.
Sedi, ex latere meo.
Semi, audiens.
Salathiel, petitio mea Deus.
Salman, pax.
Seruch, lorum, sive corrigia, vel dependens, sive perfectio.
Salem, misit.
Sem, nomen.
Seth, positus, aut ponens, vel posuit, aut poculum, sive germen, vel resurrectio.
Seraptha, incensa, sive angustia panis. Nomen ex Hebræo Syroque compositum.
Simon, pone mœrorem, vel audi tristitiam.
Sosanna, lilium, aut gratia ejus: sed melius si femininum nomen figuretur a lilio.

97 Samaritæ, custodes.
Sodoma, pastio silens, vel declinatio eorum, aut fulva.
Satan, adversarius, sive transgressor.
Saba, captivitas.
Sadducæi, justificati.

DE JOANNE.

A.

Aenon, oculus, aut fons eorum.
Anani, donavit mihi.

B.

Banereem [b], filii tonitrui, quod corrupte Boanerges usus obtinuit.
Barsemia [c], filius cæcus, quod et ipsum [d] corrupte quidam Bartimæum legunt.

Beelzebub, habens muscas, aut devorans muscas, aut vir muscarum. In fine ergo nominis B littera legenda est, non L. Musca enim zebub vocatur.
Barabba, filius patris.

C.

Cephas, Petrus, Syrum est.
Cana, possessio, sive possedit.

E.

Ephraim, fertilis, sive auctus; quem non possumus ab augendo, Augentium, dicere.

M et N.

Messia, unctus, id est, Christus.
Manna, quid est?
Nazareth, munditiæ.

S.

Saalim, pugilli, sive volæ, aut ortus aquarum, quod brevius Græce dicitur βρύωντα.
Sichar, conclusio, sive ramus. Corrupte autem pro Sichem, quæ transfertur in humeros, ut Sichar legeretur, usus obtinuit.
Siloe, missus.

98 DE ACTIBUS APOSTOLORUM.

A.

Andreas, decus in statione, vel respondens pabulo, sed hoc violentum. Melius autem est, ut secundum Græcam etymologiam ἀπὸ τοῦ ἀνδρὸς, id est, a viro, virilis appelletur.
Alphæus, millesimus, sive super os, ab ore non ab osse.
Acheldama, ager sanguinis. Syrum est.
Ægyptus, tenebræ, sive tribulationes.
Arabes, humiles, sive campestres.
Annas, donans.
Alexander, auferens angustiam tenebrarum; sed et hoc violentum.
Ananias, gratia Domini.
Amos (אמוֹן), potens, vel fortis: si tamen ab *aleph* littera incipiat, et finiatur in *sade*: quod si exordium sumit ab *ain*, et consumma-

tur in *nun* (עמן), transfertur in populum divellentem.
Azotus (אשדוד), Hebraice vocatur *esdod*, et secundum pristinum nomen etymologiam habet, ignis patruelis.
Ascalon [e], ignis infamis, aut ignis ignobilis.
Aeneas, respondens, aut pauper, sive miseria.
Agabus, nuntius, vel nuntius tribulationis; sed et hoc violentum.
Attalia, tempus ejus, melius declinatio domini.
Amphipolis, populus ore corruens.
Apollonia, disciplina, vel synagoga eorum; sed et hoc violentum.
Athenienses, exploratores, aut respondentes, vel humiles, sive tempore dissipati; sed et hoc violentum.
Arios pagos, primitiva solemnitas: sed et hoc violentum est; cum Atheniensis curiæ nomen sit, quæ a Marte nomen accepit.
Aquila, dolens, sive parturiens.
Achaia, soror laborans.

99 Apelles, congregans eos. Violentum.
Artemis, id est, Diana, suscitans ægrotationes. Violentum.
Aristarchus, suscitans coronam.
Antipatridem, donantis laudationem. Violentum.
Agrippa, congregans subito.
Adrumetina, dividens sublimiter. Violentum.
Adrias, continens mala, sive locus malorum. Violentum.
Appii forum, libera, vel fortis ubertas. Violentum.

B.

Bartholomæus, filius suspendentis aquas, vel ut supra.
Barsaban, filium revertentem, vel filium quietis: ex Syro et Hebræo nomen compositum.
Barnabas, filius prophetæ, vel filius venientis, aut ut plerique [f] pu-

---

[a] Idem est atque infra positum *Simon*, quod tantum Græca pronuntiatione differt. Recole Origenis supra laudatum testimonium ad nomen *Joannan*.

[b] Lectionem hanc Hieronymus ipse confirmat in Commentar. in Daniel. I, 7: *Filii Zebedæi appellati sunt filii tonitrui, quod non, ut plerique putant, Boanerges, sed emendatius legitur Beneraham.* Sed illa vulgo obtinebat, unde Origenes in Matthæum ἐκάλεσε, inquit, Βοανεργὲς ὁ σωτήρ, ὅ ἐστιν υἱοὶ βροντῆς, ἢ βροντή. *Salvator Boanerges vocavit, quod est filii tonitrui, aut tonitrus.* Scilicet ex בני רגש Marci III, 17, deducebant: רגש enim *tumultuatus est*, et in Arabica lingua, *valide tonuit sonat.*

[c] *Barsemia, filius cæcus,* etc. Mss. codd. retinent pronomen masculinum *quem et ipsum*, etc. Notandum vero nomen *Barsemia*, sive *Bartimæus* hodie non legi apud Joannem; sed Marci capite decimo, versu 46. De Marco igitur translatum jam erat in Joannem tempore Origenis. Nisi dicere præstat cæco nato Joan. cap. IX nomen *Barsemia* inditum fuisse ab aliquot scriptoribus vetustioribus; quod nomen postea corrupte quidam *Bartimæum* legebant, quia filium Timæi eum suspicabantur. Certe ad Etymologiam si attendas, est cur corruptum locum fateamur cum Hieronymo, qui pro *Bartimæus* legendum docet *Barsemia*, quod Syro sermone significat *filium*

cæcum. Nec me latet Origenem Comment. in Matthæum, e Græca lingua *Timæi* etymologiam mutuatum esse, nempe a τῆς τιμῆς; quid simile. Sed satius est adhæsisse Hieronymo, qui Syro homini nomen vernaculum adscripsit. MARTIAN.

[d] Hoc minus ægre persuadeor, Bartimæum, quod cæcus a nativitate esset, levi litterarum mutatione *Barsamæum* appellatum vulgo, id est, *filium cæcitatis*, ut rei nomen conveniret. Verissime autem *Filius Timæi* interpretatur, ἀπὸ τῆς τιμῆς, quod et Chaldaice sonat. *Time, honor, pretium.* Origenes quoque τῆς τιμῆς ἐπώνυμον Τιμαῖον dixit. Constatque præterea multa nomina a Græcis ad Hebræos migrasse, ut minime omnium oporteat lectionem hanc, Bartimæum, corruptam suspicari.

[e] *Ascalon, ignis infamis.* etc. Aliquot manuscripti, *ignis infamis*; et consequenter legunt *Baribu*, pro *Bariesu.* MARTIAN.

— Hactenus editi libri *insanus* pro *infamis* præferebant, contradicentibus mss. ipsaque etymologia nominis, quod ita constanter exponitur etiam ex Josue libro.

[f] Quin Lucas ipse Actorum scriptor, Josem tradit ab Apostolis, cognomen tulisse Barnabæ, quo significaretur υἱὸς παρακλήσεως, *Filius consolationis.* Œcumenius, ad Actor. IV, 36, denotare ait hoc nomen

tant, filius consolationis.
Blastum, habentem lucrum.
Berien, maleficum, sive in malo. Nonnulli Bariesu corrupte legunt.
Bithynia, filia speciosa, sive inutilis.
Beroea, filius ejus. Syrum est.
Berenice, eleganter, vel electe commoda, sive filius innocens : ex Syro Hebræoque compositum.

C.

Cappadocia, manu redempta Domino. Violentum.
Cirenæ, hæres.
Creta, vocationis, aut vocatæ. Inter Syrum et Hebræum.
Caiphas, investigator, aut sagax, vel vomens ore.
Cyprius, tristis, aut mœror.
Cyrenenses, hæredes.
Cilicia, cœtus, aut luctus, vel assumptio, aut vomitus ejus.
Cæsarea, possessio principis.
Candocis, commutatæ.
Cornelius, intelligens circumcisionem.
Claudius, spes tranquillitatis.
Cis, vomens vir, aut durus.
Coloniam, revelationem eorum, aut vocem eorum.
Corinthum, conversationem eorum, quam significantius [a] Græci πολιτείαν 100 vocant, hoc est, administrationem reipublicæ.
Crispus, sciens, vel cognoscens.
Cenchreas, possidens sectatores.
Co (Chius), excussio, sive præstolatio.
Cnidos (Gnidus), mentis excessus.
Cauden (Cauda), recursum, aut retentionem, sive clangorem.
Exceptis paucis nominibus, omnia pene ex C littera violenter interpretata sunt.

D.

David, desiderabilis, sive manu fortis.
Damascus, sanguinis poculum.
Derben, generationis filium, sive loquentem.
Dionysius, dijudicatus, sive vehementer fugiens.
Damaris, silens caput.
Demetrius, vehementer innectens, sive nimium persequens.
Derbœus, loquax, sive ut supra.
Drusilla, generis pacifici.
Dioscuri [b], pulchri ad tegendum. Sunt autem gemini Castores.

E.

Elæonis (Ἐλαιῶνος), id est, montis Oliveti, quod interpretatur divinitas, vel allaborantes.
Elamitæ, objecti, oppositi, sive despecti.
Ebræi, transitores.
Emor, asinus, si per heth litteram scribatur (חמור) : quod si per aleph (אמור), loquax dicitur.
Elimas, ad transgressionem, sive transgredi faciens.
Ermes, anathema mœroris.
Erastus, frater meus videns : satis absurde vocabulum figuratum.
Ellada, ad scientiam, vel ad ascensum, sive Dei scientia. Syra vero lingua dicitur, super hanc.
Ellenon, id est, Græcorum, ad ascendentes, sive scientia Dei.
Ephesum, voluntas mea in ea, sive finis eorum.
Eutyches, amens. Porro Græce dicitur fortunatus.
Ebraice, transitorie.

101 Eurielion (Εὐροακύλω, al. *Euriclion*), commiscens, sive deorsum ducens.
Quæ sequuntur duo nomina per extensam E litteram sunt legenda.
Erodes, pellis gloria.
Esaias, salus Domini : verum apud Hebræos ab I littera sumit exordium.

F.

Filippus, os lampadarum.
Frigia [c], scissio pectorum.
Farisæi, divisi.
Farao, denudans eum, sive dissipator ejus.
Fœnicis, annuerunt, sive nutus.
Fisidiam, os sonitus, quia (ut [d] supra dixi) P litteram non habent : propterea Pisidiam per F efferunt.
Felicem, ruinam facturæ, sive timorem ejus. Latinum nomen est.
Festum, ore multorum : et hoc Latinum nomen violenterque Hebraice figuratur.

G.

Galilæi, volubiles, sive rotabiles.
Gamaliel, retributio Dei.
Gaza (עזה), fortitudo ejus : G littera addita est : siquidem Hebraice per AIN scribitur.
Gallionis, transferentis.
Galatiam, magnificam, sive translatam.
Gaium, commotum, sed melius vallensem.

I.

Jerosolyma, visio pacis.
Joannes, in quo est gratia, vel Domini gratia.

Joseph, auctus.
Justus, parcens, sive ipse allevatus.
Joel, incipiente Deo, sive est Deus.
Jonatha, columba dans, sive columba veniens.
Joppe, pulchritudo.
Italica, mentis excessus.
Jesar (Jesse), insulæ oblatio.
Jasonis, desiderantis, sive qui mandatum fecerit.
Julium, incipientem.
Iconium, præparatio, aut consolatio.

L.

102 Libyam, venientes, sive introitus : numero plurali.
Levites, additus.
Libertinorum, facientium paleas.
Lydda, utilitas.
Lucius, ipse suscitans.
Lycaonia, ad suscitandum.
Lystra, generans decorem.
Lydia, quam nos dicere possumus [e] prodificatam. Porro Græce melius appellatur ὠφεληθεῖσα.
Lysias, generatus.
Lyciæ, lacrymantis.
Laissa, in salutem.
Omnia pene ex L littera nomina violenter usurpata sunt.

M.

Matthæum, donatum.
Maria, illuminata, vel ut supra.
Medi, mensurantes, sive mensurati.
Mesopotamia, elevata vocatione quadam : sed melius a Græca etymologiam possidet, quod duobus fluviis, Euphrate ambiatur et Tigri.
Madian, in judicio, vel ex judicio.
Moloch, rex vester : quem et Melchom solent dicere.
Marcus, excelsus mandato.
Mansem, castrum.
Mysia, attrectatio, sive palpatio.
Macedo, quem nos Orientalem possumus dicere, figuratum nomen ab eo, quod Hebraice legitur, MECCEDEM (מקדם).
Mitylene, declinans, sive transmigrans.
Miletum, generantem.
Mnasonem, consolantem, sive quiescentem.
Myrrha, amara.
Militine, de infirmitate, sive mandatum humilitatis.

N.

Nazaræum, mundum, sanctum, sive sejunctum.

παραμυθίαν, καὶ οἰκτιρμὸν, *consolationem, miseratio-* A idem ac ξηρὸς *aridus.*
nemque. Eadem infra expositio repetitur ex Epist. I
ad Corinthios.

[a] *Græci* πολιτείαν *vocant, etc. Iidem mss. non Græce scribunt* πολιτείαν, *sed Latine politian.* MARTIAN.

[b] *Dioscuri pulchri, etc. Dioscuri illi, sive Dioscuros, ut legunt nonnulli manuscripti, sunt Castor et Pollux, qui Græce appellantur* Διόσκουροι. *De iis multa fabulamenta apud Mythologos.* MARTIAN.

— Ms. *Dioscoroe. Erant hi Jovis filii Castores, Alexandriæ navis, qua Paulus vehebatur, insigne.* Actor. XXVIII, 11.

[c] Idem ms. *sessio pectorum.* Hesychio φρύγιος *est*

[d] *Ita in Commentar. in Isai. P,* inquit, *litteram sermo Hebraicus non habet, sed pro ea Phi Græco utitur. Vid. et in Daniel. cap.* II, 35.

[e] *Dicere possumus prodificatam. In editis antea libris legimus, quam nos possumus dicere prædificatam. At retinendam lectionem manuscriptorum codicum docet Græca vox sequens* ὠφεληθεῖσα, *cui minime respondet Latinum nomen prædificata. Vide infra in Loide.* MARTIAN.

— Sic habet ms. quoque noster : *vitiose autem veteres editi* prædificatam.

Nicanorem, stantem lucernam.
Nicolaum, stultum ecclesiæ languentis.
Niger, ascendens.
Neapolim, commotionem mirabilem.
Nasson, augurans.

P.

103 Petrus, cognoscens, sive dissolvens.
Parthi, dividentes perfecte.
Pontus, inclinans.
Pamphylia, conversi a ruina, sive divisio cadens.
Pontius, declinans consilium.
Pilatus, os malleatoris.
Procorum, fructus congregantem.
Parmenam, dividentem plenitudinem.
Pascha, [a] transcensum, sive transgressum.
Paphum, redemptionem cadentem.
Parion (φόρον XXVIII, 15), discooperientem.
Perge, voraginem.
Phytona, os abyssi.
Priscilla, agnoscens.
Pyrrhus, dissolvens.
Patara, separans.
Ptolemais, deducens ad mensuram.
Portium, dividentem duritiam eorum.
Publius, tabernaculum ejus.
Puteoli, declinantes.
Hæc omnia Græca nomina, vel Latina, quam violenter secundum linguam Hebraicam interpretata sint, perspicuum puto esse lectori.

R.

Romani, sublimes, vel tonantes.
Rapham (Rempham), facturæ vestræ, vel laxitati eorum.
Rhode, videns, vel fortis.
Rhodum, visionem, aut [b] descensionem.
Regium, pascuam eorum.
Romam, sublimem, sive tonitruum.

S.

Samaria, custos.
Simonis, obedientis, sive ponentis tristitiam, aut audientis mœrorem.
Salomon, pacificus.
Samuel, nomen ejus Deus.
104 Sadducæi, justificati.
Saffiram [c], narrantem, sive litteratam, aut librariam : vel certe Syro sermone, formosam.
Stephanum, normam vestram, vel σκοπὸν vestrum, quo veru et jacula diriguntur.
Sichem, humeri.
Sinai [d], sive Sinii, aut secundus interpretatur, aut mandatum, mensuraque ejus, vel certe tentatio.
Saulus, tentatio respicientis vel [e] saturitas.
Sarona, cantans tristitiam.
Sidonii, venatores.
Seleuciam, tollentem semetipsam, sive experimentum itineris, vel exeuntem ad vocationem.
Salaminam, umbra commotionis, aut fluctus, vel salutationem judicii.
Sergio, principi vallis, sive hortuli.
Saul, expetitus, sive petitio.
Silam, missus.
Syria, sublimis juxta Hebræam etymologiam : nam Syria (ארם) Hebraice ARAM dicitur.
Samothracia, auditio revelationis, sive responsionis.
Sosthenes, salvanti eos, sive gaudium da mihi.
Scæva, vulpecula clamans, vel loquens.
Sopater [f], narrans.
Secundus, elevans.
Samus, auditus.
Sicariorum, ebriosorum.
Sebaste, gyro, sive gyranti : ita tamen ut a SAMECH littera (ס) exordium habeat.
Samonem (*Salmonem*, ms. *Salamonem*), nomen habitaculi.
Syriin, angustiam, sive tribulationem : [g] melius autem Sallustius, [h] a tractu ait nomen impositum.
Syracusæ, murus, sive maceria lætitiæ.

T.

Timonem, numerantem [i] sitim, sive pinguedinem.
Tabita, damna, vel caprea.
105 Tyrii, coangustati, ut supra diximus, ab Hebraico *sor* (צור) nomine declinatum.
Troadem, requiem.
Tyranni, continentis eos, sive confortantis eos.
Tertullus, placens stercore, vel aggere eorum.
Tabernæ, visionis eorum, sive bona visio.
*Hucusque per simplicem litteram tau (*τ*), nunc per theta (*θ*) Græcum legenda sunt.*
106 Theophile, sursum ferens, sive convertens : sed melius Græca etymologia, ab eo quod amatus sit a Deo.
Thomas, Didymus, id est, geminus, vel abyssus.
Theudas, laudatio, sive capiens, aut signum.
Tharsensis, explorator lætitiæ.
Thyatira, illuminata.
Thessalonicensium, festinantium umbram roborare, sive firmare.

---

[a] Ms. noster, cum vulgatis vetustioribus, *transcensus, sive transgressio*.

[b] Idem libri, *aut dissensionem*. Haud scio an verius : Vide Bochartum in Canaam pag. 598.

[c] *Saffiram, narrantem*, etc. *Saffira narrantem, sive literatam, aut librariam* significat, cum ab initio habet litteram Samech, כפירה *Saphira* : Syro autem Sermone. si per Sin scribatur שפירה *Saphira*, interpretatur *formosa*. MARTIAN.

[d] *Sinai, sive sinii*, etc. Hoc modo legunt manuscripti vetustiores. In antehac editis, *Sinai, sentis, aut*, etc. MARTIAN.
— Veteres editi, *Sinai, sentis, aut secundus*, etc. Et senticetum quidem, sive rubetum, a rubis, in quorum uno Moses Deum vidit, ex סנה radice, *Sinai* optime interpretatur. Impressam lectionem e suis mss. excudit Martianæus. Noster, *Sinai, sive finis*. Si conjecturis vacet, legi velim, *sive sitis :* nempe Græcis etymologiis Σινά est δίψα. Sed et ὅρασις αἰωνία, *visio æterna*, et fallentibus, ut videtur, librarum litteris, ἄρσις αἰωνία, *elevatio æterna*, ab iisdem redditur.

[e] Mutat Martianæus in *securitas* ; quam lectionem nec libri alii probant, nec etymi ratio ; sed vix ferendum, lectore non admonito, induci Videatur hujus conditor libri, Saulum deduxisse a שבע, *savah*, *satietas :* nec abnuo, satis violenter.

[f] *Sopater, narrans*. Manuscriptum elegantissimum Colb. Biblioth. secuti sumus ; quia *Sopater* magis accedit ad Hebræum שופר *Soper*, quam *Sosipater*. MARTIAN.

—*Alii editi*, ac mss. *Sosipater*, quod idem est variis dialectis. Σώπατρος, et Σωσίπατρος Actor. xx. 4.

[g] *Melius autem Sallustius*, etc. Sallustius de Bello Jugurthino, ubi de Lepitanis disserit, verbi Syrtis meminit in hunc modum : *Cæterum (oppidum) situm inter duas Syrtes, quibus ex re nomen inditum : nam duo sunt sinus prope in extrema Africa, impares magnitudine, pari natura ; quorum proxuma terra præalta sunt ; cætera, ubi fors tulit, alta : alia in tempestate vadosa : nam ubi mare magnum esse, et sævire cæpit ventis, limum arenamque, et saxa ingentia fluctus trahunt. Ita facies locorum cum ventis simul mutatur : Syrtes ab tractu nominatæ.* Syrtis itaque a them. σύρω, id est, *traho*. quod naves attractas aut retineant in arena hærentes, aut prorsus mergant.
MARTIAN.

[h] Scilicet ἀπὸ τοῦ σύρειν, a *trahendo*. Ia vero Sallustius habet in Jugurthi cap. 78. de Leptin oppido : *Situm inter duas Syrtes, quibus nomen ex re inditum; nam duo sunt sinus prope in extrema Africa, impares magnitudine, pari natura ; quorum proxuma terra præalta sunt; cætera, uti fors tulit, alta ; alia in tempestate vadosa. Nam ubi mare magnum esse, et sævire ventis cæpit, limum, arenamque, et saxa ingentia fluctus trahunt.*

[i] Iterum Martianæus, quod et frequens illi est, Lectore non admonito, variat. Hic vocem *sitim* omittit ; quam editi antea libri, et ms. quoque noster prælerunt.

ᵃ DE EPISTOLIS CANONICIS.

JACOBI.

Abraham, patris videntis multitudinem.
Elia, Dei Domini.
Esaia, salus Domini.
Job, magus.
Junia, ᵇ incipiens.
Jason, factus in mandato.
Raab, dilatata.
Sabaoth, virtutum, sive exercituum.

PETRI I.

Asia, elevans.
Bithynia, virguncula, aut filia Domini.
Babylon, confusio, sive translatio.
Cappadocia ᶜ, manus redempta Domino.
Galatia, transmigrans, sive translata.
Marcus, sublimis mandato.
Pontium ᵈ, declinantem.

Sara, princeps.
Silvanus, missus.

PETRI II.

Balaam, vanus populus, aut devoratio ejus.
Bosor, in tribulatione, aut carneus, sive pellicius.
Cappadocia, manus, redimens Domino.
Electe, ascendentes.
Galatia, transmigrata.
Gomorrha (גמורה), populi timor, sive cæcitas. G in principio additum est, alioquin ex *ain* scribitur.
Lot, declinans, sive vinctus.
Marcus, sublimis mandato, sive defricatus, aut amarus.
Noe, requies.
Pontus, ᵉ declinans.
Paulus, mirabilis.
Sara, princeps.
Simon, audiens.
Sodomis, fulvis, aut tacentibus.
Silvanus, missus.

JOANNIS I.

Cain ᶠ, possessio.

JOANNIS II.

Diotrephes, speciosus insulsus, sive decor insaniens.
Demetrius, fortis ad persequendum, sive fortis virga dejicere.
Gaius, mobilis.

JUDÆ.

Ægyptus, tenebræ, sive tribulatio.
Adam, homo.
Balaam, vanus populus.
Cain, possessio.
Core, calvities, aut glacies.
Diabolo, defluenti, vel clauso in ergastulo (Al. *ergastulis*).
Enoch, dedicatio.
Gomorrha, populi timor, aut cæcitas.
Michael (מיכאל), quis ut Deus?
Moses, palpans, sive leniens.
Sodoma, pecus tacens.

DE EPISTOLIS PAULI APOSTOLI.

AD ROMANOS.

A.

107 Abraham, pater videns populum.
Adam, homo, sive terrigena.
Abba, pater. Syrum est.
Achaia, frater quis? aut frater ejus, vel frater Domini, vel frater meus Dominus.
Aquila, dolens, sive parturiens.
Asia, elevata, sive gradiens.
Andronicus, decorus ad stadium (Ms. *ad standum*), aut respondens, sive cogitans pastionem.
Ampliatus, populus malleator.
Apelles, congregans eos.
Aristobulus, suscitans dolore germen.
Asyncritum, dirigens thuribulum.

B.

Benjamin, filius dexteræ.
Baal, habens, sive devorans.

C.

Cenchris, possidens sectatores.

D.

David, desiderabilis.

E.

Epineton, ᵍ superindutum.
Ermen, anathematizantes mœrorem.
Erman, auferentem, sive anathema nostrum.
Erastus, frater meus videns, aut vigilans.

Tria nomina quæ sequuntur per H *litteram legenda.*
Hesaias, salutare Domini.
Helias, Deus Dominus, aut fortis Dominus.
Herodionem, formidinem.

F.

Farao, discooperiens eum.
Fœben, ore ædificantem, aut oris filius.
Flegon, dissecans, sive dividens.
Filologum, ore præcipuum, vel os meum ei in hortum.

G.

108 Gomorrha, populi timor, vel cæcitas.
Gaius, mobilis, sive vallensis.

I.

Juda, confitens, sive glorificans.
Jesu, salvator.
Israel, vir videns Deum.
Isaac, risus.
Jesse, insulæ libamen.
Illyricus, advena, aut elementum : vel certe secundum versus.
Jerusalem, visio pacis.

L.

Lucius, ipse elevans, sive consurgens.

M.

Mose, attrectans, sive leniens.
Macedonia, orientalis.
Maria, illuminans, aut illuminata.

N.

Narcissus, ascensus lætitiæ, sive lucerna scindens, aut colligens.
Nereus, lucerna Domini.

O.

Osee, salvator.
Olympam, parturientem thalamum.

P.

Paulus, mirabilis, sive electus.
Priscus, agnoscens.
Persidam, tentantem, sive dissuentem latera sua.
Patrobam, dissolventem eum, sive videntem eum.

Q.

Quartus, ʰ clangens superflue.

R.

Rebecca, multa patientia, sive quæ multum acceperit.
Rufum, sanantem nos, vel reficientem nos.

S.

109 Sara, princeps.
Sabaoth, virtutum, sive exercituum.
Sodoma, pecus tacens, sive fulva, vel sterilis.
Sion, specula.
Spania, expeditio, sive accinctio : sed rectius Hispania scribitur.
Stachyn, facientem cantilenas.
Satanas ⁱ, παραβάτης (Al. *parabata*), sive contrarius.

ᵃ Unus ms. Bodleianus, referente Hodyo, subnexa nomina ex Canonicis Epistolis non habet, qui cætera tamen ex ordine servat.

ᵇ *Junia, incipiens.* Nomina hic scripta Italico charactere non leguntur in Epistola Jacobi Canonica; sed in Epistola Pauli ad Romanos. MARTIAN.

ᶜ *Cappadocia, manus,* etc. Similiter et ista ad priorem Epistolam Petri, non ad posteriorem spectant. MARTIAN.

ᵈ Hocce nomen in ms. nostro, et vulgatis antiquioribus non est, neque vero in Petri Epistolis habetur.

ᵉ Ms. *Pontius,* ut et veteres editi : corrupte ; nusquam enim *Pontium* memorat Petrus, sed *Pontum,* Epist. i, 1.

ᶠ Iidem libri *Cain* nomen non agnoscunt.

ᵍ *Epineton, superindutum.* Lege *Epænetum,* nomen enim est viri Rom. xvi, 5, quod Græce scribitur Επαινετός, significatque *laudabilem.* MARTIAN.

ʰ Olim *plangens*; tum noster, cum aliis, *sive superflue.*

ⁱ *Satanas,* παραβάτης, etc. Antiqui codices manuscripti legunt *parabata*. MARTIAN.

LIBER DE NOMINIBUS HEBRAICIS.

Sosipatrus, salvans dispersos.
T.
Triphenam, innuentem, sive revertentem.
Trifossam, perspicue.
Timotheus, beneficus.
Tertius, adjungens, id est, applicans se.
U.
Urbanus, luce gaudens.

AD CORINTHIOS I.
A.
Apollo, miraculum, sive congregans eos.
Achaia, frater meus quispiam, vel frater meus Dominus.
Aquila, parturiens, sive dolens.
B.
Barnabas, filius consolationis.
C.
Corinthum, cives, sive decuriones eorum.
Cephas, Petrus. Syrum est.
Crispum, scientem.
Chloes, investigantes, sive omnes : sed melius conclusio, sive consummatio.
D.
Damascus, sanguinis potus.
E.
Epheso, [a] voluntas mea in ea, sive anima mea in ea.
Eva, vita, sive calamitas.
Ebræi, transitores.
G.
110 Gaium, commotum.
Galatia, magnifica, sive translatio.
I.
Judæis, confitentibus, sive laudantibus.
Jacobo, supplantatori.
Jerusalem, visio pacis.
M.
Moses, palpans, sive leniens.
Macedonia, orientalis.
Maranatha, Dominus noster venit. Syrum est.
P.
Prisca, cognoscens.
S.
Sosthenes, salvans in tempore.
Stephana, regulam vestram, vel speculatorem vestrum, sive judicantem vos.
Silvanus, missus.
Satanas, adversarius.
Sabbathum, requies.

AD CORINTHIOS II.
A.
Asia, auferens, sive pergens.
Abraham, pater videns multitudinem.
Areta, stupor, sive descensio.
B.
Beliar, cæca angustia, sive cæcum lumen, vel filius prævaricationis : sed rectius Belial dicitur.
D.
Damascus, sanguinis potus.
E.
Eva, calamitas, sive vita.
Ebræi, transitores.
I.
Israelitæ, viri videntes Deum.
S.
111 Silvanus, missus.
Satanas, transgressor, sive adversarius.
T.
Troadem, requiem, sive latitudinem.
Titum, quærentem, sive bonum : sed melius, [b] luctatum.

AD GALATAS.
A.
Arabiam, humilem, sive occidentalem.
Antiochiam, paupertatis silentium.
Abraham, pater videns multitudinem.
Abba, pater. Syrum est.
Agar, advena, sive convertens.
C.
Cilicia, assumptio, sive vocatio lamentabilis.
D.
Damascus, sanguinis potus.
I.
Judaismum, confessionem.
Jerosolyma, visio pacis.
Jacobo, supplantatori.
Joannes, Domini gratia, sive cui donatum est.
Isaac, risus.
Israel, vir videns Deum.
P.
Petrus, dissolvens, sive discalcians.
S.
Syria, sublimis.
Sina, mensura ejus, sive tentatio.

AD EPHESIOS, ET AD PHILIPPENSES.
B.
Benjamin, filius dexteræ.
C.
112 Clemens, ecclesiastes, sive concionator.
E.
Epaphroditum, frugiferum.
Ebræus, transitor.
Evodiam, apprehendentem Dominum.
P.
Philippenses, os lampadarum.
Pharisæus, divisus.
Philippus, os manuum, sive lampadarum.
S.
Syntichen, loquela, [c] sive ἀδολεσχίαν, quam nos dicere possumus cantilenam.
T.
Thessalonicam, festinans (Al. festivitas) umbram statuere.

AD COLOSSENSES.
A.
Aristarchus, mons facturæ superfluæ.
Archippus, longitudo operis, sive insidiæ oris, vel insidiæ dilatati.
B.
Barnabas, filius consolationis.
C.
Colossis, voci factæ.
D.
Demas, silens.
E.
Epaphra, frugifer, vel equidem videns.
I.
Jesus, salvator.
Justus, parcens, sive ipse elatus.
Jerapoli, judicio superiori.
L.
Laodicia, tribus amata Domini, sed melius nativitas exspectata.
113 Lucas, ipse consurgens, aut ipse elevans.
M.
Marcus, sublimis mandato, sive amarus : vel certe attritus, atque limatus.
N.
Nympham, applicitam ori eorum.

---

[a] *Epheso, voluntas mea in ea,* etc. Non satis apparet quomodo *Epheso* vertitur *voluntas mea in ea;* nam in eo nomine affixam, sive pronomen primæ personæ *mea* exprimi debuisset per Jod (Ephesi) *voluntas mea.* Desideratur, etiam litera *Beth* ad præpositionem *in,* et ex finale supplet vicem pronominis masculini eo, apud Hebræos, non feminini ea. Melius ergo *Ephesum* et *Epheso* alibi vertitur *voluntas ejus.* Confer ista [cum epistolis ad Timotheum].
— Improbat Martian. pronomen *mea,* quemadmodum et voces *in ea,* quæ ex Ephesi nomine derivari nullo modo possunt. Hoc autem vitium et supra ex Actibus, et pleraque alia hujusmodi tentio quoque verbo in Græcis, Latinisque nominibus occurrunt, si perseque notando velis. Ephesus proprie *finis* interpretatur, tamet si Heraclides, ἔφεσιν, id est permissionem appellatam terram illam tradat, quod eam Amazonibus Hercules permisisset.

[b] Sed melius, *luctatum.* Editi libri legunt *mutatum,* pro *luctatum*... MARTIAN... Ms. nostr. vulgatique veteres libri, *mutatum*; verene an falso, quis doceat? Valerius, a Sabino nomine Taurio, Titum duxisse, auctor est... Sive ἀδολεσχίαν, etc. Prb ἀδολεσχίαν, in musoripti legunt *adolescentiam.* Unus prima, manu posuerat *adolesciam,* sed Græcam vocem non intellectam, Latinam fecit amanuensis, apponendo ccu ad quam scripturam; ut supiensu *adolescentiam* legeremus. De *adolescima* autem hic lego. Epist. ad Sun. at fratres. Psalm LXXVI. *Pro exercitatione,* ἀδολεσχίαν, id est *occitationem* quamdam, et in *editionem* Septuaginta transtulerunt. MARTIAN.

O.
Onesimo, decoro, sive respondenti.

T.
Tychicus, tacens.

AD THESSALONICENSES.

A.
Achaia, frater meus quis, sive frater meus Dominus.
Athenæ, in tempore dissipatæ.

S.
Silvanus, missus.
Satanas, adversarius, sive transgressor.

AD HEBRÆOS.

Abraham, pater videns multitudinem.
Ægyptus, tenebræ, sive angustiæ.
Aaron, mons fortitudinis.
Abel, luctus.

B.
Barach, fulgurans.

C.
Cain, possessio.

D.
David, desiderabilis, sive fortis manu.

E.
Enoch, dedicatio.
Esau, [a] roboreus, sive acervus lapidum.
Ebræus, transitor.

F.
114 Farao, nudavit eum, sive dissipavit eum.
Fase, transcensus, quod interpretatur pascha.

G.
Gedeon, experimentum iniquitatis.

I.
Jesus, salus, sive salvator.
Juda, confitens, vel laudator.
Isaac, risus.
Jacob, supplantator.
Joseph, addens, sive augmentum.

Jericho, luna, sive odor ejus.
Jepthe, aperuit, sive aperientis.

L.
Levi, additus.

M.
Moses, palpans, vel leniens.
Melchisedech, rex justus.
Manna, quidnam est istud?

N.
Noe, requies, sive requiescens.

R.
Raab, si per *ain* mediam litteram scribatur (רעב), famem significat; si per *he* (רהב), impetum: si per *heth*, (רחב), latitudinem.

S.
Sabbatha, requies.
Salem, pax.
Sara, princeps.
Samson, sol eorum.
Samuel, nomen ejus Deus.
Sion, specula.

AD TIMOTHEUM I.

A.
Alexander, levans angustiam tenebrarum.
Adam, homo.

G.
Galatia, translatio.
115 *Gallia* [b], transferens.

D.
Diabolum, defluentem, sive clausum in latomiis.

E.
Ephesum, voluntas ejus.
Eva, calamitas, aut vita, sive væ.

I.
Jamnes, marinus, sive ubi est signum.
Jambres, mare [c] pelliceum, sive mare in capite.

O.
Onesiphorus, respondens narrationem.

P.
Pontius, [d] inclinans consilium.
Pilatus, ore malleator, sive ore contundens.

S.
Satanas, adversarius.

Y.
Ymenæus, dormitans.

AD TIMOTHEUM II.

A.
Asia, elevatio.
Archippus, longitudo operis.
Aristarchus, mons facturæ superfluæ.
Antiochia, paupertatis silentium.
Aquila, dolens, sive parturiens.

C.
Crescens, tenebrosus.
Carpum, scientem perspicue.
Corinthus, oritur ipse.
Claudia, spes tranquillitatis.

D.
116 David, desiderabilis, vel fortis manu.
Demas, silens, sive terrenus, vel sanguineus.
Dalmatiam [e], paupertatem grandem.

E.
Eunice, ornantis.
Evodiam, apprehendentem Dominum.
Ermogenes, vomens eos in valle: sed melius, mons scrutatus.
Epheso, voluntas ejus.
Erastus, frater videns.
Eubulus, cohabitator.

F.
Fygelus, occurrens, sive contrarius.
Filonem (φελόνην vel φενόλην), faciem Dei.
Filethus, declinans, sive os meum.

G.
Galatia, magnifica, sive translatio.

I.
Iconium, vocatam, sive duram: sed melius, ubi est calamus?

L.
Loidi, [f] ὠφεληθείση, id est, quæ consecuta est utilitatem.

---

[a] *Esau, roboreus, etc.* Male in editis antea libris *Esan* vertitur *rubeus*, pro *roboreus*, sive *robustus*. שע *Esau* enim vertitur in *robustum*; אדם *Edom* vero in *rubeum*, sive *rufum*. Vide infra in Græcis Fragmentis vocem δρῦνος, id est, *roboreus*.

MARTIAN.

—Iidem libri corrupte *rubeum*, pro *roboreum* legunt. Græcis quoque δρύϊνος, *roboreus*, ab arbore δρῦς, *robur, quercus* appellatur Esau. Re autem ipsa non ab arbore deducenda etymologia hæc est, sed a fortitudine, ex Hebraico verbo עצץ, *robur, validæ vires*, etc.

[b] *Gallia, transferens. Galatiam* sæpissime legimus in Epistolis Paulinis; *Galliam* non item. A quo igitur hoc loco positum sit nomen *Gallia*, ab Origene, aut ab Hieronymo, vel potius ab aliquo scriptore Gallo, divinationi lectorum permitto. MARTIAN.

—A quo positum hic sit nomen *Gallia*, quod numquam in Paulinis Epistolis legitur, pro *Galatia*, quod sæpius occurrit, Martianæus, homo Gallus, divinationi Lectorum permittit. Nihil vero divinandum est, quando veteres Scriptores luculenter tradunt, in II ad Timoth. iv, 10, ubi vulgo habetur. Κρήσκης εἰς Γαλατίαν. *Crescens in Galatiam*. Græca quædam exemplaria legisse εἰς Γαλλίαν, *in Galliam*. Eusebius Hist. Eccl. lib. iii, cap. 4: Κρίσκης μὲν ἐπὶ τὰς Γαλλίας στειλάμενος ὑπ' αὐτοῦ (Παύλου) μαρτυρεῖται. *Crescens quidem missus in Gallias, Pauli ipsius testimo-* nio declaratur. Atque ita quidem retinendum contendit Epiphanius in Hæresi Alogorum, οὐκ ἐν τῇ Γαλατίᾳ ὥς τινες πλανηθέντες νομίζουσι, ἀλλ' ἐν τῇ Γαλλίᾳ: *Non in Galatia, ut quidam errore decepti putant, sed in Gallia*. Denique Theodoritus ipsum Γαλατίας nomen pro Γαλλίᾳ docet accipiendum: Γαλατίαν τὰς Γαλλίας οὕτως ἐκάλεσεν. Οὕτω γὰρ ἐκαλοῦντο πάλαι. Οὕτω δὲ καὶ νῦν αὐτὰς ὀνομάζουσιν οἱ τῆς ἔξω παιδείας μετειληφότες. *Galatiam Gallias ita Paulus appellavit; sic enim et olim vocabantur, et nunc quoque, qui exoticis disciplinis imbuti sunt, vocant.* Vide Appendicem priorem ad Hieronymi librum de Scriptoribus Ecclesiasticis cap. 10: *Crescens in Galliis prædicavit*, etc.

[c] Rescribendum videatur *pellucidum*, pro *pelliceum*; nam et *Mambre* ex Genesi perspicuum interpretatur, et analogiæ ratio constabit aliqua. Verum et Græcus nomenclator θάλασσαν δερματίνην, *mare pelliceum*, vertit.

[d] Alibi *declinans*, quemadmodum et Isidorus legit Originum vii, 10. Olim quoque erat *concilium*, pro *consilium*.

[e] Addit ms. noster, *Dominum*.

[f] *Loidi, ὠφελησθείση*, etc. Corrupte hic et supra in editis libris legitur vox Græca ὠφεληθείσης, quam in nomine *Lydia* ita scribunt vetustiores manuscripti codices; et hoc loco pro α finali optime ponunt η, id est, ὠφεληθείση, pro ὠφεληθείσα. In reliquis etiam

Lystris, utilitas angustiæ, vel tribulationis.
Lucas, ipse consurgens, sive elevans.
Linus, candidus, sive tibicen.

M et P.

Moses, palpans, sive contrectans.
Membranas, apertas, sive manifestas.
Mileto, generare, sive quis est ejus?
Priscam, agnoscentem.
Pudens, indutus consilio.

R et T.

117 Roma, excelsa, sive tonitruum.
Troadi, servienti.
Trophimum, dissolventem thalamos.

AD TITUM.

A et C.

Arteman, anathematizantem, sive conturbantem.
Apollo, mirabilem.
Cretam, vocationem consummatam.

N et Z.

Nicopoli, germen protectionis meæ.
Zenam, commotionem ejus, sive commovens eum, vel ipse requiescens.

AD PHILEMONEM.

A et D.

Apphia, continens, sive continentia, vel libera.
Archippo, longitudini operis.
Demas, silens.

E et F.

Epaphran, quem nos crescentem, sive augmentum possumus dicere.
Filemoni, mire donato, vel certe os panis eorum.

O.

Onesimum, respondentem.

DE APOCALYPSI JOANNIS.

A.

Asia, elatio.
Amen, vere, sive fideliter.
Aser, beatitudo, sive beatus.
Ægyptus, tribulatio.
Armageddon (הרמגדן), [a] consurrectio tecti, sive consurrectio in priora; sed melius, mons a latrunculis, vel mons globosus.
Alleluia, laudate Dominum.

B.

118 Balaam, vanus populus.
Balac, elidens.
Benjamin, filius dexteræ.
Babylon, confusio, sive translatio.

D.

Diabolus, deorsum fluens.
David, desiderabilis.

E et F.

Ephesum, voluntas mea, sive consilium meum.
Euphrate, frugifero.
Filadelphia, salvans hærentem Domino.

G.

Gad, tentatio.
Gog, δῶμα; id est, tectum.

I.

Jezabel, fluxus sanguinis, vel fluens sanguine; sed melius, ubi est sterquilinium?
Issachar, est merces.
Joseph, adaugens.
Jesus, salvator.

L.

Laodicia, tribus amabilis Domini, sive fuerunt in vomitu.
Levi, additus.
Labbadon [b], perdens pro eo, quod est interficiens; sed melius, solitarius eorum.

M.

Manna, quid est hoc?
Manasse, obliviosus, sive obstupescens.
Michael, quis ut Deus?
Magog, de domate, hoc est de tecto, sive, quod [c] est δῶμα?

N.

Nicolaitarum [d], effusio (Al. *effluxio*), sive Ecclesia languens, vel stultitia Ecclesiæ languentis.
Nephthali, conversantis.

P et R.

Paulo [e] (Apollyon), ori eorum, sive ori tubæ.
Pergamo, dividenti cornua eorum, vel dissecanti vallem.
119 Ruben, videte filium, sive videte in medio.

S et Z.

Smyrnæ, cantico eorum.
Sardis, principi pulchritudinis.
Satanæ, transgressori, sive adversario.
Simeon, audienti tristitias.
Sodoma, pecori tacenti.
Zabulon, [f] habitaculum pulchritudinis.

[g] DE EPISTOLA BARNABÆ.

A et D.

Abraham, pater videns populum.
Adam, homo.
120 Amalec, populus lingens, sive populus bruchus.
David, desiderabilis.

E et M.

Eva, calamitas, sive væ, aut certe vita.
Ephraim, frugifer, sive ubertas.
Manasse, oblitus.

N et R.

Naum, [h] germen.
Rebecca, patientia.

S.

Sabbatha, requies.
Sion, specula.
Sina, mensura, mandatum, vel tentatio.
Satan, adversarius, sive prævaricator.

---

perfecta sunt exemplaria manuscripta, nam utrobique, id est, in Actibus Apostolorum, et hic in Epistola II, ad Timotheum, nomen scribunt cum ω ab initio, ut par est : editi vero cum o brevi. Est autem ὠφεληθεῖσα femininum masculini ὠφεληθείς a. 1 pass. a themate ὠφελέω, id est, juvo, prosum, proficio. MARTIAN.

[a] Prior interpretatio, *consurrectio tecti*, in ms. nostro non est.

[b] *Labbaddon. perdens*, etc. Legendum *Abaddon* ab Hebræo אבד *abad*, sive *ibbed*, id est, *perire fecit*. Unde in Apocalypsi nomen אבדון *Abaddon*, quod *perditionem* sonat. MARTIAN.

— Rescribendum *Abaddon*, Martianæus docet.

[c] Ms. et veteres vulgati, *sive quod est tectum?*

[d] *Nicolaitarum, effusio*, etc. In manuscriptis exemplaribus legitur *effluxio*. MARTIAN.

[e] *Paulo, ori eorum*, etc. Supra corrupte additum est *L* in nomine *Abaddon*, quod legunt in hoc opere *Labbadon*; hic vero omittunt A et n, aliasque litteras commutant, *Paulo* pro *Apollyon*. MARTIAN.

[f] Glossæ Aquicinctinæ, citante Rosweido, in notis ad S. Paulini Epist. 1 : *Zabulon, habitaculum fortitudinis, vel fluxus noctis*. Notum porro ex Æolica dialecto, Zabulum dici pro diabolo.

[g] *De Epistola Barnabæ*. Observandum suo ordine Epistolam Barnabæ fuisse hoc loco recensitam, quia antiquitus legebatur in Ecclesiis Christianorum ad plebis ædificationem. MARTIAN.

— Supra laudatus Bodleianus ms. subnexa nomina ex Barnabæ Epistola non agnoscit.

[h] Legendum videtur *Nave*, tum quia *Naum* in Barnabæ Epist. non memoratur, cum quia non *germen*, sed *consolatorem* significet penes ipsum Hieronymum a radice נחם. Contra *Nave*, seu *Nun*, quod idem est juxta Hebraicum textum, ipse S. Doctor *germen* vertit in Nominibus de Exodo : scilicet a verbo formæ Niphal, נוים. Utrumque confundit S. Isidorus Origin. lib. VII, c. 8 : *Naum, germen, sive consolator; increpat enim civitatem sanguinum, et post eversionem illius, consolatur Sion*.

S. EUSEBII HIERONYMI
STRIDONENSIS PRESBYTERI
LIBER DE SITU ET NOMINIBUS
LOCORUM HEBRAICORUM.

PRÆFATIO.

121-122 Eusebius, qui a beato Pamphilo martyre cognomentum sortitus est, post decem Ecclesiasticæ Historiæ libros : post Temporum Canones, quos nos Latina lingua edidimus : post diversarum vocabula nationum, quæ quomodo olim apud Hebræos dicta sint, et nunc dicantur, exposuit : [b] post Chorographiam terræ Judææ, et distinctas tribuum sortes, ipsius quoque Jerusalem templique in ea cum brevissima expositione picturam, ad extremum in hoc opusculo laboravit, ut congregaret nobis de sancta Scriptura omnium pene urbium, montium, fluminum, viculorum, et diversorum locorum vocabula : quæ vel eadem manent, vel immutata sunt postea, vel aliqua ex parte corrupta. Unde et nos admirabilis viri sequentes studium, secundum ordinem litterarum, ut sunt in Græco posita [c], transtulimus : relinquentes ea, quæ digna memoria non videntur, et pleraque mutantes. Semel enim et in Temporum libro præfatus sum, me vel interpretem esse, vel novi operis conditorem : maxime cum quidam vix primis imbutus litteris, hunc eumdem librum ausus sit in Latinam linguam non Latine vertere : cujus imperitiam, ex comparatione eorum, quæ transtulimus, prudens statim lector inveniet. Ut enim [d] mihi excelsa non vindico, ita terræ [e] cohærentia supergredi posse me credo.

[a] *Liber de Situ et Nominibus*, etc. In quamplurimis codicibus mss. opusculum istud ita inscribitur : *Liber de distantiis Locorum*. MARTIAN.
[b] *Post Chorographiam*. Regius codex unus habet, *post Cosmographiam* : alter imperitissime, *post Orthographiam*. Editi, *Topographiam*. MARTIAN.
— Al. *Topographiam*. Vetus edit. an. 1496, cum nonnullis mss. *cosmographiam*; alii, *orthographiam*.

[c] *Ut sunt in Græco posita*. Consule sensum hujus loci in præcedenti Admonitione nostra. MARTIAN.
[d] *Ut enim mihi excelsa non vindico*. Nonnulli mss. codices cum antea editis sic legunt : *Ut enim excelsa mihi non vindico; ita terræ inhærentia me supergredi posse credo*. In exemplaribus quoque mss. frequentius est *vendico*, quam *vindico*. MARTIAN.
[e] Al. *inhærentia me supergredi*, etc.

INCIPIT LIBER.

DE GENESI.

126 Ararat, [a] Armenia. Si quidem in montibus Ararat arca post diluvium sedisse perhibetur : et dicuntur ibidem usque hodie ejus permanere [b] vestigia. Meminit horum montium et Jeremias in visione contra Babylonem. Josephus quoque in primo Antiquitatum Judaicarum libro, sæcularium litterarum Historicos proferens : « Animadvertens, inquit, Noe terram diluvio liberatam, septem alios dies abire permisit : et universa animalia bestiasque patentibus claustris emittens, ipse cum sua prole egressus est : immolans Deo hostias, [c] gaudensque cum liberis. Hunc locum Armenii exitum, vel egressum vocant. Siquidem ibi cultores illarum regionum, arcam primum sedisse testantur, et lignorum quædam superesse monumenta. Arcæ hujus et diluvii, omnes qui barbaras scripsere historias, recordantur : quorum unus est Berosus Chaldæus, qui super diluvio referens, hæc locutus est : Dicitur hujus navis in Armenia propter montem Cardue-

[a] *Ararat, Armenia*. Juxta Hieronymianam hanc interpretationem in Græco sic legebat sanctus doctor : 'Αραράτ, ἡ Ἀρμενία. Ἐν ὄρεσιν δὲ Ἀραρὰτ ἡ κιβωτὸς καθίσαι λέγεται, id est, *Ararat, Armenia. Siquidem in montibus Ararat arca sedisse dicitur*. Addit vero Hieronymus, *post diluvium*, ad significandum definite tempus quo arca sedit in montibus Ararat. MARTIAN.

[b] *Permanere vestigia*. *Vestigia*, hoc loco intellige *reliquias* : nam in Græco est λείψανα, nomen plurale significans proprie *reliquias*, a λείπω, id est, *relinquo*. Unde ab ipso Hieronymo λείψανα consequenter *monumenta* interpretantur. MARTIAN.
[c] *Gaudensque cum liberis*. Josephus lib. 1 Antiqq. cap. 3, συνευωχεῖτο τοῖς οἰκείοις, *una epulabatur cum domesticis*, hoc est *cum familia*. MARTIAN.

norum pars aliqua permanere, et quosdam bitumen ex ea avellentes circumferre : quo utuntur vel maxime hi qui lustrantur et se expiant. Sed et Hieronymus Ægyptius, qui antiquitates Phœnicum pulchro sermone conscripsit : et Mnaseas, et multi alii. Nicolaus quoque Damascenus in **127** nonagesimo sexto libro refert : Est in Armenia super Myniadem mons nomine Beris : ad quem multos in diluvio confugisse autumant, ibique esse salvatos. Alios vero in arcæ alveo supernatantes, ad ejus verticem pervenisse, et usque ad multas ætates ligna arcæ monstrari solita : quos quidem ego puto non esse alios, nisi eos quos Moyses legifer Judæorum in suis voluminibus edidit. »

[a] Achad, urbs regni Nemrod in Babylone. (Porro Hebræi hanc esse dicunt Mesopotamiæ civitatem, quæ hodie vocatur Nisibi, a Lucullo quondam Romano Consule obsessam, captamque et ante paucos annos a [b] Joviano imperatore Persis traditam.)

Aggai, ad occidentalem plagam vergit Bethelis, non multum ab ea distans. Sita est autem Bethel, euntibus Æliam de Neapoli in læva parte viæ duodecimo circiter milliario ab Ælia : et usque hodie parvus licet vicus ostenditur. (Sed et ecclesia ædificata est ubi dormivit Jacob pergens Mesopotamiam. Unde et ipsi loco *bethel* (ביתאל), id est domus Dei, nomen imposuit.) Aggai vero vix parvæ ruinæ resident : et locus tantummodo monstratur. Et sciendum, quod in Hebræo G litteram non habet, sed vocatur (העי), scribiturque per elementum, quod apud eos dicitur, *ain* (עין).

Astaroth Carnaim, terra gigantum quondam in supercilio Sodomorum, quos interfecit Chodorlagomor. Sunt hodieque duo castella in Batanæa hoc vocabulo, novem inter se millibus separata inter Adaram et Abilam civitates.

130 Arboc (corrupte in nostris codicibus Arboc scribitur, cum in Hebræis legatur *arbee* (ארבע), id est, quatuor : eo quod ibi tres patriarchæ, Abraham, Isaac, et Jacob sepulti sunt, et Adam maximus: ut in Jesu libro scriptum est (*Jos.* xiv, 15) : licet eum quidam positum in loco Calvariæ suspicentur). Hæc est autem eadem Chebron, olim metropolis Philistinorum, et habitaculum gigantum, regnumque (*ubi regia*) postea David in tribu Juda, civitas sacerdotalis et fugitivorum. Distat ad meridianam plagam ab Ælia millibus circiter vigintiduobus : et quercus Abraham (quæ et Mamre, usque ad Constantii regis imperium monstrabatur) : et mausoleum ejus in præsentiarum cernitur. (Cumque a nostris jam ibidem ecclesia ædificata sit,) a cunctis in circuitu gentibus terebinthi locus superstitiose colitur : eo quod sub ea Abraham angelos quondam hospitio susceperit. Hæc ergo primum Arbee postea a Chebron uno filiorum Chaleb sortita vocabulum est. Lege *Verba dierum* (I *Paral.* II, 42) [c].

Ailath, in extremis finibus Palæstinæ juncta meridianæ solitudini et mari Rubro : unde ex Ægypto Indiam, et inde ad Ægyptum navigatur. Sedet autem ibi legio [d] Romana cognomento Decima : et olim quidem Ailath a veteribus dicebatur, nunc vero appellatur Aila [e]. Sed et Elamitarum quondam natio fuit, cui imperavit Chodorlagomor (cujus in Actibus quoque Apostolorum fit mentio (*Act.* II, 9), et in Regnorum libris (*Reg.* x, 17); urbs quædam Palæstinæ Ælam scribitur.

131 Adama, una de quinque civitatibus Sodomorum eversa cum cæteris.

Asason-Thamar, in hac habitabant quondam Amorrhæi, quos interfecit Chodorlagomor : juxta eremum Cades. Est et aliud castellum Thamara, [f] unius diei itinere a Mampsis (Al. *Mamphis*) op-

---

[a] Duo mss. *Achar.* Euseb. Ἀχάμ, ex librarii, ut videtur, errore. LXX, Ἀρχάδ, pro Ἀχχάδ.

[b] *A Joviano imperatore.* Gennadius in Catalogo Illustrium virorum, in Jacobo Nisibeno episcopo hæc habet : *Post multos annos ingressus Julianus Nisibem, et vel gloriæ sepulti (Jacobi) invidens, vel fidei Constantini, cujus ob id domum persequebatur, jussit efferri de civitate sancti corporis reliquias, et post paucos menses, consulendæ licet reipublicæ Jovianus imperator, qui Juliano successerat, tradidit barbaris civitatem : quæ usque hodie Persarum ditioni cum finibus suis subjecta servit.* Consule Ammianum l. xxv. MARTIAN.

— Unus ms. quæ hodie quoque vocatur, etc. De Joviano Ammianus lib. xxv, et Gennadius in Catalogo cap. 1.

[c] Rhabanus, qui Hieronymum fere de verbo exscribit, addit hic loci, *Condita est autem ante septem annos, quam Eam urbs Ægypti conderetur.* Dixisset *Tanis,* qua urbe Ægypti celeberrima, hæc septem annis vetustior fuit.

[d] Hoc, et superiora, quæ diximus, mire confirmat modo laudata *Notitia* in extremo laterculo : PRÆFECTUS *Legionis Decimæ Fretensis Ailæ.* Vide in hæc verba Panciroli Commentarium. Hieron. in cap. XLVII Ezechiel. : *Lingua maris Rubri, in cujus littore Aila posita est, ubi nunc moratur legio et præsidium Romanorum.*

[e] *Appellatur Aila.* In aliquot mss. *Ala* dicitur hic et infra ubi scriptum est, *pergentibus Ailam de Chebron.* MARTIAN.

[f] *Unius diei itinere a Mampsis.* Locus obscurissimus in Græcis æque ac in Latinis : nam si legamus cum Græco Regio codice διεστῶσα Μάλις ἡμέρας ὁδόν, *distans a Malis unius diei itinere,* ignoro prorsus ubi positum fuerit oppidum illud *Malis* dictum. Sin autem cum Bonfrerio pro μάλις adverbium μόλις, id est, *vix* legerimus ; sententia hæret suspensa ; nec intelligimus a quo loco vel oppido castellum Thamara *vix unius diei itinere sit separatum*. In Latinis exemplaribus tota discordia pendet e nomine oppidi a quo distat Thamara; antiquiora manuscripta ac melioris notæ vocant illud *Mampsis*; nonnulla *Mammephis*; cætera *Mansis* : editi vero libri *Memphis*. Sed sive *Memphis*, sive *Mampsis* legendum statuerimus, semper remanet eadem difficultas inveniendi illius oppidi, quod Eusebius, vel Hieronymus separatum dixit unius diei itinere a castello Thamara, ubi sedebat militare præsidium. Usque in præsens nihil reperire potui apud scriptores geographos, quod huic nodo solvendo subsidium afferret. Sed cum Hieronymum vel Eusebium infra in nomine *Arad* attente consulo, nullum mihi superest dubium, quin pro *Mampsis,* scribendum sit *Malathis* : quod ipsissimum oppidum est distans a *Thamara castello,* itinere unius diei, ut ex his facile colligitur. *Arad,* civitas Amorrhæorum vicina deserto Cades : et usque nunc ostenditur villa ab oppido Malathis quarto lapide, a

pido separatum, pergentibus Ailam de Chebron, ubi nunc Romanum præsidium positum est.

Allus, regio Idumæorum, quæ nunc Gabalene dicitur, vicina Petræ civitati.

[a] Ænan, euntibus Thamnam, nunc desertus locus et proximus Thamnæ vico grandi, qui situs est inter Æliam et Diospolim. Est et fons in supra dicto Aena loco : unde et Aenam, id est, fontis nomen accepit : in quo stans idolum maxima illius regionis veneratione colitur. (Porro Hebræi affirmant Ænam non lucum significare, sed bivium : ubi certo intuitu necessarium sit ad unam e duabus viis eligendam.)

[b] Areaatad, locus trans Jordanem, in quo planxerunt quondam Jacob, [c] tertio a Jericho lapide, duobus millibus ab Jordane, qui nunc vocatur [d] Bethgla : quod interpretatur, locus gyri : eo quod ibi more plangentium circumierint (Al. *circumeunt*) in funere Jacob.

DE EXODO.

Ælim, castra filiorum Israel, et locus in deserto in quo duodecim fontes, et septuaginta palmarum arbores (Moyses de mari Rubro exiens reperit).

(Ælus, in deserto, ubi filii Israel castrametati sunt.)

DE NUMERIS ET DEUTERONOMIO.

Aseroth, pars eremi, ubi Maria et Aaron contra Moysen locuti sunt. Habitaverunt autem quondam Evæi in Aseroth usque ad urbem Gazam. (Verum hæc loca non Aseroth, sed Aserim appellari Hebræi putant.)

Asemona, castra filiorum Israel in deserto.

Ahetharim [e] : pro quo Aquila et Symmachus, exploratorum viam interpretati sunt : ubi adversum Chananæum, qui ab austro contra Israel eruperat, in solitudine dimicatur.

Ahie, quæ et Achalgai : pro hac Symmachus interpretatur, in collibus. Est autem e regione quondam Moab, nunc Areopoleos ad orientalem plagam.

Arnon, rupes quædam in sublime porrecta in finibus Amorrhæorum inter Moab et Amorrhæos. Moab vero Arabiæ civitas est, quæ nunc Areopolis nominatur. Ostendunt regionis illius accolæ locum vallis in prærupta demersæ satis horribilem et periculosum, qui a plerisque usque nunc Arnonas appellatur : extenditurque ad septentrionem Areopoleos : in quo et militum ex omni parte præsidia distributa, plenum sanguinis et formidinis testantur ingressum. Hic quondam Moabitarum fuit, et postea Seon rex Amorrhæorum jure belli (Al. *bellico*) eum obtinuit : sed et terra filiorum Israel trans Jordanem, incipiens ab Arnone, usque ad montes Aermon et Libanum extenditur.

Ar, locus vel oppidum Arnonæ : quod a Septuaginta Interpretibus per extensam vocalem, [f] Er dicitur.

Aesimon, locus deserti (denique et ipsum vocabulum incultam terram desertamque significat).

[g] Abelsatim, locus in deserto ad meridiem Moabitarum.

Azor, sive Jazer, terminus urbis Ammon quæ nunc Philadelphia dicitur, dividens eam Amorrhæorumque regionem, et est in octavo circi-

---

Chebron vicesimo, in tribu Juda. Itaque in Græco Eusebio lege Μάλαθις non Μάλις, aut μόλις cum Bonfrerio. Et ne quid amplioris diligentiæ a me desiderare possis, moneo te, benignum lectorem, *Maliattha* urbem esse Arabiæ Petreæ, teste Ptolemæo : quæ quidem eadem videtur cum oppido *Malathis* ; saltem vocabuli et regionis vicinia, atque affinitate. Confer omnia cum tabulis geographicis Scripturæ sacræ. MARTIAN.

[a] Bonfrerius ait : Non *Ænan*, sed *Aenam*, vel *Enan* habent omnes codices Septuaginta Interpretum, Gen. cap. xxxviii, vers. 14, ubi in nostra versione nulla est vox propria : nam Hieronymus vertit, *in bivio itineris*, pro quo Septuaginta Interpretes dixerunt *ad portas Enam*. Et vero in Hebræo est *in ostio Henaiim*; quæ postrema vox sitne propria, an appellativa, in hanc diem disputatur, quemadmodum nos ad eum locum diximus : appellative sumpta significare potest duos fontes, vel duos oculos, seu duos quasi aspectus, ut fit in bivio, cum quis hæret et dubitat qua eundum sit. Quidquid sit, sæpe ex loci genio et circumstantia nomina propria vel quasi propria induuntur, quod credi potest ei loco accidisse, planeque verisimile est, non esse alium locum ab eo qui Josue cap. xv, vers. 34, in tribu Juda *Enaim* appellatur, qui postea in urbem creverit.

[b] *Areaatad*, locus trans Jordanem. Locum hunc celeberrimum prætermisit Eusebius, quamvis occurrat bis Gen. L, 10 et 11, apud Septuaginta. MARTIAN.

[c] Josephus spatium hoc esse 60 stadiorum docet, id est 7 milliarium et dimidium. Cum Hieronymo tamen convenit iisdem pene verbis Procopius Gazeus Com. ad Gen. L. Ex quo etiam Eusebiani textus lacunam supplere commode posse, docti viri admonent.

[d] *Reginæ* ms. *Bethacla*: mox pro *locus* nomine malim *domus*.

[e] *Ahetharim*, etc. Hic Græca verba nonnihil different a Latina interpretatione. MARTIAN.

[f] *Per exstensam vocalem*, *Er dicitur*. Codex vetus manuscriptus Colbert. *Aer* corrupte legit ; cum apud Septuaginta num. xxi. 15 : "Ηρ, Er, per *Etha* litteram scriptum reperiatur : et illud sit quod monuit Hieronymus : *Er* dici apud LXX per extensam vocalem. MARTIAN.

[g] *Abelsatim, locus in deserto*, etc. Non consentiunt hoc loco Eusebius et Hieronymus ; prior enim collocat *Abelsatim* κατὰ δυσμὰς Μωάβ; id est *versus vel contra occidentem Moab*; alter vero *ad meridiem Moabitarum*. Nec difficultatem sive dissidium tollit Bonfrerius, dicens illum genitivum *Moabitarum* conjungendum esse cum voce *deserto*, non cum altera voce *ad meridiem*. Nam quocumque modo legamus, *Abelsatim*, erit *ad occasum* juxta Eusebium, et *ad meridiem* juxta Hieronymum. At si consulatur commentarius Hieronymi in caput tertium Joelis, hæc ab eo scripta reperimus de : *Abelsatim : Est autem locus*, inquit, *juxta Libiadem trans mare Mortuum, sexto ab ea distans milliario ; ubi quondam cum Madianitis fornicatus est Israel*, etc. E quibus sic conciliare possumus Eusebium cum Hieronymo, ut dicamus *Abelsatim* respectu solitudinis sive campestrium Moab, positum esse ad occidentem : sed respectu Liviadis urbis respicere ad meridiem Moabitarum. Consule tabulas geographicas. Ignosce, lector, difficultati locorum ; aut si melius quid invenire potes, doce : libenter discimus, quod nescimus. MARTIAN.

ter lapide ejus ad solis occasum vicus Jazer usque in praesentem diem permanens.

Aroer, oppidum Moabitarum, quod situm est super ripam torrentis Arnon, possessum olim a gente veterrima, Ommim [a], et postea retentum a filiis Lot, id est, Moabitis, cum priores accolas subvertissent. Et ostenditur usque hodie in vertice [b] montis illius: sed et torrens per abrupta descendens, in mare Mortuum fluit. Cecidit autem Aroer in sortem tribus Gad contra faciem Rabba.

Astaroth, antiqua civitas Og regis Basan, in qua habitaverunt gigantes, quae postea cecidit in sortem tribus Manasse, regionis Batanææ, et sex millibus ab Adra urbe Arabiæ separata est. Porro Adra a Bostra viginti quinque millibus distat. Diximus et supra de Astaroth Charnaim.

Agri specula, mons est Moabitarum, in quem adduxit Balac filius Sephor, Balaam divinum ad maledicendum Israel super verticem, qui propter vehemens præruptum, vocatur excisus, et imminet mari Mortuo haud procul ab Arnone.

Araboth Moab, ubi secundo numeratus est populus, quod Aquila interpretatur, humilia sive æqualia Moab (hanc habens consuetudinem, ut eremum propter planitiem ὁμαλήν, id est, æqualem interpretetur et planam). Denique Symmachus pro Araboth Moab, campestria Moab transtulit: et est usque hodie locus juxta montem Phogor, euntibus a Libiade in Esebon Arabiæ contra Jericho, qui ita appellatur.

[c] Araba, hanc ut supra, Aquila transtulit **138** planam: Symmachus, interdum campestrem, interdum inhabitabilem: Theodotion occidentalem.

Atharoth, civitas olim Amorrhæorum trans Jordanem, quæ postea cecidit in sortem tribus Gad, vocatus est autem Atharoth et filius Salma, sive Salmon (Al. *Solamon*), ut in Paralipomenis (Al. *Paralipomenon*) scriptum est.

Ataroth Sophan, et hæc civitas tribus Gad.

Arad, civitas Amorrhæorum vicina deserto Cades, et usque nunc ostenditur villa [d] ab oppido Malathis quarto lapide, a Chebron vicesimo, in tribu Juda.

Asemona, civitas in deserto, ad meridiem Judææ, dividens Ægyptum et sortem tribus Judæ ad mare usque tendentem. Posui et supra Asemona, castra filiorum Israel.

[e] Acrabbi, terminus Judææ provinciæ ad Orientem respiciens, tribus Judæ. Est autem et vicus nunc usque grandis, novem millibus a Neapoli contra Orientem descendentibus ad Jordanem et Jerichum, per eam quæ appellatur Acrabittene: sed et confinium Amorrhæorum, Acrabbin dicitur; de quo loco non exterminavit alienigenas tribus Nephthalim, ut in Judicum libro scriptum est.

Asadada, confinium Judæ respiciens ad aquilonem.

Arad, terminus et ipse Judæ distans a Chebron millibus viginti ad meridiem: de quo supra positum est.

Asarenam, terminus Judææ ad septentrionem.

Asernai, terminus et ipse Judææ.

[f] Arbela, terminus Judææ, ad ortum solis **139** aspiciens. Est et usque hodie vicus Arbel trans Jordanem in finibus Pellæ civitatis Palæstinæ, et alius hoc vocabulo in campo prægrandi distans ab oppido Legionis millibus novem.

[g] Aulon (non Græcum, ut quidam putant, sed Hebræum vocabulum est): appellatur autem vallis

---

[a] *Gente veterrima Ommim.* Ms. Colbertinus recentior, *gente teterrima Omniim*: Nonnulli legunt *Ummim*. Vetustissimus Corb. num. 281, *a gente teterrima Omim*. MARTIAN.

[b] Frustra hoc Bonfrerius inficiatur, frustraque contendit, Aroer ad fluvii ripas, non in montis vertice constitutam. Non video, inquit Relandus, quidni urbs in monte sita, si ad ejus montis radices flumen labatur, possit ad ripam fluminis sitam dici, si quidem a vertice ad radicem usque montis extendi potest, eamdemque et lateri montis incumbere, et ad ripam fluminis esse. Vide infra *Aruir*.

[c] *Aruba*, hanc ut supra, etc. Corruptissime hæc cum præcedentibus conjuncta sunt in antea editis libris, et apud Bonfrerum. MARTIAN.

[d] *Ab oppido Malathis*, etc. Regius ms. codex omnium recentior, num. 3629 legit hoc loco *Mallatis*. De hoc oppido plura edisseruimus in scholiis nostris ad vocem *Asasomthamar*. MARTIAN.

[e] Al. *Aorabi* Bonfrerius et Cleric. *Adorabi*. Hebraice est עקרבים: Græc. Ἀκραββείμ. Vide Relandum in *Oreb*.

[f] Eadem est ac *Belus*; atque adeo fallitur, annotante ipso Martianæo, Bonfrerius, qui nullum Arbelæ in Scripturis vestigium esse contendit. Vid. *Bela*.

[g] *Aulon*, non Græcum, etc. Monet hic consulto Hieronymus, *Aulon* non esse Græcum vocabulum, ut quidam sua ætate putabant, sed Hebræum. Non idem est vocabulum illud, quod אילון *Elon*, a LXX *Aulon* lectitatum. Id si attendisset Joannes Clericus in sua Dissertatione de Statua salis, non imperite redargueret Hieronymum propter admonitionem eruditam hujus loci. Ideo autem suam præmisit Hieronymus observationem, quod probe novisset αὐλών alibi vocem esse Græcam, quæ significet locum longum, angustum et cavum. Sed in præsenti libro Locorum Hebraicorum, אילון *Aulon* nomen est proprium cujusdam regionis Judææ, in qua sunt urbes nobiles suis nominibus hoc loco expressæ. MARTIAN.

— Immo vero Græcum, non Hebræum vulgo habetur; quamobrem Clericus avide arrepta ex hoc loco in Hieronymum obtrectandi occasione, quem trium linguarum peritissimum omnes mirantur, imperitiæ accusat. Contra Rhenferdus errorem in librarium confert, vultque levi duarum vocularum transpositione, sic legi: *non Hebræum, ut quidam putant, sed Græcum vocabulum est*. Laudanda in S. Doctorem voluntas, minime sequendum exemplum. Ego data opera notatum puto ab Hieronymo, non esse Græcum nomen, quod integra eadem significatione, nempe *Vallis*, primo statim intuitu Αὐλών ἀπὸ τῆς αὐλῆς deduceretur; at non a Græcis, sed Hebræis indidum loco fuisset, quos penes תולד, ductum a *concavitate* nomen, *vallis prægrandis* significationem obtineret. Neque adeo necesse est illud usurpari in Scripturis hoc sensu, quod unum tantopere urget Clericus; satis sit, si communi vulgateque sermone, maxime sequiore ævo, ita ab indigenis, haud equidem Græcis, planities illa et vallis appellaretur. Hoc vero ipse Hieronymus, epist. 73, ad Evangelium de Melchisedech, num. 9, testatur lucu-

grandis atque campestris in immensam longitudinem se extendens : quæ circumdatur ex utraque parte montibus, sibi invicem succedentibus et cohærentibus, qui incipientes a Libano et ultra, usque ad desertum Pharan perveniunt. Suntque in ipso Aulone, id est, in valle, campestri urbes nobiles, Scythopolis, Tyberias stagnumque propter eam : et sed et Jericho, mare Mortuum, et regiones in circuitu : per quas medius Jordanis fluit, oriens de fontibus Paneadis, et in mare Mortuum interiens.

Amalecites, regio in deserto ad meridiem Judææ trans urbem Petram, euntibus Ailam : cujus et Scriptura recordatur, dicens : *Amalec habitat in terra ad Austrum* (Num. XIII, 20). Sed et juxta eum alius Chananæus habitabat, qui et dimicavit contra filios Israel in deserto : de quibus scribitur : *Amalec autem et Chananæus habitant in valle* (Num. XIV 25).

Araba : Aquila, planam : Symmachus, campestrem interpretantur : sicut supra dictum est. Porro est et alia villa Araba nomine, in finibus Diocæsareæ (quæ olim Saphorine dicebatur), et alia tribus millibus a Scythopoli contra occidentem.

142 Amman, quæ nunc.[a] Philadelphia, urbs Arabiæ nobilis, in qua habitaverunt olim Raphaim, gens antiqua, quam interfecerunt filii Lot, habitantes pro eis in Amman.

Argob, regio Og regis Basan super Jordanem, quæ cecidit in sortem dimidiæ tribus Manasse : et est usque hodie vicus circa Gerasam urbem Arabiæ, quindecim ab ea millibus distans contra occidentem, qui Arga appellatur : quod interpretatur Symmachus mensuram.

Asedoth, urbs Amorrhæorum, quæ cecidit in sortem tribus Ruben : appellatur autem, addito cognomento, Asedoth Phasga : quod in lingua nostra resonat, abscissum.

Abarim, mons in quo mortuus est Moses. Dicitur autem et mons esse Nabau, in terra Moab contra Jericho supra Jordanem in supercilio Phasga. Ostenditurque ascendentibus de Liviade in Esbum, antiquo hodieque vocabulo juxta montem Phogor, nomen pristinum retinentem, a quo circa eum regio usque nunc appellatur Phasga.

Avothiair, quod interpretatur ἐπαύλεις Ἰαίρ, hæc est Basan, in qua sunt vici (sexaginta) in monte Galaad, qui ceciderunt in sortem dimidiæ tribus Manasse : qui locus non vocatur Golam, in terra Batanæa.

DE LIBRO JESU.

Antilibanus : ea quæ sunt supra Libanum, [b] ad orientalem plagam respicientia, Antilibanus appellantur, circa regionem urbis Damasci, quæ cecidit in sortem tribus Manasse.

Azeca, civitas Chananæorum in parte tribus Judæ, ad quam usque persecutus **143** est Jesus quinque reges. Sed et hodie vocatur villa Azeca, inter Eleutheropolim et Æliam.

Aialon, vallis atque præruptum, super quod, orante quondam Jesu, luna stetit juxta villam quæ usque nunc Ailon dicitur, contra orientem Bethelis, tribus ab ea millibus distans haud procul a Gabaa et Rama Saulis urbibus. (Porro Hebræi affirmant Aialon, vicum esse juxta Nicopolim in secundo lapide, pergentibus Æliam.)

Achor (Hebraice dicitur *emecachor* עמקעכור : quod interpretatur Vallis tumultus, vel turbarum : eo quod ibi tumultuatus et turbatus sit Israel), in qua lapidaverunt quondam [c] Achan, propter furtum anathematis. Est autem ad septentrionem Jerichus : et usque hodie a regionis illius accolis sic nominatur. (Meminit hujus Osee propheta (*Osee* II, 15).

Asedoth, alia hæc civitas (non quæ supra, licet eodem nomine vocetur) quam expugnavit quondam Jesus, rege illius interfecto.

Asor, civitas regni Jabin, quam solam incendit Jesus, quia metropolis erat omnium regnorum Philistiim. Est et alia villa usque hodie Asor, in finibus Ascalonis, contra orientem ejus : quæ cecidit in sortem tribus Juda, cujus et Scriptura meminit (*Jos.* XIII, 15), appellans eam ad distinctionem veteris, Asor novam.

Ærmon, regio Evæorum, quam obtinuit Jesus. (Hebræus vero quo prælegente Scripturas didici, affirmat montem Ærmon Paneadi imminere, quem quondam tenuere Evæi et Amorrhæi : de quo nunc æstivæ nives Tyrum ob delicias deferuntur.)

Ahalae, mons quem Aquila interpretatur, dividentem montem : et Symmachus, **146** lævem montem, id est, limpidum, sive lubricum.

Aermon, mons Amorrhæorum, de quo nunc dictum est : quem [d] Phœnices vocant, *sanior*, et Amor-

---

lentissimis verbis, quæ critici in utramque partem perspecta habere debuissent, nam supra exceptionem præconceptæ opinionis et fidei sunt : *Vallis*, inquit, *regis*, *sive ut septuaginta transtulerunt, campus, quem* HODIE AULONEM PALÆSTINI *vocant*. Doceat nunc Clericus, Palæstinos non vernaculum loco nomen indidisse, sed Græcum ; quid enim refert, si etiam in Græco resonet ? Nec repugno, si Martianæum bonam causam non æque bene tuentem redarguit : Hieronymum immerito accusari imperitiæ nemo sustineat.

[a] Josephus, Antiq. 1. 1, cap. 11 ; Stephanus Byzant. Ptolemæus, Plinius, aliique ad Cœlesyriam urbem hanc referunt. Facile nomen climatis, prout ea Syrus Arabsve potirentur, variabat.

[b] *Ad orientalem plagam*, etc. Colb. ms. codex optimæ notæ legit *ad orientalem plagam*. Ita etiam aliquot alii codices mss. MARTIAN.

[c] Non *Achor*, eoque minus *Achau*, ut Hieronymo placet, sed *Achar*, ut Græci Scripturæ codices, ac Latini passim, et omnes omnium linguarum editiones habent, fur ille appellatur ; neque aliter constabit allusio, quæ in Hebræo fit, Josue VII, 25. Rursum Hieron. in Michææ cap. IV *Achor* legit juxta Eusebium, quod non hominis, sed vallis est nomen.

[d] *Phœnices vocant, Sanior.* Ita apud LXX, Deut. III, 9. In Hebræo autem et aliis Orientalium editionibus pro *Sanior*, legimus שריון *Sarion* ; et שניר *Sanir* consequenter. MARTIAN.

rhæus appellavit, *sanir* : diciturque in vertice ejus insigne [a] templum, quod ab ethnicis cultui habetur e regione Paneadis et Libani : sed et terra filiorum Israel trans Jordanem ad solis ortum a prærupto Arnonis usque ad montem Aermon extenditur.

Anob, civitas quam expugnavit Jesus, et est usque hodie villa juxta Diospolim, quasi in quarto milliario [b] ad orientalem plagam, quæ vocatur Bethoannaba. (Plerique autem affirmant in octavo ab ea milliario sitam, et appellari Bethannabam.)

Asdod, in sorte tribus Judæ, quæ nunc vocatur Azotus : in qua derelicti sunt gigantes, qui appellabantur Enacim, et est usque hodie insigne oppidum Palæstinæ.

Ader, urbs quam expugnavit Jesus, rege illius interfecto.

Aphec, et hæc civitas est, quam, rege ipsius trucidato, expugnavit Jesus.

Acsaph, et contra hujus regem Jesus pugnasse describitur : appellaturque hodie villula Chasalus, in octavo lapide Diocæsareæ, ad radicem montis Thabor, in campestribus.

Accaron, in tribu Dan (sive ut [c] ego arbitror, in tribu Judæ) : ad lævam Chananæorum : urbs una de quinque olim Satrapiis Palæstinæ, et decreta est quidem tribui Judæ, nec tamen tenta ab ea, quia habitatores pristinos nequivit expellere. Sed et usque hodie grandis vicus civium Judæorum Accaron dicitur, inter Azotum et Jamniam, ad orientem respiciens. (Quidam putant Accaron turrim Stratonis, postea Cæsaream nuncupatam.)

Azotus, quæ supra Asdod, usque hodie non ignobile municipium Palæstinæ, et una de quinque civitatibus Allophylorum : decreta quidem tribui Judæ, sed non retenta ab ea, quia nequaquam veteres accolas potuit expellere.

Ascalon, urbs nobilis Palæstinæ : quæ et ipsa antiquitus una fuit de quinque Satrapiis Allophylorum : separata quidem per sortem tribui Judæ, nec tamen retenta ab ea, quia habitatores ejus superare non potuit.

Apheca, terminus [d] Amorrhæorum super Jordanem in sorte tribus Ruben : sed et usque hodie est castellum grande, Apheca nomine, [e] juxta Hippum, urbem Palæstinæ.

[f] Agad, sita ad radices montis Aermon.

Aemath, urbs quæ cecidit in sortem Ruben : sed et nunc Amathus villa dicitur trans Jordanem in vigesimo primo milliario Pellæ ad meridiem. Est et alia villa in vicinia Gadaræ nomine Amatha, ubi calidæ aquæ erumpunt. In regnorum quoque libris scribitur, *Ab introitu Aemoth usque ad mare Araba* (III *Reg.* VIII, 65) : hoc est, deserti, quod est mare Mortuum. (Ego autem investigans, reperi Aemath [g] urbem Cœlesyriæ appellari, quæ nunc Græco sermone Epiphania dicitur.)

Ammon, trans Jordanem in tribu Gad. Hæc est Ammam, de qua supra diximus, Philadelphia civitas illustris Arabiæ.

Addara, in tribu Juda, juxta desertum. Est quoque et alia villa in finibus Diospoleos circa Thamniticam regionem, quæ a Thamna villa usque hodie sic vocatur.

Accarca, vicus in deserto situs in possessione tribus Judæ : pro quo Symmachus interpretatur, pavimentum.

Achor, in tribu Juda : de qua et supra dictum est.

Adommim, quondam villula, nunc ruinæ in sorte tribus Judæ, qui locus usque hodie vocatur Maledomim (et Græce dicitur ἀνάβασις πύρρων : Latine autem appellari potest, ascensus ruforum, sive rubentium, propter sanguinem qui illic crebro a latronibus funditur. Est autem confinium tribus Judæ et Benjamin) descendentibus ab Ælia Jerichum, ubi et castellum militum situm est (ob 150 auxilia viatorum. Hujus cruenti et sanguinarii loci, Dominus quoque in parabola descendentis Jericho de Hierosolyma, recordatur).

Amam in tribu Judæ.

Aser, in tribu Judæ, appellatur autem et nunc vicus prægrandis pergentibus Ascalonem de Azoto.

Asarsual, in tribu Judæ.

Ain, in tribu Judæ, urbs sacerdotibus separata.

---

[a] Minime vero tradit Eusebius ἱερὸν, templum ibi fuisse constructum, sed montem ipsum ὡς ἱερὸν τιμᾶσθαι, velut sacrum a gentibus coli. Vetus nempe erat fabula, *quod Angeli concupiscentes filias hominum, cum de cœlo descenderent, in hunc montem maxime excelsum convenerint.* Ita S. Hilarius in Ps. CXXXII, quem consule. Sed et subsequentia suo potius sensu, quam ab Eusebio Hieronymus edisseruit.

[b] *Ad orientalem plagam.* Unus ms. codex monasterii nostri S. Theodorici prope Rhemos legit, *ad occidentalem plagam.* — MARTIAN.

[c] Primitus Judæ tribui, assignata Josue XV, 45; postmodum Daniticæ tributa, Josue, XIX, 43.

[d] Scilicet regionis Transjordanicæ, quam Amorrhæus occupaverat, pars magna Rubenicæ tribui data est. Atque adeo levi de causa Bonfrerius ab Eusebio ac Hieronymo dissentit, tradentibus Apheca terminum Amorrhæorum in Ruben tribui exstitisse.

[e] *Juxta Hippum urbem Palæstinæ.* Editi libri corruptam hac loco exhibent lectionem istam, *juxta oppidum Palæstinæ*; mss. autem codices conformiter Græco, et sententiæ Scriptoris, *juxta Hippum urbem Palæstinæ*, ut nos edidimus.

[f] Integrum nomen videtur *Baalgad*, בעל גד Josue II, 17, et XIII, 5. Minus certe recte habent codd. Hieronymiani *Agad*, cujus nulla est in Scripturis mentio.

[g] Idem sibi constans docet Hieron. infra ad vocem *Emath*, de Regnorum libris; confirmatque in Epist. 129, ad Dardanum, n. 5. Bonfrerio autem miranti urbem hanc dici abs Hieronymo Cœlesyriæ, cum tota Cœlesyria videatur fuisse extra terminos terræ Israelitarum, respondet Relandus, neque porro intra terram Israeliticam a S. Doctore censeri : ac si fuisset intra ejus fines, urbem Cœlesyriæ nihilominus dici potuisse veterum aliorum Scriptorum, ac Josephi præsertim exemplo.

Est et usque hodie villa Bethennim nomine, in secundo lapide a Terebintho (hoc est a tabernaculo Abraham), quatuor millibus a Chebron.

Asthaol, in tribu Judæ : et usque hodie villula vocabulo Astho, inter Azotum et Ascalonem permanet.

Asna, in tribu Judæ.

Adollam, in tribu Judæ : et usque hodie vicus non parvus ad orientem Eleutheropoleos in decimo ejus milliario hoc vocatur nomine.

Adithaim, in sorte tribus Judæ. Dicitur autem et quædam villula Adia, juxta Gazam, et alia Aditha, circa Diospolim, quasi ad orientalem plagam respiciens.

ᵃ Adasa, in tribu Judæ, usque hodie vicus juxta Guphnas. (Sed miror quomodo Guphnensem regionem in tribu Judæ posuerit, cum perspicuum sit secundum librum Jesu in sortem eam cecidisse tribus ᵇ Ephraim.)

Ather, in tribu Judæ.

Asan, in tribu Judæ. Est usque hodie vicus nomine Bethasan ad Æliam pertinens, ᶜ in quinto decimo ab ea milliario.

Asena, in tribu Judæ.

Agziph, in tribu Judæ.

Anab, in tribu Judæ : nunc usque vicus **151** in finibus Eleutheropoleos. Est et alia grandis villa Judæorum, nomine Anea, in Daroma, contra australem plagam Chebronis, novem ab ea millibus separata.

Astemoe, in tribu Judæ vicus, et ipse Judæorum, in Daroma, ad aquilonem loci Anem.

Anim, in tribu Judæ. Est vicus Anea, juxta alterum, de quo supra diximus, ad orientalem plagam respiciens, cunctis habitatoribus Christianis.

Apheca, in tribu Judæ.

Ammata, in tribu Judæ.

Arebba, in tribu Judæ.

Atharoth, ᵈ juxta Rammam, in tribu Joseph.

Atharoth, civitas tribus Ephraim : nunc vicus ad aquilonem Sebastæ, in quarto ejus milliario, Atharus dicitur.

Adar, civitas tribus Ephraim.

Aser, civitas tribus Manasse : nunc demonstratur villa descendentibus a Neapoli Scythopolim, in decimoquinto lapide juxta viam publicam.

Atharoth, civitas tribus Benjamin. Sunt autem duæ Atharoth haud procul ab Ælia.

Anathoth, civitas sortis Benjamin sacerdotibus separata, in tertio ab Ælia milliario : de qua et Jeremias Propheta fuit.

Addar, civitas sortis Benjamin.

Ælmon, civitas tribus Benjamin, sacerdotibus separata.

Amec-Casis (id est, vallis Casis), in tribu Benjamin.

ᵉ Avim, in tribu Benjamin.

Aphra, in tribu Benjamin. Est et hodie vicus ᶠ Effrem, in quinto milliario Bethelis, ad orientem respiciens.

Amoeniam, in tribu Benjamin.

Aphni, in tribu Benjamin.

. . . .

Arim, in tribu Benjamin. Est et villa juxta Diospolim (quæ nunc usque appellatur ᵍ Betariph).

Amsa, in tribu Benjamin.

Asar, in tribu Symeonis.

Asan, in tribu Symeonis.

154 Amarchabob, in tribu Symeonis.

Ain, in tribu Judæ, sive Symeonis civitas sacerdotibus separata.

Asenna, in tribu Symeonis.

Amathar, in tribu Zabulon.

Anua, in tribu Zabulon. Est et alia villa Anua, euntibus de Neapoli Æliam in decimo milliario.

Ananthon, in tribu Zabulon.

Aschaseluth, civitas tribus Issachar : appellatur autem et quidam vicus Chasalus, juxta montem Thabor, in campestribus, in octavo milliario Diocæsareæ ad orientem respiciens (sicut supra diximus).

Aphraim, civitas tribus Issachar : estque hodie villa Affarea nomine, in sexto milliario Legionis ʰ contra septentrionem.

Anerith, in sorte tribus Issachar.

Æmes, in sorte tribus Issachar.

Acsaph, in tribu Aser.

Alimelech, sortis Aser.

ᵃ *Adasa in tribu Judæ.* Adasa prætermissa est in Græco Eusebii codice; quam tamen ipse posuerat, uti liquet ex observatione Hieronymiana, in qua redarguitur Eusebius, quod Guphnensem regionem posuerit in tribu Judæ. MARTIAN.

ᵇ Attamen Bonfrerius adhuc dubitat, immo mallet in tribu Benjamin Guphnas collocari. Male enimvero, et antiquis omnibus monimentis contradicentibus. Consule mappam.

ᶜ Addit Euseb. πρὸς δυσμὰς, *ad occidentem*, tum *milliario decimo sexto* pro *decimo quinto*.

ᵈ Vetus editio *contra Rammam*.

ᵉ Hoc nomen *Avim*, pro quo Bonfrerius *Anim*, Eusebiani codd. non agnoscunt. Sed pro eo paulo inferius habent Ἀλφ, quod penes Hieronymum desideratur.

ᶠ Noster ac Reginæ ms. *Efraim*. In Notitia Imperii, *Cohors duodecima Valeria Afro.*

ᵍ *Appellatur Betariph.* Ms. codex Patrum S. Dominici apud Tolosates, pro *Betariph* retinet *Bechariph*. MARTIAN.

— Ita præferunt Hieronymiani libri editi ac mss. Bonfrerius tamen rescribi vult *Betharim*, ut aliquam cum voce *Arim* affinitatem habeat. Vide num sit *Betaris*, aut *Betarus*, quæ in Itinerario Antonini inter Cæsaream et Diospolim ponitur.

ʰ *Contra septentrionem.* In antea editis libris maxima hic est Locorum et nominum perturbatio, quam omnino sustinimus, manuscripti jam laudati, et præcipue Colbertini unius antiquissimi subsidio adjuti; quæ quidem restitutio ut cæteræ omnes hujus editionis, ipso Eusebii Græci contextu verissimæ ac tutissimæ repertæ sunt in contentio e codicum Latinorum manuscriptorum cum Eusebiano exemplari Græco. MARTIAN.

Amath, in tribu Aser.

Abdon, in tribu Aser, civitas separata Levitis.

Aniel, in tribu Aser. ᵃ Est quædam villa nomine Betoænea, in quintodecimo lapide a Cæsarea, sita in monte contra orientalem plagam, in qua et lavacra dicuntur esse salubria.

Achran, in tribu Aser.

Amon, in tribu Aser.

155 Accho, quæ nunc Ptolemais appellatur, sortis Aser, de qua habitatores pristinos non quivit expellere.

Achziph, in tribu Aser, in qua alienigenæ permanserunt. Hæc est Ecdippa in nono milliario Ptolemaidis pergentibus Tyrum.

Amma, sortis Aser.

Aphec, sortis Aser, in qua habitatores pristini permanserunt.

Addemme, in tribu Nephthalim.

Assemdim, in tribu Nephthalim.

Amath, in tribu Nephthalim.

ᵇ Adami, in tribu Nephthalim.

Asor, in tribu Nephthalim, quam rex Assyriorum populasse scribitur.

Azanoth, terminus Nephthalim. Est autem et nunc vicus ad regionem Diocæsareæ pertinens in campestribus.

Aialon, urbs sortis Dan, separata Levitis, et est hodie vicus Alus ᶜ haud procul a Nicopoli. Sciendumque quod pro Aialon, Septuaginta interpretes ediderunt, *Ubi erant ursi*.

DE JUDICUM LIBRO.

Arad. est civitas in qua habitaverunt filii ᵈ Obab soceri Mosi in medio Israelis.

Areth, fons apud quem Gedeon castrametatus est.

Arisoth, civitas Sisaræ principis Jabis. Est autem Jabis trans Jordanem nunc villa prægrandis, a civitate Pella sex millibus distans, pergentibus Gerasam.

Ares, ᵉ ascensus Ares : pro quo Aquila interpretatur, saltuum : Symmachus, montium.

ᶠ Aruir, ubi dimicavit Jephte : est hodieque villa in monte sita, vigesimo ab Ælia lapide ad septentrionem.

158 Arima, ubi Scriptura refert sedisse Abimelech.

ᵃ Insigne mendum, quod jam ab ipso Hieronymi ævo Rhenferdus putat irrepsisse, codicis Vaticani scriptura ipsa mendosa prodit, et quo pacto corrigi possit, subindicat. Scilicet Eu ebium de voce *Anæa* peculiari titulo egisse compertum est tum aliis argumentis, cum præcipue suomet testimonio ad vocem Βηθαναβά, ubi de Bethanea rursum loquens, *quam, inquit, et supra sub nomine* ANEÆ *posuimus*. Immo quod ait *supra*, locum hunc ipsum aperte innuit ; neque enim alibi sub A littera Bethaneæ ejusque situs et salubrium quæ in ea sunt aquarum, per partes meminit. Nihil porro dubium esse debet, *Anæam*, quæ nusquam in hoc libro recensetur, hic proprie loci fuisse ab Auctore positam, factumque librariorum oscitantia, ut excideret facile ob earumdem literarum occursum in voce hac βαιτοΑΝΑΙΑ qui solemnis est descriptorum lapsus. Igitur quæ post *Ανήρ*, *κλήρου Ασήρ* hic subsequuntur, *κώμη βαιτοανιαιά*, etc., temere juncta sunt, minimeque ad nomen Ἀντίρ, aut *Aniel* pertinent. Id primo indicat Cod. Vatica us, qui post *Ἀσήρ*, jacentem lineolam punctis utrinque distinctam ex minio punit, ut finem esse ejus tituli doceat. Tum exorditur Ἀναιά, atque hoc rectissime quidem, ut ex eo nomine peculiaris titulus incipiat. Sed cætera laciniose distracta, ac perperam : nam spatio interposito revocatur *κώμη*, vox superiori versiculo descripta, cui succedit βαιτο Καισαρείας, etc. Bene tamen hinc dicimus, specialem fuisse Anææ titulum, eumque pristinæ integritati commode posse restitui. Scripserit Eusebius,

Ἀναιά (κλήρου Ἀσήρ, καί ἐστίν) κώμη βαιτοανιαιά Καισαρείας, etc.

Duo priora verba κλήρου Ἀσήρ, ex ipsa petuntur serie, ac proinde male Rhenferdus supplet φυλῆς Νεφθαλείμ, cum tribuum seriem non interrumpi ab Eusebio constet, sed ad earum ordinem exigi continuo nomina, hæc ipsa tere omnia, quæ ex Josue describuntur, probant. Vocules καί ἐστι res ipsa postulat. Jam vero quid de Hieronymianis codicibus dicemus, quos et eodem loco, eodemque plane mendo corruptos fuisse vix credas ? D eo vocem *Aser* fraudi fuisse Latino librario, quemadmodum et Græco fuit. Nec ditficer mirum id esse, tametsi hic lapsu evenerit procliviore ex vocum *Aniel* et *Anea*, sive Ἀντίρ et

Ἀναιά majori quam in cæteris similitudine. Mens autem ms. et totum *Aniel* prætermittit, ut seras, non aliam exstitisse hallucinationis causam quam vocis *Aser* occursum. Profecto nemini persuadet Rhenferdus, Euschiano exemplari hunc errorem inedisse ab ipso Hieronymi ævo : qui enim potuisset a S. Doctore non animadverti, quod corruptum esse primo statim intuitu appareret ? Rursum nemini probet vir cæteroqui doctus, atque in emendandis aliquot Eusebii locis solertissimus, quod huc referri, legendaque docet continua serie quæ ad *Anab* vocem de Anæa Judæorum vico, et ad *Anim* de alia Anæa Christianorum seorsim referuntur.

ᵇ Hoc ordine et Euseb. recensuit, et Hieronymiani duo nostri mss. præferunt. Vitiose Martianæus *Adami* post *Asor* posuit.

ᶜ Vitiose mss. editique hactenus libri, *vicus alius* pro *Alus*, quemadmodum et alia infra emendavimus.

ᵈ Reginæ ms. *filii Jobab*, juxta Græcum. At Eusebius : Υἱοὶ Ἰωβὼρ τοῦ Ἰωβάβ dixit, *filii Jethor, filii Jobab*. Vid. Judic. 1. 16.

ᵉ In uno Complutensi ms. Ἄρες habent LXX, Judic. 1, 35. Vertent porro Aquila δρυμῶν, Coislinian. Hexaplaris codex a Montfauconio laudatus et margine δρυμῶνος absque interpretis nomine. Eusebii Lectionem hinc facile tangelas.

ᶠ Non, ut Bonfrerius putat, idem hic est locus, qui supra ex Josue Aroer dictus est. Ille enim Moabitarum atque Amorrhæorum terminus ad Arnonem, hic Ammonitarum erat, quorum regio parti m alteram regni Seho ¦ occupabat. Hujus mentio fit Judic. xi, 53, illius Josue xiii, 16 ; quin etiam eo ipso capite utraque Aroer describitur : et illa quidem versic. 16 : *Aroer quæ est ad ripam fluminis Arnon ;* nostra hæc versic. 25 : *Aroer quæ est ante conspectum Rabbe* dicitur. Rursum immerito sive Eusebum sive Hieronymum culpat Bonfrerius, quod hanc ipsam *Aruir, in qua dimicavit Jephte*, tradiderint, vicum esse ad septentrionem Æliæ, seu Hierosolymæ. Sed illi, commaniæ de Aruir expleto, alium modo cognominem vicum ad Æliæ septentrionem situm memorant : et Eusebius quidem in sexto, Hier. in vicesimo milliario. Vid. supra ad vocem *Aroer*.

Ajalim, civitas in terra Zabulon : de qua fuit et ille Ajalon, qui judicavit populum Israel.

Abel vinearum, ubi dimicavit Jephte, in terra filiorum Ammon ; nam et usque in præsentem diem, in septimo lapide Philadelphiæ, villa Abela cernitur vinetis consita : alia quoque est civitas nomine Abela, vini fertilis, in duodecimo a Gadaris milliario contra orientalem plagam : necnon et tertia in Phœnice Abela, inter Damascum et Paneadem.

DE REGNORUM LIBRIS.

Armathem Sophim, civitas Helcanæ et Samuelis (in regione Thamnitica), juxta Diospolim, unde fuit Joseph, qui in Evangeliis de Arimathia scribitur.

Abenezer, quod interpretatur, lapis adjutorii, (sive lapis auxiliator). Est autem locus unde tulerunt Philistiim arcam testamenti, inter Æliam et Aschalonem, juxta villam Beth-amis.

Aphes domini, ubi dimicavit Saul (pro quo Aquila interpretatus est) in finibus Dominio.

Annegeb, pro quo Aquila, austrum : Symmachus, meridiem transtulerunt.

Arith, ubi sedit David, est villa Arath nomine, ad occidentem Æliæ.

Ahialim pro quo Aquila transtulit, cervorum, Theodotio lapides cervorum.

Aendor, quæ est in Jezraela, ubi filii Israel se ad prælium præparantes, castra posuerunt. Et est hodieque grandis vicus Aendor, juxta montem Thabor ad meridiem in quarto milliario.

Aphec, juxta Aendor Jezraelis, ubi dimicavit Saul.

Arma, ad quem locum spoliorum partem misit David.

Athach, ad hunc quoque locum David misit partem prædæ.

159 Amma, in desertum euntibus Gabaon.

Aethon Adasai, pro quo Symmachus posuit, inferiorem viam.

Area Orne, hæc est Jerusalem.

Assur, civitas Judææ, quam ædificavit Salomon.

Abelmaula, urbs unius de principibus Salomonis, unde fuit et Eliseus Propheta. Est autem nunc vicus in Aulone, de quo supra diximus, in decimo a Scythopoli milliario (contra Australem plagam) nomine Bethaula. Sed et Abelmea villula nuncupatur inter Neapolim et Scythopolim.

Avoth Jair, civitas unius de ducibus Salomonis.

Ailath, super littus Rubri maris in terra Edom, de qua et supra dictum est.

Abeloth, quam exstruxit Azarias.

Ænda, hujus expugnator atque subversor Asa rex fuit.

Aziongaber, in hoc loco classis Josaphat, vi tempestatis attrita est. Fertur autem ipsa esse Essia, haud procul ab Aila in Rubro mari.

Alleabar Gozan, nomina fluminum in terra Medorum, ad quorum montes captivus ductus est Israel.

Abana, fluvius Damasci.

Aopsithe, vel Aphusoth, quod Aquila, in libertatem vertit.

Aian, quam expugnavit rex Assyriorum.

Aia, in Assyriorum regione locus.

Amech, regio Assyriorum.

Asyma, oppidum in terra Judæa, quod ædificaverunt hi, qui ad eam venerant de Emath.

Arcem : Josephus refert, hanc esse Petram **162** urbem nobilem Palæstinæ.

Adramelech, idolum Assyriorum, quod et Samaritæ venerati sunt.

Aroniim, juxta Isaiam (Cap. xv) viæ nomen est, in visione contra Moab, pro quo Aquila Oronaim posuit, et Symmachus Orannim.

Agallim, et hujus Isaias meminit in visione contra Moab. Est autem nunc Ægalim vicus ad australem partem Areopo!eos, distans ab ea millibus octo.

Ælim, puteus Dimon, et hujus loci in eadem visione Isaias recordatur.

Ariel, hujus quoque Isaias meminit (xxix, 1), quam Aquila et Symmachus interpretati sunt, leonem Dei. Hanc putant esse quidam Areopolim, eo quod ibi usque nunc Ariel idolum colant, vocatum ἀπὸ τοῦ ἄρεως, id est, a Marte, unde et civitatem dictam suspicantur. (Mihi autem videtur juxta consequentiam textumque prophetiæ, Ariel ibi allegorice Jerusalem, sive templum significare, hoc est, leonem Dei, quod forte regnum fuerit et potens. De hoc [a] in libris Hebraicarum Quæstionum plenius dictum est.)

Adama, in Isaia, pro quo Aquila et Symmachus humum Theodotio terram interpretantur.

Ager fullonis, et hoc in Isaia scriptum est. Ostenditur autem nunc usque locus in suburbanis Jerusalem.

[b] Asedech, et hanc Isaias propheta futuram in Ægypto vaticinatur. Sciendum autem, quod in Hebræo pro hoc nomine scriptum sit, AHARES, quod a siccitate quidam interpretantur in solem, et alii in testam transferunt, volentes vel Heliopolim significari, vel Ostracinen. Sed et hujus rei disputationem, quia longior est, in libris Hebraicarum Quæstionum reperies.

Arphad, urbs Damasci, quam expugnavit rex Assyriorum, sicut in Isaia, et Jeremia, et Regnorum libris scribitur.

---

[a] *In Libris Hebraicarum Quæstion*. Non exstant illæ Quæstiones Hebraicæ in Isaiam ; quæ si ab Hieronymo editæ fuerunt aliquando, injuria temporum nobis perierunt, magno nimis Reipublicæ litterariæ ac Ecclesiæ Christi detrimento. MARTIAN.
—Vide quæ sæpius alibi, et in generali Præfat. de hisce Quæstionibus Hebraicis diximus.

[b] *Asedech*. Observet lector loca Scripturæ hic esse semper citata, juxta LXX Interpretes; *Adama* enim legitur apud LXX Isai. xv, 9 ; *Asedec* cap. xix, 18, et ita de cæteris in margine notatis. MARTIAN.

163 Aucugava, et hujus Isaias meminit (xxxvii, 13), quam Aquila transtulit Ane 'et Gava (scilicet *u* syllabam, quæ in medio nominis posita est, in conjunctionem, Et, est interpretatus) : Symmachus vero, sollicitavit et humiliavit. Legimus super hoc et in Regnorum libris (IV *Reg.* xviii, 34).

Armenia, in Isaia, quæ est Ararat.

Asael : hujus meminit Zacharias propheta.

Anameel, turris Jerusalem : sicut in Zachariæ libro scriptum est (xiv, 5).

Assameroth, in Jeremia (xxxi, 40) : pro quo in Hebræo scriptum est : SADEMOTH : quod Aquila interpretatur, suburbana.

Aenioth, in Jeremia (xxxvii, 15) : quod Aquila vertit, in officinas, vel tabernas.

Aloth, in Jeremia (xlviii, 5) : pro quo in Hebræo legitur, LUIT.

Aetham, in Jeremia (xlix, 19) : quam Aquila, validam : Symmachus interpretatur, antiquam.

DE EVANGELIIS.

Acheldama, ager sanguinis, qui hodieque monstratur in Ælia ad australem plagam montis Sion.

Ænon juxta Salim, ubi baptizabat Joannes, sicut in Evangelio cata Joannem scriptum est (iii, 23): et ostenditur nunc usque locus in octavo lapide Scythopoleos ad meridiem juxta Salim et Jordanem.

DE GENESI.

Babel, quæ et Babylon, interpretatur confusio. Erat autem civitas regni Nemrod, in qua eorum qui ædificaverunt turrim, linguæ divisæ sunt, quorum principem Josephus Nemrod fuisse affirmat. Testem quoque ejus historiæ, Sibyllam Græcam exhibens : « Locus, inquit, in quo turrim ædificavere, nunc appellatur Babylon, propter confusionem **166** sermonis eorum, qui altissimam turrim omni studio fabricabantur. Siquidem Hebræi confusionem

[a] Eusebius *ad septentrionem* dixit.
[b] *Ulammaulas,* etc. Sic legunt mss. antiquiores et optimæ notæ : infra autem Quæstionibus Hebraicis in Genesim idem verbum scribunt *Ulammaus,* conformiter ms. Alexandrino in Polyglot. Londin. ubi Genesis capite xxviii legimus Οὐλαμμαὺς, *Ulammaus.* Variant etiam in hoc nomine libri Græci. Consule editionem LXX et Notas Nobilii.   MARTIAN.
[c] Joanni Clerico iniquissime Hieronymum imperitiæ accusanti reponendum hoc loco est. Negat ille vocem אוּלָם, aut אלים significare umquam *prius* : deinde præposito in loco si *prius* interpretetur, contendit absurdam synonymi adverbii repetitionem incurri. Nimirum ita habetur Genes. xxviii, 19, in Hebræo ואולם לוז שם העיר לראשנה. *Et prius Luz nomen erat urbis a principio.* Verum temere ille inficiatur, quod pluribus e Scriptura exemplis evincitur. Luce meridiana clarius Jobi cap. ii, 5, et iv, 8, et xiii, 3. אוּלָם est *prius,* aut *primum.* Constanter alibi initii significationem servat, et cum translate vestibulum domus, aut præcipuum quid denotat. Cl. Rhenferdus deducit ex Arabica radice *Hôl,* quod est, *præcessit, prior fuit*; nota que apud Chaldæos quoque מִן אוֻּל dici *a principio.* Hebraice autem אוּלָם primum temporis initium designare eadem ferme ra-

BABEL vocant. De hac turre, et diversitate linguarum scribit et Sibylla in hunc modum : Cum omnes mortales una lingua uterentur : quidam ex his altissimam turrim ædificavere, cœlum per eam cupientes scandere : dii vero turbines ventosque mittentes, evertere turrim, et propriam atque diversam unicuique tribuere linguam : unde urbem quoque appellari contigit Babylonem. »

Bethel, vicus in duodecimo ab Ælia lapide (ad dexteram euntibus Neapolim), quæ primum LUZA (id est amygdalon) vocabatur : et cecidit in sortem tribus Benjamin juxta Betham et Gai, quam expugnavit Jesus, rege illius interfecto. (Porro quod quidam putant secundum errorem Græcorum voluminum [b], Ulammaulas antiquitus nuncupatam, vehementer errant. Verbum quippe Hebræum et nomen ipsius civitaculæ pariter miscuerunt, cum [c] ULAM significet prius, id est πρότερον, LUZA vero amygdalon : et fit sensus : vocabatur autem BETHEL prius, LUZA. Necnon et hoc quod BETHAUN aliud oppidum suspicantur, Hebræi putant eamdem esse BETHEL. Sed ex eo tempore quo ibi ab [d] Jeroboam filio Nabath vituli aurei fabricati sunt : et a decem tribubus adorati, vocatum esse Bethaun, id est, domus idoli, quæ ante vocabatur domus Dei. Sed et super hoc in libris Hebraicarum Quæstionum plenius diximus.)

167 Bala, quæ est Segor, nunc Zoara nuncupatur : sola de quinque Sodomorum urbibus (Lot precibus) reservata. Imminet autem mari Mortuo, et præsidium in ea positum est militum (Romanorum : habitatoribus quoque propriis frequentatur) : et apud eam gignitur balsamum, et poma palmarum, antiquæ ubertatis indicia. (Nullum autem moveat quod Segor, eadem Zoara dicitur : cum idem nomen sit parvulæ, vel minoris. Sed SEGOR, Hebraice ZOARA, Syriace nuncupatur. Bala autem interpretatur absorpta : super quo in libris Hebraicarum Quæstionum plenius diximus.)

tione, qua ex יוֹם, *die,* fit יוֹמָם, *diu,* sive *totus dies.* Alterum quod Clericus vocat absurdæ repetitionis vitium, omnino nullum docet esse idem Rhenferdus, quin potius pleonasmum elegantissimum videri, cui similes apud Latinos quoque invenire est. Terentius Eun. Act. ii, Sc. ii, 15 :

Olim isti fuit generi quondam quæstus apud sæculum prius.

[d] et Plinius lib. iii, 9 : *Oppidum Formiæ Hormiæ prius olim dictum* His adde, quod et Relandus observat, nullo modo posse אוּלָם *Ulam* nomen esse, aut partem nominis civitatis, siquidem eadem forma, quæ de Luza dictum est in Genesi, de Lais quoque urbe. Judic. xviii, 19, dicitur ואולם ליש שם העיר לראשונה. Ex quibus demum colligitur, satis erudite Græcorum errorem ab Hieronymo emendari, falso autem ac temere ipsum S. Doctorem hallucinationis atque imperitiæ redargui.

[d] Verum et ante Jeroboami tempora Bethel ac Bethaven veluti duæ urbes diversæ describuntur Josue vii, 2 : *Erat prope Bethaven ad ortum Bethel.* Quamquam ob impiam Idolorum cultum Bethel ipsa in Scripturis interdum Bethaven appellatur.

Balanus (id est quercus luctus), sub qua Rebeccæ nutrix sepulta est.

Barad, inter Cades et Barad, hodieque Agar putens demonstratur.

[a] Bethleem, civitas David in sorte tribus Judæ (in qua Dominus noster atque Salvator natus est), in sexto ab Ælia milliario contra meridianam plagam, juxta viam quæ ducit Chebron, ubi et sepulcrum Jesse et David ostenditur (et mille circiter passibus procul turris Ader, quæ interpretatur turris gregis, quodam vaticinio Pastores Dominicæ nativitatis conscios ante significans. Sed et propter eamdem Bethleem, regis quondam Judææ Archelai tumulus ostenditur : qui semitæ ad cellulas nostras e via publica divertentis principium est). Vocabatur autem Bethleem et filius Ephratæ (id est Mariæ), ut in Paralipomenon volumine plenius legimus (I Paral. II, 19, etc.). Lege diligenter historiam.

DE EXODO.

[b] Beelsefon, in deserto castra filiorum Israel, juxta mare Rubrum egredientibus Ægyptum.

170 DE NUMERIS ET DEUTERONOMIO.

Banejacan, in deserto castra itineris filiorum Israel.

Bamoth, civitas Amorrhæorum trans Jordanem in Arnone, quam possederunt filii Ruben.

Basan, super qua scribitur : *Et Og regem Basan* (*Psal.* CXXXIV, 11). Hanc autem Machaathi cognominavit Avoth Jair, hoc est ἐπαύλεις Ἰαΐρ. Ceciditque in sortem dimidiæ tribus Manasse, in terra Galaad, hæc est Basanitis, quæ nunc Batanæa dicitur.

Beelphegor, quod interpretatur, simulacrum ignominiæ. Est autem idolum Moab, cognomento Baal, super montem Phogor (quem Latini Priapum vocant. Et de hoc [c] in Libris Hebraicarum Quæstionum plenius dictum est).

Bæan, civitas Amorrhæorum, quæ et ipsa a filiis Ruben tenta est.

Bethamnaram, trans Jordanem, quam ædificavit tribus Gad. Est hodieque villa Bethnamaris in quinto a Libiade milliario contra Aquilonem.

[d] Betharran, trans Jordanem, quam ædificavit tribus Gad.

Beelmeon, trans Jordanem, quam ædificaverunt filii Ruben. Est autem vicus usque nunc grandis juxta Baaru (Al. *Boara*) in Arabia, ubi aquas calidas sponte humus effert, cognomento Beelmaus, distans ab Esbus millibus novem, unde et Eliseus propheta fuit.

Baal, trans Jordanem, urbs filiorum Ruben.

Buthan, castra filiorum Israel in deserto, quæ et Ædiam nuncupatur.

Bela, terminus Judææ ad Orientem respiciens, de quo et supra sub nomine Arbelæ diximus.

Bosor, in deserto trans Jordanem, quæ cecidit in sortem tribus Ruben ad orientalem 171 partem Jerichus, civitas sacerdotalis et fugitivorum Hæc est Bostra metropolis Arabiæ. Appellatur autem alia Bosor civitas Esau in montibus Idumææ, cujus Isaias recordatur dicens : *Quis est iste qui venit de Edom? fulvida vestimenta ejus ex Bosor* (*Isai.* LXIII, 1, juxta LXX).

Beroth, filiorum Jacim, in deserto locus in quo obiit Aaron; et ostenditur usque hodie in decimo lapide urbis Petræ in montis vertice.

DE JESU.

Bunos, hoc est collis præputiorum, locus in Galgalis, ubi circumcidit Jesus populum Israel in secundo ab Jericho lapide. Et ostenduntur usque hodie saxa, quæ de Jordane illuc translata (Scriptura *Josue* IV, 8) commemorat).

Bethoron, ad quam usque inimicos persecutus est reges Jesus, quæ cecidit in sortem filiorum Joseph, id est, Ephraim. Sunt autem duo vici in duodecimo ferme ab Ælia lapide Nicopolim pergentibus, e quibus propter situm unus dicitur Bethoron superior, quem ædificavit Salomon; et alius Bethoron inferior datus Levitis in possessionem.

Barne, hæc ipsa est, quæ et Cades Barne in deserto, quod extenditur usque ad urbem Pettam.

Baalgad, civitas in campestribus Libani, ad radices montis Ærmon, quam et ipsam cepit Jesus.

Bethfogor, urbs filiorum Ruben trans Jordanem juxta montem Phogor contra Jericho, sex millibus supra Libiadem.

Bethsimuth, hoc est, domus, sive locus Isimuth. Est autem usque hodie vicus Isimuth contra Jericho,

---

[a] Justinus triginta sex stadiis, hoc est septem fere milliariis distare tradit : contra Galliel. de Baldensel vix quatuor numerat. Sunt etiam qui non Judæ, sed Benjamin tribui ascribant, quasi ex Rachelis sepultura, quam in ejus loci via Jacob exstruxerat, jus aliquod in posteros manaverit. Denique, quod aiunt Eusebius atque Hieronymus, ibi sepulcrum David esse, confirmat Frater Anselmus a Canisio editus in descriptione Terræ sanctæ: *Venitur ad civitatem inclytam quondam Bethleem, quæ est in tribu Juda, ubi fuit caput ipsius David Regis Judæorum, et modo est ad instar oppiduli parvi.*

[b] *Beelsefon*, etc. In antea editis libris absunt hæc omnia loca a voce *Beelsefaon*, usque ad verbum *Bethfæli*. Leguntur vero in omnibus antiquis exemplaribus m-s Romanis, et Gallicanis, atque in Græco Eusebio. Cur autem omissa sint in editionibus Erasmiana et Marianææ, non aliam conjicio causam

præter mutilum et corruptum exemplar quo usi sunt, quodque festinanter ac negligenter, prout in manus venit, edendum tradiderunt imperitis typographis. Porro ingens illa lacuna reperitur in paucis codicibus mss. recentioribus et infimæ notæ, ad quos adornatæ sunt, ut plurimum veteres editiones Hieronymi. MARTIAN.

[c] *In libris Hebraicarum Quæstionum*. Non supersunt Quæstiones Hebraicæ Hieronymi in Numeros et Deuteronomium, ubi abunde disputaverat de turpissimo Latinorum Priapo, et Hebræorum Beelfegor.
MARTIAN.

[d] *Betharran*, etc. Eadem est *Betharran*, quæ præcedens *Bethanamram*, licet in Scriptura diversimode scribantur. MARTIAN.

— Exciderit e Græco Βηθραμθά, ut in sequiorum Judæorum scriptis dicitur, בית רמתא : Hebraice est verius בית הרם, Josue XIII, 27.

decem ab ea millibus distans in meridiana plaga juxta mare Mortuum.

Beeroth, sub ⁿ colle Gabaon. Ostenditur hodieque villa ab Ælia euntibus ᵇ Neapolim in septimo lapide.

Bothnin, trans Jordanem civitas tribus Gad, quæ usque hodie similiter appellatur.

Betharam, civitas tribus Gad juxta Jordanem, quæ a Syris dicitur Bethramta, **174** et (ab Herode in honorem Augusti) Libias cognominata est.

Bethnemra, urbs tribus Gad juxta Lybiadem trans Jordanem.

Bethagla (tribus Judæ). Est autem vicus euntibus Gazam de Eleutheropoli in decimo lapide, qui Agla appellatur. Et alia villa Bethagla maritima in octavo a Gaza milliario.

Beharaba, in tribu Juda.

Baal, hæc est, Cariathiarim, id est, villa silvarum, sive ut quidam putant, civitas Jarib, in tribu Juda. Et est usque hodie vicus descendentibus ab Ælia Diospolim Cariathiarim in decimo milliario.

Balaa, in tribu Juda.

Baloth, in tribu Juda.

Bethfali, in tribu Juda.

Bersabee, in tribu Judæ, sive Symeonis : est usque hodie vicus grandis in vigesimo a Chebron milliario vergens ad austrum, in quo et Romanorum militum præsidium positum est. A quo loco termini Judææ terræ incipientes tendebantur usque ad Dan, quæ juxta Paneadem cernitur. Interpretatur vero Bersabee, puteus juramenti, eo quod ibi Abraham et Isaac fœdus cum Abimelech sociavere jurantes. Nec movere debet quempiam, si interdum civitates Judæ easdem in tribu Symeonis, vel Benjamin repetiat. Tribus enim Juda bellicosissimis viris pollens, et crebro adversarios superans, in omnibus tribubus tenuit principatum : et idcirco etiam aliarum tribuum sortes in ejus interdum funiculo nuncupantur : alioquin in medio tribus Judæ habitasse Symeonem, Scriptura manifestissime docet.

Balam, in tribu Juda.

Bascath, in tribu Juda.

Bethdagon, in tribu Juda : sed et usque hodie grandis vicus Capherdago inter Diospolim et Jamniam demonstratur.

Betholoth, in tribu Juda.

Bethaphu, in tribu Juda, vicus trans Raphaim millibus quatuordecim euntibus Ægyptum, qui est terminus Palæstinæ.

Betharaba : pro qua Symmachus transtulit, **175** in locis quæ juxta inhabitabilem sunt, significans eremum.

Beesthara, in tribu Manasse separata Levitis in regione Basanitidi.

Bethauo, in tribu Benjamin juxta Gai et Bethel contra Machmas (licet plerique, ut supra dictum est, eamdem putent esse Bethel).

Baliluth, in tribu Benjamin.

Bethsur, in tribu Juda, sive Benjamin : et est hodie Bethsoron vicus euntibus nobis ab Ælia Chebron, in vicesimo lapide, juxta quem fons ad radices montis ebulliens (ab eadem in qua gignitur, sorbetur humo). Et Apostolorum Acta (VIII, 38) referunt Eunuchum Candacis reginæ in hoc esse a Philippo baptizatum. Est et alia villa Bethsur in tribu Juda, mille passibus distans ab Eleutheropoli.

ᶜ Boon, in tribu Benjamin.

Bethalou, in tribu Benjamin : pro qua Symmachus interpretatur, in campestribus.

Bethala, in tribu Benjamin.

Beroth, in tribu Benjamin.

Bola, in tribu Symeonis.

Bathul, in tribu Symeonis.

Beth, in tribu Symeonis.

Baaleth, in tribu Symeonis.

Barammoth, in tribu Symeonis.

Bethlabooth, in tribu Symeonis.

Bethleem, in tribu Zabulon : ad cujus distinctionem altera Bethleem appellatur Judæ.

ᵈ Bethphases, in tribu Issachar.

Bathne, in tribu Aser, et nunc appellatur vicus Bethbeten, in octavo milliario Ptolemaidis contra orientem.

ᵉ Bethdagon, locus in quo duæ tribus Zabulon et Issachar habent confinia.

Bethemec, quod interpretatur Symmachus, locum vallis. Est autem sortis Aser.

Bethana, in tribu Nephthalim : et est villa nomine Batanæa, in quintodecimo a Cæsarea lapide, in qua dicuntur lavacra esse salubria : quam et supra sub nomine Aneæ posuimus.

Bane, in tribu Dan.

ⁿ Verba *sub colle Gabaon* juxta Græcum textum, quod Relandus animadvertit, ita accipienda sunt, ut sub Gabaone, sive Gabaonis ditione significent. Hoc sensu ad vocem *Cephira* vertit ipse Hieronymus, et Gabaonem μητρόπολιν fuisse docet Eusebius.

ᵇ *Eunt. bus Neapolim.* Omnes codices mss. legunt *Neapolim* : Bonfrerius adhæret Eusebio Græco, qui legit *Nicopolim*. MARTIAN.

— Emendandi nunc ex Eusebio sunt codd. Hieronymiani, legendumque *Nicopolim* pro *Neapolim*. Nimirum Beeroth, Gabaon, Chephira, et Chariathiarim quatuor erant urbes Gabaonitarum proximæ ad sese invicem, quarum postremam Cariathiarim neque ipse Hieronymus diffitetur in via ducente Æliæ Diospolim exstitisse; quæ via eadem ac Neapoleos erat, ut ex Itinerario Hierosolymit. observat Relandus. Alia in hanc rem argumenta congerunt doci i viri.

ᶜ *Boon, in tribu Benjamin.* Perversus est ordo locorum et nominum in antea editis libris usque ad nomen *Bethleem* : sed nos genuinam seriem hoc loco restituimus vetustissimis exemplaribus moniti ac Eusebiano Græco contextui, in quo absunt nomina locorum non pauca, quæ tamen leguntur apud Hieronymum. MARTIAN.

ᵈ Hæc inquit Bonfrerius, in versione nostra *Bethpheses* appellatur Josue XIX, 21. Mirum est Eusebium eam ponere in tribu Juda.

ᵉ Olim *Bethago*. In Græco depravatum magis est nomen. Bonfrerius legit τῷ κλήρῳ Σαβουλῶν καὶ Ἰσσάχαρ.

178 Barac, in tribu Dan, usque hodie prope Azotum Barecha viculus appellatur.

DE JUDICUM LIBRO.

Bezec, urbs regis Adonibezec : hodieque duæ villæ sunt nomine Bezech, viciuæ sibi in septimodecimo lapide a Neapoli descendentibus Scythopolim.

Bethsan, ex hoc oppido tribus Manasse accolas pristinos non potuit expellere : et nunc appellatur Scythopolis, urbs nobilis Palæstinæ, quam interdum Scriptura cognominat domum San, quod in nostra lingua interpretatur, inimicus.

Bethsames, civitas sacerdotalis in tribu Benjamin, quæ usque hodie demonstratur de Eleutheropoli pergentibus Nicopolim in decimo milliario contra orientalem plagam.

Bethuath, in sorte tribus Nephthalim. Sed nec de hac pristinos accolas tribus Nephthalim valuit expellere.

Bethsames altera, in tribu Nephthalim, in qua et ipsa cultores pristini permansere.

Baal Ærmon, mons circa Libanum in finibus Allophylorum.

Baaleth, in tribu Dan.

Bethbera (Al. *Bethara*), quod interpretatur, domus aquæ, sive putei, quam expeditione bellandi occupavit Gedeon.

Bethasetta (Al. *Bethasepta*), ubi terga vertit Madian.

Balanus, id est quercus Sicimorum, ubi regnavit Abimelech, quæ usque hodie ostenditur in suburbano rure Neapoleos propter sepulcrum Joseph.

Borconni, quod vertit Aquila, in spinas, Symmachus vertit, in tribulos.

Bera, ubi cum Abimelech Joatham fugisset, habitavit. Distat autem vicus Bera ab Eleutheropoli octo millibus ad aquilonem.

Baalthamar, juxta Gabaa, ubi filii Israel adversus tribum Benjamin iniere certamen, et usque hodie Bethamari in supra dictis locis viculus appellatur.

179 DE REGNORUM LIBRIS.

Bethcur, usque ad hunc locum populus Israel fugientes alienigenas persecutus est, appellans eum, Lapidem adjutorii.

Bama, ubi Saul ungendus in regem, cum Samuele cibum sumpsit. Porro Bama, Aquila semper, Excelsum transtulit.

Boses, nomen petræ (super qua in [a] libris Hebraicarum Quæstionum diximus).

Besor, [b] torrens, ad quem venit David.

[a] *In libris Hebraic. Quæst.* Non exstant libri illi Quæstionum Hebraicarum in libros Regum : falso enim Hieronymo antea ascripti sunt, quos in Appendicem hujus voluminis amandavimus. In consequenti nomine *Besor* constans et antiquissimus error invenitur; nam omnes mss. codices et editio Erasmiana constanter legunt : *Besor, turris ad quam venit David.* Sed corruptela manifesta est ex 1 Reg. xxx, 9, ubi *Bosor torrens* dicitur, non *turris.* MARTIAN.
— Recole quæ supra sexcentis locis de hisce Quæstionum Hebraicarum libris dicta sunt.

Borasan, ad quem locum David prædæ partem misit.

Baurim, locus ad quem usque prosecutus est Michol filiam Saulis vir suus lacrymans.

Baalasor, juxta Ephraim, ubi Abessalon pecora tondebantur.

Bethmacha, usque ad hanc persecutus est Joab perduellem Sabee ; et postea, eam ab Assyriorum rege captam legimus. Est autem ascendentibus de Eleutheropoli Æliam in octavo lapide, nunc villa quæ Machamim dicitur.

Ballath, urbs quam ædificavit Salomon.

Bethsarisa unde venit homo cum muneribus ad Eliseum prophetam. Est autem villa in finibus Diospoleos, quindecim ferme ab ea millibus distans contra septentrionem in regione Thamnitica.

Bethagan, via per quam Ochoziam fugisse legimus.

Bazecbath, urbs antiqua Judææ.

Bethacath, vicus Samariæ, ad quem venit Jeu rex Israel, qui in latissimo campo situs, non amplius quindecim millibus a Legionis oppido separatur : pro quo Aquila interpretatus est, domum curvantium : Symmachus, domum singulorum (eo quod angustus et humilis introitus, singulos tantum, et nec ipsos stantes ingredi sustineret).

Benith, quam construxerunt Samaritani, qui de Babylonis regione transierant.

Byblos, civitas Phœnicis, cujus meminit Ezechiel (xxvii, 9) : pro qua in Hebraico continetur Gobel.

182 Bubastus, civitas Ægypti : juxta Ezechiel (xxx, 7).

Boz, in terra Cedar, sicut scribit Jeremias (xxv, 25).

Bel, idolum Babylonium.

DE EVANGELIIS.

[c] Bethsaida, civitas in Galilæa Andreæ, Petri et Philippi Apostolorum, prope stagnum Genesareth.

Bethphage, villula in monte Oliveti, ad quem venit Dominus Jesus.

Bethania, villa in secundo ab Ælia milliario, in latere montis Oliveti : ubi Salvator Lazarum suscitavit, cujus et monumentum Ecclesia nunc ibidem exstructa demonstrat.

Bethabara, trans Jordanem, ubi Joannes in pœnitentiam baptizabat, unde et usque hodie plurimi de fratribus, hoc est de numero credentium, ibi renasci cupientes, vitali gurgite baptizantur.

Bethesda, piscina in Jerusalem, quæ vocabatur

[b] Hieronymiani mss. quibus et Martian. et nos utimur, *turris ad quam*, vitiose.
[c] *Bethsaida.* Colbertinus codex optimæ notæ sæpe laudatus legit *Bethsaida* juxta Vulgatam Latinam editionem, et nonnulla Græca exemplaria Evangelii κατὰ Joannem. MARTIAN.
— Mss. quibus utimur omnes *Bethsaida.* Bonfrerius ait, Meliorum auctorum sententia est imprimisque Hieronymi, hic legendum esse *Bethesda* pro *Bethsaida* : nam et Græci codices *Bethesda* habent, et nonnulli Latini, uti et versio Syriaca. Quid au-

προβατική (et a nobis interpretari potest, pecualis). Haec quinque quondam porticus habuit, ostenduntur que gemini lacus, quorum unus, hibernis pluviis impleri solet : alter, mirum in modum rubens, quasi cruentis aquis, antiqui in se operis signa testatur. Nam hostias in eo lavari a sacerdotibus solitas ferunt, unde et nomen acceperit.

DE PENTATEUCHO.

Carnaim Astaroth, Carnaim nunc vicus est grandis in angulo Batanææ et appellatur Carnæa trans fluenta Jordanis : tradunt que ibi fuisse domum Job. Sed et supra meminimus Carnææ viculi, in nono ab Ælia milliario.

Cades, ubi fons judicii : est et Cadesbarne in deserto, quæ conjungitur civitati Petræ in Arabia : ibi occubuit Maria : **183** et Moses, rupe percussa, aquam sitienti populo dedit. Monstratur ibidem usque in præsentem diem sepulcrum Mariæ ; sed et principes Amalec ibi a Chodorlagomer cæsi sunt.

Cene, regio principum Idumæorum.

Cariathaim, civitas quam exstruxerunt filii Ruben. Nunc autem est vicus Christianis omnibus florens, juxta Medaban urbem Arabiæ, et appellatur Corojatha in decimo milliario supradictæ urbis, contra occidentalem plagam, vicinus ejus loci, qui appellatur Baare.

Cariatharbee (id est villula quatuor), quæ et Chebron, de qua jam supra diximus.

Canath, vicus Arabiæ, qui nunc Canatha dicitur : quem cum cepisset Nabau, appellavit Naboth. Fuit autem in tribu Manasse in regione Trachonitidi juxta Bostran.

Cata ta chrysea (id est ad aurea). Sunt autem montes auri fertiles in deserto, procul undecim ª mansionibus a Choreb, juxta quos Moses Deuteronomium scripsisse perhibetur. Sed et metallo æris Fano (quod nostro tempore corruit), montes venarum auri plenos olim fuisse vicinos æstimant.

Cademoth, desertum, ex quo loco misit legatos Moses ad Seon (regem Amorrhæorum).

Cariath, vicus qui sub Gaba metropoli fuit.

Cedes, civitas quam cepit Jesus, rege ipsius interfecto. Est autem in sorte tribus Judæ.

Cademoth, altera civitas filiorum Ruben.

Cedson, in tribu Ruben, urbs separata Levitis.

DE LIBRO JESU.

Capseel, in tribu Juda.

Cina, in tribu Juda.

186 Ceila, in tribu Juda, ubi quondam sedit David, et nunc est villa Cela ad orientalem plagam Eleutheropoleos pergentibus Chebron, quasi in octavo milliario, in qua sepulcrum monstratur prophetæ Ambacuc.

Cariathbaal, civitas Jarim in tribu Juda.

Cana, in tribu Ephraim.

Campsaim, in tribu Ephraim.

Cane, in tribu Manasse.

Cariathiarim, quæ et Cariathbaal, civitas saltuum, una de urbibus Gabaonitarum pertinens ad tribum Judæ, euntibus ab Ælia Diospolim (*Al. Heliopolim*) in milliario ᵇ nono. De hac fuit Urias propheta, quem interfecit Joacim in Jerusalem, sicut scribit Jeremias (xxvi, 20). Sed et in Paralipomenon libro (*Par.* ii, 50), filius Sobal appellatur Cariathiarim.

Cision, in tribu Issachar, civitas separata Levitis.

Cartha, in tribu Zabulon, civitas separata Levitis.

ᶜ Cotta, in tribu Zabulon, civitas separata Levitis.

ᵈ Cana, usque ad Sidonem majorem (est quippe et altera minor, ad cujus distinctionem major hæc

---

tem significet *Bethesda* non una est sententia, et vere definiri id non potest nisi de Hebraica scriptione constet. Syriaca versio בית חסדא *Bethehesda* per ח exprimit, significatque *domum misericordiæ*. Alii per נ scribi volunt, significarique *domum effusionis*, quod in eam aquæ templi effunderentur. אשר *esched* enim *effusio* est.

ª *Procul undecim mansionibus a Choreb.* Editi legunt, *undecim milibus a Choreb*. Qui locus corruptissimus est, ut patet ex Deuteronomii capite primo, e quo verba isthæc desumpta sunt ab Eusebio, qui et ipse habet *undecim dies pro undecim milliaribus*. Itaque locus in quo Moses Deuteronomium scripsisse perhibetur, distabat ab *Horeb* sive *Choreb*, undecim mansionibus, aut itinere undecim dierum : est enim iter circiter 40 milliarium quod undecim diebus lente præcedendo confici potuit. Ubi autem fuerit metallum æris famum, quod tempore Hieronymi corruit, apud geographos nullibi reperire potuimus. Vide in *Dedan* infra. Martian.

— Olim erat *undecim millibus* contra mss. fidem, sacrique textus Deuteron. cap. i, ubi *undecim* ᵉ *dies* numerantur. Porro unius diei iter ei mansio hic idem sunt : tametsi vix possit certo intervallo definiri, quot milliaris una quæque mansio, sive diei iter constaret, quæ pro locorum ratione plura fuisse aut pauciora, necesse est.

ᵇ *In milliario nono.* Pro *nono*, *unum* milliare ponunt hic editi antea libri. Martian.

— Olim erat *milliario uno*. Ipse autem Eusebius Hieronymusque alibi ad vocem *Baal*, nedum in *nono* hanc urbem in *decimo ab Ælia Diospolim milliario* collocant.

ᶜ *Cotta, in tribu Zabulon.* Desunt quoque isthæc usque ad *Cana*, in veteribus editionibus Hieronymi.
                                       Martian.

ᵈ *Cana, usque ad Sidonem majorem*, etc. Locum hunc obscurum et involutum fatetur doctus Bonfrerius, quod multa videantur tribui Canæ majori, quæ tribuenda sunt minori : nam Cana minor est illa in qua Christus aquam mutavit in vinum, de qua et Nathanael. Hæc igitur modo legendum statuit ad tollendam ambiguitatem : *Cana usque ad Sidonem majorem. Fuit autem Cana in tribu Aser. Est quoque et altera minor (ad cujus distinctionem major hæc dicitur) ubi Dominus noster*, etc. Martian.

— Sidonis parvæ, sive minoris nullibi mentio est. Fraudi fuisse videtur Hieronymo epitheton τῆς μεγάλης, quod Jos. ii, 2, Sidoni datur sine ullo tamen respectu ad aliam minorem : alter Hebraicus textus habet. Origenes credidit sub illo vocabulo τῆς μεγάλης, quod Græca habet versio, duas Sidones, alteram *nutrices* latere, idque sub allegorico sensu; nam se scribit, quamvis in locis Sidonis aliquoties commoratus sit, nunquam comperisse duas esse Sidones, aliam magnam, et aliam parvam. Quam longe autem aberrent, qui hæc Hieronymi verba de Cana intelligunt, liquet ex ipso textu. Frustra etiam sunt Bonfrerius ac Martianæus, qui ex præconcepti opinione duplicis Sidonis, S. Doctoris verba sollicitant.

dicitur). Fuit autem Cana in tribu Aser, ubi Dominus noster atque Salvator aquas vertit in vinum. Unde Nathanael verus Israelita Salvatoris testimonio comprobatur (et est hodie oppidulum in Galilæa gentium).

Cedes, sortis Nephthalim, civitas sacerdotalis ac fugitivorum, in Galilæa super montem Nephthalim. Sed et hanc cepit rex Assyriorum, quæ nunc Cidissus appellatur, in vicesimo Tyri milliario juxta Paneadem.

Chartham, in tribu Nephthalim, civitas separata Levitis.

187 DE JUDICUM LIBRO.

Cethron, in tribu Zabulon, in qua pristini remansere cultores.

Carcar, ubi filii erant Zebee et Salmana, quos interfecit Gedeon : et est usque hodie castellum cognomento Carcaria, unius diei itinere ab urbe Petra distans.

Camon, civitas Jair, in qua et sepultus est, cum primum judicasset populum Israel. Appellatur autem hodieque vicus Cimona, in campo latissimo sex millibus a Legione ad septentrionalem plagam pergentibus Ptolemaidem.

Cison, torrens, juxta montem Thabor : ubi contra Sisaram dimicatum est.

Cadomi, torrens, juxta quem Debbora bellum gessit.

Cælas Titanorum (id est vallis Gigantum), adversus quos præliatus est David.

Clauthmon, id est, fletuum locus, a planctu nomen accipiens.

DE REGNORUM LIBRIS.

Ceni, regio Philistiim.

Carmelus, ubi Nabal quondam Carmelius fuit, et nunc villa est Chermela nomine, in decimo lapide oppidi Chebron, vergens ad orientalem plagam, ubi et Romanum præsidium positum est.

. . . .

Cedron, appellatur torrens, sive vallis Cedron, juxta Jerusalem (ad orientalem plagam : cujus et Joannes Evangelista meminit).

Cyrene (in finibus Ægypti), ad quem locum rex Assyriorum transtulit Damascenos.

190 Coa, quæ est juxta Ægyptum.

Carchedon, id est Carthago : cujus Isaias et Ezechiel in visione Tyri recordantur : pro quo in Hebraico THARSIS scriptum est. Sed et de hac [a] in libris Hebraicarum Quæstionum plenius diximus.

Cœlas, id est vallis Josaphat inter Jerusalem et montem Oliveti. (Lege Prophetam Joel III, 2.)

Cedem, in Ezechiel : quod Aquila et Symmachus interpretantur orientem.

Cedar, in Ezechiel, *principes Cedar* (XXVII, 21). Sed et Isaias et Jeremias in visione Arabiæ, hujus vocabuli recordantur. Est autem regio in eremo [b] Saracenorum, a filio Ismaelis Cedar ita cognominata.

Carioth, in regione Moabitarum : sicut Jeremias scribit.

Capharnaum, juxta stagnum Gennezar : usque hodie oppidum in Galilæa gentium situm, in finibus Zabulon et Nephthalim.

Hucusque per C litteram, id est Græcum KAPPA *legere debemus : exinde per elementum* CHI, *quod aspirationem in se continet, et a Latinis minime habetur, scribendum pariter ac legendum.*

DE GENESI.

[c] Chalanne, civitas regni Nemrod in Babylone : cujus et Isaias meminit, dicens *Et Chalanne, ubi turris ædificata.*

Chalach, urbs Assyriorum, quam ædificavit Assur egrediens de terra Sennaar.

Charran, civitas Mesopotamiæ (trans Edessam), quæ usque hodie Charra dicitur (ubi Romanus est cæsus exercitus, et Crassus dux captus).

Chebron, quæ quondam appellabatur Arbe (licet male in Græcis codicibus habeatur Arboc : condita est autem ante septem annos, quam Tanis urbs Ægypti conderetur. Diximus de hac et supra. Fuit autem metropolis Enacim (quos gigantes et potentes intelligere debemus).

Chobaa, ad lævam partem Damasci. Est autem et villa Chobaa, in iisdem **191** regionibus, habens accolas Hebræos, qui credentes in Christum (omnia legis præcepta custodiunt. Et a [d] principe hæreseos) Ἐβιωνῖται (*Ebionitæ*) nuncupantur. (Contra istiusmodi dogma Paulus Apostolus scribit ad Galatas.)

Chabratha, quod interpretatur Aquila καθ᾽ ὁδόν, id est, juxta viam, quæ ducit in Ephrata, id est Bethleem : ubi Rachel cum Benjamin peperisset, oc-

---

[a] *In Libris Hebraicarum Quæstionum.* Non exstant hujusmodi Quæstiones Hebraicæ, nec aliæ quæ infra citantur in Libros Josue, Regum. et Job. MARTIAN.

[b] Videtur de sui temporis nomenclatura intelligere, nam *regio Ostracinorum*, non *Saracenorum* olim dicta est. Et sanctus quidem Hilarius Com. in Psalm. CXIV, *Ostracinis* attribuit, addit tamen, *hi sunt nunc Saraceni nuncupati.*

[c] *Chalanne, ubi turris ædificata est.* Hæc leguntur apud LXX, Isai. x, 9. In Vulgata Latina dicitur *Calano,* sed melius in Div. Bibliotheca S. Hieronymi *Chalano.* MARTIAN.

[d] Nihil ejusmodi Eusebius de Ebione principe hære-eos tradit ; atque est revera propius ad fidem, Ebionitas a *sensus paupertate* appellatos, non a quodam Ebione magistro. Hieronymus cum Epiphanio facit, qui hominem arbitratus est, cui *Ebion* proprium hoc erat nomen non sine vaticinio tamen aliquo, quo mendicus infelixque fore significaretur, cum a parentibus id nominis accepisset. Vid. quæ annotamus in Isaiæ caput primum. Jam vero *Chobaa,* ipsam Ebionitarum sedem, idem Epiphanius *Cocabe* app.lat. *In pago quodam Cocabe in regione Carnaimorum Arnemi, et Astharotharum, et Basanitidis tractu,* etc. Nec chorographica descriptio ab Hieronymiana abludit ; siquidem erat illud oppidum in vicinia Damasci ad tertium quartumve lapidem. Edrisius, qui sub nomine Geographi Nubiensis venit ad Damasci pagos, refert, vocatque *Caucaba,* et alias *Caucab.*

cubuit. Super hoc verbo quid nobis videatur, [a] in libris Hebraicarum Quæstionum diximus.

Chazbi, ubi geminos Judæ filios Thamar edidit. Ostenditur autem nunc locus desertus juxta Odol'am in finibus Eleutheropoleos. De hoc quoque in libris Hebraicarum Quæstionum plenius disputatum est.

DE NUMERIS ET DEUTERONOMIO.

Choreb, mons Dei in regione Madian, juxta montem Sina super Arabiam in deserto (cui jungitur mons et desertum Saracenorum, quod vocatur Pharan. Mihi autem videtur, quod duplici nomine idem mons, nunc Sinai, nunc Choreb vocetur).

Charada, castra filiorum Israel.

Chennereth, mare ubi est Judææ terminus in tribu Nephthalim. (Sed et oppidum quod in honorem postea Tiberii Cæsaris, Herodes rex Judææ instauratum appellavit Tyberiadem, ferunt hoc primum appellatum nomine.)

DE LIBRO JESU.

Chephira, vicus ad civitatem pertinens Gabaon in tribu Benjamin.

Chasalon, in tribu Juda, et in finibus Æliæ villa prægrandis.

Chisil, in tribu Juda.

Chabon, in tribu Juda.

194 Chaphris, in tribu Juda.

Chermel, unde Nabal Charmelius fuit, de qua et supra dictum est.

. . . .

Chilon, in tribu Juda.

Chephri, in tribu Benjamin.

Chasselath Thabor, in tribu Zabulon.

DE REGNORUM LIBRIS.

Chetthiim, terra Chetthiim, Cyprus dicitur, in qua civitatem condidit Luza. (Nam et urbs hodieque Cypricitium nuncupatur.)

Charri, ad quem locum persecutus est Joab res novas molientem Sabee.

Chomarim, ubi Josias simulacra combussit.

Chalanne, ubi turris ædificata est, juxta Isaiam (sicut supra diximus).

(Charran, civitas Assyriorum in regione Themath, juxta Isaiam.)

Chaselath, juxta Thabor, terminus Zabulon: diximus de ea et supra sub nomine Chasalus.

Chabol, terminus Aser.

Chalab, de hac cultores pristinos Aser non valuit expellere.

Chorath, torrens trans Jordanem (in quo absconditus est Elias, e regione ejusdem fluminis).

Chotha, regio Assyriorum.

Chobar, flumen Babylonium, sicut in Ezechiel.

Charchamis, civitas juxta flumen Euphraten.

Chamoam, villula juxta Bethleem.

Chalon, quæ et Ealon, oppidum Moab sicut in Jeremia scribitur.

Chamos, idolum Moab.

DE EVANGELIIS.

Chorozain, oppidum Galilææ, quod Christus propter incredulitatem miserabiliter deplorat et plangit. Est autem nunc desertum in secundo lapide a Capharnaum.

Chimarrus, id est, torrens Cedron de **195** quo et supra diximus, inter montem Oliveti et Jerusalem, ubi Dominum Salvatorem Joannes evangelista narrat traditum.

DE LIBRO GENESEOS.

Dasem, urbs Assyriorum nobilis, quam exstruxit Assur, inter Niniven et Chalach.

Drys, id est, quercus Mambre, juxta Chebron (quæ usque ad ætatem infantiæ meæ, et Constantii regis imperium, terebinthus monstrabatur pervetus, et annos magnitudine indicans), sub qua habitavit Abraham. (Miro autem cultu ab ethnicis habita est, et veluti quodam insigni numine consecrata.)

Damascus, nobilis urbs Phœnicis. Eodem autem vocabulo et Masec, ancillæ Abraham filius, appellatus est. (Porro Masec quid sibi velit, in libris Hebraicarum Quæstionum plenius disputavi: hic tantum interpretis sum functus officio, non quod ancillam Abrahæ Masec nuncupatam, probem.)

Dan, viculus est in quarto a Paneade milliario euntibus Tyrum: qui usque hodie sic vocatur, terminus Judææ provinciæ contra septentrionem, de quo et Jordanis flumen erumpens. (A loco sortitus est nomen: [b] Jor, quippe ῥεῖθρον, id est fluvium, sive rivum Hebræi vocant.)

Dannaba, civitas Balac, filii Beor regis Edom, post quem regnavit Job (licet mihi videatur longe aliter), et est usque hodie villa Dannaia, in octavo milliario Ἀρεοπόλεως pergentibus [c] Arnonem; et altera Dannaba super montem Phogor in septimo lapide Esbus.

Dothaim, ubi invenit Joseph fratres suos pecora pascentes, qui et usque hodie [d] in duodecim milliario a Sebaste, contra Aquilonis plagam ostenditur.

DE NUMERIS ET DEUTERONOMIO.

Debon, quæ et Dibon, in solitudine castra filiorum Israel. Est autem et alia Dibon, villa prægrandis juxta Arnonem, quæ cum prius fuisset filiorum Moab, et post eam Seon rex Amorrhæorum **198** belli jure tenuisset, a filiis Israel capta atque possessa, in partem

---

[a] *In Libris Hebraicarum Quæstionum. De Chabratha et Chasbi disputat Hieron. Libro Quæstionum Hebraicarum in Genesim. Videsis post Librum Locorum.* MARTIAN.

[b] Ita in Quæstionibus in Genes. cap XIV : *Dan*, inquit, *unus e fontibus est Jordanis; nam alter vocatur Jor, quod interpretatur* ῥεῖθρον, *id est, rivus.* Vide quæ annotavimus in epist. 78, ad Fabiol., mansi 41. ac

rursum Commentarios in Ezech. cap XLVIII.

[c] Mavult Relandus *Arnonam*, nempe regionem quæ ab Arnone flavio nomen sortitur. Aliter minime sibimet constare videatur Hieronymus, qui ad vocem *Madian* sitam dixerit Arcopolim ad Arnonem, hic vero ab eo octo mille passus removeat.

[d] *In duodecimo milliario*, etc. Ms. unus Gelbert. *decimo.* MARTIAN.

venit tribus Gad. Meminit hujus Jeremias et Isaias [a] in visione contra Moab.

Debongad, filiorum Israel castra.

Dymemoab, id est, ad occidentem Moab, juxta Jordanem contra Jerichum : ubi Balac rex Moab et majores natu Madian, Israelem insidiis deceperunt, [b] in quo loco et Moses scripsit Deuteronomium.

DE LIBRO JESU.

Dabira, civitas in tribu Dan, cujus regem interfecit Jesus. Est autem et alia villula Judæorum in monte Thabor regionis ad Diocæsaream pertinentis.

Dornapheth (quod Symmachus transtulit, Dor maritima). Hæc est Dora in nono milliario Cæsareæ Palæstinæ pergentibus Tyrum nunc deserta : quæ cum cecidisset in sortem tribus Manasse, eam possidere non potuit, quia habitatores in illa pristini permansere.

Dabir, in tribu Juda, quæ vocabatur civitas litterarum, hanc præoccupavit Gothoniel frater Caleb interfectis in ea Enacim. Fuit autem et ipsa sacerdotibus separata. (Porro Gothoniel quidam arbitrantur filium fratris Caleb.)

Dabir, super Jordanem civitas Amorrhæorum.

Dimona, in tribu Juda.

Dadan, in tribu Juda.

Denna, in tribu Juda, eadem est autem quæ et Dabir civitas litterarum.

[c] Dabiva, sive Dabiud, in tribu Juda.

Duma, in tribu Juda, vicus grandis in Daroma, hoc est, ad australem plagam in finibus Ἐλευθεροπόλεως, decem et septem ab ea millibus distans.

Damna, in tribu Zabulon, Levitis separata civitas.

Dasbath, in tribu Zabulon.

Dabrath, in tribu Issachar, urbs separata Levitis.

DE LIBRO JUDICUM.

Drys, id est, quercus, in Ephrata, in tribu Manasse unde fuit Gedeon. **199** Et de hac quid nobis vi-

sum sit, [d] in libris Hebraicarum Quæstionum diximus. Quæritur enim, quomodo Ephrata in tribu Manasse nunc esse dicatur.)

DE REGNORUM LIBRIS.

Dibon, de qua supra diximus, cujus meminit Isaias in visione contra Moab.

Deseth, quod Aquila transtulit, parietem : Symmachus, murum.

Dodanim, de qua Isaias in visione scribit Arabiæ. Est autem juxta Areopolim.

Darom, hujus meminit Ezechiel (xx, 46, *apud* LXX), quod Symmachus vertit, in Aphricum.

Diospolis civitas Ægypti, sicut scribit Ezechiel.

Dadan, in regione Cedar, de qua scribit Jeremias.

Deblataim, in terra Moab, sicut scribit Jeremias.

Dedan, in regione Idumæa, super qua scribit Jeremias. Est autem in quarto milliario [e] a Metallofeno contra aquilonem.

Decapolis, sicut in Evangelio legimus. Est autem regio decem urbium trans Jordanem circa Hippum et Pellam et Gadaram.

DE GENESI.

Eden, sacri paradisi locus ad Orientem, quod in voluptatem deliciasque transfertur.

Evila, ubi aurum purissimum (quod Hebraice dicitur *zaab* (זהב) et gemmæ pretiosissimæ, carbunculus, smaragdusque nascuntur. Est autem regio ad Orientem vergens, quam circumit de paradiso Phison egrediens : [f] quem nostri, mutato nomine, Gangen vocant. Sed et unus de minoribus Noe, Evila dictus est, quem Josephus refert cum fratribus suis a flumine Cephene et regione Indiæ, usque ad eum locum qui appellatur Hieria, possedisse. Sed et Ismael in solitudine Evila habitasse scribitur: quam ait sancta Scriptura esse in deserto Sur contra faciem Ægypti, et tendere usque ad terram Assyriorum.

202 Euphrates, fluvius Mesopotamiæ, in paradiso oriens. (Porro [g] Sallustius auctor certissimus

---

[a] *In visione contra Moab.* Visiones illæ creberrimæ in hoc Locorum Libro citatæ, capitula sunt Propheticorum contextuum, quæ nos distincte edidimus in Propheetis tomo I editionis nostræ. Consulat lector Divinam Hieronymi Bibliothecam. MARTIAN.

[b] *In quo loco et Moses,* etc. Supra in *Cata ta Chrysea Moses* dicitur scripsisse Deuteronomium juxta monies auri fertiles. MARTIAN.

— Recole paulo superius vocem *Cata ta Chrysea.*

[c] *Dabiva,* etc. Vetus codex Colbertinus, *Daluia,* sive *Dabuid.* MARTIAN.

[d] *In Libris Hebraicarum Quæstionum,* etc. Exciderunt Libri illi Hebraicarum Quæstionum in Librum Judicum. Haud dubie in illis docebat Hieronymus *Ephra* legendum pro *Ephrata* : nam *Ephra* legitur in Versione Latina Hieronymiana, et in aliquot Exemplaribus Græcis. Ex hac autem lectione cessat omnis quæstio. MARTIAN.

[e] *A Metallofeno,* etc. Forte legendum *Metallofano,* ut supra ad voces *Cata ta Chrysea.* MARTIAN.

[f] *Quem nostri, mutato nomine,* etc. In Græco legimus, παρ' Ἕλλησι apud Græcos. Sub Græcorum autem nomine continentur omnes nationes præter Judæorum gentem, juxta illud Apostoli, *Judæo primum et Græco.* MARTIAN.

[g] *Sallustius auctor certissimus,* etc. Incertum ubi hæc a Sallustio scripta sint; nam in Sallustii Fragmentis, versus finem pag. 256, inter cætera incerta et istud reperiet lector : *Sallustius, auctor certissimus, asserit Tigrim et Euphratem uno fonte manare in Armenia, qui per diversa euntes, longius dividuntur, spatio medio relicto multorum millium, quæ tamen terra, quæ ab ipsis ambitur, Mesopotamia dicitur :* Quæ profecto non videntur sumpta ab isto præsenti Hieronymi loco : cum multa sint discrepantia, et plura addantur in Fragmento. De Euphrate vero apud Sallustium lib. Historiarum IV hoc etiam scriptum legimus : *Quam maximis itineribus per regnum Ariobarzanis contendit, ad flumen Euphratem; qua in parte Cappadocia ab Armenia disjungitur,* etc. MARTIAN.

— Aliter in Sallustii fragmentis hic locus in antiquis editionibus legitur ; qui enim ea primum collegerunt, ex Isidoro Hisp. lib. XIII, c. 22, sumpsere, ut nobis videtur, non ex Hieronymo, unde ipsum tamen Isidorum hausisse manifestum est. *Sallustius autem auctor certissimus asserit, Tigrim et Euphratem uno fonte manare in Armenia, qui per diversa euntes longius dividuntur,* etc. Subditurque, *Ex quo Hieronymus animadvertit aliter de Paradisi fluminibus intelligendum. Frustra igitur hæc apud Sallustium quæ-*

asserit tam Tigris quam Euphratis in Armenia fontes demonstrari. Ex quo animadvertimus aliter de paradiso et fluminibus ejus intelligendum.)

Ellasar, civitas regis Arioch.

Ephratha, regio Bethleem civitatis David, in qua natus est Christus. Est autem in tribu Juda (a licet plerique male æstiment in tribu Benjamin), juxta viam ubi sepulta est Rachel quinto milliario ab Jerusalem, in eo loco qui a Septuaginta vocatur Hippodromus. Legimus Ephrathan in Paralipomenon libro (I Paral. II, 50), sicut supra dictum est.

DE NUMERIS ET DEUTERONOMIO.

Ebrona, in deserto castra filiorum Israel.

Emath, quam transierunt exploratores, qui ab Jesu missi sunt.

Erma, ubi pars populi cæsa est Israelis ab Amalec et Chananæo, quem in Deuteronomio Amorrhæum Scriptura vocat.

Eschon, civitas Seon regis Amorrhæorum in terra Galaad: quæ cum fuisset ante Moabitarum, ab Amorrhæis belli jure possessa est. Meminit hujus Jeremias, Isaias quoque in visione contra Moab. Porro nunc vocatur Esbus, urbs insignis Arabiæ, in montibus qui sunt contra Jericho, viginti a Jordane millibus distans. Fuit autem in tribu Ruben separata Levitis.

Edrai, ubi interfectus est Og rex Basan, gigas et potens, omnisque illius cæsus exercitus. Nunc autem est Adra insignis Arabiæ civitas in vicesimo quarto lapide a Bostra.

Eleale, civitas Amorrhæorum in Galaad, quæ cecidit in sortem tribus Ruben. **203** Meminit hujus et Isaias in visione contra Moab, et Jeremias: sed et usque hodie villa grandis ostenditur in primo ab Esbus milliario.

Enxa, quæ est juxta desertum Cades.

Ermon, mons Ermon, quem Phœnices cognominant Sanior: jam et supra positus.

DE LIBRO JESU.

Emec Achor, quod interpretatur, vallis Achor (id est tumultus atque turbarum), ubi Achan lapidibus oppressus est, eo quod quædam de anathemate sustulisset. Est autem locus juxta Jericho haud procul a Galgalis. (b Male ergo quidam putant vallem Achor, a nomine ejus qui lapidatus est, nuncupatam, cum ille Achan dictus sit, et non Achor, vel Achar.)

Eglom, quæ et Odollam, in tribu Judæ: cujus regem nomine Dabir, interfecit Jesus. Est autem nunc villa prægrandis, c in duodecimo ab Eleutheropoli lapide contra Orientem: de qua et supra diximus.

Esrom quæ et Asor, juxta eremum in tribu Juda: de qua et supra dictum est.

Enacim, et in hac interfecit Jesus Enacim gigantes de regione montana in Chebron. (Sed mihi videtur non esse nomen loci *Enacim*, sed habitatorum Chebron.)

Ephron, in tribu Juda. Est et villa prægrandis Ephræa nomine contra septentrionem in vicesimo ab Ælia milliario.

Edre, in tribu Juda.

Ethnam, in tribu Juda.

Ebeziuthia, in tribu Juda.

Evim, in tribu Juda.

Elolath, in tribu Juda.

Ereb, in tribu Juda. Est hodieque villa in Daroma, id est, ad Austrum, quæ et Eremiththa nuncupatur.

Esan, in tribu Juda.

Etul, in tribu Juda. Est et hodie in regione ad Æliam pertinente villa nomine Alula, juxta Chebron.

1 El hece (*M. Elthei*), in tribu Juda: est hodieque **206** Thecua vicus in nono (leg. *duodecimo*) ab Ælia milliario contra meridianam plagam, de quo fuit Amos propheta, cujus et sepulcrum ibidem ostenditur.

Engaddi, in tribu Juda: ubi absconditus est David in solitudine, quæ est in Aulone Jerichus, hoc est in regione illa campestri, de qua supra diximus. Vocatur autem usque hodie vicus prægrandis Judæorum Engadda, juxta mare Mortuum, unde et opobalsamum venit (quas vineas Engaddi Salomon (*Cant.* I, 13) nuncupat).

Esthemo, civitas sacerdotalis, nunc autem ostenditur prægrandis vicus Judæorum in Daroma, qui locus ad Eleutheropoleos pertinet regionem.

Emec Raphaim, id est, vallis Raphaim, in tribu Benjamin.

Edomia, in tribu Benjamin: nunc vero ostenditur villa Eduma in Acrabittene duodecim ferme millibus distans a Neapoli contra Orientem.

Erma, et hanc Jesus cepit, rege illius interfecto: quæ fuit in sorte Symeonis, sive Judæ.

Ether, sortis Symeonis, et nunc est villa prægrandis nomine Jeththira, in interiori Daroma juxta Malatham.

---

runtur, aut textus utriusque discrepantiam causatur Martianæus; non enim hæc ex Sallustio, sed ex Isidoro allata sunt. Hic autem nescio utrum verius legerit in antiquis Hieronymi exemplaribus, *uno fonte manare*, pro *fontes demonstrari*, eam quippe lectionem contextus videtur postulare, tametsi diversis fluminis utriusque fontes prodiderit Strabo, quos διέχειν ἀλλήλων, σταδίους ἑξ᾽, distare invicem *stadia circiter* 2600 dixit. Vid. alium Isidorum Characenum; Agathemerum, lib. I; Plutarchium de Euphrate, aliosque.

a *Licet plerique male æstiment*, etc. Eusebium notat Hieronymus: ab eodem quoque dissentit cum Ephratham quinto milliario ab Jerusalem positam refert: nam Eusebius in altera columna Ephratham posuit in Tribu Benjamin, quarto milliario ab Hierosolymis. MARTIAN.

— Supra ad vocem *Bethleem* in sexto milliario collocant, quod plerique alii auctores uno ore tradunt.

b *Male ergo quidam putant vallem Achor.* Eusebius notatur hoc loco. MARTIAN.

c Latini ex-criptoris videtur hic esse lapsus; alibi enim Eusebio consentiens Hieronymus, Odollam *in decimo ab Eleutheropoli milliario* collocat. Recole vocem *Adollam*.

Eththa, in tribu Symeonis.

Elcath, in tribu Aser, Levitis separata civitas.

Edrai, in tribu Nephthalim.

Esthaul, in tribu Dan, ubi mortuus est Samson: quæ usque hodie ostenditur in decimo Eleutheropoleos miliario contra aquilonem pergentibus Nicopolim.

Eltheco, in tribu Dan, separata Levitis.

Elba, de hac tribus Aser accolas pristinos non quivit expellere.

Eremmon, vicus Judæorum prægrandis in sexto decimo ab Eleutheropoli milliario contra meridiem in Daroma.

Emathdor, in tribu Nephthalim, separata Levitis.

Emath, terminus Allophylorum in regione Damasci.

207 DE REGNORUM LIBRIS.

Ergab, ad quem locum Jonathan filius Saul veru dirigit, militaribus jaculis se exercens. Pro quo Aquila et Symmachus interpretati sunt lapidem, licet in alio loco Symmachus pro hoc τὴν περίμετρον dixerit.

Ecbela, ubi absconditus est David : nunc vero Eccela villa dicitur in septimo ab Eleutheropoli milliario, juxta quam et sepulcrum Ambacue [a] prophetæ ostenditur.

Elmoni, locus quispiam interpretatur : pro quo Aquila et Theodotio transtulerunt [b] τόνδε τινά, quod nos dicere possumus, *hunc vel illum*. (Porro diligens lector agnoscat, quod in principio quoque libri hujus aliqua ex parte perstrinxi, me non omnia quæ transfero [c] comprobare : sed idcirco quædam juxta auctoritatem Græcam relinquere, quia de his in Libris Hebraicarum Quæstionum plenius disputavi.)

Esthama, ad quem locum misit David.

Eloth, quam ædificavit rex Azarias.

Emath, in Isaia civitas Damasci, quam oppugnavit rex Assyriorum. Meminit hujus Zacharias et Ezechiel. In Amos quoque *Emath Rabba* scribitur (quod nobiscum sonat, *Emath magna*). Diximus de hac et supra, quod nobis videretur hanc esse Epiphaniam juxta Æmesam (quæ usque hodie Syro sermone sic dicitur.)

Eser, urbs quam ædificavit Salomon, Elcese, de quo loco et Naum propheta fuit, nam appellatur Elcesæus.

Emacim, quod Symmachus et Aquila transtulerunt, vallium.

DE EVANGELIIS.

Emmaus, de quo loco fuit Cleophas, cujus Lucas Evangelista meminit : [d] hæc est nunc Nicopolis insignis civitas Palæstinæ.

210 Ephraim, juxta desertum, ad quam venit Dominus Jesus cum discipulis suis. Diximus de hac et supra sub Ephon vocabulo.

Hucusque per correptam litteram E, nominum sunt lecta principia. Exinde per extensum legamus elementum, quod Græce dicitur heta.

DE GENESI.

Elath, regio principum Edom, et civitas Esau, in decimo a Petra milliario contra Orientem.

Eroum (*Gesse*), civitas in Ægypto, ad quam Joseph occurrit patri suo Jacob.

Heliopolis, civitas solis, urbs in Ægypto, pro qua in Hebræo scriptum est *on*, in qua Petefres sacerdos fuit. Meminit hujus et Ezechiel.

Etham, castra filiorum Israel in deserto, quæ appellantur Ebutham (f. *et Butham*).

DE LIBRO JESU.

Engannim, in tribu Juda, nunc est vicus juxta Bethel.

Enaim, in tribu Juda, hodieque villa est Bethenim circa Terebinthum.

Endor, in tribu Manasse, ubi Pythonissa a Saule rege Judææ consulitur. Diximus et supra de Endor, quæ est juxta oppidum Naim, in cujus portis Salvator filium viduæ suscitavit. Est autem circa Scythopolim.

Euganni, in tribu Issachar civitas separata Levitis. Sed et alia quædam civitas Enganna dicitur, circa Gerasam trans Jordanem.

Enadda, in tribu Issachar. Est autem usque hodie quædam villa Ennadab pergentibus de Eleutheropoli Æliam, quasi in decimo milliario.

Enasor, in tribu Nephthalim, posita est et supra Asor.

---

[a] *Sepulcrum Ambacuc.* Sepulcrum Abacuc multis locis diversis monstrabatur, sicut hodie caput S. Joannis Baptistæ. MARTIAN.

[b] Τόνδε τινά. Corruptissime editi antea libri legebant τὸν δεῖνα, cum apud LXX etiam interpretes, IV Reg. VI, 8. unde *Elmoni* sumptum est, hoc modo legatur: εἰς τὸν τόπον τόνδε τινὰ Ἐλμωνί, *in locum istum quemdam Elmoni*. Quod sit autem *Elmoni*, vel *Pheloni Almoni*, פלני אלמני, quod occurrit libro Ruth cap. IV, 1, et IV Reg. VI, 8, et alibi, docuisset nos Hieronymus in suis Hebraicis Quæstionibus, nisi maximo Litterarum sacrarum detrimento illæ periissent. MARTIAN.

— Ante Martianæum editi τὸν δεῖνα, saltem atque bene : ita enim habet et Regius unus cod. apud Montfauconium in Hexaplis ad hunc locum IV Reg. VI, 8, εἰς τὸν δεῖνα τόπον.

[c] Puta nominum etymologias, non ipsarum urbium situm non probari ab Hieronymo, qui sicubi Eusebius fallitur in earum intervallis assignandis, errorem notat, ac se ab eo dissentire profitetur.

[d] Paria habet in epist. 108. ad Eustochium, num. 8 : *Nicopolim, quæ prius Emmaus vocabatur, apud quam in fractione panis cognitus Dominus, Cleophæ domum,* etc. Et Anastasius Bibliothecarius : *Emmaus,* inquit, *Palæstinæ castellum de quo in sacris legitur Evangeliis, Alexandro* (Severo qui postea Imperator) *Nicopolis est honoris decreto legatione fungente Africano, qui historias in quinque libris descripsit.* Verum duas cognomines Emmaus male confundi Relandus notat lib. II, cap. 4, atque eam κώμην, *vicum,* cujus meminit Lucas XXIV, 13, non plus sexaginta stadiis Hierosolymis abfuisse, Josepho teste de bello lib. VII, cap. 27, contra Emmauntem civitatem quæ et Nicopolis dicta est, stadiis centum et septuaginta sex distasse quæ viginti duo sunt milliaria Romana. Confer denuo Hieronymum secum ipso in Comment. ad Daniel. cap. XII, et Ezech. cap. XLVIII, et Abdiæ I.

Ereccon, terminus tribus Dan, juxta Joppen.

DE JUDICUM LIBRO.

Etam, ubi habitabat Samson, in spelunca Etam, juxta torrentem.

211 DE REGNORUM LIBRIS.

Ela, legimus vallem Ela: quam Aquila et Theodotio interpretantur, vallem quercus.

Engaddi, desertum, in quo absconditus est David. Posuimus et supra Engaddi in tribu Juda juxta mare Mortuum, contra Occidentem.

Emath, regio Allophylorum. Porro juxta Jeremiam civitas Damasci.

Enam, terminus Damasci, sicut in Ezechiel legitur, ad Orientem vergens a Themam et Palmetis : quæ cæteri interpretes ediderunt, Thamar.

DE GENESI.

Fison, quod interpretatur, caterva : fluvius quem nostri (*Græci*) Gangen vocant, de paradiso exiens, et pergens ad Indiæ regiones, post quas erumpit in pelagus. Dicit autem Scriptura circumiri ab hoc universam regionem Evila, ubi aurum præcipuum nascitur et Carbunculus lapis et Prasinus.

Faran, nunc oppidum trans Arabiam junctum Saracenis, qui in solitudine (vagi errant) Per hoc iter feceruut filii Israel, cum de monte Sina castra movissent. Est ergo, ut diximus, trans Arabiam contra australem plagam, et distat ab Aila contra Orientem, itinere trium dierum. In deserto autem Pharan Scriptura (*Gen.* xxi) commemorat habitasse Ismaelem. Unde et Ismaelitæ (qui nunc Saraceni). Legimus quoque Chodorlagomor regem percussisse eos, qui erant in deserto Pharan.

Fitistiim, quæ nunc dicitur Ascalon, et circa eam regio Palæstinæ.

Fanuel, locus in quo Jacob tota nocte colluctans, Israelis vocabulum meruit, juxta torrentem Jaboc (Fanuel autem interpretatur facies Dei, ab eo quod Jacob ibi Deum viderit).

Fogo, civitas Adad regis, quæ est in regione Gabalitica.

Fenon, castra filiorum Israel in deserto. Fuit autem quondam civitas principum 214 Edom, nunc viculus in deserto, ubi æris metalla (damnatorum suppliciis effodiuntur), inter civitatem Petram et Zoaram (de quo et supra diximus).

DE EXODO.

Fithom, civitas Ægypti, quam ædificaverunt filii Israel.

DE NUMERIS ET DEUTERONOMIO.

Fin, castra filiorum Israel in deserto.

Fathura, civitas trans Mesopotamiam, unde fuit Balaam hariolus : sed et juxta Eleutheropolim quædam villa nomine Fathura euntibus Gazam nuncupatur.

Fogor, et Bethfogor, mons Moabitarum, ad quem Balaac rex adduxit Balaam hariolum in supercilio Livladis. Sed et alia villa Fogor haud procul a Bethleem cernitur (quæ nunc e Phaora nuncupatur).

Fasga, civitas Amorrhæorum. Est autem et mons contra orientalem plagam Fasga, pro quo Aquila interpretatur, excisum. Sed et Septuaginta [a] interpretes Fasga in quodam loco, excisum transtulerunt.

DE LIBRO JUDICUM.

Fanuel, civitas quam ædificavit Jeroboam.

Fanuel, turris quam subvertit Gedeon. Sed et unus de filiis Hor vocatus est Fanuel (1 *Paral.* XLIV).

Fraaton, unde fuit Abdon judex populi Israel in monte Amalec.

DE REGNORUM LIBRIS.

[b] Felmoni almoni, quod Aquila interpretatur, illum vel istum. Symmachus 215 vero, nescio quem locum. Theodotio, illum locum Elmon (de quo in libris Hebraicarum Quæstionum plenius disputatum est).

Fogo, civitas regni Edom.

Farfar, fluvius Damasci.

Fathore, regio Ægypti juxta Ezechielem et Jeremiam, in qua profugi habitavere Judæi.

DE GENESI.

Geon, fluvius, qui apud Ægyptios Nilus vocatur, in paradiso oriens, et universam Æthiopiam circumiens.

Gomorrha, una de quinque civitatibus Sodomorum, quæ cum reliquis divina ultione subversa est.

Gerara, ex cujus nomine nunc Geraritica vocatur regio trans Daroma, procul ab Eleutheropoli millibus viginti quinque ad meridiem. Erat autem olim terminus Chananæorum ad australem plagam, et civitas metropolis Palæstinæ. Scriptura commemorat fuisse eam inter Cades et Sur, hoc est inter duas solitudines : quarum una Ægypto jungitur, ad quam populus trans fretum Rubri maris pervenit ; altera vero Cades, usque ad Saracenorum eremum extenditur.

Galaad, mons ad quem septimo die profectionis e Charris Jacob profugus venit. Est autem ad tergum Phœnices et Arabiæ, collibus Libani copulatus : extenditurque per desertum usque ad eum locum, ubi trans Jordanem habitavit quondam Seon rex Amorrhæorum. Cecidit supradictus mons in sortem filiorum Ruben (et Gad, et dimidiæ tribus Manasse ; sed et Jeremias (XLII. 6) loquitur, *Galaad tu mihi initium Libani*), a quo monte et civitas in eo condita, sortita vocabulum est : quam cepit de Amorrhæorum manu Galaad filius Machis, filii Manasse.

Gader, turris, ubi habitante Jacob, Ruben patris violavit torum (quæ absque G littera, in Hebræo *ader* (עדר) scribitur).

Getthaim, pro qua in Hebræo positum 218 est AVITH, civitas Adad, qui quartus regnavit in terra Idumæa, quæ nunc Gebalene dicitur.

---

[a] Puta Deuteron. IV, 49, ubi ὑπὸ Ἀσηδὼθ τὴν λαξευτὴν interpretantur.

[b] *Felmoni Almoni*. Jam de hisce nominibus diximus supra in *Elmoni*. MARTIAN.

Gesem, regio Ægypti, in qua habitavit Jacob cum liberis suis.

DE NUMERIS ET DEUTERONOMIO.

Gasiongaber, castra in solitudine filiorum Israel, sicut in Numerorum libro scriptum est. Porro juxta Deuteronomium civitas est Esau, quam nunc Esiam nuncupari putant, juxta mare Rubrum et Ailam.

Gai, in solitudine castra filiorum Israel : et usque hodie Gaia urbs dicitur Palæstinæ, juxta civitatem Petram.

Gelmon Deblathaim, castra, id est, mansio filiorum Israel in deserto.

Gadgad, mons in deserto, ubi castrametati sunt filii Israel.

Gaza, civitas Evæorum, in qua habitavere Cappadoces, pristinis cultoribus interfectis. Apud veteres erat terminus Chananæorum juxta Ægyptum, cecidítque in [a] sortem tribus Judæ : sed eam tenere non potuit, quia Enacim, id est gigantes, Allophylorum fortissimi, restiterunt ; et est usque hodie insignis civitas Palæstinæ. (Quæritur autem quomodo in quodam [b] Propheta dicatur Gaza futura in tumulum sempiternum : quod solvitur ita : antiquæ civitatis locum vix fundamentorum præbere vestigia, hanc autem quæ nunc cernitur in alio loco, pro illa quæ corruit, ædificatam.)

Gargasi, civitas trans Jordanem, juncta monti Galaad, quam tenuit tribus Manasse. [c] Et hæc esse nunc dicitur Gerasa, urbs insignis Arabiæ. Quidam autem ipsam esse Gadaram æstimant. Sed et Evangelium meminit Gergesenorum.

Gaggada, ubi aquarum torrentes sunt. Est autem locus in solitudine.

Gaulon, sive Golam, in tribu Manasse civitas sacerdotalis et fugitivorum, in regione Basanitide. Sed et nunc Gaulon vocatur villa prægrandis in Batanæa, ex cujus nomine et regio sortita vocabulum est.

Gebal, mons in terra repromissionis, ubi ad imperium Mosis altare constructum **219** est. Sunt autem juxta Jericho duo montes vicini contra se invicem respicientes, e quibus, unus Garizim, alter Gebal dicitur. Porro Samaritani arbitrantur, hos duos montes juxta Neapolim esse ; sed vehementer errant : plurimum enim inter se distant, nec possunt invicem benedicentium sive maledicentium inter se audiri voces (quod Scriptura commemorat).

Garizin, mons super quem steterunt hi qui maledicta resonabant, juxta supradictum montem Gebal.

Golgol, quæ et Galgal, juxta quam montes esse scribuntur Garizin et Gebal. Galgal autem, locus est juxta Jericho. (Errant igitur Samaritani, qui juxta Neapolim Garizin et Gebal montes ostendere volunt, cum illos juxta Galgal esse Scriptura testetur.)

Gai, in Moab, quod interpretatur, vallis Moab, juxta Phogor, ubi sepultus est Moses.

DE LIBRO JESU.

Galgala, hæc est quam supra posuimus Golgol, ad orientalem plagam antiquæ Jerichus cis Jordanem, ubi Jesus secundo populum circumcidit, et Pascha celebravit, et deficiente manna, triticeis panibus usus est Israel. In ipso loco lapides quoque, quos de alveo (Al. *alveolo*) Jordanis tulerant, statuerunt : ubi et tabernaculum testimonii fixum multo tempore fuit. Cecidit autem in sortem tribus Judæ, et ostenditur usque hodie locus desertus in secundo Jerichus milliario, ab illius regionis mortalibus miro cultu habitus. Sed et juxta Bethel quidam aliam Galgalam suspicantur.

Gai, juxta Bethan et Bethel, quam expugnavit Jesus, rege illius interfecto, et habitavit in illa quondam citra (Al. *circa*) Jordanem Amorrhæus, nunc desertus tantum ostenditur locus.

Gabaon, unde Gabaonitæ supplices venerunt ad Jesum : erat olim metropolis et regalis civitas Evæorum, cecidítque in sortem tribus Benjamin. Et nunc ostenditur villa eodem nomine in quarto **222** milliario Bethelis contra occidentalem plagam, juxta Rama et Remmon : ubi Solomon hostiis immolatis, divinum meruit oraculum. Fuit autem et ipsa separata Levitis.

Gabe, sortis Benjamin, et hæc Levitis civitas separata.

Gazer, in sorte tribus Ephraim, urbs separata Levitis : quam et ipsam expugnavit Jesus, rege illius interfecto. Ædificata est autem postea a Solomone : nunc Gazara villa dicitur in quarto milliario Nicopoleos contra septentrionem. Verumtamen sciendum, quod alienigenas ex ea Ephraim non potuit expellere.

Goson, et hanc expugnavit Jesus.

Geth, in hac gigantes, qui vocabantur Enacim, et Philistinorum accolæ permanserunt. Ostenditur vicus in quinto milliario ab Eleutheropoli euntibus Diospolim.

Gesom, civitas alienigenarum, quæ est in Gargasi in Basanitide : de qua filii Israel expellere non valuerunt Gesuri.

Gader, et hujus regem interfecit Jesus. Legimus quod Jacob trans turrim Gader fixerit tabernaculum suum (*Gen.* xxxv,16, *apud* LXX).

---

[a] *Sortem tribus Judæ.* Unus ms. codex Colbertinus pro *Judæ* legit *Joseph.* MARTIAN.

[b] Puta Sophoniam, cap. ii. Hinc et in Apospasmatiis incerti auctoris Græci tomo quarto Geographorum Minorum Novæ Gazæ est mentio. Μετὰ τὰ Ῥινοκόρουρα ἡ νέα Γάζα κεῖται πόλις οὖσα καὶ αὐτή. Post *Rhinocorurum Nova Gaza, quæ et ipsa est civitas, sita est.* Vid. et Curtium lib. iv, et Arrianum lib. ii.

[c] Origenes vero, in Matthæum, pag. 131, Gergesam Palæstinæ a Gerasa Arabiæ distinguit. Ex Ptolemæo quoque discimus duas cognomines urbes exstitisse, alteram in Cœle-Syria, cujus et Stephanus Byzant. meminit, Γέραϊα πόλις τῆς κοίλης Συρίας : alteram in Arabia Petræa. Denique et *Flaccus Gerasorum* provinciæ *Arabiæ Episcopus* Calchedonensi concilio subscripsit.

Goim in Gelgel : quod Aquila et Symmachus interpretantur, gentes in Gelgel.

Gelgel, et hanc cepit Jesus : et nunc ostenditur villa nomine Galgulis, ab Antipatride in sexto milliario contra septentrionem.

Golathmaim, locus qui interpretatur [a] possessio aquae.

Gadda, in tribu Juda. Est autem hodieque villa in extremis finibus Daromae contra orientem, imminens mari Mortuo.

Gadera, in tribu Juda : nunc appellatur villa ad regionem civitatis Aeliensis pertinens, nomine Gadora, circa Terebinthum.

Gabedur, in tribu Juda : hodieque vocatur Gedrus, vicus praegrandis in decimo milliario Diospoleos pergentibus Eleutheropolim.

Gabli, terra Allophylorum.

Gison, in tribu Juda.

Gelon, in tribu Juda.

Gaderoth, in tribu Juda.

223 Getremmon, in tribu Manasse, civitas separata Levitis.

Gai, vallis, sive praeruptum.

Gehennom, quod interpretatur, vallis Ennom, et ab hac quidam putant appellatam gehennam. Cecidit autem in sortem tribus Benjamin juxta murum Jerusalem contra orientem (super qua in libris Hebraicarum Quaestionum plenius dictum est).

Gethepher, in tribu Zabulon.

Gesthael, id est vallis Esthael, in tribu Zabulon.

Gabathon, in tribu Dan, civitas separata Levitis. Est quoque oppidum, quod vocatur Gabe, in sextodecimo milliario Caesareae, et alia villa Gabatha in finibus Dioecesareae juxta grandem campum Legionis : necnon Gaba et Gabatha, viculi contra orientalem plagam Daromae. Sed et alia Gabatha in tribu Benjamin, ubi fuit domus Saul : alienigenarum quoque in Regnorum Libris quaedam Gabatha scribitur (et juxta Bethleem in tribu Juda).

Getremmon, alia civitas in tribu Dan, separata Levitis. Est autem nunc villa praegrandis in duodecimo milliario Diospoleos [b] pergentibus ad eam de Eleutheropoli.

Galiloth, locus juxta Jordanem in tribu Benjamin : ubi altare Domino constituerunt filii Ruben.

Gaas, mons in tribu Ephraim, in cujus septentrionali plaga sepultus est Jesus filius Nave, et usque hodie juxta vicum [c] Thamna sepulcrum ejus insigne monstratur.

Gabaath, in tribu Benjamin, urbs Phinees filii Eleazar : ubi sepultus est Eleazarus. Est autem nunc Gabatha, villa in duodecimo lapide Eleutheropoleos, ubi et sepulcrum [d] Ambacue prophetae ostenditur.

226 Gabaam, usque ad hanc bellatum est contra tribum Benjamin, sicut in libro Judicum scribitur (*Jud.* 20).

DE REGNORUM LIBRIS.

Geththa, ad quem locum transtulerunt arcam testamenti de Azoto : nunc vicus grandis vocatur Giththam, inter Antipatridem et Jamniam. Sed et alia villa appellatur Geththim.

Galim, unde fuit Phalthi, qui post fugam David, Michol uxorem ejus acceperat. Meminit hujus loci et Isaias. Dicitur autem esse quidam juxta Accaron vicus, qui vocatur Gallaa.

Gelamsur, regio Allophylorum.

Gelboe, montes alienigenarum, in sexto lapide a Scythopoli, in quibus et vicus est grandis, qui vocatur Gelbus.

Gedud, ad quam descendit David : pro quo Aquila, τὸν εὔζωνον, id est, expeditum, vel accinctum ; Symmachus, latronum cuneum, transtulerunt.

Gazera, ubi percussit David alienigenas. Posuimus et supra Gazer.

Gesur, regio alienigenarum in Syria.

Gilon, unde fuit Achitophel.

Gob, ubi commissum est praelium (II *Reg.* xxi, 18).

Galilaea : duae sunt Galilaeae, e quibus una Galilaea gentium vocatur, vicina finibus Tyriorum, ubi et Salomon viginti civitates donavit Chiram regi Tyri, in sorte tribus Nephthali : altera vero Galilaea dicitur circa Tyberiadem et stagnum Genezareth, in tribu Zabulon.

Gion, ubi Salomon est unctus in regem.

Ger, locus in quo percussit Jeu rex Israel Ochoziam regem Judaeae, juxta Jeblaam.

---

[a] Pro hujus nominis interpretatione, quae exciderat, notam Ζτ, spatio interstitio, annotat Vaticani codicis scriptor. Rectius porro הגלתמים Golathmaim, quae vox Josue xv, 19 habetur, *revolutionem aquarum* notat : ac forte Hieronymus *profusio* scripserit pro *possessio*.

[b] Emendandi codices Hieronymiani sunt ab Eusebio, legendumque *pergentibus ab ea Eleutheropolim* ἀπιόντων εἰς Ἐλευθερόπολιν.

[c] Quae scilicet *Thamnath sare* dicitur, Josue xxiv, 30, non quae *Thamna* simpliciter, et tribus Judae fuit. Vide lib. i contra Jovinian. num. 15.

[d] Et supra ad *Ceila*, itemque ad *Echela* idem Ambacuci sepulcrum monstrari traditur : quod projecta temeritate Clericus hoc in loco deridet, accusatque ἀντιλογίας. Contra Relandus ac Rhenferdus nihil ab Eusebio aut Hieronymo peccatum ostendunt, valdeque erudite observant tria haec loca, *Ceila*, *Echela* et *Gabatha* fuisse in via Regia, vel militari sita inter Eleutheropolim et Chebronem, quod ex his quae ad *Ceila* dicuntur, manifesto liquet. Nimirum euntibus Eleutheropoli Chebronem versus, ad septimum lapidem *Echela* occurrebat, ad octavum *Ceila*, ad decimum *Gabatha* : neque adeo mirum, si duarum leucarum spatio idem monumentum tribus aut pluribus locis monstraretur ad dexteram, vel sinistram viae militaris eorum, maxime si imposita moles paulo altior fuit, aut in editiori loco extructa, quod erat ad ejus gentis ingenium paulo remotius e via publica. Enimvero non in aliquo trium horum locorum, nedum in tribus ipsis prophetam fuisse sepultum Eusebius aut Hieronymus docent ; sed tantum juxta haec loca ejus monumentum monstrari solitum viatoribus, qui aeque ab hoc, quam ab illo conspicere potuissent. Adducitur in hanc rem Virgilii quoque versus Eclog. ix :

Hinc adeo media est nobis via ; namque sepulcrum
Incipit apparere Bianoris.

Gettha - Chepher, unde Jonas Propheta fuit.

Gaddi, quam percussit Azael rex Damasci. Posita est et supra Gadda.

Gemala, regio Idumæorum, pro qua Aquila et Symmachus interpretantur, vallem salis.

Gebin, meminit hujus Isaias. Et est villa Geba, in quinto milliario a Gophnis euntibus Neapolim.

227 Gozan, in regione Emath: et hujus meminit Isaias. Est autem in finibus Damasci.

Gareb, collis juxta Jerusalem, sicut scribit Jeremias.

[a] Gebarth: pro quo Aquila interpretatur, in sepibus: Symmachus vero, in coloniis. (Lege Jeremiam.)

Gepha, nomen regionis, ut in Isaia scriptum est.

Gamem, sive Gamon, regio Moabitarum, juxta Isaiam.

DE EVANGELIIS.

Gadara, urbs trans Jordanem, contra Scythopolim et Tyberiadem ad orientalem plagam sita in monte, ad cujus radices aquæ calidæ erumpunt, balneis desuper ædificatis.

Gergesa, ubi eos qui a dæmonibus vexabantur, Salvator restituit sanitati, et hodieque super montem viculus demonstratur, juxta stagnum Tyberiadis, in quod porci præcipitati sunt. Diximus de hoc et supra.

Gethsemani, locus ubi Salvator ante Passionem oravit. Est autem ad radices montis Oliveti nunc Ecclesia desuper ædificata.

Golgotha locus Calvariæ, in quo Salvator pro salute omnium crucifixus est, et usque hodie ostenditur in Ælia ad septentrionalem plagam montis Sion.

DE GENESI.

Jaboc, fluvius, quo transmisso, luctatus est Jacob adversus eum, qui sibi apparuerat, vocatusque est Israel. Fluit autem inter Amman, id est, Philadelphiam, et Gerazan (in quarto milliario ejus), et ultra procedens, Jordani fluvio commiscetur.

Idumæa, regio Esau: quæ ex eo quod ille Edom vocabatur, nomen accepit. Est autem circa urbem Petram, quæ nunc dicitur Gabalene.

230 Itheth, regio principum Edom, in eadem, de qua supra diximus, Gebalene.

DE EXODO.

[b] Iroth, locus deserti, ad quem venerunt filii Israel, mare Rubrum transfretantes.

DE NUMERIS ET DEUTERONOMIO.

Jetabatha, castra in solitudine filiorum Israel.

Incendium, id est ἐμπυρισμός, locus in deserto, ubi quamdam partem populi flamma consumpsit.

Inthaath, castra in deserto filiorum Israel.

Janna, quæ est in campo Moab, subtus verticem Phasga, id est, excisi, quod respicit ad desertum juxta Arnon.

Jassa, ubi adversus Sehon Amorrhæorum regem dimicatur. Meminit hujus Isaias in visione contra Moab: sed et Jeremias. Et usque hodie ostenditur inter [c] Medabam et Debus.

Jazer, civitas Amorrhæorum, in decimo lapide Philadelphiæ ad solis occasum, trans Jordanem, quæ fuit terminus tribus Gad, extenditurque usque Aroer, quæ et ipsa respicit ad Rabba. Meminit urbis Jazer et Isaias in visione contra Moab, sed et Jeremias. Fuit autem separata Levitis, et distat ab Esebon millibus quindecim, e qua magnum flumen erumpens, a Jordane suscipitur.

Jordanes, fluvius dividens Judæam, Arabiam et Aulonem, de quo supra diximus, et usque ad mare Mortuum fluens, qui post multos circuitus juxta Jericho, Mortuo commixtus mari, nomen amittit.

Jetabatha, locus in deserto, ubi torrentes aquarum demonstrantur.

Jericho, urbs, quam, Jordane transgresso, subvertit Jesus, rege illius interfecto: pro **231** quo exstruxit aliam Ozam de Bethel, ex tribu Ephraim, quam Dominus noster atque Salvator sua præsentia illustrare dignatus est. Sed et hæc eo tempore, quo Jerusalem oppugnabatur a Romanis propter perfidiam civium capta atque destructa est. Pro qua tertia ædificata est civitas, quæ usque hodie permanet, et ostenduntur utriusque urbis vestigia usque in præsentem diem.

DE JESU NAVE.

Jerusalem, in qua regnavit Adonibesec, et postea eam tenuere Jebusæi, e quibus et sortita vocabulum est, quos multo post tempore David exterminans, totius eam Judææ provinciæ metropolim fabricatus est: eo quod ibi locum templi emerit (et impensas structuræ Salomoni filio dereliquerit: Hanc esse Josephas refert), quæ in Genesi scribitur Salem, sub rege Melchisedech. Fuit autem in tribu Benjamin.

Jebus, ipsa est quæ et Jerusalem.

Jarim, civitas Gabaonitarum.

Jarimuth, civitas quam subvertit Jesus, in tribu Juda, quarto distans [d] ab Eleutheropoli lapide, juxta villam Esthaol.

Isimoth, ubi absconditus est David: de qua et supra quid nobis videretur diximus, ponentes Bethsimuth. Sed et in Regnorum libro primo, pro Isimuth, Aquila interpretatur, dissipatam: Symmachus vero, desertam.

Jedna, in sexto ab Eleutheropoli lapide pergentibus Chebron.

υἱοὶ Ἰσραήλ.

[c] *Inter Medabam et Debus.* Corrupte legebamus in antea editis libris *Deblatham* pro *Debus*, quod Bonfrerium fefellit. MARTIAN.

[d] *Jarimuth*, etc. Hunc locum prætermittunt plures mss. codices Latini, cum tamen exstet in Græco Eusebio sub nomine Ἰαϛείς. MARTIAN.

---

[a] *Gebarth*, etc. Ita mss. codices, editi vero libri legunt *Gabath*, Jeremiæ capite XL. non *Gabarth*, sed *Galeroth*, significat *sepes*. MARTIAN.

[b] *Ex composito*, *Phihahiro* h, quod Septuaginta Num. XXXIII, 5. στόμα εἰρώθ, *os Iroth* interpretantur, avulsum hoc nomen esse, notat Bonfrerius, qui et suo post διάβθον verbum, addit in Græco οἱ

Jeconam, civitas Carmeli, quam cepit Jesus, rege illius interfecto.

Jair, civitas tribus Manasse.

Jamnel, in tribu Juda, usque hodie oppidum Palæstinæ Jamnia, inter Diospolim et Azotum.

Jabir, civitas litterarum in tribu Juda.

Jathur, in tribu Juda.

Jermus, in tribu Juda. Est autem usque hodie villa Jermucha, in decimo ab Eleutheropoli lapide ascendentibus Æliam.

Jectael, in tribu Juda.

234 Jectan, in tribu Juda.

Jether, in tribu Juda, civitas sacerdotalis. Et nunc est villa prægrandis Jethira nomine, in vicesimo milliario Eleutheropoleos: habitatores quoque ejus omnes christiani sunt. Sita est autem in interiori Daroma, juxta Malathan. Diximus de hac et supra.

Janum, in tribu Juda: est villa Janua, in tertio milliario Legionis contra Meridiem. Sed non videtur ipsa esse quæ scribitur.

Jetan, in tribu Juda, civitas sacerdotalis, est hodieque vicus prægrandis Judæorum in decimo octavo lapide ab Eleutheropoli ad australem partem in Daroma.

[a] Jesrael, in tribu Juda: sed non est ipsa quæ supra.

Jezrael, in tribu Manasse: hodieque prægrandis vicus ostenditur in Campo maximo inter Scythopolim et Legionem. Fuit autem terminus Issachar. Sed et unus de posteris Ephratæ, sicut in Paralipomenon (I *Par.* v, 3) legimus (supp. *libris*), vocatus est Jezrael.

Jecdaan, in tribu Juda.

Jephlethi, in tribu Joseph.

Jano, in tribu Ephraim. Hanc quoque cepit rex Assyriorum: et hodieque vicus ostenditur Jano, in Acrabittena regione, in duodecimo lapide Neapoleos contra Orientem.

Jamin: pro quo Aquila et Symmachus interpretantur, dexteram.

[b] Jaseb (Al. *Jasen*): pro quo Hebræi, habitatores legunt.

Inemec: pro quo Aquila et Symmachus transtulerunt, in vallem.

Jeblaam, in tribu Manasse, de qua alienigenas non valuit expellere.

Jerphel, in tribu Benjamin.

Jecnal, in tribu Zabulon, Levitis civitas separata.

Jasthie, in tribu Zabulon: nunc usque Joppe vocatur, ascensus Japho. Sed et oppidum Sycaminum nomine, de Cæsarea Ptolemaidem pergentibus super mare, propter montem Carmelum Epha dicitur.

235 Jephthael, in tribu Zabulon.

Jadela, in tribu Zabulon.

Jermoth, in tribu Issachar, urbs sacerdotibus separata. Posuimus et supra Jerimuth, cujus et Osee propheta meminit.

Icoc, sortis Nephtali, in confinio trium tribuum: id est, in tribu Zabulon ad australem plagam, in tribu Aser ad occidentem, porro in tribu Juda ad solis ortum.

Jabnel, in tribu Nephtali.

Jeron, in tribu Nephtali.

Jethlam, in tribu Dan.

Jelon, in tribu Dan.

Jud, in tribu Dan.

Jerachon, aquæ, in tribu Dan.

Inlechi: pro quo Aquila interpretatur, in maxilla.

Jabis Galaad, et hanc oppugnaverunt filii Israel. Nunc autem est vicus trans Jordanem in sexto milliario civitatis Pellæ, super montem euntibus Gerasa.

DE REGNORUM LIBRIS.

Joar, saltus, in quo examen apum fuit.

Jerameli, regio Allophylorum.

Jether, ad quam misit David: nunc est villa in Daroma, nomine Jetthira, de qua supra diximus.

Jecmaam, civitas principum Salomonis.

Itabyrium: pro quo Aquila et Symmachus in Osee propheta transtulerunt, Thabor. Est autem mons Thabor in Campo maximo [c] ad orientalem plagam Legionis.

Jecthoel, nomen petræ in Regnorum libris.

Jethaba, urbs antiqua Judææ.

Inaczeb: pro quo Symmachus transtulit, in valle Zeb.

Inachim, sive Inbachim: pro quo Aquila et Symmachus transtulerunt, in fletu. Meminit hujus et Michæas propheta.

238 Joppe, oppidum Palæstinæ maritimum in tribu Dan.

Inaraba: pro quo Aquila transtulit, in humili, vel plano: porro Symmachus, in campestri.

Ituræa et Trachonitis regio, cujus Tetrarcha fuit

---

[a] Bonfrerius hunc in Latino titulum proxime sequenti jungit una serie, tantumque *supra* adverbio expuncto, *non est ipsa quæ Jezrael*, etc. Facile ad hunc modum scripserit Eusebius ipse Ἰεσραὴλ, φυλῆς, Ἰούδα· μηδὲ αὕτη ἐστὶ Ἰεζαεὴλ, etc.; atque adeo occursus simillimæ vocis fraudi fuerit Græco Antiquario. Cæterum satis luculenter de posteriori hac urbe Hieron. in Commentar. ad Osee cap. 1: *Diximus Jezraelem, quæ nunc juxta Maximianopolim est, fuisse metropolim regni Samariæ prope quam sunt campi latissimi, et vallis nimiæ vastatis, quæ plus quam decem millium tenditur passuum.* Et in Zachar. c. XII: *Adadremmon, pro quo LXX transtulerunt* Ῥοῶνος, *urbs est juxta Jezraelem, quæ hoc olim vocabulo nuncupata est, et hodie vocatur Maximianopolis in campo Maggedon.* Vid. Relandum.

[b] *Jasen*, etc. Bene monuit Bonfrerius nomen istud diversimode in codicibus Septuaginta Interpretum legi solitum; nam vox illa Jos. XVII, 7, *Jaseb. Jassib, et Jasem* legitur, pro quo in Hebræo est ישב *Josebe*, hoc est, *habitatores*, sicut vertit Hieronymus.

[c] *Ad orientalem plagam.* Sæpius editi antea libri legunt *occidentalem* pro *orientalem*. Constat autem ex Tabulis Geographicis Thabor positum fuisse ad orientalem plagam Legionis. Vide infra *Thabor*.

Philippus : sicut in Evangeliis legimus. Trachonitis autem dicitur terra juxta desertum Arabiæ, quod Bostræ jungitur.

DE GENESI.

Lasa, terminus Chananæorum circa Sidonem.

Luza, in tribu Benjamin, quam postea Jacob cognominavit Bethel. Est autem usque hodie villa in sinistra parte viæ de Neapoli pergentibus Æliam.

Luza, hæc altera est, quæ cecidit in sortem filiorum Joseph, juxta Sichem in tertio lapide Νεαπόλεως.

Lotan, urbs ducum Edom.

DE NUMERIS ET DEUTERONOMIO.

Lebona in deserto, castra filiorum Israel.

Lobon, locus solitudinis trans Jordanem, in quo Moyses Deuteronomium legit.

DE LIBRO JESU.

Lochis, in tribu Juda : sed et hanc cepit Jesus, rege ipsius interfecto. Meminit hujus Isaias et Jeremias : et nunc est villa in septimo milliario ab Eleutheropoli euntibus Daromam.

Lebna, in tribu Juda, civitas sacerdotalis, quam tenuit Jesus, rege illius interfecto : nunc est villa in regione Eleutheropolitana, quæ appellatur Lobna. Scribit de hac et Isaias.

Lasaron, et hanc cepit Jesus, rege illius interfecto.

Lapis Boen, filiorum Ruben : est autem terminus tribus Judæ.

Laboth, in tribu Juda.

Lamas, in tribu Juda.

239 Labaoth, in tribu Symeonis.

Labanath, in tribu Aser.

Lacum, terminus Nephtalim :

DE JUDICUM LIBRO.

Laboemath : pro quo Aquila interpretatur, ingressus Emath.

Lesem : hanc filii Dan vi captam, cognominaverunt Dan.

Luza, altera, juxta Bethel, in terra Cetthim, quam condidit ille qui abierat de Bethel, sicut narrat historia.

Lechi : pro quo Aquila et Theodotio interpretantur, maxillam (de qua jam et supra diximus).

Laisa, hanc filii Dan captam manu, possederunt, cum esset procul a Sidone, et vocaverunt eam Dan. Fuit autem terminus terræ Judææ, contra Septentrionem, a Dan usque ad Bersabee se tendentis. Meminit hujus et Isaias. Sita est autem juxta Paneadem, de qua Jordanis fluvius erumpit.

DE REGNORUM LIBRIS.

Lamatthara, ad quem locum Jonathan jacula dirigebat, pro quo Aquila interpretatur, ad signum : Symmachus, ad condictum.

Ladabar, ubi erat Miphibosthe.

Lodabar, unde fuit Machir.

Libanus, mons Phœnicis altissimus.

Luith, hujus meminit Isaias : et est usque hodie vicus inter Areopolim et Zoaram nomine Luitha.

DE GENESI.

Messe, regio Indiæ, in qua habitaverunt filii Jectan, filii Heber.

Mambre, hæc est Chebron, juxta quam sepultus est Abraham cum Isaac et Jacob : de qua et supra diximus. Mambre autem vocabatur et unus amicorum Abraham.

242 Madian, urbs ab uno filiorum Abraham ex Chetthura sic vocata. Est autem trans Arabiam [a] ad meridiem in deserto Saracenorum contra orientem maris Rubri : unde vocantur Madianæi, et Madianæa regio. Legimus et [b] filias Jobab soceri Mosis,

---

[a] Legerat olim Rhabanus *trans Arabiam Eudæmonem in deserto*. Atque ipse quidem Hieron. in Quæstion. Hebraic. in Genes. cap. 25 : *de Cetura nati filii Abraham juxta Historicos Hebræorum occupaverunt* τρωγλοδύτην, *et Arabiam, quæ nunc vocatur* εὐδαίμων.

[b] *Filias Jobab*, etc. Ubi legamus in Scriptura *filias Jobab*, sive Obab, *filias Madian*, non facile sit invenisse ; sed manifeste falsus deprehenditur Bonfrerius, qui hic *filias Jethro*, pro *filias Jobab*, aut *Hobab*, docet esse legendum. Exploratissimum enim nobis est *Hobab* apud LXX dici Ἰωβάβ, Jud. IV, 11. Et Theodot. Qu. 15 in Numer. putat *Jobab* fuisse filium *Raguelis*, qui idem sit ac *Jothor*, sive *Jethro*. Porro filii Jobab soceri Mosis, Cinæi dicti sunt et habitaverunt aliquando inter Amalecitas atque Madianitas ; unde *filiæ Jobab, filiæ Madian* dici potuerunt a Madian civitate, quæ est juxta Arnonem et Areopolim. In Græco Eusebio nulla est difficultas, quia *filiæ Moab* et *filiæ Madian* promiscue accipiuntur in Scriptura, et apud Josephum lib. 4 Antiqq. Jud. cap. 6.

— Recte suo quisque sensu, Eusebius ac Hieronymus scribunt : alter Μωάβ, alter *Jobab*. Hic nempe proprium soceri Mosis nomen, quod est Ἰωβάβ aut Ὀβάβ reposuit, siquidem nihil est dubium filias Jobab appellari Madianitides, quarum patria erat Ma-

dianitis ad mare Rubrum. Ille Numerorum locum cap. XXV, 1, respexit, ubi *filiæ Moab* memorantur, quæ utique Madianitides puellæ audiunt toto illo capite, ac sedes Madian Moabitidi finitimas incolebant. Varia igitur allusione inter se tantum discrepant, nec quidquam tamen alteruter peccat, contra quam Bonfrerius et maxime Clericus jactat, qui verba Eusebii perperam ab Hieronymo interpolata, falsamque lectionem *Obab* pro *Moab* substitutam, mentitur. Alterum, quod in Hieronymo tantopere accusant, quod hanc dixerit esse Madianitidem ad Areopolim et Arnonem, verissime atque erudite Rhenferdus purgat : ostendens omnino vitiatos librariorum culpa esse Hieronymi codices, proque verbis, *Sed hæc*, legendum *Sed et*, quæ phrasis est illi sexcentis locis familiarissima. Enim vero S. Doctorem tam ineptum, totiusque Geographiæ et Historiæ ignarum, sibique minime constantem nemo putabit, ut eum Madianæam regionem *in deserto Saracenorum contra orientem maris Rubri*, a qua et *filias Obab soceri Mosis filias Madian* appellari existimat, constituisset, hanc ipsam dicere esse civitatem juxta Arnonem et Areopolim. Rescribe itaque sodes, *Sed et alia*, etc., qua emendatione nihil certius. Sed Græcum quoque textum Relandus hoc loco supplet Ἔστι δὲ ὄνομα ἑτέρας πόλεως, etc.

filias Madian. Sed hæc alia civitas est ὁμώνυμος ejus, juxta Arnonem et Areopolim, cujus nunc ruinæ tantummodo demonstrantur.

Moab, ab uno filiorum Lot, qui vocabatur Moab, urbs Arabiæ, quæ nunc Areopolis dicitur, sic vocata est : cujus et supra meminimus. Appellatur autem Moab ex nomine urbis et regio. Porro ipsa civitas, quasi proprium vocabulum possidet. Rabbath Moab (id est grandis Moab).

Masseca, civitas regni Edom, circa Gebalenen.

Mabsar, usque ad præsentem diem vicus grandis in regione Gebalena, appellatur Mabsara ad urbem Petram pertinens.

Magediel, et hæc in regione Gebalena possessa quondam a ducibus Edom.

DE EXODO.

Magdolus, ad quem filii Israel, cum existent de Ægypto, pervenerunt, antequam transirent mare Rubrum. Legimus et in Ezechiel de Magdolo usque Syenen. Porro Jeremias Judæos, qui secum fugerant, Babyloniorum impetum declinantes, in hac urbe Ægypti habitasse refert.

Merra, quod interpretatur amaritudo. **243** Est autem locus, in quo amaras aquas jactu ligni Moses in dulcem vertit saporem.

DE NUMERIS ET DEUTERONOMIO.

Memoriæ, id est, sepulcra concupiscentiæ, castra filiorum Israel in deserto, ubi post esum carnium ascendit ira Dei super illos.

ᵃ Maceloth, castra filiorum Israel in solitudine.

Masurath, castra filiorum Israel in deserto.

Matthane, quæ nunc dicitur Masechana. Sita est autem in Arnone, duodecimo procul milliario contra orientalem plagam Medabus.

Misor, civitas Og regis Basan. (Significat autem Misor, loca plana atque campestria.)

Machanarath, terminus urbis Amman, quæ et Philadelphia dicitur.

Madobares, quam nos vocamus eremum, hanc Hebræi *Madrarim* nominant.

Misaida, filiorum Jacim, locus in solitudine, in quo obiit Aaron.

DE LIBRO JESU.

Maceda, in hac conclusit Jesus quinque reges in spelunca, quos interfecit cum rege Maceda, quæ fuit in tribu Juda : et nunc est in octavo milliario Eleutheropoleos contra solis ortum.

Madon, civitas in qua fuit rex Jobab, adversus quem Jesus bellum gessit.

Massepha, in tribu Juda, apud quam habitabat Jephte juxta Cariathiarim, ubi quondam arca testamenti fuit, et Samuel populum judicavit. Meminit hujus et Jeremias.

Merrom, aquæ ad quas, exercitu præparato, castra sunt posita. Est autem nunc vicus Merrus nomine in duodecimo milliario urbis Sebastæ juxta Dothaim.

Massephothmaim, pro quo Aquila, Massephoth aquæ : Symmachus, Massephoth maris, interpretati sunt.

Machathi, urbs Amorrhæorum super Jordanem juxta montem Aermon, de qua exterminare non valuerunt filii Israel Machathæum.

Marom, et hanc cepit Jesus, rege illius **246** interfecto. (Posita est et supra Marrus.)

Mageddo (et hanc cepit Jesus, rege illius interfecto) : quæ cum cecidisset in sortem tribus Manasse, nequaquam possedit eam, quia pristinos habitatores nequivit expellere.

Misor : pro quo Aquila et Symmachus, humilem interpretati sunt. Est autem civitas tribus Ruben, separata Levitis in regione Gabalena.

Medaba, usque hodie urbs Arabiæ, antiquum nomen retinens juxta Esebon.

Maphaath, in tribu Benjamin. Sed et alia est trans Jordanem, in qua præsidium Romanorum militum sedet propter viciniam solitudinis.

Masapha, in tribu Gad, separata Levitis. Est autem et alia nunc Maspha, in finibus Eleutheropoleos contra septentrionem pergentibus Æliam, pertinens ad tribum Judæ.

Maanaim, in tribu Gad, separata Levitis, in regione Galaaditide.

ᵇ Moladab, in tribu Judæ, sive Simeonis. Medemena, in tribu Judæ, cujus meminit Isaias : et nunc est Menois oppidum juxta civitatem Gazam.

Magdala, in tribu Juda.

Maresa, in tribu Juda : cujus nunc tantummodo sunt ruinæ in secundo lapide Eleutheropoleos.

Maon, in tribu Juda, contra solis ortum Daromæ.

Maroth, in tribu Juda.

Maddi, in tribu Juda.

Masfa, in tribu Benjamin.

Machoth, in tribu Manasse.

Marala, ᶜ ascensus Zabulon.

Masan, in tribu Aser, juxta Carmelum ad mare, civitas separata Levitis.

247 Mare Salinarum, quod vocatur Mortuum, sive mare Asphalti, id est, bituminis, inter Jericho et Zoaram.

ᵃ *Maceloth... in solitudine.* Addunt hoc loco editi antea libri, *Matheca, castra filiorum Israel in solitudine* : verum nec in Græco ea invenies, nec in mss. Latinis exemplaribus perantiquis ac optimæ notæ.

ᵇ *Moladab*, etc. Editi hoc nomen scribunt post *Marala* ; Græcus autem Eusebius et Latini codices mss. codem ordine, quo a nobis reponitur.

ᶜ Iterum dissentit ab Eusebio, qui ponit φυλῆς Μανασσῆ, Hieronymus, sed verius judicat. Maralam in finibus Zabulon exstitisse, tradit Josephus quoque : certe ab iis non longe erat, cujus terminus dicitur ascendisse versus *mare et Marala*. Minime vero ad mare ipsum se usque protendebat regio Zabulon ; alioqui tribus Aser et dimidia Manasse non se mutuo attigissent, quod Josue testimonio XVII, 10 ; compertum est. Igitur Marala locus fuerit ad fines occidentales sortis Zabulon ; cujus ascensui Hieronymus tribuit ; Eusebius Manassi.

Meeleb terminus Nephtalim.

Magdiel, in tribu Nephtalim, et hodieque parvus vicus ostenditur in quinto milliario Doræ, pergentibus Ptolemaidem.

Mons Olivarum, ad orientem Jerusalem, in quo discipulos erudiebat Jesus.

DE LIBRO JUDICUM.

Mosphetaim : pro quo Aquila interpretatur, sortium : Symmachus, viciniarum.

More, nomen est collis (de quo in Libris Hebraicarum Quæstionum plenius disputatum est).

Mennith, ubi Jephte prælialus est : nunc autem ostenditur Manith villa in quarto lapide Esbus pergentibus Philadelphiam.

Machmas, usque hodie vicus grandis ostenditur in finibus Æliæ, antiquum nomen retinens, novem ab ea millibus distans juxta villam Rama.

DE REGNORUM LIBRIS.

Messab, hostile oppidum juxta Gaba.

Magdon, sive Magron, ubi sedit Saul.

Massepha, in Moab, ad quam profugus David, cum Saulis insidias declinaret, venit.

Masereth, in qua sedit David, nunc deserta : pro quo Aquila interpretatur, munitiones : Symmachus, refugia : Theodotio, speluncas.

Masbach, hostilis civitas regis Adrazar.

Mela, id est, Gemela : quam Aquila et Symmachus transferunt, vallem Salis (diximus de hac et supra).

Maacha, regio regis Gesur.

[a] Modeim, vicus juxta Diospolim, unde fuerunt Macchabæi : quorum hodieque **250** ibidem sepulcra monstrantur (satis itaque miror, [a] quomodo Antiochiæ eorum reliquias ostendunt, aut quo hoc certo auctore sit creditum.

Mabsar Tyri : pro quo Aquila et Symmachus interpretantur, munitam Tyrum.

Magau, urbs quam ædificavit Salomon.

Meeber : pro quo Aquila transtulit, ἀπὸ πέραν :

A Symmachus, ἐξεναντίας, id est, trans, vel de contra.

Maces, urbs unius principum Salomonis.

Mello, civitas quam ædificavit Salomon. (Porro [b] Symmachus et Theodotio, adimpletionem transtulerunt. Et de hac in libris Hebraicarum Quæstionum plenius dicitur.)

Maedam, civitas quam ædificavit Salomon.

Memphis, civitas Ægypti, cujus Osee, et Ezechiel, et Jeremias, prophetæ recordantur; sed et Judæi, qui cum Jeremia de Jerosolymis profugi exierant, habitaverunt in Memphis.

Machaas, in Osee, pro quo Aquila et Symmachus, concupiscentias interpretantur.

Miletus, civitas Asiæ, de qua Ezechiel scribit.

Mariboth, cujus meminit Ezechiel dicens : *Usque* B *ad aquam Mariboth* (*Ezech.* XLVIII, 28, *juxta* LXX), pro quo Aquila, lites : Symmachus, jurgia, vel contradictiones interpretantur.

Morasthi, unde fuit Micheas propheta. Est autem vicus contra orientem Eleutheropoleos.

Masagam, regio Moabitarum, ut scribit Jeremias.

Misor, regio Moab, juxta Jeremiam.

Mophath, regio Moabitarum : sicut in Jeremia legimus. Posita est autem et supra Memphrua.

Maon, regio Moabitarum, juxta Jeremiam.

Melchom, idolum Ammonitarum, sicut scribit Jeremias.

[c] Magedan, ad cujus fines Matthæus **251** Evangelista scribit, Dominum pervenisse; sed et Marcus ejusdem nominis recordatur : nunc autem regio dicitur Magedena, circa Gerasam.

DE QUINQUE MOSIS LIBRIS.

[d] Naid, terra in qua habitavit Cain, vertitur autem in salum, id est, motum, sive fluctuationem.

Nineve, urbs Assyriorum, quam ædificavit Assur egrediens de terra Senaar. Est et alia usque hodie civitas Judæorum nomine Nineve in angulo Arabiæ (quam nunc [e] corrept<i>e Nineve vocant).

---

[a] In mente facile habuerit Hieronymus Mathatiæ posteros, quorum certa sepulcra erant in Modin. Sed quorum reliquiæ Antiochiæ monstrabantur, septem erant celebratissimi fratres Macchabæi, qui alii plane sunt a posteris Mathatiæ. Illos vero Antiochiæ martyrium subiisse (licet Josephus Antiq. XII, et libello de Macchabæis, Cedrenus, aliique pauci dicant Jerosolymis) Martyrologia ac veteres passim auctores tradunt. Sanctus quoque Augustinus, sermon. de Macchabæis, templum Antiochiæ illis dedicatum memorat.

[b] Symmachi interpretationem, quæ eadem ac Theodotionis fuerit, ex Regio Hexaplari codice penes Montfauconium suppleas : Σ. ἀπὸ προσθέματος. Sym. *ab additamento*; nam ἀπὸ πληρώματος versio *a plenitudine*, ibi Aquilæ tribuitur.

[c] *Magedan*, etc. Matthæus recordatur nominis *Magedan*, cap. XV, vers. 39, quod in Græco contextu scribitur *Magdala*. Marcus vero pro *Magedan* legit *Dalmanutha*, cap. VIII, vers. 10. Nec tamen erroris insimulare debemus Eusebium, qui utebatur Græcis exemplaribus, ubi *Magedan* scriptum legebatur apud Marcum, sicut hodie in plurimis codicibus mss., quos inter variantes lectiones Græcas N. T. recensent Biblia Polyglotta Londinensia. MARTIAN.

[d] Vatic. Ναῒν, γῆ. Recte Hieron. *Naid*, Gen. IV, 16.
[e] *Corrept<i>e Nineve vocant.* Editi legunt *corrupte*; sic et mss. codices, præter Colbertinum optimæ notæ num. 4354, et alterum Monasterii S. Cygiranni, quos secuti sumus; quia nulla apparet nominis corruptio *Nineve* cum *Nineve*; sed correpte una potuit vocari *Nineve*; cum altera producte legeretur D *Nineve*. MARTIAN.
—Reginæ ms. *corrupte Neve vocant*. Noster compendiaria scriptura *corpte Nenevem*. Et Martisnæus quidem ex duobus mss. *correpte* reposuit, nihil plane immutato nomine *Ninive*, in eo ratus totam esse vocis differentiam, quod in altera hac Ninive secunda syllaba corriperetur, quæ in priori produceretur. Martianæo assentitur Relandus, qui tamen hic *Neneven*, ut in ms. nostro est, legit, aliaque in exemplum adducit Hieronymi loca, in quibus de correpta aut extensa vocali in pronuntiando disputat. Ejusmodi est illud in Sophon. cap. I : *Pila, hoc loco non per brevem syllabam prima legenda est, ne σφαίρων putemus, sed productam, ut de pila sciamus dici, in qua frumenta tunduntur.* Contra Clericus *corrupte*, quod antea erat in editis libris, retinendum putat, multoque mavult ita intelligere Hieronymum, ut velit oppidum quoddam a Judæis cultum in Arabia,

Naaliel, juxta Arnonem castra filiorum Israel.

Nabau (quod Hebraice dicitur *Nebo*), mons supra Jordanem contra Jerichum in terra Moab, ubi Moses mortuus est : et usque hodie ostenditur in sexto milliario urbis Esbus [a] contra orientalem plagam.

Nabo, civitas filiorum Ruben in regione Galaad : cujus meminit Isaias in visione contra Moab, et Jeremias. Est vero et cujusdam viri vocabulum Nabau, qui Caan (*Chanaath*), et cæteros vicos, qui circum eam erant, ex suo nomine nuncupavit Naboth (*Nobe*). Sed et usque hodie ostenditur desertus locus Naba, distans a civitate Esbus millibus octo contra meridianam plagam.

Negeb, Auster : apud Hebræos *Nageb* dicitur, quod Symmachus interpretatur, meridiem. (Sciendum autem quod eadem plaga apud Hebræos tribus vocabulis appellatur, *Nageb*, *Theman*, *Darom*, quod nos possumus Austrum, Africum, et Meridiem, sive Eurum interpretari.)

254 DE LIBRO JESU.

Nepheddor (quod [b] Symmachus interpretatur maritimam); Dor autem est oppidum jam desertum in nono [c] milliario Cæsareæ, pergentibus Ptolemaidem.

Naftho, nomen fontis in tribu Benjamin.

Naama, civitas tribus Judæ.

Neesib, in tribu Juda, quæ nunc vocatur Nasibi, in septimo milliario Eleutheropoleos pergentibus Chebron.

Nepsam in tribu Juda.

Naaratha, in tribu Ephraim, et nunc est Naorath villula Judæorum, in quinto milliario Jerichus.

Napheth, in tribu Manasse.

Naalol, in tribu Zabulon, civitas separata Levitis.

Neceb, in tribu Nephtalim.

DE LIBRO JUDICUM.

Neela, de hac alienigenas Zabulon non valuit expellere. Est hodieque in regione Batanæa viculus nomine Neila.

Nabbe, sive Nobba, ad quam ascendit Gedeon, urbs sacerdotibus separata, quam postea legimus Saulis furore subversam.

Nemra, civitas tribus Ruben in terra Galaad : et usque ad præsens vicus grandis Namara, in regione Batanæa.

DE REGNORUM LIBRIS.

Navioth, locus in Rama, ubi sedit David (et de hoc in libris Hebraicarum Quæstionum diximus).

Nachon, area Nachon : pro quo Aquila interpretatur, area præparata.

Nephath, civitas unius principum Salomonis.

Nerigel, et hanc exstruxerunt in regione Judæa Samaritani, qui de Babylonia sunt profecti.

Nezab, quam condiderunt Evæi in terra Judæa.

Nazareth, idolum Assyriorum.

255 Nemerim, cujus meminit Isaias in visione contra Moab, et Jeremias : nunc autem est vicus nomine Bennamarim ad septentrionalem plagam Zoaræ.

Nebeoth, regio de qua scribit Isaias.

DE EVANGELIIS.

Nazareth : unde et Dominus noster atque Salvator Nazaræus vocatus est : sed et nos apud Veteres quasi opprobrio Nazaræi dicebamur, quos nunc Christianos vocant. Est autem usque hodie in Galilæa viculus contra Legionem, in quintodecimo ejus milliario ad orientalem plagam juxta montem Thabor (nomine Nazara).

Naim, oppidulum, in quo filium viduæ a mortuis Dominus suscitavit, et usque hodie, in secundo milliario Thabor montis ostenditur, contra meridiem juxta Ændor.

DE GENESI.

Orech, civitas regni Nemrod in Babylone.

Oolibama, civitas principum Edom.

Odollam, diximus de hoc et supra, cujus meminit et Isaias.

DE EXODO.

Oothon, ubi secundo filii Israel castrametati sunt, egredientes de Soccoth juxta desertum, quando de Ægypto profecti sunt.

DE LIBRO JESU.

Opher, hanc cepit Jesus, rege illius interfecto.

Ooli, civitas in tribu Aser.

Ophra, via Ophra, ducens ad terram Soal.

Hucusque per O brevem litteram legimus : exin per extensum legamus elementum.

258 DE PENTATEUCHO.

On, urbs in Ægypto, quæ Heliopolis Græce dicitur, id est, civitas solis, quam ædificaverunt filii Israel, sicut Septuaginta Interpretes arbitrantur. Alioquin in Hebraicis voluminibus non habetur. Et

---

corrupte, hoc est, perperam vocatum fuisse *Niniven*, cum non esset ita vocandum. Tametsi vero non tanti est nobis hæc lectio, ut de ea longius disseramus : falli tamen videntur docti viri, atque ipse Clericus, qui in secunda syllaba pronuntiationis varietatem collocant. Eusebius, cujus sensum Hieronymus interpretatur, in tertia ponit : et primum quidem Assyriacæ urbis nomen per *e* productam litteram, sive η scribit, Νινευῆ : alterum, sive Arabice per correptam ε, Νινευέν. Igitur *correpte*, quod et nobis magis arridet, Eusebius probat. Quod si *corrupte* legendum sit, puta eam denotari urbem, quæ et apud Carolum a S. Paulo, Notit. pag. 51, Νευὴ appellatur in provincia Arabiæ. In Latina Notit., pag. 60, *Nevi*, ubi Holstenius observat, *Neve*, et *Nevi*, et *Nevis* in editis pariter ac mss. Notitiis legi.

[a] Propius ad fidem est opinari, scriptum ab Hieronymo *contra occidentalem plagam*, quam ab Eusebio πρὸς ἀνατολάς. Recole supra vocem *Abarim*.

[b] Exciderit ab Eusebio Symmachi nomen, quod Hieron. docet. Bonfrerio tamen non fit verisimile, *Symmachum hanc vocem interpretatum, maritimam* : longe autem verosimilius est *maritimam* dixisse pro eo quod Josue XI, 2, versio nostra habet *juxta mare*, qui sinus ibi regionibus Dor ascribitur. Vide *Dornapheth*.

[c] *In nono milliario.* Corruptissime editi antea libri legebant *undecimo milliario.* Martian.

recte : siquidem antequam Jacob ingrederetur Ægyptum, erat exstructa jam civitas, quæ et sacerdotem habuit Petefrem, patrem Aseneth.

Or, mons in quo mortuus est Aaron, juxta civitatem Petram, ubi usque ad præsentem diem ostenditur rupes, qua percussa, Moses aquas populo dedit.

Oboth, in deserto castra filiorum Israel.

DE JESU ET REGNORUM LIBRIS.

Osa, in tribu Aser.

Oram, in tribu Nephtalim.

Ophir, unde sicut in Regnorum libris legimus, aurum afferebatur Salomoni. Fuit autem unus de posteris Heber, nomine Ophir, ex cujus stirpe venientes a fluvio Cophene, usque ad regionem Indiæ, quæ vocatur Hieria, habitasse, refert Josephus, a quo puto et regionem vocabulum consecutam.

On, civitas Samariæ, pro qua in Hebraico scriptum est *aun* (אן), quod et Aquila et Symmachus interpretatur, inutile; Theodotion, iniquitatem.

Ochó, civitas sacerdotalis.

Oronaim, urbs Moabitarum, sicut in Jeremia scriptum est.

DE GENESI.

Puteus juramenti, quem fodit Abraham, id est, Bersabee, in regione Geraritica. Diximus de hoc et supra.

Puteus visionis, in deserto, apud quem habitavit Isaac.

Puteus Judicii, usque in præsentem diem in regione Geraritica. Vocatur autem **259** villa nomine Berdan (quod Latine dicitur Puteus judicii).

Puteus juramenti, ubi juraverunt Isaac et Abimelech, vocaturque oppidum Isaac. Sunt autem et alii plures putei in sanctis Scripturis, qui hodieque in Geraritica regione, et juxta Ascalonem demonstrantur.

Petra, civitas Arabiæ in terra Edom, quæ cognominata est Jectael, et a Syris Recem dicitur.

. . . .

DE PENTATEUCHO.

Rooboth, civitas Assyriorum, quam ædificavit Assur, egrediens de terra Sennaar (Et de hac *a* in libris Hebraicarum Quæstionum plenius diximus).

Rooboth, urbs alia juxta fluvium ubi erat rex Edom, et usque hodie est præsidium in regione Gabalena (et vicus grandis qui hoc vocabulo nuncupatur).

Ramesse, urbs quam ædificaverunt filii Israel in Ægypto: olim autem et universa provincia sic vocabatur, in qua habitavit Jacob una cum liberis suis.

Roob, quam transierunt exploratores, *b* qui ab Jesu filio Nave missi sunt, et usque hodie vicus Rooba in quarto lapide Scythopoleos sic vocatur, qui et Levitis separatus fuit.

Raphaca, in deserto ubi filii Israel castrametati sunt.

Raphidim, locus in deserto juxta montem Choreb, in quo de petra fluxere aquæ, cognominatusque est Tentatio : ubi et Jesus adversus Amalec dimicat prope Pharan.

Rathma (in deserto), castra filiorum Israel.

Remmon Phares, ubi filii Israel castrametati sunt.

Ressa, castra filiorum Israel.

Rammoth, in tribu Gad, civitas sacerdotalis et fugitivorum in terra Gallaaditide. Nunc autem est vicus in quinto **262** decimo milliario Philadelphiæ *c* contra Orientem.

Recem, hæc est Petra civitas Arabiæ, in qua regnavit *d* Recem, quem interfecerunt filii Israel. Dicitur ipse rex quoque Madian.

DE LIBRO JESU.

Remmon, in tribu Simeonis, vel Judæ : hodieque est vicus nomine Remmon, juxta Æliam contra Aquilonem in quintodecimo ejus milliario.

Rogel, nomen fontis in tribu Benjamin.

Rama, in tribu Benjamin civitas Saulis in sexto milliario ab Ælia ad septentrionalem plagam contra Bethel. Meminit hujus et Jeremias.

Recem, in tribu Benjamin.

Remmon, petra Remmon, in tribu Simeonis, sive Zabulon.

Rabboth, in tribu Issachar : est usque hodie alia villa Rebbo in finibus Eleutheropoleos ad solis ortum.

Rethom, in tribu Issachar.

Roob, in tribu Aser, civitas separata Levitis.

Rama, in tribu Aser, usque ad civitatem munitam Tyriorum.

Rama in tribu Nephtalim.

Idcirco eadem nomina viculorum tribubus variis assignantur, quia cum apud nos unum nomen sonare videantur, apud Hebræos diversis scripta sunt litteris.

Reccath, in tribu Nephtalim.

---

a In libris Hebraicarum Quæstionum. Vide consequenter Quæstiones Hebraicas in Genesim. MARTIAN.

b Qui ab Jesu filio Nave. Memoriæ lapsus hic videtur; nisi exscriptores Latini posuerint *ab Jesu,* pro eo quod est. *cum Jesu.* Certum namque exstat *Robob* Num. XIII, 22, aditam fuisse ab illis exploratoribus, qui a Mose missi fuerant, quorum etiam Josue exploratorum unus fuit. MARTIAN.

—Emendandi ex Eusebio codd. Hieronymiani, ut recte Victorius et Martian. judicant, legendumque, *qui cum Jesu,* οἱ μετὰ Ἰησοῦ. Ipse Josue unus ex illis exploratoribus fuit, quos Moses emiserat. Numer. XIII, 22.

c Martianæus ad Hieronymianam lectionem exigi Eusebium jubet; fallitur vero, nam e contrario legendum atque emendandum in Hieronymo est ad Eusebianum exemplar *ad Occidentem,* πρὸς δυσμάς. Alioquin Rammoth extra fines terræ Israeliticæ exstitisset, quæ ultra Philadelphiam Orientem versus non tendebatur.

d Reginæ ms. *Roacam:* noster *Rocam* præfert, quemadmodum et vulgares Græci libri 'Ροκαν; sed 'Ροκὸμ habent castigatiores. Epiphanius de Hæresi Melchisedechian. οἱ μὲν τῇ Ἀραβίᾳ τῇ Πετραίων 'Ροκόμτε καὶ Ἐδὼμ καλουμένη.

Ruma, quæ et Aria, ubi sedit Abimelech, sicut in libro Judicum (ix, 41) scriptum est, quæ nunc appellatur Remphis. Est autem in finibus Diospoleos, et a plerisque Arimathæa nunc dicitur.

DE REGNORUM LIBRIS.

Remmath, ad quam David prædæ partem misit.

Rachel, et ad hanc David spoliorum partem misit.

Remmoth Galaad, villa trans Jordanem juxta fluvium Jaboc. Diximus de hac et supra.

263 Rabbath, civitas regni Ammon, nunc Philadelphia, cujus meminit Jeremias.

Roos, quam pertransivit David : pro quo Aquila et Symmachus interpretantur, arcem.

Rogellim, unde fuit Berzellai Gallaadites (amicus David).

Raphaim, vallis Allophylorum ad septentrionalem plagam Jerusalem.

Remmam, civitas regum Syriæ juxta Damascum.

Reth, hanc percussit Asa rex.

Rothem, pro quo Aquila interpretatur ἄρκευθον, id est, juniperum : Symmachus, umbraculum.

Remmon, hujus meminit Isaias in visione contra Moab.

Raseph, civitas Syriæ.

Raphet, urbs Assyriorum in regione Theman, de qua in Isaia scribitur.

Rebla, in terra Emath : unde (victor) Pharao (adductum) Joacha transtulit (in Ægyptum).

Remma, mons in Isaia : pro quo Aquila interpretatur, mons Emmona; Symmachus, in Armenia. Est et villa Remmus in Daroma. Porro in Regnorum libris Remmam, domus dicitur idoli Damasceni.

Reblatha, regio Babyloniorum (sive urbs quam nunc Antiochiam vocant).

[a] Ramale : pro quo Aquila interpretatur, exaltabitur : scriptum est in Zacharia (xiv, 10). Est autem et alius locus in tribu Benjamin juxta Bethleem, de quo dicitur : *Vox in Rama audita est* (Matt. ii, 18). (Et de hoc in libris Hebraicarum Quæstionum plenius dicitur.)

Rhinocorura, civitas Ægypti, cujus meminit Isaias. (Sciendum autem, quod hoc vocabulum in libris Hebraicis non habetur, sed a Septuaginta Interpretibus propter notitiam loci additum est.)

266 Quod in libro Hebraicorum nominum diximus, hoc etiam nunc in S litteræ videtur titulo prænotandum : apud Hebræos tria esse S, hoc est samec, sade, et sin. Quæ cum apud Græcos et Latinos sono simili proferantur, in sua lingua aliter atque aliter resonant. Unde accidit, ut eadem nomina apud nos diversum sonare videantur, et plus quam cæteræ litteræ hæc habeat. Non enim ex una, sed ex tribus litteris, loca et urbes et viculi describuntur.

DE GENESI.

Sidon, urbs Phœnices insignis, olim terminus Chananæorum ad Aquilonem respiciens, et postea regionis Judææ. Cecidit autem in sortem tribus Aser, sed non eam possedit, quia hostes nequaquam valuit expellere.

Sennaar, campus Babylonis, in quo turris exstructa est. Unde egressus Assur ædificavit Ninevem. Meminit hujus loci Josephus in primo Antiquitatum libro, ita scribens : « De campo qui in Babylonia regione vocatur Sennaar, narrat Hestiæus historicus, dicens : Quidam sacerdotum profugi de templo [b] Enyalii Jovis sacra rapientes, in Sennaar campum Babyloniæ pervenere.

Sichem et Salem, quæ (Latine et Græce) Sicima vocata est, civitas Jacob, nunc deserta. Ostenditur autem locus in suburbanis Neapoleos juxta sepulcrum Joseph ; quam subvertit Abimelec, et seminavit in ea salem, sicut in libro Judicum (*Jud.* ix, 45) scriptum est. Postea vero instaurata est a Jeroboam, ut Regnorum narrat historia (III *Reg.* xii, 25), et sita est in finibus tribus Ephraim. Sed et filius Emmor appellabatur Sichem, a quo et locus nomen acceperat. Fuit autem et altera Sichem in monte Ephraim, civitas fugitivorum.

Sennaar, unde fuit Amarfal, qui adversus reges Sodomorum bellum gessit.

---

[a] *Ramale*, etc. Puto hanc vocem e Græca Ῥαβεδὲ sumptam, depravatam fuisse ab exscriptoribus Latinis, qui pro *Ramade*, posuerunt *Ramale*; nam apud LXX legimus Ῥαμὰ δὲ, quod Eusebius conjunctim forte legebat Ῥαμαδέ. MARTIAN.
— Nihil dubium hanc esse Ramma, de qua loquitur Zacharias cap. xiv, 10. Græco nomini Ῥαμά subsequitur, penes LXX, δὲ particula : fitque adeo probabile Martianæo, lectum ab Eusebio conjunctim Ῥαμαδέ. Hieron. in eum locum, *Rhama autem in loco suo permanebit : melius,* inquit, *interpretatus est Aquila, et cæteri qui posuerunt,* exaltabitur; *Rhama quippe* exaltatio *dicitur*.

[b] *De templo Enyalii*, etc. Quo auctore Jupiter Gemalius vel Gemelius in Hieronymum irrepserit, dicere erubesco ; neque vero ex-scriptorum veterum supinitatem vel ignorantiam hic coarguendam patitur testis conscientia ; quia mss. codices retinent veram lectionem *Enyalii*, licet cum hoc di-crimine nomen in illis fuerit scriptum, *anial, eniali,* et ENYALII. Unum e Regiis exemplaribus neutram posuit dictionem ; sed hoc modo lectionem mutavit ac sensum : *de templo Veneris alii Jovis sacra*, etc. Quis sit igitur confictus ille Jupiter *Gemalius*, prorsus ignoro ; sed de Jove *Enyalio* plurima legi apud optimos Scriptores. Primum nomen Ἐνυάλιος *Martem* significat, et pro Marte seu *Deo* bellico sumitur apud Græcos auctores. Distinguitur nihilominus *Enyalios* a *Marte* apud Soph. in Ajace, ἢ χαλκοθώραξ, ἢ ἐνυάλιος, vel *Calcothorax*, id est, *Mars*, vel *Enyalios*. Similiter apud Plutarc. in Rom. Quirinus a quibusdam dictus fertur ὁ Ἐνυάλιος. Secundo apud Josephum lib. i Antiqq. cap. 5, nomen illud scriptum legitur Ἐνυάλιος ; in ms. codice Regio Eusebii ἐννυάλιος, cum duplici ν et ε in medio, pro α quod Hieronymus legebat, ut fidem faciunt omnia exemplaria S. Doctoris, in quibus est *enyalii*, non *enyelii*. Quare autem in : ntea editis libris legamus *Gemalii* pro *Enyalii*, non aliam conjicio causam præter Apologiam Hieronymi adversus Jovinianum, in qua lib. i, *Gamelius Jupiter* et *Genethlius* nominatur. Putarunt itaque Erasm. et Marian. eodem modo semper legendum apud Hieronymum. Hinc *Gamelius*, sive *Gemelius* hoc loco, pro *Enyalius*. MARTIAN.

Sodoma, civitas impiorum divino igne consumpta, juxta mare Mortuum.

267 Seboim, et hæc civitas impiorum in æternos cineres dissoluta, juxta urbem quondam Sodomam.

Sophera, mons orientis in India, juxta quem habitaverunt filii Jectan, filii Heber. Quos Josephus refert a Cophene flumine et Indiæ regionibus usque ad id locorum pervenisse, ubi appellatur regio Hieria : sed et classis Salomonis per triennium hinc quædam commercia deportabat.

Soora, urbs juxta Sodomam, quæ et Segor et Zoara (de qua et supra diximus).

Save, civitas antiqua in qua habitaverunt Amorrhæi, gens valida, super regionem Sodomæ, quam excidit Chodologomor.

Seir, mons in terra Edom, in qua habitavit Esau in regione Gebalena : quæ ex eo quod Esau pilosus esset et hispidus, Seir, id est, pilosi nomen accepit. In quibus locis antea habitavit Chorræus, quem interfecit Chodologomor. Meminit montis Seir et Isaias in visione Idumææ.

Salem, civitas Sicimorum, quæ est Sichem ; sed et alia villa ostenditur usque in præsentem diem (Juxta Æliam contra occidentalem plagam hoc nomine; in octavo quoque lapide a Scythopoli in campo vicus Salumias appellatur: Josephus vero Salem esse affirmat (*Antiqq. lib.* I, *cap.* 11), in qua regnavit Melchisedec, quæ postea dicta est Solyma, et ad extremum, Jerosolymæ nomen accepit).

[a] Sur, ubi invenit Angelus ancillam Saræ Agar, inter Cades et Barad. Extenditur autem desertum Sur usque ad mare Rubrum, quod ad Ægypti confinia pervenit. Porro Cades, solitudo est super urbem Petram : sed et Scriptura desertum Cades contra faciem Ægypti extendi memorat, ad quod primum venere Hebræi, Rubro mari transvadato.

270 Segor, quæ et Bala et Zoara, una de quinque civitatibus Sodomorum ad preces Lot de incendio reservata, quæ usque nunc ostenditur. Meminit hujus et Isaias in visione contra Moab, de qua et supra diximus.

Sene, id est, tabernacula, locus in quo habitavit Jacob regressus de Mesopotamia (qui lingua Hebraica appellatur *Soccoth*).

DE EXODO.

Soccoth, prima mansio filiorum Israel in deserto, postquam de Ægypto sunt profecti, antequam mare transiret Rubrum.

Sin, desertum inter mare Rubrum et solitudinem Sina. Nam de hoc deserto filii Israel venerunt in Raphidim, et a Raphidim in desertum Sina, juxta montem Sina, ubi Moyses tabulas legis accepit. Desertum autem Sin idem dicit esse Scriptura quod et Cades, sed et hoc juxta Hebræos. Cæterum in Septuaginta Interpretibus non habetur.

DE NUMERIS ET DEUTERONOMIO.

Selmona, castra filiorum Israel in deserto.

Saphar, mons Saphar in deserto, castra filiorum Israel.

Sattim, ubi populus pollutus est fornicatione filiarum Moab. Est autem juxta montem Phogor : unde et Jesus exploratores ad investigandam et noscendam misit Jericho.

Sabama, civitas Moab, in terra Galaad, quæ cecidit in sortem tribus Ruben. Meminit et hujus Isaias in visione contra Moab.

[b] Selcha, civitas regis Og, in regione Basanitide.

Senna, terminus [c] Judææ, et usque hodie ostenditur in septimo lapide Jerichus contra septentrionalem plagam villa quædam nomine Magdalsena (quod interpretatur, turris Senna).

271 Sephama, terminus Judæ ad solis ortum.

Sadada, terminus Judæ.

DE LIBRO JESU.

Someron, et hanc cepit Jesus, rege illius interfecto. Dicunt autem nunc pro ea Sebasten vocari oppidum Palæstinæ, ubi S. Joannis Baptistæ reliquiæ conditæ sunt. Legimus in Regnorum libris (III *Reg.* xvi, 24), quod Zamri rex Israel emerit montem Semeron, a quodam Semer, et ædificaverit in vertice ejus civitatem, quam ex nomine domini appellaverit Semeron.

Seira, et hanc cepit Jesus.

[d] Selcha, civitas in regione Basanitide.

Sior, locus contra faciem Ægypti. Sed et hodie ostenditur villa nomine Sior inter Æliam et Eleutheropolim in tribu Juda. (Super hoc in libris Hebraicarum Quæstionum plenius diximus.)

Saorth, in tribu Ruben, super Jordanem.

---

[a] Vacat, ut diximus, in Vatic. quoque mss. hic titulus : ad libri autem oram hæc annotantur nominum Agar, Cades, et Barad glossemata :
Ἀγαρ· αὐτὴ πάροικος.   *Agar, ipsa est advena.*
Καδης. ἁγία αὐτή.   *Cades, ipsa est sancta.*
Βαραδ. ἐν κακοῖς ἡ κτίσις.   *Barad, in malis possessio.*
Ex quibus liquido apparet, descriptam ab Eusebio Sur, de qua marginalis annotatio superat, solenni illa, quam innuimus, librarii oscitantia excidisse.

[b] Huic titulo subsequentem præponebat Martian. Latini mss. nostri ad Græcum exemplar utrumque digerunt. In Græco autem vitiose habet Vatic. οὕτως pro Ὤγ.

[c] Eusebius *Idumææ* dixit : nec tamen errat Hieron. substituens *Judæam*, quæ enim intra fines Idumææ erat, Senna, totius terræ Judææ erat terminus. LXX hunc locum in plerisque omnibus libris Ἐννάκ vocant : minus male in uno Oxon. Σενάχ, Num. xxxiv, 4. Peccant vero hactenus editi, qui mox legunt μεγάλη Σεννά, *Magna Senna*, pro Μεγδαλσεννά, vel Μογδαλσεννά, *Magdal Senna, turris Senna*, quod restituimus ex Vatic.

[d] *Selcha*, etc. Hic locus supra positus legitur, *civitas regis Og*. MARTIAN.
— Hunc in Græco titulum nunc primum sufficit Vatic. Etsi enim hæc *Selcha* neutiquam diversa videatur ab illa, quæ in præcedenti serie locorum de Numeris et Deuteron. recensetur: nihil tamen est dubium ab Eusebio ac Hieronymo hic quoque fuisse descriptam.

^a Sochoth, in tribu Gad, super Jordanem.

Syphon, in tribu Gad, super Jordanem.

Sacharoma, in tribu Juda.

Samem, in tribu Juda.

Saal, in tribu Juda, vel Simeon.

Sicelech, quam Achis rex alienigenarum dedit ad inhabitandum David. Est autem in Daroma sortis Judæ, vel Simeonis.

Sansana, in tribu Juda.

Selei, in tribu Juda.

Saara, vicus in finibus Eleutheropoleos contra septentrionem pergentibus Nicopolim, quasi in decimo milliario, in tribu Dan, sive Juda.

Soccho (in tribu Juda). Sunt autem usque hodie viculi duo pergentibus Æliam de Eleutheropoli, in nono milliario viæ publicæ: unus in monte, alter in campo situs, qui Sochoth nuncupantur.

Sarain, in tribu Juda.

Senam, in tribu Juda.

Saphir, villa in montanis sita inter Eleutheropolim et Ascalonem, in tribu Juda.

274 Soccho, de qua et supra dictum est. Dicuntur autem Samaritani, qui de Babylone profecti sunt, hunc viculum condidisse.

^b Sacha, in tribu Juda.

Selo, in tribu Ephraim, in quo loco arca testamenti mansit, et tabernaculum Domini usque ad tempora Samuelis. Est autem in decimo milliario Neapoleos in regione Acrabittena. Sed et Judæ Patriarchæ filium Selon appellatum legimus.

Sechem, in tribu Manasses, civitas sacerdotalis et fugitivorum, in monte Ephraim, ubi sepelierunt ossa Joseph, de qua et supra diximus.

Sames, id est fons Sames, in tribu Benjamin : pro quo Aquila interpretatur, fontem solis.

Semri, in tribu Benjamin.

Sela, in tribu Benjamin.

Sabee, in tribu Simeon.

Sarith, terminus Zabulon.

Sams : pro quo Theodotio et Symmachus transtulerunt, solis.

Semerom, in tribu Zabulon.

Sunem, in tribu Issachar, et usque hodie vicus ostenditur nomine Sulem, in quinto milliario montis Thabor contra australem plagam.

Seon, sive Soen, in tribu Issachar : hodieque ostenditur villa juxta montem Thabor.

Sasima, terminus Issachar.

Sior, in tribu Aser.

Sennanim, quercus pertinens ad terminum Nephtalim.

Sorech, in tribu Dan, ubi Samson fuisse legimus, juxta Estaol (de qua jam supra diximus).

Samer, in tribu Dan : de qua et supra memoravi, sub nomine Bethsamis.

Salabim, in tribu Dan, usque hodie grandis vicus ostenditur in finibus Sebastenes (*Al.* Sebastenis) nomine Salaba.

Sepheth, locus Chananæorum.

275 DE JUDICUM LIBRO.

Sirotha, quo confugit judex Ahud. Diximus et supra de Seira.

Sur Choreb, quod interpretatur, petra Choreb.

Selmon, mons quem conscendit Abimelec adversus Sicimam dimicans.

Sephina : pro quo Aquila et Symmachus interpretantur, aquilonem.

Sorech, nomen torrentis, de quo loco fuit Dalila, illa Samsonis : sed et usque hodie ad septentrionalem plagam Eleutheropoleos vicus ostenditur, nomine Capharsorech, juxta villam Saar, unde et Samson fuit.

DE REGNORUM LIBRIS.

Sophim, mons Ephraim in monte Armathem.

Salisa, quam pertransiit Saul.

Senna, nomen petræ.

Saalim, villa quam pertransiit Saul in finibus Eleutheropoleos contra Occidentem, septem ab ea millibus distans.

Sim, ubi Samuel invenit Saulem.

Sabim, ubi Saul præliatus est.

Sonam, ^c unde fuit illa mulier Sunamitis. Est autem usque hodie vicus in finibus Sebastæ in regione Acrabittena, vocabulo Sanim.

Sophamoth, ad quem locum misit David.

Seira, nomen putei, a quo Joab fecit reverti principem exercitus Abenner.

Suba, cujus regem percussit David.

Sarthan, quæ est ad radices Jezraelæ.

Sophera, quæ est et Sephir, unde veniebant naves Salomonis : de qua et supra diximus. Est autem mons Orientis pertinens ad Indiæ regionem.

Serora, civitas pergentibus Edom.

Saba, civitas regalis Æthiopiæ, quam Josephus a Cambyse rege Meroen cognominatam ex sororis vocabulo, refert.

278 Sela, ubi percussus est Joas.

Saffarvaim, de quibus locis Assyrii transmigrantes, habitaverunt in Samaria : et ab ipsis Samaritanorum gens sumpsit exordium. Meminit horum et Isaias.

Sademoth, ^d ubi Josias rex idolorum signa combussit.

Saresta, oppidum Sidoniorum in via publica situm: ubi habitavit quondam Elias.

Saron, cujus et Isaias meminit, dicens, *In palu-*

---

^a Hic vero titulus, nedum in Græco, etiam in Latino a Reginæ ms. ignoratur : in nostro autem secunda manu ad libri album describitur.

^b *Scacha*, etc. Antea editi legunt *Scatha*, quod multum torsit eruditum Bonfrerium, qui nescivit omnia fere nomina depravata fuisse in veteribus editionibus Hieronymi. MARTIAN.

^c Martian. vitiose in Latino *ubi* pro *unde*, in Græco Ἀκριβαττινῇ legit, et mox Σωμανίτιν pro Σωανίτιν, quem errorem sæpius admisit.

^d *Ubi Josias rex*, etc. Habes hic quoque in antea editis Erasmi insignem depravationem ; nam pro *Josia*, supponunt *Oziam*. MARTIAN.

des versus est Saron (Isai. xxxiii , 9). Usque in præsentem autem diem, regio inter montem Thabor et stagnum Tyberiadis, Saronas appellatur. Sed et a Cæsarea Palestinæ, usque ad oppidum Joppe, omnis terra quæ cernitur, dicitur Saronas.

Sephela, sicut scribit [a] Isaias: pro quo Aquila, campestrem, Symmachus; vallem interpretatur. Usque hodie omnis regio juxta Eleutheropolim campestris et plana, quæ vergit ad Aquilonem et Occidentem, Sephela dicitur.

Sennaar : pro quo Aquila, Sennam : Symmachus interpretatur, uberem. Meminit hujus et Michæas propheta.

Sedrach , terra Damasci : legimus in Zacharia (ix , 1 ; *Vid.* Hadrach).

Sion, mons urbis Jerusalem.

Samaria, civitas regalis in Israel, quæ nunc Sebaste dicitur. Sed et omnis regio quæ circa eam fuit, a civitate quondam nomen acceperat.

Sor, Tyrus, metropolis Phœnicis, in tribu Nephtalim.

Soene, civitas Thebaidis, sicut scribit Ezechiel.

Sais , civitas Ægypti , cujus meminit Ezechiel : a qua et Saitis pagus.

Sadala, terminus Judææ, sicut et scribit Ezechiel.

Sabarim, inter Damascum et Æmath, sicut scribit Ezechiel.

Salisa pro quo Aquila interpretatur , triennalem. Meminit hujus Jeremias.

279 Sichar , ante Neapolim , juxta agrum quem dedit Jacob filio suo Joseph, in quo Dominus noster atque Salvator secundum Evangelium Joannis, Samaritanæ mulieri ad puteum loquitur, ubi nunc Ecclesia fabricata est.

DE GENESI.

Tigris, fluvius de paradiso exiens, juxta Scripturæ fidem , pergensque contra Assyrios : et post multos circuitus , [b] ut vult Josephus , in mare Rubrum influens. Vocatur autem hoc nomine propter velocitatem, instar bestiæ nimia pernicitate currentis.

Terebinthus , in Sicimis, sub qua abscondit Jacob idola , juxta Neapolim.

DE LIBRO JESU.

Tina, in tribu Juda.

Talem, in tribu Juda.

Tesan, in tribu Juda.

Tyrus, in tribu Nephtalim.

DE LIBRO JUDICUM.

Tabath , ubi pugnatum est adversus Madian.

Tob, terra in qua habitavit Jephte.

Topheth , in valle filiorum Ennom , ubi populus Israel gentium simulacra veneratur. Est autem locus in suburbanis Jerusalem.

Tanis , civitas Ægypti , sicut Isaias et Ezechiel scribunt.

Taphnas , civitas Ægypti. Lege Osee, Ezechiel et Jeremiam. In hac habitaverunt Judæi, qui ob metum Babyloniorum cum Jeremia fugerunt.

DE EVANGELIO.

Trachonitis regio, sive Ituræa, cujus tetrarcha fuit Philippus , juxta Evangelium Lucæ. Diximus de hac et supra. Est autem trans Bostram Arabiæ **282** civitatem in deserto, contra australem plagam, quasi ad Damascum respiciens.

Hucusque per T simplicem litteram legerimus. Verum quoniam quæ sequuntur apud Hebræos, non ex teth, sed ex thau, id est, theta Græco, scribuntur, cum aspiratione legere debemus.

DE GENESI.

Theman, regio principum Edom in terra Gebalitica, a Theman filio Eliphaz filii Esau sortita vocabulum. Sed et usque hodie est villa Theman nomine, distans ab urbe Petra quinque millibus, ubi et Romanorum militum præsidium sedet, de quo loco fuit Eliphaz rex Themanorum. Unus quoque filiorum Ismael appellabatur Theman. Sciendum autem, quod omnis Australis regio Hebraice Theman dicitur.

Thamna, ubi oves suas totondit Judas: ostenditur hodieque vicus prægrandis in finibus Diospoleos euntibus Æliam, in tribu Dan, sive Judæ.

Thamna, alia civitas principum Edom ; sed et concubina Eliphaz filii Esau, Thamna appellata est, quæ peperit ei Amalec, unde Amalecitæ.

DE DEUTERONOMIO.

Thaphol, locus in deserto trans Jordanem, in quo Deuteronomium scribit Moyses, contra Jericho.

Thaath, castra filiorum Israel.

Thara, castra filiorum Israel.

DE LIBRO JESU.

Thaffu, in tribu Juda civitas, quam expugnavit Jesus, rege illius interfecto. Diximus et supra de termino Palæstinæ et Ægypti qui appellatur Bethtaphu.

Thaanach, civitas quam expugnavit Jesus, rege istius interfecto. Fuit autem in tribu Manasse separata Levitis, et nunc in quarto milliario oppidi Legionis hoc nomine vicus ostenditur.

Thenath , in tribu Joseph : hodieque **283** est villa Thena in decimo milliario Neapoleos contra Orientem, descendentibus in Jordanem.

Thaffue, in tribu Joseph.

Thaphuth, in tribu Manasse.

Theco, usque hodie juxta desertum civitatis Æliæ vicus ostenditur, unde et Amos propheta fuit.

Thesram, et hanc cum rege suo cepit Jesus.

---

[a] Hic Isaiam pro Abdia supponi opinatur Drusius. Et est quidem Isaiæ xxxii, 19, בשדה ; sed ibi LXX ἐν τῇ πεδινῇ interpretantur, non Σεφηλὰ, quemadmodum in Abdia. Verum et conjicere licet, Σεφηλὰ olim Eusebii ævo lectum Isaiæ loco laudato , in aliquo saltem exemplari: pro quo substitutum deinde sit ἐν τῇ πεδινῇ ex Aquila , quemadmodum alibi contigisse docti viri observant.

[b] *Ut vult Josephus,* etc. Consule quæ supra dicta sunt de Tigri flumine, et de tigride animali, col. 547, in Notis nostris ad Græca Fragmenta libri Nominum. MARTIAN.

Therama, in tribu Benjamin.

Tholad, in tribu Juda, sive Simeonis.

Thabor, terminus Zabulon. Est autem mons in medio Galilææ [a] campo (mira rotunditate sublimis), distans a Diocæsarea decem millibus, contra orientalem plagam : qui confinium quoque inter tribum Issachar et Nephtalim fuit.

Thalcha, in tribu Simeon : nunc vicus grandis Judæorum vocatur Thella, quasi in sextodecimo milliario Eleutheropoleos contra [b] australem plagam.

[c] Thamnathsara, civitas Jesu filii Nave, in monte sita ; de qua et supra sub nomine [d] Thamnæ diximus : in qua usque in præsentem diem sepulcrum ejus ostenditur in tribu Dan [e].

. . . .

DE LIBRO JUDICUM.

Thaanach, civitas juxta quam Debbora adversum Sisaram dimicavit, in tribu Manasse, separata Levitis, quam tenere non potuit, pristinis cultoribus nequaquam ejectis. Est autem nunc villa prægrandis distans a Legione millibus tribus.

Thebes, urbs quam cum oppugnaret Abimelech, fragmine molæ ictus interiit. Est autem usque hodie vicus nomine **286** Thebes, in finibus Neapoleos pergentibus Scythopolim, quasi in tertio decimo ejus lapide.

Thamnatha : posuimus et supra Thamnam, in tribu Juda.

DE REGNORUM LIBRIS.

Thelamuge, locus in quo Abenner misit ad David. Sed sciendum quod pro hoc verbo Aquila interpretatur, extemplo : Symmachus, pro semetipso.

Thaad, juxta Galaad.

Thamsa, terminus regni Salomonis.

Thermoth, civitas quam ædificavit Salomon in deserto (cujus [f] in libris Hebraicarum Quæstionum fecimus mentionem).

Tharsis, unde aurum Salomoni deferebatur : hanc putat Josephus Tarsum urbem esse Ciliciæ. Porro juxta Ezechiel prophetam Carthago sentitur. Siquidem in eo loco, ubi apud Septuaginta Interpretes legimus Carthaginem, in Hebraeo scriptum habet *Tharsis*. Nonnulli Indiam putaverunt (et de hoc tam in libro Epistolarum (*Epist. num.* 37), quas ad Marcellam scripsimus, quam in libris Hebraicarum Quæstionum plenius dictum est).

Thersa, [g] ubi Asa rex Israel fuit.

Thersila, unde fuit Manaen : usque hodie est viculus Samaritanorum in regione Batanæa, qui Thersila dicitur.

Therba, unde ortus est Elias propheta, Thesbites.

Theman , juxta Ezechielem civitas Idumææ. Porro Isaias in visione eam ponit Arabiæ. Meminit hujus et Jeremias. Abdias autem scribit civitatem Esau. Sed et unus filiorum ejus Theman appellabatur sicut supra diximus.

287 Tharac, quam in terra Judæa Evæi condidere.

Thalassar, regio Syriæ.

Thogarma, legimus in Ezechiel.

Taphet, legimus in Jeremia (vii, 32) aram *Thaphet*. Est autem in suburbanis Æliæ usque hodie locus, qui sic vocatur, juxta piscinam Fullonis, et agrum Acheldema.

DE GENESI.

Ur Chaldæorum, ubi mortuus est Aram, frater Abrahæ : cujus hodieque, sicut Josephus refert, tumulus ostenditur. (Et super hoc quid nobis videatur in libris Hebraicarum Quæstionum plenius diximus.)

Ulammaus, pro quo in Hebræo scriptum habet *Luza*. Eadem est autem quæ et Bethel, sicut supra diximus. Sed et quædam villa nomine Ulamma in duodecimo Diocæsareæ lapide ostenditur contra solis ortum.

Us, unde fuit Job de regione Ausitidi, sed et unus de posteris Esau , appellabatur Us. (De quo [h] in libris Hebraicarum Quæstionum diximus.)

DE LIBRO JUDICUM.

Xil, in tribu Juda.

DE GENESI.

Zaphoim, regio Edom principum, in terra quæ nunc vocatur Gebalena.

---

[a] Vox *campo* in Reginæ ms. non est.
[b] *Contra australem plagam*. Male in veteribus editionibus et in aliquot mss. codicibus posuerunt *occidentalem plagam*, pro *australi* ; nam Thalcha in Græco dicitur esse in *Daroma*, quæ regio tota australis est; vocemque *Darom* sæpius interpretatur Hieronymus *australem plagam*. Cæterum nomen *Talcha* legitur apud LXX, Josue xix, 7. MARTIAN.
— Noster ms. *contra orientalem plagam;* in aliis ut et in antiquis editionibus, invenit Martian. *contra occidentalem.* Verum quod ait Eusebius ἐν τῷ Δαρωμᾷ, meridianam sive australem plagam designare non est qui ignoret.
[c] Hactenus editi libri ad monstri instar legunt Θαμναθαρά, et in Latino Martianæus *Thamnath* tantum, LXX præferunt Θαμνασαράχ, Josue xix, 50. Hebræus תמנת סרח. Eusebianum textum emendat Vatic. ms. Hieronymianum supplent duo Latini, Reginæ, ac noster.
[d] Immo luculenter sub nomine *Gaas, in cujus,* inquit, *montis septentrionali parte sepultus est Jesus filius Nave, et usque hodie juxta vicum Thamnam sepulcrum ejus insigne monstratur.*
[e] Verius, inquiunt Bonfrerius et Clericus, *in tribu Ephraim.* Certe in hac tribu ab ipso Eusebio ac Hieronymo ponitur mons, quem dudum commemoravimus, *Gaas, in cujus septentrionali parte sepultus est Jesus.*
[f] *In libris Hebraicarum Quæstionum.* Diximus supra Quæstiones Hebraicas Hieronymi, præter eas quæ sunt in Genesim, non superesse. MARTIAN.
[g] Fortassis *unde* rescribendum ex Eusebio est. Contra in Græco' pro'Ἀσάφ malim ex Hieronymo 'Ἀσά, *Asa :* filium nempe David, qui regnavit in Tharsa. Vid. III Regum xv, 2, et II Paralip. xiv, 15. Bonfrerius quoque Ἀσά legit, sed ex ingenio, ut pleraque alia : quodque magis improbandum est , Lectore numquam admonito. Denique ex Vatic. Σαμαρείων restituimus, pro quo Σαμαρείων minus bene antea scribebatur.
[h] *In libris Hebraicarum Quæstionum.* Vide consequenter librum Hebraicarum Quæstionum in Genesim, ubi de *Ur, Ulammaus,* et *Us* disputat S. Doctor. MARTIAN.

DE NUMERIS ET DEUTERONEMIO.

Zoob, civitas Amorrhæorum sita in Arnone: de qua scriptum est. **290** *Propterea dicitur in libro Bellorum Domini: Zoob inflammavit et torrentes Arnon* (Num. XXI, 14, apud LXX).

Zephrona, terminus Judææ (Al. *Judæ*) ad septentrionem.

Zared, [a] vallis Zared in parte deserti.

DE LIBRO JESU.

Zeph, in tribu Juda.

Zannohua, in tribu Juda, usque hodie in finibus Eleutheropoleos pergentibus Æliam, villa Zanua nuncupatur.

Zib, in octavo milliario Chebron contra Orientem, usque in præsens vicus ostenditur, ubi absconditus A est David. Fuit autem tribus Judæ in Daroma in finibus Eleutheropoleos.

DE LIBRIS REGNORUM.

Ziph, mons squalidus, vel caligans, sive nebulosus, juxta Ziph, in quo sedit David prope Chermelam, quæ in Scripturis sanctis Carmelus appellatur, vicus hodie Judæorum, unde fuit Nabal Carmelius. Sed et unus de posteris Caleb dictus est Ziph. Lege Paralipomenon (I Paral. II, 42).

Zogora, in Jeremia civitas Moabitarum: hæc est quæ nunc vocatur Zoara, sive Segor, una de quinque civitatibus Sodomorum.

Zeb, civitas Amman, hodieque villa Zia ostenditur in quintodecimo lapide Philadelphiæ, contra Occidentem, de qua scribit Jeremias.

Zoeleth, nomen lapidis, ubi Adonias immolavit victimas juxta fontem [b] Rogel.

---

[a] Emendat meus ms. liber *vallis*, pro quo vitiose Martian. *villa*.
[b] Subnectunt veteres editores Erasm. ac Victorius libellum *Locorum ex Actis*, quem in Hieronymianis quoque mss. passim invenire est hic loci subjunctum: Hieronymum tamen auctorem non habere, compertum est. In ms. nostro ita inscribitur,

Nomina regionum, atque locorum de Actibus Apostolorum, non a Hieronymo, sed ab alio quodam descripta. Et Bedæ quidem, in cujus quoque operibus invenitur, ascribunt eruditi viri, qui dignum lectu opus esse judicant. Martianæus totum omnino rejecit: nos in hujusce Tomi Appendice ad mss. quoque codices recensebimus.

IN CONSEQUENTEM GEOGRAPHICAM TABULAM PALÆSTINÆ

ADMONITIO.

Perlecto Hieronymi, sive Eusebii de Palæstinæ urbibus et vicis libro, nihil utilius, nihilque ad eorum mentem probe retinendam, fructumque ex iis debitum lectu percipiendum, necessarium est magis, quam Geographica Mappa totius terræ, quam describunt, situs et loca ad se invicem uno conspectu repræsentare: quæ veluti Commentarii vicem suppleat, immo cujus ope, quod prolixis Commentariis ægre admodum obtineas, percurrente picturam oculo consequaris.

> Segnius irritant animos demissa per aures,
> Quam quæ sunt oculis subjecta fidelibus, et quæ
> Ipse sibi tradit spectator.
> *Hor. de Arte Poetic. v. 180 et seqq.*

Verum si ad horum modo Patrum documenta Tabulam adumbrare oporteat, solisque eorum sit vestigiis insistendum, vix uniuscujusque regionis seorsim multas describas, unam quæ simul universam ἐν γραφῆς τύπῳ, ut Eusebius loquitur, Palæstinam exhibeat, ne vix quidem. Nam quod cl. Relando pridem observatum est, Eusebius, ejusque interpres Hieronymus, in unaquaque regione terræ Israeliticæ intervalla locorum ab urbe illius regionis præcipua definiunt: ipsam vero urbem, quo loco sita sit, dicere prætermittunt. Exemplo sit, quod ab Eleutheropoli metiuntur plusquam viginti locorum situm, ipsa vero Eleutheropolis, utpote quæ in Scripturis non memoratur, quem tractum occupet, nusquam docent. Idem de reliquis fere urbibus usu venit, quas in Judæa, a Nicopoli dimetiuntur, vel Diospoi: in Samaritide, a Neapoli et Sebaste: in Galilæa, a Diocæsarea et Legione: denique trans Jordanem, a Pella et Philadelphia. Nempe supervacaneam duxerunt esse operam, primarias eas urbes, suisque temporibus longe notissimas, quibus haberentur distantiis, designare: easque adeo vel omnino dissimulant, vel πόλεις ἐπισήμους, *urbes nobiles*, dixisse contenti sunt. Nunc vero quando nobiles esse desierunt, suis quasque locare sedibus, habito ad se invicem respectu, si eorum tantum indiciis nitimur, non est expeditum.

Alterum accedit huic malo incommodum, quod ipsarummet urbium, quas a præcipua uniuscujusque regionis deducto intervallo Patres collocant, non usque adeo diligens notatio sit respectu plagarum mundi, cum quatuor dumtaxat vulgaribus illis Ortu, Occasu, Septentrione, et Meridie utantur, reliquas singulis hisce intermedias negligant. Minime autem credibile fit, omnes urbes Eusebio memoratas recta eam plagam respexisse, ad quam referuntur, omnesque ad eamdem veluti lineam remotas fuisse ab ea urbe, unde distantia earum petitur. Nihil jam de cæteris dico, quæ in hoc scriptorum pari desiderat laudatus Relandus, ac multis exaggerat, fortasse etiam supra verum : reipsa enim aut parum negotii facessunt, aut rectissime se habent, quemadmodum in præfixa huic tomo Præfatione ostendimus. Satis ex his duobus, quæ adduximus, liquet, universæ Palæstinæ imaginem ad Eusebii ac Hieronymi ingenium ex hisce eorum monimentis, tametsi omnium longe luculentissimis, non posse delineari; sed quædam necesse esse prius ex aliorum Geographorum maxime veterum auctoritate constituere, quibus demum ipsa, quæ in incerto apud Eusebium sive Hieronymum hærent, asserantur.

Hoc porro est, quod in hac exstruenda Mappa supplere debui, siquidem in promptu erat ex alienis testimoniis huic descriptioni suppetias ferre; nec erit, opinor, qui studio meo veluti proposito prætergresso succenseat homo sacræ Geographiæ cupidus, quoniam ut tot singulares tabulas regionum adumbrarem, a me ipso impetrare non potui, vixque aliter fructus ab eximio hoc libro poterat obtineri. Recensui autem, ac disposui suis quæque nominibus loca, prout ex Septuagintavirali editione hoc libro enuntiantur, nec ferme alia prætermisi, quam quæ appellativæ, ut vocant, significationis, non propriæ sunt, aut certe ignobilium sunt viculorum, quæ nullis distantiis annotantur, et quæ adeo satius erat præteriisse, quam fucum lectoribus facere, si certis incerta miscerentur. Præsto autem fuit ipse Hieronymus suis aliis scriptis, et cum primis in epistola ad Dardanum, in nostra recensione 129, ubi universæ possessionis Judæorum longitudinem quidem metitur *a Dan usque Bersabee, quæ vix centum sexaginta millium in longum spatio tenditur : latitudinem vero a Joppe usque ad viculum Bethleem quadraginta sex millium, cui succedit vastissima solitudo plena ferocium Barbarorum.* Licuit hic intelligere totidem millium regionem contra Orientem recto ad Jordanem tramite, atque a Jordane ad Chesbon, Peræae urbem, sive, ut Eusebio placet, ad usque Philadelphiam, quæ decem supra Chesbon millibus a Jordane protendebatur. Nam et si Judææ latitudo paulo est incertior, quod quantum ultra Jordanem excurreret, non satis inter auctores conveniat : sentiebam tamen, non ex variorum, et plerumque recentium viatorum opinione, ne dicam ex Thalmude, ac Judæorum somniis mihi fuisse describendos Palæstinæ fines, sed ex hujusmodi rerum solertissimo, tum ob eruditionis laudem, tum ob loci viciniam Cæsariensi episcopo, ejusque interprete magno Hieronymo, qui sedes illas et curiosius peragravit, et multos annos incoluit. Quamobrem et multi facienda sum arbitratus ipsa ex Hieronymo *Excerpta,* quæ ad locorum intervalla faciunt, et sic satis studioso post Martianæum collegi, ut jam sint maximam partem auctiora. Prætermisi autem alia, quæ ex temetipso recolas ex epistola 108, sive S. Paulæ epitaphio, a n. 8 ad 15, atque ex illa, quæ de *Mansionibus ad Fabiolam* inscribitur, in nostra recensione 78, quæ erant ferme ex integro describendæ, si quæ ibi de Terræ sanctæ urbibus traduntur, fuisset animus exhibere.

EX HIERONYMI LIBRIS
EXCERPTA
DE ALIQUOT PALESTINÆ LOCIS.

293 *Adadremmon* urbs est juxta [a] Jezraelem, quæ hoc olim vocabulo nuncupata est, et hodie vocatur Maximianopolis, in campo Mageddon, in quo Josias rex a Pharaone cognomento Nechao vulneratus est (*Zach.* XII).

Ahila. Mare Rubrum, in cujus littore Ahila posita est, ubi nunc moratur legio, et præsidium Romanorum (*Ezech.* XLVII).

Anathot est viculus in tertio milliario ab urbe (*Jerusalem*) situs (*Prœm. in lib.* I *Comment. in Osee*), contra septentrionem Jerusalem in tertio milliario (*Jerem.* I).

Apedno. Figat tabernaculum suum in Apedno juxta Nicopolin, quæ prius Emmaus vocabatur, ubi incipiunt montana Judææ consurgere (*Dan.* XI).

Arabia. Rex Babylonis... egredietur quidem uno itinere Chaldæorum, sed cum venerit per desertum et solitudinem **294** ad bivium terræ Arabiæ, quæ appellatur filiorum Ammon, quarum una via Jerusalem ducit ad dexteram partem, sinistra vero ad Rabbath filiorum Ammon, quæ est civitas metropolis, et hodie Philadelphia nominatur, etc. (*Ezech.* XXI).

Ar, civitas metropolis regionis Moab, quæ provincia est Arabum. Hodie ex Hebræo et Græco sermone composita, Areopolis nuncupatur; non ut plerique æstimant, quod Ἄρεος, id est, *Martis* civitas sit (*Isai.* XV).

Arnon, est terminus Amorrhæorum et Moabitarum (*Ibid*).

Azotus. Mare autem novissimum intellige hoc quod ad occidentem est, et quod ducit in Ægyptum, in cujus littore Gaza, et Ascalon, Azotusque et Joppe, et Cæsarea, et cæteræ urbes maritimæ sitæ sunt (*Joel.* II).

Bersabee. Ubi et Bersabee usque hodie oppidum

---

[a] Vitiose Martian. *Jerusálem.*

est : quæ provincia ante **295** non grande tempus ex divisione Præsidum Palæstinæ, Salutaris est dicta (*Quæst. ad Gen.* XVII, 30).

Beth-aven. Quæ quondam vocabatur Bethel, est urbs in tribu Ephraim, post Benjamin; ubi enim tribus finitur Benjamin, haud procul in tribu Ephraim hæc urbs condita est (*Osee* v).

Bethulia. Cum infinito agmine prosequentium venit Bethuliam... quinto die venit Pelusium (*In Vit. S. Hilarionis*).

Cadesbarne. In deserto est, quod extenditur usque ad urbem Petram (*Ezech.* XLVIII).

Carmelus. Duo sunt montes, qui vocantur hoc nomine; alter in quo fuit Nabal Carmelius, maritus Abigail, ad Australem plagam : Alter juxta Ptolemaidem (*juxta Phœnicis terminos*), quæ prius vocabatur Acho, mari imminens, in quo Elias propheta flexis genibus pluvias impetravit (*Amos.* I).

Carmelus. Si absconditi fuerint in vertice Carmeli, vel juxta Phœnices terminos, in Septentrionali plaga ad meridiem, propter eremi vastitatem, ubi habitavit quondam Nabal Carmelius (*Amos*, VIII).

Carmelus mons in confinio Palæstinæ et Phœnices Ptolemaidi imminet, licet et alius in Scripturis sanctis mons Carmelus appellatur, in quo fuit Nabal Carmelius (*Isai.* XXIX).

Cedar, quæ quondam inhabitabilis fuit, regio trans Arabiam Saracenorum (*Isai.* XLII).

Dan in terminis terræ Judaicæ, ubi nunc Paneas est (*Amos*. VIII).

Dan. Septima Dan usque ad Joppem, ubi sunt turres Ailon, et Selebi, et Emmaus, quæ nunc appellatur Nicopolis, licet postea legerimus, quod ceperint sibi, transcensis aliis tribubus, urbem Lesem in tribu Dan, quæ hodie appellatur Paneas (*Ezech.* XLVIII).

Dimon et Dibon. Ne quis Scriptoris vitium putet, et errorem emendare dum vult, faciat; una urbs et per *m* et per *b* litteram scribitur : e quibus Dimon, *silentium* interpretatur; Dibon, *fluens*; indito utroque nomine propter latices, qui tacite fluant. Usque hodie indifferenter et Dimon et Dibon hoc oppidulum dicitur (*Isai.* XV).

Duma Regio Idumæa, quæ ad Austrum vergit, et ab urbe Palæstinæ, quæ hodie dicitur Eleutheropolis 20 distat millibus (*Isai.* XXI).

Edomia. Unus ergo atque idem tribus nominibus appellatur, Esau, Edom, **296** Seir, possedit que eam regionem, quæ nunc Gebalena dicitur, et in finibus est Eleutheropoleos, ubi ante habitaverant Horræi, qui interpretantur *liberi*, unde ipsa urbs postea sortita vocabulum est. Quod ergo Hebraice Edom, et Græce dicitur Ἰδουμαία, nunc viculus Palæstinæ est, a conditore sic imposito nomine (*Abdiæ* I).

Emath minor, ad distinctionem Emath magnæ, quæ nunc Antiochia vocatur, urbs est in terminis Terræ sanctæ, qui solem respiciunt. Postea dicta est Epiphania ab Antiocho, cui cognomentum Epiphanes (*Amos*, VI).

Emmaus. Juxta Nicopolim, quæ prius Emmaus vocabatur, ubi incipiunt montana Judææ consurgere (*Dan.* XII).

Emmaus. Judæ Macchabæi significat tempora, qui, de vico Modin, fratribus ac propinquis secum annitentibus, et multis de populo Judæorum, Antiochi duces superat juxta Emmaus, quæ nunc Nicopolis dicitur (*Dan.* VIII).

Engallim in principio est maris Mortui, ubi Jordanus ingreditur. Engaddi vero, ubi finitur, atque consumitur (*Ezech.* XLVII).

Esebon. Inter Esebon et Sabama vix quingenti passus sunt (*Ibid.*, XVI).

Gabaa. Urbs est in tribu Benjamin, juxta Rama (*Osee*, V).

Galaad, quam possedit dimidia tribus Manasse, trans Jordanem Scriptura commemorat. In quo monte Laban fugientem consecutus est Jacob, et mons juxta Genesim nomen accepit σωρός, id est, *tumulus* testimonii, eo quod ibi Jacob Labanque juraverint in acervum lapidibus congregatis. Est autem caput, sive principium Libani montis excelsi, qui universus cedris consitus est (*Hieronym., in c.* XXII *Jeremiæ*).

Genesareth. Lacus Jordane influente efficitur, in cujus littore Chapharnaum, et Tiberias, et Bethsaida, et Chorozaim sitæ sunt (*Isai.* IX).

Geraris. Notandum, quod de Geraris usque ad montem Moria, id est sedem Templi, iter dierum trium sit (*Quæst. in Genes. c.* XXII, 3).

Geth (ut Regnorum quoque testatur historia) una est de quinque urbibus Palæstinæ, vicina Judææ confinio, et de Eleutheropoli euntibus Gazam, nunc usque vicus vel maximus; unde fuit et Goliad ille Getthæus, quem David occidit in prælio (*In cap.* I *Mich. hæc urbs abs Hieronymo ibid. vocatur Palæstinæ metropolis*).

297 *Geth*, quæ est in Opher, haud grandis est viculus in secundo Sephorim milliario, quæ hodie appellatur Diocæsarea euntibus Tyberiadem; additur Opher, ad distinctionem aliarum Getth urbium (*Hieron. Prœm. in Jonam*).

Geth vicina atque confinis est Azoto quæ Hebraice dicitur *Esdod* (*Jerem.* XXV).

Helkesi usque hodie in Galilæa viculus est, parvus quidem, et vix ruinis veterum ædificiorum indicans vestigia; sed tamen notus Judæis, et mihi quoque a circumducente monstratus (*Prœm. in Nahum*).

Jasa, urbs quæ Mortuo mari imminet, ubi est terminus provinciæ Moabitarum (*Isai.* XV).

Idumæa. Idumæos quoque a Meridiana plaga vix septuaginta quinque millibus ab Jerosolyma separatos (*In epist. ad Dardan*).

Idumæa. Omnis Australis regio Idumæorum de Eleutheropoli usque Petram, et Abilam (hæc est enim possessio Esau) in specubus habitatiunculas habet (*Abdiæ* I).

Jerusalem in tribu Benjamin sitam nullus ignorat.

Thecuam quoque viculum esse in monte situm, et duodecim millibus ab Jerosolymis separatum quotidie oculis cernimus (*Jerem. c.* vi).

Jezrael, quæ nunc juxta Maximianopolim est, fuit metropolis regni Samariæ ; prope quam sunt campi latissimi, et vallis nimiæ vastitatis, quæ plusquam decem millium tenditur passibus. In hac commisso certamine, ab Assyriis cæsus est Israel (*Osee*, 1).

Joppe. Joppen portum esse Judææ et in Regnorum, et Paralipomenon libris legimus, ad quem Hiram quoque Rex Tyri ligna de Libano ratibus transferebat, quæ Jerusalem terreno itinere pervenerentur... sed et juxta regionis naturam de montanis et arduis ad Joppen et campestria veniens propheta, recte dicitur descendisse (*Jonæ* 1).

Madian. Nulli dubium est, Madianitas et totam eremi vastitatem adjacere terræ Arabiæ (*Ezech.* xxv).

Mambre. A Mambre usque ad Montem Moria vix unius diei iter plenum est (*Quæst. in Genes. c.* xxii, 3).

Morasthi usque hodie juxta Eleutheropolim urbem Palæstinæ, haud grandis est viculus (*Proœm. Comm. in Michæam*).

Nemrim, oppidum super mare Mortuum (*Isai.* xv).

298 *Petra*. Quæ et ipsa urbs Palestinæ est (*Isai.* xlii).

Pharan. Vicinus est locus monti Sina (*Abac.* iii).

Rabbath. Metropolis nomine Rabbath, quæ hodie a rege Ægypti Ptolemæo, cognomento Philadelpho, qui Arabiam tenuit, cum Judæa Philadelphia nuncupata est (*Ezech.* xxv).

Rama est urbs in tribu Benjamin, in septimo lapide ab Jerosolymis sita (*Osee*, v).

Ramoth Galaad. Urbs trans Jordanem in possessione tribus Gad. Ipsa fugitivorum civitas fuit.

Rhinocorura est oppidum in Ægypti Palæstinæque confinio (*Isai.* xxvii).

Rhinocorura. Urbs ad torrentem deserti, sive occidentis, ut LXX transtulerunt ; inter eam et Pelusium rivus Nili sive torrens de eremo veniens, mare ingreditur (*Amos*, vi).

Samaria. Altera urbs fuit metropolis decem tribuum, quæ postea ab Augusto Cæsare appellata est Augusta, id est, Sebaste : in qua et ossa Joannis Baptistæ condita sunt (*Osee*, 1).

Saron omnis juxta Joppen Liddamque appellatur regio, in qua latissimi campi fertilesque tenduntur (*Isai.* xxxiii).

Segor in finibus Moabitarum sita est, dividens ab iis terram Philistiim.

Socoth. Est usque hodie civitas trans Jordanem hoc vocabulo in parte Scythopoleos (*Genes.* xxxiii, 17).

Solitudo. Quæ a Majoma, Gazæ emporio, per littus euntibus Ægyptum ad lævam flectitur (*In vit. S. Hilarionis*).

Thabatha. Hilarion ortus vico Thabatha, qui circiter quinque millia a Gaza urbe Palæstinæ ad austrum situs est (*Ibid.*).

Thabor est mons in Galilæa, situs in campestribus, rotundus atque sublimis, et ex omni parte finitur æqualiter (*Osee*, v).

Tharsis vel regio Indiæ est, ut vult Josephus : vel certe omne pelagus Tharsis appellatur, et cœli habet similitudinem (*Jeremiæ* x).

Thecue est oppidum quod sex millibus ad meridianam plagam abest a sancta Bethleem, quæ mundi genuit Salvatorem ; et ultra nullus est viculus, ne agrestes quidem casæ. Tanta est eremi vastitas, quæ usque ad mare Rubrum, Persarumque et Æthiopum atque Indorum terminos dilatatur (*In Proœm. Com. in Amos*).

Thecuam viculum esse in monte situm, **299** et duodecim millibus ab Jerosolymis separatum quotidie oculis cernimus (*Jerem.* ii, 7).

Theman Idumæorum regio est, et vergit ad Australem plagam ; quæ provincia non solum Theman, sed et Daron, et Nageb dicitur, eo quod Eurum et Austrum, Africumque respiciat (*Ibid.*).

Thophet. Ara Thophet, quæ est in valle filii Ennom, illum locum significat, qui Siloe fontibus irrigatur ; et est amœnissimus atque nemorosus, hodieque hortorum præbet delicias. Hic autem gentilitatis error omnes provincias occupavit, ut ad capita fontium lucosque amœnissimos victimas immolarent, et omnis pravæ superstitionis religio servaretur. Thopheth lingua Hebræa interpretatur latitudo ; scriptumque fertur in libro Josue filii Nun, de hoc loco qui **300** est in valle filii Ennom, et Hebraice dicitur *ge Ennom*. *Ge* quippe φάραγγα, hoc est, *vallem* ; et Ennom vel hominis nomen, vel *gratiam* sonat. Traduntque Hebræi ex hoc loco appellatam Gehennam, quod scilicet omnis populus Judæorum ibi perierit, offendens Deum. In quo loco etiam filios suos in igne idolis consecrarint, sive holocaustum obtulerint, quod non præceperit eis, nec ulla legis jusserit sanctione (*Jerem.* vii).

Tyrus et *Sidon* in Phœnicis littore principes civitates... quarum Carthago colonia (*Jerem.* xxv).

Vallis, seu Torrens spinarum, est locus juxta Liviadem trans mare Mortuum, sexto ab ea distans milliario, ubi quondam cum Madianitis fornicatus est Israel (*Joel.* iii).

S. EUSEBII HIERONYMI
STRIDONENSIS PRESBYTERI
LIBER HEBRAICARUM QUÆSTIONUM IN GENESIM.

PRÆFATIO [a].

301-302. Qui in principiis librorum debebam secuturi operis argumenta proponere, cogor prius respondere maledictis, Terentii quippiam sustinens, qui comœdiarum prologos [b] in defensionem sui scenis dabat. Urgebat enim eum Luscius [c] Lanuinus, nostro Luscio similis, et quasi publici ærarii poetam furem criminabatur. Hoc idem passus est ab æmulis et Mantuanus vates, ut cum quosdam versus Homeri transtulisset ad verbum, compilator veterum diceretur. Quibus ille respondit, magnarum esse virium, clavam Herculi extorquere de manu. Sed et Tullius, qui in arce eloquentiæ Romanæ stetit, rex oratorum, et Latinæ linguæ illustrator, repetundarum accusatur a Græcis. Non mirum ergo si contra me parvum homunculum immundæ sues grunniant, et pedibus margaritas conculcent, cum adversus doctissimos viros, et qui gloria invidiam superare debuerant, livor exarserit. Verum hoc illis merito accidit, quorum in theatris, curia, concione, pro rostris eloquentia pertonabat. Semper enim in propatulo fortitudo æmulos habet, *feriuntque summos Fulmina montes* (Hor. Carm. II, ode x, 10). Me vero procul ab urbibus, foro, litibus, turbis remotum, sic quoque (ut Quintilianus ait) latentem invenit invidia. Unde lectorem obsecro,

. . . . . si quis tamen hæc quoque, si quis.
Captus amore leget, ...

ut in libris Hebraicarum Quæstionum, quos in omnem Scripturam sanctam disposui scribere, non quærat eloquentiam, non oratorum leporem; sed magis inimicis pro nobis ipse respondeat, Novo operi veniam concedendam. Ut enim nos humiles atque pauperculi, nec habemus divitias, nec oblatas dignamur accipere : ita et illi noverint, non posse se notitiam Scripturarum, id est, **303-304** divitias Christi, [e] cum mundi pariter habere divitiis. Studii ergo nostri erit, vel eorum, qui de libris Hebraicis varia suspicantur, errores refellere : vel ea quæ in Latinis et Græcis codicibus scatere videntur, auctoritati suæ reddere; etymologias quoque rerum, nominum atque regionum, quæ in nostro sermone non resonant, vernaculæ linguæ explanare ratione. Et quo facilius emendatio cognoscatur, ipsa primum, ut apud [f] nos sunt, testimonia proponemus, et ex collatione eorum quæ sequuntur, quod in illis, aut minus, aut plus, aut aliter sit, indicabimus. [g] Neque vero Septuaginta Interpretum, ut invidi latrant, errores arguimus : nec nostrum laborem, illorum reprehensio-

---

[a] Totum hunc librum exegimus ad quinque mss. codices : duos Vaticanos, olim Suecorum Reginæ, prænotatos numeris 39 et 215; tum alium antiquiss. Palatinum, in eadem Vaticana Bibliotheca 183, atque unum Mediolanensem in Ambrosiana sub littera D num. 88; denique nostrum, quem domi asservamus, non illum quidem remotissimæ antiquitatis, sed optimæ ferme præ cæteris notæ. Inscribitur autem in nostro ad hunc modum : *Sophronii Eusebii Hieronymi in libros Hebraicarum Quæstionum ante se inauditos tam Græcis, quam Latinis omnibus, incipit prologus.* In Reginæ altero : *Incipit brevis annotatio Hieronymi in Genesim. Præfatio.*

[b] *Qui comœdiarum Prologos.* Terentius respondet maledictis veteris Poetæ in Prologo Andriæ, et argumentum Comœdiæ in prima Scena proponit. MARTIAN.

[c] Sic ferunt mss. nostri omnes, aliique penes Martian., tum vetus edit. an. 1496, ac demum ipse Hier. alibi, qui et *Laniarum* æmulum suum aliis in locis cognominat. Martian. aliique editores, *Lavinius*. Vid. prolog. Terentii in Andriam.
— *Luscius Lavinius*. In aliquot Exemplaribus mss. legimus, *Lucius Larvinus*, vel *Lanuinus*, *Lanuvinus*. Apud Grammaticos Scriptores vetus Poeta æmulus Terentii dicitur *Lucius*, non *Luscius*. Quis autem Hieronymi fuerit æmulus et *Luscius*, quando hasce Quæstiones Hebraicas scribebat, nondum apparet :

quia tunc temporis Rufinus presbyter nihil dissidii habuit cum Hieronymo propter Origenem, qui adhuc bene audit in hac Præfatione. Codex denique Corbeiensis antiquissimus alium præ se fert intellectum, legit enim : *Urgebat eum Lucius Lavinio nostro Luscio similis*, etc. MARTIAN.

[d] *Si tamen hæc*, etc. Maronis carmen ex Georgicis, quod integrum non legunt veteres Editiones; quamvis scriptum legatur in mss. Exemplaribus, ut a nobis editum est. MARTIAN.
— Non ex Georgicis, ut Martianæus putat, sed ex Ecloga 6, cui nomen Silenus, Virgilii versus hic est. In plerisque autem mss. alterum *si quis* desideratur.

[e] *Cum mundi pariter*, etc. Nonnulli mss. codices sic legunt, *cum suis pariter habere divitiis.* MARTIAN.
— Noster ms. *cum mundi, vel cum suis pariter habere divitiis.*

[f] Alter Reginæ ms. ferme cum nostro, et Palatino, et veteri editione, *apud nostros sunt, testimonia proponemus, ex collatione eorum, quæ sequuntur....* (noster *sequuntur*)... *aut aliter sit, indicantia.*

[g] Idem ms. cum antiqua edit. *Non quo septuaginta Interpretum, ut invidi lacerant, errores*, etc. Palatinus cum Reginæ 39 : *Septuaginta interpretes, ut invidi latrant, erroris arguimus.*
— Corrupte in omnibus fere mss. libris, *ut invidi lacerant.* MARTIAN.

nem putamus : cum illi Ptolemæo regi Alexandriæ mystica quæque in Scripturis sanctis prodere noluerint, et maxime ea quæ Christi adventum pollicebantur: ne viderentur Judæi et alterum Deum colere: quos ille Platonis sectator magni idcirco faciebat, quia unum Deum colere dicerentur. Sed et Evangelistæ, et Dominus quoque noster atque Salvator, necnon et Paulus Apostolus, multa quasi de veteri Testamento proferunt, quæ in nostris codicibus non habentur. Super [a] quibus in suis locis plenius dissereremus. Ex quo perspicuum est, illa magis vera esse exemplaria, quæ cum novi Testamenti auctoritate concordant. Accedit ad hoc, [b] quod Josephus, qui Septuaginta Interpretum ponit [*Al.* proponit] historiam, quinque tantum ab eis libros Moysi translatos refert: quos nos quoque confitemur, plus quam cæteros cum Hebraicis consonare. Sed et h[i] qui postea interpretes exstiterunt, Aquilam loquor, et Symmachum, et Theodotionem, longe aliter habent, quam nos legimus. Ad extremum (quod etiam obtrectatores nostros placare potest) peregrinæ merces [c] tantum volentibus navigent [*Al.* navigant]: balsamum, piper, et poma palmarum rustici non emant [*Al.* emunt]. De Adamantio [*Al.* Origene] autem sileo, cujus nomen, si parva licet componere magnis, meo nomine invidiosius est, [d] quod cum in homiliis suis, quas ad vulgum loquitur, communem editionem sequatur: in tomis, id est, in disputatione majori, Hebraica veritate [e] superatus, et suorum circumdatus agminibus, interdum linguæ peregrinæ quærit auxilia. Hoc unum dico, quod vellem cum invidia nominis ejus habere etiam scientiam Scripturarum, flocci pendens imagines umbrasque [f] larvarum, quarum natura [*Al.* naturæ] esse dicitur, terrere parvulos, et in angulis garrire tenebrosis.

[a] *Super quibus,* etc. Consule Epistolam de optimo genere interpretandi ad Pammachium. Absunt nihilominus hæc verba in multis exemplaribus mss. MARTIAN.

[b] Amovimus hinc vocem *quoque,* quam elegantius mss. ignorant. Porro Josephi testimonium habes lib. XII Antiquitt. cap. 2, ubi de solis Legis libris, sive Pentateucho a LXX, Ptolemæi jussu Græce redditis, continuo loquitur. Atque hæc quidem sententia doctis plerisque persuasit, ea cum primis de causa, quod cæterorum librorum stylus alios plane interpretes arguit ab his, qui vulgo Septuaginta audiunt, et Moysen Philadelpho regi in Græcum explicasse perhibentur.

[c] *Peregrinæ merces,* etc. Omnino depravata legitur sententia isthæc in pluribus codicibus mss. nempe, *peregrina merces tantum volentibus navi defertur.* MARTIAN.

[d] Ita, quibus utimur, quinque mss. habent. Antea erat, *qui cum,* etc.

[e] *Veritate stipatus.* Consuetudo veterum scriptorum constans est in mutanda hac lectione, pro qua hanc substituunt : *Hebraica Veritate superatus;* vel, *superatus est,* aut *esset.* MARTIAN.

— Emendamus hic quoque ex quatuor mss. veterisque editionis consensu, *superatus;* quemadmodum et Rufinus, Invectivar. II, legit, ipseque contextus legendum persuadet. Antea erat *stipatus.* Unus Vatic. *superatur:* et mox *circumdatur.*

[f] Hujusmodi addit glossema alter Reginæ ms.: *Dæmonum genus, quem rustici Oz zellum nominant.*

INCIPIT LIBER.

305 (Cap. I. — Vers. 1.) *In principio fecit Deus cœlum et terram.* Plerique existimant, sicut in [a] Altercatione quoque Jasonis et Papisci scriptum est, et Tertullianus [b] in libro contra Praxeam disputat: necnon Hilarius in expositione cujusdam Psalmi affirmat, in Hebræo haberi: *In filio fecit Deus cœlum et terram:* quod falsum esse, ipsius rei veritas comprobat. Nam et Septuaginta Interpretes, et Symmachus, et Theodotion, *in principio,* transtulerunt. Et in Hebræo scriptum est, BRESITH (בראשית); quod Aquila interpretatur, *in capitulo :* et non BABEN (בבן), quod appellatur [*Al.* interpretatur], *in filio.* Magis itaque secundum sensum quam secundum verbi translationem de Christo accipi potest: qui tam in ipsa fronte Geneseos, quæ caput librorum omnium est, quam etiam in principio Joannis Evangelistæ, cœli et terræ conditor approbatur. Unde et in Psalterio (*Psal.* XXXIX, 9) de seipso ait: *In capitulo* [*Al.* capite] *libri*

[a] Mysticam quidem interpretationem vocis *principii in filium*, in Jasonis et Papisci altercatione fuisse usurpatam, propius vero est, etiamsi jamdiu illa interciderit: cum et Clemens Alexandr. lib. VI Stromat. ex Petri prædicatione, atque alii subinde Patres ita explicent; sed in Hebræo a quoquam ita umquam lectum fuisse non puto.

[b] In libro contra Praxeam hoc nusquam, immo diversum legas a Tertulliano dictum de Praxeæ sectatoribus cap. 5 : *Aiunt quidem et Genesin in Hebræo ita incipere: In principio Deus fecit sibi Filium. Hoc ut firmum non sit, alia me argumenta deducunt.* S. Hilarius vero in Psalm. II :*Bresith verbum Hebraicum est. Id tres significantias in se habet, id est, in principio, et in capite, et in Filio. Sed translatores LXX in principio ediderunt, cæteris diverse trans-*
ferentibus. Mox vocem *Baben,* quam cum Martianæo nostri etiam codices retinent, veteres editores ad Massorethicam lectionem exegerant, legentes *Beben.*

— *Necnon Hilarius in expositione.* Sanctus Hilarius tractatu in Psal. II, num. 2, hæc habet in Editione nostra : *Ambiguitatis autem linguæ Hebraicæ unum afferemus exemplum, ex quo cætera istiusmodi esse, atque ita ut sunt, intelligatur. Bresith verbum Hebraicum est. Id tres significantias in se habet, id est in principio, et in capite, et in filio. Sed Translatores Septuaginta in principio ediderunt, cæteris diverse transferentibus: et secundum hanc ambiguitatem hæc ab illis in omni translatione est facta confusio.* Non affirmat Hilarius in Hebræo haberi in filio, sed affirmat verbum Hebraicum Bresith tres significantias habere,

scriptum est de me, id est, in principio **306** ªGeneseos. Et in Evangelio : *Omnia per ipsum facta sunt, et sine ipso factum est nihil* (Joan. I, 5). Sed et hoc sciendum, quod apud Hebræos liber hic BRESITH vocatur : hanc habentes consuetudinem, ut voluminibus ex principiis eorum nomina imponant.

(Vers. 2.) *Et Spiritus Dei ferebatur super aquas.* Pro eo quod in nostris codicibus scriptum est, *ferebatur*, in Hebræo habet ᵇ MEREFETH (מרחפת), quod nos appellare possumus, *incubabat*, sive *confovebat*, in similitudinem volucris, ova calore animantis. Ex quo intelligimus, non de spiritu mundi dici, ut nonnulli arbitrantur, sed de Spiritu Sancto, qui et ipse vivificator omnium a principio dicitur. ᶜ Si autem vivificator, consequenter et conditor. Quod si conditor, et Deus. *Emitte enim*, ait, *Spiritum tuum, et creabuntur* (*Psal.* CIII, 30).

(Vers. 10.) *Et congregationes aquarum vocavit maria.* Notandum quod omnis congregatio **307** aquarum, sive salsæ sint, sive dulces, juxta idioma linguæ Hebraicæ, maria nuncupentur. Frustra igitur Porphyrius, Evangelistas ad faciendum ignorantibus miraculum, eo quod Dominus super mare ambula-

verit, pro lacu Genezareth, mare appellasse calumniatur, cum omnis lacus et aquarum congregatio maria nuncupentur.

(Cap. II. — Vers. 2.) *Et consummavit Deus in die sexto opera sua quæ fecit.* Pro die sexto, in Hebræo habet diem septimum. Arctabimus igitur Judæos, qui de otio sabbati gloriantur, quod jam tunc in principio sabbatum dissolutum sit, dum Deus operatur in sabbato, complens opera sua in eo, et benedicens ipsi diei : quia in illo universa compleverit.

(Vers. 8.) *Et plantavit Dominus Deus paradisum in Eden, contra orientem.* Pro paradiso, in Hebræo *hortum* habet : id est, GAN (גן), Porro EDEN (עדן), *deliciæ* interpretantur. Pro quo Symmachus transtulit, *paradisum florentem*. Necnon quod sequitur, *contra orientem*, in Hebræo MECEDEM (מקדם) scribitur, quod Aquila posuit ᵈ ἀπὸ ἀρχῆς : et nos, *ab exordio*, possumus dicere. Symmachus vero, ἐκ πρώτης, et Theodotion, ἐν πρώτοις, quod et ipsum non *orientem*, sed *principium* significat. Ex quo manifestissime ᵉ comprobatur, quod priusquam cœlum et terram Deus faceret, paradisum ante condiderat, sicut et legitur in Hebræo :

---

quarum una est, in filio. Deinde male in textu Hieronymi legunt illustratores Hilarii, *et non Beben*, quod interpretatur, *in filio* : scimus enim ab Hieronymo positum fuisse, *et non haben*, quod appellant, *in filio*. Hebræum namque בבן legi debet *baben* juxta præceptores Grammaticos Hebræos ; nec ullum vidi usque in præsens codicem ms. qui legat *beben*. Conficta proinde hæc lectio merito reprobatur a nobis. MARTIAN.

ª Non referendum hunc Psalmi locum ad Genesim, sed ad secundum librum Legis Mosaicæ, docti quidam viri contendunt.

ᵇ *In Hebræo habet Merefeth.* Sic legunt Romani codices et Gallicani ; unus scilicet Bibliothecæ Palatinæ, *Merefeth*, et alter Bibliothecæ Vaticanæ, *Merafeth*. Quam lectionem retinent etiam e nostris quamplurimi, in primis Corbeiensis vetustissimus supra laudatus. Alii legunt, *Merahefeth* aut *Merahaefeth*. MARTIAN.

—Sunt nihilosecius, qui ex Hebræis, *ferebatur* verius exponi velint. Contra S. Basilius Hexam. ex Catenis Regiis : Ἐρῶ σοι οὐκ ἐμαυτοῦ λόγον, ἀλλὰ Σύρου ἀνδρὸς σοφίας κοσμικῆς τοσοῦτον ἀφεστηκότος, ὅσον ἐγγὺς ἦν τῆς τῶν ἀληθινῶν ἐπιστήμης. Ἔλεγε τοίνυν τὴν τῶν Σύρων φωνὴν ἐμπρακτικωτέραν τε εἶναι, καὶ διὰ τὴν πρὸς τὴν Ἑβραΐδα γειτνίασιν μᾶλλόν πως τῇ ἐννοίᾳ τῶν γραφῶν ἐγγίζειν. Τὸ οὖν ἐπεφέρετο, φησὶν ἐξηγοῦντο, ἀντὶ τοῦ συνέθαλπε, καὶ ἐζωογόνει τὴν τῶν ὑδάτων φύσιν, κατὰ τὴν εἰκόνα τῆς ἐπωαζούσης ὄρνιθος, καὶ ζωτικήν τινα δύναμιν ἐνιείσης τοῖς ὑποθαλπομένοις. Quæ sic redduntur : *Non meam tibi, sed Syri cujusdam hominis sententiam proferam qui tantum a mundana scientia distabat, quantum verarum cognitioni rerum propinquior erat. Dicebat igitur iste* (hunc S. Ephrem esse Basilii amicum vulgo putant) *Syriacam vocem* (incubabat) *significantiorem clarioremque esse, et ob affinitatem cum Hebraica lingua sententiæ Scripturarum quodammodo propius accedere. Illud itaque* superferebatur, *interpretabatur Syri*, fovebat, *juxta volucris incubantis, et in ea quæ fovet, vitalem quamdam vim immittentis, similitudinem*. Clarius adhuc Diodorus : Τὸ ἐπεφέρετο, inquit, τίνα μέν ἐστι λέξις παρ᾽ Ἑβραίοις παρ᾽ ἡμῖν δὲ διὰ μιᾶς λέξεως οὐκ ἂν παρασταίη. Βούλεται γὰρ ἡ Ἑβραϊκὴ λέξις, ἤτοῦ ἐπεφέρετο, σημαίνειν, ὅτι καθάπερ ὄρνις ᾠὰ θάλπει ταῖς πτέρυξιν ἁπαλῶς ἐφαπτομένη ὡς τῷ ζωογονεῖν, οὕτω καὶ τὸ πνεῦμα ἐπεφέρετο τοῖς

ὕδασι ζωοθαλπῶν. *Illud* superferebatur una quidem apud Hebræos *dictio est, apud nos autem una voce numquam exprimatur. Dictionis quippe Hebraicæ, quæ voci* superferebatur *respondet, hic est sensus : quemadmodum avis ova pennis molliter contingens, ipsa fovet, ipsisque vitalem calorem imprimit, sic spiritus aquis superferebatur, fovens, atque calorem imprimens*. Vide ex Latinis S. Ambros. in Hexam. lib. I, c. 8, et Augustin. lib. I de Genesi ad lit., c. 18. Quod autem ipse Hieron. in translatione sua verterit *ferebatur*, recte Martianæus notat, consulto verbum illud retinuisse S. Doctorem, ne cum a diversis diverse acciperetur, ad unam tantum significationem trahere videretur : et quod de vento, id est de spiritu hujus mundi intelligunt quamplurimi, ipse de solo Spiritu Sancto, tamquam rerum omnium conditore, sententiam illam sibi astrueret accipiendam : et ipsius passus fassus est S. doctor se consuetudini veterum interpretum coaptare voluisse.

ᶜ Alter Reginæ ms. : *Si autem vivificator, quasi conditor, et Deus.*

— *Si autem vivificator.* Codex unus nostri Monasterii S. Michaelis in periculo maris, et nonnulli alii mss. in Normaniæ Monasteriis collati cum editis, *Sic autem vivificator, quasi conditor et Deus.* MARTIAN.

ᵈ Litterarum ductus in mss. indicant scriptum ab Aquila ἀπὸ ἀρχῆθεν : quod quidem poeticum ferme adverbium contentiosum ejus interpretis ingenium magis refert. Sic habet antiquior Reginæ liber : ΑΠΟ ΑΡΧΗΘΕΝ, alter corrupte : ΑΠΟ ΑΡΧΝΗΕΝ. Denique Palatinus : ΑΠΟ ΑΡΧΝΕΕΝ e quibus excudo ἀπὸ ἀρχῆθεν.

ᵉ *Ex quo manifestissime comprobatur.* Ex hoc loco argumentantur critici scriptores parum modesti, aiuntque Hieronymum indulgere fabulis Judaicis. Sed de his ac similibus locis vide prolixiores nostras Annotationes et Apologiam S. doctoris supra. MARTIAN.

— Scilicet ex Judæorum sententia, quam invexit auctor quarti libri Esdræ c. III, v. 6 : *Induxisti eum* (Adam) *in paradiso, quem plantaverat dextera tua antequam terra adventaret.* Contra vero sentiunt interpretes plerique omnes ; et sane consitum hortum illum in Adami gratiam, contextus ipse Scripturæ demonstrat.

Plantaverat autem Dominus Deus paradisum in Eden, a principio.

(Vers. 11.) *Nomen uni Phison.* Hunc esse Indiæ fluvium Gangen putant.

308 (Vers. 12.) *Ubi* (Al. *ibi*) *est carbunculus et lapis prasinus.* Pro *carbunculo et lapide prasino*, βδέλλιον et ᵃ ὄνυχα alii transtulerunt.

(Vers. 15.) *Et sumpsit Dominus Deus hominem, et posuit eum in paradiso voluptatis.* Pro *voluptate*, in Hebræo habet EDEN. Ipsi igitur nunc Septuaginta EDEN interpretati sunt *voluptatem.* Symmachus vero qui florentem paulo ante paradisum transtulerat, hic posuit ἐν τῷ παραδείσῳ τῆς ᵇ ἀκτῆς, quod et ipsum *amænitatem* et *delicias* sonat.

(Vers. 17.) *In quacumque autem die comederis ex eo, morte* ᶜ *morieris.* Melius interpretatus est Symmachus dicens, *mortalis eris.*

(Vers. 21.) *Et misit Dominus Deus ecstasim super Adam.* Pro *ecstasi*, id est, mentis excessu, in Hebræo habetur THARDEMA (תרדמה), quod Aquila καταφοράν, Symmachus κάρον, id est, *gravem et profundum soporem* ᵈ interpretati sunt. Denique sequitur : *Et dormivit.* Idipsum verbum et in Jonæ (I, 5) stertentis somno positum est.

ᵃ Aquila tamen Σαρδόνυχα vertit, quod fortasse Hieronymus pro eodem ac simplex ὄνυχα accepit.

ᵇ Hactenus falso obtinuit τῆς ἄλσης, quod interpretantur *nemoris.* Et vero suspectam habuit hanc vocem Drusius, quem immerito reprehendit Montfauconius. At non tamen sic satis feliciter ille opinatus est reponendum ἀλόσυνης. Vox certe ἄλσης plane commentitia est, et Græcis scriptoribus ignota, et siquidem pro ἄλσος accipitur, et τοῦ ἄλσους scribendum esset, necdum tamen ex ea interpretationem *amænitatis*, ac *deliciarum* utcumque valeas extundere. Contra vox Ἀκτῆς, quam substituimus, nedum Græcis, Latinis quoque auctoribus usurpatur pro *amæno secessu*; maxime ad maris littus, seu propter fluvios, quales sunt quatuor, quos hic loci Scriptura commemorat. Græca exempla invenire est in Lexicis innumera, e Latinis vero notissima illa sunt Ciceronis in Verrem VII, 25 : *In acta cum mulierculis jacebat ebrius* : et Virgil. VI Æneid.

At procul in sola secretæ Troades acta, etc.

Sed quod præcipuum est argumentum, ita præferunt Ἀκτῆς, quatuor quibus utimur mss. e quibus unus tantum vitiosa scriptura abludit Ἀκθῆς.

ᶜ Unus Reginæ ms., *moriemini* juxta LXX. Porro Symmachus in Catenis Regiis a Montfaucon. laudatis, θνητὸς ἔσῃ.

ᵈ Huc refer Plutarchi locum in Antonio de Cleopatra a Drusio laudatum, ubi κάρον et καταφοράν simul nominat: Καὶ μόνον εὕρισκε τὸ δεῖγμα τῆς ἀσπίδος ἄνευ σπασμοῦ κάρον ὑπνώδη καὶ καταφορὰν ἐφελκόμενον. *Solumque reperit morsum aspidis, sine convulsione soporem gravem et somnum profundum attrahentem.*

ᵉ Ἀνδρίς, etc. Confictam Symmachi Græcam lectionem retinent editi antea libri in hunc modum, αὕτη κληθήσεται ἀνδρίς, ὅτι ἐκ τοῦ ἀνδρὸς αὐτῆς ἐλήφθη, hoc est, *Hæc vocabitur vira, quia de viro ejus sumpta est.* Partim igitur e Septuaginta Interpretum translatione, partim ex ea quam Symmachus ediderat, corruptam hujusmodi lectionem Græcam repræsentant Erasmus et Marianus. Nos genuinam restituimus ad fidem omnium exemplarium mss. Hieronymi. MARTIAN.

— Legerant veteres Editores, quos Marthianæus supra meritum castigat, αὕτη κληθήσεται ἀνδρὶς ὅτι ἐκ

(Vers. 23.) *Hoc nunc os ex ossibus meis, et caro de carne mea : hæc vocabitur mulier, quoniam ex viro sumpta est.* Non videtur in Græco et in Latino sonare, cur mulier appelletur, quia ex viro sumpta sit : sed etymologia in Hebræo sermone servatur. Vir quippe vocatur IS (איש), et mulier ISSA (אישה). Recte igitur ab IS, appellata est mulier ISSA. Unde et Symmachus pulchre etymologiam etiam in Græco voluit custodire, dicens : Ἡ αὕτη vocabitur ᵉ ἀνδρίς, ὅτι ἀπὸ ἀνδρὸς ἐλήφθη, quod nos Latine possumus dicere : *Hæc vocabitur virago, quia ex viro sumpta est.* Porro Theodotio aliam etymologiam suspicatus est, dicens : *Hæc* **309** *vocabitur assumptio : quia ex viro sumpta est.* Potest quippe ISSA (אשה) secundum varietatem ᶠ accentus et *assumptio* intelligi.

(Cap. III. — Vers. 1.) *Serpens autem erat sapientior cunctis bestiis super terram.* Pro *sapiente* in Hebræo habetur ᵍ AROM (ערום), quod Aquila et Theodotion πανοῦργον interpretati sunt : hoc est, *nequam et versipellem.* Magis itaque ex hoc verbo calliditas et versutia, quam sapientia demonstratur.

(Vers. 8.) *Et audierunt vocem Domini Dei ambulantis in paradiso ad vesperam.* In plerisque codicibus Latinorum, pro eo quod hic posuimus *ad vesperam*, τοῦ ἀνδρὸς αὐτῆς ἐλήφθη. Quæ Symmachi interpretatio totidem verbis, teste Montfaucon. in Catenis mss. habetur in loco, qui Apollinarii esse dicitur. Nostri equidem mss. cum impressa lectione consentiunt : tantum unus Reginæ Ἀνδρίς, quod *virilitatem* sonat, habet pro Ἀνδρίς, *vira* aut *virago.*

ᶠ *Secundum varietatem accentus.* Quæ sit diversitas illa accentuum, vide infra Comment. in lib. Hebr. Nomin. ubi ostendimus varietatem accentus in nomine *Damesec* et *Sabee*, nihil aliud esse quam diversam pronuntiationem litteræ ש *sin.* Hinc enim liquet nomen אשה *issa*, sonare *mulierem* si scriptum legatur cum ש *scin*, sive *schin*; significare autem *assumptionem*, si derivatum fuerit vocabulum אשה *issa*, a verbo נשא *nassa*, cujus ש media littera legitur cum punctulo sinistro; *Ischa* igitur *viram* significat, *issa assumptionem.* Vel, ut cum Hieronymo dicamus, *issa* cum *Sin* stridulo Hebræorum intelligitur *vira*; cum sono autem Græci *Sigma*, seu Hebræi *Samech*, eadem vox *issa* interpretatur *assumptio.* Confer ista cum iis quæ leguntur Comment. Hieronymi in cap. XII Ecclesiastis, ubi de varia interpretatione nominis שקד *soced*, ex accentus varietate disputavit. MARTIAN.

— Haud scio, quid accentus nomine intelligi velit Hieronymus, quod enim vulgo creditur, et Martian. putat, innui punctum diacriticum alterutri cornuum litteræ ש impositum, quemadmodum et recentiores hujus linguæ magistri distinguunt, multis ex ipso Hieron. adductis exemplis Clericus redarguit falsi : qui rursus lineolas intelligi opinatur vocabulis diversi significatus atque enuntiationis, iisdem tamen litteris descriptis impositas, quales in Samaritico codice passim occurrunt. Videtur autem proposito in loco differentem ipsam scripturam utriusque vocis אשה, et אשה denotare Hieronymus voluisse, cum enim a נשא vox isthæc deducitur absque jod scribitur : tametsi hæc nusquam habeatur in sacro textu. Cæterum vide Commentarios in cap. XII Ecclesiastæ, et in cap. I Jeremiæ.

ᵍ *In hebræo habetur Arom.* Antiquiores mss. codices sic legunt : sed indifferenter *arum* et *arom* scribi potest, quia apud Latinos exscriptores *u* et *o* promiscue usurpantur. *Non est serves, et non est servus* eodem sensu sæpius legitur in vetustissimis exemplaribus. MARTIAN.

post meridiem habet : quia τὸ δειλινὸν Græcum sermonem ad verbum transferre non possumus : pro quo in Hebræo scriptum est [a], LARUE AIOM (לרוח היום), quod Aquila interpretatus est ἐν τῷ ἀνέμῳ τῆς ἡμέρας, id est, *in vento diei*. Symmachus vero διὰ πνεύματος ἡμέρας, id est, *per spiritum diei*. Porro Theodotion manifestius ἐν τῷ πνεύματι πρὸς [b] κατάψυξιν τῆς ἡμέρας, ut meridiano calore transacto, refrigerium auræ spirantis ostenderet.

(Vers. 14.) *Super pectus tuum, et ventrem tuum ambulabis.* Ventrem Septuaginta interpretes addiderunt : cæterum in Hebræo *pectus* tantum habet : ut calliditatem et versutias cogitationum ejus aperiret : quod omnes gressus ejus nequitiæ essent, et fraudes. Sed et id quod sequitur : *Terram manducabis* [c]. Pro terra APHAR (עפר) scriptum est, quod nos favillam et pulverem possumus dicere.

(Vers. 15.) *Ipse servabit caput tuum, et tu servabis ejus calcaneum.* Melius habet in Hebræo : *Ipse conteret caput tuum, et tu conteres ejus calcaneum* : quia et nostri gressus præpediuntur a colubro : et Dominus conteret Satanam sub pedibus nostris velociter.

(Vers. 16.) *Multiplicans multiplicabo tristitias tuas et gemitus tuos.* Pro tristitia et gemitu, in Hebræo *dolores et conceptus* habet.

Et ad virum conversio tua. Pro conversione **310** Aquila, *societatem* : Symmachus, *appetitum vel impetum* transtulerunt.

(Vers. 17.) [d] *Maledicta terra in operibus tuis.* Opera hic non ruris colendi, ut plerique putant, sed peccata [e] significantur : ut in Hebræo habetur : Et Aquila non discordat, dicens : *Maledicta humus propter te.* Et Theodotion : *Maledicta adama in transgressione tua.*

(Vers. 20.) *Et vocavit Adam nomen uxoris suæ, vitam, quia ipsa est mater omnium viventium.* Quare EVA (חוה), [f] id est *vita* sit appellata, demonstrat, eo quod sit *mater omnium viventium*. EVA quippe transfertur in *vitam*.

(Vers. 24.) *Et ejecit Adam, et habitare fecit contra paradisum voluptatis. Et statuit Cherubim et flammeam romphæam, quæ vertitur ad custodiendam viam ligni vitæ.* Alius multo sensus est in Hebræo quam hic [g] intelligitur. Ait enim : *Et ejecit Adam*, haud dubium quin Dominus : *Et habitare fecit ante paradisum voluptatis Cherubim, et flammeum gladium, qui vertere- tur, et custodiret viam ligni vitæ*. Non quod ipsum Adam, quem ejecerat Deus, habitare fecerit contra paradisum voluptatis ; sed quod illo ejecto ante fores paradisi Cherubim, et flammeum gladium posuerit ad custodiendum paradisi vestibulum, ne quis posset intrare.

(Cap. IV. — Vers. 1.) *Et concepit et peperit Cain, et dixit, acquisivi sive possedi hominem per Deum.* Cain (קין), acquisitio, sive possessio interpretatur, id est κτῆσις, unde et etymologiam ipsius exprimens ait, CANITHI (קניתי), id est, *possedi hominem per Deum*.

(Vers. 4.) *Et respexit Deus super Abel, et super munera ejus: super Cain autem et super sacrificia ejus non respexit, et contristatus est Cain valde.* Unde scire poterat Cain, quod fratris munera suscepisset Deus, et sua repudiasset : nisi illa interpretatio [h] vera est, quam Theodotion **311** posuit. *Et inflammavit Dominus super Abel, et super sacrificium ejus : super Cain vero, et super sacrificium ejus non inflammavit.* Ignem autem ad sacrificium devorandum solitum venire de cœlo : et in dedicatione templi sub Salomone legimus, et quando Elias in monte Carmelo construxit altare (II *Par.* VII, 1; III *Reg.* XVIII, 38).

(Vers. 6.) *Et dixit Dominus* [i] *ad Cain: Quare concidit vultus tuus? Nonne si recte offeras, non recte autem dividas, peccasti? Quiesce, ad te conversio ejus, et tu dominaberis ejus.* Necessitate compellimur in singulis diutius immorari. Siquidem et nunc multo alius in Hebræo, quam in Septuaginta translatoribus, sensus est. Ait enim Dominus ad Cain : *Quare irasceris, et quare concidit vultus tuus? Nonne si bene egeris, dimittetur tibi, et si non bene egeris, ante fores peccatum tuum sedebit: et ad te societas ejus: sed tu magis dominare ejus.* Quod autem dicit, hoc est : *Quare irasceris*, et invidiæ in fratrem livore cruciatus, vultum dimittis in terram? *Nonne si bene feceris dimittetur tibi omne delictum tuum* : sive ut Theodotion ait, *acceptabile erit* : id est, munus tuum suscipiam, ut suscepi fratris tui? *Quod si male egeris : illico peccatum ante vestibulum tuum sedebit*, et tali janitore comitaberis. Verum quia liberi arbitrii es : moneo ut non tibi peccatum, sed tu peccato domineris. Quod autem in Septuaginta interpretibus fecit errorem, illud est : quia *peccatum*, id est, ATTATH (חטאת) in Hebræo generis masculini est, in i Græco

---

[a] Codices nostri, qui Hebraica verba Græcis elementis, non Latinis, plerumque efferunt, hic ΛΑΡΟΗ ΑΙΩΜ habent, quemadmodum in Hebraico Hexaplari.

[b] Palatin. καταρξιν. Reginæ alter καταφύξιν, ex quibus licet corruptis vocibus boni aliquid criticus nonnemo eliciat.

[c] Addit Palatin. *omnibus diebus vitæ tuæ*.

[d] *Maledicta terra in operibus tuis.* Quamplures mss. legunt in singulari, *maledicta terra in opere tuo*. Hunc locum reprehendunt Critici, nos vero eum defendimus infra in Notis prolixioribus. MARTIAN.

[e] Antea erat *significant*. Legerit porro Hieronymus, quin etiam Aquila fortassis et Theodotion, בעבורך, cum ר littera pro ד, quæ facillime inter se commutantur.

[f] Voculam *id est* supplent mss. libri.

[g] Duo mss. *quam hic legitur*.

[h] Hæc certe plerisque aliis antiquis interpretibus sententia persuasit. Quin etiam ethnici aliquot scriptores ex Hebræorum, ut videtur, fontibus tradunt, vetustiores ignem aris non supposuisse, quem scilicet a Deo precibus impetrarent. Servius in Æneid. VIII : *Apud majores aræ non incendebantur, sed ignem divinum precibus eliciebant, qui incendebant altaria.* Similia referunt Solinus Polyhist. c. 42, et Pausanias in Eliac.

[i] Unus Reginæ ms. *dixit Dominus Deus ad Cain* : ad Græcum κύριος ὁ θεός.

[j] *In Hebræo generis masculini est*. Nescio an aliquis ante nos hunc Hieronymi locum lectori exposuerit. Observat igitur sanctus Doctor, quod multo alius in

feminini. Et qui interpretati sunt, masculino illud (ut erat in Hebræo) genere transtulerunt.

(Vers. 8.) **312** *Et dixit Cain ad Abel fratrem suum.* Subauditur ea, quæ locutus est Dominus. [a] Superfluum ergo est, quod in Samaritanorum et nostro volumine reperitur, *Transeamus in campum.*

(Vers. 15.) *Omnis qui occiderit Cain, septem vindictas exsolvet.* Pro septem vindictis, [b] Aquila *septempliciter* interpretatus est. Symmachus, *septimum.* Theodotio, *per hebdomadem.* Super quo capitulo exstat Epistola nostra ad episcopum Damasum.

(Vers. 16.) *Et habitavit in terra Naid.* Quod Septuaginta *Naid* transtulerunt, in Hebræo NOD (נוד) dicitur : et interpretatur σαλευόμενος, id est, instabilis et fluctuans, ac sedis incertæ. Non est igitur [c] terra *Naid*, ut vulgus nostrorum putat : sed expletur sententia Dei, quod huc atque illuc vagus et profugus oberravit.

(Vers. 25.) *Et vocavit nomen ejus Seth. Suscitavit enim mihi Deus semen aliud pro Abel, quem occidit Cain.* SETH (שת) proprie θέσις, id est, *positio* dicitur. Quia igitur posuerat eum Deus pro Abel, propterea SETH, id est, *positio* appellatur. Denique Aquila : *Et vocavit*, inquit, *nomen ejus Seth, dicens : Quia posuit mihi Deus semen alterum.*

(Vers. 26.) *Et vocavit nomen ejus Enos : hic speravit invocare nomen Domini Dei.* Quomodo ADAM (אדם)

Hebræo, quam in LXX translatoribus, sensus sit ; causamque erroris apud Septuaginta positam esse dicit in voce Hebræa חטאת *attath*, vel *hhattath*, quæ *peccatum* significat, et est generis masculini apud Hebræos, cum ἁμαρτία, id est, *error* et *peccatum*, sit generis feminini apud Græcos : cui nihilominus verbo ἁμαρτία respondet relativum masculinum αὐτοῦ. Et hoc ipsissimum est quod docet Hieronymus dicens : *Et qui interpretati sunt* (nempe LXX) *masculino illud, ut erat in Hebræo, genere transtulerunt.* Quamvis enim Septuaginta translatores verbum Hebræum חטאת legerint in secunda persona masc. sing. præteriti, *hhatatha*, id est, ἥμαρτες in aor. 2, *peccasti* : consequenter tamen addentes πρὸς σὲ ἡ ἀποστροφὴ αὐτοῦ, *ad te conversio ejus*, peccatum intelligunt, illique relativum masculinum αὐτοῦ adjungere studuerunt juxta Hebræum affixum masculinum ו o, quod respondet vocibus *hhattath robets*, id est, *peccatum cubans.* MARTIAN.
— In Græco nempe est ἁμαρτία, quod generis feminini nomen est. Vid. Martianæi annotationem.

[a] Vetus scholion, quod Cyrilli vulgo credunt, ad hæc verba, *transeamus in campum* : Παρ' οὐδενὶ τῶν λοιπῶν κεῖται τὰ ῥήματα τοῦ Κάϊν τὰ πρὸς Ἀβέλ, ἀλλ' οὐδὲ παρ' Ἑβραίοις · ἀλλ' ἐν ἀποκρύφῳ φασίν. Παρὰ δὲ τοῖς ο κεῖται, ἔχει δὲ αὐτὰ καὶ τὸ Σαμαρειτικόν. Apud neminem reliquorum (nempe interpretum præter Aquilam) *exstant verba Cain ad Abel ; sed neque apud Hebræos*. Verum aiunt in apocrypho esse. Habentur autem apud LXX atque etiam in Samaritano. Idem notat alterum quoque scholion ex Origene apud Montfaucon. in Hexapl.

[b] Recole Epist. in nostra recensione 36 ad Damasum Quæst. 1, et quæ ibi annotavimus. Procop. in Gen. p. 86 : *Quidam magis proprie istum locum interpretantur, dicentes : oportet Cainum septies puniri ob commissum parricidium : Aquila sic reddidit : Septies. Symmachus vero sic vertit : septies dabit pœnas, quod quidam sic intellexerunt : In septem generationibus pœnas pendet. Verum Hæbreus post dictionem, interficiens, punctum locat. Et rursum ad vers.* 24,

A *homo* interpretatur : ita et ENOS (אנוש) juxta Hebrææ linguæ [d] varietatem, *homo* vel *vir* dicitur. Et pulchre, quia hoc vocabulum habuit, de eo scriptum est, *Tunc initium fuit invocandi nomen Domini :* licet plerique [e] Hebræorum aliud arbitrentur, quod tunc primum in nomine Domini et **313** in similitudine ejus fabricata [*Al.* fabricati] sint idola.

(Cap. V. — Vers. 2.) *Virum et mulierem fecit eos, et benedixit eos, et vocavit nomen eorum Adam*, id est, *homo*. Hominis autem nomen, tam viro quam feminæ convenit.

(Vers. 3.) *Vixit autem Adam ducentos et* [f] *triginta annos, et genuit ad imaginem et similitudinem suam, et vocavit nomen ejus Seth.* Sciendum quod usque ad diluvium, ubi in nostris codicibus, *ducentorum* et B *quod excurrit annorum genuisse quis dicitur :* in Hebræo habeat *centum annos*, et reliquos qui sequuntur.

(Vers. 4.) *Fuerunt autem dies Adam, postquam genuit Seth, septingenti anni.* Quia in ducentis erraverat, consequenter hic posuit septingentos, cum in Hebræo hic habeatur octingentos, et supra centum.

(Vers. 25.) *Et vixit Mathusala annis centum sexaginta septem, et genuit Lamech. Et vixit Mathusala, postquam genuit Lamech, annos octingentos duos, et genuit filios et filias. Et fuerunt omnes dies Mathusalæ, quos vixit, anni nongenti sexagintanovem, et mortuus est.* Famosa [g] quæstio, et disputatione om-

p. 90 : *Sed nihil moror, sive dona Spiritus sancti, sive septem Patrum personas illa septem accipias. Illi sententiæ astipulatur Theodotion, præsentem locum transferens, Per septenorium ulciscetur. Symmachus sic vertit : Septimus pœnas dabit. Proinde Lamechus forte septimus fuit, qui pœnas inflixit.*

[c] *Propius tamen videtur ad verum, Naid, aut Nod pro certi loci nomine in Scriptura usurpatum.* Josephus Antiquit. l. 1, c. 2, n. 2 : καὶ ᾐδρύεται Ναΐδα τόπον οὕτω καλούμενον, καὶ αὐτόθι ποιεῖται τὴν κατοίκησιν, *Cain Naida condidit : id loci nomen est, atque illic habitare constituit*, etc.

[d] Unus Reginæ ms. *Hebrææ linguæ veritatem.*

[e] Est enim in Hebræo אז, *tunc.* LXX lacta litterarum metathesi אן legunt. Οὗτος, *hic.* Cæterum sive de ipso Enoso, sive de ejus ætate intelligendus sit locus iste, mirum quantum a Judæorum opinione, atque inter se veteres Christiani Patres dissentiant. Ex Judæis, qui in malam partem interpretantur, nominandi cum primis sunt Paraphrastes Chaldæus, qui Rabbi Jonatham Ben-Uziel dicitur, et Chaldæus D Onkelos, itemque Maimonides, S. Cyrillus, lib. IX contra Julianum sect. 1, scribit a Moyse indicari Enosum ab hominibus sui temporis Deum fuisse appellatum tum honoris causa, cum ob pietatem, quam præ se ferebat. S. vero Augustin. lib. xv de Civit. Dei, cap. 18, sic interpretatur : *Quid sibi vult,* Speravit invocare nomen Domini Dei? *nisi quia prophetia est, exoriturum populum, qui secundum electionem gratiæ invocaret nomen Domini Dei?* Omitto aliorum sententias, quas ejus loci interpretes laudant.

[f] Palatinus cod. cui alter e duobus Reginæ consonat, *ducentos et viginti.* Quæ porro causa fuerit, cur centum annos adderent Septuaginta ætati Patriarcharum, antequam dicantur genuisse, ignoratur.

[g] S. quoque Augustinus, lib. xv de Civit. Dei, c. 13 : *Quæstionem famosissimam* hanc vocat, et lib. II de Peccat. orig. iis annumerat, *quas ignorari, salva fide christiana*, possunt. Sed nulla, ut vides, juxta Hebræum et Vulgatam difficultas est : siquidem ipso diluvii anno defunctus Mathusala reperitur. Optime

nium Ecclesiarum ventilata, quod juxta diligentem suppurationem, quatuordecim annos post diluvium Mathusala vixisse referatur. Etenim cum esset Mathusala annorum centum sexaginta septem, genuit Lamech. Rursum Lamech, cum esset annorum centum octoginta octo, genuit Noe. Et fiunt simul usque ad diem nativitatis Noe, anni vitæ Mathusalæ, trecenti quinquaginta quinque. Sexcentesimo autem anno vitæ Noe, diluvium factum est. Ac per hoc, habita supputatione per partes, nongentesimo quinquagesimo quinto anno Mathusalæ, diluvium fuisse convincitur. Cum autem supra nongentis sexaginta novem annis vixisse **314** sit dictus, nulli dubium est quatuordecim eum annos vixisse post diluvium. Et quomodo verum est, quod octo tantum animæ in arca salvæ factæ sunt? Restat ergo, ut quomodo in plerisque, ita et in hoc sit error in numero. Siquidem et in Hebræis et [a] Samaritanorum libris, ita scriptum reperi : *Et vixit Mathusala centum octoginta septem annis, et genuit Lamech. Et vixit Mathusala, postquam genuit Lamech, septingentos octoginta duos annos et genuit filios et filias. Et fuerunt omnes dies Mathusalæ, anni nongenti sexagintanovem, et mortuus est. Et vixit Lamech centum octoginta duobus annis, et genuit Noe.* A die ergo nativitatis Mathusalæ, usque ad diem ortus Noe, sunt anni trecenti sexaginta novem : his adde sexcentos annos Noe : quia in sexcentesimo vitæ ejus anno factum est diluvium : atque ita fit, ut nongentesimo sexagesimo nono vitæ suæ Mathusala mortuus sit, eo anno, quo cœpit esse diluvium.

(Vers. 29.) *Et vocavit nomen ejus Noe, dicens : Iste requiescere nos faciet ab operibus nostris* Noe (נח), requies interpretatur. Ab eo igitur, quod sub illo omnia retro opera quieverunt per diluvium, appellatus est requies.

(Cap. VI. — Vers. 2.) *Videntes autem filii Dei filias hominum, quia bonæ sunt.* Verbum Hebraicum ELOIM (אלהים), communis est numeri : et *Deus* quippe et *dii* similiter appellantur : propter quod Aquila plurali numero, *filios deorum* ausus est dicere : Deos intelligens, Sanctos, sive Angelos. *Deus enim stetit adeo notatum est Augustino loco modo laudato de Civit. Dei : Ei potius linguæ credendum, unde est in aliam per interpretes facta translatio. Et tamen, eodem referente,* In quibusdam codicibus, Græcis tribus, uno Latino, et uno etiam Syro inter se consentientibus, inventus est Mathusalem sex annis ante diluvium fuisse defunctum.

[a] Alios in Samaritano codice de Mathusalæ et Lamechi ætate annos enumerat, legitque Eusebius : qua de causa memoriæ lapsum Hieronymo impingit Seldenus Præfat. in Marmor. Arundel. Verum multo est verosimilius, diversum ab illo Eusebii Samaritanum exemplar S. doctorem fuisse nactum. Vide Bedam, lib. de sex Ætatibus, et Freculphum Lexovien. t. i Chron., lib. i, cap. 16, Hieronymianam hancce pericopen describentes.

[b] Græce est in Catenis mss. penes Montfaucon. τῶν δυναστευόντων. Neque porro hujus est loci Veterum quorumdam sententiam impugnare, quæ fert, Angelos, quibus bene, aut male agendi facultas daretur, feminas deperiisse, iisque junctos connubio, *in synagoga deorum : in medio autem deos discernit.* [Al. *dijudicat*] (*Psal.* LXXXI, 1). Unde et Symmachus istiusmodi sensum sequens, ait : *Videntes filii* [b] *potentium filias hominum*, et reliqua.

(Vers. 3.) *Et dixit Dominus Deus : Non permanebit spiritus meus in hominibus istis in æternum, quia carnes sunt.* In Hebræo **315** scriptum est, [c] *Non judicabit spiritus meus homines istos in sempiternum, quia caro sunt :* hoc est, quia fragilis est in homine conditio, non eos ad æternos servabo cruciatus : sed hic illis restituam quod merentur. Ergo non severitatem, ut in nostris codicibus legitur, sed clementiam Dei sonat, dum peccator hic pro suo scelere visitatur. Unde et iratus Deus loquitur ad quosdam : *Non visitabo filias eorum, cum fuerint fornicatæ, et sponsas eorum, cum adulteraverint* (Osee IV, 14). Et in alio loco : *Visitabo in virga iniquitates eorum, et in flagellis peccata eorum : verumtamen misericordiam meam non auferam ab eis* (Ps. LXXXVIII, 33). Porro ne videretur in eo esse crudelis, quod peccantibus locum pœnitentiæ non dedisset, adjecit : *Sed erunt dies eorum centum viginti anni.* hoc est, habebunt centum viginti annos ad agendam pœnitentiam. Non igitur humana vita, ut multi errant, in centum viginti annos contracta est : sed generationi illi, centum viginti anni ad pœnitentiam dati sunt. Siquidem invenimus, quod post diluvium Abraham vixerit annos centum septuaginta quinque, et cæteri amplius ducentis et trecentis annis. Quia vero pœnitentiam agere contempserunt, noluit Deus tempus exspectare decretum : sed viginti annorum spatiis amputatis, induxit diluvium anno centesimo agendæ pœnitentiæ destinato.

(Vers. 4.) *Gigantes autem erant super terram in diebus illis, et post hæc quomodo ingrediebantur filii Dei ad filias hominum, et generabant eis. Illi erant gigantes a sæculo homines nominati.* In Hebræo ita habet : *Cadentes erant in terra in diebus illis*, id est, [d] ANNAPHILIM (הנפלים). *Et post hæc ut ingrediebantur filii deorum ad filias hominum, et generabant eis : hi erant fortes a principio viri nominati.* Pro cadentibus, sive gigantibus, *violentos* interpretatus est Symmaquam fabulam auctor libri Henoch crediderit invexisse. Jamdiu illa obtinet, quæ plurimorum Patrum est, traditque, nomine *Filiorum Dei*, Sethi posteros denotari, quos *sanctorum liberos* ipse Hieron. paulo infra vocat, nomine vero *filiarum hominum*, natas ex posteris Cain.

[c] Scilicet לא ידון, *Non contendet.*

[d] *Id est*, Annaphilim. Ita legunt mss. codices, et quidem rectissime ; in Hebræo namque positus est articulus ה *h*, quem Grammatici vocant emphaticum, הנפלים *hanephilim.* Veteres porro, ut alibi monet Hieronymus, Hebræum ה *He* legebant per *a*, unde hic *Annaphilim* pro hodierno et Massorethico *hannephilim.* MARTIAN.

— Noster ms. absque ה articulo *Nifilim.* Martian. in assignanda hujus nominis pronuntiatione diversa penes Massorethicum textum, fallitur ; non enim in prima syllaba, sive in ה differt ab Hieronymo, sed in altera, sive puncto *Scheva :* quantum nempe est inter *Hanephilim* et *Anaphilim :* Mox Palatinus, *et generabant ab eis.*

chus. Et angelis autem et sanctorum liberis convenit nomen cadentium.

— (Vers. 9.) *Noe vir justus atque perfectus in generatione sua*, *Deo placuit*. Signanter ait, **316** *in generatione sua*: ut ostenderet non juxta justitiam consummatam: sed juxta generationis suæ justitiam fuisse eum justum. Et hoc est quod in Hebræo dicitur: *Noe vir justus, perfectus erat in generationibus suis: cum Deo ambulabat* [Al. *ambulat*] *Noe*: hoc est illius vestigia sequebatur.

(Vers. 14.) *Fac tibi arcam de lignis quadratis*. Pro quadratis lignis, a *bituminata* legimus in Hebræo.

*(Vers. 16.) *Colligens, facies arcam, et in cubito consummabis eam desuper*. Pro eo quod est, *colligens facies arcam*, in Hebræo habet, b *meridianum facies arcæ*, quod manifestius interpretatus est Symmachus, dicens, διαφανές, hoc est, *dilucidum facies arcæ*, volens fenestram intelligi.

(Cap. VIII. — Vers. 2.) *Et quievit aqua, et revelati sunt fontes abyssi, et cataractæ cœli*. Pro revelatis fontibus, clausos et obturatos, omnes interpretes transtulerunt. Et pro eo quod sequitur: *cessavit aqua super terram*, et reliqua, scriptum est, *et reversæ sunt aquæ de terra, euntes et redeuntes* (*Eccles*. 1, 7). Nota secundum Ecclesiasten, quod omnes aquæ atque torrentes, per occultas venas ad matricem abyssum [Al. abyssi.] revertantur.

(Vers. 6.) *Post quadraginta dies aperuit Noe ostium arcæ quod fecit, et emisit corvum, et egressus non rediit ad eum, donec siccarentur aquæ de terra*. Pro ostio, *fenestra* scripta est in Hebræo. Et de corvo aliter dicitur: *Emisit corvum et egressus est, exiens et revertens* c *donec siccarentur aquæ de terra*.

(Cap. IX. — Vers. 18.) *Et erant filii Noe, qui egressi sunt de arca, Sem, Cham, et Japheth*. Frequenter Septuaginta Interpretes non valentes HETH (ח) litteram, quæ duplicem aspirationem sonat, in Græcum sermonem vertere, *chi* (χ) Græcam litteram addiderunt: ut nos docerent in istiusmodi vocabulis aspirare debere: unde et in præsenti loco, *Cham* transtulerunt, pro eo quod est HAM, a quo et d Ægyptus usque hodie Ægyptiorum lingua HAM dicitur.

(Vers. 27.) *Dilatet Deus Japheth, et habitet in tabernaculis* **317** *Sem*. De Sem, Hebræi; de Japheth, populus gentium nascitur. Quia igitur lata est multitudo credentium, a latitudine, quæ IAPHETH (יפת) dicitur, *latitudo* nomen accepit. Quod autem ait: *Et habitet in tabernaculis Sem*, de nobis prophetatur, qui in eruditione et scientia Scripturarum, ejecto Israele, versamur.

(Vers 29.) *Et facti sunt omnes dies Noe nongenti quinquaginta anni*. Ecce post diluvium trecentis quinquaginta annis vixit Noe. Ex quo perspicuum est, centum viginti annos generationi illi, ut supra diximus, ad pœnitentiam datos, et non vitæ mortalium constitutos.

(Cap. X. — Vers. 2.) *Filii Japheth, Gomer, et Magog et Madai, et Javan, et Thubal, et Mosoch, et Thiras*. e Japhet filio Noe, nati sunt septem filii, qui possederunt terram in Asia ab Amano et Tauro, Syriæ Cœles et Ciliciæ montibus, usque ad fluvium Tanain. In Europa vero usque ad Gadira, nomina locis et gentibus relinquentes: e quibus postea immutata sunt plurima, cætera permanent ut fuerunt. Sunt autem Gomer, Galatæ: Magog, Scythæ: Madai, Medi: Javan, Iones, qui et Græci: unde et mare Ionium. Thubal Iberi, qui et Hispani, a quibus f Celtiberi, licet quidam Italos suspicentur. Mosoch, Cappadoces: unde et urbs usque hodie **318** apud eos *Mazeca* dicitur: (porro Septuaginta interpretes, Caphthorim Cappadoces arbitrantur:) Thiras,g Thraces, quorum non satis immutatum vocabulum est. Scio h quemdam Gog et Magog, tam de præsen-

---

a Est autem in Hebræo עצי גפר, quod de *lignis pineis* interpretes; est enim גפר una ex quatuor speciebus abietis, quam Rabbini, quos inter Onchelos et Jonathan, cedrum esse putant: leve scilicet lignum, et ad fluitandum super aquas aptissimum. Putant vero nonnulli lectum ab Hieronymo כפר, *Choper*, quod est *bitumen*. Quid quod Procopius docet esse in Hebræo *ex tabulis quadrangulari forma connexis*?

b Utique ad hunc modum Aquila μεσημβρινῶν ποιήσεις τῇ κιβωτῷ, *meridianum facies arcæ*. Hebræus vero textus יצה, quod vertitur in *fenestram*.

c *Exiens et revertens*. Falso in antea editis libris legebatur particula negativa *et non revertens*. Consule hunc locum in Notis nostris ad Divinam Bibliothecam Hieronymi, sive tom. I editionis nostræ. MARTIAN.

d Vitiose Palatinus, *a quo et apud Ægyptios usque hodie*, etc. Ipsa nempe Ægyptus a Cham, Mitzraimi patre *Chamia*, vel *Chemia* dicta est. Hebræis *Aretz*, *Cham*, et Coptitis Τπρχημι, *terra Chami*, etc.

e Hæc pene ad verbum ex Josepho Latine vertit Hieronymus. Græca sic habent: Ἰαφέθου μὲν οὖν τοῦ Νώεου παιδὸς ἦσαν ἑπτὰ υἱοί· κατοικοῦσι δὲ οὗτοι, ἀπὸ Ταύρου καὶ Ἀμάνου τῶν ὁρῶν ἀρξάμενοι, καὶ προῆλθον ἐπὶ μὲν τῆς Ἀσίας, ἄχρι ποταμοῦ Τανάϊδος, ἐπὶ δὲ τῆς Εὐρώπης ἕως Γαδείρων, γῆν ἣν ἔτυχον καταλαμβάνοντες, καὶ μηδενὸς προκατοικήσαντος, τὰ ἔθνη τοῖς αὐτῶν ἐκά-λουν ὀνόματι. Τοὺς μὲν γὰρ νῦν ὑφ' Ἑλλήνων Γαλάτας καλουμένους, Γομαρεῖς δὲ λεγομένους, Γόμαρος ἔκτισε. Μαγώγης δὲ τοὺς ἀπ' αὐτοῦ Μαγώγας ὀνομασθέντας ᾤκισε, Σκύθας δὲ ὑπ' αὐτῶν προσαγορευομένους, etc. quæ videsis Antiquit. lib. 1, cap. 6. Confer quoque Zonaram, Eustathium in Hexaem. notasque Allacii, Syncellum, aliosque. Denique ipsum Hieronymum in Ezechiel. c. xxxviii, 2.

f *A quibus Celtiberi*. Aliquot codices mss. *A quibus Celtiberia*. MARTIAN.

—Unus Reginæ ms., *a quibus Celtiberia*.

g Nomen *Thraces*, quod exciderat ab editt. Hieron. supplevimus ex quatuor nostris mss. et Rhabano, qui locum ex Hieronymo describit. Quin ipse etiam sensus coegit, qui antea mancus erat. Josephus quoque Θειρὸς δὲ Θείρας (alii Θρᾴκας) μὲν ἐκάλεσεν, ὧν ἦρξεν. Ἕλληνες δὲ Θρᾷκας αὐτοὺς μετωνόμασαν. Vide et Isidorum lib. ix Orig. cap. 2.

h *Scio quemdam Gog*, etc. Sanctum Ambrosium intelligit, qui lib. ii de Fide cap. 16, ad Gothorum historiam refert, quæ de Gog dicta leguntur Ezechielis capite xxxviii et xxxix. Sed difficilis admodum fuit consensus historicus cum Ambrosiana expositione præsumpta. Hinc modeste dum eam repudiat Hieronymus, ad prælii ipsius finem provocat, dicens: *Quod utrum verum sit, prælii ipsius fine monstratur*. Et Prœmio in librum undecimum Comment. in Ezech.: *Illud*

ti loco, quam de Ezechiel, ad Gotthorum nuper in terra nostra bacchantium historiam retulisse, quod utrum verum sit, prælii ipsius fine monstratur. Et certe Gotthos omnes retro eruditi, magis Getas, quam Gog et Magog appellare consueverunt. Hæ itaque septem gentes, quas de Japheth venire stirpe memoravi, aquilonis partem inhabitant.

(Vers. 3.) *Filii Gomer, Aschenez, et Riphath, et Thogarma.* Aschenez [a] Græci Reginos vocant : Riphath, Paphlagones, Thogarma, Phrygas.

(Vers. 4.) *Filii Javan, Elisa, et Tharsis, Cethim et Dodanim. Ab his divisæ sunt insulæ nationum in terris suis. Vir secundum linguam suam et cognationem suam, et gentem suam.* De Ionibus, id est, Græcis nascuntur [b] Elisæi, qui vocantur Æolides : unde et quinta lingua Græciæ *Æolis* appellatur, quam illi vocant πέμπτην διάλεκτον. THARSIS Josephus Cilicas arbitratur, θ aspirationis litteram vitiose a posteris in τ dicens fuisse corruptam : unde et metropolis eorum civitas *Tarsus* appellatur, Paulo apostolo gloriosa. Cethim, sunt Citii, a quibus usque hodie quoque urbs Cypri

breviter admoneo, quod vir nostræ ætatis haud ignobilis ad imperatorem scribens super hac natione dixerit : Gog iste, Gothus est. Cui qua ratione possint omnia quæ in ea scripta sunt, aptari, non est meum, sed eorum, qui hoc putant, disserere. Noluit quippe opinionem illam apertius confutare, ut ejus auctori verecunde parceret. Sed quid nunc sentiendum de neoterico scriptore, qui sibi credibile astruit Hieronymum, si post victoriam Theodosii scripsisset, hac in re Ambrosio fuisse accessurum. Nescit adhuc bonus vir, Hieronymum Hebraicas Quæstiones scripsisse in Genesim annis novem post reportatam a Theodosio victoriam. Nam de Gothis in Thracia victor Theodosius scribitur anno Christi 379, cum Hieronymus librum Hebraicarum Quæstionum in Genesim ediderit circa annum 388. Hæc interim propter studium veritatis breviter dicta sufficiant, ne si multa congererem, bellum Gothicum redintegrare viderer. Cæterum in antea editis pro præsenti *monstratur*, legitur *corrupte* futurum *monstrabitur*. Similiter *vagantium* pro *bacchantium*. MARTIAN.

— Hic vulgo creditur S. AMBROS. lib. II de Fide ad Gratianum Augustum cap. 16, quem rursum reprehenderit S. doctor in proœmio lib. XI Commentarior. in Ezechiel : *Illud breviter admoneo, quod vir nostræ ætatis haud ignobilis ad Imperatorem scribens, super hac natione dixerit, Gog iste Gothus est, cui qua ratione possint omnia, quæ in ea scripta sunt, aptari, non est meum, sed eorum, qui hoc putant, disserere.* Hieronymo fere concinit Augustinus lib. II de Civit. Dei. c. 12 : *Gentes istæ, quas appellat Gog, et Magog, non sic sunt accipiendæ tamquam sint aliqui in aliqua parte terrarum barbari constituti, sive quos quidam suspicantur Getas, et Messagetas propter litteras horum nominum primas, sive aliquos alios alienigenas, et a Romano jure sejunctos.* Sic Dorotheus, sive Dorothei interpres in Abdiam, *Dictum hoc superficie tenus est contra Scythas, hoc est contra Gog et Magog.* Vid. Martian. confratrem suum S. Ambrosii editorem satis acerbe castigantem.

[a] *Aschè nez et Riphath.* Manuscripti Latini retinent *Rifan*, pro *Riphath*; sic infra vocem Græcam, πέντην, pro πέμπτην. MARTIAN.

— Velim ego suppleri hic verba, *condidit ascenagos;* alioqui sensus videtur imperfectus. Et Josephus quidem, ex quo fere hæc omnia desumpta sunt, Ἀσχανάξος μὲν, inquit, Ἀσχανάξους ᾤκισεν, οἳ νῦν Ῥηγῖνες ὑπὸ τῶν Ἑλλήνων καλοῦνται, etc. Aschanaxus Aschaaxos condidit, qui nunc Rhegines nominantur a Græ-

Citium nominatur. **319** Dodanim, Rhodii : ita [d] enim Septuaginta Interpretes transtulerunt. Legamus Varronis de Antiquitatibus libros, et Sisinnii Capitonis, et Græcum Phlegonta, cæterosque eruditissimos viros : et videbimus omnes pene insulas, et totius orbis littora, terrasque mari vicinas, Græcis accolis occupatas : qui, ut supra diximus, ab Amano et Tauro montibus, omnia maritima loca usque ad oceanum possedere Britannicum.

(Vers. 6.) *Filii Cham, Chus, et Mesraim, et Phuth, et Chanaan.* Chus usque hodie ab Hebræis *Æthiopia* nuncupatur : Mesraim, Ægyptus : Phuth, Libyes. A quo et Mauritaniæ fluvius usque in præsens *Phuth* dicitur, omnisque circa eum regio *Phutensis*. Multi scriptores tam Græci quam Latini, hujus rei testes sunt. Quare [c] autem in una tantum climatis parte, antiquum Libyæ nomen resederit, et reliqua terra vocata sit Africa, disserere non hujus loci nec temporis est. Porro Chanaan obtinuit terram, quam Judæi deinceps possederunt, ejectis Chananæis.

(Vers. 7.) *Filii Chus, Saba, Ævila, Sabatha,* cis, etc. S. Isidorus hunc ipsum de Hieronymo locum recitans Origin. lib. IX, c. 2, legit : *Ascanaz, a quo Sarmatæ, quos græci Reginos vocant.* Cæterum pro *Thogarma* plerique mss. habent *Gothorma*.

[b] Iterum ex Josepho, ut et pleraque alia. Ἰωυάνου δὲ τοῦ Ἰαφέθου, τριῶν καὶ αὐτοῦ παίδων γενομένων, Ἐλισᾶς μὲν Ἐλισαίους ἐκάλεσεν, ὧν ἦρχεν, Αἰολεῖς δὲ νῦν εἰσι. Θαρσὸς δὲ Θαρσεῖς, οὕτως γὰρ ἐκαλεῖτο τὸ παλαιὸν ἡ Κιλικία· σημεῖον δὲ, Ταρσός γὰρ παρ᾽ αὐτοῖς τῶν πόλεων ἡ ἀξιολογωτάτη καλεῖται μητρόπολις οὖσα, τὸ ταῦ πρὸς τὴν κλῆσιν ἀντὶ τοῦ θῆτα μεταβαλλόντων. *A Jovano autem Japhethi filio, et ipso tres filios habente, orius Elysas Elysæis nomen dedit, quorum fuit princeps : nunc vero Æoles habentur. Tharsus autem Tharsensibus; sic enim olim appellabatur Cilicia. Indicio autem est, quod urbs apud eos celeberrima, eademque metropolis dicta sit Tarsus, theta ad nomen variandum ab eis converso in tau.* confer Epistolam 37 ad Marcellam num. 21, et quæ ibi annotamus.

[c] Præstat hic quoque Josephum audire : Χέθιμος δὲ Χεθιμὰ τὴν νῆσον ἔσχεν, Κύπρος αὕτη νῦν καλεῖται. *Chethimus autem Chethimam insulam occupavit : ipsa vero nunc Cyprus vocatur.* Et post pauca : μία τῶν ἐν Κύπρῳ πόλεων ἰσχύσασα τὴν προσηγορίαν φυλάξαι Κίτιος γὰρ ὑπὸ τῶν ἐξελληνισάντων αὐτὴν καλεῖται. *Una urbium in Cypro, cui accidit, ut nomen suum servaret, Citium appellatur ab his, qui eam in formam Græcam immutarunt.* Martianæus videtur credidisse ipsam urbem *Cypri-Citium*, sic enim scribit, appellatam. Vide supra Hieronymi librum de Nominibus. In Commentariis in Isai. c. XXIII : *De terra*, inquit, *Cethim, quam Cyprum quidam interpretantur, usque hodie enim est apud eos urbs Citium*, etc. Et in Jeremiæ cap. II : *Insulas Cethim vel Italiæ, vel occidentalium partium debemus accipere ab eo, quod terræ Judææ Cyprus insula, in qua urbs hoc vocabulo nuncupatur (nempe Cethim) vicina sit.*

[d] Atque adeo רודנים, *Rhodanim legisse videntur pro* דודנים, *Dodanim.* Multo autem recentius Rhodiorum nomen esse, Bochartus contendit. Sisinnius Capito laudatur a Servio in Æneid. I, Phlegontis, quos hic innuere videtur Hieronymus, *de Olympionicis libri* desiderantur.

[e] Innuit Josephus hanc fuisse causam, Λαβίμου τοῦ μόνου κατοικήσαντος ἐν Λιβύῃ, καὶ τὴν χώραν ἀπ᾽ αὐτοῦ καλέσαντος, *Quod solus Labinus, colonis in Libyam ductis, regionem a se denominavit.* Vid. infra ad vers. 13.

Regma, et Sabathaca. Saba a quo Sabæi, de quibus Virgilius (11 *Georg.*) :

Solis est thurea virga Sabæis.

Et alibi, (1 *Æneid.*)

.....centumque Sabæo
Thure calent aræ.

Evila, Getuli, in parte remotioris Africæ eremo cohærentes. Sabatha, a quo Sabatheni, qui nunc Astabari nominantur. Regma vero et Sabathaca paulatim antiqua vocabula perdidere, et quæ nunc pro veteribus habeant, ignoratur.

(Vers. 7.) *Filii Regma, Saba et Dadan.* Hic Saba per SIN (ש) litteram scribitur, supra vero per SAMECH (ס), a quo diximus appellatos Sabæos. Interpretatur vero nunc Saba, Arabia, nam in septuagesimo[a] primo psalmo, ubi nos habemus,[b] *Reges Arabum et Saba munera offerent :* in Hebræo scriptum est, *Reges Saba, et Saba :* primum nomen per SIN, secundum per SAMECH. Dadan gens est Æthiopiæ in occidentali plaga.

(Vers. 8.) *Et Chus genuit Nemrod. Iste cœpit esse potens in terra.* Et post paululum :

(Vers. 10.) *Et fuit,* inquit, *caput regni ipsius Babel et Arach, et Achad, et Chalanne in terra Sennaar.* Nemrod, filius Chus, arripuit insuetam primus in populo tyrannidem, regnavitque in Babylone, quæ ab eo, quod ibi confusæ sunt linguæ turrim ædificantium, BABEL (בבל) appellata est. Babel enim interpretatur *confusio.* Regnavit autem et in Arach, hoc est, in *Edissa,* et in Achad, quæ nunc dicitur *Nisibis :* et in Chalanne, quæ postea verso nomine a Seleuco rege est dicta *Seleucia,* vel certe quæ nunc[c] Κτησιφῶν appellatur.

(Vers. 11.) *De terra illa exiit Assur, et ædificavit Ninivem, et Robooth civitatem.* De terra hac Assyriorum pullulavit imperium, qui ex nomine Nini Beli filii, Ninum condiderunt, urbem magnam, quam Hebræi appellant NINIVEM. Ad cujus vel ruinam vel pœnitentiam, tota Jonæ pertinet prophetia. Quod autem ait : *Ninivem et Rooboth civitátem*, non putemus duas esse urbes : sed quia Rooboth *plateæ* interpretantur, ita legendum est : *Et ædificavit Niniven, et plateas civitatis.*

(Vers. 13.) *Et Mesraim genuit Ludim, et Anamim, et Laabim, et Nephtuim, et Phetrosim, et Chasloim, e quibus egressi sunt Philistiim et Caphthorim.* Exceptis Laabim, a quibus Libyes postea nominati sunt, qui prius Phutæi vocabantur : et Chasloim, qui deinceps Philistiim appellati sunt, quos nos corrupte *Palæstinos* dicimus, cæteræ[d] sex gentes ignotæ nobis sunt, quia (Al. qua) bello Æthiopico subversæ, usque ad oblivionem præteritorum nominum pervenere. Possederunt autem terram a Gaza usque ad extremos fines Ægypti.

(Vers. 15.) *Et Chanaan genuit Sidona primogenitum suum, et Chettæum, et Jebusæum, et Amorrhæum, et Gergesæum, et Evæum, et Aracæum, et Sinæum, et Aradium, et Samaræum, et Amathæum.* De [e] Chanaan primus natus est Sidon, a quo urbs in Phœnice *Sidon* vocatur. Deinde Aracæus, qui *Arcas* condidit, oppidum contra Tripolim in radicibus Libani situm. A quo haud procul alia civitas fuit nomine Sini quæ postea vario eventu subversa bellorum, nomen tantummodo loco pristinum reservavit. Aradii sunt, qui Aradum insulam possederunt angusto freto a Phœnicis littore separatam. Samaræi; quibus[f] Emessa nobilis Syriæ Cœles civitas. Amath usque ad nostrum tempus, tam a Syris quam ab Hebræis, ita ut apud veteres dicta fuerat, appellatur. Hanc Macedones, qui post Alexandrum in Oriente regnaverunt *Epiphaniam* nuncupaverunt. Nonnulli[g] Antiochiam ita appellatam putant. Alii licet non vere, tamen opinionem suam quasi verisimili vocabulo consolantes, *Emath* primam ab Antiochia mansionem Edessam pergentibus appellari putant : et eamdem esse quæ apud veteres dicta sit Emach.

(Vers. 19.) *Et fuit terminus Chananæorum a Sidone, donec venias in Gerara usque ad Garam pergentice exstruxit. Sidon etiam a Græcis vocatur : Amathius autem Amathinem habitavit, quæ etiam adhuc superest, et ab incolis Amathe appellatur ; Macedones vero eam Epiphaniam ab uno e successorum Alexandri filiis denominaverunt. Arudæus autem Aradum insulam habuit : Arucæus vero Arcen urbem in Libano sitam.*

---

[a] Unus Regin. ms. *in Septuagesimo psalmo*, juxta Hebræorum ordinem. Est autem in Hebræo : מלכי אבדו נש.

[b] *Rege Saba et Saba.* In Hebræo ita legimus מלכי שבא ושבא, *malce sceba, usba*, id est, *reges Sceba et Seba.* Primum nomen per *sin*, et secundum per *samech*, ut verissime observat Hieronymus. MARTIAN.

[c] Erat Ctesiphon Calonitidis Assyriæ provinciæ metropolis, tribus a Seleucia milliaribus.

[d] Ita sæpe laudatus Josephus, Νεδέμου τε καὶ Φαθρωσίμου, καὶ Χεσλοίμου, καὶ Χεφθορίμου πέρα τῶν ὀνομάτων, οὐδὲν ἴσμεν. Ὁ γὰρ Αἰθιοπικὸς πόλεμος, περὶ οὗ δηλώσομεν ὕστερον, ἀναστάτους αὐτῶν τὰς πόλεις ἐποίησεν. *Nedemi etiam, et Phethrosimi, et Chesloemi ; et Chephthorimi, præter nomina, nihil plane novimus : bello enim Æthiopico, de quo postea narrabimus, urbes eorum eversæ sunt.*

[e] Hæc quoque sunt ad Josephi sententiam et pene verba : Ἐγένοντο δὲ ἐκ Χαναάνου παῖδες· Σιδώνιος δὲ καὶ πόλιν ἐπώνυμον ἔκτισεν ἐν τῇ Φοινίκῃ, Σιδών δ᾽ ὑφ᾽ Ἑλλήνων καλεῖται· Ἀμάθους δὲ Ἀμαθὴν κατῴκισεν, ἥτις ἔστι καὶ νῦν ὑπὸ τῶν ἐπιχωρίων Ἀμάθη καλουμένη, Μακεδόνες δ᾽ αὐτὴν Ἐπιφάνειαν ἀφ᾽ ἑνὸς τῶν ἀπογόνων ἐπωνόμασαν· Ἀρουδαῖος δὲ Ἄραδον τὴν νῆσον ἔσχεν. Ἀρουκαῖος δὲ Ἄρκην τὴν ἐν τῷ Λιβάνῳ. *Chanaani autem filii fuerunt, Sidonius, qui et sui nominis urbem in Phœ-*

[f] *Quibus Emessa nobilis Syriæ Cœles civitas.* Insigni mendacio libri antea editi posuerunt hoc loco *Edessam* urbem Mesopotamiæ, pro *Emessa Cœles* Syriæ civitate. Consule tabulas geographicas et descriptionem Syriæ veteris. MARTIAN.

—Eadem sentiunt Paraphrastes Chaldæus uterque, Jonathas, et Onkelosus, quin Arabicus quoque interpres, quibus Samaræi סמראי, *Emesseni* appellantur. Eusebius *Simyram*, quæ juxta Orthosiam urbs est ad Phœnicis oras, Samaræorum coloniam esse censuit.

[g] Non illam tamen celeberrimam Antiochiam Syriæ metropolin cognomento magnam, sed alteram minoris amplitudinis ac famæ, quæ et Epiphania appellata est. Mox pro *Emath* duo Reginæ mss. *Emmas* præferunt : duoque alii *consonantes* pro *consolantes*. Porro *Emath* ipsam designare *Emessam* inclytam urbem ad Orontem, nonnulli verosimilius arbitrantur.

tibus Sodomam, et Gomorrham, et Adamam, et Seboim ª usque ad Lise. Quia cæteræ civitates, Sidon videlicet et Gerara, et Sodoma, et Gomorrha, et Adama, et Seboim notæ sunt omnibus, hoc tantum annotandum videtur, quod *Lise* ipsa sit, quæ nunc *Callirhoe* dicitur, ubi aquæ calidæ prorumpentes in mare Mortuum defluunt.

(Vers. 22.) **322** *Filii Sem, Elam, et Assur, et Arphaxad, et Lud, et Aram.* Hi ab Euphrate fluvio partem Asiæ usque ad Indicum Oceanum tenent. Est autem Elam, a quo Elamitæ principes Persidis. De Assur ante jam dictum est, quod ᵇ *Ninum* urbem condiderit. Arphaxad a quo Chaldæi : Lud a quo Lydii : Aram a quo Syri, quorum metropolis est Damascus.

(Vers. 23.) *Filii Aram, Us, et Ul, et Gether, et Mes.* Us Trachonitidis et Damasci conditor, inter Palæstinam et Cœlen Syriam tenuit principatum : a quo Septuaginta Interpretes in libro Job, ubi in Hebræo scribitur, *terra Us,* regionem *Ausitidem*, quasi *Usitidem*, transtulerunt. Ul, a quo Armenii : Gether, a quo ᶜ *Acarnanii*, sive *Carii*. Porro *Mes*, pro quo Septuaginta Interpretes *Mosoch* dixerunt, nunc vocantur Mæones.

(Vers. 24.) *Arphaxad genuit Sela, et Sela genuit Heber. Ex Heber nati sunt duo filii : nomen uni Phaleg, quia in diebus ejus divisa est terra, et nomen fratris ejus Jectan.* Heber, a quo Hebræi, vaticinio quodam filio suo Phaleg nomen imposuit, qui interpretatur *divisio*, ab eo quod in diebus ejus linguæ in Babylone divisæ sunt.

(Vers. 26.) *Jectan genuit Helmodad, et Saleph, et Asermoth, et Jare, et Aduram, et Uzal, et Decla, Ebal, Abimael, Seba, Ophir, Evila, et Jobab.* Tredecim harum gentium posteriora nomina invenire non potui ; sed usque in præsens, quia procul a nobis sunt, vel ita vocantur, ut primum, vel quæ immutata sunt, ignorantur. Possederunt autem a Cophene fluvio, omnem Indiæ regionem, quæ vocatur ᵈ *Hieria.*

(Cap. XI. — Vers. 28.) *Et mortuus est* ᵉ *Aran ante patrem* **323** *suum in terra, qua natus est in regione Chaldæorum.* Pro eo, quod legimus, in *regione Chaldæorum*, in Hebræo habetur, in UR CHESDIM (באור כשדים), id est *in igne Chaldæorum*. Tradunt autem ᶠ Hebræi ex hac occasione, istiusmodi fabulam : Quod Abraham in ignem missus sit, quia ignem adorare noluerit, quem Chaldæi colunt, et Dei auxilio liberatus, de idololatriæ igne profugerit : quod in sequentibus scribitur, egressum esse *Tharam* cum sobole sua de regione Chaldæorum : pro quo in Hebræo habetur, *de incendio Chaldæorum*. Et hoc esse quod nunc dicitur : *Mortuus est Aran ante conspectum Thare patris sui in terra nativitatis suæ, in igne Chaldæorum :* quod videlicet ᵍ ignem nolens adorare, igne consumptus sit. Loquitur autem postea Dominus ad Abraham : *Ego sum qui eduxi te de igne Chaldæorum.*

(Vers. 29.) *Et sumpserunt Abram et Nachor sibi uxores. Nomen uxoris Abram, Sarai : et nomen uxoris Nachor, Melcha filia Aran. Pater autem Melchæ, ipse est pater Jescæ.* Aran filius Thare, frater Abraham et Nachor, duas filias genuit, Melcham, et Sarai cognomento Jescan, ὁμώνυμον. E quibus Melcham accepit uxorem Nachor, et Sarai Abraham : necdum quippe inter patruos, et fratrum filias nuptiæ fuerant lege prohibitæ, quæ in primis hominibus, etiam inter fratres et sorores initæ sunt.

ª Reginæ mss. usque *Leset*, aut *Leshe*, tum hic, cum paulo infra.

ᵇ Male penes Rhabanum *Niniven*. Josephus Ἀσούρας δὲ Νῖνον οἰκίζει πόλιν. *Asuras autem Ninum urbem condidit.* Cætera quoque ex Josepho repete. Mox aliquot mss. *Ludim*, *a quo Lydia*.

ᶜ Quos Hieronymus *Acarnanios*, sive *Carios*, Josephus Βακτριανούς, *Bactrianos* vocat ; et deinde Μησσαναίους (Cedren. et Syncell. Μεσσηνίους) quos ille Mæones a *Mes* dicit. Cæterum pro *sive Carii*, legendum hic penes Hieronymum videtur, *sive Curii*, atque infra *Curiæ* pro *Cariæ*. Stephanus : Ἀκαρνανία χώρα κεκωείσμένη (F. κεχωρισμένη) τῶν Κουρήτων πρὸς Ἀχελῴῳ διὸ καλοῦνται οἱ μὲν κειρόμενοι Κουρῆτες, οἱ δὲ ἀκούρευτοι Ἀκαρνᾶνες. Quod autem Hieronymus et Isidorus *Curetas* cum *Acarnanibus* confundant, idem ab aliis quoque factum narrat Strabo. Vid. Isidor. l. IX, cap. 2.

ᵈ Vide quæ supra in Locorum libro annotavimus ad voces *Evilat*, et *Ophir*, et *Sophira*. Constanter Hieron. *Hieriam* pro Σηείᾳ, *Seria* hic quoque retinet.

ᵉ *Et mortuus est Aran*, etc. Manuscriptus codex Regius num. 5994 nonnulla addit hoc modo : *Phaleg genuit Ragau : Ragau genuit Sarach : Sarach genuit Nachor : Nachor genuit Thare, Thare genuit Abram et Nachor et Aran. Et mortuus est*, etc. MARTIAN.

ᶠ Fabulam hanc narrat in Pirke R. Eliezer cap. 26, qui secundam e decem Abrahæ tentationibus hanc fuisse notat, quæ decennalem carcerem secuta sit : tum alio ordine in Pirke R. Nathan, et R. Eliezer Germanus in Mahase aboth c. 2, aliique multi ex Hebræis, gente ad fabulas excudendas nata. Minime vero ejus meminit R. Maimonides, qua de causa R. Abarbanel, qui singulas Abrahæ tentationes a Maimonide relatas explicat, hæc observat, הנה לא זכר הרב הצלתו מאור כשדים מכלל הנסיונות לפי שלא נזכר בתורה, *Ecce non meminit Rabbi hic liberationis e Chaldæorum clibano ignito, ab aliis inter tentationes relatæ, propterea quod illius nulla fiat mentio in Scriptura.* Cæterum seditionis in Abrahamum motæ a Chaldæis ac Mesopotamiis, quod ille unum esse Deum verum omnium conditorem prædicaret, Josephus auctor certissimus meminit Antiquitt. l. 1, c. 7. Ex quo exaggerant Eustathius Antiochenus, Georgius Syncellus, aliique ex Græcis, ipsum Abraham patris idola ac domum incendisse, atque una arsisse Aram fratrem suum, qui ignem nitebatur extinguere. Vide et subsequentem annotationem.

ᵍ Id porro ad hunc Genesis locum ex antiquo Midras, sive Commentario refert R. Salomon Jarki : Tharam scilicet Abrahæ filio suo coram Nemrod successisse, quod sibi idola confregisset, jussumque illum in facinoris pœnam in fornacem ignis immitti. Tunc Aram, Abrahæ fratrem, dixisse apud se, si Abraham superet, ejus ero : si vero Nemrod, ipsi adhærebo. Erepto igitur divinitus e periculo Abrahamo, interrogatum Aram e cujus partibus staret, respondisse Abrahæ, quam ob causam in fornacem præcipitatum fuisse atque igne consumptum.

(Cap. XII.—Vers. 4.) *Erant autem Abram septuaginta quinque annorum, quando egressus est ex Charra.* Indissolubilis nascitur quæstio : si enim Thara pater Abrahæ, cum adhuc esset in regione Chaldæa, septuaginta annorum, genuit Abram, et postea in Charra ducentesimo quinto ætatis suæ anno mortuus est : quomodo nunc post mortem Thare, Abram exiens de Charra, septuaginta quinque annorum fuisse memoratur : cum a nativitate Abræ usque ad mortem patris ejus, centum triginta quinque fuisse anni doceantur. Vera est igitur illa Hebræorum traditio, quam supra diximus, quod egressus sit Thara cum filiis suis de igne Chaldæorum : et quod Abram Babylonio vallatus incendio, quia illud adorare nolebat, Dei sit auxilio liberatus ; et ex illo [a] tempore ei dies vitæ, et tempus reputetur ætatis, ex quo confessus est Dominum, spernens idola Chaldæorum. Potest autem fieri, ut quia Scriptura reliquit incertum, ante paucos annos Thara de Chaldæa profectus, venerit in Charran, [b] quam mortem obierit. Vel certe statim post persecutionem in Charran venerit, et ibi diutius sit moratus. Si quis ergo huic expositioni contrarius est, quæret aliam solutionem : et tunc recte ea, quæ a nobis dicta sunt, improbabit.

(Vers. 9.) *Et proficiscens Abram, abiit in desertum : et fames facta est super terram.* Et in præsenti et in plurimis aliis locis, pro deserto, *ad Austrum*, scriptum est in [c] Hebræo. Hoc igitur notare debemus.

(Vers. 15 et 16.) *Et viderunt eam principes Pharaonis, et laudaverunt eam apud Pharaonem, et introduxerunt eam in domum Pharaonis : et Abram benefecit propter eam : et fuerunt ei oves, et armenta, et asini, et servi, et ancillæ, muli et cameli.* Licet corpus sanctarum mulierum non vis maculet, sed voluntas : et excusari possit Sarai, quod famis tempore sola regis in peregrinis locis, marito connivente, resistere nequiverit ; tamen potest et aliter fœda necessitas excusari : quod juxta librum Esther quæcumque mulierum placuisset regi apud veteres, [d] sex mensibus ungebatur oleo myrtino, et sex mensibus in pigmentis variis erat, et curationibus feminarum, et tunc demum ingrediebatur ad regem. Atque ita potest fieri, ut Sarai postquam placuerat regi, dum per annum ejus ad regem præpararetur introitus, et Abrahæ Pharao multa donaverit, et Pharao postea sit percussus a Domino, illa adhuc intacta ab ejus concubitu permanente.

(Cap. XIII.—Vers. 4.) *Et ascendit Abram ex Ægypto ipse et uxor ejus, et omnia quæ illius erant : et Lot cum eo in desertum. Erat autem Abram dives valde in pecore, et argento, et auro : et abiit unde venit in desertum usque Bethel.* Pulchre de Ægypto liberatus ascendisse dicitur. Sed occurrit huic sensui illud, quod sequitur : quomodo potuerit exiens de Ægypto fuisse dives valde? Quod solvitur illa Hebraica veritate, in qua scribitur : *Abram gravis vehementer*, hoc est, βαρὺς σφόδρα : Ægypti enim pondere gravabatur. Et licet videantur esse divitiæ pecoris, auri, et argenti, tamen si Ægyptiæ sunt, viro sancto graves sunt. Denique, non ut in Septuaginta legimus, *Abiit unde venerat in desertum usque Bethel* : sed sicut in Hebræo scriptum est : *Abiit itinere suo per Austrum usque Bethel.* Idcirco profectus de Ægypto est, ut non desertum ingrederetur, quod cum Ægypto reliquerat : sed ut per Austrum, qui Aquiloni contrarius est, veniret ad domum Dei, ubi fuerat tabernaculum ejus in medio Bethel et Ai [Al. Gai].

(Vers. 13.) *Et viri Sodomorum mali et peccatores in conspectu Dei vehementer.* [e] Superflue hic in Septuaginta Interpretibus additum est, *in conspectu Dei*, siquidem Sodomorum coloni apud homines [Al. omnes], mali et peccatores erant. Ille autem dicitur in conspectu Dei peccator, qui potest apud homines justus videri, quomodo de Zacharia et Elizabeth in præconio ponitur, quod fuerint justi ambo in conspectu Dei (*Luc.* 1, 6). Et in Psalterio dicitur : *Non justificabitur in conspectu tuo omnis vivens* (*Ps.* CXLII, 2).

(Vers. 14 et 15.) *Leva oculos tuos, et vide a loco, in quo tu nunc es ad Aquilonem, et ad austrum, et ad*

---

[a] Et est tamen ex traditione illa Judaica, quam fabulosam paulo superius ipse Hieron. dixerat. Hanc S. quoque Augustinus lib. XVI de Civit. Dei cap. 15, solutionem quæstionis probat. *Soluta est*, inquit, *quæstio ista et aliter, ut septuaginta quinque anni Abrahæ, quando egressus est de Charran, ex illo computarentur, ex quo de igne Chaldæorum liberatus, non ex quo natus est, tamquam tunc potius natus habendus sit. Melior itaque altera erit solutio, quam suppeditat Samoritanus textus, qui tantum centum quadraginta quinque Tharæ annos computat.* Genuerit Thara Abram cum annos ageret septuaginta : Abram vero septuagesimo quinto ætatis suæ anno egressus fuerit e Charran, patre mortuo ; efficienturque anni simul centum quadraginta quinque.

[b] Unus Regin. ms., *et morte obiret* : alter, *quia morte obierat*.

[c] Hebraice נגב, *Negeb* : id est *Austrum*, Vulgat. *ad meridiem*.

[d] Recolendus S. Augustinus Quæst. 26, in hunc Genes. locum. *Quomodo accipiatur, quod Abraham veniens in Ægyptum celare voluit uxorem suam esse Saram, secundum omnia, quæ de hac re scripta sunt, utrum hoc convenerit tam sancto viro, an subdefectio fidei ejus intelligatur, sicut nonnulli arbitrati sunt : jam quidem et contra Faustum hac de re disputavi ; et diligentius a presbytero Hieronymo expositum est, quare non sit consequens, ut cum aliquot dies apud regem Ægypti Sara fuerit, etiam ejus concubitu credatur esse polluta ; quoniam mos erat regius vicibus ad se admittere mulieres suas, et nisi lomentis et unguentis diu prius accurato corpore, nulla introbat ad regem. Quæ dum fierent, afflictus est Pharao manu Dei, ut viro redhiberet intactam, quam ipsi Deo maritus commiserat*, etc.

[e] Est autem in Hebraico יהוה, *Iadonai, Deo*, quod Septuaginta ἐναντίον τοῦ Θεοῦ, *in conspectu Dei* interpretantur : superflue, ut Hieronymus judicat. Est enim ille, quemadmodum Martianæo notatum est, Hebraicæ linguæ idiotismus, qui locum tenet superlativi, ut *peccatores Deo* idem sit ac *peccatores nequissimi*. Vid. eumdem Martian. in Notis prolixioribus in hunc locum.

orientem, et ad mare : quia omnem terram, quam tu vides, tibi dabo eam et semini tuo. Quatuor climata mundi posuit, orientem et occidentem, septentrionem et meridianum. Quod autem in omnibus Scripturis legitur, hic semel dixisse sufficiat, mare semper pro occidente poni : ab eo quod Palæstinæ regio ita sita sit, ut mare in occidentis plaga habeat.

(Cap. XIV.—Vers. 3.) *Et rex Bale, hæc est Segor.* Omnes hi consenserunt [a] apud vallem Salsam, hoc est, mare Salis. Bale lingua Hebræa, κατάποσις, id est, devoratio dicitur. Tradunt igitur Hebræi, hanc eamdem in alio Scripturarum loco *Salisa* nominari :[b] dicique rursus, μόσχον τριετίζουσαν, id est, *vitulam* [c] *consternantem*, quod scilicet tertio motu terræ absorpta sit (I Samuel IX, 4; Isai., XV, 5). Et ex eo tempore, quo Sodoma et Gomorrha, Adama et Seboim divino igne subversæ sunt, illa *parvula* nuncupetur. Siquidem *Segor* transfertur in *parvam*, quæ lingua [d] Syra *Zoara* dicitur. Vallis autem Salinarum, sicut in hoc eodem libro scribitur, in qua fuerunt ante putei bituminis, post Dei iram, et sulphuris pluviam, in mare Mortuum versa est : quod a Græcis **327** λίμνη Ἀσφαλτῖτις, id est, *stagnum bituminis* appellatur.

(Vers. 5.) *Et condiderunt gigantes in Astaroth Carnaim, et gentes fortes simul cum eis : et Omineos in Save civitate, antequam Sodomam* [e] *pervenirent.* Quatuor reges profecti de Babylone, interfecerunt gigantes, hoc est RAPHAIM (רפאים), robustos quosque [*Al.* quoque] Arabiæ, et ZUZIM, in Hom, et Emim in civitate Save, quæ usque hodie sic vocatur. ZUZIM (זוזים) autem et EMIM (אימים), terribiles et horrendi interpretantur : pro quo Septuaginta, sensum magis quam verbum ex verbo transferentes, *gentes fortissimas* posuerunt. Porro BAEM, pro quo dixe-

---

[a] *Omnes hi consenserunt*, etc. Unus aut alter codex ms. legit, *hic consederunt apud vallem*, etc.; sed necessarium retinendum *hi consenserunt*; quia in Hebræo est כל אלה חברו *kol elle hhabberu*, id est, *omnes isti convenerunt*. MARTIAN.

[b] *Salisa nominari.* Libro primo Samuelis cap. IX, 4, legimus hoc modo : *Et transiit per terram* שלישה, *Salisa.* Idem nomen *Salisa* occurrit in libris Regum. MARTIAN.

[c] *Duo Reginæ* mss., *consternantem* : vitiose. Bale autem a בעל deducitur quod est *absorbere* ; hincque orta Hebræorum isthæc traditio, quæ et sibi parum constat ; neque enim sola civitas Zoara in Scripturis μόσχος τριετίζουσα appellatur. Theodoritus ipsum nomen Segor *devorationem* significare arbitratus est quæst in Gen. interrog. 70. κατάποσιν γὰρ ἡ Σηγὼρ ἑρμηνεύεται. Ipse Hieronymus in cap. XV Isai. : *Appellatur*, inquit, *Bala, id est, absorpta, tradentibus Hebræis, quod tertio terræ motu prostrata sit.* Ipsa est quæ hodie Syro sermone vocatur *Zoora*, Hebræo *Segor*, utroque *parvula*.

[d] Concinit Diodorus in Catenis Regiis mss. penes Montfauconium, ταύτην δὲ ἀλλαχοῦ ἡ γραφὴ Σώγορα καλεῖ, ὁ δὲ Σύρος Ζααρὶ καὶ Βαλά. *Hanc alicubi Scriptura vocat: Zogora, Syrus vero Zaari, et Bala.*

[e] *Antequam Sodomam pervenirent.* Absunt hæc verba in contextu sacro et apud LXX. MARTIAN.

runt, ἅμα αὐτοῖς, hoc est *cum eis*, putaverunt scribi per HE (ה), ducti elementi similitudine, cum per HETH [f] scriptum sit. BAEM (בחם) enim cum per tres litteras scribitur : si mediam HE habet, interpretatur, *in eis* [g] : si autem HETH, ut in præsenti, locum significat, id est, IN HOM (בחם).

(Vers. 7.) *Et revertentes venerunt ad fontem judicii, hæc est Cades.* Per anticipationem dicitur, quod postea sic vocatum est. Significat autem locum apud Petram, qui fons judicii nominatur : quia ibi Deus populum judicavit. *Et percusserunt omnem regionem Amalecitarum et Amorrhæorum sedentem in Asasonthamar.* Hoc oppidum est, quod nunc vocatur Engaddi, balsami et palmarum fertile. Porro Asasonthamar, in lingua nostra resonat, *urbs Palmarum.* Thamar quippe *palma* dicitur. Sciendum autem pro eo, quod post paululum sequitur : *Et direxerunt contra eos aciem ad bellum in valle Salinarum*, in Hebræo haberi, in valle SEDDIM (שדים) : quod Aquila interpretatur [h] τῶν περιπεδίνων, Theodotio, τῶν ἀλσῶν, *amœna nemora* significantes.

(Vers. 11.) *Et tulerunt omnem equitatum Sodomorum* **328** *et Gomorrhæ.* Pro equitatu in Hebræo habet RACHUS (רחש), id est *substantiam.*

(Vers. 13.) *Et qui fugerat, nuntiavit Abram transitori. Ipse vero sedebat ad quercum Mambre* [i] *Amorrhæi fratris Eschol, et fratris Aunam, qui erant conjurati Abrahæ.* Pro eo, quod nos posuimus, *transitori*, in Hebræo scriptum est IBRI (עברי), hoc enim *transitor* exprimitur. Quod autem ait : *apud quercum Mambre Amorrhæi*, melius in Hebræo legimus, *apud quercum Mambre Amorrhæi fratris Escol : et fratris* non *Aunam*, ut Septuaginta transtulerunt, sed *Aner* : ut ostenderet Mambre et Escol, et Aner Amorrhæos atque germanos, socios fuisse Abrahæ.

(Vers. 14.) *Et persecutus est eos usque Dan.* Ad

---

[f] Hodierna vero exemplaria cum ה præferunt, בהם, atque ita non LXX solum, sed et Syrus et Samaritanus legunt, quin ipse etiam Hieronymus in sua ex Hebræo versione, ubi *cum eis* interpretatur, ne. opinor, a vulgo recepta lectione discederet. Nam quod בהם cum media ה littera lectum sua ætate observat, ad legentis eruditionem facit. Chaldæus tamen et Massorethæ confirmant, qui quasi proprium nomen in *Cham*, sive in *Hom* vertunt.

[g] *Interpretatur, in eis.* Non videtur Hieronymus hic sibi satis constare, quia ipsemet in sua Latina translatione Bibliorum legebat בהם *baem, in eis,* vel *cum eis.* At de his infra in Notis prolixioribus. MARTIAN.

[h] Suspecta mihi non una de causa hæc est lectio ; reponi autem malim ex Reginæ ms. et meo, τῶν πευνώνων, tametsi mendose scriptum videatur pro τῶν πευνιδίων, vel τῶν πευνῶν, *illicum*, quibus fere consita sunt arboribus nemora. Sic pro τῶν ἀλσῶν Theodotionis ex iisdem mss. τῶν ἀκτῶν liceat rescribere, quandoquidem *amœna* loca denotari testatur Hieronymus. Recole quæ de Symmachi lectione simili supra annotavimus in Genes. c. II, 45.

[i] Unus Reginæ ms. *Amorris*, quemadmodum Græce in Aldino et Cotoniano ms. exemplari habetur ὁ Ἀμορρίς. Sic et deinde *Amari* pro *Amorrhæi.*

Phœnicis oppidum, quod nunc *Paneas* dicitur. *Dan* autem unus e fontibus est Jordanis. Nam [a] et alter vocatur *Jor*, quod interpretatur ῥεῖθρον : id est, *rivus*. Duobus ergo fontibus, qui haud procul a se distant, in unum rivulum fœderatis, *Jordanis* deinceps appellatur.

(Vers. 18.) *Et Melchisedech rex Salem protulit panem et vinum, et ipse Sacerdos Dei excelsi, et benedixit ei.* Quia semel opusculum nostrum, vel Quæstionum Hebraicarum, vel Traditionum congregatio est, propterea quid Hebræi de hoc sentiant, inferamus. Aiunt hunc esse [b] *Sem filium Noe* : et supputantes annos vitæ ipsius, ostendunt eum ad Isaac usque vixisse, omnesque primogenitos Noe donec sacerdotio fungeretur Aaron, fuisse pontifices. Porro Salem, rex Jerusalem dicitur, [c] quæ prius Salem appellabatur. Melchisedech autem beatus Apostolus ad Hebræos (VII, 3), sine patre et matre commemorans, ad Christum refert, et per Christum ad gentium Ecclesiam. Omnis **329** enim [d] capitis gloria refertur ad membra, eo quod præputium habens, Abrahæ benedixerit circumciso, et in Abraham Levi, et per Levi Aaron : de quo postea sacerdotium. Ex quo colligi vult, sacerdotium Ecclesiæ habentis præputium, benedixisse circumciso sacerdotio Synagogæ. Quod autem ait : *Tu es sacerdos in æternum, secundum ordinem Melchisedech* (*Ps.* CIX, 4) : mysterium nostrum [e] in verbo ordinis significatur : nequaquam per Aaron irrationalibus victimis immolandis, sed oblato pane et vino : id est, corpore et sanguine Domini Jesu [f].

(Cap. XV. — Vers. 2, 3.) *Domine Deus, quid dabis mihi? Et ego vado sine liberis : et filius Masec vernaculæ meæ, hic Damascus Eliezer. Et dixit Abram : Ecce mihi non dedisti semen : et filius vernaculæ meæ hæres meus erit* [g]. Ubi nos habemus, *et filius Masec vernaculæ meæ* : in Hebræo scriptum est, UBEN MESECH BETHI : [h] quod Aquila transtulit, ὁ υἱὸς τοῦ ποτίζοντος [i] οἰκίαν μου : id est, *filius potum dantis domui meæ.*

A *Theodotio vero*, καὶ υἱὸς τοῦ ἐπὶ τῆς οἰκίας μου: id est, *et filius ejus, qui super domum meam erit*. Quod autem dicit, hoc est : Ego sine liberis morior, et filius procuratoris mei, vel villici, qui universa dispensat et distribuit cibaria familiæ meæ, vocaturque Damascus Eliezer, hic meus hæres erit. Porro *Eliezer* interpretatur, *Deus meus adjutor.* Ab hoc aiunt [j] Damascum et conditam, et nuncupatam.

(Vers. 7.) *Ego Deus, qui eduxi te de regione Chaldæorum.* Hoc est, quod paulo ante diximus in Hebræo haberi : qui eduxi te de UR CHESDIM, id est, de incendio Chaldæorum.

(Vers. 10, 11.) *Et posuit ea contra faciem invicem : aves vero non divisit. Descenderunt autem volucres super cadavera et super divisiones eorum, et sedit cum eis Abram.* Non pertinet ad præsens opusculum ejus expositio sacramenti. Hoc tantum dicimus, quia pro his, quæ posuimus, **330** in Hebræo habet : *Et descenderunt volucres super cadavera, et abigebat eas Abram.* Illius enim merito sæpe de angustiis liberatus est Israel.

(Vers. 12.) *Ad occasum autem solis ecstasis cecidit super Abram.* Pro ecstasi in Hebræo THARDEMA (תרדמה), id est, καταφορά, legitur, quam supra vertimus in *soporem.*

(Vers. 16.) *Generatione autem quarta revertentur huc.* Haud dubium quin hi, qui de semine fuerint Abrahæ. [k] Quæritur quomodo in Exodo scriptum sit : *Quinta autem generatione egressi sunt filii Israel de terra Ægypti* (*Exod.* XV, 18). Super quo capitulo parvum [l] volumen edidimus.

(Cap. XVI. — Vers. 2.) *Ecce conclusit me Dominus, ut non pariam : ingredere ergo ad ancillam meam, ut habeam filios ex ea.* Diligenter nota, quod procreatio filiorum, in Hebræo *ædificatio* scripta est. Legitur enim ibi : *Ingredere ad ancillam meam, si quo modo ædificer ex ea.* Et vide, ne forte hoc sit, quod in Exodo dicitur : *Benedixit Deus obstetricibus, et ædificaverunt sibi domos* (*Exod.* I, 20).

---

[a] Vide quæ annotavimus ad epist. 78 de Mansionibus, mansion. 41 et in Ezechiel, cap. XXVII, etc.

[b] Recole epistolam 73 ad Evangelum de Melchisedech, numero præcipue 5.

[c] Eadem, ut ex laudata epist. num. 2 constat, erat Græcorum Patrum opinio de Jerusalem nomine, *ut dicerent Melchisedech hominem fuisse Chananæum, regem urbis Hierosolymæ, quæ primum Salem, postea Jebus, ad extremum Jerusalem appellata sit.* Quam quidem et Josepho lib. I Antiquit. c. 10, et Theophilo ad Autolicum, aliisque ex nostris probatam, improbat paulo post ipse Hieron. satis erudite num. 7 : *Salem, non ut Josephus et nostri omnes arbitrantur, est Jerusalem, nomen ex Græco Hebraicoque collectum quod absurdum esse peregrinæ linguæ mixtura demonstrat ; sed oppidum juxta Scythopolim, quod usque hodie appellatur Salem.*

[d] Tres mss.: *Omnis enim corporis gloria.* Quædam infra typographorum, ut videbantur, menda castigavimus.

[e] *Mysterium nostrum*, etc. Tres mss. codices legunt eodem sensu, *ministerium nostrum*, id est, sacerdotum qui panem et vinum offerunt in sacrificio novæ Legis. MARTIAN.

[f] *Corpore et sanguine Domini Jesu.* Apertissimus locus quo invictissime comprobatur et sacrificium altaris, et veritas corporis ac sanguinis Domini Jesu nostri in sacramento Eucharistiæ. MARTIAN.

[g] Amovimus hinc verba *hæres meus erit*, quæ vitiose in editis hucusque irrepserant, in mss. vero nostris non sunt, neque ipsa minime ad propositum spectant.

[h] *Uben mesec bethi.* In Hebræo hodierno legimus ובן משק ביתי *uben mescec bethi.* Videtur tamen Hieronymus legisse nomen *Mesec* cum articulo ה, *h* emphatico, המשק *amesec* ; quia illud sic retinent aliquot mss. codices Latini. MARTIAN.

[i] Unus Reginæ ms., οἰκόν μου, quemadmodum Catenæ mss. et schedæ Combefisianæ in nupera Hexaplorum editione præferunt.

[j] Propius vero est, hanc ejus fuisse patriam, sive maternæ, aut paternæ originis locum, ex quo ipse Eliezer Damascus sit cognominatus.

[k] Modo laudatus Reginæ ms.: *Quare igitur, quomodo in Exodo*, etc.

[l] Hæc est Epistola in nostra recensione 36 ad Damasum, quam recole Quæstione secunda.
—Consule Epistolas 124, et 125 in antea editis libris. MARTIAN.

(Vers. 7.) *Et invenit eam Angelus Domini super fontem aquæ in deserto ad fontem in via Sur.* Consequenter Ægyptia in via Sur, quæ per eremum ducit ad Ægyptum, ire [a] festinabat.

(Vers. 11.) *Et* [b] *vocavit nomen ejus Ismael; quia exaudivit Deus humilitatem meam.* Ismael interpretatur, *exauditio Dei.*

(Vers. 12.) *Hic erit rusticus homo. Manus ejus super omnes, et manus omnium super eum, et contra faciem omnium fratrum suorum habitabit.* Pro rustico in Hebræo scriptum habet PHARA (פרא), quod interpretatur *onager.* Significat autem semen ejus habitaturum in eremo, id est, Sarracenos vagos, incertisque sedibus, qui universas gentes, quibus desertum ex latere jungitur [c] incursant, et impugnantur ab omnibus.

(Cap. XVII.—Vers. 3 et seqq.) *Et locutus est ei Dominus, dicens: Ecce testamentum meum tecum: et eris pater multitudinis gentium, et non vocabitur ultra nomen tuum Abram, sed erit nomen tuum Abraam, quia patrem multarum gentium posui te.* Notandum quod ubicumque in Græco, *Testamentum* legimus, ibi in Hebræo sermone sit *fœdus,* sive *pactum,* id est, BERITH (ברית). Dicunt autem Hebræi, quod ex nomine suo, Deus, quod apud illos [d] Tetragrammum est, HE litteram, Abræ et Saræ addiderit: dicebatur enim primum ABRAM (אברם), quod interpretatur, *pater excelsus:* et postea vocatus est ABRAAM (אברהם), quod transfertur *pater multarum:* nam quod sequitur *gentium,* non habetur in nomine, sed subauditur. Nec mirandum, quare cum apud Græcos et nos A littera videatur addita: nos HE litteram Hebræam additam dixerimus; idioma enim linguæ illius est, per HE (ה) quidem scribere, sed per A (א) legere: sicut e contrario A litteram sæpe per HE pronuntiant.

(Vers. 15.) *Et dixit Deus ad Abraam: Sarai uxorem tuam non vocabis eam Sarai, sed Sara erit nomen ejus.* Errant qui putant primum [e] *Saram* per unum R scriptam fuisse; et postea ei alterum R additum. Et quia R apud Græcos centenarius numerus est, multas super nomine ejus ineptias suspicantur: cum utique utcumque volunt ei vocabulum commutatum, non Græcam, sed Hebræam debeat habere rationem, cum ipsum nomen Hebraicum sit. Nemo autem in altera lingua quempiam vocans, etymologiam vocabuli sumit ex altera. SARAI (שרי) igitur primum vocata est per SIN, RES, IOD: sublato igitur IOD, id est, I elemento, addita est HE littera, quæ per A legitur: et vocata est SARA (שרה). Causa autem ita nominis immutati, hæc est, quod antea dicebatur, *princeps mea,* unius tantum domus materfamiliæ. Postea vero dicitur absolute, *princeps,* id est, ἄρχουσα. Sequitur enim: *Dabo tibi ex ea filium, et benedicam ei, et erit in gentes: et reges populorum erunt ex eo.* Signanterque, non ut in Græco legimus: *Dixit Deus ad Abraam. Sarai uxor tua non vocabitur nomen ejus Sarai:* in Hebræo habetur: *non vocabis nomen ejus Sarai,* id est, non dices ei, *princeps mea es:* omnium quippe gentium futura jam princeps est. Quidam pessime suspicantur, ante eam *lepram* fuisse vocitatam, et postea *principem:* cum lepra SARATH (צרעת) dicatur, quæ in nostra quidem lingua videtur aliquam habere similitudinem; in Hebræo autem penitus est diversa. Scribitur enim per SADE, et RES, et AIN, et THAU: quod multum a superioribus tribus litteris, id est, SIN, RES, et HE, quibus SARA scribitur, discrepare manifestum est.

(Vers. 17.) *Et cecidit Abraam super faciem suam, et risit: et dixit in corde suo, Si centenario nascetur filius, et Sara nonagenaria pariet?* Et post paululum: *Et vocabis nomen ejus Isaac.* Diversa opinio, sed una est etymologia [f], quare appellatus sit *Isaac.* Interpretatur enim *Isaac, risus.* Alii dicunt, [g] quod

---

[a] Idem Reginæ ms., *ducit ad Ægyptum, ire Ægyptum festinabat.*

[b] Scripturæ textus uterque, Hebræus et Græcus, ex Angeli persona *vocabis,* et *humilitatem tuam.* —*Et vocavit nomen ejus Ismael.* Aliter legimus in Hebræo et apud Septuaginta. nempe: *Et vocabis nomen ejus Ismael, quia exaudivit Dominus humilitatem tuam.* Non ergo verba hæc Agar Ægyptiæ sunt, sed Angeli ad eam loquentis. MARTIAN.

[c] Duo mss., *in ursantes impugnantur ab omnibus:* atque unus paulo post, *Et erit pater multarum gentium.*

[d] Antea erat *Tetragrammaton,* dissentientibus mss. Est autem notissimum יהוה, quo in nomine duplex est ה: alterum Abræ, alterum Saræ ex Rabbinorum sententia tributum.

[e] *Errant qui putant primum Saram.* Philonem Judæum et quosdam ejusdem pedisequos carpit Hieronymus hoc loco; quia Philo cum Græcis aliquot Scriptoribus, legit Σάῤῥα cum duplici ro, et additum alterum existimat libro de Mutatione Nominum. Occasionem hujus erroris: nescio an præbuerint Philoni LXX translatores; nam in eorumdem Græca Versione legimus Gen. XVII, 15: οὐ κληθήσεται τὸ ὄνομα αὐτῆς Σάρα, Σάῤῥα ἔσται τὸ ὄνομα αὐτῆς, id est, *non vocabitur nomen ejus Sara, Sarra erit nomen ejus.* MARTIAN.

—Annotat Martianæus Philonem, ejusque pedisequos ab Hieronymo redargui, quod Saræ nomen cum duplici ρ legerint Σάῤῥα. Verum Philo primum Σάρα interpretatur ἀρχή μου, *princeps mea,* ut constet, *Sarai* ex Hebræo שרי legisse: deinde, licet cum gemino ρ Σάῤῥα ἄρχουσα, plane ut Hieronymus vertit. Porro non Philo tantum, sed et diu antea LXX interpretes Σάῤῥα denuo efferunt: estque illa Græcorum vulgaris opinio, quam laudat Justinus Martyr Dialog. cum Tryphone, additam Abramo α litteram, Saræ ῥῶ· Ἐν ἄλφα τῷ Ἀβραὰμ ὀνόματι, καὶ ἐν ῥῶ τῷ Σάῤῥας ὀνόματι. Quin etiam ex Latinis Sulpicius Severus lib. 1: *Tunc Abrahamo et uxori ejus adjectione unius litteræ nomen immutatum, ita ut nunc ex Abram Abraam, ex Sara Sarra dicitur.*

[f] *Diversa opinio, sed una est etymologia.* Josephus ex risu Saræ vocatum vult Isacum, id est, *risum:* Philo similiter. Vide Josephum Antiqq. Judaic. lib. I, cap. 9, et Philonem, lib. de Mutatione Nominum. MARTIAN.

[g] Ita cum primis sentit Josephus Antiquit. lib. I, cap. 12: Ἰσακον ὀνόμασε· Τοῦτο γέλωτα σημαίνει. διὰ μέντοι τὸ τὴν Σάῤῥαν μειδιᾶσαι, τέξεσθαι φήσαντος αὐτῇ τοῦ Θεοῦ, μὴ προσδοκώσαν ἤδη τοκετοῦ πρεσβυτέραν οὖσαν, τὸν υἱὸν οὕτως ἐκάλεσεν. *Isacum nominavit. Hoc risus significatur. Nam quod Sarra subriserit, Deo ipsam parituram esse dicente, cum grandis natu prolem non exspectaret, ita filium appellabat.*

Sara riserit, ideo eum risum vocatum esse, quod falsum est. Alii vero quod riserit Abraham, quod et nos probamus. Postquam enim ad risum Abrahæ, vocatus est filius ejus *Isaac*, tunc legimus risisse et Saram. Sciendum tamen quod quatuor in veteri Testamento absque ullo velamine, nominibus suis antequam nascerentur, vocati sunt: *Ismael, Isaac, Salomon*, et *Josias*. Lege Scripturas.

(Cap. XVIII. — Vers. 6.) *Et dixit ei: Festina, tres mensuras farinæ similæ commisce.* Quia tres mensuræ absolute hic dictæ videntur, et est incerta mensura: propterea [a] addidi, quod in Hebræo *tria sata* habeat, id est *tres amphoras*: ut idem mysterium et hic, et in Evangelio, ubi mulier tria sata farinæ fermentare dicitur, cognoscamus (*Matth.* XIII, 33).

333 (Vers. 10.) *Dixit autem: Revertens veniam ad te in tempore hoc, et in hora, et habebit filium Sara.* Pro *hora*, *vitam* legimus in Hebræo: ut sit ordo vel sensus: *Revertar ad te in tempore vitæ*: quasi dixerit, si vixero, si fuerit vita comitata: hæc autem ἀνθρωποπάθως, quomodo et cætera.

(Vers. 12.) *Risit autem Sara in semetipsa, dicens: Necdum mihi factum est usque nunc, et dominus meus senex est.* Aliter multo legitur in Hebræo: *Et risit Sara in semetipsa, dicens: Postquam attrita sum, et facta est mihi voluptas?* Simul nota quod ubi nos posuimus, *voluptatem*,[b] EDEN scriptum est in Hebræo. Symmachus hunc locum ita transtulit: *Postquam vetustate consenui, facta est mihi adolescentia?*

(Vers. 32.) *Et dixit: Numquid est, Domine, si loquar?* Quod Græce scriptum est, μήτι, κύριε, ἐὰν λαλήσω. Secundo Abraham est locutus ad Dominum: quod non videtur manifeste sonare quid dicat. In Hebræo igitur planius scribitur: *Ne, quæso, irascaris, Domine, si locutus fuero.* Quia enim videbatur interrogans, Dominum arctare responsione, temperat præfatione quod quærit.

(Cap. XIX.—Vers. 14.) *Et locutus est ad generos suos, qui acceperant filias ejus.* Quia postea duæ filiæ Lot virgines fuisse dicuntur (de quibus et ipse dudum ad Sodomæos dixerat: *Ecce duæ filiæ meæ, quæ non cognoverunt virum*), et nunc Scriptura commemorat eum habuisse generos; [c] nonnulli arbitrantur illas, quæ viros habuerunt, in Sodomis remansisse, et eas exisse cum patre, quæ virgines fuerant. Quod cum Scriptura non dicat, Hebræa veritas exponenda est, in qua scribitur: *Egressus est Lot, et locutus est ad sponsos, qui accepturi erant filias ejus.* Necdum igitur virgines filiæ matrimonio fuerant copulatæ.

334 (Vers. 21.) *Et dixit ei: Ecce admiratus sum faciem tuam.* In Hebræo habet: *Ecce suscepi faciem tuam:* id est, *acquiesco precibus tuis.* Quod Symmachus secundum sensum interpretans ait,[d] ὁράσει ἐδυσωπήθην τὸ πρόσωπόν σου.

(Vers. 28.) *Et ecce ascendebat flamma de terra quasi vapor fornacis.* Pro quo legimus in Hebræo: *Ecce ascendebat* CITOR (קיטר), quasi [e] ἀναθυμίασις *fornacis:* quod nos *vaporem*, vel *fumum*, sive *favillam* possumus dicere.

(Vers. 30.) *Et ascendit Lot de Segor, et sedit in monte: et duæ filiæ ejus cum eo.* Timuit enim sedere in Segor. Quæritur quare cum primum fugæ montis Segor prætulerit, et eam in habitaculum suum voluerit liberari, nunc de Segor rursum ad montem migret? Respondebimus veram esse illam Hebræorum conjecturam de Segor, quod frequenter terræ motu subruta,[f] *Bale* primum, et postea *Salisa* appellata sit: timueritque Lot, dicens, Si cum cæteræ adhuc urbes starent, ista sæpe subversa est: quanto magis nunc in communi ruina non poterit liberari? Et ob hanc occasionem infidelitatis, etiam in filias coitus dedisse principium. Qui enim cæteras viderat subrui civitates, et hanc stare, seque Dei auxilio erutum: utique de eo, quod sibi concessum audierat, ambigere non debuit. Illud igitur, quod pro excusatione dicitur filiarum, eo quod putaverint defecisse humanum genus, et ideo cum patre concubuerint, non excusat patrem. Denique Hebræi, quod sequitur:

(Vers. 35.) *Et nescivit cum dormisset cum eo, et cum surrexisset ab eo*,[g] appungunt desuper, quasi

---

[a] *Propterea, addidi.* Melius legeretur *addo* quam *addidi;* cum nihil antea dixerit de *tribus satis*, pro *tribus mensuris.* De allegorica porro expositione in mysterio Trinitatis, ita nos docuit ipsemet Hieronymus lib. II Comment. in Matth. cap. XIII : *Pius quidem sensus: sed numquam parabolæ, et dubia ænigmatum intelligentia potest ad auctoritatem dogmatum proficere.* MARTIAN.

—Martianæus maluisset in instanti *addo*. Facile autem Hieronymus scripserat supra, *tres mensuras* (sive *tria sata*) *farinæ similæ*, etc., quod sæpe facit cum Hebræum inter et Græcum textum exigua diversitas intercedit. Tria porro sata, sive tres amphoræ unum integrum Epha conficiunt. Vide Commentar. in Matthæi cap. XIII.

[b] Hebraice est ערן. Symmachus in codice Regio 1888, penes Montfaucon.: μετὰ τὸ παλαιωθῆναί με ἐγένετό μοι ἀκμή. *Postquam vetustate consenui, facta est mihi adolescentia.*

[c] Scilicet ex Rabbinorum scholis; nullo tamen ex Scripturis idoneo argumento.

[d] Ὁράσει ἐδυσωπήθην, etc. Id significat, *aspectu reveritus sum faciem tuam.* MARTIAN.

—In vetustiori Reginæ codice scriptum est: ΩΡΑ ΗΥΔΗ ΗΑΥϹΩΠΗΘΗΝ, etc. quæ sic emendata legerim: Ὅρα ἠύτε (sive εὖτε) ἐδυσωπήθην, etc. quod est, *Vide quemadmodum reveritus sum*, etc. Ac certe Drosius satis ingeniose pro ὁράσει, legendum conjecerat duobus verbis ὅρα σοι; et primum ὅρα pro ἰδού, *ecce* accipiendum, quod Hebraico הנה respondeat.

[e] Falso hactenus obtinuerat ἀναπνεύμασις pro ἀναθυμίασις, quod ex paulo corrupto in mss. verbo ΑΝΑΘΥΜΑϹΙϹ, excudi ac restitui. Est autem ἀναθυμίασις, quem proprie Hieron. notat, æstus fornacis et vapor. Contra nec Græce ἀναπνεύμασις dicitur, aut apud Græcum quempiam scriptorem inveniri scio pro ἀνάπνευσις, quod est *respiratio*.

[f] Recole quæ superius annotavimus in cap. XIV, vers. 5.

[g] *Appungunt desuper*, etc. Plures mss. codices Hebraicos curiosius inspexi; sed nihil in eis reperire potui quo juvaretur intelligentia hujus loci. Erasmus sic eum illustratum voluit: *Appungunt desuper*, addunt desuper, significantes id divinitus factum, ut

incredibile, et quod rerum natura non capiat, coire quempiam nescientem.

(Vers. 36 et seqq.) *Et conceperunt duæ filiæ Lot de patre suo, et genuit primogenita filium, et vocavit nomen ejus Moab. Iste est pater Moabitarum usque in hanc diem. Et minor, et ipsa peperit filium, et vocavit nomen ejus Ammon id est, filius populi mei. Ipse est pater filiorum Ammon.* Moab interpretatur, *ex patre*: et totum nomen etymologiam habet. Ammon vero, cujus quasi causa nominis redditur, *filius generis mei*, sive ut melius est in Hebræo (עמי), *filius populi mei*, sic derivatur, ut ex parte sensus nominis, [a] ex parte ipse sit sermo: AMMI enim, a quo dicti sunt Ammonitæ, vocatur *populus meus*.

(Cap. XX. — Vers. 12.) *Etenim vere soror mea est de patre, sed non ex matre.* Id est, fratris ejus est Aran filia, non sororis. Sed quia in Hebræo habet: *vere soror mea est, filia patris mei, et non filia matris meæ*: et magis sonat, quod soror Abrahæ fuerit, [b] in excusationem ejus dicimus, necdum illo tempore tales nuptias lege prohibitas.

(Cap. XXI. — Vers. 9.) *Et vidit Sara filium Agar Ægyptiæ, quem peperit* [Al. *pepererat*] *Abræe ludentem*: quod sequitur, *cum Isaac filio suo*, non habetur in Hebræo. Dupliciter itaque hoc ab Hebræis exponitur: sive quod idola [c] ludo fecerit, juxta illud quod alibi scriptum est: *Sedit populus comedere et bibere, et surrexerunt ludere* (*Exod*. xxxii, 6): sive quod adversum Isaac, quasi majoris ætatis, joco sibi et ludo primogenita vendicaret. Quod quidem Sara audiens, non tulit: et hoc ex ipsius approbatur sermone dicentis: *Ejice ancillam hanc cum filio suo. Non enim hæres erit filius ancillæ cum filio meo Isaac* (*Ibid.*, 10).

(Vers. 14.) *Et sumpsit panes et utrem aquæ, et dedit Agar, ponens super humerum ejus, et parvulum, et dimisit eam.* Quando Isaac natus est, tredecim annorum erat Ismael. Et post ablactationem ejus, iste cum matre expellitur domo. Inter Hebræos autem Lot non sentiret concubitum. Verum nec hoc verbum habetur in nostra editione. Hæc Erasmus in locum difficillimum, quem Marianus omnino prætermisit. Mss. codices Latini pro *appungunt desuper*, legunt diverso modo, *adjungunt desuper*, vel *apponunt desuper*. Sive igitur intelligamus puncta fuisse superposita verbis hisce Scripturæ, *Et nescivit*, etc. sive ipsa verba fuisse addita in superiore parte contextus sacri et extra seriem reliquorum verborum, quocumque modo id factum credatur, rem incredibilem Hebræi significare voluerunt tam ex punctis, quam ex situ verborum. MARTIAN.

— Non erat, cur se tantopere Martianæus torqueret, ut hunc locum exponeret; et nec sic tamen aliquando verum inveniret. Hebraicum verbum ובקומה, id est, *et cum surrexisset ab illa*, inusitato puncto distinguitur supra medium *vau*, præter illud, quod in ventre habet. Idque videre est in plerisque omnibus Hebraicis Bibliis, quæ punctis instruuntur, hoc loco ubi et Massora tanquam insolitum notat in margine נקוד על ואו, *punctus est supra vau*: idque tandem est, quod appungi desuper tanquam incredibile Hieronymus tradit.

[a] *Ut ex parte sensus nominis. Ammon,* sive *amman* dictus est a matre עמי בן *ben ammi*: unde Ammon

varia opinio est, asserentibus aliis, quinto anno ablactationis tempus statutum, aliis duodecimum annum vendicantibus. Nos igitur ut breviorem eligamus ætatem, post decem et octo annos Ismael supputavimus ejectum esse cum matre, et non convenire jam adolescenti matris sedisse cervicibus. Verum est igitur illud Hebræorum linguæ idioma, quod omnis filius ad comparationem parentum, infans vocetur et parvulus. Nec miremur barbaram linguam habere proprietates suas: cum hodieque Romæ omnes filii vocentur infantes. Posuit ergo Abraham panes et utrem super humerum Agar: et hoc facto dedit puerum matri, hoc est, in manus ejus tradidit, commendavit, et ita emisit e domo. Quod autem sequitur:

(Vers. 15, 16.) *Et projecit puerum subter abietem, et abiens sedit de contra longe, quasi jactu sagittæ. Dixit enim: Non videbo mortem parvuli mei. Et sedit contra eum. Et statim jungitur: Exclamavit puer, et flevit, et audivit Deus vocem pueri de loco ubi erat. Et Dixit Angelus Dei ad Agar de cœlo*, et reliqua, nullum moveat. In Hebræo enim post hoc, quod scriptum est, *Non videbo mortem parvuli mei*, ita legitur, quod ipsa Agar sederit contra puerum, et levaverit vocem suam, et fleverit, et exaudierit Deus vocem parvuli. Flente enim matre, et mortem filii miserabiliter præstolante, Deus exaudivit puerum: de quo pollicitus fuerat Abrahæ, dicens: *Sed et filium ancillæ tuæ in gentem magnam faciam* (*Gen*. xvii, 20). Alioquin et ipsa mater non suam mortem, sed filii deplorabat. Pepercit igitur ei Deus, pro quo fuerat et fletus. Denique in consequentibus dicitur: *Surge et tolle puerum, et tene manum ejus* (*Gen*. xvii, 18). Ex quo manifestum est, eum qui tenetur, non oneri matri fuisse, sed comitem. Quod autem manu parentis tenetur, sollicitus monstratur affectus.

(Vers. 22.) *Et dixit Abimelech et Ochozath pronubus ejus, et Phicol princeps exercitus ejus.* Excepto sic derivatur ab *ammi*, ut ex parte, sensus nominis sit, non etymologia, et ex parte ipse sermo sit. *Ben* enim quod *filium* significat non includitur in voce. *Ammon*, nisi juxta sensum etymologicum; quum עמי *Ammi* ipsum præferat sermonem, id est, *populi mei*. MARTIAN.

— Clarius adeo est in Hebræo ותקרא שמו בן־עמי, *et vocavit nomen ejus Benammi*, quod interpretatur *filius populi mei*.

[b] Ita quidem bene multi christiani interpretes explicant, ut neptis proinde Abraham, non soror esset, contra quam ipse Abrahami luculentissime, omnique remota ambage, testatur: *Vere soror mea est*. Scilicet nefas arbitrati sunt; sororem ex altero parente ducere, quod Levitic. cap. xviii, 9, prohibetur. Et, *quale est*, inquit Hieron. contra Helvid. num. 15, *ut Abraham vir justus patris sui filiam conjugem sumpserit?* Videsis quæ in eum locum annotamus. Nunc demum verissime ex Hebræo S. doctor constituit, Saram eumdem cum Abrahamo patrem habuisse Thare, diversam matrem, quam *Thevitam* de nomine appellatam tradit Saidas Batricides Alexandrinus patriarcha, qui sæculo decimo floruisse perhibetur.

[c] Vetustior Reginæ ms. *idola luto fecerit.*

Abimelech et Phicol, tertium ª nomen, quod hic legitur, in Hebræo volumine non habetur.

(Vers. 30.) *Et dixit: Septem oves has accipies a me, ut sint in testimonium mihi, quia* **337** *ego fodi puteum istum.* Ideo cognominavit nomen loci illius *puteum juramenti,* quia ibi juraverunt ambo. Ubi hic legitur, *puteus juramenti,* in Hebræo habetur BER-SABEE (באר שבע). Duplex autem est causa cur ita appellatus sit: sive quia septem agnas Abimelech de manu Abrahæ acceperit: *septem* enim dicuntur SABEE: sive quod ibi juraverint: quia et *juramentum* SABEE similiter appellatur. Quod si ante hanc causam supra nomen hoc legimus, sciamus per prolepsim dictum esse: sicut et Bethel et Galgala, quæ utique usque ad tempus quo ita appellatæ sunt, aliter vocabantur. Notandum autem et ex prioribus, et ex præsenti loco, quod Isaac non sit natus ad quercum Mambre, sive in ᵇ Aulone Mambre, ut in Hebræo habetur: sed in Geraris, ubi et Bersabee usque hodie oppidum est. Quæ provincia ante non grande tempus, ex divisione præsidum Palæstinæ, ᶜ Salutaris est dicta. Hujus rei Scriptura testis est, quæ ait: *Et habitavit Abraham in terra Philistinorum* ᵈ (*Gen.* XXI, 34).

(Cap. XXII, Vers. 2.) *Et dixit ei Deus: Tolle filium tuum unigenitum, quem diligis, Isaac, et vade in terram excelsam, et offer illum ibi in holocaustum super unum de montibus quem ego dicam tibi.* Difficile est idioma linguæ Hebrææ in Latinum sermonem vertere. Ubi nunc dicitur, *vade in terram excelsam,* in Hebræo habet, MORIA (מריה), quod Aquila transtulit τὴν καταφανῆ, hoc est, *lucidam*: Symmachus, τῆς ὀπτασίας, hoc est, *visionis.* Aiunt ergo ᵉ Hebræi hunc montem esse in quo postea templum conditum est in area Ornæ Jebusæi, sicut et in Paralipomenis scriptum est: *Et* ᶠ *cœperunt ædificare templum in mense secundo, in secunda die mensis, in monte Moria* (II *Paralip.* III, 1). Qui idcirco illuminans interpretatur et lucens, quia **338** ibi est DABIR (דביר), hoc est, *oraculum* Dei: et Lex et Spiritus sanctus, qui docet homines veritatem, et inspirat prophetias.

(Vers. 3.) *Et abiit in locum, quem dixit ei Deus, in die tertia.* Notandum quod de Geraris usque ad montem Moria, id est, sedem templi, iter dierum trium sit, et consequenter illuc die tertio pervenisse dicatur. Male igitur sentiunt quidam, Abraham illo tempore ad quercum habitasse Mambre: cum inde usque ad montem Moria, vix unius diei iter plenum sit.

(Vers. 13.) *Et elevavit Abraham oculos suos: et ecce aries post tergum ejus tenebatur in virgulto Sabech cornibus suis.* Ridiculam rem in hoc loco Emisenus Eusebius est locutus: *Sabech,* inquiens, dicitur *hircus,* qui rectis cornibus et ad carpendas arboris frondes sublimis attollitur. Rursum Aquila ᵍ συγκεῶνα interpretatus est, quem nos *veprem* possumus dicere, vel *spinetum*: et ut verbi vim interpretemur, condensa et inter se implexa virgulta. Unde et Symmachus in eamdem ductus opinionem, *Et apparuit,* ait, *aries post hoc retentus in rete cornibus suis.* Verum quibusdam, in hoc dumtaxat loco, melius videntur interpretati esse Septuaginta et Theodotio, qui ipsum nomen SABECH (סבך) posuerunt, dicentes: *In virgulto sabech cornibus suis.* Etenim σύγχεων, sive *rete,* quod Aquila posuit et Symmachus, per SIN (ש) litteram scribitur: hic vero (ס) SAMECH littera posita est: ex quo manifestum est non interpretationem stirpium condensarum, et in modum

---

ª Additum *Ochozath* a LXX, ex cap. XXVI, vers. 26, ubi junctum invenitur nominibus Abimelech, et Phicol. In uno Reginæ ms *Ocozhac* scribitur.

ᵇ Idem Regin. ms. *sive in aulo Mambre.* Vide quæ supra in libro Locorum ad vocem *Ælon de Aulone* diximus.

ᶜ *Salutaris est dicta.* Cognomen est aliquot provinciarum, seu partium illarum, Macedoniæ, Phrygiæ, Galatiæ, Syriæ, Palæstinæ. Consule lib. Notitiæ. MARTIAN.
—*Salutaris dicta est,* quæ Palæstina Tertia sub initium quinti a Christo sæculi in Cod. Theodosiano, atque in Notitia Imperii frequentius audit. Sub Salutaris vero nomine, quo *non ante grande tempus ex divisione Præsidum Palæstinæ* donatam, Hieronymus tradit, primo, ocurrit leg. 3 Cod. Theodos. de Protostasia, quæ anno lata est 396 *Præsidi Hygiæ Palæstinæ,* quod est, *Salutaris Palæstinæ*; nam quod vulgo legitur *Frygiæ,* mendum scribarum esse, docti viri observarunt. Cæterum et Bersabee mentio est in laudata Notitia Dignitatum Imperii, ubi sub dispositione Palæstinæ primo loco recensentur *Equites Dalmatæ Illyriciani Berosabæ.*

ᵈ Addunt quidam mss. reliqua duo versiculi hujus verba, *diebus multis.*

ᵉ Hunc facile locum spectabat S. Augustinus lib. XVI de Civit. Dei, cap. 32, ubi de monte Moria ait, *Hieronymus presbyter scripsit, se certissime a senioribus Judæorum cognovisse, quod ibi immolatus sit Isaac.* Vetus hæc traditio est.

ᶠ Annotat Martianæus, aliter in secundo Paralipom. scribi, *Et cæpit Salomon ædificare domum Domini in Jerusalem in monte Moria*: huncque adeo versiculum memoriter putat laudari abs Hieronymo.
— *Et cæperunt ædificare templum,* etc. Libro secundo Paralipomenon, cap. III, vers. 1, non eodem modo legimus: ibi enim scriptum est: *Et cœpit Salomon ædificare domum Domini in Jerusalem in monte Moria,* etc. Hinc manifestum est, nisi me fallo, Hieronymum memoriter hunc locum recitasse. MARTIAN.

ᵍ *Aquila* συγκεῶνα *interpretatus est.* Male in editis scriptum legimus, συχνῶ, cum omnia exemplaria mss. retineant συγκεῶνα, a voce scilicet συγκεῶν inferius posita etiam in veteribus editionibus Erasmiana et Marianæa. סבך *Sabech* igitur Hebræum apud Aquilam erat ὁ συγκεών, ut testatur Hieronymus, qui ejusdem nominis masculinum genus indicat, dicens: *Quem nos veprem possumus dicere, vel spinetum,* etc. Quanta porro fuerit errorum occasio, in multis libris ex depravata lectione hujus loci, longum est enarrare ac nimis operosum. Ideo satis habemus genuinam Hieronymianamque lectionem restituere. MARTIAN.
—Olim ἐν συχνῷ, vel συχνεῷ, Cod. Coislinian., teste Montfauconio, qui et sinceriorem hanc et pleniorem Aquilæ lectionem putat, ἐν συγκεῶνι, ἐν κέρασιν αὐτοῦ. E mss. Reginæ, alter vetustissimus ΣΥΧΝΩΝΑΝ, et consequenter infra ϹΥΧΝΗΩΝΑ, ubi saltem H in E mutandum liquet. Cæterum συγκεῶνα scripserit Hieronymus, ut Aquilæ verbum suo aptaret contextui.

retis inter se virgulta contexta verbum *Sabech*, sed nomen *a* sonare virgulti, quod ita Hebraice dicitur. Ego vero diligenter *b* inquirens, συχνιῶνα per SAMECH (ס) litteram scribi crebro reperi.

(Vers. 14.) **339** *Et vocavit Abraham nomen loci illius, Dominus videt : ut dicant hodie, in monte Dominus videt.* Pro eo quod hic habet *videt*, in Hebræo scriptum est, *c videbitur*. Hoc autem apud Hebræos exivit in proverbium, ut si quando in angustia constituti sunt, et Domini optant auxilio sublevari, dicant, *In monte Dominus videbitur :* hoc est, sicut Abrahæ misertus est, misereabitur et nostri. Unde et in signum dati arietis solent etiam nunc cornu clangere.

(Vers. 20.) *Et nuntiaverunt Abrahæ, dicentes : Ecce peperit Melcha et ipsa filios Nachor fratri tuo : Us primogenitum ejus, et Buz fratrem ejus, et Camuel patrem Syrorum, et Cased.* Primogenitus Nachor fratris Abraham de Melcha uxore ejus filia Aran, natus est Us : de cujus *d* stirpe Job descendit, sicut scriptum est in exordio voluminis ejus : *Vir fuit in terra Us, nomine Job.* Male igitur *e* quidam æstimant, Job de genere esse Esau : siquidem illud quod in fine libri ipsius habetur, *Eo quod de Syro sermone f translatus est, et quartus sit ab Esau,* et reliqua, quæ ibi continentur, in Hebræis voluminibus non habentur. Secundus natus est de Melcha Buz, quem Septuaginta *Bauz* transferre voluerunt. Et ex hujus genere est Balaam ille divinus (*Num.* XXIV, 3 *et seq.*; *Jos.* XIII, 22), *g* ut Hebræi tradunt, qui in libro Job dicitur *Eliu :* primum vir sanctus, et prophetes Dei, postea per inobedientiam et desiderium munerum, dum Israel maledicere cupit, divini vocabulo *h* nuncupatur : diciturque in eodem libro : *Et iratus Eliu filius Barachiel Buzites* (*Job* XXXII, 2), de hujus videlicet Buzi radice descendens. Camuel vero pater est Damasci. **340** Ipsa enim vocatur *Aran*, quæ hic pro Syria scripta est : et ipso nomine legitur in Isaia. *Chased* quoque quartus est, a quo *Chasdim,* id est, *Chaldæi* postea vocati sunt.

(Cap. XXXII, Vers. 2.) *Et mortua est Sara in civitate Arboc, quæ est in valle : hæc est Chebron, in terra Chanaan.* Hoc quod hic positum est, *quæ est in valle,* in authenticis codicibus non habetur. Nomen quoque civitatis *Arboc* paulatim a scribentibus legentibusque corruptum est. Neque enim putandum, Septuaginta Interpretes *i* nomen civitatis Hebrææ, barbare atque corrupte, et aliter quam in suo dicitur, transtulisse. *Arboc* enim nihil omnino significat. Sed dicitur ARBEE (ארבע), hoc est, *quatuor, j* quia ibi Abraham, et Isaac, et Jacob conditus est : et ipse princeps humani generis Adam, ut in Jesu libro apertius demonstrabitur.

(Vers. 6.) *Audi nos, Domine, rex a Deo tu es nobis, in electo sepulcro nostro sepeli mortuum tuum.* Pro rege *principem* habet in Hebræo, sive *ducem.* NASI (נשיא) quippe non *rex,* sed *dux* dicitur.

(Vers. 16.) *Et audivit Abraham Ephron, et appendit Abraham Ephron argentum, quod locutus est*

---

a Diodorus in Catenis, ab eodem Montfauconio laudatis, τὸ ἐν φυτῷ οὐκ ἔχει ὁ Σύρος· μόνον δὲ τὸ Σαβέκ· τοῦτο δὲ τὸ ὄνομα τοῦ φυτοῦ εἶναι νομίζει. Τοῖς δὲ Ἑβραίοις δοκεῖ τὸ Σαβὲκ ἄφεσιν σημαίνειν. Syrus non habet, in virgulto, sed tantum, Sabec. Hoc autem nomen esse virgulti existimo. Hebræi putant, Sabec significare remissionem.

b Multa in hanc rem exempla e Scripturis congerit Martianæus.

— *Inquirens,* συχνιῶνα. Verissimum comprobatur quod ait Hieronymus; nam ubique in Libris sacris nomen סבך *Sabech* legitur scriptum cum littera *samech.*, et non cum *sin,* v. g. סירים סבכים *sirim sebuchim,* id est, *spinæ perplexæ,* Nahum. I, 10, סבכי היער *sibche haijaar, perplexa silvæ,* Isai. x., 34. Sic alibi sæpius סבך *seboch,* id est, *perplexum et vepretum,* Psal. LXXIV, 5, et Jerem. IV, 7. Aliquando scribitur cum elemento *sin,* pro *samech.* III Reg. VII, 4, השבכות *hassebechot,* id est, *encarpi implexi* sive, *retiacula.* MARTIAN.

c Scilicet יראה *videbitur.* In Reginæ ms. pro *videt* est *vidit.*

d Addit unus Regin. ms. ad margin. *filii Abrahæ.*

e Ex his Græcos plerosque Patres enumerat in Epist. 73 ad Evangel. n. 2, qui Jobum *non fuisse de genere Levi, sed de stirpe Esau* contendebant : iisque addi possunt Athanasius in Synopsi, Chrysostomus homil. 2 de patientia, Augustinus de Civit. Dei lib. XVIII, c. 47, atque alii sane multi sequioris ævi, Græci pariter ac Latini. Hieronymus ex Hebræorum partibus stat, qui, ut ipse ait infra in cap. Genes. XXXIII, *Contra asserunt de Nachor eum* (Job) *stirpe generatum :* eique opinioni calculum addunt, qui Hieronymum passim describunt recentiores Interpretes, Isidorus, seu quicumque ille est auctor libri *de vita atque obitu Patrum,* Alcuinus, Beda, sive quis alius in Job, Rupertus, Lyranus denique, ut neote-

e rious alios prætereamus. Quid tamen pro certo constitui debeat, non satis exploratum est. Vide quæ in laudatam Epist. 73 annotavimus p. 459, not. *c (nobis col.* 677, *not. d*). Ipsum quoque additamentum in fine libri Job, quod tradit in Hebraicis voluminibus non haberi, Theodotio exhibet, ex quo palmare argumentum desumunt ii, quibus opposita sententia persuasit. Memorant et Aristeas, et Philo, et Polyhistor. apud Euseb. Præparat. Evang. lib. IX, c. 25, Olympiodorus denique in Catenis, et Origenes Epist. ad Africanum.

f Et quod de Syro sermone, etc. Consule librum Job juxta LXX, qui nunc editus est in Bibliotheca divina S. Hieronymi, parte secunda I Tom. editionis nostræ. MARTIAN.

g Dissentire videntur Thalmudistæ Synedrin fol. 105, qui ex Booz et Ruth Balaam genitum referunt, quamquam id minime patiatur opinari temporum ratio. Hieronymi autem ævo hæc plane erat Hebræorum opinio, quæ et occurrit inter Apophthegmata Joannis Amorrhæi, qui eodem quo Hieronymus sæculo floruisse dicitur. Ex eorum itaque sensu alterum quoque loquitur, scilicet eumdem esse Balaamum et Eliu, cum e contrario constet, Eliu prophetam fuisse, et religiosum, tametsi gloriolæ cupidum, interdum et iracundum, et nimium sibi tribuentem ; Balaamum vero impium hominem, idolorum cultorem, et conductum pretio ariolum.

h Penes S. Eucherium, ubi ingens ex hoc libro lacinia describitur, *divini vocabulo privatur.*

i Putandum Septuaginta Interpretes, etc. Laudat atque defendit LXX Translatores Hieronymus ubi testis conscientia patitur; eosdem vero castigat frequenter ob multos errores manifestos, quos utique veritatis indagator et assertor numquam tacitus prætermittit. MARTIAN.

j Vide quæ de hac Rabbinica opinione diximus supra in libro Locorum ad vocem *Arboc.*

in auribus filiorum Heth. In Hebræo sicut hic posuimus, primum nomen ejus scribitur ᵃ EPHRON, secundum EPHRAN. Postquam enim pretio victus est, ut sepulcrum ᵇ venderet argento, licet cogente Abraham, *vau* littera, quæ apud illos pro *o* legitur, ablata de ejus nomine est : et pro EPHRON appellatus est EPHRAN, significante Scriptura, non eum fuisse consummatæ perfectæque virtutis, qui potuerit memorias vendere mortuorum. Sciant igitur, qui sepulcra **341** venditant, et non coguntur, ut accipiant pretium, sed a nolentibus quoque extorquent, immutari nomen suum, et perire quid de merito eorum, cum etiam ille reprehendatur occulte, qui invitus acceperit.

(Cap. XXIV. — Vers. 9.) *Et posuit servus manum suam sub femore Abrahæ domini sui, et juravit ei super verbo hoc.* Tradunt Hebræi, quod in sanctificatione ejus, hoc est, in circumcisione juraverit. Nos autem dicimus, jurasse eum in semine Abrahæ, hoc est, in Christo, qui ex illo nasciturus erat, juxta Evangelistam Matthæum, loquentem : *Liber generationis Jesu Christi filii David, filii Abraham* (Matth. I, 1).

(Vers. 22.) *Et tulit vir inaurem auream, didrachmum pondus ejus.* BACE (בקע), quod in hoc loco pro *didrachmo* scribitur, semiuncia est : SECEL (שקל) vero qui Latino sermone *siclus* corrupte appellatur, ᶜ unciæ pondus habet.

(Vers. 43.) *Ecce ego sto super fontem aquæ, et filiæ hominum civitatis egredientur ad hauriendam aquam : et erit virgo, cui ego dixero, da mihi bibere paululum aquæ de hydria tua*, etc. In Hebræo scriptum est : *Ecce ego stans juxta fontem aquæ, et erit adolescentula, quæ egredietur ad hauriendum : et dixero ei, da mihi bibere paululum aquæ de hydria tua*, et cætera. Pro *adolescentula* quoque, quæ Græco sermone νεᾶνις dicitur, ibi legimus ᵈ ALMA (עלמה), quod quidem et in Isaia habetur. Nam in eo loco ubi in nostris codicibus scriptum est : *Ecce virgo concipiet, et pariet* (Isa. VII, 14), Aquila transtulit : *Ecce adolescentula concipiet, et pariet.* In Hebræo legitur : *Ecce alma concipiet, et pariet.* Notandum ergo, ᵉ quod verbum *alma*, numquam nisi de virgine scribitur, et habet etymologiam, ἀπόκρυφος, id est, *absconditur.* Scriptum siquidem est ᶠ in Job : *Sapientia unde invenietur? Et quis locus intellectus? et absconditur ab oculis omnis* **342** *viventis* (Job. XXVIII, 21). Ubi nunc diximus, *absconditur*, in Hebræo propter declinationem verbi aliter figuratum, NAALMA (נעלמה) dicitur. Huic quid simile, licet masculino genere declinetur, et in Regnorum libris scriptum est, ex persona Elisæi loquentis ad Giezi : *Et Dominus abscondit a me* (IV Reg. IV, 27). Ergo ALMA, quod interpretatur *abscondita*, idest, virgo, nimia diligentia custodita, majoris mihi videtur laudis esse, quam virgo. Virgo quippe juxta Apostolum potest esse corpore, et non spiritu. Abscondita vero, quæ virgo est, ἐπίτασιν (incrementum) virginitatis habet, ut et virgo sit, et abscondita. Et quæ abscondita est, juxta idioma linguæ Hebrææ, consequenter et virgo est; quæ autem virgo, non statim sequitur, ut abscondita sit. Hoc idem verbum et in Exodo de Maria sorore Moysi ᵍ virgine legimus (Exod. II, 8). Ostendant igitur Judæi in Scripturis alicubi positum ALMA, ubi *adolescentulam* tantum, et non *virginem* sonet : et concedimus eis, illud quod in Isaia apud nos dicitur : *Ecce virgo concipiet, et pariet*, non absconditam virginem, sed adolescentulam significare jam nuptam.

(Vers. 59.) *Et dimiserunt Rebeccam sororem suam, et substantiam ejus, et servum Abraham, et viros qui cum eo erant.* In Hebræo habet : *Et dimiserunt Rebeccam sororem suam, et nutricem ejus, et servum Abrahæ, et viros illius.* Decens quippe erat, ut ad nuptias absque parentibus virgo proficiscens, nutricis solatio foveretur.

(Vers. 62 et 63.) *Et ipse habitabat in terra Austri :*

ᵃ Scilicet עפרן, et עפרן. Martianæus, אפרן et אפרן. Scripserat itaque ipse Hieronymus altero loco *Ephran.*
— *Secundum Ephran.* Eodem modo scriptum nunc legimus אפרן *Ephron*, et אפרן *Ephran* sine *vau* littera, ut erat in Hebræis exemplaribus S. Hieronymi. MARTIAN.

ᵇ Nostri mss. *ut sepulcrum venderet, et acciperet argentum, licet*, etc.

ᶜ Equidem rescribi malim *semiunciæ* : quandoquidem ex ipso constat Hieronymo, Siclum quatuor drachmis æquivalere, octo vero drachmas unciam conficere. In Comment. in Ezechiel. cap. IV, *Siclus*, inquit, *id est, stater quatuor drachmas habet, drachmæ autem octo Latinam unciam faciunt.* Et Josephus lib. III Antiquitt. cap. 9, Siclum pendere quatuor drachmas Atticas, hoc est, semiunciam, profitetur. Denique notissimum illud Fannii :
> *Uncia fit drachmis bis quattuor, unde putandum*
> *Grammata dicta, quod hæc viginti quattuor in se*
> *Uncia habet, tot enim formis vox nostra notatur,*
> *Horis quot mundus peragit noctemque diemque.*

Attamen nihil muto absque mss. suffragio, et maxime cum ita scriptum memoriæ lapsu abs Hieronymo putem, aut certe, si librariorum culpa sit, jamdiu olim obtinuerit. Quippe ita in Hieronymianis codicibus legit Isidorus quoque Origin. lib. XVI, cap. 24 : *Secel, qui Latino sermone siclus corrupte appellatur, Hebræum nomen est, habens apud eos Unciæ pondus.*

ᵈ Plures mss. primum A geminant, alii præterea aspirant. Vide librum contra Helvidium num. 4, et in propositum Isai. locum Commentarios.

ᵉ *Quod verbum alma*, etc. Idipsum cum affirmarem adversus Doctorem Hebræum nomine Moysem, respondit ille. Proverbiorum capite trigesimo legi nomen *Alma*, quod mulieri adulteræ tribuatur. Sed hujus erroris facilis confutatio est ex ipso Hebraico contextu, ubi בעלמה *bealma* separatum legitur puncto siloue, ab iis quæ dicuntur de muliere adultera. Vera est ergo Hieronymiana annotatio, *verbum alma numquam nisi de virgine scriptum in sacris codicibus.* MARTIAN.

ᶠ Victorius rescripsit, *in Job de sapientia. Unde invenietur*, etc., *cum antea esset, in Job et sapientia*, etc.

ᵍ Unus Regim. ms. *de Maria sorore Moysi adhuc virgine : et paulo inferius* concedemus pro *concedimus.*

et egressus est Isaac exerceri in campo ad vesperam. Terra Austri, Geraram signat, unde a patre ad immolandum quondam fuerat adductus. Quod autem ait, *Et egressus est, ut exerceretur in campo,* quod Græce dicitur, [a] ἀδολεσχῆσαι, in Hebræo legitur: *Et egressus est Isaac, ut loqueretur in agro, inclinante* **343** *jam vespera.* Significat autem secundum illud, quod Dominus solus orabat in monte, etiam Isaac, qui in typo Domini fuit, ad orationem, quasi virum justum domo egressum: et vel nona hora, vel ante solis occasum, spirituales Deo victimas obtulisse.

(Vers. 65.) *Et tulit theristrum, et operuit se.* Theristrum pallium dicitur, genus etiam nunc Arabici vestimenti, quo mulieres provinciæ illius velantur.

(Cap. XXV.— Vers. 1.) *Et adjecit Abraham, et accepit uxorem, et nomen ejus Cetura: et peperit ei Zamram,* et [b] *Jecsan, et Madan, et Madian, et Jesboc, et Sue. Et Jecsan genuit Saba et Dadan. Et filii Dadan fuerunt Asurim, et* [c] *Latusim, et Laomim. Et filii Madian, Jephar, et Apher, et Enoch, et Abida, et Aledea. Omnes hi filii Ceturæ. Et dedit Abraham universa quæ habuit Isaac. Filiis autem concubinarum, quas habuit, dedit munera, et dimisit eos ab Isaac filio suo, cum adhuc viveret in Oriente, ad terram orientalem.* Cetura Hebræo sermone *copulata* interpretatur, aut *juncta* (Al. *vincta*). Quam ob causam

---

[a] Idem porro verbum ἀδολεσχῆσαι pro *loqui*, sive *confabulationibus tempus transigere* apud Græcos scriptores invenitur. Hebraice est , לשוח quod sonat *meditari*, aut *multa consideratione disserere*. Mox unus Reginæ ms. *et cum Isaac.*
— *Et egressus est Isaac, ut loqueretur in agro,* etc. In Hebræo est לשוח *la suahh,* quod *meditari* et *eloqui,* sive *confabulari* significat. MARTIAN.

[b] Idem Regin. ms. *et Jescan, et Madian, et Jesboch,* etc.

[c] Duo mss. *et Latosim, et Laomim. Et filii Madian Gefar* (al. *Gesara*)*, et Afer, et Saba, et Neno, et Abidu.* Sicque fere infra.

[d] *Nos quod incertum est,* etc. Utinam scioli hujus temporis imitarentur modestiam Hieronymi, qui de rebus incertis nihil affirmare voluit; dum multi quod nesciunt alios docere præsumunt.

[e] Non dubium, quin præcipuum ex Hebræorum historicis Josephum intelligat, ex quo hæc transtulit fere ad verbum. Antiquitt. l. 1, c. 15: Τούτοις ἅπασι τοῖς παισὶ καὶ τοῖς υἱωνοῖς Ἀβράμος ἀποικίας στόλους μηχανᾶται, καὶ τήν τε Τρωγλοδῦτιν καταλαμβάνουσι (filii scilicet Abrahami ex Cetura) καὶ τὴν τῆς Εὐδαίμονος Ἀραβίας, ὅσον ἐπὶ τὴν Ἐρυθρὰν θάλασσαν καθήκει. Λέγεται δὲ ὡς οὗτος ὁ Ὤφρην στρατεύσας ἐπὶ τὴν Λιβύην κατέσχεν αὐτήν· καὶ οἱ υἱωνοὶ αὐτοῦ, κατοικήσαντες ἐν αὐτῇ τὴν γῆν ἀπὸ τοῦ ἐκείνου ὀνόματος Ἀφρικὴν προσηγόρευσαν. Μαρτυρεῖ δέ μου τῷ λόγῳ καὶ Ἀλέξανδρος ὁ Πολυΐστωρ, λέγων οὕτως· « Κλεόδημος δέ φησιν, ὁ προφήτης, ὁ καὶ Μάλχος, ἱστορῶν τὰ περὶ Ἰουδαίων, καθὼς καὶ Μωϋσῆς ἱστόρησεν ὁ νομοθέτης αὐτῶν, ὅτι ἐκ τῆς Χατούρας Ἀβράμῳ ἐγένοντο παῖδες ἱκανοί. Λέγει δὲ καὶ αὐτῶν τὰ ὀνόματα, ὀνομάζων τρεῖς, Ἀφέραν, Σουρείμ, Ἰάφραν· ἀπὸ Σουρεὶμ μὲν τὴν Ἀσσυρίαν κεκλῆσθαι· ἀπὸ δὲ τῶν δύο, Ἀφέρα τε καὶ Ἰάφρα, πόλιν τε Ἀφρᾶν καὶ τὴν Χώραν Ἀφρικὴν ὀνομασθῆναι. » Filiis his omnibus ac nepotibus Abrahamus deducendi colonias auctor fuit. Terramque occuparunt *Troglodyticam,* et regionem *Arabiæ Felicis,* quatenus ad *Rubrum* mare protenditur. Dicitur autem, ut *Ophren.* expeditione in *Libyam* suscepta, ipsam possederit; ejusque nepotes,

---

[A] suspicantur Hebræi, mutato nomine, eamdem esse *Agar,* quæ, Sara mortua, de concubina transierit in uxorem. Et videtur decrepiti jam Abrahæ excusari ætas, ne senex post mortem uxoris suæ vetulæ, novis arguatur nuptiis lascivisse. Nos quod incertum est relinquentes [d], hoc dicimus, quod de Cetura nati filii Abraham, **344** [e] juxta historicos Hebræorum occupaverint Τρωγλοδύτην et Arabiam, quæ nunc vocatur Εὐδαίμων, usque ad maris Rubri terminos. Dicitur autem unus ex posteris Abrahæ, qui appellabatur *Apher.* duxisse adversus Libyam exercitum, et ibi, victis hostibus, consedisse: ejusque posteros ex nomine atavi *Africam* nuncupasse. Hujus rei testis est [f] Alexander, qui dicitur Polyhistor, et Cleodemus cognomento Malchus, Græco sermone [B] barbaram historiam retexentes. Quod autem ait, *Et filii Dadan fuerunt Asurim, et Latusim, et Laomim:* Asurim in *negotiatores* transferri putant: *Latusim,* æris ferrique *metalla cudentes: Laomim* vero φύλαρχοι, id est, *principes multarum tribuum atque populorum.* Alii ab hoc *Asurim* vocatos, Syros esse contendunt, et a plerisque filiis Abrahæ ex Cetura occupatas Indiæ regiones.

(Vers. 8.) *Et mortuus est Abraham in senectute bona, senex et plenus, et collectus est ad populum suum.* Male in Septuaginta Interpretibus additum est, [g] *et collocatis in ea sedibus, terram ex illius nomine Africam nuncuparint.* Hujus autem sermonis testem habeo *Alexandrum Polyhistorem, dum sic loquitur.* « *Cleodemus vates, qui et Malchus vocatur, rerum Judaicarum historiam contexens, sicuti fecerat et Moyses Judæorum legislator, narrat Abrahamo natos fuisse plures ex Chatura liberos. Refert autem illorum etiam nomina, tres recensens, Apheram, Surim, Japhram. A Suri quidem Assyriam appella'am: a duobus vero, Aphera, et Japhra, urbem Aphram, et regionem Africam nomen accepisse.»

[f] Forsitan ἐν τῷ περὶ Ἰουδαίων συγγράμματι, cujus præter Clementem Alexandrinum plures meminerunt, ut notat Vossius de Hist. Græc. c. 23. Porro vides quanto verius, et ad analogiam propius, ab *Apher,* Hebr. עָפֶר, deductum sit Africæ nomen, quam, ut Bochartus facit, a פְּרִי, seu *spicis* fertilis Africæ.

[g] *Et deficiens Abraham mortuus est.* Vere deficit quisquis moritur, et hoc sensu superfluum videri potest verbum *deficiens* additum a LXX Interpretibus. In Hebræo est *Vajigua vaijamoth,* et obiit et mortuus est. Vide infra prolixiores meas annotationes.

MARTIAN.

[D] — In Hebræo est וַיִּגְוַע וַיָּמָת, *et sexspirans mortuus est.* Putant vero Rabbini גְּוִיעָה mortem denotare, quæ homini accidit absque ullo prævio dolore ac morbo. Observat præterea Martianæus in *Addendis et Mutandis,* Hieronymum, cum dicit, *male in Septuaginta interpretibus additum, et deficiens,* ludere in allegoriis et anagogicos sensus liberius persequi. In Commentario enim in cap. 1 Sophoniæ in bonam partem accipit, quod hic improbare videtur. *Quod si voluerimus,* inquit, *et altius aliquid intelligere propter hoc quod dicitur a LXX: Defectione deficiat a facie terræ, et defectionem in bonam partem accipere juxta illud, et deficiens mortuus est Abraham in senectute bona, senex et plenus dierum, et appositus est ad populum suum; et de his, quæ de Isaac, et Jacob Scriptura refert, videbimus quomodo defectione deficiant a facie terræ.* Victorius longius a probabili aberrat, qui aut diversa, ait, olim exemplaria Hebraica circumferebantur, aut, quod magis reor, mutatus

deficiens Abraham mortuus est : quia non convenit Abrahæ deficere, et imminui. Illud quoque quod nos posuimus, *in senectute bona senex et plenus* : in Græcis codicibus ponitur, *plenus dierum.* Quod cum sensum videatur exponere, [a] eo quod luce et diei operibus plenus occubuerit : tamen magis ad anagogen facit, si simpliciter ponatur *plenus.*

(Vers. 13.) **345** *Et hæc nomina filiorum Ismael in nominibus suis et in generationibus suis.* Primogenitus Ismaelis Nabajoth, et Cedar, et reliqui, usque ad eum locum ubi ait : *Et habitaverunt ab Evila usque Sur, quæ est contra faciem Ægypti venientibus in Assyrios, in conspectu omnium fratrum suorum cecidit.* Duodecim filii nascuntur Ismaeli, e quibus primogenitus fuit Nabajoth, a quo omnis [b] regio ab Euphrate usque ad mare Rubrum Nabathena usque hodie dicitur, quæ pars Arabiæ est. Nam et familiæ eorum, oppidaque et pagi, ac munita castella, et tribus eorum hac appellatione celebrantur : ab uno ex his, Cedar in deserto, et Duma alia regio, et Theman ad austrum, et Cedema ad orientalem plagam dicitur. Quod autem in extremo hujus capituli, juxta Septuaginta legimus, *contra faciem omnium* [c] *fratrum suorum habitavit* (Gen. XIII, 18) : verius est illud quod nos posuimus, *coram omnibus fratribus suis occubuit*, id est, in manibus omnium filiorum suorum mortuus est, superstitibus liberis, et nullo prius morte præropto. Fratres autem pro filiis appellari, Jacob quoque ad Laban demonstrat, dicens : *Quod est peccatum meum, quia persecutus es post me : et quia scrutatus es omnia vasa mea ? Quid inveniisti de universis vasis domus tuæ ? Ponatur coram fra'ribus meis et fratribus tuis: et dijudicent inter nos* (Ibid. 35). Nec enim possumus credere, ut Scriptura commemoret, quod Jacob, exceptis liberis, secum fratres aliquos habuerit.

(Vers. 21.) *Et concepit Rebecca uxor ejus, et movebantur filii ejus in ea.* Pro motione, Septuaginta Interpretes posuerunt ἐσχίρτων, id est, *ludebant*, sive *calcitrabant*; quod Aquila transtulit, *confringebantur filii in utero ejus.* Symmachus vero [d] διέπλεον, id est, *in similitudinem navis in superficie ferebantur.*

(Vers. 25.) *Et egressus est primus rubeus totus, sicut* **346** *pellis pilosus.* Ubi nos *pilosum* posuimus, in Hebræo habet SEIR (שער). Unde et Esau, sicut et alibi legimus, Seir, id est, *pilosus* est dictus.

(Vers. 30.) *Et dixit Esau Jacob :* 'da *mihi gustum de coctione rubea ista, quia deficio : propterea vocatum est nomen ejus Edom.* Rubrum, sive fulvum, lingua Hebræa EDOM (אדם) dicitur : ab eo igitur, quod rubro cibo vendiderit primitiva sua, *fulvi*, id est, *Edom* sortitus est nomen.

(Cap. XXVI. — Vers. 12.) *Seminavit autem Isaac in terra illa, et invenit in anno illo centuplum hordei.* Licet in aliena terra seminaverit Isaac, tamen non puto, quod tanta ei fertilitas hordei fuerit. Unde melius puto illud esse, quod habetur in Hebræo, et Aquila quoque transtulit : *Et invenit in anno illo centuplum æstimatum* [e] , id est, ἑκατὸν εἰκοσμένον. Licet enim eisdem litteris et æstimatio scribatur et hordeum, tamen æstimationes, SAARIM (שערים) leguntur, hordea vero SORIM. Tacens autem Scriptura genus frugum, quod centuplicaverit, videtur mihi cunctarum in illo virtutum ostendisse multiplicationem. Denique sequitur :

(Vers. 13.) *Et benedixit ei Dominus, et magnus factus est vir, et ambulabat vadens, et magnificatus, donec magnus fieret vehementer.* Felicitas autem multiplicati hordei, ignoro, si quem possit facere gloriosum.

(Vers. 17.) *Et obiit inde Isaac, et venit in vallem* [f] *Gerarum, et habitavit ibi.* Pro valle, *torrentem* habet in Hebræo. Neque enim Isaac postquam magnifi-

---

multis in locis Hebraicus textus ab eo, qui Hieronymi tempore vulgatus erat, nunc est.

[a] Vetustior Regin. ms. *et quod luce et operibus plenus*, etc.

[b] Recolendus denuo est, ex quo Hieron. delibavit, Josephus de duodecim Ismaelis filiis Antiquitt. lib. I, cap. 12 : Οὗτοι πᾶσαν τὴν ἀπ' Εὐφράτου καθήκουσαν πρὸς τὴν Ἐρυθρὰν θάλασσαν κατοικοῦσι. Ναβατηνὴν τὴν χώραν ὀνομάσαντες. Εἰσὶ δὲ οὗτοι οἱ τῶν Ἀράβων ἔθνος καὶ τὰς φυλὰς ἀπ' αὐτῶν καλοῦσι. *H: terram omnem ab Euphrate ad mare Rubrum pertingentem habitant, regionem Nabatenam appellantes. Sunt autem illi, qui toti Arabum genti et tribubus nomina sua dederunt.*

[c] *Fratrum suorum cecidit.* Ex hoc loco coarguendus occurrit tenebrio quidam ac morosus vir, qui ausus est sæpius impugnare versionem Hieronymianam a nobis editam in Canone Hebraicæ veritatis; quia Editio nostra verbis nonnunquam dissonat ab iis, quæ recitata sunt in Quæstionibus Hebraicis sancti Doctoris. Pudeat igitur hominem propriæ stultitiæ quandoquidem videt Hieronymum aliis atque aliis verbis eumdem Gene-is versiculum ex Hebræo exprimentem ; nam primum posuit, *In conspectu omnium fratrum suorum cecidit* ; et deinde post duodecim circiter lineas, *coram omnibus fratribus suis occubait.* Quæ profecto valde diversa sunt, si cum imperitis non ad sensum Scripturæ, sed ad verba Interpretis attendamus animos. Quod si licuit Hieronymo unum eumdemque versiculum eodem loco et capitulo tam diversis verbis interpretari ; quanto magis hoc sibi permisisse in variis Opusculis Vir sanctus æstimandus est ! Hinc liquet quam inepto judicio fruantur, qui Latinam versionem Vulgatam ab Hieronymo abjudicant propter nonnullas sententias aliis verbis recitatas in præsenti libro Hebraicarum Quæstionum, aut in Commentariis Prophetarum.

— Mss. Reginæ falso tamen, *contra faciem omnium inimicorum suorum*, etc.

[d] Reginæ cod. antiquior διεπλέον, quemadmodum et Romana editio, et Græci quidam codd. penes Montfauconium, Symmachi interpretationem effernt, quæ et verior lectio facile videatur, cujus significatio est *concertabant.* Verum Hieronymus διέπλεον omnino legerit in eo, quo utebatur exemplari : siquidem explicat, *in similitudinem novis in superficie ferebatur* : emendatiora autem prætulerint διεπάλεον.

[e] *Centuplum æstimatum.* De hoc quoque verbo *æstimatum*, vide quæ dicuntur in Notis prolixioribus paulo inferius. MARTIAN.

— Variant mss. quorum hic loci multi facienda sunt ipsa menda, EKATOIKACNQYC et EKATONEIΔACMOTE. Martianæus hanc ut allegoriæ inserviret, prælatam abs Hieronymo expositionem in *Addendis* annotavit.

[f] Quidam mss. hic atque infra *Gerare* : alii *Geraris.* Est autem in Hebræo בנחל, quæ vox et *vallem*, et *torrentem* significat.

catus est, habitare poterat in valle. Habitavit autem in torrente, de quo scriptum est: *De torrente in via bibet* (*Psalm.* CIX, 7). De quo etiam Elias tempore famis bibit. Sed quia Elias non erat perfectus, ut Christus: ideo ei torrens ille aruit (III *Reg.* XVII, 7). Dominus vero noster, etiam in [a] torrente traditus est: dedicans regenerationem nostram et Baptismi sacramentum.

(Vers. 19.) **347** *Et foderunt pueri Isaac in valle Gerarum, et invenerunt ibi puteum aquæ vivæ.* Et hic pro valle, *torrens* scriptus est; numquam enim in valle invenitur puteus aquæ vivæ.

(Vers. 21.) *Et foderunt puteum alterum, et altercati sunt etiam super eo: et vocavit nomen ejus, inimicitiæ.* Pro inimicitiis, quod Aquila et Symmachus, τὴν ἀντικειμένην, [b] et ἐναντίωσιν transtulerunt, id est, *adversum* atque *contrarium*, in Hebræo habet, SATANA (שטנה). Ex quo intelligimus *satanam*, *contrarium* interpretari.

(Vers. 22.) *Et foderunt puteum alium, et non litigaverunt cum eis: et vocavit nomen ejus latitudo.* Pro *latitudine*, in Hebræo habet ROOBOTH (רחבות), ad probandum illud, quod supra diximus: *Ipse ædificavit Niniven civitatem, et rooboth*, id est, *plateas ejus* (*Gen.* x).

(Vers. 26.) *Et Abimelech ivit ad eum de Geraris, et Ochozath pronubus ejus, et Phicol princeps militiæ ejus.* Pro [c] *Ochozath pronubo*, in Hebræo habet, *collegium amicorum ejus*: ut non tam hominem significet, quam amicorum turbam, quæ cum rege venerat, in quibus fuit et Phicol princeps exercitus ejus.

(Vers. 32 et 33.) *Et venerunt servi Isaac, et nuntiaverunt ei de puteo, quem foderunt: et dixerunt ei,* [d] *invenimus aquam: et vocavit nomen ejus saturitas.* Nescio quomodo in Septuaginta Interpretibus habeatur: *Et venerunt pueri Isaac, et nuntiaverunt ei de puteo, quem foderunt: et dixerunt ei, non invenimus aquam: et vocavit nomen ejus juramentum.* Quæ enim etymologia est, propterea vocari *juramentum*, quod aquam non invenerunt? E contrario in Hebræo, cui interpretationi Aquila consentit et Symmachus, hoc significat, quia invenerint aquam, et propterea appellatus sit puteus ipse *saturitas*: et vocata civitas BERSABEE, hoc est, *puteus saturitatis* (*Gen.* XXI): licet enim [*Al.* nos] supra ex verbo juramenti, sive ex septenario ovium numero, quod SABEE (שבע) **348** dicitur, asseruerimus BERSABEE appellatam: tamen nunc ex eo quod aqua inventa est, Isaac ad nomen civitatis, quæ ita vocabatur alludens, declinavit paululum litteram, et pro stridulo Hebræorum [e] SIN, a quo SABEE incipitur, Græcum sigma, id est Hebræum SAMECH posuit: alioquin et juxta allegoriæ legem, post tantos puteos in fine virtutum, nequaquam congruit, ut Isaac aquam [f] minime repererit.

(Cap. XXVII. — Vers. 11.) *Ecce Esau frater meus vir pilosus, et ego sum vir levis.* Ubi nos *pilosum* legimus, in Hebræo scriptum est SEIR (שעיר). Unde postea montes *Seir*, et regio, in qua versabatur, est dicta: diximus de hoc et supra.

(Vers. 15.) *Et sumpsit Rebecca vestimenta Esau filii sui majoris, quæ erant desiderabilia valde apud se domi.* Et in hoc loco tradunt Hebræi, primogenitos functos officio sacerdotum, et habuisse vestimentum sacerdotale, quo induti, Deo victimas offerebant, antequam Aaron in sacerdotium eligeretur.

(Vers. 36.) *Et dixit Esau, juste vocatum est nomen ejus Jacob. Supplantavit enim me ecce secundo.* Jacob, *supplantator* interpretatur. Ab eo igitur, quod fratrem arte deceperit, allusit ad nomen. Qui ideo *Jacob* ante vocatus est, quod in ortu plantam fratris apprehenderat.

(Vers. 40.) *Et fratri tuo servies: et erit quando depones, et solves jugum illius de collo tuo.* Signat quod Idumæi servituri sint Judæis, et tempus esse venturum, quando de collo jugum servitutis abjiciant, eorumque imperio contradicant. Secundum autem Septuaginta Interpretes, qui dixerunt: *Erit autem cum deposueris, et solveris jugum de collo tuo*, videtur pendere sententia, nec esse completa.

(Cap. XXVIII. — Vers. 19.) *Et vocavit Jacob nomen loci illius Bethel, et* [g] *Ulammaus erat nomen civitatis prius.* Ab eo quod supra dixerat: **349** *Quam terri-*

---

[a] S. Joannes, quod Martianæo notatum est, *trans torrentem* dixit cap. XVIII, vers. 1.
— *In torrente traditus est*. Respicit Hieronymus ad capitulum Joannis XVIII, 1, ubi *Dominus* dicitur egressus *trans torrentem Cedron*, ubi erat hortus, in quem introivit ipse et discipuli ejus, etc. Juxta torrentem igitur traditus est Jesus; quod Hieronymus *in torrente* dixit, ut allegorice sacramenti dedicationem facilius edoceret. MARTIAN.

[b] Unus Regin. ms., *et τὴν ἀντίωσιν*.

[c] *Pro Ochozath pronubo*, etc. Editi antea libri legunt *Abuzath*; Vulgata autem *Ochozath*, quod mss. exemplaria hujus libri retinent. MARTIAN.
— Supra in cap. XXI, vers. 22, omnino non haberi in Hebræo nomen *Ochozath* docuit: hic appellativo sensu accipit, quæ plurium interpretum sententia est.

[d] *Falso et contrario sensu* Martianæus addit negandi particulam, *non invenimus aquam*, etc., cum in Hebræo, quem hic textum Hieronymus primo loco ponit, ipso S. doctore teste, *hoc significet*, *quia invenerint aquam*: atque hæc Hebraicum inter et Septuaginta peculiaris diversitas intercedat: qui adeo *juramentum* interpretati sunt pro *abundantia*, sive *saturitate*. Nos eam particulam non ad sacri textus, tum ad mss. nostrorum, et Victorianæ editionis fidem expunximus.

[e] *Pro stridulo Hebræorum Sin*. Quid sit illa declinatio litteræ *sin* diximus in Apologia pro Hieronymo. MARTIAN.
—Attamen שבעה scribitur in Hebraicis exemplaribus, quæ dictio proprie *septem* interpretatur: eademque plane delineatio est ש litteræ in textu, sive cum ea vox *septem*, aut *juramentum*, sive cum *satietatem*, aut *plenitudinem* sonat. Grammatici autem ita distinguunt, ut sinistro cornu punctum imponant, si *septem*: dextro, si *saturitatem* significet. Ipse porro Isaac in pronunciatione hujus vocis sic sono temperaverit, ut magis ad Samech accederet.

[f] Unus Regin. ms. *aquam vivam minime*, etc. Cum Vulgata autem paulo post, *lenis* pro *levis*, malim *lævis* ad Hebræum חלק.

[g] *Et Ulammaus erat nomen*, etc. Græca editio Ro-

bilis est locus iste : non est hic nisi domus Dei, et hæc porta cœli : nunc loco nomen imponit, et vocat illum BETHEL (בית אל), id est, *domum Dei :* qui locus vocabatur ante LUZA (לוז) quod interpretatur *nux*, sive *amygdalon.* Unde ridicule quidam verbum Hebraicum ULAM (אולם), nomen esse urbis putant : cum ULAM interpretetur *prius.* Ordo itaque est lectionis : *Et vocavit nomen loci illius Bethel, et prius Luza vocabulum erat civitatis.* Antiquæ omnes scripturæ verbo, *ulam*, sive ELAM plenæ sunt, quod nihil aliud signat, nisi *ante*, aut *prius*, vel *vestibulum*, sive *superliminare*, vel *postes.*

(Cap. XXIX.— Vers. 27.) *Comple ergo hebdomadam istius : et dabo etiam hanc tibi.* Postquam Liam Jacob fraude deceptus pro Rachel uxorem acceperat, dicitur ei a socero Laban ut septem dies post nuptias sororis prioris expleat, et sic accipiat Rachel, pro qua iterum septem annis aliis serviturus sit. Non igitur, ut quidam [a] male æstimant, post septem annos alios Rachel accepit uxorem, sed post septem dies nuptiarum uxoris primæ. Nam sequitur : *Et ingressus est ad Rachel, et dilexit Rachel magis quam Liam, et servivit ei septem annis aliis* (Gen. XXIX, 30).

(Vers. 32.) *Et concepit, et peperit filium, et vocavit nomen ejus Ruben.* Omnium patriarcharum propter compendium lectionis, etymologias nominum volo pariter dicere [b].

Et vocavit, inquit, *Ruben nomen ejus, dicens : Quia vidit Dominus humilitatem meam.* RUBEN (ראובן) interpretatur *visionis filius.*

(Vers. 33.) *Et concepit*, inquit, *alterum filium et dixit : Quoniam exaudivit me Dominus, eo quod odio me haberet vir meus, et dedit mihi etiam hunc ; et vocavit nomen ejus Simeon.* Ab eo quod sit *exaudita*, Simeon nomen imposuit. SIMEON (שמעון) quippe interpretatur *auditio.* De tertio vero sequitur :

(Vers. 34.) **350** *Et concepit adhuc, et peperit filium, et dixit : Nunc mecum erit vir meus, quia peperi ei tres filios : ideo vocavit nomen ejus Levi.* Ubi nos legimus, *Apud me erit vir meus*, Aquila interpretatus est, *applicabitur mihi vir meus*, quod Hebraice dicitur (ולוה), [c] ILLAVE, et a doctoribus Hebræorum aliter transfertur, ut dicant, *prosequetur me vir meus*, id est, non ambigo de amore in me viri mei : erit mihi in hac vita comes, et ejus dilectio me ad mortem usque deducet, et prosequetur : tres enim filios ei genui.

(Vers. 35.) *Et concepit, et peperit filium, et dixit : Nunc super hoc confitebor Domino, et ob id vocavi[f] nomen ejus Juda.* JUDA (יהדה) *confessio* dicitur. A confessione itaque confessoris nomen est dictum. Verumtamen hic *confessio* pro [d] gratiarum actione, aut pro *laude* accipitur, ut frequenter in Psalmis, et in Evangelio (Matth. XI, 25) : *Confitebor tibi, Domine, pater cœli et terræ*, id est, gratias ago tibi, sive glorifico te.

(Cap. XXX.—Vers. 5 et 6.) *Et concepit Bala, et peperit Jacob filium : et dixit Rachel : Judicavit me Dominus, et exaudivit vocem meam, et dedit mihi filium : propterea vocavit nomen ejus Dan.* Causam nominis expressit, ut ab eo quod judicasset se Dominus, filio ancillæ, judicii nomen imponeret : DAN (דן) quippe interpretatur *judicium.*

(Vers. 7 et 8.) *Et concepit adhuc, et peperit Bala ancilla Rachel filium secundum Jacob : et dixit Rachel: Habitare fecit me Deus habitatione cum sorore mea, et invalui : et vocavit nomen ejus Nephthalim.* Causam nominis *Nephthalim*, alia hic multo exponitur, quam in libro Hebræorum Nominum scripta est. Unde et Aquila ait, συνανέστρεψέν με ὁ Θεός, [e] καὶ συνανεστράφην, pro quo in Hebræo scriptum est, NEPHTHULE ELOIM[f], NEPHTHALETHI. Unde a conversione, sive a comparatione, quia utrumque sonat, *conversionem*, sive *comparationem*, Nephthalim **351** nomen filio imposuit. Quod autem sequitur.

(Vers. 10 et 11.) *Et peperit Zelpha ancilla Liæ Jacob filium : et dixit Lia, In fortuna : et vocavit nomen ejus Gad.* Ubi nos posuimus, *in fortuna*, et Græ-

---

mana LXX Interpretum legit Οὐλαμλούξ. *Ulamluz ;* quod Erasmus in hoc libro retinet. Ms. autem Alexandrinus cum Latinis exemplaribus Hieronymi, Οὐλαμμαΰς, *Ulammaus.* MARTIAN.
— Ita et mss. nostri cum Martianæo retinent. Veteres editores ad Romanum τῶν LXX exemplar *Ulam Luz*, minus quidem corrupte, at nescio quam vere : reliqui enim mss. Græci mendose, ut libet, diserte tamen vel οὐλαμμαΰς, vel οὐλαμμαοὺς, vel λαμμαοὺς præferunt. Dixi de hac lectione, deque Hieronymi subnexa interpretatione vocis *ulam* in *prius*, multa ad hanc vocem in Locorum libro ; eamque verissimam ostendi, dignamque summa Hieronymi eruditione, contra quam Clericus aliique post eum ridicule cavillantur, si *ulam* pro *prius* usurpetur, bis in eodem textu vocem *prius* frustra occurrere. Addo nunc Theodori notam ex mss. penes Montfauconium : Ἰστέον ὅτι οὐαλάμ τοῦ πρότερον εἶπον οἱ περὶ Ἀκύλαν, καὶ οὐχ ὡς μέρος τοῦ ὀνόματος. Λοῦζα δὲ τὴν πόλιν ῥητῶς μετὰ ταῦτα καλεῖ. *Sciendum*, Ulam apud Aquilam *prius* redditum esse, sed non tamquam partem nominis civitatis, illam enim Luza mox diserte appellat.

[a] In ea fuit opinione Josephus Antiquitt. lib. I, cap. 19 : Διελθούσης ἄλλης ἑπταετίας, τὴν Ῥαχήλαν παρέλαβεν : altero peracto septennio, Rachelem in matrimonium accepit.
[b] In uno Reginæ mss. hæc apponitur epigraphe : *Nomina patriarcharum cum interpretationibus suis.*
[c] Idem ms. cum aliis quatuor penes Martianæum, *Ellave.*
— *Hebraice dicitur, illave.* Quatuor mss. codices *ellave* posuerunt ; sed *i* frequenter in *e* apud veteres exscriptores mutatum novimus. MARTIAN.
[d] Atque adeo Josephus loco supra laudato Ἰούδας, εὐχαριστίαν τοῦτο δηλοῖ. *Juda, quod nomen gratiarum actionem sonat.*
[e] Copulativa καὶ particula neque in ullo e mss. nostris habetur, neque re ipsa Hebraico respondet. In iisdem mss. Hebraica, quæ subsequuntur verba Græcis litteris exarantur. Mox unus Regin. ms. *conversationem* pro *conversione* præfert utroque in loco, quemadmodum et Erasmus exposuerat, quem Victorius castigat.
[f] *Nephthule Eloim, Nephthalethi.* In Hebræo est, נפתולי אלהים נפתלתי *naphtule Elohim niphtalti*, vel juxta lectionem Veterum, *nephthule eloim nephthalethi.* De sensu horum verborum diximus supra in Apologia nostra pro Hieronymo. MARTIAN.

ce dicitur, ἐν τύχῃ, quæ potest *eventus* dici : in Hebræo habet BAGAD (בגד), quod Aquila interpretatur, *venit accinctio*. Nos autem dicere possumus *in procinctu*. BA enim potest præpositionem sonare *in*, et [a] *venit*. Ab eventu ergo, sive procinctu, qui GAD (גד) dicitur, Zelphæ filius *Gad* vocatus est. Sequitur :

(Vers. 12 et 13.) *Et peperit Zelpha ancilla Liæ filium secundum Jacob : et dixit Lia, Beata ego, quia beatificant me mulieres : et vocavit nomen ejus Aser, divitiæ*. Male additæ sunt *divitiæ*, id est, πλοῦτος [*Al.* πλουτῶν], cum etymologia nominis Aser Scripturæ auctoritate pandatur dicentis : *Beata sum ego, et beatificant me mulieres*. Et ab eo quod beata dicatur ab hominibus [*Al.* omnibus], filium suum beatum vocaverit; ASER (אשר) ergo non divitiæ, sed *beatus* dicitur, dumtaxat in præsenti loco. Nam in aliis secundum [b] ambiguitatem verbi possunt et divitiæ sic vocari.

(Vers. 17 et 18.) *Et audivit Deus Liam, et concepit, et peperit Jacob filium quintum, et dixit Lia : Dedit Deus mercedem meam mihi, quia dedi ancillam meam viro meo : et vocavit nomen ejus Issachar*. Etymologiam hujus nominis Septuaginta Interpretes ediderunt, *est merces*. Non [c] utique, ut plerique addito pronomine male legunt, æstimandum est ita scriptum esse, *quod est merces*, sed totum nomen interpretatur, *est merces*. Is quippe dicitur *est*, יש, et SACHAR (שכר), *merces*. Hoc autem ideo, quia mandragoris filii Ruben introitum, qui Racheli debebatur, ad se viri emerat. Sequitur :

(Vers. 19 et 20.) *Et concepit adhuc Lia, et peperit filium sextum Jacob, et dixit Lia, Dotavit me Deus dote bona :* [d] *In hoc tempore habitabit mecum vir meus, quia peperi ei sex filios : et vocavit nomen ejus Zabulon*. Ubi nos posuimus, *habitabit mecum*, et Septuaginta interpretati sunt, **352** *diliget me :* in Hebræo habet JEZBULENI (יזבלני). Et est sensus, quia sex filios genui Jacob, propterea jam secura sum : habitabit enim mecum vir meus. Unde et filius meus vocatur *habitaculum*. Male igitur et violenter in libro Nominum, *Zabulon, fluxus noctis* interpretatur.

(Vers. 21.) *Et post hæc peperit filiam, et vocavit nomen ejus Dina* (דינה). Hæc transfertur in *causam*, quam significantius Græci δίκην vocant. Jurgii enim in Sicimis causa exstitit. Post filios, et parentum ponenda sunt nomina. LIA (לאה), interpretatur *labo-*

rans. RACHEL (רחל), *ovis*, cujus filius IOSEPH (יוסף), ab eo quod sibi alium addi mater optaverat, vocatur *augmentum*.

(Vers. 32 et 33.) *Transibo in universo pecore tuo hodie : separa* [e] *inde omne pecus varium et discolor : et omne pecus unius coloris in agnis et varium et discolor in capris, erit merces mea : et respondebit mihi justitia mea in die crastino, cum venerit merces mea coram te : omne in quo non fuerit varium et discolor in capris, et in agnis,* [f] *furtum erit apud me*, et cætera. Multum apud Septuaginta Interpretes confusus est sensus, et usque in præsentem diem nullum potui invenire nostrorum, qui ad liquidum quid in hoc loco diceretur, exponeret. Vis, inquit, Jacob, me servire tibi etiam alios septem annos, fac quod postulo. Separa omnes discolores et varias, tam oves quam capras, et trade in manus filiorum tuorum. Rursumque ex utroque grege, alba et nigra pecora, id est, unius coloris, da mihi. Si quid igitur ex albis et nigris, quæ unius coloris sunt, varium natum fuerit, meum erit : si quid vero unius coloris, tuum. Rem non difficilem postulo. Tecum facit natura pecorum, ut alba ex albis, et nigra nascantur ex nigris : mecum erit justitia mea, dum Deus humilitatem meam respicit et laborem. Optionem Laban datam libenter arripuit, et ita ut Jacob postulabat faciens, trium dierum iter inter Jacob et filios suos separavit, **353** ne quis ex vicinitate pecoris nasceretur dolus. Itaque Jacob novam stropham commentus est, et contra naturam albi et nigri pecoris, naturali arte pugnavit. Tres enim virgas, populeas et amygdalinas et maligranati, quamquam Septuaginta [g] styracinas et nucinas et plataninas habeant, ex parte decorticans, varium virgarum fecit colorem, ut ubicumque in virga corticem reliquisset, antiquus permaneret color : ubi vero tulisset corticem, color candidus panderetur. Observabat ergo Jacob et tempore, quo ascendebantur pecora, et post calorem diei ad potandum avida pergebant, discolores virgas ponebat in canalibus, et admissis arietibus et hircis, in ipsa potandi aviditate, oves et capras faciebat ascendi, ut ex duplici desiderio, dum avide bibunt, et ascenduntur a maribus, tales fetus conciperent, quales umbras arietum et hircorum desuper ascendentium in aquarum speculo contemplabantur. Ex virgis enim in canalibus positis, varius [h] erat etiam quo est cimelium, apotheca thesauro recondendo. In uno Regin. ms. *possunt et divites sic vocari*.

[c] Rectius fere in eodem ms. *Non igitur, ut plerique*. etc.

[d] Ita emendamus e mss., ipso Græco textu suffragante, ἐν τῷ νῦν καιρῷ. Antea in editis libris falso obtinebat, *en hoc tempore*.

[e] Reginæ alter ms. *separa inde omne pecus unius coloris in agnis, et varium et discolor in capris ; et erit*, etc.

[f] Temere idem ms. *futurum erit*, pro *furtum*.

[g] *Styracinas et nucinas*, etc. Aliquot mss. codices, *styracinas et nucineas et plataneas*, alii *styraceas et nuceas*, etc. MARTIAN.

— Duo mss. *styraceas, et nuceas, et plataninas*.

[h] Verbum *erat* ex mss. et Victorio suffecimus.

---

[a] Quoad scilicet pronuntiationis sonum, non quoad characterum utriusque vocis formam. *Venit* enim בא scribitur cum Aleph littera, quam in hoc verbo supprimere neque usus, neque Grammaticæ leges patiuntur. Cæterum non moramur Drusii reprehensionem in hanc Hieronymi conjecturam, ex eo quod in בגד, ב cum camets scribatur : infirmæ enim nimium sunt Massoretharum motiones ad lectiones quaslibet asserendas.

[b] *Secundum ambiguitatem*. Ambiguitas verbi *Aser* posita est in mutatione mediæ litteræ, nam אשר scriptum cum medio elemento *Sin* , significat *beatum* ; יאצר *aser* autem cum *Sade* in medio sonat *divitias*. Unde Isai. XXIII, 10, יאצר *jeaser*, id est, *in thesauros* reponetur. MARTIAN.

—Cum scilicet per צ nomen hoc scribitur, אצר ex

imaginum color. Nec mirum hanc in conceptu feminarum esse naturam, ut quales perspexerint, sive mente conceperint in extremo voluptatis æstu, quæ concipiunt, talem sobolem procreent : cum hoc ipsum etiam in equarum [a] gregibus apud Hispanos dicatur fieri : et Quintilianus in ea controversia, in qua accusabatur matrona quæ Æthiopem pepererit, pro defensione illius argumentetur, hanc conceptuum esse naturam, quam supra diximus [b]. Postquam autem nati fuerant hædi, et agni varii et discolores ex albis et unius coloris gregibus, separabat illos Jacob, et procul esse faciebat **354** a pristino grege. Si qui autem nascebantur unius coloris, id est, albi, sive nigri, tradebat in manus filiorum Laban : et ponebat virgas quas decorticaverat, in canalibus quibus effundebantur aquæ, et veniebant ad potandum contra pecora, ut conciperent eo tempore, cum venirent ad potandum.

(Vers. 41 et 42.) *Et concipiebant pecora contra virgas Jacob, virgas quas posuerat coram pecoribus* [Al. *pecore*] *in canalibus ad concipiendum in eis, et in serotinis ovibus non ponebat; et fiebant serotina Laban, et temporanea Jacob.* Hoc in Septuaginta Interpretibus non habetur, sed pro *serotinis et temporaneis*, aliud nescio quid, [c] quod a sensum non pertinet, transtulerunt. Quod autem dicit Scriptura, hoc est : Jacob prudens et callidus justitiam [d] et æquitatem etiam in nova arte servabat. Si enim omnes agnos et hædos varios pecora procreassent, erat aliqua suspicio doli, et aperte huic rei Laban invidus contraisset. Ergo ita omnia temperavit, ut et ipse fructum sui laboris acciperet, et Laban non penitus spoliaretur. Si quando oves et capræ primo tempore ascendebantur, quia melior vernus est fetus, ante ipsas ponebat virgas, ut varia soboles nasceretur. Quæcumque autem oves et capræ sero quærebant marem, ante earum oculos non ponebat, ut unius coloris pecora nascerentur. Et quidquid primum nascebatur, suum erat, quia discolor et varium erat : [e] quidquid postea, Laban : unius enim tam in nigro, quam in albo, coloris pecus oriebatur. In eo autem loco ubi scriptum est, *ut conciperent in virgis* : in Hebræo habet [f] JEAMENA (יחמנה). Vim verbi Hebraici nisi **355** circuitu exprimere non possum. JEAMENA enim proprie dicitur extremus in coitu calor, quo corpus omne concutitur, et patranti voluptati vicinus est finis.

(Cap. XXXI. — Vers. 7 et 8.) *Et pater vester mentitus est mihi, et mutavit mercedem meam decem vicibus, et non dedit ei Deus ut noceret mihi. Si dixerat, hoc varium pecus erit merces tua : nascebatur* [Al. *nasceretur*] *omne pecus varium. Et si dixerat, unius coloris erit merces tua : nascebatur omne pecus unius coloris.* Pro eo quod nos posuimus, *mutavit mercedem meam decem vicibus*, Septuaginta Interpretes posuerunt, *decem agnis*, nescio qua opinione ducti, [g] cum verbum Hebraicum, MONI (מני) numerum magis quam agnos sonet. Denique et ex consequentibus hic magis sensus probatur, quod per singulos fetus semper Laban conditionem mutaverit. Si videbat varium nasci pecus, post fetum dicebat, volo ut in futurum mihi varia nascantur. Rursum cum vidisset unius coloris nasci pecora (Jacob quippe hoc audito, virgas in canalibus non ponebat), dicebat, ut futuros fetus unius coloris sibi pecora procrearent. Et quid plura? usque ad vices decem semper a Laban pecoris sui, sive Jacob, mutata conditio est. Et quodcumque sibi proposuerat ut nasceretur, in colorem contrarium vertebatur. Ne cui autem in sex annis decem pariendi vices incredibiles videantur, lege

---

[a] Id perquam eleganter Oppianus in Cynegetic. l. I cecinit :

Δηλαδη δ' αλλα βροτοι παντοιπρογα μητισαντο
Παιδων επιγραψαι κεν νηδυι μητρος εοντα, etc.
Multi homines a imo sæpe invenere sagaci,
Ut pulium maculis varient dum matris in alvo est, etc.

viginti continuis versibus, quos juvabit legisse. Vide S. quoque Augustinum Quæst. 93 in Genes. et S. Isidorum lib. XII Origin. cap. 1, ubi totidem fere verbis Hieronymum describit.

[b] *Postquam autem.* Hic ex libris Hippocratis editio Erasmiana historiam falso obtrudit, quam codices mss. non retinent. MARTIAN.

— Ex S. Augustino Quæst. 93 in Genes. non, ut Martianæus putat, ex ipsius Hippocratis libris, hujusmodi historiam addunt veteres editores Erasmus ac Victorius, proque Hieronymiano contextu obtrudunt. *Et scriptum reperitur in libris Hippocratis, quod quædam* (supple *mulier*) *suspicione adulteri fuerat punienda, cum pulcherrimum* (supple *puerum*) *peperisset, utrique parenti, generique dissimilem, nisi memoratus medicus solvisset quæstionem, monens* (Aug. illis *admonitis) quærere ne forte aliqua talis pictura esset in cubiculo; in quo inventa, mulier a suspicione liberata est.*

[c] *Quod ad sensum non pertinet :* Apud LXX legimus, *facta sunt autem non signata ipsius Laban : signata autem ipsius Jacob :* Quod sensum hujus loci nequaquam exprimere videtur. MARTIAN.

— Scilicet εγενετο δε τα μεν ασημα του Λαβαν, τα δε επισημα του Ιακωβ. *Cesseruntque Labano, quæ non erant signata; quæ vero signata erant, Jacobo.* Jam vero, quod *serotina* et *temporanea* Hieronymus interpretatur autumnalis ac verni temporis fetus (siquidem ex ejus mox disserenda sententia, oves in Mesopotamia bis singulis annis pariebant), Orientales Interpretes, Chaldæus, Syrus, atque Arabs probant; innuentes, virgas illas non supposuisse Jacobum cum autumnales fetus conciperentur, utpote imbecilliores, quos ultro Labano concederet. Etsi enim proditum e contrario sit Columella lib. VII, cap. 3 : *Melior est agnus autumnalis verno,* sicut ait verissime *Celsus,* etc., sic tamen conciliari cum Hieronymiana sententia potest. ut S. doctor de conceptionis tempore, non de effusi partus, subjectas a Jacobo virgas intellexerit, atque adeo temporanea vocari, quæ vere quidem conciperentur ad virgarum aspectum, ederentur autem autumno.

[d] *Aliquot mss. et æqualitatem,* etc.

[e] Iidem *quidquid vero postea, et mox tam nigri, quam albi coloris.*

[f] Unus Reginæ ms. Græcis litteris YAAMHNA utroque in loco, alius Latine *Iaumena.*

[g] *Verbum Hebraicum Moni.* Editi antea libri legebant in plurali כונים *monim;* sed nos singularem numerum *moni* restituimus juxta fidem mss. exemplarium. MARTIAN.

— Vide S. Augustin. Quæst 95 in Gen. Mox veteres Editores MONIM, ut in ipso est Hebraico exemplari מנים.

Virgilium (*Georg.* ii), in quo dicitur :
  bis gravidæ pecudes.
Natura autem Italicarum ovium et Mesopotamiæ una esse traditur.

(Vers. 19.) *Et furata est Rachel idola patris sui.* Ubi nunc *idola* legimus, in Hebræo [a] THERAPHIM (תרפים) scriptum est, quæ Aquila μορφώματα, id est, *figuras* vel *imagines* interpretatur. Hoc autem ideo, ut sciamus quid Judicum libro (XVII, 5) THERAPHIM sonet.

(Vers. 21.) *Et transivit fluvium, et venit in montem Galaad.* Non quod eo tempore Galaad mons diceretur : sed per anticipationem, ut frequenter diximus, **356** illo vocatur nomine quo postea nuncupatus est.

(Vers. 41.) *Et mutasti mercedem meam decem agnis.* Idem error, qui supra : Numerus enim pro agnis legendus est.

(Vers. 46.) *Et dixit Jacob fratribus suis, Colligamus lapides. Et congregatis lapidibus fecerunt acervum, et comederunt super eum. Et vocavit illum Laban acervum testimonii, et Jacob vocavit illum acervum testis.* Acervus Hebræa lingua (גל) GAL dicitur : AAD (עד) vero *testimonium*. Rursum lingua Syra *acervus* IGAR appellatur : *testimonium* SEDUTHA (שהדותא). Jacob igitur acervum testimonii, hoc est, GALAAD lingua appellavit Hebræa : Laban vero idipsum, id est, acervum testimonii, IGAR SEDUTHA, gentis suæ sermone vocavit. Erat enim Syrus, et antiquam linguam parentum, provinciæ, in qua habitabat, sermone mutaverat.

(Cap. XXXII.—Vers. 1 et 2.) *Et occurrerunt ei Angeli Dei, et dixit Jacob ut vidit eos : Castra Dei hæc sunt, et vocavit nomen loci ejus Castra.* Ubi hic castra posita sunt, in Hebræo habet MANAIM (מחנים); ut sciamus, si quando non interpretatum in alio loco ponitur, quem locum significet. Et pulchre, ad fratrem iturus inimicum, Angelorum se comitantium excipitur choris.

(Vers. 9 et 10.) *Et dixit Jacob, Deus patris mei Isaac, Domine, qui dixisti ad me, Revertere in terram tuam, et benedicam tibi : minor sum omni misericordia tua, et omni veritate tua, quam fecisti pro servo tuo.* Pro eo quod nos posuimus, *minor sum*, aliud [b] nescio quid, quod sensum turbet, in Græcis et Latinis codicibus continetur.

(Vers. 27 et 28.) *Et dixit ei : Quod nomen tibi ? Qui ait, Jacob. Dixit autem ei : Jam non vocabitur Jacob nomen tuum, sed vocabitur nomen tuum Israel : quia invaluisti cum Deo, et cum hominibus valebis.* Josephus in primo Antiquitatum libro, Israel ideo appellatum putat, quod adversum Angelum steterit : quod ego diligenter excutiens, in Hebræo [c] penitus invenire non potui. Et **357** quid me necesse est opiniones quærere singulorum, cum etymologiam nominis exponat ipse qui posuit? *Non vocabitur*, inquit, *nomen tuum Jacob, sed Israel erit nomen tuum.* Quare? Interpretatur Aquila ὅτι ἦρξας μετὰ Θεοῦ, Symmachus ὅτι ἦρξω πρὸς Θεόν : Septuaginta et Theodotio, ὅτι ἐνίσχυσας μετὰ Θεοῦ. [d] SARITH (שרית) enim, quod ab Israel vocabulo derivatur, *principem* sonat. Sensus itaque est : Non vocabitur nomen tuum *supplantator*, hoc est, *Jacob* : sed vocabitur nomen tuum *princeps cum Deo*, hoc est, *Israel*. Quomodo enim princeps ego sum : sic et tu, qui mecum luctari potuisti, princeps vocaberis. Si autem mecum qui Deus sum, sive Angelus (quoniam plerique varie interpretantur), pugnare potuisti : quanto magis cum hominibus, hoc est cum Esau, quem formidare non debes! Illud autem, quod in libro Nominum interpretatur *Israel*, [e] *vir videns Deum*, sive *mens videns Deum*, omnium pene sermone detritum, non tam vere, quam violenter mihi interpretatum videtur. Hic enim Israel (ישראל), per has litteras scribitur, IOD, SIN, RES, ALEPH, LAMED, quod interpretatur *princeps Dei*, sive, *directus Dei*, hoc est, εὐθύτατος Θεοῦ. Vir vero *videns Deum* his litteris scribitur, ALEPH, IOD, SIN, ut vir ex tribus litteris scribatur, et dicatur IS (איש) : *videns* autem ex tribus, RES, ALEPH, HE, et dicatur RAA (ראה). Porro EL, (אל) ex duabus ALEPH et LAMED : et interpretatur *Deus*, sive *fortis*. Quamvis igitur grandis auctoritatis [f] sint, et eloquentiæ ipsorum umbra nos opprimat, qui Israel *virum*, sive *mentem viden*-

---

[a] Duo mss. *Tarafi*, constanter. Vide Epist. in nostra recensione 29 ad Marcellam, num. 30, et seqq.

[b] Nempe ἱκανούσθω μοι, quod Latine reddideris, *sufficit mihi*, vel *sufficiens sum*.

[c] Invenias autem facile, si sacri textus verba כי שרית עם אלהים, non de Deo, ut Hieronymus, sed, ut Josephus, de Angelo intelligas, quemadmodum et Osias propheta accepit cap. XII, v. 7. וישר אל מלאך, *pugna contendit cum Angelo*. Sic autem habet Josephi locus lib. I, cap. 20 : Ἐκέλευσε (sc. ἄγγελος) καλεῖσθαι αὐτὸν Ἰσράηλον· σημαίνει δὲ τοῦτο κατὰ τὴν Ἑβραίων γλῶτταν τὸν ἀντιστάντα ἀγγέλῳ θείῳ. *Jussit, Angelus, ut se Israelum vocaret : quod Hebraica lingua significat Angelo reluctantem.* Accedit huic expositioni Justinus Dialog. cum Triphône, cui Israel dicitur, ἄνθρωπος νικῶν δύναμιν· τὸ γὰρ Ἰσρα, ἄνθρωπος νικῶν ἐστι. τὸ δὲ ἐλ δύναμις. *Homo vincens potentiam.* Vox enim Isra est homo vincens, el autem potentia. Deduxerit ex איש, quod *virum* sonat, et שרי, quod est *dominari*, aut *vincere*, denique אל, *potestas*, sive *Angelus*.

[d] *Sarith enim*, etc. Hodie legimus שרת *Saritha*, 2 pers. sing. masc. præteriti a verbo שרה *Sara*, quod *principem se gerere* significat. MARTIAN.

— Sunt qui legi, supplerique velint ad hunc modum: *Sarith enim, vel Sar, a quo vocabulo Israel derivatur, principem sonat.* Certe hisce postremis Hieronymi verbis subaudiendum est, *se gerere*, ne secundam personam verbi שרה quis existimet tamquam substantivum nomen illum accepisse.

[e] *Vir vero videns Deum*, etc. Editi libri locum istud aliter exprimunt, legunt enim in hunc modum : *Vir vero videns Deum his litteris scribitur, ut vir ex tribus litteris scribatur, aleph, jod, sin, ut dicatur* איש *is : videns*, etc. Unus est codex Colbertinus, qui eumdem ordinem verborum retinet, cæteri omnes Regii, Colbertini, et Corbeienses cum plurimis aliis legunt ut nos edidimus. MARTIAN.

— Verba *sive mens videns Deum*, quæ Martianæus omisit, ex mss. nostrorum consensu, et Victorii editione suffecimus. Videsis porro, quæ ad eam vocem Israel in libro Nominum observamus.

[f] Ex his nempe fuerunt Philo lib. de Præmiis et

tem *Deum* transtulerunt : nos magis Scripturæ, et Angeli, vel Dei, qui ipsum Israel vocavit, auctoritate ducimur, quam cujuslibet eloquentiæ sæcularis. Illud quoque quod postea sequitur :

(Vers. 29 et 30.) *Et benedixit eum ibi, et vocavit Jacob nomen loci illius, Facies Dei : vidi enim Deum facie ad faciem, et salva facta est anima mea ;* in Hebræo dicitur [a] PHANUEL (פנואל), ut sciamus ipsum esse locum, qui in cæteris Scripturæ sanctæ voluminibus, ita ut in Hebræo scriptum est, Phanuel legitur in Græco.

(Cap. XXXIII. — Vers. 1 et 2.) *Et divisit pueros super Liam et super Rachel, et super duas ancillas, et posuit ancillas et filios earum primos : Liam vero et pueros ejus* [b] *novissimos, et Rachel et Joseph novissimos, et ipse transivit ante eos.* Non, ut plerique æstimant, tres turmas fecit, sed duas. Denique ubi nos habemus, *divisit,* Aquila posuit, [c] ἡμίσευσεν, id est, dimidiavit : ut unum cuneum faceret ancillarum cum parvulis suis, et alium Liæ, et Rachel, quæ liberæ erant, cum filiis earum : primasque ire faceret ancillas, secundas liberas : ipse autem ante utrumque gregem, fratrem adoraturus occurreret.

(Vers. 17.) *Et ædificavit ibi* [Al. sibi] *Jacob domum, et pecoribus suis ædificavit tabernacula : ideo vocavit nomen loci illius Tabernacula.* Ubi nos *tabernacula* habemus, in Hebræo legitur (סכת) SOCHOTH. Est autem usque hodie civitas trans Jordanem hoc vocabulo in parte Scythopoleos, de qua in libro [d] Locorum scripsimus.

(Vers. 18.) *Et venit Jacob Salem civitatem Sichem in terram Chanaan, cum venisset de Mesopotamia Syriæ.* Error oboritur, quomodo Salem, Sichem civitas appelletur, cum Jerusalem in qua regnavit Melchisedech, Salem ante sit dicta. [e] Aut igitur utraque urbs unius nominis est : quod etiam de pluribus Judææ locis possumus invenire : ut idem urbis et loci nomen in alia atque alia tribu sit ; aut certe istam Salem, quæ nunc pro Sichem nominatur, dicimus hic interpretari *consummatam,* atque *perfectam :* et illam quæ postea Jerusalem dicta est, *pacificam* nostro sermone transferri. Utrumque enim, accentu paululum [f] declinato, hoc vocabulum sonat. Tradunt Hebræi, quod claudicantis femur Jacob ibi convaluerit, et sanatum sit : propterea eamdem civitatem *curati* atque *perfecti* vocabulum consecutam.

(Cap. XXXIV. — Vers. 20.) *Et venit Emor et Sichem filius ejus ad portam civitatis suæ, et locuti sunt ad viros civitatis dicentes, viri isti pacifici nobis* [Al. nobiscum] *sunt.* Ubi nunc Septuaginta Interpretes *pacificos* transtulerunt, Aquila interpretatus est, ἀπηρτισμένους, id est, *consummatos* atque *perfectos,* pro quo in Hebræo legitur (שלמים) SALAMIM. Ex quo perspicuum est, verum esse illud quod supra de Salem diximus.

(Vers. 25.) *Et introgressi sunt civitatem diligenter, et interfecerunt omne masculum.* Pro eo quod in Græcis legitur ἀσφαλῶς, id est, *diligenter :* in Hebræo scriptum est, BETE (בטח), id est, *audacter* et *confidenter.*

(Cap. XXXV. Vers. 6.) *Et venit Jacob in Luzam in terram Chanaan, quæ est Bethel.* Ecce manifestissime comprobatur, Bethel non [g] Ulammaus, ut supra dictum est, sed *Luzam,* id est, *amygdalon* ante vocitatam.

(Vers. 8.) *Et mortua est Debbora nutrix Rebeccæ,* [h] *et sepulta est juxta Bethel.* Si mortua est nutrix Rebeccæ nomine Debbora, ut Septuaginta quoque hic Interpretes transtulerunt, et ipsum verbum est

---

Pœnis, Eusebius Præparat. Evang. xi, 6, Olympiodorus in cap. i Ecclesiastæ, Didymus lib. de Spiritu Sancto, atque alii passim, quos ad eum Didymi locum, num. 44 memoramus. Eo quoque referendi sunt bene multi, quibus Israel dicitur ὁρατικὸς ἀνὴρ καὶ θεωρητικός. Una vera est, quam Hieron. fere præfert expositio, *Princeps cum Deo.*

[a] *In Hebræo dicitur Phanuel.* In Hebræo hodierno non פנואל *Phanuel* cum *vau* in medio, sed פניאל *Phaniel* vel *Paniel* cum *jod* scriptum legimus. Facilis porro est litterarum *vau* et *jod* permutatio, quia differunt sola magnitudine vel parvitate, quod sæpius observat Hieronymus. MARTIAN.

— Hic quidem in Hebraicis exemplaribus cum *jod* scribitur פניאל, sed in subsequenti versiculo cum ו *vau,* פנואל. Et 1 Paralipomen. viii, 24, פנואל, *cheri,* quæ Massoretharum est ad marginem nota, פניאל.

[b] Erasm. ac Victorius *secundos,* contradicentibus mss. ipsoque Hebraico textu.

— *Pueros ejus novissimos.* Pro *novissimos* editiones veteres posuerunt *secundos :* manuscripti autem codices habent *novissimos;* nec immerito ita legunt, cum in ipso Hebraico contextu filii Liæ positi sint אחרנים *abharonim,* id est, *posteriores* ac *novissimos,* quemadmodum et filii Rachelis posteriores quoque feruntur positi. Quæ lectio firmatur maxime Hieronymiana annotatione, qua statuit S. Doctor, non tres cuneos fecisse Jacob, sed duos tantum ; nempe unum cuneum ancillarum cum parvulis suis, et alium Liæ et Rachelis, quæ liberæ erant, cum filiis earum. MARTIAN.

[c] Hactenus editi ἡμίσευσεν, pro ἡμίσευσεν, quod præferunt mss.

[d] Recensuimus supra column. 270.

[e] Unus Reginæ mss. *Aut itaque unius urbis utraque nominis est interpretatio, quod etiam,* etc.

[f] *Accentu paululum declinato,* etc. Accentus ille litteræ ש paululum declinatus, notatur hodie puctulo superiori dextro vel sinistro ad hunc modum שׁ, שׂ. In lexicis tamen Hebræis *Salem* cum puncutlo in dextera parte litteræ ש significat et *consummatum* et *pacificum.* Unde liquet veteres Hebræos nonnihil discrepare et dissentire ab hodiernis. Confer ista cum nostra Apologia Hieronymi, et cum voce *Sabee* antea posita cap. xxvi, vers. 33. MARTIAN.

— Vide quæ supra de *Issa* ad Genes. c. ii, v. 23, et de *Sabee* in cap. xxvi, v. 33, ubi eadem recurrit difficultas, diximus. Hoc profecto liquet ex Hieronymo, litteram ש pro diversa significatione vocabuli, in quo erat, accentu olim fuisse distinctam. Recentiores Grammatici eam notam in punctum commutarint, quod alterutri ejus litteræ cornuum imponunt ; tametsi in proposito שלם nomine, vel *integrum* sonet, vel *pacificum,* punctum in dextero cornu hodie pingunt.

[g] Duo Reginæ mss. *Ulammaulam.* Vide quæ et nos supra annotamus.

[h] Unus Reginæ mss. *sepulta est superius Bethel :* alter *subtus Bethel.*

Hebraicum (מֵינֶקֶת) MENECETH : scire non possumus, quare ibi [a] *substantiam* posuerunt, hic *nutricem.*

(Vers. 10.) *Et dixit ei Deus, jam non vocabitur nomen tuum Jacob, sed Israel erit nomen tuum : et vocavit nomen ejus Israel.* Dudum nequaquam ei ab Angelo nomen imponitur, sed quod imponendum a Deo sit, prædicitur. Quod igitur ibi futurum promittitur, hic docetur expletum.

(Vers. 16.) *Et factum est dum appropinquaret Chabratha in terra Chanaan, ut veniret Ephratha, peperit Rachel.* Verbum Hebraicum (כברת) CHABRATHA, in consequentibus, ubi Jacob loquitur ad [b] Joseph : *Ego autem cum venirem de Mesopotamia Syriæ, mortua est mater tua Rachel in terra Chanaan, in via Hippodromi, ut venirem Ephrata* (Gen. XLVIII) : nescio quid volentes, [c] *Hippodromum* Septuaginta Interpretes transtulerunt : et statim ibi, ubi in Hebræo dicitur : *Et sepelierunt eam in via Ephrata, hæc est Bethleem* (Gen. XXXV, 19), rursum Septuaginta pro *Ephrata* posuerunt *Hippodromum* : cum utique si CHABRATHA *Hippodromus* est, *Ephrata Hippodromus* esse non possit. Aquila autem hoc ita transtulit : *Et factum est καθ' ὁδὸν τῆς γῆς,* id est, *in itinere terræ, introiens in Ephrata.* Sed melius est si transferatur, [d] *in electo terræ tempore cum introiret Ephratha.* Porro vernum tempus significat, cum in florem cuncta rumpuntur, et anni tempus electum est : vel cum transeuntes per viam carpunt, et eligunt e vicinis agris quodcumque ad manus venerit, diversis floribus invitati. Ephrata vero et Bethleem unius urbis vocabulum est, sub interpretatione consimili. Siquidem in *frugiferam* et in *domum* panis vertitur : propter eum panem, qui de cœlo descendisse se dicit *(Joan.* VI).

(Vers. 18.) [e] *Et factum est cum dimitteret eam anima, siquidem moriebatur : vocavit nomen ejus, Filius doloris mei : pater vero ejus vocavit nomen ejus Benjamin.* In Hebræo similitudo nominis resonat ; *filius* enim *doloris mei.* quod nomen moriens mater imposuit, dicitur BENONI (בן אוני). *Filius* vero *dextræ,* hoc est, *virtutis,* quod Jacob mutavit, appellatur BENJAMIM. Unde [f] errant qui putant BENJAMIM (בנימין) *filium dierum* interpretari. Cum enim *dextera* appelletur JAMIN (ימין), et finiatur in *n* litteram : *dies* quidem appellantur et ipsi JAMIM (ימים), sed in *m* litteram terminantur.

(Vers. 21.) *Et profectus est Israel : et extendit tabernaculum suum trans turrim Ader.* Hunc locum Hebræi esse volunt, ubi postea templum ædificatum est : et *turrim Ader, turrim gregis* significare, hoc est, *congregationis* et *cœtus :* quod et Michæas Propheta testatur, dicens : *Et tu turris gregis nebulosa, filia Sion* (Mich. IV, 8), et cætera : illoque tempore Jacob trans locum, ubi postea templum ædificatum est, habuisse tentoria. Sed si sequamur ordinem viæ, pastorum juxta Bethleem locus est, ubi vel Angelorum rex in ortu Domini cecinit : vel Jacob pecora sua pavit, loco nomen imponens : vel quod verius est, quodam vaticinio futurum jam tunc mysterium monstrabatur.

(Vers. 7.) *Et venit Jacob ad Isaac patrem suum in Mambre, civitatem Arbee,* [g] *hæc est Chebron.* PRO ARBEE in Septuaginta *campum* habet : cum *Chebron* in monte sita sit. Eadem autem civitas dicitur et MAMBRE, ab amico Abrahæ ita antiquitus appellata.

(Cap. XXXVI. — Vers. 4.) *Et peperit Ada Esau Eliphaz.* Iste est Eliphaz, cujus Scriptura in Job volumine recordatur.

---

[a] Hæc scilicet una de causa quod ibi, sive cap. XXIV, v. 59, מֵנִקְתָּהּ, pro מֵינִקְתָּהּ, unius litterulæ ק transpositione, legerint. Illa autem vox *substantias,* sive *bona* interpretatur : hæc vero *nutricem* sonat.

[b] Duo mss. *ad Joseph dicens : Ego autem,* etc.

[c] Non tamen *Hippodromum* tantum, sed cum addito *Chabratha* LXX transtulerunt : immo κατὰ τὸν ἱππόδρομον Χαβραθὰ τῆς γῆς, quæ respondent Hebræis, בְּעוֹד כִּבְרַת אֶרֶץ. Utique subsequens *Ephratha* absolute reddunt *Hippodromum* ; videlicet ἐν τῇ ὁδῷ τοῦ ἱπποδρόμου, pro *in via Ephratha.* Igitur si quemadmodum ab ipsis LXX scriptum est, hodierna Græca exemplaria retinent, ipsum nomen *Chabratha* servaverunt. Verum non ita apud eos legisse olim videtur Hieron. atque ego quidem puto illud Χαβραθὰ intrusum postea ex marginali nota. Et vero si amoveas, quam urget S. Doctor difficultatem, statim intelliges ; facile etiam, ut sentio, explices. Puta pro *Ephratha* lectum a LXX hoc altero loco *Chabratha,* id est כברה, pro אפרת, quæ nomina et facile permisceri oculis fallentibus possunt, et verosimilius videri quoque potuit, alterum substitui debere pro altero, ut in eadem Chabratæ, in qua obierat, via Rachel sepulta putaretur. Neque aliter *Hippodromum* rursus interpretari potuissent : quæ etymologii, utcumque extunderint *Chabratha,* minime vero *Ephrathæ* convenial. Proprie כברת *stadium* notat, hocque uno abludit ab *Hippodromi* significatione, quod in illo imaginarium fuisse dicitur equitum certamen, et concursus, in hoc citra pugnæ simulacrum de equorum pernicitate certaretur. Hinc quemadmodum et apud Latinos *stadium,* pro certa quadam itineris mensura in universum usurpatur, ita et nonnulli e Rabbinis componi eam vocem docent ex caph, et ברה. quod est *prandium,* ut tantum itineris notet, quantum ab initio diei ad prandium usque conficitur.

[d] Ut hanc interpretationem, quæ ab hodierno Hebraico archetypo distat immane quantum, S. Doctor præferret, non hic modo, sed in sua etiam Latina versione ex Hebraica Veritate, in qua bis *verno tempore,* semel *electo terræ tempore,* quod idem est, vertit : nulla potior succurrit ratio, quam si existimem lectum ab illo in suo exemplari עת כברת. *hed chephrath,* pro עוד כברת, *hod chebrath,* quæ voces soni pene unius sunt, et litterarum quæ inter se facillime commutantur in pronuntiando : ד ה in ת, et ב in פ. Est autem עת *tempus,* et כברת, pro *vere* sive *electo terræ tempore* utcumque liceat accipere.

[e] Vetustior Reginæ ms. *Et factum est cum dimitteret animam, siquidem,* etc.

[f] Atque hæc tamen interpretatio confirmari videtur Gen. XLIV, 20, ubi Benjamin vocatur *filius senectutulum.* Et *Jamin* pro *Jamim* accipitur dialectico Syriaca, qua Jacobus modo e Syria advenienss bene uti poterat. Adde quod illi jam centenario genitus erat.

[g] Duo mss. *Hæc est Hebron* hic atque infra. Porro verterant LXX εἰς πόλιν τοῦ πεδίου, *in civitatem campi.* Vide librum Locorum ad voces *Arboc,* et *Chebron.*

(Vers. 19.) *Isti filii Esau, et isti principes eorum*, *ipse est Edom, et hi filii Seir*. Esau et Edom, et Seir, unius nomen est hominis: et quare varie nuncupetur supra dictum est. Quod autem sequitur:

(Vers. 20.) [a] *Et Chorræi habitantis terram*, et reliqua. Postquam enumeravit filios Esau, altius repetit, et exponit, qui ante Esau, in Edom terra principes fuerint ex genere *Chorræorum*, qui in lingua nostra interpretantur [b] *liberi*. Legamus diligenter Deuteronomium (II, 21), ubi manifestus scribitur, quomodo venerint filii Esau, et interfecerint Chorræos, ac terram eorum hæreditate possederint.

(Vers. 22.) *Et fuerunt filii Lothan, Chorri et Æmam: et soror Lothan Thamna*. Hæc est Thamna, de qua supra dictum est. *Et Thamna erat concubina Eliphaz filii primogeniti Esau, et ex ipsa natus est Amalech*. Idcirco autem Chorræorum recordatus est, quia primogenitus filiorum Esau ex filiabus eorum acceperat concubinam. Quod autem dicitur, *Theman et Cenez et Amalech*, et reliqua: sciamus posteri regionibus Idumæorum ex his vocabula imposita.

(Vers. 24.) *Ipse est Ana, qui invenit Jamin in deserto, cum pasceret asinos Zebeon patris sui*. Multa et varia apud Hebræos de hoc capitulo disputantur: apud Græcos quippe et nostros super hoc silentium est. Alii putant [c] AJAMIM (הימם) maria appellata. Iisdem enim litteris scribuntur *maria*, quibus et nunc

---

[a] Iidem mss. *Chorræos habitantes*. Vulgat. *Chorræi habitatores*.

[b] In libro Nominum, *iracundos, de foraminibus*, et rectius *Troglodytas interpretatur*.

[c] In aliquot mss. et penes Rabanum JAMIM absque A præfixo, atque ita quidem *maria*, quod Hieron. notat, appellantur. Unus Reginæ cod. constanter *Jammim*, et mox iisdem enim litteris scribitur *mare*, *quibus*, etc.

[d] Hanc præfert interpretationem ipse Hieron. in Latina ex Hebræo fonte versione: qui adeo creditur in eo, quo utebatur, exemplari מים, vel חמים, *balnea*, sive *aquas calidas* legisse pro הימם, Hajemim. Non videtur autem huic expositioni satis congruere circumstantia isthæc, quæ apponitur, *cum pasceret asinos Sebeon patris sui*.

[e] Rabbini cum primis, quos laudat Kimchius, asserens ימים, quos alio nomine פרדים, id est, *mulos*, vocant, ita appellatos veluti compositum quoddam ex duabus speciebus, quod ex onagro, vel equo et asina nascantur. Id porro adinvenisse Ana, sive excogitasse, cum pasceret asinos, ut applicaret equum asinæ, ex quibus nova illa mulorum in mundum species prodierit. In idem recidunt et qui *putant, quod equarum greges ab asinis in deserto ipse fecerit primus ascendi*. Ut vero hæc sententia ex eo commodior videatur, quod Ana asinos in deserto traditur custodisse, aliis tamen e Scriptura argumentis refellitur, eoque in primis, quod nomine ימים muli nullibi locorum memorentur, quin immo ipsa eorum species tum demum sub Davide nota ex Scripturis sit.

[f] Σὺν τοὺς ἐμίμ. Locus insigniter depravatus in veteribus editionibus. Erasmus hoc modo legit, *qui invenit σὺν τοῖς σιμείμ. Et Symmachus similiter τοὺς σιμείμ. Maria ms omisit particulam σὺν, invenit τοὺς ἰεμείμ*, etc. Manuscripti codices nullo excepto retinent particulam σὺν in versione Aquilæ, *invenit σὺν τοῖς Ἐμίμ. Et Symmachus similiter τοὺς Ἐμίμ*. In eo tantum dissident quod H legant nonnulli pro E,

---

maria nuncupantur: quod scilicet stagnum repererit, cujus rei inventio in eremo difficilis est. Nonnulli putant, [d] *aquas calidas* juxta Punicæ linguæ viciniam, quæ Hebrææ conterminae est, hoc vocabulo signari. Sunt qui arbitrentur [e] *onagros* ab hoc admissos esse ad asinas: et ipsum istius modi reperisse concubitum, ut velocissimi ex his asini nascerentur qui vocantur JAMIM (ימים). Plerique putant, quod equarum greges ab asinis in deserto ipse fecerit primus ascendi, ut mulorum inde nova contra naturam animalia nascerentur. Aquila hunc locum ita transtulit: *Ipse est Ana, qui invenit* σὺν [f] τοὺς ἐμίμ. Et Symmachus similiter τοὺς ἐμίμ, quæ interpretatio pluralem numerum significat. Septuaginta vero, et Theodotion æqualiter transtulerunt dicentes: [g] τὸν ἰαμίμ, quod indicat numerum singularem.

(Vers. 33.) *Et regnavit pro eo Jobab filius Zaræ, de Bozra*. Hunc quidam [h] suspicantur esse Job, ut in fine voluminis ipsius additum est. Contra Hebræi asserunt de Nachor eum stirpe generatum, ut jam supra dictum est.

(Cap. XXXVII.—Vers. 3.) *Et Israel dilexit Joseph super omnes filios suos, quia erat filius senectutis: et fecit ei tunicam variam*. Pro *varia tunica*, Aquila in-

et N pro M in fine vocis Ἐμίμ. Diodorus porro docet nos vocem Hebræam integram fuisse servatam ab omnibus interpretibus, nempe ימים; quæ *emim*, vel *hmim*, aut *jamim* legi potuit a Græcis, sicut legimus *Esaias* et *Isaias*. Hinc liquet σιμείμ Erasmianum omnino reprobum esse, et manifestam Aquilæ depravationem in Hieronymum inductam. MARTIAN.

— Sic emendant mss. nostri: falso autem, et contra mss. fidem Martianæus σὺν τοῖς, qui dum restituere se locum putat, et ad Grammaticæ regulas σὺν, quasi præpositionis dativo inservientem τοῖς jungit, magis depravat. Neque enim hic Græcæ præpositionis vice fungitur, sed ab Aquilæ contentioso ingenio excogitata vox est ad Hebraicum articulum את exprimendum. Nihil adeo est illa cum accusandi casu juncta frequentius in ejus interpretis versione, qui primo statim Genesis versu σὺν τὸν οὐρανὸν καὶ σὺν τὴν γῆν, reddit Hebraicum את השמים ואת הארץ. Porro pro Ἐμίμ, quidam mss. Ἰαμείμ, alii Ἰαμίμ præferunt. Unus Reginæ DAMIN, alter vetustior HMIN, et ad Symmachum HMIN, vel HMYN. Utrumque vero Interpretem Ἐμίμ vertisse, eoque proprio nomine *Emim* intellexisse, gigantum genus, quorum origo et sedes Horrhæis finitimæ in Deuteron. II, 10 et seqq. describuntur, vix ambigo. Hanc certe loci expositionem, qua in *Emim Gigantes* incurrisse Ana diceretur, cæteris veriorem facile adducor ut credam.

[g] Nostri mss. YAMYN, vel JAMIN. Vide nuperam editionem τῶν LXX Lamberti Bos.

[h] Ex his scio S. Epiphanium libro de Hæresib. I, Theodoritum quoque cap. 95 Quæst. in Genes. Recolui quæ de Jobi additamento ad finem voluminis, ubi Job, antea Jobab, filius Zaræ filii Esau regis Idumææ dicitur, supra in cap. XXII, v. 20, annotamus.

— *Ut in fine voluminis*, etc. Consule finem libri Job juxta LXX, tom. I Operum S. Hieronymi in editione nostra. MARTIAN.

terpretatus est *tunicam ἀστραγάλειον*, id est, *tunicam talarem*. Symmachus, *tunicam* ᵃ *manicatam*, sive quod ad talos usque descenderet, et manibus artificis mira esset varietate distincta : sive quod haberet manicas : Antiqui enim magis colobiis utebantur ᵇ.

(Vers. 28.) *Et vendiderunt Joseph Ismaelitis viginti* **364** *aureis*. Pro *aureis*, in Hebræo, *argenteis* habet. Neque enim viliore metallo Dominus venundari debuit, quam Joseph.

(Vers. 36.) *Madianæi autem vendiderunt Joseph in Egypto Phutiphar eunucho, Pharaonis archimagiro*. In plerisque locis archimagiros, ᶜ id est, *coquorum principes*, pro magistris exercitus Scriptura commemorat: μαγειρεύειν quippe Græce interpretatur *occidere*. Venditus est igitur Joseph principi exercitus et bellatorum, non *Petephre* ᵈ, ut in Latino scriptum est, sed *Phutiphar* eunucho. Ubi quæritur, quomodo postea uxorem habere dicatur. Tradunt Hebræi emptum ab hoc Joseph ob nimiam pulchritudinem in turpe ministerium, et a Domino virilibus ejus arefactis, postea electum esse juxta morem ᵉ Hierophantarum in pontificatum Heliopoleos ; ᶠ et hujus filiam esse Aseneth, quam postea Joseph uxorem acceperit.

(Cap. XXXVIII. — Vers. 5.) *Et adjecit, et peperit filium, et vocavit nomen ejus Selom ; hæc autem erat in Chazbi, quando peperit eum*. Verbum ᵍ Hebræum hic pro loci vocabulo positum est, quod Aquila pro re transtulit, dicens : *Et vocavit nomen ejus Selom. Et factum est ut mentiretur in partu postquam genuit Selom*. Postquam enim genuit Selom, stetit **365** partus ejus. *Chazbi* ergo ʰ non nomen loci, sed *mendacium* dicitur. Unde et in alio loco scriptum est : *Mentietur opus olivæ*, id est, *fructum oliva non faciet (Abac.* III, 17).

(Vers. 12.) *Et consolatus Judas ascendit ad eos, qui tondebant oves ejus : ipse, et Hiras pastor ejus Odollamites*. Pro ⁱ *pastore, amicus* legitur. Sed verbum ambiguum est, quia iisdem litteris utrumque nomen scribitur : verum amicus REE (רעה), pastor ROE legitur.

(Vers. 14.) *Et sedit ad portam Enam, quæ est in transitu Thamna*. Sermo Hebraicus ENAIM (עינים), transfertur in *oculos*. Non est igitur nomen loci ; sed est sensus : *Sedit in bivio*, sive *in compito*, ubi diligentius debet viator aspicere, quod iter gradiendi capiat.

(Vers. 26.) *Cognovit autem Judas, et dixit : justior est illa, quam ego, eo quod non dedi eam Selom filio meo*. In Hebræo habet, *justificata est ex me :* non quod justa fuerit, sed quod comparatione illius minus mali fecerit, nequaquam vagam turpitudinem, sed liberos requirendo.

(Vers. 29.) *Et ecce egressus est frater ejus, et dixit, ut quid divisa est propter te maceria ? Et vocavit nomen ejus Phares*. Pro *maceria, divisionem* Aquila et Symmachus transtulerunt, quod Hebraice dicitur, PHARES (פרץ). Ab eo igitur, quod diviserit membranulam secundarum [Al. *secundinarum*], *divisionis* nomen accepit. Unde ʲ et *Pharisæi*, qui quasi justos a populo separaverunt, *divisi* appellabantur.

(Vers. 30.) *Post hoc exiit frater ejus, in cujus manu erat coccinum ; et vocavit nomen ejus Zara*. Hoc nomen interpretatur *oriens*. Sive igitur, quia primus

---

ᵃ Græce χειριδωτόν. Agellius lib. VII, cap. 12 : *Tunicis uti virum prolixis ultra brachia, et usque in primores manus, ac prope in digitos, Romæ atque omni in Latio indecorum fuit. Eas tunicas Græco vocabulo nostri χειριδωτῶς appellaverunt.*

ᵇ *Colobiis utebantur*. Colobium est vestis sine manicis vel subucula. Nam κολόβιον dicitur, quia mutilum, id est, κολοβόν. Genus igitur vestimenti peculiare habuit Joseph in *tunica manicata*, ut observat S. Hieronymus ex Antiquorum usu recepto.
MARTIAN.

ᶜ Adeo ait S. Augustinus quæst. 127 in Genes. : *Nolunt quidam præpositum coquorum interpretari, qui Græce ἀρχιμάγειρος dicitur, sed præpositum militiæ, cui esset potestas occidendi. Nam sic appellatus est ille, quem Nabuchodonosor misit, penes quem potius invenitur primatus fuisse militiæ.* Sed et Targum utrumque reddidit רב ספיקלריא, *principi spiculatorum*, sive *lanionum*.

ᵈ Verum et Græci quoque Πετεφρῆν præferunt. Ineptissima porro est Hebræorum, quam Hieron. commemorat, fabula. Satis erudite Gennadius, Ei, inquit, εὐνοῦχος Πετεφρῆς, πῶς εὑρίσκεται γυναῖκα ἔχων; Ἀλλ' ὁ μὲν Σύρος μιᾷ προσηγορίᾳ τόν τε σπάδοντα καὶ τὸν πιστὸν ἄνδρα λέγει τοῖς δεσπόταις· ὁ δὲ Ἑβραῖος ἀληθῶς εὐνοῦχον καὶ τοῦτον. Si *eunuchus Petephres erat, quomodo uxorem habuisse invenitur?* Verum Syrus una appellatione et *spadonem*, et *fidelem dominis suis virum vocat: Hebræus* vero hunc quoque vocat *eunuchum*. Officii igitur ac dignitatis nomen in aula Pharaonis hoc erat.

ᵉ *Juxta morem Hierophantarum*. Editi Græce legunt ἱεροφαντῶν. Erant autem Hierophantæ sacrorum Antistites, qui sacra et cæremonias docerent. Plut. in Numa ; et Philo de Vita Moysis, necnon lib. de septenario et Festis. MARTIAN.

ᶠ Id vero Hebræos ex Apocrypho, ἐξ ἀποκρύφου, dicere testatur Origenes in Catenis mss. penes Montfaucon. in Hexaplis : *Phutirpharem*, nempe, *eumdem ipsum esse, qui Josephi herus et socer fuit. Narrantque Aseneth illam, matrem suam apud patrem accusasse, quod insidias in Josephum struxisset, non autem ab eo insidiis appetita fuisset. Quam ille Josepho sponsam dedit, ut Ægyptiis declararet, a Josepho nihil hujusmodi contra domum suam perpetratum fuisse*. Vide infra Genes. c. XLI, v. 43.

ᵍ Supplendum videtur ipsum Hebræum verbum grandioribus de more litteris CHAZBI, vel potius CHAZIB. Hebraice est כזב. Corrupte autem mox habent duo mss. Aquila *proprie transtulit*.

ʰ *Chazbi non nomen loci*. Chazbi dicitur per methathesim litteræ ; nam in Hebræo כזיב Chazib legitur, non Chazbi. MARTIAN.

— Contra sentiunt interpretes plerique alii veteres recentesque, quibus loci nomen peculiare est Chasib non longe ab Odollam et Mambre. Quin etiam mentio ejus est Josue XV, 44, et Michææ I, 14.

ⁱ In sua autem interpretatione ex Hebræo hanc ipsam, quæ et τῶν LXX est, expositionem *opilionis*, sive *pastoris*, Hieron. prætulit.

ʲ Non tamen a פרץ, quod est *disrumpere*, ac *perfringere*, nomen invenerunt sibi *Pharisæi*, sed a פרש, quod est *recedere*, *separare*, *dividere*, etc.

apparuit, sive quod plurimi justi ex eo nati sunt, ut in libro Paralipomenon (1 *Par.* II *et seqq.*) continetur, ZARA (זרח), id est, *oriens* appellatus est.

(Cap. XL. — Vers. 1.) *Post verba hæc, peccavit princeps vinariorum regis Ægypti*. Ubi nos posuimus, *principem vinariorum*, in Hebræo scriptum habet MASEC (משק), illud verbum quod in nomine servi Abraham dudum legimus, quem nos possumus more vulgi vocare *pincernam*. Nec vile putetur officium, cum apud reges barbaros usque hodie maximæ dignitatis sit, regi poculum porrexisse : Poetæ quoque de [a] Catamitho et Jove scriptitent, quod amasium [b] suum huic officio manciparit.

(Vers. 10.) *Et ecce vitis in conspectu meo, et in vite tres fundi, et ipsa germinans tres fundos*. Tria flagella, et tres ramos, sive propagines, [c] Hebræus sermo significat, quæ ab illis vocantur SARIGIM (שריגם).

(Vers. 16.) *Et videbar mihi tria canistra chondritorum portare in capite meo*. Pro tribus canistris chondritorum, *tres cophinos farinæ* in Hebræo habet.

(Cap. XLI. — Vers. 2.) *Et ecce de fluvio ascendebant septem boves, speciosæ ad videndum*, [d] *electæ carnibus, et pascebantur in achi*. Bis in Genesi scriptum est ACHI (אחא), et neque Græcus sermo est, nec Latinus. Sed et Hebræus ipse corruptus est : dicitur enim in AHU (אהו), hoc est, [e] *in palude*. Sed quia VAU littera apud Hebræos, et IOD similes sunt, et tantum magnitudine differunt: pro AHU, ACHI Septuaginta Interpretes transtulerunt, et secundum consuetudinem suam ad exprimendam duplicem aspirationem, HETH Hebrææ litteræ, *Chi* (χ) Græcam litteram copulaverunt.

(Vers. 16.) *Et respondit Joseph Pharaoni, dicens : Sine Deo non respondebitur salutare Pharaoni*. In Hebræo aliter habet : *Sine me Deus respondebit pacem Pharaoni*. Denique Symmachus more suo apertius transtulit : *Non ego, sed Deus respondebit pacem Pharaoni*.

(Vers. 29.) *Ecce septem anni venient abundantiæ magnæ in omni terra Ægypti*. Miror quomodo verbum Hebraicum (שבע) SABEE, quod nos supra, *abundantiam*, sive *satietatem*, in puteo quem foderunt extremum servi Isaac, interpretati sumus : nunc Septuaginta rectissime transferentes, ibi *juramentum* interpretati sunt, cum et juramentum, et septem, et satietas, et abundantia, prout locus et ordo flagitaverint, possit intelligi. Sed et in consequentibus ubicumque *abundantia* legitur, in Hebræo idem verbum scriptum est.

(Vers. 43.) *Et clamavit ante eum præco, et constituit eum super omnem terram Ægypti*. Pro quo Aquila transtulit : *Et clamavit in conspectu ejus adgeniculationem*. Symmachus ipsum Hebraicum sermonem interpretans ait : *Et clamavit ante eum* ABRECH (אברך). Unde mihi videtur non tam præco, sive adgeniculatio, quæ in salutando vel adorando Joseph accipi potest, intelligenda : quam illud quod Hebræi tradunt, [f] dicentes *patrem tenerum*, et hoc sermone transferri ; AB (אב) quippe dicitur *pater*, RECH (רך) *delicatus*; sive *tenerrimus*; significante Scriptura, quod juxta prudentiam quidem pater omnium fuerit : sed juxta ætatem tenerrimus adolescens et puer.

(Vers. 45.) *Et vocavit Pharao nomen Joseph Saphaneth Phanee, et dedit ei Aseneth filiam Phutiphar sacerdotis Heliopoleos in uxorem*. Licet Hebraice hoc nomen, *absconditorum repertorem* sonet, tamen quia ab Ægyptio ponitur, ipsius linguæ debet habere rationem. Interpretatur ergo sermone Ægyptio SAPHANETH PHANEE (צפנת פענח), sive ut Septuaginta transferre voluerunt, *Psomthom-Phanech*, [g] *Salvator mundi*, eo quod orbem terræ ab imminente famis excidio liberavit. Notandum autem, quod Domini quondam et emptoris [h] sui filiam uxorem acceperit, qui ad id quasi pater salutarem principatum Ægyptiis exhibuit. Hæc vox autem *Abrech* nihil aliud significat, quam genua flectere. Clara quippe est vox præconis.

---

[a] Antiquior Regin. ms. *de Catamitho scriptitent*, absque de *Jove*. Notum porro est, Ganymedem denotari.

[b] *Quod Amasium*, etc. Amasius ille fuit turpissimus Ganymedes Troïs filius formosissimus, qui raptus in cœlum Jovi erat a poculis. De eo Virgilius I Æneid., *Rapti Ganymedis honores*. Honores dixit propter ministerium poculorum, ad quod receptus est remota Hebe filia Junonis, quæ Jovi bibere ministrabat. *Flavum Ganymedem* appellat Horatius IV Carm. Ode 4; *Phrygium* Ovidius 10 Metam. Cæterum *Pincernæ* Officium non solum apud reges Barbaros, sed apud reges Francorum maximæ dignitatis fuit. Vide tomum I de Statu Franciæ pag. 70. MARTIAN.

[c] Autea multum inconcinne erat, *Hebræo sermone*, contradicentibus et nostris mss. qui tum *Sariagim*, et Græcis litteris CAPTAPYM legunt.

[d] E glossatoris manu duo mss. *et electæ cornibus, et pascebant in achi*.

[e] Voce Ἄχει pro *palude* utitur quoque auctor Ecclesiastici XL, 16. Vide annotat. nostram in Job.

[f] Videtur autem ex Origene delibasse, qui in Catenis Regiis, teste Montfauconio, ita habet : Τὸ Ἑβραΐκον ἔχει, Ἀβρήχ, ὁ κυρίως σημαίνει, πατὴρ ἁπαλός, καὶ εἰκότως ἐνάπαλος (Forte leg. ἐν ἁπαλοῖς) γὰρ ὢν κατὰ τὴν ἡλικίαν, ὡς πατὴρ σωτήριον ἀρχὴν Αἰγυπτίοις ἐνεδείξατο· ὁποῖοι δὲ οὐδέν ἀλλ' ἤξεις ἢ τὸ γονατίζειν φανερά γάρ ἐστιν ἡ φωνὴ τοῦ κήρυκος. *Hebraicum habet. Abrech, quod proprie* pater tener *significat. Nam cum ætate tener esset*,

[g] Scite Hieronymus ad Ægyptiacam originem has voces refert, tametsi nihil in iis sit, quod Hebraicam etymologiam non sapiat, juxta quam pervulgata apud omnes est illa interpretatio, qua Psomthom-Phanech *obscurarum rerum interpres* dicitur, sive qui *occulta clare exposuit*. Bernardus tamen in Notis ad Josephum duos profert antiquos Scripturæ codices, qui Hieronymianæ expositioni suffragentur : Pentateuchum nempe Arabicum, pridem ab Ægyptia manu descriptum, in cujus marginali nota Ψονθομφανίχ, Arabicis verbis *servator mundi* interpretatur, et Octateuchum Græcum Collegii Oxoniensis, in quo Ψονθομφανήχ, ὅ ἐστ σωτὴρ τοῦ κόσμου, *Psonthom-Phanech, id est, Servator mundi*. Vide et Le Moynium ad Varia Sacra p. 102. Jam vero in nostris mss. legitur *Fanech fane*, et Græce *Spomothon phanech*.

— *Saphaneth Phanee*. De hoc nomine *Saphaneth Phanee* abunde disputavimus in Apologia nostra pro Hieronymo. Consule supra Commentarium in lib. Hebr. Nomin. cap. 2. MARTIAN.

[h] Reginæ ms. antiquior, *quod hominis quondam emptoris sui*. Diximus vero supra in cap. XXXVII, hanc opinionem, quæ unum eumdemque facit herum, et postea socerum Josephi Phutipharem, ex apocrypho libro Hebræos, ex quorum sensu Hieron. loquitur,

locorum pontifex Heliopoleos erat. Neque enim fas absque eunuchis idoli illius esse antistites, ut vera illa Hebræorum super eo quod ante jam diximus, suspicio comprobetur.

(Vers. 50 et seqq.) *Et Joseph nati sunt duo filii antequam venirent anni famis, quos peperit ei Aseneth filia Phutipharis sacerdotis Heliopoleos.* **368** *Vocavit autem Joseph nomen primogeniti Manasse : quia oblivisci me fecit Deus omnium laborum meorum, et omnis domus patris mei. Nomen autem secundi vocavit Ephraim, quia crescere me fecit Deus in terra humilitatis meæ.* Observa propter quæstionem, quæ post paululum de Joseph filiis proponenda est, quod ante famis tempus, quo Jacob intravit in Ægyptum, duos tantum Joseph filios habuerit, Manasse et Ephraim. Manasse vocans ab eo, quod sit oblitus laborum suorum : ita enim Hebraice vocatur *oblivio*. *Ephraim*, eo quod auxerit eum Deus. Et ex hoc enim vocabulo in linguam nostram transfertur *augmentum*.

(Cap. XLIII.—Vers. 11.) *Et deferte viro munera, aliquid resinæ, et mellis, thymiama et stacten, et terebinthum, et nuces.* Sive, ut Aquila et Symmachus transtulerunt, *amygdala*. Idcirco hoc capitulum posuimus, ut sciamus ubi in nostris codicibus habetur *thymiama*, in Hebræo esse NECOTHA (נכאת), quod Aquila *storacem* transtulit. Ex quo *domus nechota*, quæ in Isaia (XXXIX, 21) legitur, manifestissime *cella thymiamatis*, sive storacis intelligitur, quod in illa aromata diversa sint condita.

(Vers. 32.) *Et biberunt, et inebriati sunt cum eo.* Idioma linguæ Hebrææ est, ut ebrietatem pro satietate ponat, sicut ibi : *In stillicidiis ejus* [a] *inebriabitur* derivasse, sublestæque esse fidei. S. Augustinus Quæst. 136, multa proponit argumenta, ut alterum ab illo diversum exstitisse evincat, quæ videsis. Ipsa nominis hujus Phutipharis elementa in Hebraico textu, ab illis diversa sunt, quæ alterius sive primi nomen componunt ; ille enim Josephi herus scribitur פוטיפר : hic, sive ejus socerus, duobus verbis, atque alia addita in fine littera, פוטי פרע.

[a] Mss. nostri *lætabitur* : quidam etiam *suis* pro *ejus*. Sane *inebriabitur* in nulla veteri Latina interpretatione invenire est.

[b] *Condy meum argentum*. Condy quod Græce κόνδυ scribitur, *poculum Persicum* significat apud Grammaticos Græcos. Hesychius dicit esse *poculum Barbaricum* : Nicomachus *Persicum esse poculum* voluit : Athenæus vero *Asiaticum poculum, decem cotylarum capax*. MARTIAN.

— Condy explicat Diodorus ἀπλοποτήριον, quod est, *simplex poculum*. Asiaticum vas esse tradit Menander in Adulatore : Persicum Nicomachus ab Athenæo laudatus lib. XI, c. 8. Relandus part. 1 Dissert. Miscell. Indicam nominis originem docet.

[c] *Gessen* enim in *imbrem* vertitur. Apud LXX legimus cum extremo, m, ἐν τῇ Γεσέμ, *in terra Gesem*. Hoc quoque modo fuit scriptum nomen *Gesem* in Latinis exemplaribus, quæ Hieronymus nostros codices vocat, Latinorum scilicet codices quibus propioribus Christo sæculis usæ sunt occidentis Ecclesiæ, ante Hieronymianam versionem ex Hebræo fonte derivatam. MARTIAN.

— Scribendum nempe est *Gesen*, cum n ad Hebræum גשן. Neque vero Latini tantum codices cum m corrupte efferebant, sed et Græci Γεσέμ : e quibus notandum in uno Complut. non haberi additum germinans (*Psal.* LXIV, 11), haud dubium, quin terra pluviis irrigata.

(Cap. XLIV. — Vers. 2.) *Et pone argentum uniuscujusque in ore sacculi, et condy* [b] *meum argenteum mitte in sacculum junioris.* Pro sacculo, peronem, vel follem, in Hebræo habet. Pro *condy*, id est, *poculo*, quod etiam in Isaia legimus (LI, 17), Aquila, *scyphum*, Symmachus *phialam* transtulerunt.

(Cap. XLV.—Vers. 9 et 10.) **369** *Descende ergo ad me, ne steteris, et habitabis in terra Gesen Arabiæ.* Hic *Arabiæ* additum est : in Hebræis enim voluminibus non habetur. Unde et error increbuit, quod terra Gesen in Arabia sit. Porro si, ut in nostris codicibus est, per extremum m scribitur GESEM (גשם), quod mihi nequaquam [c] placet, terram signat complutam ; GESEM enim in *imbrem* vertitur.

(Vers. 17.) *Dixit autem Pharao ad Joseph, dic fratribus tuis, hoc facite : onerate vehicula vestra, et ite in terram Chanaan.* Pro vehiculis, quæ Septuaginta, et Theodotio, [d] τὰ φορεῖα interpretati sunt, *jumenta* reliqui transtulerunt.

(Vers. 21.) *Et dedit illis cibaria in via.* Verbum SEDA (צדה), quod hic omnes ore consono, ἐπισιτισμόν, id est, *cibaria*, vel *sitarcia* interpretati sunt, in Psalterio quoque habetur. Ubi enim nostri legunt, *Viduam ejus benedicens benedicam* (*Psal.* CXXXI, 15), (licet in plerisque codicibus pro *vidua*, hoc est pro χήρα, nonnulli legant θήραν), in Hebræo habet SEDA (צידה), id est, *Cibaria ejus benedicens benedicam*. Porro θήραν *venationem* [e] magis potest sonare, quam *fruges* ; tametsi moris sit Ægyptiorum θήραν etiam *far* vocare, quod nunc corrupte [f] *atheran* Ἀραβίας.

[d] Meus ms. et Reginæ alter TA ΠΟΡΙΑ, quemadmodum et in aliis exemplaribus legi notatum est in nupera τῶν LXX editione : alit. Πορεῖα. Atque erant quidem πόρια, sive πορεῖα, currus, vel vehicula ad aliquid transferendum : unde et στρατιωτικὰ πόρια, navigia ad milites transportandos. Nec aliter legi debere puto in alio vetustiori Reginæ ms. ubi est ΘΑ ΘΥΩΡΥΑ, siquidem compertum est mihi, ejus descriptorem codicis litteram Π in apographo pro duabus hisce TI accepisse, quas litteras pro Θ et Υ continuo effert. Diu autem, multumque est, quod apud LXX τὰ φορεῖα obtinet.

[e] Et vero ita ipse Hieronymus in sua ex Hebræo interpretatione transtulit, *Venationem ejus benedicens benedicam*. In quem locum Pseudo- Hieronymus, *Pro vidua*, inquit, *id est*, χήρα, *et Hebræa volumina, et ipsi* LXX θήραν *habent ; sed propter novitatem verbi, et unius litteræ demutationem, poulatim obtinuit, ut pro* θύρα *legeretur* χήρα, *maxime quia in sequenti versiculo* pauperes sequebantur. Θήρα *Symmachus et Aquila cibaria interpretati sunt.*

[f] *Corrupte atheran nuncupant.* In quibusdam mss. codicibus corrupta hæc vox dicitur *Catheran*, in altero *Athertin*, in Colbertino vetustissimo Græce ΗΘΗΡΑΝ. Videant nunc eruditi linguæ Ægyptiacæ quæ sit inter variantes lectiones cæteris præferenda. MARTIAN.

— Martianæus in suis mss. invenit *Catheran*, et *Athertin*, et Græce ΗΘΗΡΑΝ, e quibus lectionibus, quæ præferenda sit, eruditis linguæ Ægyptiacæ permittit. Optime vero habet impressa lectio, quam et mss. nostri omnes confirmant, quorum unus Græce ΑΘΗΡΑΝ æque bene effert. Sic porro ipse vocat Cas-

(Cap. XLVI.—Vers. 26 et seqq.) *Omnes ergo animæ, quæ ingressæ sunt cum Jacob Ægyptum, et quæ exierunt de femoribus ejus, absque mulieribus filiorum Jacob, animæ sexaginta sex; filii autem Joseph, qui nati sunt ei in Ægypto, animæ novem. Omnes ergo animæ, quæ ingressæ sunt cum Jacob in Ægyptum, septuaginta quinque.* Quod excepto Joseph et filiis ejus sexaginta sex animæ, quæ egressæ sunt de femoribus Jacob, introierunt Ægyptum, nulla dubitatio est. Ita enim, et paulatim per singulos supputatus numerus approbat, et **370** in Hebræis voluminibus invenitur. Hoc autem quod in Septuaginta legimus : *Filii autem Joseph, qui nati sunt ei in Ægypto animæ novem* : sciamus in Hebræo pro *novem*, esse *duas*. Ephraim quippe et Manasse, antequam Jacob intraret Ægyptum, et famis tempus ingrueret, nati sunt de Aseneth Putipharis filia in Ægypto. Sed et illud, quod supra legimus : *Facti sunt autem filii Manasse* [a]*, quos* [Al. *quem*] *genuit ei concubina Syra, Machir, et Machir genuit Galaad ; filii autem Ephraim fratris Manasse, Suthalaam, et Thaam* [b] *: filii vero Suthalaam Edem,* [c] *additum est* : si quidem id quod postea legimus, quasi per anticipationem factum esse describitur. Neque [d] enim illo tempore, quo ingressus est Jacob Ægyptum, ejus ætatis erant Ephraim et Manasse, ut filios generare potuerint. Ex quo manifestum est, omnes animas, quæ ingressæ sunt Ægyptum de femoribus Jacob, fuisse septuaginta, dum sexaginta sex postea ingressæ sunt, et repererunt [Al. *pepererunt*] in Ægypto tres animas, Joseph scilicet, cum duobus filiis ejus, septuagesimus autem ipse fuerit Jacob. Hanc rem, ne cui videamur adversum Scripturæ auctoritatem loqui, etiam Septuaginta Interpretes in Deuteronomio (x, 22) [e] transtulerunt, quod in septuaginta animabus ingressus sit Jacob [Al. *Israel*] in Ægyptum. Si quis igitur nostræ sententiæ refragatur, Scripturam inter se contrariam faciet. Ipsi enim Septuaginta Interpretes, qui hic septuaginta quinque animas per πρόληψιν, cum Joseph, et posteris suis Ægyptum ingressas esse dixerunt, in Deuteronomio septuaginta tantum intrasse [Al. *introisse memorant*] memorarunt. Quod si e contrario nobis illud opponitur, quomodo **371** in Actibus Apostolorum (vii), in concione Stephani dicatur ad populum, septuaginta quinque animas ingressas esse Ægyptum ; facilis excusatio est. Non enim debuit sanctus Lucas, qui ipsius historiæ scriptor est, in gentes Actuum Apostolorum volumen emittens, contrarium aliquid scribere [f] adversus eam Scripturam, quæ jam fuerat gentibus divulgata. Et utique majoris opinionis illo dumtaxat tempore Septuaginta Interpretum habebatur auctoritas, quam Lucæ, qui ignotus, et vilis, et non magnæ fidei in nationibus [Al. *gentibus*] ducebatur. Hoc autem generaliter observandum, quod ubicumque sancti Apostoli, aut Apostolici viri loquuntur ad populos, his plerumque testimoniis abutuntur, quæ jam fuerant in gentibus divulgata : licet plerique tradant Lucam Evangelistam, ut proselytum [g] Hebræas litteras ignorasse.

(Vers. 28.) *Judam vero misit ante se ad Joseph, ut occurreret ei ad urbem Heroum in terram Ramesse.* In Hebræo nec urbem habet Heroum, nec terram Ramesse, sed tantummodo Gesen. Nonnulli Judæorum asserunt [h], Gesen nunc Thebaidem vocari. Et id quod postea sequitur : *Dedit eis, ut possiderent Ægypti* [Al. *in Ægypto*] *optimam terram in Ramesse,* pagum Arsenoitem sic olim vocatum autumant.

(Cap. XLVII.—Vers. 31.) *Et dixit ei, jura mihi. Et juravit ei : et adoravit Israel contra summitatem virgæ ejus.* Et in hoc loco quidam frustra simulant adorasse Jacob summitatem sceptri Joseph, quod videlicet honorans filium, potestatem ejus adoraverit, cum in Hebræo multo aliter legatur : *Et adoravit,* inquit, *Israel ad caput lectuli :* quod scilicet, postquam ei juraverat filius securus de petitione, quam rogaverat, adoraverit Deum contra caput lectuli sui. San-

---

sianus olim Ægyptius Asceta Collat. 15, c. 10, *Atheram,* quam pro lenticulæ pulmento accipit. Hesychio autem ἀθήρα, sive ἄθαρα, est edulium Ægyptiis parari solitum ex tritico et lacte. Sed et Plinius lib. xxii, cap. 25, *Atharam Ægyptiorum* memorat.

[a] *Facti sunt autem filii Manasse.* Integra isthæc pericope addita fuit in LXX translatorum editione ; unde proclivis fuit error in numero animarum, quæ ingressæ sunt Ægyptum cum Patriarcha Jacob.

[b] *Suthalaam et Thaam.* Pro, *et Thaan* libri antea editi legunt *corrupte Ethaan,* et deinde *Edom* pro *Edem.* Quamvis enim in LXX Rom. edit. scriptum hic reperiatur Ἐδώμ, in manuscripto tamen Alexandrino legimus Ἐδέμ, juxta exemplaria mss. S. Hieronymi. MARTIAN.

[c] Atque adeo obelis prænotatur in quibusdam Græcis codicibus, cujusmodi unum Coislinianum memorat Montfauconius.

[d] Duo mss.: *Numquid enim*, et deinde *potuerint ?* sub interrogandi nota.

[e] Nunc in uno Romano exemplari ita invenire est, quemadmodum in suo Hieronymus legit, *septuaginta animæ.*

[f] Eo igitur sensu in Actis referuntur *septuaginta quinque,* quo penes ipsos LXX id est, per πρόληψιν.

[g] Tantum vero abest, ut in hac ipse versaretur opinione Hieronymus, ut e contrario ipse vernaculum Hebræum sermonem, quem in Luca ab ipsis incunabilis supponit, lib. de Scriptoribus Eccles. cap. vii, cum dicat, *Græci sermonis,* quem nempe studio comparavit, *non ignarum.* Nec dubitandum, Judæum jam illum exstitisse, antequam Christo nomen daret, maxime si fidem adhibeas antiquis auctoribus, Origeni, sive Adamantio cuidam in Dialogis adversus Marcionitas, et Epiphanio Hæres. li, 11, qui eum e numero LXX discipulorum tradunt exstitisse. Præterea Hebraismos in ejus scriptis, non contemnendæ eruditionis hominibus observatos.

[h] Dixisset, *somniant* : homines Geographiæ imperitissimi. Regio Gessen eadem est ac Terra Ramesses, ex qua civitate nomen obtinet : quod ex subsequenti cap. vers. 11, perspicuum est. Recte suo sensu habent LXX *Heroum,* quæ urbs, Ptolemæo Heropolis, erat ad extremam oram Sinus Arabici, qui et Sinus Heropolis dicebatur.

ctus quippe, et Deo [a] deditus vir, oppressus senectute, sic habebat lectulum positum, **372** ut ipse jacentis habitus absque ulla difficultate ad orationem esset paratus.

(Cap. XLVIII—Vers. 1.) *Et nuntiatum est Joseph, Ecce pater tuus ægrotat: et tulit duos filios secum, Manassen et Ephraim.* Ex hoc illud quod supra diximus, demonstratur, quia Joseph ad id [b] locorum duos tantum filios habuerit, Ephraim et Manassen. Si enim post multos annos, moriente Jacob patre suo, duos tantummodo filios duxit ad benedictionem, utique illo tempore, cum filii ejus generare non [c] quiverant, parvuli atque lactentes, in [d] ingressu patris et fratrum, nepotes ex eis habere non potuit.

(Vers. 2.) *Et confortatus Israel, sedit super lectulum.* Causa, cur Septuaginta Interpretes idem verbum aliter atque aliter ediderint, nescio; hoc unum audacter dico, quod ipsum verbum מטה, quod hic in *lectulum* transtulerunt, supra ubi diximus, adorasse Jacob, *virgam* potius, quam *lectulum* nominaverunt.

(Vers. 5.) *Et nunc ecce duo filii tui, qui nati sunt tibi in terra Ægypti, antequam venirem ad te in Ægypto, mei sunt, Ephraim, et Manasse, quasi Ruben, et quasi Simeon erunt mihi. Quos autem generaveris post hæc, tui erunt.* [e] *In nomine fratrum suorum vocabuntur.* Si quis ambigebat, quod septuaginta animæ introissent Ægyptum, filiorum Israel, et quod Joseph eo tempore, quo ingressus est Jacob, non novem, sed duos tantum filios habuerit, præsenti capitulo confirmatur. Siquidem ipse Jacob loquitur, duos eum filios habuisse, non novem. Quod autem dicit, *Ephraim et Manasse, sicut Ruben et Simeon erunt mihi,* illud significat, sicut Ruben et Simeon duæ tribus erunt, et ex suis vocabulis appellabuntur; sic Ephraim et Manasse duæ **373** tribus erunt, duosque populos procreabunt, et sic hæreditabunt repromissionis terram, sicut et filii mei. Reliqui autem, ait, filii, quos post mortem meam genueris, ostendens necdum illo tempore procreatos, tui erunt.

(Vers. 6.) *In nomine fratrum suorum vocabuntur* [f] *in hæreditatem suam.* Non, inquit, accipient separatim terram, nec funiculos proprios habebunt, ut reliquæ tribus, sed in tribubus Ephraim et Manasse, quasi appendices populi commiscebuntur.

(Vers. 22.) *Et ego dedi* [Al. do] *tibi Sicimam præcipuam super fratres tuos,* [g] *quam accepi de manibus Amorrhæorum in gladio meo et sagitta.* Sicima juxta Græcam et Latinam consuetudinem declinata est. Alioquin Hebraice SICHEM dicitur, ut Joannes quoque Evangelista testatur (IV, 5): licet vitiose, ut *Sichar* legatur, et error inolevit: et est nunc *Neapolis* urbs Samaritanorum. Quia igitur SICHEM (שכם) lingua Hebræa transfertur in *humerum*, pulchre allusit ad nomen, dicens: *Et ego dabo tibi humerum unum.* Pro *præcipuo* enim, id est, ἐξαίρετον, [h] *unum* scribitur in Hebræo. Quod autem dicit se eam in arcu, et gladio possedisse: arcum hic, et gladium, justitiam vocat, per quam meruit peregrinus, et advena, interfecto Sichem, et Emor, de periculo liberari. Timuit enim, ut supra legimus, ne vicina oppida, atque castella ob eversionem fœderatæ urbis adversum se consurgerent (*Gen.* XXXIV): et Dominus non dedit eis ut nocerent illi. Vel certe sic intelligendum: Dabo tibi Sicimam, quam emi in fortitudine mea, hoc est in pecunia, quam multo labore multoque sudore acquisivi. Quod autem ait, *super fratres tuos,* ostendit absque sorte dedisse eam tribui Joseph. Siquidem eodem loco sepultus est **374** Joseph, et mausoleum ejus ibi hodieque cernitur.

(Cap. XLIX.—Vers. 3.) [i] *Ruben primogenitus meus, tu fortitudo mea et principium filiorum meorum, durus ad ferendum et durus procacitate, et injuria, sicut aqua non ebullias. Ascendisti enim super lectulum patris tui. Tunc violasti stratum, cum ascendisti.* In Hebræo scriptum est: *Ruben primogenitus meus, tu fortitudo mea, et capitulum in liberis meis. Major ad portandum, et major robore. Effusus es sicut aqua, ne adjicias. Ascendisti enim cubile patris tui, et contaminasti stratum in ascensu.* Est autem sensus hic: Tu es primogenitus meus, major in liberis, [j] et debebas juxta ordinem nativitatis tuæ, hæreditatem, quæ primogenitis jure debebatur, et sacerdotium accipere et regnum:

---

[a] Reginæ mss. *et Deo dilectus vir:* tum paulo inferius, *absque ullo impedimento ad orationem,* etc. Confer S. Augustinum Quæst. 162, in hunc Genes. locum.

[b] Malim ex vetustiore Reginæ ms. corrigi, *ad id temporis,* pro *locorum.* Ea enim Hieronymi mens est, ut ex toto inferiori contextu liquet.

[c] Martianæus *quieverant:* fortassis typothetarum vitio, cujusmodi nonnulla alia superius taciti emendamus.

[d] Idem Martianæus, *in egressu patris,* etc. renuentibus mss. atque etiam castigatioribus libris; ipsoque Hieronymiano contextu.

[e] Mss. duo cum Vulgata, *et nomine fratrum,* etc. Mox Martian. ambigat.

[f] Nostri mss. atque alii quamplurimi penes Martianæum, *super fratres tuos, plusquam fratribus tuis, quam,* etc.

[g] Quin potius factum id a Judæis dedita opera in Samaritanorum contumeliam, docti viri arbitrantur; neque adeo errorem in Evangelistæ codice inolevisse, sed jam antea obtinuisse vulgo, ut ita nomen inflecteretur, et pro שכם, *Secem,* alia ejusdem organi littera maligne substituta, diceretur שקר, *Sichar,* quod est *mendacium, falsitas.* Ut nempe exprobrarent Samaritanis idolorum cultum, quem in illa urbe, suæ gentis metropoli, constituerant.

[h] In vetustiori Reginæ ms. idque, ut sentio, verius, *additur* AHID, *id est unum,* etc. Est enim vero in Hebraico אחד, quod efferas AHAD, sive ACHAD.

[i] Hinc exorditur libellus, cui titulus, *Benedictiones de Filiis Jacob,* totidem fere verbis ex subsequenti Hieronymiana expositione, tum aliorum quoque Patrum, Augustini et Gregorii, laciniis descriptus, quem in hujus tomi Appendice exhibemus.

[j] Duo Reginæ mss. tresque alii penes Martianæum, quibus et vetustiores editiones consentiunt, *et sedebas.* Sed interpunctionis quoque vitio antea laborabat hic locus.

hoc quippe in portando onere et prævalido robore demonstratur. Verum quia peccasti, et quasi aqua, quæ vasculo non tenetur, voluptatis impetu effusus es; idcirco præcipio tibi, ut ultra non pecces, sisque in fratrum numero, pœnam [a] peccati luens, quod primogeniti ordinem perdidisti.

(Vers. 5 et 6.) *Simeon et Levi fratres consummaverunt iniquitatem adinventionis suæ : in consilium eorum non veniat anima mea : et in congregatione eorum non æmuletur jecur meum* [b], *quia in furore suo interfecerunt homines, et in desiderio suo subnervaverunt taurum.* Necessitate compellimur juxta propositum operis longius ea repetere, quæ ab Hebraica veritate discordant. Legitur enim ibi : *Simeon et Levi fratres, vasa iniquitatis arma eorum. In arcanum eorum, ne intret anima mea, et in conventu eorum ne* [c] *desoletur gloria mea, quia in furore suo interfecerunt virum, et in libidine sua suffoderunt murum* (Gen. xxxiv). Significat autem non [d] sui consilii fuisse, quod Sichem **375** et Emor fœderatos viros interfecerint, contraque jus pacis et amicitiarum sanguinem fuderint innocentem, et quasi quodam furore, sic crudelitate rapti, muros hospitæ urbis everterint. Unde sequitur et dicit :

(Vers. 7.) *Maledictus furor eorum, quia procax; et ira eorum, quia dura : dividam eos in Jacob, et dispergam eos in Israel.* Levi enim hæreditatem propriam non accepit, sed in omnibus sceptris, paucas urbes ad habitandum habuit. De Simeon vero in libro Jesu scriptum est (*Josue* xix), quod et ipse proprium funiculum non fuerit consecutus, sed de tribu Juda quiddam acceperit. In Paralipomenon (i, 4) autem [e] libris manifestius scribitur, quod, cum multiplicatus fuisset, et non haberet possessionis locum, exierit in desertum. Quidam [f] prophetice interfectos homines, Apostolos, et subnervatum taurum a Pharisæis, Christum interpretantur.

(Vers. 8.) *Juda, te laudabunt fratres tui.* Quia Juda, *confessio,* sive *laus* interpretatur, consequenter scribitur : *Juda, tibi confitebuntur fratres tui* : vel, *te laudabunt fratres tui.*

(Vers. 9.) *Adorabunt te filii patris tui : Catulus leonis Juda, ex germine, fili mi, ascendisti, procumbens ut leo, et quasi catulus leonis. Quis suscitabit eum?* Licet de Christo grande mysterium sit, tamen juxta litteram prophetatur [*Al.* interpretatur], quod reges ex Juda per David stirpem generentur, et quod adorent eum omnes tribus. Non enim ait, *filii matris tuæ,* sed *filii patris tui.* Et quod sequitur, *ex germine, fili mi,* in Hebræo habet, *de captivitate, fili mi, ascendisti;* ut ostenderet enim captivos populos esse ducturum : et juxta intelligentiam sacratiorem, ascendisse in altum, et captivam duxisse captivitatem (*Psal.* LXVII). Sive quod melius puto, captivitas passionem, ascensus resurrectionem signat.

(Vers. 11.) *Alligans ad vitem pullum suum, et funiculo pullum asinæ.* In Hebræo ita habet, *Alligans ad vitem pullum suum,* **376** *et in Sorec, fili mi, asinam suam :* quod videlicet pullum asinæ, cui supersedit Jesus, hoc est, gentilem populum, vineæ Apostolorum, qui ex Judæis sunt, copulaverit. Et ad Sorec, id est, *electam vitem,* alligaverit asinam, cui supersedit, Ecclesiam ex nationibus congregatam. Quod autem dicit, *fili mi,* apostrophen [g] ad ipsum Judam facit, quod Christus hæc sit universa facturus. Sed et hoc sciendum, quod ubi nos legimus : *Alligans ad vitem pullum suum,* pro [h] *pullo* in Hebræo possit legi; *urbem suam* [i], juxta eumdem sensum aliis verbis Ecclesia demonstrata, de qua alibi scriptum est : *Non potest civitas abscondi supra montem posita* (Matth. v, 15). Et *Fluminis impetus lætificat civitatem Dei* (Psal. XLV, 5).

(Vers. 14 et 15.) *Issachar bonum desideravit, requiescens inter medios cleros, et videns requiem, quia bona est, et terram, quia pinguis : supposuit humerum suum ad laborandum, et factus est vir agricola.* In Hebræo ita scriptum est : *Issachar* [j] *asinus osseus, recumbens inter terminos; et videns requiem, quia bona est, et terram, quia pulchra est : inclinavit humerum suum ad portandum, et factus est in tributum serviens.*

[a] Editi, *pœnam ex peccato :* tum quidam mss., *lugens,* pro *luens.*

[b] *Non æmuletur jecur meum.* Eodem sensu legimus in duobus mss. *Ne æmuletur cor meum.* MARTIAN.

[c] *Desoletur gloria mea.* Sic legunt plures mss. codices. Unus Corbeiensis hæc habet, *gloria mea ne solvatur.* Editi antea libri, *dissolvatur.* In Hebræo est תחד *tehhad* ex יחד *jahhad,* quod *unire* significat. Igitur LXX interpretes תהר *tehhar* legebant propter similitudinem *Resch* et *Daleth* ר ; ד : unde est apud illos, *non æmuletur,* sive *non contendat.* MARTIAN.

— Veteres vulgati, *ne dissolvatur.* Quod porro jecur pro *gloria* LXX transtulerint, ex duplici Hebraicæ vocis significatione venit ; כבד enim et *jecur,* et *gloriam* sonat : tametsi gloria semper cum ש scribatur כבד. Sed neque satis arridet *ne desoletur :* et fortasse negandi expungenda est particula; ut Hebræo consentiat ; illi quippe contrario sensu est לא-תחד *non unietur;* Vulgat.: *non sit :* Unde sub asserentis persona, *desoletur, dissolvatur.*

[d] Unus Reginæ ms., *non fuisse ejus consilii, quia Sichem,* etc.

[e] Nomen *libris,* quod deerat, suffecimus ex mss. Aut certe cum Victorio legendum erat absolute *in Paralipomenis.*

[f] Et cum primis Tertullianus satis luculenter lib. adversus Judæos cap. 10, *Idem erit et alibi taurus apud eamdem Scripturam* (Gen. XLIX, 6) *cum Jacob, Simeon et Levi exporrigit benedictionem, de Scribis et Pharisæis prophetat; ex illis enim deducitur census illorum. Interpretatur enim spiritualiter sic, Simeon et Levi perfecerunt iniquitatem ex sua secta, quia scilicet Christum sunt persecuti,* etc. Vide et Origenem Homil. 17 in Genes.

[g] *Apostrophen,* etc. Duo mss. codices Græce legunt ἀποστροφήν. MARTIAN.

[h] Iisdem nempe litteris עיר, et *pullus* et *civitas* scribitur : tametsi *pullum, hair* dicunt Massorethæ ; *civitatem, hir.*

[i] *Urbem suam.* Hebræus עירה *iro* habet, quod *pullum suum,* vel *urbem suam* significat. MARTIAN.

[j] Est enim in Hebræo גרם חמר *Asinus osseus.* LXX solemni litteræ ר in ד mutatione legerint; חמד *desideravit,* etc.

Quia *a* supra de Zabulon dixerat, quod maris magni esset littora possessurus, Sidonem quoque et reliquas Phœnicis urbes contingeret; nunc ad mediterraneam provinciam redit, et Issachar, quia *b* juxta Nephthalim, pulcherrimam in Galilæa regionem possessurus est, benedictione sua habitatorem facit. Asinum autem osseum vocat, et humerum ad portandum deditum, quia in labore terræ, et vehendis ad mare *c* oneribus, quæ in suis finibus nascebantur, plurimum laboraret, regibus quoque tributa comportans. Aiunt Hebræi, per metaphoram significari, quod Scripturas *d* sanctas die ac nocte meditans, studium suum dederit ad laborandum, et ideo ei omnes tribus serviant, quasi magistro dona portantes.

(Vers. 16 et seqq.) *Dan judicabit populum suum, sicut unum de sceptris Israel. Fiat Dan coluber in via, regulus in semita, mordens ungulas equi, ut cadat* [*Al. et cadet*] *ascensor ejus retrorsum : salvatorem tuum exspectabo, Domine.* Samson judex in Israel, de tribu Dan fuit. Hoc ergo dicit : Nunc videns in spiritu comam nutrire Samson Nazaræum tuum, cæsisque hostibus triumphare; quod in similitudinem colubri regulique obsidentis vias, nullum per terram Israel transire permittat : sed [*Al. sicut*] etiam si quis temerarius virtute sua, quasi equi velocitate confisus, eam voluerit prædonis more populari, effugere non valebit. Totum autem per metaphoram serpentis et equitis loquitur. Videns ergo tam fortem Nazaræum tuum, quod et ipse propter meretricem mortuus est, et moriens nostros occidit inimicos, putavi, O Deus, ipsum esse Christum Filium tuum; verum quia mortuus est, et non resurrexit, et rursum captivus ductus est Israel, alius mihi Salvator mundi, et mei generis præstolandus est, *Ut veniat cui repositum est et ipse erit exspectatio gentium.*

(Vers. 19.) *Gad latrunculus latrocinabitur eum, et ipse latrocinabitur plantam.* Juxta Hebræum interpretati sumus. Sed ubi nos *latrunculum* posuimus, ibi scriptum est GEDUD (גדוד), ut ad GAD nomen alluderet, qui significantius *e* εὔζωνος, id est , *accinctus*, sive *expeditus* exprimi potest. Totum autem illud est, quod *f* ante Ruben, et dimidiam tribum Manasse, ad filios, quos trans Jordanem in possessionem dimiserat, post quatuordecim annos revertens, prælium adversum eos gentium vicinarum grande repererit, et victis hostibus, fortiter dimicarit. Lege librum Jesu Nave (*Josue* XIII), et Paralipomenon (I, v). Non ignoro plura in benedictionibus patriarcharum *g* esse mysteria, sed ad præsens opusculum non pertinet.

(Vers. 21.) *Nephthalim virgultum resolutum, dans in generatione pulchritudinem.* In Hebræo ita scriptum est : *h Nephthalim ager irriguus, dans eloquia pulchritudinis*, significans, quod aquæ calidæ in ipsa nascantur tribu : sive quod super lacum Genesareth, fluento Jordanis irrigua sit. Hebræi autem volunt, propter Tiberiadem, quæ Legis videbatur habere notitiam, agrum irriguum, et eloquia pulchritudinis prophetari. Porro ubi nos *agrum irriguum*, et Septuaginta στέλεχος ἀνειμένον, id est *virgultum resolutum* posuerunt, in Hebræo legitur AJALA SLUAA *i* (אילה שלחה), quod potest et *cervus emissus* transferri, propter temporaneas fruges, velocitatem terræ uberioris ostendens. Sed melius, si ad doctrinam Salvatoris cuncta referamus *j* quod ibi vel maxime docuerit, ut in Evangelio quoque scriptum est.

(Vers. 22 et seqq.). *Filius auctus Joseph, filius auctus super fontem filiæ, gradu composito incedentes super murum. Et exacerbaverunt eum, et contenderunt, et irascebantur adversus eum, habentes sagittas. Sedit in forti arcus ejus, et dirupta sunt k vincula manuum ejus, a manibus fortis Jacob, inde pascetur lapis Israel a Deo patris tui :* et reliqua. Quia Septuaginta Interpretes in plerisque dissentiunt, pro interpretatione eorum, ut in Hebræo habetur, expressimus. Et est sensus capituli : O Joseph, qui ideo sic vocaris, quia adauxit te mihi Deus, sive quia inter fratres tuos major futurus es (fortissima siquidem fuit tribus Ephraim, ut in Regnorum et Paralipomenon libris legimus); O, inquam, fili mi Joseph, qui tam pulcher es, ut te tota de muris, et turribus, ac fenestris puellarum Ægypti turba prospectet, invideunt tibi, et te ad iracundiam provocaverunt fratres tui, habentes livoris sagittas, et zeli jaculis vulnerati. Verum tu arcum tuum et arma pugnandi posuisti in Deo, qui

---

a Sunt qui putant τὸ *supra* indicio esse, quod quædam exciderint de Hieronymiano hoc opere; nam de Zabulon et possessione nihil supra dictum ab eo est. Tantum col. 352, de nativitate ejus et nomine pauca. Verum non de hoc suo, sed de sacro ipso textu loquitur S. Pater.

b Mss. duo, *qui juxta*.

c In uno Regin. ms., *in labore terræ et maris quæ in suis finibus nascebantur, plurimum laboravit*. In altero tantum vox *oneribus* desideratur.

d Quod Scripturas sanctas. Auctor Commentarii in Canticum Debboræ Hieronymo consentit, ait enim : *Asinus in libro Geneseos fortis dicitur* (Issachar) *propter fortitudinem legis, eo quod in humero legem portaret et cæteris tribubus tributum, id est doctrinam legis impenderet.* Vide appendicem hujus Tomi. MARTIAN.

e Vitiose erat εὔζονος. Vid. in superiori lib. de Nominibus ex Genesi et Exodo.

f Pro *ante* legerat Alcuinus concinniori sensu, *Gad*, et cætera item in recto, *Ruben, et dimidia tribus Manasse*.

g Patriarcharum esse mysteria. Prætermittit benedictionem Aser, quia in hac nulla est discordia Hebræi fontis cum Græcis exemplaribus LXX interpretum. MARTIAN.

h Rectius Reginæ ms. vetustior, *Nephthali*, ad Hebræum נפתלי. Sed non item bene mox in altero est, *dans eloquia pulchritudinis. Significans, quod aqua immortalitatis Cades in ipsa nascitur tribu*, etc.

i Ita verius efferunt Palatinus, et Reginæ præstantior ms. SLUAA, pro quo Martianæus SELUA. Apud Veteres nunquam fere *Scheva*, sive *e* tenuissimum resonat initio vocis.

j Unus ms., *quam ibi vel maximam docuit*.

k Pro *vincula* tres mss. nostri habent *brachia*. Utrumque autem retinet Vulg. *vincula brachiorum*, etc. Sed Hebræus זרעי *brachia* tantum, quod hic quoque præferas.

fortis est propugnator : et vincula tua, quibus te fratres ligaverunt, ab ipso soluta sunt, et dirupta, ut ex tuo semine tribus nascatur Ephraim, fortis, et stabilis, et instar lapidis durioris invicta, imperans quoque decem tribubus Israel.

(Vers. 27.) *Benjamin lupus rapax, mane comedet adhuc, et ad vesperam dabit escam.*

[a] Quam de Paulo apostolo manifestissima prophetia sit, omnibus patet, **379** quod in adolescentia [b] persecutus Ecclesiam, in senectute praedicator Evangelii fuerit, tamen in Hebraeo sic legitur : *Benjamin lupus rapax, sive capiens, in matutino comedet praedam, et ad vesperam dividet spolia.* Quod ita Hebraei edisserunt : Altare, in quo immolabantur hostiae, et victimarum sanguis ad basem illius fundebatur, in parte **380** tribus Benjamin fuit. Hoc, inquiunt, ergo significat, quod sacerdotes mane immolant hostias, et ad vesperam dividunt ea, quae sibi a populo ex Lege collata sunt, lupum sanguinarium[c], lupum voracem super altaris interpretatione ponentes, et spoliorum divisionem super sacerdotibus, qui servientes altari, vivunt de altari.

min, inquit, *lupus rapax ad matutinum comedemin adhuc, et ad vesperam dabit escam.* Ex tribu enim Benjamin oriturum Paulum providebat, lupum rapacem ad matutinum comedentem, id est, prima aetate vastaturum pecora Domini, ut persecutorem Ecclesiarum; dehinc ad vesperam escam daturum, id est, devergente jam aetate, oves Christi educaturum, ut doctorem Nationum.

[c] Verba *lupum sanguinarium* in duobus e nostris mss. non sunt. Mox pro *divisionem* verius legisse videtur Alcuinus *divisorem.*

---

[a] Mens et Regin. ms., *quamquam de Paulo Apostolo manifestissima prophetia sit, quod in adolescentia,* etc.

[b] Victorius addit *sua.* Jam vero ex tot Patrum, praecipue Latinorum, numero, qui de Paulo Apostolo, ex Benjamin tribu nato, Jacobi oraculum interpretantur, praestat audire Tertulliani luculentissimum testimonium lib. v contra Marcion. cap. 1 : *Mihi,* inquit, *Paulum etiam Genesis olim repromisit. Inter illas enim figuras, et propheticas super filios suos benedictiones, Jacob cum ad Benjamin direxisset, Benja-*

S. EUSEBII HIERONYMI

STRIDONENSIS PRESBYTERI

[a] COMMENTARIUS IN ECCLESIASTEN,

AD PAULAM ET EUSTOCHIUM.

PRÆFATIO.

381-382 Memini me ante hoc ferme quinquennium, cum adhuc Romae essem, et Ecclesiasten sanctae Blesillae legerem, ut eam ad contemptum istius saeculi provocarem, et omne quod in mundo cerneret, putaret esse pro nihilo; rogatum ab ea, ut in morem Commentarioli obscura quaeque dissererem, ut absque me posset intelligere, quae legebat. Itaque quoniam in procinctu nostri operis subita morte subtracta est, et non meruimus, o Paula et Eustochium, talem vitae nostrae habere consortem, tantoque vulnere tunc perculsus obmutui : nunc in Bethleem positus, [b] augustiori videlicet civitate, et illius memoriae, et vobis reddo ex integro contulimus, melioresque lectiones passim illi acceptas referimus.

---

[a] In editione Martian. inscribitur : *Incipit Praefatio S. Hieronymi in Ecclesiasten;* talique titulo appendit hanc notam : « Codex ms. 4436 Bibliothecae Colbertinae hanc habet inscriptionem litteris miniatis : *Incipit Prologus S. Hieronymi presbyteri super Ecclesiasten, ad Paulam et Eustochium, feliciter : quem primum Romae incepit, tum Bethleem postea complevit.* » EDIT.
— Exegimus totum hunc librum ad quatuor mss. codices : duos Palatinos numeris 79 et 175 praenotatos, unum Vaticanum sub num. 318; denique privatum nostrum, quem domi asservamus, et bonae cum primis notae esse, jam diximus. Rursum cum fere ad verbum hunc Hieronymi Commentarium descripserit, in suaque transtulerit Albinus Flaccus Alcuinus, ut scribit Quercetanus, qui et antiquus, id est, octavi saeculi auctor est, et in antiquum ac satis emendatum Hieronymianum exemplar incidit; eum quoque

[b] *Nunc in Bethleem positus, augustiori :* etc. Quamplures mss. et omnes editi libri sic legunt : *Nunc in Bethleem positus, angustiori videlicet civitate.* Sed *angustiori* positum est imperitia veterum et recentiorum scriptorum, qui locutionum Hieronymianarum inconsulti aut immemores nescierunt, Bethleem a sancto doctore vocitatam fuisse augustiorem Roma civitatem. Igitur, ut de restituta a nobis lectione ad fidem exemplariorum vetustissimorum nullum superesse dubium possit, meminerint studiosi Lectores ita scriptum legi Praefatione in librum Didymi de Spiritu sancto, quem Hieronymus Latine reddidit : *Canticum,* inquit, *quod cantare non potui in terra aliena, hic a vobis in Judaea provocatus immurmuro, augustiorem multo locum aestimans, qui Salvatorem mundi, quam qui fratris genuit parrici-*

quod debeo. Hoc breviter admonens, quod nullius A
auctoritatem [a] secutus sum; sed de Hebræo transferens, magis me Septuaginta Interpretum consuetudini coaptavi : in his dumtaxat, quæ non multum ab Hebraicis [b] discrepabant. Interdum Aquilæ quoque

[c] et Symmachi, et Theodotionis recordatus sum, ut nec novitate nimia lectoris studium deterrerem, nec rursum contra conscientiam meam, fonte veritatis omisso, opinionum rivulos consectarer.

dam. MARTIAN.
— Olim falso erat *angustiori,* contradicentibus nostris ipsis mss.; Hieronymus vero, quod et Martianæo notatum est, *augustiorem multo tecum æstimabat, qui Salvatorem mundi, quam qui fratris genuit parricidam.* Præfat. in lib. Didymi.

[a] Unus Vatic. ms., *nullius auctoritatem, sed veritatem secutus sum.*

[b] Duo Palatini mss., *discrepant;* et paulo post, *studia deterrerem.*

[c] *Interdum Aquilæ quoque,* etc. Ex hoc loco nuperus scriptor imperite nimis urget futilia sua argumenta quibus probare contendit Hieronymum in sua B

ex Hebræis fontibus translatione Latina sacrorum Bibliorum, secutum fuisse sæpius Aquilam, Symmachum et Theodotionem. Quod enim de Commentario in Ecclesiasten præmonuit lectorem Hieronymus, id ad omnium librorum Scripturæ versionem Latinam trahere nititur imperitus ille chronologus, qui cum rerum omnium notitiam habere se præsumat, necdum tamen didicit quod scitum est apud omnes eruditos, Hieronymum videlicet multo tempore post editum Commentarium in Ecclesiasten, novam Ecclesiæ Christi Translationem Bibliorum de Hebræo fonte procurasse. MARTIAN.

COMMENTARIUS.

383 (Caput primum.) *Verba* [a] *Ecclesiastæ filii David Regis Jerusalem.* Tribus nominibus vocatum fuisse Salomonem, Scripturæ manifestissime docent : *pacificum,* id est, SALOMONEM (שלמה); et [b] IDIDIA (ידידיה), hoc est, *dilectum Domini*; et quod nunc dicitur COELETH (קהלת), id est, *Ecclesiasten*. Ecclesiastes autem Græco sermone appellatur, qui [*Al.* quod] cœtum, id est, Ecclesiam congreget, quem nos nuncupare possumus *concionatorem,* eo quod loquatur ad populum, et sermo ejus non specialiter ad unum, sed ad C universos generaliter dirigatur. Porro *pacificus,* et *dilectus Domini,* ab eo quod in regno ejus pax fuerit, et eum Dominus dilexerit, appellatus est. Nam et psalmi quadragesimus quartus et septuagesimus primus, *dilecti et pacifici* titulo prænotantur. Qui tametsi ad prophetiam [c] Christi, et Ecclesiæ pertinentes, felicitatem et vires Salomonis excedunt; tamen secundum historiam super Salomone conscripti sunt.

Is itaque juxta numerum [d] vocabulorum tria volumina edidit, Proverbia, Ecclesiasten, et Cantica Canticorum. In Proverbiis parvulum docens, et quasi de officiis per sententias erudiens. Unde, et ad filium [e] ei sermo crebro repetitur. In Ecclesiaste vero maturæ virum ætatis instituens, ne quidquam in mundi rebus putet esse perpetuum, sed caduca, et brevia universa, quæ cernimus. **384** Ad extremum jam consummatum virum, et calcato sæculo, præparatum, in Cantico Canticorum sponsi jungit amplexibus. Nisi enim prius reliquerimus vitia , et pompis sæculi renuntiantes, expeditos nos ad adventum Christi paraverimus , non possumus dicere : *Osculetur me ab osculo* [*Al. ab osculis*] *oris sui* (*Cant.* I, 1). Haud procul ab hoc ordine doctrinarum et philosophi sectatores suos erudiunt : ut primum ethicam doceant, deinde physicam interpretentur; et quem in his profecisse perspexerint, ad [f] logicam usque perducant.

Necnon, et hoc diligentius attendendum, quod per

[a] *Verba Ecclesiastæ,* etc. Omnes mss. legunt *Ecclesiastes* pro *Ecclesiastæ,* ut jam proprio loco diximus Tomo I editionis nostræ. MARTIAN.

[b] Iidem mss. nostri, cum plerisque vulgatis, atque olim Alcuinus, *Idida,* quod proprie matris Josiæ D nomen est, IV Reg. XXII, 1, pro *Ididia,* vel *Jedidia,* Salomonis cognomento, II Reg. XII, 25. Concinnius autem Alcuin. *Salomonem, id est, pacificum, et Idida, hoc est,* etc.

[c] *Qui tametsi ad Prophetiam Christi,* etc. Aliquot exemplaria mss. : *Qui tametsi ad Prophetiam Christi et Ecclesiæ continentes mysteria, tamen,* etc. MARTIAN.

[d] Alcuin. *vocabulorum suorum, tria,* etc., et paulo post *de officiis præsentibus erudiens :* mendose.

[e] Alias editi, *filium ejus.* Alcuin. neque *ejus* habet, neque *ei.*

[f] *Ad logicam usque perducant.* Falso antea in editis libris ac in pluribus manuscriptis legebatur, *ad Theologiam usque perducant:* nam ex Epistola , ad Paulam, de alphabeto Hebraico, exploratum habemus legendum hoc loco quod nos restituimus, *Logicam* nempe, non *Theologiam,* quam non docuerunt philosophi Gentilium. MARTIAN.

— Mss. plerique omnes, tum nobis, cum Martianæo inspecti *Theoloicam,* vel *Theologicam* legunt. Diximus vero in epist. 50 adPaulam, rescribendum *Theoricen* ex Origenis testimonio in Homil. in Cant. Canticor. quod hic, atque alibi Hieronymus describit : *Generales disciplinæ, quibus ad rerum scientiam pervenitur, tres sunt, quas Ethicam, Physicam, et Theoricen appellaverunt; nos has dicere possumus, Moralem, Naturalem, et Inspectivam :* hancque paulo post facultatem esse dicit, *qua supergressi visibilia, de divinis aliquid et cœlestibus contemplamur, eaque solamente intuemur.* Cassianus quoque Collat. XIV, cap. 9 : *Omni studio,* inquit, *festinate Actualem, id est Ethicam quamprimum ad integrum comprehendere disciplinam ; absque hac namque illa, quam diximus, Theoretica puritas non poterit apprehendi,* etc. Sit igitur restituendum hic quoque apud Hieronymum *Theoricen* seu *Theoricam,* pro *Theoloicam,* quod mss., vel *Theologiam,* quod veteres vulgati præferebant. Puto tamen quod et *Logicam* retineri non incongrue possit, siquidem addit Origenes modo laudatus : *Nonnulli sane apud Græcos etiam Logicen, quam nos Rationalem possumus dicere, quarto in numero posuerunt.*

tres libros auctoris, diversus est titulus. In Proverbiis enim notatur: *Proverbia Salomonis filii David, regis Israel.* In Ecclesiaste vero: *Verba Ecclesiastæ filii David, regis Jerusalem:* superfluum quippe est hic [a] *Israel,* quod male in Græcis, et Latinis codicibus invenitur. In Cantico autem Canticorum nec filius David, nec rex Israel, sive Jerusalem præscribitur: sed tantum, *Canticum Canticorum Salomonis.* Sicut enim Proverbia, et rudis institutio ad duodecim tribus, et ad totum pertinent Israel: et quomodo contemptus mundi non nisi metropolitis convenit, hoc est, habitatoribus Jerusalem: ita Canticum Canticorum ad eos proprie facit [b], qui tantum superna desiderant. Ad incipientes, et proficientes, et paterna **385** dignitas, et regni proprii merito [c] vindicatur auctoritas. Ad perfectos vero, ubi non timore eruditur discipulus, sed amore, proprium [d] nomen sufficit, et æqualis magister est, et nescit esse se regem. Hæc interim juxta litteram.

Cæterum secundum intelligentiam spiritualem: pacificus et dilectus Dei Patris, et Ecclesiastes noster est Christus; qui medio pariete destructo, [e] et inimicitias in carne evacuans, fecit utrumque unum, dicens: *Pacem meam do vobis, pacem meam relinquo vobis* (Joan. XIV, 27). De quo Pater ad discipulos: *Hic est,* inquit (Matth. III, 17), *filius meus dilectus, in quo mihi complacui: hunc audite,* qui est caput omnis Ecclesiæ: Nequaquam ad synagogam Judæorum, sed ad gentium multitudinem loquens rex Jerusalem vivis lapidibus exstructæ: non illius, de qua ipse ait: *Jerusalem, Jerusalem, quæ occidis Prophetas* (Matth. XXIII, 37); et: *Ecce relinquetur vobis domus vestra deserta* (Ibid., 38): sed illius, per quam jurare vetat; quia sit civitas magni regis. Hic est filius David, ad quem cæci in Evangelio clamabant; *Miserere nostri, fili David* (Matth. IX, 27); et omnis turba consona voce resonabat: *Osanna filio David* (Matth. XXI, 9). Denique non ad eum fit verbum Dei, sicut et ad Jeremiam, et ad cæteros Prophetas: sed quia dives est, et rex, et potens (ipse est siquidem Verbum et sapientia, cæteræque virtutes), verba loquitur ad Ecclesiæ viros: verba insinuat Apostolis, de quibus cantatur in Psalmo: *In omnem terram exivit sonus eorum, et in fines orbis terræ verba eorum* (Psal. XVIII, 5). Male igitur [f] quidam opinantur, nos ex hoc libro ad voluptatem et luxuriam provocari: cum e contrario omnia, quæ in mundo cernimus, vana doceantur: NEC DEBERE EA nos studiose appetere, quæ, dum tenentur, intereant.

Vanitas vanitatum, dixit Ecclesiastes: Vanitas vanitatum, et omnia vanitas. Si cuncta quæ fecit Deus, valde bona sunt, quomodo omnia vanitas, et non solum vanitas, verum etiam vanitas vanitatum? Ut sicut in Canticis Canticorum inter omnia carmina, excellens carmen **386** ostenditur: ita in vanitate vanitatum, vanitatis magnitudo monstretur. Tale quid et in Psalmo scriptum est: *Verumtamen universa vanitas omnis homo vivens* (Psal. XXXVIII, 6). Si vivens homo vanitas est; ergo mortuus vanitas vanitatum. Legimus in Exodo, glorificatum vultum Moysi intantum, ut filii Israel eum aspicere non possent. Quam gloriam Paulus Apostolus ad comparationem Evangelicæ gloriæ, dicit esse non gloriam: *Nam nec glorificatum est* [g], inquit, *quod glorificatum fuit in hac parte, propter excellentem gloriam* (II Cor. III, 10). Possumus igitur et nos in hunc modum, cœlum, terram, maria, et omnia quæ in hoc circulo continentur, bona quidem per se dicere, sed ad Deum comparata, esse pro nihilo. Et quomodo, si igniculum lucernæ videns, contentus essem ejus lumine, et postea, orto sole, non cernerem, quod lucebat, stellarum quoque lumina jubare viderem solis abscondi: ita aspiciens elementa et rerum multiplicem varietatem, admiror quidem operum magnitudinem; recogitans autem omnia pertransire, et mundum suo fine senescere, solumque Deum id semper esse, quod fuerit, compellor dicere non semel, sed bis: *Vanitas vanitatum, et omnia vanitas.* In Hebræo pro *vanitate vanitatum,* ABAL ABALIM (הבל הבלים) scriptum est, quod, exceptis Septuaginta interpretibus, omnes similiter transtulerunt [h] ἀτμὸς ἀτμίδων, sive ἀτμός: quod nos possumus *vaporem fumi* et *auram tenuem,* quæ cito resolvitur appellare. Caducum itaque [i] et nihil universitatis ex hoc verbo ostenditur. Quæ enim videntur [j], temporalia sunt; quæ autem non videntur, æterna. Sive quia vanitati crea-

---

[a] Scilicet βασιλέως Ἰσραὴλ ἐν Ἱερουσαλήμ. *Regis Israel in Jerusalem.*

[b] Hactenus obtinuit in vulgatis et plerisque mss. libris falso absurdoque sensu, *facit mentionem.* Nos postremam hanc vocem ope unius Palatini ms. expunximus, serie ipsa orationis cogente. Sicut enim, inquit, Proverbia ad totum pertinent Israel: ita Canticum Canticorum ad eos proprie facit (id est, *conducit*) qui superna desiderant.

[c] Duo Palatini mss., *merito indicatur.* Alcuin., *merito judicatur.*

[d] *Sed amore proprium,* etc. Addunt editi antea libri nomen *filius,* sed superflue. MARTIAN.

[e] Alit. *absque et,* copula; tum *utraque,* pro *utrumque;* denique *bene complacui,* pro simplici *complacui.*

[f] In hac malesana opinione priscos Hebræorum Rabbinos versatos esse, narrat ipse Hieron. infra in hujus libri cap. 12. Videri possunt hodienum in Thalmude liber ידים capite tertio, et Tractatus Sabbati cap. 2 et Maimonides in More Nevochim, atque alii. Hanc quoque causam habuisse quosdam hæreticos, cur hunc librum repudiarent, scribit Philastrius cap. 131: *Sunt quidam hæretici, qui de veteri Testamento multa reprobant, id est Salomonis Ecclesiasten,* etc.

[g] *Nam nec glorificatum est.* Duo mss. codices Corbeienses, licet vetustissimi et optimæ notæ, omittunt hæc verba Apostoli scribentis ad Corinthios. MARTIAN.

[h] Ἀτμὸς ἀτμίδων, etc. Editi libri Erasm. et Marian. prætermittunt duo illa verba ἀτμίδων, sive, quæ tamen leguntur in omnibus mss. exemplaribus. MARTIAN.

— *Malim* ἀτμίς: mss. vero pro ἀτμίδων constanter ΑΤΜΕΔΩΝ efferunt.

[i] *Victorius, et nonnihil vanitatis ex hoc verbo ostenditur.*

[j] *Quæ enim videntur,* etc. Hic vero addunt post vocem *videntur, ut ait Apostolus,* quod in nullo repe-

tura subjecta est, et ingemiscit, parturit, et præstolatur revelationem ⁿ filiorum Dei, et nunc ex parte cognoscimus, et ex parte prophetamus. Tamdiu omnia vana sunt, donec veniat quod perfectum est.

Quid superest homini in omni labore suo, quo laborat sub sole? Post generalem sententiam, quod vana sint omnia, ab hominibus incipit : quod frustra in mundi 387 istius labore desudent ; congregantes divitias [b], erudientes liberos, ambientes ad honorem, ædificia construentes, et in medio opere subita morte subtracti audiant : *Insipiens, hac nocte auferetur anima tua a te : quæ autem parasti, cujus erunt (Luc.* xii, 20)? maxime cum ex omni labore nihil secum ferant, sed nudi in terram redeant, unde sumpti sunt.

Generatio vadit, et generatio venit : et terra in [c] *sæculum stat.* Aliis morientibus, nascuntur alii ; et quos videras, non videns, [d] incipis videre quos non videras. Quid hac vanius vanitate, quam terram manere, quæ hominum causa facta est : et ipsum hominem terræ dominum, in pulverem repente dissolvi ? Aliter, Prima recedit generatio Judæorum, et succedit generatio de gentibus congregata : terra autem tamdiu stat, quamdiu, Synagoga recedente, Ecclesia omnis introeat. Cum enim prædicatum fuerit Evangelium in toto orbe, tunc erit finis. Imminente vero consummatione, cœlum et terra pertransibunt. Et signanter [e] non ait : *Terra in sæculis stat, sed in sæculum.* Porro laudamus Dominum, non in uno sæculo, sed in sæculis sæculorum.

Oritur sol, et occidit sol, et ad locum suum ducit, [f] *et oritur ipse ibi.* Sol ipse, qui in lucem mortalibus datus est, interitum ortu suo quotidie indicat et occasu. Qui postquam ardentem rotam Oceano tinxerit, per incognitas nobis vias ad locum, unde exierat, regreditur : expletoque noctis circulo, rursum de thalamo suo festinus erumpit. Pro eo autem, quod Vulgatam editionem sequentes posuimus, *ad locum suum ducit,* in Hebræo habet soeph (שואף) : [g] quod Aquila interpretatur εἰσπνεῖ, id est, *aspirat.* Symmachus vero, et Theodotion, *recurrit,* quia videlicet sol revertatur ad locum suum, et ibi, unde prius egressus fuerat, aspiret. Hoc autem totum idcirco, ut doceat, mutationibus temporum, 388 et ortu occasuque siderum, humanam ætatem labi et interire, dum nesciat. Aliter, Sol justitiæ, in cujus alis est sanitas, timentibus Deum oritur, et pseudoprophetis occidit meridie. Cum autem ortus fuerit, in locum suum nos trahit. Quo? videlicet ad Patrem. Ad hoc enim venit, ut nos de terris ad cœlum levet, et dicat ; *Cum exaltatus fuerit Filius hominis, omnia trahet ad se* (Joan. xii). Nec mirum, Filium ad se trahere credentes, cum et Pater ipse ad Filium trahat [h] : *Nemo enim,* ait, *venit ad me, nisi Pater, qui misit me, adducat eum* (Joan. vi, 44). Iste ergo sol, quem aliis occidere, aliis nasci diximus : et Jacob quondam Patriarchæ de Terra sancta egredienti [*Al.* regredienti] occidit, rursumque cum de Syria terram repromissionis intraret, ortus est ei *(Gen.* xxviii). Lot quoque, quoniam [*Al.* quando] egressus est de Sodomis, et venit ad civitatem, ad quam, ut festinaret, ei fuerat imperatum, ascendit in montem, et sol exivit super Segor *(Gen.* xix).

Vadit ad austrum, et girat ad aquilonem : girans girando vadit spiritus, et in circulos suos revertitur spiritus. Hinc possumus æstimare hyemis tempore solem ad meridianam plagam currere, et per æstatem septentrioni esse vicinum, et non per æquinoctium autumni habere principium : sed primum spirante favonio, [i] quando tempore veris in fœtum cuncta rumpuntur. Quod autem ait : *Girans girando vadit spiritus, et in circulos suos revertitur,* sive ipsum solem spiritum nominavit, quod [j] animet, et spiret, men in Hebraico contextu hujus loci scriptum esse participium nomen, non verbum futurum. Proptereá mss. Corbeiensium lectionem abjiciendam non dubitavi. MARTIAN.

— *Penes Alcuin., et ad locum suum revertitur, ut iterum oriatur. Sol ipse,* etc.

[g] *Quod Aquila interpretatur* εἰσπνεῖ. Pro verbo εἰσπνεῖ, quod scholiastes etiam Græcus ex Aquila replicat apud Flaminium Nobilium, Erasmus et Marianus contra auctoritatem omnium exemplarium mss. legere voluerunt προσέπνευσε. MARTIAN.

[h] *Cum et Pater ipse ad Filium trahat.* In hoc quoque commate sensum Evangelii et sententiam Hieronymi subvertunt, legentes : *Cum et Pater ipse ad se Filium trahat.* MARTIAN.

[i] Antea erat *quoniam :* minus recte, et mss. contradicentibus.

[j] Vide libellum blateronis nescio cujus, de grege, ut arbitror, Fratrum, cui titulum fecit *Socrates.* et Phærus Dialogus pag. 212 et seq., ubi locum hunc annotationemque calumniatur, nec Latine illum intelligit, quasi scripserimus *omnes codices* et *Martianæum ipsum legisse quod animal sit :* cum dicamus *aliquot* modo codices ex his etiam quos Martianæus inspexit, non secutus tamen est, ita legere, idque perperam omnino, quod *animal sit, et spiret ;* nam quæ Origenis sententia fuit, de sole, aliisque astris anima præditis, in hoc ipso Commentariorum in Ecclesiasten libro se asserit Hieronymus repudiasse

---

[a] Nomen *filiorum,* quod Martian. post Erasm. omiserat, e nostris mss. et Victorio suffecimus.

[b] Alcuin., *congregantes divitias perituras, ambientes honores, ædificia,* etc.

[c] Hic, et paulo inferius, ubi signanter hanc ipsam vocem Hieron. notat, mss. atque editi libri omnes habent *in sæculum.* Martianæus ex subnexa animadversione constare ait rescribendum, uti fecit *in sæculo.* Quæ diversitas, ut de nihilo sit, neque est ad Hieronymi mentem, qui id unum observat, non plurimo numero scriptum *in sæculis,* sed minori *in sæculum.*

— *Et terra in sæcula stat,* etc. Corrupte Erasm. et Marian., *terra in sæculum stat :* cum ipse Hieronymus infra in commentario eorumdem verborum sic habeat : *Et signanter non ait : Terra in sæculis stat, sed in sæculo.* MARTIAN.

[d] Quatuor mss., *incipies videre, qui non erant.* Alcuin., *incipiesque videre eos, qui ante non erant.*

[e] Idem Alcuin., *signanter dixit, terra in sæculum stat, non in sæcula.* Vid superiorem not. *c.*

[f] *Et oritur ipse ibi.* Ambo mss. codices Corbeienses, *et orietur,* etc. juxta phrasim Hebraicam et enallages temporum in verbis. Solent enim Hebræi et Orientales exprimere per futurum, quæ evenire solent, aut possunt, aut desiderantur, licet sermo sit de præsenti indeterminato, ut est : *et orietur ipse ibi,* pro *oritur :* quia ibi oriri solet. Notandum tamen

et vigeat, et annuos orbes suo cursu expleat, ut ait poeta (*Æneid.* III) :

Interea magnum sol circumvolvitur annum :

et alibi (*Georgic.* II) :

Atque in se sua per vestigia volvitur annus;

sive quod et lunæ lucentem globum et astra Titania :

Spiritus intus alit : totamque infusa per artus
Mens agitat molem, et magno se corpore miscet;

389 non de annuo solis cursu, sed de quotidianis semitis ejus loquitur. *a* Obliqua enim et fracta linea per austrum pergit ad boream, et ita revertitur ad orientem. Aliter : Sol quando per austrum currit, vicinior terræ est; quando per aquilonem, sublimis attollitur. Forsitan ergo his qui hyemis et tribulationum frigore coarctantur (ab aquilone enim (*Jerem.* I, 14), exardescunt mala super terram) vicinior sol iste justitiæ est : his vero qui in boreæ parte habitant, et *b* calore privantur æstivo, incedit procul, et per suos circulos, unde profectus est, revertitur. Cum enim traxerit omnia ad se, et universos suis radiis illuminaverit, fit restitutio principalis, et est Deus omnia in omnibus. Symmachus hunc locum ita interpretatus est : *Vadit ad meridiem, et circumit ad boream; perambulans vadit ventus, et per quæ circumierat, revertitur ventus.*

Omnes torrentes vadunt in mare, et mare non impletur. Ad locum de quo torrentes exeunt, c illic ipsi revertuntur, ut abeant. Putant quidam, aquas dulces, quæ in mare influunt, vel ardente desuper sole consumi, vel salsugini [*Al.* salsuginis] maris esse pabula. *d* Ecce Ecclesiastes noster, et ipsarum aquarum conditor, eas dicit per occultas venas ad capita fontium regredi, et de matrice abyssi in sua semper ebullire principia. Melius autem Hebræi sub torrentium et maris nomine per metaphoram de hominibus significari arbitrantur, quod in terram, de qua sumpti sunt, redeant : et torrentes vocentur, non flumina, eo quod cito intercidant, nec tamen impleatur terra multitudine mortuorum. Porro, si ad altiora conscendimus [*Al.* conscendamus], recte turbidæ aquæ in mare, unde substiterant, revertuntur. Et, ni fallor, absque additamento nusquam torrens in bonam partem legitur. Nam *Torrente voluptatis tuæ potabis illos,* cum additamento dicitur *voluptatis* (*Psal.* xxxv, 9). Et e contrario Salvator ad torrentem traditur Cedron (*Joan.* xviii, 1). **390** Et Elias persecutionis tempore ad torrentem Chorath *e* latitat, qui et ipse siccatur (III *Reg.* xvii, 3). Non adimpletur autem *f* mare insatiabile, quomodo et in Proverbiis filiæ sanguisugæ (*Prov.* xxx, 15).

Omnes sermones g graves non poterit vir loqui. Non satiabitur oculus videndo, et non implebitur auris auditu. Non solum de physicis, sed et de ethicis quoque scire difficile est. Nec sermo valet explicare causas naturasque rerum, nec oculus, ut rei *h* poscit dignitas, intueri, nec auris, instituente doctore, ad summam scientiam pervenire. Si enim nunc per speculum videmus in ænigmate, et ex parte cognoscimus et ex parte prophetamus, consequenter nec sermo potest explicare quod nescit; nec oculus, in quo *i* cæcutit, aspicere; nec auris, de quo dubitat, impleri. Simul et hoc notandum, quod omnia verba sint gravia, et magno labore discantur, contra eos, qui putant otiosis sibi, et vota facientibus venire notitiam [*Al.* ad notitiam] Scripturarum.

Quid est quod fuit? ipsum quod erit. Et quid est, quod factum est? ipsum quod fiet. Et non est j omne recens sub sole. Videtur mihi de his quæ supra enumeravit, generatione et generatione, mole terrarum, ortu solis et occasu, cursu fluminum, magnitudine Oceani, omnibusque quæ aut cogitatione, aut visu, vel auribus discimus, nunc commu-

---

scribens ad Pammachium contra Joannem Jerosolymit. num. 17. Neque adeo aliud animandi verbo notat, quam quod sol, qui mundanas res omnes calefacit, vitam calore suo pariat. Mox *annuos orbis cursus,* quæ erat antiqua lectio, Vaticani et Palatini codices habent.

— *Et annuos orbes suo cursu expleat.* Editi, *et annuos orbis cursus expleat* : quod certe incongruum efficit sensum, nec satis consonum Virgilii consequentibus versibus, quorum prior exstat III Æneidos, secundus II Georgicorum; cæteri vero,

Lucentemque globum lunæ, Titaniaque astra, etc.

libro sexto Æneidos circa finem. Non omitto mss. Corbeienses et Colbertinum legere hunc locum juxta errores Origenis : *Sive ipsum solem spiritum nominavit, quod animal sit, et spiret,* etc. MARTIAN.

a Duo Palatini mss., *Oblique enim adfracta linea.* Zodiaci viam dici intelligitur.

b Unus Vatic. cum Erasmo, et Victorio, *æstivo cursu incedit* (Vatic., *incendit*) *procul.*

c Nostri mss., *illuc* : atque olim editi *introeant, pro abeant.*

— *Illic ipsi revertuntur ut abeant.* Non bene legitur in antehac editis libris, *revertuntur ut introeant.* MARTIAN.

d Apud Alcuin.: *Sed Ecclesiastes noster, id est,* *Christus, ipsarum conditor aquarum,* etc. Et paulo post *per occultas terræ venas,* etc.

— *Ad torrentem Chorath latitat.* In Vulgata legendum *Charith* ex Hebræo כרית, sed hoc loco legere debemus cum mss. exemplaribus *Chorrath* : quia apud LXX scriptum est ἐν τῷ χειμάρρῳ Χορρἀθ, id est, *in torrente Chorrath.* Nam Hieronymus in præsenti Commentario recitat testimonia Scripturarum juxta morem sui temporis, hoc est, juxta versionem usu receptam in Ecclesia Latina. MARTIAN.

f *Non adimpletur autem mare,* etc. Mendose legunt antea editi libri, *qui et ipse siccatur, et non impletur* : *mare autem insatiabile,* etc. Cæterum consulat Lector studiosus Annotationes nostras Prolixiores inferius positas propter Historiam Criticam Richardi Simonii. MARTIAN.

g Unus Vatic. mss. *graves sunt : non poterit,* etc.

h Vitiose Martianæus posset, pro *poscit.* Penes Alcuin., *nec oculus saturari, ut rei possit dignitatem intueri.*

i *In quo cæcutit aspicere.* Ms. Sorbonicus, *in quo cæcus sit ut aspicere;* Editi, *in quo cæcus sit aspicere;* codex autem Corbeiensis num. 158, *in quo cæcutiat aspicere.* MARTIAN.

— Palatinus alter cum Vaticano ms., *in quo cæcus sit, ut cæcus, aspicere.*

j Vatic., *et non est recens.*

niter loqui, quod nihil sit in natura rerum, quod non ante jam fuerit. Ab initio enim mundi et homines nati et mortui sunt, et terra super aquas librata constitit, et sol ortus occubuit. Et ne plura percurram, et avibus volare, et natare piscibus, et terrestribus ingredi, et serpentibus labi, Deo artifice concessum est. Huic quid simile sententiæ et Comicus ait :

> Nihil est dictum [a], quod non sit dictum prius.
> *(Terent. in Prolog. Eunuchi).*

Unde præceptor meus Donatus, cum istum versiculum exponeret : *Pereant*, inquit, [b] *qui ante nos nostra dixerunt*. Quod si in sermonibus nihil novum dici potest, quanto magis in administratione mundi, quæ ab initio sic perfecta est, ut requiesceret Deus ab operibus suis in die septima! Legi in quodam [c] libro : Si omne, quod sub sole factum est fuit in præteritis sæculis antequam fieret, et homo jam sole condito factus est : fuit ergo homo, antequam [d] sub sole fieret. Sed excluditur [e], quod hac ratione, et jumenta, et culices, et minuta quæque, et magna animalia ante dicerentur fuisse, quam cœlum. Nisi forte illud respondeat, ex consequentibus ostendi, non de cæteris animalibus, sed de homine Ecclesiastæ esse sermonem. Ait enim : *Non est omne recens sub sole, quod loquatur, et dicat : Ecce hoc novum est.* Animalia autem non loqui, sed tantum hominem : quod si loquantur animalia novum esse, et solvi sententiam, nihil novum esse sub sole.

Estne verbum de quo dicatur, vide hoc novum est : jam fuit in sæculis, quæ fuerunt ante nos. Apertius hoc Symmachus transtulit : *Putasne [f] est, qui possit dicere : Vide, hoc novum est, et jam factum est in sæculo, quod fuit ante nos.* Cum superioribus autem congruit, quod nihil novum in mundo fiat : nec sit [g] aliquis, qui possit exsistere, et dicere, ecce hoc novum est : siquidem omne quod se putaverit novum ostendere, jam in prioribus sæculis fuit. Nec putemus signa, atque prodigia, et multa, quæ arbitrio Dei nova in mundo fiunt, in prioribus sæculis esse jam facta : et locum invenire Epicurum, qui asserit per innumerabiles periodos eadem, et eisdem in locis, et per eosdem fieri. Alioquin et Judas crebro prodidit, et Christus passus est sæpe pro nobis, et cætera quæ facta sunt, et futura, in easdem similiter periodos revolventur. Sed dicendum, quod ex præscientia et prædestinatione Dei jam ea facta sint, quæ futura sunt. Qui enim electi sunt in Christo ante constitutionem mundi, in prioribus sæculis jam fuerunt.

Non est memoria primis, et quidem novissimis quæ futura sunt, non erit eis memoria apud eos qui futuri sunt in novissimo. Quomodo præterita apud nos abscondit oblivio : sic ea quæ vel nunc fiunt, vel quæ futura sunt, hi qui nasci habent, scire non poterunt, et cuncta silentio præteribunt, et quasi non fuerint abscondentur ; et complebitur illa sententia : *Vanitas vanitatum et omnia vanitas.* Nam et Seraphim propterea [h] faciem suam et pedes velant, quia prima et extrema cooperta sunt. Juxta autem Septuaginta Interpretes, qui dixerunt : *Non est memoria primis* [i], *et quidem novissimis qui futuri sunt, non erit eis memoria cum his, qui futuri sunt in novissimo (Matth.* xx, 16) : ille de Evangelio sensus est, quod qui in isto sæculo primi sunt, sint omnium novissimi. Et quia Deus, ut benignus et clemens, minimorum quoque, et omnium recordatur, his qui propter vitium suum novissimi esse meruerunt, non tantam dabit gloriam, quantam his qui se humiliantes novissimi in mundo esse voluerunt. Dicitur itaque et in consequentibus : *Non est memoria* [j] *sapientis cum stulto in æternum.*

---

[a] *Nihil est dictum.* Terentius in Prologo Eunuchi, hæc habet :

> Nullum est jam dictum, quod non dictum sit prius;
> Quare æquum est vos cognoscere atque ignoscere,
> Quæ veteres factitarunt, si faciunt novi.

Porro in Commentariis Donati excusis non invenitur comma quod Hieronymus replicat. Unde conjicio Donatum dixisse, *Pereant qui ante*, etc. cum viva voce in ludo Grammatices istum Comici versiculum exponeret. MARTIAN.

[b] Putat Martianæus hoc de ore dictum a Donato, cum in ejus Commentariis nihil simile invenire sit. Fortasse autem verius novum ex hoc loco argumentum peteretur ad probandum, Commentarios illos in vulgatis hodiernum libris mancos esse et mutilos.

[c] *Legi in quodam libro.* Origenis dogma apud Origenem legisse lib. II περὶ Ἀρχῶν non dubium est; nam in epistola ad Avitum testatur idem Hieronymus Origenem abusum fuisse hoc Ecclesiastæ testimonio, ut probaret quod ante fabricam istius mundi, alii mundi in præteritis sæculis fuerint. Consule epistolam, quæ incipit : *Ante annos circiter decem*, etc. MARTIAN.

—Quamquam in promptu sit opinari librum tertium Origenis περὶ Ἀρχῶν cap. 5 innui, cujus locum in epist. 124 ad Avitum, num. 9, adducit, et luculenter impugnat S. doctor; in eam tamen sententiam jamdiu olim concesserant et Hebræi quidam, quos R. Moses Maimonides memorat lib. II, *More Nevochin.*

[d] Vatican. *antequam sol fieret*, quam lectionem et Palatinus alter reduxit, priore expuncta.

[e] *Sed excluditur*, etc. In veteribus editionibus alio modo legitur; nempe, *Sed hac excluditur ratione, quod et jumenta*, etc. MARTIAN.

[f] Hinc colligas priora hujus versiculi Græca verba, quæ tamquam Symmachi in edit. Rom. τῶν LXX adducuntur : ἆρα ἐστί τι ὃ ἐρεῖ τις, *Estne aliquid, quod dicet quis*, etc. alterius a Symmacho interpretis esse, et fortassis Aquilæ.

[g] Duo Palatini, *nec sit aliquid, quod possit exsistere*, etc.

[h] Iidem et Vatic., *faciem Dei* : mendose.

[i] *Non est memoria primis*. Nullum vestigium Græcorum verborum, quæ hic apud Erasmum et Marianum leguntur, invenire potui in mss. codicibus, qui tamen constanter retinent Græcas lectiones aliorum locorum et præcedentium et consequentium. Unde manifestissime apparet solita temeritate scriptoris alicujus recentioris addita fuisse Græca verba in Comment. Hieronymiano, atque e corruptis exemplaribus fluxisse in editionem Erasmianam, cujus errores imitatur sæpius Marianus Victorius Erasmi castigator. MARTIAN.

[j] Tres. mss., *sapienti*. Vide infra in cap. 2, v. 16.

Ego Ecclesiastes fui rex super Israel in Jerusalem. Hucusque præfatio generaliter de omnibus disputantis [*Al.* disputans] : nunc ad semetipsum redit, et quis fuerit, quomodo experimento universa cognoverit, docet. Aiunt Hebræi hunc librum Solomonis esse, [a] pœnitentiam agentis, quod in sapientia divitiisque confisus, per mulieres offenderit Deum.

Et dedi cor meum ad inquirendum et considerandum in sapientia de omnibus quæ fiunt sub sole. Hanc occupationem malam dedit Deus filiis hominum, ut occuparentur in ea. Verbum ANIAN (ענין) Aquila, Septuaginta et Theodotio περισπασμόν similiter transtulerunt, quod in *distentionem* Latinus Interpres expressit, eo quod in varias sollicitudines mens hominis distenta lanietur. Symmachus vero ἀσχολίαν, id est, *occupationem* transtulit. Quia igitur sæpius in hoc volumine nominatur, sive *occupationem*, sive *distentionem*, sive quid aliud dixerimus, ad superiorem sensum cuncta referantur. Dedit ergo Ecclesiastes primo omnium mentem suam 393 ad sapientiam requirendam, et ultra licitum se extendens, voluit causas, rationesque cognoscere : quare parvuli corriperentur a dæmone, cur naufragia et justos, et impios pariter absorberent. Utrum hæc, et his similia casu evenirent, an judicio Dei. Et si casu, ubi providentia? si judicio, ubi justitia Dei ? Hæc, inquit, nosse desiderans, intellexi superfluam curam, et sollicitudinem per diversa cruciantem a Deo hominibus datam, ut scire cupiant, quod scire non licitum est. Pulchre autem causa præmissa, a Deo data distentio est. Quomodo enim in Epistola ad Romanos scribitur : *Propter quod tradidit eos Deus in passiones ignominiæ* (Rom. I, 6). Et iterum : *Propter quod tradidit eos Deus in reprobum sensum, ut faciant quæ non oportet* (Ibid., 28). Ac deinde : *Propterea tradidit eos Deus in desideria cordis sui in immunditiam* (Ibid., 24). Et ad Thessalonicenses : *Propterea mittet eis Deus operationem erroris* (II Thess. II, 10). [b] Et prius causæ ostenduntur, quare vel passionibus ignominiæ, vel sensui reprobo, vel cordis sui desideriis concedantur [*Al.* concidantur], aut quid fecerint, ut operationem erroris accipiant. Ita et in præsentiarum idcirco Deus distentionem malam dedit hominibus, ut distendantur in ea, quia prius sponte sua et propria voluntate hæc vel illa fecerunt.

Vidi universa [*Al.* omnia] *opera, quæ facta sunt sub sole, et ecce omnia vanitas, et præsumptio spiritus.* Necessitate compellimur, ut crebrius, quam volumus de verbis Hebraicis disseramus. Nec enim possumus scire sensum, nisi eum per verba discamus. [c] Rooth (רעות) Aquila, et Theodotio νομήν, Symmachus βόσκησιν transtulerunt. Septuaginta autem Interpretes non Hebræum sermonem expressere, sed Syrum, [d] dicentes προαίρεσιν. Sive ergo νομή, sive βόσκησις, a pastione vocabulum est : προαίρεσις autem melius *voluntatem*, quam *præsumptionem* sonat. Dicitur autem, quod agat unusquisque quod velit, et sibi rectum esse videatur, atque in diversa libero homines ferantur arbitrio, et vana sint universa sub sole, dum invicem nobis in bonorum et malorum finibus displicemus. Dicebat mihi Hebræus, quo 394 Scripturas sanctas instituente perlegi, quod supra scriptum rooth verbum, magis in hoc loco afflictionem, et malitiam, quam pastionem, et voluntatem significaret : non a malo, quod est contrarium bono, sed ab eo, quod in Evangelio scribitur : *Sufficit diei malitia sua* (Matth. VI, 34). Quam Græci significantius [e] κακουχίαν vocant, et esse sensum : Consideravi universa, quæ in mundo fiunt, et nihil aliud deprehendi, quam vanitatem, et malitiam, id est miserias spiritus, quibus anima diversis cogitationibus afflictatur.

Perversus non poterit adornari [f], *et imminutio non poterit numerari.* Qui perversus est, nisi ante corrigatur, non poterit adornari. Recta ornatum recipiunt, curva correctionem. Perversus non dicitur, nisi qui depravatus a recto est. Hoc contra hæreticos, qui quasdam naturas introducunt, quæ non recipiunt sanitatem. Et quia imminutio, hoc est, quod deest, non potest numerari : propterea tantum primogenita Israel numerata sunt. Feminæ vero, et servi, et parvuli, et vulgus ex Ægypto, nequaquam plenitudo, sed imminutio exercitus, absque numero prætermissi sunt. Potest et hic esse sensus : Tanta malitia in mundi hujus capacitate versatur, ut ad integrum boni statum mundus redire vix valeat, nec possit facile recipere ordinem et perfectionem suam, in quibus primum conditus est. Aliter, Omni-

---

[a] Atque hæc quidem interpretum plurimorum sententia est; cui tamen nonnulli alii adversantur, et ante liberioris vitæ crimina scriptum a Salomone opus, ex eo contendunt, quod ejus resipiscentiæ nulla exstet apud Ecclesiæ Patres memoria, qui de ejus æterna salute continuo dubitant.

[b] Victorius supplet, jungitque, *Et sicut prius causæ . . . . accipiant : ita et in præsentiarum*, etc.

[c] In aliquot mss., *Rooth*. Martian hic *Routh*, paulo post *Rooth* legit, et νόμην, pro νομήν, etc.

— ROOTH *Aquila*. Ms. Sorbonicus *Routh*; Corbeiensis uterque, *Routh*. Sed scheva hodiernum et Massorethicum Veteres legere solent juxta sonum vocalis sequentis : סדם *Sodom*, pro *Sedom*; et hic רעות *Routh*, pro *Reuth*, sive *Reoth*. MARTIAN.

[d] *Sed Syrum, dicentes.* Scite observat Hieronymus, non Hebræum sermonem, sed Syrum expressisse LXX Interpretes; quia רעא *rea* Chaldæis et Syris, *velle* est et *cogitare*. MARTIAN.

— *Sive Chaldaicum*, quo sermone vox isthæc, רעות *voluntatem* sonat : occurritque Ezr. v, 17, et VII, 18. Consensere autem τοῖς LXX quidam etiam e Rabbinis, qui pro רצון, *beneplacito*, exponunt.

[e] Κακουχίαν *vocant.* Editi antea libri habent κακωσίν; sed omnia exemplaria mss. legunt quod nos edidimus. Est autem κακουχία, *mala vexatio*; sicut κακοῦμαι significat *male vexor, animum despondeo*. MARTIAN.

— Ita et mss. nostri habent, atque ip-e Hieron, in Commentar. in hunc Matthæi locum, *malitiam*, inquit, *non contrariam virtuti posuit, sed laborem, et afflictionem, et angustias sæculi.*

[f] *Perversus non poterit adornari.* Hic quoque in editis libris scriptum est *perversum non poterit*, etc. At de hoc verbo infra in Notis nostris prolixioribus. MARTIAN.

bus per pœnitentiam in integrum restitutis, solus diabolus in suo permanebit errore. Cuncta enim, quæ sub sole facta sunt, illius arbitrio et spiritu malignitatis eversa sunt, dum ad ejus instinctum peccatis peccata cumulantur. Denique, Tantus est numerus seductorum et eorum qui de grege Domini ab eo rapti sunt, ut supputatione non queat comprehendi.

Locutus sum ego cum corde meo, dicens : Ecce ego magnificatus sum, et adjeci sapientiam super omnes, qui fuerunt ante me in Jerusalem, et cor meum vidit multam sapientiam et scientiam. Sapientior fuit Salomon, non Abraham, et Moyse, et cæteris Sanctis, sed his qui fuerunt ante se in Jerusalem. Legimus et in Regnorum libris, multæ sapientiæ fuisse Salomonem, **395** et hoc a Deo donum præ cæteris postulasse. Mundi ergo cordis oculus multam sapientiam et scientiam contuetur; quia non ait : Multam sapientiam et scientiam sum locutus; sed, Multam sapientiam et scientiam vidit cor meum. Non enim possumus eloqui omnia, quæ sentimus.

Et dedi cor meum, ut nossem sapientiam et scientiam, errores et stultitiam : cognovi quia et hoc est pastio venti, sive præsumptio spiritus. Contrariis contraria intelliguntur. Et sapientia prima est, stultitia caruisse. Stultitia autem carere non potest, nisi qui intellexerit eam. Unde et plurima in rebus noxia sunt creata, ut dum vitamus ea, ad sapientiam erudiamur. Æqualis ergo studii fuit Salomoni scire sapientiam et scientiam, et e regione errores et stultitiam : ut in aliis appetendis et aliis declinandis, vera ejus sapientia probaretur. Sed in hoc quoque, ut in cæteris, dicit pavisse se ventos, et non valuisse perfectam comprehendere veritatem. De præsumptione spiritus, sive pastione venti, ᵃ quæ sæpius in hoc libro dicitur, supra disseruisse sufficiat.

Quia in multitudine sapientiæ, multitudo furoris : et qui apponit scientiam, apponit dolorem. Quanto magis quis sapientiam fuerit consecutus, tanto plus indignatur subjacere vitiis, et procul esse a virtutibus, quas requirit (*Sap.* VI, 7). Quia autem potentes potenter tormenta patientur, cuique plus creditur, plus exigitur ab eo, propterea apponit dolorem, qui apponit scientiam, et contristatur mœrore secundum Deum, doletque super delictis suis. Unde et Apostolus ait : *Et quis est, qui lætificat me, nisi qui contristatur ex me* (II *Cor.* II, 2) ? Nisi forte et hoc intelligendum, quod sapiens vir doleat tam in abdito et ᵇ profundo latere sapientiam, nec ita se præbere mentibus, ut lumen visui; sed per tormenta quædam, et intolerandum laborem, jugi meditatione et studio provenire.

ᵃ Tres mss., *quia sæpius*, etc.
ᵇ Vitiose olim editi, *quam in profundo*.
—*Tam in abdito et profundo.* Antea legebatur, *tam in abdito quam in profundo latere sapientiam.* MARTIAN.
ᶜ Antea mendose erat, *circumferentur.*
ᵈ *Consideravi in corde meo.* Ms. Corbeiensis, *Consideravi in me, et cor meum deduxit me*, etc. Omittunt igitur, *ut traherem in vino carnem meam.* Supplent

(Cap. II.) *Dixi ego in corde meo : Veni nunc, tentabo te in lætitia, et videbo in bono : et ecce etiam hoc vanitas.* Postquam in multitudine sapientiæ et adjectione scientiæ, laborem et dolorem esse deprehendi, et nihil aliud, nisi cassum et sine fine certamen, transtuli me ad lætitiam, ut luxu fluerem, congregarem opes, **396** divitiis abundarem, et perituras voluptates caperem, antequam morerer. Sed et in hoc vanitatem meam ipse perspexi, dum præterita voluptas præsentem non juvat, et exhausta non satiat. Non solum autem corporalis lætitia, sed etiam spiritualis est tentatio possidenti, ut indigeam corripiente me stimulo, et angelo Satanæ, qui me colaphizet, ne elever (II *Cor.* XII, 7). Unde et Salomon : *Divitias,* inquit, *et paupertatem ne dederis mihi* (*Prov.* XXX, 8) : Statimque subdidit : *Ne satiatus mendax fiam ; et dicam, quis me conspicit* (*Ibid.*, 9)? Siquidem et diabolus per bonorum abundantiam concidit. Unde et in Apostolo scriptum est : *Ne in superbiam elatus, in judicium incidat diaboli* (I *Tim.* III, 6), id est, in tale judicium, in quo etiam diabolus incidit. Sed et hoc possumus dicere, propterea nunc lætitiam spiritualem, sicut et cætera, vanitatem pronuntiari, quod per speculum eam videamus et in ænigmate. Cum autem facie ad faciem fuerit revelata, tunc eam nequaquam vanitatem, sed veritatem vocari.

Risui dixi amentiam, et jocunditati, quid hoc facis? Ubi nos *amentiam* legimus, in Hebræo habet MOLAL (מהולל), quod Aquila πλάνησιν, id est, *errorem :* Symmachus θόρυβον, hoc est, *tumultum,* interpretati sunt. Septuaginta vero, et Theodotio, sicut in pluribus locis, ita et in hoc quoque concordant, et transtulerunt περιφοράν, quam nos, verbum de verbo exprimentes, *circumlationem* possumus dicere. Quomodo igitur hi, qui ᶜ circumferuntur omni vento doctrinæ, instabiles sunt, et in diversa fluctuant (*Ephes.* IV, 14) : sic qui illo risu cachinnant, quem Dominus in Evangelio (*Luc.* VI, 25) fletu dicit mutandum, errore sæculi raptantur et turbine, non intelligentes ruinam peccatorum suorum, neque præterita vitia plangentes; sed putantes brevia bona esse perpetua, et in his exsultantes, quæ magis digna sunt planctu. Potest hoc et de hæreticis accipi, qui falsis dogmatibus acquiescentes, læta sibi et prospera repromittunt.

Consideravi in corde meo ᵈ, *ut traherem in vino carnem meam, et cor meum deduxit me in sapientiam, et ut obtinerem in stultitiam, donec viderem quid* ᵉ *esset bonum filiis hominum, quod facerent sub sole numero dierum vitæ suæ.* Volui vitam ᶠ tradere **397** deliciis, et carnem meam ab omnibus curis liberare, et vero sensum quem editi libri evertunt, legentes consequenter : *ut obtinerem stultitiam;* pro et *ut obtinerem in stultitiam.* Nam in Hebræo est ולאחז בסכלות, *veleehhoz besichluth,* id est, *et ad apprehendendum in stultitiam,* sive *ad obtinendum principatum in stultitiam.*

ᵉ Nostri mss., *quid esset boni.* MARTIAN.
ᶠ Iidem mss., *volui vitam trahere deliciis, et carnem meam ab omnibus curis liberam, quasi vino,* etc.

quasi vino, sic voluptate sopire; sed cogitatio mea, et ratio naturalis, quam etiam peccatoribus Deus auctor inseruit, retraxerunt me, et deduxerunt ad sapientiam requirendam stultitiamque calcandam, ut viderem quidnam illud esset boni, quod homines in vitæ suæ possent agere curriculo. Eleganter autem voluptatem ebrietati comparavit. Siquidem ebrietas evertit animi vigorem, quam qui potuerit sapientia commutare, et (ut in quibusdam [a] codicibus habetur) *obtinere lætitiam* spiritualem; is poterit ad scientiam rei istius pervenire, quid in hac vita appetendum sit, quid vitandum.

Magnificavi opera mea: ædificavi mihi domos: plantavi mihi vineas, [b] et cætera usque ad eum locum, in quo ait : *Sapientis oculi in capite ejus, et stultus in tenebris ambulat.* Antequam de singulis disseram, videtur mihi utile brevi cuncta sermone comprehendere, et quasi in unum corpus sensum redigere, ut possint facilius intelligi, quæ dicuntur. Omnia quæ putantur in sæculo bona, quasi rex et potens habui. Ædificavi mihi in excelsum palatia, vitibus montes collesque consevi. Et ne quid deesset ad luxum, hortos mihi pomariaque plantavi, diversas arbores instituens, quas collectæ in piscinas aquæ [c] desuper irrigarent, ut [d] longius viror humore perpeti nutriretur. Servorum quoque sive emptorum, sive vernaculorum, mihi fuit innumerabilis multitudo, et quadrupedum greges multi, boum scilicet et ovium, quantum nullus ante me rex habuit in Jerusalem. Sed et thesauri argenti et auri innumerabiles condebantur, quos mihi diversorum regum munera et gentium tributa contulerant. Unde et accidit, ut nimiis opibus ad majores delicias provocarer, [e] et musicarum artium chori, mihi tibia, lyra, voce concinerent, et uterque sexus in conviviis ministraret: sed quanto ista crescebant, tanto sapientia deerat. Nam in quamcumque voluptatem me cupido traxisset, infrenis ferebar et præceps, 398 putabamque hunc esse fructum laborum meorum, si ipse in libidine luxuriaque consumerer. Tandem in memet reversus, et quasi de gravi somno evigilans, aspexi ad [*Al.* et] manus meas, et opera mea plena vanitatis, plena sordium, plena spiritu erroris intuitus sum. Nihil enim, quod in mundo [f] putabatur bonum, bonum potui reperire. Reputans igitur, quæ essent sapientiæ bona, et quæ stultitiæ mala, consequenter in laudem illius hominis erupi, qui post vitia se refrenans, virtutum possit esse sectator. Magna quippe distantia est inter sapientiam et stultitiam, et quantum dies distat a nocte, tantum virtutes a vitiis separantur. Videtur mihi itaque, qui sapientiam sequitur, oculos in cœlum semper erigere, et in sublime os habere surrectum, eaque, quæ supra suum verticem sunt, contemplari. Qui vero stultitiæ et vitiis deditus sit, versari in tenebris, et in rerum ignorantia volutari. *Magnificavi opera mea,* [g] etc. Magnificat opera sua, qui juxta imaginem conditoris in superna sustollitur. Et ædificat domos, ut veniant Pater, et Filius, et Spiritus sanctus, et habitent in eis. Et plantat vineas, ad quas Jesus ligat asinam suam.

Feci mihi hortos et pomaria: plantavi in illis lignum omne fructiferum. In domo divitis non solum aurea vasa sunt et argentea, sed et lignea et fictilia (II *Tim.* xx). Fiunt igitur et horti propter imbecilliores quosque et infirmos. Nam qui infirmus est, oleribus vescitur (*Rom.* xiv, 2). Plantantur arbores, non [h] *omnes fructiferæ,* ut in Latinis codicibus habemus: sed *omnes fructus,* hoc est, diversarum frugum atque pomorum, quia diversæ sunt gratiæ in Ecclesia: et alius est oculus, alius manus, alius pes, et, quæ verecundiora nostra sunt, his majorem honorem circumdamus (I *Cor.* xii). Inter quas frugiferas arbores æstimo tenere primatum lignum vitæ, quod est sapientia. Nisi enim in medio [i] illa plantetur, ligna cætera siccabuntur.

Feci mihi piscinas aquarum, ad irrigandum 399 *ex eis saltum* j *germinantem lignum.* Ligna saltuum, ligna silvarum, quæ non sunt frugifera, quæ poma non afferunt, non aluntur imbre cœlesti, non supernis aquis, sed his quæ in piscinas de rivulis colliguntur. Nam Ægyptus humilis et jacens, quasi hor-

---

[a] *Lætitiam spiritualem.* Omissa quoque hoc loco in editis duo isthæc verba, *lætitiam spiritualem,* sensui Scripturæ ac Hieronymi observationi noctem offundebant. Nunc vero lucidus atque facilis remanet intellectus hujus loci; quia exploratum habemus legisse Hieronymum apud LXX Interpretes, καὶ τοῦ κρατῆσαι ἐπ᾽ ἀφροσύνην, *et ut obtinerem in stultitiam*; cum in quibusdam codicibus haberetur ἐπ᾽ εὐφροσύνην, *in lætitiam,* sive *super lætitiam.* Et hoc modo legimus in editione hodierna LXX Translatorum. MARTIAN.

— Nunc e contrario non alii supersunt Græci codices, quam qui *lætitiam,* sive εὐφροσύνην legunt, pro ἀφροσύνην, *stultitiam,* quemadmodum Hieronymiani ævi exemplaria verius ad Hebræum præferebant. Infra leviora quædam e mss. emendamus.

[b] Impressa lectio erat *mihi vineas. Usque ad eum locum,* etc.

[c] *Quas collectæ in piscinas aquæ,* etc. Erasm. et Mar. *quas collectæ in unum piscinæ aquæ desuper,* etc. Consequenter Sorbonicus ms. codex legit, *ut longius vigor;* Corbeienses vero, *ut harum humore perpeti nutrirentur.* Quæ phrasis optimum habet sensum. MARTIAN.

[d] Mss., *ut longus viror,* etc.

[e] Penes Alcuin., *ut Musicorum chori mihi tibiali voce concinerent,* etc.

[f] Quatuor mss. in instanti, *putatur.*

[g] Addunt nostri mss., *ædificavi mihi domos, plantavi mihi vineas.*

[h] *Non omnes fructiferæ.* In Hebræo scriptum est, עץ כל פרי, *ets kol peri,* id est, *lignum omnis fructus,* ut notat Hieron. qui non probat ξύλον πᾶν καρποῦ, *lignum omne fructus,* sive *fructiferum,* quod legebant in Latinis codicibus e LXX Interpretum Græca Versione derivatis. — Ipse autem Hier. vertit *cuncti generis.* In Hebr. est, כל פרי in Græco πᾶν καρποῦ.

[i] *Nisi enim in medio,* etc. Corbeienses manuscripti eodem sensu sic legunt, *nisi enim in medio illarum plantetur,* etc. MARTIAN.

[j] Unus Vatic., *saltum germinantium. Ligna saltuum,* etc.

tus olerum, terrenis et de Æthiopia venientibus aquis, irrigatur. Terra vero repromissionis, quæ montuosa est et erecta, temporaneam et serotinam pluviam exspectat e cœlo.

Mercatus sum servos, et ancillas, et vernaculi fuerunt mihi, et quidem possessio armenti et ovium multa fuit mihi [a]. Si volumus Ecclesiasten, ut supra diximus, etiam nunc ad Christi referre personam, possumus servos ejus dicere, qui habeant spiritum timoris in servitute, et spiritualia magis desiderant, quam teneant. Ancillas vero eas animas appellare, quæ adhuc corpori terræque sunt deditæ. Vernaculos quoque illos qui sunt quidem de Ecclesia, et servos, et ancillas, de quibus diximus, antecedunt : necdum tamen libertate donati sunt, nec nobilitate a Domino. Sunt autem et alii in familia Ecclesiastæ, instar boum et ovium, propter opera et simplicitatem : qui absque ratione et scientia Scripturarum laborant quidem in Ecclesia, sed necdum ad id pervenere, ut homines esse mereantur, et redeant ad imaginem conditoris. Diligentius nota quod in servis, et ancillis, et vernaculis multitudo non additur, in bobus vero et ovibus dicitur; *possessio armenti et ovium* [b] *multa fuit mihi*. Plura quippe in Ecclesia armenta, quam homines; plures oves, quam servi, ancillæ atque vernaculi. Illud vero, quod in fine dicitur :

Super omnes, qui fuerunt ante me in Jerusalem. Non ad grandem gloriam pertinet Salomonis, uno patre suo rege se ditiorem fuisse, quia sub Saule, necdum regnabatur in Jerusalem, et a Jebusæis, qui ipsi urbi insederant, tenebatur. Altius itaque tractandum, quæ sit Jerusalem : et quomodo Ecclesiastes, ante omnes, qui se præcesserunt reges in Jerusalem, ditior fuerit.

Congregavi mihi argentum, et aurum, et substantias regum et provinciarum. Feci mihi cantores et cantatrices, et delicias **400** *filiorum hominum, ministros vini et ministras.* Argentum et aurum semper Scriptura divina super sermone ponit et sensu. Unde et in sexagesimo septimo psalmo, columba quæ interpretatur in spiritu, manifestiores [c] et visui expositas alas deargentatas habet, occultiorem vero intrinsecus sensum in auri pallore operit. Regum autem substantias, et provinciarum, sive regionum, in credentium congregavit Ecclesiam ; illorum regum, de quibus psalmista canit : *Astiterunt reges terræ, et principes convenerunt in unum* (*Psal.* ii, 2) : illarumque regionum [d] *in quas oculos levari Salvator præcepit : quia jam candeant ad metendum* (*Joan.* iv). Possunt regum substantiæ et philosophorum dici dogmata, et scientiæ sæculares, quas Ecclesiasticus vir diligenter intelligens, apprehendit sapientes in astutia eorum, et perdit sapientiam sapientium, et prudentiam prudentium reprobat (1 *Cor.* i). Cantores quoque et cantatrices, illi vel illæ sunt, qui psallunt spiritu, psallunt et mente. Cantator quasi vir et robustus et spiritualis de altioribus canit. Cantatrix vero adhuc circa materiam volutatur, quam Græci ὕλην vocant ; nec potest vocem suam in sublime tollere. Ubicumque ergo in Scripturis femina legitur et sexus fragilior, ad materiæ intelligentiam transferamus. Unde et Pharao non vult masculos vivificari, sed tantum feminas, quæ materiæ sunt viciniæ (*Exod.* i). Et e contrario nullus Sanctorum, nisi perraro feminas genuisse narratur. Solusque Salphaath, qui in peccatis mortuus est, omnes filias genuit (*Num.* xxv). Jacob inter duodecim Patriarchas, unius filiæ pater est, et ob ipsam periclitatur (*Gen.* xxx). Deliciæ quoque filiorum hominum super sapientia intelligendæ, quæ ad instar paradisi habet [e] *pomaria varia*, et multiplices voluptates. Et de ipsa præcipitur : *Delectare in Domino, et dabit tibi petitiones cordis tui* (*Psal.* xxxvi, 4). Et in alio loco : *Torrente voluptatis tuæ potabis eos* (*Psal.* xxxviii, 2). Nam de vini fusoribus, et vini fusitricibus (ad distinctionem quippe nunc masculini, feminino genere volui declinare, quod Latinus sermo non recipit) aliud multo, quam in promptu est, Aquila interpretatur. Non enim homines, viros videlicet, et **401** feminas, sed [f] vasculorum species nominavit, κυλίκιον et κυλίκια vocans, quod Hebraice dicitur sadda (שדה) et saddoth (שדה). Denique Symmachus, licet verbum non potuerit exprimere de verbo, ab hac opinione non longe est, dicens : [g] *Mensarum species, et appositiones*. Sive igitur urceos, sive scyphos, sive crateres, qui in ministeriis ordinantur, auro gemmisque disjunctos Salomonem habuisse credendum est : et quod ex uno κυλίκιῳ, id est, *cratere*, aliis κυλίκιοις, minoribus scilicet vasculis, hauriretur : et per ministrorum manus potantium vinum turba susciperet. Quia igitur Ecclesiasten interpretamur in Christo : et sapientia

---

[a] Mss. nostri addunt, *super omnes, qui fuerunt ante me in Jerusalem*.

[b] Iidem mss., *et ovium multitudo fuit mihi*.

[c] *In spiritu manifestiora*, etc. Depravatus hic locus est in veteribus editionibus, ubi legimus : *Propter manifestiora et visui expositas, alas deargentatas habet*. Martian.

[d] *Illarumque regionum*, etc. Iidem editi antea libri, *illarum quoque regionum, in quas oculos elevare*, etc. Martian.

[e] Rursum iidem mss., *habet poma varia*.

[f] Duo Palatini et Vatican.; *sed masculorum species*. κυλίκιον vero *parvus est calix*; διὸ *scyphus*.

— κυλίκιον et κυλίκια *vocans*. Hic vero Græca sic corrumpunt, nominavit κυλίκιον και κυλίκια. Deinde addunt Hebraica verba in contextu secundum Mas- soretharum puncta vocalia, schidda et schiddoth, cum Hieronymus legerit sadda et soddoth, sive sadda et saddoth; ut habet ms. Sorbonicus. Martian.

[g] Olim erat *mensurarum*, pro quo Martianæus fecit minori numero *mensuram*, et in Hexaplorum collectione μέτρῳ. Mihi ad fidem Vaticani ms. atque alterius Palatini prima manu satius visum est legi, *mensarum*. Et vero si *mensarum species*, et *appositiones* Symmachus dixit ; ab Aquila ; qui *poculorum species nominavit*, non longe, quod Hieronymus tradit, opinione abfuit. Contra, si *mensuram*, aut, quæ pejor est lectio, *mensurarum species* vertisset, etc., quæ voces neque ad se invicem respectum haberent, nec quid tandem simul junctæ significent, intelligitur. Reliquus quoque contextus emendationem hanc probat.

in ª cratere mixto in Proverbiis prætereuntes ad se convocat: *Corpus Domini nunc craterem magnum debemus accipere, in quo non meraca Divinitas, ut in cœlestibus fuit, sed propter nos humanitate media temperata est, et per Apostolos, minora κυ-ρίκια, scyphos parvulos et crateras, in toto orbe credentibus effusa sapientia est.*

Et magnificatus sum, et adjeci ᵇ *sapientiam super omnes qui fuerunt ante me in Jerusalem : et quidem sapientia mea stetit mihi.* Magnificatum Ecclesiasten, minime videtur Domino convenire, nisi forte ei illud aptemus: *Proficiebat sapientia et ætate et gratia* (*Luc.* II, 52). Et : *Propter quod illum Deus exaltavit* (*Phil.* II, 9). Quod autem ait : *Qui fuerunt ante me in Jerusalem,* de his dicit, qui ante adventum suum, congregationem Sanctorum et Ecclesiam gubernarunt. Si spiritualiter intelligimus Scripturas, ditior est Christus omnibus [*Al.* ab hominibus]: si tantum carnaliter, melius ᶜ intelligitur Synagoga, quam Ecclesia. Tulit ergo velamen, quod fuit positum super vultum Moysi (*Exod.* XXXIV), et pleno lumine faciem ejus videre nos fecit (II *Cor.* III). Porro stetisse sapientiam sibi ᵈ, ille sensus est, quod etiam in carne posito sibi **402** permanserit sapientia. Qui profectum habet in sapientia, non ei stat sapientia; qui autem non recipit profectum, nec per momenta succrescit, sed semper in plenitudine est, iste dicere potest : *Et stetit mihi sapientia.*

Et omne quod postulaverunt oculi mei, non tuli ab eis : nec prohibui cor meum ab omni lætitia : quia cor meum lætatum est in omni labore meo. Et hæc fuit portio mea ex omni labore meo. Oculi animæ et mentis intuitus contemplationem desiderant spiritualem, quam peccator ignorans, prohibet a vera jocunditate cor suum. Huic ergo se Ecclesiastes totum dedit, et leve tribulationis [*Al.* leves tribulationes] in sæculo, æterna gloria compensavit. Hæc enim portio nostra est, præmiumque perpetuum, si hic pro virtutibus laboremus.

Et respexi ego ad omnia opera mea, quæ fecerant manus meæ, et in labore quo laboraveram faciens. Qui cum diligentia et cautione agit universa, hæc potest dicere.

Et ecce omnia vanitas, et ᵉ *voluntas spiritus: Et non est abundantia sub sole.* Quomodo in cæteris vilia cuncta reputavit, quæ sub sole sunt, et pro voluntatum varietate diversa. *Et non est abundantia sub sole* (*Psal.* XVIII, 6). Christus in sole posuit tabernaculum suum. Itaque qui necdum ad solis claritatem, ordinem, constantiamque pervenit [*Al.* pervenerit], in hoc Christus nec habitare poterit, nec abundare.

Et respexi ego, ut viderem sapientiam, et errores et stultitiam : quia quis est hominum, qui possit ire post regem ᶠ *atque factorem suum?* Quia in superioribus usque ad eum locum in quo Scriptura ait : *Sapientis oculi in capite ejus,* uno cuncta sermone comprehenderam, volens sensum breviter indicare, et ob id rursum secundum ἀναγωγήν, aliqua **403** perstrinxeram, nunc juxta id quod cœperam, exponere debeo. Multum enim a Septuaginta interpretatione in hoc loco diversus est sensus. Dicit autem se, post delicias voluptatesque damnatas, revertisse ad sapientiam perquirendam, in qua plus erroris stultitiæque repererit, quam veræ certæque prudentiæ. Non enim posse hominem tam liquido et pure scire sapientiam creatoris et regis sui, quam scit ille, qui conditor est. Itaque, et illa quæ novimus, opinari nos potius quam tenere, et æstimare magis quam scire, quod verum est.

Et vidi ego, quia est abundantia sapientiæ super stultitiam, sicut abundantia lucis super tenebras. Licet, inquit, ipsam hominum sapientiam mixtam errore perviderim, nec tam pure in nostros animos illabi posse, quam est in rege et conditore nostro; tamen magnum etiam in eo quod est, differentiam inter illam et stultitiam esse cognovi, quantum potest distare dies a nocte, lumen a tenebris.

Sapientis oculi in capite ejus, et stultus in tenebris ambulat. Et cognovi ego, quia eventus unus eveniet omnibus eis. Qui in perfectum virum pervenerit, et meruerit ut caput ipsius Christus sit, oculos suos semper habebit ad Christum, et eos in sublime elevans, numquam de inferioribus cogitabit. Cum hæc se ita habeant, et inter sapientem et stultum tanta distantia sit, quod alter diei, alter tenebris comparetur, ille oculos ad cœlum levet, iste in terram deprimat: repente mihi cogitatio ista subrepsit, quare sapiens et stultus communi finiantur interitu, cur eædem plagæ, idem eventus, eadem mors, pares utrumque angustiæ premant.

Et dixi ego in corde meo, sicut eventus stulti, ita et mihi eveniet, et ut quid sapiens factus ᵍ *sum? Et locutus sum in corde meo, quoniam hoc quoque vanitas. Non enim erit memoria sapientis cum stulto in æternum, eo*

ª Martian. absque in præpositione : tum unus Palatin. mixta, pro mixto. Proverbiorum locus est IX, 5: *Venite, comedite panem meum, et bibite vinum, quod miscui vobis.* Estque hæc in primis annotanda, ad veritatem corporis Christi in Eucharistia confitendam, anagogica Hieronymi interpretatio.

ᵇ Vocem *sapientiam,* quam male omiserat Martianæus, e duobus mss. Palatinis et Victoriana editione suffecimus. Ita et Græci plures libri habent, καὶ προσέθηκα σοφίαν παρὰ πάντας : *Et adjeci sapientiam super omnes.* Mox quoque unus Palatin. adstetit, pro stetit. Veteres edit. astitit, hic atque infra.

ᶜ Ita et mss. duo Palatini, et Victorius habent, concinniore longe sensu. Martianæus active *intelligit.*

ᵈ *Porro stetisse sapientiam sibi.* Ter corruptum est istud verbum apud Erasm. et Marian. qui legunt in textu, *sapientia mea astitit mihi*; et in Commentario, *astitisse sapientiam sibi,* et consequenter, *astat mihi sapientia.* MARTIAN.

ᵉ Tres mss., *et voluptas spiritus* : multo autem rectius hic alterum comma : *et non est abundantia sub sole,* ignorant.

ᶠ Duo Palatini mss. cum veteribus editis *ante,* pro *atque* : Vatic. utramque vocem verius omittit.
— *Qui possit ire post regem,* etc. Male in eisdem editis ac paucis mss. exemplaribus legitur, *qui possit ire post regem ante factorem suum?* MARTIAN.

ᵍ Palatinus alter, *sapiens factus sum ego?* ad Græ-

quod ecce diebus qui supervenient, universa oblivio cooperiet: et quomodo morietur sapiens cum stulto? Dixi, sapiens et stultus, justus et impius, æquali sorte morientur, et omnia in hoc sæculo mala eventu simili sustinebunt; quid ergo mihi prodest, quod secutus sum sapientiam, **404** et plus cæteris laboravi? Rursum cogitans et diligenter mecum mente pertractans, sententiam meam vanam esse deprehendi. Non enim similiter sapiens et insipiens habebunt in futuro memoriam, quando consummatio veniet universitatis : et nequaquam pari exitu tenebuntur, quia hic ad refrigeria, ille perget ad pœnam. Apertius in hoc loco sensum Hebraicum Septuaginta interpretes transtulerunt, licet verborum ordinem non sint secuti : *Et ut quid sapiens factus sum ego? Tunc abundanter locutus sum in corde meo, quoniam insipiens ex abundantia loquitur: quoniam hoc quoque vanitas, quia non est memoria sapientis cum stulto in æternum,* et cætera. Quod videlicet priorem opinationem suam stultam esse convincens, insipienter se locutum esse testatus sit, et errasse, quia ante sic senserit.

Et odivi vitam, quia malum super me opus quod factum est sub sole, quia omnia vanitas et pastio venti. Si mundus in maligno positus est, et in tabernaculo isto Apostolus ingemiscit dicens : *Miser ego homo, quis me liberabit de corpore mortis hujus* (Rom. VII, 24)? recte odio habet omne quod sub sole factum est. Ad comparationem quippe paradisi et illius vitæ beatitudinem, in qua spiritualibus pomis et virtutum deliciis fruebamur : nunc quasi in ergastulo et carcere sumus et valle lacrymarum, in sudore vultus nostri comedentes panem.

Et odivi ego omnem laborem meum, quem ego laboro sub sole, quia dimitto illum homini, qui futurus est post me. Et quis scit utrum sapiens sit, an stultus? et dominabitur in omni labore meo, quo laboravi, et in quo sapiens factus sum sub sole: sed et hoc vanitas. Videtur quidem de divitiis et opibus retractare, quod secundum Evangelium repentina morte subtracti, quali moriamur hærede, nesciamus : utrum stultus an sapiens sit, qui nostro est labore fruiturus. Quod Salomoni quoque accidit: non enim similem sui habuit filium Roboam. Ex quo intelligimus, ne filium quidem patris hæreditate dignum esse, si stultus sit. Sed mihi aliius contemplanti, de labore videtur dicum ἐσοφισάμην ἐγώ.

—*Et ut quid sapiens factus sum ego?* Eadem temeritate, qua multos antea Græcos versus integros additos vidimus, nunc capitulum Græcum veteres editiones nobis obtrudunt, cujus nec unicum quidem verbum apparet in veris Hieronymi exemplaribus. MARTIAN.

[a] Tres mss. e quibus Palatinus alter secunda manu, *labor ejus est in justitia, et sapientia,* etc.

[b] *Vanitas et nequitia multa.* In Hebræo scriptum est וְרָעָה רַבָּה *veraa rabba,* quod *et nequitia multa* interpretari potest, aut *et malum magnum :* quia radix Hebræa רבב *rabab, multum et magnum* sonat. MARTIAN.

[c] *Et sudor mortui.* Si vanitas est, et nequitia multa, quod alter labore alterius perfruatur, et sudor mortui, deliciæ sint viventis; quantam nequitiam

cere spirituali, quod diebus ac **405** noctibus vir sapiens in Scripturis laboret, et componat libros, ut memoriam sui posteris derelinquat, et nihilominus in manus stultorum veniant, qui frequenter secundum perversitatem cordis sui, semina inde hæresceon capiant, et alienos labores calumnientur. Si enim de corporalibus divitiis nunc Ecclesiastæ sermo est, quid necesse fuit de labore et opibus dicere : *Et dominabitur in omni labore meo, in quo laboravi, et in quo sapiens factus sum sub sole?* Quæ enim sapientia est, terrenas divitias congregare?

Et conversus sum ego, ut renuntiarem cordi meo in omni labore meo, quo laboravi sub sole, quia est homo, cui labor ejus [a] *est in sapientia, et scientia, et virtute, et homini qui non laboravit, illi dabit partem suam. Et quidem hoc* [b] *vanitas et nequitia multa.* Quid enim? fit homini in omni labore suo, et in voluntate cordis sui, qua ipse laborat sub sole? Quia omnes dies ejus dolorum et iracundiæ curarumque, et quidem in nocte non dormit cor ejus; sed et hoc vanitas. Supra de incerto loquitur hærede, quia utrum stultus sit dominus, an sapiens laborum alterius futurus sit dominus, ignoretur. Nunc eadem quidem repetit, sed in illo diversus est sensus, quod etiam si filio, si propinquo, si noto alicui substantiam laboresque dimittat ; nihilominus tamen in eumdem circulum res recurrat, ut alter labore alterius perfruatur, et [c] sudor mortui, deliciæ sint viventis. Se unusquisque consideret, et videbit, quanto libros labore componat, quomodo

Sæpe stylum vertat [d] iterum, quæ digna legi sint, Scripturus ;

(Ex Horat. Sat. l. 1, Sat. 10).

et homini qui non laboravit, det partem suam. Quid enim, ut ante jam dixi, ad opes terræ pertinent sapientia et scientia et virtus, in quibus se laborasse testatus est, cum sapientiæ, scientiæ atque virtutis sit, calcare terrena.

Non est bonum homini, nisi quod comedat, et bibat, et ostendat animæ suæ bonum **406** *in labore suo. Et quidem hoc vidi ego, quia de manu Dei est.* Quis enim comedet, et quis [e] parcet sine illo ? quia homini bono coram se dedit sapientiam, et scientiam, et lætitiam, et peccanti [Al. peccatori] dedit sollicitudinem, ut augeat et congreget quæ [f] dantur bono ante faciem Dei. Sed et hoc vanitas, et præsumptio spiritus. Postquam uniputas sudores Bernardi viventis, honorem esse Nicolai nescientis ; aut labores Joannis, divitias et gloriam parere sævienti operum Magistro? Hanc vanitatem sub sole qui sustinet, molestissimam et nequissimam pronuntiat cum Salomone et Ecclesiaste nostro. MARTIAN.

[d] *Sæpe stylum vertat.* Vide supra in notis nostris Horatianum istud comma. MARTIAN.

[e] Iidem mss. Criticorum tamen, ut videtur, manum experii, *et quis pascet.* In Græco est πίεται, *bibet,* aut φείσεται *parcet.*

—*Quis enim comedet,* etc. Non bene in antea editis sic legimus, *Quis enim comedit, et quis parcit sine illo qui homini bono,* etc. MARTIAN.

[f] Vatic. duoque Palatini : *quæ dentur bono ante faciem suam Dei.* Veteres editi vitiose, *quæ videntur bona ante faciem Dei.*

versa tractavi, et [a] nihil injustius esse perspexi, quam alterius labore alterum frui, tunc mihi visum est hoc in rebus esse justissimum, et quasi Dei donum, ut suo quis labore frueretur, bibens et comedens, et pro tempore [b] parcens opibus congregatis. Siquidem munus Dei est, talem viro justo dari mentem, ut ea quæ curis vigiliisque quæsivit, ipse consumat. Sicut e contrario, iræ Dei est in peccatorem, ut diebus ac noctibus opes congreget, et nequaquam eis utens, his relinquat, qui in conspectu Dei justi sunt. Sed et hoc, inquit, diligenter inspiciens et videns omnia morte finiri, vanissimum judicavi. Hæc interim secundum litteram, ne videamur penitus simplicem præterire sensum, et dum spirituales divitias sequimur, historiæ contemnere paupertatem. Quid enim boni est, aut quale Dei munus, vel suis opibus inhiare, et quasi fugientem [c] præcerpere voluptatem, vel alienum laborem in proprias delicias vertere : et hoc putare donum esse Dei, si alienis miseriis et laboribus perfruamur ? Bonum est itaque veros cibos et veram sumere potionem, quos de agni Carne et Sanguine in divinis Voluminibus invenimus. Quis enim vel comedere, vel cum opus est, [d] parcere potest absque Deo ? qui præcepit sanctum canibus non esse mittendum (*Matth.* VII, 6), et docet, quomodo in tempore conservis sint danda cibaria (*Matth.* XXIV, 45); et juxta alium sensum, inventum mel tantum [e] comedere, quantum sufficit (*Prov.* XXV, 16)? Pulchre autem homini bono Deus dat sapientiam, et scientiam, et lætitiam : nisi enim bonus fuerit, et mores suos **407** proprio arbitrio [f] ante correxerit, sapientiam, et scientiam, et lætitiam non meretur, secundum illud quod alibi dicitur : *Seminate vobis in justitia, vindemiate in fructu vitæ, illuminate vobis lumen scientiæ* (*Ose.* X, 12, *juxta* LXX). Seminanda quippe ante justitia, et vitæ fructus est demetendus, et postea scientiæ lumen poterit apparere. Ut ergo bono coram se dedit Deus sapientiam, et cætera : sic peccatorem suo arbitrio derelinquens, fecit congregare divitias, et hinc et inde perversorum dogmatum consuere cervicalia. Quæ cum vir sanctus et placens Deo viderit, intelligit [*Al.* intelliget], quia vana sunt, et spiritus præsumptione composita. Nec mirandum, quod dixerit : *Peccatori dedit sollicitudinem*, et cætera. [g] Ad illum enim sensum de quo sæpe tractavi, hoc referendum est : Propterea datam [*Al.* dat] ei esse sollicitudinem sive distentionem [*Al.* afflictionem], quia peccator fuerit, et non esse causam distentionis [*Al.* afflictionis] in Deo, sed in illo qui sponte sua ante peccaverit.

(Cap. III.) *Omnibus tempus est, et tempus omni rei sub cœlo*. Incertum et fluctuantem statum conditionis humanæ in superioribus docuit : nunc vult illud ostendere, omnia sibi in mundo esse contraria, et nihil stare perpetuum, eorum dumtaxat, quæ sub cœlo sunt, et intra tempus, quia cæteræ substantiæ spirituales, nec cœlo, nec tempore continentur.

Tempus pariendi, et tempus moriendi. Tempus plantandi, et tempus evellendi quod plantatum est. Nulli dubium quod et ortus et interitus hominum, Deo notus sit [h] et præfinitus, et idipsum esse parere, quod plantare : mori, et quod plantatum est evellere. Sed quia in Isaia legimus : *A timore tuo, Domine, concepimus, et parturivimus, et peperimus* : hoc dicendum est, quod perfecto viro, partus iste, qui de timore natus est, cum Deum amare cœperit, moritur. Perfecta quippe *dilectio foras mittit timorem* (I *Joan.* IV, 18). Hebræi omne hoc, quod de contrarietate temporum scriptum est, usque ad illum locum, in quo ait : **408** *Tempus belli, et tempus pacis*, super Israel intelligunt. Et quia non necesse est per singulos versus ponere, quid interpretentur et sentiant, perstringam breviter [*Al.* leviter] latiorem super hoc dissertionem lectoris ingenio derelinquens. Tempus fuit generandi et plantandi Israelem, tempus moriendi, et ducendi in captivitatem. Tempus occidendi eos in Ægypto, et tempus de Ægypto liberandi. Tempus destruendi templi sub Nabuchodonosor, et tempus ædificandi sub Dario. Tempus plangendi eversionem urbis, et tempus ridendi atque saltandi sub Zorobabel, Esdra, et Neemia. Tempus dispergendi Israel, et tempus in unum congregandi. Tem-

---

— *Et congreget quæ dantur.* Hic etiam corruptam prorsus retinent istam lectionem, *et congreget quæ videntur bona ante faciem Dei.* MARTIAN.

[a] Penes Alcuin. *Postquam universa tractavi, et nihil in istius mundi labore perpetuum intellexi, posterioremque generationem prioris frui laboribus, tunc mihi visum est, hoc in rebus,* etc.

[b] Hic quoque ex præjudicio superioris lectionis tres mss. *pro tempore pascens opibus,* etc.

[c] *Et quasi fugientem,* etc. Ita legunt mss. codices 3; editi autem antea libri : *Et quasi scientem præsentem carpere voluptatem;* vel, *et quasi fugientem percipere voluptatem.* MARTIAN.

— Victorius ex Brixianis codd. legit *percipere :* antea erat *quasi scientem præsentem carpere voluptatem;* quam lectionem et retineri posse ait, tantum si *fugientem,* pro *scientem,* scribas.

[d] Rursum mss. omnes, *pascere* habent pro *parcere,* quod hoc demum loco ferme concinnius videtur, ac subnexæ expositioni cohærentius.

[e] Duo mss. *tantum debet comedere.*

[f] Præpositionem *ante* Vatic. codex ignorat, qua quidem expuncta, aut nihil, aut certe minus Pelagianum errorem hic locus redoleat, maxime si ad ea, quæ subsequuntur, animum intendas. Alcuinus sententiam hanc ad Catholicæ doctrinæ sensum, qui post Hieronymum clarius definitus ubique terrarum est, ita ex ingenio temperat : *Nisi enim bonus fuerit, et mores suos, Dei adjuvante gratia, proprio arbitrio ante correxerit,* etc.

— *Et mores suos proprio arbitrio.* Nonnihil sapere videtur Pelagii errorem; sed ex consequentibus facile locum emendabis. MARTIAN.

[g] Alcuin. pro hisce verbis. *Ad illum enim sensum,* etc., usque *referendum est :* habet pressiori ferme expositione : *dedit enim pro dimisit intelligendum est.*

[h] Ex Alcuino legimus. Antea erat *et finitus :* in veteribus vulgatis, *et agnitus.*

— *Deo notus fit.* Erasmus, *Deo notus sit et agnitus.* MARTIAN.

pus quasi cingulum et baltheum [a] circumdari Deo populum Judæorum, et tempus ducendi eos in Babyloniam captivitatem, et ibi computrescere trans Euphraten. Lege περίζωμα (*lumbare*) Jeremiæ (*Jerem.* XIII, 1 *seqq.*). Tempus quærendi illos et servandi, et tempus perdendi, et tempus projiciendi. Tempus scindendi Israel, et tempus iterum consuendi. Tempus tacendi Prophetas, nunc in captivitate Romana, et tempus loquendi eos, tunc quando etiam in hostili terra Dei consolatione et alloquio non carebant. Tempus dilectionis, qua eos sub patribus ante dilexit, et tempus odii, quia in Christum intulerunt manus. Tempus prælii, modo non agentibus eis pœnitentiam, et tempus pacis in futuro, quando intrante plenitudine gentium, omnis Israel salvus erit.

Tempus occidendi, et tempus sanandi. Et occidendi tempus est et sanandi, qui ait : *Ego occidam, et ego vivificabo* (*Deut.* XXXII, 19). Sanat ad pœnitentiam provocans. Occidit, juxta illum sensum : *In matutino interficiebam omnes peccatores terræ* (*Psal.* C, 8).

Tempus destruendi, et tempus ædificandi. Non possumus ædificare bona, nisi prius destruxerimus mala. [b] Idcirco sic Jeremiæ verbum a Deo datum est, ut ante eradicaret, et suffoderet, et perderet; et postea ædificaret atque plantaret (*Jerem.* 1).

409 *Tempus flendi, et tempus ridendi.* Nunc flendi tempus est, et in futuro ridendi : *Beati enim flentes, quoniam ipsi ridebunt* (*Luc.* VI, 21).

Tempus plangendi, et tempus saltandi. Idcirco corripiuntur in Evangelio, quibus Dominus ait : *Lamentavimus vobis, et non planxistis : cantavimus, et non saltastis* (*Luc.* VII, 32). Plangendum est impræsentiarum, [c] ut postea saltare valeamus illa saltatione, qua David saltavit ante arcam Testamenti : et Saulis filiæ displicens, magis placuit Deo (II *Reg.* VI). [d]

Tempus spargendi lapides, et tempus colligendi lapides. Miror, quomodo vir disertus [e] rem ridiculam in hoc loco dixerit : De destructione, inquiens, et ædificatione domorum Salomonis sermo est, quod homines nunc destruant, nunc ædificent : alii congregent lapides ad ædificia construenda, alii quæ exstructa sunt, destruant, secundum illud Horatianum [f] (*Epist. lib.* II, *ep.* 1) :

Diruit, ædificat, mutat quadrata rotundis.
[g] Æstuat, et vitæ disconvenit ordine toto.

Hoc utrum recte, an perperam dixerit, lectoris arbitrio derelinquo. Nos prioris explanationis sequamur ordinem : Tempus spargendorum et congregandorum lapidum esse dicentes, juxta illud quod in Evangelio scriptum est : *Potens est Deus de lapidibus istis suscitare filios Abrahæ* (*Matth.* III, 9). Quod tempus fuerit gentilis populi dispergendi, et tempus rursum in Ecclesiam congregandi. Legi in quodam libro (juxta Septuaginta tamen Interpretes, qui dixerunt : *Tempus mittendi lapides, et tempus colligendi*) severitatem Legis antiquæ, Evangelii gratia temperatam. Lex quippe rigida, inbenigna, non parcens, peccantem interficit. Evangelii gratia miseretur, et ad pœnitentiam provocat. Et hoc esse tempus mittendorum lapidum, sive congregandorum, quod lapides mittantur in Lege, colligantur in Evangelio. Hoc utrum vere nec ne dictum sit, suo imputetur auctori.

Tempus amplexandi, et tempus longe fieri ab amplexu. Juxta simplicem intelligentiam manifestus est sensus, Apostolo **410** in eadem verba congruente : *Nolite fraudare ad invicem, nisi forte ex consensu ad tempus, ut vacetis orationi* (I *Cor.* VII, 5), liberis dandam operam, et rursum continentiæ. Vel quod tempus fuerit amplexandi, quando vigebat illa sententia : *Crescite, et multiplicamini, et replete terram* (*Gen.* 1, 28). Et tempus procul a complexu fieri, quando successit : *Tempus* [h] *in angusto est. Superest, ut et qui habent uxores, sic sint quasi non habeant* (I *Cor.* VII, 29). Si autem voluerimus ad altiora conscendere, videbimus sapientiam amplexari amatores suos : *Honora, quippe ait, eam, et amplexabitur te* (*Prov.* IV, 8), intraque ulnas suas et gremium strictiori [i] tenebit complexu. Porro, quia non potest humanus animus semper in sublime tendi, et de divinis et altioribus cogitare, nec jugiter esse in contemplatione rerum cœlestium, sed interdum necessitatibus corporis indulgere; propterea tempus est amplexandi sapientiam, et eam strictius [j] continendi, et tempus relaxandi mentem ab intuitu complexuque sapientiæ, ut curæ corporis, et his quibus vita nostra absque peccato indiget, serviamus.

---

[a] Victorius ex Mediceo, Fesulano, et S. Marci Florentinis codicibus rescripsit *circumdandi*. Impressam lectionem tuentur nostri omnes.

[b] Vatican. et Palatin. alter, *destruxerimus mala, sicut Jeremiæ verbum*, etc. Cæterum antea interpunctionis vitio laborabat hic locus.

[c] *Ut postea saltare valeamus*, etc. Mss. Corbeienses, *saltare valeamus illam saltationem, quam David saltavit.* Saltare saltationem, sicut vivere vitam. MARTIAN.

[d] Additur in Erasmi, et Victorii editionibus glossema istud : *quia qui in præsenti sæculo sua plangit peccata, ridebit potius in futuro* : quod penitus mss. ignorant.

— *Magis placuit Deo.* In veteribus editionibus adulterinum additamentum invenio, quod minime loco congruat. Unde conjicio positum fuisse ab aliquo exscriptore imperito, qui pretiosissimis margaritis Hieronymi suum vitrum adjecerit, nempe : *quia qui in præsenti sæculo sua plangit peccata, ridebit potius*

in futuro. MARTIAN.

[e] *Miror quomodo vir disertus*, etc. Quis hoc dixerit, scire non potui ; quamvis plurima veterum Scriptorum volumina in hunc finem perlegere curarim. Moneo autem lectorem, Hieronymi Commentarium in hunc Ecclesiastæ locum, funditus esse depravatum et subversum in Glossa ordinaria. MARTIAN.

[f] *Secundum illud Horatianum.* Alius ordo est versuum apud ipsum Horatium Epist. lib. I, epist. 1, ad Mœcenatem :

Quod petiit, spernit : repetit quod nuper omisit ;
Æstuat, et vitæ disconvenit ordine toto ;
Diruit, ædificat, mutat quadrata rotundis.

MARTIAN.

[g] Tres mss. *Exstruit.* Et apud Horatium, qui prior hic laudatur versus : altero posterior est.

[h] Victorius, *Tempus nunc in angusto* : olim erat, *Tempus quod in angusto*, etc.

[i] Martianæus vitiose, *strictiori tenere complexu.*

[j] Duo mss., *strictius constringendi.*

Tempus acquirendi, et tempus perdendi. Tempus custodiendi, et tempus projiciendi. Sub diversis sermonibus, idem nunc, qui supra et infra, sensus est, in eo quod ait : *Tempus destruendi, et tempus ædificandi.* Ac deinde : *Tempus scindendi, et tempus consuendi.* Quomodo [a] enim Synagoga destruitur, ut ædificetur Ecclesia, et a Lege fit scissio, ut Evangelia consuantur, quod Evangelistæ singuli perpetrarunt, de Lege et Prophetis adventus Dominici testimonia consuentes : ita et tempus fuit quærendi et custodiendi Israel, tempus perdendi et projiciendi illum. Vel certe tempus quærendi populum ex gentibus, et tempus perdendi populum Judæorum. Tempus custodiendi credentes ex nationibus, et tempus abjiciendi incredulos ex Israel.

Tempus tacendi, et tempus loquendi. Pythagoricos reor, quorum disciplina est tacere per quinquennium, et postea eruditos loqui, hinc originem sui traxisse decreti. Discamus itaque et **411** nos prius non loqui ut postea ad loquendum ora reseremus. Sileamus certo tempore, et ad præceptoris eloquia pendeamus. Nihil nobis videatur rectum esse, nisi quod discimus, ut post multum silentium, de discipulis efficiamur magistri. Nunc vero pro sæculorum [b] quotidie in pejus labentium vitio, docemus in Ecclesiis, quod nescimus. Et si compositione verborum, vel instinctu diaboli, qui fautor errorum est, plausus populi excitaverimus, contra conscientiam nostram scire nos arbitramur, de quo aliis potuimus persuadere. [c] Omnes artes absque doctore non discimus : sola hæc tam vilis et facilis est, ut non indigeat præceptore.

Tempus amandi, et tempus odiendi. Tempus amandi post Deum, liberos, uxorem, propinquos, et tempus odiendi eos in martyrio, cum pro Christi confessione rigidos pietas oppugnat inimica. Vel certe tempus amandi Legem, et ea quæ a Lege fuerant imperata, circumcisionem, hostias, sabbatum, neomenias, et tempus odiendi ea, Evangelii gratia succedente. Necnon et hoc dici potest, quoniam nunc per speculum videmus in ænigmate (I *Cor.* xiii, 12), tempus esse præsentis diligendi, et in futurum tempus adveniet, quando cernentes facie ad faciem [d], et in melius proficientes, incipiemus odisse, et despicere quod amavimus.

Tempus belli, et tempus pacis. Quamdiu in præsenti sæculo sumus, tempus est belli; cum autem migraverimus de hoc sæculo, pacis tempus adveniet. In pace enim locus est Dei, et civitas nostra Jerusalem, de pace sortita est vocabulum (*Ps.* lxxv, 3). Nemo ergo se nunc putet esse securum : in tempore belli [e] accingendum est, et arma tractanda, ut victores quondam requiescamus in pace.

Quæ abundantia est facienti, in quibus ipse laborat. Vidi occupationem, quam dedit Deus filiis hominum, ut occupentur in ea. Universa fecit bona in tempore suo et quidem sæculum dedit in corda eorum, ut non inveniat homo opus quod fecit Deus ab initio usque in finem. Non me fugit quid a plerisque in hoc loco dictum sit, **412** quod propterea Deus in præsenti sæculo etiam perversorum dogmatum magistris concesserit occupationem, ne mens hominis otiosa torpesceret, et hoc esse bonum, quod fecit Deus in tempore suo, et nihilominus nequire eos naturam et rerum scientiam comprehendere. Mihi vero ab Hebræo, qui me in Scripturis erudivit, ita expositum est : Cum omnia suo labantur tempore, et sit tempus destruendi et ædificandi, flendi, atque ridendi, tacendi, atque loquendi, et cætera quæ dicta de tempore sunt, quid frustra conamur et tendimus, et brevis vitæ labores putamus esse perpetuos? Nec contenti sumus secundum Evangelium, malitia diei : nihilque in crastinum cogitemus (*Matth.*). Quid enim possumus habere in hoc sæculo amplius laborando, in quo id tantum hominibus a Deo datum est, ut alius alia sectando haberet, in quibus erudiri, et exercere se posset? Deus enim omne quod fecit, bonum est, sed bonum in tempore suo. Bonum est vigilare atque dormire : nec tamen semper vigilare aut dormire bonum est, quia vicissim juxta dispositionem Dei bonum est unumquodque, cum opus est. Dedit quoque Deus mundum ad inhabitandum hominibus, ut fruantur varietatibus temporum, et non quærant de causis rerum naturalium quomodo creata sint omnia : quare hoc vel illud ab initio mundi usque ad consummationem fecerit crescere, manere, mutari.

Cognovi quia non est bonum, nisi lætari, et facere bonum in vita sua. Et quidem omnis homo qui [f] *comedit, et bibit, et ostendit bonum in omni labore suo, ex dono Dei est.* Propterea colonus et hospes mundi homo datus est, ut brevi vitæ suæ fruatur tempore, et spe prolixioris ætatis abscissa, cuncta quæ possidet, quasi ad alia profecturus aspiciat, et quod [Al. quantum] potest bene faciat in vita sua : nec frustra ob congregandas opes, cogitationibus torqueatur. Neque se putet plus de suo labore lucrari posse, quam cibum et potum, et si quid de opibus suis in bonis operibus expenderit, hoc solum donum **413** Dei est. Ex quibus, non, ut quidam æstimant, ad luxuriam et delicias, et ad desperationem, secundum illud

---

[a] Penes Alcuin., *et alligant scissiones Legales, ut Evangelii gloria consuatur.*

[b] *Nunc vero pro sæculorum.* Corbeienses mss. pro *scholarum quotidie in pejus labentium* ; et infra : *qui factor errorum est.* MARTIAN.

[c] Recole epistolam 53. ad Paulinum a num. 6 ad 8.
— *Omnes artes absque doctore.* Idem conqueritur in Epistola ad Paulinum, de studio divinarum Scripturarum : cujus initium est, *Frater Ambrosius*, etc. MARTIAN.

[d] Addit Vatic. *intuebimur*, pro quo Palatinus alter *intuemur.* Mox pro *incipiemus*, et *quod amavimus*, quemadmodum mss. omnes præferunt, et Victorius quoque ex Florentinis exemplaribus restituerat, Martian. retinuit *incipimus*, et *quod nunc amamus.*

[e] Palatinus alter, *in tempore belli tibi certandum est.* Alcuinus, *ubi certandum est.* Tum cum eodem Palatino Vaticanus, *et Apostolica arma tractanda.*

[f] Idem Palatin. *comedet, et bibet, et ostendet animæ suæ bonum*, etc.

Isaiæ: *Manducemus et bibamus, cras enim moriemur* (*Isai.* XXII, 31), instar animalium provocamur [*Al.* provocemur]; sed secundum Apostolum : *Habentes victum et vestitum, his contenti sumus* (I *Tim.* VI, 8), ut [*Al.* et] quidquid supra habere possumus, in pauperibus nutriendis et egentium largitione consumamus. Porro, quia caro Domini verus est cibus, et sanguis ejus verus est potus, juxta ἀναγωγήν, hoc solum habemus in præsenti sæculo bonum, si vescamur carne ejus, et cruore potemur, non solum in mysterio (*Eucharistia*), sed etiam in Scripturarum lectione. Verus enim cibus et potus, qui ex verbo Dei sumitur, scientia Scripturarum est. Nec putet aliquis illud a Balaam prophetatum: *Non erit labor Jacob, neque dolor in Israel* (*Num.* XXIII, 23). Huic contrarium esse, quod muneris Dei esse dicitur : *Si quis comedat et bibat, et ostendat bonum in omni labore suo*. Multæ quippe tribulationes justorum. Et de his Apostolus queritur, in labore et [a] dolore sudasse se dicens (II *Cor.* II). Sed cum de his nos in futuro Dominus liberaverit : *Non erit labor in Jacob, neque dolor in Israel*. Et quomodo illud legimus : *Beati flentes, quoniam ipsi ridebunt* (*Luc.* VI, 21) : et risus noster Job prophetantis verba sectabitur : *Veracium os replebitur* [b] *gaudio* (*Job.* VIII, 21) ; sic nunc labore nostro fruimur in bonis operibus, per quem coangustamur et premimur, ut postea laborare cessemus.

Cognovi quia omnia quæ fecit Deus, ipsa erunt in æternum, super illa non potest addi, et ab illis non potest auferri : et Deus fecit, ut timeant a facie ejus. Nihil est in mundo quod novum sit. Solis cursus, et lunæ vices, et terræ, arborumque siccitas, vel viror, cum ipso mundo nata sunt atque [c] concreta. Et idcirco Deus certa ratione cuncta moderatus est, et jussit humanis usibus elementa servire, ut homines hæc videntes, intelligant esse providentiam [*Al.* prudentiam], et timeant a facie Dei, dum ex rerum [d] æqualitate, cursu, ordine, atque constantia intelligunt creatorem. **414** *Invisibilia enim Dei* [e] *per ea quæ facta sunt, intellecta conspiciuntur : sempiterna quoque virtus ejus et divinitas* (*Rom.* I, 20). Quod si voluerimus, priori sensu finito, quasi a capite legere : *Et Deus fecit, ut timeant a facie ejus*, hic sensus est : Deus omnia fecit, ut timeant homines ab eo, quod semel Deus disposuit, [f] in aliud declinare. Pulchre autem temperavit, dicens : *Ut timeant a facie ejus* (Ps. XXXIII, 17). Vultus quippe Domini super facientes mala.

Quid est quod fuit? [g] *ipsum quod est et quæ futura sunt, jam fuerunt : et Deus quæret eum qui persecutionem patitur.* Vel præterita, vel præsentia, vel futura ipsa et fuerunt, et sunt, et erunt universa, quæ cernimus. Sol qui nunc oritur, et antequam essemus nos in mundo, fuit, et postquam mortui fuerimus, oriturus est. Solem autem nominavimus, ut ex hoc intelligamus et cætera esse eadem, quæ fuerunt. Quod si videantur per conditionem mortis perire, non pereunt, quia rursum rediviva succrescunt, et nihil in perpetuum interit, sed renascitur, et quasi cum quodam fenore reviviscit. Hoc est enim quod ait : *Et Deus quæret eum, qui persecutionem patitur ;* quod Græce melius dicitur καὶ ὁ Θεὸς ζητήσει [h] τὸν διωκόμενον, id est, quod præteriit, quod expulsum est, quod esse cessavit. Si autem istud de cunctis quæ in mundo sunt, dicitur, de homine nulla dubitatio est, quin mortuus renascatur. Si cui autem placet quasi proprio legere principio : *Et Deus quæret eum qui persecutionem patitur*, utatur hoc testimonio in persecutione gentilium, ad consolandum eum, qui in martyrio perseverat. Et quia omnes juxta Apostolum (II *Tim.* III), qui pie volunt vivere in hoc sæculo, persecutionem patiuntur, [i] habeant consolationem, quia Deus quærit persecutionem patientem, sicut requirit sanguinem interfecti, et venit quærere quod perierat, et errantem ovem [j] suis humeris ad gregem reportavit (*Luc.* XIX, XV).

Et adhuc vidi sub sole locum judicii : ibi impietas ; et locum justitiæ : ibi iniquitas. **415** *Dixi ego* [*Al.* ergo], *in corde meo : Justum et impium judicabit Deus: quia tempus omni voluntati super omne factum ibi.* Manifestus est sensus, sed nubilo interpretationis obvolvitur. Sub sole, inquit, isto veritatem et judicium requisivi, et vidi etiam inter judicum ipsa subsellia, non veritatem valere, sed munera. Sive aliter: Arbitratus sum aliquid justitiæ in præsenti sæculo geri, et vel pium pro suo nunc merito recipere, vel impium pro suo scelere puniri : et e contrario reperi, quam putabam. Vidi enim et justum multa mala hic pati, et impium regnare pro scelere. Postea vero cum corde meo colloquens et reputans, intellexi, non per partes Deum et per singulos [k] nunc judicare, sed in futurum tempus reservare judicium

---

[a] Pro *in dolore*, Palatinus alter *in abstinentia*.

[b] Victorius pro *gaudio*, reponi vult *risu*, tum ex Græco textu, in quo est γέλωτος, tum ex eo, quod de *risu*, non de *gaudio*, sermo Hieronymi sit. Nihil vero contra mss. fidem immutandum est.

[c] Vatican. *atque concreata*, fere ut Alcuin. *creata*.

[d] Idem Vatican. *ex rerum qualitate, cursu, ordine, æqualitate, et constantia;* cui ex parte concinit Palatinus.

[e] *Invisibilia enim Dei*. Manuscripti Corbeienses sic legunt, *invisibilia enim a creatura mundi per ea quæ facta sunt, intellecta conspiciuntur*. MARTIAN.

[f] Cum Erasmo et Victorio Vatic. ms. *nec in aliud declinare*.
— *In aliud declinare*. Falso apud Erasm. et Martian. legimus, *nec in aliud declinare*. MARTIAN.

[g] Unus Palatinus, cum editis ante Martian. libris *ipsum est, quod erit*.
—*Ipsum quod est*. Hic quoque corrupte legitur, *ipsum est quod erit*. MARTIAN.

[h] Neutri genere Palatin. τὸ διωκόμενον.

[i] Hactenus vulgati *habent*, contradicentibus mss. ; olim quoque pro *in hoc sæculo*, erat *in Christo*.
—*Volunt vivere in hoc sæculo*. In cunctis exemplaribus mss. hoc modo scriptum est ; in editis vero antea libris, *in Christo*. MARTIAN.

[j] *Et errantem ovem*. Sorbonicum codicem secuti sumus, alii legunt, *erratam ovem*; editi Erasm. et Marian. *erroneam ovem*. MARTIAN.

[k] Adverbium *nunc*, mss. nostri ignorant : Alcuinus pro eo legit *semper*.

ut omnes pariter judicentur, et secundum voluntatem et opera sua ibi recipiant. Hoc est enim quod ait : *Et tempus omni voluntati, et super omne factum ibi*, id est, in judicio, quando Dominus cœperit judicare, tunc futura est veritas, nunc injustitia dominatur in mundo. Tale quid et in Sapientia, quæ filii [a] Sirach inscribitur, legimus : *Ne dixeris, quid est hoc aut quid est istud? omnia enim tempore suo requirentur.*

Dixi ego in corde meo de loquela filiorum hominum, quia separat illos Deus, et ut ostenderet, quia ipsi jumenta [b] *sunt sibi, quia eventus filiorum hominum, et eventus pecoris, eventus unus* [c] *eis. Sicut mors hujus, ita et mors illius, et spiritus unus omnibus, et amplius homini a pecore nihil est, quia omnia vanitas. Omnia vadunt ad locum unum, omnia facta sunt de humo, et omnia revertentur ad humum.* [d] *Et quis scit, spiritus filiorum hominum, si ascendat ipse sursum, et spiritus pecoris, si descendat ipse deorsum in terram.* Non mirandum est, in præsenti vita inter justum et impium nullam esse distantiam, nec aliquid valere virtutes, sed incerto eventu omnia volutari, cum etiam inter pecudes et hominem, secundum corporis vilitatem [e] nihil differre videatur, et sit eadem nascendi conditio, sors una moriendi : similiter **416** procedamus ad lucem, æque dissolvamur in pulverem. Si autem videtur hæc esse distantia, quod spiritus hominis ascendat in cœlum, et spiritus pecoris descendat in terram, quo istud certo auctore cognovimus? Quis potest nosse, utrum verum an falsum sit quod speratur? Hoc autem dicit, non quod animam putet perire cum corpore, vel unum bestiis et homini præparari locum, sed quod ante adventum Christi omnia [f] ad inferos pariter ducerentur. Unde et Jacob ad inferos descensurum se dicit (*Gen.* XXXVII, *et* XLIV). Et Job pios et impios in inferno queritur retentari (*Job.* VII *et* XVII). Et Evangelium, chaos magnum interpositum apud inferos, et Abraham cum Lazaro, et divitem in suppliciis esse testatur (*Luc.* XVI). Et revera, antequam flammeam illam rotam, et igneam rompheam, et paradisi fores Christus cum latrone reseraret, clausa erant cœlestia, et spiritum pecoris hominisque æqualis vilitas coarctabat. Et licet aliud videretur dissolvi, aliud reservari ; tamen non multum intererat perire cum corpore, vel inferni tenebris detineri.

Recurramus ad singula, et commatico genere dicendi, juxta ordinem suum breviter disseramus [*Al.* dissolvamus]. *Dixi ego in corde meo de eloquio filiorum hominis, ut eligeret eos Deus.* Hoc solum, inquit, inter homines et jumenta Deus esse voluit, quia nos loquimur, illa sunt muta, nos voluntatem sermone proferimus, illa torpent silentio. Et cum tantum sermone differamus a bestiis, tamen ostenditur nobis, quod juxta corporis fragilitatem pecora sumus. Sicut jumentum moritur, ita moritur et homo, et unus omnibus flatus est, et aer iste quo alimur. Hoc enim ait : *Et spiritus unus omnibus, et amplius homini a pecore nihil est.* Quod ne putaremus dici etiam de anima, intulit : *Omnia facta sunt de terra, et revertentur in terram.* De terra autem nihil aliud nisi corpus factum est. Et signanter de corpore dicitur : *Terra es, et in terram reverteris* (*Gen.* III, 11). Quod autem videtur esse blasphemum : *Quis cognoscit, spiritus filiorum hominum, si* **417** *ascendat ipse sursum, et spiritus jumenti, si descendat ipse deorsum in terram?* non inter pecudes et hominem secundum animæ dignitatem nihil interesse contendit, sed adjiciendo *quis*, difficultatem rei voluit demonstrare. Pronomen enim *quis* in Scripturis sanctis non pro impossibili, sed pro difficili semper accipitur. Ut ibi: *Generationem ejus quis enarrabit* (*Isa.* LIII, 8)? Et in psalmo quarto decimo : *Domine, quis habitabit in tabernaculo tuo, et in monte sancto tuo* (*Psal.* XIV, 1), et cætera, quæ sequuntur. Et in Jeremia, licet [g] in Hebræo aliter sit : *Et homo est, et quis cognoscet eum* (*Jerem.* XVII, 9)? Inter homines igitur et bestias hæc sola est differentia, quod spiritus hominis ascendit in cœlum, et spiritus jumenti descendit in terram, et cum carne dissolvitur : si tamen hujus rei vir aliquis Ecclesiasticus et disciplinis cœlestibus eruditus, et quasi dubiæ rei certus assertor sit. Hæc interim juxta litteram.

Quantum autem ad spiritualem intelligentiam pertinet : *Quoniam homines, et jumenta salvos faciet Dominus* (*Psal.* XXXV, 7); et in alio loco : *Ut jumentum*

---

[a] Restituimus vocem *filii* ex nostris mss. atque editis ante Martianæum, qui illam omiserat, libris.
— *Quæ Sirach inscribitur.* Editi libri *quæ filii Sirach inscribitur*, sed multo verius in mss. codicibus, *quæ Sirach inscribitur.* Nam apud Septuaginta liber Ecclesiastici inscribitur Σοφία Σιραχ, *sapientia Sirach.* Syrus tamen Interpres hæc habet : *Liber Jesu filii Simeonis Asiro ; idemque liber vocatur sapientia filii Asiro.* MARTIAN.

[b] Vatic. *jumenta bis sunt.* Olim erat, *ut ostendat, quia ipsi jumenta sunt, sive quia*, etc.
— *Et ut ostenderet, quia ipsi.* Corruptissime hic textus legitur in editis antea libris ad hunc modum : *quia separat illos Deus, ut ostendat, quia ipsi jumenta sunt : sive quia eventus,* etc. MARTIAN.

[c] Idem Vatic. cum Palatino secunda manu, *eventus unus omnibus eis.*

[d] Ita Mss. ad Græcum καὶ τίς. Antea vocula *et* deerat.

[e] *Secundum corporis vilitatem.* Mendose item legunt, *secundum corporis qualitatem* : cum ex verbis consequentibus appareat Hieronymum posuisse *vilitatem* non *qualitatem*. MARTIAN.

[f] Confer Commentarios in Osee cap. 13. Sanctum quoque Augustinum de Genes. ad lit. L. 8. c. 4. Nobis, inquit Tertullian. lib. de Anima cap. 54. *inferi, non nuda cavositas, nec subdivalis aliqua mundi sentina creduntur : sed in fossa terræ, et in alto vastitas, et in ipsis visceribus ejus abstrusa profunditas.*

[g] *Licet in Hebræo aliter sit.* In Hebræo est ואנש הוא, *veanusc hu*, *et incrustabile ipsum*, sive et *anxium ipsum*, id est, *cor omnium.* Septuaginta autem pro אנש *anusc*, legebant *enos*, quod *hominem* significat, unde, *Et homo est.* MARTIAN.
— Fraudi fuerunt τοῖς LXX eædem in Hebræo litteræ, quibus et *homo*, et *incurabile quid* denotatur.

sum, inquit, *apud te, et ego semper tecum* (*Psal.* LXXII, 23): et in omnibus prophetis homines, et pecora in Jerusalem salvanda [*Al.* salvata] dicuntur, et impleri terram ᵃ repromissionis pecoribus et armentis; quis scit, utrum sanctus, qui hominis appellatione dignus est, ascendat in cœlum, et utrum peccator, qui jumentum vocatur, descendat in terram? Fieri enim potest pro incerto vitæ hujus, et lubrico statu, ut et justus concidat, et peccator exsurgat, et nonnumquam evenit, ut rationabilior, et eruditus in Scripturis, ᵇ id est, homo, non circumspecte, et ut scientia sua dignum est, vivat, et deducatur ad inferos, et simplicior quisque atque rusticior, qui jumentum hominis comparatione dicatur, melius vivat, et martyrio coronetur, ac paradisi sit colonus.

Et vidi, quia non est bonum, nisi quod lætetur homo in opere suo, quia hæc est pars ejus. Quis enim adducet eum, ut videat id, quod futurum est post ipsum? **418** Pro eo quod nos posuimus: *Ut videat id quod futurum est post ipsum*, apertius interpretatus est Symmachus, dicens: *Ut videat ea* ᶜ *quæ futura sunt post hæc.* Nihil est ergo bonum in vita ista, nisi quod lætatur homo in opere suo, faciens eleemosynam, et futuros sibi thesauros in regno cœlorum præparans. Hanc solam habemus portionem, quam nec fur nec latro valet, nec tyrannus auferre, et quæ nos post mortem sequatur. Nec enim possumus, cum hæc vita fuerit dissoluta, rursum nostris laboribus perfrui, aut scire, quæ futura sint in mundo postea. Aliter: Superiori errore turbatus, quod putarem inter homines et bestias nihil interesse, in hanc sententiam prava opinione ᵈ deductus sum, ut nihil aliud boni dicerem, nisi præsentem carpere voluptatem. Neque enim cum semel nos dissolvisset interitus, posse his perfrui, a quibus recederemus ingrati. Alii de hoc quod ait: *Quis enim adducet eum, ut videat ea, quæ sunt futura post se*, ad illam intelligentiam retulerunt, ut dicerent: Melius esse suis hominem laboribus perfrui; quia hoc solum de substantia sua posset auferre. Cum mors venerit, nescire quali sit hærede moriturus, utrum dignus, an indignus, suis opibus perfruatur.

(Cap. IV). *Et conversus* ᵉ *sum ego, et vidi universas calumnias, quæ fiunt sub sole, et ecce lacrymæ eorum, qui calumniam sustinent, et non est qui consoletur eos, et in manibus calumniantium eos fortitudo: et non est eis consolator.* Post hanc cogitationem ᶠ illuc mentem meam oculosque converti, ut viderem calumniatores, et calumniam sustinentes. Et ecce hi, qui injuste a potentioribus opprimuntur, lacrymis, quas solum habere in calamitatibus licet, rei invidiam protestantes, consolatorem non queunt reperire. ᵍ Et quo major miseria sit, et inconsolabilis dolor, calumniatores vident in suis ʰ iniquitatibus fortiores. Et hæc est causa, quod non valeant consolari. Plenius hunc locum in psalmo septuagesimo secundo David, et Jeremias in suo volumine ⁱ exsequuntur.

419 *Et laudavi ego mortuos, qui jam mortui sunt, super viventes quicumque ipsi vivunt usque nunc. Et melior super hos duos, qui nondum natus est, qui ⁾ nondum vidit opus malum, quod factum est sub sole.* Ad comparationem miseriarum, quæ in hoc sæculo mortales premunt, feliciores judicavi mortuos, quam viventes, secundum illud Job de inferis disputantis. *Ibi requieverunt lassi corpore, cum his qui vincti fuerant, jam securi, non audientes vocem exactoris* (*Job* III, 17 *et* 18). Melior autem est his duobus, vivente videlicet et defuncto, qui necdum natus est. Alius enim adhuc mala patitur, alius quasi de naufragio nudus evasit. Porro qui necdum natus est, in eo felicior est, quod necdum mala mundi expertus est. ᵏ Hoc autem dicit, non quod qui necdum natus est, ante sit quam nascatur, et in eo felicior sit, quia necdum corpore prægravatus est: sed quod ˡ melius sit omnino non esse, nec sensum habere substantiæ, quam infeliciter vel esse, vel vivere. Quomodo et de Juda Dominus loquitur, futura ejus tormenta significans: *Melius erat non nasci homini illi* (*Matth.* XXVI, 24): quod melius ei fuerit omnino non esse, quam æternos cruciatus perpeti. Alii vero hunc locum ita intelligunt: Meliores esse dicentes eos, qui mortui sunt, ab his qui vivunt, licet ante fuerint peccatores. Viventes enim adhuc esse in prælio, et quasi clausos corporis ergastulo retentari; qui vero dolore propter iniquorum potentiam. MARTIAN.

ᵃ Palatin. alter, voce *repromissionis*, expuncta, substituit secunda manu pro *hominibus*.
ᵇ Idem Palatin. *ut est homo.*
ᶜ Rursum idem ms. *Ut videat antea, quæ sunt futura*: perperam.
ᵈ Penes Alcuin. *prava opinione seductus sum.*
ᵉ Martianæus, *Et conversus ego, vidi*, renuentibus tum nostris, tum quibus ille usus est mss. et Florentinis quoque, quos laudat Victorius.
— *Et conversus sum ego.* In antea editis libris corrupte legimus, *Et converti ego*, etc., pro *conversus sum ego*, sicut legunt omnes mss. MARTIAN.
ᶠ Adverbium *illuc*, quod Martianæus omiserat, ex nostris mss. et Victorii editione suffecimus.
ᵍ Alcuin. *Et quod malorum miserrimum sit, et inconsolabilis dolor.*
ʰ *Calumniatores vident in suis.* Mss. Corbeienses *calumniatores videntur in suis iniquitatibus fortiores. Et hæc est causa, qua non valeam consolari.* Quasi Hieronymus ipse loqueretur ista de inconsolabili
ⁱ Palatini duo mss. *exquirunt.*
ⁿ Tres e nostris mss. *qui non vidit opus*: pressius Græco οὐκ εἶδε.
ᵏ Hanc pericopen ita effert, sive explicat Alcuin: *Hoc autem dicit, non quia animæ sint hominum, secundum quorumdam errorem, antequam nascatur homo in mundo, sed quia melius sit, omnino non esse.* Porro, quod Martianæus putat, Hieronymiana sententia jugulari ineptas scholasticorum opiniones, qui tradunt præstare homini infelicissime existere, quam omnino non esse, præter philosophos plerosque omnes, S. Augustinus ipse improbat lib. III de libero Arbitrio, et post eum S. Thomas I. II quæst. 8, art. 1 ad 3.
ˡ *Sed quod melius sit.* Hic locus jugulat ineptas Scholasticorum opiniones et argutias, quibus apud imperitos conantur probare, melius esse homini infelicissime exsistere et vivere, quam omnino non esse. MARTIAN.

mortem obierint, jam esse securos, et peccare desisse. Sicut et Joannes, quo major non fuit in natis mulierum (*Matth.* 11), [a] minor est eo, qui minimus est in regno cœlorum, et corporis onere liberatus, nescit cum Apostolo dicere : *Miser ego homo, quis me liberabit de corpore mortis hujus* (*Rom.* VII, 14)? Meliorem autem his duobus esse eum, qui necdum natus est, nec vidit mala, quibus in mundo homines deprimuntur. Animas enim nostras, [b] antequam ad corpora ista descendant, versari apud superos, et tamdiu beatas esse, quamdiu cœlesti Jerusalem, et choro teneantur Angelico.

420 *Et vidi ego universum laborem, et simul omnem virtutem operis : quia æmulatio* [c] *viri a sodali ejus; et quidem hoc vanitas et præsumptio spiritus.* Converti me rursus ad alia, et vidi omnem fortitudinem et gloriam laborantium, et deprehendi bonum alterius esse alterius malum, dum invidus aliena felicitate torquetur, et patet insidiis gloriosus. Quid enim vanius, quid [d] instabilius, et sic nihili, quam homines non suas flere miserias, vel propria lugere peccata, sed melioribus invidere?

Stultus complexus est manus suas, et comedit carnes suas (*Prov.* xxiv). Hic est qui et in Proverbiis piger describitur, continens manibus pectus suum. Cui, tamquam citus cursor, venit inopia, et qui propter nimiam famem (hyperbolice autem dictum sit) comedit carnes suas. Qui melius putat esse unum pugillum habere farris, et otiosum torpentemque vivere, quam laborantem manum utramque complere. Totum autem quod disserit, hoc est, et ostendat, et eum qui laborat, et habet aliquid, in mundo patere invidiæ, et rursus eum qui vivere vult quietus, inopia opprimi, et esse utramque miserabilem, dum alius propter opes periclitatur, alius propter inopiam egestate conficitur. Vel certe sic. [e] *Qui alienæ felicitati invidet, et quasi spiritus furore raptatur, et invidiam in sinum suum receperit, nutrieritque eam in pectore :* iste comedit animam suam, et carnes suas. Quanto enim eum, cui invidet, feliciorem viderit, tanto ipse amplius contabescit et deperit, et paulatim zelo et livore distillat. Aliter : Manus crebro pro operibus accipiuntur, sicut ibi : *Verbum Domini quod factum est in manu Aggæi* (*Aggæi* 1, 1), sive illius, vel hujus prophetæ, quod talia opera gesserit, ut dignus existeret, in cujus opere fieret sermo Domini. Huic congruit et illud David : *Qui docet manus meas ad prælium* (*Psal.* CXLIII, 1). Stultus igitur complexus est manus suas, id est, contraxit, et extendere noluit, unde non comedit labores manuum suarum **421** quos nec habet; sed carnes suas, vivens juxta sapientiam carnis, et carnis operibus vescitans.

Melior est plenus pugillus cum requie, quam plenitudo manuum laboris et præsumptionis spiritus. Melius est modicum habere justum, quam divitias peccatorum multas. Et in Proverbiis : *Melior est parva acceptio cum justitia, quam multa genimina cum iniquitate* (*Prov.* XVI, 8). Eleganter justitia requiem habet, iniquitas laborem. Et quia singularis numerus in bono semper accipitur, duplex in malo : propterea unus pugillus habet requiem, et duæ manus labore sunt plenæ.

Et conversus sum ego, et vidi vanitatem sub sole. Est unus, et non est secundus, et quidem filius, et frater non est ei : et non est finis omni labori ejus. Et quidem oculus ejus non satiatur [Al. *satiabitur*] *divitiis, et cui ego laboro, et fraudo* [Al. *fraudabo*] *animam meam a bonitate. Sed et hoc vanitas, et distentio pessima est.* Conversus sum ad alios, et vidi eos, plus quam necesse est, laborare, congregare per fas et nefas opes, et non uti congregatis, habere omnia, incubare divitiis, servare alteri, et suo labore non perfrui : maxime cum nec filium, nec fratrem habeant, nec propinquum ut videatur pius [f] labor necessariis reservatus. Nihil itaque esse vanius deprehendi, quam eum hominem, qui divitias congregat, cui eas relinquat, ignorans. Quod quidem possumus secundum superiorem interpretationem et de his intelligere, qui libros conscribunt, et eos fastidiosis lectoribus derelinquunt. Quidam hunc locum ab eo quod ait : *Est unus, et non est secundus*, super Salvatore interpretantur, quod solus et absque ullo comite ad salvandum mundum descenderit. Et quamquam multi filii Dei sint, et fratres ejus adoptione dicantur : tamen nullus dignus exstiterit, qui in hoc ei opere jungeretur. Cujus laboris non est finis, portantis nostra vitia atque peccata, et pro nobis dolentis : et oculus ejus non satiabitur divitiis, semper nostram cupientis salutem, et quanto plus **422** peccare quem viderit, tanto magis ad pœnitentiam cohortantis.

[b] *Meliores duo, quam unus, quibus est merces bona in labore suo : quia, si ceciderit unus, eriget partici-*

---

[a] Vaticanus, et Palatin. alter, *minimus est eo, qui minor est in regno*, etc.

[b] Qui hæc effutiret, Origenes fuit, cujus sæpenumero errorem Hieronymus refellit. Vide cum primis Epist. 124 ad Avitum, et Theophili, quas Latine reddidit S. doctor, Paschales litteras. Cæterum tres e nostris mss. vocem *nostra*, ignorant.

— *Animas enim nostras antequam*. Cave, lector, ne hunc errorem ascribas Hieronymo, qui eum strenue confutavit in epistola ad Avitum. Origenianus igitur iste Commentarius est, ut manifestissime rectum probatur ex superioribus verbis, *Alii vero hunc locum ita intelligunt*, etc. MARTIAN.

[c] Martian. *æmulatio viro*, contradicentibus mss. atque editis libris, ipsoque textu.

[d] Duo mss. *quid instar spiritus*, et sic, etc.

[e] *Vel certe sic : Qui alienæ*. Aliter lego in mss. exemplaribus Corbeiensibus, quæ sic habent : *vel certe si qui alienæ felicitati invidet*, etc. Sed retinenda antiqua lectio editorum librorum, et aliorum codicum mss. *Vel certe sic : qui*, etc. MARTIAN.

[f] *Ut videatur pius labor*, etc. Editi, *ut videatur labor necessarius reservantis.* MARTIAN.

— Unus Vaticanus, cum olim editis, *labor necessarius reservantis.* Leviora quædam nos supra atque infra emendamus.

[g] Idem Vatican. *Melius est duo, quam*, etc.

pem suum. Et væ uni, cum ceciderit, et non est secundus, qui erigat eum. Et quidem, si dormiant [Al. dormierint] duo, etiam calor erit illis; et unus quomodo calefiet? Et si invaluerit super eum unus, duo stabunt adversus eum, et funiculus triplex non [a] cito rumpitur. Post sollicitudines et miserias [b] in quibus [c] correptus est ille, qui in opibus conquirendis absque certo hærede se cruciat; nunc ad sodalitatem sermo confertur. Et dicitur, quid boni habeat amicorum contubernium, et in commune solatium, quia et alterius ruina alterius auxilio sublevetur, et curas domesticas, ipsius quoque noctis requiem melius exigat ille, qui fidum amicum habet, quam qui solis opibus incubat acquisitis. [d] Quod et si robustior inimicus quis contra unum surrexerit, imbecillitatem alterius amici solatio sustentari. Et quanto duo uno differant, si amore conjuncti sint, tanto etiam trium contubernium plus valere. Etenim vera charitas, et a nullo livore violata, quanto augetur numero, tanto crescet et robore. Et hæc interim simpliciter dicta sint.

Cæterum, quia in superiori loco super Christo quorumdam intelligentiam posuimus, etiam reliqua eodem ordine disserenda sunt. Melius est duos pariter esse, quam unum. Melius est enim habitantem in se habere Christum, quam solum [e] habitare, et patere insidiis adversantis. Merces quippe contubernii statim in ipsa societatis utilitate monstratur. Si enim ceciderit unus, erigit [Al. eriget] Christus participem [f] suum. Væ [g] quippe ei, qui, cum ruerit, Christum in se non habet erigentem. Quod si etiam dormierit unus, hoc est, si morte fuerit dissolutus, et secum Christum habuerit [h], calefactus, et vivificatus [i] citius reviviscit. Et si adversus hominem robustior in expugnando diabolus astiterit, stabit homo, stabit et Christus pro homine suo, pro sodali suo.

—Meliores duo quam unus. Unus ms. Corbeiensis e regione posuit in margine libri, Meliores sunt duo: Colbertinus autem in corpore translationis. MARTIAN.

[a] Nostri omnes, et quibus ipse usus est Martianæus, mss. libri, non facile rumpetur, al. rumpitur.

[b] Post sollicitudines, etc. Plures mss. Post solitudinis miserias, etc. MARTIAN.

[c] Cum Vatic. mss. Alcuin. atque editi vetustiores corruptus est ille, etc.

[d] Ita mss. nostri omnes, Alcuin. et Victorius præferunt; Martian. tamen, Quid si robustior, etc., et mox vocem unum prætermisit.

[e] Verbum habitare, atque et particulam, quæ hactenus deerant, e tribus mss. Vaticano et Palatinis suffecimus.

[f] Unus eriget participem suum. Corrupte in editis scriptum est, eriget particeps socium suum : quia ex Commentario perspicue ostenditur Hieronymum legisse, eriget participem suum. Vide expositionem allegoricam de contubernio Christi. MARTIAN.

[g] Pro ei, mss. uni habent.

[h] Et secum Christum habuerit. Duo codices Corbeienses eodem sensu legunt, et Christum secundum habuerit. MARTIAN.

[i] Voces et vivificatur, Alcuinus non noverat. Mss. vero reviviscet in futuro legunt.

[j] Et funiculus triplex non cito rumpitur. Quatuor exemplaria mss. quibus utor, constanter retinent, non facile rumpitur, vel rumpetur. Nulla tamen dubitatio subest, quin legendum sit cito, et non facile; cum ipse Hieronymus in suo Commentario bis legat, non cito rumpitur. Cæterum in ms. Colbertino duos versiculos consequentes reperi, quibus Monachus qui librum descripsit, de sodalitate videtur conqueri :

Præpositis vinum, nos degustamus acetum :
Præpositis triplex, nobis fit portio simplex.
MARTIAN.

Non quod solius Christi adversus diabolum virtus infirma sit, **423** sed quod liberum homini relinquatur arbitrium, et annitentibus nobis, ipse in præliando fortior fiat. Quod si etiam Pater, et Filius, et Spiritus Sanctus advenerint, non cito rumpitur [Al. rumpetur] ista sodalitas. Quod autem non cito rumpitur, tamen aliquando rumpetur. Et in Juda enim apostolo fuit triplex iste funiculus : sed quia post buccellam introivit in eum Satanas, funiculus iste diruptus est. Porro quod superius ait : Et quidem si dormiant duo, etiam calor erit illis : et unus quomodo calefiet? de Eliseo sumamus exemplum, quod ipse contraxerit se cum puero, et dormierit, et calefecerit corpusculum ejus, et ita vivificaverit resurgentem (IV Reg. IV). Nisi igitur Christus nobiscum dormierit, et in morte requieverit, calorem æternæ vitæ accipere non valemus.

Melior est puer pauper et sapiens, quam rex senex et stultus, qui [k] nescit providere in posterum. Quoniam de domo vinctorum egreditur in regem [l], quia etiam in regno ejus natus est pauper. Vidi universos viventes, qui ambulant sub sole cum adolescente secundo, qui consurget pro illo. Non est finis omni populo, universis, qui fuerunt ante illos. Et quidem novissimi non lætabuntur in eo : sed et hoc vanitas, et præsumptio spiritus. Symmachus hunc locum ita transtulit : Melior est pauper cum sapientia, rege sene et insipiente qui nescit præcavere vicissitudinem. Alter enim exit [Al. exivit] de carcere ad regnandum : alter vero, cum esset rex natus, paupertate oppressus est. Vidi omnes viventes, qui gradiuntur sub sole **424** cum adolescente secundo, [m] qui surrexit pro eo. Infinitus omnis populus, qui fuit ante utrumque : et posteri non lætabuntur in eo. Sed et hoc aura et pastio venti. Hebræus meus, cujus sæpe facio mentionem, cum Ecclesiasten mecum legeret, hæc [n] Baracibam, quem unum vel

[k] Mss. qui nescivit, hic, atque infra ex Symmacho idque rectius ad Hebræum textum et Græcum. Mox Vaticanus, et Palatin. alter, in regem, ut regnet, quia etc. Veteres editi dumtaxat ut regnet, pro in regem, præferebant : atque Hebraice quidem tantum est ללמך ; Græce τοῦ βασιλεῦσαι : proinde alterum alterius glossema est.

[l] Egreditur in regem. Ita legunt mss. codices ; editi vero, ut regnet. MARTIAN.

[m] Vatic. qui surrexerit pro eo. Tum Infinitus populus, qui, etc. absque omnis, quæ vox et in Palatino secunda manu expungitur.

[n] Hæc Baracibam. Insignis est iste locus propter nomen Baracciba, sive Barachiba, celebris cujusdam magistri Hebræorum, de quo nihil memoriæ proditum est apud Thalmudistas, sive apud scriptores Judæorum. Itaque prudentem studiosumque lectorem monebimus, nullum esse exemplar. ms. in quo legatur juxta Erasm. et Marian., hæc Barucheam; sed in cunctis illud nomen scriptum legi vel Barachiam,

maxime admirantur, super præsenti loco tradidisse testatus est. Melior est interior homo, qui post quartum decimum pubertatis annum in nobis exoritur, exteriore homine, qui de matris alvo natus est, qui nescit recedere a vitio, et qui de domo vinctorum, de utero videlicet materno, ad hoc exivit, ut regnaret [*Al.* regnet] in vitiis. Qui etiam [a] in potestate sua pauper effectus est, mala omnia perpetrando. Vidi eos, qui in priore homine vixerunt, et cum secundo homine postea versati sunt, eo videlicet, qui pro priore decessore generatus est : intellexique omnes in homine priore peccasse, antequam, [b] secundo nascente, duo homines fierent. Quia vero ad meliora conversi, et post Y [c] litteram philosophorum, sinistro tramite derelicto, ad dextrum apicem contenderunt, et secundum, id est, novissimum hominem sunt secuti, non lætabuntur in eo, id est, in priore. Hos duos homines et Apostolus contestatur (II *Thess.* II,) et Leviticus non tacet : *Homo, homo si* [d] *voluerit illud vel illud* (*Levit.* XVII). Vir sanctus Gregorius Ponti Episcopus, Origenis auditor in Metaphrasi Ecclesiastæ, ita hunc locum intellexit : « Ego vero præfero adolescentulum pauperem et [e] sapientem, regi seni et stulto, cui numquam **425** venit in mentem, quod possibile sit, quemquam de his, quos vinxerat, ad regnum exire de carcere, et seipsum de iniqua deinceps potestate sua corruere. Evenit enim interdum ut hi qui sub adolescentulo sapiente fuerint, absque mœrore sint : ita tamen ut sub sene rege ante versati sint. Qui enim postea nati sunt, quia mala præterita nescierunt, nec adolescentulum laudare possunt, qui postea consurrexit, abducti opinione perversa et impetu spiritus adversantis. »

Laodicenus Interpres [f] res magnas brevi sermone exprimere contendens, more sibi solito etiam hic locutus est : « De commutatione, inquiens, bonorum in mala nunc Ecclesiastæ sermo est, insipientem hominem conantis exprimere, qui futura non cogitans, præsentibus et caducis quasi magnis atque perpetuis delectatur. Et post diversa [g], quæ solent hominibus accidere in vita sua, atque mutari, quasi generalem infert de morte sententiam, quod innumerabilis multitudo intereat, et paulatim consummatur et transeat, unoquoque in suo loco alium relinquente, et rursum alium, successore moriente. »

Origenes et Victorinus non multum inter se diversa senserunt. Post generalem enim illam sententiam, quæ omnibus patet : quod melior sit adolescentulus pauper et sapiens, quam rex senex et insipiens, et quod frequenter evenit, ut ille per sapientiam statis, quam posteritatis vox convenit. Inferior quoque expositionis S. Gregorii Neocæsariensis contextus sic reponendum probat. Olim Alcuinus ita legerat seu mutaverat ex ingenio : *qui et in natura sua pauper factus est, non habens sapientiam, mala omnia deferendo. Vidi, etc.*

[b] Alcuinus exaggerat ad hunc modum : *antequam secundo nascente, tempore legitimo duo homines fuerint. Alter carnalis, alter spiritualis. Qui vero ad meliora,* etc. Non est porro, quod moneam, Y litteram fuisse Antiquis bivii ad virtutes, aut ad vitia symbolum.

[c] *Et post* Y *litteram,* etc. Omittunt mss. litteram Y, licet aliquando scripta videretur, ut facile probari potest ex lectione exemplarium Corbeiensium, *et hi post litteram Philosophorum.* Nam exscriptores antiqui non intelligentes arcanum elementi hujus mutarunt y in *hi.* Hinc in supradictis mss. *et hi post litteram,* pro *et post* y *litteram.* Ejusdem litteræ y meminit infra in caput x Ecclesiastæ. MARTIAN.

— Duo Palatini, et Vatic. *si voverit illud vel illud.*

[e] *Ego vero præfero adolescentulum,* etc. Erasmus et Marianus hunc locum prorsus depravatum ediderunt, legunt enim, *Ego vero intelligo adolescentulum pauperem et sapientem, rege sene meliorem et stulto.* Hæc non est locutus Gregorius Thaumaturgus, sed ut ego restitui, adjutus contextu Græco sanctissimi Viri, et mss. Latinis optimæ Notæ. In Græco est, Ἐγὼ δὲ προκρίνω, id est, *ego vero antefero,* sive *præfero.* MARTIAN.

—Unus Palatin. *et sapientem meliorem seni et regi, et stulto.*

[f] *Laodicenus Interpres,* etc. Apollinaris est, Laodicenus Syriæ episcopus, qui in sanctas Scripturas innumerabilia scripsit volumina. Consule Catalogum Scriptorum Ecclesiasticorum. MARTIAN.

[g] *Et post diversa,* etc. Corbeienses mss., *Et per diversa quæ,* etc. MARTIAN.

vel *Barachivam,* aut *Baracchibam.* Vetustissimus omnium codex Corb. prima manu scriptum retinebat *Barachibam,* quod emendator imperitus mutavit in *Barachiam.* Sorbonicus legit *Barachivam;* sed melius Colbertinus *Baracchibam* posuit. Quis autem fuerit iste *Baracciba,* quem unum Hebræi maxime mirarentur ætate Hieronymi, nolo divinare; ne tantas ineptias forte proponam de filio, quantas de patre ejus *Akiba* proposuit vindex nuperus Antiquitatum temporum. MARTIAN.

— In mss. *Baracchiban,* aut *Baracubiran.* Est autem hic longe notissimus *Akibas,* seu *Barakibas,* de quo tam et grandia et multa Judæorum Scriptores commenti sunt, ut plane sit mirum, nihil de illo rescire Martianæum, qui ne temere quid lectoribus imponat, se ait a divinando abstinere. Tanta vero ejus fuit nominis fama, ut fabularentur Hebræi, Moysen ipsum ad audiendum Akiban descendisse, ac respondisse interroganti; et Rabbi Abraham Zachut lib. *Succhasin* dicat, quemadmodum priorem a Moyse, ita Oralem Legem universam Akibæ acceptam referri. Sed et Christiani auctores satis eum luculenter memorant. S. Epiphanius Hæres. 15 inter quatuor Judaicarum Traditionum Patres recenset, vocatque διδάσκαλον αὐτῶν Ἀκιβᾶν οὕτω καλούμενον ἢ Βαραχιβᾶν. *Magistrum eorum* (sc. *Judæorum*) *Akiban ita appellatum, seu Barakiban. Eumdemque Hæres.* 33 vocat Ῥαββιακιβᾶ, *Rabbi Akiba.* Ipse etiam Hieronymus enim sæpe laudat, et in Epistola quidem 121 ad Algasiam quæst. 10. *Barakibas,* inquit ex Hebræorum sensu, *et Simeon, et Hellel magistri nostri,* etc.; in Isaiam vero lib. III, cap. 8 : *Akiban,* simpliciter vocans, *Samai et Hillel, ex quibus orti sunt Scribæ et Pharisæi, quorum suscepit scholam Akibas, quem magistrum Aquilæ proselyti autumant,* etc. Ex quo etiam colligere licet, floruisse illum circa Adriani tempora. Vide, quæ in Laudatum locum Epist. ad Algasiam, et in Commentar. in Isaiam annotamus.

[a] Martianæus Erasmum secutus, *in posteritate.* Nostri autem mss. *potestate* : atque hanc veram lectionem, inquit Victorius, Brixiæni quoque codices reservarunt. Exponit enim illa verba, *quia et in regno suo natus est pauper.* Regno autem magis pote-

suam etiam de carcere regis egrediens, imperet pro dominatore perverso, et rex insipiens perdat imperium, quod tenebat : super Christo et diabolo hunc locum interpretati sunt, quod puerum pauperem et sapientem, Christum velint. Puerum, juxta illud : *Magnum tibi est vocari te puerum meum* (*Isa.* XLIX, 6). Pauperem vero, quia pauper factus est, cum dives esset (II *Cor.* VIII, 9). Et sapientem, quia *proficiebat ætate et sapientia et gratia apud Deum et homines* (*Luc.* II, 52). Iste natus est in regno senis. Et idcirco dicit : *Si esset de hoc mundo regnum meum, ministri utique mei certarent pro me, ut non traderer Judæis : Nunc autem non est de hoc mundo regnum meum* (*Joan.* XVIII, 36). In illius itaque stulti senis regno, qui ostendit ei omnia regna 426 mundi; et gloriam ejus, natus est optimus puer, et de domo vinculatorum, de quibus Jeremias in Lamentationibus loquitur, dicens : *Ut humiliaret sub pedibus ejus omnes vinctos terræ* (*Thren.* III, 34) , processit ad regnum, et abiit in regionem longinquam, et contra eos, qui super se eum regnare nolebant, post aliquantum temporis rex reversus est. Præsago itaque spiritu vidit Ecclesiastes omnes viventes, qui possunt adolescentis participes esse, dicentis : *Ego sum vita* (*Joan.* XIV, 6), et vetere stulto rege dimisso, Christum sequi. Simulque duo ex Israel populi significantur. Prior qui ante adventum Domini fuerit, et posterior qui Antichristum pro Christo suscepturus est : quod prior non penitus sit abjectus (prima quippe Ecclesia ex Judæis, et Apostolis congregata est) et in fine Judæi, qui Antichristum pro Christo suscepturi sunt, non lætentur in Christo.

Custodi pedem tuum, cum vadis in domum Dei, et appropinqua, ut audias. Donum enim insipientium sacrificium[a]*; quia nesciunt, quod faciunt, malum.* Præcepta dat vitæ, et non vult nos offendere euntes ad Ecclesiam. Non enim ingredi domum Dei, sed sine offensione ingredi, laudis est. Et si esset omnium [b] qui sunt in Ecclesia Dei, audire sermonem, numquam addidisset, *appropinqua, ut audias* (*Exod.* XXIV. 2 *et seqq.*). Denique Moyses solus prope accedebat ad audiendum Deum : cæteri accedere non valebant. Quod stulti nescientes remedium esse peccati, æstimant oblatione munerum Deo satisfacere se posse, et ignorant hoc quoque malum esse, atque peccatum, non obedientia et operibus bonis, sed donis, et victimis emendare velle, quod fecerint. Huic congruit illud quod alibi dicitur : *Obedientiam super sacrificium* (I *Reg.* XV, 21). Et : *Misericordiam volo, et non sacrificium* (*Osee* VI, 6).

(Cap. V.) *Noli festinare in ore tuo, et cor tuum non festinet ad* [c] *proferendum verbum in conspectu Dei, quia Deus in cœlo, et tu super terram. Propter hoc sint verba tua pauca, quia veniet somnium in multitudine sollicitudinis, et vox insipientis in multiplicatione sermonum.* Plerique arbitrantur hoc in præsenti loco præcipi, ne coram Deo facile aliquid promittamus, et sine consideratione 427 virium voveamus ea quæ explere non possumus. Adesse quippe præsentem Deum, et licet ille in cœlo, nos esse videamur in terra : tamen audire, quæ loquimur, et insipientiam nostram argui ex multiplicatione sermonum. Alii vero melius intelligentes, hoc præcipi affirmant, ne aut loquentes, aut cogitantes plus de Deo quam possumus, opinemur; sed sciamus imbecillitatem nostram, quod, quantum distat cœlum a terra, tantum nostra opinatio a natura illius separetur : et idcirco debere verba nostra esse moderata. Sicut enim qui in multis cogitationibus est, ea somniat frequenter, de quibus cogitat : ita qui plura voluerit de divinitate disserere, incidit in stultitiam. Vel certe sic : Verba nostra pauca ideo esse debere, quod etiam ea quæ nosse nos arbitramur, per speculum videmus et in ænigmate, et velut somnium comprehendimus , quod tenere nos æstimamus. Cumque plura (ut visum nobis fuerit) dixerimus , finem disputationis nostræ esse stultitiam. Ex multiloquio enim nos non effugere peccatum.

Cum votum feceris Deo [d], *ne moreris reddere illud, quia non est voluntas in insipientibus. Quæcumque* [e] *voveris, redde. Melius est non vovere, quam vovere, et non reddere.* Simplex intelligentia interpretatione non indiget. Melius est non promittere, quam promissa non facere, quia displiceat Deo, et inter insipientes computentur, qui vota non expleant. Quod autem ait : *Non est voluntas in insipientibus* subauditur, *Dei*, juxta illud Apostoli (I *Cor.* XVI, 22) : *Et utique non fuit voluntas, ut nunc venirem ad vos.* Quod si volumus et curiosius aliquid dicere, præcipitur Christiano, ut fidem opere compleat, et non sit similis Judæorum, qui spondentes atque dicentes : *Omnia quæcumque Dominus præcepit, faciemus* (*Exod.* XXIV, 3), adoraverunt idola. Et post verberatos servos, et lapidibus oppressos, novissime ipsum quoque patrisfamilias filium trucidaverunt. Melius est ergo ancipitem diu librare [f] sententiam, quam in verbis facilem, in 428 opere esse difficilem. Servus enim qui scit voluntatem Domini sui, et non [g] faciat eam, vapulabit multis (*Luc.* XII, 47).

[a] *Donum enim insipientium sacrificium.* Nunc contextum subvertunt veteres editiones ubi contrario sensu legimus : *Super donum enim insipientium sacrificium tuum : quia*, etc. MARTIAN.

[b] Rursum iidem mss., *et si esset omnium offensio, qui sunt in Ecclesia*, etc. Penes Alcuin., *si esset omnium audire sermonem, et divina mysteria, numquam*, etc.

[c] Restituo ex Vatic. et Palatin. altero, *ad proferendum sermonem*, etc., quemadmodum et ipse Hieronymus in sua interpretatione vertit ex Hebræo

להוציא. Martianæus vero *ad perferendum*, ut videtur ex Græco τοῦ ἐξενέγκαι legerat.

[d] *Cum votum feceris Deo.* In editis, *cum votum voveris.* Sed parum interest, nec est ulla in sensu mutatio. MARTIAN.

[e] Martianæus, atque alii editi, *votum vovis.*

[f] *Ancipitem diu librare*, etc. Antea legebatur, *ancipitem diu deliberare sententiam.* Exemplaria mss. secuti sumus, quæ constanter retinent *librare sententiam*, non *deliberare sententiam.* MARTIAN.

[g] Unus Vatic. *et non fecit, vapulabit plagis multis.*

Non des os tuum, ut peccare [a] *facias carnem tuam. Et ne dixeris in conspectu angeli, quia ignorantia est ; ne irascatur Deus super vocem tuam, et disperdat opera manuum tuarum.* Hebræus ita sensit : Quod non potes facere, ne promittas. Non enim in ventum dicta transeunt, sed a præsenti angelo, qui unicuique adhæret comes, statim perferuntur ad Dominum. Et tu qui putas ignorare Deum, quod pollicitus es, provocas eum ad iracundiam, ut omnia opera tua dissipentur. Sed in eo quod ait : [b] *Ut non peccare facias carnem tuam, Non diligenter eventilans,* ita intellexit, quasi dixisset : Non des os tuum, ut non [c] pecces. Nobis vero alter sensus videtur, quod arguantur hi, [d] qui de vitio carnis queruntur et aiunt, se corporis necessitate compulsos ea facere, quæ nolint, secundum illud Apostoli (Rom. VII, 15): *Non enim, quod volo, hoc ago, sed quod nolo, et cætera.* Noli itaque, ait, vanas excusationes quærere, et dare occasionem carni tuæ ad peccandum, et dicere : Non ego pecco, sed quod habitat in carne mea peccatum. Denique in eo loco ubi ait : *Ne dixeris coram angelo, quia ignorantia est :* Aquila interpretans verbum Hebraicum SEGAGA, [e] pro *ignorantia,* ἀκούσιον transtulit, id est, *non spontaneum.* Si enim, inquit, hoc dixeris, Deum provocas quasi auctorem mali atque peccati, ut iratus, si quid videris boni habere, auferat de manibus tuis. Vel certe talia sentientem, tradat in reprobum sensum, ut facias ea quæ non conveniunt.

Quia in multitudine somniorum et vanitates, et verba plurima Sed Deum time. Et hunc locum ita Hebræi edisserunt. Nec superiora facias, de quibus jam dictum est, ne facile somniis credas. Cum enim diversa videris per nocturnam quietem, et variis anima fuerit exagitata terroribus, sive incitata promissis, tu ea contemne, quæ somnii sunt, Et solum Deum time. **429** Qui enim somniis crediderit, vanitatibus se et ineptiis tradet. Aliter : Quia dixi atque præcepi : *Non des os tuum, ut peccare facias carnem tuam,* et quæras varias excusationes : hoc nunc infero, quoniam in somno vitæ istius , et in imagine umbræ nubis [f], qua vivimus, multa possumus invenire, quæ nobis verisimilia videantur, et nostra excusare peccata. Propterea admoneo, ut id solum caveas, ne putes absentem Deum, sed eum timeas, et scias cunctis operibus tuis adesse præsentem : teque liberi arbitrii conditum non cogi, sed velle quod facias.

Si calumniam pauperis, [g] *et rapinam judicii, et injustitias videris in regione, ne mireris super negotio : quia excelsus super excelsum custodit, et excelsior est super illos, et amplius terræ in omnibus est rex in agro culto.* Christi tunica contexta desuper (Joan. XIX, Luc. VIII), nec a crucifigentibus scindi potuit : et eum a quo Salvator dæmonia ejecerat, Apostolorum indutum vestimentis abire præcepit. Itaque et nos nitamur Ecclesiastæ nostri vestimenta non scindere, nec pro voluntate nostra opinationum pannos hinc inde consuere, sed unum disputationis servare textum, et eumdem sensum, et ordinem sequi. Supra dixerat : *Ne dixeris in conspectu angeli, quoniam ignorantia est, ne irascatur Deus super vocem tuam,* et reliqua : et adversus eos fuerat locutus, qui negarent providentia res humanas regi. Quia igitur [h] adversus hoc præceptum suboriebatur quæstio, quare justi calumniam sustinerent, et quare iniqua fiant in toto orbe judicia, et non est ultor Deus ; nunc infert et solvit, quod opponi poterat, dicens : Si videris calumniam pauperis, qui beatus in Evangelio prædicatur, et res [i] vigeri, non justitia, ne annotationem.

---

[a] Duo Palatini, et Vatican. *ut peccare faciat,* hic atque infra : et paulo post *et ne dissipet,* pro *et disperdat.*

[b] *Non des os tuum, ut non pecces.* Hic locus ex absentia particulæ negantis non potest intelligi in antea editis libris : neque vero dicere potuit Hieron. Hebræum suum præceptorem non diligenter eventilasse quod dicitur, si ita intellexit quasi Ecclesiastes dixisset : *Non des os tuum, ut pecces.* Nam idem est, *ut pecces,* ac *ut peccare facias carnem tuam.* In eo igitur minori diligentia contextum sacrum eventilavit Hebræus, quod putaverit particulam negativam לֹא *lo,* id est, *non,* expressam esse, vel subintelligendam in hoc loco, *ut non pecces.* Quæ lectio optime respondet interpretationi superiori ejusdem Hebræi dicentis, *Quod non potes facere, ne promittas.* Hoc est enim dicere, Ne des os tuum ad promissa temere facienda, ut quod non potes promittas, atque pecces non implendo quæ promisisti. Legamus itaque cum mss. codicibus, *ut non pecces;* quia hoc modo sensus Hebræi liquidus apparet. MARTIAN.

— Hactenus contrario, absurdoque sensu absque negandi particula obtinuit, *ut peccare facias.* Constat vero in hoc textu Hebræum Hieronymi præceptorem NON, ipsam particulam, *diligenter eventilasse,* minime vero, ut vulgati præferebant, illud comma, *ut peccare facias,* etc., non diligenter eventilasse ; ut quid enim quod non diligenter notatum ab aliquo est, quis proferat ad eruditionem. Nos mss. Palatini duo, et Vatic. restituendæ lectionis admonuerunt.

[c] Hic vero negandi particulam unus Vatic. ignorat, et Palatinus alter expungit. Confer Martianæi

[d] *Qui de vitio carnis queruntur.* Colbertinus codex, *qui Deum carnis queruntur.* Corbeienses, *qui de vi carnis queruntur.* MARTIAN.

[e] *Verbum Hebraicum Segaga.* Apud Erasmum corruptum est prorsus et mutatum Hebræum nomen שגגה *segaga,* pro *segaga* enim legit שנב *senana,* duplex Nun, pro duplici Ghimel ; sed haud dubie vitio typographico. Corbeienses mss. legunt *segoga.* MARTIAN.

[f] *Et in imagine umbræ nubis.* Eadem exemplaria hic aliud retinent, sequentem nempe lectionem. *Quoniam in somno vitæ istius, et imagine, umbra nubeque vivimus, multa,* etc. MARTIAN.

[g] *Et rapinam judicii.* Editi antea libri, *et ruinam judicii;* sed falso, nam in Hebræo legimus וגזל משפט *venezel misphat; et rapinam judicii,* juxta omnia exemplaria Hieronymi mss. et LXX Interpretes, qui transtulerunt, καὶ ἁρπαγὴν κρίματος, *et direptionem judicii.* MARTIAN.

— Vatic. *et rapinam judicii, et justitiæ videris in regione :* et paulo post cum Palatinis duobus, *excelsus super excelsum custodit, et excelsiores super eos.*

— *Quia excelsus super excelsum custodit.* Corbeienses mss., *Quia excelsus, super excelsum, et excelsior est super eos, et amplius terræ est rex in agro culto.* MARTIAN.

[h] Iidem tres mss. : *Quia igitur adversus* (Al. addunt *eos*) *hoc præceptum suboriebatur, et quare justi,* etc.

[i] Ita emendamus ope trium mss. in quibus uno verbo est *vigeri,* pro quo fecimus duobus verbis vi

mireris, et tibi novum 'aliquid esse videatur. Ex- celsus quippe super excelsos hæc respicit Deus, qui angelos suos super judices et reges terræ præposuit, [a] qui possunt utique prohibere injustitiam, et magis in terra valere, quam quævis hominum potestates. Sed **430** quoniam servat in fine judicium, et in consummatione mundi, quando cum matura seges fuerit, et messores venerint, jussurus est, ut separetur triticum, et lolium tradatur incendio: ideo nunc exspectat et differt sententiam, quamdiu ager mundi istius [b] excolatur. Quod autem ager interpretetur mundus, Dominus in parabola zizaniorum et tritici exposuit (*Matth.* xiii).

Qui diligit argentum, non implebitur argento, et qui diligit divitias, non fruetur eis. Sed et hoc vanitas. In multitudine enim bonorum multi sunt, [c] *qui comedunt ea, et quæ est fortitudo habenti illa, nisi ut videat oculis suis?* Ubicumque argentum ponimus, secundum Græci sermonis ambiguitatem, potest et pecunia transferri: ἀργύριον quippe utrumque significat. Porro Tullius pecuniosos primitus eos dictos refert, qui plura habuissent [d] peculia, id est, pecora. Ita enim ea antiquitus appellabant. Paulatim autem per abusionem, nomen ad aliud devolutum est. Avarus igitur describitur, quod numquam opibus expleatur, et quanto plus habuerit, tanto plus cupiat. Flacci quoque [e] super hoc concordante sententia, qui ait (*Horat. l.* 1, *Epistolar., epist.* 2, *ad Lelium*):

Semper avarus eget.

et nobilis [f] historici, quod avaritia, neque inopia, neque copia minuatur. Nihil ergo, inquit Ecclesiastes, prosunt divitiæ possidenti, nisi hoc solum ut videat quæ possidet. Quanto enim major fuerit substantia, tanto plures ministros habebit, qui opes devorent congregatas. Ille autem videat tantum, quod habet, et plus quam unius hominis cibum capere non possit.

Dulcis somnus operanti, sive paululum, sive plus comederit. Et saturitas divitis non sinit eum dormire. Adhuc de divite et avaro sermo est, et comparatur operanti, et absque sollicitudine dormienti, sive parum, sive multum comederit, quod ille labore operis et sudore qualemvis cibum digerat, et dulci somno perfruatur. Dives vero distentus dapibus, et cogitationibus **431** in diversa laceratus, dormire non valeat, redundante crapula, [g] et incocto cibo in stomachi angustiis æstuante. Porro, quia somnus, et communis de hac vita exitus appellatur, melior erit requies ejus qui operatur in præsenti, et secundum vires suas in bonis operibus conversatur, quam eorum divitiæ, de quibus scribitur: [h] *Væ vobis divitibus, quia recepistis consolationem vestram* (*Luc.* vi, 24).

Est languor pessimus, quem vidi sub sole, divitias custodiri a domino in malum ejus. [i] *Et perierunt divitiæ illæ in distentione pessima. Et genuit filium, et non est in manibus ejus quidquam.* [j] *Sicut exivit de utero matris suæ, nudus revertetur, ut venit* [k], *et nihil tollet laboris sui, ut vadat in manibus ejus. Sed et hoc languor pessimus, quia sicut venit, sic et vadit. Quid ergo habebit amplius, quia laboravit in ventum? Et omnibus diebus suis in tenebris comedet, et in indignatione plurima, et in infirmitate, et in iracundia.* Cum superiore junge quod sequitur: Ecclesiastes divitem describente, qui nec ipse possit suis divitiis perfrui, et crebro propter eas in discrimen veniat, nec hæredi, quod congregavit, relinquat; sed et ipse geri. Hactenus vero inutili, falsoque sensu lectum est uno verbo *vigere.*

[a] *Super judices et reges terræ præposuit.* Deerat in hac voce præpositio quæ alium sensum efficit; quia magnum intercedit discrimen inter Angelos, *posuit* super reges terræ, et Angelos *præposuit* super reges terræ. MARTIAN.

[b] Tres mss., *ager mundi istius plenius excolatur.*

[c] Unus Vatic., *qui comedunt ex eis.*

[d] Hactenus lectum est, *qui plura habuisse peculiæ, id est, pecora,* designantur, contradicentibus mss. nostris, in quorum nullo postremum hoc verbum legitur, quove expuncto, substitutoque *habuissent,* pro *habuisse,* concinnius contextus fluit. Porro iidem mss. *pecuia* legunt, pro *peculia.* Vide autem Nonnium a Martianæo laudatum.

—*Porro Tullius pecuniosos,* etc. Pecuniosorum et locupletum proprietatem, inquit Nonius, aperuit M. Tullius de Senectute, a *pecore pecuniosos,* et a possessionibus locorum *locupletes* appellatos asserens, multaque ditione ovium et boum, quod tunc erat res in pecore et locorum possessionibus, ex quo pecuniosi, et locupletes vocabantur. MARTIAN.

[e] *Flacci quoque super hoc,* etc. Flaccus, id est, Horatius Epistolarum lib. i, epist. 2, ad Lollium:

Sperne voluptates, nocet empta dolore voluptas.
Semper avarus eget. Certum voto pete finem.
Invidus alterius rebus macrescit opimis.
MARTIAN.

[f] Sallustius in Catil. cap. 11. Vide quæ annotavimus in epist. 108, num. 19.

—*Et nobilis Historici.* Eadem replicat in Epitaphio Paulæ matris, dicens: *Ne consuetudine plus habendi præberet locum avaritiæ, quæ nullis expletur opibus, et quanta amplius habuerit, plus requirit, et neque copia, neque inopia minuitur.* Verba sunt Sallustii de conjuratione Catilinæ, pag. 8 et 9, ubi nobilis Historicus ait: *Huic quia bonæ artes desunt, dolis atque fallaciis contendit, avaritia pecuniæ studium habet, quam nemo sapiens concupivit. Et quasi venenis malis imbuta, corpus animumque virilem effeminat: semper infinita, insatiabilis est, neque copia, neque inopia minuitur.* MARTIAN.

[g] Vatic. duoque Palatini, *et incoctos cibos stomachi angustiis æstuante.*

[h] Iidem mss. *Væ vobis, divites, quia,* etc.

[i] Verba, *et perierunt divitiæ,* in Vatic. non habentur. Levia quædam infra emendamus.

[j] Addit Vatican.: *Et quæ est fortitudo habenti illas, nisi ut videat oculis suis.* Tum *egressus* legit, pro *exivit,* quemadmodum et Palatinus alter ad libri oram reponit.

[k] *Nudus revertetur, ut venit.* Quantæ et quam frequentes sint depravationes et Contexius sacri et Commentariorum Hieronymi in antea editis libris, facile pervidebis ex Notis consequentibus. Nam hoc loco primum ita legunt: *Nudus revertetur: ut eas sicut venit, et nihil accipit de labore suo, ut teneat in manu ipsius. Sed et hoc vanitas et languor pessimus: sicut enim advenit, ita et abiit. Quæ abundantia ejus qui in ventum laborat? Et quidem omnibus diebus suis in tenebris comedit, et luctu et iracundia multa, et languore, et insania.* MARTIAN. *

et filius ejus, sicut venerunt nudi, ita nudi revertantur in terram, et nihil eos suorum comitetur laborum. Nonne enim languor est pessimus, pro divitiis cogitatione torqueri, et perituras opes, nec quas nobiscum possumus auferre morientes, in tristitia, in gemitu, in indignatione, in litibus, casso labore conquirere? Et hæc secundum simplicem sensum. Cæterum ut altius elevemur, de philosophis mihi videtur, vel hæreticis dicere, qui congregant divitias dogmatum in malum suum, et nec repertores utilitatem possunt aliquam consequi, nec sectatoribus suis fructum relinquere perpetuum. Sed et ipsi, et discipuli revertuntur in terram, et perdunt divitias ab eo qui dixit : *Perdam sapientiam sapientium, et prudentiam prudentium* a *reprobabo* (I Cor. I, 19). Vere quippe, sicut egressi sunt de utero matris suæ, de perversa videlicet Ecclesia, b ejusque contraria, de qua scriptum est : *Quæ autem sursum est Jerusalem,* **432** *libera est, quæ est mater omnium nostrum* c (*Galat.* IV, 26), sic nudi vadent in ventum, et in nihilum laborantes. Qui defecerunt scrutantes scrutinio (*Psal.* LXIII, 7), et feruntur omni vento doctrinæ, nec habent lucem, sed in tenebris sua comedunt sacramenta. Semper in infirmitate, semper in iracundia sunt, thesaurizantes sibi iram in die iræ, nec habentes propitium Deum.

Ecce quod vidi ego bonum, quod est optimum, comedere, et bibere, et cernere jucunditatem in omni labore suo, quo laboravit sub sole, numero dierum vitæ suæ, quos dedit ei Deus, hæc quippe est pars ejus. Sed et omnis homo, cui dedit Deus divitias, et substantiam, concessitque ei, ut vesceretur ex eis, et tolleret partem suam, et lætaretur de labore suo, hoc Dei donum est. Non enim multum recordabitur dierum vitæ suæ, quia Deus occupat in lætitia cor ejus. Ad comparationem ejus, qui opibus suis in curarum tenebris vescitur, et cum grandi vitæ tædio peritura comportat, meliorem dicit esse eum, qui præsentibus fruitur. Hic enim vel parva voluptas est in fruendo : ibi vero sollicitudinum tantummodo magnitudo. Et reddit causas, quare Dei donum sit d frui posse divitiis. Quoniam, *non multum recordabitur dierum vitæ suæ.* Avocat quippe eum Deus in lætitia cordis sui : non erit in tristitia, non cogitatione vexabitur, abductus lætitia et voluptate præsenti. Sed melius est juxta Apostolum (I Cor. X, 3), spiritualem escam et spiritualem potum a Deo datum intelligi, et videre bonitatem in omni labore suo, quia ingenti labore et studio vera possumus contemplari bona. Et hæc est pars nostra, ut in nostro studio et labore lætemur. Quod licet bonum sit, tamen, donec Christus manifestetur vita nostra, nec dum plene bonum est. Et ideo non multum recordabitur Deus dierum vitæ nostræ. Notandum quoque, quod hic περισπασμός in meliori parte accipitur pro occupatione spiritualis veræque lætitiæ.

(Cap. VI.) *Est malum, quod vidi sub sole, et frequens apud homines. Vir cui dedit* **433** *Deus divitias, et substantiam, et gloriam, et nihil deest animæ ejus ex omnibus, quæ desideravit, et non dedit ei Deus potestatem, ut manducaret ex eo, sed vir alienus comedit illud. Hæc vanitas est, et languor pessimus. Si genuerit vir centum* e*, et annis multis vixerit, et plures fuerint dies annorum ejus, et anima ejus non repleatur bonis, nec sepulcrum fuerit illi dixi melius ab eo esse abortivum. In vanitate quippe venit, et in tenebris vadit, et in tenebris nomen ejus abscondetur. Et quidem solem non vidit, nec cognovit, requies huic magis quam illi. Et si vixerit mille annos duplices, et bonitatem non vidit, nonne ad locum unum omnia properant ?* Describit avarum divitem, et hoc malum frequens esse in hominibus asserit, quod nihil eorum, quæ in mundo putantur bona, ei desit, et, nihilominus stultissima parcitate se cruciet, aliis devoranda conservans. Necnon et illud hyperbolice adjicit, quod etiam si centum liberos procreaverit, et non, ut Adam, prope mille, sed duobus millibus vixerit annis, et anima ejus cupiditate et avaritia contabescat : multo deterioris conditionis sit abortivo, qui statim ut natus videtur, interiit. Ille enim nec mala vidit, nec bona : iste vero, cum bona possederit, semper tristitiis et cogitatione cruciatus est : magisque requiem habeat abortivus, quam avarus ille longævus : et tamen ambo æquali fine f rapiantur, dum et hic et ille morte simili subtrahuntur. Potest hoc et de Israel accipi, quod dedit illi Deus Legem, et Prophetas, Testamentum, et repromissionem, Salvatore dicente : *Quia auferetur a vobis regnum Dei, et dabitur genti facienti fructus ejus* (*Matt.* XXI, 43). g Hæc omnia ad alienum et peregrinum de gentibus translata sint populum, et videant illi bona sua, et non fruantur. Multoque nos conditionis esse melioris, qui quasi abortivi, et novelli putabamur ab eis, qui sibi in antiquitate applaudebant de patribus gloriantes atque dicentes : *Pater noster est Abraham* (*Joan.* VIII, 39) : et tamen ad unum locum et nos et illos properare, id est, ad judicium Dei. Quod autem in medio ait : *Et quidem sepulcrum non fuit ei* ; sive hoc **434** significat, quod dives ille de sua morte non cogitet, et cum omnia possideat, etiam in exstructione sepulcri avarus sit ; sive quod sæpe propter istas divitias occisus insidiis, insepultus abjiciatur, sive,

---

a *Prudentiam prudentium reprobabo.* Hic autem addunt isthæc : *Ubi sapiens, ubi scriba, ubi inquisitor hujus sæculi ? Nonne stultam fecit Deus sapientiam hujus mundi, et reliqua.* MARTIAN.

b Idem Vatic., *quæ contrita est ab ea, de qua,* etc.

c *Quæ est mater omnium nostrum.* Simili temeritate addiderunt post *nostrum,* scripturam sequentem : *Et de qua scribitur : Lætare sterilis quæ non paris, erumpe et clama quæ non parturis, quia multi filii desertæ magis, quam ejus quæ habet virum. Sic nudi vadunt,* etc. MARTIAN.

d Verbum *frui,* sufficiunt quatuor mss. quibus utimur.

e Duo Palatini addunt *liberos :* Vatic. *filios.*

f Sic habent quatuor mss. Antea erat *rapiuntur.*

g Addit Victor. *et qui ceciderit super lapidem istum confringetur ; super quem vero ceciderit conteret eum.*

quod melius puto, nihil ª boni facinoris egerit, ex quo sibi queat apud posteros memoriam comparare, et non vitam silentio transire, velut pecudes, cum habuerit materiam, per quam potuerit apparere quod vixerit.

Omnis labor hominis in ore ipsius, et quidem anima ᵇ *non implebitur.* Quid enim est amplius sapienti a stulto, quid pauperi, nisi scire, ut vadat contra vitam? Omne quod laborant homines in hoc mundo, ore consumitur, et attritum dentibus ventri traditur digerendum. Cumque paululum gulam delectaverit, tamdiu videtur tribuere voluptatem, quamdiu gutture continetur. Cum vero in alvum transierit, desinit inter cibos esse distantia. Et post hæc omnia, non impletur anima comedentis : sive quod rursum desideret, quod comedit, et tam sapiens quam stultus absque cibo nequeat vivere, et pauper nihil aliud quærat, nisi quomodo [*Al.* quod] possit organum sui corpusculi sustentare, nec interire inedia : sive quod nullam utilitatem anima ex refectione corpusculi capiat, et cibus tam sapienti quam stulto communis sit, et illuc vadat pauper, ubi opes esse perspexerit. Melius est autem hoc intelligi de Ecclesiastico viro, qui in Scripturis cœlestibus eruditus, omnem laborem habet in ore suo, et anima ejus non impletur, dum semper cupit discere. Et in eo plus habet sapiens, quam insipiens : quia cum pauperem esse se sentiat (pauperem autem illum, qui in Evangelio beatus dicitur) properat ad ea comprehendenda, quæ vitæ sunt, et ambulat arctam et angustam viam, quæ ducit ad vitam, et pauper est a malis operibus, et scit ubi Christus qui vita est, commoretur.

Melior est aspectus oculorum super ambulantem in anima. Sed et hoc vanitas et præsumptio spiritus. Dilucide hoc interpretatus est Symmachus, dicens : *Melius est providere, quam ambulare, ut libet;* **435** id est, melius est juxta sensum cuncta agere, qui animæ est oculus, quam voluntatem cordis ᶜ sequi. Hoc est enim ambulare in anima, sicut Ezechiel ait : *Qui ambulant in voluntate cordis sui* (*Ezech.* II, 24). Vel certe superbum et sibi placentem arguit, et meliorem dicit esse eum, qui cuncta provideat, quam illum, cui nihil placet, nisi quod ipse fecerit : quo nihil est deterius, et omni vento inanius. Rursum et hic *præsumptionem spiritus,* Aquila et Theodotio, *pastionem venti,* interpretati sunt : Symmachus vero *afflictionem spiritus.* Porro sciendum est, quod apud Hebræos, et spiritus et ventus similiter appellentur, id est, Ruha ᵈ.

ª Apud Alcuin. *nihil bonum honorificumve egerit,* etc. Victor., *nihil facti et honoris egerit,* etc.

ᵇ Mss., *anima ejus non implebitur,* etc.

ᶜ Vatic., *voluntatem cordis sui sequi.*

ᵈ *Id est,* ʀᴜʜᴀ. In omnibus mss. codicibus scriptum reperi *Ruha* cum *h* in medio; quamvis alibi legatur nomen Hebræum רוח, sine ulla aspiratione, *rua,* et non *ruha.* Sed nemo est hominum eruditorum qui neget utrumque et legi et scribi posse. Mᴀʀᴛɪᴀɴ.

ᵉ Magis arrideat Vaticani lectio, *et hominis cor-*

Quid est, quod futurum est : jam vocatum est nomen ejus, et cognitum, quia homo est, et non poterit judicari cum fortiore se. Aperte de Salvatoris prædicatur adventu, quod qui futurus est, antequam in corpore cerneretur, jam vocatum est in Scripturis nomen ejus, et cognitum prophetis et sanctis Dei : quia homo sit, et juxta hoc quod homo est, non possit se conferre cum Patre, et in Evangelio dicat : *Pater qui me misit, major me est* (*Joan.* XIV, 28). Unde et in consequentibus præcipitur, ne ultra quam de eo nobis scriptum est, requiramus, ne velit homo plus scire, quam Scriptura testata est. Cum enim de statu nostro ignoremus, et vita nostra quasi umbra pertranseat, et futura incerta sint, non nobis expedit, ut majora, quam possumus, inquiramus. Nonnulli illud in hoc loco significari putant, quod omnium, qui futuri sunt, et ᵉ hominum corpore circumdandi, jam Deus vocabulum noverit : nec possit homo respondere contra artificem suum, quare ita vel ita factus sit. Quanto enim amplius quæsierimus, tanto magis ostendi vanitatem nostram et verba superflua : et non ex præscientia Dei liberum tolli arbitrium, sed causas ante præcedere, quare unumquodque sic factum sit.

Quia sunt verba ᶠ *multa multiplicantia vanitatem. Quid est amplius* ᵍ *homini? Quis enim cognovit quid sit bonum homini in vita, numero dierum vitæ vanitatis ejus? et faciet* ʰ *eos quasi umbram, quia quis* **436** *annuntiabit homini, quid sit post eum sub sole?* Cum, inquit, ignoret homo de statu suo, et quæcumque videtur scire et cernere, non ut se rei habet veritas, sed per speculum, et umbram et imaginem videat, nec futura cognoscat, et in multiloquio non effugiat peccatum ; silentium ponat ori suo, et credat eum venisse qui scriptus est, quomodo, et quantus, et qualis venerit, non requirens.

(Cap. VII.) *Bonum est nomen super oleum bonum, et dies mortis super diem nativitatis ejus.* Considera, inquit, o homo, dies tuos breves, et quia cito esse, soluta carne, cessabis : fac tibi famam longiorem, ut quomodo unguentum nares odore delectat, sic ad ⁱ tuum vocabulum cuncta posteritas delectetur. Quod perspicue interpretatus est Symmachus, dicens : *Melius est nomen bonum, quam unguentum bene olens.* Siquidem moris est Hebræorum unguentum bonum, oleum nuncupare. Quod autem ait : *Et dies mortis super diem nativitatis ejus,* vel hoc ostendit, melius esse exire de sæculo, et carere tribulationibus atque incerto vitæ statu, quam ingredientem mundum, hæc omnia sustinere. Vel certe quod in morte, quapore circumdati, jam Deus, etc.

ᶠ *Vox multa* in tribus e nostris mss. desideratur.

ᵍ *Quid est amplius homini?* Initium hic est capituli septimi in Vulgata Latina : sed veteres alias secuti sunt divisiones Contextus sacri, ut ex hoc loco manifestissime probatur. Consule Prolegomena a nobis edita in Divinam Bibliothecam sancti Hieronymi, ubi de hujusmodi capitulis plenissime disputatum est. Mᴀʀᴛɪᴀɴ.

ʰ Palatin. alter, *ea* : Vatic., *eas.*

ⁱ Alcuin., *sic ad tuum nomen cuncta posteritas.*

les simus, notum sit : in exordio vero nascendi, qui [*Al.* quales] futuri simus, ignoretur. Aut quod nativitas alliget corpore [*Al.* corpori] libertatem animæ, mors resolvat.

Melius est ire ad domum luctus, quam ad domum convivii, in quo finis est omnis hominis : et qui vivit, dabit ad cor suum. Utilius est ad exsequias funeris, quam ad domum ire convivii, quia ibi [a] conditionis nostræ et fragilitatis humanæ ex præsenti cadavere commonemur. In convivii autem lætitia, etiam si quid timoris habere videbamur, amittimus. Novissimum versum apertius interpretatus est Symmachus, dicens : *Et qui vivit, respiciet ad mentem.* Ex quibus approbatur, in eo quod superius cibum et potum visus est approbare, non eum voluptatem rebus præferre cunctis, ut plerique male æstimant; sed ad comparationem avaritiæ et nimiæ parcitatis, licet breve sit, plus esse, si vel **437** ad momentum quis suis opibus perfruatur. Numquam enim [b] tristitiam luctus, festivitati convivii prætulisset, si bibere et vesci alicujus putasset esse momenti.

Melior est ira quam risus, quia in mœrore vultus emendabitur cor. Risus dissolvit [c] ridentem : ira corripit et emendat. Irascamur et nobis, si quando peccamus, irascamur et aliis. Per tristitiam quippe vultus, melior fiet animus, ut interpretatus est Symmachus. Et idcirco : *Væ nunc ridentibus, quoniam ipsi lugebunt* (*Luc.* VI, 25).

Cor sapientium in domo luctus, et cor insipientium in domo lætitiæ. Beati, inquit Salvator, *lugentes, quoniam ipsi consolabuntur* (*Matt.* V, 5). Lugebat et Samuel regem Saul omnibus diebus vitæ suæ (II *Reg.* XVI). Et Paulus super eos, qui post peccata varia noluerant agere pœnitentiam, lugere se dicit (II *Cor.* XII). Cor igitur sapientis vadat ad domum talis viri, qui se corripiat delinquentem, ut adducat ad lacrymas, qui provocet propria flere peccata, et non eat ad domum lætitiæ, ubi doctor adulatur, et decipit, ubi non conversionem audientium, sed et plausus quærit et laudem. Talis præceptor plangitur, dives in sermone, [d] dives in verbis, qui quia saturatus est, propterea recipit consolationem suam. Denique huic expositioni etiam sequentes versiculi concordant. Ait enim :

Melius est audire correptionem sapientis, super virum audientem carmen stultorum. Quia sicut vox spinarum sub olla, sic risus stulti. Sed, et hoc vanitas. Melius enim est a sapiente corripi, quam adulatione decipi blandiente. Cui simile est illud : *Meliora sunt vulnera amici, quam voluntaria oscula inimici* (*Prov.* XXVII, 6). Sicut enim vox spinarum ardentium sub olla, strepitum reddit insuavem : sic et palpantis magistri verba non proderunt, vel ad [e] curas sæculi, quæ spinæ interpretantur, auditores suos cohortantis, vel futuro eos incendio **438** præparantis. Symmachus pro eo quod nos posuimus : *Quia sicut vox spinarum sub olla, sic risus stulti,* hunc sensum interpretans quem supra disseruimus, ait : *Per vocem enim imperitorum vinculis quispiam colligatur,* hoc est, ad vocem talium præceptorum magis auditor innectitur, dum vinculis peccatorum suorum unusquisque constringitur.

Calumnia conturbat sapientem, et perdet cor fortitudinis ejus (*Prov.* IX, 8). Nunc sapientem in profectu positum accipe, secundum illud : *Argue sapientem, et diliget te.* Sapiens quippe perfectus, nulla argutione indiget, nulla calumnia conturbatur. Utamur hoc versiculo, si quando justum virum atque sapientem videmus calumnias sustinere, et turbari de iniquitate judicii, nec Deum statim subvenire præsentem. Pro eo vero, quod Septuaginta, et Aquila, et Theodotio interpretati sunt, *perdit cor* [f] εὐτονίας αὐτοῦ, id est, *fortitudinis,* sive *vigoris ejus;* Symmachus ait, *et perdit cor* MATTHANA (מתנה), *id est, donum:* tam verbum Hebraicum, quam interpretationem ejus copulans, et faciens illum sensum, qui alibi scriptus est : *Excæcant munera etiam sapientium oculos* (*Deut.* XVI, 19).

Melius est novissimum sermonis, quam principium ejus. Meliores sunt in dicendo epilogi, quam exordium. In his enim dicentis sollicitudo finitur, in illo incipit. Vel certe sic : Qui incipit audire sermonem, et ad præceptorem vadit, in principio est ; qui vero extrema audit, consummatus est atque perfectus. Sed et hoc modo intelligi potest : Dum in isto sæculo sumus, quod scimus, omne principium est : cum autem venerit, quod perfectum est, in novissimis et consummatis erimus. Hebræus ita hunc locum cum sequenti versiculo disseruit : Melius est te fi-

---

[a] Idem Alcuin. cum editis ante Martian. libris, *quia ibi recordatione conditionis nostræ,* etc.; et mox *in conviviis autem, et lætitia.*

— *Quia ibi conditionis nostræ.* Superflue in editis additur, *quia ibi recordatione,* etc. MARTIAN.

[b] Vatican., *tristitiam luctui, sed festivitati convivium prætulisset.*

[c] Cum iisdem vulgatis Alcuin., *risus dissolvit sapientem.* Tum *ira corripit et emendat peccantem.* Irascamur et nobis, *quia peccavimus, irascamur aliis quoque peccantibus ad emendationem sui, non ad ultionem nostri.*

— *Risus dissolvit ridentem.* Plures mss., *dissolvit videntem;* quia facile mutant *ridentem* in *videntem.* Editi legunt *sapientem.* MARTIAN.

[d] Denuo Alcuinus, et pridem vulgati libri, *non dives in opere.*

[e] Vatic., *ad culpas sæculi.*

[f] Non videntur veteres, recentesque Editores, qui hactenus εὐγενείας αὐτοῦ legerunt, Græca verba ex Hieronymianis mss. sed ex pervulgata τῶν LXX editione expressisse. Scilicet mss. εὐτονίας quemadmodum emendo, præferunt, et si qui mendose scribarum oscitantia Τ in Γ commutant, leguntque εὐγονίας, vel ἐχγονίας, ipso ejus litteræ manifesto vitio, repositæ lectioni suffragantur. Ita vero et penes LXX reponendum pro εὐγενείας contenderim, nam et in editione Romana Flaminius annotaverat, ita in nonnullis codicibus Græcis legi, et quod palmare argumentum est Hieronymiana ejus vocis interpretatio, id est, *fortitudinis,* sive *vigoris,* satis bene εὐτονίας vocabulo respondet, quod *strenuitas, impetus, vigor,* atque his similia interpretatur; minime vero εὐγενείας, quod *generis splendorem,* sive *nobilitatem* sonat. Addo, Victorium loco *perdit* legere prodit : mihi *perdet* probari magis.

nem considerare negotii, quam principium, *a* et patientem esse, quam impatientiæ furore raptari. Discimus **439** quoque ex hac sententiola, nullam in hominibus esse sapientiam, cum melius sit tacere, quam proloqui; et quia cum finita fuerit oratio, intra semetipsum recogitat auditor, quid sit dictum : cum autem cœperimus loqui, necdum quid utilitatis accepit.

Melior est patiens super excelsum spiritu. Quia superius iram concesserat, dicens : *Melior est ira, quam risus,* ne putaremus iram, quæ in passione est laudari, nunc præcipit *b* iram penitus esse tollendam. Ibi enim pro correptione in peccantes, et eruditione in minores iram posuit : hic vero impatientiam refrænavit. Patientia autem non solum in angustiis, sed et in lætioribus necessaria est, ne plus quam condecet, exaltemur. Videtur mihi *c* et qui nunc excelsus appellatur spiritu in Evangelio, pauperi spiritu esse contrarius, qui et in beatitudine ponitur.

Ne festines in spiritu tuo, ut irascaris, quia ira in sinu stultorum requiescit. Non quod concedat tardius irascendum, idcirco nunc dicit : *Ne festines in spiritu tuo irasci;* sed quod *d* cum furens et recens fuerit ira, dilata facilius sedetur, et possit auferri. Et quia ira semper juncta superbiæ est, desiderans ultionem, meliorem supra patientem dixit esse, quam eum qui excelsus est spiritu, et nunc signum insipientiæ dedit : quia quamvis aliquis potens existimetur et sapiens, si iracundus sit, insipiens arguitur : *Ira quippe in sinu stultorum requiescit.*

Ne dixeris : quid factum est : quia dies priores erant meliores, quam isti ; non enim sapienter interrogasti de hoc. Ne vetus sæculum præsenti præferas, quia unus utriusque est conditor Deus. Virtutes bonos dies viventi faciunt, vitia, malos. Ne dicas ergo meliores fuisse dies sub Moyse, et sub Christo, quam modo sunt. Nam et illo tempore plures fuerunt increduli, et dies eorum mali facti sunt, et nunc credentes multi reperiuntur, de quibus ait Salvator : *Beatiores qui non viderunt, et crediderunt* (Joan. xx, 29). Aliter : Sic debes vivere, ut semper præsentes dies meliores tibi sint, quam præteriti, ne cum paulatim decrescere cœperis, dicatur tibi : **440** *Currebatis bene, quis vos impedivit veritati non obedire* (Gal. v, 7)? Et iterum : *Incipientes spiritu, nunc carne consummamini* (Ibid. III, 5). Aliter : Ne dicas meliora tempora *e* olim Moysi, quam nunc Christi, Legis fuisse, quam Gratiæ. Si enim hoc volueris quærere, imprudenter facis, non videns, quantum distet Evangelium a veteri Testamento.

Bona est sapientia cum hæreditate, et amplius videntibus solem, quia quomodo umbra sapientiæ, sic umbra argenti : et quod plus est, scientia sapientiæ vivificabit habentem se. Majoris est gloriæ sapiens cum divitiis, quam tantum sapiens. Alii enim sapientia indigent, alii opibus, et qui sapiens est, et non dives, potest quidem docere quod bonum est, sed interdum non potest præstare quod petitur. Et idcirco ait : Quia sicut umbra sapientiæ, ita umbra pecuniæ, id est, quomodo protegit sapientia, sic interdum protegit et pecunia. Et ne videretur sapientiæ detraxisse, dum eam fortuito bono subjecit (non enim in nostra potestate est habere divitias, quas injusti sæpe plus possident) propterea majorem esse sapientiam demonstrat, dicens : *Et amplius scientia sapientiæ vivificabit habentem se.* In eo, inquit, major est sapientia divitiis, quod absque ullis opibus vivificat eum, qui se habuerit.

Quidam hunc locum ita interpretantur : Hæreditatem, inquiunt, pro conversatione bona posuit, per quam hæredes sumus Dei, et cohæredes Christi. Vult igitur Ecclesiastes docere, quanto differant hi, qui solem merentur videre justitiæ, et habent sapientiam cum conversatione bona, ab his qui absque sapientia, vitæ tantum, et conversationis studium commodarunt. Quod quidem et Daniel ostendit, dicens : *Intelligentes sermones meos fulgebunt, ut luminaria cœli* (Dan. XII, 3). Sive ut Theodotio interpretatus est : *Quasi splendor firmamenti.* Qui vero fecerint sermones meos, quasi stellæ cœli. Umbram autem argenti, sive pecuniæ, illam secundum ἀναγωγὴν debemus accipere, de qua talenta et *f* minæ in parabolis Evangelii colliguntur (*Matth.* xxv, *Luc.* xix), ut **441** cum fuerimus sub umbra sapientiæ, et sub umbra talis argenti : *Per diem sol non urat nos, neque luna per noctem* (Psal. cxx). Sed et hoc dici potest, quia umbra est vita nostra super terram : *Et spiritus vultus nostri Christus Dominus cui diximus : In umbra ejus vivemus in gentibus* (Thren. IV, 20). Omnis nostra in hac terra protectio instar umbræ est, sive sapientiæ, sive supradicti argenti, donec aspiret dies, et amoveantur umbræ. Symmachus more suo etiam in hoc loco manifestius interpretatus est, dicens : *Quomodo protegit sapientia, similiter protegit pecunia.* Sequens autem versiculus perspicue ad studium scientiæ cohortatur.

Vide opera Dei, quoniam quis poterit adornare quem Deus g pervertit ? Et in hoc loco ita Symmachus transtulit : *Disce opera Dei, quia nemo poterit corrigere, quod ille imminuit,* id est, sufficiat [*Al.* sufficit] sedatior possit, etc.

---

a Quam principium, et patientem esse. Mss. Corbeienses : *Et sapientem esse, quam insipientiæ furore raptari.* Et post pauca : *Nullam in hominibus esse patientiam.* Quod utrumque certissimum est, nulla est enim apud homines neque patientia, neque sapientia. MARTIAN.

b Penes Alcuin. *iram patientia esse tollendam.*

c Duo codd. Palatin. et Vatic. *videtur mihi ei qui nunc,* etc.

d Duo mss., *quod cum fureris :* mox Palatinus cum olim editis *facilius sedatam possit auferre.* Vatican.

e Vatic., *tempora olim, quam nunc; Moysi, quam Christi,* etc. Palat., *olim sub Moyse, quam,* etc.

f Palatin., *et omnæ in parabolis.*

—*Et minæ in parabolis Evangelii colliguntur.* Minus bene legimus in antea editis libris, *in parabolis Evangelii leguntur.* MARTIAN.

g Ita et mss. et vulgati, et Martianæus ipse secundis curis restituit, cum antea legisset *percuterit.*

tibi de Scripturis sanctis, sive ex ipsa contemplatione elementorum, scire et intelligere quæ facta sunt : non tamen causas rationesque perquirere quare unumquodque sic factum sit, vel aliter fieri debuisse, quam factum est. Verbi gratia, si quis velit quærere cur Moysi ita loquatur Deus : *Quis fecit mutum et surdum, ridentem et cæcum, nonne ego Dominus Deus (Exod. IV, 12)* ? Et dicat : Cur cæcus et surdus et mutus ita creati sunt, et cætera his similia ? Sumendum in hoc loco testimonium de septimo decimo psalmo, in quo ad Dominum dicitur : *Cum sancto sanctus eris, et cum perverso perverteris* [a]. Et dicendum est sanctum Dominum esse cum eo, qui sanctus est, et perverti apud eum, qui sua voluntate fuerit ante perversus. Juxta illud quoque, quod in Levitico scriptum est : *Si ambulaverint ad me perversi, et ego ambulabo ad eos in furore meo perversus (Levit. 26, 27)*. Quod quidem et illud poterit exponere, quare induraverit Dominus cor Pharaonis. Quomodo enim una atque eadem solis operatio liquefacit ceram, et siccat lutum, [b] et pro substantia sua liquescit cera, et siccatur lutum : sic una Dei in Ægypto signorum operatio molliebat corda credentium, et incredulos indurabat, qui juxta duritiem suam, et impœnitens cor, thesaurizabant **442** sibi iram in die iræ ex his mirabilibus, quæ cum viderent fieri, non credebant.

In die bonitatis esto in bono, et in die malo vide. Et quidem istud congruum huic fecit Deus ad loquendum, ut non inveniat homo post eum quidquam. Scio me audisse in Ecclesia ab eo, qui putabatur habere scientiam Scripturarum, ita hos versiculos edisertos. « Dum in præsenti sæculo es, et boni quid operis potes facere, labora, ut postea ipse securus in die malo, id est, in die judicii, torqueri alios videas. Sicut enim præsens sæculum fecit Deus, in quo nobis fructum bonorum operum possumus præparare ; ita et futurum, in quo nulla boni operis datur facultas. » Visus est quidem suadere, cum diceret [c] audientibus : sed mihi videtur alius esse sensus, quem et Symmachus transtulit, dicens : *In die bono esto in bono ; diem vero malum intuere. Siquidem hoc simile huic fecit Deus, ut non inveniret homo quod contra eum quereretur.* Et bona, inquit, et mala, prout tibi evenerint, sustine. Nec putes vel bonorum tantum, aut malorum in

mundo esse naturam, [d] cum ex diversis mundus iste contrariis subsistat, calidis et frigidis, siccis et humentibus, duris et mollibus, tenebrosis et lucidis, malis et bonis. Hoc autem fecit Deus, ut habeat locum sapientia in eligendo bonum [e], et vitando malum, et liberum homini relinquatur arbitrium, ne se dicat insensibilem, et stolidum a Deo esse generatum ; sed eum ideo fecisse diversa, ut homo queri de sua conditione non posset. Simulque hoc testimonium consequenter superioribus copulabitur, in quibus ait : *Quis poterit adornare quod perverterit Deus?*

Omnia vidi in diebus vanitatis meæ. Est justus periens in justitia sua, et est impius longævus in malitia sua. Huic quid simile Salvator in Evangelio ait : *Qui invenit animam suam, perdet eam, et qui perdiderit animam suam propter me, inveniet eam (Matth. X, 39).* Macchabæi pro lege Dei atque justitia visi sunt in sua perire justitia, et martyres, qui sanguinem fudere pro Christo. E contrario qui et illo tempore [f] suillam carnem **443** comederunt, et post adventum Domini sacrificaverunt idolis, hi visi sunt in hoc sæculo vivere, et propter suam malitiam perseverare longævi. Sed Dei in occulto patientia est, et tribulare nunc sanctos, ut recipiant mala in vita sua, et peccatores non visitare [*Al.* visitari] pro scelere, et quasi ad victimam reservare, ut et illis possit æterna bona restituere, et his mala inferre perpetua. Hebræi justos pereuntes in justitia sua, filios Aaron suspicantur, quod dum putant se juste agere, alienum ignem obtulerint. Et impium longævum in malitia sua Manasen dicunt, qui post captivitatem restitutus in regnum [*Al.* regno], longo deinceps vixerit tempore.

Noli esse justus multum, et ne quæras amplius ne obstupescas. Si quem rigidum et trucem ad omnia fratrum peccata conspexeris, ut nec in sermone peccanti, nec propter naturalem interdum pigritiam morandi, det veniam, hunc scito plus justum esse quam justum est. Cum enim Salvator præcipiat, dicens : *Nolite judicare, ut non judicemini (Luc. VI, 37)*; et nullus sit absque peccato, nec si unius quidem diei fuerit vita ejus, inhumana justitia est fragilitati conditionis hominum non ignoscens. Noli ergo esse justus multum, quia pondus grande, et pondus parvum abominatio coram Domino. Unde et apud [g] philosophos satis cohærentem sententiæ Hieronymi, qui loquitur de tempore Antiochi et Machabæorum, quando apostatæ a lege Mosaica comedebant suillam carnem.

MARTIAN.

[g] Vide quæ annotavimus in epist. 130, n. 11.

— *Unde et apud philosophos.* Idem docet etiam explicatius epistola ad Demetriadem virginem : *Philosophorum quoque sententia est,* inquit, μεσότητας ἀρετὰς, ὑπερβολὰς κακίας εἶναι. Quod Latinis ita potest sermo resonare : *Moderatas esse virtutes, excedentes modum a'que mensuram, inter vitia deputari.* Unde et unus de septem Sapientibus, Μηδὲν ἄγαν, id est, *Ne quid nimis.* Quod tam celebre factum est, ut Comico quoque versu expressum sit. Eamdem sententiam replicat sæpius in pluribus opusculis, sicut in Epitaphio sanctæ Paulæ : Comment. in caput LXI Isaiæ et in caput XII Zachariæ, et alibi. Porro Diogenes

---

[a] *Et cum perverso perverteris.* Ex hoc loco intelligimus falsam esse interpretationem apud vulgus receptam, qua locum præsentem psalmi XVII trahunt ad contubernium impiorum, cum quibus boni pervertuntur sæpius et similes fiunt illis. MARTIAN.

[b] Isthæc verba, *et pro substantia sua liquescit cera, et siccatur lutum,* in Vatic. ac Palatin. mss. non sunt.

[c] Tres mss., *audientes*; videlicet, *suadere.*

[d] Ferme concinnius Palatin. et Vatic., *cum ex contrariis mundus ipse subsistat.*

[e] *Sapientia in eligendo bonum.* Aliquot mss., *Et ad intelligendum bona, et vitandum mala.* Alii, *et eligendo bono, et vitando malo.* MARTIAN.

[f] *E contrario qui et illo tempore,* etc. Unius literulæ mutatio apud Erasmum et Marianum, qui legunt, *ex illo tempore,* diversum sensum efficit; nec

virtutes in meditullio positæ sunt, et omne quod nimis est, sive sursum, sive deorsum, reputatur in vitio. Quod autem ait : *Noli quærere amplius, ne conturberis*, sive, *ne obstupescas*; mentem nostram scit, perfectam comprehendere non posse sapientiam, et mensuram fragilitatis nostræ jubet nos scire debere. Denique et Paulus ei, qui plus quam homo scire poterat [a], requirebat, dicens : *Quid adhuc queritur ? Voluntati enim ejus quis resistit ?* respondit : *O homo tu quis es, qui respondeas Deo* (Rom. IX, 19), et cætera. Si enim causas quæstionis ille, qui interrogans introducitur, **444** audisset ab Apostolo, stupore forsitan torpuisset, et gratiam sensisset inutilem. Quia est et donum, juxta eumdem Apostolum, quod non prosit ei cui datum est. Hebræi hoc mandatum, id est : *Noli esse justus multum*, super Saule interpretantur, qui Agag misertus est, quem Dominus jusserat occidi (I *Reg.* XV). Sed et ille de Evangelio servus (*Matth.* XVIII), cui ignoverat Dominus, et ipse conservo noluit ignoscere, huic potest versiculo coaptari, quod fuerit justus multum.

Ne impie agas multum, et noli esse stultus ; [b] *cur morieris in tempore non tuo.* Cum Dominus loquatur : *Nolo mortem morientis, tantum* [c] *revertatur et vivat* (*Ezech.* XVIII, 32) : Semel peccasse sufficiat ; debemus nos erigere post ruinam. Si enim juxta eos qui de physicis disputant, novit hirundo [d] pullos de sua oculare chelidonia, et dictamnum capreæ appetunt vulneratæ ; cur nos ignoremus medicinam pœnitentiæ propositam esse peccantibus? Quod autem ait : *Ne moriaris in tempore non tuo* (*Num.* XVI) ; scimus Chore et Dathan, et Abiron propter seditionem adversum Moysen et Aaron, repentino terræ hiatu devoratos, et in emendationem aliorum, ante diem judicii etiam in hac vita plurimos judicatos. Quod dicit ergo, tale est : Noli peccatis adjicere peccata, ne provoces Deum etiam hic tibi inferre supplicium.

Bonum est retinere te istud [e]. Et quidem ab hoc ne dimittas manum tuam ; quoniam qui timet Deum, egredietur ad omnia. Bonum est justis benefacere, sed et peccatoribus benefacere, non injustum est. Bonum est domesticos fidei sustentare, sed et omni petenti tribuere, præceptum est. Timens quippe Deum, et imitator conditoris sui, qui pluit super justos, et injustos, absque respectu personarum omnibus benefacere festinat. Aliter : Quia vita hæc miserabilis diversis quotidie variatur eventibus, tam ad adversa, quam ad prospera, justi animus **445** præparetur, et poscat Domini misericordiam, ut quodcumque evenerit, [f] librata mente sustentet. Qui enim timet Deum, nec prosperis elevatur, nec opprimitur adversis.

Laertius sententiam hujusmodi Pythagoræ ascribit: Aristoteles autem, in Rhetoricorum, ad Biantem juctorem refert. Sunt qui Taleti tribuant, vel Soloni, ut testis est Laertius. Denique Pindarus apud Plutarchum : Σοφοὶ δὲ καὶ τὸ Μηδὲν ἄγαν, ἔπος αἴνησαν περισσῶς, hoc est, *Sapientes illud verbum : Ne quid nimis, laudarunt præter modum.* Quod dictum tam celebre factum apud Philosophos, Terentius in Andria, actu I, scena 1, non longe ab initio sic expressit:

> Horum ille nihil egregie, præter cætera
> Studebat, et tamen hæc omnia mediocriter.
> Gaudebam. Non injuria : nam id arbitror
> Apprime in vita esse utile, ut *ne quid nimis*.

MARTIAN.

[a] *Quam homo scire poterat.* Falso in antea editis libris, *qui plusquam homo scire cuperet, requirebat*, etc. MARTIAN.

[b] *Cur morieris in tempore non tuo.* Ita legunt exemplaria mss. melioris notæ, juxta Hebræum fontem, למה תמות *lamma thamuth, ut quid morieris?* In veteribus autem editionibus et aliquot mss. codicibus, *ne moriaris*, secundum Vulgatam Latinam. MARTIAN.

—Duo mss. cum olim editis, et Vulgato Interprete, *ne moriaris*, ut infra legitur. Palatin. alter vocem *cur* expungit, ac *ne* substituit secunda manu.

[c] Iidem mss., *tantum, et revertatur.* Alcuin. ac veteres editores, *Nolo mortem peccatoris, sed tantum, ut revertatur*, etc. Martian. e cap. XVIII Ecclesiast. locum laudari ab Hieronymo notat.

— *Nolo mortem morientis.* Quod e capite XVIII Ecclesiastæ recitat Hieronymus, id e capite XXXIII sumptum putant Erasmus et Marianus, atque ita locum corrumpunt præsentem : *Nolo mortem peccatoris, sed tantum ut revertatur, et vivat.* MARTIAN.

[d] *Novit hirundo pullos de sua oculare,* etc. Omnes mss. retinent hanc lectionem ; editi vero sequentem : *Novit hirundo pullos de succo oculare chelidoniæ.* At, ni fallor, *de succo* sumptum est ex pronomine *suos,* quod legitur in nonnullis exemplaribus mss. *novit pullos suos hirundo,* etc. Retinenda igitur lectio omnium mss. *de sua oculare chelidonia :* eleganter enim dicitur *de sua chelidonia*, sive quod hirundines hanc herbam oculis saluberrimam invenerint ; sive quod sub adventum hirundinum floreat. Vide Dioscorid. lib. II, cap. 211 et 212. et Plin. lib. VIII, cap. 27. Chelidoniam visui saluberrimam hirundines monstravere, vexatis pullorum oculis illa medentes. Consule item eumdem Plin. lib. XXV, cap. 8. De dictamno autem immediate consequenti id notandum occurrit, ex versu Virgiliano lib. XII Æneidos,

Dictamnum genitrix Cretæa carpit ab Ida.

Hermolaum et doctos omnes putare legendum esse *dictamnum*, interposita *n* littera : alioquin versus non staret. Dictamnum quoque legunt omnes mss. codices nostri, quibus utique astipulari videntur Theophrastus et Galenus in quibus semper legas, δίκταμνος. Vide Theoph. Hist., Plant. lib. IX, cap. 16, et Plin. lib. VIII, cap. 27, supra cit.; nec non Dioscorid. lib. III, cap. 37, Cicero de Natura Deorum: Capras auditum est in Creta feras, cum essent confixæ venenatis sagittis, herbam quærere, quæ dictamnus vocaretur, quam cum gustavissent, sagittas excidere dicunt e corpore. Idem dicit Plinius libro XXVI. capite 14. Cætera prætermitto tamquam superflua ad expositionem hujus loci. MARTIAN.

—Vatic. et Palatin., *pullos suos de sua oculorum chelidonia ;* mendose pro *oculare* verbo, cujus contrarium *exoculare* sæpius occurrit. Otiose autem Martian. de chelidonia herba ex Dioscoride et Plinio disputat. Quod præstat annotare, Hieronymus hunc locum ex Tertulliano de Pœnitentia, cap. 12, totidem fere verbis descripsit : *Hirundo si excæcaverit pullos, novit illos oculare rursus de sua chelidonia ;* quod scilicet ab ipsa hirundine, quæ Græce χελιδών, *chelidon* dicitur, ita sit appellata. Sed et reliqua ex eodem sumpta sunt : *Cervus sagitta transfixus, ut ferrum et irrevocabiles moras ejus de vulnere expellat, scit sibi dictamno medendum. Peccator restituendo sibi institutam a Domino exomologesin præteribit?*

[e] *Bonum est retinere te istud.* Non bene legitur in antea editis, *retinere justum*, pro *retinere te istud.*

MARTIAN.

[f] *Penes* Alcuin., *quodcumque evenerit, libera mente,* etc.

Sapientia confortabit sapientem [a], *super decem potestatem habentes, qui sunt in civitate: quia non est homo justus in terra, qui faciat bonum, et non peccet.* Propterea sapientia confortat justum, et omnium principum civitatis super cum excedit auxilium, quia quamvis aliquis justus sit, tamen dum in hac carne est constitutus, subjectus est vitiis atque peccatis, et majore præsidio indiget. Aliter : Decem qui potestatem habent, et in urbe consistunt, angeli sunt, qui ad perfectum numerum pervenire denarium, et auxiliantur humano generi. Sed si quis consideret omnia auxilia, majus est auxilium sapientiæ, id est, Domini nostri Jesu Christi. Postquam enim dixerunt angeli : *Curavimus Babylonem, et non est curata, relinquamus eam, et abeat unusquisque in terram suam* (*Jerem.* LI, 8), tunc magister medicorum ipse descendit, et respersos nos sanguine, et peccatorum madentes cruore qui omnem substantiam nostram expenderamus in medicos, tactu fimbriæ suæ sanavit (*Luc.* VIII). Sanavit autem in civitate, hoc est, in mundo isto, et [b] confortavit sapientem, sive, ut Septuaginta transtulerunt, *adjuvit.* Omni enim qui habet, dabitur ei, et adjicietur ei. Quia autem indiguit homo positus in peccatis, et infixus in limo profundi, majore auxilio ; idcirco venit ipsa Sapientia. Aliter : Supra dixerat, et domesticis et alienis bene esse faciendum. Poterat [*Al.* Poterit] ergo aliquis respondere : Si omnibus benefacere voluero, non habeo unde faciam. Nec potest justus tantas habere divitias, quæ solent magis peccatoribus abundare ; propterea nunc ait : Quos non potes [c] re, consilio adjuva, solatio fove. Plus enim potest in angustia constituto præstare sapientia, quam quælibet maximæ potestates. Et hoc ipsum cum prudentia facito. Grandis quippe libra justitiæ est, et cui, et quantum, **446** et quamdiu, et quale vel in re, vel in consilio tribuere.

Et quidem in omnes sermones, quos [d] *loquentur, ne dederis cor tuum : quia non audies servum tuum maledicentem tibi. Etenim frequenter scit cor tuum, quia et tu maledixisti aliis.* Fac quæ præcepta sunt, et sapientiæ auxilio confortatus, vel ad bona, vel ad mala præpara cor tuum, et non cures, quid de te loquantur inimici, qualis foris opinio sit. Quomodo enim prudentis viri est, murmurantem famulum non audire, nec curiosam aurem apponere, quid de se loquatur absente : si enim hoc fecerit, semper in tribulatione erit, et ad mussitationem servi iracundia commovebitur ; sic et sapientis hominis est, sapientiam præviam sequi, et vanos non considerare rumores. Sed et alio exemplo docet penitus non curandum justo homini, quid homines loquantur, dicens : Quomodo novit conscientia tua, quod tu de multis locutus es, et sæpe aliis detraxisti : sic et aliis debes ignoscere detrahentibus. Et simul docet, non facile judicandum, et [e] habenti trabem in oculo, de festuca alterius non loquendum.

Omnia hæc tentavi in sapientia, et dixi : Sapiens efficiar, et ipsa longius facta est a me, magis quam erat : et alta profunditas, quis inveniet eam ? Dicit se, ut Regnorum quoque testantur libri (III *Reg.* III, et IV), ultra omnes homines quæsisse sapientiam, et tentasse ad finem illius pervenire, sed quanto plus quæsierit, tanto minus reperisse, et in mediam demersum caliginem, tenebris ignorantiæ circumdatum. Aliter : [f] Vir qui eruditus fuerit in Scripturis, quanto plus scire cœperit, tanto ei in his quotidie oritur major obscuritas. Aliter : Contemplatio sapientiæ in hac vita in speculo videtur et in imagine : cum ergo recogitavero in futuro facie ad faciem ejus notitiam revelandam, tunc liquido recognoscam longe me nunc ab ejus notitia dissidere.

Circuivi ego et cor meum, [g] *ut scirem, et considerarem, et quærerem sapientiam, et rationem, et ut cognoscerem impietatem* **447** *stulti et imprudentium errorem. Et* [h] *invenio ego amariorem morte mulierem, quæ est laqueus, et sagenæ cor ejus, vincula manus ejus. Bonus coram Deo eruetur ab ea, peccator capietur in illa.* Pro eo quod Septuaginta posuerunt : *Circuivi ego et cor meum, ut cognoscerem,* Symmachus interpretatus est, dicens : *Pertransivi universa sensu meo, scire, et* [i] *discere, et investigare.* Quia igitur supra Ecclesiastes dixerat, omnia se in sapientia pertentasse, et quanto plus eam requisierit, tanto illam longius refugisse ; nunc ait etiam aliud in sua se [j] quæsisse sapientia, quod in rebus humanis malum universa antecedat mala, et quæ res in impietate, stultitia, errore, vecordia teneat principatum, Et dicit se omnium malorum caput mulierem reperisse : quia et per illam mors in orbem terrarum

---

[a] *Sapientia confortabit sapientem.* Mss. aliquot *confortavit,* in præterito. Sed retinenda lectio futuri, *confortabit,* quia sic legitur in Hebræo fonte. MARTIAN.

[b] Vatic., *confortavit* : moxque cum Palatino, *adjuvat,* pro *adjuvit.* LXX autem, βοηθήσει, quod est *adjuvabit,* in hodiernis saltem exemplaribus præferunt.

[c] Idem Vatic., *quos non potes regere consilio, adjuva solatio.* Palatin. alter, *quos non potes consilio adjuvare, solatio fove,* etc.
— *Quos non potes re,* etc. Editi, *quos non potes opibus, consilio adjuva,* etc. Iidem infra, *quos loquantur impii, ne dederis os tuum, ut non audias,* etc. Sed hæc omnia mendose leguntur. MARTIAN.

[d] Duo Palatini, et Vatic., *quos loquentur impii, ne dederis,* etc. Et est quidem ἀσεβεῖς, *impii,* in Romano cod. LXX.

[e] Ita Victor. restituit. Martianæus tamen cum Erasmo retinuit *habentem.*

[f] Apud Alcuin., *Aliter autem, qui eruditus fuerit,* a quo nostri mss. hoc uno abludunt, quod *Alias,* vel *Alius* habent, pro *Aliter.*

[g] Vatic., *et cor meum dedi, ut scirem,* etc., renuente Scripturæ textu.

— *Circuivi ego et cor meum.* Corrupte in editis legunt, *Circuivi ego cor meum,* sine particula conjunctiva quam retinent omnes mss. ac fons Hebræus, אני ולבי *ani velibbi,* id est, *ego et cor meum.*
MARTIAN.

[h] Tres mss., *et inveni ego :* et mox, *sagena* pro *sagenæ.*

[i] Palatinus alter cum Vatic., *et disserere.*

[j] Penes Alcuinum, *in sua invenisse sapientia malum, quod in rebus humanis omnia vinceret mala,* etc.

introivit, et pretiosas animas virorum capit. Omnes quippe adulterantes, quasi clibanus corda eorum : quæ fecit ad lescentium evolare corda. Et cum in mentem miseri amatoris inciderit, trahit eum in præceps : nec ante pedes suos respicere patitur, sed quasi laqueus, et sagena cor adolescentis innectit. Vincula sunt enim manus ejus. Pro quo Aquila interpretatus est : *Vinctæ sunt manus ejus*, quod Hebraica lingua dicitur [a] Assurim (אסורים). Suadere enim potest, vim facere non potest : nec ad se trahere nolentes. Justus qui fuerit, et bonus coram Deo, eruetur ab [b] ea : peccator vero captus deducetur ad mortem. Non putemus temere hanc Salomonem de genere mulierum protulisse sententiam : quod expertus est loquitur. Ideo quippe offendit Deum, quia captus est a mulieribus. Et hæc secundum litteram. Cæterum juxta intelligentiam spiritualem, aut omne generaliter peccatum, mulierem nominamus et iniquitatem, quæ sub specie mulieris sedet in Zacharia super plumbi talentum (*Zach.* v, 7) : aut diabolum τροπικῶς mulierem accipimus, propter effeminatas vires : aut cer e idololatriam, et ut propius accedamus, hæreticorum Ecclesiam, quæ insipientem sensu ad se vocat, ut panes furtivos, et **448** aquam furtivam, hoc est, falsum sacramentum, et pollutum baptisma inductus accipiat.

Ecce hoc inveni, dixit Ecclesiastes, [c] *unam ad unam, ut invenirem numerum, quem adhuc quæsivit anima mea, et non inveni. Hominem unum de mille inveni, et mulierem in omnibus his non inveni. Solummodo hoc inveni : quia fecit Deus hominem rectum ; et ipsi quæsierunt cogitationes multas.* Hoc, inquit, reperi, universa diligenter eventilans, quod paulatim peccando, et ad unum delictum aliud apponendo, grandem nobis summam efficimus peccatorum. Esebon (השבון) quippe, quod omnes voce consona [d] λογισμὸν transtulerunt, secundum Hebræi sermonis ambiguitatem, et *numerum* possumus, et *summam*, et *rationem*, et *cogitationem* dicere. Sed et hoc, ait, requisivit anima mea, an recta mulier inveniatur. Et cum vix paucos de viris bonos invenerim, ita ut de mille unus potuerit [e] inveniri, mulierem bonam omnino invenire non potui. Omnes enim me

[a] *Quod Hebraica lingua dicitur,* Assurim, Addunt Erasmus et Marianus vocem יָדֵעַ *jadeah, sed falso et superflue* : sufficit enim nomen אסורים*, assurim ad declarationem sententæ Hieronymi, atque varianti lectionis Aquilæ.* Martian.

[b] Vatic., *eruetur ab eo* : scilicet, Dei ope.

[c] *Verba* unam ad unam *in* Vatic. *desiderantur.*

[d] Antea erat λογισμοὺς *plurium numero, contra quam mss. melioris notæ habent, et* Scholiastes Græcus ad Aquilam penes Flaminium, ipsaque Flaminii Romana editio.

[e] *Paulo rectius* Vatic., unum potuerim invenire.

[f] Veterem lectionem revocamus, unam ad unam, *quam* Martianæus *ex ingenio mutaverat neutro genere* unum ad unum, *ratus nihil fore diversum, neque apertius sermonem Hebræum explicatum dici potuisse a* Symmacho, *si quemadmodum et* Hieronymus *reddidit* unam ad unam, *ab illo sit positus interprete. Minime vero hujusmodi, ut ex toto contextu liquet, diversitatem annotare in animo habe-*

non ad virtutem, sed ad luxuriam deduxerunt. Et quia appositum est cor hominis diligenter ad malitiam ab adolescentia (*Gen.* viii, 21), et pene omnes offenderunt Deum : in hac ruina generis humani, facilior ad casum est mulier. De qua et poeta gentilis :

. . . . . Varium et mutabile semper
Femina . . . (*Virg.* iv, *Æneid.* v. 55.)

Et Apostolus : *Semper,* ait, *discentes, et numquam ad scientiam veritatis pervenientes* (II *Tim.* iii, 7). Et ne videretur communem hominum damnare naturam, et Deum auctorem facere mali, dum talium conditor est, qui malum vitare non possint, argute præcavit, et ait, bonos nos a Deo creatos : sed quia libero sumus arbitrio derelicti, vitio nostro ad pejora labi, dum majora quærimus, et ultra vires nostras varia cogitamus. Aliter : Quotidie mecum uniuscujusque rei rationem ponens, nullum invenire potui cogitatum, qui non cogitatione perversa extrinsecus turbaretur. In mille autem viris inveni hominem, qui juxta imaginem conditoris est conditus : et in mille non quibuslibet, sed in mille viris : quorum numerum mulier implere non potuit. Et in mille **449** qui non appropinquaverunt ad mulierem, et propterea purissimi permanserunt. Hæc autem omnia tropologice accipienda. In multis quippe studiosis [Al. studiis], et quotidiana meditatione sudantibus, vix invenitur cogitatus purus, et vifi dignus vocabulo. Possumus et cogitatus pro viris accipere, mulieres pro operibus, et dicere, quod difficile cogitatio alicujus pura inveniri queat. Opera vero, quia per corpus administrentur, aliquo semper errore commixta sint. Pro eo autem, quod supra sermonem Hebræum interpretantes diximus : [f] *Unam ad unam, ut inveniatur numerus,* sive *summa,* s ve *ratio,* aut *cogitatio :* apertius interpretatus est Symmachus [g] *unam ad unam invenire rationem*. Quod enim nos solemus absolute et neutraliter appellare, id est, hoc quæsivi, istud volui invenire, Hebræi feminino genere pronuntiant, sicut in psalmo : *Unam petii a Domino, hanc requiram* (*Psal.* xxvi, 4), pro eo quod est, *unum* [h].

(Cap VIII) *Quis ita ut sapiens ; et quis novit solutionem verbi ? Sapientia hominis* [i] *illuminabit vultum*

bat S. doctor, qui et in sua ex Hebræo interpretatione unum et alterum, ut invenirem rationem, *vertit. Porro et mss. nostri, uno Vaticano excepto,* [D] *qui habet* unam ad unam, *sic præferunt, et ut alia deessent argumenta, ita redditum a* Symmacho, *subnexa* Hieronymi *expositio persuadet.*

[g] Unum ad unum invenire rationem. F Iso in antea *editis libris legimus,* unam ad unam invenire rationem. Si enim penamus unam ad unam, nihil habet diversum Symmachus, neque apertius sermonem Hebræum interpretatur : quia Hieronymus genere quoque feminino reddidit unam ad unam ; quod manifestius cum Symmacho absolute et neutraliter legendum est, unum ad unum. Martian.

[h] Palatinus alter addit, et hoc requiram.

[i] In eodem ms. illuminavit, et mox commutarit, *etiam infra, ubi locus iste repetitur.*

— *Quis ita ut sapiens,* etc. Ex hoc loco et altero superiori exploratum habemus, diversam fuisse apud

ejus : et fortis faciem suam commutabit. Supra docuerat difficile bonum hominem inveniri, et venientem contra [a] eliserat quæstionem : a Deo bonos homines conditos, sed sponte sua ad peccata delapsos. Nunc quid boni homini dederit Deus, quasi gloriabundus enumerat, sapientiam scilicet, atque rationem et providentiam, occulta Dei nosse mysteria, in arcana ejus sensu cordis intrare. Oblique autem de se loquitur, quod nemo ita fuerit sapiens, ut ipse, et nullus sic scierit [b] [Al. sciret] problematum solutiones, et sapientia ejus a cuncto laudata sit populo, quæ non solum intrinsecus latuerit; sed et in superficie corporis et speculo vultus eluxerit, ultraque omnes homines prudentiam mentis in facie sua pinxerit. Septuaginta pro eo quod nos posuimus : *Quis ita ut sapiens*, transtulerunt : *Quis novit sapientes* [c]. Et pro eo **450** quod nos diximus : *Et fortis faciem suam commutabit*, posuerunt : *Et impudens vultu suo odietur*. Et revera cum multi sint, qui sapientiam repromittant, difficile invenitur, qui discernere queat [d] verum sapientem ab his qui videntur esse sapientes. Et cum sint plurimi, qui Scripturarum occulta [e] dicant posse se solvere, rarus est, qui veram inveniat solutionem. Quod autem sequitur : *Sapientia hominis illuminabit vultum ejus, et improbus facie sua odietur*, ita possumus explanare, ut Pauli verba ponamus : *Nos autem omnes revelata facie gloriam Domini contemplantes* (II Cor. III, 18) : et Psalmistæ canentis : *Signatum est super nos lumen vultus tui, Domine* (Psal. IV, 7). Sapientiam autem hic hominis non aliam dicit absque sapientia Dei. Quæ cum sapientia Dei sit, juxta possibilitatem capacitatis hominis ejus esse incipit, qui se habere meruerit. Omnis hæreticus et falsum dogma defendens, impudenti vultu est. Denique [f] Marcion et Valentinus melioris se dicunt naturæ esse, quam conditor est. Et hoc posset aliqua ex parte ferri, si spem se hujus rei habere contenderent, et non jam possidere naturam.

Ego os regis custodio, et loquelam juramenti Dei. Ne festines a facie ejus abire, et ne stes in verbo malo, A *quoniam omne quod voluerit, faciet. Sicut dixerit* (Al. dicet) *rex, potestatem habens : et quis dicet ei, Quid facis ?* Videtur quidem præcipere juxta Apostolum, regibus et potestatibus obsequium (Ad Titum, III, 1), maxime Septuaginta Interpretibus imperativo modo dicentibus : *Os regis custodi;* sed ego puto de illo rege nunc dici, de quo David ait : *Domine, in virtute tua lætabitur rex* (Psal. XX, 1). Et in alio loco, ut Patris et Filii unum regnum significet [Al. significetur], Scriptura commemorat : *Deus, judicium tuum regi da, et justitiam tuam filio regis* (Psal. LXXI, 1). Non enim judicat Pater quemquam, sed omne judicium dedit Filio (Joan. V, 22). Qui rex Filius Dei [g], Patris regis est Filius. Hujus itaque [Al. utique] custodienda præcepta sunt, **451** hujus voluntas pa- B tranda. Et hoc est, quod in Tobiæ libro scribitur : *Mysterium regis abscondere bonum est* (Tob. XII, 7). Et præcipue monet, ne tractemus, quare Deus unumquodque præceperit, sed quodcumque viderit esse mandatum, hoc pia mens hominis implere festinet [h]. Et in lege Domini erit voluntas ejus. Quia vero Septuaginta aliter transtulerunt, dicentes : *Et de juramento et de verbo Dei ne festines a facie* [i] *ejus ambulare* : sciendum juramentum Dei in divinis voluminibus esse conscriptum. Hoc itaque juramentum, de Dei verbo sacrum et arcanum, non debemus quibuscumque narrare, et proferre in medium, et citam de eo ferre sententiam [j]. Neque, ut Moyses, festines videre faciem Dei, sed tamdiu sustine, donec ipse pertranseat, et tantum ejus posteriora conspicias. Necnon et illud quod sequitur : *Ne stes in* C *verbo malo*, et cætera, super eo intelligamus, qui hæreseos errore præventus est : vel super illo, qui cum Ecclesiæ fidem habeat, tamen peccatis vincatur, ut sit infidelis. Ne perseveres in detractione, nec in turpiloquio, luxu [Al. luxuria] avaritia, libidine. Quod si perseveraveris, rex vitiorum atque peccati diabolus operabitur perditionem in te, et faciet quodcumque voluerit.

Qui custodit mandatum, non cognoscet verbum malum : et tempus, et judicium cognoscit cor sapientis.

---

veteres distinctionem Capitulorum ab ea quæ nunc usum obtinet in sacris voluminibus. MARTIAN.

[a] Apud Alcuin : *venientem contra eluserat questionem; nunc quid bono homini*, etc.

[b] *Et nullus sic scierit*. Editi pro *scierit*, legunt *fecerit;* quod non congruit loco præsenti, ut perspicuum puto esse lectori. MARTIAN.

[c] *Quis novit sapientes.* Superfluæ voces plurimas Græcas ac versus integros LXX interpretum addunt Erasmus et Marianus in hoc Commentario, quorum additamentorum hic admonuisse sufficiat. MARTIAN.

[d] Ita Victorius ex Florentinis, Brixianis, Romanisque codicibus *verum*, pro *virum* restituit.

[e] Vitiose Marian. *dicantur posse se solvere :* non autem male veteres editi absque *se* vocula.

[f] *Marcion et Valentinus,* etc. Conditorem universitatis malum principium, Deum malum dicebat Marcion, cum scripsum justum ac sanctum proclamaret impudentissima blasphemia. Veritatem carnis in Christo ac corporum resurrectionem negabat, sicut et Valentinus. Consule de his Irenæum, Tertullianum et Epiphanium. MARTIAN.

[g] *Qui rex Filius Dei,* etc. In antea editis sic legimus : *Qui rex filius Deus, Patris regis est Filius. Hujus itaque Filii custodienda præcepta sunt, hujus voluntas parendum*, etc. MARTIAN.

[h] Duo mss. *implere festinet, et sit in lege Domini voluntas ejus.*

D [i] *Et de juramento,* etc. Hoc item loco præter versiculum Græcum superflue adjectum, liquet etiam Contextum sacrum LXX Interpretum, legentes : *De verbo juramenti Dei ne festines*, etc. Cum manifestissime comprobetur ex Commentario Hieronymi aliter quam apud LXX conscriptum fuisse in divinis Voluminibus, scilicet, *de juramento Dei, sive de verbo juramenti Dei;* non, *de juramento et de verbo Dei,* quemadmodum legebatur in LXX Translatorum editione. Quisquis igitur hic animum attenderit, veram esse lectionem omnium mss. codicum nobiscum agnoscet. MARTIAN.

— Omnes, quibus utimur mss. *a facie Dei ambulare.*

[j] *De eo ferre sententiam.* Aliquot exemplaria mss. legunt *referre sententiam;* Erasmus et Marianus, *proferre sententiam.* MARTIAN.

Notandum quod, *non cognoscet verbum malum*, positum est pro eo quod est, *non patietur*, aut *non erit in eo*. Siquidem et de Salvatore sic scriptum est : *Qui non noverat peccatum*, [a] *pro nobis peccatum fecit* (II Cor. v, 21). Pro verbo quoque Symmachus rem interpretatus est, dicens : *Qui* [b] *custodierit mandatum, non experietur rem malam*. Præcepit autem regis imperium conservandum, et scire quid, et quare, et quo tempore jubeat.

Quia omni negotio est tempus et judicium. Afflictio quippe hominis multa super eum, quia nescit quod futurum est ; sicut enim erit, quis annuntiabit ei ? Licet diversa eveniant, et non possit justus scire quid ei futurum sit, nec singularum rerum causas rationesque cognoscere (nemo enim est conscius futurorum), tamen scit a Deo cuncta in utilitatem hominum fieri, et non absque ejus voluntate disponi. Est enim magna afflictio generis humani, quia ut Poeta ait (*Æneid.* x, 501) :

Nescia mens hominum [c] *fati sortisque futuræ*,

aliud sperat, aliudque evenit : de altero loco exspectat hostem, et alterius jaculo vulneratur. Pro eo autem quod Septuaginta Interpretes et Theodotio dixerunt : *Quia scientia hominis multa super eum*, in Hebræo *malitiam* habet, non *scientiam* : sed quia RES et [d] DALETH litteræ Hebraicæ, excepto parvo apice, similes sunt, pro RAATH (רעת), legerunt [e] DAATH(דעת), id est, pro *malitia, scientiam*. Hoc melius sciet qui ejusdem linguæ habuerit notitiam. Illud quoque quod in fine horum versuum scriptum est : *Quia nescit* [f] *quod factum sit ; et quid futurum sit post eum, quis annuntiabit ei ?* de verbo ad verbum nunc ex sermone Hebræo transtulimus, ut esse sensum alterum noverimus, quod scilicet nec ea quæ præterierint, scire possumus, nec ea quæ futura sint, ita ut sunt futura, cognoscere.

Non est homo potestatem habens in spiritu, ut prohibeat spiritum, et non est potens in die mortis, et non est emissio in bello, et non salvabit impietas habentem se. Non est in potestate anima nostra, ne auferatur a nobis, et egrediente ad imperium [g] Domini spiritu, nihil prodest ora concludere, et vitam retinere fugientem. Cumque interitus, inimicus vitæ nostræ et hostis advenerit, inducias accipere non possumus. Nec reges quondam in sæculo, et omnia nostra impietate vastantes, obvias morti inferre [*Al.* ferre] manus : sed in cinerem terramque solvemur. Non est ergo lugendum, si futura scire non possumus, et sæpe ab iniquis potentioribus [h] opprimamur, cum morte omnia finiantur, et superbus et potens, qui cuncta populatus est, non valeat animam suam retinere, cum rapitur. Aliter : Spiritus, qui universa dispensat, non potest a quoquam hominum prohiberi, et leges accipere spirandi. De quo et supra dictum est : *Girans girando vadit spiritus*. In die mortis non sumus potentes : in die enim vitæ facile vitatur inimicus. Similiter qui in bello est, et non habet Dei pacem, quæ superat omnem sensum, non habebit emissionem, de qua ad sponsam dicitur : *Emissiones tuæ paradisus cum fructu pomorum* (*Cant.* IV). Et quia impietas non salvabit habentem se, pietas e regione salvabit. Potest impietas diabolus appellari, et pietas Dominus noster Jesus Christus.

Omnia hæc vidi, et dedi cor meum in omne opus, quod factum est sub sole, et dominatus est homo homini, ut affligeret eum. Et tunc vidi impios sepultos, et venerunt, et de loco sancto egressi sunt, et laudati sunt in civitate, quia sic fecerunt : sed et hoc vanitas [i]. *Quia enim non est contradictio facientibus malum*

---

[a] Martian. addit *Deus*, quam vocem neque mss. nostri, neque alias editi libri habent : neque tandem ipse agnoscit Scripturæ textus.
— *Qui non noverat peccatum*. Corbeienses mss. codices : *Qui cum non cognovisset peccatum, Deus pro nobis peccatum fecit*. MARTIAN.

[b] Mss. *Qui custodit mandatum*, etc.

[c] *Nescia mens hominum*, etc. Hunc versum falso ex I Æneidos recitat Ambrosius Calepinus, qui causa mihi fuit ut bis integrum I librum Æneidos casso labore perlegerim. Alii Scriptores recitant quidem eumdem versiculum ; sed non monent unde sumptus sit. Ego autem perhumaniter a R. Patre Commire Soc. Jesu præmonitus, Maronis esse versum ab Hieronymo recitatum comperio, atque libro decimo Æneidos scriptum legi 501 :

Quo nunc Turnus ovat spolio, gaudetque potitus.
Nescia mens hominum fati, sortisque futuræ,
Et servare modum, rebus sublata secundis.
Turno tempus erit, magno cum optaverit emptum,
Intactum Pallanta, etc.   MARTIAN.

[d] In mss. quod passim alibi observamus, est *Deleth*.

[e] Martian. *Dath*, pro *Daath*, quod mss. omnes præferunt.

[f] *Quia nescit quod factum sit*. Nulla est in LXX Interpretibus mentio rerum præteritarum, sed neque in Hebræo hodierno, ubi legimus : כי איננו ידע מה שיהיה *ki enennu jodea ma schejihje*, hoc est, *quia non ipse sciens quid quod futurum est*. Cogit nos itaque Hieronymi præsens observatio, ut dicamus ipsum legisse in præterito quod nunc in futuro legitur, id est legisse שהיה *schehaja*, *quod fuit*, sive *quod factum est*, pro hodierno Hebræo שיהיה *schejihje*, *quod erit*, sive *quod futurum est*. Hieronymo quoque consonat Syrus interpres, dicens : *Quoniam ignorat quid evenerit, et quid eventurum sit ei post ipsum, quis indicet illi?* Legit ergo Syrus דהוא *dahuo*, *quod fuit*, in præterito ; et non דנהוא *dinehue*, *quod futurum est*. Ex his porro liquet Hieronymum in contextu sacro coaptasse se consuetudini LXX Interpretum ; in Commentario autem de verbo ad verbum ex Hebræo sermone transtulisse quod legebat in suis exemplaribus, aut in Hexaplis Origenis. Neque vero aliter legebat cum Vulgatam nostram postea nobis edidit e purissimis Hebræi sermonis fontibus ; dicit enim : *Quia ignorat præterita, et futura nullo scire potest nuntio*.   MARTIAN.
— Probe notatum est Martianæo, in Hebræo haberi שיהיה, *quod futurum est*, pro quo Hieron. legerit in suo exemplari שהיה, *quod factum est*.

[g] *Et egrediente ad imperium*. Juxta editos ante nos libros hic legendum foret, *et egredientem ad imperium Domini spiritum prohibere. Nihil prodest*, etc.   MARTIAN.

[h] Mendose antea erat *opprimatur*.

[i] Addit Vatic. *et presumptio spiritus* : perperam.

ᵃ cito : ideo repletum est cor filiorum hominis in eis, ut faciant malum. Dedi, inquit, cor meum, ut omne quod sub sole geritur, intuerer, et hoc vel maxime, quod homo accepit in hominem potestatem, ut quoscumque vult affligat atque condemnet. Cum itaque mentem meam ad hæc intuenda dirigerem, vidi impios cum tali opinione mortuos, et sic sepultos, ut sancti æstimarentur in terra, qui et cum viverent, putabantur ᵇ digni Ecclesia et templo Dei, insuper ambulantes tumidi, laudabantur in malis suis, ᶜ sicut scriptum est : *Laudatur enim peccator in desideriis animæ suæ, et qui iniqua gerit, benedicitur* (*Ps.* IX, 24). Hoc autem propterea evenit, quia nemo peccantibus ᵈ audet contradicere, nec statim scelus ulciscitur Deus, sed differt pœnam, dum exspectat pœnitentiam. Peccatores autem, quia non statim arguti atque correpti sunt, putantes nequaquam futurum esse judicium, in scelere perseverant. Possumus hoc testimonio uti adversus episcopos, qui acceperunt in Ecclesia potestatem, et scandalizant magis eos, quos docere et ad meliora debuerant incitare. Hi frequenter **454** post mortem laudantur in Ecclesia, et beati in his, quæ non probabiliter fecerant, publice sive a successoribus, sive a populis prædicantur. Et hoc itaque vanum est, quia enim non ut egerunt, sic audiunt, nec statim corripiuntur in peccato suo (nemo quippe audet accusare majorem), propterea quasi sancti et beati, et in præceptis Domini ambulantes, augent peccata peccatis. Difficilis est accusatio in episcopum. Si [*Al.* Et si] enim peccaverit, non creditur, et si convictus fuerit, non punitur.

Quia peccator facit malum centies, et elongat ᵉ ei. Ex hoc cognosco ego, quod erit bonum timentibus Deum, qui timebunt a facie ejus. Ex eo quod peccanti plurimum, hoc quippe significat *centies*, dat Deus locum pœnitentiæ, et non eum statim punit in scelere, sed exspectat, ut convertatur ab iniquitate sua : ego intelligo, quam benignus et misericors super eos futurus sit Deus, qui habent timorem ejus, et ad verbum illius contremiscunt. Symmachus hunc locum ita transtulit : *Peccans enim malus mortuus est,* ᶠ *longanimitate concessa ei. Porro ego scio, quia erit bene timentibus Deum, qui timuerunt a facie ejus. Bonum vero non erit iniquo, neque longo supererit tempore, quia non timuit a facie Dei.* Et quia manifestum est quid iste transtulerit, hoc dicendum est quod verbum Hebraicum MAATH (מאת), quod Septuaginta *ex tunc,* transtulerunt, et nos *centies* posuimus, Aquila et Symmachus et Theodotio, *mortuus est,* interpretati sunt, ut sit ᵍ sensus, qui peccavit, et fecit malum, *mortuus est* : in eo enim quod peccavit, statim mortuus est. Si autem juxta Septuaginta Interpretes, pro eo quod est, *mortuus est,* legerimus *ex tunc,* juxta quosdam hic egerit sensus : Peccator non tunc primum peccat, quando videtur facere peccatum, sed jam ante peccavit : *Alienati* [*Al. abalienati*] *sunt enim peccatores a vulva, erraverunt a ventre* (*Ps.* LVII, 4); et quærunt hoc, quod sequitur, *locuti sunt falsa,* quomodo possit exponi : **455** simplex enim intelligentia habere consequentiam non videtur, parvulos peccatores, statim ut de vulva ejecti sunt, mendacium loqui.

Et bonum non sit impio, et non prolonget dies quasi umbra, qui non timet a facie Dei. Imprecatur male his qui non habent timorem Dei, et optat ne diu differatur ʰ ad pœnam, sed statim morte subtracti, cruciatus recipiant, quos merentur. Simile quid et Apostolus loquitur : *Utinam præcidantur qui vos conturbant* (*Galat.* v, 12). Et alibi : *Alexander ærarius multa mihi mala ostendit : reddat illi Dominus secundum opera ejus* (*II Tim.* IV, 14). Quæ quomodo clementer dicta sint, requirendum est. Hæc juxta sensus Hebraici veritatem. Si quis vero Septuaginta Interpretes sequitur, qui quasi ab alio sensu incipientes, dixerunt : *Et ego recognosco, quia erit bonum timentibus Deum, ut timeant a facie ejus, et bonum non erit impio, et non prolongabit dies in umbra : quia non est timens a facie Dei;* hoc poterit dicere : Fient quidem et illa, de quibus paulo ante tractavi; ego tamen manifestissime cognosco, quia bene erit his qui timent a facie Dei : *Vultus enim Domini super facientes mala* (*Ps.* XXXIII, 17). Et impio non erit bene : non enim timet a facie Dei, et non prolongabit dies in umbra, hoc est, dies vitæ suæ, qui quasi umbra viventibus sunt. ⁱ Non enim hi, qui multo tempore vivunt, prolongant dies suos, sed qui grandes eos faciunt bonorum operum magnitudine. Unde et Jacob quasi se peccatorem confitens, dicit : *Parvi et mali dies mei* (*Gen.* XLVII, 9). Et in psalmo confitens : *Dies,* inquit, *mei sicut umbra* ʲ *inclinati sunt* [*Al.* declinaverunt] (*Ps.* CI, 12), *et ego sicut*

ᵃ Adverbium *cito,* et mox voculas *in eis,* duo mss. Vatican. et Palatin. ignorant.

ᵇ Duo Palatini, cum editis ante Martian. libris, quin ipse etiam Alcuinus, *qui et cum viverent, putabantur digni esse Ecclesiæ principes, et templo Dei.*

ᶜ Verba *sicut scriptum est,* in Vatic. et Palatin. altero cod. non habentur.

ᵈ Cum Alcuino legunt Erasm. et Victorius, *nemo peccantibus episcopis audet contradicere.*

— *Quia nemo peccantibus audet.* Perperam in iisdem editis Erasm. et Marian. additum est nomen *Episcopis,* id est, *quia nemo peccantibus episcopis audet contradicere.* Sed hoc loco nomen *episcoporum* falso addiderunt, sicut supra nomen *principum Ecclesiæ.*

ᵉ Tres mss., *et elongat ei Deus. Ex hoc,* etc. MARTIAN.

ᶠ *Longævitate concessa ei.* In aliquot mss. exemplaribus pro *longævitate* legimus *longanimitatem;* et in editis, *longa ætate concessa ei.* MARTIAN.

— Falso veteres editi, *longa ætate,* et qui *longævitate* substituit Martianæus. Emendamus *longanimitate* ex quatuor mss. nostris, quibus et nonnulli alii penes eumdem Martianæum suffragantur. Nempe μακροθυμίας vertit Symmachus, ut et vetere scholio in Græca Flaminii editione manifestum est ; eaque vox unice *longanimitatem* sonat in Latino.

ᵍ Vocem *sensus,* quæ deerat in hactenus vulgatis, suffecit Vaticanus liber.

ʰ Antea erat *differantur a pœna.* Legerint porro laudati Interpretes מה, pro מאת.

ⁱ Martian. *Non quod hi, qui multo tempore vivant, prolongent dies suos.*

ʲ *Sicut umbra inclinati sunt.* Ita legunt mss.: editi

fenum arui. Non quod longam vitam quæsierit in præsenti, in quo omne quod vivimus, breve et umbra est, et imago : *In imagine enim perambulat homo* (*Ps.* xxxviii, 7) : sed quod de futuro timeat, ne longitudo vitæ ipsius, ubi vera est vita, brevietur.

Est vanitas, quæ fit super terram : quia sunt justi ad quos perveniunt quasi facta impiorum, et sunt impii ad quos perveniunt quasi facta justorum. Dixi quia et hoc vanitas est. Inter cæteras vanitates, quæ in mundo vario feruntur eventu, etiam hoc deprehendi, quod justis ea **456** frequenter eveniunt, quæ impiis evenire debuerant, et impii tam feliciter in hoc mundo degunt, ut eos putes esse justissimos. Dabit exemplum Evangelium divitis purpurati, et pauperis Lazari (*Luc.* xvi). Septuagesimus quoque secundus psalmus de hac re disputat : cur justis interdum mala, et impiis eveniant bona. Pro eo autem, quod nos posuimus : *Est vanitas, quæ fit super terram*. Symmachus absolute transtulit, dicens : *Est difficile cognitu quod fit super terram.* Hebræi, justos quibus [a] eveniant mala, et impios quibus accedant opera justorum, filios Aaron interpretantur, et Manassen, quod illi sacrificantes perierint, et iste post tanta mala et captivitatem in imperium restitutus sit.

Et laudavi ego lætitiam ; quia non est bonum homini sub sole, nisi comedere, et bibere, et lætari. Et ipsum egredietur cum eo de labore suo diebus vitæ suæ, quos dedit ei Deus sub sole. Hoc plenius supra interpretati sumus, et nunc strictim dicimus : licet brevem et cito finiendam præferre eum vescendi et bibendi voluptatem angustiis sæculi, et his quæ fieri videntur inique in mundo : quod solum hoc homo de labore suo habere videatur, si vel modico fruatur refrigerio. Verum hæc interpretatio jejunantes, esurientes, sitientes, atque lugentes, quos beatos in Evangelio Dominus vocat (*Matth.* v), si sic accipitur, ut scriptum est, miseros approbabit. Et cibum itaque et potum spiritualiter accipiamus, et super eis lætitiam, quam in labore vitæ nostræ vix possumus invenire. Quod autem hæc ita sentienda sint, ut diximus, demonstrat sequens versiculus, in quo ait : *Dedi cor meum, ut viderem sapientiam et occupationem :* quod scilicet occupentur homines super terram, et diebus ac noctibus in Scripturarum meditatione versentur : ita ut plerumque pro investigatione [b] veri ab oculis somnus aufugiat.

Quapropter dedi cor meum, ut cognoscerem sapientiam, et viderem occupationem, quæ facta est super terram. Quia et in die et in nocte somnum [*Al. somnium*] *in oculis suis non est videns. Et vidi omnia opera Dei : quia non poterit homo invenire opus, quod factum est sub sole, in quo laboravit homo.* **457** *ut quæ-*

vero antea libri, sicut umbra declinaverunt.

MARTIAN.

[a] *Hebræi, justos quibus*, etc. Eamdem explicationem Hebræorum afferebat supra col. 444. MARTIAN.
[b] Vatican. et Palat. *pro investigatione verbi.*
[c] Palatin. *alter et non inveniret*, et paulo inferius cum Vatic. *valens*, pro *videns*.

reret, et [c] *non invéniet. Siquidem et si dixerit sapiens se cognoscere, non poterit invenire.* Qui quærit causas rationesque rerum, quare hoc vel illud factum sit, et quare mundus variis gubernetur eventibus : cur alius cæcus et debilis, alius videns nascatur et sanus : hic paupertatem habeat, ille divitias : iste sit nobilis, ille inglorius ; nihil aliud proficit, nisi in sua tantum quæstione torqueri, et disputationem pro tormento habere, nec tamen invenire quod quærit... Et cum hæc dixerit se cognovisse, tunc ignorationis habere principium, et in profundo errore versari. Subostendit tamen esse causas rerum omnium et justitiam, quare unumquodque sic fiat : sed in occulto eas latere, et non posse ab hominibus comprehendi.

(Cap. IX.) *Omne* [d] *hoc dedi in corde meo, ut considerarem universa : quia justi, et sapientes, et opera eorum in manu Domini. Et quidem charitatem, et quidem odium : non est cognoscens homo omnia in facie eorum.* Etiam hunc locum Symmachus manifestius interpretatus est, dicens : *Omnia* [e] *hæc statui in corde meo, ut ventilarem universa : quia et justi et sapientes, et opera eorum in manu Dei sunt. Et insuper neque amicitias neque inimicitias scit homo : sed omnia coram eis incerta, propterea quod omnibus eveniunt similia, justo, et injusto.* Porro hic sensus est : Etiam in hoc dedi cor meum, et scire volui quos Deus diligeret, quos odisset. Et inveni justorum quidem opera in manu Dei esse, et tamen utrum amentur a Deo, an non, nunc eos scire non posse, et inter ambiguum fluctuare, utrum ad probationem sustineant quæ sustinent, an ad supplicium [f]. In futuro igitur scient, et in vultu eorum sunt omnia, id est, antecedet eos, cum de vita hac recesserint, notitia istius rei, quia tunc est judicium, et nunc certamen. Et quicumque adversa sustinent, utrum per amorem Dei sustineant, ut Job, an per odium, ut plurimi peccatores, nunc habetur incertum.

In omnibus eventus unus, justo et impio, bono et malo, mundo et polluto, sacrificanti et non sacrificanti. Sic bonus ut peccator, [g] *sic jurans sicut juramentum timens.* **458** Ea quæ per se nec bona nec mala sunt, sed a sapientibus sæculi media nuncupantur (quia æqualiter et justis eveniunt et injustis) simplices quosque conturbant, cur ita eveniant, et propterea non putant esse judicium, cum omnium rerum in futuro discrimen sit, et hic confusa sint omnia. Quod autem ait : *Eventus est unus omnibus, justo et impio*, sive angustiarum, sive mortis significat eventum : et idcirco nec charitatem Dei eos in se nosse, nec odium. Sacrificans quoque et non sacrificans, et cætera quæ [h] contraria enumerata sunt, spiritualiter accipienda, secundum illud : *Sacrificium Deo spiritus contribulatus* (*Ps.* L, 19).

Hoc est pessimum in omni quod factum est sub sole :

[d] Duo mss. *omnia hæc vidi in corde meo,* etc.
[e] Palatin., *Omnia hæc ita statui.*
[f] *An ad supplicium.* Corbeienses mss., *an ad judicium.* MARTIAN.
[g] *Sic jurans sicut juramentum timens.* Iidem hic legunt, *sic perjurans sicut juramentum timens.* MARTIAN.
[h] Tres mss. *quæ e contrario numerata,* etc.

quia *eventus unus omnibus. Sed et cor filiorum hominum repletum est malitia, et errores* [Al. *errore*] *in corde eorum in vita sua, et post hæc ad mortuos. Quia quis est qui communicet in omnes viventes?* Et hoc apertius more suo interpretatus est Symmachus, dicens : *Sed et cor filiorum hominum repletur malitia, et procacitate juxta cor eorum in vita sua. Novissima autem eorum veniunt ad mortuos. Quis enim potest in sempiternum perseverare vivens?* Eumdem autem sensum Scriptura repetit, de quo paulo ante tractavimus, quod cum omnia æqualiter eveniant universis, et nulla sit in bonis sustinendis malisve discretio, vel certe æquali morte de hoc sæculo subtrahamur : nihilominus erroribus et procacitate et malitia repleamur, et post hæc omnia subito rapiamur interitu a[Al. *in interitum*], nec ultra possimus cum viventibus habere consortium. Vel certe sic : Quoniam communes angustiæ, et justos et injustos premunt; idcirco ad peccata homines provocantur : et tamen post omnes conatus, quibus frustra nisi sunt, dum ignorant, ad inferna descendunt.

Est confidentia, quoniam canis vivens b *melior est a leone mortuo : quia viventes sciunt quod moriantur, et mortui nesciunt quidquam, et non est eis amplius merces. In oblivione enim venit memoria eorum Sed et dilectio eorum et odium eorum, et zelus eorum jam periit : et pars non est eis adhuc in sæculo in omni quod fit sub sole.* Quia supra dixerat, cor filiorum hominum **459** impleri malitia et procacitate, et post hæc omnia morte finiri : nunc eadem complet et repetit, donec vivunt homines, posse eos justos fieri, post mortem vero nullam boni operis dari occasionem. Peccator enim vivens potest melior esse justo mortuo, si voluerit ad ejus transire virtutes. Vel certe eo, qui se in malitia, potentia, procacitate jactabat, et mortuus fuerit, melior potest c quis pauper esse et vilissimus. Quare? quia viventes metu mortis possunt bona opera perpetrare : mortui vero nihil valent ad id adjicere, quod semel secum tulere de vita : et oblivione involuta sunt omnia, juxta illud quod in psalmo scriptum est : *Oblivioni datus sum, tamquam mortuus a corde* (*Ps.* xxx, 13). Sed et dilectio eorum et odium, et æmulatio, et omne quod in sæculo habere potuerunt, mortis finitur adventu : nec juste d quidquam jam possunt agere, nec peccare, nec virtutes adjicere, nec vitia. Licet quidam huic expositioni contradicant, asserentes, etiam post interitum crescere nos posse et decrescere, et in eo quod nunc ait : *Et pars non erit eis adhuc in sæculo, in omni quod factum est sub sole,* ita intelligunt, ut dicant eos in hoc sæculo, et sub hoc sole, quem nos cernimus, nullam habere communionem : habere vero sub alio sæculo, de quo Salvator ait : *Non sum ego de hoc mundo* (*Joan.* viii, 23); et sub sole justitiæ; et non excludi opinationem, quæ contendit, postquam de hoc sæculo migraverimus, et offendere posse creaturas rationabiles, et promereri. Aliter referebat e Hebræus versiculum istum, in quo dicitur : *Melior est enim canis vivens super leone mortuo,* ita apud suos exponi : Udiorem esse quamvis indoctum, et eum qui adhuc vivat et doceat, a præceptore perfecto, qui jam mortuus est. Verbi causa, ut canem intelligeret unumquemlibet de pluribus præceptorem : et leonem Moysen, aut alium quemlibet prophetarum. Sed quia nobis hæc expositio non placet, ad majora tendamus : et Chananæam illam, cui dictum est : *Fides tua te salvam fecit* (*Matth.* ix, 25) : canem esse juxta Evangelium dicamus; leonem vero mortuum, circumcisionis populum, sicut Balaam propheta dicit : *Ecce populus, ut catulus* **460** *leonis consurget, et ut leo exsultans* (*Num.* xxiii, 24). Canis ergo vivens nos sumus ex nationibus : leo autem mortuus Judæorum populus a Domino derelictus. Et melior est apud Dominum iste canis vivens, quam leo ille mortuus. Nos enim viventes cognoscimus Patrem, et Filium, et Spiritum sanctum : illi vero mortui nihil sciunt, neque exspectant aliquam repromissionem atque mercedem : sed completa est memoria eorum. Neque ipsi meminerunt quæ scire debuerant, neque illorum jam Dominus recordatur. Dilectio quoque, qua aliquando Deum diligebant, periit, et odium de quo audacter loquebantur : *Nonne odientes te, Domine, odivi, et super inimicos tuos tabescebam* (*Ps.* cxxxviii, 21), nec non et zelus eorum, juxta quem Phinees zelatus est, et Matthathiæ intremuerunt poplites [*in Græc.* νεφροί]. Perspicuum autem est, quod et pars eorum non est in sæculo. Non enim possunt dicere : *Pars mea Dominus* (*Ps.* lxxii, 26).

Vade et comede in lætitia panem tuum, et bibe in corde bono vinum tuum, quoniam jam placuerunt Deo opera tua. In omni tempore sint vestimenta tua candida, et oleum de capite tuo non deficiat (*Eccl.* ix, 7) : usque ad eum locum, in quo ait : *Sicut pisces qui tenentur in captione pessima, et sicut volucres quæ capiuntur in laqueo : similiter capientur filii hominum in tempore pessimo, cum ceciderit super eos subito.* Antequam de singulis disputemus, breviter constringenda sunt omnia, ut appareat, quo simul sensu cuncta dicantur. Quia in superiori capitulo fuerat prælocutus, quod postquam mortui fuerint homines, a corde viventium excidant, et nec dilectionem quis in eos habeat nec odium, secundum illud poetæ (*Æneid.* ii) :

Nullum cum victis certamen f et æthere cassis :
et quia sub sole ultra nihil possint : nunc quasi erro-

---

a *Subito rapiamur interitu.* Hoc item loco retinent, *subito rapiamur in interitum.* MARTIAN.
b Iidem mss. absque *a* præpositione, *melior est leone,* etc. Unus Palatin. *melius est leone,* etc.
c Vatic. et Palat. alter. *qui vis pauper esse vilissimus.*
d In mss. *quippe jam,* pro quo legas uno verbo *quippiam.*

e *Victor. referebat mihi Hebræus.*
f *Nullum cum victis certamen.* Verba sunt legatorum Latinorum ad Æneam, lib. xi *Æneid.* versu 104 :

Redderet, ac tumulo sineret succedere terræ :
Nullum cum victis certamen, et æthere cassis :
Parceret hospitibus quondam socerisque vocatis.

MARTIAN.

rem humanum et consuetudinem, qua se ad fruenda hujus sæculi bona invicem hortantur, inducit, et προσωποποιΐαν (prosopopœian)[a] facit more rhetorum et poetarum, dicens : O homo, quia ergo post mortem [b] nihil es, et mors ipsa nihil est, audi consilium meum, et dum vivis in hac brevi vita, fruere voluptate, utere dapibus, vino curas opprime, et intellige, quoniam a Deo tibi donata sunt **461** ad utendum. Candidis vestibus ornatus incede, unguentis spiret caput tuum : quæcumque tibi placuerit feminarum, ejus gaude complexu, et vanam hanc et brevem vitam, vana et brevi voluptate percurre. Nihil enim extra hæc habebis amplius, quo fruaris : quodcumque te delectare potest, festinus carpe, ne pereat. Neque enim frivola debes formidare commenta, quod singulorum operum, vel bonorum, vel malorum apud inferos tibi reddenda sit [Al. est] ratio. Non est enim aliqua in morte sapientia : nullus post dissolutionem vitæ hujus [c] remanet sensus. Et hæc, inquit, aliquis loquatur Epicurus [d], et Aristippus et Cyrenaici, et cæteræ pecudes philosophorum. Ego autem mecum diligenter retractans, invenio non, ut quidam male æstimant, omnia fortuito geri, et variam in rebus humanis fortunam ludere, sed cuncta judicio Dei fieri. Neque enim velox pedibus, suum debet cursum putare, si currat. Neque fortis in suo confidat robore, nec sapiens divitias et opes æstimet prudentia congregari : nec eloquens et doctus per eloquentiam et doctrinam apud populum invenire se posse gratiam : sed omnia Deo fieri disponente. Et nisi ille suo cuncta arbitrio rexerit, et ædificaverit domum, in vanum laboravere [Al. laborare], qui ædificant eam. Nisi ille custodierit civitatem, in vanum vigilant, qui custodiunt eam (Ps. cxxvi, 1). Non est itaque, ut illi putant, unus eventus, et incertus vitæ hujus status : quia quando non æstimant, repentina morte subducti ad judicium venient. Et quomodo pisces hamo capiuntur et retibus, et aves per aerem liberæ, laqueo dum nesciunt alligantur : sic et homines pro merito suo ad æterna supplicia deducentur, cum repente mors venerit, et judicium in eos, qui putabant incerto statu omnia volutari. Hæc juxta eum sensum, quo breviter voluimus universa comprehendere : nunc, quasi non ex alterius, sed ex sua persona loquatur, interpretanda sunt singula : *Vade, comede in lætitia panem tuum, et bibe in corde bono* **462** *vinum* [e] *tuum : quia complacuerunt Deo opera tua*. Quia didicisti, quod morte omnia finiantur, et in inferno non sit pœnitentia, nec aliquis ad virtutes recursus, dum in isto sæculo es, festina, contende [f] agere pœnitentiam : dum habes tempus, labora. Libenter enim Deus suscipit pœnitentem. Aliter : Et simpliciter intellectum prodest, juxta illud : *Sive manducatis, sive bibitis, sive* [g] *aliquid facitis, omnia in nomine Domini facite* (I Cor. x, 31). Et in alio loquo : *Cum consilio vinum* [h] *bibe*. Non enim habet veram lætitiam et cor bonum, qui creaturis supra modum abutitur. Melius autem est sic sentire : Cujus placuerunt opera coram Deo, nequaquam indigere poterit vero pane et vino, quod calceatum est de vinea Sorech. Dato nobis itaque præcepto, quod dicit : *Desiderasti sapientiam, serva mandata, et Dominus ministrabit tibi eam* (Eccli. i, 33) : servemus mandata, et panem et vinum spiritualia invenire poterimus. Qui autem mandata non servat, et in panis et vini abundantia gloriatur, dicitur ei per Isaiam : *Ne dicas etiam cognosco eam : neque cognovisti, neque scis, neque a principio* [i] *aperui tibi aures. Scio enim quia contemnens contemnes* [Al. *contemnis*, Græc. ἀθετήσεις] (Isai. xlviii, 8, sec. LXX). Porro quod in Septuaginta Interpretibus dicitur : *Veni, comede in lætitia panem*

---

[a] Προσωποποιΐαν. Nonnulli Grammatici scribunt sine i duplici προσωποποιΐαν. Est autem prosopopœa quasi personarum fictarum inductio : unde Cicero de Orat. lib. iii appellat hanc figuram personarum fictarum inductionem. Videsis quoque Quint. lib. ix, cap 2. MARTIAN.

[b] Ex pervulgato versic :
Post mortem nihil est, ipsaque mors nihil est.

[c] Mss. absque *remanet* verbo, *vitæ hujus sensus*. Vide Ciceronem, si lubet, Tusculan. Quæst. lib. iii.

[d] *Aliquis loquatur Epicurus*. Libro secundo adversus Jovinianum, et lib. vii Comment. in caput xxii Isaiæ, *Qui cum Epicuro dicit, Post mortem nihil est, mors ipsa nihil est*. Tertullianus de Resurrectione carnis : *Nihil esse post mortem Epicuri schola est*. Quam Epicuri sententiam Lucanus libro iii exprimit his verbis :

Ecquid, ait, vani terremur imagine somni :
Aut nihil est sensus animis a morte relictum,
Aut mors ipsa nihil, etc.

Porro qui fuerint istæ pecudes philosophorum manifeste docet Cicero Tuscul. Quæst. lib. iii : *Atqui*, inquit, *ab Aristippo Cyrenaici philosophi nominati, omne bonum in voluptate posuerunt, virtutemque censuerunt ob eam rem esse laudandam, quod efficiens esset voluptatis*. Vide eumdem Ciceronem lib. iii de Orat. et iii de Offic. et Diogenem Laertium lib. ii in Aristippi Cyrenæi Vita. De Epicuro autem hoc sciendum, quod summum bonum, non ut Aristippus, in voluptate corporis, sed in animi voluptate poneret, si Lactantio credimus, Institut. Divin. lib. iii, cap. 7. Assertor tamen dicitur voluptatis apud Hieronymum, et alios Ecclesiasticos scriptores. MARTIAN.

[e] Pronomen *tuum*, hoc altero loco duo Palatini mss. ignorant.

[f] Tres mss. *contende, age pœnitentiam*. Leviora inferius vitia emendamus.

[g] Vatic. juxta Vulgatum Interpretem, *sive aliud quid facitis*. Subsequentem Scripturæ textum ex Proverbior. libro cap. xxiv, ubi capitis xxxi fragmentum inseritur in Græco vers. 4, μετὰ βουλῆς οἰνοπότει, desumi Martianæus annotavit.

[h] *Cum consilio vinum bibe*. Quantum me torserit locus iste, vix credi potest; nam scopulosus diu mihi fuit propter Erasmianæ editionis imperitiam, ad cujus fidem quærebam apud Paulum i Epist. ad Timoth. cap. v, quod invenitur in editione Græca Proverbiorum Salomonis cap. 24 prope finem, ubi hæc inserta legantur : Μετὰ βουλῆς πάντα ποίει, μετὰ βουλῆς οἰνοπότει, id est, *cum consilio omnia fac : cum consilio vinum bibe*. MARTIAN.

[i] Antea erat *aperuit*, renitentibus mss. et Græco ἤνοιξα.

tuum [a] : ejus Ecclesiastæ vox est, qui in Evangelio loquitur : *Qui sitit, veniat ad me, et bibat* (Joan. vii, 37.) Et in Proverbiis : *Venite, comedite panes meos, et bibite vinum meum* (Prov. ix, 5). *In omni tempore sint vestimenta tua candida, et oleum de capite tuo non desit.* Habeto, inquit, corpus mundum, et esto misericors. Vel ita : Non sit tempus in quo candida non habeas vestimenta, cave ne quando pollutis vestibus induaris. Populus quippe peccator in vestibus fuscis luxisse describitur. Tu autem induere lucem, et non maledictionem, quæ super Judam scripta est : *Induatur maledictione, sicut vestimentum* (Ps. cviii, 18). Induere viscera misericordiæ, benignitatis, humilitatis, mansuetudinis, patientiæ [*Al.* sapientiæ] (*Coloss.* iii). Et cum exspoliatus fueris veterem hominem cum operibus ejus, induere novum, qui renovatur de die **463** in diem. Quod autem ait : *Et oleum de capite tuo non desit* : sciendum naturam hanc esse olei, ut et lumen alat, et fessorum solvat laborem. Est oleum [b] spirituale, oleum exsultationis, de quo scribitur : *Propterea unxit te Deus, Deus tuus oleo exsultationis præ participibus tuis* (Ps. xlv, 8). Hoc oleo vultus noster exhilarandus est. Hoc [c] jejunantis ungendum caput, quod peccatores habere non possunt, quibus dicitur : *Non est malagma imponere, neque oleum, neque alligaturas* (Isai. i, 6). Habent enim oleum contrarium, quod vir justus detestatur, dicens : *Oleum peccatoris non impinguet caput meum* (Ps. civ, 5). Hoc oleum hæretici habent, et eo cupiunt deceptorum capita perfundere.

[d] *Vide vitam cum muliere, quam dilexisti omnibus diebus vi æ vanitatis tuæ, qui dati sunt tibi sub sole : quia hæc est pars tua in vita et in labore, quo tu laboras sub sole.* Sapientiam sequere et scientiam Scripturarum, et hanc tibi in conjugium copula de qua in Proverbiis dicitur : *Ama illam, et servabit te : amplexare illam et circumdabit te* (Prov. iv, 8). Dies autem vanitatis, dies hujus sæculi nequam significant [*Al.* significat]. De quo et Apostolus non tacet. Quod autem ait : *Vide vitam cum muliere, quam dilexisti,* ambigue dictum est, sive vide et contemplare vitam, et ipse et uxor tua tecum (non enim poteris sine tali uxore solus videre vitam), sive utrumque considera, et vide vitam, et mulierem diebus vanitatis tuæ. Et pulchre præcipit, ut in diebus vanitatis nostræ veram vitam cum sapientia uxore quæramus. Hæc enim pars nostra est, et hic laboris fructus, si in hac vita umbratili vitam veram invenire valeamus.

Omnia quæ invenit manus tua, ut facias, in virtute tua fac : quia non est opus, et cogitatio, et scientia, et sapientia in inferno quo tu vadis illuc. Fac quodcumque nunc potest, et labora : quia cum ad infernum [*Al.* inferna] descenderis [f], locus non erit pœnitentiæ. Huic quid simile a Salvatore præcipitur : *Operamini,* **464** *dum dies est : veniet nox, quando nemo poterit operari* (Joan. ix, 4). Quod autem ait : *In inferno quo tu vadis illuc,* nota, ut Samuelem quoque vere in inferno credas fuisse : et ante adventum Christi, quamvis sanctos, omnes inferni lege detentos. Porro quod sancti post resurrectionem Domini nequaquam teneantur in inferno, testatur Apostolus, dicens : *Melius est dissolvi, et esse cum Christo* (Philip. i, 23). Qui autem cum Christo est, utique non tenetur in inferno.

Converti me, et vidi sub sole, quoniam non est velocium cursus, nec fortium prælium, nec sapientium panis, nec prudentium divitiæ, nec scientium gratia : quoniam tempus et eventus occurret omnibus illis. Qui vinctus est compedibus ferreis, et gravibus plumbi nexibus prægravatur : *Iniquitas enim sedet super talentum plumbeum* (Zach. v, 7) : et in Psalmo loquitur : *Sicut onus grave gravatæ sunt super me* (Psal. xxxvii, 5) : non est aptus ad cursum illum, de quo dicitur : *Cursum consummavi, fidem servavi* (II Tim. iv, 7). Qui autem levis est, et anima illius non gravatur, nihilominus et ipse absque [g] adjutore Deo ad calcem non potest pervenire. Sed et cum prælium fuerit adversus contrarias potestates, de quo scriptum est : *Sanctificate bellum* (Jerem. vi, 4) : licet robustus, tamen propriis viribus vincere non valebit. Perfectus quoque in filiis hominum et sapiens viventem panem atque cœlestem habere non poterit, nisi per sapientiam cohortantem : *Venite, comedite panes meos :* [h] Et quia sunt divitiæ, de quibus Apostolus ait : *Divites fieri in operibus bonis* (I Tim. vi, 18) : Et alibi : *Divites facti estis in omni sermone, et in omni scientia* (I Cor. i, 5) : sciendum prudentem virum has non posse divitias congregare, nisi eas a Domino acceperit, cujus ipsæ divitiæ sunt. De quibus et alibi dictum est : *Redemptio animæ viri, propriæ divitiæ* (Prov. xv, 8). Gratia quoque, nisi scientiam comitata fuerit, et concessa a Deo, quamvis eruditus vir eam non poterit invenire. Quod et Paulus sciens : *Plus,* inquit, *omnibus* [i] *illis laboravi :*

---

[a] Addit Victor. *et bibe in corde bono vinum tuum.* — *Veni, comede in lætitia panem tuum.* Græca atque Latina plurima perperam hic addita leguntur in antea editis libris Erasm. et Marian. MARTIAN.

[b] Victor. *et oleum salutare, et spirituale.*

[c] Penes Alcuinum, cui et Palatin. alter ms. concinit, *Hoc jejunantis unguentum in capite habeant, quod peccatores,* etc. Veteres editi abludunt his verbis, *ad unguendum caput habent.*

[d] Duo Palatini mss. : *Vive vitam cum muliere, quam dilexisti omnibus diebus vanitatis tuæ. Quia hæc est,* etc. Vatic. *Vive vitam cum muliere, quam duxisti omnibus diebus vanitatis tuæ, qui dati sunt tibi sub sole*

omnibus diebus vanitatis, sive instabilitatis tuæ. Quia hæc est pars tua in vita tua, et in labore, etc.

[e] Hic iterum *vive,* pro *vide,* præferunt tres modo laudati mss. atque infra cohærenter *solus vivere vitam,* pro *videre.* Quin et pro *dilexisti,* Vatican. quemadmodum supra, *duxisti* retinet.

[f] *Cum ad infernum descenderis.* Mss. codices, *quum ad inferna descenderis.* MARTIAN.

[g] Penes Alcuin. *absque adjutorio Domini non potest ad cælum pervenire.*

[h] Palatin. alter, *et quoniam non desunt divitiæ.*

[i] In palatin. *Plus omnibus laboravi;* tum Vatic. *sed et gratia,* etc.

non autem ego, [a] *sed gratia Dei* **465** *quæ mecum est* (I Cor. xv, 10). Et iterum : *Gratia ejus in me non fuit vacua.* Et ad extremum nescitur ab homine, quando tempus adveniat, in quo varius eventus et finis omnium subsequatur. Hæc secundum ἀναγωγήν.

Cæterum, ut simplicius [*Al.* simplicibus] disseramus : Epistola ad Romanos huic loco congruit : *Quia non volentis neque currentis, sed miserentis Dei sit* (Rom. ix, 16). Quod autem ait : *Non est sapientibus panis,* multorum quotidie probatur exemplo, qui cum sapientissimi sint, necessariis indigent. Et, *Non est scientibus gratia.* Videas enim in Ecclesia imperitissimos quosque florere : et quia nutrierunt frontis audaciam, et volubilitatem linguæ consecuti sunt, dum non recogitant, quid loquantur, prudentes se et eruditos arbitrantur : maxime si favorem vulgi habuerint, qui magis dictis levioribus delectatur et commovetur. Et e contrario eruditum virum latere in obscuro, persecutiones pati : et non solum in populo gratiam non habere, sed inopia et egestate tabescere. Hæc autem fiunt, quia incerto statu feruntur omnia, et non est in præsenti retributio meritorum, sed in futuro.

Et [b] *quidem nescit homo tempus suum, quasi pisces qui retinentur in captione pessima* [c]*, sicut volucres quæ colligantur laqueo : similiter corruent filii hominum in tempore malo, cum ceciderit super ipsos extemplo.* Jam et supra diximus, [d] quod dum nesciant homines, ita eis [*Al.* eis aut] angustiæ veniant, aut interitus. Porro secundum allegoriam est sciendum, regnum cœlorum simile esse sagenæ missæ in mari (Matth. xiii). Et e contrario habere sagenam hæreticos, per quam pisces capiant ad interitum. Sagena eorum est sermo affabilis, blandum eloquium, simulata aut coacta jejunia, vestis humilis, virtutum imitatio. Quod si cœperint, et de superioribus disputare, et in sublime levare os suum, et Dei altitudines quærere, laqueum ponunt in excelsis. Quomodo igitur pisces et volucres cito capiuntur a tali sagena, et ab istiusmodi laqueo : sic cum multiplicata fuerit iniquitas, et refrixerit charitas multorum, et signa facta fuerint atque portenta, ita ut seducantur, si possibile **466** est, etiam electi (Matth. xxiv) :

sciendum est Ecclesiasticos quoque [*Al.* quosque] viros, qui filii hominum appellantur, et sunt modicæ fidei, cito posse corruere. Notandum etiam, quod per totum librum ubicumque dicitur, *filii hominum,* in Hebræo habet (בני אדם) *filii hominis,* hoc est, *filii Adam.* Et omnis pene Scriptura hoc idiomate plena est, universum genus hominum, Adam filios vocans.

Sed et hoc vidi sapientiam sub sole, et magna est apud me. Civitas parva et viri in ea pauci : et venit ad eam rex magnus et circumdedit eam, et ædificavit adversus eam machinam magnam. Et invenit in ea virum pauperem et sapientem, et salvavit hic civitatem in sapientia sua : et homo non recordatus est hominis pauperis illius. Aliis omnia incerta dicentibus, et jurantum ab injusto nihil amplius habere : ego sapientiam etiam in hoc maximam comprobavi : quod crebro evenit, ut parva sit civitas, et habitatores in ea pauci, et innumerabilium hostium cingatur exercitu, et obsidione, et fame populus intus necetur : et repente contra omnium suspicionem inveniri virum humilem et pauperem [e], qui quia habet sapientiam majorem cunctis divitibus, magnis et potentibus et superbis in periculo positis, et ad obsidionem paventibus, cogitat et inquirit, et invenit [*Al.* ut invenire] quomodo a malis eruat civitatem. Et o ingrata hominum oblivio, postquam fuerint liberati, et soluta captivitas, et reddita patriæ libertas, nemo meminit sapientis illius pauperis, nemo refert gratias pro salute : sed omnes honorant divites, qui in periculo nihil subvenire potuerunt. Aliter Hebræus ita hunc locum interpretatus est : Civitas parva, homo est, qui etiam apud philosophos minor mundus vocatur. Et viri in ea pauci, membra de quibus homo ipse contexitur. Cum autem venerit adversus eam rex magnus diabolus, [f] et quæsierit locum per quem possit irrumpere, invenitur in ea humilis et sapiens, et [g] quieta cogitatio interioris hominis, et servat [*Al.* eruet] urbem quæ obsessa ab hostibus cingebatur. Cumque homo de periculo sive persecutionis, sive angustiarum, sive cujuscumque **467** adversæ rei atque peccati fuerit erutus : homo ille exterior, qui inimicus est illius pauperis hominis, et sapientis, non recordatur interioris hominis, nec subdit se

---

[a] *Sed gratia Dei quæ,* etc. In mss. non paucis, *sed et gratia quæ mecum est.* MARTIAN.
[b] Idem Palatin. *Et quia nescit homo,* etc.
[c] *Retinentur in captione pessima* Editi antea nos libri retinent, *in reticulo malo ; sed* errore manifesto, et contra fidem omnium mss. codicum qui legunt, *in captione pessima.* Nam idem habet supra Hieronymus in Commentario, dicens : *Usque ad eum locum ubi ait : sicat pisces qui tenentur in captione pessima,* etc. Unde comprobatur auctores veterum editionum nunquam restituendo Hieronymo adhibuisse ipsum Hieronymum ; qui tamen sæpius unus nobis est pro omnibus ad veram ac absolutam opusculorum suorum restitutionem. MARTIAN.
[d] Tres mss. *unde* habent, pro *ita,* quod magis arrideret, *dum* vocula expuncta.
[e] Alcuin. *pauperem, qui haberet sapientiam majo-*

rem, etc.
[f] *Et quæsierit locum,* etc. Inepta plurima verba hoc loco veteres editiones Erasm. et Marian. interpolant textui Hieronymiano, quæ intra parenthesim ita concludunt : (diabolus serpens est lubricus, cujus si capiti, id est, primæ suggestioni non resistitur, totus interna cordis, dum non sentitur, illabitur, tentationum diabolicarum initia flagitia sunt : non est immissor, sed incensor vitiorum. Unde David : *Tu confregisti caput draconis*). MARTIAN.
[g] Vatic., *et quæ ista cogitatio interioris hominis est, servat,* etc. Alii, *interioris hominis sensus et servat,* etc.

— *Et quieta cogitatio,* etc. Pro *quieta cogitatione* editi libri *quietum sensum* habent, legunt enim, *et sapiens et quietus interioris hominis sensus, et eruet urbem quæ obsessa,* etc. MARTIAN.

consiliis ejus : sed rursum sua fruitur [a] libertate [Al. libera voluntate]. Aliter : Parva civitas est, et viri in ea pauci, ad comparationem totius mundi, Ecclesia est : adversus quam sæpe consurgit rex magnus diabolus (non quod magnus sit, sed quod magnum se esse jactitet) et circumdat eam obsidione sive persecutionis, sive alio angustiarum genere. Et invenit in ea virum pauperem et sapientem, Dominum Jesum Christum, qui pro nobis pauper factus est (II Cor. VIII, 9) et est ipsa sapientia : et ille vir pauper liberat urbem in sapientia sua. Quoties vidimus sedentem leonem in insidiis cum divitibus, hoc est, cum senatoribus et principibus hujus sæculi, et adversus Ecclesiam molientem, pauperis istius sapientia corruisse? Cumque pauper hic vicerit, et urbs paci fuerit restituta, vix aliquis ejus meminit, vix illius mandata considerat : sed totos se luxuriæ et voluptatibus concedentes, quærunt divitias, quæ in necessitate non liberant.

Et dixi ego, melior [Al. *meliorem esse sapientiam*] *est sapientia* [b] *super fortitudinem, et sapientia pauperis quæ despecta est, et verba ejus quæ non sunt audita.* Quamquam nullus meminerit sapientis pauperis illius, cum læta sint omnia; sed universi potentiam, et divitias admirentur : ego tamen secundum omnes supra interpretationes magis honoro contemptam sapientiam, et verba quæ nullus audire dignatur.

Verba sapientium in quiete audiuntur, plusquam clamor potestatem habentis in stultis. Quemcumque in Ecclesia vi leris [c] declamatorem, et cum quodam lenocinio ac venustate verborum excitare plausus, risus excutere, audientes in affectus lætitiæ concitare : scito signum esse insipientiæ, tam ejus qui loquitur, quam eorum qui audiunt. Verba quippe sapientium in quiete, et moderato audiuntur silentio : qui vero insipiens est, quamvis sit potens, et clamorem sive suæ vocis, sive populi habeat acclamantis **468** inter insipientes [d] computabitur.

Melior est sapientia super vasa belli, et peccans unus perdet bonitatem multam. Nunc quoque sapientiam præfert fortitudini, et dicit plus eam valere in præliis, quam arma pugnantium. Quod si unus insipiens fuerit, quamvis parvus et nihil sit, crebro tamen per illius stultitiam, opes magnas divitiasque subverti. Quia vero in Hebræo potest legi : *Et qui peccat unum perdet bonitatem multam*, etiam sic sentiendum est : quod propter unum peccatum, multæ justitiæ retro pereant, et invicem se virtutes sequi, et qui unam habuerit, habere omnes. Et qui in uno peccaverit, cum omnibus vitiis subjacere (*Jacob.* II, 10).

(Cap. X.) *Muscæ* [e] *mortis polluunt oleum compositionis : pretiosa est super sapientiam et gloriam stultitia parva.* Exemplum superioris sensus dedit, in quo ait : per unum stultum multa bona posse subverti, quod sic malus mixtus bonis contaminet plurimos, quomodo muscæ si moriantur in unguento, perdant et odorem illius [f] et colorem. Et quia sæpe calliditati mixta est sapientia, et habet malitiam prudentia, præcipit ut sapientiam simplicem requiramus, mixtaque sit cum innocentia columbarum : prudentes simus ad bonum, simplices autem ad malum. Et est sensus : Convenit justo parum habere simplicitatis, et propter nimiam patientiam, dum ultionem reservat Deo, stultum videri, quam statim se vindicantem sub velamento prudentiæ exercere malitiam. Aliter : Muscæ quæ juxta Isaiam (*Cap.* VII, 18) principantur [g] parti fluminis Ægypti, perdunt olei suavitatem, in unoquoque credentium relinquentes immunditiæ suæ odorem atque vestigia. Ab his muscis etiam princeps appellatus est dæmoniorum Beelzebub (*Matth.* XII, 24), qui interpretatur aut [h] *idolum muscarum*, aut *vir muscarum*, aut *habens muscas*.

Cor sapientis in dextra ejus, et cor stulti in sinistra illius. Sed et in via, cum stultus ambulat, cor ejus minuitur : et dicit, omnis insipiens est. Et in Evangelio **469** præcipitur, ut nesciat sinistra quid faciat dextera sapientis (*Matth.* VI, 3 ; V, 39). Et quando percutimur in maxillam dexteram, non jubemur sinistram genam percutienti præbere, sed alteram [i] dexteram (*Matth.* V, 39). Justus enim sinistram in se non habet, sed totum in eo dextrum est. Et cum ad judicandum Salvator venerit, agni stabunt a dextris : hœdi vero a sinistris erunt (*Matth.* XXV, 33). Et in Proverbiis scribitur [j] : *Dextras vias novit Dominus ; quæ autem perversæ sunt, a si-*

---

[a] *Fruitur libertate.* Hic etiam pro *libertate* retinent *liberam voluntatem*. MARTIAN.

[b] *Melior est sapientia*, etc. Plures mss. ita legunt, pauci cum editis. *Et dixi ego meliorem esse sapientiam super fortitudine*, etc. Sed nulla est in sensu mutatio utrolibet modo legerimus. MARTIAN.

[c] *Quemcumque in Ecclesia videris*, etc. Ambo Corbeienses mss. et Colbertinus, *Quemcumque in Ecclesia videris clamatorem.* MARTIAN.

[d] Penes Alcuin. *computatur* ; al. editi, *loquitur*.

[e] *Muscæ mortis polluunt*, etc. Sic legit codex Colbertinus juxta idioma Hebraicum זבובי מות *zebube mareth*, id est, *muscæ mortis*, sive more Latinorum *muscæ morientes*, ut habent alia exemplaria mss. Falso igitur in antea editis legimus, *Muscæ moriturae exterminant oleum*, etc. MARTIAN.
— Vatican. *Muscæ morientes* ; duo Palatini, *moriturae.*

[f] *Odorem illius et colorem.* Pro *colorem*, editi retinent *saporem*, sed sensu haud congruente : quia in unguentis odor et color requiritur, non sapor. Corbienses mss. consequenter legunt : *Et quia semper calliditati*, etc. MARTIAN.
— *Martian. et colorem*, nostris omnibus mss. contradicentibus, tum Alcuino, atque editis pridem libris. Nec sane video, cur oleo, sive unguento saporem dicat non convenire.

[g] *Palatin. portis fluminis* ; alii *partis*, etc.

[h] Ita et in libro de Nominibus Hebraicis ex Joanne sentit, tametsi verosimilius videatur, maxime penes Matthæum, ita appellatum Beelzebub, quod domicilium, quod semel inhabitaverit, ægre et vix deserat. Cæterum diabolorum principem sic Judæi vulgo appellabant.

[i] In Palatin. *sed alteram* tantum , absque addito, *dexteram* : ut semio, rectius.

[j] *Proverbiis scribitur.* Tres mss. codices, *et in Propheta scribitur.* MARTIAN.

nistris [a] sunt (Prov. iv, 27). Qui ergo sapiens est, semper de futuro sæculo cogitat, quod ducit ad dexteram. Qui vero insipiens, de præsenti, quod positum est in sinistra. Quæ quidem secutus idem philosophus et poeta [b], ait (Virgil. Æneid. vi) :

Dextera quæ magni ditis sub mœnia ducit [Al. tendit].
Hac iter Elysium nobis : at læva malorum
Exercet pœnas, et ad impia tartara mittit [Al. ducit].

Firmianus quoque noster in præclaro Institutionum suarum opere [c] Y litteræ meminit, et de dextris ac sinistris, hoc est, de virtutibus et vitiis plenissime disputavit. Nec putemus huic sententiolæ illud esse contrarium, in quo dicitur : *Ne declines in dexteram, neque in sinistram* (Prov. iv, 27). Hic enim pars [d] dextera pro bono accipitur : ibi vero non tam dextera, quam declinatio dextræ accusatur : ne plus sapiamus quam sapere nos necesse est : quia virtutes in medio sunt [e], et nimietas omnis in vitio est. Sequentis autem versiculi in quo ait : *Sed et in via cum stultus ambulat, cor ejus indiget, et dicit : omnis insipientia est,* sive *insipiens,* hic est sensus : Stultus ut ipse peccat, sperat omnes peccare similiter, atque ex suo ingenio universos judicat. Denique Symmachus ita interpretatus est : *Sed, et in via stultus cum ambulat, ipse insipiens suspicatur de omnibus, quia stulti sunt.* Septuaginta vero alium fecere sensum, quo dicerent : *Omnia quæ insipiens cogitat, esse vanissima.*

Si spiritus habentis potestatem ascenderit super te, locum tuum ne dimiseris, quia sanitas requiescere facit peccata magna. **470** Principem mundi istius et rectorem tenebrarum harum, et operantem in filiis diffidentiæ, cujus et Apostolus meminit (*Ephes.* ii, 2 : *et* vi, 12), nunc Scriptura significat. Quod si in cor nostrum ascenderit, et animus malæ cogitationis vulnus acceperit, non debemus [Al. debeamus] locum [f] ultra tribuere, sed pugnare contra cogitationem pessimam, et liberare nos a peccato maximo, ne scilicet cogitationem opere compleamus : quia aliud est cogitatione, aliud opere peccare. De quo grandi peccato et in psalmo scribitur : *Si mei non fuerint dominati, tunc immaculatus ero, et emundabor a delicto maximo* (*Psal.* xviii, 4). Symmachus verbum Hebraicum (מרפא) MARPHE, quod omnes ἄμα, hoc est, *sanitatem,* vel *curationem* similiter transtulerunt, interpretatus est ad sensum, et ait : *Si spiritus principis irruerit tibi, de loco tuo ne recedas : quia pudicitia comprimit peccata magna.* Id est, si titillaverit mentem tuam diabolus, et te ad libidinem concitaverit, ne sequaris cogitationem pessimam et blandientem voluptati : sed sta fortis et rigidus, et frigore castitatis [g] flammam voluptatis exstingue. Hebræus in hoc loco tale nescio quid suspicatus est. Si aliquam in mundo acceperis dignitatem, et ordinatus fueris major in populis, noli relinquere priora opera tua, et antiquarum virtutum ne incipias oblivisci, laboremque pristinum non habere : quia peccatorum [h] remedium ex conversatione bona nascitur, et non ex tumenti et superflua dignitate.

Est malum quod vidi sub sole, quasi ignorantia egrediens a facie potentis : dari stultum in sublimitatibus magnis, et divites in humili sedentes. Vidi servos in equis, et principes ambulantes quasi servos super terram. Pro eo quod nos posuimus : *Quasi ignorantia egrediens a facie potentis,* Aquila et Theodotio et Septuaginta interpretati sunt : *Quasi non spontaneum* [i], id est, ὡς ἀκούσιον, *a facie principis.* Cui subnectens Symmachus, ait : *Positum stultum in sublimitate magna : divites autem sedere humiles.* Et hanc ergo iniquitatem se in sæculo perspexisse commemorat, quod videatur **471** injustum esse Dei judicium : et sive per ignorationem, sive absque ejus fieri voluntate, ut vel in mundi potestatibus, vel in Ecclesiæ principatu, [j] hi qui divites sunt in sermone atque

---

[a] Vatican. *a sinistris ejus,* pro *sunt.*

[b] *Philosophus et Poeta ait.* Virgilii hæc sunt e sexto Æneidos libro circa medium :

Hic locus est, partes ubi se via findit in ambas :
Dextera, quæ ditis magni sub mœnia tendit ;
Hac iter Elysium nobis : at læva malorum
Exercet pœnas, et ad impia tartara mittit.

Recitat eadem Lactantius Firmianus Institut. Divinar. libro sexto, cap. 3 et 4, ubi de virtutibus et vitiis plenissime disputat, et Y litteræ meminit, quam Pythagoricam alii dicunt, sive Pythagoræ litteram, sicut et ipse Hieronymus epist. ad Lætam de institutione filiæ, et Epist. ad Pammachium super obitu Paulinæ. Consule etiam Commentaria Xysti Betulei Augustani in Lactantii capitula supra citata. MARTIAN.

[c] Libro nempe iv, cap. 3 : *Dicunt enim, humanæ vitæ cursum Y litteræ esse similem, quod unusquisque hominum, cum primum adolescentiæ limen attigerit, et in eum locum venerit, partes ubi se via findit in ambas, hæreat nutabundus, ac nesciat, in quam se partem potius inclinet. Si ducem nactus fuerit, qui dirigat ad meliora,* etc., quæ videsis elegantissime toto illo capite disputata.

[d] Duo Palatini, *dextera pars Y pro bono,* etc.

[e] *Quia virtutes in medio sunt.* De hac mediocritate virtutum plurima reperies in notis nostris supra col. 445. (*Vid. col.* 1066, *ed. nost. not. q.*) MARTIAN.

[f] Alcuinus ac veteres vulgati libri, *ultro* habent. Mox quatuor mss. *et liberari a peccato maximo.* Peccatum vero maximum vocat, quemadmodum observatum nobis est alibi, et in Epist. ad Demetriad. ipsam cogitationem pravam opere complere.
— *Locum ultra tribuere.* Pro *ultra* veteres Editiones *ultro* posuerunt, quod alium plane ac diversum efficit sensum. Consequenter etiam legunt cum multis exemplaribus mss., *et liberari a peccato maximo.* MARTIAN.

[g] *Et frigore castitatis.* In codicibus non paucis mss., *Et frigore charitatis, flammam voluptatis exstingue.* MARTIAN.

[h] Editi addunt *tuorum,* silentibus mss. qui et *conversione,* pro *conversatione* legunt.

[i] *Quasi non spontaneum.* Multa verba Græca more suo addunt hic veteres Editiones, cum ex fide universorum codicum mss. appareat duo tantum posita fuisse ab Hieronymo. MARTIAN.

[j] Martian. contrario sensu, eoque incommodo, in *Ecclesiæ principatu :æpe hi sedeant, qui divites sunt in sermone atque sapientia ; divites enim,* etc. quo in loco Palatin. alter, *etiam in operibus bonis, etsi in humilitate ignobiles sedeant,* etc.

sapientia, divites etiam in operibus bonis, ignobiles sedeant, et imprudens quisque in Ecclesia principatum teneat. Hoc autem [a] fieri Apostolus non tacet a diabolo, qui in sæculo habet potestatem, ut [Al. dum] potentes quosque et doctos viros premat, nec eos in populis apparere permittat. Illos vero quos scit imprudentes esse in Ecclesiis, faciat esse majores, ut cæci a cæcis ducantur in foveam. In hunc sensum facit et illud quod sequitur: *Vidi servos* [b] *super equos, et principes ambulare quasi servos super terram.* Quod hi qui servi sunt vitiorum atque peccati, sive tam humiles, ut servi ab hominibus computentur, [c] subita a diabolo dignitate perflati, vias publicas mannis terant: et nobilis quisque et prudens, paupertate oppressus, gradiatur itinere officioque servorum. Hebræus potentem et principem, a cujus facie ignoratio videatur egredi, Deum exposuit, quod putent homines [d] in hac inæqualitate rerum, illum non juste, et ut æquum est, judicare. Porro alii cum superioribus æstimant esse jungendum: Ut ipse sit potens, de quo ante hos versus di-

citur: *Si spiritus habentis potestatem ascenderit super te, locum tuum ne dimiseris.* Non simus itaque tristes, si in hoc sæculo humiles esse videamur, scientes a facie diaboli et stultos sublevari, et divites dejici: servos insignia habere dominorum, et principes servorum ingredi vilitate. Notandum autem quod et hic equus in bonam partem accipitur, ut ibi: *Et equitatio tua salus.*

Qui fodit foveam, in ipsam incidet, **472** *et qui dissipat sepem, mordebit eum serpens.* Ex parte simplex et ex parte mysticus intellectus est. Siquidem et alibi [e] ipse Salomon ait: *Qui statuet laqueum, capietur in illo* (Eccli. XXVII, 29). Et in psalmo septimo: *Lacum aperuit, et effodit eum, et incidit in foveam quam fecit.* Sepis autem maceriæque [f] convulsio, Ecclesiastica dogmata sunt, et institutio ab Apostolis Prophetisque fundata, quæ qui dissolverit, et voluerit præterire, in eo ipso quo negligit, a serpente percutitur. De quo serpente et in Amos scriptum est: *Si descenderit in infernum, mandabo serpenti, et mordebit eos* [Al. eum]. (Amos IX, 3).

[a] Duo Palatini, et Victorius, *Hoc autem fieri a vultu ejus* (pro *Apostolus non tacet a Diabolo*), *qui in sæculo habet,* etc. Vatic. *fieri vult ejus, qui,* etc.

[b] Tres mss. et Victorius, *Vidi servos sedere super equos,* etc. Unus *ambulantes* habet, pro *sedere.*

[c] *A diabolo dignitate perflati.* Famosissimus locus cum propter exemplarium variantes lectiones, tum propter non pauca falso addita et corrupta in Editione Erasmiana et in aliquot mss. codicibus, ubi sic contextum depravatum legimus: *Subita a diabolo dignitate per flagitia publica sublimentur, quos vulgo lubricos appellant: magister autem nobilis quisque,* etc. Eodem modo legit ms. Sorbonicus, ita tamen ut non retineat vocem *sublimentur,* et pro *lubricos* habeat *luridos;* sed in margine exscriptor illius exemplaris hæc addit e latere: *Alius liber, perflati vias publicas mannis terant.* Unde exploratum habemus genuinam lectionem quam restituimus, in nonnullis libris exstitisse. Sicut hodieque exstat paululum mendosa in ms. codice Colbertino, in quo scriptum reperio: *Subita a diabolo dignitate perflati, vias publicas ministrarent.* Non quod inveniebat, sed quod intelligebat scripsit amanuensis; hinc pro *mannis terant,* verbum *ministrarent.* Corbeienses interpolatum retinent contextum; habent enim post vocem *publicas* hoc additamentum, *quos vulgo lorichos appellant.* Præter hæc verba, omnia genuina sunt in illis exemplaribus. Cæterum sententiam præsentem mutuatur Hieronymus, et quidem eleganter, ex Horatio Flacco, Epodon lib., Ode 4, in Menam libertam Pompeii magni:

> Sectus flagellis hic triumviralibus
> Præconis ad fastidium,
> Arat Falerni mille fundi jugera:
> Et Appiam mannis terit:
> Sedilibusque magnus in primis eques
> Othone contempto sedet.

Eumdem sensum habent Horatii carmina, quem Ecclesiastes dum ait: *Vidi servos super equos,* etc. Porro Manni erant parvi equi, sic dicti quod mansuetudine familiarius manum sequerentur. Hieronymus Epistola ad Pammachium super obitu Paulinæ uxoris, *ferventes buricos,* sive *burdos mannos* vocat. MARTIAN.

Unus e septem mss. quos hoc in loco consuluimus, inventus est Vatic. qui recte, ut edidimus, legeret. Tantum *equis* habet, pro *mannis,* minus equidem bene, cum aperte Horatianum illud Epodon

lib. I, Od. 4, in Menam libertum, *Et Appiam mannis terit,* Hieronymus alludat. Aliorum porro codicum eadem plerumque et falsa lectio est: *dignitate per flagitia publica* (quidam addunt *sublimentur*) *quos vulgo lyzichos appellant* (alii *lurichos,* vel *luridos,* vel aliud aliquod nominis monstrum) *magister autem* (Al.*autem*) *nobilis quisque,* etc. Glossema autem illud omisimus, quod e S. doctoris calamo minime profectum videbatur, *quos vulgo Luricos appellant.* Quod si tamen cum editis cum Martianæum libris velis retinere, legesis *Burichos;* Manni quippe, ut docent veteres Horatii Scholiastæ, equi sunt, quos vulgo *Bardones,* sive *Buricos* nominamus. Et Veteres Glossæ: *Mannis, Bouρίχοις.* Vide quæ observamus in Epist. 66, ad Pammach. n. 8, ubi hoc idem expunximus.

[d] Palatini duo, *in hac vita inæqualitate rerum,* etc.

[e] *Sentire videtur,* Ecclesiastici auctorem ipsum Salomonem exstitisse, quæ plurium sane tum Græcorum, cum Latinorum Patrum opinio fuit, ex quorum sensu putandus est hic loqui Hieronymus. Cum enim accuratius rem disquireret Præfation. in Salomonis libros, ab illo satis luculenter abjudicat. Ita pridem Victorius, quem Martianæus sequitur, animadvertit.

— *Siquidem et alibi ipse Salomon ait.* Jesus libri Ecclesiastici scriptor ab auctore Synopseos Athanasio ascriptæ dicitur ὁπαδὸς τοῦ Σαλομῶντος, id est *Salomonis assecla;* quia in condendis parabolis modum Salomonis rationemque tenuerit, ac plurimas sententias et parabolas ejus descripserit. Qua ratione homines docti contigisse opinantur, ut veterum Patrum plerique auctorem Ecclesiastici Salomonem prædicent, et nomine Salomonis in eorum scriptionibus non raro citetur, ut hic ab Hieronymo, qui morem sui temporis secutus habebat Ecclesiasticum inter opera Salomonis. Legimus enim apud Origenem Homilia 22 in librum Numerorum: *In libro qui apud nos quidem inter Salomonis volumina haberi solet, et Ecclesiasticus dici: apud Græcos vero, Sapientia, Jesu filii Sirach appellatur.* Quæ verba non Origeni, sed Rufino interpreti tribuuntur. Unde liquet Ecclesiasticum apud Latinos inter Salomonis volumina fuisse relatum; e quorum tamen numero manifestissime segregatus est apud Hieronymum Præfatione in libros Salomonis asteriscis et obelis distinctos, de quibus plenissime diximus in fine I partis Bibliothecæ divinæ S. Hieronymi. MARTIAN.

[f] Penes Alcuin. *Sepis autem confirmatio,* Ecclesiastica, etc. In Palatin. ms. *evulsio,* etc.

Qui subtrahit lapides, dolebit in eis : et qui scindit ligna, periclitabitur in eis (Zach. IX, 16). Volvuntur et in Zacharia sancti lapides super terram. Non enim firma in ea statione consistunt : sed prætereunt, et semper ad altiora nitentes, hinc abire festinant. De his vivis lapidibus et in Apocalypsi (*Cap.* XXI, 18 *seqq.*) urbs Salvatoris exstruitur, et Ecclesiam ædificari Apostolus non tacet. Si quis ergo hæretica arte perversus de Ecclesiæ ædificio istos abstulerit lapides (unde et signanter Aquila et Symmachus, pro eo, quod nos posuimus, *qui subtrahit lapides, dolebit in eis,* dixerunt : *Qui transfert lapides, dilacerabitur in eis*), postea tormenta patietur. Quia vero absolute Scriptura ait, *Qui subtrahit lapides,* sive, *qui transfert lapides,* et non adjecit bonos, sive malos; propterea et e contrario intelligendum, quod Ecclesiasticus vir, episcopus videlicet et presbyter, si juxta mandatum Levitici (*Cap.* XIV, 45), de leprosa [*Al.* leprosi] domo lapidem abstulerit, in cinerem et pulverem conterendum : dolebit in eo ipso, quod de Ecclesia Christi lapidem auferre cogatur [*Al.* cogitur], dicens secundum Apostolum : *Flere cum flentibus, lugere cum lugentibus* (Rom. XII, 15); et, [a] *Quis infirmatur, et ego non infirmor ?* **473** *quis scandalizatur, et ego non uror* (II Cor. XI, 29) ? Ligna quoque scindens, periclitabitur in eis. Hæretici [*Al.* hæretici] ligna infructuosa sunt, et saltus absque utilitate pomorum. Unde et in templo Dei prohibetur plantari nemus, et vana foliorum, id est, verborum tantum sonantium spernuntur umbracula. Quamvis igitur sit prudens et doctus vir, qui gladio sermonis sui hæc ligna [b] conscindat, periclitabitur in eis, nisi diligenter attenderit ; maxime si ei hoc quod sequitur, acciderit : *Si retusum fuerit ferrum, et faciem ejus turbaverit,* id est, si disputatio ejus infirmior fuerit inventa, nec acumen habuerit, quo contraria quæque secet : sed principale cordis ejus hebetetur ; in partem transibit adversam, et confirmabit eum fortitudo perversa. Hoc enim est, quod Septuaginta Interpretes transtulerunt : *Et fortitudine confortabitur ;* et superflua roboratus sapientia incipiet, inquit, fortitudinem habere, et sapientiam, quæ superflua est, et non adjuvat possidentem.

Si retusum fuerit ferrum ; et hoc non ut prius, sed conturbatum fuerit, virtutibus corroborabitur : et reliquum fortitudinis sapientia est. Si se, inquit, aliquis viderit per negligentiam amisisse scientiam Scripturarum, et acumen ingenii ejus fuerit obtusum : et conturbatus nequaquam manserit, qualis esse jam cœperat : Evenit quippe interdum, ut cum modicum scientiæ quis habuerit, elatus in superbiam, discere desistat et legere, et paulatim ex eo, quod nihil ei additur, subtrahatur, et vacuum disciplinis pectus remaneat, ferrumque, quod acutum fuerat, hebetetur : otium enim et desidia quasi quædam rubigo sapientiæ est. Si igitur quis hoc passus fuerit, non desperet remedium sanitatis, sed vadat ad magistrum, et rursum instruatur ab eo, et post laborem et industriam, sudoremque nimium, valebit sapientiam recipere quam amiserat. Hoc est, quod in Hebræo significantius dicitur : *Et fortitudinibus corroborabitur,* id est, labore et sudore, et industria, et quotidiana lectione, sapientiam consequetur, et fortitudo ipsius habebit hunc finem, ut accipiat sapientiam.

474 *Si momorderit serpens in silentio, non est amplius habenti linguam.* Simplex hic sensus est : Serpens et detractor æquales sunt. Quomodo enim ille occulte mordens venenum inserit; sic iste clam detrahens, virus pectoris sui effundit in fratrem, et nihil habet a serpente [c] amplius. Cum enim lingua hominis ad benedicendum, et ad ædificationem proximi sit creata, ille eam serpenti æqualem facit, dum virtutibus ejus in perversum abutitur. Aliter : Si quem serpens diabolus occulte momorderit, et nullo conscio, cum peccati veneno infecerit ; si tacuerit qui percussus est, et non egerit pœnitentiam, nec vulnus suum [d] fratri et magistro voluerit confiteri, magister et frater, qui linguam habent ad curandum, facile ei prodesse non poterunt. Si enim erubescat ægrotus, vulnus medico confiteri, quod ignorat medicina non curat.

Verba oris sapientis gratia, et labia insipientis præcipitabunt eum. Stultitia, si sua esset rusticitate contenta, minus aliquid haberet mali. Nunc autem contra sapientiam bellum gerit, et quicquid prudentiæ in docto [e] viro viderit, zelo stimulata non recipit. Loquitur enim vir sapiens verba scientiæ, et verba gratiæ, quæ utilitatem possunt præbere audientibus, et aures stulti non ita suscipiunt quæ dicuntur, ut dicta sunt; sed e contrario virum prudentem supplantare conantur, et sui similem facere. Et revera præcipitatur vir sapiens, quando in aurem loquitur imprudentis, et verba ejus in profundo, ut ita dicam, gurgite pereunt. Unde beatus, [f] qui in aurem loquitur audientis.

Initium verborum [g] *ejus insipientia, et novissimum oris ejus error pessimus. Et stultus multiplicat verba.* Ignorat homo quid sit, quod factum est : et quod futurum est post eum, quis annuntiabit ei? Adhuc ei de stulto disputatio est, cujus labia præcipitant sapientem, sive juxta aliam interpretationem, stultum ipsum corruere faciunt. Initium enim sermonis ejus,

---

[a] *Quis infirmatur, et ego non.* Quamplures mss. omittunt mediam partem hujus versiculi propter bis repetita eadem verba, *et ego non.* MARTIAN.
[b] Tres mss., *ligna concidat, periclitabitur,* etc.
[c] Alcuin., *et nihil habet a serpente minus.* Mox veteres vulgati, *ad benedicendum Deum,* etc. — *Ad benedicendum.* Editi addunt *Deum*; sed ni fallor, superflue : quia hoc loco *benedicere* significat proximo *bona precari.* MARTIAN.

[d] Idem, *nec vulnus suum magistro voluerit confiteri; magister, qui linguam habet, et cohærenter, non poterit.*
[e] Vatican. *in docto viderit,* absque *viro.*
[f] Mss. nostri, atque olim Alcuin. cum pridem editis, *Unde beatus ille est,* etc. et mox *audientium,* pro *audientis;* veteres editi, *sapientium.*
[g] Palatin. alter, expuncta voce *ejus,* substituit *stulti.*

et finis stultitia est et error pessimus; sive ut Symmachus transtulit, *tumultus, et quædam verborum inconstantia*; dum non manet in **475** sententia, sed putat in multiplicatione sermonum effugere se posse peccatum. Cum enim nec præteritorum meminerit, nec futura cognoscat, et in ignorantia et [a] tenebris volutetur, falsam sibi scientiam repromittens; in eo doctum, in eo se putat esse sapientem, si verba multiplicet. Potest hoc et de hæreticis accipi, qui prudentium virorum dicta non capiunt; sed se ad disputationes contrarias præparantes, et initium, et finem loquendi vanitate, [b] tumultu, errore convolvunt : et cum nihil sciant, loquuntur plura quam norunt.

Labor stultorum affliget eos, qui nesciunt ire in civitatem. Cum superioribus etiam hos junge versiculos : aut generaliter de omnibus stultis, qui ignorant Deum, aut specialiter de hæreticis [c] disputat. Lege Platonem ; Aristotelis revolve versutias, Zenonem et Carneadem diligentius intuere, et probabis verum esse quod dicitur : *Labor stultorum affliget eos.* Veritatem illi quidem omni studio quæsierunt; sed quia non habuerunt ducem, et prævium itineris, et humanis sensibus rati sunt se comprehendere posse sapientiam, ad civitatem minime pervenerunt, de qua in psalmo dicitur : *Domine, in civitate tua imaginem ipsorum dissipabis* (*Psal.* LXXII, 20). Omnes enim umbras et diversas imagines atque personas, quas sibi in variis dogmatibus induerunt, in urbe sua Dominus dissipabit. De qua et alibi scribitur : *Fluminis impetus lætificat civitatem Dei* (*Psal.* XLVI, 5). Et in Evangelio : *Non potest civitas abscondi supra montem posita* (*Matth.* V, 14). Et in Isaia : *Ego civitas firma, civitas quæ* [d] *oppugnatur* (*Isai.* XXVII, 30, *sec.* LXX). Siquidem hanc veritatis et sapientiæ civitatem, cum firma sit et robusta, omnes et sapientes sæculi et hæretici impugnare conantur. Et quod de philosophis diximus, hoc idem etiam de hæreticis sentiendum, quod frustra laborent et affligantur in studio Scripturarum, cum ambulent in deserto, et civitatem invenire non valeant. De quorum errore et Psalmista commemorat, dicens : *Erraverunt in deserto et in inaquoso, viam civitatis et habitationis ejus non invenerunt* (*Psal.* CVI, 4).

476 *Væ tibi, terra, cujus rex adolescens, et principes tui mane comedunt. Beata* [e] *terra, cujus rex tuus filius ingenuorum, et principes tui in tempore comedunt, in fortitudine, et non in confusione.* Videtur quidem reprobare juvenum principatum, et luxuriosos judices condemnare; quod in altero per ætatem sit infirma sapientia, in aliis etiam matura ætas deliciis enervetur. Et econtrario principem probare bonis moribus, et liberaliter institutum; et eos judices prædicare, qui nequaquam voluptatem negotiis civium præferant : sed post multum laborem et administrationem reipublicæ, cibum capere quasi necessitate cogantur. Verum mihi sacratius quid latere videtur in littera, quod juvenes dicantur in Scriptura, qui a veteri auctoritate desciscunt, et cana præcepta parentum contemnunt : qui neglecto Dei mandato, cupiunt statuere traditiones hominum. De quibus et in Isaia (*Cap.* VIII) Israeli Dominus comminatur, eo quod noluerit aquam Siloe, quæ vadit cun silentio, et veterem piscinam averterit, eligens sibi fluenta Samariæ, et gurgites Damasci. *Et dabo*, inquit, *juvenes principes eorum, et illusores dominabuntur eis* (*Isai.* III, 4). Lege Daniel, et vetustum dierum invenies Deum (*Dan.* VII). Lege Apocalypsim Joannis, et caput Salvatoris candidum ut nivem, et quasi lanam albam reperies (*Apoc.* I). Jeremias quoque quia sapiens erat, et cani ejus in sapientia reputabantur, prohibetur juvenem esse se dicere (*Jerem.* I). Væ ergo terræ cujus rex est diabolus, qui semper novarum rerum cupidus etiam in Abessalon adversus parentem rebellat : quæ judices et principes eos habet, qui ament hujus sæculi voluptates, qui antequam dies mortis adveniat, dicunt : *Manducemus et bibamus ; cras enim moriemur* (*Isai.* XXII, 13). Econtra beata terra Ecclesiæ, cujus rex est Christus Filius ingenuorum : de Abraham, Isaac, et Jacob, prophetarum quoque et sanctorum omnium stirpe descendens, quibus peccatum non fuit dominatum ; et ob id vere fuerunt liberi. Ex quibus nata est Virgo liberior sancta Maria, **477** nullum habens fruticem, nullum germen ex latere : sed totus fructus ejus erupit in florem, loquentem in Cantico Canticorum : *Ego flos campi, et lilium convallium* (*Cant.* II, 1). Principes quoque ejus sunt Apostoli et omnes sancti, qui regem habent filium ingenuorum, filium liberæ : non de ancilla Agar, sed de Saræ libertate generatum. Nec comedunt mane, nec velociter. Non enim in præsenti sæculo quærunt voluptatem, sed tempore suo manducabunt, cum retributionis tempus advenerit, et manducabunt in fortitudine, et non in confusione. Omne bonum præsentis sæculi confusio est, futuri perpetua fortitudo. Tale quid

---

[a] Apud Alcuin. *tenebris involutus solum sibi scientiam repromittens.*

[b] Cum Erasmo et Victorio Palatini duo mss., *cum multo errore,* etc. Alcuin., *cum multo errore cumulant, et cum,* etc.

— *Vanitate, tumultu,* etc. Corbeiensis codex vetustissimus, *et finem loquendi vanitate tumultuosa et impudentia, errore convolvunt*; alter etiam Corbei., *impudenti errore convolvunt*; editi vero Eras. et Marian. *vanitate cum multo errore convolvunt.*
MARTIAN.

[c] Rursum cum iisdem editis Palatin. codd. *de hæreticis disputationibus.* Vatican. *de hæreticis disputantes.* Alcuin. *disputantibus.*

[d] Ita retinendum cum mss. libris, atque editis. Alibi tamen legit ipse Hieronymus *civitas quæ non oppugnatur.* Vide Epist. 30, ad Paulam, num. 14.

—*Civitas quæ oppugnatur.* In fine epistolæ 30 ad Paulam de Alphabeto Hebraico cum particula negativa, *quæ non oppugnatur*; quia contextus sermonis negationem exigit, sicut et in Epistola ad Algasiam Quæst. secunda. Nisi forte pro *oppugnatur*, ibi legendum sit, *non expugnatur.* MARTIAN.

[e] Vatican. et Palatin. *Beata tu terra,* etc.

et in Isaia dicitur : [a] *Ecce qui serviunt mihi, manducabunt : vos autem esurietis :* Et iterum : *Ecce qui serviunt mihi, lætabuntur : vos autem pudebit* (*Isai.* LXV, 13 *et* 14).

In pigritiis humiliabitur contignatio, et in infirmitate manuum stillabit domus. Domus nostra, quæ cum statu hominis erecta [*Al.* creata] est, et habitatio quam habemus in cœlis, si pigri sumus, et ad bona opera tardiores, humiliabitur. Et omnis contignatio quæ debet culmen portare in sublime, ad terram corruens, habitatorem suum opprimet. Cumque auxilium manuum virtutumque torpuerit, omnes desuper tempestates, et nimborum ad nos turbo prorumpit. Porro quod in homine uno interpretati sumus, melius potest super Ecclesia accipi : quod per negligentiam principum omnis ejus corruat altitudo : et ibi vitiorum illecebræ sint, ubi [b] tegmen putabatur esse virtutum.

In risu faciunt panem et vinum [c], *ut epulentur viventes. Et argento obediunt* [*Al.* obediens] *omnia.* Existimo ex superioribus pendere quod sequitur. In pigritia enim et in socordia magistrorum humiliari Ecclesiam, et culmen ejus concidere, et tigna [d] perflui, supra exposuimus. Nunc ergo de eisdem magistris loquitur. Et quia visus fuerat accusare eos, cur tacerent, et non uterentur officio magistrorum, et episcopi et presbyteri in Ecclesia constituti, non laborarent in sermone et doctrina, quod **478** et Titus commonetur, ut faciat (*Tit.* I, 5), et Timotheo præcipitur, ne gratiam negligat, quam per impositionem manuum acceperat: sed et in eo se æstimarent presbyteros et episcopos, ut salutaria acciperent [e], et uti præceptores honorem duplicem quærerent, qui laborantibus in doctrina et sermone debetur (I *Tim.* IV, 14); nunc econtrario accusat eos qui loquuntur quidem in Ecclesia, et docent populos, sed ea docent quæ populum audire delectet, quod peccatores palpet in vitio, et strepitus concitet audientium. Nonne quando in Ecclesia lascivit [f] oratio [*Al.* orator], et beatitudinem, et regna cœlorum multitudini pollicetur, videtur tibi in risu panem facere, et vinum ad lætitiam miscere [g] viventium? Sive quod ipsi qui docent, divitias, et cibos, et opes per delectabilia promissa conquirant : sive quod Ecclesiæ panem, qui panis lugentium est, et non ridentium (beati quippe lugentes, quoniam ipsi ridebunt) in lætitia gaudioque conficiunt. Quod autem sequitur : *Pecuniæ* vel *argento obediunt omnia,* dupliciter accipiendum. Vel ipsos doctores postquam adulatione ditati sint, regnum in populos exercere : vel certe, quia argentum pro sermone semper accipiatur : *Eloquia* enim *Domini, eloquia casta : argentum igne* [h] *probatum terræ, purgatum septuplum* (*Psal.* II, 7): hoc asseverat, quod eloquentiæ, et orationi, quæ verborum sit fronde composita, facile vulgus cedat ignobile. Aliter : Qui habent apud se sponsum, et propterea lugere et jejunare prohibentur, in risu faciunt panem. A quo risu, et Isaac nomen accepit, et in lætitia [i] bibentium vinum præparant. Omnis itaque vir sanctus qui, ut Christus præcepit, magister Ecclesiæ est, in risu et lætitia panem facit, et vini pocula ministrat in gaudio. Argentum quoque, cui obediunt [*Al.* obediens] *omnia,* quinque illa de Evangelio, et duo, et unum patrisfamilias sunt talenta, et decem mnæ, quæ servis in negotiatione creduntur (*Matth.* XXV, 15. *et seqq*).

In mente tua regi ne maledixeris, et in secreto cubilis tui, ne maledixeris diviti : **479** *quia* [j] *avis cœli auferet vocem, et habens pennas, annuntiabit verbum.* Et simplex præceptum ædificat audientes : ne ira et furore superati, in maledictum et in detractionem regum et principum prorumpamus : quia contra spem interdum evenit, ut his quibus maledixinus, nuntietur, et incurramus periculum immoderatione linguæ. Quod autem ait : *Avis cœli auferet vocem, et habens pennas, annuntiabit verbum,* hyperbolice intelligendum, quomodo solemus dicere, etiam ipsos parietes, quibus consciis loquimur, quæ audierint non celaturos. Sed melius est sic audire præceptum, ut sciamus nobis esse mandatum, non solum contra Christum temere nihil loquendum, verum etiam in arcanis cordis, quamvis variis tribulationibus coarctemur, nihil blasphemum, nihil impium sentiendum. Et quia dilectionem quam Christo exhibemus, debemus et proximo : *Diliges quippe Dominum Deum tuum, sed et proximum tuum tamquam teipsum,* etiam nunc

---

[a] Priorem hunc ex Isaia locum codices nostri omnes prætermittunt. Victorius addit, *bona manducabunt.*

[b] Palat. *ubi regimen.* Vatic. *tegimen.*

[c] *In risu faciunt panem et vinum.* Ita legunt omnes mss. sicque legendum docent consequentia verba in Commentario hujus capituli; quamvis ex Hebræo postea Hieronymus interpretatus sit, *in risum faciunt panem,* etc. MARTIAN.

[d] Martian. *perflui,* satis male, nostrisque mss. atque antea editis libris contradicentibus. Ferme elegantius legerat Alcuinus *perfluere.*
 — *Et tigna perflui.* Mss. Corbeienses, *et tegmina perflui.* Erasm. *tigna perflui.* MARTIAN.

[e] *Ut salutaria acciperent.* Tria exemplaria mss. *ut salaria acciperent.* Sorbonicus codex, *ut salutatoria acciperent.* Inter has variantes lectiones, antiquam librorum editorum retinuimus, sicut etiam sequentem, *et uti præceptores,* pro quo in 3 mss. legitur, *et muti præceptores.* MARTIAN.

[f] *In Ecclesia lascivit Oratio.* Editi *lascivit orator :* sed nullum vidi codicem ms. qui non legat, *lascivit oratio.* MARTIAN.

[g] Ita quidem editi pariter ac mss. libri habent. Nihilosecius malim *bibentium* legi, quod paulo inferius mss. ope assero.

[h] Victor. cum Vulgat. *igne examinatum, probatum terræ,* etc.

[i] Emendat Vatic. *bibentium,* quod et Palatin. secunda manu astruit; antea incongruo sensu erat *viventium.*

[j] Palatin. alter, *quia volucres auferent vocem :* veteres editi, *volucres cœli portabunt,* etc.
 — *Quia avis cœli auferet vocem.* Genuinam hanc lectionem retinent nonnulli manuscripti ; in aliis non bene legitur, *volucres cœli portabunt vocem.* MARTIAN.

jubemur, ne post regem de Sanctis quoque facile detrahamus : et eos quos viderimus sapientia, scientia, virtutibusque ditatos, linguæ mordacitate rodamus : quia Angeli qui terram circumeunt, et sunt administratorii spiritus, et in Zacharia loquuntur : *Circumivimus terram, et ecce omnis terra habitatur, et silet* (*Zach.* I, 11) : ad instar avium, nostra verba, et cogitationes ad cœlum perferant : et quod clam cogitamus, Dei scientiam non latere.

(Cap. XI.) *Mitte panem tuum super faciem aquæ : quia in multitudine dierum invenies illum.* Ad eleemosynam cohortatur, quod omni petenti sit dandum, et indiscrete faciendum bene. Quomodo enim, qui super irrigua seminat, fructum sementis exspectat : ita qui largitur egentibus, non granum seminis, sed ipsum panem serit, fenore quodam multiplicationem illius præstolans : et cum dies judicii advenerit, multo amplius [a] quam dederat recepturus [*Al.* reperturus]. Aliter : in quocumque homine illam aquam videris, de qua dicitur : *Flumina de ventre ejus fluent aquæ vivæ* (*Joan.* VII, 38), ne te pigeat panem sapientiæ, panem rationabilem, panem præstare sermonis. Si enim hoc frequenter feceris, **480** invenies te non incassum doctrinarum jecisse sementem. Tale quid et in Isaia dictum puto : *Beatus qui seminat super aquam, ubi bos, et asinus calcant* (*Isai.* XXXII, 20). Quod ille magister beatitudine dignus habeatur, qui super irriguum pectus seminet audientium, tam ex Judæis, quam [b] ex gentium populo congregatum.

Da partem [*Al.* partes] *septem, et quidem octo : quia non scis quid futurum sit malum super terram.* Et in Ezechiele septem et octo gradus ad templi leguntur ascensum (*Ezech.* XL, 26, 31). Et post ethicum illum psalmum, id est, centesimum octavum decimum quindecim graduum psalmi sunt, per quos primum erudimur in lege, et septenario numero expleto, postea per ogdoadem ad Evangelium scandimus. Præcipitur ergo, ut in utrumque instrumentum, tam vetus scilicet quam novum, pari veneratione credamus. Judæi dederunt partem septem, credentes sabbato [*Al.* sabbatum] : sed non dederunt octo, resurrectionem diei Dominicæ denegantes. Econtrario hæretici, Marcion, et Manichæus, et omnes qui veterem Legem rabido ore dilaniant, dant partes [*Al.* partem] octo, suscipientes Evangelium : sed eamdem septenario numero non tribuunt, [c] *Legem veterem* respuentes. Nos igitur utrique Instrumento credamus. Non enim possumus dignos cruciatus, dignamque pœnam jam nunc mente comprehendere, quæ reposita est his qui versantur in terra, Judæis atque hæreticis, e duobus alterum denegantibus. Hebræi ita hunc locum intelligunt : et sabbatum et circumcisionem serva : ne si hoc forte non feceris, inopinatum tibi superveniat malum.

Si repletæ fuerint nubes, imbrem super terram effundent. Et si ceciderit lignum ad austrum, [d] *aut ad aquilonem : in locum ubi ceciderit lignum, ibi erit.* Serva mandata quæ tibi superius sunt præcepta, ut nubes super te effundant imbrem suum. Ubicumque enim tibi locum præparaveris, futuramque sedem, sive ad austrum, sive ad boream : ibi cum mortuus fueris, permanebis. Aliter : Propterea supra diximus : *Mitte panem tuum super faciem aquæ, et omni petenti te tribue* : quia et nubes cum plenæ fuerint, divitias suas mortalibus largiuntur, et tu quasi lignum, **481** quamvis longævus sis, non eris in perpetuum, sed [e] subito ut ventorum, ita mortis tempestate subversus, ubicumque cecideris, ibi jugiter permanebis, sive te rigidum et trucem, sive clementem et misericordem, ultimum invenerit tempus. Aliter : Dicitur in Psalmis ad Deum : *Veritas tua usque ad nubes* (*Psal.* XXXV, 6). Et in Isaia, peccanti Deus vineæ comminatur : *Mandabo nubibus, ne pluant super eam imbrem* (*Isai.* V, 6). Nubes igitur sunt Prophetæ, et omnis vir sanctus, qui cum plures in corde suo congregaverit disciplinas, tunc valebit præcepta pluere doctrinarum, et dicere : *Exspectetur sicut pluvia sermo meus, et effundent super terram imbrem* (*Deut.* XXXII, 2) : ad quam dictum est : *Audiat terra verba oris mei*. Quod autem sequitur : *Et si ceciderit lignum ad austrum, aut ad aquilonem : in locum ubi ceciderit lignum, ibi erit :* illud de Abacuc sumamus exemplum, in quo scribitur : *Deus de Theman veniet* (*Abac.* III, 3), quod alii interpretes ediderunt, *Deus ab* [f] *austro veniet*. Et quantum ego æstimo, semper in bonam partem auster accipitur. Unde et in Cantico Canticorum dicitur : *Exsurge Aquilo* (*Cant.* IV, 16), hoc est, *recede, et abi, et veni auster*. Lignum igitur quod in hac vita corruerit, et conditione mortalitatis fuerit incisum, aut peccavit ante dum staret, et in boreæ parte postea ponitur [*Al.* ponetur] : aut si dignos austro fructus attulerit, in plaga jacebit australi. Nec est aliquod lignum, quin [g] aut ad aquilonem sit, aut ad austrum. Hoc idem significat, et illud quod scriptum est in Isaia : *Dicam aquiloni, adhuc, et Africo, noli prohibere* (*Isai.* XLIII, 6). Numquam enim austro et orientali vento præcipitur, ut adducant : quia apud alias plagas esse eos oportet, qui ad orientem et austrum

---

[a] *Quam dederit reperturus*. Sorbonicus manuscriptus et editi antea libri legunt eodem sensu *recepturus*. MARTIAN.

[b] Tres mss. *quam ex gentibus populo congregato*.

[c] *Legem veterem respuentes*. Ambo Corbeienses mss. *instrumenta veterum respuentes*. MARTIAN.

[d] Palatin. *aut in aquilonis locum, ubi*, etc.

[e] *Subito ut ventorum*. Erasm. et Marian. incongruenter, legunt, *sed subita vi ventorum, ita mortis*, etc. MARTIAN.

[f] Ab eodem Palatin. abest nomen *austro*.

— *Deus ab austro veniet*. Ex hoc loco conjicere licet, Hieronymum absolvisse suum Commentarium in Ecclesiasten, antequam Prophetarum translationem Latinam de Hebræo fonte nobis edidisset. MARTIAN.

[g] *Apud Alcuin.* ferme ut Erasm. ac Victor. *quod vel ad Aquilonem non sit*, etc.

— *Quin aut ad aquilonem sit*. Cave ne legas : *qui non ad aquilonem sit, aut ad austrum* : neque audacius detrectes fidem omnium exemplarium mss. Editi libri sic mutarunt, *quod aut ad aquilonem non sit, aut ad austrum*. MARTIAN.

postea deducantur. Aquilo igitur ad austrum adducit, et Africus ad orientem habitatores suos. Nec enim possunt proficere, si in pristinis sedibus perseverent.

Qui observat ventum, non seminabit; et qui aspicit nubes, non metet. Qui considerat cui benefaciat, et non omni petenti se tribuit, sæpe præterit eum qui meretur accipere (*Luc.* vi, 30). Aliter : Qui tantum eo tempore Dei verbum prædicat, quo populus libenter auscultat, et secunda aspirat aura rumoris, sator negligens et ignavus agricola est. In ipsis enim prosperis, dum nescimus, adversa consurgunt. Sed opportune, importune, suo ª tenore, Dei sermo est prædicandus (II *Tim.* iv, 2) : nec fidei tempore adversariarum nubium consideranda tempestas. De qua in Proverbiis dicitur : *Sicut pluvia vehemens et inutilis : sic qui derelinquunt sapientiam, et impietatem laudant* (*Prov.* xxvii, 3 *et* 4). Absque consideratione ergo nubium et timore ventorum, in mediis tempestatibus seminandum est. Nec dicendum : illud tempus commodum, hoc inutile, cum ignoremus quæ via, et quæ voluntas sit spiritus universa dispensantis.

Quomodo non cognoscis tu quæ sit via spiritus, et sicut ossa in utero prægnantis : sic nescis opera Dei, qui facit omnia. Sicut nescis viam spiritus et animæ ingredientis in parvulum, et ignoras ossium et venarum varietates in ventre prægnantis : quomodo ex vili elemento corpus hominis in diversas effigies artusque varietur, et de eodem semine, aliud mollescat in carnibus, aliud durescat in ossibus, aliud in venis palpitet, et aliud ligetur in nervis : ita Dei opera scire non poteris, qui factor est omnium. Ex quo docet contraria non timenda, nec temere de ventis et nubibus, quas supra diximus, judicandum : cum suo tenore et cursu ᵇ debeat sator pergere, et eventum Domini sententiæ reservare. *Non enim volentis neque currentis, sed Dei miserentis est* (*Rom.* ix, 16).

In matutino semina semen tuum, et ad vesperum ne dimittas manum tuam : quoniam nescis ᶜ *quid placeat, hoc* [Al. *aut hoc*], *an illud. Etsi utrumque, quasi unum bonum est. Et dulce lumen, et bonum oculis videre solem :* quia si annis multis vixerit homo, in omnibus his lætetur, et meminerit dies tenebrarum, quia plurimæ erunt. Omne quod venturum est, vanitas. Ne eligas cui bene facias : sed et cum benefeceris, nunquam a bono opere desistas. *Matutinam justitiam vesper inveniat.* Et vesperis [Al. vesperi] misericordiam sol [Al. solis] ortus accumulet. Incertum est enim quod opus magis placeat Deo, et ex quo tibi fructus justitiæ præparetur. Potest autem accidere, ut non unum, sed utrumque placeat Deo. Aliter : Et in adolescentia, et in senecta, æquus tibi labor sit. Nec dicas : dum potui, laboravi : debeo in senectute requiescere. Nescis enim utrum in juventute, an in ætate longæva placeas Deo. Nec prodest adolescentiæ frugalitas, si senecta ducatur in luxu. In quacumque enim die justus erraverit, veteres eum justitiæ a morte liberare non poterunt. Quod si juxta utramque interpretationem semper benefeceris, et omni ætate æqualem cursum habueris, videbis Deum Patrem, dulcissimam lucem; videbis Christum, solem justitiæ. Porro si et multis annis vixeris, et omnia bona habueris, vel bona opera perpetraris, et scieris te semper esse moriturum, et ante oculos tuos tenebrarum semper versetur adventus : præsentia quasi fluxa, fragilia et caduca contemnes. Symmachus finem hujus sententiæ ita interpretatus est : *Si annis multis vixerit homo, et in omnibus his* ᵈ *lætatus fuerit, recordari debet et dies* [Al. *dierum*] *tenebrarum : quia multæ erunt, et in quibus omnibus veniet esse desinere.* Aliter : Repromittit in alio Scripturæ loco, Deus dicens : *Dabo vobis pluviam temporaneam et serotinam* (*Deut.* xi, 14), vetus scilicet Testamentum, et novum, et utroque vos imbre irrigabo. Unde et nunc admonemur, ut sic legamus Legem veterem, ne Evangelium contemnamus : sic quæramus spiritualem in veteri Instrumento intelligentiam, ne in Evangelistis, et Apostolis hoc tantum putemus sonare quod legitur. Ignorare enim nos in quo magis scientia nobis a Deo tribuatur et gratia, felicemque cum esse, qui utrumque in commune sociaverit, et quasi unum corpus effecerit. Quod qui fuerit consecutus, videbit lucem, videbit Christum, solem justitiæ. Et si annis pluribus vixerit, in summa lætitia, et delectatione versabitur, habens scientiam Scripturarum, et magis ᵉ ad hunc laborem recordatione futuri judicii compelletur : quia perpetuum tenebrarum tempus adveniet, et æternæ pœnæ præparabuntur eis, qui non seminaverint mane et ad vesperam, et nequaquam utrumque sociaverunt : nec viderunt lucem, nec solem, unde ipsum lumen egreditur [Al. egredietur].

(Cap. XII.) *Lætare* ᶠ *adolescens in juventute tua, et in bono sit cor tuum in diebus juventutis tuæ, et ambula in viis cordis tui, et in intuitu oculorum tuorum* ᵍ. *Et scito hoc, quia super omnibus his adducet te Deus in judicium. Et repelle iram a corde tuo, et aufer malitiam a carne tua : quia adolescentia et stultitia vanitas est. Et memento Creatoris tui in diebus juventutis tuæ, antequam veniant dies malitiæ, et appropinquent anni in quibus dices : Non est mihi in illis voluntas* ʰ [Al.

ª Vatic. *suo tempore.* Alcuin. *Quapropter opportuno, vel importuno tempore prædicandus est sermo Dei.*
ᵇ Verius videatur legisse Alcuin. *debeat sator spargere, et eventum,* etc.
ᶜ Palatin. alter, *quid plus placeat.*
ᵈ Martian. *lætus fuerit,* contra mss. editorumque antea librorum fidem.
ᵉ Palatin. *et magis addat ad hunc laborem, recordationem,* etc.
ᶠ *Lætare adolescens,* etc. In antiquissimo codice ms. Corbeiensi capitulum istud numeratur xxxviii;

maxima enim est distantia antiquas inter Bibliorum sacrorum ac hodiernas divisiones, ut videre est in Prolegomenis nostris i Tom. MARTIAN.
— Duo mss. castigatiores, *Lætare juvenis in adolescentia tua.* Quemadmodum infra ab Hieronymo locus recitatur.
ᵍ Addunt palatini duo codd. *sine reprehensione,* quod ex Græco ἄμωμος derivatur.
ʰ *Non est mihi in illis voluntas.* Erasmus legit *voluptas*; idque retentum est in quamplurimis mss. In Hebræo est חפץ *hhephets,* quod *voluntatem* interpre-

voluptas]. In hoc capitulo, diversa omnium explanatio fuit, et tot pene sententiæ, quot homines. Unde quia longum est opinationes omnium recensere, et argumenta quibus sententias suas approbare voluerint, explicare, prope res unius voluminis est : sufficiat prudentibus significasse quid senserint , et quasi in quadam brevi tabella, situs pinxisse terrarum, totiusque orbis vastitatem et ambitum Oceani, angusto monstrasse compendio.

Hebræi ad Israel æstimant pertinere mandatum, cui præcipitur, ut fruatur divitiis suis, antequam ei captivitatis tempus adveniat, et adolescentiam senectute commutet : quidquid delectabile vel jucundum, tam cordi, quam oculis apparuerit, eo, dum in promptu est, abutatur : ita tamen ut se noverit in omnibus judicandum : et tam cogitationes malas, quam libidines fugiat, sciens stultitiam adolescentiæ copulatam : recordeturque semper Creatoris sui, antequam dies Babyloniæ ac Romanæ captivitatis adveniant. in quibus non poterit [a] habere voluntatem. Et totum hunc locum ab eo quod ait : *Antequam tenebrescat sol, et luna, et stellæ*, usque ad eum locum, in quo Scriptura commemorat : *Et convertetur pulvis in terram suam sicut erat, et spiritus revertetur ad Dominum, qui dedit illum :* super statu suæ conditionis explanant. Quæ quia, ut supra diximus, [b] laciniosa sunt, et prolixa, strictim a nobis breviterque tangentur. Lætare ergo in juventute **485** tua, o Israel, et fac illa vel illa, de quibus jam dictum est, antequam captivitas adveniat, et a te tuus honor recedat et gloria : et judices, et sancti tui (quos in sole, et luna, et stellis intelligi volunt) auferantur. Antequam veniat Nabuchodonosor, sive Titus Vespasiani filius, accitus a prophetis, et eorum vaticinia compleantur. In die qua angeli templi præsides recedent, et turbabuntur robustissimi quique in exercitu tuo, et otiosa erunt eloquia magistrorum, et prophetæ, qui de cœlis solebant visionum suarum lumen accipere, contenebrescent : quando claudentur templi januæ, et humiliabitur Jerusalem, et Chaldæus veniet, quasi cantu [*Al.* cantus] volucris, ita Jeremiæ vocibus [c] provocatus (*Jerem.* IX), et conticescent filiæ cantici, in templo psallentium chori. Illo tempore, quando venientes in Jerosolymam, ipsi quoque hostes Dei pertimescent magnitudinem, et in via dubii, Sennacherib interitum formidabunt. Hoc enim dictum putant : *Et ab excelso timebunt, et formidabunt in via* (*Isai.* XXXVII). In illis diebus *florebit amygdalum* [*Al.* amygdalus], ille baculus, et virga quam Jeremias in prophetiæ suæ vidit exordio, *et impinguabitur locusta*, Nabuchodonosor cum suo exercitu, *et dissipabitur capparis* (*Jerem.* I), amicitia Dei cum Israel. Quid sibi autem velit *capparis*, cum de singulis cœperimus dicere, plenius explicabitur. Hoc autem totum eveniet Israeli : quia abiturus est homo in domum æternitatis suæ, [d] et a præsidio Dei ad cœlestia reversurus, quo abeunte in tabernaculum suum, circumibunt in platea flentes atque plangentes, et hostium obsidione vallati. Lætare ergo, Israel, in juventute tua, antequam rumpatur funiculus argenteus, hoc est, donec gloria vestra vobiscum est, antequam [e] recurrat vitta aurea, id est, antequam arca testamenti auferatur : priusquam conteratur hydria ad fontem, et convolvatur rota super lacum, id est, donec intra sancta sanctorum præcepta legis, et Sancti Spiritus est gratia, et antequam revertaris in Babylonem, unde in lumbis **486** egressus es Abrahæ, et incipias in Mesopotamia conteri, unde et quondam profectus es : omnisque gratia prophetiæ, qua quondam fueras inspiratus, revertatur ad datorem suum. Hæc Judæi usque hodie disserunt, et ad personam suam intelligentiam hujus capituli trahunt.

Nos autem ad superioris disputationis ordinem revertentes, singula conabimur explanare. *Lætare, juvenis, in adolescentia tua, et in bono* [f] *sit cor tuum in diebus juventutis tuæ, et ambula in viis cordis tui, et in aspectu oculorum tuorum. Et scito super omnibus his : quia adducet te Deus in judicium.* Dixerat lucem mundi hujus esse dulcissimam, et lætari debere hominem in diebus vitæ suæ, omnique studio carpere voluptatem : ingruere enim noctem mortis æternam, quando non liceat perfrui congregatis, et quasi umbram, universa quæ habuimus pertransire. Nunc ergo hominem cohortatur, et dicit : O adolescens, antequam tibi senectus, et mors ingruat, lætare in juventute tua, et quidquid tibi corde bonum, aspectui jocundum videtur, assume, fruere, ut libet, mundi rebus. Rursum ne putaretur hæc dicens, hominem ad luxuriam provocare, et in Epicuri dogma corruere, suspicionem hanc abstulit, inferens : *Et scito, quoniam super omnibus his adducet te Deus in judicium.* Sic, inquit, abutere mundi rebus, ut scias te in ultimo judicandum. *Et repelle iram a corde tuo, et aufer malitiam a carne tua : quia adolescentia, et stultitia vanitas est.* In ira, omnes perturbationes animi comprehendit. In carnis malitia, universas

---

tantur etiam LXX Translatores. MARTIAN.

[a] Plerique mss. *voluptatem*, hic pro *voluntate* præferunt.

— *Habere voluntatem*. Hic errorem eumdem castigavi; quia ex contextu sacro satis liquet *voluntatem*, non *voluptatem* positam esse ab Hieronymo. MARTIAN.

[b] Vatican. *latiora sunt*, pro *laciniosa*.

[c] Duo mss., Alcuinus, veteresque editi, *prophetatus*.

[d] Martianæus, *et a prædio Dei*. Mss. vero nostri omnes, tum Alcuinus, et Victorius, *præsidio*, quam lectionem ad eorum fidem reponimus. Mox iterum Alcuinus, *quo habitante in tabernaculo suo*, pro *abeunte*, etc.

— *A prædio Dei ad cœlestia*, etc. Corbeienses mss. codices aliud retinent, *et præsidium ejus Deus ad cœlestia reversurus*. Iidem etiam pro *vitta aurea*, legunt consequenter, *tænia aurea*. MARTIAN.

[e] Palatini mss. *recurrat tinea aurea*.

[f] Vitiose erat sic. Recitatur vero ab Alcuino quoque hic locus ad hunc modum : *Lætare, juvenis, in adolescentia tua, et in bono sit*, etc.

— *Et in bono sit cor tuum*, etc. Quot Textus Scripturæ omittantur in veteribus editionibus, ex hoc loco ac tribus consequentibus perspicuum puto lectori. MARTIAN.

significat corporis voluptates. Sic ergo, inquit, bonis sæculi hujus fruere, ne aut desiderio, aut carne delinquas. Relinque antiqua vitia, quibus in adolescentia tua vanitati stultitiæque servisti : quia juventus insipientiæ copulata est. *Et memento Creatoris tui in diebus juventutis tuæ, antequam veniant dies malitiæ, et appropinquent anni, in quibus dices : Non est mihi voluntas in eis.* Semper memento conditoris tui, et sic adolescentiæ tuæ viam gradere, ut **487** mortis ultimæ recorderis : antequam tibi tempus adveniat, quo tristia quæque succedant.

Antequam obtenebrescat sol, et lumen, [a] *et luna, et stellæ, et revertantur nubes post pluviam.* Si de generali consummatione mundi accipimus, verbis Domini hoc capitulum congruit, in quibus ait : *Erit tribulatio* [b] *et angustia, qualis non fuit a principio creaturæ, sed neque fiet. Sol enim tenebrescet, et luna non dabit lumen suum, et stellæ cadent de cœlo, et virtutes cœlorum commovebuntur* (*Matth.* XXIV), quæ sunt custodes domus : ita ut [c] domus intelligatur hic mundus; viri vero fortes, errore decepti, et dissipandæ contrariæ fortitudines. Quod si specialis uniuscujusque consummatio, ad vitæ hujus finem refertur : et sol, et luna, et stellæ, et nubes, et pluviæ ei esse cessabunt, qui mortuus fuerit. Aliter : Lætare, adolescens, o popule christiane, et fruere bonis quæ a Deo tibi concessa sunt, et in his omnibus scito te a Domino judicandum. Nec putes, quia priores rami fracti sunt, et tu insertus es in radicem bonæ olivæ, idcirco te esse securum : sed aufer iram a corde tuo, et a corpore voluptates, et cæteris vitiis derelictis, memento creatoris tui, antequam tibi [d] dies malitiæ adveniat, et insanabilis, in qua peccantibus pœnæ sunt præparatæ : ne cum peccaveris, occidat tibi sol justitiæ meridie, et scientiæ lumen intereat, et splendor lunæ, id est, Ecclesiæ subtrahatur, et stellæ occidant, de quibus scriptum est : *In quibus lucetis quasi luminaria in mundo rationem vitæ* [Al. *vita*] *habentes* (*Philip.* II, 15). Et alibi : [e] *Stella a stella differt in gloria* [Al. *claritate*]. *Antequam revertantur nubes post pluviam* (III *Cor.* XV, 4), ne Prophetæ qui corda credentium, suo sermone suisque pluviis irrigant, postquam te imbre suo indignum esse perspexerint, revertantur ad sedem suam : ad eum scilicet, a quo missi sunt.

In die quo moti fuerint custodes domus, et perierint viri fortitudinis. Custodes domus, aut sol intelligitur et luna, et reliquus astrorum chorus, aut Angeli qui huic mundo præsident. Viri vero fortitudinis, sive [f] *fortes,* ut interpretatus est Symmachus, qui peribunt; **488** sive ut Aquila [*Al.* qui] transtulit *errabunt,* dæmones sentiuntur, a forti diabolo etiam ipsi fortium sortiti vocabulum. Quem superans Dominus, et ligans, juxta Evangelii parabolam [g] [*Al.* sententiam], vastat domum ejus (*Luc.* XI). Aliter : Custodes domus, qui ad corpus hominis referunt cuncta quæ scripta sunt, costas significari putant, quod ab ipsis intestina vallentur, et tota ventris mollities servetur. Viros vero fortes, crura æstimant : solem, et lunam, et stellas, ad oculos, aures, nares, et totius capitis sensus coaptant. Hoc autem ideo, quia inferius necessitate coguntur, non de angelis et dæmonibus, sole, et luna, et stellis, sed de hominis membris intelligere quæ sequuntur.

Et cessabunt molentes : quoniam imminutæ sunt : et contenebrescent quæ vident in foraminibus. In consummatione mundi cum refriguerit multorum charitas, et imminutæ fuerint animæ magistrorum, quæ possunt cœlestem cibum præbere credentibus, translatæque in cœlestia : tunc incipient hi qui ex parte in hoc mundo intuebantur lumen scientiæ, involvi tenebris. Si enim Moysi dicitur : *Ponam te in foramine petræ : et sic posteriora mea videbis* (*Exod.* XXXIII, 22) : quanto magis unaquæque anima per foramen, et quasdam tenebrosas cavernas aspicit veritatem ! Aliter : Duæ molentes sunt, ex quibus [h] unam recipi, et alteram relinqui, Evangelium non tacet (*Matth.* XXIV, 41). Quæ cum imminutæ fuerint, atque cessaverint, necesse est ut omne lumen scientiæ auferatur ex oculis. Aliter : Cessare molentes, quia imminutæ sint, de dentibus dictum putant. Quod cum extrema senectus advenerit, dentes quoque aut atterantur, aut decidunt : quibus permoliti cibi in alvum transmittuntur. Tenebrescere autem videntes in foraminibus, oculos arbitrantur : quod ætate confectis caliget acies, et intuitus obscuretur.

Et claudent ostia in platea in humilitate vocis molentis : et consurget ad vocem volucris; et obmutescent omnes filiæ carminis. Cum vox molentis fuerit infirmata, et magistrorum doctrina cessaverit, **489** consequenter cessabunt omnia : inter quæ, et ostia claudentur in platea, ut juxta fatuas Evangelii virgines (*Matth.* XXV), unusquisque habeat clausas suæ plateæ januas, et illæ oleum emere non possint. Vel certe, fatuis virginibus circumeuntibus in platea, claudent cubiculum sponsi quæ cum eo intraverint. Si enim arcta et angusta via est quæ ducit ad vitam, et lata et spatiosa, quæ ducit ad mortem (*Matth.* VII) : recte, refrigerata charitate multorum, ostium

---

[a] Voces *et luna* a Palatino et Vaticano mss. absunt.

[b] Vatic. *tribulatio magna, et angustia,* etc.

[c] Male vocem *domus,* hoc altero loco omiserat Martianæus, quam ex mss. aliisque editis libris suffécimus.

[d] Unus Palatinus, *dies malitiæ adveniat in die juventutis tuæ insanabilis.* Facile vero præferam Vatic. atque alterius Palatini lectionem, *dies malitiæ, dies veniat insanabilis.*

[e] *Stella a stella differt in gloria.* Ita legunt omnes mss. codices juxta antiquam Vulgatam, in qua scriptum erat : *Alia est gloria solis, alia gloria lunæ,* etc., ut fidem nobis facit exemplar mss. Græco-Latinum Epistolarum S. Pauli in nostra San-Germanensi Bibliotheca nunc asservatum. MARTIAN.

[f] Expungit Palatin. vocem, *fortes,* substituitque *virtutes*: alter, sive *virtutis,* legit.

[g] *Juxta Evangelii parabolam.* Erasm. et Marian. *juxta Evangelii sententiam.* MARTIAN.

[h] Mss. *unam rapi, et alteram relinqui.*

doctrinarum clauditur in plateis. Sequenti autem versiculo, in eo quod ait: *Et consurget ad vocem volucris*, sive *passeris*, utemur [*Al.* utimur] in tempore, si quando viderimus peccatorem ad vocem episcopi, sive presbyteri per pœnitentiam consurgentem. Potest quoque hoc extraordinarie, tametsi contextum capituli non sequamur, et de [a] ultima resurrectione accipi, quando ad vocem archangeli resurgent mortui. Nec mirandum, si angeli tubam passeri comparemus, cum omnis vox ad Christum comparata, sit tenuis. Et quantum ego possum animo recordari, numquam passerem in malam partem legisse me novi. Loquitur in decimo psalmo justus: *In Domino confido: quomodo dicitis animæ meæ, transmigra in montem sicut passer*. Et alibi: *Vigilavi, et factus sum sicut passer solitarius in tecto* (Psal. CI, 8). Necnon et in alio loco: *Etenim passer invenit sibi domum* (Psal. LXXXIII, 4). Aliter: Clausas in plateis januas, infirmos senis gressus accipi volunt: quod semper sedeat, et ambulare non possit. Humilitatem autem vocis molentis, de mandibulis interpretantur, quod cibum terere nequeat, et vix spiritu coarctato, vox ejus tenuis audiatur. Porro consurgere eum ad vocem volucris, **490** ostendit, quod frigescente jam sanguine, et humore siccato, quibus materiis sopor alitur, ad levem sonitum evigilet, noctisque medio, cum gallus cecinerit, festinus exsurgat: nequaquam valens strato sæpius membra convertere. Obmutescere quoque, sive ut melius habet in Hebræo, *surdescere filiæ carminis*,

aures significat, quod gravior senum auditus fiat, et nulla inter voces valeant scire discrimina, nec carminibus delectari. Quod quidem et Berzellai loquitur ad David, nolens transire Jordanem.

Sed et ab excelsis timebunt et formidabunt in via. Id est, ardua ingredi non valebunt, et lassis poplitibus, ac trementi vestigio, etiam in plano itinere fluctuantes, offensam gressuum formidabunt.

Et florebit amygdalum, et impinguabitur locusta, et dissipabitur capparis: quoniam ibit homo in domum æternitatis suæ: et circumibunt in platea plangentes. Per metaphoram etiam nunc de membris hominis Ecclesiastæ sermo est: quod cum senectus advenerit, capillus incanuerit, tumuerint pedes, libido refrixerit, et homo morte fuerit dissolutus: tunc revertetur in terram suam [b] et in domum æternitatis suæ sepulcrum: exsequiisque rite celebratis, plangentium funus turba præcedat. Florem autem amygdali, quem nos pro canis posuimus, quidam [c] sacram spinam interpretantur, quod, decrescentibus natium carnibus, spina succrescat et floreat. Porro quod ait: *Impinguabitur locusta*, sciendum ubi in nostris codicibus legitur, *locusta*, in Hebræo scriptum esse, AAGAB (חגב): quod verbum apud eos ambiguum est. Potest enim et [d] *talus* et *locusta* transferri. **491** Quomodo igitur in Jeremiæ principio, verbum [e] SOCED (שקד), si varietur accentus, et *nucem* significat et *vigilias*; et dicitur ad eum: *Quid tu vides Jeremia?* Et respondit: *Baculum nuceum* [f]. Et ait Dominus ad eum: *Bene vidisti: quia vigilabo ego super* [g] *verbum* Jeremiam, quod amygdalam nucem, et vigilare significat. Ut sicut ibi ex verbo illo de nuce, vigilias intulit, ita hic locustæ pinguedinem, pro tali tumore subintelligat. Hieronymi sententiam veram esse confirmat Rabbi Jonathan, qui idem cum Theodotione esse proditor: nec non et Aben Ezra: ille enim הגא Chaldaice talum reddidit, dum interpretatus hæc verba scripsit אסורי רגלך ויתנפחון. Alter vero pro הגב vertit קרסול, talus. Innuit hoc ipsum etiam David Kimki, dum exponens quid sit קרסול, id est, talus, ponit exemplum in הגב. Ab insigni itaque errore locum hunc vindicavimus. Quam emendationem duobus Brixiæ debemus codicibus. Errorem induxit verbi ignorantia: dum enim ii, qui Hebraicam linguam profitebantur, non facile invenerunt הגב, talum quoque significare, et talum in attalabum temere commutarunt.

[e] Æque bene Palatin., *Seced*. Audito ipsum Hieronymum in Commentariis in hunc Jeremiæ locum: *Seced* nux *dicitur*: vigilia *autem*, vel vigil *sive* vigilare *appellatur* Soced. Unde et in posterioribus partus vigilans hoc nomine ponitur. Ab eo igitur, quod dicitur, nux *propter verbi similitudinem ad* vigilis *intelligentiam nomen allusit*. Jam vero S. quoque Chrysostomus, ἡ γὰρ ἐγρήγορσις, inquit, καὶ τὸ ἀμυγδάλου διὰ τῶν αὐτῶν ἐν τῷ Ἑβραϊκῷ προφέρεται ῥημάτων. Vigilantia *enim et* amygdalum *iisdem in Hebræo verbis appellatur*. De accentus varietate ad ש litteram supra in Hebraic. Quæst. non semel diximus.

[f] *Baculum nuceum*. Tres mss. codices pro *baculum nuceum*, solummodo *nucem* retinent. Porro de vario accentu litterarum Hebraicarum dixi in Commentario superiori ad Apologiam S. Hieronymi.

MARTIAN.

[g] Vatic. ac Palatin., *super populum meum, ut*, etc.

---

[a] Iidem nostri mss. et quos Martian. consuluit *legitima* legunt, pro *ultima*.

[b] *Et in domum æternitatis*. Alius est sensus apud Erasmum ac Marianum, qui mutant hoc modo contextum Hieronymi: *et in domum æternitatis suæ: sepulcrum exsequiis quærat celebratis, plangentiumque funus turba præcedat*. Hoc ideo quia non intelligunt Scripturarum phrasim qua sepulcrum dicitur domus æternitatis, secundum illud psalmi XLVIII, 12: *Sepulcra eorum domus illorum in æternum*. MARTIAN.
— Alcuin. *æternitatis suæ ad sepulcrum*. Veteres editi, *æternitatis suæ: sepulcrum exsequiis quærat celebratis*, etc.

[c] Tres mss. *seram spinam*.

[d] Erasmus pro *et talus*, Græce ἀττάλαβος legerat, qua quod fecerit de causa, nescire se profitetur Martianæus. Explicuerat tamen antea Victorius, qui primus locum hunc restituit, et cujus satis eruditam observationem totidem verbis hic apponere, Lectori plurimum intersit. Fœdo, inquit, errore lapsi sunt, qui hic *Attalabos* pro *et talus* substituerunt: alioqui nulla esset in verbo ambiguitas, si idem significaret. Quid enim aliud est Attalabos, seu Attalabus, nisi locusta, aut si quid amplius, bruchus, locustæ genus, ita diserte Theodoro apud Aristotelem interpretante: seu ut ipse Hieronymus Nahum tertio exponit, parva locusta, inter locustam et bruchum, pennis modicis reptans potius quam volans, semperque subsiliens. At Hieronymus intelligit eo nomine et locustam et talum simul significari, et ne subterfugii locus esset, ipsemet se statim interpretatur, dum impinguari locustam sub eadem voce, idem prorsus esse, quod talos, ac crura senum tumefieri his verbis prodit. Ita et nunc ambiguitas verbi per etymologiam ejus, indicat senum crura tumentia, et podagræ tumoribus, sive humoribus, prægravata. Mirifice autem expositionem hanc comprobat exemplo verbi שקד apud

meum, ut faciam illud (Jerem. 1, 11), vel illud : et habet etymologiam *nucis*, quod vigilaturus sit Deus, et retributurus populo quod meretur [*Al.* debetur], idque sermonis occasio est. Ita nunc ambiguitas verbi per etymologiam ejus, indicat senum crura tumentia, et podagræ [a] humoribus prægravata. Non quod omnibus senibus hoc fiat, sed quod plerumque accidat, συνεκδοχικῶς a parte, id quod totum est, appelletur. In eo vero ubi nos habemus, *capparim*, in Hebræo habet [b] ABIONA (אביונה) : quod et ipsum ambiguum est, interpretaturque *amor, desiderium, concupiscentia* vel, *capparis*. Et significatur, ut supra diximus, quod senum libido refrigescat, et organa coitus dissipentur. Hoc autem ideo, quia hæc verba ambigua, cum in vocabulis suis, et *amygdalum*, et *locustam*, et *capparim* sonent, [c] aliud derivata significant, et per figuram ad sensus qui seni conveniunt, derivantur. Sciendum quoque, quod ubi nunc Septuaginta Interpretes posuerunt amygdalum, ipsum verbum sit SOCED (שקד), quod in Jeremiæ principio est : sed ibi in *nucem* versum est, hic in *amygdalum*. Symmachus nescio quid in hoc loco sentiens, multo aliter interpretatus est. Ait enim : *Super hæc etiam de excelso videbunt, et [d] terror erit in via, et obdormiet vigilans, et dissolvetur spiritus fortitudo. Ibit enim homo in domum æternitatis suæ, et circumibunt in platea plangentes.* Cujus interpretationem Laodicenus **492** secutus, nec Judæis placere potest, nec Christianis : dum et ab Hebræis procul est, et sequi Septuaginta Interpretes dedignatur.

Antequam rumpatur funiculus argenti, et recurrat vitta aurea, et conteratur hydria super fontem, et [e] confringatur rota super lacum. Et revertatur pulvis in terram suam sicut erat, et spiritus redeat ad Deum, qui dedit illum. Vanitas vanitatum, dixit Ecclesiastes, universa vanitas. Revertitur ad superiora, et post grande hyperbaton (quod ab eo loco interjecerat, in quo ait : *Et memento creatoris tui, in diebus juventutis tuæ : antequam veniant dies malitiæ, et antequam tenebrescant sol et luna, et cætera, in die qua movebuntur custodes domus*) nunc cœptam sententiam simili fine concludit, dicens : *Antequam rumpatur funiculus argenti*, et illud vel illud fiat. Funiculus autem argenti, candidam hanc vitam, et spiramen quod nobis de cœlo tribuitur, ostendit. Recursus quoque vittæ aureæ animam significat, quæ illuc recurrit, unde descenderat. Porro duo reliqua quæ sequuntur, contritio hydriæ super fontem, et confractio rotæ super lacum, per metaphoram, mortis ænigmata sunt. Quomodo enim hydria quæ conteritur, cessat haurire, et rota per quam de lacu et puteis levantur aquæ, si confracta fuerit : [f] vel ut Septuaginta [*Al.* alii] Interpretes voluerunt, in suo funiculo convoluta, aquæ usus intercipitur : ita et [g] cum funiculus argenti fuerit interruptus, et animæ rivus recurrit ad fontem, interibit homo. Et ut manifestius sequitur : *Revertetur* [*Al. convertetur*] *pulvis in terram suam, unde sumptus est : et spiritus revertetur ad Dominum, qui dedit illum.* Ex quo satis ridendi, qui **493** putant animas cum corporibus seri, et non a Deo, sed a [h] corporum parentibus generari. Cum enim caro revertatur in terram, et spiritus redeat ad Deum, qui dedit illum ; manifestum est, Deum parentem [*Al.* patrem] animarum esse, non homines. Post descriptionem interitus humani, pulchre exordium libri sui repetens, ait : *Vanitas vanitatum, dixit Ecclesiastes, omnia vanitas*. Cum enim cunctus mortalium labor, de quo in toto volumine disputatum est, huc perveniat, ut revertatur pulvis in terram suam, et anima illuc redeat, unde sumpta est, magnæ vanitatis est in hoc sæculo laborare et nihil profutura conquirere.

Et amplius, quia factus est Ecclesiastes sapiens : adhuc docuit scientiam populum, et audire eos fecit :

---

[a] Quatuor mss., *et podagræ tumoribus prægravata*.
[b] Hanc vocem mss. plerique aspirant, *Habiona*.
[c] Martian., *in aliud derivata* : minus recte.
[d] Rescribit Martian. *et error*, e mss. codicibus, quibus et nostri, ne quid dissimulemus, assentiuntur. Verum nihil in iisdem est magis obvium quam duarum earumdem litterarum occursu alteram prætermitti, quod certe factum hoc loco non dubito. Nec moror, quod ille urget, lectionem impressam *et terror*, conformem esse Hebraico textui, a quo procul abfuisse Symmachum in hujus interpretatione sententiæ, testatur Hieronymus. Satis enim in reliquis ab eo textu divagatur, nec hanc quoque vocem, quæ in Latino tam facile depravari potuit, ex Hebraico autem nullo unquam pacto extundi, ab illo positam arbitremur. Verterit igitur καὶ τρόμος ἐν τῇ ὁδῷ, *et terror in via*. Aquila, ἐν τρόμῳ τρομήσουσιν ἐν τῇ ὁδῷ, *tremore trepidabunt in via*. Mox pro *obdormiet vigilans*, Palatin. ms. cum pridem vulgatis plurimum numero habet, *obdormient vigilantes*. Observandum est denique, duo tantum in Græco Symmachi superesse verba, καὶ διαλυθῇ ἡ ἐπίπονος, id est, *et dissolvatur laboriosa*, quæ Hieronymianæ interpretationi, *et dissolvetur spiritus fortitudo*, non videntur commode respondere.

— *Et terror erit in via.* In antea editis libris pro verbo *error*, scriptum legimus *et terror erit*. Quæ lectio conformis est contextui Hebraico, *et formidabunt in via*. At cum asserat S. Hieronymus Symmachum multo aliter hunc locum Græce reposuisse, quam habeat in Hebræo, aut in LXX Interpretibus, manifestum videtur genuinam Hieronymi lectionem ipsam esse quam restituimus ad fidem omnium mss. codicum. MARTIAN.

[e] Duo mss., *et conteratur rota*, etc.
[f] *Vel, ut Septuaginta Interpretes*, etc. Falso Erasmus et Marianus hoc etiam loco posuerunt : *Sive ut alii interpretes voluerunt* ; nam proxime sequens interpretatio, *in suo funiculo convoluta*, legitur apud LXX Interpretes, καὶ συντροχάσῃ ὁ τροχὸς ἐπὶ τὸν λάκκον, id est, *et convolvatur rota ad cisternam*. MARTIAN.
[g] Hactenus editi, *cum funiculus argenti, si fuerit interruptus*, etc. Nos si conjunctionem conditionalem, utpote supervacaneam, et quæ impeditum redderet sensum, jugulavimus nostrorum codicum ope.
[h] *Corporum parentibus generari.* Quia præsens locus originem animarum spectat, nihil omittam de variantibus lectionibus mss. codicum. Plures igitur legunt in singulari, *a corporum parente* ; sed infra omnes constanter retinent *parentem animarum*, et non *patrem animarum*, ut veteres editiones legunt. MARTIAN.

— Vide Hieronymi, atque Augustini ἀμοιβαίας Epistolas *de Origine animæ*.

et scrutans composuit proverbia. [a] *Multum quæsivit Ecclesiastes, ut inveniret verba voluntatis, et scriberet recte verba veritatis.* Sapientiam [b] qua prævertit Salomon omne hominum genus, nunc quoque in fine opusculi sui profitetur, quod non fuerit veteris Legis institutione contentus : sed in profundas se ultro [*Al.* ultra] demerserit quæstiones, et ad docendum populum, proverbia, et parabolas [c] composuerit, aliud habentes in medulla, aliud in superficie pollicentes. Proverbia quippe non hoc sonare quod scriptum est, etiam in Evangeliis edocemur (*Matth.* xiii, et xv) : quod Dominus populo in parabolis et proverbiis sit locutus : secreto autem Apostolis dissolverit ea. Ex quo manifestum est, et Proverbiorum librum, non ut simplices arbitrantur, patentia habere præcepta : sed quasi in terra aurum, in nuce nucleus, in hirsutis castanearum operculis absconditus fructus inquiritur : ita in eis divinum sensum altius perscrutandum. Super hæc addidit causas naturasque rerum se voluisse cognoscere, et Dei [d] dispositionem et prudentiam : quare unumquodque, vel quomodo factum **494** sit, scire voluisse : ut quod David post dissolutionem corporis et animæ, ad cœlos [e] recursum se sperat esse visurum, dicens: *Videbo cœlos* [*Al.* cœlos tuos], *opera digitorum tuorum* (*Psal.* viii, 4) : hoc nunc in præsenti Salomon nisus fuerit invenire, [f] ut veritatem soli Deo cognitam, corporis vallata septo mens humana comprehenderet.

Verba sapientum, ut stimuli, et quasi clavi in altum defixi, habentibus cœtus, data sunt a pastore uno. Ne videretur post legem Dei temerarius subito præceptor erumpere, et sibi vindicare doctrinam, quam Moyses non tam sua sponte, quam [g] Deo irascente primum, dehinc inspirante susceperat : dicit verba sua verba esse sapientium, quæ in similitudinem stimulorum corrigant delinquentes, et pigros mortalium gressus aculeo pungente commoveant : sicque sint firma quasi clavi in altum solidumque defixi : nec auctoritate unius, [h] sed concilio atque consensu magistrorum omnium proferantur. [i] Et ne contemneretur humana sapientia, ait eam ab uno pastore concessam : id est, licet plurimi doceant, tamen [j] doctrinæ auctor unus est Dominus. Facit hic locus adversus eos, qui alium Legis veteris, alium Evangelii æstimant Deum, quod unus pastor concilium prudentium instruxerit. Prudentes autem tam Prophetæ sunt, quam apostoli. Simul et hoc notandum est, quod dicantur verba sapientium pungere, non palpare, nec molli manu [k] attrectare lasciviam : sed errantibus et (ut supra diximus) tardis pœnitentiæ dolores et vulnus infigere. Si cujus igitur sermo non pungit, sed oblectationi est audientibus, iste non est sermo sapientis. Verba quippe sapientium ut stimuli. Quæ quoniam ad conversionem provocant delinquentem, et firma sunt, et a concilio sanctorum data, atque ab uno pastore concessa, et solida radice fundata sunt. **495** Hoc stimulo, necdum Paulum, sed adhuc Saulum puto in via confossum erroris audisse : [l] *Durum tibi est adversum stimulum calcitrare* [*Al.* contra stimulum Dei] (*Act.* ix, 5).

Et amplius ab his, fili mi, cave. [m] *Faciendi multos libros non est finis : et meditatio plurima labor est carnis.* Exceptis his verbis quæ ab uno pastore sunt data, et a concilio atque [n] consensu probata sapientium, nihil facias, nihil tibi vindices : majorum sequere vestigia, et ab eorum auctoritate non discrepes. Alioqui, quærenti multa, infinitus librorum numerus occurret : qui te pertrahat ad errorem, et legentem frustra [*Al. addit* multa] faciet laborare. Vel certe docet brevitati studendum, et sensus magis sectandos esse quam verba, adversus philosophos et sæculi hujus doctores, qui suorum dogma-

---

[a] *Multum quæsivit Ecclesiastes.* Aliter exemplaria quædam mss. ubi scriptum legimus, *scrutans composuit proverbia multa. Quæsivit Ecclesiastes.* MARTIAN.

[b] *Qua prævertit Salomon.* Sorbonicus codex, *qua præfertur Salomon super omne hominum genus* : editi vero libri, *qua præivit Salomon omne hominum genus.* MARTIAN.

[c] Est igitur verosimilius, quod sub initium hujus operis Hieronymus observavit librum Ecclesiasten, utpote omnium, quos Salomon cudit, postremum, ejus pœnitentiæ et conversionis ad Deum monimentum esse.

[d] Ita Alcuinus quoque olim legit, et præferunt mss. Sed veteres editi, *providentiam.*

— *Dispositionem et prudentiam.* Melius legeretur, *et providentiam,* quod etiam legunt editi : ego tamen reposui *prudentiam,* quia sic scriptum est in cunctis exemplaribus mss. MARTIAN.

[e] Martianæus, *recursurus* : renuentibus mss. atque antea vulgatis libris.

[f] Palatinus alter, quemadmodum et Erasmus legit, *et veritatem soli Deo cognitam, corporis* (Victor. præponit *quam*) *vallata septo mens humana comprehendere non potest.*

— *Ut veritatem soli Deo cognitam.* Erasmiana editio agnoscit hanc lectionem et in margine positam habet ; istam vero falsam in contextu : *Et veritatem soli Deo cognitam, corporis vallata septo, mens humana comprehendere non potest.* Quam Marianus quoque secutus est addens solummodo relativum *quam,* id est, *quam corporis,* etc. MARTIAN.

[g] Vatican. cum Palatino secunda manu, ac demum Alcuinus, *quam Deo jubente primum,* etc.

[h] Tres mss. hic atque infra, *sed consilio.*

[i] Olim editi, *et ne contemneretur omnium sapientia.* Tum Alcuinus, *tamen doctrinæ hujus auctor est Dominus* : veteres editi, *auctor unus est,* etc.

[j] *Auctor unus est Dominus.* In editis, *tamen doctrinæ hujus auctor, unus est Dominus.* Verum sine *hujus* absolute legendum docent mss. codices, ut non solum *hujus* doctrinæ auctor sit unus Dominus ; sed cujuslibet scientiæ ac veræ doctrinæ, licet plurimi sint qui doceant. MARTIAN.

[k] Idem, *attrahere lasciviam* : et mox, *vulnus infligere.*

[l] *Durum tibi est adversum stimulum calcitrare.* In veteribus editionibus : *Durum tibi est calcitrare contra stimulum Dei.* MARTIAN.

[m] Victorius, *faciendi multos libros, quibus non est finis,* etc.

[n] *Consensu probata sapientium.* Corbeienses manuscripti ita legunt ; alii cum editis, *prolata sapientium.* MARTIAN.

tum falsitates conantur asserere vanitate ac multiplicatione [*Al.* multitudine] sermonum. Econtra Scriptura divina brevi circulo coarctata est, et quantum ᵃ dilatatur in sensibus, tantum in sermone constringitur. Quia consummatum breviatumque sermonem fecit Deus super terram, et verbum ejus juxta est in ore nostro, et in corde nostro (*Rom.* x, 8; *Deut.* xxx, 14). Aliter : Frequens lectio, et quotidiana meditatio, animæ solet magis labor esse quam carnis. Quomodo enim quidquid manu et corpore fit, manus et corporis labore completur : ita quod ad lectionem pertinet, magis mentis est labor. Ex quo mihi videtur, superiora de multitudine librorum aliter sentienda, quam plerique æstimant. Moris est Scripturarum, quamvis plures libros, si inter se non discrepent, et de eadem re scribantur, unum volumen dicere. Siquidem et Evangelium, et *Lex Domini immaculata, convertens animas* (*Psal.* xviii, 8), singulariter appellantur, cum plura Evangelia, et multa sint mandata legis. Sic et volumen in Isaiæ sermone signatum, omnis Scriptura divina est(*Isai.* xxix), et uno capitulo libri, Ezechiel Joannesque vescuntur (*Ezech.* viii; *Apoc.* x). Salvator quoque omnium retro sanctorum vocibus prophetatus, ait : *In capitulo libri scriptum est de me* (*Psal.* xxxiv, 9). Juxta hunc igitur sensum **496** arbitror nunc præceptum, ne plures libri fiant. Quidquid enim dixeris, si ad eum referatur, qui in principio erat apud Deum, et Deus Verbum (*Joan.* i, 2), unum volumen est : et innumerabiles libri una Lex, unum Evangelium nominantur. Quod si diversa et discrepantia disputaveris, et curiositate nimia huc atque illuc animum adduxeris [*Al.* deduxeris], etiam in uno libro, multi libri sunt. Unde dictum est : *Ex multiloquio non effugies peccatum* (*Prov.* x, 19). Talibus igitur libris non est finis. ᵇ Bonum enim omne, et veritas certo fine concluditur : malitia vero atque mendacium sine fine sunt. Et quanto plus requiruntur, tanto major eorum series nascitur. ᶜ Super hac re studium atque meditatio, labor est carnis. Carnis, inquam, non spiritus. Habet siquidem et spiritus laborem suum, juxta illud quod ait Apostolus : *Plus autem illis omnibus laboravi : non autem ego, sed gratia Dei quæ mecum est* (1 *Cor.* xv, 10).

Et Salvator : *Laboravi clamans* (*Psal.* lxviii, 4).

Finis sermonis verbi universi auditu perfacilis est : *Deum time, et mandata ejus custodi*. Hoc est enim omnis homo, quia omne factum Deus adducet in judicium de omni abscondito, sive bonum, sive malum sit. Aiunt Hebræi cum inter cætera scripta Salomonis quæ antiquata sunt, nec in memoria duraverunt, et hic liber oblitterandus ᵈ videretur, eo quod vanas Dei assereret creaturas, et totum putaret esse pro nihilo, et cibum, et potum, et delicias transeuntes præferret omnibus, ex hoc uno capitulo meruisse auctoritatem, ut in divinorum Voluminum numero poneretur, quod totam disputationem suam, et omnem catalogum hac quasi ἀνακεφαλαιώσει (recapitulatione) coarctaverit, et dixerit finem sermonum suorum auditu esse promptissimum, nec aliquid in se habere difficile, ut scilicet Deum timeamus, et ejus præcepta faciamus. Ad hoc enim natum esse hominem, ut creatorem suum intelligens, veneretur eum [*Al.* cum] metu, et honore, et opere mandatorum. Siquidem cum judicii tempus advenerit, quidquid a nobis gestum est, stare **497** sub judice, et ᵉ ancipitem diu exspectare sententiam, et unumquemque recipere pro opere suo, sive mali quid gesserit, sive boni. Pro eo autem quod nos posuimus : *De omni abscondito, sive bonum, sive malum sit*, Symmachus et Septuaginta interpretati sunt, *de omni* ᶠ *contemptu*, vel certe *de omni ignorato*, quod etiam de otioso verbo, et non voluntate, sed ignoratione prolato, reddituri simus rationem in die judicii. Aliter : Quia timor servorum est, et perfecta dilectio foras mittit timorem (1 *Jo.* iv, 18), et in Scriptura divina ᵍ tam incipientium, **498** quam perfectorum duplex appellatus est metus : nunc de consummato in virtutibus metu dici puto, secundum illud : *Nihil deest timentibus eum* (*Ps.* xxxiii, 10). Vel certe, quia adhuc homo est, et necdum nomen Dei accepit, hanc habet rationem substantiæ suæ, ut in corpore positus Deum timeat. Quia omne factum, id est, omnes homines adducet Deus in judicium super universis; quæ aliter quam ab eo disposita sunt et dicta, senserunt, sive in hanc partem, sive in illam. *Væ quippe his, qui dicunt malum bonum, et bonum malum* (*Isai.* v, 20).

ᵃ *Dilatatur in sensibus*. Manuscripta exemplaria quamplurima, *dilatatur in sententiis*. Apud Tertullianum de Oratione Dominica dicitur, si bene memini, *quantum constringitur verbis, tantum diffunditur sensibus*. MARTIAN.

ᵇ Penes Alcuinum, *Bonum enim; et omnis veritas certo*, etc.

ᶜ *Super hac re*. In editis et aliquot mss., *Hac in re studium*, etc. MARTIAN.

ᵈ Hujusce rei testimonia apud Judæos scriptores antiquos reperire est. In libro Schabbath, *Quæsiverunt sapientes abscondere librum Koheleth, quia verba ejus se invicem evertunt*. Et in Midrasch Koheleth, *quod invenirent ibi verba inclinantia ad hæresim*. Verum non *ex hoc uno capitulo* postea meruit apud eos auctoritatem, sed ex primo etiam, vers. 3 : *Quia*, inquiunt, *in initio et fine ejus, verba Legis occurrunt*.

ᵉ Legerat Alcuin., *et ancipitem Domini exspectare sententiam*.

ᶠ Antea minus recte obtinebat *contemptu*. Verterunt autem adjectivi forma LXX, ἐν παντὶ παρεωραμένῳ, *in omni re quæ contemnitur* : et Symmachus, περὶ παντὸς παροραθέντος, *de omni quod fuerit neglectum*.

ᵍ *Tam incipientium*, etc. Errore inepto et insipienti positum legimus in Erasm. et Marian. editione, *tam insipientium quam perfectorum* : quasi sit aliquis timor divinus in insipientibus, sive impiis hominibus, quos insipientes appellat Scriptura sacra. MARTIAN.

S. EUSEBII HIERONYMI
STRIDONENSIS PRESBYTERI
INTERPRETATIO
HOMILIARUM DUARUM ORIGENIS
IN CANTICUM CANTICORUM.

Præfatio.

BEATISSIMO PAPÆ DAMASO HIERONYMUS.

499-500 Origenes, cum in cæteris libris omnes vicerit, in *Cantico* [*Al.* Cantica | Canticorum ipse se vicit. Nam decem voluminibus explicitis, quæ ad viginti usque versuum millia pene perveniunt [*Al.* pervenerunt], primum Septuaginta Interpretes, deinde Aquilam et Symmachum et Theodotionem, et ad extremum quintam editionem, quam in [b] Actio littore invenisse se scribit, ita magnifice aperteque disserit, ut vel inde mihi videatur in eo completum esse, quod dicitur : *Introduxit me rex in cubiculum suum* (*Cant.* 1, 3). Itaque illo opere prætermisso, quia ingentis est otii, laboris et sumptuum, tantas res, tamque [c] dignum opus in Latinum transferre sermonem, hos duos tractatus, quos in morem quotidiani eloquii parvulis adhuc lactentibus [*Al.* lactantibusque] composuit, fideliter magis [d] quam ornate interpretatus sum : gustum tibi sensuum ejus, non cibum offerens; ut animadvertas quanti sint illa æstimanda, quæ magna sunt, cum sic possint placere, quæ parva sunt.

[a] Hoc opus cum duobus mss. exemplaribus contuli, quorum alterum est Bibliothecæ S. Crucis in Jerusalem de Urbe, alterum Vaticanæ, olim Succorum Reginæ numero prænotatum 66. Veterem quoque editionem anni 1496 in consilium perpetuo adhibui, quam supra cæteros typis excusos libros, tametsi erroribus scateat, bonæ frugis esse experimento ipso didici.

[b] Videtur vulgo falli Hieronymus, *quintam* eam vocans editionem, quæ *sexta* dici debuisset, utpote quam Nicopoli ad Actium fuisse a quodam Origenis studioso inventam, Epiphanius, lib. de Ponderibus et Mensuris, cap. 18, atque auctor Synopseos inter Athanasii opera testantur. Quam enim ipse se rete- rebat invenisse Origenes, apud Eusebium, Hist. Eccl. lib. VI, cap. 16, *quintam* volunt fuisse, quæ Jerichunte in doliis, ἐν πίθοις, latebat. Et vero istud Eusebii testimonium præ oculis habuisse Hieronymum ego puto : verum ex illius verbis integrum esse contendo, quam velis e duabus illis editionibus, quas memorat, *quintam*, aut *sextam* appellare; quin potius ex ordine, quo utraque recensetur, rectius opinor a S. doctore Nicopolitanam hanc ad Actium, *quintam* dici. Ita sonant Cæsariensis episcopi verba, ubi interpretationes alias ab illis Aquilæ, Symmachi, ac Theodotionis diversas ab Origene repertas tradit. *Quas quidem ille* (Origenes) *ex nescio quibus erutas angulis, in quibus jamdudum delituerant, primus in lucem produxit; et cum obscurum incompertamque haberet, cujusnam essent auctoris, hæc solum de ipsis annotavit* : ὡς ἄρα τὴν μὲν εὕροι ἐν τῇ πρὸς Ἀκτίῳ Νικοπόλει, τὴν δὲ ἐν ἑτέρῳ τόπῳ τοιῷδε : *alteram quidem* (puta quintam, quæ sextam ordine præcedit) *a se repertam fuisse Nicopoli juxta Actium* : *alteram vero* (sc. sextam) *in alio quodam loco*. — *Quam in Actio littore, etc.* Corrupte apud Erasmum ac Marianum legimus, *in Actæo*. Athanasius in Synopsi docet quintam editionem in doliis Jerichunte repertam fuisse a studioso quodam ex iis qui erant Jerosolymæ, sextam vero Nicopoli ad Actium a quodam Origenis discipulo. Itaque quod de quinta hic asserit Hieronymus, ad sextam referre videtur auctor Synopseos. Consule Epiphan. lib. de Pond. et Mensuris. MARTIAN.

[c] Reginæ ms., *tamque dignas, in Latinum*, etc.

[d] *Idem, quam ornate interpretans, summum gustum tibi sensuum ejus, non cibum offero : tu animadverte, quanti sint*, etc.

[a] HOMILIA PRIMA.

501 Quomodo didicimus per Moysen, quædam esse non solum sancta, sed et sancta sanctorum; et alia non tantum sabbata, sed et sabbata sabbatorum; sic nunc docemur, scribente Salomone, esse quædam non solum Cantica, sed et Cantica Canticorum. Beatus quidem is, qui ingreditur sancta, sed beatior

[a] Pro *Homilia prima*, præmittit Vallars. : *Incipit Tractatus primus Origenis in Canticum Canticorum*; talique titulo subnectit notam sequentem : « In antiqua editione inscribitur : *Præfatio Origenis in Canticum Canticorum, quæ ad expositionem usque prioris versiculi Osculetur me ab osculo*, etc., hac excipitur alia epigraphe : *Homilia prima*. Tum *Osculetur*, etc. » Item deinde ponit *Tractatus secundus*. EDIT.

qui ingreditur sancta sanctorum. Beatus qui sabbata sabbatizat, sed beatior qui sabbatizat sabbatorum sabbata. Beatus similiter et is, qui intelligit cantica, et canit ea. Nemo quippe nisi in solemnitatibus canit ; sed multo beatior ille qui canit Cantica Canticorum. Et sicut is qui ingreditur in sancta, pluribus adhuc indiget, ut valeat introire in sancta sanctorum : et qui sabbatum celebrat, quod a Domino populo constitutum est, multa **502** adhuc necessaria habet ut agat sabbata sabbatorum : eodem modo difficile reperitur, qui omnia quæ in Scripturis continentur ᵃ cantica peragrans, valeat ascendere ad Cantica Canticorum. Egredi te oportet ex Ægypto, et egressum de terra Ægypti pertransire mare Rubrum, ut possis primum canticum canere dicens : *Cantemus Domino*, ᵇ *gloriose enim honorificatus est* (*Exod.* xv, 1). Licet autem primum dixeris canticum, adhuc longe es a Cantico Canticorum. Perambula terram deserti spiritualiter, donec venias ad puteum, quem foderunt reges (*Num.* xxi), ut ibi secundum canticum canas. Post hæc veni ad vicina sanctæ Terræ, ut super Jordanis ripam constitutus, ᶜ cantes canticum Moysi, dicens : *Attende, cœlum, et loquar, et audiat terra verba oris mei* (*Deut.* xxxii, 1). Rursum habes necessarium, ut milites sub Jesu, et Terram sanctam **503** hæreditate possideas, et apis tibi prophetet, et apis te judicet, *Debbora* apis interpretatur : ut possis et illud carmen, quod in libro Judicum continetur (*Judic.* v), ediscere. Ad Regnorum deinceps volumen ascendens (II *Reg.* xxii), veni ad canticum, ᵈ quando David liberatus est de manu omnium inimicorum suorum, et de manu Saul, et dixit : *Dominus firmamentum meum, et fortitudo mea, et refugium meum, et liberator meus* (*Ps.* xvii, 1). Perveniendum tibi est ad Isaiam, ut cum illo dicas : *Cantabo canticum dilecto vineæ meæ* (*Isai.* v, 1). Et cum universa transieris, ad altiora conscende, ut possis anima decora ᵉ cum sponso et hoc canere Canticum Canticorum.

Quod ex quot personis constet, incertus sum. Orantibus autem vobis, et revelante Domino, quatuor mihi in his videor invenisse personas, virum et sponsam, cum sponsa adolescentulas, cum sponso sodalium greges. Alia dicuntur a sponsa, alia a sponso, nonnulla a juvenculis, quædam a sodalibus sponsi. Congruum quippe est, ut in nuptiis adolescentularum sit multitudo cum sponsa, juvenum turba cum sponso. Hæc omnia noli foris quærere : noli extra eos qui prædicatione Evangelii salvati sunt. Christum sponsum intellige : Ecclesiam sponsam sine macula et ruga, de qua scriptum est : *Ut exhiberet sibi gloriosam Ecclesiam, non habentem maculam, neque rugam,* ᶠ *aut aliquid eorum : sed ut sit sancta et immaculata* (*Ephes.* v, 27). Eos vero qui cum sint fideles, non sunt tamen istiusmodi, quales sermo præfatus est, sed juxta modum quemdam adepti videntur salutem : animadverte credentium animas, et adolescentulas esse cum sponsa ; Angelos vero et eos, qui pervenerunt in virum perfectum, intellige viros esse cum sponso. Inde igitur mihi videntur quatuor ordines, unum et unam, duos choros inter se concinentes, sponsam canere cum juvenculis, sponsam canere cum sociis. Et cum hoc intellexeris, audi Canticum Canticorum, et festina intelligere illud, et cum sponsa dicere ea, quæ sponsa dicit, ut audias quæ audivit et sponsa. Si autem non potueris dicere cum sponsa quæ dixit, ut audias ea, **504** quæ dicta sunt sponsæ : festina vel cum sponsi sodalibus fieri. Porro si et illis inferior es, esto cum adolescentulis quæ in sponsæ deliciis commorantur. Hæ quippe in hoc ᵍ libro fabula pariter et epithalamio sunt personæ, ex quo et gentiles sibi epithalamium vendicarunt, et istius generis carmen assumptum est. Epithalamium siquidem Canticum Canticorum est. Primum sponsa orat ; et statim in mediis precibus auditur : videt præsentem sponsum, videt adolescentulas suo comitatui copulatas. Deinde respondet ei sponsus, et post sponsi eloquia, dum ille pro ejus patitur salute, respondent sodales, donec sponsus sit in recubitu, et a passione consurgat, se quædam sponsæ ornamenta facturos. Verum jam ipsa verba ponenda sunt, in quibus prius vox sponsæ deprecantis auditur.

ʰ *Osculetur me ab osculis oris sui* (*Cant.* i, 1). Quorum iste est sensus : Quousque mihi sponsus meus mittit oscula per Moysen, mittit oscula per prophetas ? Jam ipsius cupio ora contingere, ipse veniat, ipse descendat. Orat igitur sponsi Patrem et dicit ad eum : *Osculetur me ab osculis oris sui.* Et quia talis est, ut compleatur super eam propheticum illud, in quo dicitur : *Adhuc te loquente dicam, ecce adsum* (*Isai.* lviii, 9), sponsam sponsi Pater exaudit, mittit Filium suum. Videns illa eum cujus deprecabatur adventum, orare desistit, et ad eum cominus loquitur : *Quoniam bona ubera tua super vinum : et odor unguentorum tuorum super omnia aromata.* Sponsus igitur Christus missus a Patre, venit unctus ad sponsam, et dicitur ad eum : *Dilexisti justitiam, et odisti iniquitatem, propterea unxit te Deus, Deus tuus oleo exsultationis, præ participibus tuis* (*Ps.* xliv, 8). Si me tetigerit sponsus, et ego boni odoris ero : et ego linior unguentis, et ad me usque ejus unguenta per-

---

ᵃ Ms. Reginæ, *cantica peragens, valeat*, etc.

ᵇ Veteres vulgati, *gloriose magnificatus est.*

ᶜ Vitiose erat *canes.* Mox Regin. cod., *Attende cœlum, quæ loquar*, etc.

ᵈ Regin. ms. *quando David fugit de manu*, etc. A quo mox abest, *et fortitudo mea.*

ᵉ Ms. S Crucis, *cum sponsa, et hoc,* etc.

ᶠ Duo mss. *aut aliquid tale, sed ut,* etc. Leviora nos infra ex iisdem castigamus.

ᵍ His pene verbis incipit prologus duarum, ut vulgo audiunt, homiliarum in Canticum, quas Rufinus Latine est interpretatus : *Epithalamium,* inquit, *libellus, id est nuptiale carmen in modum mihi videtur Dramatis a Salomone conscriptus, quem cecinit instar nubentis sponsæ et erga sponsum suum,* etc.

ʰ Cum vulgato Interprete Regin. ms. : *Osculetur me osculo,* hic atque infra.

veniunt [*Al.* pervenient], ut possim cum Apostolis dicere : *Christi bonus odor sumus in omni loco* (II Cor. II, 15). Nos autem cum hæc audimus, adhuc peccatis, vitiisque fœtemus, de quibus propheta pœnitens loquitur : *Putruerunt et corruptæ sunt cicatrices meæ, a facie insipientiæ* **505** *meæ* (Ps. XXXVII, 4). Peccatum odoris est putidi (*Al.* putridi] : virtus spirat unguenta, quorum typos in Exodo relege. Invenies [*Al.* reperies] quippe et ibi stacten, onycha, galbanen, et reliqua. [a] Hæc quidem in incensum. Deinde ad opus unguentarii varia sumuntur unguenta, in quibus est nardus et stacte. Et Deus qui fecit cœlum et terram, loquitur ad Moysen, dicens : *Ego implevi eos spiritu sapientiæ et intellectus, ut faciam opera artis unguentariæ* (Exod. XXXV et XXXVI). Et unguentarios Deus docet.

Hæc si spiritualiter non intelligantur, nonne fabulæ sunt? [b] *Nisi aliquid habeant secreti, nonne indigna sunt Deo?* Necesse est igitur eum, qui audire Scripturas spiritualiter novit, aut qui certe non novit, et desiderat nosse, omni labore contendere, ut non juxta carnem et sanguinem conversetur, quo possit dignus fieri spiritualium secretorum, et ut aliquid audentius dicam, spirituali cupidine vel amore. Siquidem est et spiritualis amor [c]. Et quomodo est quidam carnalis cibus, et alius spiritualis, et alia carnis [*Al.* carnalis] potio, alia spiritus : sic est quidam amor carnalis a Satana veniens, alius amor spiritus, a Deo exordium habens. Et nemo potest duobus amoribus possideri. Si carnis amator es, amorem spiritus non capis. Si omnia corporalia despexisti, non dico carnem aut sanguinem, sed et argentum et possessiones, et ipsam terram, ipsumque cœlum (hæc quippe pertransibunt), si ista omnia contempsisti, et ad nullum horum anima tua obligata est, neque quoquam vitiorum amore retineris, potes amorem capere spiritualem. [d] Ista quia evenit occasio, ut de amore spirituali aliqua diceremus. Expedit autem nobis Salomonis custodire præceptum, et magis illius, qui per Salomonem loquebatur de sapientia, ita dicens : *Ama illam, et servabit te: circumda illam, et exaltabit te: honora illam, ut te amplectatur* [Al. amplectetur] (Prov. IV, 8). **506** Est quidam spiritualis amplexus : atque utinam contingat, ut meam sponsam altior sponsi amplexus includat, ut ego quoque possim dicere, quod in eodem libro scriptum est: *Sinistra ejus sub capite meo, et dextera illius amplexabitur me* (Cant. II, 6).

Ergo : *Osculetur me ab osculis oris sui.* Moris est Scripturarum, imperativum modum pro optativo ponere, ut ibi : *Pater noster, qui es in cœlis, sanctificetur nomen tuum,* pro *utinam sanctificetur:* et nunc in præsenti : *Osculetur me ab osculis oris sui,* pro eo quod est, *utinam osculetur.* Deinde conspicit sponsum : venit delibutus unguentis. Nec aliter ad sponsam poterat venire, nec decebat aliter Patrem ad nuptias Filium destinare. Variis eum unxit unguentis, fecit illum *Christum :* venit diversis odoribus spirans, et audit, *quia bona ubera tua super vinum.* Congrue sermo divinus [e] unam eamdemque rem, pro locorum qualitate, diversis vocabulis nuncupat. Quando hostia offertur in Lege, et vult intellectum ostendere, pectusculum separationis afflatur. Quando vero recumbit aliquis cum Jesu, et sensuum ejus communione perfruitur, non pectusculum ut supra, sed pectus alloquitur. Porro cum sponsa loquitur ad sponsum : quia nuptiale carmen inducitur, non pectusculum, ut in sacrificio, non pectus, ut in Joanne discipulo: sed ubera nominat, dicens : *Quia bona ubera tua super vinum.* Communica, ut sponsa, cum sensibus sponsi, et scies, quia inebriant atque lætificant istiusmodi cogitatus. Quomodo autem *calix Domini inebrians* [f] *perquam optimus est* (Psal. XXII) : sic ubera sponsi omni meliora sunt vino, *Quia bona ubera tua super vinum.* In mediis precibus ad sponsum verba convertit : *Et odor unguentorum tuorum super omnia aromata.* Non uno, sed omnibus sponsus venit unctus unguentis. Si autem et ad meam animam factam sponsam suam venire **507** dignabitur, quam oportet esse formosam, ut illum de cœlo ad se trahat, ut descendere faciat ad terras, ut veniat et amatam ! Quali pulchritudine decoranda est, quali debet amore fervere, ut ea loquatur ad illam, quæ ad perfectam locutus est sponsam : *Quia cervix tua, quia oculi tui, quia genæ tuæ, quia manus tuæ, quia venter tuus, quia humeri tui, quia pedes tui* (Cant. IV et seqq.)! de quibus, si concesserit Dominus, disputabimus: quomodo sponsæ membra varientur, et singularum partium laus diversa dicatur, ut post disputationem, etiam ad nostram dici animam similiter laboremus. *Bona igitur ubera tua super vinum.*

Si videris sponsum, tunc intelliges verum esse quod

---

[a] Idem Regin. ms. : *Hæc quidem ad intensum, deinde,* etc.

[b] Isthæc : *Nisi aliquid habeant secreti, nonne indigna sunt Deo?* in Regin. ms. desiderantur.

[c] Addit S. Crucis., ms. *et carnalis.*

[d] Vetus editio, *ista locuti sumus, quia evenit occasio :* pro quibus Regin. ms. : *Itaque venit occasio.*

[e] Deerat *unam,* quam vocem mss. sufficiunt. Huc porro sunt referenda, lucis mutuandæ gratia, quæ in priori homilia ex his, quas e Græco Rufinus vertit, disseruit Origenes de ἡγεμονικῷ, id est, *principale,* quod variis in Scriptura sancta nominibus denotari ait, et modo pectoris, ac sinus, ut cum de Joanne dicitur, quod super pectus Domini in cœna recubuit, et modo pectusculi, sive armi, qui Sacerdotibus separatur, ut in Levitico, denique uberum, ut hic in Cantico, Cor, inquit, *tuum, o sponse meus, id est dogmata, quæ intra te sunt, vel doctrinæ gratia superat omne vinum, quod cor hominis lætificare solet. Sicut enim in his, de quibus dicit : quia Deum videbunt, cor competenter dictum esse videtur ; et inter discumbentes sinus ac pectus ponitur pro habitu sine dubio discumbentium, formaque convivii : et rursum, ut apud Sacerdotes, pectusculum, et brachium mysticis designatur eloquiis; ita etiam arbitror in præsenti loco* (Canticor.) *ubi amantium habitus et colloquia describuntur, gratissime hoc ipsum Principale cordis appellatum.*

[f] Cisterciens. sive S. Crucis ms., *super omnia optimus est.*

dicitur : *Quoniam bona ubera tua super vinum, et odor unguentorum tuorum super omnia aromata.* Multi habuerunt aromata. Regina austri detulit aromata Salomoni, et plures alii aromata possederunt: sed habuerit quis quantalibet, non possunt Christi odoribus comparari, de quibus nunc sponsa ait: *Odor unguentorum tuorum super omnia aromata.* Ego arbitror, quia et Moyses habuit aromata, et Aaron, et singuli prophetarum. Verum si videro Christum, et suavitatem unguentorum ejus odoremque percepero, statim sententiam fero, dicens : *Odor unguentorum tuorum super omnia aromata.* [a] *Oleum effusum nomen tuum*, Propheticum sacramentum est. Tantummodo nomen Jesu venit in mundum, et unguentum prædicatur effusum. In Evangelio quoque mulier accipiens alabastrum unguenti nardi pistici pretiosi, caput Jesu pedesque perfudit (*Matth.* xxvi, *et Marc.* xiv). Observa diligenter quæ de [b] duabus super caput fuderit Salvatoris. Siquidem peccatrix super pedes, et ea, quæ [c] non dicitur peccatrix, super caput ejus fudisse monstratur (*Luc.* vii, *et Joan.* xii). Observa, inquam, et invenies in Evangelica lectione non fabulas et narrationes ab Evangelistis, **508** sed mysteria esse conscripta. Impleta est itaque [*Al.* utique] odore unguenti domus, si quod peccatrix habuit, ad pedes referendum est : et si quod ea, quæ non peccatrix, ad caput (*Ibid.*). Nec mirum domum fuisse odore completam, cum hoc mundus completus sit. Scribitur in eodem loco de Simone leproso et domo ejus (*Marc.* xiv; *Luc.* vii). Ego puto leprosum, mundi istius principem [*Al.* esse principem], et hunc leprosum, Simonem nuncupari, cujus domus ad adventum Christi suavi odore completa sit, agente pœnitentiam peccatrice, et sancta caput Jesu unguenti odoribus perfundente.

Unguentum effusum nomen tuum. Quomodo unguentum quod effusione sua odorem longe lateque dispergit, sic Christi nomen effusum est. In universa terra Christus nominatur, in omni mundo prædicatur Dominus. Unguentum enim effusum est nomen ejus. [d] Nunc Moysi nomen auditur, quod prius Judææ tantum claudebatur angustiis. Neque enim Græcorum quispiam meminit ejus, neque in ulla gentilium litterarum historia de illo seu cæteris scriptum aliquid invenimus. Statim ut Jesus radiavit in mundo, eduxit secum Legem et Prophetas, et vere completum est, *Unguentum effusum nomen tuum.* Propterea [e] *juvenculæ dilexerunt te.* Quia per Spiritum sanctum, charitas Dei diffusa est in corda nostra (*Rom.* v), congrue nomen effusionis infertur : *Unguentum effusum nomen tuum.* Hæc dicens sponsa adolescentulas [f] conspicit. Quando illa sponsi Patrem rogabat, et ad ipsum sponsum cominus loquebatur, necdum adolescentulæ aderant. In mediis vero precibus ingreditur juvencularum chorus, et sponsæ laudatur eloquiis : *Propterea juvenculæ dilexerunt te, et attraxerunt te.* Adolescentulæque respondent: *Post te in odorem unguentorum tuorum curremus.* Quam pulchre sponsi pedisequæ necdum fiduciam habent sponsæ ! **509** Sponsa non post tergum sequitur, sed juncto [*Al.* juncta] ingreditur latere [*Al.* lateri]. Apprehendit dexteram sponsi, et manus ejus sponsi dextera continetur. Famulæ vero ingrediuntur [g] post eum. *Sexaginta sunt reginæ et octoginta concubinæ, et juvenculæ, quarum non est numerus. Una est columba mea, perfecta mea ; una est matri suæ, una est ei quæ concepit illam* (*Cant.* vi, 7 et 8). Post te ergo in odorem unguentorum tuorum curremus. Cum omni honestate deambulantibus dictum est : *Post te in odorem unguentorum tuorum curremus*, secundum illud : *Cursum consummavi* (II *Tim.* iv, 7) ; et illud : *Qui in stadio currunt, omnes quidem currunt ; unus autem accipit bravium* (I *Cor.* ix, 24). Bravium Christus est, et hæ quidem adolescentulæ, quas propter amoris exordium foris stare cognoscimus, juxta illud exemplum : *Amicus autem sponsi stans et audiens eum, gaudio gaudet propter vocem sponsi* (*Joan.* ix, 24), tale [h] quiddam sustinent. Introeunte sponso, forinsecus remanent ; sponsa vero speciosa, perfecta, sine macula, sine ruga, in sponsi cubiculum, in regium penetrale ingressa, revertitur ad juvenculas, et nuntiat eis, quæ sola conspexerit, dicitque.

Introduxit me rex in cubiculum suum. Non ait, introduxit nos plures in cubiculum suum. Plures foris remanent : in cubiculum sola ingreditur sponsa, ut videat thesauros tenebrosos et absconditos, renuntietque juvenculis: *Introduxit me rex in cubiculum suum.* Rursus adolescentulæ, id est, sponsarum incipientium turba quamplurima, ingressa sponsa cubiculum sponsi, et vidente divitias viri sui, dum

---

[a] Mss. *unguentum effusum*, quod et subnexa interpretatio asserit.

[b] In ea scilicet opinione Origenes fuit, ut alteram fuisse sentiret mulierem, quæ Christum apud Simonem Pharisæum, ab illa, quæ apud Simonem Leprosum unxerit: et quæ adeo peccatrix dicitur, pedes ; quæ sancta, caput unguento liniisse. Quod infra clarius sub sequentis homiliæ initium edisserit : *Loquitur Evangelium, quia venit mulier habens alabastrum unguenti nardi pistici pretiosi: non illa peccatrix, sed sancta, de qua nunc mihi sermo est. Scio quippe Lucam de peccatrice, Matthæum vero et Joannem et Marcum non de peccatrice dixisse. Venit ergo non peccatrix illa, sed sancta, cujus nomen quoque Joannes inseruit.* Quin immo et tertiam quoque ab his diversam unctricem profert in Matth. cap. xxvi: *Ego*, inquit, *magis consentio tres fuisse ; et unam quidem,* de qua conscripserunt Matthæus et Marcus, nullam differentiam expositionis suæ facientes in uno capitulo : alteram autem fuisse, de qua scripsit Lucas : aliam autem de qua scripsit Joannes. Satis porro est nobis hæc ex Origenis sensu annotasse, neque enim famosissimam quæstionem instituti nostri est agitare in utramque partem, aut quam probemus, argumentis asserere.

[c] Legimus eum Regin. ms. Antea erat incommodo sensu, *et ea quæ dicitur non fuisse peccatrix.*

[d] Ms. Cisterciens., *Non Moysi nomen auditur.*

[e] Regin. ms., *Propterea adolescentulæ dilexerunt*, etc.

[f] Idem, *concupiscit*, pro *conspicit.*

[g] Vetus edit. et Regin. ms., *post eam.*

[h] Iidem libri, *tale quiddam et adolescentulæ sustinent.*

illius præstolantur adventum, læte concinunt : *Exsultabimus et lætabimur in te :* Pro sponsæ perfectione lætantur [*Al.* lætamur]. Non est æmulatio in virtutibus. Amor iste mundus, amor iste sine vitio est. *Exsultabimus et lætabimur in te : diligemus ubera tua*[a]. Illa quæ major est, jam tuorum uberum lacte perfruitur, et loquitur exsultans : *Bona ubera tua super vinum.* Istæ vero quæ exsultationem et lætitiam [b] deferunt, adolescentulæ quippe sunt, deferunt charitatem, et dicunt : *Exsultabimus et lætabimur in te.* [c] *Diligemus,* non diligimus : **510** sed diligemus ubera tua super vinum. Deinde loquuntur ad sponsam : *Æquitas dilexit te.* Laudant sponsam, nomen illi æquitatis a propriis virtutibus imponentes : *Æquitas dilexit te.* Rursum ad adolescentulas sponsa respondet :

Nigra sum, et speciosa, filiæ Jerusalem, ut tabernacula Cedar : ut pelles Salomonis. Ne intueamini me, quia ego sum denigrata : quoniam despexit me sol. Speciosa quidem est, et possum invenire, quomodo speciosa sit sponsa. Quærimus autem, quomodo nigra, et sine candore sit pulchra. Pœnitentiam egit a peccatis, speciem ei largita est conversio [*Al.* conversatio] : et ideo speciosa cantatur. Quia vero necdum omni peccatorum sorde purgata, necdum lota est in salute, nigra dicitur : sed in atro colore non permanet. Fit itaque candida, quando ad majora consurgit, et ab humilibus incipit ad alta conscendere, diciturque de ea : *Quæ est ista, quæ ascendit dealbata* (*Cant.* VIII, 5)? Et quo manifestius mysterium perfectæ describatur, non ait, ut in plerisque [d] codicibus legitur : *Innixa super fratruelem suum,* id est, ἐπιστηριζομένη; sed ἐπιστηθιζομένη, id est, *super pectus ejus recumbens.* Significanterque de anima sponsæ et sermone dicitur, *super pectus illius recumbens :* quia [e] principale ibi cordis est nostri. Unde a carnalibus recedentes spiritalia sentire debemus, et intelligere multo melius esse sic amare, quam amare desistere. Ascendit igitur recumbens super pectus fratruelis sui, et quæ nunc in exordio Cantici nigra ponitur, in epithalamii fine de ea cantatur : *Quæ est ista, quæ ascendit dealbata ?* Intelleximus quomodo et nigra, et formosa sit sponsa. Si autem et tu non egeris pœnitentiam, cave ne anima tua nigra dicatur, et turpis, et duplici fœditate turperis : nigra propter peccata præterita, turpis propter hoc, quia in eisdem vitiis perseveras. Si vero pœnitentiam egeris, nigra erit anima tua propter antiqua delicta : propter pœnitentiam vero habebit

aliquid, ut ita dicam, Æthiopici decoris. Et quia semel Æthiopem nominavi, volo testem Scripturam super hunc [*Al.* hoc] advocare sermonem. Aaron et **511** Maria murmurant : [f] quia Moyses Æthiopissam habet uxorem (*Num.* XXI). Et nunc Moyses Æthiopissam ducit uxorem. Siquidem lex ejus ad hanc nostram Æthiopissam transmigravit. Murmuret Aaron, sacerdotium Judæorum : murmuret et Maria, Synagoga eorum : Moyses de murmuratione non curat : amat Æthiopissam suam, de qua et alibi dicitur per Prophetam : *Ab extremis fluminum Æthiopiæ* [g] *afferent hostias* (*Soph.* III, 10); et rursum : *Æthiopia præveniet manus ejus Deo* (*Ps.* LXVII, 32). Pulchre præveniet. Quomodo enim in Evangelio mulier illa quæ sanguine fluebat, archisynagogi filiam curatione prævenit (*Matth.* IX, *Marc.* V, et *Luc.* VIII) : sic Æthiopia, Israel ægrotante, sanata est. Illorum delicto, salus gentibus facta est, ad æmulandum eos. *Nigra sum, et speciosa, filiæ Jerusalem.* Et tu Ecclesiastica anima ad filias Jerusalem converte sermonem, et dic : Me plus amat sponsus, me magis diligit, quam vos : quæ multæ filiæ Israel. Vos foris statis, et sponsam cubiculum videtis intrantem. Nemo dubitet [h] nigram vocatam, nigram esse formosam. Qui nos sumus, ut cognoscamus Deum, ut Cantica Cantici prædicemus, ut ab Æthiopiæ finibus, ut ab extremo terræ veniremus, sapientiam veri audire Salomonis ? Et quando Salvatoris vox intonantis auditur : *Regina austri veniet in judicium, et condemnabit homines generationis hujus : quia venit a finibus terræ audire* [i] *sapientiam Salomonis : et ecce plus quam Salomon hic* (*Matth.* XII, et *Luc.* XI) : audi mystica quæ dicuntur. Regina Austri venit a finibus terræ, Ecclesia : et condemnat homines generationis hujus, id est, Judæos carni et sanguini deditos. Venit a finibus terræ audire sapientiam Salomonis, non illius qui in Testamento veteri prædicatur : sed hujus qui in Evangelio Salomone major est. [j] *Nigra sum, et speciosa, filiæ Jerusalem :* nigra velut tabernacula Cedar : speciosa, ut pelles Salomonis. Nam ad utrumque respondit : Nigra sum et speciosa, filiæ Jerusalem [*Al.* Israel], ut tabernacula Cedar, ut pelles Salomonis. Ipsa quoque nomina cum sponsæ decore conveniunt. Aiunt Hebræi *Cedar* interpretari *tenebras.* Nigra sum ergo, ut tabernacula Cedar, **512** ut Æthiopes : speciosa, ut pelles Salomonis, quas eo tempore in tabernaculi ornamento composuit, quando templum summo studio et labore fabricatus est. Dives quippe Salomon, et in omni sapientia il-

---

[a] Addit Regin. liber, *super vinum.*
[b] Ex Victorii editione emendandum videtur *differunt* hic et paulo post : quod, ut ille ait, tum Brixianorum codicum constat auctoritate, tum ex eo quod sequitur, *diligemus, inquiunt, non diligimus.*
[c] Concinnius in veteri edit. : *Diligemus ubera tua super vinum. Diligemus, inquit, non diligimus. Deinde,* etc.
[d] Antea vox *codicibus* deerat. Non autem plerique tantum, sed omnes qui superant Græci libri ἐπιστηριζομένη præferunt, pro ἐπιστηθιζομένη : Martian. ἐπιστηθισομένη.

[e] Græc. ἡγεμονικόν. Recole super. annot. *e*, p. 505.
[f] Regin. ms., *quod Moyses Æthiopissam duxit uxorem.* Confer alteram Origenis homiliam Rufinianæ interpretationis sub initium.
[g] Vocem *Æthiopiæ,* quæ deerat hic loci, ex mss. supplemus ad Origenis mentem, suffragante Scripturæ textu.
[h] Vetus edit., *nigram vocatam esse formosam.*
[i] Regin. ms., *audire Salomonem :* tum Cistercien., *audi mysteria, quæ dicuntur.*
[j] Idem ms. *Nigra et formosa, filiæ Jerusalem.*

lius nemo præcessit illum. ᵃ Sicut unum horum, nigra sum, et speciosa, filiæ Jerusalem, ut tabernacula Cedar, ut pelles Salomonis. Ne intueamini me, quia ego sum denigrata. Satisfecit de nigrore suo, et per pœnitentiam ad meliora conversa, annuntiat se filiabus Jerusalem [*Al.* Israel], nigram quidem esse, sel pulchram, secundum quod superius exposuimus, et dicit : ne intueamini me, quia ego sum denigrata. Ne, inquit, admiremini coloris esse me tetri : sol despexit me, pleno quippe radio in me luminis sui fulgor illuxit, et [*Al.* ut] ejus sum[*Al.* sim] calore fuscata. Neque enim, ut decuerat, ut solis dignitas expetebat, illius in me lumen accepi. Delicto eorum salus gentibus facta est, et rursum incredulitate gentium, scientia Israel. Habes utrumque apud Apostolum.

Filii matris meæ pugnaverunt adversum me. Considerandum quomodo sponsa dicat : *Filii matris meæ pugnaverunt adversum me.* Et quando adversus eam fratrum pugna surrexit. Vide Paulum Ecclesiæ persecutorem : et intelliges quomodo filius matris ejus pugnaverit adversus eam. Persecutores Ecclesiæ egerunt pœnitentiam, et adversarii ejus rursum ad sororis signa conversi, prædicaverunt fidem, quam ante destruebant. Hoc prophetico spiritu sponsa nunc cantans, ait : *Dimicaverunt in me, posuerunt me custodem in vineis : vineam meam non custodivi.* Ego Ecclesia, ego sponsa, ego sine macula, plurimarum custos sum posita vinearum a filiis matris meæ, qui contra me aliquando pugnaverant. Qua sollicitudine curaque districta [*Al.* distracta], dum plures custodio vineas, vineam meam non servavi. Intellige mihi hoc de Paulo et alio quocumque sanctorum, qui pro omnium sit salute sollicitus : et videbis quomodo vineam suam non custodiens, aliorum vineta custodiat. Quomodo etiam, ut alios lucrifaciat, ipse in quibusdam damna sustineat. Et **513** cum fuerit liber ex omnibus, seipsum servum fecit, ut omnes lucrifaceret : *Factus infirmus infirmis, Judæis Judæus : his qui sub Lege erant, quasi sub Lege* (I *Cor.*, IX), et cætera : dicatque, *vineam meam non custodivi.* Deinde conspicit sponsum, qui conspectus abscessit. Et frequenter hoc in toto carmine facit, quod nisi quis ipse patiatur, non potest intelligere. Sæpe, Deus testis est, sponsum mihi adventare conspexi, et mecum esse quam plurimum : quo subito recedente, invenire non potui quod quærebam. Rursus igitur desidero ejus adventum, et nonnunquam iterum venit ; et cum apparuerit, meisque manibus fuerit comprehensus, rursum elabitur ; et cum fuerit elapsus, rursum a me inquiritur : et hoc crebro ᵇ facio, donec illum vere teneam, et ascendam innixa super fratruelem meum.

Annuntia mihi quem dilexit anima mea, ubi pascis,
ubi cubas in meridie. Non quæro alia tempora, quando vespere, quando diluculo, quando in solis pascis occubitu : illud tempus inquiro, quando in florente die, quando plena luce in majestatis tuæ splendore versaris. *Annuntia mihi, quem dilexit anima mea, ubi pascis, ubi cubas in meridie* (*Genes.* III). Diligenter observa, ubi meridiem legeris. Apud Joseph meridie fratres prandium celebrant. Angeli meridie Abrahæ suscipiuntur hospitio (*Genes.* XVIII), et cætera istiusmodi. Quære, et invenies Scripturam divinam non ᶜ frustra, seu fortuitu, unumquemque usurpare sermonem. Quis, putas, est dignus e nobis, ut ad meridiem usque perveniat, et videat, ubi pascat, ubi cubet sponsus ? *Annuntia mihi, quem dilexit anima mea, ubi pascis, ubi cubas in meridie.* Nisi enim tu mihi annuntiaveris, incipio errabunda jactari ; et dum te quæro, in aliorum greges incurro ; ᵈ et quia alios erubesco, faciem meam atque ora contegere incipio. Sum quippe sponsa formosa, et aliis nudam faciem meam non ostendo, nisi tibi soli, quem jam pridem deosculata sum. *Annuntia mihi, quem dilexit anima mea, ubi pascis, ubi cubas in meridie ; nequando fiam sicut cooperta super greges sodalium tuorum.* Ut ista non patiar, ut non fiam cooperta, ut ora non contegam, et ad alios usque perveniens, incipiam forsitan et eos amare **514** quos nescio : idcirco annuntia mihi, ubi te quæram, et inveniam in meridie, ne forte fiam quasi cooperta super greges sodalium tuorum. Post hæc verba sponsus ei comminatur, et dicit : Aut cognoscis temetipsam, quoniam regis es sponsa, et formosa, et a me facta formosa : siquidem ego mihi exhibui gloriosam Ecclesiam, non habentem maculam, neque rugam (*Ephes.* V), aut scito, quia si te non cognoveris, et tuam scieris dignitatem, patieris hæc quæ sequuntur. Quænam ista sunt ? *Si non cognoveris temetipsam, o pulchra in mulieribus, egredere tu in vestigiis gregum, et pasce,* non greges ovium, non agnorum, sed *hædos tuos.* Statuet quippe oves a dextris, et a sinistris hædos (*Matth.* XXI).

Si non cognoveris temetipsam, o pulchra in mulieribus, egredere tu in vestigiis gregum, et pasce hædos tuos in tabernaculis pastorum. In vestigiis, inquit, pastorum novissima fies ; non inter oves, sed inter hædos tuos, cum quibus habitans, non poteris mecum, id est, cum bono pastore esse. *Equitatui meo in curribus Pharaonis assimilavi te.* Si vis intelligere, o sponsa, quomodo scire te debeas, cognosce cui te comparaverim, et nunc videbis talem te esse, quæ turpari non debeas, cum tuam speciem cognoveris. Quid est igitur ? *Equitatui meo in curribus Pharaonis assimilavi te.* Scio equitem sponsum, propheta dicente : *Et equitatio ejus salus* (*Abac.* III, 8). Assimilata es ergo equitatui meo in curribus Pharaonis. Quantum differt equitatus meus, qui sum Dominus,

---

ᵃ Victorius cum veteri editione, verba *Sicut unum horum,* non agnoscit.
ᵇ Ex Regin. ms. legimus *facio,* pro quo antea erat *facit* ; et mox *innixa,* pro quo erat *innixus.*
ᶜ Regin. ms., *non frustra, neque casu, seu for-*tuitu.
ᵈ Vetus edit., *et quia aliorum erubesco faciem, atque ora contingere, faciem meam atque ora mox contego.* Sed et Cisterc. ms., *contego,* pro *contegere incipio.*

et demergo in fluctibus Pharaonem, et cristatos ejus, et ascensores ejus, et equos ejus, et currus ejus (*Exod.* XIV), quantum, inquam, differt equitatus meus ab equis Pharaonis, tanto melior es omnibus filiabus, tu sponsa, tu Ecclesiastica anima, omnibus animabus, quæ non sunt Ecclesiasticæ. Igitur si Ecclesiastica anima es, omnibus animabus es melior ; si non es melior, non es Ecclesiastica. *Equitatui meo in curribus Pharaonis assimilavi te, proxima mea.* Deinde pulchritudinem sponsæ spirituali amore describit.

Genæ tuæ ut turturis. Faciem illius laudat, et genarum rubore succenditur. Pulchritudo quippe mulierum in genis dicitur esse quam plurima. Ita et [*Al.* itaque] nos pulchritudinem animæ intelligamus in genis. Labia vero ejus et linguam, intelligentiam [a] prædicemus. *Collum tuum ut monile.* Ut ornamentum, quod solet virginum collo pendere, et nuncupatur ὅρμισκος (*parvum monile*), ita sine hoc decore et tuum ipsum collum est ornamentum.

Post hæc fit sponsus in recubitu, requievit ut leo, ut catulus leonis obdormivit (*Gen.* XLIX, 9), ut deinceps possit audire: *Quis suscitabit eum?* Quo interim dormiente apparent sponsæ sponsi sodales Angeli, et his eam sermonibus consolantur. Nos tibi aurea ornamenta facere non possumus : non enim tam divites sumus, ut sponsus tuus, qui aureum tibi monile largiatur. Nos similitudinem auri faciemus; non enim habemus aurum. Et in hoc quoque lætandum est, si similitudines auri, si stigmata faciamus argenti. *Similitudines auri faciemus tibi, cum stigmatibus argenti.* Verum non omni tempore ; sed donec sponsus tuus surgat ab accubitu. Cum enim ille surrexerit, ipse tibi aurum, ipse faciet argentum, ipse tuam mentem sensumque decorabit, et eris vere dives in sponsi domo sponsa formosa ; cui est gloria in sæcula sæculorum. Amen.

---

[a] Fortasse verius in Cisterciens. ms., *intelligentiam prædicationis.*

HOMILIA SECUNDA.

Ab eo loco in quo scriptum est : *Nardus mea dedit odorem suum* : usque ad eum locum, in quo ait : *Quia vox tua suavis, et forma tua speciosa* [Al. *decora*].

Omnes animæ motiones, universitatis conditor Deus creavit [a] ad bonum ; sed pro usu nostro fit sæpe, ut res quæ bonæ sunt per naturam, dum male his abutimur, nos ad peccata deducant. Unus de animæ motibus amor est, quo bene utimur ad amandum, si sapientiam amemus, et veritatem. Quando vero amor noster in pejora corruerit, amamus carnem et sanguinem. Tu igitur, ut spiritualis, audi spiritualiter amatoria verba cantari, et disce motum animæ tuæ et naturalis [b] amoris incendium ad meliora transferre, secundum illud : *Ama illam, et servabit te : circumda illam, et exaltabit te* (*Prov.* IV, 8). *Viri, diligite uxores vestras,* ait apostolus (*Ephes.* V et *Coloss.* III) ; sed non stetit in eo quod dixerat : *Viri, diligite uxores vestras :* verum sciens esse dilectionem virorum propriis quoque uxoribus inhonestam, sciens esse [c] placentem Deo, docuit quomodo viri uxores suas amare deberent, inferens : *Viri, diligite uxores vestras, sicut et Christus Ecclesiam.* Et hæc quidem in proœmio eorum, quæ postea disserenda sunt, diximus.

Quia amici sponsi, dum rex in recubitu suo est (requiescens enim dormivit ut leo, et catulus leonis (*Gen.* XLIX, 9), sponsæ promiserant, donec ille consurgeret, similitudines auri et argenti se esse facturos, non habentes aurum, ut sponsus : et quodammodo aliis verbis sponsi passio prædicata est, non irrationabiliter ad hæc sponsa respondet, et ipsa dispensationem quamdam passionis intelligens, ad id quod audierat : *Similitudines auri faciemus tibi cum stigmatibus argenti, donec rex in recubitu suo est,* ait : *Nardus mea dedit odorem suum. Fasciculus guttæ fratruelis meus mihi ; in medio uberum meorum demorabitur* (*Cant.* I, 11 et 12). Quomodo igitur aptabimus ei [d] quod præcessit : *Donec rex in recubitu suo est,* id quod sequitur : *Nardus mea dedit odorem suum?* Loquitur Evangelium, quia venit mulier habens alabastrum unguenti nardi pistici pretiosi ; non illa [e] peccatrix, sed sancta, de qua nunc mihi sermo est. Scio quippe Lucam de peccatrice : Matthæum vero et Joannem et Marcum, non de peccatrice dixisse (*Luc.* VII, *Matth.* XXVIII, *Joan.* XI et XII, *Marc.*). Venit ergo non peccatrix illa, sed sancta, cujus nomen quoque Joannes inseruit ; Maria quippe erat habens alabastrum unguenti nardi pistici pretiosi, et effudit super caput Jesu. Deinde super hoc indignantibus, non omnibus discipulis, sed Juda solo, dicente : *Potuit venundari hoc trecentis denariis, et dari*

---

[a] Regin. ms. : *Creavit et fecit ad bonum.*
[b] Idem, *et carnalis amoris incendium.*
[c] Cisterciens. contrario sensu, *sciens esse non placentem Deo,* scilicet *dilectionem inhonestam.*
[d] Al., *ei id quod præcessit,* etc.
[e] Recole quæ supra annotavimus sub prioris homiliæ medium : quibus adde Victoris Antiocheni de

Origenis sententia hac super re testimonium in Commentar. in Marc. XIV : *Origenes aliam illam esse dicit, quæ apud Matthæum et Marcum in domo Simonis leprosi unguentum super caput Jesu effudit; aliam rursus eam, quæ cum in civitate peccatrix esset, in domum Pharisæi ingressa, pedes illius lacrymis abluit, et unguento perfudit.*

pauperibus (*Matth.* XXVI, 9 , *et Marc.* XIV, 5 *et seqq.*), respondit magister atque Salvator : *Semper pauperes habetis* [Al. habebitis] *vobiscum; me autem non semper. Præveniens quippe hæc in diem sepulturæ meæ fecit. Ideo, ubicumque prædicatum fuerit Evangelium istud, dicetur et quod fecit hæc in memoriam ejus.* In figura ergo istius, quæ nunc loquitur : *Nardus mea dedit odorem suum,* illa super caput Domini fudit unguentum; et tu igitur assume nardum, ut postquam caput Jesu suavi odore perfuderis, possis audenter affari [*Al.* audacter effari]: *Nardus mea dedit odorem suum,* et Jesu reciprocum audire sermonem : *Quia ubicumque prædicatum fuerit hoc Evangelium in toto mundo, dicetur et quod fecit hæc in memoriam ejus.* [a] Tuum quoque factum in universis gentibus prædicabitur. Quando autem hoc facies ? Si factus fueris ut apostolus, et dixeris : *Christi bonus odor sumus Deo in omni loco, in his qui salvantur, et in his qui pereunt* (II *Cor.* II, 15): bona opera tua nardus sunt. Si vero peccaveris, peccata tetro odore redolebunt. Dicit quippe pœnitens : *Computruerunt, et corruptæ sunt cicatrices meæ a facie insipientiæ meæ* (*Ps.* XXXVII, 6). Non de nardo propositum est nunc Spiritui sancto dicere, neque de hoc quod oculis intuemur, Evangelista scribit, unguento; sed de nardo spirituali, de nardo quæ dedit odorem suum.

Fasciculus stactes, id est, *guttæ,* sive **518** *stillæ fratruelis meus mihi.* Guttam unguenti, casiam, galbanum [*Al.* galbani] in Exodo legimus (*Cap.* XXX) præcepto Domini in thymiama, id est, in sacerdotale chrisma confectum. Si ergo videris Salvatorem meum ad terrena aut humilia descendentem, videbis, quomodo virtute magna, et majestate divina ad nos modica quædam stilla defluxerit. De hac stilla et Propheta cecinit, dicens : *Et erit, de stilla populi hujus congregandus congregabitur Jacob* (*Mich.* II, 11 *et* 12). Et sicuti secundum alium sensum, lapis erat præcisus e monte sine manibus (*Daniel.* II), nostri in carne [b] Salvatoris adventus : neque enim totus mons fuit, qui descendit ad terras, nec poterat humana fragilitas totius montis magnitudinem capere : sed lapis ex monte, lapis offensionis, et petra scandali descendit in mundum (*Isai.* VIII *et* XXVIII, *et* I *Pet.* II): sic secundum alium intellectum stilla nuncupatur. Oportebat quippe, ut (quia *omnes gentes in stillam situlæ reputatæ sunt* (*Isai.* XL, 15) [c] his qui pro omnium salute factus est omnia, etiam stilla fieret ad eas liberandas. Quid enim pro nostra salute non factus est? Nos inanes : et ille exinanivit semetipsum, formam servi accipiens (*Philipp.* II ; I *Cor.*I).

Nos populus stultus et non sapiens ; et ille factus est stultitia prædicationis, ut fatuum Dei, sapientius fieret hominibus. Nos infirmi (*Ibid.*) : infirmum Dei fortius hominibus factum est. Quia igitur universæ gentes, ut stilla situlæ, et ut [d] momentum stateræ reputatæ sunt ; idcirco factus est stilla, ut per eum a vestimentis nostris odor stillæ procederet, juxta illud : *Myrrha, et stilla, et casia a vestimentis tuis, a domibus elephantinis, ex quibus lætificaverunt te filiæ regum in honore tuo* (*Ps.* XLIV), quæ in quadragesimo quarto psalmo dicuntur ad sponsam. *Fasciculus stillæ fratruelis meus mihi.* Consideremus quid sibi fratruelis nomine velit Ecclesia, quæ hoc [*Al.* his] loquitur de fratruele, nos sumus ex gentibus congregati. Salvator noster sororis ejus est filius , id est, Synagogæ. Duæ quippe sorores sunt, Ecclesia et Synagoga ; **519** Salvator ergo, ut diximus, filius Synagogæ sororis, vir Ecclesiæ, sponsus Ecclesiæ, fratruelis est sponsæ suæ : *Fasciculus stillæ fratruelis meus mihi, in medio uberum meorum commorabitur.* Quis ita beatus, ut habeat hospitem in principali [ἡγεμονικῷ] cordis, in medio uberum, in pectore suo, sermonem Dei? Tale est quippe quod canitur : *In medio uberum meorum commorabitur.* Si non fuerint fractæ mammæ tuæ, in medio earum habitabit sermo divinus. Decebat in carmine nuptiali mammas potius appellari quam pectus. Et perspicuum est, cur ad expositionem ejus quæ dicit : *In medio uberum meorum commorabitur,* sit assumptum, si non fuerint fractæ mammæ tuæ, in medio uberum tuorum commorabitur sermo divinus. Unde dixi, si non fuerint fractæ mammæ tuæ? De Ezechiele. Eo quippe loco, ubi Jerusalem dominica corripitur voce, inter cætera dicitur ad eam : *In Ægypto fractæ sunt mammæ tuæ* (*Ezech.* XXV). Castarum ubera non franguntur : sed meretricum ubera laxis pellibus irrugantur. Pudicarum erecta sunt ubera, et virginali robore [*Al.* rubore] tumentia. Suscipiunt sermonem sponsi, et dicunt: *In medio uberum meorum commorabitur.*

Botrus Cypri fratruelis meus mihi. Initium est sermonis in [e] verbo, et initium Cypri, id est, *floritionis* in germine, unde ait: *Botrus Cypri,* id est, *floritionis, fratruelis meus mihi.* Non omnibus est botrus Cypri : sed his qui ejus flore digni sunt. Aliis uva varia est : huic soli quæ nigra est et formosa, in floris decore se præbet. *Botrus Cypri fratruelis meus mihi.* Non simpliciter ait , *Botrus Cypri fratruelis meus:* sed cum additamento, *mihi,* ut doceret non omnibus eum esse botrum Cypri. Videamus autem

---

[a] Legimus ex Cisterciens. ms. Antea penes Mart. incommodo sensu : *Tu quoque facito, in universis gentibus prædicato.* In Regin. ms. ferme concinnius, *in memoriam ejus, tuo quoque facto in universis gentibus prædicato.*

[b] Ex hac porro Origeniana sententia enormem blasphemiam excudit Vigilantius, quam illi exprobravit Hieronymus Epist. in nostra recensione 62, num. 4 : *Inter cæteras blasphemias, quas ore sacrilego protulisti, ausus es dicere montem, de quo abscissus est in Daniele lapis sine manibus, esse diabolum, et lapi-*

dem *Christum : qui quia assumpsit corpus ex Adam, qui diabolo ante per vitia cohæserat, natum esse de Virgine, ut a monte, hoc est, a diabolo hominem separaret.*

[c] Rescribe *is* in recto pro *his,* quod et Victorius pridem monuerat.

[d] Corrupte Marrianæus, *ut monumentum stateræ.*

[e] Falso et contrario sensu hactenus vulgati legunt, *Initium est sermonis in germine, et initium Cypri, id est, floritionis in verbo.* Emendantur ab utroque ms.

in quibus regionibus botrus iste sit sponsæ. *In vineis Engaddi,* quod interpretatur, *oculus tentationis.* In vineis igitur oculi tentationis, *Botrus Cypri fratruelis meus mihi.* Tentationis oculus in præsenti est. Siquidem in tentatione moramur in hoc mundo: et tentatio est vita humana super terram (*Job* VII). Dum in hac luce versamur, in vineis sumus Engaddi. Si autem meruerimus postea **520** transplantari, a nostro agricola transferemur. Nec dubites, quin possis de Engaddi vineis ad loca meliora transferri. Agricola noster ad transferendam vineam crebra meditatione jam calluit. *Vineam enim ex Ægypto transtulisti, ejecisti gentes, et plantasti eam. Operuit montes umbra ejus, et arbusta ejus cedros Dei* [Al. *Libani*]. Et hæc quidem, quæ exposuimus, locuta sit sponsa de sponso, significans amorem suum, et sponsi venientis hospitium, quomodo in medio uberum, et sui cordis ᵃ arcano, sponsus veniens commoretur. Rursus sponsi ad eam sermo dirigitur, et dicit :

Ecce speciosa proxima mea, ecce speciosa, oculi tui ᵇ *columbæ.* Illa sic dicit ad sponsum : *Ecce speciosus fratruelis meus,* non adjungit, et proximus meus. Hic autem quando loquitur ad eam : *Ecce speciosa,* adjungit, *et proxima mea.* Quare autem illa non dicit : Ecce speciosus, proximus mihi : sed tantum, *ecce speciosus?* Quare illa non solum speciosa es, dicit : *sed speciosa es proxima mea?* Sponsa si longe fuerit a sponso, non est speciosa : tunc pulchra fit, quando Dei verbo conjungitur. Et merito nunc docetur a sponso, ut proxima sit, et a suo latere non recedat. *Ecce speciosa proxima mea, ecce speciosa.* Incipis quidem esse speciosa, ex eo quod proxima mihi es. Postquam autem esse cœperis speciosa, etiam sine additamento proximæ, absolute es speciosa. *Ecce speciosa proxima mea, ecce speciosa.* Videamus et aliam laudem ᶜ speciosæ, ut et nos æmulemur sponsæ fieri. *Oculi tui columbæ.* Qui viderit mulierem ad concupiscendum eam, jam mœchatus est eam in corde suo (*Matth.* V) : oculos non habet columbæ. Si quis vero oculos columbæ non habet, domum fratris sui ingreditur infelix, non servans illud, quod in Proverbiis est præceptum : *In domum fratris tui ne intres infelix* (*Prov.* XXVII, 10). (Pro eo quod Septuaginta *infelix*, interpretati sunt, Aquila Hebræam exprimens veritatem ᵈ ἄγροικον posuit.) Qui autem habet oculos columbæ, videt recta, et misericordiam promeretur. Videns quippe recta, misericordiam consequetur. Porro quis videt recta, nisi qui **521** casto conspectu et puris intuetur oculis? Noli igitur mihi de his tantum carnis oculis intelligere, quæ dicta sunt, licet et de his intellexisse non inutile sit : sed ingrediens ad interiora cordis tui, et alios oculos mente perquirens, qui et a Dei mandato illuminantur : *Mandatum quippe Dei illuminans oculos :* illud enitere, labora, contende, ut sancte intelligas universa, quæ dicta sunt, et similia ᵉ a spiritu, qui in specie descendit columbæ, audias, quia *oculi tui columbæ.* Si intelligis Legem spiritualiter, oculi tui columbæ sunt. Si intelligis Evangelium, ut se vult intelligi Evangelium et prædicari : vides Jesum, omnem languorem et infirmitatem, non solum eo tempore quo carnaliter facta sunt, fuisse medicatum [Al. meditatum et meditantem] ; sed hodieque medicantem ; et non tantum tunc ad homines descendisse : sed hodieque descendere, et esse præsentem ; *Ecce enim,* inquit, *nobiscum sum omnibus diebus usque ad consummationem sæculi* (*Matth.* XXVIII, 20) : oculi tui columbæ sunt : *Ecce speciosa, proxima mea, ecce speciosa :* oculi tui columbæ. Has de se sponsa audiens laudes, sponso vicem in laudibus tribuit : non quo ei quod non habet, suo præconio largiatur : sed intelligens decorem ejus, atque conspiciens, ait :

Ecce speciosus fratruelis meus. Equidem pulcher [Al. *pulchre*]. *Lectus noster umbrosus.* Quæro lectum, in quo sponsus cum sponsa requiescat, et ni fallor, corpus humanum est. Siquidem ille in Evangelio paralyticus qui jacebat in lecto : et abire in domum suam, sublato grabato, voce jussus est Salvatoris, antequam sanaretur (*Marc.* II), super debile membrorum suorum corpus jacebat, quod postea Dei virtute solidatum est. Sic ergo intelligo : *Tolle grabatum tuum, et vade in domum tuam.* Neque enim ad hoc Filius Dei de cœlestibus ad terrena descenderat, ut de lectulis imperaret, et consurgentem ab ægrotatione sua, sine lectulo non pateretur abscedere. *Tolle,* inquiens, *grabatum tuum, et vade in domum tuam.* Et tu igitur a Salvatore sanatus, tolle grabatum tuum, et vade in domum tuam, ᶠ ut cum ad te sponsam venerit sponsus, **522** et in eo tecum fuerit reclinatus, dicas : *Ecce* ᵍ *sponsus fratruelis meus : equidem pulcher. Acclinatio nostra umbrosa.* Ecce speciosus fratruelis meus, ipse et speciosus est et umbrosus. *Per diem quippe sol non uret te, neque luna per noctem* (*Ps.* CXX).

Trabes domorum nostrarum cedri. Multitudinis verba sunt. Videntur autem mihi viri hæc dicere, qui cum sponso sunt, de quibus superius sermo præfatus est, domos ʰ cedrinis trabibus intextas, et cypressis conhærere.

ᵃ Cistercien., *et sui cordis sponsus veniens commoretur,* absque *arcano.*

ᵇ Vet. edit., *oculi tui, oculi columbæ,* etc. Et cum Cistercien. ms. : *Ecce speciosa mea.*

ᶜ Ex Brixianis codicibus reponendum contendit Victorius *sponsæ* pro *speciosæ.*

ᵈ Addunt nostri mss. et vetus edit., *id est stultum :* cui nihil simile sonat vox ἄγροικος, sed *agrestem,* inurbanum. Verum de ipsa Græca voce, quin recte habeat, multum dubito : videtur enim longius ab Hebraica veritate deflectere, quam pressius illi ad-

ᵉ Ex iisdem mss. legimus concinniore sensu, *et similia a spiritu, qui,* etc., pro quibus hactenus vulgati, *et similis spiritui qui,* etc.

ᶠ Cistercien., *et cum ad te cum sponsa venerit sponsus.* Vetus edit., *ad te velut sponsam,* etc.

ᵍ Factum suspicor Scripturæ compendio, *sponsus,* pro *speciosus,* quod malim restitui.

ʰ Ita mss. ferunt. Antea erat *domos cedrinas trabibus,* etc.

tignatas. Siquidem pro ᵃ stybe ascendit cypressus, et pro conyza ascendit myrtus. Requirens igitur, cujus naturæ ista sunt ligna, et cedrum imputribilem, et cypressum odoris optimi deprehendens, labora et tu ita contignare domum tuam, ut de te quoque possit dici : *Trabes domuum nostrarum cedri, et contignationes nostræ cypressi.* Post hæc sponsus loquitur.

Ego flos campi, et lilium convallium. Propter me qui in valle eram, descendit in vallem, et in vallem veniens, fit lilium. Pro ligno vitæ, quod plantatum est in paradiso Dei, totius campi, id est, totius mundi et universæ terræ flos factus est. Quid enim sic potest esse flos mundi, ut vocabulum Christi? *Unguentum effusum nomen ejus.* Aliter : ᵇ Ab ipso dicitur : *Ego flos campi, et lilium convallium.* Et hæc quidem de semetipso. Deinde sponsam laudans, ait : *Ut lilium in medio spinarum, sic proxima mea in medio filiarum.* Sicut lilium non potest spinis comparari, inter quas semper exoritur : eodem modo proxima mea super omnes filias, lilium est in medio spinarum. Ista audiens sponsa, vicem reddit sponso, et sentiens illius etiam suavitatem, in vocem laudantis erumpit. Unguentorum quippe odor, licet suaviter spiret, et sensum odore demulceat : non tamen ejusmodi est, ut suave sit ad edendum. Est autem aliquod [*Al.* aliud], quod optimi et saporis sit et odoris, id est, ut fauces dulcore delectet, et spiritum mulceat odoratu. Tale est malum, istiusmodi est naturæ, ut in se utraque possideat. Idcirco volens non solum benevolentiam sermonis, sed et dulcorem ejus sponsa laudare, ait:

523 *Ut malum in lignis silvæ : ita fratruelis meus in medio filiorum* (Cant. ɪɪ, 3). Omnia ligna, omnes ᶜ arbores ad comparationem sermonis Dei, silvæ inferaces existimantur. Ad Christum saltus est omne quod dixeris : et infructuosa sunt omnia. Quæ enim possunt dici ad eum comparata fructifera? Etiam ligna quæ videbantur fructibus incurvari, ad collationem adventus ejus infructuosa monstrata sunt. Ideo, *ut malum in lignis silvæ, ita fratruelis meus in medio filiorum. In umbra ejus concupivi, et sedi.* Quam pulchre, non ait, in umbra illius concupisco, sed *in umbra ejus concupivi :* et non sedeo, sed *sedi.* Siquidem in principio non possumus cum eo proprium conferre sermonem : verum in principio, ut ita dicam, quadam majestatis illius umbra perfruimur. Unde et in Prophetis legitur : *Spiritus faciei nostræ Christus Dominus, cui diximus : In umbra ejus vivemus in gentibus* (Thren. ɪv, 20); et ab umbra ad umbram ᵈ aliam transmigramus. *Sedentibus enim in regione et umbra mortis, lux orta est eis* (Isai. ɪx, 2). Et transimus ab umbra mortis ad umbram vitæ. Semper istiusmodi sunt profectus, ut in exordio desideret quispiam saltem in virtutum umbra consistere. Ego puto ideo et nativitatem Jesu ab umbra cœpisse, et non in umbra, sed in veritate finitam. *Spiritus,* inquit, *Sanctus veniet in te, et virtus Altissimi obumbrabit tibi* (Luc. ɪ, 35). Nativitas Christi ab umbra sumpsit exordium. Non solum autem in Maria ab umbra ejus nativitas cœpit, sed et in te, si ᵉ dignus fueris, nascitur sermo Dei. Fac, igitur, ut possis capere umbram ejus, et cum umbra fueris dignus effectus, veniat ad te, ut ita dicam, corpus ejus, ex quo umbra nascitur. Nam, *qui in modico fidelis est, et in majoribus erit fidelis* (Luc. xvɪ, 10). *In umbra ejus concupivi, et sedi.* Vides, quia non semper in umbra stetit, sed inde ad meliora transierit, dicens : *Et fructus ejus dulcis in gutture meo.* Ego, inquit, desideravi in umbra ejus requiescere; sed postquam me sua protexit umbra, etiam fructu illius saturata sum [*Al.* saturatus sum], et dico : *Et fructus ejus dulcis* ᶠ *gutturi meo.*

Introducite me in domum vini. Foris stetit sponsus, et ab sponsa susceptus est : In medio quippe uberum illius requievit. **524** Proximæ juvenculæ non sunt istiusmodi, ut sponsum hospitem habere mereantur. Multitudini foris in parabolis loquitur. Quam vereor ne multæ adolescentulæ forte nos simus. *Introducite me in domum vini.* Cur tam diu foris maneo? *Ecce sto ante ostium, et pulso. Si quis mihi aperuerit, ingrediar ad eum, et cœnabo cum eo, et ipse mecum. Introducite me.* Et nunc eadem dicit sermo divinus : Ecce Christus loquitur, *introducite me.* Vobis quoque catechumenis loquitur, *introducite me,* non simpliciter in domum, sed *in domum vini.* Impleatur vino lætitiæ, vino Spiritus Sancti anima vestra. Et sic introducite in domum vestram sponsum, Verbum, Sapientiam, Veritatem. Potest autem et ad eos dici, qui nondum perfecti sunt : *Introducite me in domum vini. Ordinate in me charitatem.* Eleganter locutus est, *ordinate.* Plurimorum quippe inordinata est charitas : quod in primo loco debent diligere, diligunt in secundo : quod in secundo, diligunt in primo : et quod oportet amare quarto, amant tertio : et rursus tertium in quarto, et est in plerisque charitatis ordo perversus. Sanctorum vero charitas ordinata est. Volo ad intelligendum hoc quod dictum est, *ordinate in me charitatem,* aliqua exempla replicare. Te vult divinus sermo diligere patrem, filium, filiam; vult te sermo divinus diligere Christum. Nec dicit tibi, ne diligas liberos, ne parentibus charitate jungaris. Sed quid dicit? Ne inordinatam habeas charitatem, ne

---

ᵃ Corrigit Victorius *Stœbe.* Enimvero alluditur Isaiæ locus cap. ʟv, vers. ultimo, ubi in Græco est καὶ ἀντὶ τῆς στοιβῆς ἀναβήσεται κυπάρισσος, ἀντὶ δὲ τῆς κονύζης ἀναβήσεται μυρσίνη. Et pro stœbe ascendet cupressus, pro conyza autem ascendet myrtus. Ubi nos habemus : *Pro saliunca ascendet abies, et pro urtica crescet myrtus.* Est autem stœbe herba quæ alio nomine *phleos* dicitur, de qua Plinius et Dioscorides ab eodem Victorio laudati agunt.

ᵇ Editi, *Aliter id ipsum dicitur* : contradicentibus mss.
ᶜ Vetus edit. : *Omnes silvæ arbores.*
ᵈ Cisterciens. *ad umbram illius transmigramus.*
ᵉ Rursum vetus edit., *si dignatus fueris* : et mox Cisterc., *ut possis capere te umbra ejus.*
ᶠ Victor., *in gutture meo,* juxta Græcum ἐν λάρυγγί μου.

primum patrem, aut matrem, deinde me diligas : ne filii et filiæ plus quam mei charitate tenearis. Qui *amat patrem aut matrem super me, non est me dignus : qui amat filium aut filiam super me, non est me dignus* (*Matth.* x, 37). Recole conscientiam tuam de patris, matris, fratrisve affectu, et considera qualem circa sermonem Dei et [a] Jesu habeas charitatem : statim deprehendes magis te filium et filiam diligere, quam Verbum : magis te parentes amare, quam Christum. Quis, putas, ita proficit ex nobis, ut præcipuam et primam inter omnes sermones Dei habeat charitatem, qui in secundo loco liberos ponat? Juxta hunc modum, **525** ama uxorem tuam. Nullus quippe aliquando suam carnem odio habuit, sed amat ut carnem. *Et erunt*, inquit, *duo in carne una* (*Gen.* ii, 24), et non in uno spiritu. Ama et Deum; sed ama illum, non ut carnem et sanguinem, sed ut spiritum. Qui enim adhæret Deo, unus spiritus est. Igitur ordinata est charitas in perfectis. Ut autem post Deum etiam inter nos ordo ponatur, primum mandatum est, ut diligamus parentes : secundum, ut filios: tertium, ut domesticos nostros. Si autem filius malus est, et domesticus bonus : domesticus in charitate filii collocetur. Et ita fiet, ut sanctorum ordinata sit charitas. Magister quoque et Dominus noster in Evangelio præcepta de charitate constituens, ad uniuscujusque dilectionem proprium aliquid apposuit, et dedit intelligentiam ordinis his qui possunt audire Scripturam dicentem : *Ordinate in me charitatem. Diliges Dominum Deum tuum ex toto corde tuo, et ex tota mente tua, et ex tota anima tua, et ex tota virtute tua. Diliges proximum tuum, sicut teipsum* (*Deut.* vi, et *Matth.* xxii, et *Marc.* xii, et *Luc.* x) : non proximum ex toto corde, ex tota anima, et ex tota virtute, et ex tota mente. Rursus, inquit : *Diligite inimicos vestros* (*Luc.* vi, 35): et non apposuit, ex toto corde. Non est inordinatus sermo divinus, nec impossibilia præcipit, nec dicit : diligite inimicos vestros ut vosmetipsos : sed tantum, diligite inimicos vestros; sufficit eis, quod eos diliginus, et odio non habemus. Proximum vero, ut teipsum. Porro Deum ex toto corde, et ex tota anima, et ex tota mente, et ex tota virtute. Si hæc intellexeris, et intellecta compleveris, fecisti quod sponsi sermone præcipitur : *Introducite me in domum vini, ordinate in me charitatem.* Quis, putas, e nobis charitatis est ordinatæ [*Al.* ordinator]? *Confirmate me in unguentis.* Unus de Interpretibus posuit [b] οἰνάνθην.

Hæc est autem sponsa quæ loquitur : *Stipate me in malis. In quibus malis? Ut malum in lignis silvæ, ita fratruelis meus in medio filiorum.* Idcirco in malis ejus stipate me : quia vulneratæ charitatis ego sum. Quam pulchrum est, quam decorum a charitate vulnus accipere! **526** Alius jaculum carnei amoris excepit, alius ex terrena cupidine vulneratus est : tu nuda membra tua, et præbe te jaculo electo, jaculo formoso : si quidem Deus sagittarius est. Audi Scripturam de hoc eodem jaculo loquentem; immo ut tu amplius admireris, audi ipsum jaculum quid loquatur. *Posuit me ut sagittam electam, et in pharetra sua* [c] *servavit me, et dixit mihi : Magnum est tibi hoc, vocari puerum meum* (*Isai.* xlix, 2). Intellige sagittam quid dicat, et quomodo a Deo sit electa. Quam beatum est hoc jaculo vulnerari! Hac sagitta vulnerati fuerant illi qui inter se invicem conferebant, dicentes : *Nonne cor nostrum ardens erat in via, cum aperiret nobis Scripturas* (*Luc.* xxiv, 32) ? Si quis sermone nostro, si quis Scripturæ divinæ magisterio vulneratur, et potest dicere, quia vulneratæ charitatis ego : hunc et illud forsitan sequitur. Quid forsitan dico? manifestam promo sententiam : *Sinistra ejus sub capite meo, et dextera illius amplexabitur me.* Habet et in sinistra, et in dextera sermo Dei sapientiam, quæ cum pro intellectus varietate sit multiplex, in subjacenti una est. Ipse Salomon de læva, et dextera sapientiæ docuit, dicens : *Longitudo enim et anni vitæ in dextera ejus : in sinistra autem ipsius divitiæ et gloria* (*Prov.* iii, 16). Igitur læva ejus sub capite meo, ut me faciat requiescere, et brachium sponsi fiat cervical meum, reclinetur animæ principale (ἡγεμονικόν) super sermonem Dei. *Læva ejus sub capite meo.* Non expedit tibi habere cervicalia, quæ lamentatio sequatur. In Ezechiele scriptum est : *Væ his qui consuunt cervicalia sub omni cubitu manus* (*Ezech.* xliii, 18). Noli consuere cervicalia, noli capiti aliunde requiem quærere : habes sponsi lævam; sit sub capite tuo, et dic: *Læva ejus sub capite meo;* quam cum habueris, omnia tibi quæ sunt in læva tribuuntur. Dicis quippe, in sinistra ejus divitiæ et gloria, et dextera ejus amplexabitur me. Totum te sponsi dextera complectatur. Longitudo quippe et anni vitæ, in dextera ejus : et ob id longæ vitæ, et multorum [d] dierum eris super terram bonam, quam Dominus Deus tuus dat tibi (*Exod.* xx et *Deut.* iv).

527 *Adjuravi vos, filiæ Jerusalem, in virtutibus et*

---

[a] Idem, Legendum, inquit, esse *Jesum*, verba quæ sequuntur ostendunt : *deprehendes magis te filium, et filiam diligere, quam verbum ; magis te parentes amare, quam Christum.*

[b] Veteres editi, οἰνανθίνων, quæ minime spernenda est lectio. Regin. ms. Latinis litteris *onesinston ;* in aliis alia reperit Martianæus ; sed utique præferenda impressa lectio οἰνανθῶν (Martian. οἰνάνθων), quod Symmachi versio persuadet, qui interpretatus est οἰνάνθη, tametsi minime expeditum sit definire, quis iste fuerit Interpres, quem Hieronymus non nominat. — Posuit οἰνανθῶν. Manuscripti Corbeienses vetustissimi, *posuit in vinaria. Hæc autem*, etc. Exemplar S. Theodorici prope Rhemos, *posuit* οἰνῶν, id est, *cella vinaria,* etc. Aliud collegii Paris. Navar. nec non Regium,

posuit ΟΙΝΑΝΩΝ. Et in ora marginali hæc addit Navar. : οἰνέων, *id est, cella vinaria; ab eo quod est οἶνος, vinum.* Porro οἰνανθύνων legimus in veteribus editionibus, sed melius οἰνανθῶν, nam οἰνάνθη est *vitis florens.* Nisi forte legendum sit οἰνάνων, juxta Latinam interpretationem veterum mss. librorum. MARTIAN.

[c] Regin. ms. *in pharetra sua abscondit me.*

[d] Idem, *et multorum annorum ejus.* Puto autem et illum alludi morem Antiquorum per digitos manuum computandi, et dexteræ quidem quæ numerum centenarium excederent. Ex quo illud Juvenalis :

Felix ille tuos, qui dextra computat annos.

Vide quæ annotavimus in lib. i contra Jovinian., num. 2.

in viribus agri. Quid adjurat sponsa filias Jerusalem? *Si levaveritis et suscitaveritis charitatem.* Quamdiu charitas dormit [Al. *dormivit*] in vobis, o filiæ Jerusalem, o adolescentulæ, quæ in me non dormit, quia vulnerata sum charitate? In vobis autem, quæ plures estis, et adolescentulæ, et filiæ Jerusalem, dormit charitas sponsi. Adjuravi ergo vos, filiæ Jerusalem, si levaveritis, et non solum levaveritis, sed et suscitaveritis, quæ in vobis est, charitatem. Creator universitatis cum vos conderet, inseruit in cordibus vestris semina charitatis. Nunc autem, sicut alibi dicitur: *Justitia dormivit in ea* (Isai. I, 21), sic dilectio dormitat in vobis: juxta quod et alibi dicitur, *Sponsus requievit ut leo, et ut catulus leonis* (Gen. XLIX). Adhuc in infidelibus et in his qui corde sunt dubio, dormitat sermo divinus: vigilat in sanctis. Dormitat in his qui tempestatibus fluctuant: suscitatur vero eorum vocibus, qui cupiunt, vigilante sponso, salvari (*Macc.* IV). Statim fit, eo vigilante, tranquillitas: statim undarum moles conquiescunt, spiritibus contrariis increpatur, fluctuum rabies silet. Illo dormiente, tempestas, mors et desperatio est. *Adjuro ergo vos, filiæ Jerusalem, in virtutibus et in viribus agri.* Cujus agri? Nempe illius, ª *cujus odor agri pleni, quem benedixit Dominus* (Gen. XXVII, 27).

Si levaveritis et suscitaveritis charitatem: quoadusque velit vox fratruelis mei. Ecce hic venit saliens super montes. Hæc adhuc loquitur Ecclesia exhortans adolescentulas, ut ad sponsi præparentur adventum: si tamen venire voluerit, et suum illis præbere colloquium. Adhuc igitur loquente ea, venit sponsus, quem digito monstrat, et dicit: *Ecce hic venit saliens super montes.* Intellige sponsam (*Al.* sponsæ), animam beatam atque perfectam, quæ citius videat, citius sermones contempletur adventum, quæ sibi sapientiam, sibi venisse sentiat charitatem, et dicat non videntibus: *Ecce hic venit.* Orate ut et ego possim **528** dicere: *Ecce hic venit.* Si enim potuero Dei disserere sermonem, quodammodo et ego dico [*Al.* dicam]: *Ecce hic venit.* Quo? Non utique ubi vallis, non ubi humilia loca. Quo venit? *Saliens super montes, transiliens super colles.* Si fueris mons, salit in te sermo Dei. Si non valueris esse mons, sed fueris collis secundus a monte, transiliet super te. Quam vero pulchra et convenientia rebus vocabula. *Salit super montes, quia majores sunt: transilit super colles,* A *quia minores sunt. Non transilit super montes, non salit super colles. Ecce hic venit saliens super montes, transiliens super colles.*

Similis est fratruelis meus capreæ, aut hinnulo cervorum in montibus Bethel. Hæc duo animalia in Scripturis frequentius nominantur, et quo amplius admireris, sæpius juncta ponuntur. Et hæc sunt, ait, quæ manducabis; ᵇ post paululum inferens, capream et cervum. In præsenti quoque libro pariter nominantur cervus et caprea. Quodammodo enim cognata sibi et vicina sunt ista animalia. Caprea, id est dorcas, acutissime videt. Cervus interfector serpentum est. Quis, putas, est dignus e nobis, qui juxta dignitatem loci atque mysterii, plenam possit explicare rationem? Oremus Dominum, ut nobis largiatur sensum ad ᶜ aperiendas Scripturas, et possimus dicere: *Quomodo aperuit nobis Jesus Scripturas* (*Luc.* XXIV, 32)? Quid igitur dicimus: quia *dorcas*, hoc est, caprea, secundum eorum physiologiam, qui de naturis omnium animalium disputant, ex insita sibi vi nomen acceperit? Ab eo enim quod acutius videat, id est, ᵈ ὀξυδερκέστερον, dorcas appellata est. Cervus vero serpentum inimicus ac debellator est, ita ut spiritu narium eos extrahat de cavernis, et superata pernicie veneni, eorum pabulo delectetur. Forsitan Salvator meus caprea fit juxta θεωρίαν: cervus juxta opera. Quænam ista sunt opera? Interficit ipse serpentes, cum contrarias fortitudines jugulat. Ideo dicam ei: *Tu* **529** ᵉ *contrivisti capita draconum super aquam* (*Psal.* LXXIII, 13). Similis est fratruelis meus capreæ vel hinnulo cervorum super montes domus Dei. Bethel quippe interpretatur, *domus Dei*. Non omnes montes domus Dei sunt: sed hi qui montes Ecclesiæ sunt. Inveniuntur quippe et alii montes erecti et consurgentes adversus scientiam Dei, montes Ægyptiorum, et Allophylorum. Vis scire, quia similis est fratruelis ᶠ meus capreæ, aut hinnulo cervorum super montes Bethel? Esto mons Ecclesiasticus, mons domus Dei: et veniet ad te sponsus similis capreæ vel hinnulo cervorum super montes Bethel. Cernit sponsum appropinquasse vicinius, qui ante super montes versabatur et colles: assimilat eum transilientem atque salientem, et post hæc ad se, et ad alias adolescentulas advenisse cognoscens, ait:

Ecce hic retro post parietem nostrum. Si ædificaveris parietem, et feceris ædificationem Dei, veniet

---

ª Verba, *cujus odor*, in veteri edit. non sunt. Regin. ms., *cui benedixit.* Quædam levioris momenti supra ex eodem castigantur.

ᵇ Deerat *post* vocula, quam mss. supplent.

ᶜ Vetus edit. cum Cisterciens. ms.; *ad percipiendas Scripturas.*

ᵈ Vulgati ante Martian. ἀπὸ τοῦ ὀξέως δέρκειν. Malim dumtaxat ὀξυδέρκειν uno verbo. Elegantissime autem noster Zeno Sermon. de Præcepto, *Attende tibi,* paulo post initium: *Damula*, inquit, *non incurrit in laqueum, pro eo quod dicitur visum acutissimum gerere. Unde et nominis sui etymologiam servatur in Græcis.* Cæterum receptæ opinioni Scaliger refragatur ad lib. II Aristotel. de Animal., com. 130, ubi *damam* vult dici πρόκα, prout eam appellat Stagirites, consentiente in sua versione Theodoro. — *Id est,* ὀξυδερκέστερον. Pessime in antea editis libris Græca isthæc confingunt Erasmus et Marianus, *id est*, παρὰ τὸ ὀξέως δέρκειν. Nos genuina restituimus subsidio vetustissimorum exemplarium manuscriptorum quæ constanter retinent nomen Græcum ὀξυδερκέστερον, nempe a primitivo ὀξυδερκής, id est acutum cernens, acie oculorum acri præditus, perspicax. Unde ὀξυδερκέστατος apud Herodotum. MARTIAN.

ᵉ Addunt Regin. ms. et vetus edit., *tu contrivisti* (Al. *confregisti*) *capita draconis*. Levia quædam nos supra atque infra e mss. emendamus.

ᶠ Regin. ms., *fratruelis ejus capreæ*, etc.

post parietem ª tuum, *prospiciens per fenestras.* Una fenestra, unus est sensus : per hunc prospicit sponsus. Alia fenestra, alius est sensus : et per hunc sponsus sollicite contuetur. Per quos enim sensus non prospicit sermo Dei? Quid sit autem prospicere per fenestras, et quomodo per eas sponsus aspiciat, sequens docebit exemplum. Ubi non prospicit sponsus, ibi mors invenitur ascendens, ut legimus in Jeremia. *Ecce mors ascendit per fenestras* ᵇ *vestras (Jerem.* IX, 21). Quando videris mulierem ad concupiscendum eam, jam mors ascendit per fenestras tuas. *Eminens per retia.* Intellige, quia in medio laqueorum ambulas, et subtus machinas transeas imminentes. Omnia retibus plena sunt : diabolus laqueis cuncta complevit. Si autem venerit tibi sermo Dei, et cœperit eminere de retibus, dicens : *Anima nostra sicut passer erepta est de laqueo venantium : laqueus contritus est, et nos liberati sumus (Psal.* CXXIII, 7). *Benedicti nos* [Al. *vos*] *a Domino, qui fecit cœlum et terram (Psal.* CXIII, 15). Eminet igitur sponsus per retia tibi viam faciens. Jesus descendit ad terras, subjecit se retibus mundi. Videns magnum hominum gregem retibus **530** impeditum : nec eum ab alio, nisi a se posse conscindi, venit ad retia, assumens corpus humanum, quod inimicarum fortitudinum laqueis tenebatur, ea tibi dirupit, ᶜ et loqueris : *Ecce hic retro post parietem nostrum, prospiciens per fenestras, eminens per retia.* Cum eminuerit, dicit tibi : Respondet fratruelis meus, et dicit : Surge, veni, proxima mea, viam tibi feci, conscidi retia : sic veni ad me, proxima mea :

Surge, veni, proxima mea, speciosa mea, columba mea. Cur ait, Surge? Cur propera? Ego pro te sustinui rabiem tempestatum ; ego fluctus, qui tibi debebantur, excepi. Tristis est facta anima mea propter te usque ad mortem (*Matth.* XVI, *et Marc.* XIV). Surrexi a mortuis, fractis mortis aculeis, et inferni vinculis dissolutis, ideo dico tibi : *Surge, veni, proxima mea, speciosa mea, columba mea : quia ecce hyems transivit, pluvia abiit sibi, flores visi sunt in terra.* Ego a mortuis surgens, tempestate compressa, tranquillitatem reddidi. Et quia secundum dispensationem carnis ex Virgine, et voluntate Patris crevi, et sapientia et ætate profeci, *flores visi sunt in terra, tempus* ᵈ *sectionis adest.* Sectio, remissio peccatorum est. Omnem enim ramum, ait, in me manentem et afferentem fructum, Pater meus mundat, ut fructus majores afferat (*Joan.* XV). Habeto fructus, et priora quæ in te infructuosa [Al. *fructuosa*] sunt, auferentur. Tempus quippe sectionis adest.

Vox turturis audita est in terra nostra. Non sine causa in sacrificiis assumitur par turturum, aut duo pulli columbarum : nam idem valent, et numquam dictum est separatim, par tantummodo columbarum : sed par turturum, et duos pullos columbarum (*Levit.* I, v, XII *et* XIV, *ac Luc.* II). Columba, Spiritus Sanctus est. Spiritus autem Sanctus, quando de magnis et occultioribus Sacramentis, et quæ multi capere non possunt, loquitur, in turturis appellatione signatur, id est, in ejus avis, quæ semper in montium jugis, et in arborum verticibus commoratur; in vallibus autem, et his quæ ad homines usque perveniunt, columba assumitur. Denique **531** Salvator, quia hominem est dignatus assumere, et venit ad terras, multique tunc circa Jordanem peccatores erant : idcirco Spiritus Sanctus non in turturem vertitur, sed columba fit. ᵉ Inter nos, propter hominum multitudinem, avis mansuetior conversatur. Turtur autem videtur, verbi gratia, ᶠ Moysen et unumquemlibet intelligere prophetarum recedentium in montes et deserta, et ibi accipientium sermones Dei. *Vox ergo turturis audita est in terra nostra. Ficus produxit grossos suos. A ficu cognoscite parabolam. Cum ramus ejus tener factus fuerit, et folia miserit, scitote quia juxta est æstas.* Vult nobis Dei eloquium nuntiare, post hyemem, post procellas, animarum appropinquasse messem, et ait :

Ficus produxit grossos suos, vites florescunt, dederunt odorem. Si vites jam rumpuntur in florem, tempus adveniet, et erunt uvæ. Surge, veni, proxima mea, speciosa mea, columba mea. Hæc quæ superius exposuimus, ᵍ sponsus, non audientibus adolescentulis, sed sola sponsa audiente, loquitur. Volumus autem et ipsius jam audire sermonem loquentis ad sponsam.

Surge, veni, proxima mea, columba **532** *mea, et veni, columba mea, sub tegmine petræ.* Et Moyses sub tegmine petræ ponitur, ut videat posteriora Dei in tegmine antemuralis (*Exod.* XXXIII). Primum veni ad id quod ante murum est, et postea poteris introire ubi murus est petræ. *Ostende mihi faciem tuam.* Usque ad præsentem diem similia dicuntur ad sponsam. Necdum enim habebat fiduciam, ut revelata facie gloriam Domini contempletur. Quia vero jam ornata est atque composita, dicitur ei : *Ostende mihi faciem tuam.* Nondum enim erat vox ejus ita suavis, ut mereretur ei dici : *Audire me fac vocem tuam.* Quando ergo didicit loqui? Tace enim, et audi, Israel : et scies [Al. *scito*] quid loquatur Dominus. Et suavis facta est vox ejus sponso, secundum illud propheticum : *Suavis fiat ei postulatio mea.* Tunc ad eam sponsus effatur : *Et audire me fac vocem tuam : quia vox tua suavis est (Cant.* II, 14). Si aperueris os tuum Verbo Dei; dicet tibi sponsus : *Vox tua suavis* rum, etc. Martian. in aliis exemplaribus inveniri annotat, *Moyses et unusquisque intelligi prophetarum.*— *Turtur autem videtur, verbi gratia,* etc. In aliis exemplaribus, *Turtur autem videtur, vergi gratia. Moyses et unusquisque intelligi prophetarum.* MARTIAN.

ᵍ Perperam Regin. ms. *Sponsa, non audientibus adolescentulis, et sola sponsa audiens loquitur.*

ª Idem, *post parietem nostrum, prospiciens,* etc. , et mox verba *per hunc prospicit sponsus,* ignorat.
ᵇ Idem, *per fenestras nostras. Quando,* etc.
ᶜ Cisterciens., *dirupit, ut loqudris.*
ᵈ Regin. ms., *tempus putationis adest.*
ᵉ Victor., *quæ inter nos exemplarium ope reponit.*
ᶠ Alio sensu in veteri editione, *Turtur autem videtur, verbi gratia, Moysi et unicuilibet propheta-*

est, aspectus tuus speciosus. Quapropter consurgentes, deprecemur Dominum, ut digni efficiamur sponsi sermone, sapientia Christi Jesu, cui est gloria, et imperium in sæcula sæculorum. Amen. [a]

[a] Subnectit Vallars. ex aliis ed. *Explicit Expositio Origenis de Cantico Canticorum, quam* (Al. quod) *B. Hieronymus de Græco sermone in Latinum transtulit. Amen.* EDIT.

APPENDIX

TOMI III OPERUM

S. EUSEBII HIERONYMI

IN EDITIONE VALLARSIANA.

Pars prima.

IN QUA LIBRI NOMINUM HEBRAICORUM INTERPRETATIONES GRÆCÆ RECENSENTUR.

ADMONITIO.

Subnexæ Farraginis Græcarum Λέξεων ms. *exemplar in Parisiensi bibliotheca Regia nactus est Martianæus, et publici juris primus fecit, et de ejus raritate ac præstantia multis disseruit. Et vero fecit operæ pretium, Hieronymiano libro de Hebræorum Nominum interpretatione hæc quoque veterum Græcorum Fragmenta annectens, et cum primis duo integra Origenis Lexica : siquidem jam liceat ex illorum sensu rationes vocum expendere, ad quorum judicium, cum ejus libri versionem Hieronymus adornaret, suam sæpe fidem liberavit. Verum tam et multa, et gravia insederant in illo exemplari Græculi amanuensis vitia, trajectiones, lacunæ, ut negotium sæpe facesserent Benedictino editori, qui tenues ex litterarum vicinitate conjecturas supponere necesse habuit : reque ipsa nisi alterius codicis ms. ope emendari potuissent, utilitatis exiguæ ad illas etymologias explicandas, componendasque cum Hieronymiana interpretatione videbatur. Meliori hac uti fortuna, quod summopere in votis erat, mihi datum est Vaticanos pluteos sedulo pervestiganti, cui non antiquius solum, aut paulo dumtaxat emendatius, sed longe præstantissimum exemplar membranaceum occurrit, quod et hæc ipsa glossemata rectius longe exhibet, et pleraque alia sacrorum Nominum, quæ nondum in lucem prodierunt, adtexit : denique multis argumentis ipsum se prodit esse archetypum, ex quo Regius liber exceptus est, tametsi in plerisque, quod usuvenire solet exscriptoris inscitia, eum male referat. Est porro idem ipse codex, qui Eusebii librum* περὶ τῶν Τοπικῶν ὀνομάτων, *sive de Locis Palæstinæ continet, de cujus eximia raritate diximus in Præfatione; fuitque olim celeberrimi cardinalis Sirleti, quod ipse manu propria in prioris paginæ albo testatus est : nunc in Vaticana bibliotheca num.* 1450 *denotatur. Ex hoc igitur novo quodam autographo libellos istos ex integro repræsento, ipsamque adeo Latinam interpretationem, quam Martianæus adornaverat, ad hanc amussim sæpe sæpius exigo et castigo. Continuo ejus Annotationes subnecto, non, quemadmodum in cæteris libris factum est, ac perpetuo deinceps fiet, eas quoque ad tomi calcem rejicio, cum enim oppido multæ sint, ac subinde reliquis diligentiores, ipso etiam periculo didici, si longius amandarentur, ex earum occursu, quæ in cognominem librum Hieronymianum scriptæ sunt, confundi bonos lectores posse. Meas Saracenicis notis distinctas adjungo, quæ si pauciores fortasse videantur, quam Nominum istorum ratio atque obscuritas postulent, scias, et nihil me præter mss. fidem pertentare, et eamdem subdititiis libris ac genuinis operam non impendere : nulli denique industriæ nostræ tenuitate præripi locum restituendi; si qua desint, aut meliora reponendi, si inventa fuerint.*

GRÆCA FRAGMENTA
LIBRI
NOMINUM HEBRAICORUM

Ex Regio mss. 772, vel 2282, primum a Martianæo edita,
Ex Vaticano 1450 multum emendatiora,

LATINE REDDITA
AC HIERONYMIANÆ INTERPRETATIONI COMPARATA.

FRAGMENTUM PRIMUM.

Interpretatio Latina.	Codex Vaticanus.	Hieronymus.
INTERPRETATIO Nominum Hebraicorum contentorum in Scriptura divinitus inspirata.	ΕΡΜΗΝΕΙΑ Τῶν ἐν τῇ θεοπνεύστῳ γραφῇ ἐμφερομένων Ἑβραϊκῶν Ὀνομάτων.	LIBER NOMINUM Hebraicorum Scripturæ sacræ.
Adam, testificatio, vel terrenus, vel homo, aut humus, aut sanguis, vel terra carnea, vel rubra.	Ἀδάμ, μαρτυρία, ἢ γηγενὴς, ἢ ἄνθρωπος, ᵃ ἢ χοῦς, ἢ αἷμα, ἢ γῆ σαρκουμένη, ἢ ἐρυθρά.	Adam, homo, sive terrenus, aut indigena, vel terra rubra.
Abel, ex Deo.	Ἄβελ ¹, ἀπὸ Θεοῦ.	Abel, luctus, sive vanitas, vel vapor, aut miserabilis.
Cain, possessio, vel invidia.	Καῒν, κτῆμα, ἢ ζηλοτυπία.	Cain, possessio, vel lamentatio.
DE SEM.	ΕΚ ΤΟΥ ΣΗΜ.	
Abraham, pater misericordiarum.	Ἀβραάμ, πατὴρ οἰκτιρμῶν.	Abraham, pater videns populum.
Abram, transitor.	Ἀβράμ ᵇ, περάτης.	Abram, pater excelsus.
Rubin, spiritus Dei.	Ῥουβὶν ², πνεῦμα Θεοῦ.	Ruben, videns filius, vel videns in medio.
Simeon, obaudiens.	Συμεών, ὑπακούων.	Simeon, exauditio, vel nomen habitaculi.
Levi, mei recordabitur.	Δευΐ ³, ὑπὲρ ἐμοῦ ᶜ μνησθήσει.	Levi, additus, sive assumptus.

¹ Monemus lectorem studiosum, multos esse errores ac defectus in manuscripto Græco, qui sæpius peccat in notando accentu vel spiritu, in distinctione verborum, vel scriptione syllabarum. Exempli gratia nomen Abel scripsit cum accentu acuto in prima syllaba Ἄβελ: quodque pejus est, ejus etymologiam ita confundit cum nomine Cain : Ἄβελ: ἀπὸ Θεοῦ Καῒν κτῆμα ἢ ξυλοπία. Ubi vides non uno modo depravatam esse lectionem, et interpretationem nominis Cain, quam ex alio Fragmento supplendam non dubitavi, quia distincte ζηλοτυπία scriptum ibi legimus.

Quare autem *Abel* Græci interpretentur ἀπὸ τοῦ Θεοῦ, *ex Deo*, vel *a Deo*, non aliam conjicio causam præter Philonis Judæi sermones, a quo didicerunt, Abel typum esse pii dogmatis, a Deo bonorum omnium largitore descendentis, unde ἀπὸ τοῦ Θεοῦ dictus est; sicut etiam *referens ad Deum* interpretatur apud eosdem Græcos scriptores, qui hujusmodi etymologias, vel potius typicas significationes, edocti sunt a Philone. Cui conjecturæ suffragatur præcipue duplex locus ejusdem auctoris, nam conceptis verbis hæc de Abele leguntur libro de sacrificiis Abelis et Caini p. 137, ὁ τὰ ἄριστα ἐπὶ τὸν θεὸν ἀναφέρων

ᵃ Verba ἢ χοῦς, sive *humus*, deerant in Reg. ms. eaque suffecimus ex Vaticano. Vide infra tertium Fragmentum. Quod porro αἷμα, *sanguis*, interpretatur, probant quoque Paula et Eustochium Epist. inter Hieronymianas 46: *Secundus Adam, id est, Sanguis Christi de cruce stillans*, etc.

A Ἄβελ, ποιμὴν κέκληται, *Abel qui quicquid optimum est refert ad Deum, pastor vocatur.* Idem legas lib. Quod det. potiori insid. soleat. p. 161, ὁ μὲν γὰρ Ἄβελ ἀναφέρων ἐπὶ θεὸν πάντα, φιλόθεον δόγμα, *Abelis enim ad Deum referentis omnia, pium dogma.* Eadem auctoritate suffulti nomen Abelis scribere solent ante Caini, licet majoris, vocabulum: quia virtutem ac pietatem præcedere vitiis Philo docebat lib. de Sacrificiis Abel's et Caini, p. 152.

² Non mireris quod *Ruben* Græci interpretentur *Spiritum Dei*; siquidem nomen illud scribebant corrupte Ῥουβὶλ, *Rubel*, ut ex Lex. Origen. infra probatum exsiat.

³ *Levi* לוי non significat *mei recordabitur*, sed *mihi adhærebit*, ex radice לוה *lava*, id est, *adhæsit*. Puto autem codicem manuscriptum esse corruptum, et pro μνησθήσει, legendum μνηστεύσει, a verbo μνηστεύω, id est, *nuptias ambio;* quod optime convenit B suum Levi. Nam teste Hieronymo hunc sensum ex Hebræo ילוה *illave* eliciebant veteres interpretes ac Hebræorum doctores. Consule Quæst. Hebr. in Genesim.

ᵇ Malim ego rescribi Ἔβερ, *Eber*, qui proprie, *transitor,* interpretatur, pro Ἀβρὰμ, cui minime hoc etymon quadrat. Hieron., *Eber, transitorem.*

ᶜ Vatic. μισθός, quod est *merces* : sive pro me *merces.*

Interpretatio Latina.	Codex Vaticanus.	Hieronymus.
Judas, confitens, id est, laudans	Ἰούδας, ἐξομολογητής.	Judas, laudatio, sive confessio.
Issachar, merces.	Ἰσάχαρ, μισθός.	Issachar, est merces.
Zabulon, donum.	Ζαβουλών, δῶρον.	Zabulon, habitaculum eorum, etc., vel fluxus noctis.
Dan, judicium.	Δάν, κρίσις.	Dan, judicium, vel judicans.
Nephthalim, latitudo.	Νεφθαλείμ, πλατυσμός.	Nephthali, conservavit me, vel dilatavit me, vel certe implicuit me.
Gad, prædonum receptaculum.	Γάδ, πειρατήριον.	Gad, tentatio, sive latrunculus, vel fortuna.
Aser, divitiæ, aut beatus.	Ἀσήρ, [1] πλοῦτος, ἢ μακάριος.	Aser, beatitudo, sive beatus.
Joseph, opprobrii ablatio.	Ἰωσήφ, ὀνείδου ἀφαίρεσις.	Joseph, augmentum.
Benjamin, filius doloris.	Βενιαμίν, τέκνον ὀδύνης.	Benjamin, filius dextræ.
Rebecca, lætitia.	Ῥεβέκκα, χαρά.	Rebecca, multa patientia, sive multum accepit.
Rachel, ovis.	Ῥαχήλ, πρόβατον.	Rachel, ovis, vel videns principium.
Climax, sermo Dei.	Κλίμαξ [2], ὁ λόγος τοῦ Θεοῦ.	
Sepphora, gaudium et pulchritudo.	Σεπφόρα, χαρά καί κάλλος.	Sephora, avis ejus, vel pulchritudo, etc.
Marsippion, assensus.	Μαρσίππιον, τὸ πείθεσθαι.	
Opelos, ingluvies.	Ὀπηλός, γαστριμαργία.	
Plintho, scortationi.	Πλίνθῳ, τῇ πορνείᾳ.	
Bethleem, domus vitæ, vel domus sancti, aut domus panis.	Βηθλεέμ [3], οἶκος ζωῆς, ἢ οἶκος ἅγιου, ἢ οἶκος ἄρτου.	Bethleem. Hujus non meminit hoc loco.
Bethphage, domus occursus.	Βηθφαγή, οἶκος ἐπιτυχίας.	Bethphage, domus oris vallium, vel domus buccæ.
Bethania, domus gloriæ.	Βηθανία, οἶκος δόξης.	Bethania, domus afflictionis ejus, vel domus obedientiæ.
Bersabee, filia fortis.	Βηρσαβεέ, θυγάτηρ δυνατοῦ.	Bethsabee, filia juramenti.
Sara, subdita.	Σάρα, ἀρχομένη.	Sarai, princeps mea.
Sarra, princeps.	Σάρρα [a], ἀρχουσα.	Sara, princeps.
Debora, apis.	Δεβόρα, [b] μέλισσα.	Debora, apis, sive eloquentia.
Moyses, mens, vel pius, aut indagatio domini.	[c] Μωϋσῆς [4], νοῦς, ἢ εὐσεβής, ἢ ἔρευνα κυρίου.	Moyses, attrectans, sive palpans, aut sumptus ex aqua, sive assumptio.
Aaron, videns visionem.	Ἀαρών, ὁρῶν ὅρασιν.	Aaron, mons fortitudinis, sive mons fortis.
Gedeon, tentator injustitiæ.	Γεδεών, πειράζων [d] ἀδικίας.	Gedeon, circumiens in utero, sive tentatio iniquitatis eorum.

[1] De hac etymologia nominis *Aser* sic nos monuit Hieronymus: *Male additæ sunt divitiæ, id est, πλοῦτος; cum etymologia nominis Aser Scripturæ auctoritate pandatur, etc. Aser ergo non divitiæ, sed beatus dicitur, etc.*

[2] Nomen Κλίμαξ cum tribus sequentibus, Μαρσίππιον scilicet, Ὀπηλός, et Πλίνθω, nullatenus pertinent ad sermonem Hebræum; sed puræ sunt Græcæ dictiones; quæ apud vulgus Græcorum usurpari potuere proverbialiter juxta sensum verbis singulis affixum, ita ut *sermo Dei* per metaphoram sit κλίμαξ, id est, *scala*, Gen. XXVIII, 12, per quam ascendunt homines ad Deum. Μαρσίππιον vero, sive *Marsupium*, Proverb. I, 14, *consensum* significet secundum adagium illud, *pecuniæ obediunt omnia*. Denique duobus aliis vocabulis vitia intemperantiæ coarguuntur, quæ in typo præcesserunt in operibus *luti*, et *lateris*, quibus Ægyptii serviliter Hebræos aliquando premebant, Exodi 1, 14. Non omitto Μαρσίππιον fol. 41 codicis ms. Regii aliter interpretatum, nempe: Μαρσίππιον, βαλάντιον, id est, *Marsupium*, *crumena*.

[3] *Bethleem* nomen juxta proprietatem linguæ Hebraicæ interpretatur *domus panis*; aliæ etymologiæ a Græcis sunt copulatæ propter Christum Dominum in Bethleem natum. Subit autem animo haud mediocris admiratio, cur nomen Bethleem prætermissum sit ab Hieronymo in libro Hebraicorum Nominum, etsi legatur in omnibus fere voluminibus veteris ac novi Testamenti. Forte id causæ est, quod ipse indicat lib. Quæst. Hebr. in Genesim : *Ephrata vero et Bethleem*, inquit, *unius urbis vocabulum est*, *sub interpretatione consimili. Siquidem in frugiferam, et in domum panis vertitur, propter eum panem, qui de cœlo se descendisse dicit*. Non recenset igitur nomen Bethleem, quia Ephratam sæpius interpretatur.

[4] E Philonis operibus mutuati sunt Græci etymologias sive interpretationes nominis Mosis, quæ minime ipsi conveniunt juxta fidem elementorum, aut rationem Hebræi sermonis. *Mens* igitur dictus est Moses apud Philonem lib. de Nominum mutatione p. 1077, Μωϋσῆς μὲν ἐστι νοῦς ὁ καθαρώτατος, Ἀαρῶν δὲ λόγος αὐτοῦ, *Moses quidem est mens purissima*, *Aaron autem sermo ejus*. Sic et εὐσεβής sæpius nominatur apud eumdem Philonem; *Deique inspector* libro mox laudato p. 1045, qui *omnia per cuncta scrutatus sit : πάντα διὰ πάντων ἐρευνήσεις*. Idem erit judicium de aliis pluribus nominibus, quæ non juxta proprietatem linguæ, sed juxta symbolicas significationes interpretata noscuntur.

[a] Ita cum duplici ρ alterum Σάρρα legit Vatican. Vide quæ annotavimus in Quæstion. in Genes. pag. 351.

[b] Corrupte Reg. ms., ἔλισσα, unde Martian. Latine, *congregans*, *sive coarctans*. Emendat Vatic. μέλισσα, *apis*.

[c] E regione nominis *Moysis* litteris majoribus isthæc apponuntur in Vatic. verba ex Epist. ad Hebræos XI, 23, γεννηθεὶς ἐκρύβη τρίμηνον, id est, *natus occultatus est tribus mensibus*, quæ ex Regio ms. subsequenti Epigraphe Nominum Prophetarum Martianæus præposuit, et non suo loco confundi in subnexa annotatione queritur.

[d] Vatican. ἀδικίαν.

GRÆCA FRAGMENTA LIBRI NOMINUM HEBRAICORUM. FRAGM. I.

Interpretatio Latina. — *Codex Vaticanus.* — *Hieronymus.*

NOMEN PROPHETARUM.	[1] ΟΝΟΜΑ ΠΡΟΦΗΤΩΝ.	NOMINA PROPHETARUM.
Osee, obumbrans, vel custos.	Ὠσειέ, σκιάζων, ἢ φύλαξ.	Osee, salvans, vel salvatus, aut salvator.
Amos, validus, vel fidelis, vel populum avellens.	[2] Ἀμώς [a], καρτερός, ἢ πιστός, ἢ λαὸν ἀποσπῶν.	Amos, fortis, sive robustus, vel populus avulsus, sive populum avellens.
Michæas, quis iste rex?	Μιχαίας, τίς οὗτος βασιλεύς;	Michæas, quis hic? vel quis iste?
Joel, dilecti Dei, et primitiæ Dei.	Ἰωήλ, ἀγαπητοῦ θεοῦ, [b] καὶ ἀπαρχὴ θεοῦ.	Joel, incipiens, vel est deus, vel dei.
Abdiæ, serviens Domino.	Ἀβδιού, δουλεύων κυρίῳ.	Abdia, servus Domini.
Jonas, columba.	Ἰωνᾶς, περιστερά.	Jona, columba vel dolens.
Naum, consolatio.	Ναούμ [c], παράκλησις.	Nahum, consolator.
Ambacum, pater suscitans.	Ἀμβακούμ, πατὴρ ἐγείρων.	Abacuc, amplexans.
Sophonias, intelligentem ipsum.	Σοφωνίας, συνιέντα αὐτόν.	Sophonias, abscondens eum.
Aggæus, festum agentis.	Ἀγγαῖος, ἑορτάζοντος.	Aggæus, festum, sive solemnis.
Zacharias, victor leo.	Ζαχαρίας, νικητὴς λέων.	Zacharias, memoria Domini, vel memor Domini.
Malachias, angelus, vel salus domini.	Μαλαχίας, ἄγγελος, ἢ σωτηρία κυρίου.	Malachia, angelus Domini, vel meus.
Esaias, salus Domini.	Ἡσαΐας, σωτήριον κυρίου.	Isaias, salus Domini.
Hieremias, excelsus Domini.	Ἱερεμίας, ὑψούμενος κυρίου.	Jeremjas, excelsus Domini.
Baruch, benedictio, vel benedicite.	Βαρούχ, εὐλογία, ἢ εὐλογεῖτε.	Baruch, benedictus.
Jezechiel, fortitudo Dei.	Ἰεζεκιήλ, κράτος θεοῦ.	Ezechiel, fortitudo Dei, vel apprehendens.
Daniel, judicium ejus forte.	Δανιήλ, κρίσις αὐτοῦ ἰσχυρά.	Daniel, judicium Dei, vel judicat me Deus.
Seraphim, spiritus resurrectionis, vel incendentes repræsentat, aut ardentes.	Σεραφίμ [3], πνεῦμα ἀναστάσεως, ἢ ἐμπρηστὰς ἐμφαίνει, ἤτοι θερμαίνοντας.	Seraphim, ardentes, vel incendentes.
Cherubim, scientia multiplicata, vel alæ, aut effusio sapientiæ.	Χερουβίμ [4], ἐπίγνωσις πεπληθυμμένη, ἢ πτέρυγες, ἢ χύσις σοφίας.	Cherubim, quasi plures, aut vermiculata pictura, vel scientiæ multitudo.
Amen, credidi quod vere ita sit.	Ἀμήν, [d] πεπίστευμαι ὡς ἀληθῶς.	Amen, vere, sive fideliter.
Alleluia, glorificate eum, qui est, sive Dominum.	Ἀλληλούια, αἰνεῖτε τὸν ὄντα, ἤτοι τὸν κύριον.	Alleluia, laudate Dominum.
Michael, dux exercitus ex Deo.	Μιχαήλ, στρατηγὸς ἀπὸ θεοῦ.	Michael, quis ut Deus?
Gabriel, adolescentulus Dei.	Γαβριήλ, νεανίσκος θεοῦ.	Gabriel, confortavit me Deus, vel fortitudo Dei, vel virtus mea Deus.
Uriel, ignis Dei.	Οὐριίλ, πῦρ θεοῦ.	Uriel, lux mea Deus.
Raphael, spiritus Dei.	Ῥαφαήλ [5], πνεῦμα θεοῦ.	

---

[1] Hic locus maxime depravatus est ab exscriptore, A qui verba Epist. ad Hebræos cap. XI, 23, γεννηθεὶς ἐκρύβη τρίμηνον, id est, *natus occultatus est tribus mensibus*, omnino disturbavit, et cum epigraphe ad no mina Prophetarum apposita hoc modo confundit, corrupteque describit: γεννηθὴς ἐκρύβη τρίμηνον, ὄνομα προφητῶν. Quod ita positum nulla ratione aut sensu explicari potest. Unde alium recentiorem scriptorem æque imperitum in hunc errorem induxit, ut putaret genealogiam Prophetæ Osee ac reliquorum esse notatam. Quare hæc ab eo scripta leguntur in margine cum linea transversa inter vocabula Osee et Amos: Ὅ τίς ὁ προφήτης υἱὸς Βαραχίου, καὶ ὁ τοῦ προδρόμος, υἱὸς Βάραχ, φυλῆς Λευΐ, καὶ πάλιν Ἔσδρας ὁ καὶ Σαλαθιὴλ ἱερεὺς πατὴρ Ζοροβάβελ, ὃς ἦν υἱὸς Ἰεχονίου· τοῦτον ἀπέστειλε Ναβουχοδονόσορ ὁ βασιλεὺς μετὰ τὸν νόμον πρὸς τοὺς ἐγκαθέτους Σαμαρείᾳ τὰ δ᾽ ἔθνη· οἱ καὶ ἐκρύβωσα εἴδωλα αὐτῶν· ἐστὶ δὲ καὶ ἄλλος Ἔσδρας. Absurdum adeo ac falsum scholion indignum censeo Latina interpretatione: sed Lectorem monitum velim, verba Epistolæ ad Hebræos scribenda esse cum B nomine Mosis; vel e regione ipsius; de Mose enim scriptum est quod *natus occultatus sit tribus mensibus*.

[a] Martian. ex Regio ms. mendose, Ὡμώς, *Omos*. In Vatic. ad marginem idem additur glossema, quod et Martian. repræsentat: quæ vero ille in describendo peccat, ita corrigito, ὅτι καὶ ὁ προφήτης, pro ὅ τίς ὁ, tum; Ἰεχονίου; pro Ἰχονίου, et μετὰ τοῦ νόμου, pro τὸν νόμον.

[b] Suffecimus ex Vaticano verba καὶ ἀπαρχὴ Θεοῦ,

[2] Nomina corrupta in Græco codice ms. facile internoscuntur ex comparatione eorum quæ leguntur apud Hieronymum in adversa columna, ut Ὡμώς pro *Omos* hic pro *Amos*, *Ambacum* pro *Abacuc*, etc. Similium igitur corruptelarum otiose deinceps recordaremur, cum perspicuæ sint, ut diximus, ex comparato Hieronymo.

[3] Seraphim proprie interpretantur *incendentes*, vel *ardentes*, a verbo שרף, *Saraph, combussit*, et *incendit*. Cum ergo dicuntur *spiritus stationis*, aut *resurrectionis*, id magis spectat eorum officium. *Seraphim stabant super illud* Isai. VI, 2, quam nominis etymologiam.

[4] Quia *Cherubim* toti alati repræsentari solent cum vermiculata pictura, ideo apud Græcos *alæ* dicuntur, apud Latinos autem *pictura vermiculata*.

[5] Angeli Raphaelis nomen additum est a Græcis Scriptoribus, sumptum e libro Tobiæ, cujus nomina nec Philo, nec Hieronymus recenset in opusculo de Nominibus Hebraicis. De præcedenti porro nomine B Uriel, et hoc notandum, quod nomen sit Angeli apud Rabbinos et Hæreticos veteres, sub qua ratione non interpretatur ab Hieronymo, sed quia id nominis habuerunt haud pauci homines in Scriptura sacra.

atque adeo in Latino, *et primitiæ Dei*.

[c] Erat Ναόμ, et *Naom*, mendose.

[d] Ita ms. uterque habet; nec proinde assentior Clerico conjicienti legendum πεπίστευμένως ἀληθῶς: quemadmodum Suidas legit. Leviora quædam infra emendamus ad Vaticani exemplaris fidem.

Interpretatio Latina.	Codex Vaticanus.	Hieronymus.
Eliezer, Dei auxilium.	Ἐλιέζερ, θεοῦ βοήθεια.	Eliezer, Deus meus adjutor.
Galilæa, revelatio.	Γαλιλαία, ἀποκάλυψις.	Galilæa, volutabilis, sive rota, aut transmigrati, perpetrata.
Jechonias, purus.	Ἰεχονίας, καθαρός.	Jechonias, præparans, sive præparatio domini.

XII APOSTOLORUM NOMINA.

ΤΩΝ ΙΒ΄ ΑΠΟΣΤΟΛΩΝ ΟΝΟΜΑΤΑ.

XII APOSTOLORUM NOMINA.

Petrus, dissolvens, vel agnoscens.	Πέτρος ἐπιλύων, ἢ ἐπιγνούς.	Petrus, agnoscens, sive dissolvens.
Paulus, mirabilis, sive electus consiliarius.	Παῦλος, θαυμαστός, ἢ ἐκλεκτὸς σύμβουλος.	Paulus, mirabilis, sive electus.
Matthæus, donatus.	Ματθαῖος, δεδωρημένος.	Matthæus, donatus quondam.
Matthias, donum Dei.	Ματθίας, δόμα θεοῦ.	Matthias, donum Dei.
Marcus, excelsi mandato.	Μάρκος, ὑψηλοῦ ἐντολῇ.	Marcus, excelsus mandato.
Lucas, ipse resurgens, vel excitans.	Λουκᾶς, αὐτὸς ἀνιστῶν.	Lucas, ipse consurgens, aut ipse elevans.
Joannes, gratificatus fuit. Joannes, in quo est gratia Dei.	Ἰωάννης, ἐχαρίσατο [a] Ἰώ, ὅ ἐστι χάρις θεοῦ.	Joannes, in quo est gratia, vel Domini gratia.
Andreas, virtus decore eximia, vel respondens.	Ἀνδρέας, δύναμις εὐπρεπής, ἢ ἀποκρινόμενος.	Andreas, decus in statione, vel respondens pabulo; sed hoc violentum.
Jacobus Alphæi, supplantatio disciplinæ vitæ.	Ἰάκωβος Ἀλφαίου, πτερνισμὸς μαθήσεως ζωῆς.	Jacobus Alphæi, supplantator millesimus, sive super os.
Jacobus, supplantator laboris.	Ἰάκωβος, πτερνιστὴς πόνου.	Jacobus, supplantans.
Philippus, os manuum, vel os lampadis.	Φίλιππος, στόμα χειρῶν, ἢ στόμα λαμπάδος.	Philippus, os lampadis, {vel os manuum.
Bartholomæus, filius suspendens aquas.	Βαρθολομαῖος, υἱὸς κρεμάσας ὕδατα.	Bartholomæus, filius suspendentis aquas.
Thomas, abyssus, vel geminus.	Θωμᾶς, ἄβυσσος, ἢ δίδυμος.	Thomas, didymus, id est, geminus, vel abyssus.
Ananias, glorificans.	Ἀνανίας, δοξάζων.	Ananias, gratia Dei.
Azarias, videns leo.	Ἀζαρίας, βλέπων λέων.	Azarias, auxilium Dei.
Misael, quomodo resurgat Deus?	Μησαήλ, πῶς [1] ἀνιστᾷ [b] ὁ θεός.	Misael, quæ est salus Dei?
Ephod, manifestatio, et veritas.	Ἐφούδ [2], δήλωσις, καὶ ἀλήθεια.	Ephod, superindumentum, quod Græce dicitur ἐπένδυμα, sive ἐπωμίς.
Jesus, salvator, perfectus.	Ἰησοῦς, σωτήρ, [3] ἀνούμενος.	Jesus, salvator, vel salvans.
Heliu, fortis Domini.	Ἡλιού, ἰσχυροῦ [4] αὐθέντου.	Eliu, Deus meus iste.
Elisæus, Dei virtus.	Ἐλισσαῖος, θεοῦ δύναμις.	Elisæus, Dei mei salus.
Zacchæus, victor.	[5] Ζακχαῖος, νικητής.	Zacchæus, justificatus, aut justus, vel justificandus. Syrum est, non Hebræum.
Cades, sanctificatio.	Κάδης, ἁγιασμός.	Cades, sancta, vel mutata.
Cadon, sanctæ.	Κάδων, ἁγίας.	Cades, commutans, sive sanctus.
Sigor, humilitas.	Σίγωρ, ταπείνωσις.	Segor, parva, vel meridiana.
Sion, specula, vel domus spiritus.	[6] Σιών, σκοπευτήριον, ἢ οἶκος τοῦ πνεύματος.	Sion, specula, vel mandatum, sive irritum, vel scopulus.

[1] Melius, ni fallor, legeretur in Græco ἀνιστᾷ, resurgat, vel quid simile. Latina porro Hieronymi restituimus ad fidem codicum mss. Gemeticensis monasterii, Fiscanensis, S. Ebrulphi Uticensis, et S. Martini Sagiensis, qui omnes retinent genuinam lectionem, quæ est salus Dei? Editi autem cum mss. Exemplaribus, Regio uno, duobus Colbertinis, et cum aliis pluribus depravate legunt, quæ palus Domini? Neque vero ex nomine מישאל, Misael, paludis significatio elici potest, sed salutis; ita tamen ut nomen figuratum intelligatur ex מי, mi, id est, quæ, יש, jes, est, ישע jasa, salvavit, et אל, el, Deus.

[2] Nulla est etymologia nominis Ephod in Græco, vel in Latina interpretatione nostra. Ephod namque non significat manifestationem, aut veritatem; sed

A in Rationali Judicii positum erat, sive scriptum האורים והתמים haurim vehattumim, id est, doctrina et veritas, Exodi XXVIII, 30. Hinc Græci linguæ Hebraicæ imperiti æstimabant Ephod significare manifestationem et veritatem.

[3] Lege ἀνυόμενος, ab ἀνύομαι, id est, perficior, Jesus igitur Latine dicitur Salvator; vox perfectus a Græcis addita est.

[4] Αὐθέντης est qui pro arbitrio et auctoritate sua quidvis agendi potestatem habet; quo sensu Dominus omnium Deus vere dicitur authentes, sive ischyros authentes, quasi dicas invictissimum et omnipotentem.

[5] Nomen Zacchæi ex usu linguæ Syriacæ significat justum, id est, mundum, et victorem. Unde תזכה tizke, psal. L, intelligitur, mundus sis, aut vincas.

[6] Sion juxta proprietatem linguæ Hebraicæ non

---

[a] Vatic. post Ἰώ vocem statim Ἰωάννης nomen repetit, ut intelligas, non esse illam compendiosam ejusdem nominis scripturam, sed utique vocem, quæ prioris expositionis pars sit, ἐχαρίσατο Ἰώ, gratificatus est Io. Nam opinior ipsum Ἰώ est Ἰαώ, Deus, quod nomen frequentissime usurpant Græci, et cum primis Origenes, ipsumque est Hebraicum יהוה, quod Samaritæ per Ἰαβαί, Eusebius Ἰευώ, Theodoritus (ἀιά (fort. ἰαιά) efferunt. Hebraica nomina, quæ litteris יהו componuntur, non-

B lenne Adamantio fuit per Ἰαώ interpretari. Ita ex. gr. ירמיה vertit μετεωρισμὸν Ἰαώ, sublimitatem Iao, nihilque adeo propius ad mentem Hebraicam est, quam hic ipsum Ἰώ, sive Ἰαώ significari. Vide quæ annotavimus ad nomen Joannam penes Hieronymum pag. 91.

[b] Nimirum ita Vatic. emendat, quemadmodum Martianæus conjecerat, qui tamen retinuit ex Regio cod. ἀνιστᾷ, et Latin. resurrexit, mendose. Vide quæ ad hoc nomen penes Hieron. annotamus.

GRÆCA FRAGMENTA LIBRI NOMINUM HEBRAICORUM. FRAGM. I.

Interpretatio Latina.	*Codex Vaticanus.*	*Hieronymus.*
Aaron, mons fortitudinis.	Ἀαρών, ὄρος ἰσχύος.	Aaron, mons fortis, sive mons fortitudinis.
Jerusalem, visio pacis.	Ἱερουσαλήμ, ὅρασις εἰρήνης.	Jerusalem, visio pacis.
Babylon, confusio.	Βαβυλών, σύγχυσις.	Babylon, confusio.
Basan, ignominia, *id est*, pudor.	Βασάν, αἰσχύνη.	Basan, confusio, sive pinguedo, vel siccitas.
Og, intersepimentum.	Ὤγ [a], διάφραξις.	Og, congregans.
Adonibezec, Domini auxilium.	Ἀδωνιβεζέκ [1], κυρίου βοήθεια.	Adonibezec, Dominus fulguris, vel Dominus contemptus vani.
David, filius dilectus.	Δαβίδ, υἱὸς ἀγαπητός.	David, fortis manu, sive desiderabilis.
Salomon, misericors, vel fortis manu, vel pacificus.	Σολόμων, ἐλεήμων, [2] ἢ ἱκανὸς χειρί, ἢ εἰρηνικός.	Salomon, pacificus, sive pacatus erit.
Rachel, flatus superne fortis.	Ῥαχήλ, πνοὴ ἄνωθεν ἰσχυρά.	Rachel, ovis, vel videns principium.
Rebecca, flatus superne.	Ῥεβέκκα, πνοὴ ἄνωθεν.	Rebecca, multa patientia, vel multum accepit.
Chananæi, adorantes iniquitatem.	Χαναναῖοι, προσκυνοῦντες ἀνομίαν.	Chananæi, negotiatores.
Chettæi, obstupefacientes iniquos.	Χετταῖοι [3], ἐξιστῶντες ἀνόμους.	Hetthæi, formidantes, vel stupentes.
Amorrhæi, amaricantes.	Ἀμορραῖοι, πικραίνοντες.	Amorrhæi, amari, vel loquentes.
Pheræzæi, dissipati sunt.	Φεραιζαῖοι, σκορπίζονται.	Pherezæi, separantes, sive disseminati, vel fructificantes.
Evæi, tortuosi ad instar serpentium.	Εὐαῖοι [b], σκολιοὶ ὡς ἐπὶ ὄφεις.	Evæi, feri, sive pessimi.
Gergesæi, domicilium vanum.	Γεργεσαῖοι, κατοίκησις ματαία.	Gergesæus, colonum ejiciens, sive advenam appropinquantem.
Jebusæi, pudefacti.	Ἰεβουσαῖοι, καταισχυνόμενοι.	Jebusæi, calcati, sive præsepe eorum.
Pheison, eo quod Deus pepercit humanæ naturæ conditioni.	Φεισών [3], διὰ τὸ φείσασθαι τὸν θεὸν τῆς ἀνθρωπότητος.	Phison, os pupillæ, sive oris mutatio.

possumus interpretari *domum spiritus*. Symbolice igitur hæc accipienda sunt, quia mons Sion typus est Ecclesiæ Christi, quæ inhabitantem ac præsidem habet Spiritum sanctum.

[1] Nomen istud interpretantur Græci ac si legeretur *Adoniezer*, quod merito verterent, *Domini auxilium*, ex אדון *adon* et עזר *ezer*. At de vocabulo *Adonibezec*, consule supra Annotatiunculas nostras in libri Judicum nomina.

[2] Quod proprium est Davidi, Græci exscriptores filio ejus Salomoni adscribunt imperite; non enim *Salomon*, sed *David* interpretatur ἱκανὸς χειρί, id est, *fortis manu*, ex יד, *dai*, et ד, *jad*. Econtrario *Salomon filius dilectus* potiori jure diceretur, quam *David*; nam alio nomine Salomon appellatus est *Ididia*, quod *dilectum Domini* sonat. Verumtamen nec David, nec Salomon, id nominis habere possunt juxta proprietatem sermonis Hebræi, aut juxta fidem elementorum; sed quatenus sunt imagines et symbola veri Davidis, ac pacifici Salomonis, id est, Christi Domini, qui a Deo patre dictus est *filius dilectissimus*. Idem esto judicium de reliquis vocabulis subsequentibus, quæ omnia fere secundum typicas et symbolicas explicationes posita leguntur; non secundum etymologiam linguæ Hebraicæ.

[3] Hieronymus passive sumpsit nomen חתים *hhiththim* sive *Chettihim*, a radice חתת *hhathath*, quæ sensum

habet passivum in Kal, et significat *territus et consternatus fuit*: in conjugatione autem Hiphil, activam habet significationem, quam Græci sequuntur addentes insuper verbum ἀνόμων ad etymologiam nominis *Chettim*.

[3] Miror Græcorum subtilitatem in confingendis nominum Hebraicorum etymologiis; cum utique Phison et Geon utcumque accipiant, non Græcam, sed Hebræam debeant habere rationem, quia ipsa nomina Hebraica sunt. Nemo autem in altera lingua quidpiam vocans, etymologiam vocabuli sumit ex altera. At Græcorum libertati parcamus, qui a Philone disertissimo Judæorum scriptore etymologias id genus accepisse noscuntur. Libro namque Legis Allegoriarum de quatuor Paradisi fluminibus disserens, hæc super nomine *Phison* ab eo observata leguntur pag. 52: Τῶν, inquit, τεττάρων ἀρετῶν ἓν εἶδός ἐστιν ἡ φρόνησις, ἣν φύσων ὠνόμασε, παρὰ τὸ φείδεσθαι καὶ φυλάττειν τὴν ψυχὴν ἀπὸ ἀδικημάτων. Id est, *E quatuor virtutibus una species est prudentia, quam Physon nominavit, eo quod parcat, et servet animam a læsione et injuria.* Bene igitur Græcis convenit cum Philone in allegorica interpretatione nominis *Phison*, quod dictum ita volunt ἀπὸ τοῦ φείδεσθαι, *a parcendo*, atque ἀπὸ τοῦ φυλάττειν, *a servando*. Deus autem tunc maxime parcit humanæ conditioni ac fragilitati, cum animam servat a læsione et injuria peccati. Sed moralia sunt

---

[a] Vitiose Martianæus nomen Ὤγ, *On* substituerat pro Ὤγ, et in Hieronymiano quoque laterculo *On*, *labor*, *vel dolor*. Nedum vero Vaticani libri auctoritas, ipsa etiam hujus nominis interpretatio διάφραξις, evincit, regis Og nomen hic designari; cui faci e ex Græcorum sensu *intersepti* vel *interclusionis* quadrat etymologia; minime vero omnium voci *On*, ex qua nihil simile valeas extorquere. Origenes Homil. 13 in Numer. *Og*, inquit, interpretatur *interclusio*.

[b] Insigni depravatione deerat isthæc Evæi nominis expositio, σκολιοὶ ὡς ἐπὶ ὄφεις, *maligni*, *sive tortuosi*, *quasi serpentes*: nam pro ea, quæ subsequitur, Γεργεσαῖοι voce, pessime substitutum erat Εὐαῖοι κατοίκησις etc. et quod Gergesæorum erat etymon, Evæis tribuebatur. Qua de re Martianæus lacunam in codice Regio non animadvertens, ita hariolando disserebat: *Evæi*, עוים *Evim* dicuntur *pessimi et feri* ab עוה *ava*, hoc est, *inique egit*. *Domicilium* autem *vanum* interpretari possunt, si violenter nomen deducas ex עין *aun*, unde מעון *maon*, id est, *habitatio et habitaculum*, et etiam ex און *aven* cum aleph ab initio, quod significat *vanitatem*. Nos ex Vatic. archetypo locum supplevimus ac restituimus. Vide idem hoc nomen in IV Fragmento.

Interpretatio Latina.	*Codex Vaticanus.*	*Hieronymus.*
Geion, quia de terra plasmavit deus hominem.	Γείων, ὅτι ἀπὸ τῆς γῆς ἔπλασεν ὁ θεὸς τὸν ἄνθρωπον.	Geon, pectus, sive præruptum.
Tigres, argumentum, acuminis spiritus.	Τίγρις, πίστευμα, ὀξύτητος [a] πνεῦμα.	Tigris.
Euphrates, Dominus, spiritus illustrantis.	Εὐφράτης, αὐθέντης, φωτίζοντος πνεῦμα.	Euphrates, frugifer, sive crescens.
Hosanna, salva quæso, vel servantis.	[2] Ὡσαννά, σῶσον δή, ἢ σώσαντος.	Osanna, salvifica.
Enoch, renovatio.	Ἐνώχ, ἐγκαινισμός.	Enoch, dedicatio.
Jessai, refrigeratio.	Ἰεσσαί, ἀνάψυξις.	Jesse, insulæ libamen, sive incensum.
Ægyptus, afflictio, vel caligo.	Αἴγυπτος [3], θλίψις, ἢ σκότος.	Ægyptus, tribulatio coangustans.
Diabolus, affligens, vel temporarius.	Διάβολος [4], θλίβων, ἢ πρόσκαιρος.	Diabolus, defluens; Græce criminator.
Abba, pater.	Ἀββά, ὁ πατήρ.	Abba, pater. Syrum est.

isthæc, nec satis accurate scripta in Nominum Hebraicorum interpretatione, quæ significantiam postulat elementorum, non peregrinam allegoriarum diffusionem. Græcis itaque relictis, Hieronymo nostro toti adhæreamus, utpote qui non minus accurate quam docte dictionum Hebraicarum etymologias proponat.

[1] Nominis *Tigris* non meminit Hieronymus, quia Græcum est ac Hebræis ignotum; fluvius enim tertius Hebraice nominatur חדקל *hhiddecel*, sive *adacel*, quod interpretari possumus *acutum et celerem*. Hujus porro fluvii aquæ dicuntur הדים *haddim*, id est, *acutæ*, et קלים *Calim*, hoc est, *leves*, vel *celeres*. Corrupto vocabulo Chaldæis dicitur דגלת *diqlath*. Hinc apud Josephum lib. I Antiqq. cap. 2: *Tigris autem Diglath, quod interpretatur angustus simul et velox.* Cæterum Græcis *Tigris*, idem est quod Persis et Chaldæis גיר, *gir*, id est, *sagitta*, cujus velocitatem aliquo modo videtur imitatus hic fluvius. De eodem fluvio sic legimus apud Hesychium: Τίγρης, ποταμὸς Περσῶν· καὶ ὁ τούτου ποταμοῦ ῥοῖζος, καὶ ζῶον, παρὰ μὲν Ἰουδαίοις φοράδει, παρὰ δὲ Ἕλλησι Τίγρις. Id est, *Tigres, fluvius Persarum: et ipsius fluvii impetus, et animal, Judæis quidem Phoradei, Græcis vero Tigris.* Locus tenebrosus, et nisi me fallat opinio, non uno modo corruptus. *Tigris* Græcis est animal quod apud Judæos dicitur *Phoradei*. Hoc sonare videntur Hesychii verba Græca. Sed פרדים *Phiradim*, vel *Phoradeim* Judæis

[a] Erudite contendit Clericus reponendum ῥεῦμα, *fluentum*, pro πνεῦμα, *spiritus*. Ὀξύτητος quoque Latin

sunt *muli*, non *tigrides*. Dicamus igitur Hesychium confundere Tigrim fluvium cum Euphrate, sicut supra Seraphim cum Cherubim, et pro φοράδει legendum φοράθει, aut φοράτης, quod ipsum erit Judæorum פרת *Pherath*, vel *Phorathe*.

[2] Ex hoc loco iterum coarguendus error veterum editionum, ubi legimus *Osanna* Græce interpretari ὡσαννά, quod perinde est ac si diceremus *librum* sonare *librum. Osanna* ergo in linguam Græcam vertitur σῶσον δή, quod Latine est, *salvifica*.

[3] Quia Ægyptus locus fuerat afflictionis Hebræorum multis diversisque tribulationibus ac injuriis ibi oppressorum, ideo a Græcis interpretatur *angustia*, sive *tribulatio*. Similiter propter illas tenebras horribiles, quibus terra Ægypti obtecta est tempore Mosis, *caligo* dicitur *Ægyptus*.

[4] Diabolus, *defluens* interpretatur ab Hieronymo, quia Hebræis זב *zab*, significat *fluere*; apud Æoles autem διάβολος scribitur ζάβουλος; unde *diabolus*, seu potius *zaboulos* facile *defluens* interpretatur. Affligens, et temporarius dicitur a Græcis, non juxta fidem elementorum, sed propter malignitatem tentationum ejus quas Deus non sinit esse continuas. Hinc de illo scriptum legimus Luc IV., 13: *Et consummata omni tentatione, diabolus recessit ab illo, usque ad tempus,* ἄχρι καιροῦ, unde nominatur πρόσκαιρος; id est *temporarius*.

vertendum *celeritatis*, non *acuminis*. Typographor. oscitantia isthæc suo loco annotatio decidit.

FRAGMENTUM SECUNDUM.

Interpretatio Latina.	*Codex Vaticanus.*	*Hieronymus.*
DICTIONES CONTENTÆ IN SANCTIS EVANGELIIS.	ΛΕΞΕΙΣ ΕΓΚΕΙΜΕΝΑΙ ΤΟΙΣ ΑΓΙΟΙΣ ΕΥΑΓΓΕΛΙΟΙΣ.	LIBER NOMINUM HEBRAICORUM NOVI TESTAMENTI
IN EVANGELIO SECUNDUM MATTHÆUM.	ΕΝ ΤΩ ΚΑΤΑ ΜΑΤΘΑΙΟΝ ΕΥΑΓΓΕΛΙΩ.	EX MATTHÆO.
Bartholomæus, filius suspendens aquas.	Βαρθολομαῖος, υἱὸς κρεμάσας ὕδατα.	Bartholomæus, filius suspendentis aquas.
Bethsaida, domus cibi, vel domus oleæ.	[a] Βηθσαϊδά [1], οἶκος ἐπιστιτισμοῦ, ἢ οἶκος ἐλαίας.	Bethsaida, domus frugum, vel domus venatorum.
Barjona, filius columbæ.	Βαριωνᾶ, υἱὸς περιστερᾶς.	Bar Jona, filius columbæ.

[1] *Bethsaida, domus cibi,* vel *domus frugum* interpretatur: sumpto nomine ex בית *beth*, id est, *domus*, et ex שדה *sade*, quod *agrum* significat et *arva frugifera. Domus* autem *venatorum* exprimitur ex nomine

בית *beth*, et verbo צדה *tsada* cum littera צ ab initio. Denique in *domum oleæ* vertitur, si figuratum sit nomen ex זית *zajith*, id est, *olea* vel *oliva*, legamusque *Bethzaida* pro *Bethsaida*.

[a] Absque dieresi scriptum erat *Bethsada*. Hujusmodi alia quædam vitia Vatic. castigat.

GRÆCA FRAGMENTA LIBRI NOMINUM HEBRAICORUM. FRAG. II.

Interpretatio Latina.	Codex Vaticanus.	Hieronymus.
Bethphage, domus oris, vel præcipitii.	Βηθφαγὴ, οἶκος στόματος, ἢ φάραγγος.	Bethsage, domus oris vallium, vel domus buccæ. Quidam putant maxillam vocari.
Bethania, domus obedientiæ.	Βηθανία, οἶκος ὑπακοῆς.	Bethania, domus afflictionis ejus, vel domus obedientiæ.
Barachia, benedixit Dominus.	Βαρυχία, εὐλόγησε κύριος.	Barachia, vel benedictus domini, vel benedictio domini.
Baraban, filium magistri, vel filium patris.	Βαραβᾶν, υἱὸν διδασκάλου, ἢ υἱὸν πατρός.	Barabban, filium magistri eorum. Syrum est, non Hebræum.
Gennesaret, horti principum.	Γεννεσαρὲτ, [1] κῆποι ἀρχόντων.	Gennesar, hortus principum.
Geenne, vallis.	Γεέννης, φάραγγος.	Gehenna, de valle suut, sive vallis gratuita.
Gergesinon, suburbanorum, vel proselytorum.	Γεργεσηνῶν, [a] προαστείων, ἢ προσηλύτων.	Gerasænorum, suburbana, aut coloni ibidem.
Golgotha, calvariæ.	Γολγοθᾶ, κρανίου.	Golgotha, calvaria. Syrum est.
Zebedæi, habitaculum juxta collocantis.	Ζεβεδαίου [2], παροικίζοντος.	Zebedæus, donatus, sive fluens iste.
Zacharias, memoria Domini.	Ζαχαρίας, μνήμη κυρίου.	Zacharias, memoria domini.
Zacchæus, justus.	Ζακχαῖος [3], δίκαιος.	Zacchæus, justificatus, aut justus.
Eliacim, Dei resurrectio.	Ἐλιακίμ, θεοῦ ἀνάστασις.	Eliacim, dei resurrectio.
Eliu, deus meus ipse.	Ἠλιοῦ, θεός μου αὐτός.	Eliu, deus meus iste.
Elias, deus meus dominus.	Ἠλίας, θεός μου κύριος.	Elias, deus dominus.
Eli, Eli, leima sabacthani, deus meus, deus meus, quare me dereliquisti?	Ἠλὶ [b], Ἠλὶ, λειμὰ σαβαχθανὶ, θεέ μου, θεέ μου, ἱκατί με ἐγκατέλιπες;	Eli, Eli, lamma sabactani, deus meus, deus meus, quare dereliquisti me?
Thomas, abyssus, vel didymus.	Θωμᾶς, ἄβυσσος, ἢ δίδυμος.	Thomas, abyssus, vel geminus.
Jesus, salvator, vel salvans, aut salvat.	Ἰησοῦς, σωτήρ, σώζων, ἢ σώζει.	Jesus, salvator, vel salvaturus.
Jessæ, insulæ oblatio.	Ἰεσσαὶ [4], νήσου κάρπωμα.	Essai, insulæ libatio, sed melius incensum.
Joseph, apponens.	Ἰωσήφ, [c] προστιθῶν.	Joseph, apposuit, sive apponens.
Jerusalem, visio pacis.	Ἱερουσαλὴμ, ὅρασις εἰρήνης.	Jerusalem, visio pacis, vel timebit perfecte.
Iscarioth, tabernaculum mortis, vel recordatio, aut mentio mortis.	Ἰσκαριὼθ [5], σκηνὴ θανάτου, ἢ μνημόσυνον, ἢ μνεία θανάτου.	Iscarioth, memoriale domini, potest autem dici, et memoria mortis.
Hiericho, descensus campi, vel exsilium, vel odoratus, aut luna.	Ἱεριχώ, κατάβασις ἀγροῦ, ἢ ἐξορία, ἢ ὀσφρησις, ἢ σελήνη.	Jericho, odor ejus, sive luna.
Kaiaphas, indagator.	Καϊάφας, ἰχνευτάς.	Caiphas, investigator, vel sagax, vel melius vomens ore.
Kodrantem, nummulus, vel obscuritas ipsorum.	Κοδράντην [6], λεπτὸν, ἢ σκοτασμὸς αὐτῶν.	Codrantem, caligo, vel tenebræ, etc.
Korban, oblatio, vel donum.	Κορβᾶν, προσφορά, ἢ δῶρον [d].	Corbona, oblatio.
Kananæus, possessus.	Κανανίος, κεκτημένος.	Chananæus, possidens, sive possessio.
Labbæus, cor.	Λαββαῖος, καρδία.	Lebbæus, corculum.

---

[1] Monet nos etymologia Græcorum κῆποι ἀρχόντων A quod est, *horti principum*, errorem irrepsisse in veterem editionem et nonnulla mss. Hieronymi exemplaria, ubi pro *ortus principium* restituendum est *ortus principum*.

[2] Verbum Hebræum זבד *zabad* significat *dotare* et *donare*; hincque Zebedæus habet *donati* significantiam. Exprimitur etiam *fluens iste*; quia זוב *zub*, ut supra diximus, *profluere* et *fluere* sonat : ו *u* autem, vel זה pronomen est *iste*; nisi forte זה ze prima syllaba nominis *Zebedæi* sit illa ad quam respicit Hieronymus. Græce Zebedæus intelligitur παρικίζοντος secundum codicem Regium; sed corrupte scribitur παρικίζοντος pro παροικίζοντος, cui optime respondet verbum Hebraicum זבל *zabal*, id est, *cohabitavit*.

[3] Zacchæus sermone Syro, non Hebræo *justus* dicitur. Vide supra Observationes nostras in eamdem dictionem.

[a] Ex Vatic. ita restituimus, Γεργεσηνῶν, quemadmodum et in sacro textu est Matth. viii, 28, pro quo alibi penes Marcum et Lucam et Γερασηνῶν et Γαδαρηνῶν, in aliquot mss. haberi non ignoramus. Male autem ex Regio cod. Martianæus hic Γεργεσινῶν, et in Latino fecerat *Gersesinon*, quod nomen nihil est. Huc porro arbitror referendam variantem Col-

[4] Nomen *Jessai* Græci interpretantur supra ἀνάψυξιν, id est, *refrigerationem*, sive *recreationem*, ab ἀναψύχω, *recreo* et *refrigero*: hic autem *insulæ oblationem* exprimi volunt, teste etiam Hieronymo, qui hujusmodi etymologiam penitus non approbat, dicens *Jessai* vel *Essai* melius significare *incensum*, quam *insulæ libamen*. אי *i* porro insulam significat, et אשה *isse*, *incensum*, sive *sacrificium*, unde nomen ישי *Jessai* et *Essai* deductum statuunt.

[5] Memoria mortis potest Iscarioth interpretari, modo figuratum intelligatur ex זכר *zecher*, id est, *memoria*, et ex כרת *Karath*, quod *exterminium* vel *abscisionem* sonat. Confer quæ supra de hoc nomine dicuntur in contextu Hieronymiano.

[6] Codrantem in *tenebras* et *caliginem* vertitur, quia קדר *Cadar* Hebraice idem est quod *obtenebratus*, vel *atratus fuit*.

B bertini codicis lectionem, Γαδαρινῶν, γενεᾶς οἶκος αὐτή. *Gadarinorum, generationis domus ipsa*.

[b] Cod. Colbertin. penes Martianæum, Ἐλοΐ, Ἐλοΐ : λιμὰ σαβαχθανί, *Eloi, Eloi, lima sabacthane*.

[c] Facile rescribendum videatur προσθήσων, quod et Clerico placet.

[d] Colbertin. addit αὐτό, *ipsum*.

Interpretatio Latina.	Codex Vaticanus.	Hieronymus.
Mariam, illuminans.	Μαριάμ, [a] φωτίζουσα.	Mariam, stella maris, sive amarum mare
Matthæum, donatum.	[b] Ματθαῖον, [1] δωματισθέντα.	Matthæus, donatus quondam.
Magdalene, de turre.	Μαγδαληνή, ἐκ πύργου.	Magdalene, turrensis.
Nazaret, virgulti ejus, vel purus.	Ναζαρέτ, ἀκρέμονος αὐτοῦ, ἡ καθαρός.	Nazareth, flos, aut virgultum ejus, vel munditiæ.
Nazoræus, mundus.	Ναζοραῖος, καθαρός.	Nazaræus, mundus.
Nazeræus, floribus distinctus.	Ναζηραῖος, [c] ἐξηνθισμένος.	Nazaræus, mundus, sanctus, sive abjunctus.
Nazar, flos.	[2] Νάζαρ, [d] ἄνθος.	Nazar, flos,
Nephthalim, convertit me, et Naphthalim, opitulatio invisibilis. Hoc in dictionibus Hebræi sermonis juxta ordinem litterarum positis, infra post istud.	Νεφθαλίμ, συνανέστρεψέν με, [e] καὶ Νεφθαλείν, ἀντίληψις ἀοράτου. τὸ ἐν ταῖς κατὰ στοιχεῖον λέξεσι τῆς Ἑβραΐδος διαλέκτου κάτωθεν μετὰ τοῦτο.	Nephthalim, discretus, sive serviens, vel convertit, sive convolvit me.
Pontii, declinantis consilium.	Ποντίου, κλίναντος βουλήν.	Pontius, declinans consilium.
Pilati, os malleatoris.	Πιλάτου, στόμα [3] σφυροκόπου.	Pilatus, os malleatoris.
Petrus, explicans, vel solutio.	Πέτρος, ἐπιλύων, [f] ἢ διάλυσις.	Petrus, agnoscens, vel dissolvens.
Rama, exaltata est manus.	Ῥαμᾶ [g], ὑψώθη ἡ χείρ.	Rama, excelsa, sive exaltata.
Rachel, ovis.	Ῥαχήλ, πρόβατον.	Rachel, ovis, vel videns Deum.
Raab, dilatata est.	Ῥαάβ, ἐπλατύνθη.	Raab, lata, sive dilatata.
Ruth, festinans, aut videns.	Ῥούθ, σπεύδουσα, ἢ ὁρῶσα.	Ruth, festinans.
Raca, inutilis.	Ῥακά, κενέ, al. κενός.	Racha, vanus.
Rabbi, magister mi.	Ῥαββεί [h], διδάσκαλέ μου.	Rabbi, magister meus. Syrum est.
Sidon, captura inutilis.	Σιδών [i], θήρευμα [4] ἀνωφελές.	Sidon, venatio.
Τὸ Halas, salum, id est maria.	Τὸ [5] ἄλας, τὰ ἅλα.	
Τὸ creas, carnem.	Τὸ κρέας, τὸ κρέα.	
Talitha cumi, puella surge.	Ταλιθὰ κουμί, τὰ κοράσιον ἀνάστηθι.	Talitha cumi, puella surge. Syrum est.
Chananæi, negotiatores.	Χαναναῖοι, μετάβολοι.	Chananæi, negotiatores.
IN EVANGELIO SECUNDUM MARCUM.	ΕΝ ΤΩ ΚΑΤΑ ΜΑΡΚΟΝ ΕΥΑΓΓΕΛΙΩ.	DE MARCO.
Arimathæus, altitudinis eorum.	Ἀριμαθαῖος [6], ὕψους] αὐτῶν.	Arimathæus, altitudo ejus.

[1] Quid sit δωματισθέντα non facile dixerim. Nonnulli mecum putant legendum δωματισθέντα, a δῶμα: et hoc sensu interpretatur donatum. Quæ conjectura non est improbabilis; si tamen conjectura est, et non genuinæ potius lectionis restitutio.

[2] Eadem verba posita reperies in Fragmento V, cum variantibus lectionibus. Primo Νάζαρ, non ἄνθη in plurali, sed ἄνθος, id est, flos interpretatur. Secundo nulla ibi statuitur differentia inter verbum Ναζοραῖος et Ναζηραῖος; ut revera nulla est, sive per ο, sive per η scribatur. Denique quæ citata sunt in voce sequenti Νεφθαλίμ, huc modo leguntur in codice ms. fol. 72: Νεφθαλίμ, ἀντίληψις, καὶ Νεφθαλίμ, συνανέστρεψέν με, id est, Nephthaleim, opitulatio, et Nephthalim, convertit me. Abundat ergo vox ἀοράτου præsentis loci juxta fidem recitatæ etymologiæ, licet in voce Nephthalim fingi possit nomen Eloim, id est, Dei, vel invisibilis, esse comprehensum.

[3] Absentia unius litterulæ multum diuque me tutudit in hac voce σφυροκόπου, id est, tundentis, et malleatoris: corrupte enim scribitur in codice Re-

[a] Sic emendat Vatic. Legerat vero Martian. ex Regio satis corrupte ὠτίζουσα, verteratque in Latino audiens, quam expositionem tamen in subhexa annotatione respuit his verbis: Violenter admodum Mariam interpretatur audiens; etymologiamque hujuscemodi amputatam ab Hieronymo minime diffitebar, sed inspecto Origenis Lexico inveni scriptum φωτίζουσα, id est, illuminatrix. Legamus igitur non ὠτίζουσα, sed φωτίζουσα.

[b] Ms. Colbertin., Ματθαῖος, δωματισθέντος, Matthæus, donati.

[c] Perperam ex Regio ms. Martianæus ἐξιοθισμένος legit, et interpretatur obstupefactus, quod nullo pacto nomini, sive radici Nazar possit aptari. Restituimus ἐξηνθισμένος ex Vaticano exemplari, quod in Latino sonat floribus variegatus, sive distinctus: notum quippe ex subsequenti etiam titulo, Nazar Hebraice florem significare.

A gio sine σ Sigma initiali ψυροκόπου, pro σφυροκόπου. Est autem sphurocopos, malleator juxta quod scriptum legimus Gen. IV. 22: Καὶ ἦν σφυροκόπος χαλκεὺς χαλκοῦ καὶ σιδήρου, Et fuit malleator, faber æris et ferri.

[4] Non minorem quam superior attulit molestiam vox ἀνωφελές quæ in ms. codice legitur cum Lambda, ἀλωφελές: quod undecumque versum nihil significare potest. Sidon autem captura, sive venatio inutilis vertitur; quia צדה seda, venationem sonat, et אין on, sive aun, inutilem.

[5] Græca interdum Hebræis admiscent auctores Græci vel exscriptores, in novo præcipue Testamento, cujus nomina supplevit Origenes, recensens Latina Græcaque vocabula juxta proprietatem linguæ Hebraicæ. Salis porro et carnis fit mentio in contextu Græco Matth. v, 13, et xvi, 17, etc.

[6] Arimathæus melius interpretatur altitudo ejus quam ipsorum: unde pro αὐτοῦ Græce scriptum videtur αὐτῶν.

[d] Minori numero ἄνθος, flos, fecimus ex Vaticano. Antea erat minus recte ἄνθη, flores.

[e] Quod hinc subsequitur Græculi annotatoris glossema, καὶ Νεφθαλείν, etc., ad finem usque, in Vatic. archetypo non invenitur.

[f] In Vatic. ἢ διαλύων, vel dissolvens.

[g] Postea observavit Martianæus legi in Colbertin. cod. Ῥαμά ὑψώθη, ἡ ἀρχὴ ὑψηλή. Rama exaltata, vel imperium sublime. Videturque illi ex Regii ms. lectione, quæ eadem ac Vaticani est, subintelligi usitatissimam in Sacra Scriptura phrasim, Exaltetur manus tua, vel In manu excelsa, etc. Colbertinum vero pro Rama interpretatur nomen Rama, cujus principalis fuit omnium excelsissimus.

[h] Martian. Ῥαμβεῖ, Rambi, manifesto ac sæpe obvio codicis Regii, μ ponentis pro β, vitio.

[i] Colbertin. Σηδώ, Scdo.

[j] Erat ex Regio Ἀριματθαῖος, Arimatthæus: minus

Interpretatio Latina.	Codex Vaticanus.	Hieronymus.
Abba, pater, vel patris.	Ἀββᾶ, πατήρ, ἢ πατρός.	Abba, pater.
Bartimæus, filius cæcus.	Βαρτιμαῖος,[1] υἱὸς τυφλός.	Bartimæus, filius cæcus.
Boanerges, filii tonitrui.	Βοανηργές, υἱὸς βροντῆς.	Boanerges, filii tonitrui.
Beelzebul, degluliens muscas.	Βεελζεβούλ, καταπίνων μυίας.	Beelzebub, habens muscas, aut vir muscarum.
Israel, vir aspiciens deum, vel mens videns deum.	Ἰσραήλ[2], ἀνὴρ βλέπων θεοῦ, ἢ νοῦς ὁρῶν θεόν.	Israel, vir videns deum, sed melius, rectus domini.
Ephphatha, adaperire.	ᵃ Ἐφφαθά[3], διανοίχθητι.	Ephphetha, adaperire.

IN EVANGELIO SECUNDUM LUCAM.	ΕΝ ΤΩ ΚΑΤΑ ΛΟΥΚΑΝ ΕΥΑΓΓΕΛΙΩ.	DE LUCA.
Augusti, festum agentis, vel solemnitatem adjungentis.	Αὐγούστου, ἑορτάζοντος, ἢ ἑορτὴν προστιθεμένου.	Augusti, solemniter stantis, aut solemnitatem additam.
Abia, pater meus dominus.	Ἀβιά, πατήρ μου κύριος.	Abia, pater dominus.
Aaron, mons fortitudinis.	Ἀαρών, ὄρος δυνάμεως.	Aaron, mons eorum; *alibi*, mons fortitudinis.
Amen, ut creditur, ita sit.	Ἀμήν, πεπιστωμένος γένοιτο.	Amen, vere, sive fideliter.
Anna, gratia ejus.	Ἄννα, χάρις αὐτοῦ.	Anna, gratia ejus.
Agge, solemnitas.	Ἀγγέ, ἑορτή.	Aggæus, solemnitas.
Adai, fortis.	Ἀδαί ᵇ, ὁ ἱκανός.	Addai, robustus; violenter figuratum, etc.
Enoch, renovatio.	Ἐνώχ, ἐγκαινισμός.	Enoch, dedicatio.
Enos, homo.	Ἐνώς, ἄνθρωπος.	Enos, homo.
Emmaus, populum abjicientis.	Ἐμμαούς ᶜ, λαὸν ἀπορρίψαντος.	Ammaus, populus abjectus.
Elisabet, dei mei saturitas.	Ἐλισάβετ[4], θεοῦ μου πλησμονή.	Elisabet, dei mei saturitas, vel dei mei juramentum, aut septimus.
Herodes, pellicius gloriosus.	Ἡρώδης, δερμάτινος ἐπίδοξος.	Erodes, pellicius gloriosus.
Ituria, montana.	Ἰτουρία, ὀρεινή.	Ituræa, montanæ. Syrum est.
Jordanes, descensus eorum.	Ἰορδάνης, κατάβασις αὐτῶν.	Jordanis, descen-us eorum, etc.
Joannes, in quo est gratia.	Ἰωάννης ᵈ, ἐν ᾧ ἔστιν χάρις.	Joannes, in quo est gratia.
Jairas, illuminatus.	Ἰάειρος, ᵉ φωτισθείς.	Jairus, illuminans, aut illuminatus.
Cæsaris, possessionis principalis.	Καίσαρος, κτίσεως ἀρχοντικῆς.	Cæsar, possessio principalis.
Cyrinæi, hæredis.	Κυριναίου, κληρονομοῦντος.	Cirinus, sive Quirinus, hæ.es.
Caphernaum, villæ consolatio.	Καφερναούμ ᶠ, κώμης παράκλησις.	Capharnaum, ager, vel villa consolationis.
Levi, appositus.	Λευεί, προσκείμενος.	Levi, appositus.
Lamech, percutientis, vel humilitas.	Λάμεχ, πλήξαντος, ἢ ταπείνωσις.	Lamech, humilis. Quidam putant percutientem, vel percussum posse sonare.
Lazarus, a patre adjutus.	Λάζαρος ᵍ, πατρὸς βοηθούμενος.	Lazarus, adjutus.
Lot, redemptus, vel occludens.	ᵍ Λώτ ᵍ, λελυθρωμένος, ἢ ἀποκλείων.	Lot, ligatus, aut declinans, vel vacans.

---

[1] Corrupte *Bartimæus* scriptum legitur apud Græcos pro *Barsemia*, ut docuit nos sanctus Hieronymus supra in Nominibus de Joanne. Verum ex isto Origeniani Lexici fragmento manifestissime comprobatur, nomen *Bartimæus*, aut *Barsemia* legendum in Marco, non in Joanne. Consule superiores annotationes nostras in hocce vocabulo.

[2] Habes hoc loco etymologiam nominis *Israel*, quam S. Hieronymus erudite confutat libro Quæstionum Hebraicarum in Genesim, et alibi sæpe.

[3] Licet ordo servetur elementorum in hoc Fragmento libri Nominum, *Ephphetha* nihilominus positum legimus post litteram I, quia prima syllaba hujus vocis servilis est apud Syros et apud Hebræos, characteristica conjugationis *Ethpael*. Perinde est igitur ac si verbum incipiat abs radicali פ *pha*, sive *phe*. Hinc in contextu jam edito sancti Hieronymi, ultimum verbum in Marco est ipsum *Phata* absque ulla

recte. Alteram vero addit Colbertin. etymologiam ἀρῶν ἐκεῖνο, ἑτοιμότης, quam Martian. interpretatur, *arans illud, dispositio*: sed quid sibi velit, atque unde illam hauserint Græci ignorare se profitetur. Nihil tamen inest difficultatis, si ἀρῶν ab αἴρω deduci intelligas, ac vertas *subvehens*, aut *extollens illud*. Hieronymus quoque, *Arimathæus*, inquit, *altitudo ejus, vel exaltatus est ipse*.

ᵃ Colbertinus concinniori ordine nomen Ἐφφαθά nomini Ἰσραήλ præponit.

ᵇ Idem Colbertin., cum ὁ gemino, Ἀδδαί.

ᶜ Ex Vatic. et Colbertin. legimus Ἐμμαούς, ipso

A servili particula: quod minime veteres editores assecuti, vocem ac ordinem ejus perturbarunt, ut antea monuimus.

[4] *Elisabeth* interpretatur Origenes Comment. tom. V, in Joannem, *Dei mei jusjurandum, vel Dei mei septimum*: quod conjunctum etymologiæ Græcæ præsentis loci explet significationem *sabe*: et æqualem efficit Origenis ac Hieronymi interpretationem in nomine *Elisabet*.

[5] Ut *Lazarus* possit non absurde *a patre adjutus* interpretari, necesse est, ut in aliquot exemplaribus Græci lexerint *Labsaros*: alioqui nomen illud nulla ratione poterit verti, *a patre adjutus*.

[6] Corrupte scribunt Græci Αώλ pro Λώτ, nec redempti potest significatum habere verbum illud juxta proprietatem linguæ Hebraicæ; sed eo sensu, quod Lot sit liberatus ab Abraham de eorum manibus, qui Sodomorum fortunas expugnaverant.

B litterarum ordine consentiente. Martian. ex Regio Ἀμμαούς, *Ammaus*.

ᵈ Colbertin. Ἰωάννης, θεοῦ ἐστιν ἡ χάρις, *Joannes, Dei est gratia*.

ᵉ Reposuimus ex Vatican. et Colbertin., φωτισθείς, *illuminatus*: pro quo Martian. ex Regio φωτισθέντος, *illuminati*.

ᶠ Rectius ex Colbertino legeris καπερναούμ, κώμη, ἢ οἶκος παρακλήσεως. *Capernaum, villa vel domus consolationis*.

ᵍ Martian., Αώλ legerat satis mendose ex Regio, quem Vatic. castigat.

Interpretatio Latina.	*Codex Vaticanus.*	*Hieronymus.*
Maria, domina.	Μαρία, κυριεύουσα.	Maria, sermone Syro domina nuncupatur.
Martha, contentiosa.	Μάρθα, προσερίζουσα.	Martha, irritans.
Naum, consolatio.	Ναούμ, παράκλησις.	Naum, consolatio.
Nathan, dedit, vel donum, aut dantis.	Νάθαν, ἔδωκεν, ἢ δόσις, ἢ δίδοντος.	Nathan, dedit vel dantis.
Noe, requies.	Νῶε, ἀνάπαυσις.	Noe, requiescit, aut requievit.
Nineve, fetus pulchritudo.	Νινευῆ, ᵃ γονῆς ὡραιότης.	Ninive, nativitas pulchritudinis aut speciosi.
Rama, exaltatæ.	Ῥαμα, ὑψηλῆ.	Rama, exaltata.
Sarephtha, incensa vel angustia panis.	Σαρεφθά, πυρωδῆς ᵇ, ἢ θλίψις ἄρτου.	Sarephtha, incensa, sive angustia panis, etc.
Simon, audiens tristitiam.	Σίμων, ἀκούων λύπην.	Simon, pone mœrorem, vel audi tristitiam.
Sodoma, pastio vel exploratio per ignem.	Σόδομα, βόσκημα, ¹ ἢ πύρωσις.	Sodoma, pastio silens aut fulva, etc.
Satan, adversarius vel apostata.	Σατᾶν, ἀντικείμενος, ἢ ἀποστάτης.	Satan, adversarius, sive transgressor.
Saba, captivitas.	Σαβά, αἰχμαλωσία.	Saba, captivitas.
Tiberii, visionis ipsorum.	² Τιβερίου, ὁράσεως αὐτῶν.	Tiberius, visio ejus, sive bonitas ejus.
Trachonitidis, mercaturæ tristitia.	Τραχωνίτιδος, ἐμπορίας λύπη.	Trachonitis, negotiatio tristitiæ.
Phanuel, facies dei.	Φανουήλ, πρόσωπον θεοῦ.	Phanuel, facies dei.
Pharisæus, dividens vel divisus.	Φαρισαῖος, διακεχωρισμένος.	Pharisæus, dividens sive divisus.
IN EVANGELIO SECUNDUM JOANNEM.	ΕΝ ΤΩ ΚΑΤΑ ΙΩΑΝΝΗΝ ΕΥΑΓΓΕΛΙΩ.	DE JOANNE.
Ænon, fons virtutis.	³ Αἰνῶν, πηγῆ δυνάμεως.	Ænon, oculus aut fons eorum.
Galilæa, revelatio vel volutabilis, aut transmigratio.	⁴ Γαλιλαία, ᶜ ἀποκάλυψις, ἢ κυλιστή, ἢ μετοικισμός.	Galilæa, volutabilis aut transmigratio perpetrata, vel rota.
Ephraim, auctus vel fertilis.	Ἐφραίμ, αὔξημένος, ἢ καρποφορῶν.	Ephraim, fertilis sive auctus, etc.
Cana, possessio sive possedit.	Κανά, κτῆσις, ἢ ἐκτήσατο.	Cana, possessio sive possidet.
Messias, unctus aut Christus.	ᵈ Μεσσίας, ἠλειμμένος, ἢ Χριστός.	Messia, unctus, id est, Christus.
Nazareth, munditia.	Ναζαρέθ, καθαρότης.	Nazareth, munditiæ.
Salim, ortus aquarum.	⁵ Σαλείμ, βρύοντα.	Saalim, pugilli, aut ortus aquarum, etc.
Sychar, obumbratio.	Συχάρ, συσκιασμός.	Sichar, conclusio sive ramus,
Siloam, missus.	Σιλωάμ, ἀπεσταλμένος.	Siloe, missus.
Theon, a currendo, et propter	⁶ Θεόν, ἀπὸ τοῦ θέειν καὶ περιτρέχειν,	

¹ Similiter et Sodoma dicitur πύρωσις, quia igne cœlesti ac ultricibus flammis absumpta est ; πύρωσις est etiam *incendium*.

² *Tiberius* melius vertitur *visio ejus*, quam *visionis eorum* ; u namque finale affixum est apud Hebræos pronominis tertiæ personæ singularis, non pluralis. Quare legendum censeo in Græco ὁράσεως αὐτοῦ, *visionis ejus*, juxta Latinam Hieronymi versionem ejusdem nominis.

³ *Ainon* bene sonat *fontem virtutis* ; עין *ain* enim dicitur *fons*, et און *on*, *robur ac virtus*.

⁴ In Lexico Origeniano consequenti Galilæa interpretatur non ἀποκαμψις, sed ἀποκάλυψις, id est, *revelatio*, non *deflexus* ; idque jure merito, nam Hebræum גלה *gala*, non tantum significat *migravit et in captivitatem deportatus est* ; verum etiam *revelavit et retexit*. Itaque librariorum imperitia mutatum videtur vocabulum ἀποκάλυψις in ἀποκαμψις ; ut ex accentu satis liquet in codice ms. ubi legitur ἀπόκαμψις

⁵ Verbo *Salim* manifestissime declaratur Græcum

ᵃ Iterum rectius habet Colbert. γονῆς ὡραιότητος ; *fetus pulchritudinis*. Sed et Νινευῒ habet pro Νινευῆ.

ᵇ Ia Vatic. πυρωτή.

ᶜ Martian. ut ex ejus annotatione intelligis, legerat ἀπόκαμψις, ac verterat, *deflexus*. Postea emendavit ἀποκάλυψις ex uno Colbertino ms. nosque ita ex Vaticano restituimus.

ᵈ Pro Μεσσίας, ἠλειμμένος, legerat pridem Martianæus Ναζαρὲθ ἠλειμμένος, *Nazareth, misericordiam consecutus*, ipsumque e regione titulum de Nazareth apposuerat ex Hieronymo. Cumque statim alterum *Nazareth* subsequatur, ita de priore in Notis hariola-

A Fragmentum libri Nominum ipsissimum esse contextum quem Latinum sermonem convertit Hieronymus ; de Salim namque aiebat : *Saalim, pugili, sive volæ, aut ortus aquarum, quod brevius Græce dicitur* βρύοντα. Præterea multis aliis argumentis probari potest totum istud secundum Fragmentum vere Origenianum esse, ut ex serie vocabulorum, quæ eadem est in Græco sæpius et in Latino Hieronymi contextu ; deinde ex iisdem omnino etymologiis ac similibus interpretationibus, quas nunc curiosus Lector conferre adinvicem nullo negotio potest, editionis nostræ invitatus subsidio.

⁶ Etymologiam vocabuli θεὸν non legimus apud Hieronymum in libro Nominum ; proclivique judicium est, hoc nomen additum fuisse librariorum Græcorum temeritate, qua superius etiam addiderunt Græca nonnulla vocabula. Præter hæc autem quæ de illo nomine θεὸν, hic afferuntur, aliquid scribere juvabit. Alii igitur dictum volunt Θεὸν, ἀπὸ τοῦ θεᾶσθαι, quod omnia intueatur et cernat. Alii a nomine δέος, id est, *metus*, quod sit formidabilis. Platus est : Vocabuli *Nazareth* repetitio ac diversa ejusdem interpretatio perspicue ostendit primo loco Ναζοραῖος lectitandum. Christus enim *Nazaræus* dictus est, et a Deo præ participibus suis misericordiam consecutus, uberiorem præstitit nobis gratiam atque virtutem. Apud Hieronymum in Matthæo *Nazareth* habet omnia significata quæ hic recensentur in propria columna ; *Nazoræus* vero in eodem Matthæo *mundus* solummodo exprimitur. Postea a Colbertino ms. admonitus Μεσσίας ἠλειμμένος (pro ἠλειμμένος) rescribi jussit, quemadmodum nos ex Vatic. emendamus.

Interpretatio Latina.	Codex Vaticanus.	Hieronymus.
cursum, et quia non patitur in domo esse ; sed omnia implet sua præsentia.	καὶ μηδαμῇ ἱστάναι, ἀλλὰ [a] πάντα πληροῦν.	
rique cum nostro codice Regio, ἀπὸ τοῦ θέειν, quod est, *a currendo*. Existimarunt enim olim multi, sidera		et stellas, quæ perpetuo cursu feruntur, esse deos. Consule Mythologos Scriptores.

[a] Colbertin., ἀλλὰ πληροῦν, absque voce πάντα.

FRAGMENTUM TERTIUM.

Interpretatio Latina.	Codex Vaticanus.	Hieronymus.
Interpretatio nominum et dictionum, quæ in divinis Scripturis Hebræo sermone continentur.	Ἑρμηνεία ὀνομάτων καὶ λέξεων ἐν ταῖς θείαις γραφαῖς ἐμφερομένων τῇ ἑβραΐδι διαλέκτῳ.	Liber nominum Hebraicorum.
Adam, terra carnea, vel testificatio ; aut terrenus, vel homo ; sive pulvis, vel terra rubra, vel sanguis, vel assimilatio.	Ἀδάμ [1], γῆ σαρκόομένη, ἢ μαρτυρία, ἢ γηγενής, ἢ ἄνθρωπος, ἢ χοῦς, ἢ γῆ ἐρυθρά, ἢ αἷμα, ἢ ὁμοίωσις.	Adam, homo, sive terrenus ; aut indigena, vel terra rubra.
Abba, pater, vel senior.	Ἀββά, πατήρ, ἢ πρίσβυς.	Abba, pater. Syrum est.
Abel, vapor, vel luctus, vel elevans, aut pars agri fune demensa.	Ἀβέλ, ἀτμίς, ἢ πένθος, ἢ ἀνωφέρων, ἢ σχοίνισμα.	Abel, luctus, sive vanitas ; vel vapor, aut miserabilis.
Cain, possessio, vel invidia.	Κάϊν, κτῆμα, ἢ ζηλοτυπία.	Cain, possessio, vel lamentatio.
Seth, planta, vel resurrectio.	[3] Σίθ, φύτευμα, ἢ ἀνάστασις.	Seth, positio, vel positus ; aut poculum, sive gramen ; aut semen, sive resurrectio.
Enos, oblitus.	Ἐνώς, ἐπιλανθανόμενος.	Enos, homo ; sive desperatus, ve violentus.
Cainan, possessio.	Καϊνάν, κτῆσις.	Chainan, lamentatio, vel possessio eorum.
Maleleel, compensatio fortis.	Μαλελεήλ, ἀντάλλαγμα ἰσχυρόν.	Malaleel, laudans deum.
Jared, descensio.	[a] Ἰαρέδ, κατάβασις.	Jared, descendens, sive roborans.
Enoch, dedicatio.	Ἐνώχ, ἐγκαινισμός.	Enoch, dedicatio.
Mathusala, missus.	Μαθουσάλα, ἀπεσταλμένος.	Mathusale, mortis emissio ; vel mortuus est, et interrogavit.
Lamech, proba mente præditus.	[3] Λάμεχ, εὐγνώμων.	Lamech, humiliatum ; aut percutientem, sive percussum.
Noe, requies.	[b] Νῶε, ἀνάπαυσις.	Noe, requies.
Sem, perfectus.	Σήμ, τέλειος.	Sem, nomen, vel nominatus.
Cham, audax, vel præceps.	Χάμ, τολμηρός, ἢ προπετής.	Cham, calidus.
Japheth, dilatatio.	Ἰαρέδ, [4] πλατυσωμός.	Japheth, latitudo.
Arphaxad, prophetia concitata.	Ἀρφαξάδ, προφητεία ὁρωμένη.	Arphaxad, sanans depopulationem.
Saled, emissus.	[c] Σαλέδ, ἀπεσταλμένος.	Sala, missa.
Eber, trajiciens, aut transilio.	Ἐβέρ, διαπερῶν, ἢ διάβασις.	Eber, transitorem.

[1] Nomen אדם *Adam* in tot varias etymologias diffunditur apud Græcos ; quia illud confundunt cum *Adama*, *Dam*, et *Ada* : quorum primum *pulverem* et *terram rubram* significat ; *Dam* vero *sanguinem*, et *Ada testimonium*. Sonat autem *carnem* per abusum, quo Philo et Origenes sæpius haud hominum significationes exprimunt in vocabulis, sed rerum eventus, aut Patriarcharum virtutes. Sic ab eis *Adam* dicitur *terra carnea*, quia ex terra corpus Adæ compactum est. Noe alibi interpretantur etiam *justum*, propter verba Scripturæ ubi *justus* dicitur esse inventus. Quod vero de nominibus *Adam* et *Noe* hic admonemus, in aliis bene multis consequenter observandum erit curioso Lectori ; frequentes enim sunt apud memoratos Græcos Scriptores hujusmodi interpretationes allegoricæ ac symbolicæ. Consule etiam quæ de nomine *Abel* jam observata sunt in priori Fragmento.

[2] Non desunt in Manuscripto Græco Scriptoris er-

[a] Corrupte lectum a Martian. Ἀαρεδ pro Ἰαρέδ, quod emendat Vatic.

[b] Iterum corrupte Martian. ex Regio Ἐνώς, *Enos* substituerat pro Νῶε nomine. Castigatur a Vaticano.

rores, nec corruptelæ nominum ; manifesta et confessa vitia plerumque sine notis emendo ; cætera describo diligenter, prout scripta leguntur in codice Græco, v. g. Σίθ pro Σηθ, Ἀάρεδ pro Ἰαρέδ ; et Ἐνώς pro Νῶε.

[3] Observa, Lector, non eodem modo interpretatum fuisse semper Hieronymum nomina eadem Hebraica ; nam supra in libro Numerorum sic ab eo vertitur nomen Sethi. *Seth, positio, sive posuit.* De Lamecho etiam hæc habet in Luca : *Lamech, humilis : quidam putant percutientem, sive percussum posse resonare.*

[4] Corrupte in manuscripto Regio scriptum est πλατύσωμος pro πλατυσμός quod significat *dilatationem*. In aliis permultis nominibus omittuntur aliquot litteræ, spiritus et accentus ; quorum omnium defectum bona fide, nec oscitanter supplere curavi.

[c] In Vatican. Σαλέδ : tum additur post διάβασις vocem, ἑβραΐος, ἢ γνώμη. *Hebræus, aut sententia*, quæ quidem quo huc pacto referantur, non video.

AD TOMUM III OPERUM S. HIERONYMI APPENDIX.

Interpretatio Latina.	Codex Vaticanus.	Hieronymus.
Nachor, fasciculus visibilis veniens.	Ναχώρ, δεσμὴ ὁρατὴ ἐρχομένη.	Nachor, requies luminis, vel requiescente luce, vel obsecratio novissima.
Esrom, deprecatio extrema.	Ἐσρώμ, [1] δέησις ἐσχάτη.	Esrom, sagittam vidit, sive atrium eorum.
Thara, fragrantia lenta.	Θαρά, εὐωδία βραδεῖα.	Thara, exploratores odoris, sive exploratio ascensionis, vel pastio.
Abram, pater excelsus, vel transitor.	Ἄβραμ, πατὴρ ὑψηλός, ἢ περάτης.	Abram, pater excelsus.
Abraham, pater excelsi, vel pater nationum, aut pater Misericordiarum, vel pater electus.	Ἀβραάμ, πατὴρ ὑψίστου, ἢ πατὴρ ἐθνῶν, ἢ πατὴρ οἰκτιρμῶν, ἢ [a] πατὴρ ἐκλεκτός.	Abraham, pater videns populum.
Isaac, risus, et gaudium.	Ἰσαάκ, γέλως, καὶ χαρά.	Isaac, risus, vel gaudium.
Jacob, supplantator, vel postrema apprehendens.	Ἰακώβ, πτερνιστής, ἢ [b] ἔσχατα κρατῶν.	Jacob, supplantator.
Esau, acervus lapidum, vel factura; aut quernus, *id est*, roboreus.	Ἡσαῦ, λιθολόγιον, ἢ ποίημα, [2] ἢ δρύϊνος.	Esau, factura, sive roboreus, vel acervus lapidum, seu vanus, aut frustra.
Rubin, spiritus dei.	Ῥουβίμ, [3] πρα θεοῦ.	Ruben, videns filius, vel videns in medio.
Symeon, obediens.	Συμεών, ὑπακούων.	Symeon, exauditio, vel nomen habitaculi.
Levi, de me recordabitur.	Λευί, ὑπὲρ ἐμοῦ μνησθεύσει.	Levi, additus, sive assumptus.
Judas, confessio.	Ἰούδας, ἐξομολόγησις.	Judas, laudatio, vel confessio.
Isachar, merces.	Ἰσάχαρ, μισθός.	Issachar, est merces.
Zabulon, munus.	[4] Ζαβουλών, δῶρον.	Zabulon, habitaculum eorum, vel jusjurandum ejus, vel fluxus noctis.
Dan, judicium.	Δάν, κρίσις.	Dan, judicium, aut judicans.
Nephthalim, opitulatio.	Νεφθαλείμ, ἀντίληψις.	Nephthali, conservavit me, vel dilatavit me, vel certe implicuit me.
Gad, obventio.	Γάδ, ἐπίτευγμα.	Gad, tentatio, sive latrunculus, vel fortuna.
Aser, beatitudinis prædicatio.	Ἀσήρ, μακαρισμός.	Aser, beatitudo, sive beatus.
Joseph, additamentum, vel dedecus, aut ablatio.	Ἰωσήφ, προσθήκη, [5] ἢ ὄνειδος [c], ἢ ἀφαίρεσις.	Joseph, augmentum.
Benjamin, filius doloris, vel filius dexteræ.	Βενιαμίν, [6] τέκνον ὀδύνης, ἢ υἱὸς δεξιᾶς.	Benjamin, filius dextræ.
Melchisedec, apostolus justus, vel rex justus vel pacem colens.	Μελχισεδέκ, ἀπόστολος δίκαιος, ἢ [d] βασιλεὺς δίκαιος, ἢ εἰρηνεύων.	Melchisedec, rex justus.

[1] Hieronymus hanc etymologiam δέησις ἐσχάτη, A geniano. id est, *obsecratio novissima*, copulavit, cum vocabulo *Nachor*. Græci autem cum nomine *Esrom*. Quare ne suspensus hæreat hoc loco Lector, scire debet עתר *athar*, idem esse quod *deprecari*; et אחרון *ahharon*, significare *postremum*, seu *novissimum*. Hinc ergo Hieronymus Græcorum opinionem secutus, ni fallor, in etymologia nominis Nachoris, illud derivavit ex אחר *ahar*; et athar, עתר Similiter dicendum de *Esrom*, qui apud Græcos interpretatur *obsecratio*, seu *deprecatio postrema*.

[2] Genus est arboris, quæ dicitur *robur*, unde *roboreus*. Quod minime assecuti antea editi libri, *Esau* interpretati sunt *rubeum*, pro *roboreum*.

[3] Falsus est hic loci scriptor Græcus in compendio litterarum πρα; non enim ρ, sed ν scribere debuit in medio, πνα, ut sit πνεῦμα juxta veram Græcorum lectionem, qui *Ruben* interpretantur *Spiritum Dei*, id est, πνεῦμα θεοῦ. Vide infra in Lexico Ori-

[4] Male et violenter in hoc libro Nominum, *Zabulon*, *fluxus noctis*, interpretatum declarat Hieronymus, quem consuli velim libro Quæst. Hebraicarum in Genesim, ubi omnium Patriarcharum etymologias nominum voluit pariter dicere.

[5] Hoc loco male scriptum est ὄνειδα, pro ὀνειδεία sive ὀνειδία. Quod autem in tam contrarias significationes apud Græcos nomen *Joseph* commutetur, non aliunde evenit quam ex diverso themate, seu diversa Hebræa radice, יסף *jasaph* namque idem apud Hebræos quod *addidit*; סוף *suph* autem *terminavit* et *consumpsit* significat: unde apud Arabas remanet סף *sajaph*, quod sonath *obtruncavit caput*.

[6] Quia Benjamin vocatus est a matre *Benoni*, id est, *filius doloris*, Græci linguæ Hebraicæ imperiti putarunt Benjamin sonare *filium doloris*.

[a] Conferendus hic venit Origenes lib. 1 contra Celsum num. 45, ubi Abraham exponitur πατὴρ ἐκλεκτὸς τῆς ἠχούσης, *pater electus sonitus*. Et Clemens Alexandr. Strom. l. v, p. 400: Ἀβραὰμ ἑρμηνεύεται πατὴρ ἐκλεκτὸς ἠχοῦς, Abraham exponitur *pater electus sonitus*. Uterque autem a Philone interpretationem desumpserit, qui lib. de Gigantibus p. 228: καλεῖται πατὴρ ἐκλεκτὸς ἠχοῦς ἑρμηνευθεὶς Ἀβραάμ ὁ τοῦ σπουδαίου λογισμός· ἐξειλεγμένος γὰρ καὶ κεκαθαρμένος καὶ πατὴρ φωνῆς, ἢ συνηχοῦμεν. Interpretatur Abraham *pater electus soni, id est, intellectus et purgatus*. Est enim electus et purgatus, et pater vocis qua consonamus.

[b] Martianæus ex Regio ἔσχατος legerat, et Latin. *postremus*.

[c] Legerat Martian. ἢ ὄνειδα pro ὄνειδος.

[d] Idem βασιλικός, *regius*, excudit pro βασιλεύς, *rex*.

Interpretatio Latina.	Codex Vaticanus.	Hieronymus.
FILII RUBEN.	**ΥΙΟΙ ΡΟΥΒΙΜ.**	**FILII RUBEN.**
Ruben, admirabilis.	Ῥουβίμ, [1] θαυμαστός.	Ruben, videns filius, vel videns in medio.
Pheloc, sempiternus arcus.	Φελὸχ, τόξον αἰώνιον.	Phallu, mirabilis.
Charmin, vineam meam.	[a] Χάρμιν, ἄμπελόν μου.	Carmi, vinea mea, vel cognitio mea.
FILII SYMEON.	**ΥΙΟΙ ΣΥΜΕΩΝ.**	**FILII SYMEON.**
Jemuel, dextera fortis.	Ἰεμουὴλ, δεξιὰ ἰσχυροῦ.	Jamuel, dies ejus deus.
Jemin, dextera.	Ἰεμὶν, δεξιά.	Jamin, dextera.
Oli, tabernaculum.	[2] Ὠλὶ [b], σκήνωμα.	Olibama, tabernaculum meum in aliquo.
Bana, album.	Βανὰ, λευκόν.	
Jachel, paratus.	Ἰαχὴλ, ἕτοιμος.	Jachin, præparans.
FILII LEVI.	[c] **ΥΙΟΙ ΛΕΥΕΙ.**	**FILII LEVI.**
Levi, ipse.	Λευΐ, [3] αὐτός.	Levi, additus.
Gersan, advena.	Γηρσάν, πάροικος.	Gerson, advena ibi.
Caath, concionator.	Καάθ, ἐκκλησιαστής.	Caath, molares dentes, sive patientia.
Merari, amarulentus.	Μεραρί, πικραινόμενος.	Merari, amarus, vel amaritudines.
FILII JUDA.	**ΥΙΟΙ ΙΟΥΔΑ.**	**FILII JUDA.**
Er, silva, ubi belluæ.	Ἤρ, δρυμὸς, [d] ὅπου θηριώδους.	Er, vigiliæ, sive pellicius, aut surrectio, vel effusio.
Aunan, fons.	Αὐνὰν, πηγή.	Onan, mœror eorum.
Selom, iniquitas.	Σηλὼμ, ἀνομία.	Sela, petitio.
Phares, septum.	Φαρὲς, φραγμός.	Pharez, divisio.
Zaza, illustris.	Ζαζὰ, ἐπιφανής.	Zara, oriens, vel ortus.
FILII ISACHAR.	**ΥΙΟΙ ΙΣΑΧΑΡ.**	**FILII ISSACHAR.**
Thoda, vermis.	Θωδά, σκώληξ.	Thola, vermiculus.
Phua, hic sum.	Φουά, ὧδέ εἰμι.	Phua, hic adverbium.
Job, dilectum.	Ἰὼβ, ἀγαπητόν.	Job, magus.
Salomon, reservatum.	Σωλομών, τηρούμενον.	Semrom, nomen videns, aut custos.
FILII ZABULON.	**ΥΙΟΙ ΖΑΒΟΥΛΩΝ.**	**FILII ZABULON.**
Zabulon, fragrans.	Ζαβουλὼν, [4] εὐώδωμ [e].	Zabulon, habitaculum eorum.
Seer, institutus.	Σεὲρ, πεπαιδευμένος.	Sarad, ut descenderet.
Elom, sempiternus.	[5] Ἐλὼμ, αἰώνιος.	Elom, regio campestris, aut quercus, aut roboreus.
Geel, misericordia domini.	[6] Γεὴλ [f], ἔλεος κυρίου.	Joalel, vita dei, sive exordium dei, vel præstolans deum.

[1] Continua hic est nominum depravatio, et interpretationum perturbatio. Rubenis enim etymologia θαυμαστός, hoc est *mirabilis*, consequentis est nominis φελὸχ, quod in Hebræo scriptum est פלא *Phallu*, mirabilemque significat. Præterea τόξον αἰώνιον pertinet ad nomen *Hesron* omissum ab exscriptore, dum recenset filios Ruben. Cætera præterea, quia ex comparatione textus Hieronymiani perspicua sunt lectori. Consulendum tamen nomen *Ezrom* infra in præsenti Fragmento.

[2] Nullus inter filios Simeon recensetur in Genesi, qui vocetur *Oli*, vel *Bana*: nec hujusmodi vocabula leguntur apud Hieronymum sub illa forma. Proclive est ut credamus, ex nomine *Oolibama* veterum exscriptorum errore derivata fuisse vocabula *Oli et Bana*: at *Oolibama* non est nomen viri, sed mulieris, uxoris Esau.

[3] Pro αὐτὸς legendum videtur υἱοί, juxta seriem contextus sacri, Gen., XLVI, 11; saltem αὐτῷ, id est *ipsi*, non *ipse* legendum monet Hebraicum לו, in quo est particula לו *lo*, quæ Græce redditur αὐτῷ.

[4] Forte legi debet εὐοδῶν, id est, *prosperum iter*

[a] Denuo idem pro Χάρμιν legerat Χαρμὲν; quæ emendat Vaticanus.

[b] Vatic. quæ hinc subsequuntur nomina ita per seriem effert:
Ὠέλ, σκήνωμα.
Ἰαχὴλ, ἕτοιμος.
Βανὰ, λευκόν.

[c] Hanc epigraphen: ΥΙΟΙ ΛΕΥΕΙ, quæ Græculi amanuensis incuria in Regio ms. desiderabatur, et Martianæus non animadvertit, ex

præbens, sive ab εὐοδέω, *expeditum iter habens*. Quæ etymologia satis convenit nomini Zabulon, quod alibi *fluens* interpretatur. Certe εὐώδωμ corruptum verbum est, quocumque sensu sumatur.

[5] אילון *Elon* Græci confuse accipiunt pro עילום *elom*, quod *sæculum* vel *sempiternum* significat.

[6] Non poterat clarius aut efficacius probari nominum propriorum corruptela, de qua Origenes et Hieronymus tam sæpe conqueruntur, quam ista præsenti vocabulorum serie vitiosa: major enim est cæteris omnibus depravationibus nominum, quæ in editis Græcis exemplaribus visuntur. Ecquis crederet nomen *Joalel*, vel *Jahelel* ad tantam corruptelam prolapsum temeritate, vel oscitantia veterum exscriptorum, ut pro eo legeretur, *Geel*; pro *Sephion*, *Sedon*; pro *Arodi*, *Varilei*, et sic de reliquis, quorum fœditatem ex comparatione Hieronymianæ tabulæ lector facile deprehendet? Sed præter illam depravationis speciem, aliæ sunt in codice manuscripto, ut cum legimus υἱοὶ Δάν, pro υἱοὶ Γάδ; et vicissim, *filii Gaad*, pro *filii Dan*. Usim namque sonat Vatic. ms. suffecimus.

[d] Male interpretatur Martian., *ubi belluæ*, ait Clericus, quasi θηριώδους idem esset ac θηρία. Sed lege τόπου θηριώδους, *loci feris relicti*, constabuntque; et sensus et constructio.

[e] Rescribi mallim εὐοδμός, quod est *odorus*, sive *odoratus*. In Vatic. autem exemplari εὐώδωμος scriptum videtur, postremo litterarum ductu ob vetustatem oculos fugiente, quæ causa exstiterit Regii codicis exscriptori, ut solum Εὐώδωμ repræsentaret.

[f] Hic in Vatic. ms. sub serie filiorum Dan recensetur.

Interpretatio Latina.	Codex Vaticanus.	Hieronymus.
FILII DAN.	**ΥΙΟΙ ΔΑΝ.**	**FILII GAD.**
Sedon, inspector, episcopus.	Σεδὼν, ἐπίσκοπος.	Sephion, egressum est os tristitiæ.
Aggi, festivitas.	Ἀγγεὶ, ἑορτασμός.	Haggi, festivitas mea.
Somicin, secundans meus.	Σωμίειν, δευτερωτής μου.	Suni, pupilla mea, vel secundus meus.
Hiesba, virtus mea.	Ἰεσβὰ, δύναμίς μου.	Esban, ignis in eis.
Mere, martyr meus.	ᵃ Μέρε, μάρτυς μου.	Heri, declinans.
Varilæi, descensus meus.	Οὐαριλεὶ, κατάβασίς μου.	Arodi, vindemiator sufficiens.
Toῦ Arilei, natura mea.	Θοῦ Ἀριλεῖ, ἡ φύσις μου.	Areli, leo dei mei.
FILII NEPHTHALIM.	**ΥΙΟΙ ΝΕΦΘΑΛΕΙΜ.**	**FILII NEPHTHALI.**
Nephthalim, precatio.	Νεφθαλεὶμ, προσευχή.	Nephthali, conservavit me, etc.
Asael, fortitudo patris fortis.	Ἀσαὴλ, ἰσχὺς πατρὸς ἰσχυροῦ.	Jisiel, dimidium dei.
Goniei, ex me sempiternus.	Γωνίεε, ἀπ' ἐμοῦ αἰώνιος.	Guni, elatio mea, sive hortus meus.
Jessaar, fortis.	Ἰεσσαὰρ, ἰσχυρός.	Jeser, figmentum, sive tribulatio.
Thusilem, perfectus.	Θυσιλημ, τέλειος.	Saliem, pax, vel reddens.
FILII GAAD.	**ΥΙΟΙ ΓΑΑΔ.**	**FILII DAN.**
Gad, veniens.	¹ Γὰδ, ἐρχόμενος.	Gad, tentatio, sive latrunculus, etc.
Thuim, imago.	Θυεὶμ, εἰκασμός.	Usim, festinus eorum.
FILII ASER.	**ΥΙΟΙ ΑΣΗΡ.**	**FILII ASER.**
Aser, beatus.	Ἀσὴρ, μακάριος.	Aser, beatitudo, sive beatus.
Emma, numerabilis.	Ἐμμὰ, ἀριθμούμενος.	Jamne, marina, sive numerabilis.
Jasua, sanans.	ᵃ Ἰάσουα, ᵇ ἐξιούμενος.	Jesui, planities, sive est desiderium meum, aut certe salvator.
Jasue, dignitas mea.	Ἰασούη, ἀξίωμά μου.	Jessui, est dolere.
Ucria, potens.	Οὐκρία, δυνατός.	Beria, in clamore ejus.
Useel, superstes et redundans.	Οὐσεήλ, περισσευομένη.	Sara, princeps.
FILII JOSEPH.	**ΥΙΟΙ ΙΟΣΗΦ.**	**FILII JOSEPH.**
Joseph, augmentum.	Ἰωσὴφ, πρόσθεσις.	Joseph, augmentum.
Ephraim, latitudo.	Ἐφραὶμ, πλατύς.	Ephraim, frugiferum, sive crescentem.
Manasses, venditus.	Μανασσῆς, πεπραμένος.	Manasses, oblitus, vel necessitas.
Assenęth, exosus.	Ἀσσενέθ, μισούμενος.	Asseneth, ruina.
Petephre, visibile.	ᶜ Πετεφρῆ, ὁρατόν.	Phetephre, libycus vitulus, divisio, vel os declinans, etc.
FILII BENJAMIN.	**ΥΙΟΙ ΒΕΝΙΑΜΙΝ.**	**FILII BENJAMIN.**
Benjamin, filius dexteræ.	Βενιαμὶν, υἱὸς δεξιός.	Benjamin, filius dexteræ.
Salai, famelicus, sive devorans.	Σαλαὶ, καταπενούμενος ᵈ.	Bela, præcipitans, sive devorans.
Sabachar, primogenitus.	Σαβαχάρ, πρωτότοκος.	Bechor, primogenitus, vel in clitellis, etc.
Seber, ignis veniens.	Σεθήρ, πῦρ ἐρχόμενον.	Asbel, ignis vanus, sive vetus.
Pera, incolere.	Περά, παροικεῖν.	Gera, ruminatio, vel incolatus.
Nabau, psallens libenter.	Ναβαῦ, ψάλλων ἡδέως.	Naaman, fidelis, vel motus eorum.
Leis, frater meus.	ᵃ Λεὶς, ἀδελφός μου.	Echi, frater meus.

Ius filius est Dan; Sephion autem cum reliquis fuit Patriarchæ Gad. Hoc nomen Gad ante Usim scriptum legitur in columna Hieronymiana propter solam comparationem diversæ etymologiæ : nec sum tam hebetis cordis, ut recenseam Gad inter filios Dan.

¹ Ne actum sæpius agamus, et eadem semper replicemus, meminerit Lector superiorum annotationum nostrarum, quibus ostensum est, verba Hebraica, nequaquam secundum proprietatem linguæ, aut fidem elementorum, ubique a Græcis esse interpretata; ut etiam ex nomine Gad jam perspicue liqueat, quod interpretantur venientem. Sed audiendus hac de re Hieronymus : Ubi nos, inquit, posuimus, in fortuna, et Græce dicitur ἐν τύχῃ, quæ potest eventus dici, in Hebræo habet BAGAD (בגד) quod Aquila interpretatur, venit accinctio. Nos autem dicere possumus, in procinctu. BA enim potest præpositionem sonare in, et venit, Ab eventu erga sive procinctu, qui GAD dicitur, Zelpha filius Gad vocatus est. Gad itaque interpretatur accinctio, et ba, venit. Quod imperitiam Græcorum effugit, qui legentes forte apud Aquilam, venit accinctio, suspicati sunt Gad Hebraice idem

A esse quod venire, cujus opinionis inscitiam castigat Hieronymus libro Quæst. Heb. in Genesim a nobis modo citato. Similes mox occurrunt in aliis nominibus etymologiæ Græcorum, quas sigillatim Notis illustrare non suscepi, ne cum in has Grammaticorum tricas sumptus insumo, a potioribus ipsæ ac magis necessariis animum meum avocent, remoramque pariant diligentiæ gravissimis rebus impertiendæ.

² In Græca hujus nominis etymologia legendum videtur non ἐξιούμενος, sed ἐξιώμαι ab ἐξιῶμαι, quod sanare et sancire significat. Quo sensu Jasua, sive Jesua, non abs re dicitur sanans, utpote qui pertransiit benefaciendo, καὶ ἰώμενος, et sanando omnes oppressos a diabolo. Act. x, 38. In Latina autem interpretatione Hieronymi illud pariter observandum, secundum etymologiam nominis Jesua, est desiderium meum, ad vocabulum sequens magis pertinere; quia in ישוי Jessui, pronomen meum invenitur, quod in B ישוע Jesua non legimus.

³ Corruptelas horum nominum in Græco redarguere possumus ab ipsa interpretatione. Leis, exempli gratia, interpretatum ἀδελφός μου, frater meus,

---

ᵃ In Vatic. scribitur Μήρε, et paulo post uno verbo et veluti singulare alterum nomen Θουαριλεῖ pro θοῦ Ἀριλεῖ.

ᵇ Vatic. plurium numero, ἐξιούμενοι.

ᶜ Idem Vatic., πεττεφρῆ.

ᵈ Legendum videtur καταπεινούμενος, a radice πεινάω : πείνω enim a lexicis abest. Ed.

Interpretatio Latina.	Codex Vaticanus.	Hieronymus.
Varos, princeps.	Οὔαρος, ἀρχηγός.	Ros, caput.
Momphin, similitudo mea.	[1] Μομφίν, ὁμοιότης μου.	Mophim, de ore eorum.
Thouara, descensus meus.	Θουαρά, κατάβασίς μου [a].	Ared, descendens.
Pithom, os sempiternum.	Πίθωμ, στόμα αἰώνιον.	Phithom, os abyssi, vel subito.
Ramesse, rapina.	Ῥαμεσσή, ἁρπαγή.	Ramesse, pabulum, vel tinea, etc.
Sepphora, consideratio speciosa.	Σεπφόρα, ἐπίσκεψις ὡραία.	Sephora, avis ejus, vel pulchritudo ejus, sive placens.
Phua, propheta.	Φουά, προφήτης.	Phua, hic, sive apparebo, sed melius rubrum.
Levid, minister.	Λευείδ, ὑπουργός.	Levi, additus.
Moyses, aquæ elevatio, vel mens pia, vel scrutinium domini.	Μωϋσῆς, ὕδατος ἀναίρεσις, ἢ νοῦς εὐσεβής, ἢ ἔρευνα κυρίου.	Moses, attrectans, vel palpans, aut sumptus ex aqua, sive assumptio.
Raguel, amicus fortis.	Ῥαγουήλ, [b] φίλος ἰσχυρός.	Raguel, pastio dei, sive amicus ejus deus.
Iothor, redundantia.	Ἰωθώρ, περισσεία.	Jothor, superfluus hujus.
Zopheth, vita lata.	Ζωφήθ, ζωὴ πλατεῖα.	Japheth, latitudo.
FILII PHARES.	ΥΙΟΙ ΦΑΡΕΣ.	FILII PHARES.
Esrom, arcus sempiternus.	[2] Ἐσρώμ, τόξον αἰώνιον.	Esrom, sagittam videns, etc.
Amul, misericordia.	Ἀμούλ, ἔλεος.	Amul, parcens.
FILII EPHRAIM.	ΥΙΟΙ ΕΦΡΑΙΜ.	FILII EPHRAIM.
Suthala, dignitas apostolica.	Σουθαλά, ἀξίωμα ἀποστολικόν.	Suthala, radicatus.
Bechor, primogenitus.	[c] Βεχώρ, πρωτότοκος.	Bechor, primogenitus.
FILII MANASSE.	ΥΙΟΙ ΜΑΝΑΣΣΗ.	FILII MANASSE.
Galaad, testimonium.	Γαλαάδ, μαρτυρία.	Galaad, acervus testimonii.
FILII BRIA.	ΥΙΟΙ ΒΡΙΑ.	FILII BERIA.
Eber, amicus.	[3] Ἐβέρ, φίλος.	Eber, transitorem.
Melchiel, missus a forti.	[4] Μελχιήλ, ἀπεσταλμένος ἀπὸ ἰσχυροῦ.	Melchiel, rex meus deus.

[3] manifestissime docet pro *Leis* legendum ac scribendum *Echi*, quod Hebraice dicitur אחי, *Echi*, vel *Ahhi*, significatque *fratrem meum*.

[1] Ex Græco et Hebræo facta videtur etymologia *Momphin* apud Græcos. Μορφή enim Græcis est *species* oris, et altixum ? i, Hebræis est pronomen primæ personæ sing. masc. *meus* : hinc *Momphin*, vel *Morphi* potest dici apud Græcos linguæ Hebraicæ incuriosos, *similitudo mea*.

[2] Confer nomen istud cum nomine *Pheloch* supra posito, ut tesus ipse accedas, τόξον αἰώνιον esse etymologiam vocabuli *Esrom*, non nominis *Pheloch*.

[3] *Eber* scriptum cum *Ain* עבר ab initio significat

[a] Addit Vatic. hic vocem ἐξόδου *Exodi* : tum Πίθων, pro Πίθωμ legit.

[b] Pro φίλος legerat Martian. ἴλλος, quæ vox Ionica dialecto *oculum* sonat. Atque ita quidem vertit, rationemque ejus etymi hanc reddit : Propter priorem syllabam *Ra*, oculi, sive visus significantiam extorquent Græci e nomine *Raguel*; non intelligentes scriptum esse vocabulum cum littera ע *Ain*, רעואל

[A] *transitorem*; si autem habeat *Heth* חבר, interpretatur *amicus*, sive *socius* et *conjunctus*.

[4] Nominis *Mathusalæ* etymologiam vocabulo *Melchiel* affigere hoc loco Græci videntur, licet מלכיאל *Melchiel* possit aliquo modo interpretari *missus*, si figuratam sive formatam dicamus vocem a verbo Chaldaico מלאך *malach*, quod *nuntium* et *missum* sonat apud Orientales. Hinc Targumistæ verbum מלאך *malach*, Prov. xiii, 17, reddunt per שלחה, *scelihha*, derivatum a verbo שלח, *salahh*, quod *mittere* significat.

non ראיאל.

Verum puto luce meridiana clarius est, emendandum, uti fecimus, ex Vatican. φίλος, *amicus*; juxta Hebraicam analogiam, et Hieronymi interpretationem, qui *pastionem* et *amicum* vertit, et tam sæpe alibi docuit, iisdem litteris רעה, et *pastorem* et *ami-*
[B] *cum* denotari.

[c] In Vatic. βεχάρ.

FRAGMENTUM QUARTUM.

Interpretatio Latina.	Codex Vaticanus.	Hieronymus.
INTERPRETATIO FEMININORUM NOMINUM HEBRAICORUM.	ΕΡΜΗΝΕΙΑ ΤΩΝ ΘΗΛΥΚΩΝ Ὀνομάτων τῇ Ἑβραΐδι διαλέκτῳ.	LIBER NOMINUM HEBRAICORUM.
Eva, vita.	Εὔα, ζωή.	Eva, vita, aut væ, aut calamitas.
Sara, fasciculus visus, vel sterilis, aut princeps.	[a] Σάρρα, δέσμη βλεπομένη, ἢ στεῖρα, ἢ ἄρχουσα.	Sara, princeps.

[a] Saræ nomen non interpretatur *sterilis*, juxta fidem elementorum; sed pro voluntate Græcorum, qui sententias Scripturæ sacræ sæpius usurpant pro etymologiis; nam de Sara dictum est Gen. xi, 30 :

Erat autem Sarai sterilis. Non sum tamen nescius בצרת *basoreth*, significare *siccitatem* et *sterilitatem*; unde violenter Græci suo more formatum intelligunt forte nomen *Sarai*.

Interpretatio Latina.	Codex Vaticanus.	Hieronymus.
Agar, ipsa proselyta, vel simul nutrix, aut advena est.	Ἄγαρ, αὕτη προσήλυτος, ἡ συντρίφουσα, ἡ προσηλυτεύουσα.	Agar, advena, vel conversa.
Rebecca, multa patientia, vel varia, aut flatus desuper, vel laetitia.	Ῥεβέκκα, πολλὴ ὑπομονή, ἡ ποικίλη, ἡ πνοὴ ἄνωθεν, ἡ χαρά.	Rebecca, multa patientia, vel multum accepit, sive patientia.
Debora, apis.	Δεβόρρα, μέλισσα.	Debora, apis, vel loquax.
Sepphora, gratia et pulchritudo.	Σεπφόρα, χάρις καὶ κάλλος.	Sephora, avis ejus, vel pulchritudo ejus, sive placens.
Rachel, ovis, vel flatus fortis.	Ῥαχήλ, πρόβατον, ἡ πνοὴ ἰσχυροῦ.	Rachel, ovis, vel videns principium, aut visio sceleris, etc.
Leia, laborans, vel sustinuit laborem, vel recusata.	[1] Λεία, κοπιῶσα, ἡ ἐμόχθησεν, ἡ ἀνανευομένη.	Lia, laboriosa.
Bersabee, filia potentis.	Βηρσαβεέ, θυγάτηρ δυνατοῦ.	Bethsabee, filia juramenti.
Saraa, veniens.	Σαραά, [2] ἐρχομένη.	Sarai, princeps mea.
Thamar, ejus quae mutavit, vel immutavit, aut palma, vel amaritudo.	Θάμαρ, ἀλλάξασης [a], ἡ ἤλλαξεν, ἡ φοίνιξ, ἡ πικρασμός.	Thamar, palma, vel amara.
Maria, quae dominatur, vel amarum mare.	Μαρία, κυριεύουσα, ἡ πικρὰ θάλασσα.	Maria, sermone Syro domina nuncupatur.
Mariam, illuminata, vel illuminans eos, aut dominus e genere meo, vel smyrna marina.	Μαριάμ, φωτιζομένη, ἡ φωτίζουσα αὐτούς, ἡ κύριος ἐκ γένους μου, ἡ σμύρνα θαλασσία.	Mariam, plerique aestimant interpretari, illuminant me isti, vel illuminatrix, vel zmyrna maris; sed mihi nequaquam videtur. Melius autem est, ut dicamus sonare eam stellam maris, vel amarum mare.
Ruth, flatus, vel properans.	Ῥούθ, πνοή, ἡ σπεύδουσα.	Ruth, festinans, aut videns, etc.
Susanna, laetitia eorum, vel apostolicum lilium, aut resurrectio gloriae.	[3] Σουσάννα, χαρὰ αὐτῶν, ἡ ἀποστολικὸν κρίνον, ἡ ἀνάστασις δόξης.	Susanna, lilium, aut gratia ejus; sed melius si femininum nomen figuretur a lilio.
VIRILIUM.	[b] ΑΡΣΕΝΙΚΩΝ.	VIRILIUM.
Phares, septum.	Φαρές, φραγμός.	Phares, divisio, sive divisit.
Esrom, materiam.	[4] Ἐσρώμ [c], ὕλην.	Esrom, sagittam vidit, sive atrium eorum.
Atham, sublimis.	Ἀθάμ, ὑψηλός.	Aram, excelsus.
Aminadab, natio desiderabilis.	Ἀμιναδάβ, ἔθνος [d] ἐπιθυμητόν.	Aminadab, populus meus voluntarius.
Naasson, requies sempiterna.	[e] Ναασσών, ἀνάπαυσις αἰωνία.	Naasson, quidam putant requietum sonitum: sed melius est, augurans, sive serpens eorum.
Salmon, accipe vas electum.	Σαλμών, λάβε σκεῦος ἐκλεκτόν.	Salmon, sensibilis, sive sensus.
Booz, adventus potens.	Βοόζ, ἔλευσις δυνατή.	Booz, in quo robur, vel in ipso fortitudo: sed melius in fortitudine.
Jobed, subordinatus.	Ἰωβήδ, ὑποτασσόμενος.	Obed, serviens.
Jessae, refrigeratio.	Ἰεσσαί, ἀνάψυξις.	Jessai, insulae libatio, sed melius incensum.
David, desiderabilis, vel qui misericordiam consequitur, aut fortis manu, vel cui parata fuerunt abscondita.	[5] Δαβίδ, πεποθημένος, ἡ ἠλεημένος, ἡ ἱκανὸς χειρί, ἡ ᾧ ἡτοίμασται τὰ ἀπόκρυφα.	David, desiderabilis, aut fortis manu.

---

[1] Apud Philonem *Lia* interpretatur κοπιῶσα, et A ἀνανευομένη, id est, *laborans*, et *renuens*, sive potius *recusata*, ut nos Latine reddidimus: qua interpretationis consonantia perspicue satis probatur, hujus Fragmenti etymologias, si non omnes, saltem plures a Philone mutuatas fuisse.

[2] Prius inter Graeca Fragmenta docet nos, hanc vocem legi debere cum α, ἀρχομένη, id est, *subdita*, sive *quae imperio alterius paret*; non autem ἐρχομένη, quod *venientem* sonat. Neque etymologiam *veniens* patitur nomen *Sarai*, si juxta proprietatem linguae Hebraicae illud interpretemur. Nos vero cum errore scriptum hic maluimus ἐρχομένη quam ἀρχομένη, propter morosos quosdam criticos qui codicum mss. sphalmata venerantur.

[3] Nominis Susannae recordatur Hieronymus in Luca, non in veteri Testamento.

[a] Martian., ἡ ἀλλάξεν.
[b] Vatic. ΑΡΣΕΝΙΚΑ.
[c] Mendose Martian. ex Regio ms. Ὀσρόμ, *Osrom*.

[4] Non satis liquet, quare *Esron* Graeci ὕλην, id est, *materiam*, interpretentur: nisi materiam intelligant terram quae aliquando ארעא *arha*, vel ערו *ero* dicitur. Melius ac verius apud Hieronymum *Esron* interpretatur *sagittam vidit*, vel *atrium eorum*: חץ es enim, sive *hhets* est *sagitta*; ראה *raa*, *vidit*; et חצר *hhaser*, *atrium*.

[5] De David scriptum est Ps. CXVI: *Incerta et occulta sapientiae tuae manifestasti mihi*; ideo Graeci nomini ejus affigunt hanc etymologiam, *cui parata fuerunt abscondita*. Ad similes allegorias nusquam attendit doctissimus Hieronymus: sed omnium vocabulorum etymologias juxta proprietatem linguae Hebraicae exprimere voluit, ut hoc loco *David* interpretatur *fortem manu*, a די *dai*, et יד *jad*; *desiderabilem* vero ex אבה *ava*, aut ex חמד *amad*, id est, *desideravit*, et *concupivit*.

[d] Vatic. ἐπιθυμητικόν, quod proprie *cupidum* sonat.
[e] Vitiose ex Regio scriptum erat Νασσών, *Nasson*.

Interpretatio Latina.	Codex Vaticanus.	Hieronymus.
Salomon, pacificus.	Σολομών, εἰρηνικός.	Salomon, pacificus, sive pacatus erit.
Roboam, in multitudine populi.	Ῥοβοάμ, ἐν πλήθει λαοῦ.	Roboam, impetus populi.
Abiud, pater veniens.	Ἀβιούδ, πατὴρ ἐρχόμενος.	Abia, pater dominus.
Asaph, myrtus; sicut enim myrtus visitur etiam tempore hyemis florens, et bene olens : sic et historia justorum.	[1] Ἀσάφ. μύρτον· ὥσπερ γὰρ τὸ μύρτον θεωρεῖται καὶ χειμῶνος εὐθαλές, καὶ εὐῶδες, οὕτω καὶ ἡ ἱστορία τῶν δικαίων.	Asa, tollens, vel attollens.
Josaphat, dominus judex.	Ἰωσαφάτ, κύριος κριτής.	Josaphat, ipse judicans; sed melius, dominus judicabit.
Joram, dominus altitudinis.	Ἰωράμ, κύριος ὕψους.	Joram, ubi est excelsus? aut quis est excelsus? sed melius, sublimabitur.
Ozias, sororis illustres.	[2] Ὀζίας, ἀδελφῆς ἐπιφανεῖς.	Ozia, fortitudo domini.
Jonathan, dominus immaculatus.	Ἰωνάθαν, κύριος ἄμωμος.	Joatham, consummatus, sive perfectus.
Achaz, firmamentum domini.	Ἄχαζ, κραταίωμα κυρίου.	Achaz, apprehende.
Sedecias, justitia domini.	Σεδεκίας, δικαιοσύνη κυρίου.	Sedecias, justus dominus.
Madiam, sede hic.	[3] Μαδιάμ, κάθου ὧδε.	Manasse, obliviosus.
Jesba, asservata.	Ἰεσβά, τηρουμένη.	Josias, ubi est incensum domini? vel salus Domini, etc.
Samaria, requiescens.	Σαμάρεια, ἀναπαυομένη.	Samaria, custodita.
Raasson, lumen dei.	Ῥαασσών, φῶς θεοῦ.	Raason, cursus, vel complacitio, sive placentia, quam significantius Græci εὐδοκίαν vocant.
Romeliæ, domini requies hinc.	Ῥωμελίου, κυρίου ἀνάπαυσις ἔνθεν.	Romelias, excelsus domini.
Pharao, vitulus cornu feriens.	Φαραώ, μόσχος κερατιστής.	Pharao, dissipator, sive discooperuit eum.
Bathuel, virgo fortis.	Βαθουήλ, παρθένος ἰσχυρά.	Bathuel, virgo dei.
Chetura, parva.	Χετούρα, μικρά.	Chettura, thymiama offerens, vel copulata, aut juncta.
Chet, instrumentum.	[a] Χέτ, σκεῦος.	Cheth, percutiens.
Gerson, inquilinus.	Γηρσών, πάροικος.	Gersan, advena ibi.
Chalem, catulus.	[b] Χαλέβ, σκύμνος.	Chaleb, quasi cor, aut omne cor, vel canis.
Jephthonei, apparitio mea.	Ἰεφθονεί, ἐπιφάνεια μου.	Jefanne, innuit, vel innuens.
Helias, fortis domini mei.	Ἠλίας, ἰσχυρὸς κυρίου μου.	Elia, deus dominus.
Elissæe, dei salvator, vel dei salus.	Ἐλισσαιέ, θεοῦ σωτήρ, ἢ θεοῦ σωτηρία.	Elisæus, dei mei salus.
Chebron, visio sempiterna.	Χεβρών, ὅρασις αἰωνία.	Chebron, conjugium, aut visio sempiterna, etc.
Asaph, facile congregatus.	Ἀσάφ, εὐσυναγόμενος.	Asaph, congregans.
Gelboe, irreprehensio.	Γελβουέ, [c] ἐπανέλεγμός.	Gelboe, volutatio, sive decursus, vel acervus pluens.
Nelca, obsecratio addita.	[4] Νέλκα, δέησις παρακειμένη.	Melcha, regina ejus.
Edem, sanguificatio, voluptas.	Ἐδέμ, αἱμάτωσις, τρυφή.	Eden, voluptas, sive deliciæ, vel ornatus.
Gaidad, muro exstructa fuit.	Γαιδάδ, τετειχισμένη.	Gedera, maceria, sive sepes.
Mael, sponsor roboris, auditus dei.	Μαιήλ, ἐγγὺς ἰσχύος, ἀκοὴ θεοῦ.	Maviael, qui est dominus, vel ex vita deus.
Adda, testibus comprobata.	Ἀδδά, μαρτυρουμένη.	Ada, testimonium.
Sella, tegens seipsam.	Σελλά, σκέπουσα ἑαυτήν.	Sella, umbra ejus.

---

[1] Insignis isthæc nominum corruptela irrepsit in codices Latinos veteris Vulgatæ Evangelii secundum Matthæum; nam in manuscripto perantiquo monasterii hujus sancti Germani a Pratis sic scriptum reperi : *Roboam autem genuit Abiud; Abiud genuit Asaph; Asaph genuit Josaphat*. Asa ergo corrupte scribitur Asaph, quem florenti myrto comparant Græci propter virtutem ac pietatem singularem, qua inter reges Judæ celeberrimus memoratur.

[2] Plusquam violenter interpretatur apud Græcos nomen *Ozias, sororis illustres*; nec umquam Hebræum עֻזִּיָּהוּ *Ozihau* significationem *sororis* habere poterit, etsi vocabulum sursum deorsum accipiatur. Lege itaque *Ochozias*, tum propter seriem generationum IV Reg. VIII, 24, ubi non *Ozias*, sed *Ochosias* filius est *Joram*, tum propter etymologiam ἀδελφῆς, quæ in אֲחוֹתוֹ *Achasiohu*, vel *Ochosiau* utcumque continetur : אָחוֹת *ahhoth*, enim, vel *achoth* dicitur Latine *soror*. Deinde חֹזֶה *aze*, vel *achze* Chaldaice dicitur *spectatus*, sive *conspicuus*, quod maxime convenit cum ἐπιφανής Græcorum.

[3] De *Manasse* factum *Madiam* vix mihi persuasissem, nisi codicum mss. usus me frequenter docuisset nullum genus corruptelarum ab exscriptoribus librorum fuisse alienum. Hocque loco Lector neminisse debet errore librariorum Græcorum *Enos* supra scriptum esse pro *Noe*; unde mirum non est, si pro *Manasse Madiam*; et pro *Josia, Jesba* legamus.

[4] Quis sit iste vel ista *Nelca*, non possum divinatione consequi. *Gaidad* sequenti *et Mael* opposui *Gudera*, et *Maviael*; sed adhuc inconstans animo ac prorsus incertus, donec certiorem ac tutiorem viam ingrediar. Pro Ἰαρέρ, *Hiarer* non difficile posse legi *Irad*; ut cum aliis Caini posteris hic recenseatur *Irad*, qui interpretatur in contextu Hieronymiano *civitatis descensio*.

[a] Haud bene Martian. ex Reg. Ἔτ *Et*.
[b] Ex solemni β in μ vitiosa mutatione in mss. legerat Martian. Χαλίμ, *Chalem*.
[c] Vatic. Ἐπανέλεγμός.

AD TOMUM III OPERUM S. HIERONYMI APPENDIX.

Interpretatio Latina.	Codex Vaticanus.	Hieronymus.
Thobel, propositio.	Θοβὲλ, πρόθεσις.	Thobel, ductus ad luctum, vel conversus, aut universa.
Noemin, psallens vox, non in organo.	Νοεμὶν [a], ψάλλουσα φωνὰ, οὐκ ἐν ὀργάνῳ.	Noema, decor, sive voluptas, vel fides.
Jarer, respectus domini.	Ἰαρὲρ, ἐπίβλεψις κυρίου.	Jared, descendens, sive roborans.
Chanaan, adorans iniquitatem.	Χαναὰν, προσκυνῶν ἀνομίαν.	Chanaan, σάλος hoc est motus eorum, etc.
Gomer, Thraces.	[1] Γομὲρ, [b] θώρακες.	Gomer, assumptio, sive consummatio, etc.
Magog, omnis natio, vel omnes tribus.	Μαγώγ, πᾶν ἔθνος, ἢ [c] πᾶσαι φυλαί.	Magog, quod δῶμα, id est tectum, vel de tecto.
Madai, Parthi.	Μάδαι, [d] Πάρθοι.	Madai, mensura, sive quam sufficienter.
Mosol, sagittarius.	Μοσὸλ, τοξευτής.	Mesech, prolongatio, vel certe compressus.
Theras, hastis pugnans.	Θήρας, [e] ἰδοραστής.	Thiras, timens, vel redimens, aut superfluum.
Oscanath, ignis incensus.	Ὡσκανὰθ, πῦρ καιόμενον.	Aschenez, ignis sic aspersus.
Elisan, super me venit.	Ἐλισὰν, ἐπ' ἐμὲ ἦλθεν.	Elisa, deus meus, vel ejus salus, vel ad insulam, vel dei mei salvatio.
Tharsenses, hastas jaculantes.	[f] Θαρσεῖς, λογχοβόλοι.	Tharsis, exploratores laetitiae, vel gaudii.
Chettim, conculcamentum in torculari, quod est bellum.	Χεττιεὶμ, πάτησις ἐν ληνῷ, ὅ ἐστι πόλεμος.	Chetim, confracti.
Chus, Æthiops.	Χοὺς, Αἰθιόψ.	Chus, Æthiops.
Mesraim, Ægyptus.	Μεσραὶμ, Αἴγυπτος.	Mesraim, hostes eorum, vel Ægyptus.
Ægyptus, defectus, vel caligo.	Αἴγυπτος [g], ἔλλειψις, ἡ σκότος.	Ægyptus, tribulatio coangustans.
Phud, ejectus.	Φούδ, ἐκβαλλόμενος.	Phut, Libya, sive oris declinatio.
Seban, porta et veni.	[h] Σεβαί, θρον καὶ ἔρχου.	Seba, captus, sive captivitas, vel certe convertens.
Udedan, respondentes.	[2] Οὐδεδάν, ἀποκρινόμενοι.	Dedan, judicans.
Chus vero genuit Nebrod.	Χοὺς δὲ ἐγέννησε τὸν Νεβρώδ.	Chus, Æthiops.
Nebrod, floridorum.	[3] Νεβρώδ, [i] ἀνθαρῶν.	Nemrod, tyrannus, vel profugus, aut transgressor.
Babylon, confusio.	Βαβυλών, σύγχυσις.	Babylon, confusio.
Orec, procul.	Ὀρὲχ μακράν.	Orech, longitudo.
Sennaar, species belluina.	Σενναάρ, εἶδος θηριῶδες.	Sennaar, excussio dentium, sive fetor eorum.
Assur, Mesopotamia.	Ἀσσούρ, μεσοποταμία.	Assur, dirigens, vel beatus, aut gradiens.
Nineve, orans.	Νινευῆ. δεομένη.	Nineve, pulchra, vel germen pulchritudinis.
Chanaan vero genuit Sidonem.	[j] Χαναὰν δὲ ἐγέννησε τὴν Σιδῶνα.	Chanaan, motus eorum, vel negotiator, aut humilis.
Sidon, egredere in judicio.	Σιδών, ἔξελθε ἐν κρίσει.	Sidona, venatio moeroris.
Chethatha, aberrans.	Χεθαθά, ἁμαρτάνων.	Chethaeus, mentis excessus, sive fixus, vel abscissus.

[1] A Graeculo scriptore inferioris aevi adjectae videntur hujusmodi interpretationes nominum Gomer, et trium consequentium. Cujus scriptoris imperitiam castigat Hieronymus libro Quaest. Hebr. in Genesim, dicens : *Sunt autem Gomer, Galatae ; Magog, Scythae : Madai, Medi : Javan, Jones, qui et Graeci : Thubal, Iberi, qui et Hispani... Mosoch, Cappadoces : unde et urbs hodie apud eos Mazaca dicitur... Thiras, Thraces, quorum non satis immutatum*

A est vocabulum, etc.

[2] Nomen Dedan cum particula connexiva legunt hic Graeci דדן udedan, sicut cum praefixis articulis alia legere consuevisse supra ostendimus, Accherubim, Afferezaei, et Aeberim, pro Cherubim, Pheresaei, et Eberim.

[3] Nomen Nemrod interpretantur Graeci, quasi formatum sit a verbo נצר nazar, vel a voce נזיר nezir, quod florem aliquando significare docent Eruditi.

[a] Ita restituendum, uti fecimus, ex Vatic., ipse hujus expositionis contextus non in organo probat. Nullus itaque dubito vitiose lectum a Martian. ex Regio ἄλλουσα, pro ψάλλουσα ; id est mutata vox pro psallens, tametsi ipsam hanc etymologiam violenter deduci non inficior.

[b] Legesis Θράκες, Thraces ; gentis nomen.

[c] Nihil dubium, ita rescribendum Μαγώγ, pro corrupto Ναγώγ, quod Regius ms. praefert, Vatican. quoque : sicut et hoc πᾶσαι φυλαί pro uno verbo παυφιλί, vel ut minus male Vatic. παυφιλία. Manifestum librarii vitium hic loci tum sensus prodit, tum praecipue Origenianum Lexicon mox adnectendum. B Μαγώγ, τῆξις, ἡ πᾶν ἔθνος, ἡ πᾶσαι φυλαί. Magog, liquefactio, vel omnis natio, vel omnes tribus.

[d] Vitiose Martian,. πάρτοι. parti. Emendat Vatic.

[e] Hanc praefero archetypi Vatic. lectionem, pro qua Martian. ex Reg. δορατιστής legerat, vertique munera ius. Re autem vera, neutra satis arridet.

[f] Hunc titulum, Θαρσεῖς, λογχοβόλοι ; Tharsenses, hastas jaculantes, qui in Regio ms. deerat, ex Vatic. supplemus.

[g] Martian,. ἔλλειψις ex Reg.

[h] Hanc veluti novam epigraphen praeponit hic Vatic. : ΥΙΟΙ ΡΕΜΜΑΝ, Filii Rhemman.

[i] In Vatic. est ἀνθερῶν.

[j] Idem Vatic., Χανοὰν.

Interpretatio Latina.	Codex Vaticanus.	Hieronymus.
Ælam, orbem terræ.	Αἰλάμ, οἰκουμένη.	Elam, sæculi, vel orbis.
Arphaxad, visus, sive videns ex omni.	Ἀρφαξάδ, ὁρώμενος ἐκ παντός.	Arphaxad, sanans depopulationem.
Aram, sublimis.	Ἀράμ, ὑψηλός.	Aram, excelsus.
Job, dilectus domini.	Ἰώβ, ἀγαπητὸς κυρίου.	Job, magus.
Gamer, torcular.	Γαμέρ, ληνός.	Gomer, assumptio sive consummatio, vel perfectio.
Mosoch, sagittarius.	Μοσόχ, τοξευτής.	Mesech, prolongatio, sive defectio, aut certe compressus.
Eber, trajiciens.	Ἔβερ, διαπερῶν.	Eber, transitorem.
Jectan, parvus natura.	Ἰεκτάν, μικροφυής.	Jectan, parvulus.
Elmodad, motus.	Ἐλμωδάδ, κινούμενος.	Elmodad, ad matrem ejus præcipuam, sive dei mensura.
Æthiæ, descendentes.	[1] Αἰθίαι, καταβαίνοντες.	Jaree, luna.
Atharudam, visibilem sublimem.	Ἀθαρουδάμ, ὁρατὸν ὑψηλόν.	Aduram, generatio excelsa.
Ozan, leves.	[a] Ὀζάν, ἐλαφρούς.	Aizel, pergens.
Ethecmal, nubilosus.	Ἐθεκμάλ, νεφελώδης.	Decla, subtile, sive palmata, Ebal, vallis vetus, sive acervus lapidum.
Ethemmimael, pater meus fortis.	Ἐθεμμιμαήλ, πατήρ μου ἰσχυρός.	Abimael, pater meus a Deo.
Ophed, lumen sanationis.	Ὠφέδ, φῶς θεραπείας.	Ophir, irritum, vel in herbosum.
Evilath, ostende hic.	Εὐιλάτ, δεῖξον ὧδε.	Ævila, dolens, sive parturiens.
Aram, novissima.	Ἀράμ, ἐσχάτη.	Aran, iracunde, vel decor.
Jobab, diligens dominum.	[2] Ἰωβάβ, ἀγαπῶν κύριον.	Jobab, mago patre, sive distillans.
Nachor, obsecratio novissima.	Ναχώρ, δέησις ἐσχάτη.	Nachor, requies luminis, vel obsecratio novissima.
Lot, redemptus.	Λώτ, λελυτρωμένος.	Lot, vinctus, sive declinatio.
Chaldæi, harioli, magi.	[3] Χαλδαῖοι, μάντεις, μάγοι.	Chaldæi, quasi dæmonia, vel quasi ubera, sive feroces.
Sychem, humerus.	Συχέμ, ὦμος.	Sychem, humeri.
Bethel, domus fortis.	Βηθήλ, οἶκος ἰσχυρός.	Bethel, domus dei.
Aggæ, festivitas.	Ἀγγαί, ἑορτή.	Aggai, quæstio, vel festivitas.
Amarpha, occursus malus.	Ἀμαρφά, συμβολία πονηρά.	Amaraphal, dixit ut gaderet.
Ariol, leo, vel nomen regis.	Ἀριώλ, λέων, ἢ ὄνομα βασιλέως.	Arioch, ebrius, vel ebrietas.
Eschod, botrus.	[b] Ἐσχώδ, βότρυς.	Eschol, botrus, sive ignis omnis.
Onaan, iniquitas.	[c] Ὀναάν, ἀνομία.	Onam, dolor, vel tristitia eorum, etc. Et On, iniquitas.
Chobal, sufficit.	Χωβάλ, ἀρκεῖ.	Chobal, condemnatio.
Damascus, ascensus taciturnus.	Δαμασκός, ἀνάβασις σιωπηρά.	Damascus, sanguinis potus, sive sanguinis osculum, vel sanguis sacci.
Batus, odium.	Βάτος, μῖσος.	Batus, nomen mensuræ.
Chananæorum, adorantium iniquitatem.	Χαναναίων, [d] προσκυνούντων ἀνομίᾳ.	Chananæi, negotiatores, sive hic pauperculus, aut præparati, vel humilitas.
Amorrhæorum, minimorum.	Ἀμορραίων, μικρῶν.	Amorrhæi, amari, vel loquentes.
Pherezæorum, tortuosorum quasi super serpentes.	Φερεζαίων, [e] σκολιῶν ὡς ἐπὶ ὄφεων.	Pherezæi, seprati, sive absque muro, vel separantes, sive disseminati, vel fructificantes.

[1] Insignes hic sunt vocabulorum depravationes A apud LXX et in Regio codice ms. Nihil enim esse potuit depravatius, quam scribere Aithiai, pro Jaree; Atharoudam, pro Aduram, et præcipue Ethecmal, pro Decla et Ebal. Consulat studiosus Lector caput x Geneseos, 26, usque ad 30, pervidebit statim articulum Hebræum accusativi casus את eth copulatum esse imperitia Græcorum cum suo nomine, Verbi gratia Atharoudam nomen est Aduram cum articulo præcedenti את eth, vel, ath, את הדרם athadouram. Ubi insuper observare debemus Græcos legere Daleth pro Resch, et vicissim Resch pro Daleth. Idem erit judicium de præcedenti, Aithiai, quod ex את ath, et ירה jare factum est, mutato r cum i ultimo in voce Aithiai, pro Athiare. Cætera duo, Ethecmal et Ethemmimael, eamdem habent depravationis causam et originem.

[a] Minus corrupte Vatic. Ὀζάλ, Ozal, et mox Ἐθεκβάλ Ethecbal. Persequi autem hæc piget verborum monstra.

[b] Vitiosius in Regio erat Ἐσχεὸδ Escheod.

[c] Ita paulo rectius ex Vatic. reposuimus. Martian. Ἀναάν, Anaan legerat, apposueratque in Hieronymiano syllabo, Ana, responsio, etc.

[d] Erat ex Reg. προσκυνούντων ἀνομίαν.

[e] Legerat uno verbo Martian, ex Regio, σκολιῶνος, verteratque tortuosum reddentis. Vide hoc idem nomen supra in altero Fragmento.

[2] Hieronymus Jobab Latine expressit mago patre; quia אב ob Hebraice est magus, et אב ab, pater. Græci etymologiam deducunt ex יאב jaab, desideravit, vel אהב ahab, dilexit. Primam autem syllabam Jo nominis יהוה Jao, sive Jehova, id est, Domini compendiariam esse voluit.

[3] Ut perspicuum sit cuique legenti, cur Chaldæi dicantur magi et harioli, vel quasi dæmonia, operæ pretium putavi isthæc observasse cum Eruditis : Hieronymus בשדים Chasdim, quasi dæmonia interpretatus est, accipiendo scilicet כ cha pro sicut, שד sed pro dæmonia, et mutando ש sin cum ל lamed, ut sit כלדים Chaldim pro Chasdim. Rursus quia Chaldæi astrologiam judiciariam invenerunt, omnes Mathematici, genethliaci, magi, harioli, et alii eamdem artem profitentes, Chaldæi appellati sunt : hinc apud Græcos μάντεις ac μάγοι interpretantur.

Interpretatio Latina.	Codex Vaticanus.	Hieronymus.
Gergesæorum, commoratio vana.	Γεργεσαίων, κατοίκησις ᵃ ματαία.	Gergesæi, colonum ejicientes, sive advenæ propinquantes.
Jebusæorum, pudefactorum.	Ἰεβουσαίων, καταισχυνομένων.	Jebusæi, calcati, sive præsepe.
Daron, arca.	Δαρῶν, κιβωτός.	Aaron, mons fortitudinis, sive mons fortis.
Sina, visio sempiterna, vel odium.	¹ Σινά, ᵇ ὅρασις αἰωνία, ἢ μῖσος.	Sinai, amphora mea, sive mensura mea, vel mandatum.
Israel, videns deum, vel populus fortis.	Ἰσραήλ, ὁρῶν θεόν, ἢ λαὸς ἰσχυρός.	Israel, est videre Deum, sive vir, aut mens videns Deum ; sed melius, rectus Dei.

¹ Sina allegorice dicitur *visio sempiterna* propter res gestas ibidem, crebraque Mosis alloquia cum Deo. Noli igitur id accipere tamquam nominis etymologiam, sed ut mysticam, aut typicam interpretationem montis Sinai, in quo Deus apparuit, legem Hebræis statuens. Idipsum sentiamus de nomine Israelis consequenti, cum *populus fortis* interpretatur.

ᵃ Vatic., ματαίον, *vani*.
ᵇ In Origeniano autem Lexico inferius excudendo ἄρσις legitur, sive *elevatio*, pro ὅρασις *visio*.

FRAGMENTUM QUINTUM.

Interpretatio Latina.	Codex Vaticanus.	Hieronymus.
DICTIONES SECUNDUM ELEMENTA LINGUÆ HEBRAICÆ.	ΛΕΞΕΙΣ ΚΑΤΑ ΣΤΟΙΧΕΙΟΝ ΤΗΣ ΕΒΡΑΙΔΟΣ ΔΙΑΛΕΚΤΟΥ.	**LIBER NOMINUM HEBRAICORUM.**
A	**A**	**A**
Asara, ingratus.	Ἀσαρά, ἀχάριστος.	Esrai, indigna, vel orientalis.
Adonai, domine.	Ἀδοναΐ, κύριε.	Adonai, dominus.
Adon, propheta, dupliciter dicitur.	¹ Ἄδων, προφήτης, δισσῶς προλέγεται.	Addo, servus, sive testis ejus, vel fortitudo ejus.
Abenezer, lapis adjuvans.	Ἀβενεζέρ, λίθος βοηθῶν.	Abenezer, lapis adjutorii.
Ano, gloria.	ᵃ Ἀνώ, δόξα.	Ano, do'or eorum.
Abael, a Deo.	² Ἀβαήλ, ἀπὸ θεοῦ.	Abel, vanitas, vel luctus, aut vapor, aut miserabilis.
Ada et Seila, terra et spes.	Ἀδὰ καὶ Σεειλά, γῆ καὶ ἐλπίς.	Ada, testimonium. Sella, umbra ejus.
Abigæa, patris sublimis.	Ἀβιγαῖα, πατρὸς ὑψίστου.	Abigal, patris mei exsultatio.
Ammanitæ, curvatura.	Ἀμμανῖται, καμπή.	Ammanitæ, populus mœroris.
Abba, pater.	Ἀββᾶ, πατήρ.	Abba, pater. Syrum est.
Azael, ablegatio.	Ἀζαήλ, ᵇ ἐξαποστολή.	Azel, abiens, pergens.
Adamatha, terra rufa.	Ἀδαμαθά, γῆ πυρρά.	Adama, terra, vel humus, sive terrena.
Ariel, leo validi.	Ἀριήλ, λέων ἰσχυρός.	Ariel, leo dei mei.
Aaron, ecce opus, ecce.	Ἀαρών, ἰδοὺ ᶜ πρᾶγμα, ἰδού.	Aaron, mons fortis, sive mons fortitudinis.
Adonibezec, domini adjutorium.	³ Ἀδονιβεζήκ, κυρίου βοήθεια.	Adonibezec, dominus fulminis, vel dominus contemptus vani.
Abiel, laus.	Ἀβιήλ, αἶνος.	Abiel, pater meus deus.
Ænos, homo.	Αἰνώς, ἄνθρωπος.	Enos, homo, sive desperatus, etc.
Aria, leo.	Ἀρία, λέων.	Arie, leo.
Ammon, et Moab, de genere meo, et de patre meo.	⁴ Ἀμμὼν καὶ Μωάβ, ἐκ τοῦ γένους μου, καὶ ἐκ τοῦ πατρός μου.	Ammon, populus mœroris, etc. Moab, ex patre.

¹ Græcorum annotationem δισσῶς προλέγεται explicat sufficienter etymologia nominis *Adon* apud Hieronymum, qui idem vocabulum *Addo* Latine reddidit, *servus ejus* et *testis ejus*. Adon igitur dupliciter scribitur, nempe cum ב, *Abdo*, et cum duplici d. *Addo*, עבדו *Abdo* autem exprimitur *servus ejus*; et עדו *Addo testis ejus*.
² Vide in primo Fragmento quod de *Abel* etymologia jam observatum est.
³ *Adonibezec* confundunt Græci cum *Adonezer*, qui A in *Domini adjutorium* vertitur.
ᵇ De hisce nominibus *Ammon* et *Moab* Hieronymum audiamus pulchre disserentem : *Moab*, inquit, interpretatur *ex patre, et totum nomen etymologiam habet. Ammon vero, cujus quasi causa nominis redditur, filius generis mei*, sive, *ut melius est in Hebræo, filius populi mei, sic derivatur, ut ex parte sensus nominis, et ex parte ipse sit sermo. AMMI* (עמי) *enim, a quo dicti sunt Ammonitæ, vocatur populus meus. Sic libro Quæst. Hebr.* in Genesim.

ᵃ In Vatic., est Ἀνά, *Ana*.
ᵇ Corrupte lectum a Martian., ἐξαυλή pro ἐξαποστολή, ut ex Vatic. emendamus.
ᶜ Vatic. compendiosa scriptura πραΐδοϋ, quod aliter legi possit. Mox quoque Ἀδονιβεζήκ.

GRÆCA FRAGMENTA LIBRI NOMINUM HEBRAICORUM. FRAG. V.

Interpretatio Latina.	*Codex Vaticanus.*	*Hieronymus.*
Alleluia, laudate, hymnis celebrate dominum.	Ἀλληλούια, αἰνέσατε, ὑμνήσατε τὸν κύριον.	Alleluia, laudate dominum.
B	**B**	**B**
Bethel, domus dei.	Βεθήλ, οἶκος θεοῦ.	Bethel, [1] domus dei.
Bethleem, domus panis.	Βηθλεέμ, οἶκος ἄρτου.	Bethleem, domus panis.
Bethania, domus gloriæ.	Βηθανία, οἶκος δόξης.	Bethania, domus obedientiæ, vel domus afflictionis ejus.
Bethphage, domus prosperi successus.	Βηθφαγῆ, οἶκος ἐπιτυχίας.	Bethphage, domus oris vallium, etc.
Bersabee, filia potentis.	Βηρσαβεέ, θυγάτηρ δυνατοῦ.	Bethsabee, filia saturitatis.
Bathuel, qui *est* venientis.	Βαθουήλ, ὁ τοῦ ἐρχομένου.	Bathuel, virgo dei.
Bosor, caro.	Βοσόρ, σάρξ.	Bosor, in angustia, aut carneus.
Beliar, quæsitor.	Βελίαρ, a ἐκζητητής.	Beliar, cæca angustia, vel filius prævaricationis, etc.
Beelzeebul, dæmon Baceloseorum.	Βεελζεεβούλ [2], δαίμων b βακηλωσέων.	Beelzebub, habens muscas, aut devorans muscas, etc.
Bamam, mater.	c Βαμάμ, ἡ μήτηρ.	
Baalim, dæmonia.	Βααλίμ, δαιμόνια.	Baalim, habentes, sive ascendentes vel superiores.
Berechthra, musca vocatur.	Βερεχθρά, μυῖα καλεῖται.	Baritha, Pythonissa, quam Græci ἐγγαστρίμυθον vocant.
Bal, dæmon.	Βάλ, δαίμων.	Baal, habens, sive devorans.
Barjona, fili columbæ, vel fili Jona.	Βαριωνᾶ, υἱὲ περιστεράς, ἢ d υἱὲ Ἰωνᾶ.	Barjona, filius columbæ.
G	**Γ**	**G**
Gamaliel, loquax dei.	Γαμαλιήλ, ὁ λαλητὸς θεοῦ.	Gamaliel, retributio dei.
Gedeon, trahens.	Γεδεών, ἕλκων.	Gedeon, circumiens, sive tentatio iniquitatis eorum.
Galaad, ab uno.	Γαλαάδ, ἀπὸ ἑνός.	Galaad, acervus testis.
Gaza, advena.	Γάζα, πάροικος.	Gaza, fortitudo.
D.	**Δ**	**D**
Degoen, natio non natio.	Δεγωήν, ἔθνος e οὐκ ἔθνος.	Dagon, piscis tristitiæ.
Drus Mambri, qui *est* filii.	[3] Δρῦς f Μαμβρί, ὁ τοῦ υἱοῦ.	Mamre, de visione.
Dalida, judicium mihi.	Δαλιδά, κρίσις ἐμοί.	Dalila, paupercula, sive situla.
Udrosos Aermon, ros glorificatus.	[4] Οὐδρόσος Ἀερμῶν, δρόσος ἐνδοξαζομένη.	Aermon, anathema mœroris.

---

[1] Hujus nominis haud meminisse Hieronymum in præsenti opusculo de nominibus Hebraicis, Lectorem supra monitum volui : ad hunc ergo locum diligentiam ejus remittimus.

[2] Auctoritate Scripturæ certi sumus *Beelzebub* Deum fuisse Accaronitarum : Achas enim ex lapsu decumbens, I Samuelis I, 4, mittit viros, qui de valetudine ipsius consulant בעל זבוב *Baal-zebub*, *deum Accaron*; ubi LXX Interpretes habent Βαὰλ μυίας, id est *Baal muscæ*. Sic ergo vocatum est idolum, quod incolæ urbis Accaron in Palæstina colebant; illudque dæmonium in muscas perniciosas habere imperium et has ex sua regione abigere credebant. Scio etiam apud Ethnicos Jovem fuisse μυαῖον et ἀπομυαῖον, id est Jovem muscarium, et muscarum depulsorem, qui ἀχὼρ appellatus sit. Unde Plin. lib. x : *Invocant Cyreniaci Achorem deum, muscarum multitudine pestilentiam afferente, quæ protinus intereunt, quando litatum est illi Deo*. Cyreniaca, regio Africæ, regnum complectitur Barcæ, quod verbum accedit aliquo modo ad *Baceloseon* codicis manuscripti Græci, quo docemur Beelzebub dæmonium fuisse Βακηλωσέων. Sed forte scribere debuit amanuensis βακήλων, quod significaret Beelzebub deum esse scortatorum ; nam βάκηλος apud Græcos est vir magnæ staturæ, sed stultus et mulierosus, eviratus etiam et spado. Quæ profecto quadrant optime ad effeminatos Matri deorum, sive Priapo consecratos, de quibus abunde disserit Hieronymus lib. I Comment. in Osee cap. IV. Confer ista cum iis quæ leguntur infra in Lexico Origeniano ad vocem *Beelzebul*.

[3] Δρῦς μαβρεί *Drus mabre*, est quercus *Mamre* in Genesi. *Mabre* autem Græci et infra in Lexico Origeniano, interpretantur ὁ τοῦ υἱοῦ *qui est filii*, sive *de filio*, quia illud nomen legunt cum *b* in medio, ut *Ma* sit præpositio *a*, vel *ex*; *bre* vero, aut *bar*, *filius* intelligatur.

[4] Græcorum imperitia confundit verba pure Græca cum nominibus Hebraicis, ut *Oudrosos*, quod Græcum est prorsus, non Hebræum. Deinde præpositiones Græcas copulat cum vocibus Hebraicis, ἐξαρμαθίν, ἐξαναθώμ id est, *de Ramathaim, de Anathoth*. Has omnes ineptias redarguunt nomina pure scripta in columna Hieronymiana.

---

a Perperam ex Regio Martian. ἐκζητὴς legerat pro ἐκζητητής, quod ex Vatic. restituimus.

b Vatic. βακηλώσεως. Ut vero dissimulem Martianæum in hujus explicatione vocis infeliciter hariolari, facile assentiar Clerico conjicienti ex Origeniano Lexico, ubi hoc idem *Beelzebul δαίμων καπηλεὺς* interpretatur, reponendum hic καπηλεύσεων pro βακηλώσεων, quod factum videtur litterarum fere similium inter se mutatione, K scilicet in B, et ευ in ω. Tunc autem vertas in Latino, *Dæmon cauponarius*, sive *cauponarii quæstus*.

c Sic emendamus ope Vaticani ms. ad Hebraicæ linguæ proprietatem, quæ *matrem* אם, *em*, vocat, cujus est radix אמם *amam*, quæ in Arabico resonat. Martianæus vero satis vitiose Βαλάμ, et Lat. *Balom* supposuit, quin etiam in Hieronymiano laterculo *Balaam, vamus*, etc.

d Alteram υἱέ, *fili*, vocem, quæ penes Martianæum deerat, supplemus ex Vaticano.

e Pro οὐκ in Vatic. est distinctis verbis οὐ ἡ. Haud vero opinor *Dagon* idolum hic denotari.

f Martian., μαβρεί, ut ex ejus annotatione vides. Vitiose ex Regio descripserat, vertitque *Mabre*. Nos ex Vatic. emendamus μαμβρί : quemadmodum et alia quædam leviora inferius.

Interpretatio Latina.	Codex Vaticanus.	Hieronymus.
E	**E**	**E**
Eloai, deus.	Ἐλωαΐ, ὁ θεός [1].	[1] Eloi, deus.
Eloethe, deus venit.	Ἐλωεθέ, θεὸς ἦλθεν.	Eloethe.
Ephraim, consolator.	Ἐφραίμ, παράκλητος.	Ephraim, frugifer, vel crescens.
Eliezer, dei auxilium ; qui etiam transfertur David.	Ἐλιέζερ, θεοῦ βοήθεια, ὃς καὶ μεταρμηνεύεται Δαβίδ.	Eliezer, deus meus adjutor.
Exarmathem, de emissione.	Ἐξαρμαθέμ, ἐκ προβολῆς.	Armathaim, altitudo eorum.
Exanathom, a me veniens.	Ἐξανωθώμ, ἐξ ἐμοῦ ἐρχόμενος.	Anathoth, responsio; vel respondens signum, vel obedientia.
Ephrata, consolationis.	Ἐφραθά, παρακλήσεως.	Ephratha, frugifera, sive equidem vides.
In terram Moab, in genus patris mei.	[2] εἰς γῆν Μωάβ, εἰς γένος πατρός μου.	Moab, ex patre.
Eirosodalamites, per spiritum introeuntem.	[3] Εἰροσοδαλαμίτης, διὰ πνεύματος τοῦ εἰσερχομένου.	Odollamites, contestans aliquem, vel testimonium in aqua.
Ex monte Ephraim, de monte consolationis.	Ἐξ ὄρους Ἐφραίμ, ἐξ ὄρους παρακλήσεως.	Ephraim, frugiferum, vel crescentem.
Elcana, potens gloria.	Ἑλκανά, ἰσχύουσα [a] δόξα.	Elcana, dei possessio.
Elisæus, virtus dei.	Ἐλισσαῖος, δύναμις θεοῦ.	Elisæus, dei mei salus.
In virgulto Sabec, in plantatione forti, sive aureo olere.	Ἐν φυτῷ Σαβέκ, ἐν φυτῷ δυνατῷ, [b] ἤγουν χρυσολαχάνῳ.	[4] Sabech, vepres, sive virgultum.
Ex Agge, de requie.	Ἐξ Ἀγγὲ, ἐξ ἀναπαύσεως.	Agge, solemnitas.
In terra Naim, in terra laudantium.	Ἐν γῇ Ναΐμ, ἐν γῇ ὑμνούντων.	Naim, motus eorum.
		Hujus non meminit.
Elimelec, dei regia.	Ἐλιμελέχ, θεοῦ βασίλειον.	Elimelech, deus meus rex.
Ex Arira, de resistente spiritu.	Ἐξ Ἀριρά, ἐξ ἀνθισταμένου πνεύματος.	Ararat, Armenia, sive mons vel-licatus.
Eber, Hebræi.	Ἔβερ, Ἑβραῖοι.	Eber, transitorem.
Evinas interpretatur, qui ostendit serpentes, cujus numerus est 666.	[5] Εὐϊνᾶς, ἑρμηνεύεται [c] ὁ δείξας ὄφεις. οὗ ὁ ἀριθμὸς χξϛ.	Naas, serpens.
Eliacim, dei sepositus.	Ἑλιακίμ, θεοῦ ἀποκείμενος.	Eliacim, dei resurrectio.
Z	**Z**	**Z**
Zacchæus, victor.	Ζακχαῖος, νικητής.	Zachæus, justificatus, aut justus, vel justificandus.
Zorobabel, qui fuit Salathiel, de confusione.	[d] Ζοροβαβέλ, ὁ τοῦ Σαλαθιὴλ, ἀπὸ συγχύσεως.	Zorobabel, ipse magister Babylonis, id est, confusionis.

[1] Vocabula *Eloe*, et *Eloethe* non recenset Hieronymus in libro Nominum Hebraicorum ; sed in Epistola quam scripsit ad Marcellam de decem nominibus Dei, dicit *Eloim* et *Eloe* significare *Deum* ; *Maranatha* autem interpretatur supra in nominibus de Epist. 1 ad Corinthios, *Dominus noster venit* ; additque Syrum esse vocabulum. Ex quo manifestum est אתא *atha*, vel *ethe* exprimi *venit* ; et Græcorum Ἐλωεθέ merito interpretari, *Deus venit*.

[2] Ludunt hoc modo Græci in recensendis nominibus Hebraicis ac eorum etymologiis ; phrases enim et sententias recitant integras, ut unicum nomen Hebraicum exponant. Hæc tamquam superflua abjecit Hieronymus, Hebraicorum vocabulorum interpretationi totus intentus in libro Nominum.

[3] Voluit forte exscriptor Græcus ponere ἱεροσολυμίτης *Hierosolymites* ; quæ vox magis sonat Græce partim et Hebraice, *per spiritum introeuntem*, quam

[a] Idem legerat δόξης et sexto casu verterat *gloria*. Paulo inferius hoc idem nomen occurrit sub K littera. Καὶ ὄνομα αὐτῷ Ἑλκανά, quod rursum interpretatur ἰσχυρὸς δόξα in Vatic., non δόξης, ut ex Regio Martian. descripsit. Ex Origenano autem Lexico, ubi θεοῦ κτῆσις ἢ δόξα dicitur, legendum hic colligit Clericus ἰσχύοντος δόσις aut δῶρα, ut vox deducatur ab אל *el*, quod est *potens*, et חנן *hhanan*, *gratificatus est*, *dedit*. Nobis Vaticani archetypi fide nihil est antiquius.

[b] Voces ἤγουν χρυσολαχάνῳ hic Vaticanus non agnoscit. Apponit autem χρυσολαχάνῳ tantum ad libri oram.

[c] Deduci hanc etymologiam puto e duabus Hebraicis vocibus, nempe verbo הוה *indicavit*, *ostendit*, et nomine נחש *serpens*. Nec tamen ignoro חוא *Hevia*, Chaldaicum nomen, *serpentem* significare ;

A nomen *Odollamites*.

[4] De hoc nomine *Sabech* fuse disputat Hieronymus libro Quæst. Hebr. in Genesim, cap. 22.

[5] Bestiæ numerus hic est in Apocalypsi Joannis XIII, 18. At non legimus in Scriptura sacra nomen *Evinas*, quod ita confictum esse videtur a Græcis, quia numerice valet 666. Nam E, valet 5 ; υ, 400 ; ι, 10 ; ν 50 ; α 1, σ, 200 ; quæ simul juncta efficiunt χξϛ, id est, 666. Inter arcana Hebræorum mysteria, modus iste computandi appellatur *Gnematria*, estque æquivalentia sensus ex æquivalentia numerica dictionum, quam Græci tabulam Pythagoricam nuncupare dicuntur. Non mihi licet ignorare circa numerum bestiæ multa fuisse a diversis ultro citroque excogitata : sed cum sint pleraque manifeste falsa ac reproba ; alia autem dubia ac incerta, his omnibus recensendis conjecturis jam supersedeo.

B unde Clem. Alex. in Protrept. ad Gent. p. 9 : Κατὰ, inquit, τὴν ἀκριβῆ τῶν Ἑβραίων φωνὴν τὸ ὄνομα τὸ Εὔα δασυνόμενον ἑρμηνεύεται ὄφις ἡ θήλεια. Si accurate vox *Hebraica* spectetur, *nomen Hevia aspiratum exponitur serpens femina*. Ipsum vero nomen Εὐϊνᾶς unum fuerit e multis, quæ olim excogitata sunt ad divinandum illud Antichristi, cujus elementa numerice sumpta, 666, summam conjectura dicuntur in Apocalypsi. Ex his quæ Irenæus, lib. v, cap. 30, affert, Εὐάνθας huic propius accedit in litteris : istud vero ingeniosius multo est, et commoda præ cæteris interpretatione gaudet. Vide laudatum Irenæi locum, in eumque Feuardentii notas. Hic porro ὄφις, *serpens*, in recto singulari, restituendum videtur pro ὄφεις, *serpentes*.

[d] Corrupte legerat Martian. Ζορομβκχὶλ, *Zorombacel*. Vatic. emendat.

Interpretatio Latina.	Codex Vaticanus.	Hieronymus.
H	**H**	**H**
Heliu, fortis Domini.	Ἠλιοῦ, ἰσχυροῦ αὐθέντου.	Eliu, deus meus iste.
Esau, resurgens : vocatus est Ædom, deficiens.	Ἡσαῦ, ἀνιστάμενος, ἐκλήθη Ἐδώμ, ἐκλείπων.	Esau, factura, sive roboreus, vel acervus lapidum.
		Edom, rufus, vel terrenus.
Venit in Elim, venit in locum dei.	Ἦλθεν εἰς ἐλείμ, ἦλθεν εἰς τόπον θεοῦ.	Elim, vestibulum, vel pro foribus.
Venit in Aphecca, venit in tenebroso.	Ἦλθεν εἰς Ἀφεκκά, ἦλθεν ἐν σκοτεινῷ.	Apheca continebit, vel apprehendet.
TH	**Θ**	**TH**
Filia Bathuel, filia venientis fortis.	Θυγάτηρ Βαθουήλ, θυγάτηρ τοῦ ἐρχομένου ἰσχυροῦ.	Bathuel, virgo dei.
Thala, convallis.	Θαλά, κοιλάς.	Thalla, ager ejus, vel appensio.
Tharsis, quæ urendi vim habet.	Θαρσεῖς, [a] ἡ καυστική.	Tharsis, exploratores lætitiæ, sive gaudium.
Thara, ignis spiritus.	Θαρά, φωτὸς πνεύματος.	Thara, exploratores odoris, vel ascensionis, vel pastio.
Thabor, prodi ab spiritu.	Θαβώρ, δεῦρο ἀπὸ πνεύματος.	Thabor, veniens lumen.
I	**I**	**I**
Jesus, salvator.	Ἰησοῦς, σωτήρ.	Jesus, salvator.
Josias, salvatus.	Ἰωσίας, σωζόμενος.	Josia, ubi est incensum domini, vel domini salus, etc.
Jao, invisibilis.	[1] Ἰαώ, ἀόρατος.	Jao, dominus, nomen ineffabile.
Jochabel, super arcam.	[2] Ἰωχαβέλ, ὑπὲρ κιβωτοῦ.	Jochabed, ubi est gloria, aut domini gloria, etc.
Jou, vide a Domino.	Ἰοῦ, ἴδε ἐξ αὐθέντου.	Jeu, ipse, vel est.
Jephthae, accipiens.	Ἰεφθαέ, λαμβάνων.	Jephthe, aperiens, vel apertus.
Jesus Josedech, salvator pacis.	[3] Ἰησοῦς ὁ τοῦ Ἰωσεδέκ, σωτὴρ ὁ τῆς εἰρήνης.	Jesus Josedech, salvator justus.
Jordanes, confirmatus, vel terra ultima, deficiens, vel bruchus.	Ἰορδάνης, καταβεβηκώς, ἡ γῆ ἐσχάτη, ἐκλείπουσα, ἢ βροῦχος.	Jordanes, descensus eorum, aut apprehensio eorum, vel videns judicium.
Idumæa, deficiens, aut bruchus.	Ἰδουμαία, ἐκλείπουσα, ἢ βροῦχος.	Idumæa, rufa, sive terrena.
Jerusalem, ipsius est spiritus gratiæ.	Ἱερουσαλήμ, αὐτοῦ πνεῦμα χάριτος.	Jerusalem, visio pacis.
Jesus Nave, salvator justitiæ.	Ἰησοῦς ὁ τοῦ Ναυῆ, σωτὴρ ὁ τῆς δικαιοσύνης.	Jesus Nave, salvator germinis, vel pulchritudinis.
Ismael, exauditio fortis, vel respice deus.	Ἰσμαήλ, ἀκοὴ ἰσχυροῦ, ἢ ἐπίδε ὁ θεός.	Ismael, auditio dei.
Jaser, domini auxilium.	Ἰασήρ, αὐθέντου βοήθεια.	Jaser, figmentum, sive tribulatio.
Jonathan, columbus veniens, aut venit.	Ἰωνάθαν, περιστερὸς ἐρχόμενος, ἢ ἔρχεται.	Jonathan, domini donum, vel columbam dedit.
Japheth, latitudo.	Ἰάφεθ, πλατυσμός.	Japhet, latitudo.
Jonadam, columba unius.	[b] Ἰωνάδάμ, περιστερὰ ἑνός.	Jonadam, domini delicata, vel tenella.
Joannes, baptizator.	Ἰωάννης, [4] βαπτιστής.	Joannes, in quo est gratia, etc.
Josedee, justitia.	Ἰωσεδέκ, δικαιοσύνη.	Josedec, domini justus, sive justificatus.
Jechonias, mundus.	Ἰεχονίας, καθάριος.	Jechonia, præparatio Domini, vel sic factus.
Joacim, sepositus.	Ἰωακείμ, ἀποκείμενος.	Joacim, domini resurrectio.
Isesias, obumbrans.	Ἰσεσίας [c], συσκιάζων.	Jezecia, fortis domini, etc.
K	**K**	**K**
Kedar, [5] testacea.	Κηδάρ, [d] ὀστρακίνη.	Cedar, tenebræ, vel mœror.

---

[1] Confer ista cum Prolegomenis nostris in divinam Bibliothecam sancti Hieronymi, ubi de nomine *Jao* disputavimus.

[2] Græcorum etymologia manifestat, ubi fuerit Domini gloria, non significantiam nominis *Jochabed*, quod S. Hieronymus interpretatur, *ubi est Domini gloria*. Verum est ergo Domini gloriam super arcam habita-se; scriptum enim legimus II Samuelis, VI, 2: *Ut adducerent arcam Dei, super quam invocatum est nomen Domini exercituum, sedentis in Cherubim super eam*: sed, ut jam dixi, in vera historia falsam reperimus nominis *Jochabed* etymologiam.

[3] Constans est error Græcorum in etymologia verbi *sedec*, quod hic quoque confuse accipiunt pro *salem*;

[a] In Vatic. uno verbo ἡξαυστική, pro ἡ καυστική.

[b] Malim ex Vatic. Ἰωναδάβ, *Jonadab*, quod Hieronymus interpretatur, *Domini spontaneus*.

[c] Vatic. Ἰεσσίας. Quæ præferenda sit lectio, alii judicent. Profecto *Jezecia* nomen ita depravari, vix credam. Immo vero *Josiam* innui arbitror; sic enim

[4] A ut supra in nomine *Melchisedec*, quem *regem pacis* interpretantur. Jesum Nave etiam post paulo confundunt cum Jesu Josedec, quod ex serie præsenti nominum probari potest, in qua Græci tandem Josedec interpretantur *justitiam*.

[5] Incipiam interpretationem nominis *Joannis* caveat Lector; *baptistes* namque cognomen est Joannis propter officium baptizandi a Deo ipsi commissum, non etymologia nominis sui, quam apud Hieron. requirere cuique licet.

[6] Hebraice *testa* dicitur שֶׁרֶשׂ *hheres*, sive *cheres*; tenebræ autem קֵדָר *Cedar*. Videant itaque Græci quam violenter *Kedar* ab ipsis sit interpretatum *testacea*.

infra, ad litteram Σ, alter Ἰεσσίας ὁ τοῦ Σοφονίου, *Jessias Sophoniæ filius*, συσκιάζων, *obumbrans* vertitur.

[d] Haud ita existimo, vocem ὀστρακίνη, hic *testaceam* significare, sed *Ostracinem*, nomine proprio. Innuere voluit Græcus libelli hujus auctor, regionem *Cedar* eamdem esse, quæ *Ostracine* alio nomine dicitur.

Interpretatio Latina.	Codex Vaticanus.	Hieronymus.
Karbasinum, impollutum.	¹ Καρβασινῶν, ἀμίαντον.	Carbasinum.
Kades, cælebs.	² Κάδης, ἄγαμος.	Cades, immutata, sive sancta.
Kadon, sanctus.	Καδών, ἅγιος.	Cadon, immutati, sive effeminati.
Et erat homo de Armathem Siphae, et erat homo de emissione splendoris.	³ Καὶ ἦν ἄνθρωπος, ἐξ Ἀρμαθέμ ᵃ Σιφαχί, καὶ ἦν ἄνθρωπος ἐκ προβολῆς ᵇ φωτισμοῦ.	Armathaim, excelsa eorum. Sophim, specula vel scopulus.
Et nomen illi Elcana, et nomen illi fortis gloria.	Καὶ ὄνομα αὐτῷ Ἑλκανά, καὶ ὄνομα αὐτῷ ἰσχυρὸς ᶜ δόξα.	Elcana, dei possessio.
Koilas, mare.	⁴ Κοιλάς, θάλασσα.	Colaia, vox facta est.
L	**Λ**	**L**
Lamech, qui est in præceptis.	Λάμεχ, ὁ ἐν ταῖς ἐντολαῖς.	Lamech, humiliatum, aut percutientem, sive percussum.
M	**M**	**M**
Melloth, regina parva.	Μελλώθ, βασίλισσα μικρά.	Melloth, pulchritudo sive adimpleta.
Moyses, aquæ ablatio.	Μωϋσῆς, ὕδατος ἀναίρεσις.	Moses, attrectans vel palpans, aut sumptus ex aqua, sive assumptio.
Moysi, non aqua est.	Μωϋσεῖ, ⁵ μὴ ὕδωρ ἐστί.	
Merra, amaritudo.	Μερρά, πικρία.	Merra, amaritudo.
Maria, domina nostra.	Μαρία, κυρία ἡμῶν.	Maria, domina, sermone Syro, etc.
Mabri, filii.	ᵈ Μαμβρί, τοῦ υἱοῦ.	Mamre, de visione, sive perspicuum.
Melchisedec, rex pacis.	Μελχισεδέκ, βασιλεὺς εἰρήνης.	Melchisedec, rex justus.
Maselech, mutus.	ᵉ Μασελέχ, ἄλαλος.	Maleleel, laudans deum.
Maozin, quemcumque tandem.	Μαωζείν, ᶠ τινά ποτε.	Maozim, robusti, fortes.
Moabitæ, locusta.	Μωαβῖται, ἀκρίς.	
Moab, de patre meo.	Μωάβ, ἐκ τοῦ πατρός μου.	Moabitæ, de patre. Moab, de patre.
Manaan illi, oblationem illi.	Μαναάν αὐτῷ, θυσίαν αὐτῷ.	Manaa, requies, vel sacrificium.
Manasse, a resistente.	Μανασσῆ, ἀπὸ τοῦ ἀνισταμένου.	Manasse, obliviosus vel quod oblitus est.
Manoe, aliquando.	Μανωέ, ᵍ ποτέ.	Manue, requies.
Mestraim, niger Ægyptius.	Μεστραίμ, μέλας αἰγύπτιος.	Mesraim, hostes eorum, vel Ægyptus.
Mamona, divitiæ.	Μαμωνᾶ, πλοῦτος.	Mammona, divitiæ.
Melcho, reges.	Μελχώ, βασιλεῖς.	Melcho, regi.
Man, quid?	ʰ Μάν, τί;	Manna, quid hoc est?
Melche, rex.	Μελχή, βασιλεύς.	Melcha, regina.
Mazer, de longe, vocatus est vero dominus.	⁶ Μαζήρ, ⁱ ἐπὶ μῆκος, ἐκλήθη δὲ κύριος.	Mamzer, de longe, sive alienatus.

¹ In libro Estheris cap. I, 6, legimus nomen כרפס A Græcos: nam cavitates omnes solent sic nuncupare, *Karpas*, significatque *colorem carbasinum*: sed observavi nullum Hebræum vocabulum ex volumine Estheris, vel ex Paralipomenis recenseri ab Hieronymo in libro Nominum. Unde igitur derivatum sit in præsentem collectionem, si non inde fluxit, vix possum conjicere.

² *Kades* supra col. 543 interpretatur ἁγιασμός, *sanctificatio*, et *Kadon*, ἁγίας, hoc est, *sanctæ*. Quæ diversæ interpretationes proclivi lapsu librariorum Græcorum exortæ videntur, dum scribunt ἄγαμος pro ἁγιασμός, et cætera similiter.

³ Initium hoc est prioris voluminis Samuelis, cujus versiculum primum fere integrum otiose describunt, ut duo vocabula tantummodo interpretentur, *Armathaim* scilicet, et *Elcana*.

⁴ Nomen Κοιλάς quasi Græcum interpretatur apud Nimirum sæpe in hisce Fragmentis nomina Hebræa non ex ejus linguæ proprietate, sed per alia nomina, quæ deinde obtinuerunt, aut per symbola interpretantur. Exemplo sit Σηλώμ, τόπος ὅπου ἡ σκηνή. *Silo, locus ubi Tabernaculum fuit*, etc.

ᵃ Martian. ex Regio σιμφακί. LXX in Vatic. cod. Σιφά legunt: al. Σωφίμ.

ᵇ Vocem φωτισμοῦ, Lat. *splendoris*, quam Martian. ex Regio ms. ad subsequentis tituli finem mendose transtulerat, hic suo loco ex Vatic. restituimus. Nempe Σιφά, ut paulo inferius ex hoc ipso nomine constabit, Græci φωτισμόν interpretabantur.

ᶜ Recole superius Ἑλκανά. Martianæus hic quoque δόξης legerat pro δόξα: quin etiam, ut modo nota-

ut τὰ κοῖλα τῆς γῆς, *cava terræ*, et κοιλὰς νηάς, *cavas naves*. Propter abyssum igitur profundissimam *mare* κοιλάς dici potuit. Hinc apud Hesychium κοιλάς, βαθεῖα γῆ, *profunda terra* exprimitur.

⁵ Lege hoc loco δέ pro μή corrupto, ut sit sensus, *Moses igitur*, aut *videlicet*, *aqua est*. Consule infra idem nomen apud Philonem.

⁶ Locus omnino depravatus in Græco; pro corruptis enim Μαζήρ ἐπιμῆκος ἐκλήθη δὲ κύριος, id est, *Mazer, de longe, vocatus est vero dominus*, scribendum videtur juxta fidem contextus sacri, Deut. XXIII, 2: *Mamzer* (non ingredietur) εἰς ἐκκλησίαν κυρίου, *in Ecclesiam Domini*. Alioquin absurdissimus erit in Græco sensus, nec auctoritate Scripturæ umquam poterit comprobari.

B tum est, φωτισμοῦ addiderat, ex vitiosa trajectione codicis Regii, quam modo castigavimus.

ᵈ Iterum vitiose Martianæus Μαδρί pro Μαμβρί, quod ex Vatic. emendamus.

ᵉ Paulo rectius in Vatic. Μαελέχ.

ᶠ Restituimus ex Vatic. τινά ποτε, *quemcumque tandem*, pro quo Martian. ex Regio, nullo aut absurdo sensu legit τίν' ἀπόπται, vertitque *quid spectatores?*

ᵍ Ex Reg. ms. Martian. ποταί, et Latin. *volatus* in plural. Eadem hic, quæ superioris nominis, ex Hebræo analogia est.

ʰ Hunc titulum quem Martian. Regium exemplar secutus omittit, ex Vatic. suffecimus.

ⁱ Vatic. uno verbo ἐπίμικτος, quod est *mixtus*.

Interpretatio Latina.	Codex Vaticanus.	Hieronymus.
Beatus es Simon, beatus obaudiens.	[1] Μακάριος ⁿ εἶ Σίμων, μακάριος ὁ ὑπακούων.	Simon, pone mœrorem, vel audi tristitiam.
N	**N**	**N**
Nazar, flos.	Νάζαρ, ἄνθος.	Nazareth, flos, etc.
Nazaræus, floribus variegatus.	Ναζηραῖος, [b] ἐξηνθισμένος.	Nazaræus, mundus sanctus, sive sejunctus.
Naeinam, præ somno capite nutans.	Ναεινάμ, νυστάζων.	Neeman, fidelis, vel motus eorum.
Nomin, dulcis.	Νομίν, γλυκεῖα.	Noemi, pulchra.
Nachor, mei ipsius.	Ναχώρ, ἐμοῦ αὐτοῦ.	Nachor, requies luminis, etc.
Nabal, corvus.	Νάβαλ, κόραξ.	Nabal, insipiens, etc.
Nephthaleim, opitulatio, et Nephthalim, convertit me.	[c] Νεφθαλείμ, ἀντίληψις, καὶ Νεφθαλίμ, συνανέστρεψέν με.	Nephthali, conservavit me, vel dilatavit me, etc.
Nachael, ego deus veniens.	Ναχαήλ, ἐγὼ θεὸς ἐρχόμενος.	Necho, percussi.
Nabuthe, a spiritu veniens.	Ναβουθέ, ἀπὸ πνεύματος ἐρχόμενος.	Naboth, conspicuus, vel cessio, vel exclusio.
O	**O**	**O**
Hollam, ingrediens.	Ὀλλάμ, εἰσερχομένη.	Oolla, tabernaculum.
Holiba, egrediens.	Ὀλιβά, ἐξερχομένη.	Ooliba, tabernaculum meum in ea.
P	**Π**	**P**
Phasec, redemptio.	Πασέκ, λύτρωσις.	Phase, transitus, pasca.
Pathura, mensa.	Παθουρά, τράπεζα.	Phetora, oris exploratio, etc.
Apponebantur in Be, diabolo dicto.	[3] Παρέθεντο ἐν τῷ [d] βῆ, τῷ διαβόλῳ, τῷ λεγομένῳ.	Bel, vetustas, sive absque. Diabolus, calumniator.
R	**P**	**R**
Raca, vacuus.	Ρακά, κενός.	Raca, vanus.
Raph, flatus patris.	Ῥάφ, πνοὴ πατρός.	Raab, lata, sive dilatata.
Rachel, flatus potentis.	Ραχήλ, πνοὴ ἰσχυροῦ.	Rachel, ovis, vel videns deum, etc.
S	**Σ**	**S**
Sabaoth, virtutum.	Σαβαώθ, τῶν δυνάμεων.	Sabaoth, virtutum.
Sampson, sol.	Σαμψών, ἥλιος.	Samson, sol eorum.
Sipha, splendor.	[3] Σιφά, φωτισμός.	Sophim, specula, etc.
Siphan, resistens faciebus.	Σιφάν, ἀνθιστῶν προσώπων.	Saphania, abscondit dominus, etc.
Solomon, gratiarum.	Σολομών, χαρίτων.	Salomon, pacificus.
Samarites, auditus loquentis.	Σαμαρείτης, ὑπακοὴ λέγοντος.	Samarites, custos, etc.
Somanites, qui audivit.	Σομανίτης, ὑπακούσας.	Sunamith, quicumque morietur, sive mortificata.
Samuel, petitio a deo.	[4] Σαμουήλ, [e] αἴτημα ἀπὸ τοῦ θεοῦ.	Samuel, nomen ejus deus.
Selom, locus ubi tabernaculum.	[5] Σηλώμ, τόπος ὅπου ἡ σκηνή.	Selom, avulsio, vel dimissio, etc.
Sion, sitiens.	Σιών, διψῶσα.	Sion, specula.
Sina, sitis.	Σινά, δίψα.	Sina, amphora, vel mandatum.

[1] Ex Evangelio secundum Matthæum cap. XVI, 17, sumpta sunt isthæc; sed corrupte pro more exscriptorum, qui legere debuerant Μακάριος εἶ Σίμων, non autem εἰσίμων.

[2] Unde hauserint Græci hanc sententiam, nondum agnovi; sed nullum est dubium de nomine Βῆ, be, quo dæmonium indicare volunt, sive illud sit Bel, sive Belial aut Baal, quorum frequens est memoria in libris sacris. Apud Hesychium hujus Βῆ manifesta sunt indicia: Βῆλος, inquit, οὐρανός, καὶ Ζεὺς Ποσειδῶνος υἱός, hoc est, Belus, cælum, aut deus Neptuni filius; Βῆλος autem per contractionem dici potuit Βῆ, ut sonaret idola et dæmonia ethnicorum.

[3] Sipha istud idem nomen est cum superiori Simphæ, ac Hebræo Sophim I Samuelis 1, 2. Videsis apud

[a] Sic emendat Vatic. In Regio autem, quod ex Martian. annotatione intelligis, erat uno verbo εἰσίμων.

[b] Recurrebat error, quem in superiore secundo Fragmento castigavimus, scilicet ἐξισθιμένος, obstupefactus, pro ἐξηνθισμένος, floribus variegatus, quemadmodum ex Vatic. reponimus. Vide quæ ibi observamus.

[c] Isthæc καὶ Νεφθαλίμ συνανέστρεψέν με, in Vatic. ms. non habentur, et superius quoque in secundo Fragmento desiderari annotavimus.

[d] Hæc male a Græculo amanuensi habita, et βῆλ, pro βῆ reponendum, facile omnes intelligunt; sic tamen præfert et Vatic. Videtur, inquit Clericus, ab eo ex quo hæc desumpta sunt, mentio facta de co,

[A] LXX Interpretes vocabulum Sipha, quod Græci interpretantur lumen et splendorem; Hieronymus speculam, vel scopulum. Observandum porro nomini Simphæ supra in littera K respondere Græcium φωτισμοῦ, quod extra sedem positum legitur post vocem Elcana.

[4] Non tam ex proprietate Hebræi sermonis dicitur Samuel petitio a Deo, quam ex matris votis et precatione, quibus filium impetravit a Deo Anna sterilis.

[5] Silo locus fuit in quo consedebat Tabernaculum fœderis. Caveat igitur lector errorem, dum existimat forte hanc observationem exscriptoris Græci, etymologiam esse nominis Selom.

quod historia Bel vel Belis, narratur; nam quotidie παρέθεντο τροφαὶ ἐν τῷ Βὴλ ἱερῷ, Apponebantur cibi in Belis templo, quos assumere credebatur. Absurdum est, quod Martianæus habet in notis: Βῆλος per contractionem dici potuit Βῆ, ut sonaret dæmonia et idola Ethnicorum. Nam ejusmodi contractio Græce non fit, et multo minus Hebraice. Nos Latine tantum fecimus Apponebantur pro eo quod vertit Martian. Commendavit.

[e] Sic fere Josephus exponit θεαίτητον, rogatum a Deo. Euseb. et Nicephorus θεόκλητον, qua i שאול באל deducatur. Vid. I Reg. xx. At cum Auctore nostro interpretatur etiam S. Maximus tom. I, p. 292 et 683. Vide paulo infra nomen Saul, idemque in Origeniano lexico.

Interpretatio Latina.	Codex Vaticanus.	Hieronymus.
Silom, venustus.	Σιλώμ, ἐπίχαρις.	Selam, latus, a latere, etc.
Seila, spes.	Σειλά, ἐλπίς.	Sella, ut ei, vel petitio, etc.
Siloam, emissus.	Σιλωάμ, ἀπεσταλμένος.	Siloam, missus.
Sepphora, gratia huic spirationi.	Σεπφόρα, χάρις τῇ πνοῇ.	Sephora, avis ejus, vel pulchritudo ejus, etc.
Salem, gratia.	Σαλήμ, χάρις.	Salem, pax.
Sith, resurrectio.	Σίθ, ἀνάστασις.	Seth, positio, vel positum, sive resurrectio.
Sem, resurrexi.	Σήμ, ἀναστῶ.	Sem, nomen, vel nominatus.
Somam, obediens.	Σωμᾶν, ὑπακούων.	Symeon, exauditio, vel nomen habitaculi.
Sabaim, Æthiopes.	Σαβαείμ, Αἰθίοπες.	Sabaim, captivi, vel convertentes.
Satanas, affligens.	Σατανᾶς, θλίβων.	Satanas, adversarius, sive transgressor.
Samuel, minister audiens deum.	¹ Σαμουήλ, διάκονος ᵃ ἀκούων θεοῦ.	Samuel, nomen ejus deus.
Sicima, ascendens.	Σίκιμα, ἀναβαίνουσα.	Sichem, humeri.
Saul, expetitus.	Σαούλ, ᵇ ἡττημένος.	Saul, expetitus, vel petitio.
Seraphim, spiritus resurrectionis.	Σεραφίμ, ᶜ πνεύματα ἀναστάσεως.	Seraphim, ardentes, vel incendentes.
Sume, congelatio aquæ.	Σουμή, πῆξις ὕδατος.	Samonem, nomen habitaculi.
Sigor, quæ resurgit, vel humilitas.	Σιγώρ, ἀνισταμένη, ἢ ταπείνωσις.	Segor, parva.
Saphecca, in tenebroso.	² Σάφεκκα, ἐν σκοτεινῷ.	Aphecca, continuit, sive continentia.
Sennaar, putredo.	Σενναάρ, ᵈ σαπρία.	Sennaar, excussio dentium, sive fetor eorum.
Sabbata, sanctificationes.	Σάββατα, ἁγιάσματα.	Sabbatha, requies.
Seraphim, stabant, spiritus resurgentes, lumini stabant.	³ Σεραφίμ, εἱστήκεισαν, πνεύματα ἀνιστάμενα, φωτός εἱστήκεισαν.	Seraphim, ardentes, vel incendentes.
Salathiel, gratia venientis Daniel.	ᵉ Σαλαθιήλ, χάρις τοῦ ἐρχομένου τοῦ Δανιήλ.	Salathiel, petitio mea, deus.
Saba, regina Æthiopiæ, hanc vocant ethnici Sibyllam.	Σαβά, ἡ βασίλισσα Αἰθιοπίας, ἣν καλοῦσιν τὰ ἔθνη ᶠ Σίβυλλαν.	Saba, captus, sive captivitas, vel certe, convertens.
V	**Υ**	**V**
Filium Barachiæ, filium benedicti.	Υἱὸν τοῦ Βαραχίου, τὸν υἱὸν τοῦ εὐλογητοῦ.	Barachia, benedictio, vel benedictus domini.
Filii Noemin, Malon et Cheleon, quia ingredere, abi.	Υἱοὶ Νοεμείν, ᵍ Μααλὼν καὶ Χελαιῶν, ʰ ὅτι εἰσέρχῃ, πορεύου.	Noemi, pulchra.
		Maalon, de fenestra, sive a principio.
		Chelion, consummatio, vel omnis dolor, etc.
Filii Eliu, filii fortis domini.	Υἱοῦ Ἠλιοῦ, υἱοῦ ἰσχυροῦ αὐθέντου.	Eliu, Deus meus iste.
Filius Thebel, filius mensuræ.	Υἱὸς Θεβέλ, υἱὸς μέτρου.	Thobel, conversus, vel universa, etc.
PH	**Φ**	**PH**
Phennana, luminis gloria Phanuel, apparens.	Φενάννα, φωτὸς ʰ δόξα. Φανουήλ, ἐπιφαίνων.	Phenenna, conversio. Phanuel, facies dei.
Vox ex Rama, vox de sublimi.	Φωνὴ ἐκ Ῥαμά, φωνὴ ἐκ τῆς ὑψηλῆς.	Rama, excelsa, vel exaltata.
CH	**Χ**	**CH**
Cherubim, alæ.	Χερουβίμ, πτέρυγες.	Cherubim, scientiæ multitudo.

---

¹ Non exprimunt Græci etymologiam nominis Samuel, sed officium ejus, atque virtutem, qua præsto fuit semper ad obediendum voci Domini.

² Imperitus exscriptor legit Saphecca pro Baphecca, id est, in Aphecca. Be ב namque præpositio est Hebræorum, quæ Latine vertitur, in.

³ Expositiones sunt isthæc verba sententiarum Scripturæ sacræ, non etymologiæ Hebraicorum nominum, ut præsens locus aperte demonstrat in nomine Seraphim, Salathiel, et Saba, etc. Circa vocabulum Salathiel duo præcipue notanda: primo, Salathiel

ᵃ Vide infra Lexicon Origenian. alterum. Cyrillus Hierosolymit. atque alii passim e Græcis interpretantur, σωτηρίαν θεοῦ ἐπακούσαντος, salutem exaudientis Dei.

ᵇ Emendavimus ex Vatic. exemplari, ἡττημένος, quod est expeditus, ipso Hieronymo suffragante. Falso Martian. ex Regio expresserat κεκτημένος, Latin. possessus. Vide paulo superius quæ ad nomen Samuel observavimus.

ᶜ In Vatic. minori numero est πνεῦμα.

ᵈ Martian. σαπρίας, quod interpretatur, vinum ex putrescentibus herbis conditum.

ᵉ Mendose ex Regio scriptum erat Σαλαθιήλ, Sa-

A eadem libertate interpretatum gratiam, qua supra nomen Salem; secundo verbum aliquod fuisse omissum in Græco; et ne sensus omnino falsus et absurdus admittatur in vocis hujus interpretatione, hoc modo legendum: Salathiel, gratia venientis Dei: qui Salathiel vivebat tempore Danielis.

ᶠ Absurde satis Græci accommodant sic verba Scripturæ ad suos sensus: nam ὅτι εἰσέρχῃ, πορεύου sumptum est ex libro Ruth. 1, 16, ὅτι σὺ ὅπου πορευθῇς, πορεύσομαι.

lathiel.

ᶠ Hujus commenti Græcorum testis quoque Cedrenus est in Annalib.: Καὶ βασίλισσα Σαβά, ἥτις ἐλέγετο Σίβυλλα παρ' Ἕλλησι: Et Regina Saba, quæ Sibylla a Græcis appellatur. Fabulam ex nominis affinitate, et sapientiæ laude, qua Regina illa inclaruit, excogitatam Petitus notat. Porro Σεβύλλην, Sebyllen, vitiose pro Σίβυλλαν legerat Martianæus ex Regio.

ᵍ Sic effert cum Vatic. Græcum quoque Scripturæ textus duo isthæc filiorum Noemi nomina. Corrupte Martian. μαλὼν et χελεὼν legerat.

ʰ Martian. δόξης, Latin. gloriæ, minus recte.

Interpretatio Latina.	Codex Vaticanus.	Hieronymus.
Cherubim, ala.	Χερουβίμ, πτέρυξ.	Cherubim, vermiculata pictura.
Chelcias, fundamentum.	Χελκίας, θεμέλιος.	Chelcia, pars domini.
Chettim, insulis luctarum.	Χεττιείμ, νήσοις παλῶν.	Chettim, confracti, vel insanientes, etc.
Chelæon, proficiscens.	Χελαίων, πορευόμενος.	Chelion, omnis dolor, etc. *ut supra*.
PS	Ψ	PS
Psalmus super Idithum, Psalmus super uno judice.	Ψαλμὸς ὑπὲρ Ἰδιθούμ, ψαλμὸς ὑπὲρ ἑνὸς κριτοῦ.	Idithum, transiliens eos, sive saliens eos.
Anathom, mei venientis.	Ἀναθώμ, ἐμοῦ ἐρχομένου.	Anathoth, respondens signum, etc.
De terra Benjamin, de terra filii doloris.	Ἐκ γῆς Βενιαμὴν, ἐκ γῆς τέκνου ὀδύνης.	Benjamin, filius dexteræ.
De Babylone, de confusione.	Ἐκ Βαβυλῶνος, ἐκ συγχύσεως.	Babylon, confusio.
Jessias, qui Sophoniæ, inumbrans, ejus qui stare facit terram.	Ἰεσσίας, ὁ τοῦ [a] Σοφονίου, συσκιάζων, ὁ τοῦ ἀνιστῶντος τὴν γῆν.	Josias, ubi est incensum domini, vel in quo est incensum domini, vel domini salus, etc.
Ephud, manifestatio, et veritas.	[1] Ἐρούδ, δήλωσις καὶ ἀλήθεια.	Ephod, superindumentum, etc.
Pharia, filia Pharaonis. Venit ut lavaretur, et invenit Moysem adhuc infantem. Et cum suspexisset in cœlum, ait : O unus Deus infinita habens nomina ! Hinc ethnici vocant eam Eisitan, 666. *Nomen est* hominis habentis hunc numerum in Apocalypsi Joannis. Hoc est, venturus est ex Medis ad debellandos fideles. De quo et Isaias dicit : Ecce suscitabo super vos Medos, et reliqua.	Φαρία, τοῦ Φαραῶ ἡ θυγάτηρ. Ἦλθεν λούσασθαι, καὶ εὑρίσκει τὸν Μωϋσῆν νήπιον ὄντα. Καὶ ἀναβλέψασα εἰς τὸν οὐρανὸν εἶπεν· εἷς μυριώνυμε θεέ. Ἔνθεν τὰ ἔθνη καλοῦσιν αὐτήν [2] Εἰσιτὰν [b], χξϛ, τοῦ ἀνθρώπου, τοῦ ἔχοντος τὸν ἀριθμὸν ἐν τῇ Ἀποκαλύψει Ἰωάννου. Τοῦτ' ἔστιν ὁ ἐρχόμενος ἀπὸ Μήδων πολεμῆσαι τοὺς πιστούς, περὶ οὗ καὶ Ἠσαΐας λέγει· Ἰδοὺ ἐπεγερῶ ἐφ' ἡμᾶς τοὺς Μήδους, καὶ τὰ λοιπά.	Pharao, dissipans, sive discooperiens eum.
Baruch, benedictus.	Βαρούχ, εὐλογητός.	Baruch, benedictus.
Eloai, deus.	Ἐλωαί, θεός.	Eloe, deus.
Adonai, dominus.	Ἀδωναί, κύριος.	Adonai, dominus.
Jao, invisibilis.	Ἰαώ, ἀόρατος.	Jao, nomen dei ineffabile, etc.
Sabaoth, virtutum.	Σαβαώθ, τῶν δυνάμεων.	Sabaoth, militiarum, sive virtutum.
Elimaz, sermo dei.	[3] Ἐλίμαζ [c], ὁ λόγος τοῦ θεοῦ.	
Marsippion, assensus.	Μαρσήππιον, τὸ πείθεσθαι.	
Opelos, ingluvies ventris.	Ὀπηλός, γαστριμαργία.	
Tῇ plintho, scortationi.	Τῇ πλίνθῳ, τῇ πορνείᾳ.	
Cherubim, scientia multiplicata, vel alæ.	Χερουβίμ, ἐπίγνωσις πεπληθυμμένη, ἢ πτέρυγες.	Cherubim, scientia multiplicata, sive quasi plures.
Amen, confirmatio vere sic esse.	Ἀμήν, [d] πίστωσις ὡς ἀληθῶς. [4]	Amen, vere, vel fideliter.

---

[1] Consule supra col. 545 (*in hac edit. col.* 1151, *not.* [*]) observationes nostras in hanc etymologiam nominis *Ephod*.

[2] *Eisitan* pro *Isim* dixerunt Græci, ut in vocabulo Εἰσιτὰν numerus esset 666, de quo supra in voce *Evinas* satis disputatum est. Cætera quæ consequuntur, futilia sunt Græcorum commenta.

[3] Quatuor hæc nomina Græca invenies in superioribus Fragmentis.

[4] Hucusque pervenerunt Græca Fragmenta libri Nominum Hebraicorum, quibus expeditior via paratur nobis ad ea percipienda, quæ Philoni Judæo accepta referuntur. Inter hæc tamen Fragmenta unum integrumque est, quod Origenem parentem agnoscit: quia totum constat e nominibus instrumenti novi, cujus vocabula fuerant omissa in Lexico Judæi Scriptoris. Cætera fere omnia, cum e libris veteris Testamenti derivata sint, Philoni vel etiam Josepho, auctoribus Judæis adscribenda videntur. Josephum etiam hoc loco auctorem dixi etymologiarum in Græcis Fragmentis, non omnium certe, sed earum dumtaxat, quæ apud ipsum scriptæ leguntur. Talis est, si rem exemplis probari juvat, etymologia nominis Adam, de quo ita disserit lib. I Antiq. Judaic. cap. 2 : Ὁ δὲ ἄνθρωπος οὗτος Ἄδαμος ἐκλήθη· σημαίνει δὲ τοῦτο κατὰ γλῶτταν τῶν Ἑβραίων, πυρρόν, ἐπειδήπερ ἀπὸ τῆς πυρρᾶς γῆς φυραθείσης ἐγεγόνει, τοιαύτη γάρ ἐστιν ἡ παρθένος γῆ ἀληθινή. *Homo autem hic vocatus est Adamus, significat autem hoc Hebræorum lingua, rufum: quandoquidem e rufa humo fermentata est factus. Talis enim est intacta terra et vera.* Hæc si contuleris cum Commentario nostro ad libri finem, Josephum cum Hesychio, et maxime cum manuscripto Regio codice cohærere pervidebis.

---

[a] Perperam Σοφρονίου, Lat. *Sophronii*, nomen pro *Sophoniæ* ex cod. Regio Martian. obtrudit. Alludit Græcus Auctor Zachariæ locum VI, 10, οἴκον Ἰωσίου τοῦ Σοφονίου, *domum Josiæ filii Sophoniæ*, etc. Vide superius *Issecias*.

[b] Vatic. præfert Εἰσίτειταν (sic) pro Εἰσιτάν. Hæc porro Pharaonis filia quæ Θέρμουθις a Josepho appellatur, sequioris ævi Græcis Φαρία dicitur, Georgius Syncellus p. 120 Ed. Paris. : Ὁ δὲ αὐτὸς υἱὸς τῇ θυγατρὶ ΦαραὼΘερμουθίδι, τῇ καὶ Φαρίᾳ βασιλίδι οὔσῃ εἰσποιηθείς. *Ipse autem infans a filia Pharaonis Thermuthide, quæ et Pharia dicebatur, Regina adoptatus est.* Et Cedren. p. 42 : Μούθιδις (leg. Θέρμουθις) δὲ καὶ θυγάτηρ Φαραὼ

ἡ καὶ Φαρμὶς : *Thermuthis*, *quæ et Pharia, Pharaonis filia*, etc. Vide infra Lexicum Origenianum.

[c] Legimus ex Vatic. Ἐλίμαζ, *Elimaz*, quod magis nomen est. Martianæus Κλίμαξ, *Klimax*, hic et superius in altero Fragmento ex Regio legit.

[d] Haud recte Martian. legit. πίστωσιν vertitque *fidem faciunt.* Vatic. emendat. Porro autem excerpta Nominum Hebræorum ex Philone et Josepho, quorum alterum hisce Fragmentis præposuit, alterum subjunxit Martianæus, nos commodiore loco post integra duo Lexica quæ subsequuntur, ac rursus accuratiora recensebimus.

DE ORIGENIANO LEXICO NOMINUM HEBRAICORUM
D. JOANNIS MARTIANÆI PRÆFATIO.

Ut compertum fiat omnibus studiosis, Origenem condidisse librum Nominum Hebraicorum, et in eo sæpius violentas ac indoctas etymologias proposuisse, testem proferam virum doctissimum, de Origene quidem optime meritum; sed ejusdem erroribus nequaquam blandientem. Prævia hujus Auctoris testificatione facilius mihi venia concedetur: si quando necessitate veritatisque judicio compulsus, Origenis redarguero etymologias, ejusque inscitiam in lingua Hebraica manifestam facere legentibus non recusem. Itaque Origenianorum libro tertio, cap 3, n. 7, de præsenti Syntagmate ita disserit Daniel Huetius: « Aliarum præterea, inquit, quarumdam scriptionum Origenis mentionem apud Veteres invenio. Philo Judæus ediderat librum Hebraicorum Nominum Veteris Testamenti, eorumque etymologias et interpretationes adjecerat: quem librum Latina oratione Hieronymus expressit. Quod in Testamento Veteri fecerat Philo, idem in Novo factitavit Origenes, suumque opus ad opus Philonis adjunxit, in eoque Hieronymum imitatorem habuit: cujus verba hæc sunt in Præfat. ad librum Hebraic. Nomin.: *Ac ne forte consummato ædificio quasi extrema deesset manus, Novi Testamenti verba et nomina interpretatus sum, imitari volens ex parte Origenem, quem post apostolos Ecclesiarum magistrum nemo nisi imperitus negat. Inter cætera enim ingenii sui præclara monumenta etiam in hoc laboravit, ut quod Philo quasi Judæus omiserat, hic ut Christianus impleret.* Libri ejusdem meminit auctor Quæstionum ad Orthodoxos, qui falso tribuitur Justino, Quæst. 82 et 86, in eoque præter Hebraica nomina, mensuras etiam interpretatas esse docet. Videat ergo Rufinus, qua fide scripserit Invect. 2 in Hieronymum, ne unum quidem Scripturæ verbum Origenem vertisse. »

Auctorem libri Nominum Hebraicorum in Novo Testamento, viro eruditionis fama celeberrimo attestante, jam nosti Origenem: nunc quænam fuerit in eodem Origene linguæ Hebraicæ peritia, paucis te doceat idem Petrus Daniel Huetius Origenianorum libro secundo, cap. 1, n. 11: « Quod si plus sese (Origenes) in Hebraicis exercuisset, majoremque linguæ hujus fuisset peritiam consecutus, nihil ei ad perfectam Sacræ Legis cognitionem defuisset. Sed tantum decerpsit ex ea gloria, quantum ex loquelæ hujus studio detraxit. Dicam enim vere: vel Hebraismi parum scientes sunt, vel in lectione Origenianorum operum perfunctorie versati, qui eximium quid ipsi, vel in sanctæ linguæ, vel in earum, quæ ex hoc fonte profectæ sunt, dialectorum peritia tribuunt. Nec opinioni nostræ contradicit Hieronymus (*Epist.* 25, *ad Paulam*), etsi videtur contradicere, cum ait singularem loquelæ hujus notitiam demiratam in eo fuisse totam Græciam: mirum id quippe videri potuit Græcis Hebraismi rudibus, et imperitis, nec quantum in eo profecisset Origenes existimare scientibus. Minime vero suam ipse linguæ hujus ignorationem dissimulat Homil. 14 in Num: *Aiunt ergo*, inquit, *qui Hebraicas litteras legunt, in hoc loco, Deus, non sub signo tetragrammati esse positum: de quo, qui potest, requirat.* Multa in observationibus nostris animadvertimus, quæ inscitiam ejus in Hebraicis demonstrant; cujusmodi est frivola illa distinctio, οὐρανὸν inter et οὐρανούς, quam comminiscitur ad Matth. XVIII, 18, et ad quam Christum respexisse tradit, quasi hanc distinctionem ferat Syriaca dialectus, quam Christus usurpabat: cujusmodi est falsa illa nominis *Aser* interpretatio, quæ habetur in Comment. ad Matth. XVIII, 19, quasi derivetur a יָשַׁר *erudivit*, cum fiat ab אָסַר *ligavit*. Quamquam auctoritate senum Septuaginta excusari id potest, qui אָסַר aliquande ita reddiderunt, quasi idem esset ac יָסַר. Ut psalm. CIV (Hebr. cv), 22, pro Hebræo לֶאְסֹר שָׂרָיו, habent τοῦ παιδεῦσαι τοὺς ἄρχοντας αὐτοῦ. Vulgata, *Ut erudiret principes ejus.* Et Os. X, 10, וְאָסְרֵם; LXX, παιδεῦσαι αὐτούς; Vulgata, *Corripiant eos*: cujusmodi est depravata illa lectio loci Interpretum LXX, II Esdr. I, 11, εὐνοῦχος τῷ βασιλεῖ. Quod si in Hebraicis utcumque fuisset versatus, quæ habent מַשְׁקֶה מֶלֶךְ, emendasset, utique in τοῖς O', οἰνοχόος τῷ βασιλεῖ, si modo hunc ipse errorem non invexit, qui certe in LXX seniorum exemplaribus nuspiam exstat: cujusmodi est inepta illa expositio vocabuli, *Joannes*, quod formari existimavit a nomine יהוה præfixo, et חֵן, cum ex solo חָנַן, præfixis servilibus litteris derivatum sit. Plerumque itidem peccat in perscrutandis nominum Hebraicorum originibus. Proclive id nempe fuit viro ad mutuatitiam lucem vestigia sua in locis ignotis regenti: præstabat autem lucem Judæus Philo, qui Hebraica Veteris Testamenti nomina peculiari libro fuerat interpretatus: cui libro parem subjunxit Origenes, Hebraicorum Novi Testamenti expositionem complexum Qui vero non offendisset Origenes, Philonem sequens ducem, qui Judæus licet, Judæis prognatus, me mediocri quidem litterarum Hebraicarum aura, uti neque Hellenistæ fere reliqui, fuerat afflatus? Id si minus in hominibus Alexandriæ natis, et eductis novum est, quorum naturæ repugnare scribit Hieronymus (*Hieron., de Scriptor. Eccles. in Origene*). Hebraicam linguam addiscere, pro more Græcorum omnium, qui linguarum exoticarum studium aspernari consueverunt; at in Josepho illo Hebræo Mattathiæ filio plane mirum videri debet; facile quippe ex ejus scriptis deprehendere licet, ad magnam illam, et singularem Judaicarum originum cognitionem non parem ipsum patriæ loquelæ peritiam contulisse, quamvis se nonnulla Hebraice scripsisse dicat, quæ lapsu temporum interciderunt. »

Quid ad hæc reponunt Josephi assertores indocti, qui vix quamdam auralam Hebraicarum litterarum capientes, de intimis sacræ Legis sensibus judicium ferre non verentur, et huic ascribere Scriptori peritiam Hebræi sermonis, quam nec ipsi a longe salutarunt? At sufficit eis ad plausum popularem, ut ex hac occasione longam ingrediantur disputationem, et ut tanta operositate, quod volunt intelligi, utantur persuadendi, quanta semper falsitas indiget, ut vera videatur. Nos autem cordatorum hominum, ac eruditorum sententiis adhærentes, nec Philonem, nec Josephum, nec Origenem, ubicumque veritatis ratio postulaverit, reprehendere pertimescimus. Sed ne reprehensioni nos quoque videamur obnoxii in proponendo Origeniano Lexico, nonnulla de eo generatim hic observamus.

Prior quippe notandus venit ordo Hebraicorum Nominum, quæ juxta seriem litterarum alphabeti Græcorum posita leguntur in toto prædicto Dictionario, nulla facta distinctione, nec mentione sacrorum voluminum. An vero Origenes ipse hunc ordinem persecutus sit, non satis elucet : quin etiam verisimilior apparet opinio contraria, tum ex Hieronymo Origenis vestigia sæpius terente, tum ex Græco Fragmento Origeniano supra a nobis edito, quod nomina Hebraica uniuscujusque Evangelistæ seorsim habet posita secundum seriem elementorum Græci alphabeti. Ita ut quæ in Matthæo legentur hujuscemodi vocabula, ante cætera scripta sint, deinde quæ sunt Marci, et sic consequenter usque ad Joannem. Vix autem adduci possum ut mihi persuadeam distinctum ex libris sacris ordinem observasse Origenem in Fragmento libri Nominum, et in Lexico, quod superest integrum, aliam viam ingressum, ut confuse et promiscue sub unaquaque littera omnium librorum Veteris ac Novi Testamenti Nomina collocaret. Facilius igitur crederem, importuna Græcorum quorumdam diligentia hoc Lexicon concinnatum fuisse, sed totum mutuatum ex Origeniano libro Nominum Hebraicorum, quem ipse cum distinctione, et voluminum Scripturæ, et vocabulorum ediderat. In eam sententiam eo magis propendeo, quo certior factus sum Latinorum quosdam id factitasse in libro Hieronymiano Nominum Hebraicorum. Nam *Venetiis per Fratres Joannem et Gregorium de Gregoriis, anno Domini* 1498, *die* 25 *Augusti*, cum hac perturbatione ac subversione prodiit inter Opera Hieronymi liber Nominum Hebraicorum, in quo sublata universa distinctione ac mentione voluminum Scripturæ, omnia prorsus vocabula tam Veteris, quam Novi Testamenti sub littera quam habent ab initio, posita leguntur. Series igitur nominum in Lexico Origeniano adventitia est, et subversoris Græculi cujusdam, qui ordinem perversum, non nativum secutus, e medio sustulit annotatiunculas, et citationes librorum, ut quæ distincte ac partite scripta fuerant apud Philonem, ac Origenem, ipse salivæ propriæ indulgens, separata consociare, distinctaque confundere sibi permitteret. Sed etsi ordo Nominum vitiosus sit in Lexico, res tamen et interpretationes dictionum omnino genuinæ sunt, aquave ex suo fonte nativa. Quod manifestum ratumque facio e duobus locis Quæstionum et Responsionum ad Orthodoxos falso ascriptarum Justino Martyri.

Ad Quæstionem igitur 82, *Quæ sit nominis Beelzebub expositio?* talis responsio ab Auctore Græco est adhibita : τοῦ τε Βεελζεβοὺλ, καὶ τοῦ Βελίαρ, λέγει τὰ ὀνόματα..... εἴρηται δὲ τῷ Ὠριγένει τούτων τῶν ὀνομάτων ἡ ἑρμηνεία ἐν τῇ Ἑρμηνείᾳ τῶν Ἑβραϊκῶν ὀνομάτων, id est, *Exprimit vero nomina Beelzebul et Beliar..... dicitur autem ab Origene horum nominum interpretatio, in Interpretatione Nominum Hebraicorum.* Hæc Græci Scriptoris, quicumque fuerit, responsio vera omnino comprobatur ex Lexico Origeniano mox consequenti, ubi nomina *Beelzebul,* et *Beliar* corrupte leguntur eodem plane modo ac in Responsione recitata, diversasque inibi habent interpretationes ab Origene subjunctas.

Quæstio 86, *Quæ est interpretatio vocabulorum istorum?* Mna, Ephi, Nebel, Gomor, Siclus, Basilicon, Sanctum, Stater, Drachma, Quadrans, Hormiscus, Didrachma, Talentum, Assis, Seraphim, Bezel, Sabaoth, Adonai, Ephud? *Utrorumque enim nobis pernecessaria est cognitio : utraque namque in Scripturis continentur.*

Responsio. Εἴρηται τῷ Ὠριγένει, ἀνδρὶ ἐπισταμένῳ τὴν τῶν Ἑβραίων διάλεκτον, πάντων τῶν ἐν ταῖς θείαις γραφαῖς φερομένων Ἑβραϊκῶν ὀνομάτων ἢ μέτρων ἡ ἑρμηνεία· ἐκείνην ζητήσας, εὑρήσεις ἐν αὐτῇ τὴν πάντων ἑρμηνείαν ὧν ἐζήτησας. Hoc est, *Exposita est ab Origene, viro Hebraicæ linguæ perito, omnium quæ in sacris Scripturis feruntur Hebraicorum nominum et mensurarum interpretatio. Eam si requisieris, in ea invenies omnium eorum, de quibus quæsivisti, explanationem Nominum.*

Lexicum certe quod Origenianum dixi, non solum etymologias Hebraicorum Nominum, sed mensurarum etiam interpretationes complectitur : unde ipsissimum videtur opus Adamantii, quamvis nominum, ut antea observabam, confusus sit ordo atque mutatus. Quibus si addas, Nomina Hebraica novi Testamenti in eodem Lexico scripta esse, et interpretata, nullus ambigendi locus relinquitur, quin hoc opus parentem habuerit Origenem, qui ut Christianus suppleverat Nomina a Judæo Philone prætermissa. Præviis itaque hisce generalibus documentis ad Lexicon ipsum manum mittamus, multis aliis peculiaribus pro modulo nostro inferius illustrandum annotationibus.

ORIGENIANUM LEXICON
NOMINUM HEBRAICORUM

Primum ex Cod. Regio 772, vel 2282, editum, *Ex Vaticano* 1456, *multo accuratius*,

LATINE REDDITUM,
ET CUM HIERONYMIANA INTERPRETATIONE COMPARATUM.

Interpretatio Latina.	*Codex Vaticanus.*	*Hieronymus.*
DICTIONARIUM.	ΛΕΞΙΚΟΝ.	LIBER NOMINUM.

A

Adam, terrenus, homo, *terra rubra*, vel terra caro facta, aut terra veniens, vel testificatio.	Ἀδάμ, γηγενής, ἄνθρωπος, ἢ [1] ἐρυθρά, ἢ γῆ σαρκουμένη, ἢ γῆ ἐρχομένη, ἢ μαρτυρία.	Adam, homo, sive terrenus, aut indigena, vel terra rubra. Ada, testimonium.
Adama, terra virgo, vel terra sanguinolenta.	[a] Ἀδάμ, γῆ παρθένος, ἢ γῆ αἱματώδης.	Adama, humus, vel terra, sive terrena.
Abel, a Deo, vel offerens ad Deum, aut vapor, vel luctus.	[2] Ἀβέλ, ἀπὸ θεοῦ, ἢ ἀναφέρων ἐπὶ θεόν, ἢ ἀτμίς, ἢ πένθος.	Abel, luctus, sive vanitas, vel vapor, vel miserabilis.
Abraam, pater excelsi, aut pater filii.	Ἀβραάμ, πατὴρ ὑψίστου, ἢ πατὴρ υἱοῦ.	Abram, pater excelsus.
Aaron, arca, aut videns visiones, vel sermo, vel sublimitas, aut potens, aut spiritus.	Ἀαρών, κιβωτός, ἢ ὁρῶν ὁράσεις, ἢ λόγος, ἢ ὕψος, ἢ δυνατός, ἢ πνεῦμα.	Aaron, mons fortitudinis, sive mons fortis, vel mons eorum.
Abdiæ, servus meus, confitens.	Ἀβδιού, δοῦλός [b] μου, [a] ἐξομολογητός.	Abdias, servus domini.
Abenezer, populus adjutor, vel lapis adjutoris.	Ἀβενέζερ, λαὸς βοηθός, ἢ λίθος τοῦ βοηθοῦ.	Abenezer, lapis adjutorii.
Abesalom, patris pacis super ipsos.	Ἀβεσαλώμ, πατρὸς εἰρήνης ἐπ' αὐτούς.	Abessalom, pater pacis.
Aminadab, patris mei beneplacitum, vel populus desiderabilis.	Ἀμιναδάβ, [c] πατρός μου εὐδοκία, ἢ ἔθνος ἐπιθυμητόν.	Abinadab, pater meus spontaneus, vel urbanus.
Abigaen, patris mei revelatio, sive ros.	[a] Ἀβιγάιν, πατρός μου ἀποκάλυψις, ἢ δρόσος.	Abigal, pater exsultationis, sive pater roris, vel pater meus ros.
Appho, nunc, modo. Sic inveni.	[d] Ἀπφώ, [7] τανῦν, ἀρτίως· οὕτως εὗρον.	Appho, etiam nunc?

---

[1] Omissa est vox γῆ in manuscripto, quam supplet superius Fragmentum Græcum libri nominum Hebraicorum. Præterea confundit Philo, vel Origenes Hebraicum אדם *Adam*, cum עדה *Ada*, et עוד *Ud*, unde eliciunt etymologias, *venturæ*, sive *venientes* et *testificationis*. Non sic doctus Hieronymus, qui nomen *Ada* ex Hebræo עוד *Ud* interpretatur *testimonium; Adam* vero *terram rubram* ex themate אדם *Adam*, cum *Aleph*, quod significat *rubere*, *et rufum esse*.

[2] De interpretatione hac Græca nominis *Abel* plura diximus in primo superiori Fragmento. Consule scholia nostra.

[3] Violenter omnino interpretantur Græci nomen *Aaron*, quod proprie *montanum* sonat, sive *montem fortitudinis*.

[4] In voce *Abdiou* etymologiam *confitentis* inveniunt interpretes Græcorum, quia apud ipsos sæpius Ἀβιούδ pro *Abia*, et Ἀβδιούδ pro *Abdia* corrupte leguntur. Unde suspicabantur hoc nomen formatum ex ידה *jada, confessus est*.

[5] De nomine *Aminadab*, pro *Abinadab* diximus in scholiis nostris. Sed hic observandum, Græcos interpretari illud vocabulum sub utraque forma corrupta et integra; *Aminadab* enim dicitur *populus*

[a] Rescribendum Ἀδάμα, nullus dubito. Concinit porro Josephus Antt. c. 1, et Hesychius, qui παρθενικήν, *virginalem* interpretatur, Plinius *terram virginem* ab Esubope inventam narrat lib. xxxii, 5; Scholiastes Apollonii ad ii, 874, Samum insulam Παρθενίαν vocat.

[b] Hieron. legisse videtur Θεοῦ, *Dei*, sive *Domini*:

desiderabilis; et Abinadab, patris mei beneplacitum, id est, *propensa voluntas*.

[a] Ex etymologia subjecta facile intelligitur scriptorem Græcum pro *Abigal*, aut *Abigail*, legisse *Abigaen*.

[7] Hoc nomen legitur apud LXX, iv Reg. ii, 14, Ποῦ ὁ Θεὸς Ἠλιοῦ Ἀφφώ; *Ubi Deus Eliu Apphe?* Quod Hieronymus Latine reddidit ex Heb. אף־הוא *aph-hu*, vel, *aph-o, etiamnunc?* vel forte ex אן אפה *aphpho*, quod LXX et Hieronymus legisse videntur in Hebræorum exemplaribus. Occurrit enim illud adverbium etiam cum א in fine, ut Gen. xxvii, 33, מי אפא הוא, *mi appho hu*, id est, *quis nunc ille* pro אפה־הוא *aph-hu* hodierno. Itaque suspicari possumus lectum fuisse antiquitus, in aliquot saltem codicibus, nomen אפא *aphpho*, sive ἀπφώ, in Græco Origeniano Lexico etiamnum superstes. Cui autem ascribenda sit sequens annotatiuncula, οὕτως εὗρον, *sic inveni*, an Origeni admonenti ἀπφώ se invenisse scriptum in Hebræo, an Græco scriptori, qui indicare voluerit etymologiam nominis non a seipso confictam, sed ab alio accepisse descriptam ac describendam, Lectori judicandum permitto.

certe longe rectius.

[c] Ipsa hujus nominis prior expositio rescribendum persuadet Ἀβιναδάβ; notumque præterea est passim in Græcis mss. β et μ confundi. Vatic. etiam in postremo β peccat, legens Ἀμιναδάμ, quod et subsequenti Ἀβιγάιν postponit.

[d] Vatic. duobus verbis τὰ νῦν. Sunt porro qui

LEXICON GRÆCUM NOMINUM HEBRAICORUM.

Interpretatio Latina.	*Codex Vaticanus.*	*Hieronymus.*
Abraam, pater electus, pater filiorum, vel transvectorius, vel pater excelsi, vel pater conspicuus.	Ἀβραάμ, πατὴρ ἐκλεκτός, πατὴρ υἱῶν, ἡ περατικός, ἡ πατὴρ ὑψίστου, ἡ πατὴρ¹ βλεπτός.	Abraam, pater videns populum.
Abiron, pater excelsus.	Ἀβειρών, πατὴρ ὑψηλός.	Abiram, pater meus excelsus.
Aggæus, festa, vel festum agentium.	Ἀγγαῖος, ἑορταί, ἡ ἑορταζόντων.	Aggæus, solemnitas, vel festivus.
Agrippas, colligens repente.	Ἀγρίππας, συστρέφων ἐξαίφνης.	Agrippa, congregans subito.
Agchus, aqua sordida ablutionis, vel revelatio.	² Ἀγχοῦς, ἀπόπλυμα, ᵃ ἡ ἀποκάλυμμα.	
Aermon, lumen sublime, aut spiritus.	Ἀερμών, φῶς μετέωρον, ἡ πνεῦμα.	Aermon, anathema mœroris.
Azael, illustris, visio, vel robur, aut potentia dei.	Ἀζαήλ, ἐπιφανής, ὅρασις, ἡ κράτος, ἡ ἰσχὺς θεοῦ.	Azael, visus deo.
Azeca, soliditas.	Ἀζηκά, στερέωσις.	Azeca, fortitudo, sive decipula.
Athenæ, tempore dissipatæ.	Ἀθῆναι, ³ καιρῷ ᵇ διασκεδαζόμεναι.	Athenæ, in tempore dissipatæ.
Ægyptus, obtenebratio, vel tribulatio, vel incolatus.	Αἴγυπτος, σκοτασμός, ἡ θλίψις, ἡ παροικία.	Ægyptus, tenebræ, sive tribulationes.
Æthiopia, humilitas.	Αἰθιοπία, ταπείνωσις.	Æthiopia, caligo, vel tenebræ.
Ælamitæ, male aspicientes.	Αἰλαμῖται, παραβλέποντες.	Ælamitæ, objecti, appositi, sive despecti, etc.
Abba, pater.	Ἀββᾶ, πατήρ.	Abba, pater. Syrum est.
Abdemelech, serviens regi.	Ἀβδεμέλεχ, δουλεύων βασιλεῖ.	Abdemelech, servus regis.
Achar, distortio, primogenitus.	Ἄχρα, διαστροφή, ⁴ πρωτότοκος.	Achor, turbatio, vel tumultus.
Achicam, frater meus resurrectio.	Ἀχικάμ, ἀδελφός μου ἀνάστασις.	Ahicam, frater meus surgens.
Achimelech, frater meus regis.	Ἀχιμέλεχ, ἀδελφός μου βασιλέως.	Achimelech, frater meus rex.
Achor, perversitas.	Ἀχώρ, διαστροφή.	Achor, tumultus, sive perversio.
Aoth, confitens, laus.	Ἀώθ, ἐξομολογητός, αἴνεσις.	Aod, gloriosus.
Abenner, patris lucerna, vel filii lucerna.	Ἀβεννήρ, πατρὸς λύχνος, ἡ υἱοῦ λύχνος.	Abenner, pater meus lucerna, vel pater lucernæ.
Abia, patris, vel pater filius, vel patris mei.	⁵ Ἀβία, πατρός, ἡ πατὴρ υἱός, ἡ πατρός μου.	Abia, pater dominus, vel pater fuit.
Abiathar, inutile.	Ἀβιάθαρ, ᶜ κενόν.	Abiathar, pater superfluus.
Abiazer, patris o computator.	⁶ Ἀβιάζερ, πατρὸς ἐκλόγιστε.	Abiezer, patris mei auxilium.
Abimelech, patris regnum, vel pater rex.	Ἀβιμέλεχ, πατρὸς βασιλεία, ἡ πατὴρ βασιλεύς.	Abimelech, pater meus rex.
Abiud, pater accedens.	Ἀβιούδ, πατὴρ προσερχόμενος.	Abiu, pater meus iste, vel pater meus est.
Agabus, nuntius, faustum nuntium.	Ἄγαβος, ἄγγελος, ⁷ εὐαγγελισμός.	Agabus, nuntius, vel nuntius tribulationis. Sed hoc violentum.
Agag, tectum, aut vitulus.	Ἀγάγ, δῶμα, ἡ μόσχος.	Agag, δῶμα, id est, tectum.
Agar, commoratio, vel congregans, vel advena.	Ἄγαρ, παροίκησις, ἡ ⁸ συστρέφουσα, ἡ προσήλυτος.	Agar, advena, sive convertens.
Angelus, officium, vel circumcisio, vel sermo.	⁹ Ἄγγελος, ἔργον, ἡ περιτομή, ἡ λόγος.	Angelus.

---

¹ Apud Suidam ἀπόβλεπτος dicitur homo conspicuus, et celeber: quod maxime convenit Abrahæ, fama ac virtute præclarissimo; βλεπτός igitur conspicuum reddo: sed nihil mutans in voce Græca ms. codicis.

² Unde corruptum nomen *Agchus* sumptum hic legatur, nondum invenire potui, nec conjecturis assequi.

³ Multum depravata legitur etymologia isthæc in ms. Regio codice Græco: scribit enim καὶ ῥῷ διασκεζόμεναι, quod nihil significat. Separata consociavi, omissa supplevi, et accentum vitiosum sustuli, monitus ab Hieronymi interpretatione, quam violentam et sibi alienam declaravit supra in collectione nominum ex Actibus Apostolicis. De nominibus duobus consequentibus consule quæ diximus ibi in Notis.

⁴ Confundunt Græci *Achar* cum vocabulo *Bechar*, sive *Bechor*, quod *primogenitum* sonat.

⁵ Pro *Abia* apud Græcos scriptum forte erat alicubi *Abiar*, unde formatum volebant ex *ab pater*, et ex *bar*, *filius*.

⁶ *Abiezri* legimus supra in contextu Hieronymiano pro *Abiezer*, quod male interpretatum dicebamus, *Dei mei auxilium*, cum *abi* sonet *patris mei*. Cæterum etymologia Græca cum vocativo casu exprimitur: ἐκλόγιστε vero est qui subductis rationibus expendit, perpendit et æstimat, vel numeratum dat aliquid, Th. ἐκλογίζομαι. Sed quomodo Hebræum אביעזר *abiezer* respondeat Græco ἐκλόγιστε, nondum intellexi. Respexerunt forsitan Græci ad חזה *aza*, quod utique magis accedit ad vocem Græcam, quam עזר *azar*.

⁷ Forte legendum in Græco εὐάγγελος pro εὐαγγελισμός. Id saltem indicare videtur Hieronymi interpretatio, quam ipse ut violentam abjicit.

⁸ Hebræum verbum אגר *agar*, cum significet *colligere* et *congerere*, ex æquo respondet Græco συστρέφω; id est, *convolvo in fascem, sive colligo*. Agar igitur quæ Græce interpretatur συστρέφουσα, Latine exprimi debet *congregans*, aut *colligens*.

⁹ Nomen illud Græcum non interpretatur Hieronymus. Unde autem *opus*, sive *officium* sonet, non possum conjectura prorsus assequi, nisi ex ה *hhag*, quod *sacrificium* festi significat, Græci illud nomen

Ἄπους legant ex Hebræo אן הא, quo cognomento Jonathas frater Judæ Machabæi appellatus est I Mach. II, 5.

ᵃ Contrario sensu in Vatic. est ἐπικάλυμμα, quod est *operculum, velamen*, etc.

ᵇ Vatic. quoque ms., διασκεζόμεναι.

ᶜ Pro κενόν in Vatic. ἤν scribitur.

Interpretatio Latina.	Codex Vaticanus.	Hieronymus.
Ader, decor eximius.	Ἄδερ, εὐπρέπεια.	Addar, magnificus, sive pallium.
Adrias, anxietas malorum.	Ἀδρίας, συνοχὴ κακῶν.	Adrias, continens mala, sive locus malorum. Violentum.
Adonai, dominus.	Ἀδοναΐ, κύριος.	Adonai, dominus.
Aza, robur ejus, vel frater.	¹ Ἀζά, ἰσχὺς αὐτῆς, ἢ ἀδελφός.	Aza, fortitudo.
Azarias, auxilium domini, vel conversio domini.	Ἀζαρίας. βοήθεια κυρίου, ἢ ἐπιστροφὴ κυρίου.	Azaria, adjutor dominus, vel auxilium domini.
Azotus, robur, vel ignis patruelis.	Ἄζωτος, ἰσχὺς, ἢ ² πυργένεια.	Azotus, ignis patruelis, etc.
Ædem, sanguinolentia, vel deliciæ.	Αἰδὲμ, αἱμάτωσις, ἢ τρυφή.	Eden, voluptas, sive ornatus, etc.
Ælam, via, aut vestibulum, aut porticus.	Αἰλάμ, ὁδὸς, ἢ πρόπυλον, ἢ στοά.	Aelam, ante fores, sive vestibulum.
Aceldama, ager sanguinis.	Ἀκελδαμά, χωρίον αἵματος.	Aceldama, ager sanguinis.
Acarim, jumentorum stabulum.	Ἀκαρίμ, κτηνοτροφεῖον.	Accaron, gregis pascua, etc.
Acrabim, scorpio.	Ἀκράβιν, σκορπίος.	Acrabim, scorpiones.
Alexander, populorum constrictio.	Ἀλέξανδρος, ἐθνῶν συνοχή.	Alexander, auferens angustiam tenebrarum. Sed et hoc violentum.
Allophyli, cadentes cadavere.	Ἀλλόφυλοι, πίπτοντες ³ πτώματι ᵃ.	Allophyli, cadentes, sive ruina poculi, etc.
Alphæus, fugitivus, vel millesimus ejus.	Ἀλφαῖος, οἰχόμενος, ἢ ⁴ χίλος τοῦ αὐτοῦ.	Alphæus, fugitivus, sed melius millesimus, vel doctus.
Amalec, populus delambens, vel declinans.	Ἀμαλήκ, λαὸς ἐκλείχων, ἢ ἐκκλίνων.	Amalec, populus bruchus, sive populus lingens, etc.
Ambacoum, acceptio.	Ἀμβακούμ, παράληψις.	Abacuc, amplexans.
Aminadam, natio desiderabilis, vel populus placide acquiescens.	Ἀμιναδάμ, ἔθνος ἐπιθυμητὸν, ἢ λαὸς εὐδόκιμος.	Aminadab, populus meus voluntarius.
Amyon, fidelis, vel populus noster.	Ἀμνῶν, πιστίς, ἢ λαὸς ἡμῶν.	Amon, fidelis, vel nutritius, etc.
Amplen, populum ærariam artem tractantem.	ᵇ Ἀμπλήν, λαὸν χαλκεύοντα.	Ampliatus, populus malleator.
Amphipolis, populus qui ore corruit.	Ἀμφίπολις, λαὸς στόματι πεπτωκώς.	Amphipolis, populus ore corruens.
Anameel, gratia dei, vel gratia mortis, circumcisio.	⁵ Ἀναμεήλ, χάρις θεοῦ, ἢ χάρις τοῦ θανάτου, περιτομή.	Anameel, cui donavit deus.
Andronicus, decorus.	Ἀνδρόνικος, διαπρεπής.	Anancel, gratia dei.
		Andronicus, decorus ad stadium, etc.
Anna, gratia ejus, vel gloria.	Ἄννα, χάρις αὐτῆς, ἢ δόξα.	Anna, gratia ejus.
Annas, gratificaturus.	Ἄννας. ᶜ χαριζόμενος.	Annas, donans.
Antipatris, gratia relaxationis.	Ἀντιπάτρις, χάρις ⁶ ἀνέσεως.	Antipatridis, donantis laudationem. Violentum.
Apollos, congregans eos.	Ἀπολλῶς, συνάγων αὐτούς.	Apollo, miraculum, sive congregans eos.
Apphii foro, libertatis ubertatis.	Ἀπφίου φόρῳ, ἐλευθερίας καρποφορίας.	Appii forum, libera, vel fortis ubertas. Violentum.
Aradus, depositio.	Ἄραδος, καταβίβασις.	Aradii, deponentes, etc.

figuratum suspicentur. *Sermo* autem dici potest, A quasi sit ex הגה *aga*, sive *hegeh*, hoc est, *loquela et meditatione*, aut *gemitu*. Denique Hebræum נמל *namal* violenter accedit ad vocem Græcam ἄγγελος, ut ex affinitate γ. et n, et ex l medium habeat significantiam *circumcisionis*.

¹ Puto non *Aza*, hoc loco legendum cum Græcis, sed *Achaz*, vel saltem *Oza*: quia in illis vocibus invenitur, אח *ahh*, quod *fratrem* sonat: et עזה *Uza* vel *Oza*, quod exprimitur *fortitudo ejus.*

² Monet supra hoc modo Hieronymus Lectorem: *Azotus*, inquit, *Hebraice vocatur* Esnob, *et secundum pristinum nomen etymologiam habet ignis patruelis.* Hoc est, ni fallor, Græce expressum in voce πυργένεια, quam sic scriptam relinquo, ne criticos quosdam provocem ad jurgia: licet non me fugiat γένεια plur. num. sæpe sumptum pro γένειον, quod *mentum*, et *barbam* significat. Sed ut *ignis patruelis* intelligatur juxta Hieronymum, scribendum erit πῦρ γέννας, hoc est, *ignis avunculus.*

³ Nihilosecius, quandoquidem Hieronymus continuo vertit *cadentes poculo*: pro πτώματι, quod est *cadavere*, lectum arbitror ab illo πώματι, quod est *poculo*, vel *potione*; sicque olim rectius scriptum a Græcis.

ᵃ *Allophyli* sunt *Philisthiim*, quos *cadentes poculo* interpretatur S. Hieronymus ex Heb. נפל *naphal*, et שתי *sethi*. Græci ex נפל *naphal*, et נפש *nephes*, id est, *cadavere.*

⁴ χίλος cum accentu gravi *pabulum* significat; in manuscripto autem penacuitur χῖλος. Videtur positum hoc modo pro χίλιοι aut pro χιλιοστὸς, quod sonat *millesimum*. Cui conjecturæ astipulatur interpretatio Hieronymi, et verbum Hebræum אלף *alaph*, vel *eluph*, id est, *mille*, sive etiam *docuit.*

⁵ Quia מול *mul* interpretatur *circumcidere*, et מות *muth* Hebraice dicitur *mors*, Græci has etymologias diversas affigunt vocabulo *Anameel.*

⁶ Ex Hieronymiana interpretatione legendum videtur in Græco αἰνέσεως, id est *laudis*; Hieronymus enim abjiciens hanc etymologiam, utpote violentam, manifeste declarat Græcis fuisse propriam, et sibi alienam. Legebat igitur ipse in Græcorum B exemplaribus αἰνέσεως, non ἀνέσεως.

ᵇ Paulo corruptius legerat Martian. ex Regio Ἀπλήν, *Aplen*. Græcus Epist. ad Roman. xvi, 8, textus habet Ἀμπλίαν, in aliis libris Ἀμπλιάτον.

ᶜ Vatic. χαριστάμενος.

Interpretatio Latina.	Codex Vaticanus.	Hieronymus.
Ararat, testificatio, aut vellicata.	Ἀραράτ, μαρτυρία, ἢ ¹ τετιλλομένη ᵃ.	Ararat, Armenia, vel mons convulsus, sive vellicatus.
Arios pagos, circumrosa solemnitas, vel dissipata.	Ἄριος πάγος, περιτρωγομένη ἑορτή, ἢ διασκεδαζομένη.	Arios pagos, primitiva solemnitas. Sed et hoc violentum, etc.
Accaron, sterilitas, vel eradicatio.	Ἀκκάρων, στείρωσις, ἢ ἐκρίζωσις.	Accaron, eruditio tristitiæ, vel sterilitas.
Aculas, cruciatus, elevatio.	Ἀκύλας, ὀδύνη, ἔπαρσις.	Aquila, dolens, sive parturiens.
Alleluia, laus deo viventi.	ᵇ Ἀλληλούια, αἶνος τῷ θεῷ τῷ ζῶντι.	Alleluia, laudate Dominum.
Amath, fides mea, vel genus veniens.	Ἀμαθ, πίστις μου, ἢ γένος ἐρχόμενον.	Amathi, veritas mea, vel fidelis meus.
Amman, genus ex quo?	Ἀμμάν, γένος ἐκ τίνος;	Ammon, populus mœroris.
Ammon, de genere meo.	Ἀμμών ἐκ τοῦ γένους μου.	Ammon, filius populi mei, etc.
Ammanitis, populus noster.	ᶜ Ἀμμανίτης, λαὸς ἡμῶν.	Ammoni, comprimens, vel coangustans me.
Amesa, populi mei elevatio.	Ἀμεσά, λαοῦ μου ἔπαρσις.	Amasa, populum tollens, sive levans.
Amen, fiat, ita sit.	Ἀμήν, γένοιτο.	Amen, vere, fideliter.
Amorrhæus, dictus, vel irritans, vel populus avulsus.	Ἀμορραῖος, λαλούμενος, ἢ πικραίνων, ἢ λαὸς ᵈ ἀποσπώμενος.	Amorrhæum, amarum, vel loquentem, etc.
Anathot, responsio vana, vel comprehensio mortis.	Ἀναθώθ, ἀπόκρισις κενή, ἢ σύλληψις ² θανάτου.	Anathoth, responsio, sive respondens signum, vel obedientia.
Ananias, domum domini.	Ἀνανίας, χάρισμα κυρίου.	Ananias, gratia domini.
Andreas, virtus decora, vel conjurationem, vel respondens legem.	Ἀνδρέας, δύναμις εὐπρεπής, ἢ σύστασιν, ἢ ἀποκρινόμενος ³ νόμον.	Andreas, decus in statione, vel respondens pabulo. Sed hoc violentum, etc.
Antiochia, egestas, vel quæ silebit.	Ἀντιόχεια, πενία, ἢ ᵉ σιγήσασα.	Antiochia, paupertatis silentium.
Apelles, congregans eos.	Ἀπελλῆς, συνάγων αὐτούς.	Apelles, congregans eos. Viol.
Apollona, synagoga, disciplina eorum.	Ἀπόλλωνα, συναγωγή, παιδεία αὐτῶν.	Apollonia, disciplina, vel synagoga eorum.
Arabia, occasus solis, vel vespera.	Ἀραβία, δύσις, ἢ ἑσπέρα.	Arabia, humilis, sive occidentalis. Araba, occidens, sive vespera.
Aram, visio, vel lumen, aut sermo.	Ἀράμ, ὅρασις, ἢ φῶς, ἢ λόγος.	Aram, excelsus.
Aroch, leo, vel rex.	⁴ Ἀρώχ, λέων, ἢ ¹ ὁ βασιλεύς.	Arioch, ebrius, vel ebrietas.
Armathem, montes arithmetici, vel comprehensio, vel adjectio.	⁵ Ἀρμαθέμ, ὄρη ἀριθμητικά, ἢ συλλήψις, ἢ ᵍ προσθολή.	Armathaim, altitudo eorum.
Artemas, anathematizans.	Ἀρτέμας, ἀναθεματίζων.	Artemas, anathematizans, etc.
Arode, qui dominatur.	Ἀρώδη, ⁶ κατάρχων.	Arodi, maledictio sufficiens.
Assa, in deliciis vivens, aut orbatus fuit.	Ἄσσα, τρυφῶν, ἢ ἐστερεωμένος.	Asa, tollens, sive sustollens.
Asaph, congregatio, vel stillans.	Ἀσάφ, συναγωγή, ἢ μύρων.	Asaph, congregans.
Asedec, justitia solis.	ʰ Ἀσεδέκ, δικαιοσύνη ἡλίου.	Asedec, civitas solis.
Aser, dives, vel beatitudo.	Ἀσήρ, πλοῦτος, ἢ μακαρισμός.	Aser, beatus, sive beatitudo.
Asida, vultus misericordiæ ejus, vel Erodius, qui ciconia dicitur.	⁷ Ἀσίδα, ὄψις ἐλέεος αὐτῆς, ἢ ὁ ἐρωδιός, πελαργὸς λέγεται.	Asida, milvus.
Assyrii, dirigentes.	Ἀσσύριοι, κατευθύνοντες.	Assyrii, dirigentes.
Asyncritos, dirigens suffitum.	Ἀσύγκριτος, κατευθύνων θυμίασιν.	Asyncritum, dirigens thuribulum.
Aunan, fons, vel corde damnum passus.	Αὐνάν, πηγή, ἢ βεβλαμμένος καρδίᾳ.	Aunan, mœror eorum, vel labores.

---

¹ Pro τεπιλωμένη codicis manuscripti, legendum, ut nos edidimus, τετιλλομένη, id est vellicata. Præterea nomen illud ארדט Ararat juxta fidem elementorum testificatio non potest dici; quare adhærendum Hieronymo, qui Ararat interpretatur Armeniam, vel montem vellicatum, sive convulsum, ab Hebræo הרה ara, id est, carpsit et decerpsit, et ab הרר erer, quod Latine mons intelligitur.

² Ut Anathoth habeat significantiam mortis, media Mem littera supplenda est hoc modo, Ἀναθμώθ; מוה moth enim, vel muth sonat mortem.

³ Iudicat Latina Hieronymi translatio, respondens pabulo, errore librariorum Græcorum scriptum esse νόμον cum accentu in penult. pro νομὸν barytono, quod pastum sive pabulum exprimitur; νόμος vero lex dicitur. Pulchre autem addit Hieronymus, hoc violentum esse; meliusque ut secundum Græcam etymologiam Andreas, ἀπὸ τοῦ ἀνδρός, id est, a viro, virilis appelletur.

⁴ Arioch non significat regem, sed est nomen regis Ponti, Gen. xiv, 1 et 9.

⁵ Quantam sibi tribuant Græci libertatem confingendarum etymologiarum ex multis locis jam observatum est, et ex præsenti vocabulo Armathem maxime observandum; quia Hebraicam partim Græcamque habet etymologiam, ארדים ararim enim montes significat, ἡ ἀριθμητικὴ artem numerandi.

⁶ Scriptura compendiaria manuscripti codicis Regii jubet sic legendum: at vocis Arodi genuina etymologia non κατάρχων, sed κατάρατον, hoc est, maledictum, sive exsecratione dignum, docet scribendum.

⁷ De Asida disputat Hieronymus in epistola ad Sun. et Fretel.

ᵃ Idem, τετιλμένη.
ᵇ Martian. Ἀλληλούια.
ᶜ Idem, Ἀμανίτις, Ammanitis. Notum vero, si Ammanitica regionis tractum vox hæc denotet, scribendum Ἀμανίτης; si incolam, Ἀμανίτις.
ᵈ Idem, ἀποσπώμενος.

ᵉ Martian., σιγήσασα. Vatic. ut et superiora emendat.
ᶠ In Vatic. ὁ βασιλέως. Malim itaque ὁ articulum sive litteram compendiose scriptam putare pro ὄνομα nomen.
ᵍ In codem προβολή, procinctus.
ʰ Pro Hebraico עיר הדרס, quod est Heliopolis,

Interpretatio Latina.	Codex Vaticanus.	Hieronymus.
Appho, patres.	[1] Ἀφφώ, πατέρες.	Appho, nunc etiam?
Achaz, fortitudo.	Ἄχαζ, ἰσχύς.	Achaz, apprehendens, etc.
Araps, virtutis.	Ἄραψ, δυνάμεως.	Arabs, insidiæ.
Arinath, altitudo ejus.	Ἀρινάθ, ὕψος αὐτῆς.	Aramathi, dejiciens eum.
Aristarchus, suscitans coronam humilitatis.	Ἀρίσταρχος, ἐξεγείρων στέφανον ταπεινώσεως.	Aristarchus, suscitans coronam.
Arioth, olera agrestia.	Ἀριώθ, ἀγριολάχανα.	Arioch, ad solitudinem redigens.
Armageddon, excitatio in ea quæ sunt coram.	Ἀρμαγεδδών, εἰς τὰ ἔμπροσθεν ἐξέγερσις.	Armageddon, consurrectio in priora, sed melius, mons a latrunculis, etc.
Aroer, novitas eorum.	Ἀρωήρ, καινότης αὐτῶν.	Aroer, suffossa, sed melius myrice.
Artemis, quæ suscitat ægrotationem.	Ἄρτεμις, ἐξεγείρουσα [2] νόσον [a].	Artemis, Diana, suscitans ægrotationes.
Arphaxat, prophetia concitata, vel conturbata ærumna.	Ἀρφαξάτ, προφητεία ὁρωμένη, ἢ [3] συνταρασσομένη ταλαιπωρία.	Arphaxad, sanans depopulationem.
Asael, factura dei, vel umbra.	Ἀσαήλ, ποίησις θεοῦ, ἢ σκιά.	Asael, factura dei, id est, ποίημα.
Asemoth, ossa.	Ἀσεμώθ, ὀστᾶ.	Asemona, os ejus, ab osse, non ab ore.
Aseneth, ruina.	Ἀσενέθ, σύμπτωμα [b].	Aseneth, ruina.
Aseroth, beatitudines.	Ἀσηρώθ, μακαρισμοί.	Aseroth, atrium angustiæ, sive beatitudines.
Asur, animus, vel Mesopotamia.	Ἀσούρ, εὔθυμος, ἢ Μεσοποταμία.	Assur, dirigens, vel beatus, etc.
Assarion, decanumon.	[4] Ἀσσάριον, δεκάνουμον.	Assarion, as.
Astarte, Venus, vel etiam Astaroth.	Ἀστάρτη, Ἀφροδίτη, ἢ καὶ Ἀσταρώθ.	Astarten, facturam superflua, Astaroth, factura exploratorum.
Augustus, festum agens, vel creatura, vel solemnitas addita.	Αὔγουστος, ἑορτάζων, ἢ κτίσις, ἑορτὴ προστιθεμένη.	Augusti, solemniter stantis, aut solemnitatem additam.
Ausitis, genus consilii, vel consiliatricis.	Αὐσίτης, γένος βουλῆς, ἢ βουλευομένης.	Ausitis, consiliatrix.
Achab, frater patris mei.	Ἀχαάβ, ἀδελφὸς πατρός μου.	Achab, frater patris.
Achaia, fraternitas eorum.	Ἀχαΐα, ἀδελφότης αὐτῶν.	Achaia, frater meus quispiam, etc.
Achiezer, frater meus auxilium.	Ἀχιέζερ, ἀδελφός μου [c] βοήθεια.	Achiezer, fratris mei adjutorium.
Achimas, frater meus consilium.	Ἀχιμάς, ἀδελφός μου βουλή.	Achimam, frater meus quis?
Achitob, frater meus bonus.	Ἀχιτώβ, ἀδελφός μου ἀγαθός.	Ahitob, frater meus bonus.
Achitophel, frater meus rosio; Latine acetou edfelle, id est, acetum et fel.	[5] Ἀχιτώφελ, ἀδελφός μου [d] τρῶξις, Ῥωμαϊστὶ ἀκέτου ἐδφέλλε, ἤγουν ὄξος καὶ χολή.	Ahitophel, frater meus cadens, sive irruens, vel frater meus cogitans, sive tractans.
B	**B**	**B**
Baal ascendentia, vel superiora, vel inferiora.	Βαάλ [6], ἀναβεβηκότα, ἢ ἀνώτερα, ἢ κατώτερα.	Baal, habens, sive devorans.
Babylon, confusio transpositionis, vel captivitas.	Βαβυλών, σύγχυσις μεταθέσεως, ἢ αἰχμαλωσία.	Babylon, confusio, sive translatio.
Bathuel, qui est veniens, aut virgo, vel invalida filia dei.	Βαθουήλ, ὁ τοῦ ἐρχομένου, ἢ παρθένος, ἢ ἀνίσχυρα θυγάτηρ θεοῦ.	Bathuel, virgo dei.
Bethel, domus dei.	Βεθήλ, οἶκος θεοῦ.	Bethel, domus dei.

[1] Consule paulo superius dicta de voce *Appho*. Nec mireris hic interpretatam, *patres*; Græci enim mutant sæpius π cum β et vicissim b cum p. Unde *Aphpho* accipiunt, ac si esset אבהות *abboth*, id est, *patres*.

[2] Monet Hieronymus Græce legendum νόσους, pro corrupto ὅσον: quia νόσους *morbos* significat; unde *Artemis* intelligitur *suscitans morbos*, vel *ægrotationes*.

[3] Non abhorret a Philone hujusmodi etymologia. Videsis infra.

[4] *Assarion* Græcum verbum est, Matth. x, 29, a Latina voce *as, assis*. Obolus est Italicus. Juxta Græcam etymologiam pars est decima nummi, aut desive ut Hier. habet, *civitas solis*, LXX πόλις Ἀσεδέκ interpretati sunt Isai. 19, 18. In quem locum S. Doctor, Pro civitate, inquit, *solis, nescio quid volentes* LXX *interpretati sunt Asedec.*

[a] Martian., ut vides, legerat ex Reg. ὅσον, quod suffragante Vatic. emendamus in νόσον.

[b] Duo tituli consequentes, *Aseroth*, et *Assur* deerant in Regio ms. atque adeo in Martianæi quoque editione. Sed et vox σύμπτωμα, quæ nominis *Aseneth* etymologia est, deerat: unde quæ ad *Asur* pertinent verba εὔθυμος ἢ Μεσοποταμία, misere distorta sunt junctaque eidem *Aseneth*, quasi propria ejus expositio, cui nihil minus respondet. Nos ex Vatic. ar-

narius noster æreus. Nihil tamen affirmo in re mihi satis incerta, et dubia.

[5] Lepida interpretatio nominis *Achitopel*, quam Græci Latinis pepererunt. Sed spuria est, ac proinde abjicienda, eamque in Græciam amandare debemus.

[6] Ex nomine Baalim paulo inferius posito moniti sumus subintelligendum esse hoc loco δαιμόνια, sive potestates, et principes tenebrarum harum, quos Apostolus vocat Ephes. vi, 12, τὰ πνευματικὰ τῆς πονηρίας ἐν τοῖς ἐπουρανίοις, *spiritualia nequitiæ in cœlestibus.*

chetypo lacunam supplevimus, et veram cuique voci, interpretationem in Latino quoque syllabo restituimus.

[c] Emendamus ad fidem Vatic. βοήθεια pro quo Martian. ex Regio βοηθί, tametsi, Corrupte, inquit, scriptum videtur βοηθί, pro βοηθεῖ aut βοήθεια. Nolui tamen mutare lectionem ms. codicis propter præjudicia quorumdam Criticorum, de quibus supra obiter dixi.

[d] Ita quidem præfert et Vatic. τρῶξις; sed quantum scio, facile reponendum est πτῶσις, *casus, ruina, præcipitatio,* hisque similia, quæ cum Hieronymi expositione concordant.

Interpretatio Latina.	*Codex Vaticanus.*]	*Hieronymus.*
Bethsamis, domus salutis.	Βηθσαμοῖς, οἶκος σωτηρίας.	Bethsemus, domus solis.
Amman, filius generis mei. Ipse pater Ammonitarum, ex minore natus est, et ex majore Moab, de patre meo; ipse est pater Moabitarum.	¹ Ἀμμάν, υἱὸς τοῦ γένους μου· οὗτος πατήρ. Ἀμμανιτῶν ἐκ τῆς μικροτέρας ᵃ γεγένηται, καὶ ἐκ τῆς πρεσβυτέρας Μωὰβ ἐκ τοῦ πατρός μου· οὗτος πατὴρ Μωαβίτων.	Ammon, filius populi mei, vel populus mœroris. Moab, de patre.
Bal, dæmon, aut gaudens.	Βὰλ, δαίμων, ἢ ἐπιχαίρων.	Baal, habens, sive vir.
Baltasar, vanitas beatitudine comprehensa.	Βαλτάσαρ, ματαιότης μακαρισμῷ συνειλημμένη.	Balthasar, capillus capitis.
Baraac, domus laboris, vel spiritus.	² Βαρακχ, οἶκος πόνου, ἢ πνεῦμα.	Barac, fulgurans.
Bartholomæus, filius suspendentis aquas.	Βαρθολομαῖος, υἱὸς ᵇ κρεμάσαντος ὕδατα.	Bartholomæus, filius suspendentis aquas, etc.
Barne, filius fluctuans, vel motus.	Βαρνῆ, υἱὸς σαλευόμενος, ἢ σαλοῦ.	Barnee, electa commotio.
Basan, ignominia siccitatis, vel contusæ.	Βασάν, αἰσχύνη ξηρασίας, ἢ τεθλασμένης.	Basan, bruchus, sive pinguedo: nam quod solet interpretari ignominia, vel confusio, BUSA dicitur.
Beelzebul, dæmon cauponarius, vel devorans in requie oris. Est vero et nomen cujusdam Priapi pudendi beneconvasati.	³ Βεελζεβοὺλ, δαίμων ᶜ κάπηλος, ἢ καταπίνων ἐν ἀναπαύσει στόματος· ἐστὶ δὲ καὶ ὄνομά τινος Πριάπου αἰσχροῦ μεγαλομορίου.	Beelzebub, habens muscas, aut devorans muscas, aut vir muscarum. In fine ergo nominis B littera legenda est, non L, etc.
Berzellen, scientia itineris, vel ferri.	Βερζελλὶν, ἐπίγνωσις πορείας, ἢ σιδήρου.	Berzellai, ferrum meum.
Beliar, apostata, transgressor, vel inquisitor, vel cæcorum lumen.	Βελίαρ, ἀποστάτης, ἢ παραβάτης, ἢ ἐκζητητής, ἢ τυφλῶν φῶς.	Beliar, cæca angustia, sive cæcum lumen, vel filius prævaricationis, sed rectius Belial dicitur.
Benjamin, filius doloris, vel filius dierum.	⁴ Βενιαμίν, τέκνον ὀδύνης, ἢ υἱὸς ἡμερῶν.	Benjamin, filius dextræ.
Baalem, superiora dæmonia, solem, lunam, aera.	Βααλήμ, ἀνώτερα δαιμόνια, ἥλιον, σελήνην, ἀέρα.	Baalim, habentes, sive ascendentes, sive superiores.
Badden, indumentum præcipuum, vel lineum, vel variegatum.	Βαδδὴν, ἔνδυμα ἐξαίρετον, ἢ βύσσινον, ἢ ποικίλον.	Badan, solus, vel in judicio.
Bernice, electus, instabilis.	Βερνίκη, ἐκλεκτός, σαλευομένη.	Bernice, electe commota, etc.
Beseleel, in umbra dei.	Βεσελεήλ, ἐν σκιᾷ θεοῦ.	Beseleel, in umbra dei.
Beor, in pelle.	ᵈ Βεὼρ, ἐν δέρματι.	Beor, in pelle.
Bethania, domus gloriæ, vel domus afflictionis, vel domus obedientiæ.	Βηθανία, οἶκος δόξης, ἢ οἶκος κακουχίας, ἢ οἶκος ὑπακοῆς.	Bethania, domus afflictionis ejus, vel domus obedientiæ.
Bethsaida, domus venatorum, vel cibi.	Βηθσαϊδά, οἶκος θηρευτῶν, ἢ ἐπισιτισμοῦ.	Bethsaida, domus frugum, vel domus venatorum.
Bethphage, domus occursus, vel domus maxillarum, in qua sacerdotes habitabant juxta montem Olivarum.	Βηθφάγη, οἶκος ἐπιτυχίας, ἢ οἶκος σιαγόνων, ἐν ᾗ οἱ ἱερεῖς ᾤκουν πλησίον τοῦ ὄρους τῶν Ἐλαῶν.	Bethphage, domus oris vallium, vel domus buccæ, etc. Quidam putant domum maxillarum vocari.
Boanerges, filii tonitrui, vel excelsi.	Βοανεργὲς, υἱοὶ βροντῆς, ἢ ὑψίστου.	Banereem, filii tonitrui; quod corrupte Boanerges, usus obtinuit.
Booz, in potentia, adventus potens.	Βοὼξ, ἐν ἰσχύϊ, ἔλευσις δυνατή.	Booz, in fortitudine.
Bosor, caro.	Βοσώρ, σάρξ.	Bosor, in angustia, vel caro, etc.
Bethleem, domus panis, aut vitæ.	Βηθλεὲμ, οἶκος ἄρτου, ἢ ζωῆς.	Bethleem, domus panis, *ut supra*.
Bethoron, domus speculatorum.	Βεθορών, οἶκος κατασκόπων.	Bethoron, domus iræ.
Balaam, scelestus, aut vanitas populi, vel sermo, vel transactio.	Βαλαὰμ, ἐναγής, ἢ ματαίωσις λαοῦ, ἢ λόγος, ἢ συμβίβασμός.	Balaam, vanus populus, sive præcipitans eos, vel sine populo.

---

¹ Nomina *Amman*, et *Moab* hoc loco collocat codex Græcus Regius, quorum interpretationem mutuavit integram, paucis tamen permutatis, e Genesis capite XIX, 37 et 38.

² *Bethoron* potius hic interpretantur Græci, quam nomen *Baraac* nullo modo aptum ad significantiam *domus laboris*.

³ Huc refer quæ dicuntur supra col. 584 (*apud nos* col. 1185, *not.* [²]).In Regiocodice scriptum legitur

ᵃ In Vatic. ms. γενᾶται.

ᵇ Martian. ex Regio κρεμάσας in recto, Lat. *suspendens*. Emendatur ex Vatic.

ᶜ In Vatic. autem ms. est βακελεύς. Cum vero jam sibi tantum Martian. tribuisset, ut mutaret ex ingenio καπηλεύς, licuerit nobis post Clericum emendatius hanc ipsam vocem rescribere καπηλεύς, qui proprie dicitur, *cauponarius*, et זבול *zabul* quidem, ipso Clerico annotante, *diversorium*, sive *cauponam* sonat.

Α κακελεύς: quod mutavimus cum καπηλεύς, quia sensui loci hujus magis conveniat. Porro μεγαλομόριον Latine reddit Hieronymus *obscœni magnitudinem*, quam in Beelphegor, sive Priapo colebant turpissimæ mulieres. Consule ut antea monuimus lib. 1 Comment. Hieronymi in Osee cap. IV.

⁴ De hac etymologia *Benjamin* vide infra annotationes nostras apud Philonem, et in Fragmentis Græcis.

Vide quæ annotavimus in V Fragmento ad vocem Beelzebul. Mox quoque idem Vatic. πριάμου legit pro πριάπου.

ᵈ Pro βεὼρ, quod ad fidem Vatic. archetypi restituimus, cogente ipsa ejus nominis etymologia, ἐν δέρματι, *in pelle*; Martian. ex Regio βεελφεώρ, *Beelphcor*, in Latinis quoque laterculis supposuerat, quod aliud nomen est, atque alterius etymologiæ, et *habens os pelliceum* abs Hieronymo exponitur.

Interpretatio Latina.	Codex Vaticanus.	Hieronymus.
Baneas, ad aedificationem pertinentia.	Βανέας, οἰκοδομικά.	Banaa, venit respondens, etc.
Barabbas, filius patris, vel filius magistri nostri.	Βαραββᾶς, υἱὸς πατρὸς, ἢ υἱὸς διδασκάλου ἡμῶν.	Barabban, filius magistri nostri. Syrum est.
Bar-Jonas, filius columbæ.	Βάρ ἰωνᾶς, υἱὸς περιστερᾶς.	Barjona, filius columbæ. Syrum pariter et Hebræum, etc.
Bar-Jona, fili Jona.	Βάρ ἰωνᾶ, υἱὲ ἰωνᾶ.	
Barnabas, filius consolationis.	Βαρνάβας, υἱὸς παρακλήσεως.	Barnabas, filius prophetæ, aut filius venientis, vel ut plerique putant, filius consolationis.
Baruch, benedictus.	Βαρούχ, εὐλογητός.	Baruch, benedictus.
Barsabbas, filius convertens, vel filius quiescens.	Βαρσαββᾶς, υἱὸς ἐπιστρέφων, ἢ υἱὸς ἀναπαυόμενος.	Barsabas, filium revertentem, aut filium quietis, etc.
Batos, adoratio, vel odium.	Βάτος, προσκύνησις, ἢ μῖσος.	Bath, filia, vel mensura.
Bersabee, filia data est, vel filia saturata.	[1] Βηρσαβεέ, θυγάτηρ ἐδόθη, ἢ θυγάτηρ πεπληρωμένη.	Bersabee, puteus saturitatis, etc.
Bel, vetustas, vel Saturnus.	Βήλ, παλαίωσις, ἢ ὁ Κρόνος.	Bel, vetustas.
Bosora, anxietas ipsa, vel corpus.	Βοσόρα, συνοχὴ αὕτη, ἢ σῶμα.	Bosori, annuntiatio, vel caro.
Buzites, contemptui habitus.	Βουζίτης, πεφαυλισμένος.	Buzites, contemptibilis.
G	**Γ**	**G**
Gabathon, excelsa.	Γαβαθὸν, ὑψηλά.	Gabathon, sublimitas eorum, vel collis mœroris.
Gabbatha, lapidibus stratus.	Γαββαθά, λιθόστρωτος.	Gabbatha, collis, sive sublimis.
Gaber, advena, multis, aut vir.	Γαβέρ, πάροικος, [2] πολλοῖς, ἢ ἀνήρ.	Gaber, vir, aut juvenis, vel fortis, sive viriliter.
Gabriel, adolescens dei, vel potens, vel fortis, aut montanus dei, vel homo dei.	Γαβριήλ, νεανίσκος θεοῦ, ἢ δυνατὸς, ἢ ἰσχυρὸς, vel [a] ὄρειος θεοῦ, ἢ ἄνθρωπος θεοῦ.	Gabriel, confortavit me deus, sive fortitudo dei, aut vir meus.
Gadara, commoratio generationis hæc.	Γάδαρα, παροικία γενεᾶς αὕτη.	Gadera, sepes ejus.
Gader, grex ovium.	Γαδέρ, ποίμνιον.	Gaderoth, maceria, vel sepes.
Gaza, fortitudo ejus, vel fortitudinis, semper divitiæ.	Γάζα, ἰσχὺς αὐτῆς, ἢ ἰσχύος, ἀεὶ πλοῦτος.	Gaza, fortitudo ejus: ab AIN littera incipiens, non a consonanti GIMEL.
Gazerin, habitatio Gebal, hiatus antiquorum.	Γαζήριν, μονὴ γεβάλ, χάσματα παλαιῶν.	Gazirim, divisio, sive advena, etc.
Galaad, habitatio, testimonium Jasonis.	Γαλαάδ, κατοικία, μαρτυρία [b] Ἰάσωνος [3].	Galaad, acervus testimonii, sive transmigratio testimonii, etc.
Galgala, experimentum, vel simul vecti, vel congregati.	Γάλγαλα, πειρατήριον, ἢ συνοχούμενοι, [c] ἢ συναγόμενοι.	Galgala, volutatio, sive revelatio.
Gamaliel, retributio dei, vel loquax dei.	Γαμαλιήλ, ἀνταπόδοσις θεοῦ, ἢ λαλητὸς θεοῦ.	Gamaliel, retributio dei.
Geth, mons, vel hiatus, aut vallis, vel torcular.	Γέθ, ὄρος, ἢ χάσμα, ἢ φάραγξ, ἢ ληνός.	Geth, torcular.
Gelboue, revelatio cordis.	Γελβουέ, ἀποκάλυψις καρδίας.	Gelboe, volutatio, sive decursus, vel acervus pluens.
Gelgel, volutabra, supervolutationes, vel rota in rota, quatuor habens facies.	[4] Γελγίλ, κυλίσματα, ἐπικυλίσματα, ἢ τροχὸς, [d] ἐν τροχῷ τετραπρόσωπος.	Galgal, rota, vel revelatio.
Gerasinon, suburbium.	Γερασινῶν, προάστειον.	Gerasænorum, suburbana, aut coloni ibidem.
Gephar, vicini.	Γεφάρ, περίοικοι.	Gethepher, torcular ejus humi, etc.
Gera, habitatio videns, vel ruminatio.	Γηρά, παροικία ὁρῶν, ἢ μηρυκισμός.	Gera, ruminatio, etc.
Gersam, advena ibi.	Γηρσάμ, πάροικος ἐκεῖ.	Gersam, advena ibi, etc.
Gejon, pectus, vel hiatus, vel dissectio gratiæ: aut quia de terra plasmavit deus hominem.	Γειῶν, στῆθος, ἢ χάσμα, ἢ διατομὴ χάριτος, ἢ ὅτι ἀπὸ γῆς [5] ἔπλασεν ὁ θεὸς τὸν ἄνθρωπον.	Geon, pectus, sive præruptum.

[1] Confundunt Græci suo more *Bersabee* cum *Bethsabee*, quod nomen interpretatur *filia saturata*, aut *saturitatis*.

[2] Monent hoc loco Græci, vel ipse Origenes, aut Philo, nomen *Gaber* interpretari *virum* a multis. Quod equidem constanter asserunt Lexica linguarum orientalium, Heb., Chald. et Syr., ubi גֶּבֶר *gebar*, vel *gaber* idem sonat quod *vir*. Hinc etiam *Gabriel* sequens hand male redditur νεανίσκος θεοῦ, quia גִּבּוֹר *gebor fortem* et *robustum* sonat, ut sunt juvenes

[a] In Vatic., ἢ ὄρειος, sive *terminalis*. Tum alterum θεοῦ post ἄνθρωπος non habetur.

[b] Ad hunc modum et Vatic. mendose præfert. Rescribendum, ut Clericus docet, juxta quam et Hieron. interpretatus est μαρτυρίας σωρός, *acervus*

et *adolescentes*.

[3] Forte Ἰάκωβος, sive Ἰακώβου scribere voluit Græcus amanuensis: *Galaad* namque Labani et Jacobi testimonium est, non alicujus Jasonis. Vide Gen. xxxi, 48.

[4] Respexit Græcus Scriptor ad rotas Ezechielis c. 1, 16.

[5] E qua scaturigine pullularint hujusmodi etymologiæ Græcorum, videsis col. 547 (apud nos col. 1154, *not.* [1]).

testimonii.

[c] Vatic., συνεχόμενοι, quod est, *contenti*, aut *cohærentes*.

[d] Idem Vatic. ἐν τρίγχῳ, quod vertas, *in maceria*.

LEXICON GRÆCUM NOMINUM HEBRAICORUM.

Interpretatio Latina.	Codex Vaticanus.	Hieronymus.
Gessos, instrumentum bellicum.	¹ Γησσὸς, ὄργανον πολεμικόν.	Ghidon, scutum, vel clypeus.
Godolias, magnitudo populorum.	Γοδολίας, μεγαλυσμὸς λαῶν.	Godolias, magnificus domini.
Gothoniel, responsio dei, vel tempus mihi dei.	Γοθονιὴλ, ἀπόκρισις θεοῦ, ἢ καιρός μοι θεοῦ.	Athaniel, tempus meum dei.
Golgotha, calvaria.	Γολγοθᾶ, κρανεῖον.	Golgotha, calvaria, etc.
Gomor, Corus, sexti 30, vel cotulæ 10.	² Γόμορ, κόρος, ξϛλ., ἢ κοτύλαι ί.	Gomor, mensura Atticorum trium chœnicum.
God, tecta.	Γὼδ, δώματα.	Gog, δῶμα, id est, tectum.
Goliad, revelatum.	Γολιὰδ, ἀποκεκαλυμμένον.	Goliad, revelatus, sive transmigrans.
Gabeth, excelsa, et exaltata.	Γαβὴθ, ὑψηλὰ καὶ ἐπηρμένα.	Gabaoth, colles.
Gabriel, deus idem atque homo. Gabri *scilicet* homo, seu vir, et El Deus *interpretatur*.	ᵃ Γαβριὴλ, θεὸς ὁ αὐτὸς καὶ ἄνθρωπος. Γαβρὶ, ἄνθρωπος· καὶ ἠλ, θεός.|	Gabriel, confortavit me deus, etc.
Gadde, tentatio, vel experimentum meum.	Γαδδὴ, πειρασμὸς, ἢ πειρατήριόν μου.	Gaddi, hædus, sive tentatio mea.
Galatia, magnificata, vel translata.	Γαλατία, μεγαλυνουμένη, ἢ μετοικιζομένη.	Galatia, magnifica, vel translata, etc.
Galilæa, volutabilis, vel commoratio, vel revelatio.	Γαλιλαία, κατακυλιστή, ἡ μετοικία, ἡ ἀποκάλυψις.	Galilæa, volutabilis, aut transmigratio perpetrata, vel ruta.
Gebal, vorago antiqua.	Γεβὰλ, φάραγξ παλαιά.	Gebal, vorago vetus, etc.
Gedeon, perversa disceptatio.	Γεδεὼν, παραδικασμός.	Gedeon, experimentum iniquitatis.
Gethsemane, vallis pinguium, vel obedientia quædam requiei, aut ipse dominus judicavit.	Γεθσημανὴ, φάραγξ λιπαρῶν, ἢ ὑπακουσμός τις ἀναπαύσεως, ἢ αὐτὸς κύριος ἔκρινεν.	Gethsemani, vallis pinguedinum.
Gennesaret, hortus principum.	Γεννησαρὲτ, κῆπος ἀρχόντων.	Genesareth, hortus principum.
Gerara, septum.	Γέραρα, φραγμός.	Gerara, maceria, etc.
Gergesæi, habitationem ejicientes, aut advenarum accessus.	Γεργεσαῖοι, παροικίαν ᵇ ἐκβεβληκότες, ἢ παροίκων προσαγωγή.	Gergesæum, colonum ejiciens, sive advenam propinquantem.
Georas, advena.	Γηώρας, ὁ πάροικος.	Georas, ruminatio, vel incolatus.
Glossocomon, lumen eorum.	³ Γλωσσοκόμον, φῶς αὐτῶν.	Glossocomium, loculi.
Goththolia, tempus mihi istius.	Γοθθολία, καιρός μοι ταύτης.	Atthalia, tempus ejus, declinatio domini.
Gomorrha, populi terror, vel cæcitas, aut sterilitas.	Γομόῤῥα, λαοῦ φόβημα, ἢ τύφλωσις, ἢ στείρωσις.	Gomorrha, populi timor, sive seditio, etc.
D	**Δ**	**D**
Daber, arca, vel oraculum, aut verbum, aut virtus.	Δαβὴρ, κιβωτός, ἢ χρηματιστήριον, ἢ λαλία, ἢ δύναμις.	Dabir, oraculum, loquens, sive loquela, etc.
Dagon, species piscis, aut mœror; dicitur vero, et est donum, sancta, vel Jupiter ruralis.	Δαγὼν, εἶδος ἰχθύος, ἢ λύπη· λέγεται δὲ καὶ ⁴ δῶρόν ἐστιν, ἅγια, ἢ ὁ Ζεὺς ὁ ἀρούρεος, leg. ἀρουραῖος.	Dagon, piscis tristitiæ.
Dathan, judicium datum, sufficiens datio.	Δαθὰν, κρίσις, δεδομένη, ἱκανὴ δόσις.	Dathan, donum eorum, sive sufficiens donum.

¹ Corrupte legitur, γησσὸς pro γαισός. Est autem A 29, quod Hieronymus *loculos* interpretatur; Græci autem *lumen eorum*, quia non vocem Græcam Glossocomon, sed Hebraicam ארון, aron respiciunt. Aron enim *capsella* est aut *loculus*, qui apud Græcos dicitur *glossocomon*: hinc pro *baaron* Gen. L, 26, Targ. Hierosol. habet בגלוסקמא, *biglusecema*, quod est Græcum γλωσσόκομον.

γαισός, quod Latini neutro genere *gæsum*, aut *gesum* dicunt, *genus* armaturæ apud omnes tum sacros, tum profanos Scriptores. Hebraice כידון *Chidon*, Josue VIII, 18, etc.: Judithæ cap. IX, καὶ γαισῷ, et *gæso*. Hesychius, Suidas, iidemque Pollux consulendi, ne scutum sive clypeum cum organo bellico promiscue accipiamus.

² Gomor, sive Corus habebat Sextos triginta, vel capiebat cotulas decem : si tamen bene lego ξ. ϛ. λ. De cotulis nulla est difficultas, cum illud expresse positum legatur Ezech. XLV, 14, ὅτι αἱ δέκα κοτύλαι εἰσὶ Γομὸρ, id est, *quia decem cotulæ sunt Gomor*. De hujusmodi mensura *Gomor*, sive *Cori*, consule Epiphan. lib. de Mensur. et Ponder., Hieronymum in cap. XLV, Ezech., Theodoretum, Isidorum, et alios.

³ Nomen Græcum γλωσσόκομον legimus Joan. XIII,

⁴ Græcorum interpretatio nominis Dagon, partim ex sacro contextu, partim ex Mythicorum narrationibus constat. Dagon enim a Philistæis cultus in Azoto dicitur, ubi et templum Dagon, et idolum ejus forma humana præditum, I Samuelis v, 1, 2 et seqq. Deinde Dagon deus frumenti et aratri inventor est, ἀρουραῖος dictus quasi deus frumentarius et arvorum præses. Hinc apud Macrobium lib. I Saturn. cap. 7, *Janus a Saturno edoctus peritiam ruris*. Saturnus porro cum falce et Jupiter ruralis pro eodem habendus.

ᵃ Hunc titulum fere ex integro ad Vatic. cod. fidem restituimus. Martian. ex Regio, atque id nonnihil corrupte, Γαυριὴλ, θεὸς : *Gabriel, deus,* tantum legerat.

ᵇ Falso, absurdoque sensu legerat Martian. ex Regio πάροικοι ἐκκεκληκότες, *advenæ qui evocaverunt*, pro παροίκιαν ἐκβεβληκότες, *qui habitationem ejecerunt:* quemadmodum ex Vatic. ms. emendamus. Reposita porro lectionem nedum Hieronymus, qui vertit *colonum ejiciens*, ipse suæ expo-

B sitionis fidejussor Adamantius asserit tum alibi, tum præcipue tom. X in Joan. pag. 160, ubi de eo loquens, quod Gergesæ urbis cives Jesum rogaverunt, ut e finibus suis discederet, hinc, quasi id nominis tum primum sortita urbs fuerit, Γέργεσα, inquit, ἑρμηνεύεται παροικία ἐκβεβληκότων, *Gergesa interpretatur habitatio ejicientium*. In quo in locum annotat cl. quoque Huetius, vocabulum illud derivare Origenem a גור, unde מגור, *habitatio*, et גרש, *expulit*.

Interpretatio Latina.	Codex Vaticanus.]	Hieronymus.
Dalida, haustio, vel situla, vel judicium mihi.	Δαλιδὰ, ἄντλησις, ἢ κάδος, ᾧ κρίσις ἐμοί. [a]	Dalila, paupercula, vel situla.
Dedan, selecti, sive in judicium vocati.	Δεδὰν, καλλοὶ, κεκριμένοι.	Dedan, judicans.
Damaris, silens caput.	Δάμαρις, σιγῶσα κεφαλή.	Damaris, silens caput.
Dan, judicium potens.	Δὰν, κρίσις ἰσχυρά.	Dan, judicium, aut judicans.
Daniel, judicium Dei.	Δανιήλ, κρίσις θεοῦ.	Daniel, judicium dei, etc.
Deblatha, vel Daphnes Antiochiæ.	Δεβλαθὰ, ἢ [1] Δάφνης [b] Ἀντιοχείας.	Deblatha, palathæ, lateres, sive massas, etc.
Devorra, sapiens, disciplina, vel apis.	Δευόρρα, σοφή, ἢ μάθησις, ἢ μέλισσα.	Debborra, apis, sive eloquentia.
Demas, silens.	Δῆμας, σιγῶν.	Demas, silens.
Denarius, nummus aureus.	[c] Δηνάριον, νόμισμα χρυσοῦν.	Denarius.
Diabolus, graviter defluxus, et ingenter.	Διάβολος, βαρέως κατάρρυσις, καὶ μεγάλως.	Diabolus, defluens; Græce criminator.
Dionysius, dijudicans, hæsitans.	Διονύσιος, διακεκριμένος, διακρινόμενος.	Dionysius, dijudicans, sive vehementer fugiens.
Drosos Aermon, ros glorificatus.	Δρόσος ἀερμὼν, δρόσος ἐνδοξαζομένη.	Aermon, anathema ejus, vel anathema mœroris.
Damascus, sanguinis osculum, vel sanguinis potio.	Δαμασκὸς, αἵματος φίλημα, ἢ αἵματος ποτισμός.	Damascus, sanguinis potus, sive sanguinis osculum, etc.
David, fortis manu, vel solus exoptatus, vel dilectus, misericordiam consecutus, vel quod nihili ducitur.	[2] Δαβὶδ, ἱκανὸς χειρὶ, ἢ μόνος πεποθημένος, ἢ ἠγαπημένος, ἠλεημένος, ἢ ἐξουθένημα.	David, fortis manu, vel desiderabilis.
Decdera, hæc vigilavit, vel plano, et spatioso, et pingui.	[3] Δεκδερὰ [d], αὕτη ἐγρηγόρησεν, ἢ ὁμαλῷ, καὶ πλατεῖ, καὶ πίονι.	Decla, subtile, sive palmata.
Demetrios, fortis ulciscens.	Δημήτριος, ἱκανὸς ἐκδικῶν.	Demetrius, vehementer innectens, sive nimium persequens.
Dina, judicium ipsius.	Δείνα, κρίσις αὐτῆς.	Dina, judicium istud, vel ejus.
Diapsalma, semper, vel mutatio rhythmi, vel pausæ, vel temporis.	Διάψαλμα, ἀεὶ, ἢ μεταβολὴ ῥυθμοῦ, ἢ [e] προσκαιροῦ, ἢ καιροῦ.	Diapsalma, semper, etc.
Diospolis, abnuet.	Διόσπολις, ἐνανκενεύσει.	Diospolis, abnuens; sed melius Græce civitas solis.
Doce, motus.	Δωκή, σάλος.	Doec, motus, sive sollicitus.
Dothæ, sufficiens defectio.	Δοθαὶ, ἱκανὴ ἔκλειψις.	Dothaim, sufficientem defectionem.

E

Eber, trajectus, vel trajiciens.	Ἔβερ, διάβασις, ἢ διαπερῶν.	Eber, transitorem.
Ebræus, sententia.	[4] Ἑβραῖος, γνώμη.	Ebræus, transiens.
Eglon, orbita.	Ἔγλων, τροχία.	Eglon, vitulus, mœroris, etc.
Edem, deliciæ, vel cuspis, vel terra amata, vel sanguinolentia.	Ἐδέμ, τρυφή, ἢ ἀκμὴ, ἢ γῆ ἐρασμένη, ἢ αἱμάτωσις.	Eden, voluptas, sive deliciæ, vel ornatus.
Ezecias, fortitudo.	Ἐζεκίας, κράτος.	Ezecias, fortis domini, etc.
Eleela, dei scientia.	Ἐλεηλά, θεοῦ ἐπίγνωσις.	Eldea, ad scientiam, etc.
Elessa, dei factura.	Ἐλεσσά, θεοῦ ποίησις.	Elissa, dei mei salvatio, etc.
Eliacim, dei resurrectio.	Ἐλιακείμ, θεοῦ ἀνάστασις.	Eliacim, dei resurrectio.
Elem, locus dei.	Ἐλήμ, τόπος θεοῦ.	Elim, aries, sive pro foribus, etc.
Eexe, dei gratia.	[5] Ἔεξη [f], θεοῦ χάρις.	Elthece, protulit.

---

[1] Omisit scriptor Græcus etymologiam dictionis *deblatha*, ut liquet ex particula ἢ, *vel*, quæ aliam supponit præcedentem interpretationem. Daphnis autem Antiochiæ suburbanum erat, quod octoginta stadiorum ambitu clausum dicit Strabo : nemus ibi amœnissimum, et fanum Apollinis cum Dianæ delubro, ut docuit Jul. Capitolinus; sed Epidaphnem vocat.

[2] Veram nominis *David* etymologiam docet nos columna Hieronymiana. Cætera quæ apud Græcos leguntur, Davidi quidem propria sunt, si vitam ejus actusque spectes : sed multum aliena, si nominis etymologiam quæras.

[3] Nomen istud adeo corruptum legitur, ut nequeam divinare quid sit, vel unde sumi potuerit. *Decla* tamen illi opponere visum est : quia aliquam habet affinitatem cum eo.

[4] Græci hoc loco vocem *Ebræus* interpretantur, ac si scriberetur cum ד *Daleth* ab initio, דברת *Dabereth*, hoc est, *sententia*, sive *verbum*.

[5] De verbo corruptissimo *Eexe* idem sentiendum dicendumque ac de superiori *Decdera*.

[a] Addit hoc loco Vatic. ms. litteras Ἐθ' (sic), ad libri quoque oram notam Ζτ. quæ monet quærendum aliquid esse, atque expendi accuratius debere.

[b] Manifestum est, supplendum hic πολάθην, *palatham*, quo nomine pinguium caricarum, sive ficuum massæ in morem laterum figuratæ appellantur. Vide quæ ad hoc nomen ex Hieronymo diximus. Tum exordiendum novo titulo Δάφνης Ἀντιοχείας. Martian. Ἀντιοχίας legerat.

[c] Hunc titulum ex Vatic. restituimus. Antea omisso nomine Δηνάριον, verba νόμισμα χρυσοῦν, una serie, supino autem errore, jungebantur præposito Δῆμας, quasi altera ejus etymologia.

[d] In Vatic. est Δεκρὰ *Decra*, et mox πλατῶ; pro πλατεῖ.

[e] Idem inane spatium relinquit quantum huic voci excipiendæ satis sit, πρὸς tamen priorem syllabam repræsentat, atque ad marginem Ζτ. notam, id est, *quære*, apponit.

[f] Rursum Vatic. Ἔεξη habet, pro Ἔεξη.

LEXICON GRÆCUM NOMINUM HEBRAICORUM.

Interpretatio Latina.	Codex Vaticanus.	Hieronymus.
Ebræus, transitor, vel qui pertransivit.	Ἑβραῖος, περάτης, ἢ διαπεπραχώς.	Ebræus, ut supra, transiens, vel transitorem.
Egcryphias, absconditus in carbonum strue.	Ἐγκρυφίας, ἐγκρυπτόμενος ἐν τῇ ἀνθρακιᾷ.	Encryphias. Græcum est.
Edom, terrenus, vel coccineus, vel deficiens.	Ἐδώμ, γηῖνος, ἢ κόκκινος, ἢ ἐκλείπων.	Edom, rufus, sive terrenus.
Elæon, divinitas, vel allaborantes.	Ἔλαιον, θεότης, ἢ [a] προσπονοῦντες.	[1] Elæonis, id est, montis Oliveti, quod interpretatur divinitas, vel allaborantes.
Eleei, dei scientia.	Ἐλέει, θεοῦ ἐπίγνωσις.	Elidae, deus meus scit.
Eleazar, dei vocatio.	Ἐλεάζαρ, θεοῦ κλῆσις.	Eleazar, dei adjutorium, etc.
Elænos, divinitas.	[1] Ἔλαινος, θεότας.	Elæonis, divinitas, ut supra.
Eliam, deus meus, pater meus.	Ἐλιάμ, θεός μου, πατήρ μου.	Eliam, deus meus pater, etc.
Eliezer, dei mei adjutorium.	[b] Ἐλιέζερ, θεοῦ μου βοήθεια.	Eliezer, deus meus adjutor.
Elimelech, dei regia.	Ἐλιμέλεχ, θεοῦ βασίλειον.	Elimelech, deus meus rex.
Elisabet, domini requies, vel satietas.	Ἐλισάβετ, κυρίου ἀνάπαυσις, ἢ πλησμονή.	Elisabeth, dei mei saturitas, etc.
Elisur, dei salus, vel dei mei robur.	Ἐλισούρ, θεοῦ σωτηρία, ἢ θεοῦ ἰσχύς μου.	Elisur, deus meus fortis, vel coangustans.
Elisæe, dei salus, vel obumbratio.	Ἐλισσαιέ, θεοῦ σωτηρία, ἢ σκιασμός.	Elisue, dei mei salus.
Elcana, dei possessio, vel gloria.	Ἑλκανά, θεοῦ κτῆσις, ἢ δόξα.	Elcana, dei possessio.
Elmune, dei pars.	[3] Ἐλμουνή, θεοῦ μερίς.	Elcia, pars domini, etc.
Eloim, dei perfectio.	Ἐλοίμ, θεοῦ τελείωσις.	Eloim, deus.
Elsamus, dei sol.	Ἔλσαμους, θεοῦ ἥλιος.	Elsamus, deus sol.
Eloe, deus.	Ἔλωε, ὁ θεός.	Eloi, deus.
Eloin, deus venit.	[c] Ἐλοίν, θεὸς ἦλθεν.	Eloin, deus.
Emar et Arphath, et Sapaphareim, idola Chaldaica.	Ἔμαρ καὶ Ἀρφάθ, καὶ Σαπαφαρείμ, εἴδωλα Χαλδαϊκά.	Emath, et Arphath, indignatio, et sanans, sive sanaturus.
Emmor, sermo, vel asinus loquens.	Ἐμμόρ, λόγος, ἢ ὄνος λαλῶν.	Emor, asinus.
Enna, animalium venter, uterus.	Ἐννά, [d] ζώων [3] ἔνυστρον, κοιλία.	Ennam, ecce ista, vel ecce sunt.
Enoch, dedicatio.	Ἐνώχ, ἐγκαινισμός.	Enoch, dedicatio.
Ermone, anathematizatus, vel lumen sublime.	Ἑρμωνή, ἀνατεθεματισμένος, ἢ [e] φῶς μετέωρον.	Ermoni, anathema ejus, etc.
Esrom, precatio novissima, vel jaculum, vel arcus sempiternus.	Ἐσρώμ, δέησις ἐσχάτη, ἢ βέλος, ἢ τόξον αἰώνιον.	Esrom, sagittam videns, vel jacula gregum, etc.
Evelat, ostende hic, vel orbis.	Εὐηλάτ, δεῖξον ὧδε, καὶ ἡ οἰκουμένη.	Evila, dolens, sive parturiens.
Euphrates, dissipatio, aut fertilitas, vel salus.	Εὐφράτης, διασκεδασμός, ἢ καρποφορία, ἢ σωτηρία.	Euphrates, frugifer, sive crescens.
Ephud, manifestatio et veritas; in eo (erat) Rationale, vel redemptio, vel thuribulum, sive altare suffitus.	Ἐφούδ, δήλωσις καὶ ἀλήθεια· ἐν ᾧ τὸ λόγιον, ἢ λύτρωσις, ἢ θυματήριον.	Ephud, superindumentum, quod Græci dicunt ἐπένδυμα, etc.
Ephraim, latitudo, vel consolatio, vel dissipatio.	Ἐφραΐμ, [f] πλατυσμός, ἢ παράκλησις, ἢ διασκεδασμός.	Ephraim, frugiferum, sive crescentem.
Elisa, dei mei ovis.	Ἐλισά, θεοῦ μου πρόβατον.	Elisa, deus meus salus, etc.
Elisama, dei auditus.	Ἐλισαμά, θεοῦ ἀκοή.	Elisama, deus meus audivit.
Elesaph, dei tranquillitas.	Ἐλησάφ, θεοῦ ἡσυχία.	Elisaph, dei mei protectio, etc.
Elisaphan, dei specula.	Ἐλισαφάν, θεοῦ σκοπιά.	Elisaphan, dei mei specula, etc.
Eliphaz, dei dispersio.	Ἐλιφάζ, θεοῦ διασπορά.	Eliphaz, dei mei aurum.
Ellen, deprecans, vel deus eorum.	Ἕλλην, προσευχόμενος, ἢ θεὸς αὐτῶν.	Elenon, id est, Græcorum, ad ascendentes, sive scientia dei.
Elmodad, dei dimensio, vel agitatus.	Ἐλμοδάδ, θεοῦ ἐκμέτρησις, ἢ κινούμενος.	Elmodad, ad mensuram, etc.
Elymas, discedens.	Ἐλύμας, ἀφιστῶν.	Elymas, transgredi faciens, etc.
Emath, animus, vel irritatio ad iram.	Ἐμάθ, θυμός, ἢ παροργισμός.	Emath, indignatio, vel furor.

[1] Elæonis, id est, montis Oliveti, quod interpretatur divinitas, vel allaborantes. Ita sanctus Hieronymus paulo superius.

[2] Num. xxxiii, 47, legitur nomen *Helmon-Deblathaim*: sed *Helmon*, sive *Elmune*, non significat Dei partem. Melius ergo est, ut nomen *Helcia*, aut *Hel-*

A *cath* opponatur voci *Elmune*.

[3] Quid sit ἔνυστρον docuit nos codex ipse Regius fol. 46, ἔνυστρον, τὸ ἔσωθεν τῆς κοιλίας, ἐν ᾧ ἡ κόπρος, id est, *enustron*, quod *intrinsecus est ventris, in quo stercus*.

[a] Legerat Martian. ex Regio satis vitiose, ac nullo fere sensu προστονοῦνδε, quod interpretatus est, *ad quem igitur?* Ex Hieronymi autem interpretatione, quam integram in suo laterculo exhibemus, facile compertum est, veram esse codicis Vaticani, in qua reposuimus lectionem προσπονοῦντες, quæ *allaborantes* significat.

[b] Martian. Ἐλιάζερ *Eliazer*, et mox Ἐλισαδέ, pro Ἐλισάβετ codicis Vaticani.

[c] Vatic. Ἐλωέν. Mox Σαπφαρείμ: penes LXX, Σεπφαρουαίμ, vel Σεφφαρουαίμ.

[d] Idem ms., ζωὴ *vita*, pro ζώων.

[e] Ita et Vatic. præfert. Verum omnino legendum, ait Clericus, ὄρος μετέωρον, *mons altus*; nam notissimum erat ita ab accolis vocatam partem Anti-Libani montis, eaque est vocis Arabica significatio.

[f] Idem πλατύς, *latus*.

Interpretatio Latina.	Codex Vaticanus.	Hieronymus.
Enageb, in austro.	¹ Ἐναγίεβ, ἐν τῷ νότῳ.	Ennageb.
Enach, frater dei, vel humilitas æterna.	Ἐνάχ, ἀδελφὸς θεοῦ, ἢ ταπείνωσις ² ἀνέοια.	Enach, humilis consurgens.
Enos, obliviscens.	Ἐνὼς, ἐπιληθόμενος.	Enos, homo, sive desperatus, etc.
Erastus, frater meus.	Ἔραστος, ἀδελφός μου.	Erastus, frater meus, videns, etc.
Essebon, cogitatio tristitiæ, vel augmentum fertilitatis.	Ἐσσεβῶν, λογισμὸς λύπης, ἢ αὔξησις καρποφορίας.	Esebon, cogitatio, vel cingulum mœroris.
Eva, vita.	Εὐὰ, ζωή.	Eva, vita, etc.
Eutychus, obstupefactus.	Εὔτυχος, ἐξιστάμενος.	Eutychius, amens. Græce fortunatus.
Euphratha, consolatio, vel fertilitas.	Εὐφραθά, παράκλησις, ἢ καρποφορία.	Ephratha, frugifera, sive equidem videns.
Z	**Z**	**Z**
Zabulon, ævum, aut idam, vel donum, vel fluxus eorum.	Ζαβουλῶν, αἰὼν, ἢ ᵃ ἰδὰμ ³, ἢ δῶρον, ἢ ῥύσις αὐτῶν.	Zabulon, habitaculum eorum, vel fluxus noctis.
Zacharias, honor dei, aut victor tantum accipiens.	Ζαχαρίας, τιμὴ κυρίου, ᵇ ἢ νικητής μόνου λαβών.	Zacharias, memoria domini, etc.
Zacchæus, victor, aut roboratus, vel qui vocatus est.	Ζακχαῖος, νικητής, ἢ δυναμωθείς, ἢ κεκλημένος.	Zachæus, justificatus, aut justus, etc.
Zoob, aurum.	ᶜ Ζωὸβ, χρυσίον.	Zoob, aurum.
Zebee, immolatio.	Ζεβεέ, θύσις.	Zebee, victima, sive hostia.
Zelpha, ambulans os.	Ζελφά, πορευόμενον στόμα.	Zelpha, ambulans os, etc.
Zorombabel, ipse requies de confusione, vel alienus transpositionis, vel ipse magister Babylonis.	Ζωρομβαβέλ, οὗτος ἀνάπαυσις ἀπὸ ᵈ συγχύσεως, ἢ ἀλλότριος μεταθέσεως, ἢ αὐτὸς διδάσκαλος Βαβυλῶνος.	Zorobabel, princeps, sive magister Babylonis, sive aliena translatio, vel ortus in Babylone.
H	**H**	**H**
Helias, fortis deus, dominus meus.	Ἡλίας, ἰσχυρὸς θεός, κυρίος μου.	Elia, deus dominus.
Herodes, pellis gloria.	Ἡρώδης, δέρματος δόξα.	Erodes, pelliceus gloriosus.
Hesau, factura, sive ποίημα, elatio domini, vel roboreus.	Ἡσαῦ, ποίησις, ἢ ᵉ ποίημα, ἔπαρσις κυρίου, ἢ δρύϊνον.	Esau, factura, sive roboreus vel acervus lapidum, etc.
Helim, deus noster.	Ἡλεὶμ ᶠ, θεὸς ἡμῶν.	Elim, aries.
Hesaias, obumbratio dei, vel salus domini.	Ἡσαΐας, σκιασμὸς θεοῦ, ἢ σωτηρία κυρίου.	Esaias, salus domini.
TH	**Θ**	**TH**
Thabor, electus lacus.	Θαβώρ ⁵, ἐκλεκτὸς λάκκος.	Thabor, veniens, lumen.
Thematha, consummatio eorum ipsa.	Θέμαθα, συντέλεια τῶν αὐτή.	Temath, perfecta pars, sive consummatio data.
Thamar, ad peccandum sollicitata, palma, vel dei sermones, vel huc sermones.	Θάμαρ, πεπειραμένη, φοίνιξ, ἢ θεοῦ λόγοι, ἢ δεῦρο λόγοι.	Thamar, palma, sive amaritudo, vel commutans.
Thecel, mensuram, vel stateram.	⁶ Θεκέλ, μέτρον, ἢ σταθμόν.	Thecel, appendit, etc.
Thecœe, pulsatio, vel sonus buccinæ.	Θέκειε, κρουσμός, ἢ σαλπισμός.	Thecue, clangor, tuba, etc.
Thelistæ et gnoristæ, ventriloqui.	⁷ Θελισταί, καὶ γνωσταί, οἱ ἐγγαστρίμυθοι.	Theletai, et Gnostai, pythones et arioli.

¹ Vox ista compacta est ex Græca præpositione ἐν, en, et ex verbo Hebraico נגב negeb, quod austrum, et meridiem significat ; unde apud Græcos : Enageb, in austro. Hieronymus non legit hanc vocem sub hac forma.

² Pro ἀνέοια legendum forte αἰωνία, id est, æterna.

³ Nihil aliud extundere potui præter ea, quæ hic edidi. Sed ingenue fateor me ignorare quid sit idam, nisi ἴδιον, pro ἰδάμ legi debeat ; ἴδιον vero apud Hesychium ipsum est οἰκεῖον, id est, domesticum, vel domicilium, quod etymologiæ Zabulonis convenire perspicuum est.

⁴ Græco Ἡλύμ opposui Elianam propter etymologiam Græcam, quæ magis accedit ad Elianam, quam ad Elim supra positum.

⁵ Nominis Thabor etymologias agnoscit Hieronymus lib. I Comment. in Osee cap. v : Et in monte Thabor, inquit, excelso atque pulcherrimo, qui interpretatur veniens lumen, insidias posuerunt...... Quidam Thabor interpretari putant, lacum, etc.

⁶ Respexit etymologus Græcus ad Danielis caput v. 26, et 27. ubi Septuaginta utuntur verbis ἐμέτρησεν, et ἐστάθη ; unde hic, μέτρον, et σταθμόν.

⁷ Libro IV Regum cap. xxiii, 24, legimus Josiam sustulisse τοὺς θελητὰς, καὶ τοὺς γνωριστάς, id est, Theletas, sive ventriloquos, et cognitores. In Hebræo est,

ᵃ In Vatic. ἰδάμ.

ᵇ Manifestum Græculi librarii mendum ita ex ingenio castigamus. Pro ἢ νικητής legerat Martian. nullo absurdove sensu ex Regio ἤνικά τις, quod vertit, cum quis. In Vatic. est uno verbo ἠνίκκυτις, quod verbum nihil est. Verum similitudine litterarum scribam utriusque codicis fuisse deceptum, non dubitavimus, cum Zachariam, νικητήν, id est victorem Græcos sno sensu fuisse interpretatos, compertum sit, tum ex superiore Fragmento primo, tum ex inferius excudendo lexico, ubi Ζαχαρίας, νικητής ; Zacharias, victor. Subsequens etiam Zachæus ex litterarum affinitate victor interpretatur : His addo priorem ipsam etymologiam, qua τιμὴ κυρίου dicitur, minus probari. Facile pro τιμὴ rescribendum est μνήμη, memoria, quæ obvia, et vera est tum apud Origenem multis locis, tum in Hieronymiano laterculo ejus nominis expositio.

ᶜ Corrupte Martian. ex Reg. Ζωοὺς Zous, et Ζαβεί, Zabee.

ᵈ Martian. συγκύσεως.

ᵉ Haud recte in Vatic. ἢ πότιμα, aut potus.

ᶠ Martian. Ἡλύμ, Lat. Helym legit, et in Hieronymiano laterculo opposui Elianam, domino donante, propter etymologiam Græcam, ut ait, quæ magis accedit ad Elianam, quam ad Elim. Nos ad Vatic. ms. fidem locum restituimus.

Interpretatio Latina.	Codex Vaticanus.	Hieronymus.
Themanites, perfectio pacis.	Θεμκνίτης, συντέλεια εἰρήνης.	Themanites, auster, etc.
Thersam, commiseratio.	¹ Θερσάμ, οἰκτιρμός.	Thersa, complacitio, etc.
Theristron, dilucidum velum.	² Θέριστρον. διαφανὲς μαφόριον.	Theristrum, pallium, etc.
Theudas, captivans, vel signum sanguinis.	³ Θεύδας, αἰχμαλωτίζων, ἢ σημεῖον αἵματος.	Theudas, laudatio, sive capiens, aut signum.
Thubal, a deo retrocedens.	Θουβάλ, θεοῦ ἐπιστρέφων.	Thubal, ductus ad lucum, etc.
Thomas, abyssus, vel geminus, vel incomprehensibilis profunditas.	Θωμᾶς, ἄβυσσος, ἢ δίδυμος, ἢ ἀκατάληπτος βαθύτης.	Thomas, abyssus, vel geminus, etc.
Thæman, defectio ipsi, vel numerabilis parcimonia, vel auster.	Θαιμάν, ἔκλειψις αὐτῷ, ἢ ἀριθμητὸς εὐτελείας, ἢ νότος.	Theman, Auster, vel Africus.
Tharra, fragrantia gravis, vel excellens, aut luminis ignis.	Θαρρά, εὐωδία βραδεῖα, ἢ περισσή, ἢ φωτὸς πυρός.	Tharra, exploratores odoris, vel exploratio ascensionis, vel passio.
Tharsis, speculatio gaudii, vel fulgur perfectionis et lætitiæ, vel chrysolithus, vel parva colonia, Æthiopes.	⁴ Θαρσεῖς, κατασκοπὴ χαρᾶς, ἢ ἀστραπὴ συντελείας, καὶ εὐφροσύνης, ἢ χρυσόλιθος, ἢ ᵃ οἰκίστιον, Αἰθίοπες.	Tharsis, exploratores lætitiæ, sive gaudium.
Theophilus, referens, vel convertens.	Θεόφιλος, ἀνακφέρων, ἢ ἐπιστρέφων.	Theophilus, sursum ferens, sive convertens.
Theraphim, imagines figuræ idolorum.	Θεραφίμ, μορφώματα ᵇ εἰκόνες εἰδώλων.	Theraphim, figuræ, incendia, etc.
Thesbites, conversio.	Θεσβήτης, ἐπιστροφή.	Thesbites, captivans.
Theimar, tentatio.	Θειμάρ, πειρασμός.	Thamar, palma, etc.
Thobel, congregatio, vel propositum, vel Athenienses, vel Thessali, vel Iberi, aut Alani.	⁵ Θωβὲλ, συναγωγή, ἢ πρόθεσις, ἢ Ἀθηναῖοι, ἢ Θεσσαλοὶ, ἢ Ἰβερεῖς, ἢ Ἄλανοι.	Thobel, universa, vel vanitas.

I

Japheth, latitudo pulchritudinis, aut congregatus.	Ἰαφὶθ, πλατυσμὸς καλλονῆς, ἢ συναγόμενος.	Japheth, latitudo, etc.
Joc, dominus domini.	ᶜ Ἰώκ, πατὴρ κυρίου.	Jobab, dominus pater.
Jao, dominus, vel deus, aut invisibilis.	Ἰάω, κύριος, ἢ θεὸς, ἢ ἀόρατος.	Jao, dominus.
Joacim, consistentia domini.	Ἰωακείμ, παράστασις κυρίου.	Joacim. domini resurrectio, etc.
Jasa, factum præceptum.	Ἰασά, γεγονυῖα ἐντολή.	Jassa, dimidia, vel factum mandatum.
Jabis, siccitas, aut confusio, vel latitudo extrema.	Ἰάβις, ξηρασμός, ἢ αἰσχύνη, ἢ πλατυσμὸς ἄκρος.	Jabis, exsiccata, vel siccitas.
Jathel, cervorum societas.	Ἰαθήλ, ἐλάφων συζυγία.	Jael, conjugium cervale, etc.
Jacirus, illuminatus, vel domini evigilatio.	Ἰάειρος, φωτισθεὶς, ἢ κυρίου ἐγρήγορσις.	Jairus, illuminans, vel illuminatus.
Jacobus, supplantator laboris.	Ἰάκωβος, ᵈ πτερνιστὴς πόνου.	Jacobus, supplantator, sive supplantans.
Jannes, marinus.	Ἰαννῆς, ᵉ θαλασσεύς.	Jamnes, marinus, etc.
Jasson, desiderans, vel factor præcepti.	Ἰασσών, ποθῶν, ἢ ᵇ γεννώσης ἐντολῆς.	Jason, desiderans, sive qui mandatum fecerit.

את האבות ואת הידענים eth-haoboth veth-haijideonim, A Comment. in Isai. cap. 5 : Habent, inquit, et theristra hoc est, pythones et sciolos, sive ariolos, uti Hieronymus interpretatur. Satis ergo elucet, LXX Interpretes verbum oboth, aut avoth Græce exprimi voluisse per θελητάς, et jideonim per γνωριστάς, sive γνωστάς juxta nonnullos libros Græcorum. Θελητής enim a verbo θέλω significat volentem et cupientem, eique idem LXX, IV Regum xxi, 27, אב ob, vocant θελητήν, id est, voluntarium, quia אב ob, pro אב ab, habuerunt, quod ab אבה aba, voluit, cupit, etc. sumptum omnes Hebraizantes noverunt. Similiter et de jedonim, aut ideonim dicendum, ידע jada namque apud Hebræos ipsum est γνωρίζω apud Græcos. Cæterum corrupte in vulg. Regio codice θελιταί pro θελιταί et γνῶσται pro γνωσταί legimus.

¹ Hieronymus addit in Thersa, Quæ significantius Græce dicitur εὐδοκία. Verbum itaque εὐδοκία Luc. ii, 13, idem videtur esse quod οἰκτιρμός ms. Græc. divinam misericordiam et commiserationem significans.

² De Theristro hæc habet idem Hieronymus lib. ii, B

ᵃ In Vatic. οἰκιστιοί, quod utcunque interpreteris coloniæ deductores.

ᵇ Vocem εἰκόνες, quæ deerat, sufficit Vatic.

ᶜ Minus male in Vatic. Ἰαώκ; ut autem quadret expositio πατὴρ, aut avoth rescribendum sit Ἰαώβ: eoque magis, quod β et μ confundi invicem in Græcis mss. solenne est vitium. Vid. infra Ἰωάβ.

gereter Quæst. in Genesim, et lib 1 Antiq. Judaic. cap. 6.

³ Ut Theudas significationem habeat sanguinis, cum m in fine scribendum est, Theudam ; eo quod דם dam, sonat sanguinem. Has Grammaticales tricas deinceps non observabimus, ne in rebus gravioris momenti intentio nostra dividatur.

⁴ Non consentiunt Græci cum Josepho et Hieronymo, qui Tharsis arbitrantur Cilicas; unde metropolis eorum civitas Tharsus appellatur. Consule Quæst. Hebr. in Genesim, et lib 1 Antiq. Judaic. cap. 6.

⁵ De Thebel, sive Thubal prognatos fuisse Iberos, aut Hispanos, fatetur Hieronymus : minime vero Athenienses, aut Thessalos. Vide ubi supra.

⁶ Pessime, ni fallor, legimus γεννώσης in Græco; quid enim congruum significat gennoses? Melius legeretur γενέτης, quod Hieronymum etiam legisse

ᵈ In Vatic. πτέρνησις, Lat. reddideris supplantatio.

ᵉ Vitiose Martian. θαλασσάν, et Latin. mare vertit. Vatic. in quo erat θαλασσεύ, emendandum monuit in recto θαλασσεύς, quod tamen proprius piscatorem, quam marinum sonat.

Interpretatio Latina.	Codex Vaticanus.	Hieronymus.
Idumæa, deficiens, vel coccineus, aut vetus peccatum, vel terrenus.	Ἰδουμαία, ἐκλείπουσα, ἢ κόκκινος, ἢ παλαιὰ ἁμαρτία, ἢ γήϊνος.	Idumæa, rufa, sive terrena.
Jenael, ædificatio dei.	Ἰεναήλ, οἰκοδομὴ θεοῦ.	Jebnael, ædificatio dei.
Jezavel, fluxus sanguinis.	Ἰεζαυέλ, ῥύσις αἵματος.	Jezabel, fluxus vanus, etc.
Jezechiel, robur dei.	Ἰεζεκιήλ, κράτος θεοῦ.	Jezechiel, fortitudo dei.
Jesiel, vita dei.	Ἰεσιήλ, ζωὴ θεοῦ.	Jesiel, dimidium dei.
Jemoniel, dextera fortis, vel pars, circumcisio.	Ἰεμονιήλ, δεξιὰ ἰσχυροῦ, ἢ μερίς, περιτομή.	Jemla, plenitudo, vel circumcisio.
Jeremeel, commiseratio dei.	Ἰερεμεήλ, οἰκτιρμὸς θεοῦ.	Jerameeli, misericordia dei mei.
Jericho, descensus agri, vel humilitas.	Ἰεριχώ, κατάβασις ἀγροῦ, ἢ ταπείνωσις.	Jerico, odor ejus, vel luna.
Jeroboal, judicium perfectum.	Ἰεροβοάλ, δικασμὸς ἠνυσμένος.	Jerobaal, judicet Baal, etc.
Jerusalem, visio, evigilatio, vel spiritus gratiæ ipsorum.	¹ Ἱερουσαλήμ, ὅρασις, ἐγρήγορσις, ἢ πνεῦμα χάριτος αὐτῶν.	Jerusalem, visio pacis, vel timebit perfecte.
Jechonias, purus, vel præparatio facta.	Ἰεχονίας, καθαρός, ἢ ἑτοιμασμὸς γινόμενος.	Jechonias, præparans, sive præparatio domini.
Jeremias, elatio exaltata.	Ἰερεμίας, μετεωρισμὸς ὑψούμενος.	Jeremias, excelsus domini.
Ithamar, consummatio amarulentiæ, vel commiseratio, aut palma.	Ἰθάμαρ, συντέλεια πικρίας, ἢ οἰκτιρμός, ἢ φοῖνιξ.	Ithamar, ubi amatus, vel ubi palma.
Jareth, descensio, vel respectus domini, vel prævalentia.	ᵃ Ἰαρέθ, κατάβασις, ἢ ἐπίβλεψις κυρίου, ἢ ἐπικράτησις.	Jared, descendens, sive roborans.
Jacoe, rursus, vel remissio, vel insidiator novus.	Ἰακωή, πάλιν, ἢ ἄφεσις, ἢ ἐγκαθήμενος καινός.	Janoe, requies.
Jacob, supplantans, vel extremitatem tenens, pater.	Ἰακώδ, πτερνίζων, ἢ ἔσχατον κρατῶν, πατήρ.	Jacob, supplantator, etc.
Jambris, mare pelliceum.	Ἰαμβρίς, θάλασσα δερματίνη.	Jambres, mare pelliceum, etc.
Jaret, latitudo.	Ἰαρέτ, πλατυσμός.	Jafet, latitudo.
Je Brachiæ, benedictio domini.	² Ἰὲ Βαραχίου, εὐλογία κυρίου.	Barachias, benedictio domini, etc.
Jebusæus, seductus, vel pudefactus.	Ἰεδουσαῖος, πεπλανημένος, ἢ ᵇ καταισχυνόμενος.	Jebusæum, calcatus, sive præsepe eorum.
Jezrael, semen dei.	Ἰεζραήλ, σπορὰ θεοῦ.	Jezrael, semen dei.
Jectan, natu minor.	Ἰεκτάν, μικροφυής.	Jectan, parvulus.
Jemeni, dextera domini, aut dextera mea.	Ἰεμενί, δεξιὰ κυρίου, ἢ δεξιά μου.	Jemini, dextera mea.
Jenael, responsio dei.	Ἰεναήλ, ἀπόκρισις θεοῦ.	Jamuel, dies ejus deus.
Jereus, ipse illa, vel jaxta hoc ipsum.	Ἱερεύς, αὐτὸς ταῦτα, ἢ κατὰ τὸ αὐτό.	Iereus, ipse, vel est.
Jeroboam, judicium populi.	Ἰεροβοάμ, δικασμὸς λαοῦ.	Jeroboam, dijudicans populum, etc.
Jessai, refrigeratio, vel fortis, vel oblatio.	Ἰεσσαί, ἀνάψυξις, ἢ ἰσχυρός, ἢ κάρπωμα.	Jesse, insulæ libatio, sive sacrificium.
Jephones, convertens, vel apparitio mea.	Ἰεφωνῆς, ἐπιστρέφων, ἢ ἐπιφάνειά μου.	Jephone, nutus.
Jesus, salus domini.	Ἰησοῦς, σωτηρία κυρίου.	Jesus, salvator, sive salvaturus.
Ilasterium, operculum arcæ, vel lamina.	³ Ἱλαστήριον, τὸ πῶμα τῆς κιβωτοῦ, ἢ πέταλον.	Hilasterion, Græcum est.
Illurius, advena.	Ἰλλύριος, προσήλυτος.	Illyrius, advena, aut elementum, etc.
Jodor, superfluus.	Ἰόδωρ, περιττύς.	Jethro, superfluus ejus.
Jordane, descensio eorum, vel prævalentia non existens.	Ἰορδάνη, κατάβασις αὐτῶν, ἢ ἐπικράτησις οὐκ οὖσα.	Jordanes, descensio eorum.
Judas, confessio, vel sufficientia domini.	Ἰούδας, ἐξομολόγησις, ἢ ἱκάνωσις κυρίου.	Juda, laudatio, sive confessio.
Justus, parcens ipsis.	Ἰοῦστος, φειδόμενος αὐτῶν.	Justus, parcens, sive ipse elatus.
Isaac, risus et lætitia, auditus.	Ἰσαάκ, ᶜ γέλως καὶ χαρά, ἀκουσμός.	Isaac, risus, sive gaudium.
Ismael, exauditio domini, aut inspectio.	Ἰσμαήλ, εἰσακουσμὸς κυρίου, ἢ ᵈ ἐφόπτευσις.	Ismael, auditio dei.

credere par est propter etymologiam posteriorem, Atur nomen *Jerusalem* qui mandatum fecerit.

¹ Quare in tot significationes commutetur nomen *Jerusalem*, sic accipe: יראה *rei* sonat *visionem*, et שלום *salom*, aut *salem* שלם *pacem*. Hinc *Jerusalem*, *visio pacis*. Rursus ירא *jara* transfertur *timet*, et *salem* exprimitur *perfecte*, e quo exsurgit, *timebit perfecte*. Quod autem *spiritus gratiæ eorum* interpretetur apud Græcos, id evenit ex eorum hallucinationibus jam supra notatis: putant enim signatum nomen ex verbo רוח *ruahh*, et *salem*, et מ *mem* affixo tert. person. plural. mascul. *Salem* etiam interpretantur *gratiam*. Sed violenter omnino ad has significantias pertrahi-

ᵃ Martian. ex Regio legerat Ἰόρεθα, *Jaretha*.
ᵇ In Vatic. καταισχύμμενος.
ᶜ Emendamus ex Vatic. γέλως, pro quo Martian.

² Sic verba Scripturæ recitant sæpius Græci in libro Nominum: υἱοῦ Βαραχίου, *filii Barachiæ*, vel *viæ filii*; quod nihil conferet ad etymologiam, nisi quod nomen Barachiæ collocant inter illa quæ incipiunt ab I.

³ Exodi XXXI, 7, Ἱλαστήριον τὸ ἐπ' αὐτῆς, *propitiatorium, quod super eam*, nempe arcam. *Hilasterion* igitur est *operculum*, vel *lamina aurea*, qua tegebatur arca testimonii, vel quæ super eam fuit. Græcus ms. codex legit πόμα, id est, *potus arcæ. Hilasterion* significat *propitiationem*, Rom. III, 25.

γέδων, quod nihil est, ex Regio excuderat.
ᵈ Vatic. ἐφόπτευσις.

LEXICON GRÆCUM NOMINUM HEBRAICORUM.

Interpretatio Latina.	*Codex Vaticanus.*	*Hieronymus.*
Itabyrium, mons æquali ordine sibi respondens, in terra Galilæa.	[1] Ἰταβύριον, ὄρος κατάλσον, ἐν τῇ Γαλιλαίᾳ.	Itabyrion, Græcum est.
Italia, mente excedens.	Ἰταλία, ἐξιστάμενη.	Italia, mentis excessus.
Joatham, immaculatus domini, vel perfectus.	Ἰωάθαμ, ἄμωμος κυρίου, ἢ τέλειος.	Joatham, consummatus, sive perfectus.
Joannes, baptizator, vel gratia.	[2] Ἰωάννης, βαπτιστής, ἡ χάρις.	Joannes, in quo est gratia, etc.
Joachas, fortitudo domini.	Ἰωάχας, κράτος κυρίου.	Joachas, domini retentio, etc.
Jobeth, subordinatus.	Ἰωβηθ, ὑποτασσόμενος.	Jobed, serviens, etc.
Joel, dilectus domini.	Ἰωήλ, ἀγαπητός κυρίου.	Joalel, vita dei, etc.
Jonathan, columba, veniens dat o.	Ἰονάθαν, περιστερά, ἐρχομένη δόσις.	Jonathan, columba veniens, etc.
Joseph, augmentum domini, vel dedecoris oblatio.	Ἰωσήφ, πρόσθεμα κυρίου, ἢ ὀνείδους ἀφαίρεσις.	Joseph, apposuit, sive apponens.
In, mensura est quasi mensurarum 6, vel octava pars sexti.	Ἰν, μέτρον ἐστὶν, ὡς [a] μέτρων ς΄, ἢ τὸ ὄγδοον τοῦ ξέστου.	In, mensura liquentis materiæ.
Joppe, pulchritudo, specula.	[b] Ἰόππη, καλλονή, κατασκοπή.	Joppe, pulchritudo.
Jou, est, vel erat.	Ἰοῦ, ἐστὶν, ἢ ἦν.	Jen, ipse, vel est.
Judæa, confitens.	Ἰουδαία, ἐξομολογουμένη.	Judæa, confessio, etc.
Judeth, laudans, vel Judæa.	Ἰουδήθ, αἰνοῦσα, ἢ Ἰουδαία.	Judith, laudans, aut confitens, etc.
Julia, incipiens.	Ἰουλία, ἐναρξαμένη.	Julia, incipiens.
Ir, vigilantium virtutum.	Ἰρ, ἐγρηγορότων δυνάμεων.	Ir, vigil.
Iscaroth, memoria, tabernaculum mortis.	Ἰσκαρώθ, μνημόσυνον, σκηνὴ θανάτου.	Iscarioth, memoria mortis, etc.
Israel, mens videns deum.	Ἰσραήλ, νοῦς ὁρῶν θεοῦ.	Israel, vir videns deum, etc.
Issachar, merces est, vel robur purum.	Ἰσάχαρ, μισθός ἐστι, ἢ ἰσχὺς καθαρά.	Issachar, est merces.
Iturea, montana.	Ἰτουραία, ὀρεινή.	Iturea, montana. Syrum est.
Joab, pater domini, vel dilectus.	Ἰωάβ, πατὴρ κυρίου, ἢ [3] ἀγαπητός.	Joab, inimicus, vel est pater.
Joacim, resurrectio, vel præparatio domini.	Ἰωακείμ, ἀνάστασις, ἢ ἑτοιμασία κυρίου.	Joacim, domini resurrectio, sive dominus suscitans.
Joas, cunctatio domini, vel scientia.	Ἰώας, χρονισμός κυρίου, ἢ ἐπίγνωσις.	Joas, sperans, sive temporalis, vel domini robur.
Joachar, habitus domini.	Ἰωάχαρ, κατάσχεσις κυρίου.	Joachas, ubi est, retinere? etc.
Job, dilectus domini, vel pater temporum.	Ἰώβ, ἀγαπητός κυρίου, ἢ [4] πατὴρ χρόνων.	Job, magus.
Jobel, mutatus, vel qui remisit.	Ἰωβήλ, μεταλλοιώμενος, ἢ ἀφεστηκώς.	Jobel, dimittens, aut mutatus, sive defluet.
Josaphath, judicium domini.	Ἰωσαφάθ, κρίσις κυρίου.	Josaphat, ipse judicans, etc.
Josedec, justitia.	Ἰωσεδέκ, δικαιοσύνη.	Josedec, domini justitia.
Josias, salus domini, vel salvatus.	Ἰωσίας, σωτηρία κυρίου, ἢ σωζόμενος.	Josia, domini salus, domini fortitudo, etc.
Jochabed, gloria domini.	Ἰωχάβεδ, δόξα κυρίου.	Jochabed, ubi est gloria? sive domini gloria, etc.
K	**K**	**C**
Kadis, sanctum, vel petram productam.	Κάδις, ἅγιον, ἢ πέτραν [c] παρατείνουσαν.	Cades, sancta, sive mutata.
Kaath, morbus dentium, vel concionator.	Καάθ, γομφίασις, ἢ ἐκκλησιαστής.	Caath, molares dentes, vel patientia, etc.
Kadis, auricula, aut vas ejus, diversum, sive commutatum.	Κάδις, ὠτίον, ἢ ἀγγεῖον αὐτῆς, ἐνδιηλλαγμένον.	Cades, commutatus, sive sanctus.
Kadmæus, coram domino.	Καδμαῖος, ἔμπροσθεν κυρίου.	Cadmonæi, antiqua tristitia, etc.
Kain, zelotypia.	Καΐν, ζηλοτυπία.	Cain, possessio, vel lamentatio.
Kainan, possessio ipsorum.	Καινάν, [5] κτῆσις αὐτῶν.	Cainan, possessio eorum.
Kana, possessio.	Κανά, κτῆσις.	Cana, possessio, sive possedit.

[1] Hieronymus præsentem locum manifestum fecit in libro Locorum Hebraicorum; sed manifestiorem adhuc lib. 1 Comment. in Osee cap. v: ait enim: *Thabor, quem Septuaginta* Ἰταβύριον *transtulerunt, hanc habentes consuetudinem, ut Hebræa nomina Græco sermone declinent; sicut Edom, hoc est, Esau et Seir, semper Idumæam interpretantur. Est autem Thabor mons in Galilæa situs in campestribus, rotundus atque sublimis, et ex omni parte finitur æqualiter...... Hunc montem et in Jeremia, septuaginta* Ἰταβύριον *transtulerunt, e.c. Ex his verbis facile colligitur in Græco legi debere* κατάλληλον, *non* κάταλσον, *quod nihil significat.*

[2] Eodem ordine ponuntur apud Josephum duo hæc

[a] Pro μέτρων Vatic. habet ξεστῶν.
[b] S. Gregor. Nazianzenus Apologet. Orat. 1: τὴν κατασκοπὴν τῆς χαρᾶς Ἑβραίοις ἡ Ἰόππη δύναται.

A verba *Joannes, Baptistes.* Hinc Græci suspicantur satis inepte Βαπτιστής esse nominis *Joannes* etymologiam.

[3] Contrariæ sunt etymologiæ nominis *Joab, inimicus* et *dilectus.* Hieronymus suam desumit ex איב *ajab*, vel *ojeb, inimicatus est.* Græci vero אהב *ahab, amavit, dilexit,* etc.

[4] Job dicitur Græcis pater temporum propter numerum dierum a Deo additorum vitæ ejus, non juxta proprietatem linguæ Hebrææ, quam Hieronymus summa fide prosequitur, אב *ob* enim Hebraice intelligitur *magus.*

[5] Manuscriptus Græcus corrupte scribit in hac et sequenti voce κτίσις, pro κτῆσις, unde falsa proponitur etymologia, *creatura* scilicet pro *possessione.*

Ioppe Hebræis sonat speculum lætitiæ.

[c] Martian. ex Regio παρατείνει, et Latin. *produc.*

Interpretatio Latina.	Codex Vaticanus.	Hieronymus.
Kandace, diversa, sive commutata.	Κανδάκη, ἐνδιηλλαγμένη.	Candaces, commutata.
Karmel, scientia circumcisionis.	ᵃ Κάρμηλ, ἐπίγνωσις περιτομῆς.	Carmel, cognitio circumcisionis, etc.
Karpo, scienti apparitionem.	Κάρπῳ, γνόντι ἐπιφάνειαν.	Carpus, sciens perspicue.
Karphanaoum, Karphandum, villa consolationis.	¹ Καρφαναούμ, Καρφανδούμ, κώμη παρακλήσεως.	Capharnaum, villa consolationis, etc.
Kampsael, congregatio dei.	Καμψαήλ, συναγωγὴ θεοῦ.	Cab-el, congregatio dei.
Kydar, obtenebratio, tenebræ.	Κυδάρ, συσκοτασμός, ἡ σκότος.	Cedar, tenebræ, vel mœror.
Kephas, Petrus.	Κηφᾶς, Πέτρος.	Cephas, Petrus. Syrum est.
Kinæus, possessus.	Κεναῖος, κεκτημένος.	Cinæus, possidens.
Kinura, cithara, vel scientia luminis.	Κινύρα, κιθάρα, ἡ ἐπίγνωσις φωτός.	Chenneroth, cithararum signum, aut quasi lucernæ.
Klaudius, spes serenitatis dei.	Κλαύδιος, ἐλπὶς εὐδίας.	Claudius, spes tranquillitatis.
Kleopas, multum laboriosus.	² Κλεόπας, πολύπονος.	Cleophas, non legitur.
Kodrantes, nummulus unus, qui dicitur nummus.	Κοδράντης, λεπτὸν ἕν, τὸ λεγόμενον νουμίον.	Codrantes, caligo, vel tenebræ; quem nos per Q litteram Quadrantem dicimus.
Kolasais, vocis factæ.	Κολασαεῖς, φωνῆς ᵇ γενομένου.	Colossis, voci factæ.
Kolonia, revelata.	Κωλωνία, ἀποκεκαλυμμένη.	Colonia, revelatio eorum, etc.
Kore, calvus.	Κωρέ, φαλακρός.	Core, calvitium.
Kornelius, scientia circumcisionis.	Κορνήλιος, ἐπίγνωσις περιτομῆς.	Cornelius, intelligens circumcisionem.
Kuartus, buccinans abundanter.	Κούαρτος, ³ σαλπίζων περισσῶς.	Cuartus, clangens superflue.
Krisce, tenebræ.	Κρίσκη, σκότος.	Crescens, tenebrosus.
Kathama, demissa, aut pepla.	⁴ κάθαμα ᶜ, χαλαστά, ἡ κροκύφαντα.	Cathama, Græcum est.
Kæsar, principale judicium.	Καῖσαρ, ἀρχοντικὴ ⁵ κρίσις.	Cæsar, possessio principalis.
Kamuel, resurrectio dei.	Καμουήλ, ἀνάστασις θεοῦ.	Camuel, resurrectio dei, etc.
Kariatheiarem, civitas quercus.	Καριαθιαρήμ, πόλις δρυμοῦ.	Cariathjarim, villa, vel civitas silvarum.
Karposinon, impollutum.	Καρπόσινον, ἀμίαντον.	Carhasinum, Græcum est.
Kasia, conventiculum congenitum.	Κασία, συναγώγιον συγγενικόν.	Cassia, Græcum est.
Kenei, possessi.	Κενεί, κεκτημένοι.	Cinæi, possidentes.
Kinsos, descriptio.	⁶ Κίνσος ᵈ, ἀπογραφή.	Census.
Kidaris, conterens contextum.	Κίδαρις, ἐκτρυχῶν ὕφασμα.	Cidaris.
Kis, durus, galeam ferens, sive gestans.	Κίς, σκληρός, ᵉ περικεφαλὴν φορούμενος.	Cis, vomens vir, aut durus.
Kitieis, plaga, vel insulæ, vel de translatione Citupoleos Cypri.	Κιτιεῖς, πληγή, ἡ νῆσοι, ἡ ἀπὸ μεταφορᾶς Κιτουπόλεως τῆς Κύπρου.	Cittim, amentes, vel stupentes, confracti, etc.
Klemes, concionator.	Κλήμης, ἐκκλησιαστής.	Clemens, ecclesiastes, sive concionator.
Kylas, mare.	Κυλάς, θάλασσα.	Cylas.
Kolybos, species numismatis, unde et Colybistæ.	Κόλυβος, εἶδος νομίσματος, ὅθεν ⁷ καὶ Κολυβισταί.	Colybos, Græcum est.

¹ Dupliciter sic scriptum est in Græco codice nomen Capharnaum, sed magis depravatum secunda quam prima scriptione.

² Nomen *Cleophas* omisit S. Hieronymus in libro Nominum Hebraicorum.

³ Græca etymologia præsenti moniti sumus errorem in codices Latinos Hieronymi irrepsisse, legunt enim *plangens* pro *clangens*.

⁴ Κάθαμμα Græce *vinculum*, et *nodum* significat, qui hac in voce mihi erat intricatus et quasi Herculeus, nisi succurrisset editio Septuaginta translatorum, Isai. III et Ezech. xvi, 11, ubi κάθεμα reperi scriptum. Est autem κάθεμα monile ex variis gemmis in pectus mulierum descendens, a verbo καθίημι, *demitto* et *submitto*. Hesychius de eodem verbo: Κάθεμα, ὁ κατὰ στήλους ὅρμος. id est, *Kathema est torques, sive collare ad pectus*. Præter hanc interpretationem, Græcus ms. aliam addidit, nempe κροκύφαντα; κροκύφαντον vero dicitur, τὸ διὰ κρόκης ὑφαινόμενον, *quod ex trama textum*, subintellige *velum*, aut genus aliud vestimenti, quo mulieres utebantur.

⁵ Monet nos interpretatio Hieronymiana pro κρίσις legendum κτῆσις. Figuratum namque volunt Græci nomen Cæsaris ex קק *cana*, et שר *sar*, in quo est etymologia *possessionis principalis*.

⁶ Nullum est nomen *Cinsus* in Scriptura, interpretatioque ipsius satis innuit κίνσος positum esse pro Κυρήνιος, nam cum Lucæ II, 2, descriptionem primam factam fuisse a Cyrino Syriæ præside, putavit forte amanuensis Græcus ἀπογραφῇ interpretatum ejus nomen. Nolim tamen contendere in dubiis ac incertis.

⁷ Hesychius meminit hujus dictionis, sed eam interpretatur *commorationem*, sive *villam*: Κόλυβος, ἔπαυλις. Non igitur scriptoris Græci vestigiis inhæremus, ut cum ipso legamus Κόλυβος, et κολυβισταί; sed cum Hesychio κόλυβος et κολυβισταί. Est autem κόλυβος juxta eumdem Hesychium, εἶδος νομίσματος, καὶ ὁ ἐν τῷ χαλκῷ κεχαραγμένος βοῦς, hoc est, *species numismatis, et in quo nummo æreo impressa erat imago bovis*. Κολλυβισταί porro, de quibus frequens mentio in sacrosancto Evangelio, *trapezytæ* fuerunt et *nummularii*, qui argenteos aureosve nummos permutabant minutis, quales oboli sunt, etc.

ᵃ Vatic., κάρμηλος, quod idem est.
ᵇ Legendum adeo est γενομένης.
ᶜ Rectius in Vatic. est κάθαιμα [F. leg. κάθαμμα].
ᵈ Latina vox est *Census*, quam Græci Κῆνσον scribunt Matth. xvii, 25, et xxii, 17, 19, quod verissime notatum est Clerico.
ᵉ Vitiose legerat Martian. περιφαλλὴν pro περικεφαλήν, quod Vatic. restituit.

LEXICON GRÆCUM NOMINUM HEBRAICORUM.

Interpretatio Latina.	*Codex Vaticanus.*	*Hieronymus.*
Korban, oblatio, donum.	Κορβάν, προσφορά, δῶρον.	Corban, oblatio.
Korinthus, politia.	Κόρινθος, πολιτεία.	Corinthus, conversatio : Græce πολιτεία, etc.
Kosymboi, sursum retinentes, vel componentes, constringentes, vel inaurata, sicut monile.	[1] Κόσυμβοι, ἀνάλαβοι, ἡ ἀνακομβωτικοί, σφικτοί, ἡ κεχρυσωμένα, ὡς μηνίσκος [a] ἑλλόνος σοὺς ἔχων ἀμφίκυρτα.	Cosymbi, Græcum est.
Krisus, scientia potens.	Κρίσος, γνῶσις δυνατή.	Crispus, sciens, vel cognoscens.
Kyprus, tetrica vultus species.	Κύπρος. σκυθρωπία.	Cyprius, tristis, aut mœror.
Kyrinæus, hæres vir.	Κυριναῖος. κληρονόμος ἀνήρ.	Cyrenius, hæres, etc.
Kola, vox eorum.	Κῶλα. φωνὴ αὐτῶν.	Colam, vox eorum.
Krete, vocationis, vel creationis, perfectionis.	Κρίτη, κλήσεως, ἢ κτίσεως, τελειώσεως.	Crete, vocationis, aut vocatæ, etc.
Kypsalin, vas plicatum.	[b] κύψαλιν, ἀγγεῖον πληκτόν.	Cypsalin, Græcum est.

L

	Λ	L
Laban, dealbatio.	Λαβάν, λευκασμός.	Laban, candidus.
Lazarus, adjutus.	Λάζαρος, προσβοηθούμενος.	Lazarus, adjutus.
Lebbæus, cor.	Λεββαῖος, καρδία.	Lebbæus, corculum, etc.
Leviatham, ipse aqua.	[c] Λευιαθάμ [2] αὐτόδωρ.	Leviathan, additamentum eorum.
Lia, laboriosa, vel recusata.	Λία, κοπιῶσα. ἢ ἀνακευομένη.	Lia, laboriosa.
Laodicia, tribus amica facta.	Λαοδίκεια, φυλὴ [d] προσφιλωθεῖσα.	Laodicia, tribus amata domini : sed melius nativitas exspectata.
Leopetra, planus, conculcatus.	[3] Λεωπέτρα. ἰσόπεδος [*Leg.* ἰσοπέδος], καταπατούμενος.	Leopetra, Græcum est.
Louzacarion, pennis carens.	Λουζακάριον, ἀπτέρωτον.	Luza, ἀμυγδαλόν : licet quidam interpretentur κλοιόν, etc.
Lydda, utilitas.	Λύδδα, ὠφέλεια.	Lydda, utilitas.
Lycaonia, quæ resurrexit.	Λυκαονία, [e] ἀναστᾶσα.	Lycaonia, ad suscitandum.
Lysias, generatus.	Λυσίας, γεγεννημένος.	Lysias, generatus.
Lot, concionatoris ipsius, sive redemptus extremo.	Λώτ, ἐκκλησιαστοῦ αὐτοῦ, ἢ λελυτρωμένος [f] ἔσχατι.	Lot [4], ligatus, aut declinans, vel vacans.
Levis, minister, vel appositus.	[g] Λευΐς. ὑπουργός, ἢ προσκείμενος.	Levi, additus, sive appositus.
Libyes, os occludentium.	Λίβυες, στόμα ἀποκλειόντων.	Libyes, introitus num. plural.
Linus, dealbatus.	Λῖνος, λευκανθείς.	Linus, candidus, sive tibicen.
Lomna, candor.	Λώμνα, λευκασμός.	Lobna, candor, vel lateres.
Lucius, ipse suscitans.	Λύκιος, αὐτὸς ἀναστῶν.	Lucius, ipse suscitans.
Lydia, utilitatem consecuta.	Λυδιά, ὠφεληθεῖσα.	Lydia, prodificata, Græce ὠφεληθεῖσα.

---

[1] *Cosymbi*, pro *nodis* accipiuntur Exodi xxviii, ubi nodi tunicarum ex bysso, et tunica nodis substricta. Huic sensui conveniunt verba consequentia in codice Græco, nodos enim significant arcte vestes astringentes. De *Cosymbo* autem hæc habet Hesychius : Κοσσύμβη, καὶ κόσσυμβος, ἐγκόμβωμα καὶ περίζωμα αἰγύπτιον, καὶ ἐγκομβοῦται. Docet ergo Hesychius *Cosymbon* indumentum esse Ægyptium, et ornamentum quasi innodatum et colligatum. Alii volunt ἐγκόμβωμα fuisse genus vestimenti in nodum constricti, quo servi utebantur. At huic opinioni repugnant ea quæ a Græcis subjuncta sunt; nimirum *Cosymbos* etiam dictos *inaurata* quædam ornamenta, sicut μηνίσκος, qui ornamentum dicitur collare, sive *monile* et *torques*. Cætera verba, quia omnino corrupta depravataque leguntur in codice manuscripto Græco, non interpretamur. Putavi unus e nostris linguæ Græcæ peritus legi posse ἄλλον ὅσσους ἔχων, ἀμφίκυρτα : ut sit sensus, aliam esse interpretationem qua κόσυμβος restis dicatur *habens oculos*, id est, *ocellata*.

[a] Videtur, inquit Clericus, legendum, ὡς μηνίσκος, ἐπὶ ὤμοις συνέχων ἀμφίκυρτα, *ut lunula, quæ in humeris continet ligna utrinque incurva*, quibus onera nonnulla feruntur. Qua de re vide Suidam Æmilii Porti.

[b] Martian. ex vitiosa in Regio codice litterarum metathesi, legerat Κάλυψιν : annotavitque, Hebraice quidem, כְּלִי *Keli*, dici *vas*, et *instrumentum* : sed unde Græci sumant verbum Κάλυψιν. se prorsus ignorare. Nos ex Vatic. emendamus κύψαλιν : nec dubitamus a Græcis potius quam ex Hebræis vocis originem esse repetendam. Pollux lib. x, cap. xxiii, segm. 92, τὰ μὲν τῶν ἐδυσμάτων ἀγγεῖα ἐρεῖς Κυψέλας. Condimentorum, vel aromatum, vascula dices κυψέλας;

Scutellas. Sed et πληκτόν idem Martian. legerat ex Reg. ms. quod verterat *percussum* pro πλεκτόν, quod est *plicatum*. Vide laudatum Pollucis locum.

[c] Clericus putat conficiam vocem ex his duabus לֹו יִתֵּן *lo jithen*, hoc est αὐτῷ δώσει, ei dabit.

[d] In Vatic. προσφιλικωθεῖσα, non diverso sensu.

[e] In eodem ἀναστῶσα, pro ἀνεστῶσα, quod est, *insurgens*.

[f] Rursum Vatic. ἔσχατον, quod est, *extremum*. Vide Herbelotii Oriental. Bibliothecam.

[g] Corrupte Martian. Λυΐς, et Latin. *Luis*. Mox pari pacto legendum Λέβιες. *Leb* es pro Λίβυες, hoc est, *Libyes*, legerat. Utrumque Vatic. castigat.

[2] Pro αὐτῷ δῶρον, id est, *ipsi donum*, posuit forte scriptor Græcus verbum αὐτόδωρ nihil significans. Nisi putaverit *autodor* dictum Leviathan, quasi sit rex ὕδωρ, *aquæ*.

[3] *Leopetra*, λεωπέτρα, sive λεωπετρία, Græce est petra lævis. *Luzacarion* sequens nihil significat. Suspicor legendum λύζα, κλοιόν. Hoc apud Hieronymum leginus ἀμυγδαλόν : *licet quidam interpretentur* κλοιόν; *torquem videlicet damnatorum, quem vulgo Boiam vocant*, etc.

[4] Nomen *Lot*, non juxta fidem elementorum, sed propter officium concionatoris, sive præconis pœnitentiæ, interpretantur Græci *Ecclesiasten*. Similiter dicendum de alia etymologia, qua dicitur *redemptus extremo*.

Interpretatio Latina.	Codex Vaticanus.	Hieronymus.
Lysanias, gehennæ tentatio.	Λυσανίας, [1] γεέννης πειρασμός. [Forte etiam γέννησις πειρασμοῦ].	Lysanias, nativitas tentationis, etc.
Lystra, generatio decora.	Λύστρα, γέννησις εὐπρεπής.	Lystra, generans decorem.

M

Malaad, Deus solus.	Μαλαάδ, Θεός μόνος.	Maala, chorus, vel infirmitas.
Magdaline, custodita.	Μαγδαλινή, πεφυλαγμένη.	Magdalene, a turre, turrensis, etc.
Magog, liquefactio, vel omnis natio, vel omnes tribus.	Μαγώγ, τῆξις, ἢ πᾶν ἔθνος, ἢ πᾶσαι φυλαί.	Magog, de tecto, etc.
Mazuroth, pleias, vel conjunctio astrorum, sive duodecim signa.	[2] Μαζουρώθ, πλειάς, ἢ τὸ [a] σύναστρον, ἢ τὸ δώδεκα.	Mazuroth, signa horoscopi, ζώδιον.
Malachias, angelus.	Μαλαχίας, ἄγγελος.	Malachias, angelus meus.
Mambri, filii, aut de visione.	Μαμβρί, τοῦ υἱοῦ, ἢ [b] ἀπὸ ὁράσεως.	Mambre, de visione, etc.
Mamonas, divitiæ, aut macula, dona, vel res coctæ.	Μαμωνᾶς, πλοῦτος, ἢ μῶμος, δῶρα, ἢ πέμματα.	Mammona, divitiæ.
Mane, mensura.	Μάνη, μέτρον.	Mane, numeravit.
Magda, a turre pyrra.	Μαγδά, ἀπὸ πύργου [c] πυρρά.	Magdol, de turre, vel turris.
Magedon, de promissione ejus.	Μαγεδών, ἐξ ἐπαγγελίας αὐτοῦ.	Mayeddan, poma ejus, vel nuntia.
Magi, impostores.	Μάγοι, πλάνοι.	Magi.
Midiam, coactio [quasi Græce legeretur ἀνάγκασις], vel responsio.	Μαδιάμ, ἐνέγκασις, ἢ ἀπόκρισις.	Madian, in judicio, vel ex judicio.
Matheia, patientis.	Μαθεία, πασχούσης.	Mathias, donum, vel donatus.
Mathusala, mortis emissio, vel missus.	Μαθουσάλα, θανάτου ἀποστολή, ἢ ἀπεσταλμένος.	Mathusala, mortuus est, et misit.
Manasses, abjectus, aut factus.	Μανασσῆς, ἀποβληθείς, ἢ [d] πεπραγμένος.	Manasses, obliviosus, etc.
Mandyas, vestis divinatrix (Vates sago indutus).	[3] Μανδύας, σαγομάντις.	Mandyas.
Manoe, requies.	Μανωέ, ἀνάπαυσις.	Manue, de requie, etc.
Mamzer, longinquus.	[4] Μαμζήρ, ἐπήρικτος.	Mamzer, de longo, vel alienatus.
Maranatha, dominus venit.	Μαρανθά, ὁ κύριος ἔρχεται.	Maranatha, dominus noster, venit, etc.
Maria, domina nostra, aut de invisibilibus.	Μαριά, κυρία ἡμῶν, ἢ ἀπὸ ἀοράτων.	Maria, domina, sermone Syro.
Mariam, illuminatrix.	Μαριάμ, φωτίζουσα.	Mariam, amarum mare, etc.
Marcus, excelsus mandato.	Μάρκος, ὑψηλὸς ἐντολῇ.	Marcus, excelsus mandato.
Martyrion, regiam coronam.	Μαρτύριον, βασιλικὸν στέφανον.	Martyrium, Græcum est.
Machir, exitus patris, vel evigilatio patris.	Μαχείρ, ἔξοδος πατρός, ἢ ἐγρηγόρησις πατρός.	Machir, restitutus, sive venundabit, vel de infirmitate.
Medath, deus solus.	[5] Μεδάθ, Θεὸς μόνος.	Madad, mensus est.
Maleleel, laudans deum.	Μελελεήλ, ὑμνῶν Θεόν.	Maleleel, laudans deum, etc.
Malcuin, regis domini.	[e] Μαλχίου, βασιλέως κυρίου.	Melchia, rex meus deus.
Melchal, de omnibus.	Μελχάλ, ἐκ πάντων.	Michol, de omnibus, etc.
Membranus, conspicuus.	Μέμβρανος, κατεπιφανής.	Membranas, apertas, sive manifestas.
Memphibaal, de ore ignominia.	[a] Μεμριβαάλ, ἐκ στόματος αἰσχύνη.	Memphiboste, de ore ignominia.
Merra, amaritudo.	Μέρρα, πικρία.	Merra, amara.
Mestraem, Ægyptus.	Μεστραίμ, Αἴγυπτος.	Mesraim, Ægyptus.
Meniscos, torques.	Μηνίσκους, μανιάκας.	Meniscus, Græcum est.
Mitra, diadema, vel zona.	Μίτρα, διάδημα, ἢ ζώνη.	Mitra, Græcum est.
Michael, quis sicut deus fortis? aut virilis deus.	Μιχαήλ. τίς ὡς Θεὸς ὁ ἰσχυρός; ἢ ἀνδρεῖος Θεός.	Michael, quis ut deus?

---

[1] Legebat S. Hieron. in exemplari Græco γενεά, vel γενετή, id est, *ortus* sive *nativitas*; non γέεννης, *gehenna*.

[2] Πλειάς sidus est in cauda vel dorso Tauri, quod dicitur etiam πλείως propter numerum ac multitudinem stellarum simul cohærentium. In eo septem stellas assignat Plinius, unde Græcus scriptor κοίναστρον vocavit, vel potius, ut ego restitui, σύναστρον, id est, *Canicula*. Ἄστρον etiam intelligitur signum, seu ζώδιον multos habens ἀστέρας. Peculiariter vero ζώδια dicuntur duodecim signa cœlestia, quæ in Zodiaco circulo visuntur. Hinc S. Hieronymus supra col. 68; *Mazuroth, zodiis quæ duodecim signa Mathematici asserunt*, in manuscripto

[a] In Regio quoque ms. quemadmodum in Vatic. B erat κοίναστρον. Ad hujus autem libri oram ZT. apponitur nota, quæ in mendo cubare textum indicat.

[b] Præpositionem ἀπὸ, quam Martian. prætermiserat, resonat vero prima nominis hujusce syllaba, atque ipse Hier. exprimit: *de*, ex Vatic. suffecimus.

A Regio codice Græco fol. 58: Μαζουρώθ, ἀστὴρ οὕτω καλούμενος, hoc est, *Mazuroth, stella sic vocata*.

[3] Hesychius de hac voce: Μανδύας, inquit, εἶδος ἱματίου Περσῶν πολεμικοῦ, ἢ μαντεῖς, id est, *Mandyas genus vestimenti Persarum bellici, vel divinationis*.

[4] De Mamzer et ἐπίμικτος, sive ἐπίμικτος diximus supra col. 594, in Notis (Apud nos col. 1112, not. 6).

[5] *Medath* ut *Malaad* interpretantur Græci *Deum solum*. Elmodad forte recensere volunt, quod nomen *Deum solum* melius sonat quam *Medath*, vel *Malaad*.

[c] Propter etymologiam, nomini *Memphibaal* opposui *Memphiboste*.

[d] Rescribi velim πυργάτης, id est, *turrensis*, pro corrupta voce πυρρά, *pyrra*, quam tamen retineo ad ms. utriusque fidem. Recole superius nomen *Magdalene*.

[d] Vatic. πεπραγμένος, eodem sensu.

[e] Idem Μελχίου. Pro Melchia in Hieronymiano laterculo erat *Malchus, rex ejus*.

Interpretatio Latina.	Codex Vaticanus.	Hieronymus.
Moab, ex patre, aut locusta.	Μωάβ, ἐκ πατρὸς, ἢ ἀκρίς.	Moab, ex patre.
Morath, hæres.	Μωράθ, κληρονόμος.	Marasthi, hæres meus.
Martha, irritans, vel dominica.	Μάρθα, προσερίζουσα, ἢ κυριακή.	Martha, irritans, domina, etc.
Mariam, dominus ex generatione mea, vel domina, aut smyrna maris.	Μαριάμ, κύριος ἐκ γεννήσεώς μου, ἡ κυριεύουσα, ἢ σμύρνα θαλάσσης.	Mariam, plerique æstimant interpretari smyrna maris: sed mihi nequaquam videtur, etc.
Masiphpha, speculatio.	Μασιφφά, ἀποσκόπευσις.	Masepha, speculatio, etc.
Machma, humilitas.	Μαχμά, ταπείνωσις.	Machmas, humilitas, etc.
Magedeel, de promissione dei.	Μαγεδεήλ, ἐξ ἐπαγγελίας θεοῦ.	Magdiel, de repromissione dei, etc.
Metaniu, donum domini.	Μετανίου, δῶμα κυρίου.	Matthania, donum domini.
Melchel, regnum dei.	Μελχήλ, βασιλεία θεοῦ.	Melchiel, rex meus deus.
Melchisedech, rex justitiæ, vel apostolus justus.	Μελχισεδέκ. βασιλεὺς δικαιοσύνης, ἢ ἀπόστολος δίκαιος.	Melchisedech, rex justus.
Memphes, os confessionis.	Μεμφής. στόμα ἐξομολογήσεως.	Memphin, de ore eorum.
Mesopotamia, exaltata.	Μεσοποταμία, ἐπαιρομένη.	Mesopotamia, elevata vocatione, etc.
Mesias, Christus, unctus.	Μεσίας, Χριστός. [1] εἰλημμένος [a].	Messias, unctus, id est, Christus.
Mida, dimetientes.	Μίδα, ἐκμετροῦντες.	Maedan, metientem, sive respondentem.
Misael, contactus dei, aut visitatio dei.	Μισαήλ, ψηλάφησις θεοῦ, ἢ ἐπισκοπὴ θεοῦ.	Misael, tactus dei; sive quis interrogavit?
Micha, humilis.	Μιχά, ταπεινός.	Micha, quis hic? vel quis est iste?
Michæas, quis sicut dominus?	[b] Μιχαίας, τίς ὡς ὁ κύριος;	Michaia, quid hic? vel quis dominabitur?
Moses, de aqua assumptio.	Μωσῆς, ἐξ ὕδατος ἀναίρεσις.	Moses, attrectans, vel palpans, aut sumptus ex aqua, sive assumptio.
Moyses, scrutatio domini vel a salute.	Μωϋσῆς, ἔρευνα κυρίου, ἢ ἀπὸ σωτηρίας.	

N

Naas, serpens.	Νάας, ὄφις.	Naas, serpens.
Nabau, sessio, vel pabulum eorum.	Ναβαῦ, ἐγκάθισμα, ἡ νομὴ αὐτῶν.	Nabau, veniemus, vel in conclusione, vel sessio, etc.
Nableæ, psalteria, sicut genus citharæ.	Ναβλέαι, ψαλτήρια, ὡς εἶδος κιθάρας.	Nablæ, nomen psalterii, etc.
Nabouthe, veniens, aut filiæ.	Ναβουθέ, ἐρχόμενος, ἢ θυγατέρες.	Nabo, sessio, vel superveniens.
Nabochodonosor, sedens, vel scientia anxietatis.	[c] Ναβοχοδονόσωρ, ἐγκαθήμενος, ἢ ἐπίγνωσις συνοχῆς.	Nabuchodonosor, sessio in agnitione angustiæ, etc.
Nageb, meridies, sive auster.	[2] Ναγέβ [d], μεσημβρία, ἤτοι νότος.	Nageb, auster, etc.
Nazareth, flos intactus, vel munditia.	Ναζαρέθ, ἄνθος ἀκραιφνὲς, ἢ καθαρότης.	Nazareth, munditiæ, flos, etc.
Naasson, anguifer.	Ναάσσων, ὀφιώδης.	Naasson, serpentinus, augurans, sive serpens eorum.
Nabel, stultitia, aut mensuræ.	Ναβὲλ, [e] ἀφροσύνη, ἢ μέτρου.	Nabal, insipiens. Nebel, mensura.
Nabeod, intelligentes, vel prophetæ.	Ναβεὼδ, συνετοί, ἢ προφῆται.	Nabeoth, propheta, vel prophetans.
Nabuzardan, perversitas alieni judicii.	Ναβουζαρδὰν, φαυλισμὸς ἀλλοτρίας κρίσεως.	Nabuzardan, prophetia alieni judicii, etc.
Nazoræus, sanctus, sive purus.	Ναζωραῖος, ἅγιος, [f] ἢ καθαρός.	Nazoræum, mundum, sanctum, sive sejunctum.
Naziræus, sanctus, sive purissimus, vel ex ventre matris separatus dei.	Ναζειραῖος, ἅγιος, ἢ καθαρώτατος, ἢ ἐκ κοιλίας μητρὸς ἀφωρισμένος θεοῦ (Vat. θεῷ).	Nazarænus, similiter.
Nathan, datio.	Νάθαν. δόσις.	Nathan, donum, vel dedit, etc.
Nathaniu, datio domini.	Ναθανίου, δόσις κυρίου.	Nathania, donum domini.
Narcisus, ascensio lætitiæ.	Νάρκισος, ἀνάβασις εὐφροσύνης.	Narcissus, ascensus lætitiæ, etc.
Nabe, pulchritudo ipsi, vel labor meus.	Ναβῆ, ὡραιότης αὐτῷ, ἢ πόνος μου. (Vat. Ναβεί).	Nave, pulchritudo, vel germen.
Naphtha, fomitis species quædam	[3] Νάφθα, εἶδός τι Περσικὸν ὃ πρὸ τοῦ meridianus.	Naphtha.

[1] Pro corrupto εἰλημμένος melius legeretur ἱλασμένος : Christus enim typicus est aries Num. v, qui offertur pro expiatione, seu pro propitiando Deo, juxta quod scriptum legitur 1 Joan. ii, 2 : *Et ipse est, ἱλασμός, propitiatio pro peccatis nostris*, etc.

[2] Hieronymus adversus Helvidium, *Eadem cœli plaga tribus nominibus appellatur, Zageb, Theman, Darom.* Plaga illa est plaga australis, sive tractus

[3] *Naphtha* nomen Græcum. Est autem *Naphtha* auctore Dioscoride lib. 1, c. 2 : Βαβυλωνίου ἀσφάλτου περίθημα τῷ χρώματι λευκὸν, δύναμιν ἔχον ἁρπακτικὴν πυρός, ὥστε καὶ ἐκ διαστήματος ἁρπάζειν τοῦτο, hoc est : *Babylonici bituminis percolamentum colore album, virtutem habens attrahentem ignem, ita ut ex intervallo ipsum attrahat.* Addit ad hæc Græcus codex

[a] Scribe ἠλειμμένος, quod est, *unctus.* Hanc vocem Martian. in Latino omiserat; utque colligere est ex ejus annotatione, quam nemo nescit, etymologiam ignoravit.

[b] Vitiose erat ex Martianæi lectione Μιχαῖος, *Michæos.*

[c] Martian., Ναυοχοδονόσωρ, *Navochodonosor.*

[d] Iterum corrupte Martian. Ναγέκ, *Nagec* pro vero Ναγέβ nomine, quod Vatic. restituit.

[e] Sic emendamus ex ingenio ἀφροσύνη, *stultitia,* pro quo falso erat εὐφροσύνη, *lætitia.*

[f] Verius in Vatic. καί, *et,* pro ἤ, *sive.*

Interpretatio Latina.	Codex Vaticanus.	Hieronymus.
Persica, quæ ante ignem, sicut dicunt, in seipsam trahit ignem: vel fæces, et ossa olivarum.	πυρὸς, ὥς φασιν, ἐφ' ἑαυτῷ ἕλκει τὸ πῦρ, ἢ τὰ ἀποτρυγήματα, ὀστᾶ τῶν ἐλαιῶν.	
Nachor, requies luminis, vel caudex.	Ναχώρ, ἀνάπαυσις φωτὸς, ἢ στέλεχος.	Nachor, requies luminis, etc.
Nessa, Herodius, dictus ciconia.	Νεσσα, ὁ Ἐρωδίος, πελαργὸς λεγόμενος.	Asida, ciconia, milvus, etc.
Nechotha, aromatum.	Νεχωθὰ, ἀρωμάτων.	Nechotha, styracem ejus, vel aromata.
Neger, ascendens.	Νηγὰρ, ἀναβαίνων.	Niger ascendens.
Nicolaus, stultitia ægrotorum.	Νικόλαος, [a] ἀφροσύνη ἀρρώστων.	Nicolaus, stultus Ecclesiæ languentis.
Nineve, speciosa.	Νινευὴ, ὡραισμένη.	Nineve, nativitas pulchritudinis.
Nathanael, donum dei, vel ego deus veniens.	Ναθαναὴλ, δόμα θεοῦ, ἢ ἐγὼ θεὸς ἐρχόμενος.	Nathanael, donum dei, vel deus meus.
Naum, consolatio, vel ego omnibus misericors.	Ναούμ, παράκλησις, ἢ ἐγὼ πᾶσιν ἐλεήμων.	Naum, consolatio, vel germen, etc.
Nebrod, transfugium, vel insurrectio.	Νεβρὼδ, αὐτομόλησις, ἢ ἄνταρσις.	Nembrod, tyrannus, vel profugus, aut transgressor.
Nachao, plaga ipsorum, vel præparatio ipse.	Ναχαὼ, πληγὴ αὐτῶν, ἢ ἕτοιμος αὐτός.	Nechao, percussi, vel præparatus.
Nereus, lucerna dei.	Νηρεὺς, λύχνος θεοῦ.	Nereus, lucerna domini.
Nicopolis, generatio tegumenti.	Νικόπολις, γονὴ σκεπασμοῦ.	Nicopolis, germen protectionis meæ.
Noe, requies.	Νῶε, ἀνάπαυσις.	Noe, requies, vel requiescens.
O	**O**	**O**
Obid, subditus.	Ὀβὶδ, ὑποτασσόμενος.	Obed, serviens.
Ozia, robur.	Ὀξία, ἰσχύς.	Ozia, fortitudo domini.
Oziel, robur dei.	Ὀξιήλ, ἰσχὺς θεοῦ.	Oziel, fortitudo mea deus.
One-imus, respondens decore eximia.	Ὀνήσιμος, ἀποκρινόμενος εὐπρεπέστατα.	Onesimus, decorus, sive respondens.
Orin, lumen domini.	Ὀρίον, φῶς κυρίου.	Uria, lumen domini.
Ormiscus, torquem, vel nexus qui circumfertur.	[1] Ὁρμισκὸς, μανιάκην, ἢ δεσμὸς κυκλοφερής.	Hormiscus, Græcum est.
Orna, lumen requietionis.	Ὀρνὰ, φῶς ἀναπαύσεως.	Ornan, lumen requietionis eorum.
Ourias, potens, vel illuminatio dei.	Οὐρίας, δυνατὸς, ἢ φωτισμὸς θεοῦ.	Urias, lux domini.
Opharathonites, dissipatio nostra.	Ὀφαραθονίτης, διασκεδασμὸς ἡμῶν.	Pharatonites, dissipans.
Odolam, testificatio ejus in aqua.	Ὀδολάμ, μαρτυρία αὐτοῦ [b] ἐν ὕδατι.	Odollamites, testimonium in aqua, etc.
Ozias, frater illustris, vel fortitudo dei.	Ὀξίας, ἀδελφὸς ἐπιφανὴς, ἢ ἰσχὺς κυρίου.	Ozias, fortitudo domini.
Onesiphorus, respondens, narrans.	Ὀνησίφορος, ἀποκρινόμενος, διηγησάμενος.	Onesiphorus, respondens narrationem.
Ornias, diræ domini, vel existens principium.	Ὀρνιᾶς, ἀρὰ κυρίου, ἢ οὖσα ἀρχή.	Oren, ira.
Ouriel, ignis dei.	Οὐριὴλ, πῦρ θεοῦ.	Uriel, lux mea deus.
Ochozias, frater illius, vel lumen.	Ὀχοξίας, ἀδελφὸς ἐκείνου, ἢ φῶς.	Ochozias, apprehendens deum, etc.
P	**Π**	**P**
Pazo, Lucifer.	Πάζω [2], ἑωσφόρος.	Topazium, bonum.
Parthi, divisio perfecta.	Πάρθοι, [c] διακοπὴ τελεία.	Parthi, dividentes perfecte.

Naphtham etiam dici fæces ex frugibus terræ, sive ossa olivarum quæ projiciuntur. Sed audiendus hoc loco præcipue Hieronymus, qui lib. I Comment. in Daniel. cap. 3, de Naphtha disputavit: *Salustius scribit in Historiis*, inquit, *quod Naphtha sit genus fomitis apud Persas, quo vel maxime nutriantur incendia. Alii ossa olivarum quæ projiciuntur cum amurca arefacta, Naphthan appellari putant. Unde et Græce πυρρίνη dicitur, ab eo quod πῦρ, id est, ignem nutriat.* Sic edoctus ab Hieronymo depravatam lectionem manuscripti Græci summa cum libertate castigavi.

[a] Falso excudit Martian. ex Regio εὐφροσύνη, lætitia, pro ἀφροσύνη, stultitia, quam, ipso Hieronymo assentiente, etymologiam Græci ex Nicolai nomine vulgo extorquebant. Nos Vaticani ope locum emendamus.

[b] Pro ἐν ὕδατι, quod rectissime puto, in Vatic. est εὔοδος, quod utcumque interpreteris *prospere habentis*.

[1] Canticorum I, 9, hormisci apud LXX idem sunt quod monilia in versione Hieronymiana. Hebraice הֲרוּזִים, *hharuzim* dicuntur. Proprie autem Hebræis sic vocantur margaritæ et similia monilia filo indita, quæ significatio proxime accedit ad interpretationem codicis Græci, δεσμὸς κυκλοφερής.

[2] Pazo hic positum videtur pro *Pazion*, sive *Topazion*, de quo apud Hesychium, Πάζιον, ἢ τοπάζιον λίθος πολύτιμος, *Pazion, sive Topazion, lapis multum pretiosus*.

[c] Ope Vatic. archetypi locum hunc mire corruptum restituimus. Pro διακοπὴ τελεία, quod est, *divisio perfecta*, legerat Martian. uno verbo διακαπηλεία quod reddiderat *cauponatio*. Repositam lectionem ipsa Hieronymi expositio probat: tametsi non est cur aut illam alienis suffragiis asseramus, aut Martianæi manifestum mendum improbemus.

LEXICON GRÆCUM NOMINUM HEBRAICORUM.

Interpretatio Latina.	Codex Vaticanus.	Hieronymus.
Paristrosa, resuscitata.	Παριστρῶσα, ἐξεγειρομένη.	Paristrosa, Græcum corruptum.
Pastophoria, habitans, vel tentationis minister.	Παστοφόρια, οἰκῶν, ἢ πειρασίας διάκονος.	Pastoforia, Græcum est.
Patrobas, dissolvens plane.	Πατρωβᾶς, διαλύων ὁμαλῶς.	Patrobas, dissolvens eum, etc.
Paulus, os agitationis, vel mirabilis, vel electus.	Παῦλος, στόμα σαλισμοῦ, ἢ θαυμαστός, ἢ ἐκλεκτός.	Paulus, mirabilis, sive electus, etc.
Peltæ, parva arma habentia cymbala affixa, quæ quidem Romani dicunt armatoria.	[1] Πέλται, μικρὰ ὅπλα ἔχοντα κύμβαλα προσπεπηγότα, ἅπερ λέγουσιν οἱ Ῥωμαῖοι [a] ἁρματώρια.	Peltæ, Græcum est.
Pericnemides, feminalia.	[2] Περικνημίδες, βραχία [F. βράκεα pro βράχη].	Pericnemides, Græcum est.
		Peripterum, Græcum est.
Peripteron, excelsum æstivum.	[3] Περίπτερον, ὑψηλὸν θερινόν.	Persis, tentans, sive dissuens latera sua.
Persis, dissolvens latera.	Πέρσις, [b] ἐπιλυομένη τὰ πλάγια.	
Paraxiphis, parvus ensis, vel vagina.	[4] Παραξιφίς, μικρὰ μάχαιρα, ἢ θήκη.	Paraxiphis, Græcum est.
Parmenan, tollentem saturitatem.	Παρμενᾶν, διαιροῦντα πλησμονήν.	Parmenam, dividentem plenitudinem.
Pascha, sacrificium pro transitu, aut super, vel pretium redemptionis.	Πάσχα, διαβατήριον, ἢ ὕπερ, ἢ λύτρον [forte ὑπερβατήριον].	Pascha, transcensus, sive transgressus.
Petrus, cognoscens, vel dissolvens, vel obediens.	Πέτρος, [c] ἐπίγνωμων, ἢ ἐπιλύων, ἢ ὑπακούων.	Petrus, agnoscens, sive dissolvens.
Poderes, indumentum quod usque ad pedes diffluit, sacerdotale pretiosius.	[5] Ποδήρης, τὸ μέχρι τῶν ποδῶν ἔνδυμα, ἱερατικὸν τιμιώτερον.	Podere, Græcum est.
Poudes, indutus, voluntas.	[6] Πουδῆς, ἐνδυόμενος, [d] βούλημα.	Poudes, Græcum est.
Prochor, fructum congregans.	Πτωχώρ, καρπὸν συνάγων.	Prochorus, fructum congregans.
Python, os abyssi.	Πύθων, στόμα ἀβύσσου.	Pithon, os abyssi.
Perates, advena, orientalis.	Περάτης, πάροικος, ἢ ἀνατολικός.	Perates, Græcum est.
Periousion, multiplicatum.	[7] Περιούσιον, πεπληθυμμένον.	Periousion, Græcum est.
Periope, summitas montis.	Περιοπή, ἀκρώρεια.	Periope, Græcum est.
Persæ, tentati, vel dissipati.	Πέρσαι, πειραζόμενοι, ἢ διασκεδαζόμενοι.	Persæ, tentantes.
Pithon, os sempiternum.	Πίθων, στόμα αἰώνιον.	Pithom, os abyssi.
Pilatus, os malleatoris.	Πιλᾶτος, στόμα σφυροκόπου.	Pilatus, os malleatoris.
Pontius, inclinans consilium.	Πόντιος, κλίνας βουλήν.	Pontius, declinans consilium.
Porcius, tollens duritiem eorum.	Πόρκιος, διαιρῶν σκληρότητα αὐτῶν.	Portius, dividens duritiem eorum.
Ptoca, cognoscens.	Πτῶκα, [c] ἐπιγνώσκουσα.	Priscilla, agnoscens.
Ptolemais, ducta in mensurationem.	Πτολεμαΐς, ἀγομένη εἰς μέτρησιν.	Ptolemais, deducens ad mensuram.
Pyrsos, dissolutus.	Πυρσός, ἐπιλυόμενος.	Pyrrhus, dissolvens.

[1] Idem Hesychius hæc habet, Πέλθη, εἶδος ὅπλου, Α δόρυ, ἢ μικρὰ ὅπλα. Peltha, genus armorum, hasta, vel parva arma. Falsus est vero Scriptor Græcus in Regio codice dicens apud Romanos parva arma habentia cymbala affixa vocari armaturam. Nam Latinis, ut nemo nescit, armatura, Græcis dicitur ὁπλισμός, vel πανοπλία, quæ quidem non solum arma omnis generis, sed cohortes et homines armatos significat.

[2] Nomen περικνημίδες legitur apud LXX, Dan. III, 21, et sunt braccæ, quas Symmachus vocat ἀναξυρίδας, quibus crura teguntur et tibiæ. Chaldaice in libro Danielis scriptum legitur בסרבליהון besarbalchun, id est : cum sarabalis suis. Consule Comment. Hieronymi in hunc locum.

[3] Hoc verbum sic exposuit Hesychius, Περίπτερον, ὑψηλὸν πανταχόθεν διέχον, ἢ στέγην ἔχουσαν ἐξοχήν; hoc est, Peripteron, excelsum undique penetrans, vel tectum domus quod habet eminentiam. Idem ergo videtur esse quod δῶμα, aut cœnaculum æstivum, Jud. III, 20 et 24.

[4] Pugio apud Hesych.

[a] Martian., ἁρματώρια, harmaturoa.

[b] Falso, nulloque sensu legerat Martian. ἐπιλεγομένη, apposita etiam virgula, verteratque adeo, quæ dicitur hæc obliqua. Res ipsa loquitur, restituendum, uti fecimus ex Vatic. ἐπιλυομένη, dissolvens. Hieronymus ipse dissuens. Rectius quoque τὰ πλάγια cum S. Doctore latera interpretamur. Græce κατὰ πλάγια est per latera.

[5] Legitur in Apocalypsi Joannis I, 13, ποδήρη; et alibi sæpius in veteri Testamento. Subintelligitur ἐσθής, vestis, nam poderes adjectivum est, talarem sonans, sumptum scilicet ex πούς, pes; et ἄρω, apto. Poderes, itaque est vestis ad pedes usque dependens, juxta expositionem codicis Græci manuscripti.

[6] Σπουδή legendum erat, quod significat animi intentionem et desiderium.

[7] Super verbo periousion disputat in hunc modum Hieronymus lib. I Comment. in Matth. cap. 6 : Quod nos super substantialem expressimus, in Græco habetur ἐπιούσιον, quod verbum LXX Interpretes περιούσιον frequentissime transferunt. Consideravimus ergo in Hebræo, et ubicumque illi περιούσιον expresserunt, nos invenimus SOGOLA, quod Symmachus ἐξαίρετον, id est, præcipuum, vel egregium transtulit ; licet in quodam loco peculiare interpretatus sit. . . . . In Evangelio quod appellatur secundum Hebræos pro supersubstantiali pane reperi MOAR, quod dicitur crastinum, ut sit sensus: panem nostrum crastinum, id est, futurum da nobis hodie, etc.

[c] Vitiose denuo ex Regio legerat Martian. ἐπιγνώμονος, cognoscentis, pro ἐπιγνώμων in recto, cognoscens, quemadmodum et Hieron. legit.

[d] Quid sit Πουδῆς, ignoro : hoc scio tamen, minime ad rem esse, quod Martian. conjicit, legendum σπουδήν. In Vatic. pro βούλημα est βουλήν : ex quo rectius vertas induens voluntatem.

[e] Penes Martian., ἐπιγνώσκουσα.

Interpretatio Latina.	Codex Vaticanus.	Hieronymus.
R	**Ρ**	**R**
Raab, dilatatio.	Ῥαάβ, πλατυσμός.	Raab, lata, sive dilatata.
Rabbi, magister.	Ῥαββί, διδάσκαλε.	Rabbi, magister meus.
Rabbin, multi, vel multiplicatio magistri.	Ῥαββίν, πολλοί, ἢ πληθυσμὸς διδασκάλου.	Rabbin, magistri, vel plures.
Raan, mala sustinens.	Ῥαάν, κακούμενος.	Rau, pascens, sive pastus est.
Ramesi, pastio de tinea.	Ῥαμέσι, ποιμανσία ἐκ [b] σητός.	Ramesse, pabulum, vel tinea, etc.
Raphael, sanatio fortis, vel spiritus Dei.	[1] Ῥαφαήλ, ἴασις ἰσχυροῦ, ἢ πνεῦμα θεοῦ.	Raphael.
Rachel, ovis Dei, vel flatus fortis.	Ῥαχήλ, πρόβατον θεοῦ, ἢ πνοὴ ἰσχυρά.	Rachel, ovis, vel videns Deum.
Rebecca, multa patientia, vel accipiens primum virum.	Ῥεβέκκα, πολλὴ ἐπιμονή, ἢ λαβοῦσα [c] πρῶτον ἄνδρα.	Rebecca, multa patientia.
Roboam, latitudo, vel in multitudine populi.	Ῥοβοάμ, πλατυσμός, ἢ ἐν πλήθει λαοῦ.	Roboam, impetus populi.
Roodi, videns.	Ῥοώδι, ὁρῶσα.	Rode, videns, vel fortis.
Ruphus, sanatio, vel requies.	Ῥοῦφος, ἴασις, ἢ ἀνάπαυσις.	Rufus, sanans eos, etc.
Rome, excelsus tonitrus.	Ῥώμη, ὑψηλὴ βροντή.	Roma, sublimis, vel tonitrus.
Raasson, lumen dei, vel beneplacitum.	Ῥαάσσων, φῶς θεοῦ, ἢ εὐδοκία.	Raasson, placentia. Græci εὐδοκίαν vocant.
Rabus, multiplicatus, vel magister.	Ῥάβος, [d] πεπληθυμένος, ἢ διδάσκαλος.	Rabus, magister, vel multus.
Ragabin, visio altitudinis.	Ῥαγαβίν, ὅρασις ὕψους.	Ramataim, altitudo eorum.
Raguel, pastio, vel amicus fortis.	Ῥαγουήλ, [e] ποιμανσία, ἢ φίλος ἰσχυρός.	Raguel, pastor dei, vel amicus ejus deus.
Raphaen, sanans, vel floritio matris.	Ῥαφαήν, ἰώμενος, ἢ ἄνθησις μητρός.	Raphaim, gigantes, vel medici.
Rapsacis, latitudo populi, vel multus osculo.	Ῥαψάκις, πλάτος λαοῦ, ἢ πολὺς φιλήματι.	Rabsaces, princeps deosculans, etc.
Richab, conscensio.	[f] Ῥιχάβ, ἐπίβασις.	Rechab, ascensio, sive conscendens.
Rubil, spiritus dei.	[a] Ῥουβίλ, πνεῦμα θεοῦ.	Ruben, videns filius, etc.
Romelias, sublimitas, vel circumcisio.	Ῥομελλίας, μετεωρισμός, ἢ περιτομή [g].	Romelia, excelsus domini.
Ruth, quæ fecit exuberare.	Ῥούθ, περισσεύσασα.	Ruth, festinans, vel videns, etc.
Roboth, tonitruo fractos.	Ῥωβώθ, βροντῇ [3] ῥωγίλους.	Rooboth, plateæ, Raama, tonitruum.
S	**Σ**	**S**
Sabæ, Æthiopes.	Σαβαί, Αἰθίοπες.	Sabæi, captivi, vel convertentes.
Sabachar, primogenitus.	[4] Σαβάχαρ, πρωτότοκος.	Subachai, condensum, sive frutetum, etc.
Sabbata, requies, aut conversio sanctificationis.	Σάββατα, κατάπαυσις, ἢ ἐπιστροφὴ ἁγιάσματος.	Sabbatha, requies.
Sabec, remissio, vel propitiatio.	[5] Σαβέκ. ἄφεσις, ἢ ἱλασμός.	Sabec, virgultum.
Sadoc, justus.	Σαδώκ, δίκαιος.	Sadoc, justum.
Salathiel, petitio dei, aut venientis.	Σαλαθιήλ, αἴτησις θεοῦ, ἢ τοῦ ἐρχομένου.	Salathiel, petitio mea deus.
Salmona, umbra populi.	Σαλμονά, σκιὰ λαοῦ.	Selmona, sensibilis, sive sensus.
Salon, pacificans.	Σαλών, εἰρηνεύων.	Saloma, pacifica, etc.
Samaria, custodia ipsorum pro vili habita.	Σαμάρεια, φυλακὴ αὐτῶν πεφαυλισμένη.	Samaria, custodia eorum, etc.
Sampson, sol eorum.	Σαμψών, ἥλιος αὐτῶν.	Samson, sol eorum.

[1] Nomen *Raphael* additum a Græcis diximus supra, quod nequaquam recensetur ab Hieronymo.

[2] *Rubil* pro *Ruben* legimus etiam in contextu Græco Antiqq. Judaic. Flavii Josephi.

[3] Non *Roboth*, sed *Ramoth* videtur legendum, ut significationem tonitrui nomen habeat. Porro ῥωγίλους e compendiaria scriptura Græca ms. codicis mecum eliciunt eruditi sodales, quod interpretor *fractos*, quia ῥωγαλέος apud Homerum sonat *rimosum et fractum*.

[4] Confundunt Græci *Sabachar* cum nomine *Bochor* significante primogenitum.

[5] Consule supra Quæstiones Hebraicas in Genesim, ubi de *Sabec* disputavit Hieronymus. Græci allegorice illud nomen interpretantur propter liberationem Isaac, cui Deus substituit hircum immolandum.

[a] Mendose Martian. Ῥαάμ *Raam*, ex solemni in cod. Reg. β in μ trajectione vitiosa.

[b] Erat ἐκ σίτου, Latin. *ex frumento*, quod Græculi mendum est scioli, pro quo rescripsimus ἐκ σητός, de *inea*, quemadmodum ipse in Commentario, quem huic libro subtexuit, Martianæus corrigendum sensit. Numquam profecto ex nomine Ramesses *frumenti* etymologiam exsculpas : e contrario *tinea*, quæ Hebraice dicitur סס, Græce σής, obvia est apud hujusmodi Lexicographos, et Hieronymianæ interpretationi consonat. Philo quoque Ῥαμεσή ἑρμηνεύεται σεισμὸς σητός. *Ramesse interpretatur commotio tineæ*.

[c] In Vatic. est πρώην, quod est, *nuper* loco πρῶτον.

[d] In eodem [et qu dem melius] πεπληθυμμένος, *repletus, inundans*.

[e] Sic emendavit secundis curis Martian. ipse. Vitiose in Regio ut et Vatic. ms. erat ἑτοιμασία.

[f] Ex solemni Regii cod. mendo erat Ῥιχάμ, *Richam*.

[g] Addit hic Vatic. voculas ἢ ἀνά tantum, sicque imperfecto sensu : ad libri autem margin. Ζτ. notam.

LEXICON GRÆCUM NOMINUM HEBRAICORUM.

Interpretatio Latina.	Codex Vaticanus.	Hieronymus.
Sarabara, species indumentorum Persicorum.	[1] Σαράβαρα, εἶδος ὑποδημάτων Περσικῶν.	Sarabara, braccæ, etc.
Sarephtha, afflictio panis.	Σαρέφθα, θλῖψις ἄρτου.	Sarephtha, angustia panis, etc.
Satan, tentatio elationis, vel etiam trimodium.	[2] Σατᾶν, πειρασμὸς ἐπάρσεως, ἢ [a] καὶ τριμόδιον.	Satan, adversarius, etc.
Saul, expetitus, aut usu habitus.	Σαούλ, αἰτητός, ἢ κεχρημένος.	Saul, expetitus, sive abutens.
Sebee, celer, aut plenus.	Σέβεαι, εὔδρομος, ἢ πλήρης.	Sabee, saturitas, vel septem.
Sedecias, justitia domini.	Σεδεκίας, δικαιοσύνη κυρίου.	Sedecia, justitia domini.
Secla, spes.	Σεκλά, ἐλπίς.	Salcha, tulit sibimet, vel tentatio itineris.
Secundus, elevans.	[b] Σεκοῦνδος, ἐπαίρων.	Secundus, elevans.
Selmon, retributio pacis.	Σελμῶν, ἀνταπόδομα εἰρήνης.	Selmon, pacificans, vel reddens.
Sephpharim, libri.	Σεφφαρίμ, βίβλοι.	Sephpharim, libri, vel historici.
Sepphora, inspectio speciosa.	Σεπφόρα, ἐπίσκεψις ὡραία.	Sephphora, avis ejus, etc.
Seruch, perfectio.	Σερούχ, [c] ἀπάρτημα.	Serug, corriga, sive perfectus.
Seth, resurrectio speciosa.	Σήθ, ἀνάστασις ὡραία.	Seth, positio, seu resurrectio, etc.
Seruch, perfectio.	[3] Σερούχ [d], ἀπάρτιμα.	Saruch, locum, vel dependens, etc.
Seon, tentatio calida.	Σηών, πειρασμὸς θερμός.	Seon, tentatio calens, etc.
Sicarii, inebriati.	Σικάριοι, μεθυσταί.	Sicarii, ebriosi.
Sicima, requies, aut similitudo.	Σίκιμα, ἀνάπαυσις, ἢ ὁμοίωσις.	Sicima, humeri.
Saba, sceptrum.	Σαβά, ῥάβδος.	Saba, captus, sive captivitas, etc.
Sabaoth, virtutum.	Σαβαώθ, τῶν δυνάμεων.	Sabaoth, virtutum, sive militiarum.
Saber, sanctum sanctorum.	[4] Σαβήρ, ἅγιον ἁγίων.	Debir, oraculum.
Sael, salus dei.	[e] Σαήλ, σωτηρία θεοῦ.	Jasael, dimidum dei.
Salem, pax, gratiosa,	Σαλήμ, εἰρήνη, [f] ἐπίχαρις.	Salem, pax, vel reddens.
Salmon, accipe vas.	Σαλμών, λάβε σκεῦος.	Salmon, umbra virtutis.
Salomon, pax, vel gratia.	Σαλομών, εἰρήνη, ἢ χάρις.	Salomon, pacificus.
Samael, minister obediens deo.	Σαμαήλ, διάκονος ἀκούων θεοῦ.	Samuel, nomen ejus deus.
Samuel, lex dei ipsorum, vel illic ipse deus.	[5] Σαμουήλ [g], ὁ νόμος θεοῦ αὐτῶν, ἢ ἐκεῖ αὐτὸς θεός.	Samuel, nomen ejus deus.
Saroa, principatus meus.	Σαρόα, ἀρχή μου.	Sarai, princeps mea.
Seraphim, incensio, vel principatus oris, igneum.	Σαραφίμ, ἐμπυρισμός, ἢ ἀρχὴ στόματος, πύρινον.	Seraphim, incendentes, vel ardentes.
Satanas, terens, aut contrarius.	Σατανᾶς, θλίβων, ἢ ἀντικείμενος.	Satanas, adversarius, sive transgressor.
Sauchites, garrulus.	Σαυχίτης, ἀδόλεσχος.	Suchites, cantilena.
Sebaste, circumdans.	Σεβαστή, κυκλοῦσα.	Sebaste, gyro, sive gyranti, etc.
Seboim, statio.	Σεβοίμ, στάσις.	Seboim, statio maris, etc.
Sedra, anxietas malorum.	Σέδρα, συνοχή.	Sedrach, decorus meus.
Sirenæ, cacodæmones.	Σειρῆναι, οἱ [6] ἀκίδονες [h].	Sirenæ, dæmonia, monstra quædam, etc.

[1] Corrupte Sarabara, pro Saraballa scriptum docet Hieronymus lib. I, Comment. in Dan. cap. III.
[2] Nomen Satan interpretantur Græci τριμόδιον propter σάτα τρία farinæ, quorum meminit Christus Matth. XIII, 33, et Luc. XIII, 21, et Moses Gen. XVIII, 6.
[3] Melius legeretur Zaram aut Zeruch; nam זרוע zerua significat sativum, et זרע zara semen.
[4] Quia Oraculum erat in Sancto Sanctorum, hinc ansam erroris sumunt Græci ut Caber, sive potius

[A] Daber interpretentur Sanctum Sanctorum.
[5] Non etymologiam nominis Samuelis, ut antea monuimus, sed virtutem ejus et obedientiam exprimit Græcorum interpretatio.
[6] Nihil prorsus significat vox ἀκίδονες, monemurque abs Hieronymo legendum κακοδαίμονες, ipse enim ita docet lib. v Comment. in Isai. cap. 13 : Sirenæ autem THANNIM vocantur, quas nos aut dæmones, aut monstra quædam, vel certe dracones magnos interpretati sumus, qui cristati sunt et volantes.

[a] In Vatic. inter ἢ et καὶ unius verbi spatium vacat. Puta recipiendo nomini Σάτουμ, quod Latinum quidem est, sed facile τριμόδιον a Græcis potuit exponi, ab exscriptore autem ob litterarum cum superiore affinitatem omitti. Ad marg. quoque est nota Ζτ.
[b] Hoc nomen ex integro Vatic. restituit. Pro Σεκοῦνδος, Martian. ex Regio legerat ἑκοῦνδος, ipsamque vocem quasi alteram nominis Secla etymologiam illi una serie subtexuit, vertitque voluntarii. In Notis vero æstuat, nec tamen se extricat. Lego, inquit, B ἑκόντος, ut sit ἐλπὶς ἑκόντος, spes spontanei seu voluntarii, vel certe ἑκουσίως ἐπαίρων, altro attollens. Nunc, ut vides, ipsaque Hieronymiana expositio a nobis reposita persuadet, plana omnia sunt, atque expedita.
[c] Est quidem in Vatic. hic atque infra ἀπάρτιμα, quæ vox utcumque perfectionem sonat ; sed quod Martianæus ex Regio scribit ἀπάρτημα, verius profecto vertitur : unde et in Hieronymiano laterculo profectus legendum conjecimus pro perfectus. Scilicet ex ἀπαρτάομαι verbo, quod est longius digre-

dior. Vide quæ annotavimus col. 16.
[d] Hunc quoque alium titulum Vatic. ms. ope restituimus, et superiori propriam etymologiam vindicamus. Martian. ex Regio, ἀπάρτιμα et Σηών vocibus detruncatis, quæ hujus nominis expositio est, priori junxerat una serie, manifesto autem mendo : Σερούχ, σπειρασμός. Atque ita porro σπειρασμὸς legerat satis vitiose, sparsio seminatio, pro πειρασμός, id est, tentatio, quæ verissima hujus est nominis etymologia. Emendationem nostram ipsa Hieronymi interpretatio, quam in ejus syllabo reposuimus, probat.
[e] Σαήλ, pro Ἰασαήλ, Jasael, usurpari opinor. Martian. in Hieron. laterculo opposuerat, Sava, salvatoris. In Græco autem pro θεοῦ Vatic. habet κυρίου.
[f] Martian., ἐπίχαρης, Lat. lætabunda.
[g] Idem Martian. Σαμοήλ. Vatic. emendat.
[h] Quod suspicatur Martian. hic legendum, κακοδαίμονες, nimis, inquit Clericus, praestat a scriptura Codicis, puta Regii, cui et Vatic. consentit. Porro duplex putat ille hic mendum cubare : et primum

Interpretatio Latina.	Codex Vaticanus.	Hieronymus.
Sella, umbra, vel tegumentum ipsum.	Σελλά, σκιά, ἡ σκέπη αὐτή.	Sela, umbraculum ejus.
Semei, auditio mea, exauditio mea.	Σεμεί, ἀκοή μου, εἰσακουσμός μου.	Semei, auditio, audiens.
Sennachirim, tentatio vel siccitas.	[a] Σενναχειρίμ, πειρασμός, ἤ ξηρασία	Sennacherib, tollens, vel levans deserta.
Seraphim, spiritus resurrectionis.	Σεραφίμ. πνεῦμα ἀναστάσεως.	Seraphim, ardentes, vel ut supra.
Sigor resurgens.	Σιγώρ, ἀνιστάμενη.	Segor, parva, etc.
Silom, dissolutio hæc.	Σιλώμ, ἀπόλυσις αὐτή.	Selom, avulsio, vel dimissio, etc.
Siba, militia, vel gaudium.	Σιβά, στρατεία, ἤ χαρά.	Siba, egressus venit.
Sicera, inebriatio.	Σίκερα, μέθυσμα.	Sicera, ebrietas.
Silas, mediator.	Σιλᾶς, μεσίτης.	Silas, missus.
Siclus,-appendiculum, numismata tria, quod sacerdotale fuit, numisma unum, vel didrachmum, vel oboli 20.	[1] Σίκλος, στάθμιον, ν ν τρὶς τὸ ἱερατικὸν ν ἓν, ἤ γο γο, ἤ ὀβολοί κʹ.	Siclus, viginti obolos habet, στατήρ.
Siloam, emissio.	Σιλωάμ, ἀποστολή.	Siloam, missus.
Sina, elevatio sempiterna, vel sitis, præceptum.	Σινά, ἄρσις αἰωνία, ἡ δίψα, ἐντολή.	Sinai, secundus, vel mandatum, aut mensura, ejus, etc.
Sipha, illuminatio.	Σιφά, φωτισμός.	Sephar, speculator ejus, vel buccina.
Sion, specula, vel sitiens, vel mandatum speculæ.	Σιών, σκοπευτήριον, ἤ διψῶσα, ἤ ἐντολὴ σκοπιᾶς.	Sion, specula, vel mandatum, sive invium.
Sodoma, in cinerem redactio, vel incendium, sive speciminis.	Σόδομα, τέφρωσις, ἤ πύρωσις, ἤ πείρας.	Sodoma, pastio silens, aut fulva, etc.
Sor, rupes, aut Tyriorum urbs.	Σώρ, πέτρα ἤ Τυρίων πόλις.	Sor, angustia, etc.
Sophonias, specula domini.	Σοφονίας, σκοπιά κυρίου.	Sophonias, specula domini.
Sulamites, pacificans, vel in spolia.	Σουλαμίτης, εἰρηνεύουσα, ἤ εἰς σκύλα.	Suthamitis, quicumque morietur, sive mortificata.
Susanna, resurrectio gloriæ, aut gratia.	Σουσάννα, ἀνάστασις δόξης, ἤ χάρις.	Susanna, lilium, vel gratia ejus.
Stephanus, regula, vel scopus.	Στέφανος, κανών, ἤ σκοπός.	Stephanus, norma vestra, vel σκοπός.
Syene, tentatio, vel circulus.	Συήνη, πειρασμός, ἤ κύκλος.	Svene, gyrus ejus, vel experta.
Syria, sublimis, in jus vocatio.	Συρία, μετέωρος, ἔγκλησις.	Syria, sublimis, etc.
Sychem, dorsum, sive humeri.	Συχέμ, νῶτος, [b] ἤ ὦμοι.	Sychem, humeri.
Sopatros, servans dispersos.	Σώπατρος, σώζων ἐσκορπισμένους.	Sosipatros, salvans dispersos.
Sosthenes, servanti tempus.	Σωσθένης, σώζοντι καιρόν.	Sosthenes, salvanti eos, etc.
Silvanus, missus.	Σιλουανός, ἀπεσταλμένος.	Silvanus, missus.
Simicinthia, fasciolæ.	[2] Σιμικίνθια, φακιόλια.	Semicinthia.
Sin, batus, vel tentatio.	Σίν, βάτος, ἤ πειρασμός.	Sin, amphora, vel tentatio, sive rubus.
Sisara, sicut visio equi, vel elevationes rebellionis.	Σισαρά, ὡς ὅρασις ἵππου, ἤ ἄρσεις ἀποστάσεως.	Sisara, gaudii exclusio, vel equi visio, etc.
Scevos, vulpes, vel loquens.	Σκεῦος, ἀλώπηξ, ἤ [c] φράζων.	Scæva, vulpecula clamans, vel loquens.
Scytale, sceptrum, aut multitudo.	Σκυτάλη, ῥάβδος, ἤ πλῆθος.	Suthalam, radicatus.
Smyrne, melodia ipsorum.	Σμύρνη, μελῳδία αὐτῶν.	Smyrna, canticum eorum.
Suba, præceptum hoc.	Σούβα, ἐντολή οὕτη.	Soba, secta, a secando, etc.
Sumanites, aqua, aut testificans.	Σουμανίτης, ὕδωρ, ἤ μαρτυροῦσα [d].	Sumamitis, dentes, vel varietas, etc.

[1] Locus obscurus, aptus maxime ad fovendas contrarias Eruditorum opiniones in pondere ac valore sacri, communisve sicli. Notandum autem LXX Interpretes Ezech. cap. xxv, 12, pro siclo στάθμιον, id est, *appendiculum* dixisse, alibi vero δίδραχμον transtulisse: quare compendiarium nominis signum γο γο corruptum existimo; et pro illo, δίδου, vel quid simile, scribendum, ut significet δίδραχμον, juxta editionem LXX Interpretum, quam Græci sequuntur. Consule Epiph. de Ponder. et Mensur. p. 185.

[2] Nomen *Simicinthia* legimus Act. xix, 12, sudalegendum Σειρῆνες ex perpetuo usu linguæ Græcæ, et ipsorum LXX Interpretum; deinde ἀκδόνες mutandum in ἀλκυόνας, *halcyonas*, aut ἀλκδόνας, utrumque enim videntur dixisse antiquiores Græci, unde Latini fecerunt *halcedones*. Sic interpretati sunt vocem σειρῶν Chrysostomus et Cyrillus Alexandrinus, ut ostendit Samuel Bochartus Hierozoici part. II, lib. II, cap. 14, qui item observat in Veterum scriptis, ἀλκυόνας, et ἀκδόνας, sæpe a librariis mixta; quod factum videtur propter affinitatem ἀλκηδόνων, et ἀηδόνων, ad sonum quod attinet, et quia ἀλκηδόνες minus erat usitatum.

[a] Corruptius ex Regio erat Σειρναχειρίμ, Sirnachi-

ria et semicinctia. Juxta Suidam φακιόλιον est quoddam gestamen capitis, quod et φάκελλος nominatur. Hoc sensu Semicinthia, quæ φακιόλια, *faciolia*, interpretatur ms. Græcus, essent capitis gestamina. Sed alii *Semicinthia* volunt esse *lacinias*, quæ sunt in vestimento extremæ partes; hæ etiam, inquiunt, quia ad medium corporis scissæ erant, atque ibi accingebantur, recte ob id *Semicinthia* dicuntur. Huic opinioni favere videtur Hesychius: Σιμικίνθια, φακιόλια, ζωνάρια ὡραῖα τῶν ἱερέων, *Simicinthia*, *faciolia*, *zonaria*, *oraia sacerdotum*.

rim.

[b] Voces ἤ ὦμοι, sive *humeri*, quæ antea desiderabantur, ex Vatican. suffecimus.

[c] Omnino perperam Martian. ex Regio excudit φάραγξ, quod vertit *præcipitium*. In Vatic. φράξ tantum litteræ scriptæ sunt, quas tamen, Hieronymo faceo præferente, statim intellexinus, emendandas in φράξων, quod est, *loquens*. Hieron. *clamans, vel loquens*.

[d] Quæ subsequuntur duo nomina, ad hunc modum in Vatic. efferuntur:
Σπεῖρα, ἀνώτερον.
Σπωρίκ, ἀναρίθμῳθ προάστεια.

LEXICON GRÆCUM NOMINUM HEBRAICORUM.

Interpretatio Latina.	Codex Vaticanus.	Hieronymus.
Seira, supernum, profectio.	Σεῖρα, ἀνώτερον, πορεία.	Seirath, capra.
Sarithmod, suburbia.	Σαριθμώθ. προάστεια.	Sademoth, arva, vel regiones.
Symeon, auditionis labor, vel imago.	Συμεών, ὑπακοῆς πόνος, ἢ εἰκών.	Simeon, audi tristitiam, vel pone mœrorem.
Sichar, obumbratio ramorum.	Συχάρ, συσκιασμὸς κλάδων.	Sychar, conclusio, sive ramus, etc.
Schizæ, jacula.	Σχίζαι, [1] βέλη.	Schizai, Græcum est.
Sorec, electa, sive pulcherrima.	Σωρήκ, ἐκλεκτή, ἢ καλλίστη.	Sorech, optima, vel electa.
T	**T**	**T**
Tophar, scopus, vel spes.	Τωφάρ [2], σκοπὸς, ἡ ἐλπίς.	Sophar, speculator ejus, etc.
Tabitha, caprea silvestris.	Ταβιθά, δορκάς.	Tabita, dama, vel caprea.
Talitha cumi, puella exsurge. Cum, ad virum (dicitur), Cumi ad mulierem.	Ταλθὰ κούμι, κοράσιον, ἔγειρε. [3] Κοῦμ, πρὸς ἄνδρα· Κούμι, πρὸς γυναῖκα.	Talitha cumi, puella surge. Syrum est.
Tabeel, bona dei ipsa.	Ταβεήλ, ἀγαθὰ Θεοῦ ταῦτα.	Tabeel, deus bonus.
Talenta, libræ 125 vel 126.	[4] Τάλαντα, λ. ρκε, ἢ ς΄.	Talenta, Græcum est.
Tamias, custos.	[5] Ταμίας, φύλαξ.	Samaria, custodita.
Tanies, mandatum humile, vel irrorata.	Τανίης, ἐντολὴ ταπεινή, ἢ δροσιζομένη.	Tanis, mandatum humile.
Taphnos, stupens os serpentis.	Τάφνος, ἐξανιστάμενον στόμα ὄφεως.	Taphnes, stupens os serpentis.
Tiaræ, pilei ex lanis compacti.	[6] Τιάραι, περικεφαλαια ἀπὸ πιλωτῶν.	Tiaræ, pileoli.
Tigris, fertilitas, vel augmentum, aut velocitas.	Τίγρις, καρποφορία, ἢ αὔξησις, ἢ ὀξύτης.	Tigris. Vide supra.
Tertius, appropinquans.	Τέρτιος, προσεγγίζων.	Tertius, adjungens, id est, applicans se.
Tertillus, acquiescens, vel stercus ipsorum.	Τέρτιλλος, εὐδοκῶν, ἢ κοπρία αὐτῶν.	Tertullus, placens stercore, vel aggere eorum.
Tiberias, bonus, vel indulgentia.	Τιβερίας, καλός, ἡ φειδούς [F. φειδώ].	Tiberius, bonitas ejus, etc.
Timotheus, beneficus.	Τιμόθεος, ὁ ἀγαθοποιός.	Timotheus, beneficus.
Titus, inquirens bona.	[7] Τίτος, ζητῶν ἀγαθά [a].	Titus, quærentem, sive bonum; sed melius luctatum.
Trachonites, mercatura tristitiæ, sive amabilitas.	Τραχωνίτης, ἐμπορεία [Pro ἐμπορία] λύπης, ἢ προσφιλία.	Trachonitis, negotiatio tristitiæ.
Trochos in trocho, quatuor facies.	[8] Τρόχος ἐν τροχῷ, τετραπρόσωπα.	Trochos, Græcum est.
Tryphena, avertens.	[b] Τρύφενα, ἀποστρέφουσα.	Tryphena, innuens, sive revertens.
Troas, remissio.	Τρωάς, ἄνεσις.	Troas, requies, sive latitudo.
Tympanon, conclusio.	Τύμπανον, συγκλεισμός.	Tympanum, Græcum est.
Tyrannus, comprehendens, vel prævalens.	Τύραννος, συνέχων, ἢ κρατῶν.	Tyrannus, continens eos, sive confortans.
Timon, numerans.	Τίμων, ἀριθμῶν.	Timon, numerans, etc
Tobias, bona domini.	Τοβίας, ἀγαθὰ κυρίου.	Tobias, bonus dominus.
Trissus, arcus.	Τρισσός, τόξον.	Trissus, non legitur apud Hieronym.
Trichapta, vestes deauratæ, et sericæ.	[9] Τρίχαπτα, χρυσόνημα, ἢ ὁλοσήρικα.	Trichapta, Græcum est, Ezech. XVI, 10.
Trophimus, dissolvens ubera.	Τρόφιμος, διαλύων μασθούς.	Trophimus, dissolvens thalamos.
Tryphosa, conspicua.	Τρυφῶσα, ἐμφανής.	Tryphosa, perspicue.
Trogli, dispertiti.	Τρώγλοι, νεμόμενοι.	Troglytæ, iracundi, sive de foramine.
Tyrus, comprehensio, afflictio.	Τύρος, συνοχή, θλίψις.	Tyrus, angustia, etc.
Tychicus, silens.	Τυχικός, σιγῶν.	Tychicus, tacens.
Y	**Y**	**Y**
Yioû jemenei, filii dextræ.	Υἱοῦ ἰεμένει, υἱοῦ δεξιᾶς.	Jemini, dextera mea.
Ymeneus, dormiens.	Ὑμίνεως, νυστάζων.	Ymeneus, dormitans.
F	**Φ**	**F**
Faam, tempus.	Φαάμ [10], καιρός.	Faam, non legitur.
Fanuel, facies.	Φανουήλ, πρόσωπον.	Fanuel, facies dei.

---

[1] Σχίζα proprie est *assula*, seu fragmentum, aut A segmentum e ligno scisso. Apud LXX, Dan. I, 25, invenies σχίσει σε, id est, *scindet te*.

[2] Græcus scriptor sub littera T posuit nomen *Sophar*, quod pertinet ad seriem præcedentem S litteræ. Nisi sit *Tasoph*, quod intelligitur *specula* in Ezechiele.

[3] *Talitha*, Syrum nomen est significans *puellam*; sed verbum *cumi*, id est, *surge*, Hebræum est æque ac Syriacum, cujus mascul. person. *cum* habet, juxta annotationem ms. Græci codicis.

[4] *Talentum*, inquit Epiphanius, ρκέ λιτρῶν ὑπάρχει, 125 libras complectitur. Ms. addit, vel 126.

[5] Pro corrupto *Tamias*, etymologia docet legendum *Samer*, vel *Somer*, aut *Samarites*, ea namque vocabula custodem significant.

[a] Addit Vatic. ἢ ζητῶν ἀπό. sic hiulco sensu, *sive quærens ab*. Porro margini Ζτ. notam apponit.

[6] *Tiara* autem verbum Græcum est, et usu versum in Latinum. De quo Virgilius: *Sceptrumque sacerque tiaras*. Est autem genus pileoli, quo Persarum, Chaldæorumque gens utitur. Ita S. Hieronymus in cap. III Danielis.

[7] Castiganda lectio videtur in Latina interpretatione Hieronymi conformiter ad Græcum, *quærentem bona*.

[8] De hoc verbo, *trochos in trocho*, supra dictum est.

[9] Trichaptum habetur apud LXX, Ezech. XVI, 10. Est autem secundum Hesychium textum quoddam tenue et bombycinum magni pretii, quod crinibus obducebatur.

[10] Nomen prorsus corruptum: etymologia indicat *Atham*, pro *Phaam* legendum.

[b] Ita et Vatic., sed pro τρύφαινα, Roman. XVI, 12, scriptum Clericus notat.

AD TOMUM III OPERUM S. HIERONYMI APPENDIX.

Interpretatio Latina.	Codex Vaticanus.	Hieronymus.
Faran, os visionis.	Φαράν, στόμα ὁράσεως.	Faran, auctus, sive succrescens, etc.
Faria, Pharaonis filia.	¹ Φαρία, τοῦ φαραῶ θυγάτηρ.	Farai, hi ante me.
Fasec, transitus, aut remissio.	Φασέκ, διάβασις, ἢ ἄφεσις.	Fasee, transcensus, sive transgressus.
Felmoni, angelus, vel species virtutis.	² φελμωνί, ἄγγελος, ἢ εἶδος δυνάμεως.	Felmoni.
Fennana, aversio.	Φεννανά, ἀποστροφή.	Fenanna, conversio.
Festus, ore multus.	ᵃ Φέστος, στόματι πολύς.	Festus, os multorum, etc.
Filemon, mirabilis donatus.	Φιλήμων, θαυμαστὸς δωρούμενος.	Filemon, mire donatus, vel certe os panis eorum.
Filex, casus, aut vulneratio.	Φίληξ, πτῶσις, ἢ τρῶσις.	Felix, ruina fracturæ, etc.
Filologos, os extollens.	Φιλόλογος, στόμα ἐξαίρων.	Filologus, ore præcipuum, etc.
Flegon, secans.	Φλέγων, διακόπτων.	Flegon, dissecans, sive dividens.
Fogor, os.	Φογώρ, στόμα.	Fogor, os pellis.
Fœbe, ore ædificans.	Φοιβή, στόματι οἰκοδομοῦσα.	Fœben, ore ædificantem, etc.
Fua, rubea, aut casus.	Φουά, ἐρυθρά, ἢ πτῶσις.	Foa, hic, sed melius rubrum.
Fud, Libyes, aut Aphri.	Φούδ, ᵇ Λίβυες, ἢ Ἄφροι.	Fut, Libyæ, vel oris declinatio.
Fylistiim, alienigenæ, mirabiles.	ᶜ Φυλιστιείμ, ἀλλόφυλοι, θαυμαστοί.	Filisthim, cadentes poculo, etc.
Fone en rama, clamor in terra sublimi.	Φωνη ἐν ῥαμά, βοὴ ἐν γῇ ὑψηλῇ.	Rama, excelsa, etc.
Fathuel, latitudo dei, vel occursus dei.	Φαθουήλ, πλατυσμὸς θεοῦ, ἢ ἀπάντημα ᵈ θεοῦ.	Fathuel, latitudo dei, vel aperiens deus.
Fares, sepes, vel sectio.	Φαρές, φραγμός, ἢ διακοπή.	Fares, divisio, sive divisit, vel dissipans.
Farisæus, separatus.	Φαρισσαῖος, διακεχωρισμένος.	Farisæus, divisus, sive dividens.
Feleththi, funda tactus.	Φελεθθί, σφενδονισθείς.	Feletthi, admirabiliter, vel salvans me.
Felones, facies dei.	Φελώνης, πρόσωπον θεοῦ.	Felones, facies dei.
Ferezæi, dissipantes, vel fructus.	Φερεζαῖοι, διασκεδάζοντες, ἢ καρποί.	Ferezæi, separantes, sive disseminati, vel fructificantes.
Filetus, declinans.	Φιλητός, ᵉ ἀποκεκλικώς.	Filetus, declinans, sive os meum.
Filippus, os lampadarum.	Φίλιππος, στόμα λαμπάδων.	Filippus, os lampadarum.
Finees, oris capistrum, vel renuens.	Φινεές, στόματος φιμός, ἢ ἀνανεύων.	Finees, os requievit, sive os mutum, vel silens.
Forthommen, contrarius, aut de omnibus.	Φορθομμήν, ὑπεναντίος, ἢ ἀπὸ πάντων.	Forthommim, divisio perfecta populi gloriosi, etc.
Fygellus, parthi, vel virgines, vel juvenes.	Φύγελλος, ᶠ πάρθοι, ἢ παρθένοι, ἢ νεανίσκοι.	Fygellus, occurrens, sive contrarius.
Foca, oris assumptio.	Φῶκα, στόματος λῆψις.	Fethora, oris exploratio, etc.
CH	**X**	**CH**
Chabor, conjugatio.	Χαβώρ, σύζευξις.	Chabor, conjunctio, etc.
Chalane, omnes nos.	Χαλάνη, πάντες ἡμεῖς.	Chalanne, omnes nos, etc.
Chaleb, sicut cor, vel omne cor.	Χαλέβ, ὡς καρδία, ἢ πᾶσα καρδία.	Chaleb, quasi cor, aut omne cor, vel canis.
Chamos, sicut attrectatio, aut Saturnus, idolum Moabitarum.	Χαμός, ὡς ψηλάφημα, ἢ ὁ Κρόνος, τὸ εἴδωλον τῶν Μωαβιτῶν.	Chamos, congregatus, vel quasi attrectatio.
Chanaan, sicut responsio.	ᵍ Χαναάν, ὡς ἀπόκρισις.	Chanaan, σάλος, hoc est, motus eorum, etc.
Chananæa, mutans.	Χαναναία, μεταβάλλουσα.	Chananæa, possidens, sive possessio.
Chaela, castrorum.	Χαηλά, ʰ παρεμβολῶν.	Chalech, quasi viride.
Chaldæi, divinatores magi, aut quasi dæmonia.	Χαλδαῖοι, μάντεις, ἢ μάγοι, ἢ ὡς δαιμόνια.	Chaldæi, quasi dæmonia, aut feroces, etc.
Cham, calor.	Χάμ, ⁱ θέρμη.	Cham, calidus.

¹ Non legitur in Scriptura sacra nomen illud, confictumque est manifeste a Græcis, qui propter regis Ægypti nomen *Pharao*, filiam ejus *Phariam* nominari volunt.

² Danielis octavo capite : *Et dixit unus sanctus* לפלמוני *laphelmoni, ad quemdam*; pro quo LXX habent τῷ φελμουνί. Apud Hebræos autem פלוני *Pheloni*,

A cum nomen rei non exprimitur, certum aliquem hominem, *Angelum*, vel *locum* sonat, cujus tamen nomen occultat is qui loquitur, ejusdem mentionem faciens, etiamsi illud non ignoret. Porro nomen *Phelmoni* compositum est ex פלוני *Pheloni*, jam dicto, et אלמוני *almoni*, circa quod consule Lexica Hebræa.

ᵃ Vatic. φίστος, *Fistus*.
ᵇ Vitiose legerat Martian. Δίυνες, pro Λίβυες.
ᶜ Martian. Φυλυστείμ, *Fylystim*, pro Φυλιστιείμ, quod habet Vaticanus.
ᵈ Idem Martian. κυρίου pro θεοῦ legerat.
ᵉ Sic ex Vatican. emendamus ἀποκεκλικώς, qui *declinat*, sive *declinatus*, quod ab ἀποκλίνω verbo derivatur participium. Ipsa Hieronymi interpretatio de restituenda lectione monuit. Manifestum vero mendum erat, quod ex Regio excuderat Martianæus, ἀποκλείας, vertitque *exclusionis*.
ᶠ Videatur ex vulgari Latina acceptione *Fygellum* quasi *Filium*, Italice *Figliuolo*, exponi πάρθων, sive *partum, juvenem, virginem*.
ᵍ Corrupte ex Regio Martian. Χανάν.
ʰ In Vatic. minori numero in recto παρεμβολή, quod rectius vertas *interjectio*.
ⁱ Martian. plurium numero θέρμοι, Latin. *calores*: dixisset *calidi*.

Interpretatio Latina.	Codex Vaticanus.	Hieronymus.
Chananæus, mutationis, vel pauperculus, vel interpretans, aut respondens.	Χαναναῖος, μεταβολῆς, ἢ πένης, ἢ ἑρμηνεύων, ἢ ἀποκρινόμενος.	Chananæus, negotiator, vel mutabilis, aut ipse pauperculus.

ORIGENIANI LEXICI
ALIUD EXEMPLAR
Ex ms. Græco cod. Colbertino 4124.

Interpretatio Latina.	Codex Colbertinus.	Hieronymus.
DE VET. TESTAMENTO.		
A	A	A
Adam, terrenus, vel terra rufa.	Ἀδάμ, γήϊνος, ἢ πυρρὰ γῆ.	Adam, homo, sive terrenus, vel terra rubra, etc.
Abraam, pater gentium.	Ἀβραάμ, πατὴρ¹ ἐθνῶν.	Abraam, pater videns multitudinem.
Alleluia, deus adest, laudate.	Ἀλληλούϊα, ² ὁ θεὸς πάρεστιν, ὑμνήσατε.	Alleluia, laudate dominum.
Ambacum, pater resuscitationis.	Ἀμβακούμ, πατὴρ ἐγέρσεως.	Ambacum, amplexans eos.
Armathem, emissio.	Ἀρμαθέμ, προβολή.	Armathaim, altitudo eorum.
Anna, gloria, vel gratia.	Ἄννα, δόξα, ἢ χάρις.	Anna, gratia ejus.
Aermon, inventum.	Ἀερμών, εὕρημα.	Aermon, anathema mœroris.
Abiglae, patris lætitia.	Ἀβιγλαή, πατρὸς χαρμοσύνη.	Abigail, pater exsultationis, sive roris.
Ananias, torcular, vel gratiam consecutus.	Ἀνανίας, ³ ληνὸς, καὶ χαριτωμένος.	Ananias, gratia domini, vel gratia dissipata.
Azarias, videns, aut fortitudo.	Ἀζαρίας, ὁρῶν, ἢ ἰσχύς.	Azarias, adjutorium domini.
Aermonam, inventi.	Ἀερμονάμ, εὑρήματος.	Aermonim, anathema ejus, etc.
Amin, fiat.	ᵃ Ἀμήν γένοιτο.	Amen, vere, fideliter.
Aser, dives.	Ἀσήρ, ⁴ πλοῦτος.	Aser, beatitudo, sive beatus.
Andreas, generosus.	Ἀνδρέας, γενναῖος.	Andreas, Græce virilis, etc.
Asec, libertas.	Ἀσήχ, ἐλευθερία.	Asec, calumnia.
Ænos, hymnus.	⁵ Αἶνος, ὕμνος.	Enos, homo.
Ariel, leo fortis.	Ἀριήλ, λέων ἰσχυρός.	Ariel, leo dei.
Aggæus, festum.	Ἀγγαῖος, ἑορτή.	Aggæus, solemnitas.
Anathema, mei venientis.	Ἀνάθημα, ἐμοῦ ἐρχομένου.	Anathema, Græcum est.
Ephod, manifestatio et veritas.	⁶ Ἐφούδ, δήλωσις καὶ ἀλήθεια.	Ephod, superindumentum.
Arimathem, de emissione.	Ἀριμαθέμ, ἐκ προβολῆς.	Armathaim, altitudo eorum.
Arsaph, congregatio.	Ἀρσάφ, συναγωγή.	Asaph, congregans.
Arab, insidiæ.	Ἀράβ, ἐνέδρα.	Arab, insidiæ.
Adonai, dominus.	Ἀδωναΐ, κύριος.	Adonai, dominus.
Aron, arca.	Ἀρών, κιβωτός.	Arran, riscus, vel arca, vel capsa.
Arra, irritatio ad iram.	Ἀρρά, παροργισμός.	Arau, iracundus, vel decor.
Asiroth, beatitudines.	⁷ Ἀσιρώθ, μακαρισμοί.	Aseroth, beatitudine, etc.
Ætam, avicula.	Αἰτάμ, ὄρνεον.	Ætam, avis eorum.
Azotus, fortitudo viventis.	Ἄζωτος, ἰσχὺς ζῶντος.	Azotus, ignis patruelis, etc.
Anath, responsio.	Ἀναθ, ἀπόκρισις.	Anath, responsio, etc.

¹ Abraam, Hieronymo teste, transfertur pater multarum: nam quod sequitur, gentium, non habetur in nomine, sed subauditur. Consule supra Quæstiones Hebraicas in Genesim.

² Hæc verba, Deus adest, superflue adduntur a Græcis in etymologia vocabuli Alleluia, vera namque interpretatio ejus exstat in columna Hieronymiana: scilicet laudate Dominum. Hebraice id dicitur הללו־יה hallelu-ja.

³ Mystica est hæc etymologia vocis Ananias; ideo enim torcular interpretatur, quod עני ani sonet afflictionem et paupertatem, quæ profecto torcular dici possunt infirmitatis humanæ. Idem verbum Ananias exprimitur Latine gratia dissipata, ex חן hhen, sive an, id est, gratia; et נוע nua, quod intelligitur agitatus est, vel dissipatus.

ᵃ Lege Ἀμήν, Amen.

⁴ Male additum fuisse nomen πλοῦτος antea monuimus ex Hieronymo lib. Quæst. Hebr. in Genesim, cum etymologia nominis Aser, Scripturæ auctoritate pandatur, dicentis: Beata sum, et beatificant me mulieres. Et ab eo quod beata dicatur ab hominibus, filium suum beatum vocaverit, etc.

⁵ Nomen Enos quasi Græcum, hoc loco Græce interpretatur et scribitur: αἶνος enim laus est apud Græcos.

⁶ De Ephod supra dictum est col. 543.

⁷ In serie nominum ex Deuteronomio disputat Hieronymus in hunc modum. Aseroth, atria, sive vestibula: si tamen per HETH et SADE (הצרות) litteram scribatur. Si vero per ALEPH et SIN, (אשרות) beatitudines sonat.

Interpretatio Latina.	Codex Colbertinus.	Hieronymus.
Amorrhæus, loquax, vel amarus.	Ἀμορραῖος, λαλητός, ἢ πικραινός.	Amorrhæus, loquens, vel amarulentus.
Ægyptus, terra tenebrosa, persecutio.	[1] Αἴγυπτος, [a] σκοτιγή, διώκτρια.	Ægyptus, tribulatio, vel tenebræ.
Aetas, bona.	[2] Αἰτίας, ἀγαθά.	Ætas.
Arnon, lumen eorum.	Ἀρνῶν, φῶς αὐτῶν.	Arnon, lumen eorum, etc.
Aglaom, deus eorum.	[3] Ἀγλαῶν, θεὸς αὐτῶν.	Æglon, vacca eorum.
Ada, testimonium.	Ἀδά, μαρτυρία.	Ada, testimonium.
Aaron, comprehendens.	Ἀαρών, συνειληφώς.	Aaron, mons fortitudinis, etc.
Abimelech, dans consilium regi.	Ἀβιμελέχ. συμβουλεύων βασιλεῖ.	Abimelech, pater meus, rex, etc.
Asael, factura dei.	Ἀσαήλ, ποίησις θεοῦ.	Asael, factura Dei.
Amisa, populus abjectus.	Ἀμισά, λαὸς ἀπορριμμένος.	Amesa, populum tollens, vel levans.
Accaro, sterilitas.	Ἀκκάρω, στείρωσις.	Accaron, sterilitas, etc.
Agla, festivitas.	Ἄγλα, ἑορτή.	Agla, festivitas ejus, aut vacca.
Asao, in deliciis vivens.	[4] Ἀσαώ, τρυφῶν.	Adino, tenellus, vel delicatus.
Asedou, misericordia domini.	[5] Ἀσέδου. ἔλεος κυρίου.	Hasadias.
Asel, umbra.	Ἀσέλ, σκιά.	Asel.
Apher, pulvis.	Ἀφέρ, χοῦς.	Apher, pulvis, sive humus.
Amal, labor, seu molestia.	Ἀμάλ, κόπος.	Amal, labor.
Azoth, prolifici.	Ἀσώθ, γονίμου.	Asoth, patruelis, etc.
Asael, fortitudo dei.	Ἀζαήλ, ἰσχὺς θεοῦ.	Azael, fortitudo dei.
Ariel, lumen dei.	Ἀριήλ, φῶς θεοῦ.	Uriel, lux mea deus.
Armatham, comprehensio mortis.	Ἀρμαθάμ, σύλληψις θανάτου.	Armathaim, altitudo eorum.
Abenezer, lapis auxiliator.	Ἀβένεζερ, λίθος βοηθός.	Abenezer, lapis adjutorii.
Amorrhæi, loquaces.	Ἀμορραῖοι λαλούμενοι.	Amorrhæi, loquentes, etc.
Asor, atrium.	Ἀσώρ. αὐλή.	Asor, atrium, etc.
Abenner, pater lucernæ.	Ἀβεννήρ, πατὴρ λύχνου.	Abenner, pater lucernæ, etc.
Azeca, fortitudo vana.	Ἄζηκα, ἰσχὺς κενή.	Azeca, fortitudo, sive decipula.
Artob, solis occasus.	Ἀρτώβ, δυσμός.	Ar-Loth, humilem, planam, etc.
Arabia, vespera.	Ἀραβία, ἑσπέρα.	Arabia, humilis, sive occidentalis.
Aggith, officium, sive opus.	Ἀγγίθ, ἐργασμός.	Aggith, festus, sive solemnis.
Agal, vitulus.	Ἀγάλ, μόσχος.	Agal, vitulus, etc.
Adraazar, decorum auxilium.	Ἀδραάζαρ, εὐπρεπὴς βοήθεια.	Adadezer, decorum auxilium, etc.
Apheci, ira nova.	Ἀφεκί, θυμὸς [6] καινός.	Aphec, furor novus, etc.
Amathe, fides mea.	Ἀμαθή, πίστις μου.	Amathi, fidelis meus, etc.
Asur, qui est bono et hilari animo, lege dirigens.	Ἀσούρ, εὔθυμος, lege εὐθύνων.	Assur, dirigens, etc.
Asyrii, dirigentes.	Ἀσύριοι, κατευθύνοντες.	Assyriorum, dirigentium.
Ameirau, calor roris.	Ἀμήτραυ. θερμὴ δρόσου.	Amital, ros calefactus.
Amos, fortis, vel persecutor.	Ἀμώς, ἰσχυρός, [7] ἢ διώκτης.	Amos, fortis, vel populum avellens.
Achaz, qui tenetur.	Ἄχαζ, κατάσχετος.	Achaz, continens, aut comprehendens.
Anathoth, exauditio, id est, obedientia.	Ἀναθώθ, ἐπακουσμός.	Anathoth, obedientia, etc.
Ano, responsio.	Ἀνώ, ἀπόκρισις.	Ana, responsio, sive respondens.
Asid, misericordia.	[8] Ἀσίδ, ἔλεος.	Asida, milvus, herodius.

[1] Propter plagam tenebrarum, qua premebantur Ægyptii, et propter persecutionem, qua ipsi opprimebant Hebræos, etymologias hujusmodi confingunt Græci. Verbum autem σκοτιγή formatum volunt ex σκοτία, tenebræ, et ex γῆ, id est, terra. Videsis col. 5, Annotationes nostras in nomen Ægyptus.

[2] Nullum est nomen Hebræum Aitas in Scriptura sacra. Corrupte scriptum videtur Aitas pro Aitob, sive Achitob, in quo est etymologia boni: quia טוב, tob significat bonum.

[3] Monet Hieronymus, Elon significare quercum, scribique sæpius Ailon et Aulon: quod si Æglon legere voluerimus, interpretatur vacca eorum. Græci in etymologia nominis אגלון, Æglon, abjiciunt litteram ג Ghimel, et interpretantur illud Deus eorum, quasi sit אלם elom.

[4] Nomen Adino, pro quo Græcus amanuensis posuit Asao, legitur II Samuelis XXII, 8, apud LXX Translatores, quibus est nomen proprium viri: aliis est appellativum significans voluptatem ejus, propter ו Vau affixum in fine, עדינו adino.

[a] Emendandum, ut Clericus notat, σκοτία γῆ. Tum διώκτρια, non persecutionem, ut Martian. ver-

[5] Duo isthæc nomina Hasadias et Asel non leguntur interpretata apud Hieronymum, qui sumpta sunt e primo Paralipomenon volumine, cap. I et 8. Jam vero observatum est supra, librum Nominum Hebraicorum non fuisse contextum ex Esdra vel ex Paralipomenis.

[6] Græcus manuscriptus hic habet κενός pro καινός id est, vanus pro novus. Hanc restitutionem debemus interpretationi Hieronymianæ, quæ monuit nos legendum καινός pro κενός, quod ex corrupta pronuntiatione ortus duxit.

[7] Hic etiam lego διώκτης pro depravato διρακτής codicis manuscripti; et consequenter κατάσχετος pro alio verbo paululum corrupto in exemplari Colbertino.

[8] Idem quod Asida statim sequens Hebraicum חסידה Asida significat ciconiam, avem piam, et beneficam, quam pietatis cultricem appelat Petronius arbiter. Nomen Asida legitur apud LXX, Jerem. VIII, 7. Hieronymus milvum hoc loco transtulit; et in epistola ad Sunn. et Fretel. milvum pariter indicat se vertisse psal. CIII.

tit, sed quæ persequitur, sive persecutricem sonat in Latino.

Interpretatio Latina.	Codex Colbertinus.	Hieronymus.
Æthiopia, humilitas.	Αἰθιοπία, ταπείνωσις.	Æthiopia, tenebræ, sive caligo.
Achor, nutrimentum.	Ἀχώρ,[1] διατροφή.	Achor, turbatio, vel tumultus.
Azeca, firmitas.	Ἄζηκα, στερέωσις.	Azeca, fortitudo, etc.
Adepha, magisterium.	[2] Ἀδελφά, διδασκαλία.	Alepha, mille.
Ain, oculus.	Ἀΐν, ὀφθαλμός.	Ain, fons, vel oculus.
Azere, oriens.	Ἀζήρη, ἀνατολή.	Zare, oriens, sive ortus est.
Ausitis, consilium.	Αὐθίτις, βουλή.	Ausitis, consiliatrix, etc.
Asida, misericordia.	Ἀσιδα, ἔλεος.	Asida, milvus.
Asouph, prophetia.	[3] Ἀσούφ, χρησμός.	Asaph, congregans.
Aod, laus.	Ἀώδ, αἴνεσις.	Aod, inclytus, gloriosus.
Abelmaula, luctus primitiarum.	Ἀβελμαούλα, πένθος ἀπαρχῶν.	Abelmeola, luctus parturientis.
Abiud, paupertas.	[4] Ἀβιούδ, πενία.	Abiud, patris robur, etc.
Asarom, consilii altitudo.	[5] Ἀσαρώμ, βουλῆς ὕψος.	Esrom, sagittam vidit, etc.
Æaba, saturitas.	Αἰάβα, πλησμονή.	Sabe, saturitas.
Araph, insidiæ.	Ἀράφ, ἔνεδρα.	Arab, insidiæ.
Ari, lux mea.	Ἀρι, φῶς μου.	Uri, lux mea.
Abiel, pater meus deus.	Ἀβιήλ, πατήρ μου θεός.	Abiel, pater meus deus.
Abieza, pater meus robur.	Ἀβιέζα, πατήρ μου ἰσχύς.	Abiezer, patris mei auxilium.
Amalec, populus deflectens.	Ἀμαλήκ, λαὸς ἐκκλίνων.	Amalec, populus lambens, vel lingens.
Ammon, populus gentium, vel laboris.	Ἀμμών, λαὸς ἐθνῶν, ἢ πόνου.	Ammon, populus mœroris, vel filius populi mei.
Amesa, populus, elevatio.	Ἀμησά, λαός, ἔπαρσις.	Amasa, populum tollens, sive levans.
Amenalab, populi beneplacitum.	[6] Ἀμηναλάβ, λαοῦ εὐδοκία.	Aminadab, populus meus voluntarius.
Abdiu, populus meus est.	Ἀβδιοῦ, λαός μου ἐστίν.	Ammiud, populus meus gloriosus.
Abdias, stylus, sive columna.	Ἀβδίας, στύλος.	Abdia, servus domini.
Annas, seditiosus.	[7] Ἄννας, ἀνασυστής.	Annas, donans.
B	B	B
Barne, filia electa.	Βαρνή, [8] θυγάτηρ ἐκλεκτή.	Barnee, electa commotio.
Basanites, pudefactus.	Βασανιτής, αἰσχυνόμενος.	Basanitis bruchus, sive pinguedo. Nam quod interpretari solet, ignominia, vel confusio, Buza dicitur.
Bersabee, filia septima.	Βηρσαβεέ, θυγάτηρ ἕβδομος.	Bersabee, puteus saturitatis, vel puteus septimus.
Beelphegor, dæmon Phegor.	Βεελφεγώρ, δαίμων Φεγώρ.	Baalfegor, habens os pelliceum.
Bosor, caro.	Βοσώρ, σάρξ.	Bosor, in angustia, sive caro.
Bartholomæus, filius benedictus.	Βαρθολομαῖος, υἱὸς εὐλογημένος.	Bartholomæus, filius suspendentis aquas, etc.
Boanerges, filius tonitrui.	Βοανεργές, υἱὸς βροντῆς.	Banereem, filii tonitrui, quod corrupte Boanerges usus obtinuit.
Bethania, domus obedientiæ, gloriæ.	Βηθανία, οἶκος ὑπακοῆς, [9] δόξης.	Bethania, domus afflictionis ejus, vel domus obedientiæ.
Bethphage, domus occursus.	Βηθφαγή, οἶκος ἐπιτυχίας.	Bethphage, domus oris vallium, etc.
Besania, domus rubi, sive bati.	Βησανία, οἶκος βάτου.	Bethsaida, domus frugum, etc.
Beliar, inquisitio.	Βηλιάρ, ἐκζήτησις.	Beliar, cæca angustia, etc.
Balin, dæmonium.	Βαλίν, δαιμόνιον.	Baalim, habentes sive superiores, etc.
Bar-Jona, filius columbæ.	Βὰρ Ἰωνᾶ, υἱὸς περιστερᾶς.	Bar-Jona, filius columbæ, etc.
Babylon, confusio.	Βαβυλών, σύγχυσις.	Babylon, confusio.
Benjamin, filius dexter, vel doloris.	Βενιαμίν, υἱὸς δεξιός, ἢ ὀδύνης.	Benjamin, filius dextræ.

[1] Nihil muto in Græca lectione, etsi Hieronymiana interpretatio manifeste doceat esse depravatam, atque διατροπή, id est, perturbatio, pro διατροφή legendum.

[2] Josue XVIII, 28, Eleph nomen est urbis quod Græci corrupte legunt Adepha; et supra in libro Nominum Aaleph.

[3] Hebraice אסף Asaph, cum Samech in medio, interpretatur congregans: si autem אשף Asaph habeat Sin, Chaldaice Astrologum significat. Asouph igitur, quod Hieronymus congregantem transtulit, Græci χρησμὸν reddiderunt. Est autem χρησμός, oraculum et prophetia, aut divinatio apud Græcos; sive id quod oraculo responsum est. Hinc Asaph אשא, sive Asouph Chaldæorum, videtur Græcorum χρησμός. Asaph quoque prophetia celeberrimus.

[4] Ebion intelligitur pauper et egenus. Confundunt ergo Græci nomen Abiud cum nomine אביון, Ebion, quod maxime vulgatum erat apud christianos.

[5] Corrupto Asarom, opposui Esrom, quia illud Asarom, juxta sonum litterarum, potest significare altitudinem: nam הרם rom, exprimitur altitudo.

[6] Nomina isthæc depravata docet adversa columna Hieronymiana, ideo de illis nihil amplius dicetur.

[7] Quid ἀνασυστής intelligatur, judicium ferant linguæ Græcæ peritiores. Nescio an ἀναστής vel potius ἀνασειστής legendum.

[8] Solœcizant Græci in nominibus Barne et Bersabee : in primo quidem solœcismum faciunt sumentes genus femininum pro masculino, filiam pro filium, id est, Hebraice בר bar, pro בת bath. In altero autem masculinum pro feminino, hoc est θυγάτηρ ἕβδομος pro ἑβδόμη.

[9] Abest hic particula ἢ, vel, ut ex superioribus Græcis exemplaribus in promptu probatio est.

Interpretatio Latina.	Codex Colbertinus.	Hieronymus.
Bethel, domus dei.	Βηθὲλ, οἶκος Θεοῦ.	Bethel, domus dei.
Bara, creatura, sive creatio.	Βαρὰ, κτίσις.	Bara, creatura, etc.
Barsae, in impietate.	[1] Βαρσὰκ, ἐν ἀσεβείᾳ.	Bara, in malitia.
Balla, demersio, vel farina aqua subacta.	Βάλλα, καταποντισμός, ἢ φύραμα.	Balla, absorpta, praecipitata, sive inveterata.
Beeri, putei.	Βηείρει, φρέατα.	Beeri, puteus meus.
Bathuel, filia dei.	Βαθουὴλ, θυγάτηρ Θεοῦ.	Bathuel, virgo Dei.
Bethleem, domus panis.	Βηθλεὲμ, οἶκος ἄρτου.	Bethleem, domus panis.
Betheberra, domus exstructurae.	Βηθέβερρα, οἶκος κατασκευῆς.	Bethabara, domus transitus.
Bith, domus.	Βίθ, οἶκος.	Beth, domus.
Baruchabe, benedictus pater.	[2] Βαρούχαβέ, εὐλογημένος ὁ πατήρ.	Baruch-abba, benedictus qui venit.
Baruch, benedictus.	Βαρούχ, εὐλογημένος.	Baruch, benedictus.
Beelamon, detentio turbae.	Βηελαμὼν, καταχὴ ὄχλου.	Baalmon, habens habitaculum.
G	**Γ**	**G**
Gebuel, mons vanus factus.	Γεβουὲλ [3], ὄρος μεματαιωμένον.	Gelboe, volutatio, sive decursus, vel acervus pluens.
Garisin, mons redemptus.	Γάριξιν, ὄρος λελυτρωμένον.	Garizim, divisio, sive advena.
Gabriel, homo et deus.	Γαβριὴλ, ἄνθρωπος καὶ θεός.	Gabriel, fortitudo dei, vel vir meus, etc.
Gomorrha, statio, sive seditio.	Γόμορρα, στάσις.	Gomorrha, populi timor, sive seditio.
Geon, Nilus.	Γηὼν, νῆλος.	Geon, pectus, sive praeruptum.
Gad, studium, vel fortuna.	Γάδ, ἐπιτήδευμα, ἢ τύχη.	Gad, latrunculus, vel fortuna, aut tentatio.
Gamel, plenitudo superna.	Γαμὲλ, πλήρωσις ἀνωτέρα.	Gimel, retributio, vel plenitudo.
Gaddi, oculus tentationis.	[4] Γαδδὶ, ὀφθαλμὸς [a] πειρατηρίου.	Gaddi, haedus, vel tentatio mea.
Galaad, transmigrationem testimonii.	Γαλλὰδ, μέτοικον μαρτυρίας.	Galaad, transmigratio testimonii, etc.
Galilaea, volutatio domini.	Γαλιλαία, κυλισμὸς κυρίου.	Galilaea, volutabilis, vel rota, etc.
Gergesa, commoratio ejecta.	Γέργεσα. παροικία ἐκβεβλημένος (Pro ἐκβεβλημένη).	Gerasenorum, coloni ibidem, aut suburbana.
Gabbatha, lapidibus stratus.	Γαββαθά, λιθόστρωτος.	Gabbatha, excelsa.
Golgotha, Calvaria.	Γολγοθᾶ, κρανίον.	Golgotha, Calvaria. Syrum est, etc.
Gamiel, loquax dei.	Γαμιὴλ, λαλητὸς Θεοῦ.	Gamaliel, retributio dei.
Gersam, advena, hospes.	Γηρσάμ, πάροικος, ξένος.	Gersam, advena ibi.
D	**Δ**	**D**
David, potens manu.	Δαυὶδ, δυνατὸς χειρί.	David, fortis manu.
Daniel, judicium dei.	Δανιὴλ, κρίσις Θεοῦ.	Daniel, judicium dei.
Dan, judicium.	Δάν, κρίσις.	Dan, judicium, vel judicans.
Damascus, sanguinis osculum.	Δαμασκός, αἵματος φίλημα.	Damascus, sanguinis osculum, etc.
E	**E**	**E**
Elissaee, dei virtus.	Ἐλισσαιὲ, Θεοῦ δύναμις.	Elisae, dei mei salus, etc.
Elimelech, dei regia.	Ἐλιμελέχ, Θεοῦ βασίλειον.	Elimelech, deus meus rex.
Elilatous, terra habitabilis.	[5] Ἐλιλάτους, οἰκουμένη.	Evila, dolens, vel parturiens.
Elcana, dei possessio.	Ἐλκανά, Θεοῦ κτῆμα.	Elcana, dei possessio.
Edom, deficiens.	Ἐδώμ, ἐκλείπων.	Edom, rufus, sive terrenus.
Ephrath, consolatio.	Ἐφράθ, παράκλησις.	Ephatha, frugifera, etc.
Edad, dei judicium.	[6] Ἐδάδ, Θεοῦ κρίσις.	Elmodad, ad mensuram, etc.
Eli, dei.	Ἐλεί, Θεοῦ.	Eli, deus meus.
Euphrates, humilitas, id est, animi demissio.	Εὐφράτης, ταπεινοφροσύνη.	Euphrates, frugifer, sive crescens.
Ephraim, fertilitas, vel consolator.	Ἐφραὶμ, καρποφορία, ἢ παράκλητος.	Ephraim, frugifer, sive crescens.
Elisabeth, dei remissio.	Ἐλισαβέθ, Θεοῦ ἄφεσις.	Elisabeth, dei mei satarias.
Ezecias, potentia divina.	Ἐζεκίας, κράτος θεῖον.	Ezecia, fortitudo domini, etc.
Emimur, labor.	[7] Ἐμιμύρ, πόνος.	Emor, asinus.

[1] *Bara* iterum legi debere monet nos etymologia Graeca nominis hujus *Barsac*.

[2] Ex Matthaei Evangelio Hebraico sumptum videtur hoc nomen ab Origene, quia ibi scriptum erat cap. xxi, 9 : ברוך הבא *baruch abba*, cum ה *He* emphatico ut sit sensus *Benedictus ille qui venit*, etc.

[3] Non secundum etymologiam et fidem elementorum dicitur Gelboe, *mons vanus factus*; sed propter verba David, *Montes Gelboe, nec ros, nec pluvia veniant super vos:* inde enim vani fiunt montes, et inanes ad frugum semina fovenda. Similiter dicimus de monte *Garizim*, qui juxta interpretationes allegoricas Graecorum potest dici *mons redemptus*, eo quod benedictiones positae leguntur super montem Garizim; maledictiones vero super montem Hebal.

[4] Omisit particulam *En* in nomine *Engaddi*, quod sonat *oculum tentationis* : עין *en* namque *oculus* exprimitur, et גד *gad, tentatio*.

[5] Corruptissime legimus in hoc exemplari Graeco *Elilatous* pro *Evilat*, ut probat etymologia nominis, et Lexicon Origenianum supra col. 627. in vocabulo *Evelat*.

[6] Interpretatur Graecus hoc nomen ac si scriptum esset *Eldan*, nam *El* dicitur *Deus*, et *Dan* sonat judicium. *Edad* igitur posuit pro *Elmodad*, aut pro *Elmodan*.

[7] Sicut corrupte *Emimyr* pro *Emor*, ita pro ὄνος potuit amanuensis scribere πόνος.

[a] Supra in I Fragmento ad hoc nomen Martianaeus ipse πειρατήριον, *latronum receptaculum* interpretatus est, pro *tentationem*: ἀπὸ τοῦ πειράζειν, quam etymologiam, Clerico annotante, respuit significatio Hebraica vocis גד *Gad*.

Interpretatio Latina.	Codex Colbertinus.	Hieronymus.
Eliezer, Deus meus, auxiliator meus.	Ἐλιεζέρ, ὁ θεός μου, βοηθός μου.	Eliezer, Deus meus adjutor, etc.
Emmen, matres.	Ἐμμήν, μητέρες.	Emmim, terribiles.
Engadi, oculus hædi.	Ἐνγαδί, ὀφθαλμὸς ἐρίφου.	Engadi, fons hædi.
Enagallim, oculus juvencarum.	Ἐν [1] ἀγαλλίμ, ὀφθαλμὸς δαμάλεων.	Eglon, vitulus mœroris, etc.
Enoch, dedicatio.	Ἐνώχ, ἐγκαινισμός.	Enoch, dedicatio.
Esebon, cogitationes.	Ἐσεβών, λογισμοί.	Esebon, cogitatio, etc.
En dendor, oculus purus.	Ἐν δένδωρ, ὀφθαλμὸς καθαρός.	Aendor, oculus, aut fons generationis.
Eloi, deus.	Ἐλοΐ, ὁ θεός.	Eloi, deus.
Ermon, anathematizans.	Ἑρμών, ἀναθεματίζων.	Ermon, anathema mœroris.
Eden, terra.	Ἐδέν, [2] γῆ.	Eden, deliciæ, vel ornatus.
Eliacim, deus meus resurrexit.	Ἐλιακίμ, ὁ θεός μου ἀνέστη.	Eliacim, dei resurrectio.
Eva, mater viventium, decor eximius.	[3] Εὔα, μήτηρ ζώντων, εὐπρέπεια.	Eva, vita, aut væ, vel calamitas.

Z

	Z.	Z.
Zara, illustris, oriens.	Ζαρά, ἐπιφανής, ἀνατολή.	Zara, oriens, vel ortus est.
Zacharias, victor, vel memoria mortis.	Ζαχαρίας, νικητής, ἢ [4] μνήμη θανάτου.	Zacharias, memoria domini, vel memor domini.
Zorobabel, parvus de confusione.	Ζοροβαβέλ, μικρὸς ἀπὸ συγχύσεως.	Zorobabel, ipse magister Babylonis, id est confusionis.
Zebedæus, hostia mea ipsa.	Ζεβεδαῖος, θυσία μου αὐτή.	Zebedæus, donatus, sive fluens iste.
Zacchæus, sorte electus.	Ζακχαῖος, κεκληρωμένος.	Zachæus, justificatus, aut justus, etc.
Zabulon, donum, id est, gratia.	Ζαβουλών, χάρισμα.	Zabulon, habitaculum, etc.
Zelpha, aquæ exhaustæ effusio.	[5] Ζέλφα, ἐξάντλημα.	Zelpha, ambulans os.
Zan, vivit.	[6] Ζάν, ζῇ.	Zanoe, repulit, vel iste quievit.

H — **H** — **E**

Hesaias, obumbratio, aut elatio dei.	Ἡσαΐας, [7] σκιασμός, ἢ ἔπαρσις θεοῦ.	Esaias, salus domini.
Heliu, deus fortis dominus.	Ἡλιοῦ, θεὸς ἰσχυροῦ αὐθέντης.	Eliu, deus meus iste.
Hesau, locus arboribus consitus, vel quercus.	Ἡσαῦ, δάσος, ἢ δρύς.	Esau, factura, sive roboreus, etc.
El, deus.	Ἤλ, θεός.	El, deus, vel fortis.
Eth, vivens.	Ἤθ, ζῶν.	Eth, formidans, sive stupens.
Helias, divinus ignis.	[8] Ἡλίας, θεῖον πῦρ.	Elias, deus dominus, etc.

TH — **Θ** — **TH**

Thamar, huc sermones, aut dominus.	Θαμάρ, [9] δεῦλογοι, ἢ κύρι.	Thamar, palma, vel amara.
Thema, oriens.	Θεμά, ἀνατολή.	Theman, auster.
Thecel, mensura.	Θεκέλ, μέτρον.	Thecel, appendit.
Thabrathen, quassatus.	[10] Θαβραθέν, συντετριμμένος.	Chabrath, quasi electum, sive grave.
Thala, strepunt.	Θαλά, κυλαδύσσοι: *lege* κελαδοῦσι.	Thalam, ros eorum, sive irrorata.
Thomas, incomprehensibilis, sive didymus.	Θωμᾶς, ἀκατάληπτος, ἢ δίδυμος.	Thomas, abyssus, sive geminus, unde et Græce didymus appellatur.
Thaddæus, laudatus.	[11] Θαδδαῖος, αἰνετός.	Theudas, laudatio, etc.
Thecel, appensum est.	[12] Θεκέλ, βεστάθη.	Thecel, appendit.

---

[1] Non *Enagallim*, sed *Engannim* forte legendum, nisi obstet etymologia *Enganntim*, qua interpretatur *fons hortorum*, vel *oculus hortorum*.

[2] Quia dicitur apud LXX habitasse Cainum in terra *Eden*, Græci parum consulti linguæ Hebraicæ putarunt *Eden* significare *terram*.

[3] Josephi Judæi hæc etymologia est, ut supra observatum in Origeniano Lexico.

[4] Confunditur hic nomen *Zacharias* cum nomine *Ischarioth*, quod interpretatur *memoria mortis*.

[5] Nomen *Zelpha* interpretatur *ambulans os*, illud enim sumptum Veteres volunt ab אזל *azal*, *abiit*, etc. et פה *phe*, id est, *os*; ab ore, non ab osse.

[6] Opposui vocabulo *Zan* nomen *Zanoe*, quia in illo est syllaba *Zan*. Forte *Zenam* legi potuisset. Cæterum *Zan* verbum Græcum est, non Hebraicum nomen.

[7] S. Hieronymus in Nominibus ex Epistola ad Romanos monuit nos, tria nomina, quæ sequuntur, cum H esse legenda, *Hesaias*, *Helias*, *Herodionem*. Ne mireris igitur, quod hæc cum aspiratione legantur a nobis juxta spiritum asperum in Græco notatum.

[8] *Divinus ignis* non est interpretatio nominis *Eliæ*, sed virtutis ejus, aut zeli divini, quo flagrabat, significatio.

[9] Etymologiam hoc loco prorsus depravatam docuit nos superius exemplar Græcum col. 631, ubi nomen *Thamar* interpretatur Θεοῦ λόγοι *Dei sermones*, vel δεῦρο λόγοι *huc sermones*. Lege itaque δεῦρο λόγοι et κύριος.

[10] An pro *Tabrathen* legendum sit *Tharian*, non satis mihi compertum: *Chabrath* opposui propter affinitatem elementorum.

[11] Nomen *Thaddæus* non recenset Hieronymus, sed *Theudas* eamdem habens significationem.

[12] Hæc est interpretatio *Thecel* Danielis v, 27. Græcus autem amanuensis præposuit litteram B verbo ἐστάθη unde maxima oboritur confusio. Significat vero illud elementum B quod bis legitur nomen *Thecel*, vel in Daniele, aut in præsenti Vocabulario.

Interpretatio Latina.	Codex Colbertinus.	Hieronymus.
Thæmanon, vias nutu vetasse, vel apocryphus.	¹ Θαιμανῶν, ὁδοὺς ἀνανεῦσαι, ἢ ἀπόκρυφός [Lege Ἀφρικος].	Themana, auster, vel Africus.
Thalpioth, propugnacula, vel sublimia.	² Θαλπιώθ, ἐπάλξη, ἢ ὑψηλά.	Thalpioth, propugnacula. Thabor, veniens lumen.
Thabor, irrisionis.	Θαβώρ, διαπάγματος (F. διαπαίγματος).	
Thera, luminis spiritus.	Θήρα, φωτὸς πνεῦμα.	Thyatira, illuminata.
Thuer, signum, aut vocatio.	Θύηρ, σημεῖον, ἢ κλῆσις.	Thaphnas, opertum signum, etc.
Thanaam, auster.	³ Θαναάμ, νότος.	Thau, signum, etc.
Theman, illinc.	Θιμάν, ἐκεῖθεν.	Theman, auster.
		Theman, auster, vel Africus.
J	**I**	**J**
Jesus, salus, salvator, salvus.	Ἰησοῦς, σωτηρία, σωτήρ, σώστης.	Jesus, salvator, sive salvaturus.
Josias, salvans.	Ἰωσαίας, σώζων.	Josias, domini salus, etc.
Jeremias, largitio aquæ.	Ἰερεμίας, παροχὴ ὕδατος.	Jeremias, excelsus domini.
Jezeciel, fortitudo dei.	Ἰεζεκιήλ, κράτος θεοῦ.	Jezeciel, fortitudo dei.
Jonathan, columba veniens.	Ἰωνάθαν, περιστερὰ ἐρχομένη.	Jonathan, domino donante, etc.
Jonas, columba.	Ἰωνᾶς περιστερά.	Jonas, columba.
Joannes, expiatio, requies, donum dei, remedium dei, dei gratia ipsius, labor dei, fuga pulchritudinis, sustinentia dei.	Ἰωάννης, ἐξιλασμός, ἀνάπαυσις, δόμα θεοῦ, ἴαμα θεοῦ, θεοῦ χάρις αὐτοῦ, πόνος θεοῦ, φυγὴ κάλλους, διαπόνησις θεοῦ.	Joannes, cui est gratia, vel domini gratia, aut in quo est gratia.
Josedec, justitia.	Ἰωσεδέκ, δικαιοσύνη.	Josedech, domini justus, etc.
Jacob, supplantator.	Ἰακώβ, πτερνιστής.	Jacob, supplantator, sive supplantans.
Israel, mens videns deum.	Ἰσραήλ, νοῦς ὁρῶν θεόν.	Israel, vir videns deum, etc.
Joppe, speculatio gaudii, pulchritudo mirabilis.	Ἰώππη, ⁴ κατασκοπὴ χαρᾶς, καλλονὴ θαυμαστή.	Tharsis, exploratio gaudii. Joppe, pulchritudo.
Joac, fraternitas dei.	Ἰωάχ, ἀδελφότης θεοῦ.	Joach, cujus est frater? sed melius confitens, sive glorificans.
Jezrael, non videns deum.	Ἰεζραήλ, μὴ ὁρῶν θεόν.	Jezrael, semen dei.
Japheth, latitudo.	Ἰαφέθ, πλατυσμός.	Japheth, latitudo.
Jothor, cæcus, vel superfluus.	Ἰωθώρ, τυφλός, ἢ περισσός.	Jothor, superfluus.
Jacobus, calcanei filius.	Ἰάκωβος, πτέρνης υἱός.	Jacobus, supplantator.
Isaac, exsultatio, angelus.	Ἰσαάκ, ἀγαλλίαμα, ⁵ ἄγγελος.	Isaac, risus, vel gaudium.
Judas, confessio.	Ἰούδας, ἐξομολόγησις.	Juda, confitens, sive laudans.
Joseph, additamentum.	Ἰωσήφ, πρόσθεσις.	Joseph, augmentum.
Isachar, merces.	Ἰσάχαρ, μισθός.	Issachar, est merces.
Job, visibilis.	Ἰώβ, ⁶ ὁρατός.	Job, magus.
Idumæa, deficiens.	Ἰδουμαία, ἐκλείπουσα.	Idumæa, terrena, vel rufa.
Jerico, deorsum voluta, vel cava et depressa, vel luna.	Ἰεριχώ, κατακυλιστή, ἢ κοίλη, καὶ χθαμαλή, ἢ σελήνη.	Jerico, odor ejus, vel luna.
Jael, auris dei.	Ἰαήλ, οὖς θεοῦ.	Jael, cerva, vel incipiens.
Jordanes, descensio ostentationis.	Ἰορδάνης, κατάβασις ἀλαζωνείας.	Jordanis, descensio eorum.
Judæa, glorificans.	Ἰουδαία, ἐξομολογουμένη.	Judæa, confessio.
Hierusalem, visio pacis, templum pacis.	Ἰερουσαλήμ, ὅρασις εἰρήνης, ἱερὸν εἰρήνης.	Jerusalem, visio pacis, etc.
Joel, habet spiritum dei.	Ἰωήλ, ἔχει πνεῦμα θεοῦ.	Joel, incipiens, vel est dei.
Jaerus, domini vigilatio.	Ἰάηρος, κυρίου γρηγόρησις.	Jairus, illuminans, vel illuminatus.
Jasuph, conversio.	Ἰασούφ, ἐπιστροφή.	Jasub, revertens.
Iechonias, purus.	Ἰεχονίας, καθαρός.	Jechonias, præparatio domini.
Jao, dominus, vel invisibilis.	Ἰαώ, κύριος, ἢ ἀόρατος.	Jao, dominus.
Jebus, Jerusalem.	Ἰεβούς, Ἰερουσαλήμ.	Jebusæum, calcatum, etc.
Joacim, præparatio domini.	Ἰωακείμ, ⁶ ἑτοιμασία κυρίου.	Joacim, domini resurrectio.
K	**K**	**C**
Kain, zelus, vel possessio.	Κάϊν, ζῆλος, ἢ κτῆμα.	Cain, possessio, etc.
Kades, sanctus.	Κάδης, ἅγιος.	Cades, sancta, etc.
Kephas, petrus.	Κεφᾶς, πέτρος.	Cephas, petrus.
Kedar, obscuritas.	Κηδάρ, σκοτασμός.	Cedar, tenebræ, etc.
Kapernaum, ager, vel domus consolationis.	Καπερναούμ, ἀγρός, ἢ οἶκος παρακλήσεως.	Capharnaum, villa, sive ager consolationis.

¹ Verba sunt libri Jos. VI, 19, satis corrupta, Ἴδετε ὁδοὺς Θαιμανῶν, *Videte vias Themanorum*.

² Hebræum הלפיות *Thalpioth*, sine interpretatione posuerunt LXX Canticorum IV, 4. Hieronymus transtulit illud *propugnacula*, juxta primam etymologiam Græcam.

³ Corrupte scribit Græcus νῶτος quod est *dorsum*, pro νότος id est, *pars australis*. Est igitur nomen venti a meridie spirantis.

⁴ Hallucinatio, sive fraus potius amanuensis Græ-ci, qui hic loci supprimit nomen *Tharsis*, interpretatum *exploratio gaudii*, ut hanc etymologiam affigat nomini *Joppe*; quia simul conjuncta sunt in eodem versiculo Jonæ cap. 1, 3.

⁵ *Isaac* nullo modo significat *angelum*: quare pro corrupto Græco ἄγγελος lege, ut in cæteris superioribus Fragmentis, γέλως id est, *risus*.

⁶ *Joacim* confundunt Græci cum nomine *Jechonias*, quod exprimitur Latine *præparatio Domini*: Joacim autem *Domini resurrectio*.

ⁿ Legendum ἐρατός pro ὁρατός id est *amabilis*, pro *visibilis*. Passim Veteres Jobi nomen interpretantur ἀγαπητὸν κυρίου *dilectum*, sive *amabilem Domini*. Vide superius in IV Fragmento.

LEXICON GRÆCUM NOMINUM HEBRAICORUM.

Interpretatio Latina.	Codex Colbertinus.	Hieronymus.
Kaiaphas, curiosus.	Καϊάφας, περίεργος	Caiphas, vomens ore, vel sagax, sive investigator.
Karmelus, scientia circumcisionis.	Κάρμηλος, ἐπίγνωσις περιτομῆς.	Carmelus, scientia circumcisionis, etc.
Kana, possessio.	Κανά, κτῆσις.	Cana, possessio, sive possedit.
Konachol, omnipotens.	[1] Κονάχολ, παντοκράτωρ.	Cone-chol, possidens omnia.
Keph, vocatio.	Κήφ, κλῆσις.	Crete, vocationis, aut vocatæ.
Kecharitomene, receptaculum.	[2] Κεχαριτωμένη, δεξαμένη.	Cecharitomene, Græcum est.

L · Λ · L

Lamech, electionis.	Λάμεχ, τῆς ἐκλογῆς.	Lamech, humiliatus, vel percussus.
Lia, laboriosa, infirmos habens oculos.	Λία, κοπιῶσα, ἀσθενεῖς ἔχουσα τοὺς ὀφθαλμούς.	Lia, laboriosa.
Lia, plana.	[3] Λιά, ὁμαλή.	Lia, laboriosa.
Levi, societas, sive conjugatio.	Λευί, συζυγία.	Levi, additus, sive appositus.
Lazarus, convertens et adjutus.	Λάζαρος, ἐπιστρέφων καὶ προσθούμενος.	Lazarus, adjutus.
Libanus, dealbatio.	Λίβανος, λευκασμός.	Laban, candidus.
Lot, exclusio.	Λώτ, ἀπόκλεισις.	Lot, ligatus, aut declinans, etc.

M · M · M

Mesias, Christus.	Μεσίας, χριστός.	Messias, unctus, id est Christus.
Michael, prætor dei.	Μιχαήλ, στρατηγὸς θεοῦ.	Michael, quis ut deus.
Moyses, aquæ ablatio.	Μωϋσῆς, ὕδατος ἀναίρεσις.	Moses, sumptus ex aqua, sive assumptio.
Mathusala, propter faciem loquens, missus.	Μαθουσαλά, [4] διὰ πρόσωπον λαλήσας, ἀπεσταλμένος.	Mathusala, mortis emissio, sive mortuus est, et interrogavit.
Manasses, recordatio.	[5] Μανασσής, ἀνάμνησις.	Manasses, obliviosus, etc.
Melchi, rex.	Μελχί, βασιλεύς.	Melchi, rex meus.
Melchisedech, rex pacificus.	Μελχισεδέκ, βασιλεὺς εἰρηνικός.	Melchisedec, rex justus.
Mane, numeravit.	Μανή, ἐμέτρησεν.	Mane, numeravit.
Moldan, aquæ judicium.	Μολδάν, ὕδατος κρίσις.	Molada, nativitas.
Misael, misericordia dei.	Μισαήλ, ἔλεος θεοῦ.	Misael, quæ salus dei?
Martha, dominus venit.	Μάρθα, κύριος ἦλθεν.	Maranatha, dominus noster venit.
Mariama, amarum mare.	Μαριαμά, πικρὰ θάλασσα.	Mariam, amarum mare, etc.
Michheel, dissimilis virtus.	Μιχθεήλ, ἀσύγκριτος δύναμις.	Magdiel, magnificat me deus, etc.
Magdalene, quæ plantata est.	Μαγδαληνή, [6] πεφυτευμένη.	Magdalene, turris, vel turrensis.
Matthæus, gloria vitæ.	Ματθαῖος, δόξα ζωῆς.	Matthæus, donatus quondam.
Malachias, angelus.	Μαλαχίας, ἄγγελος.	Malachi, angelus meus.
Michæas, quis sicut Dominus.	Μιχαίας, τίς ὥσπερ ὁ κύριος.	Michæa, quis hic? vel quis iste?
Mariam, Domini sigillum. Dominus ex genere meo, illuminatio.	Μαριάμ, κυρίου σφραγίς, κύριος ἐκ τοῦ γένους μου, φωτισμός.	Mariam, plerique æstimant interpretari illuminatrix, vel Zmyrna maris, etc.

N · N · N

Nephthalem, latitudo vel opitulatio.	Νεφθαλήμ, πλατυσμός, ἡ ἀντίληψις.	Nephthali, latitudo, sive dilatavit me, etc.
Noemen, dulcis.	Νοεμήν, γλυκεῖα.	Naama, decora.
Nadam, beneplacitum.	Ναδάμ, εὐδοκία.	Nadab, sponte.
Natham, dedit.	Ναθάμ, ἔδωκεν.	Nathan, dedit.
Naoum, consolatio.	Ναούμ, παράκλησις.	Naum, consolator vel consolatio.
Noema, fides.	Νοεμά, πίστις.	Naam, fidelis.
Naba, corvus.	Ναβά, κόραξ.	Nabal, insipiens.
Noe, requies.	Νῶε, ἀνάπαυσις.	Noe, requies, vel requievit.
Nathanael, dedit Deus.	Ναθαναήλ, ἔδωκεν ὁ θεός.	Nathanael, dedit Deus.
Nae, instabilis et fluctuans.	Ναή, σαλευόμενος.	Noa, movens, sive commotio.
Nazareth, flos.	Ναζαρέθ, ἄνθος.	Nazareth, flos aut virgultum ejus.
Naphtha, oleum quod apud Persas funditur.	[7] Νάφθα, ἔλαιον τὸ παρὰ Πέρσαις χεόμενον.	Naphtha, species fomitis apud Persas, etc.
Noe, justitia.	Νῶη, δικαιοσύνη.	Noe, requievit, vel requiescet.

---

[1] Hebræum est verbum istud compositum ex קנה A cona, sive cone, et כל chol, sive kol. Huic simile est Genesis xiv, 19 : Cone samaim vaarets, possessor cœli et terræ, sive, qui creavit cœlum et terram. Quomodo autem huc translatum fuerit, et unde sumptum sit, minus mihi compertum.

[2] Lucæ I, 28, legimus verbum κεχαριτωμένη id est, gratia plena, tamquam gratiæ et virtutum receptaculum fuerit Maria Virgo juxta Græcorum interpretationem.

[3] Nomen Lia iterum posuit Græcus amanuensis, illudque interpretatur juxta proprietatem linguæ Græcæ, nam λεία apud Græcos planam sonat; apud Hebræos vero non item, quia לאה laa proprie significat moleste ferre, et laborare, etc.

[4] Quid sibi velint hæc verba Græca incertum prorsus. Certe Mathusalæ etymologiam nominis non exprimunt. Nescio an possint hoc modo intelligi, juxta superficiem litteræ loquens, interpretatur Mathusala, missus.

[5] Falsa est Manasses etymologia apud Græcos, et veritati contraria, cum נשה nasa, unde formatur nomen Manasse, significet oblitus est, minime autem recordatus est.

[6] Idem nomen Magdalene interpretatur supra πεφυλαγμένη, id est, custodita, et nisi fallor, sic quoque legendum hoc loco, non πεφυτευμένη.

[7] De Naphtha abunde diximus in superiori exemplari Origeniani Lexici. Confer utrumque locum.

Interpretatio Latina.	Codex Colbertinus.	Hieronymus.

O

Hoon, sublimis.	Ὀῶν [*Lege* ὄον], [1] ὁ ὕψιστος.	Ram, sublimis.
Urias, spiritus.	Οὐρίας, τὸ πνεῦμα.	Uri, lex mea.
Hooliba, adultera.	[2] Ὀολιβα, μοιχαλίς.	Ooliba, tabernaculum meum in ea.
Hodolla, meretrix.	Ὀδολλα, πόρνη.	Oola, tabernaculum.
Hozias, fortitudo Dei.	Ὀζίας, ἰσχὺς Θεοῦ.	Ozia, fortitudo Domini.

P

Pascha, sacrificium pro transitu, redemptio.	Πάσχα [3], διαβατήριον, λύτρωσις.	Pascha, transitus, sive transcensus.
Pessech, libertas.	Πεσσέχ, ἐλευθερία.	Phasee, transgressum, sive transcensio.
Paschor, liber.	[4] Πάσχωρ, ἐλεύθερος.	Phasor, os nigredinis.
Paulus, requies, minimus.	Παῦλος, ἀνάπαυσις, ἐλάχιστος.	Paulus, mirabilis, sive electus.

R

Rubel, spiritus Dei.	Ῥουβήλ [5], πνεῦμα Θεοῦ.	Rubel, corruptum est.
Ruben, videns filius.	Ῥουβὴν, ὁρῶν υἱός.	Ruben, videns filius, sive videns in medio.
Rabbi, magister.	Ῥαββί, διδάσκαλος.	Rabbi, magister meus.
Ramma, excelsa.	Ῥαμμά, ὑψηλή.	Rama, excelsa, sive exaltata.
Racca, vanus.	Ῥακκά, κενός.	Raca, vanus.
Raguel, pastura Dei.	Ῥαγουὴλ, ποιμανσία Θεοῦ.	Raguel, pastor dei, etc.
Raphael, spiritus Dei, vel medicus Dei.	Ῥαφαὴλ, πνεῦμα Θεοῦ, ἢ ἰατρὸς Θεοῦ.	Raphael, medicina dei.
Rachel, grex Dei, vel ovis Dei.	Ῥαχὴλ, ποίμνη Θεοῦ, ἢ πρόβατον Θεοῦ.	Rachel, ovis, vel videns Deum, etc.
Rebecca, pastoralis filia.	Ῥεβεκκα, ποιμένιος θυγάτηρ.	Rebecca, multa patientia, etc.
Ruth, grex.	Ῥούθ, ποίμνη.	Ruth, festinans.
Rachel, domina, cognitio.	Ῥαχὴλ, ἄρχουσα, γνῶσις.	Rachel, videns principium, etc.

S

Samuel, petitio, vel obedientia Dei.	Σαμουὴλ [6], αἴτημα, ἢ ὑπακοὴ Θεοῦ.	Samuel, nomen ejus Deus.
Symeon, exauditio, vel obediens.	Συμεὼν, εἰσακοή, ὢ ὑπακούων.	Symeon, exauditio, vel nomen habitaculi.
Salomon, pacificus.	Σαλωμὼν, εἰρηνικός.	Salomon, pacificus.
Sedech, pacis.	[7] Σεδέκ, εἰρήνης.	Sedech, justus.
Salim, pax.	Σαλίμ, εἰρήνη.	Salem, pax, vel reddens.
Seraphim, spiritus stantes.	Σεραφίμ, [a] πνεύματα ἀνιστάμενα.	Seraphim, incendentes, vel ardentes.
Satan, affligens.	Σατὰν, θλίβων (F. θλίβων).	Satan, adversarius, etc.
Sunam, obediens.	Σουνὰμ, ὑπακούων.	Sunam, coccinea, etc.
Sidon, captura.	Σιδὼν, θήρευμα.	Sidona, venatio mœroris, etc.
Sin, sitis.	Σὶν, δίψα.	Sin, tentatio, sive rubus.
Sion, sitiens.	Σιὼν, διψῶσα.	Sion, specula, vel sitiens.
Samaria, obedientia dicitur.	Σαμαρία, ὑπακοὴ λέγεται.	Samaria, custodita.
Sodoma, evocatio.	Σόδομα, ἔκκλησις.	Sodoma, fulva, vel tacens, etc.
Sephela, pelvis angusta.	Σεφήλα, λεκάνη στενή.	Sephela, humilis, sive campestris.
Semnas, conversiones.	Σεμνάς, ἐπιστροφάς.	Sobnas, sedens, vel revertens.
Sania, rubus.	Σανία, βάτος.	Sinai, amphora mea, sive rubus.
Sabbatum, requies, sanctificatio, otiositas.	Σάββατον, ἀνάπαυσις, ἁγιασμὸς, ἀργία.	Sabbatum, requies.
Segor, excitata.	Σηγώρ, ἀνισταμένη.	Segor, parva, etc.
Sipha, excitatus.	Σιφά, ἀνιστάμενος.	Sephra, adhæsit, vel placens.
Sabæ, Æthiopes.	Σαβαί, Αἰθίοπες.	Sabaim, captivi.
Sabaoth, virtus.	Σαβαὼθ, δύναμις.	Sabaoth, virtutum, etc.
Susanna, muro cincta.	Σουσαννά, τετειχισμένη.	Susanna, lilium, etc.
Sophonias, intelligens abscondita.	Σοφωνίας, συνιεὶς τὰ κρυπτά.	Sophonia, abscondens cum.

---

[1] *Hoon* positum credi potest pro *Heroon*, ὑπερῷον, A opprimebantur. aut pro ῥώμ, id est, *Ram*, quod interpretatur *excelsus*.

[2] Græci sic nomina duarum mulierum *Oola* et *Ooliba* interpretantur, non attendentes fidem elementorum, vel proprietatem linguæ Hebraicæ, sed quod de illis scriptum legitur Ezech. cap. XXIII, ubi divinus propheta probris insectatur idololatriam Samariæ et Jerusalem, quas sub typo duarum meretricum repræsentat.

[3] *Pascha*, sive *Phasee* dicitur *redemptio* et *libertas*, non juxta proprietatem verbi פסח, quod *transitum* significat; sed ex eo quod Hebræi tempore Paschæ seu immolationis *Phasee*, liberi exierint de Ægypto, ac redempti e durissima captivitate, qua

[4] Hoc nomen scriptum est משחור in Hebræo cum *Heth* in medio, quod Septuaginta sæpius legunt per χ : unde *Paschor* hic pro *Phashur* sive *Phasor*.

[5] Idem vocabulum, quo primogenitus Jacob appellatus est, corrupte scriptum cum *l* in fine, et interpretatum *spiritus Dei*, reponunt Græci hoc loco cum vera lectione, et genuina etymologia, nempe *Ruben, videns filius*.

[6] De falsa hac etymologia Græca nominis Samuel supra jam dictum est.

[7] Hoc nomen *Sedec* falso semper interpretantur Græci *pacem*, ut antea in vocabulo *Melchisedec* : cum vera ejus interpretatio sit, *justus*.

[a] Alludit Isaiæ locum, ubi *duo Seraphim stantia* describuntur, non etymologiam vocis explicat, quæ vulgatissima est in his quoque libris. Sic Dionysio ἐμπρησταὶ dicuntur. Cyrillo Alexandr. θερμαίνοντες ; Chrysostomo ἔμπυρα στόματα, quibus Latine respondet *incendentes*.

LEXICON GRÆCUM NOMINUM HEBRAICORUM.

Interpretatio Latina.	Codex Colbertinus.	Hieronymus.
Simon, humilitas.	Σίμων, ταπείνωσις.	Simon, audi tristitiam, etc.
Seth, oblivio malorum, vel qui posuit.	Σηθ, ἐπιλησμονὴ κακῶν, [1] ἢ θέμενος.	Seth, positus, vel positio, etc.
Sem, requies, nomen.	Σὶμ; ἀνάπαυσις, ὄνομα.	Sem, nomen.
Solem, perfectum.	Σολὴμ, τὸ τέλειον.	Salem, perfecta, vel reddita.
Saul, petitio.	Σαοὺλ, αἴτημα.	Saul, expetitus.
Sanir, via lucernæ.	Σαχὶρ, [a] ὁδὸς λύχνου.	Sanir, dens lucernæ, etc.
Sulamites, pacificans.	Σουλαμίτης, εἰρηνεύουσα.	Sulamitis, mortificata, etc.
Sara, pauxilla.	[2] Σάρα, ὀλιγοστή.	Sarai, princeps mea.
Sarra, multiplicata.	Σάῤῥα, πεπληθυμένη (F. πεπληθυμμένη).	Sara, princeps.
Siir, cursus.	Σιεὶρ, τρόχος.	Seir, pilosus, vel hispidus.
Sennaar, excussio.	Σέννααρ, ἐκτιναγμός.	Sennaar, excussio dentium, etc.
Sychem, labor, vel exercitatio.	Συχὴμ, πόνος, ἢ ἄσκησις.	Sychem, humeri.
Saulus, persecutor.	Σαῦλος, διώκτης.	Saulus, tentatio respicientis, etc.
Sen, dentes.	Σὲν, ὀδόντες.	Sin, dentes.
Sepphora, consideratio, vel pulchritudo.	Σεπφώρα, ἐπίσκεψις, ἡ ὡραιότης.	Sepphora, avis, vel pulchritudo ejus.
T	T	T
Tigris, acutissimus spiritus.	Τίγρις, [b] ὀξύτατον πνεῦμα.	Tigris.
Titus, dijudicatio.	Τίτος, διάκρισις.	Titus, quærens, sive luctatus, etc.
PH	Φ	PH
Phares, intercisio, tollit.	Φαρὲς, διακοπὴ, [c] διαίρεται.	Phares, divisio.
Phit, os.	Φὶτ, στόμα.	Phut, Lybia, sive oris declinatio.
Phison, os ignis.	Φισῶν, στόμα πυρός.	Phison, os pupillæ, etc.
Philippus, quæ effugit vita.	Φίλιππος, πεφυγμένη ζωή.	Philippus, os lampadarum.
Phanuel, redemptio dei.	Φανουὴλ, λύτρωσις θεοῦ.	Phanuel, facies dei.
Phenana, resipiscentia.	Φενάνα, μετάνια (F. μετάνοια).	Phenana, conversio.
Pharan, cerva.	Φαρὰν, δάμαλις.	Pharan, ferocitas eorum, etc.
Pharisæi, separati, dissecti.	Φαρισαῖοι, μεμερισμένοι, διακοπτόμενοι.	Pharisæi, dividentes, sive divisi.
CH	X	CH
Cham, acervus spicæ.	Χὰμ, θημωνία στάχυος.	Cham, calidus, etc.
Choreb, novale.	Χωρὴβ, νέωμα.	Oreb, corvus, aut siccitas.
Chelciu, Dei excitantis.	Χελχίου, θεοῦ τοῦ ἐγείροντος.	Elciau, pars Dominus est.
Cherub, multitudo.	Χερούβ, πλῆθος. [d]	Cherub, scientiæ multitudo.
O	Ω	O
Osanna, gloria, salva quæso.	Ὡσαννά, δόξα, σῶσον δή.	Osanna, salvifica, quod Græce dicitur σῶσον δή.
Osee, obumbrans, vel custos.	Ὡσηὲ, σκιάζων, ἢ φύλαξ.	Osee, salvator, aut salvans.

[1] Græcus codex τημενός habet pro θετός, id est, positus, juxta etymologiam nominis שית suth, quod est posuit, et juxta Hieronymianam interpretationem. Malui tamen substituere θέμενος, quam θετὸς vel θέσις, quia pauca mutantur in nomine restituto.

[2] Putarunt Græci nomen uxoris Abrahæ primum A fuisse Sara, mutatum autem in Sarra, addito elemento r : et quia r apud Græcos centenarius numerus est, multas super nomine ejus ineptias suspicantur. Hinc in ms. codice Græco Sara dicitur pauxilla sive cum paucis; Sarra vero multiplicata.

[a] Ita emendavit Martian. ipse postea in Addendis et Mutandis ὁδὸς pro ὀδοὺς, et via pro dens.
[b] Legendum ὀξύτατον ῥεῦμα, hoc est, celerrimum fluentum, erudite contendit Clericus. Vid. I Fragmentum in fine.
[c] Fort. διαίρεσις, id est divisio, rescribendum est.
[d] Non dubito quin exciderit γνώσεως, id est scientiæ, ut Philo ipse interpretatus est, πλῆθος γνώσεως; vel ut alibi, ἐπίγνωσις καὶ ἐπιστήμη πολλή. In quod idem recidunt et Anastasius Sinaita XII anagog. contempl. in Hexaemeron ; et Dionysius de cœlesti Hierarch. quibus est χύσις σοφίας ; Chrysostomus homil. 3 contra Anomæos, πεπληθυμένη (F. πεπληθυμμένη) γνῶσις. Vide ex Latinis Philastrium, et Augustinum, ut alios plerosque omittamus, quibus probatur multitudo scientiæ.

DE DECEM DEI NOMINIBUS.

EXPLANATIO PRÆVIA.

Non diffiteor summam percipere me animi voluptatem ex ultima hac parte Colbertini codicis Græci, qui viam nobis aperuit ad consequendam perfectam intelligentiam epistolæ sancti Hieronymi ad Marcellam, cujus verba, etiamsi per se manifestissima, diverse tamen a diversis interpretari potuissent ; in eo loco maxime, ubi ait nomen Dei tetragrammaton propter similitudinem elementorum, cum in libris Græcis reperiretur, Pipi a quibusdam legi consuevisse. Quis enim certo noverat, in quibus libris nomen illud יהוה ineffabile reperiebatur ? an in divinarum Scripturarum contextu : an in Græcorum Scriptorum Commentariis : an denique in utrisque legi consuevisset ? Scimus equidem nomen Domini tetragrammaton in quibusdam Græcis voluminibus, usque ad ætatem etiam ipsius Hieronymi, antiquis expressum litteris, id est Samaritanis, fuisse inventum, ut idem sanctus Doctor testatum reliquit in Prologo maximo Scripturarum, seu Præfatione in libros Regum. Quæ proculdubio Samaritana, sive vetera illa

Hebræorum elementa, figuris et apicibus distincta ab hodiernis, in quibusdam tantummodo Græcis Bibliorum voluminibus lecta et exarata, non in aliis libris expressa credere par est. Hinc facilis erat conjectura fundamentumque sufficiens, ut de יהוה, quod *Pipi* legebant, idipsum sentiremus ; in his nempe exemplaribus solummodo scriptum esse, quæ Biblia sacra nuncupantur. Sed e ms. codice Græco Colbertino, licet corruptissimo, perspicue didicimus nomen Dei tetragrammaton in Commentariis Græcorum scriptum fuisse litteris Hebraicis, et propter similitudinem quatuor horum elementorum יהוה, cum Græcis characteribus ΠΙΠΙ, a quibusdam *Pipi* solitum legi. Depravatum prorsus ms. dixi exemplar Græcum , quia Scriptorum imperitia nonnulla e nominibus Dei, ac præcipue nomen Dei tetragrammaton corruptissime in eo leguntur. Quæ ut manifestiora fiant, ad hujusmodi corruptelarum declarationes ordine procedamus.

Primus amanuensis, sive scriptoris lapsus, si tamen lapsus, apparet in recitata Legis, hoc est, Exodi sententia cap. xxviii, 56 et 37, ubi scriptum legimus de nomine Dei tetragrammato : Καὶ ποιήσεις πέταλον χρυσοῦν καθαρὸν, καὶ ἐκτυπώσεις ἐν αὐτῷ ἐκτύπωμα σφραγῖδος, ἁγίασμα κυρίου, id est : *Et facies laminam auream puram, et formabis in ea formationem sigilli, sanctificatio Domini.* Omisso namque sunt hujus testimonii aliquot verba, ut vides ex contentione ejusdem cum Colbertino manuscripto, in quo etiam pro ἁγίασμα κυρίου, scriptum legitur ἁγίασμα κυρίῳ, et quidem æqualiter, aut melius : nam in Hebræo est קדש ליהוה, quod alii legunt *Codes Laihova*, alii *Codes Ladonai*, et interpretatur, *sanctitas Domini*, sive juxta Hieronymum, *sanctum Domino*.

Post verba jam dicta ἁγίασμα κυρίῳ, immediate scriptum erat in libris Græcis nomen יהוה, lectitatumque ἴαω. Quod minime intelligens is, qui descripsit codicem Colbertinum, suspicatus est nomen esse Græcum, ac legendum τε 7 αρ 7. Id autem quantumvis depravate scripserit, supersunt adhuc litteræ Græcæ in ms. cum peculiari forma, quæ multum accedit ad יהוה Hebræum, cujus lectio usitatior fuit ἴαω, in codice ms. satis elucens. Prima itaque syllaba vocabuli *tetarton* ipsum fuit Hebræum ה *he* ; forma sequentis 7 indicat *vau* ; deinde α conjunctum cum ρ, formam repræsentat secundi ה, sive primi, si a dextra ad sinistram legamus more Hebræorum, 7 denique ultimum locum tenet *jod* ; e quibus elementis conjunctim exaratis exsurgit nomen sæpius memoratum, ac semper adorandum יהוה, quod Græci doctiores legebant ἴαω, alii autem linguæ proprius Hebraicæ imperiti ac rudes ΠΙΠΙ, quasi Græcum esset, legere consueverant, cum illud in Græcis libris reperirent.

Tanta vero est nominum Dei in ms. confusio post illam vocem τε 7 αρ 7, ut nullo deinceps numero ordinali designato, indistincte ea ponantur ad hunc modum : ἴαω, ἐλωί, ἀδωναΐ, σαββαώθ, σαδαΐ, ἰέαι, ἐχγέαι. Sed ex Hieronymiana epistola observari velim tria hic nomina Dei fuisse omissa, אל *El* scilicet, atque עליון *Elion*, et אלהי *Eloe*, quorum prius *Fortem*, posterius *Excelsum*, tertium autem ultimumque *Deum* significat. Nomen quoque ἀδωναΐ inter cætera scriptum legitur, cum antea primum omnium illud recensuerit idem codex Græcus. Hincque fit, ut non plura quam sex nomina Dei a Græcis assignata habeamus, nempe *Adonai*, *Ja*, *Jao*, sive *Jehova*, *Eloim*, *Sabbaoth* et *Saddai*. Nam ultimum, quod imperitia Græcorum in duo distraxit, scribens ἰέαι, ἐχγέαι, unicum est apud Hebræos, sextumque ordine positum abs Hieronymo, ESER JEJE ; quod in Hebræo est אהיה אשר אהיה *ehje ascher ehje*, Latinoque sermone exprimitur, *Ero qui ero*. Hoc nomen Dei tribus hisce constat vocabulis, quorum lectio omnino depravata apud Græcos, restituenda erit ex ipsis Græcarum litterarum vestigiis, ἰέαι ἔσερ ἰέαι ; nisi mecum volueritis quis germanam ac usu receptam apud antiquos Græcos hanc lectionem ab Hieronymo mutuari, Ἰέε ἔσερ Ἰέε. Ex quo intelligimus Veteres non fuisse solitos legere vocalem *e* sub א futuri characteristico, sed vocalem *i* : unde *Ieje* pro *ehje* hodierno.

Sed Græcorum errores redarguendo, laudabilem quoque imitemur ipsorum diligentiam, nomina Dei in fine harum observationum ordine congruo, puroque stylo describentes :

1. אל *El*, *Fortis*, vel *Deus*.
2. אלהים *Eloim*, *Deus*.
3. אלה *Eloe*, *Deus*.
4. צבאת *Sabaoth*, *virtutum*.
5. עליון *Elion*, *excelsus*.
6. אהיה אשר אהיה *Ieje eser Ieje*, *sum qui sum*.
7. אדוני *Adonai*, *Dominus*.
8. יה *Ia*, *Dominus*.
9. יהוה *Jao*, *Dominus*.
10. שדי *Saddai*, *Omnipotens*.

Veterum scriptorum morem hic secuti sumus ; quod licet res ipsa monebat, id tamen dixisse haud otiosum putavi, propter nonnullos hujus temporis Hebraizantes, quos facilius stomachari video, si quid aliter in Hebræis voluminibus lectum fuerit, quam ipsi legere consueverunt. Porro nomen τετράγραμμον, *tetragammum*, apud Theodoretum Quæst. 15 in Exod. depravatum existimavit J. Drusius in suo Tetragrammato. Sed ex Græco ms. codice Colbertino, et ex Latinis exemplaribus sancti Hieronymi manifestissime apparet, veteres legisse cum Theodoreto τετράγραμμον ; ac proinde Drusii restitutionem, sive correctionem cap. 25 Opusculi memorati esse meram depravationem, si legatur apud Theodoretum loco supra citato τετραγράμματον.

CAPITULUM.

Interpretatio Latina.	*Codex Colbertinus.*	*Hieronymus.*
Propter Hebraicam de Domino notationem hæc dicenda sunt. Decem nominibus apud Hebræos Deus appellatur. Unum enim *Adonai*, quod est *Dominus*. Aliud autem *Ia*, quod et ipsum sermone Græco transfertur in *Dominum*. Alterum vero præter hæc est nomen Tetragrammum, ineffabile existens, quod	Διὰ τὴν Ἑβραϊκὴν ἐπὶ τοῦ κυρίου [a] παρασημείωσιν ταῦτα λεκτέον. Δέκα ὀνόμασι παρ᾽ Ἑβραίοις ὀνομάζεται ὁ θεός · Ἓν μὲν Ἀδωναῒ λέγεται ὅτι κύριος. Ἕτερον δὲ ἴα, ὃ καὶ αὐτὸ ἐν τῷ Ἑλληνικῷ εἰς τὸ κύριος μετελήφθη. Ἕτερον δέ τι παρὰ ταῦτά ἐστι τὸ τετράγραμμον ἀνεκφώνητον ὂν, ὃ παρ᾽ Ἑβραίοις ἀδωναῒ λέγεται, παρὰ δὲ	Primum nomen Dei est El, quod Septuaginta *Deum*, Aquila etymologiam ejus exprimens ἰσχυρόν, id est , *fortem* interpretatur. Deinde *Eloim* et *Eloe*, quod et ipsum *Deus* dicitur. Quartum *Sabaoth*, quod Septuaginta , *Virtutum* , Aquila , *Exercituum*, transtulerunt. Quintum *Elion* quod nos *Excelsum* dici-

[a] Legerat Martian. περασμίως, quam corruptam vocem postea ipse emendavit : nos subinde Latinam interpretationem et Hieronymianam castigamus.

Interpretatio Latina	Codex Colbertinus.	Hieronymus.

apud Hebræos dicitur Adonai, apud nos autem Dominus. Hoc vero dicunt scriptum in lamina aurea, quæ posita erat super frontem summi sacerdotis : juxta quod in lege dictum est : Formatio sigilli, sanctificatio Domino. Quartum Jao, Eloi, Adonai, Sabaoth, Sedai, Jeai-eccheai.

ἡμῖν κύριος. Τοῦτο δέ φασιν ἐπὶ τῷ πετάλῳ, τῷ χρυσῷ, τῷ ἐπὶ τῷ μετώπῳ τοῦ ἀρχιερέως γεγράφθαι, κατὰ τὸ ἐν τῷ νόμῳ εἰρημένον, Ἐκτύπωμα σφραγίδος, ἁγίασμα κυρίῳ..... τε 7 αρ 7 Ἰαω. ἐλωΐ. ἀδωναΐ. σαβαώθ. σαδαΐ. ἰέαι. ἐχχέαι.

mus. Sextum Esereie, quod in Exodo legitur : Qui est misit me (Exod. iii, 14). Septimum Adonai, quem nos Dominum generaliter appellamus. Octavum Ia, quod in Deo tantum ponitur, et in Alleluia extrema quoque syllaba sonat. Nonum Tetragrammum, quod ἀνεκφώνητον, id est, ineffabile putaverunt, quod his litteris scribitur יוד, ε, vau, ε. Quod quidam non intelligentes propter elementorum similitudinem, cum in Græcis libris repererint, ΠΙ ΠΙ legere consueverunt. Decimum, Saddai, et in Ezechiele non interpretatum ponitur, etc.

CAPITULI GRÆCI DE DECEM DEI NOMINIBUS
ALIUD ET MELIUS EXEMPLAR.

EXPLANATIO PRÆVIA.

Hæc de nominibus Dei, deque Tetragrammato primus e codice ms. Græco edidisse, utcumque gloriabar, cum subito casu lectionis quotidianæ impegi in Fragmentum Evagrii, quod clarissimus vir Joannes Baptista Cotelerius dudum ediderat e quatuor mss. Regiis exemplaribus, tomo tertio Monumentorum Ecclesiæ Græcæ. Quid exsultationis tunc et admirationis animum meum incesserit, testis est conscientia Iam mea, qui gavisus sum, quam sodalium meorum, qui mecum duxerunt vitam ; et gratias ago Domino, quod ex hoc Fragmento, sive capitulo Evagrii, conjecturas meas de corrupto nomine ΠΙΙΠΙ ab scriptore codicis Colbertini , verissimas fuisse deprehendo. Ubi enim corrupte ac imperite τε τ αρ τ, id est, τέταρτον posuit amanuensis Græcus, qui exemplar memoratum descripsit ; ibidem codices Regii manuscripti retinent nomen ΠΙΙΠΙ, vel πι πι distinctum et incorruptum. Sed non addunt consequenter Ἰαω, retentum tamen in codice Colbertino, prout antea monuimus, quando de lectione יהוה apud Græcos usurpata disputavi. Hinc exploratum omnibus esse debet, summam emergere semper utilitatem et magna librorum manuscriptorum copia : dum sibi mutuo suppetias ferunt ad genuinas lectiones restituendas; et quod uni deesse videbatur, ex aliis supplendum statim occurrit. Sic Regia exemplaria in Græco proposito Fragmento exhibent nomen ΠΙΙΠΙ, quod alia vel corrumpunt, vel omittunt ; e contrario codex Colbertinus in multis depravatus scriptoris imperitia, supplet nihilominus lectionem nominis Tetragrammati, scilicet Ἰαω, in cæteris manuscriptis omissam. Præterea e Regiis codicibus multa castiganda videntur, atque supplenda in Colbertino a nobis edito, quem unicum, cum nactus fuissem in capitulo de decem Nominibus Dei, nolui tunc correctioni nimium indulgere, et intacta nonnulla reliquimus, quæ hodie mutanda cognovi, ac in hunc modum opto ut restituantur.

Nomen περασμίως, quod, in fine, interpretatus sum, quia πέρας finis ac terminus dicitur ; et πεπερασμένος apud Aristotelem finitus, vel terminatus intelligitur : quomodo scriptum reperi in codice Colbertino, sic illud edidi quasi esset adverbium. Sumpto autem adverbialiter nomine περασμίως, necessario subintelligendum existimavi nomen γλῶτταν, ut phrasis Græca sensus complemento gauderet. Διὰ τὴν Ἑβραϊκὴν γλῶσ- A σαν, id est : Hebraicæ linguæ gratia. Alioquin nullum sensum elicere potuissent etiam peritiores, qui non esset falsus, vel absonus fidei Græcorum verborum. At e quatuor codicibus Regiis citatis expositisque a cl. viro ac doctissimo Cotelerio, manifestus error apparet in exemplari Colbertino, quod περασμίως legit pro παρασημειώσιν. Unde sensus exsurgit apprime diversus ab illo, quem Latine reddidi de Græcis omnino corruptis. Porro παρασημείωσις Ἑβραϊκή optime dicitur nomen Tetragrammaton יהוה, quia semper in Hebræis voluminibus designat Deum omnipotentem, quasi tessera divinitatis et incommutabilis essentiæ. De hoc igitur nomine, quod pro solo Deo usurpare consueverant Hebræi, intelligenda est παρασημείωσις Ἑβραϊκή, annotatio Hebraica, in cujus gratiam Evagrius, aut quilibet alius cætera enarravit, quæ in capitulo consequenti posita leguntur.

Discrimen aliud codicum manuscriptorum satis insigne est in his de Tetragrammato verbis ; nam Col- B bertinus habet : Τὸ τετράγραμμον ἀνεκφώνητον ὃν ὁ παρ' Ἑβραίοις ἀδωναΐ λέγεται. Regii vero sic legunt : Τὸ τετραγράμματον [Mss. τετράγραμμα], ἀνεκφώνητον ὂν παρ' Ἑβραίοις, ὁ καταχρηστικῶς παρὰ μὲν αὐτοῖς Ἀδωναΐ καλεῖται. Ubi multa vides expressa, quæ in Colbertino reticentur, præcipue καταχρηστικῶς, quod significat apud Hebræos nomen יהוה, tetragrammaton, et ineffabile, dici ac legi abusive Adonai. Cui annotationi haud consentiunt Judæi hodierni, nec grammatici Hebræi; docent enim nomen Dei proprium יהוה a se existens, numquam sicut scribitur, legi apud Judæos, propter summam reverentiam, qua nomen illud prosequuntur, ei subjicientes puncta vocalia aliena ; et fere semper puncta vocis אֲדֹנָי Adonai, id est, Dominus. Si abusus ergo est in appellatione nominis Tetragrammati apud Hebræos, non alius est, quam reverentiæ abusus, sive potius reverentiæ ac religionis indicium.

Præter assignatas discrepantias codicum manuscriptorum, supersunt adhuc in illis multæ ac graves : ver. gr. nomen ultimo notatum in Colbertino codice Ἰέαι, ἐχχέαι, corruptissimum est : pro quo Regia C exemplaria legunt Ἰαιέ, Ἐσερϊέ, et quidem melius; sed non sine aliqua depravatione valde notabili. Nomen illud, ut in præcedentibus animadversionibus dixi, unum est e decem Dei Nominibus, positum Exod. III, 14, אֶהְיֶה אֲשֶׁר אֶהְיֶה ehje ascher ehje; aut juxta Hieronymianam lectionem *Jeje eser Jeje*. Id vero cum sit unicum Dei nomen tribus vocalibus complexum, in duo nomina distincta Græci codices male distrahunt; et in eo peccant universi. Deinde Regii optime posuerunt *Jaje* et *Eser*; sed ad perfectam genuinæ lectionis restitutionem, *Eser* separari debet ab ultima syllaba *je* ; et huic altera syllaba præponenda conjunctim, nempe *Ja*, ut sic Hebræo conformiter legant Græci : Ἰαιὶ Ἐσὶρ Ἰαιὶ, id est, *ero qui ero*. Et secundum hujus restitutæ lectionis normam Colbertinus codex e Regiis potest emendari.

Omisit etiam idem exemplar Colbertinum hæc necessaria verba, quæ in Regiis leguntur : Τὰ δὲ λοιπὰ ὀνόματά ἐστιν ταῦτα. Ἠλ, etc.; hoc est : *Reliqua vero nomina hæc sunt : El*, etc. Notaveram supra in codice Colbertino præmissum fuisse nomen Dei *El* cum duobus aliis, *Elion* et *Eloe* ; ac in eo sex tantum aut septem nomina, quibus Deus apud Hebræos appellatur, fuisse recensita. Idipsum modo observandum venit circa Regios Codices Græcos; quia in illis nulla est mentio *Elion*, neque *Eloe*. Sed ut rem accuratiorem faciamus, capitulum Græcum Evagrii de decem Dei Nominibus totum ab integro prælis subjicimus cum notis cl. viri Joannis Baptistæ Cotelerii, cujus nomini de integro gratulari percupio; etsi nonnulla supplenda decreverim, quæ eruditissimi Scriptoris videntur effugisse diligentiam. Insigne igitur Evagrii Fragmentum ita nobis edidit vir optimæ memoriæ nunc laudatus, tomo III Monumentorum Ecclesiæ Græcæ, pag. 116 et 554 ac 555.

EVAGRII
In ΠΙΠΙ.

Propter Hebraicam de Domino notationem, hæc dicenda sunt. Decem nominibus apud Hebræos Deus appellatur. Quorum unum quidem effertur, Adonai, id est, Dominus. Alterum autem, Ia, quod et ipsum in lingua nostra versum est Dominus. Aliud vero præter hæc est, Tetragrammaton, seu quatuor litterarum, ineffabile apud Hebræos, quod per catachresim, seu abusionem, ipsis quidem dicitur, Adonai, nobis autem, Dominus. Porro hoc aiunt scriptum fuisse in lamina aurea, quam fronte gerebat Pontifex, juxta illud quod in lege dictum est, *Formationem sigilli, sanctificationem Domino* (*Exod.* XXVIII, 36*)*. ΠΙΠΙ. Reliqua vero nomina, hæc sunt, El, Eloim Adon, Sabaoth, Saddai, Iaie, Eserie. Et superius exarata tria, inter quæ est Tetragrammatum, quod hisce elementis scribunt, Ioth, Hep, Vau, Hiep. ΠΙ ΠΙ. Deus.

Quod de Domino ponitur ineffabile nomen, per quatuor scribitur elementa, scilicet, Ioth, Hep, Vau, et Heth, interposito [a] medio inter hæc, seu post duo priora, elemento quod Hebræi vocant Sen, et significat dentes. Adeo ut quinque litteræ translatæ

ΕΥΑΓΡΙΟΥ
Εἰς τὸ ΠΙΠΙ.

Διὰ τὴν Ἑβραϊκὴν ἐπὶ τοῦ κυρίου παρασημείωσιν, ταῦτα λεκτέον. Δέκα ὀνόμασι παρ' Ἑβραίοις ὀνομάζεται ὁ Θεός, ὧν ἓν μὲν Ἀδωναΐ λέγεται, ὅ ἐστιν κύριος· ἕτερον δὲ [1] Ἰά, ὃ αὐτὸ ἐν τῷ Ἑλληνικῷ εἰς τὸ κύριος μετελήφθη· ἕτερον δέ τι παρὰ ταῦτά ἐστι, τὸ τετραγράμματον, ἀνεκφώνητον ὂν παρ' Ἑβραίοις, ὃ καταχρηστικῶς παρὰ μὲν αὐτοῖς Ἀδωναΐ καλεῖται, παρὰ δὲ ἡμῖν κύριος. Τοῦτο δέ φασιν ἐπὶ τῷ πετάλῳ τῷ χρυσῷ, τῷ ἐπὶ τοῦ μετώπου τοῦ ἀρχιερέως γεγράφθαι, κατὰ τὸ ἐν τῷ νόμῳ εἰρημένον, Ἐκτύπωμα σφραγῖδος, [2] ἁγίασμα κυρίῳ ΠΙ ΠΙ [Al. πι πι. Deest in al.]. Τὰ δὲ λοιπὰ ὀνόματά ἐστιν ταῦτα· [3] Ἠλ, Ἐλωεὶμ. [Al. Ἐλωΐ], Ἀδῶν. [Al. Ἀδωναΐ]. Σαβαὼθ, Σαδδαΐ, Ἰαϊὲ [Al. Ἰαϊθ], Ἐσεριέ, καὶ τὰ προγεγραμμένα τρία ὧν ἐστιν τὸ τετραγράμματον, [4] τούτοις γραφόμενον τοῖς στοιχείοις, Ἰώθ. [5] Ἡπ. Οὐαύ. Ἰηπ. [Al. Ἡπ.] ΠΙΠΙ [Al. πι πι] ὁ Θεός.

Τὸ [6] ἐπὶ τοῦ κυρίου ταττόμενον ἀνεκφώνητον ὄνομα, διὰ πεσσάρων γράφεται στοιχείων· διὰ τοῦ Ἠώθ, διὰ τοῦ Ἦπ, διὰ τοῦ Οὐαέ, καὶ διὰ τοῦ Ἠθτί· τούτων μέσον [a] παρεντεθὲν μετὰ τὰ πρῶτα δύο, παρ' Ἑβραίοις στοιχεῖον καλούμενον Σὲν, ὅ ἐστιν ὀδόντες· ὡς εἶναι τὸν εἰρ-

NOTÆ J. B. COTELERII.

[1] Εὐαγρίου εἰς τὸ ΠΙ ΠΙ. Hoc fragmentum, seu capitulum et scholium, licet jam sine nomine auctoris editum fuerit a Joanne Croio in Specimine conjecturarum ad quædam loca Origenis, Irenæi, Tertulliani, et Epiphanii, p. 50, tamen propter nomen Evagrii, et quia insigne est ac breve, iterum hoc loco correctius typis mandari curavimus, conferendum præcipue cum Hieronymi epistola 136 ad Marcellam super eadem re. A Petro Lambedio, Bibliothec. Cæs. lib. 5. cod. 5. dicitur esse synopseos Athanasianæ.

[2] Ἰά. In fine epistolæ 65 inter Bonifacianas Rythmus legitur corruptissimus in nominibus Dei, *Elonque et. Acaddai. Allevatia*. Qui ad hunc fere modum restituendus videtur :

Vale vivens feliciter,	Æthralisque lætitia,
Ut sis sanctus simpliciter.	Clara Christi clementia,
Tibi salus per sæcula,	Celsæ laudis in sæcula.
Tributur per culmina.	Valeamus, Angelicis
Vivamus soli Domino,	Victrices junge miliis ;
Vitam semper in sæculo.	Paradisi perpetuis
Profecto ipsum precibus	Perdurantes in gaudiis.
Peto profusis fletibus,	Eloimque El,
Solo temis sæpissima	Et Michael,
Subrogare auxilia,	Ac Saddai,
Ut simus digni gloria,	Adonai,
Ubi resonant carmina	Allevet Ja,
Angelorum lætissima,	Alleluia.

[3] Ἁγίασμα κυρίῳ. Ita Origenes in psalmum primum cum Cyril. Alexandr. lib. XI, de Adoratione in spiritu et veritate p. 388 ; item codex Regius 24, 16, necnon Colbertinus. Vulgo κυρίου. Ex cap. XXVIII, 36.

[4] Ἠλ. Hic sese offert locus iste ex Catena in Joannem, ad finem, cap. 8 : Ἰωβήλ γάρ ἐστιν Ὡσαννεὶ διπλασιαζόμενος. ὁ Θεὸς. ὁ Θεὸς. Ἰωᾶ γὰρ καὶ Ἐλά, παρ' Ἑβραίοις ὁ Θεὸς ὀνομάζεται. Hoc est, si interpreti crediuus : *Jubil enim est Hosanna geminatum, id est, Deus, Deus. Jehova enim et El apud Hebræos Deus appellatur.*

[5] Τούτοις γραφόμενον τοῖς στοιχείοις. Nam fucus factus Photio, scribenti epist. 162 : Γράφεται δὲ καὶ γράμμασι τούτοις, ἰωθ. ἀλφ. οὐαυθ. ηθ.

[6] Ἐπὶ τοῦ κυρίου, etc. Remitto te ad Drusium in fine libri de Tetragrammato, et Vossium in Etymologico voce Juvo, necnon ad Eusebium Præparat. Evangel. lib. x, cap. 5, Hieronymum epist. 155, et Alcuinum de Divinis Officiis, cap. 59.

Eruditis J. B. Cotelerii Notis in Fragmentum Evagrii nostras adjungimus ad pleniorem intelligentiam nominis Tetragrammati, ac elementorum, quibus scriptum dicitur apud Hebræos. Τετράγραμμα illud appellatur in Regiis codicibus, non τετράγραμματον : in Colbertino autem exemplari manuscripto τετράγραμμον, juxta lectionem Theodoreti supra recitatam, et hanc

[a] Innuit, opinor vocem *Jesus*, tametsi violenter in suam rem trahat, scribens יהוה, vel יהושע *Jehosuah*, pro ישוע.

hanc seriem, sive sententiam conficiant : Principium hoc, dentes in eo, is qui vivit. Quatuor quippe elementa Eusebii Cæsariensis observationem Demonstr. Evangel. lib. ɪx, c. 7 : Τὸ κύριε διὰ τοῦ τετραγράμμου ὀνόματος ἐν τῷ Ἑβραϊκῷ φέρεται, ὅπερ ἀνεκφώνητον εἶναι λέγοντες Ἑβραίων παῖδες, ἐπὶ μόνου τοῦ Θεοῦ παραλαμβάνειν εἰώθασιν. Hoc est : *Illud, Domine, per id nomen, quod quatuor litteris constat, in Hebraico scriptum fertur : Quod cum ineffabile dicant pueri* [Al. *filii*] *Hebræorum, pro solo Deo usurpare consueverunt.* Quamvis igitur τετράγραμμον intelligatur potius quatuor linearum, quam quatuor litterarum, usus tamen obtinebat apud veteres præstantissimosque scriptores, ut illud nomen יהוה ineffabile, τετράγραμμον diceretur, non vero τετραγραμμάτων. Quod quidem videtur latuisse Cotelerium, qui ex Regiis codicibus edidit τετραγραμμάτου.

Nomen Dei proprium ac ineffabile scriptum fuisse in lamina aurea, quam fronte gerebat Pontifex, testatus est etiam S. Hieronymus in cap. ᴠɪ Ezechielis : *Quod sæpe*, inquit, *in hoc Propheta dicitur* Aᴅᴏɴᴀɪ, *Dominus ; propter Græcos et Latinos, qui Hebrææ linguæ non habent scientiam, breviter exponendum videtur.* Aᴅᴏɴᴀɪ *unum nomen est de decem vocabulis Dei, et significat Dominum ; quo sæpe et in hominibus utimur. Denique et Sara vocans Abraham dominum suum, hoc vocabat nomine. Et ubi dicitur : Domine, mi rex,* Aᴅᴏɴᴀɪ *scriptum est. Quando igitur duo, Domini, et Domini juncta sunt nomina ; prius nomen commune est ; secundum proprie Dei, quod appellatur* ἄρρητον, *id est, ineffabile ; et quod scriptum fuit in lamina aurea, quæ erat in fronte Pontificis.* Pauci sunt, nisi me fallo, qui sensum hujus loci liquido percipiant ; quia nec ex Vulgata Latina nostra, nec ex Græca Versione Romana LXX Interpretum manifestum est, in Propheta Ezechiele, cap. ᴠɪ, et alibi sæpe scriptum legi Aᴅᴏɴᴀɪ, *Dominus.* In Græco enim legitur, ἀκούσατε λόγον κυρίου· τάδε λέγει κύριος τοῖς ὄρεσι, id est, *Audite verbum Domini : Hæc dicit Dominus montibus* (Ezech. ᴠɪ, 3). In Vulgata autem : *Audite verbum Domini Dei : Hæc dicit Dominus Deus montibus.* Unde facili conjectura Aᴅᴏɴᴀɪ *Dominus*, scriptum credi potest in solo Hebraico contextu, ubi sæpissime occurrit יהוה אדני *Adonai Eloim* ; quod interpretatur, *Dominus Dominus*, sive *Adonai Dominus* juxta Hieronymianam annotationem. Sed qui hoc loco manuscriptum Alexandrinum contenderit cum Hieronymianis Commentariis, statim intelliget Hieronymum legisse in suis Græcis exemplaribus Septuaginta Translatorum, quod ipse Græcos et Latinos Hebraice nescientes commonebat. In ms. namque Alexandrino Ezech, ᴠɪ, 3, scriptum reperitur, ἀκούσατε λόγον ἀδωναὶ κυρίου· τάδε λέγει ἀδωναὶ κύριος τοῖς ὄρεσι, *Audite verbum Adonai Domini : Hæc dicit Adonai Dominus montibus.* Vera ergo comprobatur observatio S. Doctoris, cum e duobus junctis Domini et Domini nominibus, prius sit nomen commune אדני *Adonai*, quo sæpe et in hominibus utimur ; posterius vero nomen Dei proprium, id est, ἀνεκφώνητον et Tetragrammaton יהוה, quod scriptum fuit in lamina aurea, quæ erat in fronte Pontificis : uti idem Hieronymus testatum reliquit Comment. lib. ᴠ, in Ezechielem, cap. 16 : *Volumus scire*, ait, *quæ sit corona decoris in capite Jerusalem ? revolvamus Exodum, in quo scriptum est : Et fecit laminam auream, et scripsit in ea litteras deformatas sigillo sanctificationis Domini, et posuit super caput Aaron. Signum Dominicæ sanctificationis nomen est omnipotentis Dei, quod quatuor litteris Hebraicis scribitur, et apud eos vocatur ineffabile, dum nomen ejus non potest dici. Cujus majestatis etiam Gentilitas non ignorat, et Atheniensium testatur ara, Ignoto Deo. Unde et Apostolus : Quem vos*, inquit, *ignotum colitis, hunc nos annuntiamus vobis. Istam puto coronam esse*, etc. Utinam locum præsentem legisset nuperus Scriptor nomine *Gravisset*, qui de *Urim* et *Thummim* disputans, novo commento sibi persuasit, Pontificem Hebræorum

μὸν τῶν πέντε γραμμάτων οὕτως· Ἀρχὴ αὕτη [Al. αὐτή], ὀδόντες ἐν αὐτῇ ὁ ζῶν. Ἑρμηνεύεται τὰ τέσσαρα στοιχεῖα, sive tiara redimitum appellatum fuisse *Sanctitas Domino*. Quasi vero licituin fuerit aliquando dicere, nomen ineffabile et incommunicabile יהוה *Iao*, corruptibili homini commune esse cum Deo omnipotente. Quanto minus *Sanctitas Domino*, cujus signum fuit nomen illud quatuor litteris scriptum ? Nomen itaque יהוה, *Sanctitas Domino* vocabatur, non vero Pontifex coronam decoris habens in capite.

De corruptis, vel prætermissis aliquot Dei nominibus breviter diximus supra. Sed hic quoque observandum nomen Ἀδὼν vel Ἀδωναί, quod in Regiis codicibus positum voluit Cotelerius forte pro Ἀδωνί, quomodocumque acceptum, depravate legi pro Ἐλωΐ : neque vero inter decem vocabula, quibus apud Hebræos Deus appellatur, triplex esse potest nomen *Adonai* ; quod tamen tertio de Deo diceretur, si post vocem יהוה, aliud *Adonai* computaremus. Præterea in Regiis exemplaribus Ἰαέ (Al. Ἰαὶθ) male recensetur quasi nomen distinctum ab Ἐσερὲ : tria enim vocabula *Iese, Eser, Ieje*, ut antea dicebam, unum e decem nominibus Dei constituunt. Hincque consectarium est duo nomina Dei fuisse omissa, et octo tantum legi in codicibus Regiæ Bibliothecæ, nempe *Adonai* commune, et *Adonai* proprium, id est, יהוה, *Ia, El, Eloim, Sabaoth, Saddai, Iaje, Eser, Iaje*. Numerus decem erit absolutus, si addantur *Elion*, et *Eloe*.

Quantum ad litteras, quibus apud Hebræos ineffabile nomen Dei scriptum legitur, Græci eas sic designant in Capitulo Evagrii. Ἰωδ. Ἤπ. Οὐαύ. Ἤπ. (Al. Ἤπ.) ΠΙΠΙ (Al. πι πι) ; sed Ἰωθ depravate scribunt pro Ἰωδ : Grammatici enim Hebræi nomen hujus elementi legunt in fine per ה *Daleth* non per θ *Thau*, יוד *Jod*, non יות *Joth*. Deinde Ἤπ Græcorum duplicem complectitur rationem legendi Hebræum elementum ה ; nam vulgo illud legimus *He*, vel *E* cum veteribus. Latinis : Græci vero nomen πι : videntur illi ascribere, atque eadem imperitia, qua יהוה, ΠΙΠΙ legebant, duplex in eo ה, legunt Ἤπ pro E quinta littera Græci alphabeti. Οὐαύ, vel Οὐὲ nihil abhorret a consuetudine Græcorum, qui ν consonans legunt per ου ; et pro ו substituunt β : Σεουῆρος et Σεβῆρος, pro *Severus*, Οὐεσπασιανός, *Vespasianus*, etc. More igitur suo ו *Vau* Hebræorum legunt οὐαύ. ו etiam Orientales molle volunt, ut אוא *oua* monosyllabum ; quod Rabbini non pauci durius legerent *va*.

Quatuor denique hujusmodi elementorum significatio satis indicat Hieronymum opinionem Græcorum consecutum fuisse in annexa interpretatione *Jod* elemento et *He*. Apud Græcos יוד *Jod* interpretatur ἀρχή, hoc est, *principium* ; ה *He* autem exprimitur αὐτὰ sive αὐτή, *hæc*, sive *ipsa*. Similiter apud Hieronymum Epistola nunc 30. *Jod* sonat *principium* ; *He* vero Latine vertitur, *ista*. Sed ף *Vau*, quod Græci falso ac violenter interpretantur ἐν αὐτῇ, *in ea* ; Hieronymus pro copula connexiva *et* accepit ; Græcorumque vitavit errorem, quo secundum ה *He* nominis Tetragrammati asserunt significare *viventem* : καὶ διὰ τοῦ Ἤθ, ὁ ζῶν, *et per Heth, qui vivit*. Fateor equidem חית *Hheth*, quod duplicem aspirationem habet apud Hebræos, et octavo loco positum est in serie alphabeti, significare *vitam*, attestante etiam Hieronymo : sed hic manifestus est error Græcorum, qui *He* quintum elementum confundunt cum *Hheth*, quod octavum numeratur in Hebræo Alphabeto. Facile porro intellectu erit חית, *Hheth* interpretari *vitam*, si meminerimus היה, *Hhaja* verbum significare *vixit, revixit*, etc, Quod si legamus היה, *Haja* cum *He*, simplici aspiratione, verbum est substantivum, *fuit*.

Existimanti mihi curiositatem esse finitam in castigata Græcorum imperitia circa elementa nominis Dei ineffabilis, major quærendi ac disputandi ardor exoritur : dissolvor enim undique, et ferre non possum, quod Hieronymus de Tetragrammato scribebat

menta interpretationem habent ; Joth, principium ; A χεῖα, τὸ ·Ηωθ, ἀρχή· καὶ διὰ τοῦ ·Ηπ, αὕτη [Al. αὐτή].
Hep, hoc; Vau, in eo, Heth, qui vivit. καὶ διὰ τοῦ Οὐαύ, ἐν αὐτῇ· διὰ τοῦ ·Ηθ, ὁ ζῶν.

ad Damasum pontificem : *Sciendum*, inquit, *quia ubicumque Septuaginta Interpretes, Dominum virtutum, et Dominum omnipotentem expresserunt, in Hebræo sit positum, Dominus* SABAOTH. *quod interpretatur Aquila, Dominus militiarum. Dominus quoque ipse hic quatuor litterarum est. Quod proprie in Deo ponitur*, JOD, HE, JOD, HE, *id est duabus* IA, *quæ duplicata ineffabile illud et gloriosum Dei nomen efficiunt*. Si Hieronymum Hieronymo opposueris, fateri necesse est ipsum sibi parum constare, quippe qui supra nomen Dei ineffabile compositum dixit ex JOD, HE, VAU, JOD ; cum hoc loco doceat ex duabus IA, id est, ex JOD, HE, JOD, HE, esse conflatum. Sed ut alibi monuimus, error ille castigatus invenitur in duobus mss. Exemplaribus epistolæ ad Damasum papam. Nam in antiquissimo codice Colbertino annotatio isthæc scripta est e latere verborum contextus Hieronymiani, *Jod, He, Jod, He. Pro secundo* JOD *melius* VAU *legitur, ut sit* JAO. Quam etiam castigationem exhibet codex ms. Monasterii sancti Cygiranni, in epistolæ contextum imperite translatam. Voluit itaque Hieronymus, vel quis alius, duplex HE scriptum in nomine Tetragrammato ; sed non duplex JOD, nec consequenter duplex IA.

Aliam huic difficultati responsionem adhibitam inveniet lector studiosus Prolegom. 3 in Divinam Bibliothecam Hieronymi num. VI, ubi dicebamus ad Græcos codices S. Doctorem respexisse, quando docuit duabus IA nomen ineffabile Dei fuisse compositum : quia enim apud Græcos nomen illud hoc modo scriptum legebatur, ΙΗΗΙ, facile erat in æqualitate omnimoda elementorum et syllabarum, ut diceret Damaso Hieronymus nomen Dei Tetragrammaton duabus IA, id est, duabus ΙΗ constare. Cui responsioni robur accedit ex tempore, quo dedit epistolam ad Damasum Romanæ urbis pontificem : nam tunc temporis Constantinopoli auditor erat Hieronymus Gregorii Nazianzeni; et magis lectione librorum Græcorum hoc triennio detentus videtur, quam Hebræorum fontium ; quibus totus intentus C tandem vixit ætate grandior factus.

Non abs re forte erit et hoc etiam addidisse, scilicet indicare Hieronymum Chaldæorum potius morem scribendi nomen ineffabile, quam Hebræorum : Chaldæi namque illud gloriosum Dei nomen duobus *Jodim* cum unico *Cames* scribunt ad hunc modum יי. Quæ signa inter se divisa duplex IA possunt efficere ; unde duabus syllabis, vel una eademque duplicata nomen Tetragrammaton constitutum dici nihil vetat. Haud me tamen latet contra ultimam hancce expositionem verborum Hieronymi, nonnulla esse explicatu difficilia, quæ nobis objecta responsionem nostram infirmare, ac meliorem desiderare viderentur. Quare superioribus magis adhærendum censeo. Huc etiam refer, quæ Jo. Drusius annotavit lib. 1 Quæst. Hebraic. ad Quæst. 56.

Sed qui hactenus errores Græcorum expendimus in nomine Tetragrammato, illorum imperitiæ pertæsi ad Hebræos transeamus, ut quam ipsi a Patribus traditionem de nomine Dei ineffabili acceptam custodiunt, lectori studioso hic eam pandamus, ne quid studiorum curiositati desit, aut non nemo ampliorem diligentiam a nobis requirat. Describo igitur, quæ apud Hebræos Grammaticos doctiora reperi de illo nomine gloriosissimo, quod Tetragrammaton dicimus : יהוה *ὁ ὢν ens*, qui est, et revera subsistit, vel existit, et per quem facta sunt omnia quæ sunt et existunt. Nomen Dei proprium, quo distinguitur ab idolis, quæ non sunt, non existunt, sed finguntur. Joannes ita expressit Apoc. I, v. 4 : *ὁ ὢν καὶ ὁ ἦν καὶ ἐρχόμενος, qui est, et qui erat, et qui erit*; quasi tribus temporibus יהוה *Jeheve*, יהוה *hove ens*; et הוה *hava, fuit*, constet; et Dei æternitatem indicet, qui unus per se ab æterno existit. Sed simpliciter per Jod heemanthi, sicut יעהק aut יעקב formatum ab היה *hava, fuit* : vel etiam היה *haja, fuit*, littera ו et י mutata, ut a יהוה *jihje, erit*, differat. Hujus autem nominis auctor sibimet est ipse Deus, Exod. III, 14, *et dicent mihi, quod est* שמו *schemo, nomen ejus, quid dicam illis?* et dicebat Deus ad Mosen אהיה אשר אהיה *ehje ascher ehje, ero qui ero*. LXX, ἐγώ εἰμι ὁ ὤν, *ego sum qui est. Et dicebat, Sic dices filiis Israel*, אהיה *ehje , ero*, ὁ ὤν *qui est, misit me ad vos. Et dicebat amplius Deus ad Mosen : Sic dices filiis Israel*, יהוה *Jehova*, κύριος *Deus patrum vestrorum, Deus Abraham, Deus Isaac, et Deus Jacob misit me ad vos: hoc est* שמו *schemi, nomen meum in æternum, et hæc est* זכרי *zichri, recordatio mea in omnem æternitatem. Idem igitur sunt* אהיה אשר אהיה *ehje ascher ehje, ero qui ero; et simpliciter*, אהיה *ehje, ero, et* יהוה *Jehova, ens.* Porro Judæi vocant אותיות ארבע של שם *schem schel arba othijoth, nomen quatuor litterarum:* Græci τετραγράμματον, a litterarum quibus scribitur numero. Nec illud legendo, aut scribendo usurpant quadam religione : sed ubicumque occurrit in sacris Litteris pro eo legunt אדני *Adonai, quod est, Dominus*, a LXX et Apostolis κύριος redditur. Et puncta habet eadem, nisi cum אֲדֹנָי *Adonai præcedit*, aut sequitur, tum legunt אלהים *Elohim, quod est Deus* ; ne bis Adonai, quod turpe putant, dicere cogantur. Et de hoc puncta adjecta chirek sub י, et hatephsegol sub י monent, ut II Sam. VII, *Cognovisti servum tuum*. אדני יהוה *Adonai Eloim* : pro quo habetur 1 Paralip. XVII, יהוה אלהים *Jehova Elohim*, *Domine Deus*. Cum vero scribendum fuerit, pro eo ponunt ה, id est, השם *hassem, illud nomen* ; ac κατ' ἐξοχήν, nomen hoc Dei יהוה intelligunt, desumptum ex Levit. XIV. Et varie postea appellant. Primo vocant *nomen quatuor litterarum, quod quatuor litteris scribatur*. Deinde שם המפרש *schem hamphorasch, nomen expositum, quando videlicet, ut scribitur, exprimitur, profertur, seu enuntiatur ; ut ille de quo Levit.* XXIV *proferebat, filius mulieris Israelitidis* eth-hasshem, *nomen illud, et maledixit*. Nomen Jehova, quod in monte Sinai audiverat בכתיבה *bichthiva, suis litteris protulit, et maledixit : ac Judæi mentiuntur* Christum edidisse miracula שם המפרש *al schem hamphorasch, per nomen expressum, quod dixerat* JEHOVA *super ægrotos, qui sanati fuerunt ; et super mortuos, qui revixerunt. Sicut Apostoli fecerunt miracula per nomen Jesu Christi. Et Benjamin Judæus in Itinerario scribit, Davidem Elni magum uno die dierum decem viam confecisse per Schem amphoras, sua virtute nominis Jehova enuntiati. Tertio Schem amphoras*, י"ב אותיות *duodecim litterarum vocant nomen Jehova in illa benedictione.* Num. 6. *Benedicat te* יהוה *Dominus et custodiat te*. Ter enim positum litteras duodecim efficit, et a sacerdotibus in templo hanc benedictionem recitantibus enuntiabatur. Quarto, *nomen expositum* ע"ב 72 *litterarum*; השם הגדול *schem haggadol, nomen magnum*, quod ponitur Exod. XIV : *Et extendit Moses manum suam super mare, et abduxit* יהוה *Dominus mare vento orientali*. Ille enim versiculus constat 72 litteris, sicut et duo præcedentes, cum quibus continua oratione cohæret. Et ex tribus illis versibus faciunt 72 dictiones et nomina : unde vocant *nomen* 72 *dictionum, aut nominum*. Unde Cant. III : *Quoad flet dies.* Targum *nomen magnum expositum septuaginta nominibus.* Et fabulantur hoc nomen 72 litterarum insculptum fuisse baculo, quo Moses mare disrupit, et petram aquas fundentem percussit. Quinto, *nomen expositum* מ"ב 42 *litterarum quod Sacerdos magnus protulit in die expiationum*. Hoc est Levit.

XVI: *Quia in die illo expiabit super vos, ut mundet vos ab omnibus peccatis vestris, coram* יהוה *Domino mundabimini.* Sacerdotes benedicebant Israelem, 1° Lingua sancta, 2° Stantes, 3° Attollentes manus, 4° Voce elevata, 5° Facie ad faciem, 6° בשם המפרש *besem hamphoras, in nomine exposito,* 7° In Sanctuario. Ita Valentinus Schindlerus Oederanus in Lexico Pentaglotto. Qui plura desiderarit, consulat Joannis Buxtorfi Lexicon Hebraicum et Chaldaicum, ubi Rabbinorum sententias replicat ac deliramenta circa ineffabile Dei nomen, de quo satis superque diximus.

LIBRI NOMINUM HEBRAICORUM
PARS QUÆDAM
EX OPERIBUS PHILONIS JUDÆI
COLLECTA.

Interpres Latin.	Philo.	Hieronymus.
A	**A**	**A**
Adam, terra.	Ἀδάμ, γῆ, p. 57.	Adam, homo, sive terrenus, aut indigena, vel terra rubra.
Abel, nomen est lugentis.	Ἀβέλ, ὄνομα πενθοῦντος, p. 399.	Abel, luctus, vel vapor, vel miserabilis.
Abraham, pater sublimis.	Ἀβράμ, πατὴρ μετέωρος.	Abram, pater excelsus.
Abram, pater electus soni.	Ἀβραάμ, [1] πατὴρ ἐκλεκτὸς ἠχοῦς, p. 292.	Abraham, pater videns populum.
Abiud, pater meus.	Ἀβιούδ, [2] πατήρ μου, p. 414.	Abiu, pater meus est, sive pater meus iste. Abiud, patris robur, sive pater eorum.
Ælim, portæ interpretantur.	Αἰλείμ, πυλῶνες ἑρμηνεύονται, p. 477.	Ælam, ante fores, sive vestibulum.
Æthiopia, humilitas.	Αἰθιοπία, ταπείνωσις, p. 53.	Æthiopiam, tenebras, vel caliginem.
Agar, inquilinus.	Ἀγάρ, [3] παροίκησις, p. 427.	Agar, advena, vel conversa.
Amalec, populus elingens.	Ἀμαλήκ, λαὸς ἐκλείχων, p. 410 et 432.	Amalec, populus lambens, vel lingens. *In Genesi.* Amalec, populus bruchus, sive populus lingens. *In Exodo.*
Anna, gratia.	Ἄννα, [4] χάρις, p. 294 et 602.	Anna, gratia ejus.
Aaron, montanus.	Ἀαρών [5] ὀρεινός, p. 259.	Aaron, mons fortitudinis, sive mons fortis. *In Exodo.* Mons eorum. *In Luca.*
Arphaxat, qui exponitur, conturbavit ærumnam.	[6] Ἀρφαξάτ, ὃ ἑρμηνεύεται συνετάραξε ταλαιπωρίαν. p. 1074.	Arphaxad, sanans depopulationem.
Aunam, interpretatur oculi.	[7] Αὔναν, ὀφθαλμοὶ ἑρμηνεύεται, p. 413.	Aunan, mœror eorum, vel labores.
Amorrhæi, loquentes.	Ἀμορραῖοι, λαλοῦντες, p. 104.	Amorrhæum, amarum, vel loquentem.

[1] Violenter satis nomen Abrahæ interpretatur Philo: ex Hebræo namque אברהם *Abraham*, vix excutitur, *pater electus soni*, nisi subintelligat, אב *ab*, partem significare, בר *bar*, electum, et המה *hama*, sonitum. Hieronymi similiter interpretatio magis vera comprobatur secundum sonum litterarum, quam juxta fidem elementorum; vox etenim *Abraham* אברהם quinque tantum litteris scripta est: *pater autem videns populum* septem habet elementa, אב העם, ita ut אב *ab*, sit *pater*; ראה *ra*, *videns*, et עם *am*, *populus*. Aliam interpretationem nominis A-brahami videsis libro Quæst. Hebr. in Genesim.

[2] In expositione multorum nominum Philo nonnulla supplet, sive subintelligit elementa non expressa: hic in *Abiud* abjicit syllabam ultimam *ud*: nam *Abi* solum dicitur *pater meus*. Non sic Hieronymus, qui nomen integrum exprimit, dicendo *patris robur*; sed insuper nomen illud accipit, ac si corrupte scriberetur *Abiam*, vel *Abium*, cum *m* in fine, sicut in aliquot exemplaribus Italicæ Versionis S. Matthæi scriptum reperi *Eliam* et *Elium* pro *Eliud*. Abiam porro significat *patrem eorum*, propter *m* ultimam litteram, quæ apud Hebræos affixa est,

seu pronomen tertiæ personæ masculinæ pluralis.
[3] Παροίκησις magis significat *commorationem* apud exteros, quam *inquilinum*, qui πάροικος dicitur, non παροίκησις, ut putavit novus Interpres.
[4] *Anna* interpretatur Hieronymus *gratiam ejus*, quia nomen terminatur per ה *He*, suffixum femininum 3 pers. sing. חנה. Philo confundit ה *hhen*, et חנה *hhanna*; et ideo affixum non exprimit.
[5] Bene Philo nomen *Aaron* transtulit *montanum*. Idque magis probare mihi visus est Hieronymus supra in contextu ad vocem *Magdalene*, de qua ait: *Sed melius sicut a monte montanus, ita turrensis a turri dicatur.*
[6] Perplexa et intricata nimis etymologia nominis ארפכשד *Arphaxad* apud Philonem. Forte eam desumit a verbo חרף *hharaph*, et a nomine שד *sod*, vel *sad*, quod *miseriam et calamitatem* sonat, sicut verbum *Araph*, *provocavit*, et *irritavit*. Potest etiam oriri ex רפה et רפש *raphas*, id est, *calcando perturbavit*.
[7] *Aunan*, confundit Philo cum *Ænaim*, vel *Ænan*, quod oculos significat.

Interpres Latin.	Philo.	Hieronymus.
B	**B**	**B**
Babylon, confusio.	Βαβυλών, σύγχυσις, p. 520.	Babylon, confusio.
Babylon, transpositio.	Βαβυλών, μετάθεσις, p. 295.	Babylon, confusio.
Balac, amens.	Βαλάκ, [1] ἄνους, p. 329.	Balac, lingens, vel elidens, aut involvens.
Bathuel, filia dei.	Βαθουήλ, θυγάτηρ θεοῦ, p. 157.	Bathuel, virgo dei.
Balaam, vanus populus.	Βαλαάμ, μάταιος λαός.	Balaam, vanus populus, sive præcipitans eos, vel sine populo.
Balla, deglutio.	Βάλλα, [2] κατάποσις, p. 428.	Balla, inveterata.
Benjamin, filius dierum.	Βενιαμίν, [3] υἱὸς ἡμερῶν, p. 1059.	Benjamin, filius dexteræ.
Beseleel, in umbra dei.	Βεσελεήλ, ἐν σκιᾷ θεοῦ, p. 596.	Beseleel, in umbra dei.
Beelphegor, superius os cutis.	Βεελφεγώρ, στόμα δέρματος, p. 1061.	Balfeor, habens os pelliceum.
C	**K**	**C**
Cades, sanctus.	Κάδδης, ἅγιός, p. 479.	Cades, sancta, sive mutata.
Cain, possessio.	Κάϊν, κτῆσις, p. 161.	Cain, possessio, vel lamentatio.
Chaldim, interpretatur æquabilitas.	Χαλδαίων, ὁμαλότητα παρωνυμεῖ, p. 494.	Chaldæi, quasi dæmonia, vel quasi ubera, aut feroces.
Chaleb, totum cor.	Χάλεβ, πᾶσα καρδία, p. 1064.	Chaleb, quasi cor, aut omne cor, sive canis.
Cham, interpretatur calor.	Χάμ, ἑρμηνεύεται θέρμη, p. 260.	Cham, calidus.
Chamos, quasi palpatio.	Χαμὼς, ὡς ψηλάφημα, p. 104.	Chamos, congregatio, sive quasi attrectanti, vel palpanti.
Chanaan, commotio.	Χαναάν, σάλος, ibid.	Chanaan, σάλος, hoc est motus eorum, vel negotiator, aut humilis.
Charran, fossa, vel specus.	Χαρράν, ὀρυκτή, ἢ τρώγλαι, p. 571.	Charran, foramina, sive ira, vel fodiens eos.
Cherubim, multa scientia.	Χερουβίμ, ἐπίγνωσίς καὶ ἐπιστήμη πολλή, p. 668.	Cherubim, scientiæ multitudo, aut scientia et intellectus.
D	**Δ**	**D**
Damascus, sacci sanguis.	Δαμασκός, αἷμα σάκκου, p. 488.	Damascus, sanguinis potus, sive sanguinis osculum, vel sanguis sacci.
Dan, judicium.	Δάν, κρίσις, p. 201.	Dan, judicium, aut judicans.
Debon, judicatio.	Δεβών, [4] δικασμός, p. 164.	Dibon, sufficiens ad intelligendum, vel abundanter intelligens.
Dina, judicium.	Δεῖνα, κρίσις, p. 423.	Dina, judicium istud.
Dothaim, derelictio sufficiens.	Δωθαείμ, ἔκλειψις ἱκανή, p. 160.	Dothaim, pabulum, vel viride eorum, aut sufficientem defectionem.
Dothain, defectio non parva.	Δωθαΐν, ἔκλειψις ἱκανή, p. 468.	
E		**E**
Edem, deliciæ.	Ἐδέμ, τρυφή, p. 110.	Eden, voluptas, sive deliciæ, ve ornatus.
Edom, terrenus.	Ἐδώμ, γήϊνος, p. 314 et 318.	Edom, rufus, sive terrenus.
Eliezer, deus adjutor meus.	Ἐλιέζερ, θεός μου βοηθός, p. 489.	Eliezer, dei auxilium.
Eliphas, deus me dispersit.	Ἐλειφάς, [5] ὁ θεός με διέσπειρεν, p. 432.	Eliphas, dei mei aurum.
Emor, asinus.	Ἐμώρ, ὄνος, p. 423.	Emor, asinus.
Enoch, gratia tua.	Ἐνώχ, χάρις σου, p. 338.	Enoch, dedicatio.
Enoch, gratiosus.	Ἐνώχ, κεχαρισμένος, p. 352.	
Enos, spes.	Ἐνός, ἐλπίς, p. 180.	Enos, homo, sive desperatus, vel violentus.

[1] Pessime legitur in contextu Græco Philonis ὄνους pro ἄνους, quod nos restituimus in hac collectione nominum. Sed quomodo Balac nomen interpretatum sit amens, non proclivis est responsio. Si ad linguam Arabicam liceat divertere, Balac haud incongrue dicitur amens; quia בלה balach, sive beleh Arabice est moria, stultitia, fatuitas, et insania. Hieronymus respexit ad לקק lacac, seu liccec, quod linxit et lambit significat; et ad בלה balle idem sonans, quod atterere, et consumere, etc.

[2] Hanc etymologiam Philo desumit ex Hebræo בלע bala, cum Ain in fine, quod est Latine absorbuit, deglutivit. Hieronymus vero vocem ipsam femininam בלה bala, cum He finali, optime interpretatur inveteratam; quia nomen Bala hoc modo scriptum, annosam et inveteratam significat.

[3] Hieronymus, suppresso Philonis nomine, eum coarguit, quod nomen Benjamin interpretetur filium dierum. Libro enim Quæst. Hebr. in Genesim isthæc A S. Doctore scripta leguntur : Unde errant, qui putant Benjamin filium dierum interpretari. Cum enim dextera appellatur jamin (ימין) et finiatur in n litteram : dies quidem appellantur et ipsi jamim (ימים) sed in m litteram terminantur.

[4] Non ex דון dun derivatur nomen Dibon, ut voluit Philo; sed ex די dai, et בון bun, secundum interpretationem Hieronymi, qui pulchre callebat sermonem Hebræum.

[5] Hic agnoscimus Philonem disertissimum, imperitum fuisse sermonis Hebræi. Neque vero idioma gentis patitur analogiam, quam ipse prosequitur in etymologia vocis Eliphas. Nam affixum prinæ personæ i, quod medium est in nomine, nullo modo separari potest ab El, ut præfigatur cum sequenti phas, ac si iphas, me dispersit. Hæc syntaxis Philonis quantum sit inepta et impossibilis, perspicuum puto esse Lectori linguæ Hebraicæ mediocriter erudito.

Interpres Latin.	Philo.	Hieronymus.
Enos, a [1] Latinis homo nominatus.	Ἐνώς, ἑλλάδι διαλέκτῳ ἄνθρωπος, p. 351 [1].	Ephraim, frugiferum, sive crescentem.
Ephraim, fertilitas memoriæ.	Ἐφραίμ, καρποφορία μνήμης, p. 278.	
Ephraim, fertilitas interpretatur.	Ἐφραΐμ, καρποφορία ἑρμηνεύεται, p. 78 et 429.	
Ephron, pulvis.	Ἐφρών, χοῦς, p. 331.	Ephron, pulvis mœroris, vel pulvis inutilis, sive pulvis eorum.
Esau, qui modo factura, modo quercus interpretatur.	Ἐσαῦ, ὅς ποτὲ μὲν ποίημα, ποτὲ δὲ δρῦς ἑρμηνεύεται, p. 433.	Esau, factura, sive roboreus, vel acervus lapidum, seu vanus, aut frustra.
Eschol, ab igne ducens nomen.	Ἐσχώλ, πυρὸς ἔχων ὄνομα, p. 413.	Eschol, botrus, sive ignis omnis.
Esebon, interpretatur cogitationes.	Ἐσεβών, ἑρμηνεύεται λογισμοί, p. 103.	Esebon, cogitatio, sive cingulum mœroris.
Eva, vita.	Εὔα, ζωή, p. 488 et alibi.	Eva, calamitas, aut væ, vel vita.
Evilat, parturiens.	Εὐιλάτ, ὠδίνουσα, p. 54.	Evila, dolens, vel parturiens.
G	**Γ**	**G**
Galaad, migratio testimonii.	Γαλαάδ, μετοικία μαρτυρίας, p. 64.	Galaad, acervus testimonii, sive transmigratio testimonii.
Gedeon, interpretatur prædonum receptaculum.	Γεδεών, ὅς ἑρμηνεύεται πειρατήριον, p. 339.	Gedeon, circumiens, sive tentatio iniquitatis eorum.
Geon, pectus, aut cornupeta.	Γεών, στῆθος ἢ κερατίζων, p. 52.	Geon, pectus, sive præruptum.
I	**I**	**I**
Jacob, qui impetit calcibus, supplantator.	Ἰακώβ, πτερνιστής, p. 1057.	Jacob, supplantator.
Israel, deum videns.	Ἰσραήλ, [2] ὁρῶν τὸν θεόν, ib. et p. 480.	Israel, princeps dei, vel rectus dei.
Japheth, latitudo.	Ἰαφέθ, πλάτος, p. 282.	Japhet, latitudo.
Jordanes, descensus exponitur.	Ἰορδάνης, κατάβασις ἑρμηνεύεται, p. 1104.	Jordanis, descensio eorum.
Joseph, domini appositio.	Ἰωσήφ, κυρίου πρόσθεσις, p. 530.	Joseph, augmentum.
Joseph, exponitur adjectio.	Ἰωσήφ, ἑρμηνεύεται πρόσθεμα, p. 1058.	Joseph, apposuit, sive apponens. In Matthæo.
Jothor, superfluus interpretatur.	Ἰοθόρ, ἑρμηνεύεται περισσός, p. 193 et 1060.	Jethran, superfluus eorum.
Ir, coriaceus interpretatur.	Εἴρ, δερμάτινος ἑρμηνεύεται, p. 73.	Er, vigiliæ, sive pelliceus, aut surrectio, vel effusio.
Isaac, risus, et lætitia.	Ἰσαάκ, γέλως, p. 377 et alibi, καὶ χαρά, p. 1065.	Isaac, risus, vel gaudium.
Ismael, auditus dei.	Ἰσμαὴλ, ἀκοὴ θεοῦ, p. 480 et 1076.	Ismael, auditio dei.
Issachar, merces.	Ἰσσάχαρ, μισθός, p. 233.	Issachar, est merces.
Judas, qui interpretatur domino confessio.	Ἰούδας, ὅς ἑρμηνεύεται κυρίῳ ἐξομολόγησις, ibid.	Juda, laudatio, vel confessio.
Josua, salus domini.	Ἰησοῦς, σωτηρία κυρίου, p. 1065.	Jesu, salvator.
L	**Λ**	**L**
Laban, candidus.	Λάβαν, λευκός, p. 456.	Laban, candidus.
Lia, fatigatio, renuens et laborans.	[3] Λεία, ἀκηδευομένη καὶ κοπιῶσα, p. 410 et 1084.	Lia, laboriosa.
Lot, interpretatur declinatio.	Λώτ, ἑρμηνεύεται ἀπόκλισις, p. 410.	Lot, vinctus, sive declinatio.
M	**M**	**M**
Madian, ex judicio vocatur.	Μαδιάμ, ἐκ κρίσεως ὀνομάζεται, p. 1601.	Madian, de judicio, sive de causâ.
Mambre, a visione denominatur.	Μαμβρῆ, ὁ μεταληφθὲν ἀπὸ ὁράσεως καλεῖται, p. 413.	Mamre, de visione, sive perspicuam.
Manasses, ex oblivione.	Μανασσῆς, ἐκ λήθης, p. 278.	Manasse, oblitus, sive necessitas.
Melcha, regina.	Μελχά, βασίλισσα, p 430.	Melcha, regina ejus.
Melchisedec, quoque regem pacis, hoc est, Salem (sic enim interpretatur).	[4] Μελχισεδέκ, βασιλέα τε τῆς εἰρήνης, Σαλήμ· τοῦτο γὰρ ἑρμηνεύεται, p. 75.	Melchisedec, rex justus.

---

[1] Qua libertate pro Græcis Latinos nobis supponere voluerit novus Interpres, nondum intellexi. Lege igitur verius ex Philone, *Enos Græco sermone homo dicitur.*

[2] Hieronymus supra in Marco: *Israel, vir videns Deum;* sed melius, *rectus Domini.* Consule etiam annotationem nostram in nomen Israel ex libro Genesis.

[3] Observandum est, Philonem non æque interpretari semper eadem nomina Hebraica; nam *Liam* pag. 410 dicit significare *fatigationem*, seu *laborantem*, pag. autem 1084, *renuentem*, et *laborantem* simul.

[A] Hanc interpretandi rationem imitatur sæpius Hieronymus, ut in promptu probatio est ex iisdem nominibus in Genesi, ver. gr. et in Matthæo recensitis, de quibus supra diximus haud incuriosè.

[4] Falsus est Philo, si putavit nomen *Melchisedec* significare *regem pacis:* sedes enim *justum* sonat et *justitiam*, non *pacem.* Rex igitur Salem, qualis erat Melchisedec, idem est Latine, quod *rex pacis*, quia *Salem* vertitur in *pacem.* Hujus etymologiæ monitum volumus lectorem, ne hæreat in ambiguitate dictionum, et interpretationis *Melchisedec.*

Interpres Latin.	Philo.	Hieronymus.
Moab, ex patre.	Μωάβ, ἐκ πατρός.	Moab, de patre.
Moses, ex aqua assumptus.	Μωσῆς, ἐκ τοῦ ὕδατος ἀναληφθείς.	Moses, attrectans, vel palpans, aut sumptus ex aqua, sive assumptio.
Mos, Ægyptiorum lingua aqua dicitur.	[a] Μῶς, ὕδωρ ὀνομάζουσιν Αἰγύπτιοι, p. 605.	
Moses enim translatus nominatur sumptio: quin etiam contrectatio dici potest.	Μωσῆς, μεταληφθεὶς γὰρ καλεῖται λῆμμα, δύναται δὲ καὶ ψηλάφημα, p. 1004.	
N	**N**	**N.**
Nadab, voluntarius interpretatur.	Ναδάβ, ἑκούσιος ἑρμηνεύεται, p. 414.	Nadab, spontaneus.
Nachor, idem est quod luminis requies.	Ναχώρ, ἑρμηνεύεται φωτὸς ἀνάπαυσις, p. 430.	Nachor, requies luminis, vel requiescente luce, vel obsecratio novissima.
Naid, commotio.	Ναΐδ, σάλος, p. 110.	Naid, motus, vel fluctuatio.
Nebrod, transfugium.	Νεβρώδ, αὐτομόλησις, p. 293.	Nemrod, tyrannus, vel profugus, aut transgressor.
Nephthalim, aperit, et dilatat.	Νεφθαλείμ, διανοίγεται καὶ εὐρύνεται, p. 1113.	Nephthali, conservavit me, vel dilatavit me, vel certe implicuit me.
Noe interpretatur requies, aut justus.	Νῶε, ἑρμηνεύεται ἀνάπαυσις, [1] ἢ δίκαιος, p. 75.	Noe, requies.
Noe, qui interpretatur solidus.	Νῶε, ὁ ἑρμηνεύεται δίκαιος. p. 177.	
O	**Ω**	**O**
Osee, interpretatur qualis iste.	Ὡσηέ, ἑρμηνεύεται [2] ποιὸς οὗτος, p. 1063.	Osee, salvator.
Or, lux.	Ὤρ, φῶς.	Or, lumen.
P	**Π**	**P**
Pharao, dissipator.	Φαραώ, ἀπορρίπτων, p. 172.	Pharao, dissipans, sive discooperuit eum.
Phison, interpretatur oris mutatio.	Φυσών, ἑρμηνεύεται στόματος ἀλλοίωσις, p. 54.	Phison, os pupillæ, sive oris mutatio.
Phua, rubor interpretatur.	Φουά, ἐρυθρὸν ἑρμηνεύεται, p. 498.	Phua, hic adverbium loci, sive apparebo, sed melius rubrum.
Pitho, sermonem persuasibilem.	[3] Πειθώ τοῦ λόγου, ᾧ τὸ πείθειν ἀνάκειται, p. 577.	Phithom, os abyssi, vel subito.
Psontomphanech, in responso os judicans.	[4] Ψοντομφανήχ, ἐν ἀποκρίσει στόμα κρῖνον, p. 1059.	Somthonphanech, salvator mundi.
R	**P**	**R**
Rachel, visio profanationis.	Ῥαχήλ, ὅρασις βεβηλώσεως, p. 428.	Rachel, ovis, aut visio sceleris, vel videns principium, sive videns deum.
Raguel, pastoritia dei ars.	Ῥαγουήλ, ποιμασία θεοῦ, p. 1064.	Raguel, pastor dei, vel pabulum ejus deus.
Ramese, interpretatur, quassatio tineæ, vel efferans mentem.	Ῥαμεσή, ἑρμηνεύεται σεισμὸς σητός, καὶ κτηνῶν τὸν νοῦν, p. 577.	Ramesse, pabulum, vel tinea, sive malitia de tinea.
Rebecca, patientia.	Ῥεβέκκα, ὑπομονή, p. 160.	Rebecca, multa patientia, vel multum accepit, sive patientia.
Ruben, videns filius.	Ῥουβίμ, ὁρῶν υἱός, p. 1060.	Ruben, videns filius, vel videns in medio.
Ruma, videns aliquid.	Ῥουμά, ὁρῶσά τι, p. 450.	Remma, videns aliquid, vel excelsa.

---

[1] *Noe*, secundum vitæ meritum, *justus* dicitur, non secundum fidem elementorum nominis sui נוח *Nua*, vel נח *Noe*, quod *requiem*, aut *cessationem* significat.

[2] Apud LXX Num. XIII, 9, Αὐσή scriptum est pro Hebræo הושע *Osee*, sive *Hosee*. De eo nomine hæc habet Hieronymus in cap. 1 Osee prophetæ: *Osee enim in lingua nostra salvatorem sonat: quod nomen habuit etiam Josue filius Nun, antequam ei a Deo vocabulum mutaretur. Non enim, ut male in Græcis codicibus legitur et Latinis, Ause dictus est, quod nihil omnino intelligitur, sed Osee, id est, salvator, et additum est ejus nomini, Dominus, ut salvator Domini diceretur*. Philo הושע *Osee* interpretatur ac si legeretur Hebraice אי זה e ze.

[3] Nomen Hebræum פתם *Phithom* Græce ac Hebraice *persuasionem* sonat; πείθω enim, et פתה *patha*, idem est quod *persuadeo*, aut *persuasus fuit*. Hieronymus compositum voluit ex פה *phe*, et תהום *thehom*: unde *os abyssi* illud interpretatur, vel *subito*, quia פתאם *pithom* cum Aleph in medio significat *repente vel subito*.

[4] Testis est Hieronymus, vocabulum Josepho impositum a Pharaone rege Ægypti, ab Hebræis expositum significare *repertorem absconditorum*: lingua vero Ægyptiaca, *salvatorem mundi*. Quis ergo Philonem docuerit *Psonthomphanech* sonare in *responso os judicans*, curiosis ac doctioribus divinandum relinquo. Sed nisi falsam sequor opinionem, ex eadem penu etymologiam illam depromps it Judæus Hellenista, e qua significationem vocis *Heroon* hauserat supra.

[a] Cum Josepho μῶ, vel μῶυ Glycas, et Hamarrolus legunt, ut nuperus ejus editor notat, at μῶς Zonara. Pseudo-Eustathius, Αἰγύπτιοι γὰρ τὸ ὕδωρ μῶν προσαγορεύουσι, καὶ τὸ σῆς (ms. ὑσῆς) σωθῆναι. Ægyptii enim aquam *moy* vocant, et *ses*, *salvari*.

LEXICON GRÆCUM NOMINUM HEBRAICORUM.

Interpres Latinus.	Philo.	Hieronymus.
S	**Σ**	**S**
Samuel, interpretatur ordinatus deo.	Σαμουήλ, ἑρμηνεύεται τεταγμένος θεῷ, p. 261 et 294.	Samuel, nomen ejus deus.
Sara, principatus meus.	Σάρα, [1] ἀρχή μου, p. 109 et 1058.	Sarai, princeps mea.
Sarra, princeps.	Σάρρα, ἄρχουσα, p. 109 et 1058.	Sara, princeps.
Sepphora, avicula.	Σεπφώρα, ὀρνίθιον, p. 498.	Sephora, avis ejus, sive pulchritudo ejus, sive placens.
Sychem, humerus.	Συχέμ, ὦμος, p. 1074.	Sychem, humeri, vel labor.
Syria, interpretatur sublimis.	Συρία, ἑρμηνεύεται μετέωρα, p. 64.	Syria, sublimis, sive humecta.
Sicima, quæ vox interpretatur succolatio.	Σίκιμα, ὠμίασις ἑρμηνεύεται, p. 65.	Sichimorum, humeri.
Settin, sentes.	Σαττίν, ἄκανθαι, p. 578.	Settim, spinæ.
Sur, munitio, vel directio.	Σούρ, τεῖχος, ἢ εὐθυσμός, p. 479.	Sur, murus, vel directus, aut continens.
Symeon, exauditio.	Συμεών, εἰσακοή, p. 1060.	Symeon, exauditio, vel nomen habitaculi.
Sennaar, excussio.	Σενναάρ, ἐκτιναγμός, p. 350.	Sennaar, excussio dentium, sive fetor eorum.
T	**Θ**	**T**
Thamar, interpretatur palma.	Θάμαρ, ἑρμηνεύεται φοίνιξ, p. 313.	Thamar, palma, sive amaritudo, vel commutans.
Thamna, defectus fluctuans.	Θαμνά, ἔκλειψις σαλευομένη, p. 432.	Thamna, vetans, vel deficiens.
Tharra, interpretatur odoris exploratio.	Θάρρα, ἑρμηνεύεται κατασκοπὴ ὀδμῆς, p. 572.	Thara, exploratores odoris, sive exploratio ascensionis, vel pastio.
Z	**Z**	**Z**
Zabulon, natura nocturna nominatur.	Ζαβουλών, [2] φύσις νυκτερίας ὀνομάζεται, p. 1113.	Zabulon, habitaculum eorum, vel jusjurandum ejus, aut habitaculum fortitudinis, vel fluxus noctis.
Zelpha, oris iter.	Ζέλφα, πορευόμενον στόμα, p. 428.	Zelpha, ambulans os, vel fluens os: ab ore, non ab osse.

---

[1] Imperitiam Philonis in lingua Hebræorum vernacula manifeste declarat nomen *Sara* et *Sarra* ab eo expositum libro de Mutatione Nominum, et alibi sæpius. Consule Hieronymum libro Hebraicarum Quæstionum in Gen. cap. XVII, ubi castigat errorem Græcorum, qui super nomine Saræ mutato multas ineptias suspicantur.

[2] De hac etymologia ita disserit Hieronymus lib. Quæst. Hebr. in Genesim: *Male igitur et violenter in libro Nominum Zabulon fluxus noctis interpretatur.* Quæcumque ergo reperiuntur male ac violenter interpretata in libro Nominum Hebraicorum, non Hieronymo, sed Philoni, vel Origeni referenda sunt.

Hæc sunt quæ ex Philonis Operibus colligere potui nomina Hebræa. Si qua sint alia, fateor illa effugisse diligentiam meam; atque veniam precor ab erudito benignoque lectore, propter omissas forte, non omisso animo, dictiones nonnullas, quas ipse studio feliciori supplendas curabit. Ex iis porro, quæ modo attulimus, facile liquet quanta sit concordia, vel dissonantia Philonis ab Hieronymo. Nolim tamen asserere Philonem nihil aliud scripsisse in libro Hebraicorum Nominum, præter illas interpretationes vocabulorum, quæ passim occurrunt legenti in editis ejusdem Opusculis. Quare ut manifestius appareant tam Philonis etymologiæ, quam Hieronymi castigationes et adjectiones, Græca Fragmenta libri Nominum supra exhibuimus, Latine a nobis reddita, atque comparata cum Hieronymianis interpretationibus, uti actitatum est in præcedenti collectione tribus columnis distincta.

LIBRI NOMINUM HEBRAICORUM
PARS QUÆDAM
EX OPERIBUS FLAVII JOSEPHI
COLLECTA.

Interpres Latinus.	Josephus.	Hieronymus.
A	**A**	**A**
Adam, rufus.	Ἀδάμ, [1] πυρρός, p. 5.	Adam, terrenus, sive terra rubra, etc.
Abel, luctus.	Ἀβέλ, [a] πένθος, p. 6.	Abel, luctus, etc.

[1] Melius ab Hieronymo אדם *Adam* interpretatur *homo*, et *terrenus*, quam *rufus* a Josepho: nam proprie אדם *Edom*, dicitur *rufus*; אדם *Adam* vero *homo* tamquam de *humo* sumptus.

[a] Vetus Interpres Josephi videtur legisse οὐδέν, *nihil*, pro πένθος, *luctus*: neque ea improbanda Etymologia est.

PATROL. XXIII.

Interpres Latinus.	Josephus.	Hieronymus.
Ammanus, generis filius.	¹ Ἄμμανος, γένους υἱός, p. 21.	Ammon, filius populi mei, etc.
Adonai enim Hebræorum lingua dominus dicitur.	Ἀδωνὶ γάρ, τῇ ἑβραίων γλώττῃ, κύριος λέγεται, p. 145.	Adoni, dominus.
Aser, beatificus.	Ἀσήρ, μακαριστής, p. 31.	Aser, beatus.
B	**B**	**B**
Babel, confusio.	Βαβέλ, σύγχυσις, p. 12.	Babel, confusio.
Baracus, fulgur.	Βάρακος, ἀστραπή, p. 132.	Barac, fulgurans.
Benjamin nominavit, eo quod doloris causa matri fuerit.	Βενιαμὶν ² ἐκάλεσε, διὰ τὴν ἐπ᾽ αὐτῷ γενομένην ὀδύνην τῇ μητρί, p. 34.	Benjamin, filius dextræ.
Bethel, dei domus.	Βηθήλ, θεία ἑστία.	Bethel, domus Dei.
C	**K**	**C**
Cais, acquisitio.	Καῖς, κτῆσις, p. 6.	Cain, possessio.
Corban, donum.	Κορβᾶν, δῶρον, p. 109.	Corbana, oblatio.
D	**Δ**	**D**
Debora, apis.	Δεβώρα, μέλισσα, p. 152.	Debora, apis, vel loquax.
Dan, divino judicio electus.	Δᾶν. θεόκριτος, p. 30.	Dan, judicium, vel judicans.
Diglath, cum angustia velox.	³ Δυγλάθ, μετὰ στενότητος ὀξύ, p. 5.	Diglath.
E	**E**	**E**
Ephraimes, redditus.	Ἐφραιμής, ἀποδιδούς, p. 44.	Ephraim, crescentem, vel frugiferum.
Escon, pugna.	⁴ Ἔσκον, μάχη, p. 26.	Esec, calumnia.
Eva, significat vero illud cunctorum viventium matrem.	ᵃ ⁵ Εὖα, σημαίνει δὲ τοῦτο πάντων τῶν ζώντων μητέρα, p. 5.	Eva, vita, vel calamitas, aut væ.
G	**Γ**	**G**
Galgal, significat vero nomen illud liberalem, ingenuum.	Γαλγάλ ⁶, σημαίνει δὲ τοῦτο ἐλευθέριον ὄνομα, p. 157.	Galgal, volutabrum, vel rota, vel transmigratio perpetrata.
Geon, significat vero redditum nobis ab oriente.	Γεών, δηλοῖ δὲ τὸν ἀπὸ τῆς ἀνατολῆς ἀναδιδόμενον ἡμῖν, p. 5.	Geon, pectus, sive præruptum.
Gadas, fortuitus.	Γάδας, τυχαῖος, p. 30.	Gad, latrunculus, vel fortuna, etc.
I	**I**	**I**
Judas, gratiarum actionem hoc nomen exprimit.	Ἰούδας, εὐχαριστίαν τοῦτο δηλοῖ, p. 30.	Juda, confessio, vel confitens.
Issacharis, significans eum qui ex mercede natus est.	Ἰσσάχαρις, σημαίνων τὸν ἐκ μισθοῦ γενόμενον, p. 31.	Issachar, est merces.
Josephus additamentum.	Ἰώσηππος, προσθήκη, ibid.	Joseph, augmentum.
Isacus, id risum significat.	Ἴσακος, τοῦτο γέλωτα σημαίνει, p. 21.	Isaac, risus, sive gaudium.
Israelus, significat vero illud juxta Hebræorum sermonem, reluctantem angelo divino.	⁷ Ἰσράηλος, σημαίνει δὲ τοῦτο κατὰ τὴν ἑβραίων γλῶτταν, τὸν ἀντιστάντα ἀγγέλῳ θείῳ, p. 55.	Israel, mens, sive vir videns deum; sed melius, rectus dei.
Jobelus, libertatem vero significat hæc vox.	⁸ Ἰώβηλος, ἐλευθερίαν δὲ σημαίνει τοὔνομα, p. 96.	Jobel, dimittens, aut mutatus, sive defluet.
L	**Λ**	**L**
Levi, communitatis velut firmitas.	Λευΐ ⁹, κοινωνίας οἷον βεβαιότης, p. 50.	Levi, additus, sive assumptus.

¹ Etymologiam nominis *Ammon* admirabili diligentia, nec eruditione vulgari explicat Hieronymus libro Quæst. Hebraic. in Genesim. *Ammon*, inquit, *cujus quasi causa nominis redditur, filius generis mei, sive ut melius est in Hebræo, filius populi mei, sic derivatur, ut ex parte sensus nominis, et ex parte sit ipse sermo;* אממי (עמי) enim, *a quo dicti sunt Ammonitæ, vocatur populus meus*. Hinc elucet Hieronymum sæpius Philonis, vel Josephi, aliorumve Græcorum Scriptorum sententias Latine reddidisse in libro Nominum Hebraicorum, non juxta proprietatem linguæ Hebraicæ, quam callebat, etymologias proposuisse.

² In Græcis Fragmentis col. 539. *Benjamin* interpretatur τέκνον ὀδύνης, *filius doloris*. Ergo ex hoc fonte, nempe ex errore Josephi derivata est falsa hujusmodi etymologia nominis Benjamin, quod proprie sonat *filium dextræ*; *Benoni* autem *filium doloris*.

³ Consule supra col. 548 observationes nostras de nomine *Diglath*, pro quo *Adacel* in Hebræo legitur.

⁴ Pro *Esec*, id est, pro Hebræo עשק, corrupte scriptum est apud Josephum *Escon*; sed veram lectionem restituit eruditus interpres noster Gallus; *Hesec* enim legebat, non *Escon*.

⁵ Ansam sic erroris Josephus præbuit Græcis Scriptoribus, qui æstimarunt *Evam* significare *matrem cunctorum viventium*. Videsis Epiphanium lib. III,

ᵃ Cod. Lexicorum Vatican. Εὖα δὲ κατὰ τὴν Ἑβραίων διάλεκτον καλεῖται γυνή. *Eva autem juxta Hebræorum*

A Hæres. 78.

⁶ Non facile intelligitur, quomodo גרגל *galgal* significet hominem *ingenuum*, sive *liberalem*: nam juxta proprietatem sermonis Hebræi *Gilgal*, vel *Galgal* dicitur quidquid in circulum circumvolvitur, ut rota et sphæra, et cætera hujusmodi. Abutitur ergo hoc nomine Josephus, sicut aliis bene multis ad Historiæ suæ firmandos eventus; nec pari diligentia nominum ponit etymologias.

⁷ Hunc Josephi locum modeste sic carpebat Hieronymus lib. Quæst. Hebr. in Genesim: *Josephus*, inquit, *in primo Antiquitatum libro, Israel ideo appellatum putat, quod ego diligenter excutiens, in Hebræo penitus invenire non potui. Ecquid me necesse est, opiniones quærere singulorum, cum etymologiam nominis exponat ipse qui posuit*, etc. שרית (*Sarith*) enim, *quod ab Israel vocabulo derivatur, principem sonat*. Cætera vide loco citato.

⁸ Nomen *Jobel* apud Hieronymum non est *Jubilæi*, sive *anni remissionis*; sed nomen quo vocatus est unus filiorum Lamech in Genesi. Eodem tamen modo Hebraice scriptum est יובל *Jobel*, sive pro *Jubilæo*, sive pro *Jubal* filio Lamech; unde unam debet habere etymologiam.

⁹ Si diligenter contenderis Josephi verba isthæc cum Hieronymiana interpretatione in libro Quæst. Hebraic., fateberis statim optimam esse nominis Levi etymologiam.

linguam dicitur mulier. Cætera ibi paulo depravatiora sunt.

LEXICON GRÆCUM NOMINUM HEBRAICORUM.

Interpres Latinus. — *Josephus.* — *Hieronymus.*

M

Interpres Latinus	Josephus	Hieronymus
Melchisedechus, significat illud regem justum.	Μελχισεδέκης, σημαίνει δὲ τοῦτο βασιλεὺς δίκαιος, p. 18.	Melchisedec, rex justus.
Man, quid hoc est?	Μάν, τί τοῦτ' ἔστι; p. 75.	Man, quid?
Moab, ex patre.	Μώαβος, ἀπὸ πατρός.	Moab, ex patre.
Moyses, mo Ægyptii aquam vocant, yses vero ex aqua servatos.	Μωϋσῆς, τὸ ὕδωρ μῶ οἱ Αἰγύπτιοι καλοῦσι, ὕσης δὲ τοὺς ἐξ ὕδατος σωθέντας, p. 56.	Moses, attrectans, vel palpans, aut sumptus ex aqua, sive assumptio.
Mara, dolor vehemens.	¹ Μάρα, ὀδύνη, p. 165.	Mara, amaritudo, vel amara.
Manasses, significat quod oblivionem inducit.	Μανασσῆς, σημαίνει ἐπίληθον, p. 44.	Manasses, oblitus, vel necessitas.
Mesre, Ægyptus.	Μέσρη, Αἴγυπτος, p. 13.	Mesraim, Ægyptus.

N

Naamis, felicitas.	Νάαμις ², εὐτυχία, p. 165.	Noemi, pulchra.
Nephthalim, artificiosus.	³ Νεφθαλείμ, εὐμηχάνητος, p. 50.	Nephthali, conservavit me, vel dilatavit me, vel certe implicuit me.

O

Obedes, serviens.	Ὀβήδης, δουλεύων, p. 164.	Obed, serviens.

P

Pascha, transgressus.	Πάσχα, ὑπερβασία, p. 65.	Phasee, transgressus, sive transcensio.
Psonthomphanecus, significat hoc nomen occultorum repertorem.	Ψονθομφάναχος, σημαίνει τὸ ὄνομα, κρυπτῶν εὑρετήν, p. 44.	Psontonphaneeh, corrupte dicitur: nam in Hebræo legimus, Saphneth phanee, quod interpretatur absconditorum repertor, etc.
Phalech, partitio.	⁴ Φαλέκ, μερισμός, p. 15.	Phaleg, dividens.
Pharaon, apud Ægyptios regem significat.	Φαραών, κατ' Αἰγυπτίους βασιλέα σημαίνει, p. 269.	Pharao, dissipans, sive discooperiens eum.
Phison, significat autem hoc nomen plenitudinem.	⁵ Φεισών, σημαίνει δὲ πληθὺν τὸ ὄνομα, p. 5.	Phison, os pupillæ, sive oris mutatio.
Phora, significat vel dispersionem, vel florem.	⁶ Φορά, σημαίνει δὲ ἤτοι σκεδασμόν, ἢ ἄνθος, ibid.	Euphrates, frugifer, sive crescens.

R

Rubelum nominavit filium: quia miseratione divina sibi contigisset.	Ῥούβηλον ὀνομάζει τὸν υἱὸν· διότι ἔλεον αὐτῇ τοῦ θεοῦ γένοιτο, p. 30.	Ruben, videns filius, sive videns in medio.
Rooboth, spatiosus.	Ῥοωβώθ, εὐρύχωρος, p. 26.	Rooboth, inclinatio, vel plateæ.

S

Sabbata, significat vero hoc nomen requiem, juxta Hebræorum sermonem.	Σάββατα, δηλοῖ δὲ ἀνάπαυσιν κατὰ τὴν Ἑβραίων διάλεκτον τὸ ὄνομα, p. 4.	Sabbatha, requies.
Symeon, significat autem illud nomen, quod deus eam exaudierit.	Συμεών, ἀποσημαίνει δὲ τὸ ὄνομα, τὸ ἐπάκοον αὐτῇ τὸν θεὸν γεγονέναι, p. 50.	Symeon, exauditio, vel nomen habitaculi.
Syenna, inimicitiam significat hoc nomen.	Σύεννα, ἔχθραν ἀποσημαίνει τὸ ὄνομα. ibid.	Satana, inimicitiæ, vel contrarius.
Sampson, fortem vero significat nomen illud.	⁷ Σαμψῶν, ἰσχυρὸν δὲ ἀποσημαίνει τὸ ὄνομα, p. 160.	Samson, sol eorum, vel solis fortitudo.
Samuelus, a deo exoptatus.	Σαμούηλος, θεαίτητος, p. 165.	Samuel, nomen ejus deus.
Seiros, capillamentum, pilosum tegmen.	Σήειρος, τρίχωμα, p. 26.	Seir, pilosus, vel hispidus.

---

¹ Quia omnis dolor amarus nobis est, facile מרה mara, significat *dolorem*; maxime in Scripturis sacris, ubi sæpius legitur *amara animo*, et *amaritudo spiritus*, id est, *cruciatus*, et *dolor vehemens animi*.

² Noemi proprie dicitur *pulchra, amœna*, et jucunda ex verbo נעם *naam*. Magis igitur ad Noemi loquentem in libro Ruth attendit Josephus, quam ad etymologiam nominis.

³ De hac etymologia ita disserebat Hieronymus in libro Quæst. Hebr. in Genesim: *Causa nominis Nephthalim aliter hic multo exponitur, quam in libro Hebræorum Nominum scripta est. Unde et Aquila uit, συνκατέστρεψέν με ὁ θεός, καὶ συνανεστράφην: pro quo in Hebræo scriptum est,* NEPHTHULE ELOIM NEPHTHALETHI. *Unde a conversione, sive a comparatione, quia utrumque sonat conversionem, sive comparationem, Nephthalim filio nomen imposuit. Non sic Grammatici hodierni, qui verba Rachelis* נפתולי אלהים נפתלתי *naphthule Eloim niphthalthi, interpretari solent, luctationes Dei luctata sum.* Fatemur nihilominus et ipsi, per metaphoram transferri ad animum, He-

braeumque nomen נפתל *niphthal*, *calliditatem* et *versutiam* denotare, ut Prov. viii et Job. v. Hinc apud Josephum etymologia, *artificiosi*; et apud Hieronymum, *implicuit me*.

⁴ Licet corrupte cum κ in fine, pro γ, scriptum sit nomen *Phaleg* apud Josephum; occurrit tamen sæpius apud eumdem Scriptorem vox φάλεγος, quæ Græca terminatione nomen פלג *Phaleg* incorrupte repræsentat.

⁵ Verbum פישון *phison*, significat *plenitudinem* et *multitudinem* sumptum e radice פשה *Phasa*, id est, *extendit, diffudit*, etc.: *os* vero *pupillæ*, cum ex פה *pho* et אישון *ison* compositum intelligitur.

⁶ In Hebræo scriptum est פרת *Phorath*, sive *Perath*; Euphratemque formatum volunt ex היא פרת *Hu phrath*, sive *Eu phrath*. Josephus legisse videtur non ת־פ *Phorath* cum *Thau* in fine; sed פ־ה *Phora* cum *Heth*: unde nomen illud interpretatur *florem*.

⁷ Nominum etymologias minime posuit Josephus in *Samson* et *Samuel*; sed quod *Samson* præditus

Interpres Latinus.	Josephus.	Hieronymus.

Z

Zoor, parvum.	[1] Ζοώρ [a], τὸ ὀλίγον, p. 20.	Soor, parva, vel meridiana.
Zabulon, captus pignori.	[2] Ζαβουλών, ἠνεχυρασμένος, p. 31.	Zabulon, habitaculum fortitudinis, vel jusjurandum, etc.

fuerit maxima fortitudine, nomen ejus *fortem* interpretari voluit. Similiter *Samuelem* dicit sonare *a Deo exoptatum*, sive *postulatum*, quia ab Anna matre multis votis ac precibus expetitus legitur. Meminerit lector frequentes esse in Græcis Fragmentis id genus expositiones, sive etymologiæ nominum Hebraicorum.

[1] Si genuina est apud Josephum lectio nominis *Zoor*, manifeste apparet ipsum legisse litteram *Tsade* ut ζ Græcum, sive ut z Latinum : צער enim vocabulum habet ab initio elementum *Tsade*. Non sic Hieronymus qui litteram צ *Tsade* numeravit inter tres litteras *S* Hebræorum : quique de eodem nomine *Zoor* sic scribebat supra col. 16. *Segor*, inquit, *parva* : ipsa est quæ et supra *Soor. Sed sciendum quod G litteram in medio non habeat : scribaturque apud Hebræos per vocalem Ain.* Sonum denique litteræ Hebrææ *Sade*, aures Latinorum reformidare testis est col. 15. Quem locum consuli velim ab erudito curiosoque lectore.

[2] Male ac violenter interpretatur Josephus nomen *Zabulon*; quoniam Hebræum זבול *Zebul*, aut זבל *Zabal*, non recte vertitur per Græcum ἐνεχυράζομαι, id est, *oppigneror*, unde ἠνεχυρασμένος, *oppigneratus*, vel *captus pignori*. Hieronymianæ igitur etymologiæ adhærendum, quæ posita noscitur juxta fidem elementorum Hebraicorum.

Josephum nunc si cum Philone, ac cum utroque Hieronymum comparaverimus, modo ipsum a Josepho, modo a Philone dissentire fatebimur; modo cum ambobus consentire, sed rarius inveniemus. Consentit verbi gratia Hieronymus cum Judæis Scriptoribus in etymologia nominis *Abel*, quod *luctum* apud Philonem æque ut apud Josephum significat. Similiter et in nomine *Babel*, sive *Babylonis*, quod *confusionem* interpretantur juxta proprietatem sermonis Hebræi. At in famosissimo nomine *Israel*, ab utroque dissentit Hieronymus; quin et eorum errores castigat libro Quæstionum Hebraicarum in Genesim. Philonis quidem redarguit etymologiam in vocabulo *Israel*, quod illud *videns Deum* transtulerit : Josephi autem dicentis id habere significantiam *reluctantis Angelo Dei.* Non sic in voce *Eva*; in hac enim concordat cum Philone, dissentiens a Josepho, qui voluit *Evam* significare *matrem cunctorum viventium;* cum juxta fidem elementorum hoc significet *vitam*, nihil addendo de aliis Josephi verbis.

Sed ne superflue dicta vel dicenda inculcemus, Lectoris studio hujusmodi comparationes Auctorum permitto: ut eadem semel et iterum replicasse contentus, de aliis nondum expositis proclivior sit mihi ac expeditior ratio disputandi.

[a] Hebraice est צער, quod Septuaginta Σηγώρ transtulerunt Gen. xix, 22, 23. Martian. ὀλίγος mox legit.

APPENDICIS
Pars altera,
COMPLECTENS LATINA QUÆDAM OPUSCULA
S. Hieronymo olim falso tum in editis cum mss. libris attributa.

ADMONITIO IN PROXIME SUBJECTUM LIBELLUM.

Hunc sane diligentem, atque eruditum libellum veteres editores Hieronymiano cognomini libro *de Locis* continuo subdiderunt, utpote quem, licet S. Doctoris, fetum non esse, bonis argumentis colligerent, ad ejus tamen operum collectionem pertinere non ignorarent, nec penitus repudiare contra vetustiorum testimonia auderent : quod temere factum a Martianæo, qui illum hinc jussit exsulare, nemo non improbarit. Et vero quædam ipsius operis germanitatem videantur asserere, atque hæc sunt in primis : Auctorem videri Syriace scire : tum quæ de Sychem et Saronna tradit, Judaicæ illum geographiæ satis peritum designare; quæ duo quantum præ cæteris Hieronymo conveniant, non est qui ignoret. Nam quod de Smyrna Lyciæ civitate loquens, ipsum de nomine laudet Hieronymum, quæ palmaris eruditorum est ratio, ut hunc ab Hieronymo librum abjudicent : non usque adeo firmum argumentum visum est Erasmo, quandoquidem potuit illa studiosi alicujus notatio ex margine in textum irrepsisse. Quod quidem eo fit verosimilius, quod non iisdem, atque apud S. Doctorem verbis recitatur hic locus : *Porro Hieronymus in libris Hebræorum Nominum ponit myrrham, et interpretatur amaram.* Nec desunt denique doctorum hominum testimonia, atque eorum cum primis, qui criticæ artis gloriam sustinuerunt, Casauboni, Scaligerique, quorum alter miraculo hic enarrato finem tamquam ex Hieronymi auctoritate adhibet, alter auctorem impense laudat.

Nihilosecius, quae ejus auctorem non esse Hieronymum persuadeant, potiora sunt nobis momenta. Enimvero Bedae, in cujus quoque operibus continetur, vulgatusque est, multo verius tribuitur, nam et ea tempora, et ejus Auctoris ingenium tota scriptionis series ac stylus refert. E contrario quis haec putet ad Hieronymi aevum spectare, ubi de Damasco loquens Auctor, *Nunc*, inquit, *Saracenorum metropolis esse perhibetur. Unde et rex eorum Navvias famosam in ea sibi, suaeque genti basilicam dedicavit, Christianis in circuitu civibus Baptistae Joannis ecclesiam frequentantibus :* cum tamdiu post S. Doctoris obitum saeculo vii Saraceni Damasco potiti sint? Nec scripsisset Hieronymus, *Arabia sacra interpretari dicitur : eo quod sit regio thurifera odores creans*, quae totidem verba sunt Isidori Hispalensis, Originum l. xiv, cap 3, ut et ista, *Chios insula, cujus nomen Syra lingua mastycem designat, eo quod ibi mastix gignitur :* et pleraque alia ex eodem libro paulo immutatis verbis descripta. Sed et ex Hieronymi ipsius Commentariis nonnulla delibantur, quod ex Joppe titulo, atque aliis subinde, quos lectori conferendos relinquimus, plane constabit. Quamobrem non videmus, cui verius ascribatur, quam Bedae, cui hoc erat etiam in more positum, ut ex aliorum scriptis sua passim consarcinaret. In cod. autem nostro ms. quem domi habemus, et ad quem vulgatum exegimus, errorem ipsa cavet inscriptio : *Nomina Regionum atque Locorum de Actibus Apostolorum, non a Hieronymo, sed ab alio quodam descripta.*

LIBER NOMINUM LOCORUM, EX ACTIS.

A

Acheldema [a] (*Act.* i), ager sanguinis, qui hodie quoque demonstratur in Ælia ad australem plagam montis Sion : et hactenus juxta Judaeorum consilium mortuos ignobiles, alios terra [b] tegit, alios sub divo putrefacit.

Asiae regio (*Act.* xvi, xix), quae cognominatur Minor, absque orientali parte, qua ad Cappadociam, Syriamque progreditur, undique circumdata est mari, cujus provinciae sunt, Phrygia, Pamphylia, Cilicia, Lycaonia, Galatia, et aliae multae, sed specialiter ubi Ephesus civitas est, Asia vocatur.

Ægypti regio (*Act.* vii), a septentrione mare magnum, sinumque Arabicum, ab oriente Rubrum mare, a meridie Oceanum, ab occasu Libyam habet : cujus inferiorem partem Nilus dextera laevaque divisus, amplexu suo determinat, Canopico ostio ab Africa, ab Asia Pelusiaco, centum sexaginta passuum intervallo : quam ob causam inter insulas quidam Ægyptum retulere, ita se [c] findente Nilo utrimque, ut Δ litterae figuram efficiat : inde multi quod Graecae litterae figuram efficiat, vocabulo Deltam appellavere. Ægypti vero mensura ab unitate alvei, unde se primum findit[*Al.* fundit] in latera ad Canopicum ostium centum sexaginta sex passuum, ad Pelusiacum ducentorum quinquaginta sex.

Arabiae regio [*Act.* ii, 11), inter sinum maris Rubri, qui Persicus, et eum qui Arabicus dicitur, habet gentes multas, Moabitas, Ammonitas, Idumaeos, Saracenos, aliosque quamplurimos. Arabia autem *sacra* interpretari dicitur : eo quod sit regio thurifera, odores creans. Hinc eam Graeci, εὐδαίμονα, nostri *beatam [felicem]* vocaverunt.

A

Æthiopum regio (*Act.* viii, 27) ab Indo flumine consurgens, juxta Ægyptum inter Nilum et Oceanum, et in meridie, sub ipsa solis vicinitate jacet : quorum tres sunt populi Ægypti, Hesperiae, et Occidentis.

Antiochia (*Act.* xi, xiv, xv) civitas, Syriae Coeles, in qua Barnabas et Paulus Apostoli sunt ordinati. Est autem et alia in Pisidia provincia, in qua iidem praedicantes, Judaeis dixerunt : *Vobis oportebat primum loqui verbum Dei, sed quoniam repulistis illud*, etc. (*Act.* xiii).

Alexandria (*Act.* vi), civitas Ægypti, quae quondam No dicebatur, inter Ægyptum, Africam et mare quasi claustrum posita, in qua beati Evangelistae Marci tumulus hodieque [d] veneratur.

Azotus (*Act.* viii), oppidum insigne Palaestinae, quod Hebraice dicitur Esdod, et est una de quinque olim civitatibus Allophylorum.

Attalia (*Act.* xiv), civitas Pamphyliae maritima.

Amphipolis (*Act.* xvii), civitas et ipsa Macedoniae : est alia ejusdem nominis in Syria. Apollonia, et ipsa civitas Macedoniae : et est altera in provincia Africae, quae dicitur Pentapolis.

Athenae, civitas in Achaia, philosophiae dicata studiis : quae cum una sit, plurali numero semper appellari solet : cujus Piraeeus [*Al.* Phireus] portus, septemplici muro quondam communitus fuisse describitur.

Areopagus, Athenarum curia, quae interpretatur *villa Martis*, quod ipse ibi quondam cum ducentis duodecim diis dicatus sit.

Assos (*Act.* xx, xxvii), civitas Asiae maritima, eadem Apollonia dicta.

---

[a] Meus ms. liber *Acheldemach :* moxque rectius *hodieque monstratur.*
[b] Antea erat corrupte, *teligit.*
[c] Editi antea, *fundente Nilo. Mox brevius ac rec*tius in meo ms. : *Indeque multi Graecae litterae vocabulo Deltam appellavere.*
[d] Addit meus ms. *in ecclesia.*

Antipatris (*Act.* xxiii), civitas Palæstinæ nunc diruta, quam Herodes rex Judææ ex patris sui nomine vocaverat.

Appii forum (*Act.* xxviii), nomen fori Romæ, ab Appio quondam consule tractum : a quo et via Appia cognominata est.

B

Babylon, metropolis regni Chaldæorum, ubi eorum, qui ædificabant turrim, linguæ divisæ sunt, a quo [*Al.* qua] et regio circumposita, Babylonia vocatur. Hanc fuisse [a] potentissimam, et in campestribus per quadrum sitam, ab angulo usque ad angulum muri, sedecim millia passuum tenuisse, id est, simul per circuitum sexaginta quatuor millia, refert Herodotus, et multi alii, qui Græcas historias conscripserunt. Arx autem, id est, Capitolium illius urbis, est turris, quæ post diluvium ædificata (*Gen.* xi), quatuor millia passuum tenere dicitur : cujus post ruinam, muri tantum fictiles remansisse, et ob bestias, quæ illic abundant captandas, recuperati esse traduntur.

Bithynia (*Act.* xvi), provincia Asiæ minoris, quæ et quondam Bibraja, et deinde Mygdonia dicta est. Et major Phrygia, Jera flumine a Galatia disterminata, habet civitatem ejusdem nominis.

Berœa (*Act.* xvii), civitas in Macedonia, quæ verbum Domini nobiliter accepit.

C

Cappadocia (*Act.* ii) regio in capite Syriæ, id est, ad septentrionem.

Cyrene, civitas in Lybia, cujus regio etiam Pentapolitana vocatur, eo quod quinque urbibus maxime fulgeat, Beronice, Arsinoe, Ptolemaide, Apollonia, ipsaque Cyrene.

Creta (*Act.* xxvii), Græciæ [*Al.* Galatiæ] insula, centum quondam oppidis insignis, famosaque divitiis, maxime æris : ibi enim prima hujus metalli inventio et utilitas fuit, cui proximum est in finibus Ciliciæ promontorium, et oppidum Veneris.

Cilicia (*Act.* xxiii), provincia Asiæ, quam Cydnus amnis intersecat, et mons Amanus, cujus meminit Salomon (*Cant.* iv), a Syria Cœle separat.

Carra (*Act.* vii), civitas Mesopotamiæ, apud Romanos Crassi clade, apud nos hospitio Abraham patriarchæ et parentis ejus morte nobilis (*Gen.* xi, 12).

Chaldæorum regio (*Act.* vii) inter Babyloniam et Arabiam, Tigrim et Euphraten.

Chanaan, filius Cham, obtinuit terram a Sidone usque ad Gazam, quam Judæi deinceps possederunt, ejectis Chananæis.

Cæsareæ (*Act.* viii) civitates duæ sunt in terra promissionis. Una Cæsarea Palæstinæ in littore magni maris sita est, quæ quondam Pyrgos, id est, *turris Stratonis* dicta est : sed ab Herode rege Judææ nobilius et pulchrius, et contra vim maris multo utilius instructa, in honorem Cæsaris Augusti Cæsarea cognominata est, cui etiam templum in ea marmore albo construxit : in qua nepos ejus Herodes ab Angelo percussus (*Act.* xii, 10, 11), Cornelius centurio baptizatus, et Agabus Propheta zona Pauli ligatus est. Altera vero Cæsarea Philippi (*Matth.* xvi. *Marc.* viii) : cujus Evangelii scriptura meminit : ad radices montis Libani, ubi Jordanis fontes sunt, a Philippo tetrarcha ejusdem regionis facta, et in honorem Tiberii Cæsaris cognominata est. Sed et tertia Cæsarea Cappadociæ metropolis est, cujus Lucas ita meminit : *Profectus ab Epheso, et descendens Cæsaream* [*Al.* Cæsarea], *ascendit et salutavit Ecclesiam* (*Act.* xviii).

Corinthus (*Act.* xix, 18), civitas Achaiæ maritima.

Cenchreæ (*Act.* xx), portus Corinthiorum civitatis.

Chios (*Act.* xxvii), insula ante Bithyniam, cujus nomen Syra lingua *masticem* designat, eo quod ibi mastix gignitur. Hanc aliqui Chiam appellavere a Chione nympha Choos.

Cnidus, insula contra Asiam nobilissima adjacens provinciæ Cathiæ, et est ejusdem nominis oppidum in insula Calymna.

D

Damascus (*Act.* ix), urbs nobilis Phœnices, quæ et quondam in omni Syria tenuit principatum, et nunc Saracenorum metropolis perhibetur : unde et rex eorum Navvias famosam in ea sibi sueque genti basilicam dedicavit, Christianis in circuitu civibus Baptistæ Joannis ecclesiam frequentantibus.

Derbem (*Act.* xiv), civitas Lycaoniæ provinciæ.

E

Elamitæ (*Act.* ii), principes Persidis, ab Elam filio Sem appellati.

Ephesus (*Act.* xviii, xix), Amazonum opus, civitas in Asia ubi requiescit beatus Evangelista Joannes.

F

Frygia (*Act.* xviii), provincia Asiæ, Troade superjecta in septentrionali sua parte Galatiæ contermina, meridiana [*Al.* meridianæ] Lycaoniæ, et Pisidiæ Macedoniæque, ab oriente Cappadociam attingit. Duæ autem sunt Frygiæ, quarum major Smyrnam habet, minor vero Ilium.

Fœnicia (*Act.* xi), provincia Syriæ, cujus partes sunt Samaria et Galilæa, et aliæ plurimæ regiones.

G

Galilææ duæ sunt (*Act.* xiii). Una Galilæa gentium vicina finibus Tyriorum in tribu Nephthalim (*Jos.* xix). Altera circa Tyberiadem et stagnum Genesareth in tribu Zabulon.

Galatia (*Act.* xviii), provincia Asiæ, a Gallis vocabulum trahens : qui in auxilium a rege Bithyniæ evocati, regnum cum eo facta victoria diviserunt.

---

[a] Isthæc de Babyloniæ turri totidem verbis describuntur ex Hieronymi Commentariis in Isaiam, lib. v, c. 14, in quem locum videsis quæ nos ex Herodoto aliisque auctoribus observamus.

LIBER NOMINUM LOCORUM, EX ACTIS.

Sicque deinde Græcis admixti, primo Gallogræci, postea Galatæ sunt appellati.

Græcia (*Act.* xx), provincia quædam Achaiæ, quæ a Græcis scriptoribus Hellas vocata est, in qua Athenæ civitas est, quondam [a] Attica dicta.

H

Hadrumetus (*Act.* xxvii), civitas in Bazatio regione Africæ.

Hadria, nomen maris contra Ravennam, quod per ostia Padi fluvii intratur, sumpto vocabulo ab Hadria proxima civitate, quæ idem mari nomen Hadriatici dedit.

Hierusalem (*Act.* ii, iv, v, xxi), metropolis quondam totius Judææ, quæ nunc ab Ælio Hadriano Cæsare, quod eam a Tito destructam, latiore situ instauraverit, Ælia cognominata est: cujus opere factum est, ut Loca Sancta, id est Dominicæ Passionis et Resurrectionis, sed et Inventionis S. Crucis quondam extra urbem jacentia, nunc ejusdem urbis muro septentrionali circumdentur.

I

Judæa (*Act.* i, ii, ix, x), aliquando tota terra duodecim tribuum appellatur, aliquando duæ tantum tribus, quæ quondam Juda vocabantur, ad distinctionem Galilææ et Samariæ, aliarumque in terra repromissionis regionum. Et notandum apud historicos, quod Judæa (*Act.* ix) ad Palæstinam, Galilæa vero et Samaria ad Phœnicem pertineant.

Joppe, oppidum Palæstinæ maritimum in tribu Dan: ubi hodie saxa monstrantur in littore, in quibus Andromeda relegata [*Al.* religata], Persei quondam viri sui fertur liberata fuisse præsidio.

Iconium (*Act.* xiii, xvi), civitas celeberrima Lycaoniæ, et est altera in Cilicia.

Italia (*Act.* xxvii), regio et patria Romanorum ab Italo rege vocabulum traxit, quæ ab Africo et a Borea mari magno cincta, reliqua Alpium objicibus obtrusa est.

L

Libyæ provinciæ duæ sunt, una Libya Cyreneaca, de qua dictum est. *Et partes Libyæ, quæ est circa Cyrenem* (*Act.* ii). Hæc porta Ægypti in parte Africæ prima est: et mari Libyco cognomen dedit: post quam Libya Æthiopum, usque ad meridianum pertingens Oceanum.

Lydda (*Act.* ix), civitas Palæstinæ in littore magni maris sita, quæ [b] Diospolis appellatur.

Lycaonia (*Act.* xiv), provincia Asiæ est: et ejusdem nominis civitas est in Phrygia minore.

Lystra, civitas Lycaoniæ.

Lycia (*Act.* xxvii), provincia Asiæ.

Lasæa, civitas littoraria Cretæ insulæ juxta locum, qui vocatur boni portus, ut ipse Lucas exponit: pro qua quidam corrupte Thalassa legunt.

M

Mons Oliveti ad orientem Hierosolymæ, torrente Cedron interfluente, ubi ultima vestigia Domini fumo impressa hodieque monstrantur (*Act.* i). Cumque terra eadem quotidie a credentibus hauriatur: nihilominus tamen eadem sancta vestigia, pristinum statum continuo recipiunt. Denique cum ecclesia, in cujus medio sunt, rotundo schemate, et pulcherrimo opere conderetur, summum tantum cacumen, ut perhibent, propter Dominici corporis meatum nullo modo contegi, et concamerari potuit: sed transitus ejus a terra ad cœlum usque patet apertum.

Medi (*Act.* ii), a Madai filio Japhet appellati: sunt autem inter flumen Indum et flumen Tigrim regiones istæ, a monte Caucaso usque ad mare Rubrum pertingentes, Aracusia, Parthia, Assyria, [c] Persis, et Media: quas Scriptura sacra universas sæpe Mediæ nomine vocat.

Mesopotamia, regio inter flumina Tigrim et Euphratem, quæ et ipso vocabulo Græco, in medio fluminum esse posita monstratur. Hinc ad meridiem Babylonia, deinde Cedar, novissime Arabia Eudæmon.

Madian (*Act.* vii), civitas juxta Arnonem et Areopolim, cujus nunc ruinæ tantummodo demonstrantur, ubi Moyses apud Jethro socerum suum exsulabat (*Exod.* ii).

Mœsia, provincia Asiæ: nunc Æolis dicta. Est autem et altera ejusdem nominis juxta fluvium Danubium. Suntque auctores, qui dicant transisse in Europa Mesas, et Brygas, et Hunnos, a quibus appellantur in Asia Mysi, Phryges et Bithynii.

Macedonia (*Act.* xx), provincia Græcorum nobilissima, et virtutibus Alexandri Magni nobilior facta.

Mitylene, insula contra Asiam, quæ a proxima continente abest quingenta septem millia passus.

Miletus (*Act.* xx), civitas in Asia maritima, decem stadiis ab ostio Mæandri amnis secreta: ubi Paulus Ephesiorum majores alloquitur, est et insula [d] non ignobilis nominis ejusdem in mari Ægæo vel Ionio.

N

Nazareth (*Act.* ii, x), viculus in Galilæa juxta montem Thabor, unde et Dominus noster Jesus Christus Nazarenus vocatus est: habetque ecclesiam in loco, quo Angelus ad beatam Mariam evangelizaturus intravit: sed et aliam, ubi Dominus est nutritus.

Neapolis (*Act.* xvi), civitas Cariæ, quæ est provincia [*Al.* provinciæ] Asiæ.

P

Parthi (*Act.* ii), inter flumen Indum, quod ab oriente est, et inter flumen Tigrim, quod est ab occasu, siti sunt, ut supra dictum est.

Pontus (*Act.* xiii), regio multarum gentium juxta mare Ponticum, quod Asiam Europamque disterdoro Hi-pal. scribitur in recto.

---

[a] Idem, haud tamen recte, *quondam antiqua dicta*.
[b] Rursus idem, *quæ nunc Diospolis*, etc.
[c] In meo ms., *Persida*, quemadmodum et ab Isi-
[d] Negandi particula in meo ms. non est, sed contrario sensu dicitur, *insula ignobilis*, etc.

minat : et propter plurimam ostiorum Danubii infusionem, dulcius cæteris esse dignoscitur.

Pamphylia, provincia Asiæ.

Paphus, maritima in Cypro insula, Veneris quondam sacris carminibusque Poetarum famosa, quæ, frequenti terræmotu lapsa, nunc ruinarum tantum vestigiis, quid olim fuerit, ostendit.

Perge, civitas Pamphyliæ provinciæ.

Philippi [Al. Philippis], civitas in prima parte Macedoniæ.

Pisidia (Act. xvi, xx), provincia Asiæ.

Patara (Act. xxi), civitas Lyciæ provinciæ in Asia.

Ptolemais (Act. xxi), civitas in Judæa maritima prope montem Carmelum, quæ [a] quondam a quodam Ptolemæo dicta est. Est autem altera Ptolemais in Pentapoli provincia Africæ, cujus supra memini.

Puteolis, civitas colonia Campaniæ, eadem dicitur Ceadicta.

R

Roma (Act. xxviii), [b] totius quondam orbis domina, a conditoris sui Romuli nomine sic vocata : quam, propter eximiam virtutem, plerique Scriptorum, quasi sola esset, Urbem appellare malebant.

Rhodus (Act. xxi), Cycladum insularum nobilissima, et ab oriente prima, quondam Ophiussa vocata, in qua ejusdem nominis urbs fuit, æreo colosso famosa, septuaginta cubitorum altitudinis : distat a portu Asiæ viginti millibus passuum.

Rhegium (Act. xxviii), civitas Siciliæ maritima, viginti millia passuum a promontorio Peloro secreta : cujus nomen Græcum interpretatur *discretio* : eo quod hæc Siciliæ pars quondam Bruttio agro Italiæ cohærens, mox interfuso mari sit avulsa, quindecim passuum longitudine freto, in latitudine autem modo juxta columnam Rhegiam [Al. Regio], in quo freto est scopulus Scylla, item Charybdis mare [c] verticosum, ambo clara sævitia.

S

Samaria (Act. viii), civitas regalis in Israel in vertice montis Somer posita. Sed et omnis regio, quæ circa eam fuit, a civitate quondam nomen acceperat : media inter Judæam et Galilæam jacet. Hæc ab Herode Antipatri filio in honorem Augusti Cæsaris Græco nomine Sebaste, id est, *Augusta*, vocata est.

Sichem (Act. vii), civitas Jacob, nunc Neapolis dicta, juxta sepulcrum Joseph, quæ a filio Emor sui regis vocabulum sumpsit : juxta quam Dominus Samaritanæ mulieri loquitur ad [d] puteum : ubi nunc ecclesia fabricata est ex latere montis Garizim.

[a] Vocem *quondam* ms. ignorat
[b] Meus ms. addito *urbs* nomine, paulo elegantius, *Roma, urbs totius quondam orbis*, etc. Notatum vero est doctis viris, ipsaque res clamat, nequaquam abs Hieronymo de Roma hæc, et quæ subsequuntur scribi potuisse.
[c] Malim utique *vorticosum* rescribi pro *verticosum*.
[d] Vulgati antea, *ad fontem*. Historicæ veritati pro-

Sina (Act. vii), mons in regione Madian super Arabiam in deserto, qui alio nomine Choreb appellatur. Unde dicitur : *Et fecerunt vitulum in Choreb* (Ps. cv, 19) : cum hoc Moyses in Sina factum scripserit.

Saronas (Act. ix), quod interpretatur *campestris*, regio est Cæsareæ Palæstinæ, usque ad oppidum Joppe pertingens. Et est hodie locus pascendis gregibus aptus : quæ juxta soli qualitatem, Petro prædicante, fidei continuo fructus germinavit. Sed et inter montem Thabor et stagnum Tyberiadis, regio Saronas appellatur.

Sidon (Act. xxvii), urbs Phœnices insignis, olim terminus Cananæorum ad aquilonem, juxta Libani montis ortum sita, [e] et ipsa artifex vitri.

Seleucia (Act. xiii), civitas Syriæ nobilis, in promontorio Syriæ Antiochiæ sita.

Salamis (Act. xiii), civitas in Cypro insula, nunc Constantia dicta, quam Trajani principis tempore, Judæi interfectis omnibus accolis deleverunt.

Samothracia (Act. xvi), insula in Pacasiaco sinu.

Syria (Act. xx), quæ Hebraice Aram dicitur, regio est inter flumen Euphraten et mare magnum usque ad Ægyptum pertingens, habet maximas provincias, Comagenam, Phœniciam, et Palæstinam absque Saracenis et Nabathæis, quorum gentes sunt duodecim.

Samos (Act. xx), insula in mari Ægæo, in qua reperta prius fictilia vasa traduntur : unde et vasa Samia appellata sunt.

Smyrna (Act. i, ii), civitas Lyciæ provinciæ in Asia : cujus Lucas ita meminit : *Et pelagus Ciliciæ et Pamphyliæ navigantes venimus in* [f] *Smyrnam Lyciæ*. Pro quo aliqui codices habent : *Venimus in Lystram, quæ est in Cilicia*. Porro Hieronymus in libris Hebræorum nominum ponit Smyrnam, et interpretatur, *amaram*.

Salmon (Act. xxvii), civitas maritima Cretæ insulæ.

Syrtes (Act. xxvii), arenosa in mari magno loca multum terribilia et metuenda, eo quod ad se omnia diripere soleant, et appropinquantes [Al. appropinquanti] vadoso mari hæreant. Hæ autem ad mare Ægyptium vicinæ sunt, et pariter admiscentur.

Syracusa (Act. xxviii), metropolis Siciliæ, sub promontorio Pachyno : siquidem Sicilia ipsa tribus est distincta promontoriis : unde et a trianguli specie, Trinacria quondam vocata, mox a Siculo rege Sicilia dicta est. Primum promontorium dicitur Pelorum, et spectat ad aquilonem : cui Messana civitas proxima est : et adversum ex Italia dictum est promontorium Cenus, duodecim stadiorum intervallo. Secundum

pior mei ms. lectio est.
[e] Hocce additamentum, *et ipsa artifex vitri*, meus ms. non agnoscit.
[f] Pro *Smyrnam* meus ms. habet *Smiram*, propius eo, quod Græci codd. ab Auctore notati præferunt εἰς Μύρα, *Myram* : sicque inferius *Myrram* legit pro *Smyrnam*.

dicitur Pachynum, quod respicit ad Euronotum. Tertium appellatur Lilybæum, civitatem ejusdem nominis habens, et dirigitur in occasum.

T

Tarsus (*Act.* xxii), civitas metropolis Ciliciæ provinciæ, Paulo Apostolo gloriosa.

Tyrus (*Act.* xxi), metropolis Phœnices in tribu Nephthalim, vicesimo prope milliario a Cæsarea Philippi. Hæc quondam insula fuit præalto mari, septingentis passibus divisa : sed ab Alexandro terra continens facta est, propter expugnationem, multis in brevi freto aggeribus comportatis : cujus maxime nobilitas conchylio atque purpura constat.

Troas (*Act.* xx), civitas Asiæ maritima, eadem Antigonia dicta.

Thyatira (*Act.* xvi), civitas Libyæ, quæ est provincia Asiæ, templo quondam Æsculapii famosa : cujus civis erat illa Lydia πορφυρόπωλις, id est, *purpuræ venditrix*, quæ in Philippis fidem Christi suscepit.

Thessalonica (*Act.* xvi), civitas Macedoniæ.

Theatrum (*Act.* xix), locus a spectaculo vocabulum mutuans, quod in eo populus stans desuper atque spectans, ludos scenicos contemplaretur.

Subnectitur in meo ms. isthæc lectu non indigna, et maximam partem ex Hieronymo excepta, Hebraici alphabeti interpretatio, tum a quodam Symeone Judæo exposita decem Dei nomina, quæ non abs re me facturum putavi, si hic adjungerem, maxime cum et illa, et aliam paulo longiorem eorumdem Nominum expositionem a Martianæo incuriosius editam tomo V, ne quid desideraretur, huc transferri, et ipsa scriptionis indoles, et institutus a nobis in hac digerenda collectione ordo postularet.

HEBRAICI ALPHABETI INTERPRETATIO.

א Alef, mille, [a] vel *doctrina*
ב Beth, *domus*.
ג Gimel [*Al.* Gemel], retributio, vel *plenitudo*.
ד Daled [*Al.* Deled], pauper, vel *tabulæ*, sive janua.
ה He, ipsa, vel *ista*, sive suscipiens.
ו Vau, *et*, ipse, sive *hæc*.
ז Zain [*Al.* Zai], oliva, vel fornicatio, *hæc*.
ח Heth, *vita*, vel vivacitas.
ט Theth, *bonum*.
י Jod [*Al.* Joth], scientia, vel *principium*, aut dominator.
כ Chaf [*Al.* Caph], manus, [b] palma, vel vola.

[c] ל Lamed, doctrina, sive *disciplina*.
מ Mem, ex quo, vel *ex ipsis*, sive aqua.
נ Nun, [d] fetus, vel piscis, sive *sempiternum*.
ס Samech, firmamentum, licet quidam erectionem, vel *adjutorium*, sive fulturam putant.
ע Ain, *fons*, sive *oculus*.
פ Pe, immo Fe, *os ab ore, non ab osse*, sive laqueus, vel decipula.
צ Zadi [*Al.* Sade], regio, sive *justitia*.
ק Cof, *vocatio*.
ר Res, *caput*.
ש Sin, *dentes*.
ת Thaf, *signum*, vel [e]....

SYMEONIS JUDÆI DECEM DEI NOMINUM EXPOSITIO.

Sabaoth, id est, Dominus virtutum, Dominus militiarum, Dominus omnia tenens.

Eloy, Deus.

Saddech, Justus.

Adonai, Dominus.

El, Fortis.

Elyon, Excelsus.

Coneacol, Omnipotens.

[f] Aia, Qui erat, et qui erit.

Barucabba, Benedictus pater.

Baruc, Benedictus.

---

[a] Quæ nos vocabula Italico charactere descripsimus, cum Hieronym. interpretatione consentiunt.
[b] Vitiose legit Martian. *palpa*.
[c] Iterum corrupte, *Lab*, pro *Lamed*.
[d] Idem *Feta*, et deinde serpentinum, pro *sempiternum*.

[e] Evanuerunt in ms. meo litteræ alteram etymologiam efferentes, vixque legitur *but*. Martianæus in suis legerat *subter*.
[f] Martian. *Aio* : et mox *Barucæ* legit, pro quo mallet *Baruca* ex Arabica terminatione : et rectius supra *omnium possessor*, pro *omnipotens*.

DE DEO ET NOMINIBUS EJUS.

Beatissimus Hieronymus, vir eruditissimus et multarum linguarum peritus, Hebræorum Nominum interpretationem primus in Latinam linguam convertit, ex quibus pro brevitate prætermissis multis, quædam huic operi adjectis interpretationibus interponere studui, vocabulorum enim expositio satis indicat, quid velint intelligi. In principio autem decem nomina ponimus, quibus apud Hebræos Deus vocatur.

Primum apud Hebræos Dei nomen EL, dicitur, quod alii *Deum*, alii etymologiam ejus exprimentes, Schiros [*Leg.* Ἰσχυρὸς], id est, *fortem* interpretati sunt : eo quod nulla infirmitate opprimitur, sed fortis est, et sufficiens ad omnia perpetranda. Secundum nomen, ELOIM. Tertium, ELOE. Quod utrumque in Latinum *Deus* dicitur. Est autem in Latinum ex Græca appellatione translatum, nam Deus Græce Theos, febos [*Lege* φόβος] dicitur, id est, *timor*. Unde tractum est Deus, quod eum colentibus sit timor. Deus autem proprie nomen est Trinitatis pertinens ad Patrem, et Filium, et Spiritum sanctum. Ad quam Trinitatem etiam reliqua, quæ in Domino intra sunt posita vocabula referunt.

Quartum nomen dicitur, SABAOTH, quod vertitur in Latinum, *exercituum*. Sunt enim in hujusmodi ordinatione virtutes multæ, ut Angeli, Archangeli, Principatus, et Potestates : cunctique coelestis militiæ ordines, quorum tamen ille Dominus est : omnes enim sub ipso sunt, ejusque dominatui subjacent.

Quintum, ELYON, quod interpretatur *excelsus*, quia super coelos est, sicut scriptum est de eo : *Excelsus Dominus supra coelos gloria ejus.* Excelsus autem dicitur, pro valde celsus, sicut eximius, quasi valde eminens.

Sextum, EHEIE, id est, *qui est* : Deus enim solus quia æternus est, hoc est, quia exordium non habet, essentiam nomen vere tenet. Hoc enim nomen ad sanctum Moysen per Angelum est delatum, quærenti enim, quod est nomen ejus, qui eum pergere præcipiebat ad populum ex Ægypto liberandum, respondit : *Ego sum qui sum* : et, *Dices filiis Israel : Qui est A misit me ad vos*, tamquam in ejus comparationem qui vere est, quia incommutabilis est, ea quæ commutabilia facta sunt, quasi non sint : quod enim dicitur, fuit, non est ; et quod dicitur, erit, nondum est. Deus autem esse tantum novit, fuisse, futurum esse non novit. Solus autem Pater cum Filio et Spiritu sancto veraciter est, cujus essentiæ comparatum esse nostrum, non esse est. Unde et in colloquio dicimus, vivit Deus, quia essentia vita vivit, quam mors non habet.

Septimum, ADONAI, quod generaliter interpretatur *Dominus*, quod dominetur creaturæ cunctæ, vel quod creatura omnis dominatui ejus deserviat. Dominus ergo dicitur et Deus, vel quod dominetur omnibus, vel quod timeatur a cunctis.

Octavum, IA, quod in Deum tantum ponitur, quod etiam *alleluia* in novissima syllaba sonat.

Nonum, TETRA GRAMMATON, hoc est, *quatuor litterarum*, quod proprie apud Hebræos in Deo ponitur, id est duabus IA, quæ duplicata ineffabile illud et gloriosum Dei nomen efficiunt : dicitur autem ineffabilis, non quia dici non potest, sed quia finiti sensu et intellectu humano nullatenus potest, ideo nihil de eo digne dici potest, quia ineffabilis est.

Decimum, SADDAI, id est, *omnipotens* vocatur ; vocatur autem omnipotens, quia omnia potest, sed faciendo quod vult, non patiendo quod non vult.

ADMONITIO IN SUBSEQUENS OPUSCULUM.

Nedum Hieronymo, Augustino etiam tribuitur libellus iste de *Benedictionibus Jacob*, cum in mss., tum in vulgatis sæpe libris. Nimirum ex utriusque Patris *Quæstionibus in Genesim* descriptus subinde est : et prior quidem expositio historica totidem fere verbis ex Hieronymo excipitur, quibus nonnulla ex Augustino intermiscentur : altera, sive Allegorica, quemadmodum cll. Benedictini Augustinianorum operum editores monent, apud Gregorium in libris Moralium in Job invenitur. Opus vero ipsum ita ab Alcuino consarcinatum, non est qui dubitet, sub cujus quoque nomine vulgatum est in ejus operum collectione ; tametsi, id quod laudati Benedictini annotant, utraque ex integro expositio, sed ordine nonnihil diverso, atque aliquot permutatis vocibus habeatur in tertio libro Commentariorum in Genesim, qui Eucherio Lugdunensi tributi olim falso fuere, editique in Bibliotheca Patrum. Quin aliud quoque ejusdem expositionis exemplar occurrit, quod a Martianæo Tomo V Hieronymianorum operum, qui supposititia continet, exhibetur, inscriptum *Benedictiones de Filiis Jacob*, et brevi Præfatiuncula præmunitum, et postrema sui parte de verbo ad verbum ex S. Doctore expressum. Nos qui prius istud exemplar ex Augustini editione a Benedictinis adornata describimus, et supposititiis Hieronymi scriptis primum accensemus, alterum quoque huc duximus transferendum, ut ne quid esset, quod jure a nobis Lector aut eruditus, aut ineruditus desideraret.

DE BENEDICTIONIBUS JACOB PATRIARCHÆ.

Quid intelligendum est de benedictionibus, quibus Jacob patriarcha benedixit filios suos : an historice vel allegorice intelligendæ sint, dum dicit, *Congregamini, filii Jacob, ut annuntiem vobis quæ ventura sunt in novissimis diebus* (Gen. XLIX, 2); et si videtur ex his verbis magis allegoriam sonare quam historiam ? Utrumque vero, et historiam et allegoriam : historiam de divisione terræ repromissionis, quæ divisione dividendæ erant nepotibus eorum : et allegoriam de Christo et de Ecclesia in novissimis temporibus futura. Sed prius historiæ fundamenta ponenda sunt, ut aptius allegoriæ culmen priori structuræ superponatur.

Ruben primogenitus meus, tu fortitudo mea, principium doloris mei : prior in donis, major imperio,

Effusus es sicut aqua; non crescas: quia ascendisti cubile patris tui, et maculasti stratum ejus (Gen. XLIX, 3). [a] Est autem sensus hic, tu es primogenitus meus, major in liberis, et debebas, juxta ordinem nativitatis tuæ, hæreditatem, quæ primogenitis jure debebatur, sacerdotium accipere et regnum. Hoc quippe in portando honore [*Lege* onere] et prævalido robore demonstratur. Verum quia peccasti, et quasi aqua quæ quolibet vasculo non tenetur, voluptatis effusus es impetu: idcirco præcipio tibi, ut ultra non pecces, sisque in fratrum numero, pœnas peccati luens, quod primogeniti ordinem perdidisti. [[b] Principium autem doloris est omnis primogenitus, quia pro eo commoventur viscera parentum.] *Simeon et Levi fratres, vasa iniquitatis bellantia: in consilium eorum non veniat anima mea, et in cœtu illorum non sit gloria mea: quia in furore suo occiderunt virum, et in voluntate sua suffoderunt murum. Maledictus furor eorum, quia pertinax; et indignatio eorum, quia dura. Dividam eos in Jacob, et dispergam illos in Israel (Gen.* XLIX, 5). Significat autem non sui consilii fuisse, quod Sichem et Emor fœderatos viros interfecerunt, et contra fas in pacis et amicitiarum tempore sanguinem fuderunt innocentem, et quasi quodam furore, sic crudelitate raptati, muros hospitæ urbis everterunt (*Gen.* XXXIV). Unde dicit: *Maledictus furor eorum, quia pertinax* (*Josue* XXI, 20), et reliqua. *Et dispergam illos in Israel.* Levi enim hæreditatem propriam non accepit, sed in omnibus sceptris paucas urbes ad inhabitandum habuit. De Simeone vero in libro Jesu scriptum est (*Josue* XIX, 1), quod et ipse proprium funiculum non acceperit; sed de tribu Juda quiddam acceperit: *Juda, te laudabunt fratres tui, manus tuæ in cervicibus inimicorum tuorum; adorabunt te filii patris tui. Catulus leonis Juda, ad prædam, fili mi, ascendisti, requiescens accubuisti ut leo, et quasi leæna. Quis suscitabit eum* (*Gen.* XLIX, 8)? Quia Juda confessio sive laus interpretatur, recte scribitur de Juda, *Confitebuntur tibi fratres,* vel *laudabunt te.* Et licet de Christo grande mysterium sit, tamen secundum litteram significat, quod per David stirpem generarentur reges, et quod adorarent eum omnes tribus. Non enim ait, filii matris tuæ; sed, *filii patris tui.* Et quod sequitur, *Ad prædam, fili mi, ascendisti* (*Psal.* LXVII, 19), ostendit eum captivos populos esse ducturum, et juxta intelligentiam sacratiorem ascendisse in altum, et captivam duxisse captivitatem (*Ephes.* IV, 8). Sive quod melius puto, captivitas passionem, ascensus resurrectionem, significat. *Alligans ad vineam pullum suum, et ad vitem asinam suam* (*Joan.* XII, 14). Quod videlicet pullum asinæ, cui supersedit Jesus, hoc est, gentilium populum, vineæ Apostolorum, qui ex Judæis sunt, copulaverit; et ad vitem, sive, ut in Hebræo habetur, Sorech, id est, *electam vitem,* alligaverit asinam, cui supersedit. Ecclesia ex nationibus congregata. Quod autem dicit, *Fili mi,* [c] conversionem ad Christum de ipso Juda facit, eo quod Christus sit universa facturus. [[d] Quod autem dicitur, *Non auferetur sceptrum de Juda, et dux de femoribus ejus donec veniat ille qui mittendus est; et ipse erit exspectatio gentium,* significat quod non deficerent principes de tribu Juda usque ad tempus, quo natus est Christus, qui missus a Patre exspectatio est gentium.] *Zabulon in littore maris habitabit, et in statione navium, pertingens usque ad Sidonem. Isachar asinus fortis accubans inter terminos, vidit requiem quod esset bona, et terram quod optima: et supposuit humerum suum ad portandum, factusque est tributis serviens* (*Gen.* XLIX, 13). Quia supra Zabulon dixerat, quod maris magni littora esset possessurus, Sidonem quoque et reliquas Phœnices urbes contingeret, nunc ad mediterraneam provinciam redit, et Isachar, qui juxta Nephthalim pulcherrimam in Galilæa regionem possessurus est, benedictione sua habitatorem facit. Asinum autem osseum vel fortem vocat, et humerum dicit supposuisse ad portandum; quia in labore terræ et vehendis ad mare, quæ in finibus suis nascebantur, plurimum laboraret, regibus quoque tributa comportans. Aiunt Hebræi per metaphoram significari, quod Scripturas sanctas de die ac nocte meditans studium suum dederit ad laborandum: et idcirco ei omnes serviunt, quasi magistro dona portantes. *Dan judicabit populum suum, sicut et alia tribus in Israel. Fiat Dan coluber in via, cerastes in semita, mordens ungulas equi, ut cadat ascensor ejus retro. Salutare tuum exspectabo, Domine* (*Ibid.* 16 *et seqq.*). Samson judex in Israel de tribu Dan fuit (*Jud.* XIII, 2). Hoc ergo dicit: Nunc videns in spiritu comam nutrire Samsonem Nazaræum tuum, cæsisque hostibus triumphare, quod in similitudinem colubri regulique obsidens vias nullum per terram Israel transire permittat: sed etiam si quis temerarius, virtute sua quasi velocitate equi confisus, eam voluerit prædonis more populari, non effugere valebit. Totum autem per metaphoram serpentis et equitis loquitur. Videns ergo tam fortem Nazaræum tuum, quod ipse propter meretricem mortuus est, et moriens nostros occidit inimicos (*Jud.* XVI, 29), putavi, o Deus, ipsum esse Christum filium tuum: verum quia mortuus est, et non resurrexit, et rursum ductus est Israel in captivitatem, alius mihi Salvator mundi, et mei generis præstolandus est, ut veniat cui repositum est, et ipse exspectatio gentium. *Gad accinctus præliabitur ante eum, et ipse accingetur retrorsum* (*Gen.* XLIX, 19). Significat, quod Gad, Ruben, et dimidia tribus Manasse ad filios, quos trans Jordanem in possessionem dimiserat, post quatuordecim annos revertens, prælium adversus eos gentium vicinarum grande repererit, et victis hostibus fortiter dimicaverit. Lege Jesum

---

[a] Ex Hieronymo, lib. Quæst. in Genes.
[b] Hæc uncinis inclusa non sunt Hieronymi.
[c] Hieron. et ms. Corbei. *apostrophen ad ipsum Judam facit.*
[d] Non sunt hæc Hieronymi.

Nave (*Josue* XIII, 7) et Paralipomenon (I *Paral.* v, 1). *Nephtalim, cervus emissus dans eloquia pulchritudinis;* sive *Nephthalim ager irriguus* (*Gen.* XLIX, 21). Utrumque significat Hebræum verbum, AIALA SELUHA (I *Paral.* v, 11). Significat autem, quod aquæ calidæ ipsa nascantur tribu, sive quod super lacum Genesar flueuto Jordanis esset irrigua [*Al.* irriguus]. Hebræi autem volunt propter Tyberiadem, quæ Legis videbatur habere notitiam, agrum irriguum, et eloquia pulchritudinis prophetari. Cervus autem emissus temporaneas fruges et velocitatem terræ uberioris ostendit. Sed melius si ad doctrinam Salvatoris cuncta referamus, quod ibi vel maxime docuerit Salvator, ut in Evangelio (*Matth.* IV, 15) quoque scriptum est. *Filius meus Joseph accrescens, filius meus accrescens et decorus aspectu; filiæ decurrerunt super murum; sed exasperaverunt eum, et jurgati sunt, invideruntque illi habentes jacula. Sedit in forti arcus ejus, et dissoluta sunt vincula brachiorum et manuum ejus per manus potentis Jacob. Inde pastor egressus est lapis Israel.* (*Gen.* XLIX, 22). O fili, Joseph, qui tam pulcher es, ut te tota de muris et turribus ac fenestris puellarum Ægypti turba prospectet, inviderunt tibi, et ad iracundiam te provocaverunt fratres tui, habentes livoris sagittas, et zeli jaculis vulnerati. Verum arcum tuum et arma pugnandi posuisti in Deo: qui fortis est pugnator: et vincula tua, quibus te fratres ligaverunt, ab ipso soluta sunt et disrupta, ut ex tuo semine tribus nascatur Ephraim fortis et stabilis, et instar lapidis durioris invicta, imperans quoque decem tribubus Israel. *Benjamin, lupus rapax, mane comedet prædam, et vespere dividet spolia* (*Gen.* XLIX, 27). Quam de apostolo Paulo quæ dicta sunt (*Act.* VIII, 3; *Gal.* 1, 13), manifestissima sit prophetia, omnibus patet, quod in adolescentia persecutus sit Ecclesiam, in senectute prædicator Evangelii fuerit. Hebræi autem ita dixerunt: Altare in quo immolabantur hostiæ et victimarum sanguis ad basim illius fundebatur, in parte tribus Benjamin fuit; hoc, inquiunt, significat, quod sacerdotes immolant mane hostias, ad vesperam dividunt ea, quæ sibi ex Lege collata sunt, lupum sanguinarium, lupum voracem super altaris interpretatione ponentes, et spoliorum divisorem super sacerdotibus, qui servientes altari, vivunt de altari. ª Hæc autem historice.

Spiritaliter autem in Ruben prioris populi Judæorum ostendit esse personam, cui a Domino dicitur, *Israel primogenitus meus* (*Gen.* XLIX, 3): etenim juxta quod primogenito debebatur, ipsius erat accipere sacerdotium et regnum. Additur, *tu virtus mea* (*Exod.* IV, 22). Utique quod ex ipso populo fundamentum fidei, ex ipso virtus Dei, qui est Christus, advenit (1 *Cor.* I, 24). Quomodo autem ipse sit principium dolorum, nisi dum Patri Deo semper irrogaverit injuriam: dum convertit ad eum dorsum, et non faciem. Iste prior in donis, quia primum ipsis credita sunt eloquia Dei (*Rom.* III, 2), et legislatio, et Testamentum, sive promissio. Iste major imperio; utique pro magnitudine virium quia copiosius cæteris in hoc sæculo populus idem regnavit. Effusus est autem sicut aqua, peccando in Christum, quæ vasculo non tenetur: voluptatis effusus est impetu, et idcirco addidit, *Ultra non crescat*; quia populus ipse postquam in universo orbe dispersus est, valde imminutus est. Sed quare talia meruit, ita subjecit: *Quia ascendisti cubile patris tui.* Primogenitæ autem plebis audaciam prædicat, quæ ascendit cubile patris sui, et maculavit stratum ejus, quando corpus Dominicum, in quo plenitudo divinitatis requiescebat (*Coloss.* II, 9), raptum in cruce suspendit, et ferro commaculavit. *Simeon et Levi fratres, vasa iniquitatis bellantia* (*Gen.* XLIX, 5). Per Simeon et Levi Scribæ et Pharisæi et sacerdotes Judaici populi intelliguntur. De Simeone enim Scribæ erant Judæorum, de tribu vero Levi principes sacerdotum, qui consilium fecerunt, ut Jesum dolo tenerent et occiderent. De quo consilio dicit: *In consilium eorum ne veniat anima mea.* Horrebat enim tanta scelera, quæ novissimis temporibus facturi erant Judæi. *Quia in furore suo occiderunt virum*, id est, Christum, de quo dicitur: *Ecce vir oriens nomen ejus* (*Zach.* VI, 12). Et alibi: *Femina circumdabit virum* (*Jerem.* XXXI, 22). *Suffoderunt murum*, id est, illum spiritalem fortissimum murum, qui custodit Israel, lancea confoderunt. *Maledictus furor eorum, quia pertinax:* utique quando furore accensi et ira, obtulerunt Christum Pontio Pilato dicentes: Crucifige, crucifige (*Joan.* XIX, 6). Et indignatio eorum, quia dura: dum Barrabam latronem peterent, et principem vitæ crucifigendum postularent (*Matth.* XXVII, 21). *Dividam eos in Jacob, et dispergam illos in Israel:* quia nonnulli ex ipsis crediderunt, quidam in infidelitate permanserunt. Dicuntur enim divisi ii, qui ab eis separantur, et veniunt ad fidem: dispersi autem, quorum patria temploque subverso, per orbem terræ incredulum genus spargitur. *Juda, te laudabunt fratres tui* (*Gen.* XLIX, 8). Per hunc Judam verus confessor exprimitur Christus, qui ex ejus tribu secundum carnem est genitus. Ipsum laudabunt fratres sui, Apostoli scilicet, et omnes cohæredes ejus, qui per adoptionem Patris, filii Dei effecti sunt, et Christi fratres per gratiam, quorum ipse est Dominus per naturam. *Manus tuæ in cervicibus inimicorum tuorum.* Eisdem enim manibus atque eodem crucis tropæo et suos texit, et inimicos et adversarias potestates curvavit. Juxta quod et Pater promittit ei dicens: *Sede ad dexteram meam, donec ponam inimicos tuos scabellum pedum tuorum* (*Ps.* CIX, 1). *Adorabunt te filii patris tui:* quando multi ex filiis Jacob adorant eum, per electionem gratiæ salvi facti. *Catulus leonis Juda.* Quando nascendo factus est parvulus, sicut scriptum est: *Parvulus natus est nobis* (*Rom.* XI, 5). *Ad prædam, fili mi, ascendisti* (*Isai.* IX, 6): id est,

Hucusque ex Hieronymo.

ascendens in crucem, captivos populos redemisti; et quos ille contrarius invaserat, tu moriens eripuisti: denique rediens ab inferis, ascendisti in altum, captivam duxisti captivitatem. *Requiescens accubuisti ut leo* (*Psal.* LXVII, 19). Manifestissime Christus in passione accubuit, quando inclinato capite tradidit spiritum (*Joan.* XIX, 30): et quando in sepulcro securus, velut quodam corporis somno quievit. Sed quare ut leo, et velut catulus leonis? In somno enim suo leo fuit, quando non necessitate, sed potestate hoc ipsum complevit, sicut ipse dicit: *Nemo tollit a me animam meam, sed ego pono eam.* Quod vero addit, *et ut catulus leonis:* inde enim mortuus unde natus. Bene ergo Christus ut leo requievit, qui non solum mortis acerbitatem non timuit, sed et in ipsa morte mortis imperium vicit. Quod autem dicit, *Quis suscitabit eum?* Quia nullus nisi ipse, juxta quod ipse ait: *Solvite templum hoc, et in triduo resuscitabo illud* (*Joan.* II, 19). *Non deficiet dux de Juda,* et reliqua. Hoc manifestissime ad Judam refertur. Diu enim fuit ex semine illius intemerata apud Judæos successio regni, donec Christus nasceretur, sicut supra diximus. *Alligans ad vineam pullum suum.* Pullus suus populus est ex gentibus, cui adhuc numquam fuerat Legis onus impositum. Hunc copulavit ad vineam, ad Apostolos scilicet, qui ex Judæis sunt. Nam vinea Domini Sabaoth domus Israel est (*Isa.* V, 7). *Et ad vitem asinam suam.* Ipse dicit, *Ego sum vitis vera* (*Joan.* XV, 1). Ad hanc ergo vitem alligat asinam suam, Synagogam tardigradam scilicet, et gravi Legis pondere depressam. *Lavit in vino stolam suam* (*Matth.* XXVI, 28), sive carnem suam in sanguine passionis, sive sanctam Ecclesiam illo vino, quod pro multis effundetur in remissionem peccatorum. *Et in sanguine uvæ pallium suum.* Pallium gentes sunt, quas corpori suo junxit, sicut scribitur, *Vivo ego, dicit Dominus, nisi hos omnes induam sicut vestimentum. Pulchriores oculi ejus vino* (*Gen.* XLIX, 12). Oculi Christi Apostoli sunt et Evangelistæ, qui lumen scientiæ Ecclesiæ præstant: quorum præcepta austeritatem vini priscæ Legis superant, quia longe leviora sunt. *Et dentes ejus lacte candidiores.* Dentes præceptores sunt sancti, qui præcidunt ab erroribus homines, et eos quasi comedendo in Christi corpus transmittunt. Candidiores autem effecti sunt doctores Ecclesiæ lacte veteris Legis. *Zabulon habitavit in littore maris, et in statione navium* (*Gen.* XLIX, 13). Zabulon interpretatur *habitaculum fortitudinis,* et Ecclesiam significat. Hæc in littore maris habitat et in statione navium, ut credentibus sit refugium, et periclitantibus demonstret fidei portum. Hæc contra omnes turbines sæculi inconcussa firmitate solida spectat naufragium Judæorum, et hæreticorum procellas, qui circumferuntur omni vento doctrinæ, quorum etsi tunditur fluctibus, non tamen frangitur. *Pertendit autem usque ad Sidonem,* hoc est, usque ad gentes. Legitur etiam in Evangelio inde assumptos esse Apostolos aliquos, et ipsis locis Dominum sæpe docuisse, sicut scriptum est, *Terra Zabulon, et terra Nephthalim, populus qui sedebat in tenebris, vidit lucem magnam* (*Matth.* IV, 15, 16, *ex Isai.* IX, 1). Sidon interpretatur *venator,* vel *venatrix.* Venatores qui sunt, nisi Apostoli? Qui, ut supra diximus, ex illis locis assumpti sunt, de quibus dicitur: *Mittam venatores multos, et venabuntur vos in omni monte. Isachar asinus fortis* (*Jerem.* XVI, 16). Isachar qui interpretatur *merces,* refertur ad populum gentium, quem Dominus sanguinis sui pretio mercatus est. Hic Isachar asinus fortis scribitur (*Gen.* XLIX, 14), quia prius populus gentilis quasi brutum et luxuriosum animal, nullaque ratione substitit, sed postmodum jugum disciplinæ Evangelicæ libenter portavit. *Hic accubans inter terminos, vidit requiem quod esset bona, et terram quod optima.* [a] Inter terminos autem cubare, est præstolato mundi fine requiescere, nihilque de iis quæ nunc versantur in medio, quærere, sed ultima desiderare. Et fortis asinus requiem et terram optimam videt, cum simplex gentilitas idcirco se ad robur boni operis erigit, quia ad æternæ vitæ patriam tendit. Unde etiam apponit humerum suum ad portandum, quia dum ad promissam requiem pervenire desiderat, cuncta mandatorum onera libenter portat. Unde factus est tributis serviens, hoc est, Christo regi suæ fidei bona et operum bonorum offerens munera. *Dan judicabit populum suum sicut aliæ tribus in Israel. Fiat Dan coluber in via, cerastes in semita* (*Gen.* XLIX, 16), et reliqua. Dicunt quidam Antichristum per hæc verba [b] prædici de ista tribu futurum, pro eo quod hoc loco Dan et coluber asseritur et mordens, et quo inter tribus Israel primus Dan ad Aquilonem castrametatus est, illum significans qui se in lateribus Aquilonis sedere dicit (*Num.* II, 25), et de quo figuraliter dicit Propheta, *A Dan auditus est fremitus equorum ejus* (*Jerem.* VIII, 16). Qui non solum coluber, sed etiam cerastes vocatur. Κέρατα enim Græce *cornua* dicuntur. Serpens ergo ille cornutus esse perhibetur, per quem digne Antichristus asseritur, quia contra vitam fidelium cum morsu pestiferæ prædicationis armabitur etiam cornibus potestatis. Quis autem nesciat semitam angustiorem esse quam viam? Fit ergo Dan coluber in via, quia in præsentis vitæ latitudine eos ambulare provocat, quibus quasi parcendo blanditur: sed in via mordet, quia eos quibus libertatem tribuit, erroris sui veneno consumit. Fit cerastes in semita: quia quos fideles reperit, et sese inter angusta præcepti cœlestis itinera constringentes, non solum nequitia callidæ persuasionis impetit, sed etiam terrore potestatis premit, et in persecutionis languore, post beneficia fictæ dulcedinis exercet cornua potestatis. Equus iste, cujus ungulas cerastes mordere dicitur, hunc mundum insinuat, qui per elationem suam in cursu labentium temporum spumat. Et quia Antichristus extrema mundi hujus apprehendere nititur, cerastes iste equi ungulas mordere perhibetur. Ungulas

---

[a] *Ex Gregorio, lib.* I *Moral. c.* 6.

[b] *Ex Gregorio, lib.* XXXI *Moral. c.* 10.

quippe equi mordere, est extrema sæculi feriendo contingere. *Ut cadat ascensor ejus retro.* Plebs infidelis Judæa, erroris sui laqueis capta, pro Christo Antichristum exspectat. Bene Jacob eodem loco repente in electorum vocem conversus est dicens, *Salutare tuum exspectabo, Domine* : id est, non sicut infideles Antichristum, sed eum qui in redemptionem nostram venturus est, verum credo fideliter Christum. Amen.

---

a In Corb. ms. sic desinit: Ascensor qui est, quisquis iniquitatibus hujus mundi extollitur, qui retro cadere dicitur.

DE BENEDICTIONIBUS JACOB PATRIARCHÆ.
ALIUD [a] EXEMPLAR.

Sacrosancta atque præsaga sanctorum Patriarcharum benedictio, quæ per Spiritum sanctum atque os beati Jacob singulis est competenti qualitate distributa, nec per omnia sensu litterario potest intelligi : maxime cum idem beatus Patriarcha dicat, *Ut annuntiem vobis quæ ventura sunt in novissimis diebus;* nec ita extenuanda per sensum allegoricum, ut omnimodo [*Cod.* omnino] evacuari debeat sensus historicus : quia et quædam, uti post videbimus, sic [*Cod.* ita] eis prædicta sunt, ut [b] in proximo quædam, quædam multo post venerint : tamen plura ex illis in finem servata sunt. Quæ ergo [*Antea* ego] historialiter in ipsis verbis intelligere possumus, primum quasi fundamenta jaciendo, donante Domino, strictim pandamus : quæ autem omnimodis [c] litteram refugiunt, ea per spiritalem intelligentiam sicut et spiritali sunt intellectu carpenda, discutiamus.

DE RUBEN.

Ruben primogenitus meus, tu fortitudo mea, et principium doloris mei : prior in donis, major imperio. [d] Patet litteræ sensus, quia beatus Jacob primum filium Ruben ex Lia uxore sua susceperit, qui si se digne tanto patre tractasset, ad eum primogenita regnumque pertineret. Unde dicit sibi eum primogenitum, quasi cui deberentur dona primogenita : sed et fortitudinem suam eum nominat, eo quod robur imperii ad eum debuerit declinare. Hæc autem non ideo indicative protulit, quod ita futura esse aut præviderit, vel voluerit; sed ut eum per hæc dicta ad pœnitentiam cohortaretur, cum recoleret, a quanta dignitate peccando decidisset. Unde dicit, *et principium doloris mei;* principium namque doloris illius fuit, qui ruptis castimoniæ habenis, infrenis [e] irruit ad constuprandam conjugem patris, quæ res non mediocri dolore eum stimulasse credenda est. Bene autem dicitur principium doloris iste, quia et reliqui fratres accusati sunt a beato Joseph apud patrem crimine pessimo. Quod autem ait, *prior in donis,* ad primogenita pertinet quæ illi tamquam primogenito debebantur : quod vero subjungit, *major imperio,* aperte declaratur ad eum pertinuisse, ut ejus semine reges reliquorum fratrum crearentur. Quod vero ait, *effusus es sicut aqua,* hunc habet sensum : Sicut aqua quæ vase non cohibetur, quaquaversum fluit, et ubi declivior locus humiliorem se præbuerit, toto impetu decidit : ita tu nulla mensura conjugali libidinem cohibuisti : sed quo te impetus voluptatis allexit [*Al.* allexerunt], eo sentinam tuæ concupiscentiæ diffudisti, Cum vero subjungit, *non crescas,* prohibet eum ulterius a tali et simili turpitudine. Unde et Dominus ad Cain [*Cod.* eum] *peccasti tu, quiesce.* Quo autem ista tendant, subjuncta verba testantur : *quia ascendisti cubile patris tui, et maculasti stratum ejus.* Manifeste enim his verbis incesti crimen, quod ille in Balam concubinam patris sui commiserat, exaggeratur : quod ne cui forsan violentum videatur eo quod superius præmissum est [*Al.* præmissum sit].

Annuntiabo vobis quæ ventura sunt in novissimis diebus : audiat quid liber Paralipomenon de hac re dicat : *Filii quoque Ruben,* [f] *iste primogenitus Israel :* ipse quippe fuit primogenitus ejus; sed cum violasset torum patris sui, data sunt primogenita ejus filiis Joseph, filiis Israel, et non est reputatus in primogenitum : typice autem Ruben iste primogenitus populum designat Judaicum, qui primogenitus fuit Dei, juxta quod de illo Dominus ad Moysen ait : *Filius primogenitus meus Israel est.* Et beatus Jeremias, *Sanctus Israel Domino, primitiæ frugum ejus :* Qui

---

a Ad ms. cod. Bibliothecæ S. Salvatoris, quæ Bononiæ est, fragmentum hoc recensuimus, neque enim instituti nostri est, totum opusculum exscribere, quod nuper cl. P. Mingarellius Anecdot. tom. II perfecit. Quin etiam quidquid hoc est operæ secundis curis reservavimus; nam cum a cl. v. P. Ab. Trombellio missum ad nos est ejus ms. exemplar, peracta jam editione priore illa nostra, non licuit.

b Verba in proximo quædam, *quæ ejusdem recursu vocis exciderant, e ms. suffecimus. Mox addit* idem ms. futura, *videlicet* in finem futura servata sunt.

c Legimus quæ antea omnimodis litteram refugiunt, *ea per, etc. e ms. cod. cum, antea esset* quæ autem littera refugiunt, *etc.*

d Contrario sensu antea erat Latet. *Leviora infra emendamus.*

e Atque hic irruit *legimus e ms. pro quo antea* aruit.

f In cod. Ruben primogeniti Israel, ipse quoque.

fortitudo illius fuit, quando [*Forte quondam*] in Patriarchis et Prophetis et caeteris quibusque fortissimis viris contra idololatriam, et vitiorum omnium impuram catervam fortiter dimicavit, qui tamen principium doloris ejus *a* praeexstitit, quando adveniente Salvatore in incredulitate permanens, doctrinam illius suscipere mente tumida recusavit. Unde Dominus videns civitatem Jerusalem, flevisse dicitur: et in Lazari resuscitatione pro ejus populi caecitate lacrymatus esse perhibetur. Cum autem dicitur, *prior in donis*: ostenditur quidem praecessisse eumdem populum muneribus a Deo collatis, subsecuturam vero gentium Ecclesiam, quae eisdem et multo potioribus esset donanda charismatibus. Cum vero subjungit, *major imperio*, non mirum si honoretur eadem gens, quae prima credidit praerogativa [*Al.* progativo] patrum: quando beatus apostolus Paulus multum per omnem modum amplius esse Judaeo dicat. Addit interea, *effusus es sicut aqua*, effrenationem illius populi mente considerans, qui nequaquam vase legis ac praeceptorum *b* divinorum coercitus est mensura, sed abjectis omnium praeceptorum Dei vinculis, in Salvatoris necem toto conatu locutionis suae rivos effudit. Nam quod per aquam locutio bona, vel mala significetur, Scriptura testis est divina, quae in bono dicit: *Aqua profunda verba ex ore viri*, itemque in malo, *Qui dimittit aquam caput est jurgiorum*. Quod vero subjungit, *Non crescas*, ostendit eumdem populum, sicut et oculis cernimus, inter cunctas gentes paucissimo numero diminutum: quare autem ista perpessus sit: subjuncta verba testantur, *quia as-*

a Lacunculam supplevimus e ms. verbo *praeexstitit* quod antea decrat: mox etiam verbum suscipere.
b Verba *Divinorum coercitus est mensura, sed abjectis omnium praeceptorum*, quae ultimae hujus vocis recursu, solemni amanuensium lapsu exciderant, e ms. suffecimus.
c In ms. *tui* tacet. Ex quo mox verba *gentes et corpus Dominicum*, emendamus pro quibus erat *gentis*

cendisti cubile patris tui, et maculasti stratum ejus: per cubile patris *c* tui, carnem Salvatoris insinuans: nec mirum cubile patris ejus, gentes et corpus Dominicum intelligi: quia ab eo idem populus creatus est. Nam scriptum de eo *Omnia per ipsum facta sunt*; per stratum vero idem corpus intelligitur: quod quasi a Judaeis maculatum est, quando eorum acclamatione Dominus in cruce suspensus, et lancea transverberatus atque cruore proprio est perfusus.

SECUNDUS PATRIARCHA, SIMEON.

Simeon et Levi *d* *vasa iniquitatis bellantia*. Patet litterae sensus, quia hi duo fratres ob ulciscendum stuprum sororis, subornata pace et fictis amicitiis deceperunt Sychem et Emor patrem illius, quos *vasa iniquitatis bellantia* nominat, quia iniquum valde fuit amicitiam praetendisse, et eam postea prodidisse. *In concilio eorum ne veniat anima mea*, videlicet exsecrans omnem simulatam pacem. Unde et beatus David talibus quibusque fictis imprecatur, *qui loquuntur pacem cum proximo suo, mala autem sunt in cordibus eorum. Da illis secundum opera ipsorum*. Quod vero subjungit, et *in coetu illorum non sit gloria mea* nolebat utique tali victoria et potius caede gloriari, in qua non virtus bellatoris poterat laudari, sed potius falsitas deceptoris coargui. *Quia in furore suo occiderunt virum, et in voluntate sua suffoderunt murum*. Per virum Sychem intelligi debet, et per eum omnes qui ejus causa perempti sunt. Suffossio autem muri non quidem in libro Geneseos legitur ibidem fuisse patrata.

corpus Dominicae.
d Prosequimur ex eodem ms. pericopen hanc aliam de Simeon ad finem usque, pro qua in Martianaei editione pauci versus ex vero Hieronymo describebantur, monuitque ipse editor caetera haberi totidem versibus in ejus S. Patris quaestionibus Hebraicis supra editis.

ADMONITIO IN DUOS SEQUENTES TRACTATUS.

Quaestionibus Hebraicis in Genesim, genuino Hieronymi operi, quod supra recensuimus, duos hosce apocryphos Tractatus continuo subdunt plerique mss. libri, quos inter et meus, quo saepissime utor hoc tomo. Et prior quidem, qui ibi *Explanatio decem Tentationum ex Deuteronomio* inscribitur, jamdiu antea locum inter falso tributa S. Doctori opera obtinebat; alter vero, cujus item titulus in eo ms. est, *Explanatio Cantici Debborae et Barach ex libro Judicum*, primum subditiis fetibus a Martianaeo adjunctus est ac vulgatus. Utriusque Auctorem, quem unum eumdemque esse ex styli ac sententiarum similitudine, nihil est dubium, editor Benedictinus eum putat esse Hebraeum, nescio quem a Rabano laudatum in Praefationibus Commentariorum in libros Regum et Paralipomenon, quem rursus eumdem cum eo facit, qui in ipsos Regum et Paralipomenon libros Quaestiones Hebraicas, falso itidem Hieronymo inscriptas, moxque a nobis recognoscendas concinnavit. In quam ego sententiam non invitus concesserim: siquidem maxima in scribendo inter utrumque intercedit ingenii similitudo. Verum neque istud praeteream animadvertere, non videri Tractatus istos, ejusque Auctorem Rabano innotuisse, cum Deuteronomii ac Judicum libros interpretaretur. Denique Erasmus, de priore, quod plane dicas et de altero, sic judicavit. Stylus est non alicujus recentioris: apparet fragmentum esse decerptum ex Commentariis alicujus: nam et abruptum est initium et similiter desinit, ut incipit. Neque video cur quisquam hoc existimarit Hieronymo tribuendum, nisi forte deceptus hac conjectura, quod interpretatur aliquot voces Hebraicas.

DECEM TENTATIONES POPULI ISRAEL IN DESERTO.

Hæc sunt verba, quæ locutus est Moyses ad omnem Israel, in transitu Jordanis, in solitudine, in campestri, contra mare Rubrum, inter Pharan et Thophel, et Laban et Aseroth et auri abundantiam. Undecim dierum iter de Horeb ad montem Seir, usque Cades-Barne (Deut. I, 1, 2). Hæc sunt verba, quibus corripuit Moyses filios Israel pro decem tentationibus, quibus Dominum tentaverunt. Unde Dominus in libro Numerorum dicit : *At omnes homines qui viderunt majestatem meam, et signa quæ feci in Ægypto et in solitudine, et tentaverunt me jam per decem vices, nec obedierunt voci meæ, non videbunt terram pro qua juravi patribus eorum* (Num. xiv, 22). Quas tentationes hic breviter et obscure Moyses enumerat dicens : *In solitudine*, in qua ostendit eos pro aquæ penuria duabus vicibus tentasse Dominum. De prima tentatione ita in Exodo legitur : *Jurgatus populus contra Moysen ait : Da nobis aquam ut bibamus* (Exod. xvii, 5). Quibus respondit Moyses : *Quid jurgamini contra me : cur tentatis Dominum?* De secunda tentatione ita in libro Numerorum dicitur : *Cumque indigeret aqua populus*, etc. (Num. xx, 2), usque ad eum locum in quo ait : *Hoc est, aqua contradictionis, ubi jurgati sunt filii Israel contra Dominum, et sanctificatus est in eis* (Ibid., 13). Tertia tentatio continetur in eo quod ait : *In campestri contra mare Rubrum*. In quo loco murmurasse dicuntur contra Dominum, quia [1] peremptos Ægyptios fuisse, Moysi non crediderunt sibi de verbo Domini dicenti, sed potius eos se subsequi timuerunt. Unde dicitur [a] : *Patres nostri non intellexerunt mirabilia*, etc. (Psal. cv, 7). Quarta et quinta tentatio continetur in eo quod ait : *Inter Pharan et Thophel, et Laban*. Pharan interpretatur *onager*; Thophel, *stultitia*; Laban, *album*. Quod ita intelligitur, quia similes onagro facti filii Israel, stulte egerunt tentantes Dominum duabus vicibus super albo, id est, super manna. Manna vero album dicitur, ut est illud Exodi : *Appellavitque domus Israel nomen ejus Man, quod erat quasi semen coriandri album* (Exod. xvi, 31). Una tentatio fuit super idem manna, sicut in Exodo dicitur : *Hic est sermo quem præcepit Dominus : colligat ex eo unusquisque quantum sufficit ad vescendum. Et post pauca : Dixit ad eos Moyses*, [b] *Nullus ex eo reservet in mane. Qui non audierunt eum, sed dimiserunt ex eo quidam usque mane* (Ibid., 16, seqq.). Altera fuit tentatio, de qua post pauca in eodem libro dicitur : *Sex diebus colligite, in die autem septima Sabbatum est Domini, idcirco non invenietur. Venit autem septima dies, et egressi de populo ut colligerent, non invenerunt. Dixit autem Dominus ad Moysen : Usquequo non vultis servare mandata mea, et legem meam?* etc. (Ibid., 26, seqq.). Sexta tentatio continetur in eo quod ait : *Et Aseroth*. Aseroth vero civitas est vicina solitudini, et interpretatur *Villa*, in cujus territorio, id est, in sepulcris concupiscentiæ facta fuisse legitur secunda tentatio carnium, in qua et prima tentatio carnium complectitur. De prima ita in libro Exodi legitur : *Dixerunt Moyses et Aaron ad omnes filios Israel, vespere scietis, quia Dominus eduxerit vos de terra Ægypti, et mane videbitis gloriam Domini : audivit enim murmur vestrum ; nec contra nos est murmur vestrum, sed contra Dominum* (Ibid., 6 seqq.) ; et post pauca : *Locutus est Dominus ad Moysen dicens : Audivi murmurationes filiorum Israel ; loquere ad eos : Vespere comedetis carnes, et mane saturabimini panibus, scietisque quod ego sum Dominus Deus vester. Factum est ergo vespere, et conscendens coturnix operuit castra* (Ibid., 11 seqq.). De [2] secunda autem in Numeris dicitur : *Interea ortum est murmur populi quasi dolentium pro labore contra Dominum. Quod cum audisset, iratus est,* [c] *et accensus ignis Domini devoravit extremam partem castrorum* (Num. xi, 1); et post pauca : *Sanctificamini, cras etenim comedetis carnes. Ego enim audivi vos dicere, Quis dabit nobis escam carnium? Bene nobis erat in Ægypto. Dabit Dominus vobis carnes, et comedetis non uno die, nec duobus, vel quinque, aut decem, nec viginti quidem, sed usque ad mensem dierum, donec exeat per nares vestras, et vertatur in nauseam ; eo quod repuleritis Dominum qui in medio vestri est, et fleveritis coram eo dicentes, Quare egressi sumus ex Ægypto* (Ibid., 18 seqq.)? Item paulo post : *Adhuc carnes erant inter dentes eorum, nec defecerat hujuscemodi cibus, et ecce furor Domini concitatus in populum, percussit eum plaga magna nimis* (Ibid., 33 seqq.). Septima tentatio continetur in eo quod ait : *Ubi auri est plurimum*. Notandum namque quod in Hebræo et *abundantia auri* habeatur. Abundantia enim auri intelligitur vitulus aureus, quem fabricati sunt sibi filii Israel in ita castigandum putaverunt, ut numerus decem Tentationum manifestius appareret in expositione earum : sed monuit nos Auctor hujusce Opusculi duas esse *tentationes carnium* et secundam esse contentam in *prima*. Unde numerus septimus potest accipi hoc loco pro octavo etiam numero

---

[1] Editi libri hunc locum mutarunt, legunt enim : Quia perimendos Ægyptios esse Moysi non crediderunt, sibi de, etc. Mss. omnes retinent, quod nos edidimus.

[2] Emendant hanc lectionem editi libri, et pro secunda, ponunt septima ; pro septima consequenter octava ; et pro octava, nona in eis legitur. Hoc autem

[a] In meo ms., unde dicitur in psalmo, Patres nostri in Ægypto non intellexerunt mirabilia tua, non sunt recordati multitudinis misericordiæ tuæ, et ad iracundiam provocaverunt te super mare in mari Rubro.

[b] Idem ms. : Nullus relinquatur ex eo in mane.

[c] Rursum in eodem ms., et accensus est in eis ignis Domini.

deos, morante Moyse cum Domino in monte Sinai. Idcirco abundantia auri dicitur, quia in idolo moles omnium peccatorum consistit, et idolum pro omnibus peccatis abundat. Octava [a] tentatio continetur in eo quod ait: *Undecim diebus de Horeb per viam montis Seir.* Quod in Hebræo ita habetur: *Undecim dierum iter de Horeb ad montem Seir.* Fabricato itaque in Horeb idolo, undecimo die venerunt ad montem Seir, qui est in suburbano civitatis Cades-Barne, ubi filii Israel tentaverunt Dominum, sicut in Libro Numerorum scribitur: *Usquequo multitudo hæc pessima murmurat contra me? querelas filiorum Israel audivi; dic ergo eis, Vivo ego, ait Dominus, sicut locuti estis, audiente me, sic faciam vobis. In solitudine hac jacebunt cadavera vestra* (Num. xiv, 27 et seqq.). Et post paululum: *Juxta numerum quadraginta dierum quibus consideratis terram, annus pro die computabitur. Quadraginta annis recipietis iniquitates vestras, et scietis ultionem meam; quoniam sicut locutus sum, ita faciam [b] huic multitudini pessimæ, quæ consurrexit adversum me. In solitudine hac deficiet et morietur* (Ibid., 34 seqq.). Itemque: *Locutus est Moyses universa verba hæc ad filios Israel, et luxit populus nimis. Et ecce mane primo surgentes, ascenderunt verticem montis, et dixerunt: Parati sumus ascendere ad locum, de quo locutus est Dominus, quia peccavimus. Quibus Moyses: Cur, inquit, transgredimini verbum Domini, quod vobis non cedet in prosperum? Nolite ascendere, non enim est Dominus in medio vestrum, ne corruatis coram inimicis vestris* (Ibid., 39 seqq.). Itemque: *At illi contenebrati ascenderunt verticem montis; Arca autem testamenti Domini, et Moyses non recesserunt de castris. Descendit Amalecites et Chananæus, qui habitabant in monte, et percutiens eos atque concidens, persecutus est eos usque Horma* (Ibid., 44 seqq.). Mons iste, in quo Amalecites et Chananæus habitare dicuntur, mons Seir intelligitur: sicut in Deuteronomio scribitur: *Itaque egressus Amorrhæus, qui habitabat in montibus, et obviam veniens, persecutus est vos, sicut solent apes persequi: et cecidit de Seir usque Horma* (Deut. 1, 44). Decima tentatio continetur in eo quod ait: *Usque Cades-Barne*; unde Moyses misit exploratores ad terram considerandam Chanaan, sicut in libro Numerorum dicitur: *Et locutus est Dominus ad Moysen: Mitte viros qui considerent terram Chanaan,* [c] *quam daturus sum filiis Israel* (Num. xiii, 3). Et paulo post: *Et dixit Dominus ad Moysen: Usquequo detrahet mihi populus iste? Quousque non credent mihi in omnibus signis, quæ feci coram eis? Feriam igitur eos pestilentia, atque consumam. Te autem faciam in gentem magnam* (Num. xiv, 11). Item post paulum: *Attamen omnes homines, qui viderunt majestatem meam, quæ feci in Ægypto, et in solitudine, et tentaverunt me jam per decem vices, nec obedierunt voci meæ, non videbunt terram, pro qua juravi patribus eorum, nec quisquam ex illis, qui detraxerit mihi, intuebitur eam* (Num. xiv, 22, 23). Nec moveatur quis, quod a deserto Pharan, non de Cades-Barne Moyses exploratores misit. Cades enim Barne ipsa est Pharan, quod in libro Josue ita dicitur: *Locutus est Caleb ad Josue: Nosti quid locutus sit Dominus ad Moysen de me et te in Cades-Barne. Quadraginta annorum eram, quando me misit Moyses ad considerandam terram* (Jos. xiv, 6, 7).

---

[a] Addit meus ms., *et nona tentatio*, etc.
[b] Idem., *omni multitudini huic*, etc.
[c] Totam hanc pericopen duodecim fere versuum exinde usque ad verba, *intuebitur eam*, ex meo ms. suffeci.

---

[a] ITEM
[b] SUCCINCTA COMMEMORATIO DECEM TENTATIONUM.

Prima tentatio in mari Rubro: unde scriptum est in psalmo, *Et irritaverunt ascendentes in mari, mari Rubro*. Secunda, de creatione vituli. Tertia, quod murmuraverint dicentes: *Quare nos eduxisti de Ægypto? Animæ nostræ nauseant super cibo levissimo. Et misit eis serpentes ignitos*. Quarta et quinta, ad aquas contradictionis: una ante mortem Mariæ, alia post mortem Mariæ. Sexta, quando manna computruit eis, et vermibus ebullivit. Septima et octava, de coturnicibus. Nona, de Chore. Decima, de exploratoribus.

---

[a] Idem ms. quod ex libro Jesu animadverti facile potest. Ita etenim in eodem libro scribitur: *Locutus*, etc.

[b] Hanc superioris libelli velut ἀνακεφαλαίωσιν ex eodem meo ms. subnecto.

COMMENTARIUS IN CANTICUM DEBBORÆ.

(Jud. V. — Vers. 1.) *Cecineruntque Debbora et Barac filius Abinoem*. Barac vir Debboræ prophetidis fuisse traditur. Ipse etiam Baracin præcedentibus Lapidoth vocatur. Lapidoth enim interpretatur, *fulgur*: Barac quoque, *fulmen*. Fulgur idcirco, quia antequam ulcisceretur Israel de Chananæis, quasi fulgur splendebat in populo, meritis scilicet et prærogativis operum : postquam vero ultus est Israel de Chananæis, fulmen, id est, percutiens vocatus est.

(Vers. 4, 5.) *Domine, cum exires de Seir, et transires per regiones Edom, terra mota est, cœli ac nubes stillaverunt aquis.* Exisse Dominus dicitur de Seir, et transisse per Edom, eo quod Idumæis legem suam recipere nolentibus, in monte Sinai legem Israel dederit. *Terra mota est, cœli ac nubes stillaverunt aquis.* Terræmotus montis Sina describitur. Et quod dicit : *Cœli ac nubes stillaverunt aquis,* ad præsentiam Domini, cœli quasi quodam pavore sudores [a] emittentes, aquis stillavisse dicuntur. Similiter et *montes fluxerunt a facie Domini.* Quod vero sequitur, *Sinai a facie Domini Dei Israel,* subaudiendum est, contremuit et fumavit.

(Vers. 6.) *In diebus Sangar filii Anath, in diebus Jahel quieverunt semitæ, et qui ingrediebantur per eas, ambulaverunt per calles devios.* Quievisse dicuntur semitæ, quia tempore Sangar Ducis Israel, præoccupatæ erant semitæ ab inimicis Israel, et non audebant in domum Domini libere orandi gratia ascendere; sed qui ingrediebantur per eas, timore inimicorum latenter, et per calles devios ascendebant. De quibus inimicis non plene eos liberasse Sangar scribitur (*Jud.* III, 31). Quod vero interponitur paulo superius, *in diebus Jahel,* intelligendum est, quia interempto Sisara a Jahel, apertæ sunt viæ, et absque ullo timore ibant in domum Domini, qui antea per calles devios illuc gradiebantur. Et quod Jahel ante Debboram hic ponitur, humilitatis causa hoc Debbora fecisse dicitur, eo quod Jahel uxor Aber Cinæi Sisaram interfecerit.

(Vers. 7.) *Cessaverunt autem, fortes in Israel quieverunt, donec surgeret Debbora, mater in Israel.* Fortes hic doctores et prædicatores legis dicit, qui quievisse, id est, non fuisse dicuntur, donec surgeret quæ Israel et prædicatione, et exhortatione doceret, et consilio ab hostibus liberaret. Hos etiam fortes in superioribus ad Dominum secum benedicendum eadem Debbora verbis his provocat, dicens : *Qui sponte obtulistis de Israel animas vestras ad periculum, benedicite Domino* (Vers. 2). Hi fortes, id est, doctores obtulisse dicuntur animas suas ad periculum, id est, legi Dei et servituti ejus se subdidisse, et die noctuque in meditationibus legis corpus animamque [1] mactasse.

(Vers. 8.) *Nova bella elegit Dominus, et portas hostium ipse subvertit. Clypeus et hasta si apparuerunt in quadraginta millibus Israel.* Quod dicit clypeus et hasta, intelligendum est hoc quasi jurejurando dixisse, quod in quadraginta millibus Israel nec clypeus, nec hasta inveniri posset. Idcirco Dominus nova bella elegisse dicitur, et portas hostium subvertisse, eo quod de inermibus fortes et victoriosos fecerit. Quod vero Israelitæ armis exspoliati fuissent a Jabin rege Chanaan, in superioribus declaratur, ubi dicitur : *Clamaveruntque filii Israel ad Dominum. Nongentos habebat falcatos currus, et per viginti annos vehementer oppressit eos* (*Jud.* IV, 5.) Vehementer et fortiter oppressit eos, quia armis exspoliasse dicitur : sicut in libro Samuelis scribitur : *Cumque venisset dies prælii, non inventus est ensis et lancea in manu totius populi qui erant cum Saul et Jonathan, excepto Saul et Jonathan filio ejus* (1 *Reg.* XIII, 22).

(Vers. 9, 10.) *Cor meum diligit principes Israel.* Notandum quod in Hebræo, non principes, sed [b] doctores legitur. Hoc Debbora in persona Dei loquitur, quod Deus diligat doctores legi Dei studentes. De quibus sequitur : *Qui propria voluntate obtulistis vos discrimini in populo, benedicite Domino.* De quibus etiam jam superius dictum est in eo loco ubi ait : *Qui sponte obtulistis de Israel animas vestras,* etc. *Qui ascendistis super nitentes asinos.* In Hebræo, [c] *asinas.* Et *sedetis in judicio.* In Hebræo, *sedentes super judicium. Et ambulatis in via, loquimini ubi collisi sunt currus, et hostium suffocatus est exercitus, ibi narrentur justitiæ Domini, clementiæ fortis Israel.* Ascensores asinarum populus Israel dicitur; asinæ vero in quibus ascendunt, doctores tribus Israel dicuntur, super quorum doctrina reliquus populus quasi super asinas ascendere dicitur, id est, requiescere. Et ipsi asinæ dicuntur, hoc est, gradientes instar asinæ in lege, sedentes super judicium, id est, super legem. Quæ etiam super judicium sedere dicuntur, id est, super legem, et ambulare in via sub lege, eo quod viam legis nequaquam excederent. Populum itaque qui super has asinas, id est, super hos doctores requiescebant, provocat Debbora ad benedicendum Dominum, et ait : *Loquimini,* id est, *laudate.* Et quasi interrogasset : ubi et quando laudabimus Dominum? illa respondit : *Ubi collisi sunt currus, et hostium suffocatus est exercitus, ibi narrentur justitiæ Domini, clementiæ fortis Israel;* ac si diceret : Quamvis semper et ubique Deus laudandus sit; tamen modo laudandus a nobis potius et benedicendus est, qui inimicos nostros subvertit, sicut Ægyptios in mari Rubro.

(Vers. 11.) *Tunc descendit populus Domini ad portas, et obtinuit principatum.* Ad portas populus Domini descendit, id est, ad portas domus Domini, quia benedicto Domino et collaudato in loco victoriæ, descenderunt in domum Domini, ut ibi etiam Dominum collaudarent, orationes et victimas ei offerentes. Quod vero de tribu Issachar doctores exterarum tribuum essent, monstratur ex libro Paralipomenon,

---

[1] In aliis Exemplaribus, *maccerasse.*

[a] Perperam, et nullo sensu excuderat Martianæus *miscentur,* pro *emittentes,* quemadmodum ex meo ms. restitui.

[b] Rabanus, *Principes Israel,* inquit, *sunt doctores sancti, quos,* etc.

[c] Icem, *Alia autem,* ait, *editio sic habet, Benedicite Dominum, qui ascendistis super jumenta, supra vehicula sedentes, et super asinos refulgentes.*

[a] Hebræus לישראל פקקים לחוקקי *lehhocece Israel, ad Scribas Israel.*

ubi ait : *De filiis quoque Issachar viri eruditi, qui norant singula tempora, ad præcipiendum quid facere deberet Israel, principes ducenti : omnes autem reliquæ tribus eorum consilium sequebantur* (I *Paral.* xii, 52). Et quod iidem doctores asini nuncupentur, monstratur ex libro Genesis, ubi sequitur : *Issachar asinus fortis accubans inter terminos, vidit requiem quod esset bona, et terram quod esset optima, et supposuit humerum suum ad portandum, factusque est tributo serviens* (*Gen.* xlix, 14, 15). Asinus in Libro Geneseos fortis dicitur, propter fortitudinem legis, eo quod in humero legem portaret, et cæteris tribubus tributum, id est doctrinam legis impenderet. In Libro vero Judicum asinæ dicuntur, eo quod viribus fracti et humiliati, atque infirmi manerent, jugo scilicet gentium pressi atque humiliati, et sola tantum lege Dei contenti.

(Vers. 12.) [1] *Surge, surge Debbora; surge, loquere Canticum.* Notandum quod in Hebræo *exspergisce* legatur, id est, exspergisce in spiritu prophetiæ. Præfatorum itaque doctorum vocibus Debbora provocatur, ut exspergiscatur in spiritu prophetiæ et laudis, et non cesset a laudibus Dei. Unde et sequitur : *Loquere Canticum. Surge Barac, et apprehende captivos tuos, fili Abinoem.* In Hebræo dicitur : [2] *Prædare prædam, tuum fili Abinoem.* Hæc sententia vocibus eorumdem etiam doctorum Barac admonet, ut deprædetur reliquias inimicorum suorum, et ad internecionem eos usque perducat, et nomen sibi victoriæ laudabiliter acquirat.

(Vers. 13.) *Tunc salvatæ sunt reliquiæ populi.* Hæc sententia ad intelligendum jungenda est sententiæ superiori, qua dicitur : *Ubi narrantur justitiæ Domini, clementiæ fortis Israel;* eo quod tunc salvatæ sunt reliquiæ populi. *Dominus in fortibus dimicavit.* In Hebræo legitur : *Dominus propter me in fortibus dimicavit.* Et est vox totius populi Israel; dimicavit enim propter eos in Ægyptiis, et in cæteris inimicis Israel. Unde et sequitur.

(Vers. 14.) *Ex Ephraim delevit eos in Amalec,* id est, Josue existens ex tribu Ephraim delevit fortes, id est inimicos Israel in Amalec, sicut legitur in libro Exodi : *Fugavitque Josue Amalec, et populum ejus in ore gladii,* etc. (*Exod.* xvii, 13). Et quod idem Josue ex tribu Ephraim fuerit, monstratur ex libro Numerorum : ubi dicitur : *De tribu Ephraim Osee filium Nun* (*Num.* xiii, 9), quem et in consequentibus Josue vocat dicens : *Vocavitque Moyses Osee filium Nun, Josue. Et post eum in populos tuos Amalec.* Post eum,

id est, Josue, ex tribu Benjamin exsistens Saul, populum Amalec, præcipiente Domino, delevit, quod in spiritu prophetiæ Debbora de Saule futurum prophetavit. Et hoc secundum schema, quod vocatur prolepsis, dictum est, quod ipse esset deleturus Amalec, sicut in libro Samuelis habes (I *Reg.* xiv, 48). Sed et quod ait, *o Amalec,* in Hebræo non legitur, sed Latinus interpres sensus gratia hoc addidit.

(Vers. 14.) *De Machir principes descenderunt, et de Zabulon, qui exercitum ducerent ad bellandum.* In Hebræo legitur : *De Machir* [a] *, principes descenderunt,* et subauditur, *ad bellandum,* id est, prosternendum Sisaram principem. *Et de Zabulon,* subauditur, descenderunt, qui exercitum ducerent. Et de tribu Levi, et de tribu Issachar, subauditur, ad bellandum, id est, ad Dominum collaudandum et exorandum. De quibus et sequitur.

(Vers. 15.) *Duces Issachar fuere cum Debbora.* In Hebræo : *Principes,* id est, doctores Legis *fuerunt cum Debbora ad collaudandum Dominum, et Barac vestigia sunt secuti.* Intelligendum est, quia pars quædam illorum cum Debbora ad laudandum Dominum remansit, et pars Barac vestigia sunt secuti ad populum exhortandum et debellandum Sisaram. Qui quasi in præceps ad barathrum se discrimini dedit. Barac scilicet credens verba Domini, se dedit discrimini, præcipitans se in torrentem Cison, persequens et debellans exercitum Sisaræ. Barathrum enim in hoc loco torrens Cison intelligitur. *Diviso contra se Ruben, magnanimorum reperta contentio est.* In Hebræo non legitur *contra se.* Vox enim Debboræ est, increpans tribum Ephraim, eo quod imperio Domini non obtemperans, cum fratribus suis contra inimicos Domini debellandos non iverit : sed timore perterritus, et verbis Domini incredulus ab eis se diviserit, et pro eo magnanimus, id est, superbus repertus exstiterit. Unde et sequitur eorum increpatio in spiritu prophetiæ dicens :

(Vers. 16.) *Quare habitas inter duos terminos, ut audias sibilos gregum?* In Hebræo non legitur, *duos,* sed *inter terminos* [b] *tuos,* scilicet vicinarum tribuum tuarum, ut audias sibilos gregum; ac si diceret : Greges quibus abundas servare cupis, et eos amittere vereris, eorumque sibilos audire potius delectaris, quam cum fratribus tuis ad debellandos hostes Israel progredi niteris. Et quia hoc facis, imperio Domini superbus resistis. Unde et sequitur idipsum quod et supra : *Diviso Ruben, magnanimorum reperta contentio*

---

[1] In Hebræo est עורי *uri,* id est *exsurge,* etc.

[2] ושבה שבך *usabe sebjecha, Et captiva captivitatem suam.*

[3] Lege *doctores,* juxta superiorem observationem : nam in Hebræo מהקקים *mehhoccecim,* quod Hebræus noster Scriptor interpretatur *doctores.*

[a] Interpretatur adeo Rabanus, *principes,* hoc est, *Apostoli et doctores primitivæ Ecclesiæ.*

[b] Colligi hinc opinor econtrario, cum Hebræum laudat, non ad ipsum Hebraicum textum provocare

[*] Falsus est hoc loco Scriptor Hebræus, quia in contextu Hebraico legimus משפתים *hammisphethaim* duali forma, id est, *duos terminos;* sed ille legebat forte in suo Exemplari ך *Chaph* affixum, pro ם finali, *hammischphetheca,* pro *hammischphethaim* hodierno.

Commentarioli hujusce auctorem, sed Hebræi nomine notas Latinas Bibliorum margini ex Hebræo appositas appellare; quæ et *Correctoria* dicebantur;

est : eo quod male fecerit, imperium Domini parvipendens et superbus existens.

(Vers. 17.) *Gad trans Jordanem quiescebat.* Et hoc increpando ponitur, eo quod remanente Ruben, cum eo Gad pari consilio remansit. *Et Dan vacabat navibus.* Quia videns quod tribus Ruben et tribus Gad non irent cum fratribus suis ad bellandum, timore perterritus, navibus vacando, fugam arripuit. *Aser habitabat in littore maris, et in portibus morabatur.* Similiter hoc increpando ponitur, eo quod et Aser in littore maris habitans, in portibus moratus sit, fugam potius arrepturus, quam fratribus combellaturus.

(Vers. 18.) *Zabulon et Nephthalim obtulerunt animas suas morti, in regione Morome.* In Hebræo, *super regionem Morome.* Et est sensus, Quia cæteris tribubus ire nolentibus, hæ duæ tribus animas suas morti dederunt. *Super regionem Morome.* Morome enim interpretatur *excelsus :* pro regione enim excelsi, id est, Dei, obtulisse dicuntur animas suas, et ideo laudibus efferuntur, cum cæteræ tribus reprehendantur.

(Vers. 19.) *Venerunt reges, et pugnaverunt.* Reges terræ Chanaan dicit, qui regi Jabin subditi erant. *Pugnaverunt reges Chanaan.* Idipsum repetit, *In Tanach.* Tanach enim provincia est, ubi est torrens Cison. *Juxta aquas Mageddo.* Mageddo enim civitas est posita super torrentem Cison. Et quod dicitur, *Juxta aquas Mageddo,* intelligitur juxta torrentem Cison, civitas Mageddo. *Tamen nil tulere prædantes.* Hoc subsannando dicitur, cum non solum nil prædæ tulerint, quin potius animas eruere nequiverint.

(Vers. 20.) *De cœlo dimicatum est contra eos.* Quia in quadraginta millibus Israel clypeus et hasta inveniri non poterat, idcirco Dominus de cœlo lapidibus grandinis, et igne dimicavit pro eis contra hostes suos. Sicut est et illud in libro Josue : *Stellæ manentes in ordine suo, et cursu adversus Sisaram pugnaverunt* (Jos. x, 11). Stellæ Angeli intelliguntur, qui de cœlo contra Sisaram pugnaverunt.

(Vers. 21.) *Torrens Cison traxit cadavera eorum.* Est enim hic defectus; et quasi interrogando, ubi? et respondeatur : In torrentem Cadumin, id est, in mari Rubro ; unde sequitur : *Torrens Cadumin, torrens Cison.* Torrentem Cadumin mare Rubrum vocat. Cadumin enim interpretatur [a] *antiquorum,* eo quod antiqua miracula in eo facta fuerint, transeuntibus filiis Israel, et Ægyptiis pereuntibus. Et quia mare Rubrum Ægyptios emortuos evomuit, ita ut eos mortuos Israelitæ super littus maris viderent, et eadem cadavera piscibus et bestiis maris abstracta fuerint : idcirco traxit torrens Cison cadavera eorum, ut pro cadaveribus Ægyptiorum sibi ablatis, cadavera Chananæorum ipsius maris Rubri pisces et bestiæ comederint. *Conculca, anima mea, robustos.* Hæc Debbora in persona totius Israel dicit, ut omnes uno animo robustorum, id est, fortissimorum inimicorum suorum colla conculcarent : sicut est et illud in libro Josue de quinque regibus Chananæorum (Jos. x, 24).

(Vers. 22.) *Tunc ungulæ equorum ceciderunt fugientibus impetu, et præceps ruentibus fortissimis hostium. Ungulæ* [1] [b] *eorum,* in Hebræo legitur ; lapidibus enim grandinis de cœlis, id est, ab Angelis eorum equorum ungulæ cecidisse traduntur : ut sit sensus : Si ungulæ equorum tactu lapidum ceciderunt, quid putas equitibus accidisse ?

(Vers. 23.) *Maledicta terra Meroz, dixit Angelus Domini.* In Hebræo legitur : *Maledicite Meroz, dixit Angelus Domini.* Angelus Domini ab Hebræis Michael intelligitur, qui jubet per Debboram populo Israel, ut maledicant Meroz, id est, potestati Angelicæ, quæ præerat Chananæis : Meroz enim interpretatur *arcanum.* Idcirco maledici jubetur, id est, anathematizari, eo quod Angelis cæteris dimicantibus pro Israel, ipse non solum non pugnaverit, verum etiam in adversitate eorum perstiterit. *Maledicite habitatoribus ejus,* id est, Meroz, et populo ejus. Et redditur causa cur maledicantur, *quia scilicet non venerunt in auxilium Domini, et in adjutorium fortissimorum ejus.*

(Vers. 24.) *Benedicta inter mulieres, Jahel, uxor Haber Cinæi.* Inter mulieres, scilicet Saram, Rebeccam, Rachel, Liam, et cæteras ferme mulieres. *Benedicatur in templo,* subauditur Domini, ut ibi sit memoriale ejus, sicut et Judith. Et redditur causa cur benedicatur, quia scilicet sapienter et prudenter fecerit, eo quod *petenti aquam, lac dederit.* Idcirco lac dedit, ut hostis fugiens sibi fidem potiorem accommodaret. Et si quæritur cur non vinum dederit, respondendum est quia domus Rechab vinum non bibunt, sicut habes in Jeremia propheta (*Jer.* xxxv, 14).

sive *ungula equorum :* nisi ipse alio fuerit usus exemplari.

Hebræo legitur, Tunc ungulæ equorum ceciderunt fugientibus impetu, et præceps ruentibus fortissimis hostium ; lapidibus enim grandinis, etc.

---

[1] Hic quoque Hebræus fallitur, quia in Hebraico scriptum legitur עקבי icbe sus, *calcanei equi,*

[a] Apud Raban. interpretatur *resurrectio inutilis.*
[b] In meo autem ms. quod verissime scriptum ab auctore ipso arbitror, contrario sensu ad hunc modum totus locus iste recitatur : *Ungulæ eorum.* In

---

ADMONITIO IN OPUSCULA SUBSEQUENTIA.

Damus hanc laudem Martianæo, qui subsequentium Hebraicarum Quæstionum in Regum et Paralipomenon libros germanum auctorem, de quo tantopere antea ab Eruditis in utramque partem disputatum est, ex Raboni

Mauri testimonio indicavit. Usque in præsens tempus, inquit ille in præfixa his libris Admonitione quam describimus, parum liquebat, quo Auctore editæ fuissent hujusmodi Quæstiones: et falso probabile putabatur quædam in illis decerpta fuisse ex Hieronymi Commentariis. Nunc vero manifestissime apparet, syntagmata istæc Auctorem habuisse quemdam Hebræum in scientia Legis florentem, qui aliquanto ante Rabanum Maurum vitam duxisse perhibetur. Nam idem Maurus conceptis verbis fidem facit, Hebræum illum anonymum edidisse Commentarios in Regum et Paralipomenon volumina, quorum ipse Commentariorum capitula nonnulla et observationes inserere voluit cum expositionibus celebriorum Ecclesiæ Christi Scriptorum, ut nihil superesset ad studium ac diligentiam, qua libros jam dictos illustrandos susceperat. Præterea, inquit præfatione Commentariorum in libros Regum, HEBRÆI cujusdam modernis temporibus in Legis scientia florentis capitula traditionem Hebræorum habentia non paucis locis simul cum Nota nominis ejus inserui: non quasi ingerens alicui auctoritatem ipsius, sed simpliciter potius, quod scriptum reperi, ejus probationem lectoris judicio derelinquo. Eadem inculcat præfatione Commentar. in Paralipomena: Quatuor, inquit, Commentariorum libros edidi, quos et sacratissimo genitori vestro Ludovico Imperatori præsentialiter in nostro monasterio tradidi; in quibus, sicut et præsenti opere feci, Josephi Judæorum historici narrationem, necnon et HEBRÆI cujusdam modernis temporibus in scientia Legis florentis opiniones plerisque in locis interposui: sed non ita, ut quasi lectorem invitum ad ipsorum traditionis assensum pertraherem, sed magis judicio ac probationi ipsius illa derelinquens. Jam si capitula illa Hebræi scriptoris, inserta Commentariis Rabani Mauri, contendas cum Hebræis Quæstionibus in libros Regum et Paralipomenon, ubique eadem verba, nec plura, nec pauciora deprehendes: unde evidentissimum exsurgit argumentum, Hebræum illum Mauri in scientia legis florentem, ipsissimum esse parentem Quæstionum istarum Hebraicarum consequentium. Certe abs Hieronymo tantum hic differt Hebræus, quantum differt a margarita pretiosissima vitrum aut orichalcum. Et miror homines eruditos probabile existimasse multa ex Hieronymi Commentariis derivata fuisse in Quæstiones supradicti Hebræi: cum in illis multæ sententiæ legantur Hieronymianis dissimiles ac contrariæ; et nullæ prorsus, vel perpaucæ inveniantur Traditiones Hebraicæ latinitate, eruditione, studioque Hieronymi satis dignæ.

His tantum addimus, videri interdum plura quam hic sunt, sub hujusce Hebræi nomine ad libri oram prænotato, contra quam Martianæus sentit, penes Rabanum exhiberi: quæ vero ex Hieronymo ibi afferuntur, non ex aliquo Quæstionum Hebraicarum libro, qui interciderit, sed ex Commentariis in Prophetas, aliisque S. doctoris operibus, et cum primis ex illo de Nominibus Locorum describi. Cæterum vide quæ de hujusmodi Hieronymianis Quæstionibus in reliquos Scripturæ libros sive deperditis, seu verius minime elucubratis, in generali præfatione observamus. Istos exegimus ad fidem domestici ms. codicis, quo sæpius usi sumus tum ad ipsius Rabani lectionem, quæ subinde melioris est frugis. Sed et alio usi sumus ms. codice Mediolanensi, Bibliothecæ Ambrosianæ sub D littera, et numero 88, cujus Variantes Lectiones in hac editione (quod in præcedenti per typothetas non satis licuit) suis quasque locis expendimus.

QUÆSTIONES HEBRAICÆ
IN LIBROS
REGUM ET PARALIPOMENON.

IN LIBRUM I REGUM.

(Cap. 1. — Vers. 1.) *Fuit vir unus de Ramathaim Sophim, de monte Ephraim, et nomen ejus Elcana, filius* [a] *Jeroam, filii Eliu, filii Thou, filii Suph Ephratæus.* Ramathaim interpretatur, *duo excelsa:* Et hæc duo excelsa, duæ intelliguntur tribus: regalis videlicet, et sacerdotalis. Quod Pater Elcanæ de tribu fuerit Levi, liber Paralipomenon plenissime docet, in quo series genealogiæ illius usque ad Levi perducitur (I Paral. vi). Matrem quoque ejus de tribu Juda exstitisse monstratur, in eo quod Ephratæus vocatur. Ephratæus ab Ephrata uxore Caleb, quam constat de tribu Juda fuisse, dictus est. Et si quem movet, quod [b] non ab Ephraim, sed ab Ephrata, Ephratæus vocetur: videat in subsequentibus, qualiter David filius viri Ephratæi vocetur: cum liquido pateat eumdem Isai, non de Ephraim, sed de tribu Juda citari (I Paral. vi).

Idem habet et Rabanus Maurus in cap. 1, lib. 1 Regum.

---

[1] Ita codex ms. monasterii Gemmeticensis nostri. Alii contrario sensu legunt cum editis libris, *quod ab Ephraim, non ab Ephrata, Ephratæus vocetur.*

[a] Ms. Ambros. *filius ejus Jeroboam.*
[b] Ms. cum pridem editis libris, *quod ab Ephraim, non ab Ephrata Ephratæus,* etc. Ita et Ambros. ms.

Juda exstitisse, et probet eumdem Elcana Ephratæum ab Ephrata, non ab Ephraim dici. Sophim, *speculatores* interpretantur. Speculatores hic Prophetæ intelliguntur, quorum filius Elcana fuit. *De monte Ephraim.* De monte vero Ephraim fuisse dicitur, quia ibi erat ejus habitatio. Intra cunctas namque tribus, habitationem Levitarum fuisse non dubium est.

(Vers. 3, 4.) *Et ascendebat vir ille de civitate sua statutis diebus.* Tribus festivitatibus, Paschæ videlicet, et Pentecostes, et solemnitate Tabernaculorum ascendebat in domum Domini. *Deditque Phenennæ uxori suæ et cunctis filiis ejus et filiabus partes.* Hæ partes, vestes intelliguntur, quæ in iisdem tribus festivitatibus juxta morem illius gentis, uxoribus, et liberis, ac famulis tribuebantur.

(Vers. 5.) *Annæ autem dedit partem unam tristis.* In Hebræo ita legitur : *Annæ autem dedit partem unam duplicem, quia Annam diligebat.*

(Vers. 16.) *Ne reputes ancillam tuam quasi unam ex filiabus Belial : quia ex multitudine mœroris et doloris mei locuta sum usque ad præsens.* Belial enim interpretatur, *absque jugo.* Et notandum quod omnes, qui ebrietatem sectantur, filii Belial vocentur.

(Vers. 24.) *Et adduxit eum secum, postquam ablactaverat in vitulis tribus, et tribus modiis farinæ, et amphora vini : et adduxit eum in domum Domini in Silo.* In Hebræo non [1] *tribus modiis farinæ,* sed modio farinæ legitur : quem locum apud Latinos scriptorum vitio constat esse depravatum. Si enim cum vitulis tribus, tres modios farinæ obtulit, contra præceptum legis fecit. In lege enim ita præcipitur : *Mensis septimi, prima dies venerabilis et sancta erit vobis. Omne opus servile non facietis : dies clangoris est et tubarum : offeretisque holocaustum in odorem suavissimum Domino : vitulum de armento unum, arietem unum, agnos anniculos immaculatos septem, et in sacrificiis eorum similæ oleo conspersæ. Tres decimas per singulos vitulos, duas decimas per arietem, unam decimam per agnum* (*Levit.* xxiii, 34 et *Num.* xxix, 1 et seqq.) Hæc vero decima, decima pars erat Ephi. Unde datur intelligi, quod Elcana non obtulerit tres modios farinæ cum tribus vitulis, sed novem decimas : quibus secundum Hebraicam mensuram, unus efficitur Ephi.

(Cap. II. — Vers. 1.) *Exsultavit cor meum in Domino, et exaltatum est cornu meum in Domino.* Cornu, filium vocat : quia quando sine filio erat, absque cornu videbatur sibi esse.

(Vers. 3.) *Recedant vetera de ore vestro.* In Hebræo ita habetur : *Exeant vetera,* etc. Et est sensus : Exeant humilia de ore vestro, de quo antea grandia et superba exibant. Quibus verbis Phenennam et filios ejus increpat, quæ ob fecunditatem sibi concessam, contra Annam elevabatur.

(Vers. 4.) *Arcus fortium superatus est, et infirmi accincti sunt robore.* Arcus Ægyptiorum, id est, fortitudo et potentia, superata est : et infirmi, scilicet Israelitæ, confortati sunt. Aliter : Arcus, id est, superbia et fortitudo Phenennæ, qua in filiis gloriabatur, superata est : et Anna, quæ ob sterilitatem infirma erat, accincta est robore filiorum.

(Vers. 5.) *Donec sterilis peperit plurimos : et quæ multos habebat filios, infirmata est.* In Hebræo et in Septuaginta translatione, non *plurimi,* sed *septem* leguntur. Judæi hunc locum ita intelligunt, quod nato Samuele, mortuus sit filius primogenitus Phenennæ, [a] [2] et ita ortis filiis Annæ, Phenennæ filii mortui sunt. Sed quærendum est quomodo hoc stare possit, cum Phenenna septem : Anna autem non plusquam quinque filios habuerit. Quam quæstionem Hebræi solventes, duos filios Samuelis cum filiis Annæ annumerant.

(Vers. 8.) *Domini enim sunt cardines terræ, et posuit super eos orbem.* In Hebræo ita habetur : *Domini enim sunt afflicti terræ.* Afflictos terræ, Hebræi pauperes spiritu et humiles corde intelligunt : super quos Dominum orbem posuisse dicunt : quia eorum meritis terram stare autumant.

(Vers. 10.) *Dominum formidabunt adversarii ejus : et super ipsos in cœlis tonabit.* Super adversarios suos Dominus in cœlis tonabit : sicut est illud in Libro Josue : *Cumque fugerent a facie Israel, et essent in descensu Bethoron, Dominus misit super eos lapides magnos de cœlo usque Azecha : et mortui sunt multo plures lapidibus grandinis, quam quos gladio percusserant filii Israel* (*Jos.* x, 11).

(Vers. 22.) *Eli autem senex erat valde, et audivit omnia quæ faciebant filii sui universo Israeli : et quomodo dormiebant cum mulieribus, quæ observabant ad ostium tabernaculi.* Dormisse eos dicunt Hebræi cum mulieribus, eo quod post menstrui tempus aut partus, non impleto (secundum legis præceptum) sacrificio, suadebant eas ad viros suos redire, [b] eisque commisceri. Et dormire ideo dicuntur : quia eas dormire cum viris suis, contra præceptum legis, faciebant. Unde idem Eli post paululum ait :

(Vers. 24.) *Non est enim bona fama quam ego audio, ut transgredi faciatis populum Domini.* Transgressionem ergo populus faciebat : quia, sacrificio non rite peracto, uxoribus suis jungebatur. Sicut enim vi extorquebant carnes ab immolante : ita etiam extorquebant sacrificium ab offerente. Et idcirco sicut in auferendis carnibus, faciebant homines detrahere sacrificio Domini, ita quoque nihilominus in conjungendis uxoribus, transgredi faciebant populum Domini.

---

[1] Nullum est vitium in Latinorum versione, ubi legimus *tribus modiis farinæ* : quia, ut alibi abunde probatum est ex Hieronymo, *Ephi,* Hebræorum mensura est *trium modiorum.* Consulat lector scholia nostra in primum caput primi libri Samuelis.

[a] *Cum* Gemmeticensis ms. legit Rabanus quoque.

[2] Idem codex Gemmeticensis legit hoc loco, *et singulis Annæ nascentibus, mortui sunt filii singuli Phenennæ.* Apud Erasmum, *mortuus primogenitus Phenennæ, mortui sunt et alii filii.*

[b] In meo ms. verba, *cisque commisceri,* non sunt.

(Vers. 25.) *Si peccaverit vir in virum, placari potest ei Deus.* Quia placato sibi viro, in quem peccavit, placabilem sibi facit Deum, cui in viro peccavit. *Si autem in Deum peccaverit vir, quis orabit pro eo?* Non ergo eo modo in virum, quo in Deum peccatur. Quia in virum peccare, peccatum qualecumque est, leviorque remissio. In Deum vero peccare, id est, ab ejus cultu recedere, impietatis peccatum est, difficiliorque remissio. Et quoniam cum in virum quis peccat, placato sibi viro, facit sibi Deum placabilem. In Deum autem cum quis peccat, quis orabit pro eo? Ac si dicatur: Per quem, Deum, sibi in quem peccavit, propitium facere poterit?

(Vers. 27.) *Venit autem vir Dei ad Eli, et dixit ad eum: Hæc dicit Dominus: Numquid non aperte revelatus sum domui patris tui, cum esset in Ægypto in domo Pharaonis? et elegi eum ex omnibus tribubus Israel mihi in sacerdotem,* et cætera. Hunc virum Dei, [a] Judæi Phinees dicunt: quem et Eliam autumant. Revelatus vero Dominus fuisse dicitur domui patris ejus, id est, Aaron: in eo loco ubi ait: *Dixit enim Dominus ad Aaron. Vade in occursum Moysi in deserto (Exod.* iv, 27), et cætera. Et in hoc loco primum Dominus ei revelatus dicitur. In sacerdotem vero electus est ex omnibus tribubus Israel: sicut habes in [1] Elle Smoth et in Vajecra. Quod vero ait: *Venit vir Dei ad Eli,* et cætera quæ sequuntur, ante tempus Eleanæ dicta fuisse arbitrantur: sed hic ob gloriam Samuelis interposita dicuntur.

(Vers. 31, 32.) *Ecce dies venient, et præcidam brachium tuum, et brachium domus patris tui.* Brachium, [b] arcam vocat, et dignitatem sacerdotii. *Ut non sit senex in domo tua.* Senem, sacerdotem magnum dicit: *Et videbis æmulum tuum in templo, in universis prosperis Israel.* Æmulus domus Eli, Sadoc sacerdos exstitit: qui, ejecto Abiathar a Salomone, sacerdotium suscepit: sicut in Malachim legitur: *Projecitque Salomon Abiathar, ne esset sacerdos Domini, ut impleretur verbum Domini, quod locutus est super domum Eli* (III *Reg.* ii, 27).

(Vers. 35, 36.) *Verumtamen non auferam penitus virum ex te ab altari meo, ut deficiant oculi tui, et tabescat anima tua.* Ideo Dominus se non penitus ablaturum ex domo Eli virum ab altari suo dicit, ut semper de domo Eli esset in domo Domini vir, qui in dignitate sacerdotii alium substitutum videret: et se eadem dignitate privatum videns, oculi ejus deficerent, et anima tabesceret. Unde et in subsequentibus dicitur: *Veniat ut* [2] *adoret eum,* id est, sacerdotem magnum: *et accipiat ab eo nummum argenteum, et tortam panis, dicatque: Dimitte me, obsecro, ad unam partem sacerdotalem, ut comedam buccellam panis.*

(Cap. III. — Vers. 1.) *Et sermo Domini erat pretiosus in diebus illis.* [3] Pretiosus dicitur, quia perrarus erat. Omne enim quod rarum est, pretiosum est. *Non erat visio manifesta;* quia prophetia non plene manifestabatur.

(Vers. 2.) *Factum est vero in die quadam, Eli jacebat in loco suo: et oculi ejus caligaverant nec poterant videre.* Hic enim distinguendum est, et postea inferendum: *Et antequam lucerna Dei exstingueretur. Samuel autem dormiebat in templo Domini, ubi erat arca Dei.* Intelligi autem hoc modo debet. Et antequam lucerna Dei exstingueretur, in templo Domini, ubi erat arca Dei, Samuel dormiebat. Quod vero ait: *Antequam lucerna Dei exstingueretur,* intelligi oportet, antequam lux diurna fieret: quando eadem exstinguenda erat lucerna. Sic enim a Domino per Moysen jussum erat, ut eadem luceret usque mane: sicut est illud [c] Exodi: *Præcipe,* ait Dominus, *filiis Israel ut afferant tibi oleum de arboribus olivarum purissimum piloque contusum, ut ardeat lucerna semper in tabernaculo Domini: et collocabunt eam Aaron et filii ejus, ut usque mane luceat coram Domino (Exod.* xxvii, 20 et 21).

(Vers. 7.) *Porro Samuel necdum sciebat Dominum.* Nescire Dominum dicitur: quia per prophetiæ mysterium necdum ei revelatus fuerat sermo Domini.

(Vers. 11.) *Dixit Dominus ad Samuel: Ecce ego facio verbum in Israel: quod quicumque audierit, tinnient ambæ aures ejus.* Hoc in loco comminatio Domini est super Eli, et super domum ejus: eo quod in peccato filiorum Eli, Arca Dei caperetur, et Israel rueret, et ejus filii interirent, et domus Eli sacerdotio domus Domini privaretur: et ob id facturum die sub Eliæ persona ac nomine comminiscuntur.

[b] Penes Rabanum, *Brachium* dignitatem et robur summi exprimit Sacerdotis, etc.

[c] Ita ex Rabano duximus emendandum, illud *Exodi,* vel *in Exodo,* pro quo incongrue hactenus editi, *illud in Hebræo: meus ms., illud in libro,* supple *Exodi,* hac enim utitur sæpe phrasi auctor, ut est illud *in libro Genesis, Exodi,* atque his similia. Facit cum Ambros. meus ms. liber.

---

[1] *Elle Smoth* apud Hebræos vocatur liber Exodi, quia incipit ab illis verbis, *Hæc sunt nomina,* etc. Similiter Exodus vocatur *Vajecra,* id est, *et vocavit:* hanc habentes Hebræi consuetudinem, ut ab exordiis nomina voluminibus imponant.

[2] In versione Hieronymiana, sive in canone Hebraicæ veritatis a nobis edito legimus, *veniat ut oretur pro eo, et offerat nummum,* etc. Sed ad marginem e regione positum est scholion Hebræi scriptoris hujusce opusculi, indicans in Hebraico scriptum

[a] Sic enim sentiunt, inter Pontifices Aaronem et Heli, nonnisi duos, Eleazarum scilicet et Phineem intercessisse, atque adeo replendæ intercapedini plura vitæ Phineis sæcula commenti sunt. Immo et Rabbini quidam eum non hominem fuisse, sed Angelum mortali corpore indutum dixerunt, qui sæpius hunc in mundum venerit, abieritque; et ad Heli quidem venisse eum ultionis a Deo nuntium, iterum sub Salomone paruisse, quasi Phineem filium Eleazari: venturum denique extrema sæculo-

esse, *veniat ut adoret eum, et accipiat ab eo nummum,* etc. Quo argumento manifestissime comprobatur, unum esse auctorem scholiorum canonis Hebraic. Verit. et Quæstionum Hebraicarum in libros Regum.

[3] Verus Hieron. in Commentar. in Isai. lib. v, cap. xiii, 12, ad verba *Pretiosior erat vir auro. Pretiosum,* inquit, *dicitur omne quod rarum est... Et in Samuelis volumine continetur, sermo Domini erat pretiosus in diebus illis,* id est rarus.

tum, audientium aures tinnirent stupore vehementi.

(Vers. 15.) *Aperuitque ostia domus Domini, et Samuel timebat visionem indicare Eli.* Non est intelligendum quod Samuel aperuerit ostia domus Domini, sed sacerdos.

(Vers. 19, 21.) *Et non cecidit ex omnibus verbis Samuel in terram.* Non cecidisse ex omnibus verbis ejus in terram dicitur: quia quidquid prophetabat, rebus gestis demonstrabatur. *Et evenit sermo Samuelis universo Israeli.* Sermo ejus fuit ad universum Israel, quod percutiendi essent a Philistæis propter peccata filiorum Eli: quem sermonem eventus rei postea probavit.

(Cap. VI. — Vers. 14.) *Erat autem ibi lapis magnus: et conciderunt ligna plaustri.* Lapidem istum Hebræi aram ab Abraham ædificatam intelligunt.

(Vers. 17, 18.) *Hi sunt autem ani aurei, quos reddiderunt Philistiim pro delicto Domino: Azotus unum, Gaza unum, Ascalon unum, Geth unum, Acharon unum.* Quinque anos et quinque mures, hæ quinque civitates dederunt. Reliquæ autem civitates provinciarum, et villæ quæ erant absque muro, mures tantum dederunt. Idcirco dicitur, ab urbe murata usque ad villam quæ erat absque muro. Quod autem sequitur: *Et usque ad Abel magnum, super quem posuerunt arcam Domini.* Abel magnum civitas est in termino Israel. Abel magnum idcirco vocatur, cum antea Bethsamis vocitata sit, sive propter luctum super viris Bethsamitibus ibi factum, sive propter distinctionem civitatis Abel Bethmaca, de qua exclamavit mulier sapiens ad Joab, dicens: *Qui interrogant, interrogent in Abela.* Sic itaque intelligendum est, quod ab urbe murata usque ad villam quæ erat absque muro, et usque ad Abel magnum, dederint mures. Super quem, id est, super luctum, posuerunt arcam Domini, quæ erat usque ad illum diem in agro Josue Bethsamitis. Fuit ergo in agro illius, donec in Cariath-Jarim ducta est.

(Vers. 19.) *Et percussit de populo septuaginta viros et quinquaginta millia plebis.* In Hebræo ita habetur: *Et percussit de populo septuaginta viros et quinquaginta millia viros.* Hos septuaginta viros, Judices septuaginta Hebræi intelligunt. Quorum merito et gloriæ quinquaginta millia viri comparabantur, sicut et de David dicitur: quia tu unus pro decem millibus computaris.

(Cap. VII. — Vers. 2.) *Et factum est ex qua die mansit arca Domini in Cariath-Jarim, multiplicati sunt dies, id est, viginti anni.* [a] A tempore quo reprobatum est sacerdotium Eli usque ad Samuelis ducatum, viginti fuerunt anni miseriarum referri. Peracto vicesimo anno, translata est eadem arca a Samuele in Masphat, et de Masphat transtulerunt eam Samuel et Saul in Galgala. Inde translata est a Saul in Nobe. De Nobe in Gabaa. De Gabaa translata est a David in domum Obed Edom. De domo Obed Edom transtulit eam David in Sion. De Sion transtulit eam Salomon in Sancta Sanctorum.

(Ibid.) *Et requievit omnis Israel post Dominum.* Requievisse post Dominum dicuntur: quia abjectis idolorum sordibus, Domino se ad serviendum toto corde tradiderunt. Quod et in subsequentibus dicitur:

(Vers. 4.) *Abstulerunt filii Israel Baalim et Astaroth, et servierunt Domino soli: et convenerunt in Masphat, hauseruntque aquam, et effuderunt in conspectu Domini.* Hebræi tradunt quod coram Domino in eamdem aquam maledicta congesta sint: et sicut in lege mulier zelotypa hausta aqua probatur, ita et hic idololatræ hac aqua probati sunt. Hi videlicet qui se idola coluisse penitus denegabant: Tradunt etiam quod quicumque idololatra hanc aquam gustasset, labia ejus ita sibi adhærerent, ut nequaquam ea ab invicem idololatra separare posset. Hoc indicio idololatra deprehendebatur et interficiebatur. Quod et sequentia demonstrant in eo, quod ait:

(Vers. 6.) *Judicavitque Samuel filios Israel in Masphat.* Judicare in hoc loco idololatras, secundum legem morti tradere intelligendum est. Dicunt etiam quod Moyses hoc modo idololatras qui sibi vitulum fecerant, probaverit quando arripuit vitulum et combussit, et contritum usque ad pulverem sparsit, in aquam, et dedit ex eo potum filiis Israel.

(Cap. IX. — Vers. 7.) *Dixitque Saul ad puerum suum: Ecce ibimus: quid feremus ad virum?* Non enim putabat Saul sibi asinas a Samuele aliter indicari, nisi pretio divinationis, ideo ait: *Quid feremus ad virum?*

(Vers. 12.) *Festina nunc: hodie enim veniet in civitatem: quia sacrificium est hodie populo in excelso.* Sacrificium in hoc loco prandium intelligitur, quod præparaverat Samuel populo in Kalendis.

(Vers. 19, 20.) *Et dimittam te mane: et omnia quæ sunt in corde tuo indicabo tibi: et de asinis, quas perdidisti nudiustertius, ne sollicitus sis: quia inventæ sunt.* Erat in corde Saul, sicut Hebræi tradunt, quod rex futurus esset, quia viderat per visum se in vertice arboris palmæ collocari. Quæ visio signum regale fuit.

(Cap. X. — Vers. 3.) *Cumque abieris inde, et ultra transieris, et veneris ad quercum Thabor, invenient te ibi tres viri ascendentes ad Dominum in Bethel.* Hi viri causa orationis ibant in Bethel, ubi Jacob lapidem erexerat.

(Vers. 5.) *Post hæc venies ad collem Dei.* Collis Dei locus erat, ubi Prophetæ habitabant. *Et insiliet in te Spiritus Domini et prophetabis cum eis.* Prophetasse eum ibi Judæi dicunt de futuro sæculo, de Gog et Magog, et de præmiis justorum et pœna impiorum.

(Vers. 7.) *Quando ergo venerint signa hæc omnia tibi, fac quæcumque invenerit manus tua, quia Deus tecum est.* Ac si diceret: his signis nosse poteris, quia Deum te regem fore voluit. Et idcirco ad omnia quæ tibi agenda sunt regaliter age, quia Deus tecum est.

---

[a] Tota hæc pericope a verbis, *A tempore*, usque *referri*, in meo ms. desideratur.

(Vers. 8.) *Et descendes ante me in Galgala : ego quippe descendam ad te ut offeras oblationem, et immoles victimas pacificas. Septem diebus exspectabis donec veniam ad te, et ostendam tibi quæ facias.* Videtur quibusdam inculpabiliter Saul obtulisse holocaustum, cum Samuel exspectatus ab eo, juxta placitum septem dierum non venerit. Quod si quis hunc locum bene distinxerit, inveniet eum non immerito culpatum fuisse et inobedientem redargutum. Locus autem hic apud Hebræos ita distinguitur : *Et descendes ante me in Galgala : ego quippe descendam ad te.* Et postea infertur : *Ad offerendas oblationes et immolandas victimas pacificas, septem diebus exspectabis, donec veniam ad te, et ostendam tibi quæ facias.* Non enim Samuel, suum præstolari adventum Sauli septem dierum tempore præcepit, sed ad offerendas oblationes, et immolandas victimas pacificas, se ab eo eisdem septem diebus voluit exspectari. Quod ille nequaquam fecit, et ideo merito culpatur, et stultitiæ elogio denotatur.

(Vers. 12.) *Responditque alter ad alterum, dicens: Et quis pater eorum?* Ac si diceret. Et quis [a] major illo in dignitate et sapientia ? Optime enim potest inter Prophetas versari, et pater eorum, id est, magister vocari, qui tam doctus et sapiens est. Pater magister vocatur : sicut Eliseus Eliam patrem, id est, magistrum vocat : *Pater mi, pater mi, currus Israel et auriga ejus* (IV Reg. II, 12). Et in libro Job, Helin Eliphaz patrem, id est, magistrum vocat, hoc modo : *Pater mi, probetur Job usque ad finem* (Job. xxxiv, 36).

(Cap. XIII. — Vers. 1.) [1 b] *Filius unius anni erat Saul cum regnare cœpisset. Duobus autem annis regnavit super Israel.* Non de Isboseth filio Saul, sed de eodem Saule dictum est hoc. Sic enim erat innocens, quando regnare cœpit, sicut filius est unius anni, et in eadem innocentia duobus regnasse annis dicitur.

(Cap. X. — Vers. 25.) *Locutus est autem Samuel ad populum legem regni :* Hebræus, *Judicium regni. Et reposuit coram Domino.* Coram Domino, id est, coram arca Domini, quæ erat in Masphat.

(Cap. XII. — Vers. 11.) *Et misit Dominus Jerubaal et Bedan et Jephta, et Samuel, et eruit vos de manu inimicorum vestrorum per circuitum.* Jerubaal ipse est Gedeon : et Bedan ipse est Samson.

(Vers. 14.) *Si timueritis Dominum, et servieritis ei, et audieritis vocem ejus, et non exasperaveritis os Domini.* Os Domini, dicit os Prophetarum, qui ex ore Domini loquebantur.

(Cap. XIII. — Vers. 3. 4.) *Quod cum audissent Philistiim, Saul cecinit buccina in omni terra, dicens : Audiant Hebræi. Et universus Israel audivit hujuscemodi famam : percussit Saul stationem Philistinorum.* Sic enim intelligendum est, quod cum audissent Philistiim, subauditur, conturbati sunt. *Saul cecinit buccina.* Hæc buccina signum victoriæ et exhortationis fuit, ut audirent et nossent Hebræi, conturbatos et superatos esse Philistæos. Propterea sequitur : *Et universus Israel audivit hujusmodi famam : Percussit Saul stationem Philistinorum.* His rebus compertis, confortatus est Israel propter hoc. Et sequitur : *Et erexit se Israel adversus Philistæos,* id est, viriliter cœpit agere contra Philistæos.

(Vers. 6.) *Quod cum vidissent [c] filii Israel se in arcto positos : afflictus enim erat populus : absconderant se in speluncis et in abditis, in petris quoque et in antris, et in cisternis. Hebræi autem transierunt Jordanem in terram Gad et Galaath.* [d] Si se abscondit Israel in præfatis locis, quid est quod ait : *Hebræi autem transierunt Jordanem.* Absconsis enim quibusdam Israelitis qui Saul et populum qui cum eo erat, reliquerant : quædam pars eorum qui hic Hebræi vocantur timore perterriti, defecerunt a Saul et a viris qui cum eo erant, et descenderunt in castra Philistiim. Quem locum ad intelligendum clarius et manifestius sequentia demonstrant, in eo loco ubi ait :

(Cap. XIV. — Vers. 21, 22.) *Sed et Hebræi qui fuerant cum Philistiim ab heri et nudiustertius, ascenderuntque cum eis in castris, reversi sunt ut essent cum Israel, qui erant cum Saul et Jonathan. Omnes quoque* [Al. ergo] *Israelitæ, qui se absconderant in monte Ephraim, audientes quod fugissent Philistiim, sociaverunt se cum suis in prælio. Et versus ad prædam ; tulit oves et boves, et vitulos, et mactaverunt in terra, comeditque populus cum sanguine.* Non fecit populum irritum juramentum, quo eos Saul adjuraverat, dicens : *Maledictus vir, qui comederit panem usque ad vesperam, donec ulciscar me de inimicis meis :* quia victoria jam potiti erant : sed peccasse Domino et cum sanguine comedisse dicuntur : quia contra legis præceptum antequam sacrificium vespertinum perageretur, comederunt. Sic itaque usus erat, ut quando homicidium ab eis, aut in suis, aut in exteris fiebat, ut non comederent, antequam sacrificium vespertinum pro eis fieret. Aliter peccasse Domino et comedisse cum sanguine dicunt : quia mactatis victimis, non obtulerunt ad sanctuarium sacerdotibus juxta legis præceptum adipem et sanguinem, cum videlicet sanctuarium secum haberent. Quando locus sanctuarii procul erat, jubetur [Al. jubebatur] sanguis victimarum in terram fundi, de his videlicet victimis quas ad suos [e] esus præparabant. Quando vero sanctuarium præsens erat, sanguis hostiarum super altare Domini jubetur fundi, tur cum tamen alia consequenter posita sint, quæ ad caput decimum et duodecimum noscuntur.

---

[1] Præposterus ordo capitulorum exstat hoc loco, nam verba istæc initio capituli decimi tertii leguntur cum tamen alia consequenter posita sint, quæ ad caput decimum et duodecimum noscuntur.

[a] In meo ms., *quis major illorum in dignitate,* etc.
[b] Videas hæc tamen suo, non præpostero ordine, penes Rabanum recitari.
[c] Cum Vulgato interprete meus ms., *vidissent viri Israel.*

[d] Apud Rabanum, *Quæstio non indigna oboritur, si se enim abscondit,* etc., ac deinde, *Quod ita solvitur, Absconsis quibusdam,* etc.
[e] Sic. ms. meus et Rabanus legunt. Antea erat *ad suos usus.*

sicut est illud in libro Deuteronomii: *Sanguinem hostiarum tuarum fundes in altari: carnibus autem ipse vesceris:* quod præfatus tamen non fecit populus: Peccasse idcirco dicitur Domino, et cum sanguine comedisse.

(Vers. 35.) *Ædificavit autem Saul altare Domino. Tunc primum cœpit ædificare altare Domino.* Hebræus non habet *primum.* Quærendum itaque cum antea legatur ædificasse altare, quando a Samuele increpatus est, cur hic dicatur, *tunc cœpit ædificare altare Domino.* Ædificasse itaque antea legitur altare: sed quia inobedienter illud ædificavit, non Domino ædificasse intelligitur. Hic autem quia obedienter et recte illud ædificavit, Domino ædificasse perhibetur.

(Vers. 38.) *Dixitque Saul: Applicate huc universos angulos populi.* Angulos populi, principes populi vocat, quibus idem populus adhærebat.

(Cap. XV. — Vers. 3.) *Nunc ergo vade et percute Amalec, et demolire universa ejus. Non parcas ei, sed interfice a viro usque ad mulierem, et parvulum atque lactentem, bovem et ovem, et camelum et asinum, atque jumenta.* Ideo autem Dominus jumenta Amalec demoliri jubet, ut nec in jumentis ejus memoria fieret. Dominus enim dixerat se deleturum memoriam Amalec de sub cœlo. Idcirco præcipitur Sauli, ut eum penitus ab homine usque ad jumenta deleret. Sed quia ejus memoria, id est, Amalec penitus deleta non fuit, Saulis peccatum et inobedientia in causa exstitit. De quo Amalec ita in Libro Deuteronomii dicitur: *Memento quæ fecerit tibi Amalec in via quando egrediebaris ex Ægypto: quomodo occurrerit tibi, et extremos agminis tui qui lassi residebant, ceciderit.* Lassos hic Hebræi immundos secundum legem extra castra manentes intelligunt: quos cecidisse Amalecitæ dicuntur: quia sicut ipsi tradunt, eorum circumcisionem amputaverunt et in subsannationem Dei, in cœlum projecerunt.

(Vers. 6.) *Dixitque Saul Cinæo, abite, recedite atque discedite, ne forte involeam te cum eo. Tu enim fecisti misericordiam cum omnibus filiis Israel, cum ascenderent de Ægypto.* Ceni ipse est Jethro cognatus Moysi, de cujus genere erant Cinæi qui descenderant ad Amalec, et habitabant cum eo, qui utique consanguineus eorum erat: et hæreditatem in ejus terra habebat. Misericordiam vero Ceni cum filiis Israel fecisse dicitur, sive quia Moysen fovit in terra Madian, sive quia consilium dedit Moysi qualiter multitudinem populi gubernaret.

(Vers. 12.) *Nuntiatum est autem Samueli eo quod venisset Saul in Carmelum, et erexisset ibi ª fornicem triumphalem.* Quando victoria potiebantur, faciebant arcum de myrtetis et palmis et olivis, ob signum victoriæ.

(Vers. 21.) *Tulit autem populus oves et boves, primitias eorum quæ cæsa sunt.* Primitiæ hic ea quæ potiora et meliora erant, intelligendæ sunt.

(Vers. 29.) *Porro triumphator in Israel non parcet, et pœnitudine non flectetur: neque enim homo est, ut agat pœnitentiam.* In Hebræo legitur, *porro triumphator Israel non mentietur.* Triumphator iste Deus est. Non mentietur, quia ea quæ promittit sibi famulantibus, largitur. Pœnitudine non flectetur, quia non pœnitet eum de bonis quæ largitus est.

(Vers. 30.) *Sed nunc honora me coram senioribus populi mei, et coram Israel.* Honora me sicut regem, ut ego præcedam sicut rex, et tu subsequaris, *ut adorem Dominum Deum tuum.* Senes autem populi sui, suam tribum: et coram Israel, cæteras tribus Israel dicit.

(Cap. XVI. — Vers. 18.) *Et respondens unus de pueris, ait: Ecce vidi filium Isai Bethlehemitem,* et cætera. Puer iste Doech Idumæus fuisse perhibetur, inimicus David: et omnia quæ de David in laudem dixisse videtur, in odium ejus dixisse dicitur: quia volebat inimicitiæ causa et invidiæ livore ut ad Saul veniret, quatenus ibi qualibet occasione necaretur.

(Vers. 13.) *Et directus est spiritus Domini in David a die illa et in reliquum.* Ideo directus in eum Spiritus Domini dicitur, eo quod tunc Psalmos canere cœperit.

(Cap. XVII. — Vers. 4.) *Et egressus est vir spurius de castris Philistinorum nomine Goliath.* Spurius dicitur, quia a patre gigante, matre vero Gethæa natus erat.

(Vers. 12.) *David autem erat filius viri Ephratæi de Bethlehem Juda, cui nomen erat Isai, qui habebat octo filios.* Quæritur cur hic octo filios habere dicatur, cum in Paralipomenon non amplius quam septem legantur. Quod ita solvitur. Nathan, Prophetam filium Sammaa filii sui, quem in loco filii educaverat et nutrierat, inter filios annumerat: Nam et coram Samuele septem ejus filii leguntur adducti fuisse, et octavus esse in pascuis (*Vers.* 10). Inter quos Nathan adductum fuisse manifestum est, qui et Jonathan vocatur. De quo in extrema parte Samuelis dicitur: *Percussit autem eum Jonathan filius Sammaa fratris David* (II *Reg.* xxi, 21). Et notandum, quod ubicumque Propheta vocatur, Nathan scribitur, non Jonathan.

(Vers. 18.) *Et fratres tuos visitabis si recte agant: et cum quibus ordinati sunt, disce.* In Hebræo ita habetur: *Et fratres tuos visitabis, si recte agant: et pignora eorum tolles.* Pignora in hoc loco Hebræi libellos repudii intelligunt. Siquidem usum illius gentis fuisse ᵇ ferunt, ut quando ibatur ab eis in pugnam, libellos repudii uxoribus suis darent: ut si contigisset virum in prælio capi, et in captivitatem duci, mulier ejus exspectatis tribus annis, si vir ejus non redisset, alium duceret virum.

ª In ms. Ambros., *et erexisset sibi fornicem,* etc.
ᵇ Mirum hominem Hebræum genere, tametsi postea velis Christianæ fidei nomen dedisse, sic tanquam ex aliorum ore de gentis suæ moribus fuisse locutum.

(Vers. 28.) *Quare venisti, et quare dereliquisti pauculas oves illas in deserto? Ego novi superbiam tuam et nequitiam cordis tui.* Nosse se dicit illius superbiam et nequitiam cordis : quia putabat eum tumore cordis elevari, eo quod Samuel unxisset illum in regem.

(Vers. 54.) *Assumens autem David caput Philistæi, attulit illud in Jerusalem : arma vero ejus posuit in tabernaculo suo.* Quod dicit attulisse David caput Philistæi in Jerusalem, anticipatio est, quod postea fecit. Arma vero ejus, id est, Philistæi, non est intelligendum quod in suo posuerit tabernaculo, sed in tabernaculo Domini, de quo tabernaculo postea hæc ab Abimelech sacerdote suscepit.

(Vers. 55.) *Dixitque Abner : Vivat anima tua, rex, si novi.* Secundum illud locutionis genus hoc dictum est, quo dictum est illud : *Benedixit Naboth Deo et regi* (III Reg. xxi, 13); ac si diceret, non vivat anima tua, rex, si novi. Aliter, videam mortem tuam, si novi.

(Cap. XVIII. — Vers. 10.) *Post diem autem alterum invasit Spiritus Dei malus Saul, et prophetabat in medio domus suæ.* More arreptitiorum prophetabat : et prophetasse suum in hoc loco, non est aliud intelligendum, nisi aliena retulisse.

(Vers. 13.) *Et egrediebatur David, et ingrediebatur in conspectu populi.* Quando egrediebantur in pugnam, ipse primus more regio egrediebatur in conspectu eorum, et regrediebatur.

(Vers. 21.) *Dixitque Saul : Dabo eam illi, ut fiat illi in scandalum, ut sit super eum manus Philistinorum.* His duobus periculis Saul David putavit interimi posse, scilicet aut insidiis filiæ suæ, a qua se videbat multum amari, aut causa præputiorum Philistinorum, propter quæ adipiscenda, Philistæos erat bello aggressurus. *Dixit ergo Saul ad David : In duabus rebus gener meus eris hodie.* In duabus rebus generum eum sibi futurum dicit : quia jam ei attulerat præputia Philistinorum pro Merob, quam Saul dedit Adrieli Moholathitæ, et postea pro Michol ducenta. Et quamvis non aperte dicatur pro Merob Saul præputia Philistinorum David dedisse : tamen qui præcedentia et subsequentia perlegerit, et perscrutatus fuerit, inveniet eum bis Sauli præputia Philistinorum dedisse. Potest etiam et aliter intelligi. In duabus rebus gener meus eris hodie, quia ego quæsivi a te centum præputia Philistinorum, et tu obtulisti ducenta.

(Cap. XIX. — Vers. 3.) *Ego autem egrediens stabo juxta patrem meum in agro ubi tu fueris, et ego loquar de te ad patrem meum, et quodcumque videro, nuntiabo tibi.* Descensurum namque Saulem in eumdem agrum Jonathan, David dixerat, et ut in eodem agro David absconderetur, collocutum inter eos fuerat. In quem agrum crebro Saul consiliandi gratia convenire solebat, ubi etiam constitutum fuerat, ut occideretur David, quod et Jonathan indicaverat David.

(Vers. 24.) *Et exspoliavit se etiam Saul vestimentis suis, et prophetavit coram Samuele.* Quæstio magna hic oritur, cum in præcedentibus legatur : *Et non vidit Samuel Saulem usque in diem mortis suæ :* [a] et hic prophetasse coram Samuele dicatur. Quam quæstionem Hebræi his duobus modis solvunt. Aut non vidit eum, quia quando junctus est Saul cuneo Prophetarum, abscondit se Samuel, ne videretur ab eo. Aut non vidit eum indutum habitu regio, quo indutus erat quando dictum est : *Non vidit eum usque in diem mortis suæ*, subauditur indutum habitu regio. Exspoliasse vero se non omnibus vestimentis, sed regalibus tantum, intelligendum est.

(Cap. XX. — Vers. 1, 2.) *Et sit Dominus tecum; sicut fuit cum patre meo. Et si vixero, facias mihi misericordiam Domini. Sit Dominus tecum sicut fuit cum patre meo*, id est, sublime faciat regnum tuum, sicut sublime fecit patris mei regnum. *Et si vixero, facias mihi misericordiam Domini*, ut scilicet sim secundum in regno tuo : *et si mortuus fuero, non auferes misericordiam tuam a domo mea usque in sempiternum.*

(Cap. XXI. — Vers. 1.) *Venit autem David in Nobe ad Ahimelech sacerdotem.* Ahimelec ipse est Aja filius Ahitob, filii Phinees, filii Heli.

(Vers. 5.) *Et fuerunt vasa puerorum sancta.* Ahimelech interrogat utrum David et pueri sui, quos in illum, et in illum locum conduxisse se dixerat, mundi essent. David vero ænigmatice pluraliter de seipso respondit, dicens : *Et fuerunt vasa puerorum sancta*, a concubitu conjugali. Quod vero ait, *porro via hæc polluta est*, et in Hebræo legitur, *porro via hæc laica est*, sic est intelligendum : via hæc laica est, ac si diceret : in lege præceptum est, ut extraneus non comedat ex eis : et tu interrogas utrum mundi sint pueri, qui etiam, si mundi essent, nequaquam eis vesci deberent. Idcirco via hæc est laica, quia tu laicaliter interrogas. Quod vero sequitur : *Sed et ipsa hodie sanctificabitur in vasis* [b] : ipsa utique in vasis, id est, in mente sua sanctificari dicitur : quia nisi necessitate corporis et periculo vitæ urgente, nequaquam vesceretur eis; non tamen aperte eosdem legitur David panes comedisse. Tradunt Hebræi nequaquam David eos comedisse panes : sed aliter tamen [c] [1] *Dominus in Evangelio* (Matth. xii, 4).

(Vers. 7.) *Erat autem ibi quidam vir de servis Saul in die illa intus in tabernaculo, et nomen ejus Doech* [Al. *Doeg*] *Idumæus.* In Hebræo dicitur, *obligatus in*

---

[1] Dominum Jesum et Evangelium ejus opposuit Traditioni Hebræorum auctor hujusce operis, quare facile creditu videtur, ipsum in Christum credidisse, ut jam alibi a nobis observatum est.

[a] Rectius penes Rabanum, *quomodo hic prophetasse.*
[b] Addit ms. Ambros. *meis*, quod subsequenti versiculo jungit.

[c] Rabanus hunc locum, ex quo Christianæ religioni nomen dedisse Hebræum operis auctorem argumentari iterum licet, penitus non agnoscit.

conspectu Domini. Obligatus idem Doech Idumæus erat voto, quo se obligaverat aliquot diebus in tabernaculo Domini immoraturum, et orationi vacaturum.

(Cap. XXII. — Vers. 5.) *Dixitque Gad Propheta ad David: Noli manere in præsidio. Proficiscere et vade in terram Juda.* Miro modo hic introducitur Gad Propheta, cum in præcedentibus ejus nulla facta fuerit mentio. Sic itaque hic introducitur, sicut Elias Propheta in loco ubi dicitur : *Et dixit Elias Thesbites de habitatoribus Galaad* (III *Reg*. XVII, 1). Ex ore itaque Domini Gad propheta David dixit, ut non moraretur inter gentes et in terra polluta, sed in terram Juda rediret, et ibi juxta voluntatem Domini persecutionem inimicorum ferret.

(Vers. 18.) *Et trucidavit Doech Idumæus in die illa octoginta quinque viros vestitos ephod lineo.* In Hebræo habetur: *portantes ephod lineum.* Aiunt Hebræi, non omnes ephod lineum portasse, sed tales eos fuisse, qui utique digni et idonei essent ad portandum ephod.

(Cap. XXIII.—Vers. 11.) *Si tradent me viri Ceilæ in manus ejus, et si descendet Saul sicut audivit servus tuus, Domine Deus Israel, indica servo tuo. Et ait Dominus, descendet.* Ac si diceret : si hic steteris, descendet. Et quod ait : *Si tradent me viri Ceilæ : et Dominus ait : tradent :* iste est sensus : Si descenderit Saul, et hic te invenerit, tradent. Porro eo tempore, quo fugerat Abiathar filius Ahimelech ad David in Ceila, ephod secum habens descenderat : ephod illud erat, quod Moyses, jubente Domino, fecerat : in quo erat *doctrina et veritas*, in quo etiam consuluit[a] sacerdos Dominum.

(Vers. 18.) *Percussit igitur uterque, Jonathan scilicet et David fædus coram Domino.* Coram Domino, id est, coram Gad Propheta, et Abiathar Sacerdote, qui portabat ephod.

(Vers. 25.) *Ivit igitur Saul et socii ejus ad quærendum. Et nuntiatum est David, statimque descendit ad petram, et versabatur in deserto Maon.* Descendisse ad petram dicitur, id est, ad tutissimum locum, in quo ea, quæ sibi oneri et gravia erant, reposuit. Et ipse versabatur in deserto Maon, quo sibi suffugium patebat.

(Cap. XXV.—Vers. 2.) *Erat autem vir quispiam in solitudine Maon.* Hebræus hoc in loco non habet, *in solitudine.* In Maon enim civitate habitabat, non in solitudine.

(Vers. 21.) *Vere frustra servavi omnia, quæ hujus erant, et non periit quicquam de cunctis, quæ ad eum pertinebant, et reddidit mihi malum pro bono.* Tunc quippe ei reddidit malum pro bono, quando blasphemavit eum convicianda, et dixit : *Quis est David, et quis est filius Isai? Hodie increverunt servi, qui fugerunt dominos suos* (*Vers.* 10).

(Vers. 26.) *Et nunc fiant sicut Nabal inimici tui;*

[a] Idem David supponit, pro Sacerdos.
[b] Ambros. ms., idem pro id est.
[c] Legerat præterea Rabanus, dummodo de suo

et qui quærunt Domino meo malum. Fiant, inquit, *sicut Nabal, ut pereant sicut Nabal in stultitia sua*.

(Vers. 30.) *Cum ergo fecerit Dominus tibi Domino meo omnia quæ locutus est bona de te, et constituerit te ducem Israel, non erit tibi hoc in singultum.* Non erit, inquit, tibi hoc in singultum : ut modo effundas sanguinem Nabal, et propter hoc flendum tibi sit et pœnitendum.

(Vers. 44.) *Saul autem dedit filiam suam Michol uxorem David, Phalti filio Lais, qui erat de Gallim.* Ut Hebræi tradunt, non cognovit[b] eam; id est, Phalti : quoniam si cognovisset eam, numquam David sibi eam postea sociasset, quia in lege penitus hujusmodi prohibetur coitus. Idem namque Phalti de Gallim, id est, de inundatione erat. Inundatio, hoc est, Gallim, lex intelligitur. Legis enim doctor erat de Bahurim, id est, de electis. Quando autem a Saule Michol ei datur, *Phalti*, id est, *evadens*, interpretatur. Quando vero ab eo eadem Michol aufertur, *Phaltiel* id est, *evadens a Deo* interpretatur. Evadens a Deo dicitur, quia custodivit eum, ne tangeret eam, ne fieret transgressor legis.

Secutusque est eam vir suus plorans usque ad Bahurim (II *Reg*. III, 16). Plorasse dicitur præ gaudio, eo quod Dominus eum custodisset, ne eam tangeret.

(Cap. XXVI. — Vers. 6.) *Ait autem David ad Ahimelech Ethæum et Abisai filium Sarviæ fratrem Joab, dicens : Quis descendet mecum?* Ahimelech ipse est Urias. Urias ergo interpretatur, *lux mea Deus*. Ahimelech interpretatur, *frater meus rex*.

(Cap. XXVII. — Vers. 8.) *Et ascendit David, et viri ejus, et agebant prædas de Gessuri, et de Getri, et de Amalecitis. Hi enim pagi habitabantur in terra antiquitus. Hi pagi non erant sub potestate Achis.* Habitati in terra antiquitus dicuntur, quia quieti et securi habitati fuerant, et nullius hostis deprædationes perpessi.

(Cap. XXVIII. — Vers. 3.) *Samuel autem mortuus est, flevitque eum omnis Israel. Et sepelierunt eum in Rama urbe sua.* Supra (*Ad cap.* XXV, 1) namque dicitur sepultus fuisse in domo sua in Rama. In domo sua, in familia videlicet et cognatione sua. Quæritur namque, cum superius jam mortuus legatur, cur hic repetatur mortuus. Mortuus hic, ut Hebræi volunt, resuscitationis suæ causa repetitur[c].

(Vers. 6.) *Consuluitque Dominum : et non respondit ei, neque per somnia, neque per sacerdotes.* Hebræus, neque per doctrinam, neque per Prophetas. Respondebat Dominus per somnia, sicut iidem Hebræi asserunt, eo quod orando et jejunando poscebant oraculum sibi fieri divinum, et Deus illis per somnia revelabat ea, quæ futura erant, quod in hoc loco minime Saul fecisse legitur. Per doctrinam, per ephod scilicet, quod Sacerdos in pectore portabat.

non suffecerit : *et repetitur, ut damnatio Saulis, qui in peccatis mortuus erat, et relicto Deo, contra legem Pythonem consulebat, justa esse manifestaretur.*

Neque per *Prophetas*, quia illis consulentibus, Dominus nequaquam respondebat. Hi Prophetae dicuntur fuisse discipuli Samuelis, quibus prophetantibus junxit se Saul, et prophetavit.

(Vers. 7.) *Quaerite mihi mulierem habentem Pythonem, et vadam ad eam, et suscitabor per illam.* Nullo accepto divinitus Saul responso, convertitur ad Pythones. Quamvis ergo Saul legatur erasisse magos et hariolos de terra : hanc tamen mulierem Hebraei matrem fuisse Abner filii Ner autumant, et propter eumdem Abner, ne perimeretur cum caeteris Pythonissis, absconsam et reservatam fuisse.

(Cap. XXX. — Vers. 24.) *Nec audiet vos quisquam de sermone hoc. Aequa enim pars erit descendentis ad praelium, et remanentis ad sarcinas.* Cum in Latinis codicibus legatur, *lassos quosdam substitisse ad sarcinas* : et in Hebraeo habeatur, [1] *justos fuisse, ut residerent ad sarcinas* : locus hic monstrat, Hebraicam veritatem in hoc loco sequi debere, quae non *lassos*, sed *jussos* remansisse ad sarcinas, dicit fuisse. Ait enim ita : *Aequa pars erit descendentis ad praelium, et remanentis ad sarcinas.* Non ait, qui lassi remanserunt ad sarcinas ; sed absolute, *remanentis ad sar-*

cinas ; quia si lassi remansissent, nulla eis deberetur de praedis portio.

(Cap. XXXI. — Vers. 5.) *Quod cum vidisset armiger ejus, videlicet quod mortuus esset Saul, irruit etiam ipse super gladium suum, et mortuus est cum eo.* Armigerum istum Hebraei Doech Idumaeum dicunt fuisse, qui cernens Saul mortuum, seipsum ob metum David interemit.

(Vers. 6) *Mortuus est ergo Saul, et tres filii ejus, et armiger illius, et universi viri ejus.* Viri isti, pueri domestici ejus intelligendi sunt. Hi tres filii Saul cum eo interfecti sunt, Jonathan, Abinadab, qui et Jesui, et Melchisua. Isboseth autem domi erat, qui anno, quo Saul rex constitutus est, natus fuisse dicitur, qui etiam quadraginta annorum fuis se legitur, cum regnare coepisset : unde colligitur Saul quadraginta annos regnasse. Quaerendum cur alibi legitur Jesui, et alibi Abinadab ? Jesui enim interpretatur *aequalis.* Aequalis ideo dicitur, quia aequalis meriti fuisse filii [*Al.* filius] cum patre memorantur [*Al.* memoratur]. Abinadab interpretatur, *pater meus sponte.* Sponte etenim sua pater ejus Saul male agendo acquisivit, ut taliter una cum filiis perimeretur [a].

---

[1] Hunc locum abunde confutavi in annotationibus meis Divinae Bibliothecae S. Hieronymi, ostendens Latinam versionem, *qui lassi substiterant*, optimam esse et fonti Hebraeo יָגֵעַ *piggeru*, plane consentientem. Consulat qui voluerit observationes nostras.

[a] In Ambros. ms., *Expliciunt Quaestiones Hebraicae de libris Malachim.*

---

[a] IN LIBRUM II REGUM.

(Cap. I. — Vers. 2.) *In* [1] *die autem tertia apparuit homo veniens de castris Saul, et reliqua.* Hominem istum Amalecitem Hebraei filium Doech fuisse dicunt. Amalecites enim et Idumaeus unum est, quia filius primogenitus Esau Eliphaz fuit, et hujus filius Amalec. Diadema autem et armillam, quae David detulit, a patre Doech commendata sibi fuisse Hebraei perhibent.

(Vers. 12.) *Et planxerunt, et fleverunt, et jejunaverunt usque ad vesperam super Saul et super Jonathan filium ejus, et super populum Domini, et super domum Israel.* Populum Domini, sacerdotes, et domum Israel generaliter omnem populum Israel dicit.

(Vers. 18.) *Et dixit, ut doceret filios Juda arcum : Ecce scriptum est in libro Justorum.* Et dixit, subauditur David, ut doceret, subauditur Deus, filios Juda arcum, reges videlicet Juda doceret fortitudinem, scilicet ut fortes et intenti essent in timore Domini, et in praeceptis Dei, ne per inobedientiam reges Juda

a fortitudine et timore Domini, sicut Saul, recederent et eo modo, quo ipse perierat, perirent. Quod autem ait : *Ecce scriptum est in libro Justorum* : liber Justorum, liber [b] Samuelis est, ubi continentur Prophetae justi, Samuel videlicet, Gad et Mathan : in quorum libro scriptum esse perhibetur, qualiter Saul recedens a timore Domini, per inobedientiam suam periit.

(Vers. 19.) *Inclyti tui Israel super montes tuos interfecti sunt.* In Hebraeo habetur, *super excelsa tua.* Et est sensus : O Saul, gloriosi Israel super excelsa tua interfecti sunt, quia in peccato inobedientiae tuae una tecum perierunt. Inobedientia namque tua pro idolis, id est, excelsis reputata est, sicut est illud in libro Samuelis : *Melior est enim obedientia, quam victima* : *et auscultare magis, quam offerre adipem arietum* : *quoniam quasi peccatum hariolandi est repugnare, et quasi scelus idololatriae nolle acquiescere* (I Reg. xv, 22, 23).

(Vers. 24.) *Filiae Israel super Saul flete, qui vestiebat*

---

[1] In omnibus fere codicibus manuscriptis haec conjunctim leguntur, et nulla exstat Quaestionum Hebraicarum divisio in primum et secundum librum Regum : attamen unus est Colbertinus num. 2852,

qui hac divisione utitur post vocem *perimeretur*, EXPLICIT DE LIBRO REGUM. ITEM JERONYMUS DE LIBRO SECUNDO REGUM CAPITULUM I. Quae omnia miniatis litteris descripta sunt.

[a] Hanc meus ms. inscriptionem supplet.

[b] Verus Hieronymus in Isaiam cap. XLIV initio, et in Ezechiel. cap. VIII, hunc librum, quem *Recti* appellat, non Samueli tribuit, sed ipsum Geneseos librum esse putat, ipsorum secutus Hebraeorum sententiam.

coccino in deliciis, qui præbebat ornamenta aurea cultui vestro. Vestiebat eas coccino, et præbebat ornamenta aurea cultui earum de prædis hostium quas agebat.

(Vers. 25.) *Quomodo ceciderunt fortes in prælio ?* subauditur, in peccato tuo. *Jonathan in excelsis tuis occisus est.* In Hebræo non habetur, *est*. Est enim sensus : O Saul, Jonathan in excelsis tuis, id est, in peccato inobedientiæ tuæ occisus, subauditur *est*.

(Cap. II. — Vers. 6.) *Et nunc retribuet quidem vobis Dominus misericordiam et veritatem.* Misericordiam, in præsenti sæculo, veritatem, in futuro ; quia misericordia, quæ in præsenti sæculo tribuitur, ad comparationem æternæ misericordiæ mendacium est.

(Vers. 8.) *Abner autem filius Ner princeps exercitus Saul, tulit Isboseth filium Saul, et circumduxit eum per castra.* In Hebræo habetur, *transduxit eum in Manaim, quæ interpretantur castra*. Transduxit eum, intelligendum est ultra Jordanem, et in Manaim regem eum constituisse.

Super Galaad et super Jessuri. Hebræus, *Assuri*, id est, super tribum Aser.

(Vers. 26.) *Et clamavit Abner ad Joab, et ait : Num usque ad internecionem tuus mucro desæviet ?* Hebræus non habet, *tuus*. *An ignoras, quod periculosa sit desperatio ?* In Hebræo ita habetur : *An ignoras, quod amarus erit finis*. Et est sensus : Numquid ignoras, quod ad amaritudinem tibi proveniet, eo quod populum hunc delere niteris.

(Cap. III. — Vers. 5.) *Sextus quoque Jethraam de Egla uxore David.* Quæritur cur aliæ uxores David supra notatæ sint, et non dicantur uxores David : et hic sola Egla uxor dicatur David ? Egla enim ipsa est Michol, quæ ideo uxor ejus hic sola vocatur, eo quod in adolescentia primum ipsam sortitus fuerit in uxorem, quæ etiam partu occubuisse dicitur. Egla itaque interpretatur *vitula*.

(Vers. 8.) *Numquid caput canis ego sum adversus Judam?* Ac si diceret : Propter te et propter domum patris tui dicor caput canis esse contra Judam, eo quod non reducam domum Israel ad David, quem scio unctum esse regem, et regnaturum super universum Israel. Caput canis se dicit esse, id est, vilem, eo quod a domo Juda sic haberetur sicut latratus canis : et eo quod princeps esset canum, id est, stultorum hominum.

(Vers. 13.) *Sed unam rem peto a te, dicens : Non videbit faciem meam antequam adduxeris Michol filiam Saul, et sic venies, et videbis me.* Est enim hic defectus, et necessaria subauditio, qua respondisse fertur Abner ad David, se hanc rem penitus non posse facere, ut ei Michol reduceret, eo quod frater ejus rex eam haberet in potestate : et responso excusationis ratione pleno ab eo David accepto, misisse pro ea ad ejus fratrem Isboseth legitur, sicut sequentia declarant.

(Vers. 14.) *Misit autem David nuntios ad Isboseth filium Saul, dicens : Redde uxorem meam Michol, quam despondi mihi centum præputiis Philistiim.*

(Vers. 33.) *Plangensque rex Abner, ait : Nequaquam, ut mori solent ignavi, mortuus es, Abner :* hoc est, non peristi in stultitia tua, sicut ignavi perire solent : quia fraude deceptus es.

(Vers. 34.) *Manus tuæ non sunt ligatæ, et pedes tui non sunt compedibus aggravati.* Non es jure belli captus, et manus tuæ non sunt ligatæ, et pedes compedibus aggravati, sicut eorum manus solent ligari, et pedes vinciri, qui in prælio capi solent. Dolo igitur, non viribus, peremptus es.

(Cap. IV. — Vers. 2.) *Duo autem viri, principes latronum erant filio Saul : nomen uni Baana, et nomen alteri Rechab, filii Remmon Berothitæ, de filiis Benjamin.* Duo viri isti principes erant super expeditiones Isboseth. Mortuo vero Abner, ut Hebræi tradunt, conciliati sunt cum Mifiboseth, ut una interficerent Isboseth, et eumdem Mifiboseth constituerunt regem : et ejusdem consilii delatorem Mifiboseth exstitisse. Et idcirco hic idem Mifiboseth subintroducitur hoc modo.

(Vers. 4.) *Erat autem Jonathæ filio Saul filius debilis pedibus : quinquennis enim fuit quando venit nuntius de Saul, et Jonathan ex Jezrael*, et cætera sequentia. Videntes vero Baana et Rechab a Mifiboseth suum proditum esse consilium, timore perterriti, fuga lapsi sunt in Gethaim : fueruntque ibi advenæ usque ad tempus illud. Tempus illud intelligendum est, quando inde reversi domum Isboseth fervente die ingressi sunt, assumentes spicas tritici, et percutientes eum in inguine. Spicas tritici quasi causa primitiarum tulerunt, ut honorem regi deferre viderentur, et eorum dolus nequaquam deprehenderetur.

(Cap. V. — Vers. 4.) *Filius triginta annorum erat David cum regnare cœpisset : et quadraginta annis regnavit. In Hebron regnavit super Judam septem annis et sex mensibus. In Jerusalem autem regnavit triginta et tribus annis super omnem Israel et Judam.* Quæritur cur non in summa quadraginta anni et sex menses annumerentur ? Quod ab Hebræis duobus solvitur modis. Dicunt enim quia David sex mensibus Absalom filium suum fugerit, merito eosdem sex menses a summa regni illius esse exclusos. Dicunt etiam aliter, quod sex mensibus in Hebron David quadam infirmitate corporis laboraverit, et idcirco eosdem sex menses non supputari in regno ejus. Ex eo namque tempore illum regnasse dicunt in Hebron, ex quo devictis Amalecitis, de spoliis eorum misit dona senioribus Juda, his qui erant in Hebron, et his qui erant in Bethel, et reliquis qui erant in his locis in quibus commoratus fuerat David ipse et viri ejus.

(Vers. 6, 8.) *Dictumque est ad David ab eis : Non ingredieris huc, nisi abstuleris cæcos et claudos dicentes : Non ingredietur David huc.* Ac si diceret ab eis : Non ingredietur huc David, donec nos hinc auferas, quos inermes et imbecilles sicut cæcos et claudos esse arbitratur, et quos bello aggressurus, sicut cæcos et claudos se triumphaturum putat. Idcirco dicitur in Proverbio : *Cæcus et claudus non intrabunt in templum.* In Hebræo habetur : *Cæcus et claudus non intrabit domum :* hoc est, cæcus et claudus, subauditur dicunt : Non intrabit quilibet domum cæcorum et claudorum, quamdiu cæcus et claudus intus fuerint.

(Ibid.) *Proposuerat enim in die illa David præmium qui percussisset Jebusæum, et tetigisset domatum fistulas, et abstulisset claudos et cæcos odientes animam David.* In Hebræo ita habetur : *Et dixit David in die illa :* Qui percusserit Jebusæum, et tetigerit fistulam, et claudos et cæcos odientes animam David : subauditur, erit princeps et dux, sicut liber Paralipomenon declarat, hoc modo dicens, *Omnis qui percusserit Jebusæum in primis,* erit princeps et dux. Ascendit igitur primus Joab filius Sarriæ, et factus est princeps (I Par. XI, 6). Quod autem dicit : *Qui tetigerit fistulam,* ita intelligendum est : Qui tantæ fuerit audaciæ et fortitudinis, ut ad murum civitatis usque veniat, et hasta sua fistulam quæ in muro est, tangat, ipse princeps erit.

(Vers. 21.) *Et reliquerunt ibi sculptilia sua quæ tulit David et viri ejus.* Tulit ea David, et igni jussit exuri, sicut liber Paralipomenon declarat, ita dicens : *Dereliqueruntque ibi deos suos, quos David jussit exuri* (I *Paral.* XIV, 12).

(Vers. 23.) *Consuluit autem David Dominum. Qui respondit : Non ascendas, sed gyra post tergum illorum, et venies ad eos ex adverso pyrorum.* In Hebræo non *pyrorum,* sed *flentium* legitur. Ex adverso itaque flentium eum venire jubet, hoc est, ex adverso idolorum suorum, ubi scilicet idola eorum erant in quibus confidebant. Quæ idola ideirco flentium vocantur, quia fletu digna sunt, et eos qui ea colunt, ad fletum miseriarum perducunt. Flentium itaque eorum idola ob blasphemiam hic sermo divinus vocat : sicut alibi vocatur idolum Moab, contaminatio Moab.

(Vers. 24.) *Et cum audieris sonitum gradientis in cacumine flentium :* hoc est, cum audieris a potestatibus angelicis eorum idola (in quibus omnis fortitudo eorum est) conteri et conculcari, tunc inibis prælium : quia tunc egredietur Dominus ante faciem tuam, ut percutiat castra Philistiim. In eorum namque idolis Dominus judicia fecit, sicut et in diis Ægyptiorum.

(Cap. VI. — Vers. 8.) *Contristatus est autem David, eo quod percussisset Dominus Ozam.* Hebræus : eo quod *divisisset.* Divisisse illum Dominus dicitur, quia locus ubi erat Ozam, vacuus apparuit. Et noluit David ad se divertere arcam Domini in civitatem David; sed divertit eam in domum Obed Edom Gethæi, qui Gethæus ideo vocatur, eo quod in Geth pater ejus habitaverit.

(Vers. 11.) *Et benedixit Dominus Obed-Edom, et omnem domum ejus.* Benedixisse domum ejus Dominum, Hebræi dicunt, eo quod omnes uxores ejus et concubinæ, et nurus, et ancillæ, masculos pepererint filios, necnon et feminæ quadrupedes geminos ei ed'derint fœtus. De quo ita in libro Parali-

pomenon scribitur : *Mansit ergo arca Dei in domo Obed-Edom tribus mensibus, et benedixit Dominus domui ejus et omnibus quæ habebat* (I *Paral.* XIII, 14). Et alibi in eodem libro Paralipomenon dicitur : *Filii autem Obed-Edom, Semeias primogenitus, Jezabat secundus, Johaa tertius, Sachar quartus, Nathanael quintus, Aniel sextus, Issachar septimus, Pallathi octavus, quia benedixit illi Deus* (I *Paral.* XXVI, 4).

(Vers. 23.) *Igitur Michol filiæ Saul non est natus filius usque ad diem mortis suæ.* Michol ipsa est Egla : hæc genuit David Jethraam, cujus partu occubuit.

(Cap. VII. — Vers. 3.) *Dixitque Nathan ad regem: Omne quod est in corde tuo, vade et fac : quia Dominus tecum est.* Hoc enim Nathan ex se, non ex sermone Domini dixit ad David. Illud vero quod sequitur, ex sermone Domini dixit : *Hæc dicit Dominus : Numquid tu ædificabis mihi domum ad habitandum?* Ac si diceret : Non poteris mihi domum ædificare, quia vir sanguinum es, et multum sanguinem effudisti.

(Vers. 6.) *Neque enim habitavi in domo ex die qua eduxi filios Israel de terra Ægypti usque ad diem hanc : sed ambulabam in tabernaculo, et in tentorio.* Ambulasse se Dominus dicit in tabernaculo et in tentorio : quia nec Moyses, nec Josue potuerunt ei ædificare domum, eo quod viri fuerint sanguinum, sicut et David.

(Vers. 7.) *Per cuncta loca quæ transivi cum omnibus filiis Israel, numquid loquens locutus sum ad unam de tribubus Israel, cui præcepi ut pasceret populum meum Israel, dicens : Quare non ædificasti mihi domum cedrinam?* Hæc loca per quæ se transisse Dominus dicit, intelligenda sunt Silo et Galgala et Nobe, et cætera loca, ubi tabernaculum et arca Domini collocata fuit. Numquid loquens locutus sum alicui judici de tribubus Israel, cui præcepi ut pasceret populum meum Israel : Quare non ædificasti mihi domum cedrinam? Idcirco a nullo Judicum sibi ædificari domum cedrinam jussit, quia ab omnibus contra hostes pugnatum fuit, et omnes effusores fuerunt sanguinum. Filius autem tuus, cui non instabunt bella hostium, et qui non erit vir sanguinum, ipse ædificabit mihi domum.

(Vers. 8.) *Et nunc hæc dices servo meo David : Hæc dicit Dominus exercituum : Ego tuli te de pascuis sequentem gregem. Et post pauca : Fecique tibi nomen grande juxta nomen magnorum qui sunt in terra.* Feci, inquit Dominus, tibi nomen grande, sicut feci Abraham Isaac, et Jacob, et Moysi et Josue : quorum nomina sunt famosissima in terra.

(Vers. 10.) *Et ponam locum populo meo Israel, et plantabo eum, et habitabit sub eo.* Hoc in loco tempus Salomonis sermo describit divinus, quo filii Israel pacem essent habituri per circuitum, et non essent affligendi et opprimendi sicut tempore Judicum fuerunt oppressi et afflicti.

(Vers. 14.) *Qui si inique aliquid gesserit, arguam eum in virga virorum, et in plagis filiorum hominum.* Virgam virorum, gladium vocat inimicorum. Plagæ vero filiorum hominum sunt incommoditates corporum humanarum, quibus pro peccatis suis a Domino merito homines flagellantur.

(Vers. 19.) *Ista est enim lex Adam, Domine Deus.* Hoc est, lex hominis est, Domine Deus, ut tibi in simplicitate cordis et puritate serviat.

(Vers. 21.) *Et tu facies ei juxta misericordiam tuam, sicut mihi dignatus es facere servo tuo propter verbum tuum: et secundum cor tuum fecisti omnia magnalia hæc:* propter verbum tuum, quod promisisti Abraham, Isaac et Jacob, fecisti omnia hæc mihi servo tuo. Quod dicit, *secundum cor tuum,* intelligitur secundum misericordiam tuam.

(Vers. 22.) *Quia non est similis tui. Neque enim est Deus extra te in omnibus quæ audivimus auribus nostris.* Non est, inquit, Deus similis tui qui fecerit magnalia hæc quæ audivimus auribus nostris.

(Vers. 23.) *A facie populi tui, quem redemisti ex Ægypto, gentem et Deum ejus.* Hebræus habet, *gentibus et diis earum.* Et est sensus: A facie populi tui, quem redemisti ex Ægypto, de manu scilicet Ægyptiorum, quos in mari Rubro peremisti, et diis eorum, in quibus judicia fecisti.

(Vers. 27.) *Quia tu Domine exercituum, Deus Israel, revelasti aurem servi tui, dicens: Domum ædificabo tibi, propter hoc invenit servus tuus cor suum, ut oraret te oratione hac.* Aurem ejus Dominus per Prophetam revelaverat, se illi domum ædificaturum. Idcirco David invenisse se dicit cor suum, id est, invenit audaciam in corde suo, ut oraret eum oratione hac.

(Cap. VIII. — Vers. 15.) *Factum est autem post hæc, percussit David Philistiim, et humiliavit eos: et tulit David frenum tributi de manu Philistiim.* Frenum tributi, quinque erant civitates Philistinorum, quæ frequenter Israel sibi tributarium faciebant, quas ab eis tulit David, et humiliavit eos, fecitque sibi tributarios. Unde et in Paralipomenon legitur: *Percussit David Philistiim et humiliavit eos, et tulit Geth et filias ejus de manu eorum* (1 Par. x, 1).

(Vers. 19.) *Fecitque David sibi nomen cum reverteretur, capta Syria.* Fecisse sibi nomen dicitur, quia in valle Salinarum, cæsis decem et octo millibus, erexit sibi fornicem triumphalem. Fecit etiam sibi nomen, quia victa Syria Damasci, et Syria Soba, erexisse sibi dicitur alteram fornicem triumphalem. Et si quem movet quod in plerisque Latinorum codicibus invenitur David non *decem et octo millia* in valle Salinarum, sed *duodecim millia* cecidisse: noverit hoc [1] vitio [a] Scriptorum in eisdem codicibus inditum esse. Veraciter tamen David in eadem valle Salinarum decem et octo millia cecidit. Joab vero duodecim millia: sicut in titulo quinquagesimi octavi psalmi scribitur.

(Cap. IX. — Vers. 11.) *Dixitque Siba ad regem: Sicut jussisti, Domine mi rex, servo tuo, sic faciet servus tuus, et Miphiboseth comedet super mensam tuam.* Notandum quod in Hebræo *super mensam meam* legatur: quia in hoc loco defectus est, et necessaria subauditio. Quando enim dixit Siba: *sicut jussisti, Domine mi rex, servo tuo, sic faci t servus tuus:* subaudiendum est David dixisse, *et Miphiboseth comedet super mensam meam,* quasi unus de filiis regis.

(Cap. X. — Vers. 2.) *Dixitque David: Faciam misericordiam cum Anon filio Naas, sicut fecit pater ejus mecum misericordiam.* Quando fugit David a facie Achis regis Geth, venit ad Naas regem Ammon, qui fecit cum eo misericordiam, multa impertiens ei bona. De Naas itaque venit in speluncam Odollam, ubi venerunt ad eum pater ejus et mater et omnis domus ejus. Inde venit ad Moab, et dimisit apud eum patrem et matrem, et omnem domum suam. Quod vero dixit Achis rex Geth: *Hiccine ingredietur domum meam? Abiit inde David et fugit in speluncam Odollam.* Abiit inde, subaudiendum est, de domo Naas, et inde fugisse illum in speluncam Odollam. Si vero quæritur, cur ad eum, id est, ad Achis David redierit, ante cujus faciem fugerat: intelligendus est iste Achis filius fuisse illius Achis, a quo fugit David. Unde et in subsequentibus Achis cum quo David in prælium contra Saul descendebat, filius dicitur fuisse Maoch. Non enim a patre hoc nomen patronymicum, sed a matre sumpsit, quæ Maacha vocabatur. Et idcirco non a patre hoc sumpsit nomen, eo quod David a se abjecerit.

(Vers. 10.) *Reliquam autem partem populi tradidit Abisai fratri suo.* Notandum quod solummodo in hoc loco in Hebræo legatur *Abisa,* in cæteris vero locis *Abisai.* Abisa itaque interpretatur, *pater sacrificii:* et Abisai, *pater meus sacrificium.* Ideo autem ex nomine illius unam litteram demptam Hebræi dicunt, eo quod necis Abner conscius fuerit.

(Cap. XI — Vers. 1.) *Factum est ergo,* [*] *revertente anno, eo tempore quo solent reges ad bella procedere: misit David Joab et servos suos cum eo, et cætera.* In Hebræo ita legitur: *Eo tempore quo reges ad bella processerant, misit David Joab, et cætera.* Hos reges dicit qui processerunt contra David in pugnam, scilicet regem Roob et Istob, et Soba et Maadia, qui utique reges Syriæ fuerunt, et pugnare voluerunt conducti mercede a rege Moab contra David, a quo triumphati esse leguntur.

(Vers. 3.) *Et dixit David: Nonne ista est Bethsabee filia Eliam, uxor Uriæ Æthæi?* Eliam filius fuit Achitophel.

(Vers. 13.) *Et vocavit Uriam David, ut comederet coram se, et biberet, et inebriavit eum.* Idcirco ine-

---

[1] De variante hujusmodi lectione diximus in notis ad Bibliothecam Divinam S. Hieronymi. Consulat locum qui voluerit.

[a] Hujusmodi vitio, quod remotissimæ antiquitatis indicium est, codex quoque Veronensis peccat.

[*] Ms. Ambros. *vertente:* et paulo post sive sexto ab hoc versu *Istob* et *Maacha* prætermisso nomine *Soba.*

Porro pro *inditum* legas *inolitum,* id quod licet ex Rabano arguere, qui mendose habet *molitum.*

briasse cum dicitur, ut saltem ebrius in domum suam descenderet.

(Cap. XII. — Vers. 14.) *Verumtamen quoniam blasphemare fecisti inimicos Domini, propter verbum hoc, filius qui natus est tibi, morte morietur.* In Hebraeo ita legitur : *Verumtamen quoniam blasphemando blasphemasti inimicos Domini, propter verbum hoc etiam et filius qui natus est tibi, morte morietur.* Quod per antiphrasim dictum est : et est sensus : Salvationem tribuisti inimicis Domini, quibus insurgentibus contra populum Domini, peccato hoc tuo praepediente, non poterit eis resistere populus Domini. Insuper etiam ipsi inimici victoriosi existent propter peccatum tuum super populum Domini.

(Vers. 25.) *Et vocavit nomen ejus amabilis Domino, eo quod diligeret eum Dominus.* In Hebraeo ita legitur : *Et vocavit nomen ejus* [1] IDDIDIA, id est, *dilectus Domini propter Dominum.* Dilectus Domini propter Dominum dicitur, propter suam scilicet misericordiam gratuitam, qua eum diligere dignatus est : cum utique ejus dilectione et misericordia indignus existeret, quem constabat mamzerem esse.

(Vers. 27.) *Dimicavi adversum Rabba, et capienda est urbs aquarum.* Notandum quod in Hebraeo, quando cum adjectione nominum ponitur [b] Rabbath, sicut est Rabbath filiorum Ammon. Quando vero sine adjectione nominum, non Rabbath, sed Rabba scribitur.

(Vers. 30.) *Cumque dimicasset, cepit eam, et tulit diadema Melchom de capite ejus.* Melchom interpretatur *rex eorum.* Rex eorum vocatur idolum eorum : quod hic vocatur Melchom, cujus diadematis aurum et gemmas conflasse et purgasse dicitur David secundum legem, et fecisse sibi inde diadema, quod hic positum super caput ejus dicitur.

(Vers. 31.) *Populum quoque ejus adducens serravit, et circumegit super eos ferrata carpenta, divisitque cultris et transduxit in typo laterum.* Serravit enim eos ferratis carpentis, et divisit cultris, sicut lateres dividi solent, qui ex paleis et luto conficiuntur.

(Cap. XIII. — Vers. 37.) *Porro Absalon fugiens abiit ad Tholmai filium Amihur* [Ms. Amui] *regem Gessur.* Tholmai pater fuit Maacha matris Absalom, quam dicunt Hebraei a David in praelio captam (Deut. 21), et caesarie et unguibus praecisis, secundum legem eam uxorem sibi David sociasse : et ex ea generasse Thamar et Absalom.

(Vers. 39.) *Cessavit itaque David rex persequi Absalom.* In Hebraeo legitur : *Cessavit itaque* [c] *David rex exire post Absalom.* Voluisse idem David exire perhibetur, ut reduceret Absalom. Sed pertractans in corde suo, quod quoties eum videret, toties dolorem mortis Amnon ei ad memoriam reduceret, idcirco cessasse dicitur exire post Absalom : subauditur, ut eum ad propria revocaret. Quod vero ait : *eo quod consolatus esset super Amnon interitu:* intelligendum est, quia postquam noluit exire post Absalom, ut reduceret eum, et videretur ab eo, coepit consolari super morte Amnon. Quamdiu enim putabatur idem Absalom reduci ut videretur ab eo, semper mors Amnon filii sui animo ejus occurrebat. Sive aliter, consolatus fuisse super Amnon interitu dicitur, eo quod noverat eum flagitiosum et dignum morte meritoque perisse.

(Cap. XIV. — Vers. 1.) *Intelligens autem Joab filius Sarviae quod cor regis versum esset ad Absalom.* Cor regis versum esse ad Absalom vidisse dicitur, eo quod viderit eum idem Joab [d] pro Absalom suspirare, et ex eo intellexit quod cor ejus versum esset ad Absalom.

(Vers. 2.) *Misit Thecuam, et tulit inde mulierem sapientem.* Thecua civitas est, de qua fuit Amos Propheta. Putatur autem [e] eadem vidua avia fuisse ejusdem Amos Prophetae.

(Vers. 5 seqq.) *Quae respondit ei: Heu mulier vidua ego sum. Mortuus est enim vir meus : et ancillae tuae erant duo filii, qui rixati sunt adversus se in agro, nullusque erat qui eos prohibere posset. Et percussit alter alterum, et interfecit eum. Et ecce consurgens universa cognatio adversus ancillam tuam dicit, trade eum qui percussit fratrem suum.* In veritate autem, ut Hebraei tradunt, haec mulier vidua duos filios habuit, qui rixati sunt in agro super haereditate patris sui, et alterum ab altero interemptum. Seipsam tamen eadem vidua in persona David posuit, et duos filios suos in persona Amnon et Absalom : cognationem vero, quae consurrexit adversus filium suum, in persona caeterorum filiorum David.

(Vers. 9.) *In me, Domine mi rex, iniquitas : et in domo patris mei : rex autem, et thronus ejus sit innocens.* Ac si diceret, pro eo quod alter filius meus consurrexit adversus alterum, in me sit iniquitas, si tamen aliqua esse debet. In te autem, o rex David, nulla sit iniquitas : quia absque culpa es, eo quod Absalom Amnon dignum morte interfecit. Et sicut ego absque culpa sum pro [f] eo quod duo filii mei consurrexerunt adversum se, et interfectus est alter ab altero : ita et tu absque culpa es, pro eo quod Absalom et Amnon dignum morte interfecit.

(Vers. 11.) *Quae ait : Recordetur rex Domini Dei sui, ut non multiplicentur proximi sanguinis ad ulciscendum, et nequaquam interficient filium meum.* Recordatio haec pro juramento posita est. Ac si diceret : Recordetur rex promissionis suae, immo juramenti sui, quo mihi per Dominum Deum suum polli-

---

[1] Ita legunt codices mss.; editi vero *Jedidia.* Quid sit *Mamzer* vide Deuter. XXIII, 2.

[a] In meo ms. ut et Ambros., *Ididiam* : Raban., *Ididam.*
[b] Raban., *tunc Rabbat scribitur.*
[c] Ipsum *David* nomen in meo ms. et penes Rabanum in Hebraeo non haberi dicitur : falso tamen.
[d] Martian.. *per Absalom.*
[e] Apud Rab..n.. *Putatur autem ab Hebraeis vidua*, etc.
[f] Pro his legit Raban., *in eo quod illi duo fratres inter se conflixerunt.*

citus est, ut non multiplicentur proximi sanguinis ad ulciscendum.

(Vers. 13.) *Dixitque mulier : Quare cogitasti istiusmodi rem contra populum Dei? Et locutus est rex verbum istud ut peccet et non reducat ejectum suum?* Ex hoc loco demonstratur illud, quod paulo superius dictum est : *Cessavit rex David ire post Absalom*, id est, cessavit ut non exiretur ab aliquo et reduceretur Absalom. Inde ait mulier : *Et locutus est rex verbum istud ut peccet, et non reducat ejectum suum.* Quod vero ait : *Quare cogitasti istiusmodi rem contra populum Dei?* Populum Dei, vocat eumdem Absalom, sive eos qui cum illo ierant [Al. erant], qui quasi captivi et ejecti erant, eo quod non reducerentur ad hæreditatem Dei : ne forte coacti, diis alienis in terra aliena servirent.

(Vers. 14.) *Nec vult perire Deus animam, sed retractat cogitans, ne pereat penitus qui abjectus est.* Ac si diceret : Deus peccatores qui a diabolo captivi detinentur, ut ad se convertantur, vocat : et tu qui eum imitari debes, cur non ᵃ eo modo agis?

(Vers. 26.) *Et quando tondebatur capillus, semel autem in anno tondebatur.* In Hebræo ita legitur : *Et quando tondebatur caput ejus. Statuto autem tempore tondebatur : quia gravabat eum cæsaries. Ponderabat capillos capitis sui ducentis siclis pondere publico.* Non enim *semel in anno*, ut Latini codices habent, tondebatur caput ejus : sed statuto tempore, id est, de triginta in triginta diebus.

(Cap. XV. — Vers. 7.) *Post quadraginta autem annos dixit Absalom ad regem : Vadam et reddam vota mea, quæ vovi Domino in Hebron.* Quadragesimus agebatur annus ex eo tempore quo Saul Nobe civitatem cum sacerdotibus octoginta quinque propter David interemit. Et idcirco hic idem quadragesimus annus ponitur, ut monstretur divinam ultionem suscitari super David, eo quod ᵇ Ahimelech sacerdotem fefellerit, et propter eum tot sacerdotum cædes facta fuerit. Cave, lector, plerosque mendosos [1] codices, in quibus scriptum invenitur, *post quatuor*, non *post quadraginta annos.* In veracioribus vero codicibus ; et in Hebraica veritate non quatuor, sed quadraginta scribuntur anni. Si vero contentiosus quis, eosdem quatuor annos astruere voluerit ab eo tempore quo Absalom Amnon fratrem suum interfecit, usque ad illud tempus quo patri dixit : *Vadam, et reddam vota mea, quæ vovi Domino in Hebron :* perspicue se errare, si diligenter perscrutatus fuerit, inveniet : cum utique Absalom, interfecto Amnon, in Gessur apud Tholmai regem tribus annis, et in Jerusalem inde revocatus, non viso patre, duobus moratus fuerit annis, et sexto anno faciem patris viderit, et contra eum perduellionem præparaverit. Votum namque

A se vovisse mentiendo dixit, id est, orationem facturum in loco quo requiescunt Abraham, Isaac et Jacob.

(Vers. 24.) *Et deposuerunt arcam Dei. Et ascendit Abiathar, donec expletus esset omnis populus qui egressus fuerat de civitate.* Ideo arcam Dei deposuisse dicuntur, ut Dominus ab Abiathar sacerdote consuleretur, quo versus David ire deberet. Ascendisse autem Abiathar dicitur, id est, orasse. Et quia oraculo divino non ei responsum est, idcirco in subsequentibus dicit David, ut reportaretur arca Dei in urbem.

(Cap. XVI. — Vers. 10.) *Quid mihi et vobis, filii Sarviæ? Dimittite ut maledicat.* Hebræus non habet, *ut maledicat*, sed tantum, *maledicat* [Ms. *maledic*].
B Abisai solus dixerat : *Vado, et amputabo caput ejus :* et David ad Abisai, et Joab respondit dicens : *Quid mihi et vobis, filii Sarviæ?* Ac si diceret : Numquid vultis interficere istum, sicut interfecistis Abner? *Dominus enim præcepit ei ut malediceret David. Et quis est qui dicat, quare sic fecerit :* subauditur, quare sic fecerit non Dominus, ᶜ sed Semei. Semei qui maledicebat David, ipse est Nabat pater Jeroboam, qui filius Gemini dicitur : et in zelo domus Saul maledixit David. Nomen vero avi ejus Gemini fuit, et ipse Semei ex tribu Ephraim filii Joseph exstitit. Unde et idem Semei ad David dicit : *Primus quoque veni hodie de omni tribu Joseph.*

(Vers. 17.) *Ad quem Absalom. Hæc est*, inquit, *gratia ad amicum tuum?* In Hebræo legitur : *Hæc est*, inquit, *misericordia tua ad amicum tuum?* Quod C non affirmando, sed negando pronuntiandum est. Et est sensus : Misericordia est, aut dici debet, quod David amicum tuum dimisisti et cum eo non isti?

(Cap. XVII. — Vers. 2.) *Cumque fugerit omnis populus qui cum eo est, percutiam regem desolatum, et reducam universum populum, quomodo omnes reverti solent.* Scilicet sicut reverti solent qui amisso in prælio rege revertuntur, sic universus populus Israel revertetur ad te.

(Vers. 19.) *Et cum ceciderit unus quilibet in principio, audiet quæcumque audierit, et dicet : Facta est plaga in populo, qui sequebatur Absalom ; et fortissimus quisque, cujus cor est quasi leonis, pavore solvetur.*
D In Hebræo ita habetur : *Et fortissimus ipse, cujus cor est quasi leonis, pavore solvetur?* Quod non affirmando, sed negando pronuntiandum est. Fortissimus iste David intelligendus est : quod et sequentia declarant.

(Vers. 20.) *Scit enim omnis Israel fortem esse patrem tuum, et robustos omnes qui cum eo sunt. Abiit ancilla, et nuntiavit eis. Et illi profecti sunt.* Hæc an-

---

[1] Hos errores abunde confutavimus in Notis ad Divinam Bibliothecam.

ᵃ Al. cum Ambros. ms., *cur non eo magis?*
ᵇ Ex veteri lectione, meus ms. et Raban., *Abimelech.*

ᶜ Addit Raban. *ut Hebræi dicunt.* Infra quarto ab hoc versu pro *Semei* habet Ambros. ms. iterum *Gemini.*

cilla quasi lavandi gratia cum pannis ad fontem Rogel ierat, ut penitus res non deprehenderetur. Puer autem, qui rem indicavit Absalom, filius ejusdem ancillae parvulus dicitur fuisse.

(Vers. 21.) *Surgite, et transite cito fluvium.* Hebraei in hoc loco non fluvium, sed *aquam* habent, quae Jordanis fluvius intelligitur.

(Vers. 24.) *David autem venit in castra, quae Manaim* Hebraice leguntur : in quo loco obvii fuerunt Angeli Dei Jacob, sicut in Genesi legitur : *Et vocavit Jacob nomen loci Manaim, id est, castra* (Gen. XXXII, 2).

(Vers. 25.) *Amasa autem erat filius viri, qui vocabatur Jethra de Jezraele.* In Hebraeo legitur : *Jethra Ismaelites.* Unde et in Paralipomenon ita legitur : *Abigail autem genuit Amasa, cujus pater fuit Jether Ismaelites.* Ismaelites enim idem Jether vocatur, quia filius ejus Amasa opera Ismaelis imitatus, David fugientem nequaquam est comitatus, cui dixerat : *Tui sumus, o David, et tecum filii Isai.* In libro vero Samuelis idcirco Jethra Jezraelites vocatur, quia peccatum Amasae filii ejus, quod in David perpetraverat Joab, eum, id est, Amasam percutiente deletum est.

(Ibid.) *Qui ingressus est ad Abigail filiam Naas sororem Sarviae.* Naas interpretatur coluber. Idcirco coluber, quia nullum admisisse mortiferum perhibetur peccatum, nisi in quod originaliter de serpente antiquo contraxit. Est etiam Naas qui et Isai pater David, sicut in Paralipomenon demonstratur : ubi enumeratis filiis Isai, legitur, *quorum sorores fuerunt, Sarvia, et Abigail.*

(Vers. 27.) *Cumque venisset David in castra, id est, in Manaim : Sobi filius Naas de Rabbath filiorum Ammon,* etc. Iste Sobi filius fuit Naas regis, cum quo pugnavit Saul. Ipse etiam Naas fecit misericordiam cum David, quando fugit a facie Saul : quo mortuo dixit David : *Faciam misericordiam cum Anon, sicut fecit pater ejus Naas mecum.* Interempto vero a David Anon, qui ei in decalvandis servis suis injuriam fecerat, constitutus est ab eodem David in loco fratris iste Sobi, qui ad David legitur cum caeteris venisse, et stratoria, et tapetia, et vasa fictilia et caetera quae sequuntur ei obtulisse.

(Cap. XVIII. — Vers. 8.) *Fuit autem ibi praelium dispersum super faciem omnis terrae. Et multo plures erant quos saltus consumpserat de populo, quam hi quos voraverat gladius in bello.* Saltus hic qui plures consumpsisse, quam gladius vorasse, legitur, bestias ferocissimas quae in saltu erant, Hebraei autumant, a quibus plures consumpti quam a gladio vorati fuerint.

(Vers. 18.) *Porro Absalom erexerat sibi, cum adhuc viveret, titulum, qui est in valle regis.* Dixerat enim : *Non habeo filium, et hoc erit monumentum nominis mei : vocavitque titulum nomine suo, et appellatur manus Absalom, usque in hunc diem.* Hic locus superiori loco copulandus est, ubi dicitur (Vers. 14) : *Tulit Joab tres lanceas in manu sua, et infixit eas in corde Absalom, cum adhuc palpitaret haerens quercui.* Hebraeus : *Cum adhuc viveret haerens in quercu.* Et hic jungendum est : *Porro Absalom erexerat sibi, cum adhuc viveret, titulum qui est in valle regis,* et caetera quae sequuntur. Tradunt Hebraei quod depositus de quercu petierit sibi inducias antequam perimeretur, ut faceret sibi titulum ob memoriam sui, eo quod non haberet filium talem, qui regno dignus esset. Putabat enim filios suos non solum regno indignos, verum etiam ob peccatum suum quod in patrem gesserat, praesenti vita indignos. In quo titulo manum dicitur defixisse, et figuram manus suae expressisse, et ob hoc titulum hoc modo vocari : *Vocavitque titulum nomine suo, et appellatur manus Absalom, usque in hunc diem* (Vers. 17). Quod vero legitur : *Et projecerunt eum in saltum in foveam grandem, et comportaverunt super eum acervum lapidum magnum nimis:* projectum eum in saltum Hebraei dicunt, eo quod gladio peremptus, lapidibus obrui deberet : quippe quia sceleratissimus erat, et geminae neci obnoxius, scilicet qui et patrem contra legis praeceptum valde dehonorarit, et turpitudinem ejus revelarit.

(Vers. 20.) *Ad quem Joab, id est, Achimaas, dixit : Non eris nuntius in hac die, sed nuntiabis in alia. Hodie nolo te nuntiare. Filius enim regis mortuus est :* ac si diceret : Nolo ut vir talis, qualis tu es, nuntium feras regi, quod filius ejus mortuus sit. Nec enim decet, ut tale nuntium portes. Idcirco dixit Chusi : *Vade, et nuntia regi quae vidisti.* Notandum quod in hoc loco Chusi, non proprium, sed appellativum sit nomen. Ac si diceret : Tu es dignus ut nuntium flebile (non Achimaas) portes.

(Cap. XIX. — Vers. 8.) *Venitque universus populus coram rege ; Israel autem fugit in tabernacula sua.* Universus populus qui coram rege venisse legitur, hi sunt qui cum David permanserant. Quod vero ait: *Israel fugit in tabernacula sua,* hi intelligendi sunt, qui cum Absalom perduelliones exstiterant.

(Vers. 24). *Miphiboseth quoque filius Jonathan descendit in occursum regis illotis pedibus.* Et notandum quod in Hebraeo non illotis pedibus : sed legitur, *pedibus* [a] *infectis.* Fecerat namque sibi idem Miphiboseth ligneos pedes, quibus uti quasi pro naturalibus solebat : sicut solent facere claudi, quemadmodum et ille erat.

(Vers. 29.) *Quid ultra loqueris ? Fixum est quod locutus sum. Tu et Siba dividite possessiones.* In Hebraeo ita legitur, *Dixi, tu et Siba dividite agrum.* Pro eo quod in hoc loco David immemor fuit amicitiae et foederis, immo juramenti, quod habuit cum Jonathan : et tam crudele dedit judicium, dicens : *Tu et Siba dividite agrum :* idcirco Roboam et Jeroboam diviserunt ejus regnum. Miphiboseth enim in Samuelis libro legitur : et interpretatur, *os verecundiae* [Al. *verecundum*]. In Paralipomenon vero idem Mi-

---

[a] Penes Raban., *pedibus inflexis :* tum, *idem Miphiboseth, ut Hebraei tradunt, ligneos pedes,* etc.

phiboseth, *Meribaal legitur, et interpretatur,* [a] *litigans cum altissimo.* Luigasse enim cum altissimo, id est, cum Deo, dicitur : eo quod David reduxisset cum pace. Et quod ait idem Miphiboseth regi, *etiam cuncta accipiat : postquam reversus est Dominus meus rex in domum suam* [Al. *meam*] *pacifice :* non hoc dixisse suspicatur gratulanti animo, sed insultanti, et quasi contra Deum murmuranti : eo quod David Dominus in pace reduxisset.

(Vers. 37.) *Est autem servus tuus Chamaan.* In Hebræo : *Ecce servus tuus Chamaam, ipse vadat tecum, Domine mi rex.* Chamaam interpretatur, *suspirans.* Quamdiu cum patre permansit, suspirans vocatus est. Postquam vero in doctrinam David regis transiit, non *Chamaam,* sed *Chamaan,* quod interpretatur *fidelis,* appellatus est.

(Vers. 43.) *Itaque omnes viri Israel concurrentes ad regem, dixerunt ei : Quare te furati sunt fratres nostri, viri Juda, et transduxerunt regem et domum ejus Jordanem, omnesque viros David cum eo? Et respondit omnis vir Juda ad viros Israel : quia propior est mihi rex.* Est enim hic defectus, et hæc subauditio : *et plus omo regem, quam tu.* Et post pauca :

(Vers. 43.) *Et respondit vir Israel ad viros Juda, et ait : Decem partibus ego sum major apud regem, magisque ad me pertinet David, quam ad te.* In Hebræo ita legitur : *Decem partes mihi sunt apud regem, magisque ego in David quam tu.* Decem vero partes [b] Israel erant, id est, decem tribus : et idcirco magis se in David esse dicunt, quam viros Juda. *Cur mihi fecisti injuriam?* Viri Israel fecisse sibi injuriam queruntur, eo quod non exspectaverit eos tribus Juda ad reducendum regem. *Nonne sermo meus prior fuit, ut reducerem regem meum?* Sermo ejus prior fuit ad reducendum regem : sicut in præcedentibus demonstratur in eo loco, ubi dicitur : *Sermo autem omnis Israel pervenit ad regem in domo ejus;* subauditur, ut eum reducerent : quod et majoribus natu Juda mandasse David per Sadoc et Abiathar sacerdotes legitur, hoc modo, dicens : *Loquimini ad majores natu Juda, dicentes : Cur venitis novissimi?* Hebræus : *Cur estis novissimi ad reducendum regem in domum suam? Et hic subjungendum est, fratres mei vos, os meum et caro mea vos, cur novissimi reducitis regem? Et* [c] *per ea intelligendum est, mandasse illis quod sermo omnis Israel ad eum jam pervenisset, ita dicens : Sermo autem omnis Israel pervenit ad regem in domo ejus.*

(Ibid.) *Durius autem responderunt viri Juda viris Israel.* Et hic defectus est. Dicuntur enim respondisse viri Juda ad viros Israel : eo quod mentirentur, et non facerent hoc ob amorem regis, sicut asserebant.

(Cap. XX. — Vers. 8.) *Pro quibus verbis Siba filius Bocri, vir Jemineus cecinit buccina, et ait : Non est nobis pars in David, neque hæreditas in filio Isai.* Ideo cecinit buccina, ut ejus sonitu attoniti tacerent. Quibus tacentibus, dixit : *Non est nobis pars in David, neque hæreditas in filio Isai.*

(Vers. 18.) Sermo dicitur in veteri proverbio : *Qui interrogant, interrogent in Abela, et sic perficient* [Al. *proficient*]. In Hebræo non habetur, proverbio. Iste sermo, sermo legis est, in qua [d] jubetur a Domino per Moysen (*Deut.* xx), ut quando ingressuri terram Chanaan essent, et gentes deleturi, primum pacem offerrent : et si pax ab eis reciperetur, pacem recipientes, tributarii eorum efficerentur : et si pacem non reciperent, tunc a filiis Israel delerentur. Idcirco exclamasse mulier sapiens de civitate fertur.

(Vers. 19.) *Nonne ego sum quæ respondeo veritatem in Israel : et tu quæris subvertere civitatem? Quare præcipitas hæreditatem Domini?* Ac si diceret : Cur vis destruere civitatem hanc, antequam pacem interrogando offeras, sicut in lege jubetur? Cur etiam non eamdem legem in nobis Israelitis servas, quæ in alienigenis olim servata est? Hanc mulierem Judæi, Zaram, filiam Aser, filii Jacob intelligunt : et quod se matrem dixerit, ita dicens : *Tu quæris evertere matrem Israel.* Idcirco matrem, quia multorum annorum erat.

(Vers. 26.) *Ira autem Jairites erat sacerdos David :* id est, magister : sicut alibi scriptum est : *Filii autem David erant sacerdotes,* id est, magistri fratrum suorum.

(Cap. XXI. — Vers. 1.) *Dixitque Dominus, propter Saul et domum sanguinum ; quia occidit Gabaonitas.* Domus sanguinum sunt filii Saul : qui cum Doech Idumæo, dum adhuc pueri essent, sacerdotes et Gabaonitas in Nobe occiderunt.

(Vers. 8.) *Hi sunt Armon et Miphiboseth, quos peperit ei Respha filia Aia, et quinque filii Michol, filiæ Saul ; quos genuerat Adrieli filio Berzellai, qui fuit de Molathi.* Quæritur cur filii Michol dicantur : cum non Michol, sed ejus soror Merab uxor fuerit Adrieli filio Berzellai. Quod ita solvitur : Merab quippe eos naturaliter genuit : et Michol uxor David, quæ et Egla dicitur, eos in loco filiorum nutrivit, et sibi in filios adoptavit : idcirco ejus filii dicuntur.

(Vers. 2.) *Filii quippe Israel juraverant eis. Et voluit Saul percutere eos zelo.* Zelo quasi pro filiis Israel et Juda, dicens : Josue gratis eosdem Gabaonitas vivere permisisse (*Jos.* ix et x) : et filiis Israel et Juda prædam eorum injuste abstulisse : idcirco eos perimere jubet, quasi pro zelo Israel et Juda. Hujus ultionis causa in Gabaonitas, Ahimelech sacerdos exstitit.

(Vers. 21.) *Percussit eum Jonathan filius Semmaa fratris David.* Jonathan enim ipse est Nathan propheta.

(Vers. 19.) *Tertium quoque fuit bellum in Gob con-*

---

[a] M us ms. *litigatus cum altissimo. Litigatus enim,* etc.

[b] Idem. *partes viro Israel erant,* etc.

[c] Sic ms. Antea editi, *Et postea intelligendum.*

[d] Antea erat. *in qua videtur a Domino per Moysen præceptum, ut quando,* etc. Nobis ms. et ex parte Rabanum sequi placuit.

tra Philistæos : in quo percussit Adeodatus filius saltus Polymitarius Bethlehemites Goliath Gethæum. Gob enim interpretatus locus. Idcirco lacus, quia sicut in lacum leonum quis mittitur, ita semetipsum contra Goliath David misit. Adeodatus ipse est David. Idcirco dicitur Adeodatus, quia a Deo est electus in regnum. Filius saltus, quia de saltu ubi oves pascebat, est eductus. Polymitarius : quia de genere Beseleel mater ejus fuit. Bethlehemites, quia Noemi et Ruth tempore ubertatis reversæ sunt in Bethleem. Et quia panis causa Ruth a Booz nacta est, propterea idem locus, domus panis vocatus est. Quod vero Adeodatus ipse sit David, sequentia declarant, ubi ait : *Hi quatuor nati sunt de Arespha in Geth, et ceciderunt in manus David, et servorum ejus.*

(Cap. XXIII.—Vers. 1.) *Dixit vir, cui constitutum est de christo Dei Jacob.* In Hebræo : *Cui constituta est scala christo Dei Jacob.* Scala eidem christo Dei Jacob, id est, David, constituta est, per quam conscenderet ad Deum : eo quod idem scilicet confessus fuerit se peccasse Domino in Uria Ethæo, et pœnitentiam agens per hanc scalam conscenderit ad Deum.

(Ibid.) *Hæc sunt verba David novissima.* Novissima sunt, quia post psalterium, et cætera metra, hoc composuisse metrum dicitur, in quo ait : *Dixit David filius Isai. Dixit vir, cui constituta est scala christo Dei Jacob.*

(Vers. 13.) *Et descenderunt tres*[a] *qui erant principes inter triginta, et venerunt in tempore messis ad David in speluncam Odollam.* Tres isti fuerunt, Abisai filius Sarviæ, et Sibbachai Usathites, et Jonathan filius Semmaa fratris David. Hi etiam tres irruperant castra Philistinorum, et hauserunt aquam de cisterna Bethleem. Et de tribus istis Abisai primus erat, quod in sequentibus declaratur.

(Vers. 18.) *Abisai quoque frater Joab, filius Sarviæ, princeps erat de tribus istis, nominatus in illis tribus : et inter tres nobilior eratque eorum princeps : sed usque ad tres non pervenerat,* id est, ad tres virtutes David : sapientiam videlicet et humilitatem et fortitudinem : sicut in præcedentibus (*Vers.* 3) dicitur: *Sedens in cathedra sapientissimus :* Ecce sapientia. *Ipse est quasi tenerrimus ligni vermiculus :* Ecce humilitas. *Qui octingentos interfecit impetu uno :* Ecce fortitudo. Ad hos tres virtutes nemo fortium David pervenit. Idcirco autem Eleazar inter tres fortes, qui erant cum David fuisse dicitur : quia in eo prælio, in quo David interfecit octingentos impetu uno, et Jonathan filius Semma virum habentem digitos viginti quatuor interfecit. In eo etiam prælio idem Eleazar percussit Philistæos, donec deficeret manus ejus, et obrigesceret cum gladio.

(Vers. 20.) *Et Banaias filius Joiade, filii viri fortissimi magnorum operum de Cabseel.* Notandum quod in Hebræo non habetur, *magnorum operum,* sed, *magister operum.* Cabseel enim interpretatur, *congregatio Dei.* Magister enim erat de congregatione Dei, id est, *Cerethi et Phelethi,* qui interpretantur, *occidentes et vivificantes. Ipse percussit duos leones Moab,* id est, duos fortissimos viros Moab. Quando enim David eosdem Moabitas bello aggressus est, et fecit tres funiculos, duos ad mortificandum, et unum ad vivificandum : isti potentes, Moabitas tuebantur. *Et ipse descendit et percussit leonem in media cisterna, in diebus nivis.* Leo iste, Joab fuit. In media cisterna, id est, in domo Domini, ubi eorum altaris tenebat. Cisterna ideo dicitur, quia sicut aqua cisternæ munditiam affert: ita etiam nihilominus hæc cisterna, id est, sanctuarium Domini, peccata expiabat. *In diebus nivis :* Quia per mortem expiavit peccatum : juxta illud Psalmistæ : *Lavabis me* (*Psal.* L) : quod impletum est in media cisterna, *et super nivem dealbabor :* quod impletum est in eo quod ait, *in diebus nivis.*

(Vers. 21.) *Ipse quoque interfecit virum Ægyptium,*[b] *virum dignum spectaculo.* Vir iste Ægyptius Semei filius Jera fuit, qui maledixit David. Sciendum autem quod idem Semei de *Bahurium* fuit, id est, *electis.* Ideo Ægyptius dicitur : quia opera illius Ægypti Deum blasphemantis, quem Moyses jubente Domino interfecit in eremo, imitatus fuit (*Levit.* XXIV.). Ille enim blasphemavit Deum, et iste maledixit prophetam et regem. *Dignum spectaculo :* id est, *dignum morte.* Exspectabatur enim, ut si egrederetur Jerusalem, interficeretur. *Habentem in manu hastam,* id est, *legem Dei :* quam si meditatus fuisset, permanendo in Jerusalem, non perimeretur. Quia ergo præceptum regis [c] irritum fecit, exeundo foras Jerusalem : idcirco in eum a Banaia in virga, id est, rectitudine justitiæ descensum est : et hasta quam non rectam tenebat, vi ab eo extorta est. *Et interfecit eum hasta sua.* Hasta enim sua interemptus est, quia non custodiendo legem, legis censura peremptus est. In lege enim ita scriptum est : *Diis non detrahes, et principem populi tui non maledices* (*Exodi* XXII, 28).

(Vers. 24.) *Hæc fecit Banaias filius Joiadæ. Et ipse nominatus inter tres robustos, qui erant triginta nobiliores.* Intelligitur, quia ipse nominari dignus esset inter tres robustos, id est, Abisai, Sibbachai, et Jonathan : quippe qui viribus eis æquiparari posset. *Hi etiam tres erant super triginta.* Et ne quem moveat, quod in summa non triginta, sed triginta septem legantur. Triginta enim et septem sunt hoc modo : septem videlicet fortiores hi sunt, David, qui appellatur Adeodatus, Abisai, Sibbachai, Jonathan, Eleazar, Semmaa, filius Agger de Arari, et Banaias ; ecce septem. Triginta autem hi sunt, Asael, Eleanan, Semma de Aradi, Elicha, Elez, Hira, Habiezer, Mobunai, Selmon, Maharai, Eleph, Banaias, Phratonites, Eldar, Hidai, Albial-

---

[a] Meus ms., *descenderunt tres viri, qui,* etc.
[b] Cum vulgato ipso interprete nomen virum reposuit meus ms.
[c] Meus ms., *regis Abagana, id est; irritum,* etc.

bon, Azmavet, Eliaba, Semma de Arari, Haiam, Elipheleth, Eliam, Esrai, Pharai, Jigaal, Boni, Selech, Naarai, Hira, Gareb, Urias Ethæus. Ideo ergo Urias Ethæus ultimus ponitur propter id quod sequitur.

(Cap. XXIV. — Vers. 1.) *Et addidit furor Domini irasci contra Israel.* Jam enim ultio facta fuerat in David et in domum ejus. In populo [*Al.* prælio *hic et infra*] vero, qui noluit resistere David in perimendo Uria Ethæo, necdum ultio divina facta fuerat. Idcirco hic ultimus ponitur, ut ultio mortis ejus in populo monstraretur. Pro quo populo legitur in subsequentibus David dixisse : *Vertatur manus tua, obsecro, contra me, et contra domum patris mei.*

(Vers. 9.) *Et inventa sunt de Israel octingenta millia virorum fortium, qui educerent gladium : et de Juda quingenta millia pugnatorum.* In Hebræo, *Virorum* legitur : In Paralipomenon vero legitur, *Mille millia, centum millia de Israel, et de Juda quadringenta septuaginta millia* (1 *Par.* 1, 5). Quos quidem intelligendum est, a Joab numeratos esse : sed summam eorum noluisse ostendere David, nisi tantum quantum in Samuelis Libro scribitur.

(Vers. 15.) *Immisitque Dominus pestilentiam in Israel de mane usque ad tempus constitutum.* Tempus constitutum dici, quando sacrificium vespertinum offerebatur.

(Vers. 24.) *Emit ergo David aream et boves argenti siclis quinquaginta :* quod et in Paralipomenon ita legitur : *Dedit ergo David Ornan pro loco siclos auri justissimi ponderis sexcentos* (1 *Par.* XXI, 25). Intelligendum namque est boves argenti siclis quinquaginta : aream vero sexcentis aureis emisse.

IN LIBRUM III REGUM.

(Cap. I. — Vers. 6.) *Erat [1] autem Adonias pulcher valde, secundus natu post Absalom.* Notandum quod in Hebræo ita legitur : *Et ipsum peperit post Absalom,* subauditur peccatum.

(Vers. 8.) *Sadoch vero sacerdos et Banaias filius Joidæ, et Nathan propheta, et Semei, et Rhei, et robustissimi David non erant cum Adonia.* Semei ipse est Nabath, pater Jeroboam, qui fuit magister Salomonis, et fuit de Bahurim, id est, de electis. Rhei autem ipse est Hiram Zairites sacerdos, id est, magister David. Robustissimi namque David supra notati, fortissimi intelliguntur.

(Vers. 17.) *Nonne tu, Domine mi rex, jurasti ancillæ tuæ, dicens, quod Salomon filius tuus regnabit post me, et ipse sedebit in throno meo?* Jurasse David dicitur, quando eum consolatus est post mortem filii, sicut in libro Samuelis legitur : *Et consolatus est David Bethsabee uxorem suam.*

(Vers. 21.) *Eritque cum dormierit Dominus meus rex cum patribus suis ; erimus [2] ergo et Salomon filius meus peccatores,* id est, *mamzeres.* Inde misericordiam fecisse Deum cum David, Salomon dicit in subsequentibus : eo quod filium qui secundum legem mamzer erat, successorem illi fecit. Ait enim ita : *Tu fecisti cum servo tuo David [b] misericordiam grandem, et dedisti ei filium sedentem super thronum ejus sicut est hodie.*

(Vers. 33.) *Tollite vobiscum servos Domini vestri, et imponite Salomonem filium meum super mulam meam.* Servos hic dicit Cerethi et Phelethi, id est, septuaginta senes Judices.

(Cap. II.—Vers. 8.) *Habes quoque apud te Semei filium Gera, filii Gemini de Bahurim,* qui *maledixit mihi maledictione pessima.* Pessima Hebraice NIMREZETH (נמרצת) dicitur, quod quinque litteris enuntiatur, id est, nun, mem, res, zade, thau. In nun, NOEPH, id est, *adulter :* mem, MOABITA : res, RASA, id est, *impius :* zade, ZARUA, id est, *leprosus :* thau, THEEBA, id est, *abominatus. Et juravi ei per Deum, dicens, Non te interficiam gladio :* sed lingua.

(Vers. 22.) *Postula ei et regnum. Ipse est frater meus major me : et [a] habet Abiathar sacerdotem, et Joab filium Sarviæ.* In Hebræo ita habetur : *Et Abiathar sacerdoti, et Joab filio Sarviæ :* quod ita intelligendum est : Postula ei, id est, Adoniæ et Abiathar sacerdoti, et Joab filio Sarviæ regnum.

(Vers. 24.) *Vivit Dominus qui fecit mihi domum, sicut locutus est ;* id est, sicut promisit David, fecit me ut essem rex domus David.

(Cap. II.—Vers. 5.) [c] *Quos occidit, et effudit sanguinem belli in pace : et posuit cruorem in balteo suo,* etc. Sanguinem belli effudisse dicitur, quia cum esset pax, suscitavit bellum.

(Vers. 28.) *Venit nuntius ad Joab, quod declinas-*

---

[1] Absunt in multis mss. exemplaribus Quæstiones in Librum tertium Regum.

[2] Vitiose et contra sacri textus fidem erat antea *ergo pro ego.* Ambrosian. *et quoque* particulam præ-

[a] Epigraphen meus ms. supplet.

[b] Interserit meus ms. *patre meo :* quod et Ambros. facit.

[c] Hujus et subsequentis versiculi expositiones Martianæus ex corruptis mss. ad libri calcem distulerat, de qua ipse luxatione conqueritur. Meus ms. utramque suo loco postliminio restituit : tametsi in illo postrema pericope a verbis, *ut scilicet ante-*

ponit, *et ego.*

[3] Verbum *habet* in Ambrosiano ms. non est, nec in Hebræo quidem eo modo resonat, sed ? ? *et illi,* supple *est.*

quam, etc., desideretur. Ambrosian. hoc uno a meo ms. abludit, quod versiculi, *Venit autem nuntius ad Joab,* usque post *Adoniam,* expositionem præponit alteri, *quos occidit, et effudit sanguinem.* Desunt vero ad priorem versic. verba, *Ut scilicet antequam Adonias affectasset regnum,* etc., usque in finem.

set post Adoniam, et non declinasset post Salomonem, id est, venit ad eum fama, quod in domo Salomonis diceretur illum seculum non fuisse Salomonem, sed declinasse post Adoniam : ut scilicet antequam Adonias affectasset regnum, Salomonem non dilexisse, nec ei favisse; sed ab eo declinasse diceretur, quod totum rei probavit eventus.

(Vers. 34.) *Sepultusque est Joab in domo sua in deserto.* Desertum hic pro munditia ponitur. Munda enim sicut desertum domus ejus fuerat ab omni pollutione et sanguine, excepto sanguine Abner et Amasæ.

(Cap. III. — Vers. 3.) *Dilexit autem Salomon Dominum, ambulans in præceptis David patris sui : excepto quod in excelsis immolabat.* Hinc patet Salomon in eo, quod ait : *Immolabat in excelsis,* quia quatuor annis cunctatus est ædificare domum Domini. Illud quippe erat excelsum maximum, id est altare illud quod Moyses fecerat.

(Cap. IV. — Vers. 5.) *Et præfectus unus erat super terram.* Iste præfectus Azarias filius Nathan erat, de quo supra scribitur : *Et Azarias filius Nathan super præfectos,* [a] non operum, sed simpliciter.

(Vers. 31.) *Et erat sapientior cunctis hominibus. Sapientior Ethan Esraitæ, et Eman, et Chalchol, et Darda. filiis Mahol.* Ethan enim interpretatur, *durissimus.* Esraita, *orientalis.* Ethan ipse est Abraham orientalis. Eman qui interpretatur *fidelis,* est Moyses. Chalchol, qui interpretatur, *gubernans,* est Joseph. Darda interpretatur, *generatio scientiæ.* Mahol, *indulgentia.* Generatio scientiæ intelliguntur duodecim tribus; filii Mahol, id est, filii Jacob.

(Vers. 32.) *Locutus est Salomon tria millia parabolarum.* In Proverbiis enim versus [1] nongenti et quindecim continentur : in quibus etiam continentur tria millia parabolæ. *Et fuerunt carmina ejus quinque millia. Et disputavit super lignis a cedro, quæ est in Libano, usque ad hyssopum, quæ egreditur de pariete : et disseruit de jumentis, et volucribus, et reptilibus, et piscibus.* Disputavit enim de naturis lignorum, jumentorum, reptilium et piscium, de vi videlicet et naturis illorum, et tempore quo nascuntur, et cur non omnia in unaquaque terra nascantur.

(Cap. VI. — Vers 37.) *Anno quarto fundata est domus Domini in mense Zib.* Mensis iste Aprilis est, [b] qui et *Var* vocatur. Zib enim interpretatur, *vultus.* Idcirco vultus, quia in dedicatione Templi, nubes gloriæ vultus Domini texit Templum. Var autem interpretatur, *pavor.* Ideo pavor, quia timetur ne ea quæ fruges terræ debent, in hoc mense aeris intemperantia infructuosa fiant.

(Cap. VII. — Vers. 13.) *Misit quoque rex Salomon, et tulit Hiram de Tyro filium mulieris viduæ de tribu Nephthalim, patre Tyrio artificem ærarium.* Unde et in Paralipomenon legitur : *Misi ergo tibi virum prudentem et scientissimum Huram patrem meum, filium mulieris de filiabus Dan, cujus pater Tyrius fuit* (II Par. II, 13). Et notandum, quod in Malachim Hieram dicitur : in Paralipomenon vero Huram, Hiram enim interpretatur, *vivit sublimis :* Huram autem, *Deus excelsus.* Hiram in Malachim dicitur fuisse de Tyro, et filius mulieris viduæ de tribu Nephthalim patre Tyrio. Sciendum quod de tribu Nephthalim pater ejus fuerit, quo mortuo, uxor ejus, quæ hic mulier vidua scribitur, eumdem Hiram in Tyrum misisse docendi gratia dicatur, et a quo doctus in Tyro fuit, pater ejus Tyrius vocatur. Idcirco patre Tyrio fuisse dicitur, cum utique pater ejus de tribu Nephthalim fuerit. Quod vero in Paralipomenon legitur, Huram regem dixisse : *Misi tibi virum prudentissimum et scientissimum Huram patrem meum :* patrem dignitatis gratia eum vocat, sicut in plerisque locis legitur. Filium vero mulieris de filiabus Dan eum vocat, quia mater ejus de tribu Dan fuit, de genere Solomith sororis Ooliab filii Aizamas, cujus filius Solomith Ægyptius in eremo lapidatus est : non enim eadem Solomith sponte eidem Ægyptio conjuncta [c] fuit, sed vim ab eo perpessa est. Idcirco meritis ejus factum fuisse dicitur, ut de filiabus ejus talis nasceretur, qui operaretur in domo Domini. Nam et meritis Balæ concubinæ Jacob quondam factum fuisse autumant, quod mortua Rachel, non solum Joseph in loco filii educavit : verum etiam pro fratribus ejus intercessit, ut immemor esset injuriæ fratrum suorum. Et pro hac re Dominus ei tribuit, ut de uno ejus filio Dan nasceretur Ooliab socius Beseleel, qui ædificaret domum Domini ; et altero ejus filio Nephthalim nasceretur Hiram, qui domum Domini in Jerusalem fabricaret.

---

[1] Ex hoc loco manifestissime comprobatur Auctorem Quæst. Hebraicarum in libros Regum, post doctores Massorethas scripsisse : nam Massorethæ Proverbia Salomonis in nongentos et quindecim versus divisa esse voluerunt.

[a] *Isthæc, non operum, sed simpliciter,* meus ms. non agnoscit.

[b] In Ambros. ms., *qui et Jajar et Jiar vocatur.*
[c] In meo ms., *fuisse suspicatur,* etc.

IN LIBRUM I PARALIPOMENON.

(Cap. I. — Vers. 19.) *Eber* [a] *nati sunt duo filii : nomen uni Phaleg : quia in diebus ejus divisa est terra.* Quia in diebus ejus facta est turris, ubi confusio linguarum facta est.

[1] Martian. habet : *Incipiunt Quæstiones Hebraicæ prioris partis libri Dabrejamin sive Paralipomenon;*
[a] Meus ms. sic exorditur : *In diebus Heber divisa est terra, quia in diebus ejus,* etc.

(Vers. 30.) *Nembrod cœpit esse in terra*, id est, *potens*.

(Vers. 32.) *Cethura*, ipsa est Agar : quod in psalmo manifestatur, cum dicitur : *Tabernacula Idumæorum et Ismaelitarum Moab et Agareni* (Psal. LXXXII. 7). Ismaelitas vocans filios Ismael, qui utique Agar filius fuit : et Agarenos, Madianitas, et cæteras tribus, quas de Cethura procreatas, sacra Scriptura commemorat.

(Vers. 36.) *Zephi filius Eliphaz*, qui in Genesi *Zepho*, id est, *speculator* nominatur : in Paralipomenon *Zuphi*, id est, *speculatus*. Scribitur enim utrumque per Sade litteram. Sephi filius Sobal : in Paralipomenon, *unipes*, Sepho, in Genesi, *bipes* : utrumque tamen per Sin litteram. *Thamna*, concubina *Eliphaz* (Genes. XXXVI. 12), mater Amalec, fuit de genere Chorræorum , qui ante Idumæos habitaverunt in terra Seir. Sed in Paralipomenon inter Eliphaz filios computatur, quæ quanquam ejus fuerit concubina, et ex ea susceperit Amalec : ut filiam tamen eam educavit.

(Vers. 39.) *Heman filius Lothan* : in Genesi , id est, *perturbans* : qui in Paralipomenon scribitur *Homam*, id est, *perturbatus*.

(Vers. 40.) *Filius Sobal Alian de genere Chorræorum* : in Genesi scribitur, *Aluan*, id est, *exaltatus* : in Paralipomenon, *Alian*, id est, *ejectus* [Ms. *dejectus*]; quia Chorræi exaltati fuerunt, antequam Edom terram illam caperet : ejecti postquam ab eo triumphati patriam amiserunt.

(Vers. 41.) *Hamaran filius Dison, filii Ana*. In Paralipomenon, *Hamaran*, id est, *rubricatus, sordidus*, vel *temulentus* : in Genesi, *Amdan*, *concupiscibilis*. Hamaran, et Amdan unius hominis nomen est [Al. *nomina sunt*].

(Vers. 42.) *Alchan filius Eser de genere Chorræorum* : in Genesi, *tribulator*; in Paralipomenon , *Jachan*, id est, *tribulatus*.

(Vers. 5.) *Phou*, id est, *eructans* : qui in Genesi scribitur, *Phau*, id est, *eructantes* : in Paralipomenon, *Phou*, *eructans* : cujus uxor vocabatur Meetabel, quod interpretatur, *benigna Domini* : filia Matred, id est, *dispensatricis* [Al. *dispensatoris*] : Mezaab [Mss. Emazaab], filia aurificis, quæ duos patres habere describitur, ad significandum mysterium sub una interpretatione nominum : ut aurifex genuerit dispensatricem : dispensatrix genuerit benignitatem Domini.

(Vers. 52.) *Alua*, in Genesi interpretatur, *eleva-tio* : *Aleia* in Paralipomenon *super eam*. Et notandum quod primum reges dixerit de Edom, postea duces, cum prius duces fuerint, et postea reges : quorum ducum quasdam matres, id est, uxores Esau hic nominat, ut est Oolibama uxor Esau , et Thamna concubina Eliphaz.

(Cap. II. — Vers. 7.) *Achan filius Charmi*, in Josue, *Achan*, id est. *coluber insidians*; in Paralipomenon, *Achar*, id est, *turbator*.

(Vers. 8)[1] *Calubai*, vel *Chalubi filius Esrom*, *filii Phares*, *filii Juda* : ipse est Caleb filius Jephone. Caleb [a] Cenezæus de loco qui vocatur Chanaz. Ipse duxit uxorem Azuba, ex qua natus est Gerioth. Duxit et aliam uxorem nomine Ephrata, ex qua suscepit Hur, virum Mariæ sororis Moysi, patrem Uri, avum Beseleel, in Paralipomenon *Chlubai*, *canis meus*. In Josue et in Eptatico [*Fort*. Eptateucho] Caleb, *canis*, Esrom et Jephone unum est. Cum autem mortuus esset Esrom, ingressus est Caleb ad Ephrata. Idcirco vocatur Caleb Ephrata: quia Caleb fuit vir Ephratæ. Idcirco dicitur Esrom sexaginta annos habuisse, quando accepit uxorem filiam Machir, ut monstretur per annorum numerum, et de Ægypto illum egressum fuisse, et in terram repromissionis venisse, quia a viginti annis et supra ad præliandum describebantur usque ad annum sexagesimum. Ab anno sexagesimo, et levitæ ministrare, et milites pugnare desinebant. Unde et Romani eos emeritos vocant, qui jam militare desierunt.

(Vers. 11.) *Nason genuit Salma*. In Paralipomenon, *Salma*, id est, *pax*. In Ruth, *Salmon*, id est, *pacificus*.

(Vers. 12.) In Paralipomenon, Isai filius Obed, id est, *sacrificium meum*. In Regum vero Jesse, id est, *sacrificium* : filius Isai, Abinadab : filius Ram, Aminadab.

(Vers. 13.) In Paralipomenon. *Simmaa*. In Regum, *Samma*. Samma. ibidem : Simmaa, *exaudib lis*.

(Vers. 16.) In Paralipomenon : *Abisai*, filius Sarviæ, id est, *pater sacrificii*. In Regum, *Abisa*, *pater meus, sacrificium*.

(Vers. 32.) In Paralipomenon : filius *Jether* Ismaelites. In Regum filius *Jethra* Ismaelites. *Jethra*, *residuum* : *Jether*, *modicum residuum*. Filius Ismaelites vocatur, propter meritorum qualitatem.

(Vers. 34.) *Aalai, filius Sesan, ipse est Elimelech pater Maalon et Chelion*. Sesam ideo dicitur filios non habuisse : quia isti absque filiis mortui sunt.

---

cui titulo subnectit hanc notam : « Hunc libri titulum ex meo ms. describo : qui præterea hæc subdit ex m nio : *In quibus, si vis, tene ordinem historiæ, alphabeto e regione affixo, naturaliter innitere rubrica*. Jam vero antea erat in editis : *Quæstiones Hebraicæ in libros Paralipomenon*. Verum monuit ipse Hieron. Præfat. in hunc librum juxta LXX ad Domnion. et Rogat an.: *Hoc primum sciendum, quod apud Hebræos Paralipomenon liber unus sit, et apud illos vocetur Dabre jamin, id est, verba dierum, qui propter magni-tudinem apud nos divisus est, quod nonnulli etiam in Bruto Ciceron's Dialogo faciunt, ut eum in tres partes secent, cum unus a suo Auctore sit editus*. Sicque in duas partes , non libros, ab harum Quæstionum Auctore dispertitur. » EDIT.

[a] Isthæc verba, *Cenezæus de loco, qui vocatur Cahaz*, quæ in Vulgatis luxata sunt, et post Beseleel posita, huc ad fidem ms. revocavimus.

[1] Multæ sunt in antea editis libris perturbationes contextus et depravationes nominum, quas singillatim recensere nimis longum et operosum foret. Conferat, qui voluerit, nostram editionem cum veteribus, et verum me dicere comprobabit.

(Vers. 41.) *Iehamia genuit Elisama.* In Jeremia : Ismael, filius Nathaniæ, filius Elisama *de genere [a] regali.* Quod vero dicit illum de semine regio, Moloch vult intelligi idolum Moab : quod in Hebræo *rex* interpretatur.

(Vers. 42.) *Ziph* nomen loci est, a quo fuerunt Ziphæi : qui venerunt ad Saul.

(Vers. 46.) *Gazez,* id est, *tonsor* : filius Haran, filii Caleb, ipse est Nabal carmelus.

(Vers. 50.) *Ephrath* : quia de Ephraim fuit : ab ejus nomine Bethleem Ephrata vocatur.

(Vers. 22.)[1] *Jair, judex,* qui in Judicum scribitur, filius Segab, filii Esrom. Idcirco in Judicum Galaadites putatur, quia Esrom duxit filiam Machir patris Galaad uxorem. Viculos et civitates sexaginta suscepit Jair in hæreditatem, eo quod esset avia ejus filia Machir, filii Manasse.

(Vers. 24.) *Asshuhur filius Esrom pater Thecue.* Thecue est civitas, de qua sumpsit Joab mulierem sapientem.

(Vers. 26.) *Onam filius Jerameel filii Esrom,* accepit nomen Onam filii Juda, qui mortuus est. Et in eo differunt, quod filius Judæ in Hebræo per *nun,* filius vero Jerameel per *mem* scribuntur.

(Vers. 42.) *Maresa patris Ebron.* Ebron locus est, ubi David regnavit septem annis.

(Vers. 43.) *Filii vero Ebron, Chore : et Thaphihu, et Recem, et Samma,* filii sunt Maresa.

(Vers. 44.) *Samma autem genuit Rabam patrem Jerchaam.* Jerchaam locus est.

(Vers. 45.) *Maon filius Sammai pater Bethsur.* Bethsur nomen loci est, et ab eodem Maon locus nomen accepit, qui in Regum scribitur Maon.

(Vers. 49.) *Saab filius Jaddai pater [b] Madmena.* Madmena locus est. Sue pater Machbena. Machbena locus est ; et fuerunt hi filii Caleb. Et patrem Gabaa, id est, locus unde fuit Saul.

(Vers. 50, 51.) *Filii Hur, Sobal pater Cariathiarim, et Salma pater Bethleem. Hariph pater Bethgader.* Cariathiarim et Bethleem, et Bethgader nomina locorum sunt. Cariathiarim, ipsa est Cariatharbe et Cariathbaal et Ebron, quæ Cariathiarim vocatur, id est, *civitas silvarum.* Cariathbaal, *civitas mariti :* Cariatharbe, *civitas quatuor :* quæ omnia interpretari possunt in Patriarchis, qui ibi sepulti sunt [c].

(Vers. 52, 53.) *Sobal pater Cariathiarim videbat dimidium requietionum,* propter viciniam sepulcri Patriarcharum : cujus filii fuerunt *Jethrei, et Phutei, et Semethei, et Maserei. Ex his egressi sunt Seraitæ et Estaolitæ :* qui nomina locorum sortiti sunt, id est, Saraa et Estaol, ubi sepultus est Samson. Requietio sepulcrum intelligitur.

(Vers. 54.) *Filii Salma, filii Ur, Bethleem et Netophati,* qui in Regnorum scribuntur : Eleanan filii patrui ejus de Bethleem, et Eleb filius Baana Netophatites. Qui idcirco scribuntur *coronæ domus Jacob,* propter societatem, qua mutuo in præliis utebantur Sarai, id est, Saraitæ, de quo supra dictum est.

(Vers. 55.) *Jabes filius Sobaba,* de quo in sequentibus scribitur, eo quod exaudierit eum Dominus, fuit doctor, in cujus conspectu sedebant filii Cinæi, qui et Obab, cognati Moysi, qui in hoc libro scribæ vocantur. Canentes atque resonantes ideo scribuntur, eo quod assidue in Lege Dei et in Prophetis versabantur. In tabernaculis autem eos commoratos, et Regum historia scribit. *Hi venerunt de calore patris domus Rechab* (1 Paral. III, 1), id est, de stirpe Rechab.

(Ibid.) *Achinoam uxor David Jezraelitis.* Hic Jezrael locus est, in quo Naboth habitavit. In Paralipomenon, Daniel : in Regum, Chilaab, id est, *vindicans patrem :* eo quod disceptans cum Miphiboseth quæstionibus Legis, et victor apparebat, et patrem ulcisci videbatur.

(Vers. 3.) *Jerraham filius David de Egla uxore sua.* Egla interpretatur, *vitula,* quam nonnulli putant Michol filiam Saul.

(Vers. 5.) In Paralipomenon, Simmaa filius David, qui in Regum Samaa nominatur. Simmaa interpretatur, *exaudi :* Samaa, *exauditus.* Bathsua mater Salomonis. In Paralipomenon dicitur filia Amiel : et interpretatur, *nomen ejus ;* Bathsua, *filia deprecationis* In Regum Bethsabee, filia Eliam filii Achitofel, et interpretatur, *filia septem, filia satietatis, filia juramenti.* Eliam interpretatur, *Deus meus populus ;* Ammiel, *populus meus Deus.*

(Vers. 6.) In Paralipomenon scribuntur duo filii David, Noga et Elipheleth, qui in Regum non habentur.

(Vers. 15.) *Filii Josiæ, Sellum, Joannan [d] et Joachim.* Sellum est, quem Nachao rex Ægypti captivum duxit in Ægyptum. Unde meminit Jeremias : *Quoniam hæc dicit Dominus ad Sellum filium Josiæ regem Juda, qui regnavit pro Josia patre suo. Qui egressus de loco isto non revertetur huc ultra* (Jer. XXII).

(Vers. 26.) Joachim, qui et Eliacim, ipse Joachim ductus est in Babylonem cum vasis templi Domini, et Daniel, Anania, et Azaria, et Misael cum eo. Joacim filius ejus, qui et Jechonias, [e] captivus ductus est in Babylonem, cum cæteris vasis domus Domini, cum Ezechiele et Mardocheo, in cujus loco substitutus est Mathanias, qui et Sedechias.

(Vers. 17.) *Filii Jechoniæ, Assir Salathiel,* unum res in explicatione, ut hic vers. 22, et seqq. post 50.

---

[1] Retrocedit sæpius Scriptor in his Quæstion. Hebraicis, dum post versus inferiores resumit superioram litteræ describuntur.

[a] In meo ms., *de genere Jeram Ægyptii :* pro *regali.*
[b] Meus ms. primum *Muchbena,* deinde *Matmena* ordine contrario legit : et *Dai* pro *Sue.*
[c] Addit ms., *Ab hinc usque ab subsequentem litteram rectus ordo procedit. Nullæ autem hujusmodi ad libri*
[d] Ms., *et Joachat unus est, quem Necho rex,* etc.
[e] Vocem *captivus* non habet ms. pro qua addit, *qui etiam Chananias ductus,* etc.

nomen est, ipse est Phadaia pater Zorobabel. Et interpretatur Phadaia, *redemptus Domini*, Assir, *carceratus*, Salathiel, *frutex Domini*. Senneser filius Jechoniæ, qui in Ezra Sesbasar nominatur. Senneser interpretatur, *blasphematus*. Sesbasar interpretatur, *tribulatus*. Sesbasar scribitur, cui Cyrus annumeravit vasa domus Domini.

(Vers. 22.) Sechenias habuit filium Semeiam unicum, qui habuit quinque filios, Athus, Jegaal, Baaria, Naaria, et Saphat, qui cum patre suo Semeia, qui unicus patris erat, sex computantur.

(Cap. IV. — Vers. 1.) Filii Juda quinque, qui jam superius aliis nominibus nominati sunt. Hic autem [a] mutantur nomina repetendo causa interpretationis. Pharez interpretatur, *divisio*; Esron interpretatur, *atrium*; Zara, *ortus*; Charmi ipse est Er. Charmi interpretatur, *vinea mea*; Er, *vigilans*. Hur,qui et Onan. Hur interpretatur, *fenestra*; Onan, *murmuratio*. Subal ipse est Sela.

(Vers. 2.) Subal genuit Raiha, et Raiha genuit Jahad, Jahad genuit Ahumai et Laad; Laad genuit Etham, Etham genuit Jezrahel, a quo nomen accepit urbs, in qua Naboth habitabat. Sobal ipse genuit Raiha, qui alio nomine Er nominatur: idcirco quod Er et Onan, in peccato suo mortui sunt. Sobal interpretatur, *spica*; Sela, *missus*. Quod vero prius aliis nominibus et modo aliis nominibus nominantur, ad mysterium pertinet.

(Vers. 4.) *Phanuel pater Gedor, et Ezer pater Husa, filii fuerunt Hur*; fratres Huri filii Mariæ: Gedor vero et Husi nomina sunt locorum.

(Vers. 7, 8.) *Ashur genuit Etham, et nomen matris ejus Hala*. Ethan genuit Chus, Chus genuit Soboba; Soboba genuit Jabes, qui fuit doctor, de quo superius dictum est. Quod vero inter Chus et Jabes introducuntur cognationes Abarhel filii Arum, hæc causa est: Abarhel, ipse est Obab, qui interpretatur, *post exercitum*. Filius Arum, ipse est Jethro. Arum interpretatur, *exaltatus*. Quia ergo Jabes docebat eos habitantes in tentoriis, sicut superius dictum est, ideo introducuntur in ejus progenie, quasi a majoribus ejus progeniti sint. Hunc Jabes ferunt nonnulli adhuc vivere, propter hanc sententiam qua dicitur, *præstitit ei Deus quæ precatus est* (Vers. 10).

(Vers. 11.) Caleb frater Suaa, ipse est Ram. Ram interpretatur, *excelsus*; et Suaa, *sublimis* [Al. *humilis*]. Caleb genuit Machir, Machir genuit Eston, Eston genuit Tehinna. Quod vero dicit eum patrem urbis Naas, intelligi potest aut Bethleem, aut mater Isai; quia Isai in alio loco Naas, id est *coluber* vocatur. Abigail soror est David, filia Naas, id est, Isai: qui utroque nomine vocabatur. Getra Ismaelites habuit uxorem Abigail filiam Naas. Quod vero dicit, *isti sunt filii* [Ms. *viri*] *Recha* (Vers. 12). Recha interpretatur, *tener*, quem hic David nonnulli intelligi volunt. Sic enim ipse ait: *Ego sum tener et unctus rex* (II Reg. III, 39). Et in alio loco: *quasi ligni vermiculus tenerulus*. Idcirco enim viri Recha, id est, David dicuntur, qui propter exprimendam genealogiam David, in hac sententia annotati sunt.

(Vers. 13.) *Chenez genuit Othoniel et Saraiam*. De Saraia dicitur prodiisse Joab. Qui ideo dicitur pater vallis artificum, quia de filiis ejus fuerunt architecti ad ædificandum domum Domini.

(Vers. 17.) *Filii Ezra Jether et Mared, Effer et Jalon*. Ezra interpretatur, *auxilium*, ipsum enim dicunt Amram patrem Moysi et Aaron. Jether interpretatur, *residuum*, ipse est Aaron. Mared, *rebellans*, ipse est Moyses. Effer, *pulvis*, ipse est Eldad; Jalon, *lex*, ipse est Medad: iidem [Ms. *id est*] duo qui prophetabant. Traditur enim Moysen post acceptam legem in eremo patri injunxisse, ut matrem dimitteret, eo quod illius amita esset: filia enim fuit Levi. Post cujus dissidium, duxisse aliam uxorem Amram: ex qua suscepit duos filios hos, Eldad et Medad. Quod vero sequitur, *genuitque Mariam et Samai, et Jesba patrem Estemoa*: Samai Moysen intelligi volunt, qui interpretatur, *cœlestis*. Jesba Aaron, qui interpretatur, *collaudatio*, patrem Estemoa, id est, *ignem manentem*, eo quod filii Aaron in assiduis sacrificiis igne utebantur. Quod vero sequitur, *uxor ejus Indaia genuit Jared*: Indaia, ipsa est Jachabeth mater Moysi. [b] Nomina vero quæ sequuntur pene omnia Moysi nomina intelligi volunt, quia ideo Jared vocatur, id est, *descendens*, quod de monte descenderit: pater Jedor, id est, *sepium*, eo quod quasi quadam sepe lege circumdederit populum. Heber, *junctor*, eo quod populum Dei servitio junxerit: Patrem Socho, id est, *prophetiæ*, eo quod ipse sit doctor Prophetarum. Ieuthiel, id est, *sperans in Deum*, eo quod spem habuerit liberandi populum de Ægypto: sive quod spe parentum de aquæ periculo liberatus sit: patrem Sanoha, qui interpretatur, *gubernator*, eo quod magnam populo in eremo gubernationem exhibuerit: sive quod doctrina sua quotidie gubernaret.

(Vers. 18.) Quod vero sequitur: *Hi autem filii Bethiæ, filiæ Pharaonis, quam accepit Mered*: Pharaonis filiam, idcirco in hoc loco matrem Moysi vocat, et interpretatur, *filia Domini*, propter bonam voluntatem quam in nutriendo puero habuerit, et a Mered, id est, Moyse accepta esse dicitur, eo quod relictis idolorum cultibus, ad Dei cultum conversa sit.

(Vers. 19.) *Charmi pater Ceila et Estamon, qui fuit de Machati*. Ceila nomen loci est, et Machati similiter.

---

[a] Ms., *hic autem mutatis nominibus ideo repetuntur. Fares interpretatur*, etc.

[b] Qui decem Mosis nomina fuisse tradunt, veteres Hebræi, ut sunt Auctor Vaikræ, atque exinde R. Gedlaja Schalschel, nonnihil ab his variant tum in ipsa nominum scriptura, tum in excudendis etymologiis. Scribunt vero pro Samai שְׁמַעְיָה *Schemaia*, pro Jedor יֶתֶר *Jether*, pro Heber חָבֶר *Chaber*, pro Ieuthiel יְקוּתִיאֵל *Jekuthiel*, et אֲבִי זָנוּחַ *Abi Zanuach*, אֲבִי סוֹכוֹ *Abi Socho*, pro *Pater Sanoha, et Pater Socho*. Hisque addunt בֶּן נְתַנְאֵל *Ben Nathanael*, id est, *Filium Nathanaelis*, et טוֹבִיָּה *Tobia*, et סוֹפֵר, quod est, *Scriba*.

(Vers. 20.) *Simon pater Amnon, et Rena*, filius fuit Estamoa, filii Odai, filii Asriel, filii Jalaleel, filii Cenes, filii Sela, filii Judæ.

(Vers. 21-23.) *Et pater Lecha*, idcirco hic ponitur propter memoriam pristini nominis. *Cognationes ergo domus operantium byssum in domo juramenti*, hi sunt, qui cum Beseleel morati sunt ad explendum opus tabernaculi. Juramenti etenim domus idcirco dicitur, sicut et tabernaculum fœderis, quod in eo fœdus esset Dei, quod cum hominibus fecit, et juramentum quod juravit ad Abraham, Isaac et Jacob. Quod vero sequitur : *Qui stare fecit solem* : redit ad progeniem Pharez, de quo ortus est David, opportunum judicans progeniem Juda, de qua tribus regia orta est, in David terminare. Tradunt enim Hebræi hunc fuisse Elimelech virum Noemi, patrem Maalon et Chelion in cujus tempore sol steterit, propter prævaricatores [*Ms.*prævaricationes] legis, ut tanto miraculo viso, converterentur ad Dominum Deum suum. Quod quia facere contempserunt : idcirco fames invaluit, ut ille, qui in tribu Juda prior videbatur, famis inopia cum uxore et filiis, non solum patria pelleretur, sed etiam in eadem peregrinatione cum filiis moreretur. Viros autem mendacii esse Maalon et Chelion, qui hic, *securus* et [a] *incendens* appellantur, et de quibus dicitur quod principes fuerint in Moab, eo quod uxores Moabitidas duxerint. In Hebræo expressius ponitur, et ab eruditis illius linguæ [b] didicimus. [b] ut non principes, sed mariti dicantur. Quod vero sequitur, quæ reversæ sunt in Lehem, Noemi et Ruth demonstrat, quæ in Lehem, id est, *panem* post inopiam famis, audita ubertate panis, in Bethleem reversæ sunt. Et quia hæc historia in libro Ruth scribitur (*Ruth* 1, 4) : idcirco subsequitur : *Hæc autem verba vetera*. Figulos vero dicit habitantes in plantationibus et sepibus, progeniem quæ de Ruth propagata est : quæ in sepibus et plantationibus habitasse legitur, quando ad regiam dignitatem hæc plantatio pervenit. *Commorati sunt ibi*, hoc est in Bethleem apud regem in operibus ejus, quia ex eis David rex ortus est, cujus opera miris præconiis prædicantur.

(Vers. 24, 31 et 32.) *Filii Symeon* in Genesi sex describuntur. Hic vero sextus tollitur, eo quod nulla progenies de eo processit. Mutantur vero nomina quædam suis rationibus. In Genesi scribitur, Jemuel. Jemuel, *mare Dei* : in Paralipomenon Namuel. Namuel, *loquens cum Deo*. Alius vero in Genesi vocatur Ohad : in Paralipomenon Jarib. Ohad interpretatur, *laudatio* : Jarib, *litigans* : quia de ejus progenie exivit Zamri, qui cum scorto Madianitide peccans, a Phinees peremptus est. Jachin in Genesi, quod interpretatur, *præparatio* : in Paralipomenon Zara, quod interpretatur, *ortus*. Saul vero, quem eodem nomine in utroque libro commemorat, hic filium Cananitidis tacet, et vicinitate fraterni nominis ex Zara, qui interpretatur, *ortus*, decorat. Quod dicit, *hæ civitates eorum usque ad regem David* : hoc vult intelligi, quod Sicelech et Bersabee, quæ tribus Judæ fuerunt, et a tribu Symeon invasæ sunt, a David denuo in pristinam Judæ redierunt hæreditatem. Ain Remmon unius villæ nomen est, quæ interpretatur, *fons malorum granatorum*.

(Vers. 53.) *Et universi viculi eorum per circuitum civitatum istarum usque Baal*. Baal in hoc loco ipsa est, quæ in alio loco Cariathbaal scribitur, de qua superius dictum est. Notandum de reliquiis Amalech : Beera filius Baal de stirpe Ruben, ipse est Pater Oseæ prophetæ. Notandum quod ipsa sit Cethura quæ et Agar.

(Cap. V. — Vers. 19.) Nam cum dicat Rubenitas et Gadditas et dimidiam tribum Manasse pugnasse cum Agarenis : sequitur præbuisse eis auxilium. Ituræos, Naphæos, et Nodab, qui utique filii Ismael fuerunt. Idem in Paralipomenon Nodab, in Genesi Cedma vocatur. Cedma interpretatur, *antiquorum*, Nodab, *uter*. Fuit enim bellum Domini : quia Dominus pugnavit cum eis.

(Vers. 26.) *Transtulit Theglotphalasar, Ruben et Gad et dimidiam tribum Manasse, et adduxit eos in Hala, et in Abor et Hara*, ipsa est Rages. In Malachim vero Hara prætermittitur.

(Cap. VI. — Vers. 15.) Josedech sacerdos, ipse est Ezras. Demonstrat hoc liber ejusdem Ezræ, ubi dicit : *Et post hæc verba in regno Artaxerxis regis Persarum Ezras filius Saraiæ filii Azariæ*. Sed in libro suo se prætermittit humilitatis causa. Quod vero dicit, *Joanan genuit Azariam, et ipse est Azarias*, qui sacerdotio functus est in domo quam ædificavit Salomon in Jerusalem : monstrat eumdem Azariam restitisse Oziæ regi, quando intravit in templum Domini cum thuribulo et terræmotus magnus factus est. Tradunt etiam eumdem Ezram esse Malachiam prophetam, qui in duodecim Prophetis ultimus est. Ipsius filius est Jesus sacerdos magnus, de quo meminit Zacharias propheta. Sciendum sane quia crebræ appellationes personarum et immutationes [c] nominum et repetitiones, ad magnum mysterium pertinent.

(Vers. 21.) *Filii Chaat Aminadab filius ejus*. Iste Aminadab ipse est, qui in Numeris Jessaar scribitur, pater Core. Filius Samuel, qui in Regum Johel nominatur : in Paralipomenon Vasseni scribitur, quia Abia filius Samuelis, in judicem constitutus, munerum acceptor erat. Et quia iste Johel, qui et Vasseni, sciebat hoc, et non corripiebat eum : ideo dicuntur uterque fecisse. In hoc vero loco demon-

---

[a] Ex hoc loco perperam conjicit Erasmus, Scriptorem hujusce Opusculi propemodum fateri se nescivisse Hebraice. In ambiguis enim Scripturarum verbis, periti consulto interrogare solent peritiores; nec hoc imperitiæ, sed prudentiæ et maturiori judicio tribuendum est.

[a] Ms., *securus intercedens appellatur*.
[b] Malit vero in Erasmi sententiam prudens Lector concedere. Vide quæ hac de re diximus in Præfa-

tione.
[c] Verba, *nominum et repetitiones*, in meo ms. non sunt.

strat eum separatum a fratre suo, quia acceptor munerum erat.

(Vers. 34.) *Eliel pater Jeroam filius Thou :* in Regum Eliu scribitur. Sic enim habes, *et nomen ejus Elcana filius Jeroam, filii Eliu filii Thou.* Eliel interpretatur, *Deus meus Deus.* Eliu, *Deus meus ipse.* Et hic Eliel dicitur, id est, *Deus meus Deus :* in Regum vero, ubi necdum ad templi ministerium designatur, sed solummodo genealogiæ ordo texitur, dicitur Eliu, id est, *Deus meus ipse.* Quod vero dicitur Eman cantor filius Johel, et expleta genealogia, dicit Asaph fratrem ejus. Hic frater non unius patris aut matris dicitur, sed eo modo quo [1] solemus propinquos fratres appellare. Quod vero genealogia Aaron repetitur, et usque ad Achimaas pervenit, putatur hoc ob laudem et memoriam Achimaas factum esse, eo quod fideliter erga David in omnibus egerit.

(Vers. 68.) *Jecmaam cum suburbanis suis.* Jecmaam, in Paralipomenon, per Mem, quod interpretatur, *vindicatio populi :* in Josue scribitur [a] Jecnaam [2]. per Nun, id est, *acquisitio populi.* Hac videlicet ratione, quia qui primitus in custodienda lege fuerunt acquisitio populi : propter peccata sua versi sunt in vindictam populi.

(Vers. 70.) *Porro ex dimidia tribu Manasse Aner, et suburbana ejus.* Aner ex uno de pueris Abrahæ nomen accepit, qui vocabatur Aner, eo quod ibi habitavit, et ibi sepultus est. In Josue vero Thaanath vocatur. Aner interpretatur, *lumen.* Thaanach, respondit. In Paralipomenon, Balaam et suburbana ejus : in Josue Giblaam scribitur. Giblaam, *inveteratio populi :* Balaam, *turbatio populi.*

(Vers. 73.) Ramoth vero in Paralipomenon scribitur. Unde dicitur, *Ramoth quoque et suburbana ejus,* et in tribu Issachar. Ramoth vero Galaad, quæ in Regum scribitur, in tribu Ephraim.

(Vers. 74.) In Paralipomenon, *de tribu Aser, Masal cum suburbanis suis.* Hic Masal *parabola* interpretatur. In libro vero Josue Misaal scribitur, quod interpretatur, *interrogatio Dei.*

(Vers. 75.) In Paralipomenon : *Hucac et suburbana ejus :* in Josue vero Heleath scribitur. Hucac interpretatur, *sculpsit.* Heleath, *portio.*

(Vers. 76.) Duæ sunt Cedes : una in tribu Issachar, et altera in tribu Nephthalim in Galilæa, ubi fuit Barach filius Achinoem. In Paralipomenon, *Hamon cum suburbanis suis :* in Josue Hamathdor. Hamon interpretatur, *calefactio.* Hamathdor, *calefactio generationis.* In Paralipomenon, *Cariathaim et suburbana ejus :* in Josue vero scribitur Carthan. Cariathaim interpretatur, *urbs maris :* Carthan : *urbs :* in Paralipomenon, de tribu Gad, *Ramoth in Galaad et suburbana ejus.* Ramoth Galaad, in Regum unum nomen est, et est in tribu Ephraim.

(Cap. VII. — Vers. 6.) In Paralipomenon, *porro filii Issachar Thola et Sua , Jasub et Simeron.* Jasub in Genesi Job nominatur. Job interpretatur, *ululatio ;* Jasub, *revocans.* Simeron, nomen hominis, et Samaron, nomen civitatis. Simeron, ubi nomen est hominis, per *i ;* ubi nomen est civitatis, per *a.*

(Vers. 3.) Filii Jezraia in Paralipomenon quinque dicuntur esse, et non sunt nisi quatuor ; sed annumeratur cum eis pater eorum Jezraia, qui unicus patri suo Ozi fuit, et fiunt quinque.

(Vers. 6.) In Paralipomenon, *filii Benjamin, Bela et Bechar, et Jadiel :* in Genesi pro Jadiel Asbel scribitur. Jadiel interpretatur, *cognoscens Deum ;* Asbel, *captivus Dei.*

(Vers. 8.) *Omnes isti filii Becher.* Ubicumque in lege scribitur, *omnes isti filii*, cujuslibet aut pro meritorum excellentia, aut pro meritorum deterioratione fiunt.

(Vers. 9.) *Filii autem Belan, Jehus et Benjamin et Aoth et Canana.* Aoth, de cujus progenie fuit judex Aoth, qui in Judicum libro scribitur. Canana vero iste est, a quo egressi sunt Benjamitæ, qui nefas perpetraverunt, propter quod magnæ cædes in Israel tempore Judicum factæ sunt.

(Vers. 18.) In Paralipomenon, *filii Nephtali Jasiel, et Guni, et Jezer, et Sellum :* in Genesi iste Sellum, Sillem scribitur. Sellum interpretatur, *pax ;* Sillem, *recens.*

Quod vero sequitur, *filii Balaa,* quæ fuit concubina Jacob : quidam putant ideo illam in hoc loco ab Ezra nominatam, quia post mortem Jacob legatione functa fuerit inter Joseph et cæteros Patriarchas, qua precati sunt eum, ne recordaretur peccati eorum.

(Vers. 14.) In Paralipomenon, *porro filii Manasse Asriel, concubinaque ejus Syra.* Idem Manasse peperit Machir patrem Galaad. Ferunt hanc Syram filiam fuisse filii Laban, quæ in Ægyptum famis inopia ad venumdandum a patre ducta, a Man sse, qui horreis præerat, misericorditer suscepta, patri cibariis datis, ab eodem Manasse in conjugium sumpta est : peperitque ei Machir patrem Galaad.

(Vers. 15.) *Filii Machir Huphim et Suphim.* Huphim et Suphim unum nomen est : et est soror ejus Maacha, quam accepit Esrom, dum sexaginta esset annorum, ex qua suscepit Segub. Huphim interpretatur, *thalamus;* Suphim *unctus.*

(Ibid.) Nomen autem secundi Zalphaad : et idcirco iste secundus nominatur, quia hi duo principes erant in tribu Manasse, id est Huphim, qui et Suphim et Zalphaad.

---

[1] Hebræum gente hic agnoscimus Auctorem : quia mos Hebræorum est, ut propinquos appellent fratres.

[2] Imperite scriptum legitur in antea editis libris

[a] Sed et apud Latinos hujusmodi exempla occurrunt. Vide ipsum Hieronymum Libro contra Helvi-

Jecmaan pro *Jecnaam :* Nun enim, de quo loquitur auctor iste Hebræus, in medio vocis esse debet, non in fine, uti noverunt linguæ Hebraicæ periti.

dium, hac de re maxime ex Scripturarum idiomate fusius disserentem.

(Vers. 18.) *Soror autem ejus Regina*, id est, Bedam filii Ulam : alius est iste Bedan, et alius est Bedan in Regum, id est, Samson. Bedan interpretatur, *in Dan*. Ista soror Regina est Debbora uxor Barach , qui alio nomine Laphidoth vocatur [a].

(Vers. 20.) *Suthala filius Ephraim*, genuit Ezer et Elaad, qui congregata multitudine de Israel ascendere nisi sunt ad terram repromissionis , et in Geth Philistinorum interfecti sunt. Fratres vero, qui ad consolandam Ephraim venerunt, aut eos dicimus, qui de Patriarchis superesant, aut cognationem quam fraterno [*Lege* fratres *ut supra*] nomine saepe nominavimus.

(Vers. 24.) *Filia autem Beria*, id est, *Sara, quae aedificavit Bethoron inferiorem et Ozen-Sara.* Virtus illius feminae describitur. Ozen - Sara nomen est loci.

(Vers. 26.) *Elisama filius Amiud*, ipse est Patriarcha de tribu Ephraim, qui in libro Numerorum scribitur.

(Vers. 28.) *Ista est Sichem*, quam percusserunt Symeon et Levi. [b] Sara filia Aser dicitur Prophetissa fuisse, et meritorum praerogativis exuberasse.

(Vers. 31.) *Berzaith de progenie Melchiel*, de filiis Aser, fuit ditissimus olei et caeterarum opum, et tulit primitias Elisaeo Prophetae. In eo impletum ferunt, quod Moyses de Aser ait, *tingat in oleo pedem suum*.

(Cap. VIII. — Vers. 1.) *Aara filius Benjamin :* in Genesi scribitur Gera, quod interpretatur, *peregrinus*. In Paralipomenon, Aara *frater odoris*. Et notandum, quod hic quinque de filiis Benjamin praetermiserit : de quibus necdum progenies creverat.

(Vers. 2.) *Nohaba* in Paralipomenon, ipse est qui in Genesi, Naaman. Nohaba, *requies*; Naaman, *pulcherrimus*. In Paralipomenon, Rapha : in Genesi scribitur Ahi, quod interpretatur *frater meus*; Rapha, *medicina*.

(Vers. 6.) *Hi sunt filii Ahod principes cognationum habitantium in Gabaa, qui translati sunt in Manahath.* Manahath interpretatur *sepulcrum*. In Manahath translati sunt, quando pro scelere in uxorem levitae perpetrato, gladio corruerunt. Quod vero sequitur : *Naaman autem et Abia et Gera ipse transtulit eos*, designat eos fuisse principes et illis eminuisse Gera. Unde et singulari numero describuntur, ipse transtulit eos. De isto Gera processit progenies Gera, qui fuit pater Semei.

(Vers. 8.) *Serachim dimisit uxores suas Usim et Bara*, et fugit in terram Moab, et accepit uxorem Odes, ex qua suscepit filios, qui hic scribuntur.

(Vers. 13.) *Hi fugaverunt habitatores Geth*, et ulti sunt fratres suos filios Ephraim, qui eorum occiderant gladio.

(Vers. 40.) *Fuerunt autem filii Ulam viri fortissimi et magno robore, tendentes arcum, et multos habentes filios ac nepotes, centum quinquaginta*. Hic centum quinquaginta referunt ad filios Ulam, ut iste sit sensus : fuerunt autem filii Ulam centum quinquaginta, per tropum qui vocatur hyperbaton.

(Cap. IX. — Vers. 2.) *Nathinnei*, id est, *donati*. Sunt enim Gabaonitae, eo quod ad serviendum dati sunt ad templum Domini a Josue.

(Vers. 11.) *Azarias quoque filius Helchiae*. Iste est Helchias sacerdos magnus, qui librum legis invenit tempore Josiae, et dicitur fuisse pater Jeremiae prophetae.

Bachbachar , carpentarius idcirco describitur , quia artificio suo fungebatur in domo Domini, et erat de tribu Levi.

(Vers. 15, 16.) *Et Barachiae filius Asaph, filii Elcana, qui habitavit in atriis Netophati*. Netophati nomen loci est, ubi habitavit Helcel filius Bana, de quo superius dictum est. *Qui erant coronae domus Jacob*. Abdia filius Semeiae, filii Gaïal, filii Idithun. Iste est Idithun cantor David. Observabant in porta regis, ad orientem de filiis Levi per vices suas, qui erant cantores : et vicibus suis ad psallendum cum David veniebant.

(Vers. 19, 20.) *Sellum vero filius Core, filii Abiasaph, filii Core*. Hic prior Core per Aleph scribitur, et sonat Core : secundus vero per Heth , et sonat Corach. Core, *clamans*; Corach, *calvus* : ipse est qui in Numeris scribitur (*Cap*. XVI et XXVI). *Hi sunt Coritae super opera ministerii custodes vestibulorum tabernaculi*. Isti custodiebant ostium tabernaculi exterius. Patres vero eorum, qui subter scribuntur, et qui in Psalterio titulos habent, ipsi custodiebant ostium interius tabernaculi Domini , et erant cantores castrorum Domini. Tabernaculum dicit , ubi Dominus requiescebat. His quatuor excubiis creditus erat omnis numerus janitorum : et quatuor partes , quibus observabant custodes domus Domini , descriptae sunt in libro Numerorum (*Cap*. III). Erant enim in unaquaque parte quinquaginta et tres , qui faciunt ducentos duodecim. *Phinees filius Eleazar erat dux eorum coram Domino*. Hic monstratur Phinees adhuc in eo tempore vivere , et in tabernaculo vicibus suis excubare. Hae sunt vices viginti quatuor, quae in sequentibus describuntur, [1] quarum in Evangelio mentio est (*Lucae* I), de vice Abia.

(Vers. 35.) *In Gabaon autem commorati sunt, pater Gabaon Jaiel et nomen* [c] *uxoris ejus Maacha.* Jaiel

---

[1] Noverat Hebraeus noster Evangeliorum volumina, antea Matthaei, et hic Lucae.

[a] Addunt Martianaeus, aliique Vulgati longam hujusmodi pericopen, *sed in libro suo se praetermittit humilitatis causa. Quod vero dicit : Johannas genuit Azariam : et ipse est Azarias, qui sacerdotio functus est in domo, quam aedificavit Salomon in Jerusalem : monstrat cumdem Azariam restitisse Oziae regi, quando intravit in templum Domini cum thuribulo, et terraemotus magnus factus est. Quae et superius leguntur, et perperam hic repeti* Martian. ipse querebatur. Nos ad ms. nostri fidem hinc amovimus.

[b] Meas ms. *Bera filius Aser dicitur propheta fuisse*.

[c] Pro *uxoris*, in meo ms. est *matris*.

ipse est, qui in Regum scribitur Abiel pater Chis patris Saul. Abiel interpretatur, *pater meus Deus;* Jaiel, *desertus Dei,* propter meritorum distantiam. Et notandum, quia inter filios Jaiel, Ner et Chis vocantur fratres, sicut et sunt, et in Regum ita habetur. In sequentibus vero dicitur, *Ner genuit Chis:* non quod eum genuerit, sed quod eum educaverit, genuisse eum dicitur.

(Vers. 38.) *Isti habitaverunt e regione fratrum suorum in Jerusalem cum fratribus suis.* Quamvis foris muros Jerusalem habitarent, dicuntur propter vicinitatem tamen et conventum loci in Jerusalem habitasse.

(Vers. 39.) *Aminadab filius Saul,* in Paralipomenon : In Regum vero, ubi occisus est cum patre, Abinadab vocatur, id est, *pater meus votum.* In aliis vero locis Jesbi, id est, *coæqualus.*

(Ibid.) *Asbaul filius Saul,* ipse est Isboseth. Esbaal interpretatur, *ignis maritus.* Isboseth, *vir confusionis.*

(Vers. 40.) *Filius Jonatham Meribaal, qui et Meribabaal,* ipse est Miphiboseth. Meribaal interpretatur, *litigans cum marito.* Meribabaal, *litigans in maritum.*

(Vers. 43.) *Raphaia et Rapha unum nomen est, filius Binaa, filii Mosa.* Rapha interpretatur, [a] *defluens.* Raphaia, *medicina Dei.*

(Vers. 44.) *Azaricham Bocru unius hominis est nomen.* Bocru interpretatur, *primogenitus.* Tradunt enim eum armigerum Saul Doech Idumæum fuisse, et puerum qui diadema et armillam Saul detulit ad David filium Doech Idumæi. Ipsum etiam Doech ferunt puerum Saul fuisse, qui cum eo perrexerat ad requirendas asinas patris sui.

(Cap. X. — Vers. 6.) *Interiit ergo Saul, et tres filii ejus, et omnis domus ejus pariter concidit.* Domum ejus pariter concidisse dicit, non ut non esset, de quibus fuit Mardochæus, sed ut non regnaret.

(Vers. 10.) *Et caput ejus affixerunt in templo Dagon.* In Hebræo non caput, sed *corpus* habetur, quia caput jam miserant ad circumducendum. In Regum vero scribitur in Bethsan. Bethsan enim tradunt vocatam domum Dagon, quæ interpretatur *domus dormientis.* Alia est enim Bethsan in Judicum, et in Josue, quæ interpretatur, *domus securitatis.*

(I Par. xi, 8.) *Joab autem reliqua urbis exstruxit,* id est, pereuntibus Jebusæis gladio, si qui ex Israelitis inter eos inventi fuissent, ab eo salvabantur.

(Cap. XI. — Vers. 11.) *Jesbaam filius Achamonni princeps* [Al. *ponitur*] *inter triginta.* Jesbaam interpretatur *sedens in populo; filius Achamonni,* id est, *sapientissimus,* ipse est David. Hoc est quod in Regum scribitur : *Sedet in cathedra sapientissimus,* et minuitur de sapientia, quasi vermiculus ligni tenerrimus propter peccatum, quod commisit in Uriam. Et cum in Regum volumine dicat octingentos illum uno impetu interfecisse : in Paralipomenon hic dicit trecentos eum interfecisse [b] propter ipsum peccatum. Una vice intelligitur uno impetu, et octingentos interfecisse. Unde et in Regum scribitur, uno impetu.

(Vers. 12.) *Ahobi frater fuit Isai patris David,* cujus filius fuit Eleazar, qui fuit inter tres [c] potentissimos, id est, Baanaian filium Joiadæ, et Abisai filium Sarviæ fratrem Joab.

(Vers. 14.) *Steterunt in medio agri, et eum defenderunt.* David scilicet et Eleazar. Hoc in Paralipomenon : In Regum vero singulariter ponitur, ut regis fortitudo monstretur.

(Vers. 15.) *Descenderunt autem tres de triginta principibus ad petram, in qua erat David ad speluncam Odollam.* Tres isti, hi sunt quos supra memoravimus.

(Ibid.) *Desideravit ergo David aquam :* qui non desiderio aquæ hoc fecit, sed ad probandum utrum tam fortes inveniri potuissent, qui hoc attentarent. Sacrificavit eam Domino gratias agens, quia tam fortes viros in Israel dederat. Et notandum quod vinum, quod Deo in sacrificium offerebatur, aqua mixtum erat.

(Vers. 22.) *Baanaia filius Joiadæ, ipse percussit duos ariel Moab.* In Regum scribitur duos leones Moab, ipse percussit, id est, duos viros fortes de Moab. Idem Baanaias multa opera perpetravit de Cabseel. Cabseel nomen loci est. Hic opera ejus laudat, id est, sapientiam, quia unus erat de septuaginta Senioribus Israel. Cabseel, *congregatio Dei.*

(Vers. 27.) In Paralipomenon *Sammoth Arodites,* ipse est qui in Regum scribitur Samma. Samma interpretatur, *ibidem,* Samoth, *nomina.* Elles filius Phalti de Jaito, quod in Regum scribitur. In Paralipomenon Elles Plonites scribitur. Hic progeniem matris designat. Ploni enim fuit proximus Booz, de quo dicitur in Ruth, *Est quidam propinquior.*

(Vers. 29.) In Paralipomenon Sibbochai Uphathites, ipse est qui in Regum scribitur Mobunai. Mobunai interpretatur, *ædificium meum;* Sibbochai, *irretitus.* In Paralipomenon Illai Aothites, ipse est qui in Regum scribitur, Salmon. Salmon interpretatur, *sub umbra.* Illai, *exaltatus* [1]. Aothites filius Aothi fratris Isai.

tonites filius Ahodi fratris Isai Burai, etc.

istas modo, sed et in superius excusas Quæstiones in Regum libros, inter adversaria mea, aliique generis schedas hucusque delituerant. Cæterum illum scias a meo ms. aut numquam, aut raro admodum dissentire.

[c] Sic habent meus, atque Ambrosian. ms. Antea erat *potentissimus,* quod referretur ad Eleazarum.

---

[1] Aliter mss. codices Corbeiensis et Colbertinus, qui hoc modo legunt : *Illai, exaltatus. Banaia fara-*

[a] In ms. meo, *defl ns* pro *defluens.*

[b] Quæ hinc subnectuntur verba usque ad alterum *interfecisse,* antea desiderabantur, exceptis *propter ipsum peccatum,* quæ superiori isocolo juncta, sic tamen luxata videri poterant. Locum quoque modo supplet meus ms. et qui nunc demum succurrit, unus Ambrosianus D littera, et num. 88, prænotatus, a quo exceptæ olim variantes lectiones non in

(Vers. 30.) Heleb in Paralipomenon, qui in Regum scribitur Heled. Heleb, *adeps*; Heled, *terra*.

(Vers. 32.) Hurai in Paralipomenon, in Regum scribitur Hedai. Hurai interpretatur, *fenestra mea*. Hedai interpretatur, *acumen meum*. Abiel in Paralipomenon, in Regum Abialbon. Abiel, *pater meus Deus*. Abialbon, *pater meus dolor*.

(Vers. 33.) In Regum, filii Jasen, Jonathan : non est putandum quod filius ejus sit. Sigillatim enim ponitur Jonathan, et est filius ejus Sagie in Paralipomenon. Filii vero Asem Gizoni. Jasen interpretatur *dormiot*. Asem, *nominatus*.

(Vers. 34.) Ahiam *filius Sachar* : in Paralipomenon, et interpretatur *merces* : in Regum scribitur Saar, et interpretatur *cantor*.

(Vers. 35.) Eliphal, *filius Ur*, in Paralipomenon : in Regum Eliphelet filius Ashai. Eliphal interpretatur *Deus meus mirabilis*. Ur, *ignis*. Eliphelet, *Deus meus liberabit*. Asbai, *pepercit mihi*.

(Vers. 36.) In Paralipomenon, Epher Mechoratites. Hepher ipse est Eliam pater Bethsabee, filius Achitophel. Mechorati, *renundatus*. Epher, *foveam*. Eliam, *Deus meus mirabilis*. Achitophel, *frater meus ruina* : item, *frater meus mirabilis*.

(Vers. 37.) Esro in Paralipomenon, interpretatur *atrium ejus*. In Regum, Esrai interpretatur, *atrium meum*. In Paralipomenon, Noorai filius Esbai : in Regum Pharai de Arbi. Noorai, *puer meus*. Esbai, *hyssopus meus*. Pharai interpretatur *gluto*. Arbi, *locusta*.

(Vers. 37.) In Paralipomenon, Joel frater Nathan : in Regum scribitur Igal filius Nathan. Joel, interpretatur, *Dominus Deus*. Joel, et Jonathan et Nathan propheta fratres fuerunt, filii Sammaa fratris David. Igaal, *redemptus*. Quod vero in Paralipomenon Joel frater Nathan, et in Regum filius Nathan scribitur, hæc causa est : illic ponitur pro educatione pater, hic pro natura frater. Mibahar filius Agari, in Paralipomenon : in Regum, Boni de Gaddi. Mibahar interpretatur, *de electis* : Agari, *advena meus*. Bani, *filius meus* : de Gaddi, hoc est, de tribu Gad.

(Vers. 41.) Hira Jethræus, filius Jether patris Amasæ. Uria Ethæus vir Bethsabee, a loco qui vocatur Eth, Ethæus vocatus est. Hi triginta septem fuerunt [*Al.* fugerunt] cum David cum fugeret ante Saul.

(Vers. 43.) *Maacha* nomen est officii feminarum de causis muliebribus. Maacha, *ingeniosa*. Selech Ammonites, eo quod in Ammon ministerio fungeretur. Gathma Moabites, eo quod in Moab ministerio fungeretur. Hactenus Benjamitæ, Elcana, et Jesia, et Azrael. Incipiunt Levitæ.

(Cap. XII. — Vers. 8.) *Sed et de Gaddi transfugerunt ad David* : de Gaddi, id est, de tribu Gad.

(Vers. 21.) *Hi præbuerunt auxilium David adversum latrunculos* : id est, Amalecitas, qui prædati sunt uxores ejus, et eorum qui cum eo erant.

(Vers. 22.) *Usque dum fieret grandis numerus quasi exercitus Dei*. Sexcentorum millium numerus, qui de Ægypto egressi sunt. Joiada quoque, princeps de stirpe Aaron, ipsum tradunt fuisse Phinees, ad cujus comparationem, Sadoch puer vocatur. Quod vero dicit principes cum eis venisse, id est, sacerdotes. De filiis Issachar viri eruditi, qui horum singula tempora. Ipsi enim erant doctores, computatores, et magistri, sive ad festivitates celebrandas, sive ad cætera : et ideo dictum est in benedictione Issachar : *Supposuit humeros suos, et factus est tributis serviens* (Gen. XLIX, 15.)

(Cap. XIII. — Vers. 5.) *Congregavit ergo David cunctum Israel, a Sihor Ægypti*. Sihor Ægypti fluvius est a Nilo derivatus. In Jeremia, *Quid tibi est ad viam Ægypti, ut bibas aquas Sihor?* In Josue, *De Sihor, qui est super faciem Ægypti, usque ad terminos Accaron*.

(Vers. 9.) *Cum pervenissent ad aream Chidon*. Chidon interpretatur, *clypeus*. Traditur enim iste locus esse, ubi Josue stabat, quando dictum est ei, *leva clypeum contra urbem Ahi*.

(Cap. XI. — Vers. 32.) *Eliada filius David*, in Regum, et in Paralipomenon, in primo loco nominatur eodem modo : in secundo vero loco Baliada. Eliada interpretatur, *Deus meus cognovit*. Baliada, *maritus cognovit*. Tradunt propter transgressionem David, hoc nomen immutatum.

(Cap. XIII. — Vers. 7.) Abinadab, interpretatur [a] *Pater meus votum*; Aminadab, *populus meus votum*. Jusserat enim idem Aminadab duobus filiis suis Oza et Ahio, ut portarent arcam Domini humeris suis. Et quia neque ipsi eam portaverunt, neque Chaatitis ad portandum dederunt, idcirco Oza mulctatus est morte. Fuit enim peccatum in non portando : in sustinendo arcam, jam poena peccati. D.visio enim Oza traditur, [b] quod arruisset brachium ejus et humerus, ubi arca Domini portanda erat, et in illius loco divisio quædam facta est.

(Vers. 13.) *Avertit arcam Dei in domo Obed-Edom*. Obed-Edom levita erat : et ignorabat David ob quam causam indignatio Dei venisset in Ozam. Postquam vero cognovit causam, pro qua Oza percussus est, jussit eam portari in humeris, sicut sequentia demonstrant.

(Cap. XIV. — Vers. 8.) *Venit contra illos ex adverso flentium*. Tradunt Philistæos idolum habuisse, cui in lacrymis hominum sacrificium parabatur. Huic

---

[a] Falso hactenus obtinuit *Deus meus*, pro *Pater meus*, אבי ; *Abi* enim *Patrem meum* sonare nemo nescit : *Dei* vero nomen, nisi si tropologice (quod sic tamen alibi factum scimus) interpreteris, minime ex eo vocabulo extundas. Meus autem atque Ambrosian.

ms. restituunt.

[b] Sed non usque adeo constans traditio est : siquidem Auctor *mirabilium* suffocatum eum tradit, alii fulmine ictum volunt, alii contabuisse.

illi more suo lacrymis sacrificabant. Et eis ex adverso David venit, in quorum capitibus jam furor Domini sæviebat, quando ad eos ventum est. Ideo timuerunt gentes David propter idolum destructum, cui humanis lacrymis sacrificabatur.

(Cap. XV. — Vers. 1.) *Tetenditque ei tabernaculum,* etc. Aliud novum tabernaculum fecit, quo istud [Al. *illud*] quod a Moyse factum fuerat in eremo, cooperiret.

(Vers. 19.) *In cymbalis æneis concrepantes.* In Hebræo habet *in cymbalis æneis ad audiendum:* quia videlicet ab ipso psalmo incipiebant, qui habet in capite : *Exaudi, Domine, justitiam meam,* qui est sextus decimus.

Vers. 20.) *In Nablis arcana cantabant.* In Hebræo abet, pro *juventatibus :* quia a psalmo quadragesimoquinto incipiebant, qui hoc habet in titulo.

(Vers. 21.) *In citharis pro octava cantabant :* quia a sexto psalmo incipiebant, qui hoc habet in titulo. Pro octava autem, quidam putant [a] pro circumcisione.

(Vers. 22.) *Chonenias autem princeps Levitarum, prophetiæ præerat ad præcinendum melodiam :* quia ipse eis spiritu propheticæ, melodias et verba ad memoriam revocabat.

(Vers. 23.) *Barachias et Elcana janitores arcæ.* Hic janitores [b] portatores vocat.

(Vers. 26.) *Cumque adjuvisset Deus levitas, qui portabant arcam fœderis,* timentes casum Ozæ.

(Cap. XVI. — Vers. 5.) *Obed-Edom, et Jeihel super organa.* Iste Jeihel est, de cujus progenie fuit Ahiel prophetes, qui in diebus Josaphat prophetavit.

(Vers. 21.) *Sed increpavit pro eis reges,* Pharaonem et Abimelech.

(Vers. 39.) *Sadoch autem sacerdotem, et fratres illius sacerdotes coram tabernaculo Domini in excelso, qui erant in Gabaon.* Hic Gabaon, quidam locum quemdam arbitrantur esse in Jerusalem, ubi a David tabernaculum fœderis, et arca testamenti Domini collocata sunt. Gabaon interpretatur, *vallis.* Excelsum autem propter sublimitatem cultus divini existimant.

(Vers. 43.) *Reversus est David ut benediceret domui suæ.* Quidam benedictionem hic per antiphrasim dictam putant. Domum vero Michol, filiæ Saul quam increpavit David, eo quod indignata sit, cum vidisset eum subsilientem coram Domino ante arcam testamenti.

(Cap. XVII.—Vers. 8.) [c] *Fecitque sibi nomen quasi unius majorum, qui celebrantur in terra.* Unius majorum aut Abraham, aut Isaac, aut Jacob.

(Cap. XVIII. — Vers. 1.) *Ut tolleret David Getd, et filius ejus de manu Philistinorum.* In Regum scribitur : *Tulit frenum tributi,* ut dilataret imperium suum usque ad flumen Euphraten. Quidam putant de Adadezer dictum, necnon et de Thibahath et de Chun.

In Regum Betha et Berothai. Betha interpretatur, *requies.* Berothai, *fontes mei.* Thibahat, *macellum,* Chun, *percussus* [Al. *compercussus*] : propter derisionem enim in hoc loco immutatio nominum facta est.

(Vers. 9.) *Thou rex Emath,* in Paralipomenon, in Regum Thoi. Thoi, *error meus :* Thou, *error eorum :* quia filium suum in dolo ad David mittebat. Idcirco nominis immutatio facta est.

(Vers. 10.) *Misit Aduram filium suum :* in Regum, Joram. Joram, *Deus excelsus.* Aduram, *decor excelsus.*

(Vers. 12.) *Fecit David sibi nomen cum reverteretur capta Syria, in valle Sellinarum cæsis decem et octo millibus.* Eodem modo et in Regum scriptum est. Multi enim duodecim millia habent, errore ducti, eo quod in psalmo scribitur *duodecim millia.* Sed illic duodecim millia Joab interfecisse perhibetur, hic decem et octo millia Abisai : et propter regalis nominis dignitatem, David victoria ascribitur. Est enim in Paralipomenon plane scriptum, quod Abisai hæc decem et octo millia interfecerit.

(Vers. 15.) *Commentarii,* Commentatores, qui annotatis rebus et causis, regi eas ad memoriam referebant.

(Vers. 16.) *Abimelech filius Abiathar* in Paralipomenon, in Regum Achimelech scribitur. Abimelech, *pater meus rex.* Achimelech, *frater meus rex.* Susa scribitur Paralipomenon, in Regum Saraia. Susa, *gaudium.* Saraia, *princeps Domini.* Bahurim, interpretatur, *electorum.* Phalti, *liberatus,* Lais, *filius leonis.*

(Vers. 17.) *Venit usque ad Bahurim,* usque ad locum doctorum et electorum, e quibus unus erat. Cerethi, *exterminatores.* Phelethi, *admirabiles.* Dicuntur enim fuisse septuaginta Judices loco eorum substituti, quos Moyses in eremo, Domino præcipiente, delegerat. In Regum, filii David sacerdotes, in Paralipomenon, primi ad manum regis scribuntur. Ad unum enim sensum utrumque convenit : quia hic dicit eos primos, et illic sacerdotes, propter nobilitatem et prioratum. Ii enim sunt qui ei in Ebron nati sunt.

(Cap. XIX. — Vers. 2.) *Faciam misericordiam cum Anon filio Naas. Præstitit enim pater ejus mihi gratiam.* Naas fuit rex Ammon, qui in Regum scribitur, cum quo primum Saul in defensionem Jabes Galaath pugnavit, et vicit eum. Quia ergo erat inimicus Saul, idcirco gratiam præstabat David, si quando ad eum veniebat. In Regum, dimidiam partem barbæ præcidit, et vestes eorum medias usque ad nates. In Paralipomenon, decalvavit, et præcidit tunicas eorum medias usque ad inguina. Quod in uno loco deest, in alio habetur : unde colligitur eos decalvatos fuisse, et barbas rasas eos habuisse, et vestimenta præcisa ante et retro.

---

[a] Ex eo scilicet, ut Pseudo-Hieronymus in eum psalmum notat, quod *octavo die circumciduntur primogenita, et immunda esse desistunt.*

[b] Martianæus vitiose *peccatores* legerat. Ms. uterque castigat.

[c] Victorius rescripsit *Fecique tibi nomen,* etc.

(Vers. 16.) *Sophach autem princeps militiæ erat Adadezer.* Sophach interpretatur, *evisceratus :* in Regum scribitur Sobach, et interpretatur, *columbaris.*

(Cap. XX. — Vers. 2.) *Tulit autem coronam David Melchom de capite ejus.* Melchom idolum Ammonitarum, de quo in Regum, et in Paralipomenon, et in Sophonia scribitur. Melchom interpretatur, *rex corum.* De simulacro enim illius idoli tulit David diadema. Illicitum erat de idolis aliquid auri appetere, aut argenti, Judæis per legem. Sed, ut ipsi tradunt, Ethai Jethæus, qui de gente Philistinorum ad David venerat, ipse diadema diripuit de capite Melchom, ut liceret Hebræo de manu hominis capere, quod de capite idoli non licebat.

(Vers. 4.) *Post hæc initum est bellum in Gezer :* in Regum, in Gob. Gob interpretatur, *locusta.* Gezer vero nomen loci est, et interpretatur, *ordinatio.* Sicut locustæ, ita filii Araphæ delebant Israel. Arapha enim fuit nurus Noemi, de cujus progenie fuerunt gigantes, Goliath et fratres ejus.

(Ibid.) *In quo percussit Sobochai Husathites Saphai :* in Regum Saph. Saph interpretatur, *liminare.* Saphai, *liminare meum.* In Paralipomenon, de genere Raphaim : in Regum, de stirpe Rapha, quia filii Orphæ erant de genere gigantum.

(Vers. 5.) *In quo percussit Adeodatus.* In Hebræo legitur, Eleanan filius Jair, [a] Leemites frater. Jair, *vigilans*, in Regum scribitur Hur filius Jaare, quod interpretatur *saltus* : in Regum scribitur, Bethlehemites : in Paralipomenon, Leemites frater. Interfecit ergo Goliath Getthæum, fratrem Goliæ Philistæi, quem interfecit David. Fuerunt enim de stirpe Orphæ quinque, de quibus in sequentibus dicit.

(Vers. 7.) *Et percussit eum Jonathan filius Sammaa fratris David.* Jonathan ipse est Nathan propheta, qui habuit duos fratres, Joel et Jonadab. Idcirco ei hic nomen patris imponitur, quia inter præliatores describitur. Ubi vero de prophetia ejus scribitur, non ei annotatur pater, eo quod pater ejus Propheta non fuerit.

(Cap. XXI. — Vers. 3.) *Quod in peccatum reputetur Israeli,* id est, in mortem, quæ pro peccato venit.

(Vers. 5.) In Paralipomenon, [b] mille millia, et centum millia : in Regum, mille trecenta millia, in Paralipomenon scribuntur et hi qui remanserunt, et qui interfecti sunt. In regum vero vivi tantummodo numerantur. Quod vero scribitur, septuaginta millia interfecta fuisse, hic tantum capita seniorum numerantur. Cæterum de plebe tot millia interfecta sunt, quot millenarium trecenta numerum excedunt. De tribu Levi, et Benjamin, quia non sunt numerati, non sunt interfecti : quia Benjamin ideo evasit, quia recenti tempore fraterno gladio pene usque ad internecionem corruerat. Levi vero non numerabatur, quia sacerdotii dignitate præcellebat.

(Ibid.) *Gladium Domini et mortem et Angelum Domini.* Dicitur Dominus in Ægyptum descendisse, et percussisse Ægyptum plagis, et peremisse primogenitos Ægyptiorum (*Exod.* xi). Hic vero, quod terribiliter positum est primum de gladio Domini, temperatur dum dicitur, *et Angelum Domini,* non in manu hominis, ut flagellum ejus non esset in manu hominis, sed in manu Dei, quia multæ miserationis est. Flagellum enim hominis et in gladio est, et in fame. quia possunt prohibere venundationes hi apud quos sunt frumenta.

(Vers. 15.) *Vidit Dominus, et misertus est.* Aiunt Sadoch sacerdotem infulatum Dominum deprecatum fuisse, et imitatum fuisse patrem suum Aaron, et illius preces et devotionem Dominum vidisse, et misertum fuisse.

(Vers. 18 seqq.) In Paralipomenon Ornan, et interpretatur, *lumen nobis :* in Regum vero Areuna, id est, *arca.* Ornon, Jebusæum fuisse ibi parescit, quia noluit David absque pecunia aliquid ejus offerre Domino. In lege enim est prohibitum. Quidam idcirco dicunt bis sanguinem fusum a David pro sanguine hostili, quem effudit, et pro sanguine Uriæ, qui effusus est.

(Cap. XXIII. — Vers. 1.) *Filii Gersan filii Moysi, Sebuel primus.* Ipsum ferunt esse qui in Judicum, Jonathan scribitur, qui fuit sacerdos in tribu Dan. Jonathan interpretatur, *Domini donum.* Sebuel, *revertens ad Dominum;* de quo scribitur : *Ipse et filii ejus fuerunt sacerdotes in tribu Dan, usque ad diem captivitatis terræ,* id est, usque ad diem, quando arca Domini ab Allophylis capta est. Sebuel revertitur Deus : juxta hoc quod habetur in Propheta : *Convertimini ad me, et ego convertar ad vos* (*Zachar.* i, 3).

(Vers. 17.) *Porro filii Rahabia multiplicati sunt supra modum* [Al. *domum*]. Et hic impletum est, quod Dominus dixit ad Moysen : *Dimitte me, ut deleam populum istum, et faciam te in gentem, quæ major ista est* (*Exod.* xxxii, 10).

(Vers. 27-29.) [1] *Juxta præcepta David novissima* supputabitur filiorum Levi numerus, *a viginti annis et supra.* Quando tabernaculum Domini movebatur de loco ad locum, a [c] triginta annis eligebantur : postquam vero templum Domini ædificatum est, a viginti annis. Quod vero in quibusdam codicibus habetur, *ad ferventem similam,* et in quibusdam ad *ferventem* a viginti annis eligebantur. Postquam vero templum Domini ædificatum est, a triginta annis. Quæ omnino mutila ac corrupta probat contextus sacer I Paral. xxiii, 27.

---

[1] Hunc locum ad fidem mss. codicum restituimus. In editis apud Erasmum ita legimus : *Quæ major ista est. Novissima supputabitur filiorum Levi : quamdiu tabernaculum Domini mutabatur de loco ad locum*

[a] Martian. *Bethlehemites* hic legerat, quemadmodum non in Paralipomenon libris, sed Regum scribitur.

[b] Cum meo ms. Victorius quoque, *In Paralipomenon quingenta septuaginta millia. In Regum mille*, etc.

[c] Cum Vulgatis ante Martianæum libris meus, atque Ambrosianus mss. in hoc consentiunt, quod *viginti* hic pro *triginta*, atque e converso mox *triginta* pro *viginti* annis præferunt.

tantummodo, error est. In Hebræo non habet in hoc loco *similam*, quia simila jam paulo superius nominata est: sed *ad torrendum*, in Hebræo ponitur, ut subaudias spicas. Primitiæ enim spicarum quando deferebantur, torrebantur, et grana comedebantur. Quod genus cibi vulgo *graneas* vocant.

(Vers. 27-29.) In quibusdam codicibus habetur: *super omne pondus et mensuram*: sed in Hebræo in hoc loco pondus non habet, sed *mensuram* tantum geminato nomine positam, sive eam quæ brachiis aut manibus, aut funibus metitur, sive eam quæ vasis.

(Cap. XXIV. — Vers. 5.) *Principes sanctuarii, filii Ithamar; principes Dei, de filiis Eleazari: principes sacerdotum de Eleazar.* Et idcirco principes Dei dicuntur principes sanctuarii de Ithamar, quia ibi ministrabant.

(Vers. 16.) *Vicesima Ezechiel:* a qua cognomen sortitus est Ezechiel Propheta.

(Vers. 22.) *Salomith de filiis Issahar.* Superius generis feminini, Salomoth vero in sequentibus generis masculini.

(Vers. 26.) *Filii Merari Jaaziahu.* Hic Jaaziahu, in vicesima quarta Maaziahu scribitur. Maaziahu interpretatur, *de auxilio Dei.* Jaaziahu, *auxilium Domini.*

(Cap. XXV. — Vers. 5.) *Ut exaltet cornu,* id est, cornu Israel, sive cornu, regem David.

(Vers. 27.) *In sorte vicesima Eliba,* qui paulo superius Eliatha nominatus est. Eliatha interpretatur, *Deus meus tu*; Eliba, *Deus meus veni.*

(Cap. XXVI.— Vers. 15.)*Obed-Edom plaga australis et filiis est domus consilii.* Domum consilii plerique intelligi volunt Sancta Sanctorum, in quo erat arcanum consilii.

(Cap. XXVII.— Vers. 18.) *Elihu frater David princeps Juda:* in Regum Eliab vocatur. Eliab, *Deus meus pater,* Eliha, *Deus meus Dominus.*

(Vers. 25.) *Noluit autem eos David numerare a viginti[1] annis* [a] *inferius.* Usus enim erat, ut siquando numeraretur a viginti annis et supra, numerarentur hi qui poterant ad bella procedere, aut aliquo ministerio fungi. Quia vero David generaliter jussit omnes numerari, et supra viginti, et infra viginti annos, idcirco indignationem Domini expertus est.

[1] Manuscripti libri, *a viginti annis et supra.*
[2] Conjunctim leguntur Quæstiones istæ in mss. codicibus, nec ulla in illis est distinctio inter librum primum et secundum. At Colbertinus supra laudatus hunc retinet titulum miniatis litteris: *Finiunt Quæstiones de libro primo Paralipomeni. Incipiunt de secundo.*

[a] Nostri vero mss. impressæ lectioni rectissime suffragantur.
[b] De Essenis loquitur Josephus lib. de Bello Judaico cap. 8. Verus autem Hieron. Epist. 22, ad Eustoch. num. 35 : *Tales* (sc. continentes) *Josephus in secunda Judaicæ captivitatis historia Essenos refert.*

(Vers. 24.) *In fastis regis David:* quia superveniente indignatione Dei, omnis iste numerus conturbatus est, et non fuerunt distributi per ministeria, neque ad aliqua officia.

(Vers. 25.) *His autem thesauris, qui erant in urbibus.* Thesauros in hoc loco, non solum pecuniam, sed et omnes substantiam nominat.

(Vers. 32.) *Jonathan autem patruus David consiliarius* ipse est Nathan propheta. Patruus vero honoris et propinquitatis causa vocatur.

(Ibid.) *Jahiel filius Achamoni erat cum filiis regis.* Iste Jahiel est filius David, qui in Regum Chilab nominatur. Achamoni, *sapientissimus*: ipse est David.

(Cap. XXIX. — Vers. 21.) *Taurus mille cum libaminibus suis:* id est, cum vino.

(Vers. 22.) *Unxerunt secundo Salomonem filium David.* Unxerunt autem eum in principem, dicentes: Quicumque regnet, tu Deus noster, tu semper sis Deus noster.

(Cap. XXVIII. — Vers. 1.) *Qui præerant substantiæ regis cum Eunuchis.* Quæri potest, cur hic Eunuchi ad tam grande consilium vocati esse dicantur, cum Israelitis abscindi lex prohiberet, et alienigenæ non facile possunt admitti ad tam grande consilium (*Deut.* XXIII). Tradunt Hebræi in hoc loco illos vocari eunuchos, qui ab omnibus actibus sæculi alieni, orationi tantum et lectioni vacabant: et uxores non causa libidinis, sed suscipiendæ prolis gratia habebant, quos Josephus secundum eorum hæresim [b] Essenos vocat.

(Vers. 2.) *Audite me, fratres mei et populus meus.* In hoc loco et fraternitatem et prioratum suum demonstrat.

(Cap. XXIX. — Vers. 23.) *Seditque Salomon super thronum Domini:* propter similitudinem leonum, qui etiam in Cherubim describuntur.

(Vers. 29.) *Gesta autem David priora et novissima.* Priora, quando regnavit in Hebron: novissima, quando regnavit in Jerusalem. Notandum quod quadraginta annis regnasse perhibetur, et in Libro Samuel secundo scribitur septem annis et sex mensibus in Hebron, in Jerusalem triginta tres [2].

---

[a] IN LIBRUM II PARALIPOMENON.

(Cap. I. — Vers. 8.) *Fecisti cum patre meo misericordiam magnam, et constituisti me regem pro eo.* Quia

[a] Hic, ut supra, Martian. ponit : *Incipiunt Quæstiones Hebraicæ partis secundæ libri Dabrejamin :* hisque similiter appendit notulam, quam habes : *« Sic habet meus ms.»* Ambrosian. tantum, *Incipit de secunda Parte.* Antea erat, *In librum secundum Paralipomenon.* Vide quæ de prioris partis inscriptione annotamus. » Edit.

secundum legem prohibitum erat, ne quis de alterius uxore generatus auderet introire Ecclesiam Dei.

(Vers. 14.) *Et fecit eos esse in urbibus quadrigarum, et cum rege in Jerusalem.* Urbes quadrigarum dicit [1] cortes, quæ in Jerusalem erant ædificatæ ad stationem curruum, quod et sequentia monstrant, cum dicitur : *et cum rege in Jerusalem.*

(Vers. 16.) *Equi de Ægypto et de Choa.* Choa alii dicunt insulam esse unam de Cycladibus, in qua fuit Æsculapius. Hebræi dicunt, et hoc nomine congregationem significari.

(Cap. II. — Vers. 13.) *In Paralipomenon Huram*, quod interpretatur *Deus excelsus* : in Regum Hiram, quod interpretatur, *vivit excelsus. Misique tibi Huram patrem meum.* Hic Huram filius fuit mulieris de progenie Salomith, de tribu Dan, qui in Libro Numerorum scribitur. Patrem vero ejus tradunt Hebræi fuisse Hebræum de progenie Ooliab, de tribu Dan, qui in eremo cum Beseleel operatus est. Quod vero hic *Tyrium* eum vocat, illi dicunt hoc translatione factum fuisse. Zoori enim lingua eorum *plasmator* intelligitur. Tyrus enim, quam illi *Sor* vocant, in quibusdam locis *angustia*, in quibusdam *plasmatio* intelligi solet. Idcirco vocat illum patrem suum, quia ad eum de terra Israel ad peregrinandum profectus, docuit eum timorem Domini, et adduxit eum ad cognitionem [*Ms.* congregationem] Dei.

(Cap. III. — Vers. 1.) *Moria interpretatur visio* : ipse est enim locus, de quo dictum est ad Abraham : *Vade in terram visionis* (*Gen.* XXII).

(Vers. 3.) *In mensura prima*, id est, mensura, qua Moyses tabernaculum in eremo mensus est.

(Vers. 17.) *Jachim interpretatur*, *præparator* : hunc volunt intelligi David. *Booz*, propter virtutem castitatis.

(Cap. IV. — Vers. 7.) *Secundum speciem quam jusserat fieri* : subauditur , *Deus. Boves* propter memoriam vituli in eremo conditi. Basilicam grandem ubi reges orabant.

(Cap. VI. — Vers. 1.) *Dominus dixit ut habitaret in caligine*, quando ad Moysen dixit : *Ecce ego venio ad te in columna nubis.*

(Vers. 25.) *Et cum deprecati fuerint in loco isto, exaudi de cœlo ; et propitiare peccatis eorum , et reduc eos in terram quam dedisti patribus eorum.* Cum enim eos in loco ipso oraturos dicat : cur dicit, et reduc eos in terram , quam dedisti patribus eorum , nisi forte hi qui ibi ad orandum venerint, obtinere valeant, ut hi qui in captivitatem ducti sunt, reducantur.

(Vers. 26.) *Et conversi a peccatis suis, exaudias eos.* Notandum, quod cum ad orandum pergitur, a peccatis convertendum est.

Sanctificavit Salomon medium atrii ante templum

---

[1] Significat loca cincta parietibus, quibus animalia habentur, quo sensu et Vitruvius, lib. VI., boum cortes nominat. Italice quoque, *corti*. Atque hæc quidem expositio præferenda illi videatur, quæ

Domini. Quia præ multitudine sacrificiorum hostiæ non poterant offerri omnes in altari, et ideo mediam partem atrii dedicavit : ut et in ea ita offerretur , sicut in altari.

(Cap. VII. — Vers. 9.) *Fecitque die octava collectam.* Hæc est collecta, quæ in libro Numerorum [*Al.* Levitici] scribitur. *Dies octavus erit vobis celeberrimus atque sanctissimus.* Est enim cœtus atque collectæ. Duabus enim vicibus in anno hæ collectæ colligebantur, id est, die octavo Paschæ, et die octavo Tabernaculorum. Et notandum, quod in ea quæ in Pascha celebrabatur , dicitur : *Celebrabitis collectam Domino Deo nostro* (*Deut.* XVI). In ea vero quæ in solemnitate Tabernaculorum, *Celebrabitis collectam vobis.*

(Cap. VI. — Vers. 42.) *Non avertas faciem Christi tui* : id est , non reprobes deprecationem meam. Unde et dicitur : *Suscepit faciem tuam.*

(Cap. VII. — Vers. 10.) *Lætantes atque gaudentes super bonis , quæ fecerat Dominus David et Salomon et Israel populo suo.* Quia David , dimisso peccato Uriæ Ethæi, regnum concessit in sempiternum. Et Salomoni, quem lex prohibebat Ecclesiam Dei intrare, non solum veniam , sed etiam regnum concessit : et Israel, qui post multitudinem prævaricationum, templum in quo Dominum invocarent, requiem et Dei gratiam meruerunt.

(Cap. VIII. — Vers. 2.) *Civitates quas dederat Hiram Salomoni ædificavit.* Eas civitates, quas Salomon dedit Hiram, et iste noluit eas recipere, sed vocavit terram Chabul, ipsas dicit Hiram Salomoni habere.

(Vers. 6.) *Omnia quæ voluit Salomon, atque disposuit, ædificavit in Jerusalem et in Libano.* Illic in Libano templum significatur, juxta istud Ezechielis: *Aperi, Libane, portas tuas.* In solemnitate hebdomadarum, id est, Pentecostes.

(Cap. IX. — Vers 29.) *Reliqua autem opera Salomonis priorum et novissimorum.* Priorum, antequam prævaricatus esset : posteriorum, postquam prævaricatus est.

(Cap. X. — Vers. 4.) *In visione quoque Jaddo videntis.* Jaddo ipse est prophetes, qui ad arguendum Jeroboam pro altari, quod fecerat, a Deo missus est in Samariam.

Pater tuus durissimo jugo nos oppressit ; eo quod viginti quatuor millia per vices mensibus singulis morabantur cum rege in Jerusalem.

(Vers. 6.) *Iniit consilium cum senibus, qui steterant coram patre ejus Salomone*, id est, cum Banaia filio Joiadæ, et Jahiel filio Achamoni, qui alio nomine Chilab vocatur.

(Vers. 8.) *Relicto consilio senum, cum juvenibus tractare cœpit*, id est , Adhuram, qui in sequentibus lapidatus describitur.

(Vers. 16.) *Nunc autem vide domum tuam David.*

tradit urbem *Bethmareaboth*, id est , *domum curruum*, et *Haser-Susa*, quod est *commoratio equorum*, designari.

Nunc autem videat Deus, quia quod nos a domo David recedimus, peccatum est filiorum ejus, qui nos abjiciunt.

(Vers. 18.) *In Regum, Huram: in Paralipomenon, Adhuram.* Huram: *fluvius exaltatus:* Adhuram, *ruina exaltata.*

(Cap. XI.—Vers. 5.) *Et aedificavit civitates muratas.* Causa belli aedificavit civitates.

(Vers. 15.) *Sacerdotes excelsorum et daemonum.* Quia sicubi fiebat imago, daemones dabant responsa, et constituebantur eis sacerdotes.

(Vers. 18.) *Duxit autem Roboam uxorem Malaad, filiam Jerimut, filii David.* Iste Jerimut non scribitur, neque in Regum, neque in Paralipomenon, quia fuit de filiis concubinarum.

(Vers. 20.) *Accepit Maacham filiam Abessalon.* Non est iste Abessalon filius David, sed alius, quod in Regum volumine demonstratur.

(Cap. XII.—Vers. 15.) *Scripta sunt in libro Semeiae Prophetae, et Addo videntis.* Hunc Addo, superius Jaddo nominavit.

(Cap. XIII.—Vers. 4.) *Stetit Abia super montem Samaraim.* Multi putant hoc de Samaria dictum, quod non potest esse. Fuit enim mons in Ephraim, haud procul a Carmelo, ubi fuit Elias.

(Vers. 5.) *Ipsi et filiis ejus pactum salis.* Pactum salis in quibusdam locis pro lege ponitur, quae omnium condimentum est, et in hoc loco pro Domo David, qui universo Israeli condimentum fuit.

(Vers. 7.) *Porro Roboam erat rudis et corde pavido.* Quia Semeiae Prophetae verba extimuit.

(Vers. 9.) *In tauro et arietibus septem* consecrabantur manus illius, qui sacerdos futurus erat. Hunc enim morem Jeroboam ceperat ad sacerdotes idolorum consecrandos.

(Vers. 17.) *Et corruerunt vulnerati ex Israel quinquaginta millia virorum fortium.* Hi nimirum qui ante idolum curvaverunt genua sua. Praeceptum enim erat in lege, ut si quis idolum adoraret, moreretur.

(Vers. 19.) *Et cepit Bethel et filias ejus.* Bethel ipsa est, in qua posuerat Jeroboam vitulum. *Ephron quoque et filias ejus.* Ephron ipsa est Sichem.

(Cap. XV.—Vers. 1.) *Azarias autem filius Odeth.* Odeth ipse est Jaddo, qui ad Jeroboam missus est.

(Vers. 5.) *In tempore illo non erit pax egredienti et ingredienti.* Tradunt hoc quinquaginta duobus annis post eversionem templi impletum, ita ut in his quinquaginta duobus annis, nec avis volaverit, nec bestia pertransierit per Jerusalem: et Israel fuerit absque ^a spe, et omnes gentes in conturbatione.

(Vers. 8.) *Et aedificavit altare Domini, quod erat ante porticum.* Illud scilicet, quod a Salomone constructum fuerat, renovavit.

(Vers. 15.) *In omne enim corde suo juraverunt.* In corde, in jejunio, et in afflictione, in voluntate, in eleemosyna.

(Vers. 16.) *Sed et Maacham matrem Asa regis.* Idcirco non dixit matrem suam, quia non ambulabat viam rectam, sicut filius ejus. *Ex augusto deposuit imperio:* hoc est, de sacerdotio. *Comminuit simulacrum Priapi, et combussit in torrente Cedron.* Aiunt comminuisse istud, et clam voluisse projicere, quod Dominus ut patefaceret, in torrente Cedron ex aqua ignis processit.

(Cap. XVI.—Vers. 10.) *Jussit eum in nervum mitti:* eo quod publice se arguit.

(Vers. 12.) *Doluit pedes Asa:* quia podagrico humore correptus est. Notandum quod regibus causa reverentiae combustiones vestimentorum et aromatum fiebant. Unde dicitur, *et juxta combustiones majorum facient tibi.*

(Cap. XVII.—Vers. 3.) *Et ambulavit in viis David primis:* id est, antequam peccasset David.

(Vers. 16.) *Post istum quoque Amasias filius Zacri consecratur Domino:* eo quod esset de tribu Issachar et esset doctor.

(Cap. XVIII.—Vers. 58.) *Porro rex Israel stabat in curru suo contra Syros, usque ad vesperum, et mortuus est occidente sole.* Accepto vulnere mortali, jussit se teneri, ne deprehenderetur ab hostibus, quod vulneratus esset, et illius ruina et hostibus victoriam, et populo periculum fugae incuteret. Occidente sole mortuus est, ut nocte praesidium fugae suae populus haberet.

(Cap. XIX.—Vers. 2.) *Jehu filius Anani:* illius videlicet Prophetae, qui ab Asa rege Juda in carcerem missus est.

(Cap. XX.—Vers. 1.) *Filii Moab, et filii Ammon, et cum eis de Ammonitis.* Ammonitas, Idumaeos vult intelligi, quia ob reverentiam fraterni nominis, nolebant in pristino habitu arma movere contra Israel, sed transfigurabant se in habitum Ammonitarum.

(Vers. 2.) *De his locis quae trans mare sunt:* mare Salinarum est, ubi Jordanis influit.

(Vers. 5.) *Ante atrium novum.* Atrium novum vocat, id est, atrium, quod peccando vetus fecerant, et poenitendo ad pristinam novitatem reduxerant.

(Vers. 9.) *Nomen enim tuum in domo ista.* Quod scriptum erat in fronte Pontificis, sive in vestimento Ephod, quod in sequentibus monstratur. Idem locus Jeruel vocatus est ab ea die, id est, *timor Dei.*

(Vers. 20.) *Egressi sunt per desertum Thecue.* Unde fuit Thecuites femina.

(Vers. 21.) *Confitemini Domino, quoniam in aeternum misericordia ejus.* Idcirco deest, bonus, quia in hac re non mansuetudinem suam, qua omnes tolerat, sed judicium exercuit.

(Vers. 26.) *Vocaverunt locum illum vallis Benedictionis.* Vallis Benedictionis, ipse est Jeruel, de quo supra dictum est.

(Vers. 31.) *Nomen matris ejus Azuba filia Silai.* Silai interpretatur, *missus,* ipse est Anani Prophetes, filius Jaddo, de quo superius dictum est. Qui

---

^a Ambrosian. codex, *fuerit absque ipsa.* Mox quoque, *et dedicavit,* pro *aedificavit.*

idcirco missus vocatus est, eo quod ad patrem Josaphat generum suum, ad prophetandum missus sit.

(Vers. 37.) *Prophetavit Eliezer filius Dodahu.* Dodahu intelligitur filius avunculi ejus Josaphat fuisse.

(Cap. XXI. — Vers. 2.) *Omnes hi filii Josaphat regis Juda:* quia imitabantur opera regis Josaphat: ideo duplicatur cum dicitur, *Omnes isti filii Josaphat.*

(Vers. 6.) *Ambulavit Joram in viis regum Israel, sicut egerat domus Ahab. Filia quippe Ahab erat uxor ejus.* Athalia erat uxor ejus, quæ non Ahab, sed Amri filia erat, sed imitatione illius, filia vocata est. Unde et in Regum dicitur de Joram: *Erat quippe gener domus Ahab.*

(Vers. 11.) *Insuper excelsa fabricatus est.* Plerique putant in domo Domini illum excelsa fabricatum fuisse, quæ sita est in monte Moria, quod manifestius in gestis Manasse regis ostenditur.

(Vers. 17.) *Nec remansit eis filius nisi Joachaz.* Joachaz, ipse est Achazias, pater Joas, filius Joram, cujus soror fuit Josabeth. Josabeth vero non fuit filia Athaliæ, sed de alia uxore suscepit eam Joram. Quæstio valde perplexa oboritur. Dicit enim regnasse Joram octo annis, et vixisse eum quadraginta annis: et dicit filium ejus Achaziam cum regnare cœpisset, fuisse quadraginta duorum annorum. Quod si ita est, duobus annis antequam ipse natus est, ipse illum genuit. Quod nisi solvatur, quam sit ridiculum, etiam simplex lector advertit. Ipse enim Joram, qui hic quadraginta annis vixisse describitur, et octo annis regnasse, vixit annos quadraginta, et regnavit viginti et octo. Octo enim anni, qui ei in regno tribuuntur, ipsi sunt antequam fratres occideret, cum adhuc innocenter viveret. Viginti vero anni, quibus regnavit, ideo a numero ejus auferuntur, quia in languore et in tribulatione deduxit eos: ideo filio ejus tribuuntur, qui non amplius quam viginti duos annos habens, regnasse perhibetur, ne de numerorum summa remanentes, errorem indagini temporum facerent. Achazias enim vixit viginti tribus annis, uno tantum anno regnavit. Collatio enim lectionis libri Regum huic solvendæ quæstioni magnum præbet auxilium.

(Cap. XXII. — Vers. 4.) *Igitur Azarias filius Joram rex Juda.* Hic Azarias paulo superius Achazias nominatus est. Achazias interpretatur, *apprehendens Dominum:* Azarias, *adjutorium Domini.* Et ideo mutatur ei nomen in melius in hoc loco, eo quod juxta præceptum Domini, ad infirmum visitandum descenderat.

(Vers. 8.) *Et filios fratrum Achaziæ, qui ministrabant ei.* Filios fratrum dicit consobrinos et consanguineos.

(Cap. XXIII. — Vers. 5.) *Et tertia pars in porta, quæ appellatur fundamenti.* Porta fundamenti, porta sanctuarii. *Et omne reliquum vulgus observet custodias Domini,* id est, quamvis necessarii sint ad implendum opus, id est, ad confirmandum regem: observent tamen custodias Domini, ne quis exterorum ingrediatur locum, quem ingredi non debent, nisi sacerdotes et Levitæ.

(Vers. 11.) *Imposuerunt super eum diadema et testimonium.* Testimonium erant Phylacteria, eo quod in illis decem verba legis essent. *Unxitque eum Joiada pontifex et filii ejus.* Zachariam dicit, qui propheta erat, quem postea idem Joas interfecit, ut ad magnum damnationis ejus pertineret [1] augmentum, eum interficere, qui se in regem unxerat.

(Vers. 13.) *Vidit regem stantem super gradum suum:* super columnam videlicet, quam Salomon præparaverat regibus in Basilica.

(Vers. 16.) *Pepigit Joiada fœdus inter se universumque populum et regem.* Se in loco legis et Dei, quippe qui minister Dei erat, collocans: et cujus nomen interpretatur, *Dominum cognoscens.* Et populum et regem: ut et populus et rex obedirent Deo et legi ejus, et populus erga regem fideliter ageret, et rex populum cum justitia regeret.

(Vers. 18.) *Sub manibus sacerdotum et Levitarum.* Ne de alia tribu Sacerdotes fierent nisi de Levi.

(Vers. 19.) *Constituit quoque janitores in portis domus Domini, ut non ingrederetur immundus in omni re;* id est, ut nullatenus ulla occasione ingrederetur in domum Domini aliquis de sacerdotibus Baal.

(Vers. 21.) *Et urbs quievit;* sive quia eatenus idolorum cultibus tempore Athaliæ inquieta erat, sive quia post tumultum quo rex unctus est, Athalia interfecta, singulis ad domos suas pergentibus, omnis tumultuatio conquievit.

(Cap. XXIV. — Vers. 1.) *Et nomen matris ejus Sebia, de Bersabee.* Idcirco nomen patris illius non scribitur, quia non fuit tam celebre, ut scribi potuisset. Quorum enim nomina scribuntur, aut celebritate, aut potentia, aut generositate illorum fit.

(Vers. 5.) *Egredimini ad civitates Juda, et colligite de universo Israel pecuniam ad sartatecta templi Dei vestri per singulos annos.* Hæc est pecunia, quam in lege dari præceptum est, quam in dinumeratione ipsius per singulos annos dare consueverant, id est, singuli dimidios siclos, quod a diebus, ex quo Athalia regnare cœpisset, non dederant.

(Vers. 7.) *Athalia enim impiissima et filii ejus destruxerunt domum Domini.* Filios ejus, sacerdotes idolorum dicit, plerumque enim in sacro eloquio filii non nascendo, sed imitando vocantur. Destruxerant autem domum Dei, sive spoliando istam ornamentis, sive ut ferunt, terræmotu facto, sicut tempore Oziæ: ut sicut illo intrante cum thuribulo, ita etiam Athalia idola in domum Domini mittere nitente, terræmotus factus sit.

(Vers. 16.) *Eo quod fecisset bonum in Israel, et cum Deo et cum domo ejus.* Cum Deo, quia idola,

---

[1] Meus cum Ambrosian. ms. *detrimentum*, pro *augmento* præfert.

quæ ad aspernationem Dei facta erant, subvertit. Cum domo ejus, quia ruinas et scissuras instauravit in Israel, quia regnum domus David instauravit, amovens inde idololatriam, quæ peccatis illorum dominata fuerat.

(Vers. 17.) *Postquam obiit Joiada, ingressi sunt principes Juda, et adoraverunt regem.* Adoraverunt eum ut Deum : et acquievit eorum obsequiis delinitus, ut se ut Deum coli permitteret.

(Vers. 20.) *Hæc dicit Deus* [Al. *Dominus*]; *Quare transgredimini præceptum Domini?* Ac si aperte dicat : quem vos Deum habere destitistis, in tantum ut tale nefas feceritis, quod numquam ante in vobis factum est. Et notandum quod non in alio loco invenitur, *Hæc dicit Deus*, nisi hic tantum. Filii enim Zachariæ cum eo interfecti sunt : et ideo dicit filiorum Joiadæ sacerdotis.

(Vers. 26.) *Insidiati sunt ei Zebat filius Semmaa Amanitidis et Jozabath filius Samarith Moabitidis.* Idcirco enim eos dicit filios Amanitidum et Moabitidum, ad exaggerandam malitiam Israelitarum, qui ulcisci noluerunt sacerdotem Dei, quod illi fecerunt qui filii alienigenarum fuerunt.

(Vers. 27.) *Porro filii ejus* [1] *et summa pecuniæ* [a]; filios ejus, quos Syri interfecerunt coram eo, facientes in eum ignominiosa judicia, sive quia turpes in eum res egerunt, sive quia interficientes filios ejus improperabant ei scelus, quod iste in Zachariam perpetraverat. In Hebræo : *Et fundamentum domus Dei*, eo quod sanguis Zachariæ usque ad fundamentum templi et altaris pervenerit.

(Cap. XXV. — Vers. 2.) *Fecitque bonum in conspectu Domini, verumtamen in corde perfecto* : quia pro præsentis sæculi dignitate, non pro futura patria laborabat.

(Vers. 3.) *Jugulavit servos, qui occiderant regem patrem suum.* Quamquam illi Dei timore et in ultione Zachariæ illum occiderint : tamen [Al. idcirco] ab eo occisi sunt judicialiter : quia non ore Prophetæ, nec consultu Domini : sed sua præsumptione illum occiderunt.

(Vers. 7.) *Non est Deus cum Israel et cunctis filiis Ephraim.* Quia cum aliis tribubus erat : cum tribu Ephraim unde reges erant, non erat, propter prævaricationem Jeroboam et cæterorum regum.

(Vers. 10.) *Separavit itaque Amasias exercitum, qui venerat ad eum ex Ephraim, quia idola secum habebant.* Amasias post cædem Idumæorum, et allatos deos filiorum Seir, statuit illos in deos sibi. Cum enim præcipitarentur illa decem millia, illa idola, quæ secum habebant, responsum dederunt, ideo illos interfectos, quia de cultu eorum negligentes

fuissent. Videns ergo ille idola responsa dare, et a ruina eripi, hoc errore deceptus, adoravit ea.

(Vers. 15.) *Misit Prophetam ad eum.* Propheta hic Eliezer est, filius Dodabu, id est, avunculi ejus, de quo superius dictum est. *Cessavitque Propheta, et dixit.* Cessavit, ad minas regis : et dixit, ad imperium Domini.

(Vers. 16.) *Quia fecisti hoc malum, et insuper non acquievisti consilio meo.* Consilio autem ejus acquiesceret, si eos igne combureret, vestimenta disrumperet, cinerem super caput spargeret, et totum se pœnitentiæ daret : hoc etenim illi consilium Prophetes dederat.

(Vers. 18.) *Carduus Libani, qui est in Libano.* Hic carduum Libani vocat, ob generositatem illius, qui quamvis negligenter ageret, magnis erat majoribus procreatus : quippe qui de Israel semine erat.

(Vers. 20.) *Omne quoque aurum et argentum et universa, quæ reperta sunt in domo Domini apud Obed-Edom.* Apud Obed-Edom : quia ejus filii custodiebant ea, et ab eo descripta sibi permanebant.

(Vers. 25.) *Dixit Amasias filius Joas rex, postquam mortuus est Joas filius Johaaz rex Israel, quindecim annis.* Eo tempore in utero habebatur Ozias, qui postea regnavit in Jerusalem. Unde et scribitur, *sedecim annorum erat Ozias, cum regnare cœpisset.* Ex eo tempore, quo discessit Amasias a Domino, insurrexit super eum conjuratio in Jerusalem. Quia ex eo tempore, quo Prophetæ consilium non audivit, neque ad Dominum converti voluit, præparatio conjurationis illius facta est, et eatenus dilata, donec ad consummationem perveniret.

(Vers. 28.) *Reportantesque super equos, sepelierunt eum.* Non enim sine causa Scriptura dicit eum super equos portatum ; sed colligitur ideo illum portandum super equos, quia deos Edom, qui in equis portabantur, adoraverit. Et idcirco non portatum super humeros : quia neglexerat servire Deo Israel, cujus [b] mysteria super humeros Chaatitarum portari jusserat.

(Cap. XXVI. — Vers. 1.) *Ozias in Paralipomenon :* in Regum, *Azarias* scribitur filius Amasiæ. Ozias enim interpretatur, *virtus Dei.* Azarias, *auxilium Domini.* Idcirco enim virtus Domini vocatur : quia magna in eum virtus Domini ostensa est percussione lepræ, et terræmotu facto.

(Vers. 5.) *Exquisivit Deum in diebus Zachariæ, intelligentis et videntis Deum.* Zacharias filius Zachariæ, filii Joiadæ, qui post mortem patris natus, posthumus patris nomen sortitus est. Intelligens enim et videns dicebatur. Intelligens, propter sacerdotium ; videns, propter prophetiam.

---

[1] Pro illis verbis Contextus sacri, *et summa pecuniæ*, editi antea libri ridiculam rem posuerunt, scilicet, *et multitudo prophetiæ.* Eodemque modo sexcenta alia depravata retinent, quæ lectori erudito cachinnum movent, dum imperitos delectant.

[a] Ms. quoque meus, atque una Ambrosian. pro *et summa pecuniæ*, cum vulgatis antea libris habet, *et multitudo prophetiæ.*

[b] Ambrosian. *cujus ministeria super humeros Chaatitarum portare jussa erant* ; cui postremis tantum verbis meus quoque concinit.

(Vers. 7.) *Contra Arabes, qui habitabant in Gurbaal.* Ipsa est Gerara, in qua peregrinatus est Abraham.

(Vers. 8.) *Ædificavit Ozias turres in Jerusalem super portam anguli, et super portam vallis, portam civitatis : a porta Ephraim usque ad portam anguli : quam Joas rex Israel destruxerat, ipse instauravit :* portam enim Ephraim, portam vallis nominat. In ædificando noluit ejus nomen ponere, quod in destruendo posuerat. Nec immerito : quia qui idolis immolabat, et particeps in destruendo fuerat, in ædificatione proprio nomine non meruit nuncupari : sed nomine vallis censetur, propter humiliationem.

(Vers. 21.) *In domo separata,* juxta quod in Levitico scribitur.

(Vers. 22.) *Reliqua autem sermonum Oziæ priorum et novissimorum, scribit Isaias propheta.* Isaias et propheta scripsit, *In anno quo mortuus est rex Ozias, vidi Dominum sedentem :* eo anno illum mortuum fuisse describit, quo lepra percussus est.

(Cap. XXVII. — Vers. 3.) *Et in muro Ophel multa construxit.* In muro Ophel, hoc est, in muro nebulæ: quod intelligitur Sancta Sanctorum. Dominus enim dixit, ut habitaret in nebula.

(Vers. 8.) *Filius vigintiquinque annorum erat Joatham, cum regnare cœpisset.* Hic et initium regni ejus et innocentia describitur : ut monstraret eum in innocentia perseverasse, qua cœpit.

(Cap. XXVIII. — Vers. 7.) *Maasiam filium Moloch,* id est, filium idolis Ammon, quod vocabatur Moloch, id est, rex. Idcirco enim filius ejus dicitur, quod illi sacra instituebat et cultus. Hoc et in Jeremia habes de Ismaele, qui describitur de genere regio, cum non de genere regio fuerit, sed de Gera servo Ægyptio (*Jerem.* XLI).

(Vers. 9, 19.) *Ea tempestate erat ibi Propheta nomine* [a] *Obeth.* Ipse est pater Azariæ, qui Asa regi prophetavit. Ad prophetandum enim in Samariam venerat, quia de Juda erat. Idcirco non dixit : *Hæc dicit Dominus* : quia non erant digni sermone Prophetæ. Iratus enim erat Deus illis. In hoc solo loco Achaz vocatur rex Israel : non quod super omnem Israel regnaverit, sed quia secutus sit opera regum Israel : in tantum ut nullus ante eum de regibus nequior fuerit. Unde et dicitur de eo, quod nudasset Judam præceptis et auxilio Dei, sicut de Aaron scribitur, quod nudasset populum. Auxit [b] contemptum ipse rex Achaz. Quod videtur quasi superfluum. Quod dicit ipse, causa notationis hoc facit. Notat enim ejus malitiam, sicut et crebro in laudem [c] hoc pronomen poni solet.

(Vers. 27.) *Et sepelierunt eum in civitatem Jerusalem :* quia non sepelierunt eum in sepulcro regum, sed in Jerusalem civitate in alio loco. Quod vero dicit : *Non receperunt eum in sepulcro regum Israel :* sonat in Hebræo : quod quasi ipsi eum non receperint, qui ibi sepulti sunt : sed quoniam melius intelligi debeat, aut ab æditius, qui eadem sepulcra custodiebant, prohibitum est, aut alio aliquo modo, voluntate tamen Dei.

(Cap. XXIX. — Vers. 2.) *Nomen matris ejus Abia,* filia Zachariæ posthumi : Zachariæ prophetæ et sacerdotis, qui a Joa rege interfectus erat.

(Vers. 3.) *Ipse in anno et mense primo regni sui.* In Hebrææ linguæ idiomate, etiam primus dies regni ejus in hac descriptione subauditur.

(Vers. 5.) *Auferte omnem immunditiam de sanctuario,* id est, idola quæ Achaz posuerat, quæ in modum mulieris menstruatæ et polluta erant et polluebant.

(Vers. 6.) *Averterunt facies suas a tabernaculo Domini, et præbuerunt dorsum.* Quod plene scribitur in Ezechiel, ubi dicitur, *vigintiquinque viros habentes dorsa ad templum, et adorantes ad ortum solis.*

(Vers. 21.) *Hircos septem pro peccato.* Contra morem in hoc loco factum est. In omnibus enim locis unus pro peccato hircus offerri solebat (*Levit.* IV, IX, XXIII). Sed quia multa erant peccata, ideo septem hirci offerri debuerunt. Idcirco Gad *videntem* vocat : quia prophetia per visum ei veniebat. Mos erat Levitis, ut illi detraherent pelles holocaustorum : et sacerdotibus, ut quando pro peccato fiebat sacrificium, sacerdotes detraherent. Et idcirco sacerdotes in hoc loco detrahebant pelles : quia pro peccato sacrificium erat. Et quia sacerdotum numerus non [*Ms.* minus] sufficiens erat ad hoc peragendum : quia tempore Achaz regis, dispersi necdum reversi erant : ideo juverunt eos fratres eorum Levitæ, quia Levitis rectius erat ad sacrificandum uti, quam sacerdotibus : eo quod tempore Achaz, et ipsi consenserunt : quippe quia exemplar altaris Damasceni, Uriæ pontifici missum est.

(Cap. XXX. — Vers. 1.) *Scripsit quoque epistolas ad Ephraim et Manasse.* Cum omni Israel publice misisset nuntios, Manasse et Ephraim latenter misit, ad eos quos sciebat conversum iri posse per epistolas. Illi enim superbiores erant, propter regiam dignitatem, quæ erat in domo Ephraim.

(Vers. 18.) *Magna enim pars populi comedit de Phase, non juxta quod scriptum est.* Scriptum enim erat, ut qui primo mense non poterant comedere, secundo comederent. Venit enim plurima multitudo, quæ purificata non erat in mense secundo, et quia in tertio mense illicitum erat illud peragere, in secundo peregerunt. Pro his oravit Ezechias, quem exaudivit Dominus et placatus est populo suo. Aiunt, neminem pollutum potuisse Phase comedere, quin statim moreretur, et in eo placatum Dominum cognoverunt : quia comedentes exstincti non sunt.

(Cap. XXXII. — Vers. 21.) *Reversusque est cum ignominia in terram suam.* Tradunt Hebræi illi caput et barbam rasam ab Angelo in ignominiam, et hoc

---

[a] Ambrosian. ms. *nomine Eded.*; et paulo post, *de Judæa,* pro *Juda.*
[b] Martian. aliique editi, *peccatum :* renitentibus mss. e quibus Ambrosian. *duxit* præterea habet, pro *auxit.*
[c] Addit Ambrosian. *hoc modo.*

fuisse, quod per prophetam Isaiam dictum est : *In die illa radet novacula acuta conducta in rege Assyriorum caput et barbam*, et cætera (*Isai.* VII). Quem cum eadem ignominia pervenisse ad templum Dei sui Nesrath, quem dicunt in reliquiis arcæ Noe culturam habuisse. Cum ergo quereretur [*Al.* quæreretur] deprecans, cur se non adjuvisset : qui etiam filios suos Adramelech et Sarasar sibi offerret, si hoc ille ratum doceret : illi hoc audientes post tot clades, ruinas, et ignominias, timentes ab eo interfici, interfecerunt eum.

(Vers. 31.) *De portento quod acciderat super terram*, de solis reditu per lineas decem.

Ad hoc unum mysterium inquirendum, legati regis Babyloniæ venerunt. *Reliquit enim Deus ut tentaretur :* quia non prohibuit ei per prophetam ostendere thesauros suos, sed thesauros domus Domini, unde et postea ab eodem propheta objurgatus est.

(Ver. 33.) *Et sepelierunt eum super sepulcra filiorum David*. Et hoc notandum, quia excelsius sepulcrum cæteris filiis David habuit meriti prærogativa.

(Cap. XXXIII. — Vers. 3.) *Et adoravit omnem militiam cœli*. Duodecim signa, quæ in zodiaco sunt, ut tradunt.

(Vers. 3.) *Ædificavit autem ea cuncto exercitui cœli*, id est, sub nomine stellarum dæmonibus, in valle Benenon, quæ alio loco Gehennon dicitur, id est, *vallis filiorum Ennon*. Est enim hæc haud procul ab Jerusalem, de qua in Jeremia et in Regum libro plene scribitur. Ab ea enim origine accepit nomen Gehenna.

(Vers. 10.) *Locutusque est Dominus ad eum et ad populum ejus : et attendere noluerunt in manu Isaiæ prophetæ*. Tradunt Hebræi eumdem Manassen filium fuisse [a] filiæ Isaiæ : et ideo in hoc loco, quamquam nomen matris scribatur, patris tamen illius non scribitur : quia indignus erat profanus rex tanto avo. [b] Tradunt Hebræi, idcirco occisum Isaiam, eo quod eos appellaverit principes Sodomorum et Gomorrhæ. Et quia dixit : *Vidi Dominum sedentem* (*Isai.* VI, 1) : cum per Moysen dixerit, *Non enim videbit me homo et vivet* (*Exod.* XXXIII, 20). Et quia dixit : *Addet Deus ad dies tuos quindecim annos* (IV *Reg.* XX, 6) : eo quod per Moysen dixerit : *Et numerum dierum tuorum implebis* (*Exod.* XXIII, 26). Et quia dixerit : *Quærite Dominum dum inveniri potest : invocate eum dum prope est* (*Isai.* LV, 6), cum dicatur : *Quis est tam propinquus, quomodo Dominus Deus noster, quando eum invocamus?*

(Vers. 13.) *Et cognovit Manasses, quod Dominus ipse est Deus*. Dum enim in Babylonem ductus fuisset, et in vase æneo perforato missus, admoto igni, invocavit omnia nomina idolorum, quæ colebat : et cum non fuisset ab eis exauditus, neque liberatus, [c] recordatum fuisse, quod a patre crebro audierat : *Cum invocaveris me in tribulatione, et conversus fueris, exaudiam te*, ut in Deuteronomio scribitur : exauditumque esse a Domino, et liberatum et reductum in regnum suum, et in [1] modum Habacuc reductum sicut ille deductus fuerat in Babylonem.

Circumdedit Ophel, id est, instauravit ædificium Sanctis Sanctorum, quod pro idolis construxerat. *Ad occidentem Geon*, id est, a torrente Geon ædificare cœpit usque ad portam piscium, quæ est porta de parte Joppes.

(Vers. 19.) *Scripta sunt in sermonibus Ozai*. Hic Ozai quidam Isaiam intelligere volunt. Ozai enim interpretatur, *visio mea*. Et ideo immutato nomine introducitur, quod manifestetur longe istius merita ab illius meritis distare, qui eum interfecit.

(Cap. XXXIV. — Vers. 9.) *Ab omni quoque Juda et Benjamin, et habitatoribus Jerusalem*. Habitatores Jerusalem dimidiam tribum Manasse dicit, qui plerumque in tribu Benjamin computantur.

(Vers. 22.) *Ad Holdam quæ habitabat in secunda*. Holda uxor fuit Sellum, avunculi patris Jeremiæ, et patris Ananeel. *Habitabat in secunda*. Locus enim erat Hierosolymis extra murum, id est, inter murum civitatis et antemurale, qui vocabatur secunda : cujus mentio fit in Sophonia propheta. In Paralipomenon, filii Tocaat, filii Hasra : in Regum, Ticua filia Araaz. Tocaat interpretatur, *stridor*. Hasra, *diminutio*. Ticua, *spes*. Araaz, *negotiator*. Custodis [d] *vestium*, quia templum Domini servabat.

(Cap. XXXV. — Vers. 3.) *Ponite arcam in sanctuario templi, quod ædificavit Salomon filius David rex Israel*. Notandum quod arca Domini elata de templo fuit, quam modo in templum reduci Josias præcepit. Tempore enim Achaz, quando simulacra in templo missa sunt, elata est inde et ducta in domum Sellum, viri Holdæ avunculi Jeremiæ, ubi permansit usque ad tempus Josiæ. Nec enim poterat arca Dei esse in loco, ubi simulacra introducta fuerant, et gentilitius usus et ritus nefandissimus observabatur.

(Vers. 15.) *Stabant in ordine juxta præceptum David et Asaph et Eman, et Idithum prophetarum regis*. Ideo prophetæ regis vocabantur, quia cum David rege cantabant.

(Vers. 18.) *Non fuit Phase simile huic in Israel a diebus Samuelis Prophetæ :* quia omnes, qui inventi sunt in illa festivitate, ibi septem diebus commorati pturas recipiunt.

---

[1] Historiam Abacuci veram agnoscit Scriptor Hebræus, sicut et eam Catholici inter authenticas Scripturas recipiunt.

[a] Abest *filiæ* a meo ms.; sed gravius multo tum ipse cum Ambrosianus, vulgatique libri deinde peccare videntur in vocibus *patris*, ac *matris*, quas hic putarim transpositas, ac legendum e contrario *quamquam nomen patris scribatur, matris tamen illius non scribitur*. Nimirum non nominatur Manassis mater, quæ filia dicitur Isaiæ, *quia indignus erat profanus Rex tanto avo*, scilicet Isaia. Pater vero ejus Ezechias tum hic nominatur, tum IV Regum 21.

[b] Confer Auctorem libri *de Prophetis* apud Epiphanium, S. quoque Augustinum, ac Theodoretum.

[c] Mss. *recordatus fuisse dicitur, quod a patre*, etc.

[d] Pro *vestium*, quod verbum restituit meus ms. juxta ipsum Scripturæ textum, antea erat *templi*.

sunt : et omnes sufficienter de regis substantia, et de his, quæ supra memorata sunt, epulati sunt.

(Vers. 21.) *Contra aliam pugno domum :* id est, contra Adad Remmon regis filii Tabrimon, qui regnavit in Charcamis : quem ea tempestate, quando Josiam, rex Nechao interfecit. Factus est enim planctus magnus in Mageddo : cujus meminit Zacharias propheta.

(Vers. 22.) *Noluit acquiescere sermonibus Nechao ex ore Dei :* quia per Jeremiam prophetam prophetaverat, quod ille ascensurus erat in Charcamis, et victoria potiturus : quæ prophetia Nechao regem minime latuit. Unde et Rapsaces dicit de Sennacherib rege Assyriorum : *Dominus jussit me ascendere ad terram istam.* Quia jam Prophetæ Israel prophetaverant hoc, quod ille ascensurus esset, quod eum minime latuit.

(Vers. 23.) *Omnes cantatores et cantatrices, usque in præsentem diem,* eo quod scriptum est in Lamentatione Jeremiæ : *Spiritus oris Domini, Christus Dominus* (*Thren.* IV, 20).

(Vers. 27.) *Opera ejus prima et novissima.* Novissima in hoc loco ea dicit : eo quod non consuluit Dominum, utrum pergere deberet contra Nechao.

(Cap. XXXVI. — Vers. 8.) *Reliqua autem verborum Joachim et abominationum ejus, quas operatus*

---

[1] Editi, *Non tondebitis... super mortuum, neque stigmata facietis,* etc.
[2] Mss. exemplaria sic legunt post *inventa sunt : Est enim nomen idoli, cui idem Joachim serviebat, Chodonazer, quod interpretatur plasma vinum capiens.* No-

[a] Mss. *caput vestrum.* Cæterum, quem in suis notat Martianæus, errorem nostri non errant.
[b] Sentiebat econtrario Hieronymus, Nabo non idoli nomen esse, sed civitatis : tametsi longius a vero ejus videatur sententia abesse. In Commentariis in Isaiam lib. v, cap. 15, ad vers. 2 : *Domus,* inquit, *regia, et urbs Dibon ad idola, quæ in editis posita sunt, ascendit super Nabo, et super Medaba, nobiles civitates ululabit universa provincia. In Nabo enim erat Chamos idolum consecratum, quod alio nomine appellatur Beelphegor.* Videsis quæ in hunc locum annotamus.
[c] Tota isthæc sacri textus pericope septem fere

est, et quæ inventæ sunt in eo. Inter cætera mala quæ gessit, etiam hoc fecit in corpore suo, quod Dominus prohibuit, dum diceret : *Non* [1] *tondeatis* [a] *capita vestra in rotundum, neque super mortuo, neque stigma faciatis in corporibus vestris.* Quæ postquam mortuus est, in corpore ejus inventa sunt [2].

(Vers. 10.) *Nabo prophetia.* Est enim nomen [b] idoli, cui idem Nabo serviebat. *Chodonasar, capiens plasma vinum.*

(Vers. 22.) [c] *Anno primo Cyri regis Persarum, ad explendum sermonem Domini, quem locutus fuerat per os Jeremiæ, suscitavit Dominus spiritum Cyri regis Persarum, qui jussit prædicari in universo regno suo, etiam per scripturam dicens : Hæc dicit Cyrus rex Persarum : Omnia regna terræ dedit mihi Dominus Deus cœli, et ipse præcepit mihi, ut ædificarem ei domum in Jerusalem.* Audierat enim prophetiam Isaiæ, in qua dixerat : *Hæc dicit Dominus christo meo Cyro : cujus apprehendi manum* (I *Esdræ* 1). Ezras scriba ei hæc legit, et idcirco dixit sibi a Domino hoc præceptum de cunctis regibus terrarum. Hi duo per prophetiam antequam nascerentur, propriis nominibus vocati sunt, id est, Josias et Cyrus. Josias, ut destrueret idola, et cultum Dei renovaret. Cyrus, ut ruinas templi instauraret [d].

---

tandum autem, Scriptorem Hebræum hoc loco ponere etymologiam nominis *Nabuchodonosor,* separans *Nabo a Chodonazer :* et consequenter errorem esse in codicibus manuscriptis.

[c] versuum usque ad verba, *et ipse præcepit mihi,* etc.; in meo ms. non est, neque in Ambrosiano : et abesse quidem rectius, nedum absque expositionis subnexæ dispendio potest.
[d] (Hic addens : *Expliciunt Quæstiones in libro Dabrejamin,* Vallars. submittit notam sequentem.) Sic habent meus, atque Ambrosian. ms. In meo autem subsequuntur, *in Abacuc prophetam Quæstiones,* Hieronymo ascriptæ, quarum hoc est initium : *Ubicumque onus verbi Domini ponitur, gravedo in prophetia illa signatur.* Sed Hieronymianum nomen mentiri illarum Auctorem, nihil est dubium.

ADMONITIO

IN SUBSEQUENTEM EXPOSITIONEM INTERLINEAREM IN JOB.

Nullos in Jobum Commentarios Hieronymus edit : nisi si forte cum Quæstiones Hebraicas in universam Scripturam meditaretur, quas tamen, exceptis quæ in Genesim sunt, mutato consilio, aut penitus dereliquit, aut intra domesticos parietes perire maluit, in Jobum quoque licia quædam ac subtegmina texendo operi præparavit. Hoc ratum certumque ut sit, longis in utramque partem disputationibus exsulare jussis, una hæc demum causa prævaleat. Numquam ejusmodi Commentarii aut meminit Hieronymus verbo tenus, aut pone secutorum temporum testimonia eorum qui legerint, aut viderint occurrunt ulla, si Bedam excipias : aut denique fragmenta ulla aut reliquiæ supersunt, quæ γνήσια sint ac vere Hieronymiana. Criticis autem magni nominis imposuit falsa loci cujusdam Commentariorum S. Doctoris in Amosi cap. v lectio, quæ dudum ferebat, *Nahas in Job appellatur Leviathan, de cujus natura, et terrore multiplici plenius ipso volumine diximus,* cum penitus diverso sensu, *discimus* scripserit ibi S. Pater pro *diximus,* quemadmodum et Martianæus e duobus mss. restituit, et nos e pluribus aliis, atque iis sane antiquissimis, uno S. Crucis in

Jerosalem de Urbe circa annum septingentesimum scripto, duobus Palatino-Vaticanis paulo sequioris temporis, atque aliis, quos ad eum locum laudabimus, pro certo asserimus et confirmamus. Germanus loci ejus sensus hic est : ex ipso Jobi volumine, hoc est capite quadragesimo et sequenti, posse nos de natura terroreque multiplici Leviathan ac Beemoth plenius aliquid discere, minime vero editum, sive elucubratum abs Hieronymo in Job Commentarium.

Hæc cum ita se habeant, unum reliquum est, de eorum qui sub Hieronymi nomine circumferuntur Commentariorum in eum librum Auctore perquirere. Qua in re illud cum primis est animadvertendum, ejusmodi operis quatuor propemodum esse, ut ego quidem opinor, unius scriptionis exemplaria, ut vulgo autem existimant, diversa syntagmata. Primum, quod Hieronymianorum Operum postremo tomo inter adscititia recensetur (suis enim unumquodque notis designare oportet), Joannes Sichardus e Fuldensi bibliotheca eruit, vulgavitque Basileæ an 1527, illudque Philippo, qui S. Hieronymi insignis auditor fuit, nec plane immerito ascribitur : tametsi alienis interdum glossematis interpolari perspicuum sit. Alterum, si modo a priore usque adeo diversum est, in Bedæ Operum collectione tomo IV invenitur, Nectario cuidam, aut Vecterio, sive Abbati, sive episcopo inscriptum, auctius Præfatione, nonnullisque in ipso opere ex Bedæ ingenio assumentis. Tertium Martianæum appellamus, estque hæc ipsa, quæ subnectitur, *Interlinearis Expositio*, quam primum ille e Corbeiensi quodam ms. edidit, et laudato Philippo S. Doctoris nostri discipulo acceptam certissime refert ex eo quod librarius codici attexuit hujusmodi testimonio : *Hæc Interpretatio excerpta est de Expositione Philippi*. Quartum denique est Meibomianum de nomine Marci Meibomii, in cujus Bibliotheca exstabat Trajecti Batavorum, quod ille pro genuino Hieronymi fetu venditabat, et priusquam specimen ex eo in vulgus prodiret, pro germano habebatur.

Diximus, non hæc videri nobis variorum Auctorum ὑπομνήματα, sed ex uno Opere varia consarcinatorum excerpta, qui pro lubito aut fusius descripta imminuunt, aut quæ sobrie dicta videbantur, amplificant. De duobus quæ primo loco nominamus, nihil est dubium, si invicem conferas : totidem nempe nedum sententiæ, sed fere sunt in utroque verba; a capite autem xxx ad finem usque eadem utrobique et verba, ne coronide quidem operis, ut Valesius ait, prætermissa. Quod si ampliora interdum in altero occurrunt assumenta, hoc nimirum Bedæ ingenio dandum est, cui multa vetustiorum scriptis de suo attexere solemne fuit: fallitúrque adeo splendide Victorius, qui quod Philippo tribuitur, Bedæ maluit ascribere, atque e converso, quod Beda consarcinavit, Philippo tribuit. Tertium ipsa, quæ apponitur, studiosi nota, si cætera deessent argumenta, e Philippi commentariis derivari persuadet. Idem in Quarto deprehendisse mihi visus sum, tametsi totum in eo fuerit consarcinatoris ejus studium, ut mutatis paululum verbis, lateret. Henmantius, in Actis Eruditor. Lipsiens. anno 1711 excerpta ex eo quædam vulgavit, ingenium in eo Rabani Mauri sibi visus est deprehendisse, et cum primis styli ac methodi summam convenientiam, quod multis in medio adductis locis conatur ostendere. Minime autem ipse diffitetur scriptionis exilitatem, ut non magnopere de Repub. litteraria meriturus eum fore dicat, qui illam in lucem producat integram, plenam quippe indoctis, et ridiculis etiam interpretationibus; rectiusque multo facturum, quod et nobis placuit, qui ex illo sterquilinio, quod utile videretur, colligeret, ac seorsum ederet, id quod una vel altera pagella comprehendi potuit.

Sed sunt præterea duo mss. codices, qui Hieronymiani nominis prærogativam sibi vendicant, quos tamen utpote nihil inter se diversos, sic unum idemque cum Meibomiano esse contenderim. Alterum Romanum, alterum Duboisianum exemplar voco, quod in bibliothecam Duboisianam a cl. Bignonio illatum annis abhinc ferme decem Hajæ distractum auctione est. Ejus præstantiam, ut licitatoribus, opinor, commendarent, qui Catalogum instruxere, rationes ibi quasdam adnectunt, quibus jure tribui illud opus Hieronymo posse dicant. Sunt vero illæ ex ipsius continentia libri petitæ, ut quamvis eum oculis usurpare non licuerit, exinde tamen certis quasi notis colligere liceat, eumdem plane esse cum altero, sive Romano, quem Romæ arbitratu meo inspicere ac pervolutare permissum est. Delineandus itaque est paucis Romanus iste ms. liber, quem perhumaniter nobis obtulit cl. Vaticanæ Bibliothecæ custos Assemanius : ut quibus argumentis seu verius fucis hæc sibi hactenus comparaverint dignitatem, in vulgus prodeat. Est liber iste quadræ, quam vocant, formæ, foliis ex membrana compactus circiter 130 et credo equidem paucos ante inventam Typographicam artem annos exaratus, quod subelegans litterarum conformatio ostendit. Initio priorem Hieronymi Præfationem in Johum, ex Hebraica veritate interpretatum, describit a primis verbis, *Cogor per singulos divinæ Scripturæ libros adversariorum respondere maledictis* ad hæc usque : *Eligat unusquisque quod vult, et studiosum me magis, quam malivolum probet*. His attexit continua serie aliam ex integro Hieronymi Præfationem in eumdem Jobi librum ex Septuaginta, additis obelis, et asteriscis, a se restitutum : *Si autem fiscellam junco texerem*, ad finem usque, *magis utile quid ex otio meo Christi Ecclesiis eventurum ratus, quam ex aliorum negotio*. Ex genuinis itaque Hieronymi Præfationibus, quæ duæ sunt in Jobi ipsum librum, non illum quidem Commentario illustratum, cujusmodi nullum esse diximus, sed primum ex Hebraica veritate conversum, tum ad Græcum exemplar emendatum, pleraque omnia consarcinator descripsit totidem verbis, suamque in rem transtulit. Eamdem plane esse codicis Duboisiani fraudem perspicuum est. Nam qui eum pro germano S. Doctoris fetu student obtrudere, in eo aiunt, Hieronymi gustum referre, quod Auctor nunc de æmulis queritur labori suo clanculum detrahentibus : nunc antiquos interpretes, Aquilam, Symmachum et Theodotionem de no-

EXPOSITIO INTERLINEARIS LIBRI JOB. ADMONITIO.

mine laudat : denique non nulla ingerit de interpretatione ex Hebraico. Equidem hæc propria Hieronymi verba sunt : *Cogor per singulos Scripturæ libros adversariorum respondere maledictis : qui interpretationem meam, reprehensionem Septuaginta Interpretum criminantur : quasi non et apud Græcos, Aquila, Symmachus et Theodotio, vel verbum e verbo, vel sensum e sensu, vel ex utroque commixtum, et mediæ temperatum genus translationis expresserint.* Et paulo post qui locus cum a Beda laudaretur, multos in eum errorem impulit, ut expressum putarint ex Hieronymi Commentario; demum cum et in Duboisiano sit ms. palmare argumentum pro operis germanitate eis suppeditat, qui præconcepta illa opinione innituntur : *Obliquus enim etiam apud Hebræos totus liber (Job) fertur et lubricus, et quod Græci Rhetores vocant ἐσχηματισμένος : dumque aliud loquitur, aliud agit; ut si velis anguillam aut murenulam strictis tenere manibus, quanto fortius presseris, tanto citius elabitur.* Hæc αὐτολέξει replicat pseudonymus auctor, sicque nititur fidei lectorum imponere.

Jam et cum Meibomiano unus Romani codicis subsequens contextus est. Succedunt undecim Tituli, quorum primus *de modo exponendi* incipit : *Quædam Historice hic dicuntur, et Allegorice, et Moraliter*, etc. Postremus qui de morali expositione est, *Innumera turba cogitationum, quasi ancillæ, Domina, et ratione absente, opus deserunt*, etc., quæ in Excerptis infra exhibemus. Denique ipse Commentarius triplex tribus itidem columnis distinctus, sic incipit.

Timent Deum. Salomon : *Qui timet Deum nihil negligit. Recedens a malo.* Item Salomon : *Qui in uno offendit, multa bona perdet.* Prius persona apta describitur, quam pugna ejus dicatur, ut talis posse vicem reddere videatur. Necesse est, ut simplicitatem columbæ in bono astutia serpentis instruat, et astutiam simplicitas temperet.

Id est terra Gentilium, ad laudem Job qui bonus inter malos fuit, ut Loth in Sodomis : sic lilium, inter spinas, sic, etc. *In terra Hus nomine Job, et* Mansuetudo justitia *erat vir ille simplex et* principalis. Et timere Deum, est nulla *rectus ac timens Deum, et* quæ sunt facienda prætetire. Quia malis mixta non sunt Domino *recedens a malo,* etc. accepta bona.

Allegorice. Job, dolens interpretatur Jesus Christus, qui dolores nostros portavit. *Hus*, Consiliator. Terram ergo Hus habitat, et corda consiliis juste dedita. Unde Sapientia : *Ego in concilio habito. Simplex et rectus.* Nos per justitiam mansuetudinem et per mansuetudinem justitiam relinquimus : Deus homo plene utrumque servavit. *Timens Deum.* Unde replevit eum spiritu timoris Domini. Recessit quoque a malo, non quod faciendo contingit, sed quod inveniens in mundo reprobavit.

Desinit his :

Numquid conjungere valebis micantes stellas. Constat, hoc nullum hominem posse; sed cum Job de his interrogatur, ut humilis ad eum refugiat, qui solus posset hoc ostenditur.

Numquid conjungere valebis Scilicet ego *micantes stellas Pleiadas aut gyrum Arcturi poteris dissi-* Moraliter. Quotidie elucet Lucifer *pare? Numquid produces Lu-* bonis, et reprobis vesperum, quod ser- *ciferum in tempore suo, et* no Domini testatur, *etc. vesperum super filios terræ consurgere facies? Numquid nosti ordinem cœli et pones* In nebula im- *rationem ejus in terra? Num-* plevit domum Domini, id est, Prophe- *quid elevabis in nebula vo-* tas, et Sacerdotes, *etc. cem tuam.*

Numquid conjungere valebis, etc. A pluralitate vocatæ sunt, quod et sibi vicinæ, et divisæ sunt. Sanctos omnes denuntiat, qui inter præsentis vitæ tenebras Spiritus septiformis gratiæ eos lumine illustrat, qui a mundi origine, usque ad ejus terminum, diversis temporibus missi, qui disjuncti sunt, et conjuncti per intentionem mentis Dominum unum prædicant, *etc. Numquid elevabis in nebula.*

Verum ex universo opere Excerpta post Interlinearem Expositionem exhibemus, eaque supra Lipsiensem editionem nonnihil auctiora; nunc quando hæc ipsa glossemata ex Philippi Commentariis primitus derivari constituimus, quisnam vero omni ex parte genuinus ejus Auctoris fetus habendus sit, dicere non est expeditum, pauca quædam subnectemus fragmenta ejus operis, quæ ex antiquissima Catena in Genesim in Ambrosiano ms. sæculi circiter septimi, F littera et num. 60 prænotato, expressimus, ut periculo faciendo inserviant.

Et dixit Deus, fiat lux. PHILIPPUS.

Deus hic loquitur cum efficientiæ ejus res intelligitur, quemadmodum ad Sanctum Job ipse Dominus dixit : *Aut putas me aliter tibi locutum, nisi ut appareres justus.* Locutum se dixit pro illa tribulatione, qua fecit ut tentaretur.

Nihil in terra sine causa fit, et de humo non oritur dolor (Job. v, 6).

De humo, id est de natura omni terræ non erit malum, cum in terra nihil sine Dei justitia fiat. Hoc dicitur quod omne malum naturale non sit, quem hic dolorem vocat, sed omne malum accidens est naturæ bonæ.

Et est aliud malum, id est, vindictæ, quæ propter peccatum a Deo infertur hominibus. Malum est quidem peccatum, sed libero arbitrio malum est, quod hominis voluntate committitur. Et malum est retributio mali, id est peccati, quando irrogat Dominus supplicia peccatoribus. Hoc ergo dicitur, quod nihil horum accidentium malorum sine judicio Dei fiat. Non ita naturale est homini, ut a Deo creatum putetur; et ideo dicitur : *Et de humo non oritur dolor,* id est, non naturæ, sed culpæ.

Homo ad laborem nascitur, et avis ad volatum (Job. v, 7).

Id est, labor hominem manet [*Forte* monet], ut ab omnibus vitiis castigatus incedat. Et fit ad hæc tam experrectus, ut velut avis, quæ naturaliter volatum arripit, ita et hic per agones vitæ præsentis evolet ad superna.

Pereat dies in qua natus sum, et nox in qua dictum est, conceptus est homo (Job. III, 2).

Et Jeremias dicit : *Maledicta dies in qua natus sum.*

Quidam dicunt tempora nativitatis humanæ, quæ prætierunt, non posse maledici. Certe ex superfluo maledicuntur, quæ suis jam sunt peracta transcursibus. Sancti hi inflati spiritu prophetiæ maledicunt diem nativitatis humanæ : quod quidem non sine tribulatione sua faciunt; sentiunt quippe in se, compatiendo generi humano, justitia Dei sententiam mortis illatam. Non itaque existimo, diem istum, qui homini in ministerium datus est, a Sanctis tanta exsecratione maledici. Tropicōs ergo diem cum sua nocte dici tunc noverimus. Dies namque et nox Diabolus et mortalitas possunt intelligi : non quod dies, et lumen diabolus sit, recedendo a vero lumine, sed quod dies fuerit aliquando, cum habitaret cum Deo æterno lumine, sicut Lucifer ex aurora diluculi, et lapis splendore rutilans in paradiso Dei. Vel quod impiis, et peccatoribus in hac prosperitate, et felicitate hujus sæculi gaudentibus dies esse videatur. De quo dicitur : *Auferetur ab impiis lux sua.* Et Salomon, *Lumen,* inquit, *impiorum exstinguetur.* Et iterum : *Splendor impiorum peccatum.* Nam et hoc potest de diabolo dici, qui inventor est peccati.

Et formavit hominem. Vides ergo quanta differentia sit facturæ, et plasmationis. Quod fecit Deus ad imaginem suam fecit, id est animam : et quod plasmavit, corpus est de terra, quam vivificavit animæ inspiratione, quod fecit. Imago ad immortalitatem pertinet : Dei similitudo ad potestatem, et operationem, ut naturalitas possideret imaginem immortalitatis Dei et similitudinem potestatis super omnia quæ creaverat, et piis operibus imitaretur Deum.

Semel loquitur Deus et secundo idipsum non repetit :

Ab ipso principio mundi, et deinceps semper locutus est Deus hominibus et semel nihilominus loquitur; sed ubi frequenter loqui dicitur Dominus, vel lex ejus multiplex est, vel Prophetæ et mandatorum ejus diversitas indicatur. Ubi vero semel loqui significatur, stabilita ac definita ejus sententia demonstratur. Loqui enim Deum efficientiæ ejus intelligitur. Quemadmodum et ad S. Job Dominus ipse ait, *Aut putas me aliter tibi locutum, nisi ut appareres justus.* Locutum se dicit per illam tribulationem qua fecit, ut tentaretur. Et idcirco hoc est illius loqui, quod facere. Ait ergo Heliu ita dicens : *Semel loquitur Deus, et secundo idipsum non repetit,* quod locuturus dicitur, hoc est, immutat, nisi hoc ipsum vitæ nostræ immutatio deposceret.

Omnes homines vident eum, unusquisque intuetur procul.

Per naturæ suæ bonum notitia Creatoris inest cordibus hominum; et quamvis quisquam tam pravus sit et frigidus, ut alienus esse studeat a Creatore suo : nullus tamen est qui se abscondat a calore ejus, et ideo unusquisque mortalium, licet de longe, sentit, et intelligit Deum. Dissimiliter quidem omnino, quod non sicut corpus a Spiritu creatum ita sentit esse Dominum; sed alio ineffabili modo, quo Deus acie mentis est intuendus. Ubi in ipso obtutu cordis intelligendo videt homo, quod supra ipsum est Deus.

Hæc si studiose ad eum conferas Commentarium, quem proprie diximus Philippo ascribi, id fere pervidebis interesse discriminis, quod studiosi epitomatoris ingenium invexit : ut quamquam ab uno illo varia, quæ hactenus recensuimus, interpretamenta descripta sint, ipsum tamen ejus Commentarium non prorsus esse ab aliorum aut assumentis, aut mulctis immunem, suique nativa germanitate integrum fatearis.

EXPOSITIO INTERLINEARIS
LIBRI JOB.

CAPUT PRIMUM.

a Vir dictus de virtute animi, qua tentationes superabat. —*b* Chus et Bus filii fuerunt Nachor fratris Abraham. Terra Chus assumptum hominem ex Maria significat. Consiliatrix interpretatur. —*c* Job dolens interpretatur. Typum Christi ferebat.

a Vir erat in terra *b* Hus, nomine *c* Job; et

d ut Apostolus ait : *Volo vos sapientes esse in bono, simplices autem in malo.* Quatuor his pollebat virtutibus. Deum timere **erat vir ille d simplex, et rectus, ac timens** est, nulla quæ facienda sunt bona præterire : **Deum, et recedens a malo** : natique sunt septem dona Spiritus sancti, Legem, Prophetiam, Evangelium. Perfectus numero **ei septem filii, et tres filiæ. Et fuit pos**-rus perfectam Ecclesiæ vitam significant, plebem Christi **sessio ejus, septem millia ovium, et tria** significant. gentilem populum. Judæorum et gentium populus significatur, quasi munda et immunda animalia, domum **millia camelorum, quingenta quoque juga boum, et quingentæ asinæ, ac familia** Ecclesiæ multiplicatam in fide de diversis gratiis significat. ditior super omnes qui habitabant in Oriente. Et pater dives dicitur, et filii **multa nimis, eratque vir ille magnus inter omnes Orientales. Et ibant filii ejus, et fa-** concordes, patris dividenda inter eos substantia aderat, corda **ciebant convivia per domos, unusquis-** tamen omnium indivisa charitas retinebat. **que in die suo. Et mittentes vocabant tres sorores suas, ut comederent et biberent cum** Septem dies finiebantur, **eis. Cumque in orbem transissent dies con-** ex hoc etiam sanctitatem et religionem suam ostenvivii, **mittebat ad eos Job, et sanctificabat** dit, quia ita cupit ; eos, sicut semetipsum, Deo irre**illos, consurgensque diluculo offerebat ho-** prehensibiles exhibere. In hoc apparet primogenitum **locausta per singulos. Dicebat enim Job :** fuisse, qui holocausta et sacrificium offerebat. Scriptor **Ne forte peccaverint filii mei, et bene-** mutavit sensum. Securus de ope**dixerint Deo in cordibus suis. Sic faciebat** ribus ideo corda mundabat. **Job cunctis diebus. Quadam autem die, cum** Non solum Angelos Dei, sed etiam omnes San**venissent Angeli [***Vulg.***] Filii] Dei, ut assiste-** ctos intelligamus. Permissus est se inserere in medium **rent coram Domino, adfuit inter eos etiam** Justorum. Non ignorantia Dei exprimitur, sed vias super**Satanas. Cui dixit Dominus : Unde venis ?** biæ diaboli nesciens damnavit. Per hoc labor diaboli digno**Qui respondens, ait : Circuivi terram, et** scitur, adeoque quantus. **perambulavi eam. Dixitque Dominus ad** In cœlo stare contempsit,... electos suos justifi**eum : Numquid considerasti puerum meum** cand... nimirum apostata angelus fuisset. **Job, quod non sit ei similis in terra, homo** Idem quod supra. **simplex, et rectus, et timens Deum, ac re-cedens a malo ? Cui respondens Satanas,** ac si aperte dicat ; Qui tot bona in terra recipit, quid mi**ait : Numquid frustra timet Job Deum ?** non-rum est, si pro eis sese innocenter gerit. **ne tu vallasti eum, ac domum ejus, univer-samque substantiam per circuitum, operi-busque manuum ejus benedixisti, et possessio** Ac si dicat : Ea quæ dedisti subtrahe, nam si **ejus crevit in terra ? Sed extende paululum** accepta perdiderit, respectum tuæ gratiæ ablatis rebus tem**manum tuam, et tange cuncta quæ possidet,** poralibus non quæsierit. Per antiphrasim dictum est, quod **nisi in facie tua benedixerit tibi. Dixit ergo** non fuit ausus scriptor historiæ ore suo in Deum dicere **Dominus ad Satanam : Ecce, universa quæ** verbum blasphemiæ. Magna pietas Domini nostri, hostem **habet, in manu tua sunt : tantum in eum ne** nostrum permittit et retinet, relaxat et frenat ; substantiam prodit, sed tamen corpus protegit, quod quidem postmodum tentatori traditurus est, sed tamen non simul ad omnia relaxat hostem, ne undique feriens frangat civem.

A facie ejus exiit, quia po**extendas manum tuam. Egressusque est** testatem tentationis accipiens, ad malitiæ suæ vota pervenit. **Satanas a facie Domini. Cum autem quadam die filii et filiæ ejus comederent et biberent in domo fratris sui primogeniti, nuntius** Boves arabant, ut vide**venit ad Job, qui diceret : Boves arabant, et** licet memorato fructu operis, causa crescat doloris. Ideo **asinæ pascebantur juxta eos, et irruerunt** hæc omnia operatus est diabolus, ut tot calamitatibus exaspe**Sabæi, tuleruntque omnia, et pueros percus-** ratus, contra Dominum in blasphemiam erumperet, de quo **serunt in gladio, et evasi ego solus ut nun-** Deus ante magnum testimonium perhibuisset. **tiarem tibi. Cumque adhuc loqueretur, venit** Ac si diceret : illius animadversionibus sustines, quem tot **alter et dixit : Ignis Dei cecidit e cœlo et** hostiis placare voluisti ; ejus iram toleras, cui quotidie ser**tactis oves puerosque consumpsit, et effugi** viens insudabas. Ecce iterum ne quid **ego solus ut nuntiarem tibi. Sed et illo ad-** minus de humana adversitate doluisset, Chaldæorum tur**huc loquente, venit alius, et dixit : Chaldæi** mas irruisse denuntiat. Sabæi et Chaldæi vastatores et **fecerunt tres turmas, et invaserunt camelos,** persecutores Ecclesiæ, qui hæresis pravitate greges Do**et tulerunt eos, necnon et pueros percusse-** minicos, et domum Christi dissipare contendunt. **runt gladio, et ego fugi solus, ut nuntiarem** Callidus hostis prius parva, et post majora nuntiavit ; **tibi. Adhuc loquebatur ille, et ecce alius in-** in extremo filiorum mortem intulit, ut patientiam sancti **travit, et dixit : Filiis tuis et filiabus vescen-** Viri rumperet. In majoris fratris domo convivabantur cum **tibus et bibentibus vinum in domo fratris** pereunt, quia cum majoribus voluptatibus deserviunt, nimi**sui primogeniti, repente ventus vehemens** rum in minoribus lasciviæ frena laxantur. Notum est, **irruit a regione deserti, et consumpsit [***Vulg.***]** quod absque superno nutu elementa moveri non possunt. Latenter in**concussit] quatuor angulos domus, quæ cor-** fertur, quod ipse elementa moveret, qui movere per **ruens oppressit liberos tuos, et mortui sunt,** misit. In forti**et effugi ego solus, ut nuntiarem tibi. Tunc** tudinem tolerantiæ. Significat luctum, non ex desperatione tristitiam, et pios ab impiis separatos. **surrexit Job, et scidit tunicam suam, et** Superflua, et inutilia resecanda significat. **tonso capite corruens in terram adoravit, et** Hominem terra nudum producit, et nudum recipit. Nulla sorde peccati originalis aspersus. Hæc dicta **dixit : Nudus egressus sum de utero ma-** Christo conveniunt. Ad carnem suam resurrectione rediturus. Bonos in **tris meæ, nudus et revertar illuc. Dominus** hæreditatem sibi, et malos abstulit. Ipse qui dedit, sua **dedit, Dominus abstulit ; sit nomen Domini** recipit, non nostra abstulit. **benedictum in sæcula [***In Vulg. desideratur***].** Quia nec per conscientiam tacitus tumuit, nec linguam in contumaciam laxavit. Stulte **In omnibus his non peccavit Job, neque** non potuit loqui sapientia patris. **stultum quid contra Deum locutus est.**

CAPUT II.

Quia spiritus Angelorum illuc **Factum est autem, cum quadam die ve-** conversione redeunt, unde nulla mentis aversione discedunt. **nissent filii Dei, et starent coram Domino,** Quia etsi beatitudinem perdidit, naturam tamen eis similem **venisset quoque Satanas inter eos, et staret** non amisit, et *oculi Domini*, ut dicit Scriptura, *speculantur* **in conspectu ejus, ut diceret Dominus ad**

bonos et malos. Non pro ignorantia, sed ut nobis demonstretur, quid Domino responderit inimicus.

Satanam : Unde venis? Qui respondens, ait : Quia dum interiora non appetunt, in exteriorum labore fatigantur.

Circuivi terram, et perambulavi eam. Et adversarius interpretatur. Subtiliter membratim **dixit Dominus ad Satanam : Numquid considerasti puerum** [*Vulg.* servum] **meum Job;** hæc supra exposuimus, replicare quæ diximus devitamus. **quod non sit ei similis in terra, vir simplex, ac timens Deum, et recedens a malo, et ad-** Non quasi a diabolo Do- **huc retinens innocentiam? Tu autem comminus instigatus esset ad tentandum Job, sed potius ut movisti me adversum eum, ut affligerem eum** diceret : Quid tibi profuit, quia credere noluisti Job in adversis virum esse fortissimum? Quasi **frustra. Cui respondens Satanas, ait : Pel-** cavillans diceret, quod Job ad liberandam animam suam, ei **lem pro pelle, et cuncta quæ habet homo,** substantiam dederit ad evertendam. Quasi non sufficeret **dabit pro anima sua : alioquin mitte manum** malum, quod beato Job intulerat, carnem videlicet ferientuam, **et tange os ejus et carnem, et tunc** dam postulat. **videbis quod in facie benedicat tibi. Dixit** Ecce iterum tentari **ergo Dominus ad Satanam : Ecce in manu** permittitur, sed custodia comitatur ne laberetur. Observare dicitur, id est, irrumpere non audere. ex parte a tentatione prohibuit. **tua est, verumtamen animam illius observa** Quomodo Satanas a facie Domini exeat, [*Vulg.* serva]. **Egressus igitur Satanas a facie** in superioribus exposuimus. Elephantiæ morbo a quibus- **Domini, percussit Job ulcere pessimo, a** dam creditur, et idcirco a fœditate nimia regnum suum **planta pedis usque ad cervicem** [*Vulg.* ver- reliquit. Lutum et fragilem semetipsum considerans. **ticem] : qui testa saniem deradebat,** Corpus festinæ fœtidum ostendit. Linguam mulieris dia- **sedens in sterquilinio. Dixit autem illi uxor** bolus instigavit, sed hac arte nihil prævaluit. His dictis simplicitatem deserere docuit. **sua : Adhuc permanes in simplicitate tua?** eodem sensu quo supra. **benedic Deo et morere. Qui ait ad illam :** Ergo qui blasphemant Dominum, inter stultos deputandi sunt. **Quasi una de stultis mulieribus locuta es.** Magna consolatio tribulationis est, si cum adversa patimur, **Si bona suscepimus de manu Domini, mala** auctoris nostri ad memoriam dona revocemus. Qui flagel- **quare non suscipiamus? In omnibus his non** lanti patri gratias reddidit, et malesuadenti conjugi doctrinam ministravit. **peccavit Job in labiis suis. Igitur audientes** tres reges fuerunt de genere Esau. **tres amici Job omne malum quod accidisset ei, venerunt singuli de loco suo, Eliphaz** Theman provincia in qua regnum. **Themanites, et Baldad Suites** [*Al.* Sochites], **et Sophar Naamanithes** [*Vulg.* Naamathites]. Qui ex condicto ad afflicti consolationem veniunt, charita- **Condixerant enim, ut pariter venientes vi-** tis quantitatem demonstrabant et tamen incauta locutione delinquebant, sed facile veniam mererentur, qui bono animo quærerent eum. **sitarent eum, et consolarentur. Cumque le-** hæreticos figurat creden- **vassent procul oculos suos, non cognove-** tes Deum, et hominem repellentes, et per hoc fidem **runt eum, et exclamantes ploraverunt, scis-** Ecclesiæ scindunt. terreno et mortali sensu corda sua **sisque vestibus, sparserunt pulverem super operiunt.** In his omne tempus vitæ **caput suum in cœlum. Et sederunt cum eo**

hæreticorum demonstratur, qui semper mali septem diebus ac noctibus cum afflicto Job sederint; an a confessione **in terra septem diebus et septem noctibus,** fidei perdurant. Utrum continuis certe diebus ac **et nemo loquebatur ei verbum ; videbant** noctibus totidem instantia ei crebræ visitationis adhæserint, ignoramus. Hoc ait **enim dolorem esse vehementem. Post hæc** scriptor historiæ, quem Moysen fuisse tradit opinio. **aperuit Job os suum, et maledixit diei suo, et locutus est.**

CAPUT III.

Vir patiens non de animositate dicit, sed optat ut im- **Pereat dies in qua natus sum, et nox in** mortalitas per Christum redeat, quæ per Adam deleta est Diem **qua dictum est : Conceptus est homo. Dies** cum nocte dictam intelligit. Diabolum et mortem signifi- cat. Non sit ejus memoria **illa vertatur in tenebras, et non requirat** ante Dominum in bonum. Lumine cognitionis Dei, vel pœnitentiæ. **Deus desuper, et non illustretur lumine.** Peccatorum multitudine cæcetur. Pœna infernalis. **Obscurent eum tenebræ et umbra mortis,** Cæcitas cordis. Furore iræ Dei. **occupet eum caligo, et involvatur amari-** de qua supra dictum est. Diabolus qui perturba- **tudine. Noctem illam tenebrosus turbo** tionem mundo advexit. In numero Christianorum, quia an- **possideat ; non computetur in diebus anni,** nus Christum significat in Apostolis. Non habeat Deum **nec numeretur in mensibus. Sit nox illa** habitatorem. Sancti utique præ- **solitaria, nec laude digna. Maledicant ei** varicationem mortis suæ et diabolum maledicunt resistendo **qui maledicunt diei, qui parati sunt susci-** dominationi ejus, id est additamentum hominum, qui hominibus culpæ augere non desistit. **tare Leviathan. Obtenebrentur stellæ cali-** Peccator s, qui in nocte sæculi in honore et divitiis lucere se putabant. Diabolus lucem redemptionibus Christi non **gine ejus, exspectet et non videat nec** cognoscat. Resurrectionem Christi. Matris visceribus velut **ortum surgentis aurorae. Quia non clusit** claustris fœtidus debuerit detineri, ne ad dolores nasce- **ostia ventris, qui portavit me, nec abstulit** retur, dolores et cruciatus continuos. Quare mortalitas ipsa **mala ab oculis meis. Quare non in vulva** mortalem non exstinxit? Quid viverem moriturus et pas- **mortuus sum, vel egressus ex utero statim** surus mala mortalitatis humanæ? Post apertam culpam, cur me adhuc in illa et consuetudo suscepit? Post culpæ con- **perii? Quare exceptus genibus? Cur lacta-** suetudinem, cur ad augmentum illius nutritus sum? Nullum fletum et ululatum edi- **tus sum uberibus? Nunc enim Job dormiens** turus. Non eram incitatus stimulis cruciatuum. Licet in **silerem, et somno meo requiescerem ; cum** inferno sint, tamen corpora non sentiunt tormenta. Vana **regibus et consulibus terræ, qui ædificant** opera, vel quod deserta sunt omnia, quæ Christum hospi- tem non habent. Pro multitudine divi- **sibi solitudines, aut cum principibus, qui** tiarum hoc dicit. Variis modis dicit, quod pœnas, in qui- **possident aurum, et replent domos suas ar-** bus erat, optasset evadere. Abortivi dicuntur homines ante **gento : aut sicut abortivum absconditum** legem litteræ. Hi qui post acceptam legem in hoc mundo **non subsisterem, vel qui concepti non vi-** nati sunt, et adventum Christi non viderunt. Quia gloria superborum humiliata erit in **derunt lucem. Ibi impii cessaverunt a tu-** inferno, ab oppressione et molestia mundi liberati. In **multu, et ibi requieverunt fessi robore. Et**

inferno simul habitare dicit, tamen sine pœna.
quondam vincti pariter sine molestia. Non
iniquorum dominorum non verentur. Parvuli et magni
audierunt vocem exactoris. Parvus et ma-
credentium ibi liberantur a confusione.
gnus ibi sunt, et servus liber a domino suo.
Cum sit, ut video, in inferno æqualitas personarum, cur
Quare data misero est lux, et vita his, qui
mihi misero data est vita cruciatibus plena?
Pro angustiis mor-
in amaritudine animæ sunt? Qui exspectant
tem homines quærentes, qui nimium utique gratulabuntur,
cum optatam sibi invenerint sepulturam. Facile thesaurum invenit, qui a se molem terrenæ cogitationis repellit. Qui mortificare se ap-
mortem, et non venit. Quasi effodiunt
petit, valde ad inventam requiem contemplationis hila-
thesaurum, gaudent vehementer cum inve-
rescit. De se dicit, quia absconditum
nerint sepulcrum. Viro cui [*Vulg.* cujus]
esset meritum vitæ suæ. Pœnarum cruciatibus. Inter
abscondita est vita, et circumdedit eum Deus
cæteros cruciatus, etiam hanc infirmitatem diabolus ei in-
tenebris? Antequam comedam, suspiro; et
flixerat, ut ante cibum torqueatur, et sint ei post cibum
indesinentes dolores; de hoc sequentia subjecit. Ac si
quasi inundantes aquæ, sic rugitus meus.
dicat : Timebam ne peccando Deum offenderem; quid mihi
Quia timor, quem timebam, venit mihi, et
profuit, quia doloribus me torquet. Non reddens mala, ta-
quod verebar accidit. Nonne dissimulavi?
citurnitatem ab otiosis verbis indicat. Molem
nonne silui? nonne quievi? et venit super
plagarum dicit.
me indignatio.

CAPUT IV.

Respondens autem Eliphaz Themanites,
Ostendit se non consolatoria, sed injuriosa verba
dixit : Si cœperimus loqui tibi, forsitan mo-
locutum. per concepta ergo verba profert
leste accipies : sed conceptum sermonem
injuriam audienti. Multos ab errore revocasti, pau-
tenere quis possit? Ecce docuisti multos, et
peres tua bonitate consolatus es. Dubios de religione sua.
manus lassas roborasti. Vacillantes confir-
Hæc omnia in sanctum Job cum irrisione dicuntur, decli-
mayerunt sermones tui, et genua trementium
nantes a rectitudine. Non defecit, nec
[*Vulg.* trementia] confortasti. Nunc autem
conturbatus est, sed in omnibus Dominum benedixit.
venit super te plaga, et defecisti : tetigit te,
Ac si diceret : Si timorem Dei ha-
et conturbatus es. Ubi est timor tuus, for-
buisses, et perfectionem vitæ tuæ, numquam talia passus
titudo tua, patientia tua, et perfectio viarum
fuisses. ergo igno-
tuarum? Recordare, obsecro te, quis um-
rans Abel innocentem occisum, et justos frequenter af-
quam innocens periit? aut quando recti
flictos. Operantes iniquitatem scimus ancillante
deleti sunt? Quin potius vidi eos qui ope-
iracundia deperisse sicut le vidimus.
rantur iniquitatem, et seminant dolores, et
repetit quod
metunt eos; flante Deo perisse, et spiritu iræ
prius dixerat. Sævitiam rapientis osten-
ejus esse consumptos. Rugitus leonis, et vox
dit, in quo sanctum Job fallaciter denotat.
Catulos rapaciores ad prædam dicit, id est filios
leænæ, et dentes catulorum leonum contriti
ejus similes illi dicit;
Velocitatem ad prædam, et ad spoliandum homi-
sunt; tigris periit eo quod non habet
nes ostendit. filios similiter interemptos.
prædam, et catuli leonum dissipati sunt.
Divinum secretum ex revelatione mihi ostensum, id est,
Porro ad me dictum est verbum abscon-

causa pœnarum tuarum. latenter ad aures cordis mei
ditum, et quasi furtive suscepit auris
virtus sententiæ pervenit. Hic asserit, quod non ali-
mea venas susurri ejus. In horrore visionis
quam phantasiam vani somnii viderit, sed veram visionem.
nocturnæ, quando solet sopor occupare ho-
Et ut probabiliorem narrationem somnii faciat, tempus de
mines; pavor tenuit me et tremor, et
signat. Nimium territum se dicit insolita visione. Angelum
omnia ossa mea perterrita sunt. Et cum spi-
vult ostendere sicut Daniel de se dicit : In visione reso-
ritus me præsente transiret, inhorruerunt
luta est compages mea. Incognitus vultus magis timorem
pili carnis meæ. Stetit quidam cujus non
incussit. Occulta fide vidisse se dicit,
cognoscebam vultum; imago coram oculis
quem prius non cognoscebat, et blande sibi dicentem istud
quod sequitur. Creatura
meis, et vocem quasi auræ lenis audivi. Num-
creatori comparari non potest, quia humana justitia divi-
quid homo Dei comparatione justificabitur,
næ comparata, injustitia est. De diabolo dicit,
aut factore suo purior erit vir? Ecce qui
et de his qui ceciderunt de natura sua in vitium.
serviunt ei non sunt stabiles ; et in An-
De natura homi-
gelis suis reperit pravitatem : quanto magis
num intelligitur, quia ex ipsis habitaculis nostris viles de-
monstramur.
hi qui habitant domos luteas ! Qui terre-
Sicut a tinea vestimenta,
num habent fundamentum, consumentur
ita a morte corpora consumuntur.
In mane totam hominum vitam signifi-
velut a tinea. De mane usque ad vesperum
cat, quod in senectute deficit. De non credentibus hoc dicit.
succidentur, et quia nullus intelliget, in
De credentibus intelligit.
æternum peribunt. Qui autem reliqui fue-
sancti ab impiis. Stulti non habentes sapien-
rint auferentur ex eis ; morientur, et non
tiam timoris Dei.
in sapientia.

CAPUT V.

Hucusque de his loquitur, quæ in somniis vidisse se di-
Voca ergo si est qui tibi respondeat, et ad
cit, dehinc increpat sanctum Job. hominum, vel Angelorum, si aliquis eorum tibi aliter respondeat. Iracundum
aliquem sanctorum convertere. Virum stul-
dicit, quia maledixit diei suo. pusillanimum denotat
tum interficit iracundia, et parvulum occidit
et invidum. Qui se putat in sæcula fixum.
invidia. Ego vidi stultum firma radice,
pulchritudinem transitoriæ felicitatis dicit.
et maledixit pulchritudini ejus statim.
Hæc omnia, ut aliquoties dixi, in sancti Job exprobratio-
nem dicuntur, publico omnium judicio damnabuntur.
Longe fient filii ejus a salute, conterentur in
Laborem hominis
porta, et non erit qui eruat. Cujus messem
iniqui diabolus devorat, qui armatus et famelicus dicitur
in proditione hominum.
famelicus comedet, et ipsum rapiet armatus,
Homines mali rapientes facultates aliorum. Quanto studioso
et bibent sitientes divitias ejus. Nihil in terra
tarditas ad præmium proficit, et desidioso velocitas ad supplicium crescit. Sine justitia. Natura hominum bona fuit,
sine causa fit, et de humo non orietur
sed malum accidit.
Sicut avis per naturam volat, ita et homo per la-
dolor. Homo ad laborem nascitur, et avis
borem ad superna conscendit.
Nihil mihi tribuens de justitia et merito,
ad volatum. Quamobrem ego deprecabor
hoc loquar ante eum, quod humilitatem meam ipsi com-
Dominum, et ad Deum ponam eloquium
mendat. Efficientia omnium rerum inscrutabilis est homi-
meum. Qui facit magna et inscrutabilia, et

nibus. *ut dicitur :* Pluit su-
mirabilia absque numero. Qui dat pluviam
per justos et injustos (Mat. v, 45), abundantiam doctrinæ
super faciem terræ, et irrigat aquis uni-
ostendit. Sanctos in regno, ut dicitur :
versa. Qui ponit humiles in sublimi, et
Beati qui lugent nunc (Ibid., 5) etc. Persecutorum Marty-
mœrentes erigit sospitate. Qui dissipat co-
rum Christi, ne possint implere quod desiderant, vel ma-
gitationes malignorum, ne possint implere
nus eorum persecutorum Ecclesiam Dei. sæcu-
manus eorum quod ceperint. Qui apprehen-
larium calliditatem significat. per vocem Evangelii
dit sapientes in astutia ipsorum, et consi-
in stultitiam deputatam. Judæi a die legis in te-
lium pravorum dissipat. Per diem incurrent
nebras perfidiæ ceciderunt, sic tribulationem invenerunt,
tenebras, et quasi in nocte sic palpabunt
sicut prius prosperitatem habebant.
Christus, qui pro nobis pauper factus est,
meridie. Porro salvum faciet a gladio oris
liberatus est de blasphemiis Judæorum.
eorum, et de manu violenti pauperem.
Spes Resurrectionis Christo, blasphemia Judæorum merito
Et erit egeno spes ; iniquitas autem con-
obturetur. *ut dicitur :* Quem diligit Dominus,
trahet os suum. Beatus homo qui corripi-
castigat. Et ista in sanctum Job quasi in prævari-
tur a Deo. Increpationem ergo Domini peccatorem recte dicuntur, qui a Domino eruditur ut filius. *ut dicitur :* Ego occidam, et vivere faciam,
reprobes. Quia ipse vulnerat et medetur :
Statim in
percutit, et manus ejus sanabunt. In sex
subsequentibus ipsas sex enumerat
tribulationibus liberabit te, et in septima
audiendi verbum Dei.
non tanget te malum. In fame eruet te de
peccati de potestate mortis. ab
morte, et in bello de manu gladii. Et a fla-
effrenata lingua vin-
gello linguæ absconderis, et non timebis ca-
dictam malorum. Lætatus fueris, cum alios
lamitatem cum venerit. In vastitate et fame
videris vastitate deleri. potestatem diaboli, sive terreno-
rum hominum.
ridebis, et bestias terræ non formidabis.
cum Sanctis omnibus pacem semper habebis.
Sed cum lapidibus regionum pactum tuum,
homines boni immutati a bestiali vita. ab omnibus
et bestiæ pacificæ erunt tibi. Et scies quod
pœnis corpus tuum liberabitur. dignam exhi-
pacem habet tabernaculum tuum, et visi-
bens divina visitatione.
tans speciem tuam non peccabis. Scies quo-
carnales filii, sive fructus bonorum operum.
que, quoniam multiplex erit semen tuum, et
præ multitudine herbis comparantur. Plenus dierum
progenies tua quasi herba terræ. Ingredieris
morieris, vel in abundantia bonorum operum. sicut triticum
in abundantia sepulcrum, sicut infertur
in horrea, ita Sancti in gloriam.
acervus in tempore suo. Ecce hoc, ut in-
id est, quod ipse ad emendationem tuam
vestigavimus, ita est, quod auditum mente
debes corde percipere.
pertracta.

CAPUT VI.

Dum dicitis, pec-
Respondens autem Job dixit : Utinam ap-
catis meis facientibus ista perpeti, velim appendi peccata
penderentur peccata mea, quibus iram
mea contra calamitatem, quam patior, et illico videbitis le-
merui, et calamitas quam patior in sta-
via; ipsa calamitas gravior est merito peccatorum meo-
tera; quasi arena maris hæc gravior ap-

rum. Quia majores sunt pœnæ, ut dixi, quam meorum
pareret. Unde et verba mea doloris sunt
merita delictorum. Molestia pœnarum sagittis comparatur,
plena, quia sagittæ Domini in me sunt,
quæ non solum pœnæ intelliguntur, sed vermes (quos)
instigabat diabolus, ut sanguinem ejus sugerent.
quarum indignatio ebibit spiritum meum,
ad augmentum pœnarum diabolus terrorem ei incutit.
et terrores Domini militant contra me.
Ista animalia, si pabulis abundant, nullam querelarum vocem
Numquid rugit onager, cum habuerit her-
emittunt. ille autem angustiis coarctatur, ut dura lo-
bam, aut mugiet bos, cum ante præsepe
queretur. Ego nihil fide non conditum operatus
plenum fuerit? Aut poterit comedi insulsum,
sum, quomodo hæc patior quæ sustineo? Nullum stultum
contra Deum verbum locutus est, fide non conditum. Sicut
quod non est sale conditum? aut potest
mortiferum omnis abhorret, ita ego peccatum contingere
aliquis gustare, quod gustatum affert mor-
pertimescebam. Nunc verbis pascor amaris, quæ prius ti-
tem? Quæ prius tangere nolebat, anima
mebam ex ore meo depromere.
mea, nunc præ angustia cibi mei sunt.
Optans desiderabat per mortem de cruciatibus liberari.
Quis det ut veniat petitio mea, et quod ex-
Sicut Deo sinente. pœnas
peto tribuat mihi Deus? Et qui cepit, ipse
patior, ita potestate ejus mors conterat me.
me conterat, solvat manum suam, et succi-
hæc mihi sit consolatio, ut finem crucia-
dat me; et hæc mihi sit consolatio, ut affli-
tuum meorum remedio mortis obtineam.
hoc convenit dicere
gens me dolore non parcat, nec contradicam
humilitati Sanctorum. Ego homunculus, quomodo talia
sermonibus Sancti. Quæ est fortitudo mea
flagella sustinere possum? ac si diceret : Si scirem finem
ut sustineam? aut quis finis meus ut pa-
doloris mei, patienter exspectarem. Non sum insensatus
tienter agam? nec fortitudo lapidum for-
dolori sicut lapides. quia caro mea corrumpitur sanie.
titudo mea, nec caro mea ænea est.
Tristitia renuit consolari animam meam. Pro-
Ecce non est auxilium mihi in me, et ne-
pheta eadem de Christo dicit : *Amici mei, et proximi*
mei (Is. xxxvii, 12), et reliqua. Qui
cessarii quoque mihi recesserunt a me. Qui
non compatitur ex corde tribulati, mandata Dei deserit.
tollit ab amico suo misericordiam, timorem
Omnis cognatio ejus detestata est
Domini dereliquit. Fratres mei præterierunt
eum, et deserens velociter quos ad ima delapsos a se tor-
me, sicut torrens qui raptim transiit in
rentis more suspirat. Timebam minima peccata perpetrare,
convallibus. Qui timent pruinam, irruet
et nunc crucior quasi maxima perpetrassem.
Diem afflictionis suæ recordatur in
super eos nix; tempore quo fuerint dissi-
his versiculis. sicut calore solis solvitur nix, ita gloria
pati peribunt, et ut incaluerint, solventur
ejus non comparuit. Virtus animi suppliciis involuta.
de loco suo. Et involutæ semitæ gressuum
incassum laborant, qui perituri sunt.
eorum; ambulabunt in vacuum, et peribunt.
Provincia. Provincia de quibus
Considerate Themam, et itinera Saba. Et
ad eum populus confluxit. dum me stultis increpatio-
exspectate paulisper; confusi sunt, quia
nibus ad desperationem flectere nequeunt, ipsi confunduntur. Videntes dolorem ejus, vultus suos
speravi. Venerunt quoque usque ad me, et
pudore texerunt.
pudore cooperti sunt. Nunc venistis, et
amici sui similem ruinam plagarum timebant sibi. Ac si
modo videntes plagam meam timetis. Num-
diceret : Numquid aliquid vos petii, aut fortitudine vestra
quid dixi : Afferte mihi, et de substantia

indigni, ut subsannatis me quasi inopem et pauperem? **vestra donate mihi? vel Liberate me de manu hostis, et de manu robustorum eruite** *Redarguite me, si mentior; et tacebo convictus, et si* **me? Docete me, et ego tacebo; et si quid** *quid aliud ignoro, vestrum est errantem corrigere. Licet* **forte ignoravi, instruite me. Quare de-** adhuc Eliphaz unus locutus esset, tamen aliorum mens ex- **traxisti sermonibus veritatis, cum e vobis** dem obtinuit, ideo pluraliter de omnibus dixit. Mor da- **nullus sit qui possit arguere me? Ad incre-** cissimis increpationibus sermo præfati repletus est. vana **pandum tantum eloquia concinnatis, et in** locuti sunt propria voluntate. Desertus est ut pupillus a **ventum verba profertis. Super pupillum ir-** suis omnibus. per irrisionem et subsannationem. **ruitis, et subvertere nitimini amicum ves-** *per sermones Eliphaz.* **trum. Verumtamen quod cœpistis explete.** *corde intelligite quod non mentiar.* Non sit **Præbete aurem, et videte an mentiar. Re-** contradicendi studium, quod contentionis generat morbum, **spondete, obsecro, absque contentione, et lo-** et ita demum nulla animositatis caligine perturbati poteri- **quentes id quod justum judicate; et non** tis inter me et vos quod justum est judicare. **invenietis in ore meo iniquitatem, nec in faucibus meis stultitia personabit.**

CAPUT VII.

Homines Dei dimicantes contra vitia.
Militia est vita hominis super terram, et *quomodo* **sicut dies mercenarii dies ejus : sicut servus** *servi, et mercenarii servitutis et laboris sui mercedem* **desiderat umbram, et sicut mercenarius** *desiderant; ita pro Deo laborantes præmia exspectant* **æterna.** (De retributione in sæculo.) In his verbis **præstolatur finem operis sui, sic et ego** sedulitatem dolorum indicat, et ad respirationem dolorum, **habui menses vacuos, et noctes laboriosas** mutationem temporum desiderasse, et diem in nocte, **enumeravi mihi. Si dormiero, quando con-** et noctem ; in die quæsisse. **surgam? et rursum exspectabo vesperam;** *Isto* **et replebor doloribus usque ad tenebras. In-** vulnere percussus est a diabolo a planta pedis usque ad **duta est caro mea putredine, et sordibus** verticem, hoc est, totus computrui. **pulveris. Cutis mea aruit et contracta est :** *fragilitatem carnis telarum filis* **dies mei velocius transierunt quam a texente** comparavit. mentis fiduciam in præsenti vita non **tela succiditur; consumpti sunt absque ulla** posui. Vento prætereunti similis est, quia nunc jam præ- **spe. Memento quia ventus est vita mea, et** teruit spiritus meus præ dolore, mentis intuitus. Quando hæc dicebat, ignorabat se reversurum ad gloriam. **non revertetur oculus meus ut videat bona;** Non aspiciet me homo in ea gloria, qua ante fui. Iracundiam **nec aspiciet me visus hominis : oculi tui** visionis tuæ sustinere non possum. Homo in morem nubis **in me, et non subsistam. Sicut consumitur** de pulvere terræ reparabitur. Non ascendet in incor- **nubes, et pertransit; sic qui descenderit** ruptionem, sed immortalitate induitur. **ad inferos, non ascendet, nec revertetur** spiritus in corpus suum. præterita mundi conver- **ultra in domum suam; neque cognoscet** satio in homine immutato. quæ mihi **cum amplius locus ejus. Quapropter et ego** enormitas pœnarum generavit dicam, et cum amaritudine **non parcam ori meo : loquar in tribula-** loquar. præ angustia **tione spiritus mei. Confabulabor cum amari-**

A **pœnarum.** Ac si diceret : Mare et cetus, **tudine animæ meæ. Numquid mare sum** iniqui et impii, eorumque ductor malignus spiritus, recte animal marinum. in carcere constrin- **ego, aut cetus, quia circumdedisti me** guntur, non ego. Omnem pœnarum dolorem carcerem dicit. Si in doloribus ad quiescendum me converto. **carcere? Si dixero : Consolabitur me lectu-** levabor strati solatio, ad relevandos quoque **lus meus, et relevabor loquens mecum in** dolores meos mecum illic voluero loqui. a Domino hoc pati dicebat, quia diabolus **stratu meo; terrebis me per somnia et** a Domino permissus est illa irrogare ei. Ac si diceret : **per visiones horrore concuties. Quam-** Satius mihi est pro pœnarum afflictione de mea morte cogi- **obrem elegit suspendium anima mea, et** tare, quam tuæ majestati blasphemiam irrogare. *Quia dicebam quæ non debui,* **mortem ossa mea. Desperavi, nequaquam** B sive præsentis vitæ bona deserui pro sermone quem dixi. Obsecranti esto placabilis, ne **ultra jam vivam. Parce mihi, nihil enim** illic ubi dies sine fine sunt, inveniar jumendus. *Pietatem Dei circa eum humiliter* **sunt dies mei. Quid est homo, quia magni-** confiteris. circa eum sollicitam curam impendas? **ficas eum; aut quia ponis erga eum cor** Post tenebras ignorantiæ, divina cognitione **tuum? Visitas eum diluculo, et subito** illustras, qui corda hominum scis. *Ab his pœnis quas permissione tua patior.* **probas illum. Usquequo non parcis mihi,** hoc enim habebat inter cætera mala dolorum. **nec dimittis mihi [Vulg. me] ut glutiam sa-** Loquens quæ non debui. Tibi utique, qui justus **livam meam? Peccavi; quid faciam tibi, o** es, quid emendationis offero? qui omnia nosti. Quare dedisti mihi copiam re- **custos hominum? Quare posuisti me con-** C spondendi ut dixi? justus non debet talia pati, qui tibi re- **trarium tibi, et factus sum mihimetipsi** spondi quæ non debui, quia creatura contra Creatorem loqui non debet. Dolores utique per quos peccare compellor, **gravis? Cur non tollis peccatum meum, et** qui eram hactenus justus. Ac si **quare non aufers iniquitatem meam? Ecce** deplorat dicens : In præsenti quidem mortem carnis patior, **nunc in pulvere dormiam, et si mane me** et tamen adhuc graviorem sententiam pertimesco. In ma- **quæsieris, non subsistam.** tutino resurrectionis.

CAPUT VIII.

Offensus est Baldad, quia dicebat Job, quod in regno fuisset cæteris regibus præpotentior. Qui enim
Respondens autem Baldad Suites, dixit : *Usquequo dicit, quia ædificationis verba jam portare non* **Usquequo loqueris talia, et spiritus multi-** possit ostendit. Justitia Dei nisi reo talia D **plex sermonis oris tui? Numquid Deus sup-** pœnalia non inseret, qualia tu sustines. **plantat judicium? et omnipotens subvertit** *quod justum est? Etiamsi filii tui peccave-* in vindictam suis facientibus malis dimisit **runt ei, et dimisit eos in manu iniquitatis** eos. Tibi in nullo nocere poterit, si de errorum tenebris **suæ. Tu tamen si diluculo surrexeris ad** ad agnitionem divinæ justitiæ consurrexeris. **Deum, et omnipotentem fueris deprecatus :** *si fueris corde et ore mundus, statim ad reparationem fe-* **si mundus et rectus incesseris, statim evi-** licitatis tuæ instabit. quietum a pœnarum bello corpus **gilabit ad te, et pacatum reddet habitaculum** tuum dimittet. divinæ ante plagam, **justitiæ tuæ. Intantum, ut priora tua fue-** ad comparationem gloriæ post plagam : hæc autem pœni- **rint parva, et novissima tua multiplicentur**

tentibus conveniunt. Memoriam quære ab his, quorum nimis. **Interroga enim generationem pristi-**
vita longior est, et cognosces quod alii diluvio, alii sulphure
nam, et diligenter investiga patrum memo-
perierunt. Non est olim quod vivimus, et diu.
riam. Hesterni quippe sumus, et ignora-
non subsistimus.
mus, quoniam sicut umbra sunt dies nostri
Quod iniqui in præsenti sæculo diversam
super terram. Et ipsi docebunt te, loquen-
mortem habebant. gesta utique hominum præteritorum.
tur tibi, et de corde suo proferent eloquia.
Nunc aperte de Job dicit. ita et tu absque justitia in
Numquid vivere potest scirpus absque hu-
pristina felicitate permanere non potuisti.
more? aut crescit carectum [*Vulg.* crescere
Sicut herba in æstate arescit, ita
biblus] sine aqua? Cum adhuc sit in flore,
sanctum Job exprobrat merito suo ante peccatores perire.
nec carpatur manu, ante omnes herbas
quia omnia Deus introspicit.
arescit; sic via omnium, qui obliviscun-
peribunt simulantes sanctimoniam vitæ.
tur Deum, et spes hypocritæ peribit. Non
simulatio vecordiæ comparatur, quæ utique tenui
enim ei placebit vecordia sua, et sicut tela
auræ flamine corrumpitur. Confidendo in
aranearum fiducia ejus. Innitetur super
seipso. propriis viribus non consurgit, quia
domum suam, et non stabit; fulciet eam,
Dominus non est fortitudo ejus. Tribulationibus frangitur, qui
et non consurget. Humectus videtur ante-
in prosperitate stare videtur. In principio prospere agere vi-
quam veniat sol, et in ortu suo germen
detur, sed non permanet. Illic non habendo humorem vitæ,
ejus egredietur. Super acervum petrarum
morietur sine fructu operum. vitæ similitudine inter
radices ejus densabuntur; et inter lapides
duros corde reputabitur. de præsenti
commorabitur; si absorbuerit eum de loco
sæculo, hoc est, Deus. Per artes iniquas.
suo, negabit eum, et dicet : Non novi te.
Per ironiam dictum legitur. Projecto enim
Hæc est enim lætitia viæ ejus, ut rursum
impio, justus suscitatur. humiles novit.
de terra alii germinentur. Deus non proji-
aspicit, non dabit auxilium. utique spiri-
ciet simplicem, nec porriget manum mali-
tibus. lætitiam cordis indicat.
gnis, donec impleatur risu os tuum, et
vocem exsultationis. peccatores et dæmones.
labia tua jubilo. Qui oderunt te, induentur
Quia amatores mundi repente subtra-
confusione, et tabernaculum impiorum non
huntur de sæculo.
subsistet.

CAPUT IX.

Notaverat Baldad sanctum Job, quod sibi de sanctitate,
Respondens Job, ait : Vere scio quod ita
et innocentia blandiretur ; et ab hoc ita ei Job incipit re-
sit, quod non justificabitur homo composi-
spondere. suppositus Deo justitiam recipit, compositus
tus Deo. Si voluerit contendere cum eo, non
amittit. pro universitate hominum ponit.
poterit respondere ei unum de mille. Sa-
quis contra Domi-
piens corde est, et fortis robore, quis resti-
num agens, non sibi bellum iræ ejus commovit? Superbi et
tit ei et pacem habuit? Quis transtulit
elatæ mentis, qui nescientes Deum, pro infidelitate sub-
montes, et nescierunt hi, quos subvertit
versi sunt. Judæorum plebem de
in furore suo. Qui commovet terram de
patria sua. Sacerdotes, vel Judices.
loco suo, et columnæ ejus concutiuntur.
adveniente nocte. adveniente
Qui præcipit soli, et non oritur; et stellas

A die. In his potentiam
claudit quasi sub signaculo. Qui extendit
Creatoris ostendit.
cœlos solus, et graditur super fluctus ma-
In his stellis indicat omnem militiam astrorum ad Dei regi-
ris. Qui facit Arcturum, et Oriona, et
men pertinere. Interiores Angelorum choros. Nullis qui-
Hyadas, et interiora austri. Qui facit
dem retro sæculis suspicabile fuit, ut homo, terra, et cinis
magna et incomprehensibilia et mirabilia,
Angelorum cœtibus aggregetur. Non videbo corporalibus
quorum non est numerus. Si venerit ad me,
oculis, quia spiritus est : si meæ præsentiæ non se præbet.
non videbo; si abierit, non intelligam eum.
Si subito provocat nos ad judicium, creatura contremiscet.
Si repente interroget, quis respondebit ei?
Per iram se-
vel quis dicere potest, cur facis? Deus cujus
veritas demonstratur. Qui curas præsentis
B **resistere iræ nemo potest, et sub quo cur-**
sæculi tolerant, curvantur deficiendo.
vantur qui portant orbem. Quantus ergo
Quid verba vermis
sum ego qui respondeam ei? et loquar ver-
et cineris ad divina eloquia?
bis meis cum eo? Qui etiamsi habuero
non de mea justitia gloriabor,
quippiam justum, non respondebo, sed
sed meum judicem deprecabor ut propitius sit.
meum judicem deprecabor. Et cum in-
De futuro judicio loquitur,
vocantem exaudierit me, non credo quod
in quo et electi trepidabunt. Diabolus intelligitur.
audierit vocem meam. In turbine enim con-
super merita diabolus
teret me, et multiplicabit vulnera mea etiam
addit pœnam. Præ quadam ægritudine hoc ei ac-
sine causa. Non concedit requiescere spiri-
cidit. Ut supra
C **tum meum, et implet me amaritudinibus. Si**
dicit : Cujus iræ resistere nemo potest.
fortitudo quæritur, robustissimus est. Si
quia ille omnia
æquitas judicii, nemo pro me audet testi-
novit. Quia sine corruptione nemo in
monium dicere. Si justificare me voluero,
carne vivit. si me innoxium de-
os meum condemnabit me; si innocentem
puto.
ostendere, pravum me comprobabit; et si
quia ille magis novit.
simplex fuero, hoc ipsum ignorabit anima
pro afflictione præsentis plagæ
mea, et tædebit me vitæ meæ. Unum est
hoc probando, illum pu-
quod locutus sum, et innocentem et impium
niendo.
ipse consumit. Si flagellat, occidat semel,
diabolum ridere non patiatur. Caro
D **et non de pœnis innocentum rideat. Terra**
ejus adversario, sapientiam obumbrat;
data est in manus impii, vultum judicum
ne agnoscant judices terræ veritatem. Deus solus adversa-
ejus operit. Quod si non ille, quis ergo
rius vincit, Dies felicitatis meæ,
est [*Al.* esset]? Dies mei velociores fuerunt
meritorum retributionem.
cursore; fugerunt et non viderunt bonum.
Qui poma portat, aliis cibum vehit, et sibi odore tantum utitur.
Pertransierunt quasi naves poma portantes,
Ita felicitas mea recessit. Reprehendit se incaute
sicut aquila volans ad escam. Cum dixero :
de obscuris loqui. Tristis amaritudinis
Nequaquam ita loquar, commuto faciem
verba depromam. Quoniam omnia
meam, et dolore torqueor. Verebar omnia

EXPOSITIO INTERLINEARIS LIBRI JOB.

incerta servabuntur in futuro.
opera mea, sciens quod non parceres de-
Hoc est, si ad plenum me investigare volueris,
linquenti. Si autem et sic impius sum,
immundus inveniar. vel innocentiæ
quare frustra laboravi? Si lotus fuero
nitore, vel gratiæ. Quia quamdiu hac corruptione indui-
quasi aquis nivis, et fulserint velut mun-
mur, non plene mundi sumus.
dissimæ manus meæ, tamen sordibus intin-
corpus meum immundum m e
ges me; et abominabuntur me vestimenta
fecit. Ille Deus est, ego homo.
mea. Neque enim viro, qui similis mei est,
Quia judex melior est eo, qui judican-
respondebo. Neque qui mecum in judicio
dus est. Potentem Deum quis potest
ex æquo possit audiri. Non est qui utrum-
arguere quasi iniquum? Quia ille homo
que valeat arguere, et ponere manum
et Deus apparuit. plagam castigationis.
suam in ambobus. Auferat a me virgam
Tunc potero
suam, et pavor ejus non me terreat. Loquar
respondere, si hæc duo a me amoveas, id est, manum po-
et non timebo cum, neque enim possum
testatis, et virgam castigationis.
metuens respondere.

CAPUT X.

De hoc versiculo dictum est superius. Qui con-
Tædet animam meam vitæ meæ; dimit-
tra Deum loquitur, adversus se loquitur. Ama-
tam adversum me eloquium meum. Lo-
ritudo puniat quidquid lingua per mentis judicium accusat.
quar in amaritudine animæ meæ; dicam
Pro justitiæ suæ fiducia hoc dicit, quia occultum Dei ju-
Deo : Noli me condemnare : indica mihi
dicium nondum cognoscebat. Hoc est, qui hic ita punis,
cur me ita judices? Numquid bonum tibi
ostende mihi, ut illic securus vadam. Non confirmat hunc
videtur si calumnieris me, et opprimas
sensum, sed discutiendo et subnegando infirmat.
Dæmoniorum,
me opus manuum tuarum, et consilium
vel amicorum Job.
impiorum adjuves? Numquid oculi carnis
Non errat judi-
[Vulg. carnei] tibi sunt, aut sicut videt
cium tuum, sicut hominum. Numquid dies æternitatis
homo, et tu videbis? Numquid sicut dies
tuæ finiuntur sicut hominum?
hominis dies tui, et anni tui sicut hu-
summo studio requiras
mana sunt tempora, ut quæras iniquita-
causas, quibus de me ultionem capias.
tem meam, et peccatum meum scruteris?
Cur culpas meas verberibus interrogas, quem nec priusquam condideris ignoras? Parce,
Et scies quia nihil impium fecerim, cum sit
Domine; quia nulla virtus tibi valet obviare. In ma-
nemo qui de manu tua possit eruere. Ma-
nibus operationem divinam intelligimus, quia homo de
nus tuæ fecerunt me, et plasmaverunt me
limo plasmatus est. Contra eos dicit, qui dicunt alterum Do-
totum in circuitu; et sic repente præci-
minum Creatorem esse, alterum corporis.
Misericordiam Creatoris optat, fragilem carnis
pitas me? Memento, quæso, quod sicut lutum
materiam ostendens.
feceris me, et in pulverem reduces me.
In hac similitudine ostendit, quod in visceribus matrum crea-
Nonne sicut lac mulsisti me, et sicut ca-
tionem hominis divinitas operatur. Foras me ad probatio-
seum me coagulasti? Pelle et carnibus
nem deseris, sed tamen intus ne peream virtutibus astrin-
vestisti me, et ossibus et nervis compe-

A **gendo custodis.** Id est animam, quæ dat vitam hominibus.
Vitam et misericordiam tribuisti
mihi, et visitatio tua custodivit spiritum
Ob hoc visitat Deus, ut visitatos protectione
meum. Quæ mihi ab initio contulisti, sed celare me ea
custodiat.
Licet hæc celes in corde tuo, tamen
videris, dum me ita usquequaque conterendum relinquis. Si
scio, quia universorum memineris. Si pec-
quondam aliquod delictum commisi, et ultionem non quæ-
cavi, et ad horam pepercisti mihi, cur ab-
sisti, debuit indulgentia perdurare. Si culpam venia abstu-
iniquitate mea mundum me esse non pa-
lit, cur hanc a memoria non detersit?
Si justus sum, idem est tamquam impius sum,
teris? Et si impius fuero, væ mihi est:
quia pondus pœnarum, quæ impio debentur, sustineo.
et si justus, non levabo caput, saturatus
Bestiæ ferocissimæ hominem
afflictione et miseria. Et propter superbiam
humilem assimilas. veteres pœnas novis

B **quasi leænam capies me; reversusque mi-**
adjicies. Dimittis adversarios sævire, qui
rabiliter me crucias, et instauras testes
testati sunt me dignum pœnarum. vindictam.
meos contra me. Et multiplicas iram tuam
maligni crudelitatem exercent.
adversum me, et pœnæ militant in me.
Hoc jam et in principio dixit : Quare non in vulva mor-
Quare de vulva eduxisti me? Qui utinam
tuus sum?
consumptus essem, ne oculus me videret.
De hoc et prius dixit : Sicut abortivum absconditum non
Fuissem quasi non essem, de utero trans-
subsisterem. Dies vitæ meæ, qui nunc in brevi
latus et tumulum. Numquid non paucitas
præteriti sunt, absque tormentis non transigo. Requiem tri-
dierum meorum finietur brevi? Dimitte ergo
hac mihi. merita delictorum, sive dolorem pœnarum
me, ut plangam paululum dolorem meum,
Quod terram
antequam vadam et non revertar ad terram

C inferorum deseri; scit nulli dubium est; non quod ad terram
tenebrosam, et opertam mortis caligine,
tenebrosam, qui culpam deflet, iturus est; sed quod ad hanc
terram miseriæ et tenebrarum, ubi umbra
procul dubio, qui plangere negligit, vadit.
mortis, et nullus ordo, et sempiternus hor-
ror inhabitans.

CAPUT XI.

Iste convictis cœpit loqui ad Job.
Respondens autem Sophar Naamathites,
Ac si dixisset. Numquid potest vir verbosus laudem habere,
dixit : Numquid qui multa loquitur, non
cum sit in offensione nimiæ verbositatis otiosus.
exaudiet, aut vir verbosus justificabitur?
Ita aggreditur sanctum Job, quasi magna et grandia sit
dicturus.
Tibi soli tacebunt homines? et cum cæte-
Ergo ca-

D **ros irriseris, a nullo confutaberis? Dixisti**
luminatoris hæc verba sunt, non veritatem et justitiam
enim : Purus est sermo meus, et mundus
prosequentis. In loquendo
[Vulg. mundus sum] in conspectu tuo. Atque
vocem Dei voluit indicare, ac si dicat : imperitiæ tuæ po-
utinam Deus loqueretur tecum, et ape-
tius quam pœnæ compatior. Vocis
riret labia sua tibi, ut ostenderet tibi secreta
suæ intelligentiam daret. Cordis ejus abdita et remota
judicia. in quibus lex ejus multiplex et inscrutabilis est.
sapientiæ, et quod multiplex esset lex ejus!
Hoc intelliges, si judicia ejus intenderis.
Et intelligeres quod multo minora exigaris
Sicut invi-
a Deo, quam mereretur iniquitas tua. Forsitan
sibilis est Deus, ita et incomprehensibilis.
vestigia Dei comprehendes, et usque ad

Credimus quod
perfectum omnipotentem reperies? Excelsior
ubique est Deus, et intra eum omnia, quæ ab eo creata
sunt, continentur.   His verbis dicit Deum ubique
est cœlo, et quid facies? Profundior inferno,
esse, et sanctum Job arguit, quod pœnas merito patiatur, et
et unde cognosces? Longior terra mensura
judicia Dei reprehenderit.   Sicut mundum in diluvio, et
ejus, et latior mari. Si subverterit omnia, vel
Ægyptios sub aquis.
in unum coarctaverit, quis contradicet ei?
Hoc sensu
Ipse enim novit hominum vanitatem, et vi-
dicit, quod Deus iniqua agentes et animadvertat, et puniat.
dens iniquitatem, nonne considerat? Vir
Vanitas obumbrat.   Omne iniquorum
vanus in superbiam erigitur, et tamquam
genus vult intelligi, quod non est loco disciplinæ suetum.
pullum onagri se liberum natum putat. Tu
durasti ut non pœniteres.
autem firmasti cor tuum, et expandisti ad
falsa meritorum opera.
Deum manus tuas. Si iniquitatem, quæ est
sanctam utique
in manu tua, abstuleris a te, et non man-
possidens conscientiam, liberam ad deprecandum erigis
faciem tuam.
serit in tabernaculo tuo injustitia. Tum
levare poteris faciem tuam absque macula,
Eris utique hac fiducia firmus ante Deum, et stabilis.   Vitæ
et eris stabilis et non timebis. Miseriæ
præsentis, quia quanto quis amplius cœlestia desiderat, tanto
quoque oblivisceris, et quasi aquarum, quæ
plenius terrena obliviscitur.   In consummatione
præterierunt, recordaberis. Et quasi meri-
laborum tuorum tibi in consolationem sol justitiæ Christus
dianus fulgor consurget tibi ad vespe-
adveniet.   post mortem consurges in gloriam.
ram, et cum te consumptum putaveris, orieris
quia post plagam reparari poteris.
ut Lucifer. Et habebis fiduciam proposita
Quia justus sicut leo confidenter ambulat, ad
tibi spe, et defossus securus dormies re-
nullius pavebit occursum.
quiesces. Et non erit, qui te exterreat,
Hypocrisi intercessores videri pro hominibus apponunt.
et precabuntur faciem tuam quamplurimi.
Intentiones carnalium desideriorum.
Oculi autem impiorum deficient, et effugium
hoc est, præsentis vitæ honor et di-
peribit ab eis, et spes eorum abominatio
vitiæ.
animæ.

CAPUT XII.

Miror cur vos
Respondens autem Job, dixit: Ergo vos
solos homines putatis, et possidere sapientiam, ut ad alios non
soli estis homines, et vobiscum morietur
possit se extendere.
sapientia? Verumtamen cognoscite quia
ita ego novi sicut et vobis.
mihi est cor, sicut et vobis [*Vulg.* Et mihi
est cor sicut et vobis], **nec inferior vestri**
Hæc quæ dicitis de magnitudine Dei vel justitia,
quis est qui possit vel debeat ignorare?   Manifestum
sum. Quis hæc quæ nostis ignorat? Qui de-
est in sancto Job secundum litteram.
ridetur ab amico suo sicut ego, invocabit
Christi simplicitas
Deum, et exaudiet eum. Deridetur enim
a Judæis irridebatur.   Superbos eos utique denotans, qui
justi simplicitas. Lampas contempta apud
despicerent eum afflictum.   quem gloria in die retributionis
cogitationes divitum, parata ad tempus sta-
tutum. Abundant tabernacula prædonum,
Quia mali eo magis contra Dominum superbiunt, quo in
et audaciter provocant Deum, cum ipse de-
sæculi honore extolluntur.   Quod omnia ad Dei
derit omnia in manus eorum. Nimirum in-
gubernatione pertineant, etiam ea quæ irrationabilia et
terroga jumenta, et docebunt te, et volatilia
insensibilia sunt, quædam ratione veritatis interrogata
respondent.
cœli indicabunt tibi. Loquere terræ, et
respondebit tibi, et narrabunt pisces maris.
Quis ignorat quod omnia hæc manus Domini
in divina potentia, in qua omnes Sancti speciali-
fecerit? in cujus manu anima omnis vi-
ter continentur.
ventis, et spiritus universæ carnis hominis.
Per aures verba intelliguntur.   Fauces comeden-
Nonne aures verba dijudicant, et fauces co-
tium saporem accipiunt et decernunt.
medentis saporem? In antiquis est sapientia,
et in multo tempore providentia [*Vulg.* pru-
Ipse solus vere novit quo judicio et qua justitia uni-
dentia]. Apud ipsum est sapientia et forti-
versa dispenset, qui in Daniele *Antiquus dierum* appellatur.
tudo; ipse habet consilium et intelligentiam.
Quidquid sapientiæ suæ judicio destruere voluerit, quis resistere poterit?   In inferno
Si destruxerit, nemo est qui ædificet. Si in-
conclusum nullus poterit liberare.
cluserit hominem, nullus est qui aperiat.
Spiritaliter squæ doctrinarum in Judæorum populis conti-
Si continuerit aquas, omnia siccabuntur;
nentur atque siccantur, et terra Ecclesiæ in spiritali vita
proficit, secundum litteram manifestum est.   Sapien-
si emiserit eas, subvertent terram. Apud
tia Dei Patris Christus est, et fortitudo Spiritus sanctus.   ut
ipsum est fortitudo et sapientia; ipse novit
Achab et ejus Prophetas.   Ut
et decipientem et eum qui decipitur. Et
in Ægypto factum legimus de consiliariis ac magis Pharao-
adducit consiliarios in stultum finem, et ju-
nis.   Regnantis gloria intelligitur.
dices in stuporem. Balteum regum dissolvit
Ignominia depositi de regno.
Fune peccatorum circumdabit renes eorum. Ut in Regno-
et præcingit fune renes eorum. Ducit sa-
rum libris scribitur de Saraja et Sophonia sacerdotibus: Iniquos amovet, et justos instituit.
cerdotes inglorios, et optimates supplantat.
Quando justus peccat, mutatur gloria labiorum ejus.
Commutans labium veracium, et doctrinam
Senum et Judicum Judæorum. Ut Saul spretus et reproba-
Senum auferens. Et effundit despectionem
tus est a Deo.   Ut David sustulit in regnum, qui
super principes, et eos qui oppressi fue-
prius persecutiones Saul tolerabat.   Mysteria legis pa-
rant relevans. Qui revelat profunda de te-
tefecit.   Peccatores in lucem fidei.
nebris, et producit in lucem umbram mor-
Quotidie crescendo per carnem.   cum exeunt de mundo.
tis. Qui multiplicat gentes, et perdit eas,
In resurrectione restaurabuntur.
et subversas in integrum restituit. Qui mu-
Decipi per-
tat cor principum populi terræ, et decipit
mittit, vel decipere eos pro meritorum iniquitate compellitur.   Hoc est, putant se per
eos ut frustra incedant. Per invium palpa-
suam adinventionem ambulare, sed errant, quia lucem no-
bunt quasi in tenebris, et non in luce,
lens videre, in tenebris debet errare. Nunc huc, nunc illuc
graditur ebriosus; sic mente cæcati Judæi.
et errare eos faciet quasi ebrios.

CAPUT XIII.

Oculus mentis meæ, qui est lucerna corporis mei, vidit
Hæc omnia [*Vulg.* Ecce omnia] **vidit ocu-**

hæc omnia quæ enarravi.   revelante
lus meus, et audivit auris mea, et intellexi
Domino.
singula secundum scientiam vestram. Et
   Cum non sim vobis insipientior.   Ejus
ego novi, nec inferior vestri sum. Sed ta-
misericordiam deprecabor.   Cum Deo dis-
men ad omnipotentem loquar, et disputare
putare, est ejus justitiæ subjectum vitam suam sub tali
indagatione discutere.   Dum astruitis hæc omnia
cum Domino cupio. Prius vos ostendam
merito me pati.   Quia dicitis quod nullus hæc
fabricatores mendacii, et cultores perver-
mala sustineat quæ ego, nisi meritis suis exigentibus.
sorum dogmatum. Atque utinam taceretis,
Manifestum est.   In sequentibus per sin-
ut putaremini esse sapientes! Audite ergo
gula easdem correptiones enarrat. Quia sub verbis consola-
correptiones meas, et judicium labiorum
toriis dolose cogitabant. Ac si diceret : Numquid Deo fallaci-
meorum attendite. Numquid Deus indiget
ter adulari debere vos creditis?
vestro mendacio, ut pro illo loqueremini
    Numquid contra me personam judicis suscepistis, ut
dolos? Numquid faciem ejus accipietis,
merito tamquam Deus me vestra sententia condemnetis? Iste
et pro Deo judicare nitimini? Aut placebit
vester iniquus sensus, cui omnia aperta sunt.   Quasi
ei quem celare nihil potest? aut decipie-
ignorantis corda hominum, ut de me non recte judicet, imponere ei poteritis?   Ut a Deo arguamini
tur ut homo vestris fraudulentiis? Ipse vos
digni estis. Vel in discutiendis judiciis, quæ abscondita sunt,
Dei personam, cui soli hoc competit, vultis assumere.
arguet. In abscondito [*Vulg.* Ipse vos arguet,
                Ut illi in corde adulari
quoniam in abscondito, *etc.*] faciem ejus ac-
debeatis.   Commotio Dei dicitur judicii ejus
cipitis. Statim ut se commoverit, turbabit vos,
justa districtio.   Mortalitas hominis
et terror ejus irruet super vos. Memoria vestra
comparabitur cineri.   In cervice
comparabitur cineri, et redigentur in lutum
superbia dignoscitur. Ut ipse in doloribus positus loque-
cervices vestræ. Tacete paulisper ut loquar
retur, silentium poscit.   Forsitan
modicum quæ mihi mens suggesserit. Quare
præ nimio dolore carnem suam lacerabat.   Id est,
lacero carnes meas dentibus meis, et ani-
vitam meam, quæ solet pro animæ vocabulo dici. Ut alibi
mam meam porto manibus meis? Etiamsi
dicit. Donec deficiam, non recedam ab innocentia mea. Hoc
occiderit me, in ipso sperabo. Verumtamen
mihi veniet in salutem, cum vias meas castigatione purifi-
catas reddiderit.
vias meas in conspectu ejus arguam, et
            Vos autem qui estis,
ipse erit Salvator meus. Non enim veniet
ut me tamquam justi arguere præsumatis?
in conspectu ejus omnis hypocrita. Audite
       Quia non intelligebant quod justi affligantur,
sermonem meum, et ænigmata percipite au-
ideo ænigmata ait. Vobis dico, non habeo unde debeam
ribus vestris. Si fuero judicatus, scio quod
condemnari : non de Dei judicio hoc dixit.
           Hic sermo non arrogantiæ deputetur,
justus inveniar. Quis est qui judicet [*Vulg.*
sed de fiducia bonæ conscientiæ. Quare prius non sum au-
judicetur] mecum? veniat; quare tacens
ditus, et si reus fuissem, tunc consumerer?
            Totum illud est, quod a Deo sanctus Job
consumor? Duo tantum ne facias mihi, et
postulat, ut prius auferat ab illo plagam; deinde potentiam
tunc a facie tua non abscondar. Manum
divinam, quam sustinere non potuit.
tuam longe fac a me, et formido tua non
         Quasi ex æquo cominus positus dicat ei,
me terreat. Et voca me, et respondebo tibi:

quamobrem illatam sibi sustineat tentationem. In his
aut certe loquar, et tu responde mihi. Quan-
nominibus scelerum et delictorum a beato Job peccata
tas habeo iniquitates, et scelera, et peccata
grandia et parva significantur, quæ sibi ad cognoscendum
plagæ causam deprecatur ostendi.   Seu quia præ-
mea, et delicta ostende mihi. Cur faciem
sentia tua visitatio et custodia est, quam a me abscondis,
tuam abscondis, et arbitraris me inimicum
dum me ita puniri permittis.
      Perpendit apud se quid esset ipse ad Deum, et
tuum? Contra folium quod vento rapitur
rebus vilissimis se comparat.
ostendis potentiam tuam, et stipulam siccam
     Amarissimos cruciatus, amaritudines nomina-
persequeris. Scribis enim contra me ama-
vit, quas Deo permittente sustinebat. Pro delictis juventutis
ritudines, et consumere me vis peccatis
et ignorantiis deprecatur. In nervo pedem ponere, est omnes
adolescentiæ meæ. Posuisti in nervo pe-
vias hominis forti districtione alligare. Quia singula quæque
dem meum, et observasti omnes semitas
minuta hominis opera diligenter explorat.
meas, et vestigia pedum meorum consi-
    Longam plagæ tribulationem se habere indicat, quem
derasti. Qui quasi putredo consumendus
diuturna putredo consumpserat.
sum, et quasi vestimentum quod comeditur
a tinea.

CAPUT XIV.

      Humanum genus dicit in Adam perditum,
Homo natus de muliere, brevi vivens tem-
et repletum multis miseriis.   Hoc loco fra-
pore, repletibur multis miseriis. Quasi flos
gilitatem humani generis intelligimus.   Quia
egredietur et conteritur, et fugit velut um-
quotidie crescimus, aut per omnia momenta decrescimus.
bra, et numquam in eodem statu permanet.
Super humanum genus oculos miserationis aperuit, ut illud
Et dignum ducis super hujusmodi aperire
in Christo repararet. Sancti judicabunt, ut dicitur ad Aposto-
oculos tuos, et adducere eum tecum in
los: *Sedebitis super sedes judicantes duodecim tribus Israel*
(*Matth.* xvi, 28). Reconciliationem nostram futuram in
judicium. Quis potest facere mundum de
Christo, prophetavit in spiritu.
immundo conceptum semine? nonne tu qui
solus es? Breves dies hominis sunt, nume-
          Mensuram finis sui dies
rus mensium ejus apud te est. Constituisti
mei acceperunt, ut complementi sui terminum non excedant.
terminos ejus qui præteriri non poterunt.
Flagella vitæ præsentis subtrahe.
Recede paululum ab eo, ut requiescat, do-
      Bona quietis æternæ ostende.
nec optata veniat sicut mercenarii dies ejus.
Homo migrationis de sæculo.   de præsenti vita.
Lignum habet spem, et si præcisum fuerit,
per resurrectionem corpus reviviscit.
          Sancti auditores qui bonorum
rursum virescit, et rami ejus pullulant. Si
exempla sequuntur. In
peccatis Adam senescente ligno et omni bono naturæ, quod
senuerit in terra radix ejus, et in pulvere
habuit a viriditate, præmortuo, ad odorem aquæ baptismatis
emortuus fuerit truncus ejus, ad odorem
rursum frondescit, quasi cum primum plantatum est in
aquæ germinabit, et faciet comam, quasi
paradiso.   Homo malus
cum primum plantatum est. Homo vero
præsenti vitæ subtractus, sine dubio in interitum vadit.
cum mortuus fuerit, et nudatus atque consumptus, ubi, quæso, est? Quomodo, si re-
     Mundus mari comparatur,
cedant aquæ de mari, et fluvius vacuefactus
         subducta anima vacuum remanet corpus.
arescat : sic homo cum dormierit, non re-

Aereum cœlum periturum dicit, et tunc humanum
surget. Donec atteratur cœlum, non evi-
corpus resurrecturum prædicit.
gilabit nec consurget de somno suo. Quis
nemo ante adventum Christi ascendit in cœlum.
mihi hoc tribuat ut inferno protegas me, et
Districtio super peccatores.
abscondas me, donec transeat furor tuus,
Donec Christus redimat nos, obsecro ut a ministris inferiorum
et constituas mihi tempus in quo recor-
defendas me. Infirmorum in se sententiam assu-
deris mei? Putasne mortuus homo rursum
nit. Quoniam quasi qui in bello sudat, incertos habet
vivat? Cunctis diebus quibus nunc mi-
eventus, sic in dubio est quali fine claudatur labor vitæ
præsentis.
lito, exspecto donec veniat immutatio mea.
Ducendo quæ sunt legis. Impletione mandatorum.
Vocabis me, et ego respondebo tibi;
Quia nemo salvari potest sine hac dextera, id est, filio Dei.
operi manuum tuarum porriges dexteram:
Singula opera pro retributione signas. Pœni-
tu quidem gressus meos dinumerasti, sed
tentibus peccata relaxas. Quia peccata hominum, si non
parcis peccatis meis. Signasti quasi in
fuerint pœnitentia deleta, in secreto judicioque reservan-
sacculo delicta mea; sed curasti iniquita-
tur. Ut plerumque Sancti de loco justitiæ im-
tem meam. Mons cadet defluens [Vulg. ca-
mutentur. transferatur ad iniquitatem.
dens destruit], et saxum transferetur de loco
Duri corde, malignis spiritibus subtili tentatione
suo. Lapides excavant aquæ, et alluvione
decipiuntur. Justo judicio eum qui sibi
paulatim terra consumitur. Et hominem ergo
videbatur stare in rectitudine, tentari permittis.
Quia brevis est vita præsens.
similiter perdes. Roborasti eum paululum,
In gaudium, sive in supplicium. Cum ejus speciem
ut in perpetuum pertransiret. Immutabis fa-
morte atteris. Ad ea quæ se adepturum putat. Non hoc de
carnali nobilitate, sed de spiritali.
ciem ejus, et [In Vulg. abest] non emittes eum.
Nondum intelligitur quis nobilis vel ignobilis exstat in
operibus et moribus. dictum intelli-
Sive nobiles fuerint filii ejus, sive ignobi-
gimus, quæ prima est nobilitas. Dum ignorat utrum opera
les, non intelliget. Attamen caro ejus,
ejus approbentur, an etiam reprobentur. Quia nemo digne
dum vivit, dolebit; et anima illius super
habet in semetipso gaudium, sed in Domino gaudendum
est.
semetipso lugebit.

CAPUT XV.

Respondens autem Eliphaz Themanites,
Sanctum Job redarguit in superbia vana loquen-
dixit: Numquid sapiens respondebit quasi
tem. Animum
ventum [Vulg. in ventum] loquens, et im-
ejus voluit indicare, qui adversus Deum tamquam coæqua-
lem irasci præsumpserit.
felle iracundiæ.
plebit ardore stomachum suum? Arguis
His verbis
verbis eum qui non est æqualis tui; et lo-
increpatur beatus Job ab Eliphaz. Tantum elatus
queris quod tibi non expedit. Quantum in
es, ut timore divino sis vacuus. et dedigneris precari
te est, evacuasti timorem, et tulisti preces
Dominum. Quando ex mala via concipitur quod per
os loquitur.
coram Deo. Docuit iniquitas tua os tuum,
Blasphemantium Deum discipulus es.
et imitaris linguam blasphemantium. Con-
Merita ser-
demnabit te os tuum, et non ego. Labia
monum tuorum recipies. Qui terrena sapis, cur de
tua respondebunt tibi. Numquid primus

æternis loqueris? Ante omnes creaturas Angelicas.
homo tu natus es, et ante colles formatus?
Vehementer increpavit sanctum Job, quod se putaret con-
Numquid consilium Dei audisti, et infe-
silium Dei habere, et inferior eo sit divina sapientia. Magis
rior te erit ejus sapientia? Quid nosti
noverat ipsum Christum, et mysteria per spiritum videbat.
quod ignoremus? quid intelligis quod ne-
Multum hi differunt in scientia quam patres tui,
sciamus? et senes et antiqui sunt in no-
quorum mores pravos, ut filius pravus imitaris.
bis, multo vetustiores quam patres tui. Num-
Si professionem fidei corrigeres, jam-
quid grande est ut consoletur te Deus? sed
dudum flagella desinerent.
verba tua prava hoc prohibent. Quid te ele-
Intellectu et cogitatione denotat eum
vat cor tuum? et quasi magna excogitans
superba et vana loquentem.
attonitos habes oculos? Quid tumet contra
Deum spiritus tuus? ut proferas de ore
Offensus hæc locutus
tuo hujuscemodi sermones? Quid est homo
est, quia Job superius dixit: Si fuero judicatus, scio quod
ut immaculatus sit, et justus appareat na-
justus inveniar. Quia in prioribus Angelis reperit
tus de muliere? Ecce inter sanctos ejus
pravitatem. Sancti in ejus com-
nemo immutabilis, et ecce cœli non sunt
paratione. Sanctum Job ex-
mundi in conspectu ejus. Quanto magis
probrat quasi abominabilem et inutilem Deo sine operibus.
abominabilis et mutabilis [Vulg. inutilis]
Stultus sine meditatione peccat, quasi potum deglutiat.
homo, qui bibit quasi aquas iniquitates!
Quod loquar, agnovisse
Ostendam tibi, audi me; quod vidi nar-
me noveris. Non defendunt seipsos, suosque patres si-
rabo tibi. Sapientes confitentur, et non
miles sui. De hæreticis dicit, qui se
abscondunt patres suos. Quibus data est
solos credunt mysteria nosse.
Sancti alieni ab hæreticis intelligendi sunt.
terra, et non transivit alienus per eos.
pravus doctor, sive diabolus.
Cunctis diebus suis impius superbit, et nu-
de superbia ejus hoc
merus annorum incertus est tyrannidis
dicit. Quia diabolus scit judicium perditionis sibi futu-
ejus. Sonitus terroris [In Vulg. desideratur],
rum: Hic diabolus,
ejus semper in auribus illius, et cum pax
et omne corpus ejus intelligitur. Impius desperat,
sit, ille insidias suspicatur. Non credit quod re-
quod ad pœnitentiam reverti possit.
verti possit de tenebris [Vulg. addit ad lucem],
Hinc inde sibi præstolans mortem. Peccator
circumspectans undique gladium. Cum se
ad stipendium vitæ præsentis. Diabolo nihil aliud
moverit ad quærendum panem, novit quod
occurrit animo, quam tempus illud judicii Dei horribilis,
paratus est in manu ejus tenebrarum dies.
quo sibi pœnas perpetuas irrogandas expavesit.
Terrebit eum tribulatio, et angustia valla-
Diabolum significat, vel impium hominem,
bit eum, sicut regem qui præparatur ad
qui bella vitiorum præparat, Deo contrarius.
prælium. Tetendit enim adversus Deum ma-
In elatione, sive expansione manus, Deo
resistentem ostendit. Pro meritis contumacia roboratum
num suam, et contra omnipotentem robora-
dicit. Diabolus vel impius, ea quæ displicent Deo,
tus est. Cucurrit adversus eum erecto collo,
cum audacia perpetrare festinat.
Superabundantem superbiam indicat. Mentem animæ
et pingui cervice armatus est. Operuit fa-

obscurant peccata sua. Diaboli ministri, ex qui-
ciem ejus crassitudo, et de lateribus ejus
bus pendet elatio mentis. Apud cogitationes iniquorum.
arvina dependet. Habitabit in civitatibus deso-
Congregationes impiorum desertæ dicuntur, quia
latis, et in domibus desertis quæ in tumu-
habitatorem Deum non habent. Dum utique peritura con-
lum sunt redactæ. Non ditabitur, nec per-
gregat. Quoniam ipse puniendus erit festinus. viventium.
severabit substantia ejus, nec mittet in
memoriam ut speret futura. De infidelitate ad pœniten-
terram radicem suam. Non recedet de tene-
tiam. Sequaces suos, et mala opera. Tribulationis. Non
bris. Ramos ejus arefaciet flamma. Aufe-
permanebit consilium ejus. Homo
retur spiritus oris ejus [*Vulg.* sui]. Non
impius nullo pretio redimendus erit: sive diabolus de in-
credat frustra errore deceptus, quod aliquo
terito perditionis. Ante diem judicii præsci-
pretio redimendus sit. Antequam dies ejus
tus in prædestinatione peribit.
impleantur, peribit; et manus ejus arescet.
Vita iniquorum non crescit, sed calore superbiæ, sive frigore
Lædetur quasi vinea in primo flore botrus
charitatis Dei arescit.
Plebs Judæorum Christum repellens castissimum florem.
ejus, et quasi oliva projiciens florem suum.
Raptorem, simulatoremque his sermonibus sanctum Job de-
Congregatio enim hypocritæ sterilis, et
notat fallaciter, et dicit quod nihil proderit ei divitiæ ex
iniquitate congregatæ. Huma-
ignis devorabit tabernacula eorum, qui mu-
nas laudes vult intelligi. Cum perversa cogitat.
nera libenter accipiunt. Concepit dolorem,
Cum explere contenderit. Impii hominis meus intel-
et peperit iniquitatem, et uterus ejus præ-
ligi potest, quæ non desinit præparare dolos.
paravit dolos.

CAPUT XVI.

Aut ab amicis
Respondens autem Job dixit: Audivi fre-
suis, aut ab aliis hujusmodi contumelias accepit.
quenter talia; consolatores onerosi omnes
Finem dixit, id est, vel modum, vel rationem va-
vos estis. Numquid habebunt finem verba
na scilicet. Non molestum est, qui injuriosa loquacitas magis
ventosa, aut aliquid tibi molestum est si
audienti molesta est, quam dicenti. manifestum est.
loquaris? Poteram et ego similia vestri lo-
Si vos quæ sustineo paterennini, non ita circa vos agerem,
qui. Atque utinam esset anima vestra pro
ut vos circa me agitis.
anima mea! Consolarer et ego vos sermo-
Super vos animi mei blandimentum confirmarem,
nibus, et moverem caput meum super vos.
Consolatoria verba depromerem. Eloquium temperarem.
Roborarem vos ore meo, et moverem la-
Monstrans compatientis affectum. Quomodo condolentis
bia quasi parcens vobis. Sed quid again?
impendam affectum? sive loquar, sive etiam taceam, inces-
si locutus fuero, non quiescit dolor meus:
sabili dolore discrucior. calamitas plagæ. Calamitatibus
et si tacuero, non recedit a me. Nunc autem
plagæ illius, quam patiebatur, victum se clamitat oppressum.
oppressit me dolor meus, et in nihilum re-
Quas patior insanie sordes,
dacti sunt artus mei. Rugæ meæ testimo-
pulveris loquuntur quantos cruciatus sustineo. Ipsum Eli-
nium dicunt contra me; et suscitatur falsi-
phaz, sive diabolum dicit, quia non potuit probare, quod ad
Dominum dixerat: *Tange os ejus, et carnem. Et reliqua.*
loquus adversus animam meam contradicens
Indignationem animi sævientis effudit. Ore
mihi. Collegit furorem suum in me, et com-
amicorum contra sanctum Job disputantium diabolus mina-
minans mihi, infremuit contra me dentibus

batur. Diabolum dicit, qui ei horrendas imagines in somno
suis. Hostis meus terribilibus oculis me in-
excitabat, Dicentes illud, quod postea Tobias audivit:
Ubi sunt nunc justitiæ tuæ? ecce quæ pateris.
tuitus est; aperuerunt super me ora sua;
Dum ei in faciem opprobria et maledicta conjectant.
et exprobrantes percusserunt maxillam
Animus malus quodammodo saturari dicitur. dum
eos quos immerito oderit, videt cruciari. Quando
meam; satiati sunt pœnis meis. Conclu-
caro Sancti persecutioni traditur. In manibus impiorum,
sit me Deus apud iniquum, et manibus ini-
quos diabolus instigat, permissus est. Dives plurimum et rex
quorum me tradidit. Ego ille quondam opu-
potens, subito omnibus facultatibus destitutus est, Domino
permittente. Virtutis ejus et libertatis erec-
lentus, repente contritus sum. Tenuit cer-
tionem significat. Siquid superbiæ habebat. Sicut sagitta-
vicem meam et confregit me, et posuit sibi
rii ad quoddam signum jacula mittunt, ita diabolus in beatum
Job tentationum tela mittebat. Omnimodam diaboli tentatio-
quasi in signum. Circumdedit me lanceis
nem dicit. Non solum deforis corpore computruerat, verum-
suis; convulneravit lumbos meos; non pe-
etiam totus intrinsecus putredinis suæ sanie liquescebat.
percit; et effudit in terra viscera mea.
addendo plagas plagis.
Dum languoribus meis et vulneribus addunt plagæ innume-
Concidit me vulnere super vulnus, irruit in
rabiles, dividor totus resolutus. Non perspicue, sed ex sensu
me quasi gigas. Saccum consuit super
humiliationis suæ dixit. In contemptum, inquit, despectio-
cutem meam, et operuit cinere carnem
nis ab omnibus factus sum.
Quia majorem planctum habuit in dolore. Oculo-
meam. Facies mea intumuit fletu, et pal-
rum obtutum dicit, qui eo quod palpitent palpebræ dicuntur.
Causam innocentiæ
pebræ meæ caligaverunt. Hæc passus sum
ostendit, quia Dominus laudasset eum.
absque iniquitate manus meæ, cum habue-
Sanguinis vero
rim mundas ad Deum preces. Terra, ne
nomine statum præsentis vitæ dicit, ne innocentis meritum
lateat. In clamore orantis
operias sanguinem meum, neque inveniat
ad Dominum intentionem indicat, vel sanctitatem ejus contra pœnam illius reclamantem. Verum
in te latendi locum clamor meus. Ecce
est, quo I beatus Job sanctæ vitæ suæ Deum testem sive con-
enim in cœlo testis meus, et conscius meus
scium habuit. Verbosi dicuntur, qui vana loquuntur, sicut
isti fecerunt adversus sanctum Job. Ad Deum
in excelsis. Verbosi amici mei; ad Deum
defleat, cum ab hominibus nullum ei sit fidele solatium per
lacrymas. Qui cum homine contendit, quæ
stillat oculus meus. Atque utinam sic judi-
dicere vult, et quæ dicuntur: agnoscit: qui autem a Deo
caretur vir cum Deo, quomodo judicatur fi-
flagellatur non ea habet agnoscere. spatia
lius hominis cum collega suo! Ecce enim
præsentis vitæ. Quia alia erit vita post istam.
breves anni transeunt, et semitas per quas
non revertar ambulo.

CAPUT XVII.

Jamjamque impendentem mortem his sermonibus indicat.
Spiritus meus attenuabitur, dies mei bre-
Ita a Sanctis dicitur, qui semper finem con-
viabuntur, et solum mihi superest sepul-
siderant. Per blasphemiam in Deum. sic fiunt Sancti quasi-
crum. Non peccavi, et in amaritudinibus
diu hic erunt. intentio mentis. Protege
moratur oculus meus. Libera me, et pone
me, ut Moyses petræ velamine protegebantur.
me juxta te, et cujusvis manus pugnet con-
Amicorum Job; vel hæreticorum cor longe factum
tra me. Cor eorum longe fecisti a disci-

a disciplina justo Dei judicio. Antiquus
plina, et propterea non exaltabuntur. Præ-
hostis malignis spiritibus promittebat prædam, hoc est a .ii-
mas pravorum. Quia pravi in eo laborant, quod
dam pollicetur sociis, et oculi filiorum ejus
secum de sæculo auferre non valent.
Ut alibi dicit : Nunc autem derident me junio-
deficient. Posuit me quasi in proverbium
res tempore, et reliqua. Nunc Job
vulgi, et exemplum sum coram eis. Caliga-
conqueritur sibi caligasse oculos mentis ab indignatione, qua
ipsum sanctitatis suæ merita commovebant. Eo quod
vit ab indignatione oculus meus, et membra
bona conscientia poenas pateretur. Quomodo
mea quasi in nihilum redacta sunt. Stupe-
justus homo poenis maximis affligitur. Beatus videlicet Job.
Diabolus
bunt justi super hoc, et innocens contra
sive amici Job, contra quos in certamine ipse suscitatur.
Perseverantiam in sanctitate
hypocritam suscitabitur. Et tenebit justus
corroboratam dicit. *bonis operibus.* animi
viam suam, et mundis manibus addet for-
virtutem. *Conversio pertinet ad emendationem.*
Cessate ab increpatione mea,
titudinem. Igitur omnes convertimini, et ve-
Quia amici Job contra eum, quem Dominus laudavit, in-
juriosa verba loquerentur.
nite, et non inveniam in vobis ullam sapien-
Dies felicitatis præteritæ intelligi possunt.
tiam. Dies mei transeunt, et cogitationes
propter plagarum tribulationem.
meæ dissipatæ sunt torquentes cor meum.
Ut in die sic in nocte requiem non habui, sed juges vigi-
Noctem converterunt in diem, et rursum
lias præ dolore. Domum inferni dicit
post tenebras spero lucem. Si sustinuero,
pro similitudine cruciatuum. *In tenebris lectum strare,*
infernus domus mea est; in tenebris stravi
est in incerto requiem quærere. Ita in carne mea
lectum meum; putredini dixi: Pater meus
vermes sunt et putredo, ut inascerer ab eis velut ex parente.
es, mater mea, et soror mea vermibus.
Eodem sensu quo alibi dicit : Exspectabam bona, et vene-
runt mihi mala. Fortem se in
Ubi est ergo præstolatio mea, et patientiam
illis cruciatibus ostendit.. Animam dicit, in qua omnis
meam quis considerat? In profundissimum
status hominis continetur. Si hic poenas patior, pu-
infernum descendunt omnia mea; putasne,
tasne, in locis poenarum erit mihi aliqua requies?
saltem ibi erit requies mihi?

CAPUT XVIII.

Respondens autem Baldad Suites, dixit :
Verbosum redarguit sanctum Job. Quasi non sit
Usque ad finem verba jactatis; intelligite
solus, pro spiritu quo loqui non desinat, pluraliter lo-
cutus est. vilissimi,
prius et sic loquamur. Quare reputati sumus
indigneque colloquio.
ut jumenta, et sorduimus coram vobis?
Furoris amentia concitatus animæ tuæ intulis mortem.
Qui perdis animam meam in furore tuo;
Ac si diceret : Numquid propter te mundus ad rectorem
suum non pertinet?
numquid propter te relinquetur terra, et
Excelsi quique mundi et superbi intelliguntur, qui propter
honorem sæculi rupes dici possunt. Felicitatem
transferentur rupes de loco suo? Nonne
beati Job exstinctam dicit, dum ab ea destitutus est.
Felicitatem pristinam acceptu-
lux impii exstinguetur? nec splendebit flam-
rum non esse insipienter dicit. Gaudium præsens in cogita-
ma ignis ejus? Lux obtenebrescet in ta-
tione cordis ejus. Protectio videlicet divina,
bernaculo illius, et lucerna quæ super eum
Tribulationum angustiis, ut inde omni-
est, exstinguetur. Arctabuntur gressus virtu-

no non possit exire. Maxime unus consilio suo decipitur,
confidens in virtute sua.
tis ejus, et præcipitabit eum consilium suum:
Itinera sua in errore peccati involvit, in quo implicatur ut
Immisit enim in rete pedes suos, et in vin-
corruat. Finis ejus
culis [*Vulg.* maculis] ejus ambulat. Tenebi-
antiquo hoste. Diabolus, qui sitit interitum
tur planta ejus laqueo, et exardescet contra
humani generis. Per decipulam quæ ponitur escæ, deliciæ
eum sitis. Abscondita est in terra pedica
mundi signantur, quod sic ab ignaris appetuntur, sicut
esca per decipulam. Impius
ejus, et decipula illius super semitam. Undi-
timore poenæ futuræ terrebitur.
que terrebunt eum formidines, et involvent
Qui non pascitur spiritali alimento, quod
pedes ejus. Attenuabitur fame robur ejus,
procedit de ore Dei, internos mentis sensus. Gloria tem-
et inedia invadet costas illius. Devoret pul-
poralis quæ dum foris conspicitur, quasi species in cute
chritudinem cutis ejus, consumat brachia
tenetur. Iniqui gloriam superbia supplantat, vel diabolus.
Peccatis suis pollutus, nulla ei fi-
illius primogenita mors. Evellatur de taber-
ducia sit de recandi Dominum. In novissimo pravus
naculo suo fiducia ejus, et calcet super
a diabolo calcatur. Antiquus hostis, quia interitum intulit.
Hic exoptat dæmones
eum quasi rex interitus. Habitent in ta-
esse in domo Job, antiqui hostis ministri. Ideo non est,
bernaculo illius socii ejus, qui non est;
quia a summa essentia recessit. In vita illius peccati foeto-
aspergatur in habitatione [*Vulg.* taberna-
rem. *cogitationes malorum.*
culo] ejus sulphur. Deorsum radices ejus
succidantur [*Vulg.* siccentur], sursum au-
operatio eorum a Deo despicitur. Terrenæ lau-
tem alterantur messis ejus. Memoria illius
dis altitudinem amittat. *et gaudium mammonis*
pereat de terra, et non celebretur nomen
perdet. *de vita præ-*
ejus in plateis. Expellet eum de luce in te-
senti in mortem. De hoc mundo a superno judice transfe-
ratur in tartarum. Quia populus
nebras et de orbe transferet eum. Non erit
pravorum pariter in suppliciis manebit.
semen ejus neque progenies in populo suo,
quoniam districtus judex cum ipso mundi fine iniquitates
illius concludit. In tem-
nec ultæ reliquiæ in regionibus ejus. In die
pore damnationis eum supra dicta advenerint, infimi et pro-
ejus stupebunt novissimi, et primos invadet
ceres impii terrebuntur.
horror. Hæc sunt tabernacula iniqui, et
Quoniam talis locus meritis hypocritæ convenit.
iste locus ejus qui ignorat Deum.

CAPUT XIX.

Numeratis vocibus locutionum amicorum Job, adhuc
Respondens Job dixit : usquequo affli-
quinquies locutos esse cognoscimus, sed propter hoc quod
gitis animam meam et atteritis me sermo-
ab eis quinque increpationes audierat, quorum increpatio-
nibus? En decies confunditis me, et non
nibus quinquies ipse responderat, decies se perhibet esse
confusum. Si putatis me
erubescitis opprimentes me. Nempe etsi
ignorare Deum. Superbe
ignoravi, mecum erit ignorantia mea. At vos
exaltamini. *dicentes eum pro impietate pati.*
contra me erigimini, et arguitis me oppro-
Dicit
briis meis. Saltem nunc intelligite, quia
æquum non esse, quod talem vitam talia flagella punirent.
Deus non æquo judicio afflixerit me, et
poenarum verberibus. *Ægrotorum more loquitur.*
flagellis suis me cinxerit. Ecce clamabo vim

Ideo Omnipotens aliquando hic audire dissimulat, ut patiens, et nemo audiet: et vociferabor, et crescente tentatione, crescant merita. Qua utique recte pronon est qui judicet. Semitam meam cirficiscebar. Intolerandis doloribus interclusit. miserias cumsepsit, et transire non possum, et in vulnerum permittit. gloria regni calle meo tenebras posuit, et spoliavit me me privavit. fidei meæ fiduciam, vel honoris coronam. Familia, filiis, et sanitate corporis. Funditus perire me video.

meo. Destruxit me undique, et pereo, et Cujus etiam spes vitæ velut eradicata arbor ablata est. quasi evulsæ arboris abstulit spem meam. Dolorem suum furorem Dei vocat, cui subjectus est. Quasi iratus est furor ejus contra me, et sic me voluntati ejus contrarius existerem. Ministri diaboli habuit quasi hostem suum. Simul latrones designantur, vim ejus facientes, et ad eum crudeliter deejus venerunt, et fecerunt sibi viam per me, bacchati sunt. Omnibus tentationibus mentem cingunt et corpus, quia anima interdicta est eis. et obsederunt in gyro tabernaculum meum. Deum fecisse dicit, quia fieri permisit. Nam et Salvator in Fratres meos longe fecit a me, et noti Psal. ait ad Patrem: *Elongasti a me amicum et proximum*, etc. mei quasi alieni recesserunt a me. Dereliquerunt me propinqui mei, et qui me Hoc est, servi. noverunt, obliti sunt mei. Inquilini domus meæ, et ancillæ meæ sicut alienum habuerunt me, et sicut peregrinus fui in oculis Ad majorem injuriam pertinet, cum dominos eorum. Servum meum vocavi, et non reservis suis blande loquentes servi despiciunt. Quod spondit; ore proprio deprecabar illum. Habeato Job contigit, ex infirmitate accidit, ut in loquendo, odorem fœtidum de purulentia profundi vulneris exhalaret. Quos sapientiæ doctrina sua, orabam ut mihi placabiles litum meum exhorruit uxor mea, et orabam essent. Hinc major nascitur indignatio, ut sapienfilios uteri mei. Stulti quoque despiciebant tiam stulti irrideant. Per hoc indicatur, quod non semper in me, et cum ab eis recessissem, detrahebant tentatione sua in sterquilinio sederet. Judæi Chrismihi. Abominati sunt me quondam consitum. congregatio Judæorum. maliarii mei, et quem maxime diligebam, avernifestum est. Inter cætera mala hoc additum est, ut satus est a me. Pelli meæ, consumptis carcarnis meæ corium adhæserit ossibus meis. Totum corpus nibus, adhæsit os meum, et derelicta sunt cruciatibus diabolus consumpsit, sed labia dereliquit, ut per ea in blasphemiam excitarent in dolore. Miseratantummodo labia circa dentes meos. Misebili pietatis præbete custodiam. Licet alii, qui supra, aboremini mei, miseremini [*Vulg. addit* mei], minati sint me. Potestate afflixit saltem vos, o amici mei, quia manus Domini. Persequi Dei, est Sanctos benigne mini tetigit me. Quare persequimini me sicflagellare. Cur mihi pœnas optatis. ut Deus, et carnibus [*Vulg. addit* meis] saQuoniam a nullo hominum potuit invenire soturamini? Quis mihi tribuat ut scribantur latium, convertit se ad Deum, et resurrectionem futuram sermones mei? quis mihi det ut exarenprophetavit. Per ferrum, plumbum, silicem, duraturos tur in libro stylo ferreo, et plumbi lain sæculo apices ostendit, quibus optat inscribi. mina, vel celte sculpantur in silice? Scio Ego, inquam, jam corenim quod redemptor meus vivat, et in noruptus ulceribus, in hac carne mortali incorruptus, per vissimo [*Vulg. addit* die] de terra sur-

resurrectionem futuram glorificatus videbo Deum, recturus sum. Et rursum circumdabor pelle Certus mea, et in carne mea videbo Deum. Quem atque incommutabilis in hoc fundamento fidei ista loquevisurus sum ego ipse, et oculi mei conbatur. specturi sunt, et non alius. Reposita est spes resurrectionis: in secreto mentis. Quid me tamquam hæc spes mea in sinu meo. Quare ergo nihil credentem persequi vultis? Radicem nunc dicitis: Persequamur eum, et radiverbi quærere, est in alterius bene dictum mala investigare. Ab opcem verbi inveniamus contra eum? Fugite pressione mea recedite, ut evadere possitis gladium, id est, ergo a facie gladii, quoniam ultor iniquijustam sententiam Dei. Scitote judicium Dei, quo potero de subsannatoribus vindicare. tum gladius est, et scitote esse judicium.

CAPUT XX.

Respondens autem Sophar Naamathites Ideo, inquit, cogitationibus conturbor, quia dicis dixit: Idcirco cogitationes meæ variæ succedunt sibi, et mens in diversa rapitur, eo te hæc mala sine causa a Deo justo judice sustinere. quod hæc mala pœnarum innocentem asseAc si dicat: Verba tua audio, sed an ris te sustinere. Doctrinam qua me arguis, ita sint, spiritu intelligentiæ meæ discernam. audiam, et spiritus intelligentiæ meæ respondebit tibi. Hoc scio ab initio, ex quo poSanctum Job impium et hysitus est homo super terram, quod laus impocritam denotat, quia Deo rebellis existeret, et justum se piorum brevis sit, et gaudium hypocritæ ad simulaverat, et nunc rebellis in Deum existeret superinstar puncti. Si ascenderit usque ad cœlos bum eum exprobrat. elevatio mentis. Per superbia ejus, et caput ejus nubes tetigerit; omnia vulnera putrefactus, sterquilinio similatur. Qui quasi sterquilinium in fine perdetur; et qui eum in regno noverunt, insultanti voce dicent: Ubi est potentissimus regum? Pro tam eum viderunt, dicent: Ubi est? Velut sombrevi exitu vitæ. nium avolans non invenietur, transiet sicut visio nocturna. Oculus qui eum viderat non Quis est locus hypocritæ, nisi cor adulantium, ubi favores eruunt, ibi quippe cor illius requiescit. videbit; neque ultra intuebitur eum locus Per Dei sententiam miserrima egestate consumensuus. Filii ejus atterentur egestate, et manus tur. Quia damnationem per opera manuum suarum recipiet. Quia inillius reddent ei dolorem suum. Ossa ejus choatio ejus libidinis, quæ adolescentia dicitur, in fortitudine consuetudinis crescit. Quia usque implebuntur vitiis adolescentiæ ejus, et cum ad mortem hæc vitia eum non relinquunt. Quia hypocritæ eo in pulvere dormient. Cum enim dulce iniquitas suavitas est cordis ejus. blande loquens, asfuerit in ore illius malum, abscondet illud ritatem servat in corde. Quoniam hoc in semetipso non sub lingua sua. Parcet illi, et non derelinpunit. abscondit in mente. Satietas quet illud, et celabit in gutture suo. Panis temporalis dilectionis, quæ in finem amaritudinis vertitur, cum in novissimo cognoscitur, hanc diaboli esse persuaejus in utero illius vertetur in fel aspidsionem. Divinam scientiam, quam aliquando mali intrinsecus. Divitias quas devoravit evoconcupiscunt scire; sed quoniam agere recusant, profecto evomunt, et extorquebitur ab iniquo quod injuste abstulerat. met, et de ventre illius extrahet eas Deus. Per aspidum nequitias, et latens diaboli suasio; per viperam vero aperta diaboli tentatio designatur. Caput aspidum suget, et occidet eum lingua

Dona Spiritus sancti non videntur ab hypocritis. His
viperæ. Non videat rivos fluminis, tor-
nominibus Paradisi affluentiam significat. Juxta omnia quæ
rentes mellis et butyri. Luet quæ fecit
fecit, recipit.   Gehenna ignis.   Ut Propheta ait:
omnia, nec tamen consumetur. Juxta mul-
Quia tu reddes singulis secundum opera eorum.
titudinem adinventionum suarum, sic et
                    Retulit causas quare pœnas quæ supra dictæ
sustinebit; quoniam confringens nudavit
sunt, luere mereatur impius.
pauperis domum ; rapuit [*Vulg.* **pauperes**
domum rapuit], **et non ædificavit eam. Nec**
His sermonibus sanctum Job cupiditate inexplebilem dicit.
                                        Quemadmodum et
est satiatus venter ejus, et cum habuerit
tu ipse justo judicio patrimonium tuum perdidisti.   Quia
quæ cupierat, possidere non poterit. Non
de mensa ejus hospites non pavit, nec peregrinos recepit;
et propterea nihil remansit de bonis suis, id est, faculta-
remansit de cibo ejus, et propterea nihil
tem illius.   Quoniam quanto
permanebit de bonis ejus. Cum satiatus
majora in sæculo adipiscitur, tanto intolerabiliores angustias
fuerit, arctabitur, æstuabit, et omnis dolor
patitur, quomodo inventa custodiat.
                Quamdam capacitatem animæ ven-
trem dicit, ut usque ad summum oris sui blasphemia cumu-
irruet in eum. Utinam impleatur venter
letur.   Iram, furoris diaboli sævitiam dicit.
ejus, et emittat in eum iram furoris sui,
Guttatim jaculis tentationum districtam retributionem
recipiat.   Cum se putaverit
et pluat super illum bellum suum. Fugiet
leviores calamitates posse effugere, in atrociores incurrat.
Omnis necessitas non incongrue ferrum vocatur, quia
vitam inopis mœroris vulnere cruciat.
arma ferrea, et irruet in arcum æneum.
Arcus iste diabolus intelligitur. de inferis. Quia inhumane
Eductus egrediens de vagina sua, et fulgu-
premit quem corrupit. Quia simulat se in Angelum lucis.
rans in amaritudine sua. Vadent et ve-
ardent socii principis adversarii.
nient [*Vulg.* in amaritudine sua vadit, et
                                            Peccata sua
venient, etc.] **super eum horribiles. Omnes**
pravi in corde abscondunt, eisque plurimum delectantur.
tenebræ absconditæ sunt in occultis ejus.
Vindicta quæ semper ardet; quæ omnia quæ ei injecta
fuerint, concremat.
Devorabit eum ignis, qui non succenditur :
Quia cum corpore suo punietur impius justo judicio a Deo
derelictus.   Sancti
affligetur relictus in tabernaculo suo. Reve-
vel Angeli opera illi manifestant.   Quia terreni testi-
labunt cœli iniquitatem ejus, et terra con-
monium dicunt contra eum.   Cogitationes quas ante solus
surget adversus eum. Apertum erit ger-
sciebat, apertæ sunt.
Mentis vel intentionis. In die judicii mittetur in tenebras
men domus illius, detrahetur in die furoris
exteriores. Omnium operum retributio.   In sanctum
Domini. Hæc est pars hominis impii a Deo,
Job omnia hæc dixerat notans eum impium esse.
et hæreditas verborum ejus a Domino.

CAPUT XXI.

Ut perfectus non movetur injuriis, sed tranquille eos deprecatur ut audientiam præbeant ejus sermonibus quibus
Respondens autem Job, dixit : Audite,
perceptis et cognitis, cognoscant se dignos pœnitentiæ.
quæso, sermones meos, et agite pœniten-
                     Patienter exspectate.
tiam. Sustinete me, ut et ego loquar ;
           si ita fuerit aptum.
et postea, si videbitur, verba mea ridete.
Si inter homines hoc modo judicaret, non mirarer, apud
Numquid contra hominem disputatio mea
quos nonnumquam justa solent injuste judicari.   Admi-
est, ut merito non debeam contristari? At-
ramini quomodo qui justus dicitur, taliter erga me operetur.
                                        quod signum est
tendite me et obstupescite ; superponite di-
silentii.   Quia cum recte vivere ante putabam,
gitum ori vestro. Et ego quando recordatus
horreo in hoc, quoniam ignoro quid patior, et ad secretum
fuero, pertimesco, et concutit carnem
veri Dei venire non possum. Illis respondit qui dicunt im-
meam tremor. Quare ergo impii vivunt et
pium festinus [*Lege* festine] delendum.   Se-
sublevati sunt, confortatique divitiis? Se-
quens progenies.   Fraterna cogna-
men eorum permanet coram eis. Propinquo-
tio. Non solum filii, sed etiam nepotes in conspectu eorum.
rum turba et nepotum in conspectu eorum.
Familiæ eorum nullam discordiam habentes.
Domus eorum securæ sunt et pacatæ; et
           Dura correctio.   semen re-
non est virga Dei super illos. Bos eorum
cipit.   ante tempus non parit.   enixa est.
concepit, et non abortivit ; vacca peperit,
non est vitulis aborta. Dominis gregum prima felicitas, si
grex sterilitatem non habens concepit. Secunda si con-
et non est privata fœtu suo. Egrediuntur
ceptus ad partum venit ; tertia autem si hoc quod partum
est, per nutrimenta ad perfectum ducatur, quæ omnia
adesse impiis sæpe demonstrat.   Et sicut majora ad ha-
quasi greges parvuli eorum, et infantes eo-
bendum concessa sunt, ita etiam multi germinent ad custodiendum.   Cum Domini honoribus et
rum exsultant lusibus : tenent tympanum et
rebus tument, subjecti in ludicris artibus gaudent.
cytharam, et gaudent ad sonitum organi.
            Temporalibus. Umbræ similes.   Et intra tempus
Ducunt in bonis dies suos, et in puncto ad
brevissimum ad tormenta inferorum descendunt, quia
omnis longitudo vitæ præsentis punctus [*Lege* punctum] esse
cognoscitur, cum fine terminatur. Causam perditionis im-
inferna descendunt. Qui dixerunt Deo :
piorum aperit.
Recede a nobis, scientiam viarum tuarum
nolumus. Quis est omnipotens ut serviamus
ei? et quid nobis proderit, si oraverimus
             Quia gloria eorum, quæ temporalis apparuit, ma-
illum? Verumtamen quia non sunt in manu
sura non erit.   Quia pro hac temporali gloria, per-
eorum bona sua, consilium impiorum longe
petua ignominia induentur.   gloria temporalis.
sit a me. Quoties lucerna impiorum exstin-
                      abundantia tormentorum.
guetur, et superveniet eis inundatio, et do-
                   unicuique reddet.   Peccatores et impii ita
lores dividet furoris sui? Erunt sicut paleæ
perituri sunt, ut omnino reparari non possint.
ante faciem venti, et sicut favilla quam turbo
       Deo reddente, Diabolus cum consentientibus
sibi pœnas patitur æternas.
dispergit. Deus servabit filiis illius dolorem
Tunc sciet diabolus, id est, sentiet quando patietur.
patris; et cum reddiderit, tunc sciet. Vide-
         id est pœnam, quia duplex infelicitas, pati, et vi-
bunt oculi ejus interfectionem eorum [*Vulg.*
dere. Alii dixerunt, et a Domino non salvetur.
suam], **et de furore omnipotentis bibet.**
Jam enim novit se cum filiis, qui sunt domus ejus, in æter-
Quid enim ad eum pertinet de domo ejus
num damnandum. Diabolus, cum divisit Deus felicitates
post se? et si numerus mensium ejus dimi-
suam quam habuit in cœlo, et intercisa est illa immortalis
diatur? Quis Deo potest dicere : Quare hæc talia facis?
felicitas.
dietur? Numquid Deum quispiam docebit
quæ ante diximus.   Beatorum in
scientiam, qui excelsos judicat? Iste mori-
hoc mundo, et infelicem dicit communem esse conditionem.
tur robustus et sanus, dives et felix. Vi-
scera ejus plena sunt adipe, et medullis ossa

illius irrigantur. Alius vero moritur in
abundantia pinguescunt, alii summa egestate tabescunt.
amaritudine animæ, absque ullis opibus;
Ut divitum et pauperum una est nascendi conditio, ita et
et tamen simul in pulvere dormient, et ver-
moriendi.   Quia in cogi-
mes operient eos. Certe novi cogitationes
tationibus vestris iniquam datis contra me sententiam.
vestras, et sententias contra me iniquas.
                        Me utique irridentes et insultantes.
Dicitis enim : Ubi est domus principis? et
                                       Si dubitatis an
ubi tabernacula impiorum? Interrogate
vera sint, inquirite ab aliis, et eadem dicent vobis, quæ
quemlibet de viatoribus, et hæc eadem in-
ego dico.   Quia hic non est divisio bono-
telligere cognoscetis. Quia in die perditio-
rum et malorum. Quia statuit Deus diem, in quo judicet
orbem terræ.   Impius ad judicium vindictæ.
nis servatur malus, et ad diem furoris du-
        Antiqui hostis, vel impii in hoc mundo.
cetur. Quis arguet coram eo viam ejus? et
                nisi Deus.   Impius ad mortem vi-
delicet tormentorum. In augmentum diaboli in peccatis.
quæ fecit quis reddet ei? Ipse ad sepulcra
         Impius involvitur dum observat quem seducit.
ducetur, et in congeriem mortuorum vigila-
    Hoc est infernus filiis peccati, quos diabolus peccati
bit. Dulcis fuit glareis Cocyti, et post se
suavitate decipit. Imitatione superbiæ ejus.
                                    Eos quos decepit ipse se-
omnem hominem trahet, et ante se innu-
cuturus ad pœnam. Hic concludit omnem altercationem
merabiles. Quomodo igitur consolamini me
disputationis suæ, et amicos suos sine causa contra eum
certare, quia cum affirmant pro impietate cruciatum ; et
ille econtra probavit, quod sæpe in sæculo impii prospe-
frustra, cum responsio vestra repugnare
rantur.
ostensa sit veritati.

CAPUT. XXII.

Respondens autem Eliphaz Themanites
     Quamlibet multum scians tibi videaris, tamen scientiæ
dixit : Numquid Deo comparari potest ho-
Dei non poteris comparari.   Nemo
mo, etiamsi perfectæ fuerit scientiæ? Quid
justitia sua Deum meliorem efficit, a quo processit omnis
prodest si justus fueris? aut quid ei confers
bonum justitiæ.   Subsannanti
si immaculata fuerit vita tua? Numquid
sensu hoc dicit.   Si Deus timens tecum certaret judicio.
timens te arguet, et veniet tecum in judicium?
et non propter malitiam tuam pluri-
infra explanat causas singularum iniquitatum. Hostili more
mam, et infinitas iniquitates tuas? Abstulisti
rapuerit aliena, vel pignora injusta extorserit.
enim pignus fratrum tuorum sine causa,
Quid meretur spoliator, si negator damnatur? Sicut Dominus
et nudos spoliasti vestibus. Aquam lasso
præcipit sitientibus potum dare.
                          Panem grave est negasse, gravius abstulisse.
non dedisti, et esurienti subtraxisti panem.
Superbum eum et tyrannum denotat, quod non æquitate,
In fortitudine brachii tui possidebas terram,
sed crudelitate subjectos sibi redargueret. Quia quod a te
et potentissimus obtinebas eam. Viduas di-
postulabat non potuit impetrare. Dum eos passus es op-
misisti vacuas, et lacertos pupillorum com-
primi.   Ac si diceret : Malæ
movisti [Vulg. comminuisti]. Propterea cir-
conscientiæ formidinem turbatus, etiam consilium patientiæ
cumdatus es laqueis, et conturbat te formido
perdidisti. Mala meritorum tuorum non credebas te accep-
subita. Et putabas te tenebras non visu-
turum.   Calamitatum et miseriarum irruit super te morum, et impetu aquarum inundantium non

lestia.   Sanctum Job exprobrat, quod non crederet
ubique Deum : Putas Deum latere quod facis?
opprimeris iri. An cogitas quod Deus excel-
                esse, sed in cœlorum habitaculis concludatur,
sior est cœlo, et super stellarum vertices
et regno minor sit.   His verbis asserit sanctum Job
sublimetur? et dicis : Quid enim novit Deus?
dicere, quod Deus fallatur, vel etiam erret in judiciis suis,
dubitans de vero judicio.   Accusat sanctum
et quasi per caliginem judicat. Nubes latibu-
Job, ut errorem incurreret dicens mundum divina providentia non regi. Quasi ex sensu sancti Job diceret, quod Deus
lum ejus, nec nostra considerat, et circa
ignoraret eum innocentem et ideo permitteret eum fatigari.
                             Numquid imitari vis vitam
cardines cœli perambulat. Numquid semi-
illorum, qui in diluvio et Sodomis perierunt.
tam sæculorum custodire cupis, quam cal-
        Ut Dathan et Abiron, quos, dehiscente
caverunt viri iniqui? Qui sublati sunt ante
terra, infernus suscepit. Imminente in se ira, stabilitas vitæ
tempus suum, et fluvius subvertit fun-
eorum subversa est. Propter apostasiam ergo damnati sunt.
damenta eorum. Qui dicebat Deo : Re-
Non ita sanctus Job.   Putabant enim, quod Deus in pec-
cede a nobis : et quasi nihil posset facere
catores ultionem non effunderet.   Ac si diceret : Cur
omnipotens, æstimabant eum. Cum ille im-
non timuerunt Deum, ne auferrentur ab illis ejus bona?
                                Sanctum Job in blas-
plesset domos illorum bonis. Quorum sen-
phematorum numerum posuit. Placet enim illis Dei justitia, sicut et ipsi Deo : et de se lætabuntur, cum alios vide-
tentia procul sit a me. Videbunt justi et læta-
bunt dolere.   Superbia
buntur, et innocens subsannabit eos. Nonne
utique eorum omnino deleta est.   Extrema quæque
succisa est erectio eorum, et reliquias eo-
peccaminum in die judicii punienda tribulatione.
               Hortatur sanctum Job, ut per
rum devoravit ignis? Acquiesce igitur, et
pœnitentiam convertatur ad Deum.
       Post plagam, pacem et remunerationem
habeto pacem, et semper habebis fructus
accipies a Deo. Audi quæ præcipit, et conserva.
optimos. Suscipe ex ore illius legem, et
                               Si ex factorum
pone sermones ejus in corde tuo. Si reversus
tuorum pœniteat.   quotidie reparabis necessaria.
fueris ad omnipotentem, ædificaberis; et
Ipse diabolus, qui auctor est omnium iniquitatum hic
indicatur.
longe facies iniquitatem a tabernaculo tuo.
Pro mollibus factis, fortia : vel pro terrenis, cœlestia.
Dabit pro terra silicem; et pro silice tor-
vivas sapientias. Cum hæc, quæ dixi, impetrabis, erit om-
rentes aureos. Erit omnipotens contra
nipotens defensor tuus. Eloquium Domini intelligendum
hostes tuos, et argentum coacervabitur
est. Deliciis uti que spiritualibus ditatus repleberis.
tibi. Tunc super omnipotentem deliciis af-
       Liberam frontem ad deprecandum Deum elevabis.
flues, et levabis ad Deum faciem tuam. Ro-
                             Manifestum est.
gabis eum, et exaudiet te, et vota tua reddes.
Rem dumtaxat justam.   In bonis actibus
Decernes rem, et veniet tibi, et in viis
tuis lucebit tibi lux justitiæ Dei. Juxta illud Evangelium :
tuis splendebit lumen. Qui enim humilia-
Qui se humiliaverit, exaltabitur (Luc. xiv, 11). Idem sensus
tus fueris, exaltabitur in gloria; et qui in-
superiori versiculo.   Nihil mali
clinaverit oculos, ipse salvabitur. Innocens
operans.   gratia bono-
enim salvabitur : salvabitur autem munditia
rum operum.
manuum suarum.

CAPUT XXIII.

Relictis colloquiis
Respondens autem Job, dixit : Nunc quo-
amicorum, qui sermonibus suis addunt amaritudinem meam,
que in amaritudine est sermo meus, et
et me convertam ad Deum, et dicam ei, pro fiducia con-
manus plagæ meæ aggravata est super ge-
scientiæ meæ, quæ sequuntur. Intellectu se cognoscere
mitum meum. Quis mihi tribuat ut cogno-
Deum dicit. operibus bonis. In die judicii, usque ad
scam, et inveniam illum? et veniam usque
contemplationem divinæ potestatis.
Ab ipso judicii ejus æquitatem requiram.
ad solium ejus? Ponam coram eo judicium,
hoc est, cum fiducia loquar. *Ex Domini*
et os meum replebo increpationibus. Ut sciam
mei responsione cognoscam, quid causæ exstiterit, ut
homo innocens malis cruciatuum deputetur. Per totum igitur libellum istum ad sensu sancto Job ad Deum queri-
verba quæ mihi respondeat, et intelligam
monia est. *Potentia sua, quia omnis crea-*
quid mihi loquatur. Nolo multa formidine
tura sustinere non potest. *idipsum*
contendat mecum, nec magnitudinis suæ
repetit. *Sensu optantis locutus est, non*
mole me premat. Proponat æquitatem con-
jubentis. *per causam justitiæ victor existam.*
tra me, et perveniat ad victoriam judicium
Dum omnes partes mundi enumerat, dicit eum
meum. Si ad orientem iero, non apparet;
habitare ubique totum : sibi tamen omnino esse invisibilem
confitetur.
si ad occidentem, non intelligam eum. Si ad
sinistram, quid agam? non apprehendam
Invisibilem crea-
eum; si me vertam ad dexteram, non videbo
turis eum ostendit.
Quia viam conversationis ejus optime noverat, Tamquam
illum. Ipse vero scit viam meam, et probavit
aurum igne excoctum, ita me tribulationibus probat.
me quasi aurum quod per ignem transiit.
Præcepta ejus imitatus. *et quod*
Vestigia ejus secutus est pes meus, viam
jubere voluit, custodivi; in partem alteram.
ejus custodivi, et non declinavi ex ea. A
Ut David
mandatis labiorum ejus non recessi, et in
ait : *In corde meo abscondi eloquia tua* (*Ps.* cxviii, 11). Quia
sinu meo abscondi verba oris ejus. Ipse
ejus esse semper est. hoc est, abscondere a scientia Dei.
solus est, et nemo avertere potest cogita-
quod statuerit, præterire non poterit.
tiones ejus, et anima ejus quodcumque vo-
Cum me tormentis affecerit ut voluerit,
luit, hoc fecit. Cum expleverit in me volun-
quanta adhuc voluerit, mihi infligere
tatem suam, et alia multa similia præsto
poterit. *a potentia majestatis ejus.*
sunt ei. Et idcirco a facie ejus turbatus sum;
cogitatione perpendens.
et considerans eum, timore sollicitor. Deus
Pavore solvit. *interiora mea solvens timore.*
mollivit cor meum, et omnipotens conturba-
Non sum in desperatione adhuc pressus propter plagas
vit me. Non enim perii propter imminentes
quas patior. fidem meam infidelitas non operuit.
tenebras, nec faciem meam operuit caligo.

CAPUT XXIV.

Quia ipse omnia scit, qui cuncta creavit.
Ab omnipotente non sunt abscondita tem-
Quia nemo eum
pora. Qui autem noverunt eum, ignorant
plene novit. Contra illud præceptum Moysi : *Noli trans-*
ferre terminos, quos posuerunt patres tui.
dies illius. Alii terminos transtulerunt,
comederunt aliorum. Ab hoc loco usque ad finem, nimium
diripuerunt greges, et paverunt eos. Asinum

obscure dixit, nunc pluraliter, nunc singulariter.
Contra Legem faciunt, ubi
pupillorum abegerunt, et abstulerunt pro
dicitur : *Viduam et pupillum non opprimetis per calumniam.*
Spoliantes eos rebus suis, vel
pignore bovem viduæ. Subverterunt pau-
persecutione affligentes. Qui resistere non potuerunt, ser-
perum viam, et oppresserunt pariter man-
vituti subjecerunt. Quasi prædones furtim rapiunt aliena.
suetos terræ. Alii quasi onagri in deserto
utique non ad opus Dei. Omni vigilantia
egrediuntur ad opus suum, vigilantesque
instant, ut de aliorum rebus sibi et filiis suis præsument
cibum. *De fructi-*
ad prædam, præparant panem liberis. Agrum
bus agrorum furantur. vineta aliena diripiunt.
non suum demetunt, et vineam ejus, quem
Non implentes illud :
vi oppresserunt, vindemiant. Nudos dimit-
Si videris nudum, operi eum. quo tem-
tunt homines indumenta tollentes, quibus
pore utilissimum fuit. Aquis de montibus
non est operimentum in frigore; quos im-
fluentibus copiose infunduntur. Qui tegmen non habent,
bres montium irrigant, et non habentes
petrarum umbraculis adoperiuntur. In duabus rebus
velamen, amplexantur lapides. Vim fece-
eos denotat, in vim faciendo, et pupillum opprimendo.
Infirmas mentes fortia
runt deprædantes pupillos, et vulgus pau-
vitiorum manifestum est. blandimenta decipiunt.
Dei timore et custodia derelictis,
perum spoliaverunt. Nudis et incedentibus
Supra hostilitatem est nec a seminudis spoliis abstinere.
Ipsam naturæ legem, vel frugem
aliis absque vestitu, et esurientibus, tule-
bonæ voluntatis. Hoc malum iniquissimum est, ut sub
runt spicas. Et inter acervos eorum meri-
fructibus aliorum alii requiescant.
Quia alii inebriantur vino eorum.
diati sunt, qui calcatis torcularibus sitiunt.
Vastitas civitatis usque ad gemitum in civitate habitantium
veniebat. *Omnium*
De civitatibus fecerunt viros gemere, et anima
afflictorum, sive qui in corpore gladio feriuntur, sive qui
in animo timoris mœrore. Sine vindicta permanere non
vulneratorum clamavit, et Deus inultum
sinit hostem. Inimici utique Dei, qui vera lux
abire non patitur. Ipsi fuerunt rebelles lu-
est. prædicti luminis justitiam. ad Deum pœnitendo
mini, nescierunt vias ejus, nec reversi sunt
redire noluerunt. Mane dictum est, eo quod publice
per semitas illius. Mane primo consurgit
et clara luce malum committatur. Potest autem et de iniquis judicibus intelligi, qui ad hoc maturius surgunt, ut
causam egeni et pauperum, muneribus corrupti, præ-
varicentur. quorum misereri debuit.
homicida, interficit egenum et pauperem,
Publicus homicidia, etiam fur nocturnus efficitur. Cordis
per noctem vero erit quasi fur. Oculus
ejus claritas fugiens notitiam luminis Dei.
adulteri observat caliginem dicens : Non me
quia noluit intelligere, ut bene ageret.
videbit oculus, et operiet, ne agnoscatur
[*Vulg.* **non habet** ne agnoscatur], vultum
In tenebris domorum irruptionem meditatur. Apud se
suum. Perfodit in tenebris domos, sicut
per diem definierunt adulterina colloquia. id est, Christum.
in die condixerant sibi, et ignoraverunt
Si eis per castigationem Dei lumen vitæ ingeratur,
lucem. Si subito apparuerit aurora, arbitran-
pro conscientiæ suæ malo se arbitrantur mortem sustinere.
Ita in peccatis vivere delectantur, ut
tur umbram mortis. Et sic in tenebris quasi
debuerunt in luce virtutum. De peccatoribus dicit, nullum
pondus habentibus fructuum bonorum.
in luce ambulant. Levis est super faciem
Maledictam partem dixit eam, quæ non est Dei, sed mundi.
aquæ : maledicta sit pars ejus in terra;

Ut non sequatur fidem Ecclesiæ. Impii nunc ignem
nec ambulet per viam vinearum. Ad nimium
ardentem sentiunt, nunc nimium algorem. vindicta
calorem transiit ab aquis nivium : usque
apud inferos. Deus, qui non solum
ad inferos peccatum illius. Obliviscatur ejus
misericors, sed etiam misericordia dicitur.
peccata peccatoribus. ad veniam mi-
misericordia; dulcedo illius vermes; non sit
sericordiæ non pertineat. Diabolus, qui numquam fructum
in recordatione, sed conteratur quasi li-
pœnitentiæ habet. Peccatum in homine fovit.
sive, animas infructuosas virtutibus.
gnum infructuosum. Pavit enim sterilem
de corde opera bona. Animam virum Deum non habentem, et sanctitatis viribus destitutam dicit, quam monere noluit ut rediret.
et quæ non parit, et viduæ bene non fecit.
Si fortes prostravit, adverte quid fecerit de infirmis. Non
Detraxit fortes in fortitudine sua; et cum
credit, quod in vita sua tam perdita stare possit. Ut excu-
steterit, non credet vitæ suæ. Dedit ei
sare se non possit. beneficium pietatis per su-
Deus locum pœnitentiæ, et ille abutitur eo
perbiam contempsit. Nunc illi pluraliter dicuntur, de
in superbiam. Oculi autem ejus in viis ejus
quibus prius singulariter dixerat.
[*Vulg.* sunt in viis illius] elevati sunt ad mo-
Mox defecturi.
dicum. Et non subsistent, et humiliabuntur
[*Vulg.* humiliabuntur sicut somnia, et aufe-
Quia vita præsens brevis est,
inutilis status impiorum somno comparatur.
rentur sicut, *etc.*], **et sicut somnia auferentur,**
Diabolus, et impius tanta facilitate comminuitur, ut ad
nihilum deducatur.
et sicut summitates spicarum conterentur.
Quod non ita putatis quemadmodum dixi, quis ex vobis de
Quod si non est ita, quis me potest ar-
falsitate me convincere potest? qui dicitis, quod omnia
guere esse mentitum, et ponere ante Deum
In hoc tempore addat Deus peccatoribus, quæ merentur,
quod in meam suggillationem asseritis.
verba mea?

CAPUT XXV.

Convictus Baldad, dixit : Non jam facit judicium, sed
Respondens autem Baldad Suites, dixit :
differt in posterum, et apud se repositum tenet. Ipse tamen
Potestas et terror apud eum est, qui facit
pacem in Sanctis, vel in Angelis suis jungitur possidebit.
Infinitus nu-
concordiam in sublimibus suis. Numquid
merus est militum ejus. Ipse enim illuminat
est numerus militum ejus? et super quem
omnem hominem venientem in hunc mundum.
non fulget lumen ejus [*Vulg.* Surget lumen
Non Baldad respondet ad ea, quæ dixit sanctus
illius]? Numquid justificari potest homo com-
Job, sed juxta illum sensum dicit, quem et illi sæpe dixerunt.
paratus Deo? aut apparere mundus natus de
muliere? Ecce etiam luna non splendet, et
Angeli et supernæ potestates non possunt comparari Deo.
stellæ non sunt mundæ in conspectu ejus.
Pro eo quod sicut vermis ex corruptione nascitur, ita
Quanto magis homo putredo, et filius ho-
et homo.
minis vermis!

CAPUT XXVI.

Sanctus Job amicis suis numquam aspere respondit cum illi
Respondens autem Job, dixit : Cujus ad-
ei apertas injurias irrogarent : nunc autem videns Deo inju-
jutor es, numquid imbecillis? et sustentas
riam fieri, justa indignatione commotus est, et verbis arguit
Baldad, quod ita loqueretur, tamquam Deus infirmus sit, et
brachium ejus qui non est fortis? cui de-
egeret auxilio. Beatus Job mirans quomodo ausus
disti consilium? Forsitan illi qui non habet

fuerit docere eum a quo est ille.
sapientiam? et prudentiam tuam ostendisti
plurimam. Quem docere voluisti? nonne
id est, animam tuam. Diabolus, vel superbi ho-
eum qui fecit spiramen tuum? Ecce gigantes
mines, subterra, id est, in inferno, omnes simul infideles,
gemunt sub aquis, et qui habitant cum eis.
Scientiam Dei nihil latere potest. Diabolus non po-
Nudus est infernus coram illo; et nullum
test se abscondere a potentia majestatis Dei. Septentrionem
est operimentum perditioni. Qui extendit
dicit, eo quod impenetrabilis est, et in longo remotus
silentio. Quia ex nihilo facta
aquilonem super vacuum, et appendit ter-
est, sive quia nullo fulcimento sustinetur.
Modo dicuntur ligatæ, quia non simul
ram super nihilo. Qui ligat aquas in nubibus
effunduntur in terras, sicut in diluvio legimus,
suis, ut non erumpant pariter deorsum.
Sententiam atque terrorem judicii sui. Occultationem
Qui tenuit vultum solii sui, et expandit
suam, quia rari sciunt secreta Dei. Non sinet Deus Sau-
super illum nebulam suam. Terminum cir-
ctos suos supra mensuram tribulari a populis infidelium.
Quia in fine mundi desinunt ista
cumdedit aquis, usque dum finiantur lux
ita variare. Angeli pro decore dicti.
et tenebræ. Columnæ cœli intremiscunt et
præsentiam conditoris sui venerantur. Hic beatus Job po-
pavent adventum ejus. In fortitudine ejus
tentiam Dei narrat Baldad, ne se adjutorem Dei æstimaret.
Diabolum, qui
repente maria congregata sunt, et prudentia
dejectus est de sublimi cœlorum sede. Spiritus sanctus
ejus percussit superbiam. Spiritus ejus or-
Apostolos. Doctoribus parturientibus filios fidei, pietate
sua Dominus adjuvat, ut hujusmodi fetus edant.
Nocet suis Sanctis callida bestia, a
navit cœlos, et obstetricante manu ejus,
quibus excluditur, ut in eis ultra non habeat potestatem.
In quo nihil est rectum. Qui in superioribus
eductus est coluber tortuosus. Ecce hæc ex
dicit : Quia nullus omnia comprehendere poterit.
parte dicta sunt viarum ejus, et cum vix
Hominem assumptum dicit, qui in Daniele lapis
excisus dicitur. Hoc enim dicit : Si assumptum hominem
non plene intelligimus, qui ad comparationem assumentis
Dei stilla permodica dicit, quanto magis ipsam divinitatem!
parvam stillam sermonum ejus audierimus,
Quia divinitas tonitruo comparatur, quod de cœlo terris
quis poterit tonitruum magnitudinis illius
intonuit.
intueri?

CAPUT XXVII.

Significat quod ea, quæ prius dixerat, per parabolam
Addidit quoque Job assumens parabolam
maxime diceret. Hoc juramento postea ubi sunt Prophetæ.
Dum permittit pati, auferre Qui facit quod voluerit sub-
judicium dicit. auditur, vivit.
Tempore abstulisse
suam, et dixit : Vivit Deus, qui abstulit
dicit, quod ad dispensationem justi judicii pertinet.
judicium meum, et omnipotens qui ad
Miseriam præsentem dicit, qua repletus est.
amaritudinem adduxit animam meam. Quia
halitus jam attenuatus est in me. Qui corroborat me
donec superest halitus in me, et spiritus Dei
ut sus ineam hos cruciatus. ut justos vos esse dicam,
in naribus meis, non loquentur labia mea
iniquitatem; nec lingua mea meditabitur
mendacium. Absit a me ut justos vos esse
quam vos quasi blasphemiis
judicem. Donec deficiam, non recedam ab
meis me asseritis perdidisse. Donec vivam, justificationem
innocentia mea. Justificationem meam,
meam non deseram. Hoc loco omnis
quam cœpi tenere, non deseram; nec enim

vita, præsens ejus vita intelligenda est, tempore quo hæc dicebat, quia male suadentibus et blasphemiam Prophetantis hortantibus non consensit.

reprehendit me cor meum in omni vita mea.
spiritu hoc dicere magis videtur, quam voto maledicentis. A me etiam fide discrepat,

Sicut impius inimicus meus, et adversarius meus quasi iniquus. Quæ enim est spes hypocritæ, si avare rapiat, et non liberet Deus animam ejus? Numquid clamorem ejus audiet Deus, cum venerit super illum ærumna?
qui mihi opere non concordat. id est, fictos et dolosos in amicitia. Quasi avaritiæ sitim patiamini interitum meum, si non acquiescitis Deo, ut vos in hac vita emendare curetis. Tunc enim impii ad Deum clamare incipient, quando locus non erit exaudiendi eos. Quando impiis ultio veniet, nullum remedium erit. Is in Deo delectari potest, et invocare eum, qui se ta gustin? aut poterit in omnipotente delectari, tem exhibuerit, ut quolibet tempore mereatur audiri. Dicit

et invocare Deum in omni tempore? Docebo vos per manum Dei: quæ omnipotens habeat non abscondam. Ecce vos omnes noversa depromitis; stis; et quid sine causa vana loquimini?
illa quæ habet Deus in potestate sua, quæ etiam eis cupiat demonstrare. Quia in meam personam hæc uniuntur. rationem non habentia. Ac si diceret: Hæc, quæ sequuntur, impii ac violenti, non

Hæc est pars hominis impii apud Deum, et hæreditas violentorum, quam ab omnipotente suscipient. Si multiplicati fuerint filii ejus, in gladio erunt, et nepotes ejus non saturabuntur pane; et qui reliqui fuerint ex eo, sepelientur in interitum, et viduæ ejus non plorabunt. Si computaverit quasi terram argentum, et sicut lutum præparaverit vestimenta. Præparabit quidem, sed justus vestietur illis. Et argentum innocens dividet. Ædificavit sicut tinea domum suam, et sicut custos fecit umbraculum. Dives cum dormierit, nihil secum auferet; aperiet oculos suos, et nihil inveniet. Apprehendet eum quasi aqua inopia, nocte opprimet eum tempestas. Tollet eum ventus urens, et auferet eum velut turbo. Rapiet eum de loco suo, et mittet super eum; et non parcet. De manu ejus fugiens fugiet, stringet super eum manus suas, et sibilabit super illum intuens locum ejus.
modo, sed in futuro judicio ab omnipotente Deo percipient. In filiis et nepotibus omnem posteritatem malæ generationis aspexit. Quia a cognitione veritatis sunt alieni. Imitatores malorum parentum damnabuntur morte futura. Non habentes utique temporis copiam. Magnitudo avaritiæ impiorum terræ et luti materiæ comparatur propter immensitatem divitiarum. Auferens, et credentibus facundiam præverit. Ut Salomon ait: *Thesaurizantur justis divitiæ peccatorum*, vel Christus, eloquentiam sæcularium. Sic ille requiescit in prosperitate sua. tam cito gaudium ejus transivit. Cum in somnum mortis venerit, nihil de facultatibus suis habebit. In resurrectione nullum meritum boni operis inveniet. Prædictum divitem subita egestas. in cæcitate sua. tribulatio. Sententia Dei damnans illum. repente non impetu præveniet. de corpore. Deus pœnam meritam, cum ei reddet secundum opera ejus. Non tenebitur manu ejus, ut salvetur. Alii dixerunt: Plaudet super eum manibus suis, et trahet eum de loco suo. Atrocitatis pœnæ significat.

CAPUT XXVIII.

Homo sanctus eloquentiam fidei ab animæ sensibus ortam.

Habet argentum venarum suarum principia, et auro locus est, in quo conflatur.
spiritali intellectui. Quia in tribulatione velut aurum in igne probatur.

Ferrum de terra tollitur; et lapis solutus calore in æs vertitur. Tempus posuit tenebris, et universorum finem ipse considerat, lapidem quoque caliginis et umbram mortis. Dividet torrens a populo peregrinante,
Fortitudo de mollitie emendatur. Durus corde, fidei æstu, in sonoram confessionem. Finem peccatis, vel malis hominibus. quale meritum homo accepturus sit. diabolum propter errores. quod doctrinam ejus mors sequatur. Iniquos passio Christi a Sanctis, qui hic peregrini sunt, separat. oblitus est Christus eorum, qui non crediderunt Evangelio.

In pede quoque dispensationem Christi adverte, per quem a Sanctis sine via religionis viventes separat. Qui pro nobis pauper factus est.

eos quos oblitus est pes egentis hominis, et invios. Terra de qua oriebatur panis, in loco suo igne subversa est. Locus sapphiri lapides ejus, et glebæ illius aurum. Semitam ignoravit avis, nec intuitus est eum oculus vulturis. Non calcaverunt eam filii institorum, nec pertransivit per eam leæna. Ad silicem extendit manum suam, subvertit a radicibus montes. In petris rivos scindit, et omne pretiosum videt oculus ejus. Profunda quoque fluviorum scrutatus est, et abscondita produxit in lucem. Sapientia vero ubi invenitur, et quis est locus intelligentiæ? Nescit homo pretium ejus, nec invenitur in terra suaviter viventium. Abyssus dicit: Non est in me; et mare loquitur: Non est mecum. Non dabitur obrizum pro ea, nec appendetur argentum in commutatione ejus. Non conferetur tinctis Indiæ coloribus, nec lapidi sardonico pretiosissimo, vel sapphiro. Non adæquabitur ei aurum vel vitrum; non computabuntur pro ea vasa aurea; excelsa et eminentia non memorabuntur in comparatione ejus. Trahitur autem de occultis
Quasi nunc de Sodoma loquitur, quæ fertilissima fuit, et propter peccata habitantium igne subversa est. Quasi pro opibus Sodomorum hæc genera gemmarum dicuntur. quia per has acquiri solet. Fundis exterritæ, quia præ frequentia hominum vix illic aves esse poterant. (Tanta) arborum opacitate contecta est, ut eam aves desuper volantes aspicere non possint. Quia sibi ipsa tellus cuncta ferebat. Mercatorum, qui propter instandi lucrum etiam in posteris suis filii institorum dicti sunt. propter frequentiam populorum ibi bestiæ transire non potuerunt. Non ad Christum conversitur, ad fortitudinem virtutis suæ. superbos, vel diabolum novissime subversos. In adventu Filii Dei. In Apostolis, sive in Gentibus prius duros. gratiam suam dedit. ut est: Oculi Domini super justos. Secreta conscientiæ hominum, qui sic decurrunt ad mortem quasi flumina, malitiam eorum, in revelationem. Nisi Deo demonstrante, nec ab homine inveniri dicit. Tantum pretiosa sit, ut quantum sit ejus meritum homo penitus ignoret: omne vero pretium non est ea dignum. In his, qui voluptati carnis serviunt sæculariter. Inferorum designatur. Quia sæculares homines sapientiam amoris Dei non habent. Hoc dicit, quod nulla res, quamvis pretiosa sit, huic sapientiæ comparari potest. Quod sapientiam istam nullus pro merito ejus possit sentire aut eloqui, hic indicat. In India omnes idolorum cultores significantur, in qua cultores pretiosi nascuntur. qui lapides pretiosi sunt. quod idolorum religio nomine fulgeat Deitatis fallaciter. Clari homines intelliguntur, qui in hoc sæculo nomine dignitatis fulgent, et divitiarum gloria. Pro nihilo enim deputantur nobiles sæculi, si timorem Dei non habent. Celsitudines sæculi indignæ erunt memoria in comparatione illius sapientiæ. Dono Spiritus sancti. de supernis

assumitur. Omnia hæc nomina ideo ad memoriam deduxit, quam fama referebat, et ideo omnes laudabant eum.

sapientia. Non adæquabitur ei topazium de quia nulla creatura potest comparari timori Dei.

et oculus videns testimonium reddebat mihi, Oppressum egenum, qui clamore suo vim pati se indicabat, de manu violenti liberabam.

Æthiopia, nec tinctura mundissima compo- Eodem sensu dicit, quo super : *Sapientia ubi invenitur?*
netur. Unde ergo sapientia veniet, et quis id est, omnium carnaliter

quod liberassem pauperem vociferantem, Orphanum defensionis auxilio destitutum ab iniquo cruebam. In vinuis, et

locus est intelligentiæ? Abscondita est ab in mundo viventium. Homines superbi
vel leves, qui alta sapiunt, et in imis morantur, intel-
oculis omnium viventium; volucres quoque liguntur. Diabolus et satellites ejus. Perceperunt, sed
cœli latet. Perditio et mors dixerunt: Auribus per inobedientiam habere eam noluerunt. Pro certo scit
nostris audivimus famam ejus. Deus in- Deus quo sapientia properat, cui etiam ipse ducatum præbet, ad locum utique pacis æternæ.
telligit viam ejus; ipse novit locum illius. Visitans nos in plenitudine temporum. ut in psalmo
Ipse enim fines mundi intuetur, et omnia dicitur : *Dominus de cœlo prospexit super filios hominum* (Psal. xiii, 2). Gratia Spiritus sancti, vel
quæ sub cœlo sunt, respicit. Qui fecit ventis ipsis Angelis. Doctrinas dicit, quas propter effectum divinæ sanctificationis, pondus habere dicit. Doctrinam
pondus, et aquas appendit mensura. Quando utriusque Testamenti nobis voluit indicare. Persecutionibus Ecclesiæ prætereundi viam aperit, ut Sanctos suos non
ponebat pluviis legem, et viam procellis vincant. Futurum prævidit timorem Dei in mundo.
ore Prophetarum
sonantibus. Tunc vidit illam, et enarravit, quærens ovem errantem.
et præparavit, et investigavit. Et dixit ho- Nunc explanat, quod supra obscurius dixerat.
mini : Ecce timor Dei ipsa est sapientia, et recedere a malo intelligentia.

et pupillum cui non esset adjutor. Benedictio pupillis, et pueris, omne genus humilium et afflictorum, Sive ut alii dixerunt, *pauperes*.
pueri [*Vulg.* perituri] **super me veniebat, et** designat, quorum nullum sprevit. Ut est : *Sacerdotes tui*
cor viduæ consolatus sum. Justitia indutus *induantur justitiam* (Ps. cxxxi, 9). Misericordia et veritas animæ illius erant indumenta.
sum, et vestivi [*Vulg.* vestivit] **me sicut** Corona regali, quia in eo, sicut diadema, judicii veritas eminebat. Affectus pæ-
vestimento et diademate, judicio meo. Oculus tatis ejus his sermonibus ostendit. Paternam affectum
fui cæco, et pes claudo. Pater eram pau- ostendi eis. Ne utique aliqua adversantium arte opperum. Et causam quam nesciebam dili-
perum. Et causam quam nesciebam dili- merentur. Fortiores ad devorandum, er
gentissime investigabam. Conterebam? mo- molas designantur. Hominem rapacem dicit, de cujus ore substantiam pauperis vi abstulit.
las iniqui, et de dentibus illius auferebam In carne, quia sapiens quotidie ante se moritur præ timore diei judicii.
prædam. Dicebamque : In nidulo meo mo- Dies suos in resurrectione beatos esse optat. Spes mea
riar, et sicut palma multiplicabo dies. Radix et fides, quæ in hac exspectatione mea sunt, patent ad divina eloquia. Memoria divini
mea aperta est secus aquas, et ros mora- verbi in tempore tribulationis. Fructus credentis crescit
bitur in messione mea. Gloria mea sem- semper pro æterno gaudio. repugnatio fortis signatur con-
per innovabitur, et arcus meus in manu mea tra vitia. Auditorum suorum admirationem judi-
instaurabitur. Qui me audiebant exspecta- cat, quomodo eum venerarentur.
bant sententiam meam [*In Vulg. abest*], **et** pro sapientia hoc dicit, quia apud illos non solum sapientia ejus elata erat, verum etiam consilium utile valde erat. Tanta fuit
intenti tacebant ad consilium meum. Verbis ejus auctoritas, ut nemo quidquam loqueretur, nisi quod ille loquebatur. sensum eorum
meis addere nihil audebant, et super illos penetrabat doctrina ejus. Pluviæ et imbris nomi-
stillabat eloquium meum. Exspectabant me nibus, copiosam valde eruditionis suæ scientiam esse
sicut pluviam, et os suum aperiebant quasi demonstrat. Pro gravitate morum dicit.
ad imbrem serotinum. Si quando ridebam mirabantur videntes me ridentem. Solita serenitas vultus ejus frustra turbata est. Et idcirco quasi magnum atque
ad eos, non credebant, et lux vultus mei præcipuum suscipiebant quidquid in serenitate vultus ejus contemplabantur. Eundo ad inferiores, hu-
non cadebat in terram. Si voluissem ire ad militatem suam ostendit.
eos, sedebam primus; cumque sederem quasi In regni potentia miseris et
rex circumstante exercitu, eram tamen mœ- mœrentibus solatium præstabat.
rentium consolator.

CAPUT XXIX.

Addidit quoque Job, assumens para- ipsa tituli inscriptione dignoscitur. Optat se revocari ad
bolam suam, et dixit : Quis mihi tribuat illam felicitatem, quam dudum cum Dei custodia possidebat. Ad felicitatem primam
ut sim juxta menses pristinos, et secun- quibus prospere vivebat.
dum dies, quibus Deus custodiebat me? gloria temporalis. super cæteros
Quando resplendebat lucerna ejus super ca- evidentior. inter peccatores utique, et ad ea, quæ ignora-
put meum, et ad lumen ejus ambulabam in bam, ambulabam, prospero in virtute ipsius.
tenebris? sicut fui in diebus adolescentiæ Omnipotens habitabat spiritaliter in corde meo, remeæ,
meæ, quando secreto Deus erat in taber- motis vitiorum tumultibus. Quando præsentia Dei fruebar.
naculo meo? Quando erat omnipotens me- virtutes animæ adstabant ei. Animæ suæ
cum, et in circuitu meo pueri mei? Quando gressus bonorum operum simplicitate lavabat. Filius Altis-
lavabam pedes meos butyro, et petra fun- simi largiter dedit. Gratias pingues Spiritus sanctus.
Quia in porta sedebant judices
debat mihi rivos olei? Quando procedebam ut judicarent intrantes civitatem. Cum tempus esset ad examinanda diversa negotia, cathedram mihi, ut magistro pa-
ad portam civitatis, et in platea parabant ca- rabant in platea. His versiculis timoris reverentiam ostendit,
thedram mihi? Videbant me juvenes, et quam ei merito deferebant senes et juvenes, principes et
abscondebantur, et senes assurgentes sta- judices.
bant. Principes cessabant loqui, et digitum superponebant ori suo. Vocem suam cohibebant duces, et lingua eorum gutturi suo Tam sancta erat præsens conversatio ejus,
adhærebat. Auris audiens beatificabat me,

CAPUT XXX.

Non hoc jactantia fecerat divitiarum, sed vilitas impio-
Nunc autem derident me juniores tem- rum, ut deriderent illum patres nec canibus ejus quon-
pore, quorum non dignabar patres ponere dam fuerint digni comparari.
cum canibus gregis mei. Quorum virtus ma- id est, ignavia et
nuum erat mihi pro nihilo, et vita ipsa pu-

vilitate despecti sunt.
tabantur indigni. Egestate et fame steriles,
Præ miseria et aviditate
qui rodebant in solitudine. Squalentes ca-
ea etiam, quæ extra cibum erant hominum, vel ferarum,
lamitate et miseria, herbas manducabant
tamquam epulas, ac delicias invadebant, humectas con-
[Vulg. mandebant] et arborum cortices, et
valles suo nimia egestate sectantes.
radix juniperorum erat cibus eorum. Qui
de convallibus ista rapientes, cum singula
reperissent, ad ea cum clamore currebant.
Hoc superius locutus est, dicens : Quos imbres montium
In desertis habitabant torrentium, et in ca-
irrigant. id est, Si in
vernis terræ, vel super glaream. Qui inter
æstu suo vilissimorum seutium foliis tegerentur.
hujuscemodi lætabantur, et esse sub sentibus
delicias computabant. Filii stultorum et igno-
obscuri, et memoria penitus indigni.
bilium, et in terra penitus non apparentes.
Nunc in eorum canticum versus sum, et
factus sum eis proverbium. Abominantur
manifesta sunt, nec inter-
me, et longe fugiunt a me, et faciem meam
pretatione historica indigent. Præ multitudine plaga-
conspuere non verentur. Pharetram enim
rum, quibus diabolus afflixit eum. quia præ dolore non
suam aperuit, et afflixit me, et frenum po-
potuit nisi difficulter loqui. hoc est, divinæ virtutis permissu
suit in os meum, et ad dexteram orientis
illatæ sunt. Ipse est enim oriens ex alto, ipse dextera, id
est, virtus Altissimi. Calamitates
calamitatis meæ illico surrexerunt. Pedes
frequenti repetitione me affligentes, velut fluctibus omnes
meos subverterunt, et oppresserunt quasi
vias rectas conversationis meæ subverterunt.
Viam justitiæ meæ contur-
fluctibus semitis suis. Dissipaverunt iti-
baverunt, insidiantes mihi.
nera mea : insidiati sunt mihi, et prævalue-
negantibus proximis meis consolationem impendere. Tam
runt, et non fuit qui ferret auxilium. Quasi
veloci, inquit, impetu prædicta mala super me irruerunt,
rupto muro, et aperta janua irruerunt su-
nullo resistente.
per me, et ad meas miserias devoluti sunt.
desiderium remunerationis tuæ, pa-
Redactus sum in nihili, et abstulisti quasi
riter cum salute, quasi venti impetu, et quasi transvolantis
ventus desiderium meum, et velut nubes
nubis celeritate rapuisti, quia abripi permisisti.
pertransivit salus mea. Nunc autem in me-
id est, a vigoris sui intentione dissolvitur.
melipso arescit [Vulg. marcescit] anima mea,
Quod de vermi-
et possident me dies afflictionis. Nocte os
bus et de dæmonibus intelligi potest, quia vermes, qui
meum perforatur doloribus; et qui me co-
carnes ejus comedebant, noctes haud pervigiles.
medunt, non dormiunt. In multitudine eo-
Scatentium vermium mul-
titudo, semper se commovens, dum per me repere non
cessat, vestem attrivit.
rum consumitur vestimentum meum, et
quoniam totum in unum vulnus redactum, incessabili esu
haustuque discruciat.
quasi capitium tunicæ sic cinxerunt me
[Vulg. capitio tunicæ succinxerunt me].
Ad summam vilitatem perductum se dicit, quod vulneribus
et sanie sicut lutum computresceret.
Comparatus sum luto, et assimilatus favillæ
Intentionem orantis ad Deum ostendit.
et cineri. Clamo ad te, et non exaudis me;
Perseverantiam ad Deum indeclinabilem se habere dicit.
Pium et misericordem Deum
sto, et non respicis me. Mutatus es mihi in
sibi fuisse in prosperis dicit, et in adversis subito commutatum. Potestate tua pœnam irrogas, quia permisisti.
crudelem, et in duritia manus tuæ adver-
Terreni honoris gloria me sublimasti, qua a me
saris mihi. Elevasti me, et quasi super
subducta, ita elisus sum, veluti supra ventum me posueris.
ventum ponens, elisisti me valide. Scio
Post delictum primi parentis infernus hominum domus con-
quia morti trades me, ubi constituta est
stituta est : ibi me abire voluisti. Reconciliationem mundi
domus omni viventi. Verumtamen non ad
in Christo prophetavit futuram. Post redemptionem, qua
per fidem in Christo salvamur, si iterum per peccatum rue-
consumptionem eorum emittes [Vulg. meam
rint homines, manu pietatis elevante, per pœnitentiam ipse
emittis] manum tuam, et si corruerint, ipse
salvabis.
salvabis. Flere se pro afflictis dicit.
Fleham quondam super eo qui
utique condolebat misero.
afflictus erat, et compatiebatur anima mea
Beneficia divina.
pauperi. Exspectabam bona, et venerunt
miseria plagarum. Factum est, ut pro luce prosperitatis,
tenebras tormentorum incurrerem.
mihi mala : præstolabar lucem, et eruperunt
Suas exprimit pœnas, quibus ejus viscera inferno
tenebræ. Interiora mea efferbuerunt absque
fervore coquebantur.
ulla requie. Prævenerunt me dies afflictio-
Quia pœnæ meritum nesciebam, et tamen sine iracundia
eram.
nis. Mœrens incedebam, sine furore; con-
Animi virtute ad spem, publica satisfactione exoravi.
Derelictus ab homi-
surgens in turba clamavi. Frater fui dra-
nibus, illis avibus assimilatus sum. Hoc ad cumulum
conum, et socius struthionum. Cutis mea
pœnarum ejus pertinebat, ut in stercore constitutus, per
multa tempora solis ardentissimos radios usque ad ossa
denigrata est super me, et ossa mea aruerunt
pateretur. Felicitatem dierum suorum, et lætitiam,
præ caumate. Versa est in luctum cithara
et jucunditatem in luctum esse conversam dicit.
mea, et organum meum in vocem flentium.

CAPUT XXXI.

Ego, inquit, animo cum his obtutibus carnis meæ definivi
Pepigi fœdus cum oculis meis, ut ne
ac statui, ut nihil omnino turpe atque obscœnum mihi in-
cogitarem quidem de virgine. Quam enim
trinsecus nuntiarent, quod delectatione voluptatis intra me
partem haberet Deus in me desuper, et hæ-
reticis cogitationibus volutarem. Et idcirco se virtute con-
reditatem omnipotens de excelsis? Numquid
tinentiæ præcinxerat, timens oculum Dei, cum ipse scru-
non perditio est iniquo, et alienatio opera-
tator cordis sit, et omnes vias conversationis humanæ,
rantibus injustitiam? Nonne ipse considerat
cunctosque gressus actuum hominum noverit.
vias meas, et cunctos gressus meos dinume-
pro elevatione hic vanitas ponitur.
rat? Et si ambulavi in vanitate, et festi-
Sanctus Job certus de æquitate justitiæ Dei,
navit in dolo pes meus; appendat me in
manifestari se optat hominibus. Scire faciat alios.
statera justa, et sciat Deus simplicitatem
opera mea de via mandatorum Dei.
meam. Et si declinavit gressus meus de via
Corde non consensi concupiscentiæ, quam oculi obtulerunt.
ejus; et si secutus est oculus meus cor meum,
Operibus meis nulla peccati macula adhærere potuit.
et in manibus meis adhæsit macula. Seram,
cum quadam juramenti exsecratione confirmat.
et alius comedat, et progenies mea eradicetur. Si deceptum est cor meum super mu-
Secundum naturæ bonum hoc loquitur, ut in
Tobia scriptum est : *Quod tibi non vis fieri, alteri non
feceris* (Tob. IV, 16).
lierem, et si ad ostium inimici mei insidiatus

sum; scortum sit alterius uxor mea, et
Hæc funesta ac de-
super illam incurventur alii. Hoc enim ne-
testabilia cogitare vel facere. *Ignis est incentivæ*
fas est, et iniquitas maxima. Ignis est usque
libidinis omnia virtutum bona consumens.
ad perditionem devorans, et omnia eradicans
magna humilitas sancti Viri.
genimina. Si contempsi subire cum servo
meo judicium, et ancilla mea, cum discepta-
Magna futuri judicii cogitatio,
rent adversum me. Quid enim faciam cum
quæ ut semper cor in humilitate deprimat, nequaquam in
surrexerit ad judicandum Deus? Et cum
eisdem famulis conspicit, quod sibi status est dispar, sed
quod natura communis. *Cur non æque*
quæsierit, quid respondebo ei? Numquid
debemus in cujuslibet negotii judicio discuti, qui per con-
non in utero fecit me, qui et illum opera-
ditoris potentiam sumus æqualiter facti? *Per hæc*
tus est, et formavit me in vulva unus? Et si
dicta vir sanctus ostenditur, non solum ad inopiam paupe-
negavi quod volebant pauperibus, et oculos
ribus, sed etiam ad adhibendi desiderium deservisse.
Pro omni alimento dixit,
viduæ exspectare feci. Si comedi de panibus
implens illud : Frange esurienti panem tuum.
[*Vulg. non habet* de panibus] buccellam
meam solus, et non comedit pupillus ex ea?
Ad laudem conditoris narrat ab ipso accepisse, ut pius esset,
quia ab infantia mea crevit mecum mi-
a quo accepit ut esset; quia sicut suo opere in utero conditus
non fuit, ita nec sua virtute ab utero pius fuit.
seratio, et de utero matris meæ egressa est
Juxta illud : Si videris nudum, operi eum. Ignoto etiam
mecum. Si despexi pereuntem, eo quod non
proximo misertum se indicat, quem prætereuntem vocat.
habuerit indumentum, et absque operimento
Hæc omnia loculus est ad significandum
pauperem. Si non benedixerunt mihi latera
quemadmodum opus misericordiæ fieri debeat, id est, ne
alii auferas unde alii dare te arbitreris, ut Salomon ait :
Honora Dominum de tuis justis laboribus.
ejus, et de velleribus ovium mearum calefactus
Potestatem meam contra pupillum exercere nolui,
est. Si levavi super pupillum manum meam,
quando me in judicio, etiam ex justitia, potiorem vidi.
etiam cum viderem me in porta superiorem.
In humero opera designantur. Nisi ita est, inquit, ut dico,
irriti ante Deum veniant omnes labores mei.
Humerus meus a junctura sua cadat, et
virtus perseverantiæ in bonis operibus.
brachium meum cum suis ossibus confringa-
Quasi ergo tumentes super se fluctus Deum metuit,
tur. Semper enim quasi tumentes super me
qui dum veram vitam desiderat, omnia despicit.
Quomodo pondus Dei poterit
ferre qui despicit, si hoc et ille in verbere pertulit, quæ
per timorem prævidit?
fluctus timui Deum; et pondus ejus ferre non
Aurum etiam pro nihilo se habuisse testatur.
potui. Si putavi aurum robur meum, et
obrizum dixi fiduciam meam [*Vulg.* fiducia
Ut veræ philosophiæ homo nullo vitio tenebatur,
mea]. Si lætatus sum super multis divitiis
sicut nunc cupiditatis et elationis contemptor fortissimus.
meis, et quasi plurima reperit manus mea.
Non solum, inquit, idolorum culturis, verum etiam nec ho-
Si vidi solem cum fulgeret, et lunam ince-

rum pulchritudine ac specie magnorum luminum delectatus
dentem clare : Et lætatum est in abscondito
sum, nec quasi adorans ea, eorum veneratione osculatus sum
cor meum, et osculatus sum manum meam
manum meam, nec creaturam pro Creatore veneratus sum
ore meo. Quæ est iniquitas maxima, et ne-
Magnum est si de
gatio contra Deum altissimum. Si gavisus
inimicis suis quis, cum possit, ulcisci non vult : quanto magis
sum ad ruinam ejus qui me oderat, et exsul-
apud Deum speciosius est, de eorum ruina nec in corde lætari?
tavi quod invenisset eum malum, et expe-
Famuli laboris tædio
terem maledicens animam ejus. Si non dixe-
victi, maledicebant Dominum suum, quia pro hospitalitate,
qua cæteri sancti Deo placuerunt, servorum suorum odium
runt viri tabernaculi mei : Quis det de carni-
traxerat. *Quod omnes libenter susciperet.*
bus ejus, ut saturemur? Foris non mansit
peregrinus; ostium meum viatori patuit.
De his peccatis tantum dicit, quæ cogitationibus commit-
Si abscondi quasi homo peccatum meum,
tuntur, eo quod nec ipse celare voluit.
et celavi in sinu meo iniquitatem meam.
Pendet ex superioribus, ut si diceret, coram multitudine
Si expavi ad multitudinem nimiam, et
populi non erubui confiteri.
Quia in miseriis posito indesinenter præ contemptu injurias
despectio propinquorum terruit me, et
irrogabant. Observans illud : Posui ori meo custodiam (Psal.
xxxviii, 2), et reliqua.
non magis tacui, nec egressus sum ostium.
Auditorem Deum implorat pro tantis virtutibus justitiæ
Quis mihi tribuat auditorem, ut desiderium
suæ, sciens utique eum esse judicem justissimum.
ideo desiderabat ob me-
meum omnipotens audiat? Et librum scribat
ritum justæ retributionis ejus, librum ab eo conscriptum;
ipse qui judicat, ut humero meo portem
demonstraturus cæteris in humero suo, loco videlicet cunctis
conspicuo, et pro laboris sui meritis corona gloriæ coronatus.
illum, et circumdem illum quasi coronam
mihi. Per singulos gradus meos pronun-
Librum, omnium bonorum auctori, ut eo me
gloriosius judicet.
tiabo illum, et quasi principi offeram eum.
Si possibilitatis ejus modum noluerit impetrare. Si viveret,
Si adversum me terra mea clamat, et cum
et ratione uteretur, clamare et deflere injuste acta valeret.
Indicat quod neque sine
ipsa sulci ejus deflent. Si fructus ejus co-
competentibus laboris expensis, proventus ejus assumpse-
medi absque pecunia, et animam agrico-
rit, nequaquam opere duro oppressi. Juxta illud : Exspectavi
larum ejus afflixi. Pro frumento oriatur
ut faceret uvas, et fecit labruscas (Isai. v, 2).
Firmissime stabilita sunt verba
mihi tribulus, et pro hordeo spina. Finita
divina, et irrita esse non possunt.
sunt verba Job.

CAPUT XXXII.

Scriptor historiæ hujus ex sensu respondentium dixit, eo
Omiserunt autem tres viri isti respondere
quod justus sibi videretur, non ex suo judicio. Chus et Buz
Job, eo quod justus sibi videretur. Et iratus
filii fuerunt Nachor fratris Abraham. De generatione Chus
nascitur Job, et de generatione Buz [a] *Eliu nascitur, unde*
et Buzites dicitur ; et ipse est Balaam alio nomine, filius
Beor, quem, ut in Numeris legimus (Num. xxxii), Balac

---

[a] Huc veri Hieronymi in Quæstionibus Hebraicis in Genes. cap. xxii, 20, referenda sententia est : *Secundus,* inquit, *natus est de Melcha Buz, quem Septuaginta Baux transferre voluerunt. Et ex hujus genere est Balaam ille divinus, ut Hebræi tradunt, qui in libro Job dicitur Eliu : primum vir sanctus, et prophetes Dei,* postea per inobedientiam et desiderium munerum, dum Israel maledicere cupit, divini vocabulo nuncupatur : diciturque in eodem libro : *Et iratus Eliu filius Barachiel Buzites, de hujus videlicet Buzi radice descendens.* Vide quæ in eum locum annotamus col. 339, not. d.

rex Moabitarum ad maledicendum Israeli conduxerat, qui et spiritum prophetiæ habuit, sed non eo modo vel gratia, quo sancti Prophetæ.

indignatusque est Eliu, filius Barachiel [*Vulg.* id est, Abraham.
Barachel] **Buzites, de cognatione Ram. Iratus est autem adversum Job, eo quod justum** Ut ex verborum conti-
se esse diceret coram Deo. Porro adversus nentia demonstratur, videtur mihi quod hæc prius gesta **amicos ejus iratus est, eo quod non inve-** sint, quæ hic legimus, quam illa, quæ in Numeris legimus **nirent responsionem rationabilem, sed tan-** de hoc Eliu, sive Balaam facta, et vicinior fuisse temporibus Abrahæ et Nachor, quam Moysen, et quando sanctum Job verbis redarguit, juvenis fuit, et usque ad tempus Moysis grandævus vixit.
tummodo condemnassent Job. Igitur Eliu Aperte beato Job non pro sua, sed pro **exspectaverat Job loquentem, eo quod se-** amicorum reverentia, patientiam servavit.
niores essent qui loquebantur. Cum autem vidisset quod tres respondere non possent, iratus est vehementer. Respondensque Eliu filius Barachiel [*Vulg.* Barachel] **Buzites,** Hoc solum puto breviter intimandum, quod Eliu, quamdiu **dixit: Junior sum tempore, vos autem an-** pro ætatis suæ respectu tacuit, sapientior fuit: cum vero **tiquiores; ideo demisso capite veritus sum** in aliis annorum multitudinem, se præferens, despicit, **indicare vobis meam sententiam. Spera-** quam pueriliter desipiat, ostendit.
bam enim quod ætas provectior loqueretur, et annorum multitudo doceret sapientiam. Dicit hoc sibi magis videri, quod a spiritu aguntur homi-
Sed ut video spiritus in hominibus est, nes, quibus Deus omnipotens sapientiæ suæ inspirationem **spiratio** [*Vulg.* inspiratio] **omnipotentis dat** tribuerit: quod in suggillationem prædictorum quasi ex obli-
intelligentiam. Non sunt longævi sapientes, quo dicit, velut ipsi soli hoc sapientiæ bonum concessum sit.
nec senes intelligunt judicium. Ideo dico audite me; ostendam vobis etiam ego meam In his sermonibus ostendit se propter super-
sententiam. Exspectavi enim sermones ve- biam ejus ad verba senum judicantis potius quam discentis **stros, audivi prudentiam vestram; donec** studio tacuisse.
disceptaretis sermonibus, et donec putabam vos aliquid dicere, considerabam. Sed ut video non est qui arguere possit Job, et Ac si diceret:
respondere ex vobis sermonibus ejus. Ne Nolite putare, quod insontem Deus abjecerit, et non potius merito suo, ut illa pœnarum mala omnia dignissime susti-
forte dicatis: Invenimus sapientiam; Deus neret; voluntas enim divina, justitia est. Nullam, inquit, **projecit eum, et non homo. Nihil locutus** adversum me Job habuit disputationem; sed neque ego **est mihi, et ego non secundum vestros ser-** illum, quemadmodum vos facitis, maledictionibus convicio-
mones respondebo illi. Et timuerunt, et Illos amicos beati Job iste Eliu dicit ab eo esse convictos, usque adeo qui in suis concertationibus steterunt, non valentes ulterius progredi, et respondere nequiverunt.
responderunt ultra, abstulerunt a se eloquia. Proinde et ego Eliu, ait, pro viribus meis respondere ten-
Quoniam igitur exspectavi et non sunt lo- tabo, et ostendam vobis meam pariter et Job scientiam: **quod ex jactantia vanitatis dicere eum satis apparet in** subsequentibus.
cuti, steterunt et non responderunt ultra. Respondebo et ego partem meam, et ostendam scientiam meam. Plenus sum enim sermonibus, et coarctat me spiritus uteri mei.

Ventrem enim suum, sive uterum, ipsam memoriam suam
En venter meus quasi mustum absque spi- dixit, eo quod pene omnes sermones Job et amicorum ejus **dixit, eo quod lagunculas novas disrumpit.** aliquandiu discrepantium, velut cibos intra capacitatem suæ memoriæ congregaverat.
raculo, quod lagunculas novas disrumpit. Loquar et respondebo paululum, aperiam Justi judicii mei sen-
labia mea, et respondebo. Non accipiam tentia est, ut nec homini parcam, vera dicendo: nec Deo **personam viri, et Deum homini non æquabo.** injuriam faciam, ut eum injuste fecisse contendam: et idcirco quod verum est tacere non possum, præsertim cum ignorem quamdiu in hac vita subsistam; cum forsitan dum
Nescio enim quamdiu subsistam, et si post hæc ipsa loquar, auferet me factor et conditor meus.
modicum tollat me factor meus.

CAPUT XXXIII.

Audi igitur Job, et omnes sermones meos Quasi jam apertum os habens, quod diu silentio operuerat.
ausculta: Ecce aperui os meum, loquatur His verbis præmissis **lingua mea in faucibus meis. Simplici corde** mentem præparat auditoris, quod sine dolo, id est, in simplicitate cordis, purisque labiis definitum sermonem tan-
sermones mei, et sententiam meam labia quam sententiam sit locuturus. Ut det auctoritatem se au-
pura loquentur. Spiritus Dei fecit me, diendi, ita loqui exorsus est, quod non possit non vera et **et spiraculum omnipotentis vivificavit me.** non recta dicere, is qui Spiritu Dei factus sit, et omnipo-
Si potes responde mihi, et adversus faciem tentis spiraculo animatus. De creatione primi hominis Eliu **meam consiste. Ecce et me, sicut et te, fecit** forsitan hoc dixit, in qua se velut in fonte unde defluxerit, conditum dicat.
Deus; et de eodem quoque luto ego formatus Prolaturus verba ejus, exspectationem deposcit,
sum. Verumtamen miraculum meum non te ut sub blandimento quodam et consolatione simulata, mina-
terreat; eloquentia mea non sit gravis tibi. rum terrorem incutiat, quo perturbatus Job facile multi-
Dixisti ergo in auribus meis, et vocem ver- loquio ipsius cedat. Quid ergo dicimus, quod hoc sensu **borum audivi: Mundus sum ego, absque** sanctus Job de Deo dixerit: *Quia querelas non reperit in* **delicto, immaculatus, et non est iniquitas** *me, et ideo arbitratus est me inimicum sibi?* non legimus **in me; quia querelas non reperit in me.** Job hoc dixisse, quæ utique quasi ex sensu ejusdem sancti **Ideo arbitratus est me inimicum sibi; posuit** Job dicta suis verbis hic composuit.
in nervo pedes meos; custodivit omnes se- Id est, accusare te debueras, non laudare.
mitas meas. Hoc est ergo in quo non es Quamobrem, inquit, conaris adversus eum **justificatus. Respondebo tibi quia Deus ma-** contendere, eo quod non ad singula verba querelarum **jor est homine; adversus eum contendis,** tuarum tibi quasi satisfaciendo respondeat.
quod non ad omnia verba responderit tibi. Quia non intimat quod loquitur, nisi hoc ipsum vitæ nostræ
Semel loquitur Deus, et secundo idipsum mutatio deposcerit. Cum increpatione Deus aliquando in **non repetit. Per somnium in visione nocturna,** hominem graviorem immittit soporem, ut sensibus corporis consopitis, animus ad suscipienda Dominicæ disciplinæ
quando irruit sopor super homines, et dor- verba religetur, qui sopor Domini dicitur.
miunt in lectulo. Tunc aperit aures viro- De his auribus Dominus in Evangelio ait: *Qui habet aures audiendi, audiat* (*Luc.* VIII, 8).
rum, et erudiens eos instruit disciplina. Ut id est, a peccatis.
avertat hominem ab his quæ facit, et liberet Quoniam sicut per gladium infer-
eum de superbia. Eruens animam ejus a tur mors ista corporea, ita per peccatum incurritur mors

secunda, a qua castigatos et emendatos merito asserit **corruptione; et vitam illius, ut non trans-liberandos.** Non solum, inquit Eliu, visionibus **eat in gladium.** Increpat quoque per dolo-
horrendis terret Deus hominum animas, ut corrigat delinquentes, verum etiam infirmitatibus corporum eos discruciat, ut emendet.
rem in lectulo, et omnia ossa ejus marcere
Cum per hæc itaque confectus homo atque confacit. **Abominabilis ei fit in vita sua panis,**
sumptus, morti et infernalibus ministris appropinquaverit,
et animæ illius cibus ante desiderabilis. Ta-
si fuerit quispiam Sanctorum, qui nomen Angeli mereatur
bescet caro ejus, et ossa quæ tecta fuerant
habere, is pro hujuscemodi, qui pro peccatis suis a Deo ita
nudabuntur. Appropinquabit anima ejus
corripitur, poterit impetrare, si multis operibus bonis,
quæ operari debuerat, saltem unum opus bonum, quod tamquam sacrificium pro eo placabile offerat, voluerit invenire.
corruptionibus, et vita illius mortiferis.
Sive Angelus quilibet de cœlo assistens ante faciem Dei
Si fuerit pro eo Angelus loquens unum de
poterit pro quolibet peccatore in flagellis posito intercedere; ipsis enim cura injuncta est a Deo, ut hominibus custodiæ suæ opem ferant.
millibus, ut annuntiet hominis æquitatem. Miserebitur ejus; et dicet: Libera eum, et non descendat in corruptionem. Inveni in
Recepit, inquit, mala pro meritis
quo ei propitier; consumpta est caro ejus
suis, nunc indulgentia divinæ pietatis ad dies adolescentiæ revertatur, id est, ut sit iterum sanus et incolumis.
suppliciis; revertatur ad dies adolescentiæ
Videbit autem faciem ejus, propitium sibi vultum illius
suæ. Deprecabitur Deum, et placabilis ei
sentiens, redditurusque et digna satisfactione justitiam.
erit: et videbit faciem ejus in jubilo. Et reddet homini justitiam suam; et respiciet homo,
Magna res, Deoque plurimum acceptabilis, ut homo errores suos non erubescat confiteri, et parum se pro
et dicet: Peccavi, et vere deliqui, et ut eram
meritis ejus esse passum dicat. Agnitionis Dei lucem, et
dignus non recepi. Liberabit animam suam
immensa ejus beneficia illuminatus agnoscet.
ne pergeret in interitum, sed vivens lucem
Atteritur, atque ipsa attritione purgata, liberatur.
videret. Ecce hæc omnia operatur Deus,
id est, vel labore conversionis, vel tentatione probationis.
tribus vicibus per singulos, ut revocet ani-
vel formidine solutionis. de quo lumine Propheta
dicit: *Ut placeam coram Deo in lumine viventium* (Ps. LV, 15).
mas eorum a corruptione, et illuminet luce
Docente me, obediens esto, et præbe consensum.
viventium. Attende Job, et audi me, et tace
Ut ineruditum, vel impatientem jubet tacere.
dum ego loquar: si autem habes quod lo-
Hic vult ostendere
quaris, responde mihi, loquere. Volo enim
suis sermonibus sanctum Job emendatum et veritate con-
te apparere justum: quod si non habes, audi
victum, et quod contra amicos suos locutus esset, non esset amplius locuturus.
me, tace, docebo te sapientiam meam.

CAPUT XXXIV.

Quasi ex sententia pronuntiare dicitur, et beatum Job,
Pronuntians itaque Eliu, etiam hæc lo-
dum adversus impios generaliter disputat, participem
cutus est. Audite sapientes verba mea, et
eorum vult intelligi. Sicut faucibus ciborum sapor
eruditi auscultate me. Auris enim verba
dignoscitur, ita et verba aurium judicio comprobantur.
probat, et guttur escas gustu dijudicat. Ju-
quod est: Prius discutiamus, antequam hominem
dicium eligamus nobis, et inter nos videa-
condemnemus. Non hunc sermonem Job dixit.
mus quid sit melius. Quia dixit Job: Justus
similiter et hoc ipsum non legimus.
sum, et Deus subvertit judicium meum. In judicando enim me mendacium est; violenta
Subauditur *nullus*, qui
ut iniquus utique et impius Deum subsannare, et deridere
sagitta mea absque peccato. Quis est vir ut
non metuit. Cujus viscera tamquam aquæ abundantia veneno hujus passionis impleta sunt.
est Job, qui bibit subsannationem quasi
Item invidiose de Deo sanctum Job locutum
aquam? Qui graditur cum operantibus ini-
fuisse mentitur. Si ita fuerit
quitatem, et ambulat cum viris impiis? Dixit
quispiam magnus, ut Deo in omnibus jussionibus ejus im-
enim: Non placebit vir Deo, etiamsi cucur-
plendis occurrat: quod sanctum Job dicere non meminimus.
Quasi exposita impietate sancti Job, et in-
rerit cum eo. Ideo viri cordati, audite me;
medio audientium prolata in invidiam Job, qui quasi impia
absit a Deo impietas, et ab omnipotente
sit locutus, de æquitate Dei ac justitia disputat.
iniquitas. Opus enim hominis reddet ei,
manifesta sunt hæc, nec historica interpretatione indigent.
et juxta vias singulorum restituet. Vere
quia merita innocentum per afflictionem auget.
enim Deus non condemnabit frustra, et om-
Subauditur, *nullum*
nipotens non subvertit judicium. Quem con-
alium, quia ipse quam potens est conditor, tam pius est
stituit alium super terram? aut quem po-
moderator, qui opus suum cognoscit, et diligit.
suit super orbem quem fabricatus est?
Cor enim dirigitur, si ad superna sublevatur. Animam dixit,
quæ vivificat hominem, vitam præsentem, quæ corporibus
nostris per anhelitum ex hoc aere ministratur.
Si direxerit ad eum cor suum, spiritus illius
cum aufert ab hominibus.
et flatum ad se trahet. Deficiet omnis caro
Postea ergo
simul, et homo in cinerem revertetur. Si ha-
quam de virtute Dei et justitia in prædictis locutus est
bes ergo intellectum, audi quod dicitur, et
Eliu, rursum convertit se ad Job. Manifestum est, in-
ausculta vocem eloquii mei. Numquid qui
quit, quod is, qui juste et recte judicare non diligit, neque
non amat judicium, sanari potest? Et quo-
sanare a vitiis animam, neque corrigere quemquam potest:
et quomodo tu Deum, sanatorem languorum nostrorum,
iniquitate notare præsumis?
modo tu eum qui justus est in tantum con-
Non regis utique, si iniquus est, et in ipsum rebel-
demnas? Qui dicit regi, apostata; qui vocat
lis: non ducum, si impii sunt, Deus personam accipit, sed
secundum singularem justitiam suam dicit regi iniquo
Apostata. Scribæ, et Pharisæi
judices impios; et qui non accipit personam
et sacerdotes. propter peccata eorum,
principum, nec cognovit tyrannum cum
Populus Judæorum disceptabat adversus Christum, qui
cum dives esset, pauper pro nobis factus est.
disceptaret adversus pauperem? Opus enim
Quamlibet fero
manuum suarum sunt universi; et subito
de hac vita tolluntur iniqui, subito et repente tolluntur, in
subita tempestate. quia finem suum
morientur, et in media nocte turbabuntur
cogitando prævidere nesciunt. Nullum habebit adjutorem
violentus, quo possit erui a supplicio mortis. Absque manu,
id est, absque præsidio erit violentus inimicus ductus ad
populi, pertransibunt, et auferent violentum
supplicium.
absque manu. Oculi enim ejus super vias
Manifestum est.
hominum, et omnes gressus eorum consi-
De hoc Psalmista ait: *Quo ibo a spiritu tuo?* et
reliqua (Ps. CXXXVIII).
derat. Non sunt tenebræ, et non est umbra mortis, et abscondantur ibi: quia operantur

Idcirco namque memoramur, qui tunc non
iniquitatem. Neque enim est ultra in homi-
possumus, ne nunc quod possumus negligamus.
nis potestate, ut veniat ad Dominum in judi-
Jam superius diximus; ut factum est de Heli et
cium. Conteret multos et innumerabiles, et
Samuele, David et Saule, Judæorum et Gentium populo.
De Judæis intelligi potest,
stare faciet alios pro eis. Novit enim opera
qui nocte infidelitatis excæcati sunt, et puniuntur vindicta.
eorum, et idcirco inducet noctem, et conte-
Omnes peccatores et impii contra inditum sibi
rentur. Quasi impios percussit eos in loco
bonum naturæ agunt, omnesque vias mandatorum Dei,
videntium. Qui quasi industria recesserunt
quas suis cordibus ingenitas habebant, nosse et intelligere
detrectaverunt, ut opere implerent.
ab eo, et omnes vias ejus intelligere nolue-
contra homines quoque impie egerant, ut ad
runt : ut pervenire facerent ad eum clamo-
Deum pauperum et egenorum vox ascenderet.
rem egeni, et audiret vocem pauperum.
Deo pacem tribuente, nullus hominum poterit discutere,
ut condemnet, id est, factum ejus irritum revocare.
Ipso autem concedente pacem, quis est qui
Nisi ipse dignatus fuerit se homini re-
condemnet ? Ex quo absconderit vultum
velare, nullus suis viribus intueri valebit.
suum, quis est qui comtempletur eum ?
Deus, quod voluerit faciet. Hypocrita diabolus dicitur, eo
Et super gentes, et super omnes homines,
quod se transfigurat in Angelum lucis, cum ipse potius sit
qui regnare facit hominem hypocritam pro-
auctor tenebrarum. Hic ergo judicio Dei dominatur impiis.
Quasi in judicio constitutum
pter peccata populi. Quia ergo locutus sum
permittit interloqui.
ad Dominum, te quoque non prohibebo :
Non enim requireret, si se errasse credidisset.
Si erravi, tu doce me. Si iniquitatem locu-
id est, non loquar.
tus sum, ultra non addam. Numquid a te
id est, blasphemiam. Tu dixisti,
Deus expetet eam, qui displicuit tibi ? Tu
quod iniquus esset, quod vi injustæ correptionis exigeret
enim cœpisti loqui, et non ego : quod si
a te, ut necesse esset te injuste afflictum contra eum loqui
blasphemiam, et ideo displicuit tibi. De melioris scientia
pro superbia dubitavit. Eliu sanctum Job de-
quid nosti melius, loquere. Viri intelli-
spiciens, convertit se ad eos, qui cominus adstabant, et dixit.
gentes loquantur mihi, et vir sapiens audiat
Sine disciplina beatum Job locutum credidit, quia ju-
me. Job autem stulte locutus est, et verba
stum se in suis operibus fuisse memoravit.
manifestum est. Quia ab ipso creatus est homo.
illius non sonant disciplinam. Pater mi, pro-
sit in eo jugiter plaga Flagelli hujus. plagam ei infligere.
betur Job usque ad finem ; ne desinas ab ho-
Addit ad cumulum peccatorum, ut in
mine iniquitatis. Quia addit super peccata
blasphemiæ crimen incurrat. Condemnetur inter nos inte-
sua blasphemiam : inter nos interim con-
rim, ne et nobis injustitia reputetur ; absque nostro crimine erit, si postmodum Deum provocare tentaverit ; si ex
nostra assertione cognoscit, quod nequaquam divinæ exa-
stringatur, et tunc ad judicium provocet
minationi sufficit.
sermonibus suis Deum.

CAPUT XXXV.

Igitur Eliu hæc rursum locutus est :
Per omnes illas novem responsiones beati Job, quibus
Numquid æqua tibi videbitur tua cogitatio,
amicis suis ad singulas eorum interlocutiones respondit,
ut diceres : Justior Deo sum ? Dixisti, non
nihil horum sanctum Job dixisse deprehendimus ; sed arrogantium moris est, ut cum non possunt reprehendere juste
tibi placebit quod rectum est ; vel quid

quæ sunt, reprehendant mentiendo quæ non sunt. Pro eo
tibi prodero, si ego peccavero ? Itaque et
quod non potuerunt ei rationabiliter respondere.
ego respondebo sermonibus tuis, et amicis
Hoc ait Eliu, qui Deum corporaliter locis teneri
tuis tecum. Suspice cœlum et intuere, et
arbitrabatur, quod in excelsis tantum commoretur. Ac si di-
contemplare æthera, quod altior te sit. Si pec-
ceret : Non enim, te peccante, Deo aliquid damni infertur.
Vera tamen sunt, quæ
caveris, quid ei nocebis ; et si multiplicatæ
dicuntur, quod videlicet Deo nec peccata nostra noceant,
nec bene gesta concurrant. Si vult te ulcisci, numquid
poteris contraire ?
fuerint iniquitates tuæ, quid facies contra
Quamvis beato Job scienti majora, nequaquam dici
ista debuerunt.
eum ? Porro si juste egeris, quid donabis ei ?
Ut David ait ad Deum : *Bonorum meorum non eges.* Qui impie-
aut quid de manu tua accipiet ? Homini qui
tatem tuam æmulatus fuerit, illi nocebit. similiter et
similis tui est, nocebit impietas tua, et filium
qui justitiam sequitur, illum justitia adjuvabit. Sub hac plu-
hominis adjuvabit justitia tua. Propter mul-
ralitate disputationis suæ Eliu sanctum Job talibus ad-
titudinem calumniatorum clamabunt, et eju-
miscet ; eisque similem indicat : calumniatores et tyrannos
iniquos homines appellat.
labunt propter vim brachii tyrannorum.
Multitudo impiorum,
vel dæmonum.
Et non dixit : Ubi est Deus, qui fecit me ?
consolationem in tribulatione. Deus homini præ
qui dedit carmina in nocte. Qui docet nos
omnibus animantibus rationem et sapientiam dedit, non
solum per naturæ bonum, sed etiam per gratiæ munera.
super jumenta terræ, et super volucres cœli
erudit nos. Ubi clamabunt, et non exaudiet,
quare non exaudiantur peccatores, manifestat. Perseveran-
propter superbiam malorum. Non ergo fru-
tes in malis non exaudit Deus, et frustra clamant, qui non
stra audiet Deus, et omnipotens singulorum
merentur audiri. Patienter sustine, et noli dicere
causas intuebitur. Etiam cum dixeris : Non
providentiam Dei non esse in mundo. judiciis ejus
considerat ; judica coram eo, et exspecta
consentire. quia statuit diem judicii. Hoc totum in expro-
brationem sancti Job loquitur, quem ut reum pœnas hic,
eum ; nunc enim non infert furorem suum,
et in futuro majora passurum dicit. Convictum sanctum Job
nec ulciscitur scelus valde. Ergo frustra Job
Eliu arbitratur, et quadam verborum ratione conclusum,
aperuit os suum, et absque scientia verba
multiplicat.
Tanto enim arrogantes semetipsos doctiores ostendere (volunt) quanta se potuerunt multiplicitate loquacitatis aperire.

CAPUT XXXVI.

Addens quoque Eliu, hæc locutus est :
Sustine me paululum, et indicabo tibi ; adhuc
hoc est, pro justitia et causa Dei. In nominata
enim habeo, quod pro Deo loquar. Repetam
scientia tumor cordis declaratur. Ut dum quasi pro Dei
scientiam meam a principio, et operatorem
justitia loquitur, apud humana judicia quidquid arroganter
effluit excusetur. In hoc quarto sermone suo
meum probabo justum. Vere enim absque
de singulari justitia Dei profundo nimium et copioso ser-
mendacio sermones mei, et perfecta scientia
mone prosequitur. Naturæ ejus bona voluntas est, ut
probabitur tibi. Deus potentes non abjicit,
nulli invideat, quia nemo ei, quamvis potens sit, poterit
æquari. Elatos destruit, humiles vero
cum et ipse potens sit. Sed non salvat im-
liberos reddit per justitiæ suæ tenorem. ut ait David :
pios, et judicium pauperibus tribuit, et non
Oculi Domini super justos, et reliqua. Hic reges non solum
aufert a justo oculos suos. Et reges in solio

EXPOSITIO INTERLINEARIS LIBRI JOB.

sæculi hujus, sed etiam Ecclesiæ reges et præpositi intelliguntur. Qui hic humiliati sunt, illi eriguntur.
collocat in perpetuum; et illi eriguntur, et
Ipsa est adhuc retentio peregrinationis.
Fortibus videlicet judiciis Dei et paupertatis funibus colligantur. Opem divini auxilii non habentes.
Omnis rei bonæ
si fuerint in catenis, et vinciantur funibus
inopes effecti. pro qualitate meritorum. vel Sancti
paupertatis. Indicabit eis opera ipsorum,
supernam gloriam amantes, per pœnitentiam damnant sua mala. Aures cordis
et scelera, quia violenti fuerint. Revelabit
ad obediendum sibi Deus per castigationes et secretas
quoque aures eorum ut corripiat, et loque-
inspirationes aperiet, ut æternorum bonorum observantiam percipiat; et mala quæ extrinsecus perpetravit, agnoscat.
tur ut revertantur ab iniquitate sua. Si
Ut Salomon ait: *Memoria justorum cum laudibus*, et
audierint et observaverint, complebunt dies
reliqua (*Psal.* xxxiii). Si Deo do-
suos in bono, et annos suos in gloria. Si autem
cente contempserint, per hanc mortalitatem de hoc sæculo
non audierint, transibunt per gladium, et
præteribunt, et deputabuntur ubi stulti constituti sunt.
Ipsum sanctum Job apertius
consumentur in stultitia. Simulatores et cal-
in hoc loco videtur Eliu quasi ex obliquo percutere, quod ipse quasi callide et nequiter ageret, et minime curaret invocare Deum, ut a flagello plagæ illius erueret eum.
lidi iram Dei provocant, neque clamabunt
Anima iniquorum semper in tem-
cum vincti fuerint. Morietur in tempestate
pestate vitiorum erit. vitiosos vel vitia esse noverimus quæ nullam in se virtutem animi habent.
anima eorum, et vita eorum inter effemina-
Sanctos de qualibet tribulatione.
tos. Eripiet pauperem de angustia sua, et
consolationem in aure cordis, Deum illic audiendo, percipit.
Hoc loco
revelabit in tribulatione aurem ejus. Igitur
habitacula inferorum ab Eliu describuntur, ampla ad
salvabit te de ore angusto latissime, et non
recipiendum. angusta ad dimittendum. præ immensa capacitate. Amœnitatem
habentis fundamentum subter se. Requies
paradisi significat omnibus bonis abundantem.
autem mensæ tuæ erit plena pinguedine.
Secundum meritum tuum, judicium severissimum recepisti.
Causa tua quasi impii judicata est; causam
Iracundia et cupiditate, a quibus
judiciumque recipies. Non te ergo superet
non tenebatur, sanctus vir correptus est. Quia si universita-
ira ut aliquem opprimas; nec multitudo do-
tis veneratione extolleris, ab interna intentione corrues.
Superbum hic et arrogantem
sanctum Job notat. tumorem et elationem mentis tuæ.
norum inclinet te. Depone magnitudinem
Mediocres et robusti similiter tua fortitudine non
tuam absque tribulatione, et omnes robustos
conterantur injuste. Jam sufficit hucusque in hac cæcitate vixisse, jam ad lucem prudentiæ venire contende ne po-
fortitudine. Ne trahas noctem ut ascendant
puli ante Deum attestentur scelera tua.
Ne in desperationem declines peto, et
populi pro eis. Cave ne declines ad iniquita-
blasphemiæ iniquitatem jam caveas.
tem, hanc enim cœpisti sequi post miseriam.
Cognosce, ait, quod nullus a Deo, qui solus est fortis, et
Ecce Deus excelsus in fortitudine sua, et
sapiens, injuste poterit condemnari. Quis utique,
nullus ei similis in legislatoribus. Quis po-
nisi impius et superbus, se posse putat judicia Domini
terit scrutari vias ejus; aut quis ei dicere
comprehendere? Quis ergo tam temerarius est, ut hoc audeat dicere? Hæc omnia in injuriam Job dicuntur.
Quia miracula ejus
potest: Operatus es iniquitatem? Memento

humanam excedunt intelligentiam. id est prophetæ.
quod ignores opus ejus de quo cecinerunt viri.
Per naturæ bonum notitia est creatoris in cordibus hominum.
Licet de longe sit,
Omnes homines viderunt eum; unusquisque
tamen sentit et intelligit Deum. Magnitudine sapientiæ, et
intuetur procul. Ecce Deus magnus vincens
altitudine judiciorum ejus. Per hoc diuturnum ejus esse ostenditur, infinitum et incomprehensibile esse demon-
scientiam nostram; numerus annorum ejus
stratur. A Judæis legis Moysi præcepta propter infidelitatem eorum.
inæstimabilis. Qui aufert stillas pluviæ, et
effusam gratiam Spiritus sancti credentibus largitus est.
Apostoli vide-
infundit imbres ad instar gurgitum. Quia de
licet, et apostolici prædicatores, arcanis mysteriorum Dei
nubibus fluunt aquæ, prætexerunt cuncta
operiunt carnalium corda. Quia prædicantium vox in omnem
desuper. Si voluerit extendere nubes quasi
terram exivit. Per prædicatores nominis Christi
fama velut lumen effulsit, et cardines mundi occupavit.
tentorium suum, et fulgurare lumine suo
mundi videlicet, per
desuper. Cardines quoque maris operiet, per
prædicatores. doctrinam verbi sui, sive
hæc enim judicat populos, et dat escas mul-
mysteriorum cunctis mortalibus. id est, in malis operibus recte abscondit, prædicationem Evangelii.
tis mortalibus. In manibus abscondit lucem,
His qui merentur, Deus manifestationis suæ lucem mit-
et præcipit ei ut rursus adveniat. Et annun-
tit in corde, quos sibi amicos elegit, ut possideant regnum.
tiat de ea amico suo, quod possessio ejus sit,
bonis operibus proficiens.
et ad eam possit ascendere.

CAPUT XXXVII.

Miror quomodo fidelibus prope est. De pejoribus ad meliorem, vel de ignorantia ad cognitionem secre-
Super hoc expavit cor meum, et emotum
torum. Doctrinam legis divinæ, quia
est de loco suo. Audite auditionem in ter-
fortiter, et terribiliter Dei verbi sonant.
rore ejus vocis, et sonum de ore illius pro-
Sanctos ejus, dum ea quæ intra eos sunt arcanorum scrutator introspicit.
cedentem. Subter omnes cœlos ipse consi-
Ipsi sunt Sancti, qui finem terrenis cupiditatibus imponunt.
derat, et lumen ipsius super terminos terræ:
Homines rugiunt pœnitendo, cum agnitus fuerit Deus.
cœlorum regna prædicans.
post eum rugiet sonitus; tonabit voce magni-
Quoniam antequam præveniat quemquam
tudinis suæ. Et non investigabitur cum au-
Deus, quis investigare valeat? subaudi, nullus.
per tonitruum, sive prædi-
dita fuerit vox ejus: tonabit Deus in voce
catores. quando nominis sui notitiam in aure
sua mirabiliter; qui facit magna et inscru-
animi facit personare.
Gratia Spiritus sancti ex præcepto divinitatis
tabilia. Qui præcipit nivi ut descendat in
per Christum, per quem vetustas nostra in melius instauratur. Graves Ecclesiæ perse-
terram, et hyemis pluviis, et imbri fortitu-
cutiones imber fortitudinis Spiritus sancti superavit.
Liberum arbitrium singulis adesse mani-
dinis suæ. Qui in manu omnium hominum
festat. Primus
signat, ut noverint singuli opera sua. Ingre-
inimicus cor peccatoris. qui singularis bestia dicitur, in ab-
dietur bestia latibulum suum, et in antro
dito mentis perditæ. cordium in quibus bestia moratur.
suo morabitur: ab interioribus egredietur
persecutionum insecutio ab Aquilone. infidelitatis diffidentia. Jubente Deo, vel sinente,
tempestas, et ab Arcturo frigus. Flante Deo,
durantur infideles. In charitatis dilectione doctrinæ copia,

concrescit gelu, et rursum latissime fundun- Doctrinam fundunt
prædicatores. De hoc frumento dicitur: *Triticum congre-*
tur aquæ. Frumentum desiderat nubes, et
gate in horreum (Matth. xiii, 50). Doctores linguæ nitorem. quia ex omni parte
nubes spargunt lumen suum, quæ illustrant
auditores suos muniunt docendo.
Ut Psalmista ait: *In omnem terram*
exivit sonus eorum (Ps. xviii, 15), et reliqua, id est, Dei.
per circuitum. Quocumque eas voluntas
et per eos emittens verbum suum terræ.
duxerit, ad omne quod præceperit illis, super
Ut ipse ait: *Eritis mihi testes in*
faciem orbis terrarum. Sive in una tribu,
Jerusalem, et in omni Judæa et Samaria (Act. 1). Per gratiam
sive in terra sua, sive in quocumque loco
Christi et misericordiam significat ad fidem vocandos. Ad-
misericordiæ suæ eas jusserit invenire. Au-
monet Eliu, ut sacramenta in Christo et Ecclesia adim-
plenda, Job aure cordis diligenter attendat.
sculta hæc Job, sta; et considera miracula
Pro factis futura commemorat. Præcepit ergo Deus
Dei. Numquid scis quando præceperit Deus
pluviis Evangelicis, ut doctorum sancta opera per infusionem fidei demonstrarent.
pluviis, ut ostenderent lucem nubium ejus?
De rationabilibus se loqui nubibus evidenter ostendit. præ-
Numquid nosti semitas nubium, magnas et
dicatorum vias et subtilium sensuum semitas. Virtutes animæ
perfectas scientias? Nonne vestimenta tua
ferventes in amore Dei per gratiam Spiritus sancti. Hæc
calida sunt, cum flata fuerit terra Austro?
ab Eliu juxta litteram in injuriam Job per ironiam dicuntur.
Tu forsitan cum eo fabricatus es cœlos,
Sancti æris metallo solidissimo comparantur, quia tuba Evangelica sonaruut, et in Christo robustissimi permanserunt.
Dum cum
qui solidissimi quasi ære fusi sunt. Ostende
illo loqui solitus es. id est, tenebris
nobis quid dicamus illi; nos quippe involvi-
ignorantiæ. Nonne ipse scit, qui non indiget teste?
mur tenebris. Subito quis narrabit ei quæ
quicumque putat eum aliquid latere, opprimetur
loquor? etiamsi locutus fuerit homo, devo-
scientia ejus. In hoc mundo. spiritalem scientiam. Its,
rabitur. At nunc non vident lucem; subito
inquit, in infidelitate hujusmodi excitati sunt, ut flant
quemadmodum aer, et judicio Dei, velut venti impetu,
aer cogetur in nubes, et ventus transiens
auferentur. Sancti a diabolo sanguine Domini redimuntur.
fugabit eas. Ab Aquilone aurum veniet, et
cum tremore laudantes Deum. Sicut dei, a crea-
ad Deum formidolosa laudatio. Digne cum
tura sua inveniri non potest. Sicut fortitudine magnus
invenire non possumus. Magnus in fortitu-
et potens est, ita judicio, justitia verus est, et enarrari non
dine et judicio et justitia; et enarrari non
potest. Non præsumet scrutari incomprehensibilem,
potest. Ideo timebunt eum, et non audebunt
neque contemplari invisibilem. Hoc totum in exprobratione
sancti Job dicitur, qui queratur se a Deo sine ullo iniqui-
contemplari, omnes qui sibi videntur esse
tatis merito flagellari.
sapientes.

(Respondens autem Dominus Job de turbine, dixit: Per Angelos meos, et per sedem
Hoc dictum de libro Pastoris assumptum dicitur.
regni mei anima, quod si unius anni spatium emendationes fecisses in sæculo, numquam tibi priora commemorassem.)

CAPUT XXXVIII.

ad terrorem pertinet objurgantis.
Respondens autem Dominus de turbine
His verbis Dei amovetur Eliu cum sermonibus suis
confusus. Amoto igitur Eliu cum sermonibus suis imperitis,
Job, dixit: Quis est iste involvens sententias
convertit se Dominus ad Job. Sicut vestimenta in lumbis
sermonibus imperitis: Accinge sicut vir
accingimus, ita gressum animæ bonis operibus muniamus.
lumbos tuos: interrogabo te, et responde
id est, Ecclesiam de terra humani generis congregatam, in virtute fidei stabilirem.
mihi. Ubi eras quando ponebam fundamenta
Virtutem suam Deus et potentiam, mensurasque
terræ? et indica mihi si habes intelligentiam.
mundi in ejus conditione describit, super quem lineam boni
Quis posuit mensuras ejus, si nosti? vel quis
rectique operis sui tetenderit. potentes et fortes, qui
tetendit super eam lineam? Super quo bases
sustinent Ecclesiam Dei. Lapis angularis est, qui a Deo
præpositus est in fundamentum terræ Dominicæ.
Quia lapis angularis quadran-
gularis ex omni parte stabilis fit. Christum significat, in quo
illius solidatæ sunt? aut quis dimisit lapi-
populi continentur. id est, Angeli prius-
dem angularem ejus? Cum me laudarent
quam caderent. qui semper in bono stete-
simul astra matutina, et injubilarent omnes
runt. Vel fili Seth. Hoc sæculum præceptis Dominicis con-
filii Dei? Quis conclusit ostiis mare, quando
cluditur, ne homo illecebras cogitationis parturiat in
opera. Vulvam maris terræ sinum dictam puto, ut mare
de eadem progenitum noverimus. Hoc est,
erumpebat quasi de vulva procedens? Cum
vestimentum, quod per ministros Evangelii mei super mare
ponerem nubem vestimentum ejus, et cali-
populorum expandi, ne infidelitatis cæumate torreretur.
gine illud quasi pannis infantiæ obvolverem?
Terminis mandatorum meorum sæculum conclusi, et vectem
Circumdedi illud terminis meis, et posui
charitatis opposui, et ostia infidelitatis destruxi, ut si qui
vectem et ostia, et dixi: Usque huc venies,
forte cogitationum malarum fluctus exagitant, non proce-
et non procedes amplius, et hic confringes
dunt in opera. id est, postquam natus es, in
tumentes fluctus tuos. Numquid post ortum
ortu tuo non potuisti diluculum fidei facere, nec post occa-
tuum præcepisti diluculo, et ostendisti au-
sum tuæ mortis, auroram resurrectionis. De terra Ecclesiæ
roræ locum suum? et tenuisti concutiens
in novissimo tempore concutiendi sunt peccatores.
extrema terræ; et excussisti impios ex
Sicut ipsum humani corporis lutum separabitur, ita et
ea? Restituetur ut lutum signaculum, et
anima cum eo pariter vestimento immortalitatis induetur.
stabit sicut vestimentum et auferetur ab
mundi gloria et felicitas transitoria. virtus et potentia sæ-
impiis lux sua, et brachium excelsum con-
cularis. Mare, sæculum: profunda ejus, omnes pec-
fringetur. Numquid ingressus es profundas
catores et iniqui intelliguntur: novissima abyssi, omnes
impii et sacrilegi profundiores in peccatis.
maris, et in novissimis abyssi deambulasti?
Porta mortis diabolus est; per quem mors perditionis introivit.

Numquid apertæ sunt tibi portæ mortis,
interiora antri pœnalis. Latitudinem terræ, quis
et ostia tenebrosa vidisti? Numquid consi-
intueri valebit, nisi ille qui condidit? similiter et Ecclesiæ
derasti latitudines terræ? indica mihi, si
doctrinam. sanctæ conversationis homo lux est virtutum, et
nosti omnia, in qua via habitet lux, et
vitiorum locus est homo peccator. ad præfinitas retributio-
tenebrarum quis locus sit? ut ducas unum-
nes, sive ad dexteram, seu ad sinistram. cogi-
quodque ad terminos suos, et intelligas se-
tationes cordium. Quis bonitum novit antequam
mitas domus ejus. Sciebas tunc quod nasci-
sit, quæ facturus est, ætatisque suæ dies et annos cogno-
turus esses? et numerum dierum tuorum
scit. Sub nivis et grandinis nomine hoc loco ad-
noveras? Numquid ingressus es thesauros
versariæ potestates intelliguntur, quæ longe a calore cha-

ritatis Dei recesserunt. Quædam secreta cogitationum machinamenta thesauros Deus voluit appellare.
nivis, aut thesauros grandinis aspexisti?
Qui impœnitenti corde numquam ad Dominum conversuri essent, dispensatione divina effecti sunt ministri pœna.
Quæ præparavi in tempus hostis, in diem
rum, alii vero per castigationem Dei emendati sunt.
Via est Evangelii prædicatio, per
pugnæ et belli? Per quam viam spargitur
quam lux fidei spargitur super corda credentium. Dona ferventis Spiritus sancti.   Vehementissi-
lux, dividitur æstus super terram? Quis demus imber est Salvatoris Evangelium, qui in signis atque virtutibus viam sibi fidei fecit in nationibus, terrore nomi-
dit vehementissimo imbri cursum, et viam
nis Dei, atque tonitruo miraculorum.
Copiosa prædicationis abundantia
tonantis tonitrui; ut plueret super terram
in nationibus, in quibus nullus Prophetarum missus fuerat.
absque homine in deserto, ubi nullus mor-
Evangelicus imber terram
Ecclesiæ, quæ fuerat a Deo desolata, charitatis Dei pingue-
talium commoratur? Ut impleret inviam et
dine replevit. Ut ex ubertate donorum cœlestium semen vitæ surgat.
desolatam, et produceret herbas virentes?
Quis hujus pluviæ, et hujus imbris Dominici, de quibus supra diximus, auctor et conditor est, nisi Deus?
Quis est pluviæ pater, vel genuit stillas
De cordis secreto districta sententia.
roris? De cujus utero egressa est glacies; et
Quia quorumdam corda dura insolubili gelu constringuntur, ut non sentiant fervorem charitatis Dei.
Impii homines ad instar
gelu de cœlo quis genuit? In similitudinem
lapidum solidi et nimium duri affecti sunt, et in profundissi-
lapidis aquæ durantur; et super faciem
ma mentis obscuritate demerguntur. Septem stellæ, quæ
abyssi constringitur. Numquid conjungere
splendide emicant, Sanctos omnes septiformi Spiritus virtute fulgentes significant.   Arcturus
valebis micantes stellas Pleiades; aut gy-
ex septem stellis constat: ita et Ecclesia ex fide Trinitatis, et operibus quatuor principalium virtutum consummatur.
Christus de
rum Arcturi poteris dissipare? Numquid
sublimibus veniens, lucem nobis fidei exhibet: qui et
producis luciferum in tempore suo, et ves-
vesper appellatur, quia in cruce tempore passionis occubuit.
Ut non sint filii tenebrarum, sed filii luciferi, et filii Dei.
perum super filios terræ consurgere facis?
Numquid tu Job quasi cognitor futurorum, jam nosti quo ordine in cœlo Ecclesia, et quam diversæ gratiæ Spiritus mei
Numquid nosti ordinem cœli, et ponis ratio-
velut stellæ fulgent?   in occulto ubi a ne-
nem ejus in terra? Numquid elevabis in ne-
mine videaris.   resistentium Synagoga populorum
bula vocem tuam, et impetus aquarum ope-
circumdabit te. Sancti fulgura dicuntur, qui mittuntur a Deo, ut prædicatione Evangelii illuminent mundum.
riet te? Numquid mittis fulgura, et ibunt;
Cum gratiarum actione, et laude Deo præsentes ostendunt.
Christus
et reverentia dicunt tibi: Adsumus? Quis
enim Dei sapientia in viscera Virginis venit.
posuit in visceribus hominis sapientiam?
Omnes Sanctos significat, qui in nocte sæculi per fidem clamant ad Dominum.
vel quis dedit gallo intelligentiam? Quis
fidem Ecclesiæ quæ cœli nomine appellatur: ubi Angelicæ
enarravit cœlorum rationem, et concen-
virtutes indefessa voce clamant laudem Dei.   Infidelitate
tum cœli quis dormire facit? Quando fun-
utique pulvis aridus, Apostolico labore in fructiferam Ec-
debatur pulvis in terram, et glebæ com-
clesiæ fidem miscetur.   Diabolica fraude deceptam animam.
pingebantur? Numquid capies leænæ præ-

id est, eorum qui prius ejus fuerant, sed nunc ad Deum conversi sunt.
dam, et animam catulorum ejus implebis,
in cordibus impiorum hominum.   In his latibulis sedent
quando cubant in antris, et in specubus in-
dæmones in abditis peccatorum.
Corvus diabolus, et socios ejus, et omnes patres quos habuimus in errore, significat.
sidiantur? Quis præparat corvo escam suam,
Et reliquentes eos, omnes credentes clamant ad Deum in
quando pulli ejus ad Deum clamant, va-
oratione, quotidianum postulantes panem, quia peregrini et hospites sunt super terram
gantes eo quod non habeant cibum?

CAPUT XXXIX.

Apostolos et omnes prædicatores veritatis significat, qui
id est, danula.
Numquid nosti tempus partus ibicum in
in fortitudine fidei, velut in petris per Spiritum imbuentem eos, verbum Evangelii pariunt.
petris, vel parturientes cervas observasti?
Vivum verbum Dei penetrans, in hoc spiritali conceptu
Dinumerasti menses conceptum earum, et
profectus quosdam incrementorum, velut per menses temporum in cordium sinibus operatur.   Condescendo in
scisti tempus partus earum? Incurvantur
infirmioribus.   Persecutionibus, sive affectu charitatis Sancti compulsi clamant ad Deum.
ad fœtum et pariunt, et rugitus emittunt.
A carnalibus et pristinis desideriis suis. Ad beatitudinem vitæ
Separantur filii earum, pergunt ad pastum;
æternæ, proficiunt in virtutibus, ad inanes cogitationes hujus
egrediuntur et non revertuntur ad eas.
sæculi.   Populum Judæorum in desideriis.   Legis præ-
Quis dimisit onagrum liberum, et vincula
cepta, quibus nunc spoliati sunt. Quia de regno expulsi
ejus quis solvit? Cui dedi in solitudine do-
sunt.   in vita sterili, et in terra infructuosa.
mum, et tabernacula ejus in terra salsugi-
Ecclesiam communis vitæ. hanc multitudinem quisque Judæus contemnit.
nis, et contemnit multitudinem civitatis.
Cujuslibet evangelizantis verbum Dei, et fidem Ecclesiæ.
superbos
Clamorem exactoris non audit; circumspi-
Scribas et Pharisæos.   traditiones eorum, quæ
cit montes pascuæ suæ, et virentia quæque
ad delicias carnis pertinent.   Idem et unicornis. Su-
perquirit. Numquid volet rhinoceros ser-
perbia in cornu designatur. Populum Gentilem significat.
ad pastum doctrinæ tuæ in Ecclesia.
vire tibi, aut morabitur ad præsepe tuum?
Populus quondam incircumcisus carnalium voluptatum,
Numquid alligabis rhinocerota ad arandum
loro fortissimo charitatis Christi per fidem alligatus, et confringet duritiam peccatorum, et colet terram Dominicam
loro tuo, aut confringet glebas vallium
humilitatis. Ego Deus novi fortitudinem charitatis ejus et
post te? Numquid fiduciam habebis in
patientiæ; et idcirco dereliqui ei ad imitandum me omnes
magna fortitudine ejus, et derelinques ei
labores dispensationis meæ. Ut mihi Ecclesiæ fructum af-
labores tuos? Numquid credes ei, quod red-
ferat.
dat sementem tibi; et aream tuam congreget?
Quorum tria sunt genera; album, nigrum, varium. Hæ tres
Penna struthionum similis est pennis he-
aves homines diversi facinoris significant, sed in Ecclesiam
similitudine morum perveniunt. Ecclesiæ filios, quos hic parit per doctrinam. Relinquere autem eos dicitur, dum ad-
rodii et accipitris; quando derelinquit in
versantibus non resistit.   fovendo doctrina.
terra ova sua, tu forsitan in pulvere calc-
Ecclesia non curat.   damnatio persecutionis.
facies ea. Obliviscitur quod pes conculcet
serpentes antiqui suadendo illicita.   id est, Ecclesi-
ea, aut bestiæ agri conterant. Duratur ad

sia, quoniam generationem terrenam non attendit, sed negat ut illic inveniat. subauditur, non **filios suos quasi non sint sui; frustra laboravit, nullo timore cogente. Privavit enim eam Deus sapientia, nec dedit illi intelligentiam. Cum tempus fuerit, in altum alas erigit: deridet equum et ascensorem ejus.** frustra. Voluntarie, non timore veteris Legis, Ecclesia filios suos in persecutione dimisit. Quia stulta mundi elegit. Ideo Ecclesiam privavit carnali sapientia. fugere damna terreddendi mercedem. in sublimitatem meriti. diabolum et satellites ejus, quoniam deficient in novissimo. diabolo adversariam potestatem.

Numquid præbebis equo fortitudinem, aut circumdabis collo ejus hinnitum? Numquid suscitabis eum quasi locustas? Gloria narium ejus terror. Terram ungula fodit, et exsultat: audacter in occursum pergit armatis. pro superbia qua contra Deum perversa loquitur. Quia sicut locusta terræ, ita diabolus agro Christi nocere desiderat. Fortitudinis ejus audacia, qua inimicos suos in fugam vertat, inimicos scilicet Christi. Terrenos homines in terrena demergens supercalcat. quia aliquando contra eos, qui spiritalibus armis induti sunt, confidit. Quoniam frequenter gladio verbi Dei ad horam territus, revertitur.

Contemnit pavorem, nec cedit gladio. Super ipsum sonabit pharetra, vibrabit hasta et clypeus. Fervens et fremens sorbet terram, nec reputat tubæ sonare clangorem. Ubi audierit buccinam, dicet: Vah. Procul odoratur bellum, exhortationem ducum, et ululatum exercitus. Locus iniqui, in quo perfidia absconditur, sicut sagittæ in pharetra. Diversas nequitias satellitum ejus dicit, quibus ipse exercitum Christi aliquando aggreditur. terrenos in opere suo. Prædicationes audire non timet. Quando adversarius audierit adhortantem commilitones suos, Doctorem Ecclesiæ, dicit: Vah; quis contra me ascendat? hoc est, ut audeat contra me pugnare. De longe sentit eos, qui diversis hortationibus se invicem contra diabolum acuunt, quod significat ululatus exercitus. baptismi

Numquid per sapientiam tuam plumescit accipiter, expandens alas suas ad austrum; aut ad præceptum tuum elevabitur aquila? et in arduis ponet nidum suum? In petris manet, et præruptis silicibus commoratur, atque inaccessis rupibus. Inde contemplatur escam, et de longe oculi ejus prospiciunt: pulli ejus lambunt sanguinem, et ubicumque cadaver fuerit, statim aderit. Et adjecit Dominus, et locutus est Job: Numquid qui contendit cum Deo, tam facile conquiescit? Utique qui arguit Deum, debet respondere ei. Respondens autem Job Domino, dicit: Qui leviter locutus sum, respondere quid possum? Manum meam ponam super os meum: unum locutus sum, quod utinam non dixissem; et alterum, quibus ultra nihil addam.

bonis ornabitur, quia nunc populum christianum significat. spiritalem ascensionem in fervorem charitatis. de infimis mundi illecebris, tunc fortis in spiritali volatu. in meritis bonis mansionem suam. In fortibus fundamentis blasphemi intelliguntur, qui sunt nimium duri corde. in cordibus peccatorum hominum. Per peccatores alios decipit. socii diaboli livore invidiæ sitientes sanguinem hominum lambunt. Diabolus, et socii ejus, ubi peccatum agnoscunt, fœtorem animæ sciunt. Hic apparet, quod contra Deum qua dam præsumptionis audacia ex fiducia bonæ conscientiæ sit locutus, non tamen blasphemaverit Deum, sicut quibusdam videtur. Ad interrogata respondit, et ait scriptor libri hujus. Beatus Job agnoscens se leviter et non consummare locutum, dicit omnino se Deo non posse respondere. Virtute boni operis tegere culpam incaute locutionis. Duo illa verba Ac si dicat: Rectum esse æstimo, quæ ait: *Anima mea elegit suspendium, et mortem ossa mea.* Et: *Si flagellat occidat semel, et non de pœnis innocentum rideat.* quidem me inter homines credidi, sed te loquente, et ante flagella pravum, et post flagella me rigidum inveni; quibus ultra non addo. quia nunc quanto te subtilius loquentem intelligo, tanto memetipsum humilius investigo.

CAPUT XL.

de increpationis impetu. Omnis, qui cum Deo loquitur, lumbos prius charitate jubetur accingere. **Respondens autem Dominus Job de turbine, dixit: Accinge sicut vir lumbos tuos; interrogabo te, et indica mihi. Numquid irritum facies judicium meum; et condemnabis me, ut tu justificeris? Et si habes brachium sicut Deus, et si voce simili tonas? Circumda tibi decorem, et in sublime erigere. Et esto gloriosus, et speciosus induere vestibus. Disperge superbos furore tuo, et respiciens omnem arrogantem humilia. Respice cunctos superbos, et confunde eos. Et contere impios in loco suo, et absconde eos in pulvere simul, et facies eorum demerge in foveam: et ego confitebor quod salvare te possit dextera tua. Ecce Behemoth, quem feci tecum, fenum quasi bos comedet. Fortitudo ejus in lumbis ejus, et virtus illius in umbilico ventris ejus. Constringit caudam suam quasi cedros. Nervi testiculorum ejus perplexi sunt. Ossa ejus velut fistula æris: cartilago ipsius quasi laminæ ferreæ. Ipse principium viarum Dei; qui fecit eum, ap-**

Quomodo Deus hominibus loquatur, multis significationibus divinæ Litteræ nobis indicant. Quisquis contra flagella semetipsum defendere nititur, flagellantis judicium evacuare conatur. Aut ita intellige: Tua quidem bene acta consideras, sed mea occulta judicia ignoras; si ex tuis meritis contra mea flagella disputas, quid aliud quam me de injustitia addicere te justificando festinas. Ac si diceret: Si quid potes, ipsos dæmones, quorum tribulationibus conterceris, expugna atque disperge. In brachio, sicut Deus, et si voce simili tonas? Circumpotentiam divinam; in voce terrorem majestatis suæ Deus significat; non quod beatus Job ita elatus sit, ut se erigere contra Deum, vel cogitatione conciperet, sed increpantis Dei verba talia sunt: Nec sic contra Deum velut ex æquo contendere debere, ut tibi esset fortitudo ut Deo. Superborum et arrogantium animas cum intellectibus suis in foveam inferni demerge. Quam impossibile est, ut hæc homo habeas, tam stultum est, ut quasi ex æquali copios in loco suo, et absconde eos in pulvere tra Deum loquaris, a quo humiliter sperare misericordiam debes, ut ejus dextera, id est, virtute contra eos, quos dixi. superbos et arrogantes impiosque salveris. Diabolus ita factus est damnatus, ut qui prius in interitu multorum gavisus est, nunc invitus mansuete tecum vivit quasi bos. Unde potestas diaboli in humano genere maxime per luxuriam viris. prævalet. Novissima in duritia superbiæ mulieribus. et desperationis concludet. Vincula illicitarum cupiditatum et libidinum multiformem tenacitatem significant. Duritia et inflexibilis ejus malitia. Hic intelligitur quod numquam se diabolus per pœnitentiam Deo sit humiliaturus. Qua in præceptis ejus inter cæteras creaturas Dei primus habebatur. id est, ut malo quo alios

EXPOSITIO INTERLINEARIS LIBRI JOB.

interemit, ipse puniatur, id est, Behemoth, per animadversionem judicis. Jucunditatem voluptatum **plicabit gladium ejus. Huic super montes** temporalium offerunt ei carnales. socii ejus, mundi illecebris delectati. **herbas ferunt : omnes bestiæ agri ludent** tati. In suavitate corporalium cogitationum, et ideo sunt infructuosi. **ibi. Sub umbra dormit in secreto calami, et** homines omnimodis voluptatibus illiniti. Hoc est, peccatis suis aliorum pec- **locis humentibus. Protegunt umbras umbræ** cata defendit. Diabolum homines pleni sentibus peccatorum, verbis quoque tamquam foliis fructus bonorum operum mentientes. **ejus. Circumdabunt eum salices torrentis.** Gentilitatem dixit, et merito, quia sine baptismo sunt. **Ecce absorbebit fluvium, et non mirabitur ;** In eos quoque confidentiam habet, qui lavacro renovationis **habet fiduciam quod influat Jordanis in os** loti sunt. Nunc Deus de Filio dixit, quia in oculis velut homo diabolo Christus videbatur. **ejus. In oculis ejus quasi hamo capiet eum,** In Sanctis, qui Crucem, per quam victus est hostis, indesinenter portant, discretionem calliditatis ejus perdidit. Hoc est : Si- **et in sudibus perforabit nares ejus. An ex-** cut piscis Leviathan, qui in aquis dicitur esse, extrahi non potest; sic diabolus a pelago humani generis tua virtute non eradicabitur. Districtione divinæ **trahere poteris Leviathan hamo, et fune li-** increpationis, ejus arcebis doctrinam? Circuli, capistri, forcipis, et **gabis linguam ejus? Numquid pones circu-** armillæ nominibus, intelliguntur sermones divinæ potentiæ, **lum in naribus ejus, et armilla perforabis** quibus superbus humiliatus est atque astrictus. Quia soli Deo, cujus se creaturam **maxillam ejus? Numquid multiplicabit ad** esse cognoscit, subditur; atque ei tantum ipsa conscientia pavens animus superbus addicitur. Hoc enim **te preces, aut loquetur tibi mollia? Numquid** nulla voluntate facit, sed divinæ potestatis imperio. quod Angelicam dignitatem numquam **feriet tecum pactum, et accipies eum servum** sit recepturus. In tantum Deo humiliabitur draconis istius **sempiternum? Numquid illudes ei quasi avi,** fortitudo, ut omnino pro nihilo erit, et ab animabus sanctis deludetur, quæ sunt ancillæ Christi. Apostoli, **aut ligabis illum cum ancillis tuis? Conci-** et omnes prædicatores veritatis, quia ipsi multos a diabolo **dent eum amici? divident illum negotia-** dividunt. Hoc est : Ministri ejus, qui ei, quasi pellis carni, adhærent, non facile separantur sua doctrina. **tores? Numquid implebis sagenas pelle ejus,** Caput diaboli mundi principes, qui intra septum Ecclesiæ concludentur, velut intra receptaculum piscium. Tua **et gurgustium piscium capite illius? pones** virtute non eum domas, quia magnus, et potens est draco. Hoc est tribulationis, **super eum manum tuam? Memento belli,** quæ tibi ab eo evenit, nequaquam te modo in pejus deturbet. Dum plura sibi promittit quam **nec ultra addas loqui. Ecce spes fru-** valeat perficere. Angelis et Sanctis omnibus aspicienti- **strabitur eum; et videntibus cunctis præci-** bus in pœnas detrudetur. **pitabitur.**

CAPUT XLI.

Inimicum non ut crudelis suscitavit Deus, qui eum quasi pu- **Numquid non quasi crudelis suscitabo** nire desideret. Soli aspectui majestatis Dei omnis creatura cedat. **eum? Quis resistere potest vultui meo?** In his verbis Deus solus semper fuisse monstratur. **Quis ante dedit mihi ut reddam ei? Omnia** manifestum est. Quia diabolus licet **quæ sub cœlo sunt mea sunt. Non parcam**

A servus nequam sit, tamen tremens suum sentiat Creatorem. **ei verbis potentibus, et ad deprecandum** Versutias calliditatis ejus, quia aliquando se Angelo **compositis. Quis revelabit faciem indumenti** lum ostendit. Quis in infernum intravit, ut inde captivos reduceret, nisi Christus? **ejus? et in medium oris ejus quis intrabit?** Abditam fortitudinem hypocriseos ejus vult intelligi. Ideo **Portas vultus ejus quis aperiet? Per gyrum** formido et tremor in circuitu, quoniam semper ad devorandum paratus est. Hæretici, qui corpus illius **dentium ejus formido. Corpus illius quasi** sunt, idcirco quasi fusibiles, quoniam plus se diligunt **scuta fusilia, et compactum squamis se pre-** quam corpus Christi, et indissociabili connexione diabolo copulati sunt; quos etiam sub allegorica dictione, squama- **mentibus. Una uni conjungitur, et ne respi-** rum nomine appellavit, quæ ita densatæ sunt, et sibi invicem adhærentes, ut nullum illis per indesinentes nequitias spacium sit respirandi ad Deum.

B **raculum quidem incedit per eas. Una alteri adhærebit, et tenentes se nequaquam sepa-** Quæ sordes cerebri purgat, significat quod ille in sordibus habitatus, inde splendorem simulati luminis ostendit. **rabuntur. Sternutatio ejus splendor ignis,** falsi Prophetæ quasi luce scientiæ præditi, se simulant justos, et illuminatos. **et oculi ejus ut palpebræ diluculi. Et de ore** impii omnes et blasphemi ostendunt se lampades veri luminis, sed in severitatem versi inaniter flagrant. **illius lampades procedunt, sicut tædæ ignis** De discretione intelligentiæ ejus, caligo in- **accensæ. De naribus ejus procedit fumus,** telligentiæ hoc est : In tali calliditate æternam pœnam præparant. Fumus e naribus **sicut ollæ accensæ atque ferventis. Halitus** ex halitu ejus, ut sibi et ministris ejus ignem æternum et fumum subministret. Malitia iracundiæ præ- **ejus prunas ardere facit, et flamma de ore** dicatoribus ejus. In rumore arrogantiæ suæ inexsu- **ejus egreditur. In collo ejus morabitur** perabilis, quia ubicumque hostis antiquus venerit, egestatem advehit vitæ æternæ. **fortitudo, et faciem ejus præcedit egestas.** Sequaces sui, quoniam in carnibus eum sequuntur. Deus **Membra carnium ejus cohærentia sibi : mittet** tribulationes contra diabolum, nisi ad locum sibi destinatum, nec se ab eis diabolus gloriari impunium. **contra eum fulmina, et ad locum alium non** Incudo cæditur, sed non producitur, superjecta **ferentur. Cor ejus indurabitur quasi lapis,** edomat, et ipsa immobilis stat : ita diabolus fidelium increpationibus tunditur, sed manens rigidus et durus, æternis addictus est pœnis. Hoc de **et stringetur quasi malleatoris incus. Cum** primo sæculi exordio accipi potest, quia malis cadentibus, boni perstiterunt, firmati et numquam lapsum timentes. **sublato fuerit, timebunt Angeli, et territi pur-** Alii manifestius dixerunt : Si occurrerunt ei

D **gabuntur. Cum apprehenderit eum gladius,** *lanceæ, nihil ei facient,* id est, nullus erroribus et increpationibus emendari potest. **subsistere non poterit; neque hasta, neque** Fortitudinem Sanctorum tamquam palearum pur- **thorax. Reputabit enim ferrum quasi pa-** gamenta habebit, ut pro superbia ejus hæc omnia pro nihilo pendat. Virtutem **leas, et quasi lignum putridum æs. Non fu-** electorum quasi putridum æstimabit. Sermonibus Sanctorum non compungitur diabolus ad pœnitentiam. Ja- **gabit eum vir sagittarius; in stipulam versi** cula Sanctorum sibi in stipulam convertit, dum eorum verba pro nihilo ducit, superbia in tantum erectus. Hoc totum Deus de diabolo **sunt ei lapides fundæ. Quasi stipulam æsti-** diversis modis et similitudinibus ideo dicit, ut demonstret hominibus quantum malus sit, et quam potens. **mabit malleum, et deridebit vibrantem**

Quia partem Angelorum secum traxit. Sanctos hastam. **Sub ipso erunt radii solis; sternit** sibi sternit quasi lutum, cum eos sibi subditos facit in sordibus peccatorum. Hoc sæculum, quod **sibi aurum quasi lutum. Fervescere faciet** maris profundo comparatur, fervescere facit ad iniquitatem. Diabolus suos **quasi ollam profundum maris, et ponet** sequaces carnali concupiscentia accendit, ut ferveant ad amanda terrena. Quia in fine **quasi cum unguenta ebulliunt. Post eum** intelliget se egere pœnitentia, quam numquam adipiscetur. Mundum credit in peccatis semper mansurum, non attendens post Christum conversum. **lucebit semita; æstimabit abyssum quasi se-** quia nulla creatura in potestate talis est, nec **nescentem; non est super terram potestas** malitia et nequitia. sic in duritia est cor ejus, dum primo **quæ comparetur ei: qui factus est ut nullum** omnes præcellebat. In sublime atque in excelsum erigitur. Caput et princeps omnium superborum. Angeli ejus et hotimeret. **Omne sublime videt, et ipse est rex** milites impii facti sunt filii superbiæ ejus, imitantes eum. **super universos filios superbiæ.**

CAPUT XLII.

Respondens autem Job Domino, dixit: Diabolus humilias quomodo vis, et quanto vis. B. Job pœnitens Deo cogitationes suas confitetur. **Scio quia omnia potes, et nulla te latet co-** Nemo potest consilium a conscientia tua abscondere. **gitatio. Quis est qui celat consilium absque** Jam in subsequentibus errorem suum manifestavit, et insipientiam confitetur, per quam ignorans ad **scientia? Ideo insipienter locutus sum, et** Deum loquendi modum excesserit, et per notitiam increpationis divinæ ad emendationem erectus est. **festavit, et insipientiam confitetur, per quam ignorans ad quæ ultra modum excederent scientiam** Post increpationem Domini, deposita insipientia, audet interrogare. **meam. Audi, et ego loquar; interrogabo** Post tentationis probationem proximior factus divinæ cognitioni, jam dicit se Deum videre, quem antequam examinaretur, audisse. id est **te, et ostende mihi. Auditu auris audivi te;** cordis. id est, mentis. se dixit. Quia quanto **nunc autem oculus meus videt te: Idcirco** quis propinquius Deum intelligit, tanto humilior efficitur. Sive ut alii dixerunt: *Ideo despexi memetipsum, et æstipse me reprehendo, et ago pœnitentiam in mavi me terram et cinerem.* Hic demonstratur, quod amici **favilla et cinere. Postquam autem locutus** Job injuriam non recte locuti fuerunt contra eum. **est Dominus verba hæc ad Job, dixit ad Eli-** Amicos ejus pro justitiam districte re**phaz Themaniten: Iratus est furor meus in** darguit, et per misericordiam benigne convertit. Hic in**te, et in duos amicos tuos; quoniam non** telligimus, quod nulli expedit cum insultatione arguere in Dei castigatione constitutum. Dum eum servum appellat, ostendit quod cuncta, quæ in defensione sua dixerat, non contumaci superbia, sed humilitate dixit. **estis locuti coram me rectum, sicut servus meus Job. Sumite ergo vobis septem tauros, et septem arietes, et ite ad servum meum** Hic osten**Job, et offerte holocaustum pro vobis. Job** ditur, quod peccatum illud exprobrationis eis remitti non **autem servus meus orabit pro vobis. Faciem** possit nisi ipse beatus Job Dominum pro illis oraverit, et **ejus suscipiam, ut non vobis imputetur stul-** holocaustum propitiationis obtulerit. **titia; neque enim locuti estis ad me rectum, sicut servus meus Job. Abierunt ergo Eliphaz Themanites, et Baldad Suites, et fecerunt sicut locutus fuerat eis Dominus. Beati Job faciem** cœpisse dicitur, quia quisquis pro aliis

intercedere nititur, sibi potius ex ipsa charitate suffragatur. Ostenditur, **Et suscepit Dominus faciem Job. Dominus** quod etiam pro semetipso pœnitens, tanto citius exaudiri **quoque conversus est ad pœnitentiam Job,** meruit, quanto devote pro aliis intercesserit. Sed et illi **cum ille oraret pro amicis suis. Et addidit** duplicati sunt in his, qui a Deo translati sunt, et in his, quos iterum genuit post suam calamitatem; sed hæc duplicatio per aliquantulum crevit, non subito conglobata est. **Dominus omnia, quæ fuerant Job duplicia.** Omnis cognatio, et familia ejus generis intelligenda est, **Venerunt ad eum omnes fratres sui, et uni-** et noti et amici ejus, qui prius noverant regalem poten**versæ sorores suæ, et cuncti qui noverant** tiam ejus. In convivio ejus reverentia ostenditur, quia ab eo omnium sordium squalor abstersus est. **eum prius. Et comederunt cum eo panem in** In motu capitis, convenientium ad eum lætitiam **domo ejus. Et moverunt super eum caput,** novimus. Ostenditur quod quanto quis cernitur de restituta **et consolati sunt eum super omni malo, quod** proximi salute gaudere, tanto se indicat de ablata doluisse. Muneris gratia **intulerat Dominus super eum. Et dederunt** velut inopi et penitus nihil habenti dederunt, et si in hac parva collectione duplicatæ sunt ei divitiæ ejus, grandis multitudo fuit convenientium ad eum, quia a singulis parvum accepit, et subito tantarum divitiarum factus est **ei unusquisque ovem unam, et inaurem au-** dominus. Potuit hoc scriptor libri hujus, et per an**ream unam. Dominus autem benedixit novis-** ticipationem dixisse, ut post tentationem illam 140 annos **simis Job, magis quam principio ejus, et facta** vitæ suæ, benedicente Domino, in duplum cumulatas divitias possederit, filiorum vero duplicatum numerum non **sunt ei quatuordecim millia ovium, et sex** legimus. Propter ædificationem itaque fidei nostræ tantos ei filios a Deo redditos, quantos amiserat, sentiendum est, ut omnium bonorum suorum substantia in duplum sibi a **millia camelorum, et mille asinæ, et fuerunt** Deo reddita, etiam filios in duplum habere se crederet, qui utpote fidelissimus Dei servus, minime dubitare deberet eos sibi, quos ad Deum præmiserat, non perisse. **septem filii, et tres filiæ. Et vocavit nomen unius Diem, et nomen secundæ Cassiam, et nomen tertiæ Cornustibia. Non sunt autem inventæ mulieres speciosæ sicut filiæ Job in universa terra. Deditque eis pater suus hæreditatem inter fratres earum. Vixit autem Job post hæc centum quadraginta annos, et vidit filios suos, et filios filiorum usque ad quartam generationem, et mortuus est senex et plenus dierum.**

CONCLUSIO.

Gloria tibi Pater, gloria Unigenito, cum sancto Spiritu, in sempiterna sæcula.

Beatus vero Job ex suis verbis et passionibus, Christi expressit imaginem. Conjux vero ejus carnalium typum designat, qui intra Ecclesiam positi, vitam spiritualium moribus suis scandalizant. Amici ejus figuram hæreticorum designant. Eliu vero gentilitatis habuit imaginem. Sed nunc exstincta gentilitate atque abolita, hæretici ad Christum a Deo præmittuntur, et per mediatorem Deo reconciliantur. In holocausto vero septem taurorum et arietum, orationum atque eleemosynarum satisfactione pœnitentia demonstratur. Quod autem ait: *Dominus suscepit faciem Job*, et reliqua; ut Joannes ait: *Ipse est propitiatio apud Patrem*. Sic itaque facies Salvatoris a Patre suscipitur, dum et ipse exaudit et exauditur pro nobis. *Et adjecit Dominus*, et reliqua. Illa igitur addita sunt Christo Domino, cum populo Judæorum, Gentium multitudo additur. *Omnes fratres et sorores*. Omnis cognatio populi Judæorum, de quorum familia Christus natus est. Sive generaliter omnium Gentium multitudinem intelligere possumus. *Qui prius noverant eum*. Omnes Sancti et Prophetæ qui eumdem videbant in Spiritu, quem etiam in carne venturum annuntiabant. *Comederunt cum eo*. Nunc in domo Ecclesiæ Salvatoris, omnes Fideles Scripturarum exhortationibus reficiuntur. *Et moverunt super cum caput*. Omnes Sancti exsultantes quod spiritalis et sacri Christi convivii effecti sunt participes. *Et consolati sunt eum*. Salvatorem nostrum non mediocriter consolatur, quod per ejus passionem mundus redemptus est. Intulisse autem dicit Filio suo Deum Patrem malum passionis et mortis, ut ait Apostolus: *Qui proprio Filio suo non pepercit. Et dederunt ei unusquisque ovem unam*. Unusquisque per fidem ad Christum venientium offeret ei innocentiam suam, mentisque obedientiam. *Dominus autem novissimis Job benedixit magis quam principio ejus*. Principia Christi Dei et Domini nostri, legis Moysi exordia esse significat, novissima vero ejus Evangelium esse monstrat, et melior est manifestatio veritatis in Evangelio, quam allegoriarum umbra in veteri Testamento. Quam vero significationem animalium vocabula in se contineant, in principio hujus operis dixisse me memini. Septem filii septiformem gratiam Spiritus sancti; et tres filiæ Legem, prophetas, et Evangelium significant. Nomina filiarum ejus, *Dies, Cassia, Cornustibia. Dies* ergo lex Dei est, quæ ad agnitionem veritatis, noctem humanæ ignorantiæ illuminat. *Cassia* sanctæ unctionis donum est. *Cornustibia* competentissime Evangelicis copiis coaptatur. Cornu vero ad dignitatem Ecclesiæ pertinet. Quemadmodum vero beatus Job post damnum ditatus est in filiis; ita et Salvator post amissionem infidelium Judæorum, ditatus est in Gentibus. *Non sunt autem inventæ mulieres speciosæ*, quia electorum animæ omne quod in terra conversatur, suæ pulchritudinis decore transcendunt. *Dedit que eis pater suus*, et reliqua. Sorores cum fratribus ad hæreditatem veniunt, quia infirmi in regnum Dei cum fortibus admittuntur. *Et vidit filios suos*. Sancta Ecclesia videt filios suos, cum primam fidelium sobolem conspicit: videt filios filiorum, cum ab eisdem fidelibus alios gignit fideles. Et plena dierum moritur, quia per hæc transeuntia tempora, operatur quod transire non poterit, quia fideles Ecclesiæ et opera bona cum Christo in æternum perseverant.

EXCERPTA

EX COMMENTARIO IN JOBUM,

Qui manuscriptum Amstelodami in bibliotheca cl. Viri MARCI MEIBOMII exstabat

ET PUTATUR ESSE S. HIERONYMI,

Huc primum (Vallarsio loquente) *adscita, nec non aliquot locis aucta, atque emendata ex romano altero manuscripto.*

EX PROŒMIO AD HUNC COMMENTARIUM.

[a] *De modo exponendi.*

Quædam historice hic dicuntur, et allegorice, et moraliter. Quædam nequeunt ad litteram accipi, quia [b] erronea essent, vel impossibilia, vel a se invicem discordantia; ut, *sub quo curvantur, qui portant orbem*: quasi gigantes mundum vehant. Et: *elegit suspendium anima mea*: quasi tam patiens velit suspendio vitam finire. Et: *pereat dies, in qua natus sum*, etc. Aliquando qui sensum litteræ negligit, veritatis lumen sibi abscondit, dum intrinsecus aliud quærendo, quod est foris, perdit: dum de misericordiæ operibus dicit: *si negavi, quod volebant, pauperibus.*

Divinus sermo, sicut [c] mysteriis prudentes exercet: ita superficie simplices refovet, quia est ut fluvius planus et altus, in quo equus ambulet, elephas natet.

Erranti homini data est lex: inobediens legi confunditur: exemplo maximi hominis, sine lege qui legaliter vixit. Unde *erubesce Sidon*, id est, stabilitas in lege positorum: *ait mare*, id est, gentilitas, quæ dum legem custodit, auditores legis redarguit.

Dicitur Moses hæc de Jacob, quasi de antecedente scripsisse, quia in Genesi legitur Jobab de Esau descendisse, et Bela filio Beor in regnum successisse. Sed mos est sacri eloquii, in prioribus patribus

---

[a] Hanc præfert Roman. ms. epigraphen, qui et totum hocce proœmium undecim quasi titulis aut capitibus distinguit.

[b] Concinnius in Roman. ms., *quod erronea sint, vel impossibilia, vel a se,* etc.

[c] Erat ex Meibomiano cod. *ministeriis*, quod Roman. emendat, atque ipse horum Excerptorum Editor in Actis erudit. Lipsiensibus anni 1714 castigaverat quod perspicuum sit, innui ab hujus operis auctore sensum Scripturæ mysticum.

breviter longe post secutura perstringere, dum ad alia properat. Non igitur fuit Job ante legem, sed tempore Judicum. Qui ipse verius creditur gesta [a] victoriæ suæ scripsisse. Nec nocet, quod ait : *dixit vel fecit* hoc Job : quia mos est sancti, de se quasi de aliis loqui. Spiritus enim est, qui loquitur in illis de ipsis, sicut de aliis. Unde angelus Mosi modo angelus dicitur, qui exterius servit : modo dominus, qui interius præsidet. Unde et David : *attendite, populus meus, legem meam.* Non enim populus vel lex erat [b] David, sed ejus, qui in eo loquitur.

Et a gentili, sicut a Judæo, voluit prophetari, qui pro utroque populo venerat.

Infructuosa loquacitas quasi verborum folia a divinis resecatur, dum in templo Dei nemus plantari prohibetur. Indignum est, ut verba cœlestis oraculi restringantur sub regulis Donati.

Virtus Job in quiete magna fuit sibi nota et Deo, sed flagellis commota, ut aromata, nobis redolet. Unde et fides grano sinapis comparatur, quod non contritum lene est, sed si conteritur, inardescit, et quod latebat in eo, prodit. Unde in psalmo : *In die mandavit Dominus misericordiam suam, et nocte declaravit eam.* Donum misericordiæ, quod in diei quiete præcipitur, nocte adversitatis manifestari dicitur. Flagellatur autem, ut et inter mala gratias agere sciret : quod uno [c] profecto deerat. Quod ergo hostis ad malum petiit, Deus ad bonum permisit. Nec putet quis, aliquando verba Job reprehendenda, quem Deus adeo commendat : in quo, quasi medio, diabolus contra Dominum certat. Quod [d] vero bona sua narrat, non est arrogantia, sed per ea se, ne desperet, confirmat, cum per tot mala et amicorum opprobria cogeretur desperare de vita sua.

Omni genere tentationis feritur Job. Damnis rerum, quibus potens in sæculo moveri putabatur : sed hæc despicit. Orbitate prolis, sed hanc æquanimiter dolet. Percussione carnis, quam patienter tolerat. Et hæc fuerunt quasi exterior impetus belli, et quasi hostes a facie pugnantes. Intus vero per uxorem quasi per civem mens sustinet venena consilii; sed et hanc sapienter docet.

Amici ad consolationem veniunt, sed ad increpationem prosiliunt. Inter quos et ultimus junior. • Quod indignus sit, acrius increpat : quia aliquando plus conturbant verba, quam vulnera. Ecce quasi hostes ex latere. Per vulnera probatur patientia : illa robore, hæc ratione superavit.

Amici Job magis ignorantia deliquerunt, quam malitia. Non enim tantus vir amicos iniquos habuit, sed, dum causam percussionum discernere nequeunt, in culpam labuntur. Percussionum enim alia est, qua premitur iniquus, ut puniatur; alia, ut corrigatur; alia, ne futura committat; alia, ut cum sequitur salus, Salvator amplius ametur. Bonus si percutitur, merita cumulantur : quod nescientes distinguere, percussum pro culpa credunt. Unde et citius ad veniam redeunt. Quos Deus sic humiliat, ut non nisi per eum, quem despexerant, ad gratiam reciperet.

[f] Moraliter. Multa fa.... Innumera turba cogitationum, quæ quasi ancillæ domina, et ratione absente opus deserunt, perstrepunt, et ea redeunte cum silentio operantur. His scilicet, unde dominam in earum multitudine animus superat. Orientales et angelos orienti luci inhærentes magni sumus eorum socii, etc.

[a] Leg. *historiæ.*
[b] Id est, *Davidis.*
[c] Fortasse legendum *perfecto.*
[d] Rursum mendose scriptum in Meibomiano cod. *vera* pro *vero.*

[e] Leg., *ultimus et junior, quod.*
[f] Postremum hocce capitulum, quo tertius Scripturæ sensus explicatur ad Auctoris mentem, ex Romano archetypo suffecimus.

EX IPSO COMMENTARIO.

Ad Cap. I, 1.

Necesse est, ut simplicitatem columbæ astutia serpentis instituat, et astutiam simplicitas temperet. Unde Christus in columba et igne apparuit : quia pleni illo sic mansuetudini simplicitatis deserviunt, ut contra mala zelo rectitudinis accendantur. [a] *Timens Deum.* Salomon : *Qui timet Deum, nihil negligit. Recedens a malo.* Item Salomon : *Qui in uno offendit, multa bona perdit.* Prius persona apta describitur, quam pugna ejus dicatur, ut talis posse vicem reddere videatur.

Ad Cap. III, 8.

Maledicant ei, qui maledicunt diei. Moraliter. In veteri translatione : *Maledicat eam, qui maledicit diem, qui capturus est grande cetum.* Diabolus, qui modo nox, in fine erit visus dies, cum extolletur supra omne id, quod dicitur Deus, vel quod colitur. Sed modo malitiam ejus destruit, qui in fine adventu suo potentiam ejus destruet : qui in aquis sancti baptismi grande cetum, id est, fortitudinem ejus exstinguit. *Vel maledicant ei,* id est, nocti, tenebras damnando nuntiantes electi angeli. *Qui maledicunt diei,* id est, qui fictam ejus claritatem, qua præsumpsit æqualis Deo fieri, despiciendam monstrant. *Qui parati sunt suscitare,* id est, relaxare, ut totis viribus contra Ecclesiam agat. Modo ligatus tenetur in abysso et pressus, et qui superbus præ aliis se extulit, substratus ditioni eorum succubuit, ut modo eis ministris ligatus lateat, etsi in fine solutus aperte bella gerat.

[a] Hanc quoque ex Romano ms. pericopen attexere placuit.

Ad Cap. IV, 10, 11.

Postquam clementer monuit, aperte increpat. *Rugitus leonis:* id est, severitas et terror ipsius Job. *Vox leænæ*, loquacitas conjugis: *dentes catulorum*, edacitas filiorum, destructa est. His rigidus insultat, quasi in re damnata. *Tigridi* etiam Job comparat, pro maculis simulationis. Hypocrita enim, qui rectus videtur, habet latentia vitia, quæ aliquando erumpentia colorem variant. *Præda* est justorum gloria, quam sibi arripit. Putans ergo iste, sanctum Job bona, quæ in eo noverat, per hypocrisin tenuisse, dicit: *Tigris periit*, hoc est, varietas simulationis tuæ exstincta est, quia adulatio laudis ablata. Pro *tigride* hic apud LXX *mirmicoleon* legitur, quod Latine dicitur formicarum leo, vel expressius, formica et leo. Est autem parvum animal, quod latens in pulvere insidiatur formicis, eas comedit: volatilibus et aliis animalibus formica est, a quibus comeditur. Per hoc notat, Job fuisse contra erectos timidum, contra subjectos audacem, sed jam non habet prædam ejus elatio, quia percussus ab aliena læsione prohibetur. Eadem typice de hæreticis. Leo diabolus pro sævitia. Leæna civitas mundi. Babylonia, leoni sociata, catuli. Qui quod reprobi ab illis generati, ab his cavent sibi sancti. At hæretici securi omnia se superasse putant, quasi dicant: ideo non flagellamur, quia virtutem diaboli vincimus, et vocem, id est, gloriam sæculi, et dentes, id est, persuasionem reproborum. Tigris iterum diabolus pro multiformi astutia, vel mirmicoleon, qui contra resistentes debilis, contra consentientes fortis. Quem dicunt periisse, quia in eis prædam non habet. Hoc [a] pro gaudio repetunt, quia sæpe repetitur, quod per gaudium dicitur.

Ad Cap. XIX, 24.

Quod in plumbo scribitur, citius deletur. In silice difficile scribitur, sed manet. Sic Judæa verba Dei cito recipit et deserit: gentilitas vix recipit, sed fortiter servat.

Ad Cap. XIX, 25, 27.

Scio enim, quod redemptor meus vivit. Non ait *conditor*, sed *redemptor*, eum aperte denuntians, qui postquam omnia creavit, de captivitate passione sua nos redemit. Vivit autem, quod inter mortuos impiorum occubuit. *Quem visurus sum ego*, id est, caro nostra post resurrectionem eadem erit, et diversa. Eadem per naturam, diversa per gloriam. Eritque spiritualis, quia incorruptibilis, et palpabilis, quia non amittitur essentia veracis naturæ. *Reposita est hæc spes mea in sinu meo*. Nihil nos certius habere credimus, quam quod in sinu tenemus. In sinu ergo spem repositam tenuit, quia vera certitudine de spe resurrectionis præsumpsit. Expresse indicat veritatem resurrectionis. Non alius moritur, alius resurgit: ut qui dicunt, invisibile corpus futurum: sed idem ipse. Redemptor meus vivit, et per resurrectionem spero mihi similem: ut aliæ virgæ manserunt aridæ, sed virga Aaron, id est, corpus sacerdotis nostri in florem resurrectionis erupit, quo flore sacerdos ille ostenditur, qui pro nobis interpellat.

Ad Cap. XXII, 11.

Et impetu aquarum inundantium non oppressum iri. Tribulationes aquis inundantibus comparantur, quia aliæ super alias irruunt, sicut unda super undam. Ideo non putabas te opprimendum, quia cogitabas Deum non videre hæc inferiora. [b] Et an adhuc cogitas? Hæretici se sapientes putant, et irrident catholicos, quod Deum non timeant, quia corporaliter eum non vident: nec putant eum terrena videre ex longinquo. Immo quod cœlo altior sit, et quasi in nube latens per caliginem judicet. Ideo, quod inter nos et cœlum aeriæ partes sunt, et superioribus intentus, minus videat ima, vel ambiens cardines cœli, inferiora non respiciat.

Ad Cap. XXII, 15, 16.

Numquid semitam sæculorum custodire cupis? Sicut semita redemptoris humilitas, ita semita sæculorum superbia. Sæculorum itaque semitam viri iniqui calcant, quia per hujus vitæ desideria in elatione perambulant. *Qui sublati sunt ante tempus suum*, qui præsentem vitam diligunt, longiora sibi spatia ejusdem vitæ promittunt. Sed cum eos superveniens mors subtrahit, eorum vitæ spatia, quæ in cogitatione tetenderant, intercidit. *Et fluvius subvertit fundamentum eorum*. Iniqui, dum præsentia fugitiva esse non intuentur, mentem in amore præsentis vitæ infigunt, et quasi longæ habitationis in ea sibi fundamentum construunt. Sed fluvius subvertit fundamentum eorum: quia ipse cursus mutabilitatis statum ejus [c] subrui pravæ constructionis.

Ad Cap. XXII, 16.

Qui sublati sunt ante tempus suum. Sciendum [d] quod ordinat annos Deus juxta merita singulorum, disponit et terminum, ut et malus breviter vivat, ne pluribus noceat, vel bonus diutius vivat, ut pluribus prosit: vel rursus malus diutius, ut mala augeat, quibus boni probentur, et [Al. ut] bonus citius subtrahitur, ne si diutius vivat, malitia corrumpatur. Et mutatur sententia Dei, sed non consilium æternum.

Ad. Cap. XXIV, 5-11.

Alii quasi onagri in deserto egrediuntur ad opus suum. Sunt enim hæretici, qui populis admisceri refugiunt, sed secessum vitæ secretioris petunt, et eo amplius peste suæ persuasionis inficiunt, quo quasi ex vitæ meritis reverentiores videntur. Onagris autem comparantur, quod in suis voluntatibus dimissi a vinculo fidei et rationis sunt alieni. *Egrediuntur ad opus suum*. Non enim Dei, sed opus suum peragunt, dum non recta dogmata, sed propria desideria

---

[a] Fortasse legendum *præ*.
[b] Rescribendum censet editor Lipsiensis hoc pacto: *Et id adhuc cogitant hæretici, qui se sapientes*, etc.
[c] Constabit utcumque sensus, si legas *subruit*.

Fortasse tamen scriptum ab auctore est, *innuit et pravæ*, etc. Lipsiensis editor legi vult, *fundamenta*, pro *statum ejus*.

[d] Mavult editor Lips. *quod dum ordinat*.

sequuntur. *Vigilantesque ad prædam, præparant panem liberis.* Ad prædam vigilant, qui verba justorum ad sensum proprium semper rapere conantur, ut per hæc perversis filiis panem erroris parent. *Agrum non suum demetunt.* Agri vel vineæ nomine Ecclesia signatur, quam perversi prædicatores demetunt, et auctorem ejus in membris opprimendo vindemiant: qui creatoris gratiam persequentes, dum quosdam de illa, qui recti videbantur, rapiunt, quid aliud, quam spicas,vel botros animorum [*Forte* animarum] tollunt? *Nudos dimittunt homines, indumenta tollentes, quibus non est operimentum in frigore.* Sicut vestimenta corpus, sic bona opera protegunt animam. Hæretici itaque, cum quorumdam bona opera destruunt, vestimenta tollunt. *Quibus non est operimentum in frigore.* Operimentum ad justitiam pertinet, frigus ad culpam. Alget ergo, et tegitur, qui ex alio opere fervescit ad justitiam, ex alio frigescit ad culpam.Sed cum hæretici talibus bona opera subtrahunt, agunt ne in frigore habeant, unde vestiantur. *Quos imbres montium rigant,* id est, fluenta prædicatorum sacrant. *Et non habentes velamen, amplexantur lapides.* Dicit fortes in Ecclesia viros, ut martyres. Qui itaque de nullo opere suo confidunt, sed ad sanctorum martyrum protectionem orando currunt, quid isti faciunt, nisi [a] qui bonæ actionis velamen non habent lapides amplexantur. *Vim fecerunt deprædantes pupillos, et vulgum pauperum spoliaverunt.* Hæretici deprædantes vim faciunt quia [*Al.* quæ] contra infirmas fidelium mentes verborum et operum violentia grassantur.Vulgum pauperem spoliant, quia, dum doctis non prævalent, indoctos a velamine fidei denudant. *Nudis et incedentibus absque vestitu et esurientibus tulerunt spicas.* Qui nec bona nec mala operatur, nudus est et otiosus: qui mala agit, nudus incedit, quia sine velamine boni operis per iter pravitatis pergit. [b] *Esurientibus et per pœnitentiam pabulum verbi concupiscentibus, hæretici spicas tollunt,* quia in eorum mente Patrum sententias destruunt, quæ per spicas significantur. Quia dum per figuram eloquia proferuntur,ab iis tegimen litteræ, quasi aristarum paleas, subtrahimus, ut medulla spiritus reficiamus. *Inter acervos eorum meridiati sunt, qui calcatis torcularibus sitiunt.* Qui Ecclesiam persequuntur, torcular calcant. Nam dum injusti justos deprimunt, botros sub pedibus mittunt, qui carne exuti ad cœlestia velut in apothecam currunt. Calcant autem et sitiunt, qui agendo crudelia eo ipso crudeliores fiunt,et graviora facere ambiunt: quos cum contra catholicos hæretici agere crudelia conspiciunt, inter acervos eorum meridiantur. *Qui calcatis torcularibus sitiunt,* quia eorum se multitudini adjungunt, quos vident gravia agere, et adhuc graviora sitire, et cum per se non possunt persecu- tionem suscitare, potentes sæculi ad hoc excitant, quorum fervor dum eorum desideria satiat, in eorum actibus, quasi in meridie, quiescunt.

Ad Cap. XXVI, 2, 3, 4.

Cujus adjutor es? numquid imbecillis? etc. Adjuvare imbecillem charitatis est: adjuvare potentem velle, elationis est. Et est sensus. Dum eum juvare intendas, sub cujus magnitudine succumbis, quod impendis solatium, de ostentatione est, non de pietate. *Cui dedisti consilium?* Consilium dare stulto, charitatis est: consilium dare sapienti, ostentationis est: consilium dare ipsi Sapientiæ, perversitatis est. Unde sequitur, *et prudentiam.* Omnis, cui prudentia est, recta est. *Plurima* non est, quia non plus appetit sapere. *Nonne eum, qui fecit spiramentum?* Baldad, quia Job flagellatum pro culpa credidit, occultum Dei judicium, quod venerari debuit humiliter, superba nisus est temeritate penetrare. Ipsi ergo se per prudentiam prætulit, cujus judicium non intelligendo judicavit. Sed quia Job, Ecclesiæ typum gerens, pauca in superborum correctione protulit, repente se ad doctrinam per sententias expandit dicens (*Vers.* 5): *Ecce gigantes gemunt sub aquis.* Gigantes, superbi: aquæ sunt populi. Elati autem, dum in hoc sæculo assequi honorem celsitudinis cupiunt, sub ponderibus populorum gemunt. Eis populis supponitur quis mente, quibus supponitur dignitate. Et his verbis indicatur, quod omnis superbia eo ipso in imo jacet, quo se in altum erigit.

Ad Cap. XXIX, 19, 20.

Radix mea aperta est juxta [c] *aquas.* Radicis nomine occulta cogitatio signatur. Juxta aquas radix aperitur, quoniam ad percipienda veritatis [d] fluenta latenter cogitatio mentis aperitur. *Et ros morabitur in messione mea.* Subaudis [e], *dicebam.* Messio Ecc'esiæ accipitur, cum perfectæ animæ corporibus abstractæ velut maturæ segetes a terra decisæ, ad cœlestia horrea demigrant. Ros morabitur in messione, quia gratia desuper veniens agit, ut digni simus, qui de inferioribus colligamur. *Gloria mea semper innovabitur:* [f] Quia amissam gloriam deplorat: quia eos, quos ipse novæ vitæ militare crediderat, vetustis desideriis servire cognoscit.

Ad Cap. XXXI, 23-28.

Intellectus vel otio torpet, vel elatione vanescit, et ideo ait: *si lætatus sum.* Cum quis, quæ intelligit, operatur,ex eo, quod foras ostenditur, sæpe labitur. Sed beatum Job sicut intelligentiæ aurum non extulit, sic nec lumen operationis. Et hoc est, *si vidi solem.* Bene soli boni bona sua non vident, quæ aliis videnda præbent, nec lunam, id est, famam boni operis,quæ in tenebris ambulantibus lucet.Hæc enim Job non extulit, quæ plus timenda [g]. Tunc enim, quasi alta arbor, flatibus amplius agitatur, quæ per

---

[a] Idem reponit, *nisi quod bonæ actionis velamen non habentes.* Nihilosecius impeditus valde est sensus, et contra Scriptoris mentem,Vigilantii fere doctrinam redolet.

[b] Pravæ distinctionis vitio laborantem hunc locum ita restituit Lips. editor.

[c] Bene ita in ms. non *secus* ut in vulgata versione. Nota Relandi.

[d] Leg. *fluenta.*

[e] Leg. *subaudi,* nempe e principio versus 18.

[f] Præpositum *quia* rectius expunxeris.

[g] Leg. *Fama.*

intelligentiam erat quasi in semine operationum mortua. De laudibus vero non modo non est factus arrogans in verbis, sed nec in tanta cogitatione. Et hoc est, *lætatum est cor meum in abscondito*. Et quia inconsiderata mens, favoribus erecta, aliquando laudat, quæ fecit, addit : *et osculatus sum manum meam ore meo. Quæ iniquitas est maxima.* Omne peccatum, quod ex infirmitate est, spiritum non perdit, quia a Deo veniam quærit. Præsumptio vero, quanto longius est ab humilitate, tanto gravior in desperatione est, et, dum vires sibi tribuit, a Deo non requirit. — Dum mali bona mirantur, lucerna ardet in nocte. Si et boni optima mirantur, sol fulget.[a] In die dum bonum actione corporis lucet, lucerna est, id est, lumen in testa : dum contemplatione mentis, sol de cœlo.

Ad Cap. XXXVIII, 7.

Cum me laudarent simul astra matutina. Incarnationis Christi mysterium etiam electi angeli mirati sunt, quia primi in tempore creati sunt, non in initio. Astra matutina dicuntur, vel quia sæpe ad exhortandos homines missi, dum venturum mane nuntiant, ab humanis cordibus præsentis vitæ tenebras fugant. Quæ matutina astra etiam cum vespertinis Redemptoris potentiam laudant : quia redemptis in fine mundi hominibus largitatem supernæ gratiæ glorificant. *Et jubilarent omnes filii Dei.* Jubilatio dicitur, cum cordis lætitia oris efficacia non expletur. Laudant itaque angeli, qui jam tantæ claritatis latitudinem in sublimibus vident : jubilant vero homines, qui adhuc in inferioribus, oris sui angustias sustinent : quæ quia futura Dominus noverat, facta narrat. Sed quia cum boni jubilant, malos invidia inflammat, quos tamen Dominus temperat, de his protinus subdit.

Ad Cap. XXXVIII, 31.

[b] *Numquid conjungere valebis micantes stellas*, etc. Constat hoc nullum hominem posse; sed cum Job de his interrogatur, ut humilis ad eum refugiat, qui solus posset hoc, ostenditur.

Ad principium Capitis XXXIX.

[c] Ibices parva quadrupedia dicuntur, quæ in petris morantur, et pariunt : et ruentia in suis se cornibus illæsa suscipiunt. In quibus magistrorum spiritualium persona signatur, qui velut ibices in petris pariunt, quia in doctrina Patrum, qui petræ pro soliditate sunt vocati, ad conversionem animas gignunt. Ipsi, velut ibices, casus nullius damna

sentiunt, dum in suis cornibus excipiuntur : quia, quicquid ruinæ temporalis adversitatis accesserit, in testamentis se sacræ Scripturæ suscipiunt, et quasi cornuum exceptione salvantur. Ipsi cervi vocantur, qui interemptis vitiis, quasi exstinctis serpentibus, vivunt, et de ipsa exstinctione vitiorum ad fontem vitæ acrius inardescunt.

Ad Cap. XLII, 15.

Deditque eis pater suus hæreditatem inter fratres ipsarum. Ergo ex præfectorum numero speciosæ memorantur. Ipsæ etiam ex imperfectorum typo velut infirmæ mentes hæreditatem accipiunt. Sorores ergo cum fratribus ad hæreditatem perveniunt : quia infirmi ad cœlestia cum fortibus admittuntur. *Vixit autem Job post hæc.* Vacuus dierum est, qui et quamlibet multum vixerit, ætatis suæ tempora in vanitate consumpsit : at contra *plenus dierum* dicitur, cui nequaquam dies sui pereundo transeunt, sed ex quotidiana mercede boni operis apud justum judicem, et postquam transacti sunt vel fuerint, reservantur. In typo Ecclesiæ, si 14 per denarium ducimus, ad centesimum et quadragesimum numerum pervenimus. Et recte Ecclesiæ[d] et multiplicata 10 et 4 computatur : quia utrumque testamentum custodiens, et tam secundum Legis decalogum, quam secundum Evangelii quatuor libros vivens, usque ad perfectionis culmen extenditur. Bene autem Job post flagella vivere dicitur, quia Ecclesia prius flagello disciplinæ percutitur, et postmodum vitæ perfectione roboratur. Quæ etiam filios suos, et filios filiorum suorum usque ad quartam generationem conspicit : quia hac ætate, quæ annuis 4 temporibus volvitur usque ad finem mundi, per ora prædicantium nascentes sibi soboles contemplatur. Videt filiorum filios, cum ab eisdem ad finem gigni et alios agnoscit. Quæ senex et plena dierum moritur : quia subsequente luce ex mercede quotidianorum operum, deposito corruptionis pondere, ad incorruptionem spiritualis patriæ mutatur. Plena dierum moritur, cui labentes anni non transeunt, sed stantium actuum retributione solidantur. Plena dierum moritur, quia per hæc transeuntia tempora id, quod non transit, operatur. — Usu veteris vitæ feminæ inter mares hæreditatem non habent : quia legis severitas fortia eligens, infirma contemnens, districta potius studuit, quam benigna sancire. Sed pio Redemptore veniente, et infirmus cum perfectis ad regnum assumitur.

---

[a] Mavult edit. Lips. *Inde.*
[b] His desinit Roman. codex, ex quo nunc primum tota hæc cap. 38 pericope suppletur : cætera desiderantur.
[c] Ex Isidoro, quem et cl. Relandus laudat, hæc delibantur, lib. xii, cap. 4. circ. medium : *Ibices, quasi aviles... quæ animalia in petris altissimis com-*morantur, *ut si quando ferarum, vel hominum adversitatem persenserint, de altissimis saxorum cacuminibus sese præcipitantes in suis se cornibus illæsæ suscipiunt.* Nonnulla ex eodem inferius totidem fere verbis describuntur.
[d] Legi vult editor Lipsiensis. *Ecclesiæ ex multiplicato.*

MISCELLA
Excerpta ex variis paginis ejusdem codicis manuscripti.

Pag. 3. Sicut omnes justi, ita Job, [a] non modo verbis, sed rebus, Christum præsignavit, ut per passionem passurum ostendat Christum, id est, caput cum corpore, quod Ecclesia est. Uxor [b] ejus carnales significat, qui intra Ecclesiam, quo per fidem propius sunt, durius in vita premuntur. Amici Job hæreticos, qui specie consulendi, decipere volunt, et dum quasi pro Domino loquuntur, veritati adversantur. Job *dolens* dicitur, quo passio Christi, vel labor Ecclesiæ exprimitur. Eliphaz, [c] *domini contemptus*: id est, hæretici, qui, dum falsa de Deo sentiunt, eum superbiendo contemnunt. Baldad, *vetustas*, id est, *sola*, quia non intentione bona, sed appetitu gloriæ loquuntur: id est, non zelo novi hominis, sed pravitate vitæ veteris. Sophar, *dissipatio speculæ* vel *speculatorem dissipans*: quia hæretici mentes superna contemplantes verbis pervertere appetunt. Contemnendo ergo Deum in vetustate se retinent, in qua manentes, malis sermonibus speculantibus nocent. Sed quia et ipsi aliquando ad Ecclesiam redeunt, hæc [d] annorum reconciliatio ostendit, pro quibus Job orat: quia hæreticorum sacrificia Deo non sunt accepta, nisi manibus Ecclesiæ oblata. Septem procis [e] sacrificia offeruntur, quia, dum septiformem Spiritum accipiunt, quasi septem oblationibus expiantur. Tauri et arietes pro eis oblati sunt. In tauro cervix superbiæ signatur: in ariete ducatus gregis, quia per superbiam ab Ecclesia resilientes, post se infirmas greges trahebant.

Pag. 147. *Sardonychus* terræ rubræ similitudinem tenet: *sapphyrus* aeriam tenet speciem.

Pag. 148. Et *topazion* de Æthiopia, pro eo, quòd omni [f] colore resplendet, *topazion* quasi *topadion* vocatur.

Pag. 150. Mos veterum fuit ut seniores in porta civitatis consisterent, et causas innocentium judicarent, si urbis populus esset pacificus, in quam discordes ingredi non liceret. Quod et fecit divinus Job.

Pag. 158. Adversariorum semita fluctibus comparatur, quia pravorum insolenti inquietudine molesta, ad obruendam, ut ita dixerim, navem cordis, quasi tempestas illabitur.

Pag. 169. Librum in humero portare, est Scripturam sacram operando perficere.

[a] Proxime superius edita interlinear. Expositio in fin.: *Beatus Job verbis et passionibus Christi expressit imaginem.*
[b] Rursum eadem Exposit.: *Conjux vero ejus* (Job) *carnalium typum designat, qui intra Ecclesiam positi vitam spiritualium moribus suis scandalizant. Et, Amici ejus figuram hæreticorum designant.*
[c] Atque ita quidem Hieron. in Onomastico sup. col. 87. *Eliphaz, Dei contemptus. Baldad, vetustas sola. Sophar, spoculæ dissipatio,* etc.
[d] Rescribit Lipsiens. editor, *amicorum.*
[e] Septem Jobi filios denotari hic nullus dubito, per quos et juxta interlinear. Exposit., *septiformis gratia Spiritus sancti* explicatur. Suspecta adeo est mihi de mendo vox isthæc *procis.* Facile pro *eis* scripsit auctor, supplendaque est vox *filii* sic: *Septem filii, pro eis sacrificia,* etc.
[f] Ex S. Isidoro Orig. lib. XVI, cap. 6: *Topazion ex virenti genere est, omnique colore resplendens.*

D. JOANNIS MARTIANÆI,
MONACHI BENEDICTINI E CONGREG. S. MAURI,
COMMENTARII
IN S. HIERONYMI LIBROS
QUI HOC TERTIO TOMO CONTINENTUR.

PROLEGOMENON
DE ERUDITIONIS PRÆSTANTIA AC PIETATE OPUSCULORUM S. HIERONYMI.

§ I. *Eruditione inter omnes scriptores ecclesiasticos longe præstat Hieronymus*

. Bonis artibus et studiis expolitum fuisse Hieronymum, qui neget, nemo virorum est: id enim quamvis ipse tacuisset, cunctæ syllabæ ac litteræ opusculorum ejus palam testarentur, in Latino scilicet pene ab ipsis incunabulis inter grammaticos et rhetores et philosophos detritum eum atque versatum esse. At minima juvenilisque peritiæ pars illa fuit contendenti ad apicem intelligentiæ sacrorum Voluminum, qua haud sine laboribus maximis adepta, dicere potuit, cum sanctissimo ac invictissimo rege: *Super omnes docentes me intellexi.* Tanta enim est de eruditionis Hieronymianæ laudibus fama consentiens, ut in Hieronymum aptissime quadret illud elogium unicum: *Uno ore plurimæ consentiunt gentes, populi primarium fuisse virum.* Equidem non solus sic opinor, quippe qui mecum eruditissimos viros habeo consentientes, Desiderium Erasmum cum primis ævo superiori clarissimum et excultum humanioribus litteris, cujus proinde verbis apposite dicemus ad persuadendum.

« Atque id profecto, inquit, cum mihi vehementer indignum videretur in omnibus eruditis, tum longe indignissimum in Hieronymo, cujus tam multæ tamque eximiæ dotes promerebantur, ut vel solus et totus et incorruptus servaretur. Nam cæterorum quidem aliis aliæ commendant dotes: in hoc uno συλλήβδην, ut aiunt, conjunctum fuit, eximium fuit quidquid in aliis per partes miramur. Et cum in singulis egregium esse magnum sit ac rarum: hic sic excelluit in omnibus, ut longe præcurrat in singulis, si illum cum cæteris conferas; sin ipsum secum componas, in nullo præmineat. Tanta est rerum omnium summarum temperatura! Etenim si naturæ felicitatem expendas, quid illius ingenio vel ardentius ad discendum, vel acrius ad judicandum, vel fecundius ad inveniendum? Denique quid dexterius aut festivius, si forte res delectationem desideret? Sin eloquentiæ laudem requiras, in hac certe Christianis scriptoribus universos tanto post se reliquit intervallo, ut nec hi cum Hieronymo conferri queant, qui vitam omnem in uno bene dicendi studio contriverunt; ac prorsus tantum abest, ut quisquam sit nostræ religionis scriptor, quem cum hoc possis componere, ut meo judicio, Ciceronem etiam ipsum suffragiis omnium eloquentiæ Romanæ principem, nonnullis dicendi virtutibus superet: quod quidem in ipsius Vita copiosius demonstrabimus. Mihi sane hoc ipsum solet usuvenire in Hieronymo, quod olim in M. Tullio: cum quo si quem contulero, per se quantumvis disertum, repente velut obmutescere videtur: et cujus linguam, citra contentionem vehementer admiror, ad hunc compositus et admotus, elinguis videtur et balbus. Sin doctrinam exigas, quæso te, quem habet vel eruditissima Græcia sic absolutum in omni doctrinæ genere, ut cum Hieronymo sit committendus? Quis umquam pari felicitate omnes totius eruditionis partes conjunxit et absolvit? Quis umquam in tot linguis antecelluit unus? Cui tanta historiarum, tanta geographiæ, tanta antiquitatis notitia contigit umquam? Quis umquam sacrarum ac profanarum omnium litterarum, ac parem, et absolutam scientiam est assecutus? Sin memoriam examines: quis auctor, seu vetus, seu novus, quem ille non in promptu habuerit? Quis angulus divinæ Scripturæ, quid tam abditum, quid tam varium, quod ille non velut in numerato habuerit? Sin industriam: quis umquam tantum aut evolvit, aut scripsit voluminum? Quis sic universam divinam Scripturam edidicit, imbibit, concoxit, versavit, meditatus est? Quis æque sudavit in omni doctrinæ genere? Jam si morum sanctimoniam spectes, quis Christum spirat vividius? Quis docuit ardentius? Denique quis eum vita magis expressit? Poterat hic unus pro cunctis sufficere Latinis, vel ad vitæ pietatem, vel ad theologicæ rei cognitionem, si modo integer et incolumis exstaret. At nunc haud scio, an quisquam omnium tractatus sit indignius. Bona pars vigiliarum ejus intercidit. Quod superest, non depravatum erat, sed prorsus exstinctum et obliteratum; idque partim quidem illiteratorum vitio scribarum, qui solent ex emendatis inemendata describere, ex mendosis mendosiora reddere, prætermittere quod non legunt, corrumpere quod non intelligunt, velut Hebræa Græcaque vocabula, quæ frequenter intermiscet Hieronymus: sed multo sceleratius a sacrilegis, haud scio quibus, studio detruncata permulta, addita nonnulla, mutata pleraque, depravata, sordidata, confusa pene omnia: ut vix ulla sit periodus quam eruditus inoffense possit legere. Immo quod est pestilentissimum vitiandi genus, perinde quasi parum esset, tot insulsissimas nugas juxta infantes atque ineruditas, in hominis eloquentissimi pariter ac doctissimi nomen ac titulum contulisse, mediis illius Commentariis, passim admiscuerunt suas nænias, ne quis repugnare posset. Nam librum falso inscriptum permulta sunt quæ coarguant. Cæterum fragmenta sparsim intermixta, veluti frumento confusum lolium, quo tandem extra repurget aliquis? Atque hæc omnia hic esse facta docebimus mox in operum illius catalogo, etc. »

Tot tantæque ab Erasmo contextæ laudes nihil sane honoris Hieronymo non debiti tribuere possunt; cum ille a præclarissimis viris, cum veteribus, tum recentioribus, æque atque a summis pontificibus et Ecclesiæ catholicæ synodis, semper dictus et habitus sit homo doctissimus, linguarum omnium peritissimus, in omni doctrinæ genere præcipuus, legis divinæ diligentissimus scrutator, mundi denique magister ac sacrorum codicum interpres maximus. Quod ego ut impetrem cum gratia, præjudicia hujus laudis argumentaque propono, quibus nostri temporis Eruditi res sibi persuadendas semper exoptant.

§ II. *Altissimæ hujus eruditionis præjudicia et argumenta.*

Me autem in his argumentis summo pontifici præcurrere vix honestum est: quam ob rem Sixti Quinti verbis incipiam, quibus ipse elogio nostro ex parte antevertit, cum diceret præfatione Bibliis suis præfixa: « Tanta per se est Vulgatæ editionis auctoritas, tamque excellens præstantia, ut majorem desiderare penitus inane videatur. Qui namque in ea libri continentur (ut a majoribus nostris quasi per manus traditum nobis est) retenti sunt partim ex communi et antiquissima quadam editione Latina, quam sanctus Hieronymus Vulgatam editionem, B. Augustinus Italam, sanctus Gregorius veterem translationem appellant, quam sanctus itidem Augustinus cæteris, quæ tunc plurimæ in usu erant, etiam præferendam censuit, quod esset verborum tenacior cum perspicuitate sententiæ; partim ex sancti Hieronymi translatione adsciti fuere; quibus idcirco quantus honor deferendus sit, is facile intelligit, qui eorum interpretis dignitatem agnoscit. Fuit enim sanctus Hieronymus (ut inter cæteros idem B. Augustinus testatur) Græco, Latino et Hebræo eruditus eloquio, et ex Occidentali ad Orientalem transiens Ecclesiam, in locis sanctis, litterisque sacris, ad decrepitam usque vixit ætatem: atque omnes qui ante illum ex utraque orbis parte de doctrina ecclesiastica scripserant, pene vidit aut legit; eumque non modo Augustinus, Chromatius, Paulinus, cæterique sanctissimi episcopi, sed etiam Damasus pontifex Rom. de Scripturarum locis consulebat. Nec immerito tantam apud omnes nominis celebritatem, in sanctarum præsertim Scripturarum scientia, adeptus fuerat: cum ad eam consequendam nullis vigiliis, nullis peregrinationibus pepercerit, et doctissimos quosque in Gallia adiverit: Constantinopoli Gregorium Nazianzenum, Alexandriæ Didymum, et alios alibi conquisierit, usus denique clarissimis Hebrææ linguæ magistris: non enim uno aliquo doctore contentus fuit, sed plurimos eosque eruditissimos adhibebat: non rerum modo, verum etiam nominum sedulus indagator. Quinimmo et loca ipsa, quæ in Scripturis sæpe commemorantur, inspexit, idque ad intelligentiam Scripturarum summopere sibi profuisse testatur. Quicumque igitur tanti interpretis sanctitatem, ingenium, eruditionem, solertiam, magistros, labores, illud, in quo vixit, sæculum, cum linguarum omnium ac præsertim Hebrææ studia florerent, diligenter spectaverint; facile judicium damnabunt eorum, qui aut tam eximii doctoris lucubrationibus non acquiescunt, aut etiam meliora, seu paria præstare se posse confidant. » Hæc Sixtus Quintus ex nomine Hieronymi Vulgatam Editionem commendans.

Cum eo etiam concinit doctus Serarius Proleg. Bibl. cap. 19, quæst. 7. Nam diligentem Hieronymum in vertendis ac emendandis codicibus sacris ostendit adversus reprehensores, novatoresque Hæreticos, dum ait : « Hieronymi in sacris Bibliorum libris aut vertendis, aut corrigendis, diligentiam ostendit *primo* cætera ipsius aliis in rebus diligentia : cum hæc et esset revera, et ab eo intelligeretur optime res momenti maximi. *Secundo*, æmulorum multitudo et procacitas. Hi enim, ut aliud nihil prosint, hominem solent, ad ea quæ facit, attentius, diligentiusque facienda impellere : quemadmodum equos ad sese agitandum et commovendum pulices ac muscæ. *Tertio*, omnium consensus. Neque enim vidi, qui hac in re quidquam in S. Hieronymo desideraret, præter pauculos e catholicis apud Andradium lib. 4, pag. 92, ubi se illis ait *non repugnare, qui diligentiam in eo nonnumquam perspicuitatemque requirunt* : et præter unum e Novatoribus Junium, qui lib. II, cap. 15, num. 19, pagina 144, non quidem aperte, sed occulte, nescio quid insinuatur, dum scribit : *Per alios sic occupabatur Hieronymus, ut cursim tantum ei, et carptim pleraque vacaret destringere*. Sane occupabatur S. Hieronymus plurimum: In ea tamen quæ majoris erant ponderis, ut plus conferret attentionis et operæ, ipsa ei suadebat prudentia, quam in eo vocat S. Augustinus Epist. 19 : *Doctam et otiosam, annosam, studiosam, ingeniosam, diligentem*. Et vero plus his in rebus poterat stans pede in uno D. Hieronymus, quam toto incumbens pectore, et quidem horas, diesque plures, Junius, sciolique similes, et Hebræoli alii. » Hucusque Serarius.

Scribæ non sufficerent, si cuncta hoc loco replicarem, quæ in Eruditorum libris reperiuntur scripta in laudem ingenii ac eruditionis Hieronymi. Itaque ne longius excurrat oratio, redeo nunc ad capita quædam præjudiciorum ac argumentorum, quibus certo ascribere possimus S. Hieronymo præcellentem, de qua loquimur, peritiam et sacram eruditionem. Nihil enim in eo non præcipuum, non singulare reperies, cum in mentem venerit ingenii hujus indoles ac institutio, magistrorum nobilitas; nobilium puerorum contubernium; locorum celebritas, urbiumque frequentia, quarum fuit colonus; copia librorum ac voluminum; industria propria, solertia, diligentia, constans et invictus studiorum labor, ætas denique in litteris sacris acta et exacta. Quicumque in isthæc ac similia eruditionis Hieronymianæ præjudicia animum intenderit, mecum illico ipse consentiet de stulta sciolorum, Criticorum, et Hebræolorum confidentia, qua se pares Hieronymo in scientia divinarum Scripturarum profitentur; vel, quod deterius est, eidem præstare in eruditione Hebraica gloriantur haud obscure. Sed brevi aggrediar ad decutiendum hujusmodi supercilium, post aliquam enumerationem argumentorum ejus eruditionis, quam præter alios Scriptores universos habuit Hieronymus.

1. Ab incunabulis domi diligenter institutus a Christianis piisque parentibus Christum statim imbibit; simulque bonis litteris, quarum ea tum ætas capax esse poterat, apud Orbilium (a) imbutus, puer adhuc Romam missus est, velut ad primariam tum religionis, tum eruditionis magistram, ut auditor foret grammaticorum, rhetorum, ac philosophorum tunc temporis prudentiæ et eloquentiæ gloria clarissimorum. Inter nobilissimos igitur magistros a puero detritus Græcas ac Latinas litteras tanto felicius didicit, quanto maturius : habent enim litteræ nescio quid duriusculum et subacerbum in illis qui serius se contulerunt ad discendum. Donatum porro in grammaticis habuit præceptorem, cujus exstant in Maronem et Terentium Commentarii, quorum etiam in Apologia priore adversus Rufinum mentionem facit Hieronymus his verbis : « Puto quod puer « legeris Aspri in Virgilium et Sallustium Commen- « tarios ; Vulcatii in Orationes Ciceronis : Victorini « in Dialogos ejus; et in Terentii Comœdias præ- « ceptoris mei Donati, æque in Virgilium, et alio- « rum in aliis. » Sub tali ac similibus præceptori- bus jam adultior factus Hieronymus in bonis litteris, nullum doctrinæ genus intactum reliquit : nam Porphyrii isagogen, Platonicam, Academicam, Stoicam ac cæterorum omnium philosophiam perlegere voluit. In rhetoricis tamen sese studiosius exercens, declamatoriam palæstram subire non renuit; nec alicubi sibi irascitur quod puer in fictis controversiis, et obliquis rhetorum strophis luserit aliquando. Horum autem studiorum sodales inter cæteros habuit Pammachium summo loco natum ; et antea Bonosum puerum nobilem, cui opes affatim erant; Heliodorum quoque, quem postea morum integritas et virtus ad episcopi functionem pertraxit. Ergo si primus ex S. Ambrosio discendi ardor nobilitas est magistri; si honestissimos pueros in virtute et litterarum studio æmulos habere magnum est ; si Romam agnoscere educatricem suam præstantissimam landis videtur apud omnes, quis jam a malo præstare poterit Hieronymo nostro, id est felicissimæ indoli, ingenio secundo ac facili, pectori ardenti atque infatigabili, omnibus liberalibus disciplinis exculto ac perpolito?

2. In sæcularibus igitur litteris Romæ ad plenum eruditus, ad graviora studia jam adjiciens animum, hac etiam parte laudatissimos viros est imitatus, Pythagoram scilicet, Platonem et Appollonium, ut lustrandis regionibus sapientiæ ac scientiæ supellectilem redderet auctiorem. Gallias itaque lustravit cum suo peregrinationis comite Bonoso, et in aliis studiose bibliothecas omnes; congressus etiam cum iis, quos vel eruditio, vel integritas morum effecerat insigniores. Treveris demum ingens Hilarii volumen de synodis propria manu descripsit. Utramque deinde patriam postquam reviserat, et eam in qua natus, et eam in qua renatus, in Orientem perrexit cum locupletissima Bibliotheca, quam summo studio comparaverat ; ea enim haudquaquam carere potuit. Quorum autem præceptorum consuetudine deinceps usus fuerit, ab ipso discere juvat, ne quid fiat secus quam oportet. Ex epistola igitur Pammachio et Oceano inscripta rem imprimis manifestam facio.

« Dum essem juvenis, inquit, miro discendi fe- « rebar ardore, nec juxta quorumdam præsumptio- « nem ipse me docui. Apollinarium Laodicenum « audivi Antiochiæ frequenter et colui, et cum me « in sanctis Scripturis erudiret, numquam illius con- « tentiosum super sensu dogma suscepi. Jam canis « aspergebatur caput, et magistrum potius, quam « discipulum decebat; perrexi tamen Alexandriam, « audivi Didymum ; in multis ei gratias ago, quod « nescivi, didici; quod sciebam, illo docente, non « perdidi. Veni rursum Hierosolymam et Bethleem; « quo labore, quo pretio Bar-Aninam nocturnum « habui præceptorem? Timebat enim Judæos, et « mihi alterum exhibebat Nicodemum...... Quod « autem opponunt congregasse me libros Origenis « super cunctos homines, utinam omnium tracta-

---

(a) Hoc vero non proprium ejus, qui Hieronymum docuit, magistri, sed celebre est pædagogi nomen,

ex quo et 'suum κατ' αὐτονομασίαν Hieronymus appellavit.

« torum haberem volumina, ut tarditatem ingenii
« lectionis diligentia compensarem. Congregavi
« libros ejus, fateor ; et ideo errores non sequor,
« quia scio universa quæ scripsit. Credite experto,
« quasi Christianus Christianis loquor. Venenata
« sunt illius dogmata, aliena a Scripturis sanctis,
« vim Scripturis facientia. Legi, inquam, legi Ori-
« genem; et si in legendo crimen est, fateor : et
« nostrum marsupium Alexandrinæ Chartæ evacua-
« runt. »
In Apologetico quoque ad Domnionem irridens
imperitum monachum, multa de suis præceptoribus
nos perdocuit, dicens : « Scribis enim monachum,
« immo nescio quem de trivio, de compitis, de pla-
« teis circumforaneum, rumigerulum, vafrum lau-
« tum ad deirahendum, qui per trabem oculi sui
« festucam alterius nitatur eruere, concionari ad-
« versum me, et libros, quos contra Jovinianum
« scripsi, canino dente rodere, lacerare, convelle-
« re; hunc dialecticum urbis vestræ, et Plantinæ
« familiæ columen, non legisse quidem Κατηγορίας
« Aristotelis, non περὶ Ἑρμηνείας, non Τοπικὰ, non
« saltem Ciceronis Τόπους; sed per imperitorum cir-
« culos, muliercularumque συμπόσια, syllogismos
« texere, et quasi sophismata nostra callida argu-
« mentatione dissolvere. Stultus ego, qui me puta-
« verim hæc absque philosophis scire non posse;
« qui meliorem styli partem eam legerim, quæ de-
« leret, quam quæ scriberet. Frustra ergo Alexand-
« verii Commentarios, nequicquam me doctus ma-
« gister per εἰσαγωγήν introduxit ad logicam. Et
« ut humana contemnam, sine causa Gregorium
« Nazianzenum et Didymum in Scripturis sanctis
« catechistas habui. Nihil mihi profuit Hebræorum
« eruditio, et ad adolescentia usque ad hanc æta-
« tem quotidiana in Lege, Prophetis, Evangeliis,
« Apostolisque meditatio. Inventus est homo absque
« præceptore perfectus, πνευματοφόρος, ἔνθεος καὶ
« αὐτοδίδακτος, qui eloquentia Tullium, argumentis
« Aristotelem, prudentia Platonem, eruditione Ari-
« starchum, multitudine librorum Chalcenterum,
« Didymum scientia Scripturarum, omnesque sui
« temporis vincat tractatores. »
Denique in Apologia sua adversus Rufinum, ita
eumdem alloquitur : « Audio præterea te quædam
« de epistola mea philosophice carpere, et homi-
« nem rugosæ frontis, adductique supercilii, Plau-
« tino in me sale ludere, eo quod Barrabam Judæum
« dixerim præceptorem meum. Nec mirum si pro
« Bar-Anina, ubi est aliqua vocabulorum similitu-
« do, scripseris Barrabam; cum tantam habeas
« licentiam nominum immutandorum, ut de Euse-
« bio Pamphilum, de hæretico martyrem feceris...,
« Audi ergo sapientiæ columen, et norma Catenianæ
« severitatis. Ego non illum magistrum dixi, sed
« meum in Scripturas sanctas studium volui com-
« probare; ut ostenderem me sic legis-e Origenem,
« quomodo et illum audieram : neque enim He-
« bræas litteras a te discere debui. An injuria tibi
« facta est, quod pro te Apollinarium, Didymum-
« que sectatus sum? Nunquid in illa Epistola Gre-
« gorium virum eloquentissimum non potui nomi-
« nare, qui se apud Latinos impar est, quo ego
« magistro glorior et exsulto? etc. »
Ex his porro testimoniis jam allatis, multisque similibus aliis brevitatis ergo prætermissis, liquide
apparet Hieronymum super omnes homines congregasse Eruditorum libros ; in sæcularibus ac sacris
Litteris præceptores habuisse sui temporis omnium
doctissimos, sive Græcos, sive Hebræos ; nullum
denique finem discendi fecisse Romæ, Antiochiæ,
Alexandriæ, Constantinopoli et Hierosolymæ ; ubi
haud dubie vigebant hac ætate Latinorum, Græcorum, ac Hebræorum gymnasia et sæcularium atque
divinarum studia Litterarum.
3. Præcipua quidem hæc sunt argumenta eruditionis Hieronymianæ, sed apex doctrinæ illo jus studiorum, quem Erasmus eleganter expressit verbis : « Tempus omne studiis et orationibus partie-
batur; bonam etiam noctium partem his operis
addens : minima portio dabatur somno, minor cibo,
nulla otio. Studii lassitudinem recreabat precatio,
aut hymnus : mox velut integer ad intermissam lectionem redibat. Relegebat universam bibliothecam
suam, veterum studiorum memoriam sibi renovans :
sacras Litteras ad verbum ediscebat. Meditab tur
in Prophetis, in eruendis oraculorum mysteriis vi-
gilantissimus. Ex Evangelicis et Apostolicis litteris,
velut ex purissimis fontibus, Christi philosophiam
hauriebat. Primus enim ad pietatem gradus est
scire auctoris tui dogmata. Cæteros Interpretes ad-
hibito delectu judicioque legebat, nullum omnino
scriptorem prætermittens, unde non aliquid decer-
peret, non ethnicus, non hæreticus. Noverat enim
vir prudentissimus ex sterquilinio legere aurum :
noverat e fruticibus mellem desumere succum, ara-
neæ sua relinquens venena; et jam tum ab Ægyptiis
quidquid poterat, convasabat, hostium opibus Domini templum locupletaturus. Quoque certior esset
memoria, et paratior usus, quidquid legerat, id in
locos digerebat : compositis singulis, ut affinitatis,
aut pugnantiæ ratio postulabat.... Quid multis? Nihil omnino prætermissum est, quod ad inclytum
Ecclesiæ doctorem, ac vere magnum theologum in-
stituendum pertinebat : ne quid usquam deesset
eruditioni : aut necubi vita parum emendata, doctrinæ minueret et elevaret auctoritatem. »
His etiam addenda supplicationum ac jejuniorum
frequentia, qua sapius a Deo Patre luminum impetrare voluit Vir sanctus cogitationes purum donumque
intelligentiæ perfectum, ut eodem spiritu interpretaretur volumina sacra, quo primum scripta creduntur. Hinc cum frequenter audias in prooemiis opusculorum et epistolis, Orationum vestrarum fultus
auxilio difficillimum opus aggrediar ; vel, Ora igitur,
frater, Dominum Jesum Christum, ut eodem labore
et Spiritus gratia, quo alios Prophetas interpretati
sumus, et hunc explanare valeamus; aut, Orantibus vobis, opus ad finem usque perduxi. Ita Hieronymo nihil
erat sanctius et antiquius, quam ut syntagmata
sua et opuscula orationibus piorum amicorum ac
propriis, austeritateque jejuniorum Domino conse-
crarentur.
Jam post divina subsidia, et humana reliqua consideremus in quarto argumento ac ultimo præjudicio altissimæ eruditionis Hieronymianæ. Neque vero, ἔνθεος, πνευματοφόρος, aut αὐτοδίδακτος, id est,
Deo plenum, Spiritu afflatum, vel sua industria doctum sese reputavit Vir maximus, sed omni diligentia adhibita, opportune, importune, discere cupiebat
quæ nesciebat. Quia vero intellexit quæ Hebræorum
sunt ab Hebræis esse quærenda; quæ Chaldæorum a
Chaldæis; quæ Ægyptiorum ab Ægyptiis ; et quæ
Syrorum ac Græcorum a Syris atque Græcis, horum
omnium consuetudine frequenter usus est, ut rationem linguæ uniuscujusque gentis in codicibus sacris
perspectam haberet. Insuper spectator esse voluit
locorum ubi scripti vel interpretati sunt libri sacri,
ad intimos Scripturarum sensus lucidius intuendos.
« Quomodo enim, inquit ipse, Græcorum historias
« magis intelligunt, qui Athenas viderint ; et ter-
« tium Virgilii librum, qui a Troade, per Leucaten,
« et Acroceraunia ad Siciliam, et inde ad ostia Ti-
« beris navigarint: ita sanctam Scripturam lucidius
« intuebitur, qui Judæam oculis contemplatus est,
« et antiquarum urbium memorias, locorumque vel
« eadem vocabula, vel mutata cognoverit. Unde et
« nobis curæ fuit, cum eruditissimis Hebræorum,
« hunc laborem subire; ut circumiremus provin-
« ciam, quam universæ Christi Ecclesiæ sonant. Fa-
« teor enim, mi Domnion et R.gatiane charissimi,
« nunquam me in divinis voluminibus, propriis vi-
« ribus credidisse, nec habuisse magistrum opinio-
« nem meam ; sed ea etiam de quibus scire me ar-

« bitrabar, interrogare me solitum : quanto magis
« de his super quibus anceps eram? Denique cum
« a me nuper litteris flagitassetis ut vobis Paralipo-
« menon Latino sermone transferrem, de Tiberiade
« Legis quemdam doctorem, qui apud Hebræos ad-
« miratione habebatur, assumpsi : et contuli cum
« eo a vertice, ut aiunt, usque ad extremum un-
« guem; et sic confirmatus, ausus sum facere quod
« jubebatis. »

Eruditionem igitur Hieronymi omni genere rerum cumulatam demonstrant præcedentia quatuor præjudicia et argumenta. Quid enim litterariæ perfectionis in illo desiderare possumus, qui bona indole ardentique ingenio præditus auditor fuit assiduus præceptorum sui temporis in grammatica, in philosophia, et in theologia facile principum? qui ab Hebræis, a Syris, Chaldæis, Ægyptiis, nec non a Græcis viva voce et libris edoctus, universam Scripturam sacram ita animis imbibit, ut pectus suum bibliothecam fecerit Christi, fueritque oraculum Ecclesiæ et summorum pontificum, qui nullam in vita putarunt digniorem confabulationem, quam de Scripturis sermocinari cum Hieronymo; ita tamen ut illi interrogarent, ipse responderet. Hæ sunt exercitationes ingenii : hæc curricula mentis sancti Doctoris. In his desudans atque elaborans, corpore senex tandem esse potuit, animo numquam fuit.

§ III. *Scioli quidam, æmuli ac critici recentiores confutati.*

Pudebit forte sciolos quosdam, æmulos et criticos, tot dotibus ornatum, omnibus numeris absolutum, nullo in genere eruditionis præstantem suspicere Hieronymum, quem illi sæpius in turba imperitorum, vel apud muliereculas canino dente carpere, nec satis eruditum ostendere gloriantur. At quid aiunt æmulatores illi Hieronymianæ virtutis ac eruditionis? Unum præsertim nobis objiciunt, quod videtur minuere laudes peritiæ tanti viri : Sæpe, inquiunt, falsus est Hieronymus in sua Bibliorum translatione, et in Commentariis eorumdem librorum; quia Judæis præbuit se credulum, et non raro fabulis Judaicis ac traditionibus indulsit. Ita David Clericus in Quæstionibus sacris, pagina 245. Sed a Rabbino, inquit, magistro deceptus, ut alii observarunt, vir magnus hallucinatus est. Et Jacobus Capellus Observat. in cap. IV Cantici Cantic. : Id Hieronymus constanter vertit... Sed omnino magnum illum virum decepit Judæus quo tum utebatur. Alter quoque Jacobus Capellus Indice rerum et verborum Criticæ sacræ Ludovici Capelli parentis sui, *in Hieronymo:* Male quædam vertit in textu Hebræo..... et alibi sæpius a præceptore Judæo deceptus. Similes hallucinationes et errores objicit R. Simonius et alii nonnulli : sed illi jam profligati sunt infra in Notis prolixioribus, vel in Commentario meo ad librum Hebraicorum nominum. In commune tamen omnibus Criticis primum respondeo, ut pedem deinde conferam cum Clericis et Capellis, quos non vulgaris eruditio et Hebraicæ linguæ peritia mihi in honore esse postulat.

Quid animi vero Hieronymiani super hac re sit, quamque valde iniqua cantilena illa quam nobis crebro insusurrant tum imperiti catholici, tum heterodoxi critici, ex verbis consequentibus manifestissime declarabitur; cum in eis multa sint argumenta quibus demonstrat Hieronymus se numquam inclinavisse ad Judæos; quanto magis futilibus eorum traditionibus et fabulis indulsisse. Audiant proinde universi et cognoscant æquitatem expostulationis meæ adversus reprehensores tanti viri, qui ex sui animi sententia ita loquebatur in suis opusculis.

Epistola ad Pammachium et Oceanum : « Si ex-
« pedit odisse homines, et gentem aliquam detes-
« tari, miro odio aversor circumcisos. Usque hodie
« enim persequuntur Dominum nostrum Jesum Chri-
« stum in Synagogis Satanæ. Objiciat mihi quisquam,

« cur hominem Judæum habuerim præceptorem.
« Et audet quidam proferre litteras meas ad Didy-
« mum quasi ad magistrum. Grande crimen disci-
« puli, si hominem eruditum et senem magistrum
« dixerim.... Inepta sunt hæc et frivola. »

Præfatione in librum Josue : « Unde cesset arcua-
« to vulnere contra nos insurgere scorpius, et sanc-
« tum opus venenata carpere lingua desistat; vel
« suscipiens, si placet, vel contemnens, si displi-
« cet : memineritque illorum versuum : *Os tuum
« abundavit nequitia, et lingua tua concinnabat dolos.
« Sedens adversus fratrem tuum loquebaris,* etc. Quæ
« enim audientis, vel legentis utilitas est, nos labo-
« rando sudare, et alios detrahendo laborare? Do-
« lere Judæos, quod calumniandi eis et irridendi
« Christianis sit ablata occasio, et Ecclesiæ homi-
« nes id despicere, immo lacerare, unde adversarii
« torqueantur. »

Præfatione in librum Paralipomenon : « Nunc ve-
« ro, cum pro varietate regionum diversa ferantur
« exemplaria, et germana illa antiquaque trans-
« latio corrupta sit atque violata, nostri arbitrii pu-
« tas, aut e pluribus judicare quid verum sit aut no-
« vum opus in veteri opere cudere, illudentibusque
« Judæis, cornicum, ut dicitur, oculos configere. »

Præfatione in librum Tobiæ : « Mirari non de-
« sino exactionis vestræ instantiam : exigitis enim
« ut librum Chaldæo sermone conscriptum, ad Lati-
« num stylum traham; librum utique Tobiæ, quem
« Hebræi de catalogo divinarum Scripturarum se-
« cantes, his, quæ Apocrypha memorant, manci-
« parunt : feci satis desiderio vestro, non tamen meo
« studio. Arguunt enim nos Hebræorum studia, et
« imputant nobis, contra suum Canonem Latinis au-
« ribus ista transferre. Sed melius esse judicans
« Pharisæorum displicere judicio, et episcoporum
« jussionibus deservire, institi ut potui, etc. »

Libro III Apologiæ adversus Rufinum : « Tu La-
« tinas Scripturas de Græco emendabis, et aliud Ec-
« clesiis trades legendum, quam quod semel ab A-
« postolis susceperunt; mihi non licebit post Sep-
« tuaginta editionem, quam diligentissime emenda-
« tam ante annos plurimos meæ linguæ hominibus
« dedi, ad confutandos Judæos etiam ipsa exemplaria
« vertere, quæ ad nostram fidem pertinent roborandam,
« plura reperio. Nunc a Prophetis, Salomone, Psal-
« terio, Regnorumque libris examussim recensitis,
« Exodum teneo, quem illi EELLE SMOTH (ואלה שמות)
« vocant, ad Leviticum transiturus. Vides igitur,
« quod nullum officium huic operi præponendum
« est. »

Epistola ad Damasum, *Septuaginta,* etc. : « Sed ne
« videamur aliquid præterisse charum, quas Judæi
« vocant δευτερώσεις, et in quibus universam scien-
« tiam ponunt : nunc breviter illud attingimus.
« quare in Hebræo sit positum : *Et quis ibit nobis?*
« Sicut enim in Genesi dicitur : *Faciamus hominem
« ad imaginem et similitudinem nostram;* ita et hic
« puto dictum, *Et quis ibit nobis?* Nobis autem qui-
« bus aliis æstimandum est, nisi Patri, et Filio, et
« Spiritui sancto, quibus vadit quicumque eorum
« obsequitur voluntati? Et in eo quidem, quod unius
« loquentis persona proponitur, divinitatis est uni-
« tas : in eo vero quod dicitur, *nobis,* personarum
« diversitas indicatur. »

Epistola ad Hedibiam. Quæstione secunda : « Si
« ergo panis, qui de cœlo descendit, corpus est

« Domini ; et vinum, quod discipulis dedit, san-
« guis illius est novi Testamenti, qui pro multis
« effusus est in remissionem peccatorum : Judaicas
« fabulas repellamus, et 'ascendamus cum Domino
« cœnaculum magnum stratum , atque mundum ;
« et accipiamus ab eo sursum calicem novi Testa-
« menti, ibique cum eo Pascha celebrantes, inebrie-
« mur ab eo vino sobrietatis. »
Libro III Commentar. in Isai., cap. VIII : « Duas
« domus , Nazaræi (qui ita Christum recipiunt, ut
« observationes legis veteris non amittant) duas fa-
« milias interpretantur, Sammaï et Hillel; ex qui-
« bus orti sunt Scribæ et Pharisæi, quorum susce-
« pit scholam Aciba, quem magistrum Aquilæ
« proselyti autumant. Et post eum Meïr, cui suc-
« cessit Johanan filius Zachaï : et post eum Eliezer,
« et per ordinem Delphon. Et rursum Joseph Ga-
« lilæus ; et usque ad captivitatem Jerusalem , Jo-
« sue..... Sammaï igitur et Hillel, non multo prius
« quam Dominus nasceretur, orti sunt in Judæa,
« quorum prior *dissipator* interpretatur, sequens
« *profanus;* eo quod per traditiones et δευτερώσεις,
« suas Legis præcepta *dissipaverint,* atque *macula-*
« *verint.* Et has esse duas domus, quæ Salvatorem
« non receperint, quia factus sit eis in ruinam et in
« scandalum. »
Commentario in Ecclesiasten, cap. V : « Hebræus
« (*ejus præceptor*) ita sentit: Quod non potes facere,
« ne promittas... Sed in eo quod ait : *Ut peccare fa-*
« *cias carnem tuam,* non diligenter eventilans, ita in-
« tellexit, quasi dixisset: *Non des os tuum ut non*
« *pecces.* Nobis vero alter sensus videtur, quod ar-
« guantur hi qui de vitio carnis queruntur, et aiunt
« se corporis necessitate compulsos ea facere quæ
« nolint. »
Eodem Commentario in cap. IX Ecclesiastæ :
« Aliter referebat Hebræus versiculum istum , in
« quo dicitur: *Melior est enim canis vivens super*
« *leone mortuo,* ita apud suos exponi: Utiliorem
« esse quemvis indoctum, et eum qui adhuc vivat
« et doceat, a præceptore perfecto, qui jam mor-
« tuus est..... Sed quia nobis hæc expositio non pla-
« cet, ad majora tendamus... Canis ergo vivens nos
« sumus ex nationibus; leo autem mortuus, Judæo-
« rum populus a Domino derelictus. Et melior est
« apud Dominum iste canis vivens, quam leo ille
« mortuus. Nos enim viventes cognoscimus Patrem,
« et Filium, et Spiritum sanctum; illi vero mor-
« tui nihil sciunt, neque exspectant aliquam re-
« promissionem, etc. »

Pauca istæc de multis in aspectum lucemque proferre volui testimonia, ut ex iis miraretur lector
studiosus futilitatem opinationis tam sciolorum,
quam Criticorum, qui sermonibus ac libris importune nobis recantant, Hieronymum a Judæis deceptum, et plus satis fidem habuisse ipsorum fabulis
et traditionibus. Immo enimvero quis tam difficilis
ad persuasionem et fallaciam , ut Hieronymus fuit
in usu ac consuetudine Hebræorum ? Ille enim est,
qui miro odio aversabatur Circumcisos , et cujus
translatione dolebant et torquebantur Judæi, Ecclesiæ Christi adversarii, qui cornicum illarum quotidie oculos configebat; qui incredulis subterfugiendi diverticula auferebat, et proprio eos confo-
diebat mucrone; qui cum voluminibus Hebræorum
editionem Aquilæ examussim contendebat, ne quid
forsitan propter odium Christi synagoga mutasset;
qui δευτερώσεις Judæorum captivas ad suos sensus
trahebat, vel omnino repellendas docebat et abjiciendas ; qui Deuteratos Judæos, et principes eorum vocat *dissipatores* et *contaminatores* Legis divinæ, quibus Salvator noster factus sit in ruinam et
scandalum. Ipse est denique, qui præceptores suos
Judæos, quamvis in Christum aliqui crediderent,
libertate prudenti atque docta refellit in Comm&n-
tariis. Cessent ergo Critici Judaicas fraudes, captio-
nes et hallucinationes fingere in Hieronymo; cum

istiusmodi suspicionibus reclamitet scientia, prudentia, studium et pietas hominis Dei, ac Doctoris dili-
gentissimi.

Sed jam ad objectas Hieronymo a Clericis et Capellis veniamus hallucinationes. Primum itaque te-
lum, quod David Clericus torquet, hoc modo cudi-
tur : « Quæst. XXVI. De voce עולם αἰών. Dum lego
Hieronymum, non tam ut veteris Ecclesiæ ritus et
opiniones cognoscam , quam ut ex eo ad genuinam
linguæ Hebraicæ cognitionem adipiscendam quæcumque potero petam subsidia, occurrit mihi locus in
Comment. in Epist. ad Galat. cap. I, quem a te expendi velim. Hæc sunt ejus verba : « In Hebræo sæ-
« culum, id est, עולם ubi ו litteram positam habue-
« rit, æternitatem significat: ubi vero sine ו scribi-
« tur, annum quinquagesimum, quem illi Jobilæum
« vocant. Ob hanc causam et ille Hebræus, qui pro-
« pter uxorem et liberos amans dominum suum, aure
« pertusa servitio subjugatur, servire jubetur in
« sæculum, hoc est usque ad annum quinquagesi-
« mum. Et Moabitæ et Hammonitæ non ingredien-
« tur in Ecclesiam Domini usque ad decimam et
« quintam generationem, et usque in sæculum :
« quia omnis dura conditio Jobilæi solvebatur ad-
« ventu. »

« *Responsio.* Primus locus, ad quem respicit Hieronymus, exstat Exod. XXI, 6 ; alter vero Deut. XXIII,
3, et in primo revera abest *Vau,* quod in secundo
cernitur, sed a Rabbino magistro deceptus, ut alii
observarunt, vir magnus hallucinatus est... Ezech.
XXVI, 20, עם עולם, *populus sæculi* appellantur, qui
jamdiu mortui sunt. Ad quem locum *Hieronymus*
aliter hanc vocem interpretatur : « Non eris in sem-
« piternum, sive, inquit, ut in Hebraico עלם, et in
« Græco αἰών scribitur, unum sæculum significat
« juxta illud Isaiæ , qui post septuaginta annos di-
« cit Tyrum restituendam. »

« Miraberis forte *Hieronymum* ita contrarium esse,
ut alibi idem neget quod alibi affirmavit. Sed audi
quanta festinatione Commentarios scripserit. « Aliud
« est, inquit in fin. Comment. in Abdiam, sæpe sty-
« lum vertere, et quæ memoria digna sunt scribere :
« aliud notariorum articulis præparatis, pudore re-
« ticendi dictare quodcumque in buccam venerit. »
In proœmio Comment. Epist. ad Ephesios testatur se
in Commentariis dictandis per singulos dies usque
ad numerum mille versuum pervenisse. Et jam olim
reprehensus fuerat a Rufino, quod sibi non constaret
in Commentariis, eamque rem sic excusat in Apologia sua : « Ego, inquit, in Commentariis ad Ephe-
« sios, etc. » Huc usque David Clericus, et Joannes
item Clericus ex fratre nepos Davidis.

Non dubito quin imperiti catholici nostri, et hæretici omnes hujus temporis, magni faciant præcedentes Clericorum Annotationes in Hieronymum,
ut ipsi autumant, pro merito confutatum. Sed si co-
gnovissent errores et imperitiam hujusmodi confutationis, omnino hallucinationum suarum eos pœni-
teret. Itaque si pœnitere possunt, non mihi succen-
seant, nec stomachari velint, cum sua argumenta
confutata viderint, et manifestam propriam imperitiam.

Arguunt ergo Hieronymum Clerici, quia dixerit
Vir sanctus Hebræum verbum OLAM significare *æter-*
nitatem, si scriptum fuerit cum *Vau,* hoc modo
עולם; sine *Vau* autem scriptum עלם, sonare *sæ-*
culum, sive *annum quinquagesimum et Jobilæum.* Et
quia in voluminibus Hebræis, et in veteribus editionibus Commentariorum S. Hieronymi, reperiunt
hodie vocem OLAM scriptam cum *Vau* in medio עולם,
quamvis ibi ex eodem Hieronymo dictio illa Hebraica *sæculum* interpretetur; arguere sibi videntur
notare inconstantiam sancti Doctoris, *qui alibi idem*
neget quod alibi affirmaverit. Hujus autem inconstantiæ causam esse volunt, festinationem Hieronymi in

Commentariis scribendis, et præceptorem ejus Hebræum, quo legente, Scripturas didicerat, et a quo sæpius deceptus sit.

Verum quis non miretur scriptores deceptos et hallucinatos a Rabbinis et Massorethis incusare alios hallucinationis et erroris Rabbinici? Ipsi Clerici a textu Massorethico et hodierno Hebræo sunt decepti, putantes nomen OLAM scriptum fuisse cum *Vau*, quod plenum vocant, in exemplaribus Hebræis S. Hieronymi; sicut ipse scriptum cernitur Deut. XXIII, 3. Deinde Erasmiana Hieronymi editione decepti, iterum hallucinati sunt existimantes ipsum posuisse in Comment. in Ezec. XXVI, 20. *Sive ut in Hebraico* עלם, *et in Græco* αἰών *scribitur*. Hoc nequaquam scripsit Hieronymus; sed juxta fidem omnium exemplarium manuscriptorum, *sive ut in Hebraico* LOLAM, *et in Græco* ΛΙΩΝ *scribitur*. Lolam autem Hebraice scribi potest cum *Vau* deficiente לעלם, vel cum *Vau* pleno לעולם, ut hodieque scriptum sit, ac *leolam legitur*. Tertius error et quidem Clericorum proprius in eo est, quod asserant Hieronymum deceptum a Rabbino magistro in lectione voluminum Hebraicorum: quasi sanctus Doctor lingua tantum et auribus studiis et, interrogans suum præceptorem, et ab eodem audiens quid legeretur in Hebræorum exemplaribus. Quod profecto vel stultissimum est cogitasse; quia certum et exploratissimum habemus, sanctum Hieronymum lectione quotidiana Hebræorum fontium detentum in lingua Latina, ut ipse ait, aliquam rubiginem contraxisse; editiones Græcas, cum voluminibus Hebræorum, examussim contulisse; elementaque Hebraica ad lumen lucernæ ipsi cæcæ fuisse propter parvitatem.

Constans ergo sibi est sanctus Hieronymus, nec ansam præbuisset tot tantisque Clericorum hallucinationibus, nisi depravatissime fuisset ab usus ab Erasmo et Mariana, qui, ut jam sæpius admonui, lectiones Massorethicas cum punctis et elementis Hebraicis nobis obtrudunt apud Hieronymum; quamvis ipse nullibi reposuerit verba Hebraica nisi tantum Latinis elementis expressa. Nec est quod vir doctus a Clericis quasi festino simillimus arguatur in suis Opusculis; plus enim poterat currim in una die scribendo vel dictando, quam Clerici duodecim mensium spatio et tota mente intenti in compositionem librorum. Cujus doctæ festinationis argumenta manifestissima habemus in Commentariis Prophetarum ac præsertim in epistola de veste sacerdotali, ad Fabiolam, in qua maximæ festinationis hæc sunt indicia : « Hæc ad unam lucubratiunculam, inquit, « cum jam funis solveretur a littore, et nautæ cre-« brius inclamarent, propero sermone dictavi, quæ « memoria tenere poteram, et quæ diuturna in ra-« tionali pectoris mei lectione congesseram : satis « intelligens, magis me loquendi impetu, quam ju-« dicio scribentis fluere; et more torrentis turbi-« dum proferre sermonem. »

Quod modo in reprehensionem Hieronymi objiciunt nobis Capelli tres, id præcipue spectat loca nonnulla Commentariorum in Prophetas, quorum difficultates discutiendæ erunt tomo tertio sequenti editionis nostræ : quamobrem hoc loco pauca subjiciam in defensionem Hieronymi, ut ex iis intelligat prudens lector neminem esse Criticorum qui jure redarguerit Virum doctissimum. Indice igitur rerum et verborum Criticæ sacræ Capelli, hæc notata inveni in Hieronymo : « *Male quædam vertit in textu Hebræo,* 82, *b* ;. . . . *et alibi sæpius a præceptore Judæo deceptus,* 113, etc. ; pagina autem 115, *a*, ita scriptum legimus in Habacuc Prophetam, cap. III, 5 : *Ante faciem ejus ibit mors. Et egredietur diabolus ante pedes ejus*. Hieronymus, inquit Lud. Capellus, hic רשף (reseph) reddit *diabolum;* nempe putavit allegorice hoc loco designari *diabolum,* pestis atque mortis auctorem, ac veluti principem. Sed videtur Judæus aliquis ei imposuisse, atque os sublevisse, cum רשף interpretatur *ventre reptans* (nihil enim simile significat) unde putat diabolum sic esse nuncupatum ob maledictionem, quam in serpentis persona a Deo accepit, Gen. III, eumque esse qui sub serpentis forma Evam decepit. »

Ad hæc annotata a Capello perfacilis et expedita erit responsio nostra, cum e manuscriptis codicibus, qui genuinum retinent Hieronymum, integrum descripsero locum Commentariorum in Habacuc.

« *Ante faciem ejus ibit mors : Et egredietur diabolus ante pedes ejus*. Pro eo, inquit Hieronymus, « quod nos transtulimus *mortem*, in Hebræo tres litte-« ræ sunt positæ (דבר) DALETH, BETH, RES, absque « vocali: Quæ si legantur DABAR, *verbum* signifi-« cant : si DEBER, *pestem*, quæ Græce dicitur : « λοιμός. Denique et Aquila ita interpretatus est : *Ante* « *faciem ejus ibit pestis*. Symmachus : *Ante faciem* « *ejus præcedet mors*. Quinta editio : *Ante faciem* « *ejus ambulabit mors*. Soli LXX et Theodotion *ser-« monem* pro *morte* interpretati sunt. Nec non in « consequenti versiculo, ubi diximus : *Egredietur* « *diabolus ante pedes ejus;* et LXX aliter transtule-« runt, juxta quos postea disputabimus. Aquila pro « *diabolo* transtulit *volatile :* Symmachus autem et « Theodotion, et Sexta editio , *volucrem*, quod Hebraice dicitur RESEPH (רשף): Tradunt autem Hebræi, quomodo in Evangelio princeps dæmonum dicitur esse *Beelzebub,* ita *Reseph* dæmonis esse nomen, qui principatum teneat inter alios ; et propter nimiam velocitatem, atque in diversa discursum, *avis* et *volatile* nuncupetur : ipsumque esse, qui in paradiso sub figura serpentis mulieri sit locutus ; et ex maledictione, qua a Deo condemnatus est accepisse nomen. Siquidem RESEPH, *reptans ventre*, interpretatur. Hoc est ergo , quod dicitur : Statim ut venerit Dominus, et in Jordane fuerit baptizatus , et ad columbæ descensum vox Patris intonuerit : *Hic est filius meus dilectus, in quo mihi complacui, exeunti de aquis occurret diabolus,* et ante pedes illius stabit mors et coluber antiquus, qui quadraginta diebus tentavit eum in solitudine. »

Mirum profecto mihi est videre aliquem Criticum huic doctissimæ expositioni contrarium. Sed, inquit Capellus, Hieronymo os sublevit Judæus, et ei imposuit, cum *Reseph* interpretatur *reptans ventre ;* quia nihil simile significat. Quis vero ipsi Capello ita imposuit, et quis recentiorum Judæorum ei ora sublevit, ut ne-ciret vocem רשף *reseph ,* significare *serpis, reptavit* serpens ? Audiant proinde lectores studiosi verbum *Reseph,* vel *Resaph* in lingua Syra (quæ Hebrææ affinis et contermina est) idem esse , quod *repsit* et *ventre reptavit*. Neque enim ullum consului Lexicon Polyglotton, quod in רשף *reseph ,* radice, eamdem significantiam non statim mihi renuntiaverit. Vide cum primis Heptaglotton Lexicum Edmundi Castelli col. 5634, ubi in dictione supradicta *Reseph* invenies ipsissimam Hieronymi sententiam de diabolo et aliis infernis voluceribus, ac de reptatione serpentis.

Hæc habui de eruditione Hieronymiana, quæ dicerem : ad quam utinam aliquantillum accedamus ; ut ea, quæ ex me in defensionem sancti Doctoris lector prudens audivit, re expertus probare possit. Nam quicumque opuscula ejusac eruditionem agnoscere voluerit, unum Hieronymum peritia omnibus hodiernis Criticis præstare, æquo animo mihi concedet ; ridebitque obscuros quosdam Rabbinorum recentiorum pedissequos, qui cum suis magistris indigni sunt prorsus, ut in aliquo componantur cum doctorum omnium principe et Interpretum phœniæ.

§ IV. *Summa pietas ac religio in Commentariis et Opusculis etiam criticis Hieronymi*.

Summam Hieronymi pietatem in Opusculis etiam

criticis hoc loco breviter demonstrandam suscepi. Ab exemplis autem rem totam perficio, quia in hoc argumento illa sola sufficiunt.

1. Primum sumitur ex epistola ad Fabiolam de Veste sacerdotali: « Super patre suo et matre sua « non inquinabitur. Multa nos facere cogit affectus; « et dum propinquitatem respicimus corporum, et « corporis, et animæ offendimus Creatorem. Qui « amat patrem aut matrem super Christum, non est « eo dignus. Discipulus ad sepulturam patris ire « desiderans, Salvatoris prohibetur imperio. Quanti « monachorum dum patris, matrisque miserentur, « suas animas perdiderunt? Super patre et matre « pollui nobis non licet, quanto magis super fratre, « sororibus, consobrinis, familia, servulis ? Genus « regale, et sacerdotale sumus. Illum attendamus « Patrem, qui numquam moritur, aut qui pro no- « bis moritur: et qui ideo vivens mortuus est, ut « nos mortuos vivificaret. Si quid habemus de « Ægypto, quod princeps mundi suum possit agnos- « cere, tenenti Ægyptiæ cum pallio relinquamus. « Syndone opertus adolescens vinctum Dominum se- « quebatur: in laqueos nisi expeditus et nudus per- « sequentium declinasset impetu. Reddamus paren- « tibus, quæ parentum sunt: si tamen vivunt: si ser- « vientes Domino filios suos præferri sibi gloriantur.

« Et de sanctis non egredietur, et non polluet sanc- « tificationem Dei sui. Pro otioso quoque verbo ra- « tionem redditui sumus; et omne quod non ædi- « ficat audientes, in periculum vertitur loquentium. « Ego si fecero, si dixero quidpiam quod reprehen- « sione dignum est: de sanctis egredior, et polluo « vocabulum Christi, in quo mihi blandior: quanto « magis pontifex et episcopus, quem oportet esse « sine crimine: tantarumque virtutum, ut semper « moretur in sanctis, et paratus sit victimas offerre « pro populo, sequester hominum et Dei, et carnes « Agni sacro ore conficiens: quia sanctum oleum « Christi Dei sui super eum est. Non egredietur de « sancto, ne vestimentum, quo induus est, polluat. « Quotquot enim in Christo baptizati sumus, Chris- « tum induimus. Ille montanus habitator, qui de » Jerusalem descendebat in Jericho, non prius vul- « neratus est quam nudatus. Infunditur ei oleum « medicamentum lene, et misericordia temperatum « et quia debuit negligentiæ sentire cruciatum, vini « austeritate mordetur, ut per oleum ad pœniten- « tiam provocetur, per vinum severitatem sentiat « judicantis.

« Ego jam mensuram epistolæ excedere me intel- « ligo, et excipientis ceras video esse completas. « Unde ad reliqua transeo, ut tandem finiatur ora- « tio. Lamina aurea rutilat in fronte; nihil enim « nobis prodest omnium rerum eruditio, nisi Dei « scientia coronemur. Lineis induimur, ornamur « hyacinthinis, sacro balteo cingimur, dantur no- « bis opera, rationale in pectore ponitur: accipi- « mus veritatem, profert sermo doctrinam: imper- « fecta sunt universa, nisi tam decoro currui dignus « quæratur auriga, et super creaturas creator insi- « stens, regat ipse quæ condidit. Quod olim in la- « mina monstrabatur, nunc in signo ostenditur cru- « cis. Auro legis, Sanguis Evangelii pretiosior est. « Tunc signum juxta Ezechielis vocem gementibus « figebatur in fronte: nunc portantes crucem dici- « mus: Signatum est super nos lumen vultus tui, Do- « mine. Bis in Exodo legimus, præcipiente Do- « mino, et Moyse jussa faciente, ceto vestium ge- « nera Pontificis. In Levitico de septem tantum « scriptum est: et refertur quomodo Moyses fra- « trem suum Aaron illis induerit: de solis femi- « nalibus nihil dicitur: hæc, ut arbitror, causa, « quod ad genitalia nostra, et verenda lex non « mittit manum; sed ipsi secretiora nostra, et con- « fusione digna tegere, et velare debemus, et con- « scientiam puritatis, ac seminum Deo judici reser- « vare. De cæteris virtutibus, v. gr. sapientia,

« fortitudine, justitia, temperantia, humilitate, « mansuetudine, liberalitate, possunt et alii judicare; « pudicitiam sola novit conscientia, et humani « oculi ejus rei certi judices esse non possunt: abs- « que his, qui passim in morem brutorum anima- « lium libidini expositi sunt. Unde et Apostolus: « De Virginibus, inquit, præceptum Domini non ha- « beo : quasi Moyses loquatur, feminalibus ego non « vestio, nec impono alicui necessitatem : qui vult « sacerdos esse, ipse se vestiat. O quantæ virgi- « nes, et quantorum sperata pudicitia in die judi- « cii dehonestabitur : quantorum infamata pudicitia « a Deo judice coronabitur. Ipsi igitur assumamus « feminalia : ipsi nostra verenda operiamus : non « quæramus alienos oculos. Ita tegantur genitalia, « ut nullorum oculis pateant, ne quando intramus « Sancta sanctorum, si qua apparuerit turpitudo, « morte moriamur.

« Jam sermo finitur, et ad superiora retrahor. « Tanta debet esse scientia et eruditio pontificis « Dei, ut et gressus ejus, et motus, et universa « vocalia sint. Veritatem mente concipiat, et toto « eam habitu resonet et ornatu : ut quidquid agit, « quidquid loquitur, sit doctrina populorum. « Absque tintinnabulis enim et diversis coloribus, « et gemmis floribusque virtutum, nec sancta in- « gredi potest, nec nomen antistitis possidere. Hæc « ad unam lucubratiunculam, cum jam funis solve- « retur a littore, et nautæ crebrius inclamarent, « propero sermone dictavi, quæ memoria tenere po- « teram, et quæ diuturna in rationali pectoris mei « lectione congesseram : satis intelligens magis me « loquendi impetu, quam judicio scribentis fluere, « et more torrentis turbidum proferre sermonem. « Fertur in indice Septimii Tertulliani liber de Aa- « ron vestibus, qui interim usque ad hanc diem a « me non est repertus. Si a vobis propter celebri- « tatem Urbis fuerit inventus, quæso ne meam stil- « lam illius flumini comparetis. Non enim magno- « rum virorum ingeniis, sed meis sum viribus « æstimandus. »

2. Ex epistola quoque ad eamdem Fabiolam de quadraginta duabus Mansionibus Israel in deserto, hæc habes exempla virtutum : « Ex quo animad- « vertimus non in monte simpliciter, sed in montis « monte Pontificem mortuum, ut dignus locus me- « ritis illius monstraretur. Moritur autem eo anno, « quo novus populus repromissionis terram intra- « turus erat in extremis finibus terræ Idumæorum. « Et quamquam in monte sacerdotium Eleazaro fi- « lio dereliquerit, Iesque eos, qui eam impleverint, « perducat ad summum : tamen ipsa sublimitas non « est trans fluenta Jordanis, sed in extremis terre- « norum operum finibus, et plangit eum populus « triginta diebus : Aaron plangitur, Jesus non plan- « gitur. In lege descensus ad inferos, in Evangelio « ad paradisum transmigratio. Audivit quoque Cha- « nanæus quod venisset Israel, et in loco explora- « torum, ubi quondam offendisse populum noverant, « ineunt prælium, et captivum ducunt Israel, Rur- « sumque in eodem loco pugnatur, ex voto victor « vincitur, victi superant, appellaturque nomen « loci Horma, id est, anathema. Eadem dicere mihi « non est pigrum, legentibus necessarium, quod « semper humanus status in hujus sæculi via fluc- « tuet, et alius in valle, alius in campis, alius « moriatur in monte, id est, in excelso vertice. « Cumque nos Dei auxilio destitutos hostis invase- « rit, duxeritque captivos, non desperemus salutem; « sed iterum armemur ad prælium. Potest fieri ut « vincamus, ubi victi fuimus, et in eodem loco « triumphemus, ubi fuimus ante captivi. »

3. Ex epistola ad Principium Virginem : « Accin- « gere gladio tuo super femur tuum fortissime. Istum « arbitror te locum optime intelligere, et accinc- « tam Christi gladio militare. Ut autem scias sem- « per virginitatem gladium habere pudicitiæ, per

« quem truncat opera carnis, et superat voluptates,
« gentilis quoque error deas virgines finxit arma-
« tas. Accinxit et Petrus lumbos suos, et ardentem
« lucernam habuit in manibus suis. . . . . Gloria
« ergo et decore suo, sive specie et pulchritudine
« divinitatis suæ carnis opera mortificans, et natus
« ex Virgine, futuris virginibus virginitatis prin-
« ceps fuit. »

4. Ex epistola ad Cyprianum presbyterum : « *Domine, habitaculum factus es nobis in generatione et
generatione.* Septuaginta : *Domine, refugium factus
es nobis, in omni generatione et generatione.* Pro
habitatione et refugio in Hebraico, MAON ponitur, quod magis habitationem quam refugium
sonat. Narraturus autem tristia, et genus deplo-
raturus humanum, a laudibus Dei incipit : ut
quidquid postea homini accidit adversorum, non
Creatoris duritia, sed ejus qui creatus est culpa
accidisse videatur. Qui sustinet tempestatem, vel
petræ, vel tecti quærit refugium. Quem hostis
persequitur, ad muros urbium confugit. Fessus
viator tam sole quam pulvere, umbræ quærit solatium. Si sævissima bestia hominis sanguinem sitiat, cupit et nititur, utcumque poterit, præsens vitare discrimen. Ita et homo a principio
conditionis suæ Deo utitur adjutore : et cum illius sit gratiæ quod creatus est, illiusque misericordiæ quod subsistit et vivit ; nihil boni operis
agere potest absque eo, qui ita concessit liberum
arbitrium, ut suam per singula opera gratiam non
negaret : ne libertas arbitrii redundaret ad injuriam conditoris ; et ad ejus contumaciam, qui
ideo liber conditus est, ut absque Deo nihil esse
se noverit. Quod autem dixit, *in generatione et
generatione,* omnia significat tempora, et ante
Legem, et in Lege, et in Evangelii gratia. Unde
et Apostolus dicit : *Gratia salvi facti estis per fidem, et hoc non ex vobis, sed ex dono Dei.* Et omnes epistolæ ejus in salutationis principio, non
prius pacem habent, et sic gratiam ; sed ante gratiam, et sic pacem; ut, donatis nobis peccatis nostris, pacem Domini consequamur.

5. Ex Comment. in cap. x Ecclesiastæ : « *Væ tibi
terra, cujus rex adolescens, et principes tui mane
comedunt. Beata terra, cujus rex tuus filius ingenuorum, et principes tui in tempore comedunt ; in
fortitudine, et non in confusione.* Videtur quidem
reprobare juvenum principatum, et luxuriosos judices condemnare ; quod in altero per ætatem
sit infirma sapientia, in aliis etiam matura ætas
deliciis enervetur. Et econtrario principem probare bonis moribus, et liberaliter institutum ; et
eos judices prædicare, qui nequaquam voluptatem
negotiis civium præferant ; sed post multum laborem et administrationem reipublicæ, cibum capere quasi necessitate cogantur. Verum mihi sacratius quid latere videtur in littera : quod juvenes dicantur in Scriptura, qui a veteri auctoritate
desciscunt, et cana præcepta parentum contemnunt ; qui, neglecto Dei mandato, cupiunt statuere traditiones hominum. De quibus et in Isaia
Israeli Dominus comminatur ; eo quod noluerit
aquam Siloe, quæ vadit cum silentio ; et veterem
piscinam averterit, eligens sibi fluenta Samariæ,
et gurgites Damasci. *Et dabo,* inquit, *juvenes
principes eorum, et illusores dominabuntur eis.*
Lege Daniel, et Vetustum dierum invenies Deum.
Lege Apocalypsim Joannis, et caput Salvatoris
candidum ut nivem, et quasi lanam albam reperies. Jeremias quoque, quia sapiens erat, et cani
ejus in sapientia reputabantur, prohibetur juvenem esse se dicere. Væ ergo terræ, cujus rex est
diabolus, qui semper novarum rerum cupidus,
etiam in Abessalon adversus parentem rebellat ;
quæ judices et principes eos habet, qui ament hujus sæculi voluptates, qui antequam dies mortis
adveniat, dicunt : Manducemus, et bibamus ; cras
enim moriemur. Econtra beata terra Ecclesiæ,
cujus rex est Christus Filius ingenuorum, de
Abraham, Isaac et Jacob, Prophetarum quoque et Sanctorum omnium stirpe descendens,
quibus peccatum non fuit dominatum ; et ob
id vere fuerunt liberi. Ex quibus nata est Virgo liberior sancta Maria, nullum habens fruticem, nullum germen ex latere : sed totus fructus ejus erupit in florem, loquentem in Cantico Canticorum :
Ego flos campi, et lilium convallium. Principes
quoque ejus sunt Apostoli, et omnes sancti, qui
regem habent filium ingenuorum, filium liberæ,
non de ancilla Agar, sed de Saræ libertate generatum. Nec comedunt mane, nec velociter. Non
enim in præsenti sæculo quærunt voluptatem ;
sed tempore suo manducabunt, cum retributionis tempus advenerit : et manducabunt in fortitudine, et non in confusione. Omne bonum præsentis sæculi confusio est ; futuri, perpetua fortitudo.
Tale quid et in Isaia dicitur : *Ecce qui servient
mihi, manducabunt ; vos autem esurietis.* Et iterum :
*Ecce qui servient mihi, lætabuntur ; vos autem pu-
debit.*

« *In pigritiis humiliabitur contignatio ; et in infirmitate manuum stillabit domus.* Domus nostra,
cum statu hominis erecta est, et habitatio, quam
habemus in cœlis, si pigri sumus, et ad bona
opera tardiores, humiliabitur. Et omnis continga-
tio quæ debet culmen portare in sublime, ad terram corruens habitatorem suum opprimit. Cumque auxilium manuum virtutumque torpuerit,
omnes desuper tempestates, et nimborum ad nos
turbo prorumpit. Porro quod in homine uno interpretati sumus, melius potest super Ecclesia accipi : quod per negligentiam principum, omnis ejus
corruat altitudo : et ibi vitiorum illecebræ sint,
ubi tegmen putabatur esse virtutum. »

Hæc sunt exempla, quibus ad lectionem Opusculorum Hieronymi provocare te volui, lector studiose ;
ratus in illis non Rabbinicam et exsanguem eruditionem te reperturum, sed uberrimos pietatis et
religionis Christianæ fructus ex eorum lectione per-
cepturum. Denique nemo miretur si quid mihi exciderit in tanta tamque difficili editione Operum sancti Hieronymi; solus enim et nullius auxilio recrea-
tus hunc laborem Herculeo majorem sustinere
compulsus sum.

COMMENTARIUS IN LIBRUM NOMINUM HEBRAICORUM.

In edendis hodie sanctorum Patrum, aliorumve
Scriptorum opusculis ac syntagmatibus, sic nobis
usus est, ut perfecta completaque editione contextuum, præfationes totius operis præviæ, seu prolegomena universalia ultimum prælo subjiciantur ; atque
capiti voluminis quasi componendo extrema manus
imponatur. Ex ea recepta modo apud librorum editores consuetudine vel hoc incommodum sæpius
emergere potest, quod dum auctor inceptum novæ editionis decurrit laborem, ipse mortem oppetat priusquam aggrediatur ad communiendam aliqua generali præfatione illam editionem ; lectoremque studiosum commonefaciat de multis a se gnaviter præ-
stitis, quorum notitia ab alio scriptore nobis deinceps
minime aperienda est. Huic ego laudabilium studiorum discrimini obviam ire percupiens, librum Hebrai-

corum Nominum, cujus forte præfationem ante vitæ occasum non sum editurus, Commentario hic illustrandum suscepi ; ut sciret benignus lector in quantas salebras primus inciderim correctoris officio defunctus, depravata nomina undique convertens, omissa bene multa repetens, ac superflua quæque jugulans in volumine Hieronymiano, sæpius quidem antehac edito ; sed ut primis sic et secundis curis male edito atque neglecto. Nullum enim (audacter loquor) virorum doctorum opusculum ævo nostro prodiit in lucem cum tanta errorum congerie : nullum cum minori legentium utilitate. Quid namque aliud est antea editus liber Nominum Hebraicorum, quam fœdum Hieronymi cadaver ad deterrendos simpliciores ab studio divinarum Litterarum, et ad commovendum eruditis cachinnum, propter ineptias quibus scatet ubique totus? Opus itaque ante nos adeo neglectum, et omni horridum squalore, nunc vero integrum prorsus immaculatum, splendidumque, ne sua sponte natum putarent quidam fastidiosi rerum æstimatores, causas originesque tum veteris corruptelæ, tum exantlati a me laboris commentariolo docere volui, ut sic tandem intelligant studiosi homines, quanta in antea editis libris desiderentur, et qualia perpessus sim luctando quotidie cum errorum monstris, atque portentis verborum, quæ decem ad minus mensium spatio exagitavi, donec antiquarem obliteranda, ac pro virili exstinguerem universa male scripta vel edita, nedum in Latinis exemplaribus Hieronymianis, sed in Græcis etiam Fragmentis Philonis, ac toto Origenis Lexico Græco Nominum Hebraicorum ; quæ hic magno labore descripsi ac interpretatus sum.

CAPUT PRIMUM.

De Auctoribus libri Nominum Hebraicorum.

Tres simul hujus Operis scriptores fuisse docuit nos ultimus eorum ipse Hieronymus in ea quam edidit ad frontem libri præfatione. Philo, vir disertissimus, Judæorum prior fuit qui Nomina Hebraica veteris Testamenti Græce interpretatus est, eorumque etymologias juxta ordinem litterarum e latere copulavit. Hunc excipit Origenes, qui inter cætera ingenii sui præclara monumenta etiam in hoc laboravit, ut quod Philo quasi Judæus omiserat, ipse ut Christianus impleret ; addens nempe Nomina Hebraica novi Testamenti, quæ apud Philonem nequaquam legebantur. Tertius posteriorque hujus operis conditor exstitit Hieronymus. Is vetus ædificium nova cura totum instaurans, fecisse se dicit quod non solum a Latinis, sed a Græcis quoque appetendum sit : plurima namque emendavit ad fidem Hebræorum fontium, quæ in Philonis aut Origenis Græcis exemplaribus depravata jacebant. Verum non facile dictu est, quænam sint Judæi Philonis vel Origenis, quænam Hieronymi nostri in libro Nominum Hebraicorum. Neque vero indicare voluit Hieronymus nomina aut verba ab ipso castigata, ac in meliorem formam restituta ; satius existimans de iis tacere, quam quid reprehensione dignum scribere. Ob illam sancti Doctoris modestiam non pauca nos latent, quorum notitia haud mediocriter juvat ad vitanda cæca præjudicia, quibus hodie plures implicantur. Hujusmodi errorum ne particeps egomet invenirer, multo sudore quæsivi quod nemo ante nos docuit, ut compertum aliqua saltem ex parte haberem, quæ propria Philonis, aut Adamantii essent ; et quænam Hieronymo ascribenda. De hoc igitur argumento disputandum nobis incumbit in paragraphis consequentibus.

§ 1. Quænam nomina Philoni Judæo accepta referamus in libro Nominum Hebraicorum.

Si superessent integra nonnulla exemplaria Græca Philonis, nobisque ad usus fuissent concessa, omni ambiguitate propulsa, statim innotesceret genuinus illius fetus, æque ut Hieronymiana in Nominibus Hebræis restitutio : sed ad nostram usque ætatem cum minime pervenerit liber Græcus Judæi scriptoris, licet tempore Hieronymi vulgo haberetur a Græcis, et bibliothecas orbis impleret, alia ratione judicium habendum erit de his quæ in quæstionem sunt proposita. Distinctio itaque Hieronymianæ castigationis in libro Nominum Hebraicorum ab iis quæ primus ejus conditor scripserat, petenda imprimis mihi videtur e septuaginta Translatorum editione, quam utique solam noverat Philo Hellenista Judæus ; cuique totus adhærebat in concinnando Nominum Hebraicorum volumine : hinc enim manifesta primum nobis erunt nomina, quæ integra adhuc perseverant, ut a Philone mutuata sunt de versione Septuaginta Interpretum, et ab Hieronymo immutata relicta.

Hujus generis sunt primo verba Hebraica sine interpretatione posita ab ipsis Septuaginta Translatoribus, quæ vel aliter lecta, vel Latine versa habemus a sancto Hieronymo. Exempli gratia in libro Geneseos legebant LXX Interpretes, *Achi, Chazib, Naid,* et similia nonnulla, quæ Hieronymus diverso modo legenda decrevit, aut interpretatus est. Unde hac e omnia reprehendens libro Quæstionum Hebraicarum in Genesim, haud indocte de *Naid* observabat istud, (*Gen.* IV, 16). *Et habitavit in terra Naid.* « Quod « Septuaginta, inquit, NAID, transtulerunt, in Hebræo « NOD (נוד) dicitur, et interpretatur σαλευόμενος, id « est, instabilis et fluctuans, ac sedis incertæ. Non « est igitur terra Naid, ut vulgus nostrorum putat; « sed expletur sententia Dei. quod *huc atque illuc* « *vagus et profugus oberravit* (*Gen.* XXXVIII, 5). » De nomine *Chazib* consequenter etiam disputat, et post citatum Scripturæ testimonium juxta Septuaginta, « Hæc autem erat in Chazbi, quando peperit eum, « ita ait : Verbum Hebraicum hic pro loci vocabulo « positum est, quod Aquila pro re transtulit, dicens : « Et factum est ut mentiretur in partu postquam « genuit Selom. Postquam enim genuit Selom, stetit « partus ejus. Chazbi ergo non nomen loci, sed « mendacium dicitur. Unde et in alio loco scriptum « est : Mentietur opus olivæ, id est, fructum oliva « non faciet. » Advertat prudens lector, nomen *Casbi* scriptum fuisse a Philone in libro Nominum Hebraicorum, juxta Græcum Χασϐί quod legimus apud LXX, sed ab Hieronymo restitutum ad fidem Hebræi fontis, ubi scriptum est כזיב. *Chazib* cum *Zain* in medio et *Beth* in fine vocis. *Chazib* igitur partim Philonis est Judæi, partim Hieronymi nostri in libro jam dicto Heb. Nom.

Nefas esset omissse quod de nomine *Achi*, idem Hieronymus disseruit libro jam laudato Quæstionum Hebraicarum in Genesim ; pulchre enim hæc observare voluit super illo vocabulo « Bis in Genesi scri« ptum est *Achi*, et neque Græcus sermo est, nec « Latinus. Sed et Hebræus ipse corruptus est ; dici« tur enim in *Ahu* (אהו) hoc est, in palude. Sed « quia *Vau* littera apud Hebræos, et *Jod* similes « sunt ; et tantum magnitudine differunt, pro *Ahu*, « *Ahi* Septuaginta Interpretes transtulerunt ; et se« cundum consuetudinem suam ad exprimendam « duplicem aspirationem *Heth* Hebrææ litteræ, *Chi* « Græcam litteram copulaverunt. » Ita est : bis in Genesi legimus *Achi*, sive *Achei* apud Septuaginta, quia bis scriptum est in Hebræo אחו *Ahhu*, videlicet capite quadragesimo primo, versu secundo, et decimo octavo. Nam his locis pro Hebræo באחו *baahhu* Septuaginta transtulerunt ἐν τῷ Ἄχει, id est, *in Achi*. Hoc autem quod in Genesi dicimus de Nominibus Hebræis sine interpretatione positis a Septuaginta, ac deinde Philonis opera derivatis in librum Hebr. Nom. observandum similiter monemus in cæteris veteris Instrumenti voluminibus, ubi quamplurima id genus nomina legentibus passim observanda veniunt.

Secundo nulli dubium esse potest, quin nomina Græca posita pro Hebræis ascribantur Philoni Judæo, qui hæc omnia mutuavit e LXX Translatione ; et Græca elementa quasi Hebræa interpretatus est. Insigne hujus libertatis argumentum præbet vox

Eroon, sive *Eroum* cum ejusdem etymologia e regione copulata. Nam purum putum est verbum Judæi scriptoris Hellenistæ, qui Genesis capite quadragesimo sexto, versu vigesimo octavo legebat, juxta Septuaginta Interpretes, Judam a Jacobo missum fuisse ad Joseph, ut occurreret ei ad urbem Heroum, καθ' Ἡρώων πόλιν, in terram Ramesse: cum teste Hieronymo, ac reclamantibus Hebræorum codicibus Scriptura nec *urbem* habeat *Heroum*, nec *terram Ramesse*; sed tantum *Gessen*. Nominis igitur Ἡρώων. *Eroon* conficti a Septuaginta Interpretibus, rationem atque originem sic deducit Philo in libro Nominum Hebraicorum, ac si alicubi in Genesis volumine Hebraice legeremus עירון *Eroon*, quod non incongrue verteretur *vigiliæ dolorum* quia ער *Er*, vel עיר *ir*, significat *vigilantem*, sive *vigilem*; אך *on* quoque *dolor* et *molestia* dicitur. De his vero Græcis vocabulis absurde satis figuratis ac interpretatis secundum linguam Hebraicam Hieronymus sæpissime lectorem admonuit; unde manifestum exstat, eruditissimum virum minime participem fuisse indoctarum interpretationum, quibus refertus est liber Nominum Hebraicorum: ut ex præsenti vocabulo *Eroon* præcipue liquet, quod Philo interpretatur, *in facie eorum*. Neque enim Hebræorum licet acutissimos mihi aliquando suadebit, in voce illa Ἡρώων elementa invenire Hebraica, quæ juxta proprium idioma sonent, *in facie eorum*. Deest namque littera *Beth* ב, præpositio necessaria, quæ Latine vertitur *in*. Præterea licentiosum est dicere *Eroon* significantiam habere *faciei*, propter unam litterulam *Resch*, quæ in medio ejus est, nec sola potest supplere vices nominis מראה *mare, vultum* aliquando et *faciem* significantis. Procul sit igitur ab Hieronymo nostro immoderata illa libertas confingendorum nominum, ac ratio interpretationis eorum; quia indoctos fallere, doctos vero offendere apta dignoscitur.

Tertio non solum Nomina Hebræa, et ad ipsorum formam Græca conficta cum suis etymologiis, Judæo Philoni accepta hic referuntur; sed illa etiam vocabula, quæ constant tum ex vocibus, tum ex articulis Hebræorum. Exempli causa nomina *Aeberim*, *Afferezæi*, et *Accherubim*, quæ sub hac forma leguntur in Exodo, composita deprehendi ex præfixo articulo ה *he*, quem emphaticum vocant. Nam *Aeberim* nomen est *Eberim*, id est, *Hebræi*; *Afferezæi* ipsum *Pherezæi*; et *Accherubim* idem quod *Cherubim*. Sed quia Hellenistis Judæis legere placuit hujusmodi nomina, et alia non pauca, cum ה *He*, quod pronuntiant *a*, nemini mirum videatur si pro *Cherubim* scripserint *Accherubim*; pro *Pherezæi*, *Afferezæi*, etc. Hæc enim cum initiali articulo, qui congeminant litteram sequentem, nonnumquam scribuntur in textu Hebraico, העברים *Aeberim*; הפרזי *Afferezi*; הכרבים *Accherubim*. Immutata igitur hæc nomina reliquit Hieronymus in libro Hebraicorum Nominum, quia diverso modo scripta leguntur in Hebræo, id est, interdum cum *he* emphatico, et sæpius absque illo articulo.

Quarta species verborum et interpretationum Philonis superest, ni fallor, in Græco Lexico Hesychii grammatici Alexandrini, qui non ab alio quam e libro Græco Judæorum disertissimi Hellenistæ, id est, ex libro Nominum Hebraicorum, mutuari potuit nomina bene multa, quæ ipse interpretatur juxta proprietatem linguæ Hebraicæ. Nam unde fluxit apud Hesychium tanta copia nominum, quorum ratio ignorata erat ab omnibus Græcis scriptoribus profanis, nisi ab illo primo conditore voluminis Hebraicorum vocum, sive Lexici sacri, cujus usuram habuisse Alexandrinis facile licuit? Ergo quæcumque leguntur nomina Hebraica, interpretata secundum proprium idioma in Lexico Hesychiano, haud dubie Philonem Judæum primum parentem agnoscunt. Hujusmodi sunt nomina consequenter a me subjecta, quia hæc nec operi meo superflua, nec curioso lectori injucunda futura existimo. Ἄβελ, πένθος, id est, *Abel,*

luctus. Ἀβράμ, περάτης, ἡ πατὴρ μετέωρος. Ἀβράμ δὲ, πατὴρ πολλῶν ἐθνῶν; quod Latine vertitur: *Abram, transitor*, vel *pater excelsus*. *Abraham* vero, *pater multarum gentium*. Unde noverat Hesychius grammaticus Græcus, quod *Abel* significat *luctum*; quod *Abram* sonet *transitorem*, sive *patrem excelsum*: *Abraham* vero, *patrem multarum gentium*? Certe id genus interpretationes ipsum non docuit Aristarchus, nec Appion, nec Diogenianus; sed Judæus Philo qui edidit librum Nominum Hebraicorum, eorumque etymologias e latere copulavit. Id maxime probat error inveteratus apud Philonem, ac Græcos hujus Scriptoris pedissequos, docentes *Abram* significare περάτην, hoc est, *transitorem*; cum περάτης sit cognomen Abrahæ, qui עברי *Ibri*, id est, *Hebræus*, dictus est Genesis capite decimo quarto, versu decimo tertio. *Ivri* autem, sive *Ibri*, vertitur in *transitorem*: ut nomen *Abram* juxta fidem elementorum proprietatemque linguæ Hebraicæ, exprimitur *pater excelsus*. Dixi errorem inolevisse apud Græcos, quo *Abram* interpretantur περάτην. Hoc plane liquet ex Regio ms. codice 2282, in quo scriptum est fol. 67, Ἀβραμ, πὰρ ὑψηλὸς, ἡ περάτης. id est, *Abram. pater excelsus, vel transitor*.

Idem quod supra evincunt alia vocabula cum suis interpretationibus, ut est illud Ἀδάμα, παρθενικὴ γῆ, *Adama, virginea terra*; et in ms. Regio fol. 84, Ἀδάμα, γῆ παρθένος. *Adama, terra virgo*. Quæ perfecte consonant Hesychianæ interpretationi, quia ex una scaturigine utraque lectio derivata est. Sed ne quid fidei vel diligentiæ a me desiderari queat in recitatis codicum mss. lectionibus, moneo Lectorem studiosum plura in illis reperiri corrupte scripta; nam ita legimus in prædicto Regio codice: Ἀδάμ γῆ παρθένος, ἡ γῆ αἱματώδης, id est, *Adam, terra virgo, vel terra sanguinea*. Nomen igitur Ἀδάμα posuit Græcus scriptor pro Ἀδάμ, ut in promptu probatio est ex ipsomet codice manuscripto, qui nomen Ἀδάμ eodem loco bis posuit cum diversis interpretationibus, quarum priores conveniunt nomini *Adam*, posteriores vero duæ nomini *Adama*. Jam si quis scire voluerit cur *Adama*, ex qua homo dicitur formatus, terra virginalis exprimatur, meminisse debet *Adama* apud Hebræos idem esse quod *terra rubra*; terra autem vera, pura, et intacta rubet, quæque γῆ παρθένος, *terra virgo*, significat partem terræ rubeam, quæ nondum manibus contrectata est, nec pedibus conculcata; qualis erat haud dubie illa ex qua plasmatus legitur primus homo de terra terrenus. Hinc Philo libro de Mundi opificio, pag. 52, causas multiplices perfectionis Adæ corporis edisserens, materiam puriorem et sinceriorem in ejus plasmatione sumptam esse docuit. « Altera vero, inquit, causa, quia non « ex quavis terræ parte humo sumpta, videtur Deus « hanc humana specie statuam formare voluisse « summa cum diligentia : sed selecta undequaque « optima, ex pura materia, ἐκ καθαρᾶς ὕλης, ad id « quod inerat purissimum excolasse accurate, quod « maxime ad hoc opus aptum erat. » Nec insolens est apud eumdem Philonem *terræ virginalis* appellatio; nam libro de Cherubim, pag. 116, allegorice de virtutibus disputans, mentem sapientis viri hoc nomine cohonestat, dicens: « Et sapientiæ vir, semen « felicitatis in usum mortalium jaciens in bonam « terram et virginem, εἰς ἀγαθὴν καὶ παρθένον γῆν, « Decet enim impollutam intactam puramque, et « vere virginem naturam, τῇ πρὸς ἀλήθειαν παρθένῳ, « cum Deo colloqui, etc. » Terra igitur virgo sive virginalis idem esse perhibetur, quod natura sit materia intacta puraque, ex qua compactum fuisse Adami corpus Philoni disserenti facile concedent docti pariter et indocti. *Adama* autem unde sumpsit est protoplastes, intacta prorsus erat puraque humus; quam proinde Græci scriptores non immerito *terram virginem* interpretantur.

Sed ad nomina Hebraica in Lexico Hesychiano, ac in Regio codice manuscripto memorata si redierit disputatio nostra, occurrit imprimis *Abdiæ* nomen cum obscura et nimis intricata etymologia ; quia diversa est in illis, tam vocibus, quam rerum intellectu. Apud Hesychium enim scriptum est , ʼΑϐδιοῦ, (a), Ἑρμοῦ δοῦλος ἐξομολογητὸς, id est, *Abdiæ Mercurii servus confitens*. In codice autem ms. verba distincte leguntur hoc modo : ʼΑϐιοῦ, δοῦλός μου, ἐξομολογητὸς, *Abdiæ, servus meus, confitens.* Quantum distet *Mercurii servus*, ab alia interpretatione, *servus meus*, perspicuum est studiosis omnibus. Utrumque tamen scriptores Græci quantumvis diversum extundere potuerunt ex Hebræo עבדיה, *Abdia :* quia in hac voce, si ultimam litteram ה *he* quiescentem accipimus, *Abdi* legetur, quod recte interpretabimur *servum meum*, juxta codicem manuscriptum. Deinde cum עבדיה, *Abdia* composita sit vox ex *Abad* et *Ia*, Latine vertitur *servus Dei* vel *Domini*. Quod nomen convenire potest Mercurio, qui *servus*, sive *minister*, hoc est *nuntius Dei*, et dictus et creditus est apud gentiles falsorum deorum cultores. Ex quo autem profluxerit diversa interpretationis ratio in Hesychio, et in manuscripto Regio, non facile dixerim : nisi forte μοῦ factum dicamus ab Ἑρμοῦ ; aut vicissim ἑρμοῦ ex μοῦ. Quidquid in ea re acciderit, major remanet difficultas in consequenti verbo ἐξομολογητὸς, quod nullo modo explicare potest dictionem Hebræam עבדיה *Obadia*, seu *Abdia*. Nam violenter nimis ʼΑϐδιοῦ interpretatum erit ἐξομολογητὸς, *confitens*, propter ʼοῦ primam syllabam nominis ʼΙούδα illud significantis. Quapropter nominis ἐξομολογητὸς interpretatio mihi videtur non Hebræi *Abdiou*, sed Græci *Hermou*, quod apud ipsum Hesychium interpretatur *præco*, Ἑρμῆς, κήρυξ. At de his judicium habeant eruditi homines.

Alia sunt in Hesychianis lectionibus permulta nomina Hebraica, e quibus quatuor tantum, aut quinque adhuc afferam, interpretata secundum proprietatem linguæ Hebraicæ ; ac proinde mutuata a Philone Judæo. ʼΙωαθὰμ, ἰαὼ συντέλεια, id est : *Joatham. Dei perfectio* , sive *Jao, consummatio*. ʼΙωηλ, ἀγαπητὸς Κυρίου : ἀρχή. *Joel, dilectus Domini, prin* ciptum. Ἰωνᾶς, ἑρμηνεύεται ὑψίστου πονοῦντος, ἢ περιστερά, προφήτης παρ᾽ Ἑϐραίοις. id est : *Jonas interpretatur excelsi dolentis, vel columba , Propheta apud Hebræos.* Σαράϐαρα, τὰ περὶ τὰς κνημίδας ἐνδύματα , *Sarabara, indumenta, quæ tibias ambiunt.* Σεραφὶν, γνώσεως πληθυσμός , ἢ σοφίας χύσις , *Seraphim , scientiæ multiplicatio , vel sapientiæ cumulus.* Singula isthæc, si diligenter inspexerimus , lateri cogemur a Philone fuisse desumpta, nisi propria fuerit Hesychii hallucinatio in etymologia *Seraphin :* quæ falsa prorsus et alterius nominis esse comprobatur, ut mox ostendam.

De *Joatham*, quod intelligitur *Jao* , id est , *Dei perfectio*, id tantum observandum, nomen illud ab Hieronymo indivise sumptum , interpretatum esse *consummatus* , sive *perfectus :* cum econtrario scriptoribus Græcis nomen sit compositum ex יהוה *Jao*, sive *Jehova*, secundum hodiernos Grammaticos, et תם *tham*, quod Latine *perfectus*, vel *perfectio* dicitur. Sic in Regio codice ms. Græco fol. 88, scriptum legimus , ʼΙωαθαμ, ἀμωμος κυρίου , ὁ τέλειος, id est : *Joatham, immaculatus Domini*, sive *perfectus ;* et post pauca, ʼΙωήλ , ἀγαπητὸς κυρίου, quod interpretatur : *Joel, dilectus Dei*. Non addit codex Regius cum Hesychio, ἀρχή , sive potius ὁ

ἀρχή. *vel principium ;* quod tamen sonat nomen *Joel*, quia sumptum est a verbo Hebræo יאל *jaal* , aut Chaldaico אויל *evil*, et אל *aval*, *initium* et *principium* significantibus. יאל, *jaal* quoque apud Hebræos pro *voluit et desideravit* accipitur : unde יואל , *Joel, dilectus Dei.*

Jonas, in libro Nominum Hebraicorum interpretatur *columba*, vel *ubi est donatus* , sive *dolens*. In qua etymologia nihil apparet consentaneum Hesychianæ interpretationi, ὑψίστου, id est, *excelsi :* neque fatet quomodo Hebraicum יונה, *Jona*, aptum sit, ut ex eo extundatur significatio *sublimis* et *excelsi*. Nec me movet Latina interpretatio tomi secundi Commentariorum Origenis in Joannem, ubi hæc scripta leguntur : *Eodem modo et ad Jeremiam divina elatione elatum (nam ἰαὼ interpretatur elatio) sed ad homines quidem*, etc. Ex qua explanatione , seu interpretatione , si vera esset , nomen יהוה *Jehova*, quod antiqui ἰαὼ legebant , *sublimem* et *excelsum*, seu potius *elationem* ipsam , et *celsitudinem* sonaret. Unde maximum robur accederet etymologiæ nominis *Jonæ*, quod ex *Jo*, vel *Jao* constans, exprimi posset ὑψίστου, id est, *sublimis*, vel *excelsi* juxta Hesychium. At error est manifestus in Latino Origenis interprete ; nec *elatio* respicit nomen Græcum ἰαὼ, vel Hebræum יהוה *Jehova*, sed nomen Jeremiæ totum, compositum ex רום *rum*, e quo habet significationem *excelsi*, et יה *Ia*, seu יהוה *Jehova*, quæ inter nomina Dei recensentur. Res per se patet in ipso contextu Græco Origenis Adamantii : Ὡσαύτως δὲ καὶ πρὸς Ἱερεμίαν θείῳ μετεωρισμῷ ἐπαρθέντα, ἑρμηνεύεται γὰρ μετεωρισμὸς ἰαω, id est : *Eodem modo et ad Jeremiam divina elatione elatum , interpretatur enim elevatio Jao*. Jeremias igitur interpretatur *elevatio Jao*, sive *sublimitas Jehovæ* , aut potius *excelsus Domini* juxta Hieronymum. Nam ἰαὼ nomen ἄκλιτόν in casu genitivo accipiendum est, quod effugit Latinum Origenis interpretem.

Circa nomen Σαράϐαρα, nihil est quod multum nos torqueat, quia de hac voce abunde satis disputavit Hieronymus lib. i Commentariorum in Daniel., cap. 3 : « Pro braccis, inquit, quas Symmachus « ἀναξυρίδας interpretatus est, Aquila et Theodotio « Saraballa dixerunt, et non, ut corrupte legitur, « Sarabara. Lingua autem Chaldæorum Saraballa « crura hominum vocantur et tibiæ , et ὁμωνύμως « etiam braccæ eorum , quibus crura teguntur et « tibiæ, quasi crurales et tibiales appellatæ sunt ». Consentiunt igitur Hieronymus et Hesychius , qui supra *Sarabara* interpretatus est, *vestimenta quæ tibias ambiunt*, sive *quibus tibiæ teguntur*. Nec aliter *Sarabara*, quam corrupte legere potuit Hesychius, eo quod ipse a Philone, Philo autem a Septuaginta mutuatus fuerat nomen illud Chaldaicum.

Perpauca sunt in Hesychianis lectionibus, quibus firmari non possit opinio nostra de Nominum Hebraicorum etymologiis e libro Philonis Judæi in Hesychi Lexicum derivatis. Sed si cætera repugnarent, id manifestissime comprobaret interpretatio nominis *Seraphin*, quam supra recensebamus. *Saraphin* juxta Hesych. interpretatur, *scientiæ multiplicatio*, vel *sapientiæ cumulus :* quod minime scriptor Græcus asseverare potuisset, nisi et ipse linguæ Hebraicæ omnino imperitus inveniretur, ac nomen *Se-*

(a) Misere se toto hoc capitulo Martianæus torquet, minime advertens Hesychii verba cubare in mendo. Expedita tamen res est, si pro ʼΑϐδιοῦ ἑρμοῦ legas, atque emendes, ʼΑϐδιουδ ἑρμηνεύεται : sive pro *Abdiou Mercurii servus confitens*, vertas *Abdiud interpretatur servus confitens*. Est autem cum primis mirandum, ipsique notatum Martianæo ad Lexicum Origenianum, Græcos *Abdiæ* nomen efferre solitos ʼΑϐδιοῦ quemadmodum ʼΑϐιοῦδ pro *Abia*, atque his similia, quæ in gignendi casu, non recto proponuntur. Et vero *Ab-* diud optime reddi *servum confitentem*, sive *confessum*, a verbis עבד, et יהוה, nemo qui Hebraicas attigerit litteras, diffitetur. Jam pro ἑρμοῦ, reponendum ἑρμηνεύται res ipsa loquitur. *Abdiud interpretatur servus*, non *Abdiud Mercurii servus :* quorsum enim hic Mercurius? Facile Græculo descriptori fraudi fuit compendiaria verbi ἑρμηνεύεται scriptura hujusmodi Ἑρμ, ut lineolam pro circumflexo accentu habuerit, atque adeo ἑρμοῦ temere ex ingenio rescripserit.

raphin pro voce *Cherubim* acceptum interpretaretur: *Seraphim* enim secundum Hebræi sermonis proprietatem Latine dicuntur *inflammantes*, vel *incendentes*, a verbo שרף *Saraph*, quod *cremavit et incendit* significat. *Cherubim*, vero interpretatur *scientiæ multitudo*, a נכר *nachar*, id est, *cognovit*; et a רבה *raba*, *multum esse* vel *multiplicari*. Hesychius ergo confundit *Seraphim* cum nomine *Cherubim*, cujus etymologiam male cum Hebræo *Seraphim* copulavit. Sed difficile est explicatu, quid in hunc errorem Hesychium induxerit; an Philonis Judæi Græcum exemplar corruptum; an Collecta orationum usu recepta a Christianis, forte etiam et a Judæis. Memorabile in primis est, quod de pio illo perrore ac vulgato refert Hieronymus in Epistola nunc 143, ad Damasum papam, dicens: « Illorum « quoque, pius licet, attamen coarguendus error, « qui in orationibus et oblationibus suis audent di-« cere: Qui sedet super Cherubim et Seraphim. « Nam et super Cherubim sedere Deum scriptum « est, ut ibi (*Psal.* LXXIX). Qui sedes super Cherubim, « ostendere. Super Seraphim vero sedere Deum « nulla Scriptura commemorat; et ne ipsa quidem « Seraphim, circa Deum stantia, excepto præsenti « loco (*Isai.* VI) in Scripturis sanctis omnibus inve-« nimus. » Ex illo errore pio deprecantium, quo Cherubim cum Seraphim confuse nominantur, error Philonis et postea Hesychii manare potuit. In qua tamen conjectura nolo esse contentiosus.

Præter Lexicon Hesychianum, maximam partem libri Nominum Hebraicorum retinent etiam aliqui codices manuscripti Græci. Unum ego nactus sum in amplissima Christianissimi Regis bibliotheca, quem manu propria totum exscribere, emendare, atque in Latinum sermonem convertere statui spe utilitatis publicæ in hunc improbum laborem allectus. Nam si qui sunt rerum Hebraicarum contemptores, quia ejusdem linguæ prorsus inconsulti, non despero multos inveniri eruditos viros, qui nec studium meum existiment supervacaneum, nec diligentiam meam prudenti exosam Lectori. Benevolis ergo placiturus describo manuscriptum, ac interpretis munere defungor. Prius tamen recensitis quotquot apud ipsum Philonem invenire potui, nominibus Hebraicis cum Hieronymiana interpretatione Latina, necnon cum nova explicatione, quamplurimæ voces aliunde postulare videbantur.

Josephum nunc si cum Philone, ac cum utroque Hieronymum comparaverimus, modo ipsum a Josepho, modo a Philone dissentire fatebimur; modo cum ambobus consentire; sed rarius inveniemus. Consentit verbi gratia Hieronymus cum Judæis scriptoribus in etymologia nominis *Abel*, quod *luctum* apud Philonem æque ut apud Josephum significat. Similiter et in nomine *Babel* sive *Babylonis*, quod *confusionem* interpretantur juxta proprietatem sermonis Hebræi. At in famosissimo nomine *Israel*, ab utroque dissentit Hieronymus; quin et eorum errores castigat libro Quæstionum Hebraicarum in Genesim. Philonis quidem redarguit etymologiam in vocabulo *Israel*, quod illud *videns Deum* transtulerit: Josephi autem dicentis id habere significantiam *reluctantis Angelo Dei*. Non sic in voce *Eva*; in hac enim concordat cum Philone, dissentit a Josepho, qui voluit *Evam* significare *matrem cunctorum viventium*; cum juxta fidem elementorum hoc significet *vitam*, nihil addendo de aliis Josephi verbis.

Sed ne superflue dicta vel dicenda inculcemus, Lectoris studio hujusmodi comparationes Auctorum permitto; ut eadem semel et iterum replicasse contentus, de aliis nondum expositis proclivior sit mihi ac expeditior ratio disputandi. Post illustratam igitur collectionem nominum Hebraicorum ex Philonis Operibus, ex Græcis diversis Fragmentis, atque ex Opusculis Josephi, transeamus ad Origenem, quo nomine nescio an majus sit inter Christianos scriptores.

§ II. *De Origeniano Lexico Nominum Hebraicorum.*

Ut compertum fiat omnibus studiosis Origenem condidisse librum Nominum Hebraicorum; et in eo sæpius violentas ac indoctas etymologias proposuisse, testem proferam virum doctissimum, de Origene quidem optime mentitem, sed ejusdem erroribus nequaquam blandientem. Prævia hujus auctoris testificatione facilius mihi venia concedetur, si quando necessitate veritatisque judicio compulsus, Origenis redarguero etymologias, ejusque inscitiam in lingua Hebraica manifestam facere legentibus non recusem. Itaque Origenianorum libro tertio, cap. 5, n. 7, de præsenti Syntagmate ita disserit Daniel Huetius. « Aliarum præterea, inquit, quarumdam scriptionum Origenis mentionem apud Veteres invenio. Philo Judæus ediderat librum Ebraicorum Nominum Veteris Testamenti, eorumque etymologias et interpretationes adjecerat: quem librum Latina oratione Hieronymus expressit. Quod in Testamento Veteri fecerat Philo, idem in Novo factitavit Origenes, suumque opus ad opus Philonis adjunxit; in eoque Hieronymum imitatorem habuit: cujus verba hæc sunt in Præfat. ad librum Ebraic. Nomin.: « Ac « ne forte consummato ædificio quasi extrema dees-« set manus, Novi Testamenti verba et nomina in-« terpretatus sum, imitari volens ex parte Origenem, « quem post Apostolos Ecclesiarum magistrum nemo « nisi imperitus negat. Inter cætera enim ingenii « sui præclara monumenta etiam in hoc laboravit, « ut quod Philo quasi Judæus omiserat, hic ut Chris-« tianus impleret. » Libri ejusdem meminit Auctor Quæstionum ad Orthodoxos, qui falso tribuitur Justino, Quæst. 82 et 86, in eoque præter Ebraica nomina, mensuras etiam interpretatas esse docet. Videat ergo Rufinus qua fide scripserit Invect. 2 in Hieronymum, ne unum quidem Scripturæ verbum Origenem vertisse. »

Auctorem libri Nominum Hebraicorum in Novo Testamento, viro eruditionis fama celeberrimo attestante, jam nosti Origenem: nunc quænam fuerit in eodem Origene linguæ Hebraicæ peritia, paucis te doceat idem Petrus Daniel Huetius Origenianorum libro secundo, cap. 1, n. 2: « Quod si plus sese (Origenes) in Ebraicis exercuisset, majoremque linguæ hujus fuisset peritiam consecutus, nihil ei ad perfectam sacræ Legis cognitionem defuisset (*Hieron. Epist.* 25, *ad Paulam*). Sed tantum decerpsit ex ea gloria, quantum ex loquelæ hujus studio detraxit. Dicam enim vere: vel Ebraismi parum scientes sunt, vel in lectione Origenianorum operum perfunctorie versati, qui eximium quid ipsi, vel in sanctæ Linguæ, vel in earum quæ ex hoc fonte profectæ sunt dialectorum peritia tribuunt. Nec opinioni nostræ contradicit Hieronymus, etsi videtur contradicere, cum ait singularem loquelæ hujus notitiam demiratam in eo fuis-e tantum Græciam: mirum id quippe videri potuit Græcis Ebraismi rudibus et imperitis, nec quantum in eo profecisset Origenes existimare scientibus. Minime vero suam ipse linguæ hujus ignorationem dissimulat Homil. 14 in Num. « Aiunt ergo, inquit, qui Hebraicas litteras legunt, « in hoc loco, Deus, non sub signo tetragrammati « esse positum: de quo qui potest requirat. » Multa in Observationibus nostris animadvertimus, quæ inscitiam ejus in Ebraicis demonstrant; cujusmodi est frivola illa distinctio, οὐρανὸν, inter et οὐρανοῖς, quam comminiscitur ad Matth. XVIII, 18, et ad quam Christum respexisse tradit; quasi hanc distinctionem ferat Syriaca dialectus, quam Christus usurpabat: cujusmodi est falsa illa nominis *Aser* interpretatio, quæ habetur in Comment. ad Matth. XVIII, 19, quasi derivetur a יסר *erudiit*, *ligavit*, cum fiat ab אסר *ligavit*. Quamquam auctoritate Senum Septuaginta excusari id potest, qui אסר aliquando ita reddiderunt, quasi idem esset ac יסר. Ut Psalm. CIV (Ebr. CV), 22, pro Ebræo לאסר שריו habent τοῦ παιδεῦσαι τοὺς ἄρχοντας αὐτοῦ. Vulgata

Ut erudiret principes ejus. Et Os. x, 10, ואסרם: LXX : παιδεῦσαι αὐτούς. Vulgata : *Corripiam eos;* cujusmodi est depravata illa lectio loci Interpretum LXX, II Esdr. I, 11 : εὐνοῦχος τῷ βασιλεῖ (Origen. in Matth. xix, 12). Quod si in Ebraicis utcumque fuisset versatus, quæ habent משקה למלך, emendasset utique in τοῖς Ὁ οἰνόχος τῷ βασιλεῖ, si modo hunc ipse errorem non invexit, qui certe in LXX Seniorum exemplaribus nuspiam exstat : cujusmodi est inepta illa expositio vocabuli, *Joannes*, quod formari existimavit a nomine יהוה, præfixo, et חן, cum ex solo אני præfixis servilibus litteris derivatum sit. Plerumque itidem peccat in perscrutandis nominum Ebraicorum originibus. Proclive id nempe fuit viro ad mutuatitiam lucem vestigia sua in locis ignotis regenti : præstabat autem lucem Judæus Philo, qui Ebraica Veteris Testamenti nomina peculiari libro fuerat interpretatus ; cui libro parem subjunxit Origenes, Ebraicorum Novi Testamenti expositionem complexum. Qui vero non offendisset Origenes Philonem sequens ducem, qui Judæus licet, Judæis prognatus, ne mediocri quidem litteraturæ Ebraicarum aura, uti neque Hellenistæ fere reliqui, fuerat afflatus? Id si minus in hominibus Alexandriæ natis et eductis novum est, quorum naturæ repugnare scribit Hieronymus (*de Script. Eccles., in Origene*), Ebraicam linguam addiscere, pro more Græcorum omnium, qui linguarum exoticarum studium aspernari consueverunt; at in Josepho illo Ebræo Mattathiæ filio plane mirum videri debet; facile quippe ex ejus scriptis deprehendere licet, ad magnam illam et singularem Judaicarum originum cognitionem non parem ipsum patriæ loquelæ peritiam contulisse ; quamvis se nonnulla Ebraice scripsisse dicat, quæ lapsu temporum interciderunt. »

Quid ad hæc reponunt Josephi assertores indocti, qui vix quamdam aurulam Hebraicarum litterarum capientes, de intimis sacræ Legis sensibus judicium ferre non verentur ; et huic ascribere scriptori peritiam Hebræi sermonis quam nec ipsi a longe salutarunt? At sufficit eis ad plausum popularem ut ex hac occasione longam ingrediantur disputationem ; et ut tanta operositate, quod velunt intelligi, uti tur persuadendi, quanta semper falsitas indiget, ut vera videatur. Nos autem cordatorum hominum ac eruditorum sententiis adhærentes, nec Philonem, nec Josephum, nec Origenem, ubicumque veritatis ratio postulaverit, reprehendere pertimescimus. Sed ne reprehensioni nos quoque videamur obnoxii in proponendo Origeniano Lexico, nonnulla de eo generatim hic observamus.

Prior quippe notandus venit ordo Hebraicorum nominum, quæ juxta seriem litterarum alphabeti Græcorum posita leguntur in toto prædicto Dictionario : nulla facta distinctione, nec mentione sacrorum Voluminum. An vero Origenes ipse hunc ordinem persecutus sit, non satis elucet ; quin etiam verisimilior apparet opinio contraria, tum ex Hieronymo Origenis vestigia sæpius terente; tum ex Græco Fragmento Origeniano, supra a nobis edito, quod nomina Hebraica uniuscujusque Evangelistæ seorsim habet posita secundum seriem elementorum Græci alphabeti. Ita ut quæ in Matthæo legentur hujuscemodi vocabula ante cætera scripta sint, deinde quæ sunt Marci, et sic consequenter usque ad Joannem. Vix autem adduci possum ut mihi persuadeam distinctum ex Libris sacris ordinem observasse Origenem in Fragmento libri Nominum ; et in Lexico, quod superest integrum, aliam viam ingressum, ut confuse et promiscue sub unaquaque littera omnium librorum Veteris ac Novi Testamenti nomina collocaret. Facilius igitur crederem, importuna Græcorum quorumdam diligentia hoc Lexicon concinnatum fuisse, sed totum mutuatum ex Origeniano libro Nominum Hebraicorum, quem ipse cum distinctione et voluminum Scripturæ, et vocabulorum ediderat. In eam sententiam eo magis propendeo, quo certior factus sum Latinorum quosdam id factitasse in libro Hieronymiano nominum Hebraicorum. Nam *Venetiis per Fratres Joannem et Gregorium de Gregoriis*, anno Domini 1498, die 25 *Augusti*, cum hac perturbatione ac subversione prodiit inter Opera Hieronymi liber Nominum Hebraicorum; in quo sublata universa distinctione ac mentione voluminum Scripturæ, omnia prorsus vocabula tam Veteris quam Novi Testamenti sub littera quam habent ab initio, posita leguntur. Series igitur nominum in Lexico Origeniano adventitia est, et subversoris Græculi cujusdam, qui ordinem perversum non nativum secutus, e medio sustulit annotatiunculas et citationes librorum, ut quæ distincte ac partite scripta fuerant apud Philonem ac Origenem, ipse salivæ propriæ indulgens, separata consociare distinctaque confundere sibi permitteret. Sed etsi ordo nominum vitiosus sit in Lexico, res tamen et interpretationes dictionum omnino genuinæ sunt, aquave ex suo fonte nativa. Quod manifestum ratumque facio e duobus locis Quæstionum et Responsionum ad orthodoxos falso ascriptarum Justino Martyri.

Ad QUÆSTIONEM igitur 82, *Quæ sit nominis Beelzebub expositio?* Talis RESPONSIO ab Auctore Græco est adhibita : Τοῦ τε Βεελζεβούλ, καὶ τοῦ Βελίαρ, λέγει τὰ ὀνόματα... εἴρηνται δὲ τῷ Ὠριγένει τούτων τῶν ὀνομάτων ἡ ἑρμηνεία ἐν τῇ ἑρμηνείᾳ τῶν Ἑβραικῶν ὀνομάτων, id est, *Exprimit vero nomina Beelzebul et Beliar..... dicitur autem ab Origene horum nominum interpretatio in interpretatione nominum Hebraicorum.* Hæc Græci Scriptoris, quicumque fuerit, responsio vera omnino comprobatur ex Lexico Origeniano mox consequenti, ubi nomina *Beelzebul* et *Beliar* corrupte leguntur eodem plane modo ac in Responsione recitata ; diversasque inibi habent interpretationes ab Origene subjunctas.

QUÆSTIO 86. *Quæ est interpretatio vocabulorum istorum?* Mna, Ephi, Nebel, Gomor, Siclus, Basilicon, Sanctum, Stater, Drachma, Quadrans, Hormiscus, Didrachma, Talentum, Assis, Seraphim, Bezel, Sabaoth, Adonaï, Ephud? *Utrorumque enim nobis pernecessaria est cognitio : utraque namque in Scripturis continentur.*

RESPONSIO. Εἴρηται τῷ Ὠριγένει, ἀνδρὶ ἐπισταμένῳ τὴν τῶν Ἑβραίων διάλεκτον, πάντων τῶν ἐν ταῖς θείαις Γραφαῖς φερομένων Ἑβραικῶν ὀνομάτων ἡ μέτρων ἡ ἑρμηνεία. Ἐκείνην ζητήσας, εὑρήσεις ἐν αὐτῇ τὴν πάντων ἑρμηνείαν ὧν ἐζήτησας. Hoc est, *Exposita est ab Origene, viro Hebraicæ linguæ perito, omnium quæ in sacris Scripturis feruntur Hebraicorum nominum et mensurarum interpretatio. Eam si requisieris, in ea invenies omnium eorum de quibus quæsivisti, explanationem nominum.*

Lexicum certe quod Origenianum dixi, non solum etymologias Hebraicorum nominum, sed mensurarum etiam interpretationes complectitur : unde ipsissimum videtur opus Adamantii, quamvis nominum, ut antea observabam, confusus sit ordo atque mutatus. Quibus si addas, nomina Hebraica novi Testamenti in eodem Lexico scripta esse, et interpretata ; nullus ambigendi locus relinquitur, quin hoc opus parentem habuerit Origenem, qui ut Christianus suppleverat nomina a Judæo Philone prætermissa. Præviis itaque hisce generalibus documentis ad Lexicon ipsum manum mittamus, multis aliis peculiaribus pro modulo nostro inferius illustrandum annotationibus.

CAPUT II.

De eruditione Hieronymi in rebus Hebraicis, ac de utilitate libri Nominum.

De prioribus libri Hebraicorum Nominum Scriptoribus Græcis, Philone scilicet ac Origene, præcedenti capitulo abunde disputavimus. Proximum est ad complementum hujus Commentarioli, ut de Hieronymo ejusdem libri Nominum interprete

Latino ea proponantur, quæ eruditionem maximi Doctoris in rebus Hebraicis, summamque lucubrationum ipsius utilitatem manifestam omnibus faciant. Audio enim querulos sæpius doctos pariter et indoctos, qui viro præclarissimo, divinarum Litterarum ac Hebræi sermonis consultissimo nunc imperitiæ suspicionem, nunc inconstantis animi famam inurant: quasi vel nescivisset Hieronymus violentas esse plerumque in libro Nominum Hebraicorum etymologias; aut alibi non meminisset se hic Latine reposuisse, quod postea violenter interpretatum agnoscit. Adversus cæca hujusmodi ac præpropera litteratorum quorumdam præjudicia, ineptamque multorum hujus temporis garrulam disciplinam, sanctissimi Doctoris Apologiam hoc loco suscipiendam, idque operæ pretium existimavi; ne deinceps Scripturarum maximo interpreti, Hebraicæ linguæ callentissimo audeant detrahere, neque ipsis liceat impune aliquando virum doctissimum maledico dente carpere, quem perfecta eruditio cum integritate morum conjuncta ad summum gloriæ apicem evexit.

§ I. *Eximia fuit in Hieronymo linguæ Hebraicæ peritia.*

Causa certe nulla est, cur absolutam sermonis Hebræi notitiam Hieronymo quidam scriptores invideant; etsi fuisse videatur primum ex eo quod tanquam Hebraica interpretetur nomina Græca ac Latina plurima, quæ nemo virorum doctorum juxta proprietatem linguæ Hebraicæ sibi unquam proposuit exponenda. Secundo frequentes occurrent in libro Nominum etymologiæ verborum ab Hebraica origine violenter deductæ, quæque haud multum sapiant eruditionem idiomatis Hebræi. Tertio denique ambiguis et diversis interpretationibus accommodatum esse voluit sæpius S. Doctor, quod unam tantum habet etymologiam, ac unam interpretationem patitur. Ea sunt præcipue quæ in Hieronymo coarguuntur, quæque mecum expostulaverunt nonnulli, cum de ejus eruditione in rebus Hebraicis sermonem haberemus.

Sed proclivis est ac expedita responsio ad propositas difficultates; et amoliri singula haud difficile, modo eodem ordine diluantur quo nobis objecta sunt. Miratur itaque Erasmus, et post illum non pauci lectores Nominum, quod Hieronymus Græca, Latinaque vocabula interpretetur, ut *Æthiopia*, *Ægyptus*, etc., tanquam Hebraica fuerint aliquando nomina, cum exploratum sit eorumdem illa nomina non Hebræam, sed Græcam aut Latinam habuisse semper originem ac etymologiam. Ego vero maxime miror si quemquam editorum, vel lectorum habere potuit Hieronymus, qui de ipso talia suspicatus sit. Nam qui librum Hebraicorum Nominum vel perfunctorie cursimque legerunt, fatentur universi perperam castigatum S. Hieronymum censura et dubitatione Erasmiana; quia certo certius apparet improbatam atque repudiatam esse ab Hieronymo violentam hujusmodi, absurdamque rationem interpretandi nomina, quæ non sunt puræ Hebraica.

Id potissimum probatur Hieronymi ipsius annotatiuncula ista pro voce *Puteoli* scripta ex Actibus Apostolorum, col. 105: « Hæc omnia, inquit, Græca « nomina vel Latina, quæ violenter secundum lin- « guam Hebraicam interpretata sint, perspicuum puto « esse lectori. » Nihil profecto lectori manifestius: unde conjicio Desiderium Erasmum non legisse integrum librum Nominum Hebraicorum; sed cum typographis edendum tradidisse eadem incuria, qua scriptus erat in aliquo exemplari corrupto. Non enim tanti fuit stuporis Erasmus, vir nobilitate ingenii et eruditione celebris, ut Hieronymo vel dubius acceptas referret etymologias nominum Græcorum et Latinorum, quas apud ipsum abjectas reprobatasque legisset.

Sufficiebat ad apologiam sancti Doctoris vel una hæc jam laudata annotatio ipsius: sed tanta est copia id genus admonitionum in alphabeto nominum ex Actibus Apostolorum, ubi frequenter occurrunt tum Græcæ, tum Latinæ dictiones, ut sub solo elemento A, duodecies violentas pronuntiet vocabulorum interpretationes. Ad finem quoque nominum ex C, hanc clausulam attexuit: « Exceptis paucis « nominibus, omnia pene ex C littera violenter inter- « pretata sunt. » Huic simile istud etiam est, quod sub L scriptum legimus: « Omnia pene ex L littera « nomina violenter usurpata sunt. » Videat nunc Lector eruditus, quanta sit quorumdam Criticorum imprudentia et inscitia, qua carpere solent Hieronymum velut parentem omnium etymologiarum libri Nominum Hebraicorum.

Quod autem in genere docent exempla modo allata, sive communes observationes de serie aliqua multorum simul nominum, idipsum plane demonstrant ac evincunt nomina singularia non pauca Græca vel Latina, quibus Hieronymiana censura speciatim adhibita est. Talia sunt *Andreas*, *Arios pagos*, *Erastus*, *Eutyches*, *Festus*, *Mesopotamia*, et *Syrtis* quorum interpretationes singillatim replicare proposito nostro non erit otiosum « Andreas, decus in « statione, vel respondens pabulo, sed hoc violen- « tum. Melius autem est ut secundum Græcam ety- « mologiam ἀπὸ τοῦ ἀνδρός, id est, a viro virili ap- « pelletur. Arios pagos, primitiva solemnitas, sed « et hoc violentum est, cum Atheniensis curiæ no- « men sit, quæ a Marte nomen accepit. Erastus, « frater mens videns: satis absurde vocabulum figu- « ratum. Eutyches, amens. Porro Græce dicitur « fortunatus. Festum, ore multorum: et hoc La- « tinum nomen, violenterque Hebraice figuratur. « Mesopotamia, elevata vocatione quadam: sed me- « lius a Græco etymologiam possidet, quod duobus « fluviis, Euphrate ambiatur et Tygri. Syrtim, an- « gustiam, sive tribulationem: melius autem Salu- « stius, a tractu nomen ait impositum » Hæccine sunt imperiti scriptoris nomina Græca et Latina quasi Hebræa accipientis, aut juxta proprietatem linguæ Hebræorum ea interpretantis? Fateantur igitur, velint nolint, illi Critici apud quos male animabatur Hebraica eruditio Hieronymi, ipsum solummodo Latine convertisse, quæ ab Origene primo parente, aliisve scriptoribus Græcis in librum Nominum fuerant congesta: quandoquidem Hieronymus noster violentam hujusmodi ac absurdam rationem interpretandi Græca et Latina vocabula, conceptis verbis repudiaverit, servans ubique Græcis nominibus etymologiam Græcam, Latinam Latinis, Hebræis Hebræam.

Alterum objiciunt Hebraizantium nonnulli, qui nolunt Hieronymum calluisse linguam Hebraicam. Si enim, inquiunt, hujus idiomatis peritiam habuisset, non tot verba in libro Nominum violenter interpretata legeremus, nec tantis etymologiarum ineptiis volumen abundaret. Quid autem magis violentum, quam nomen *Israel* interpretatum, est videre Deum, sive vir, aut mens videns Deum? Quæ major ineptia quam *Ramesses* etymologia hæc, innuit lætus, sive maditia de tinea? Utriusque generis interpretationibus totus scatet liber Nominum, cujus conditor fuit Hieronymus. Cesset igitur laus eruditionis Hebraicæ, quam in illo non vulgarem fuisse vulgus hominum suspicabatur.

Qui in hunc modum queruntur semper aliquid, non intelligunt Hieronymum ipsum, quem temere reprehendere præsumunt, eadem male interpretata vocabula in libro Nominum sæpius conquestum fuisse; et annis plus mille ante vituperatores suos bellum indixisse violentis et falsis etymologiis nominum Hebraicorum. Latissimo itaque disputationis campo, quem nobis dederunt quorumdam Criticorum injustæ querimoniæ, hic indulgentes, plurima quidem ornamenta in Hieronymum, testimonia autem veluti saxa ingentia in adversarios congeremus : quibus ipsorum lingua in perpetuum maneat occlusa. Utque a nomine *Israel* primum excurrat responsionum nostrarum facultas, meminerit Lector, Philoni et Origeni propriam esse etymologiam hujus vocabuli, nec Hieronymo unquam probatam, etsi eam e Græca lingua in Latinam verterit aliquando. Audiant proinde vitiligatores nostri Critici, de mutatione nominis Jacob disserentem Hieronymum libro Quæstionum Hebraicarum in Genesim. « Josephus, inquit, in primo Antiquitatum libro, « Israel ideo appellatum putat, quod adversum An« gelum steterit. Quod ego, diligenter excutiens, in « Hebræo penitus invenire non potui. Et quid me « necesse est opiniones quærere singulorum, cum « etymologiam nominis exponat ipse qui posuit ? *Non « vocabitur*, inquit, *nomen tuum Jacob; sed Israel « erit nomen tuum*. Quare? interpretatur Aquila : ὅτι ἤρξας μετὰ Θεοῦ; Symmachus, ὅτι ἦρξω πρὸς Θεόν; « Septuaginta et Theodotion, ὅτι ἐνίσχυσας μετὰ Θεοῦ. « SARITH enim, quod ab Israel vocabulo derivatur, « *principem* sonat. Sensus itaque est. *Non vocabitur « nomen tuum supplantator*, hoc est, *Jacob : sed vocabitur nomen tuum princeps cum Deo*, hoc est, *Israel*. « Quomodo enim princeps ego sum ; sic et tu, qui « mecum luctari potuisti, princeps vocaberis. Si au« tem mecum , qui Deus sum, sive Angelus (quoniam « plerique varie interpretantur), pugnare potuisti ; « quanto magis cum hominibus, hoc est, cum Esau, « quem formidare non debes ? Illud autem, quod in « libro Nominum interpretatur *Israel* , *vir videns « Deum*, omnium pene sermone detritum, non tam « vere quam violenter mihi interpretatum videtur. Hic « enim Israel per has litteras scribitur : IOD, SIN, RES, « ALEPH, LAMED (ישראל), quod interpretatur, *princeps « Dei*, sive *directus Dei*, hoc est εὐθύτατος Θεοῦ. *Vir « vero videns Deum*, his litteris scribitur ALEPH, IOD, « SIN, ut vir ex tribus litteris scribatur, et dicatur « IS (איש), Videns autem ex tribus : RES, ALEPH, « HE, et dicatur RA (ראה). Porro EL ex duabus : « ALEPH et LAMED (אל) et interpretatur *Deus*, sive « *fortis*. Quamvis igitur grandis auctoritas sint, et « eloquentiæ ipsorum umbra nos opprimat, qui IS« RAEL, *virum*, sive *mentem videntem Deum* transtu« lerunt ; nos magis Scripturæ et Angeli vel Dei, « qui ipsum Israel vocavit, auctoritate ducimur, « quam cujuslibet eloquentiæ sæcularis. » Totum huncce locum replicare volui , ut ex eo diligentiam Hieronymianam, splendorem eloquentiæ illius, et inconcussa doctrinæ fundamenta palam testarer : nihil enim splendidius illa expositione nominis Israel; accommodatius nihil in commendationem eruditionis ac diligentiæ Hieronymi ; nihil denique ad revincendos accusatores efficacius, qui sæpius mecum locum in librorum Hieronymianorum infinita multitudine legisse contenti, pares se putant judicio habendo de perfecta eruditione maximi Doctoris.

Si quis autem scire voluerit scriptorum Græcorum nomina, quorum grandis erat auctoritas, et eloquentiæ umbra opprimens Hieronymi modestiam, legat Philonem Græc. Lat., pag. 480 ; Origenianum Lexicum supra col. 657; Eusebium Cæsariensem Demonst. Evang. lib. v, cap. 11; Didymum Alexandrinum lib. II, de Spiritu sancto, in cujus voluminis calce hæc verba leguntur : « Recordari autem se misericordiæ, et vir« tutum ejus, inquiunt, in omnibus quæ retribuit eis ; « non juxta justitiam suam, sed juxta misericordiam, « et bonitatem ejus, qui est judex domui videnti, et « sensui mundo corde cernenti Dominum. Hoc siqui« dem ex Hebræo sermone in lingua nostra inter« pretatur Israel, id est, mens videns Dominum. » Philo igitur, Origenes, Eusebius, ac Didymus, apud Græcos atque Latinos celebratissimi, nomen Israel interpretati sunt, mentem, sive virum videntem Deum ; ut etiam auctor apocryphus apud Origenem Comment. in Joannem. tom. V, pag. 72 : Τὸ δὲ ὄνομά μου Ἰσραήλ, ὁ κληθεὶς ὑπὸ Θεοῦ Ἰσραήλ, ἀνὴρ ὁρῶν Θεόν. Quibus ne unus repugnaret Hieronymus in libro No-

minum Hebraicorum, et interdum in allegoriarum varietate, idem vocabulum Israel dicit sonare virum et mentem videntem Deum. Alio autem in loco quasi medius incedens inter suam et aliorum sententiam, distinctione habita, docet nos *Israel* interpretari ri*tum videntem Deum*, magis secundum sonum litterarum, quam juxta fidem elementorum. Quod ita esse nemo prudens negabit, *Is* enim *virum* sonare perspicuum est ; *Ra*, *vidit*, sive *videntem*, et *El* pariter *Deum*; unde *Israel*, *vir videns Deum*. At si res ad fidem elementorum exigatur, desunt in nomine ישראל *Israel*, elementa tria per se necessaria, ut vera sit etymologia hujus vocis, juxta expositionem Hieronymi paulo superius allatam ; ubi docuit nomen *Is* significans *virum*, scriptum legi cum tribus hisce literis איש ; Et *ra*, id est *videns*, cum totidem ראה : *El* denique, quod *Deus* exprimatur, cum duabus litteris scriptum esse אל. Hinc liquet iniquos esse Hieronymianæ eruditionis censores, qui propter etymologiam nominis *Israel*, peritiam Hebræi sermonis a sancto viro abjudicarunt.

Præter æquum et bonum similiter agunt, qui eruditionem Hieronymi magno imperitorum risu cavillantur in etymologia nominis *Ramesses*. quod *pabulum*, aut *tineam*, sive *malitiam de tinea* interpretatur supra in libro Genesis. Nam ut concedamus propriam fuisse Hieronymo interpretationem illam ; quid habet subtilitatis vel ridiculi? Immo optima est , si juxta proprietatem linguæ Hebraicæ eam expendamus : רעמסס *Ramesses* enim omnia elementa complectitur necessaria propositæ etymologiæ, *pabulum de tinea*, sive *malitia de tinea* ; quia רע *ra*, significat *malitiam*, aut *pabulum*; מס *me* sonat *de* Latinorum præpositionem et ס ס, sive *ses* Hebraicum , ut Græcum σής , *tinea* exprimatur. Nolo tamen auctori Hieronymo ascribere interpretationem, quam Philoni et Origeni propriam esse noyi, nec satis probatam ipsi Hieronymo Latino interpreti. Philonis itaque hæc est interpretatio nominis *Ramesses* supra col. 709 : Ῥαμεσή, ἑρμηνεύεται σεισμὸς σητὸς, καὶ κτηνῶν τὸν ὦσιν, id est , *Ramese*, *interpretatur quassatio tineæ*, *vel efferans mentem*. In Origeniano autem Lexico, col. 655 , de eodem vocabulo, sic scriptum leginus : Ῥαμέσι, ποιμανσία ἐκ σίτου, *Ramesi pastio*, *ex frumento*. Quæ profecto etymologia depravatissima dignoscitur tam ex Græco Philonis, quam ex Latino Hieronymi : cum σεισμὸς σητός, id est , *commotio tineæ* apud Philonem, doceat nos imperitia librariorum Græcorum inductum fuisse in Origenis Lexicon ἐκ σίτου pro ἐκ σητός, hoc est , *de frumento*, pro *de tinea*. Deinde Hieronymiana interpretatio hæc , *pabulum de tinea*, Latine idem sonat, quod verba Origenis Græca ποιμανσία ἐκ σητός, *pastio*, sive *pabulum de tinea*. Manifestissima igitur existit probatio, Hieronymum Origenis interpretem fuisse in etymologia nominis *Ramesses*, non primum ejusdem conditorem aut parentem. Cui sententiæ robur maximum accedit ex iis, quæ leguntur epistola ad Fabiolam scripta de quadraginta duabus Mansionibus Israelitarum in deserto, ubi de prima statione sic disseruit Hieronymus : « Ramesse, inquit, a quibusdam, « interpretatur commotio turbulenta, aut amarituda, « commotioque tineæ : nos autem verius æstimamus « exprimi, tonitruum gaudii. Ad hanc urbem, quæ « in extremis Ægypti finibus erat, populus congre« gatus est, qui in desertum exire cupiebat, eo quod « tumultum sæculi derelinquens movebatur a vitiis « pristinis, et ab excomedente se prius tinea pecca« torum ; ut omnem amaritudinem vertens in dul« cedinem, Dei vocem in Sina monte desuper to« nantis audiret, etc. » Vide nunc, benigne lector, quanta sit distantia et imparilitas inter etymologum in Commentariis Hieronymi, et ipsummet interpretem in libro Nominum Hebraicorum. *A quibusdam*, inquit, *Ramesses interpretatur commotio tineæ*, hoc est, a Philone Judæorum disertissimo, qui conceptis verbis Ramessen voluit interpretari σεισμὸς σητός, *motum*, seu *commotionem tineæ*; et deinde ab Origene, *commotio turbida*, vel *commotio tineæ*, tom. I, homil.

27, in Num. 33, pag. 175, *e*. Nec putes hoc loco omissam Origenis alteram memoratam etymologiam, *pastio de tinea*; hanc enim apertissime prosequitur in allegorica præsenti expositione dicens, *Et ab excomedente se prius tinea peccatorum*. Quod nequaquam addidisset, nisi ex præconcepta et omnium animis impressa hujusmodi etymologia Origeniana nominis Ramesses. Quam interpretationem ipse etiam Philo satis indicavit libro de Somniis, pag. 577, *b*, cum de civitatibus munitis Pitho et Ramese Pharaoni ædificatis, allegorice disputaret in hunc modum: Ὠκοδόμησαν Ῥαμεσήν, τὴν αἴσθησιν, ὑφ᾽ ἧς ὥσπερ ὑπὸ σητῶν ἡ ψυχὴ διασθίεται, ædificaverunt Ramesen, sive *sensum, a quo velut a tineis anima absumitur*. Hinc luce clarius ostensum est Hieronymum in etymologia et allegoria *Ramesses*, imitatorem Philonis ac Origenis se præbuisse: in eo autem, quod postea sequitur, sui exposuisse animi sententiam; ait enim: *Nos autem verius æstimamus exprimi* (Ramessen) *tonitruum gaudii*. De qua interpretatione nullus relinqueretur dubitandi locus, si nomen רעמסס *Ramesses* scriptum legeretur in fine cum duplici שש *Sin*; nunc vero cum habeat סס duo *Samech*, non satis accurata videtur illa isthæc Hieronymiana etymologia. Sed confert maxime ad manifestationem eruditionis Hieronymi, quod haud modicum ipsi obesse videbatur. Sciebat namque S. Doctor ex usu sibi familiarissimo linguæ Hebraicæ, ש *Sin* apud Chaldæos, Syros et Arabes sæpius mutari cum ס *Samech*, et in etymologia nominum, שאל *saal* per *Sin* scriptum, idem valere apud Hebræos, ac סאל *saal* cum *Samech* apud Arabes et Chaldæos. Quare non incuria, vel imperitia aliqua probabili, sed perfectissima notitia sermonis Hebræi *Ramessen* interpretatus est, *tonitruum gaudii*, רעם *raam* quippe *tonitruus* exprimitur, et סס *ses*, sive שש *sas* significat *gaudium*. Huic etymologiæ favet imprimis Rabbi Bechai apud Buxtorfium, docens *equum* סוס *sus* appellari, sicque dici ab hilaritate, cum sit natura hilaris, et sessorem mœstum sua alacritate exhilaret. Præterea vicissitudinem et æqualitatem *Samech* ac *Sin* ostendit his verbis: לכן הוא נקרא סוס שהוא כמו שש. hoc est, *Idcirco ipse vocatur* sus, *quod idem sit quasi* sas. Potuit ergo Hieronymus *Ramesses* per commutationem ס *Samech*, et ש *Sin*, interpretari *tonitruum gaudii*; tantumque abest, ut ex hac etymologia imperitus rerum Hebraicarum dicatur, quin et doctissimus habendus fuerit, morem in ea Hebræorum magistrorum subsecutus.

Alterum adhuc exemplum propono in hoc apologetico syntagmate Hieronymianæ eruditionis Hebraicæ, quod e libro Exodi æque ac superiora sumptum est; et in verbo *Raphidim*, apertissime demonstrat plerasque etymologias libri Hebraicorum Nominum, non ipsum Hieronymum, sed Philonem vel Origenem habuisse parentem: ac proinde nullum Criticorum posse absque temeritatis et imperitiæ nota, hujusmodi interpretationes objicere sancto Doctori; nisi certum aliunde exploratumque habeat ab Hieronymo fuisse derivatas. *Raphidim* igitur supra col. 22 interpretatur *laxæ manus, vel sanitas judicii, aut visio oris sufficiens eis*. Qui perfunctorie versati sunt in lectione Operum sancti Hieronymi, triplicem hanc etymologiam præfractæ ipsi tamquam auctori ascribere haud vererentur; cum nullum sit in libro Nominum indicium, quo internosci possit cujus scriptoris primum illæ fuerint interpretationes vocis Hebrææ *Raphidim*. Sed properorum foret falsumque judicium illud, ut ex epistola superius laudata scire nobis licet. Mansione enim undecima hoc modo de Rhaphidim disputat Hieronymus: « Profecti de Alus, inquit, « castra metati sunt in Raphidim; et non erat ibi « aqua populo. Undecima mansio est, quam vio- « lenter interpretatam in libro Hebraicorum Nomi- « num reperi, vidit os sufficiens eis, aut certe visio « oris fortium: meliusque transfertur, dissolutio « fortium, vel sanitas fortium, sive juxta proprieta- « tem linguæ Syræ, remissio manuum. Hæc et in « Exodo legitur post profectionem de eremo Sin... « Pulchre autem dissoluto ac sanitas fortium Ra- « phidim dicitur, vel propter dissipatum Amalec, « vel propter sanatum Israel. Sin autem remissionem « manuum juxta Syros Raphidim sonat, dicamus « propter offensam populi, quia contra Dominum « murmurarit, istud loco nomen impositum. » In libro igitur Hebraicorum Nominum violentam nominis Raphidim etymologiam repererat Hieronymus; quam ipse in epistola ad Fabiolam exprimens juxta proprietatem linguæ cum Hebraicæ, tum Syræ, doctissimum atque versatissimum sese prodit in utroque Hebræorum ac Syrorum idiomate. Quod certe vix, ac ne vix quidem nobis concessissent hodierni Hebraizantes Critici, qui ab uno libro Nominum judicium habent de Hieronymiana eruditione in rebus Hebraicis: nisi fides etiam accessisset ipsius Hieronymi contestantis se interpretem fuisse tantum etymologiarum plurimarum, quas Philoni aut Origeni, prioribus libri Nominum conditoribus indicat esse referendas.

Nec unus hic locus est, in quo testatum reliquit Hieronymus, reperisse se Nominum Hebraicorum etymologias, quas eruditi etiam homines ab eodem profectas esse docebant. Libro namque sexto Commentariorum in Isaiam cap. xv expresse commonet nos nominis *Philisthiim* interpretationem istam, *cadentes poculo*, usu receptam fuisse ante translationem suam Latinam libri Nominum. « In libro He- « braicorum Nominum, inquit, reperi Philisthiim in- « terpretari cadentes poculo. » Caveat igitur lector studiosus, ne Hieronymo deinceps ascribat silvam Hebraicorum Nominum, quæ violenter aut absurde interpretantur; Græcos enim habent parentes, quorum nomina satis superque a nobis antea recensita sunt.

Illud etiam admoneo, Hieronymum in expositione allegorica Prophetarum sæpius uti violentis nominum etymologiis, quas alibi abjiciendas ac aspernandas volebat: veras econtrario propriasque neglectui habere, cum loco exposito Scripturæ non conveniunt. Unde Commentariorum in Ezechielem lib. vIII, cap. 27, hæc de Damasco apud ipsum scripta leguntur: « Sin autem Damascus interpretatur « sanguinem bibens, et Hebræorum vera traditio est, « campum in quo interfectus est Abel a parricida « Cain, fuisse in Damasco; unde et locus hoc insi- « gnitus vocabulo sit: juste et Paulus post interfe- « ctionem Stephani primi in Christo martyris per- « rexit Damascum, ut credentes in Christo vinctos « duceret Jerusalem: Deique misericordia, qui fecit « videntem et cæcum, oculos carnis amisit, ut men- « tis acciperet: cecideruntque squamæ draconis ex « oculis ejus, quibus lumen perdiderat veritatis; ut « iret ad vicum, qui appellatur rectus, et inveniret « Ananiam, qui in lingua nostra interpretatur, *obe- « diens*. » Et post pauca: « Illud autem, quod Da- « mascus interpretatur sanguis cilicii, et sanguis « osculi, præsenti non convenit loco. Frequenter « enim Hebræa nomina pro diversitate accentuum, « et mutatione litterarum, vocaliumque vel maxime, « quæ apud illos habent proprietates suas, varie in- « terpretantur. » Quia igitur loco præsenti non conveniebat interpretatio nominis דמשק *Damesec*, quod juxta proprietatem linguæ Hebraicæ intelligitur *sanguis sacci*; alia abusus est etymologia satis violenta, hac scilicet, *sanguinem bibens*, ut sic indulgeret ubertati allegoriæ, Hebræorumque vulgatæ traditioni.

Quæ sit porro diversitas illa accentuum (cujus hic et alibi frequens est mentio apud Hieronymum) mutans nominum significationes et interpretationes, paucis ab eodem accipe, libro Quæstionum Hebraicarum in Genesim cap. xxvi, vers. 52 et 33: « Ne- « scio, inquit, quomodo in Septuaginta Interpretibus « habeatur: Et venerunt pueri Isaac; et nuntiaverunt

« ei de puteo quem foderunt, et dixerunt ei : Non
« invenimus aquam ; et vocavit nomen ejus Juramen-
« tum. Quæ enim etymologia est propterea vocari
« juramentum, quod aquam non invenerunt ? E con-
« trario in Hebræo, cui interpretationi Aquila con-
« sentit et Symmachus, hoc significat, quod invene-
« rint aquam : et propterea appellatus sit puteus ipse
« saturitas ; et vocata civitas Bersabee, hoc est, pu-
« teus saturitatis. Licet enim supra ex verbo jura-
« menti, sive ex septenario ovium numero, quod
« Sabee dicitur, asseruerimus Bersabee appellatam,
« tamen nunc ex eo, quod aqua inventa est, Isaac ad
« nomen civitatis, quæ ita vocabatur, alludens, de-
« clinavit paululum litteram, et pro stridulo Hebræo-
« rum Sin, a quo Sabee incipitur, Græcum Sigma, id
« est, Hebræum Samech posuit. Alioquin et juxta
« allegoriæ legem, post tantos puteos in fine virtu-
« tum, nequaquam congruit, ut Isaac aquam minime
« repererit. » Qui linguam Hebræam non didicerunt,
facile sibi persuaderi patientur ex hoc loco Quæst.
Hebraicarum S. Hieronymi, Isaacum in nomine SA-
BEE mutasse ש Sin cum ס Samech, et pro סבע legisse
שבע. Sed hujusmodi suspicionem removet textus Hebraicus libri Genesis hodiernus, in quo nomen שבע
Sabee semper scribitur per ש Sin, quod stridulum
dicit Hieronymus, sive septem et juramentum, sive
abundantiam ac satietatem sonet. Nihil enim differt
שבעה Sabee, Gen. XXVI, 33, ab eodem שבע Sabee,
cap. XXI, 30 et seqq. Isaac igitur sono vocis et pronuntiatione tantum posuit Samech pro Sin, id est,
paululum litteram declinavit in accentu, vocando
שבעה Sabee puteum, quem servi ejus foderant ad
aquam sibi hauriendam. Hanc vocis inflexionem ver-
naculam, et tonum diversum litteræ ש Sin apud veteres Hebræos usitatum, exprimit schola recentior
Massoretharum et Grammaticorum, cum punctulo
dextro atque sinistro, quod imminet eidem elemento
ש Sin. Nam si scribatur cum punctulo dextro שׁ, sonat ut ch molle, aut juxta quosdam ut sch : at scriptum שׂ, cum puncto sinistro, sonat ut s durum.
Hinc שׂבע Saba cum puncto dextro septem, vel
juramentum exprimitur in Lexicis Hebræorum hodiernis. Sin autem punctulum habeat sinistrum,
saturitatem, vel abundantiam significat.

His itaque observatis de vario accentu litteræ Hebrææ Sin, perspicuum est omnibus Hieronymum consulto dixisse supra ad etymologiam nominis Damasci, frequenter Hebræa nomina pro diversitate accentuum varie interpretari. Respexit scilicet ad Sin elementum medium in vocabulo דמשק Damesec, e quo Græca et Latina terminatione Damascus. דם Dam quippe sanguinem sonat ; שק sac vero cum puncto sinistro in prima littera, cilicium aut saccum ; sed si habeat punctulum dextrum imminens eidem elemento Sin initiali, vertitur in bibentem, sive in potum tribuentem : quia radix Hebræa שקה schaca, significat bibendum dedit et adaquavit : נשק naschac quoque deosculatus est. Unde nomen Damascus tam sanguinem bibens, quam sanguis cilicii, et sanguis osculi interpretatum dicitur.

Profligata tot exemplis omni opinione præjudicata Criticorum illorum, qui Hieronymo Hebræi sermonis peritiam invident, pedem nunc cum eisdem, vel cum similibus conferamus, S. Doctori constantis sibi animi laudem asserturi. Neque vero defuerunt, ut antea dicebamus, qui Hieronymo inconstantiæ vitium in expositione divinarum Litterarum objicerent, ac dissonantia sæpius ipsum scribere querantur. Intentus fuit aliquando Rufinus ad hanc illi calumniam struendam ; sed diversæ interpretationis et contrariorum inter se sensuum minime reus teneri voluit Hieronymus, qui non tam propriam sententiam, quam expositiones solet ponere plurimorum. Ideo variæ expositionis copiam, et disserendi libertatem acriter ornateque tuetur his verbis : « Commentarii quid « operis habent ? alterius dicta edisserunt ; quæ ob-

« scura sunt, plano sermone manifestant ; multorum
« sententias replicant, et dicunt : Hunc locum qui-
« dam sic edisserunt ; alii sic interpretantur ; illi
« sensum suum et intelligentiam his testimoniis, et
« hac nituntur ratione firmare, ut prudens lector,
« cum diversas explanationes legerit, et multorum
« vel probanda, vel improbanda didicerit, judicet
« quid verius sit, et quasi bonus trapezita adulte-
« rinæ monetæ pecuniam reprobet. Num diversæ in-
« terpretationis et contrariorum inter se sensuum
« tenebitur reus, qui in uno opere quod edisserit,
« expositiones posuerit plurimorum ? » Clarius adhuc
in causam propriam descendens, imperitam ejusdem
Rufini objectionem de diversa interpretatione verborum NASCU BAR (נשקו בר) luculenta hac responsione confutat : « Illud quoque carpere dicitur, quod
« secundum psalmum interpretans, pro eo quod le-
« gimus in Latino, apprehendite disciplinam, et in
« Hebraico volumine scriptum est NESCU BAR, dixe-
« rim in Commentariolis meis, adorate filium. Et
« rursum omne Psalterium in Romanum vertens so-
« num, quasi immemor expositionis antiquæ posue-
« rim : Adorate pure ; quod utique sibi esse contra-
« rium omnibus patet. Et revera ignoscendum est ei,
« si ignoret linguæ Hebrææ veritatem, qui interdum
« et in Latinis hæsitat. Nescu Bar ut verbum de verbo
« interpreter, καταφιλήσατε, id est, deosculamini dici-
« tur. Quod ego nolens transferre putide, sensum ma-
« gis secutus sum, ut dicerem, Adorate. Quia enim
« qui adorant, solent deosculari manum, et capita
« submittere : quod se beatus Job elementis et ido-
« lis fecisse negat, dicens : Si vidi solem cum fulge-
« ret, et lunam incedentem clare ; et lætatum est in abs-
« condito cor meum, et osculatus sum manum meam ore
« meo ; quæ iniquitas maxima est, et negatio contra
« Deum altissimum. Et Hebræi, juxta linguæ suæ
« proprietatem, deosculationem pro veneratione po-
« nunt ; id transtuli quod ipsi intelligunt quorum ver-
« bum est. Bar autem apud illos diversa significat ;
« dicitur enim et filius, ut est illud, Baro-Jona, filius
« columbæ ; et Bartholomæus, filius Ptolemæi ; et
« Barthimæus, Barieu, et Barabbas. Triticum quoque,
« et spicarum fasciculus, et electus ac purus. Quid
« igitur peccavi, si verbum ambiguum diversa in-
« terpretatione converti ? et qui in Commentariolis,
« ubi libertas est disserendi, dixeram : Adorate fi-
« lium ; in ipso corpore, ne violentus videret inter-
« pres, et Judaicæ calumniæ locum darem, dixe-
« rim : Adorate pure, sive electe ; quod Aquila quo-
« que et Symmachus transtulerunt. Quid ergo eccle-
« siasticæ fidei nocet, si doceatur lector quot modis
« apud Hebræos unus versiculus explanetur ? » Ita
Hieronymus libro primo Apologiæ adversus Rufinum,
ubi diversas agnoscens eorumdem verborum interpretationes a seipso elaboratas ; noluit tamen in suis
explanationibus irrepsisse vel memoriæ lapsum, vel
inconstantiam aut contrarium animi sensum. Quodque criminator vitio tribuebat, ipse eruditioni ac peritiæ Hebræi sermonis esse tribuendum apertissime
docuit.

Ejusdem inconstantiæ, contrariæque expositionis suspicionem purgat epistola ad Fabiolam matronam superius citata ; et tam diserte quas Apologiæ partes mihi sumpseram, sua oratione præoccupavit, ut superfluum sit alia vel aliter dicere, præter illa quæ in defensionem sui scribebat mansione IX epistolæ jam laudatæ : « Dephca, inquit, nona mansio apud « Hebræos κρούμα, id est, pulsatio dicitur ; juxta « quod et Dominus ait : Pulsate et aperietur vobis. « In libro autem Hebraicorum Nominum, adhæsio-« nem, remissionemque transtulimus ; quod lecto-« rem turbare non debet, nec putet nos dissonantia « scribere. Ibi enim juxta quod vulgo habetur edi-« dimus, in Hebraico autem verbum scribatur per beth litte-« ram ; hic autem in Hebraico volumine scriptum « reperi phe ; quod elementum magis pulsationem, « quam glutinum sonat. Sensusque est manifestus,

« post responsa Domini, post octavum numerum re-
« surrectionis, Christi incipimus sacramenta pulsare.
« Prudentem studiosumque lectorem rogatum velim,
« ut sciat me vertere nomina juxta Hebraicam veri-
« tatem. Alioquin in Græcis et Latinis codicibus,
« præter pauca, omnia corrupta reperimus ; et miror
« quosdam eruditos et ecclesiasticos viros ea voluisse
« transferre, quæ in Hebraico non habentur ; et de
« male interpretatis fictas explanationes quærere, ut
« in præsenti pro DEPHCA legant RAPHCA, litteram
« ponentes pro littera, eo quod *res* et *daleth* parvo
« apice distinguuntur, et interpretantur *curationem*,
« atque exinde tropologiam similem prosequuntur. »
Non potuit evidentius diversæ interpretationis inconstantiam a se amovere Hieronymus ; et, quisquis
hoc testimonium perlegere voluerit, nisi obfirmato
sit animo, et insuperabilibus laboret adversus Virum sanctum præjudiciis, nequaquam sibi permittet dubitare de Hieronymiana eruditione Hebraica ;
quam in maxima interpretationum etiam diversitate constantem perfectamque fuisse nemo prudens
negabit.

Lubricus quidem mihi non raro videtur in etymo
logiis nominum sensus Hieronymi ; quia vix sciri aut
teneri patitur, maximeque in libro Hebraicorum Nominum : cujusque interpres potius quam auctor exstitit. Nam ut rem ac difficultatem illam uno vel altero probem exemplo, nomen *Cades* cum sua etymologia petitum e libro Nominum proponere juvat.
Cades igitur *sanctus* aut *sancta*, sive *commutatus* et
commutata interpretatur semper in Pentateuchi voluminibus ; in libro autem Ezechielis prophetæ *Cades*,
mutatus solummodo exprimitur : nec alicubi monet
Hieronymus in toto Hebraicorum Nominum libro,quæ
sit melior etymologia vocabuli *Cades*, *sanctu* an *sanctus*, an *commutatus*. Hinceque fit ut ambæ tamquam
propriæ Hieronymo referantur ab omnibus qui singula Hieronymiana volumina non percurrere:quamvis
prior sit judæi Philonis interpretatio, nempe *Cades*,
sanctus : posterior vero ipsius Hieronymi, *Cades mutatus*, aut *mutata*. Id namque manifestissimum habemus ex eadem epistola ad Fabiolum, mansione XXXIII,
ubi de Cades hoc modo disputatum est : « Et profe-
« cti de *Asiongaber*, castra metati sunt in deserto *Sin* :
« hæc est *Cades*. Quæritur cur octava mansio, nunc
« tricesima tertia esse dicatur. Sed scriendum quod
« prior per SAMECH (ס) litteram scribatur ; inter-
« pretaturque rubus, sive odium ; hæc autem per
« SADE (צ), et vertitur in mandatum. Illudque quod
« jungitur, *Cades*, non ut plerique existimant, sancta
« dicitur, sed mutata sive translata. Legimus in Ge-
« nesi juxta Hebraicam veritatem ubi Judas mere-
« tricem putans Thamar, dona transmisit ; et seque-
« ster munerum interrogat : ubi est *Cadesa* ? hoc est,
« scortum, cujus habitus a cæteris feminis immuta-
« tus est. In multis quoque locis hoc idem reperi-
« mus. Sin autem sancta interpretatur, κατ' ἀντίφρα-
« σιν est intelligendum ; quomodo parcæ dicuntur
« ab eo quod minime parcant ; et bellum quod
« nequaquam bellum sit ; et locus quod minime lu-
« ceat. »

Hujus ambiguitatis aut difficultatis aliud argumentum subministrat nomen *Zabulon* in libro Genesis
interpretatum *supra habitaculum fortitudinis*, vel
fluxus noctis. Nam e solo libro Nominum quis inter-
noscit an ultima hæc etymologia, *fluctus noctis*, Hieronymo probata sit an propria, vel ut aliena ipsi habeatur et abjecta ? Sed cum evolvo librum Quæstionum Hebraicarum in Genesim, abscedit statim
omnis umbra ambiguitatis ac cæcitatis nubecula,
sensusque liquidus affulget Hieronymi in proposita
Zabulonis etymologia : « Et vocavit nomen ejus Za-
« bulon. Ubi nos posuimus, inquit ille, habitavit me-
« cum ; et Septuaginta interpretati sunt, diliget me,
« in Hebræo habet *Jezbuleni*, et est sensus, quia sex
« filios genui Jacob, propterea jam secura sum : ha-
« bitabit enim mecum vir meus ; unde et filius meus

« vocatur habitaculum. Malo igitur et violenter in
« libro Nominum, Zabulon, fluxus noctis interpre-
« tatur. » Male ac violenter interpretatum hic docuit ;
quod vulgo docti pariter et indocti ascriptum ipsi
referunt tamquam auctori omnium etymologiarum,
quæ leguntur in libro Hebraicorum Nominum : quarum tamen majorem partem repudiatam novimus ab
Hieronymo, quicumque monumenta lucubrationum
ejus aliquamdiu pervolutavimus.

Sexcenta his similia exempla congerere in promptu esset ; et eruditionis Hieronymianæ jura tueri
semper honorificum ; sed studioso benignoque lectori
cum jam in medium allata edissertaque sint satis ad
confutandam omnem præjudicatam opinionem eorum Criticorum, qui Hieronymum culpare gaudent in
nominum etymologiis ; aliud reprehensionis et criminationis caput aggredimur, quod causæ tertium
esse antea dicebamus. Superest enim Scriptorum
quorumdam expostulatio ultimo loco evertenda, ne
palmam eruditionis Hebraicæ maximo Scripturarum
interpreti subripere possint magna hujus ævi nomina ;
homines dico eruditos, qui pro re nata vel impu-
gnant Hieronymum, aut impugnatum male et indocte defendunt. In hoc censu prior mihi occurrit
eruditissimus Samuel Bochartus, et qui hujus scrupulum infeliciter exemit Richardus Simonius. Mea
nunc interest amborum opiniones Hieronymo nequaquam faventes, veris responsis evellere ab animis
studiosorum, quos sæpius video similibus erroribus
implicari ex lectione Historiæ Criticæ Instrumenti
veteris.

Libro igitur secundo de Animalibus sacræ Scripturæ, cap. 10, cum de corvo disputat Bochartus,
modeste his verbis castigatum voluit Hieronymum :
« Additur ex Sophonia II, 14, ubi de vastatione *Ni-
nives*, vox cantantis in fenestra, corvus in superliminari. Ita enim habet Hieronymus. Et Græcorum versio : Θηρία φωνήσει ἐν τοῖς διορύγμασιν αὐτῶν, καὶ κό-
ρακες ἐν τοῖς πυλῶσιν αὐτῆς. *Bestiæ clamabunt in eorum* (Ninivitarum) *fossis, et corvi in portis ejus* (Nini-
ves)... Sed Hebræa vox חרב, *choreb*, quam corrum
explicant, *siccitatem* et *vastitatem* significat : aut si
chereb legas, *gladium*. Proinde Syrus interpres *gladium* reddit, quomodo etiam Aquila. Et Græcorum
alii *siccitatem*, ut testatur Hieronymus, qui cur ma-
luerit *corvum* reddere, nullus capio. *In Hebræo*, inquit, *ponitur* חרב, *quod secundum lectionis diversitatem vel siccitas, vel gladius, vel corvus accipitur*.
Quasi idem sint חרב per *cheth*, et ערב per *ain*. Quod
Hieronymo nullus concesserit. Nam ערב per *ain* et
cholem, *corvum* sonat : sed חרב per *cheth* et *cholem*,
siccitatem et *vastitatem*, aut *gladium*, si sit *Segol*. Hic
igitur cum Hebræi חרב per *cheth* et *cholem* scribant,
Sophoniæ verba sic reddenda sunt : *Vox resonabit e
fenestra ; vastitas erit in limine, cum cedrus nudata
fuerit*, id est, *cedrinum tabulatum*. Vocem hic intelligo, qualem Es. XIII, 21. » Hanc Bocharti difficultatem replicat, et solvere conatur auctor nuperæ
Historiæ Criticæ, lib. I, cap. 16, pag. 95 et 96. Cujus ego verba, ut ab eo scripta sunt, Gallico sermone
recitabo, ne illa Latine reddens aliquid mutasse, aut
addidisse viderer : « Le même S. Jérôme, » inquit
Simonius, « dans son Commentaire sur Sophonias,
« témoigne que le mot qu'il a traduit *corbeau* avec les
« Septante, était autrement dans l'exemplaire Hébreu
« de son temps ; mais que selon la diversité de leçon,
« on peut traduire *sécheresse*, ou *couteau*, ou *corbeau*.
« Bochart assure qu'il ne peut comprendre cette
« observation de S. Jérôme, puisqu'il y a une grande
« différence entre *oreb* écrit par un *ain* et un *holem*,
« qui signifie *corbeau*, et entre *hereb*, avec un *heth*,
« qui signifie *couteau*. Pour répondre à cette diffi-
« culté, il suffira de remarquer que S. Jérôme n'a
« pas toujours été tellement attaché à suivre son
« exemplaire Hébreu, qu'il n'ait quelquefois suivi
« d'autres leçons, qui étaient fondées sur les ver-
« sions anciennes, ou sur la nature de la langue hé-

« braïque. Il regardait le texte hébreu comme une
« écriture fort inconstante, et il prenait la liberté de
« changer des lettres en d'autres, quand il croyait
« faire un meilleur sens. Il ne s'est prescrit dans sa
« version aucune règle certaine, et il n'est pas même
« toujours constant dans ses observations. »

Ut levissime dicam, facilis erat Simonio ac expedita responsio ad Bocharti objectionem, si vel unum ille revolvisset exemplar ms. Commentariorum Hieronymi in Sophoniam ; sed praetermissa omni fide veterum librorum, tantum ingenio proprio indulget, ut excussius fecisset Bocharto simpliciter concedens Hieronymum hallucinatum. Nam si vera invenirentur, quae de S. Doctore difficultatem Scriptoris jam laudati expendendo proposuit Rich. Simonius, non solum in *oreb* interpretatione falsus esset Hieron. quod Bocharto visum est ; sed in omnibus parum sibi constans revera haberetur, utpote qui nec Hebraico contextui firmiter adhaereret, nec ullis expositionis certae regulis astringi se pateretur in suis translationibus, aut nominum etymologiis ; quique indifferenter ac promiscue mutaret elementa Hebraei sermonis, ut sensum congruentem suis dictis aptaret. Quibus profecto vitiis carere debuit etiam omnium imperitissimus interpres ac etymologus. Ad repellendam ergo male concoctam hujusmodi responsionem nuperi Gritici, Hieronymo prorsus exitiosam , Tabularum fidem interpono, hoc est, monumentorum veterum auctoritatem , qua et erudito Bocharto scrupulum evellam, et Historiae Criticae contumeliosam falsitatem in medium proferam.

Putavit Bochartus corruptis Hieronymi editionibus hodiernis deceptus, Doctorem S. ita scripsisse libro Comment. in Sophon. proph. c. II : « Praeterea quod
« et nos, et LXX similiter transtulimus ; Corvus in superliminari ; in Hebraeo ponitur חרב, quod secun-
« dum lectionis diversitatem vel siccitas, vel gla-
« dius, vel corvus accipitur. Unde et Aquila gla-
« dium, alii siccitatem interpretati sunt. » Videns autem חרב litteris Hebraicis cum *heth* ab initio scriptum, facilius sibi persuasit Hieronymum docuisse, nomen Hebraicum חרב, secundum lectionis diversitatem *gladium*, *siccitatem* et *corvum* sonare. Quod equidem verissimum comprobaretur, si hoc loco libri Hieronymiani vocem supradictam ערב cum elementis hisce tribus exaratam retinerent. Nunc vero cum nullum sit manuscriptum exemplar Commentariorum Hieronymi in Sophoniam et in alios prophetas, quod non apertissime probet manu propria scripsisse Hieronymum Latino charactere nomina Hebraica HAREB, OREB, EREB, et similia ; manifestissima apparet textus Hieronymiani depravatio, quae occasionem erroris praebuit tam Bocharto, quam caeteris Scriptoribus Criticis, qui volunt confuse et promiscue accepta fuisse in Commentario Hieronymo vocabula חרב et ערב, id est, *choreb* et *oreb*. Vera itaque haec lectio S. Doctoris, quam accerso ex quinque manuscriptis codicibus in hunc finem hodie diligenter consului : *In Hebraeo ponitur* HAREB, *quod secundum lectionis diversitatem, vel siccitas, sive gladius, vel corvus accipitur*, etc. Quis jam, amabo, negabit Hieronymo nomen Hebraeum *hareb* secundum lectionis diversitatem, modo *siccitatem* sive *gladium*, modo *corvum* significare ? Nam si Hebraice illud scribas per *kheth* חרב, *gladium* sive *siccitatem* sonat, ut Bochartus concedit. Sin autem per *ain* incipiat ערב, *corvum* exprimi nullus inficiabitur. Verissima igitur ac Hieronymo dignissima erit observatio, quam Critici hodierni errorem et hallucinationem putaverant : cum ipsi e contrario erroribus editorum librorum implicarentur, et perpetuis hallucinationibus obnoxii essent.

Et vero cur hallucinationis alicujus argueretur Hieronymus in verbo *hareb*, sive *oreb*, qui aliorum errorem ipse redarguit propter confusum חרב, *choreb*
« cum *oreb* ? « Historia, *inquit*, Madianitarum in Judicum libro scripta est ; quam et in psalmo legi-
« mus : Pone principes eorum sicut *oreb*, et Zeb, et
« Zebee. et Salmana. Errant ergo qui putant illud
« significare tempus, quando in libro Numerorum
« Madianitae caesi referuntur ab Israel ; et desertum
« Sur ; et montem Dei *oreb ;* Quae aliis apud He-
« braeos scribuntur litteris ; cum eo tempore non
« fuerint in monte *oreb*, sed in solitudine Sethim. »
Haec ille lib. IV Comment. in Isai. cap. 10. Quorum utique verborum explorata veritas Scripturae sacrae auctoritate panditur : nam in Judicum libro cap. VII, 25. *petra oreb*, scriptum legitur cum *ain* ערב, sur *Oreb* ; libro autem tertio Regum cap. XIX. 8, *montem Dei Oreb* scriptum est per *hheth* הר האלהים, *or aeloim*, *hhoreb*, vel *choreb*. Noverat proinde doctissimus Hieronymus magnum intercedere discrimen inter *choreb* cum *hheth*, et *oreb* cum *ain* : quare Bocharto non licuisset, si genuina uteretur editione Operum S. Hieronymi, eum insimulare ejusdem erroris, quem incomparabilis viri diligentia explodit libro quarto Commentariorum in Isaiam. Multo minus si praeter locum hunc recitatum, Commentaria perlegisset in cap. 15, ubi de eodem nomine in plurali disputat Hieronymus : « Pro saficibus, *inquit*, in
« Hebraeo legimus ARABIM (ערבים) quod possunt et
« Arabes intelligi, et legi ORBIM, id est, villa in fini-
« bus eorum sita : cujus a plerisque accolae in monte
« *Oreb* Eliae praebuisse alimenta, dicuntur. Quod no-
« men propter ambiguitatem transfertur in corvos,
« atque occidentem, locaque campestria. » Fateantur ergo Critici hujus temporis, nihil latuisse Hieronymum in nominis *hareb* vel *oreb* etymologia : recteque ab eo scriptum vocabulum illud secundum lectionis diversitatem *gladium*, aut *siccitatem*, sive *corvum* interpretari.

Jam Historiae Criticae veteris Testamenti errores si pauluper contueamur, ut injurias in Hieronymo illatas propulsemus, tria praecipue observanda sunt studioso lectori. Primum est, inconstantis interpretationis suspicionem ablatam fuisse supra ab Hieronymo, quem contra objectionem Criticorum secundam, eo prorsus carere vitio docebamus. Secundo nullam esse in verbis sanctissimi Doctoris fidem, si vera haberi posset observatio nuperi Critici, qua statuit Hieronymum pro libitu mutasse litteras contextus Hebraei, et *aiu* legisse saepius pro *aleph*, vel pro *heth* ; eodemque modo omnia elementa interpretando confunderet. Nam si haec vera credantur, qua fide dicere potuit Hieronymus Praefatione in librum Psalmorum juxta Hebraicam veritatem : « Certe confi-
« denter dicam, et multos hujus operis testes citabo,
« me nihil dumtaxat scientem de Hebraica veritate
« mutasse. Sicubi ergo editio mea a veteribus discre-
« pari, interroga quemlibet Hebraeorum , et liquido
« pervidebis me ab aemulis frustra lacerari. » Certe tam confidenter ea non scriberet sui conscius, et linguae Hebraicae consultus, nisi exploratissimum ipsi fuisset, se nihil dumtaxat mutasse de Hebraica veritate. Si *nihil dumtaxat*, profecto nec elementa exemplarium suorum, e quibus pendet tota significatio vocum Hebraicarum, ac sensus omnis sacrorum voluminum. Praeterea qui alius carpere solet propter hujuscemodi Hebraicarum litterarum confusionem aut mutationem, non sibi consulte permittit, quod caeteris scriptoribus illicitum pronuntiat : frequentes vero id genus castigationes in Hieronymianis opusculis inveniuntur , ut sunt istae epistola centies recantata ad Fabiolam, mansione IV : « Quarta man-
« sio, *inquit*, est Phiaroth, *quae interpretatur os*
« *nobilium*, scribiturque per litteram *heth*. Quidam
« male Iroth , villas putant ; errorque manifestus ,
« quod pro supra dicto elemento, *ain* litteram le-
« gant. » Clarius sive locupletius adhuc eamdem elementorum permutationem reprehendit mansione XXXIV, ubi ait : « Tricesima quarta mansio est, quam
« plerique interpretantur lumen ; nec erravent, si
« per *aleph* litteram scriberetur. Alii pellem ; et ipsi

« verum dicerent, si esset *ain* positum. Nonnulli
« foramen; quod posset accipi, si *heth* haberet ele-
« mentum. Cum autem legatur per *he*, magis mons
« intelligitur, et legi potest : Ascendit Aaron sacer-
« dos in montis montem, id est, in verticem ejus. »
Septuaginta denique Interpretes acriter coarguit ob
mutata verba Hebraica; nam lib. xii, Comm. in
Ezech. cap. xi ita docet : « Talami autem, inquit,
« sive ut LXX posuere thau vel thee (vertentes atque
« mutantes per singula loca, ut voluerint, nomina
« Hebraica) sex cubitorum, etc. » Occasionum haud
segnis cum sic fuerit in redarguendo Hieronymus,
sine injuria de eo credi minime potuit, quod temere
illi ascribit historiae criticae parens, mutasse scilicet
elementa Hebraica indifferenter, et quasi jure victoris captiva duxisse in suos sensus.

Sed ut in gratiam redeamus cum nupero illo critico, concedimus illi variantes interdum lectiones
occurrisse in Hebraeis exemplaribus, quibus Hieronymus utebatur. Inter variantes lectiones eligebat
eas sanctus doctor, quas interpretationibus suis ap-
tiores et veraciores existimabat; nihil tamen mutando in archetypo exemplari, cujus lectioni adhae-
sisset. Nam si secus faceret, hoc erat, non vertere
libros Hebraeorum, sed evertere ; atque Hebraicam
veritatem insuper habere. Quod Deus avertat prorsus ab eximio maximoque Scripturarum interprete
Hieronymo ; ne fides translationum ejus tota corruat, nullo Hebraicae veritatis fundamento sub-
nixa.

Tertio denique notandum maximeque praecaven-
dum est lectori, quod ipse Hieronymus praemonuit
his verbis lib. v Comment. in Isai. cap. xv : « Ne
« quis scriptoris vitium putet, et errorem emendare
« dum vult, faciat ; una urbs est per *mem*, et per
« *beth* littera scribitur, e quibus *Dimon* silentium
« interpretatur ; *Dibon*, fluens ; indito utroque no-
« mine propter latices, qui tacite fluant : usque ho-
« die indifferenter et Dimon, et Dibon hoc oppidum
« dicitur. » Hebraicus hodiernus textus huic Hieronymianae observationi consentaneus Isai. cap. xv,
vers. 2, legit דיבון *Dibon* ; et postea vers. 9, דימון
Dimon. Chaldaeus similiter cum exemplaribus Graecis
Romanae editionis, ubi Δηδών et Δειμών ; sed ms.
Alexandrinus Septuaginta Interpretum aliter habet,
Δαιβηδών nempe et 'Ρεμμών. Syrus ubique retinuit
Res ab initio, et *Beth* in medio, וריבן *Ribon*. Arabs
vero, juxta exemplar Graecum Alexandrinum, legit
Dibon et *Remmon*. Inter tot variantes lectiones ejusdem nominis, quis Hebraizantium nostrorum ignorata Hieronymi observatione, non ipsum reprehenderet, quod Isaiae c. xv, 9, posuerit *Dibon* pro *Dimon*, aut pro *Remmon* ? Dixisset haud dubie historiae
nuperae criticae scriptor, Hieronymum more suo
elementa Hebraica indifferenter accepisse, et *Beth*
pro *Mem* libidinose legisse. Sed illam opinionem,
sicut et praecedentes, ad illiudem ipse finxisset, uti
exploratum habetur ex varietate translationum su-
pradictarum, quibus invictissime probavimus diversa
fuisse apud diversos Hebraica exemplaria Scripturae
sacrae. Compescat itaque nimiam libertatem disserendi nuperus ille criticus ; et statim fidem ac eruditionem Hieronymianam nobiscum suscipiet tam in
contextu versionum, quam in etymologiis Hebraicorum Nominum.

Quod si nostram commonitionem recusaverit, audiat saltem virum doctissimum Joannem Drusium
Quaest. Hebraic. lib. iii, quaest. 75, de nomine *Oreb*
disserentem : « Dupliciter, inquit, erratum a nuperis
correctoribus in Hieronymum : primum in eo quod

(a) Talis locus est in Comment. Mich. ii : « Zara
« in lingua nostra dicitur semen, vel oriens, cum
« *semen* זרע, *oriens* זרח dicatur : ut nullo modo pos-
« sint hic adhiberi characteres Hebraici. »

(b) Hieron. Hag. 1. «Pro siccitate LXX 'Ρομφαίαν,

characteribus Hebraeis scripserint, quae Hieronymus
Latinis scripserat ; deinde quod mutata veteri lectione
pro ea novam ac Hieronymo incognitam posuerint.
Ac de lectione quidem, quod dico verum esse aliquando, si vita, valetudo et otium suppetet, ostendemus. De characteribus adducam nunc locum, quo
injuriam factam esse sanctissimo viro, nisi cum
summae imperitiae velimus accusare, facile evincam.
Locus est in Comm. Sophon. ii, ubi ita scriptum libris omnibus impressis, « Praeterea et LXX non et
« LXX similiter transtulimus, corvus in superlimi-
« nari, in Hebraeo ponitur חרב, quod secundum
« lectionis diversitatem vel *siccitas*, vel *gladius*, vel
« *corpus* accipitur : unde et Aquila *gladium*, alii sic-
« *citatem* interpretati sunt. » Noli ambigere, quin
« Hieronymus scripserit : In Hebraeo ponitur *Oreb*,
« quod secundum lectionis diversitatem, etc. » Quod
qui mutarunt, ac pro *Oreb* litteris Hebraicis scripserunt חרב ex textu Hebraeo, viderint quomodo hic
excusent Hieronymum (a). Nam חרב quomodocumque
legas, numquam habet significationem *corvi* : nec si
ערב legas, umquam notat *siccitatem*, aut *gladium*. Sed
scum diversae sint radices litteris quoque primis di-
stinctae, una quae *Ain* habet in capite, *corvum* semper
significat, altera quae habet *Het*, modo *siccitatem*,
modo *gladium* (b). Siccitatem, si prima sit *Holem*, sequente *Segol*, videlicet *Horeb*, ut hodie legitur :
gladium, si eadem sit *Segol*, et alterum *Segol* sequatur hoc modo, *Hereb*. Itaque Aquila, qui *gladium*
transfert, haud dubie legit : nisi sane existimavit
Horeb etiam *gladium* significare, quod vero non dis-
sentaneum videtur. Nam quantum ad sensum attinet,
parum interest *gladium*, an *siccitatem* hoc loco ex-
ponas. Interim verum illud Hieronymi, dictionem
Oreb pro lectionis diversitate *siccitatem*, et *gladium*,
et *corvum* : falsum quod correctores illi affingunt,
חרב, κόρακα, 1. *corvum* denotare. »

Multa praeter haec objiciunt Hieronymo hodierni
critici Hebraizantes, et criticorum gregales, quamvis Hebraicae linguae prorsus rudes ac imperiti. Horum argumenta collegit vir clarissimus Ludovicus
Ferrandus, de sacris Litteris, et de Hieronymo
optime meritus. Is cum suscepisset provinciam
tuendae Hebraicae eruditionis Hieronymianae, undique
conquisitis argumentis, quibus sancti doctoris impugnatur peritia, satisfacere laudabili conatu sibi
proposuit ; et toto capitulo 3 sectionis iv disput.
Prolegom. summae Biblicae, militare coepit adversus
eos qui semper aliquid reprehendunt in etymologiis
aut interpretationibus Hieronymi. At nolunt plures
in responsis viri laudati famam pendere maximi
Scripturarum interpretis, quia vix acquiescunt me-
diae parti responsionis ejus. Quis enim, inquiunt
non pauci, aequo animo ferat vagas ac futiles in defensione Hieronymi id genus responsiones, p. 146
Sum. Biblic. « Caeterae objectiones sextae interpretationes defendi, aut excusari facile possunt : ad
ignotas confugiendo significationes, aut negligentes
scriptores in culpa ponendo ; addique fortasse etiam
possit lectionis varietas, quae in causa fuerit, cur
antiqui interpretationes ab usu nostro alienas ad-
duxerint.

« Vocis sonus, qui idem fere est in nominibus
Hereb חרב, et ערב ; *Cades* קדש, et חדש, Hieronymum
altioribus intentum, et forsitan properantem fallere
potuit, et rebus in hujusmodi doctissimi quique quotidie peccant. »

Certe res confecta est, si nihil aliud afferamus in
defensionem Hebraicae eruditionis Hieronymianae.
Sive enim properando, sive altioribus intendendo
falsus fuerit sanctus doctor, constans erit sententia

« *gladium*, transtulerunt ; sed et in Hebraico tribus
« litteris scriptum reperi Heth, Res, Beth. Quod
« si *Hereb* legimus, gaudium sonat : si *Horeb*, καῦμα,
« quod nos transtulimus siccitatem, licet melius in
« *urentem ventum* transferre possis. »

apud eruditos, Hieronymum sæpius hallucinatum in suis interpretationibus et nominum etymologiis. Deinde nullus est error tam manifestus, nulla depravationis species quæ non possit defendi, modo confugiamus ad illa imperitiæ diverticula, id est, ad ignotas Hebraicorum nominum significationes, aut scriptorum veterum oscitantem inscitiam. Præstat igitur novas potius ac speciales supplere responsiones, quam bisce generalibus assertionibus adhærere, quibus nec mediocriter docti satis acquiescere mihi visi sunt. Id ego tanto lubentius exsequar, quanto major copia responsionum et solutionum ab ipso Hieronymo nobis subministratur. Sed ordine debito cuique difficultati propriam expositionem adhibendam statuimus, et cum erudito Ferrando priorem objectionem hoc modo proponimus :

« Hieronymus Hebræam linguam apprime caluisse immerito dicitur : cum ipsemet testetur se linguam Hebraicam ex parte tantum didicisse; seque, Scripturas interpretaturum Hebræos subinde magistros accersivisse : quod hominem alienæ opis indigum, nec satis doctum prodit. Se Hebræum sermonem ex parte didicisse ait lib. II contra Ruf. Idemque fatetur in epitaphio Paulæ, et Præfat. in Esdram et Nehemiam. »

Quasi non liceret homini studiosissimo ac omnium eruditissimo modestiæ partes agere in suis opusculis. Immo multam gloriolam redoleret, et sapiente indigna loqueretur, si tumens in se summam Hebræi sermonis peritiam agnosceret. Non est hominis christianam pietatem professi, virtutes suas, scientiam, aut recte facta jactare; sed Judæi Josephi historici, qui de Bello Jud. lib. III, cap. 14 et alibi, sua sæpius merita decantat, et Judæorum prudentissimum, legumque sacrarum consultissimum esse se quandoque significat. Procul ab Hieronymo fuit omnis illa jactantia, nam lib. I Apologiæ suæ adversus Rufinum ab hoc vitio sibi præcavere palam ostendit, dicens : « Nisi enim et prolixum esset, et « redoleret gloriolam, jam nunc tibi ostenderem « quid utilitatis habeat magistrorum limina terere, « et artem ab artificibus discere : et videres quanta « silva sit apud Hebræos ambiguorum nominum at- « que verborum. Quæ res diversæ interpretationi « materiam præbuit; dum unusquisque inter dubia, « quod sibi convenientius videtur, hoc transfert. » Itaque propriæ eruditionis Hebraicæ ne ostentatorem se præberet Hieronymus, sermonem Hebræum ex parte se didicisse aiebat. Et si quando ad Librorum divinorum interpretationem socios Judæorum magistros adhibuit, diligentiæ illud adscribendum est et studio viri sapientissimi, qui quidquid habuit maturioris in se judicii, scientiæ ac eruditionis etiam mutuatitiæ, totum insumpsit in perfectam Bibliorum sacrorum translationem, quam Ecclesiæ Christi deinceps utendam suscipiebant. « Fateor, in- « quit Præfatione in librum Paralipomenon, num- « quam me in divinis voluminibus, propriis viribus « credidisse..... sed ea etiam, de quibus scire me « arbitrabar, interrogare me solitum, etc. »

Secundum quod cudunt argumentum adversus Hebraicam eruditionem Hieronymi, illud sic deducunt critici ex epistola ad Damasum papam : « De verbo Osanna disputans Hieronymus, ait primum : Osanna, seu ut ipse legendum putat, Osianna, exponitur salvifica, seu salvum fac. At vox illa sonat : Salvum fac, quæso. Deinde ait sanctus doctor : Si ex Heth scribatur Anna, esse conjunctionem sive interjectionem, quæ apud Græcos ponitur σχετλιαστικῶς, cujus interpretationem Latinus sermo non exprimit. At vocis hujus interpretationem Latina lingua optime exprimit, cum gratiam habeat, quæ Hebrææ voci respondet : e qua fluxit nomen Anna, beatissimæ Virginis Matri inditum quod gratiam significat, ut nemo nescit; fluxitque etiam verum בנה miserere mei : a quo decantatissimus incipit psalmus quinquagesimus. Denique dicit Hieronymus tertium Anna, quod in ps. CXVII legitur, tribus litteris scribi, Het, Nun, He; esseque conjunctionem sive interjectionem illam, cujus interpretationem Latinus sermo non exprimit. At littera Heth ad prædictam conjunctionem sive interjectionem nullatenus pertinet, bene quidem ad verbum Hebraicum צלח, prosperare, cujus est tertia radicalis ; et a quo divelli non potest, ut interjectionem seorsim constituat, quod contra Hebraicæ linguæ regulas supponit Hieronymus. »

Oleum atque operam perdidissem in hoc exscribendo nullius momenti argumento, nisi occasionem præberet restituendi contextum Hieronymianum epistolæ ad Damasum, quæ maximam cladem perpessa est in antea editis libris. Argumentum autem superfluum ac nullius momenti dico, quod suam habeat responsionem in ipsis epistolæ verbis. Ex illis namque manifestissime apparet, apud Hieronymum Osanna interpretari salvum fac, obsecro : nec sanctum doctorem unquam ignorasse verbum Anna cum Heth ab initio, significare gratiam : multo minus supponere contra Hebraicæ linguæ regulas divellendam esse tertiam radicalem a verbo צלה, ut cum sequentibus elementis in voce ASLIANA, seorsim interjectionem constituat, « Alii opinati sunt, inquit Hieronymus, « Osanna, gloriam dici. Porro gloriæ Chabod appel- « latur. Nonnulli, gratiam, cum gratia Thoda, sive « Anna nuncupetur. » Et postea : « Et quia Osianna, « quod nos corrupte propter ignorantiam dicimus « Osanna, salvifica, sive salvum fac, exprimatur, « omnium interpretatione signatum est. Nunc illud « in cura est quid sine adjectione salvandi, solus « Anna sermo significet. » Quod in fine epistolæ edisseruit : « Osia ergo salvifica interpretatur; Anna « interjectio deprecantis est. Si ex duobus his velis « compositum verbum facere, dices Osianna, sive « ut nos loquimur, Osanna, media vocali littera « elisa, etc. » Otiosus igitur sermo ille habendus est, et frigidum argumentum cujus difficultates ipsa epistolæ verba enodatius explicant; nam quidquid in eo objici potuit contra Hebraicam eruditionem Hieronymi, solutione præoccupatum habemus in ipso epistolæ contextu, e quo conflant Critici hoc ipsum argumentum. Verbum, ut jam monui, multam habet utilitatem, eo quod locum tribuat restituendi contextus epistolæ in rebus etiam gravissimi momenti. Non enim cum antea editis libris legere fas est, Quæ apud Græcos ponitur σχετλιαστικῶς; cujus interpretationem Latinus sermo non exprimit : sed cum antiquissimis exemplaribus manuscriptis, Quæ apud Græcos ponitur δή, et est in σῶσον δή; cujus interpretationem Latinus sermo non exprimit. Hoc est, Græci exprimunt Hebræorum interjectionem Anna per δή, ut in σῶσον δή superiori; sed Latinus sermo non exprimit illam interjectionem in Osianna et Aslianna, quia pro his verbis compositis reddit solummodo salvum fac, et bene prosperare, cum tamen Latine vertendum esset in Osanna, salvum fac, quæso; et in Aslianna, bene prosperare, obsecro. Quod apud Græcos exprimitur σῶσον δή, et εὐόδωσον δή. Oro te, lector, quid facilius Hieronymi ad intellectum, si purus uspiam editus ante nos fuisset ejus operum contextus ad fidem quamplurimorum codicum vetustissimorum et optimæ notæ? Nolim tamen inficias ire Græca verba in maxima manuscriptorum copia ita depravate legi, ut eruditissimorum virorum conjecturis locus tribuatur ad textus restitutionem. Unde doctus Erasmus hoc habet scholion in præsens verbum, « Quæ apud Græcos ponitur. Hic locus in omnibus exemplaribus ita depravatus est, ut non possim liquido conjicere. Quamquam ex elementorum vestigiis ita legendum arbitror, δεήσεως ὡς ἄνα, id est deprecationis, ut ἄνα, quæ vox apud Græcos aliquando est obsecrantis, præsertim apud poetas. Verum hanc conjecturam meam protinus rejiciat, qui probabilius aliquid invenerit, etc. » Non probabiliori aliqua conjectura protinus Erasmi conjecturam abjicimus; sed explorata fide et auctoritate duorum codicum manuscriptorum, quorum prior est monasterii S. Cygiranni, posterior celeberrimæ Abbatiæ Cluniacensis. In San-Cygiranno sic legitur : *Quæ apud Græcos ponitur* αΗ *et est* IN SOSONAN. Quæ verba juxta morem ipsius exemplaris Græce sunt legenda, *ponitur* ΔΗ *et est in* ϹѠϹΟΝ ΔΗ. Nam in eodem manuscripto a scribitur pro Δ, et N vel n, pro Η *Eta* Græcorum. Mutat etiam sæpius o parvum cum ω magno, et vicissim ω cum o. Ex quo usu aut abusu elementorum imperitus scriptor posuit a Η pro ὅη, et *sosonan* pro σώσον ὅη. Idi, sam scribere voluit amanuensis exemplaris Cluniacensis Monasterii, sed æque imperitus linguæ Græcæ, quid scribebat nesciens, hæc fortuito descripsit : *Quæ apud Græcos ponitur* ΚΗ *et est* ϹѠΝΑΝ. Desuper autem lectionem verborum Græcorum apposuit hoc modo, *apesesinos anay*. Quod etsi corruptissimum habeatur, supersunt nihilominus in hac depravata lectione quædam vestigia litterarum ad restitutionem genuinæ lectionis, ΔΗ *et est in* ϹѠϹΟΝ ΔΗ; quam ab Exemplari San-Cygiranno integre scribendam didiscimus : in eo enim nullum abest, nullum abundat elementum, et si formam litterarum excipias, quæ non convenit cum hodierna, quamvis usitatissima inveniatur in exemplaribus mss., genuinam lectionem retinet inter omnes unus ille vetus codex San-Cygirannus. Cætera exemplaria præter Cluniacense legunt vulgo *anesesin sosannan*, *anesesin*, *nosanai*; vel *anesesin*, id est *laudibus*. Quæ aliquo modo videntur accedere ad Erasmianam conjecturam paulo ante recitatam.

Nec unicum putes hunc epistolæ S. Hieronymi locum restituendum infra in præsenti Editione nostra : nam duæ aliæ sunt non minoris momenti restitutiones futuræ, quas hic tantum indicare sufficiet, donec perveniamus ad totum proprium hujus epistolæ variis observationibus illustrandæ. Editi igitur libri sic legunt verba quæ spectant ad interjectionem Latinam qua silentium imperamus : *Et quando silentium volumus imperare, strictis dentibus spiritum coarctamus et cogimus insonando scilicet sibilum : ita et Hebræi*, etc. Aliter manuscriptus San-Cygirannus : *Et quando silentium volumus imperare, strictis dentibus spiritum coarctamus, et cogimus insonandum sith*. Ita Hebræi, etc. Aliter et Cluniacensis codex vetustior : *Et quando silentium volumus imponere, strictis dentibus spiritum coarctamus ; et agimus tantum sibilum insonando si. Ita et Hebræi*, etc. Quæ sit inter has variantes lectiones cæteris præferenda, a temetipso facile perdices, si, ut fert natura, silentium imperare volueris.

Altera varians lectio occurrit in elisa media vocali vocis *Osianna*; nam in antea editis libris hoc modo legimus : *Aleph namque littera prima verbi sequentis, extremam verbi prioris Jod inveniens exclusit*. Manuscripti autem codices aliter atque aliter legere hic consueverunt. San-Cygirannus supra laudatus, et alter monasterii S. Martini a Campis sic habent : *Aleph namque litteram primam verbi sequentis, extremam prioris verbi* AIN *veniens exclusit*. Cluniacensis vero : *Aleph quippe litteram primam verbi sequentis, extrema prioris verbi* AIN *veniens exclusit*. Quæ lectio pendet ex alia præcedenti, nempe ex ista: *Osia ergo salvifica interpretatur*, Anna *interjectio deprecantis est*. At de his lectionibus alibi fuse dicetur.

Tertio contra eruditionis Hieronymianam argumento causam præbet epistola Hieronymi ad Paulam Urbicam scripta de alphabeto Hebræorum, ubi « docet nomine *Daleth* significari *tabulus*, seu *libros*; voce *Zain*, *hæc*; vocabulo *Jod*, *principium*; *Mem*, *ex ipsis*; *Nun*, *sempiternum*; *Koph*, *vocatio*. At nihil horum vocibus illius subest, ne quidem in *Zain* et *Mem*, quæ defendi facilius possent. Nam הז *ze*, vel *za*, significat quidem *hæc*; sed si *in* accedat, ut *Zain* efficiatur, significationem illam amittit. *Mem* autem, ut significare possit *ex ipsis*, indiget littera ה hoc pacto מהם : quod cum non ita habeat in voce *Mem*, significationem obtinere non potest, quam ipsi tribuit Hieronymus : qui *Samech*, *fulcrum* melius interpretatus esset, quam *adjutorium*; et doctius fuisset locutus, si litteram *Tau* in signum usurpatam fuisse dixisset, non autem signa interpretari : Hebræi enim signa dicunt אותות *Othoth*, ut patet Gen. I, 14. »

Qui hæc objiciunt Hieronymo, veniam profecto non merentur ; sed proprio mucrone sunt confodiendi, id est, propriis verbis refellendi. *Doctius enim loquerentur ipsi*, si *Samech* interpretationem e libro Hebraicorum Nominum, sub magistro Hieronymo edocti fuissent. « *Samech*, » inquit Hieronymus supra col. 72, « *firmamentum* : licet quidam *erectionem*, vel « *adjutorium*, sive *sulturam* putent. » Ex quorumdam ergo sententia *Samech* interpretatur Hieronymus *adjutorium* in epistola ad Paulam : hic autem *firmamentum* rectius exponit juxta proprietatem vocis Hebrææ סמך *samach*, quæ significat *manus imposuit*, aut *confirmavit*. Unde in novo Testamento impositio manuum fuit usurpata ad dona Spiritus sancti impertienda ; in designationem discipulorum Christi : et ad munus apostolicum, sive ad functionem publicam ministerii ecclesiastici injungendam. Hinc sacramenti confirmationis nomen habuit illa manuum impositio. Nam idem verbum סמך *samach*, et *manus imponere*, et *confirmare* significat. Proprie igitur *Samech* dicitur Græce στήριγμα, Latine *firmamentum* ; metaphorice *adjutorium*, et *auxilium*.

Idem est judicium de littera *Tau*, quam Hieronymus *signum*, vel *subter* interpretatur : de vocabulo *Coph*, quod supra col. 50 interpretatur legitur, « *vocatio* vel *avis* ; sed melius *excussio*, quam Græci ἔκρουμα vocant. » קוף *Coph* autem optime interpretatur *excussio*, a radice נקף *nacaph*, id est, *excidit*, *concidit* : unde נקף *noceph*, *strictura*, hoc est : olearum extrema *decussio* et quasi excisio, Isaiæ XVII, 6. Ad summam quidquid in Hebraicarum litterarum interpretatione violentum invenies apud Hieronymum Græcis indubitanter ascribendum scias : ne in sexcentos prolapsus errores, illi temere nescius imputes, quod ipsemet abjiciendum decernit. Utque non te lateat e quo fonte hauserit Hieronymus et interpretationem alphabeti Hebræorum, et litterarum connexiones ; concito gradu ad superius capitulum Evagrii in nomen יהוה, ut revertaris admoneo.

Multa similia argumenta catervatim proposita leguntur pagina 159 Summæ Biblicæ ; et quamvis invalida sint ac levia, nullum tamen aspernabor ex iis quæ vera responsione nondum enervare potuerunt eruditionis Hieronymianæ vindices studiosi. « Multas, inquiunt, Hieronymus affert interpretationes, quæ virum Hebraice doctum non decent: quales v. g. sunt istæ: David, *manu fortis* ; Cherubim, *multitudo scientiæ* ; Moab, *aqua paterna* ; Carmelus, *scientiæ circumcisionis* ; Ammon, *filius generis mei*, vel *populus noster* ; Beelsephon, *ascensus speculæ* ; Sin, *odium* ; Alus, *fermentum* ; Pharan, *onager*, aut, *feritas* ; Ressa, *freni* ; Harada, *miraculum* ; Thare cum *Ain* y, *malitia*, vel *pastura* ; et cum *Heth*, *abactor*, vel *depulsor* ; Asmona, *festinatio* : Bene-jaacan, *filii necessitatis*, seu *stridoris* ; Iotbatha, *bonitas* ; Asiongaber, *ligna viri*, sive *dolationes hominis* ; Phasga, *dolatus* ; Zin, *mandatum*. Jeabarim, *acervi lapidum transeuntium* ; Dibongad, *fortiter intellecta tentatio* ; Aaroh, *montanus* ; Arnon, *maledictio* ; Almon Diblathaiema, *contemptus plagarum* [Leg. *palatharum*], sive *opprobriorum* ; Nabo, *conclusio* ; Abel Asitim, *luctus spinarum* ; Ulam, *pius*. »

Qui futilia hæc objiciunt Hieronymo, vel imperiti habendi sunt in lingua Hebraica, vel litigandi studiis mirifice dediti. Quis enim mediocriter excultus Hebræorum sermone ac disciplinis, ignorare potuit David vocabulum non solum *dilectum* interpretari, verum etiam *manu fortem* ? Utroque modo Græci illud nomen interpretantur supra in Fragmentis libri

Nominum, et in Lexico Origeniano, col 626. Δαυὶδ, ἱκανὸς χειρί, ἢ μόνος πεποθημένος, ἢ ἀγαπημένος, etc., *David, fortis manu, vel solus desideratus, vel dilectus*, etc. Utroque modo similiter Hieronymus col. 55, *David, fortis manu, vel desiderabilis*. Col. vero 107, *David desiderabilis* ; nihil amplius addendo. Unde satis liquet Hieronymum pro re nata Commentariis in Ezechielem, *David, manu fortem* exposuisse more Græcorum : cam alibi juxta proprietatem linguæ Hebraicæ et radicem דוד *dud*, aut *dod*, idem nomen interpretatur *desiderabilem*, sive *amabilem*. Porro *fortis manu* דויד *David* dici potuit a verbo ידה *jada*, e quo nomen *Juda* sumptum fuisse indoctis etiam patet : sed apud Græcos hujusmodi etymologiam a voce Hebræa די *dai* derivari exploratum mihi est ; quia Græci eam exprimunt ἱκανὸς χειρί, non δυνατὸς χειρί. Hebræam enim די *dai*, idem plane significat , quod Græcorum ἱκανός, id est, *sufficiens*. Inepta igitur et indigna suo auctore expositio hæc est, quam apud Hebraizantem invenio. Nec male veteres litteram ו Vau addebant, ut esset pronomen *suus* : quasi prædicta vox דויד *David*, idem valeret, ac qui sibi sufficeret manu, hoc est, qui manu potens esset ac fortis. Vocabulo autem יד manum exprimi, nullum Hebrææ linguæ tyronem latet. « Nefas erat apud veteres Hebræos nomen Deo proprium ulli mortalium adscribere. Maxime autem Deo proprium est, quod *sibi sufficiat manu*, hoc est, quod nullius egeat auxilio ; quod propria virtute omnia possit, et sit vere שדי *Saddai*, sibi sufficiens. Non ergo in nomine David Vau litteram addebant Veteres, nec *fortasse legebant* דויד, et tribus primis litteris nomen conficiebant, quod etiamnum cum duabus sonat sufficientem. Ficticia sunt isthæc et ludo proxima. Sed Vau scriptum in vocabulo דויד *David*, accipiebant pro *Jod*, ut esset in co די *dai*, et יד *jad*, id est, *fortis*, et *manus*. Perinde enim est apud Hebræos, quod verba scribantur in medio per Vau, aut per *Jod* : unde verbum substantivum *fuit*, הוה *hava*, vel היה *haja* scribitur ; nec aliud significat quoquomodo illud scribas. Apud Grammaticos quoque Hebræos verba, quæ habent *Jod* pro secunda radicali, dicuntur quiescentia *Ain Vau*. Hæc interim juxta mediocritatem sensus mei breviter strictimque respondi. Cæterum scire debet Lector, in istiusmodi disputationibus molestiam in legendo non debere subrepere : quia facile et nos potuimus aliquid ementiri, quod ex una voce solveret quæstionem , sicut et cæteros fecisse monstravimus. Sed magis condecet ob veritatem laborare paulisper , et peregrino aurem accommodare sermoni, quam de aliena lingua fictam falsamque referre sententiam.

In expositione vocis *Cherubim* et *Carmel*, nihilo felicior responsio Hebraizantis quam fuit præcedens ; et miror scriptorem fama eruditionis Hebraicæ apud multos celeberrimum ita ignorasse vulgares Linguæ sanctæ radices ; ut dum errores Hieronymi reprehendit , proprios ostendat : «Interpretationes, inquit, « *Cherubim* et *Carmel* vitio carent, si statuamus « קרה *Kara* apud Veteres significasse scientiam ; « quod omnimodam veri similitudinem consequitur « ex Rabbinorum usu, quibus קרה *Kara* est *legere* , « unde מקרה *mikra*, *lectura*, scilicet sacra, hoc est, « *Scriptura sancta*, quæ est totius scientiæ fons. »

Pessime statueretur nomina *Cherubim* et *Carmel* significare *multitudinem scientiæ*, et *scientiam circumcisionis* ; quamvis קרא *Kara* apud Veteres *scientiæ* significantiam habuisset. Nam quis nesciat vocabula כרוביה *Cherubim*, et כרמל *Karmel*, oriri ex themate נכר *nachar*, quod Latine vertitur *cognovit* , et in Hiphil הביר *hikkir*, *agnovit*, *recognovit* ? הכרה *hakkara*, quoque exprimitur *agnitio*. Itaque nomen *Cherubim* compositum intelligc ex נכר *nachar*, et רבב *rabab*: quæ cum sint verba defectiva apud Hebræos, haud dubie nomina ab illis derivata litteras aliquot radicales amittere debent in compositione. רב *rab* autem *multitudinem* significat, et הכרה *hachara*, *scientiam* : unde vox *Cherubim* facile interpretatur *multitudo scientiæ*. Ex *nachar* similiter, et ex מול *mul*, nomen *Carmel* derivatum, *scientiam circumcisionis* significat , juxta proprietatem linguæ Hebraicæ : quia *mul* redditur Latine *circumcidit*. Has sine fuco pueriti Hebraicorum Nominum etymologias proponimus ; ut sciat lector studiosus , quantus sibi fucus factus sit in multis hodiernorum Criticorum libris , quibus Hebraica eruditio Hieronymi impugnatur temere, vel indocte defenditur. Sed pergamus ad reliqua.

Nomen pariter *Bene-jaacan* male vexatum, corruptum, ac violenter interpretatum apud criticos Scriptores, probat sequens ejusdem nominis expositio : Pro *Benejaacan* , *scriptum fortasse fuit a magno Doctore Benejaracan* ; eoque pacto recta erit interpretatio *filii stridoris*, *a radice* חרק, frenduit. Nil dico de bene, aut benei : nemo quippe ignorat ea voce filios denotari.

Si sic licet quadrata mutare rotundis, et בני־יעקן *Bene jaacan*, cum ficto בני יחרקן *Benejaracan* ; nulla erit ambigua, nulla explicatu difficilis Hebraicorum Nominum interpretatio. At nemo concedit tyroni imperito linguæ Hebrææ, tot in una voce depravationes ; ut ח *Heth* legatur pro *Ain*, et *Res* addatur ad sollicitandam etymologiam Hieronymi, quæ sermoni Hebraico conformiter fluit e verbo עוק *uc*, vel עק *ac*, id est, *angustiavit*, *molestus fuit*, *vexavit* ; aut absolute, *arctatus*, *pressus*, *afflictus fuit*. Hinc עקה *aca*, *angustia* , *molestia*, *paupertas* : in plurali עקתין *acethin*, et עקן *acan*, hoc est, *angustiæ*, etc. Apud Judæorum quoque magistros עוק *avac*, significat *torsit*.

Recedant igiturae perpetuum exsulent ab hac Apologetica pro Hieronymo disputatione contortæ prorsus et alienæ etymologiæ nominum, vel etymologiarum expositiones , quas huc usque quidam Critici imperitos decuerunt. Nolim tamen dissimulare in allegorica nominis *Benejaacan* interpretatione sensum Hieronymi procliviorem esse ad radicem עקד *acad*, quam ad superiorem עוק *uc*, aut עק *ac*. Mansione enim XXVIII epistolæ ad Fabiolam ita scriptum legimus : « Vicesima octava mansio transfertur in « filios necessitatis, seu stridoris . . . Qui sint isti « filii necessitatis, Psalmus ipse nos doceat : Afferte « Domino , filii Dei, afferte Domino filios arietum. « Quæ est tanta necessitas, quæ nolentibus imponatur ? Cum divinis Scripturis fueris eruditus , et leges « earum ac testimonia , vincula scieris veritatis, con« tendens cum adversariis ligabis eos ; et vinctos duces « in captivitatem, etc. » Filios ergo necessitatis intelligit *ligatos* et *captivos*, sicuti sunt *arietes* et *oves* , quæ Domino offeruntur ad victimam. Verbum autem Hebraicum עקד *acad*, apud Grammaticos Latine est *ligavit*, *colligavit*, proprie artus, ut oves quatuor pedibus colligari solent ad mactationem. De Isaac quoque ad victimam præparato dicitur Genes. XXII, 9, ויעקד *vaijaacod*, *et colligavit* , nempe *filium suum Isaacum* : hoc est , manibus et pedibus post tergum revinxit, sicut ligantur oves tondendæ aut mactandæ.

Quod אלוש *Alus*, decimam mansionem Hebræorum in deserto, dixerit Hieronymus interpretari *fermentum*, hinc occasionem sumunt Critici Hebraizantes sollicitandi veram lectionem *Alus*, pro qua *Amus* substituendum putant. Nil vetat (si illis credamus) quominus Hieronymus pro *Alus* legerit *Amus* et sic inculpata erit interpretatio.

Falsum est, Hieronymum præter auctoritatem Scripturæ legisse *Amus*, pro *Alus*. Neque inculpatam e falsis conjecturis dicimus S. Doctoris interpretationem ; sed ab eximia eruditione linguæ Hebraicæ, qua ignorare non potuit verbum לוש *lus*, significat *miscuit*, *commiscuit*, et *fermento imbuit*. Quare libro Hebraicorum Nominum supra col. 24 de *Alus* ita scribebat : « *Alus fermenta*, sive *commisce*; quod Græce « dicitur φύρασον. » Hæc profecto latere minime debuerunt vindices eruditionis Hieronymianæ, quæ inculpabilis prorsus habenda est, cum ait : « Inter-« pretaturque *Alus, fermentum* : quod tollens mulier, « miscuit farinæ satis tribus, donec fermentaretur « totum. »

Latissimum vero disputationis campum nobis pandit observatio sequens Summæ Biblicæ pag. 146 : « *Abel Asitim scriptori*, me judice, tribui debet, non « auctori : quem verisimile est legisse *Abel Asirim* « cum *Samech* : quod *luctum spinarum* optime verterit « Hieronymus. » Hanc enim conjecturam longius a vero abesse palam evincunt ipsius Hieronymi contrariæ observationes in caput tertium Joelis prophetæ, ubi de torrente spinarum sic instituit disputationem : « Pro torrente spinarum, Septuaginta transtulerunt, « *torrentem funiculorum*, id est, χοινῶν. Quod aut « funiculos significat, aut juxta Ægyptios mensuram « certi itineris, Psalmista dicente : Semitam meam, « et *funiculum* meum tu investigasti. In Nilo enim « flumine, sive in rivis ejus solent naves funibus tra-« here, certa habentes spatia, quæ appellant *funicu-« los* : ut labori defessorum, recentia trahentium « colla succedant. Nec mirum si, unaquæque gens, « certa viarum spatia suis appellet nominibus : cum « et Latini mille passus vocent, et Galli leucas, et « Persæ parasangas, et rastas universa Germania, « atque in singulis nominibus diversa mensura sit. « Hæc propterea, quia verbum Hebraicum *Sattim*, « Septuaginta funiculos transtulerunt. Cæterum nulli « dubium est, omnia quæ in Tabernaculo Dei legi-« mus, de lignis Settim fuisse perfecta : quæ Se-« ptuaginta interpretati sunt *ligna imputribilia*. Est « autem genus arboris in eremo, spinæ albæ simile, « colore et foliis, non magnitudine. Alioquin tam « grandes arbores sunt, ut latissima ex illis tabulata « cædantur : lignumque fortissimum est, et incredi-« bilis levitatis ac pulchritudinis, ita ut ex his etiam « vasa torcularium, quæ ἄρσενας et θηλύας vocant, « ditissimi quique studiosi faciant, quæ ligna in locis « cultis, et in Romano solo, absque Arabiæ solitu-« dine non inveniuntur. Pro *torrente funiculorum*, « sive *spinarum*, Symmachus interpretatus est *val-« lem spinarum*. Est autem locus juxta Libiadem « trans mare Mortuum, sexto ab ea distans millia-« rio, ubi quondam cum Madianitis fornicatus est Is-« rael. Hujus loci ex persona Dei Michæas propheta « meminit, dicens : Popule meus, memento, quæso, « quid cogitaverit Balac rex Moab, et quid respon-« derit Balaam filius Beor, de Settim usque ad Gal-« galam : pro quo et ibi Septuaginta transtulerunt, « ἀπὸ τῶν χοινῶν, hoc est, a funiculis usque ad Gal-« galam, etc. » Non poterat manifestius suam de nomine שִׁטִּים *Sittim*, vel *Sattim* opinionem proponere sanctus Doctor; nec validius falsam de errore scriptoris conjecturam in lectione *Abel Asirim*, pro *Abel Asitim*, explodere. Constans proinde debet esse sententia apud omnes studiosos et eruditos sermonis Hebræi, vocabulum שִׁטִּים *Sittim*, ab antiquis interpretibus Græcis atque Latinis interpretatum fuisse *spinas*. Et consequenter lectionem *Abel Asitim*, mansione XLII epistolæ ad Fabiolam, genuinam esse ac Hieronymianam; non errorem imperiti nescio cujus scriptoris.

Cæteris Criticorum objectis violentis Hebraicorum Nominum interpretationibus nullam adhibent eruditionis Heronymianæ vindices responsionem, præter eam quam Gallice dicimus *Le pont aux Anes*. Insolubiles, inquiunt, nobis videntur illæ difficultates : sed excusari possunt, confugiendo ad ignotas significationes, aut negligentes scriptores in culpa ponendo. Ita excipimus etymologias hujusmodi : *Abraham, pater multarum*; *Dibongad, fortiter intellecta tentatio*; *Nabo, conclusio*; *Oreb, corvus, vel siccitas*; *Aser, divitiæ, vel beatus*; *Cades, sancta, vel mutata*; *Nephthali, convertit me, vel comparavit me*. Ergo imperitus linguæ Hebraicæ remanet Hieronymus, nisi ignotis acquiescamus significationibus Hebraicorum Nominum; aut veteres omnes exscriptores Operum S. Hieronymi insimulemus depravationis perpetuæ.

Non ita erit, ut vel imperitiæ suspicio adhæreat Hieronymo, aut depravationis culpa rei teneantur quotquot usquam gentium descripserunt Opera Hieronymiana. Neque par arbitror unum vel alterum affirmare : sed verisimilius dixerim leviter tinctos esse scientia Hebræi sermonis, qui his difficultatibus superati, impares se præbent susceptæ defensioni sancti Hieronymi. Nam quid tantæ est difficultatis in recitatis interpretationibus, ut fingere opus sit vel crimina in scriptores, vel ignotas significationes vocum Hebræarum? Sola lectio libri Geneseos cap. XVII, vers. 5, objectionem de etymologia nominis אברהם *Abraham*, futilem prorsus ac imperitam demonstrat. Nec feliciori sorte cæteræ gaudebunt, si res enucleate, ordineque debito expendantur. Objectas igitur interpretationes sic defendo :

Edisserebat sanctus Hieronymus hunc Genesis versiculum juxta Septuaginta : *Nec vocabitur ultra nomen tuum Abram : sed erit nomen tuum Abraham, quia patrem multarum gentium posui te*, והיה שמך אברהם כי אב המון גוים נתתיך, id est, *Et erit nomen tuum Abraham, quia patrem multitudinis gentium dedi te*; utque mutati nominis rationem manifestam faceret lectori, linguæ peregrinæ quærit sic auxilia : « Dicunt autem Hebræi, quod ex nomine suo Deus, « quod apud illos Tetragrammaton est, HE litteram « *Abrahæ* et *Saræ* addiderit. Dicebatur enim primum « *Abram*, quod interpretatur *pater excelsus*; et postea « vocatus est *Abraham*, quod transfertur *pater mul-« tarum* : nam quod sequitur, gentium, non habetur « in nomine, sed subauditur. Nec mirandum quare, « cum apud Græcos nos A littera videatur addita, « nos HE litteram Hebræam additam dixerimus. Idio-« ma enim linguæ illius est per HE quidem scribere, « sed per A legere : sicut e contrario A litteram sæpe « per HE pronuntiant. » Apud Græcos et Latinos littera A addita erat in nomine Abraham, quia primum dictus est Ἄβραμ, *Abram*, et postea addita littera Ἀβραάμ, *Abraham*. Apud Hebræos non *Aleph* א additum est, sed ה *He* : unde prius אברם *Abram*, et deinde אברהם *Abraham*, quia ה *He* per A legebant, teste Hieronymo. Elementi autem *He* additamentum fecit, ut qui primum *pater excelsus* appellabatur, postea nomine suo diceretur *pater multitudinis*. Nam Hebraice המון *amon*, idem est, quod Latine *multitudo* et *turba* : in nomine vero אברהם *Abraham*, ultima syllaba prior est in vocabulo המון *Amon*; *am* הם videlicet, e qua nomen Abraham habet significationem *multitudinis*; sicuti ex אב *ab*, habet significationem *patris*, littera media ר *Res* otiosa permanente ex priori vocabulo אברם *Abram*, quod *pater excelsus* exprimitur. His ita observatis manifestissime comprobatur interpretationem seu potius expositionem Hieronymianam eximiam ac diligentissimam fuisse. Neque prorsus ignorasse licuit Criticis nostris Hieronymum, cum *Abraham* interpretari diceret *pater multarum*, intentum fuisse Hebræorum Scripturæ atque Græcorum : Ἀλλ' ἔσται τὸ ὄνομά σου Ἀβραάμ, ὅτι πατέρα πολλῶν ἐθνῶν τέθεικά σε, hoc est, *sed erit nomen tuum Abraham, qui patrem multarum gentium posui te*. Quod ergo sequitur post *patrem multarum* non habetur in nomine *Abraham*, nempe *gentium*; sed subauditur, ut optime observat sanctus Hieronymus, temere ac indocte a sciolis impugnatur. Non omitto Hieronymum supra in libro Nominum interpretari nomen *Abraham*, *pater videns populum*, vel *pater videns multitudinem*; in qua interpretatione exprimitur ר *Res* littera, quam otiosam dixi ad etymologiam, *pater multarum*. Nemo autem nescit verbum ראה *raa*, quod incipit a *Res*, significare *vidit* aut *videns* : hinc *Abraham pater videns multitudinem*.

Sed breviter ab his Criticorum tricis ut nos expediamus, dico *Dibongad* significare *fortiter intellectam tentationem* : quia Hebraice דד *dai* intelligitur *sufficienter* vel *fortiter* ; בון *bon*, *intellectus*; et גד *gad*, *tentatio*. Quas syllabas retinet δαιβών γάδ apud Græcos, quorum interpres est Hieronymus in hujusmodi etymologiis nominum.

Nabo, interpretatur *conclusio* in Epistola ad Fabiolam : sed in libro Hebraicorum Nominum *Nabau*, transfertur *veniemus*, vel, *in conclusione*. *Nabao*, *prophetia*, vel *venientes*. *Nabo*, *sessio*, vel *superveniens*. Quorum omnium rationes ac interpretationes suppeditare possunt Hebrææ radices בוא *bo*, נוב *nub*, נבא *nibba*.

De nomine Oreb abunde disputatum est contra eruditum Bochartum. Vide supra in hoc syntagmate Apologetico Criticorum hallucinationes. Falsum nat..que est quod ait quidam : « Vocis sonus, qui idem fere est in nominibus *Hereb* חרב, et *Cades* קדש et שדח : Hieronymum altioribus intentum, et forsitan properantem, fallere potuit, etc. »

« *Aser*. » inquit S. Hieronymus Lib. Quæst. Hebraic. in Genesim, « non *divitiæ*, sed *beatus* dicitur, « dumtaxat in præsenti loco; nam in aliis, secundum « ambiguitatem verbi, possunt et divitiæ sic voca « ri. » Hæc verba duplicem habere possunt intelligentiam. Primo, ita intelligendus videtur Hieronymus, quod אשר *Aser* scriptum cum Aleph, ut in præsenti loco Geneseos scribitur, *beatus* interpretatur; in aliis autem locis, puta I Sam. xvii, 25, et psal. lii, 9, nomen *Aser*, quod propter ambiguitatem verbi scribi potest עשר cum *Ain*, significat *divitias*. Ambiguitas itaque hujus verbi *Aser*, apud nos scriptum per *A*, facit ut aliquando *beatum*, aliquando *divitias* sonet. Secundo, Ambiguitas verbi potest esse ex secunda radicali, nam si vocabulum *Aser* scribatur per *Sin*, ut in Genesi אשן, tunc *beatum* significat : at si scribatur in medio cum *Sade*, אצר, tunc sonat *divitias*. Nam אוצר *Osar*, Latine *thesaurus* exprimitur.

In Cades interpretatione etsi nonnulla oriatur difficultas, vix tamen remanebit adjuncta objectioni Criticorum hac expositione Hieronymiana, quæ legitur mansione xxxiii epist. ad Fabiolam : « Illudque « quod jungitur, *Cades*, non ut plerique æstimant, « *sancta* dicitur : sed mutata, sive translata. Legimus « in Genesi juxta Hebraicam veritatem, ubi Judas « meretricem putans Thamar dona transmisit; et se- « quester numerum interrogat: *Ubi est* CADESTA, hoc « est, *scortum*, cujus habitus a cæteris feminis immu- « tatus est. In multis quoque locis hoc idem reperi- « mus. Sin autem *sancta* interpretatur κατ' ἀντίφρασιν, « est intelligendum : quomodo parcæ dicuntur quia « quod minime parcant, etc. » Non inficiatur קדש *Cades* dici *sanctam* per antiphrasim, sive per ironiam : sed propriam nominis hujus significationem voluit esse in etymologia superiori *mutata*, sive *translata*. Quod maxime firmari potest e prima significantia quam habet radix קדש *Cadas* in Hebraicis Lexicis, ubi verbum illud interpretatur multis in locis Bibliorum, *ab usu communi ad divinum separatus*. Quidquid autem ab usu communi ad usum transit sacrum, vere *mutatum* et *translatum* dicitur. Ab hac igitur significatione sumpsit Hieronymus etymologiam nominis *Cades*, non a ficto חדש *Chades*, sive *Hhades*, quod *novum*, sonat, non *translatum*.

Libro Quæstionum Hebraicarum in Genesim monet Hieronymus, quod nequaquam Criticis placuit ; nolunt enim Nephthali nomen impositum a conversione, sive comparatione Rachelis cum ejus sorore Lia. « Causa nominis Nephthalim, » inquit sanctus Doctor, « alia hic multo exponitur, quam libro Hebræo « rum Nominum scripta,est. Unde et Aquila ait, συναν- « έστρεψέν με ὁ Θεός, καὶ συνανεστράφην. Pro quo in « Hebræo scriptum est, *Nephthule Eloim Niphthalthi*. « Unde a conversione sive a comparatione, quia « utrumque sonat conversionem, sive comparatio- « nem, Nephthali filio nomen imposuit. » Ex verbis Hebraicis, si fides criticis adhibeatur, contrarium huic Hieronymianæ sententiæ ostenditur : quia נפתולי אלהים נפתלתי *nephthule eloim niphthalthi* nullam *conversionis* aut *comparationis* notionem ingerunt; sed ad verbum sonant, *luctationibus Dei luctata sum* : hoc est, *invalui*. Sed pace horum Criticorum dicere nobis liceat, idem esse apud Hebræos, Græcos, ac Latinos interpretes, nec non apud Gallos et Vascones, *luctationibus Dei luctata sum*, quod Aquilæ interpretatio, *convertit me Deus, et conversa sum*. Id plane liquet, si meminimus Rachelem sorori sua rem fuisse inferioremque apud virum suum Jacobum, antequam ei peperisset filios vel proprios, vel ex ancilla adoptivos : postquam autem matrisfamilias honore lætata est in nativitate filiorum famulæ suæ Balæ, parem sorori sese præbuit apud maritum; unde aiebat : *Comparavit me Deus cum sorore mea, et invalui*. Luctabantur ergo sorores inter sese prolis contentione ; in qua lucta inferior erat Rachel aliquandiu : *Cernens autem Rachel quod infecunda esset, invidit sorori suæ, et ait marito suo : Da mihi liberos, alioquin moriar*. Nato primum Dan, ac deinde Nephthali quæ prius invidia, et infecunditate inæquabilis et inferior remanebat, æqualis procreatione liberorum exstitit sorori Liæ, cujus vulvam Deus aperuerat, ne lippitudine oculorum Jacobo despectui haberetur. Comparaverat igitur Deus Rachelem cum Lia, quando minorem majori præstitit æqualem gloria pariendi filios : nam apud Latinos *contendere rem aliquam cum alia*, idem valet ac *comparare* : rursum *contendere* et *luctari* pro eodem accipiuntur. Ex quo consectarium est optimum apparere etymologiam nominis *Nephthali*, quod *comparationem* sonat sive *conversionem*, eo sensu quo apud vulgus Gallorum dicitur. *retournez-vous*; et apud Vascones, *tourne-te* : quod Latine diceremus, *contende*, *luctare*, *dimica*, *par pari redde*. Qui alias vocabuli נפתלי *Nephthali* requisierit interpretationes, consulat supra librum Hebraicorum Nominum, vel Græca Fragmenta.

Explosis Criticorum difficultatibus inerudite objectis contra Hebraicam eruditionem Hieronymianam, nihil addendum putavi præter verba cl. v. Ferrandi, quibus finem facit Disputationi Prolegomenicæ de S. Hieronymo, pag. 147 Summæ suæ Biblicæ : « Ex his perspicuum est, inquit, Hieronymum facile expurgari ; et collatis in eum ab improbis aut imperitis criminationibus nullo negotio elui, si ex veris regulis judicium feratur, et iis justo examine libretur, non autem ad inscitiæ aut odii normam dirigatur. Ad hanc amussim nonnulli hujus ævi Critici controversiam nostram exigunt; nec mirum si lance tam iniqua utentes, veteribus, adversus quos reverentiam exhibere deberent, Scriptoribus inscitiæ vitium objiciant, et interpretationes crimini dent, quæ præconio sunt dignæ aut saltem justa excusatione tegi possunt.

« Tales esse Hieronymianas satis superque, ni fallor, a me fuit demonstratum , et in spem venio, sanctum hunc Doctorem iis deinceps admirationi fore, qui eo infelicitatis et cæcitatis devenerant, ut ipsum despicatui haberent : neminemque posthac exstiturum, qui eximiam linguæ Hebraicæ peritiam ei non tribuat. »

Hactenus ego quoque vindicis munere defunctus sum in hac Apologia pro Hieronymo suscepta. Nunc meæ partes sunt agere præconem ejusdem eruditionis Hebraicæ, quam contra objecta falsa vitia sufficienter defensitavi in iis quæ aliquod momentum habere videbantur. E quibus autem libris argumenta hujus laudis primum peterentur, non illico fixam ratamque habui sententiam , propter copiosiorem scientiæ Hieronymianæ supellectilem, quæ in cunctis ejus opusculis splendet. Quantum enim capere potui ex frequenti lectione Commentariorum et reliquarum ejus lucubrationum, nulla in illis exstat pagella ubi non occurrant manifestissima indicia præpositæ eruditionis. Verum ad compendium laudis satius est e libro Hebraicorum Nominum, cujus obtentu imperitus Hebræi sermonis Hieronymus habebatur, eximiam ipsius eruditionem probasse, quam infinitam undique testimoniorum congerere multitudinem. Libri igitur Nominum observationes et annotatiunculæ manifestam facient omnimodam Hieronymi peritiam in rebus Hebraicis.

In edito autem a nobis Hebræorum Nominum opusculo superiori, summa exactaque cognitio linguæ Hebraicæ non uno modo elucet, si tamen ea tantum spectemus quæ Hieronymo propria dignoscuntur. Sive enim elementorum sermonis penitiorem intelligentiam, sive expositam dictionum significantiam, sive sonorum ac nominum ambiguorum distinctam proprietatem requiras, unus liber Hebraicorum Nominum innumeris exemplis hæc omnia reperiri apud Hieronymum plane demonstrabit. Utque ante cætera nobis explorata sit in Hieronymo exacta peritia elementorum linguæ Hebraicæ, quasdam annotationes ejus recitare juvat. Hanc vero ipse admonitionem in fronte libri Nominum posuit, ne lectori erroris locus tribueretur ex ambiguo elementi A Latini, quod apud Hebræos multiplex in litteris consonantibus invenitur.

« Non statim ubicumque ex A littera, quæ apud « Hebræos dicitur *Aleph*, ponuntur nomina, æsti- « mandum est ipsam solam esse quæ ponitur. Nam « interdum ex *Ain*, sæpe ex *He*, nonnumquam ex « *Heth*, litteris, qua aspirationes suas vocesque commutant, habent exordium. Sciendum igitur, quod « tam in Genesi, quam in cæteris libris, ubi a vocali « littera nomen incipit, apud Hebræos a diversis, ut « supra diximus, inchoetur, elementis. Sed quia « apud nos non est vocum tanta diversitas, simplici « sumus elatione contenti. Unde accidit, ut eadem « vocabula, quæ apud illos non similiter scripta sunt, « nobis videantur in interpretatione variari. »

Ad litteram *S*, *quæ apud Hebræos multiplex est, istud quoque observari voluit:* « Quod in principio di- « xeramus in vocalibus litteris observandum: eo « quod apud nos interdum una sit littera, et apud « Hebræos variis vocibus proferatur; hoc nunc quo- « que in S littera sciendum est. Siquidem apud He- « bræos tres S sunt litteræ: una quæ dicitur *Samech*, « et simpliciter legitur, quasi per S nostram litte- « ram describatur; alia *Sin*, in qua stridor quidam « non nostri sermonis interstrepit; tertia *Sade*, « quam nostræ aures penitus reformidant. Sicubi « ergo evenerit, ut eadem nomina aliter atque aliter « interpretentur, illud in causa est, quod diversis « scripta sint litteris. Hoc autem quod in Genesi di- « cimus, in omnibus libris similiter observandum. »

Tot tantaque circa Hebræorum elementa, duabus hisce observationibus Hieronymi nos docuit, ut alia eruditionis ejus argumenta superflue desiderari potuissent, nisi male intelligerentur a quibusdam Criticis, et a Mariano etiam Victorio, qui Opera sancti Doctoris postremus edidit. Is enim cum more solito librum Hebraicorum Nominum argumento præmunire voluit, non satis attentus fuit superioribus annotationibus Hieronymi; aut certe nullatenus legit, quæ suo sensui manifestissime contraria cernuntur. « Nemo miretur, inquit, quod unum idemque nomen variis apud Latinos significationibus Divus Hieronymus hoc in libro explicet. Non tam enim id ex ambiguitate, varietateque interpretationum, quam ex diversitate penes illos accidit elementorum: quod enim nos litterarum penuria, uno interdum charactere explicamus, diversis Hebræi elementis conscribunt. Nam præter quinque nostras vocales, quas quadruplicatas habent, ex א, ה, ח, et ע, habent etiam tria C, videlicet ח, כ, et פ; et quatuor S, Sin, Samech et Tzade: quæ etsi pronuntiatione, figurarumque varietate apud Hebræos differunt, nos tamen pronuntiare illas magis possumus, quam effingere. »

Non miror, quod unum idemque nomen Hebræum variis interpretationibus Hieronymus explicaverit: sed valde mirum est, editorem Hieronymi nescivisse, quæ sanctus Doctor conceptis verbis docuit de triplici S apud Hebræos, tam hic in libro Nominum, quam Commentario in Epistolam ad Titum cap. III. Nam si mediocriter attentus loca citata legisset, numquam tria C, vel quatuor S apud Hebræos induxisset, fultus auctoritate Hieronymi. Neque vero fas erat Mariano litteram ח *Heth* confundere cum elemento C: quia *Heth* apud Hieronymum duplex est aspiratio, non littera consonans C. Et ipse constanter triplicis S apud Hebræos meminit; sed nuspiam quatuor S apud illos observavit. Quæ ut nobis exploratissima fiant, locum Commentariorum in cap. III Epist. ad Titum integre describam; est enim apprime lucidus, et instituto nostro accommodatissimus: « Quod autem « ait: *Genealogias, et contentiones, et rixas, quæ veniunt* « *ex lege, devita,* proprie pulsat Judæos, qui in eo se « jactant et putant legis habere notitiam, si nomina « teneant singulorum, quæ quia barbara sunt, et ety- « mologias eorum non novimus, plerumque corrupte « proferuntur a nobis. Et si forte erravimus in accentu, « in extensione et brevitate syllabæ, vel brevia produ- « centes, vel producta breviantes, solent irridere nos « imperitiæ, maxime in aspirationibus et quibusdam « cum rasura gulæ litteris proferendis. Hoc autem « evenit, quod Septuaginta Interpretes, per quos in « Græcum sermonem lex divina translata est, specia- « liter *Heth* litteram et *Ain*, et cæteras istiusmodi, « quia cum duplici aspiratione in Græcam linguam « transferre non poterant, aliis litteris additis expres- « serunt. Verbi causa, ut Rahel, Rachel dicerent, et « Hierio, Hiericho; et Hebron, Chebron; et Seor, « Segor. In aliis vero eos conatus iste defecit. Nam « nos et Græci unam tantum litteram S habemus; « illi vero tres, *Samech*, *Sade*, et *Sin*, quæ diversos « sonos possident. Isaac et Sion per *Sade* scribuntur. « I-rael per *Sin*, et tamen non sonat hoc quod scri- « bitur. Sed quod scribitur Seon rex Amorrhæorum, « per *Samech* litteram et pronuntiatur, et scribitur. « Si igitur a nobis hæc nominum et linguæ ἰδιώματα, « ut videlicet barbara, non ita fuerint expressa, ut « exprimuntur ab Hebræis, solent cachinnum attolle- « re, et jurare se penitus nescire quod dicimus. Unde « et nobis curæ fuit omnes veteris legis libros, quos « vir doctus Adamantius in Hexapla digesserat, de « Cæsariensi bibliotheca descriptos, ex ipsis Authen- « ticis emendare; in quibus et ipsa Hebræa propriis « sunt characteribus verba descripta, et Græcis lit- « teris tramite expressa vicino. Aquila etiam et Sym- « machus, Septuaginta quoque et Theodotio suum « ordinem tenent. Nonnulli vero libri, et maxime hi « qui apud Hebræos versu compositi sunt, tres alias « editiones additas habent, quam quintam et sextam et « septimam translationem vocant, auctoritatem sine « nominibus interpretatam consecutas. Hæc immor- « tale illud ingenium suo nobis labore donavit: ut « non magnopere pertimescamus supercilium Judæo- « rum, solutis labiis, et obtorta lingua, et stridente « saliva, et rasa fauce gaudentium. »

Quisquis Criticorum aureum illum Hieronymi relegere Commentarium voluerit, et annotationes ejus e libro nominum antea recitatas, illico fatebitur, si fidei plenus est, nihil in sermone Hebræi Hieronymum latuisse; tantamque hujus idiomatis peritiam fuisse in sancto Viro, ut nullus Grammaticorum hodiernorum sit ipsi æquiparabilis. Et vero quisnam hoc ævo satis callet sermonem Hebræorum ad docendum nos rationem commutationis aspirationum et vocum in elementis Aleph et Ain, He et Heth? A quo Lexico, ex qua Grammatica Hebræa discere possum, quid sit apud Hieronymum stridor quidam in littera ש *Sin*, non nostri sermonis interstrepens? quid צ *Sade* Hebræum, quod S, nec Z litteram sonat, sed aliud quidpiam quod nostras aures penitus reformidant? Quid dicam de accentibus diversis litterarum, de extensione et brevitate syllabarum, de litteris cum rasura gulæ proferendis? Quis Hebraizantium gloriabitur se hæc scire, hæc posse docere? Certe confidenter dicam, nemo virorum est vel apud Judæos hodiernos, vel apud Christianos scriptores, qui ad tantam peritiam linguæ Hebraicæ pervenerit; ut præsto sit ad explicandam pronuntiationem litteræ Sin, usurpatam apud veteres Judæos in nomine Israel, quod apud illos non sonabat hoc quod scribebatur. Præterea ecquodnam in Grammaticis principium putamus capessendæ antiquæ pronuntiationis litterarum Hebraicarum cum rasa fauce, obtorta lingua, solutis labiis, stridente saliva? Unus est Hieronymus qui hæc omnia didicit et docuit; et qui adeo calluit sermonem Hebræorum, ut quæcumque corrupta erant in Hexaplis Origenis, ipse ex libris authenticis emendaverit, ubique restituens aspirationes elementorum nativas, quas Septuaginta Interpretes mutaverant cum χ, vel cum γ, in literis ח. Heth, et ע Ain. Utinam non perissent reipublicæ litterariæ Origenis Hexapla, in quibus et ipsa verba Hebræa propriis erant characteribus descripta, et Græcis litteris tramite expressa vicino, atque Hieronymiana manu castigata ad fontes Hebraicos. Si hæc superessent nobis, immortale quidem fateremur ingenium Adamantii, sed divinum prorsus ingenium Hieronymi, stupendamque mortalibus diligentiam, qua in Græcis litteris verba Hebræa exprimentibus depravatas lectiones restituit in integrum, ac propriis accentibus insignivit. Erat ille egregius admodum labor, ut eo ditati Christiani veteres non magnopere pertimescerent supercilium Judæorum, qui ante Hieronymianam restitutionem jam dictam, fideles irridebant imperitiæ, maxime in aspirantibus et quibusdam litteris Hebræis, cum rasura faucium proferendis. Periit illa Judæorum gloriatio, cum supremo numini placuit providere Ecclesiæ suæ maximum Scripturarum Interpretem, qui si qua forte vera et fidei nostræ accommodata invenit apud Circuncisos, non solum non formidanda, sed ab eis etiam tamquam injustis possessoribus in usum nostrum vindicanda existimavit. Judæi enim non solum traditiones falsas habebant et onera gravia, quæ populus Christianus detestaretur et fugeret, sed etiam libros et eloquia Dei concredita patribus, quasi vasa atque ornamenta de auro et argento a Prophetis elaborata; quæ omnia Hieronymus rapuit et abstulit in usum convertenda Christianum. Unde et Marcellam scribebat: « Jampridem cum voluminibus Hebræorum editionem Aquilæ confero; ne quid forsitan propter odium Christi Synagoga mutaverit: et ut amicæ menti fatear, quæ ad nostram fidem pertinent roborandam, plura reperio. »

Sed ad proposita redeamus argumenta, petenda e libro Nominum ad probandam Hebraicam eruditionem Hieronymi. Monet igitur col. 7 quædam nomina cum aspiratione, sive Chi χ Græcum legenda: verum generale illud documentum, quia lectori non satis intellectum errorem generaret, statim hisce observationibus illustrat: « Cham, calidus. Sed sciendum, quod in Hebræo Chi (χ) litteram non habet: scribitur autem per Heth, quæ duplici aspiratione profertur. » Et post pauca: « Chethæus, mentis excessus, sive fixus, vel abscisus. Sed hoc nomen in Hebraico non incipit a consonanti littera, verum ab Heth, de qua jam supra diximus. » Col. deinde 11 hæc habet ad nomen Gomorrhæ: « Gomorrha, populi timor, sive seditio. Sciendum quod G litteram in Hebraico non habet; sed scribitur per vocalem Ain. » Si Hebræorum nupera opera Grammatica contendas cum istis observationibus Hieronymianis, multa in illis contraria vel diversa reperies. Docet Hieronymus ח Heth litteram non esse consonantem; docet pariter ע Ain esse vocalem. Utrumque negat Alphabetum Hebræorum, ubi omnia elementa sunt litteræ consonantes; Heth et Ain, ut cæteræ viginti. Et inter se non minus dissi-

dent Grammatici hodierni in lectione et pronuntiatione horum elementorum, quam contrarii sunt Hieronymianis præceptis. Quo tame dissidio satis liquet genuinam eos ignorare Hebræorum elementorum pronuntiationem, ac Idioma Hebraicum, cujus fuit callentissimus sanctus Doctor. Quod si dixerint exploratum ipsis semper fuisse, litteras, quas vocamus gutturales, א, ע, ה, ח, pro vocalibus acceptas esse veteribus Hebræis: ostendant itidem si possint, quod sit discrimen in pronuntianda E prima littera nominum positorum columna 9 super qua observavit Hieronymus eodem loco: *Hucusque per brevem litteram E, nunc per productam nominum sunt legenda principia*. Nomen ergo *Eden* cum sequentibus usque ad *Esbel* legebant Antiqui cum E brevi: sed cum producta eadem littera nomen *Elissa*, et cætera tredecim sequentia ad litteram F. Quis Criticorum, sive grammaticorum serio me docebit, quare prima littera nominis אלמודד *Elmodad*, nempe א *Aleph*, brevis fuerit apud veteres Hebræos; eadem autem littera produceretur in אליעזר *Eliezer*, inque aliis non paucis, quæ subsequuntur Hieronymianam annotatiunculam? Possumus equidem discrimen illud brevitatis aut productionis vocalium in quibusdam nominibus deprehendere, sicut in *Bethsabee*, de quo col. 57, sed incognitum et imperspicuum nobis est, ubi æqualia sunt elementa et eadem principia Hebraicorum nominum. Quæ tamen omnia cum perspecta exploratæque fuerint Hieronymo, consectarium est melius eum caluisse linguam Hebræam, atque tricas etiam grammaticales, quam quivis hodie Hebraizantium, aut Criticorum emunctæ naris. Et nisi me tæderet eadem semper inculcare, ac ter quaterque easdem annotationes Hieronymianas exscribere, unamquamque insertam libro Nominum Admonitionem ex ordine replicarem. Sed hæc importuna ac molesta scio lectori studioso, cui gratissimum sæpius facimus nonnulla omittendo argumenta propositæ quæstionis, ne intentio ipsius turbetur superflua copia testimoniorum. Adeat igitur, qui voluerit, Hieronymum; et ab ipso libro Hebraicorum Nominum doceatur quæ sint elementa cum aspiratione pronuntianda, quæ brevia, quæ producta; ut his ac similibus præceptis grammaticis instructus, testis ipse accedat eruditioni Hieronymianæ suffragaturus. Non enim illa contemptui habetur nisi apud imperitos, qui aut raro aut numquam legunt apud sui similes criminari non verentur.

Quem vero elementorum Hebræorum peritia suffarciuatum jam novimus, eumdem in dictionum significantis expertum probant aliquot observationes, quibus ipse verba nonnulla illustranda suscepit. Pauciora seligemus exempla, quia ad probationem rei propositæ nequaquam omnia necessaria sunt. In libro Geneseos columna 10 ita scriptum legimus supra: « *Deson, fortis papilla, sive calcabit eam*: sed hoc Syro sermone dicitur. Cæterum Hebraice, *pinguedo* interpretatur, aut *cinis*, id est, *favilla holocaustorum*. » Jam si revolvo Hebræa Lexica, nihil aliud renuntiant in radice דשן *dassen*, præter duo significata ab Hieronymo probe intellecta atque explicata; דשן *dessen* enim nomen *pinguedo* interpretatur, aut *cinis*, id est, *favilla holocaustorum*. Unde Levit. I, vers. 16, *Et projicient eam juxta altare versus orientem ad locum* הדשן *haddesen*, hoc est, *cineris*, sive ad locum, ubi comburuntur cineres. Pinguedinem vero significat idem nomen *desen*, Jud. IX, vers. 9, *An descram* דשני *disseni, pinguedinem meam?* Quidquid ergo de significatione vocis Hebrææ *desen*, vel *deson* multis sermonibus lectorem docent Hebræa dictionaria, duobus id verbis explicat S. Hieronymus; qui si accusari potuisset priorem etymologiam, *calcabit eam*, e Syro sermone derivatam, vitio ipsimet data fuisset, tamquam omnino violenta et indocta apud Hebraizantes hujus ævi, doctos pariter atque indoctos. At hujusmodi originationem videsis supra in scholiis nostris ad vocabulum *Deson*.

Aliud exemplum Hieronymianæ eruditionis ac intelligentiæ, qua odorabatur sagacissime, quid singula Hebræorum nomina significarent, sumi potest e voce *Rachel*, cujus etymologiam multiplicem hoc modo declarat col. 15 : « *Rachel, ovis, vel videns « principium, aut visio sceleris, sive videns Deum.* « Hoc autem secundum accentorum et litterarum « evenit diversitatem, ut tam in contrarias signifi- « cationes nomina commutentur. » Quid sit illa litterarum diversitas contrarias inducens significationes, diserte ipse Hieronymus exposuit columna 114, dicens : « *Raab, si per Ain mediam litteram scriba- « tur, famem significat : si per He, impetum : si per « Heth, latitudinem.* » Eodem modo *Rachel*, si per *Heth* scribatur, *ovem* significat; si per *Aleph, videntem Deum.* Rursum si ex ראה *raa*, et הלל *hhalal*, figuratum intelligas, sonat *videntem principium*. Denique ex ראי *rai*, et רע *ra*, cum *Ain*, exprimitur *visio sceleris*.

Tertium Hieronymianæ eruditionis argumentum capio ex famosissimo nomine *Somthonphanech*, de quo col. 17 ita disserebat : « Somthonphanech, cor- « rupte dicitur : nam in Hebræo legimus *Saphneth « phanee*; quod interpretatur, absconditorum re- « pertor. Porro ab Ægyptiis didicimus, quod in « lingua eorum resonet, *Salvator mundi*. » Brevis est admodum hæc annotatio, verbisque succincta : sed quantum constringitur sermonibus, tantum diffunditur sensibus. Monet in ea illico Hieronymus, corrupte legi apud Septuaginta nomen *Psomthonphanech*. Genuinam ipse restituit lectionem e fonte Hebraico : ac veri deinde nominis etymologiam Hebraicam profert. Nec his contentus summus ille vir, Ægyptiacam originationem verbi *Saphneth phanee* ab Ægyptiis acceptam diligentissime reposuit. Quibus cum addis Hebraicas Quæstiones ejusdem sancti Doctoris in Geneseos caput quadragesimum primum, ubi translationis rationem exposuit de nomine supradicto *Saphneth phanee*; nihil superest, quod requiras ad perfectam verbi intelligentiam, quoscumque veterum, vel recentiorum Scriptorum Commentarios evolveris. Loco igitur citato hæc habet Hieronymus : « Et vocavit Pharao nomen « Joseph *Saphneth phanee*; et dedit ei Aseneth fi- « liam Phutiphar sacerdotis Heliopoleos in uxorem. « Licet Hebraice hoc nomen, *absconditorum reper- « torem* sonet : tamen quia ab Ægyptio ponitur, « ipsius linguæ debet habere rationem. Interpreta- « tur ergo sermone Ægyptio *Saphaneth phanee*; sive « ut Septuaginta transferre voluerunt, *Psomtom- « phanech*, Salvator mundi : eo quod orbem terræ « ab imminentis famis excidio liberarit. »

Tanta splendet eruditio, tamque incomparabilis Hieronymi diligentia vel in uno hoc exemplo, ut lectione nuperi scriptoris heterodoxi certior factus audeam intrepide asseverare, neminem esse hodiernorum captatorum novitatis, qui possit fidem sancti Doctoris, scientiam, et ingenium ejus assequi, quamvis adhibeat pompam in dicendo, et omnibus viribus contendat ad sensum novum in sacris Voluminibus procudendum. Id mihi facile concedent, qui ingenium Joannis Clerici norunt, quæsitasque, vel ex futilibus argumentis, et procul accersitas, argutias quantopere captet, sciunt. Nam in Commentario suo in Genesim nuper edito, multarum hæreseon assertor nihil invenit novi, quod lectorem doceret circa interpretationem nominis Josepho impositi a Pharaone : quin etiam ab aliis bene dicta, maxime ab Hieronymo scientissime tradita, obscuravit suis commentis. Sic enim in nova versione ac paraphrasi perpetua reddit versum 45 capitis xli, in Versione quidem : « Vocavitque nomine novo Josephum, Tsophnath - phabaneachum , et Asnatham filiam Potipheræ sacerdotis Oniorum ei uxorem collocavit. In paraphrasi autem : Tum nomine Josephi vo-

cari amplius cum vetuit, linguaque Ægyptia Tsophnath - phahaneachum , hoc est , *Occultorum revelatorem* vocavit. Neve ex Ægypto ad suos redire umquam cogitaret, Asnatham Potipheræ Oniorum sacerdotis filiam matrimonio ei jungi voluit. » Quot sint profanæ novitates in novis hujusmodi interpretationibus, non est præsentis instituti Lectorem monuisse. Id tantum observasse sufficiat, lingua Ægyptiaca non posse Josephum appellari *Tsophnathphahaneachum*; quia nomen illud non Ægyptiacum, sed Latinum habet sonum ac finem, quod tamen, cum ab Ægyptio ponitur, ipsius linguæ debet habere rationem, ut supra docebat Hieronymus, cujus diligentiam nullibi attingunt nuperi Critici. Neque vero sancti Doctoris studium effugiunt id genus observationes, ut in promptu probatio est ex voce *Sichimorum* columna 16. « Sichimorum, inquit, hu- « meri : ipsa est quæ et Sichem. Sed in Latinum et « Græcum sonum vertitur. » Præter illum errorem Joannis Clerici, quo Ægyptius inducitur Latine loquens, alius est et quidem pejor priore, in eadem Paraphrasi perpetua, ubi *Tsophnath-phahaneachus* lingua Ægyptiaca dicitur interpretari *Occultorum Revelator*. Hanc enim originationem Ægyptiacam confingit Clericus, qui antiquissimos Ægyptios si consuluisset apud Hieronymum, non *occultorum revelatorem*, sed ab illis *Salvatorem mundi* interpretatum fateretur nomen *Tsophnath-phahaneachus*, sive potius *Saphneth - phanee*, ut optime legit sanctus Hieronymus juxta Hebraicum צפנת פענח. Deinde et hoc adjiciendum, si studiosis linguæ Copticæ credimus, nomen *Esotem- pane* significare Coptice, seu lingua Ægyptiaca, *Salvatorem sæculi*.

In eodem Commentario nuperi Scriptoris, ab Hieronymo clare edisserta, atque diligenter notata, obscuris opinionibus multum confusa reperiuntur : nam Hieronymus diserte asserit Septuaginta voluisse transferre *Psomtomphanech*; quod Clericus his verbis negare mihi visus est pag. 265 Comment. in Genes. cap. xli, 45 : « *Tsophnath - phahaneachum*, צפנת פענח, quæ voces a Septuaginta Interpret. sunt integre servatæ, nisi quod scribunt Ψονθομφανέχ, quasi legissent פצנח *ptsothon*; nisi sit aliquod mendum quod in barbaram vocem facile irrepere potuit Græcorum librariorum incuria. Novæ profecto lectiones, et inauditæ opiniones. » Voces Hebrææ, inquit, integræ servantur a Septuaginta, nisi quod scribitur Ψονθόμ pro *Saphneth*. Quod plane idem est ac si diceremus, verba Hebraica integre scribunt Septuaginta, nisi quod omnia eorum elementa inversa et confusa repræsentant, pro *Tsophnath* legentes *Psonthom*, et pro *Adon* interdum *Dano* ponentes. Sed quis nesciat in nominibus ac vocibus Hebræis significationem earum ita ab integro litterarum ordine pendere, ut qui unam inverterit, omnem sensum subvertat in verbis ? Ne igitur susdeque contextum sacrum habeamus in Hebræis Nominibus, cum Hieronymo nomen *Psomthom-phanech* corrupte scriptum, et ab ipsis Septuaginta mutatum agnoscamus. Quantum vero detrimenti secum afferant hujuscemodi perturbationes elementorum, ab eodem Hieronymo discere possumus. Ipse enim Commentar. lib. viii in Ezech., cap. xxvii, apposite istud observat : « Charran, inquit, in nostra lin- « gua sonat *foramina*; Channe, *præparationem*; Eden, « *delicias*. Pro quo apud Septuaginta *Edne*, quod « in Hebraico non habetur, quid sonet ignoramus : « et ficti nominis etymologiam quærere non debe- « mus. » Unius litterulæ transpositio quantum errorem fecit apud Septuaginta ? *Eden* namque ipsum « est *Edne*, si ultimuo *e* reposueris ante. » Hoc tamen fictum nomen vocat Hieronymus, cujus etymologiam quærere dedignatur; quia non habetur, in Hebraico nomen *Edne* scriptum. Ex his perspicue apparet, quam dispar fuerit Hieronymi diligentia, quam dispar ingenium et studium in rebus sacris, illi quod nunc ostentant Critici hujus temporis. Sed cum hoc dixero, invidiæ statim me insimulant, aut amarulenti Scriptoris famam inurunt imperiti : quasi vitium cum persona mutetur, et quod Clerico impune liceat contra Hieronymum, mihi pro Hieronymo non liceat adversus Clericum, novorum sensuum et dogmatum assertorem. Huic accusationi, si quando evenerit, nihil habeo quod opponam in hac Apologia, præter verba sancti Doctoris, cujus gratia eam suscepi : « Veritas, inquit, « amara est, rugosæ frontis ac tristis, offenditque « correctos..... Veritas in nobis sit sinceritas, « et amaritudo illico consequetur. » Ita ille lib. 1 adversus Pelagianos.

Superioribus argumentis abunde probavi Hieronymianam eruditionem Hebraicam ; ac præcellentissimam sancti Viri maximique Scripturarum Interpretis fidem atque diligentiam sufficienter manifestavi. Attamen ultimam manum æstimavi huic operi apologetico imponendam duobus aliis exemplis, quæ mihi nequaquam erant prætermittenda, quia multum commendant Hieronymi peritiam, et studium interpretationis diligentissimum. Observat igitur Syrorum et Ægyptiorum sermonis proprietatem, nedum in vocibus *Desen* et *Saphneth-phanee* supra memoratis ; sed in nominibus etiam *Javan* et *Bubastus*. De priori hæc ab eo scripta legimus col. 11 : « *Javan*, *est* et *non* « *est*, sive *columba* : sed Syrum est. » Non magnopere me torsit ratio etymologiæ, *est et non est* : quia, ut dixi in scholiis ad hunc locum, *Javan* potest intelligi figuratum ex verbo ישׁ *jes*, ex particula connexiva ו *ve*, et ex alia negativa אִין *en*; unde יוָאן *Javan*, *est et non*. At qua auctoritate ductus hanc etymologiam edidisset Hieronymus, diu incertus nec parum anxius exstiti usque in præsens. Nam e Græcis derivatam apud Hieronymum affirmare non patiebatur testis conscientia propria : quia nomen *Javan* non legitur in Græcis Fragmentis, nec in Lexico Origeniano. Verum nullam dubitationem ad me reliquit liber octavus Commentariorum in Ezech. cap. XXVII, ubi ipse Hieronymus conceptis verbis de eadem etymologia lectorem sic monebat : « Aiunt Hebræi Græ« ciam, id est, Javan, interpretari, *est* et *non est*. « Quod proprie refertur ad sapientiam sæcularem : « in qua si recte aliquid reperiunt, *est* appellatur, « si in contrariam partem, *non est*. Multa enim natura bona et ipsi disserunt de officiis, de conti« nentia, de opibus contemnendis, etc.» Ab Hebræis ergo *Javan* etymon acceptum profitetur S. Doctor: cum autem addit in libro Hebraicorum Nominum, *Javan* interpretari etiam *columbam* ; diligentiæ pariter et intelligentiæ singularis argumentum præbet, dicens : *Sed Syrum est*. Nomen scilicet *Javan* interpretatum *columba* : quin Hebraice *columba* dicitur יוֹנָה *Jona* ; et Syro sermone וְדָה *Jauno*, vel יָוָן *Jaunon* Sophon. III, 1, quod propius accedit ad *Javan*.

De vocabulo *Bubastus*, quod in Hebræo scribitur פִּי בֶסֶת *Phibeseth*, quid sperarem amplius non habebam : cum nullum sit Hebraicum hodiernum Lexicon, e quo etymologia nominis explorata nobis esse possit. *Bubastus* namque col. 83 interpretatur *os*, vel *labium experimenti*. Et de ore quidem, seu de labio nulla difficultas, quia פִּי *phi* vel פֶּה *phe* utrumque sonat apud Hebræos. At de significatione *beseth*, quod in *experimentum* vertitur, ratio longe diversa : non enim ab Hebræis hanc etymologiam didicit Hieronymus : sed ab Ægyptiis mutuatus est quod Ægyptiorum erat. Hinc apud illum legas, Comm. lib. IX in Ezech., cap. XXX : « Bubastus autem juxta linguam « Ægyptiacam, oris experimentum (interpretatur).» Hunc locum non legit haud dubie, qui in quadam Epistola ad virum clarissimum *Alix* scripta, de Bubasti etymologia sic loquitur : « Fertur apud non« nullos *Bubastus* vel *Bubastis* nomen esse Ægyptia« cum, et interpretari urbem *Felis*. » « Bubastus ou « Bubastis s'écrit en deux mots dans l'Ecriture, « פִּי בֶסֶת. D'autres disent que ce mot est égyptien, « et qu'il signifie une chatte, la ville du Chat, c'est « ΠαπIΣαου (Παπισαυ). » Id annotare aliquid operæ pretium duxi, ut prudens lector intelligeret quantum eruditionis subministretur ab Hieronymo, in peregrinis etiam vocibus, quæ captum omnium Hebraizantium longe superant.

Nolo tamen indubitate mihi persuasum esse ex Ægyptiacarum quarumdam vocum originatione et interpretatione, Hieronymum ut Hebræam, sic et Ægyptiacam calluisse linguam : nec assentiri possum nupero scriptori id asserenti, quamvis in hunc Apologiæ contextum non recusem locum tribuere argumento quo utitur adversus ineptum auctorem, qui Hieronymum sugillat propter etymon nominis Josepho imposili a Pharaone. Capite igitur primo Dissertationis de nomine patriarchæ Josephi a Pharaone imposito hæc habet Guillelmus Bonjour : « Recen« tiores quidam in summa linguæ Ægyptiacæ ignora« tione versantes id sibi suadere non possunt. Unde Joannes Gregorius Notis et Observationibus in loca aliquot Scripturæ, cap. 16, in Hieronymum insurgens ait : *Quicumque S. Hieronymo hanc glossam hujus nominis revelavit*, Salvator mundi, *satis illi imposuit*. Quasi vero D. Hieronymum fugerit lingua Ægyptiaca. Epistolas enim quas Pachomius, Cornelius et Syrus Ægyptio sermone sibi scribebant, et quarum Gennadius meminit in Pachomio, Latinas ille fecit simpliciterque Ægyptii sermonis imitatus; ut ipse testatur Præfat. in Regulam sancti Pachomii : «Aiunt, « inquit, Thebæi quod Pachomio, Cornelioque et « Syro, qui usque hodie ultra centum et decem annos « vivere dicitur, Angelus linguæ mysticæ scientiam « dederit, ut scriberetur sibi, et loquerentur per al« phabetum speciale, signis quibusdam et symbolis « absconditos sensus involvens : quas nos epistolas, « ita ut apud Ægyptios Græcosque leguntur, in no« stram linguam vertimus, eadem ut reperimus ele« menta ponentes, et qua simplicitatem Ægyptii « sermonis imitati sumus, interpretationis fides sit, « ne viros apostolicos et totos gratiæ spiritualis ser« mo rhetoricus immutaret. » Ergo linguam Ægyptiacam callebat D. Hieronymus, qui ob interpretationis fidem *simplicitatem Ægyptii* sermonis in Latino se dicit imitatum : ac proinde idoneus testis est significationis vocabulorum hujus linguæ, hisque omnino præferendus, qui nulla Ægyptii sermonis ratione habita nomen Josephi a Pharaone impositum *revelatorem arcanorum* interpretantur. »

Sermonis igitur Hebræorum, Chaldæorum, Syrorum et Ægyptiorum (si Guillelmo Bonjour credatur) cum optime callentem jam noverimus Hieronymum, imperitiæ deinceps nulli atque invidiæ tenebitur reus, quisquis eximiam in sancto Doctore peritiam Hebrææ linguæ non mirabitur : etsi argumenta hujus eruditionis bene multa prætermiserim, ne nauseanti Criticorum stomacho cibos plurimos ingererem. Hæc autem prætermissa a nobis argumenta quisque studiosus facile supplebit, si tantisper lectioni intentus observet has voces in libro Hebraicorum nominum : col. 21, *Jessaar*; col. 24, *Abarim*, col. 25, *Basan* ; col. 30, *Moseroth*; col. 31, *Opher*; col. 32, *Salu*; col. 33, *Aseroth*; col. 34, *Gaza*; col. 35, *Sina*; col. 36, *Adonibezec*, *Ailon*, *Azaf*; col. 37, *Affara* et *Asara* ; col. 58, *Alal*, *Baaloth*, et *Bethaphne*; col. 39, *Balath*, *Balathaba*, et *Cana*; col. 40, *Chiphara*, *Chermel* ; col. 46, *Tyrus*, *Thaffue* ; col. 55, *Nabal*, *Rachal*, et *Rachel*; col. 58, *Hiram*, et sequentia tria vocabula ; col. 61, *Bethsabee*; col. 63, *Zamri*; col. 69, *Nabuzardan*, *Sir*; col. 70, *Theglath*, *Therach* ; col. 71, *Coph*; col. 72, *Samech*; col. 73, *Joach*; col. 79, *Chabonim*; col. 83, *Ulai*; col. 86, *Semel*, etc. Ex his omnibus vocabulis comprobatur præsertim Hieronymiana eruditio, quam ante nos nullus attendebat in libro nominum, licet inter veterum editionum errores ac tenebras satis perspicua mihi semper apparuerit. Quamobrem angustissimis voluminis unius terminis cohibere meipsum volui in hac dissertatione; ut facilius lectoribus æquis persuaderem quanta esset Hebraica eruditio Hieronymiana de cunctis ejus operibus collecta et comprobata; cum tanta sit de uno opusculo omnium abjectissimo, ut videbatur, manifestissime proposita, probataque plus satis. Hæc igitur argumenta Hieronymianæ eruditionis, quasi latissimos terrarum situs in brevi tabella volui demonstrare, non extendens spatia sensuum atque tractatuum ; sed quibusdam quasi punctis atque compendiis infinita significans.

Verum quia docti ac honestissimi viri aliquando amanter interrogarunt causas et origines ejus, quæ incidit de Hieronymo, suspicionis in lingua Hebraica, cujus satis imperitus apud Criticos audiebatur ; et universa quæ didici fidis auribus instillanda sunt: dicam breviter quid causæ fuerit, cur opinione præjudicata Hieronymianæ imperitiæ quidam laborare potuerint. Præcipua igitur occasio hujus opinionis fuit in maxima errorum multitudine librorum editorum : nam in illis adeo depravatus textus Hieronymianus invenitur, ut perpauca sint nomina et verba Hebræa quæ pure scribantur ; aut proprias habeant etymologias, vel maxime in libro Hebraicorum Nominum, ubi si depravata subtraxeris, fere tertia pars voluminis truncabitur. Et ne illud hyperbolice dictum putent studiosi homines, aliquot exemplis corruptelarum fœditatem prodo. In libro Geneseos primum nomen Hebræum falsam retinet etymologiam in antea editis libris : *Assyriorum, diligentium* : cum ex singulari *Assur* consequenter posito, facile intelligatur legendum, *dirigentium*, non *diligentium* ; אשר *asar* enim Hebraice non sonat *diligere*, sed *dirigere, incedere et beare*. Unde *Assur dirigens, vel beatus, aut gradiens*. Nec male cum editis addendum quoque hoc loco, *arguens* : quia id non significat vox *Assur*. Ibidem pro nomine *Ævila* legimus *Amila* ; et pro *Archab* corruptum *Archat*. Quorum etymologiæ ab Hieronymo copulatæ non respondent corruptis nominibus jam dictis, sed restitutis *Ævila* et *Archab*. Sub eadem littera A corrupte leguntur *Aggea*, pro *Aggai* ; in etymologia vocabuli *Agar, adversa*, pro *advena*, in etymologia *Apher, humilis* pro *humus*; et nomen *Abdam* pro *Amada*, quæ omnia significationes commutant suis cum litteris. Sub littera B ineptas præsertim habent etymologias vocabula *Beor* et *Bochor*. Nec uno modo depravate leguntur in veteribus editionibus. Nam *Beor*, quod exprimitur *in pelle*, mutarunt Erasmus et Marianus cum verbo *impelle*. Deinde *Bochor* interpretatur in Erasmiana editione, *ingressus est angustus*; in Marianæa autem, *in ingressus est angustus*. Utramque falsam etymologiam tollentes, genuinam et Hieronymianam reposuimus; nempe, *ingressus est agnus*. Quia בו *Bo* significat *venit*, sive *ingressus est* ; et כר *cher* sive *char* sermone Hebræo *Agnus* dicitur. Nec propria auctoritate veras Hieronymi lectiones restituimus : sed vetustissimorum librorum fide, ac codicum manuscriptorum omni copia.

Superfluum autem est lectoris augere fastidium, depravata quæque nomina Hebraica sic in aspectum lucemque proferendo. Quare unum adhuc exemplum proponam ex nominibus depravate scriptis et male interpretatis sub littera M. Ut ex eis judicium ferant Eruditi, quot sint in toto volumine corruptelæ atque errores; cum tot manifesta vitia in paucis nominibus reperiantur : *Mathusale, mortis concussio*, pro *mortis emissio*; *Mesa, aqua rara, vel evado*, pro *vel elatio* ; *Mamre, divisio*, pro *de visione* ; *Mabram*, pro *Massam*; *Mabeleti*, pro *Meleth*; *Masreca, sive libans*, pro *sive sibilans*; *Matraid, percussio*, pro *persecutio*. *Mezaab, aquam hauriens*, pro *aqua auri*. *Mabsar*, pro *Mabsar*. Cætera taceo quæ perversum habebant ordinem in libris antea editis; quia sufficere arbitror nomina depravata, præcipueque vitiosas annotasse etymologias, quibus ansam reprehensionis habuit Hieronymus in libro Hebraicorum Nominum.

Alia præterea reprehensoribus Hieronymi occasionem præbent verba Hebraica propriis scripta litteris apud Erasmum ac Marianum, qui parum solliciti consuetudinis Veterum, et moris Hieronymiani in exscribendis vocibus Hebræis, pro Hieronymo nobis obtrudunt Massorethas; erroresque plena manu serere, non auferre, in suis editionibus comprobantur. Nam quod in in exemplaribus manuscriptis integre ac perfecte descriptum legimus Latinis litteris, hoc ipsi ita depravant adhibitis ubi non oportuit Hebræis elementis, ut sermonis Hebræi imperitum prorsus Hieronymum, et ubique balbutientem nobis exhibeant. Hujus rei argumentum sumpsimus supra ex verbo *Hareb*, quod perperam scriptum hoc modo litteris Hebræis חרב, occasionem erroris dedit eruditissimo etiam Bocharto; qui putabat Hieronymum hallucinatum fuisse in etymologia hujus nominis : cum tamen verbum *Hareb* vel *Oreb* sic ab Hieronymo scriptum, pro diversitate lectionis *gladium* et *siccitatem*, vel *corvum* significet. Id genus depravationis manifestissime demonstrant manuscripti omnes codices quotquot sunt in universo orbe Christiano ; nec aliquod exemplar alicubi reperies, quod Eras. et Marian. editionibus plane non contradicat. Quia vero in mentionem eorum incidi, non abs re fuerit observasse, quæ leguntur Libro octavo Commentariorum Hieronymi in caput XXVII Ezechielis Prophetæ. Versum enim quartum, *Finitimi tui qui te ædificaverunt*, etc., enarrat ad hunc modum : « Pro quo nescio quid volentes, ita Septuaginta « transtulerunt : *Beelim filii tui circumdederunt tibi decorem*, etc. Sermo enim Beelim, in hoc loco apud « Hebræos penitus non habetur, sed pro Beelim « scriptum est *Gebulaich*, quod significat terminos « tuos. In eo quoque quod dixerunt, filii tui, verbi « ambiguitate decepti sunt, et scripturæ similitudi« ne, dum pronuntiatione diversa eædem litteræ ce« mentariorum et filiorum *Bonaich* et *Benaich* le« guntur. » Non potuit Hieronymus apertius exponere Septuaginta Interpretum hallucinationem ex ambiguitate verbi Hebræi בניך, quod juxta diversam pronuntiationem significat modo *cementarios tuos*, modo *filios tuos*. Si *bonaich* legas, *cementarios tuos* ; si autem *benaich* pronuntiaveris, *filios tuos* verbum illud significat. At in editis antea libris corrupte et confuse omnia verba Hebraica descripta sunt, nec illorum diversam pronuntiationem apud Erasmum vel Marianum notam ac distinctam habebis : quia sic lectionem perturbant litteris Hebraicis scribendo בניך et בנכ בגבולכ, id est, *benajich* et *bnich, gebulejich*. Hæc profecto non sunt Hebraicæ lectiones Hieronymianæ; sed errores imperitorum editorum aut typographorum, quorum ineptiæ et balbuties in rebus Hebraicis materiam ubique subministrarunt opinionis illius præjudicatæ de qua nunc loquimur.

Eamdem imperitiæ suspicionem in Hieronymum pepererunt allegoricæ quædam expositiones, vel etymologiæ indoctæ quamplurimæ nominum Hebraicorum. Qui enim unum locum aut partem alicujus voluminis exiguam legerit apud Hieronymum, si a propria saliva viderit discrepare eruditionem ejus, verborumque interpretationes; sermonis Hebræi statim inconsultum sanctum Doctorem renuntiat ; contemptuique habendum decernit propter properatum, ut vocat, studium, et incuriosas observationes. Multa hujusmodi vitia Hieronymo objecta vidimus initio Apologiæ ; eaque abunde satis confutavi Hieronymi ipsius verbis, quibus doctissimus vir abjicit Græcorum etymologias, quas temere ac imperite haud pauci Critici ascribebant Hieronymo ut primo parenti ; cum illarum interpres solum Latinus exstiterit, ut probant cum primis voces *Israel, Daphnea*, etc., in libro Hebraicorum Nominum expositæ juxta Græcorum etymologias : in Quæstionibus autem Hæbraicis in Genesim, et epist. ad Fabiolam de 42. mansionibus Israelitarum in deserto, juxta mentem sanctissimi Doctoris enucleatæ, et suo etymo aperto nativoque restitutæ. Caveant proinde homines studiosi ne deinceps in hanc scopulum impingant, Hieronymo inerudite tribuentes quod proprium est Philoni Judæo, aut Origeni Adamantio, multarum etymologiarum ineptarum parentibus; quia parum sermonis Hebræi periti fuerant.

Novi erroris causam et occasionem peculiarem reprehendendi Hieronymi invenit *Joannes Clericus* in sua appendice Commentarii in Genesim. Non enim errores alienos culpat in Hieronymo cum cæteris Criticis; sed nova imperitia observationem diligentia et eruditione Hieronymiana dignissimam castigat his verbis, Dissertatione I, pag. 518 : « Idem locus ex rei natura αὐλών, id est, convallis dictus, quamvis *Hieronymus* in Locis Heb. perperam Hebraicam vocem esse velit. « Aulon, inquit, non Græcum, ut « quidem putant, sed Hebræum vocabulum est. Appellatur autem vallis grandis atque campestris, « etc. » Qualis incogitantia in Clerico reprehensore! Consultissime monet Hieronymus in Locis Hebraicis nomen *aulon* non esse hic loci vocabulum Græcum (ut quidam putabant) propter vocem Græcam αὐλών lectori magis notam, quam esset אילון *aulon*, vel אילן *ailon*, vel *ajalon* Hebræorum. Non ergo perperam voluit *Hieronymus* אילון *aulon* esse Hebræum vocabulum, ut perperam criminatur *Clericus*, sed lectorem necessariis imbuit præmonitionibus, ne in ambigua voce *aulon*, quæ Græca est æque ac Hebræa, hallucinationi tribueretur locus, dum in Locis Hebraicis Græca invenire nomina sibi videretur lector Hebraicæ linguæ imperitus. Quæ ut manifestiora fiant, aliam observationem Hieronymianam e libro Hebraicorum Nominum accerso ; nam col. 36, de aulone hæc scripta leguntur : « Ailon, quem supra « aulonem diximus : quod si *Æglon* legere volueri- « mus, interpretatur vacca eorum. » Supra autem col. 54, sub littera E sic aiebat : Elath, terebinthus, vel aulones. Sed significantius adhuc ipsissimum nomen *aulon* expressit, col. 19, sub littera E, dicens : *Elon quercus, sive aulon: de quo in libro Locorum plenius diximus.* Ecquid reponet ad has observationes Hieronymi eruditio ac diligentia Clericorum ? De voce *Aulon* plenius scripserat sanctus Doctor in libro Locorum ; *Aulon* autem illud, idem est quod *Elon* interpretatum *quercus;* vel idem quod *Elath,* id est, *terebinthus.* Si ita res se habet, ut vere se habet , quomodo אילון *Ailon*, *Elon*, et אלה *Elath*, inter Græca vocabula recenset Clericana sagacitas ? Sed splendida, sed aurea non dicerentur ejus commenta, nisi morderetur vir summus, spreta esset in illis Hieronymiana linguarum eruditio. Nec hoc dico quod tamquam Scriptorem hagiographum Hieronymum suspiciam, aut ejus gratia hujus temporis Critico repugnare apud me statuerim : sed quod veritatis ac reverentiæ studium non patiatur impune dicta, quæ a malevolis, aut imprudentibus Scriptoribus falso ac temere dicta comperiuntur adversus maximum Doctorem, ac diligentissimum Scripturarum Interpretem. Alioquin ab ipsomet *Hieronymo* didici non invidendum, nec aspernandum si quid probabilius alii dixerint post Hieronymum in obscurioribus quæstionibus Bibliorum sacrorum : « Si quis « autem, inquit, in lege Domini die ac nocte meditatus, majus habuit studium, majus ingenium, « otium, gratiamque ; et potest de præsenti capitulo « probabilius aliquid dicere, non invideo, non aspernor : quin potius cupio ab eo discere quod igno- « ro ; et libenter me discipulum profitebor, dum- « modo doceat, et non detrahat. Nihil enim tam fa- « cile, quam otiosum et dormientem de aliorum labore et vigiliis disputare. » Lib. I Comment. in Mich., cap. II.

Ad summam Apologiæ venio, in qua lectorem studiosum præsertim commonere volui, ne facile adhibeat fidem quibusdam scriptoribus qui se doctos putant si ingenium Hieronymi, laudes aut eruditionem detrectent : non intelligentes imperitiæ manifestissimum argumentum in eo positum esse, quod viro summo detrahas ; tibique displiceat multiformis ipsius eruditionis ubertas. Quid enim in quovis disciplinarum genere, aut laudabilium studiorum curiositate non subministrant Hieronymianæ lucubrationes? Certe si de omnimoda ejus eruditione nunc quæstionem instituissemus, in promptu essent multæ probationes, ut evincerem nihil utile aut admodum Auctores inveniri posse, quod apud Hieronymum multo abundantius non inveniatur; apud eum autem multa legi quæ nusquam omnino alibi legantur. Et quamquam rem ita se habere docti quamplures mecum arbitrentur, unum tamen exemplum propono in rebus Hebraicis insignius; quandoquidem Hebraicæ solius eruditionis Hieronymianæ defensionem hoc loco susceperim.

Vox Hebræa *Taphnes,* sive *Taphnis,* sæpissime occurrit in sacro Bibliorum contextu : nam nomen est uxoris Pharaonis regis Ægypti, III Reg. xi, 19. תחפנס, Græce Τεχεφνής. Eodem nomine urbs Ægypti dicta est *Taphnes,* Ezech. xxx, 18, ubi Hebraice scriptum est תחפנחס *thehhaphnehhas;* sicut et Jeremiæ cap. II, 16, et cap. xliii, 7 et seqq. Vocabulum igitur *Taphnes,* sive *Taphnis,* interpretantur Critici hujus temporis, *Occultam tentationem vel fugam,* aut *coopertum vexillum* : vel ex Hebræo et Syro, *Occultum miraculum.* Deinde in Jeremia, *Operimentum confidentiæ vel protectionis,* aut *occultam confidentiam,* vel *protectionem.* Hanc invenies interpretationem tom. VI Bibliorum Polyglottorum in fine ; nec cum eo nomine aliam etymologiam copulant viri studiosi, eruditionis laude celebratissimi.

Id vero Hieronymianæ etymologiarum supellectili comparatum, leve penitus et angustum dignoscimus omne quod dicitur : nam libro tertio Regum, supra col. 63, *Taphnes* interpretatum legimus hoc modo : « Taphnes, cooperte signum ; quod significatum « Græce σύσσημον dicitur. » Deinde in Jeremia, col. 81 : « Taphnes, insanum os serpentis, sive opertum « signum. » In Ezechiele similiter col. 86 : « Ta- « phnas, stupens os serpentis: ab ore intelligendum, « non ab osse. » At in Commentariis Hieronymi in Ezechielem diversæ adhuc ac multiplices ejusdem *Taphnis* etymologiæ. « Phatures, » inquit lib. I in Comment. in cap. xxx, « interpretatur panis conculcatio : « Taphnis, mandatum humile. » Et post pauca : « Et « in Taphnis nigrescet dies. Taphnæ interpretantur, « cedentes ori : subauditur diaboli : cui qui cesse- « rint, amittent lumen veritatis, et diem in noctem « mutabunt. » Ex his omnibus locis liquido apparet nomen *Thaphnis* diverse scriptum in Hebræo, optime fuisse expressum juxta hanc diversitatem in libro Hebraicorum Nominum ; ac erudite interpretatum juxta proprietatem sermonis Hebræi. Notabile enim in primis nomen illud est, scriptum תחפנס *Taphnes* III Reg. xi, 19, in Prophetis autem תחפנחס *Taphnas* cum ח *Heth* in fine, pro י *Jod* penultima littera præcedentis dictionis *Taphnes.* Quam diversam lectionem volens exprimere S. Hieronymus in libro Nominum, III Reg. volumine scripsit, *Taphnes*: in Jeremia autem et Ezechiele, *Taphnas.* Diversam quoque hanc lectionem expressit etymologiarum varietate, dum *Taphnes* interpretatur, *cooperte signum sive σύσσημον; Taphnas* vero *stupens os serpentis.* Circa quæ observandum velim, priorem etymologiam, *cooperte signum,* vel *opertum signum,* vere *Hieronymianam esse;* et juxta proprietatem linguæ Hebrææ expressam : quia Hebraicum חפה *hhapha,* vel חפף *hhaphaph,* significat, *texit, occultavit et operuit,* Deinde נם *nes, vexillum* dicitur, sive *signum* militare. Unde Num. xxi, 8, נם לנם *lenes in signum.* Secundam *Taphnis* etymologiam, non Hieronymo, sed Græcorum Scriptoribus adjudicandam scimus ex edito a nobis Lexico Græco Hebraicorum Nominum ; ubi hæc leguntur col. 661, Τανίης, Ἐντολὴ ταπεινὴ, ἢ ὠροσιζομένη, id est, *Tanies, Mandatum humile, vel irroratum.* Et consequenter : Τάφνες, ἐξανιστάμενον στόμα ὄφεως, hoc est, *Taphnos*, *stupens os serpentis*, Græcis igitur tribuendum est quod apud Hieronymum inveniatur *Taphnas* interpretatum *insanum*, vel *stupens os serpentis* : violenter enim figuratum nomen intelligitur ex תפל *taphal*, et הפך *hhaphaz*, et נחש *nahhas*. Quæ verba diversas retinent litteras ab iis quæ in vocabulo תחפנהס *Tahpnas* visuntur. De tertia *Taphnis* interpretatione mox dicemus prolixius. Quartam Græcisæque ac priores referendam conjicio; quia violenter *Taphne* interpretantur, *Cedentes ori*. Nec video unde illa etymologia exsurgat, nisi ex תחת *tahhath*, et ex פה *Phe* derivata sit apud Græcos ; qui *cedentes ori* sumere potuerunt, pro *inferiores ori*. Syriace etiam תחת dicitur *infirmus factus est*, et *dejectus est* : quo sensu *cedens* intelligi potest in etymologia præsenti.

Quod tertiam etymologiam spectat, scilicet *Taphnis*, *mandatum humile*, ex corrupta lectione originem habuisse comperio. Ita enim scriptum legimus in vetustissimis exemplaribus manuscriptis Commentariorum Hieronymi in caput trigesimum Ezechielis: *Phatures interpretatur panis conculcatio : Tanis mandatum humile*. Nomen vero *Tanis*, quod in Hebræo צען *soan* legitur, Hieronymus in libro Hebraicorum Nominum col. 75 transtulit, *mandans humilia*; et deinde col. 86 *mandatum humile*. Etymologiæ hujusmodi parentes Græcos fuisse exploratum nobis est e Lexico Origeniano, cujus verba superius recitavimus, Τανίης, Ἐντολὴ τα πεινή, hoc est, *Tanies*, *Mandatum humile*. Facile porro ad credendum mihi est, nomen *soan* antiquitus cum Vau scriptum hoc modo צוֹען ; cujus proinde prima syllaba צוֹ *so*, sive *sau*, significat *mandatum* : ען *an* autem ex radice ענה *ana*, *humile* sonare, nullus sermonis Hebræi peritus inficiatur. Denique cum vocabuli פתורם *Phatures* mentionem injecerim, monendus est lector, etymologiam hujus vocis sumptam esse ab Hebræo פת *phath*, quod proprie *buccellam et frustum panis* , non panem ipsum significat : et ex verbo רפס *raphas*, a quo est in etymologia *Phatures*, significatio *conculcationis* : licet redundet media radicalis in Themate *Raphas*.

Universa hæc hucusque a nobis explicata edissertaque si diligenter observentur, moram lectoribus nullam fore speramus ad percipienda quæcumque præjudicia Hebraicæ eruditioni Hieronymianæ valde iniqua. Nam cuncta quæ vitio dabantur sancto Doctori , aut imperitiæ Græcorum, aut erroribus veterum editionum, aut incogitantiæ ac invidiæ Criticorum hodiernorum ascribenda manifeste satis declaravi. Et quamvis in *Taphnis* dictione et *Phathures* fortuito desierint argumenta et exempla hujusce Apologiæ ; haud tamen finem scribendi incommodum fecisse me reor : cum in eo causas fere omnes et originem præjudicatæ adversus Hieronymum opinionis animadvertere possimus: errores dico veterum editionum, ubi *Taphnis* pro *Tanis* legitur; etymologias Græcis proprias, sed Hieronymo imprudenter adscriptas ; hallucinationes denique Criticorum, qui non satis attendunt interpretationes et consuetudinem Hieronymi abutentis in allegoriarum varietate falsis ac violentis Græcorum Scriptorum etymologiis; quas alibi ipsemet abjiciendas sæpe docuerat. Hinc apud eum legas lib. iv Comment. in Ezech. cap. xii: « Sed « quoniam quidam volunt captivitatem Sedeciæ, « interpretatur justus Dominus, in typum præcedere Salvatoris....ideo præmonendum puto prudentem cautumque lectorem , ut hæc quidem nos ponere, ne quid præterire videamur, sed non probare. Neque enim rex impius in figuram potest præcedere illius, qui totius pietatis exemplum est. » Et post multa : « Hæc diximus, inquit, lectoris arbitrio judicium relinquentes. Cæterum nulla dubitatio est, periculosum esse regis impii captivitatem et necem sacramento Domini comparare. » Simili præmonitione sese tuetur adversus præpropera imperiti lectoris judicia, aut æmulorum censuram; cum libro de Locis Hebraicis ad vocem *Elmoni* hæc apposite observavit : « Elmoni, locus « quispiam interpretatur : pro quo Aquila et Theo« dotion transtulerunt τόνδε τίνα , quod nos dicere « possumus, hunc vel illum. Porro diligens lector « agnoscat, quod in principio quoque libri hujus ali« qua ex parte perstrinxi, me non omnia quæ trans« fero, comprobare : sed idcirco quædam juxta au« ctoritatem Græcam relinquere, quia de his in libris « Hebraicarum Quæstionum plenius disputavi. » Tutissima proinde prudenti lectori hæc erit cautio, ne quid Hieronymo ascribat, aut acceptum referat, quod ab ipso edissertum ac comprobatum non viderit in Quæstionibus Hebraicis, vel in alio Commentariorum volumine. Neque enim prudentis viri est, Hieronymianum asserere quidquid apud Hieronymum legitur ; nisi aliunde exploratum nobis sit, sanctum Doctorem proprio sensu ita docuisse, aut cum cæteris idem sentire. Hæc judicii habendi de Hieronymo regula, si non ignorabilis fuisset apud Criticos scriptores hujus temporis, ac lectores imperitos, nulla mihi provincia vindicandi Hieronymi suscipienda ; nullum in me impositum erat onus apologeticum, quod ad finem usque Deo protegente perduxi : deprecans ut ad exitum ipse perducat ; et ex eo utilitatem aliquam Ecclesiæ suæ conferat.

§ II. *Utilitas libri Hebraicorum Nominum.*

Inutile ac ignobile penitus Opusculum Hebraicorum Nominum nonnulli putavere; atque absurdissima non pauca complexum arbitrabatur Etymologus quidam familiaris meus, cujus epistolam de hocce argumento ad me scriptam asservo in scriniis meis. Persuasissimum equidem mihi est, in antea editis libris dignitatem ac utilitatem libri Nominum evanuisse prorsus imperitia typographorum, vel oscitantia eorum, qui præerant veteribus Editionibus. Neque enim cum aliquo fructu legitur liber funditus eversus, cujus contextus absurdis passim etymologiis fœdatus, verba ubique muta ac depravata, ordoque verborum perversus et confusus. Utilem certe hujusmodi librum nequaquam dico, cum tot mendis, cum tantis vitiis in lucem editum. De Libro Hebraicorum Nominum loquor, cujus interpres ac editor fuit Hieronymus; cujusque dignitatem, ac lectionis fructum præsenti disputatione commendandum suscepi.

Utque rem susceptam exsequar primum auctoritate virorum summorum, Origenis, Hieronymi, atque demum Augustini verba recitabo : hi enim libri Nominum præstantiam non uno verbo commendarunt, nec uno loco utilitatem ejus prædicare voluerunt. Origenes quidem tom. v in Joannem, ubi ait : « Prorsusque cum Joannes Christum ostendit, homo « Deum ostendit, et servatorem incorporeum, et « vox sermonem. Ut autem in rebus multis nominum « evidentia est utilis, χρήσιμον δὲ αὖ ἦν ὥσπερ ἐπὶ « πολλῶν ἡ τῶν ὀνομάτων ἐνέργεια, sic hoc quoque in « loco utile erit videre, quid Zacharias, quidve « Joannes significet : Etenim perinde ac si esset « aliquis non contemnendus, quod ad nominis positionem attinet, etc. » Vim igitur nominum, sive ἐνέργειαν, id est, *efficaciam* agnoscere in rebus multis haud inutile docet Origenes, non tantum hoc loco, sed infra Comment. in eumdem Joannem tom. VIII adhuc manifestius. « Interpretatur autem, inquit, « *Gersesa, Habitatio ejicientium*, fortasse cognomentum sortita propheticæ illius rei, quam locorum cives erga Servatorem fecerunt, obsecrantes eum, « ut e finibus suis excederet. Tale subinde erratum « in Lege et Prophetis circa nomina licet cernere, ut « accurate perspeximus ab Hebræis edocti cum « ipsorum exemplaribus nostra comparantis, quæ « testimonium habent ab editionibus Aquilæ, et Symmachi, et Theodotionis, quæ nondum sunt depravatæ. Pauca igitur apponemus in studiosorum

« gratiam, quo in his diligentius versentur. Unus fi-
« liorum Levi primus in pluribus exemplaribus Ge-
« son nominatus est, pro eo, quod est Gerson, ejus-
« dem nominis existens cum primogenito Mosis,
« nomine vere utrisque posito, quod geniti fuissent
« in terra aliena habitantes. Rursus Judæ secundus
« apud nos quidem Aunan esse dicitur, apud He-
« bræos vero Onan, quod est, Labor ipsorum. Ad
« hæc in profectionibus filiorum Israel in Numero-
« rum libro invenimus, quod profecti sunt ex Soc-
« hoth, et castra fixerunt in Buthan : cum Hebrai-
« cum pro Buthan, Æman habeat. Et quid me opus
« est tardantem plura apponere, cum veritatem, quæ
« est in nominibus, cuivis volenti, tum inquirere,
« tum agnoscere, sit in promptu? Sed in primis ea
« Scripturarum loca suspecta habere debemus, ubi
« pariter quamplurium nominum est enumeratio :
« veluti in libro Jesu Nave sunt, quæ ad divisionem
« hæreditatis pertinent : et in primo Paralipomenon
« a principio per ordinem usque ad ea, quæ in prin-
« cipio sunt super... Similiter autem in Esdra. Nec
« vero parvipendenda sunt nomina, cum res utiles ex
« eis significentur locorum interpretatione. Cæterum
« haud est nunc opportunum instituere sermonem
« de ratione nominum, omittendo quæ sunt propo-
« sita. » Ita Origenes de Nominibus in versione
Septuaginta Interpretum depravatis, deque utilitate
Nominum Hebraicorum interpretationi Scripturæ
sacræ apprime conducibilium.

Interpretationem Hebraicorum Nominum non modo utilem voluit pariter Auctor Quæstionum ad Orthodoxos, sed pernecessariam quoque declarat
Quæst. 86. Quærens namque quæ sit interpretatio
vocabulorum istorum, Mna, Ephi, Nebel, Seraphim,
Bezel, etc., subjungit statim : « Utrorumque enim no-
« bis pernecessaria est cognitio : utraque namque in
« Scripturis continentur. » Hanc vero explanationem nominum pernecessariam intelligentiæ Scripturarum, ab Origene mutuandam monet Responsio
Quæstioni subjectæ in hunc modum : « Exposita est
« ab Origene, viro Hebraicæ linguæ perito, omnium
« quæ in sacris Scripturis feruntur Hebraicorum No-
« minum et mensurarum interpretatio. Eam si re-
« quisieris, in ea invenies omnium eorum de quibus
« quæsivisti, explanationem nominum. » Origenem
sermonis Hebræi peritum fuisse vix scriptoribus
Græcis concedent Hebræe linguæ consulti : sed librum Hebraicorum Nominum utilem ac pernecessa-
rium omnes fatebuntur. Unde Hieronymus, litterarum Hebraicarum callentissimus, inter egregia Origeniana monumenta recenset opusculum illud, dicens:
« Imitari volens ex parte Origenem, quem post
« Apostolos, Ecclesiarum magistrum, nemo nisi
« imperitus negabit. Inter cætera enim ingenii sui
« præclara monumenta etiam in hoc laboravit, ut
« quod Philo quasi Judæus omiserat, hic ut Chris-
« tianus impleret. » Omiserat Judæus Philo Hebraica Nomina Instrumenti novi quod non recipiebat ;
hæc autem Origenes collegit ut Christianus, et absolutum Hebraicorum Nominum edidit volumen,
quod Hieronymus Latinitate donavit, hortatu quidem fratrum Lupulani et Valeriani : sed et rei ipsius
utilitate commotus. Singula quoque per ordinem
Scripturarum volumina percurrens, et vetus ædificium nova cura instaurans, fecisse se merito existimavit quod maxime a Græcis appetendum erat : quia
liber ille Hebraicorum Nominum multo castigatior,
multoque auctior ac verior editus est ab Hieronymo
scriptore Latino, quam ab aliquo Græcorum interprete vel auctore libri Nominum.

Eamdem utilitatem prædicat sanctus Doctor lib. IV
Comment. in Jerem., cap. 23 : « Ex verbis autem,
« inquit, et interpretatione nominum, sæpe res os-
« tenduntur, ut Abraham, Saræ, et Petri, et filiorum
« Zebedæi, vocabula commutata significant rerum
« mutationes : et in hoc eodem Propheta, Phassur,
« dicitur pavor, sive translatio, et colonus, sive pe-

« regrinus. » Quæ ut facilius juxta mentem sancti
Hieronymi intelligantur, meminisse debet prudens
lector scriptum esse Jeremiæ cap. xx, 3 et seqq.
Non Phassur vocavit Dominus nomen tuum, sed pavorem undique. Quia hæc dicit Dominus : Ecce ego
dabo te pavorem, etc. פשחר Phashur enim, sive Φα-
χώρ, ut Septuaginta legunt, interpretatur Hieronymus oris nigredinem; quod quidem multum differt
a pavore, translatione, colono, et peregrino. Hinc idem
Hieronymus in eumdem Jeremiæ locum apposite
observavit quæ sequuntur : « Mutatur autem nomen
« Pontificis, ut ex nomine futurum supplicium de-
« monstretur. Nequaquam, inquit, habebis nomen
« oris nigredinem, et iniquæ imperium potestatis; sed
« captivus duceris in Babylonem : hoc enim significat
« pavor undique, sive per circuitum, ut tremens et
« propriæ salutis incertus, huc illucque circumspi-
« cias, et venientes contra te adversarios reformides.
« Pro pavore, quod in Hebraico scriptum est Magur,
« LXX et Theodotion μέτοικον, id est, migrantem;
« Aquilæ secunda editio, peregrinum ; prima, circum-
« spicientem ; Symmachus, ablatum, sive congrega-
« tum, et coactum, interpretati sunt. » Non ergo
sic intelligendus nobis est Hieronymus, ut arbitremur nomen פשחור Phassur, sive Phashur, aut
Phaschor, significare pavorem, translationem, colonum
et peregrinum : absurde enim verba S. Doctoris sic
intellecta contrarium penitus sensum efficerent iis
quæ docere voluit. Nec cum antea dixisset Phassur
interpretari oris nigredinem ; minime a seipso dissentit, quando eumdem dici pavorem, aut peregrinum monet : quia tunc Phassur nomine mutato,
Magur a Jeremia dictum intelligit; quod nomen מגור
Magur peregrinus, translatus, et circumspiciens, sive
etiam pavor ac formido exprimi potest juxta proprietatem sermonis Hebræorum, apud quos radix גור gur
gaudet his omnibus significatis. Res itaque sæpe
ostenduntur ex verbis et interpretatione Hebraicorum Nominum ; unde maximam conferunt utilitatem
ad sensum genuinum Scripturæ sacræ percipiendum : ut ex recitato hoc eodem Hieronymi loco approbare conabamur.

Jam quod sancti Augustini auctoritatem spectat ad
commendationem libri Hebraicorum Nominum, nemo
est apud Græcos aut Latinos qui voluminis hujus
commoda et dignitatem tam manifeste testari voluerit. Libro namque secundo de Doctrina Christiana,
cap. 16, mirifice Origenis et Hieronymi Syntagma
vocum Hebraicarum prædicat, dicens : « In transla-
« tis vero signis, si qua forte ignorata cogunt hæ-
« rere lectorem, partim linguarum notitia, partim
« rerum, investiganda sunt. Aliquid enim ad simi-
« litudinem valet, et procul dubio secretum quid-
« dam insinuat Siloa piscina, ubi faciem lavare jus-
« sus est, cui oculos Dominus luto de sputo facto
« inunxerat : quod tamen nomen linguæ incognitæ,
« nisi Evangelista interpretatus esset, tam mag-
« nus intellectus lateret. Sic etiam multa quæ ab
« auctoribus eorumdem librorum interpretata non
« sunt, nomina Hebræa, non est dubitandum ha-
« bere non parvam vim atque adjutorium ad sol-
« venda ænigmata Scripturarum, si quis ea possit
« interpretari : quod nonnulli ejusdem linguæ pe-
« riti viri, non sane parvum beneficium posteris
« contulerunt, qui separata de Scripturis eadem
« omnia verba interpretati sunt, et quid sit Adam,
« quid Eva, quid Abraham, quid Moyses, sive etiam
« locorum nomina, quid sit Jerusalem, vel Sion,
« vel Jericho, vel Sina, vel Libanus, vel Jordanis,
« vel quæcumque alia in illa lingua nobis sunt in-
« cognita nomina. Quibus apertis et interpretatis
« multa in Scripturis figuratæ locutiones manifes-
« tantur. » Præstantissimo huic Augustini testimonio nihil adjiciendum putavi, præter verba ejusdem
sanctissimi Doctoris quæ leguntur ibidem cap. 39,
num. 59 : « Sicut autem, inquit, quidam de verbis
« omnibus et nominibus Hebræis, et Syris, et

« Ægyptiis, vel si qua alia lingua in Scripturis sanc-
« tis inveniri potest, quæ in eis sine interpretatione
« sunt posita, fecerunt, ut ea separatim interpreta-
« rentur; et quod Eusebius fecit de Temporum His-
« toria propter divinorum Librorum Quæstiones,
« quæ usum ejus flagitant : quod ergo hi fecerunt
« de his rebus, ut non sit necesse Christiano in
« multis propter pauca laborare, sic video posse
« fieri, etc. » Ergo non parvum beneficium posteris contulerunt, teste Augustino, Interpretes Hebraicorum Nominum, quorum etyma aperta non
parum juvant ad solvenda ænigmata et translata
signa Scripturarum. Tantum vero præstitit auxilium liber ille Hebraicorum Nominum, apud Ecclesiasticos maxime scriptores antiquioris ævi, ut eo
destituti nihil haberent, quod loquerentur in expositione divinarum Scripturarum. Sicut accidit olim
Interpreti in Isaiam scribenti, cujus recordatur S.
Hieronymus l. IV Comment. in caput decimum ejusdem Prophetæ : « Hoc juxta litteram, inquit, cæte-
« rum quidam in isto loco, cum falsorum nominum
« juxta LXX ἐτυμολογίας invenire non possit; nec
« se in libro Hebraicorum Nominum reperire po-
« tuisse testetur, mittit nos ad incertum, ut dicat,
« in extremo mundi tempore, et in consummatione
« hujus sæculi imminentibus pœnis, sensum ma-
« gnum principem Assyriorum esse fugiturum, et per
« diversa loca variosque profectus fugere cupere ab
« ira Dei, etc. Hæc dicit, quia rei veritate constric-
« tus, aliud quod diceret, non habebat. »

Sed veterum tantorum virorum auctoritas quamvis non esset efficiens probandæ utilitatis libri Hebraicorum Nominum; hallucinationes tamen summorum hujus temporis ingeniorum, ac celebriorum
scriptorum errores plane demonstrarent volumen
illud nec doctoribus contemnendum, nec aliis quibuslibet abjiciendum fuisse. Nam contemptibiliora interdum quæ putantur magisque superflua, summam
tempore suo præstare possunt utilitatem. Id ego
duobus exemplis, et quidem insignioribus in hoc
eruditionis genere, comprobare statui, ut sic tandem persuasissimum fiat omnibus studiosis, librum
Hebræorum Nominum assidua manu esse terendum
apud eos maxime qui ejusdem linguæ aut nullam,
aut parvam notitiam consequuntur.

Josephi Judæorum Historici interpres noster Gallus, nemine reclamante doctissimus, in etymologia
tamen nominis Esau falsus deprehenditur propter
ignoratam linguæ Hebraicæ proprietatem : ita enim
Gallico sermone reddidit verba Græca Judæi scriptoris lib. I Antiqq. Judaic., cap. 17 vel 18 : « Re-
« becca accoucha de deux fils, dont l'aisné estoit
« tout couvert de poil, et le puisné luy tenoit le
« talon quand il vint au monde. L'aisné fut nommé
« Esau, à cause de ce poil qu'il avoit apporté en
« naissant : et Isaac avoit pour luy une affection
« particulière. Le plus jeune fut nommé Jacob : et
« Rebecca l'aimoit beaucoup plus que son aisné. »
In indice quoque de Esau ita commonet : « Esau,
« c'est à dire velu, et surnommé Edom, fils d'Isaac. »
Hæc si cum Græco Josepho contenderis, nonnulla
invenies verba ab Interprete nostro prætermissa;
quibus non Esau, sed Seir dicitur pilosus : nam in
Græco contextu legimus hoc modo : Ἠράπα δὲ ὁ πατὴρ τὸν πρεσβύτερον, Ἡσαῦ λεγόμενον κατ' ἐπωνυμίαν τῆς
τριχώσεως. Ἑβραῖοι γὰρ τὸ σείσιρον τρίχωμα λέγουσιν.
Pater autem amabat seniorem Esaum ex re cognomen
habentem : nam Hebræi pilos vocant Seir. Non igitur
Isaaci major filius dictus est Esau ex pilis, quibus
in ortu suo totus hispidus apparuit; sed ipse Esau
cognomen tulit Seir propter τρίχωμα, hoc est, propter capillamentum, sive pilosum tegmen corporis sui;
Fateor attamen Græca Josephi (a) Ἡσαῦ λεγόμενον
κατ' ἐπωνυμίαν τῆς τριχώσεως, vix alio sensu exprimi

posse, quam quo Gallice expressa sunt ab eruditissimo nostro Interprete : præsertim cum sacri contextus ipsæ voces, Gen. xxv, 25, Qui prior egressus
est, rufus erat, et totus in morem pellis hispidus, vocatumque est nomen ejus Esau, huic intellectui non mediocriter favere videantur. At lectionis ordine, con-
textuque Hieronymianæ versionis paulo attentius
considerato, facile apparet majorem Isaaci filium
minime propter pilos Esau cognominatum; sed minorem dictum fuisse Jacob, eo quod nascendo plantam fratris tenuisset manu sua : Qui prior egressus
est, rufus erat, et totus in morem pellis hispidus : vocatumque est nomen ejus Esau. Protinus aliter egrediens, plantam fratris tenebat manu : et idcirco appellavit eum Jacob. Quis aliquando Hieronymi diligentiam, et interpretationis acumen miratus est in
hoc Geneseos loco? De Esau dixit : Vocatumque est
nomen ejus Esau; nec addidit, idcirco vocatum est :
quia sciebat vir Hebræi sermonis consultissimus nomen Esau significare facturam, non villosum, aut pilosum, ut putabat interpres Gallus, Josephi verbis
obscuris deceptus. De Jacobo autem loquens Hieronymus, consulto rationem nominis expressit : Idcirco appellavit eum Jacob. Nam supplantator, id est :
Jacob dictus est, quia plantam fratris tenuit egrediens de utero materno. Quæ profecto manifestissima sunt lectori voluminis Hebraicorum Nominum,
et Libri octavi Commentariorum Hieronymi in Ezech.
cap. xxv, ubi hæc leguntur : « Quod autem Esau, et
« Seir, et Edom, et Idumæa, et Duma, una gens
« appellentur, non ambiget qui scientiam habuerit
« Scripturarum. Ut de cæteris Prophetis taceam,
« Isaia, Jeremia, Amos, qui contra Idumæam, et
« Dumam, et Edom vaticinati sunt. Abdias Pro-
« pheta totam Prophetiam contra hanc dirigit na-
« tionem, quem ut potuimus olim disseruimus. Ar-
« guitur igitur Seir, qui quia hispidus erat, pilosi
« nomen accepit, et Edom sanguinarius, qui ob len-
« ticulæ rufæ coctionem primogenita perdidit, et ab
« edulio sortitus vocabulum est : Esau quoque facta
« interpretantur. Et hoc sciendum, quod in Hebræo
« numquam scribatur Idumæa, sed semper Edom,
« quem Idumæam expressit Græca translatio. » Ex
his perspicuis est Seir sonare pilosum, et Esau interpretari facta, sive facturam in singulari, id est,
ποίησιν, ut alibi sæpius Hieronymus docet. Ne quid
autem desit curiositati, rationemque impositi nominis Esau perspectam habeat lector studiosus, et hic
observandum quod illud vocabulum usurpatum sit
ad rem penitus novam indicandam. Novum enim
erat quod infans ex utero matris prodiret villosus
et pilorum tegmine totus hispidus in morem pellis;
quod utique non convenit hominibus in ætate infan-
tili, sed in robusta et perfecta. Esau igitur cum nasceretur fuit עשׂה neesa, id est factus et perfectus
pilis, tamquam multorum annorum puer, et ideo
Esau nominatus; ut cum apud nos de adolescente
propter ingenii maturitatem dicitur : C'est un homme
fait. Ergo עשׂו Esau juxta sermonis Hebræi proprietatem intelligitur factus, sive factura : שׂעיר Seir autem pilosus et hispidus : אדם Edom denique rufus,
sive sanguinarius, ob colorem rubeum lenticulæ rufæ.

Quantus etiam fucus factus sit doctissimo Henrico
Valesio Hebraicæ nescienti, sequens docebit exemplum, ex ejusdem Annotationibus in Librum secundum Historiæ Ecclesiasticæ Eusebii Pamphili desumptum. Scripserat Eusebius libri jam recitati capite vigesimo tertio : καὶ πολλῶν πληροφορηθέντων, καὶ
δοξαζόντων ἐπὶ τῇ μαρτυρίᾳ τοῦ Ἰακώβου, καὶ λεγόντων
Ὡσαννὰ τῷ υἱῷ Δαβίδ, id est, Cumque multi hoc Jacobi testimonio confirmati glorificarent Jesum, dicentes Osanna filio David, etc. Sed linguæ Hebraicæ imperitus Græcus amanuensis nomen Ὡσαννὰ in duo
vocabula distraxit ὡς ἀννά τῷ, et ansam tanti erro-

(a) Et sane pro Esau ponendum Seir apud Josephum, sive legendum una serie Ἡσαυον τὸν καὶ Σήειρον
λεγόμενον : Esau, qui et Seir dicebatur, docti viri contendunt.

ris præbuit in hac imperita distinctione, ut eo modo depravatum Eusebii contextum ediderit Valesius, hisque notis ipsum scriptoris errorem illustrare ac confirmare voluerit pag. 40, Annot. in lib. II Hist. Eccl. ὡς ἀννά. « In omnibus, inquit, nostris exemplaribus duo sunt vocabula ὡς ἀννά. Ita etiam apud Hieronymum in interpretatione Nominum Hebraicorum. *Osanna*, *salvifica*, Græce dicimus ὡς ἀννά. Utrumque autem nomen per extensam litteram legendum. Id est, Osanna tam in Hebræa quam in Græca lingua primam syllabam producit. Isidorus quoque in libro VI Originum, Osanna ex duobus vocabulis *Osi* et *Anna* compositum esse testatur, elisa scilicet una littera, sicut in versibus cum scandimus. *Osi* enim salvifica interpretatur : *Anna* interjectio est, motum animi significans sub deprecantis affectu. Quæ Isidori verba desumpta sunt ex Hieronymi epistola 145, ad Damasum. »

Ex hoc loco invictissime demonstrari potest multiplicatos fuisse scriptorum errores ex male editis Hieronymi voluminibus. In omnibus Græcis Eusebianis exemplaribus repererat Valesius nomen *Osanna* scriptum sub hac distinctione ὡς ἀννά. Quod cum præter usum in duo vocabula partitum vidisset, ad librum Hebraicorum Nominum tamquam ad Lydium lapidem confugere merito existimavit. Sed pro Lydio lapide scopulum posuerunt Hieronymianæ veteres editiones, ad quem observationes proprias se appellere nescivit vir alioqui doctus. Depravatissimi libri Nominum lectionem in editione Erasmiana ac Marianæa coarguimus supra col. 92, in Scholiis nostris, ubi manifestissime comprobatur, omnium mss. codicum consentiente fide Hieronymum hoc modo scripsisse : « Osanna : salvifica, « quod Græce dicitur σῶσον δή. Utrumque autem « nomen per o litteram extensam legendum. » Non ergo legendum falso ac ridicule, quod *Græce dicitur* ὡς ἀννά : quia *Osanna* Hebræum Græce dicitur σῶσον δή. Denique utrumque nomen legendum per extensam litteram, non est intelligendum de *Osanna* tam in Hebræa quam in Græca lingua, juxta hallucinatum Valesium : sed ita accipienda sunt Hieronymi verba, ut sciamus nomen *Obed*, et *Osanna* sequens sub littera O legendum per litteram extensam. Videat nunc prudens et studiosus lector quantam præbeat utilitatem liber Hebraicorum Nominum a nobis re-titutus juxta primigeniam sinceritatem ac fidem, qua non solum editorum librorum Latinorum, sed et Græcorum exemplarium manuscriptorum errores multiplices castigandi certo noscuntur. De *Osanna* autem apud Græcos scripto et illud commoneo, in Græcis Fragmentis et Origeniano Lexico, reperiri Ὡσαννά ubique sine ulla distinctione syllabarum, et semper in illis expressum σῶσον δή, vel δόξα. Quibus profecto observationibus omnis imperitia Latinorum atque Græcorum exclusa est ac castigata. Nec propterea tamen eo inficias, nomen *Osanna* apud imperitos olim scriptum esse ac separatum in duo vocabula; id enim satis aperte docet Hieronymus in cap. XXI Matth. dicens : « Nemo ergo putet ex duobus verbis, Græco videlicet et Hebræo sermone esse compositum, sed totum Hebraicum, etc. » Putabatur, forte ὡς Græcum esse, et ἀννά, Hebræum : quam opinionem refellit hoc loco S. Doctor, monens nomen totum esse Hebræum.

Ex ignorato, vel male edito volumine Hebraicorum Nominum alios errores bene multos propagatos fuisse apud interpretes hodiernosque scriptores, levi opera ostendere potuissem : sed exempla jam allata, quia insigniora sunt et domestica, pro sexcentis aliis sufficere credo. Nec tamen silentio prætetire mihi licet, quod de *Osanna* Interpres Latinus edidit ex Catena Græca in Joannem ad finem cap. VIII. Ridiculam enim rem posuit, dum Græca isthæc interpretaretur : Ἰωβήλ γάρ ἐστιν Ὡσαννεὶ διπλασιαζόμενος, ὁ Θεός, ὁ Θεός. Ἰωά γάρ καὶ Ἐλά, παρ' Ἑβραίοις ὁ Θεός ὀνομάζεται. Hoc est, si interpreti credimus : *Jubil* enim est *Hosanna* geminatum, id est *Deus*, *Deus*; *Jehova* enim et *El* apud Hebræos *Deus* appellatur. Quam absurdum atque alienum sensum a Græco contextu expresserit Latina hæc translatio, facile intelligit qui vel levi aura Hebræi sermonis fuerit afflatus. Quomodo enim in voce Ἰωβήλ geminatum Ὡσαννεί, et in *Hosanna* duplex *Deus*, id est, bis vocabulum *Deus* inveniri possit, nec Rabbinorum acutissimus, nec Hebraizantium pertinacissimus explicare sibi permittet : quia stultis etiam patet falsam et penitus obsonam esse hujusmodi interpretationem. Itaque sensus Scriptoris Græci hic certo certior est, in voce Ἰωβήλ, *Jobel*, duplex Dei nomen inveniri, ἰώ nempe, et ἠλ, sive Ἰωά et Ἠλό, quod utrumque *Deum* sonat apud Hebræos. Deinde Ἰωβήλ species est Ὡσαννεί, hoc est, *laudis et confessionis*, ut Græca verba, Ἰωβήλ γάρ ἐστιν Ὡσαννεί, *Jobel* enim est *Hosanna*, manifeste declarant. Osanna vero *gloria* et *laus* dicitur, id est, δόξα, in codice ms. Colbertino ; quia honoris causa illud nomen fuit olim acclamatum episcopis et presbyteris advenientibus. Unde Hieronymus lib. III Comment. in Matth. cap. XXI : « Cumque manum non audeant injicere sacerdotes, « tamen opera calumniantur ; et testimonium po- « puli atque puerorum, qui clamabant, *Osanna filio* « *David*, vertunt in calumniam : quod videlicet hoc « non dicatur nisi soli filio Dei. Videant ergo episco- « pi, et quantumlibet sancti homines, cum quanto « periculo dici ista sibi patiantur : si Domino, cui « vero hoc dicebatur (quia nondum erat solida cre- « dentium fides), pro crimine impingitur. » Eumdem Christianorum morem discimus ex Itinerario Hierosolymitano Antonini Monachi, pag. 30 : « Ibi, inquit, venerunt mulieres in occursum cum infantibus, palmas in manibus tenentes, et ampullas cum rosaceo oleo ; et prostratæ pedibus nostris, plantas nostras ungebant, cantabantque lingua Ægyptiaca psallentes antiphonam : *Benedicti vos a Domino*, *benedictusque adventus vester*, *Osanna in excelsis*. » Hinc habes rationem etymologiæ vocis *Osanna*, quæ secundo loco posita legitur in Colbertino exemplari Græco libri Hebraicorum Nominum ubi Ὡσαννά interpretatur δόξα, non juxta proprietatem linguæ Hebraicæ aut fidem elementorum, sed ex usu apud veteres Christianos usurpato, cum obviam procederent ante sanctos homines et episcopos, Christi vicarios doctores, quibus voces *Osanna in excelsis* acclamatæ fuerunt.

Magnam aliunde præbere potest utilitatem apud studiosos liber Hebraicorum Nominum, in componendis præcipue Criticorum vel interpretum controversiis circa vocabula nonnulla Scripturarum, quæ diverse a diversis interpretata contendentium animos extollunt vehementer, cum e contrario comprimere debuissent apud Christianos scriptores, qui recti ac veritatis amantes, non disputandum veritate, sed veritatem disputatione se quærere profitentur. Quid de hisce verbis Matthæi, *cujus ventilabrum in manu sua*, non fuit ultro citroque disceptatum apud hodiernos interpretes atque interpretationis censores? Nolunt Critici quidam homines ea exemplaria, Matthæi Latinam antiquam Vulgatam complexa, quæ legunt juxta hodiernam Vulgatam, *cujus ventilabrum in manu sua* : quia Cyprianus ex editione illa antiquissima Evangelii secundum Matthæum legebat, *ferens palam in manu sua*. Alios videas qui minime ferant eadem Evangelistæ verba sic Gallice conversa *Il a le van en la main*. Ventilabrum enim, si illis credatur, non una tantum, sed utraque manu prehensum fuit ab Antiquis, et agitatum. Quod plures omnino negandum, censoriaque virgula notandum, viva voce ac scriptis observationum libris decernunt. Inter tot studiosorum virorum dissidia, et pugnantes sententias, si medius constituatur liber Hebraicorum Nominum, *palam* ac *ventilabrum* pro codem instrumento vulgo acceptum apud Veteres perspicue docebit ; idemque penitus esse in Evangelio ferens palam in manu sua; ac cum dicitur, cujus *ventilabrum in manu sua.* Rursum si palam dictam ventilabrum concedamus, optima erit vernacula isthæc translatio nostra, *Il a le van en la main* : quia pala una manu tenetur ab agricolis, dum sunt in procinctu ad mundandum in area triticum. Excussiones namque frumentariæ sicut in diversis regni partibus diversæ sunt : ita diverso modo agricolas excussa frumenta ventilare nulli dubium est. In Occitania cribro in media area suspenso utuntur ventilatores, quod quidem ventilabrum unica manu agitari potest, aut utraque si libeat. Apud nostrates autem Vascones eventilata semper vidi frumenta cum pala lignea, qua sursum a ventis purganda toto nisu elevantes longe a se ipsis projiciunt grana frumenti paleolis ac festucis permixta : e quibus vento perflante separata defluunt in terram munda atque purgata. Nec interim occasione ventilabri breviter a me perstricta sint ad commendationem libri Hebraicorum Nominum, in quo scriptum legimus, col. 69 : « *Nabuzardan, prophetavit palas, quæ ventilabra vulgo nuncupant.* » Palas igitur, quæ vulgo dicerentur ventilabra, in usu Veteres habuisse sæpius ad ventilandum, apertissime nos docuit præsens Hieronymi locus, non uno modo aptus ad Eruditorum lites dirimendas, ac Criticorum cavendas hallucinationes.

Præter jam commemoratas Libri Nominum utilitates multiplices, præcipuam aliam habet in obscuris sacrorum Bibliorum illustrandis sermonibus, ac trium Scriptorum, quos parentes agnoscit, allegorico sensu probe manifestando. Multa enim clausa ac tenebris obsepta manent in libris sacris, inque Philonis, Origenis, et Hieronymi Commentariis, nisi lucem facemque lectori præferat ad intelligentiam volumen Hebraicorum Nominum. Sed quia longum est argumenta omnia et exempla singula recensere, quibus utilitas illa peculiaris approbari possit, et eam explicare prope res unius est voluminis : sufficiat prudentibus antea significasse ad quid maxime valeat; et quasi in quadam brevi tabella situs pinxisse terrarum, totiusque orbis vastitatem et ambitum oceani, angusto monstrasse compendio. Nec necesse est super hoc sæpe admonere lectorem, et prudentiæ ejus studioque diffidere.

PROPHETARUM NOMINA ET NOMINUM ETYMOLOGIÆ.

HIERONYMUS.

Osee, interpretatur σώζων, quem nos salvantem possumus dicere.
Joel, ἀρχόμενος, id est, incipiens.
Amos, βαστάζων, qui apud Latinos portans dicitur.
Abdias, id est, Obedia, δοῦλος Κυρίου, id est, servus Domini.
Jonas, περιστερά, hoc est, columba.
Micha, τίς ὡς, ex duabus orationis partibus nomen compositum, quod apud nos sonat *quis quasi*, aut *quis velut?*
Naum, παράκλησις, id est, consolatio.
Abacuc, περιλαμβάνων, id est, amplexus, sive luctans.
Sophonia, κεκρυμμένος Κυρίου, hoc est, arcanus Domini.
Aggæus, ἑορτάζων, quem nos festivum, sive solemnem possumus dicere.
Zacharia, μνήμη Κυρίου, id est memoria Domini.
Malachi, ἄγγελος μου, id est nuntius meus.
Isaias, σωτηρία Κυρίου dicitur, id est, salus Domini.
Ezechiel, κράτος Κυρίου, quod nos robur, vel imperium Domini possumus appellare.
Jeremias, ὑψηλὸς Κυρίου, id est, excelsus Domini.
Daniel, ἔκρινέ με Κύριος, id est, judicavit me Dominus.

GRÆCI.

Osee, σκιάζων, ἢ φύλαξ, id est, obumbrans, vel custos.
Joel, ἀγαπητοῦ Θεοῦ, dilecti Dei.
Amos, κάρτερος, ἢ πιστός, ἢ λαὸν ἀποσπῶν, validus, vel fidelis, vel populum avellens.
Abdias, δουλεύων Κυρίῳ, serviens Domino.
Jonas, περιστερά, id est, columba.
Michæas, τίς οὗτος βασιλεύς, hoc est, quis iste rex?
Naum, παράκλησις, id est, consolatio.
Ambacum, πατὴρ ἐγείρων, hoc est, pater suscitans.
Sophonias, συνιέντα αὐτὸν, id est, intelligentem ipsum.
Aggæus, ἑορτάζοντος, festum agentis.
Zacharias, νικητὴς λέων, id est, victor leo.
Malachias, ἄγγελος, ἢ σωτηρία Κυρίου, id est, angelus, vel salus Domini.
Esaias, σωτήριον Κυρίου, hoc est, salus Domini.
Jezechiel, κράτος Θεοῦ, id est, fortitudo Dei.
Hieremias, ὑψούμενος Κυρίου, exaltatus Domini.
Daniel, κρίσις αὐτοῦ ἰσχυρά, id est, judicium ejus validum.

Librum Hebraicorum Nominum hac contentione et comparatione Hieronymi cum Græcis Scriptoribus absolvendum existimavi; quia ex illa oppositione Hebræi sermonis peritia summa elucet in Hieronymo; nulla autem aut minima exsistit in Græcis Auctoribus etymologiarum Hebraicorum Nominum. Ex quo manifestum est etymologias quascumque violentas, quæ vel in libro Nominum, vel alibi apud Hieronymum occurrunt, Græcos habere parentes. Ubi enim suo sensu ac proprio marte Hieronymus Hebræas voces interpretatur, nihil ad ejus diligentiam et eruditionem perfectam addendum inveniet Hebraizantium magistrorum etiam acutissimus. Id ego contestatum volui ex Præfatione S. Doctoris in Commentarios in Joelem prophetam : cujus præfationis verba descripsi prout leguntur in vetustissimis exemplaribus manuscriptis : nam in editis antea libris præter pauca, omnia corrupta sunt Hebræa Græcaque nomina. De qua corruptione ac perpetua depravatione viros doctos admonui in Prodromo nostro S. Hieronymi ; et licet noverim admonitionis meæ sinceritatem displicuisse quibusdam sciolis ac æmulis meis, qui contumeliis non paucis de statu meo deterrere me gestiebant, nihil moror hodie eorum imperitiam morositatemque, quæ invita Epistolam dare statui ad c. v. Urbanum Chevreau, ut eum certiorem faciam de stupenda depravatione veterum editionum Hieronymi, eamque probem insigniori argumento et exemplo vocis ψύλλα, pro qua nobis obtrudunt absurdissimum ψηφιστὴν in præfatione Hieronymi jam laudata.

GLOSSÆ QUORUMDAM SCRIPTURÆ LOCORUM,
ET
NOMINUM INTERPRETATIONES BRITONUM LINGUA.

Ex antiquissimo codice ms. Colbertino, num. 4951.

DE GENESI.
Fursum, dun, vel rot, *lege* sursum *pro* fursum.
Cervus emissus dicitur quando cervam sequitur. Et equus emissus quando equas sequitur.

DE EXODO.
Fiscellam, sportam theuil.
Sponsus sanguinis tu mihi es, id est puer, qui de sanguine meo natus est circumcisus.
Non mutiet, grennat, gillit : quia non nocet ei exterminator.
Pruinæ, brimus.
Pretium pudicitiæ, id est XII solidos qui ipsam tradidit marito, debet puellæ dare.
Mittens crabones, id est, urnite, propter terrorem dixit, vel angelos malos.
Pelles arietum, id est, sine lana, quasi partica, id est, roth loschi.
Pelles jacintinas, id est, sine lana, aut ad tegendum, non est in Britannia.
Fibulas, bringan.
Capitium, quod circa collum fithalsetha.
Dexteralia, armbo gusbregida ante manicas, et ibi conjunguntur clavi.

DE LEVITICO.
Renunculi, levint legum.
Lumbulos, lenbradun.
Chrogillius, animal spinosum major quam hiricius.
Garula, rouca.
Nuptuam, nectret.
Larum, meu. Bononem uuof.
Mergulum, niger dicitur a mergendo, id est, dop fugul. Herodianum, uua luc hæc fuch brucus similis, id est, locustæ, sed major.
Aucupio, id est, fugolada.
Spatulæ, habent similitudinem spadæ, inde spadulæ dicuntur.
Sub pastoris virga transeunt, id est, rabbacula ejus cucurrerunt foras.

DE NUMERIS.
Signa, id est, pone signum proprium, id est, eribethoon.
Uatilla, id est, serscufla similis vasis quibus aqua de navibus projicitur.
Bdellium, herba albi coloris est.
Ætatis integræ, id est, trigennem.

DE DEUTERONOMIO.
Porfilio, philfor.
Noctuorax, naetrafan.

DE JESU NAVE.
Arcuato vulnere, id est, incurvato vulnere : quia cauda scorpionis curva est unde nocet.
Postlimenio, id est, post mortem patris.
Regulam auream, ringan gurdiles.
Civitas litterarum, propter litteratos qui ibidem custodiuntur.

DE LIBRO JUDICUM.
Testatio, vel quia ibi fecerunt tistas. Uaum.
In taberna, id est, negali seruin.
Sibilos, regum blandimenta.
Palantes, fugientes.
Litio, id est, eblit.
Terafim, id est, idolum.
Implevit manum, id est, dedit pecuniam.

DE RUTH.
Congessit polenta, id est, congregatio formal.

DE LIBRIS REGUM.
Circulum dierum, id est, annum.
Focarias, coquinarias, id est, cibum præparantes.
Sitarcis, in quibus cibos portant, id est, fecislun.
Unius anni filius, propter humilitatem.
Perendie, post cras.
Vasa puerorum saucta, id est, corpora, pro persecutione et luxuria.
Commentarius, qui scribebat annuales commentarios.
Tip-inas, faciunt de hordeo, decorticant ipsa grana in pila, id est, in cavato ligno : deinde coquunt in quo volunt.
Ligno lancetico, sicut est biguo, id est, uuidubil.
Pifenticus, insanat mentes.
Polimitarius, artifex vestimentorum, id est serico, goduu neppi.
Abies, arbor miræ altitudinis, unde faciunt tunnas Franci, dicitur sepis.
Tornaturas, in transversum, ligno tornata, legge.
Celatura dicitur, quod intrat.
Sculptura, quod eminet.
Anaglippa dicitur quod valde eminet quasi pennæ.
Istriarum, uualana uuira plectas gumdlunt.
Camites quoque cant dicunt.
Canis, felgunt.
Modioli, nap.
Regina Sabaa, id est, Æthiopum.
Peltæ, longiores sunt, quæ scuta nostro tunde.
Lecito, vas vitreum in similitudine flasconis, vel panis.
Cancellus, id est ligna, subtivitrans versu, vel de foro sicut retr.
Elides, affellis.
Latrinas cloacas, aquæ ductus, id est, groua.
Musac sabbati, ædificium ubi miserunt reges munera sabbato, quando ingrediuntur templum.
Nam Corban dicitur, ubi erat pecunia sacerdotum.
Edra dicitur interior sedes ubi Papa sedet.
Tignani, qui tigna faciunt, id est, restras.
Tafet, nomen templi idoli, vel locifarurum.
Allas, groguni.
Trullas, panundiufe.

DE LIBRIS PARALIPOMENON.
Pro octava, id est, novissimo die Azymorum.
In fastos, dignitates.

DE SALOMONE.
Panaretus, sapientiam.
Coacuerunt, accitaverunt.
Aleo, herba est.
Blena dicitur, per quam aqua currit.
In acervum Mercurii, habent consuetudinem ambulantes in via, ubi Mercurius sepultus est, lapidem jactare in acervum ipsius, unusquisque unum pro honore.
Lamuel, agnomen Salomonis, sicut Ecclesiastes ab actione.

DE ECCLESIASTE.
Contignatium, tectio domus.
Capparis, herba est ad cibandum.

DE SALOMONIS SAPIENTIA.
Fascinatio, laus stulta, id est, mascrunc.
Malagma, multa herbæ vulneri impositæ.

Hæc Glossemata descripsi ad calcem Additamentorum magis ut paginas hujus editionis vacuas occuparent, quam ut ea illustrarem observationibus ac publici juris facerem.

EXPLANATIO
IN LIBRUM
DE SITU ET NOMINIBUS LOCORUM HEBRAICORUM.

Libri de Locis Hebraicis primus Auctor fuit Eusebius cognomento Pamphilus, qui de sancta Scriptura omnium pene urbium, montium, fluminum, viculorum, et diversorum locorum vocabula in hoc Opusculum congregavit; indicans quæ vel eadem manent, vel immutata sunt postea, vel aliqua ex parte corrupta. Hunc Eusebii librum cum quidam vix primis imbutus litteris ausus fuisset in Latinam linguam non Latine vertere, occasionem causamque præbuit Hieronymo novam ac doctiorem adornandi Latinam translationem. Unde Eusebii ipsius admirabilis viri secutus studium, secundum ordinem litterarum, ut sunt in Græco, Latine volumen transtulit : relinquens ea quæ digna memoria non videbantur, et pleraque mutans. Semel enim et in Temporum libro præfatus est, se vel interpretem esse, vel novi operis conditorem. Sic autem secundum ordinem litterarum, ut sunt in Græco, suæ linguæ hominibus tradidit Opusculum Eusebianum : ut tamen seriem litterarum alphabeti Latini, non ordinem Græci subsecutus sit. Neque vero Latinis scribens, aut Græca exemplaria Latino sermone convertens, recto judicio pervertere potuit ordinem litterarum alphabeti nostri, ut nomina quæ incipiunt per χ, g, apud Græcos, tertio quoque loco reponeret in sua editione Latina ; eodemque modo Græcum ordinem observaret in z, χ, π, et ω, et similibus, quæ cum aspiratione, vel per extensum elementum leguntur. Itaque prudens Lector ne in errorem pertrahatur sub obscuro verborum Hieronymi intellectu, noverit sanctum Doctorem in eo tantum ordinem litterarum, ut sunt in Græco, observasse, quod primum recensuerit nomina et locorum vocabula, quæ ab Eusebio ponuntur ex Genesi, deinde de Exodo, et ita consequenter servato ordine sacrorum Bibliorum. Secundo ordinem Eusebianum imitatur in singulis litteris, v. g. incipit, juxta Eusebium, ab *Ararat, Achad, Agai*, etc., in B similiter, a *Babel, Bethel, Bala*, etc. Quæ alium ordinem obtinent in serie alphabetica Lexicorum, et in libro quoque Nominum Hebraicorum a Beda nostro olim digesto, edito autem tomo III, cum aliis Operibus ejusdem scriptoris. Consentientes igitur reperio Eusebium Græcum Hieronymumque Latinum, quantum patitur ordo litterarum Alphabeti nostri, quod in multis discrepat a Græco, tum propter consonantes aspiratas, tum propter vocales extensas, quæ apud Græcos spatio magno intercedente inveniuntur digestæ ; exempli causa, x a χ, ε ab η, o ab ω, etc., cum sub eadem littera legantur apud Latinos : e namque, η et ο vocales, sive longæ sint, sive breves, eamdem formam retinent, et uno loco scribuntur. Ea sunt præcipue quæ de veteribus scriptoribus libri Locorum præmonere voluimus lectorum studiosum ; cui ne forte excidant de eodem argumento nuper scripta in Præfatione Jacobi Bonfrerii ad suum Onomasticon, multa ex eodem excerpta hic apponere perutile mihi visum est.

« Est autem hic liber, inquit Bonfrerius, primo ab Eusebio Cæsariensi Græce scriptus, ut ipsemet Hieronymus in libri hujus Prooemio testatur, quem Hieronymus in eorum gratiam qui sacrarum Litterarum studio delectantur, in Latinam linguam sibi vertendum esse putavit : cum autem ita vertit, ut tamen de suo non pauca addiderit, nonnulla immutarit, quædam perperam dicta correxerit, ut vel in Prooemio ipse de se fatetur, vel ex libri hujus decursu colligi potest ; cui utpote acerrimi judicii viro, et regionum illarum locorumque spectatori, immo annis pluribus in iisdem versato, magna fides haberi potest : ut plurimum tamen Hieronymus interpretis officio fungi se profitetur. Forte Hieronymus initio aliis characteribus sua ascripserat, vel asterisco notaverat, quæ postea, ut in hujusmodi sæpe accidit, in unum corpus cum Eusebii verbis confluxerunt. Fuit quidem et ipse Eusebius in Palæstina diu versatus , utpote Cæsareæ Palæstinæ episcopus ; multa tamen argumenta sunt, quæ suadent Eusebium non eam fuisse nactum urbium, locorumque notitiam, quam habuit Hieronymus. Fatendum nihilominus est non pauca in hoc libro desiderari potuisse, quæ Hieronymus vel aliis distentus occupationibus perficere non potuit, vel ei certe non libuit : igitur et nos operi huic nuperrime manum opponentes studuimus in ea re opellam aliquam ponere, et liber hic, qui alioqui videbatur implicatior, et propter confusum nominum propriorum ordinem multis futurus inutilis, quos videlicet difficultas quærendi inveniendique loca, quæ investigaturi erant, ab ejus usu lectioneque averteret, omnibus divinarum Litterarum sacræque Topographiæ studiosis usu esse posset.

« Quæ autem in hac re præstiterimus paucis indicabo. In primis enim etsi nomina singula ab Eusebio et Hieronymo ad suam initialem, ut vocant, litteram sint revocata, ut puta omnia, quæ ab A incipiunt in unum sunt congesta, tamen quia et hic sine ordine collocata erant, quibus eadem initio littera erat (quæ res loca annotata invenire volentibus et operæ, et temporis dispendium non sine tædio pariebat), omnia ita ordine digessimus, ut exemplo quis nulla difficultate in ipsam quam investigaturus est vocem incurrat.

Hæc aliaque bene multa, quæ non sunt instituti nostri, præfatus doctissimus Bonfrerius , de Regio tandem codice Græco Eusebii ita lectorem admonendum duxit : « Hactenus, ait, mihi cum solo Hieronymo res fuerat, cum nulla mihi spes esset nanciscendi Græcum de locis Hebraicis Eusebium : sed ecce præter spem omnem, cum Lutetiam Parisiorum me contulissem, in manus incurrit Græcus manuscriptus Eusebius e bibliotheca Parisiensi Regia ; hunc excerpendum nactus nova cepi consilia, et cum Eusebio novæ successerunt curæ, novi labores. Placuit itaque hunc seu Græcum, seu Latine redditum Hieronymo, meisque annotationibus conjungere, ne qua in re operam nostram benignus lector desideraret ; qua ex re illud imprimis commodi accedet, quod non difficile erit quæ Hieronymi sint, quæ Eusebii internoscere, quidque Hieronymus ad Eusebii lucubrationes addiderit, detraxerit, correxerit, immutarit. Addidit equidem Hieronymus aliqua non tantum ad Eusebii sententiam, sed etiam quædam locorum nomina propria, quæ in Eusebio non cernuntur ; quamquam et nonnulla suspicio esse possit eorum nonnulla ex Eusebio excidisse : vicissim vero paucula locorum nomina propria cernuntur in Eusebio, quæ Hieronymus non expressit, quæ ab Hieronymo suppressa vel neglecta censeri possunt.

« De hoc manuscripto Eusebio addenda hic mihi paucula, de quibus lector præmoneri debeat. Atque illud imprimis , istum manuscriptum Eusebium mendis quam plurimis scatere, præsertim vero in exprimendis locorum nominibus propriis, quæ ita vitiose non raro efferuntur, ut ægre cum iis vocibus, quæ apud Hieronymum sunt, affinitatem cernas : ea tamen fere cum ea corruptela relinquere malui, quam in illo reperi, ne viderer non tam Eusebium, quam conjecturas meas et animi figmenta tibi tradidisse. Neque id molestum erit, aut lectori incommodum, quando quidem ex iis, quæ apud Hieronymum leguntur, vel meis additamentis liquido fere constare possit, quomodo voces illæ emendari debeant... Quod ad cætera menda attinet, subinde ut sensus, veritas sententiæ, vel syntaxis constaret, adjuvari debuit Eusebius, et nonnulla medicina afferri, addita, detracta, vel mutata identidem una litterula vel vocula, neque aperti errores relinquendi fuerunt, suggerente præsertim emendationem Hieronymo : quamquam subinde nonnulla ad marginem annotatione maluimus hanc rem conficere.

« His tamen et illud addo nonnunquam apud Eusebium sincerius et incorruptius nomina locorum propria afferri, quam apud Hieronymum et ex Eusebio posse Hieronymum aliquando emendari; quod quando usuveniat, non difficile erit ex iis, quæ nos de mendis nominum apud Hieronymum afferimus, colligere. Illud etiam admonendum duxi nonnulla apud Eusebium nomina locorum cerni, quæ in Hieronymo desunt; sed hæc admodum pauca sunt. Item apud Eusebium nomina quædam locorum propria suppressa fuisse, quæ ex Hieronymo restituenda fuerunt. » Hucusque Bonfrerius.

Majorem vero hujus Præfationis partem in nostra Admonitione descripsimus, ut gratum animum ostenderem erga laudatum Bonfrerium; nam laborem, ac partes quas mihi sumpseram, eas præoccuparunt observationes docti viri. Ad pleniorem tamen intelligentiam et Eusebii Græci, et Hieronymi ejus interpretis, nec non ad perfectam cognitionem eorum, quæ a nobis peculiariter pertractata sunt, nonnulla Bonfrerianis præmonitionibus superaddenda erant instituto nostro propria. Illud igitur primum admoneo, me Hieronymi editorem esse, non Eusebii : qua ratione non Eusebio Hieronymum, sed Hieronymo Eusebium accommodare atque attemperare debui. Quod et factum comprobabitur toto decursu libri Locorum: nam quod Hieronymus ita secutus sit litterarum alphabeti ordinem in nominibus locorum ordine collocandis, ut alphabeto Latino cum adaptaverit, quem Eusebius Græco accommodaverat; nos quoque Hieronymi vestigiis inhærentes, Græcarum litterarum ordinem ad Latinum revocamus. Hinc quæ X Græcum pro initiali littera habent, ad G Latinum retulimus cum Hieronymo: quæ a Φ incipiunt, ad F revocata sunt. Quæ ab initio habent H, id est, aspirationem sive spiritum, inter ea nomina quæ initium ducunt ab A vel E, conjecimus. Denique nonnulla vocabula tamquam nomina appellativa, ab Hieronymo Latine versa atque expressa, ad suas quæque initiales litteras referre studuimus. Talia sunt, *Ager fullonis; Puteus juramenti,* aut *visionis; sepulcra concupiscentiæ,* etc. Quæ in Græco alphabeto litteras habent initiales a Latinis longe diversas. Huic ordini ac viæ insistere necessitate compulsi sumus; utpote toti Hieronymo intenti, ne aliquid de ejus operibus a nobis ederetur quod non esset vere Hieronymianum, sive in verbis, sive in ordine verborum.

Sed alteri lectorum utilitati providentes, et studiosis Græcæ nescientibus indicare cupientes, quæ ab Hieronymo addita sint ad Eusebium Græcum, in Latino contextu hæc additamenta uncinis concludimus in hunc modum : (*Porro Hebræi hanc esse dicunt Mesopotamiæ civitatem, quæ hodie vocatur Nisibi, et a Lucullo quondam Romano consule obsessam, captamque: et ante paucos annos a Joviano imperatore Persis traditam*). Monent igitur signa hæc totam hujusmodi pericopem et historicam observationem ab Hieronymo conjunctam fuisse voci *Achad;* de qua nihil amplius scripsit Eusebius præter ista quæ sequuntur : *Achad, urbs regni Nemrod in Babylone.* Ubi vero additamenta Hieronymiana uncinis non inveniuntur conclusa, facile ex absentia Græci contextus in altera columna poterunt internosci; vel certe manifestissima fient in scholiis nostris, quibus loca quamplurima illustranda suscepimus.

Cæterum monendus est benignus lector, ne ab studio diligentiaque nostra aliquid in editione libri Locorum exspectet, quod neutiquam ab editoribus Hieronymi jure merito, aut æquo judicio possit exspectari. Neque enim novo systemate antiquam Terræ sanctæ topographiam mutare tentabimus; sed Opera Hieronymiana summa qua poterimus fide ad pristinam ac primigeniam integritatem revocare, Notisque illustrare pro modulo nostro satagemus. Qui præter hæc in editione nostra aliquid requisierit, spem suam irritam agnoscat : quia majora et indebita studia poscit, quam res ac provincia a nobis suscepta exegisse videbatur. Ea sunt ergo de quibus maxime præmonendus fuit studiosus lector, qui et alia bene multa in annotatiunculis nostris reperiet, ad emendationem manuscripti et editi Eusebii Græci spectantia : plurima enim curiosa ac scitu digna a Bonfrerio prætermissa sunt; plurima quoque in ejus editione imperitia typographorum corrupta : quæ omnia suis locis notata, restituta, suppletaque cernuntur.

NOTÆ PROLIXIORES
IN LIBRUM HEBRAICARUM QUÆSTIONUM IN GENESIM.

Præter annotatiunculas nostras, quas in ora inferiori paginarum libro præcedenti subjecimus, necessitate compellor difficiliora non pauca jam perstricta breviter hic longiori disputatione concludere. Neque vero spes magna me tenet, brevitatem observationum mearum Criticis quibusdam scriptoribus fore placituram; nisi loca plurima, quæ ipsi redarguunt in Hieronymo, rursus examinanda ac illustranda proponerentur. Inspiciamus igitur non quæ omnibus laudibus abundant apud Hieronymum, sed ea tantummodo quæ vitio aut imperitiæ tribuere ipsi volunt Critici recentiores.

I. Prior autem locus haud satis probatus in libro Hebraicarum Quæstionum sumitur ex hac observatione Hieronymi in caput 1 Genes., 2 : *Pro eo quod* in nostris codicibus scriptum est, ferebatur, *in Hebræo habet* Merepheth, *quod nos appellare possumus,* incubabat, *sive* confovebat, *in similitudinem volucris ova calore animantis,* etc. Melius, inquiunt hodierni Critici, Hebræum מרחפת *merahhepheth* vertitur Latine *ferebatur,* quam *incubabat* : quia verbum *incubabat* propius accedit ad sermonem Syrorum, quam ad idioma Hebraicum.

Sed longe diversum erat judicium antiquissimorum Patrum ac virorum doctissimorum circa interpretationem vocis Hebrææ et affinitatem linguæ Syrorum cum sermone hebræo. Nam ex illa affinitate approbant sancti Patres proximiorem esse ac magis genuinam expositionem *incubabat,* sive *confovebat,* quam *ferebatur.* Audiendus hac de re Basilius Magnus

Homil. 2, in Hexaem. : « At quonam pacto, inquit, dixeris, super aquas hic spiritus ferebatur : Equidem non meam tibi, sed viri cujusdam Syri sententiam recensebo, qui tantum'a sapientia mundi distabat, quanto verarum scientiæ rerum propinquior erat. Aiebat igitur ille Syrorum vocem significantiorem atque evidentiorem esse, et ob affinitatem quam habet cum Hebraica lingua, sententias aliquo modo Scripturarum propius attingere. Itaque talem hujusce dicti sententiam esse dicebat : Verbum hoc, *ferebatur*, pro *confovebat*, vitalemque fecunditatem aquarum natura præbebat, suminet atque interpretantur, ad similitudinem aviculæ incubantis, vimque vitalem quamdam imprimentis, in ea quæ ab ipsa foventur. Talem hunc is prædicabat ea voce sensum significari, super aquas, inquam. Spiritum Dei ferri, id est, ad fecunditatem vitalem aquæ naturam ipsum Spiritum sanctum præparasse. Quare satis per hoc id ostenditur quod quæritur a nonnullis, nec ab actu creandi Spiritum sanctum abfuisse. » Eadem habet S. Ambrosius in Hexaem. lib. 1, cap. 8; eadem et Augustinus lib. 1, de Genesi ad litteram, cap. 18. Ex quo manifestissime comprobatur Hieronymi annotatio, ubi lectorem docet pro *ferebatur* in Hebræo legi *incubabat*, sive *confovebat*. Quia enim Syrorum sermo Hebræo vicinior, atque aptior consequenter exprimendis verbis Hebraicis, retinet *merahhpho*, id est, *incubabat*, sive *fovebat*; haud dubie interpretatio illa magis accedit ad fontem Hebræum, quam Versio LXX Interpretum, *ferebatur*.

Nec quempiam moveat quod in Latina Vulgata, et in Hieronymiana translatione, verbum *ferebatur* scriptum reperiamus; id namque consulto retinuit Hieronymus, ne ambiguum verbum a diversis diverse acceptum ad unam tantum significationem trahere videretur ; et quod de vento, id est, de spiritu hujus mundi intelligunt quamplurimi, ipse de solo Spiritu sancto tamquam conditore rerum omnium, sententiam illam sibi astruerent accipiendam. Deinde non uno loco fassus est sanctus Doctor, consuetudini veterum interpretum suam coaptare voluisse Translationem, ubi nullum erat damnum in sensu : « Nolumus ergo, inquit, immutare quod ab « Antiquis legebatur, quia idem sensus erat. » *Et post pauca* : « Sed et in hoc nulla est sensus muta« tio ; et nos antiquam interpretationem sequentes, « quod non nocebat, mutare noluimus. » Pro more igitur suo noluit mutare verbum *ferebatur*, quia nihil nocebat quod ab Antiquis legebatur : nam *superferri* potest et de vento et de Spiritu sancto indifferenter accipi in hoc Genesis versiculo secundo.

II. Alter locus insignior habetur ad reprehensionem Hieronymi, quia in eo visus est Criticis aliquot Scriptoribus Judaicarum fabularum assertor. Observat igitur Hieronymus Gen. II. v. 8, in Hebræo scriptum esse מקדם *mecedem*, id est, *a principio*; eamque significationem docet præferendam Versioni LXX Translatorum, qui posuerunt *contra orientem*. Suam rursus opinionem probat sanctus Doctor ex consonantia Græcarum Versionum, Aquilæ, Symmachi et Theodotionis, dicentium, *ab exordio*, sive *a principio* plantatum fuisse paradisum in Edem. « Ex « quo, *inquit Hieronymus*, manifestissime compro« batur, quod priusquam cœlum et terram Deus fa« ceret, paradisum ante condiderat, sicut et legitur « in Hebræo : *Plantaverat* autem Dominus Deus pa« radisum in Eden, a principio. » Si Augustino episcopo Chimasensi, ac parenti Historiæ Criticæ Veteris Testamenti credimus, pessime hanc interpretationem defendit Hieronymus, edoctus vel deceptus a Judæis, qui plurimis deliramentis indulgent, et septem condita fuisse volunt ante creationem cœli et terræ, inter quæ *paradisum* computare solitum est scholaribus Rabbinorum Cabbalistarum disciplinis.

Ego vero, qui semper animo prolixo sententias sanctorum virorum expendere proposui, cum Saliano et Jansenio defensionem Hieronymi lubenter suscipiam, ut ex sensu Judæorum, non ex proprio locutum fuisse sapientissimum Interpretem evincere possim. Salianus itaque in Epitome Annalium Veteris Testamenti causam agens Hieronymi, annotationem ejus hoc modo defendit : « Divus autem Hieronymus ex Hebræorum sententia, quorum ibi Traditiones scribebat, locutus est. Simili responsione omnibus excusatum Hieronymum volebat Jansenius, cum hæc scriberet in caput II Geneseos : *A principio*, inquit, non ante terram conditam, ut Judæi ex lib. IV Esdræ cap. III, v. 6, fabulantur, et Hieronymus in Traditionibus Hebraicis dicit esse certissimum, scilicet ex Judæorum sensu : sed *a principio*, hoc est multo ante septimum diem. Vox Hebræa indifferens est ad principium temporis, et loci qui est oriens, ubi incipit motus solis. Unde LXX verterunt *ad orientem*. »

De eo sententiæ Hieronymianæ intellectu facile persuasum erit nobis, si verba lib. IV, c. III, 6 : *Et induxisti eum* (Adam) *in paradiso, quem plantaverat dextera tua, antequam terra adventaret*, contendamus cum Præfatione ejusdem Hieronymi in libros Ezræ et Nehemiæ, ubi proprium sensum exprimit, dicens : « Nec quemquam moveat, quod unus a nobis editus « liber est : nec apocryphorum tertii et quarti libri « somniis delectetur. Quia et apud Hebræos Ezræ « Nehemiæque sermones in unum volumen coarc« tantur, et quæ non habentur apud illos, nec de « viginti quatuor senibus sunt, procul abjicienda. » Hæc ab Hieronymo perhibentur scripta circa annum Christi 392, cum anno 388 aliam opinionem proposuisset in libro Quæstionum Hebraicarum in Genesim. Hinc ergo vera elucet sententia propria Hieronymi abjiciendis somnia libri IV Esdræ, quorum sane ineptissimum fuit paradisi terrestris plantatio antequam terra adventaret.

Similes et alias in defensionem Hieronymi responsiones invenire potuissem, et ad stylum conditionemque libri Hebraicarum Quæstionum provocare : nam cum ille congregatio sit Traditionum Hebraicarum, nemini mirum videri debet, si in eo quid de multis Hebræi sentiant, inferatur. « Quia « semel, inquit ipse Hieronymus, opusculum no« strum, vel Quæstionum Hebraicarum, vel Tradi« tionum congregatio est, proptereaquid Hebræi « de hoc sentiant, inferamus. Aiunt hunc esse Sem « filium Noe, etc. » Traditionem igitur Judaicam de paradiso, non propriam sententiam exprimere voluit sapientissimus Doctor, qui sexcentis aliis locis allegorias paradisi terrestris, ac similes nænias Judæorum ridendas atque contemnendas apertissime docuit. Qui plura desiderat, Franciscum a Messana consulere poterit tomo ultimo editionis Parisiensis Operum S. Hieronymi.

III. Male versum a nostro interprete Gen. III, 18, *Maledicta terra in opere tuo*, contendit J. Drusius Quæst. Hebraic. lib. III, quæst. 5. Post Drusium quoque Auctor Historiæ criticæ veteris Testamenti, solito reprehendendi cæteros pruritu semper laborans, hæc addit lib. II, cap. 12 : « Le même S. Jé« rôme ajoute que par ces mots, *in opere tuo*, il « faut entendre *le péché*, et non pas *le labourage* ; « et il prétend de plus, que ce sens est aussi des « Septante ; mais il paraît trop éloigné de la véri« table explication du texte. Théodotion a aussi « suivi cette dernière interprétation ; et l'on doit « prendre garde que S. Jérôme a quelquefois suivi « cet interprète, sans l'examiner avec assez d'appli« cation ; et c'est ce qui fait en partie que la Vul« gate est souvent conforme à la traduction de « Théodotion. Aquila a traduit en cet endroit, « *propter te*, conformément au texte hébreu d'au« jourd'hui, et je ne doute point que cette dernière « traduction ne doive être préférée aux autres. » Castigat itaque Hieronymum scriptor noster Criticus et cum Hieronymo Vulgatam Latinam editionem, quod non sit conformis fonti Hebraico hodierno, et propius accedat ad Theodotionis translationem, quam haud satis accurate expenderit sanctus Hieronymus.

At perperam notatus a Simonio sanctus Doctor perspicue mihi visus est hoc solo contextu annotationis suæ : *Maledicta terra in operibus tuis. Opera hic*, inquit, *non ruris colendi, ut plerique putant, sed peccata significat ; ut in Hebræo habetur. Et Aquila non discordat dicens : Maledicta humus propter te. Et Theodotio : Maledicta Adama in transgressione tua.* Quid reprehensione dignum invenire possunt hodierni Critici in eruditissima hac atque accuratissima observatione Hieronymiana. Legant utcumque voluerint in Hebræo, vel בעבדך *baaburecha*, vel *baabodecha* cum *daleth* ד; nonne semper verum erit quod ait Hieronymus, scilicet, hunc versiculum Geneseos, *Maledicta terra in operibus tuis*, non esse intelligendum (ut plerique putabunt) de operibus ruris colendi, sed de peccatis? Si autem peccatum vel peccata juxta genuinum sensum Scripturæ intelligenda sunt, dicant reprehensores iniqui, quid causæ sit cur Aquila non concordet cum Vulgata editione, seu Hieronymi versione. Neque enim alio sensu accipi potest isthæc Aquilæ interpretatio, *Maledicta terra propter te*, quam quo accipitur versio Theodotionis, *Maledicta Adama in transgressione tua*. Quia diversæ lectiones aut interpretationes illæ, *propter te in opere tuo*, *in transgressione tua*, nihil aliud significant quam peccatum Adami, quo mors in mundum et maledictio in terram inducta creditur apud omnes vere pios ac catholicæ fidei assertores. Nulla ergo reprehensionis, sed maxima fuerat occasio laudis in præsenti annotatione Hieronymiana, si de illa judicium habuissent æqui pariter atque eruditi lectores.

IV. Brevis est prorsus sequens observatio Hieronymi in cap. VI Genes. 14 : *Fac tibi arcam de lignis quadratis. Pro quadratis lignis*, bituminata *legimus in Hebræo ; sed longiori censura castigatur apud auctorem sæpius jam memoratum, lib. II Hist. crit.*, cap. 12, pag. 252 et 253. « Au verset 14 du même « chapitre, où il y a dans la Vulgate : *De lignis læ-* « *vigatis*, S. Jérôme a observé que, selon l'hébreu, « il faut traduire *De lignis bituminatis*. En quoi il « semble s'être trompé, et avoir lu *Cophar*, au lieu « de *Gophar*. Il a néanmoins pu changer la lettre « Ghimel en Caph, pour trouver un sens plus com- « mode, bien qu'il lût *Cophar* dans son exemplaire « hébreu, comme on lit dans ceux d'aujourd'hui ; « et cela est même pratiqué assez souvent par les « rabbins. »

Sic Rabbinorum imperitam et sacrilegam audaciam, nulla scientiæ aut veritatis cogente ratione, ascribit Auctor criticus fidissimo ac religiosissimo Scripturarum divinarum Interpreti. Nemo homo est qui cordate possit asserere Hieronymum mutasse elementa contextus Hebraici, et consulto pro Ghimel legisse litteram Caph, ut sensum magis commodum efficeret in sua translatione, vel in suis quæstionibus Hebraicis. Quantum hoc horreret Hieronymus, perspicuum fiet lectori ejusdem verbis ad Marcellam, quibus sese tuetur adversus injuriam quam illi modo infert R. Simonius : « Post priorem, « inquit epistolam, in qua de Hebræis verbis pauca « perstrinxeram, ad me repente perlatum est, quos- « dam homunculos mihi studiose detrahere, cur « adversum auctoritatem veterum et totius mundi « opinionem, aliqua in Evangeliis emendare tenta- « verim. Quos ego cum possem meo jure contemnere « (Asino quippe lyra superflue canit), tamen ne nos « superbiæ, ut facere solent, arguant, ita respon- « sum habeant : non ideo me hebetis fuisse cordis, « et tam crassæ rusticitatis, ut aliquid de Dominicis « verbis aut corrigendum putaverim, aut non « divinitus inspiratum ; sed Latinorum codicum vi-

tiositatem, quæ ex diversitate librorum omnium « comprobatur, ad Græcam originem, unde et ipsi « translata non denegant, voluisse revocare. Quibus « si displicet fontis unda purissimi, cœnosos rivu- « los bibant, etc. »

Qui tam acriter crimen mutati Evangelici contextus a se repellit, ad fontes Bibliorum sacrorum semper provocando ; quid nunc Simonio responderet imputanti procaciter mutationem elementorum contextus Mosaici ac Prophetici? Non erat sanctus Vir adeo hebetis cordis, et tam crassæ rusticitatis, ut aliquid de propheticis verbis aut corrigendum putaret, aut non divinitus inspiratum. Conticeat itaque temeraria illa *Historia critica*, quæ studiose detrahit doctissimo viro, qui gloria invidiam omnem semper superabit. Utque ad cau-am criminationis redeamus, superfluum puto aliud hoc loco scribere in defensionem Hieronymi, præter illa quæ posui in notis Divinæ Bibliothecæ, col. 7 et 8, ubi disputatum est in hunc modum. Cum dixisset Hieronymus pro *quadratis lignis*, in Hebræo legi *bituminata* ; hallucinatum eum putarunt nonnulli, et legisse in Hebraico contextu כפר *Cophar*, pro גפר *Gophar*. At pace hujusmodi scriptorum asserere fas sit, Hieronymum legisse *Gopher*, et optime ex Hebræo fuisse interpretatum, *de lignis bituminatis* ; nam גפרית *Gophrith*, genus est gummi, et bituminis, sive materiæ sulphurosæ. Rabbini quoque inter species Cedri ponunt עץ שמן *Ets-schemen*, arborem pinguedinis : e lignis vero Cedrinis factam Arcam multi volunt. Gopher igitur est species arboris bituminatæ, et stillantis resinam aut picem, ut Abies, Pinus, etc. Hinc liquet iniquam esse Hieronymo falsam conjecturam scriptoris Critici, neque dignam satis homine perito linguæ Hebraicæ, cujus se callentem ubique profitetur.

V. Otiose dicta bene multa in *Historia critica* hic prætermitto ; ut graviora mendacia, et imperitam temeritatem quorumdam locorum accuratius coarguere mihi liceat, sequentem præcipue observationem non uno modo iniquam sancto Hieronymo : « Au « chapitre XIII, vers. 14, où nous lisons dans la Vul- « gate, *peccatores coram Domino nimis*, saint Jé- « rôme reprend les Septante d'avoir ajouté, *in con-* « *spectu Dei*, qui sont des mots, selon lui, super- « flus ; mais ils sont dans le texte hébreu, et « signifient la même chose que *coram Domino*. Il est « nécessaire d'observer, à l'occasion de cette critique « de saint Jérôme, que ce Père a rapporté beaucoup « de choses peu exactes et nullement concluantes « dans ses Questions hébraïques sur la Genèse, où « il a combattu exprès la version grecque des Sep- « tante, pour autoriser davantage le texte hébreu, « et en même temps sa nouvelle traduction sur ce « texte. » Hæc Rich. Sim. lib. et capite supra citatis.

Quorum verborum falsitatem, ac imperitiæ calumniam operæ pretium est confutare, ex ipsomet contextu Hieronymianæ observationis in hunc modum scriptæ : « Et viri Sodomorum mali et peccatores in « conspectu Dei vehementer. Superflue hic in Sep- « tuaginta Interpretibus additum est *in conspectu Dei*; « siquidem Sodomorum coloni apud homines mali « et peccatores erant. Ille autem dicitur in conspe- « ctu Dei peccator, qui potest apud homines justus « videri, quomodo de Zacharia et Elizabeth in præ- « conio ponitur, quod fuerint justi ambo in con- « spectu Dei. Et in Psalterio dicitur : Non justifica- « bitur in conspectu tuo omnis vivens. »

Observat itaque Hieronymus, diligens et accuratus interpres, in LXX translatione superflue additum esse, *in conspectu Dei*. Quod vera rectaque probat consequentia, dicens : *Siquidem Sodomorum coloni apud homines mali et peccatores erant. Hoc est,* Sodomitæ scelestissimi habebantur etiam apud homines : tanta impudentia libidinis flagitiosas perpetrahant, ut de maximis peccatoribus postea scriptum legatur in Isaia : *Et peccatum suum quasi Sodoma prædicaverunt, nec absconderunt*. Ubi autem flagitia non sunt abscondita, sed a flagitiosis ipsis prædicata ; quid necesse est de hujusmodi hominibus dicere, quod mali sunt *in conspectu Dei* ? Restat ergo ut quo modo in plerisque, sic in hoc loco modestiæ, judicii ac eruditionis expers sit criticus scriptor, qui ausus est impugnare S. Doctoris verba oraculo etiam prophetico confirmata, et consequentia sermonis comprobata.

Neque vero pules illum judicio et eruditione Scripturarum pollere, qui temere doctissimos coarguit homines, cum ipse ignoret phrases atque idiomata linguæ Hebraicæ. Dixit enim supra, in Hebræo scriptum esse, *in conspectu Dei* ; idemque significare ac *coram Domino*. Quod profecto non observasset, nisi pluscukum quam concedit veritas, Hebræi sermonis notitiam sibi vindicaret. In Hebræo igitur hæc leguntur : והבאים לידוה באדם *vehhattaim laihova meod* ; vel ut cum doctis sic legam, *vehhattaim ladonai meod*, id est, *et peccatores Domino, aut contra Dominum valde*. Quomodo interpretantur Glossa interlinearis, et qui textum Samaritanum ac versionem Arabicam Latine reddiderunt. Quamvis Chaldæus Interpres et Syrus Simonio favere videantur. De voce ergo *laihova*, sive *ladonai*, inquirendum est an resonet, *in conspectu Dei* ; an, quod verius est, *Domino*, vel *contra Dominum* significet.

Utique pedem conferam cum Critico nostro, dicat in quo exemplari Hebræo repererit verba hæc, *in conspectu Dei*, quæ Hebraice non לירוה *ladonai*, sed לפני יהוה *liphne Adonai*, aut לפני האלהים *liphne Haeloim*, vel בעיני אדני *beene adonai*, ubique ponuntur in libris sacris Instrumenti veteris. Proprie autem *in conspectu Dei*, Hebraice est *liphne Haeloim*, ut Gen. vi, 11, et sexcentis aliis locis sub alia forma *liphne Adonai*, id est, *in conspectu Domini*, vide Gen. x, 9 ; Exod. xxviii, 30 et 35, et deinde xxix, 11, 23 et 25, etc. ; sub tertia forma, *beene Adonai, in oculis Domini, aut coram Domino*, habes Gen. vi, 8, et xxxviii, 7, etc. Uno itaque loco Gen. xiii, 13, excepto, semper pro Latinis vocibus, *coram Domino*, Hebraice scribitur *liphne Adonai*, aut *beene Adonai*. Unde exploratum habemus, parentem Historiæ criticæ, non legisse in Hebræo versiculum controversum, *in conspectu Dei* ; et quod illi æque vitio vertitur, ignorasse etiam regimen et significationem litteræ servilis ל *lamed*, quæ numquam *in conspectu*, sed *in*, vel *ad* Latine redditur apud omnes Grammaticos Hebræorum. Et utique לירוה *ladonai*, proprie intelligitur, *Domino*, in *Dominum*, vel *contra Dominum* : abusive autem apud LXX interpretatum ponitur *in conspectu Dei* ; quam interpretationem secuti sunt Chaldæus Paraphrastes, Syrus interpres, et Hieronymus postea in sua translatione Latina, quam voluit sæpius consonam esse Septuaginta Interpretibus, ne nimia novitate lectorem terreret.

Nec indeclinabilium solum particularum vim ignoravit incuriosus criticus noster ; sed, quod magis miraberis, idiomata linguæ Hebraicæ nescire se palam testatus est inerudita sua observatione. Nam si Hebræorum ac Prophetarum calluisset idiotismos, numquam לירוה *ladonai* dixisset idem esse quod *in conspectu Dei*, vel *coram Domino*. Quia ut exemplis mox evincam, phrasis isthæc *peccatores Domino*, locum habet casus superlativi, qui omnem auxesim superet. Sic Jonæ capite tertio, vers. 3, ad exprimendam urbis Ninive magnitudinem incredibilem, dicitur : *Et Ninive erat civitas magna* לאלהים *Leloim, Deo*, vel *Dei* ; hoc est, *vastissima*, et *amplissima civitas*. Simili patria phrasi Act. vii, 20, Mosis infantis pulchritudinem eximiam expressit Stephanus Mar-

tyr. dicens : καὶ ἦν ἀστεῖος τῷ Θεῷ, hoc est, *Et erat venustus Deo* : quod apud nos est *formosissimus*, et *venustissimus*. Juxta hunc morem loquendi Hebræis usitatissimum, de Sodomitis dictum est, quod fuerint *peccatores ladonai*, id est, *Domino valde* ; hoc est, *sceleratissimi* et *flagitiosissimi* hominum.

Præter hujus imperitiæ notam, calumniatoris quoque sibi famam inurit, dum Hieronymum accusat invidiæ adversus LXX Interpretes, quasi consulto eorum versionem Græcam pessumdare voluerit, ut fonti Hebræo, ac suæ translationi Latinæ ex Hebræo expressæ auctoritatem conciliaret. Cujus calumniæ injuriam a se removebat Hieronymus Præfatione Quæstionum Hebraicarum in Genesim, ubi proprii operis consilium proponit his verbis : « Studii ergo nostri erit, vel eorum qui de libris Hebraicis varia suspicantur, errores refellere : vel ea quæ in Latinis et Græcis codicibus scatere videntur, auctoritati suæ reddere : etymologias quoque rerum, nominum, atque regionum, quæ in nostro sermone non resonant, vernaculæ linguæ explanare ratione... Neque vero Septuaginta Interpretum, ut invidi latrant, errores arguimus ; nec nostrum laborem, illorum reprehensionem putamus, etc. » Quare ergo latrat invidus Historiæ criticæ scriptor? Imitetur deinceps non invidos, nec stultos calumniæ artifices, sed potius modestos atque cordatos Auctores, imprimis Jacobum Bonfrerium, qui LXX Interpretum versionem ipsius Hieronymi tuetur exemplo, dicens : « Quibus etiam, quod mirere, nonnulli Catholici, meo judicio, parum vel modesti, vel periti, succinunt ; dum qualibet occasione Septuaginta Interpretum versionem nescio quo supercilio rejiciunt... Non ita sane Hieronymus, qui ubi quid in illa obscurum occurrerit, ingenue fatetur se nescire quid voluerint, ut in Quæstionibus Hebraicis in Genesim ad cap. xxxv, ubi quærit quid apud Septuaginta sit *Chabratha terræ*; vel ut alio loco habent, *in via hippodromi Chabrathæ terræ* ; qui eorum translationem a mendis correxit, et ex ea quædam e Græco in Latinum vertit, qui ubique sese purgat, quod suam editionem ex Hebræo in Latinum cuderit, non ut quidquam de Septuaginta Interpretum honore deceperet ; sed alias justas ob causas imprimisque in Prologo Galeato, ubi de se, suaque versione demississime loquitur : qui prælatione altera in librum Paralipomenon, in Septuaginta Interpretibus Spiritum sanctum agnoscit. » Ita Bonfrerius Præloquiis in totam Scripturam sacram, cap. 16, sect. 4. Quibus castigatus imprudens Criticus ut resipiscat, peroptamus.

Post tot errores in Historia critica notatos, superest adhuc hallucinatio chronologica, quam nondum agnovit hujus auctoris diligentia, de qua tamen monendus est Lector studiosus, ne ducem cæcum amplius sequatur. Dicebat supra Simonius Hieronymum data opera suggillare voluisse versionem LXX Interpretum in Quæstionibus Hebraicis, ut conciliaret auctoritatem suæ versioni ex Hebræo prognatæ. Sed nemo nescit, quod versioni nondum existenti auctoritatem tribuere nullus Scriptor umquam cogitaverit. Hieronymi autem versio Genesis Latina ad fontem Hebræum expressa, sex annis edita est post editum librum Hebraicarum Quæstionum in Genesim. Nam opusculum illud editum diximus anno Christi 388, cum versio Latina libri Geneseos ab Hieronymo elaborata non prodierit in lucem ante annum Dominicæ Incarnationis 394. Ex qua observationum præsentium serie perpetua manifestissime comprobatur, Auctorem Historiæ criticæ a vero sæpius aberrasse, et longe positum esse ab eruditione Hebraica, ac divinarum Scripturarum intelligentia laudabili.

Sed ne invidentiæ tabe suffusum existimes quod dico, meque non tam errores alterius reprehendere, quam proprium stomachum in æmulos erumpere ; nonnulla vera ac erudite scripta in eadem Historia critica, lubens lætusque replicabo. Didici namque apud sanctos et ecclesiasticos scriptores, nec amicorum laudanda vitia, nec bonis adversariorum, si honestum quid habuerint, esse detrahendum. Unumquodque igitur non personarum, sed rerum pondere judicans, veram ac optimam fateor observationem Simonii sic dicentis Histor. crit. lib. II, cap. 12, pag. 251 : « On ne doit pas s'imaginer qu'on trouvera exactement dans les observations de S. Jérôme, les mots mêmes qui sont dans la Vulgate dont nous nous servons présentement. Il suffit que pour l'ordinaire le sens soit le même ; et encore y a-t-il des raisons pourquoi les remarques de S. Jérôme, tant dans ses Questions sur la Genèse, que dans ses Commentaires sur le reste de l'Écriture, ne sont pas toujours conformes à la Vulgate, bien qu'il en soit l'auteur. » Et deinde pag. 253, col. 1 : « Ainsi saint Jérôme qui a gardé dans sa version le mot de fenêtre, montre qu'il a eu plus d'égard à la netteté du sens, qu'à exprimer l'hébreu mot pour mot. Ce qui n'a pas dû l'empêcher de faire des remarques littérales et critiques dans ses Questions hébraïques. »

In hac sane observatione ac disputatione veritatem limavit criticus scriptor ; cujus sententia diserte confutat imperitorum opinionem, qui sibi similibus probare gestiunt, Vulgatam versionem non esse Hieronymi : quia interdum discrepat verbis ab illis lectionibus quæ passim occurrunt in Quæstionibus Hebraicis, vel in Commentariis ejusdem sancti Doctoris. Nam si ex varietate lectionum contendunt Vulgatam non esse verum Hieronymi fetum, consequenter verum erit, Quæstiones Hebraicas in Genesim, aut Commentaria in Prophetas et in Epistolas Pauli, non esse Hieronymo ascribenda propter easdem variantes lectiones ; quamvis ipse sæpius agnoscat hanc diversam rationem interpretationis : Ut verbi gr. Comment. in cap. XLIII Ezechielis, ubi Lectorem his verbis monitum voluit : « LXX rursus γεῖσον interpretati sunt. Cujus verbi, ut ante jam dixi, non possum scire rationem, nec cujus linguæ sit, dicere confidenter : nisi hoc admonere Lectorem : quod ubi nunc, definitionem, interpretatus sum ; infra, coronam, transtulerim. » Negent ergo imperiti Vulgatam versionem Ezechielis non esse Hieronymi, quia verbis interdum discrepat ab ejusdem Commentariis. Sed e contrario ratum sit studiosis omnibus, Latinam Vulgatam libri Geneseos versionem non minus Hieronymianam esse, quam sit versio item Latina sexdecim Prophetarum, cujus utique proprietatem nemo nisi stultus ab auctore Hieronymo abjudicandam censuit.

NOTÆ PROLIXIORES IN COMMENT. IN ECCLESIASTEN.

Quod in calce libri Hebraicarum Quæstionum in Genesim facere compulsus sum, id quoque in fine Commentarii in Ecclesiasten Salomonis agere compellor. Nec enim Ricardus Simonius solum volumen Hebraicarum Quæstionum impugnatum voluit suis Observationibus Criticis ; sed eadem arte ac temeritate ausus est stylum convertere in superiorem Hieronymi Commentarium, cui nulla nota, nullæ sordes allini poterant, nisi ab imperito falsoque nostri temporis aristarcho, qui sæpius dicit malum bonum, et bonum malum. Summam ergo Censoris hujusmodi ut intemperantiam compescamus, inertes ex se ac male sanas, nec non doctissimo viro iniquas Observationes Historiæ Criticæ Instrumenti veteris ostendere hoc loco commodum duxi : compressa enim et compuncta Notis nostris harum Observationum imperita falsitate, quasi sponte sua elucebit impugnata in illis veritas, debitusque Hieronymianis lucubrationibus honor accedet. Loquentem vero introducam ipsum opificem Historiæ Criticæ, ne umquam conqueri possit de aliqua verborum suorum vel sensuum facta mutatione in hac præsenti disputatione pro Hieronymo suscepta.

Sic igitur orsus est Simonius Caput XIII, libri secundi Histor. Crit. voluminum Vet. Testam : « Il est aisé de reconnaître, par la Critique que nous venons de faire, que la Vulgate Latine, de la manière que nous l'avons présentement, n'est pas entièrement de saint Jérôme, bien que, parlant en général, il en soit l'auteur. Comme il y a d'autres livres dans la même Vulgate, qui sont absolument de lui, et dont personne ne peut douter, j'ai cru qu'il serait à propos d'examiner encore cette Version dans quelques endroits qui sont assurément de saint Jérôme. J'ai donc choisi le livre de l'Ecclésiaste, dont nous avons les deux Versions Vulgates, rangées sur deux différentes colonnes dans les ouvrages de ce Père, et ainsi il n'y a pas lieu de douter qu'une de ces colonnes, qui représente la Vulgate d'aujourd'hui, ne soit la nouvelle traduction de saint Jérôme, qu'il a jointe avec l'ancienne Vulgate qui avait été faite sur le Grec des Septante, et où il y a aussi quelque mélange de la version de Théodotion.

« Saint Jérôme déclare, dans la préface qu'il a mise à la tête de son commentaire sur l'Ecclésiaste, la méthode qu'il a suivie dans sa nouvelle version ; et il témoigne d'abord qu'il ne s'est assujéti à l'autorité d'aucun interprète, mais qu'il a traduit simplement sur l'hébreu. Il ajoute néanmoins qu'il s'est accommodé à l'usage des Septante, plus qu'à aucune autre traduction, dans les endroits où ils ne différent pas beaucoup du texte hébreu. Enfin il avoue qu'il a aussi quelquefois eu recours à Aquila, à Symmaque et à Théodotion ; de sorte qu'il a consulté tous ces auteurs pour faire une bonne version. Voyons maintenant s'il a toujours réussi dans le choix qu'il a fait de ces interprètes. »

Ex hoc Historiæ Criticæ turbido fonte innumeri fluxerunt errores apud curiosos ac studiosos homines, qui R. Simonii non defugiunt auctoritatem fluxam. Dum enim credunt verbis Scriptoris, qui falsam sibi scientiæ persuasionem induxit, plurima eos oportet commenta atque phantasmata venerari. Cujus utique generis sunt 1° Vulgatas duas translationes Latinas columnis distinctas positas esse in Commentario sancti Hieronymi in Ecclesiasten ; 2° eumdem sanctissimum Doctorem Vulgatæ antiquæ Latinæ e Græcis prognatæ copulasse novam suam Translationem ex Hebræo expressam, cum Ecclesiasten Commentario suo illustravit ; 3° declarasse methodum cui adhæsisset in condenda Bibliorum sacrorum nova translatione ; 4° denique se Aquilam, Symmachum et Theodotionem fuisse interdum secutum in eadem versione Latinis adornanda.

Miraris forte, Lector, scriptorem Criticum e portu egredientem statim navim impegisse in tot errorum scopulos ; quia eum apprime doctum et de his studiis mirifice deditum putabas. Ego vero, cui causarum ignoratio mirationem non facit, sicut in aliis bene multis, ita hoc loco inscienter ac temere scripsisse Simonium comperio ; et tam male existimasse de cæteris, ut nullus possit de ejus erroribus judicare. Sed ad rem venio ; prioremque Auctoris Critici hallucinationem in generali disputatione redarguo his observationibus. Non habemus, ut ille voluit, duas Vulgatas Versiones Latinas columnis distinctas in Commentario S. Hieronymi in Ecclesiasten ; sed una dumtaxat hodierna, temeritate librariorum hujus temporis et editorum lucubrationum Hieronymi, conjuncta cum textu Latino Ecclesiastæ ex Hebræis verbis plerumque expresso et Commentariis illustrato a sancto Hieronymo.

Id omnibus fuit semper manifestissimum, et vero esse debuit ex conceptis verbis Hieronymianæ Præfationis ita Lectorem commonentis : « Hoc breviter « admonens, quod nullius auctoritatem secutus « sum : sed de Hebræo transferens, magis me Sep- « tuaginta Interpretum consuetudini coaptavi; in his « dumtaxat quæ non multum ab Hebraicis discrepa- « bant. » Quis in tanta verborum atque veracium sensuum luce, æquo animo audire potest scriptorem haud prorsus indoctum dicentem : « J'ai donc « choisi le livre de l'Ecclésiaste, dont nous avons « les deux Versions Vulgates rangées sur deux dif- « férentes colonnes dans les ouvrages de ce Père. » Antiquiorem Vulgatam versionem Latinam Ecclesiastæ Salomonis, e Græcis exemplaribus LXX Interpretum derivatam sumptamque concedit infra ipse Simonius. Qui ergo fieri potest, ut Latina translatio libri Ecclesiastæ posita in prima columna editi Commentarii sancti Hieronymi sit antiqua Vulgata e Græcis expressa voluminibus, cum Hieronymus testetur in præfatione hujus operis, se nullius interpretis auctoritatem secutum transtulisse de Hebræo in Latinum? Num pugnacissimum scriptorem aliquando pudebit tantæ inscitiæ? num quod in ea observatione diligentiæ vestigium apparet? Sed ut proprios jam erubescat errores, qui in alienis redarguendis nescivit erubescere modestus, conferamus antiquam Ecclesiastæ versionem Latinam a LXX Interpretibus expressam, cum illa Latina translatione quam Hieronymus elaboravit, eamque tamquam sacrum Contextum præposuit suis in Ecclesiasten Commentariis.

IN CAPUT PRIMUM.

Vers. 1. Secundum Septuaginta : *Verba Ecclesiastæ, filii David, regis Israel in Jerusalem.*

Secundum Hieronymum : *Verba Ecclesiastæ filii David, regis Jerusalem.*

Antiqua versio Latina, ut vides, retinebat, juxta LXX, *regis Israel in Jerusalem*. Non est ergo antiqua Vulgata ea quæ legitur in Commentario sancti Hieronymi ; cum ipse in contextu translationis abjecerit voces superfluas *Israel* et *in*, atque male additas doceat tam in Septuaginta, quam in antiqua Latina Vulgata. « Nec non et hoc, » inquit in Commentario hujus loci, « diligentius attendendum, quod per tres libros Auctoris (Salomonis) diversus est titulus. In Proverbiis enim notatur : *Proverbia Salomonis filii David, regis Israel*. In Ecclesiaste vero : *verba Ecclesiastæ filii David, regis Jerusalem*. Superfluum quippe est hic Israel, quod male in Græcis et Latinis codicibus invenitur. » Certe confidenter dicam, nec titulum quidem libri Ecclesiastæ Simonium legisse; vel si legerit, nequaquam intellexisse, quando ausus est affirmare, in Commentario sancti Hieronymi in Ecclesiasten positas esse duas Versiones vulgatas columnis distinctas. Ex uno namque tituli contextu manifestum nobis est ac exploratum, neutram Latinam versionem Hieronymiani Commentarii esse antiquam Vulgatam e Græcis exemplaribus expressam. Quod tamen inscienter docere contendit parens ille ac præsultor pessimæ Historiæ Criticæ sacrorum Bibliorum.

Vers. 5. Secundum LXX : *Et oritur sol, et occidit sol, et ad locum suum ducit : oriens ipse ibi, vadit ad austrum,* etc.

Secundum Hieronymum : *Oritur sol, et occidit sol, et ad locum suum ducit ; et oritur ipse ibi.* In hoc versiculo LXX Interpretum consuetudini se coaptans Hieronymus, lectorem accommodate postea monet, dicens : *Pro eo autem quod Vulgatam Editionem se-* quentes posuimus, ad locum suum ducit, *in Hebræo habet Soeph*, etc. Frustra autem nos de illo usu docuisset aliquando, si Vulgatam editionem suo semper præposuisset Commentario in Ecclesiasten.

Vers. 11. Secundum LXX : *Non est memoria primis et quidem novissimis qui futuri sunt, non erit eis memoria cum his qui futuri sunt in novissimo.*

Secundum Hieronymum : *Non est memoria primis et quidem novissimis quæ futura sunt, non erit eis memoria apud eos qui futuri sunt in novissimo.* Quis sit horum verborum sensus perspicue in Commentario dicitur, ubi hæc addens Hieronymus : *Juxta autem Septuaginta Interpretes, qui dixerunt : Non est memoria primis,* etc., aliam esse ostendit suam versionem, aliam LXX Interpretum, et in utraque sensus plane diversos. Quod utique scriptorem Criticum haud lateret, si tantisper rem ille expendisset propositam sibi ad persuadendum.

Vers. 16, 17 et 18. Secundum LXX : *Locutus sum ego in corde meo, dicens : Ecce ego magnificatus sum, et adjeci sapientiam super omnes qui fuerunt ante me in Jerusalem. Et dedi cor meum ut noscerem sapientiam et scientiam. Et cor meum vidit multa, sapientiam et scientiam, parabolas et scientiam. Cognovi ego quia et hoc præsumptio spiritus. Quia in multitudine sapientiæ, multitudo cognitionis,* etc.

Secundum Hieronymum : *Locutus sum ego cum corde meo, dicens : Ecce ego..., in Jerusalem ; et cor meum vidit multam sapientiam et scientiam. Et dedi cor meum ut nossem sapientiam et scientiam, errores et stultitiam : cognovi quia et hoc est pastio venti, sive præsumptio spiritus. Quia in multitudine sapientiæ, multitudo furoris,* etc.

Contendat nunc Simonius hosce duas versiones Latinas, et facta inter utramque comparatione, facile perdiscet, Vulgatam antiquam tantum distare ab Hieronymiana translatione, quantum Septuaginta distant ab ipso Hebræo fonte. Discrepant enim inter se non solum sensibus, sed verbis etiam et ordine verborum ; ut legenti perspicuum est. Hæc adde observationem Hieronymi in versiculum præcedentem, *hanc occupationem malam dedit Deus filiis hominum : quod Latinus interpres in distinctionem malam expressit.* Unde manifestissime comprobamus, translationem Hieronymi positam in Commentario supra laudato, longe diversam esse ab ea quæ Vulgata antiqua hodieque dicitur ; opinionemque Auctoris Critici abjiciendam prorsus ac eliminandam.

Plurima potuissem id genus argumenta proponere ex consequentibus capitulis libri Ecclesiastæ, in quibus et diversus ab antiqua Vulgata, et contrarius sæpe LXX Interpretibus invenitur contextus Hieronymianæ Versionis; sed adeo manifestum omnibus patet primum Historiæ Criticæ mendacium modo profligatum, ut in eodem deinceps confutando oleum et operam perdidisse viderer. Cæteris itaque erroribus Simonii bellum inferre ac citissime illud exstinguere nos oportet, quod melioribus studiis intenti, a litigiosis quæstionibus multum abhorremus.

Dixi jam Historiæ Criticæ errores simul multos coarguens, falsam esse et imperitam prorsus opinionem qua deceptus Simonius affirmare voluit, sanctum Hieronymum antiquæ Vulgatæ copulasse novam Vulgatam Latinam, uti conspicuendo distinctæ columnis in edito Ecclesiastæ Commentario. Hoc sane persuasissimum erit omnibus qui ex antiquis monumentis, aut e veteribus Hieronymi editionibus judicium habebunt de ejusdem Commentario in Ecclesiasten. Nam in cunctis illis libris unicus legitur sacræ Scripturæ contextus, et quidem in manu exaratis exemplaribus, eodem prorsus tenore descriptus quo nunc a nobis editus habetur. Nec ante Marianum Victorium quisquam Ecclesiastæ duplicem Versionem Latinam columnis distinctam conjunctim typis evulgare sibi permiserat. Denique cum Hieronymus Ecclesiasten exposuit suo Commentario, præter istud nullum aliud volumen Scripturæ in Latinum

COMMENTARII ET NOTÆ JOAN. MARTIANÆI.

verterat ex Hebræo. Siquidem Commentarium suum absolvit quinquennio ferme postquam Roma redierat Hierosolymam, id est, anno æræ Christianæ 389, vel circiter: libros autem quatuor Regum de Hebræo Latine convertit ac cætera volumina Instrumenti veteris anno 392, vel 391, e quibus Notis Chronologicis satis liquet versionem Vulgatam hodiernam Ecclesiastæ non potuisse copulari cum alia translatione in Commentario Hieronymi, quandoquidem Commentarjus tribus annis præcedit novam Vulgatam editionem librorum Salomonis.

Reliquos Historiæ Criticæ errores supra notatos nemo est qui non possit revincere sola Præfationis ac Commentarii Hieronymiani lectione præmunitus. Quæcumque enim ibi scripta leguntur, non ad Vulgatam hodiernam versionem sacrorum Bibliorum; sed ad unum contextum translationis et Commentarii in Ecclesiasten referenda noscimus. Constans proinde est apud omnes studiosos sententia, longe a vero aberrare Simonium, qui quod proprium est Commentario in Ecclesiasten, imperite docuit ascribendum Vulgatæ Latinæ Scripturarum versioni, cujus forte necdum cogitato sancto Doctori insederat. Recordatur itaque Hieronymus interdum Aquilæ, Symmachi et Theodotionis, cum in contextu Commentarii, eorum interpretum versiones recitat, verbi gratia, col. 387, lin. 38, dicens : *Pro eo* « *autem quod Vulgatam editionem sequentes posuimus* « (ad locum suum ducit), *in Hebræo habet* Soeph שׁאַף « *quod Aquila interpretatur* εἰσπνεῖ, *id est*, aspirat. « *Symmachus vero et Theodotion*, recurrit: *quia vide-* « *licet*, etc. » Vides nunc, candide Lector, quid doceat Hieronymus cum ait, se coaptasse consuetudini LXX Interpretum, et interdum quoque recordatum fuisse Aquilæ, Symmachi et Theodotionis. Utrumque præstat hoc loco et sexcentis aliis in Commentario consequentibus. Pudeat ergo Criticum Scriptorem tot ac tantarum hallucinationum ; et qui inter suos æquales longe præstare sibi applaudebat, fateri nunc cogatur multa quæ ipse nesciebat, sæpius alios docuisse.

Jam quod temere in Hieronymo atque in Vulgata nostra versione Latina carpere voluit, diligentius attendendum. Dicere enim non metuit more suo censorio : « Voyons maintenant s'il a toujours réussi « dans le choix qu'il a fait de ses Interprètes : » Videamus et nos, an ille censor recte judicaverit de interpretatione Hieronymiana ; ut si infelici utatur judicio, falsus ac imperitus nostri temporis aristarchus male audiat ab omnibus. Hæc est igitur prima ejusdem observatio Vulgatam hodiernam impugnans.

« Premièrement, il n'était pas, ce me semble, né-
« cessaire, en suivant même les règles de sa mé-
« thode, qu'il changeât ces mots de l'ancienne Vul-
« gate, au chapitre I, vers. 4 : *Generatio vadit, et*
« *generatio venit*, en ces autres : *Generatio præterit*,
« *et generatio advenit*. Et bien que ce soit le même
« sens dans l'une et dans l'autre version, je trouve
« néanmoins que l'ancienne Vulgate exprime mieux
« et plus à la lettre, les mots hébreux, que notre
« Vulgate ; et pourtant, il n'était point besoin de ré-
« formation en ce lieu-là. »

Quot verba Simonii, tot hallucinationes. Nam ex Præfatione in Ecclesiasten judicium minime habendum est de methodo cui Hieronymus insistebat cum Latinam novam Vulgatam, id est, hodiernam nostram condidit. Totum quod in ea Præfatione præloquitur Doctor sanctissimus, id Commentario in Ecclesiasten proprium est : nec absque imperitiæ nota, sicut antea monui, censor Simonius promiscue ac diversis Hieronymianis translationibus eadem scribere potuit. Qua methodo Biblia sacra de Hebræo in Latinum verterit Hieronymus, si quis scire peroptet, ipsum audiat scribentem ad Au.ustinum epist. nunc 89 : « Ibi Græca, inquit, transtulimus : hic de « ipso Hebraico quod intelligebamus, expressimus ; « sensuum potius veritatem, quam verborum ordi-« nem interdum conservantes. » Sensuum igitur veritatem in nova sua translatione potius conservare studuit, quam ordinem verborum. Quod utique officium cumulatius exsequi non potuit, quam mutando antiquam Vulgatam, *Generatio vadit, et Generatio venit*, in aliam novam ac veraciorem, *Generatio præterit, et generatio advenit*. Nec vero audiendus Criticus Scriptor, qui utriusque versionis unum sensum asserit, magisque expressum ac litteralem in antiqua quam in nova Vulgata ; ubi nulla necessitate cogente factam quoque docet mutationem superiorem, *Generatio præterit*, etc.

Universos hujuscemodi errores in promptu ponere nobis liceat cum ex ipso contextu sacro libri Ecclesiastæ, tum ex Hieronymi Commentario in hunc locum : דור הלך ודור בא *dor holech, vedor ba*, id est, *Generatio vadens et generatio veniens*. Neque enim horum verborum sensus proximus, genuinus et litteralis, clarius exprimi potuit quam hoc consequenti Commentario : « Aliis morientibus, nascuntur « alii : et quos videras, non videns ; incipis videre « quos non videras. » Si *Generatio* autem *vadens, et generatio veniens*, proxime significant *Alii morientur alii nascuntur* ; haud dubie sensum Scripturæ ac Auctoris Hagiographi melius expressit Vulgata hodierna, *Generatio præterit, et generatio advenit*, quam antiqua versio Latina *Generatio vadit, et generatio venit*. In nostra quippe Vulgata expresse dicitur, quod una generatio exstinguatur et intereat nova succedente ; in antiqua autem Vulgata potest intelligi, quod eadem generatio vadat et eadem postea revertatur, ut mox dicturi sumus.

Huic nostræ observationi conciliari potest auctoritas ab optimis lexicographis Hebræis, qui ante nos docuerunt verbum Hebraicum הלך *halach*, per metalepsin intelligi debere de rebus evanescentibus, intereuntibus, pereuntibus, et morientibus, Gen. xv, 2 : *Et ego* ערירי הולך *holech ariri*, id est, *vadens sterilis*, sive manifestius, *morior absque liberis*. Quod Targum expressit, אזל בלא ולד *azel bela velad*, hoc est, *vadens sine prole*. Septuaginta ἀπολύομαι ἄτεκνος, *morior sine liberis*. Targum Hierosolym. אזל מני עלמא *azel minni alma, abeo ex mundo*. Sic Latinis, *abitio* pro *morte*. Qui nascitur, venit : qui moritur, abit. Fest. Pomp., *abitionem*, *Antiqui dicebant mortem*.

Præterea interpretes Latini versionum Syriacæ et Arabicæ, cum Vulgata nostra ac Hieronymo consentiunt, dicentes: *Ætas præterit, et ætas succedit*. Quodque curiosius attendendum, Chaldæus Paraphrastes eodem modo interpretatur hic in Ecclesiaste verbum הלך *holech*; quo supra in Genesi cap. xv, 2, hoc est, אזל מן עלמא *azel min alma, abiit de mundo*. Tot igitur Interpretum suffragiis comprobata nova Hieronymi hodiernæve editione Vulgata, æternum conticescat imperita illa Historia Critica, cujus parens futurum speraverat aliquando, quod nulla ætas de suis laudibus conticesceret.

Utque demum perdiscat censor noster, quia necesse habuerit Hieronymus mutare antiquam Vulgatam loci controversi in Ecclesiaste, meminisse debet ex hac versione, *Generatio vadit, et generatio venit*, occasionem et causam subministrari Epicuri et Origenis pedisequis, ut innumerabiles nobis obtrudant ineptas earumdem rerum periodos et Platonicas circuitus infinitos. Quod argute præcavens optimus interpres Vulgatus noster Hieronymus, pro illa antiqua Latina versione, aliam novam substituit, *Generatio præterit, generatio advenit*, quæ sensum genuinum Scripturæ exponat apertius, nullamque præbeat contentionum ansam ; ut ex ea putemus signa atque prodigia, et multa quæ arbitrio Dei nova in mundo fiunt, in prioribus sæculis esse jam facta : et locum invenire Epicurum, qui asserit per innumerabiles periodos eadem, et eisdem in locis, et per eosdem fieri. Si enim *præterit* una generatio, et alia nova succedit, sive *advenit*, nec Judas crebro prodidit; nec Christus sæpe passus est pro nobis; nec cætera quæ facta sunt et futura, in easdem similiter periodos revolvuntur. Plura his adderem ad reprehensionem inscientis Critici, nisi insanabile ejus ingenium audivissem ac vidissem in multis Opusculis. Cæteras tamen objectiones Historiæ Criticæ confutandas proponamus.

« En second lieu, au verset 6 du même chapitre, « l'ancienne Vulgate semble avoir mieux traduit et « plus à la lettre, les mots du texte hébreu par « ceux-ci, *Vadit ad Austrum, et gyrat ad Aquilonem; « gyrans gyrando vadit spiritus, et in circulos suos « revertitur spiritus*, qu'ils n'ont été traduits par « saint Jérôme. Je ne parle pas présentement du « sens qu'on doit donner à ces paroles, qui sont « assez difficiles à expliquer; mais je suis persuadé « que les Septante ont mieux interprété l'hébreu en « cet endroit-là que saint Jérôme. Lorsqu'un passage « est obscur, et qu'il peut être expliqué de différentes « manières, il semble que le traducteur est alors « obligé de ne s'éloigner pas tant du sens grammatical : et c'est ce que les Septante ont beaucoup « mieux observé ici que saint Jérôme n'a fait. »

Videte quam valde temeritati suæ confidat. Non loquor, inquit, de sensu illorum verborum satis obscuro atque intricato : sed persuasum mihi est apud Septuaginta melius Hebraicum interpretatum, quam Hieronymus Latine reddiderit in nova Vulgata. O præclaram sapientiam Critici scriptoris! Fatetur se nescire sensum Scripturæ nimis obscurum; et in tantis tenebris audet inconcinnus sustinere personam judicis, et abjecta Hieronymiana authentica Versione, pronuntiare pro antiqua Vulgata in Ecclesia Christi jamdudum antiquata, usuque quotidiano neglecta. Itaque Historiæ Criticæ larvam hoc loco aspernabor, paratus ad defensionem Vulgatæ nostræ sustinendam, cum videro Simonium sani Critici munere defunctum, non frustra jactantem verba censoria, quæ ad declarationem rei propositæ nihil conducunt.

Sed ne quis me putet hac responsione disputationis declinare difficultatem, et juxta vulgare proverbium, malo nodo malum cuneum adhibitum fuisse; eo revertar unde huc declinavit oratio, ut contentione utriusque Vulgatæ palam contra Simonii opinionem evincam, versionem Hieronymianam ex Hebræo expressam antiquæ translationi Latinæ esse præferendam : In Hebræo igitur scriptum hoc modo legimus Ecclesiastæ capite primo, versu 5 et 6 : זרח השׁמשׁ
ובא השׁמשׁ ואל מקומו שׁואף זורח הוא שׁם : הולך אל
דרום וסובב אל צפון סובב סבב הלך הרוח ועל סביבתיו
שׁב הרוח : *Vezarahh hasschemesch uba hasschemesch, veel mecomo scoeph zoreahh hu scham. Holech el darom, vesobeb el tsaphon : sobeb sobeb, holec haruahh, veal sebibothav schab haruahh.* Quæ verba, si κακοζηλίαν interpretationis sequimur, Latinis sonare possunt, *Et orietur sol, et ingredietur sol ; et ad locum suum anhelus oriens ipse ibi. Vadens ad austrum; et circuiens ad aquilonem : circuiens, circuiens, vadens spiritus, et super circuitus suos revertitur spiritus.* Laudati supra apud Simonium Septuaginta Interpretes, huic viæ insistere videntur, dicentes : *Et oritur sol, et occidit sol, et ad locum suum ducit : oriens ipse ibi, vadit ad Austrum, et gyrat Aquilonem: gyrat gyrans, vadit spiritus, et in circulos suos revertitur spiritus.* At Hieronymus sensuum potius veritatem, quam ordinem verborum secutus, manifestius ita interpretatur.

Oritur sol, et occidit,
    et ad locum suum revertitur :
Ibique renascens, gyrat per meridiem,
    et flectitur ad aquilonem.
Lustrans universa in circuitu pergit spiritus,
    et in circulos suos regreditur.

Nonne tibi videtur, erudite Lector, ex ore Salomonis Latine loqui? tam elegantem manasse versionem? Qui sensus verborum, quæ eloquentia sermonis in hac interpretatione non elucet? Nam quidquid de solis continuo ortu et occasu, ad orientem reditu, obliquoque per meridiem ad aquilonem flexu narrat sapientissimus Ecclesiastes, totum illud eloquentissimus interpres Hieronymus integra Latinitate nobis expressit. Obliqua enim et fracta linea, cum sol per Austrum pergat ad Boream, et ita revertatur ad Orientem, non poterat pulchrius enarrari cursus ille noctes et dies reciprocans, atque æstatis et hiemis vicissitudines adducens, quam numero quatuor commatum præcedentium. *Oritur sol, et occidit, et ad locum suum revertitur : ibique renascens, gyrat per meridiem et flectitur ad aquilonem.* Cætera duo commata quæ adhuc de sole, aut certe de vento intelligi possunt, ita eleganter Latine vertit Hieronymus, ut sine ulla sensus circumscriptione, ad utrumvis referre nobis liceat. De solis anfractibus totum locum intelligit Chaldæus Paraphrastes, ait enim : *Oritur sol in die ex latere Orientis, et ingreditur sol in latus Occidentis in nocte, et ad locum suum paulatim proripit se, et ambulat per viam abyssi; et oriturus est cras ex loco unde ipse ortus est heri. Perambulat omne latus meridiei in die, et redit ad latus Aquilonis in nocte via abyssi : gyrat, circuit et ambulat ad ventum plagæ Australis in revolutione Nisan et Thammuz, et per circuitus suos revertitur ad ventum plagæ Borealis in revolutione Tysri et Tebeth : egreditur carceres Orientis mane, et ingreditur cancellos Occidentis vesperi.* Syrus et Arabs, de ventis qui in orbem circumaguntur, ultimum versiculum interpretantur. *Pergit ad Austrum, et flectitur ad Aquilonem. In orbem circumagitur permeatque ventus, et ad circulos suos remeat ventus.*

Ex hac interpretationum tanta varietate perspicuum est omnibus, Latinam vulgatam hodiernam, id est, versionem Hieronymianam cæteris longe præstare in expositione ambiguorum verborum contextus Hebraici : *Zoreahh hu scham holec el darom, vesobeb el tsaphon : sobeb sobeb, holech haruahh, veal sebibothav, schab haruahh.* Neque vero elegantiorem aut veraciorem puto inveniri posse Scripturæ hujus translationem Latinam quam sit nostra Vulgata : *Ibique renascens, gyrat per meridiem, et flectitur ad aquilonem : Lustrans universa in circuitu pergit spiritus, et in circulos suos regreditur.* Sive enim *Spiritum* solem velis intelligere, quod lumine suo et calore omnia animet et vivificet : sive spiritum aereum qui in orbem rapitur, et quaqua versus pellitur et repellitur, et ita in eosdem circulos suos revertitur; duplicem hanc intelligentiam tibi subministrat Versio Hieronymi cum maxima Latinarum vocum proprietate ac sermonis eloquentia. Quod facile mihi concedent qui hujus linguæ notitiam habuerint, nec putida gaudent Hebraicorum verborum interpretatione Latina, *gyrat gyrans, vadit spiritus, et in circulos suos revertitur spiritus.*

Tertium ordine reprehensionem adversus Vulgatam editionem sic proposuit Simonius : « Au verset 7 « où il y a dans la Vulgate, *Mare non redundat*, les « Septante ont exprimé plus à la lettre le texte hé- « breu, en traduisant, *Mare non impletur*. Ainsi je ne « vois pas quelle raison saint Jérôme a eue de chan- « ger en cet endroit-là sa traduction, puisqu'il a « fait profession de ne point abandonner l'ancienne « Vulgate Latine, que lorsqu'il sera obligé de le « faire pour de bonnes raisons. Il a aussi changé « quelques autres mots dans le même verset sans « aucune nécessité. »

Antequam redundantem Critica quadam dicendi impunitate Simonium reprimam verius, vellem ab eo sciscitari, an intelligat quod ipsemet loquitur? et sub quo magistro edoctus sit linguam Hebraicam, vel Græcam, vel Latinam? Certe si novit quid apud Hebræos sit מלא *male*, apud Græcos ἐμπιπλαμαι, et apud Latinos *redundare* : nulla erat causa male merendi de Vulgata Latina hodierna, nec reprehensionis in Hieronymum hujus Versionis parentem. Verbum Hebraicum מלא *male* significat omnem abundantiam et plenitudinem; sicut Græcum ἐμπίμπλαμαι sonat *expleor* et *exsatior*, unde ἐμπιμπλαμένη in Septuaginta I Terpethibus, quod idem est ac πλημμυροῦ apud Symmachum, *æstu inundat*, sive *redundat* propter nimiam plenitudinem. Cum itaque continuo illapsu flumina in mare volvantur, et rursum inde ad principia sua revolvantur, ut pergant fluere; idque fiat absque ulla maris inundatione ex perpetuo illo fluminum ac torrentium decursu, non potuit mirabile naturæ spectaculum illud, elegantius ex Hebræo Ecclesiastæ in sermonem Latinum transferri, quam dicendo: *Omnia flumina intrant in mare, et mare non redundat: ad locum unde exeunt flumina, revertuntur, ut iterum fluant.* Habet mare מלא *melo*, hoc est, *plenitudinem suam*, quamvis flumina Oceanum non influant; et de illa plenitudine, sive aquarum copia sæpius in Psalmis et in Prophetis, *Tonet mare, et plenitudo ejus*, vel *moveatur mare, et plenitudo ejus*. Sed de alia plenitudine maris sermo est apud Ecclesiasten, qui miratur quod omnia flumina in mare perpetuum influant, nec tamen ipsum tot fluvialibus aquis aut pluvialibus auctum quandoque exundet. Hanc sane maris inundationem non exprimit antiqua Vulgata Latina, *et mare non impletur*; quam e contrario Hieronymiana translatio conceptis verbis repræsentat dicens, *et mare non redundat*. Causa igitur fuit Hieronymo, ut antiquam Vulgatam mutaret, emendaretque: at nulla Simonio esse potuit, quod Hieronymum temere reprehenderet, contempta hodierna editione Vulgata.

Nunc quam modicam laudem Hieronymo tribuat criticus scriptor, consequentibus observationibus nos ipse docebit. « Au verset 8, où nous lisons dans
« la Vulgate, *cunctæ res difficiles*, les Septante ont
« traduit *omnes sermones graves*: mais la première
« traduction est beaucoup meilleure. Comme le mot
« hébreu signifie indifféremment *res* et *sermo*, les
« Septante, qui traduisent souvent l'hébreu trop à
« la lettre, et quelquefois même sans prendre garde
« au sens, ne font pas toujours un choix exact du
« véritable sens, et ils se rendent obscurs, pour s'at-
« tacher trop à la lettre, comme au verset 10 de ce
« chapitre, où ils ont traduit mot pour mot ce que
« l'hébreu, *Non est omne recens sub sole*, au lieu que
« saint Jérôme a traduit avec bien plus de netteté,
« *Nihil sub sole novum*. Ces sortes de changements
« sont louables dans saint Jérôme, et on ne peut
« nier qu'en une infinité d'endroits, notre Vulgate
« ne doive être préférée à cause de cela à l'ancienne
« Vulgate. Mais d'autre part il y a des endroits où
« saint Jérôme paraît s'être un peu émancipé: car
« sous prétexte de n'être pas barbare, en traduisant
« les mots hébreux trop littéralement, il limite
« quelquefois le sens de l'original, et il s'éloigne de
« la lettre plus qu'il ne devrait faire. Il est vrai qu'en
« d'autres endroits, sa traduction est admirable, et
« que, sans s'arrêter aux mots avec scrupule, il ex-
« plique très bien la pensée de son auteur: ce qui
« est une marque évidente qu'il possédait assez la
« langue hébraïque; comme lorsqu'il traduit de cer-
« tains futurs par le présent, et qu'il change les cas
« en d'autres, selon le génie de cette langue. Par
« exemple, au même verset 8 de ce chapitre, il a
« très-bien traduit, *Saturatur et impletur*, au lieu que
« les Septante ont traduit à la rigueur de la lettre,
« *Satiabitur et implebitur*: et au verset 11, où nous
« lisons, *Non est priorum memoria*, sa traduction
« est beaucoup meilleure que celle des Septante,
« qui ont traduit, *Non est memoria primis*. En un
« mot, la traduction de saint Jérôme a cela de bon,
« qu'elle ôte le plus grande part des équivoques,
« qu'il est difficile d'éviter quand on s'attache trop
« au sens grammatical. »

Prolixe hic Hieronymum ac Vulgatam nostram videretur laudare Simonius, nisi manifeste in suis laudibus criminaretur auctorem translationis, quam aliquot in locis mirabilem non negat; sed quasi dignaret in Ecclesia Christi existimamus esse censorem, qui audeat isthæc de sanctissimo Doctore palam scribere: « Mais d'autre part, il y a des endroits où
« saint Jérôme paraît s'être un peu émancipé? » O singularem modestiam scriptoris orthodoxi! Non decet homuncionem ita contemptim dicere de viris summis. Fuit equidem Simonius multo in omnes intemperantior semper quam debuit: sed sus Minervam docere nunc gestit, et musa procaci accusare maximum Doctorem in sacris Scripturis interpretandis, quasi immoderata interdum libertate Latine converterit verba Prophetarum. Parumque absuit quin eidem cognitionem Hebræi sermonis invideret Simonius; dicens namque, *il possédait assez la langue Hébraïque, non absolutam Hieronymo idiomatis Hebræi* ascribit peritiam, sed tantum parvam ac mediocrem. Quæ sint autem illa Scripturæ a sancto Doctore intemperanter Latinis verbis expressæ, non assus est notare falsus aristarchus; ut sic auferat nobis occasionem defensionis pro Hieronymo et Vulgata susceptæ. Ad cætera ergo criminationum capita transeamus.

« Au verset 15, » inquit ille scriptor, « où il y a
« dans la Vulgate, *Perversi difficile corriguntur*, les
« Septante ont beaucoup mieux traduit, *Perversum*
« *non poterit adornari*. Saint Jérôme n'a pas dû li-
« miter à un sens moral ce qui est exprimé en gé-
« néral et sans restriction dans le texte hébreu: et
« ce qui est dit ensuite, *Stultorum infinitus est nume-*
« *rus*, est encore plus éloigné de l'original, où il y a
« à la lettre, *Defectus nequit numerari*. Lequel véaut
« de traduction vient aussi de la restriction du sens,
« parce que le même saint Jérôme n'a pas fait assez
« de réflexion sur le style du Livre de l'Ecclésiaste,
« où l'Auteur se sert de certains termes pris des
« choses naturelles en général, et qu'on peut appli-
« quer ensuite à plusieurs autres, principalement à
« ce qui regarde les mœurs. »

Ad confutandam hujusmodi reprehensionem Historiæ Criticæ, sufficiat exscribere Commentarium Hieronymi in hunc locum Ecclesiastæ, supra a nobis editum, col. 722: « *Perversus non poterit adornari:*
« *et imminutio non poterit numerari*. Qui perversus
« est, nisi ante corrigatur, non poterit adornari.
« Recta ornatum recipiunt; curva correctionem.
« Perversus non dicitur, nisi qui depravatus a recto
« est. Hoc contra hæreticos, qui quasdam naturas
« introducunt, quæ non recipiunt sanitatem. Et quia
« imminutio, hoc est, quod decet non potest nume-
« rari: propterea tantum primogenita Israel nume-
« rata sunt. Feminæ vero, et servi, et parvuli, et
« vulgus ex Ægypto, nequaquam plenitudo, sed im-
« minuto exercitus, absque numero prætermissi
« sunt. Potest et hic esse sensus: Tanta malitia in
« mundi hujus capacitate versatur, ut ad integrum
« boni statum mundus redire vix valeat; nec pos-
« sit facile recipere ordinem et perfectionem suam,
« in quibus primum conditus est. Aliter: Omnibus
« per pœnitentiam in integrum restituits, solus dia-
« bolus in suo permanebit errore. Cuncta enim quæ
« sub sole facta sunt, illius arbitrio et spiritu mali-
« gnitatis eversa sunt, dum ad ejus instinctum pec-
« catis peccata cumulantur. Denique tantus est nu-
« merus seductorum, et eorum qui de grege Domini
« ab eo rapti sunt, ut supputatione non queat com-
« prehendi. »

Tot modis expositus Ecclesiastæ versiculus nullum ambigendi locum relinquit de imperitia Observationum Simonii, in varias reprehensiones incurrentis propter Hieronymum incaute ac perperam ab eo redargutum. Fuit haud dubio in Hieronymo accurata consideratio dictionis Ecclesiastæ, dum eum Latinitate donaret, uti probat superior Commentarius tribus annis elaboratus ante Vulgatam versionem ejusdem libri. At nullam hic agnosco in Critico scriptore tarditatem consideratam, vel peritiam linguæ Hebraicæ.

Nam si considerare voluisset de Versione Hieronymi cum aliquo docto et studioso, intellexisset statim Hebræum contextum Ecclesiastæ : בעות לא יוכל לתקן וחסרון לא יוכל להבנות, *Meuvath lo juchal lithcon; vehhesron lo juchal l'himmanoth*, recte Latino sensu expressum esse, *Perversi difficile corriguntur, et stultorum infinitus est numerus*. Quamvis enim *Meuvath* sit participium passivum singulare, hoc tamen loco distributive sumptum, id est, quilibet perversus non potest adornari, eleganter plurali numero Latine redditur *perversi*, ut quemque perversum complectatur. Deinde altera vox *lo juchal*, non potest, cum difficultatem potius correctionis significet, quam absolutam rei impossibilitatem, apposite ac integro sensu illa exprimitur per adverbium *difficile*. De aliis quoque verbis consequentibus idem erit judicium; nam Hebræa phrasis, *et defectus*, sive *imminutio non poterit numerari*, eumdem habet sensum, quem Latina Hieronymi Versio Vulgata, *et stultorum infinitus est numerus*; quia Ecclesiastes non de quolibet defectu aut imminutione loquitur, sed de ea quæ accidit in hominibus, quos antea insipientes centies vocavit. Sic Proverbiorum 10, 21 : *Et stulti in defectu cordis morientur*, בחסר לב *bahhasar-leb*, concretum pro abstracto: nam idem est ac si dixisset, stulti in *vecordia* morientur. Quomodo postea ibidem cap. XII, 11, חסר לב *hhasar-leb*, intelligitur *imminutus corde*, sive *excors*. Horum itaque vecordium infinitus est numerus, qui et difficile corriguntur juxta ipsum Ecclesiasten supra cap. 7, 14 : *Quoniam quis poterit adornare, quem Deus perverterit*, sive *quod Deus imminuit*, ut habet Symmachus.

Ea sunt vel maxime quibus approbare possumus Hieronymum versatum fuisse in sermone et idiotismis libri Ecclesiastæ; Simonium econtrario nec Scripturarum scire phrases, nec versionum accuratas dictiones posse discernere. Non sic Chaldæus Paraphrastes, vel Syrus interpres, qui pari consensu redarguunt Historiam Criticam, Vulgatæ versioni optime consonantes. Syrus enim legit *Moruodo*, hoc est, *Rebellis non poterit dirigi, et imperfectus non poterit numerari*. Quod nisi de stultis ac perversis hominibus intellexeris, stulte rebellionem lignorum aut lapidum hoc loco docebis significari. In Chaldaica similiter paraphrasi moribus perversi notantur: *Vir cujus viæ perversæ sunt in hoc sæculo, et moritur in eis, nec revertitur ad pœnitentiam, non est facultas illi corrigere se post mortem suam*, etc. Accuratam igitur Editionem Vulgatam Latinam Ecclesiastæ fateri cogetur quisquis non Critica temeritate, sed acri ac maturo judicio eam expendere voluerit.

Pudet me nunc in Historia Critica Simonium audire ita dicentem: « Au verset 18, où nous lisons
« dans la Vulgate, *Labor et afflictio spiritus*, l'hé-
« breu porte simplement, *afflictio spiritus*, que
« l'ancienne Vulgate rapportée par saint Jérôme,
« *pastio venti, seu præsumptio spiritus*. Ce sont deux
« traductions différentes de mêmes mots hébreux,
« lesquelles on a jointes ensemble, comme il arrive
« quelquefois dans cette ancienne Vulgate, etc. »
Quanta sit isthæc hallucinatio scriptoris Critici, paucis ostendo verbis. Numquam in antiqua Vulgata Latina e Græco LXX Interpretum expressa, positum est, *pastio venti*; sed ubique *præsumptio spiritus*. Unde Hieronymus Commentario in versiculum decimum quartum ejusdem capituli prioris : « Necessitate com-
« pellimur, inquit, ut crebrius quam volumus de
« verbis Hebraicis disseramus. Nec enim possumus
« scire sensum, nisi eum per verba discamus. *Routh*
« (רעות) Aquila et Theodotio νομήν, Symmachus βό-
« σκησιν transtulerunt; Septuaginta autem Interpre-
« tes non Hebræum sermonem expressere, sed Sy-
« rum, dicens προαίρεσιν. Sive ergo νομή, sive βό-
« σκησις, a *pastione* vocabulum est. Προαίρεσις au-
« tem melius *voluntatem*, quam *præsumptionem* so-
« nat. » Quod si in eodem Hieronymi Commentario legatur infra talis Scripturæ contextus: *cognovi quia et hoc est pastio venti*, sive *præsumptio spiritus*; non cum imperio aristarchico existimes duas versiones ejusdem vocabuli Hebræi conjunctas fuisse in antiqua Latina Vulgata; sed hanc varietatem Hieronymiano ascribe Commentario, ubi vir summus sæpius LXX editionem secutus, aliquando recordatur Aquilæ, Symmachi, et Theodotionis.

Post tot errores hucusque a nobis notatos, animum Lectoris idonee comparass ad reliquam dictionem, ista præmittit Simonius : « Au reste, je crois que
« ce que nous avons produit à présent touchant la
« manière dont saint Jérôme a fait sa nouvelle
« Version de l'Ecriture sur l'hébreu est suffisant
« pour faire connaître en particulier la méthode qu'il
« a observée dans un si grand ouvrage. Nous ajou-
« terons seulement à ce que nous avons déjà remar-
« qué, quelques réflexions générales, qui nous feront
« encore connaître plus à fond cette même méthode
« de saint Jérôme. »

Quod antea monuimus Lectorem studiosum sufficere videtur, ut irritam faciamus spem Auctoris Critici, qui se cum frustratur, frustrari alios incautus existimat. Nihil nos docuerunt præcedentes vel consequentes Observationes Historiæ Criticæ, quod conducat ad intelligentiam methodi, qua in Latinum sermonem Biblia Hebraica transtulit Hieronymus. Nam quidquid præfatus est sanctus Doctor in Commentarium libri Ecclesiastæ, eidem lucubrationi proprium est, nec magis spectat Vulgatam Scripturarum versionem, quam expositionem Evangelii secundum Matthæum. Recto itaque judicio repudiabit prudens Lector omnes Observationes Historiæ Criticæ, quia hujus Operis Scriptor magno loquendi impetu fluens, more torrentis turbidum ubique profert sermonem, ac falsa pro veris sæpius, aut semper nobis obtrudit.

Has ego Simonii injurias conqueri compulsus sum pro authentica Ecclesiæ Romanæ versione Latina, ac pro maximo divinarum scripturarum interprete Hieronymo; paratus alioquin in gratiam redire cum illo Scriptore Critico, modo ipse ad ingenium suum nolit redire.

SYLLABUS MANUSCRIPTORUM CODICUM

AD QUOS EXEGIT MARTIANÆUS CUM ALIA TUM PRÆCIPUE QUÆ IN HOC TOMO III CONTINENTUR

OPUSCULA S. HIERONYMI.

Tanta est copia mss. codicum ad quorum fidem edidi tomum præsentem, ut vix numerositatem eorum dicere ausus fuissem, nisi in promptu mihi esset singulos nominibus propriis appellare, et suis numeris designare. In certas itaque classes distributos sic recenseo plus centum libros diversos, locis ac temporibus diversis antiquitus descriptos.

CODICES MSS. GALLICANI.

Regii, septem.

Bibliothecæ Christianissimi Regis Francorum hi

sunt : Codex Græcus 2282, complectens librum Hebraicorum Nominum et Locorum, quem manu mea integrum descripsi, Latinitate donavi, et notis innumeris illustratum edidi. Alter codex Græcus vetustissimus, qui complectitur Expositiones in Psalmos, et Epistolam Origenis de Diapsalmate, nondum editam, de qua dixi in quadam epistola Hieronymi ad Marcellam. Codex Latinus 3998, exscriptus anno Domini DCCCLXXXVII. Codex 3999 alter Epistolarum Hieronymi, descriptus anno Domini MCXIV. Alii tres, scilicet 3629, 3993, 3994, ubi habentur libri Hebraicorum Nominum et Locorum, Quæstiones Hebraicæ in Genesim, et Epistolæ Criticæ Hieronymi.

Colbertini, viginti.

Græcus unus 4124, complectens Lexicon Hebraicorum Nominum, quem descripsi manu mea et interpretatus sum ut supra Regium. Latina autem exemplaria, quibus usus sum ad Editionem hujus Tomi, ista sunt : 455, 464, 655, 893, 1038, 1128, 1248, 1335, 2397, 2430, 2471, 2504, 2599, 2807, 2852, 4354, 4436, 4951, 5216.

Corbeinses et Sangermanenses nostri, septemdecim.

Omnium vetustissimi et optimæ Notæ, multi ante mille annos litteris uncialibus vel Longobardicis exscripti, hos obtinent numeros in Bibliotheca nostra Sancti Germani a Pratis : 9, 126, 127, 132, 133, 134, 157, 158, 143, 147, 276, 281, 574, 580, 596, 660, 675, et alii quorum numerus jam mihi excidit.

Aliorum Monasteriorum nostræ Congregationis, quatuordecim.

Hi sunt : Sancti Remigii Remensis, 193, 194. Sancti Theodorici prope Rhemos, unus et alter. Sanctæ Mariæ de Crassa in Occitania, unus. Sancti Andreæ secus Avenionem, unus. Sancti Michaelis in periculo maris, duo. Plures, Monasterii S. Ebrulphi et S. Martini Sagiensis ; duo, Fiscanensis et Gemeticensis : unus, S. Mariæ de Pratellis.

Codices Cluniacenses, tredecim.

Decem celeberrimæ Abbatiæ Cluniacensis, qui complectuntur omnia ferme Opuscula S. Hieronymi genuina et supposititia. Tres quoque Monasterii Parisiensis Sancti Martini a Campis. Hi omnes codices sunt antiquæ et optimæ manus.

Codices Monasterii S. Cygiranni, quinque.

Totque voluminibus comprehensi, ubi optima manu scripti habentur Hieronymiani libri Hebraicorum Nominum et Locorum, Quæstiones Hebraicæ, Epistolæ omnes, Commentarius in Ecclesiasten, supposititius in Psalmos, et cæteri similiter Tractatus, et Commentarii in omnes Prophetas.

Codices Sorbonici et Navarrici, novem.

Unus Græco-Latinus, id est, complectens Epistolam Hieronymi ad Sunniam, et Fretelam, cum triplici Psalterio. Hieronymiano, Romano, et LXX Interpretum, quod ultimum Græcum descriptum est litteris Latinis. Septem alii, Commentariorum in Psalmos, in Ecclesiasten Salomonis, in Prophetas majores et minores ; et duo Epistolarum Hieronymi.

Navarricus unus ; Epistolarum sancti Hieronymi, quem in Prodromo hujus Editionis novæ nuper citavimus, et recensuimus.

Codex Memmianus, unicus.

Hoc est, Bibliothecæ illustrissimi præsidis *de Mesmes*, qui exscriptus est jussu Theodulfi episcopi Aurelianensis, id est, sæculo octavo exeunte, vel nono ineunte. De hoc codice plura diximus in Prolegomenis tomi prioris, sive Divinæ Bibliothecæ S. Hieronymi.

Codices Occitanici, tres.

Ecclesiæ Carcassonensis unus, de quo dixi in Prodromo S. Hieronymi, et in Tomo I hujus Editionis. Alter Tolosanus, Conventus FF. Prædicatorum, in cujus fine hæc scripta reperi : *Hunc librum scribi fecit Dominus Bernardus episcopus Albiensis anno Domini mill. ducentesimo nonagesimo quarto.* Complectitur autem ille codex librum Nominum et Locorum, et Quæst. Hebraicas in Genesim. Tertius codex est monasterii Fontis-Frigidi, quod positum est non longe ab urbe Narbana.

CODICES MSS. ROMANI, NOVEM.

Vaticanæ Bibliothecæ isti sunt, 38, 341, 342, 543, 344, 348, 349. Deinde Bibliothecæ Palatinæ duo, 133, 135. Hi complectuntur Epistolas Criticas S. Hieronymi, libros Nominum, Locorum, et Quæstionum Hebraicarum in Genesim, in volumina Regum et Paralipomenon.

CODICES GERMANICI, MURBACENSES, QUATUOR.

Græcus unus, Psalmorum Davidis, scriptus litteris uncialibus, ut vocant, id est, majusculis, sicut solitum erat ante annos mille vel nongentos. Alter Latinus Epistolarum sancti Hieronymi, descriptus *Anno tertio Childerici Regis, sub Amico Abbate.* Tertius, complectens Commentarium in Ecclesiasten ; quartusque, libros Nominum et Locorum Hebraicorum. Cuncta hæc exemplaria, manuscripta singulari diligentia et studio contulit Dominus Hyacinthus *Alliot*, quem laudavi in fine Prolegomenorum hujus tomi.

Summa numerica omnium manuscriptorum codicum, est centum et trium librorum, addito Ecclesiæ Anciensis exemplari ms. Epistolarum Hieronymi, quod in serie prætermisi.

INDEX

VERBORUM, SENTENTIARUM, ET RERUM MEMORABILIUM.

QUÆ IN TOMO TERTIO CONTINENTUR.

A

A litteram sæpe per *He* pronuntiant Hebræi, 331.
Aaron Pontifex obiit in Beroth, 171.
Abacuc sepulcrum monstrabatur in villa Ceilla, 186, 207 ; et in Gabatha, 223.
Abarim, mons in quo mortuus est Moses, 142.
Abela, vini fertilis, 158.
Ablactationis tempus quinto anno statutum, vel anno duodecimo, ex sententia Hebræorum, 333.
Abraham secundum traditiones Hebræorum de igne liberatus est, cum noluisset Chaldæorum idola colere, 323, 324. Ejus mausoleum, et quercum Mamre, quæ superstitiose colebatur, 130, 193.
Abuti. Non habet veram lætitiam et cor bonum qui creaturis supra modum abutitur, 462.

Accentuum varietas in nominibus Hebraicis diversam efficit significationem, 309.
Accusare majorem suum nemo audet, 434.
Acheldama Syrum est nomen, non Hebræum, 89.
Adad quartus regnavit in terra Idumæa, 218.
Adam. Omnis pene Scriptura hoc idiomate plena est, quo universum genus hominum Adam filios vocat, 466.
Adam sepultus dicitur in civitate Arbee, vel in loco Calvariæ, 130.
Adolescentiæ stultitia est copulata, 484.
Adommin, locus in quo crebro sanguis fundebatur a latronibus, cujus meminit Dominus in parabola Descendentis de Jerusalem in Jericho, 149.
Adrahimel decolum Assyriorum, quod Samaritæ venerati sunt, 162.
Ægyptus, Mesraim appellatur in Scriptura sacra, 13. Tempore Hieronymi lingua Ægyptiorum dicebatur *Ha*

316. Humilis et jacens de Æthiopia venientibus aquis irrigatur, 399.

Aermon, mons quem Phœnices *Sanior*, Amorrhæi *Sanir* vocabant : in cujus vertice iusigne templum idolorum, 145.

Æthiopia ab Hebræis dicitur Chus, 319.

Agar eadem quæ Cetura, juxta opinionem Hebræorum, 343.

Ain littera, vocalis est apud Hebræos, 11. Per *G* legitur apud LXX Interpretes, *ibid. et* 17, 35, 42, 130, 218.

Alexandria, Diospolis, sive Jovis civitas dicitur, 84.

Alphabetum Hebræorum se explicasse dicit Hieronymus, 73.

Alma in Scriptura Hebraice semper significat virginem absconditam, non adolescentulam nuptam, 342, 343.

Altare Templi erat in parte tribus Benjamin, 379.

Amalec et Chananæus vocatur in Deuteronomio Amorrhæus, 202.

Amandi tempus est post Deum liberos et propinquos, 411.

Amor. Nemo potest duobus amoribus possideri; si carnis amator es, amorem spiritus non capis, 505.

Amos prophetæ sepulcrum in Tecua, 206, 283.

Ana quid invenerit in deserto; aquas calidas, an stagnum, an asinos velocissimos, 563.

Anea, vicus in quo habitatores omnes erant Christiani, 151.

Angeli præsident huic mundo, 487. Unicuique nostrum Angelus adhæret comes, quo ad Deum verba nostra perferuntur, 428. Angeli terram circumeunt, et sunt administratorii spiritus, qui instar avium nostra verba et cogitationes ad cœlum perferunt, 479. Angeli præpositi super homines, prævalent hominum potestati, et prohibere possunt injurias a clientibus, 429. Angeli ubi in ortu Domini cecinerint, 561.

Anima ingreditur in corpora parvulorum, 482. Ridendi sunt qui putant animas cum corporibus seri, et non a Deo, sed a corporum parentibus generari, 492.

Antichristum populus Israel pro Christo suscepturus est, 426.

Apher, unus ex posteris Abrahæ duxit adversus Libyam exercitum; et ibi victis hostibus consedit. Ejus posteri Aphricam nuncuparunt ex nomine atavi, 344.

Apollinarius Laodicenus nec Judæis placere potuit, nec Christianis; quia ab Hebræis procul est, et sequi LXX Interpretes dedignatur, 491, 492.

Apostoli et Apostolici viri plerumque testimoniis abutuntur, quæ jam fuerant in gentibus divulgata, 371. Per Apostolos, quasi per parvulos scyphos, in toto orbe credentibus effusa sapientia est, 401. Apostoli et Evangelistæ, necnon et Salvator noster multa quasi de veteri Testamento proferunt, quæ non sunt in LXX Interpretum exemplaribus, 503.

Aquæ omnes atque torrentes per occultas venas ad matricem abyssum revertuntur, 516.

Aquæ calidæ erumpebant in Amantha, 147. Sponte humus eas effert in Beelmaus, 170. Ad radices montis urbis Gadaræ, aquæ calidæ etiam erumpebant, balneis desuper ædificatis, 227.

Aram fratris Abrahæ sepulcrum in Ur Chaldæorum, 287.

Ararat, est Armenia, in cujus montibus superstites erant reliquiæ arcæ Noe, 126.

Arbee, in qua quatuor conditi sunt, nempe Abraham, et Isaac et Jacob, et ipse princeps humani generis Adam, 540.

Arcana Dei non quibuslibet narranda, 431.

Arcæ Noe meminerunt omnes qui barbaras scripserunt historias, 126.

Archelai regis Judææ tumulus ostendebatur prope Bethleem, 167.

Areopolis, urbs a Marte dicta juxta quosdam, 162.

Argentum, cui obediunt omnia; talenta sunt de Evangelio, 478. Argentum et aurum semper Scriptura divina super sermone ponit et sensu, 400.

Artemis, est Diana, 99.

Asor, metropolis omnium regnorum Philistiim, 143.

Avaritia neque inopia, neque copia minuitur, 450.

Avarus semper eget, 450. Stultissima parcitate se cruciat, aliis devoranda conservans, 455.

Auxilium. Quos non possumus re, consilio adjuvare debemus, et solatio fovere, 443.

B

Balaam de stirpe Buz, in libro Job dicitur Eliu; primum vir sanctus et Prophetes Dei, postea per inobedientiam et desiderium munerum Divini vocabulo nuncupatur, 339. De Fathura civitate fuit, 214.

Balsamum et poma palmarum gignuntur apud Balam urbem, 167.

Baraciba Doctor Hebræorum, quem unum vel maxime abantur Judæi, Hieronymi tempore, 424.

Barbam superioris labii mystacam vocant Græci, 32.

Beelphegor, idolum Moab cognomento Baal, quem Latini Priapum vocant, 170.

Benith construxerunt Samaritani, qui de Babylonis regione transierant, 179.

Beris mons in Armenia, in quo erant vestigia quædam arcæ Noe, 126.

Betharam a Syriis Bethramtha, ab Herode in honorem Augusti, Libias vocata, 172, 174.

Bethleem in tribu Zabulon, et Bethlcem in tribu Juda, 177. Civitas augustior Roma, 381.

Bethfogor, mons Moabitarum, 214.

Bitumen ex monumentis arcæ Noe avellebant, et eo utebantur qui se expiabant, 126.

Boia vulgo dicebant torques damnatorum, 43.

Bonum omne et veritas certo fine concluditur; malitia vero atque mendacium sine fine sunt, 496. Juxta dispositionem Dei bonum est unumquodque cum opus est, 412. Omnia quæ in hoc mundo sunt, bona quidem per se dicere possumus; sed ad Deum comparata, pro nihilo reputantur, 586. Quæ bona homini dederit Deus in hac vita, 449.

C

Cain quo signo cognoverit munera Abel placuisse Deo, 310. Vagus et profugus oberravit in terra, 512.

Calamitas. Qui injuste a potentioribus opprimuntur, consolatorem nequeunt reperire, 418.

Calceare terrena, sapientiæ, scientiæ, atque virtutis est, 405.

Callirhoe, urbs e quo aquæ calidæ prorumpentes in mare Rubrum defluunt, 521.

Canna Latinum, de Hebræa lingua sumptum est, 59.

Canticum Canticorum ad eos proprie facit mentionem, qui tantum superna desiderant, 584.

Cappadoces habitaverunt in Gaza, pristinis cultoribus interfectis, 218.

Capreæ vulneratæ appetunt dictamnum, 444.

Curduenorum mons in Armenia, 126.

Carthago putatur esse Tharsis, 286.

Charitas. Plurimorum inordinata est charitas, quod in primo loco debent diligere, diligunt in secundo, 524. Si filius malus est, et domesticus bonus; domesticus in charitate filii collocetur : et ita fiet ut sanctorum ordinata sit charitas, 525. Vera charitas et a nullo livore violata, quanto augetur numero, tanto crescit et robore, 422.

Christus. Antequam in corpore cerneretur, jam vocatus in Scripturis, et cognitus Prophetis et Sanctis Dei erat, secundum hominem, in quo minor est Patre, 438. Nativitas Christi ab umbra sumit exordium, 525. Corpus ejus crater magnus, in quo non meraca divinitas, sed humanitate media temperata est, 401. A Nazareth vocatus Nazarenus : sed et nos apud veteres quasi opprobrio Nazaræi dicebamur, quos nunc Christianos vocant, 253. Tam in fronte Geneseos, quam in principio Joannis Evangelistæ, cœli et terræ conditor approbatur, 503. In semine Abrahæ, id est, in Christo juravit servus Abrahæ, 341. In præliando fortior quodammodo fit, annitentibus nobis per liberum arbitrium, 425. Cujus caput Christus est, oculos suos semper habebit ad Christum, et os in sublime elevans, numquam de inferioribus cogitabit, 405. Nullum bonum plenum, donec Christus manifestetur, 452. Cum Christus omnia ad se traxerit, et universos suis radiis illuminaverit, fiet restitutio principalis : et Deus erit omnia in omnibus, 589.

Christianorum plurimi vitali gurgite baptizabantur in Bethabara, 182.

Circumcisio. In circumcisione jurasse servum Abrahæ tradunt Hebræi, 341.

Clementia Dei est cum peccator hic visitatur pro suo scelere, 515.

Codredinem per Q litteram Latini Quadrantem dicunt, 89.

Cœlestia clausa erant antequam paradisi fores Christus cum latrone reseraret, 416.

Cogitationes. In multis studiosis et quotidiana meditatione sudantibus, vix invenitur cogitatus purus, et viri dignus vocabulo, 449.

Comedere. Nemo comedere, vel cum opus est parcere potest absque Deo, 406.

Compitum est bivium, ubi diligentius debet viator aspicere, quod iter gradiendi cupiat, 565.

Confessio et pœnitentia, peccati remedium, 474.

Contemplatio. Humanus animus non potest semper esse in contemplatione rerum cœlestium, 410.

Corojatha, vicus Christianis omnibus florens, 185.

Correptio. Recta ornatum recipiunt, curva correptionem, 594.

Crassus dux captus, et Romanus exercitus cæsus in Charra urbe Mesopotamiæ, 190.

Creator. Ex rerum æqualitate, cursu, ordine, atque constantia intelligimus Creatorem, 413.

Curiositas scientiæ damnatur, 441. Tormentum habet inutile, 457.
Cyprus et Cypricittium, 194.
Cyrenius, apud Latinos melius effertur et verius per Q litteram, ut dicatur Quirinus, 94.

D

David, Saulis filiæ displicens, magis placuit Deo, 409. David et Jesse sepulcrum, 167.
Declamator. Signum insipientiæ est, tam ejus qui loquitur, quam eorum qui audiunt in Ecclesia declamatorem, cum quodam lenocinio ac venustate verborum excitare plausus, 467.
Detractio. Sanctis non detrahendum, quia Angeli nostra verba et cogitationes ad Deum perferunt, 479. Detractor et serpens æquales sunt, 474. Ignoscendum detractoribus nostris, 446.
Deus solus semper est id quod fuit, 586. Ut benignus et clemens, minimorum quoque et omnium recordatur, 392. Sobrie de Deo loquendum et cogitandum, 427. Qui plura voluerit de divinitate disserere, incidet in stultitiam, ibid.
Deuteronomium. Illud volumen scripsit Moses juxta montes Aureos, 484. Ad occidentem Moab juxta Jordanem contra Jerichum, 198. In Lobon illum librum legit, 258. In Taphol eum scripsit, 282.
Diabolus per bonorum abundantiam corruit, 596. Rex vitiorum et peccati operator in nobis perditionem, 451. Semper novarum rerum cupidus, 476. Fautor errorum, 411. Ad instinctum diaboli peccata peccatis cumulantur, 594. Omnes gressus diaboli, nequitiæ sunt et fraudes, 509. Retibus ejus omnia plena sunt, 529. Numerus seductorum a diabolo nequit supputatione comprehendi, 594.
Dialectus quinta Græcorum vocatur Æolis, 548.
Didrachmum Hebraice dicitur Bace, semiuncia est, 541.
Dies vitæ. Non prolongant dies suos ii, qui multo tempore vivunt, sed qui grandes eos faciunt bonorum operum magnitudine, 455.
Diligentia. Qui cum diligentia et cautione agit universa, potest omnia vana dicere, 402.
Diluvii recordantur antiqui Scriptores exotici, 126.
Dioscuri sunt Castor et Pollux, 100.
Diphthongos habet lingua Hebraica, 58.
Discernere. Difficile invenitur qui discernere queat virum sapientem, ab his qui videntur esse sapientes, 450.
Discipuli. Post multum silentium, de discipulis effici debemus magistri, 431.
Displicere. Vana sunt universa sub sole, dum invicem nobis in bonorum et malorum finibus displiceant, 593.
Divitiæ. Nulla sapientia est, terrenas divitias congregare, 405. Non est in nostra potestate habere divitias, quas injusti sæpe plus possident, 440. Dei donum est posse frui divitiis, 432. Viro sancto graves sunt, 525. Languor est pessimus pro divitiis cogitatione torqueri, et perituras opes, in tristitia, in gemitu, in litibus, casso labore conquirere, 431.
Docere. Pro sæculorum quotidie in pejus labentium vitio, docemus nunc in Ecclesiis quod nescimus, 411.
Doctor. Falsus doctor adulatur et decipit nec quærit conversionem audientium, sed plausus et laudem, 457. Docet ea quæ populum audire delectet, quod peccatores palpet in vitio, et strepitus concitet audientium, 478. Divitias et cibos, et opes per delectabilia promissa conquirit, ibid. Auditores futuro incendio præparat, et vinculis peccatorum magis innectit, 457.
Doctus. Non sine periculo etiam doctus vir disputat cum hæreticis, 473. Docti in Ecclesia apprehendunt sapientes sæculi in astutia eorum, 400.
Dominus sanctus est cum eo qui sanctus est, et pervertitur apud eum qui sua voluntate fuerit ante perversus, 441. Dominus noster in torrente traditus est, dedicans regenerationem nostram et Baptismi sacramentum, 546.
Donatus præceptor Hieronymi, Terentium exposuerat, 590.
Dona. Malum est atque peccatum Deo satisfacere velle, non obedientia et operibus bonis, sed victimis, donis, et sacrificiis, 426.
Dorcas, hoc est, caprea ex insita sibi vi nomen accepit. Ab eo enim quod acutius videat, Dorcas appellata est, 528.

E

Ebionitarum dogma, et habitatio hujusmodi Hebræorum, 190.
Ebrietas. Idioma linguæ Hebrææ est, ut ebrietatem pro satietate ponat, 568.
Ecclesia, plura in ea armenta quam homines, plures oves quam servi, ancillæ atque vernaculi, 599. Per negligentiam principum, omnis Ecclesiæ corruit altitudo, 477.
Ecclesiastica anima omnibus animabus est melior; si non est melior, non est Ecclesiastica, 514.
Ecclesiastes Græco sermone appellatur, qui cœtum, id est, Ecclesiam congregat: quem Latini concionatorem vocant, 583. Liber Ecclesiastes ex sententia Hebræorum meruit auctoritatem propter ultimum capitulum, ut in divinorum Voluminum numero poneretur, 496. Est Liber Salomonis pœnitentiam agentis, 392. Male quidam opinantur nos ex hoc libro ad voluptatem et luxuriam provocari, 585. Numquam tristitiam luctus, festivitati convivii prætulisset, si bibere et vesci alicujus putasset esse momenti, 433. Non provocat ad luxuriam, neque in Epicuri dogma corruit, 486.
Ecclesiasticus vir Scripturis cœlestibus eruditus, semper cupit discere, 454.
Eden, sacri paradisi locus ad Orientem, 199.
Editionem quintam invenit Origenes in Actio littore, et eam magnifice aperteque disseruit, 499.
Eleemosyna. Non eligendus cui bonum faciamus, 482. Indiscrete faciendum bene, et omni petenti dandum, 479. Qui considerat cui benefaciat, et non omni potenti se tribuit, sæpe præterit eum qui meretur accipere, 481. Qui largitur egentibus, non granum seminis, sed ipsum panem serit, fenore quodam multiplicationem illius præstolans, in die judicii multo amplius quam dederat repertorus, 479. Quidquid supra victum et vestimentum habere possumus, in pauperibus nutriendis et egentium largitione consumendum est, 413. Nihil est bonum in vita ista, nisi quo lætatur homo in opere suo faciens eleemosynam, et futuros sibi thesauros in regno cœlorum præparans, 418.
Elam, a quo Elamitæ principes Persidis, 322.
Electi in Christo ante constitutionem mundi, in prioribus sæculis jam fuerunt, 529.
Eloqui. Non possumus eloqui omnia quæ sentimus, 395.
Emath magna, Antiochia: minor Epiphania juxta Ædessam, 209.
Engada, vicus Judæorum, unde opobalsamum veniebat, 206.
Engaddi palmarum et balsami fertile, 528.
Ephrata et Bethleem unius urbis vocabulum est, 360.
Ephratha, regio Bethleem, in tribu Juda; non in tribu Benjamin, 202.
Epicurus asserebat, per innumerabiles periodos eadem et iisdem in locis, et per eosdem fieri, 591.
Episcopus. Difficilis est accusatio adversus episcopum, si enim peccaverit, non creditur; et si convictus fuerit, non punitur, 454.
Eruditus qui fuerit in Scripturis, quanto plus scire cœperit, tanto ei in his oritur major obscuritas, 446. Eruditus vir latet sæpe in obscuro, et persecutiones patitur, dum imprudens favorem vulgi consequitur, 465.
Esaias, apud Hebræos ab I littera sumit exordium, 101.
Esau, eo quod pilosus esset, dictus est Seir, 267. Edom vero, id est, rufus, sive fulvus, quia pro rubro cibo vendiderit primogenita sua, 346.
Esbus, urbs insignis Arabiæ, a quibus possessa, 202.
Esse. Melius est omnino non esse, nec sensum habere substantiæ, quam infeliciter vel esse, vel vivere, 419.
Eucharistia. Hoc solum habemus in præsenti sæculo bonum, si vescamur carne Domini et cruore potemur, non solum in mysterio, sed etiam in Scripturarum lectione, 415.
Eunuchus Candacis reginæ baptizatus in fonte juxta Bethsur, sive Bethsoron, 175. Eunuchi erant Antistites et Pontifices Heliopoleos, 567.
Euphrates, fluvius Mesopotamiæ, in paradiso oriens, 202. Secundum Sallustium auctorem certissimum, fontem habet in Armenia, ibid.
Eusebium reprehendit Hieronymus, 193, 202.
Eva, dicitur mater viventium, 310.
Evangelium. Divisis linguis credentium, totus Evangelica prædicatione mundus expletus est, 459.
Evila, ubi aurum purissimum, et gemmæ pretiosissimæ carbunculus, smaragdusque nascuntur, 199.
Excusatio. Non sunt vanæ excusationes quærendæ, nec danda occasio carni ad peccandum, quasi necessitate compulsi ea faciamus quæ nolumus, 428, 429.
Exercituum magistri, archimagei dicuntur in Scriptura id est, coquorum principes, 564.

F

Far. Ægyptiorum mos est far vocare Theran, quod tempore Hieronymi corrupte Atheran nuncupabant, 569.
Femina. Nullus sanctorum, nisi perraro, feminas genuisse narratur, 400.
Fenon, ubi æris metalla damnatorum suppliciis effodiuntur, 214.
Fetus vernus melior est, quam autumnalis, 534.

Fides. Credendum est eum venisse qui scriptus est : sed non requirendum, quomodo et quantus, et qualis venerit, 436.
Filius omnis, ad comparationem parentum, infans vocatur et parvulus; tam apud Romanos, quam apud Hebræos, 336.
Finis. Absque Deo adjutore ad finem nostrum pervenire non possumus, 464.
Fortitudo semper in propatulo æmulos habet, 301.
Fortuna. Male quidam æstimant omnia fortuito geri, et variam in rebus humanis fortunam ludere, 461.
Fratres. Filii dicuntur fratres in Scriptura sacra, 343.
Fratrum peccatis non ignoscens, plus justus est, quam justum est, 443.

G

Galgala quæ et Golgol, ubi præcipua legis Mosaicæ præcepta adimpleta dicuntur, 219. Locus ille miro cultu habitus, *ibid.*
Ganges, Phison creditur circumiens terram Evila, 199, 211.
Garizim et Gebal duo montes vicini juxta Jericho, 219. Error Samaritanorum, *ibid.*
Gaza, quomodo fuit in sepulcrum sempiternum, 218.
Gehenna unde appellata, 223.
Genesis, caput omnium librorum, 303. Vocatur Bresith apud Hebræos, 306.
Geon, apud Ægyptios Geon etiam Nilus vocatur, in Paradiso oriens, et universam Æthiopiam circumiens, 213.
Gethsemani est ad radices montis Oliveti, ubi Ecclesia ædificata erat, 227.
Gigantes dicti Enacim, derelicti in Azoto, 146. In Gaza fortissimi Allophilorum, 218.
Gog et Magog non sunt Gothi, ut quidam putabant, sed potius Getæ, 318.
Græci omnes pene insulas, et totius orbis littora, terrasque mari vicinas occuparunt, 319.
Gratia quædam dicitur inutilis, 444.
Sine Gratia Dei, scientiam non consequimur, 464.
Gregorius Ponti episcopus, Origenis auditor, metaphrasim scripsit in Ecclesiasten, 424.

H

H a plerisque aspiratio, non littera putatur, 34. Grammatici eam non putant litteræ loco habendam, 91. Per H leguntur tria nomina, 106.
He litteram per *a* legunt Hebræi, sicut econtrario. *Vide* A.
Heth littera Hebræorum duplicem habet aspirationem, et a LXX exprimitur per χ Græcum, 7, 317, 366.
Hæreticus omnis et falsum dogma defendens, impudenti vultu est, 450. Hæretici falsis dogmatibus acquiescentes, læta sibi et prospera repromittunt, 396. Ligna sunt infructuosa, et saltus absque utilitate pomorum, 473. Divitias dogmatum congregant in malum suum, 431. Multiloquium hæreticorum et vanitas arguitur, 473. Sagena eorum, est sermo affabilis, blandum eloquium, simulata aut coacta jejunia, vestis humilis, virtutum imitatio, 463. Frustra laborant et affliguntur in studio Scripturarum; quia ambulant in deserto, et veritatis civitatem invenire non valent, 473. Falsum sacramentum, et pollutum habent baptisma, 448.
Hebræi. Proverbium Hebræorum quando sunt in angustia constituti, 339. Hanc habent consuetudinem, ut voluminibus ex principiis eorum nomina imponant, 304. Feminino genere exprimunt, quod nos solemus absolute et neutraliter appellare, 449. Hebræus sermo Chi Græcam litteram non habet, 7.
Hebron, sive Chebron condita est septem annos, antequam conderetur Tanis urbs Ægypti, 190.
Herculi extorquere de manu clavam, magnarum est virium, 301.
Hieria, regio Indiæ, 199, 238.
Hieronymi infantia tempore Constantii imperatoris, 193. Hieronymi Hebræus præceptor, quo Scripturas sanctas instituente perlegerat, 393, 412, 424, 428, 438, 439, 466, 470, 471. Hieronymus non probat expositionem præceptoris sui Hebræi, 428, 439. Non probabat sæpius quod in Latinum transferebat sermonem, 193, 207. Contra conscientiam suam, noluit opinionum rivulos consectari, fonte veritatis omisso, 381. Ne novitate nimia lectoris studium deterreret, veteres interpretes aliquando secutus est, *ibid.* Non arguit errores LXX Interpretum, 303. LXX Interpretum consuetudini se coaptavit in his, quæ non multum ab Hebraicis discrepabant, 581. Romæ Ecclesiasten sanctæ Blesillæ legerat, ut eam ad contemptum hujus sæculi provocaret, 381.
Hirundo pullos suos novit de sua oculare chelidonia, 444.
Homo. Hominum vita post diluvium non est contracta in centum viginti annos, 513, 318. Homo non est insensibilis et stolidus a Deo creatus : sed relinquitur ipsi liberum arbitrium, in eligendo bonum, et vitando malum, 442. Ad hoc natus est homo, ut Creatorem suum intelligens, veneretur eum metu, et honore, et opere mandatorum, 496. Colonus et hospes mundi homo datus est, ut brevi vitæ suæ fruatur tempore, et spe prolixioris ætatis abscissa, cuncta quæ possidet, quasi ad alia profecturus aspiciat, 412. Interior homo post quartum decimum pubertatis annum in nobis exoritur, 424. Insipiens homo futura nunquam cogitat, sed præsentibus et caducis quasi magnis atque perpetuis delectatur, 425. Homines errore sæculi raptati et turbine, non intelligunt ruinam peccatorum suorum, et in his exsultant quæ magis digna sunt planctu, 396. Non curandum quid de nobis loquantur homines, 446.
Hormiscus, torques, vel monile, 313.
Hortorum delicias locus Thopheth præbebat irrigatus fontibus Siloe, 300.
Hyperbolice dicitur, quod aves, et parietes nuntiant quæ audierint nobis loquentibus, 479.

I

Idola dicuntur primum fabricata tempore Enos, 312, 313.
Illecebræ. Ibi vitiorum illecebræ sunt, ubi tegmen putabatur esse virtutum, 477.
Imprecatio. Ecclesiastes imprecatur male his qui non habent timorem Dei ; et optat ne diu differantur a pœna, 455.
Incerta nunc omnia apud homines, et utrum per amorem Dei sustineant, ut Job : an per odium, ut plurimi peccatores, nunc habetur incertum, 457.
Infernus. Non multum intererat perire cum corpore, vel inferni tenebris detineri ante adventum Christi, 416.
Ingratum hominum genus pro beneficiis acceptis, 466.
Interpretatio. Non debemus in Scripturarum interpretatione opinationum pannos pro voluntate nostra consuere, sed unum disputationis servare textum et ordinem et eumdem sensum, 429. Simplex intelligentia interpretatione non indiget, 427.
Invidiæ livor exarsit in doctissimos viros, 301. Latentes etiam invenit, *ibid.* Nihil vanius aut instabilius, quam homines non suas flere miserias, vel propria lugere peccata, sed melioribus invidere, 420.
Invidus aliena felicitate torquetur, et patet insidiis gloriosius, 420. Quanto quis fratri invidet, tanto ipse amplius contabescit et deperit, *ibid.*
Ira pro correptione et eruditione in minores posita, 439. Ira semper juncta superbiæ est ; et sapiens, si iracundus sit, insipiens arguitur, *ibid.* Ira furens et recens, cum fuerit dilata, facilius sedatur et potest auferri, *ibid.* Irascendum et nobis, si quando peccamus, irascendum et aliis ; quia per tristitiam vultus melior fit animus, 437.
Isaac natus in Geraris, non ad quercum Mambre, 337. Vel hora nona, vel ante solis occasum spirituales Deo victimas offerebat, in campo orationi vacabat, 343.
Ismael ludens cum Isaac, vel idola faciebat, vel joco sibi primogenita vendicabat, 335.
Itabyrium, est mons Thabor in campo maximo, 235.

J

Jacob quare dictus sit Israel, 337.
Jericho, prima, secunda, et tertia, 230, 231.
Jerusalem, ipsa est quæ et Salem, etc., 231.
Jethira habebat omnes habitatores Christianos, 234.
Job non est de stirpe Esau, ut quidam male æstimant, 339. Domus ejus in Carnaim Astaroth, 182. Post Balac filium Beor dicitur regnasse, 193.
Jobab dicunt qui Job esse putatur, 363.
Joannis Baptistæ reliquiæ conditæ sunt in oppido Palæstinæ, quod dicitur Sebastes, 271.
Jordanis fluvius oritur de fontibus Paneadis, et in mare Mortuum interit, 139. Erumpit ex rivo Dan et Jor, quod fluvium significat, 193, 230. Dan et Jor fontes Jordanis, unde et nomen accepit, 328.
Josephi ossa in Sichem sepulta, 274. Ejus mausoleum in Sichem tempore Hieronymi cernebatur, 574.
Josue sepulcrum monstrabatur juxta Tamna, 223, 283.
Judæ tribus bellicosissimis viris pollens, in omnibus tribubus tenuit principatum, 174. Frustra de otio sabbati gloriantur, 307.
Judicium. Plurimi judicati in hac vita ante diem judicii, 444. Deus non per partes et per singulos nunc judicat, sed in futurum reservat judicium, ut omnes pariter judicentur, et secundum voluntatem et opera sua ibi recipiant, 413. In judicio quando Dominus cœperit judicare, tunc futura est veritas ; nunc injustitia dominatur in mundo, *ibid.*
Jupiter Enyalius Martem significat, 266. Jupiter Gamelius, *ibid.* Jovis amasius et catamitus, poculum ipsi Jovi porrigebat, 336.
Justitia requiem habet iniquitas laborem, 421. Inhumana

justitia est quæ fragilitati conditionis hominum non ignoscit, 443. Justitia et pietas in nobis debent præcedere scientiæ lumen, 407. Grandis libra justitiæ est, et cui, et quantum, et quamdiu, et quale, vel in re, vel in consilio tribuere, 446.

Justus in se sinistram non habet maxillam; sed totum in eo dextrum est, 469. Justis ea frequenter eveniunt, quæ impiis evenire debuerant; et impii tam feliciter in hoc mundo degunt, ut eos putes esse justissimos, 456. Pro incerto vitæ hujus et lubrico statu, et justus concidit, et peccator exsurgit, 418. Justus et peccator nequaquam pari exitu tenebuntur; quia hic ad refrigeria, ille perget ad pœnam, 404.

K

K apud Latinos, exceptis Kalendis, superflua littera putatur, 34. Per C exprimitur, 91.

L

Labor. Maxima est inter homines vanitas, ut alter labore alterius perfruatur, et sudor mortui deliciæ sint viventis, 403.

Lacrymas solum habere nobis licet in calamitatibus, dum opprimimur a potentioribus, 418.

Lactantius. In præclaro Institutionum suarum opere, Y litteræ meminit, et de dextris ac sinistris, hoc est de virtutibus et vitiis, plenissime disputat, 469.

Lætitia. Non solum corporalis lætitia, sed etiam spiritualis tentatio est possidenti, ita ut indigeat corripiente stimulo ne elevetur, 396. In convivii lætitia, si quid timoris Dei habere videbamur, amittimus, 456.

Laqueus. Omnia retibus plena sunt: diabolus laqueis cuncta complevit, 529.

Larvarum natura est terrere parvulos, et in angulis garrire tenebrosis, 303.

Lavacra salubria in Betœnea, 151, 175.

Laus. Frequenter post mortem multi laudantur in Ecclesia, et beati in his quæ non probabiliter fecerant, publice sive a successoribus, sive a populis prædicantur, 454.

Legio Romana, cognomento Decima sedebat in Aila in extremis finibus Palæstinæ, 130.

Lex antiqua rigida, imbenigna, non parcens, peccantem interficit. Evangelii gratia miseretur, et ad pœnitentiam provocat 409.

Libris ex principiis eorum nomina imponunt Hebræi, 306. Innumerabiles libri, una Lex, unum Evangelium nominantur, 493. Libros quos maximo labore componunt homines, segnibus et otio torpentibus sæpe tradunt, 404.

Linguæ immoderatæ periculum, 479.

Litteræ Hebræorum, Aleph, He, Heth et Ain aspirationes suas vocesque commutant; 3 littera χ, Chi, Græca non habetur apud Latinos, 190.

Lucas, ut proselytus, litteras Hebræas ignorabat, 371.

Luctus. Populus peccator in vestibus pullis luxisse describitur, 462.

Lucullus Romanus consul obsedit et cepit Nisibi urbem Mesopotamiæ, 126.

Luna stetit orante Josue in Ailon, 143.

Lybies ab Hebræis dicitur Phut, 319.

Laabim, Phutæi dicti sunt, 320.

M

Machabæorum sepulcra in Modim. Ostendebantur tamen eorum reliquiæ Antiochiæ, 247, 250.

Majorum sequenda vestigia, et ab auctoritate eorum discrepare non debemus, 493.

In Maledictum et in detractionem regum et principum non debemus prorumpere, 479.

Manaim castra interpretantur, 356.

Manasses post captivitatem restitutus in regno, et longo deinceps vixit tempore, 443, 456.

Mannus quid sit, 471.

Mrcaion et Valentinus melioris se dicunt naturæ esse quam conditor est, 450. Marcion et Manichæus rabido ore dilaniabant veterem Legem, Evangelium tantum suscipientes, 480.

Mare apud Hebræos vocatur omnis congregatio aquarum, 306. In Scripturis pro occidente ponitur, 326.

Mariæ sororis Mosis sepulcrum monstrabatur in Cades,183.

Martis idolum in Areopoli vocatum Ariel, 162.

Martyres et Machabæi pro Lege Dei atque justitia visi sunt in sua perire justitia, 442.

Massa de recentibus ficis compacta apud Hebræos Debelath, apud Græcos Palatha vocatur, 27.

Mathusala quo anno mortuus sit, 314.

Meditatio quotidiana et frequens lectio, animæ solet magis labor esse quam carnis, 493.

Melchisedech juxta opinionem Hebræorum fuit Sem filius Noe, 328.

Melchom, idoium Ammonitarum, 250.

Mesopotamia ideo dicitur, quod duobus fluviis, Euphrate ambiatur et Tigri, 102.

Metallofenum, locus juxta Aurea, 199, 211. Idem qui Fenon, seu Finon, ibid.

Merita. Non est in præsenti retributio meritorum, sed in futuro, 463.

Miraculum. Una Dei in Ægypto signorum operatio molliebat corda credentium, et incredulos indurabat, 441.

Miserabilis uterque est, et qui propter opes periclitatur, et qui propter inopiam egestate conficitur, 420.

Moria. In monte Moria creditur templum ædificatum, 337. De Geraris usque ad montem Moria, id est, sedem templi, iter dierum trium erat : de quercu autem Mamre usque ad eumdem montem, vix unius diei iter plenum fuit, 338.

Mors. Præsenti cadavere mortuorum, conditionis nostræ et fragilitatis humanæ commonemur, 456. Quare dies mortis melior sit die nativitatis, ibid. Ubicunque ceciderimus mortis tempestate subversi, ibi jugiter permanebimus, 480.

Moses Deo irascente primum, dehinc inspirante legem suscepit, 494.

Mulier. Caput omnium malorum mulieres, 447. Omnes mulieres non ad virtutem, sed ad luxuriam deducunt, 448. In ruina generis humani, facilior ad casum est mulier, ibid. Corpus sanctarum mulierum non vis maculat, sed voluntas, 524.

Mundus ex diversis subsistit, et eodem modo vita hominis super terram, 442. Tanta malitia in mundi hujus capacitate versatur, ut non possit recipere ordinem et perfectionem suam, in quibus primum conditus est, 394.

N

Nabau, sive Nabo, mons in quo mortuus est Moses, 231.

Nazareth, idolum Assyriorum, 253.

Nemrod primus in populo tyrannidem insuetam arripuit, regnavitque in Babylone, 320.

Nephthali. In Nephthali aquæ calidæ nascebantur, 377.

Nineve urbs Assyriorum, et Nineve urbs Judæorum in angulo Arabiæ, 231.

Nisibi a Joviano imperatore Persis tradita, 128.

Nives æstivæ Tyrum ob delicias deserebantur a monte Ærmon, 143.

Noe non fuit justus secundum justitiam consummatam, 315.

Nomen. Quatuor homines in veteri Testamento nominibus suis vocati sunt antequam nascerentur, 332. Nomina Hebræa secundum accentorum et litterarum diversitatem, in varias significationes commutantur, 13, 33, 36, 88, 98, 100, 114.

Naturas hæretici quidam introducebant, quæ non recipiunt sanitatem, 384.

Novum nihil volebant sub sole hæretici, nisi quod fuerat in præteritis sæculis, antequam fieret, 391.

Noxia plurima in rebus sunt creata, ut dum vitamus ea, ad sapientiam erudiamur, 393.

Numerus singularis in bono semper, accipitur, duplex in malo, 421.

O

Obrizum, genus auri quod Græci fulvum vocant, 81.

Olei natura est, ut et lumen alat, et fessorum solvat laborem, 463.

Ommei, sive Ommim, gens valida in Save, 267.

On, Græce Heliopolis, exstructa erat antequam Jacob ingrederetur Ægyptum, 258. On sive Aun, civitas Samariæ, ibid.

Ophir, regio Indiæ sic dicta ab Ophir uno de posteris Eber, 258, 273.

Opera. Novo operi venia concedenda, 303. Ex optimis operibus semina hæreseon capiunt perversi, et alienos labores calumniantur, 403. Error quorumdam circa opera mortuorum, 459. Nullum bonum opus post mortem homines perpetrare possunt, ibid.

Or, mons in quo mortuus est Aaron, 258.

Origenes post Apostolos Ecclesiarum magister Appellatur, 4. In Homillis suis communem Editionem sequebatur, in tomis Hebraicæ linguæ quærebat auxilia, 505. Supplevit in libro Hebraicorum Nominum quod Philo Judæus omiserat, 5. Omnes vicit in cæteris libris, in Cantico Canticorum se ipsum superavit, 499.

Otium et desidia rubigo sapientiæ est, 473.

Ovium Italicarum et Mesopotamiæ una natura esse traditur, 335.

P

P litteram non habent Hebræi. Abusive eorum nomina per F scripta sunt apud Latinos, 96, 104.
Palæ, vulgo ventilabra nuncupabantur, 96.
Panem cælestem fastidiebat Israel, et Ægyptiorum carnes desiderabat, 138.
Paradisus dicitur conditus ante cœlum et terram, 307. De paradiso et ejus fluminibus quid sentiendum ex Sallustio certissimo auctore, 202.
Passer nunquam in Scriptura legitur in malam partem, 489.
Passiones. In ira omnes perturbationes animi comprehenduntur : in carnis malitia, universæ corporis voluptates, 486.
Pater. Juvenes et stulti dicuntur in Scriptura, qui a veteri auctoritate desciscunt, et sana præcepta parentum contemnunt, 476.
Patientia non solum in angustiis, sed et in lætioribus necessaria est, ne plus quam condecet exaltemur, 439. Convenit justo parum habere simplicitatis, et propter nimiam patientiam, dum ultionem reservat Deo, stultum videri; quam statim se vindicantem sub velamento prudentiæ exercere malitiam, 468. Dei patientia in occulto est, quæ sinit tribulare nunc sanctos, et peccatores non visitat pro scelere, ut justis possit æterna bona restituere, et peccatoribus mala inferre perpetua, 445.
Patriarcharum nominum omnium etymologiæ ponuntur, 550.
Paulus. Manifestissima in benedictione Benjamin prophetia de Paulo apostolo, 379.
Peccatum. Aliud est cogitatione, aliud opere peccare, 470. Peccatum odoris est putidi; virtus spirat unguenta, 505. Propter unum peccatum multæ justitiæ pereunt, 468. Qui peccavit et fecit malum, mortuus est; in eo enim quod peccavit, statim mortuus est. 454. Peccator ignoras contemplationem spiritualem, prohibet a vera jucunditate cor suum, 402. Iræ Dei est in peccatorem, ut diebus ac noctibus opes congreget, et nequaquam eis utens, his relinquat qui in conspectu Dei justi sunt, 406. Quia peccatores non statim arguuntur atque corripiuntur, putant nequaquam futurum esse judicium, et in scelere perseverant, 435. Peccatorum remedium ex conversatione bona nascitur, non ex tumenti et superflua dignitate, 470.
Pecunia. Argentum secundum Græci sermonis ambiguitatem, potest et pecunia transferri, 430. Pecuniosi primitus dicti referuntur, qui plura habuerunt peculia, id est, pecora, *ibid.*
Inter Perfectos et amore consummatos, magister et discipulus æquales sunt, 385.
Perversus, nisi ante corrigatur, non poterit adornari, 394.
Petra, civitas Arabiæ, cognominata Jectael, a Syris dicta Recem, 259.
Philo Judæorum disertissimus dicitur, 4. In libro Hebraicorum Nominum omiserat ut Judæus nomina novi Testamenti, 7.
Philosophi etsi omni studio veritatem quæsierint, et sapientiam se comprehendere putaverint, ad veritatis lumen pervenire non potuerunt, 475. Suorum dogmatum falsitates conantur asserere varietate ac multiplicatione sermonum, 499.
Phœnicum antiquitates Hieronymus Ægyptius conscripsit, 10.
Pietas. Tempus odiendi est in martyrio, cum pro Christi confessione rigidos nos pietas oppugnat inimica, 411.
Pinceruæ ministerium non vile putabatur officium apud antiquos, sed erat maximæ dignitatis apud barbaros, 565.
Piscina probatica, id est, pecualis, eleganter describitur, 182.
Plangendum est in præsentiarum, ut postea saltare valeamus, illa saltatione qua David saltavit ante arcam testamenti, 409.
Plausus. Si compositione verborum, vel instinctu diaboli, plausus populi excitaverimus, contra conscientiam nostram scire nos arbitramur, de quo aliis potuimus persuadere, 411.
Pœnitentiæ medicina proposita peccantibus, 444. Libenter Deus suscipit pœnitentem, 464. Deus non statim scelus hominum ulciscitur, sed differt pœnam, dum exspectat pœnitentiam, 455. Ad vocem episcopi sive presbyteri, per pœnitentiam consurgunt peccatores, 489. Omnibus per pœnitentiam in integrum restitutis, solus diabolus in suo permanebit errore, 394.
Porphyrii calumnia, qua Evangelistas coarguebat, confutatur, 507.
Portio hæc nostra est, præmiumque perpetuum, si hic pro virtutibus laboremus, 402. Pars nostra est, ut in nostro studio et labore lætemur, 432.
Præceptum. Non debemus tractare quare Deus unumquidque præceperit, sed quodcumque videmus esse mandatum, hoc pia mente implere festinemus, 454.
Prædicator. Qui tantum eo tempore Dei verbum prædicat, quo populus libenter auscultat, et secunda aspirat aura rumoris, sator negligens, et ignavus agricola est, 482.
Sapientium verba pungunt, non palpant, nec molli manu attrectant lasciviam; sed errantibus et tardis pœnitentiæ dolores, et vulnus infligunt, 494.
Præscientia. Ex præscientia et prædestinatione Dei, jam ea facta sunt quæ futura sunt, 591. Non tollit liberum arbitrium, sed causas ante præcedere innuit, quare unumquodque sit factum, 435.
Principes veri, et judices quales sint, 476.
Profectus. Sic debemus vivere, ut semper præsentes dies meliores nobis sint, quam præteriti, 439.
Promissio. Melius est ancipitem diu librare sententiam, quam in verbis facilem, in opere esse difficilem, 428.
Prophetæ. Nubes sunt Prophetæ et omnes Sancti, qui præcepta doctrinarum pluere possunt, 481.
Proverbiorum liber, non ut simplices arbitrantur, patentia habet præcepta, sed quasi in terra aurum absconditum, et in nuce nucleum, 493.
Providentia. Omnia Deo fiunt disponente, et non casu aut fortuito, 461. Cuncta non sive voluntate Dei disposita sunt, et Deus omnia in utilitatem hominum facit, 452. Eventus rerum providentiæ Dei reservandus, dum nos in operibus bonis laboramus, 482. Deus jussit humanis usibus elementa servire, ut homines hæc videntes, intelligant esse providentiam, 415.
Psalmus LXIV et Psalmus LXXI secundum historiam super Salomone conscripti sunt; tametsi ad prophetiam Christi et Ecclesiæ pertineant, 386. Quindecim psalmi graduum sunt, per quos primum erudimur in lege, 480.
Psonthom-phanech, sive Saphaneth phanee quid significet? 367.
Ptolemæus Platonis fuit sectator. Judæos magni idcirco faciebat quia unum Deum colere dicerentur, 505.
Punica lingua Hebræo sermoni conterminea est, 562.
Pythagoricorum doctrina est tacere per quinquennium, et postea eruditos loqui, 410. Decretum illud de silentio quinquennii mutuatum est e libro Ecclesiastis, ubi dicitur, Tempus tacendi, et tempus loquendi, *ibid.*

Q

Q litteram, exceptis Latinis, nulla alia lingua habet, 44.
Quercus Mambre superstitioso cultu celebris usque ad tempora Constantii regis, sive imperatoris, 150, 193.
Quis, pronomen, in Scriptura non pro impossibili, sed pro difficili semper accipitur, 417.

R

Res et Daleth parvo apice distinguuntur, 432.
Ratio naturalis, quam etiam peccatoribus Deus auctor inseruit, deducit ad sapientiam requirendam, stultitiamque calcandam, 597.
Recem, rex ejusdem urbis quæ et Petra dicitur, dictus est etiam rex Madian, 262. Recem, alia in tribu Benjamin, *ibid.*
Regnum Dei appellantur volumina Legis et Prophetarum, 435.
Remmam, domus idoli Damasceni, 265.
Reprobi habent aliquando Deum in seipsis habitantem, 423.
Rhinocorura, vox addita a LXX Interpretibus ob notitiam loci, 263, 298.
Rhodii Hebraice Rodanim, vel Dodanim dicuntur, 15.
Risus dissolvit ridentem, ira corripit et emendat, 437.

S

S triplex apud Hebræos : quomodo legatur, 16, 266.
Sade Hebræum nec *s*, nec *z* nostrum sonat, 92.
Sabbatum in principio dissolutum est, 507.
Sabee vocis multiplex interpretatio, 357.
Sacerdos. Primogeniti officio sacerdotum functi sunt apud Hebræos, antequam Aaron in sacerdotium eligeretur, 348.
Sacramentum. Mysterium Ecclesiæ Christianæ non est in victimis irrationalibus immolandis, sed in oblatione panis et vini, id est, Corporis et Sanguinis Domini Jesu Christi, 529.
Sæculum. Omne bonum præsentis sæculi confusio est, futuri perpetua fortitudo, 477.
Salem, Sichem dicitur et Jerusalem, 358, 359.
Salomon tria habuit nomina, 383. Sapientior fuit, non Abraham et Moyse et cæteris Sanctis, sed his qui fuerunt ante se in Jerusalem, 394. Juxta numerum vocabulorum suorum, tria volumina edidit, in quibus parvulos docet, et viros maturæ ætatis, et perfectos atque consummatos,

584. Salomon non habuit similem sui filium Roboam, 404. Multa scripta Salomonis antiquata, nec in memoria duraverunt, 496.

Salus. Simpliciores nonnumquam salutem consequuntur, quam doctiores amittunt, 417.

Salutaris. Quæ provincia in Palæstina dicta sit Salutaris, 337.

Samaritani a quibus sumpserunt exordium, 278.

Samson et Dalila unde fuerunt, 277.

Sancti. Ante adventum Christi, Sancti omnes detinebantur in inferno : non autem post resurrectionem Domini, quia cum Christo sunt, 464.

Sapiens. Vir sapiens in Scripturis laborat et componit libros qui in manus stultorum veniunt, et frequenter calumniis patent, 405. Qui sapiens est, semper de futuro sæculo cogitat, quod ducit ad dextram; qui vero insipiens, de præsenti, quod positum est in sinistra, 469. Melior est sapiens cum divitiis, quam tantum sapiens et quare, 440. Sapiens vadit ad domum viri, qui se corripiat delinquentem, ut adducat ad lacrymas, et provocet propria flere peccata, 437. Dolor sapientum et perfectorum qualis sit, 395. Multorum exemplo probatur, quod interdum sapientissimi homines necessariis indigeant; cum in Ecclesia imperitissimi quique floreant, et prudentes se esse arbitrentur, 465. Sapientis hominis est, sapientiam præviam sequi, et vanos non considerare rumores, 446. Sapiens perfectus nulla argutione indiget, nulla calumnia conturbatur, 458. Quanto magis quis sapientiam fuerit consecutus, tanto plus indignatur subjacere vitiis, et procul esse a virtutibus quas requirit, 395. Sapientia per tormenta quædam et intolerabilem laborem, jugi meditatione et studio nobis provenit, 595. Latet in abdito et profundo : nec ita se præbet mentibus, ut lumen visui, ibid. Probatur in bonis appetendis, et in malis declinandis, ibid. Est lignum vitæ quæ nisi in medio virtutum plantetur, ligna cætera siccabuntur, 398. Plus potest in angustia constituto præstare, quam quælibet maximæ potestates, 445.

Saracenorum mons et desertum dicitur Pharan, 191. Vagi et incertis sedibus universas gentes incursant, et impugnantur ab omnibus, 330.

Sarai nomen mutatum in Sara. Errores Græcorum circa mutationem hujus nominis, 331.

Satanas contrarius interpretatur, 347.

Sub Saule necdum regnabatur in Jerusalem, 390.

Scientiam Dei non latet quod clam cogitamus, 479.

Scire. Magis opinamur, quam scimus quod verum est, 401. Superflua cura et sollicitudo per diversa cruciaris a Deo hominibus data, ut scire cupiant, quod scire non licitum est, 595. Præcipitur nobis, ne velit homo plus scire quam Scriptura testata est, 435. Non potest homo tam liquido et pure scire sapientiam Creatoris, quam scit ille qui conditor est, 405. Quanto amplius scire quærimus, tanto magis ostendimus vanitatem nostram et verba superflua, 435.

Scriptura divina brevi circulo coarctata est, et quantum dilatatur in sensibus, tantum in sermone constringitur, 495. Verus cibus et potus, qui ex Verbo Dei sumitur, scientia Scripturarum est, 413. Earum notitia divitiæ Christi, 505. Sapientia sequenda, et scientia Scripturarum quasi in conjugium copulanda, 465. Notitia Scripturarum non potest haberi cum mundi divitiis, 505. Non possumus scire sensum Scripturarum, nisi eum per verba discamus, 594. Cum sint plurimi qui Scripturarum occulta dicantur posse se solvere ; rarus est qui veram inveniat solutionem, 430. Omnes artes absque doctore non discimus; sola Scripturarum doctrina tam vilis aut facilis multis videtur, ut non indigeat præceptore, 411. Omnes res difficiles, et magno labore discuntur, contra eos qui putant otiosis sibi et vota facientibus venire notitiam Scripturarum, 390. Historiæ paupertas, sive simplex intellectus, non est prætereundus, dum sensum anagogicum in Scripturis sequimur, 406. Moris est Scripturarum, quamvis multos libros, si inter se non discrepant, de eadem re scribantur, unum volumen dicere, 495. Imperativum modum pro optativo ponunt, 306.

Securus. Nemo debet se nunc putare securum; sed ei tractanda sunt arma in hoc belli tempore, ut victor quondam requiescat in pace, 411.

Seir montes a quo dicti, 348.

Senectus. Omni tempore bona agenda, tam in ætate longæva, quam in juventute; quia non prodest adolescentiæ frugalitas, si senecta ducatur in luxu, 483.

Sensus magis debemus sectari quam verba, 495.

Septenarius numerus plenus et perfectus, 461.

Septuaginta Interpretes Scripturarum sacramenta Ptolemæo regi prodere noluerunt, 305. Horum errores non arguebat Hieronymus, ibid. Græce quinque tantum libros Mosis reddiderunt, ibid. Plusquam cæteri Hebraicis consonabant illi libri, ibid. Ab Hieronymo vindicantur, 340.

Sepulcrorum venditores castigantur, exemplo Ephron Hetthæi, 340, 341.

Sermones. Si cujus sermo non pungit, sed oblectationi est audientibus, iste non est sermo sapientis, 494. Quare melior sit finis sermonis, quam exordium, 458.

Servi interdum subita a diabolo dignitate perflati, vias publicas mannis terunt; dum nobilis quisque et prudens paupertate oppressus, graditur itinere, officioque servorum, 471.

Sicera dicitur apud Hebræos omne quod inebriare potest, 96.

Sichar sive Sichem, Neapolis est urbs Samaritanorum, 341.

Siclus Latino sermone, Hebraice dicitur Secel, qui habet unciæ pondus, 341.

Simeonis tribus in medio tribus Judæ habitabat, 174. Simeon et Levi proprium hæreditatem non acceperunt, 375.

Simulacra a similitudine, et similitudo Latinum nomen ab Hebræo Semel derivatur, 86.

Sin elementum stridulum Hebræorum, Isaac paululum declinavit, et pro eo Samech pronuntiavit, 348.

Sinai mons aliquando mons Horeb dicitur secundum Hieronymum, 191.

Soccho Samaritani condiderunt, 274.

Sol interitum mundi ortu suo quotidie indicat, et occasu, 587. Quando per austrum currit, vicinior terræ est; quando per aquilonem, sublimi attollitur, 389. Una atque eadem solis operatio liquefacit ceram, et siccat lutum, 441.

Sollicitudinis causa et distentionis non est in Deo, sed in illo qui sponte sua ante peccavit, 407.

Somniis qui credit, vanitati se et ineptiis tradit, 426.

Sonthomphanec, sive Saphaneth Phanee, interpretabatur ab Ægyptiis Salvator mundi, 17. V. Psomthomphanech.

Spiritus. Apud Hebræos et spiritus, et ventus similiter appellantur Ruha, 439. Spiritus sanctus a principio vivificator, conditor, et Deus, 306.

Sponsi divini quomodo jungimur amplexibus, 319.

Stultitia caruisse sapientia prima est, stultitia autem carere non potest, nisi qui intellexerit eam, 593. Stultitia contra sapientiam bellum gerit, et quidquid prudentiæ in docto viro viderit, zelo stimulata non recipit, 474. Stulti ex suo ingenio universos judicant, 469. Stultus in eo doctum, in eo se putat esse sapientem, si verba multiplicet, 475. Stulti in hoc sæculo a facie diaboli sublevantur, dum principes, servorum ingrediuntur vilitate, 395.

Superbia. Nihil est in hoc mundo deterius, et omni vento inanius, quam superbus et sibi placens, cui nihil placet, nisi quod ipse fecerit, 435.

Syros Assurim vocatos fuisse nonnulli contendunt, 344.

Syrtis a tractu nomen habet impositum juxta Sallustium, 104.

T

Templum. Non laudis est ingredi domum Dei, sed sine offensione ingredi, 426.

Terentius Comœdiarum suarum Prologos in defensionem suam scenis dabat, 301. Eum quasi publici ærarii furem criminabatur Luscius Lanuvius, ibid.

Testamentum. Quomodo legendum vetus et novum Testamentum, 483. Præcipitur nobis ut in utrumque Instrumentum, tam vetus scilicet quam novum pari veneratione credamus, 480. Æternæ pœnæ præparantur his qui nequaquam utrumque sociant Testamentum, 482, 483.

Testimonia multa proferunt de veteri Testamento Christus et Apostoli, quæ non leguntur in codicibus LXX Interpretum, 305.

Thabor, mons in Galilæa, 283. V. Itabyrium.

Tharsis regio, 286. Omne Pelagus Tharsis appellatum, 299.

Tharsus metropolis Ciliciæ, Paulo apostolo gloriosa, 318.

Theman dicitur apud Hebræos omnis Australis regio, 282.

Theodotion in multis cum LXX Translatoribus consentit, 396.

Theraphim, imagines vel figuræ, 70, 353.

Theristron, genus Arabici vestimenti, quo mulieres provinciæ illius velantur, 343.

Thus oritur apud Sabæos, 319.

Tigris et Euphrates oriuntur in Armenia, 202. Tigris dictus propter velocitatem, 279.

Timor. Duplex metus et timor Dei, incipientium scilicet et perfectorum, 497. Qui timet Deum, nec prosperis elevatur, nec opprimitur adversis, 445. Imitator conditoris sui, absque respectu personarum omnibus benefacere festinat, 444.

Torrens nusquam in Scriptura, absque additamento, in bonam partem legitur, 389.

Thrachonitis et Ituræa eadem regio, 279.

Tribulationibus variis quamvis coarctemur, nihil blasphemum loquendum, nihil impium sentiendum, 479.

Trinitatis confessio apud Christianos, 460.
Tullius rex Oratorum, et Latinæ linguæ illustrator, repetundarum accusatur a Græcis, 501.
Tyberias in honorem Tiberii Cæsaris exstructa ab Herode, 191. Legis habebat notitiam, et ideo ager irriguus dicebatur, juxta opinionem Hebræorum, 378.
Tyrus Hebraice dicitur Sor, 46, 93. *V.* Sor.

U

Unguentum. Moris est Hebræorum, unguentum bonum, oleum nuncupare, 436.
Usus. Donum Dei est, talem viro justo dari mentem, ut ea quæ curis vigiliisque quæsivit, ipse consumat, 406.

V

Vau et jod litteræ Hebræorum tantum magnitudine differunt, 366. *V.* Jod.
Vana sunt omnia tamdiu, quamdiu veniat quod perfectum est, 386. Nihil vanius in hoc mundo, quam terram manere quæ hominum causa facta est, et ipsum hominem terræ omnium in pulverem repente dissolvi, 387. Non debemus ea studiose appetere, quæ dum tenentur, intereunt, 385.
Pro Verbo otioso rationem reddituri sumus, et omne quod non ædificat audientes, in periculum vertitur loquentium, 497.
Veritatem per foramen, et quasdam tenebrosas cavernas aspicimus, 488.

Vernum tempus anni, tempus electum est, 360.
Virago cur Eva dicta sit, 308.
Virgilius, compilator veterum dicebatur, 501. Idem philosophus et poeta, 469.
Virtutes apud philosophos in meditullio sunt positæ, et omne quod nimis est, sive sursum, sive deorsum, reputatur in vitio, 443. In medio suut; et nimietas omnis in vitio est, 469. Se invicem sequuntur, et qui unam habuerit, habet omnes, 468. Non est æmulatio in virtutibus, 509. Bonos dies viventi faciunt; vitia, malos, 459. Spirant unguenta, 509. Qui post vitia se refrænat, et virtutum est sectator, laudatur ab Ecclesiaste, 398.
Vita. Hæc pars nostra est, et hic laboris fructus, si in hac vita umbratili, vitam veram invenire valeamus, 463.
Vitio nostro ad pejora labimur quotidie, 448.
Voluntas. Melius est juxta sensum cuncta agere, qui animæ est oculus, quam voluntatem cordis sequi, 435.
Voluptas et concupiscentia comparatur Ebrietati, quæ evertit animi vigorem, 397. Præterita voluptas præsentem non juvat, et exhausta non satiat, 396. Quanto crescunt divitiæ et voluptates, tanto sapientia deest in hominibus, 397. Homines luxuriæ et voluptatibus totos se tradunt, et quærunt divitias, quæ in necessitate non liberant, 467.

Y

Y, littera philosophorum, quid significet, 424, 469.

ELENCHUS

VETERUM AUCTORUM QUI LAUDANTUR A S. HIERONYMO IN HOC TOMO III.

Alexander Polyhistor, 444. — Apollinaris Laodicenus, 445, 491. — Aristippus, 461. — Aristoteles, 475. — Baraciba, 424. — Berosus Chaldæus, 126. — Carneades, 475. — Cleodemus, *cognomento* Malchus, 344. — Cyrenaici Philosophi, 461. — Donatus, 590. — Epicurus, 391, 461. — Estiæus Historicus, 266. — Eusebius Cæsariensis, 121, 435. — Eusebius Emissenus, 358. — Firmianus Lactantius, 469. — Gregorius, Ponti episcopus, 424. — Hieronymus Ægyptius, 126. — Hilarius, 305. — Horatius, 409. — Jason, et Papiscus, 505. — Josephus Judæus, 126, 163, 199, 231, 258, 266, 267, 286, 287, 299, 504, 356. — Lactantius. *Vid.* Firmianus. — Mantuanus Vates. *Vid.* Virgilius. — Moyses, Legifer Judæorum, 128. — Mnaseas; 126. — Nicolaus Damascenus, 126. — Origenes, 1, 3, 504, 425. — Papiscus. *Vid.* Jason. — Philo, Judæus, 1, 3. — Plato, 475. — Porphyrius, 307. — Pythagoras, 410. — Quintilianus, 501. — Sallustius, 104, 202, 430. — Sibylla, 166. — Terentius, 501, 390. — Tertullianus, 503. — Tullius, 501, 450. — Victorinus, 425. — Virgilius, 425, 501, 355, 448, 452, 460, 469. — Zeno, 475.

ORDO RERUM

QUÆ IN HOC VOLUMINE CONTINENTUR.

OPERUM HIERONYMI TOMUS II.

PRÆFATIO.	9
In *Vitas Pauli, Hilarionis et Malchi admonitio.*	13

VITA S. PAULI.—S. Pauli, a quo primum eremus habitari cœpta, vitam dejectio non nihil stylo propter simpliciores enarrat; ostenditque illum, 16 circiter annos natum, eremum petiisse sub Decio et Valeriano, ut sævientem in Christianos persecutionem declinaret, in eaque annis degisse nonaginta octo mira abstinentia ac sanctitate, usquequo a magno Antonio divinitus admonito visitatus, diem ultimum oppetiit. Historiam cognomini Paulo seni Concordiensi inscribit. 17
Prologus. Ibid.
INCIPIT VITA. 19

VITA S. HILARIONIS.—Hilarion monachus Thabathæ, Palæstinæ vico, ortus, ac magni Antonii discipulus, quanta abstinentia et sanctitate vitam duxerit, quantisque etiam in solitudine inclaruerit miraculis, copiose describit Hieronymus, in eoque exemplar perfecti monachi proponit. 29
Prologus. Ibid.
INCIPIT VITA. Ibid.

VITA MALCHI MONACHI.—Malchi monachi ex Maronia, Syriæ viculo, vitam, quæ variis periculis atque infortuniis exagitata, et captivitate oppressa est, ob oculos lectoribus ponit. 53
In S. Pachomii Regulam a S. Hieronymo latine redditam admonitio. 59
REGULÆ S. PACHOMII TRANSLATIO LATINA. 61
Præfatio. Ibid.
EXORDIUM PRÆCEPTORUM. 63
INSTITUTA S. PACHOMII.—Quomodo collecta fieri debeat, et fratres congregandi sint ad audiendum sermonem Dei, juxta præcepta majorum, et doctrinam sanctarum Scripturarum, ut liberentur de errore animæ, et glorificent Deum in luce viventium, et sciant quomodo oporteat in domo Dei conversari sine ruina et scandalo, ut non inebrientur aliqua passione, sed stent in mensura veritatis et traditionibus apostolorum et prophetarum, et solemnitatum ordinem teneant, imitantes conversationem eorum in domo Dei, et jejunia atque orationes ex more complentes. Qui enim bene ministrant sequuntur regulam Scripturarum. 77
PRÆCEPTA ET JUDICIA S. PACHOMII. 81
PRÆCEPTA AC LEGES S. PACHOMII. 83
MONITA S. PACHOMII. 85

PP. PACHOMII ET THEODORI EPISTOLÆ ET VERBA MYSTICA. 87

EPISTOLA I S. PACHOMII.—Scribens Cornelio, qui pater fuit monasterii Mochœseos, loquitur juxta linguam quæ ambobus ab angelo tradita est. Ibid.

EPIST. II S. PACHOMII.—Scribit ad Patrem monasterii Syrum, qui et ipse gratiam cum Pachomio et Cornelio angelicæ linguæ acceperat. Ibid.

EPIST. III S. PACHOMII.—Scribit ad patrem monasterii Cornelium, quod vocatur Mochanseos. 88

EPIST. IV S. PACHOMII.—Scribit ad Syrum patrem monasterii Chnum, et Joannem præpositum domus ejusdem monasterii. 91

EPIST. V S. PACHOMII.—Scribit ad universa monasteria, ut cuncti fratres congregentur in monasterium majus, quod vocatur Bbaum, in diebus Paschæ; et sit omnium una solemnitas. 93

ORDO RERUM IN HOC TOMO CONTENTARUM.

EPIST. VI S. PACHOMII.—Scribit ad Syrum et ad Joannem supra memoratos. 95
EPIST. VII S. PACHOMII.—Universis monasteriis mandat ut congregentur omnes monasteriorum principes et domorum præpositi in monasterium quod vocatur Bhum, vicesimo die mensisqui apud Ægyptios appellatur Mesore, ut rite omnium peccatorum atque operum remissio compleatur. 96
EPIST. VIII S. PACHOMII.—Scribit ad fratres qui tundebant in deserto capras, de quarum filiis texuntur cilicia. 97
VERBA PROPHETICA S. PACHOMII.—In visione erudit fratres in monasterio Mochansi, de his quæ eis eventura essent, et de his quæ vel facturi essent principes monasteriorum, vel passuri. 98
EPIST. THEODORI.—Scribit ad monasteria de Pascha. 99
In librum Didymi de Spiritu sancto admonitio. Ibid.
INTERPRETATIO LIBRI DIDYMI DE SPIRITU SANCTO. 101
Hieronymi præfatio ad Paulinianum. Ibid.
INCIPIT INTERPRETATIO. 103
In sequentem Dialogum admonitio. 153
DIALOGUS CONTRA LUCIFERIANOS. 155
In sequentem librum admonitio. 181
LIBER DE PERPETUA VIRGINITATE B. MARIÆ. 183
In libros adversus Jovinianum admonitio. 205
ADVERSUS JOVINIANUM LIBRI DUO. 211
LIBER PRIMUS. Ibid.
LIBER II. 281
In librum contra Vigilantium admonitio. 337
LIBER CONTRA VIGILANTIUM. 339
In librum contra Joan. Hierosolymitanum admonitio. 351
LIBER CONTRA JOAN. HIEROSOLYMITANUM. 355
In libros contra Rufinum admonitio. 395
APOLOGIA ADVERSUS LIBROS RUFINI. 397
APOLOGIÆ LIBER PRIMUS. Ibid.
LIBER II. 425
LIBER III, vel ultima responsio S. Hieronymi adversus scripta Rufini. 457
In Dialogum contra Pelagianos admonitio. 491
DIALOGUS ADVERSUS PELAGIANOS. 495
Prologus. Ibid.
LIBER PRIMUS. 497
LIBER II. 535
LIBER III. 569
THEODORI MOPSUESTENI EPISC. FRAGMENTA. 589
I. De secundo codice libri quarti, folio decimo, contra S. Aug. defendentem originale peccatum, et Adam per transgressionem mortalem factum catholice disserentem. Ibid.
II. Ex secundo codice, libro tertio, ante quatuor folia finis libri. 591
III. De codice secundo, ex libro tertio, folio decimo octavo. 594
IV. De secundo codice, ex libro tertio, folio vigesimo quinto. Ibid.
V. Ex octavo sermone catacismi, folio septimo. 595
VI. Ex libro quinto commenti de creatura. 596
In librum de viris illustribus admonitio. 597
LIBER DE VIRIS ILLUSTRIBUS. 601
CAPUT PRIMUM. — SIMON PETRUS. 607
CAP. II. — Jacobus, frater Domini. 610
CAP. III. — Matthæus apostolus. 613
CAP. IV. — Judas, frater Jacobi. Ibid.
CAP. V. — Paulus apostolus. 615
CAP. VI. — Barnabas Cyprius. 619
CAP. VII. — Lucas medicus. Ibid.
CAP. VIII. — Marcus evangelista. 621
CAP. IX. — Joannes apostolus. 623
CAP. X. — Hermas, cujus Paulus Ep. ad Rom. meminit. 625
CAP. XI. — Philo Judæus. Ibid.
CAP. XII. — Lucius Annius Seneca. 629
CAP. XIII. — Josephus Matthiæ filius. Ibid.
CAP. XIV. — Justus Tiberiensis. 631
CAP. XV. — Clemens, de quo Paulus Epist. ad Philipp. meminit. Ibid.
CAP. XVI. — Ignatius Antiochiæ episcopus. 633
CAP. XVII. — Polycarpus. 635
CAP. XVIII. — Papias, Joannis auditor. 637
CAP. XIX. — Quadratus apostolorum discipulus. Ibid.
CAP. XX. — Aristides, philosophus Atheniensis. 639
CAP. XXI. — Agrippa, cognomento Castor. Ibid.
CAP. XXII. — Hegesippus. Ibid.
CAP. XXIII. — Justinus philosophus. 641
CAP. XXIV. — Melito Sardensis episcopus. 645
CAP. XXV. — Theophilus Antiochiæ episcopus. Ibid.
CAP. XXVI. — Apollinaris Hierapolitanus episcopus. 645
CAP. XXVII. — Dionysius Corinthiorum episcopus. Ibid.
CAP. XXVIII. — Pinytus Cnossiæ urbis episcopus. Ibid.
CAP. XXIX. — Tatianus. Ibid.
CAP. XXX. — Philippus, episcopus Cretensis. 647

CAP. XXXI. — Musanus. Ibid.
CAP. XXXII. — Modestus. Ibid.
CAP. XXXIII. — Bardesanes. Ibid.
CAP. XXXIV. — Victor tertius decimus Romæ epis. 649
CAP. XXXV. — Irenæus Lugduni episcopus. Ibid.
CAP. XXXVI. — Pantænus, Stoicus. 651
CAP. XXXVII. — Rhodon. Ibid.
CAP. XXXVIII. — Clemens Alexandrinus. 653
CAP. XXXIX. — Miltiades. Ibid.
CAP. XL. — Apollonius. 655
CAP. XLI. — Serapion Antiochiæ episcopus. Ibid.
CAP. XLII. — Apollonius, Romæ senator. 657
CAP. XLIII. — Theophilus Cæsareæ episcopus. Ibid.
CAP. XLIV. — Bacchylus, Corinthi episcopus. Ibid.
CAP. XLV. — Polycrates, Ephesiorum episcopus. Ibid.
CAP. XLVI. — Heraclitus. 661
CAP. XLVII. — Maximus. Ibid.
CAP. XLVIII. — Candidus. Ibid.
CAP. XLIX. — Appion. Ibid.
CAP. L. — Sextus. Ibid.
CAP. LI. — Arabianus. Ibid.
CAP. LII. — Judas. Ibid.
CAP. LIII. — Tertullianus. Ibid.
CAP. LIV. — Origenes. 663
CAP. LV. — Ammonius. 667
CAP. LVI. — Ambrosius, Origenis discipulus. Ibid.
CAP. LVII. — Tryphon. 669
CAP. LVIII. — Minucius Felix. Ibid.
CAP. LIX. — Gaius. Ibid.
CAP. LX. — Beryllus. Ibid.
CAP. LXI. — Hippolitus episcopus. 671
CAP. LXII. — Alexander, episcopus Cappadociæ. 673
CAP. LXIII. — Julius Africanus. Ibid.
CAP. LXIV. — Geminus Antiochiæ presbyter. 675
CAP. LXV. — Theodorus, Neocæsareæ Ponti episc. Ibid.
CAP. LXVI. — Cornelius, Romæ episcopus. 677
CAP. LXVII. — Cyprianus, Afer. Ibid.
CAP. LXVIII. — Pontius, diaconus Cypriani. Ibid.
CAP. LXIX. — Dionysius, Alexandriæ episcopus. Ibid.
CAP. LXX. — Novatianus Romanæ urbis presbyter. 681
CAP. LXXI. — Malchion, Antiochenæ Eccl. presbyt. Ibid.
CAP. LXXII. — Archelaus Mesopotamiæ episcopus. 683
CAP. LXXIII. — Anatolius Alexandrinus, Laodiceæ episcopus. Ibid.
CAP. LXXIV. — Victorinus Petavionensis episcopus. Ibid.
CAP. LXXV. — Pamphilus presbyter. Ibid.
CAP. LXXVI. — Pierius Alexandriæ presbyter. 685
CAP. LXXVII. — Lucianus Antiochiæ presbyter. Ibid.
CAP. LXXVIII. — Phileas episcopus. 687
CAP. LXXIX. — Arnobius. Ibid.
CAP. LXXX. — Lactantius. Ibid.
CAP. LXXXI. — Eusebius Cæsareæ episcopus. 689
CAP. LXXXII. — Rheticius Augustodunensis episc. Ibid.
CAP. LXXXIII. — Methodius Tyri episcopus. 691
CAP. LXXXIV. — Juvencus Hispanus presbyter. Ibid.
CAP. LXXXV. — Eustathius Antiochiæ episcopus. Ibid.
CAP. LXXXVI. — Marcellus Ancyranus episcopus. 693
CAP. LXXXVII. — Athanasius Alexandriæ episc. Ibid.
CAP. LXXXVIII. — Antonius monachus. 693
CAP. LXXXIX. — Basilius Ancyranus episcopus. Ibid.
CAP. XC. — Theodorus Heracliæ episcopus. 695
CAP. XCI. — Eusebius Emesenus episcopus. Ibid.
CAP. XCII. — Triphyllius Cypri Ledrensis episc. Ibid.
CAP. XCIII. — Donatus Donatianorum choregus. Ibid.
CAP. XCIV. — Asterius, Arianæ factionis philosophus. 697
CAP. XCV. — Lucifer Calaritanus. Ibid.
CAP. XCVI. — Eusebius Vercellensis. Ibid.
CAP. XCVII. — Fortunatianus Aquileiensis episcopus. Ibid.
CAP. XCVIII. — Acacius Cæsariensis episcopus. 699
CAP. XCIX. — Serapion cognomento Scholasticus. Ibid.
CAP. C. — Hilarius Pictaviensis episcopus. Ibid.
CAP. CI. — Victorinus Rhetor. 701
CAP. CII. — Titus Bostrenus episcopus. Ibid.
CAP. CIII. — Damasus Romæ episcopus. Ibid.
CAP. CIV. — Apollinarius Laodiceous, Syriæ episc. Ibid.
CAP. CV. — Gregorius Eliberi episcopus. 703
CAP. CVI. — Pacianus Barcilonæ episcopus. Ibid.
CAP. CVII. — Photinus Sirmii episcopus. Ibid.
CAP. CVIII. — Phœbadius Agennensis episcopus. Ibid.
CAP. CIX. — Didymus Alexandrinus. 705
CAP. CX. — Optatus Milevitanus. Ibid.
CAP. CXI. — Aquilius Severus. Ibid.
CAP. CXII. — Cyrillus Hierosolymitanus episcopus. Ibid.
CAP. CXIII. — Euzoius Cæsareæ episcopus. 707
CAP. CXIV. — Epiphanius Cypri Salaminæ episc. Ibid.
CAP. CXV. — Ephræm Edessenæ Eccles. diaconus. Ibid.
CAP. CXVI. — Basilius Cæsareæ Cappadociæ episc. Ibid.
CAP. CXVII. — Gregorius Nazianzenus. Ibid.

INDEX RERUM IN HOC TOMO CONTENTARUM.

Cap. CXXIII. — Innocentius partis episcopus. 709
Cap. CXXIV. — Diodorus Tarsensis episcopus. Ibid.
Cap. CXXV. — Eunomius Cyzicenus episcopus. Ibid.
Cap. CXXVI. — Priscillianus Abilæ episcopus. 711
Cap. CXXVII. — Matronianus Hispanus. Ibid.
Cap. CXXIII. — Tiberianus Bœticus. Ibid.
Cap. CXXIV. — Ambrosius Mediolanensis episcopus. Ibid.
Cap. CXXV. — Evagrius Antiochiæ episcopus. Ibid.
Cap. CXXVI. — Ambrosius Alexandrinus. 713
Cap. CXXVII. — Maximus Philosophus. Ibid.
Cap. CXXVIII. — Gregorius Nyssenus. Ibid.
Cap. CXXIX. — Joannes Antiochenæ Eccl. presbyt. Ibid.
Cap. CXXX. — Gelasius Cæsareæ episcopus. 715
Cap. CXXXI. — Theotimus Scythiæ Tomorum episc. Ibid.
Cap. CXXXII. — Dexter Paciani filius. Ibid.
Cap. CXXXIII. — Amphilochius, Iconii episcopus. Ibid.
Cap. CXXXIV. — Sophonius. Ibid.
Cap. CXXXV. — Hieronymus. Ibid.

OPERUM S. HIERONYMI APPENDIX.

De vitis apostolorum. 719
Epistola ad Desiderium. — De duodecim doctoribus. 725
Tomi II S. Hieronymi operum index analyticus. 725

OPERUM S. HIERONYMI TOMUS TERTIUS.

Præfatio. 765
LIBER DE NOMINIBUS HEBRAICIS. 771
Præfatio. Ibid.
Incipit liber. 775

VETUS TESTAMENTUM.

De Genesi. 775. — De Exodo. 786. — De Levitico 790. — De Numerorum libro. 791. — De Deuteronomio. 798. — De libro Jesu. 800. — De libro Judicum. 803. — De Regnorum libro I. 811. — De Regnorum libro II. 813. — De Regnorum libro III. 819. — De Regnorum libro IV. 823. — De Psalterio. 827. — De Isaia propheta. 828. — De Amos. — De Michæa. — De Joel. — De Abdia. — De Jona. — De Nahum. — De Habacuc. — De Sophonia. — De Aggæo. — De Zaccharia. — De Malachia. 831. — De Daniele et Ezechiele. 855. — De Job. 858.

NOVUM TESTAMENTUM.

De Matthæo. 839. — De Marco. 843. — De Luca. Ibid. — De Joanne. 845. — De Actibus apostolorum. Ibid. — De Epistolis Jacobi, Petri, Joannis, Judæ. 851. — De Epist. ad Rom. Ibid. — De Epist. ad Corinthios. 853. — De Epist. ad Galatas. Ibid. — De Epitt. ad Ephesios, Philipp. et Colossenses. 854. — De Epistt. ad Thess., Hebr., Timot. 855. — De Epistt. ad Titum et Philemonem. 857. — De Apocalypsi Joannis. Ibid. — De Epist. Barnabæ. 858.

LIBER DE SITU ET NOMINIBUS LOCORUM HEBRAICORUM. 859
Præfatio. Ibid.
Incipit liber. Ibid.
Excerpta ex Hieronymi libris de aliquot Palestinæ locis. 929
LIBER HEBRAICARUM QUÆST. IN GENESIM. 955
Præfatio. Ibid.
Incipit liber. 957

GENESEOS

Caput primum. Ibid. — Cap. II. 940. — Cap. III. 942. — Cap. IV. 944. — Cap. V. 946. — Cap. VI. 947. — Cap. VII. 949. — Cap. IX. Ibid. — Cap. X. 950. — Cap. XI. 956. — Cap. XII. 957. — Cap. XIII. 958. — Cap. XIV. 959. — Cap. XV. 961. — Cap. XVI. 962. — Cap. XVII. 963. — Cap. XVIII. 965. — Cap. XIX. Ibid. — Cap. XX. 967. — Cap. XXI. Ibid. — Cap. XXII 969. — Cap. XXIII 972. — Cap. XXIV. 975. — Cap. XXV. 975. — Cap. XXVI. 978. — Cap. XXVII et XXVIII. 980. — Cap. XXIX et XXX. 982. — Cap. XXXI 986. — Cap. XXXII. 987. — Cap. XXXIII. 989. — Cap. XXXIV et XXXV. 990. — Cap. XXXVI. 992. — Cap. XXXVII. 994. — Cap. XXXVIII. 995. — Cap. XL. et XLII. 997. — Cap. XLIII. 999. — Cap. XLIV et XLV. 1000. — Cap. XLVI. 1001. — Cap. XLVII. 1002. — Cap. XLVIII. 1003. — Cap. XLIX. 1004.

COMMENTARIUS IN ECCLESIASTEN. 1009
Præfatio. Ibid.
Commentarius. Ibid.
INTERPRETATIO HOMILIARUM DUARUM ORIGENIS IN CANTICUM. 1117
Præfatio ad Damasum papam. Ibid.
Homilia prima. Ibid.
Homilia II. 1129

APPENDIX.
AD III TOMUM EUSEBII OPERUM.
PARS PRIMA.

Admonitio in sequentia fragmenta. 1144
GRÆCA FRAGMENTA LIBRI NOMINUM HEBRAICORUM HIERONYMIANÆ INTERPRETATIONI COMPARATA. 1145
Fragmentum primum. Ibid.
Frag. II. 1153
Frag. III. 1165
Frag. IV. 1173
Frag. V. 1185
De Origeniano lexico nominum Hebraicorum Joannis Martianæi præfatio. 1199
Origenianum lexicum nominum Hebraicorum cum interpretatione Hieronymiana comparatum. 1203
De decem Dei nominibus capitulum. 1269
Libri nominum Hebraicorum pars quædam ex operibus Philonis Judæi collecta. 1281
Libri nominum Hebraicorum pars quædam ex operibus Flavii Josephi collecta. 1289

APPENDICIS PARS ALTERA.

Admonitio in subsequentium libellum. 1295
LIBER NOMINUM GRÆCORUM EX ACTIS. 1297
Hebraici alphabeti interpretatio. 1305
De Deo et nominibus ejus. Ibid.
Admonitio in subsequens opusculum. 1307
DE BENEDICTIONIBUS JACOB PATRIARCHÆ. Ibid.
Admonitio in duos sequentes tractatus. 1517
DECEM TENTATIONES POPULI ISRAEL IN DESERTO. 1519
COMMENTARIUS IN CANTICUM DEBBORÆ. 1321
Admonitio in opuscula subsequentia. 1327
QUÆSTIONES HEBRAICÆ IN LIBROS REGUM ET PARALIPOMENON. 1529
In lib. I Reg. Ibid. — In lib. II Reg. 1545. — In lib. III Reg. 1563. — In lib. I Paral. 1565. — In lib. II Paral. 1587.
Admonitio in expositionem interlinearem in Job. 1401
IN JOB EXPOSITIO INTERLINEARIS. 1407

Libri Job

Caput primum. Ibid. — Cap. II. 1410. — Cap. III. 1412. — Cap. IV. 1413. — Cap. V. 1414. — Cap. VI. 1415. — Cap. VII. 1417. — Cap. VIII. 1418. — Cap. IX. 1419. — Cap. X. 1421. — Cap. XI. 1422. — Cap. XII. 1425. — Cap. XIII. 1424. — Cap. XIV. 1426. — Cap. XV. 1427. — Cap. XVI. 1429. — Cap. XVII. 1430. — Cap. XVIII. 1431. — Cap. XIX. 1432. — Cap. XX. 1434. — Cap. XXI. 1435. — Cap. XXII. 1437. — Cap. XXIII. 1439. — Cap. XXIV. Ibid. — Cap. XXV. 1441. — Cap. XXVI. Ibid. — Cap. XXVII. 1442. — Cap. XXVIII. 1443. — Cap. XXIX. 1445. — Cap. XXX. 1446. — Cap. XXXI. 1448. — Cap. XXXII. 1450. — Cap. XXXIII. 1452. — Cap. XXXIV. 1453. — Cap. XXXV. 1455. — Cap. XXXVI. 1456. — Cap. XXXVII. 1458. — Cap. XXXVIII. 1459. — Cap. XXXIX. 1462. — Cap. XL. 1464. — Cap. XLI. 1465. — Cap. XLII. 1467.
Conclusio. 1468
Excerpta ex commentario in Jobum, qui manuscriptus Amstelodami exstabat, et putatur esse Hieronymi. 1469
COMMENTARII IN S. HIERONYMI LIBROS, AUCTORE MARTIANÆO. 1479
Prolegomenon de eruditionis præstantia ac pietate opusculorum S. Hieronymi. Ibid.
§ I. — Eruditione inter omnes scriptores ecclesiasticos longe præstat Hieronymus. Ibid.
§ II. — Altissimæ hujus eruditionis præjudicia et argumenta. 1482
§ III. — Scioli quidam, æmuli ac critici recentiores confutati. 1487
§ IV. — Summa pietas ac religio in commentariis et opusculis etiam criticis Hieronymi. 1492
COMMENTARIUS IN LIBRUM NOMINUM HEBRAICORUM. 1495
Caput primum. — De auctoribus libri Nominum Hebraicorum. 1497
Cap. II. — De eruditione Hieronymi in rebus Hebraicis, ac de utilitate libri Nominum. 1506
Prophetarum nomina et nominum etymologiæ. 1551
Glossæ quorumdam Scripturæ locorum et nominum interpretationes Britonum lingua. 1553
EXPLANATIO IN LIBRUM DE SITU ET NOMINIBUS LOCORUM HEBRAICORUM. 1555
Notæ prolixiores in librum Hebraicarum quæstionum in Genesim. 1557
Notæ prolixiores in Comment. in Ecclesiasten. 1563
SYLLABUS manuscriptorum codicum ad quos exegit Martianæus cum alia tum præcipue quæ tertio hoc tomo continentur. 1575
Index analyticus tertii hujus tomi. 1577

www.ingramcontent.com/pod-product-compliance
Lightning Source LLC
Chambersburg PA
CBHW061731300426
44115CB00009B/1180